PSICOLOGIA

Grupo Editorial Nacional

O GEN | Grupo Editorial Nacional – maior plataforma editorial brasileira no segmento científico, técnico e profissional – publica conteúdos nas áreas de ciências humanas, exatas, jurídicas, da saúde e sociais aplicadas, além de prover serviços direcionados à educação continuada e à preparação para concursos.

As editoras que integram o GEN, das mais respeitadas no mercado editorial, construíram catálogos inigualáveis, com obras decisivas para a formação acadêmica e o aperfeiçoamento de várias gerações de profissionais e estudantes, tendo se tornado sinônimo de qualidade e seriedade.

A missão do GEN e dos núcleos de conteúdo que o compõem é prover a melhor informação científica e distribuí-la de maneira flexível e conveniente, a preços justos, gerando benefícios e servindo a autores, docentes, livreiros, funcionários, colaboradores e acionistas.

Nosso comportamento ético incondicional e nossa responsabilidade social e ambiental são reforçados pela natureza educacional de nossa atividade e dão sustentabilidade ao crescimento contínuo e à rentabilidade do grupo.

PSICOLOGIA

David G. Myers
Hope College
Holland, Michigan

C. Nathan DeWall
University of Kentucky
Lexington, Kentucky

Revisão Técnica
Susana Núñez-Rodriguez
Doutora em Psicologia
Universidade Federal do Rio Grande do Sul

Tradução
Mariângela Vidal Sampaio Fernandes
(Capítulos 12 a 16 e Apêndices)
Terezinha Oppido
(Prólogo e Capítulos 1 a 11)

13ª edição

gen | LTC

- Data do fechamento do livro: 28/02/2023

- **Atendimento ao cliente: (11) 5080-0751 | faleconosco@grupogen.com.br**

- PSYCHOLOGY, 13/e
  First published in the United States by Worth Publishers

  ISBN: 978-1-4641-4081-5

  LTC | LIVROS TÉCNICOS E CIENTÍFICOS EDITORA LTDA.
  Uma editora integrante do GEN | Grupo Editorial Nacional
  Travessa do Ouvidor, 11
  Rio de Janeiro – RJ – CEP 20040-040
  www.grupogen.com.br

- Capa: John Callahan
- Adaptação de capa: Rejane Megale
- Imagem da capa: © Eva-Katalin (iStock)
- Editoração eletrônica: RDL Produção Editorial
- Ficha catalográfica

CIP-BRASIL. CATALOGAÇÃO NA PUBLICAÇÃO
SINDICATO NACIONAL DOS EDITORES DE LIVROS, RJ

M995p
13. ed.

Myers, David G.
Psicologia / David G. Myers, C. Nathan DeWall ; tradução Terezinha Oppido, Mariângela Vidal Sampaio Fernandes ; revisão técnica Susana Núñez Rodriguez. - 13. ed. - Rio de Janeiro : LTC, 2023.
28 cm.

Tradução de: Psychology
Apêndice
Inclui bibliografia e índice
ISBN 9788521638360

1. Psicologia. I. DeWall, C. Nathan. II. Oppido, Terezinha. III. Fernandes, Mariângela Vidal Sampaio. IV. Núñez-Rodriguez, Susana. V. Título.

CDD: 150
23-82117 CDU: 159.9

Meri Gleice Rodrigues de Souza - Bibliotecária - CRB-7/6439

Para John Sargent, com gratidão por sua amizade e
apoio duradouros e seu exemplo de liderança corporativa progressiva.

DM

A Barb Gillilan: Uma tia amorosa, enfermeira habilidosa
e inspiração para muitos.

ND

Sobre os Autores

Photographer Steven Herppich, courtesy of Hope College Public Affairs and Marketing

David Myers é Bacharel em Química pela Whitworth University e Doutor em Psicologia pela Universidade de Iowa. Desenvolveu sua carreira no Hope College em Michigan, onde ministrou dezenas de cursos de introdução à Psicologia. Seus alunos o convidaram para ser paraninfo de turma, tendo sido eleito por eles "professor ilustre". Sua pesquisa e suas publicações foram reconhecidas pelo Gordon Allport Intergroup Relations Prize; pelo prêmio Honored Scientist concedido pela Federation of Associations in Behavioral & Brain Sciences; pelo Award for Distinguished Service on Behalf of Personality and Social Psychology; e com uma Presidential Citation, da APA Division 2; eleito como *Fellow* da American Association for the Advancement of Science, e três doutorados honorários.

Com o apoio de bolsas da National Science Foundation, os artigos científicos de Myers apareceram em 36 periódicos científicos, incluindo *Science*, *American Scientist*, *Psychological Science* e *American Psychologist*. Além de seus textos acadêmicos e livros didáticos, Myers atua como divulgador da ciência psicológica para o público em geral. Seus artigos foram publicados em cerca de cinquenta periódicos, que vão da *Today's Education* à *Scientific American*. É autor de cinco livros para o público em geral, incluindo *The Pursuit of Happiness and Intuition: Its Powers and Perils*. Ele escreve sobre psicologia e vida no *blog* TalkPsych.com.

David Myers presidiu a Comissão de Relações Humanas de sua cidade, participou da fundação de um bem-sucedido centro de assistência a famílias carentes, e fez palestras para centenas de grupos acadêmicos e comunitários e grupos de profissionais em todo o mundo.

Valendo-se de sua experiência, Myers também escreveu artigos e um livro (*A Quiet World*) sobre perda auditiva, e é defensor de uma transformação da tecnologia de assistência auditiva nos Estados Unidos (acesse www.hearingloop.org). Por sua liderança na área, recebeu o prêmio American Academy of Audiology, do setor de produtos auditivos e da Hearing Loss Association of America.

David e Carol Myers se conheceram e se casaram durante a graduação, e criaram os filhos Peter, Andrew e Laura. Eles têm uma neta, Allie (ver p. 175).

J.A. Laub Photography, LLC

Nathan DeWall é professor de Psicologia na University of Kentucky. Graduou-se na St. Olaf College, fez mestrado em ciências sociais na University of Chicago, e obteve outro grau de mestre e Ph.D. em psicologia social pela Florida State University. DeWall recebeu o College of Arts and Sciences Outstanding Teaching Award, que reconhece a excelência no ensino de graduação e pós-graduação. A Association for Psychological o identificou no início da carreira como "Astro em Ascensão", por suas "significativas contribuições para o campo da ciência psicológica". Ele está no topo de um por cento do total dos cientistas citados em psicologia e psiquiatria na lista do Institute for Scientific Information, de acordo com a Web of Science.

DeWall desenvolve pesquisas sobre relacionamentos íntimos, autocontrole e agressão. Com financiamento dos National Institutes of Health, da National Science Foundation e da John Templeton Foundation, publicou mais de 200 artigos e capítulos de livros científicos. Seus prêmios de pesquisa incluem o SAGE Young Scholars Award, da Foundation for Personality and Social Psychology, o Young Investigator Award, da International Society for Research on Aggression, e o Early Career Award, da International Society for Self and Identity. Suas pesquisas tiveram cobertura de vários veículos de comunicação, como *Good Morning America*, *The Wall Street Journal*, *Newsweek*, *The Atlantic Monthly*, *The New York Times*, *The Los Angeles Times*, *Harvard Business Review*, *USA Today*, National Public Radio, BBC e *The Guardian*. DeWall também ministrou palestras nos Estados Unidos e no exterior, inclusive Hong Kong, China, Países Baixos, Inglaterra, Grécia, Hungria, Suécia, Austrália e França.

Nathan vive um casamento feliz com Alice DeWall e é o orgulhoso pai de Beverly "Bevy" e Ellis. Gosta de brincar com seus dois *golden retrievers*, Finnegan e Atticus. Como corredor de ultramaratona, concluiu várias corridas, entre as quais a Badwater 135 em 2017 (apelidada de "a corrida a pé mais difícil do mundo"). Em seu tempo livre, ele escreve romances, assiste esportes, toca guitarra e canta em uma banda de *rock* chamada de *Roar Shock*.

Prefácio do Instrutor

- Iniciativa de Psicologia Introdutória da APA e objetivos de aprendizagem e resultados para o curso de psicologia
- Pesquisa de Myers/DeWall e a história do pensamento crítico
- O que há de novo na 13ª edição?
- Por que devo usar *Psicologia*, 13ª edição, e seus recursos?
- Oito princípios orientadores de Myers e DeWall
- Agradecimentos

Desde sua primeira edição, este livro concentrou-se no ensino do ***pensamento crítico*** e em ajudar os estudantes a entender a *pesquisa subjacente* às descobertas psicológicas. Nesta nova edição, expandimos esse foco. (Ver mais adiante a seção *Pesquisa de Myers/DeWall e a história do pensamento crítico.*) Esta 13ª edição oferece 2.100 citações de pesquisa datadas de 2015 a 2020, tornando *disponíveis os recursos de cursos introdutórios de psicologia mais atualizados.* Com tantas novas descobertas empolgantes, e cada capítulo atualizado com novos exemplos e ideias atuais, os estudantes verão a importância e o valor da pesquisa psicológica, e como a psicologia pode ajudá-los a entender o mundo ao seu redor. Por exemplo, apresentamos novas pesquisas sobre como a pandemia de covid-19 pode afetar nossa necessidade de pertencer (Capítulo 11), a norma e o preconceito de responsabilidade social (Capítulo 13) e o comportamento suicida (Capítulo 15).

Iniciativa de Psicologia Introdutória da APA e objetivos de aprendizagem e resultados para o curso de psicologia

Até a data de nossa publicação, a American Psychological Association (APA) estava programada para divulgar os resultados de sua **Iniciativa de Psicologia Introdutória (IPI)** em agosto de 2020, na esperança de melhorar "a qualidade da experiência de psicologia introdutória" (APA.org/Ed/Precollege/Undergrad/Introductory-Psychology-Initiative). A IPI da APA, com seus cinco "Temas Integrativos", e seis "Resultados de Aprendizagem do Aluno", incentiva os instrutores a integrar esses temas ao longo do curso, com oportunidades regulares de praticar, pensar e comunicar esses temas, e avaliação contínua da compreensão do aluno.

Tabela 1 Iniciativa de Psicologia Introdutória da APA 2020. *Temas Integrativos* Esperados*

Cinco "Temas Integrativos" da APA	"Exemplos de Conceitos ou Ideias" da APA
a. A ciência psicológica baseia-se em evidências empíricas e se adapta, à medida que novos dados se desenvolvem	• Métodos experimentais • Estatística • Modelos de memória • Percepção subliminar • Intervenções terapêuticas
b. A psicologia explica os princípios gerais que governam o comportamento ao mesmo tempo em que reconhece as diferenças individuais	• Inteligência • Resiliência • Teste de personalidade • Superprovadores • Sinestesia
c. Fatores psicológicos, biológicos, sociais e culturais influenciam os processos mentais e o comportamento	• Transtornos psicológicos • Envelhecimento • Saúde e bem-estar • Apego • Teorias da personalidade
d. Nossas percepções filtram a experiência do mundo por meio de uma lente pessoal imperfeita	• Ilusões perceptivas • Esquemas • Erros cognitivos • Viés de autosserviço • Viés de endogrupo
e. A aplicação de princípios psicológicos pode mudar nossas vidas de maneira positiva	• Psicoterapia • Habilidades de estudo • *Coping* • Resolução de conflito • Mudança comportamental

*Observe que esses são os temas integrativos esperados – da Cúpula da APA sobre Psicologia Introdutória, de julho de 2019. Até a data de nossa publicação, as recomendações finais estavam programadas para divulgação em agosto de 2020. Consulte os temas integrativos finais em *APA.org/Ed/Precollege/Undergrad/Introductory-Psychology-Initiative.*

Em resumo, a IPI da APA incentiva os instrutores a usar os ***cinco Temas Integrativos*** para ajudar os alunos (1) a adaptarem o pensamento em resposta a evidências empíricas; (2) a reconhecerem princípios gerais, mas diferenças individuais; (3) a reconhecerem influências biológicas, psicológicas e socioculturais; (4) a estarem cientes dos erros de percepção e pensamento; e (5) a aplicarem os princípios da psicologia para melhorar suas próprias vidas.

Os ***seis Resultados de Aprendizagem*** exigem que os alunos (1) compreendam totalmente os cinco temas; (2) apliquem a psicologia em seu cotidiano; (3) usem evidências empíricas em julgamentos e tomadas de decisão; (4) avaliem queixas usando ciência psicológica; (5) elaborem, executem e avaliem estudos de pesquisa; e (6) conheçam princípios éticos para pesquisa e terapia.

Psicologia, 13ª edição, e seus recursos oferecem uma combinação perfeita para os interessados em seguir essas novas diretrizes, com conteúdo relevante e atividades abundantes para alunos e para as salas de aula e oportunidades de avaliação (ver **Tabelas 1** e **2**).

Tabela 2 *Psicologia*, 13ª edição, corresponde aos resultados de aprendizagem esperados do aluno da Iniciativa de Psicologia Introdutória da APA 2020.

Seis resultados de aprendizagem do aluno de acordo com a APA	*Psicologia*, 13ª edição, cobertura
1. Identifique conceitos básicos e resultados de pesquisas e dê exemplos de temas integrativos da psicologia	Este primeiro resultado é baseado em conteúdo, e desafia os alunos a demonstrar os cinco "Temas Integrativos" descritos na Tabela 1. *Psicologia*, 13ª edição, oferece uma pesquisa convincente e completa do campo, incluindo todos os "Exemplos de Conceitos ou Ideias" descritos na Tabela 1
1a. A ciência psicológica baseia-se em evidências empíricas e se adapta, à medida que novos dados se desenvolvem	• A ***abordagem empírica*** é apresentada como um termo-chave na p. 2, e a realidade de que a psicologia é uma ciência e que a pesquisa importa é enfatizada ao longo do texto. Veja mais adiante a seção "Pesquisa de Myers/DeWall e a história do pensamento crítico" • Além disso, David Myers regularmente compartilha, no *blog* ***TalkPsych***, as mais excitantes novas descobertas da ciência psicológica, de como o campo está se adaptando e como a psicologia ajuda a explicar o mundo em rápida mudança ao nosso redor
1b. A psicologia explica os princípios gerais que governam o comportamento, ao mesmo tempo em que reconhece as diferenças individuais	• Desde a primeira edição deste texto, um dos "oito princípios orientadores" de Myers e DeWall tem sido "***transmitir o respeito pela unidade e diversidade humana***". Os leitores aprenderão sobre parentesco humano em nossa biologia compartilhada e necessidade de afiliação; nossos mecanismos compartilhados para aprender e lembrar, expressão emocional e resposta ao estresse; e nossa vulnerabilidade compartilhada aos erros de percepção e pensamento. No entanto, eles aprenderão muito sobre nossa diversidade individual – em desenvolvimento e aptidões, temperamento e características, orientação sexual e identidade de gênero, atitudes e motivações, doenças e saúde – e sobre variações culturais e de outros grupos
1c. Fatores psicológicos, biológicos, sociais e culturais influenciam os processos mentais e o comportamento	• A ***abordagem biopsicossocial*** é introduzida no Prólogo e realizada no restante do livro, com reflexões narrativas regulares sobre os fatores biológicos, psicológicos e sociais/culturais que influenciam nossa compreensão do comportamento e dos processos mentais. O texto inclui fluxogramas que descrevem as influências biopsicossociais em tópicos-chave, inclusive desenvolvimento, envelhecimento, uso desordenado de drogas, aprendizagem, motivação sexual, comportamento agressivo, personalidade e transtorno psicológico
1d. Nossas percepções filtram nossas experiências do mundo por meio de uma lente pessoal imperfeita	• A discussão do Capítulo 6 sobre "*Processamento de sensações e percepções*" descreve os pontos fortes impressionantes e as inúmeras fraquezas em nossa capacidade de detectar e interpretar estímulos recebidos. Outra cobertura de nossa "lente pessoal imperfeita" inclui: erros cognitivos (Capítulo 9), viés de endogrupo (Capítulo 13) e viés de autosserviço (Capítulo 14)
1e. A aplicação de princípios psicológicos pode mudar nossas vidas de maneira positiva	• Esta edição tem o novo ***Prefácio do Estudante: Como Aplicar a Psicologia para Viver sua Melhor Vida***. Esse prefácio oferece breves discussões sobre "Pensar crítica e cientificamente", "Autocontrole e autoaperfeiçoamento", "Gestão do tempo e dicas de estudo", "Vida social" e "Encontrar significado e perseguir metas" • Novas questões "***Pergunte a si mesmo***" aparecem em cada capítulo para ajudar os estudantes a aplicar o que estão aprendendo para melhorar suas próprias vidas. Isso ajuda a tornar o material mais significativo e marcante • As ***autoaplicações*** são incorporadas à narrativa ao longo do texto, inclusive "Use a psicologia para se tornar uma pessoa mais forte – e um aluno melhor" no Prólogo, dicas para obter uma "noite de sono melhor" no Capítulo 3, definição de metas para "Mude seu próprio comportamento" no Capítulo 7, Estratégias de "estabelecimento de metas" no Capítulo 11, "Como melhorar a memória" no Capítulo 8, maneiras de "fomentar o processo criativo" no Capítulo 9, como construir uma "mentalidade de crescimento" no Capítulo 10, "Dicas para controlar o peso" no Capítulo 11, "Conexões e redes sociais" no Capítulo 11, "Sugestões baseadas em evidências para uma vida mais feliz" no Capítulo 12, orientações para enfrentar o estresse no Capítulo 12, "Como ser persuasivo" no Capítulo 13, "Técnicas de terapia cognitiva" no Capítulo 16, "Quando uma pessoa deve procurar terapia e o que as pessoas devem procurar ao selecionar um terapeuta?" no Capítulo 16, "Mudança terapêutica do estilo de vida" no Capítulo 16, e dicas para encontrar *flow* no Apêndice C • Os estudantes se avaliam na força (pensamento crítico, qualidade do sono, autocontrole, força de relacionamento e muito mais) e, em seguida, recebem orientação para nutrir essa força em suas próprias vidas • O valor da ***psicologia comunitária*** e do trabalho preventivo de saúde mental é discutido no Prólogo, Capítulo 16 e Apêndice B. As discussões relacionadas incluem: a toxicidade social da extrema desigualdade de renda (Capítulo 12), a importância da comunicação comunitária (Capítulo 13) e a relação da pobreza e da capacitação das comunidades a respeito dos transtornos mentais (Capítulo 15)

continua

Tabela 2 *Psicologia*, 13ª edição, corresponde aos resultados de aprendizagem esperados do aluno da Iniciativa de Psicologia Introdutória da APA 2020. *(Continuação)*

Seis resultados de aprendizagem do aluno de acordo com a APA	*Psicologia*, 13ª edição, cobertura
2. Aplique princípios psicológicos à vida cotidiana	• Desde a primeira edição do texto, um dos "oito princípios orientadores" tem sido "fornecer aplicações de princípios". Os autores se esforçam para tornar a psicologia significativa e memorável para os alunos, mostrando como ela se relaciona com suas vidas. (Ver exemplos anteriores)
3. Tire conclusões apropriadas, lógicas e objetivas sobre o comportamento e os processos mentais a partir de evidências empíricas	• Os tópicos incluem estilos de educação de crianças, preconceito de gênero, agressão sexual, efeitos da visualização de violência, detecção de mentiras e introversão • O Capítulo 9 descreve os obstáculos à tomada de decisão eficaz, julgamento e solução de problemas, incluindo viés de confirmação, fixação, definição de mentalidade, heurística de representatividade e disponibilidade, excesso de confiança, crenças de perseverança e enquadramento
4. Avalie equívocos ou alegações comportamentais errôneas com base em evidências da ciência psicológica	• "Ensinar o pensamento crítico" foi o primeiro dos "oito princípios orientadores" que norteiam o trabalho de Myers e DeWall neste texto desde a primeira edição • A Tabela 4, mais adiante, abrange "Exames críticos da psicologia pop", "Pensar criticamente com a ciência psicológica" e "Histórias de detetives científicos" • O Capítulo 1 oferece a nova seção "Ciência Psicológica em um Mundo Pós-Verdade", encontrada em tinyurl.com/PostTruthMyers • Há uma cobertura integrada sobre conceitos errôneos relacionados à diversidade, inclusive preconceito quanto a vários "grupos externos", e o valor de abarcar diversas perspectivas (ver p. x)
5. Projete, conduza ou avalie a pesquisa psicológica básica	• Os estudantes consideram possíveis fatores de confusão e outras questões que afetam a interpretação dos resultados. Eles aprendem sobre como os principais pontos de decisão podem alterar o significado e o valor de um estudo psicológico, e desenvolvem habilidades de escrita científica no processo. Os tópicos incluem "Como você saberia se uma xícara de café pode aquecer relacionamentos?", "Como você saberia se as pessoas podem aprender a reduzir a ansiedade?" e "Como você saberia se a esquizofrenia é hereditária?"
6. Descrever os princípios éticos que orientam os psicólogos na pesquisa e na terapia	• O Capítulo 1, seção "Estratégias de pesquisa: como os psicólogos fazem e respondem perguntas", inclui uma discussão sobre ética em pesquisa psicológica com uma ***nova seção sobre "Como garantir a integridade científica"***, além de "Como Estudar e Proteger os Animais", "Como Estudar e Proteger Seres Humanos" e "Valores na Psicologia" • O Capítulo 16, *Terapia*, tem nova cobertura sobre ***princípios éticos na psicoterapia*** e em ***pesquisa psicológica sobre doenças mentais***

*Observe que esses são os Resultados de Aprendizagem do Estudante do Aluno *esperados*, da Cúpula da APA de julho de 2019 sobre Psicologia Introdutória. Até a data de nossa publicação, as recomendações finais estavam programadas para divulgação em agosto de 2020. Consulte os *Resultados de Aprendizagem do Estudante em APA.org/Ed/Precollege/Undergrad/Introductory-Psychology-Initiative*.

Além disso, **As Metas e os Resultados de Aprendizagem 2013 da APA** encontrados em suas *Diretrizes para a Graduação em Psicologia* (*Guidelines for the Undergraduate Psychology Major*), versão 2.0, foram elaborados com a finalidade de mensurar o progresso dos graduandos em psicologia. (Ver apa.org/ed/precollege/about/psymajor-guidelines.pdf.) Muitos departamentos de psicologia adotam essas metas e resultados para ajudar a estabelecer seus próprios parâmetros de autoavaliação para os propósitos do departamento. A **Tabela 3** descreve a maneira como *Psicologia*, 13ª edição, pode ajudar você a alcançar as Metas e os Resultados de Aprendizagem da APA em seu departamento.

Tabela 3 *Psicologia*, 13ª edição, corresponde aos objetivos de aprendizagem da APA.

	Metas de aprendizagem da APA				
Recurso relevante de *Psicologia*, 13ª edição	Base de conhecimento em psicologia	Investigação científica e pensamento crítico	Responsabilidade ética e social em um mundo diverso	Comunicação	Desenvolvimento profissional
Conteúdo do texto	•	•	•	•	•
Pesquisa de Myers/DeWall e a história do pensamento crítico	•	•	•		
Infográficos de "Pensamento crítico sobre..."	•	•	•		

continua

Tabela 3 *Psicologia*, 13ª edição, corresponde aos objetivos de aprendizagem da APA. *(Continuação)*

Recurso relevante de *Psicologia*, 13ª edição	Metas de aprendizagem da APA: Base de conhecimento em psicologia	Investigação científica e pensamento crítico	Responsabilidade ética e social em um mundo diverso	Comunicação	Desenvolvimento profissional
Visualização das seções principais de "Questões de Objetivos de Aprendizagem"	•	•			
Autoavaliação de "Prática de Recuperação" ao longo do texto	•	•	•		
Novas questões de "Pergunte a si mesmo" integradas em todo o livro	•	•	•	•	•
Atividades de estilo "Teste a si mesmo" integradas em todo o texto	•	•		•	•
Autotestes de "Domine o Material"	•	•		•	
Apêndice de "Psicologia no Trabalho"	•	•	•	•	•
Linha do tempo de "História da Psicologia" (Apêndice A)	•		•		•
Apêndice "Campos de Formação em Psicologia"	•		•		•

Pensamento crítico e a história de pesquisa de Myers/DeWall

2.100 referências datadas de 2015 a 2020

A tarefa mais importante para nós como seus autores é relatar o estado atual da psicologia, incluindo os *insights* de pesquisa mais recentes de cada subdisciplina. Assim, você encontrará 2.100 referências nesta edição datada de 2015 a 2020. Muita coisa mudou desde 2014: Barack Obama não é mais o presidente dos Estados Unidos, o #MeToo e a pandemia de covid-19 aconteceram, um aplicativo pouco conhecido chamado Instagram agora tem mais de um bilhão de usuários e os esforços para melhorar a capacidade de replicação na ciência psicológica aumentaram drasticamente.

A seção *Referências Bibliográficas* no Material Suplementar destaca essas 2.100 citações recentes. O trabalho de escrever este texto é principalmente ler: com milhares de estudos publicados a cada ano, é preciso esforço diário para acompanhar tudo o que está acontecendo em nosso instigante campo. Ao selecionar novos achados de pesquisa, consideramos:

- *Confiabilidade*: A replicação ou a escala inerente da descoberta a tornam confiável?
- *Importância*: Para a psicologia, esse achado é significativo? E isso é algo que uma pessoa instruída precisa saber?
- *Clareza*: É algo que nossos leitores poderiam entender e lembrar?

Os novos achados atenderam a esses altos padrões de inclusão. Cada um confirma conceitos-chave ou informa o modo como os apresentamos. As milhares de citações de referência restantes incluem importantes estudos clássicos que formaram a estrutura de nossa disciplina.

Todos nós queremos que os alunos saiam com o entendimento mais preciso e atual da psicologia para aplicar em suas próprias vidas e trabalho. Conhecer as pesquisas mais recentes envolve os alunos de maneira muito mais eficaz. Aqui estão dois exemplos de novas áreas de pesquisa – apenas dos últimos dois anos – que são importantes para a compreensão dos alunos sobre a ciência da psicologia e sua aplicação em suas vidas.

1. As pessoas muitas vezes desprezam os que têm diferentes visões de mundo, mas as evidências científicas recentes que compartilhamos nesta nova edição demonstram valor em abraçar diversas perspectivas:
    - Diversas equipes científicas fazem mais avanços científicos (AlShebli *et al.*, 2018; ver Capítulo 13, em Relações Antissociais).

- Crianças criadas com cuidados competentes, seguros e carinhosos podem florescer independentemente do gênero e orientação sexual dos pais (Calzo *et al.*, 2019; ver Capítulo 5, em Primeira e Segunda Infâncias).
- As pessoas que se identificam como transgêneros têm experiência terapêutica mais positiva quando os terapeutas as apoiam (Bettergarcia & Israel, 2018; ver Capítulo 16, em Avaliação das Psicoterapias).
- Pessoas politicamente conservadoras e liberais são igualmente tendenciosas contra aqueles que têm visões políticas diferentes (Ditto *et al.*, 2019a,b; ver Capítulo 1, em Estratégias de Pesquisa: Como os Psicólogos Fazem e Respondem Perguntas).
- A comunicação nas mídias sociais geralmente ocorre em um vácuo ideológico, no qual nos cercamos principalmente de indivíduos com ideias semelhantes (Hills, 2019; ver Capítulo 13, em Influência Social).

2. O uso de mídia social disparou, e a nova pesquisa que apresentamos nos Capítulos 1 e 11 explora estudos correlacionais, longitudinais e experimentais de seus possíveis efeitos, como depressão e pensamentos suicidas em meninas adolescentes.

Outras novas pesquisas relevantes para estudantes explorarem:

- Navegar em nosso mundo "pós-verdade".
- Entender como as interações entre gene e ambiente nos afetam.
- Distinguir o uso do abuso de substâncias.
- Pesar as influências dos pais/pares em nosso desenvolvimento.
- Apreciar nossas janelas sensoriais e perceptivas únicas no mundo.
- Descobrir como aprender e se lembrar das coisas de forma mais eficaz.
- Conectar-se socialmente, com sucesso, com outras pessoas para construir nossa saúde e bem-estar.
- Compreender identidade de gênero e orientação sexual.
- Aprender sobre as nossas motivações ao ter fome e desejos sexuais.
- Lidar com o estresse (*coping*) e determinar como superar as dificuldades.
- Reconhecer variações inatas de personalidade.
- Lidar com os desafios da doença mental.
- Apreciar a *neurodiversidade* (incluindo no espectro autista e TDAH, distúrbio de aprendizagem ou lesão cerebral).
- Encontrar esperança em terapias psicológicas e biomédicas.
- Buscar *flow* em nossas vidas diárias e trabalho.

Foco expandido em pensamento crítico e pesquisa

Ao longo do texto, ajudamos os alunos a *pensar criticamente*. Ao examinar fontes e evidências, os alunos podem aplicar os conceitos da psicologia em suas próprias vidas e em seus estudos – usando princípios baseados em evidências para impulsionar seus relacionamentos, sucesso acadêmico, gerenciamento de estresse, e muito mais (ver **Tabela 4**). "Ensinar o pensamento crítico" foi o primeiro dos "oito princípios orientadores" que nortearam nosso trabalho neste texto desde a primeira edição. (Ver p. xxii.) A primeira subseção do Prólogo do texto é intitulada "*Psicologia é Ciência*", e o Capítulo 1 adota uma abordagem de pensamento crítico para apresentar aos alunos os métodos de pesquisa da psicologia. "Pensamento crítico" é um termo-chave na p. 3 e é incentivado em todo o texto e seus recursos. *Os novos recursos incluem*:

- Novo Prefácio do Estudante: Como Aplicar a Psicologia para Viver sua Melhor Vida, que inclui a discussão de "Pensar crítica e cientificamente"
- Nova cobertura do Capítulo 1 sobre "Como garantir a integridade científica"
- Nova cobertura do Capítulo 16 sobre Princípios Éticos na Psicoterapia e na Pesquisa de Doenças Mentais.

O que há de novo na 13ª edição?

Além de nossa atualização completa, linha por linha de cada capítulo, e de nossos esforços contínuos para não fazer suposições sobre a identidade de gênero, orientação sexual, cultura, relacionamento ou situação familiar, idade, origem econômica ou capacidade física dos alunos leitores, oferecemos muitas novidades nesta décima terceira edição:

1. Mais de 2.100 citações de pesquisas datadas de 2015 a 2020. Nosso escrutínio contínuo de dezenas de periódicos científicos e fontes de notícias científicas, aprimorado por revisões encomendadas e inúmeros e-mails de instrutores e alunos, permite integrar os novos achados mais importantes, instigantes e relevantes para os alunos de nosso campo. Parte do prazer que sustenta este trabalho é aprender algo novo todos os dias!

Tabela 4 Pensamento crítico e investigação científica.

A cobertura sobre *pensamento crítico* e as histórias aprofundadas do processo de *investigação científica* da psicologia podem ser encontradas nos seguintes capítulos:

Infográficos de "Pensamento crítico sobre..."
Atitude científica, Prólogo
Correlação e causalidade, Cap. 1
Usamos apenas 10% do nosso cérebro?, Cap. 2
Tolerância e dependência, Cap. 3
Viés de gênero no local de trabalho, Cap. 4
Agressão sexual, Cap. 4
Estilos parentais – muito rígido, muito frouxo, muito negligente e na medida certa?, Cap. 5
Sensação subliminar e persuasão subliminar, Cap. 4
Efeitos de ver violência na mídia, Cap. 7
Poderiam as memórias de abuso sexual na infância ter sido reprimidas e depois recuperadas?, Cap. 8
O fator medo, Cap. 9
Estudos transversais e longitudinais, Cap. 10
Os desafios da obesidade e do controle de peso, Cap. 11
Detecção de mentiras, Cap. 12
Estresse e saúde, Cap. 12
Como ser persuasivo, Cap. 12
A internet como amplificador social, Cap. 12
Estigma da introversão, Cap. 14
TDAH – Alta energia normal ou comportamento desordenado?, Cap. 15
Mudança terapêutica do estilo de vida, Cap. 16

Exames críticos da psicologia pop:
Necessidade da ciência psicológica, Cap. 1
Percepção de ordem em eventos aleatórios, Cap. 1
Usamos apenas 10% do nosso cérebro?, Cap. 2
Experiências de quase morte, Cap. 3
Críticas à perspectiva evolutiva, Cap. 4
Quanto do crédito (ou da culpa) cabe aos pais?, Cap. 4
Restrição sensorial, Cap. 6
A hipnose pode ser terapêutica? Aliviar a dor?, Cap. 6
Existe percepção extrassensorial?, Cap. 6
Outras espécies têm linguagem?, Cap. 9
Videogames violentos ensinam roteiros sociais para a violência?, Cap. 13
Freud é confiável?, Cap. 14
A repressão é um mito?, Cap. 14
Quão válido é o teste de Rorschach?, Cap. 14
A psicoterapia é efetiva?, Cap. 16
Como avaliar terapias alternativas, Cap. 16

Pensar criticamente com a ciência psicológica:
"Pensamento Crítico" introduzido como termo-chave, Prólogo
A ciência psicológica em um mundo pós-verdade, Cap. 1
Os limites da intuição e do senso comum, Cap. 1
Método científico, Cap. 1
Como explorar causa e efeito, Cap. 1
Regressão em direção à média, Cap. 1
Correlação e causalidade, Cap. 2
Designação aleatória, Cap. 1
Variáveis independentes e dependentes, Cap.1
Escolha do projeto de pesquisa correto, Cap. 1
Raciocínio estatístico, Cap. 1
Descrição dos dados, Cap. 1
Como fazer inferências, Cap. 1
Perspectiva evolutiva sobre a sexualidade humana, Cap. 4

Histórias de detetives científicos:
Os superprevisores evitam o excesso de confiança, Cap. 1
Os *big data* permitem a observação naturalista, Cap. 1
Uso de mídia social por meninas e risco de depressão e automutilação, Cap. 1
Descoberta de endorfinas naturais, Cap. 2
Nosso cérebro dividido, Cap. 2
O que afeta nossos padrões de sono e por que dormimos?, Cap. 3
Por que sonhamos, Cap. 3
Estudos sobre gêmeos e adoção, Cap. 4
Como a mente de uma criança se desenvolve, Cap. 5
Como vemos em cores?, Cap. 6
Processamento paralelo, Cap. 6
Como a hipnose pode proporcionar alívio da dor?, Cap. 6
Como se constroem as memórias?, Cap. 8
Como armazenamos memórias em nosso cérebro?, Cap. 8
Outras espécies manifestam linguagem?, Cap. 9
Envelhecimento e inteligência, Cap. 10
Por que sentimos fome?, Cap. 11
O que determina a orientação sexual?, Cap. 11
A busca da felicidade: Quem é feliz e por quê?, Cap. 12
Como o estresse contribui para doenças cardíacas?, Cap. 12
Como o suporte social promove a boa saúde?, Cap. 12
Por que as pessoas falham ao ajudar em emergências?, Cap. 13
Autoestima *versus* viés de autoconveniência, Cap. 14
O que causa transtornos depressivos e transtornos bipolares?, Cap. 15
As infecções virais pré-natais aumentam o risco de esquizofrenia?, Cap. 15
A psicoterapia é efetiva?, Cap. 16

2. Mais apoio para ensinar que a *psicologia é uma ciência*, e que o *pensamento crítico* e a pesquisa importam! (Ver seção "Foco Expandido em Pensamento Crítico e Pesquisa", anteriormente).
3. Novo *Prefácio do Estudante: Como Aplicar a Psicologia para Viver sua Melhor Vida*. Quando pedimos aos nossos colegas de ensino que compartilhem as lições mais importantes que desejam transmitir aos alunos, geralmente nos dizem que querem ensinar os alunos a *pensar criticamente* e *aplicar a psicologia em suas próprias vidas* para que possam viver melhor e ter mais sucesso.
4. Cobertura melhorada e atualizada sobre identidade de gênero e orientação sexual. Muita coisa mudou no campo da psicologia desde que a última edição foi escrita, especialmente nos subcampos de rápida evolução da sexualidade humana e da psicologia de gênero. Buscamos revisões extras de especialistas e instrutores e fizemos extensas atualizações nesta cobertura. Nos Capítulos 4 e 11 e em outros capítulos, trabalhamos para sermos adequadamente inclusivos e totalmente atualizados em nossa apresentação - representando a abundância de pesquisas atuais nessa área, mas também abrangendo as experiências vividas por muitas pessoas, o que pode ainda não estar bem representado na literatura.
5. Pergunte a si mesmo. Novas questões de "Pergunte a si mesmo" aparecem periodicamente ao longo de cada capítulo para ajudar os alunos a aplicar o que estão aprendendo em suas próprias vidas. Isso ajuda a tornar o material mais significativo e mais memorável.

Amostra de "Pergunte a si mesmo". Aqui estão dois exemplos, retirados do Capítulo 5, *Desenvolvimento ao Longo do Ciclo Vital*, e do Capítulo 12, *Emoções, Estresse e Saúde*.

PERGUNTE A SI MESMO

Você é a mesma pessoa que era na pré-escola? Quando tinha 8 anos de idade? Quando tinha 12 anos de idade? Em que você é diferente? Em que você é igual?

PERGUNTE A SI MESMO

Imagine uma situação em que você gostaria de mudar a maneira como se sente. Como você poderia fazer isso alterando suas expressões faciais ou a maneira como você se comporta? Em que outras situações você poderia aplicar seu conhecimento sobre esses efeitos de *feedback*?

6. "Pensamento crítico sobre..." Atividades infográficas. Todos os infográficos neste texto foram revisados e atualizados para a nova edição, com duas peças inteiramente novas sobre "Agressão Sexual" (Capítulo 4) e "Como ser persuasivo" (Capítulo 13; ver **Figura 1**).

Por que devo usar *Psicologia*, 13ª edição, e seus recursos?

Existem várias razões pelas quais achamos que você deve considerar o uso deste texto e de seus recursos para suas aulas:

1. *Esses recursos são de primeira qualidade*. Nossos recursos oferecem *conteúdo atualizado, cuidadosamente verificado e avaliações* nas quais você pode confiar, com um sistema de estudo que segue as melhores práticas de aprendizagem e pesquisa sobre memória. Esta nova 13ª edição inclui *2.100 citações* datadas de 2015 a 2020, que representam os novos achados mais importantes, instigantes e relevantes para os alunos do campo. Trabalhamos com dezenas de revisores úteis e, com nossos editores, passamos o manuscrito do texto em oito textos preliminares.

2. Escrevemos este texto para ser *inclusivos com a diversidade de alunos leitores*. Desde a primeira edição, esforçamo-nos para não fazer suposições em termos de identidade de gênero, orientação sexual, cultura, relacionamento ou situação familiar, idade, origem econômica ou capacidade física dos alunos. O texto inclui uma cobertura abundante e integrada sobre a diversidade da psicologia e muitas aplicações na vida cotidiana para atrair todos os alunos para o conteúdo. Desde a primeira edição deste texto, um de seus oito princípios orientadores foi "Transmitir o respeito pela unidade e diversidade humana". Esta edição oferece uma **perspectiva transcultural** ainda mais completa sobre psicologia, com uma apresentação mundial para nossos leitores estudantes de todo o mundo. Incluímos novas pesquisas importantes e novos exemplos de todo o mundo em nossos esforços para ajudar os alunos a entenderem o comportamento *humano* em um sentido amplo e expor os alunos ao mundo além de sua própria cultura. Salena Brody (University of Texas, Dallas) criou novas atividades em sala de aula para cada capítulo, abrangendo a diversidade em tópicos de psicologia e revisou nosso Cronograma recém-ilustrado (Apêndice A) para refletir as muitas contribuições de mulheres e pessoas pretas para a história da psicologia. (Ver **Tabela 5**, Psicologia de gênero, identidade de gênero e sexualidade, e **Tabela 6**, Psicologia da diversidade cultural e inclusão.)

3. **Esses recursos ensinam o *pensamento crítico*.** Ver detalhes e uma lista mais abrangente essa cobertura na p. xi e na Tabela 4.

4. Este texto oferece excelente cobertura sobre *neurociência*, e é perfeito para estudantes de enfermagem e medicina. Continuamos a melhorar nossa forte cobertura sobre neurociência, genética comportamental e psicologia evolutiva nesta nova edição, refletindo a natureza dinâmica desses subcampos. Ver lista de tópicos nas **Tabelas 7 e 8**. *Psicologia*, 13ª edição, também mapeia bem a seção de ciências comportamentais do MCAT. Desde 2015, o MCAT dedicou 25% de suas perguntas aos "Fundamentos Psicológicos, Sociais e Biológicos do Comportamento". Os tópicos da nova seção correspondem quase exatamente aos tópicos deste texto. Ver amostra na **Tabela 9**.

5. O sistema de estudo segue as melhores práticas de aprendizagem e pesquisa de memória. O sistema de aprendizado deste texto aproveita o *efeito de teste*, que documenta os benefícios de recuperar ativamente informações por meio de testes regulares (**Figura 2**). No texto, cada capítulo oferece questões de Prática de Recuperação intercaladas (**Figura 3**). A criação dessas *dificuldades desejáveis* para os alunos ao longo

Figura 2 Como aprender e recordar. Veja um guia animado de cinco minutos sobre como estudar de maneira mais eficaz em www.tinyurl.com/HowToRemember.

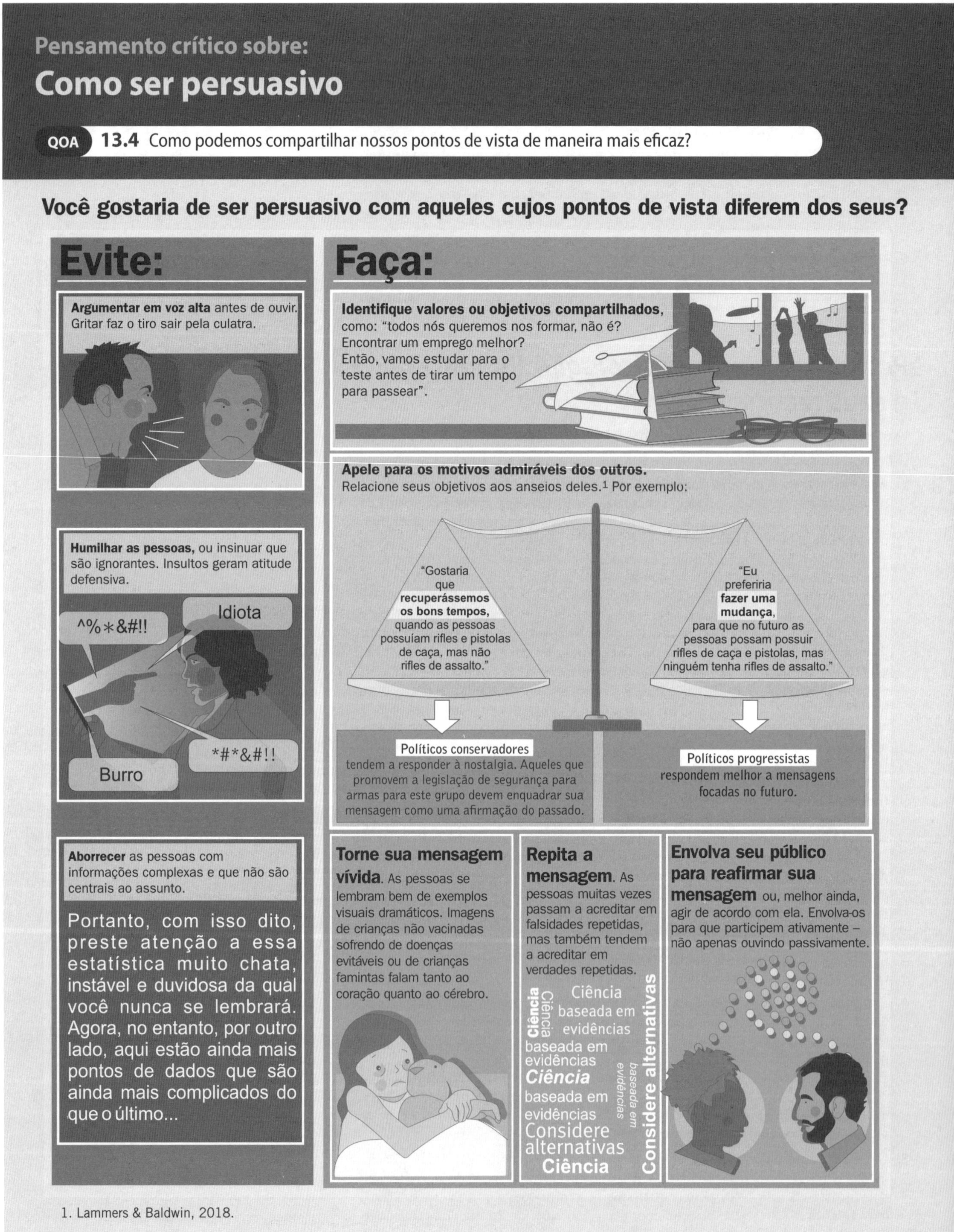

Figura 1 Exemplo de infográfico "Pensamento crítico sobre...".

Tabela 5 Psicologia de gênero, identidade de gênero e sexualidade.

A cobertura sobre *psicologia de gênero, identidade de gênero e sexualidade* pode ser encontrada nos seguintes capítulos:

- Abuso sexual, Caps. 4, 5, 8, 12, 14 e 15
- Agressão, Caps. 4, 8 e 13
  - lares sem pai e, Cap. 13
  - pornografia e, Cap. 13
  - sexual, Cap. 4
  - testosterona e, Cap. 13
- Agressão sexual, Caps. 3, 4, 8 e 13
  - álcool e, Cap. 3
  - assalto não sexual, Caps. 13 e 15
  - assédio e, Cap. 4
  - como reduzir, Cap. 4
  - culpar a vítima por, Cap. 4
  - efeitos sobre o bem-estar, Cap. 4
  - #MeToo e, Cap. 4
  - pornografia e, Caps. 1, 11 e 13
- Altruísmo, Cap. 13
- Ameaça de estereótipo, Cap. 10
- Amor, romântico, Caps. 5 e 13
  - apaixonado, Cap. 13
  - companheiro, Cap. 13
- Androginia, Cap. 4
- Atividade sexual
  - adolescente, Cap. 11
  - envelhecimento e, Cap. 5
- Atração, Cap. 13
- Atração sexual, Caps. 4, 6, 11 e 13
- Atratividade física, Cap. 13
- Automutilação, Cap. 15
- Casamento, Caps. 4, 5, 11 e 12
  - homoafetivo, Caps. 1, 5, 9 e 13
- Cérebro de gênero, Caps. 4 e 11
- Ciclo de resposta sexual, Cap. 11
- Cirurgia de redesignação sexual, Cap. 4
- Coabitação e casamento, Cap. 5
- Comunidade LGBTQ
  - assédio da, Cap. 4
  - contato amigável gera atitudes positivas, Cap. 13
  - efeito de estresse em pessoas transgênero/gênero não conforme, Cap. 12
  - estigma contra pessoas transgênero/gênero não conforme, Cap. 12
  - preconceito contra, Cap. 13
  - risco de suicídio, Caps. 13 e 15
  - terapia, expectativas, Cap. 16
- Conjunto perceptivo, Cap. 6
- Conteúdo dos sonhos, Cap. 3
- Crimes violentos, Cap. 4
- Crise da meia-idade, Cap. 5
- Cromossomos sexuais, Cap. 4
- Cuidados paternos, Cap. 5
- Depressão, Cap. 15
  - dependência e, Cap. 3
  - maior vulnerabilidade de mulheres e meninas, Cap. 15
  - meninas adolescentes, Cap. 5
  - ruminação e, Cap. 15
- Diferenças de gênero relacionadas com os pais, Cap. 4
- Diferenças/semelhanças de gênero, Cap. 4
  - em agressão, Cap. 4
  - em conexão social, Cap. 4
  - em poder social, Cap. 4
  - inteligência e, Cap. 10
  - perspectivas evolutivas sobre, Cap. 4
  - ruminação e, Cap. 15
  - sexualidade e, Cap. 4
- Disforia de gênero, Cap. 4
- Disfunções sexuais, Cap. 11
- Divórcio, Caps. 5 e 11
- Dor, maior sensibilidade das mulheres à, Cap. 6
- Efeito espectador, Cap. 13
- Efeito irmão mais velho, atração pelo mesmo sexo, Cap. 11
- Efeitos da violência na mídia, Caps. 7 e 13
- Emoção, Cap. 12
  - expressividade, Caps. 4 e 12
  - habilidade para detectar, Cap. 12
  - identificação como masculina ou feminina, Cap. 12
- Empatia, Caps. 12 e 15
- Encontros românticos, moderno, Caps. 11 e 13
- Equidade de relacionamento, Cap. 13
- Espermarca, Cap. 4
- Esquizofrenia, Cap. 15
- Estilos de liderança, Apêndice C
- Estímulos externos, Cap. 11
- Estímulos imaginados, Cap. 11
- Estresse e o sistema imunológico, Cap. 12
- Estrogênios, Caps. 4 e 11
- Excitação sexual, gênero e diferenças entre gays e héteros, Cap. 11
- Explicação evolucionista da sexualidade humana, Cap. 4
- Fantasias sexuais, Caps. 3 e 11
- Fator de fé e longevidade, Cap. 12
- Felicidade, Cap. 12
- Fertilidade, declínio com a idade, Cap. 5
- Fluidez sexual das mulheres, Cap. 11
- Gênero, Cap. 4
  - ansiedade e, Cap. 15
  - comunicação e, Cap. 4
  - criação de crianças e, Cap. 4
  - definição, Cap. 4
  - influências biológicas em, Cap. 4
  - influências socioculturais em, Cap. 4
  - "mulheres desaparecidas", Cap. 13
  - preconceito, Cap. 13
  - viés no local de trabalho e, Cap. 4
- Gravidez na adolescência, Cap. 11
- HIV/AIDS, vulnerabilidade das mulheres a, Cap. 11
- Hormônios
  - comportamento sexual e, Cap. 11
  - desenvolvimento sexual e, Caps. 4 e 5
  - sexuais, Caps. 2, 4 e 11
- Idade adulta, mudanças físicas, Cap. 5
- Ideais de beleza, Cap. 13
- Identidade de gênero não binária, Cap. 4
- Identidade de gênero, Cap. 4
  - androginia em, Cap. 4
  - binária/não binária, Cap. 4
  - cisgênero, Cap. 4
  - disforia de gênero, Cap. 4
  - influências parentais e culturais em, Cap. 4
  - teoria da aprendizagem social de, Cap. 4
  - transgênero, Cap. 4
- Identidade pansexual, Cap. 11
- Imagem corporal, Cap. 15
- Impulso sexual, diferenças de gênero em, Cap. 4
- Infecções sexualmente transmissíveis, Cap. 11
- Inteligência
  - ameaça de estereótipo em, Cap. 10
  - diferenças de gênero em, Cap. 10
- Intersexo, Cap. 4
- Liderança, transformacional, Apêndice C
- Limiares absolutos, Cap. 6
- Luto, Cap. 5
- Maturação, cérebro, Cap. 5
- Memória, episódica, Cap. 8
- Menarca, Cap. 4
  - precoce, e a idade adulta emergente, Cap. 5
  - precoce, e estresse, Cap. 4
- Menopausa, Cap. 5
- Mulheres na história da psicologia, prólogo e Apêndice A
- Narcisismo, Cap. 14
- Ninho vazio, Cap. 5
- Obediência, Cap. 13
- Obesidade e depressão, Cap. 11
- Olfato, sentido do, Cap. 6
- Orientação sexual, Cap. 11 e 12
  - assexual, Cap. 11
  - pansexual, Cap. 11
  - heterossexual, Caps. 4, 6, 11 e 13
  - homossexual, Caps. 1, 4, 5, 6, 11, 13, 14, 15 e 16
  - bissexual, Caps. 4, 11 e 16
- Ostracismo, Cap. 11
- #otempoacabou, Cap. 13
- Papéis de gênero, Cap. 4
  - como mudar as expectativas culturais de, Cap. 4
- Parafilias, Cap. 11
- Parentalidade dupla, Cap. 5
- Perda de audição, Cap. 6
- Perda de peso, Cap. 10
- Pobreza, papel nos transtornos psicológicos, Cap. 15
- Pornografia, Caps. 4, 11 e 13
- Preconceito, gênero, Caps. 4 e 13
- Preferências de acasalamento, perspectiva evolutiva, Cap. 4
- Presença paterna
  - menarca precoce e, Cap. 4
  - menor atividade sexual e, Cap. 11
  - taxas de gravidez e, Cap. 11
- Pronome genérico "ele", Cap. 9
- Puberdade, Cap. 5
- Raciocínio moral, Cap. 5
- Raiva, Cap. 12
- Relacionamento entre pais, na adolescência, Cap. 5
- Relógio social, Cap. 5
- Resposta de cuidado e proteção, Cap. 12
- Respostas de estresse, Cap. 12
- Roteiros sociais
  - comportamento sexual e, Caps. 4, 7, 11 e 13
  - pornografia e, Cap. 13
- Ruminação, Cap. 15
- Seleção natural e preferências de acasalamento, Cap. 4
- Sexo e gênero, definidos, Cap. 4

continua

Tabela 5 Psicologia de gênero, identidade de gênero e sexualidade. *(Continuação)*

A cobertura sobre *psicologia de gênero, identidade de gênero e sexualidade* pode ser encontrada nos seguintes capítulos:

Tabela 6 Psicologia da diversidade cultural e inclusão.

A cobertura sobre *psicologia da diversidade e inclusão cultural* pode ser encontrada nos seguintes capítulos:

continua

Tabela 6 Psicologia da diversidade cultural e inclusão. *(Continuação)*

A cobertura sobre *psicologia da diversidade e inclusão cultural* pode ser encontrada nos seguintes capítulos:

Desenvolvimento motor, massagem e, Cap. 5
Desigualdades e divisões sociais, Cap. 13
Desindividuação, Cap. 13
Discriminação
definida, Cap. 13
- preconceitos inconscientes e, Cap. 13
- rede endogrupo e, Cap. 13

Discurso de ódio, Caps. 7 e 13
Distúrbios específicos relacionados à cultura, Cap. 15
- amok, Cap. 15
- susto, Cap. 15
- taijin kyofusho, Cap. 15
- transtornos alimentares, Cap. 15

Diversidade
- benefícios da, Cap. 13, Apêndice C
- em psicologia, Prólogo, Cap. 13 e Apêndice A
- psicoterapia e, Cap. 16

Diversidade/parentesco humano, Cap. 4
Divórcio, Caps. 5, 11, 12 e 13
Dor
- física e social, Cap. 11
- influências socioculturais na, Cap. 6

Efeito da mera exposição, Cap. 13
Efeito de outra raça, Cap. 13
Efeitos comportamentais da cultura, Prólogo e Cap. 4
Emoção
- capacidade de percepção emocional, Cap. 12
- como expressar emoções, Cap. 12

Emoções universais, Cap. 12
Enquadramento e incentivo, Cap. 9
Envelhecimento da população, Cap. 5
Envolvimento religioso e longevidade, Cap. 12
Erro fundamental de atribuição, Cap. 13
Espiritualidade, Cap. 12
Esquizofrenia, Cap. 15
Estabilidade do traço, Cap. 14
- adaptação e, Cap. 14

Estereótipos, Caps. 4, 6, 9, 11, 13 e 14
Estilo de liderança, influências culturais sobre, Apêndice C
Estresse
- aculturativo, Cap. 12
- apoio social e, Cap. 12
- consequências para a saúde, Cap. 12
- orientação homossexual e, Cap. 12
- pessoas transgênero e, Cap. 12
- racismo e, Cap. 12

Ética em pesquisa animal, Cap. 1
Expressões universais, Prólogo e Cap. 12
Felicidade, Cap. 12
Fenômeno do mundo justo, Cap. 13
Fenômeno do pé na porta, Cap. 13
Flow, Cap. 12 e Apêndice C
Gênero
- "mulheres desaparecidas" Cap. 13
- agressão e, Cap. 4
- como cisgênero ou transgênero, Cap. 4
- discriminação, Caps. 4 e 13
- equidade, Caps. 4 e 10
- normas culturais, Cap. 4
- poder social, Cap. 4
- preconceito, Caps. 4 e 13

Gestão participativa, Apêndice C
Heurística de representatividade, Cap. 9
HIV/AIDS, Cap. 11
Holocausto e, Cap. 13
Idade adulta emergente, Cap. 5
Ideais de beleza, Cap. 13
Identidade bicultural, Cap. 5
Identidade social, Cap. 5
Identidade, formação do social, Cap. 5
Imagem corporal, Cap. 15
Imigração, Caps. 1, 7, 9, 10, 12, 13 e 15
Individualismo, Caps. 4, 5, 10, 12 e 13
- raciocínio moral e, Cap. 5
- psicoterapia e, Caps. 15 e 16
- rejeição e, Cap. 11
- efeito de autorreferência e, Cap. 8
- autoestima e, Caps. 4, 11, 12 e 14
- realização pessoal e, Caps. 4, 11 e 12

Influência social, Cap. 13
Inteligência, Cap. 10
- como envelhecer e, Cap. 10
- diferenças raciais e étnicas, Cap. 10
- efeitos da nutrição em, Cap. 10

Internet como amplificador social, Cap. 13
Jogar videogame, compulsivo, Cap. 3
Luto, expressões de, Caps. 5 e 12
Medo, Cap. 9
Memória, efeito de autorreferência e, Cap. 8
Menopausa, Cap. 5
Microagressões, Cap. 13
Moralidade, desenvolvimento da, Cap. 5
Motivação para realização, Cap. 11
Motivação: hierarquia de necessidades, Cap. 11
Necessidade de pertencimento, identidade social e, Cap. 11
Neurodiversidade, Cap. 15 e Apêndice C
Neurotransmissores: curare, Cap. 2
Normas culturais, Caps. 4 e 13
Obediência, Cap. 13
Obesidade
- perda de sono e, Cap. 11
- taxas mundiais de, Cap. 11

Observação naturalista, Cap. 1
Orientação sexual, Cap. 11
- educação de crianças e, Cap. 5

Ostracismo, racial, Cap. 11
Otimismo, Caps. 12 e 14
Pacificação
- conciliação, Cap. 13
- contato, Cap. 13
- cooperação, Cap. 13
- objetivos superordenados, Cap. 13

Papéis de gênero, Caps. 4 e 14
- divisão de trabalho, Cap. 4

Pensamento de grupo, Cap. 13
Percepções das imagens no espelho, Cap. 13
Percepções do inimigo, Cap. 13
Percepções influenciadas pela raça, Caps. 9 e 13
Personalidade, Cap. 14
- cinco Grandes fatores e, Cap. 14

Perspectiva sociocultural, Prólogo
Peso, Cap. 11
Poder do indivíduo, Cap. 13
Poder, homens e mulheres, Cap. 4
Polarização de grupo, Cap. 13
Práticas de punição física, Cap. 7
Preconceito, Cap. 13
- contra muçulmanos, Caps. 12 e 13
- contato, cooperação, e, Cap. 13
- explícito, Cap. 13
- como formar categorias, Cap. 13
- gênero, Caps. 4 e 13
- não conformidade de gênero, Caps. 9 e 15
- polarização de grupo e, Cap. 13
- implícito, Cap. 13
- Kenneth Clark e Mamie Phipps Clark e, Cap. 1
- transtorno depressivo maior e, Cap. 15
- viés da própria idade, Cap. 13
- racial e étnico, Cap. 13
- heurística de representatividade e, Cap. 9
- risco de transtorno e, Cap. 15
- raízes de, Cap. 13
- estresse social e, Cap. 12
- contra judeus, Caps. 4, 5, 7 e 13
- LGBTQ, Caps. 7, 9, 12, 13 e 15
- contra imigrantes e refugiados, Cap. 1, 7, 10, 12, 13

Preferência de parceiros, Cap. 4
Preferências de sabor, Cap. 11
Preguiça social, Cap. 13
Presença do pai, Caps. 5, 11 e 13
Protótipos de discriminação, Cap. 9
Psicoterapia
- aliança terapêutica e, Cap. 16
- cultura, valores e identidade no, Cap. 16
- on-line, Cap. 16

Puberdade e independência adulta, Cap. 5
Racismo
- dados de pesquisa do Google, Cap. 1
- desigualdades e divisões sociais e, Cap. 13
- heurística de representatividade e, Cap. 9
- Oprah Winfrey e, Cap. 7
- ostracismo e, Cap. 11
- teoria do bode expiatório e, Caps. 13

Raiva, Cap. 12
Redes sociais, Cap. 11
Relacionamento entre pais e pares, Cap. 5
Relógio social, Cap. 5
Resiliência, Caps. 4, 5, 10 e 16
Ritmo de vida, Caps. 1 e 4
Satisfação com a vida, Cap. 12

continua

Tabela 6 Psicologia da diversidade cultural e inclusão. *(Continuação)*

A cobertura sobre *psicologia da diversidade e inclusão cultural* pode ser encontrada nos seguintes capítulos:

Tabela 7 Neurociência.

Além da cobertura encontrada no Capítulo 2, a *neurociência* pode ser encontrada nos seguintes capítulos:

continua

Tabela 7 Neurociência. *(Continuação)*

Além da cobertura encontrada no Capítulo 2, a *neurociência* pode ser encontrada nos seguintes capítulos:

- Percepção
  - detecção de características, Cap. 6
  - lesão cerebral e, Cap. 6
  - processamento de informação visual, Cap. 6
  - transdução, Cap. 6
  - visão de cores, Cap. 6
- Personalidade
  - cinco grandes fatores e, Cap. 14
- Perspectiva da neurociência, definida, Prólogo
- *Priming*
  - na memória, Cap. 8
  - na percepção, Cap. 6
- Processamento paralelo, Caps. 3, 6, e 8
- Psicocirurgia, Cap. 16
- Sensação
  - adaptação sensorial, Cap. 6
  - audição, Cap. 6
  - interação sensorial, Cap. 6
  - membro fantasma, Cap. 6
  - olfato, Cap. 6
  - paladar, Cap. 6
  - posição do corpo e movimento, Cap. 6
  - sinestesia, Cap. 6
  - surdez, Cap. 6
  - toque, Cap. 6
  - visão, Cap. 6
- Orientação sexual, Cap. 11
- Síndrome alcoólica fetal e anormalidades cerebrais, Cap. 5
- Sono
  - desenvolvimento cognitivo e, Cap. 3
  - durante a recuperação, Cap. 3
  - memória e, Cap. 3
- Suporte social e, Cap. 12
- Terapias alternativas de neuroestimulação, Cap. 16
- Transtorno da personalidade antissocial, Cap. 15
- Transtorno de estresse pós-traumático (TEPT) e o sistema límbico, Cap. 15
- Transtorno do déficit de atenção e hiperatividade (TDAH) e o cérebro, Cap. 15
- Transtornos de neurodesenvolvimento, Cap. 15
- Transtornos neurocognitivos e doença de Alzheimer, Caps. 5, 6 e 8
- Uso de drogas, Cap. 3
  - desenvolvimento do cérebro e, Cap. 3

Tabela 8 Genética do comportamento e psicologia evolutiva.

Além da cobertura encontrada no Capítulo 4, a *genética do comportamento* é abordada nos seguintes capítulos:

- Adaptabilidade, Cap. 2
- Agressão, Cap. 13
  - agressividade transmitida, Cap. 7
- Amor romântico, Cap. 13
- Aprendizagem, Cap. 7
- Bullying, Cap. 5
- Continuidade e estágios, Cap. 5
- Desenvolvimento, Cap. 5
- Desenvolvimento motor, Cap. 5
- Diferenças entre homossexuais e heterossexuais, Cap. 11
- Disfunções sexuais, Cap. 11
- Dor, Cap. 6
- Epigenética, Caps. 5, 10, 11, 14, 15 e Prólogo
- Estilos parentais, Cap. 5
- Estresse e doença, Cap. 12
  - benefícios do exercício, Cap. 12
- Felicidade, Cap. 12
- Fome e preferências do paladar, Cap. 11
- Impulsos e incentivos, Cap. 11
- Inteligência
  - genética e influências ambientais, Cap. 10
  - síndrome de Down, Cap. 15
- Memória de trabalho, Cap. 8
- Neuroplasticidade, Cap. 2
- Obesidade e controle de peso, Cap. 11
- Olfato, Cap. 6
- Orientação sexual, Cap. 11
- Otimismo, Cap.12
- Padrões de sono, Cap. 3
- Percepção de profundidade, Cap. 6
- Percepção, Cap. 6
- Perspectiva biológica, Cap. 2
- Perspectiva da genética do comportamento, Prólogo
- Privação de apego, Cap. 5
- Questão natureza-criação, Prólogo
  - gêmeos, Prólogo
- Sexualidade, Cap. 11
- Síndrome de deficiência de recompensa, Cap. 2
- Traços de personalidade, Cap. 14
- Transtorno do espectro autista, Caps. 5 e 15
- Transtornos alimentares, Cap. 15
- Transtornos psicológicos e TDAH, Cap. 15
  - abordagem biopsicossocial, Cap. 15
  - comportamento violento, Cap. 15
  - esquizofrenia, Cap. 15
  - pensamento depressivo, Cap. 15
  - sintomas somáticos e transtornos relacionados, Cap. 15
  - suicídio, Cap. 15
  - transtorno de estresse pós-traumático Cap. 15
  - transtorno obsessivo-compulsivo, Cap. 15
  - transtornos de personalidade, Cap. 15
  - transtornos depressivos e transtornos bipolares, Cap. 15
  - transtornos relacionados com a ansiedade, Cap. 15
- Uso de drogas, Cap. 3
- *Ver também* Capítulo 2: Biologia da Mente

Além da cobertura encontrada no Capítulo 4, a *perspectiva evolutiva* é abordada nos seguintes capítulos:

- Adaptação perceptiva, Cap. 6
- Adaptação sensorial, Cap. 6
- Amor, Cap. 5
  - companheiro, Cap. 13
- Aptidões verbais e matemáticas, Cap. 10
- Atração, Cap. 13
- Audição, Cap. 6
- Charles Darwin, Prólogo
- Condicionamento clássico, Cap. 7
- Desenvolvimento cognitivo, Cap. 5
- Detecção de características, Cap. 6
- Emoção, efeitos das expressões faciais e, Cap. 12
- Excesso de confiança, Cap. 9
- Exercício, Cap. 12
- Expressão emocional, Cap. 12
- Fome e preferências do paladar, Cap. 11
- Habilidade espacial, Cap. 10
- Instintos, Cap. 11
- Inteligência, Cap. 10
- Linguagem, Cap. 9
- Lutar ou fugir, Cap. 12
- Medo, Caps. 9 e 15
- Memória, adaptativa, Cap. 8
- Mudança terapêutica do estilo de vida, Cap. 16
- Necessidade de pertencer, Cap. 11
- Obesidade, Cap. 11
- Olfato, Cap. 6
- Orientação sexual, Cap. 11
- Paladar, Cap. 6
- Perspectiva evolutiva, Prólogo
- Preconceito, Cap. 13
- Predisposições biológicas na aprendizagem, Cap. 7
  - no condicionamento operante, Cap. 7
- Puberdade, início da, Cap. 5
- Raiva, Cap. 12
- Reflexos, recém-nascido, Cap. 5
- Sexualidade, Cap. 11
- Sono, Cap. 3
- Transtornos relacionados com a ansiedade, Cap. 15
- Tronco encefálico, Cap. 2
- *Ver também* Capítulo 2: Biologia da Mente

Tabela 9 Exemplo de correlação do MCAT com *Psicologia*, 13ª edição.

Categoria de conteúdo 6C do MCAT 2015: como responder ao mundo	*Psicologia*, 13ª edição, correlações	Número do capítulo
Emoção	Emoção: Introdução à emoção; Expressão da emoção; Experimentando a emoção	Cap. 12
Três componentes da emoção (ou seja, cognitivo, fisiológico, comportamental)	Emoção: excitação, comportamento e cognição	Cap. 12
Emoções universais (p. ex., medo, raiva, felicidade, surpresa, alegria, desgosto e tristeza)	Cultura e expressão emocional, incluindo as emoções universais Como sentir as emoções – inclusive as emoções básicas	Cap. 12
Papel adaptativo da emoção	Emoção como resposta adaptativa do corpo	Cap. 12
	Emoções e sistema nervoso autônomo	Cap. 12
Teorias da emoção		
Teoria de James-Lange	Teoria de James-Lange: a excitação vem antes da emoção	Cap. 12
Teoria de Cannon-Bard	Teoria de Cannon-Bard: a excitação e emoção ocorrem simultaneamente	Cap. 12
Teoria de Schachter-Singer	Teoria de dois fatores de Schachter-Singer: excitação + rotulação = emoção	Cap. 12
Zajonc; LeDoux; Lazarus	Zajonc, LeDoux e Lazarus: a cognição sempre precede a emoção?	Cap. 12
O papel dos processos biológicos na percepção da emoção	Emoções e sistema nervoso autônomo	Cap. 12
Regiões do cérebro envolvidas na geração e experiência de emoções	Fisiologia das emoções – incluindo os caminhos do cérebro para as emoções	Cap. 12
	Zajonc, LeDoux e Lazarus: a cognição sempre precede a emoção?	Cap. 12
O papel do sistema límbico na emoção	Emoções e sistema nervoso autônomo	Cap. 12
	Sistema límbico	Cap. 2
	Diferenças fisiológicas entre emoções específicas	Cap. 12
Emoção e sistema nervoso autônomo	Emoções e sistema nervoso autônomo	Cap. 12
Marcadores fisiológicos de emoção (assinaturas de emoção)	Fisiologia das emoções	Cap. 12
Estresse	Estresse e doença	Cap. 12
A natureza do estresse	Estresse: alguns conceitos básicos	Cap. 12
Avaliação	Avaliação do estresse	Cap. 12
Diferentes tipos de estressores (ou seja, eventos cataclísmicos, pessoais)	Estressores: coisas que nos deixam tensos	Cap. 12
Efeitos do estresse nas funções psicológicas	Sistema de resposta ao estresse	Cap. 12
Resultados do estresse/resposta a estressores	Sistema de resposta ao estresse	Cap. 12
Fisiológico	Sistema de resposta ao estresse	Cap. 12
	Estresse e vulnerabilidade a doenças	Cap. 12
	Pensamento crítico	Cap. 12
Emocional	Estresse e doenças cardíacas: os efeitos da personalidade, do pessimismo e da depressão	Cap. 12
	Estratégias de enfrentamento do estresse	Cap. 12
	Transtorno de estresse pós-traumático	Cap. 15
Comportamental	Sistema de resposta ao estresse	Cap. 12
	Estratégias de enfrentamento do estresse	Cap. 12
Como lidar com o estresse (p. ex., exercícios, técnicas de relaxamento, espiritualidade)	Redução do estresse: exercício aeróbico; relaxamento e meditação; comunidades de fé	Cap. 12

do caminho aperfeiçoa o efeito do teste, assim como o *feedback imediato* por meio de respostas disponíveis para verificação. Além disso, cada seção principal do texto começa com uma pergunta numerada que estabelece um *objetivo de aprendizagem* e direciona a leitura do aluno. As seções de ***Revisão*** repetem essas perguntas como mais uma oportunidade de autoavaliação (com respostas disponíveis para verificação). As seções de Revisão também oferecem uma autoavaliação sobre os **Termos e Conceitos a Recordar** e as questões de **Domine o Material** para promover a retenção ideal.

Termos-chave. Procure definições completas de cada termo importante perto da introdução do termo na narrativa.

PRÁTICA DE RECUPERAÇÃO

PR-2 O que uma boa teoria faz?

PR-3 Por que a replicação é importante?

RESPOSTAS NO APÊNDICE E

Figura 3
Amostra de recurso de Prática de Recuperação.

6. Você não encontrará melhor serviço e suporte em nenhum lugar. Estamos gratos por trabalhar com uma editora familiar que tem apoiado tanto nossa missão de ensino e nos incentivado a criar os melhores materiais de ensino e aprendizagem.

Espalhadas ao longo deste livro, os alunos encontrarão notas de revisão interessantes e informativas e citações de pesquisadores e de outras pessoas que os incentivarão a serem estudantes proativos e a aplicarem seus novos conhecimentos à vida cotidiana.

Oito princípios orientadores de Myers e DeWall

Mantivemos os objetivos – os princípios orientadores – que guiaram este texto desde a sua primeira edição.

Facilitar a experiência de aprendizagem

1. *Ensinar o pensamento crítico.* Ao apresentar a pesquisa como um trabalho intelectual de detetive, ilustramos como é uma mentalidade científica. Os alunos descobrirão como o pensamento crítico pode ajudá-los a avaliar ideias concorrentes e alegações populares – desde a PES e a construção da memória até as diferenças de grupo quanto à inteligência e terapias alternativas. Nossos recursos infográficos "Pensamento crítico sobre" ajudam a envolver os estudantes nesse aprendizado. (Ver mais sobre pensamento crítico na p. x e na **Tabela 4**.)
2. *Fornecer aplicações de princípios.* Ao longo da narrativa e das ilustrações, relacionamos as descobertas da psicologia com as aplicações no mundo real. Tornamos a psicologia significativa para os alunos, mostrando como ela se relaciona com suas vidas – seu desenvolvimento ao longo da vida, sua busca de relacionamentos e felicidade, sua compreensão de forças negativas, como preconceito, e muito mais. Questões "Pergunte a si mesmo" ao longo de cada capítulo estimulam os alunos a aplicar conceitos importantes em suas próprias vidas e a aprender maneiras de desenvolver pontos fortes pessoais importantes. (Ver **Tabela 10**, Psicologia positiva, para saber mais sobre como encorajamos a compreensão da felicidade e das forças humanas, e o novo *Prefácio do Estudante: Como Aplicar a Psicologia para Viver sua Melhor Vida*, mais adiante.)
3. *Reforçar a aprendizagem em cada etapa.* Exemplos diários e perguntas instigantes incentivam os alunos a processar o material ativamente. Oportunidades de autoavaliação em todo o texto ajudam os estudantes a aprender e reter conceitos e terminologia importantes.

Demonstrar a ciência da psicologia

4. *Mostrar o processo de investigação.* Tentamos mostrar aos alunos não apenas o resultado, mas como funciona todo o processo de pesquisa, muitas vezes colocando-os no papel de pesquisadores

Tabela 10 Psicologia positiva.

Os tópicos relacionados à *psicologia positiva* podem ser encontrados nos seguintes capítulos:

Tópicos	Capítulos
Altruísmo/compaixão	1, 4, 7, 12, 13, 14, 16
Amor	1, 4, 5, 6, 11, 12, 13, 14
Autoconsciência	6, 10, 14, 16
Autocontrole	5, 7, 11, 12, 13, 14, 15
Autodisciplina	5, 10, 11, 12
Autoeficácia	14, 16
Autoestima	3, 5, 11, 12, 14, 15, 16, Apêndice C
Controle pessoal	1, 4, 7, 10, 11, 12, 15, 16
Coragem	12, 13, 14, 15, Apêndice C
Criatividade	1, 3, 9, 10, 11, 12, 14, Apêndice C
Empatia	4, 5, 6, 7, 12, 13, 14, 16
Enfrentamento (*coping*)	5, 6, 11, 12, 15, 16
Espiritualidade	3, 4, 5, 12, 14, 16
Felicidade/satisfação com a vida	Prólogo, 1, 3, 5, 11, 12, 13, 14, Apêndice C
Fluxo (*flow*)	12, Apêndice C
Gratidão	12, 16
Humildade	Prólogo, 4, 14, Apêndice C
Humor	12, 15
Integridade	5, 12
Inteligência emocional	10
Justiça	5, 16
Liderança	4, 11, 12, 13, 14, Apêndice C
Moralidade	2, 4, 5, 7, 9, 13
Otimismo	5, 12, 14, 15
Resiliência	4, 5, 10, 12, 15, 16
Sabedoria	Prólogo, 5, 9, 10, 12, 14, Apêndice C
Tenacidade (determinação)	10, 11

ou participantes de estudos clássicos. Apresentamos histórias de pesquisa como mistérios que se desvendam à medida que uma pista após a outra se encaixa.

5. *Estar o mais atualizado possível.* Mantendo os estudos e conceitos clássicos da psicologia, também apresentamos os achados recentes mais importantes. Nesta edição, 2.100 referências são datadas de 2015 a 2020. Da mesma forma, novas fotos e novos exemplos cotidianos são extraídos do mundo de hoje.
6. *Colocar os fatos a serviço dos conceitos.* Nossa intenção não é sobrecarregar os alunos com fatos, mas revelar os principais conceitos da psicologia – ensinar os alunos a pensar e oferecer ideias psicológicas nas quais vale a pena pensar. Questões objetivas de aprendizagem e questões de prática de recuperação ao longo de cada capítulo ajudam os alunos a se concentrar nos conceitos mais importantes.

Promover grandes ideias e horizontes ampliados

7. *Melhorar a compreensão por meio da continuidade.* Muitos capítulos têm uma questão ou tema significativo que liga os subtópicos e consolida o capítulo. O capítulo "Aprendizagem" transmite a ideia de que pensadores ousados podem servir como pioneiros intelectuais. O capítulo "Pensamento e Linguagem" levanta a questão da racionalidade e irracionalidade humana. O capítulo "Transtornos Psicológicos" transmite empatia e compreensão de vidas conturbadas. Outros tópicos, como neurociência cognitiva, processamento duplo e diversidade individual e de grupo, se entrelaçam ao longo de todo o livro, e os alunos ouvem uma voz consistente.
8. *Transmitir o respeito pela unidade e diversidade humana.* Ao longo do livro, os leitores verão evidências de parentesco humano em nossa biologia compartilhada – nossos mecanismos comuns de ver e aprender, ter fome e sentir, amar e odiar. Eles também compreenderão melhor nossa diversidade – nossa diversidade individual em desenvolvimento e aptidões, temperamento e personalidade, transtorno e saúde; e nossa diversidade cultural em atitudes e estilos expressivos, criação de filhos e cuidados com idosos, e prioridades e experiências de vida.

Agradecimentos

Auxiliado pela contribuição de milhares de instrutores e alunos ao longo dos anos, este livro tornou-se melhor, mais eficaz e mais preciso do que dois autores, sozinhos (pelo menos estes autores), poderiam escrever. Nossa dívida continua com os inúmeros pesquisadores que se mostraram tão dispostos a compartilhar seu tempo e talento para nos ajudar a relatar com precisão suas pesquisas e com as centenas de instrutores que dedicaram seu tempo para oferecer *feedback*.

Nossa gratidão estende-se aos colegas que contribuíram com críticas, correções e ideias criativas relacionadas com conteúdo, pedagogia e formato desta nova edição e seus recursos. Por sua experiência e incentivo, e pela doação de seu tempo ao ensino de psicologia, agradecemos aos revisores e consultores listados aqui:

Michelle Butler
United States Air Force Academy

Gary Creasey
Old Dominion University

Brian Day
Clemson University

Joseph Eastwood
University of Ontario Institute of Technology

Perry Fuchs
The University of Texas at Arlington

Antonia Henderson
Langara College

Carrie Kobelsky
University of Victoria

Erin Lea
Langara College

Valerie L. Lloyd
Langara College

Beth Morling
University of Delaware

Robin Musselman
Lehigh Carbon Community College

Levente Orban
Kwantlen Polytechnic University

John M. O'Brien
University of Maine at Augusta

Elaine M. O'Reilly
University of North Carolina at Charlotte

L. Alison Phillips
Iowa State University

Alan Roberts
Indiana University

Jon Sigurjonsson
Caldwell University

Kamara Taylor
Michigan Technological University

Elizabeth Veinott
Michigan Technological University

Jeanne Viviani
LaGuardia Community College

Kimberly Wood
Samford University

Gostaríamos de agradecer especialmente aos revisores e consultores que nos ajudaram a atualizar e melhorar as discussões de gênero e sexualidade humana, e que nos ajudaram a moldar o novo infográfico "Pensamento crítico sobre: Agressão Sexual" no Capítulo 4:

Michael Bailey
Northwestern University

Andrea Brown
College of Southern Nevada

Christia Brown
University of Kentucky

Ann Coker
University of Kentucky

Jane Dickie
Hope College

Sara Dorer
Hope College

Angela B. Dortch
Ivy Tech Community College

Heather V. Ganginis Del Pino
Montgomery College

Jerry Green
Tarrant County College

Ruth Hallongren
Triton College

Regina M. Hughes
Collin College

Kellie McCants-Price
Anne Arundel Community College

Michelle Merwin
The University of Tennessee at Martin

Hayley Kleitz Nelson
Delaware County Community College

Thelisa E. Nutt
Tarrant County College District - Southeast Campus

Claire Renzetti
University of Kentucky

David L. Roby
Texas Southmost College

Também queremos agradecer aos instrutores que compartilharam suas opiniões e conhecimentos para nos ajudar a moldar o conteúdo de nosso novo *Prefácio do Estudante: Como Aplicar a Psicologia para Viver sua Melhor Vida*:

Andrea Brown
College of Southern Nevada

Douglas Dinero
Onondaga Community College

Angela B. Dortch
Ivy Tech Community College

Timothy Flemming
Georgia State University

Dann Hazel
Polk State College

David L. Roby
Texas Southmost College

Edie Sample
Metropolitan Community College

Melissa S. Terlecki
Cabrini University

Carol Wilkinson
Whatcom Community College

Também agradecemos a revisão cuidadosa de Salena Brody (University of Texas, Dallas) de nossa Linha do Tempo da Psicologia (Apêndice A), incluindo suas inserções relacionadas com a contribuição de mulheres e pessoas pretas e os novos exercícios em sala de aula, tópicos de palestras/discussões e atividades de pensar em pares que ela criou para os Recursos do Instrutor sobre diversidade em psicologia, no livro original, em inglês.

Na Macmillan Learning, muitas pessoas desempenharam papéis importantes na criação desta 13ª edição.

A gerente executiva sênior do programa, Carlise Stembridge, tem sido líder valorizada da equipe, graças à sua dedicação, criatividade e sensibilidade. Carlise supervisiona, incentiva e orienta nossa equipe de autores e editores e é um elo de ligação importante com nossos colegas de campo.

Noel Hohnstine e Laura Burden coordenaram habilmente a criação dos recursos de mídia. Betty Probert editou e produziu com eficiência as perguntas do Banco de Testes (trabalhando com Chrysalis Wright, University of Central Florida), Recursos para Instrutores e Guias de Leitura; no processo, também ajudou a ajustar todo o livro. Anna Munroe forneceu um apoio inestimável na contratação e organização de várias revisões, com a coordenação de nossos cronogramas de desenvolvimento e produção, e ofereceu orientação editorial. Lee McKevitt fez um trabalho esplêndido ao organizar cada página do texto impresso. Robin Fadool e Donna Ranieri trabalharam juntos para criar o adorável programa de fotos.

Won McIntosh, Susan Wein e Paul Rohloff magistralmente mantiveram o livro em seu cronograma apertado, e Natasha Wolfe dirigiu habilmente a criação do belo novo *design*.

Christine Brune, editora-chefe nas últimas três décadas, é uma profissional espetacular. Ela oferece a combinação certa de incentivo, advertências gentis, atenção aos detalhes e paixão pela excelência. Os autores com quem ela trabalha não podem pedir mais. Os editores de desenvolvimento, Trish Morgan e Danielle Slevens, também nos surpreenderam com seu foco meticuloso, conhecimento impressionante e edição útil – e com espíritos semelhantes aos nossos. Deborah Heimann fez um excelente trabalho de edição.

Para atingir nosso objetivo de apoiar o ensino de psicologia, esses recursos não apenas devem ser criados, revisados, editados e produzidos, mas também disponibilizados aos professores de psicologia, com orientação efetiva e atendimento profissional e amigável à mão. Por seu sucesso excepcional ao fazer tudo isso, nossa equipe de autores agradece à equipe profissional de vendas e *marketing* da Macmillan Learning. Somos especialmente gratos à gerente executiva de *marketing* Kate Nurre e às especialistas em soluções de aprendizagem Robyn Burnett e Elizabeth Chaffin Woosley por trabalharem incansavelmente para informar nossos colegas de ensino sobre nossos esforços para ajudar no ensino e pela alegria de trabalhar com eles.

No Hope College, Kathryn Brownson pesquisou inúmeras informações e editou e revisou centenas de páginas. Kathryn é uma conselheira experiente e sensível em muitos assuntos. Na University of Kentucky, Lorie Hailey demonstrou várias qualidades indispensáveis, inclusive um olhar aguçado e uma forte ética de trabalho.

Mais uma vez, eu [DM] agradeço a assistência editorial e orientação de meu treinador de redação, o poeta Jack Ridl, cuja influência reside na voz que você ouvirá nas páginas que se seguem. Ele, mais do que ninguém, cultivou meu prazer de dançar com o idioma e me ensinou a abordar a escrita como um ofício que se transforma em arte. Da mesma forma, eu [ND] sou grato ao meu herói intelectual e mentor, Roy Baumeister, que me ensinou como aprimorar minha escrita e abraçar a vida de escritor. Também estou em dívida com John Tierney, que ofereceu apoio interminável e serviu de modelo de como se comunicar com o público em geral.

E aproveitamos nosso trabalho contínuo, juntos neste nosso oitavo livro em coautoria. Os novos *insights* e contribuições de Nathan continuam a enriquecer este livro à medida que trabalhamos juntos em cada capítulo. Com o apoio de nossos maravilhosos editores, este é um projeto de equipe. Além de nosso trabalho conjunto no livro didático, Nathan e eu contribuímos para a coluna mensal "Teaching Current Directions in Psychological Science" no *APS Observer* (tinyurl.com/MyersDeWall). Eu [DM] também tenho um *blog* no TalkPsych.com, no qual compartilho novos achados interessantes, aplicações cotidianas e observações sobre todas as coisas da psicologia (com agradecimentos especiais à minha talentosa editora de longa data, Nancy Fleming).

Finalmente, nossa gratidão estende-se aos muitos alunos e instrutores que escreveram para oferecer sugestões ou apenas uma palavra de incentivo. É para eles e para aqueles que estão prestes a começar seus estudos de psicologia que fizemos o melhor para apresentar o campo que amamos.

• • •

O dia em que este livro foi impresso também foi o dia em que começamos a reunir informações e ideias para a próxima edição. Sua sugestão influenciará como este livro continuará a evoluir. Então, por favor, compartilhe seus pensamentos conosco.

Hope College
Holland, Michigan 49422-9000 USA
DavidMyers.org
@DavidGMyers

University of Kentucky
Lexington, Kentucky 40506-0044 USA
NathanDeWall.com
@cndewall

N.E.: Há apêndices complementares aos Capítulos 4, 5, 7, 12 e 13, elaborados por professores brasileiros para contextualização dos respectivos temas ao cenário nacional.

Prefácio do Estudante: Como Aplicar a Psicologia para Viver sua Melhor Vida

Como você verá nos capítulos do livro, algumas coisas – inclusive nosso temperamento, tipo físico, orientação sexual e traços de personalidade – podem ser moderadas com força de vontade, mas, na maioria das vezes, estão além de nosso poder de mudança. Dessa forma, é melhor aceitar do que lutar contra quem somos.

De outras maneiras, *podemos* mudar e passar a ser a pessoa que aspiramos. Considere cinco maneiras pelas quais podemos usar a psicologia para viver nossa melhor vida (mais sobre cada um nos próximos capítulos):

- Pensar criticamente ao formular julgamentos e tomar decisões.
- Atender ao autocontrole e autoaperfeiçoamento.
- Gerenciar nosso tempo e estudo.
- Desfrutar de uma vida social satisfatória.
- Encontrar significado ao perseguir objetivos.

Pensar crítica e cientificamente

Autocontrole e autoaperfeiçoamento

Gestão do tempo e dicas de estudo

Vida social

Encontrar significado e perseguir metas

Pensar crítica e cientificamente

Para viver sua melhor vida, você precisará aprender a pensar criticamente – orientação que você encontrará em cada capítulo deste livro. Você precisará basear suas esperanças, seus medos e suas decisões em fundamento de verdade e compreender a importância do pensamento científico e da pesquisa cuidadosa que fundamenta tudo o que apresentaremos.

Infelizmente, a desinformação se espalha com facilidade. Muitas pessoas temem mais o terrorismo, os tiroteios em massa e as viagens aéreas do que as ameaças muito maiores que enfrentam com armas em casa e viagens de carro. Nos Estados Unidos, duas em cada três pessoas, ano após ano, têm a percepção de que o crime está aumentando – mesmo quando, na verdade, está caindo drasticamente (McCarthy, 2019). E "quantas crianças de 1 ano do mundo foram vacinadas contra alguma doença" – 20, 50 ou 80 %? Na maioria dos países, mais de quatro em cada cinco pessoas imaginam 20% ou 50%, quando a verdade é 88% (Rosling, 2018).

Isso não apenas nos ajuda a conhecer individualmente a verdade sobre o que nos ameaça e nos beneficia, mas também nos ajuda coletivamente. A democracia pressupõe nossa sabedoria. Quando nós, os eleitores, podemos perceber a verdade, quando os fatos prevalecem sobre as notícias falsas, podemos apoiar políticas sensatas e eleger líderes benevolentes.

A desinformação vem de várias fontes:

- Algumas pessoas ou organizações pretendem nos enganar para vender um produto ou minar um oponente político.
- Notícias sensacionalistas podem ser enganosas – imagens vívidas de tiroteios horríveis ou acidentes de avião podem nos levar a temer desproporcionalmente alguns perigos, e outros muito pouco.
- Se interagirmos apenas com pessoas, *sites* e fontes de notícias que reflitam nossa maneira de pensar, confirmaremos, em vez de contestar nossas suposições.
- Temos um "viés de verdade" natural, uma inclinação para acreditar no que os outros dizem, especialmente quando repetido.

Felizmente, a ignorância de nossa ignorância pode ser remediada pela educação. E isso leva você a este livro e seus recursos, que oferecem a contribuição da psicologia para o pensamento crítico. Para saber como podemos nos proteger contra erros e preconceitos que podem sequestrar nosso cérebro e para entender melhor a importância da atualizada pesquisa científica e os procedimentos cuidadosos que ela segue, continue lendo.

Com uma mistura de curiosidade, de mente aberta e questionamento em busca de evidências, podemos filtrar melhor a falsidade dos fatos e podemos viver vidas mais inteligentes e prósperas.

Autocontrole e autoaperfeiçoamento

Podemos aplicar nosso pensamento inteligente a todos os aspectos de viver nossa melhor vida, inclusive o autocuidado apropriado. Compromissos com a família, trabalho e escola podem tornar difícil encontrar tempo para alcançar nossos objetivos, manter nossa saúde e nos divertir. Mas para cuidar dos outros, primeiro precisamos cuidar de nós mesmos.

Autocontrole

O sucesso começa com o autocontrole, ou seja, a capacidade de conter impulsos e adiar a gratificação de curto prazo para maiores recompensas de longo prazo. Qual é o seu nível de autocontrole? Em uma escala de 1 (*nada parecido comigo*) a 5 (*muito parecido comigo*), indique o quanto cada uma das seguintes afirmações reflete como você normalmente é (Tangney *et al.*, 2004):

1. ____ Sou bom(boa) para resistir à tentação.
2. ____ Tenho dificuldade de quebrar maus hábitos.
3. ____ Sou preguiçoso(a).
4. ____ Digo coisas impróprias.
5. ____ Faço certas coisas que são ruins para mim, quando são divertidas.
6. ____ Eu recuso coisas que são ruins para mim.
7. ____ Eu gostaria de ter mais autodisciplina.
8. ____ As pessoas diriam que eu tenho autodisciplina de ferro.
9. ____ O prazer e a diversão às vezes me impedem de terminar o trabalho.
10. ____ Tenho dificuldade de concentração.
11. ____ Sou capaz de trabalhar efetivamente em direção a metas de longo prazo.
12. ____ Às vezes não consigo me impedir de fazer algo, mesmo sabendo que é errado.
13. ____ Muitas vezes ajo sem pensar em todas as alternativas.

Para calcular seu escore total:

- *Inverta* sua classificação para os itens 2, 3, 4, 5, 7, 9, 10, 12 e 13 (1 = 5; 2 = 4; 3 = 3; 4 = 2; 5 = 1).
- Agora *adicione* suas classificações para estabelecer seu *escore total.*
- Os escores totais variam de 13 a 65; os escores mais altos indicam mais autocontrole. O escore médio foi de 39 em dois estudos de estudantes universitários (Tangney *et al.*, 2004).

Autoaperfeiçoamento

Aqui estão algumas dicas para melhorar seu autocuidado:

- **Defina e anuncie seus objetivos**. Metas específicas e realistas – como "rascunhar aquele artigo até a próxima sexta-feira" – direcionam a atenção, promovem o esforço e motivam a persistência. Para se tornar responsável, anuncie sua meta para amigos ou familiares.
- **Desenvolva um plano de ação**. Especifique *como* você progredirá em direção ao seu objetivo. As pessoas que desenvolvem metas com planos detalhados ficam mais focadas e têm maior probabilidade de terminar a tempo. Fantasiar seu sucesso final (um ótimo trabalho entregue no prazo, uma boa nota no curso, uma vitória esportiva) ajuda. Contudo, imaginar os detalhes passo a passo ajuda mais.
- **Crie hábitos benéficos**. Existe algum comportamento, como fazer exercícios, que você gostaria de tornar automático? Faça isso todos os dias por dois meses e você terá transformado um comportamento difícil em um hábito obrigatório.
- **Planeje uma noite inteira de sono**. Compromissos de trabalho, estresse familiar e outros desafios podem interferir no sono. O tempo de tela e o tempo social também podem interferir. O primeiro passo para mudar sua rotina de sono começa com uma pergunta: "Quero aumentar minha felicidade, energia, foco e saúde?" Nesse caso, tente encontrar uma maneira de dar ao seu corpo mais do sono que ele deseja. (Ver dicas sobre como dormir melhor no Capítulo 3).
- **Crie um ambiente propício**. É mais fácil comer algo saudável quando você não tem comida sem valor nutritivo por perto. Nas refeições, controle o tamanho da porção usando pratos e tigelas menores. Para se concentrar em um projeto, remova as distrações. À noite, guarde seu telefone para que você possa dormir sem ser perturbado. Envolva-se com amigos que trazem o melhor e não o pior em você.
- **Controle o uso de substâncias**. Muitas substâncias psicoativas, como a nicotina, são altamente viciantes e podem facilmente sequestrar nossa vida diária, nossos objetivos de longo prazo e nossa boa saúde. Embora algumas substâncias, como a cafeína, possam ser consumidas com segurança e com moderação, muitas outras perturbarão seriamente nossa qualidade de vida, a menos que sejam totalmente evitadas. (Ver mais sobre o assunto no Capítulo 3).
- **Reserve tempo para o exercício**. O exercício aeróbico frequente é um excelente investimento de tempo. Mesmo em pequenas quantidades, o exercício aeróbico melhora a saúde, aumenta a energia, melhora o humor e a memória e diminui a ansiedade.

- **Incorpore a meditação com atenção plena (*mindfulness*).** Praticar a atenção plena pode ajudar a lidar com o estresse e regular as emoções de forma mais saudável.
- **Desenvolva habilidades de enfrentamento de problemas (*coping*) e um estilo de vida saudável.** Fortalecer nossa *resiliência* e gerenciar nossas emoções nos ajuda a lidar com o estresse. Também podemos melhorar nossa saúde mental com mudanças no estilo de vida – práticas diárias que marcam vidas prósperas. Para obter mais informações, consulte o Capítulo 12 e também "Pensando criticamente sobre: Mudança terapêutica no estilo de vida" no Capítulo 16.

Gestão do tempo e dicas de estudo

Alguns alunos falham. Alguns sobrevivem. E alguns alcançam suas metas com sucesso. Então, que escolhas você pode fazer para triunfar?

Você pode começar elaborando um plano de como administrará seu tempo e maximizará seu aprendizado. Como o lendário treinador de basquete John Wooden (1977) disse: "Quando você falha em se preparar, você está se preparando para falhar."

Pode parecer que não há horas suficientes na semana para fazer tudo. Pode ser que você não esteja usando seu tempo da maneira mais eficiente possível. Para avaliar suas habilidades atuais de gerenciamento de tempo e estudo, preencha a pesquisa abaixo respondendo SIM ou NÃO:[1]

1. ____ Você estimou quantas horas precisa estudar por semana?
2. ____ Você tende a completar suas tarefas no prazo?
3. ____ Você estimou quanto tempo leva para concluir cada uma de suas tarefas?
4. ____ Você começa a trabalhar em tarefas de longo prazo no início do período?
5. ____ Você faz listas de coisas para fazer na sua cabeça em vez de no papel ou em um programa de cronograma digital?
6. ____ Você participa de atividades sociais, mesmo quando sabe que deveria estudar?
7. ____ Você tem horário para estudar para as provas?
8. ____ Seu trabalho exige mais de 20 horas semanais?
9. ____ Você sabe exatamente quais tarefas vai fazer quando se sentar para estudar?
10. ____ Você tenta primeiro as tarefas da sua aula mais difícil?

Dê um ponto para cada resposta NÃO às perguntas 5, 6 e 8, e um ponto para cada resposta SIM a todas as outras perguntas. Quanto foi o total de pontos que você ganhou? As pessoas com escore superior a 7 já tendem a ter boa gestão do tempo e habilidades para estudar; as pessoas com escore abaixo de 5 se beneficiam mais ao aprender como melhorar. Todos nós podemos usar um lembrete das melhores práticas. Aqui estão algumas dicas.

Gerencie seu tempo

Seu tempo é seu recurso mais precioso. Gerenciar seu tempo requer planejar intencionalmente *quando* você progredirá em direção a seus objetivos. Comece monitorando cuidadosamente o uso do seu tempo por uma semana – incluindo todo o tempo pessoal, escolar e de trabalho – e observando padrões e oportunidades. (Nós [DM e ND] fizemos isso e ficamos surpresos com quanto tempo estávamos perdendo!) Em seguida, crie um "orçamento de tempo" que lhe permita aproveitar a vida, ser energizado e concluir suas tarefas de estudo, trabalho e família. Planeje tempo para recreação e amigos; mídia social; sono, alimentação e cuidados pessoais; tempo de aula e estudo e qualquer emprego ou obrigações domésticas. Determine precisamente quando você fará cada uma delas, *criando horários semanais e diários que abrem espaço livre de culpa para cada atividade.* Para se tornar a pessoa que você deseja ser, viva intencionalmente, dia após dia.

Gerencie sua energia mental

Algumas tarefas são mentalmente exigentes. Planeje seu dia para abrir espaço para essas tarefas quando tiver mais energia. Dê tempo para descansar e se recuperar antes de iniciar a próxima tarefa exigente. Ao rastrear sua energia mental, você saberá quando gastá-la e quando salvá-la.

[1]Fonte: Van Blerkom, D. L. (2012). *Orientation to learning* (7th ed.). Wadsworth.

Tempo para o sucesso. Fazer uma programação diária realista permitirá que você tenha tempo para o que *precisa* fazer e também para o que *deseja* fazer.

stock_colors/Getty Images

Jogue no ataque

Problemas com o carro e com familiares e desafios no trabalho acontecem. Às vezes temos que jogar na "defesa" contra as demandas e problemas da vida, deixando-nos estressados e aquém de nossos objetivos. A solução: Quando possível, jogue no "ataque" contra o seu ambiente. Em vez de apenas deixar o dia acontecer com você, comece cada dia com um plano. Controle como você gasta seu tempo. Estabelecer rotinas e tomar decisões com antecedência economiza energia e reduz a tomada de decisões diárias. Se você sabe que vai estudar duas horas de manhã antes da aula, não vai perder tempo pensando no que fazer.

Estudo inteligente

Para lembrar o que você leu, use o sistema SQ3R (*Survey*, *Question*, *Read*, *Retrieve*, *Review*, em português, pesquise, questione, leia, recite, revise). Pesquise a organização do capítulo. Identifique as perguntas que sua leitura deve responder. Leia ativamente, buscando respostas. Recite e ensaie as ideias-chave. Por fim, revise a organização e os conceitos do capítulo.

Esses dois últimos "R" são especialmente importantes: você reterá melhor as informações por meio da repetição da autoavaliação e da revisão do material previamente estudado. Obter *feedback imediato* torna esse *efeito de teste* ainda mais forte. Essa é a ideia por trás do nosso sistema eficaz de autoavaliação ao longo deste texto.

Distribuir seu tempo de estudo, em vez de amontoar tudo em um só dia ou período, também ajudará. Estabelecer um cronograma e cumpri-lo distribuirá a carga ao longo do período. Para obter mais informações, ver "Use a psicologia para tornar-se uma pessoa mais forte – e ser um aluno melhor", no final do Prólogo, e "Aprimoramento da Memória" no Capítulo 8, bem como minha animação de 5 minutos [DM] em tinyurl.com/HowToRemember (conteúdo em inglês).

Vida social

Viver sua melhor vida requer apoio social. Aqui estão algumas dicas para formar e manter relacionamentos saudáveis e solidários:

- **Priorize pessoas.** Nós humanos somos animais sociais. Precisamos pertencer. Somos mais felizes e saudáveis quando apoiamos e somos apoiados por nossos amigos. Portanto, faça um esforço para fazer amigos, como ingressar em um clube, equipe esportiva ou grupo de companheirismo. Conheça seus instrutores e não dê por certo ou garantido os seus amigos e entes queridos. Preste atenção neles. Dê apoio. Compartilhe suas experiências e sentimentos diários com eles.
- **Aproveite as mídias sociais e seu telefone sem deixar que eles controlem você.** Use as mídias sociais e seu telefone para ficar conectado com amigos e familiares, mas sem roubar seu tempo e afetar outras prioridades. E ao postar nas mídias sociais, lembre-se de que um dia um empregador em potencial pode estar pesquisando seu nome no Google.

Mariusz Szczawinski/Alamy

Sucesso social. Nutrir relacionamentos é parte importante de uma vida bem-sucedida. Reserve tempo e energia para pessoas relevantes e você terá melhor saúde física e psicológica.

- **Adote a cultura de conversa em vez de uma cultura de chamada**. Discordar é ser humano. Você discordará dos outros e os outros discordarão de você. De fato, muitas vezes aprendemos explorando essas outras perspectivas. (Por isso é tão importante que os cientistas da psicologia pratiquem a humildade.) Quando você discordar, evite *chamar a atenção* dos outros (envergonhando-os em público). Em vez disso, *fale*; aproxime-se da pessoa e explique seu desacordo sem culpá-la. Temos uma tendência natural de explicar os comportamentos dos outros com base em seus traços de personalidade ("Ele é um idiota egoísta") em vez de sua situação ("Ele está sem sono e estressado"). Para resistir a essa tendência, assuma a perspectiva da outra pessoa.
- **É hora de ser o adulto na sala**. À medida que crescemos, passamos por diferentes fases de desenvolvimento. A maioria dos adolescentes busca aceitação social enquanto ainda depende da família. A transição da adolescência para a idade adulta exige tornar-se mais independente. Como adultos, precisamos assumir nossos objetivos, atitudes, valores e crenças, tomar nossas próprias decisões e resolver nossos próprios problemas.

Encontrar significado e perseguir metas

Ter significado é ter uma vida cheia de propósito, coerência e significado. A maioria das pessoas quer uma vida significativa, mas relata sentir-se insatisfeita em alguma área de sua vida. Eles podem não estar totalmente engajados em seu trabalho. Ou podem sentir-se presos a uma rotina diária que traz dinheiro sem sentido. Para viver sua melhor vida, siga os seguintes passos a fim de promover significado e perseguir objetivos:

- **Imagine o seu possível *self*.** Quem é a pessoa que você deseja ser? Quem é esse "eu possível" que você sonha ser? *Defina quem você espera ser e o que pretende alcançar*. Com essa visão em mente, você pode definir metas e estratégias específicas que o levarão aonde deseja ir.
- **Viva seu sonho todos os dias**. Aqui está uma boa regra para o sucesso: seja o que for que você espera alcançar, *faça algo por isso todos os dias*. Você quer ser mais gentil, mais educado, mais assertivo? Então, todos os dias, faça um ato gentil, aprenda algo novo ou pratique afirmar-se. Embora em muitos dias você possa realizar menos do que esperava, mesmo pequenos passos diários em direção a uma meta podem, com o tempo, levá-lo ao seu destino – transformar seu *eu* possível em seu *eu* real.
- **Adote a "mentalidade de crescimento"**. É surpreendentemente poderoso acreditar que nossas habilidades são mutáveis por meio de energia e esforço. Algumas coisas devemos aceitar, mas muitas coisas temos o poder de mudar. Se você vê sua habilidade em matemática, escrita ou fala como um músculo – algo que fica mais forte com treinamento e prática – você, de fato, desenvolverá mais habilidade. Sua mentalidade importa. (Ver mais sobre isso no Capítulo 10).
- **Encontre sua vocação**. Não há necessidade de apressá-la. A maioria dos alunos muda seus planos vocacionais ao longo do caminho, e você, provavelmente, também. Mas observe que tipo de atividades absorvem você e fazem o tempo voar. É estar com as

pessoas? Trabalhar com as mãos? Resolver problemas com sua mente? Preste atenção no trabalho e nas atividades que capacitarão você a fazer o que ama e amar o que faz, e siga esses caminhos.

* * *

Ao longo deste livro você encontrará indicações adicionais para uma vida próspera – contando suas bênçãos, expressando gratidão, encontrando *fluxo*, agindo com felicidade, treinando sua força de vontade, tornando-se consciente, optando pelo otimismo, e muito mais. Dessa forma, você pode não apenas sobreviver, mas também prosperar. Não seja muito duro consigo mesmo se tiver contratempos. Se você tentar fazer um pouco melhor a cada dia, poderá, com o tempo, atingir metas que podem parecer impossíveis no início. Como sugeriu Reinhold Niebuhr, busque a serenidade para aceitar as coisas que você não pode mudar, mas também se sinta capacitado para mudar as coisas que você pode mudar.

Material Suplementar

Este livro conta com os seguintes materiais suplementares:

- Apêndices complementares aos Capítulos 4, 5, 7, 12 e 13, elaborados por professores brasileiros para contextualização dos respectivos temas ao cenário nacional;
- Referências Bibliográficas.

O acesso ao material suplementar é gratuito. Basta que o leitor se cadastre, faça seu *login* em nosso *site* (www.grupogen.com.br) e, após, clique em Ambiente de aprendizagem. Em seguida, insira no canto superior esquerdo o código PIN de acesso localizado na orelha deste livro.

O acesso ao material suplementar online fica disponível até seis meses após a edição do livro ser retirada do mercado.

Caso haja alguma mudança no sistema ou dificuldade de acesso, entre em contato conosco (gendigital@grupogen.com.br).

Sumário Geral

Sumário

PSICOLOGIA

Encarte

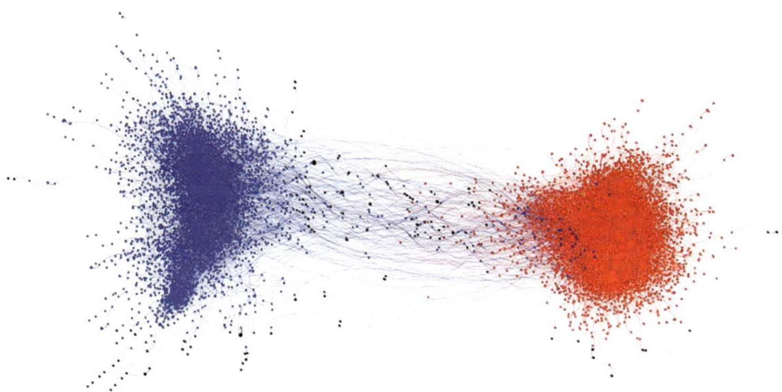

Figura 1.1 O encontro de mentes semelhantes. Nas mídias sociais, a maioria das pessoas discute questões controversas, como controle de armas, casamento entre pessoas do mesmo sexo e mudanças climáticas, apenas com outras pessoas que pensam da mesma forma. Neste gráfico de atividade no Twitter envolvendo um tema político, cada ponto representa um usuário que enviou uma mensagem e cada linha representa um usuário que repassou a mensagem para outro usuário da rede. Como podemos ver, a maioria dos usuários enviou mensagens e "retuitou" mensagens daqueles que compartilhavam sua ideologia liberal (*azul*) ou conservadora (*vermelho*) (Brady et al., 2017).

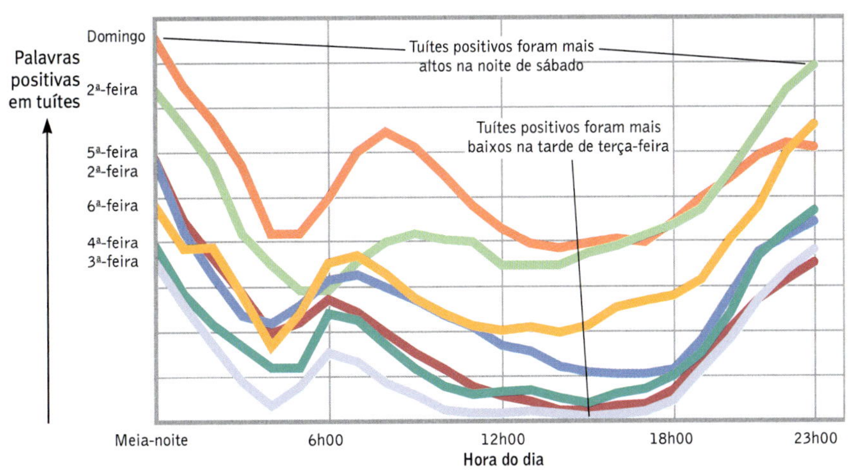

Figura 1.3 Humores das mensagens do Twitter, por hora e por dia. Este gráfico ilustra como, sem conhecer a identidade de ninguém, os pesquisadores podem usar os *big data* para estudar o comportamento humano em grande escala. Também é possível associar o humor das pessoas, por exemplo, à sua localização ou ao clima, e estudar a disseminação de ideias por meio das redes sociais. (Dados de Golder e Macy, 2011.)

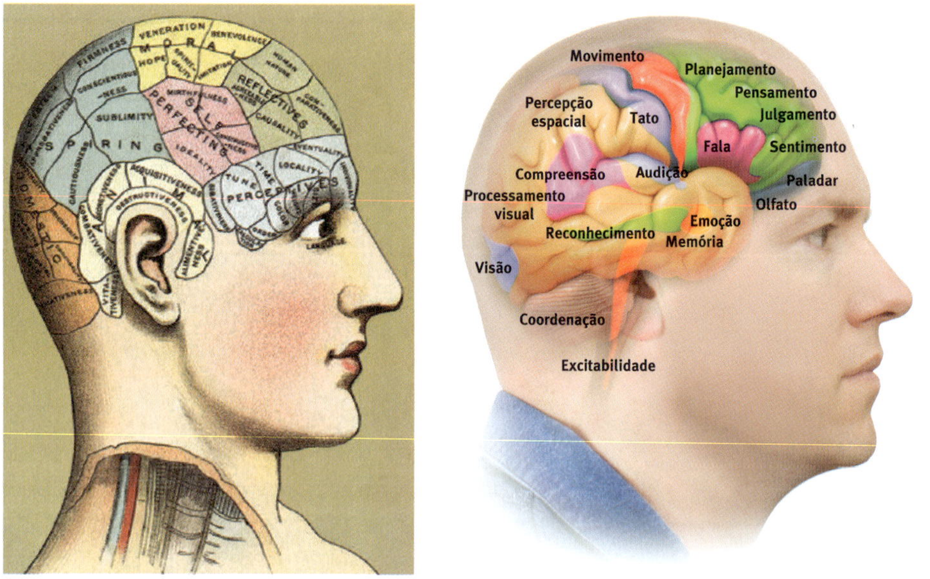

Bettmann/Getty Images

(a) (b)

Figura 2.1 Uma teoria equivocada. (a) Apesar da aceitação inicial das especulações de Franz Gall, as saliências no crânio não dizem nada sobre as funções subjacentes do cérebro. Algumas de suas suposições, no entanto, mostraram-se verdadeiras. Embora não sejam as funções propostas por Gall, diferentes partes do cérebro controlam aspectos distintos do comportamento, como sugerido em (b) *The Human Brain Book* e como você verá ao longo deste capítulo.

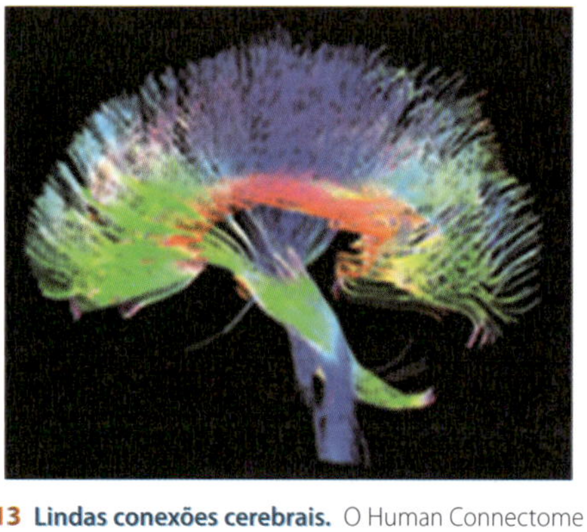

NICHD/P.Basser

Figura 2.13 Lindas conexões cerebrais. O Human Connectome Project está usando métodos de ponta para mapear a rede interconectada de neurônios do cérebro. Os cientistas criaram essa "sinfonia" multicolorida de fibras neurais que transportam água em diferentes regiões do cérebro.

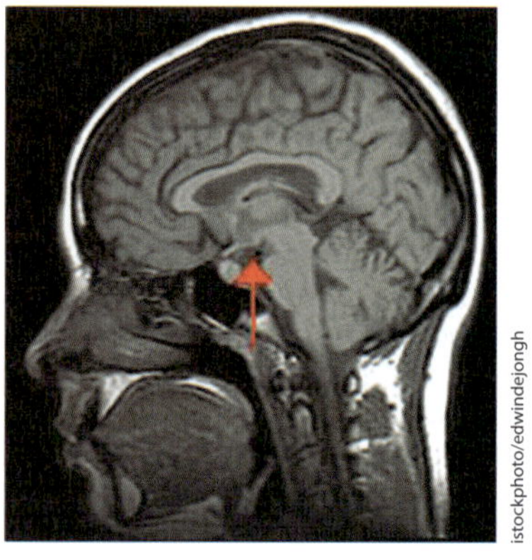

istockphoto/edwindejongh

Figura 2.18 Hipotálamo. Essa pequena, porém importante, estrutura ajuda a manter o ambiente interno do corpo em estado de equilíbrio.

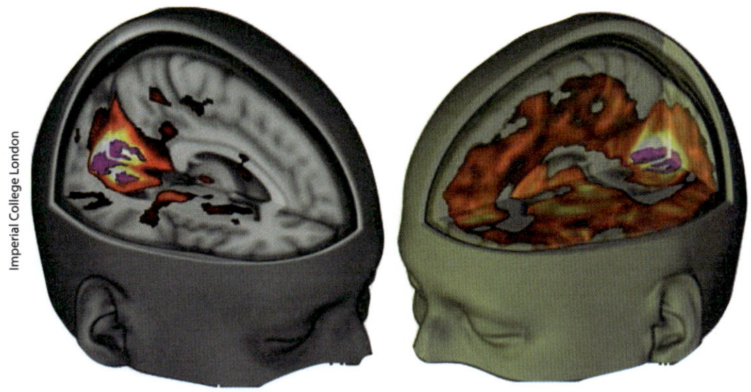

(a) (b)

Figura 2.23 Ver sem olhos. A droga psicoativa LSD muitas vezes produz alucinações vívidas. Por quê? Porque aumenta drasticamente a comunicação entre o córtex visual (no lobo occipital) e outras regiões do cérebro. Essas imagens de ressonância magnética funcional (RMf) mostram (a) um participante da pesquisa com os olhos fechados que recebeu um placebo e (b) a mesma pessoa sob influência de LSD. A cor representam a intensidade do fluxo sanguíneo (Carhart-Harris et al., 2016). Outros pesquisadores confirmaram que o LSD aumenta a comunicação entre as regiões do cérebro (Preller et al., 2019; Timmerman et al., 2018).

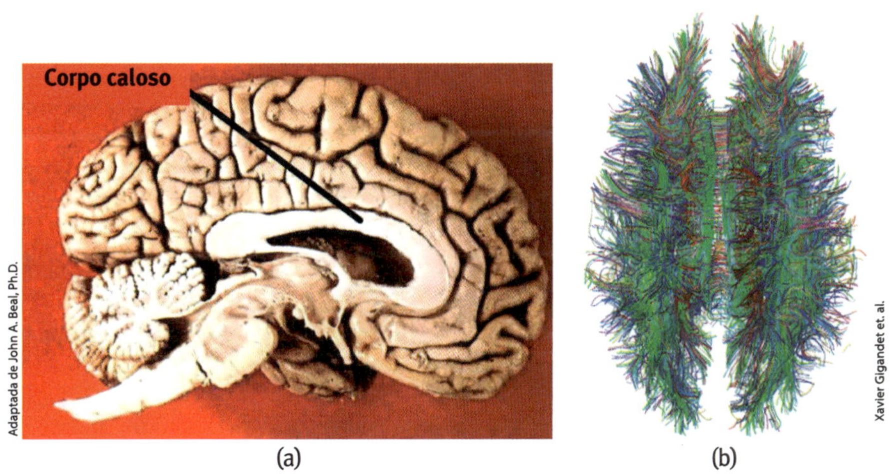

(a) (b)

Figura 2.26 Corpo caloso. Essa grande faixa de fibras neurais conecta os dois hemisférios cerebrais. (a) Para fotografar esse meio cérebro, um cirurgião separou os hemisférios cortando o corpo caloso e as regiões inferiores do cérebro. (b) Esta imagem de espectro de difusão em alta resolução mostra um cérebro voltado para cima visto de cima, revelando redes neurais cerebrais dentro dos dois hemisférios e a ponte neural do corpo caloso entre eles.

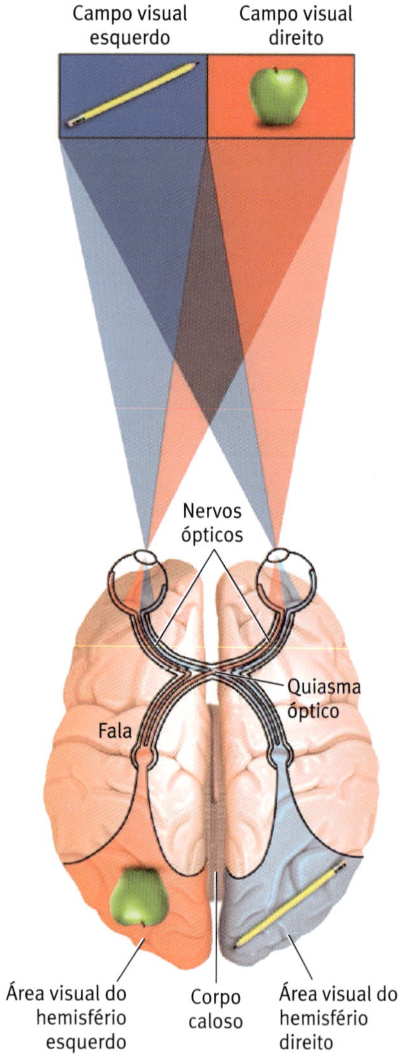

Figura 2.27 **Estrada das informações dos olhos até o cérebro.**

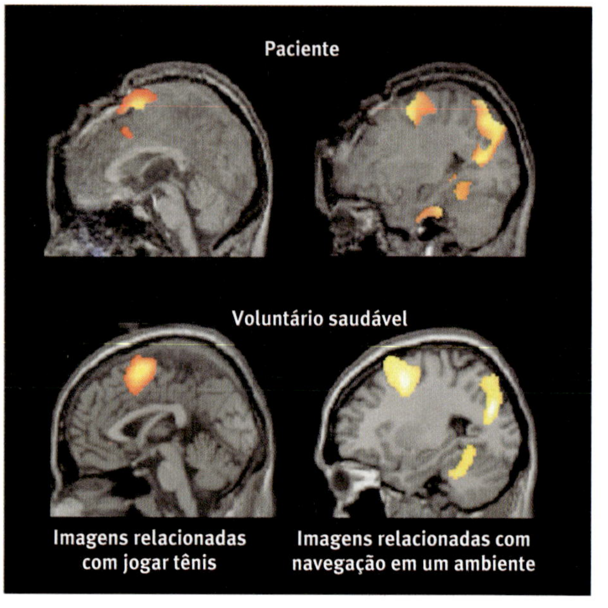

Figura 3.2 **Prova de consciência?** Quando uma paciente em estado vegetativo (no alto) foi solicitada a se imaginar jogando tênis ou circulando por sua casa, o cérebro exibiu atividade cerebral semelhante ao de uma pessoa saudável (abaixo). Pesquisadores se perguntam se tais imagens de RMf possibilitariam "conversar" com pacientes não responsivos, instruindo-os, por exemplo, a responder *sim* a uma pergunta imaginando jogar tênis (alto e abaixo, à esquerda) e *não* imaginando andar pela casa (alto e abaixo, à direita).

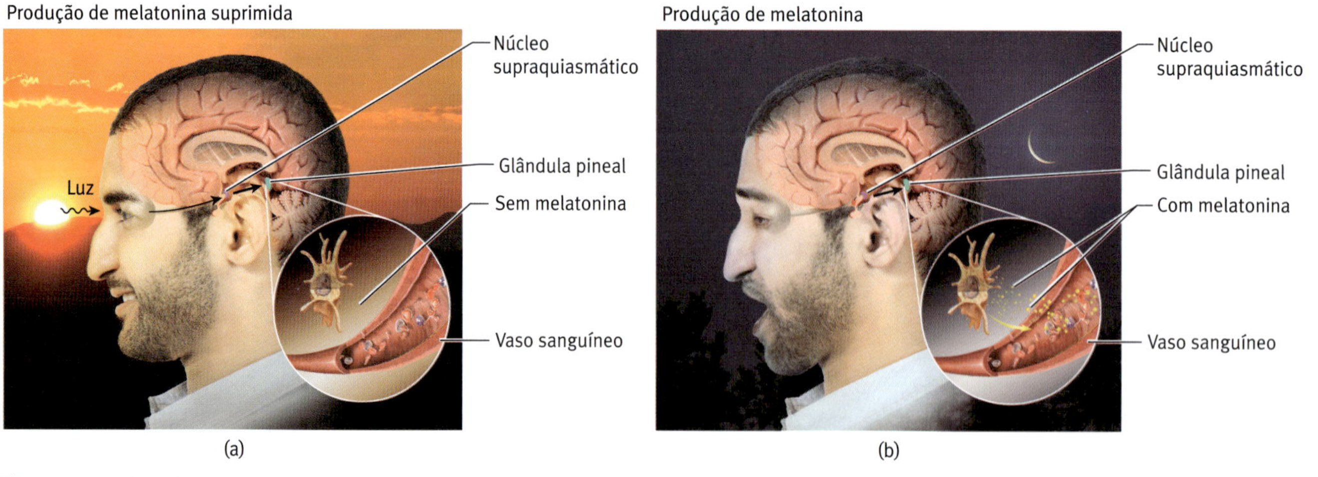

Figura 3.10 **Relógio biológico.** (a) A luz, ao atingir a retina, indica ao núcleo supraquiasmático (NSQ) que suprima a produção de melatonina, o hormônio do sono, pela glândula pineal. (b) À noite, o NSQ reduz seu funcionamento, permitindo à pineal que libere melatonina na corrente sanguínea.

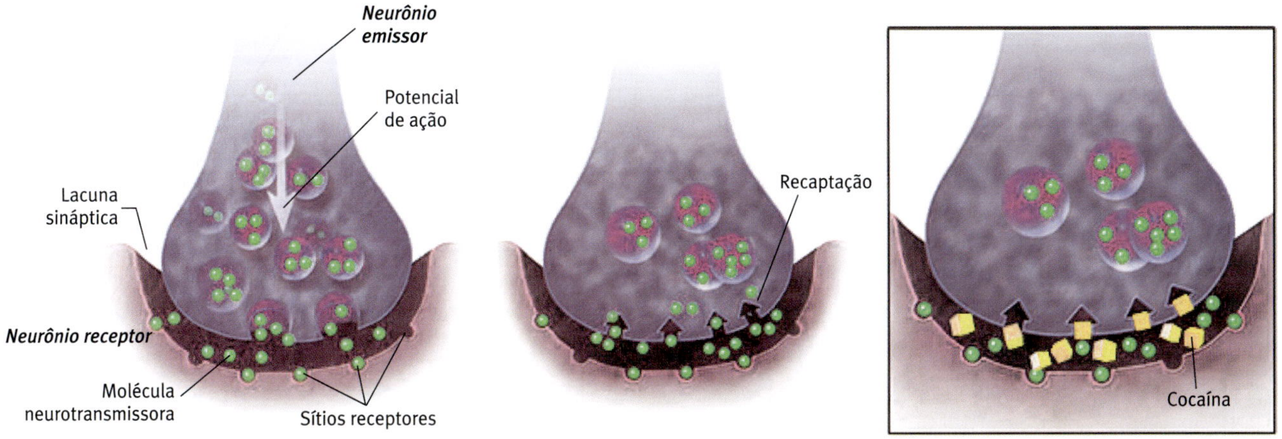

(a)

Os neurotransmissores levam uma mensagem de um neurônio emissor, através de uma sinapse, para os sítios receptores em um neurônio receptor.

(b)

O neurônio emissor normalmente reabsorve as moléculas neurotransmissoras excedentes, em um processo denominado ***recaptação***.

(c)

Ao ligar-se aos sítios que normalmente reabsorvem as moléculas neurotransmissoras, a cocaína bloqueia a recaptação de dopamina, norepinefrina e serotonina (Ray & Ksir, 1990). As moléculas neurotransmissoras excedentes, portanto, permanecem na sinapse, intensificando seus efeitos normais sobre o humor e produzindo um episódio de euforia. Quando o nível de cocaína cai, a ausência desses neurotransmissores provoca um choque.

Figura 3.18 Euforia e choque da cocaína.

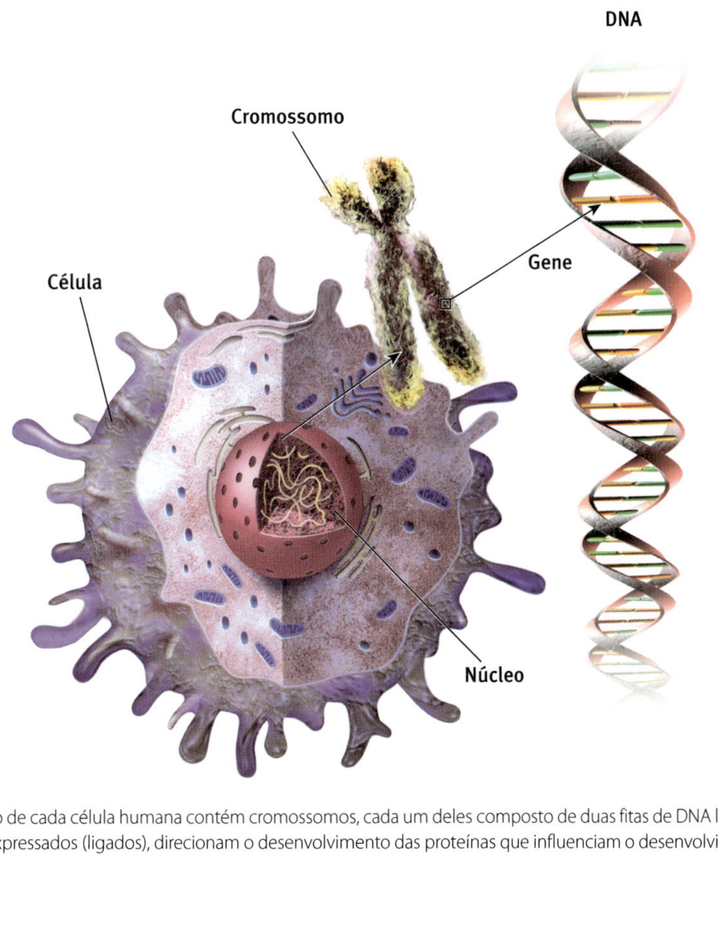

Figura 4.1 Código da vida. O núcleo de cada célula humana contém cromossomos, cada um deles composto de duas fitas de DNA ligadas em uma dupla hélice. Os genes são segmentos de DNA que, quando expressados (ligados), direcionam o desenvolvimento das proteínas que influenciam o desenvolvimento de uma pessoa.

Figura 5.10 Teste da teoria da mente das crianças. Esse problema simples ilustra como os pesquisadores exploram as suposições das crianças a respeito do estado mental das outras pessoas. (Inspirado em Baron-Cohen et al., 1985.)

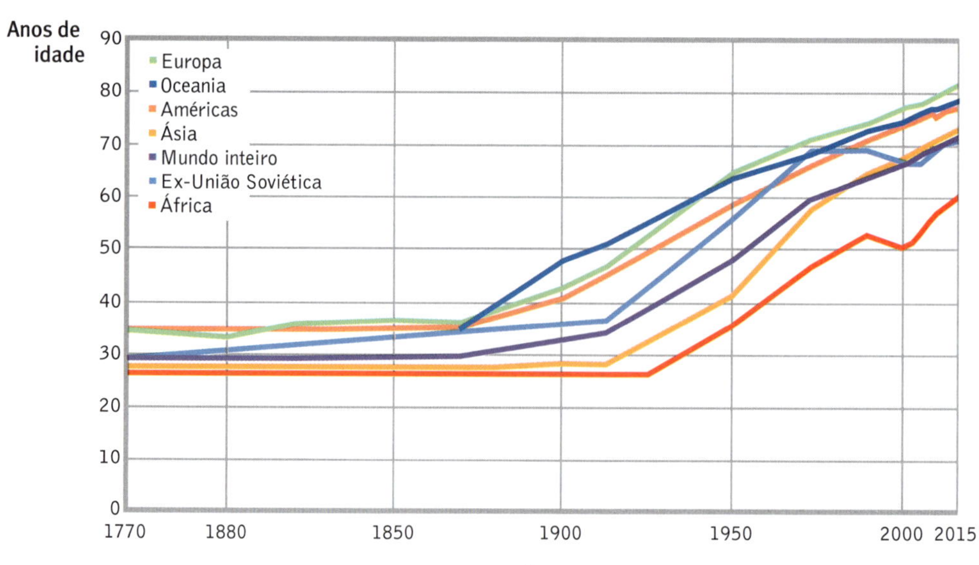

Figura 5.16 Expectativa de vida desde 1770, por regiões do mundo. Com o melhor saneamento básico, a medicina moderna e a introdução de antibióticos, a mortalidade infantil diminuiu durante o século 20 e a expectativa de vida aumentou (Roser, 2019).

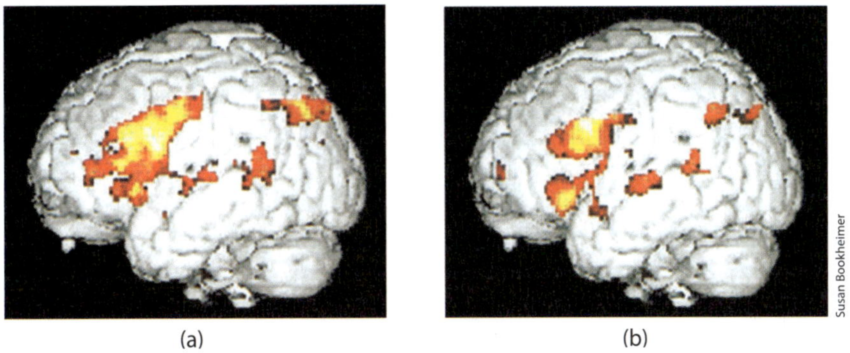

Figura 5.20 Como prever a doença de Alzheimer. Durante um teste de memória, exames de ressonância magnética do cérebro de pessoas em risco de Alzheimer (a) revelaram atividade mais intensa (amarelo, seguido de laranja e vermelho) quando comparados com cérebros normais (b). Como as imagens do cérebro os testes genéticos tornam possível identificar aqueles que provavelmente sofrem de Alzheimer, você gostaria de ser testado? Em que idade?

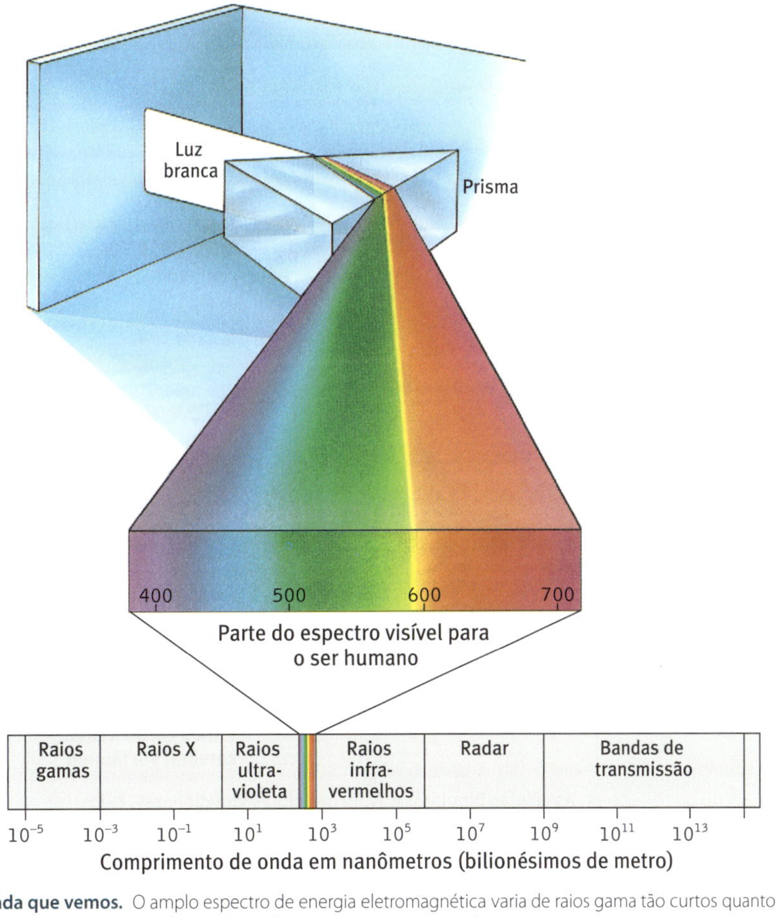

Figura 6.8 Comprimentos de onda que vemos. O amplo espectro de energia eletromagnética varia de raios gama tão curtos quanto o diâmetro de um átomo a ondas de rádio de até 100 quilômetros. Os comprimentos de onda visíveis ao olho humano (vista ampliada) estendem-se desde as ondas mais curtas de luz azul-violeta até as ondas mais longas de luz vermelha.

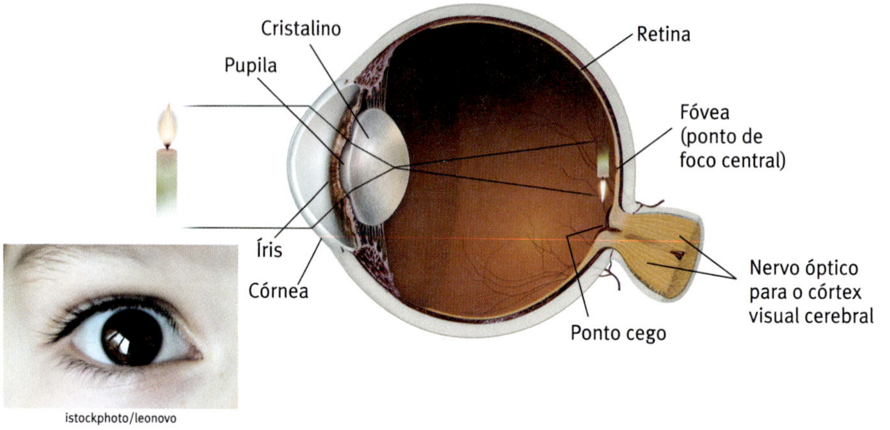

Figura 6.10 Olho. Os raios luminosos refletidos por uma vela passam através de córnea, pupila e cristalino. A curvatura e a espessura do cristalino mudam para colocar objetos próximos ou distantes em foco na retina. Os raios provenientes do topo da vela atingem a parte inferior da retina, e os do lado esquerdo da vela atingem o lado direito da retina. A imagem da vela na retina, desse modo, aparece de cabeça para baixo e invertida.

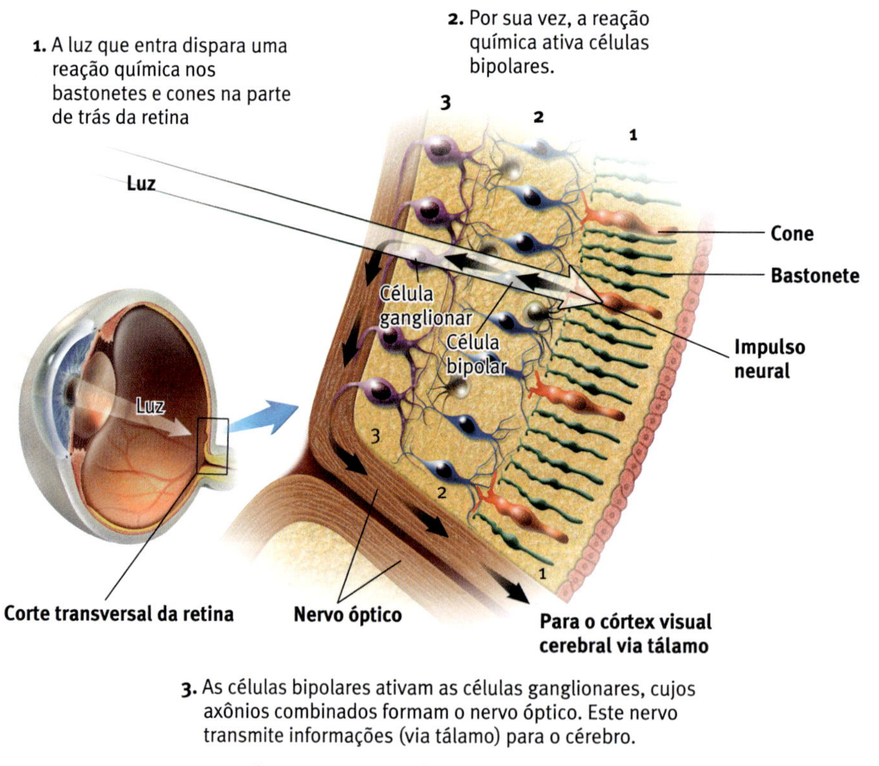

Figura 6.11 Reação da retina à luz.

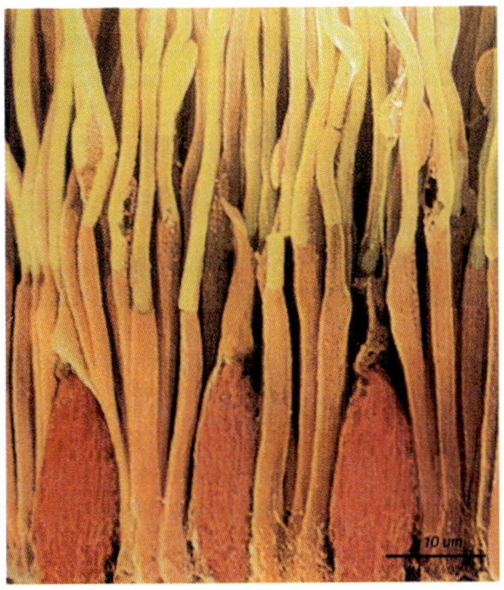

Adaptada de "Photoreceptors", de Helga Kolb.

Figura da Tabela 6.1 Receptores do olho humano: bastonetes e cones.

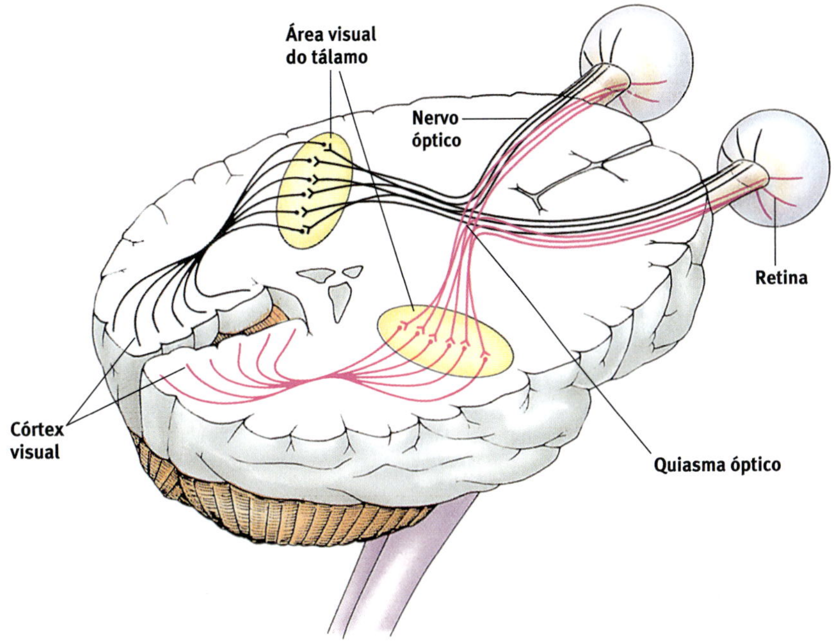

Figura 6.14 Trajeto dos olhos para o córtex visual. Os axônios ganglionares da retina formam o nervo óptico. Ele faz percurso para o tálamo, onde os axônios fazem sinapse com os neurônios que vão para o córtex visual.

(a) (b)

Figura 6.15 Visão de cores deficiente. A foto na imagem (a) mostra como as pessoas com deficiência de vermelho-verde perceberam um jogo de futebol americano de 2015 entre Buffalo Bills e New York Jets. "Para os 8% dos americanos como eu, que são daltônicos vermelho-verde, é um pesadelo assistir este jogo", tuitou um fã. "Todo mundo parece que está no mesmo time", disse outro. A foto da imagem (b) mostra como ficou o jogo para quem tem visão de cores normal.

Figura 6.16 Efeito pós-imagem. Olhe fixamente para o centro da bandeira, por um minuto e depois desloque seus olhos para o ponto no espaço em branco ao lado da imagem da bandeira. O que você vê? (Depois de exaurir sua resposta neural ao preto, verde e amarelo, você deveria ver suas cores oponentes.) Olhe fixamente para uma parede branca e repare como o tamanho da bandeira aumenta com a distância de projeção.

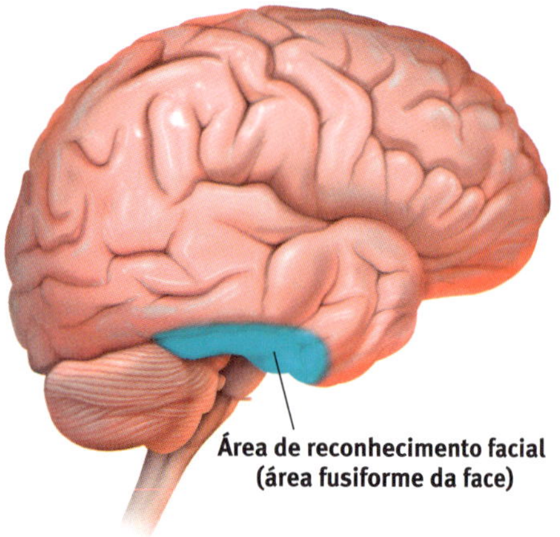

Figura 6.17 Processo de reconhecimento facial. Nos animais sociais, como os seres humanos, uma grande área do lobo temporal direito (exibida aqui em um cérebro voltado para a direita) é dedicada à tarefa crucial do reconhecimento facial. Ver o rosto de pessoas famosas, em comparação com edifícios famosos, aumenta a ativação nessa área fusiforme da face (Gorno-Tempini & Price, 2001)

Capítulo 6 Vendo cores? Surpresa! Esta é realmente uma foto em preto e branco. As linhas de grade coloridas e sobrepostas também enganaram seus olhos?

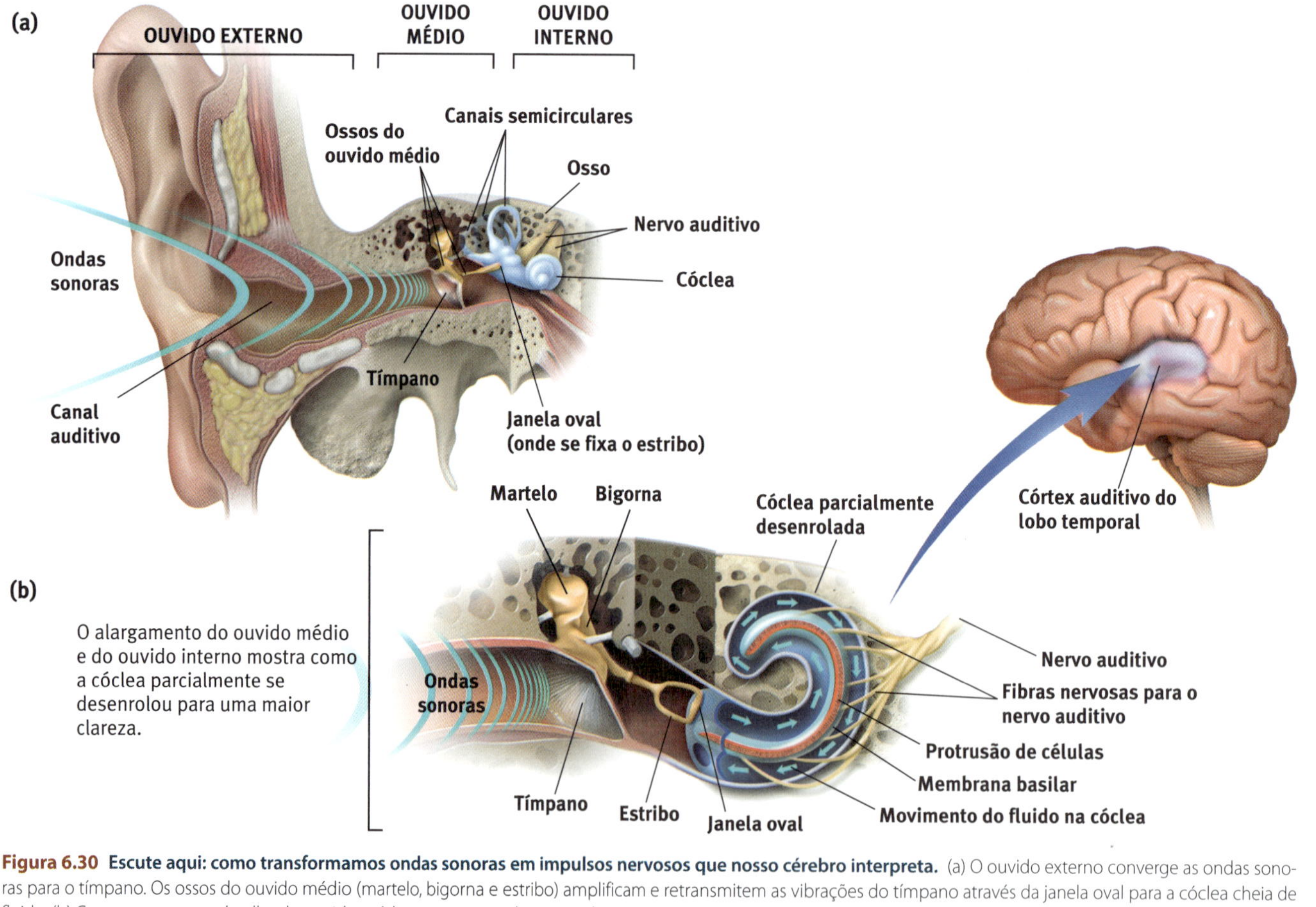

Figura 6.30 Escute aqui: como transformamos ondas sonoras em impulsos nervosos que nosso cérebro interpreta. (a) O ouvido externo converge as ondas sonoras para o tímpano. Os ossos do ouvido médio (martelo, bigorna e estribo) amplificam e retransmitem as vibrações do tímpano através da janela oval para a cóclea cheia de fluido. (b) Como mostra esse detalhe do ouvido médio e interno, as alterações de pressão resultantes no fluido coclear fazem com que a membrana basilar ondule, dobrando as células ciliadas em sua superfície. Os movimentos das células ciliadas disparam impulsos na base das células nervosas, cujas fibras convergem para formar o nervo auditivo. Esse nervo envia mensagens neurais para o tálamo e córtex auditivo.

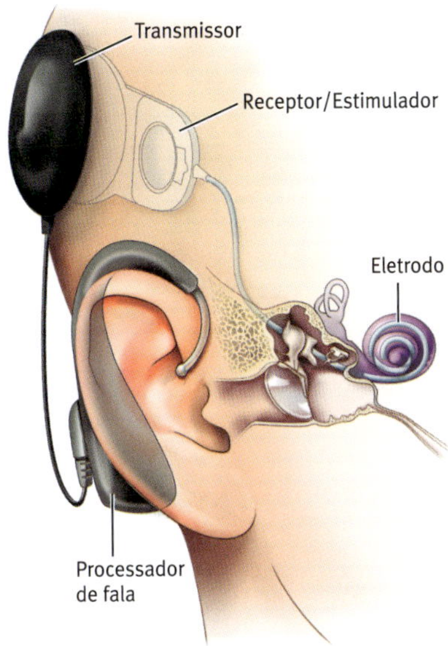

Figura 6.32 Dispositivo para audição. Os implantes cocleares funcionam traduzindo sons em sinais elétricos que são transmitidos para a cóclea e, através do nervo auditivo, retransmitidos para o cérebro.

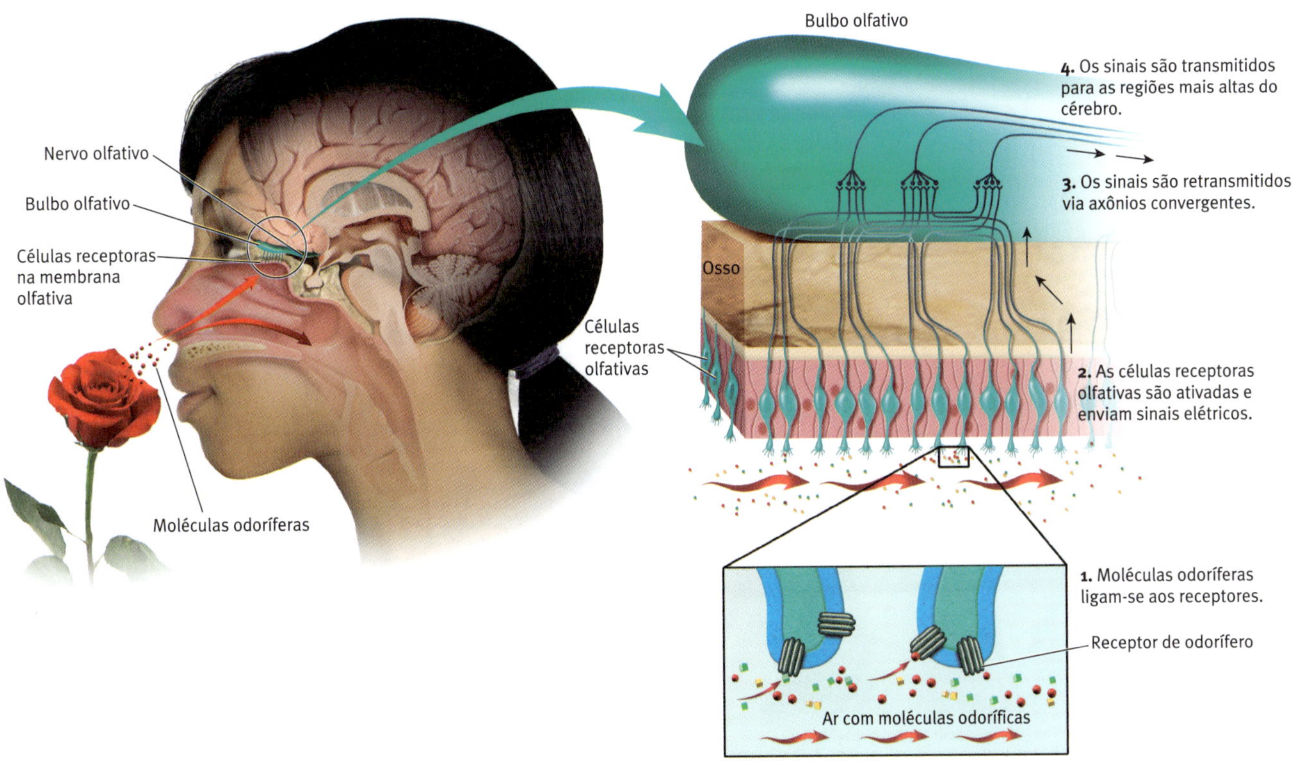

Figura 6.36 O sentido do olfato. Se você quiser cheirar uma flor, as moléculas de fragrância transportadas pelo ar devem alcançar os receptores no topo de seu nariz. Cheirar provoca um redemoinho de ar até os receptores, realçando o aroma. As células receptoras enviam mensagens para o bulbo olfativo cerebral e depois para o córtex olfativo primário do lobo temporal e para as partes do sistema límbico envolvidas na memória e na emoção.

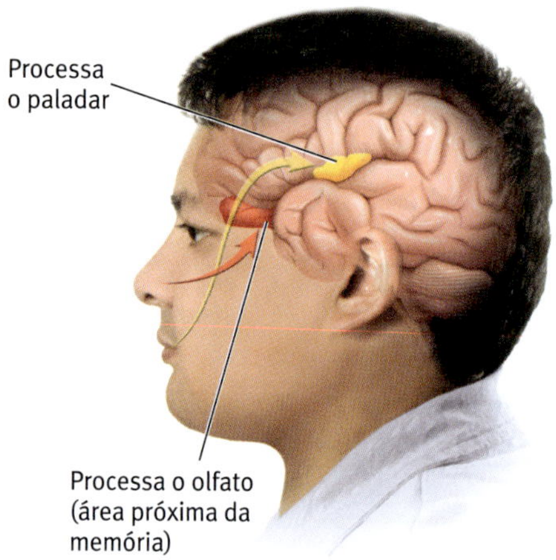

Figura 6.37 Paladar, olfato e memória. A informação das papilas gustativas (seta amarela) viaja de uma área entre os lobos frontal e temporal do cérebro. Ele registra em uma área que não é distante de onde o cérebro recebe as informações do nosso sentido do olfato, que interagem com o paladar. Os circuitos cerebrais do olfato (área vermelha) também se conectam com as áreas envolvidas no armazenamento da memória, o que ajuda a explicar por que um cheiro pode ativar a memória.

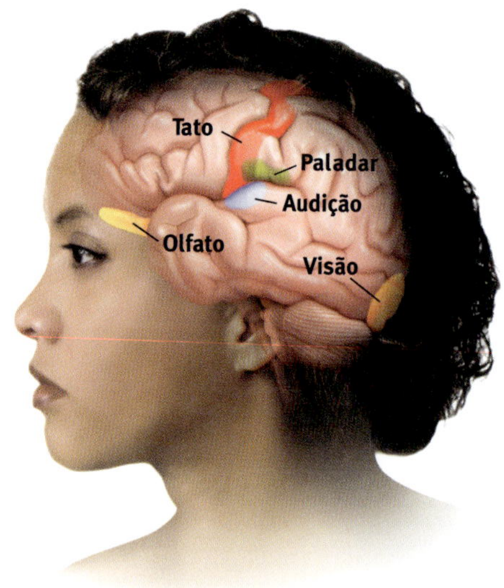

Figura da Tabela 6.3 Resumo dos sentidos.

Figura 6.39 Sinfonia da sinestesia. Uma pessoa com sinestesia experimenta sensações misturadas. Por exemplo, ouvir números pode evocar uma experiência de cores ou cheiros específicos ou notas musicais.

istockphoto/roclwyr

Erica van de Waal

(a) (b)

Capítulo 7 Aprendizagem social animal. (a) Bater na água para aumentar a alimentação se espalhou entre as baleias jubarte por meio da aprendizagem social (Allen et al., 2013). (b) Da mesma forma, os macacos aprendem a preferir qualquer cor de milho que observem outros macacos comendo.

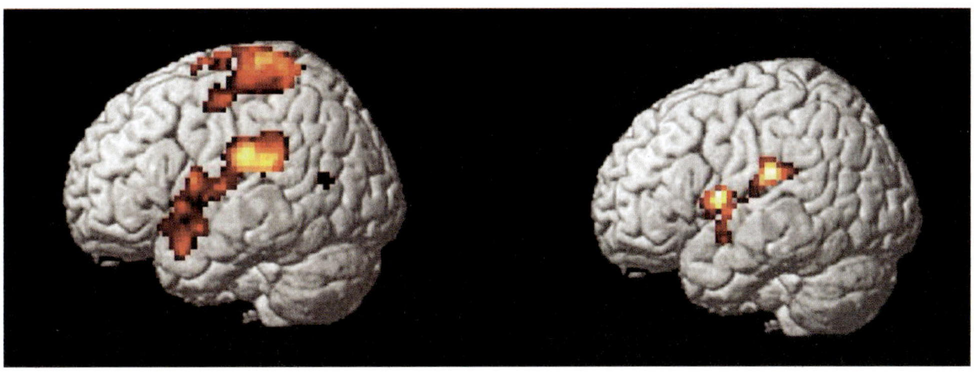

(a) Dor (b) Empatia

Figura 7.15 Dor vivenciada e imaginada no cérebro. Nessas imagens de RMf, a atividade cerebral relacionada com dor real (a) é espelhada no cérebro de um ente querido observador (b) (Singer et al., 2004). A empatia no cérebro aparece em áreas que processam emoções, mas não no córtex somatossensorial, que recebe a entrada da dor física.

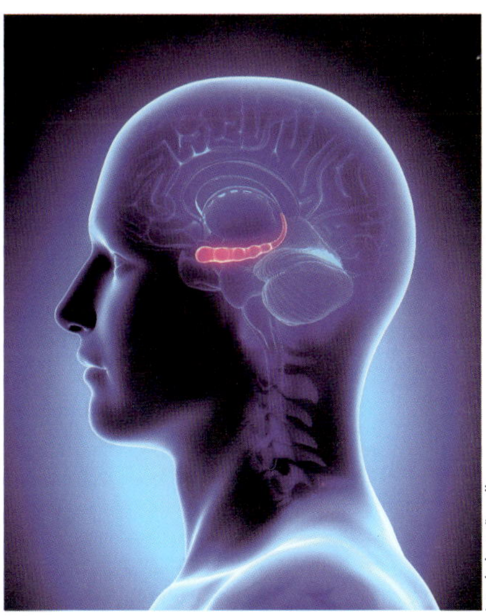

istockphoto/janulla

Figura 8.8 Hipocampo. Memórias explícitas de fatos e episódios são processadas no hipocampo (estrutura em rosa) e transmitidas para outras regiões do cérebro para armazenamento.

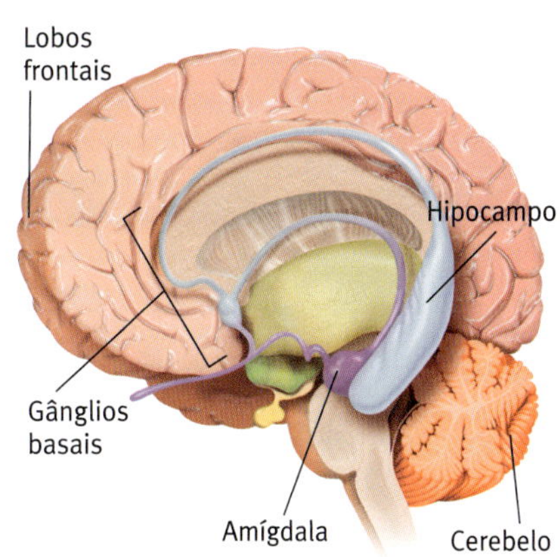

Figura 8.9 Revisão das estruturas fundamentais da memória no cérebro. *Lobos frontais* e *hipocampo*: formação da memória explícita. *Cerebelo* e *gânglios basais*: formação da memória implícita. *Amígdala*: formação da memória relacionada com a emoção.

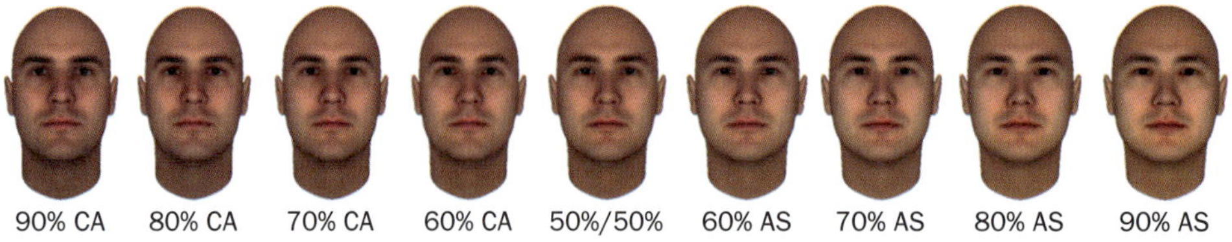

Figura 9.1 Categorizar os rostos influencia a recordação. Expostas a um rosto 70 % caucasiano, as pessoas tenderam a classificar a pessoa como caucasiana e a recordar o rosto como mais caucasiano (CA) do que realmente era, asiático (AS). (Recriação do experimento por cortesia de Olivier Corneille.)

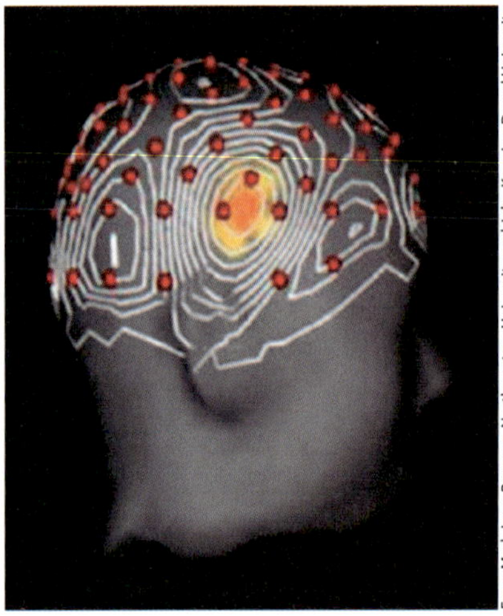

From Mark Jung-Beeman, Northwestern University and John Kounios, Drexel University

Figura 9.2 Momento Aha! Uma explosão de atividade no lobo temporal direito acompanhou as soluções por *insight* para problemas com palavras (Jung-Beeman et al., 2004). Os pontos vermelhos designam eletrodos de EEG. As linhas cinza-claro mostram a distribuição da atividade de alta-frequência que acompanha o *insight*. A atividade relacionada com o *insight* é centrada no lobo temporal direito (área amarela).

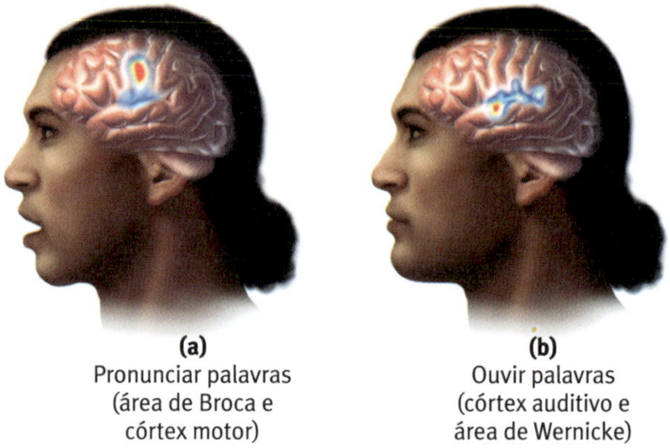

Figura 9.7 Atividade cerebral quando falamos e ouvimos as palavras.

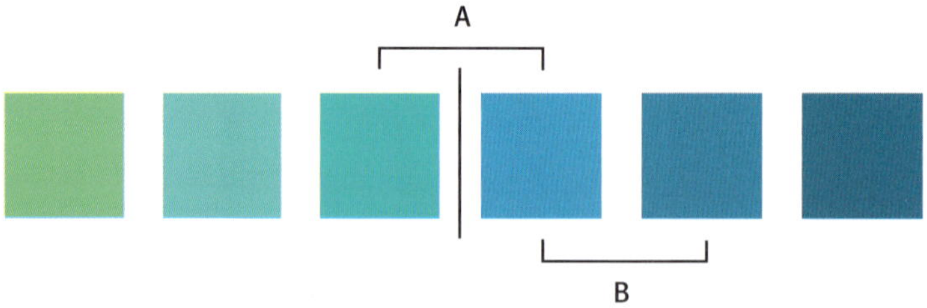

Figura 9.8 Linguagem e percepção. Quando as pessoas visualizam blocos de cores igualmente diferentes, elas percebem esses blocos com nomes diferentes como sendo mais diferentes. Assim, o "verde" e o "azul" no contraste A podem parecer mais diferentes que os dois azuis igualmente diferentes no contraste B (Özgen, 2004).

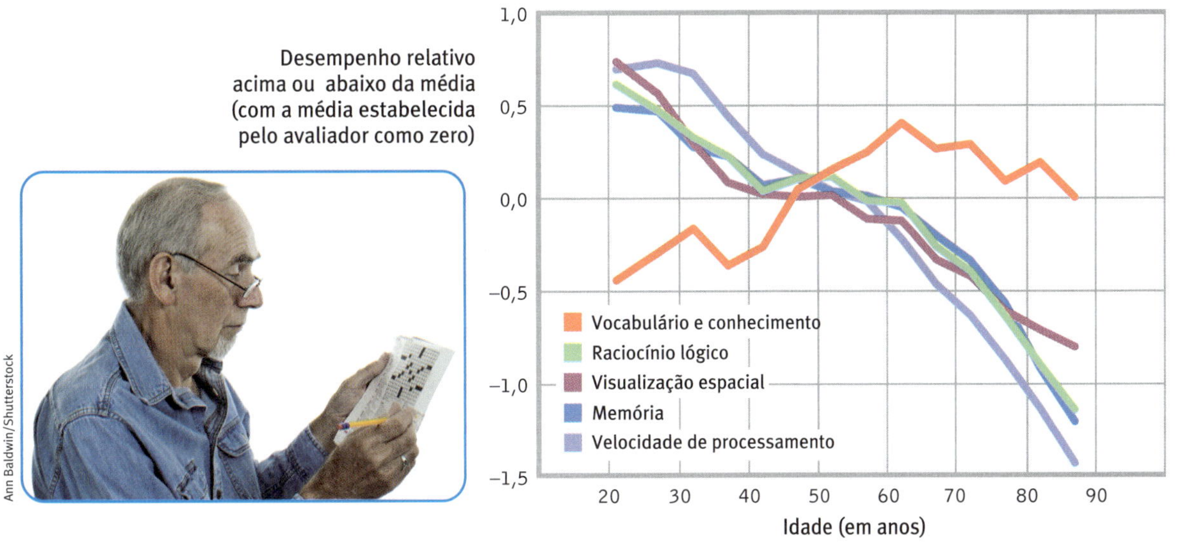

Figura 10.7 Com a idade, perdemos o que ganhamos. Estudos revelam que o poder da palavra aumenta com a idade, enquanto as dimensões da inteligência fluida diminuem (dados de Salthouse, 2010).

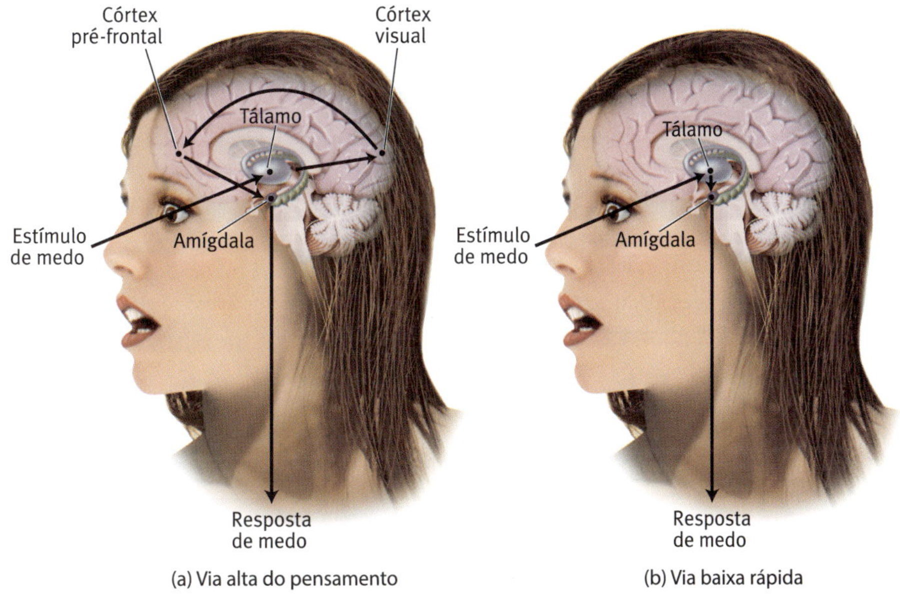

Figura 12.1 Vias cerebrais das emoções. No cérebro de duas vias, a entrada sensorial pode ser direcionada (a) para o córtex (via tálamo) para análise e então transmitidas para a amígdala; ou (b) diretamente para a amígdala (através do tálamo) para uma reação emocional instantânea.

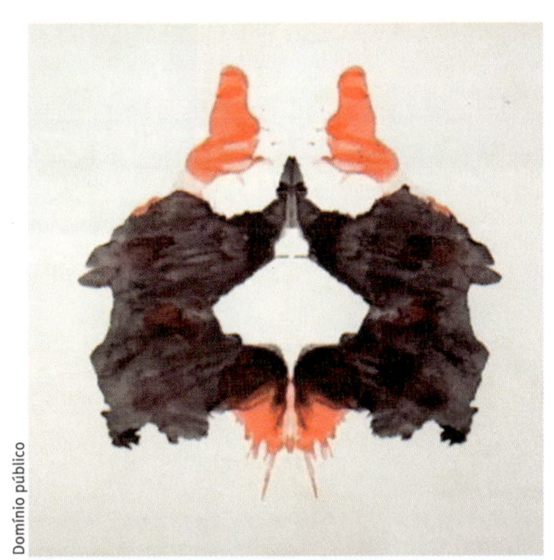

Figura 14.2 Teste de Rorschach. Nesse teste projetivo, as pessoas contam o que veem em uma série de manchas de tinta simétricas. Alguns que usam este teste estão confiantes de que a interpretação de imagens ambíguas revelará aspectos inconscientes da personalidade do examinando.

Courtesy of Drs. Lewis Baxter and Michael E. Phelps, UCLA School of Medicine

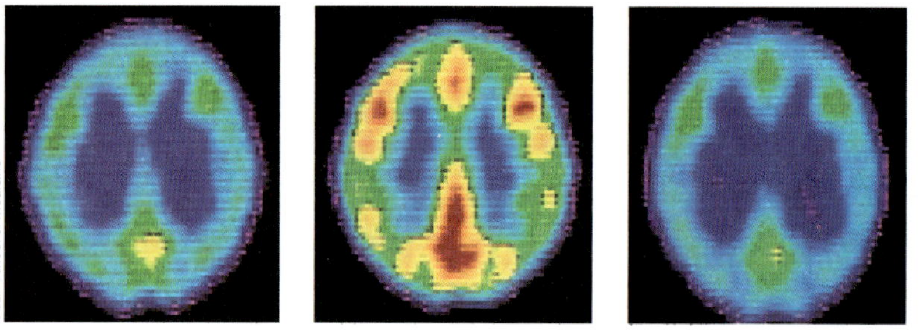

Figura 15.9 Os altos e baixos de um transtorno bipolar. Estes exames PET voltados para cima mostram que o consumo de energia cerebral aumenta e diminui de acordo com as mudanças emocionais do paciente. As áreas vermelhas são onde o cérebro consome rapidamente glicose, uma importante fonte de energia.

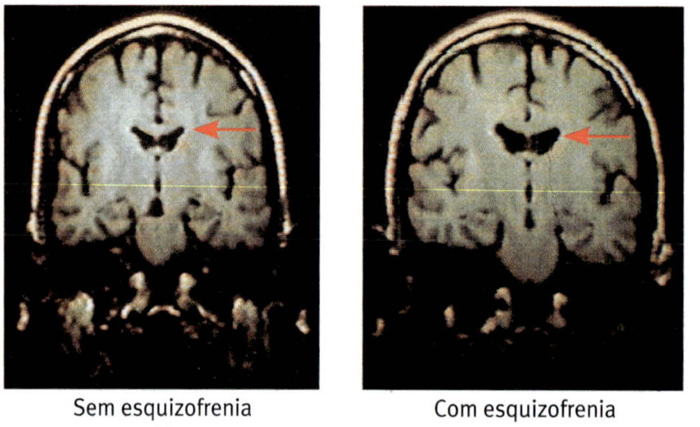

Figura 15.13 Esquizofrenia em apenas um gêmeo idêntico. Quando os gêmeos diferem, tipicamente apenas o cérebro do gêmeo com esquizofrenia tem as cavidades cranianas aumentadas e cheias de líquido (b) (Suddath et al., 1990). A diferença entre os gêmeos implica que algum fator não genético, como um vírus, também está em ação.

Capítulo 15 Arte de paciente diagnosticado com esquizofrenia. Ao comentar sobre o tipo de obra mostrada aqui (da exposição de arte de Craig Geiser em Michigan, em 2010), o poeta e crítico de arte John Ashbery escreveu: "A atração que provoca o trabalho é forte, mas também é o terror dos quebra-cabeças sem solução que este propõe."

Helen Mayberg, M.D. Psychiatric Neuroimaging and Therapeutics, The Mayberg Lab at Emory University, Atlanta, GA/V. J. Wedeen and L. L.Wald/Athinoula A. Martinos Center For Biomedical Imaging and The Human Connectome Project, Boston, MA

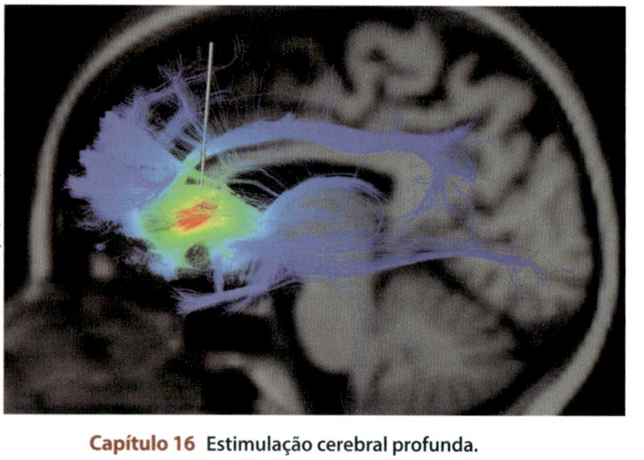

Capítulo 16 Estimulação cerebral profunda.

FatCamera/Getty Images

PRÓLOGO

História da Psicologia

O astrônomo Owen Gingerich descreveu o cérebro humano como "de longe, o objeto físico mais complexo conhecido por nós em todo o cosmos" (2006, p. 29). Na escala do espaço sideral, somos menos do que um único grão de areia nas praias de todos os oceanos, e nossa vida dura apenas um nanossegundo relativo. Ainda assim, não existe nada mais impressionante, nem que nos atraia mais do que o nosso próprio espaço interior. Nossa consciência – nossa mente que, de alguma forma, emerge da matéria – permanece um profundo mistério. Nosso pensamento, nossas emoções e ações (e sua interação com o pensamento, emoções e ações dos outros) nos fascinam. O espaço sideral nos surpreende com sua enormidade, mas o espaço interior nos fascina. Entra em cena a ciência psicológica.

A partir de notícias e retratos da mídia, você pode pensar que psicólogos oferecem aconselhamento, analisam a personalidade, dão orientações sobre a criação dos filhos, examinam cenas de crime e testemunham em tribunais. Mas será que fazem isso mesmo? *Sim* – e muito mais. Considere algumas questões da psicologia com as quais você talvez já tenha se deparado:

- Você já se viu reagindo a algo do mesmo jeito que um de seus pais biológicos fariam, talvez de uma forma que você jurava que jamais faria, e então se perguntou quanto da personalidade deles você herdou? *Até que ponto os genes predispõem nossas diferenças individuais de personalidade? Em que medida somos moldados pelos ambientes doméstico e social?*
- Você alguma vez se preocupou com relação a como agir em meio a pessoas de diferentes culturas, identidades de gênero ou orientações sexuais? *Como membros da família humana, de que modos nos assemelhamos? Como nos diferenciamos?*

- Você já acordou de um pesadelo e ficou se perguntando o porquê de ter tido um sonho tão louco? *Por que sonhamos?*
- Você já brincou de "Cadê o bebê?... Achou!" com uma criança de 6 meses e ficou imaginando por que, para ele, o jogo é tão divertido? *O que os bebês realmente percebem e pensam?*
- Você já se perguntou sobre o que leva alguém ao sucesso acadêmico e profissional? *A inteligência inata explica por que algumas pessoas ficam mais ricas, pensam de forma mais criativa ou se relacionam com mais sensibilidade? Ou o esforço corajoso e a crença no poder da persistência importam mais?*
- Você já ficou deprimido ou ansioso e se perguntou se algum dia se sentiria "normal"? *O que desencadeia nosso bom humor – e nosso mau humor? Qual é a linha divisória entre a mudança de humor rotineira e um transtorno psicológico?*

Psicologia é a ciência que busca responder a essas questões sobre nós mesmos – sobre como e por que pensamos, sentimos e atuamos da forma como o fazemos.

O que é psicologia?

Era uma vez um planeta neste cantinho do universo no qual surgiram pessoas. Não demorou muito para essas criaturas se sentirem muito interessadas por si mesmas e umas nas outras: quem somos? O que produz nossos pensamentos? Nossos sentimentos? Nossos atos? E como entendemos e lidamos com os que estão à nossa volta.

Psicologia é ciência

QUESTÃO DE OBJETIVO DE APRENDIZAGEM QOA P.1 De que maneira a psicologia pode ser considerada uma ciência?

Para auxiliar sua aprendizagem, as Questões de Objetivos de Aprendizagem (QOA) aparecem no início das seções principais. Você pode testar sua compreensão tentando responder à questão antes e a seguir, novamente, depois de ler a seção.

Subjacente a toda ciência, existe, em primeiro lugar, a paixão por explorar e entender sem enganar ou se deixar enganar. Algumas questões (*existe vida depois da morte?*) estão além da ciência e para respondê-las é necessária uma dose de fé. Para muitas outras ideias (*algumas pessoas podem demonstrar percepção extrassensorial?*), você precisa ver (e, neste caso, experimentar, testar, verificar) para crer. Podemos deixar que os fatos falem por si.

O mágico James Randi vem fazendo uso dessa **abordagem empírica** para testar pessoas que afirmam enxergar auras brilhantes ao redor do corpo de outros:

Randi: Você está vendo uma aura ao redor da minha cabeça?
Vidente: Sim, estou.
Randi: Você continua vendo a aura, mesmo que eu ponha esta revista diante do meu rosto?
Vidente: Claro que sim.
Randi: Então, se eu for para trás de um muro um pouco mais alto que eu, você teria como dizer onde eu estou pela aura visível acima da minha cabeça, certo?

Ao longo do texto, os conceitos mais importantes estão destacados. Conforme você estuda, pode encontrar as definições desses termos nas proximidades e no Glossário ao final do livro.

Uma vez, Randi me disse [DM] que nenhum vidente de aura havia concordado com fazer esse teste simples.

Não importa o quanto uma ideia possa parecer louca ou sensata, a pergunta que o pensador inteligente faz é: *isso funciona?* Quando submetidas a teste, suas previsões podem ser confirmadas? Às vezes, ideias aparentemente disparatadas encontram apoio quando submetidas a tais escrutínios. No século XVIII, os cientistas encararam com ceticismo a possibilidade de que os meteoros tivessem origem extraterrestre. Quando dois cientistas de Yale ousaram desviar da opinião convencional, Thomas Jefferson zombou: "cavalheiros, prefiro acreditar que esses dois professores ianques mentiriam, a acreditar que pedras caem do céu". Às vezes, a pesquisa científica transforma zombarias em aplausos.

Frequentemente, a ciência vira o depósito de lixo da sociedade, no qual são lançadas as ideias que parecem contrariar o senso comum, amontoando-se sobre suposições prévias acerca da existência de um moto-contínuo, de curas milagrosas do câncer e de viagens fora do corpo que foram se acumulando ao longo dos séculos. Contudo, para separar a realidade da fantasia, o que tem sentido do que não tem, é necessária uma *atitude científica*: ceticismo sem cinismo, ter uma mente aberta, mas não ingênua. Quando as ideias competem entre si,

Abordagem empírica. Método amparado em evidências, que se baseia em observação e experimentação.

testes cuidadosos podem revelar quais se encaixam melhor nos fatos. Algumas pessoas têm um poder psíquico para prever uma catástrofe inesperada? A *terapia eletroconvulsiva* (dar choques elétricos no cérebro) é um tratamento eficaz para a depressão grave? Como veremos, colocar essas alegações à prova levou os cientistas da psicologia a responder *Não* à primeira pergunta e *Sim* à segunda.

Pôr em prática uma atitude científica requer não apenas curiosidade e ceticismo, mas também *humildade* – a consciência de nossa própria vulnerabilidade ao erro e a abertura a novas perspectivas (Leary et al., 2017). O que importa não é a minha opinião ou a sua, mas as verdades reveladas por nossos questionamentos e testes. Se as pessoas ou os outros animais não se comportam como nossas ideias previram, pior para nossas ideias. Essa atitude humilde foi expressa em um dos primeiros motes da psicologia: "o rato sempre tem razão". (Ver Pensamento crítico sobre: A atitude científica.)

Em todo o livro, as fontes de informação são citadas entre parênteses, com nome dos pesquisadores e data de publicação. Os dados completos de cada citação encontram-se nas Referências, no final do livro, no formato adotado pela American Psychological Association (APA).

A humildade prevê utilidade e confiança acadêmica realista (Erlandsson et al., 2018). Um estudo realizado em nove países perguntou a 40 mil adolescentes com quais dos 16 conceitos matemáticos eles estavam familiarizados, incluindo três termos falsos: "número próprio", "escala subjetiva" e "fração declarativa". Aqueles que arrogantemente afirmavam conhecer os conceitos inexistentes eram muitas vezes homens de origens privilegiadas (Jerrim et al., 2019). *Ponto a ser lembrado:* saber o que não sabemos permite generosidade e humildade intelectual.

PERGUNTE A SI MESMO

Você ficou surpreso ao saber que a psicologia é uma ciência? Como você explicaria isso agora se alguém lhe perguntasse?

Pensamento crítico

QOA P.3 Como o pensamento crítico alimenta a atitude científica e o pensamento mais inteligente na vida cotidiana?

A atitude científica – curiosidade + ceticismo + humildade – nos prepara para pensar de forma mais inteligente. Esse pensamento inteligente, chamado **pensamento crítico**, examina suposições, avalia a fonte, discerne preconceitos ocultos, avalia evidências e pondera conclusões. Ao ler um relatório de pesquisa, uma opinião *online* ou uma notícia, os pensadores críticos fazem perguntas: *como eles sabem disso? Quais são os interesses dessa pessoa nessa questão? Essa conclusão é baseada em palpites ou em evidências? A evidência justifica uma conclusão de causa e efeito? Que outras explicações são possíveis?*

De uma mensagem irônica no Twitter: "O problema das citações na internet é que a gente nunca sabe se são verdadeiras." – Abraham Lincoln

Os pensadores críticos estremecem quando as pessoas fazem afirmações factuais com base em seus instintos: "*sinto* que a mudança climática está [ou não] acontecendo". "*sinto* que carros autônomos são mais [ou menos] perigosos". "*sinto* que meu candidato é mais honesto". Essas crenças (comumente rotuladas erroneamente como sentimentos) podem, ou não, ser verdadeiras. Os pensadores críticos estão abertos à possibilidade de estarem errados. Às vezes, a melhor evidência confirma o que acreditamos. Outras vezes, nos desafia e nos chama para uma maneira diferente de pensar. Os cínicos geralmente parecem inteligentes, mas a maioria demonstra menos capacidade cognitiva e competência acadêmica do que a média (Stavrova & Ehlebracht, 2018). Acreditar em tudo – ou rejeitar tudo – é ser um tolo.

O pensamento crítico, informado pela ciência, ajuda a limpar as lentes sujas de nossos preconceitos. Considere: será que a mudança climática ameaça nosso futuro e, em caso afirmativo, é causada pelo ser humano? Em 2016, alguns defensores da tese da ação climática interpretaram as inundações recordes da Louisiana como prova das mudanças climáticas. Em 2015, os céticos das mudanças climáticas perceberam o frio intenso do inverno norte-americano como um desconto no aquecimento global. Em vez de ter sua compreensão das mudanças climáticas influenciada por exemplos locais do clima de hoje, os pensadores críticos dizem: "mostre-me as evidências". No decorrer do tempo, a temperatura da Terra está realmente subindo? As calotas polares estão derretendo? Os padrões de vegetação estão mudando? Os eventos climáticos extremos estão ficando mais frequentes? A atividade humana está emitindo CO_2 que nos levaria a esperar essas alterações?

Ao contemplar essas questões, os pensadores críticos também considerarão a credibilidade das fontes. Eles vão olhar as evidências (*os fatos as apoiam ou são coisas inventadas?*). Eles reconhecerão múltiplas perspectivas. E eles ficarão expostos a fontes de notícias que desafiam suas ideias preconcebidas.

Algumas pessoas religiosas podem ver o pensamento crítico e a investigação científica, inclusive a psicologia, como ameaça. No entanto, muitos líderes da revolução científica, como Copérnico e Newton, eram pessoas de profunda fé e que se orientavam pelo princípio de que, "para amar e honrar a Deus, é necessário apreciar plenamente as maravilhas de Sua criação" (Stark, 2003a,b).

Pensamento crítico. Maneira de pensar que não aceita cegamente argumentos e conclusões. Pelo contrário, examina suposições, avalia fontes, identifica valores ocultos, analisa evidências e pondera conclusões.

Pensamento crítico sobre:
Atitude científica

QOA **P.2** Quais são os três elementos-chave da atitude científica, e como eles apoiam a investigação científica?

Três atitudes básicas ajudaram a tornar a ciência moderna possível.

1 CURIOSIDADE:

Isso funciona?

Quando postas à prova, suas previsões podem ser confirmadas?

- Ninguém ainda foi capaz de demonstrar a leitura extrassensorial da mente.

- Muitos estudos descobriram que o estresse mais alto está relacionado com a saúde mais precária.

2 CETICISMO:

O que você quer dizer?

Como você sabe?

Separar a realidade da fantasia requer um ceticismo saudável – uma atitude que não seja cínica (duvidar de tudo), mas também não seja crédula (acreditar em tudo).

- Nossas expressões faciais e posturas corporais afetam como realmente nos sentimos.

- O Capítulo 11 explica que não existe uma relação entre os comportamentos dos pais e a orientação sexual das crianças.

3 HUMILDADE:

Isso foi inesperado! Vamos explorar mais.

Os pesquisadores devem estar dispostos a se surpreender e seguir novas ideias. As pessoas e outros animais nem sempre se comportam como nossas ideias e crenças podem prever.

O rato está sempre certo.

A investigação crítica pode nos levar a descobertas surpreendentes. Alguns exemplos da ciência psicológica: as perdas maciças de tecido cerebral na primeira infância têm efeitos mínimos em longo prazo (ver Capítulo 2). Com poucos dias de vida, os recém-nascidos já são capazes de reconhecer a mãe pelo cheiro (ver Capítulo 5). Depois de sofrer lesões cerebrais, uma pessoa pode ser capaz de aprender novas habilidades, sem ter consciência dessa aprendizagem (ver Capítulo 8). Grupos diversos – homens e mulheres, velhos e jovens, ricos e pessoas de classe média, pessoas com ou sem deficiência – relatam níveis similares de felicidade pessoal (ver Capítulo 12).

"Minha mais profunda crença é de que, se existe um deus de alguma forma parecido com aquele no qual tradicionalmente se acredita, nossa curiosidade e inteligência vieram dele. Seríamos ingratos por essas dádivas... se suprimíssemos nossa paixão pela exploração do universo e de nós mesmos." – Carl Sagan, *Broca's Brain*, 1979

Os capítulos adiante também ilustram como a investigação crítica às vezes desmascara pressupostos populares. Os sonâmbulos *não* estão encenando seus sonhos (ver Capítulo 3). Nossas experiências passadas *não* estão todas registradas cena a cena em nosso cérebro; por meio de estimulação cerebral ou hipnose, uma pessoa *não* consegue simplesmente reviver memórias há muito enterradas ou reprimidas (ver Capítulo 8). A maioria das pessoas *não* sofre de baixa autoestima pouco realística, e a autoestima elevada *não* é algo inteiramente positivo (ver Capítulo 14). Os opostos tendem a *não* se atrair (ver Capítulo 13). Nesses casos e em muitos outros, o que os cientistas da psicologia aprenderam não é o que se acredita amplamente.

A investigação crítica da psicologia também pode identificar políticas eficazes. Para desencorajar o crime, devemos investir recursos na ampliação das sentenças ou em uma maior probabilidade de punição? Para ajudar alguém a se recuperar de um trauma, o profissional que acompanha a pessoa deve estimulá-la a reviver o evento ou não? Para aumentar o comparecimento dos eleitores nas votações, devemos falar sobre o problema da baixa participação do eleitorado ou enfatizar que seus pares estão votando? O que importa não é o que "sentimos" ser verdade, mas, sim, o que é verdade. Ao submeter essas questões ao escrutínio do pensamento crítico – contrariando a prática comum – é a segunda opção que vence em cada uma delas (Shafir, 2013). Pensar criticamente pode fazer – e às vezes, realmente faz – o mundo mudar.

O pensamento crítico também pode nos mudar, ajudando-nos a avaliar as aplicações populares da psicologia. Olhando um livro de autoajuda, podemos ponderar sobre a experiência e os objetivos do autor. Podemos perguntar: as sugestões são baseadas em evidências ou palpites? E como os valores pessoais e as preferências do autor podem afetar os conselhos? Se você se submeter a orientações de como viver – como criar filhos, como alcançar a autorrealização, como responder a sentimentos sexuais, como progredir no trabalho –, você está aceitando conselhos carregados de valores. A ciência do comportamento e dos processos mentais pode nos ajudar a alcançar nossos objetivos; todavia, não pode determinar quais devem ser eles. Os cientistas psicológicos ensinam, mas não doutrinam ou evangelizam.

PRÁTICA DE RECUPERAÇÃO

PR-1 Descreva o que está envolvido no pensamento crítico.

RESPOSTAS NO APÊNDICE E

Dica para estudo: a pesquisa de memória revela um *efeito de teste*: retemos as informações muito melhor se as recuperarmos ativamente por meio de autotestes e ensaios (ver mais sobre este tema no final deste prólogo). Para reforçar sua aprendizagem e memória, aproveite as oportunidades de Prática de Recuperação que você encontrará ao longo deste texto – com respostas para verificação no Apêndice E.

Nasce a ciência psicológica

QOA P.4 Quais foram os marcos importantes no início da história da psicologia?

Ser humano é ter curiosidade sobre nós mesmos e o mundo ao nosso redor. Antes de 300 a.C., o naturalista e filósofo grego Aristóteles já teorizava sobre os processos de aprendizagem e memória, motivação e emoção, percepção e personalidade. Hoje em dia, achamos graça de algumas de suas suposições, como a de que sentimos sono depois de uma refeição por causa do gás e do calor acumulados em torno do que ele acreditava ser a fonte de nossa personalidade, o coração. Mas reconhecemos que Aristóteles fez as perguntas certas.

Primeiro laboratório psicológico

O pensamento dos filósofos sobre o pensamento continuou até o nascimento da psicologia, tal como a conhecemos, em dezembro de 1879, em uma pequena sala do terceiro andar da Universidade de Leipzig, na Alemanha. Ali, dois jovens auxiliaram um austero professor de meia-idade, Wilhelm Wundt, a criar um aparato experimental. Sua máquina media quanto tempo levava para as pessoas pressionarem uma tecla de telégrafo depois de ouvir uma bola bater em uma plataforma (Hunt, 1993). Curiosamente, as pessoas respondiam em cerca de um décimo de segundo quando solicitadas a pressionar o botão assim que o som ocorria e em cerca de dois décimos quando solicitadas a pressioná-lo logo que tivessem consciência da percepção do som. (Tomar consciência da própria consciência leva um pouco mais de tempo.) Wundt pretendia medir "os átomos da mente" – os processos mentais mais rápidos e simples. Assim teve início o primeiro laboratório de psicologia, cuja equipe era composta por Wundt e pelos primeiros estudantes graduados em psicologia.

Macmillan Learning

Wilhelm Wundt (1832-1920). Wundt estabeleceu o primeiro laboratório de psicologia na Universidade de Leipzig, na Alemanha.

Macmillan Learning

Edward Bradford Titchener (1867-1927). Titchener usou a introspecção para procurar os elementos estruturais da mente.

Primeiras escolas de pensamento da psicologia

Em pouco tempo, essa nova ciência da psicologia foi organizada em diferentes ramos, ou escolas de pensamento, cada uma promovida por pensadores pioneiros. Duas dessas escolas foram o **estruturalismo** e o **funcionalismo**.

ESTRUTURALISMO. Enquanto químicos desenvolviam a tabela periódica para classificar os elementos químicos, o psicólogo Edward Bradford Titchener objetivava classificar e compreender os elementos da estrutura da mente. Para tanto, ele envolveu pessoas em um processo de *introspecção* autorreflexiva (olhar para dentro de si mesmo), treinando-as para relatar os elementos de suas experiências ao olhar uma rosa, ouvir um metrônomo, sentir um odor, ou saborear uma substância. Quais eram suas sensações imediatas, suas imagens, seus sentimentos? E como essas sensações se relacionavam entre si? Lamentavelmente, a técnica de introspecção do estruturalismo não se mostrou muito confiável. Demandava pessoas com alto nível de inteligência, com habilidades verbais, e seus resultados variavam de pessoa para pessoa e de experiência para experiência. À medida que a introspecção entrou em declínio, o estruturalismo a acompanhou. Tentar reconstruir a estrutura da mente a partir de elementos simples era como tentar entender um carro examinando separadamente cada uma de suas peças.

FUNCIONALISMO. O filósofo e psicólogo William James julgou mais proveitoso levar em consideração as *funções* de nossos pensamentos e nossos sentimentos. Perceber odores é o que o nariz faz; pensar é o que o cérebro faz. Mas *por que* o nariz e o cérebro fazem essas coisas? Sob a influência do teórico evolucionista Charles Darwin, James presumiu que o pensamento, assim como o olfato, desenvolveu-se por ser *adaptativo* – ele ajudou nossos ancestrais a sobreviver e reproduzir-se. A consciência tem uma função. Ela nos possibilita refletir sobre nosso passado e que nos adaptemos ao presente e planejemos o futuro. Para explorar as funções adaptativas da mente, James estudou emoções, memórias, força de vontade, hábitos e fluxos de consciência de momento em momento.

Os escritos de James levaram o editor Henry Holt a oferecer-lhe um contrato para a publicação de um livro didático sobre a nova ciência da psicologia. James concordou e começou a trabalhar em 1878, desculpando-se por ter pedido dois anos para terminar sua escrita. O trabalho revelou-se inesperadamente desafiador e, na verdade, exigiu 12 anos. (Por que isso não nos surpreende?) Mais de um século depois, as pessoas ainda leem seu *Principles of Psychology* (*Princípios de Psicologia*, 1890) e ficam maravilhadas com o brilhantismo e a elegância com que James apresentou a psicologia ao público instruído.

Primeiras mulheres na psicologia

O legado de James é derivado de seus ensinamentos em Harvard e de seus escritos. Em 1890 – 30 anos antes de as mulheres norte-americanas terem direito ao voto –, ele admitiu Mary Whiton Calkins em seu seminário de pós-graduação, mesmo com as objeções do presidente de Harvard (Scarborough & Furumoto, 1987). Quando Calkins entrou, os demais estudantes (todos homens) abandonaram o curso. James, então, ministrou-lhe aulas particulares. Calkins obteve todos os requisitos para o Ph.D. em Harvard, com média superior a todos os estudantes do sexo masculino nos exames de qualificação. Lamentavelmente, Harvard negou a Calkins o merecido título acadêmico, oferecendo-lhe em troca um diploma do Radcliffe College, sua escola coligada de graduação destinada a mulheres. Calkins resistiu ao tratamento desigual e recusou o diploma. Não obstante, ela foi uma notável pesquisadora no campo da memória e a primeira mulher a presidir a American Psychological Association (APA), em 1905.

Macmillan Learning

Macmillan Learning

William James (1842-1910) e Mary Whiton Calkins (1863-1930). James foi um lendário professor e escritor, autor de um importante texto da psicologia, de 1890. Foi mentor de Calkins, pioneira em pesquisas sobre a memória e primeira mulher a presidir a American Psychological Association.

Macmillan Learning

Margaret Floy Washburn (1871-1939). Primeira mulher a receber um Ph.D. em psicologia, Washburn sintetizou as pesquisas sobre comportamento animal no livro *The Animal Mind* (*A Mente Animal*, 1908).

A honra de ser a primeira mulher Ph.D. em psicologia coube a Margaret Floy Washburn, também autora de um livro influente, *The Animal Mind* (*A Mente Animal*), e a segunda mulher a presidir a APA, em 1921. Entretanto, para Washburn o fato de ser mulher também fechou portas. Embora sua tese tenha sido o primeiro estudo estrangeiro publicado por Wundt em seu periódico, ela foi impedida de ingressar na organização de psicólogos experimentais, todos homens, fundada por Titchener, seu próprio orientador na pós-graduação (Johnson, 1997). Que mundo diferente do nosso passado recente: entre 1997 e 2019, mais da metade dos presidentes eleitos da organização científica Association for Psychological Science (APS) foram mulheres. Nos EUA, no Canadá e na Europa, hoje em dia, as mulheres conquistam a maioria dos doutorados em psicologia.

Estruturalismo. Escola pioneira de pensamento, promovida por Wundt e Titchener; usava a introspecção para revelar a estrutura da mente humana.

Funcionalismo. Escola pioneira de pensamento promovida por James e influenciada por Darwin; explorava o funcionamento dos processos mentais e comportamentais – como habilitam o organismo a se adaptar, sobreviver e prosperar.

Behaviorismo. Visão segundo a qual a psicologia (1) deveria ser uma ciência objetiva, que (2) estuda o comportamento sem se referir a processos mentais. A maioria dos pesquisadores atuais concorda com (1), mas não com (2).

PERGUNTE A SI MESMO

Como você acha que a psicologia pode mudar no futuro à medida que mais mulheres e outras de grupos historicamente excluídos contribuírem com suas ideias para o campo?

PRÁTICA DE RECUPERAÇÃO

PR-2 Que evento definiu o início da psicologia científica?

PR-3 Por que a introspecção falhou como método para compreender o funcionamento da mente?

PR-4 A escola do ______________ usou a introspecção para definir a configuração da mente; concentrou-se em como os processos mentais nos permitem adaptar, sobreviver e florescer.

RESPOSTAS NO APÊNDICE E

Amadurecimento da ciência psicológica

QOA P.5 Como o behaviorismo, a psicologia freudiana e a psicologia humanista promoveram o desenvolvimento da ciência psicológica?

Nos primórdios da psicologia, muitos psicólogos compartilhavam com o ensaísta inglês C. S. Lewis o ponto de vista de que "existe uma coisa, e só uma coisa em todo o universo, sobre a qual sabemos mais do que poderíamos aprender por meio da observação externa". Essa única coisa, disse Lewis, somos nós mesmos. "Temos, por assim dizer, informações privilegiadas" (1960, pp. 18-19). Wundt e Titchener concentraram-se em sensações, imagens e sentimentos internos. James também se dedicou ao exame introspectivo do fluxo da consciência e das emoções, na esperança de entender como eles ajudam os seres humanos a sobreviver e prosperar. Para esses e outros pioneiros, a *psicologia* era definida como "a ciência da vida mental".

Behaviorismo

A definição de psicologia como "a ciência da vida mental" permaneceu em voga até a década de 1920, quando entrou em cena o primeiro de dois provocadores psicólogos norte-americanos. John B. Watson e, mais tarde, B. F. Skinner abandonaram a introspecção e redefiniram a *psicologia* como "o estudo científico do comportamento observável". Afinal, alegaram que a ciência está enraizada na observação: o que você não pode observar e medir, você não pode estudar cientificamente. Você não pode observar uma sensação, um sentimento ou um pensamento, mas *pode* observar e registrar o *comportamento* das pessoas conforme elas são *condicionadas*, isto é, como respondem e aprendem em diferentes situações. Muitos concordavam, e o **behaviorismo** tornou-se uma das duas grandes forças da psicologia, em meados da década de 1960.

Psicologia freudiana (ou teoria psicanalítica)

Outra grande força foi a *psicologia psicanalítica* de Sigmund Freud, que enfatizou as maneiras como nossa mente inconsciente e as experiências da infância afetam nosso comportamento. (Nos próximos capítulos, examinaremos melhor os ensinamentos de Freud, inclusive sua teoria da personalidade e suas ideias sobre os conflitos sexuais inconscientes e as defesas da mente contra seus próprios desejos e impulsos.)

Macmillan Learning

Macmillan Learning

John B. Watson (1878-1958) e Rosalie Rayner (1898-1935). Trabalhando com Rayner, Watson defendeu a psicologia como o estudo científico do comportamento. Em um estudo controverso sobre um bebê que ficou conhecido como "Pequeno Albert", ele e Rayner mostraram que o medo pode ser aprendido.

Macmillan Learning

B. F. Skinner (1904-1990). Esse renomado behaviorista rejeitava a introspecção, preferindo estudar como as consequências moldam o comportamento.

Macmillan Learning

Sigmund Freud (1856-1939). As polêmicas ideias desse célebre terapeuta e teórico da personalidade exerceram profunda influência sobre o modo como a humanidade se compreende.

Psicologia humanista

Do mesmo modo como os behavioristas rejeitaram a definição de *psicologia* no início do século XX, dois outros grupos rejeitaram a definição behaviorista. Na década de 1960, os **psicólogos humanistas**, liderados por Carl Rogers e Abraham Maslow, consideravam tanto a psicologia freudiana quanto o behaviorismo demasiado restritivos. Em vez de se concentrar em respostas condicionadas ou memórias de infância, os psicólogos humanistas focaram nosso potencial de crescimento, nossas necessidades de amor e aceitação, e os ambientes que nutrem ou limitam o nosso crescimento pessoal.

PRÁTICA DE RECUPERAÇÃO

PR.5 Da década de 1920 até a de 1960, as duas principais forças da psicologia eram o ______________ e a psicologia ______________.

RESPOSTAS NO APÊNDICE E

Psicologia contemporânea

QOA P.6 Como a psicologia contemporânea se concentrou na cognição, na biologia e na experiência, na cultura e no gênero, e no florescimento humano?

Simultaneamente ao surgimento da psicologia humanista, na década de 1960 os psicólogos foram pioneiros da *revolução cognitiva*. Isso levou o campo de volta ao seu interesse inicial sobre como nossa mente processa e retém informações. A **psicologia cognitiva** hoje continua sua exploração científica de como percebemos, como processamos e lembramos informações e de como o pensamento e a emoção interagem na ansiedade, na depressão e em outros transtornos. O casamento da psicologia cognitiva (a ciência da mente) e da neurociência (a ciência do cérebro) deu origem à **neurociência cognitiva**. Essa especialidade, com pesquisadores de muitas disciplinas, estuda a atividade cerebral subjacente à atividade mental.

A psicologia de hoje é baseada no trabalho de muitos cientistas e escolas de pensamento anteriores. Para abranger a preocupação da psicologia com o comportamento observável e com pensamentos e sentimentos internos, agora definimos a **psicologia** como a *ciência do comportamento e dos processos mentais*. Vamos descompactar esta definição. *Comportamento* é qualquer coisa que um organismo *faz* – qualquer ação que podemos observar e registrar. Gritar, sorrir, piscar, suar, falar, "*tuitar*" e responder a questionários são todos comportamentos observáveis. Os *processos mentais* são nossas experiências internas e subjetivas – nossas sensações, percepções, sonhos, pensamentos, crenças e sentimentos.

A palavra-chave na definição atual de psicologia é *ciência*. A psicologia é menos um conjunto de achados do que uma maneira de fazer e responder perguntas. Nosso objetivo, então, não é apenas relatar resultados, mas também mostrar como os psicólogos jogam seu jogo. Você verá como os pesquisadores avaliam opiniões e ideias conflitantes. E aprenderá como todos nós, sejam cientistas ou apenas curiosos, podemos pensar mais e de forma mais inteligente ao vivenciar e explicar os eventos de nossas vidas.

A psicologia – ciência do comportamento e dos processos mentais – tem raízes em muitas disciplinas e países. A jovem ciência da psicologia desenvolveu-se a partir dos campos

Psicologia humanista. Perspectiva historicamente significativa que enfatizou o potencial de crescimento humano.

Psicologia cognitiva. Estudo de como os processos mentais, ocorrem quando percebemos, aprendemos, lembramos, pensamos, comunicamos e resolvemos problemas.

Neurociência cognitiva. Estudo interdisciplinar da atividade cerebral ligada à cognição (inclusive percepção, pensamento, memória e linguagem).

Psicologia. Ciência do comportamento e processos mentais.

mais estabelecidos da filosofia e da biologia. Wundt era filósofo e fisiologista. James era um filósofo norte-americano. Freud era um médico austríaco. Ivan Pavlov, pioneiro no estudo da aprendizagem, era um fisiologista russo. Jean Piaget, o mais influente observador de crianças do século passado, era um biólogo suíço. Esses "Magalhães da mente", como o historiador da psicologia Morton Hunt (1993) os chamou, ilustram a diversidade das origens da psicologia em muitas disciplinas e países.

Como esses pioneiros, estima-se que os mais de 1 milhão de psicólogos de hoje sejam cidadãos de diversos países (Zoma & Gielen, 2015). A International Union of Psychological Science conta com 82 países-membros, da Albânia ao Zimbábue. Na China, o primeiro departamento universitário de psicologia foi criado em 1978; em 2016, já eram 270 (Zhang, 2016). A psicologia está *crescendo* e *se globalizando*. A história da psicologia está sendo escrita em muitos lugares, com interesses que vão desde o estudo da atividade das células nervosas até o estudo de conflitos internacionais. A psicologia contemporânea, moldada por muitas forças, é particularmente influenciada por nossa compreensão da biologia e da experiência, da cultura e do gênero, e do florescimento humano.

Questão natureza-criação. Antiga controvérsia quanto à contribuição relativa dos genes e da experiência para o desenvolvimento de traços psicológicos e comportamentos. A ciência atual considera que tanto traços quanto comportamentos emergem da interação entre natureza e criação.

Seleção natural. Princípio de que os traços herdados que permitem que um organismo sobreviva e se reproduza em determinado ambiente (em competição com outras variações de traços) provavelmente serão transmitidos às gerações seguintes.

Psicologia evolucionista. Estudo da evolução do comportamento e da mente segundo o princípio da seleção natural.

PERGUNTE A SI MESMO

Como você definiria psicologia antes de fazer este curso?

Psicologia evolutiva e genética do comportamento

Nossos traços humanos são herdados ou se desenvolvem por meio da experiência? Essa tem sido a principal e mais persistente questão da psicologia. Todavia, o debate sobre a **questão natureza-criação** ou **natureza-cultura** é antigo. Para o filósofo grego Platão (428-348 a.C.), caráter e inteligência são herdados e certas ideias são inatas. Aristóteles (384-322 a.C.), ao contrário, afirmava que não havia nada na mente que não tivesse vindo primeiro do mundo exterior por meio dos sentidos.

No século XVII, os filósofos europeus reacenderam esse debate. Segundo John Locke, a mente seria uma folha em branco, sobre a qual se escrevem as experiências. René Descartes discordava, acreditando que algumas ideias são inatas. Os conceitos de Descartes ganharam o apoio de um naturalista curioso dois séculos depois. Em 1831, um estudante não muito aplicado, mas colecionador entusiasmado de besouros, moluscos e conchas, zarpou para o que se revelaria uma histórica viagem ao redor do mundo. Esse viajante de 22 anos, Charles Darwin, avaliou as incríveis variações de espécies que encontrou pelo caminho, incluindo tartarugas de uma ilha que diferiam das tartarugas de outras ilhas da mesma região. Sua obra *On the Origin of Species* (*A Origem das Espécies*), de 1859, explicou essa diversidade propondo o processo evolutivo da **seleção natural**: a partir de variações aleatórias, a natureza seleciona os traços que melhor capacitam um organismo a sobreviver e se reproduzir em determinado ambiente. O princípio de Darwin da seleção natural – "a simples e melhor ideia que alguém já teve", segundo o filósofo Daniel Dennett (1996) – persiste entre nós, mais de 160 anos depois, como princípio organizador da biologia. A evolução também passou a ser um importante princípio para a psicologia do século XXI. Essa influência certamente teria agradado a Darwin, que acreditava que sua teoria explicava não só as estruturas animais (como a pelagem branca do urso-polar), mas também seus comportamentos (como as expressões emocionais associadas à luxúria e à raiva humanas).

Macmillan Learning

Charles Darwin (1809-1882). Darwin defendia que a seleção natural modela comportamentos, assim como corpos.

A questão natureza-criação será recorrente ao longo de todo este livro, porque os psicólogos de hoje exploram as contribuições relativas da biologia e da experiência e se perguntam, por exemplo: que *semelhanças* nós, seres humanos, apresentamos, em função de nossa biologia e história evolutiva em comum? Esse é o foco da **psicologia evolucionista**.

rubberball/Getty Images

© Tony Freeman / PhotoEdit – All rights reserved.

Um experimento natureza-criação feito pela natureza. Gêmeos idênticos têm os mesmos genes, o que os torna participantes ideais para estudos que procuram esclarecer influências hereditárias e ambientais sobre a inteligência, a personalidade e outros traços. Os gêmeos fraternos têm genes diferentes, mas, em geral, compartilham ambiente semelhante. Os estudos de gêmeos fornecem uma riqueza de achados – descritas em capítulos posteriores – e mostram a importância tanto da natureza quanto da criação.

Genética comportamental. Estudo do poder relativo e dos limites das influências genéticas e ambientais sobre o comportamento.

Cultura. Comportamentos, ideias, atitudes, valores e tradições duradouros compartilhados por um grupo de pessoas e transmitidos de uma geração para a próxima.

E que *diferenças* apresentamos em função de diferentes genes e ambientes? Esse é o foco da **genética comportamental**.

Podemos, por exemplo, questionar: as diferenças de gênero são biologicamente predispostas ou socialmente construídas? A gramática das crianças é, em sua maior parte, inata ou formada pela experiência? Como as diferenças de inteligência e personalidade são influenciadas pela hereditariedade e pelo meio ambiente? Os comportamentos sexuais são mais "empurrados" pela biologia interna ou "puxados" por incentivos externos? Devemos tratar os transtornos psicológicos – por exemplo, a depressão – como transtornos do cérebro, transtornos do pensamento, ou ambos?

Esses debates continuam. Veremos, no entanto, que repetidamente, na ciência contemporânea, a tensão natureza-criação se dissolve: *a criação trabalha com o que a natureza oferece.* No Capítulo 4, você também aprenderá sobre *epigenética*, isto é, como a experiência pode influenciar a expressão dos genes. No Capítulo 2, você verá que nossa espécie foi agraciada com o grande dom biológico da *plasticidade* cerebral: uma enorme capacidade de aprender e se adaptar. Além disso, todo evento psicológico (cada pensamento e cada emoção) é também, e ao mesmo tempo, um evento biológico. Assim, a depressão pode ser ambos, um distúrbio cerebral *e* um transtorno do pensamento.

PERGUNTE A SI MESMO

Pense em um de seus próprios traços (por exemplo, você é planejador ou procrastinador – você geralmente completa as tarefas no prazo ou com atraso? Você é mais extrovertido ou introvertido – você fica energizado por interações sociais ou "recarrega" por passar um tempo sozinho?). Como você acha que esse traço foi influenciado pela natureza e pela criação?

PRÁTICA DE RECUPERAÇÃO

PR-6 Como a revolução cognitiva afetou o campo da psicologia?

PR-7 O que é seleção natural?

PR-8 Qual é a posição da psicologia contemporânea com relação a natureza e criação?

RESPOSTAS NO APÊNDICE E

Psicologia intercultural e de gênero

O que podemos aprender sobre as pessoas em geral a partir de estudos psicológicos realizados em determinado tempo e lugar – em geral com pessoas daquilo que Joseph Henrich, Steven Heine e Ara Norenzayan (2010) chamam de culturas WEIRD (*W*estern, *E*ducated, *I*ndustrialized, *R*ich e *D*emocratic – ou, em português, Ocidentais, Instruídas, Industrializadas, Ricas e Democráticas) [Henrich et al., 2010; Hruschka et al., 2018.]? Como veremos repetidamente, a **cultura** – ou seja, ideias e comportamentos compartilhados que são transmitidos de cada geração à seguinte – faz toda a diferença. Nossa cultura molda nossos padrões de prontidão e franqueza, nossas atitudes com relação ao sexo antes do casamento e a corpos com formas diferentes, nossa tendência de ser casual ou formal, nossa disposição de fazer contato visual, nosso distanciamento em uma conversa com desconhecidos e muito, muito mais. Uma vez conscientes dessas diferenças, poderemos evitar nossos pressupostos de que os outros vão pensar e agir como nós.

"A natureza dos homens é parecida; são seus hábitos que os afastam." – Confúcio, 551-479 a.C.

Também é verdade, porém, que nossa herança biológica comum nos une como uma família humana universal. Alguns aspectos de nossa humanidade – como vemos e ouvimos, como nossos corpos respondem ao estresse, como nossos sorrisos comunicam sentimentos – são compartilhados com todos os seres humanos (Stroebe et al., 2018). Os mesmos processos subjacentes guiam as pessoas em todos os lugares. Alguns exemplos:

- Pessoas diagnosticadas com *transtorno específico de aprendizagem* (antigamente chamado de "dislexia") apresentam a mesma disfunção cerebral, quer sejam italianas, francesas ou britânicas (Paulesu et al., 2001)
- Variações linguísticas podem impedir a comunicação entre culturas. Não obstante, todos os idiomas compartilham princípios fundamentais de gramática
- Pessoas em diferentes culturas variam quanto aos sentimentos de solidão (Lykes & Kemmelmeier, 2014). Entre as culturas, porém, a solidão será ampliada pela timidez, baixa autoestima e pelo fato de o indivíduo ser ou não casado (Jones et al., 1985; Rokach et al., 2002).

Cada um de nós é, em certos aspectos, como todos os outros, um tanto como alguns outros e, também, como nenhum outro. Estudar pessoas de todas as culturas nos ajuda a discernir nossas semelhanças e diferenças, nosso parentesco humano e nossa diversidade.

Você verá ao longo deste livro que nossa *identidade de gênero* – nossa sensação de ser homem, mulher, nenhum dos dois ou alguma combinação de homem e mulher – também importa, assim como nosso *sexo* influenciado biologicamente.

Os pesquisadores de hoje relatam diferenças de gênero no que sonhamos, em como expressamos e detectamos as emoções, e em nosso risco de transtorno por uso de álcool, depressão e transtornos alimentares. As diferenças de gênero nos fascinam, e estudá-las é potencialmente benéfico. Por exemplo, muitos pesquisadores observaram que as mulheres tendem a manter conversações visando à construção de relacionamentos, ao passo que os homens falam mais para dar informações e conselhos (Tannen, 2001). Compreender essas diferenças pode nos ajudar a evitar conflitos e mal-entendidos nas relações do dia a dia.

Roy Toft/National Geographic Creative

iAntonia Brune

Um sorriso é um sorriso ao redor do mundo. Este livro conta a história da psicologia como uma ciência global, que estuda e celebra semelhanças e diferenças culturais e de gênero. Por exemplo, as normas culturais variam sobre quando e com que frequência as pessoas devem sorrir, mas um sorriso naturalmente feliz significa a mesma coisa em qualquer lugar do mundo.

De novo, porém, lembramos que tanto em termos psicológicos quanto em termos biológicos, mulheres e homens têm semelhanças extraordinárias. Mulheres ou homens, aprendemos a andar por volta da mesma idade. Experimentamos as mesmas sensações luminosas e sonoras. Lembramo-nos de eventos emocionais vívidos e esquecemos detalhes banais. Sentimos as mesmas pontadas de fome, desejo e medo. Temos níveis gerais similares de inteligência e bem-estar.

Ponto a ser lembrado: mesmo quando atitudes e comportamentos específicos variam entre gêneros ou culturas, como costuma acontecer, as causas subjacentes são mais ou menos as mesmas.

PERGUNTE A SI MESMO

Como suas experiências culturais influenciaram seu desenvolvimento?

Psicologia positiva

Nos cem primeiros anos de sua história, a psicologia concentrou-se no entendimento e no tratamento de problemas como abuso e ansiedade, depressão e doença, preconceitos e pobreza. Boa parte da psicologia atual prossegue na exploração desses desafios. Sem ignorar a necessidade de reparar danos e curar doenças, Martin Seligman et al. (2002, 2011, 2016) vêm clamando por mais pesquisas a respeito do *florescimento humano* – que nos ajudem na compreensão e no desenvolvimento das emoções e dos traços que nos levam a prosperar. Esses psicólogos chamam sua abordagem de **psicologia positiva**. Acreditam que a felicidade é a consequência de uma vida prazerosa, engajada e significativa. Assim, a psicologia positiva lança mão de métodos científicos para explorar a construção de uma "vida boa" que faça uso de nossas competências, e de uma "vida significativa" que nos aponte para além de nós mesmos.

Três principais níveis de análise da psicologia

QOA P.7 Como os psicólogos utilizam a abordagem biopsicossocial, e como ela pode nos ajudar a compreender nosso mundo diverso?

Todos nós compartilhamos uma natureza humana biologicamente enraizada. Todavia, muitas influências psicológicas e socioculturais ajustam nossas suposições, valores e comportamentos. Diferimos individualmente conforme identidade de gênero, capacidade física e orientação sexual. E cada um de nós é um sistema complexo que faz parte de um sistema social maior – uma família, grupo étnico, cultura e *status socioeconômico* (a combinação do nível de educação, renda e ocupação). A **abordagem biopsicossocial** integra esses três **níveis de análise** – o biológico, o psicológico e o sociocultural.

Considere os tiroteios horripilantes que ocorrem com triste frequência em escolas dos EUA. Eles ocorrem porque os atiradores têm distúrbios cerebrais ou há tendências genéticas que os tornam violentos? Porque observam a brutalidade na mídia ou porque jogam *videogames* violentos? Porque eles vivem em uma sociedade armada? A abordagem biopsicossocial permite que os psicólogos ultrapassem os rótulos ("atirador escolar") e considerem os fatores

Psicologia positiva. Estudo científico do funcionamento humano com o objetivo de descobrir e promover pontos fortes e virtudes capazes de ajudar indivíduos e comunidades a prosperar.

Abordagem biopsicossocial. Abordagem integrada que incorpora os níveis de análise biológico, psicológico e sociocultural.

Níveis de análise. Perspectivas distintas e complementares – biológica, psicológica e sociocultural – para análise de qualquer fenômeno dado.

interligados que podem levar a atos violentos (Pryor, 2019) (Figura 1). Psicólogos clínicos usam essa abordagem para ajudar pessoas com transtornos mentais (Teachman et al., 2019).

Cada nível de análise oferece uma perspectiva para observar um comportamento ou processo mental, mas cada um por si só é incompleto. Cada perspectiva descrita na Tabela 1 faz perguntas diferentes e tem seus limites, mas, juntas, elas se complementam. Considere, por exemplo, como elas lançam luz sobre a raiva:

- Alguém que trabalhe com uma ***perspectiva neurocientífica*** pode estudar os circuitos cerebrais que causam o rubor na face e o "calor no pescoço"
- Alguém que trabalhe a partir de uma ***perspectiva evolutiva*** pode analisar como a raiva facilitou a sobrevivência dos genes de nossos ancestrais

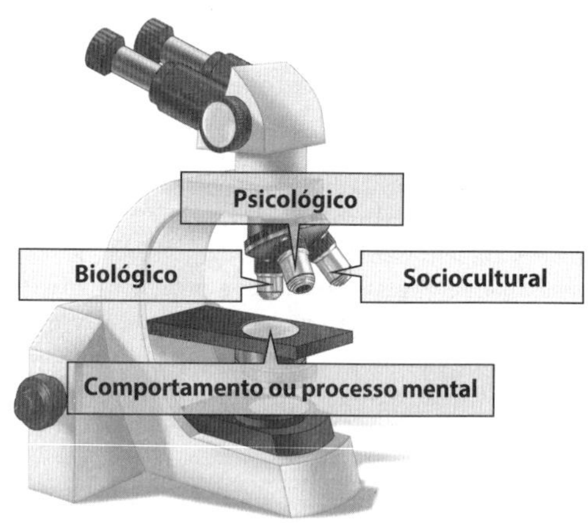

Figura 1 Abordagem biopsicossocial. Essa perspectiva integrada incorpora diversos níveis de análise e oferece uma descrição mais completa de qualquer comportamento ou processo mental.

Tabela 1 Perspectivas teóricas da psicologia.

Perspectiva	Foco	Exemplos de questões	Exemplos de subáreas que usam essa perspectiva
Neurociência	Como o corpo e o cérebro ativam as emoções, as memórias e as experiências sensoriais	Como as mensagens de dor são transmitidas da mão até o cérebro? Como a bioquímica sanguínea está ligada ao humor e às motivações?	Psicobiologia; psicologia cognitiva; psicologia clínica
Evolutiva	Como a seleção natural dos traços promoveu a sobrevivência dos genes	Como a evolução influencia as tendências comportamentais?	Psicobiologia; psicologia do desenvolvimento; psicologia social
Genética do comportamento	Como os genes e o meio ambiente influenciam nossas diferenças individuais	Até que ponto traços psicológicos, como inteligência, personalidade, orientação sexual e vulnerabilidade à depressão, podem ser atribuídos aos nossos genes? E ao nosso ambiente?	Psicologia da personalidade; psicologia do desenvolvimento; psicologia jurídica/forense
Psicodinâmica	Como o comportamento é derivado dos impulsos e dos conflitos inconscientes	Como os traços e transtornos de personalidade de alguém podem ser explicados em termos de desejos não realizados e traumas da infância?	Psicologia clínica; aconselhamento; psicologia da personalidade
Comportamental	Como aprendemos respostas observáveis	Como aprendemos a temer determinados objetos ou situações? Qual é a maneira mais eficaz de alterar nosso comportamento, por exemplo, para perder peso ou parar de fumar?	Psicologia clínica; aconselhamento; psicologia industrial-organizacional
Cognitiva	Como codificamos, processamos, armazenamos e recuperamos informações	Como usamos as informações ao recordar? Raciocinar? Resolver problemas?	Neurociência cognitiva; psicologia clínica; aconselhamento; psicologia industrial-organizacional
Sociocultural	Como o comportamento e o pensamento variam em diferentes situações e culturas	Como somos afetados pelas pessoas e pela cultura ao nosso redor?	Psicologia do desenvolvimento; psicologia social; psicologia clínica; aconselhamento

- Alguém que trabalhe com ***perspectiva da genética do comportamento*** pode estudar como a hereditariedade e a experiência influenciam diferenças individuais de temperamento
- Alguém que trabalhe com uma ***perspectiva psicodinâmica*** pode encarar um acesso de raiva como uma maneira de extravasar uma hostilidade inconsciente
- Alguém que trabalhe a partir de uma ***perspectiva comportamental*** pode tentar identificar quais estímulos funcionam como gatilhos para desencadear comportamentos agressivos
- Alguém que trabalhe com uma ***perspectiva cognitiva*** pode estudar como a interpretação de uma situação afeta nossa raiva e como esta, por sua vez, afeta nosso pensamento
- Alguém que trabalhe com uma ***perspectiva sociocultural*** pode explorar como as expressões de raiva variam nos diferentes contextos culturais.

Ponto a ser lembrado: como as visões bidimensionais de um objeto tridimensional, cada uma das perspectivas da psicologia é útil. Mas cada uma delas por si só não revela o quadro completo.

PERGUNTE A SI MESMO

Qual das perspectivas teóricas da psicologia você acha mais interessante? Por quê?

PRÁTICA DE RECUPERAÇÃO

PR-9 Qual é a vantagem de adotarmos a abordagem biopsicossocial no estudo dos eventos psicológicos?

PR-10 A perspectiva _______________ em psicologia concentra-se no modo como comportamento e pensamento se distinguem entre diferentes situações e culturas, ao passo que a perspectiva _______________ enfatiza a observação de como respondemos a diferentes situações e aprendemos com elas.

RESPOSTAS NO APÊNDICE E

Subáreas da psicologia

QOA P.8 Quais são as principais subáreas da psicologia?

Ao imaginar um químico no trabalho, você provavelmente visualizará um cientista de laboratório cercado por tubos de ensaio e equipamentos de alta tecnologia. Imagine um psicólogo no trabalho e você estará certo, se imaginar...

- um cientista de jaleco branco investigando o cérebro de um rato
- um pesquisador da inteligência mensurando a rapidez com que uma criança perde o interesse por uma fotografia que já lhe é familiar, desviando os olhos
- um executivo avaliando um novo programa de treinamento sobre "estilos de vida saudáveis" para funcionários
- um pesquisador no computador analisando "*big data*" de atualizações de *status* de mídia social ou pesquisas do Google
- um terapeuta ouvindo atentamente os pensamentos de um cliente deprimido
- um viajante visitando outra cultura para coletar dados sobre a variação dos valores e comportamentos humanos
- um professor ou escritor compartilhando as alegrias da psicologia com outros.

O conjunto de subcampos que chamamos de psicologia é um ponto de encontro para diferentes disciplinas. Assim, é um lugar perfeito para quem tem interesses amplos. Em suas diversas atividades, desde experimentação biológica até comparações culturais, a tribo dos psicólogos é unida por um objetivo comum: *descrever e explicar o comportamento e a mente subjacente a ele.*

Alguns psicólogos realizam **pesquisas básicas** que constroem a base de conhecimento da psicologia. Encontraremos grande variedade de pesquisadores, inclusive *psicólogos biológicos* que exploram as ligações entre corpo e mente; *psicólogos do desenvolvimento* estudando nossas habilidades de mudança do útero ao túmulo; *psicólogos cognitivos* experimentando como percebemos, pensamos e resolvemos problemas; *psicólogos da personalidade* investigando nossos traços persistentes; e *psicólogos sociais* explorando como nos vemos e afetamos uns aos outros.

Esses e outros psicólogos também podem realizar **pesquisas aplicadas**, abordando problemas práticos. Os *psicólogos industriais-organizacionais*, por exemplo, utilizam conceitos e métodos da psicologia no local de trabalho para ajudar organizações e empresas a selecionar e treinar os funcionários, elevar o moral e a produtividade, criar produtos e implementar sistemas.

Pesquisa básica. Ciência pura, que visa ampliar a base de conhecimento científico.

Pesquisa aplicada. Estudo científico que visa solucionar problemas práticos.

Aconselhamento psicológico. Ramo da psicologia que ajuda as pessoas com problemas (em geral, relacionados com escola, trabalho ou casamento) a alcançar maior bem-estar.

Psicologia clínica. Ramo da psicologia que estuda, avalia e trata pessoas com transtornos psicológicos.

Psiquiatria. Ramo da medicina que lida com os transtornos psicológicos. É praticada por médicos, que por vezes proveem tratamento clínico (por exemplo, prescrevendo medicamentos), assim como terapia psicológica.

Psicologia comunitária. Ramo da psicologia que estuda como as pessoas interagem com seus ambientes sociais e como as instituições sociais (como escolas e bairros) afetam indivíduos e grupos.

A psicologia é uma ciência, mas também é uma profissão que ajuda as pessoas a ter relacionamentos mais saudáveis, superar sentimentos de ansiedade ou depressão e criar filhos promissores. A *psicologia do aconselhamento* e a *psicologia clínica* surgiram de diferentes tradições históricas. Os primeiros psicólogos de aconselhamento orientavam as habilidades de trabalho, enquanto os psicólogos clínicos trabalhavam ao lado de psiquiatras para avaliar e fornecer psicoterapia às pessoas nas primeiras clínicas de psicologia. Os psicólogos de aconselhamento e clínicos atuais têm muito em comum. **Psicólogos de aconselhamento** ajudam as pessoas a lidar com desafios e crises (inclusive questões acadêmicas, vocacionais e de relacionamento) e ajudam os que têm transtornos psicológicos a melhorar sua função pessoal e social. Os **psicólogos clínicos** concentram-se em avaliar e tratar pessoas com transtornos mentais, emocionais e comportamentais. Os psicólogos de aconselhamento e clínicos administram e interpretam testes, fornecem aconselhamento e terapia para pessoas com todos os níveis de dificuldades psicológicas, e passam pelos mesmos exames de licenciamento. Às vezes, também realizam pesquisas básicas e aplicadas. Por outro lado, os **psiquiatras**, que também podem fornecer psicoterapia, são médicos licenciados para prescrever medicamentos e tratar causas físicas dos transtornos psicológicos.

Em vez de tentar mudar as pessoas para que se adaptem ao seu ambiente, os **psicólogos comunitários** se dedicam à criação de ambientes sociais e físicos que sejam saudáveis para todos (Bradshaw et al., 2009; Trickett, 2009). Para prevenir o *bullying*, eles podem refletir sobre maneiras de melhorar a cultura da escola e do bairro, e como promover a intervenção dos das outras pessoas presentes (Polanin et al., 2012).

Com perspectivas que vão do biológico ao social, e com configurações que vão do laboratório à clínica e ao consultório, a psicologia se relaciona com muitos campos. Os psicólogos lecionam em escolas de medicina, escolas de negócios, faculdades de direito e seminários teológicos, e trabalham em hospitais, fábricas e escritórios corporativos. Dedicam-se a estudos interdisciplinares, como psicobiografia (análise psicológica de personagens históricos), psicolinguística (estudo da linguagem e do pensamento) e psicocerâmica (estudo dos vasos quebrados).[1]

PERGUNTE A SI MESMO

Quando você se inscreveu neste curso, o que você sabia sobre as diferentes especialidades da psicologia?

A psicologia também influencia a cultura. O conhecimento nos transforma. Aprender sobre o sistema solar e a teoria da transmissão de doenças por microrganismos altera o modo como as pessoas pensam e agem. Conhecer os achados da psicologia também muda as pessoas: elas cada vez menos julgam os transtornos psicológicos como se fossem falhas morais, tratáveis com punições e ostracismo. Cada vez menos as pessoas consideram e tratam as mulheres como seres mentalmente inferiores aos homens. Cada vez menos vemos e criamos as crianças como bichinhos ignorantes e obstinados que precisam ser domesticados. "Em todos esses casos", observa Morton Hunt (1990, p. 206), "o conhecimento modificou atitudes e, por meio delas, o comportamento". Uma vez ciente das ideias bem pesquisadas da psicologia sobre como corpo e mente se conectam, como a mente de uma criança cresce, como construímos nossas percepções, como aprendemos e lembramos, como as pessoas em todo o mundo são iguais (e diferentes), sua mente provavelmente nunca mais será a mesma.

"A mente, uma vez ampliada por uma nova ideia, nunca mais retorna às suas dimensões originais." – Ralph Waldo Emerson, 1803-1882

Todavia, tenha em mente os limites da psicologia. Não espere que ela ofereça respostas para as questões últimas da existência, como aquelas formuladas pelo romancista russo Leon Tolstoi (1904): "por que devo viver? Por que fazer alguma coisa? Haverá na vida algum propósito que a morte inevitável que me aguarda não irá desfazer nem destruir?".

Embora muitas das questões significativas da vida ultrapassem o escopo da psicologia, algumas bastante importantes podem ser esclarecidas até por um curso introdutório. Com pesquisas minuciosas, os psicólogos adquiriram conhecimentos sobre o cérebro e a mente, os sonhos e a memória, a depressão e a alegria. Mesmo as perguntas não respondidas podem renovar nosso senso de mistério quanto ao que ainda não compreendemos. Ademais, o estudo da psicologia pode ajudar você a aprender como fazer e responder perguntas importantes – como pensar de maneira crítica ao avaliar ideias e juízos concorrentes.

"Falei de coisas que eu não entendia, coisas maravilhosas demais para mim." – Jó 42:3

A psicologia aprofunda nosso entendimento acerca de como nós, seres humanos, percebemos, pensamos, sentimos e agimos. Desse modo, ela pode efetivamente enriquecer nossas vidas e ampliar nossa visão. Por meio deste livro, esperamos contribuir para sua caminhada nessa direção. Como disse o educador Charles Eliot, um século atrás: "os livros são os mais tranquilos e constantes amigos, e os mais pacientes mestres".

[1]Confissão: Eu [DM] escrevi a última parte desta frase no dia primeiro de abril.

PRÁTICA DE RECUPERAÇÃO

PR-11 Faça a correspondência entre especialidade (i-iii) e a descrição (a-c).

i. Psicologia clínica	**a.** trabalha na criação de ambientes sociais e físicos que sejam saudáveis para todos
ii. Psiquiatria	**b.** estuda, avalia e trata pessoas com transtornos psicológicos, mas em geral não prescreve tratamentos clínicos
iii. Psicologia comunitária	**c.** ramo da medicina que lida com transtornos psicológicos

RESPOSTAS NO APÊNDICE E

Efeito de testagem. Memória aprimorada depois de recuperar, em vez de simplesmente reler, informações. Também chamado de *efeito prático de recuperação* ou *aprendizagem aprimorada por testagem.*

Use a psicologia para tornar-se uma pessoa mais forte – e ser um aluno melhor

QOA **P.9** Como os princípios psicológicos podem ajudar você a aprender e se desenvolver?

Psicologia não é apenas entender os outros; trata-se também de compreender a nós mesmos. É somente por meio dessa aprendizagem que podemos ser – e mostrar ao mundo – o nosso melhor. Ao longo deste texto, oferecemos sugestões baseadas em evidências que você pode usar para ter uma vida feliz, eficaz e próspera, incluindo as seguintes:

- ***Administre seu tempo para ter uma noite inteira de sono.*** Ao contrário das pessoas privadas de sono, que vivem com fadiga e humor sombrio, as pessoas bem descansadas vivem com mais energia, felicidade e produtividade
- ***Abra espaço para exercícios.*** A atividade aeróbica não só aumenta a saúde e a energia; também é um remédio eficaz para depressão e ansiedade leves a moderadas
- ***Estabeleça metas de longo prazo, com objetivos diários.*** Pessoas bem-sucedidas dedicam tempo todos os dias para trabalhar em direção a seus objetivos, como exercitar-se, dormir mais ou se alimentar de forma mais saudável. Com o tempo, muitas vezes descobrem que sua prática diária passa a ser um hábito
- ***Adote a "mentalidade de crescimento".*** Em vez de considerar fixas as suas habilidades, as pessoas bem-sucedidas veem suas habilidades como um músculo – algo que se fortalece com o uso que demanda esforço
- ***Priorize as relações.*** Nós, seres humanos, somos animais sociais. Florescemos quando temos relacionamentos íntimos. Somos mais felizes e saudáveis quando apoiados por amigos atenciosos e quando os apoiamos.

A pesquisa da psicologia também mostra como podemos aprender e reter informações. Muitos alunos supõem que a maneira de consolidar uma nova aprendizagem é reler. O que ajuda mais – e o que este livro encoraja – é *repetir o autoteste e o ensaio* do material previamente estudado. Os pesquisadores da memória, Henry Roediger e Jeffrey Karpicke (2006), chamam esse fenômeno de **efeito de testagem**, que às vezes é denominado *efeito prático de recuperação* ou *aprendizagem aprimorada por testagem*. Segundo eles, a "testagem é um modo potente de aprimorar a aprendizagem, não apenas de avaliá-la." Em um estudo, alunos de língua inglesa que foram testados repetidamente lembraram o significado de 20 palavras lituanas aprendidas anteriormente melhor do que aqueles que passaram o mesmo tempo reestudando as palavras (Ariel & Karpicke, 2018). As recompensas do teste repetitivo também o reforçam: os alunos que usaram testes repetitivos uma vez acharam que isso ajudou e, com mais frequência, os usaram mais tarde ao aprender um novo material.

Muitos outros estudos, inclusive em salas de aula de faculdades, confirmam que *questionários e autotestes frequentes aumentam a retenção dos alunos* (Cho et al., 2017; Foss & Pirozzolo, 2017; Trumbo et al., 2016).

Como você verá no Capítulo 8, para dominar informações você precisará processá-las ativamente. Em uma compilação de 225 estudos, os alunos engajados na aprendizagem ativa apresentaram o melhor desempenho em exames de ciências, tecnologia, engenharia e matemática (os campos STEM) (Freeman et al., 2014). Da mesma forma, ao aprender uma nova língua, quem pratica a fala aprende melhor do que quem a escuta passivamente (Hopman & MacDonald, 2018). É melhor falar do que ouvir. Portanto, não trate sua mente como seu estômago, algo a ser preenchido passivamente. Trate-a mais como um músculo que fica mais forte com o exercício. Inúmeros experimentos revelam que as pessoas aprendem e lembram melhor quando colocam o material em suas próprias palavras, ensaiam e depois o recuperam e revisam novamente.

"Se você ler um pedaço de texto 20 vezes, você não o decorará tão facilmente como se você o lesse 10 vezes enquanto tenta recitá-lo de vez em quando e consulta o texto quando sua memória falha." – Francis Bacon, *Novum Organum*, 1620

SQ3R. Estudo que compreende cinco etapas: *Survey* (pesquisar), *Question* (perguntar), *Read* (ler), *Retrieve* (recuperar), *Review* (revisar).

O método de estudo SQ3R incorpora esses princípios (McDaniel et al., 2009; Robinson, 1970). **SQ3R** é a sigla em inglês para cinco etapas: *Survey* (pesquisar), *Question* (perguntar), *Read* (ler), *Retrieve* (recuperar),[2] *Review* (revisar).

Para estudar um capítulo, primeiro faça um *levantamento*, para ter uma visão panorâmica. Explore o índice na primeira página do capítulo e observe a organização.

Antes de ler cada seção principal, tente responder à sua *Questão* de Objetivo de Aprendizagem numerada (para esta seção: "Como os princípios psicológicos podem ajudá-lo a aprender, lembrar e se desenvolver?"). Os pesquisadores Roediger e Bridgid Finn (2010) constataram que "tentar e errar ao recuperar uma resposta, na verdade, auxilia a aprendizagem". Quem testa seus conhecimentos *antes* da leitura e descobre o que ainda não sabe aprenderá e recordará.

Em seguida, *leia* procurando ativamente a resposta à Questão de Objetivo de Aprendizagem (QOA).

Cada vez que se sentar para estudar, leia apenas o tanto que é capaz de absorver sem se cansar (em geral, uma única seção principal). Leia de maneira ativa e crítica. Faça perguntas. Tome notas. Aproprie-se das ideias: de que modo o que você leu se relaciona com sua própria vida? Será que isso desafia ou apoia suas suposições? As evidências são convincentes? (Nossos novos recursos *Pergunte a si mesmo* e *Aplicar ciência psicológica* em cada capítulo ajudarão você a se envolver pessoalmente com o material.) Escreva o que você sabe. "A escrita é muitas vezes uma ferramenta para aprender", dizem os pesquisadores (Arnold et al., 2017).

Depois de ler uma seção, *recupere* as ideias centrais. "A recuperação ativa promove uma aprendizagem significativa", assegura Karpicke (2012). Portanto, *teste a si mesmo*. Isso não só vai ajudar você a perceber o que sabe, mas o próprio teste vai contribuir para você aprender e reter as informações de forma mais eficaz. Melhor ainda, teste-se continuamente. Para facilitar essa tarefa, oferecemos oportunidades periódicas de *Prática de Recuperação* ao longo de cada capítulo (veja, por exemplo, as perguntas no final deste prólogo). Depois de responder a essas perguntas para si mesmo, você pode verificar as respostas no Apêndice E e reler o material conforme necessário.

"Vale mais a pena esperar e resgatar as informações a partir de um esforço interior, do que consultar o livro novamente." – William James, *Principles of Psychology*, 1890

Por fim, *revise*: releia as notas que você tomou, ainda considerando a organização do capítulo como um todo, e faça uma revisão rápida do capítulo inteiro. Escreva ou diga o que significa cada conceito antes de reler, para conferir sua compreensão.

Examine, pergunte, leia, recupere, revise. Organizamos os capítulos deste livro de modo a facilitar a aplicação do sistema de estudo SQ3R. Cada capítulo começa com um resumo esquemático para facilitar a *pesquisa*. Os títulos e *Questões* de Objetivos de Aprendizagem sugerem temas e conceitos que devem ser considerados durante sua *leitura*. O material é organizado em seções de extensão viável para a leitura. As perguntas da *Prática de Recuperação* vão desafiar você a *recuperar* o que aprendeu, para *reter* melhor. A *Revisão* de final de seção é configurada como um autoteste, com os dados coletados em Questões de Objetivos de Aprendizagem, e os termos-chave são listados com as perguntas em Domine o Material em diversos formatos. No *e-book*, a verificação de respostas está a um clique de distância. No texto impresso, as respostas podem ser encontradas no Apêndice D e no Apêndice E. Pesquise, pergunte, leia...

Quatro outras dicas podem favorecer ainda mais sua aprendizagem:

Distribua seu tempo de estudo. Um dos achados mais antigos da psicologia é que a *prática espaçada* é melhor para a retenção da aprendizagem do que a *prática concentrada*. Você recordará melhor a matéria se dividir seu tempo em vários períodos de estudo – talvez uma hora por dia, seis dias por semana – em vez de tentar estudar tudo de uma tacada só. Por exemplo, em vez de tentar ler o capítulo inteiro de uma só vez, leia apenas uma seção principal e vá fazer outra coisa. *Intercalar* o estudo da psicologia com o de outras matérias também contribui para a retenção de longo prazo e protege contra o excesso de confiança (Kornell & Bjork, 2008; Taylor & Rohrer, 2010).

Espaçar as sessões de estudo requer uma abordagem disciplinada do gerenciamento de seu tempo. Para obter mais dicas sobre gestão de tempo, veja o novo *Prefácio do Aluno – Sucesso do aluno: como aplicar a psicologia para viver sua melhor vida* no início deste texto.

Aprenda a pensar criticamente. Tanto dentro como fora deste curso, o pensamento crítico – pensamento inteligente – é a chave para a sabedoria. Esteja você lendo ou conversando, observe as suposições e valores das pessoas. Que perspectiva ou viés está subjacente a um argumento? Avalie as evidências. Elas são empíricas? Ou são baseadas em experimentos informativos? Avalie as conclusões. Elas são explicações alternativas?

Processe as informações de classe ativamente. Ouça as ideias principais e as ideias secundárias de uma palestra. *Coloque essas ideias no papel.* Faça perguntas durante a aula e depois dela. Na aula, como em seu estudo particular, processe as informações ativamente e você as

[2] Também chamado, às vezes, de "*Recite*" (recitar ou repassar).

entenderá e reterá melhor. Como exortou o psicólogo William James há um século, "*não há recepção sem reação, não há impressão sem... expressão*". Aproprie-se das informações: envolva-se com as questões de Pergunte a si mesmo e os recursos Aplicar ciência psicológica encontrados periodicamente ao longo de cada capítulo para relacionar o que você lê à sua própria vida. Fale com outra pessoa sobre isso. (Como qualquer professor confirmará, ensinar é lembrar.)

Faça também anotações *à mão*. Notas manuscritas, em suas próprias palavras, normalmente envolvem um processamento mais ativo, com melhor retenção, do que anotações literais no *laptop* (Mueller & Oppenheimer, 2014).

Aprenda mais do que precisa. A psicologia nos diz que a aprendizagem em excesso melhora a retenção. Somos propensos a superestimar o quanto sabemos. Você pode entender um capítulo enquanto o lê, mas essa sensação de familiaridade pode ser enganosamente reconfortante. Com as perguntas da Prática de Recuperação e Domine o Material, assim como nossas oportunidades *online*, você pode testar seu conhecimento e *aprender mais do que é necessário* no processo.

Elizabeth Bjork e Robert Bjork (2011, p. 63), especialistas em memória, sintetizam o melhor modo de aprimorar sua capacidade de memorização e suas notas:

> Invista menos tempo na entrada do que na saída das informações, resumindo o que leu e tem na memória ou reunindo-se com amigos e fazendo perguntas uns aos outros. Qualquer atividade que envolva testar a si mesmo – ou seja, atividades que exijam que você recupere ou gere informações, em vez de apenas representar informações para si mesmo – tornará sua aprendizagem mais durável e flexível.

Worth Publishers

Outras dicas de aprendizagem. Para saber mais sobre o efeito de testagem e o método SQ3R, assista à animação de 5 minutos "*Make things memorable*", em tinyurl.com/HowToRemember.

PERGUNTE A SI MESMO

De todos esses princípios úteis, quais parecem mais relevantes e importantes para melhorar sua própria vida e seus estudos? Como você irá adicioná-los às suas rotinas habituais?

PRÁTICA DE RECUPERAÇÃO

PR-12 O ________________ descreve a memória aprimorada que resulta da recuperação repetida (como no autoteste) em vez da simples releitura de novas informações.

PR-13 O que significa SQ3R?

RESPOSTAS NO APÊNDICE E

REVISÃO A história da psicologia

OBJETIVOS DE APRENDIZAGEM

Teste a si mesmo. Responda às Questões de Objetivos de Aprendizagem (antes de conferir as respostas no Apêndice D) para aprimorar a retenção dos conceitos estudados (McDaniel et al., 2009, 2015).

QOA P.1 De que maneira a psicologia pode ser considerada uma ciência?

QOA P.2 Quais são os três elementos-chave da atitude científica, e como eles apoiam a investigação científica?

QOA P.3 Como o pensamento crítico alimenta a atitude científica e o pensamento mais inteligente na vida cotidiana?

QOA P.4 Quais foram os marcos importantes no início da história da psicologia?

QOA P.5 Como o behaviorismo, a psicologia freudiana e a psicologia humanista promoveram o desenvolvimento da ciência psicológica?

QOA P.6 Como a psicologia contemporânea se concentrou na cognição, na biologia e na experiência, na cultura e no gênero, e no florescimento humano?

QOA P.7 Como os psicólogos utilizam a abordagem biopsicossocial, e como ela pode nos ajudar a compreender nosso mundo diverso?

QOA P.8 Quais são as principais subáreas da psicologia?

QOA P.9 Como os princípios psicológicos podem ajudar você a aprender e se desenvolver?

TERMOS E CONCEITOS A RECORDAR

Teste a si mesmo. Escreva a definição com suas próprias palavras, e depois confirme sua resposta.

abordagem empírica, p. 2
pensamento crítico, p. 3
estruturalismo, p. 7
funcionalismo, p. 7
behaviorismo, p. 7
psicologia humanista, p. 8
psicologia cognitiva, p. 8
neurociência cognitiva, p. 8
psicologia, p. 8
questão natureza-criação, p. 9
seleção natural, p. 9
psicologia evolucionista, p. 9
genética comportamental, p. 10
cultura, p. 10
psicologia positiva, p. 11
abordagem biopsicossocial, p. 11
níveis de análise, p. 11
pesquisa básica, p. 13
pesquisa aplicada, p. 13
aconselhamento psicológico, p. 14
psicologia clínica, p. 14
psiquiatria, p. 14
psicologia comunitária, p. 14
efeito de teste, p. 15
SQ3R, p. 16

DOMINE O MATERIAL

Teste a si mesmo. Responda às questões a seguir por conta própria, a princípio, depois confira as respostas no Apêndice E.

1. Como o pensamento crítico pode ajudá-lo a avaliar afirmações da mídia, mesmo que você não seja um cientista especializado no assunto?

2. Em 1879, no primeiro experimento da psicologia, ________________ e seus alunos mensuraram o lapso de tempo entre ouvir uma bola bater em uma parede e apertar um botão.

3. William James é considerado um ________. Wilhelm Wundt e Edward Titchener são considerados ____________________.

a. funcionalista; estruturalistas
b. estruturalista; funcionalistas
c. teórico da evolução; estruturalistas
d. funcionalista; teóricos da evolução

4. No início do século XX, ________________ redefiniu a psicologia como "a ciência do comportamento observável".

a. John B. Watson
b. Abraham Maslow
c. William James
d. Sigmund Freud

5. Natureza está para criação como

a. personalidade está para inteligência.
b. biologia está para experiência.
c. inteligência está para biologia.
d. traços psicológicos estão para comportamentos.

6. "A criação trabalha com o que a natureza oferece." Descreva o que isso significa, usando suas próprias palavras.

7. Qual das seguintes afirmações é verdadeira com relação às diferenças e semelhanças de gênero?

a. As diferenças entre os gêneros superam qualquer semelhança.
b. Apesar de algumas diferenças de gênero, os processos subjacentes do comportamento humano são os mesmos.
c. Tanto as semelhanças quanto as diferenças entre os gêneros dependem mais da biologia do que do ambiente.
d. As diferenças de gênero são tão numerosas que é difícil fazer comparações significativas.

8. Martin Seligman e outros pesquisadores que exploram vários aspectos do florescimento humano referem-se ao seu campo de estudo como ________________.

9. Um psicólogo que trata de adolescentes com problemas emocionais em uma agência local de saúde mental provavelmente será

a. psicólogo de pesquisa.
b. psiquiatra.
c. psicólogo industrial-organizacional.
d. psicólogo clínico.

10. Um profissional de saúde mental com formação médica que pode prescrever medicamentos é um ______________.

11. Um psicólogo que conduz pesquisas básicas para expandir a base de conhecimento da psicologia provavelmente

a. criaria uma tela de computador com brilho reduzido para avaliar seu efeito sobre os olhos dos operadores depois de um dia inteiro de trabalho.
b. trataria idosos que sofrem de depressão.
c. observaria crianças de 3 e 6 anos resolvendo quebra-cabeças e analisaria os graus de diferença em sua competência.
d. entrevistaria crianças com problemas comportamentais e sugeriria tratamentos.

Eva-Katalin/Getty Images

Pensamento Crítico sobre Ciência Psicológica

Na esperança de satisfazer sua curiosidade sobre as pessoas e aliviar seus próprios problemas, milhões recorrem à "psicologia". Eles leem colunas de conselhos destinadas a ajudar as pessoas a lidar com seus problemas, superar seus vícios e salvar seus casamentos. Também assistem a "médiuns de celebridades" demonstrando seus supostos poderes. Participam de seminários de hipnose para parar de fumar. Jogam jogos *online* na esperança de fortalecer seu cérebro. Eles também mergulham em livros de autoajuda, *sites* e palestras que prometem ensinar o caminho para o amor, o caminho para a felicidade pessoal e as "dicas" ou atalhos para o sucesso.

Outros, intrigados com as alegações de verdade psicológica, perguntam-se: como – e quanto – a parentalidade molda as personalidades e habilidades das crianças? Os primogênitos são mais motivados para alcançar seus objetivos? Os sonhos têm um significado profundo? Às vezes, podemos nos lembrar de eventos que nunca aconteceram? A psicoterapia cura?

Ao trabalhar com essas questões, a ciência psicológica faz mais do que especulações. Para separar opiniões desinformadas de conclusões examinadas, os psicólogos usam o *método científico* ao realizar suas pesquisas. Vamos refletir, então, sobre como os pesquisadores da psicologia fazem sua ciência.

Estratégias de pesquisa: como os psicólogos fazem e respondem perguntas

Necessidade da ciência psicológica

QUESTÃO DE OBJETIVO DE APRENDIZAGEM QOA 1.1 Como o pensamento cotidiano às vezes nos conduz a uma conclusão equivocada?

Algumas pessoas pensam que a psicologia apenas prova o que já sabemos e depois reveste isso com um jargão: "Você é pago por usar métodos sofisticados para me dizer o que minha avó sabia?".

De fato, o senso comum da avó geralmente está certo. Como o grande jogador de beisebol Yogi Berra (1925-2015) disse uma vez: "Você pode observar muito, olhando". (Nós também temos que agradecer a Berra por outras preciosidades, como "Ninguém mais vai lá – está muito lotado" e "Se as pessoas não querem ir ao estádio, ninguém vai impedi-las".) Porque somos todos observadores do comportamento, seria surpreendente se muitas das descobertas da psicologia não tivessem sido previstas. Muitas pessoas acreditam que o amor gera felicidade, por exemplo, e estão certas (nós, de fato, temos o que no Capítulo 11 dizemos ser uma profunda "necessidade de pertencer").

Porém, às vezes, o senso comum da avó, informado por inúmeras observações casuais, está errado. Nos capítulos posteriores, veremos como a pesquisa anulou as ideias populares – que a familiaridade gera desprezo, que os sonhos predizem o futuro e que a maioria de nós usa apenas 10% do cérebro. Também veremos como as pesquisas nos surpreenderam com descobertas sobre como os mensageiros químicos do cérebro controlam nossos humores e memórias, sobre as habilidades de outros animais e sobre os efeitos do estresse em nossa capacidade de combater doenças.

"Toda propaganda eficaz deve ser limitada a muito poucos pontos e deve enfatizar isso em palavras de ordem." – Adolf Hitler, *Mein Kampf*, 1926

"Aqueles que confiam em sua própria inteligência são tolos." – Provérbios 28:26

Outras coisas parecem verdades de senso comum apenas porque muitas vezes as ouvimos repetidas vezes. A mera repetição de declarações – sejam verdadeiras ou falsas – torna-as mais fáceis de processar e lembrar e, portanto, mais aparentemente verdadeiras (Dechêne et al., 2010; Fazio et al., 2015). Equívocos fáceis de lembrar ("A vitamina C previne o resfriado comum") podem, portanto, superar as verdades sólidas. Esse poder das falsidades familiares e difíceis de apagar é uma lição bem conhecida pelos manipuladores políticos e mantida em mente por pensadores críticos.

Três falhas comuns do pensamento de senso comum – *viés de retrospectiva*, *excesso de confiança* e *percepção de ordem em eventos aleatórios* – ilustram como, segundo observou a romancista Madeleine L'Engle (1973), "O intelecto nu é um instrumento extraordinariamente impreciso".

Nós sabíamos disso o tempo todo? Viés de retrospectiva

Pense como é fácil desenhar o alvo depois que a flecha o atinge. Depois que o mercado de ações cai, as pessoas dizem que foi "devido a uma correção". Depois de uma partida esportiva, creditamos ao treinador se uma "jogada corajosa" vence e criticamos a mesma "jogada estúpida" se não vence. Depois de uma guerra ou de uma eleição, o resultado usualmente parece óbvio. Embora a história possa, dessa maneira, parecer uma série de eventos inevitáveis, o futuro raramente é previsto de fato. Nenhum diário registrou: "Hoje, começou a Guerra dos Cem Anos".

"A vida é vivida para frente, mas compreendida para trás." – Filósofo Søren Kierkegaard, 1813-1855

Esse **viés de retrospectiva** é fácil de demonstrar, dando à metade dos membros de um grupo algum suposto achado psicológico e dando à outra metade um resultado oposto. Diga ao primeiro grupo, por exemplo: "Psicólogos descobriram que a separação enfraquece a atração romântica. Como diz o ditado: 'Longe dos olhos, longe do coração'". Peça-lhes que imaginem por que isso pode ser verdade. A maioria das pessoas pode e, depois de ouvir uma explicação, quase todas verão essa descoberta verdadeira como não surpreendente.

"Tudo parece banal, uma vez explicado." – Dr. Watson para Sherlock Holmes

Viés de retrospectiva. Tendência de acreditar, depois de saber um resultado, que alguém o teria previsto. (Também conhecido como o fenômeno do *eu sabia o tempo todo*.)

Diga ao segundo grupo o contrário: "Psicólogos constataram que a separação fortalece a atração romântica. Como diz o ditado, 'Longe dos olhos, perto do coração'". As pessoas que recebem esse resultado falso também podem facilmente imaginá-lo, e a maioria também não o verá como surpreendente. Quando descobertas opostas parecem senso comum, há um problema.

Esses erros nas lembranças e explicações das pessoas mostram por que precisamos de pesquisa psicológica. Não quer dizer que o senso comum esteja errado no geral. Em vez disso, pode-se dizer que o senso comum descreve o que aconteceu depois do fato melhor do que prevê o que acontecerá.

Mais de 800 artigos acadêmicos mostraram viés de retrospectiva em pessoas jovens e idosas de todo o mundo (Roese & Vohs, 2012). Como teria dito o médico Niels Bohr: "Previsões são muito difíceis, especialmente sobre o futuro".

Domínio público

Viés de retrospectiva. Ao perfurar seu poço de petróleo Deep Water Horizon em 2010, os funcionários da BP tomaram atalhos e ignoraram os sinais de alerta, sem a intenção de prejudicar as pessoas, o meio ambiente ou a reputação de sua empresa. *Depois* que uma explosão matou 11 funcionários e causou o maior derramamento de óleo marítimo de todos os tempos, a tolice desses julgamentos tornou-se (em retrospectiva) óbvia.

Excesso de confiança

Nós, seres humanos, tendemos a pensar que sabemos mais do que sabemos. Questionados sobre a certeza de nossas respostas a perguntas factuais (*Boston fica ao norte ou ao sul de Paris?*), tendemos a ser mais confiantes do que corretos.[1] Considere estes três anagramas, mostrados ao lado de suas soluções (de Goranson, 1978):

ORACR → CARRO
RMOIDR → DORMIR
NRAAD → ANDAR

Quantos segundos você acha que levaria para desembaralhar cada um deles? A retrospectiva influenciou você? Saber as respostas tende a nos deixar confiantes demais. (Acredita que a solução levaria apenas 10 segundos ou mais?) Na realidade, o solucionador de problemas médio gasta 3 minutos, como você também poderia a partir deste anagrama semelhante sem a solução: COPAT.[2]

Somos melhores do que isso para prever o comportamento social? O psicólogo Philip Tetlock (1998, 2005) coletou mais de 27 mil previsões de especialistas sobre eventos mundiais, como o futuro da África do Sul ou se Quebec se separaria do Canadá. Sua repetida descoberta: as previsões, que os especialistas fizeram com 80% de confiança, em média, estavam certas em menos de 40% das vezes. Apenas cerca de 2% das pessoas fazem um excelente trabalho prevendo o comportamento social. Tetlock (com Gardner, 2016) os chama de "superprevisores". Os superprevisores evitam o excesso de confiança. Diante de uma previsão difícil, um superprevisor "reúne fatos, equilibra argumentos conflitantes e estabelece uma resposta".

Excesso de confiança na história: "Nós não gostamos do som deles. Grupos de guitarras estão com os dias contados". – Decca Records, ao recusar um contrato de gravação com os Beatles, 1962

"No futuro, os computadores poderão pesar menos do que 1,5 t." – *Popular Mechanics*, 1949

"Eles não acertariam um elefante a essa distância." – General John Sedgwick, pouco antes de ser morto durante uma batalha da Guerra Civil dos EUA, 1864

"Nenhuma mulher no meu tempo será primeira-ministra." – Margaret Thatcher, 1969 (primeira-ministra britânica, 1979-1990)

PERGUNTE A SI MESMO

Você tem dificuldade de acreditar que pode estar sendo confiante demais? O excesso de confiança poderia estar em ação nessa autoavaliação? Como a leitura desta seção sobre excesso de confiança pode ajudar a reduzir sua tendência ao excesso de confiança?

PRÁTICA DE RECUPERAÇÃO

PR-1 Por que, depois que um casal de amigos começa a namorar, tendemos a sentir que já sabíamos que eles foram feitos um para o outro?

RESPOSTAS NO APÊNDICE E

Percepção de ordem de eventos aleatórios

Nascemos com o desejo de dar sentido ao nosso mundo. As pessoas enxergam um rosto na Lua, ouvem mensagens satânicas em músicas, veem a imagem da Virgem Maria em sanduíches. Mesmo em dados aleatórios, tendemos a encontrar ordem porque – e eis aqui uma curiosidade da vida – *sequências aleatórias em geral não parecem aleatórias* (Falk et al., 2009; Nickerson, 2002, 2005). Se você lançar uma moeda 50 vezes para o alto, vai se surpreender com as sucessões de cara e coroa – muito parecido com supostas sequências "quentes" e "frias" no arremesso de basquete e no beisebol. Em sequências efetivamente aleatórias, os padrões e as convergências (como números que se repetem) ocorrem com mais frequência do que as pessoas esperam (Oskarsson et al., 2009). Isso também dificulta que as pessoas gerem sequências aleatórias. Quando os fraudadores tentam simular dígitos aleatórios ao especificar quanto roubar, seus padrões não aleatórios podem alertar os especialistas em fraudes (Poundstone, 2014).

Por que as pessoas são propensas a buscar padrões? Porque, para a maioria das pessoas, um mundo aleatório e imprevisível é angustiante (Tullett et al., 2015). Dar sentido ao nosso mundo alivia o estresse e nos ajuda a continuar com a vida diária (Ma et al., 2017).

Alguns acontecimentos, como ganhar na loteria duas vezes, parecem tão extraordinários que achamos difícil conceber uma explicação comum, relacionada ao acaso. "Mas com uma amostra grande o suficiente", disseram os estatísticos Persi Diaconis e Frederick Mosteller (1989),

[1] Boston fica ao sul de Paris.
[2] Solução do anagrama: PACTO.

"Um dia realmente incomum seria aquele em que nada de incomum acontece."
– Estatístico Persi Diaconis, 2002

"alguma coisa notável provavelmente acontecerá". Um evento que acontece com apenas uma em 1 bilhão de pessoas todos os dias ocorre cerca de sete vezes por dia, mais de 2.500 vezes por ano.

Ponto a ser lembrado: nosso pensamento de senso comum é falho por causa de três tendências poderosas – viés de retrospectiva, excesso de confiança e nossa tendência de perceber padrões em eventos aleatórios. Contudo, a investigação científica pode nos ajudar a separar a realidade da ilusão.

Ciência psicológica em um mundo pós-verdade

QOA 1.2 Por que somos tão vulneráveis a acreditar em inverdades?

Em 2017, a palavra do ano do *Dicionário de Inglês Oxford* foi *pós-verdade* – para descrever uma cultura moderna na qual emoções e crenças pessoais muitas vezes se sobrepõem à aceitação de fatos objetivos.

Considere dois exemplos norte-americanos desse tipo de "decadência da verdade" – de desinformação amplamente compartilhada:

Crença: *a taxa de criminalidade está aumentando*. Em todos os anos recentes, sete em cada dez adultos disseram ao Gallup que há mais crimes "do que há um ano" (Swift, 2016).

Fato: por várias décadas, as taxas de crimes violentos e contra a propriedade vêm caindo. Em 2015, a taxa de crimes violentos era menos que a metade da taxa de 1990 (BJS, 2017; Statista, 2017).

Crença: *muitos imigrantes são criminosos* (McCarthy, 2017). Incidentes memoráveis alimentam essa narrativa. Histórias de um imigrante assassinando, roubando ou mentindo espalham-se pelas redes sociais e agências de notícias. Esses temores são comuns não apenas na América do Norte, mas também na Europa e na Austrália (Nunziata, 2015).

Fato: a maioria dos imigrantes *não* é criminosa. Em comparação com os norte-americanos nativos, os imigrantes têm 44% *menos* probabilidade de serem presos (CATO, 2017; Flagg, 2018, 2019). Esse fato também acontece na Itália, no Reino Unido e em outros lugares (Di Carlo et al., 2018).

O viés dos partidos políticos distorceu o pensamento dos norte-americanos. Peter Ditto et al. (2019a,b) relataram que os pesquisadores encontraram "viés partidário em liberais e conservadores, e em níveis praticamente idênticos". Nos EUA, a maioria dos republicanos acreditava que o desemprego havia aumentado durante o mandato do presidente democrata Barack Obama (diminuiu), enquanto a maioria dos democratas acreditava que a inflação havia piorado durante o mandato do presidente republicano Ronald Reagan (melhorou) (Gelman, 2009; PPP, 2016). Um estudo descobriu que tanto os democratas quanto os republicanos dos EUA discriminam os candidatos de outros partidos para bolsas de estudos (Iyengar & Westwood, 2015). Então, que nenhum de nós pense presunçosamente "Sim, mas o preconceito não se aplica a *mim*". O viés vai para os dois lados.

Democratas e republicanos dos EUA compartilham a preocupação com as falhas ao separar o fato da ficção. Em seu discurso de despedida, o presidente Barack Obama (2017) alertou que, sem uma "base comum de fatos", a democracia está ameaçada: "Ficamos tão seguros em nossas bolhas que começamos a aceitar apenas informações, verdadeiras ou não, que se encaixam em nossas opiniões, em vez de basear nossas opiniões nas evidências que existem". O falecido senador republicano John McCain (2017) também expressou preocupação com "a crescente incapacidade, e até mesmo falta de vontade, de separar a verdade das mentiras".

Então, por que as pessoas da era pós-verdade, com tanta frequência, nas palavras do psicólogo Tom Gilovich (1991), "sabem o que não é verdade"?

Fake news (notícias falsas). Algumas informações erradas são fornecidas a nós intencionalmente. É "mentira sob o disfarce de notícias" (Kristof, 2017). No ciclo eleitoral de 2016 nos EUA, 6% de todo o consumo de notícias habilitado para o Twitter eram *fake news* (Grinberg et al., 2019). E as notícias inventadas persistem. Em uma análise de 126 mil histórias postadas no Twitter por 3 milhões de pessoas, falsidades – especialmente notícias políticas falsas – "difundiram-se significativamente para mais longe, mais rápido, mais profundamente e mais amplamente do que a verdade" (Vosoughi et al., 2018). Felizmente, a maioria das pessoas costuma distinguir entre fontes de informação de alta e baixa qualidade (Pennycook & Rand, 2019).

Repetição. Em experimentos, as declarações tornam-se mais críveis quando são repetidas (De Keersmaecker et al., 2019). O que ouvimos repetidamente – por exemplo, uma difamação inventada de um oponente político – é lembrado e passa a parecer verdade (Fazio et al., 2015).

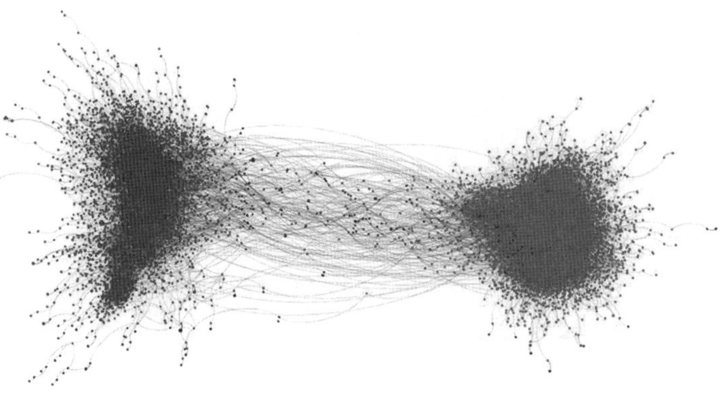

Moral contagion in social networks. William J. Brady, Julian A. Wills, John T. Jost, Joshua A. Tucker, Jay J. Van Bavel Proceedings of the National Academy of Sciences Jul 2017, 114 (28) 7313-7318; DOI: 10.1073/pnas.1618923114. PNAS is not responsible for the accuracy of this translation.

Figura 1.1 **O encontro de mentes semelhantes.** Nas mídias sociais, a maioria das pessoas discute questões controversas, como controle de armas, casamento homoafetivo e mudanças climáticas, apenas com outras pessoas que pensam da mesma forma. Neste gráfico de atividade no Twitter envolvendo um tema político, cada ponto representa um usuário que enviou uma mensagem e cada linha representa um usuário que repassou a mensagem para outro usuário da rede. Como podemos ver, a maioria dos usuários enviou mensagens e "retuitou" mensagens daqueles que compartilhavam sua ideologia liberal (*azul*) ou conservadora (*vermelho*) (Brady et al., 2017). (*Esta figura encontra-se reproduzida em cores no Encarte.*)

Disponibilidade de exemplos poderosos. Na mídia, "onde há sangue, há manchete". A violência abominável – um crime horrível, um assassinato em massa, um acidente de avião – é relatada, com imagens vívidas que colorem nossos julgamentos. Não é de admirar que os norte-americanos superestimem grosseiramente o risco de serem vítimas de crimes, terrorismo e acidentes de avião.

Identidade de grupo e a câmara de eco dos que pensam da mesma forma. Nossas identidades sociais são importantes. Sentir-se bem com nossos grupos ajuda a nos sentirmos bem conosco. Nas mídias sociais, tendemos a fazer amizade com pessoas que pensam como nós (Figura 1.1). Muitas vezes, lemos fontes de notícias que afirmam nossos pontos de vista e demonizamos fontes de notícias que não o fazem.

A parte positiva é que podemos construir um mundo de verdade ao adotar uma mentalidade científica. Com um misto de curiosidade, ceticismo e humildade, podemos adotar o espírito do pensamento crítico: aceitar tudo é ser crédulo; negar tudo é ser cínico.

Método científico

A base de toda ciência é uma atitude científica que combina *curiosidade, ceticismo* e *humildade.* Os psicólogos munem sua atitude científica com o *método científico* – um processo de autocorreção que permite avaliar ideias com observação e análise. A ciência psicológica dá as boas-vindas a palpites e teorias que parecem plausíveis. E os coloca à prova. Se uma teoria funcionar – ou seja, se os dados apoiarem suas previsões –, tanto melhor para essa teoria. Se as previsões falharem, a teoria é revisada ou rejeitada. Quando os pesquisadores submetem seus trabalhos a uma revista científica, os *revisores* – outros cientistas que são especialistas nesse campo – fornecem avaliações anônimas da teoria, da originalidade e da precisão do estudo. Com esse *feedback* em mãos, o editor da revista decide se a pesquisa merece publicação.

Construção de teorias

QOA 1.3 Como as teorias impulsionam a ciência psicológica?

Na conversa cotidiana, muitas vezes usamos *teoria* no sentido de "mero palpite". Alguém pode, por exemplo, reduzir a teoria da evolução a "apenas uma teoria" – como se fosse mera especulação. Na ciência, uma **teoria** explica comportamentos ou eventos e oferece ideias que organizam observações. Ao usar fundamentos mais profundos para organizar fatos isolados, uma teoria resume e simplifica. À medida que ligamos os pontos observados, surge uma imagem coerente.

Uma teoria de como o sono afeta a memória, por exemplo, nos ajuda a organizar inúmeras observações relacionadas com o sono em uma pequena lista de princípios. Imagine que observamos repetidamente que pessoas com bons hábitos de sono tendem a responder corretamente às perguntas em sala de aula e se saem bem na hora de um teste. Podemos, portanto, teorizar que o sono melhora a memória. Até aqui, tudo bem: nosso princípio resume perfeitamente uma lista de observações sobre os efeitos de uma boa noite de sono.

No entanto, não importa quão razoável uma teoria possa parecer – e parece razoável sugerir que o sono aumenta a memória –, precisamos testá-la. Uma boa teoria produz *previsões* testáveis, chamadas **hipóteses**. Essas previsões especificam quais resultados apoiariam a teoria e quais resultados a desmentiriam. Para testar nossa teoria sobre os efeitos do sono sobre a memória, podemos levantar a hipótese de que, quando privadas de sono, as pessoas lembram menos do dia anterior. Para testar essa hipótese, podemos avaliar quão bem as pessoas se lembram dos materiais do curso que estudaram antes de uma boa noite de sono ou

Teoria. Explicação com um conjunto integrado de princípios que organiza observações e prediz comportamentos ou eventos.

Hipótese. Previsão testável, que muitas vezes fica implícita a partir de uma teoria.

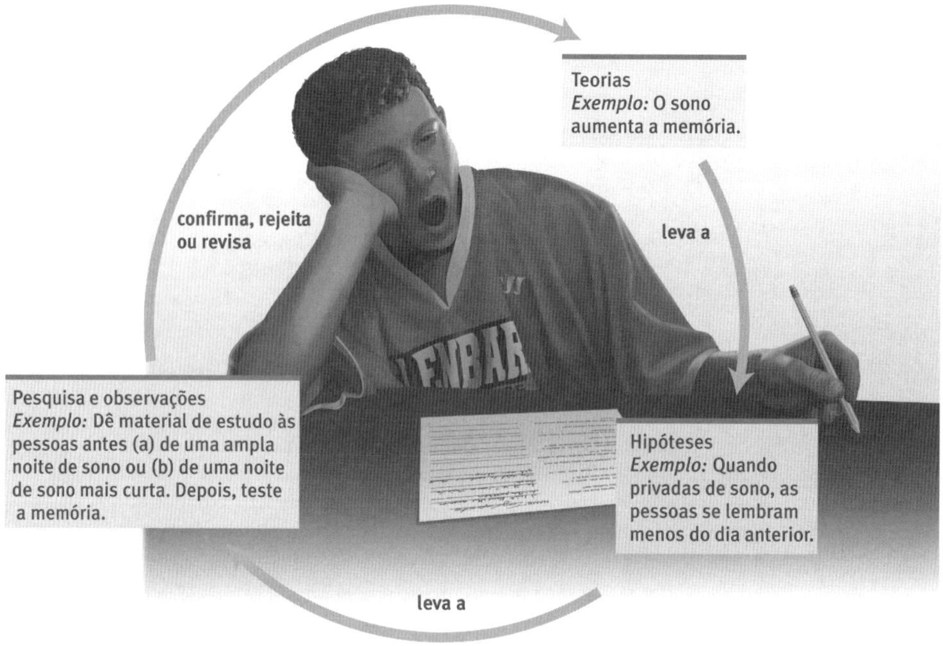

Figura 1.2 Método científico. Processo de autocorreção para fazer perguntas e observar as respostas da natureza.

antes de uma noite de sono mais curta (Figura 1.2). Os resultados apoiarão nossa teoria ou nos levarão a revisá-la ou rejeitá-la.

Nossas teorias podem influenciar nossas observações. Depois de teorizar que a memória é melhor depois de mais horas de sono, podemos ver o que esperamos: poderíamos perceber os comentários das pessoas sonolentas como menos precisos. O desejo de ver o que esperamos é forte, tanto dentro quanto fora do laboratório, como quando as visões das pessoas sobre as mudanças climáticas influenciam sua interpretação dos eventos climáticos locais.

Como uma verificação de seus próprios preconceitos, os psicólogos relatam suas pesquisas com **definições operacionais** precisas e mensuráveis de procedimentos e conceitos de pesquisa. A *privação de sono*, por exemplo, pode ser definida como "pelo menos duas horas a menos" do que o sono natural da pessoa (da mesma forma, um estudo de "agressão" pode observar quantos alfinetes você enfia em uma boneca que representa um parceiro de laboratório, ou um estudo de "ajuda" pode registrar dólares doados). Ao usar essas declarações cuidadosamente redigidas, outros podem **replicar** (repetir) as observações originais com diferentes participantes, materiais e circunstâncias. Se forem obtidos resultados semelhantes, a convicção na confiabilidade da descoberta aumenta. O primeiro estudo do viés de retrospectiva, por exemplo, despertou a curiosidade dos psicólogos. Agora, depois de muitas replicações bem-sucedidas com diferentes pessoas e perguntas, temos certeza do poder do fenômeno. Replicação é confirmação.

"A falha na replicação não é um defeito; é uma característica. É o que nos leva ao longo do caminho – maravilhosamente sinuoso – da descoberta científica." – Lisa Feldman Barrett, *Psychology Is Not in Crisis*, 2015

A replicação é uma parte essencial da boa ciência. A psicologia passou por uma "crise de replicação" quando os recentes esforços de vários laboratórios para replicar até 100 estudos produziram resultados ambíguos, com variação de 36 a 85% dos estudos replicados (Camerer et al., 2018a; Klein et al., 2014, 2018; Open Science Collaboration, 2015). (Nenhuma dessas descobertas não reproduzíveis aparecem neste texto.) As falhas de replicação geralmente ocorrem quando as amostras são pequenas, por isso os psicólogos estudam com amostras cada vez maiores de pessoas (Camerer et al., 2018b; Sassenberg & Ditrich, 2019; Stanley et al., 2018). Amostra maior significa maior chance de replicação.

A pesquisa psicológica atual está sendo beneficiada por mais replicações, métodos de pesquisa mais rigorosos e mais compartilhamento de dados de pesquisa (Dougherty et al., 2018; Smaldino & McElreath, 2016; Zwaan et al., 2018). Cada vez mais psicólogos usam o **pré-registro** para comunicar publicamente o *design* planejado do estudo, hipóteses, coleta e análise de dados (Nosek et al., 2018). (Essa abertura e a transparência também evitam modificações posteriores, como alterar as hipóteses para se adequar aos dados.) Ainda há lugar para a *pesquisa exploratória*: os investigadores coletam dados e buscam padrões que inspiram teorias que podem ser testadas com *pesquisas confirmatórias* (com hipóteses pré-registradas e análises pré-planejadas).

Explorações, replicações, pré-registros e compartilhamento aberto de dados brutos estão permitindo o "Renascimento da Psicologia" de práticas científicas melhoradas (Motyl et al., 2017; Nelson et al., 2018).

A ciência psicológica e a médica também aproveitam o poder da **metanálise**. A metanálise é um procedimento para sintetizar estatisticamente um corpo de evidências científicas. Quando combinam os resultados de muitos estudos, os pesquisadores evitam o problema das pequenas amostras e chegam a um resultado de fundo.

Definição operacional. Declaração cuidadosamente redigida dos procedimentos (operações) exatos usados em um estudo de pesquisa. Por exemplo, a *inteligência humana* pode ser operacionalmente definida como o que um teste de inteligência mede. (Também conhecida como *operacionalização.*)

Replicação. Repetição da essência de uma pesquisa, normalmente com participantes diferentes e em situações distintas, para ver se o resultado ou descoberta principal pode ser reproduzido(a).

Pré-registro. Comunicar publicamente o projeto de estudo planejado, hipóteses, coleta de dados e análises.

Metanálise. Procedimento estatístico para analisar os resultados de vários estudos e chegar a uma conclusão geral.

No final, nossa teoria será útil, se (1) *organizar* observações e (2) implicar *previsões* que qualquer um pode usar para verificar a teoria ou derivar aplicações práticas. (O sono das pessoas prevê sua retenção?) Eventualmente, nossa pesquisa ainda pode (3) estimular mais pesquisas que levem a uma teoria revisada que organize e preveja melhor.

Como veremos a seguir, podemos testar nossas hipóteses e refinar nossas teorias usando métodos *descritivos* (que descrevem comportamentos, em geral por meio de estudos de caso, pesquisas ou observações naturalistas), métodos *correlacionais* (que associam diferentes fatores) e métodos *experimentais*, (que manipulam fatores para descobrir seus efeitos). Para pensar criticamente sobre as alegações da psicologia popular, precisamos entender esses métodos e saber quais conclusões eles permitem.

Estudo de caso. Técnica descritiva na qual um indivíduo ou grupo é estudado em profundidade na esperança de revelar princípios universais.

PRÁTICA DE RECUPERAÇÃO

PR-2 O que uma boa teoria faz?

PR-3 Por que a replicação é importante?

RESPOSTAS NO APÊNDICE E

Descrição

QOA 1.4 Como os psicólogos usam estudos de caso, observações naturalistas e pesquisas para observar e descrever o comportamento, e por que a amostragem aleatória é importante?

O ponto de partida de qualquer ciência é a descrição. Na vida diária, todos observamos e descrevemos as pessoas, muitas vezes tirando conclusões sobre por que elas pensam, sentem e agem de determinada maneira. Os psicólogos fazem o mesmo, embora de forma mais objetiva e sistemática, por meio de:

- ***Estudos de caso*** (com análises aprofundadas de indivíduos ou grupos)
- ***Observações naturalistas*** (registrando o comportamento natural de muitos indivíduos)
- ***Entrevistas*** e enquetes (fazendo perguntas às pessoas).

ESTUDO DE CASO. Entre os métodos de pesquisa mais antigos, o **estudo de caso** examina um indivíduo ou grupo em profundidade na esperança de revelar coisas verdadeiras para todos nós. Alguns exemplos:

- ***Lesão cerebral.*** Muito do nosso conhecimento inicial sobre o cérebro veio de estudos de caso de indivíduos que sofreram comprometimentos particulares depois de uma lesão em determinada região do cérebro
- ***As mentes das crianças.*** Jean Piaget nos ensinou sobre o pensamento das crianças depois de observar e questionar cuidadosamente apenas algumas crianças
- ***Inteligência animal.*** Estudos de vários animais, inclusive alguns chimpanzés, revelaram sua capacidade de compreensão e de linguagem.

Os estudos de caso intensivos às vezes são muito reveladores, e muitas vezes orientam estudos mais aprofundados.

Contudo, casos individuais atípicos podem nos enganar. Tanto em nossa vida cotidiana quanto na ciência, informações não representativas podem levar a julgamentos equivocados e conclusões falsas. De fato, sempre que um pesquisador menciona um achado (*fumantes morrem mais jovens: 95% dos homens com mais de 85 anos são não fumantes*), alguém certamente contará uma anedota contraditória (*Bem, eu tenho um tio que fumava dois maços por dia e viveu até os 89 anos!*).

Histórias dramáticas e experiências pessoais (inclusive exemplos de casos psicológicos) chamam nossa atenção e são facilmente lembradas. Os jornalistas entendem isso e muitas vezes começam seus artigos com histórias convincentes. As histórias nos movem. Todavia, elas podem enganar. Qual dos seguintes artigos você acha mais marcante (1) "Em um estudo de 1.300 relatos de sonhos sobre uma criança sequestrada, apenas 5% imaginaram corretamente a criança como morta" (Murray & Wheeler, 1937). (2) "Conheço um homem que sonhou que sua irmã estava em um acidente de carro e dois dias depois ela morreu em uma colisão frontal!". Os números podem ser atordoadores, mas *a quantidade de anedotas não constitui evidência.* Uma única história de alguém que supostamente mudou de *gay* para hétero não é evidência de que a orientação sexual é uma escolha. Como disse o psicólogo Gordon Allport (1954, p. 9): "Dado um punhado de fatos [dramáticos], corremos para fazer generalizações do tamanho de uma banheira".

Skye Hohmann/Alamy

Freud e o Pequeno Hans. O estudo de caso do pavor que o menino Hans, de 5 anos, tinha de cavalos levou Sigmund Freud a desenvolver sua teoria sobre a sexualidade infantil. Ele conjecturou que Hans sentia um desejo inconsciente por sua mãe, receava a castração por seu pai, seu rival, e então transferiu seu temor para a fobia de ser mordido por um cavalo. Como será explicado no Capítulo 14, a ciência psicológica de hoje desconsidera a teoria freudiana acerca da sexualidade infantil, mas reconhece que grande parte da mente humana opera fora dos limites da consciência.

Observação naturalista. Técnica descritiva de observar e registrar o comportamento em situações que ocorrem naturalmente sem tentar manipular e controlar a situação.

Ponto a ser lembrado: casos individuais podem sugerir ideias férteis. O que é verdade para todos nós pode ser vislumbrado por qualquer um de nós. Mas, para encontrar essas verdades gerais, devemos empregar outros métodos de pesquisa.

PRÁTICA DE RECUPERAÇÃO

PR-4 Não podemos presumir que os estudos de caso sempre revelam princípios gerais que se aplicam a todos nós. Por que não?

RESPOSTAS NO APÊNDICE E

OBSERVAÇÃO NATURALISTA. Um segundo método descritivo registra respostas em ambientes naturais. Essas **observações naturalistas** vão desde observar sociedades de chimpanzés na selva até filmar e analisar interações entre pais e filhos em diferentes culturas, ou até registrar diferenças raciais nos padrões de assentos dos estudantes em um refeitório escolar. Na era digital, as observações naturalistas aumentaram – graças aos "*big data*" coletados via aplicativos de *smartphones*, mídias sociais, pesquisas do Google, e muito mais.

Até recentemente, a observação naturalista era principalmente "pequena ciência" – possível de se fazer com caneta e papel em vez de equipamentos sofisticados e um grande orçamento (Provine, 2012). Porém, as tecnologias digitais de hoje transformaram observações naturalistas em "grande ciência". Quer acompanhar com que frequência as pessoas vão à academia, a um café ou à biblioteca? Tudo o que você precisa é acessar o sistema de posicionamento global (GPS) do telefone (Harari et al., 2016). As novas tecnologias – câmeras "vestíveis" e sensores de aptidão física, bem como sensores inteligentes para casas conectados à internet – oferecem possibilidades crescentes a fim de que as pessoas registrem, com precisão, suas atividades, seus relacionamentos, seus padrões de sono e estresse (Nelson & Allen, 2018; Yokum et al., 2019).

Os bilhões de pessoas que inserem informações pessoais *online* também permitem observações de *big data* (sem revelar a identidade de ninguém). Uma equipe de pesquisa estudou os altos e baixos do humor das pessoas contando palavras positivas e negativas em 504 milhões de mensagens do Twitter de 84 países (Golder & Macy, 2011). Como se vê na Figura 1.3, as pessoas pareciam mais felizes nos fins de semana, logo depois de acordar e à noite. (As tardes de sábado também costumam ser um momento feliz para você?) Outro estudo descobriu que as palavras de emoção negativa (em especial relacionadas com a raiva) em 148 milhões de *tuítes* de 1.347 condados dos EUA previram as taxas de doenças cardíacas dos condados melhor do que as taxas de tabagismo e obesidade (Eichstaedt et al., 2015). O Google nos permite aprender sobre o mundo, e o uso que as pessoas fazem do Google nos permite aprender sobre elas. Por exemplo, as palavras que as pessoas pesquisam e as perguntas que fazem podem indicar o nível de racismo e depressão em uma área geográfica. Mas as pesquisas do Google também revelam nossa semelhança humana universal – como ilustrado pela palavra "grávida" que é pesquisada em conjunto com os mesmos desejos de comida em vários países (Stephens-Davidowitz, 2017). Em todo o mundo, somos semelhantes sob a pele.

Como o estudo de caso, a observação naturalista não *explica* o comportamento. Ela o *descreve.* Todavia, as descrições podem ser reveladoras. Já pensamos, por exemplo, que apenas seres humanos usavam ferramentas. Então, a observação naturalista revelou que os chimpanzés às vezes inserem uma vara em um cupinzeiro e a retiram, comendo os cupins que ficam na vara.

Essas observações naturalistas discretas abriram caminho para estudos posteriores de pensamento, linguagem e emoção animal, que expandiram ainda mais nossa compreensão sobre nossos companheiros animais. Graças às observações dos pesquisadores, sabemos que

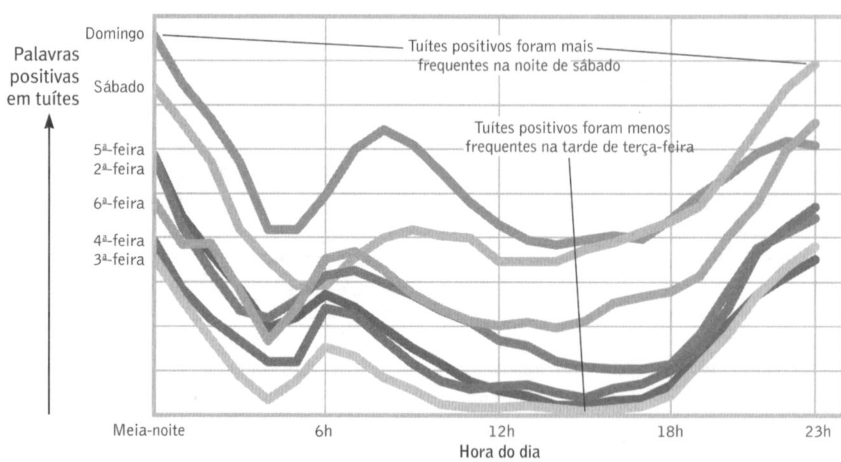

Figura 1.3 Humores das mensagens do Twitter, por hora e por dia. Este gráfico ilustra como, sem conhecer a identidade de ninguém, os pesquisadores podem usar os *big data* para estudar o comportamento humano em grande escala. Também é possível associar o humor das pessoas, por exemplo, à sua localização ou ao clima, e estudar a disseminação de ideias por meio das redes sociais. (Dados de Golder e Macy, 2011.) (*Esta figura encontra-se reproduzida em cores no Encarte.*)

Michael Neugebauer

Um observador naturalista. "Observações feitas no *habitat* natural", da notável observadora de chimpanzés Jane Goodall (1998), "ajudaram a mostrar que as sociedades e o comportamento dos animais são muito mais complexos do que se supunha anteriormente".

os chimpanzés e babuínos usam a dissimulação: os psicólogos viram repetidamente um jovem babuíno fingindo ter sido atacado por outro como tática para fazer sua mãe afastar o outro babuíno de sua comida (Whiten & Byrne, 1988).

As observações naturalistas também iluminam o comportamento humano. Aqui estão dois achados que você pode gostar:

- ***Um achado engraçado***. Nós humanos rimos 30 vezes mais em situações sociais do que em situações solitárias (Provine, 2001). (Você já reparou como raramente ri quando está sozinho?)
- ***Cultura e ritmo de vida***. A observação naturalista também permitiu que Robert Levine e Ara Norenzayan (1999) comparassem o ritmo de vida – velocidade de caminhada, precisão dos relógios públicos, e assim por diante – em 31 países. Eles concluíram: a vida é mais rápida no Japão e na Europa Ocidental, e mais lenta nos países economicamente menos desenvolvidos.

A observação naturalista oferece retratos instantâneos interessantes da vida cotidiana, mas o faz sem controlar todos os fatores que podem influenciar o comportamento. Uma coisa é observar o ritmo de vida em vários lugares, outra é entender o que faz algumas pessoas andarem mais rápido que outras. No entanto, as descrições podem ser reveladoras: o ponto de partida de qualquer ciência é a descrição.

PRÁTICA DE RECUPERAÇÃO

PR-5 Quais são as vantagens e desvantagens da observação naturalista?

RESPOSTAS NO APÊNDICE E

A ENTREVISTA. Uma **entrevista** analisa muitos casos, pedindo às pessoas que relatem seu comportamento ou opiniões. Perguntas a respeito de tudo, desde práticas sexuais a opiniões políticas, são feitas ao público. Aqui estão algumas descobertas recentes de pesquisas com base em questionários:

- Comparados na mesma idade com os nascidos nas décadas de 1960 e 1970, duas vezes mais *millennials* nascidos na década de 1990 relataram não ter parceiros sexuais desde os 18 anos (Twenge et al., 2017). Os jovens adultos menos apegados de hoje estão experimentando o que um escritor chamou de "recessão sexual" (Julian, 2018).
- Uma em cada duas pessoas em 24 países relataram acreditar na "existência de civilizações alienígenas inteligentes no universo" (Lampert, 2017).
- Sessenta e oito por cento de todos os seres humanos – cerca de 5,2 bilhões de pessoas – dizem que a religião é importante em suas vidas diárias (a partir de dados da Gallup World Poll analisados por Diener et al., 2011).

Fazer perguntas, no entanto, é complicado. As pessoas podem mascarar suas respostas para uma direção socialmente desejável, como subnotificar seu consumo de cigarros ou superestimar seus votos. E as respostas em geral dependem de como as perguntas são formuladas e como os entrevistados são escolhidos.

Entrevista. Técnica descritiva para obter atitudes ou comportamentos autorrelatados de determinado grupo, em geral questionando uma *amostra* representativa e *aleatória* do grupo.

Efeitos de redação. Mesmo pequenas mudanças na ordem ou na redação das perguntas podem fazer uma grande diferença (Tabela 1.1). Quando os cristãos evangélicos brancos

Amostra aleatória. Amostra que representa de maneira justa uma população, porque cada membro tem a mesma chance de inclusão.

População. Todos os participantes do grupo que está sendo estudado, a partir do qual amostras aleatórias podem ser extraídas. (*Nota*: exceto para estudos nacionais, isso não se refere a toda a população de um país.)

Tabela 1.1 Efeitos da redação da pesquisa.

Obtém mais aprovação	Obtém menos aprovação
"ajuda aos necessitados"	"bem-estar"
"ação afirmativa"	"tratamento preferencial"
"trabalhadores sem documentação"	"residentes ilegais"
"leis de segurança de armas"	"leis de controle de armas"
"estimuladores de receita"	"impostos"
"interrogatório aprimorado"	"tortura"

dos EUA foram questionados se (1) "Os humanos evoluíram ao longo do tempo" ou (2) "Os humanos existem em sua forma atual desde o início dos tempos", apenas 32% expressaram ter uma crença na teoria da evolução (Funk, 2019). Porém, quando perguntados se (1) "Os humanos evoluíram ao longo do tempo devido a processos como a seleção natural; Deus ou um poder superior não teve parte neste processo"; (2) "Os humanos evoluíram ao longo do tempo devido a processos que foram guiados ou permitidos por Deus ou por um poder superior"; ou (3) "Os humanos existem em sua forma atual desde o início dos tempos", mais que o dobro (68%) expressaram crença na evolução. Como a redação é um assunto muito delicado, os pensadores críticos refletirão sobre como a formulação de uma pergunta pode afetar as opiniões expressas pelas pessoas.

Amostragem aleatória. No pensamento cotidiano, tendemos a generalizar a partir de amostras que observamos, especialmente de casos incisivos. Um administrador que lê (a) um resumo estatístico das avaliações de um professor pelos alunos e (b) os comentários incisivos de dois alunos irados pode ser influenciado tanto pela amostra tendenciosa de dois estudantes infelizes quanto pelas muitas avaliações favoráveis no resumo estatístico. A tentação de sucumbir ao *viés de amostragem* – generalizar a partir de alguns casos incisivos, mas não representativos – é quase irresistível.

Então, como você obtém uma *amostra representativa*? Digamos que você queira saber como os estudantes de sua faculdade ou universidade se sentem com relação a uma proposta de aumento de mensalidade. Muitas vezes, não é possível pesquisar todo o grupo. Assim sendo, como você poderia escolher um grupo que representasse o corpo estudantil total? Normalmente, você buscaria uma **amostra aleatória**, na qual todas as pessoas de toda a **população** tivessem a mesma chance de serem incluídas no grupo amostral. Você pode numerar os nomes na lista geral de alunos e usar um gerador de números aleatórios para escolher os participantes da pesquisa. (Enviar um questionário a cada aluno não funcionaria, porque as pessoas conscientes que o devolveriam não seriam uma amostra aleatória.) Grandes amostras representativas são melhores do que as pequenas, mas uma amostra representativa inferior a 100 é melhor do que uma amostra não representativa superior a 500. Você não pode compensar uma amostra não representativa simplesmente adicionando mais pessoas.

As sondagens políticas coletam amostras de votantes nas eleições nacionais exatamente dessa maneira. Sem amostragem aleatória, as amostras grandes – como aquelas de enquetes *online*, em geral produzem resultados enganosos. Mas, usando cerca de 1.500 pessoas amostradas aleatoriamente, selecionadas de todas as áreas de um país, elas podem fornecer um retrato notavelmente preciso sobre as opiniões da nação. Além disso, os pesquisadores podem avaliar a precisão de sua amostragem fazendo perguntas não relacionadas – como se os entrevistados moram sozinhos ou se são casados – para as quais as estatísticas do governo estão disponíveis como referência (Bialik, 2018). Se a amostra da pesquisa corresponder à distribuição nacional de pessoas, tanto melhor.

Dadas a margem de erro das pesquisas e as oscilações de última hora dos eleitores, as sondagens de intenção de voto são estimativas boas, mas imperfeitas, dos resultados prováveis. Imediatamente antes da eleição presidencial de 2016 nos EUA, o *site* de análise de pesquisas populares FiveThirtyEight.com deu à candidata Hillary Clinton uma chance estimada de 71% de vencer. Quando Donald Trump foi eleito, muitos consideraram a previsão um fracasso. Contudo, considere: quando um modelo de previsão estima uma chance de 71% para um candidato, esse candidato deve perder quase um terço das vezes. (Imagine uma previsão do tempo que prevê 70% de chance de chuva. Então, se chovesse *sempre*, seria uma previsão falha.) Uma análise de 30 mil previsões políticas para eleições gerais em 45 países entre 1942 e 2017 resumiu: ao contrário da crença popular, as sondagens políticas são bastante precisas (Jennings & Wlezien, 2018).

Ponto a ser lembrado: antes de aceitar os resultados da pesquisa, pense criticamente. Considere a amostra. A melhor base para generalizar é a partir de uma amostra aleatória representativa.

Com amostras bastante grandes, as estimativas tornam-se bastante confiáveis. Estima-se que a letra "*E*" represente 12,7% das letras em inglês escrito. O "*E*", na verdade, é 12,3% das 925.141 letras em *Moby Dick*, de Melville, 12,4% das 586.747 letras em *A Tale of Two Cities*, de Dickens, e 12,1% das 3.901.021 letras em 12 das obras de Mark Twain (*Chance News*, 1997).

PRÁTICA DE RECUPERAÇÃO

PR-6 O que é uma amostra não representativa e como os pesquisadores a evitam?

RESPOSTAS NO APÊNDICE E

Correlação. Medida da extensão em que dois fatores variam juntos e, portanto, de quão bem um fator prediz o outro.

Coeficiente de correlação. Índice estatístico da relação entre duas coisas (vai de -1,00 a +1,00).

Variável. Qualquer coisa que pode variar e é viável e ética para ser medida.

Diagrama de dispersão. Conjunto gráfico de pontos, cada um dos quais representa os valores de duas variáveis. A inclinação dos pontos sugere a direção da relação entre as duas variáveis. A quantidade de dispersão sugere a força da correlação (pouca dispersão indica alta correlação).

Correlação

QOA 1.5 O que significa quando dizemos que duas coisas estão correlacionadas, e o que são correlações positivas e negativas?

Descrever o comportamento é o primeiro passo para predizê-lo. Observações naturalistas e entrevistas muitas vezes nos mostram que um traço ou comportamento tendem a coincidir com outro. Nesses casos, dizemos que ambos **se correlacionam**. Uma medida estatística (o **coeficiente de correlação**) ajuda-nos a descobrir o quanto duas coisas variam juntas e, portanto, quão bem uma delas *prevê* a outra. Saber em qual medida os escores dos testes de aptidão *se correlacionam* com o sucesso escolar nos diz quão bem os escores *predizem* o sucesso escolar.

Ao longo deste livro, muitas vezes perguntamos qual é a força com que duas **variáveis** se relacionam: por exemplo, quão intimamente relacionados estão os resultados dos testes de personalidade de gêmeos idênticos? Quão bem os escores dos testes de inteligência predizem o sucesso na carreira? Quanto os sintomas depressivos das pessoas predizem sua ansiedade? Nesses casos, os **diagramas de dispersão** podem ser muito reveladores.

Cada ponto nesse tipo de diagrama representa os valores de duas variáveis. Os três diagramas de dispersão na Figura 1.4 ilustram a gama de correlações possíveis de um positivo perfeito a um negativo perfeito. (Correlações perfeitas têm ocorrência rara no mundo real.) Uma correlação é positiva se dois conjuntos de escores, como de altura e peso, tendem a subir ou descer juntos.

Dizer que uma correlação é "negativa" não diz nada sobre sua força. Uma correlação é negativa se dois conjuntos de escores relacionam-se inversamente, ou seja, um conjunto sobe enquanto o outro desce. A correlação entre a altura das pessoas e a distância entre a sua cabeça e o teto é fortemente (de fato, perfeitamente) negativa.

As estatísticas podem ajudar a entender o que podemos não perceber com a observação casual. Para demonstrar, considere as respostas de 2.291 voluntários tchecos e eslovacos que foram solicitados por Jakub Polák et al. (2019) a classificar, em uma escala de 1 a 7, seu *medo* e *repugnância* com relação a cada um de 24 animais. Com todos os dados relevantes bem à sua frente (Tabela 1.2), você pode dizer se a correlação entre o medo dos participantes e sua aversão é positiva, negativa ou próxima de zero?

Ao comparar as colunas da Tabela 1.2, a maioria das pessoas não detecta uma relação entre medo e aversão. Na verdade, a correlação neste exemplo imaginário é positiva ($r = +0,72$), como podemos ver se exibirmos os dados como um diagrama de dispersão (Figura 1.5).

Se não reconhecemos facilmente uma relação forte quando os dados são apresentados sistematicamente, como na Tabela 1.2, quão provável é que os notemos na vida cotidiana? Para ver o que está bem na nossa frente, às vezes precisamos de iluminação estatística. Podemos ver com facilidade evidências de discriminação de gênero quando as informações são estatisticamente resumidas sobre nível de trabalho, antiguidade no emprego, desempenho, gênero e salário. Mas, muitas vezes, não vemos discriminação quando a informação é driblada, caso a caso (Twiss et al., 1989). Pensar como um cientista psicológico nos ajuda a valorizar todos igualmente, não apenas aqueles que chamam nossa atenção.

Ponto a ser lembrado: um coeficiente de correlação ajuda a ver o mundo com mais clareza, revelando até que ponto duas coisas se relacionam.

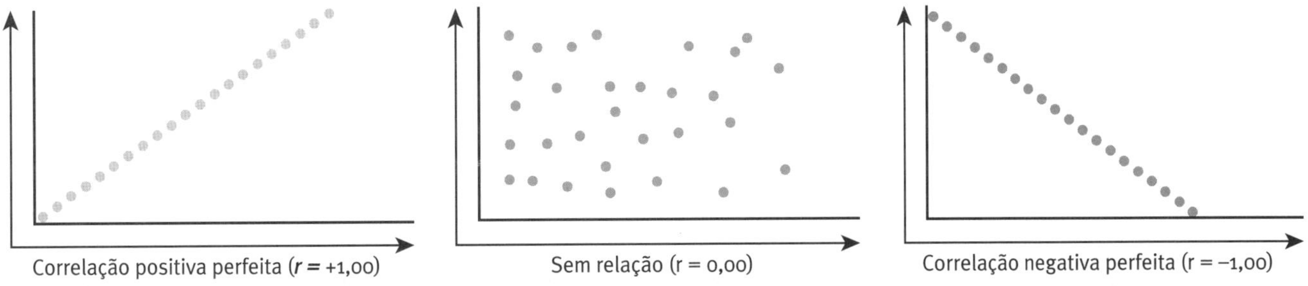

Figura 1.4 Diagramas de dispersão mostrando padrões de correlação. As correlações, com abreviação de r, podem variar de +1,00 (quando os escores de uma variável aumentam na mesma direção do que para a outra variável) a 0,00 (quando não há relação entre a mudança de uma e de outra), bem como a −1,00 (quando os escores de uma variável diminuem precisamente à medida que as pontuações para a outra aumentam).

Tabela 1.2 Respostas de medo e repugnância das pessoas a vários animais.

Animal	Medo médio	Repugnância média
Aranha	4,39	4,47
Barata	3,10	4,16
Camundongo	1,62	1,78
Cão	2,25	1,20
Cavalo	1,82	1,11
Cobra-de-água-de-colar	3,32	2,47
Formiga	2,12	2,26
Galo	1,78	1,34
Gato	1,24	1,17
Lagarto	1,46	1,46
Larva	2,90	4,49
Lesma	1,15	1,69
Morcego	2,11	2,01
Nematódeo	3,49	4,79
Panda	1,57	1,17
Peixe	1,15	1,38
Piolho	3,58	4,83
Pombo	1,48	2,01
Rato	2,11	2,25
Sapo	1,84	2,48
Tênia	3,60	4,83
Touro	3,84	1,62
Vespa	3,42	2,84
Víbora	4,34	2,83

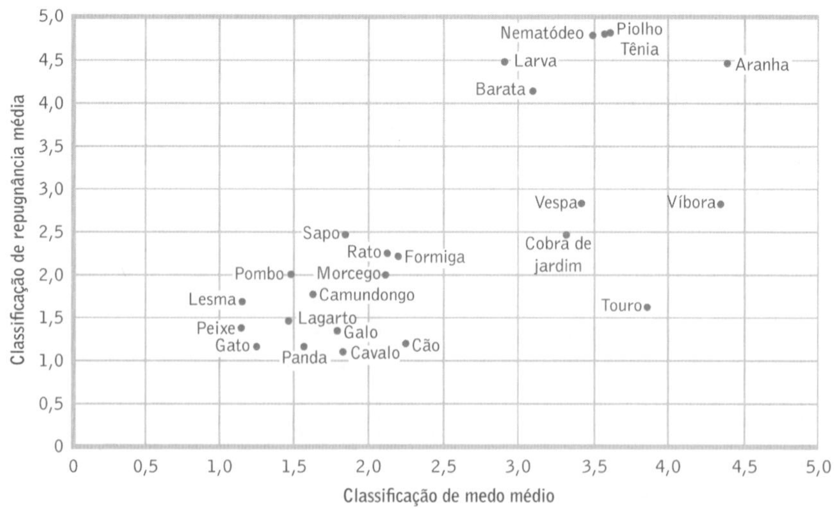

Figura 1.5 Gráfico de dispersão para medo e repugnância sentidos com relação a 24 animais. A exibição de medo e repugnância médios autorrelatados (cada um representado por um ponto de dados) revela a inclinação ascendente, indicando uma correlação positiva. A considerável dispersão dos dados indica que a correlação é muito menor do que +1,00.

PRÁTICA DE RECUPERAÇÃO

PR-7 Indique se cada associação é uma correlação positiva ou negativa.

1. Quanto mais os maridos visualizam pornografia na internet, piores são seus relacionamentos conjugais (Muusses et al., 2015). ____________
2. Quanto mais tempo adolescentes do sexo feminino passam absorvidas pelas mídias sociais *online*, maior o risco de depressão e pensamentos suicidas (Kelly et al., 2018; Twenge & Campbell, 2019). ____________
3. Quanto mais tempo as crianças forem amamentadas, maior será seu desempenho acadêmico posterior (Horwood & Fergusson, 1998). ____________
4. Quanto mais vegetais folhosos os adultos mais velhos comerem, menor será o declínio mental nos cinco anos seguintes (Morris et al., 2018). ____________

RESPOSTAS NO APÊNDICE E

CORRELAÇÕES ILUSÓRIAS E REGRESSÃO EM DIREÇÃO À MÉDIA

QOA 1.6 O que são *correlações ilusórias* e o que é *regressão em direção à média*?

As correlações não apenas tornam claros os relacionamentos que, de outra forma, poderíamos perder; elas também nos impedem de observar falsamente relações inexistentes. Quando acreditamos que há uma relação entre duas coisas, é provável que notemos e nos lembremos de casos que confirmam nossa crença. Se acreditarmos que os sonhos predizem eventos reais, podemos notar e nos lembrar de casos confirmados mais do que de casos não confirmados. O resultado é uma **correlação ilusória**.

As correlações ilusórias podem alimentar uma ilusão de controle – eventos que ocorrem ao acaso estão sujeitos ao nosso controle pessoal. Os jogadores, quando se lembram de suas jogadas de sorte, podem vir a acreditar que são capazes de influenciar o lançamento dos dados outra vez jogando suavemente para obter números baixos e com força para números altos. A ilusão de que eventos incontroláveis são correlacionados com nossas ações também é alimentada por um fenômeno estatístico chamado **regressão em direção à média**. Os resultados médios são mais típicos do que os resultados extremos. Assim, após um evento inusitado, as coisas tendem a retornar ao seu nível médio; acontecimentos extraordinários tendem a ser seguidos por outros mais comuns. Os estudantes que obtiverem notas muito mais baixas ou mais altas em um exame do que costumam conseguir provavelmente, quando retestados, retornarão à sua média. Os indivíduos que fazem teste de percepção extrassensorial (PES) e desafiam o acaso quando testados pela primeira vez quase sempre perdem seus "poderes psíquicos" se forem testados novamente.

A falha em reconhecer a regressão é a fonte de muitas superstições e de algumas práticas ineficazes – por exemplo, no treinamento esportivo e no local de trabalho. Depois de repreender um funcionário (ou atleta) por um desempenho abaixo do normal, um gerente pode sentir-se recompensado pela "melhoria" quando o funcionário volta ao normal. Depois de elogiar um desempenho excepcionalmente bom, o gerente pode ficar desapontado quando o comportamento do funcionário volta para sua média. Ironicamente, então, a regressão em direção à média pode fazer com que nos sintamos recompensados depois de criticar os outros ("Essa crítica realmente o fez trabalhar mais!") e nos sentirmos punidos depois de elogiá-los ("Todos esses elogios a fizeram relaxar!") (Tversky & Kahneman, 1974).

Ponto a ser lembrado: quando um comportamento flutuante volta ao normal, as explicações fantasiosas sobre o motivo pelo qual isso acontece geralmente estão erradas. A regressão em direção à média provavelmente fez seu trabalho.

Além disso, embora a pesquisa correlacional revele relacionamentos úteis, ela não os explica. Se o uso de mídia social por adolescentes está correlacionado (prevê) com o risco de depressão nesses indivíduos, isso pode – ou não – indicar que o uso de mídia social afeta o risco de depressão. Outras explicações são possíveis (veja Pensamento crítico sobre: Correlação e causalidade).

"Uma vez que você se sensibiliza com isso, vê regressão em todos os lugares." – Psicólogo Daniel Kahneman, 1985

PRÁTICA DE RECUPERAÇÃO

PR-8 Você ouve a treinadora de basquete da escola dizendo à amiga que resgatou a sequência de vitórias de seu time gritando com os jogadores depois de um primeiro tempo excepcionalmente ruim. Qual é outra explicação de por que o desempenho da equipe melhorou?

Correlação ilusória. Percepção de uma correlação onde não existe uma ou percepção de uma correlação mais forte do que a real.

Regressão em direção à média. Tendência de eventos ou escores extremos ou incomuns de retroceder (regredir) em direção à média.

Pensamento crítico sobre:

Correlação e causalidade

QOA 1.7 Por que as correlações permitem a previsão, mas não a explicação de causa e efeito?

A doença mental está correlacionada com o tabagismo – o que significa que aqueles que sofrem de doença mental também são mais propensos a ser fumantes.[1] Isso nos diz algo sobre o que causa a doença mental ou o tabagismo? **NÃO.**

Pode haver algo sobre fumar que leva à doença mental.

Os que têm doença mental podem ser mais propensos a fumar.

? OU

Pode haver alguma *terceira variável*, como uma vida familiar estressante, que desencadeia tanto o tabagismo quanto a doença mental.

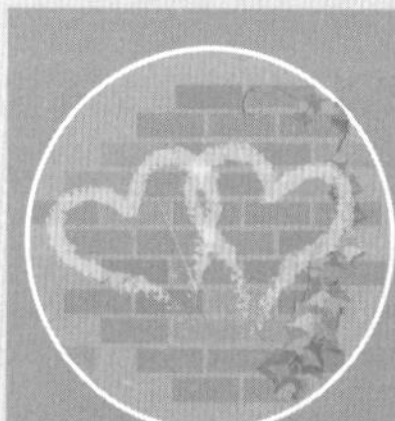

Então, como você interpretaria essas descobertas recentes?
a) Os encontros sexuais descompromissados correlacionam-se com a depressão nas mulheres universitárias.
b) Adiar a intimidade sexual é correlacionado com resultados positivos, como maior satisfação e estabilidade no relacionamento.[2]

Explicações possíveis:

1. Restrição sexual	→	Melhor saúde mental e relacionamentos mais fortes
2. Depressão	→	As pessoas são mais propensas a "ficar" ou ter encontros românticos ou sexuais descompromissados
3. Algum terceiro fator, como menor impulsividade	→	Restrição sexual, bem-estar psicológico e melhores relacionamentos

As correlações nos ajudam a prever. Considere: a autoestima correlaciona-se negativamente com (e, portanto, prediz) a depressão. Quanto menor a autoestima das pessoas, maior o risco de depressão.

Interpretações possíveis:

1. Baixa autoestima	→	Depressão
2. Depressão	→	Baixa autoestima
3. Algum terceiro fator, como eventos estressantes/angustiantes ou predisposição biológica	→	Baixa autoestima e depressão

Tente você!
Uma pesquisa com mais de 12 mil adolescentes descobriu que quanto mais eles sentem que são amados por seus pais, menor a probabilidade de se comportarem de maneira não saudável – fazer sexo precocemente, fumar, abusar de álcool e drogas, exibir violência.[3] Quais são as três maneiras possíveis de interpretar esse achado?[4]

***Ponto a ser lembrado:* a correlação não prova a causalidade.**
A correlação sugere uma possível relação de causa e efeito, mas não a comprova. Lembre-se deste princípio e você será mais sábio ao ler e ouvir notícias de estudos científicos.

1. Belluck, 2013. 2. Fielder et al., 2013; Willoughby et al., 2014. 3. Resnick et al., 1997. 4. *RESPOSTAS:* A. O amor dos pais pode produzir adolescentes saudáveis. B. Adolescentes bem-comportados podem sentir mais amor e aprovação dos pais. C. Algum terceiro fator, como renda ou vizinhança, pode influenciar tanto o amor dos pais quanto os comportamentos dos adolescentes.

PR-9 A duração do casamento correlaciona-se positivamente com a perda de cabelo nos homens. Isso significa que o casamento faz com que os homens percam o cabelo (ou que os homens calvos sejam melhores maridos)?

iStock.com/monkeybusinessimages

RESPOSTAS NO APÊNDICE E

Experimentação

QOA 1.8 Quais são as características da experimentação que permitem isolar a causa e o efeito?

Felizes são aqueles "que souberam perceber as causas das coisas", observou o poeta romano Virgílio. Como os psicólogos podem investigar as causas em estudos correlacionais, como a pequena correlação entre o uso de mídias sociais por meninas adolescentes e seu risco de depressão e automutilação?

MANIPULAÇÃO EXPERIMENTAL. Nossa investigação começa com dois fatos simples:

1. A partir de 2010, o uso mundial de *smartphones* e mídias sociais cresceu rapidamente.
2. Simultaneamente, as taxas de depressão, ansiedade, automutilação e suicídio de meninas adolescentes canadenses, norte-americanas e britânicas também aumentaram (Mercado et al., 2017; Morgan, 2017; Statistics Canada, 2016).

O que esses resultados significam? Existe uma conexão de causa e efeito? Em caso afirmativo, os pais devem limitar o tempo que seus filhos do Ensino Médio passam no Instagram ou no Snapchat? Mesmo grandes dados correlacionais de 1 milhão de adolescentes não poderiam nos dizer. As respostas estão sendo debatidas e os dados são ambíguos. Indo além da simples correlação, um resumo de pesquisas observou que, em seis dos oito estudos *longitudinais* (estudos realizados ao longo do tempo), o uso atual das mídias sociais pelas adolescentes previu futuros problemas de saúde mental (Haidt, 2019). Mesmo assim, para identificar causa e efeito, os pesquisadores devem fazer **experimentos**. Os experimentos permitem que os pesquisadores isolem os efeitos de um ou mais fatores: (1) *por manipulação dos fatores de interesse* e (2) *mantendo constantes ("controlando") outros fatores*. Para fazer isso, eles geralmente criam um **grupo experimental**, no qual as pessoas recebem o tratamento (como tempo de tela reduzido), e um **grupo controle** contrastante no qual elas não recebem esse tratamento.

Para minimizar qualquer diferença preexistente entre os dois grupos, os experimentadores **distribuem aleatoriamente** as pessoas em cada condição. Designação aleatória – seja com uma tabela de números aleatórios ou cara ou coroa – efetivamente equaliza os dois grupos. Se um terço dos voluntários de um experimento puder mexer as orelhas, então cerca de um terço das pessoas em cada grupo mexerá as orelhas. Assim também ocorre com idade, atitudes e outras características, que serão semelhantes nos grupos experimental e controle. Portanto, se os grupos diferirem ao final do experimento, podemos supor que o tratamento surtiu efeito. (Observe a diferença entre *amostragem* aleatória – que cria uma amostra de pesquisa representativa – e *designação* aleatória, que equaliza os grupos experimental e controle.)

Então, o que os *experimentos* revelam sobre a relação entre o uso das mídias sociais pelas meninas e o risco de depressão e automutilação? Embora tenha havido poucos experimentos reais que variem o uso de mídia social, um identificou quase 1.700 pessoas que concordaram em desativar sua conta do Facebook por quatro semanas (Allcott et al., 2019). Em comparação com as pessoas do grupo controle, os designados aleatoriamente para o grupo de desativação passaram mais tempo assistindo TV e socializando-se com amigos e familiares – e relataram menos depressão e maior felicidade e satisfação em suas vidas (bem como menos uso do Facebook pós-experimento). Menos tempo no Facebook significou uma vida mais feliz.

Experimento. Método de pesquisa no qual um investigador manipula um ou mais fatores (variáveis independentes) para observar o efeito em algum comportamento ou processo mental (a variável dependente). Por *designação aleatória* de participantes, o experimentador visa controlar outros fatores relevantes.

Grupo experimental. Em um experimento, é o grupo exposto ao tratamento, ou seja, a uma versão da variável independente.

Grupo controle. No experimento, esse grupo *não é* exposto ao tratamento; contrasta com o grupo experimental e serve de comparação para avaliar o efeito do tratamento.

Designação aleatória. Designar os participantes para os grupos experimental e controle ao acaso, e assim minimizar as diferenças preexistentes entre esses grupos.

O debate sobre os efeitos do uso prolongado das mídias sociais está em andamento. Por enquanto, a maioria dos pesquisadores concorda que o uso ilimitado de mídias sociais pelos adolescentes representa um risco modesto para a saúde mental. Com mais estudos correlacionais e longitudinais em larga escala e mais experimentos, os pesquisadores refinarão essa conclusão provisória.

Ponto a ser lembrado: estudos correlacionais, que revelam relações que ocorrem naturalmente, são complementados por experimentos que manipulam um fator para determinar seu efeito.

PROCEDIMENTOS E EFEITO PLACEBO. Considere, então, como podemos avaliar as intervenções terapêuticas. Nossa tendência de buscar novos remédios quando estamos doentes ou emocionalmente deprimidos pode produzir testemunhos enganosos. Se três dias depois de um resfriado começarmos a tomar comprimidos de zinco e percebermos que nossos sintomas de resfriado estão diminuindo, atribuiremos o crédito às pílulas em vez de ao fato de o resfriado diminuir naturalmente. Nos anos 1700, a sangria *parecia* eficaz. As pessoas às vezes melhoravam com o tratamento; quando não, o médico inferia que a doença estava muito avançada para ser revertida. Portanto, independentemente de um medicamento ser realmente eficaz ou não, os usuários entusiasmados provavelmente o endossarão. Para determinar seu efeito, devemos controlar outros fatores.

E é precisamente assim que se avaliam os novos medicamentos e os novos métodos de terapia psicológica (Capítulo 16). Os investigadores designam aleatoriamente os participantes desses estudos para grupos de pesquisa. Um grupo recebe um pseudotratamento – um *placebo* inerte (por exemplo, uma pílula sem princípio ativo). O outro grupo recebe um tratamento, como um medicamento antidepressivo. (Você pode pensar no placebo com relação ao medicamento real como "truque ou tratamento".) Os participantes geralmente são *cegos* (desinformados) sobre qual tratamento, se houver, eles estão recebendo. Se o estudo estiver usando um **procedimento duplo-cego**, nem os participantes nem quem administra o medicamento e coleta os dados sabem qual grupo está recebendo o tratamento.

Em estudos duplo-cegos, os pesquisadores verificam os efeitos reais de um tratamento, além das crenças dos participantes e da equipe em seus poderes de cura. O fato de *pensar* que você está recebendo um tratamento pode aumentar seu ânimo, relaxar seu corpo e aliviar seus sintomas. Esse **efeito placebo** está bem documentado na redução da dor, depressão, ansiedade e alucinações auditivas na esquizofrenia (Dollfus et al., 2016; Kirsch, 2010). Atletas correram mais rápido quando receberam uma suposta substância para melhorar o desempenho (McClung & Collins, 2007). Os consumidores de café descafeinado relataram maior vigor e estado de alerta quando pensavam que sua bebida continha cafeína (Dawkins et al., 2011). As pessoas sentiram-se melhor depois de receber uma medicação falsa para melhorar o humor (Michael et al., 2012). E quanto mais caro o placebo, mais "real" ele nos parece – uma pílula falsa que custa 2 dólares e 50 centavos funcionou melhor do que uma que custa 10 centavos (Waber et al., 2008). Para saber quão eficaz uma terapia realmente é, os pesquisadores devem controlar um possível efeito placebo.

PRÁTICA DE RECUPERAÇÃO

PR-10 Quais medidas os pesquisadores usam para evitar que o *efeito placebo* confunda seus resultados?

RESPOSTAS NO APÊNDICE E

VARIÁVEIS INDEPENDENTES E DEPENDENTES. Aqui está um exemplo ainda mais poderoso: o medicamento Viagra foi aprovado para uso após 21 estudos clínicos. Um estudo foi um experimento no qual os pesquisadores designaram aleatoriamente 329 homens com distúrbio erétil para um grupo experimental (receberam Viagra) ou um grupo controle (receberam como placebo uma pílula de aparência idêntica). O procedimento foi duplo-cego, isto é, nem os homens que tomavam as pílulas nem a pessoa que as administrava sabiam o que os participantes estavam recebendo. O resultado: nas doses de pico, 69% das tentativas de relações sexuais assistidas por Viagra foram bem-sucedidas, em comparação com 22% para os homens que receberam o placebo (Goldstein et al., 1998). Viagra funcionou.

Esse experimento simples manipulou apenas um fator: o medicamento (Viagra *vs.* não Viagra). Chamamos esse fator experimental de **variável independente** porque podemos variá-lo *independentemente* de outros fatores, como idade, peso e personalidade dos homens. Outros fatores com potencial de influenciar os resultados de um estudo são chamados de **variáveis de confusão**. A designação aleatória dos participantes ajuda a controlar o experimento para possíveis efeitos das variáveis de confusão.

Procedimento duplo-cego. Procedimento experimental no qual tanto participantes da pesquisa quanto a equipe de pesquisa ignoram (cegos) se os participantes receberam o tratamento ou um placebo. Comumente usado em estudos de avaliação de medicamentos.

Efeito placebo [do latim *placebo*, que significa "agradarei"]. Resultados experimentais de efeito causados apenas por expectativas; qualquer efeito no comportamento causado pela administração de uma substância, ativa ou inerte, que o receptor supõe ser um agente ativo.

Variável independente. Em um experimento, o fator que é manipulado, a variável cujo efeito está sendo estudado.

Variável de confusão. Em um experimento, um fator diferente do fator que está sendo estudado que pode influenciar os resultados de um estudo.

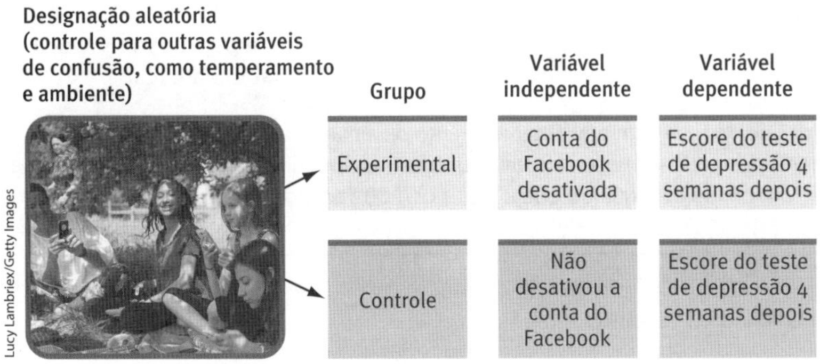

Figura 1.6 Experimentação. Para discernir a causa, os psicólogos controlam as variáveis de confusão atribuindo aleatoriamente alguns participantes a um grupo experimental e outros a um grupo controle. A medição da variável dependente (escore do teste de depressão) determinará o efeito da variável independente (exposição nas mídias sociais).

Os experimentos examinam o efeito de uma ou mais variáveis independentes em algum comportamento mensurável, denominado variável dependente porque pode variar *dependendo* do que ocorre durante o experimento. Ambas as variáveis recebem *definições operacionais* precisas, que especificam os procedimentos que manipulam a variável independente (a dose exata do medicamento e o tempo nesse estudo) ou medem a variável dependente (a variável dependente dos homens em resposta a perguntas sobre seu desempenho sexual). Essas definições oferecem um nível de precisão que permite que outros repliquem o estudo. (Ver o *design* do experimento do Facebook na Figura 1.6.)

Um experimento semelhante com uma substância aprovada para aumentar a excitação sexual das mulheres produziu um resultado descrito como, hum..., frustrante, isto é, mais "meio encontro sexual satisfatório por mês" (Ness, 2016; Tavernise, 2016).

Vamos fazer uma pausa para verificar sua compreensão do uso de um experimento de psicologia simples: para testar o efeito da etnicidade percebida na disponibilidade de moradia de aluguel, Adrian Carpusor e William Loges (2006) enviaram perguntas por *e-mail* com palavras idênticas para 1.115 proprietários da área de Los Angeles. Os pesquisadores variaram a conotação étnica do nome do remetente e acompanharam a porcentagem de respostas positivas (convites para ver o apartamento pessoalmente). "Patrick McDougall", "Said Al-Rahman" e "Tyrell Jackson" receberam, respectivamente, 89, 66 e 56% dos convites. Neste experimento, qual foi a variável independente? E a variável dependente?[3]

"[Devemos nos proteger] contra não apenas insultos raciais, mas... contra o impulso sutil de chamar Johnny de volta para uma entrevista de emprego, mas não Jamal." – Presidente dos EUA, Barack Obama, elogio fúnebre à senadora estadual Clementa Pnckney, e vítima de tiro na igreja, 26 de junho de 2015

Os experimentos também podem nos ajudar a avaliar programas sociais. Os programas precoces de educação infantil aumentam as chances de sucesso das crianças pobres? Quais são os efeitos das diferentes campanhas antitabagismo? Os programas escolares de educação sexual reduzem a gravidez na adolescência? Para responder a essas perguntas, podemos realizar experimentos: se uma intervenção for bem-vinda, mas os recursos forem escassos, podemos usar um sorteio para designar aleatoriamente algumas pessoas (ou regiões) a experimentar o novo programa e outras a uma condição de controle. Se posteriormente os dois grupos diferirem, o efeito da intervenção será corroborado (Passell, 1993).

Vamos recapitular. Uma *variável* é qualquer coisa que possa variar (nutrição infantil, inteligência, exposição nas mídias sociais – qualquer coisa dentro dos limites do que é viável e ético medir). Os experimentos visam *manipular* uma variável *independente*, *medir* uma variável *dependente* e *controlar* variáveis *de confusão*. Os experimentos têm pelo menos duas condições distintas: uma *condição experimental* e uma *condição de comparação* ou *controle*. A *designação aleatória* funciona para minimizar as diferenças preexistentes entre os grupos antes da ocorrência de qualquer efeito do tratamento. Dessa forma, o experimento testa o efeito de pelo menos uma variável independente (o que manipulamos) sobre pelo menos uma variável dependente (o resultado que medimos).

PRÁTICA DE RECUPERAÇÃO

PR-11 Ao usar a *designação aleatória*, os pesquisadores são capazes de controlar ______________, que são outros fatores além das variáveis independentes que podem influenciar os resultados da pesquisa.

PR-12 Combine o termo à esquerda (**i** até **iii**) com a descrição à direita (**a** até **c**).

i. Procedimento duplo-cego	a. ajuda os pesquisadores a generalizar a partir de um pequeno conjunto de respostas de pesquisa para uma população maior
ii. Amostragem aleatória	b. ajuda a minimizar as diferenças preexistentes entre os grupos experimental e controle

[3]A variável independente que os pesquisadores manipularam foi a etnia implícita dos nomes dos candidatos. A variável dependente que os pesquisadores mediram foi a taxa de respostas positivas dos proprietários.

iii. Designação aleatória — c. controles para o efeito placebo; nem pesquisadores nem participantes sabem quem recebe o tratamento real

PR-13 Por que, ao testar um novo medicamento para controlar a pressão arterial, aprenderíamos mais sobre sua eficácia administrando-o à metade dos participantes de um grupo de 1.000 do que a todos os 1.000 participantes?

RESPOSTAS NO APÊNDICE E

Projeto de pesquisa

QOA 1.9 Como você saberia qual projeto de pesquisa usar?

Ao longo deste livro, você lerá sobre incríveis descobertas da ciência psicológica. Mas como os cientistas psicológicos escolhem métodos de pesquisa e projetam seus estudos de forma a fornecer resultados significativos? Compreender como a pesquisa é feita – como as questões testáveis são desenvolvidas e estudadas – é a chave para apreciar toda a psicologia. A Tabela 1.3 compara as características dos principais métodos de pesquisa em psicologia. Nos capítulos posteriores, você lerá sobre outros projetos de pesquisa, inclusive *estudos com gêmeos* (Capítulo 4) e *pesquisas transversais* e *longitudinais* (Capítulo 10).

Na pesquisa psicológica, nenhuma pergunta está fora dos limites, exceto as não passíveis de teste (ou antiéticas): o livre-arbítrio existe? As pessoas nascem más? Existe vida depois da morte? Os psicólogos não podem testar essas perguntas. Mas *podem* testar se as crenças de livre-arbítrio, personalidades agressivas e na vida após a morte influenciam seu modo de pensar, sentir e agir (Dechesne et al., 2003; Shariff et al., 2014; Webster et al., 2014).

Tendo escolhido sua pergunta, os psicólogos selecionam o método de pesquisa mais apropriado – *experimental, correlacional, estudo de caso, observação naturalista, estudo com gêmeos, longitudinal* ou *transversal* – e determinam como configurá-lo de maneira mais eficaz. Eles analisam quanto dinheiro e tempo estão disponíveis, questões éticas e outras limitações. Por exemplo, não seria ético para um pesquisador que estuda o desenvolvimento infantil usar o método experimental e designar crianças aleatoriamente para lares amorosos *vs.* punitivos.

Em seguida, os cientistas psicológicos decidem como medir o comportamento ou processo mental que será estudado. Por exemplo, pesquisadores que estudam comportamento agressivo podem medir a disposição dos participantes de se enfurecer com um estranho por um suposto ruído intenso.

Os pesquisadores querem ter confiança em seus achados, por isso consideram cuidadosamente as variáveis de confusão – outros fatores além daqueles que estão sendo estudados que podem afetar a interpretação dos resultados.

A pesquisa psicológica é uma aventura criativa. Os pesquisadores *projetam* cada estudo, *medem* os comportamentos-alvo, *interpretam* os resultados e aprendem mais sobre o fascinante mundo do comportamento e dos processos mentais ao longo do caminho.

Para ajudar você a construir sua compreensão, seu pensamento crítico e suas ***habilidades de alfabetização científica***, criamos atividades de pesquisa ***online***. Nas atividades ***Como você saberia?***, você assume o papel de pesquisador, fazendo escolhas sobre as melhores maneiras de testar questões interessantes. Alguns exemplos: como você saberia se ter filhos está relacionado a ser mais feliz?; como você saberia se uma xícara de café pode aquecer relacionamentos?; e como você saberia se as pessoas podem aprender a reduzir a ansiedade?

Tabela 1.3 Como comparar métodos de pesquisa.

Método de pesquisa	Objetivo básico	Como conduzir	O que é manipulado	Pontos fracos
Descritivo	Observar e registrar comportamentos	Conduz a estudos de caso, observações naturalistas ou levantamentos por meio de entrevistas ou questionários	Nada	Sem controle das variáveis; casos únicos podem induzir a erro
Correlacional	Detectar relações que ocorrem naturalmente; avaliar a capacidade de predição de uma variável com relação a outra	Coleta de dados a respeito de duas ou mais variáveis; sem manipulação	Nada	Não especifica causa e efeito
Experimental	Explorar relações de causa e efeito	Manipula um ou mais fatores; utiliza a designação aleatória	As variáveis independentes	Às vezes, é inviável; os resultados podem não ser generalizados para outros contextos; não é ético manipular certas variáveis

PERGUNTE A SI MESMO

Se você pudesse realizar um estudo sobre qualquer questão psicológica, qual pergunta você escolheria? Qual seria o projeto do estudo?

Como prever o comportamento diário

QOA 1.10 Como as condições laboratoriais simplificadas podem iluminar a vida cotidiana?

Quando você vê ou ouve falar de pesquisa psicológica, já se perguntou se o comportamento das pessoas no laboratório é capaz de prever o comportamento delas na vida cotidiana? Detectar o piscar de uma luz vermelha fraca em um quarto escuro diz algo útil sobre pilotar um avião à noite? Depois de assistir a um filme com violência e sexo explícito, o aumento da disposição de um homem para apertar botões que ele acredita que produzirão uma explosão de ruído para assustar uma mulher nos diz realmente alguma coisa sobre se assistir pornografia violenta torna os homens mais propensos a abusar de uma mulher?

Antes de responder, leve em consideração o seguinte: a *intenção* do pesquisador é que o ambiente de laboratório seja uma realidade simplificada – um ambiente onde características importantes da vida cotidiana possam ser simuladas e controladas. Assim como um túnel de vento possibilita aos engenheiros aeroespaciais recriar fluxos de ar em condições controladas, um experimento de laboratório permite aos psicólogos recriar forças psicológicas em condições controladas.

O objetivo de um experimento não é recriar os comportamentos exatos da vida cotidiana, mas testar *princípios teóricos* (Mook, 1983). Nos estudos sobre agressão, decidir sobre pressionar um botão que causa um ruído de explosão pode não ser a mesma coisa que dar um tapa no rosto de alguém, mas o princípio é o mesmo. *São os princípios resultantes – não os achados específicos – que ajudam a explicar os comportamentos cotidianos.*

Quando os psicólogos aplicam a pesquisa sobre agressão feita em laboratório à violência real, estão aplicando princípios teóricos do comportamento agressivo, que têm sido aprimorados por meio de muitos experimentos. Do mesmo modo, são os princípios do sistema visual desenvolvidos a partir de experimentos e condições artificiais (como olhar para uma luz vermelha no escuro) que aplicamos a comportamentos mais complexos, como pilotar um avião à noite. Muitas investigações mostram que os princípios originados em laboratório normalmente se estendem ao mundo cotidiano (Mitchell, 2012).

Ponto a ser lembrado: a ciência psicológica concentra-se menos em comportamentos particulares do que em revelar princípios gerais que ajudam a explicar muitos comportamentos.

Ética de pesquisa em psicologia

QOA 1.11 Por que os psicólogos estudam animais, e quais diretrizes éticas protegem o bem-estar humano e animal? Como os valores dos psicólogos influenciam o que eles estudam e como eles aplicam seus resultados?

Fizemos uma reflexão sobre como uma abordagem científica pode restringir vieses. Vimos como estudos de casos, observações naturalistas e entrevistas nos ajudam a descrever o comportamento. Também observamos que estudos correlacionais avaliam a associação entre dois fatores, mostrando quão bem um prediz o outro. Examinamos a lógica subjacente aos experimentos, que usam condições de controle e designação aleatória de participantes para isolar os efeitos causais de uma variável independente em uma variável dependente.

No entanto, mesmo sabendo disso, você ainda pode estar abordando a psicologia com uma mistura de curiosidade e apreensão. Então, antes de nos aprofundarmos, vamos considerar algumas perguntas comuns sobre a ética e os valores da psicologia.

Como estudar e proteger os animais

Muitos psicólogos estudam animais não humanos porque os acham fascinantes. Eles querem entender como as diferentes espécies aprendem, pensam e se comportam. Os psicólogos também estudam os animais para aprender sobre as pessoas. Nós, seres humanos, não somos *como* os animais; nós *somos* animais, compartilhamos uma biologia comum. Por isso, experimentos com animais levaram a tratamentos para doenças humanas, como insulina para diabetes, vacinas para prevenir poliomielite e raiva, transplantes para substituir órgãos defeituosos.

Os seres humanos são complexos. Mas alguns dos mesmos processos pelos quais aprendemos estão presentes em outros animais, até mesmo em lesmas-do-mar e abelhas. A simplicidade do sistema nervoso da lesma-do-mar é precisamente o que o torna tão revelador para a compreensão dos mecanismos neurais de aprendizagem. O mesmo ocorre com as abelhas, que se assemelham a nós, seres humanos, na forma como aprendem a lidar com o estresse (Dinges et al., 2017).

"Os ratos são muito parecidos com os humanos, exceto que não são estúpidos o suficiente para comprar bilhetes de loteria." – Dave Barry, 2 de julho de 2002

Ao compartilhar essas semelhanças, não deveríamos respeitar nossos parentes animais? O movimento de proteção animal protesta contra o uso de animais em pesquisas psicológicas, biológicas e médicas. "Não podemos defender nosso trabalho científico utilizando animais com base nas semelhanças entre eles e nós, e depois defendê-lo moralmente com base nas diferenças", observou Roger Ulrich (1991). Nas pesquisas nacionais dos EUA, metade dos adultos se opõe e metade é a favor do "uso de animais na pesquisa científica", com maior apoio entre os mais informados sobre ciência (Strauss, 2018).

Desse debate acalorado, surgem duas questões. O básico é se é certo colocar o bem-estar dos humanos acima do de outros animais. Em experimentos sobre estresse e câncer, é certo que camundongos tenham tumores na esperança de que as pessoas não tenham? É certo que alguns macacos sejam expostos a um vírus semelhante ao HIV na busca de uma vacina contra a AIDS? Os humanos criam e abatem 56 bilhões de animais por ano (Thornton, 2019). Nosso uso e consumo de outros animais é tão natural quanto o comportamento de gaviões, gatos e baleias da ordem dos carnívoros?

"Por favor, não esqueçam aqueles de nós que sofrem de doenças ou deficiências incuráveis que esperam a cura por meio de pesquisas que exigem o uso de animais." – Psicólogo Dennis Feeney, 1987

Para aqueles que dão prioridade máxima à vida humana, surge uma segunda pergunta: que salvaguardas devem proteger o bem-estar dos animais na pesquisa? Um levantamento com pesquisadores de animais proporcionou uma resposta. Cerca de 98% apoiaram os regulamentos governamentais que protegem primatas, cães e gatos e 74% também apoiaram os regulamentos que preveem o cuidado compassivo com ratos e camundongos (Plous & Herzog, 2000). Muitas associações profissionais e agências de financiamento já seguem essas diretrizes. As diretrizes da British Psychological Society (BPS) exigem alojamento de animais em condições de vida razoavelmente naturais, com companheiros para animais sociais (Lea, 2000). As diretrizes da American Psychological Association (APA) afirmam que os pesquisadores devem fornecer "cuidados humanitários e condições saudáveis" e que os testes devem "minimizar o desconforto" (APA, 2012). O Parlamento Europeu também impõe normas para cuidados e alojamento de animais (Vogel, 2010). A maioria das universidades seleciona propostas de pesquisa, em geral, por meio de um comitê de ética para cuidados com animais, e os laboratórios são regulamentados e inspecionados.

"A grandeza de uma nação pode ser julgada pela forma como seus animais são tratados." – Mahatma Gandhi (1869-1948)

Os próprios animais se beneficiaram da pesquisa com animais. Uma equipe de psicólogos pesquisadores de Ohio mediu os níveis de hormônio do estresse em amostras de milhões de cães trazidos todos os anos para abrigos de animais. Criaram métodos de manuseio e carinho para reduzir o estresse e facilitar a transição dos cães para lares adotivos (Tuber et al., 1999). Outros estudos ajudaram a melhorar o cuidado e o manejo no *habitat* natural dos animais. Ao revelar nosso parentesco comportamental com animais e a notável inteligência de chimpanzés, gorilas e outros animais, os experimentos também levaram a maior empatia e proteção para eles. Conduzida da melhor forma, a psicologia preocupada com os humanos e sensível aos animais serve ao bem-estar de ambos.

A pesquisa animal beneficia animais. Psicólogos têm ajudado zoológicos a enriquecer o ambiente de animais – por exemplo, dando a eles mais opções para reduzir o *desamparo aprendido* do cativeiro (Kurtycz, 2015; Weir, 2013). Graças, em parte, à pesquisa sobre os benefícios da novidade, controle e estimulação, esses gorilas estão desfrutando de qualidade de vida no zoológico, em Nova York.

iStock.com/RobHainer

Como estudar e proteger seres humanos

E no que diz respeito aos participantes humanos? A imagem de cientistas vestidos de branco que aparentam aplicar choques elétricos incomoda você? Na verdade, a maioria dos estudos psicológicos está livre desse estresse. Luzes piscando, palavras piscando e interações sociais agradáveis são mais comuns.

Às vezes, os pesquisadores estressam ou enganam as pessoas temporariamente, mas apenas quando acreditam que é essencial para um fim justificável, como entender e controlar o comportamento violento ou estudar as mudanças de humor. Alguns experimentos não funcionarão se os participantes souberem tudo de antemão. (Querendo ser úteis, os participantes podem tentar confirmar as previsões do pesquisador.)

Os códigos de ética da APA e da BPS incentivam os pesquisadores a (1) obter o **termo de consentimento livre e esclarecido** dos possíveis participantes, (2) proteger os participantes de danos e desconforto maiores do que o normal, (3) manter confidenciais as informações dos participantes e (4) **informar** totalmente as pessoas (explicar a fase subsequente à pesquisa, inclusive qualquer engano temporário). Para fazer cumprir esses padrões éticos, universidades e organizações de pesquisa têm *Conselhos de Ética em Pesquisa* que selecionam propostas de pesquisa e protegem "os direitos, o bem-estar e a assistência aos participantes da pesquisa em seres humanos" (NIEHS, 2019).

Como garantir a integridade científica

Na ciência, como na vida cotidiana, erros acontecem. Quando os dados são calculados ou relatados incorretamente por acidente, isso é perdoável e passível de correção. O que não é aceitável – e fará com que um cientista seja banido da profissão – é a fraude. Os principais cientistas citam a honestidade como o valor científico mais importante, seguido por curiosidade e perseverança (*Nature*, 2016). Buscar o avanço na carreira plagiando as palavras ou ideias de outra pessoa, ou inventando dados, é arriscar-se a descobrir que sua carreira terminou. Esse foi o caso raro de um psicólogo holandês que fabricou dados que chegaram a 58 artigos de pesquisa – falsificação detectada por colegas vigilantes (Retraction Watch, 2015).

A falsa ciência também tem o potencial de causar grandes danos. Isso aconteceu em 1998, quando um médico britânico, agora exonerado, chamado Andrew Wakefield, publicou um artigo na prestigiosa revista *Lancet* relatando uma dúzia de casos em que crianças britânicas que receberam a vacina contra sarampo, caxumba e rubéola (tríplice) supostamente desenvolveram autismo depois. Outros estudos não conseguiram reproduzir a descoberta (a replicação importa!) (Hviid et al., 2019). Uma investigação revelou fraude – com dados falsificados – e o periódico retirou o relato (Godlee, 2011). Infelizmente, até então a descoberta amplamente divulgada – "a farsa médica mais prejudicial dos últimos 100 anos" (Flaherty, 2011) – produziu um movimento "antivacina" e declínio das taxas de vacinação. Em vez de seguir o caminho típico para a eliminação da doença, as taxas de sarampo nos EUA em 2019 subiram para seus níveis mais altos em 25 anos (CDC, 2019; Graham et al., 2019). As crianças não vacinadas podem sofrer danos em longo prazo ou até mesmo morrer, além de colocar em risco as crianças muito pequenas que não podem ser totalmente vacinadas. Embora a ciência tenha se autocorrigido, o dano persiste. O aspecto positivo, no entanto, é que o escrutínio científico, com a replicação dos estudos, pode nos informar e nos proteger.

Termo de consentimento livre e esclarecido. Fornecer aos possíveis participantes informações suficientes sobre um estudo para permitir que eles possam escolher entre participar ou não.

Informação. Explicação pós-experimental de um estudo, inclusive seu propósito e qualquer engano, para seus participantes.

Valores na psicologia

Os valores afetam o que estudamos, como estudamos e como interpretamos os resultados. Os valores dos pesquisadores influenciam a escolha dos tópicos de pesquisa. Devemos estudar a produtividade do profissional ou sua motivação? Discriminação sexual ou diferenças de gênero? Conformidade ou independência? Os valores também podem colorir "os fatos" – nossas observações e interpretações. Às vezes, vemos o que queremos ou esperamos ver (Figura 1.7).

Mesmo as palavras usadas para descrever traços e tendências podem refletir nossos valores. Na psicologia, assim como na fala cotidiana, os rótulos descrevem e também avaliam: a *rigidez* de uma pessoa é a *consistência* de outra. A *fé* de uma pessoa é o *fanatismo* de outra. O *adultério* de uma pessoa é o *casamento aberto* de outras. Rotular alguém como *firme* ou *teimoso*, *cuidadoso* ou *exigente*, *discreto* ou *reservado* revela nossas próprias atitudes.

Assim, os valores informam a ciência psicológica – e a ciência psicológica tem o poder de persuadir. Isso pode levar algumas pessoas a sentir alguma desconfiança: a psicologia é perigosamente poderosa? Isso pode ser usado para manipular pessoas? O conhecimento, como todo poder, pode ser usado para o bem ou para o mal. A energia nuclear tem sido usada para iluminar cidades – e também para destruí-las. O poder de persuasão tem sido usado para educar as pessoas – e também para enganá-las. Embora a psicologia tenha o poder de enganar, seu propósito é esclarecer. Todos os dias, os psicólogos exploram maneiras de melhorar a aprendizagem, a criatividade e a compaixão. A psicologia fala de muitos dos grandes problemas do nosso mundo – guerra, superpopulação, desigualdade, mudança climática, preconceito, crises familiares, crimes – e todos envolvem atitudes e comportamentos. A psicologia também fala aos nossos anseios mais profundos – por sustento, amor, felicidade. A psicologia não pode abordar todas as grandes questões da vida, mas dialoga com algumas questões muito importantes.

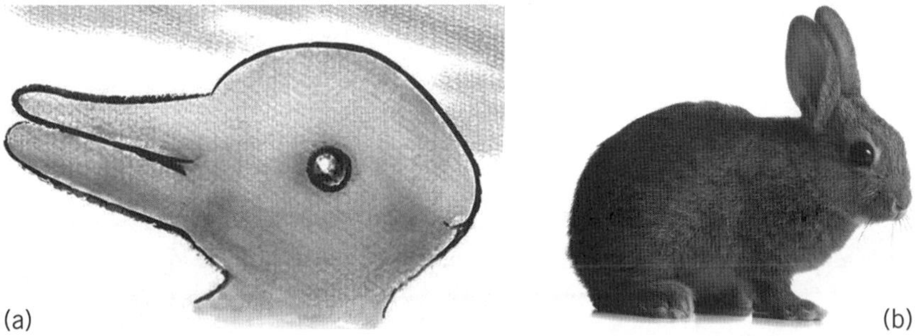

Rubberball/Mike Kemp/Getty Images

Figura 1.7 O que você vê? Nossas expectativas influenciam o que percebemos em: (a) Você viu um pato ou um coelho? Mostre a alguns amigos esta imagem com a foto do coelho (b) coberta e veja se eles são mais propensos a perceber um pato. (Inspirado por Shepard, 1990.)

Macmillan Learning

Macmillan Learning

Gordon Parks Foundation

Psicologia da fala. Ao tomar sua histórica decisão de desagregação escolar em 1954, a Suprema Corte dos EUA citou o testemunho de especialistas e a pesquisa dos psicólogos Kenneth Clark e Mamie Phipps Clark (1947). Os Clark relataram que, quando apresentada a escolha entre bonecas negras e brancas, a maioria das crianças afro-americanas escolheu a boneca branca, o que indicava que elas provavelmente absorveram e internalizaram o preconceito racista.

PERGUNTE A SI MESMO

Que outras perguntas ou preocupações você tem sobre psicologia?

PRÁTICA DE RECUPERAÇÃO

PR-14 Como os participantes de pesquisas com animais e seres humanos são protegidos?

RESPOSTAS NO APÊNDICE E

REVISÃO Estratégias de pesquisa: como os psicólogos fazem e respondem perguntas

OBJETIVOS DE APRENDIZAGEM

Teste a si mesmo. Responda às Questões dos Objetivos de Aprendizagem (antes de conferir as respostas no Apêndice D) para aprimorar a retenção dos conceitos estudados (McDaniel et al., 2009, 2015).

QOA 1.1 Como nosso pensamento cotidiano às vezes nos leva a uma conclusão equivocada?

QOA 1.2 Por que somos tão vulneráveis a acreditar em inverdades?

QOA 1.3 Como as teorias impulsionam a ciência psicológica?

QOA 1.4 Como os psicólogos usam estudos de caso, observações naturalistas e pesquisas para observar e descrever o comportamento, e por que a amostragem aleatória é importante?

QOA 1.5 O que significa quando dizemos que duas coisas estão correlacionadas, e o que são correlações positivas e negativas?

QOA 1.6 O que são correlações ilusórias e o que é regressão em direção à média?

QOA 1.7 Por que as correlações permitem a previsão, mas não a explicação de causa e efeito?

QOA 1.8 Quais são as características da experimentação que permitem isolar a causa e o efeito?

QOA 1.9 Como você saberia qual método de pesquisa usar?

QOA 1.10 Como as condições laboratoriais simplificadas podem iluminar a vida cotidiana?

QOA 1.11 Por que os psicólogos estudam animais, e quais diretrizes éticas protegem o bem-estar humano e animal? Como os valores dos psicólogos influenciam o que eles estudam e como eles aplicam seus resultados?

TERMOS E CONCEITOS A RECORDAR

Teste a si mesmo. Escreva a definição com suas próprias palavras, e depois confirme sua resposta.

viés de retrospectiva, p. 20
teoria, p. 23
hipótese, p. 23
definição operacional, p. 24
replicação, p. 24
pré-registro, p. 24
metanálise, p. 24
estudo de caso, p. 25

observação naturalista, p. 26
entrevista, p. 27
amostra aleatória, p. 28
população, p. 28
correlação, p. 29
coeficiente de correlação, p. 29
variável, p. 29
diagrama de dispersão, p. 29
correlação ilusória, p. 31
regressão em direção à média, p. 31
experimento, p. 33
grupo experimental, p. 33
grupo controle, p. 33
designação aleatória, p. 33
procedimento duplo-cego, p. 34
efeito placebo, p. 34
variável independente, p. 34
variável de confusão, p. 34
termo de consentimento livre e esclarecido, p. 39
informação, p. 39

DOMINE O MATERIAL

Teste a si mesmo. Responda às questões a seguir por conta própria, a princípio, depois confira as respostas no Apêndice E.

1. ____________________ refere-se à nossa tendência de perceber os eventos como óbvios ou inevitáveis após o fato.

2. Como cientistas, os psicólogos:

a. mantêm seus métodos privados para que outros não repitam suas pesquisas.

b. presumem a veracidade dos artigos publicados nos principais periódicos científicos.

c. rejeitam evidências que concorrem com as descobertas tradicionais.

d. estão dispostos a fazer perguntas e rejeitar afirmações que não podem ser verificadas por pesquisas.

3. Uma previsão baseada em teoria é chamada de ___________.

4. Qual dos seguintes métodos NÃO é um dos métodos *descritivos* que os psicólogos usam para observar e descrever o comportamento?

a. Estudo de caso

b. Observação naturalista

c. Pesquisa correlacional

d. Enquete por telefone

5. Para sua pesquisa, você precisa estabelecer um grupo de pessoas que represente toda a população adulta do seu país. Para isso, você precisará questionar uma amostra _______________ da população.

6. Um estudo descobriu que quanto mais aulas de preparação para o parto as mulheres frequentam, menor é a quantidade de medicação para dor de que elas precisam durante o parto. Esse achado pode ser expresso como uma correlação _______________ (positiva/negativa).

7. Um _______________ fornece uma representação visual da direção e da força de uma relação entre duas variáveis.

8. Em uma correlação _______________, os escores sobem e descem juntos; em uma correlação _______________, um escore diminui, à medida que o outro aumenta.

a. positiva; negativa

b. positiva; ilusória

c. negativa; fraca

d. forte; fraca

9. Como a regressão em direção à média pode influenciar nossa interpretação dos eventos?

10. Saber que dois eventos estão correlacionados proporciona:

a. uma base para a previsão.

b. uma explicação de por que os eventos estão relacionados.

c. prova de que à medida que um escore aumenta, o outro também aumenta.

d. uma indicação de que um terceiro fator subjacente está em ação.

11. Aqui estão algumas correlações relatadas recentemente, com interpretações feitas por jornalistas. Quando conhece apenas essas correlações, você consegue encontrar outras explicações possíveis para cada uma delas?

a. O uso de álcool está associado à violência. (Uma interpretação: a bebida é um gatilho para o comportamento agressivo.)

b. Pessoas instruídas vivem mais, em média, do que pessoas menos instruídas. (Uma interpretação: a educação prolonga a vida e melhora a saúde.)

c. Adolescentes envolvidos em esportes de equipe são menos propensos a usar drogas, fumar, fazer sexo, portar armas e consumir alimentos sem valor nutritivo do que os adolescentes que não praticam esportes de equipe. (Uma interpretação: esportes coletivos incentivam uma vida saudável.)

d. Adolescentes que com frequência veem pessoas fumando em filmes são mais propensos a fumar. (Uma interpretação: o comportamento das estrelas de cinema influencia os adolescentes impressionáveis.)

12. Para explicar comportamentos e esclarecer causa e efeito, os psicólogos usam _______________.

13. Para testar o efeito de um novo medicamento para depressão, atribuímos aleatoriamente pessoas a grupos controle e experimental. As pessoas do grupo controle tomam uma pílula que não contém medicação. Essa pílula é um _______________.

14. Em um procedimento duplo-cego:

a. só os participantes sabem se estão no grupo controle ou no grupo experimental.

b. os membros do grupo experimental e controle serão cuidadosamente pareados por idade, sexo, renda e nível de educação.

c. nem os participantes nem os pesquisadores sabem quem está no grupo experimental ou no grupo controle.

d. alguém independente do pesquisador pedirá às pessoas que se voluntariem para o grupo experimental ou o grupo controle.

15. Um pesquisador quer determinar se o nível de ruído afeta a pressão arterial dos trabalhadores. Em um grupo, ele varia o nível de ruído do ambiente e registra a pressão arterial dos participantes. Neste experimento, o nível de ruído é a ____________________.

16. O ambiente do laboratório é projetado para:

a. recriar exatamente os eventos da vida cotidiana.

b. recriar forças psicológicas em condições *controladas*.

c. recriar forças psicológicas em condições *aleatórias*.

d. minimizar o uso de animais e seres humanos em pesquisas psicológicas.

17. Ao defender suas pesquisas experimentais com animais, os psicólogos observaram que:

a. a fisiologia e o comportamento dos animais podem nos dizer muito sobre nós.

b. a experimentação com animais às vezes ajuda tanto os animais quanto os humanos.

c. os animais são criaturas fascinantes e dignas de estudo.

d. todas as afirmações são corretas.

Raciocínio estatístico na vida cotidiana

Na pesquisa descritiva, correlacional e experimental, as estatísticas são ferramentas que nos ajudam a ver e interpretar o que não pode ser visto a olho nu. A compreensão estatística acertada beneficia a todos nós. Ser uma pessoa instruída hoje é ser capaz de aplicar princípios estatísticos simples ao raciocínio cotidiano. Não é preciso memorizar fórmulas complicadas para pensar de forma mais clara e crítica sobre os dados.

Estimativas improvisadas muitas vezes interpretam mal a realidade e enganam o público. Alguém lança um número grande e redondo. Outras pessoas o ecoam e, em pouco tempo, o grande número redondo torna-se desinformação pública. Seguem três exemplos:

- *Dez por cento das pessoas são gays*. Ou são 2 a 4%, como sugerem várias pesquisas nacionais (Capítulo 11)?
- Normalmente usamos apenas 10% do nosso cérebro. Ou está mais perto de 100% (Capítulo 2)?
- *Para ser saudável, caminhe 10 mil passos por dia*. Ou 8.500 ou 13 mil passos são o segredo, ou nadar ou correr (Mull, 2019)?

Ao estabelecer metas, adoramos números grandes e redondos. É muito mais provável que queiramos perder 9 kg do que 8,60 kg ou 9,50 kg (ou até 10 kg em vez de 9,07 kg). Os rebatedores tentam melhorar sua média de rebatidas pouco antes do final da temporada, tornando-os quase quatro vezes mais propensos a terminar com média de 0,300 do que com uma média de 0,299 (Pope & Simonsohn, 2011).

Se você vir uma manchete chamativa apresentada sem evidências – de que no âmbito nacional há 1 milhão de adolescentes grávidas, 2 milhões de idosos sem-teto ou 3 milhões de acidentes de carro decorrentes do álcool –, você pode ter certeza de que alguém está tentando adivinhar. Se as pessoas quiserem enfatizar o problema, serão motivadas a fazer grandes adivinhações. Se quiserem minimizar o problema, serão motivadas a fazer pequenas adivinhações.

Ponto a ser lembrado: use o pensamento crítico quando estiver diante de números grandes, redondos e não documentados.

O analfabetismo estatístico também alimenta medos desnecessários para a saúde (Gigerenzer, 2010). Na década de 1990, a imprensa britânica divulgou um estudo mostrando que as mulheres que tomavam determinada pílula anticoncepcional tinham risco 100% maior de coágulos sanguíneos que poderiam produzir derrames. A história tornou-se viral, fazendo com que milhares de mulheres parassem de tomar a pílula. Qual foi o resultado? Uma onda de gestações indesejadas e cerca de 13 mil abortos adicionais (que também estão associados ao aumento do risco de coágulos sanguíneos). Distraídas por números grandes e redondos, poucas pessoas se concentraram nas descobertas reais do estudo: um risco 100% maior, de fato – mas apenas de 1 em 7 mil para 2 em 7 mil. Esses alarmes falsos ressaltam a necessidade do pensamento crítico, de ensinar raciocínio estatístico e de apresentar informações estatísticas de forma mais transparente.

Descrição dos dados

QOA 1.12 Como descrevemos os dados usando três medidas de tendência central, e qual é a utilidade relativa das duas medidas de variação?

Uma vez que os pesquisadores reuniram seus dados, eles podem organizá-los com *estatísticas descritivas*. Um modo de fazer isso é converter os dados em um *gráfico de barras simples*, como o da Figura 1.8, que exibe uma distribuição de diferentes marcas de caminhões ainda na estrada após uma década. Ao ler gráficos estatísticos como este, tome cuidado. É fácil projetar um gráfico para fazer a diferença parecer grande (Figura 1.8 a) ou pequena (Figura 1.8 b). O segredo está em como você rotula a escala vertical (o *eixo y*).

Ponto a ser lembrado: pense com inteligência. Ao interpretar gráficos, considere os rótulos de escala e observe a amplitude do *intervalo*.

PERGUNTE A SI MESMO

Pense em uma ocasião em que você usou estatísticas para fazer uma observação - em sala de aula, em um trabalho, ou em uma discussão com um amigo ou membro da família. Olhando para trás, os dados que você citou eram confiáveis e precisos? Como você sabe?

PRÁTICA DE RECUPERAÇÃO

PR-1 Um fabricante de caminhões ofereceu o gráfico da Figura 1.8 (a) - com nomes de marcas reais incluídos - para sugerir a durabilidade muito maior de seus caminhões. O que o gráfico (b) deixa claro sobre a durabilidade variável, e como isso é feito?

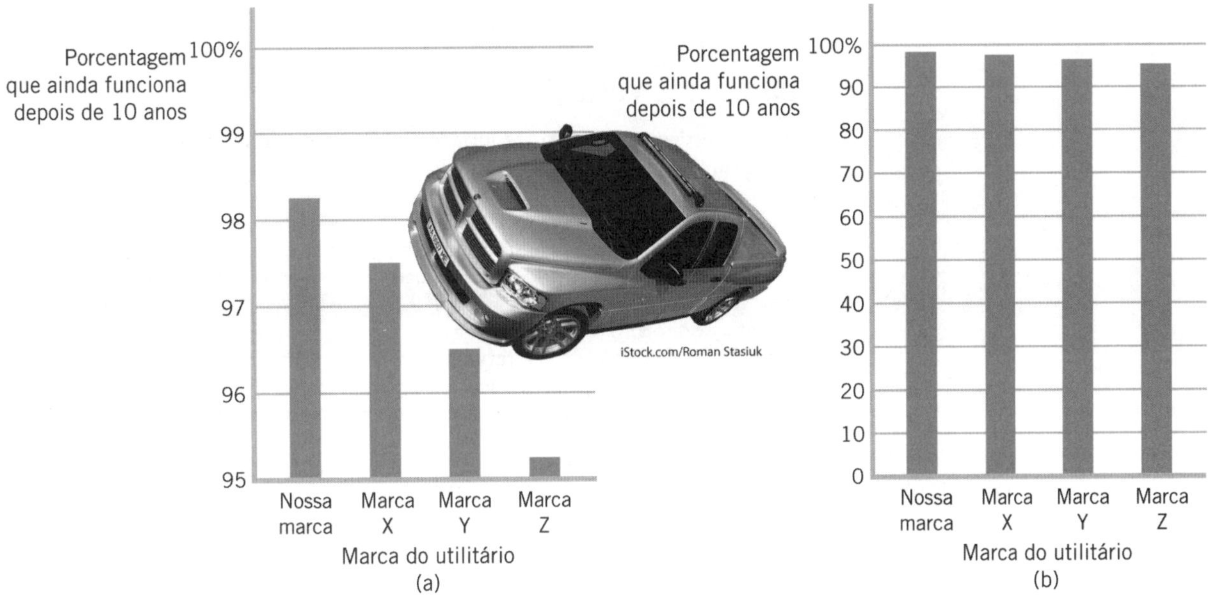

Figura 1.8 Leia os rótulos da escala.

RESPOSTAS NO APÊNDICE E

Medidas de tendência central

O próximo passo é resumir os dados usando uma *medida de tendência central*, um único escore que representa todo um conjunto de escores. A medida mais simples é a **moda**, o escore ou escores mais frequentes em uma amostra. A mais conhecida é a **média**, ou média aritmética, isto é, a soma total de todos os escores dividida pelo número de escores. O ponto médio - o percentil 50 - é a **mediana**. Em uma rodovia dividida, a mediana é o meio. O mesmo ocorre com dados: se você organizar todos os escores em ordem do mais alto para o mais baixo, metade ficará acima da mediana e metade ficará abaixo dela.

As medidas de tendência central resumem nitidamente os dados. Contudo, considere o que acontece com a média quando uma distribuição é desequilibrada, ou seja, quando é *distorcida* por algumas pontuações fora do padrão. Com dados de renda, por exemplo, a moda, a mediana e a média geralmente contam histórias muito diferentes (Figura 1.9). Isso acontece porque a média é influenciada por algumas rendas extremas. Quando o fundador da Amazon, Jeff Bezos, senta-se em um pequeno café, seu cliente médio instantaneamente se torna um bilionário. Mas a riqueza mediana dos clientes permanece inalterada.

Entendendo isso, você pode ver por que, de acordo com o censo dos EUA de 2010, quase 65% das famílias do país têm renda "abaixo da média". A metade inferior dos assalariados recebe muito menos da metade da renda nacional total. Portanto, a maioria dos norte-americanos ganha menos que a média aritmética (média). A média e a mediana contam diferentes histórias verdadeiras.

Ponto a ser lembrado: sempre observe qual medida de tendência central é relatada. Se for uma média, verifique se alguns escores atípicos podem estar causando uma distorção.

A pessoa média tem um ovário e um testículo.

Moda. Escores que ocorrem com mais frequência em uma distribuição.

Média. Média aritmética de uma distribuição, obtida somando-se os escores e depois dividindo pelo número de escores.

Mediana. Escore em uma distribuição; metade dos escores está acima dele e a outra metade está abaixo dele.

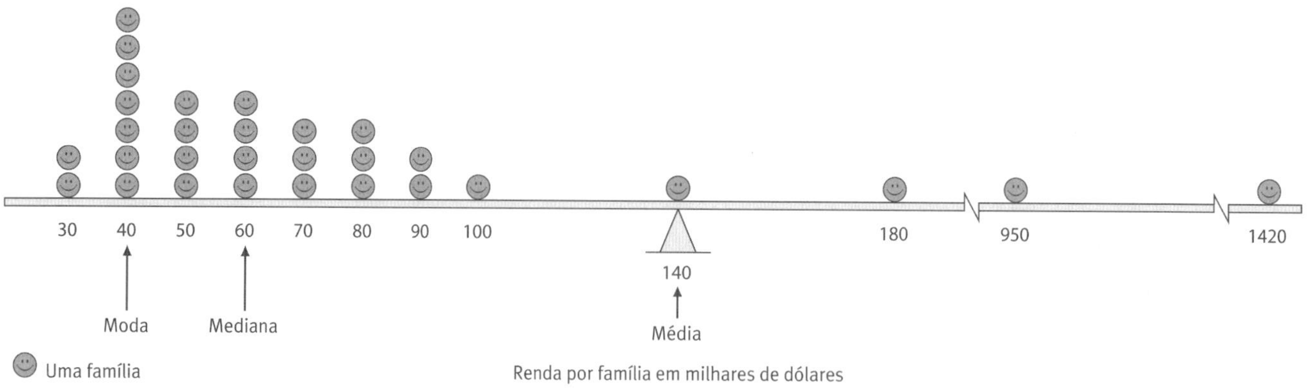

Figura 1.9 Distribuição distorcida. Esta representação gráfica da distribuição da renda de uma aldeia ilustra as três medidas de tendência central – moda, mediana e média. Observe como apenas poucas rendas altas tornam a média, isto é, o ponto de apoio que equilibra as rendas acima e abaixo, enganosamente alta.

Medidas de variação

Saber o valor de uma medida apropriada de tendência central pode nos dizer muito. O número único, no entanto, omite outras informações. Ajuda saber algo sobre a quantidade de *variação* nos dados – quão semelhantes ou diversos são os escores. As médias aritméticas derivadas de escores com baixa variabilidade são mais confiáveis do que aquelas baseadas em escores com alta variabilidade. Considere uma jogadora de basquete que marcou entre 13 e 17 pontos em cada um dos primeiros dez jogos da temporada. Sabendo disso, estaríamos mais confiantes de que ela marcaria perto de 15 pontos em seu próximo jogo do que se seu escore variasse de 5 a 25 pontos.

A amplitude dos escores – o **intervalo** entre o escore mais baixo e o mais alto em uma série de dados – oferece apenas uma estimativa bruta da variação. Bastam alguns escores extremos em um grupo uniforme em outros aspectos, como as rendas de 950 mil e 1 milhão e 420 mil dólares na Figura 1.9, para criar uma amplitude ilusoriamente grande.

A medida mais útil para avaliar quanto os escores se afastam uns dos outros é o **desvio-padrão**. Ele avalia melhor o grau de proximidade ou de dispersão dos escores, porque usa informações de cada escore. A computação[4] reúne informações sobre o quanto os escores individuais diferem da média, o que pode ser muito revelador. Digamos que as pontuações dos testes da classe A e da classe B tenham a mesma média (75% correta), mas desvios-padrão muito diferentes (5 para a classe A e 15 para a classe B). Você já teve experiências de teste como essa, na qual dois terços de seus colegas em um curso pontuam na faixa de 70 a 80%, com escores mais dispersos em outro curso (dois terços entre 60 e 90%)? O desvio-padrão, bem como o escore médio, são informações sobre o desempenho de cada classe.

Você pode entender o significado do desvio-padrão se considerar como os escores tendem naturalmente a ser distribuídos. Grandes números de dados – altura, escores de inteligência, expectativa de vida (mas não de renda) – geralmente formam uma distribuição simétrica *em forma de sino*. A maioria dos casos fica próxima da média, e um número menor deles, perto de cada um dos extremos. Essa distribuição em forma de sino é tão típica que chamamos esse tipo de **curva normal**.

Como mostra a Figura 1.10, uma propriedade útil da curva normal é que cerca de 68% dos casos ficam dentro do intervalo de 1 desvio-padrão de cada lado da média. Cerca de 95% dos casos ficam dentro de 2 desvios-padrão. Assim, como se verá no Capítulo 10, cerca de 68% das pessoas submetidas a um teste de inteligência obterão escores dentro de ±15 pontos perto de 100. Cerca de 95% cairão dentro de ±30 pontos.

Intervalo. Diferença entre os escores mais altos e mais baixos em uma distribuição.

Desvio-padrão. Medida computada de quanto os escores variam em torno do escore médio.

Curva normal. Curva simétrica em forma de sino que descreve a distribuição de muitos tipos de dados; a maioria dos escores fica perto da média (cerca de 68% estão dentro de um desvio-padrão dela) e um número menor fica perto dos extremos. (Também chamada de *distribuição normal*.)

PRÁTICA DE RECUPERAÇÃO

PR-2 A média de uma distribuição de escores é a __________. O escore que aparece com mais frequência é a __________. O escore situado exatamente no meio de uma distribuição (com metade dos escores acima dele e a outra metade abaixo) é a __________. Determinamos o quanto os escores variam ao redor da média de uma maneira que inclua informações acerca do __________ dos escores (a diferença entre o mais alto e o mais baixo), usando a fórmula do __________.

RESPOSTAS NO APÊNDICE E

[4] A fórmula do desvio-padrão real é: $\sqrt{\dfrac{\text{Soma de (desvios da média)}^2}{\text{Número de escores} - 1}}$

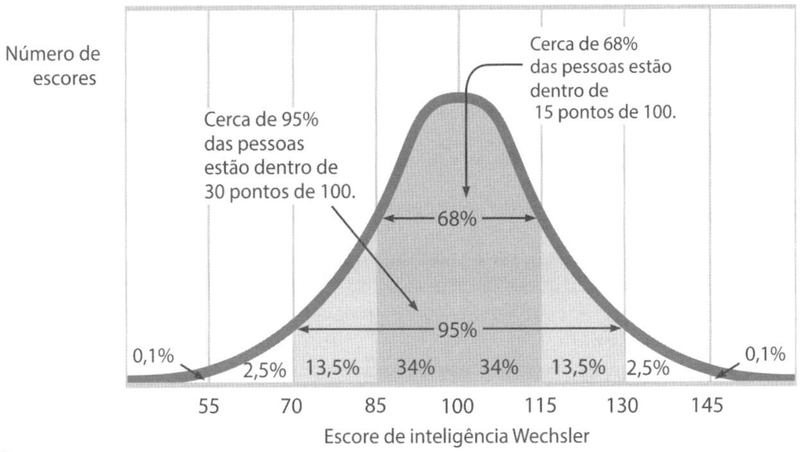

Figura 1.10 Curva normal. Os escores nos testes de aptidão tendem a formar uma curva normal ou em forma de sino. O teste de inteligência mais usado, a Escala Wechsler de Avaliação de Inteligência em Adultos, determina, *a priori*, que o escore médio é de 100.

Diferenças significativas

QOA 1.13 Como saber se uma diferença observada pode ser generalizada para outras populações?

Dados contêm "ruídos". É possível que o escore médio de um grupo (os que desativaram sua conta do Facebook, no experimento mencionado anteriormente) apresente uma diferença marcante com relação ao escore médio de outro (crianças que foram alimentadas com mamadeira) não em decorrência de alguma diferença real, mas tão somente por flutuações ao acaso entre as pessoas da amostra. Que grau de confiança podemos ter, então, para *inferir* corretamente que uma diferença observada não se deu por mero acidente – um resultado ao acaso da amostra pesquisada? Para nos orientar, podemos perguntar qual é o grau de confiabilidade e quão significativas são essas diferenças. Essa *estatística inferencial* nos ajuda a determinar se os resultados podem ser generalizados para uma população mais ampla (todos do grupo estudado).

Quando uma diferença observada é confiável?

Ao decidir quando é seguro generalizar a partir de uma amostra, devemos manter três princípios em mente:

1. *Amostras representativas são melhores do que amostras enviesadas (não representativas).* A melhor base para generalização não são os casos memoráveis e excepcionais encontrados nos extremos, mas uma amostra representativa de casos. Na pesquisa científica, nunca uma amostra aleatória vai ser de toda a população humana. Portanto, vale a pena ter em mente de qual população a amostra foi extraída para o estudo.

2. *Observações menos variáveis são mais confiáveis do que as mais variáveis.* Como notamos no exemplo da jogadora de basquete cujo escore em diferentes jogos manteve a consistência, uma média será mais confiável quando derivada de escores com baixa variabilidade.

3. *Mais casos são melhores do que poucos casos.* Um ansioso estudante em potencial visita duas universidades, uma a cada dia. Na primeira, o estudante frequenta aleatoriamente duas aulas e descobre que os dois instrutores são espirituosos e envolventes. Na segunda, os dois instrutores da amostra parecem maçantes e sem inspiração. Ao voltar para casa, o estudante (sem atentar para o fato de que uma amostra de apenas dois professores de cada instituição é pequena) conta aos amigos sobre os "ótimos professores" da primeira universidade e os "chatos" da segunda. Novamente, sabemos, porém ignoramos: *médias baseadas em um número maior de casos são mais confiáveis* (menos variáveis) do que médias baseadas em apenas alguns casos. Ao perceber que as escolas pequenas estavam super-representadas entre as escolas mais bem-sucedidas, várias fundações investiram na divisão de escolas maiores em menores, sem perceber que as escolas pequenas também estavam super-representadas entre as *menos* bem-sucedidas, porque escolas com

menos estudantes têm resultados mais variáveis (Nisbett, 2015). Novamente, mais casos contribuem para uma média mais confiável e um estudo mais replicável.

Ponto a ser lembrado: pensadores inteligentes não ficam muito impressionados com algumas anedotas. As generalizações baseadas em alguns casos não representativos não são confiáveis.

Quando uma diferença observada é significativa?

Digamos que você comparou os escores de homens e mulheres em um teste de agressão no laboratório. Você descobriu que os homens se comportavam de forma mais agressiva do que as mulheres. Mas os indivíduos diferem. Qual é a probabilidade de que a diferença observada seja mero fruto do acaso?

Os pesquisadores usam etapas estatísticas para responder a essa pergunta. Os testes estatísticos começam com a suposição de que não existem diferenças entre os grupos, uma suposição chamada de *hipótese nula*. Por meio das estatísticas, podemos concluir que a diferença de gênero que observamos é tão grande que é improvável que se encaixe na hipótese nula. É assim que rejeitamos a hipótese nula de não haver diferenças e dizemos que o resultado é **estatisticamente significativo**. Uma diferença tão grande corroboraria uma *hipótese alternativa* – ou seja, que existe uma diferença (na agressão, para o nosso exemplo) entre os grupos estudados (homens e mulheres).

Como o tamanho da diferença entre eles – o *tamanho do efeito* – determina a significância estatística? Primeiro, quando as médias de duas amostras são medidas confiáveis de suas respectivas populações (como quando cada uma é baseada em muitas observações que têm baixa variabilidade), qualquer diferença entre as duas amostras tem maior probabilidade de ser estatisticamente significativa. (Para nosso exemplo: quanto menor for a variabilidade dos escores de agressão de mulheres e homens, mais confiança teremos de que nossa diferença de gênero observada é real.) Quando a diferença entre as médias amostrais é *grande* (desde que as amostras sejam baseadas em muitas observações), também temos mais confiança de que a diferença entre elas reflete uma diferença real em suas populações.

Em resumo, quando as amostras são grandes e quando a diferença entre elas é relativamente grande, dizemos que a diferença tem significância estatística. Isso significa que a diferença observada é provavelmente mais do que apenas variação casual entre as amostras, e podemos rejeitar a hipótese nula de não existir diferenças.

Ao julgar a significância estatística, os psicólogos são conservadores. Eles são como júris que devem presumir inocência até que a culpa seja provada. Muitos testes psicológicos fornecem valores de p, que indicam a probabilidade da hipótese nula com base nos dados da amostra. Para a maioria dos psicólogos, uma prova para além de qualquer dúvida razoável significa que não se considera muito um resultado a menos que a probabilidade (isto é, o valor de p) da hipótese nula seja menor do que 5% ($p < 0{,}05$). Alguns pesquisadores argumentam que a significância estatística é superenfatizada, e observam que um resultado "não significativo" *não* quer dizer – como as pessoas costumam supor – uma completa falta de diferença entre os grupos (Amrhein et al., 2019). Indica apenas uma incerteza maior. Por enquanto, muitos psicólogos continuam usando $p < 0{,}05$, mas fique atento.

Ao aprender sobre pesquisa, você deve se lembrar de que, com amostras suficientemente grandes ou homogêneas, uma diferença entre elas pode ser "estatisticamente significativa", mas ter pouco significado *prático*. Eles podem ser estatisticamente significativos, mas têm tamanho de efeito pequeno. Comparações de escores de testes de inteligência entre centenas de milhares de primogênitos e outros filhos indicam tendência altamente significativa para os primogênitos terem escores médios mais altos do que seus irmãos nascidos mais tarde (Rohrer et al., 2015; Zajonc & Markus, 1975). Porém, como a diferença dos escores é pequena, a diferença "significativa" tem tamanho de efeito pequeno e pouca importância prática.

Ponto a ser lembrado: a significância estatística indica a *probabilidade* de um resultado acontecer por acaso se a hipótese nula (nenhuma diferença) for verdadeira. Mas isso não diz nada sobre a *importância* do resultado.

Significância estatística. Declaração de quão provável é que um resultado (como uma diferença entre amostras) tenha ocorrido por acaso, supondo que não há diferença entre as populações estudadas.

PERGUNTE A SI MESMO

Você consegue imaginar uma situação em que você foi enganado pelas tentativas de um escritor ou palestrante de convencê-lo com estatísticas? O que você aprendeu neste capítulo que será mais útil no futuro para evitar ser enganado?

PRÁTICA DE RECUPERAÇÃO

PR-3 Você pode resolver esse enigma?

O secretário da Universidade de Michigan descobriu que cerca de 100 estudantes de Artes e Ciências geralmente têm notas perfeitas no final do primeiro período. No entanto, apenas cerca de 10 a 15 alunos se formam com notas perfeitas. Qual você acha que é a explicação mais provável para o fato de haver mais notas perfeitas depois de um semestre do que na formatura? (Jepson et al., 1983)?

PR-4 A estatística ___________ resume dados, ao passo que a estatística _________ determina se eles podem ser generalizados para outras populações.

RESPOSTAS NO APÊNDICE E

REVISÃO Raciocínio estatístico na vida cotidiana

OBJETIVOS DE APRENDIZAGEM

Teste a si mesmo. Responda às Questões dos Objetivos de Aprendizagem (antes de conferir as respostas no Apêndice D) para aprimorar a retenção dos conceitos estudados (McDaniel et al., 2009, 2015).

QOA **1.12** Como descrevemos os dados usando três medidas de tendência central, e qual é a utilidade relativa das duas medidas de variação?

QOA **1.13** Como saber se uma diferença observada pode ser generalizada para outras populações?

TERMOS E CONCEITOS A RECORDAR

Teste a si mesmo. Escreva a definição com suas próprias palavras e depois confirme sua resposta.

moda, p. 43
média, p. 43
mediana, p. 43
intervalo, p. 44
desvio-padrão, p. 44
curva normal, p. 44
significância estatística, p. 46

DOMINE O MATERIAL

Teste a si mesmo. Responda às questões a seguir por conta própria, a princípio, depois confira as respostas no Apêndice E.

1. Qual das três medidas de tendência central é mais facilmente distorcida por alguns escores muito altos ou muito baixos?

a. A moda
b. A média
c. A mediana
d. Todos eles são igualmente vulneráveis à distorção de escores atípicos

2. O desvio-padrão é a medida de variação mais útil em um conjunto de dados porque informa:

a. a diferença entre os escores mais altos e mais baixos no conjunto.
b. até que ponto a amostra usada se desvia da maior população que ela representa.
c. quanto os escores individuais diferem da moda.
d. quanto os escores individuais diferem da média.

3. Outro nome para uma distribuição em curva de sino, em que a maioria dos escores fica perto do meio e menos escores ficam em cada extremo, é _______________.

4. Quando as médias da amostra são _______________ e a diferença entre elas é _______________, podemos dizer que é mais provável que a diferença seja estatisticamente significativa.

a. confiáveis; grande
b. confiáveis; pequena
c. devidas ao acaso; grande
d. devidas ao acaso; pequena

CAPÍTULO 2

Laurence Dutton/Getty Images

Biologia da Mente

Dois cirurgiões de transplante, Sergio Canavero, da Itália, e Xiaoping Ren, da China, formaram uma equipe internacional para um empreendimento médico audacioso: um transplante de cabeça (Kean, 2016; Ren & Canavero, 2017; Ren et al., 2019). Wang Huanming, que está paralisado do pescoço para baixo, ofereceu-se para transferir sua cabeça em pleno funcionamento para o corpo ainda funcional de uma pessoa com morte cerebral.

Ignore por enquanto as questões éticas desse experimento, que alguns chamaram de "imprudente e medonho" e parte das "fantasias macabras" dos cientistas (Illes & McDonald, 2017; Wolpe, 2018). Ignore o custo do procedimento, estimado em até 100 milhões de dólares (Hjelmgaard, 2019). E ignore a aparente impossibilidade de conectar precisamente os nervos da cabeça à medula espinal. Imagine, apenas, que o procedimento pudesse funcionar. Com o mesmo cérebro e um novo corpo, Wang ainda seria Wang? Para qual casa ele deveria retornar? Se o velho Wang fosse um músico habilidoso, o novo Wang manteria essa habilidade – ou isso dependeria das memórias musculares armazenadas no novo corpo? E se ele (supondo que o novo corpo fosse do sexo masculino), mais tarde, tivesse um filho, quem deveria constar na certidão de nascimento como o pai?

A maioria de nós, pessoas do século XXI (você também?), presume que, mesmo com um novo corpo, Wang ainda seria Wang. Presumimos que nosso cérebro, projetado por nossos genes e esculpido por nossas experiências, fornece nossa identidade e capacita nossa mente. Sem cérebro, sem mente.

Somos, de fato, cérebros vivos, mas somos mais do que isso. Somos corpos vivos. Nenhum princípio é mais central para a psicologia de hoje, ou para este livro, do que este: *tudo que é psicológico é simultaneamente biológico*. Cada ideia sua, cada estado de espírito, cada impulso é um acontecimento biológico. Você ama, ri e chora com seu corpo. Pensar, sentir ou agir sem um corpo seria como correr sem pernas. Sem seu corpo – seus genes, seu sistema nervoso, seus hormônios, sua aparência, você realmente não seria ninguém. Além disso, seu corpo e seu cérebro influenciam e são influenciados por suas experiências. Ao longo deste livro, você encontrará muitos exemplos da interação entre biologia e psicologia.

Como você também verá ao longo deste livro, nós, humanos, compartilhamos o mesmo desenho biológico básico. No entanto, graças aos nossos genes, experiências, tradições culturais e ensinamentos individuais, nós diferimos uns dos outros. Nossos traços e comportamentos surgem da interação entre natureza e criação. Nossos pensamentos, sentimentos e ações influenciam nossa pressão arterial, hormônios, saúde – e nosso cérebro. À medida que avançamos do berço ao túmulo, nossa biologia muda em resposta aos nossos comportamentos e ambientes.

Neste capítulo, exploramos a biologia da mente. Começamos pequenos e construímos de baixo para cima – das células nervosas até o cérebro. Mas também discutiremos a maneira como nossos comportamento e ambiente podem influenciar nossa biologia de cima para baixo. A vida nos muda. Você já leu isso antes e vai ler de novo: *a criação trabalha com o que a natureza oferece.*

Sistemas neural e hormonal

Biologia, comportamento e mente

QUESTÃO DE OBJETIVO DE APRENDIZAGEM QOA **2.1** Por que os psicólogos se preocupam biologia humana?

Nossa compreensão de como o cérebro dá origem à mente já percorreu um longo caminho. O antigo médico grego Hipócrates localizou corretamente a mente no cérebro. Seu contemporâneo, o filósofo Aristóteles, acreditava que a mente estava no coração, que bombeia calor e vitalidade para o corpo. O coração continua a ser o nosso símbolo para o amor, mas a ciência há muito ultrapassou a filosofia nesta questão: é o seu cérebro, não o seu coração, que se apaixona.

No início do século XIX, o médico alemão Franz Gall propôs que a *frenologia*, ao estudar as protuberâncias no crânio, poderia identificar as habilidades mentais e os traços de caráter de uma pessoa (Figura 2.1). A certa altura, a Grã-Bretanha tinha 29 sociedades frenológicas, e frenologistas viajavam pela América do Norte fazendo leituras de crânios (Dean, 2012; Hunt, 1993). Usando um nome falso, o humorista Mark Twain colocou um famoso frenologista à prova. "Ele encontrou uma cavidade [e] me assustou ao dizer que aquela cavidade representava a total ausência do senso de humor!". Três meses depois, Twain sentou-se para uma segunda leitura, desta vez identificando-se. Agora, "a cavidade havia desaparecido, e em seu lugar estava... a mais soberba saliência de humor que ele já havia encontrado em toda sua vida!" (Lopez, 2002). A "ciência" frenológica constitui, hoje, um lembrete do quanto o pensamento crítico e a análise científica são necessários. A frenologia pelo menos conseguiu chamar a atenção para a *localização das funções* – a ideia de que várias regiões do cérebro têm funções específicas.

Hoje, vivemos em uma época com a qual Gall mal podia sonhar. Os **psicólogos biológicos** usam tecnologias avançadas para estudar as relações entre os processos biológicos (genéticos, neurais, hormonais) e os processos psicológicos. Eles e outros pesquisadores que trabalham a partir da perspectiva biológica estão anunciando descobertas sobre a interação de nossa biologia e nosso comportamento e mente em um ritmo empolgante. Em pouco mais do que um século atrás, pesquisadores que buscavam entender a biologia da mente descobriram que:

- Nosso cérebro adaptativo é permeado por nossas experiências
- Entre as células do corpo estão as células nervosas que conduzem eletricidade e "conversam" umas com as outras enviando mensagens químicas por meio de uma pequena lacuna que as separa

Psicologia biológica. Estudo científico das relações entre os processos biológicos (genéticos, neurais, hormonais) e psicológicos. Alguns psicólogos biológicos se autodenominam *neurocientistas comportamentais, neuropsicólogos, geneticistas comportamentais, psicólogos fisiológicos* ou *biopsicólogos.*

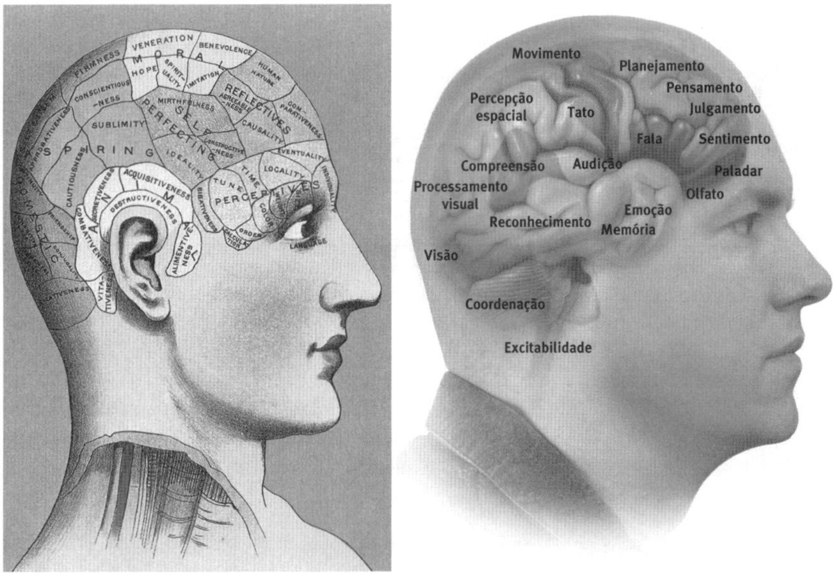

Bettmann/Getty Images

(a) (b)

Figura 2.1 Uma teoria equivocada. (a) Apesar da aceitação inicial das especulações de Franz Gall, as saliências no crânio não dizem nada sobre as funções subjacentes do cérebro. Algumas de suas suposições, no entanto, mostraram-se verdadeiras. Embora não sejam as funções propostas por Gall, diferentes partes do cérebro controlam aspectos distintos do comportamento, como sugerido em (b) *The Human Brain Book* e como você verá ao longo deste capítulo. *(Esta figura encontra-se reproduzida em cores no Encarte.)*

- Sistemas cerebrais específicos servem a funções específicas (embora não as funções que Gall supôs)
- Integramos informações processadas nesses diferentes sistemas cerebrais para construir nossa experiência de visões e sons, significados e memórias, dor e paixão.

Também percebemos que cada um de nós é um sistema composto de subsistemas que, por sua vez, são compostos de subsistemas ainda menores. Diminutas células se organizam para formar órgãos do corpo. Esses órgãos formam sistemas maiores para digestão, circulação e processamento de informações. E esses sistemas fazem parte de um sistema ainda maior: o indivíduo, que por sua vez faz parte de uma família, comunidade e cultura. Assim, somos sistemas *biopsicossociais*. Para entender nosso comportamento, precisamos estudar como esses sistemas biológicos, psicológicos e socioculturais funcionam e interagem. Vamos começar com a capacidade do cérebro de construir novas conexões, à medida que se adapta à experiência.

PRÁTICA DE RECUPERAÇÃO

PR-1 O que a frenologia e a psicologia biológica têm em comum?

RESPOSTA NO APÊNDICE E

Poder da plasticidade

QOA 2.2 Como a biologia e a experiência, juntas, permitem a neuroplasticidade?

Seu cérebro é esculpido não apenas por seus genes, mas também por sua vida. Sob a superfície de sua consciência, seu cérebro está mudando constantemente, construindo novos caminhos à medida que se ajusta a novas experiências. Essa mudança neural é chamada de **neuroplasticidade**. Embora a neuroplasticidade seja maior na infância, ela continua ao longo da vida (Gutchess, 2014).

Para ver a neuroplasticidade em ação, considere os aprendizes de motorista de táxi de Londres. Eles passam anos aprendendo e lembrando das 25 mil localizações e conexões das ruas da cidade. Para a metade que passar no difícil teste final, grandes recompensas estão reservadas: não apenas uma renda melhor, mas também um hipocampo

PopTech

Olho da mente. Daniel Kish, que é completamente cego, gosta de passear de bicicleta. Para se manter seguro, ele usa a ecolocalização – o mesmo método de navegação utilizado por morcegos e golfinhos. Especialistas em ecolocalização cegos, como Kish, recrutam os centros visuais do cérebro para navegar em seus arredores (Thaler et al., 2011, 2014). Embora Kish seja cego, seu cérebro flexível o ajuda a "ver".

Neuroplasticidade. Capacidade do cérebro de mudar, em especial durante a infância, quando se reorganiza depois de um dano ou da construção de novos caminhos com base na experiência.

aumentado, centro de memória do cérebro que processa memórias espaciais. Os motoristas de ônibus de Londres, que percorrem um conjunto menor de ruas, não obtêm recompensas neurais semelhantes (Maguire et al., 2000, 2006; Woollett & Maguire, 2012).

Também vemos neuroplasticidade em pianistas bem treinados, que têm uma área de córtex auditivo maior do que o normal, uma região de processamento de som (Bavelier et al., 2000; Pantev *et al.*, 1998). A prática também esculpe o cérebro de bailarinas, malabaristas e monociclistas (Draganski et al., 2004; Hänggi et al., 2010; Weber et al., 2019).

Seu cérebro é um trabalho em andamento. O cérebro com o qual você nasceu não é o cérebro com o qual você vai morrer. Mesmo tempos de prática limitados podem produzir benefícios neurais. Se você passar seis semanas treinando seu olfato, como fizeram os participantes de um estudo, você pode aumentar suas áreas cerebrais relacionadas ao olfato (Al Aïn et al., 2019). Mesmo apenas 1 hora de aprendizagem produz mudanças sutis no cérebro (Brodt et al., 2018). Lembre-se disso na próxima vez que for assistir a uma aula!

A neuroplasticidade é parte do que torna o cérebro humano excepcional (Gómez-Robles et al., 2015). Pense em quanto o mundo mudou nos últimos 50 anos e quanto mais mudará nos próximos 50. Mais do que para qualquer outra espécie, nossa neuroplasticidade nos permite a adaptação a um mundo em rápida mudança (Roberts & Stewart, 2018).

PRÁTICA DE RECUPERAÇÃO

PR-2 De que maneira aprender uma nova habilidade afeta a estrutura do nosso cérebro?

RESPOSTAS NO APÊNDICE E

Comunicação neural

Para os cientistas, é um fato feliz da natureza que os sistemas de informação de seres humanos e outros animais operem de forma semelhante – tanto que você não consegue distinguir entre pequenas amostras de tecido cerebral de um humano e de um macaco. Essa semelhança permite que os pesquisadores estudem animais muito mais simples, como lulas e lesmas-do-mar, para descobrir como nossos sistemas neurais operam. Isso permite que eles estudem o cérebro de outros mamíferos para entender a organização do nosso. Os carros diferem, mas todos têm aceleradores, volantes e freios. Um alienígena espacial poderia estudar qualquer um deles e compreender os princípios operacionais. Da mesma forma, os animais diferem, mas seus sistemas nervosos operam de modo semelhante.

Neurônios

Neurônio. Célula nervosa; componente essencial básico do sistema nervoso.

Corpo celular. Parte de um neurônio que contém o núcleo; centro de suporte de vida da célula.

Dendritos. Extensões ramificadas e muitas vezes espessas de um neurônio que recebem e combinam as mensagens, conduzindo impulsos em direção ao corpo celular.

QOA 2.3 O que são *neurônios* e como eles transmitem informações?

O sistema de informação neural do nosso corpo é a complexidade construída a partir da simplicidade. Seus constituintes básicos são os **neurônios**, ou células nervosas. Ao longo da vida, novos neurônios nascem e neurônios não utilizados murcham (O'Leary et al., 2014; Shors, 2014). Para compreender nossos pensamentos e ações, nossas memórias e humores, devemos primeiro entender como os neurônios funcionam e se comunicam.

Os neurônios diferem, mas todos são variações do mesmo tema (Figura 2.2). Cada um consiste em um **corpo celular** e suas fibras ramificadas. As fibras **dendríticas**, muitas vezes

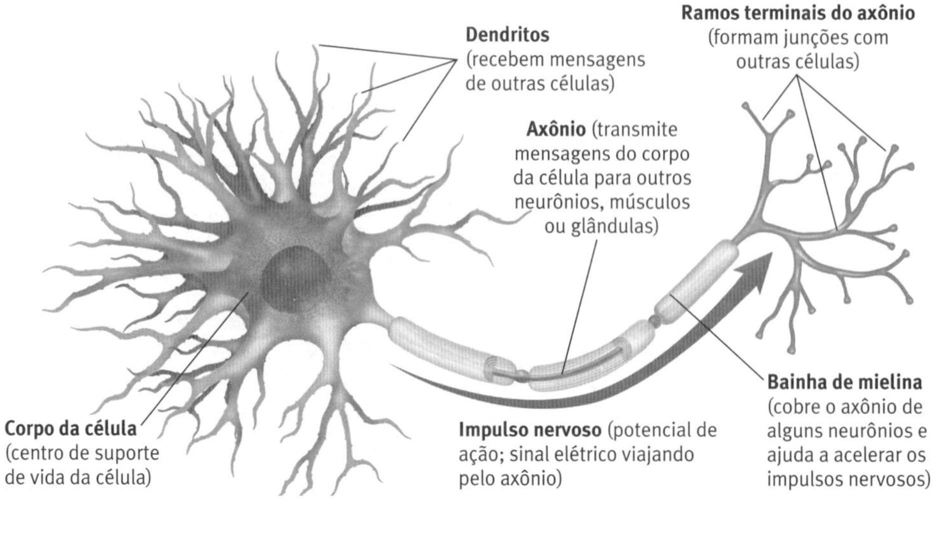

Figura 2.2 Neurônio motor.

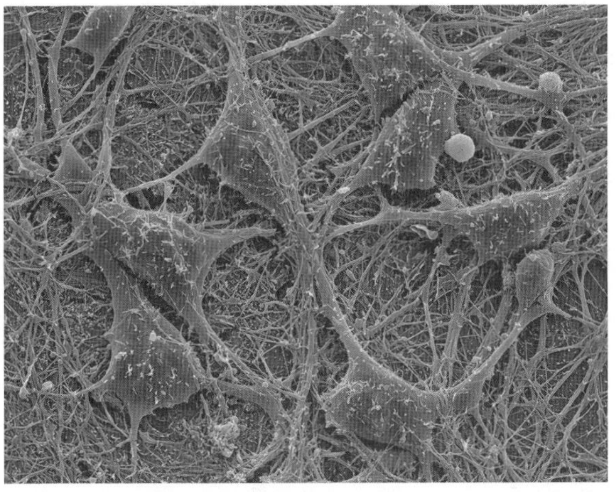

David Scharf/Science Source

Figura 2.3 Neurônios se comunicando. Nossos bilhões de neurônios formam uma rede vasta e densamente interconectada. Os ramos terminais de um neurônio enviam mensagens para os dendritos vizinhos. Continue lendo para saber mais sobre esse complexo e fascinante processo de comunicação eletroquímica.

espessas, recebem e combinam informações, conduzindo-as em direção ao corpo celular (Stuart & Spruston, 2015). A partir daí, a fibra **axonal** única e longa da célula passa a mensagem através de seus ramos terminais para outros neurônios ou para músculos ou glândulas (Figura 2.3). Os dendritos ouvem. Os axônios falam.

Ao contrário dos dendritos curtos, os axônios podem ser muito longos, projetando-se por vários metros através do corpo. Um neurônio humano que carrega ordens para um músculo da perna, por exemplo, tem um corpo celular e um axônio aproximadamente na escala de uma bola de basquete presa a uma corda de 6,4 km de comprimento. Assim como o fio elétrico é isolado, alguns axônios são envoltos em uma **bainha de mielina**, uma camada de tecido adiposo que isola e depois acelera os seus impulsos. À medida que a mielina é depositada até os 25 anos de idade, a eficiência neural, o julgamento e o autocontrole crescem (Fields, 2008; Nakamura et al., 2018; Van Munster et al., 2015). Se a bainha de mielina se degenerar, o resultado é a *esclerose múltipla*: a comunicação com os músculos e regiões do cérebro fica mais lenta, com diminuição do controle muscular e, às vezes, cognição prejudicada.

Apoiando nossos bilhões de células nervosas estão as **células gliais** em forma de aranha ("células de cola"). Os neurônios são como abelhas-rainhas; por conta própria, não podem alimentar-se ou embainhar-se. As células gliais são abelhas-operárias. Fornecem nutrientes e mielina isolante, guiam conexões neurais e limpam íons e *neurotransmissores*. A glia também desempenha um papel na aprendizagem, no pensamento e na memória. Ao "conversar" com os neurônios, ela participa da transmissão de informações e memória (Fields, 2011, 2013; Martín et al., 2015).

Em cérebros de animais mais complexos, a proporção de glia para neurônios aumenta. Uma análise *post-mortem* do cérebro de Albert Einstein não encontrou neurônios mais numerosos ou maiores que o normal, mas revelou uma concentração muito maior de células gliais do que a encontrada na cabeça de uma pessoa comum (Fields, 2004). As células gliais de Einstein mantinham seu cérebro fervilhando de atividade.

Impulso nervoso

"Eu canto o corpo elétrico." – Walt Whitman, *Children of Adam*, 1855

Os neurônios transmitem mensagens quando estimulados por nossos sentidos ou por neurônios vizinhos. Um neurônio envia uma mensagem disparando um impulso, chamado de **potencial de ação** – uma breve carga elétrica que percorre seu axônio.

Dependendo do tipo de fibra, um impulso neural viaja a velocidades que variam de 3 km/h a mais de 320 km/h. Porém, até mesmo a sua velocidade máxima é 3 milhões de vezes menor que a da eletricidade, que passa por um fio. Medimos a atividade cerebral em milissegundos (milésimos de segundo) e a atividade do computador em nanossegundos (bilionésimos de segundo). Assim, ao contrário das reações quase instantâneas de um computador, sua reação a um evento repentino, como uma criança correndo na frente de seu carro, pode levar um quarto de segundo ou mais. Seu cérebro é muito mais complexo do que um computador, porém é mais lento na execução de respostas simples. E se fôssemos elefantes – nos quais o tempo que a informação sobre um puxão na cauda leva para chegar ao cérebro e voltar até a cauda é cem vezes maior que em um pequenino musaranho – teríamos os reflexos ainda mais lentos (More et al., 2010).

Como as baterias, os neurônios geram eletricidade a partir de eventos químicos. No processo de transformação da química para a eletricidade do neurônio, os *íons* (átomos eletricamente carregados) são trocados. O líquido fora da membrana de um axônio tem principalmente íons de sódio com carga positiva. O interior líquido de um axônio em repouso (que inclui íons de proteínas grandes e carga negativa e íons de potássio menores com carga

Axônio. Extensão segmentada do neurônio que passa mensagens por meio de seus ramos para outros neurônios ou para músculos ou glândulas.

Bainha de mielina. Camada de tecido adiposo que envolve segmentarmente os axônios de alguns neurônios; permite uma velocidade de transmissão muito maior, à medida que os impulsos neurais saltam de um nó para o próximo.

Células gliais (glia). Células do sistema nervoso que sustentam, nutrem e protegem os neurônios; também desempenham um papel na aprendizagem, no pensamento e na memória.

Potencial de ação. Impulso nervoso; breve carga elétrica que percorre um axônio.

Limiar. Nível de estimulação necessário para desencadear um impulso nervoso.

Período refratário. No processamento neural, breve pausa de repouso que ocorre depois do disparo de um neurônio; não é possível que ocorram potenciais de ação subsequentes até que o axônio retorne ao estado de repouso.

Resposta de tudo ou nada. Reação de um neurônio de disparar (com uma resposta de força total) ou não disparar.

positiva) tem carga majoritariamente negativa. Como uma instalação bem defendida, a superfície do axônio é seletiva quanto ao que permite passar através de seus portões. Dizemos que a superfície do axônio é *seletivamente permeável*. Este estado positivo fora/negativo dentro é chamado de *potencial de repouso*.

Quando um neurônio é acionado, no entanto, os parâmetros de segurança mudam: a primeira seção do axônio abre seus portões, como comportas, e íons de sódio carregados positivamente (atraídos para o interior negativo) fluem por meio dos canais abertos (Figura 2.4). A perda da diferença entre cargas interna e externa, chamada de *despolarização*, faz com que a próxima seção dos canais axonais se abra, e depois a próxima, e assim sucessivamente, como dominós em queda. Esse influxo temporário de íons positivos é o impulso nervoso – o potencial de ação. Cada neurônio é um dispositivo de tomada de decisão em miniatura que realiza cálculos complexos, pois recebe sinais de centenas ou até milhares, de outros neurônios. A mente fica confusa ao imaginar esse processo eletroquímico se repetindo até 100 ou até 1.000 vezes por segundo. Mas esta é apenas a primeira de muitas surpresas.

A maioria dos sinais neurais são *excitatórios*, como seria pisar no acelerador de um neurônio. Outros são *inibitórios*, como pisar no freio. Se os sinais excitatórios excederem os inibitórios por uma intensidade mínima, ou **limiar** (Figura 2.4), essa combinação de sinais desencadeará um potencial de ação. (Vamos imaginar o seguinte: se os baladeiros excitatórios obtiverem mais votos que os estraga-prazeres inibitórios, a festa vai acontecer.) O potencial de ação então percorre o axônio, que se ramifica em conexões com centenas ou milhares de outros neurônios, ou com músculos e glândulas do corpo.

Os neurônios precisam de pausas curtas (uma pequena fração de um piscar de olhos). Durante uma pausa de repouso chamada **período refratário**, os potenciais de ação subsequentes não podem ocorrer até que o axônio retorne ao seu estado de repouso. Depois disso, o neurônio pode disparar novamente.

Aumentar o nível de estimulação acima do limiar não aumentará a intensidade do impulso nervoso. A reação do neurônio é uma **resposta de tudo ou nada**: como uma arma, o neurônio dispara ou não. Como, então, detectar a intensidade de um estímulo? Como distinguimos um toque gentil de um grande abraço? Um estímulo forte pode fazer *mais* neurônios dispararem, e com mais frequência. Entretanto, esse estímulo não afeta a força nem a velocidade do potencial de ação. Apertar o gatilho com mais força não fará a bala ser projetada mais rápido.

"O que um neurônio diz a outro neurônio é simplesmente o quanto ele está animado."
– Francis Crick, *The Astonishing Hypothesis*, 1994

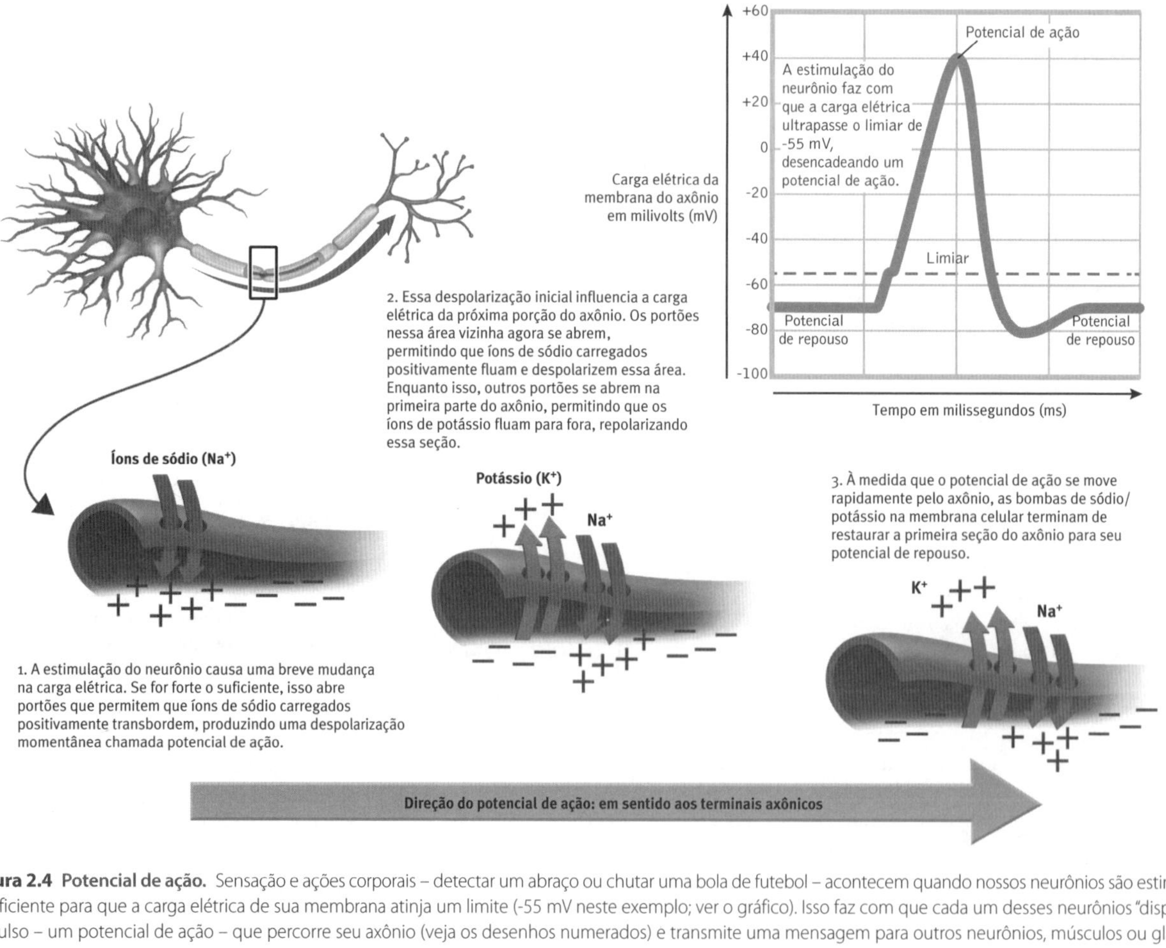

Figura 2.4 Potencial de ação. Sensação e ações corporais – detectar um abraço ou chutar uma bola de futebol – acontecem quando nossos neurônios são estimulados o suficiente para que a carga elétrica de sua membrana atinja um limite (-55 mV neste exemplo; ver o gráfico). Isso faz com que cada um desses neurônios "dispare" um impulso – um potencial de ação – que percorre seu axônio (veja os desenhos numerados) e transmite uma mensagem para outros neurônios, músculos ou glândulas.

PERGUNTE A SI MESMO

Você fica surpreso ao saber que, apesar da complexidade do seu cérebro, seu tempo de reação é mais lento que o de um computador? Isso sugere quais tarefas podem ser mais facilmente executadas por computadores do que por humanos?

PRÁTICA DE RECUPERAÇÃO

PR-3 Quando um neurônio dispara um potencial de ação, a informação viaja através do axônio, dos dendritos e do corpo celular, mas não nessa ordem. Coloque essas três estruturas na ordem correta.

PR-4 Como nosso sistema nervoso nos permite sentir a diferença entre um tapa e um toque nas costas?

RESPOSTAS NO APÊNDICE E

Como os neurônios se comunicam

QOA 2.4 Como as células nervosas se comunicam entre si?

Os neurônios entrelaçam-se de maneira tão intrincada que, mesmo com um microscópio, é difícil discernir onde um termina e o outro começa. Os cientistas já acreditaram que o axônio de uma célula se fundia com os dendritos de outra, em uma trama ininterrupta, até o fisiologista britânico, *Sir* Charles Sherrington (1857-1952), perceber que os impulsos levavam um tempo inesperadamente longo para percorrer uma via nervosa. Inferindo que havia uma breve interrupção na transmissão, Sherrington chamou o ponto de encontro entre os neurônios de **sinapse**.

Sabemos hoje que a porção terminal do axônio de um neurônio, na verdade, separa-se do neurônio receptor por um *espaço sináptico* (ou *fenda sináptica*) de menos de um milionésimo de polegada de extensão. O anatomista espanhol Santiago Ramón y Cajal (1852-1934) ficou maravilhado com essas quase-uniões de neurônios, chamando-as de "beijos protoplasmáticos". "Como damas elegantes jogando beijos ao ar para não borrar a maquiagem, dendritos e axônios não se tocam por completo", descreveu a poetisa Diane Ackerman (2004, p. 37). Como os neurônios executam esse beijo protoplasmático, enviando informações através do diminuto espaço sináptico? A resposta é uma das importantes descobertas científicas da nossa era.

Quando um potencial de ação atinge os terminais semelhantes a botões na extremidade do axônio, desencadeia a liberação de mensageiros químicos, chamados de **neurotransmissores** (Figura 2.5).

Em 1/10.000 de segundo, as moléculas neurotransmissoras atravessam o espaço sináptico e se unem a sítios receptores no neurônio que recebe a informação – com a mesma precisão com que uma chave entra na fechadura. Por um instante, o neurotransmissor desbloqueia minúsculos canais no sítio receptor, o que possibilita a entrada de átomos com carga elétrica, excitando ou inibindo a prontidão do neurônio receptor para disparar. Em seguida, os neurotransmissores excedentes se dispersam e são quebrados por enzimas ou reabsorvidos pelo neurônio emissor – processo chamado de **recaptação**. Alguns medicamentos antidepressivos bloqueiam parcialmente a recaptação de neurotransmissores que melhoram o humor (Figura 2.6).

"Todo processamento de informação no cérebro envolve neurônios 'conversando' entre si nas sinapses." – Neurocientista Solomon H. Snyder, 1984

PERGUNTE A SI MESMO

Por que a descoberta do mecanismo de comunicação dos neurônios foi tão importante?

PRÁTICA DE RECUPERAÇÃO

PR-5 O que acontece no *espaço sináptico*?

PR-6 O que é *recaptação*? Quais outras duas coisas podem acontecer com os neurotransmissores em excesso depois que um neurônio reage?

RESPOSTAS NO APÊNDICE E

Sinapse. Junção entre a ponta do axônio do neurônio emissor e o dendrito ou corpo celular do neurônio receptor. A pequena lacuna nessa junção é chamada de espaço sináptico (ou fenda sináptica).

Neurotransmissores. Mensageiros químicos que atravessam a fenda sináptica entre os neurônios. Quando liberados pelo neurônio emissor, os neurotransmissores viajam pela sinapse e se ligam aos sítios receptores no neurônio receptor, influenciando se esse neurônio vai gerar um impulso nervoso.

Recaptação. Reabsorção do neurotransmissor pelo neurônio emissor.

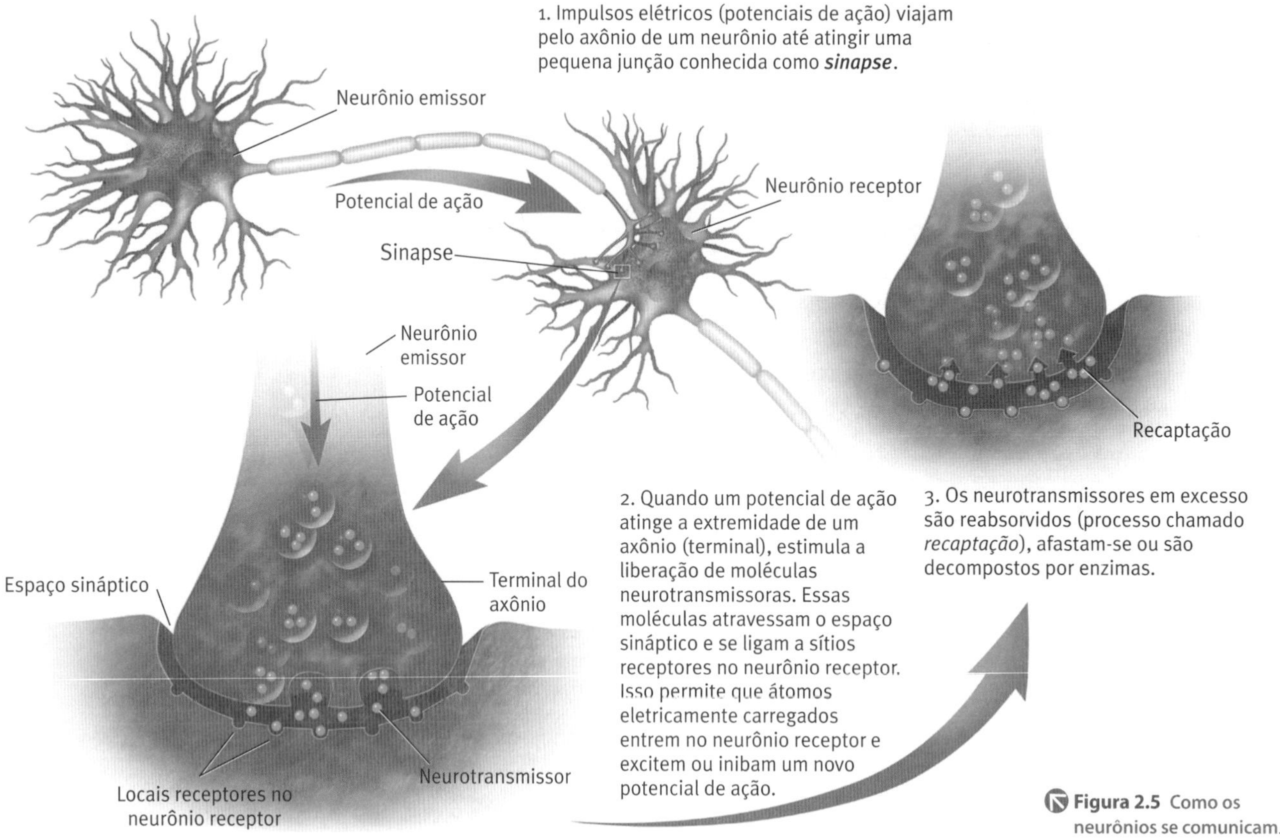

Figura 2.5 Como os neurônios se comunicam.

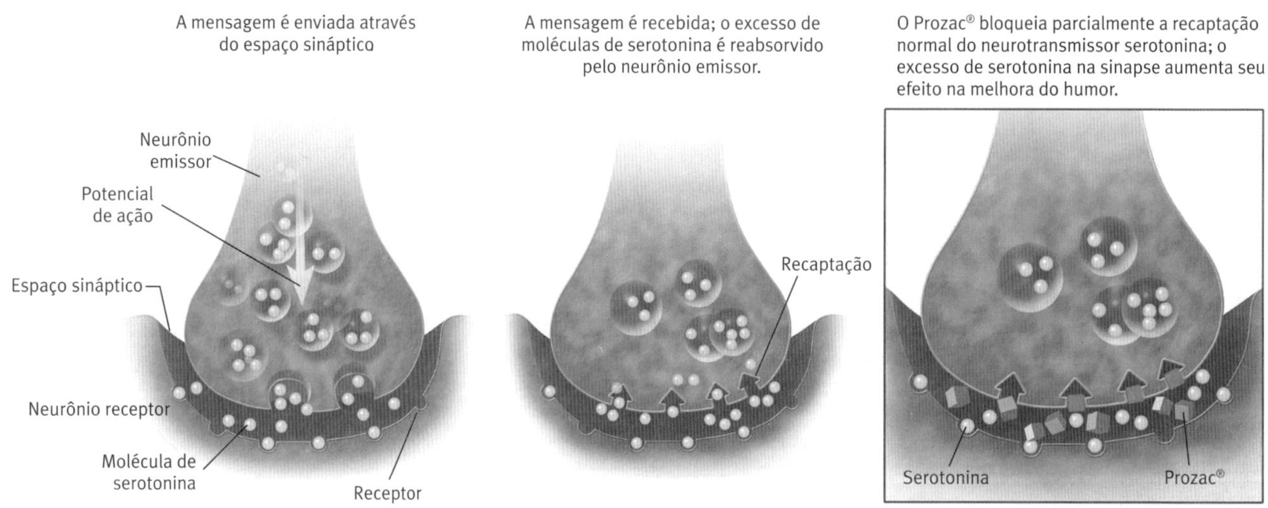

Figura 2.6 Biologia dos antidepressivos. Os inibidores seletivos da recaptação da serotonina (ISRS) são antidepressivos popularmente prescritos. Destinam-se a aliviar a depressão, bloqueando parcialmente a recaptação do neurotransmissor serotonina. Aqui é mostrada a ação do ISRS Prozac®.

"Quando se trata do cérebro, se você quiser ver a ação, siga os neurotransmissores." – Neurocientista Floyd Bloom, 1993

Como os neurotransmissores nos influenciam

QOA 2.5 Como os neurotransmissores influenciam o comportamento e como os medicamentos e outras substâncias químicas afetam a neurotransmissão?

Em sua busca para entender a comunicação neural, os pesquisadores descobriram várias dezenas de neurotransmissores e quase o mesmo número de novas perguntas: certos neurotransmissores são encontrados apenas em lugares específicos? Como os neurotransmissores afetam nosso humor, memórias e habilidades mentais? Podemos aumentar ou diminuir esses efeitos por meio de medicamentos ou dieta?

Outros capítulos exploram as influências dos neurotransmissores sobre a fome e o pensamento, a depressão e a euforia, vícios e terapia. Por enquanto, vamos dar uma olhada em como os neurotransmissores influenciam nossos movimentos e emoções. Uma via cerebral específica pode usar apenas um ou dois neurotransmissores, como serotonina e dopamina, e neurotransmissores específicos afetam comportamentos e emoções específicos (Tabela 2.1). Todavia, os sistemas de neurotransmissores não operam isoladamente; eles interagem e seus efeitos variam de acordo com os receptores que eles estimulam.

Um dos neurotransmissores mais bem compreendidos, a *acetilcolina* (*ACh*), desempenha um papel na aprendizagem e na memória. Além disso, a ACh é a mensageira em todas as conexões entre neurônios motores (que levam informações do cérebro e da medula espinal até os tecidos do corpo) e músculos esqueléticos. Quando a ACh é liberada para nossos receptores de células musculares, o músculo se contrai. Se a transmissão da ACh for bloqueada, como ocorre durante alguns tipos de anestesia e com alguns venenos, os músculos não conseguem se contrair e a pessoa fica paralisada.

Candace Pert e Solomon Snyder (1973) fizeram uma descoberta impressionante acerca dos neurotransmissores ao adicionarem um marcador radioativo à morfina, um opiáceo que eleva o humor e alivia a dor. À medida que os pesquisadores rastreavam a morfina no cérebro de um animal, eles notaram que ela estava se associando a receptores em áreas ligadas a sensações de humor e dor. Mas por que o cérebro teria esses "receptores de opiáceos"? Por que haveria de ter uma fechadura química, a não ser que existisse também uma chave – um analgésico natural – para abri-la?

Os pesquisadores logo confirmaram que o cérebro realmente produz seus próprios opiáceos naturais. Nosso corpo libera diversos tipos de moléculas neurotransmissoras semelhantes à morfina em resposta à dor e a exercícios vigorosos. Essas **endorfinas** (contração de *endó*gena [produzida dentro] e *morfina*) ajudam a explicar as boas sensações, como o "barato do corredor", os efeitos analgésicos da acupuntura e a indiferença à dor em algumas pessoas gravemente feridas (Boecker et al., 2008; Fuss et al., 2015). Porém, mais uma vez, novas descobertas levaram a novas indagações.

Endorfinas. "Morfina que vem de dentro"; neurotransmissores naturais, semelhantes aos opiáceos, ligados ao controle da dor e ao prazer.

O médico Lewis Thomas, sobre as endorfinas: "Aí está um ato de misericórdia biologicamente universal. Não posso explicá-lo, exceto dizendo que eu o teria colocado se estivesse presente desde o início, sentado como membro de um comitê de planejamento", – *The Youngest Science*, 1983

Tabela 2.1 Neurotransmissores comumente estudados e suas funções.

Neurotransmissor	Função	Exemplos de disfunções
Acetilcolina (ACh)	Permite a ação muscular, a aprendizagem e a memória	Na doença de Alzheimer, os neurônios produtores de ACh se deterioram
Dopamina	Influencia o movimento, a aprendizagem, a atenção e a emoção	Em excesso, está ligada à esquizofrenia A carência de dopamina está associada aos tremores e à perda de controle motor da doença de Parkinson
Serotonina	Afeta o humor, a fome, o sono e a excitabilidade	Carência ligada à depressão Substâncias que elevam os níveis de serotonina são usadas para tratar a depressão
Norepinefrina	Auxilia no controle da vigilância e da excitabilidade	A escassez pode deprimir o humor
GABA (ácido gama-aminobutírico)	Importante neurotransmissor inibitório	Carência ligada a convulsões, tremores e insônia
Glutamato	Importante neurotransmissor excitatório; relacionado com a memória	Em excesso, pode superestimular o cérebro, produzindo enxaquecas ou convulsões
Endorfinas	Neurotransmissores que influenciam a percepção de dor ou prazer	O excesso de opiáceos pode subtrair o suprimento natural de endorfina do corpo

Paul Hudson

World Economic Forum

Dependente da dopamina. O neurotransmissor dopamina nos ajuda a nos mover, pensar e sentir. A escassez de dopamina pode produzir os tremores e a perda do controle motor da doença de Parkinson (NIA, 2019; Weinstein et al., 2018). Mais de 10 milhões de pessoas em todo o mundo têm a doença de Parkinson, incluindo o ator Michael J. Fox e a lenda do boxe Muhammad Ali (Parkinson's Foundation, 2018).

PERGUNTE A SI MESMO

Você consegue se lembrar de um momento, talvez depois de um treino, em que sentiu os efeitos das endorfinas? Como você descreveria essas sensações?

PRÁTICA DE RECUPERAÇÃO

PR-7 Serotonina, dopamina e endorfinas são todos mensageiros químicos chamados de ______________.

RESPOSTA NO APÊNDICE E

COMO MEDICAMENTOS E OUTROS PRODUTOS QUÍMICOS ALTERAM A NEUROTRANSMISSÃO. Se as endorfinas naturais diminuem a dor e melhoram o humor, por que não aumentar esse efeito inundando o cérebro com opiáceos artificiais, intensificando assim a química de "sentir-se bem" do próprio cérebro? Porque isso interromperia o processo de equilíbrio químico do cérebro. Quando inundado com drogas opiáceas, como heroína, morfina e fentanila (poderoso opioide sintético), o cérebro – para manter seu equilíbrio químico – pode parar de produzir seus próprios opiáceos naturais. Quando a medicação é retirada, o cérebro pode ficar privado de *qualquer* forma de opiáceos, causando desconforto intenso. Para suprimir a produção de neurotransmissores do próprio corpo, a natureza cobra um preço.

Medicamentos e outras substâncias afetam a química cerebral, em geral amplificando ou bloqueando as descargas neurais. Moléculas **agonistas** *aumentam* a ação de um neurotransmissor. Alguns agonistas intensificam a produção ou liberação de neurotransmissores ou bloqueiam sua recaptação na sinapse. Outros agonistas podem ser semelhantes o suficiente a um neurotransmissor para se ligar ao seu receptor e imitar seus efeitos excitatórios ou inibitórios. Alguns medicamentos opiáceos, então, são agonistas e produzem um "barato" temporário, amplificando as sensações normais de excitação ou prazer.

Antagonistas *diminuem* a ação de um neurotransmissor bloqueando a produção ou liberação. A botulina, um veneno que pode se formar em alimentos enlatados inadequadamente, causa paralisia ao bloquear a liberação de ACh. (Pequenas injeções de botulina – em forma de botox – suavizam as rugas ao paralisar os músculos faciais subjacentes.) Esses antagonistas são parecidos o suficiente com o neurotransmissor natural para ocupar seu local receptor e bloquear seu efeito, mas não são semelhantes a ponto de estimular o receptor (como moedas estrangeiras que se encaixam, mas não funcionam, em uma máquina de venda automática). O curare, um veneno que alguns indígenas da América do Sul aplicavam nas pontas dos dardos de caça, ocupa e bloqueia os receptores de ACh nos músculos, causando paralisia em suas presas.

PRÁTICA DE RECUPERAÇÃO

PR-8 O envenenamento por curare paralisa os animais bloqueando os receptores de ACh envolvidos no movimento muscular. A morfina mimetiza as ações da endorfina. Qual é agonista e qual é antagonista?

RESPOSTA NO APÊNDICE E

Agonista. Molécula que aumenta a ação de um neurotransmissor.

Antagonista. Molécula que inibe ou bloqueia a ação de um neurotransmissor.

Sistema nervoso. Rápida rede de comunicação eletroquímica do corpo, que consiste em todas as células nervosas dos sistemas nervoso periférico e nervoso central.

Sistema nervoso central (SNC). Cérebro e medula espinal.

Sistema nervoso periférico (SNP). Neurônios sensoriais e motores que conectam o sistema nervoso central (SNC) ao resto do corpo.

Nervos. Feixes de axônios que formam cabos neurais que conectam o sistema nervoso central aos músculos, glândulas e órgãos sensoriais.

Neurônios sensoriais (aferentes). Neurônios que transportam informações recebidas dos tecidos do corpo e receptores sensoriais para o cérebro e a medula espinal.

Sistema nervoso

QOA 2.6 Quais são as funções das principais divisões do sistema nervoso e quais são os três principais tipos de neurônios?

Os neurônios que se comunicam por meio de neurotransmissores compõem o **sistema nervoso** do nosso corpo, uma rede de comunicação que recebe informações do mundo e dos tecidos do corpo, toma decisões e envia informações e ordens aos tecidos do corpo (Figura 2.7).

Visão geral rápida: o cérebro e a medula espinal formam o **sistema nervoso central (SNC)**, que toma as decisões do corpo. O **sistema nervoso periférico (SNP)** é responsável por coletar informações e transmitir as decisões do SNC para outras partes do corpo. Os **nervos**, cabos elétricos formados a partir de feixes de axônios, ligam o SNC aos receptores sensoriais, músculos e glândulas do corpo. O nervo óptico, por exemplo, agrupa 1 milhão de axônios em um único cabo que leva as mensagens do olho para o cérebro (Mason & Kandel, 1991).

A informação viaja no sistema nervoso através de três tipos de neurônios. Os **neurônios sensoriais** carregam mensagens dos tecidos do corpo e dos receptores sensoriais para dentro (portanto, são *aferentes*) do cérebro e da medula espinal para processamento.

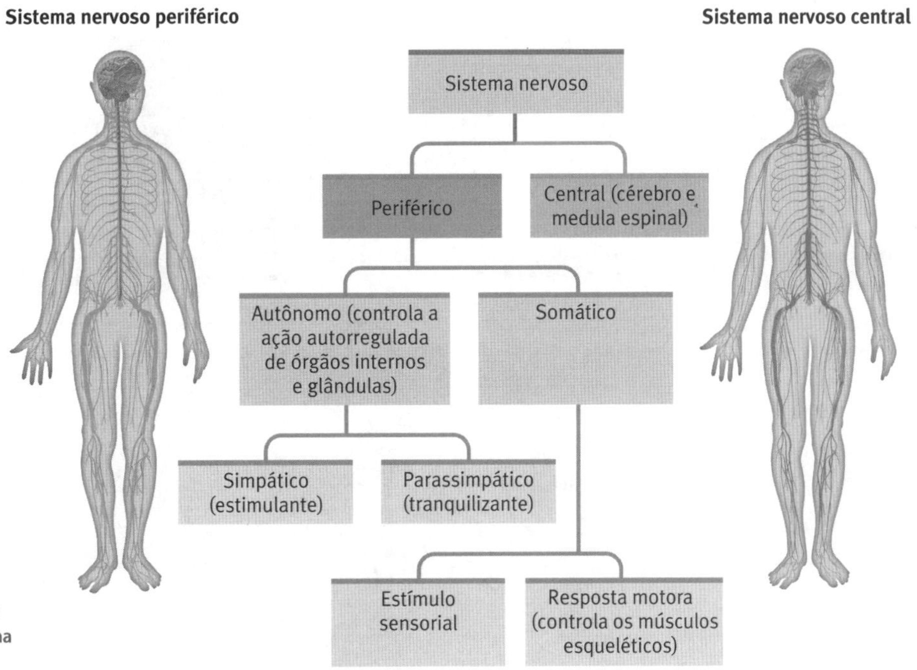

Figura 2.7 Divisões funcionais do sistema nervoso humano.

Os **neurônios motores** (que são *eferentes*) transportam instruções do sistema nervoso central para os músculos e glândulas do corpo. Entre a entrada sensorial e a saída motora, a informação é processada via **interneurônios**. Nossa complexidade reside principalmente nesses interneurônios. Nosso sistema nervoso tem alguns milhões de neurônios sensoriais, alguns milhões de neurônios motores e bilhões e bilhões de interneurônios.

Sistema nervoso periférico

Nosso sistema nervoso periférico tem dois componentes – somático e autônomo. Nosso **sistema nervoso somático** permite o controle voluntário de nossos músculos esqueléticos. Quando um amigo toca em seu ombro, seu sistema nervoso somático informa ao cérebro o estado atual de seus músculos esqueléticos e transporta instruções de volta, fazendo com que sua cabeça se vire em direção a ele.

Nosso **sistema nervoso autônomo** (**SNA**) controla as glândulas e os músculos de órgãos internos. O SNA influencia funções como atividade glandular, batimentos cardíacos e digestão. (*Autônomo* significa "autorregulado".) Como um carro autônomo, esse sistema pode ser conscientemente substituído, mas em geral opera por conta própria (autonomamente).

As subdivisões do sistema nervoso autônomo servem a duas funções importantes (Figura 2.8). O **sistema nervoso simpático** desperta e gasta energia. Se algo o alarmar ou desafiar, como uma entrevista de emprego tão esperada, seu sistema nervoso simpático acelerará seus batimentos cardíacos, aumentará sua pressão arterial, diminuirá sua digestão, aumentará seu açúcar no sangue e o esfriará com a transpiração, deixando-o alerta e pronto para a ação. Quando o estresse diminui após o término da entrevista, seu **sistema nervoso parassimpático** produz os efeitos opostos, conservando a energia à medida que acalma você. Os sistemas nervoso simpático e nervoso parassimpático trabalham juntos, como acelerador e freio, para nos manter em um estado interno estável chamado de *homeostase* (mais sobre isso no Capítulo 11).

Eu [DM] recentemente experimentei meu SNA em ação. Antes de me mandar para uma máquina de ressonância magnética (RM) para uma varredura do ombro, a técnica perguntou se eu tinha problemas de claustrofobia. "Não, eu estou bem", assegurei a ela, talvez com uma pitada de arrogância machista. Momentos depois, quando me vi de costas, preso no fundo de uma caixa do tamanho de um caixão e incapaz de me mover, meu sistema nervoso simpático teve uma ideia diferente. A claustrofobia tomou conta de mim. Meu coração começou a bater forte, e eu senti um desejo desesperado de escapar. Assim que estava prestes a gritar pela liberação, senti meu sistema nervoso parassimpático tranquilizante entrar em ação. Minha frequência cardíaca diminuiu e meu corpo relaxou, embora minha excitação tenha aumentado novamente antes que o confinamento de 20 minutos terminasse. "Você foi bem!", disse a técnica, sem saber da viagem do meu SNA na montanha-russa.

Neurônios motores (eferentes). Neurônios que transportam informações de saída do cérebro e da medula espinal para os músculos e glândulas.

Interneurônios. Neurônios dentro do cérebro e da medula espinal; eles se comunicam internamente e processam informações entre as entradas sensoriais e as saídas motoras.

Sistema nervoso somático. Divisão do sistema nervoso periférico que controla os músculos esqueléticos do corpo; também chamado de sistema nervoso esquelético.

Sistema nervoso autônomo (SNA). Parte do sistema nervoso periférico que controla as glândulas e os músculos dos órgãos internos (como o coração). Sua divisão simpática desperta; sua divisão parassimpática acalma.

Sistema nervoso simpático. Divisão do sistema nervoso autônomo que desperta o corpo, mobilizando sua energia.

Sistema nervoso parassimpático. Divisão do sistema nervoso autônomo que acalma o corpo, conservando sua energia.

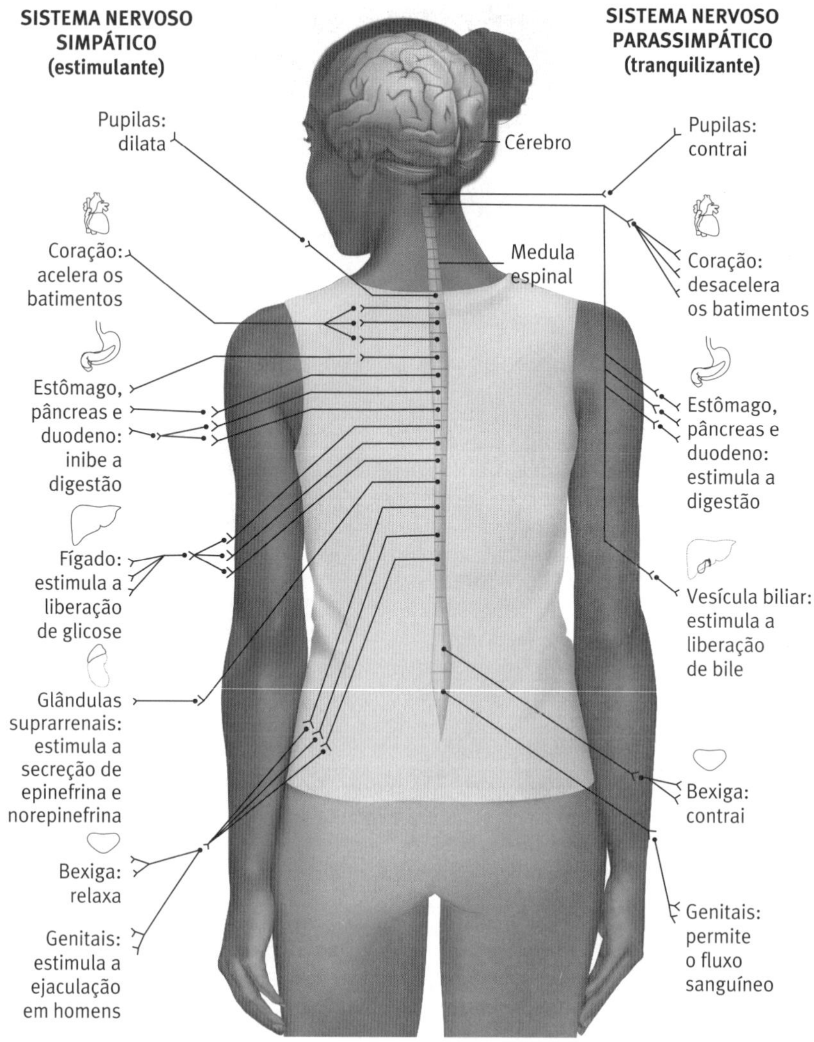

Figura 2.8 Funções duais do sistema nervoso autônomo. O sistema nervoso autônomo controla as funções internas mais autônomas (ou autorreguladas). Sua divisão simpática desperta o corpo e gasta energia. Sua divisão parassimpática acalma o corpo e conserva energia, permitindo a manutenção da rotina. Por exemplo, a estimulação simpática acelera o batimento cardíaco, enquanto a estimulação parassimpática o retarda.

PERGUNTE A SI MESMO

Lembre-se de um momento estressante em que você sentiu seu sistema nervoso simpático entrar em ação. Para o que seu corpo estava preparando você? Você foi capaz de sentir a resposta do seu sistema nervoso parassimpático quando o desafio passou?

PRÁTICA DE RECUPERAÇÃO

PR-9 Associe o tipo de neurônio (i-iii) a sua descrição (a-c).

Tipo	**Descrição**
i. Neurônios motores	**a.** Transportar mensagens recebidas de receptores sensoriais para o SNC.
ii. Neurônios sensoriais	**b.** Comunicar-se dentro do SNC e processar informações entre mensagens recebidas e enviadas.
iii. Interneurônios	**c.** Levar mensagens de saída do SNC para os músculos e glândulas.

PR-10 Em 2018, os havaianos receberam um alerta aterrorizante, em meio a preocupações com ogivas nucleares norte-coreanas. Trinta e oito minutos depois, o alerta foi declarado alarme falso. Como o SNA estava envolvido nas respostas aterrorizadas dos havaianos e em acalmar seus corpos quando perceberam que era um alarme falso?

RESPOSTA NO APÊNDICE E

Sistema nervoso central

Reflexo. Resposta simples e automática a estímulos sensoriais, como o reflexo patelar.

Dos neurônios "falando" com outros neurônios surge a complexidade do cérebro e da medula espinal do nosso sistema nervoso central.

É o cérebro que capacita nossa humanidade – nossos pensamentos, sentimentos e ações. Dezenas de bilhões de neurônios, cada um se comunicando com milhares de outros neurônios, produzem uma teia de fibras nervosas em constante mudança. Em uma estimativa – projetada a partir de contagens de neurônios em pequenas amostras cerebrais –, nosso cérebro tem cerca de 86 bilhões de neurônios (Azevedo et al., 2009; Herculano-Houzel, 2012).

Assim como os *pixels* individuais se combinam para formar uma imagem, os neurônios individuais do cérebro se agregam em grupos de trabalho chamados *redes neurais*. Para entender o motivo disso, Stephen Kosslyn e Olivier Koenig (1992, p. 12) nos convidam a "pensar sobre por que as cidades existem; por que as pessoas não se distribuem de forma mais homogênea nas zonas rurais?". Assim como as pessoas se conectam com outras pessoas, os neurônios se conectam com os neurônios próximos, com os quais podem ter conexões curtas e rápidas; as células de cada camada se conectam com várias células na próxima camada da rede neural. Aprender – a tocar violino, a falar outro idioma, a resolver determinado problema matemático – ocorre à medida que a experiência reforça as conexões. Parafraseando um neuropsicólogo, neurônios que disparam juntos se conectam (Hebb, 1949).

O outro componente do SNC, a *medula espinal*, é uma via expressa de mão dupla que conecta o sistema nervoso periférico e o cérebro. Fibras neurais ascendentes enviam informações sensoriais, enquanto fibras descendentes devolvem informações de controle motor. As vias neurais que regem nossos **reflexos**, nossas respostas automáticas a estímulos, representam bem o trabalho da medula espinal. Uma via simples de reflexo espinal é composta por um único neurônio sensorial e um único neurônio motor, os quais, em geral, comunicam-se por meio de um interneurônio. O reflexo patelar, por exemplo, envolve uma dessas vias simples. Um corpo sem cabeça, mas ainda quente, se estimulado, poderia fazê-lo.

Outro circuito neural habilita o reflexo da dor (Figura 2.9). Quando seu dedo toca uma chama, a atividade neural (provocada pelo calor) percorre os neurônios sensoriais e chega aos interneurônios da medula espinal. Estes respondem ativando neurônios motores que vão até os músculos do braço. Como a via simples do reflexo da dor atravessa a medula espinal e volta de imediato, você tira a mão do fogo *antes* que seu cérebro receba e reaja à informação que provoca a sensação de dor. Isso explica por que parece que sua mão se recolhe não por vontade sua, mas por conta própria.

As informações entram no cérebro e saem dele por intermédio da medula espinal. Se a parte superior de sua medula espinal fosse rompida, você não sentiria dor no corpo paralisado desse ponto para baixo; seu corpo ficaria paralisado, e você tampouco sentiria prazer. Com o cérebro literalmente sem contato com o corpo, você perderia todas as sensações e o movimento voluntário nas regiões do corpo que tivessem conexões sensoriais e motoras com a medula espinal abaixo do ponto da lesão. O reflexo patelar ocorreria sem que você sentisse o toque no joelho. Homens paralisados da cintura para baixo podem ser capazes de ter ereções (um reflexo simples) se seus genitais forem estimulados (Gomes et al., 2017; Hess & Hough,

"Se o sistema nervoso for cortado entre o cérebro e outras partes, as experiências dessas outras partes serão inexistentes para a mente. O olho é cego, o ouvido é surdo, a mão é insensível e imóvel."
– William James, *Principles of Psychology*, 1890

1. Nesse simples reflexo de retirada da mão, a informação é transportada dos receptores da pele ao longo de um neurônio sensorial (mostrado pela grande seta escura) até a medula espinal. A partir dela, é passada pelos interneurônios para os neurônios motores (seta clara) que a leva para os músculos da mão e do braço.

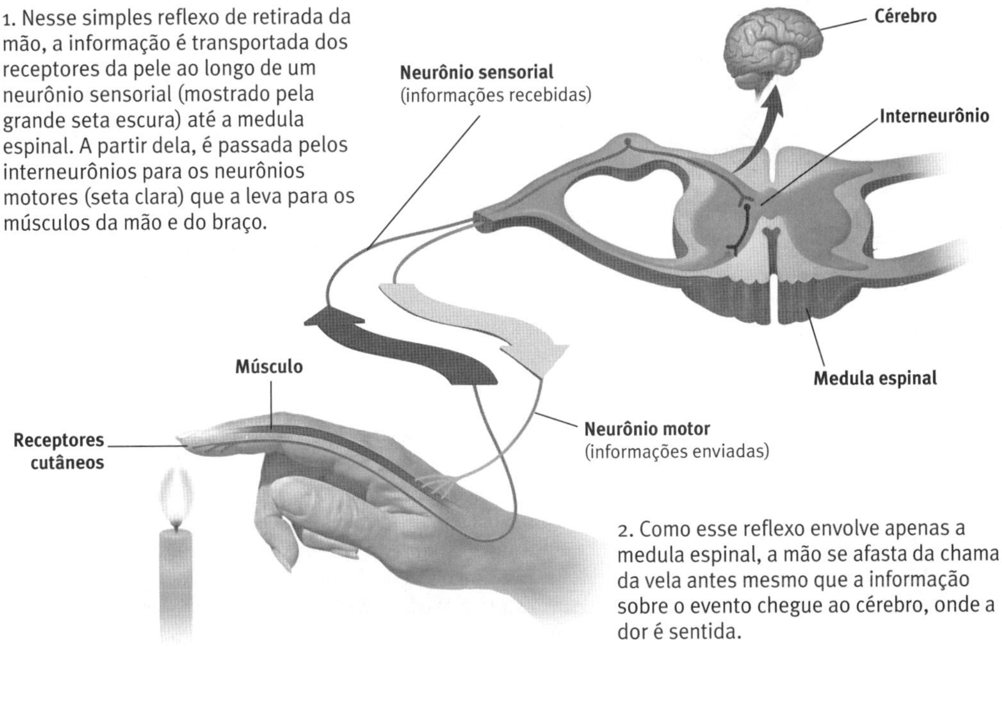

Figura 2.9 Reflexo simples.

2. Como esse reflexo envolve apenas a medula espinal, a mão se afasta da chama da vela antes mesmo que a informação sobre o evento chegue ao cérebro, onde a dor é sentida.

Sistema endócrino. Sistema "lento" de comunicação química do corpo; conjunto de glândulas que secretam hormônios na corrente sanguínea.

Hormônios. Mensageiros químicos que são fabricados pelas glândulas endócrinas e, viajam pela corrente sanguínea e afetam outros tecidos.

Glândulas suprarrenais. Par de glândulas endócrinas que ficam logo acima dos rins e secretam hormônios (epinefrina e norepinefrina) que ajudam a despertar o corpo em momentos de estresse.

Hipófise. Glândula mais influente do sistema endócrino. Sob a influência do hipotálamo, a hipófise regula o crescimento e controla outras glândulas endócrinas.

2012). Mulheres com paralisia semelhante podem responder com lubrificação vaginal. Porém, dependendo da altura e da extensão da lesão na medula espinal, ambos podem deixar de reagir genitalmente a imagens eróticas e não ter sensações genitais (Kennedy & Over, 1990; Sipski, 1999). Para produzir dor ou prazer corporais, a informação sensorial deve alcançar o cérebro.

Sistema endócrino

QOA 2.7 Como o sistema endócrino transmite informações e interage com o sistema nervoso?

Até aqui, nosso foco foi o sistema rápido de comunicação eletroquímica do corpo. Interconectado com o sistema nervoso, há um segundo sistema de comunicação, o **sistema endócrino** (Figura 2.10). Esse sistema contém glândulas e tecido adiposo que secretam outra forma de mensageiro químico, os **hormônios**. Os hormônios viajam pela corrente sanguínea e afetam outros tecidos, inclusive o cérebro. Quando os hormônios atuam no cérebro, eles influenciam nosso interesse por sexo, comida e agressão.

Alguns hormônios são quimicamente idênticos aos neurotransmissores (aqueles mensageiros químicos que se difundem através de uma sinapse e ativam ou inibem um neurônio adjacente). Os sistemas endócrino e nervoso são, portanto, parentes próximos: ambos produzem moléculas que atuam sobre receptores em outro local do organismo. Como muitos parentes, eles também diferem. O veloz sistema nervoso dispara mensagens dos olhos para o cérebro, e daí para a mão, em uma fração de segundo. Já as mensagens endócrinas arrastam-se pela corrente sanguínea, levando vários segundos ou mais para viajar da glândula até o tecido-alvo. Se o sistema nervoso transmite informações na velocidade de uma mensagem de texto, o sistema endócrino manda cartas à moda antiga.

Mas, às vezes, devagar se vai ao longe. As mensagens endócrinas tendem a durar mais que os efeitos de mensagens neurais. Você já sentiu raiva muito tempo depois que a causa de seus sentimentos de raiva foi resolvida (digamos, um amigo pediu desculpas por ser grosseiro)? Você provavelmente experimentou uma "ressaca endócrina" de hormônios relacionados com a emoção persistente. A persistência das emoções – mesmo sem consciência do que a causou – ficou intensamente evidente em um experimento engenhoso. Pacientes incapazes de formar novas memórias em decorrência de lesão cerebral assistiram a um filme triste e, mais tarde, a outro alegre. Depois de cada um deles, não tinham lembrança consciente do que haviam assistido, mas a emoção triste ou alegre persistiu (Feinstein et al., 2010).

Em momentos de perigo, o SNA ordena às **glândulas suprarrenais**, localizadas acima dos rins, que liberem *epinefrina* e *norepinefrina* (também chamadas de *adrenalina* e *noradrenalina*). Esses hormônios aumentam a frequência cardíaca, a pressão sanguínea e o nível de açúcar no sangue, proporcionando uma onda de energia. Quando a emergência passa, os hormônios – bem como os sentimentos a eles associados – ainda perduram por um tempo.

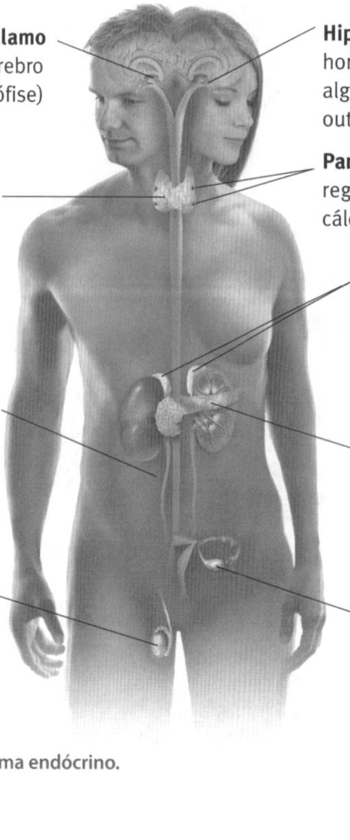

Figura 2.10 Sistema endócrino.

A glândula endócrina mais influente é a **hipófise**, uma estrutura do tamanho de uma ervilha localizada no centro do cérebro, que é controlada por uma área cerebral adjacente, o *hipotálamo* (ao qual voltaremos em breve). Entre os hormônios liberados pela hipófise figura um hormônio de crescimento que estimula o desenvolvimento físico; outro é a *ocitocina*, que possibilita as contrações associadas ao parto, ao fluxo de leite durante a amamentação e ao orgasmo. A ocitocina também pode promover o vínculo social (Bartz et al., 2019; Kreuder et al., 2018; Tan et al., 2019), fortalece nossos relacionamentos próximos e nos alerta para ameaças ao nosso grupo (Nitschke et al., 2019; Sunahara et al., 2019; Zhang et al., 2019).

As secreções da hipófise também induzem a liberação de hormônios de outras glândulas endócrinas. A hipófise é, portanto, uma espécie de *glândula mestra* (cujo próprio mestre é o hipotálamo). Por exemplo, sob a influência do cérebro, a hipófise ativa nossas glândulas sexuais e as leva a liberar hormônios sexuais. Estes, por sua vez, influenciam nosso cérebro e nosso comportamento (Goetz et al., 2014). Um mecanismo semelhante ocorre com o estresse. Um evento estressante induz o hipotálamo a instruir a hipófise a liberar um hormônio que ordena que nossas glândulas suprarrenais inundem nosso corpo com *cortisol*, um hormônio do estresse que eleva o nível de açúcar no sangue.

Esse sistema de *feedback* (cérebro → hipófise → outras glândulas → hormônios → corpo e cérebro) revela a íntima conexão entre os sistemas nervoso e endócrino. O sistema nervoso dirige as secreções endócrinas que, por sua vez, afetam o próprio sistema nervoso. Conduzindo e coordenando toda essa orquestra eletroquímica está o maestro, a que chamamos de cérebro.

PERGUNTE A SI MESMO

Você se lembra de sentir os efeitos prolongados de uma resposta hormonal, como raiva, após algum evento particularmente intenso? Como se sentiu? Quanto tempo a sensação durou?

PRÁTICA DE RECUPERAÇÃO

PR-11 Por que a hipófise é chamada de "glândula mestra"?

PR-12 Que semelhanças e diferenças existem entre os sistemas nervoso e endócrino?

RESPOSTAS NO APÊNDICE E

REVISÃO Sistemas nervoso e endócrino

OBJETIVOS DE APRENDIZAGEM

Teste a si mesmo. Responda às Questões dos Objetivos de Aprendizagem (antes de conferir as respostas no Apêndice D) para aprimorar a retenção dos conceitos estudados (McDaniel et al., 2009, 2015).

QOA **2.1** Por que os psicólogos se preocupam com a biologia humana?

QOA **2.2** Como a biologia e a experiência, juntas, permitem a neuroplasticidade?

QOA **2.3** O que são neurônios e como eles transmitem informações?

QOA **2.4** Como as células nervosas se comunicam entre si?

QOA **2.5** Como os neurotransmissores influenciam o comportamento e como os medicamentos e outras substâncias químicas afetam a neurotransmissão?

QOA **2.6** Quais são as funções das principais divisões do sistema nervoso e quais são os três principais tipos de neurônios?

QOA **2.7** Como o sistema endócrino transmite informações e interage com o sistema nervoso?

TERMOS E CONCEITOS A RECORDAR

Teste a si mesmo. Escreva a definição com suas próprias palavras e depois confirme sua resposta.

psicologia biológica, p. 50
neuroplasticidade, p. 51
neurônio, p. 52
corpo celular, p. 52
dendritos, p. 52
axônio, p. 53
bainha de mielina, p. 53
células gliais (glia), p. 53
potencial de ação, p. 53
limiar, p. 54
período refratário, p. 54
resposta de tudo ou nada, p. 54
sinapse, p. 55
neurotransmissores, p. 55
recaptação, p. 55
endorfinas, p. 57
agonista, p. 58
antagonista, p. 58
sistema nervoso, p. 58
sistema nervoso central (SNC), p. 58
sistema nervoso periférico (SNP), p. 58
nervos, p. 58
neurônios sensoriais (aferentes), p. 58
neurônios motores (eferentes), p. 59
interneurônios, p. 59
sistema nervoso somático, p. 59
sistema nervoso autônomo (SNA), p. 59
sistema nervoso simpático, p. 59
sistema nervoso parassimpático, p. 59
reflexo, p. 61
sistema endócrino, p. 62
hormônios, p. 62
glândulas suprarrenais, p. 62
hipófise, p. 62

DOMINE O MATERIAL

Teste a si mesmo. Responda às questões a seguir sozinho, a princípio, depois confira as respostas no Apêndice E.

1. O que os psicólogos querem dizer quando afirmam que o cérebro é "plástico"?

2. A fibra do neurônio que passa mensagens através de seus ramos para outros neurônios ou para músculos e glândulas é o(a) ______________.

3. O pequeno espaço entre o axônio de um neurônio e o dendrito ou corpo celular de outro é chamado de
a. terminal axonal.
b. fibra ramificada.
c. espaço sináptico.
d. limiar.

4. Com relação à resposta de um neurônio à estimulação, a intensidade do estímulo determina
a. se um impulso é gerado ou não.
b. quão rápido um impulso é transmitido.
c. qual será a intensidade do impulso.
d. se a recaptação ocorrerá.

5. Em um neurônio emissor, quando um potencial de ação atinge um terminal axonal, o impulso desencadeia a liberação de mensageiros químicos chamados de _______________.

6. As endorfinas são liberadas no cérebro em resposta a
   a. morfina ou heroína.
   b. dor ou exercício vigoroso.
   c. resposta de tudo ou nada.
   d. todas as anteriores.

7. O sistema nervoso autônomo controla as funções internas, como a frequência cardíaca e a atividade glandular. A palavra *autônomo* significa
   a. calmo.
   b. voluntário.
   c. autorregulado.
   d. excitado.

8. O sistema nervoso simpático nos desperta para a ação, e o sistema nervoso parassimpático nos acalma. Juntos, os dois sistemas formam o sistema nervoso _______________.

9. Os neurônios da medula espinal fazem parte do sistema nervoso ___________.

10. A glândula endócrina mais influente, conhecida como *glândula mestra*, é o(a) _______________.
   a. hipófise.
   b. hipotálamo.
   c. tireoide.
   d. pâncreas.

11. As _______________ secretam epinefrina e norepinefrina, ajudando a despertar o corpo durante momentos de estresse.

Ferramentas de descoberta, estruturas cerebrais mais antigas e o sistema límbico

"Eu sou um cérebro, Watson. O restante de mim é mero apêndice." – Sherlock Holmes, em *The Adventure of the Mazarin Stone*, 1921, de Arthur Conan Doyle

Estamos convencidos de que vivemos "em algum lugar ao norte do pescoço" (Fodor, 1999). E por uma boa razão: o cérebro é o que torna a mente possível, assim como a visão, a audição, o olfato, os sentimentos, as lembranças, o pensamento, a fala, os sonhos. Um conhecido meu [DM] recebeu um novo coração de uma mulher que, em uma rara operação, recebeu um transplante de coração e pulmão compatível. Quando os dois se encontraram na enfermaria do hospital, ela se apresentou: "Creio que meu coração está com você". Mas apenas seu coração. Ela acreditava que seu próprio "eu" ainda habitava dentro de seu crânio. É o cérebro que é capaz de fazer uma análise autorreflexiva. Quando pensamos *sobre* o cérebro, estamos pensando *com* o cérebro – liberando bilhões de moléculas neurotransmissoras em trilhões de sinapses. O efeito dos hormônios em experiências como o amor nos recorda que não teríamos a mesma mente se fôssemos cérebros sem corpo. No entanto, cérebro, comportamento e cognição são um todo integrado. Mas, precisamente, onde e como as funções mentais estão ligadas ao cérebro? Vejamos primeiro como os cientistas exploram essas questões.

Ferramentas de descoberta: o exame de nossa cabeça

QOA 2.8 Como os neurocientistas estudam as conexões do cérebro com o comportamento e a mente?

Na maior parte da história humana, os cientistas não tinham ferramentas de alta potência, mas sutis o suficiente para revelar a atividade de um cérebro vivo. Os primeiros estudos de caso ajudaram a localizar algumas funções cerebrais. Os danos de um lado do cérebro geralmente causavam dormência ou paralisia no lado oposto do corpo, sugerindo que o lado direito do corpo está conectado ao lado esquerdo do cérebro e vice-versa. Danos na parte posterior do cérebro interrompiam a visão enquanto danos na parte frontal esquerda do cérebro produziam dificuldades de fala. Pouco a pouco, esses primeiros exploradores foram mapeando o cérebro.

Atualmente, o cérebro humano já inventou novas maneiras de estudar a si mesmo. Uma nova geração de cartógrafos neurais está mapeando o órgão mais incrível conhecido do universo. Os cientistas podem **lesionar** (destruir) seletivamente pequenos aglomerados de células cerebrais normais ou defeituosas e observar o efeito sobre a função cerebral. No laboratório, esses estudos revelaram, por exemplo, que danos em uma área do hipotálamo no cérebro de um rato reduzem a alimentação a ponto de o rato morrer de fome, enquanto danos em outra área produzem superalimentação.

Lesão. Destruição de tecidos. A lesão cerebral é uma destruição natural ou experimental do tecido cerebral.

Os neurocientistas de hoje podem *estimular* várias partes do cérebro – por meios elétricos, químicos ou magnéticos – e observar os efeitos. Dependendo da área cerebral estimulada, as pessoas podem – para nomear apenas alguns exemplos – sentir cócegas, ouvir vozes, virar a cabeça, sentir que estão caindo, ou ter experiências de sair do corpo (Selimbeyoglu & Parvizi, 2010).

Os cientistas podem até espionar as mensagens trocadas por neurônios individuais. Com pontas pequenas o bastante para detectar a atividade elétrica de um único neurônio, os microeletrodos modernos podem, por exemplo, detectar exatamente para onde vai a informação no cérebro de um gato quando alguém alisa sua barriga (Ishiyama & Brecht, 2017). Novas ferramentas promissoras incluem a *optogenética*, técnica que permite aos neurocientistas controlar a atividade de neurônios individuais (Boyden, 2014). Ao programar os neurônios para que se tornem receptivos à luz, os pesquisadores podem examinar a base biológica de sensações, medo, depressão e transtornos por uso de substâncias (Dygalo & Shishkina, 2019; Firsov, 2019; Juarez et al., 2019; Nikitin et al., 2019).

Os pesquisadores também podem escutar a conversa de bilhões de neurônios. Neste momento, sua atividade mental está emitindo sinais elétricos, metabólicos e magnéticos reveladores que permitiriam aos neurocientistas observar seu cérebro em funcionamento. A atividade elétrica dos bilhões de neurônios de seu cérebro atravessa a superfície deles em ondas regulares. O **eletroencefalograma** (**EEG**) é uma leitura amplificada dessas ondas. Os pesquisadores registram as ondas cerebrais por meio de uma espécie de touca de banho cheia de eletrodos cobertos de gel condutor. Estudar um EEG da atividade cerebral é como estudar o motor de um carro escutando seu ronco. Sem acesso direto ao cérebro, os investigadores apresentam um estímulo repetidamente e um computador filtra e exclui a atividade cerebral não relacionada com o estímulo. O que sobra é a onda elétrica por ele evocada.

Uma técnica parecida é a **magnetoencefalografia (MEG)**. Para isolar os campos magnéticos do cérebro, os pesquisadores criaram salas especiais que cancelam outros sinais magnéticos, como o campo magnético da Terra. Os participantes sentam-se debaixo de uma bobina de cabeça que se assemelha a um secador de cabelo de pedestal. Enquanto os participantes realizam atividades, dezenas de milhares de neurônios criam pulsos elétricos que, por sua vez, criam campos magnéticos. A velocidade e a força dos campos magnéticos permitem que os pesquisadores entendam como certas tarefas influenciam a atividade cerebral (Eldar et al., 2018; Ruzich et al., 2019; Uhlhaas et al., 2018).

"Você deve olhar não apenas para as pessoas, mas também dentro delas", aconselhou Lorde Chesterfield em uma carta enviada para seu filho em 1746. Técnicas de neuroimagem mais recentes nos dão a capacidade de super-heróis de ver dentro do cérebro vivo. Uma dessas ferramentas, a **tomografia por emissão de pósitrons (PET *scan*)** (Figura 2.11), descreve a atividade do cérebro mostrando o consumo de seu combustível químico, a glicose, em cada área. Neurônios ativos são ávidos por glicose. O cérebro, embora corresponda a apenas 2% do nosso peso corporal, consome 20% das calorias que ingerimos. Depois que a pessoa recebe uma dose de glicose temporariamente radioativa, a PET *scan* pode localizar os raios gama liberados por esse "alimento para o pensamento" enquanto uma tarefa é executada. De forma semelhante a um radar meteorológico exibindo a atividade pluvial, os "pontos ativos" da PET *scan* mostram quais áreas do cérebro ficam mais ativas enquanto a pessoa realiza cálculos matemáticos, observa imagens de rostos, ou sonha acordada.

Nas imagens de **ressonância magnética (RM)**, a cabeça da pessoa é colocada em um forte campo magnético, que alinha os átomos em movimento das moléculas cerebrais. Em seguida, um pulso de ondas de rádio desorienta os átomos momentaneamente. Ao retornar à sua órbita normal, esses átomos emitem sinais que fornecem um retrato detalhado dos tecidos moles, inclusive do cérebro. A RM já revelou uma área neural maior do que a média no hemisfério

Eletroencefalograma (EEG). Gravação amplificada das ondas de atividade elétrica que faz varredura da superfície do cérebro. Essas ondas são mensuradas por eletrodos colocados no couro cabeludo.

Magnetoencefalografia (MEG). Técnica de imagem cerebral que mede campos magnéticos da atividade elétrica natural do cérebro.

Tomografia por emissão de pósitrons (PET *scan*). Técnica para detectar a atividade cerebral que mostra para onde vai uma forma radioativa de glicose enquanto o cérebro realiza determinada tarefa.

Ressonância magnética (RM). Técnica que utiliza campos magnéticos e ondas de rádio para produzir imagens do tecido mole geradas por computador. Imagens de RM mostram a anatomia do cérebro.

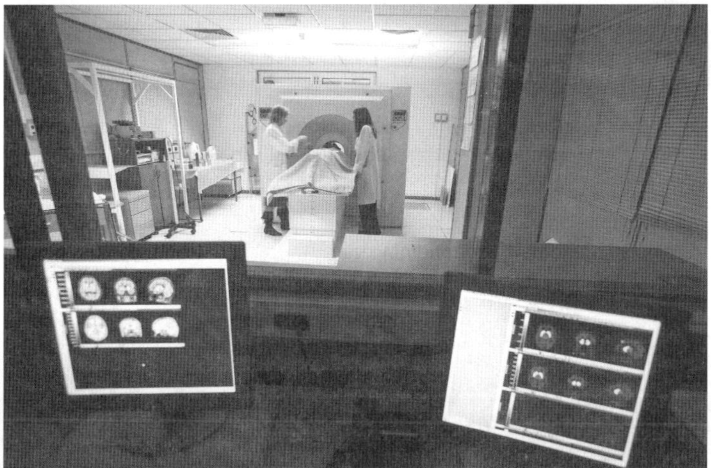

Voisin/Phanie/Science Source

Figura 2.11 PET *scan*. Para obter um exame PET *scan*, os pesquisadores injetam em voluntários uma dose baixa e inofensiva de um açúcar com radioatividade de curta duração. Detectores ao redor da cabeça da pessoa captam a liberação de raios gama do açúcar, que se concentrou em áreas ativas do cérebro. A seguir, um computador processa e traduz esses sinais em um mapa do cérebro em funcionamento.

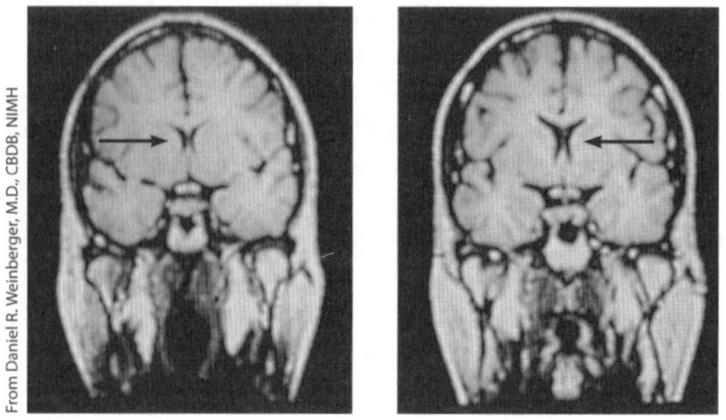

(a) (b)

Figura 2.12 Imagens de ressonância magnética de um indivíduo saudável (a) e de uma pessoa com esquizofrenia (b) Observe o ventrículo aumentado – a região do cérebro cheia de líquido na ponta da seta na imagem – no cérebro da pessoa com esquizofrenia (b).

esquerdo de músicos que têm ouvido absoluto (Schlaug et al., 1995). Esse método também revelou *ventrículos* aumentados, áreas cerebrais cheias de líquido (marcadas pelas setas na Figura 2.12), em alguns pacientes com esquizofrenia.

Uma aplicação especial da RM – a **Ressonância magnética funcional (RMf)** –pode revelar o funcionamento do cérebro, bem como sua estrutura. Onde o cérebro estiver especialmente ativo, é para lá que o sangue vai. Ao comparar imagens sucessivas de RM, os pesquisadores podem observar áreas específicas do cérebro sendo ativadas, indicadas pelo aumento do fluxo de sangue oxigenado. Quando a pessoa contempla uma cena, por exemplo, o aparelho de RMf detecta o fluxo de sangue para a parte posterior do cérebro, que processa a informação visual. Outra ferramenta, a *espectrografia funcional de infravermelho próximo* (*fNIRS*), usa luz infravermelha que brilha nas moléculas do sangue para identificar a atividade cerebral. O equipamento fNIRS pode caber em uma mochila grande, o que permite que os pesquisadores estudem a biologia da mente em populações de difícil acesso (Burns et al., 2019; Perdue et al., 2019).

Veja a comparação de algumas dessas técnicas de imagem na Tabela 2.2.

Essas imagens instantâneas da atividade do cérebro durante uma mudança fornecem novas constatações de como o cérebro divide seu trabalho e reage às necessidades de mudança. Uma infinidade de estudos recentes de RMf indica quais áreas do cérebro ficam mais ativas quando as pessoas sentem dor ou rejeição, ouvem vozes irritadas, pensam em coisas assustadoras, sentem-se felizes, ou ficam excitadas sexualmente. A RMf pode até revelar o que acontece se suprimirmos deliberadamente nossa própria personalidade, como os atores fazem (Brown et al., 2019.)

A imagem cerebral pode permitir a leitura da mente? A tecnologia RMf permitiu a "espionagem" rudimentar da mente. Uma equipe de neurocientistas examinou o cérebro de 129 pessoas enquanto executavam oito diferentes tipos de tarefas mentais (como ler, participar de jogos

Ressonância magnética funcional (RMf). Técnica que revela o fluxo sanguíneo e, assim, a atividade cerebral, pela comparação de imagens sucessivas de RM. Essas imagens mostram tanto a função de uma área do cérebro quanto sua estrutura.

Tabela 2.2 Tipos comuns de medidas neurais.

Nome	Como funciona?	Achados de amostra
Eletroencefalograma (EEG)	Eletrodos colocados no couro cabeludo medem a atividade elétrica dos neurônios	Os sintomas de depressão e ansiedade são correlacionados com o aumento da atividade no lobo frontal direito, uma área do cérebro associada à retração comportamental e a emoções negativas (Thibodeau et al., 2006)
Magnetoencefalografia (MEG)	Uma bobina na cabeça registra os campos magnéticos gerados pelas correntes elétricas naturais do cérebro	Soldados com transtorno de estresse pós-traumático (TEPT), em comparação com soldados que não têm TEPT, mostram campos magnéticos mais fortes no córtex visual quando visualizam imagens relacionadas ao trauma (Todd et al., 2015)
Tomografia por emissão de pósitrons (PET scan)	Rastreia para onde uma forma temporariamente radioativa de glicose vai no cérebro enquanto a pessoa que a recebe executa uma tarefa	Macacos com temperamento ansioso têm cérebros que usam mais glicose em regiões relacionadas com medo, memória e expectativas de recompensa e punição (Fox et al., 2015)
Ressonância magnética (RM)	As pessoas sentam ou deitam em uma câmara que usa campos magnéticos e ondas de rádio para fornecer um mapa da estrutura cerebral	Pessoas com história de violência tendem a ter lobos frontais menores, principalmente em regiões que auxiliam no julgamento moral e no autocontrole (Glenn & Raine, 2014)
Ressonância magnética funcional (RMf)	Mede o fluxo sanguíneo para as regiões do cérebro em comparação com varreduras contínuas de RM	Anos depois de sobreviver a um evento que quase resultou em um acidente de avião, os passageiros que viram material relacionado com seu trauma mostraram maior ativação nos centros de medo, memória e visuais do cérebro do que quando assistiram a imagens relacionadas com os ataques terroristas de 11 de setembro (Palombo et al., 2015)

ou fazer rimas). Posteriormente, conseguiu-se, com precisão de 80%, prever quais dessas atividades mentais a pessoa estava praticando (Poldrack et al., 2009). Outra pesquisa usou a atividade do cérebro para prever a eficácia da campanha de saúde pública e o comportamento futuro, como desempenho escolar, uso de drogas e quem escolhemos como amigos (Chung et al., 2017; Cooper et al., 2019; Kranzler et al., 2019; Zerubavel et al., 2018).

Você já viu as fotos de cérebros coloridos com manchetes, como "seu cérebro na música". Embora as áreas do cérebro não "acendam", as imagens vívidas da varredura do cérebro parecem impressionantes. As pessoas classificam as explicações científicas como mais críveis e interessantes quando contêm neurociência (Fernandez-Duque et al., 2015; Im et al., 2017). Mas os "neurocéticos" alertam contra alegações exageradas sobre qualquer capacidade de prever as preferências dos clientes, detectar mentiras e prever crimes (Rose & Rose, 2016; Satel & Lilienfeld, 2013; Schwartz et al., 2016). Neuromarketing, neuroliderança, neurodireito e neuropolítica são frequentemente neuroexagero. Técnicas de imagem iluminam a estrutura e a atividade do cérebro e, às vezes, ajudam-nos a testar diferentes teorias de comportamento (Mather et al., 2013). Porém, como toda experiência humana é baseada no cérebro, não é surpresa que diferentes áreas do cérebro sejam ativadas quando se ouve uma palestra ou quando se tem desejos sexuais por alguém.

Mark Straccia/UCLA Social Cognitive Neuroscience Laboratory

Como entender o cérebro não WEIRD. A maioria das pesquisas em neurociência estuda pessoas de populações WEIRD (*Western, Educated, Industrialized, Rich e Democratic* – ou, em português, Ocidentais, Instruídas, Industrializadas, Ricas e Democráticas) (Falk et al., 2013). Com o uso de espectroscopia funcional de infravermelho próximo (fNIRS), os pesquisadores citados aqui foram capazes de identificar áreas do cérebro envolvidas na persuasão em uma amostra jordaniana (Burns et al., 2019).

* * *

As atuais técnicas de penetração nos pensamentos e sentimentos do cérebro vêm fazendo pela psicologia o que o microscópio fez pela biologia e o telescópio, pela astronomia. Com elas, aprendemos mais sobre o cérebro nos últimos 100 anos do que nos 10 mil anos anteriores. E a próxima década revelará ainda mais, já que, a cada ano, pesquisas do cérebro recebem grande volume de recursos. O Human Brain Project europeu recebeu um orçamento de 1 bilhão de dólares entre 2013 e 2023 (Salles et al., 2019). O Human Connectome Project, de 40 milhões de dólares, busca mapear as conexões de longa distância do cérebro, aproveitando o poder da *imagem por espectro de difusão*, um tipo de tecnologia de RM (Glasser et al., 2016; Wang & Olson, 2018) (Figura 2.13). Esses esforços produziram um novo mapa cerebral com 100 centros neurais não descritos anteriormente (Glasser et al., 2016). Com base nesse trabalho, um novo projeto busca entender o envelhecimento cerebral típico dos 36 aos 100 anos ou mais (Bookheimer et al., 2019). Fiquemos atentos para futuras descobertas fascinantes.

Aprender sobre neurociências atualmente é como estudar geografia do mundo no tempo em que Fernão de Magalhães explorava os mares. Esta é verdadeiramente a idade de ouro da ciência do cérebro.

"Por mais inebriante que tenha sido nosso progresso... descobrimos apenas uma pequena fração do que há para saber sobre o cérebro humano. Mas [isso] torna a história mais emocionante do que qualquer romance de Sherlock Holmes." – V. S. Ramachandran, *The Tell-Tale Brain*, 2011

PERGUNTE A SI MESMO

Você ficou surpreso ao saber que existem tantas ferramentas tecnológicas para estudar as estruturas e funções do cérebro? Quais técnicas você acha mais interessantes? Por quê?

PRÁTICA DE RECUPERAÇÃO

PR-1 Associe a técnica de varredura (**i-iii**) com a descrição correta (**a-c**).

Técnica	Descrição
i. RMf	**a.** Rastreia a glicose radioativa para revelar a *atividade* cerebral.
ii. PET *scan*	**b.** Rastreia imagens sucessivas de tecido cerebral para mostrar a *função* cerebral.
iii. RM	**c.** Usa campos magnéticos e ondas de rádio para mostrar a *anatomia* do cérebro.

RESPOSTAS NO APÊNDICE E

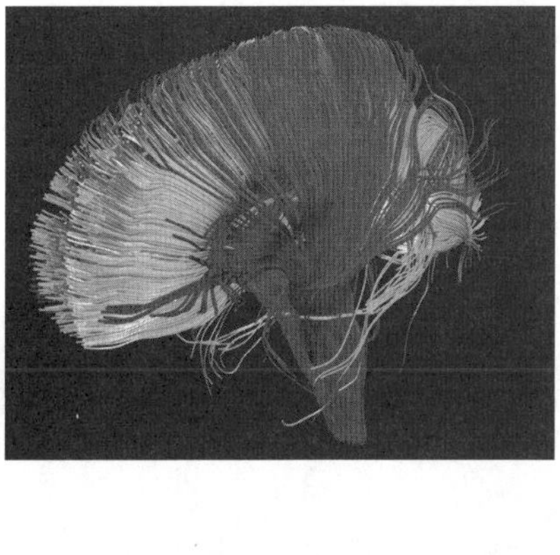

NICHD/P. Basser

Figura 2.13 Lindas conexões cerebrais. O Human Connectome Project está usando métodos de ponta para mapear a rede interconectada de neurônios do cérebro. Os cientistas criaram essa "sinfonia" multicolorida de fibras neurais que transportam água em diferentes regiões do cérebro. *(Esta figura encontra-se reproduzida em cores no Encarte.)*

Tronco encefálico. A parte mais primitiva e o núcleo central do cérebro, que começa onde a medula espinal se dilata ao entrar no crânio; o tronco encefálico é responsável por funções automáticas de sobrevivência.

Medula espinal. Base do tronco encefálico; controla a frequência cardíaca e a respiração.

Tálamo. Centro de controle sensorial do cérebro, localizado no topo do tronco encefálico; direciona mensagens para as áreas de recepção sensoriais no córtex e transmite respostas para o cerebelo e o bulbo.

Estruturas primitivas do cérebro

QOA **2.9** Que estruturas compõem o tronco encefálico, e quais as funções do tronco encefálico, do tálamo, da formação reticular e do cerebelo?

A capacidade de um animal depende de suas estruturas cerebrais. Nos animais primitivos, como os tubarões, um cérebro não muito complexo regula primordialmente funções básicas de sobrevivência: respiração, repouso e alimentação. Em mamíferos inferiores, como os roedores, um cérebro mais complexo possibilita emoções e memória mais desenvolvida. Em mamíferos mais avançados, como os humanos, um cérebro que processa mais informações permite também a antecipação de eventos e resultados.

Essa complexidade crescente advém de novos sistemas cerebrais formados por cima dos antigos, assim como a paisagem terrestre cobre o velho com o novo. Cavando, descobrimos os resquícios fósseis do passado – componentes do tronco encefálico que atuam em nós de forma semelhante à que faziam em nossos ancestrais distantes. Vamos começar pela base do cérebro e avançar rumo aos sistemas mais novos.

Tronco encefálico

A mais antiga e recôndita região do cérebro é o **tronco encefálico**, que começa onde a **medula espinal** se dilata levemente depois de penetrar no crânio (Figura 2.14). Nele residem os controles da frequência cardíaca e da respiração. Como mostram certos pacientes com danos cerebrais e em estado vegetativo, não precisamos das áreas superiores do cérebro nem da mente consciente para administrar o bombeamento do coração e o funcionamento dos pulmões. É o tronco encefálico que cuida dessas tarefas. Logo acima do bulbo, localiza-se a *ponte*, que auxilia a coordenação dos movimentos e controla o sono.

Se o tronco encefálico de um gato for separado do resto do cérebro acima dele, o animal continuará vivo e respirando – e poderá até correr, escalar e se lamber (Klemm, 1990). Mas, com o tronco encefálico isolado das regiões superiores, o gato não correrá ou escalará *voluntariamente* para arranjar comida.

O tronco encefálico é um ponto de cruzamento onde a maioria dos nervos que entram e saem de cada lado do cérebro se conectam ao lado oposto do corpo (Figura 2.15). Esse entrecruzamento peculiar é apenas uma das muitas surpresas do cérebro.

Tálamo

Localizado acima do tronco encefálico encontra-se o **tálamo**, um par de estruturas ovais que atuam como centro de controle sensorial do cérebro (ver Figura 2.14). O tálamo recebe informações de todos os sentidos, exceto do olfato, e as direciona para as regiões superiores do cérebro que lidam com a visão, a audição, o paladar e o tato. Ele ainda recebe algumas

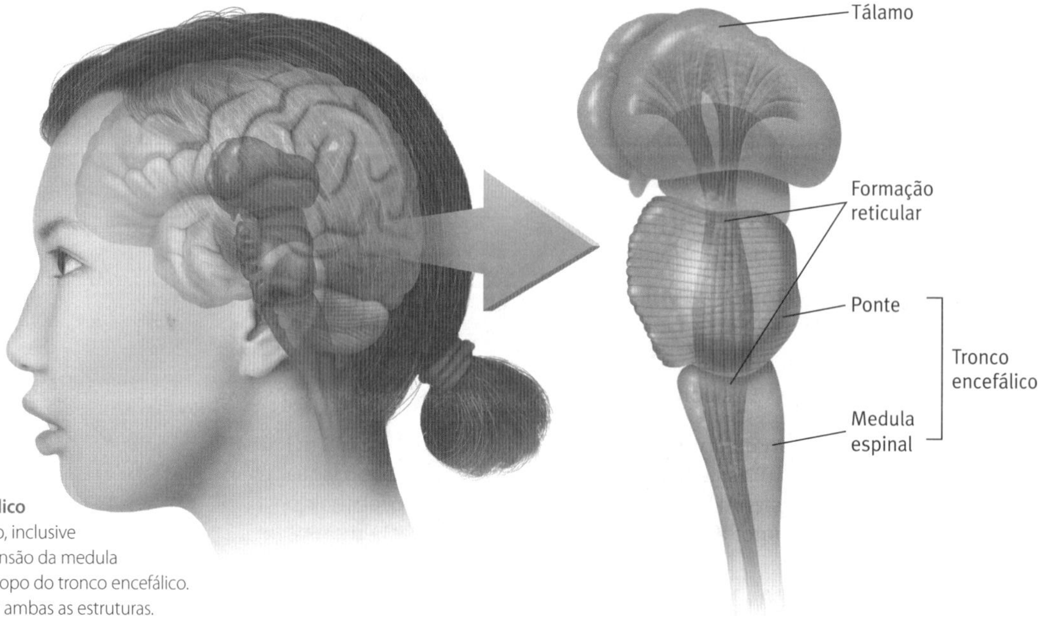

Figura 2.14 Tronco encefálico e tálamo. O tronco encefálico, inclusive a ponte e o bulbo, é uma extensão da medula espinal. O tálamo é ligado ao topo do tronco encefálico. A formação reticular passa por ambas as estruturas.

das respostas dessas regiões superiores, e em seguida as redireciona para o bulbo e o *cerebelo*. Podemos comparar o tálamo, quanto às informações sensoriais, com o que Seul é para os trens da Coreia do Sul: um ponto de convergência pelo qual o tráfego passa a caminho de vários destinos.

Formação reticular

No interior do tronco encefálico, entre os nossos ouvidos, está situada a **formação reticular** (reticular significa "similar a uma rede"), uma rede de neurônios que se estende da medula espinal até o tálamo. À medida que a informação sensorial que entra pela medula espinal flui para o tálamo, parte dela viaja através da formação reticular, que filtra os estímulos recebidos e transmite informações importantes para outras áreas do cérebro. Você teve de se equilibrar entre múltiplas tarefas hoje? Então, pode agradecer à sua formação reticular (Wimmer et al., 2015).

A formação reticular também controla a excitação, como Giuseppe Moruzzi e Horace Magoun descobriram em 1949. Ao estimular eletricamente a formação reticular de um gato que estava dormindo, ele acordou e ficou em estado de alerta quase instantaneamente. Quando Magoun *cortou* a formação reticular de um gato, separando-a das regiões superiores do cérebro, sem danificar as vias sensoriais vizinhas, o efeito foi igualmente dramático: o gato entrou em estado de coma do qual nunca despertou.

Cerebelo

Estendendo-se a partir da parte posterior do tronco encefálico existe uma estrutura do tamanho de uma bola de beisebol, o **cerebelo**, cujo nome significa "pequeno cérebro", por conta da aparência de seus dois lados enrugados (Figura 2.16). O cerebelo, junto com os *gânglios basais*, (estruturas cerebrais profundas relacionadas com a movimentação motora), possibilita um tipo de aprendizagem não verbal e a memória. Ele desempenha um papel importante em muitas coisas que acontecem fora de sua consciência. Responda rapidamente a estas perguntas: há quanto tempo você está lendo este texto? Suas roupas parecem macias ou ásperas contra sua pele? Como está seu humor hoje? Você provavelmente respondeu facilmente, graças ao seu cerebelo. Esse pequeno cérebro, que na verdade tem mais da metade dos neurônios do seu cérebro, ajuda a julgar o tempo, discriminar texturas e sons, e controlar as emoções e comportamentos sociais (Bower & Parsons, 2003; Carta et al., 2019). O cerebelo ajuda o vocabulário, a leitura e a capacidade de armazenar informações (Moore et al., 2017). Com o auxílio da ponte, também coordena o movimento voluntário. Quando um jogador de futebol controla a bola com perícia, dê algum crédito a seu cerebelo. Sob influência do álcool, a coordenação é afetada. E se você sofresse uma lesão no cerebelo, passaria a ter dificuldade para andar, manter o equilíbrio ou cumprimentar alguém apertando sua mão. Seus movimentos ficariam desajeitados e exagerados. Você poderia dar adeus a qualquer sonho de ser dançarino ou guitarrista.

* * *

Nota: todas essas funções cerebrais mais antigas ocorrem sem nenhum esforço consciente. Isso ilustra outro de nossos temas recorrentes: *nosso cérebro processa a maior parte das informações fora da nossa consciência*. Temos consciência dos *resultados* do trabalho de nosso cérebro – digamos, nossa experiência visual atual – mas não de *como* ele trabalha. Da mesma

PRÁTICA DE RECUPERAÇÃO

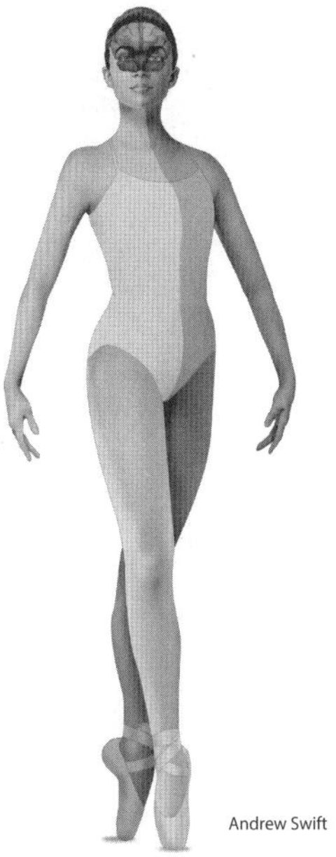

Figura 2.15 A fiação do corpo.

PR-2 O__________________ é um ponto de cruzamento onde os nervos do lado esquerdo do cérebro estão principalmente ligados ao lado direito do corpo, e vice-versa.

RESPOSTAS NO APÊNDICE E

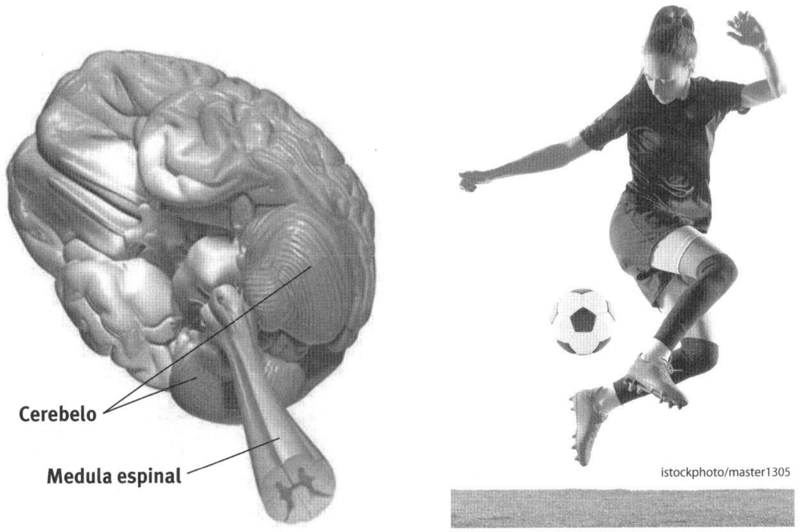

Figura 2.16 Órgão de agilidade do cérebro. Pendurado na parte de trás do cérebro, o cerebelo coordena nossos movimentos voluntários, como quando a futebolista controla a bola.

Formação reticular. Rede de nervos que percorre o tronco encefálico até o tálamo, desempenhando um importante papel no controle da excitabilidade.

Cerebelo. "Pequeno cérebro", localizado na parte posterior do tronco encefálico; suas funções incluem o processamento de entradas sensoriais, a coordenação dos movimentos e do equilíbrio, e a aprendizagem não verbal e a memória.

Sistema límbico. Sistema neural (que compreende o *hipocampo*, a *amígdala* e o *hipotálamo*) localizado abaixo dos hemisférios cerebrais; associado a emoções e impulsos.

Amígdala. Dois agrupamentos neurais do tamanho de um grão de feijão, localizados no sistema límbico; ligada à emoção.

forma, estejamos dormindo ou acordados, nosso tronco encefálico administra suas funções de sustentação da vida, deixando as regiões mais novas livres para pensar, falar, sonhar, ou saborear uma memória.

PRÁTICA DE RECUPERAÇÃO

PR-3 Em qual região do cérebro seria mais provável haver ocorrido uma lesão que (a) prejudicasse sua capacidade de pular corda?, (b) prejudicasse sua capacidade de ouvir e sentir o gosto das coisas?, (c) talvez o deixasse em coma?, (d) pusesse fim à própria respiração e aos batimentos cardíacos?

RESPOSTAS NO APÊNDICE E

Sistema límbico

QOA 2.10 Quais são as estruturas e funções do sistema límbico?

Já abordamos as regiões mais primitivas do cérebro, mas não chegamos ainda às áreas superiores e mais recentes, os *hemisférios cerebrais* (as duas metades do órgão). Entre as partes mais primitivas do cérebro e as mais recentes, encontra-se o **sistema límbico** (*limbus* significa "fronteira"). Esse sistema, associado às emoções e aos impulsos, contém a *amígdala*, o *hipotálamo* e o *hipocampo* (Figura 2.17).

Amígdala

A **amígdala** – dois agrupamentos neurais do tamanho de um grão de feijão – torna viável agressão e medo. Em 1939, o psicólogo Heinrich Klüver e o neurocirurgião Paul Bucy removeram cirurgicamente a amígdala de um macaco rhesus, transformando um primata normalmente mal-humorado na mais doce das criaturas. Em estudos com outros animais silvestres, como o lince, o carcaju e o rato silvestre, pesquisadores observaram os mesmos efeitos. Isso ocorre também com seres humanos. Uma mulher com lesão na amígdala, paciente S.M., era chamada de "a mulher sem medo", mesmo sendo ameaçada com uma arma (Feinstein et al., 2013). Até mesmo pessoas saudáveis que têm uma amígdala de um tamanho menor que a média mostram uma excitação reduzida diante de estímulos ameaçadores (Foell et al., 2019). Pequena amígdala, pouco medo.

O que aconteceria, então, se estimulássemos eletricamente a amígdala de um animal doméstico tranquilo, como um gato? Estimulado em determinado ponto, ele se preparará para o ataque, sibilando, arqueando o dorso, e ficando com as pupilas dilatadas e o pelo eriçado. Contudo, basta deslocar ligeiramente o eletrodo dentro da amígdala para o felino se encolher; enjaule esse gato com um pequeno rato e verá que ele se encolhe de terror.

Esses e outros experimentos confirmaram o papel da amígdala no medo e na raiva. Macacos e humanos com danos na amígdala ficam menos temerosos a estranhos (Harrison et al., 2015). Outros estudos ligam o comportamento criminoso à disfunção da amígdala (da Cunha-Bang et al., 2017; Dotterer et al., 2017; Ermer et al., 2012). Quando as pessoas veem rostos zangados e felizes, apenas os zangados aumentam a atividade na amígdala (Mende-Siedlecki et al., 2013). E quando eventos negativos energizam a amígdala, eles se tornam mais memoráveis (Admon et al., 2018).

Todavia, devemos ter cuidado. O cérebro não está ordenadamente organizado em estruturas que correspondem às nossas categorias de comportamento. A amígdala está envolvida em outros processos mentais. E quando sentimos medo ou agimos com agressividade, há atividade neural em muitas áreas do nosso cérebro – não apenas na amígdala. Se você destruir a bateria de um carro, não será possível acionar o motor. Mais do que isso, a bateria é apenas um elo em um sistema integrado.

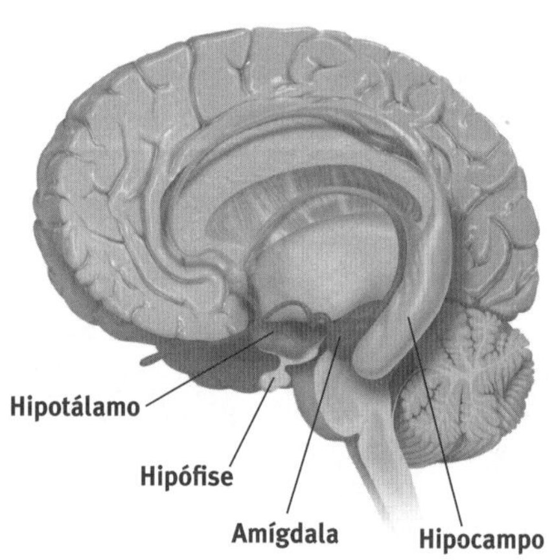

Figura 2.17 Sistema límbico. Esse sistema neural fica entre as partes mais antigas do cérebro e seus hemisférios cerebrais. O hipotálamo do sistema límbico controla a hipófise.

PRÁTICA DE RECUPERAÇÃO

PR-4 A estimulação elétrica da amígdala de um gato provoca reações de raiva. Qual divisão do *sistema nervoso autônomo* é ativada por essa estimulação?

Hart/Vikki Hart/Getty Images

RESPOSTA NO APÊNDICE E

Hipotálamo

Logo abaixo (*hipo*) do tálamo está o **hipotálamo** (Figura 2.18), um elo importante na cadeia de comando que governa a manutenção do corpo. Alguns agrupamentos neurais no hipotálamo influenciam a fome; outros regulam a sede, a temperatura corporal e o comportamento sexual. Em conjunto, eles ajudam a manter um estado interno estável (*homeostático*).

Para monitorar o estado do seu corpo, o hipotálamo sintoniza a química do seu sangue e quaisquer ordens recebidas de outras partes do cérebro. Por exemplo, ao captar sinais do córtex cerebral de que você está pensando em sexo, seu hipotálamo secretará hormônios. Esses hormônios, por sua vez, acionarão a "glândula mestra" adjacente do sistema endócrino, a hipófise (ver Figura 2.17), para influenciar suas glândulas sexuais a liberar hormônios. Esses hormônios intensificarão os pensamentos de sexo em seu córtex cerebral. (Observe a interação entre os sistemas nervoso e endócrino: o cérebro influencia o sistema endócrino, que por sua vez influencia o cérebro.)

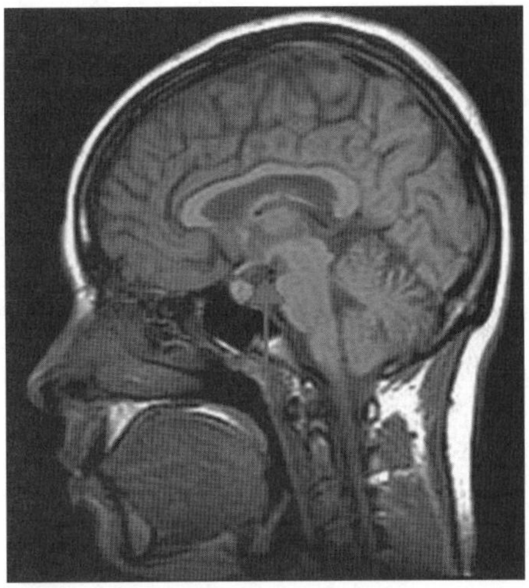

Figura 2.18 Hipotálamo. Essa pequena, porém importante, estrutura ajuda a manter o ambiente interno do corpo em estado de equilíbrio. (*Esta figura encontra-se reproduzida em cores no Encarte.*)

Uma descoberta notável sobre o hipotálamo ilustra como o progresso da ciência geralmente ocorre – quando investigadores curiosos e de mente aberta fazem uma observação inesperada. Dois jovens neuropsicólogos da Universidade McGill, James Olds e Peter Milner (1954), estavam tentando implantar um eletrodo na formação reticular de um rato quando cometeram um erro magnífico: eles colocaram o eletrodo de modo incorreto (Olds, 1975). Curiosamente, como se procurasse mais estímulos, o rato continuava retornando ao local onde havia sido estimulado por esse eletrodo mal colocado. Ao descobrir que eles realmente haviam colocado o dispositivo em uma região do hipotálamo, Olds e Milner perceberam que haviam tropeçado em um centro cerebral que oferece recompensas prazerosas.

Experimentos posteriores localizaram outros "centros de prazer" (Olds, 1958). (O que os ratos realmente sentiram só eles sabem, e não contam. Em vez de atribuir sentimentos humanos a ratos, os cientistas de hoje se referem a *centros de recompensa*.) Quão gratificantes são esses centros de recompensa? O suficiente para fazer com que os ratos autoestimulem essas regiões do cérebro mais de 1.000 vezes por hora.

Em outras espécies, como golfinhos e macacos, pesquisadores mais tarde descobririam outros centros de recompensa do sistema límbico, como o *núcleo accumbens*, à frente do hipotálamo (Hamid et al., 2016). As pesquisas com animais revelaram também tanto um sistema geral de recompensa relacionado com a dopamina quanto centros específicos associados aos prazeres da comida, da bebida e do sexo. Os animais, ao que parece, são equipados com sistemas embutidos que recompensam atividades essenciais à sobrevivência.

Os pesquisadores vêm experimentando novas maneiras de usar a estimulação cerebral para controlar as ações dos animais em operações de busca e salvamento. Ao recompensar ratos por virarem à esquerda ou à direita, uma equipe de pesquisa treinou ratos, até então mantidos em cativeiro, para circular em ambientes naturais (Talwar et al., 2002). Pressionando botões em um *laptop*, os pesquisadores podiam induzir o rato – que carregava um receptor, uma fonte de energia e uma câmera de vídeo em uma pequenina mochila – a virar quando ordenado, subir em árvores, correr pelos galhos e retornar.

"Se estivesse projetando um veículo-robô para adentrar o futuro e sobreviver, (...) você o programaria de forma que comportamentos que assegurassem a sobrevivência do indivíduo ou da espécie – como sexo e alimentação – fossem naturalmente reforçadores." – Neurocientista Candace Pert, 1986

Nós, humanos, também temos centros límbicos para o prazer? Algumas evidências indicam que sim. Quando conhecemos pessoas simpáticas, nosso cérebro explode com a atividade do centro de recompensa (Zerubavel et al., 2018). Idem quando lemos mensagens gentis de amigos e familiares, como "Você ilumina todo o meu mundo" (Inagaki et al., 2019). Os centros de recompensa estimulantes também podem ajudar a controlar os indivíduos mais cruéis. Mas, como um neurocirurgião descobriu ao implantar eletrodos em áreas do sistema límbico de pacientes violentos, os pacientes relataram apenas um leve prazer. Ao contrário dos ratos de Olds, esses pacientes não foram levados a um estado de frenesi em busca de repetir a ação (Deutsch, 1972; Hooper & Teresi, 1986). Ademais, pesquisas mais recentes revelam que a estimulação dos "pontos hedônicos" do cérebro (e seus circuitos de recompensa) acarreta mais *desejo* do que pura satisfação (Kringelbach & Berridge, 2012).

Experimentos revelaram ainda os efeitos do sistema dopamínico de recompensas em seres humanos. Por exemplo, a liberação de dopamina produz nossos "arrepios" de prazer ao ouvirmos nossas músicas favoritas, enquanto a redução dos níveis de dopamina diminui o prazer musical (Ferreri et al., 2019). Alguns cientistas acreditam que muitos transtornos de comportamento (como, transtornos ligados à agressividade, uso abusivo de drogas e compulsão alimentar) podem derivar do mau funcionamento nos sistemas naturais do cérebro relacionados com o prazer e o bem-estar. Pessoas geneticamente predispostas à *síndrome de deficiência de recompensa* podem ansiar por tudo aquilo que lhes proporcione aquele prazer ausente ou alivie sentimentos negativos, como ter comportamentos agressivos, consumir comida gordurosa, ou drogas e álcool (Blum et al., 1996, 2014; Chester et al., 2016).

Hipotálamo. Estrutura neural do sistema límbico situada abaixo (*hipo*) do tálamo; dirige diversas atividades de manutenção (comer, beber, temperatura corporal), ajuda a administrar o sistema endócrino por meio da hipófise e está ligado à emoção e a recompensas.

Hipocampo. Centro neural localizado no sistema límbico; ajuda a processar memórias explícitas (conscientes) – de fatos e eventos – para serem armazenadas.

Hipocampo

O **hipocampo** – uma estrutura cerebral em forma de cavalo-marinho – processa memórias conscientes e explícitas. As variações do desenvolvimento hipocampal predizem o desempenho acadêmico (Wilkey et al., 2018). Os seres humanos que perdem o hipocampo em cirurgia ou por lesão perdem a capacidade de formar novas memórias de fatos e eventos (Clark & Maguire, 2016). Aqueles que sobrevivem a um tumor cerebral no hipocampo na infância lutam para lembrar novas informações na idade adulta (Jayakar et al., 2015). Os jogadores da National Football League que sofrem uma ou mais concussões de perda de consciência podem mais tarde ter hipocampo encolhido e memória fraca (Strain et al., 2015; Tharmaratnam et al., 2018). O tamanho e a função do hipocampo diminuem à medida que envelhecemos, o que aumenta o declínio cognitivo (O'Callaghan et al., 2019). O Capítulo 8 explica como nossa mente de duas vias usa o hipocampo para processar nossas memórias.

* * *

A Figura 2.19 localiza as áreas do cérebro que discutimos, bem como o *córtex cerebral* – o controle final do corpo e o centro de processamento de informações.

PRÁTICA DE RECUPERAÇÃO

PR-5 Quais são as três estruturas-chave do sistema límbico, e por quais funções são responsáveis?

RESPOSTAS NO APÊNDICE E

Elise Amendola/AP Images

O cérebro dos jogadores de futebol está protegido? Quando os pesquisadores analisaram o cérebro de 111 jogadores falecidos da National Football League (NFL), 99% mostraram sinais de degeneração relacionados com traumatismo craniano frequente (Mez et al., 2017). Em 2017, o jogador da NFL Aaron Hernandez (nº 81) suicidou-se enquanto estava preso por assassinato. A autópsia revelou que seu cérebro, aos 27 anos, já apresentava degeneração avançada (Kilgore, 2017). Um pequeno estudo mostrou que aqueles que jogaram uma única temporada de futebol americano universitário, com ou sem sofrer concussões, eram mais propensos a apresentar danos cerebrais (Hirad et al., 2019). Na esperança de proteger os jogadores, as equipes e cientistas de hoje usam mais equipamentos de proteção e ferramentas portáteis de imagem cerebral (Canadian Press, 2018).

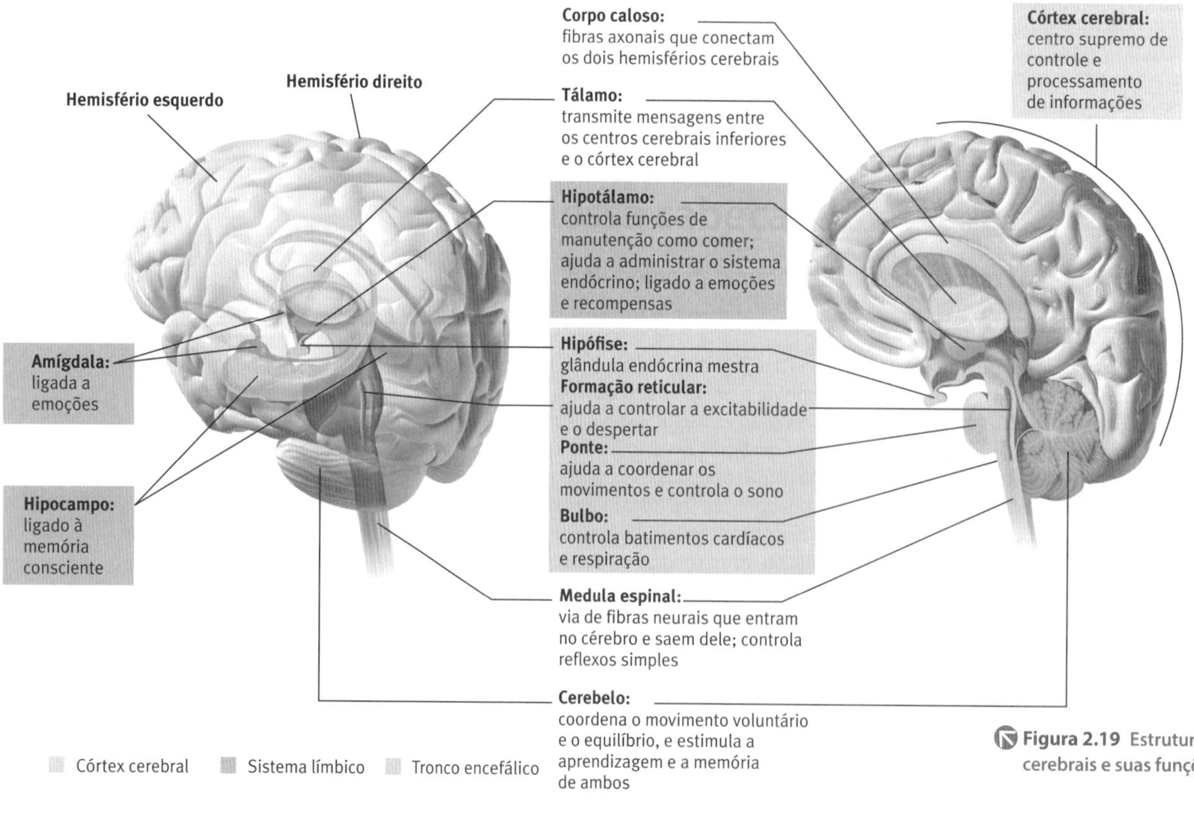

Figura 2.19 Estruturas cerebrais e suas funções.

REVISÃO Ferramentas de descoberta, estruturas cerebrais mais antigas e o sistema límbico

OBJETIVOS DE APRENDIZAGEM

Teste a si mesmo. Responda às Questões dos Objetivos de Aprendizagem (antes de conferir as respostas no Apêndice D) para aprimorar a retenção dos conceitos estudados (McDaniel et al., 2009, 2015).

QOA 2.8 Como os neurocientistas estudam as conexões do cérebro com o comportamento e a mente?

QOA 2.9 Que estruturas compõem o tronco encefálico, e quais as funções do tronco encefálico, do tálamo, da formação reticular e do cerebelo?

QOA 2.10 Quais são as estruturas e funções do sistema límbico?

TERMOS E CONCEITOS A RECORDAR

Teste a si mesmo. Escreva a definição com suas próprias palavras e depois confirme sua resposta.

lesão, p. 64
eletroencefalograma (EEG), p. 65
magnetoencefalografia (MEG), p. 65
tomografia por emissão de pósitrons (PET *scan*), p. 65
ressonância magnética (RM), p. 65
ressonância magnética funcional (RMf), p. 66
tronco encefálico, p. 68
bulbo, p. 68
tálamo, p. 68
formação reticular, p. 69
cerebelo, p. 69
sistema límbico, p. 70
amígdala, p. 70
hipotálamo, p. 71
hipocampo, p. 71

DOMINE O MATERIAL

Teste a si mesmo. Responda às questões a seguir por conta própria a princípio, depois confira as respostas no Apêndice E.

1. A parte do tronco encefálico que controla os batimentos cardíacos e a respiração é o(a)
   a. cerebelo.
   b. medula.
   c. córtex.
   d. tálamo.
2. O tálamo funciona como
   a. banco de memória.
   b. centro de equilíbrio.
   c. regulador da respiração.
   d. centro de controle sensorial.
3. A estrutura primitiva do cérebro que regula o despertar é o(a)
   a. medula espinal.
   b. cerebelo.
   c. formação reticular.
   d. medula.
4. A parte do cérebro que coordena os movimentos voluntários e possibilita a aprendizagem não verbal e a memória é o(a) ________________.
5. Duas partes do sistema límbico são a amígdala e
   a. hemisférios cerebrais.
   b. hipocampo.
   c. tálamo.
   d. hipófise.
6. A resposta feroz de um gato à estimulação elétrica em seu cérebro nos levaria a supor que o eletrodo tocou na região do(da) ________________.
7. A estrutura neural que regula de maneira mais direta o comer, o beber e a temperatura corporal é o(a)
   a. sistema endócrino.
   b. hipotálamo.
   c. hipocampo.
   d. amígdala.
8. O primeiro centro de recompensa, descoberto por Olds e Milner, localizava-se no(na) ________________________.

Córtex cerebral

QOA 2.11 Quais são os quatro lobos que compõem o córtex cerebral e quais são as funções do córtex motor, do córtex somatossensorial e das áreas de associação?

As redes primitivas do cérebro sustentam funções vitais essenciais e viabilizam a memória, as emoções e os impulsos básicos. Já as mais recentes, encontradas no *cérebro* – os dois grandes hemisférios, que respondem por 85% do peso do cérebro, formam equipes de trabalho especializadas que capacitam a percepção, o pensamento e a fala. Assim como outras estruturas acima do tronco encefálico (a parte mais primitiva do cérebro) – inclusive o tálamo, o hipocampo e a amígdala, os hemisférios cerebrais são um par. Cobrindo esses hemisférios, como a casca de uma árvore, está o **córtex cerebral**, uma fina camada superficial composta por células neurais interconectadas. Na história evolutiva do nosso cérebro, o córtex cerebral – a coroa do pensamento do nosso cérebro – é relativamente recente.

Córtex cerebral. Intrincado tecido de células neurais interconectadas que cobrem os hemisférios cerebrais; centro decisivo de controle e processamento de informações do corpo.

As pessoas que primeiro dissecaram e nomearam as estruturas cerebrais usaram as línguas dos acadêmicos – latim e grego. Suas palavras eram, na verdade, tentativas de descrição gráfica: por exemplo, córtex significa "casca", cerebelo é "pequeno cérebro", e tálamo, "câmara interna".

À medida que avançamos na escala da vida animal, o córtex cerebral se expande, os controles genéticos mais rígidos se afrouxam e a adaptabilidade do organismo aumenta. Rãs e outros anfíbios com córtex pequeno agem, em grande medida, conforme instruções genéticas pré-programadas. O córtex maior dos mamíferos oferece mais oportunidades para a aprendizagem e o pensamento, permitindo que eles sejam mais adaptáveis aos ambientes em constante mudança. O que nos distingue, como humanos, provém sobretudo das complexas funções de nosso córtex cerebral (Donahue et al., 2018). Vejamos sua estrutura e função.

PRÁTICA DE RECUPERAÇÃO

PR-1 Qual região do cérebro humano é mais similar à dos animais menos complexos? E que parte do cérebro humano mais nos distingue dos animais menos complexos?

RESPOSTAS NO APÊNDICE E

Estrutura do córtex

Se você abrisse um crânio humano, deixando o cérebro exposto, veria um órgão enrugado, parecido com o interior de uma noz gigante. Sem essas rugosidades, um córtex cerebral liso ocuparia o triplo da área – aproximadamente a área de uma *pizza* grande. Os hemisférios esquerdo e direito do cérebro são preenchidos principalmente por axônios que conectam o córtex a outras regiões encefálicas. O córtex cerebral – aquela camada de superfície fina – contém cerca de 20 a 23 bilhões de células nervosas e 300 trilhões de conexões sinápticas (de Courten-Myers, 2005). O ser humano é "nervoso" por natureza.

O córtex de cada hemisfério é dividido em quatro *lobos*, separados por *fissuras* ou sulcos (Figura 2.20). Começando pela parte anterior do cérebro e avançando pela parte superior, estão os **lobos frontais** (atrás da testa), os **lobos parietais** (no topo e indo para a região posterior) e os **lobos occipitais** (na parte de trás da cabeça). Invertendo a direção e seguindo em frente, logo acima dos ouvidos encontram-se os **lobos temporais**. Cada um dos quatro lobos desempenha uma série de funções, e muitas delas requerem a interação de vários lobos.

Funções do córtex

Há mais de um século, autópsias de pessoas com paralisia parcial ou com perda da fala revelaram danos nas áreas corticais. Porém, essas evidências tão brutas não revelaram que partes específicas do córtex controlavam funções complexas, como os movimentos ou a fala. Um *laptop* com um cabo de alimentação rompido pode ficar inoperante, mas estaríamos nos enganando se pensássemos que tínhamos "localizado" a internet no cabo.

Lobos frontais. Porção do córtex cerebral situada logo atrás da testa; envolvidos na fala e nos movimentos musculares e na elaboração de planos e julgamentos.

Lobos parietais. Porção do córtex cerebral situada no topo da cabeça e em direção à parte posterior; recebem entrada sensorial para o toque e a posição do corpo.

Lobos occipitais. Porção do córtex cerebral situada na parte de trás da cabeça; incluem áreas que recebem informações dos campos visuais.

Lobos temporais. Porção do córtex cerebral situada aproximadamente acima das orelhas; incluem as áreas auditivas, cada uma recebendo informações principalmente da orelha oposta.

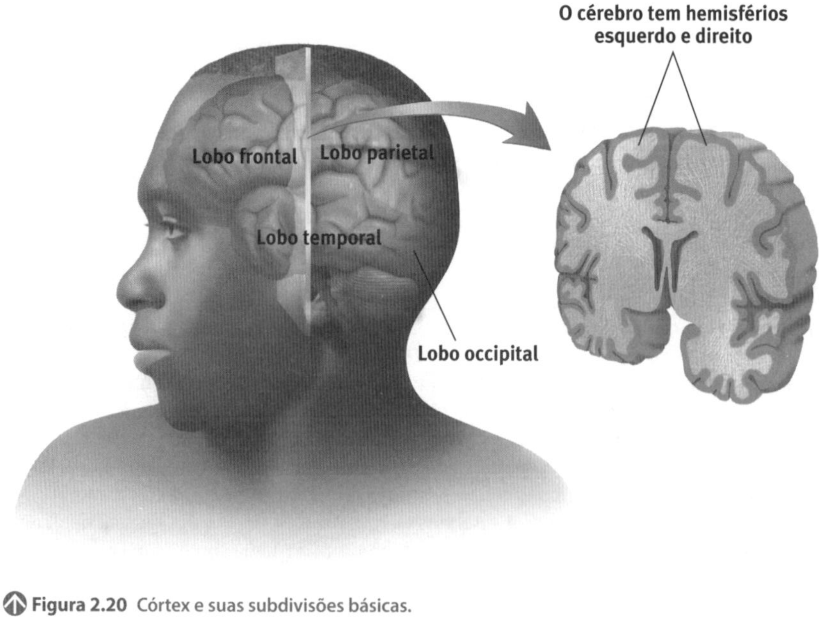

Figura 2.20 Córtex e suas subdivisões básicas.

Funções motoras

Os cientistas tiveram mais sorte ao localizar funções cerebrais mais simples. Por exemplo, em 1870, os médicos alemães Gustav Fritsch e Eduard Hitzig fizeram uma descoberta importante: a aplicação de estímulos elétricos leves a partes do córtex de um animal provocava movimentos em certas áreas do seu corpo. Os efeitos eram seletivos: os estímulos suscitavam movimentos apenas quando aplicados a uma região arqueada na parte posterior do lobo frontal, que ia aproximadamente de uma orelha à outra, atravessando o topo do cérebro. Além disso, a estimulação de partes dessa região no hemisfério esquerdo ou no direito provocava movimentos de áreas específicas do corpo, no lado *oposto*. Fritsch e Hitzig haviam descoberto aquilo que hoje chamamos de **córtex motor**.

Córtex motor. Área do córtex cerebral na parte posterior dos lobos frontais que controla os movimentos voluntários.

MAPEAMENTO DO CÓRTEX MOTOR. Para sorte dos neurocirurgiões e de seus pacientes, o cérebro não tem receptores sensoriais. Cientes disso, nos anos 1930, Otfrid Foerster e Wilder Penfield puderam mapear o córtex motor de centenas de pacientes totalmente despertos, mediante a estimulação de diferentes áreas corticais e a observação de suas respostas. Descobriram, assim, que as áreas do corpo que requeriam controle preciso, como dedos e boca, ocupavam a maior quantidade de espaço cortical (Figura 2.21). Em uma de suas muitas demonstrações da mecânica do comportamento motor, o neurocientista espanhol José Delgado estimulou determinado ponto no córtex motor esquerdo, o que fez com que a mão direita fechasse. Instado a manter os dedos abertos na estimulação seguinte, o paciente, cujos dedos se fecharam apesar de todos os seus esforços, comentou: "Acho, doutor, que sua eletricidade é mais forte que a minha vontade" (Delgado, 1969, p. 114).

Os cientistas podem prever o movimento do braço de um macaco *antes* de ele se mover, ao medir repetidamente a atividade do córtex motor que precede movimentos específicos do braço (Livi et al., 2019). Os cientistas também observaram os neurônios do córtex motor dos macacos que respondiam de modo diferente ao executar um ato social (colocar um objeto na mão de um experimentador) em vez de um ato não social (colocar algo em um recipiente ou na própria boca) (Coudé et al., 2019). Esses achados abriram as portas para pesquisas sobre tecnologia de computador controlada pelo cérebro.

PRÁTICA DE RECUPERAÇÃO

PR-2 Tente mover sua mão direita de forma circular, como se estivesse polindo uma mesa. Em seguida, faça o mesmo movimento com o pé direito, de maneira sincronizada. Agora inverta o movimento do pé, mas não o da mão. Por fim, experimente mover o pé *esquerdo* em oposição à mão direita.

a. Por que inverter o movimento do pé direito é tão difícil?

b. Por que é mais fácil mover o pé esquerdo em sentido contrário ao da mão direita?

RESPOSTAS NO APÊNDICE E

Figura 2.21 Córtex motor e tecido do córtex somatossensorial dedicado a cada parte do corpo. Como você pode ver nesta representação clássica, embora inexata, a quantidade de córtex dedicada a uma parte do corpo no córtex motor (nos lobos frontais) ou no córtex somatossensorial (nos lobos parietais) não é proporcional ao tamanho dessa parte do corpo. Em vez disso, o cérebro dedica mais tecido a áreas sensíveis e a áreas que requerem controle preciso. Assim, seus dedos têm representação maior no córtex do que seu braço.

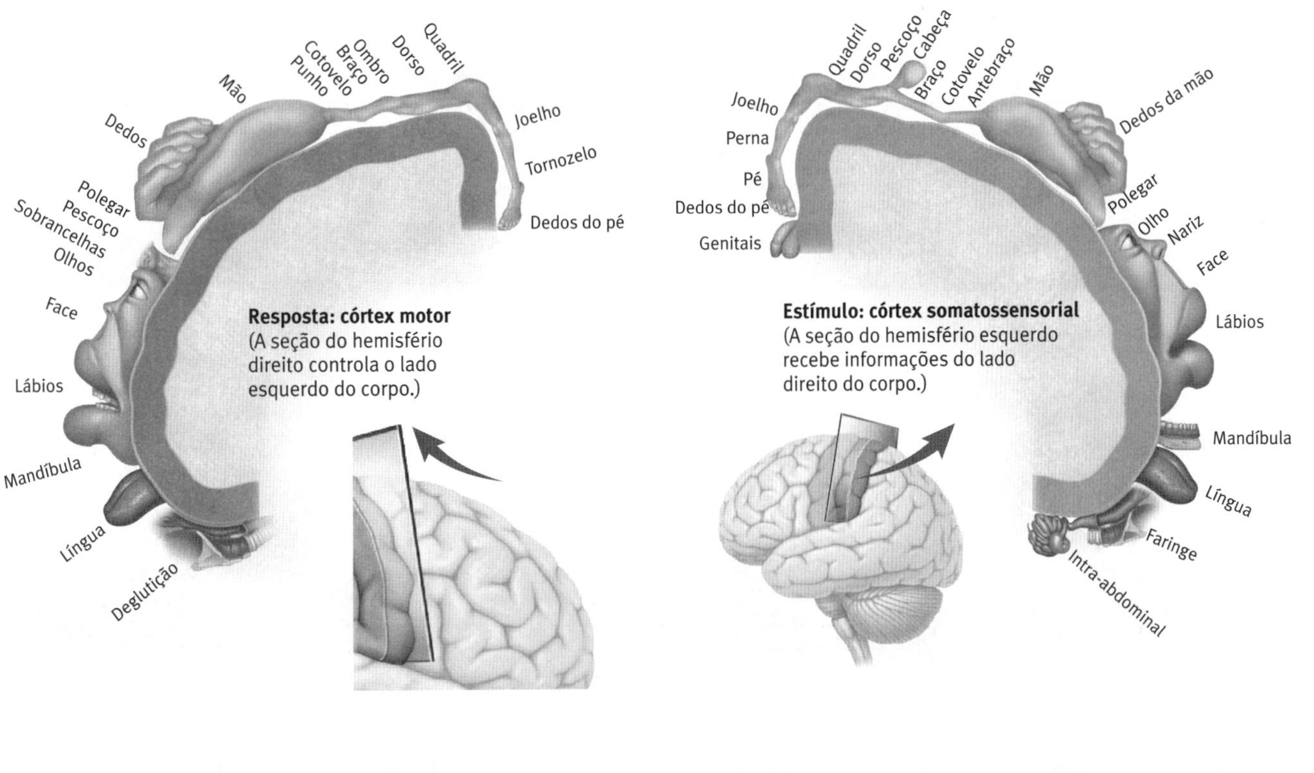

Córtex somatossensorial. Área à frente dos lobos parietais que registra e processa as sensações de tato e de movimento do corpo.

INTERFACES CÉREBRO-COMPUTADOR. Os pesquisadores se perguntaram: interceptando o cérebro, poderíamos capacitar uma pessoa com paralisia a mover um membro robótico? Será que uma interface cérebro-computador poderia comandar um cursor para escrever um *e-mail* ou trabalhar *online*? Para descobrir a resposta, pesquisadores implantaram 100 minúsculos eletrodos de registro no córtex motor de três macacos (Nicolelis, 2011; Serruya et al., 2002). Conforme os macacos eram recompensados por usar um *joystick* para seguir um alvo vermelho e móvel, os cientistas comparavam os sinais cerebrais com os movimentos dos braços. Então programaram um computador para monitorar os sinais e operar o *joystick*. Bastava um dos macacos pensar em se mover, e o computador leitor de mentes movia o cursor quase com a mesma proficiência que o macaco em busca de recompensas. Macaco pensa, computador faz.

Testes clínicos desse tipo de *próteses neurais cognitivas* estão em andamento com pessoas que sofreram paralisia grave ou amputação de algum membro (Andersen et al., 2010; Nurmikko et al., 2010; Rajangam et al., 2016; Velliste et al., 2008). O primeiro paciente, um homem paralisado de 25 anos de idade, conseguiu controlar mentalmente uma televisão, desenhar formas em uma tela de computador e jogar *videogames* – tudo graças a um *chip* do tamanho de metade de um amendoim, com 100 microeletrodos, que registrava a atividade em seu córtex motor (Hochberg et al., 2006). Outros pacientes com paralisia receberam implantes e aprenderam a dirigir braços robóticos com seus pensamentos (Clausen et al., 2017).

E depois houve o caso de Ian Burkhart, que perdeu o uso de seus braços e pernas aos 19 anos de idade. Pesquisadores do cérebro da Universidade do Estado de Ohio implantaram eletrodos de gravação em seu córtex motor (Schwemmer et al., 2018). Com o uso de *aprendizagem de máquina* de computador, eles instruem Burkhart a olhar para uma tela que mostra a mão em movimento. Em seguida, Burkhart se imagina movendo sua própria mão. Sinais cerebrais de seu córtex motor começam a alimentar o computador, que recebe a mensagem de que ele quer mover o braço e, assim, estimula esses músculos. O resultado? Burkhart, com seu próprio braço paralisado, pega uma garrafa, despeja seu conteúdo e pega um bastão. Ele pode até jogar *Guitar Hero*. Ao aprender os padrões únicos de resposta cerebral de Burkhart, o computador pode prever sua atividade cerebral para ajudá-lo a fazer esses movimentos. "Realmente restaurou muito da esperança que tenho para o futuro saber que será possível usar um dispositivo como esse na vida cotidiana", diz Burkhart, "para mim e para muitas outras pessoas" (Wood, 2018). (Ver tinyurl.com/ControlMotorCortex.)

Em outra demonstração de aprendizagem de máquina, pesquisadores examinaram o cérebro de estudantes de física enquanto pensavam em 30 conceitos relevantes para a física, como gravidade e momento (Mason & Just, 2016). Um programa de computador aprendeu a identificar com precisão as ligações entre as ativações de regiões específicas do cérebro e os conceitos.

Se tudo que é psicológico também é biológico – se, por exemplo, todo pensamento também é um evento neural, os microeletrodos podem algum dia detectar pensamentos complexos suficientemente bem para permitir que muitas pessoas controlem seu ambiente com uma precisão cada vez maior (Figura 2.22). Os cientistas até criaram uma voz protética. A voz virtual cria uma fala compreensível (principalmente) ao ler os comandos motores do cérebro que direcionam o movimento vocal (Anumanchipalli et al., 2019).

Funções sensoriais

Se o córtex motor envia mensagens para o corpo, onde o córtex recebe as mensagens que chegam? Wilder Penfield identificou uma área cortical à frente dos lobos parietais – paralela e imediatamente atrás do córtex motor – especializada em receber informações dos sentidos táteis, como toque e temperatura, e dos movimentos de partes do corpo. Essa área hoje é chamada de **córtex somatossensorial**. Se estimularmos um ponto na parte superior dessa faixa de tecido, a pessoa pode afirmar ter sido tocada no ombro; estimulando um ponto lateral, ela pode sentir algo no rosto.

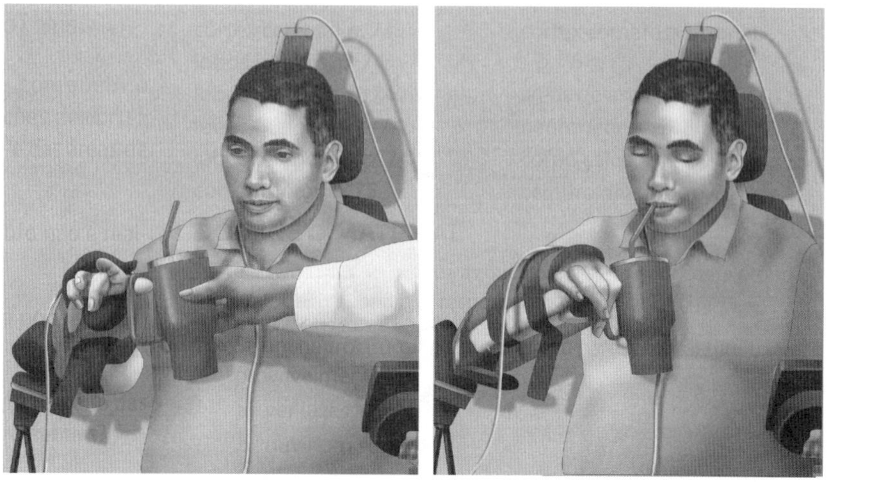

Figura 2.22 Interação cérebro-máquina. Eletrodos colocados na área da mão do córtex motor e nos músculos da mão, do cotovelo e do ombro ajudaram um homem com paralisia nos quatro membros a usar seu braço paralisado para tomar um gole de café (Ajiboye et al., 2017). Esses avanços de pesquisa estão abrindo caminho para o movimento restaurado na vida cotidiana, fora do ambiente controlado do laboratório (Andersen, 2019; Andersen et al., 2010).

Quanto mais sensível for a região do corpo, maior é a área do córtex somatossensorial dedicada a ela (ver Figura 2.21). Seus lábios supersensíveis mobilizam uma área cerebral maior do que os dedos do pé, o que é uma das razões pelas quais nos beijamos com os lábios em vez de nos tocarmos com os pés. Os ratos têm uma grande área do cérebro dedicada às sensações de seus bigodes, e as corujas, às sensações auditivas.

Os cientistas identificaram áreas adicionais onde o córtex recebe informações de outros sentidos além do toque. Qualquer informação visual que você está recebendo agora vai para o córtex visual em seus lobos occipitais, na parte de trás de seu cérebro (Figuras 2.23 e 2.24). Se você tem visão normal, pode ver lampejos de luz ou traços de cor se seus lobos occipitais forem estimulados. (De certa forma, temos olhos na parte de trás de nossa cabeça!) Tendo perdido grande parte de seu lobo occipital direito em virtude da remoção de um tumor, um amigo meu [DM] não podia enxergar a metade esquerda do que havia no seu campo de visão. A informação visual viaja dos lobos occipitais para outras áreas especializadas em tarefas como identificar palavras, detectar emoções e reconhecer rostos.

Qualquer som que você está ouvindo agora é processado por seu córtex auditivo nos lobos temporais (logo acima das orelhas; veja a Figura 2.24). A maior parte dessa informação auditiva percorre um circuito que vai de um ouvido até a área receptora acima da orelha oposta. Se o seu córtex auditivo for estimulado, você pode ouvir um som. Imagens de RM de pessoas com esquizofrenia revelam que há atividade nas áreas auditivas dos lobos temporais durante as falsas experiências sensoriais das *alucinações* auditivas (Lennox et al., 1999). Até mesmo o ruído fantasma ouvido por pessoas com perda auditiva (acúfenos ou *tinnitus*) está associado – quando escutado em um dos ouvidos – à atividade no lobo temporal no lado oposto do cérebro (Muhlnickel, 1998).

Áreas de associação. Áreas do córtex cerebral que não estão envolvidas nas funções motoras ou sensoriais primárias; em vez disso, estão envolvidas em funções mentais superiores, como aprender, lembrar, pensar e falar.

PRÁTICA DE RECUPERAÇÃO

PR-3 O córtex _____________ do cérebro registra e processa as sensações táteis e de movimento do corpo. O córtex _____________ controla nossos movimentos voluntários.

RESPOSTAS NO APÊNDICE E

Áreas de associação

Até aqui, apontamos pequenas áreas do córtex que recebem informações sensoriais ou direcionam respostas musculares. Juntas, elas ocupam cerca de um quarto da fina e enrugada capa do cérebro humano. Então, o que ocorre nessas vastas regiões restantes do córtex? Os neurônios nessas **áreas de associação** ocupam-se das funções mentais superiores – muitas das tarefas que nos tornam humanos. Estimular eletricamente as áreas de associação não provoca nenhuma resposta observável. Portanto, diferentemente das áreas sensoriais e motoras, as funções das áreas de associação não podem ser mapeadas com precisão. Isso significa que não os usamos ou que, como cerca de quatro em cada dez pessoas concordaram em duas pesquisas, "usamos apenas 10% de nossos cérebros" (Furnham, 2018; Macdonald et al., 2017)? (Ver Pensamento crítico: Usamos apenas 10% do nosso cérebro?)

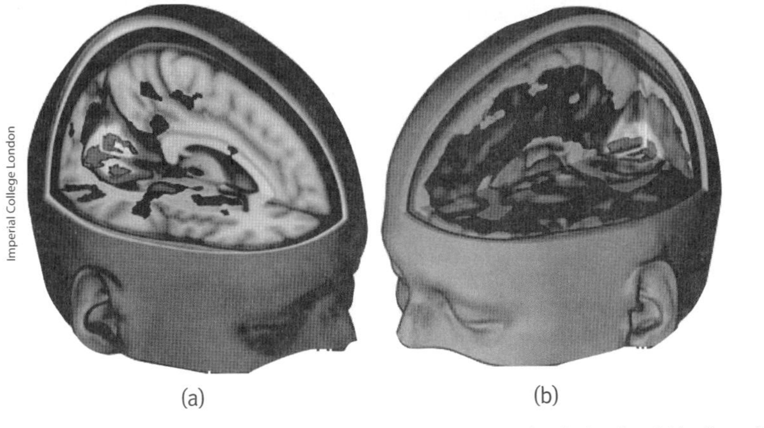

Figura 2.23 Ver sem olhos. A droga psicoativa LSD muitas vezes produz alucinações vívidas. Por quê? Porque aumenta drasticamente a comunicação entre o córtex visual (no lobo occipital) e outras regiões do cérebro. Essas imagens de ressonância magnética funcional (RMf) mostram (a) um participante da pesquisa com os olhos fechados que recebeu um placebo e (b) a mesma pessoa sob influência de LSD. A cor representam a intensidade do fluxo sanguíneo (Carhart-Harris et al., 2016). Outros pesquisadores confirmaram que o LSD aumenta a comunicação entre as regiões do cérebro (Preller et al., 2019; Timmerman et al., 2018). (*Esta figura encontra-se reproduzida em cores no Encarte.*)

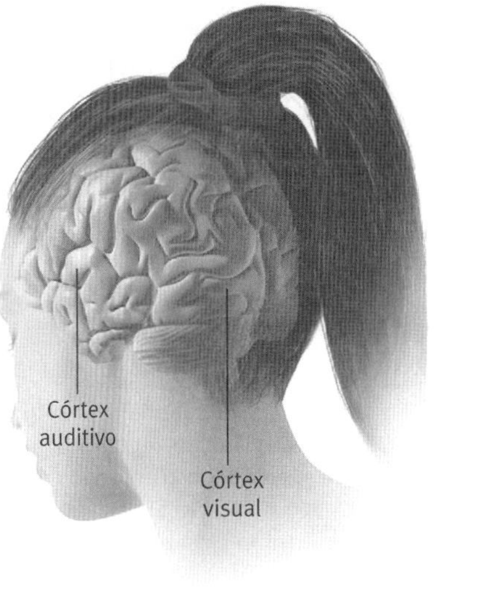

Figura 2.24 Córtex visual e córtex auditivo. O córtex visual nos lobos occipitais, na parte de trás do cérebro, recebe informações de seus olhos. O córtex auditivo em seus lobos temporais, acima de suas orelhas, recebe informações de seus ouvidos.

Áreas de associação são encontradas nos quatro lobos. O *córtex pré-frontal* na parte anterior dos lobos frontais permite julgamento, planejamento, interações sociais e processamento de novas memórias (de la Vega et al., 2016; Silwa & Frehwald, 2017; Yin & Weber, 2019). Pessoas com danos nesta área do córtex podem ter memória intacta, alto desempenho em testes de inteligência e grande habilidade para preparar um bolo. Contudo, seriam incapazes de planejar com antecedência a fim de *começar* a preparar um bolo para uma festa de aniversário (Huey et al., 2006). Se começassem, poderiam esquecer a receita (MacPherson et al., 2016). E, apesar de serem os responsáveis pela ausência do bolo de aniversário na festa, podem não se arrepender (Bault et al., 2019).

Pensamento crítico sobre:
Usamos apenas 10% do nosso cérebro?

QOA 2.12 É verdade que 90% do nosso cérebro não é realmente usado?

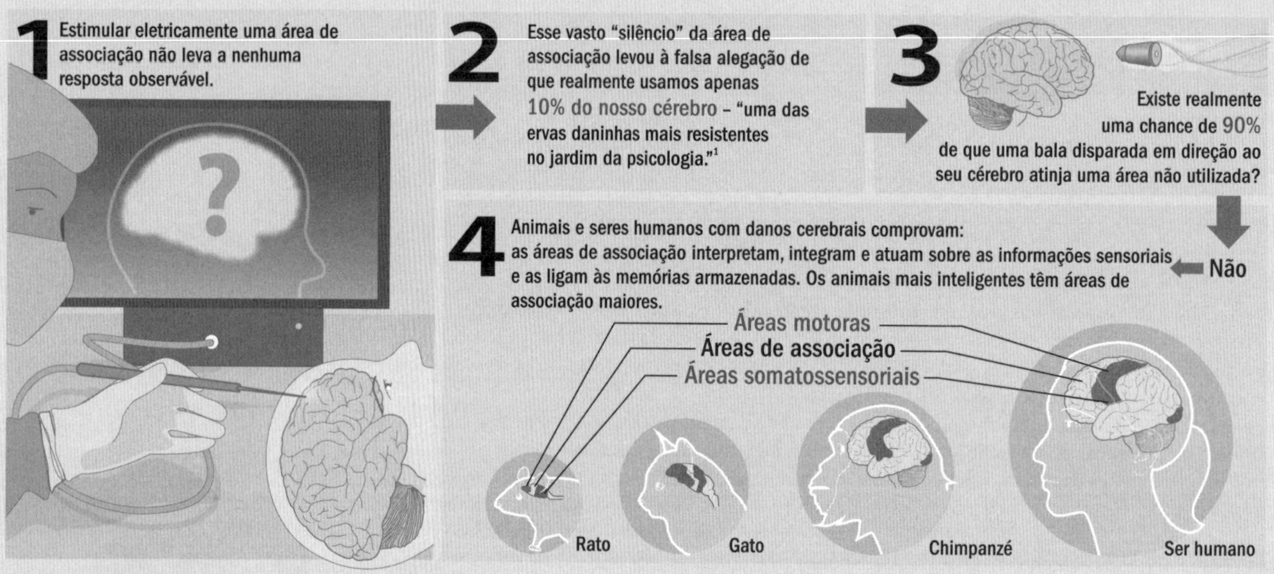

1. McBurney, 1996, p. 44.

Danos no lobo frontal também podem alterar a personalidade e remover as inibições da pessoa. Consideremos o caso clássico do operário de ferrovia Phineas Gage. Em uma tarde de 1848, Gage, então com 25 anos de idade, estava usando um vergalhão de ferro para inserir pólvora em uma rocha. Uma faísca incendiou a pólvora, arremessando o vergalhão, que atravessou sua face esquerda e saiu pelo topo de seu crânio, causando dano a seus lobos frontais (Figura 2.25). Para surpresa de todos, Gage conseguiu imediatamente sentar e falar e, depois que a ferida cicatrizou, voltou ao trabalho. Porém, a explosão danificou as conexões entre os lobos frontais e as regiões do cérebro que permitem o controle das emoções e a tomada de decisões (Thiebaut de Schotten et al., 2015; Van Horn et al., 2012). Como essa lesão afetou a personalidade de Gage? O homem normalmente afável e de fala mansa tornou-se irritável, lascivo e desonesto. Aquela pessoa, diziam seus amigos, "não era mais o Gage". Gage acabou perdendo o emprego como ferroviário, mas, com o tempo, encontrou trabalho como cocheiro de diligências (Macmillan & Lena, 2010).

Estudos com outras pessoas com lesão nos lobos frontais revelaram deficiências semelhantes. Elas não apenas podem ficar mais desinibidas (sem os lobos frontais para frear seus impulsos), mas seu julgamento moral também parece ser prejudicado. Cecil Clayton perdeu 20% de seu lobo frontal esquerdo em um acidente em uma serraria em 1972. A partir daí, sua pontuação em testes de inteligência caiu para um nível de ensino fundamental e ele demonstrou maior impulsividade. Em 1996, ele atirou fatalmente em um vice-xerife. Em 2015, quando ele tinha 74 anos de idade, o Estado do Missouri o executou (Williams, 2015).

Você seria a favor de atirar uma pessoa na frente de um vagão de carga desgovernado para salvar outras cinco? A maioria das pessoas não o faria, por causa das fortes normas sociais contrárias ao assassinato. Mas as pessoas com danos no córtex pré-frontal em geral não têm problemas com esses dilemas éticos (Koenigs et al., 2007). Os lobos frontais ajudam a nos orientar na direção da empatia e da cortesia, e para longe da violência (Lieberman et al., 2019; Molenberghs et al., 2015; Yang & Raine, 2009). Com os lobos frontais danificados, a bússola moral das pessoas parece desconectar-se de seu comportamento. Eles conhecem o certo e o errado, mas muitas vezes não se importam.

As áreas de associação também exercem outras funções mentais. Nos lobos parietais, que eram maiores e tinham formas atípicas no cérebro de peso normal de Einstein, habilitam o raciocínio matemático e espacial (Amalric & Dehaene, 2019; Wilkey et al., 2018). A estimulação de determinada região de um lobo parietal em pacientes cirúrgicos cerebrais produziu a sensação de querer movimentar um braço, os lábios ou a língua, sem que nenhum movimento se efetivasse. Com estimulação mais intensa, os pacientes acreditavam, falsamente, que haviam *realizado* esses movimentos. Curiosamente, quando cirurgiões estimularam outra área de associação próxima ao córtex motor nos lobos frontais, os pacientes realizaram movimentos, mas sem consciência do que faziam (Desmurget et al., 2009). Essas observações surpreendentes sugerem que nossa percepção do movimento não advém do movimento em si, mas de nossa intenção e dos resultados esperados.

No lado inferior do lobo temporal direito, outra área de associação nos permite reconhecer rostos. Se um acidente vascular cerebral (AVC) ou uma lesão na cabeça destruísse essa área de seu cérebro, você ainda seria capaz de descrever feições faciais e de reconhecer o sexo e a idade aproximada de alguém, porém seria estranhamente incapaz de identificar a pessoa como, digamos, sua própria avó.

Entretanto, nunca é demais lembrar que devemos tomar muito cuidado para não usar imagens dos "pontos cruciais" do cérebro para criar uma nova frenologia, que localize funções complexas em áreas cerebrais específicas (Beck, 2010; Shimamura, 2010; Uttal, 2001). Durante uma tarefa complexa, uma imagem cerebral mostraria muitas ilhas de atividade cerebral trabalhando juntas – algumas que funcionariam automaticamente em segundo plano e outras que atuariam sob controle consciente (Chein & Schneider, 2012). Sua memória, linguagem, atenção e habilidades sociais resultam da *conectividade funcional*, ou seja, da comunicação entre áreas cerebrais distintas e redes neurais (Bassett et al., 2018; Knight, 2007; Silston et al., 2018). O que acontece quando as áreas do cérebro têm dificuldades para se comunicar umas com as outras? As pessoas estão em maior risco de uma variedade de transtornos mentais (Baker et al., 2019; Zhang et al., 2019). *Ponto a ser lembrado*: nossas experiências mentais são derivadas de atividades cerebrais coordenadas.

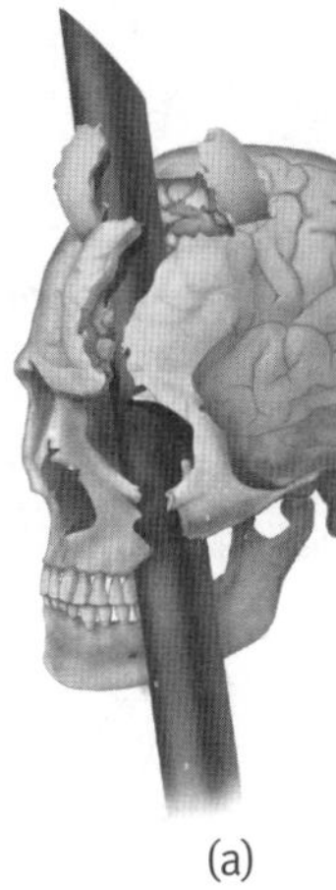

(a)

Baseado na fotografia original de Jack e Beverly Wilgus.

(b)

Figura 2.25 Explosão do passado. (a) O crânio de Phineas Gage foi mantido como registro médico. Usando medições e técnicas modernas de neuroimagem, os pesquisadores reconstruíram o provável caminho da haste através do cérebro de Gage (Van Horn et al., 2012). (b) Esta foto mostra Gage depois do acidente. (A imagem foi invertida para mostrar os recursos corretamente. As primeiras fotos, incluindo esta, eram espelhadas.)

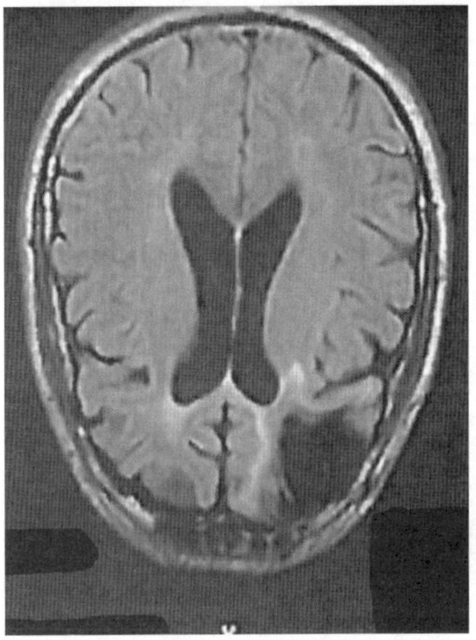

Varredura do cérebro de Cecil Clayton, incluída no pedido de suspensão da execução arquivado no Supremo Tribunal, mostrando uma parte faltante de seu lobo frontal

Freios do lobo frontal ausentes. Com parte de seu lobo frontal esquerdo (neste exame do cérebro voltado para baixo) perdido por causa de uma lesão, Cecil Clayton tornou-se mais impulsivo e matou um vice-xerife. Dezenove anos depois, seu Estado o executou por esse crime.

PRÁTICA DE RECUPERAÇÃO

PR-4 Por que as áreas de associação são importantes?

RESPOSTAS NO APÊNDICE E

Respostas ao dano

QOA 2.13 Até que ponto o cérebro danificado pode se reorganizar, e o que é *neurogênese*?

Anteriormente, aprendemos sobre *neuroplasticidade* – a forma como nosso cérebro se adapta a novas situações. O que acontece quando experimentamos percalços, grandes e pequenos? Vamos explorar a capacidade do cérebro de se modificar depois de um dano.

A maioria dos efeitos dos danos cerebrais pode ser atribuída a dois fatos concretos: (1) Os neurônios seccionados do cérebro e da medula espinal, ao contrário da pele quando cortada, geralmente não se regeneram. (Se sua medula espinal fosse seccionada, você provavelmente ficaria paralisado permanentemente.) (2) Algumas funções cerebrais parecem pré-designadas para áreas específicas. Um recém-nascido que sofreu danos nas áreas de reconhecimento facial do lobo temporal nunca foi capaz de reconhecer rostos (Farah et al., 2000). Mas temos boas notícias: alguns tecidos neurais podem ser *reorganizados* em resposta a lesões.

Seguramos o cérebro de Einstein em nossas mãos e percebemos que este é o órgão responsável por mudar nossa percepção do universo... Ficamos extasiados, – Neurocientista Sandra Witelson, 2011

Cortesia do Dr. Danielle Bassett

Física da mente. O trabalho da vencedora do MacArthur Genius Award, Danielle Bassett, atravessa disciplinas. Ela aplica conceitos de física e matemática para explicar as conexões da rede neural do cérebro.

A neuroplasticidade também pode se dar após danos graves, sobretudo em crianças pequenas (Kolb, 1989). A *terapia induzida por restrição* visa reconectar o cérebro e melhorar a destreza de uma criança com dano cerebral, ou mesmo de um adulto vítima de acidente vascular cerebral (Taub, 2004). Ao restringir o uso de um membro em pleno funcionamento, a terapia força o uso da mão ou perna "ruim", reprogramando o cérebro gradualmente. Um cirurgião na casa dos 50 anos de idade, vítima de derrame, foi posto para trabalhar limpando mesas, mas com a mão e o braço bons restringidos. Lentamente, o braço prejudicado recuperou habilidades. À medida que as funções prejudicadas migravam das áreas cerebrais danificadas para outras, ele pouco a pouco reaprendeu a escrever, e até a jogar tênis (Doidge, 2007).

A plasticidade do cérebro é uma boa notícia para os cegos ou surdos. A cegueira e a surdez deixam áreas não utilizadas disponíveis para outros usos, como captação de sons e odores (Amedi et al., 2005; Bauer et al., 2017). Se uma pessoa cega usa um dedo para ler em braile, a área dedicada a esse dedo se expande, à medida que o sentido do tato invade o córtex visual que normalmente ajuda as pessoas a enxergar (Barinaga, 1992; Sadato et al., 1996). A neuroplasticidade também ajuda a explicar por que alguns estudos constataram que pessoas surdas que aprenderam língua de sinais têm visão periférica e detecção de movimentos aprimorada (Bosworth & Dobkins, 1999; Shiell et al., 2014). Em surdos cuja língua nativa é a de sinais, a área do lobo temporal normalmente dedicada à audição espera em vão por estimulação e, por fim, procura outros sinais para processar, como os do sistema visual usado para ver e interpretar os sinais.

Uma redistribuição similar pode ocorrer quando uma doença ou dano libera outras áreas cerebrais normalmente dedicadas a funções específicas. Se um tumor de crescimento lento no hemisfério esquerdo afeta a linguagem (que reside, em sua maior parte, no hemisfério esquerdo), o hemisfério direito pode compensá-lo (Thiel et al., 2006). Quando as pessoas que nascem sem mãos usam os pés para realizar tarefas cotidianas, seu córtex somatossensorial para a área das mãos torna-se ativo – mesmo que nunca tenham tido mãos (Striem-Amit et al., 2018). Assim, como você supõe que é a experiência de relação sexual de um paciente que teve a parte inferior da perna amputada? "Na verdade, sinto o orgasmo no meu pé [fantasma]. [Note que, na Figura 2.21, a região cerebral correspondente aos dedos do pé é adjacente à dos genitais.] E é muito mais intenso do que antes, porque agora não está mais confinado a meus genitais" (Ramachandran & Blakeslee, 1998, p. 36).

Embora o cérebro, de modo geral, procure se autorreparar mediante a reorganização do tecido existente, às vezes ele busca a recuperação por meio da **neurogênese** – o processo de produção de novos neurônios (Boldrini et al., 2018; Kempermann et al., 2018; Sorrells et al., 2018). Pesquisadores descobriram "neurônios bebês" nas profundezas do cérebro de camundongos adultos, pássaros, macacos e humanos (He & Jin, 2016; Jessberger et al., 2008). Esses neurônios podem formar conexões com neurônios vizinhos (Gould, 2007; Luna et al., 2019). A neurogênese varia entre os indivíduos, oferecendo outro exemplo de como experimentamos um processo comum (das espécies) de nossa própria e única maneira (Kempermann, 2019).

Células-tronco mestras, capazes de se desenvolver e se tornar qualquer tipo de célula cerebral, também foram descobertas em embriões humanos. Se produzidas em massa em laboratório e injetadas em um cérebro danificado, as células-tronco neurais podem substituir células cerebrais perdidas? Pesquisadores de universidades e empresas de biotecnologia continuam abrindo novos caminhos sobre como produzir células-tronco que se assemelham a neurônios humanos funcionais (Lu et al., 2016; Paşca et al., 2015). Essas pesquisas com células-tronco não apenas possibilitam tratar o cérebro doente ou danificado, mas também ajudam a entender o desenvolvimento do cérebro, a memória e outros processos psicológicos básicos (Mariani et al., 2012; Sun et al., 2015; Zhang et al., 2016). Será que algum dia os cirurgiões serão capazes de reconstruir cérebros danificados, assim como replantamos campos de futebol danificados? Fique sintonizado. Enquanto isso, todos nós podemos nos beneficiar de promotores naturais da neurogênese, como exercícios, sono e ambientes não estressantes, mas estimulantes (Liu & Nusslock, 2018; Monteiro et al., 2014; Nollet et al., 2019).

Neurogênese. Formação de novos neurônios.

Cérebro dividido

QOA 2.14 O que cérebros divididos revelam a respeito das funções de nossos dois hemisférios cerebrais?

Os hemisférios esquerdo e direito do nosso cérebro, tão similares, servem a diferentes funções. Essa *lateralização* fica evidente quando ocorre um dano cerebral. Pesquisas realizadas ao longo de mais de um século mostram que acidentes, AVC e tumores no hemisfério esquerdo podem prejudicar a leitura, a escrita, a fala, o raciocínio aritmético e a compreensão. Os efeitos de lesões semelhantes no hemisfério direito são menos visivelmente drásticos. Isso significa que o hemisfério direito é "secundário"? Essa era a crença de muitos até os anos 1960, quando um capítulo fascinante da história da psicologia começou a ser escrito: pesquisadores descobriram que o "secundário" hemisfério direito não era tão limitado, no fim das contas.

Corpo caloso. Grande faixa de fibras neurais que conecta os dois hemisférios cerebrais e transporta mensagens entre eles.

Cérebro dividido. Condição resultante de cirurgia que isola os dois hemisférios do cérebro ao cortar as fibras (principalmente as do corpo caloso) que os conectam.

Divisão do cérebro

No início de 1960, dois neurocirurgiões especularam que ataques epilépticos de grande intensidade eram causados pela amplificação de uma atividade cerebral anormal que ricocheteava entre os dois hemisférios, que trabalham juntos como um sistema inteiro (Bogen & Vogel, 1962). Se fosse assim, imaginaram que poderiam pôr fim a essa partida de tênis biológica seccionando o **corpo caloso**, o grosso feixe de fibras axonais que conecta os dois hemisférios e carrega mensagens entre eles (ver Figura 2.26)? Os neurocirurgiões sabiam que os psicólogos Roger Sperry, Ronald Myers e Michael Gazzaniga haviam dividido os cérebros de gatos e de macacos dessa maneira, sem sequelas graves.

Então os dois neurocirurgiões fizeram a operação. O resultado? As convulsões simplesmente desapareceram. Além disso, os pacientes com esses **cérebros divididos** continuaram surpreendentemente normais, e sua personalidade e intelecto quase não foram afetados. Ao acordar da cirurgia, um deles até brincou, dizendo que estava com uma "dor de cabeça de rachar" (Gazzaniga, 1967). Ao compartilhar suas experiências, esses pacientes muito contribuíram para expandir nosso entendimento das interações entre os dois hemisférios do cérebro intacto.

Para avaliar melhor esses achados, precisamos considerar, por um momento, a natureza peculiar de nosso aparato visual, como ilustra a Figura 2.27. Note que cada olho recebe informações sensoriais do campo visual inteiro. Porém, a partir de cada olho, as informações do lado esquerdo do campo de visão vão para o hemisfério direito, e as do lado direito vão para o hemisfério esquerdo, que geralmente controla a fala. As informações recebidas por qualquer um dos hemisférios são rapidamente transmitidas para o outro por meio do corpo caloso. Em uma pessoa com o corpo caloso seccionado, esse compartilhamento de informações não acontece.

Sabendo disso, Sperry e Gazzaniga puderam enviar informações ao hemisfério esquerdo ou direito de um paciente. Quando a pessoa olhava para um ponto, eles disparavam um estímulo à sua esquerda ou à sua direita. Eles poderiam fazer isso com você também, mas, no seu cérebro intacto, o hemisfério que recebesse a informação instantaneamente a passaria para o outro lado. Como a cirurgia de separação dos hemisférios havia cortado as linhas de comunicação entre os dois, com esses pacientes os pesquisadores podiam interrogar cada hemisfério separadamente.

Em um experimento preliminar, Gazzaniga (1967) pediu aos pacientes que olhassem para um ponto em uma tela onde piscavam as palavras HE · ART (Figura 2.28). Assim, HE aparecia no campo visual esquerdo (que transmite para o hemisfério direito) e ART, no campo direito (que transmite para o hemisfério esquerdo). Em seguida, pediu aos pacientes que *dissessem* o que haviam visto e eles responderam ter visto ART. Mas, quando solicitados a *apontar* para a palavra que viram, surpreenderam-se quando a mão esquerda deles (controlada pelo hemisfério direito) apontou HE. Ao ter a oportunidade de se expressar, cada hemisfério relatou o que viu. O hemisfério direito (no controle da mão esquerda) sabia por intuição aquilo que não podia relatar verbalmente.

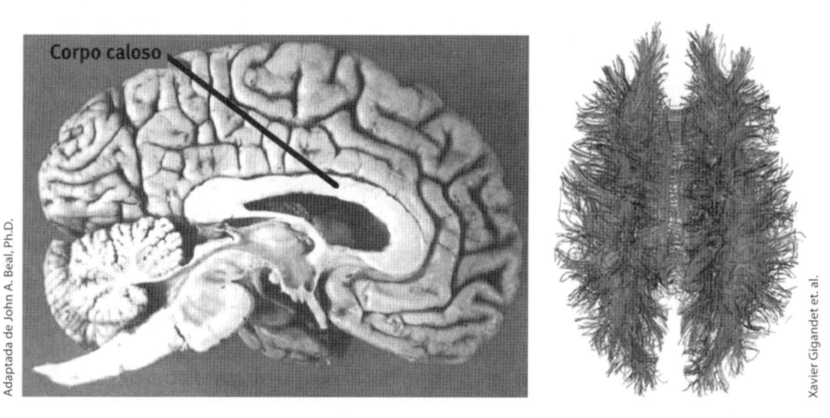

Figura 2.26 Corpo caloso. Essa grande faixa de fibras neurais conecta os dois hemisférios cerebrais. (a) Para fotografar esse meio cérebro, um cirurgião separou os hemisférios cortando o corpo caloso e as regiões inferiores do cérebro. (b) Esta imagem de espectro de difusão em alta resolução mostra um cérebro voltado para cima visto de cima, revelando redes neurais cerebrais dentro dos dois hemisférios e a ponte neural do corpo caloso entre eles. *(Esta figura encontra-se reproduzida em cores no Encarte.)*

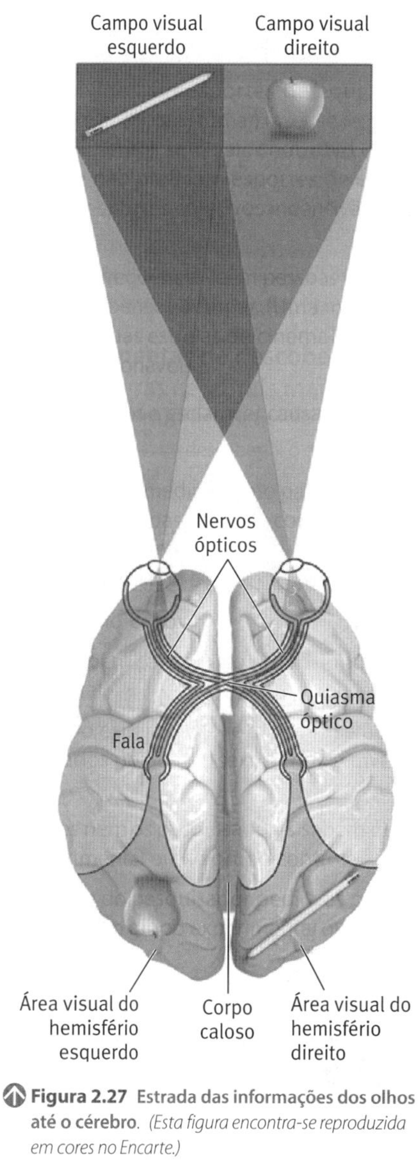

Figura 2.27 Estrada das informações dos olhos até o cérebro. *(Esta figura encontra-se reproduzida em cores no Encarte.)*

Figura 2.28 Um crânio, duas mentes. Quando um pesquisador mostra HE•ART através do campo visual, uma mulher com o cérebro dividido relata verbalmente ter visto a palavra transmitida para seu hemisfério esquerdo. No entanto, se solicitada a indicar com a mão esquerda o que viu, ela aponta para a palavra transmitida ao seu hemisfério direito (Gazzaniga, 1983).

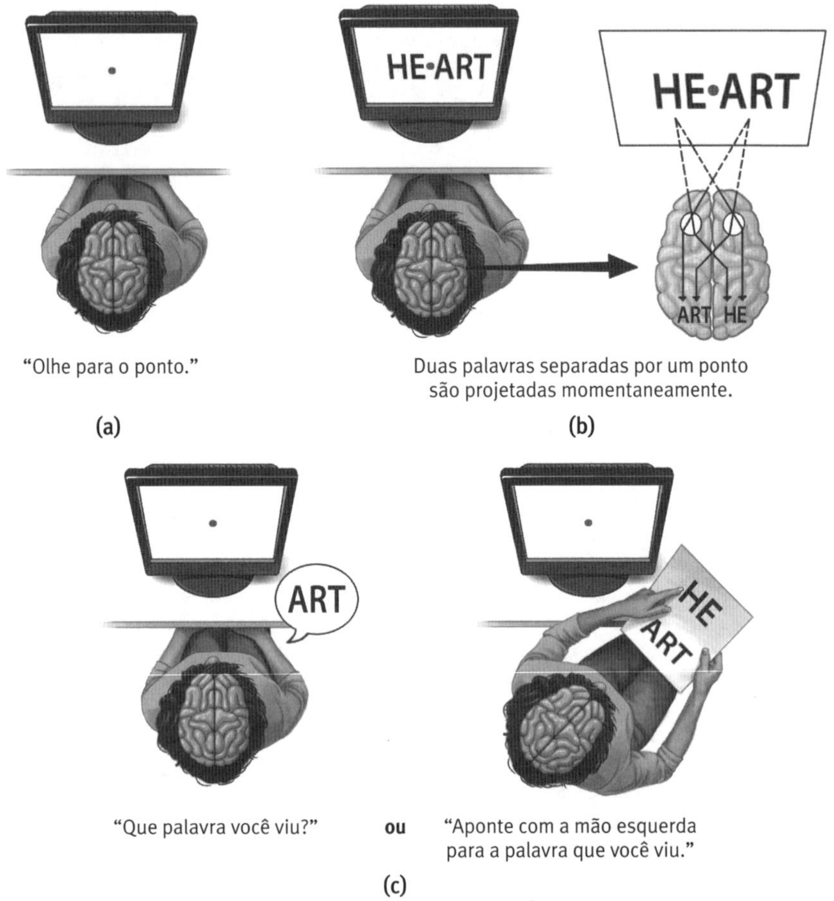

Quando a imagem de uma colher foi direcionada para o hemisfério direito, os pacientes não foram capazes de dizer o que eles visualizaram. Mas, quando solicitados a *identificar* o que haviam visualizado, sentindo com a mão esquerda uma série de objetos escondidos, prontamente escolheram a colher. Se o experimentador dissesse "Certo!", o paciente replicaria: "O quê? Certo? Como eu poderia escolher o objeto certo se não sei o que vi?". Aqui, é claro que é o hemisfério esquerdo que está falando, admirado com o que o hemisfério direito não verbal sabe.

Algumas pessoas submetidas à cirurgia de separação do cérebro ficaram durante algum tempo incomodadas com a desregrada independência de sua mão esquerda. Parecia que a mão esquerda realmente não sabia o que a mão direita estava fazendo. A mão esquerda pode desabotoar uma camisa enquanto a mão direita a abotoa, ou colocar os itens do supermercado de volta na prateleira depois que a mão direita os colocou no carrinho. Era como se cada hemisfério pensasse: "Tenho meia mente para vestir minha camisa verde (azul) hoje". Mais do que isso, Sperry (1964) afirmou que a cirurgia de separação dos hemisférios deixa as pessoas "com duas mentes separadas". Com um cérebro dividido, cada hemisfério é capaz de compreender e seguir uma instrução para copiar simultaneamente figuras diferentes com as mãos esquerda e direita (Franz et al., 2000; veja também a Figura 2.29). Os pesquisadores de hoje acreditam que a mente de um paciente com cérebro dividido se assemelha a um rio que se ramificou em riachos separados, cada um sem saber do outro (Pinto et al., 2017). (Lendo esses relatos, você pode imaginar uma pessoa se divertindo com um solitário jogo de "pedra, papel e tesoura" – a mão esquerda contra a direita?)

"Não deixe a tua mão esquerda saber o que a tua mão direita faz." – Mateus 6:3

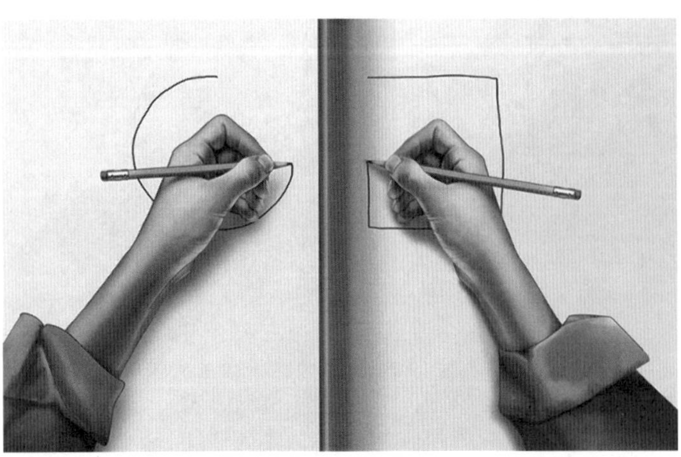

Figura 2.29 Experimente isto! Pessoas que passaram por uma cirurgia de separação do cérebro podem desenhar simultaneamente duas formas diferentes.

Quando as "duas mentes" estão em desacordo, o hemisfério esquerdo faz uma ginástica mental para racionalizar reações que não entende. Se um paciente segue uma ordem enviada para o hemisfério direito ("Caminhe"), algo estranho acontece. Sem ter ciência da ordem, o hemisfério esquerdo não sabe por que a pessoa começou a andar. Ao ser questionado, o paciente não diz "Não sei". Em vez disso, o hemisfério esquerdo improvisa: "Vou em casa pegar um refrigerante". Gazzaniga (1988), que considera esses pacientes "as pessoas mais fascinantes do mundo", conclui que o hemisfério esquerdo consciente é um "intérprete" que cria explicações instantâneas. O cérebro, ele conclui, de modo geral funciona no piloto automático; age primeiro, para se explicar depois.

PRÁTICA DE RECUPERAÇÃO

PR-5 (a) Se piscarmos uma luz vermelha para o hemisfério direito de uma pessoa com hemisférios cerebrais separados, e uma luz verde para seu hemisfério esquerdo, cada um observaria sua respectiva cor? (b) A pessoa teria consciência de serem duas cores diferentes? (c) O que ela relataria ter visto verbalmente?

RESPOSTAS NO APÊNDICE E

Diferenças entre os dois hemisférios do cérebro intacto

Então, e os mais de 99,99% de nós com cérebros não divididos? *Nossos* dois hemisférios também realizam funções distintas? A resposta curta é *sim*. Quando uma pessoa realiza uma tarefa *perceptiva*, uma imagem cerebral geralmente revela aumento da atividade (ondas cerebrais, fluxo sanguíneo e consumo de glicose) no hemisfério *direito*. Quando a pessoa fala ou faz um cálculo, a atividade em geral cresce no hemisfério *esquerdo*.

Uma demonstração radical da especialização hemisférica ocorre antes de alguns tipos de cirurgia cerebral. Para verificar a localização dos centros de linguagem do paciente, o cirurgião injeta um sedativo na artéria do pescoço, a qual fornece sangue para o hemisfério esquerdo, que, usualmente, controla a fala. Antes da injeção, o paciente está deitado, com os braços para o ar, conversando com o médico. Você consegue prever o que vai acontecer quando o anestésico adormecer o hemisfério esquerdo? Em segundos, o braço direito cai, flácido. Se o hemisfério esquerdo controla a linguagem, a pessoa vai ficar sem fala até o efeito passar. Se a anestesia for injetada na artéria que leva ao hemisfério direito, o braço esquerdo vai cair, amolecido, mas o paciente ainda vai conseguir falar.

Para o cérebro, linguagem é linguagem, seja por fala, seja por sinais. (Para saber mais sobre como e onde o cérebro processa a linguagem, veja o Capítulo 9.) Assim como as pessoas que ouvem em geral usam o hemisfério esquerdo para processar a linguagem falada, as pessoas surdas usam o mesmo hemisfério para processar a língua de sinais (Corina et al., 1992; Hickok et al., 2001). Assim, um AVC no hemisfério esquerdo de um surdo interferiria em sua capacidade de sinalizar, do mesmo modo como prejudicaria a fala de alguém que ouve (Corina, 1998).

Imagens do cérebro mostraram que, como os humanos, os cães geralmente processam palavras com o hemisfério esquerdo e a entonação com a região do hemisfério direito. Um estudo demonstrou que fazer elogios era ineficaz se o que os cães ouviam não correspondia à forma *como* foi falado (Andics et al., 2016).

Embora o hemisfério esquerdo seja hábil para fazer interpretações rápidas e literais da linguagem, o hemisfério direito:

- *Destaca-se por fazer inferências* (Beeman & Chiarello, 1998; Bowden & Beeman, 1998; Mason & Just, 2004). Se provocado com a palavra *pé*, o hemisfério esquerdo será especialmente rápido em reconhecer a palavra *calcanhar*, intimamente associada. Mas se o problema envolver abstração – "Que palavra combina com *bota*, *verão* e *barraca*?" – o hemisfério direito chega mais rapidamente a uma conclusão fundamentada e reconhece a solução: *acampamento*. Um paciente, depois de sofrer um AVC no hemisfério direito, explicou: "Eu entendo as palavras, mas estou perdendo as entrelinhas". O lado direito do cérebro também é melhor que o lado esquerdo para copiar desenhos, reconhecer rostos, perceber diferenças e reconhecer e expressar emoções, usando o lado esquerdo do rosto, mais expressivo. Lesões no hemisfério direito podem causar grande prejuízo a essas habilidades
- *Ajuda a modular nossa fala*, para tornar claro o significado – como quando dizemos "A encomenda chegará amanhã, senhora", em vez de "A encomenda chegará amanhã, sem hora" (Heller, 1990)
- *Ajuda a organizar nossa autoconsciência*. Quem sofre paralisia parcial às vezes nega, de forma obstinada, sua deficiência – estranhamente alegando poder mexer um membro paralisado – se o dano tiver acometido o hemisfério direito (Berti et al., 2005).

Simplesmente olhando para os dois hemisférios, tão parecidos a olho nu, quem poderia supor que eles contribuem de maneira tão singular para a harmonia do todo? Ainda assim, uma variedade de observações – de pessoas com hemisférios cerebrais divididos, de pessoas com cérebros normais e mesmo dos cérebros de outras espécies – converge maravilhosamente, restando pouca dúvida de que temos cérebros unificados com partes especializadas (Hopkins & Cantalupo, 2008; MacNeilage et al., 2009).

PERGUNTE A SI MESMO

Por que você acha que nosso cérebro evoluiu para tantas estruturas interconectadas com funções variadas?

* * *

Neste capítulo, vislumbramos um princípio primordial: tudo que é psicológico é simultaneamente biológico. Concentramo-nos em como nossos pensamentos, sentimentos e ações surgem de nosso cérebro especializado, mas integrado e maravilhosamente adaptável. Nos próximos capítulos, exploraremos mais a fundo o significado da revolução biológica na psicologia.

Da frenologia do século XIX até a neurociência de hoje, percorremos um longo caminho. Conhecer a neurociência nos ajuda a entender a nós mesmos e nossos semelhantes. Conforme observado por uma das fundadoras da neurociência moderna, Marian Diamond (2016), "Tire o cérebro, você tira a pessoa". No entanto, os cientistas psicológicos precisam praticar a humildade intelectual: o que é desconhecido ainda supera o que é conhecido. Podemos descrever o cérebro. Podemos aprender as funções de suas partes. Podemos estudar como as partes se comunicam. Mas como extraímos a mente da carne? Como essa mistura eletroquímica que acontece em um monte de tecidos do tamanho de um pé de alface dá origem à euforia, a uma ideia criativa, ou àquela lembrança da vovó?

Assim como gás e ar podem originar algo diferente – fogo, também o complexo cérebro humano pode gerar algo diferente: a *consciência*. A mente, argumentava Roger Sperry, emerge da dança de íons do cérebro, ainda que não possa ser reduzida a isso. Como observou o neurocientista Donald MacKay (1978), "[Minha atividade cerebral] reflete o que estou pensando, assim como a atividade [do computador] é reflexo da equação que ele está resolvendo". As atividades da mente e do cérebro são indissociáveis, sublinhou ele, mas ambas são complementares e distintas em termos conceituais.

As células não podem ser plenamente explicadas pelas ações de átomos e tampouco as mentes, pela atividade das células. A psicologia tem suas raízes na biologia, que está enraizada na química, por sua vez arraigada na física. Não obstante, psicologia é mais do que física aplicada. Como nos lembrou Jerome Kagan (1998), o significado do Discurso de Gettysburg não pode ser reduzido à atividade neural. O amor sexual é mais do que sangue fluindo para os genitais. Moralidade e responsabilidade tornam-se possíveis quando entendemos a mente como um "sistema holístico", afirmou Sperry (1992). Não somos meros robôs tagarelas. Cérebros criam pensamentos. E pensamentos mudam os cérebros.

A mente buscando compreender o cérebro: esse é, sem dúvida, um dos desafios finais da ciência. E sempre será. Parafraseando o cosmólogo John Barrow, um cérebro simples o bastante para ser compreendido será demasiado simples para produzir uma mente capaz de compreendê-lo.

"Todos os fenômenos psicológicos são causados pelo cérebro, mas muitos são mais bem compreendidos ao nível da mente." – Tuíte do psicólogo Steven Pinker, 10 de junho de 2013

REVISÃO Córtex cerebral

OBJETIVOS DE APRENDIZAGEM

Teste a si mesmo. Responda às Questões dos Objetivos de Aprendizagem (antes de conferir as respostas no Apêndice D) para aprimorar a retenção dos conceitos estudados (McDaniel et al., 2009, 2015).

QOA 2.11 Quais são os quatro lobos que compõem o córtex cerebral e quais são as funções do córtex motor, do córtex somatossensorial e das áreas de associação?

QOA 2.12 É verdade que 90% do nosso cérebro não é realmente usado?

QOA 2.13 Até que ponto o cérebro danificado pode se reorganizar, e o que é neurogênese?

QOA 2.14 O que os cérebros divididos revelam a respeito das funções de nossos dois hemisférios cerebrais?

TERMOS E CONCEITOS A RECORDAR

Teste a si mesmo. Escreva a definição com suas próprias palavras e depois confirme sua resposta.

córtex cerebral p. 73
lobos frontais, p. 74
lobos parietais, p. 74
lobos occipitais, p. 74
lobos temporais, p. 74
córtex motor, p. 75
córtex somatossensorial, p. 76
áreas de associação, p. 77
neurogênese, p. 80
corpo caloso, p. 81
cérebro dividido, p. 81

DOMINE O MATERIAL

Teste a si mesmo. Responda às questões a seguir por conta própria, a princípio, depois confira as respostas no Apêndice E.

1. Se um neurocirurgião estimular seu córtex motor direito, você provavelmente vai
   a. ver luzes.
   b. ouvir um som.

c. sentir um toque no braço direito.

d. mover a perna esquerda.

2. Como diferentes redes neurais se comunicam entre si para que você responda quando um amigo cumprimenta você em uma festa?

3. Qual das seguintes regiões do corpo tem uma representação maior no córtex somatossensorial?

a. Braço

b. Dedos do pé

c. Lábios

d. Todas as regiões são igualmente representadas.

4. A capacidade de julgamento e planejamento é possibilitada pelos lobos ________________.

5. As áreas "não comprometidas" que constituem cerca de três quartos do córtex cerebral chamam-se ________________ ________________.

6. A capacidade do cérebro flexível de responder a danos é especialmente evidente nos cérebros de

a. pacientes com os hemisférios cerebrais separados.

b. jovens adultos.

c. crianças pequenas.

d. pessoas destras.

7. Um experimentador pisca a palavra MARTE no campo visual de um homem cujo corpo caloso foi seccionado.
MAR é transmitido para seu hemisfério direito, e TE, para o esquerdo. Quando se pede que ele indique o que viu, ele dirá que viu ________________, mas vai apontar para ________________.

8. Estudos de pessoas com hemisférios cerebrais separados e exames de imagens de pessoas com o cérebro intacto indicam que o hemisfério esquerdo é insuperável

a. no processamento da linguagem.

b. na percepção visual.

c. em fazer inferências.

d. na neurogênese.

9. Danos no hemisfério direito do cérebro provavelmente vão reduzir a capacidade da pessoa de

a. recitar o alfabeto com rapidez.

b. fazer inferências.

c. compreender instruções verbais.

d. solucionar problemas de aritmética.

CAPÍTULO

3

We Are/Getty Images

Consciência e Mente de Duas Vias

A consciência pode ser uma coisa engraçada. Nos proporciona experiências estranhas, como quando adormecemos ou despertamos de um sonho, e às vezes nos faz perguntar quem de fato está no controle. Depois de me [DM] pôr sob influência do óxido nitroso, meu dentista me manda virar a cabeça para a esquerda. Minha mente consciente resiste: "*De jeito nenhum*", penso comigo mesmo. "*Você não manda em mim*!" Em seguida, como um robô, a cabeça ignora minha consciência e se dobra docilmente ao controle do dentista.

Nos meus jogos de basquete vespertinos com os amigos, às vezes sinto uma ligeira irritação quando meu corpo passa a bola enquanto minha consciência diz, "*Não, pare*! *Sarah vai interceptar*!" Infelizmente, o corpo completa o passe, sozinho. Em outras ocasiões, como observou o psicólogo Daniel Wegner (2002) em *The Illusion of Conscious Will* ("A Ilusão da Vontade Consciente"), as pessoas acham que a consciência controla seus atos, quando não é assim. Em um experimento, duas pessoas controlaram em conjunto um *mouse* de computador. Mesmo quando o parceiro (que na verdade era cúmplice do experimentador) fez com que o *mouse* parasse em um quadrado predeterminado, os participantes perceberam que *eles* o fizeram parar ali.

Depois, há aqueles momentos em que a consciência parece se dividir. Às vezes, minha mente [ND] vagueia enquanto canto diariamente partes da trilha sonora de *Moana* com minha filha pequena. Ao ler "Chapeuzinho Vermelho" [DM] para um de meus alunos da pré-escola pela enésima vez, minha boca podia pronunciar as palavras enquanto minha mente vagava por algum outro lugar. E se um amigo interrompe você no meio do texto para perguntar o que você quer comer no almoço, não é problema. Seus polegares completam a dança do teclado enquanto você sugere pegar tacos.

O que essas experiências revelam? A divagação da mente enquanto canta, lê ou envia mensagens de texto revela uma divisão na consciência? Como nossos estados de consciência se manifestam em nosso sono e sonhos? E esse movimento dentário induzido por drogas foi semelhante às experiências das pessoas com outras *substâncias psicoativas* que alteram o humor e a percepção? Antes de examinar estas e outras interrogações, é preciso fazer uma pergunta básica: o que é *consciência*?

Conceitos básicos de consciência

Toda ciência possui conceitos tão fundamentais, que é quase impossível defini-los. Os biólogos concordam quanto ao que é vivo, mas não precisamente quanto ao que é *vida*. Na física, *matéria* e *energia* fogem a uma definição simples. Para os psicólogos, *consciência* é, da mesma forma, um conceito fundamental, mas escorregadio.

Definição de consciência

QUESTÃO DE OBJETIVOS DE APRENDIZAGEM QOA 3.1 Qual é o lugar da consciência na história da psicologia?

No princípio, *psicologia* era "a descrição e a explicação dos estados de consciência" (Ladd, 1887). No entanto, durante a primeira metade do século XX, a dificuldade de estudar cientificamente a consciência levou muitos psicólogos – entre eles os da emergente escola do *behaviorismo* (Capítulo 7) – a se voltar para as observações diretas do comportamento. Na década de 1960, a psicologia havia praticamente perdido a consciência e se autodefinia como "a ciência do comportamento". A consciência era comparada com o velocímetro de um carro: "Não faz o carro andar, apenas reflete o que está acontecendo" (Seligman, 1991, p. 24).

"A psicologia deve descartar toda referência à consciência." – John B. Watson, behaviorista (1913)

Após 1960, os conceitos mentais começaram a reaparecer. Os avanços da neurociência tornaram possível relacionar a atividade cerebral com o sono, os sonhos e outros estados mentais. Os pesquisadores começaram a estudar a consciência alterada por drogas, hipnose e meditação. (Mais sobre meditação no Capítulo 12.) Psicólogos de todas as vertentes afirmavam a importância da *cognição*, ou processos mentais. A psicologia estava recuperando a consciência.

Atualmente, a consciência é uma próspera área de estudo (Michel et al., 2019). Por **consciência**, a maioria dos psicólogos se refere à percepção subjetiva de nós mesmos e de nosso ambiente (Feinberg & Mallatt, 2016):

- A percepção consciente nos ajuda a dar sentido à nossa vida, incluindo nossas sensações, emoções e escolhas (Weisman et al., 2017)
- A percepção consciente nos permite estabelecer e atingir metas à medida que refletimos sobre nosso passado, nos adaptamos ao nosso presente e planejamos nosso futuro
- Ao aprender um comportamento, a percepção consciente concentra-se em nossa atenção (Logan, 2018; Rand et al., 2017; Servant et al., 2018). Com o tempo, o sistema automático assume o controle e sua mente tende a funcionar no piloto automático (Logan, 2018; Rand et al., 2017). Quando aprendemos a dirigir, focamos nossa atenção no carro e no tráfego. Com a prática, dirigir vai se tornando semiautomático. Podemos encontrar nossa mente vagando em um longo trecho de estrada – apenas para ter nossa atenção voltada para o carro e o tráfego quando alguém passa na nossa frente e precisamos reagir
- O tempo todo, transitamos entre vários *estados de consciência*, inclusive a consciência normal da vigília e vários estados alterados (Figura 3.1).

Consciência. Percepção subjetiva de nós mesmos e do ambiente à nossa volta.

Hipnose. Interação social na qual uma pessoa (o hipnotizador) sugere à outra (o sujeito) que certas percepções, sentimentos, pensamentos ou comportamentos ocorrerão espontaneamente.

Neurociência cognitiva. Estudo interdisciplinar da atividade cerebral ligada à cognição (inclusive percepção, pensamento, memória e linguagem).

Hipnose

Por meio da **hipnose**, podemos experimentar um estado alterado de consciência que envolve mudanças nas percepções, sentimentos, pensamentos ou comportamentos. Pesquisadores e prestadores de serviços de saúde há muitos anos usam a hipnose para diminuir a dor relacionada a procedimentos médicos, cefaleias, queimaduras, doenças cardíacas e problemas

Alguns estados ocorrem espontaneamente	**Devaneios**	**Cansaço extremo**	**Sonhos**
Alguns são induzidos fisiologicamente	**Alucinações**	**Orgasmo**	**Inanição ou oxigenação insuficiente**
Outros são induzidos psicologicamente	**Privação sensorial**	**Hipnose**	**Meditação**

INSADCO Photography/Alamy

Figura 3.1 Estados alterados de consciência. Além da percepção normal, desperta, a consciência chega até nós em estados alterados, que incluem devaneios, alucinações provocadas por drogas, e meditação.

dentários (Milling et al., 2002; Montgomery et al., 2000; Patterson & Jensen, 2003). A hipnose também pode reduzir o sofrimento emocional, os pensamentos desagradáveis e a dor da rejeição social (Rainville et al., 1997; Raz & Fan, 2005; Schnur et al., 2008). Para pessoas obesas, a hipnose pode ajudar na perda de peso, especialmente quando usada com a *psicoterapia* (Milling et al., 2018). (Mais sobre hipnose no Capítulo 6.)

* * *

Então, a consciência nos ajuda a nos adaptar e sobreviver. Mas isso nos deixa com o que os pesquisadores chamam de "problema duro de resolver": como as células cerebrais, tagarelando entre si, criam nossa percepção do sabor de um taco, da ideia de infinito, do sentimento de pavor? A questão de como a consciência emerge do cérebro material é, para muitos cientistas, um dos maiores mistérios da vida.

Neurociência cognitiva

A ciência supõe, nas palavras do neurocientista Marvin Minsky (1986, p. 287), que a "mente é o que o cérebro faz". Só não sabemos *como* ele faz isso. Mesmo com toda a tecnologia do mundo, ainda não fazemos a menor ideia de *como* fabricar um robô consciente. Contudo, a atual **neurociência cognitiva** – o estudo interdisciplinar da atividade cerebral ligada a nossos processos mentais – vem relacionando estados cerebrais específicos com experiências conscientes.

Se *pensarmos* apenas em chutar uma bola de futebol, um *scan* de RMf (ressonância magnética funcional) pode detectar um aumento do fluxo sanguíneo para a região do cérebro que planeja tal ação. Em um estudo, os pesquisadores pediram a jogadores de futebol que imaginassem que estavam fazendo movimentos criativos (chutar de bicicleta) ou movimentos comuns (chutar a bola de um pé para o outro). As imagens mostraram que pensar em movimentos criativos produzia a atividade cerebral mais coordenada por meio de diferentes regiões do cérebro (Fink et al., 2019).

Se a atividade cerebral pode revelar o pensamento consciente, os *scans* cerebrais podem nos permitir discernir a atividade mental em pacientes que não respondem? *Sim.* Uma impressionante demonstração da presença de consciência apareceu em imagens do cérebro de uma paciente não responsiva – uma mulher de 23 anos que sofrera um acidente automobilístico e não apresentava sinais aparentes de consciência (Owen, 2017a; Owen et al., 2006). Quando os pesquisadores pediram que ela *imaginasse* que jogava tênis, as imagens de RMf revelaram atividade em uma região cerebral que normalmente controla os movimentos da perna e do braço (Figura 3.2). Mesmo em um corpo sem movimento e não comunicativo, os pesquisadores concluíram que o cérebro e a mente podem continuar ativos. Estudos de acompanhamento ao longo do tempo da atividade cerebral em dezenas de pacientes que não respondem sugerem que 25 a 30% podem estar experimentando uma percepção consciente significativa (Owen, 2017b; Stender et al., 2014).

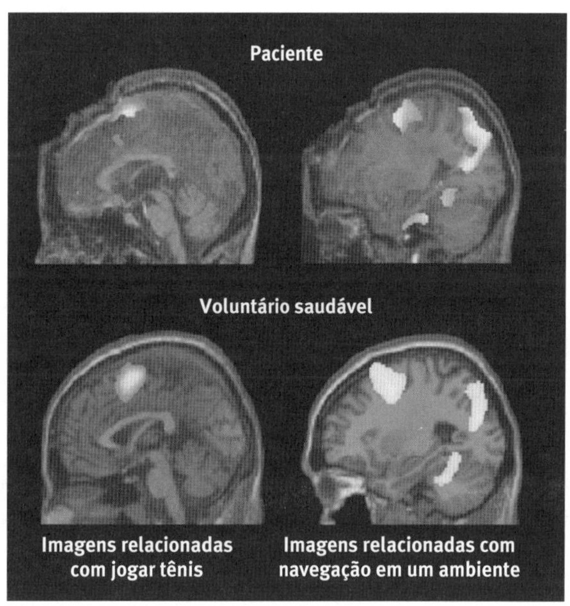

Figura 3.2 Prova de consciência? Quando uma paciente em estado vegetativo (no alto) foi solicitada a se imaginar jogando tênis ou circulando por sua casa, o cérebro exibiu atividade cerebral semelhante ao de uma pessoa saudável (abaixo). Pesquisadores se perguntam se tais imagens de RMf possibilitariam "conversar" com pacientes não responsivos, instruindo-os, por exemplo, a responder *sim* a uma pergunta imaginando jogar tênis (alto e abaixo, à esquerda) e *não* imaginando andar pela casa (alto e abaixo, à direita). *(Esta figura encontra-se reproduzida em cores no Encarte.)*

Muitos neurocientistas cognitivos estão explorando e mapeando as funções conscientes do córtex. Com base em seus padrões de ativação cortical, eles agora podem, com certas limitações, ler a sua mente (Bor, 2010). Conseguem, por exemplo, dizer qual, entre dez objetos semelhantes (martelo, furadeira, pregos, e assim por diante), você está visualizando (Shinkareva et al., 2008).

A experiência consciente, incluindo memórias recuperadas, surge da atividade sincronizada em todo o cérebro (Chennu et al., 2014; Mashour, 2018; Vaz et al., 2019). Se um estímulo ativa uma área suficientemente grande de atividade neural coordenada em todo o córtex – como sinais fortes em uma área do cérebro que disparam a atividade em outra área –, ele cruza um limiar para a consciência. Um estímulo mais fraco – talvez uma palavra que aparece de forma tão breve que não chega a ser percebida conscientemente – pode desencadear apenas a atividade no córtex visual que desaparece rapidamente. Um estímulo mais forte vai envolver outras áreas cerebrais, como as relacionadas com linguagem, atenção e memória. Essa atividade que vai reverberando (detectada por exames de imagem) é um sinal revelador de consciência (Boly et al., 2011; Silverstein et al., 2015). A atividade coordenada entre as áreas do cérebro pode, portanto, fornecer outra indicação de percepção em pacientes que não respondem (Demertzi et al., 2019). Como essa atividade sincronizada gera consciência – como da matéria emerge a consciência – permanece um mistério.

PRÁTICA DE RECUPERAÇÃO

PR-1 Quem trabalha no campo interdisciplinar chamado ________________ estuda a atividade cerebral associada aos processos mentais de percepção, pensamento, memória e linguagem.

RESPOSTAS NO APÊNDICE E

Atenção seletiva

QOA 3.2 Como a atenção seletiva direciona nossas percepções?

Por meio da **atenção seletiva**, nossa percepção focaliza, como o feixe de uma lanterna, um aspecto diminuto de tudo o que vivenciamos. Podemos pensar que podemos assistir plenamente a uma conversa ou a uma aula enquanto verificamos e respondemos mensagens de texto. De fato, nossa consciência concentra-se em apenas uma coisa de cada vez.

Estima-se que nossos cinco sentidos assimilem 11 milhões de *bits* de informação por segundo, dos quais só processamos conscientemente cerca de 40 (Wilson, 2002). Ainda assim, a via inconsciente da mente, de maneira intuitiva, faz vasto uso dos outros 10.999.960 *bits*.

O que captura nossa atenção limitada? Coisas que consideramos importantes. Um exemplo clássico de atenção seletiva é o *efeito festa no barzinho* – você fala sobre sua capacidade de prestar atenção a apenas uma voz em meio a um mar de outras vozes enquanto você conversa com um convidado da festa. Mas o que acontece quando outra voz fala seu nome? Seu radar cognitivo, operando na outra via de sua mente, traz instantaneamente essa voz à qual não se prestava atenção, para sua consciência. Até os gatos respondem seletivamente aos seus próprios nomes (Saito et al., 2019). Esse efeito pode ter evitado uma situação embaraçosa e perigosa em 2009, quando dois pilotos da Northwest Airlines "perderam a noção do tempo". Concentrados em seus *laptops* e na conversa, ignoraram as tentativas dos alarmados controladores de tráfego aéreo de chamar a atenção deles; e eles ultrapassaram em 240 quilômetros seu destino final, Mineápolis. Se os controladores soubessem que bastava chamá-los pelos nomes.

Atenção seletiva e acidentes

Você, como 60% dos motoristas americanos, leu ou enviou uma mensagem de texto ou visualizou um GPS enquanto dirigia no último mês? (Gliklich et al., 2016)? Nesse caso, você deve ter pensado – erroneamente – que poderia dar contar ao mesmo tempo da estrada. Essa distração digital pode ter consequências trágicas, pois nossa atenção seletiva muda mais do que percebemos (Stavrinos et al., 2017). Em um estudo, pessoas foram deixadas em uma sala por 28 minutos com acesso à internet e à televisão. Em média, elas acharam que sua atenção se desviou 15 vezes. Mas elas não chegaram nem perto. O rastreamento ocular revelou oito vezes mais desvios de atenção – 120 em média (Brasel & Gips, 2011).

Essa "alternância rápida" entre atividades é, atualmente, o maior inimigo da atenção focada e sustentada. Quanto mais verificamos nosso telefone, sem pensar, mais nos distraímos de nossas tarefas diárias (Marty-Dugas et al., 2018). Pagamos um preço pelas mudanças de foco da atenção, sobretudo quando se trata de tarefas complexas, como reconhecer e evitar carros ao nosso redor – uma demora talvez pequena e às vezes fatal no enfrentamento do momento (Rubenstein et al., 2001). Quando um motorista participa de uma conversa, a atividade em áreas do cérebro vitais para dirigir diminui em média 37% (Just et al., 2008).

Quão perigoso é dirigir distraído? A cada dia, dirigir sem prestar atenção mata cerca de nove pessoas (CDC, 2018b). Um estudo de câmera de vídeo com motoristas adolescentes descobriu que a distração do motorista com passageiros ou telefones ocorreu pouco antes de 58% de seus acidentes (AAA, 2015). Conversar com os passageiros torna o risco de acidente 1,6 vez maior do que o normal. O uso de celulares (mesmo com o equipamento para deixar as mãos livres) torna o risco quatro vezes maior do que o normal – igual ao risco de dirigir embriagado (McEvoy et al., 2005, 2007). E enquanto falar é uma distração, as mensagens de

Atenção seletiva. Focalização da percepção consciente em um estímulo particular.

texto aumentam muito o perigo. Um estudo de 18 meses com câmeras de vídeo rastreou os hábitos de direção de caminhoneiros de longa distância. Quando enviavam mensagens de texto, o risco de colisão aumentou 23 vezes (Olson et al., 2009)! Muitos países europeus, a maioria das províncias canadenses e 48 dos 50 estados dos EUA, agora proíbem mensagens de texto ao dirigir (CBC News, 2014; Rosenthal, 2009). Então, da próxima vez que você estiver ao volante, freie seus textos. Seus passageiros e outros motoristas agradecerão.

Cegueira por desatenção. Deixar de perceber objetos visíveis quando nossa atenção está direcionada para outro ponto.

Cegueira à mudança. Não perceber mudanças no ambiente; uma forma de *cegueira por desatenção.*

Cegueira por desatenção

No nível da percepção consciente, somos "cegos" a tudo, exceto um minúsculo fragmento da gama de estímulos visuais. Ulric Neisser (1979) e Robert Becklen e Daniel Cervone (1983) demonstraram uma drástica situação da **cegueira por desatenção** ao exibirem um vídeo de um minuto em que imagens de três homens de camiseta preta trocam passes com uma bola de basquete com três jogadores de camiseta branca. Os pesquisadores pediram que os espectadores pressionassem uma tecla toda vez que vissem um jogador de camisa preta passar a bola. A maioria concentrou tanto a sua atenção no jogo que nem notou uma moça de guarda-chuva passeando na tela no meio do vídeo (Figura 3.3). Ao reverem o vídeo, os espectadores ficaram atônitos ao vê-la (Mack & Rock, 2000). A cegueira por desatenção é um efeito colateral daquilo em que somos realmente bons: concentrar a atenção apenas em parte do ambiente circundante.

Figura 3.3 Cegueira por desatenção. Os espectadores que estavam assistindo aos arremessos de basquete entre os jogadores de camisa preta geralmente não notavam a mulher carregando guarda-chuva passeando pela tela (Neisser, 1979).

Em uma reedição do experimento, os pesquisadores, engraçadinhos, puseram um assistente vestido de gorila no meio dos jogadores (Simons & Chabris, 1999). Durante sua aparição, que durou de 5 a 9 segundos, o gorila chegou a parar para bater no peito. Ainda assim, metade dos atentos participantes não o viu: metade dos espectadores conscientes da contagem de passes não conseguiu vê-lo. Os psicólogos continuaram se divertindo com gorilas "invisíveis". Quando 24 radiologistas estavam procurando nódulos de câncer em imagens de pulmão, 20 deles deixaram passar um pequeno gorila sobreposto na imagem, embora, para seu crédito, tenham conseguido localizar o que estavam buscando, o tecido canceroso, muito menor (Drew et al., 2013). O objetivo dessas brincadeiras propositais é: a atenção é incrivelmente seletiva. Sua mente consciente só está em um lugar de cada vez.

Esse fenômeno se estende à *dormência por desatenção*. Os batedores de carteira há muito entendem que esbarrar nas pessoas torna improvável que percebam uma mão deslizando no bolso. Pesquisadores britânicos experimentaram essa desatenção tátil: com certeza, quando distraídos, os participantes não perceberam uma vibração de fácil percepção em suas mãos (Murphy & Dalton, 2016, 2018). A dormência por desatenção pode nos levar a ignorar informações bem debaixo do nosso nariz. Quando as pessoas se concentravam em uma tarefa destrutiva, não notavam o cheiro de café na sala (Forster & Spence, 2018). Nossa atenção é um presente maravilhoso, dado a uma coisa de cada vez.

"Será que uma geração inteira que troca mensagens de texto, navega na internet e tuíta desenvolveu a invejável capacidade de processar uma multiplicidade de fluxos de novas informações em paralelo? A maioria dos psicólogos cognitivos duvida muito de que isso seja possível." – Steven Pinker, *Not at All*, 2010

Dado que a maioria das pessoas não vê alguém vestido de gorila enquanto sua atenção está voltada para outro lugar, imagine a diversão que os mágicos podem ter ao manipular nossa atenção seletiva. "Toda vez que você faz um truque de mágica, você está se envolvendo em psicologia experimental", diz o mágico Teller, um mestre dos métodos de confusão mental (2009). Ladrões inteligentes também sabem disso. Um psicólogo sueco foi surpreendido, em Estocolmo, por uma mulher que tirou a roupa de repente; só mais tarde ele percebe que havia sido manipulado e roubado, enganado por ladrões que entendiam os limites de nossa atenção seletiva (Gallace, 2012).

Em outros experimentos, as pessoas exibiram uma forma de cegueira por desatenção chamada **cegueira à mudança**. Os espectadores não repararam que, após uma breve interrupção visual, uma grande garrafa de refrigerante havia desaparecido, uma grade fora erguida, uma peça de roupa mudou de cor – e alguém com quem eles estavam conversando foi substituído por uma pessoa diferente (Figura 3.4) (Chabris & Simons, 2010; Resnick et al., 1997). Longe dos olhos, longe da mente.

(a) (b) (c)

Figura 3.4 Cegueira à mudança. Enquanto um homem orienta outro (a), dois pesquisadores passam rudemente entre eles carregando uma porta (b). Durante essa interrupção, o homem que buscava a direção originalmente troca de lugar com outra pessoa vestida com roupas diferentes (c). A maioria das pessoas, focada em dar direção, não percebe a mudança (Simons & Levin, 1998).

Processamento duplo. Princípio de que a informação em geral é processada de maneira simultânea em vias separadas, consciente e inconsciente.

Visão cega. Condição na qual uma pessoa pode responder a um estímulo visual sem experimentá-lo conscientemente.

PERGUNTE A SI MESMO

Você consegue se lembrar de um momento recente em que, enquanto sua atenção se concentrava em uma coisa, você estava alheio a outra – talvez à dor, à aproximação de alguém, ou à letra da música? (Se você está lendo isso enquanto ouve música emocionante, você pode ter lutado para entender a pergunta 😊 [Vasilev et al., 2018].)

PRÁTICA DE RECUPERAÇÃO

PR-2 Explique dois princípios de atenção que os mágicos podem usar para nos enganar.

RESPOSTAS NO APÊNDICE E

Processamento duplo: a mente de duas vias

QOA **3.3** Qual é o *processamento duplo* que está sendo revelado pela neurociência cognitiva atual?

Descobrir quais regiões do cérebro passam a ativas com uma experiência consciente em particular parece interessante para muitas pessoas, mas não alucinante. Se tudo psicológico é simultaneamente biológico, então nossas ideias, emoções e espiritualidade devem, de alguma forma, ser corporificadas. O que é alucinante para muitos de nós é a evidência de que temos, por assim dizer, duas mentes, cada uma apoiada por seu próprio equipamento neuronal.

A qualquer momento, estamos cientes de pouco mais do que está na tela de nossa consciência. Mas, abaixo da superfície, o processamento inconsciente de informações ocorre simultaneamente em muitas trilhas paralelas. Quando olhamos para um pássaro voando, estamos conscientes do resultado de nosso processamento cognitivo ("É um beija-flor!"), mas não de nosso subprocessamento da cor, forma, movimento e distância do pássaro. Uma das maiores ideias da neurociência cognitiva recente é a de que grande parte do trabalho do nosso cérebro ocorre nos bastidores, fora do nosso alcance perceptivo. A percepção, a memória, o pensamento, a linguagem e as atitudes operam, todos, em dois níveis – uma "via principal" consciente, deliberada, e outra inconsciente, automática "via subterrânea" (Wang et al., 2017). A estrada principal é reflexiva, a estrada subterrânea é intuitiva (Kahneman, 2011; Pennycook et al., 2018). Os pesquisadores, atualmente, dão a isso o nome de **processamento duplo**. Sabemos mais do que imaginamos saber.

Se você dirige, considere como você passa para a faixa da direita. Os motoristas sabem disso inconscientemente, mas não são capazes de explicar com exatidão (Eagleman, 2011). A maioria diz que gira o volante para a direita, e depois o endireita – o que, na verdade, os jogaria para fora da estrada. Na realidade, um motorista experiente, depois de se deslocar para a direita, gira o volante em igual medida à esquerda, e só depois o recoloca no centro. Moral da história: o cérebro humano é um dispositivo que converte conhecimento consciente em conhecimento inconsciente.

Ou considere o seguinte caso, que ilustra como a ciência pode ser mais estranha do que ficção científica. Durante minhas passagens pela University of St Andrews, na Escócia, eu [DM] conheci os neurocientistas cognitivos Melvyn Goodale e David Milner (2008). Eles estudavam o caso de uma mulher da região, a quem chamam de D. F., a qual sofreu danos cerebrais após ter sido quase asfixiada por monóxido de carbono, o que a deixou incapaz de reconhecer e discriminar objetos visualmente. Conscientemente, D. F. não enxergava nada. Ainda assim, ela exibia a chamada **visão cega** – e agia como se pudesse ver. Instada a introduzir um cartão-postal na fenda vertical ou horizontal de uma caixa de correio, ela conseguia fazê-lo sem errar. Embora incapaz de dizer a largura de um bloco à sua frente, conseguia segurá-lo posicionando os dedos à distância correta uns dos outros. Do mesmo modo, se os seus olhos direito e esquerdo virem cenas diferentes, você só teria consciência de uma cena de cada vez, mas apresentaria algum grau de visão cega com relação à outra (Baker & Cass, 2013).

Como isso é possível? Não temos um único sistema visual? Goodale e Milner sabiam, com base em suas pesquisas com animais, que o olho envia informações, ao mesmo tempo, para diferentes áreas do cérebro, que sustentam tarefas diferentes (Weiskrantz, 2009, 2010). Como esperado, exames de imagem da atividade cerebral de D. F. revelaram atividade normal na área relacionada com estender o braço e segurar objetos, mas danos na área relacionada ao reconhecimento consciente.[1] (Ver outro exemplo na Figura 3.5.)

Figura 3.5 Quando os cegos podem "ver". Nessa instigante demonstração do fenômeno da visão cega, o pesquisador Lawrence Weiskrantz conduziu um paciente com essa característica por um corredor repleto de obstáculos. Mesmo informado de que o corredor se encontrava desimpedido, o paciente contornou todos os obstáculos, sem ter consciência de nenhum deles.

[1] Assim, uma lesão oposta levaria a sintomas contrários? Na verdade, há alguns pacientes que são capazes de ver e reconhecer objetos, mas têm dificuldade de apontá-los ou segurá-los.

Como é estranhamente complexo isso a que chamamos visão, concluem Goodale e Milner em seu livro apropriadamente intitulado *Sight Unseen* ("Visão Despercebida"). Podemos pensar em nossa visão como um sistema que controla nossas ações guiadas visualmente, mas, na verdade, trata-se de um sistema de processamento duplo (Foley et al., 2015). Uma *via de percepção visual* habilita-nos a "pensar sobre o mundo" – reconhecer elementos e planejar ações futuras. Uma *via de ação visual* guia nossos movimentos momento a momento.

A mente de duas vias também se manifesta em um paciente que perdeu todo o córtex visual esquerdo, ficando cego para objetos e rostos que se apresentem no lado direito de seu campo de visão. Ainda assim, ele é capaz de identificar as emoções faciais desses rostos, mesmo sem percebê-los conscientemente (de Gelder, 2010). Isso vale também para pessoas com visão normal que têm o córtex visual incapacitado por estimulação magnética. Essas descobertas sugerem que áreas cerebrais subcorticais processam informações relacionadas com emoções.

As pessoas em geral têm dificuldade de aceitar que boa parte de nossos pensamentos, sentimentos e atos cotidianos opera fora de nossa percepção consciente (Bargh & Chartrand, 1999). Cerca de "80 a 90% do que fazemos é inconsciente", diz o Prêmio Nobel e especialista em memória, Eric Kandel (2008). Às vezes, somos motivados a evitar pensar, especialmente quando um pensamento cuidadoso ("Quantas calorias há nessa sobremesa?") entra em conflito com nossos objetivos ("Quero comer esse pedaço de bolo!") (Woolley & Risen, 2018). No entanto, a maioria das pessoas muitas vezes acreditam erroneamente que suas intenções e escolhas deliberadas governam suas vidas. Não é assim.

A consciência, embora nos possibilite exercer controle voluntário e comunicar nossos estados mentais aos outros, não passa da ponta do *iceberg* do processamento de informações. Basta perguntar aos voluntários que escolheram uma carta depois de ver um mágico embaralhar o baralho (Olson et al., 2015). Em quase todos os casos, o mágico influenciou as decisões dos participantes ao permitir sutilmente que uma carta aparecesse por mais tempo, mas 91% dos participantes acreditaram que haviam feito a escolha por conta própria. O foco intenso em determinada atividade (como ler este capítulo, esperamos) aumenta sua atividade cerebral total não mais de 5% acima do nível usual. Mesmo quando você está descansando, "núcleos invisíveis de energia" turbilhonam incessantemente na sua cabeça (Raichle, 2010).

O processamento paralelo inconsciente é mais rápido que o processamento sequencial consciente, porém ambos são essenciais. O **processamento paralelo** permite que sua mente cuide dos negócios de rotina (mais sobre isso, no Capítulo 6). O **processamento sequencial** é melhor para resolver novos problemas, o que requer nossa atenção focada em uma coisa de cada vez. Tente isto se você for capaz: se você for destro, desenhe um círculo perfeito com o pé direito em sentido anti-horário, escrevendo o número 3 repetidas vezes com a mão direita – ao mesmo tempo. Ou tente algo igualmente difícil: dê três batidas ritmadas com a mão esquerda, enquanto dá quatro batidas com a direita. Ambas as tarefas requerem atenção consciente, que pode estar em apenas um lugar por vez. Se o tempo é a forma que a natureza tem de impedir que tudo aconteça de uma vez só, então a consciência é sua maneira de nos impedir de pensar e fazer tudo ao mesmo tempo.

Processamento paralelo. Processamento de diversos aspectos de estímulo ou problema simultaneamente.

Processamento sequencial. Processamento de um aspecto de estímulo ou problema de uma vez só; em geral usado para processar novas informações ou resolver problemas difíceis.

PRÁTICA DE RECUPERAÇÃO

PR-3 Quais são as duas vias da mente, e o que é *processamento duplo*?

RESPOSTAS NO APÊNDICE E

REVISÃO Conceitos básicos da consciência

OBJETIVOS DE APRENDIZAGEM

Teste a si mesmo. Responda às Questões dos Objetivos de Aprendizagem (antes de conferir as respostas no Apêndice D) para aprimorar a retenção dos conceitos estudados (McDaniel et al., 2009, 2015).

QOA 3.1 Qual é o lugar da consciência na história da psicologia?

QOA 3.2 Como a atenção seletiva direciona nossas percepções?

QOA 3.3 Qual é o *processamento duplo* que está sendo revelado pela neurociência cognitiva atual?

TERMOS E CONCEITOS A RECORDAR

Teste a si mesmo. Escreva a definição com suas próprias palavras e depois confirme sua resposta.

consciência, p. 88
hipnose, p. 88
neurociência cognitiva, p. 88
atenção seletiva, p. 90
cegueira por desatenção, p. 91
cegueira à mudança, p. 91
processamento duplo, p. 92
visão cega, p. 92
processamento paralelo, p. 93
processamento sequencial, p. 93

DOMINE O MATERIAL

Teste a si mesmo. Responda as questões a seguir por conta própria, a princípio, depois confira as respostas no Apêndice E.

1. A incapacidade de ver objetos visíveis porque a atenção está ocupada com outra coisa chama-se_______________.
2. Registramos e reagimos a estímulos fora de nossa percepção por meio do processamento _______________. Quando dedicamos atenção deliberada a estímulos, usamos o processamento _______________.
3. A cegueira por desatenção é um produto da nossa atenção _______________.

Sono e sonhos

"Eu adoro dormir. E você? Não é o máximo? Realmente é o melhor dos dois mundos. Você fica vivo e inconsciente." – Comediante Rita Rudner, 1993

QOA 3.4 O que é *sono*?

Nós, seres humanos, temos cerca de 16 horas de duração da bateria antes de nos deitarmos em nosso confortável carregador sem fio e cair no **sono**. Sono – a irresistível tentação à qual inevitavelmente sucumbimos. Sono – o igualador de presidentes e camponeses. Sono – doce, renovador, misterioso sono. Ao dormir, podemos sentir que estamos "mortos para o mundo", mas não estamos. Embora o ronco do caminhão de lixo do meu bairro [ND] não me perturbe, o choro do meu bebê interromperá meu sono. Mesmo quando estamos em sono profundo, nossa janela perceptiva mantém uma fresta aberta. Nós nos mexemos na cama, mas conseguimos não cair. O som do seu nome também pode fazer seu corpo inconsciente se animar. Registros de EEG confirmam que o córtex auditivo do cérebro responde a estímulos sonoros, mesmo durante o sono (Kutas, 1990). E quando dormimos, assim como quando estamos acordados, processamos a maior parte das informações fora de nossa percepção consciente.

Ao registrar as ondas cerebrais e os movimentos musculares dos participantes adormecidos, e ao observá-los e ocasionalmente acordá-los, os pesquisadores estão resolvendo alguns dos mistérios mais profundos do sono. Talvez você possa prever algumas de suas descobertas. As afirmações a seguir são verdadeiras ou falsas?

1. Quando as pessoas sonham que estão realizando uma atividade, seus membros em geral se movem de acordo com o sonho.
2. Adultos idosos dormem mais que adultos jovens.
3. Sonâmbulos fazem o que está acontecendo nos seus sonhos.
4. Especialistas em sono recomendam tratar a insônia com um comprimido para dormir de vez em quando.
5. Algumas pessoas sonham todas as noites; outras raramente sonham.

Todas essas afirmações (adaptadas de Palladino e Carducci, 1983) são *falsas*. Para entender por que, continue lendo.

Ritmos biológicos e sono

Como o oceano, a vida tem suas marés periódicas. Ao longo de períodos variáveis, nossos corpos oscilam, e, com eles, nossa mente. Vamos olhar mais de perto dois desses ritmos biológicos – nosso relógio biológico de 24 horas e nosso ciclo de sono de 90 minutos.

Ritmo circadiano

QOA 3.5 Como nossos ritmos biológicos influenciam nosso funcionamento diário?

O ritmo do dia é comparável ao da vida – desde que despertamos, ao nascer de um novo dia, até nosso regresso noturno ao que Shakespeare chamou de "simulacro da morte". O corpo se mantém mais ou menos sincronizado com o ciclo de 24 horas do dia e da noite por meio de um relógio biológico chamado **ritmo circadiano** (do latim *circa*, "cerca de", e *diem*, "dia"). A temperatura corporal aumenta à medida que a manhã se aproxima, atinge o pico durante o dia, cai um pouco momentaneamente no início da tarde (quando muitos dormem a sesta ou tomam bebidas cafeinadas) e começa a cair de novo ao entardecer. O pensamento e a memória melhoram, quando estamos no pico diário da atividade circadiana. Você já ficou acordado uma noite inteira? Se sim, você talvez se lembre de se sentir meio aletargado, como um zumbi, no meio da noite, mas, com a chegada do seu horário normal de acordar, sente que ganhou um novo estado de alerta.

Sono. Perda de consciência periódica e natural – distinta da inconsciência resultante de coma, anestesia geral ou hibernação. (Adaptado de Dement, 1999.)

Ritmo circadiano. É o nosso relógio biológico; ritmos corporais regulares (p. ex., de temperatura e vigília) que ocorrem em um ciclo de 24 horas.

A idade e a experiência podem alterar nosso ritmo circadiano. Por volta dos 20 anos de idade, somos, em grande maioria, "corujas" energizadas pela noite, e nosso desempenho melhora ao longo do dia (May & Hasher, 1998). Quanto mais velho você fica, mais você anseia pela hora de dormir. A maioria dos idosos tem sono mais frágil e são "cotovias" que amam a manhã. Para nossos ancestrais (e para os caçadores-coletores de hoje), um avô que acordava com facilidade e cedo ajudava a proteger a família dos predadores (Samson et al., 2017). À meia-noite, quando a noite mal começou para muitos jovens adultos, os lares de idosos costumam ficar quietos. Passados os 20 anos de idade (um pouco mais cedo para as mulheres), começamos a nos transformar de corujas em cotovias (Roenneberg et al., 2004). A idade é uma influência; porém, de modo geral, os notívagos tendem a ser inteligentes, criativos e trabalhadores (Giampietro & Cavallera, 2007; Schmidt et al., 2009). Os matutinos tendem a se sair melhor na escola, tomar mais iniciativa, procuram ser mais pontuais e são menos vulneráveis à depressão (Preckel et al., 2013; Randler, 2008, 2009; Werner et al., 2015).

Eric Isselee/Shutterstock

Em um caso famoso, um homem ficou acordado a noite toda para ver para onde o Sol ia. (Até que ele viu a luz.)

Istockphoto/Neil Bowman

PERGUNTE A SI MESMO

Você se considera uma coruja noturna ou uma cotovia matinal? Quando você geralmente se sente mais energizado? Qual horário do dia funciona melhor para você estudar?

Estágios do sono

QOA 3.6 Qual é o ritmo biológico de nossos estágios de sono e sonho?

Buscando dormir, rastejamos para a cama e fingimos até conseguirmos. Por fim, o sono nos alcança e a consciência desaparece à medida que diferentes partes do córtex do nosso cérebro param de se comunicar (Massimini et al., 2005). O sono pode parecer uma viagem no futuro durante algumas horas. Todavia, nosso cérebro adormecido permanece ativo e tem seu próprio ritmo biológico.

Aproximadamente a cada 90 minutos, iniciamos um ciclo de quatro estágios distintos do sono. Este fato veio à tona quando Armond Aserinsky, de oito anos, foi para a cama uma noite em 1952. Seu pai, Eugene, um estudante de pós-graduação da Universidade de Chicago, precisava testar um eletroencefalógrafo que ele havia consertado naquele dia (Aserinsky, 1988; Seligman & Yellen, 1987). Assim, como muitos bons cientistas, ele envolveu sua família em sua pesquisa! Ao colocar eletrodos próximos aos olhos de Armond, para registrar os movimentos oculares giratórios que então se acreditava ocorrerem durante o sono, Aserinsky viu a máquina enlouquecer, traçando intensos zigue-zagues no papel milimetrado. Será que o aparelho continuava com defeito? No decorrer da noite, com a repetição periódica da atividade, Aserinsky observou que os movimentos oculares rápidos e espasmódicos eram acompanhados por uma enérgica atividade cerebral. Despertado durante um episódio desses, Armond relatou ter tido um sonho. Aserinsky havia descoberto aquilo que hoje conhecemos como **sono REM** (sigla de *rapid eye movement* – movimento rápido dos olhos).

Sono REM. Sono com um movimento rápido dos olhos; estágio recorrente do sono, durante o qual costumam ocorrer sonhos vívidos. Também conhecido como *sono paradoxal*, porque os músculos relaxam (exceto por pequenas contrações), mas outros sistemas corporais permanecem ativos. (Às vezes é chamado de *sono R.*)

Ondas alfa. Ondas cerebrais relativamente lentas de um estado relaxado, acordado.

Procedimentos similares, usados com milhares de voluntários, mostraram que os ciclos eram uma parte normal do sono (Kleitman, 1960). Para compreender esses estudos, imagine-se como participante. Com o avançar da hora, você começa a sentir sono e boceja em resposta à redução do metabolismo cerebral. (O bocejo, que pode ser socialmente contagioso, alonga os músculos do pescoço e eleva a frequência cardíaca, o que, por sua vez, aumenta a vigilância [Moorcroft, 2003].) Quando você está pronto para ir dormir, um pesquisador vem prender eletrodos em seu couro cabeludo (para detectar as ondas cerebrais), queixo (para detectar tensão muscular) e junto aos cantos dos olhos (para detectar movimentos oculares; Figura 3.6). Outros equipamentos registrarão sua frequência cardíaca, sua frequência respiratória e sua excitação genital.

Quando você está na cama, de olhos fechados, o pesquisador na sala ao lado observa, no EEG, as relativamente lentas **ondas alfa** de seu estado desperto, mas relaxado (Figura 3.7). Seus olhos podem estar fechados, mas você ainda pode atender ao que o pesquisador diz pelo interfone (Legendre et al., 2019). Com o passar do tempo, você se adapta a todo esse equipamento, se cansa e, em um momento que não se lembra, cai no sono (Figura 3.8).

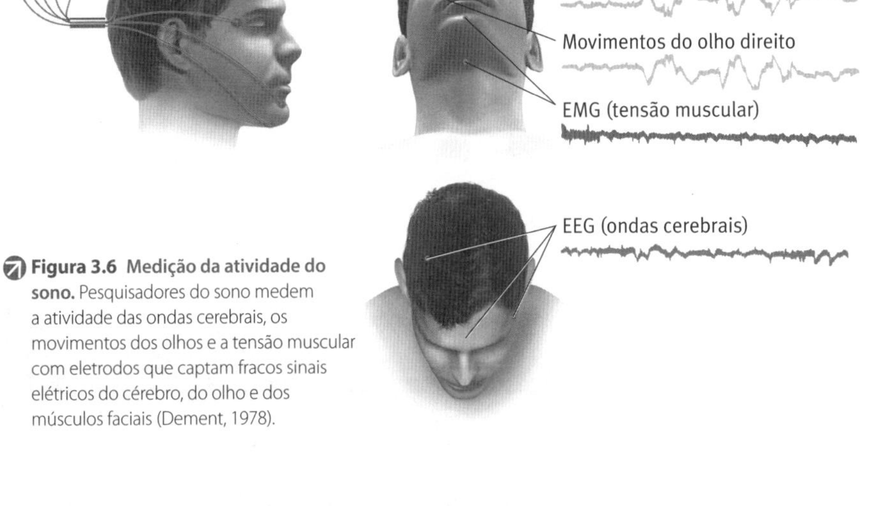

Figura 3.6 Medição da atividade do sono. Pesquisadores do sono medem a atividade das ondas cerebrais, os movimentos dos olhos e a tensão muscular com eletrodos que captam fracos sinais elétricos do cérebro, do olho e dos músculos faciais (Dement, 1978).

Golfinhos, botos e baleias dormem com um lado do cérebro de cada vez (Miller et al., 2008).

Para capturar suas próprias experiências hipnagógicas, você pode usar a função soneca do seu alarme.

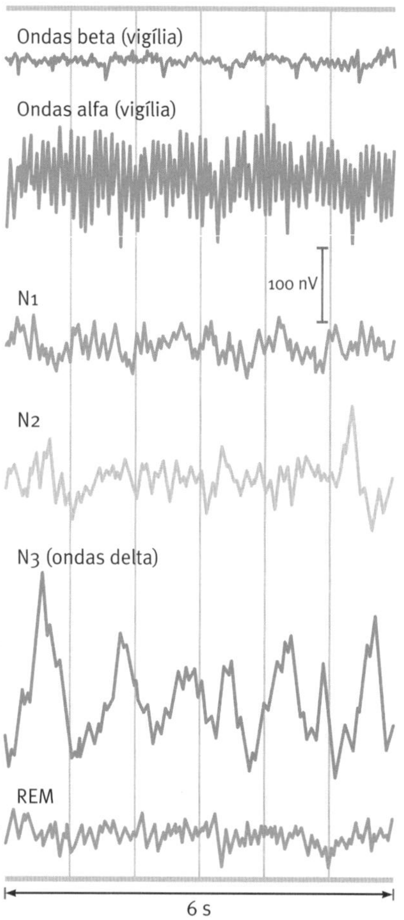

Rebecca Spencer, University of Massachusetts, assisted with this illustration.

Figura 3.7 Ondas cerebrais e estágios do sono. As ondas beta de um estado desperto e de vigília e as ondas alfa regulares de um estado de vigília e relaxado são diferentes das ondas delta, mais lentas e amplas, do sono profundo NREM-3. Embora as ondas rápidas do sono REM lembrem as de quase vigília NREM-1, o corpo fica mais ativo durante o sono REM do que durante o NREM.

Alucinações. Experiências sensoriais falsas, como ver algo na ausência de um estímulo visual externo.

Ondas delta. Ondas cerebrais amplas e lentas associadas ao sono profundo.

A transição é marcada pela lentidão da respiração e pela irregularidade das ondas cerebrais do que a American Academy of Sleep Medicine classifica de sono N1 – o primeiro estágio do sono não REM (NREM) (Silber et al., 2007).

Em um dos 15 mil participantes de suas pesquisas, William Dement (1999) observou o momento em que a janela perceptiva do cérebro para o mundo externo se fechou. Dement pediu a um jovem privado de sono, com as pálpebras mantidas abertas por meio de fitas, que apertasse um botão toda vez que uma luz estroboscópica piscasse sobre seus olhos (aproximadamente a cada seis segundos).

Após alguns minutos, o rapaz deixou passar uma. Perguntado sobre a razão, ele respondeu: "Porque a luz não piscou." Mas havia piscado. Ele não notou porque (como revelado por sua atividade cerebral) havia adormecido por dois segundos. Sem perceber isso, ele perdeu não apenas a luz a 15 cm de seu nariz, mas também o abrupto momento em que adormeceu.

Durante esse breve sono do Estágio 1, podem ser vistas imagens fantásticas, que lembram **alucinações** – experiências sensoriais que ocorrem na ausência de estímulos sensoriais. A pessoa pode ter a sensação de queda (durante a qual o corpo pode se contrair subitamente) ou de flutuar sem peso. Essas sensações *hipnagógicas* (também chamadas de *hipnóticas*) podem mais tarde ser incorporadas às suas memórias. Pessoas que alegam haver sido abduzidas por alienígenas – muitas vezes pouco depois de terem ido dormir – com frequência recordam de ter flutuado ou ficado presas à cama (Clancy, 2005; McNally, 2012).

Em seguida, há um relaxamento mais profundo e se iniciam cerca de 20 minutos do estágio NREM-2 do sono, caracterizado pelo aparecimento periódico de *fusos do sono* – eclosões de uma atividade rápida e rítmica de ondas cerebrais que auxiliam o processamento da memória (Studte et al., 2017). Embora a pessoa ainda possa ser despertada sem muita dificuldade, ela está agora claramente adormecida.

Então ocorre a transição para o sono profundo do estágio NREM-3. Durante esse sono de ondas lentas, que dura cerca de 30 minutos, o cérebro emite amplas e lentas **ondas delta**, e é difícil a pessoa acordar. Você já disse: "Os trovões estavam tão altos ontem à noite!" apenas para um amigo responder: "Que trovões?" Aqueles que perderam a tempestade deviam estar em sono delta. (É no final desta fase que as crianças podem fazer xixi na cama.)

Sono REM

Cerca de uma hora depois de adormecer, algo estranho acontece. Em vez de permanecer no sono profundo, você emerge do mergulho inicial no sono. Voltando pelo NREM-2 (em que você passa aproximadamente metade da noite), você entra na fase mais intrigante do sono, isto é, o sono REM (Figura 3.9). Durante cerca de 10 minutos, suas ondas cerebrais aceleram-se, formando um padrão semelhante à lâmina de um serrote, mais parecidas com aquelas do sono NREM-1, quase desperto. Porém, ao contrário do sono N1, durante o sono REM a sua frequência cardíaca se eleva, a respiração fica rápida e irregular, e mais ou menos a cada meio minuto seus olhos disparam em eclosões momentâneas de atividade por trás das pálpebras fechadas. Esses movimentos oculares anunciam o início de um sonho que em geral tem forte carga emocional, seguem em forma de narrativa e são de natureza ricamente alucinatória. Os sonhos não são reais, mas o sono REM engana seu cérebro para responder como se fossem (Andrillon et al., 2015). Como qualquer pessoa que observa os olhos de um dorminhoco pode observar essas explosões de REM, é incrível que a ciência ignorasse o sono REM até 1952.

Exceto durante sonhos muito assustadores, seus genitais ficam excitados durante o sono REM. Você tem ereção ou aumento da lubrificação vaginal e inchaço clitoridiano, independentemente de o sonho ter conteúdo sexual (Karacan et al., 1966). A comum "ereção matinal" dos homens provém do último período de REM da noite, em geral pouco antes de acordar. Muitos homens incomodados por dificuldades ocasionais de ereção ainda têm ereções relacionadas ao sono, sugerindo que o problema não está entre as pernas.

Durante o sono REM, o córtex motor do seu cérebro fica ativo, mas seu tronco cerebral bloqueia suas mensagens, deixando os músculos relaxados – tanto que, exceto por um eventual espasmo no rosto ou nos dedos da mão ou do pé, ficamos praticamente paralisados. Além disso, não podemos ser acordados com facilidade. (Essa imobilidade por vezes pode se prolongar-se quando acordamos do sono REM, produzindo uma experiência perturbadora de *paralisia do sono* [Santomauro & French, 2009].) Assim, o sono REM é às vezes chamado de *sono paradoxal*: o corpo fica internamente agitado, com atividade cerebral semelhante à da

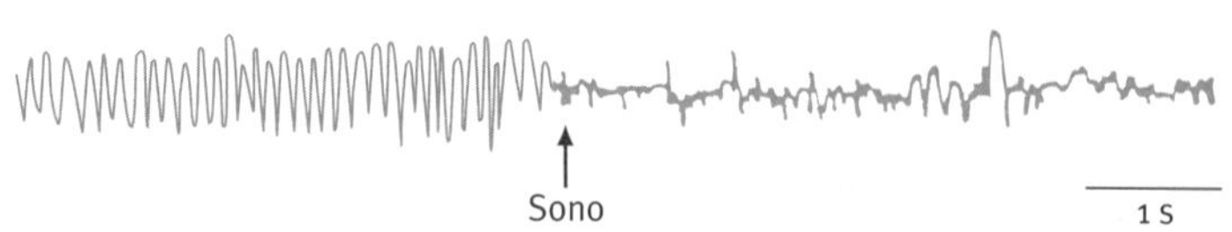

Figura 3.8 Momento do sono. Parece que não percebemos o momento em que adormecemos, mas alguém observando nossas ondas cerebrais poderia saber (Dement, 1999).

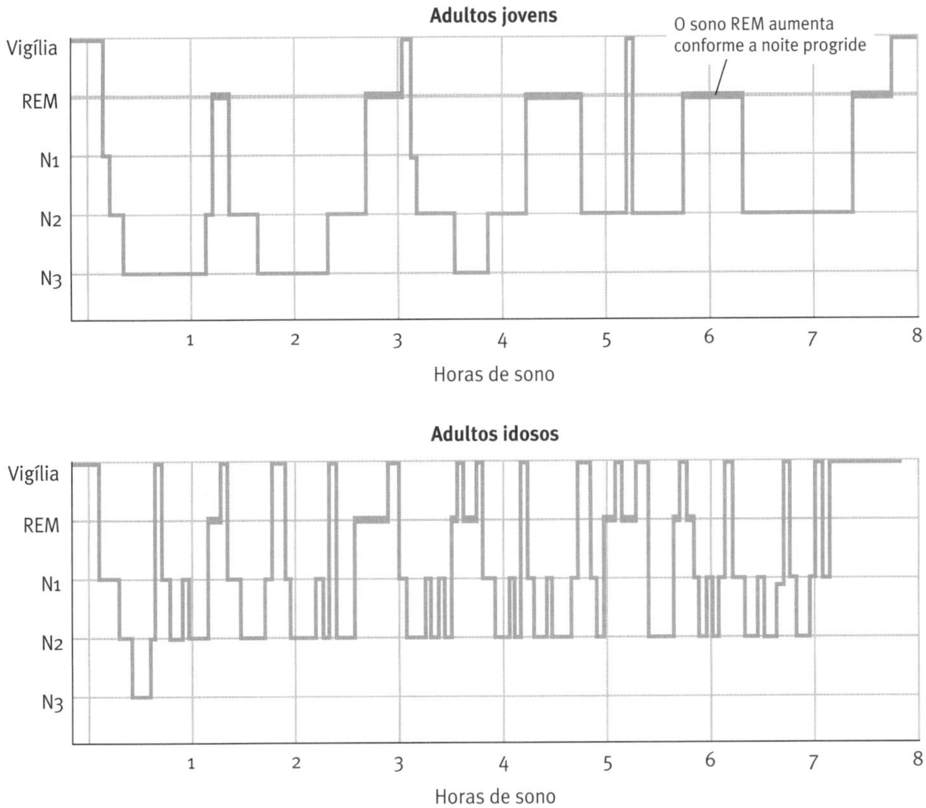

Figura 3.9 Estágios em uma típica noite de sono. As pessoas atravessam os vários estágios do ciclo de sono diversas vezes a cada noite, com uma redução progressiva dos períodos de sono profundo e aumento de duração dos de sono REM. À medida que envelhecemos, o sono torna-se mais frágil, e o despertar ocorre com mais frequência em adultos mais velhos (Kamel & Gammack, 2006; Neubauer, 1999).

vigília, mas adormecido e calmo externamente. Passamos aproximadamente 600 horas por ano experimentando cerca de 1.500 sonhos, ou mais de 100 mil ao longo de uma vida normal - sonhos engolidos pela noite, mas jamais levados a cabo, graças à paralisia protetora do REM.

O ciclo do sono repete-se aproximadamente a cada 90 minutos em adultos jovens (com frequência, um pouco maior entre adultos idosos). À medida que a noite passa, o profundo sono NREM-3 vai ficando cada vez mais breve, até desaparecer, e o sono REM e o NREM-2 são prolongados (ver Figura 3.9). Ao chegar a manhã, 20 a 25% de nosso sono noturno médio - cerca de 100 minutos - foi de sono REM. Em estudos de laboratório do sono, 37% dos participantes relataram raramente, ou nunca, ter sonhos "dos quais podem se lembrar na manhã seguinte" (Moore, 2004). No entanto, mesmo eles, em mais de 80% das vezes, conseguiam se lembrar de um sonho depois de serem acordados durante o sono REM. Os neurocientistas também identificaram regiões do cérebro que estão ativas durante o sonho, o que lhes permite detectar quando o sonho ocorre (Sicarli et al., 2017).

Cavalos, que passam 92% do dia em pé e podem dormir assim, devem se deitar para o sono REM (Morrison, 2003).

PRÁTICA DE RECUPERAÇÃO

PR-1 Por que o sono comunitário proporcionaria proteção extra àqueles cuja segurança depende da vigilância, como os refugiados?

Istockphoto/Joel Carillet

PR-2 Quais são os quatro estágios do sono, e em que ordem normalmente os atravessamos?

Núcleo supraquiasmático (NSQ). Par de agrupamentos celulares no hipotálamo que controla o ritmo circadiano. Em resposta à luz, o NSQ faz a glândula pineal ajustar a produção de melatonina, modificando assim nossas sensações de sonolência.

PR-3 Associe cada experiência cognitiva (**a-c**) ao estágio de sono (**i-iii**) correspondente:

Estágio do sono:	Experiência cognitiva:
i. NREM-1	**a.** sonho em forma de narrativa
ii. NREM-3	**b.** imagens fugazes
iii. REM	**c.** consciência mínima

RESPOSTAS NO APÊNDICE E

O que afeta nossos padrões de sono?

QOA 3.7 Como a biologia e o ambiente interagem em nossos padrões de sono?

Verdadeiro ou falso? "Todo mundo necessita de oito horas de sono." *Falso.* Os recém-nascidos em geral dormem quase dois terços do dia; já a maioria dos adultos, não mais de um terço (alguns passam muito bem com menos de seis horas de sono por noite, enquanto outros acumulam nove horas ou mais). Porém, as diferenças de sono estão relacionadas com outros fatores além da idade. Alguns despertam entre o "primeiro sono" e o "segundo sono" da noite (Randall, 2012), e para outros, um cochilo de 15 minutos no meio do dia equivale a uma boa hora de sono noturno (Horne, 2011).

As pessoas raramente roncam quando estão sonhando. Quando o REM começa, o ronco para.

Os padrões de sono são influenciados geneticamente. Os pesquisadores vêm rastreando os genes que regulam o sono em seres humanos e animais (Hayashi et al., 2015; Mackenzie et al., 2015). Uma análise de 1,3 milhão de pessoas identificou 956 genes relacionados com padrões de sono, como *insônia* (Jansen et al., 2019). Outra análise identificou genes associados a ser uma pessoa matutina (Jones et al., 2019).

Os padrões de sono também são influenciados cultural, social e economicamente. Na Grã-Bretanha, Canadá, Alemanha, Japão e EUA, os adultos dormem em média sete horas por noite nos dias úteis e sete a oito horas nos outros dias (NSF, 2013). O sono noturno semanal de muitos estudantes e trabalhadores, todavia, fica aquém dessa média (NSF, 2008). Horários de início das aulas mais cedo, mais atividades extracurriculares e menos horários de dormir definidos pelos pais levam os adolescentes americanos a dormir menos do que os australianos (Short et al., 2013). Aqueles que têm dificuldades para pagar suas contas também têm dificuldades para dormir o suficiente (Johnson et al., 2018; Mai et al., 2019; Vancampfort et al., 2018). Com o sono, assim como com o comportamento diário, a biologia e o ambiente interagem, afetando-os.

Seja para trabalho ou lazer, a luz brilhante ajusta o relógio circadiano ativando proteínas retinianas sensíveis à luz. Essas proteínas controlam o relógio circadiano, disparando sinais para o **núcleo supraquiasmático** (**NSQ**) do cérebro – um par de aglomerados do tamanho de um grão de arroz, que contém 10 mil células cada, localizado no hipotálamo (Figura 3.10). O NSQ realiza seu trabalho em parte fazendo a glândula pineal do cérebro diminuir a produção de *melatonina* (hormônio indutor do sono) pela manhã e aumentá-la ao anoitecer (Chang et al., 2015; Gandhi et al., 2015). (Um Prêmio Nobel de 2017 foi concedido por pesquisas sobre a biologia molecular que comanda nosso relógio biológico.)

Ser muito exposto ou privado de luz desregula o nosso relógio biológico de 24 horas (Czeisler et al., 1999; Dement, 1999). Um estudo simulou uma missão espacial a Marte, na qual os astronautas em treinamento passaram 520 dias privados de luz solar natural (Basner et al., 2013). Como resultado, eles experimentaram a *dessincronização*. Essa condição, que

Figura 3.10 Relógio biológico. (a) A luz, ao atingir a retina, indica ao núcleo supraquiasmático (NSQ) que suprima a produção de melatonina, o hormônio do sono, pela glândula pineal. (b) À noite, o NSQ reduz seu funcionamento, permitindo à pineal que libere melatonina na corrente sanguínea. *(Esta figura encontra-se reproduzida em cores no Encarte.)*

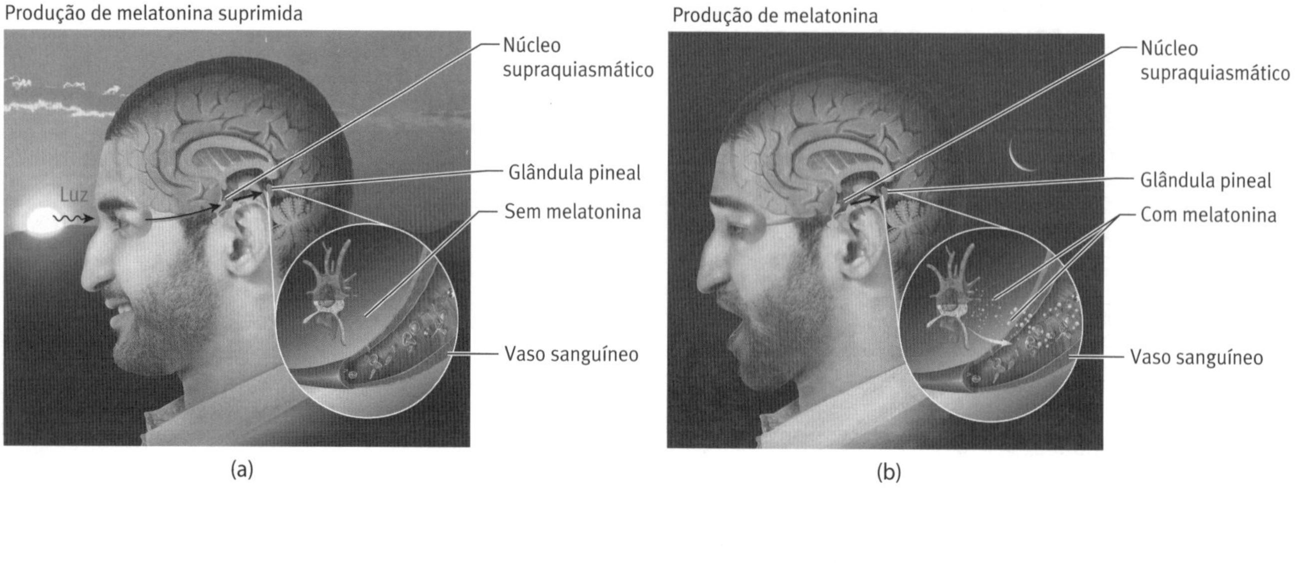

os trabalhadores noturnos também tendem a experimentar, pode levar à fadiga, problemas estomacais, doenças cardíacas e, para as mulheres, câncer de mama (Knutsson & Bøggild, 2010; Lin et al., 2015; Puttonen et al., 2009). Os relógios biológicos de nossos ancestrais estavam sintonizados com o nascer e o pôr do sol do dia de 24 horas, que os levava a dormir mais durante os meses escuros de inverno e menos durante os meses ensolarados de verão (van Egmond et al., 2019).

Muitos jovens adultos de hoje adotam algo mais próximo a um dia de 25 horas, ficando acordados até muito tarde para ter oito horas de sono. Por isso, podemos agradecer a Thomas Edison, inventor da lâmpada elétrica (ou culpá-lo). Aproximadamente 90% dos americanos relatam usar um dispositivo eletrônico emissor de luz uma hora antes de dormir (Chang et al., 2015). A luz artificial retarda o sono e afeta sua qualidade. Para estudantes universitários do primeiro ano, ficar acordado até tarde assistindo televisão interferiu no início, na qualidade e na duração do sono (Exelmans & Van den Bulck, 2018). A transmissão contínua (*streaming*) interrompe o sonho.

O sono costuma fugir daqueles que dormem tarde e acordam tarde nos fins de semana, e depois vão se deitar mais cedo nos domingos, preparando-se para a nova semana de trabalho (Oren & Terman, 1998). São como nova-iorquinos cuja biologia está no horário da Califórnia; eles sofrem de "*jet lag* social". Já para os norte-americanos que viajam para a Europa e precisam se levantar quando seu ritmo circadiano está implorando para que durmam, a luz forte (passar o dia seguinte a céu aberto) ajuda a restabelecer seu relógio biológico (Czeisler et al., 1986, 1989; Eastman et al., 1995).

PRÁTICA DE RECUPERAÇÃO

PR-4 O núcleo ______________ ajuda a monitorar a liberação de melatonina pelo cérebro, o que afeta nosso ritmo ______________.

RESPOSTAS NO APÊNDICE E

Por que nós dormimos?

QOA 3.8 Quais são as funções do sono?

Uma desvantagem circadiana: um estudo com mais de 24 mil jogos da Major League Baseball constatou que as equipes que cruzaram três fusos horários antes de jogar uma série tinham quase 60% de chance de perder seu primeiro jogo (Winter et al., 2009). Um estudo de acompanhamento replicou esse efeito no National Basketball Association e no National Hockey League (Roy & Forest, 2018).

Então, nossos padrões de sono variam de pessoa para pessoa e de cultura para cultura. Mas por que temos essa necessidade de dormir? Os psicólogos acreditam que o sono pode existir, por cinco razões:

1. *O sono nos protege*. Quando a escuridão interrompia a caça, a coleta de comida e a locomoção, nossos ancestrais distantes ficavam melhor dormindo em uma caverna, fora de perigo. Os que não tentavam se locomover entre despenhadeiros à noite tinham mais chances de deixar descendentes. Isso se enquadra em um princípio mais abrangente: o padrão de sono de uma espécie tende a se adequar a seu nicho ecológico (Siegel, 2009). Os animais que têm mais necessidade de pastar e menos capacidade para se esconder tendem a dormir menos. Os animais também dormem menos, sem efeitos negativos, em épocas de cio e migração (Siegel, 2012). (Ver ilustração de diferentes tempos de sono de animais na Figura 3.11.)
2. *O sono promove nossa recuperação*. O sono dá ao nosso corpo e ao nosso cérebro a chance de se reparar, reconectar e reorganizar. Ajuda também o corpo a se curar de infecções e restaura o sistema imunológico (Dimitrov et al., 2019). O sono dá tempo aos neurônios em repouso para que se reparem, enquanto podam ou enfraquecem conexões não utilizadas (Ascády & Harris, 2017; Ding et al., 2016; Li et al., 2017). Morcegos e outros animais com metabolismo elevado queimam grande quantidade de calorias, produzindo muitos *radicais livres*, moléculas que são tóxicas para os neurônios. O sono varre esse lixo tóxico, juntamente com fragmentos de proteínas que podem causar a doença de Alzheimer em seres humanos (Beil, 2018; Xie et al., 2013). Imagine o seguinte: quando a consciência sai de casa, os operários do cérebro entram em cena para fazer uma limpeza, dizendo "Boa noite, durma bem".

Figura 3.11 Tempo de sono dos animais. Você preferiria ser como um morcego, que dorme 20 horas por dia, ou como uma girafa, que dorme duas horas? (Dados do NIH, 2010).

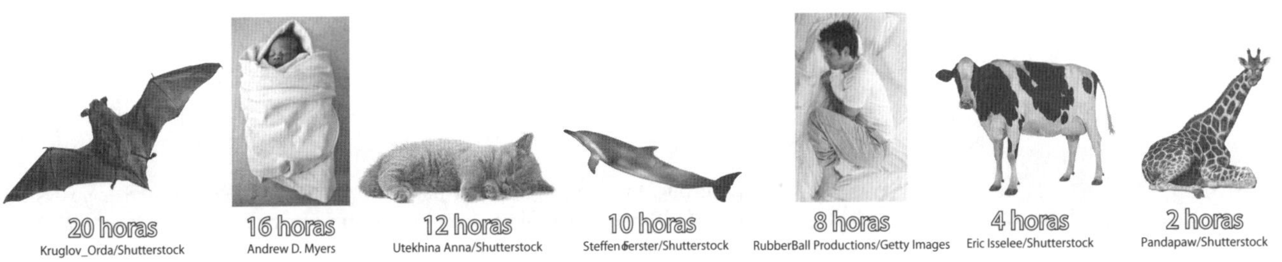

O sono amplo auxilia o aprendizado de habilidades e o alto desempenho. A patinadora artística Sarah Hughes foi aconselhada a interromper suas práticas matinais como parte de um esquema de sono recomendado. Isso levou a melhores desempenhos, melhores pontuações e, finalmente, uma medalha de ouro olímpica em 2002.

3. *O sono ajuda a restaurar e reconstruir lembranças desvanecidas das experiências do dia.* Dormir é fortalecer. O sono *consolida* nossas memórias ao reativar experiências recentes, repetindo a aprendizagem recente e fortalecendo as conexões neuronais (Paller & Oudiette, 2018). Reativa experiências recentes, armazenadas no hipocampo e as transfere para um lugar de armazenamento permanente em outra parte do córtex (Racsmány et al., 2010; Urbain et al., 2016). Portanto, adultos, crianças e bebês treinados para desempenhar tarefas podem se lembrar melhor delas depois de uma noite de sono, ou mesmo após um rápido cochilo, do que após várias horas sem dormir (Friedrich et al., 2015; Horváth et al., 2017; Sandoval et al., 2017; Seehagen et al., 2015). Em adultos mais velhos, a maior frequência de interrupção do sono prejudica também a consolidação de memórias (Boyce et al., 2016; Pace-Schott & Spencer, 2011).
4. *O sono alimenta o pensamento criativo.* Os sonhos podem inspirar notáveis realizações artísticas e científicas, como por exemplo os sonhos que sugeriram ao químico Auguste Kekulé a estrutura do benzeno (Ross, 2006) e inspirou o pesquisador médico Carl Alving (2011) a inventar o adesivo de vacina (transcutâneo). Mais óbvio é o ímpeto que uma noite de sono, completa, proporciona ao pensamento e à aprendizagem. Depois de trabalhar em uma tarefa e ir para a cama com ela na cabeça, as pessoas solucionam problemas difíceis de maneira mais perspicaz do que aquelas pessoas que ficam acordadas (Barrett, 2011; Sio et al., 2013). Também são melhores em discernir conexões entre novas informações (Ellenbogen et al., 2007; Whitehurst et al., 2016). Para pensar com inteligência e enxergar conexões, muitas vezes vale a pena refletir sobre um problema logo antes de se deitar, e então dormir em cima dele.
5. *O sono favorece o crescimento.* Durante o sono profundo que ocorre principalmente na primeira metade de uma noite, a glândula pituitária libera o hormônio do crescimento humano, que é necessário para o desenvolvimento muscular.

Uma noite inteira de sono regular pode "melhorar *drasticamente* sua capacidade atlética", relatam James Maas e Rebecca Robbins (2010). O sono REM e o NREM-2 – que ocorrem sobretudo nas horas finais de uma longa noite de sono – ajudam a reforçar as conexões neuronais que estabelecem memórias duradouras, inclusive as "memórias musculares" adquiridas com a prática de tênis ou arremessos no basquete. A cientista do sono Cheri Mah e seus colegas (2011) aconselham os atletas sobre como incorporar o sono em seus treinamentos. Ela ajudou a transformar o basquetebolista profissional Andre Iguodala, de um jogador de *videogame* durante a madrugada, em alguém com hábitos de sono saudáveis (Gonzalez, 2018). O resultado? Iguodala jogou mais minutos, arremessou com mais eficiência e recebeu o prêmio de jogador mais valioso das finais da National Basketball Association de 2015. Dados todos os benefícios do sono, não é de admirar que não dormir nos atinja com tanta força.

"Durma mais rápido, precisamos dos travesseiros."
– Provérbio iídiche

"Bocejo longo: fome, sono ou manha do dono."
– Anônimo

PRÁTICA DE RECUPERAÇÃO

PR-5 Quais são as cinco razões propostas para nossa necessidade de sono?

RESPOSTAS NO APÊNDICE E

Privação de sono e transtornos do sono

QOA 3.9 Quanto a privação de sono nos afeta, e quais são os principais transtornos do sono?

Quando nosso corpo anseia por sono mas não consegue dormir, começamos a sentir um extremo mal-estar. Se tentarmos permanecer acordados, inevitavelmente seremos derrotados. Na batalha do cansaço, o sono sempre vence.

Efeitos da privação de sono

Padrões de sono modernos – a "Grande Recessão do Sono" – não apenas nos deixam sonolentos, mas drenam nossa sensação de energia e bem-estar (Keyes et al., 2015; Thorarinsdottir et al., 2019). Após uma sucessão de noites de cinco horas, acumulamos um débito de sono que não pode ser quitado com uma longa noite de sono. "O cérebro mantém uma conta precisa do débito de sono por pelo menos duas semanas", relatou o pesquisador do sono, William Dement (1999, p. 64).

Obviamente, então, precisamos dormir. O sono ocupa cerca de um terço de nossas vidas – por volta de 25 anos, em média. Se puderem dormir livremente, os adultos, em sua maioria, dormirão pelo menos nove horas por noite (Coren, 1996). Um experimento demonstrou os benefícios do sono irrestrito fazendo com que os voluntários passassem 14 horas diárias na cama por pelo menos uma semana. Nos primeiros dias, eles tiveram uma média de 12 horas diárias ou mais de sono, aparentemente saldando um débito de 25 a 30 horas em média. Feito isso, voltaram a dormir de 7,5 a 9 horas por noite, e sentiram-se com mais energia e satisfação (Dement, 1999).

Estudantes universitários são especialmente privados de sono; 69% em um levantamento feito nos EUA relataram "sentir-se cansado" ou "ter pouca energia" em vários dias durante as duas semanas anteriores (AP, 2009). Um em cada quatro estudantes universitários chineses tem sérios problemas de sono (Li et al., 2018). Pesquisas nos EUA revelam que 75% dos estudantes do Ensino Médio relatam dormir menos de oito horas todas as noites e que 28% deles reconheceram que adormeceram na aula pelo menos uma vez por semana (CDC, 2019; NSF, 2006). O andamento da aula não precisa ser maçante para que os estudantes comecem a roncar.

Em 1989, Michael Doucette foi eleito o Motorista Adolescente Mais Seguro dos EUA. Em 1990, voltando da faculdade para casa, ele adormeceu ao volante e colidiu com um carro que vinha na direção contrária; ele e o outro motorista morreram. O instrutor de Michael reconheceu depois que nunca o alertara para a privação de sono e dirigir sonolento (Dement, 1999).

A perda de sono também afeta nosso humor. O cansaço desencadeia o mau humor: menos sono é prognóstico de mais raiva e conflitos de relacionamento (Keller et al., 2019; Krizan & Hisler, 2019; Madrid-Valero et al., 2019). E a perda de sono é um forte preditor de transtornos depressivos (Palagini et al., 2019). Pesquisadores que analisaram milhares de adolescentes em dois estudos constataram que os que dormiam cinco horas ou menos por noite tinham um risco 70 e 80% maior de depressão e pensamento suicida do que seus pares que dormiam oito horas ou mais (Gangwisch et al., 2010; Whitmore et al., 2018). Entre meio milhão de chineses de 30 a 79 anos, os que dormiam cinco horas ou menos por noite tinham mais do que o dobro de chances de já estar com depressão, do que seus pares com mais horas de sono (Sun et al., 2018). Essa conexão não parece refletir um efeito da depressão sobre o sono. Quando crianças e jovens são acompanhados ao longo do tempo, é a privação de sono que prevê depressão, e não o contrário (Gregory et al., 2009). Para pessoas com risco de suicídio, uma noite de sono ruim aumenta o pensamento suicida no dia seguinte (Littlewood et al., 2019).

Mas há esperança: o processamento de experiências emocionais durante o sono REM protege contra a depressão (Walker & van der Helm, 2009). Isso pode ajudar a explicar por que a imposição de um horário para dormir pelos pais prediz menos depressão, e por que a protelação do horário das aulas dos adolescentes leva a um sono melhor, deixando-os mais alertas e melhorando seu humor (Bowers & Moyer, 2017; Foss et al., 2019; Morgenthaler et al., 2016). Quando o Seattle School District mudou o horário de início da escola secundária para 55 minutos depois, os resultados foram claros: mais sono e melhores notas (Dunster et al., 2018). Assim, as escolas secundárias europeias raramente começam antes das 9 horas (Fischetti, 2014). A American Academy of Pediatrics (2014) defende o adiamento do horário de início das aulas de adolescentes para "permitir aos alunos a oportunidade de alcançar níveis ideais de sono (8,5 a 9,5 horas)". Como observa a psicóloga Roxanne Prichard, "Nada piora com um sono melhor, e muitas coisas melhoram" (Brody, 2018).

"Lembre-se de dormir porque você tem que dormir para lembrar." – James B. Maas e Rebecca S. Robbins, *Sleep for Success*, 2010

Quando um professor de psicologia desafiou os alunos a dormirem pelo menos oito horas todas as noites durante a semana de exames finais, os que encararam o desafio obtiveram as notas mais altas (Scullin, 2019). *Resumindo*: durma melhor para ter desempenho melhor.

A falta de sono também pode fazer você ganhar peso. A privação do sono mexe com nossos hormônios, nosso metabolismo, e nosso cérebro responde aos alimentos das seguintes maneiras:

Ladrões de sono. **"Você acorda no meio da noite e pega seu *smartphone* para verificar a hora – são 3 da manhã – e vê uma mensagem. Antes que você perceba, terá caído em uma armadilha de *e-mail* e *Twitter*. Sono? Pode esquecer."** – Nick Bilton, *Disruptions: For a Restful Night, Make Your Smartphone Sleep on the Couch*, 2014

- Aumentando a *grelina*, um hormônio que desperta a fome, e diminuindo seu parceiro supressor da fome, a *leptina* (Shilsky et al., 2012)
- Aumentando também o *cortisol*, o hormônio do estresse, que estimula o corpo a fabricar gordura
- Diminuindo a taxa metabólica (uso de energia) (Schmid et al., 2015; Potter et al., 2017)
- Interrompendo a expressão gênica, que provoca o aumento do risco de doenças cardíacas e outros desfechos negativos para a saúde (Möller-Levet et al., 2013; Mure et al., 2018)
- Aumentando as respostas do sistema límbico à mera visão de comida e reduzindo a inibição cortical, que nos ajuda a resistir a tentações (Benedict et al., 2012; Greer et al., 2013; St-Onge et al., 2012).

Assim, crianças e adultos que dormem menos são mais gordos que a média, e nas últimas décadas as pessoas vêm dormindo menos e ganhando peso (Hall et al., 2018; Miller et al., 2018). Além disso, a privação experimental de sono em adultos aumenta o apetite e o consumo de alimentos sem valor nutritivo; nosso cérebro, cansado, acha alimentos gordurosos mais atraentes (Fang et al., 2015; Hanlon et al., 2015; Rihm, 2019). Desse modo, a privação de sono ajuda a explicar o ganho de peso comum em estudantes que perdem horas de sono (Hull et al., 2007).

A privação de sono também afeta nossa saúde física. Quando uma infecção se instala, em geral dormimos mais, ativando nosso sistema imunológico. A privação de sono pode suprimir as células de defesa que combatem as infecções virais e o câncer (Möller-Levet et al., 2013; Motivala & Irwin, 2007; Opp & Krueger, 2015). Um experimento expôs voluntários a um vírus de gripe. Aqueles que dormiam em média menos de cinco horas por noite eram 4,5 vezes mais propensos a desenvolver um resfriado do que aqueles que dormiam mais de sete horas por noite (Prather et al., 2015). O efeito protetor do sono pode ajudar a explicar por que pessoas que dormem de sete a oito horas por noite tendem a ter vida mais longa do que aquelas com privação crônica de sono (Dew et al., 2003; Parthasarathy et al., 2015; Scullin & Bliwise, 2015).

A privação de sono retarda as reações e aumenta o número de erros em tarefas que exigem atenção visual, como as envolvidas na checagem de bagagem nos aeroportos, em cirurgias e leitura de raios X (Caldwell, 2012; Lim & Dinges, 2010). Quando estamos especialmente sonolentos, podemos, sem saber, ter um "microssono" de um a seis segundos (Koch, 2016). Respostas lentas e microssonos podem significar um desastre para aqueles que operam equipamentos, pilotam ou dirigem. Dirigir com sono contribuiu para cerca de um em cada seis acidentes de trânsito americanos (AAA, 2010) e para cerca de 30% das mortes nas estradas australianas (Maas, 1999). Considere os engenheiros de dois trens suburbanos da área de Nova York, cuja fadiga por *apneia do sono* os fez colidir, ferindo 100 pessoas e matando um transeunte (McGeehan, 2018). Quando lobos frontais sonolentos enfrentam uma situação inesperada, muitas vezes o resultado é trágico.

Stanley Coren tirou proveito daquilo que, para muitos norte-americanos, é uma experiência de manipulação do sono que acontece duas vezes por ano – o "adiantamento" dos relógios em uma hora para o horário "de verão" e seu "atraso" para o horário "normal". Pesquisando milhões de registros, Coren verificou que, tanto no Canadá como nos EUA, o número de acidentes aumenta imediatamente depois da mudança de horário que encurta o sono (Figura 3.12).

"Então feche seus olhos
Me dê um beijo de despedida
E durma
Apenas durma." – *Sleep*, música de My Chemical Romance

A Figura 3.13 resume os efeitos da privação do sono. Mas temos boas notícias! Os psicólogos encontraram um tratamento que fortalece a memória, aumenta a concentração, estimula o humor, modera a fome, reduz a obesidade, reforça o sistema imunológico e diminui o risco de acidentes fatais. Melhor ainda: o tratamento é prazeroso, pode ser autoadministrado e é gratuito! Se você é um estudante universitário típico, que vai dormir tarde muitas vezes, pode sentir-se preso em um ciclo de insônia. Sua situação de vida estressante pode fazer com que o sono pareça mais um luxo do que uma necessidade. Uma noite esta semana, tente adicionar 15 minutos ao seu sono. Se você se sentir mais descansado e menos como um zumbi, tente adicionar mais sono sempre que puder. Veja, na Tabela 3.1, algumas dicas para melhorar sua qualidade de sono.

PERGUNTE A SI MESMO

O que você aprendeu sobre o sono que poderia aplicar a si mesmo?

Principais transtornos do sono

Você tem problemas para dormir quando está ansioso ou animado? A maioria de nós tem. Uma perda ocasional de sono não é nada para se preocupar. Porém, para quem tem um

Figura 3.12 Menos sono = mais acidentes. (a) Na segunda-feira seguinte à mudança do horário de verão, quando as pessoas perdem uma hora de sono, os acidentes aumentaram em comparação com a segunda-feira anterior. (b) No outono, os acidentes de trânsito normalmente aumentam por causa de mais neve, gelo e escuridão, mas diminuem depois da mudança de horário (Dados de Coren, 1996).

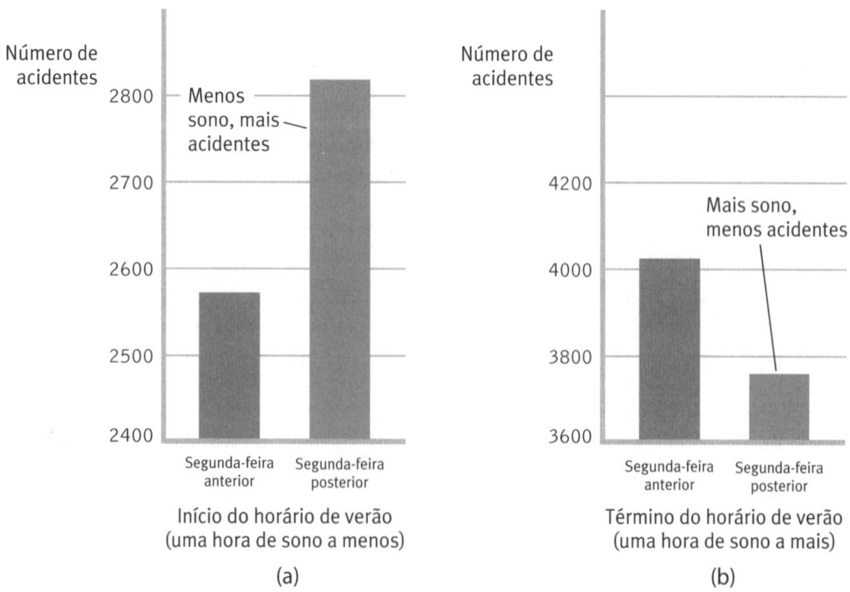

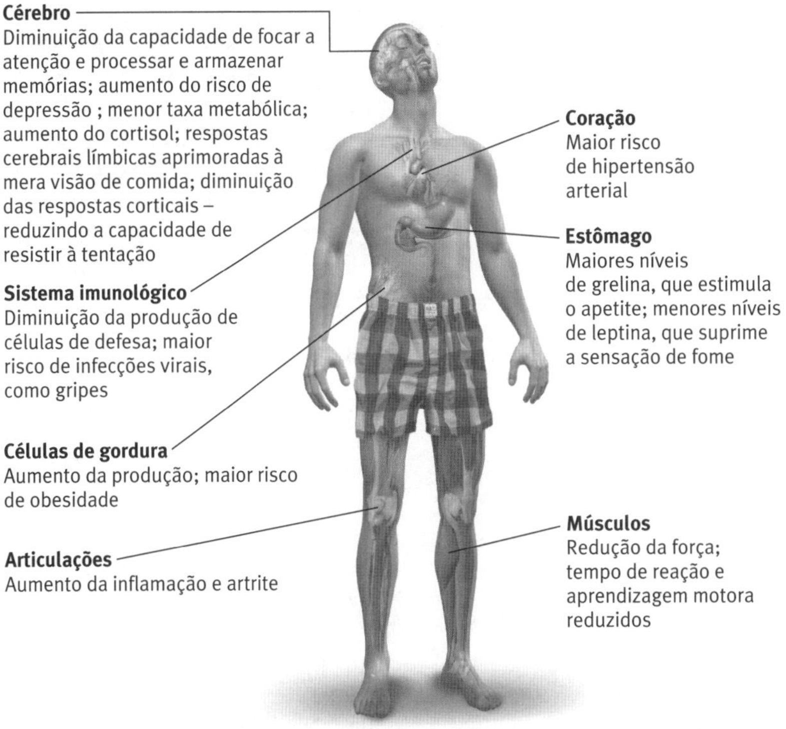

Figura 3.13 Como a privação de sono nos afeta.

Tabela 3.1 Tenha uma noite de sono melhor: auxiliares naturais do sono.
• Faça exercícios regulares, mas não à noite (no final da tarde é melhor) (Lowe et al., 2019)
• Evite cafeína depois do início da tarde; evite também comer e beber antes de deitar. A exceção seria um copo de leite, que fornece matérias-primas para a fabricação de serotonina, um neurotransmissor que facilita o sono
• Relaxe antes de ir para a cama, usando luz suave
• Durma em horários regulares (levante-se na mesma hora, ainda que após uma noite agitada) e evite cochilos longos (Jansson-Fröjmark et al., 2019)
• Esconda o mostrador do relógio para não se sentir tentado a olhá-lo repetidamente
• Tranquilize-se pensando que uma perda temporária de sono acontece, e que é normal, às vezes, lutar para dormir. Apenas tente fazer o seu melhor a cada dia
• Concentre-se em pensamentos envolventes e que não sejam estimulantes, como letras de músicas ou viagens de férias (Gellis et al., 2013). (Pensar em adormecer pode mantê-lo acordado)
• Administre o estresse. Perceba que, para qualquer organismo estressado, ser vigilante é natural e adaptativo. Menos estresse = melhor sono

Insônia. Problemas recorrentes para dormir ou permanecer dormindo.

Narcolepsia. Transtorno do sono caracterizado por ataques incontroláveis de sono. A pessoa com narcolepsia pode cair diretamente no sono REM, muitas vezes em momentos inoportunos.

Apneia do sono. Transtorno do sono em que a pessoa sofre suspensões temporárias da respiração durante o sono e desperta momentaneamente repetidas vezes.

Terror noturno. Transtorno do sono caracterizado por grande agitação e aparência de apavoramento; ao contrário de pesadelos, ocorrem durante o estágio NREM-3 do sono, duas ou três horas depois que a pessoa adormece; raramente são lembrados.

grande transtorno do sono – **insônia**, **narcolepsia**, **apneia do sono**, *sonambulismo*, falar dormindo, ou **terror noturno** – tentar dormir pode ser um pesadelo. (Ver resumo desses transtornos na Tabela 3.2.)

Cerca de um em cada dez adultos e um em cada quatro idosos se queixam de insônia – problemas persistentes em adormecer ou permanecer dormindo (Irwin et al., 2006). O resultado é cansaço e maior risco de depressão (Baglioni et al., 2016). A partir da meia-idade, acordar de vez em quando passa a ser a norma, não algo com que se preocupar ou a ser tratado com medicação (Vitiello, 2009). Ironicamente, a insônia piora quando as pessoas se preocupam com ela. Em estudos de laboratório, os que reclamam de insônia realmente dormem menos que os outros. Mas, em geral, eles superestimam o tempo que demoram para adormecer e subestimam o tempo que de fato dormiram (Harvey & Tang, 2012). Mesmo que tenhamos ficado acordados apenas uma ou duas horas, podemos pensar que dormimos muito pouco, porque é do tempo que passamos em claro que nos lembramos.

"O sono é como o amor ou a felicidade. Se você o perseguir com muito ardor, ele vai escapar." – Wilse Webb, *Sleep: The Gentle Tyrant*, 1992

Tabela 3.2 Transtornos do sono.

Transtorno	Taxa	Descrição	Efeitos
Insônia	Um em cada quatro adultos (com base nos sintomas do ano passado)	Dificuldade contínua para adormecer ou permanecer dormindo	Cansaço crônico, aumento do risco de depressão, obesidade, hipertensão e dor artrítica e fibromialgia (Olfson et al., 2018). Dependência de pílulas para dormir e álcool, que reduzem o sono REM e levam à tolerância – um estado em que são necessárias doses crescentes para produzir um efeito
Narcolepsia	Um em 2.000 adultos	Ataques súbitos de sonolência avassaladora	Risco de adormecer em um momento perigoso. Os ataques de narcolepsia geralmente duram menos de 5 minutos, mas podem acontecer nos piores momentos e momentos mais emotivos. Atividades cotidianas, como dirigir, exigem cuidado redobrado
Apneia do sono	Um em 20 adultos	Parar de respirar repetidamente enquanto dorme	Fadiga e depressão (como resultado da privação de sono de ondas lentas). Associados à obesidade (especialmente entre os homens)
Sonambulismo e falar dormindo	1-15 em 100 na população geral para sonambulismo (NSF, 2016); e cerca de metade das crianças para falar dormindo (Reimão & Lefévre, 1980)	Fazer atividades normais de vigília (sentar-se, andar, falar) enquanto dorme. Falar dormindo em qualquer estágio do sono. Falar dormindo no sono NREM-3	Poucas preocupações sérias. Os sonâmbulos voltam para suas camas sozinhos ou com a ajuda de um membro da família, raramente lembrando da viagem na manhã seguinte
Terrores noturnos	1 em 100 adultos; 1 em 30 crianças	Parecer aterrorizado, falar bobagem, sentar ou andar durante o sono N3; é diferente de pesadelos	Duplicação da frequência cardíaca e respiratória de uma criança durante a crise. Felizmente, as crianças se lembram pouco ou nada do terrível evento no dia seguinte. À medida que as pessoas envelhecem, os terrores noturnos se tornam cada vez mais raros

"Há um abismo entre aqueles que podem dormir e aqueles que não podem. É uma das grandes divisões da raça humana." – Iris Murdoch, *Nuns and Soldiers*, 1980

Os paliativos mais comuns para a insônia verdadeira, comprimidos para dormir e álcool, tipicamente agravam o problema porque reduzem o sono REM e deixam a pessoa letárgica no dia seguinte. Esses métodos também podem resultar em tolerância – estado em que são necessárias doses crescentes para obter o mesmo efeito. O melhor é visitar um especialista em sono para avaliar o caso e obter um plano de tratamento saudável a longo prazo.

PRÁTICA DE RECUPERAÇÃO

PR-6 Uma pessoa bem descansada teria mais probabilidade de ter ___________ (problemas de concentração/tempos de reação rápidos) e uma pessoa privada de sono teria mais probabilidade de ___________ (ganhar peso/lutar contra um resfriado).

RESPOSTAS NO APÊNDICE E

Sonhos

QOA 3.10 O que sonhamos e quais funções os teóricos propuseram para os sonhos?

Agora, em um cinema interno perto de você: a estreia do sonho vívido de uma pessoa adormecida. Esse filme mental nunca antes visto apresenta personagens cativantes envoltos em um enredo tão original e improvável, mas tão intrincado e aparentemente tão real, que o espectador mais tarde se maravilha com sua criação.

Os **sonhos** REM são vívidos, emocionais e muitas vezes bizarros (Loftus & Ketcham, 1994). Ao acordar de um, podemos nos perguntar como nosso cérebro pode construir de forma tão criativa, colorida e completa esse mundo alternativo. No limbo entre nossa consciência sonhadora e desperta, podemos até nos perguntar por um momento o que é real. Ao acordar de um pesadelo, uma criança de quatro anos pode ter certeza de que há um urso em casa.

Sonho. Sequência de imagens, emoções e pensamentos que passam na mente de uma pessoa adormecida.

A descoberta da ligação entre os sonhos e o sono REM inaugurou uma nova era da pesquisa dos sonhos. Em vez de contar com a lembrança nebulosa de alguém horas depois, os pesquisadores podiam capturar os sonhos enquanto eles aconteciam, despertando as pessoas durante 3 minutos ou dentro de três minutos de um período de sono REM para ouvir um relato vívido.

Com o que sonhamos

Passamos seis anos da nossa vida nos sonhos, muitos dos quais são tudo, menos doces. Tanto para mulheres como para homens, oito em cada dez sonhos são marcados por pelo menos um evento ou uma emoção negativa (Domhoff, 2007). É comum sonharmos que fracassamos na tentativa de fazer algo; ou que somos atacados, perseguidos ou rejeitados, ou que experimentamos um infortúnio (Hall et al., 1982). Sonhos com imagens sexuais ocorrem com menos frequência do que se possa pensar (embora mais frequentemente depois de consumir mídia sexual [Van den Bulck et al., 2016]). Em um estudo, apenas um em cada dez sonhos de homens jovens e um em cada 30 sonhos de mulheres jovens tinham conteúdo sexual (Domhoff, 1996).

É mais comum o enredo de um sonho incorporar traços das experiências e preocupações não sexuais dos dias anteriores (Nikles et al., 2017):

- *Trauma e sonhos.* Após sofrerem um trauma, é comum as pessoas relatarem pesadelos, o que ajuda a extinguir receios durante o dia (Levin & Nielsen, 2007, 2009). Presos do campo de concentração de Auschwitz, crianças palestinas que vivem em meio a conflitos, e americanos depois dos ataques terroristas de 11 de setembro, todos experimentaram sonhos frequentes relacionados com traumas (Owczarski, 2018; Propper et al., 2007; Punamäki & Joustie, 1998).
- *Sonhos de músicos.* Em comparação com os não músicos, os músicos relatam sonhar com música duas vezes mais (Uga et al., 2006).
- *Sonhos de pessoas cegas.* Estudos sobre sonhos de pessoas cegas em quatro países constataram que pessoas cegas sonham usando seus sentidos não visuais (Buquet, 1988; Taha, 1972; Vekassy, 1977). Porém, os cegos de nascença também podem "ver" em seus sonhos (Bértolo, 2005). Do mesmo modo, pessoas que nasceram com paralisias da cintura para baixo às vezes sonham que caminham, ficam de pé, correm ou andam de bicicleta (Saurat et al., 2011; Voss et al., 2011).
- *Experiências com a mídia e sonhos.* Em um estudo com 1.287 turcos, "os participantes que consumiram mídia violenta tenderam a ter sonhos violentos, e participantes que consumiram mídia sexual tenderam a ter sonhos sexuais". (Van den Bulck et al., 2016).

Nossa mente de duas vias continua a monitorar nosso ambiente enquanto dormimos. Estímulos sensoriais – um odor particular ou o toque do telefone podem ser instantânea e engenhosamente incluídos na história do sonho. Em um experimento clássico, os pesquisadores borrifaram levemente água fria no rosto dos sonhadores (Dement & Wolpert, 1958). Em comparação com os adormecidos que não receberam esse tratamento, essas pessoas foram mais propensas a sonhar com cachoeiras, vazamento no telhado ou até que recebiam borrifadas de alguém.

Um mito popular sobre o sono: se você sonhar que está caindo e atingir o chão (ou se sonhar que está morrendo), você morrerá. Infelizmente, aqueles que poderiam confirmar essas ideias não estão aqui para isso. Muitas pessoas, no entanto, tiveram esses sonhos e estão vivas para contá-los.

Então, seríamos capazes de aprender uma língua estrangeira escutando-a tocar enquanto dormimos? Quem dera! Durante o sono, podemos aprender a associar um som a um leve choque elétrico (e a reagir de acordo com o som). Também podemos aprender a associar determinado som a um odor agradável ou desagradável (Arzi et al., 2012). Contudo, não nos lembramos de informações gravadas reproduzidas enquanto estamos profundamente adormecidos (Eich, 1990; Wyatt & Bootzin, 1994). Na verdade, o que quer que aconteça durante os cinco minutos antes de adormecermos costuma se perder da memória (Roth et al., 1988). Isso explica por que pacientes com apneia do sono, que despertam repetidas vezes, ofegantes, e logo depois voltam a dormir, não se lembram desses episódios. O mesmo se aplica a alguém que acorda momentaneamente, envia uma mensagem de texto, mas no dia seguinte não recorda o que fez. Também explica por que sonhos que nos despertam momentaneamente são, na maioria das vezes, esquecidos na manhã seguinte. Para lembrar de um sonho, levante e fique acordado por alguns minutos.

"Siga seus sonhos, exceto aquele em que você estava pelado no trabalho." – Atribuído ao comediante Henny Youngman

Por que sonhamos

Os teóricos do sonho propõem diversas explicações para os motivos por que sonhamos, e incluem os seguintes:

Para satisfazer nossos próprios desejos. Em 1900, em seu histórico livro *A Interpretação dos Sonhos*, Freud apresentou o que julgava ser "a mais valiosa de todas as descobertas que

Conteúdo manifesto. Segundo Freud, o enredo lembrado de um sonho (em contraste com seu conteúdo latente ou oculto).

Conteúdo latente. Segundo Freud, o significado subjacente de um sonho (em contraste com seu conteúdo manifesto).

tive a felicidade de fazer". Segundo ele, os sonhos constituem uma válvula de escape psíquica que descarrega sentimentos, de outro modo inaceitáveis. A seu ver, o **conteúdo manifesto** (o enredo aparente e lembrado) de um sonho é uma versão censurada, simbólica de seu **conteúdo latente**, que consiste em impulsos e desejos inconscientes que seriam ameaçadores se expressados de forma direta. Logo, uma arma pode ser uma representação disfarçada de um pênis.

Freud considerava que os sonhos são a chave para a compreensão de conflitos internos. No entanto, os críticos dizem que é hora de despertar de sua teoria dos sonhos, que é um pesadelo científico. Diz a lenda que mesmo Freud, que adorava fumar charutos, reconheceu que, "às vezes, um charuto é apenas um charuto". Seth Stephens-Davidowitz (2017) analisou se os alimentos fálicos "infiltram-se em nossos sonhos com uma frequência inesperada". A resposta dele: eles não se infiltram. O pepino, por exemplo, é o sétimo vegetal mais sonhado e o sétimo vegetal mais comum. "Não há razão para acreditar em nenhuma das afirmações específicas de Freud a respeito dos sonhos e de seus propósitos", escreve o pesquisador de sonhos William Domhoff (2003). Às vezes, um pepino é apenas um pepino.

"Quando se interpreta [um sonho] como se tivesse um significado e depois se vendem essas interpretações, é charlatanismo." – J. Allan Hobson, pesquisador do sono (1995)

Alguns sustentam que, mesmo que os sonhos sejam simbólicos, podem ser interpretados da maneira que se deseje. Outros sustentam que os sonhos não escondem nada. A teoria da realização de desejos nos sonhos de Freud deu, em grande parte, lugar a outras teorias.

Para arquivar memórias. A perspectiva do *processamento da informação* propõe que os sonhos podem ajudar a filtrar, classificar e fixar as experiências do dia em nossa memória. Alguns estudos dão sustentação a essa tese. Quando testadas no dia seguinte à aprendizagem de uma tarefa, pessoas privadas tanto do sono de ondas lentas quanto do REM não se saíram tão bem quanto as que não tiveram o sono interrompido (Stickgold, 2012). Outros estudos mostraram lapsos de memória semelhantes para novos materiais entre pessoas que eram despertadas toda vez que começavam o sono REM (Empson & Clarke, 1970; Karni & Sagi, 1994).

Imagens do cérebro confirmam a ligação entre o sono REM e a memória. As regiões cerebrais ativadas em ratos que aprendiam a circular por um labirinto, ou quando seres humanos aprendiam a realizar tarefas de discriminação visual, voltaram a ser acionadas durante o sono REM (Louie & Wilson, 2001; Maquet, 2001). Esses padrões de atividade foram tão precisos que os cientistas podem dizer em que ponto do labirinto o rato estaria, se estivesse acordado. Dormir, para talvez lembrar.

Esse fator é importante para estudantes, muitos dos quais, crê o pesquisador Robert Stickgold (2000), sofrem de uma espécie de bulimia do sono – dormir em excesso nos fins de semana. "Se você não dormir bem e bastante após aprender coisas novas, não as integrará de maneira eficaz a suas memórias", alerta ele. Isso ajuda a explicar por que estudantes do Ensino Médio que têm notas altas dormem em média 25 minutos a mais por noite do que seus colegas com desempenho inferior (Wolfson & Carskadon, 1998; ver Figura 3.14). Sacrificar tempo de sono para estudar, na verdade, *piora* o desempenho acadêmico, dificultando a compreensão do que é dado em aula no dia seguinte ou os bons resultados em provas (Gillen-O'Neel et al., 2013).

Os movimentos rápidos dos olhos também movimentam o líquido atrás da córnea; isso leva oxigênio novo às células da córnea, evitando sua sufocação.

Para desenvolver e preservar vias neuronais. Pode ser que os sonhos ou a atividade cerebral associada ao sono REM cumpram uma função *fisiológica*, proporcionando estimulação periódica ao cérebro adormecido. Essa teoria faz sentido do ponto de vista do desenvolvimento. Experiências estimulantes preservam e expandem as vias neuronais do cérebro. Bebês, cujas redes neuronais se desenvolvem com rapidez, passam muito de seu abundante tempo de sono no estágio de sono REM (Figura 3.15).

Figura 3.14 Um cérebro adormecido é um cérebro em funcionamento.

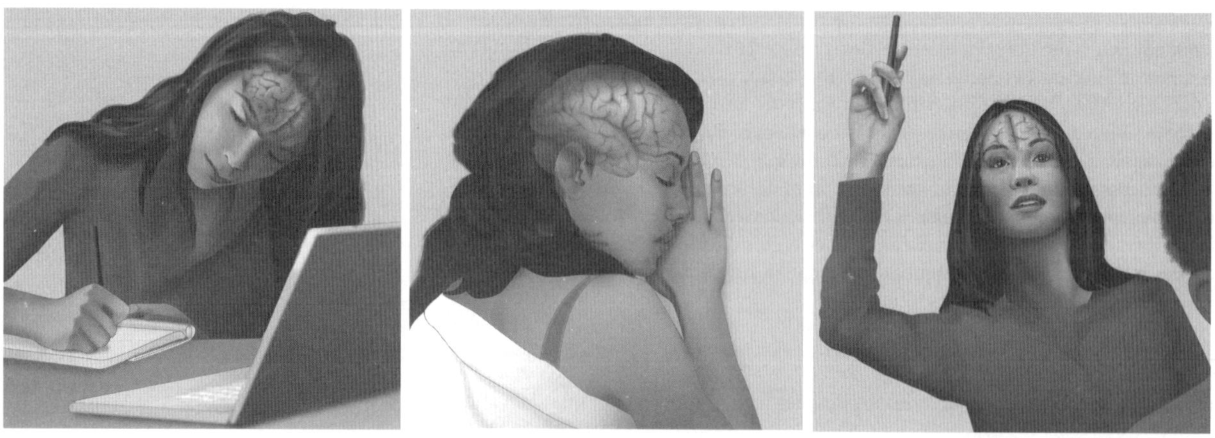

(a) Aprendendo. (b) O sono consolida a aprendizagem da memória a longo prazo. (c) O aprendizado é retido.

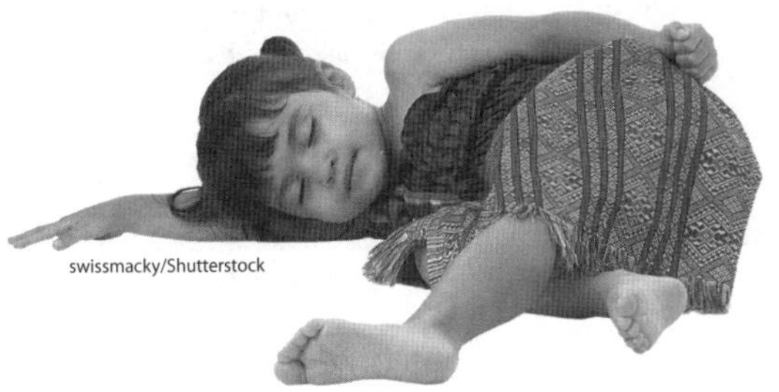

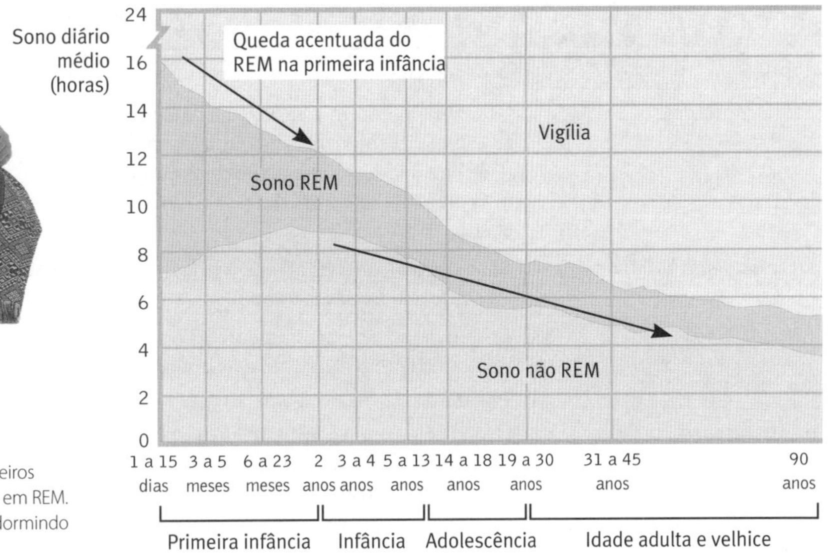

Figura 3.15 O sono ao longo da vida. À medida que envelhecemos, nossos padrões de sono mudam. Nos primeiros meses de vida, passamos progressivamente menos tempo em REM. Nos primeiros 20 anos, passamos cada vez menos tempo dormindo (Dados de Snyder & Scott, 1972).

Para dar sentido à estática neuronal. Outras teorias propõem que os sonhos surgem da ativação neuronal que vem se espalhando para cima desde o tronco encefálico (Antrobus, 1991; Hobson, 2003, 2004, 2009). De acordo com a *teoria da ativação-síntese*, os sonhos são a tentativa do cérebro de dar sentido a essa atividade neuronal aleatória. Assim como um neurocirurgião pode produzir alucinações estimulando diferentes partes do córtex de um paciente, o mesmo se pode fazer com uma estimulação originada no próprio cérebro.

Como Freud poderia esperar, imagens de PET de pessoas adormecidas também indicam atividade elevada no sistema límbico (na amígdala), ligado às emoções durante o sono REM (Schwartz, 2012). Em contraste, as regiões dos lobos frontais responsáveis pela inibição e pelo pensamento lógico parecem manter-se ociosas, o que pode explicar por que nossos sonhos apresentam menos inibição do que quando estamos despertos (Maquet et al., 1996). Adicione o tom emocional do sistema límbico às erupções visuais do cérebro, e – *Voilà*! – temos um sonho. Se danificarmos o sistema límbico ou os centros visuais ativos durante o sonho, a própria faculdade de sonhar pode ficar prejudicada (Domhoff, 2003).

Para refletir o desenvolvimento cognitivo. Alguns pesquisadores de sonhos preferem vê-los como parte da maturação do cérebro e do desenvolvimento cognitivo (Domhoff, 2010, 2011; Foulkes, 1999). Por exemplo, antes dos nove anos, os sonhos das crianças parecem mais uma apresentação de *slides* e menos histórias ativas em que o sonhador é um ator. Os sonhos se sobrepõem à cognição da vigília e contêm um discurso coerente. Eles *simulam a realidade* baseando-se em nossos conceitos e conhecimentos. Como envolvem redes cerebrais que também estão ativas durante os devaneios diurnos, podem ser entendidos como um estado intensificado de devaneio, aprofundado pelas imagens visuais (Fox et al., 2013). Ao contrário da ideia de que os sonhos têm origem em uma ativação cerebral de baixo para cima, a perspectiva cognitiva enfatiza o controle mental de cima para baixo do conteúdo do sonho (Nir & Tononi, 2010). Os sonhos, segundo G. William Domhoff (2014), "são uma encenação dos nossos desejos, receios, preocupações e interesses, em cenários impactantes que vivenciamos como eventos reais".

A Tabela 3.3 compara as principais teorias do sonho. Embora os pesquisadores do sono de hoje debatam a função dos sonhos – e alguns sejam céticos de que os sonhos tenham alguma função – há uma coisa em que concordam: precisamos do sono REM. Privada dele por ser acordada constantemente, a pessoa retorna cada vez mais rápido a esse estágio quando volta a dormir. Quando enfim a pessoa pode dormir sem ser perturbada, literalmente ela dorme como um bebê – com REM elevado, um fenômeno chamado **rebote de sono REM**. A maioria dos outros mamíferos também passa por rebote de sono REM, o que sugere que as causas e funções dessa fase do sono são fundamentalmente biológicas. (A ocorrência do REM em mamíferos – e não em animais como peixes, cujo comportamento é menos influenciado pela aprendizagem – também se encaixa na teoria dos sonhos como processamento de informações.)

Então, quer dizer que, por servirem a funções fisiológicas e estenderem a cognição normal, os sonhos são psicologicamente insignificantes? Não necessariamente. Toda experiência significativa do ponto de vista psicológico envolve atividade cerebral. Mais uma vez somos lembrados de um princípio básico: *Explicações biológicas e psicológicas do comportamento são parceiras, não adversárias.*

Sonhos são um fascinante estado alterado da consciência. No entanto, não são os únicos estados alterados. Como veremos a seguir, as drogas também alteram a percepção consciente.

Pergunta: Ingerir alimentos picantes nos faz sonhar mais?
Resposta: Não, mas o alimento condimentado, que faz você despertar mais, aumenta sua chance de *recordar* um sonho (Moorcroft, 2003).

Rebote de sono REM. Tendência ao aumento do sono REM logo após a privação desse estágio.

Tabela 3.3 Teorias do sonho.

Teoria	Explicação	Considerações críticas
Satisfação de desejos (Freud)	Os sonhos fornecem uma "válvula de escape psíquica" ao expressar sentimentos de outra forma inaceitáveis; têm conteúdo manifesto (lembrado) e uma camada mais profunda de conteúdo latente (um significado oculto)	Carece de qualquer suporte científico; os sonhos podem ser interpretados de várias e diferentes maneiras
Processamento da informação	Os sonhos ajudam-nos a selecionar os eventos do dia e a consolidar nossas memórias	Mas por que às vezes sonhamos com eventos que não vivenciamos e com acontecimentos passados?
Função fisiológica	A estimulação regular do cérebro pelo sono REM pode auxiliar no desenvolvimento e na preservação das vias neuronais	Isso não explica por que temos sonhos *significativos*
Síntese de ativação	O sono REM desencadeia a atividade neuronal que evoca memórias visuais aleatórias que nosso cérebro, adormecido, transforma em histórias	O cérebro do indivíduo está tecendo as histórias, que ainda nos dizem algo sobre o sonhador
Desenvolvimento cognitivo	O conteúdo dos sonhos reflete o nível de desenvolvimento cognitivo do indivíduo, seu conhecimento e sua compreensão. Os sonhos simulam nossas vidas, inclusive nas piores hipóteses possíveis	Não propõe uma função adaptativa para os sonhos

PERGUNTE A SI MESMO

Qual explicação para o porquê de sonharmos faz mais sentido para você? Quão bem isso explica seus próprios sonhos?

PRÁTICA DE RECUPERAÇÃO

PR-7 Quais são as cinco teorias que propõem explicações para o porquê sonhamos?

RESPOSTAS NO APÊNDICE E

REVISÃO Sono e sonhos

OBJETIVOS DE APRENDIZAGEM

Teste a si mesmo. Responda às Questões dos Objetivos de Aprendizagem (antes de conferir as respostas no Apêndice D) para aprimorar a retenção dos conceitos estudados (McDaniel et al., 2009, 2015).

QOA 3.4 O que é *sono*?

QOA 3.5 Como nossos ritmos biológicos influenciam nosso funcionamento diário?

QOA 3.6 Qual é o ritmo biológico de nossos estágios de sono e sonho?

QOA 3.7 Como a biologia e o ambiente interagem em nossos padrões de sono?

QOA 3.8 Quais são as funções do sono?

QOA 3.9 Quanto a privação de sono nos afeta, e quais são os principais transtornos do sono?

QOA 3.10 O que sonhamos e quais funções os teóricos propuseram para os sonhos?

TERMOS E CONCEITOS A RECORDAR

Teste a si mesmo. Escreva a definição com suas próprias palavras e depois confirme sua resposta.

sono, p. 94
ritmo circadiano, p. 94
sono rem, p. 96
ondas alfa, p. 96
alucinações, p. 96
ondas delta, p. 96
núcleo supraquiasmático (NSQ), p. 98
insônia, p. 103
narcolepsia, p. 103
apneia do sono, p. 103
terrores noturnos, p. 103
sonho, p. 105
conteúdo manifesto, p. 106
conteúdo latente, p. 106
rebote de sono rem, p. 107

DOMINE O MATERIAL

Teste a si mesmo. Responda às questões a seguir por conta própria, a princípio, depois confira as respostas no Apêndice E.

1. Nossa temperatura corporal tende a aumentar e cair em sincronia com um relógio biológico, que é chamado de ______________________.

2. Durante o estágio do sono NREM-1, mais provavelmente uma pessoa experimentará
   a. fusos de sono.
   b. alucinações.
   c. terrores noturnos ou pesadelos.
   d. movimentos rápidos dos olhos.
3. O cérebro emite ondas delta, amplas e lentas, durante o sono ______________.
4. À medida que a noite avança, o que acontece com o estágio REM do sono?
5. Qual das alternativas a seguir NÃO é uma das razões propostas para explicar por que precisamos dormir?
   a. O sono tem valor de sobrevivência.
   b. O sono promove nossa recuperação.
   c. O sono descansa os olhos.
   d. O sono tem um papel no processo de crescimento.
6. Qual a diferença entre narcolepsia e apneia do sono?
7. Ao interpretar sonhos, Freud estava mais interessado em sua
   a. função de processamento de informações.
   b. função fisiológica.
   c. conteúdo manifesto, ou enredo.
   d. conteúdo latente, ou significado oculto.
8. Como a *ativação-síntese* foi usada para explicar o porquê sonhamos?
9. "Aquilo sobre o que alguém se concentrou durante o dia, essas coisas aparecem em visões da noite" (Menandro de Atenas [342-292 a.C.], *Fragments*). Como a perspectiva do processamento de informações para os sonhos interpreta essa antiga citação grega?
10. A tendência do sono REM a aumentar após um período de privação de sono REM é chamada de ______________.

Substâncias psicoativas e consciência

Tolerância e dependência em transtornos por uso de substâncias

QOA 3.11 Quais são os *transtornos por uso de substâncias*?

Vamos imaginar um dia na vida de um estudante fictício que usa substâncias legais. Começa com algumas xícaras de café para se sentir alerta e uma dose de Ritalina[2] para ajudar a se concentrar em uma palestra matinal. Ao meio-dia, uma bebida energética ajuda a compensar a sonolência depois do almoço. Alguns cigarros com os amigos acalmam os nervos esgotados antes de uma apresentação na aula. Uma sessão de estudo depois do jantar significa outra dose de Ritalina, seguida de maconha com os amigos antes de ir a um barzinho local. Antes era preciso apenas um ou dois drinques para relaxar, mas agora são necessários três ou quatro para produzir o efeito desejado. Em casa, dois Advil ajudam a reduzir os efeitos estimulantes da noite. O despertador toca algumas horas depois e, após uma noite de sono ruim, o ciclo diário de uso de substâncias é retomado. Com o tempo, nosso aluno imaginário – e muitos estudantes reais – podem ter dificuldades para acompanhar a escola, o trabalho e as responsabilidades familiares e ter relacionamentos tensos e dificuldade para limitar o uso de substâncias. Como sabemos quando o uso de substâncias passa a ser um problema?

As substâncias que nosso estudante imaginário usa são **substâncias psicoativas**, substâncias químicas que mudam percepções e humores. A maioria de nós consegue usar algumas substâncias psicoativas com moderação sem que isso arruíne nossa vida. Contudo, às vezes, o uso de substâncias cruza a linha entre moderação e **transtorno do uso de substâncias** (Tabela 3.4).

O sistema de diagnóstico psiquiátrico atual também inclui *transtornos induzidos por substâncias/medicamentos* (APA, 2018). Um transtorno induzido por substância ou medicamento ocorre quando as pessoas fazem uso indevido de drogas, medicamentos e álcool, causando alterações que se assemelham a vários transtornos psicológicos. Esses incluem disfunções sexuais, transtorno obsessivo-compulsivo (TOC), depressão, psicose, e transtornos do sono e neurocognitivos.

O efeito geral de uma substância depende não só de seus efeitos biológicos, mas também das expectativas do usuário, que variam conforme os contextos sociais e culturais (Gu et al., 2015; Ward, 1994). Se uma cultura presume que determinada substância produz euforia (ou agressão ou excitação sexual) e outra não, essas expectativas podem ser atendidas. Vamos examinar com mais atenção essas forças que interagem no uso e potencial uso abusivo de substâncias psicoativas específicas. Primeiro, porém, considere o que contribui para o uso desordenado de várias substâncias; veja Pensamento crítico sobre: Tolerância e dependência.

Substância psicoativa. Substância química que altera as percepções e humores.

Transtorno por uso de substância. Transtorno caracterizado por desejo e uso contínuos, apesar de perturbação significativa da vida e/ou risco físico.

[2]Na versão original deste livro, o autor indica o nome Adderall como é vendido nos EUA. No Brasil, esse medicamento é conhecido como Ritalina e é um medicamento tarja preta, portanto, sua venda não é livre.

Tabela 3.4 Quando o uso de uma substância é caracterizado como transtorno?

Segundo a Associação Americana de Psiquiatria, o diagnóstico de *transtorno por uso de substância* pode ser feito quando esse uso se mantém apesar dos prejuízos significativos que causa à pessoa. As mudanças cerebrais resultantes podem persistir depois que o uso da substância é abandonado (provocando, assim, fortes anseios quando o indivíduo é exposto a pessoas e situações que despertam lembranças do uso). A gravidade do transtorno por uso de substância varia de *leve* (dois a três dos indicadores abaixo), passando por *moderado* (quatro a cinco deles), até *grave* (seis ou mais). (Fonte: American Psychiatric Association, 2013.) Se você estiver preocupado com o seu uso de substâncias ou o de um ente querido, entre em contato com o centro de aconselhamento escolar, clínica de saúde, ou médico (Os CAPSi são unidades de atenção psicossocial infanto-juvenil que podem auxiliar nestes casos e existem em diferentes pontos nas cidades brasileiras.)

Controle diminuído	
1.	Faz uso de maiores quantidades de substância, ou por mais tempo, do que o pretendido
2.	Tenta, sem sucesso, regular o uso da substância
3.	Gasta muito tempo adquirindo a substância, usando-a ou se recuperando de seus efeitos
4.	Anseia com muita gana pela substância
Função social diminuída	
5.	Descumpre compromissos no trabalho, na escola ou em casa
6.	Continua a usar, apesar dos problemas sociais
7.	Ocasiona redução nas suas atividades sociais, profissionais e de lazer
Uso perigoso	
8.	Continua a usar, a despeito dos perigos
9.	Continua a usar, a despeito do agravamento de problemas físicos ou psicológicos
Ação da substância	
10.	Apresenta tolerância (necessita de mais substância para obter o efeito desejado)
11.	Apresenta síndrome de abstinência quando tenta interromper o uso

PRÁTICA DE RECUPERAÇÃO

PR-1 Como se dá o processo que geralmente leva à tolerância a substâncias?

PR-2 Alguém pode ficar "viciado" em compras?

RESPOSTAS NO APÊNDICE E

Tolerância. Efeito reduzido propiciado pelo uso regular da mesma dose de medicação, que leva o usuário a precisar de doses cada vez maiores para criar o mesmo efeito.

Dependência. Termo usual para consumo compulsivo de substâncias (e às vezes para padrões de comportamento disfuncionais, como por exemplo, o jogo descontrolado) que continua apesar das consequências prejudiciais. (Veja também *transtorno por uso de substância*.)

Síndrome de abstinência. Desconforto e angústia que seguem a interrupção de um comportamento ou do uso de uma substância que causa dependência.

Substâncias depressoras. São substâncias (como álcool, barbitúricos e opiáceos) que reduzem a atividade neuronal e desaceleram as funções corporais.

Tipos de substâncias psicoativas

As três principais categorias de substâncias psicoativas são as *depressoras*, as *estimulantes* e as *alucinógenas*. Todas elas atuam nas sinapses cerebrais, estimulando, inibindo ou mimetizando a atividade dos mensageiros químicos do próprio cérebro, os neurotransmissores.

Depressores

QOA 3.13 O que são *depressores*, e quais são seus efeitos?

Depressores são substâncias como o álcool, os barbitúricos (tranquilizantes) e os opiáceos, que acalmam a atividade neuronal e desaceleram as funções corporais.

ÁLCOOL. Verdadeiro ou falso? O álcool é um depressor em grandes quantidades, mas é um estimulante em pequenas quantidades. *Falso*. Em qualquer quantidade, o álcool é um depressor. Baixas doses de álcool podem, de fato, animar um bebedor, mas o fazem agindo

Pensamento crítico sobre:
Tolerância e dependência

QOA **3.12** Que papéis a tolerância e a dependência desempenham nos transtornos por uso de substâncias e como o conceito de *dependência* mudou?

Tolerância

Com o uso contínuo de álcool e algumas outras drogas (exceto a maconha), os usuários desenvolvem **tolerância** à medida que a química do cérebro se adapta para compensar o efeito da droga *(neuroadaptação)*. Para experimentar o mesmo efeito, os usuários precisam de doses cada vez maiores, o que aumenta o risco de se tornar **dependente** e desenvolver *transtorno por uso de substâncias*.

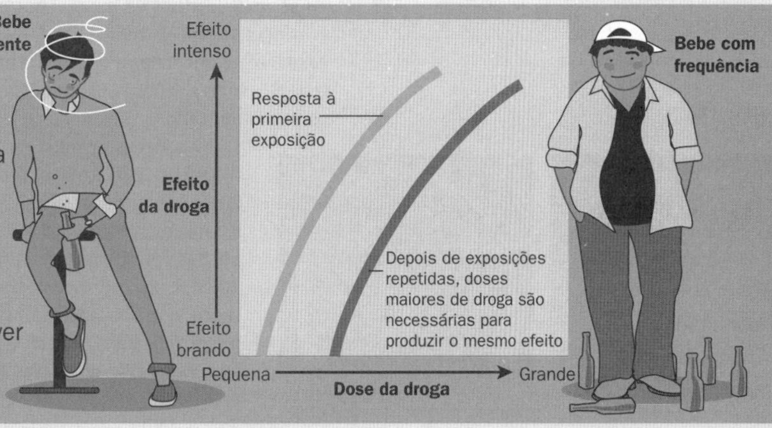

Dependência

Causada por doses cada vez maiores da maioria das substâncias psicoativas (inclusive analgésicos prescritos). Leva o usuário a desejar a droga, a continuar usando apesar das consequências adversas e a lutar ao tentar a **abstinência**. Esses comportamentos sugerem transtorno por uso de substâncias. Uma vez nas garras do vício, as pessoas *querem* a droga mais do que *gostam* da droga.[1]

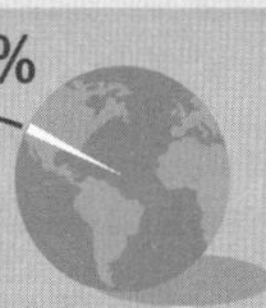

4% das pessoas no mundo têm transtorno por uso de álcool.[2]

Probabilidades de vida de ficar viciado depois de usar várias drogas:

%	Droga
9%	Maconha
21%	Cocaína
23%	Álcool
68%	Cigarro

Fonte: National Epidemiologic Survey on Alcohol and Related Conditions[3]

Terapia ou grupos de apoio, como Alcoólicos Anônimos, podem ajudar. Também ajuda a acreditar que as dependências são controláveis e que as pessoas podem mudar. Muitas pessoas param voluntariamente de usar drogas que causam dependência sem qualquer tratamento. A maioria dos ex-fumantes abandonou o hábito por conta própria.[4]

Vícios de comportamento

Os psicólogos tentam evitar o uso de "vício" para rotular comportamentos excessivos e motivados, como comer, trabalhar, sexo e acumular riqueza.

No entanto, alguns comportamentos podem tornar-se compulsivos e disfuncionais, semelhantes ao uso problemático de álcool e substâncias.[5] As adições comportamentais incluem os *jogos de apostas*. O *transtorno do jogo pela internet* agora também é um transtorno diagnosticável.[6] Esses jogadores mostram incapacidade substancial de resistir ao *log-on*, e assim permanecer, mesmo quando o uso excessivo prejudica seu trabalho e seus relacionamentos. Um estudo internacional com 19 mil jogadores de internet verificou que 1 em cada 3 tinha pelo menos um sintoma do transtorno. Porém, menos de 1% preencheu os critérios para um diagnóstico.[7]

Tratamento medicamentoso e terapias psicológicas podem ser "muito efetivas" ao tratar o uso problemático da internet.[8]

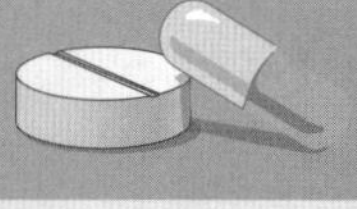

1. Berridge et al., 2009; Robinson & Berridge, 2003. 2. WHO, 2014b. 3. Lopez-Quintero et al., 2011. 4. Newport, 2013b. 5. Gentile, 2009; Griffiths, 2001; Hoeft et al., 2008. 6. WHO, 2018b. 7. Przybylski et al., 2017. 8. Winkler et al., 2013.

Transtorno por uso de álcool. Caracterizado por tolerância, abstinência e impulso para dar continuidade ao uso problemático, o uso de álcool é popularmente conhecido como *alcoolismo*.

como um *desinibidor*, isto é, retardam a atividade cerebral que controla o julgamento e as inibições, causando três milhões de mortes anuais em todo o mundo (OMS, 2018a).

O álcool é uma droga das "oportunidades iguais", que aumenta (desinibe) tendências generosas – como quando fregueses, embriagados, de um restaurante deixam gorjetas exageradas e as pessoas que bebem socialmente se unem em grupos (Fairbairn & Sayette, 2014; Lynn, 1988). O álcool também intensifica tendências nocivas, como quando homens, excitados, tornam-se mais dispostos à agressão sexual. Um levantamento feito no *campus* da Universidade de Illinois mostrou que, antes de agressões sexuais, 80% dos agressores homens e 70% das vítimas mulheres haviam consumido álcool (Camper, 1990). Outro levantamento com 89.874 universitários americanos constatou envolvimento de álcool ou drogas em 79% das experiências de relações sexuais indesejadas (Presley et al., 1997). Beber provoca, tanto em homens quanto em mulheres, maior disposição para fazer sexo casual, e aumenta a percepção da atratividade dos outros (Bowdring & Sayette, 2018; Johnson & Chen, 2015). No entanto, especialmente as mulheres muitas vezes se arrependem de seu comportamento sexual relacionado com o álcool (Peterson et al., 2019). *Resumindo*: os desejos que você sentiria se estivesse sóbrio são aqueles sobre os quais você mais provavelmente agirá quando estiver intoxicado.

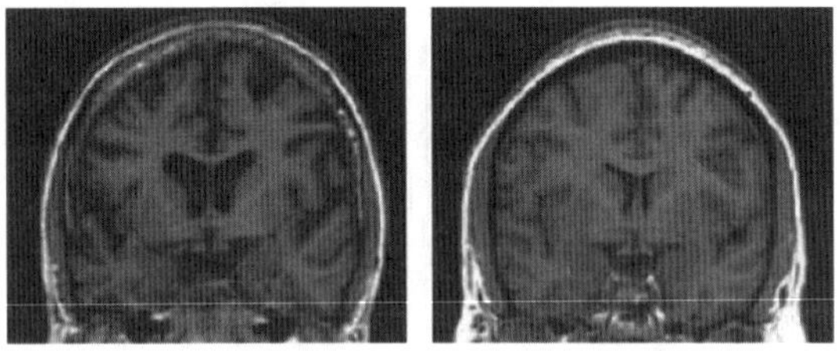

Daniel Hommer, NIAAA, NIH, HHS

Imagem de mulher com transtorno por uso de álcool (a) | Imagem de mulher sem transtorno por uso de álcool (b)

Figura 3.16 O consumo desordenado de álcool encolhe o cérebro. A ressonância magnética mostra o encolhimento do cérebro em mulheres com transtorno por uso de álcool (a) em comparação com mulheres em um grupo controle (b).

O consumo prolongado e excessivo que caracteriza o **transtorno por uso de álcool** pode contrair o cérebro e contribuir para a morte prematura (Kendler et al., 2016; Mackey et al., 2019). Garotas e mulheres jovens podem ficar dependentes de álcool com mais rapidez do que garotos e homens jovens, e correm o risco de problemas pulmonares, cerebrais e hepáticos, com níveis menores de consumo (CASA, 2003). Com o aumento do consumo pesado de álcool entre as mulheres, essas diferenças entre os sexos aumentaram, com consequências de vida ou morte: o risco de morte relacionada ao álcool das mulheres canadenses entre 2001 e 2017 aumentou cinco vezes em relação à taxa de homens (Tam, 2018) (Figura 3.16). Pesquisadores canadenses e australianos agora estão usando *aprendizagem de máquina* com base em computador para identificar outros fatores de risco e prever o uso problemático de álcool (Afzali et al., 2019).

Processamento neural retardado. O álcool retarda a atividade do sistema nervoso simpático. Doses maiores tornam as reações lentas, a fala confusa, e deteriora o desempenho em atividades de alta *performance*. Somado à privação do sono, o álcool é um potente sedativo. Esses efeitos físicos, combinados com a redução das inibições, podem ter consequências fatais. À medida que os níveis de álcool no sangue sobem e os julgamentos morais falham, os receios das pessoas quanto a beber e dirigir diminuem. Quando embriagadas, as pessoas não sabem o quão bêbadas estão (Moore et al., 2016). Em situações experimentais, praticamente todos os usuários de bebidas alcoólicas, quando sóbrios, haviam insistido em que não dirigiriam sob influência de álcool; depois decidiram voltar dirigindo do bar para casa, mesmo passando por um teste de bafômetro, e informados de que estavam embriagados (Denton & Krebs, 1990; MacDonald et al., 1995). O álcool pode pôr a vida da pessoa em risco quando o consumo pesado de bebida sucede um período anterior de consumo moderado, o que diminui o impulso reflexo de vomitar. As pessoas podem se intoxicar a si mesmas com uma sobredose (*overdose*) que o organismo normalmente vomitaria.

Interrupção da memória. O álcool pode interromper a formação da memória, e o consumo excessivo pode ter efeitos a longo prazo no cérebro e na cognição. Em ratos em um período de desenvolvimento que corresponde à adolescência humana, o excesso de bebida contribui para a morte de células nervosas e reduz a gênese de novas células, além de prejudicar o crescimento de conexões sinápticas (Crews et al., 2006, 2007). Nos seres humanos, pode levar a blecautes, que impedem os usuários de recordar pessoas que conheceram na noite anterior, do que disseram ou fizeram. Esses lapsos de memória resultam, em parte, do modo como o álcool suprime o sono REM, que ajuda a fixar as experiências do dia nas memórias permanentes.

Redução da autoconsciência. Em um experimento, os participantes que consumiram bebidas alcoólicas (em vez de uma bebida placebo) tiveram duas vezes mais chances de ser pegos devaneando durante uma tarefa de leitura, mas tinham menos probabilidades de perceber que haviam se desconectado (Sayette et al., 2009). Às vezes, divagamos com a mente para dar um tempo ao nosso cérebro, mas o desligamento não intencional – por exemplo, ao dirigir – pode causar arrependimentos posteriores (Seli et al., 2016). O álcool também produz uma espécie de "miopia", na medida em que foca a atenção em uma situação estimulante (provocação, por exemplo) e a afasta das inibições normais e futuras consequências (Giancola et al., 2010; Hull & Bond, 1986; Steele & Josephs, 1990).

A redução da autoconsciência pode ajudar a explicar por que pessoas que desejam suprimir sua consciência de fracassos e carências são mais propensas a beber do que as que se sentem bem com elas mesmas. Perder um negócio no trabalho, um jogo, ou um parceiro romântico às vezes leva ao consumo exagerado de álcool.

Efeitos da expectativa. As expectativas influenciam o comportamento. As expectativas ajudam a explicar por que os adolescentes – presumindo que o álcool melhorará seu ânimo – às vezes bebem quando se sentem chateados e sozinhos (Bresin et al., 2018). Beber sozinho na verdade não melhora o humor, mas aumenta a probabilidade de desenvolver um transtorno por uso de substâncias (Creswell et al., 2014; Fairbairn & Sayette, 2014).

Simplesmente *acreditar* que estamos consumindo álcool pode nos levar a traduzir em suposta influência do álcool (Christiansen et al., 2016; Moss & Albery, 2009). Em experimento atualmente clássico, pesquisadores deram a homens da Rutgers University (que foram voluntários em um estudo sobre "álcool e estimulação sexual") uma bebida que podia ser alcoólica ou não (Abrams & Wilson, 1983). Ambos os tipos tinham sabor forte, que mascarava o álcool. Depois de assistir a um trecho de um filme erótico, os homens que *pensavam* haver consumido álcool estavam mais propensos a declarar ter intensas fantasias sexuais e sentir-se livres de culpa. A possibilidade de *atribuir* suas reações sexuais ao álcool liberou suas inibições – tendo ou não de fato bebido. Quatorze "estudos de intervenção" elucidaram universitários que consumiam álcool a esse respeito (Scott-Sheldon et al., 2014). A maioria dos participantes saiu com expectativas positivas mais baixas a respeito do álcool e reduziu seu consumo no mês seguinte. *O ponto a ser lembrado*: o efeito do álcool reside, em parte, nesse poderoso órgão sexual, a mente.

BARBITÚRICOS. Como o álcool, as **substâncias barbitúricas**, ou *tranquilizantes*, deprimem a atividade do sistema nervoso. Barbitúricos são prescritos às vezes para induzir o sono e reduzir a ansiedade. Em doses maiores, podem levar a prejuízos na memória e no julgamento. Se combinadas com álcool – como acontece quando se toma um remédio para dormir depois de uma noite de bebedeira – o efeito depressivo total sobre as funções corporais pode ser letal.

OPIÁCEOS. Os **opiáceos** – o ópio e seus derivados – também deprimem o funcionamento neuronal. Os opiáceos incluem *heroína* e seu substituto clinicamente prescrito, *metadona*. Também incluem *narcóticos* para alívio da dor, como codeína, morfina (e o equivalente sintético muito mais poderoso da morfina, o fentanil). À medida que o grande prazer substitui a dor e a ansiedade, as pupilas do usuário se contraem, a respiração fica mais lenta e a letargia se instala. Por esse prazer de curto prazo, o usuário pode pagar um preço a longo prazo: desejo corrosivo de mais uma dose, necessidade de quantidades cada vez maiores (à medida que a tolerância se desenvolve) e o extremo desconforto da abstinência. Quando inundado repetidas vezes com um opiáceo artificial, o cérebro acaba parando de produzir os seus próprios opiáceos, isto é, as *endorfinas*. Se o opiáceo artificial for abandonado, o cérebro não terá o seu nível normal desses neurotransmissores analgésicos.

Um número alarmante de norte-americanos não conseguiu ou não quis tolerar esse estado e pagou um preço final – a morte por superdosagem. Entre 2013 e 2017, a taxa de mortes por *overdose* de opioides nos EUA aumentou quase *dez vezes*, para 43.036 (NIDA, 2018; NSC, 2019). "Pela primeira vez na história dos Estados Unidos, é mais provável que uma pessoa morra de *overdose* acidental de opioides do que de um acidente de automóvel", relatou o jornal National Safety Council em 2019.

O que deu início à crise dos opioides? As empresas farmacêuticas tiveram um papel importante ao promover agressivamente os opioides, minimizando os perigos e enviando milhões de pílulas para farmácias conhecidas por vender as medicações ilegalmente (Rashbaum, 2019). Como resultado, as empresas farmacêuticas foram multadas em bilhões de dólares, incluindo uma empresa em 2019, por "*marketing* falso, enganoso e perigoso" de opioides (Hoffman, 2019). Alguns médicos prescreveram pílulas em excesso, tornando seus pacientes mais propensos à dependência (Tompkins et al., 2017). A influência social também é importante. Pessoas com pais e amigos que usam opioides são mais propensas a usá-los também (Griesler et al., 2019; Keyes et al., 2014).

Penner

Ирина Лепнёва

Vidas perdidas para os opioides. Prince e Tom Petty estão entre dezenas de milhares que morreram de *overdose* trágica e acidental de opioides nos últimos anos. Ambos os músicos receberam analgésicos narcóticos para problemas de dor crônica.

PRÁTICA DE RECUPERAÇÃO

PR-3 Álcool, barbitúricos e opiáceos estão todos em uma classe de substância chamada de ____________.

RESPOSTAS NO APÊNDICE E

Estimulantes

QOA 3.14 O que são *estimulantes*, e quais são seus efeitos?

Os **estimulantes** excitam a atividade neuronal e estimulam as funções corporais. As pupilas se dilatam, frequências cardíaca e respiratória se elevam, e o nível de açúcar no sangue aumenta, reduzindo o apetite. Ocorre também um aumento da energia e da autoconfiança.

Barbitúricos. Medicamentos que deprimem a atividade do sistema nervoso central, reduzindo a ansiedade, mas prejudicando a memória e o julgamento.

Opiáceos. Ópio e seus derivados, como a morfina e a heroína; deprimem a atividade neuronal, baixando temporariamente a dor e a ansiedade.

Estimulantes. Substâncias (como cafeína, nicotina, e as mais poderosas, anfetaminas, cocaína e *ecstasy*) que excitam a atividade neuronal e aceleram as funções corporais.

Anfetaminas. Substâncias (como *metanfetamina*) que estimulam a atividade neuronal, provocando aceleração das funções corporais e alterações de energia e de humor associadas.

Nicotina. Substância psicoativa estimulante com alta capacidade de criar dependência dos produtos de tabaco.

Os estimulantes incluem cafeína, nicotina, **anfetaminas**, cocaína, **metanfetamina** (*speed*) e Ecstasy. As pessoas usam essas substâncias para ficarem alertas, perder peso ou impulsionar o humor ou o desempenho atlético. Em culturas ocidentais, o simples fato de mostrar aos alunos fotos de café os fez se sentirem mais alertas (Chan & Maglio, 2019). Alguns estudantes recorrem a substâncias estimulantes mais fortes, na esperança de melhorar suas notas apesar de essas substâncias oferecerem pouco ou nenhum benefício (Ilieva et al., 2015; Teter et al., 2018). Os estimulantes podem ser viciantes, como muitos sabem pela fadiga, dores de cabeça, irritabilidade e depressão que resultam da falta de sua dose habitual de cafeína (Silverman et al., 1992). Uma dose leve de cafeína em geral dura de três a quatro horas, o que – se ingerida à noite – pode prejudicar o sono.

NICOTINA. Os cigarros e outros produtos à base de tabaco têm alta capacidade de criar dependência à **nicotina**. Imagine que os cigarros fossem inofensivos – exceto que, uma vez em cada 25 mil maços, um ocasional de aparência inocente estava cheio de dinamite em vez de tabaco. Nesse caso não haveria um risco tão grande de explodir a própria cabeça. Porém, com 250 milhões de maços consumidos por dia no mundo todo, poderíamos esperar mais de 10 mil mortes chocantes por dia (mais de três vezes o número de mortes do 11 de setembro, só que todos os dias) – o que sem dúvida seria suficiente para banir o cigarro em todos os lugares.[3]

As vidas perdidas para esses cigarros carregados de dinamite aproximam-se das provocadas pelos cigarros verdadeiros atualmente. Alguém que fume desde a adolescência até o fim da vida tem 50% de chances de morrer em decorrência do hábito; e a cada ano, o cigarro mata quase 5,4 milhões dos seus mais de 1,3 bilhão de consumidores a nível mundial. (Imagine que atrocidade se terroristas derrubassem o equivalente a 25 jumbos lotados hoje, e amanhã também, e todos os dias seguintes.) Por volta de 2030, calcula-se que as mortes anuais terão chegado a oito milhões. Isso significa que *um bilhão* de pessoas do século XXI podem ser mortas pelo tabaco (OMS, 2012). A maioria das mortes por tabaco ocorrerá em países de baixa e média renda, onde vivem 80% dos fumantes do mundo (Akanbi et al., 2019).

Os produtos de tabaco incluem cigarros, charutos, tabaco de mascar, tabaco para cachimbo, rapé e – mais recentemente – os cigarros eletrônicos. A inalação de vapor de cigarro eletrônico (*vaping*) dá aos usuários uma dose de nicotina sem alcatrão, causador de câncer. Graças ao rápido aumento do cigarro eletrônico – o aumento mais rápido do uso de drogas já registrado – os estudantes do Ensino Médio dos EUA em 2019 usaram cigarros eletrônicos cinco vezes mais do que os cigarros tradicionais (Miech et al., 2019). Em um levantamento entre usuários regulares de cigarros eletrônicos dos EUA, Inglaterra, Canadá e Austrália, 85% relataram que usam porque acreditam que isso os ajudaria a reduzir o consumo de cigarros tradicionais (Yong et al., 2019). Infelizmente, os cigarros eletrônicos são dispensadores da viciante nicotina. Eles liberam produtos químicos tóxicos no nosso organismo, e ainda aumentam as chances de usar cigarros convencionais (Prochaska, 2019). Em um estudo britânico, adolescentes não fumantes que começaram a utilizar cigarros eletrônicos tinham quatro vezes mais propensão para fumar cigarros (Miech et al., 2017).

"Nenhum adulto que nunca usou nicotina deve usar nosso produto." – Ashley Gould, Diretora Administrativa da empresa de cigarros eletrônicos Juul Labs, 2018

O uso entre adolescentes provocou o implemento de restrições legais, bem como investigações, inclusive U.S. Food and Drug Administration para determinar se as empresas de cigarros eletrônicos visam a usuários adolescentes (Richtel & Kaplan, 2018). Misturar cigarros eletrônicos com sabores frutados, por exemplo, aumenta o uso entre adolescentes (Buckell & Sindelar, 2019; O'Connor et al., 2019). Essas tendências preocupantes levaram o cirurgião geral Jerome Adams, dos EUA, a "declarar oficialmente o uso de cigarros eletrônicos entre os jovens como uma epidemia" (Stein, 2018).

Fumar um cigarro custa 12 minutos do seu tempo de vida – ironicamente, é o mesmo tempo que você leva para fumá-lo (*Discover*, 1996). (Os pesquisadores ainda não sabem como o cigarro eletrônico afeta a expectativa de vida.) Comparada à expectativa de vida dos não fumantes, a dos fumantes é "pelo menos dez anos menor" (CDC, 2013b). A eliminação do fumo aumentaria a expectativa de vida mais do que qualquer outra medida preventiva. Por que, então, tantas pessoas fumam?

"Fumar acaba resolvendo os problemas de peso... no fim das contas." – Comediante e escritor Steven Wright

Os produtos de tabaco são poderosos e velozes quanto a criar dependência. Mesmo tentativas de parar nas primeiras semanas após começar a fumar tendem a fracassar (DiFranza, 2008). Como ocorre em outras dependências, o fumante desenvolve *tolerância*, e a interrupção do uso provoca sintomas de abstinência, inclusive anseio intenso, insônia, ansiedade, irritabilidade e distração. Ao tentar a concentração em uma tarefa, sua mente vagueia três vezes mais que o normal (Sayette et al., 2010). Quando não estão ansiando por um cigarro, tendem a subestimar o poder desses anseios (Sayette et al., 2008).

Tudo o que é preciso para aliviar o estado repulsivo de desejo é uma única tragada. Com essa tragada, uma onda de nicotina sinalizará ao sistema nervoso central para liberar uma enxurrada de neurotransmissores (Figura 3.17). A epinefrina e a norepinefrina

[3]Essa analogia, aqui adaptada com base no mundo dos números, foi sugerida pelo matemático Sam Saunders, como reportado por K. C. Cole (1998).

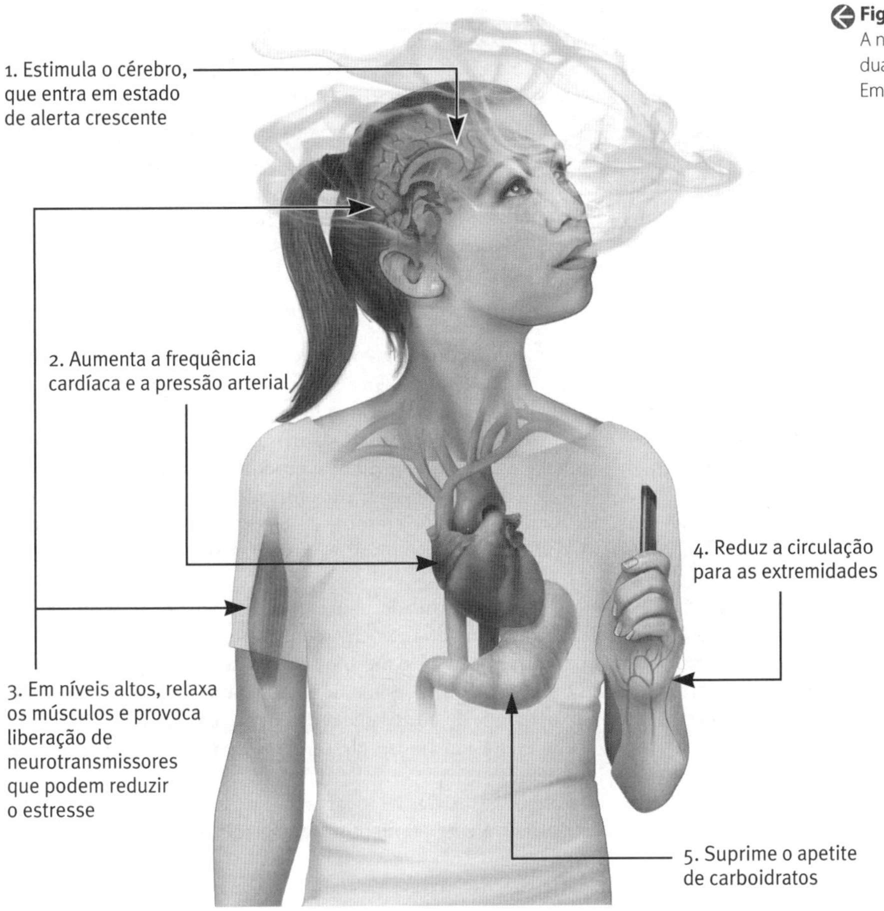

Figura 3.17 Efeitos psicológicos da nicotina. A nicotina alcança o cérebro em sete segundos, duas vezes mais rápido que a heroína intravenosa. Em minutos, a quantidade no sangue dispara.

diminuem o apetite e incrementam a vigilância e a eficiência mental. A dopamina e os opioides amenizam temporariamente a ansiedade e reduzem a sensibilidade à dor (Ditre et al., 2011; Gavin, 2004). Assim, ex-fumantes em situações de estresse voltam a fumar, o que aconteceu com cerca de um milhão de americanos depois dos ataques terroristas de 11 de setembro (Pesko, 2014). O mesmo ocorre com pessoas com transtorno depressivo maior, que são mais propensas do que outras a ver seus esforços para parar de fumar freados (Zvolensky et al., 2015).

"Parar de fumar foi a coisa mais fácil que já fiz; e sei bem disso, porque já o fiz mil vezes." – Mark Twain (1835-1910)

O tabagismo é a principal causa de morte evitável nos EUA, matando 480 mil pessoas a cada ano (CDC, 2018c). Embora três em cada quatro fumantes desejem parar, a cada ano menos de um em sete será bem-sucedido (Newport, 2013b). Mesmo os que sabem que estão cometendo um suicídio em câmera lenta podem ser incapazes de parar (Saad, 2002).

Entretanto, a persistência nas tentativas parece valer a pena. A taxa mundial de tabagismo – 25% entre os homens e 5% entre as mulheres – caiu cerca de 30% desde 1990 (GBD, 2017). Metade dos americanos que fumavam abandonou o hábito, às vezes com auxílio de substâncias que substituem a nicotina e do estímulo de um conselheiro ou grupo de apoio. Alguns pesquisadores argumentam que é melhor parar abruptamente (Lindson-Hawley et al., 2016). Outros sugerem que o êxito é igualmente provável para fumantes que interrompem o uso da nicotina de uma vez ou aos poucos (Fiore et al., 2008; Lichtenstein et al., 2010). Para os que têm êxito, o anseio agudo e os sintomas da síndrome de abstinência gradualmente se dissipam ao longo dos seis meses subsequentes (Ward et al., 1997). Depois de um ano de abstinência, só 10% retomam o uso no ano seguinte (Hughes, 2010). Esses não fumantes podem levar uma vida não apenas mais saudável, como também mais feliz. O fumo está correlacionado com maiores índices de depressão, deficiências crônicas e divórcio (Doherty & Doherty, 1998; Edwards & Kendler, 2012; Vita et al., 1998). Viver de maneira saudável parece adicionar tanto anos à vida como vida aos anos. A percepção de melhor saúde e felicidade dos não fumantes contribuiu para a desaprovação do consumo de um maço ou mais por dia de 88% dos formandos do Ensino Médio nos EUA, e também para a queda na taxa diária de tabagismo, de 22% em 1998 para 2% em 2018 (Miech et al., 2019).

Do humorista Dave Barry (1995), recordando por que fumou seu primeiro cigarro no verão em que completou 15 anos: "Argumentos contra o fumo: 'É um vício repulsivo que, lentamente, mas com certeza transforma você em um inválido ofegante, de pele acinzentada e infestado de tumores, tossindo gosmas amarronzadas de lixo tóxico do único pulmão que lhe resta.' Argumentos para fumar: 'Outros jovens estão fazendo o mesmo.' Assunto encerrado! Vamos acender um!"

Cocaína. Estimulante potente e com alta capacidade de criar dependência, derivado da folha de coca; produz estado temporário e intenso de alerta e euforia.

Metanfetamina. Substância com alto poder de dependência que estimula o sistema nervoso central, com aceleração das funções corporais e alterações de energia e de humor associadas; com o tempo, parece reduzir os níveis basais de dopamina.

Ecstasy (MDMA). Estimulante sintético e alucinógeno leve. Produz euforia e intimidade social, mas com riscos de saúde a curto prazo e danos em prazo mais longo nos neurônios produtores de serotonina, bem como no humor e na cognição.

"A cocaína faz de você um novo homem. E a primeira coisa que esse novo homem quer é mais cocaína." – George Carlin, Comediante (1937-2008).
(Esta figura encontra-se reproduzida em cores no Encarte.)

PERGUNTE A SI MESMO

Pense em um amigo ou membro da família viciado em nicotina. O que você acha que seria mais eficaz dizer a essa pessoa para convencê-la a tentar parar?

PRÁTICA DE RECUPERAÇÃO

PR-4 Que sintomas de abstinência seu amigo deve esperar ao parar de fumar?

RESPOSTAS NO APÊNDICE E

COCAÍNA. A **cocaína** é um estimulante poderoso e viciante, derivado da planta de coca. A receita da Coca-Cola originalmente incluía extrato de coca, criando um tônico de cocaína destinado a idosos cansados. No período entre 1896 e 1905, a bebida era realmente "emoção pra valer". Atualmente, a cocaína é inalada, injetada ou fumada (às vezes como *crack*, uma forma cristalizada com efeito mais rápido e mais curto e mais intenso, seguido por choque mais intenso). Entra rapidamente na corrente sanguínea, produzindo uma onda de euforia que esgota o estoque cerebral de neurotransmissores de dopamina, serotonina e norepinefrina (Figura 3.18). Em uma hora, segue-se um episódio de depressão agitada, à medida que o efeito da droga se esvai. A avidez diminui depois de várias horas, mas retorna alguns dias depois (Gawin, 1991).

Em situações que desencadeiam agressividade, a ingestão de cocaína pode potencializar as reações. Ratos em gaiolas brigam quando recebem choques nos pés e lutam ainda mais quando recebem cocaína *e* choques nos pés. Do mesmo modo, seres humanos que ingerem voluntariamente altas doses de cocaína em experimentos laboratoriais impõem níveis mais altos de choque a um suposto oponente do que os que recebem placebo (Licata et al., 1993). O uso de cocaína pode também levar a emocionais, desconfiança, convulsões, parada cardíaca, ou insuficiência respiratória.

A cocaína estimula poderosamente as vias de recompensa do cérebro (Keramati et al., 2017; Walker et al., 2018). O uso de álcool ou nicotina, que geralmente precede o uso de cocaína, amplifica a resposta do cérebro à cocaína (Griffin et al., 2017). Os efeitos psicológicos da cocaína dependem, em parte, da dose e da forma consumida, mas a situação, as expectativas e a personalidade do usuário também desempenham um papel. Ao receberem um placebo, usuários de cocaína que *acreditaram* estar consumindo a droga, em geral tiveram uma experiência condizente com o consumo de cocaína (Van Dyke & Byck, 1982).

Em levantamentos nacionais, 2% dos formandos do Ensino Médio nos EUA e 6% dos jovens britânicos de 18 a 24 anos relataram haver experimentado cocaína durante o ano anterior (ACMD, 2009; Miech et al., 2019). Entre eles, quase metade havia fumado *crack*.

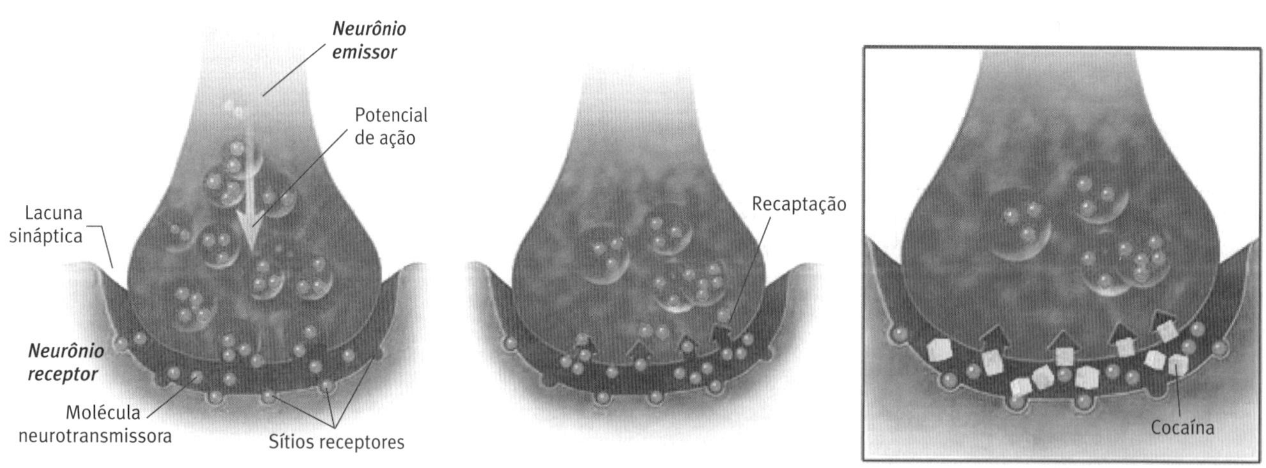

(a) Os neurotransmissores levam uma mensagem de um neurônio emissor, através de uma sinapse, para os sítios receptores em um neurônio receptor.

(b) O neurônio emissor normalmente reabsorve as moléculas neurotransmissoras excedentes, em um processo denominado ***recaptação***.

(c) Ao ligar-se aos sítios que normalmente reabsorvem as moléculas neurotransmissoras, a cocaína bloqueia a recaptação de dopamina, norepinefrina e serotonina (Ray & Ksir, 1990). As moléculas neurotransmissoras excedentes, portanto, permanecem na sinapse, intensificando seus efeitos normais sobre o humor e produzindo um episódio de euforia. Quando o nível de cocaína cai, a ausência desses neurotransmissores provoca um choque.

Figura 3.18
Euforia e choque da cocaína. *(Esta figura encontra-se reproduzida em cores no Encarte.)*

METANFETAMINA. As anfetaminas estimulam a atividade neural. À medida que as funções do corpo aceleram, a energia do usuário se eleva e o humor aumenta. As anfetaminas são a droga-mãe da **metanfetamina** altamente viciante, que é quimicamente semelhante, mas tem maiores efeitos (NIDA, 2002, 2005). A droga desencadeia a liberação da dopamina, neurotransmissor que estimula as células cerebrais responsáveis por incrementar a energia e o humor, levando a cerca de oito horas de energia elevada e euforia. Seus efeitos secundários podem incluir irritabilidade, insônia, hipertensão, convulsões, isolamento social, depressão e ocasionais explosões de raiva e acessos violentos (Homer et al., 2008). Com o tempo, a metanfetamina pode reduzir os níveis basais de dopamina, deixando o usuário com um estado contínuo de funcionamento deprimido.

istockphoto/Cesare Ferrari

Droga do abraço. A MDMA, conhecida como *ecstasy* e muitas vezes consumida em clubes, produz um estado de euforia e sentimentos de intimidade. Contudo, o uso recorrente pode destruir os neurônios que produzem serotonina, prejudicar a memória, e rebaixar o humor de maneira permanente.

ECSTASY. O **ecstasy**, nome vulgar da **MDMA** (metilenodioximetanfetamina), é tanto estimulante como alucinógeno moderado. Como derivado da anfetamina, o *ecstasy* desencadeia a liberação de dopamina, porém, seu principal efeito é liberar a serotonina armazenada e bloquear a sua recaptação, prolongando assim a enxurrada de bem-estar (Braun, 2001). Os usuários sentem o efeito cerca de meia hora depois de tomar um comprimido de *ecstasy*. Eles entram em um período de três a quatro horas de sensações de alta energia, elevação emocional e, dado um contexto social, conexão com as pessoas à volta ("Eu amo todo mundo!"). Os polvos tornaram-se igualmente sociáveis quando os pesquisadores deram a eles MDMA (Edsinger *et al.*, 2018). Tenha você dois ou oito braços, o MDMA fará você querer se expandir.

A popularidade do *ecstasy* disparou pela primeira vez no final dos anos 1990 como uma "droga de clube" usada em boates e festas noturnas (Landry, 2002). A popularidade da substância ultrapassa as fronteiras nacionais; estima-se que 60 milhões de comprimidos sejam consumidos todos os anos na Grã-Bretanha (ACMD, 2009). Há, porém, razões para não se entrar em êxtase com o *ecstasy*. Uma delas é seu efeito desidratante que, quando combinado com dança prolongada, pode levar a um grave superaquecimento, ao aumento da pressão arterial e à morte. Outra razão é que a repetida drenagem de serotonina do cérebro a longo prazo pode danificar os neurônios produtores desse neurotransmissor, levando à diminuição de sua fabricação e ao aumento do risco de sofrer de um humor depressivo permanente (Croft et al., 2001; McCann et al., 2001; Roiser et al., 2005). O *ecstasy* também suprime a ação do sistema imunológico, que combate as doenças; prejudica e interrompe o sono, por interferir no controle do relógio circadiano da serotonina (Laws & Kokkalis, 2007; Schilt et al., 2007; Wagner et al., 2012). O *ecstasy* alegra a noite, mas desanima a manhã seguinte.

Alucinógenos

QOA 3.15 O que são *alucinógenos*, e quais são seus efeitos?

Os **alucinógenos** distorcem as percepções e evocam imagens sensoriais na ausência de estímulos sensoriais (razão pela qual essas drogas são também chamadas de *psicodélicas*, que significa "manifestação mental"). Algumas, como o LSD e a MDMA (*ecstasy*), são sintéticas. Outras, incluindo os cogumelos psilocibina, a bebida *ayahuasca* e a levemente alucinógena maconha, são substâncias naturais. Os experimentos estão explorando a psilocibina e a *ayahuasca* como possíveis tratamentos para a depressão persistente.

Figura 3.19 Visão de quase morte ou alucinação? O psicólogo Ronald Siegel (1977) relatou que pessoas sob a influência de drogas alucinógenas muitas vezes veem "uma luz brilhante no centro do campo de visão... A localização desse ponto de luz cria uma perspectiva semelhante a um túnel". Isso é muito semelhante às experiências de quase morte que relatam outras pessoas.

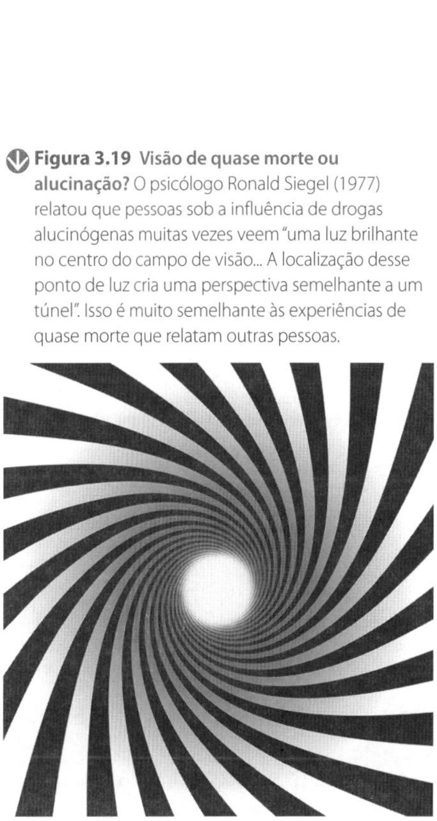

NUMAX3D/Shutterstock

Se você provocar alucinações no cérebro, seja por meio de drogas, perda de oxigênio ou extrema privação sensorial, os mecanismos são basicamente os mesmos (Siegel, 1982). A experiência tem início típico com formas geométricas simples, como uma espiral. A fase seguinte consiste em imagens mais significativas; algumas podem estar sobrepostas em um túnel, outras podem ser repetições de experiências emocionais passadas. As imagens do cérebro de pessoas em uma viagem de LSD revelam que seu córtex visual fica hipersensível e fortemente conectado aos centros de emoção do cérebro (Carhart-Harris et al., 2016). À medida que a alucinação atinge o pico, as pessoas em geral se sentem separadas de seu corpo e experimentam cenas oníricas. Seu senso de si mesmas se dissolve, assim como a fronteira entre elas e o mundo externo (Lebedev et al., 2015).

Essas sensações são incrivelmente similares às das **experiências de quase morte**, um estado alterado de consciência descrito por cerca de 10 a 15% dos pacientes que foram reanimados depois de parada cardíaca (Agrillo, 2011; Greyson, 2010; Parnia et al., 2014). Muitos relatam ter tido visões de túneis (Figura 3.19), luzes brilhantes ou seres de luz, repetição de memórias antigas e sensações extracorpóreas (Siegel, 1980). Essas experiências podem, mais

Alucinógenos. Psicodélicos ("manifestação mental"), como o LSD, que distorcem as percepções e evocam imagens sensoriais na ausência de estímulos sensoriais correspondentes.

Experiência de quase morte. Estado alterado de consciência relatado após contato próximo com a morte (como em decorrência de uma parada cardíaca); muitas vezes semelhante a alucinações causadas por drogas.

LSD (dietilamida do ácido lisérgico). Uma poderosa droga alucinógena; também conhecida como *ácido*.

THC. Principal ingrediente ativo da maconha; desencadeia uma variedade de efeitos, inclusive alucinações moderadas.

tarde, aumentar a espiritualidade e promover sentimentos de crescimento pessoal (Khanna & Greyson, 2014, 2015). Como se sabe que a privação de oxigênio e outras agressões ao cérebro podem produzir alucinações, é difícil resistir a imaginar que um cérebro sob estresse pode produzir a própria experiência de quase morte. Durante convulsões epiléticas e enxaquecas, os pacientes podem ter alucinações semelhantes, com padrões geométricos (Billock & Tsou, 2012). O mesmo ocorre a marinheiros solitários e exploradores polares ao enfrentar a monotonia, o isolamento e o frio (Suedfeld & Mocellin, 1987). Essas experiências representam "molecagens neuronais", como deduz a neurocientista e filósofa Patricia Churchland (Churchland, 2013, p. 70).

LSD. O químico Albert Hofmann criou – e, em uma tarde de sexta-feira, em abril de 1943, acidentalmente ingeriu – o **LSD** (**dietilamida do ácido lisérgico**). O resultado – "uma ininterrupta corrente de figuras fantásticas, formas extraordinárias com um intenso jogo caleidoscópico de cores" – lembrou-o de uma experiência mística da infância que o deixara ansioso por outro vislumbre de "uma realidade miraculosa, poderosa, insondável" (Siegel, 1984; Smith, 2006).

As emoções de uma viagem de LSD (ou *ácido*) variam de euforia a desapego e pânico. O humor e as expectativas dos usuários (suas "altas expectativas") colorem a experiência emocional, mas as distorções perceptivas e alucinações têm alguns pontos em comum.

MARIJUANA. A substância pura da marijuana: folhas e flores de marijuana contêm **THC** (delta-9-tetra-hidrocanabinol). Seja fumado (quando chega ao cérebro em cerca de sete segundos) ou comido (viajando em menor velocidade e imprevisível), o THC produz uma mistura de efeitos.

A marijuana é, em geral, classificada como alucinógeno leve, porque amplifica a sensibilidade para cores, sons, sabores e cheiros. Mas, como o calmante álcool, essa droga relaxa, desinibe e pode produzir um pico de euforia. Assim como com o álcool, as pessoas às vezes consomem marijuana para esta ajudá-las a dormir ou melhorar seu humor (Buckner et al., 2019; Wong et al., 2019). Ambos prejudicam a coordenação motora, as habilidades perceptivas e o tempo de reação necessário para uma pessoa operar, de maneira segura, um automóvel ou outra máquina. "O THC faz os animais julgarem eventos de forma equivocada", relatou Ronald Siegel (1990, p. 163). "Pombos demoram muito para responder a campainhas ou luzes que indicam a eles que há alimento disponível por breves momentos; e ratos tomam o caminho errado em labirintos."

Há diferenças entre a maconha e o álcool. O corpo elimina o álcool em questão de horas, enquanto o THC e seus subprodutos permanecem no corpo por mais de uma semana, o que significa que usuários regulares experimentam abstinência menos abrupta e podem obter seus efeitos com quantidades menores do que as usuais. É diferente da tolerância típica, em que usuários recorrentes necessitam de doses maiores para alcançar o mesmo efeito.

A maconha sintética ("K2" também conhecida como *Spice*) simula os efeitos do THC. Seus efeitos colaterais nocivos podem incluir agitação e alucinações (Fattore, 2016; Sherif et al., 2016).

Depois de considerar mais de 10 mil relatórios científicos, a Academia Nacional de Ciências, Engenharia e Medicina dos EUA (2017) concluiu que o uso da maconha:

- Alivia a dor crônica e a náusea relacionada à quimioterapia
- Não está associada a doenças relacionadas ao tabaco, como câncer de pulmão
- Prevê aumento do risco de acidentes de trânsito, bronquite crônica, psicose, transtorno de ansiedade social e pensamentos suicidas e
- Provavelmente contribui para o comprometimento da atenção, aprendizagem e memória, e possivelmente para o insucesso acadêmico.

Quanto mais a pessoa usa maconha, principalmente na adolescência, maior o risco de ansiedade, depressão, psicose e comportamento suicida (Gage, 2019; Gobbi et al., 2019; Huckins, 2017). Um estudo com quase quatro mil alunos canadenses da sétima série concluiu que o uso de maconha naquela idade era "neurotóxico": previu comprometimento cognitivo a longo prazo (Harvey, 2019). A maconha também pode funcionar como uma "droga de entrada" para o uso futuro de álcool e opioides (Gunn et al., 2018; Olfson et al., 2017). "Quase uma em cada cinco pessoas que começam a usar maconha na adolescência passou a ser viciada", alertou o cirurgião geral dos EUA, Jerome Adams (Aubrey, 2019).

Ao longo do último meio século, as atitudes com relação ao uso de maconha mudaram notavelmente – de 12% de apoio à legalização da maconha em 1969 para 66% em 2019 – nos EUA (De Pinto, 2019; McCarthy, 2018). Alguns países e estados dos EUA aprovaram leis que legalizam o porte de maconha. Maior aceitação legal ajuda a explicar por que as taxas de americanos que experimentaram maconha aumentaram drasticamente entre 1969 e 2017, de 4 para 45% (Gallup, 2019).

* * *

Apesar de suas diferenças, as substâncias psicoativas resumidas na Tabela 3.5 (com exceção da maconha) compartilham uma característica comum: elas desencadeiam efeitos colaterais negativos que compensam seus efeitos positivos imediatos e ficam mais fortes com a repetição. Isso ajuda a explicar tanto a tolerância quanto a abstinência.

Tabela 3.5 Guia para algumas substâncias psicoativas.

Substância	Tipo	Efeitos prazerosos	Efeitos adversos
Álcool	Depressor	Excitação inicial seguida de relaxamento e desinibição	Depressão, perda de memória, danos a órgãos, reações debilitadas
Heroína	Depressor	Afluxo de euforia, alívio da dor	Fisiologia deprimida, abstinência angustiante
Cafeína	Estimulante	Aumento do estado de alerta e da vigília	Ansiedade, inquietação e insônia em doses altas; abstinência desconfortável
Nicotina	Estimulante	Estimulação e relaxamento, sensação de bem-estar	Doenças cardíacas, câncer
Cocaína	Estimulante	Afluxo de euforia, confiança, energia	Estresse cardiovascular, desconfiança, colapso depressivo
Metanfetamina	Estimulante	Euforia, estado de alerta, energia	irritabilidade, insônia, hipertensão, convulsões
Ecstasy (MDMA)	Estimulante; alucinógeno leve	Elevação emocional, desinibição	Desidratação, superaquecimento, humor deprimido, prejuízo do funcionamento cognitivo e imunológico
LSD	Alucinógeno	"Viagem" visual	Risco de pânico
Maconha (THC)	Alucinógeno leve	Sensações intensificadas, alívio da dor, distorção do tempo, relaxamento	Prejuízo da aprendizagem e da memória, aumento do risco de transtornos psicológicos, danos pulmonares devido ao fumo

PRÁTICA DE RECUPERAÇÃO

"Que estranho parece isso a que os homens chamam de prazer! E quão é curioso que esteja relacionado com o que se pensa ser seu oposto, a dor!... Onde quer que um seja encontrado, o outro vem logo atrás." (Platão, *Fédon*, século IV a.C.)

PR-5 Como essa descrição da relação entre prazer e dor se aplica ao uso recorrente de substâncias psicoativas?

RESPOSTAS NO APÊNDICE E

Influências no uso de substâncias

QOA 3.16 Por que algumas pessoas se tornam usuárias regulares de substâncias alteradoras da consciência?

O uso dessas substâncias pelos jovens norte-americanos cresceu na década de 1970. Depois, com o aumento do conhecimento relacionado com o assunto e uma representação realista menos glamorosa do consumo de drogas, o uso entrou em acentuado declínio (exceto por uma ligeira alta em meados dos anos 1980). Depois dos primeiros anos da década de 1990, o clamor cultural contra as drogas abrandou, e algumas voltaram a ser glamorosas em músicas e filmes. Considere, por exemplo, as tendências históricas do uso de maconha:

- No levantamento anual da Michigan University com 15 mil formandos do Ensino Médio americano, a proporção dos que acreditam haver "grande risco" no uso regular de maconha subiu de 35% em 1978 para 79% em 1991, caindo depois para 40% em 2018 (Miech et al., 2019)
- Após chegar ao auge em 1978, o uso de maconha por esses estudantes nos EUA entrou em declínio até 1992, depois subiu, mas ultimamente vem se mantendo constante (Figura 3.20). O uso entre jovens canadenses de 15 a 24 anos também teve tendência ascendente desde 2012 e, no final de 2018, era de 15% entre todos os canadenses com 15 anos ou mais (CCSA, 2017; Statistics Canada, 2019). O uso de drogas dos adolescentes na Europa tem sido menor, mas com tendências semelhantes às da América do Norte: aumento da maconha e declínio do uso de cigarros (Wadley & Lee, 2016).

Para alguns adolescentes, o uso ocasional de drogas representa a busca por emoções. No entanto, por que alguns adolescentes sim e outros não se tornam usuários regulares? À procura de respostas, pesquisadores empregaram níveis biológicos, psicológicos e culturais de análise.

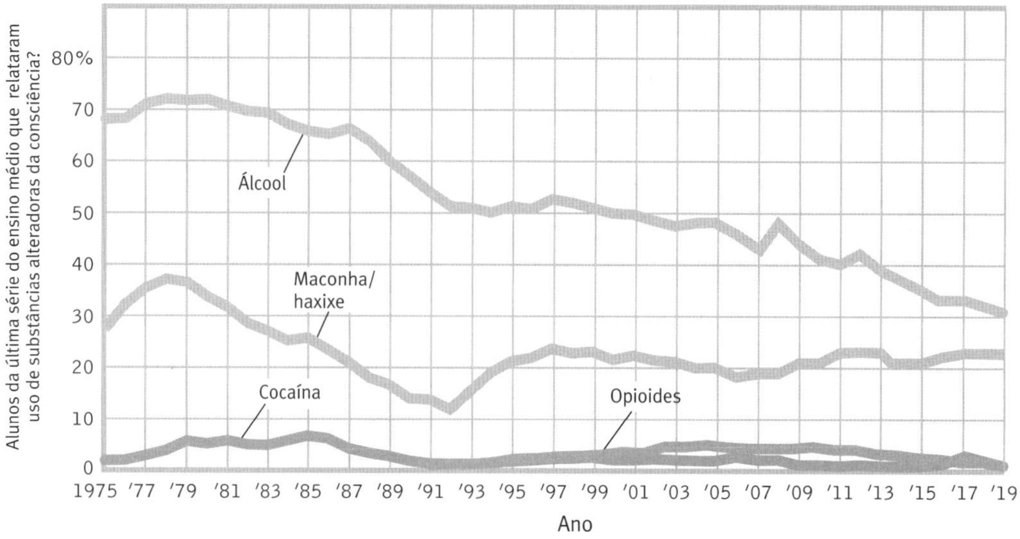

Figura 3.20 Tendências ao uso de substâncias alteradoras da consciência?. A porcentagem de alunos da última série do ensino médio nos EUA que disseram ter usado álcool ou maconha nos últimos 30 dias diminuiu em grande parte do final da década de 1970 até a década de 1990, quando se recuperou parcialmente por alguns anos. O uso relatado de cocaína diminuiu desde meados da década de 1980, e os opioides atingiram o pico em 2009 (dados de Miech et al., 2016, 2019). Fora dos EUA, o uso dessas substâncias por adolescentes também diminuiu. Na Europa, o consumo semanal de álcool por jovens de 15 anos despencou – caindo de 26% para 13% entre 2002 e 2014; na Grã-Bretanha caiu de 46% para 10% (OMS, 2018b).

Influências biológicas

Algumas pessoas podem ser biologicamente vulneráveis a certas drogas em particular. Por exemplo, acumulam-se as evidências de que a hereditariedade influencia alguns aspectos dos problemas de uso abusivo de substâncias, em especial aqueles que surgem antes do início da idade adulta (Crabbe, 2002):

- *Genética*. Pesquisadores identificaram genes que são mais comuns entre pessoas e animais predispostos ao transtorno por uso de álcool, e estão buscando genes que contribuam para a dependência do tabaco (Stacey et al., 2012). Os genes responsáveis parecem engendrar deficiências no sistema cerebral natural de recompensa por dopamina: ao desencadear o prazer temporário produzido pela dopamina artificial, as drogas viciantes interrompem o equilíbrio normal da dopamina. Estudos de como as drogas reprogramam os sistemas de recompensa do cérebro aumentam as esperanças de drogas antidependência que podem bloquear ou atenuar os efeitos do álcool e outras drogas (Volkow & Boyle, 2018).
- *Estudos com gêmeos*. Se um gêmeo idêntico em vez de fraterno for diagnosticado com transtorno por uso de álcool, o outro gêmeo corre maior risco de problemas com álcool (Kendler et al., 2002). No uso de maconha, também, gêmeos idênticos se assemelham mais do que gêmeos fraternos.
- *Estudos de adoção*. Um estudo acompanhou 18.115 adotados suecos. Os que tinham pais biológicos que fazem uso abusivo de drogas tinham o dobro do risco de uso abusivo de drogas, indicando uma influência genética – uma descoberta confirmada em outro estudo sueco com mais de 14 mil gêmeos e 1,3 milhão de outros irmãos. Porém, os que tinham irmãos adotivos que faziam uso abusivo de drogas também tiveram o dobro do risco de uso abusivo, indicando a influência ambiental (Kendler et al., 2012; Maes et al., 2016). Então, quais seriam essas influências ambientais?

Sinais de alerta de transtorno por uso de álcool
- Beber em excesso (cinco bebidas para homens e quatro para mulheres em duas horas)
- Desejo de álcool
- Usar resultados em tarefas não cumpridas de trabalho, escola ou casa
- Deixar de honrar a resolução de beber menos
- Uso continuado apesar do risco para a saúde
- Evitar a família ou amigos ao beber

Influências psicológicas e socioculturais

Ao longo deste texto, você verá que fatores biológicos, psicológicos e socioculturais interagem para produzir o comportamento. O mesmo ocorre com transtornos por uso de substâncias (Figura 3.21). As pessoas que não têm vínculos próximos e seguros com familiares e amigos são mais propensas a recorrer ao uso de substâncias (Fairbairn et al., 2018). Um fator psicológico que aparece nos estudos com jovens e jovens adultos é a percepção de que a vida não tem sentido nem direção (Newcomb & Harlow, 1986). Esse sentimento é comum entre os que abandonam a escola e subsistem sem habilidades profissionais, sem privilégios e com pouca esperança.

Às vezes, a influência psicológica é óbvia. Muitos usuários compulsivos de álcool, maconha e cocaína tiveram experiências significativas de estresse ou fracasso e estão deprimidos. Moças com histórico de depressão, transtornos alimentares, ou abuso sexual ou físico correm

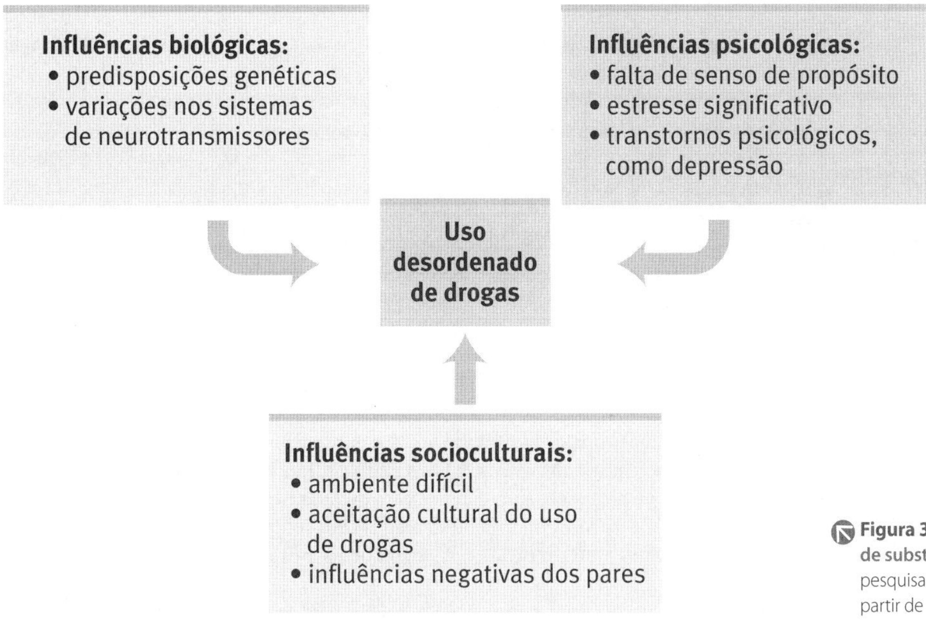

Figura 3.21 Níveis de análise do transtorno por uso de substâncias. O enfoque biopsicossocial permite aos pesquisadores investigar o uso desordenado de drogas a partir de perspectivas complementares.

risco de dependência. O mesmo vale para jovens que passam por uma mudança de escola ou de bairro (CASA, 2003; Logan et al., 2002). Universitários que ainda não alcançaram um senso claro de identidade também correm riscos maiores (Bishop et al., 2005). Ao aplacar temporariamente a dor da autoconsciência, as substâncias psicoativas podem oferecer uma maneira de evitar lidar com a depressão, a raiva, a ansiedade ou a insônia. (Como explicado no Capítulo 7, o comportamento muitas vezes é controlado mais por suas consequências imediatas do que pelas posteriores.)

O hábito do cigarro, normal ou eletrônico, geralmente começa no início da adolescência. (Se você está na faculdade, e se até agora os fabricantes de cigarros não converteram você em um cliente fiel, é quase certo que jamais o farão.) Adolescentes inseguros, e que muitas vezes pensam que o mundo está observando cada passo seu, são especialmente vulneráveis a fumar. Eles podem acender o primeiro cigarro para imitar celebridades glamorosas, ou para projetar uma imagem de maturidade, ou ainda para receber a recompensa social de serem aceitos por outros fumantes (Cin et al., 2007; DeWall & Pond, 2011; Tickle et al., 2006). Cientes dessas tendências, as empresas de cigarros associaram de maneira eficaz o fumo a temas que têm apelo entre os jovens: atratividade, independência, senso de aventura, aprovação social (Cirurgião Geral, 2012).

As taxas de uso de drogas também variam entre os grupos culturais e étnicos. Um levantamento com adolescentes europeus descobriu que o uso de maconha ao longo da vida variou de 5% na Noruega a mais de oito vezes isso na República Tcheca (Romelsjö et al., 2014). As taxas de dependência de álcool e outras drogas também têm sido baixas entre religiosos ativos, com taxas extremamente baixas entre judeus ortodoxos, mórmons, menonitas e os amish (DeWall et al., 2014; Salas-Wright et al., 2012).

Tipicamente, adolescentes que começam a fumar também têm amigos que fumam, os quais recomendam os prazeres do hábito e lhes oferecem cigarros (Rose et al., 1999). Entre aqueles cujos pais e melhores amigos não são fumantes, o índice de fumantes é próximo de zero (Moss et al., 1992; ver Figura 3.22). Da mesma forma, se os amigos dos adolescentes usam drogas, a chance de que eles também usarão é o dobro (Liu et al., 2017). Os colegas fazem as festas e fornecem (ou não) as drogas. Adolescentes que vêm de famílias felizes, que

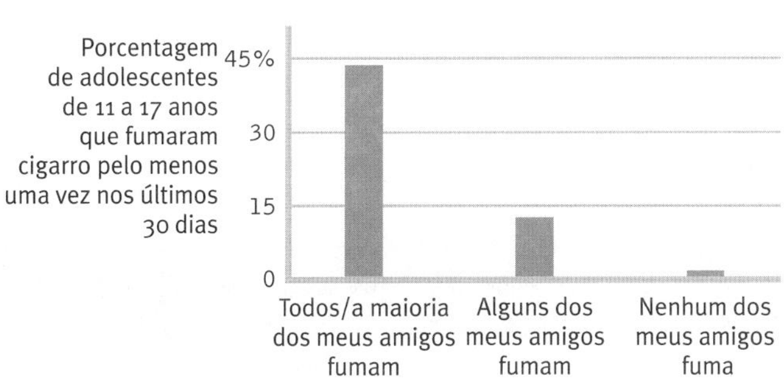

Figura 3.22 Influência dos pares. Crianças não fumam se seus amigos não fumarem (Philip Morris, 2003). Uma questão de correlação ou de causalidade: a estreita ligação entre o tabagismo na adolescência e o tabagismo dos amigos reflete a influência dos colegas? Adolescentes procuram amigos semelhantes? Ou ambos?

não começam a beber antes dos 15 anos e que têm bom desempenho na escola, tendem a não usar drogas, em grande parte porque raramente se associam aos que o fazem (Bachman et al., 2007; Hingson et al., 2006; Odgers et al., 2008).

As expectativas dos adolescentes – sobre aquilo que eles *pensam* que os amigos estão fazendo ou preferindo fazer – também influenciam seu comportamento (Vitória et al., 2009). Em um levantamento com alunos do sexto ano em 22 estados dos EUA, quantos acreditavam que seus amigos já haviam fumado maconha? Cerca de 14%. Quantos desses amigos reconheciam fazê-lo? Somente 4% (Wren, 1999). Os estudantes universitários não estão imunes a esses erros de avaliação: as bebidas dominam as ocasiões sociais, em parte porque eles superestimam o entusiasmo de seus colegas pelo álcool e subestimam a percepção que estes têm quanto aos riscos (Prentice & Miller, 1993; Self, 1994) (ver Tabela 3.6). Quando as estimativas exageradas dos estudantes a respeito da relação de seus pares com a bebida são corrigidas, o uso de álcool entre eles tende a diminuir (Moreira et al., 2009).

Pessoas cujo início do uso de drogas foi influenciado por seus pares são mais propensos a parar de usar quando os amigos param ou sua rede social muda (Chassin & MacKinnon, 2015). Um estudo que acompanhou 12 mil adultos durante 32 anos descobriu que fumantes tendem a parar em grupos (Christakis & Fowler, 2008). Em uma rede de relacionamentos, as chances de uma pessoa parar de fumar crescem quando um cônjuge, amigo ou colega de trabalho abandona o tabaco. Similarmente, a maioria dos soldados americanos que se tornaram viciados enquanto estavam no Vietnã deixou de usar drogas depois que voltaram para casa (Robins et al., 1974).

Como sempre acontece em correlações, a ligação entre o uso de drogas pelos amigos e nosso próprio uso pode ter duas vias: os amigos nos influenciam. As redes sociais fazem diferença. Porém, nós também escolhemos os amigos entre aqueles que compartilham nossos gostos e desgostos.

O que as descobertas a respeito do uso de drogas sugerem para os programas de prevenção e de tratamento? Três canais de influência parecem possíveis:

- Educar os jovens sobre os custos dos prazeres temporários de uma droga a longo prazo
- Ajudá-los a encontrar outras formas de elevar sua autoestima e seu propósito na vida
- Tentar modificar suas relações ou "inocular" os jovens contra as pressões de seus pares, aprimorando sua capacidade de dizer não.

"Os transtornos por uso de substâncias não discriminam; eles afetam os ricos e os pobres, assim como todos os grupos étnicos. Essa é uma crise de saúde pública, mas temos soluções." – Cirurgião Geral dos EUA, Vivek Murthy, 2016

As pessoas raramente fazem uso abusivo das drogas, se elas entendem os custos físicos e psicológicos, se estão bem com elas mesmas e com o rumo que suas vidas estão tomando e se fazem parte de um grupo social que reprova seu uso. Esses fatores educacionais, psicológicos e socioculturais podem ajudar a explicar por que 26% dos estudantes americanos que deixam a escola no Ensino Médio fumam, mas apenas 6% dos pós-graduados o fazem (CDC, 2011).

PRÁTICA DE RECUPERAÇÃO

PR-6 Por que os fabricantes de cigarros empenham-se tanto em conquistar o público adolescente?

PR-7 Estudos descobriram que pessoas que começam a beber no começo da adolescência têm muito mais chances de desenvolver transtorno por uso de álcool do que os que começam a beber com 21 anos ou mais. Quais são as possíveis explicações para essa correlação?

RESPOSTAS NO APÊNDICE E

Tabela 3.6 Fatos acerca da educação superior.

• Estudantes de nível superior ingerem mais álcool do que seus pares que não estudam e exibem 2,5 vezes a taxa de uso abusivo de substâncias da população geral. Após a faculdade, a maioria dos adultos "amadurece" e repensa o seu uso problemático de álcool (Lee et al., 2018)
• Membros de fraternidades e sororidades universitárias relatam quase o dobro da taxa de excesso de bebida dos não membros
• Desde 1993, as taxas de fumo em universidades declinaram, o uso de álcool manteve-se estável, e o abuso de opioides, estimulantes, tranquilizantes e sedativos prescritos aumentou, assim como o uso de maconha

Fonte: NCASA, 2007.

REVISÃO Substâncias psicoativas e consciência

OBJETIVOS DE APRENDIZAGEM

Teste a si mesmo. Responda às Questões dos Objetivos de Aprendizagem (antes de conferir as respostas no Apêndice D) para aprimorar a retenção dos conceitos estudados (McDaniel et al., 2009, 2015).

QOA **3.11** Quais são os *transtornos por uso de substâncias*?

QOA **3.12** Quais papéis a tolerância e a dependência desempenham nos transtornos por uso de substâncias, e como o conceito de dependência (ou *adição*) mudou?

QOA **3.13** O que são *depressores*, e quais são seus efeitos?

QOA **3.14** O que são *estimulantes*, e quais são seus efeitos?

QOA **3.15** O que são *alucinógenos*, e quais são seus efeitos?

QOA **3.16** Por que algumas pessoas se tornam usuárias regulares de substâncias alteradoras da consciência?

TERMOS E CONCEITOS A RECORDAR

Teste a si mesmo. Escreva a definição com suas próprias palavras e depois confirme sua resposta.

substância psicoativa, p. 109
transtorno por uso de substância, p. 109
tolerância, p. 109
dependência, p. 109
síndrome de abstinência, p. 109
substâncias depressoras, p. 112
transtorno por uso de álcool, p. 112
barbitúricos, p. 113
opiáceos, p. 113
estimulantes, p. 113
anfetaminas, p. 114
nicotina, p. 114
cocaína, p. 116
metanfetamina, p. 116
Ecstasy (MDMA), p. 116
alucinógenos, p. 118
experiência de quase morte, p. 118
LSD, p. 118
THC, p. 118

DOMINE O MATERIAL

Teste a si mesmo. Responda às questões a seguir por conta própria, a princípio, depois confira as respostas no Apêndice E.

1. Depois do uso continuado de uma substância psicoativa, o usuário precisa tomar doses maiores para obter o efeito desejado. Isso se refere a________________.

2. Os depressores incluem o álcool, barbitúricos...
   a. e opiáceos
   b. cocaína e morfina
   c. cafeína, nicotina e maconha
   d. e anfetaminas.

3. Por que o álcool tornaria alguém mais gentil *ou* mais agressivo?

4. O uso do *ecstasy* a longo prazo pode
   a. deprimir a atividade do sistema nervoso simpático
   b. esgotar o estoque de epinefrina do cérebro
   c. esgotar o estoque de dopamina do cérebro
   d. danificar neurônios produtores de serotonina.

5. Experiências de quase morte são notavelmente similares às alucinações provocadas por drogas ________________.

6. O uso de maconha
   a. prejudica a coordenação motora, a percepção, o tempo de reação e a memória
   b. inibe as emoções das pessoas
   c. provoca a desidratação e superaquecimento
   d. estimula o desenvolvimento de células cerebrais.

7. Um fator importante que contribui para o uso de substâncias é(são)
   a. autoestima alta
   b. a percepção de que a vida não tem sentido nem direção
   c. predisposições genéticas
   d. pais superprotetores.

CAPÍTULO 4

Sisoje/Getty Images

Natureza, Cultura e Diversidade Humana

O que faz você ser quem você é? Em vários aspectos importantes, cada um de nós é único. Cada um de nós é um pacote único de aparência, linguagem, personalidade, interesses, habilidades e formação cultural.

Também somos as folhas de uma mesma árvore. Nossa família humana não apenas compartilha o legado biológico – todos sangramos em virtude de um corte –, mas também compartilhamos tendências comuns de comportamento. A arquitetura compartilhada de nossos cérebros nos predispõe a sentir o mundo, desenvolver a linguagem e sentir fome por meio de mecanismos idênticos. Quer moremos no Ártico ou no Deserto de Atacama, preferimos os sabores doces aos amargos. Dividimos o espectro das cores em tons semelhantes, e nos sentimos atraídos por comportamentos que produzem e protegem nossos descendentes.

Nosso parentesco também aparece em nossos comportamentos sociais. Sejam nossos sobrenomes Wong, Nkomo, Smith ou Gonzales, começamos a temer estranhos em torno dos 8 meses de vida, e quando adultos, preferimos a companhia daqueles cujos atributos e atitudes sejam similares aos nossos. Mesmo vindos de diferentes partes do globo, sabemos como ler os sorrisos e o franzir de sobrancelhas uns dos outros. Como membros da mesma espécie, nós nos agregamos, nos adaptamos, retribuímos favores, punimos delitos, organizamos hierarquias sociais e lamentamos a morte de uma criança. Um visitante extraterrestre pode pousar em qualquer lugar do planeta e encontrará seres humanos dançando e festejando, cantando e venerando, praticando esportes e participando de jogos, rindo e chorando, vivendo

Genética do comportamento: previsão de diferenças individuais
- Genes: nossos códigos para a vida
- Estudos sobre gêmeos e adoção
- Temperamento e hereditariedade
- Herdabilidade
- Interação gene-ambiente

Psicologia evolucionária: explicação da natureza e criação humana
- Seleção natural e adaptação
- Sucesso evolutivo explica as semelhanças
- Explicação evolucionista da sexualidade humana

Diversidade cultural e de gênero: como entender a natureza e a criação
- Como a experiência influencia o desenvolvimento?
- Influências culturais
- Desenvolvimento de gênero
- PENSAMENTO CRÍTICO SOBRE: Viés de gênero no local de trabalho
- PENSAMENTO CRÍTICO SOBRE: Agressão sexual
- Reflexões sobre natureza, criação e sua interação

em família e formando grupos. Juntos, esses comportamentos universais revelam nossa natureza humana.

O que causa nossa impressionante diversidade e também nossa natureza humana compartilhada? Até que ponto nossas diferenças individuais são moldadas por nossos genes diferentes? E quanto são moldadas pelo nosso ambiente – todas as influências externas, desde a nutrição materna no útero até o apoio social rumo ao descanso final? Até que ponto somos formados pela nossa educação? Por nossa cultura? Por nosso sexo? Pelas circunstâncias atuais? Pelas reações das pessoas às nossas disposições genéticas? Por nossas próprias escolhas e esforços? Este capítulo conta a história científica de como nossos genes (natureza) e ambientes (cultura), juntos, tramam nosso tecido humano.

Genética do comportamento: previsão de diferenças individuais

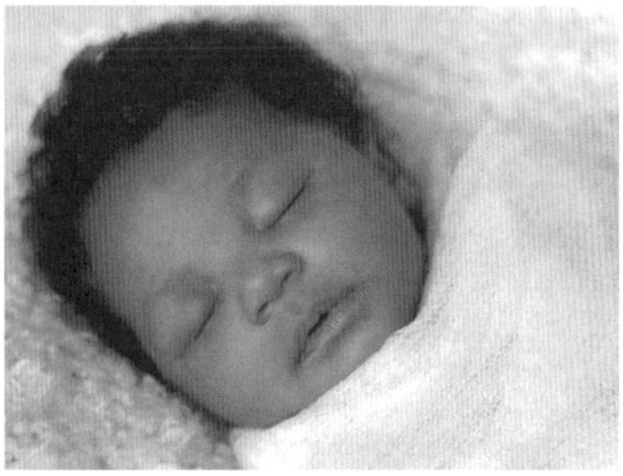

A Thousand Words Photography by Erica Corner

Criação da natureza. Por toda parte os pais querem saber: quando meu filho crescer, será calmo ou agressivo? Bem-sucedido ou lutará a cada passo? O que vem embutido e o que é criado – e como? A pesquisa revela que a natureza e a criação juntas moldam nosso desenvolvimento – a cada passo do caminho.

QUESTÃO DE OBJETIVO DE APRENDIZAGEM QOA 4.1 O que são *cromossomos, DNA, genes* e o *genoma humano*? Como os geneticistas comportamentais explicam nossas diferenças individuais?

Se a filha mais velha de Beyoncé e Jay-Z, Blue Ivy, cresce e se torna uma grande cantora popular, devemos atribuir seu talento musical aos seus "genes de *superstar*"? Ao seu crescimento em um ambiente musicalmente rico? Às altas expectativas? Essas questões intrigam os **geneticistas comportamentais**, que estudam nossas diferenças e pesam os efeitos e as inter-relações da **hereditariedade** e do **ambiente**.

Genes: nossos códigos para a vida

Por trás da história de nosso corpo e de nosso cérebro – com toda certeza, o que há de mais fascinante em todo o nosso pequeno planeta –, é a hereditariedade que interage com nossa experiência para criar tanto nossa natureza humana universal quanto a nossa diversidade individual e social. No começo do século XX, poucos poderiam sugerir que o núcleo de cada uma de nossas células contivesse o código genético mestre de todo o nosso corpo. É como se cada sala da Dubai Creek Tower (o prédio mais alto do mundo) contivesse um livro com os planos arquitetônicos de toda a estrutura. Os planos de nosso próprio livro da vida distribuem-se por 46 capítulos – 23 vindos do óvulo de nossa mãe e 23 vindos do esperma de nosso pai. Cada um desses 46 capítulos, chamados de **cromossomos**, é composto de uma cadeia em espiral da molécula do **DNA** (ácido desoxirribonucleico). Os **genes**, pequenos segmentos das gigantescas moléculas de DNA, formam as palavras desses capítulos (Figura 4.1). No total, você tem cerca de 20 mil genes que podem ser ativos (*expressos*) ou inativos (que não se expressam). Eventos ambientais "ligam" os genes. Quando ligados, os genes fornecem o código para a criação de *moléculas de proteínas* – os tijolos para a construção de nosso corpo.

Em termos genéticos, qualquer ser humano está muito próximo de ser seu gêmeo idêntico. Os pesquisadores do **genoma** humano descobriram a sequência comum no interior do DNA humano. É esse perfil genético compartilhado que nos faz seres humanos em vez de chimpanzés, bananas ou tulipas.

Na verdade, não somos tão diferentes assim de nossos primos chimpanzés; compartilhamos com eles cerca de 96% de nossa sequência de DNA (Mikkelsen et al., 2005). Em localizações "funcionalmente importantes" de nosso DNA, esse número atinge 99,4% (Wildman et al., 2003). Mesmo assim, essa ínfima diferença de 0,6% é significativa. Foi preciso um ser humano, Shakespeare, para fazer o que um chimpanzé não consegue – organizar intrincadamente 17.677 palavras em obras-primas literárias.

Pequenas diferenças também são significativas entre outras espécies. Os chimpanzés comuns e os bonobos se parecem de muitas maneiras e deveriam, pois seus genomas diferem em muito menos de 1%, mas, mesmo assim, apresentam diferenças marcantes de comportamento. Os chimpanzés são agressivos e dominados pelos machos. Os bonobos são pacíficos e liderados pelas fêmeas.

"Compartilhamos metade de nossos genes com a banana." – Robert May, biólogo evolucionista, Presidente da Sociedade Real Britânica, 2001

"Seu DNA e o meu são 99,9% iguais... No âmbito do DNA, claramente somos parte de uma mesma e enorme família mundial." – Francis Collins, Diretor do Human Genome Project, 2007

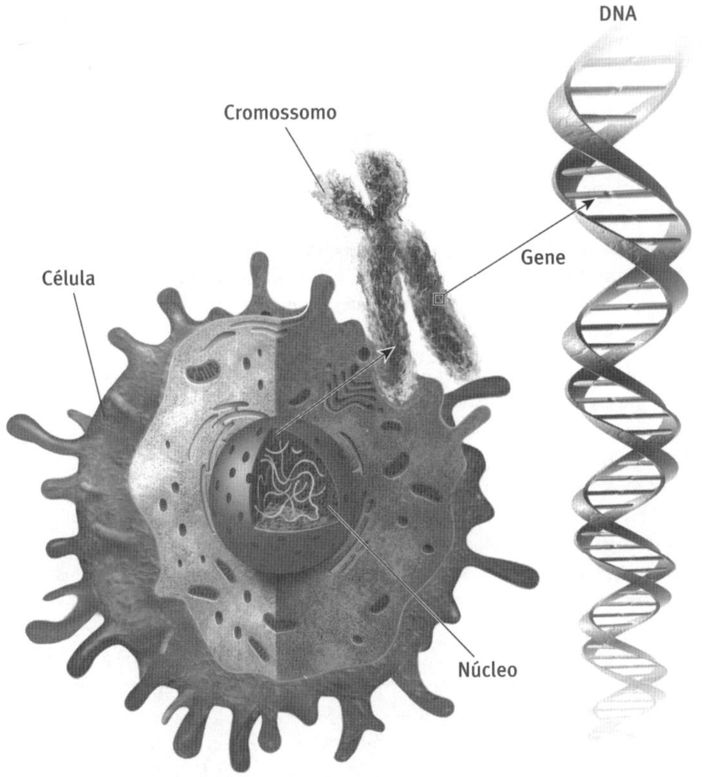

Figura 4.1 Código da vida. O núcleo de cada célula humana contém cromossomos, cada um deles composto de duas fitas de DNA ligadas em uma dupla hélice. Os genes são segmentos de DNA que, quando expressados (ligados), direcionam o desenvolvimento das proteínas que influenciam o desenvolvimento de uma pessoa. *(Esta figura encontra-se reproduzida em cores no Encarte.)*

As variações ocasionais verificadas em genes específicos localizados no DNA humano fascinam geneticistas e psicólogos. Pequenas variações de uma pessoa para outra nos dão pistas sobre nossas singularidades – por que uma pessoa tem uma falta de habilidade e outra, não; por que uma pessoa é alta e outra é baixa; por que uma pessoa é ansiosa e outra é calma? As pessoas devem usar tecnologias de edição de genes recém-disponíveis para reduzir o risco de doenças de seus filhos ainda não nascidos? Apenas 26% dos americanos aprovam essa ideia (Scheufele et al., 2017).

A maioria de nossos traços tem raízes genéticas complexas. Sua altura, por exemplo, reflete os tamanhos de seu rosto, vértebras, ossos da perna e assim por diante – cada um deles pode ser influenciado pela interação dos diferentes genes com o meio ambiente. Traços como inteligência, alegria e agressividade são influenciados por toda uma orquestra de genes (Holden, 2008). De fato, uma das grandes descobertas da genética comportamental atual é que não há um único gene que preveja sua inteligência, orientação sexual ou personalidade. Análises genéticas de mais de 800 mil pessoas identificaram 269 genes associados à depressão (Howard et al., 2019). Outro estudo com 1,1 milhão de pessoas identificou 1.271 variações genéticas que, juntas, previam cerca de 12% das diferenças nos anos de escolaridade das pessoas (Lee et al., 2018). *Conclusão*: nossos diferentes traços são *poligênicos*, isto é, eles são influenciados por "muitos genes de pequeno efeito" (Lee et al., 2018; Matoba et al., 2019; Plomin, 2018).

Assim, nossos muitos genes ajudam a explicar tanto nossa natureza humana compartilhada quanto nossa diversidade. Contudo, há uma descoberta para se ter sempre em mente: conhecer nossa hereditariedade conta apenas parte de nossa história. Para nos formar, as influências ambientais interagem com nossas predisposições genéticas.

Genética do comportamento. Estudo do poder relativo e dos limites das influências genéticas e ambientais sobre o comportamento.

Hereditariedade. Transferência genética de características de pais para filhos.

Ambiente. Toda influência não genética, desde a alimentação pré-natal até as pessoas e coisas ao nosso redor.

Cromossomos. Estruturas encadeadas feitas de moléculas de DNA que contêm os genes.

DNA (ácido desoxirribonucleico). Molécula complexa que contém as informações genéticas que formam os cromossomos.

Genes. Unidades bioquímicas da hereditariedade que constituem os cromossomos; um segmento de DNA capaz de sintetizar uma proteína.

Genoma. Instruções completas para a criação de um organismo, consistindo em todo o material genético presente nos cromossomos desse organismo.

PRÁTICA DE RECUPERAÇÃO

PR-1 Coloque as seguintes estruturas celulares em ordem da menor para a maior: núcleo, gene, cromossomo.

RESPOSTAS NO APÊNDICE E

Estudos sobre gêmeos e adoção

QOA 4.2 Como os estudos sobre gêmeos e adoção nos ajudam a entender os efeitos e interações da natureza e da criação?

Para separar cientificamente as influências da hereditariedade e do ambiente, os geneticistas do comportamento poderiam desejar dois tipos de experimentos. O primeiro controlaria a

Gêmeos idênticos (monozigóticos). Indivíduos que se desenvolveram a partir de um único ovo fertilizado que se dividiu em dois, criando dois organismos geneticamente idênticos.

Gêmeos fraternos (dizigóticos). Indivíduos que se desenvolveram a partir de óvulos fertilizados distintos. Eles não são geneticamente mais próximos do que irmãos comuns, mas compartilham um ambiente pré-natal.

hereditariedade enquanto variasse o ambiente doméstico. O segundo controlaria o ambiente doméstico enquanto variasse a hereditariedade. Experimentos desses tipos com bebês humanos seriam antiéticos, mas a natureza fez esse trabalho por nós.

Gêmeos idênticos *versus* gêmeos fraternos

Gêmeos idênticos (monozigóticos) desenvolvem-se a partir de um único óvulo fertilizado que se divide. São, portanto, geneticamente idênticos – clones humanos criados pela natureza (Figura 4.2). Na verdade, são clones que não só compartilham os mesmos genes, mas também a mesma concepção, o mesmo útero, a mesma data de nascimento e, normalmente, a mesma história cultural. Duas pequenas observações:

- Apesar de terem os mesmos genes, os gêmeos idênticos nem sempre têm o mesmo *número de cópias* desses genes repetidas no interior do genoma e, às vezes, diferem nas minúsculas estruturas da rede cerebral. Isso ajuda a entender por que um gêmeo pode ter maior risco de determinadas doenças e transtornos, incluindo esquizofrenia (Lee et al., 2019; Maiti et al., 2011).
- No período de desenvolvimento pré-natal, a maioria dos gêmeos idênticos compartilha a *placenta* (que transfere nutrientes e oxigênio da mãe para o embrião), mas um em cada três pares de gêmeos tem placentas separadas. A placenta de um dos gêmeos pode oferecer uma nutrição um pouco melhor do que a do outro, o que contribui para diferenças entre gêmeos idênticos (Marceau et al., 2016; van Beijsterveldt et al., 2016).

Gêmeos fraternos (dizigóticos) são desenvolvidos a partir de óvulos fertilizados separadamente. Eles compartilham o ambiente pré-natal, porém não são mais parecidos geneticamente do que irmãos e irmãs comuns.

Os genes compartilhados podem ser traduzidos em experiências compartilhadas. Uma pessoa cujo gêmeo idêntico tem *transtorno do espectro autista*, por exemplo, tem risco na razão de 3:4 de ter diagnóstico similar. Se o gêmeo afetado é fraterno, o cogêmeo tem risco de 1:3 (Tick et al., 2016). Para estudar os efeitos de genes e ambientes, vários milhares de pesquisadores médicos e psicólogos estudaram quase 15 milhões de pares de gêmeos idênticos e fraternos (Polderman et al., 2015).

Os gêmeos geneticamente idênticos também são mais semelhantes em termos de *comportamento* do que os gêmeos fraternos? Estudos em 12 países descobriram que, em comparação com gêmeos fraternos, gêmeos idênticos são muito mais parecidos com relação a *abertura, consciência, amabilidade, extroversão* e *neuroticismo* (ver Capítulo 14) (Vukasovic & Bratko, 2015). À medida que gêmeos idênticos envelhecem, seus comportamentos permanecem semelhantes (McGue & Christensen, 2013). Os genes também influenciam muitos comportamentos específicos. Por exemplo, entre os usuários de maconha, gêmeos idênticos podem começar em uma idade mais próxima do que gêmeos fraternos (Minică et al., 2018).

Gêmeos idênticos também são mais *parecidos fisicamente* do que gêmeos fraternos, tanto que a maioria tem dificuldade de distinguir uma foto de seu rosto do rosto de seu cogêmeo (Martini et al., 2015). Então, as respostas das pessoas à sua aparência explicam suas semelhanças? *Não.* Em uma abordagem inteligente, a pesquisadora (e gêmea fraterna) Nancy Segal (2013; Segal et al., 2013) comparou a semelhança de personalidade entre gêmeos idênticos e pares não relacionados. Só os gêmeos idênticos relataram personalidades semelhantes. Outros estudos demonstraram que gêmeos idênticos cujos pais os trataram de forma parecida (p. ex., com roupa idêntica) não eram psicologicamente mais parecidos do que os gêmeos idênticos tratados de outra forma (Kendler et al., 1994; Loehlin & Nichols, 1976). Ao explicar as diferenças individuais, os genes importam.

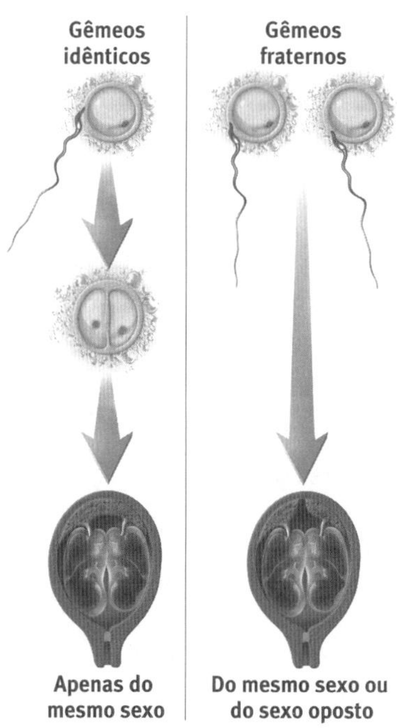

Figura 4.2 Mesmo óvulo fertilizado, mesmos genes; óvulos diferentes, genes diferentes. Gêmeos idênticos se desenvolvem a partir de um único óvulo fertilizado; gêmeos fraternos se desenvolvem a partir de dois óvulos fertilizados.

Gêmeos separados

Imagine o seguinte experimento de ficção científica: dados dois pares de gêmeos idênticos, um cientista maluco decide trocar um irmão de cada par com o outro. Como resultado, os pares resultantes são criados em ambientes separados como se fossem gêmeos fraternos. Melhor ainda, considere uma história *verdadeira* (Dominus, 2015; Segal & Montoya, 2018).

Em 2015, William Velasco trabalhava como açougueiro em Bogotá, Colômbia. Um dia, a cliente Laura Vega Garzón o confundiu com um colega, Jorge, que era muito parecido, com as maçãs do rosto salientes, o mesmo sorriso e estilo de andar semelhante. Seria Jorge fingindo ser outra pessoa? Confusa, ela voltou ao açougue para mostrar a William uma foto de seu sósia, Jorge. William riu e não levou a sério, mas depois Laura mostrou a Jorge uma fotografia de William. "Esse sou eu!", exclamou Jorge. Percorrendo as fotos de mídia social de William, Jorge continuou a ver imagens espelhadas de si mesmo. Ele viu outra coisa que o surpreendeu: seu sósia, William, sentado ao lado do irmão gêmeo fraterno de Jorge (pelo menos era isso que parecia a Jorge).

Até então William e Jorge viviam vidas totalmente separadas. William cresceu em um vilarejo rural, enquanto Jorge foi criado na cidade. William e Jorge, graças a um colossal erro hospitalar, acreditavam que tinham irmãos gêmeos fraternos – Wilber e Carlos, respectivamente. Na realidade, Wilber e Carlos, como William e Jorge, eram gêmeos idênticos nascidos em 1988. O hospital mandara William para casa com Wilber e Carlos para casa com Jorge.

Embora tenham sido criados separados, William e Jorge eram brincalhões, fisicamente fortes e solidários. Wilber e Carlos eram mal-humorados e sérios, sempre organizados e propensos a chorar, e tinham o mesmo problema de fala. Cada um deles se perguntou por que ele se sentia tão diferente de seu suposto gêmeo fraterno. Conhecer seu gêmeo idêntico revelou o poder da genética.

Os genes são importantes, mas o ambiente também é. Os moradores urbanos Jorge e Carlos tinham uma nutrição melhor e eram mais altos do que William e Wilber, criados no campo. Wilber não teve acesso à terapia fonoaudiológica que Carlos fez, o que significava que apenas Wilber ainda tinha dificuldades para falar quando adulto.

A notável história dos "irmãos de Bogotá" (saiba mais, pesquisando em tinyurl.com/BogotaBrothers) lembra a de muitos pares de gêmeos separados testados pelos psicólogos Thomas Bouchard e Nancy Segal. Esses estudos encontram semelhanças não apenas de gostos e atributos físicos, mas também de personalidade, habilidades, atitudes, interesses e medos.

As surpreendentes histórias de semelhanças entre gêmeos não impressionaram os críticos, que nos lembram que "a diversidade de *casos pitorescos* não são *dados científicos*". Eles alegam que, se duas pessoas totalmente desconhecidas entre si passarem várias horas comparando seus comportamentos e histórias de vida, provavelmente descobrirão diversas semelhanças e coincidências. Se os pesquisadores criassem um grupo de controle de pares de pessoas sem relação biológica, do mesmo sexo, da mesma idade e etnia, em que os indivíduos não tivessem crescido juntos, mas que fossem parecidos uns com os outros em termos de contexto cultural, como o que ocorre com inúmeros pares de gêmeos separados, será que esses pares também não apresentariam semelhanças surpreendentes (Joseph, 2001)? Pesquisadores de gêmeos responderam que gêmeos fraternos separados não têm semelhanças comparáveis às de gêmeos idênticos separados.

Mesmo os dados impressionantes das avaliações de personalidade são obscurecidos pelo reencontro de muitos dos gêmeos separados alguns anos antes de serem testados. Quando as agências de adoção estão envolvidas, gêmeos separados tendem a ser colocados em lares semelhantes. Apesar dessas críticas, os impressionantes resultados dos estudos com gêmeos ajudaram a conduzir o pensamento científico na direção de uma maior valorização das influências genéticas.

Parentes biológicos *versus* adotados

Para os geneticistas do comportamento, o segundo tipo de experimento da vida real que a natureza nos proporciona – a adoção – cria dois grupos: *parentes genéticos* (pais e irmãos biológicos) e *parentes ambientais* (pais e irmãos adotivos). Diante de determinado traço, torna-se possível questionar se as crianças adotadas se parecem mais com os pais biológicos, que contribuíram com os genes, ou com os pais adotivos, que contribuíram com o ambiente doméstico. Além de compartilharem o mesmo ambiente, será que os irmãos adotivos também compartilham traços?

A surpreendente descoberta dos estudos de centenas de famílias adotivas, além de gêmeos idênticos, é que as pessoas que crescem juntas – biologicamente relacionadas ou não – não têm personalidades tão parecidas assim (McGue & Bouchard, 1998; Plomin, 2011; Rowe, 1990). Em se tratando de traços de personalidade, como extroversão e amabilidade, os filhos adotados se parecem mais com os pais *biológicos* do que com os pais adotivos que cuidaram deles.

A descoberta é tão importante que vale a pena repetir: a gama normal de ambientes compartilhados pelas crianças de uma família praticamente não influi sobre suas personalidades. Duas crianças adotadas e criadas na mesma casa não têm maior probabilidade de compartilhar traços de personalidade entre si do que com uma criança que mora no outro quarteirão.

A hereditariedade também molda a personalidade de outros primatas. Macacos criados por mães adotivas têm comportamentos sociais parecidos com os de sua mãe biológica e não com os da mãe de criação (Maestripieri, 2003).

Por que as crianças de uma mesma família são tão diferentes? Por que o ambiente familiar compartilhado tem tão pouco efeito sobre a personalidade das crianças? Será porque cada irmão ou irmã vive as influências dos pares e experencia eventos da vida de maneira única? Será porque os relacionamentos entre irmãos repercutem um no outro, ampliando essas diferenças? Ou será porque irmãos – apesar de compartilharem metade de seus genes – têm

Jims separados.
Em 1979, Jim Lewis acordou ao lado de sua segunda esposa, para quem muitas vezes deixava bilhetes de amor pela casa. Deitado na cama, ele pensou em outras pessoas que amava, entre as quais seu filho, James Alan, e seu cachorro, Toy. Jim gostava de construir móveis em sua marcenaria no porão, incluindo um banco branco circulando uma árvore em seu jardim da frente; também gostava de dirigir seu Chevy, assistir a corridas de *stock car* e beber cerveja Miller Lite.

Surpreendentemente, existia outro Jim para quem todas essas coisas também eram verdadeiras![1] Trinta e sete dias após seu nascimento, Jim Lewis e Jim Springer, gêmeos geneticamente idênticos, foram separados, adotados e criados sem contato ou conhecimento um do outro, até o dia em que Jim Lewis recebeu um telefonema de seu clone genético (o qual, tendo sido informado de que tinha um gêmeo, partiu para encontrá-lo).

Esses irmãos de 39 anos tornaram-se os primeiros de 74 pares de gêmeos separados testados pelo psicólogo Thomas Bouchard e seus colegas (2009; Miller, 2012c). A entonação e a inflexão de suas vozes eram tão parecidas que, ao ouvir as primeiras gravações de suas entrevistas, Jim Springer arriscou: "esse sou eu". Errado – era Jim Lewis. Testes que medem sua personalidade, inteligência, frequência cardíaca e ondas cerebrais foram quase tão parecidos quanto se fosse a mesma pessoa testada duas vezes.

Irmãos tão diferentes: Hermann Goering era extrovertido, adorava multidões e tornou-se o braço direito de Hitler e fundador da Gestapo nazista. Seu irmão mais novo, Albert Goering, era quieto e recluso, e trabalhou para salvar os judeus que o regime do seu irmão Hermann estava matando (Brennan, 2010).

[1]Na verdade, essa descrição dos dois Jims erra em um aspecto: Jim Lewis colocou o nome do filho como James Alan, enquanto Jim Springer chamou o filho dele James Allan.

Assuntos de adoção. A cantora de música *country* Faith Hill e a ginasta medalha de ouro olímpica Simone Biles foram beneficiadas com um dos maiores presentes do amor: a adoção.

John Mathew Smith & www.celebrity-photos.com

Agência Brasil Fotografias

combinações de genes muito diferentes e podem evocar tipos muito diferentes de parentalidade? Essas questões alimentam a curiosidade dos geneticistas do comportamento.

A restrição genética pode limitar a influência do ambiente familiar na personalidade, mas não significa que a parentalidade adotiva seja um empreendimento infrutífero. Um estudo acompanhou mais de 4 mil filhos suecos de pais que tiveram condenações criminais ou problemas de uso de substâncias. Em comparação com seus irmãos não adotados, os criados por uma família adotiva tinham 44% menos probabilidade de serem condenados por um crime (Kendler et al., 2016). Como pai adotivo, eu [ND] acho animador saber que os pais influenciam as atitudes, valores, maneiras, política, educação e fé de seus filhos (Gould et al., 2019; Kandler & Riemann, 2013). Isso ficou dramaticamente ilustrado durante a Segunda Guerra Mundial pelos gêmeos idênticos separados Jack Yufe, um judeu, e Oskar Stöhr, membro da Juventude Hitlerista da Alemanha. Depois de se reunirem mais tarde, Oskar confidenciou uma reflexão para Jack: "se tivéssemos sido trocados, eu teria sido o judeu, e você teria sido o nazista" (Segal, 2005, p. 70). A parentalidade e os ambientes culturais em que os pais colocam os filhos são importantes!

Além disso, negligência, abuso infantil e até divórcio dos pais são raros em lares adotivos. (Os pais adotivos são cuidadosamente selecionados; os pais biológicos, não.) Um estudo analisou a parentalidade de irmãos criados separados, alguns com a mãe biológica, outros com uma mãe adotiva (Natsuaki et al., 2019). Comparadas com as mães biológicas, as mães adotivas usaram parentalidade mais gentil, deram mais orientação e experimentaram menos depressão. Então, não surpreende que, apesar de um risco um pouco maior de transtornos psicológicos, a maioria das crianças adotadas se desenvolve bem, especialmente quando adotadas na primeira infância (Loehlin et al., 2007; van IJzendoorn & Juffer, 2006; Wierzbicki, 1993). Sete em cada oito afirmam se sentir fortemente apegadas a um ou a ambos os pais adotivos. Como filhos de pais generosos, crescem como pessoas mais generosas e altruístas do que a média (Sharma et al., 1998). Muitos atingem escores mais altos do que seus pais biológicos nos testes de inteligência e a maioria são adultos mais felizes e estáveis (Kendler et al., 2015b; van IJzendoorn et al., 2005). Em um estudo sueco, as crianças adotadas quando bebês se desenvolveram com menos problemas do que aquelas cujas mães biológicas as haviam colocado para adoção, mas depois decidiram mantê-las e criá-las elas mesmas (Bohman & Sigvardsson, 1990). *Conclusão*: a maioria das crianças adotadas se beneficia da adoção.

PERGUNTE A SI MESMO

Você conhece irmãos biológicos que, apesar de terem sido criados juntos, têm personalidades muito diferentes? (*Você* é um deles, talvez?) Sabendo o que você sabe de suas vidas e educação, o que você acha que contribuiu para essas diferenças?

PRÁTICA DE RECUPERAÇÃO

PR-2 Como os pesquisadores usam os estudos sobre gêmeos e crianças adotadas para aprender sobre princípios psicológicos?

RESPOSTAS NO APÊNDICE E

Temperamento e hereditariedade

QOA **4.3** O que os psicólogos aprenderam a respeito do temperamento?

Como a maioria dos pais diz após o segundo filho, os bebês já são diferentes antes mesmo de saírem do útero (Willoughby et al., 2019). Um aspecto da personalidade – o **temperamento** (reatividade emocional e intensidade emocional) – se torna perceptível rapidamente e é influenciado geneticamente (Kandler et al., 2013; Raby et al., 2012). Gêmeos idênticos, mais do que gêmeos fraternos, muitas vezes têm temperamentos semelhantes (Fraley & Tancredy, 2012; Kandler et al., 2013). As diferenças de temperamento geralmente persistem. Os recém-nascidos mais emocionalmente reativos também tendem a ser os bebês de 9 meses mais reativos (Wilson & Matheny, 1986; Worobey & Blajda, 1989). As crianças emocionalmente intensas em idade pré-escolar tendem a se tornar jovens adultos relativamente intensos (Larsen & Diener, 1987). Em um estudo com 1.037 neozelandeses, constatou-se que uma avaliação de 45 minutos de tolerância à frustração, impulsividade e inteligência de crianças de 3 anos poderia prever "com considerável precisão" qual delas, aos 38 anos, utilizaria mais benefícios da assistência social, teriam e abandonariam o maior número de filhos e cometeriam mais crimes (Caspi et al., 2016).

O efeito genético aparece nas diferenças fisiológicas. Crianças ansiosas e inibidas apresentam um ritmo cardíaco alto e variável e um sistema nervoso reativo, e mostram-se fisiologicamente mais agitadas diante de situações estranhas (Kagan & Snidman, 2004; Roque et al., 2012).

Temperamento. Reatividade e intensidade emocional características de uma pessoa.

Herdabilidade. Proporção de variação entre os indivíduos de um grupo que podemos atribuir aos genes. A herdabilidade de um traço pode variar, dependendo das faixas da população e dos ambientes estudados.

Herdabilidade

QOA **4.4** O que é *herdabilidade* e como ela se relaciona com indivíduos e grupos?

Sabemos que nossa biologia ajuda a formar nossa personalidade. No entanto, perguntar se nossa personalidade resulta mais de nossos genes ou de nosso ambiente é como perguntar se o tamanho da quadra de basquete é mais influenciado por seu comprimento ou por sua largura. Poderíamos perguntar, no entanto, se os diferentes tamanhos resultam mais das *diferenças* em seu comprimento do que das diferenças em sua largura. Do mesmo modo, podemos perguntar se as diferenças de personalidade entre as pessoas são mais influenciadas pela natureza ou pela cultura.

A partir de estudos sobre gêmeos e adoções, os geneticistas do comportamento podem estimar matematicamente a **herdabilidade** de um traço – o grau em que a variação entre os indivíduos pode ser atribuída às diferenças nos seus genes. Para muitos traços de personalidade, a herdabilidade é de cerca de 40%; para transtorno depressivo maior, a herdabilidade é de cerca de 30% (Haworth et al., 2010; Pettersson et al., 2019). As estimativas diárias de herdabilidade da inteligência variam de 50 a 80% (Madison et al., 2016; Plomin et al., 2016; Plomin & von Stumm, 2018). Isso não significa que *sua* inteligência seja 50 a 80% genética. Ao contrário, significa que a influência genética explica 50 a 80% da *variação observada entre as pessoas*. Jamais podemos dizer qual percentual da personalidade ou da inteligência *individual* é herdado. Não faz sentido dizer que sua personalidade se deve x% à hereditariedade e y% ao ambiente. Este ponto é tão frequentemente mal compreendido que repetimos: herdabilidade refere-se, na verdade, a quanto *as diferenças entre as pessoas* podem ser atribuídas aos seus genes.

A hereditariedade de traços como inteligência varia de estudo para estudo. Considere a proposta do humorista Mark Twain (1835-1910) para que os meninos fossem criados dentro de barris até os 12 anos, sendo alimentados por um buraco. Se fôssemos seguir sua sugestão, os meninos sairiam de lá com inteligência abaixo dos escores normais para crianças de 12 anos; no entanto, diante da equivalência do ambiente, as diferenças de seus escores poderiam ser explicadas apenas pela hereditariedade. Com o mesmo ambiente, a herdabilidade – as diferenças em função dos genes – chegaria a quase 100%.

À medida que o ambiente fica mais parecido, a hereditariedade como origem das diferenças fica mais relevante. Se todas as escolas tivessem uma qualidade uniforme, com famílias igualmente amorosas e vizinhanças igualmente saudáveis, a herdabilidade então *aumentaria* (porque as diferenças do ambiente *decresceriam*). No outro extremo, se todas as pessoas tivessem hereditariedade semelhante, mas fossem criadas em ambientes radicalmente diferentes (algumas em barris, outras em casas luxuosas), a herdabilidade seria bem mais baixa. Assim, a herdabilidade não é um escore fixo único; varia com as variações de ambiente.

Se as influências genéticas ajudam a explicar a diversidade dos traços entre indivíduos de um mesmo grupo, poderíamos dizer o mesmo sobre as diferenças de traços *entre* grupos? Não necessariamente. A altura é 90% hereditária, porém a nutrição (fator ambiental), e não os genes, explica por que, como um grupo, os adultos de hoje são mais altos do que antigamente (Floud et al., 2011). Em 1896, a altura média global dos homens era de 1,62 m e a das mulheres era de 1,51 m) (*Our World in Data*, 2019). Nos anos 1990, os equivalentes masculinos e femininos ficaram 9 cm mais altos. Os dois grupos diferem, mas não porque os genes humanos mudaram em um piscar de olhos. Homens e mulheres sul-coreanos, com suas dietas melhores, são em média 15 cm mais altos do que os norte-coreanos de hoje, que compartilham do mesmo patrimônio genético (Johnson et al., 2009). Os genes são importantes, mas o ambiente também é.

Assim como a altura, o mesmo acontece com os escores de personalidade e inteligência: diferenças hereditárias individuais não implicam diferenças grupais hereditárias. Se alguns *indivíduos* são geneticamente predispostos a maior agressividade do que outros, isso não necessariamente explica por que alguns *grupos* são mais agressivos do que outros. Colocar as pessoas em um novo contexto social pode alterar sua agressividade. Os pacíficos escandinavos de hoje em dia carregam muitos dos genes herdados de seus ancestrais guerreiros *vikings*.

PRÁTICA DE RECUPERAÇÃO

PR-3 Os estudiosos da *herdabilidade* de um traço tentam determinar o quanto da variação interpessoal de um traço entre os membros de um grupo específico se deve a seus diferentes ____________.

RESPOSTAS NO APÊNDICE E

Interação gene-ambiente

Entre nossas semelhanças, a mais importante – o traço marcante do comportamento de nossa espécie – é a incrível capacidade de adaptação. Alguns traços humanos, como ter dois olhos, desenvolvem-se da mesma forma em praticamente qualquer ambiente. Mas outros traços são expressos apenas em ambientes específicos. Ande descalço durante o verão inteiro e seus pés ficarão endurecidos e ásperos – uma adaptação biológica ao atrito. Enquanto isso, seu vizinho que usa sapatos continuará com os pés macios. A diferença entre vocês dois é, obviamente, um efeito do ambiente. Mas também é produto do mecanismo biológico de *adaptação*. Nossa biologia compartilhada nos permite desenvolver a diversidade (Buss, 1991). Assim, é verdade afirmar que *tanto os genes quanto a experiência* são importantes. Porém, mais precisamente, eles **interagem**. Um dos tópicos mais importantes na psicologia atual é exatamente *como* nossos genes e experiências interagem para nos formar como indivíduos únicos. Estudos de interação gene-ambiente estão revelando, por exemplo, quem tem maior risco de dano permanente por estresse ou abuso e quem tem maior probabilidade de se beneficiar de intervenções (Byrd et al., 2019; Manuck & McCaffery, 2014). O programa de pesquisa All of Us do National Institutes of Health está estudando 1 milhão de pessoas para identificar precisamente como seus genes e ambiente, juntos, predizem a saúde física e mental (NIH, 2019).

Genética do comportamento molecular

QOA 4.5 Como a pesquisa em genética molecular está mudando nossa compreensão dos efeitos da natureza e da criação?

Os geneticistas do comportamento progrediram muito além de perguntar "os genes influenciam o comportamento?". A mais nova fronteira da pesquisa genética do comportamento baseia-se na **genética molecular** "de baixo para cima", que estuda a estrutura molecular e a função dos genes.

BUSCA DE GENES ESPECÍFICOS QUE INFLUENCIAM O COMPORTAMENTO. Como vimos, os genes normalmente não atuam sozinhos. Por exemplo, estudos sobre gêmeos e adoção não revelaram um único "gene da obesidade". Alguns genes influenciam a rapidez com que o estômago diz ao cérebro: "estou cheio" (Adetunji, 2014). Outros podem ditar de quanto combustível os músculos precisam, quantas calorias são queimadas pela inquietação e com que eficiência o corpo converte calorias extras em gordura. Assim, um objetivo da **genética do comportamento molecular** é encontrar alguns dos muitos genes que, juntos, orquestram características complexas, como peso corporal, orientação sexual e impulsividade.

EPIGENÉTICA: GATILHOS QUE ATIVAM E DESATIVAM OS GENES. Os genes podem ser ativos (expressos, como a água quente que ativa o sachê de chá) ou inativos. A **epigenética** (do grego *epi*, significa "acima" ou "além" da genética) estuda os mecanismos moleculares pelos quais os ambientes podem desencadear ou bloquear a expressão gênica.

Interação. Influência mútua que ocorre quando o efeito de um fator (como o ambiente) depende de outro (como a hereditariedade).

Genética molecular. Subcampo da biologia que estuda a estrutura molecular e a função dos genes.

Genética do comportamento molecular. Estudo de como a estrutura e a função dos genes interagem com nosso ambiente para influenciar o comportamento.

Epigenética. "Acima" ou "além" (*epi*) da genética; estudo dos mecanismos moleculares pelos quais os ambientes podem influenciar a expressão gênica sem alteração do DNA.

Os genes são *autorregulados*. Em vez de atuar como modelos que levam ao mesmo resultado independentemente do contexto, os genes reagem. Uma borboleta africana que é verde no verão fica marrom no outono graças ao comutador genético controlado pela temperatura. Os mesmos genes que produziram o verde em uma situação vão produzir o marrom em outra.

Nossas experiências também estabelecem *marcas epigenéticas*, que frequentemente são moléculas orgânicas de metila presas a parte de uma fita de DNA (Figura 4.3). Se uma marca instruir a célula a ignorar qualquer gene presente no segmento de DNA, os genes nesse segmento serão "inativados" – impedindo que o DNA produza as proteínas codificadas normalmente por esses genes. Como afirmou um geneticista, "você não pode modificar o que foi escrito a caneta. Isso é o DNA. As coisas escritas a lápis você pode modificar. Isso é a epigenética" (Reed, 2012).

Fatores ambientais como a alimentação, medicamentos e estresse podem afetar as moléculas epigenéticas que regulam a expressão gênica. As ratas mães normalmente lambem seus filhotes. Em experimentos, ratos bebês privados dessas lambidas tiveram mais moléculas epigenéticas bloqueando o acesso ao botão "liga" do cérebro para desenvolver receptores de hormônios do estresse. Assim, quando estressados, esses animais tiveram níveis acima da média de hormônios de estresse flutuando na corrente sanguínea e ficaram mais estressados (Champagne et al., 2003; Champagne & Mashoodh, 2009).

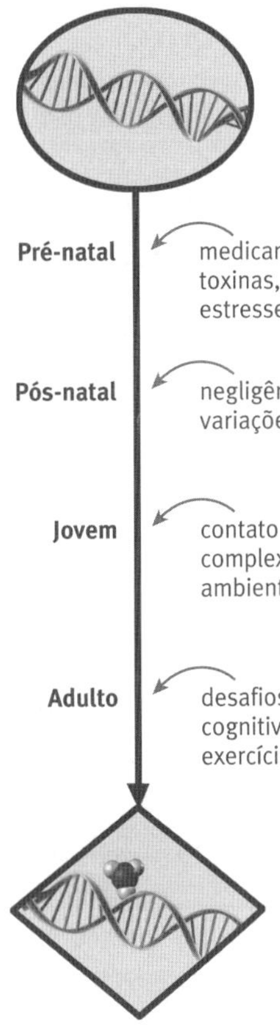

Figura 4.3 Expressão epigenética. Começando a partir do útero, as experiências de vida deixam registradas *marcas epigenéticas* – muitas vezes, moléculas orgânicas de metila – que podem influenciar a expressão de qualquer gene no segmento de DNA associado (pesquisa de Champagne, 2010).

A epigenética fornece um mecanismo que pode explicar por que os efeitos do trauma, da pobreza ou da desnutrição na infância podem durar toda a vida (Nugent et al., 2016; Peter et al., 2016; Swartz et al., 2016). Essas experiências podem deixar suas digitais no genoma das pessoas. Algumas mudanças epigenéticas podem até mesmo ser passadas para as próximas gerações. Estudos com sobreviventes do Holocausto e ex-prisioneiros da Guerra Civil dos EUA mostraram alterações epigenéticas compartilhadas com seus descendentes (Costa et al., 2018; Yehuda et al., 2016). Alguns críticos questionam a confiabilidade desses achados (Horsthemke, 2018; Yasmin, 2017). Fique sintonizado: esta história científica ainda está sendo escrita.

A pesquisa epigenética pode resolver alguns mistérios científicos, como por que apenas um membro de um par de gêmeos idênticos pode desenvolver um transtorno mental influenciado pela genética (Spector, 2012). A epigenética também pode ajudar a explicar por que gêmeos idênticos podem parecer ligeiramente diferentes. Pesquisadores que estudaram camundongos constataram que a exposição *in utero* a certas substâncias químicas pode fazer com que gêmeos geneticamente idênticos tenham pelos de cores diferentes (Dolinoy et al., 2007).

michael_swan

Efeitos duradouros. O senador canadense Murray Sinclair recebeu um prêmio humanitário da Canadian Psychological Association por um relatório aprofundado sobre os efeitos devastadores do programa de escola residencial de longa duração do Canadá que removeu crianças indígenas de suas famílias. A psicóloga Susan Pinker (2015) observou que os efeitos epigenéticos da separação familiar forçada "podem ocorrer não apenas nos sobreviventes de escolas residenciais, mas também nas gerações subsequentes".

PRÁTICA DE RECUPERAÇÃO

PR-4 Associe os seguintes termos (**i-iii**) à explicação correta (**a-c**).

i. Epigenética

ii. Genética do comportamento molecular

iii. Genética do comportamento

a. Estudo dos efeitos relativos de nossos genes e nosso ambiente em nosso comportamento.

b. Estudo de como a estrutura e a função de genes específicos interagem com nosso ambiente para influenciar o comportamento.

c. Estudo de fatores ambientais que afetam a forma como nossos genes são *expressos*.

RESPOSTAS NO APÊNDICE E

REVISÃO Genética do comportamento: previsão de diferenças individuais

OBJETIVOS DE APRENDIZAGEM

Teste a si mesmo. Responda às Questões dos Objetivos de Aprendizagem (antes de conferir as respostas no Apêndice D) para aprimorar a retenção dos conceitos estudados (McDaniel et al., 2009, 2015).

QOA **4.1** O que são *cromossomos*, *DNA*, *genes* e o *genoma humano*? Como os geneticistas comportamentais explicam nossas diferenças individuais?

QOA **4.2** Como os estudos sobre gêmeos e adoção nos ajudam a entender os efeitos e interações da natureza e da criação?

QOA **4.3** O que os psicólogos aprenderam a respeito do temperamento?

QOA **4.4** O que é *herdabilidade* e como ela se relaciona com indivíduos e grupos?

QOA **4.5** Como a pesquisa em genética molecular está mudando nossa compreensão dos efeitos da natureza e da criação?

TERMOS E CONCEITOS A RECORDAR

Teste a si mesmo. Escreva a definição com suas próprias palavras e depois confirme sua resposta.

genética do comportamento, p. 127
hereditariedade, p. 127
ambiente, p. 127
cromossomos, p. 127
dna (ácido desoxirribonucleico), p. 127
genes, p. 127
genoma, p. 127
gêmeos idênticos (monozigóticos), p. 128
gêmeos fraternos (dizigóticos), p. 128
temperamento, p. 131
herdabilidade, p. 131
interação, p. 132
genética molecular, p. 132
genética do comportamento molecular, p. 132
epigenética, p. 132

DOMINE O MATERIAL

Teste a si mesmo. Responda às questões a seguir por conta própria, a princípio, depois confira as respostas no Apêndice E.

1. As estruturas encadeadas feitas de moléculas de DNA que contêm os genes são chamadas de ______________.

2. Um pequeno segmento de DNA que codifica proteínas específicas é chamado de ______________.

3. Quando o óvulo e o esperma se unem, cada um contribui com
- **a.** um par de cromossomos.
- **b.** 23 cromossomos.
- **c.** 23 pares de cromossomos.
- **d.** 25 mil cromossomos.

4. Gêmeos fraternos resultam quando
- **a.** um único óvulo é fertilizado por um único espermatozoide e depois se divide.
- **b.** um único óvulo é fertilizado por dois espermatozoides e depois se divide.
- **c.** dois óvulos são fertilizados por dois espermatozoides.
- **d.** dois óvulos são fertilizados por um único espermatozoide.

5. Gêmeos ______________ compartilham o mesmo DNA.

6. Os estudos sobre adoção buscam entender as influências genéticas na personalidade. Eles fazem isso principalmente por
- **a.** comparação de crianças adotadas com as não adotadas.
- **b.** avaliação de se as personalidades das crianças adotadas se assemelham mais às de seus pais adotivos ou às de seus pais biológicos.
- **c.** estudo do efeito da negligência prévia em crianças adotivas.
- **d.** estudo do efeito da idade das crianças na adoção.

7. Desde as primeiras semanas de vida, os bebês diferem em suas reações emocionais características, com alguns bebês sendo emocionalmente intensos e ansiosos, enquanto outros são calmos e relaxados. Essas diferenças em geral são explicadas como diferenças de ______________.

8. ______________ é a proporção de variação entre indivíduos em grupos que podemos atribuir aos genes.

9. Epigenética é o estudo dos mecanismos moleculares pelos quais ______________ desencadeiam ou bloqueiam a expressão gênica.

Psicologia evolucionista: explicação da natureza e da criação humana

QOA **4.6** Como os psicólogos evolucionistas usam a seleção natural para explicar tendências comportamentais?

Os geneticistas do comportamento exploram as raízes genéticas e ambientais das diferenças humanas. Os **psicólogos evolucionistas**, em vez disso, concentram-se principalmente no que nos torna tão parecidos como humanos. Eles usam o princípio da **seleção natural** de

Charles Darwin – "inegavelmente a ideia mais extraordinária que já ocorreu a uma mente humana", disse Richard Dawkins (2007) – para compreender as raízes do comportamento e dos processos mentais. A ideia, em termos simples, é a seguinte:

- A variada descendência dos diferentes organismos compete pela sobrevivência.
- Determinadas variações biológicas e comportamentais aumentam suas chances reprodutivas e de sobrevivência em seus ambientes.
- A prole que sobrevive tem maiores chances de transmitir seus genes para as gerações seguintes.
- Assim, ao longo do tempo, as características da população podem ser modificadas.

Para observar esses princípios em ação, vamos considerar um exemplo claro entre as raposas.

Psicologia evolucionista. Estudo da evolução do comportamento e da mente segundo os princípios da seleção natural.

Seleção natural. Princípio de que os traços herdados que permitem que um organismo sobreviva e se reproduza em determinado ambiente (em competição com outras variações de traços) provavelmente serão transmitidos às gerações seguintes.

Mutação. Erro aleatório na replicação gênica que leva a uma mudança.

Seleção natural e adaptação

A raposa é um animal selvagem e desconfiado. Se você capturar uma raposa e tentar amansá-la, cuidado! Se a tímida raposa não puder fugir, poderá transformar seus dedos em petisco. No início dos anos 1950, o cientista russo Dmitry Belyaev questionou-se sobre como nossos ancestrais humanos domesticaram os cães a partir de seus ancestrais lobos, igualmente selvagens. Ele poderia, em um período relativamente curto, realizar uma façanha semelhante, transformando a raposa medrosa em uma raposa amigável?

Para descobrir, Belyaev trabalhou com 30 raposas machos e 100 raposas fêmeas (com as quais alguma domesticação teria ocorrido mediante alimentação de rotina e confinamento [Gorman, 2019]). Da prole desses animais, ele selecionou e promoveu o cruzamento entre aqueles mais mansos, na proporção de 5% dos machos e 20% das fêmeas. (Ele avaliou a docilidade pelas respostas das raposas a tentativas de alimentação, toques e afagos.) Por mais de 57 gerações de raposas, Belyaev e sua sucessora, Lyudmila Trut, repetiram esse procedimento simples (Dugatkin & Trut, 2017). Quarenta anos e 45 mil raposas depois, eles tinham uma nova raça de raposas que, nas palavras de Trut (1999), são "dóceis, dispostas a agradar e indiscutivelmente domesticadas... Diante de nossos olhos, a 'fera' transformou-se na 'bela', com o desaparecimento dos comportamentos agressivos da selvagem matilha [ancestral]". Ocorreu uma transformação. Tornaram-se tão amistosas e ansiosas por contato humano e tão inclinadas a ganir para chamar a atenção e a lamber as pessoas como cães afetuosos, que o instituto, cujas verbas eram limitadas, encontrou um jeito de angariar novos fundos: vender as raposas como animais de estimação.

O mesmo processo funciona com a seleção que ocorre naturalmente? A seleção natural explica nossas tendências humanas? A natureza, de fato, selecionou variações vantajosas das novas combinações de genes produzidas em cada concepção humana, além das **mutações** (erros aleatórios na replicação de genes) que às vezes resultam dessas combinações. Mas a rígida combinação genética que predispõe um cão a recuperar a caça, um gato a dar o bote, ou um pássaro a se aninhar é muito mais flexível em seres humanos. Os genes selecionados durante nossa história ancestral oferecem mais do que combinações mais flexíveis; eles nos deram maior capacidade de aprender e, portanto, de nos *adaptar* à vida em diferentes ambientes, da tundra à selva tropical. Os genes e a experiência, juntos, estabelecem as conexões no cérebro. Nossa flexibilidade adaptativa para reagir aos diferentes ambientes contribui para nossa *aptidão* – nossa habilidade de sobreviver e nos reproduzir.

Cortesia do Instituto de Citologia e Genética, SB RAS

Como domar uma raposa. Ao longo de seis décadas, Lyudmila Trut criou raposas prateadas geneticamente como companheiros humanos amigáveis.

PRÁTICA DE RECUPERAÇÃO

PR-1 Em que as práticas de criação de Belyaev e Trut se assemelham e em que elas diferem da forma como a seleção natural normalmente ocorre?

RESPOSTAS NO APÊNDICE E

Sucesso evolutivo explica as semelhanças

As diferenças humanas chamam nossa atenção. O Guinness World Records nos entretém com a altura do homem mais alto que já existiu, a pessoa que viveu mais tempo e a pessoa com a maior quantidade de tatuagens. Porém, as nossas semelhanças profundas também precisam ser explicadas. Na área de desembarque internacional do aeroporto de Amsterdã, vê-se a mesma alegria nos rostos das avós indonésias, crianças chinesas e holandeses por causa do regresso à casa. "Mesmo em um momento em que tudo parece estar mudando", observa o médico e sociólogo Nicholas Christakis (2019), "as formas fundamentais de convivência humana permanecem constantes".

Nosso legado genético

Nossas semelhanças comportamentais e biológicas surgem de nosso *genoma* humano compartilhado, nosso perfil genético comum. As diferenças genéticas entre os seres humanos resultantes das diferenças entre os grupos populacionais não passam de 5%. Cerca de 95% de variação genética humana vem de *dentro* de uma mesma população (Rosenberg et al., 2002). A diferença genética típica entre dois sul-africanos ou entre dois singapurianos é muito maior do que a diferença *média* entre os dois grupos. Portanto, se depois de uma catástrofe mundial apenas os sul-africanos e os singapurianos sobrevivessem, a espécie humana sofreria apenas uma "redução trivial" de sua diversidade genética (Lewontin, 1982).

Como desenvolvemos esse genoma humano comum? Na aurora da história da humanidade, nossos ancestrais enfrentaram algumas questões: quem é meu aliado e quem é meu inimigo? Com quem devo acasalar? Que comida devo comer? Alguns indivíduos responderam a essas questões com mais sucesso do que outros. Por exemplo, as mulheres que sofrem de enjoo nos três primeiros meses críticos da gravidez geralmente se predispõem a evitar determinados alimentos amargos, com sabores fortes ou desconhecidos. Evitar esses tipos de comidas é importante para a sobrevivência, uma vez que elas são, com frequência, as mais tóxicas para o desenvolvimento do embrião (Profet, 1992; Schmitt & Pilcher, 2004). Os primeiros humanos dispostos a comer alimentos nutritivos em vez de venenosos sobreviveram para contribuir com seus genes para as gerações posteriores. Os que achavam que os leopardos seriam "bons bichos de estimação", nem tanto.

Sucesso semelhante tiveram aqueles cujo acasalamento auxiliou na produção e na criação de filhos. Ao longo das gerações, os genes de indivíduos não tão dispostos a acasalar e ter prole acabaram por perder-se no *pool* genético da humanidade. Os genes que contribuem para o sucesso continuaram a ser selecionados, tendências comportamentais e capacidade de aprendizagem vieram à tona e prepararam nossos ancestrais da Idade da Pedra para que sobrevivessem, reproduzissem e enviassem seus genes para o futuro – e para você.

Considere-se afortunado: apesar da alta mortalidade infantil e das crescentes doenças no milênio passado, nenhum de nossos ancestrais morreu sem deixar filhos.

Mesmo com todas as nossas diferenças culturais, compartilhamos uma "gramática moral universal" (Mikhail, 2007). Homens e mulheres, jovens e idosos, liberais e conservadores, moradores de Sydney ou Seul, todos respondem negativamente quando perguntados: "se um gás letal estiver vazando para um respiradouro e for direcionado para uma sala com sete pessoas, está certo empurrar alguém para o respiradouro – salvando a vida de sete pessoas, mas sacrificando uma delas?". E todos eles responderão com alguma aprovação quando perguntados se está certo deixar que alguém caia na abertura de ventilação, mais uma vez sacrificando uma vida, mas salvando outras sete. Nossos instintos morais compartilhados sobrevivem de um passado distante em que vivíamos em pequenos grupos nos quais o dano direto era punido. Para todas essas tendências humanas universais, de nossa intensa necessidade de brindar cuidados como pais até nossos medos e desejos compartilhados, a teoria evolucionista propõe uma explicação única (Schloss, 2009).

Como herdeiros desse legado genético pré-histórico, somos predispostos geneticamente a nos comportar de forma a promover a sobrevivência e a reprodução de nossos ancestrais. No *campus*, lembramos facilmente de informações relacionadas à sobrevivência ("Em caso de incêndio, use as escadas") e prestamos muita atenção àquelas que achamos romanticamente desejáveis (Nairne et al., 2019; Nakamura et al., 2017). Mas, de algum modo, estamos preparados biologicamente para um mundo que não existe mais. Apreciamos os sabores doces e as gorduras que prepararam nossos ancestrais para sobreviver aos períodos de fome. Apesar disso, poucos de nós caçamos e colhemos nossos alimentos; ao contrário, procuramos doces e gorduras nas lanchonetes e máquinas de venda automática. Nossa disposição natural, profundamente entranhada na história, está deslocada no ambiente atual da *junk food* e do estilo de vida sedentário.

Psicologia evolucionista de hoje

A teoria da evolução de Darwin tornou-se um dos princípios organizadores fundamentais da biologia e sobrevive na *segunda revolução darwiniana*: a aplicação dos princípios evolutivos à psicologia. Em *On the Origin of Species* (A Origem das Espécies), Darwin (1859, p. 346) antecipou isso, prevendo "campos abertos para pesquisas muito mais importantes, em que a psicologia será baseada em novos fundamentos".

Os que estão preocupados com um aparente conflito entre os relatos científicos e religiosos das origens humanas podem achar útil considerar que diferentes perspectivas sobre a vida podem ser complementares. Por exemplo, o relato científico tenta nos dizer *quando* e *como*; histórias de criação religiosa geralmente visam identificar *quem* e *por quê*. Como Galileu explicou para a grã-duquesa Cristina, "a Bíblia nos ensina como ir para o paraíso, e não como o paraíso vai".

Em outros pontos deste livro, abordamos questões que intrigam os psicólogos evolucionistas: por que as crianças começam a temer os estranhos quando elas adquirem mobilidade? Por que tantas pessoas desenvolvem mais *fobias específicas* a aranhas, cobras, ou a alturas do que a ameaças mais perigosas, como as armas? E por que temos muito mais medo de viajar de avião do que de automóvel, que é mais arriscado?

Para ver como os psicólogos evolucionistas pensam, façamos uma pausa para explorar suas respostas a duas perguntas: em que homens e mulheres se parecem? Como e por que a sexualidade dos homens e das mulheres difere?

Explicação evolucionista da sexualidade humana

QOA 4.7 Como um psicólogo evolucionista explica as diferenças de gênero na sexualidade e nas preferências de acasalamento?

Tendo enfrentado diversos desafios similares ao longo da história, homens e mulheres adaptaram-se de maneiras semelhantes: homens ou mulheres, comemos as mesmas comidas, evitamos os mesmos predadores e percebemos, aprendemos e lembramos de maneira muito parecida. Ao procurar um parceiro, todos nós valorizamos muitas das mesmas características – bondade, honestidade e inteligência – e todos nós evitamos nossos parentes genéticos próximos (Dandine-Roulland et al., 2019). Nossas diferenças aparecem apenas nos domínios em que enfrentamos desafios adaptativos distintos, mais obviamente em comportamentos relacionados com a reprodução, afirmam os psicólogos evolucionistas.

Diferenças de gênero na sexualidade

Somos mesmo diferentes. Considere o impulso sexual. Homens e mulheres são sexualmente motivados, algumas mulheres mais do que muitos homens. Contudo, em média, quem pensa mais em sexo? Quem faz sexo com mais frequência? Quem se masturba com mais frequência? Quem vê mais pornografia? As respostas no mundo inteiro são: os *homens*, os *homens*, os *homens* e os *homens* (Baumeister et al., 2001; Hall et al., 2017; Lippa, 2009; Petersen & Hyde, 2010). Mesmo entre os americanos de 65 a 80 anos, 12% das mulheres e 50% dos homens relataram estar "muito" ou "extremamente" interessados em sexo (Malani et al., 2018).

Os homens heterossexuais solteiros estão frequentemente alerta para captar o interesse das mulheres e muitas vezes interpretam a amabilidade feminina como interesse sexual (Abbey, 1987). Esse *viés de superpercepção sexual* ficou evidente em homens em encontros casuais que acreditavam que as mulheres expressavam mais interesse sexual do que elas mesmas relataram realmente expressar (Perilloux et al., 2012). (Isso pode ser parcialmente explicado por mulheres heterossexuais solteiras que subnotificam seus próprios interesses sexuais [Engeler & Raghubir, 2018].) Casais de longa data são mais hábeis para avaliar o interesse sexual de seus parceiros (Dobson et al., 2018).

Muitas semelhanças e diferenças de gênero transcendem a orientação sexual. Comparados com as lésbicas, os homens homossexuais (como os heterossexuais) relataram mais interesse no sexo casual, mais responsividade aos estímulos sexuais visuais e mais preocupação com a atratividade física de seu parceiro (Bailey et al., 1994; Doyle, 2005; Schmitt, 2007; Sprecher et al., 2013). Os casais de homossexuais masculinos dizem que fazem sexo com mais frequência do que os casais de lésbicas (Peplau & Fingerhut, 2007). E (também como os homens heterossexuais) os homens *gays* relatam mais interesse em sexo sem compromisso (Schmitt, 2003).

Seleção natural e preferências de acasalamento

A seleção natural propõe que a natureza seleciona os traços e desejos que contribuem para a sobrevivência e a reprodução. Com o tempo, os traços que dão aos indivíduos ou espécies uma vantagem reprodutiva são selecionados e prevalecerão. Os psicólogos evolucionistas usam o princípio de *seleção sexual* para explicar como indivíduos do sexo masculino e do sexo feminino tendem a diferir em domínios relacionados com o acasalamento, sejam chimpanzés ou elefantes, camponeses rurais ou presidentes de empresas (Buss & Schmitt, 2019; Geary, 2010). Nossas demandas naturais são a forma que nossos genes encontram de se reproduzir.

Por que as mulheres tendem a ser mais exigentes do que os homens ao selecionar parceiros sexuais? As mulheres têm mais coisas em jogo. Para enviar seus genes para o futuro, a mulher deve – no mínimo – conceber e proteger um feto que cresce dentro de seu corpo por até nove meses e deve amamentá-lo por meses após o nascimento. Não é surpresa, então, que as mulheres heterossexuais prefiram parceiros que ofereçam apoio e proteção a elas e a seus filhos conjuntos – homens que fiquem por perto são parceiros preferíveis, em vez de prováveis "mulherengos" (Meeussen et al., 2019). As mulheres heterossexuais são atraídas por homens altos de cintura fina e ombros largos – sinais de sucesso reprodutivo (Mautz et al., 2013). E as mulheres heterossexuais americanas, chinesas e europeias preferem predominantemente homens que parecem endinheirados (Wang et al., 2018). Um estudo com centenas de pedestres galeses pediu às pessoas que avaliassem um/uma motorista retratado/retratada ao volante de um humilde Ford Fiesta ou de um elegante Bentley. Os homens disseram que uma motorista era igualmente atraente em ambos os carros. As mulheres, contudo, achavam um motorista mais atraente se ele estivesse em um carro de luxo (Dunn & Searle, 2010). Da mesma forma, quando as pessoas viam fotos de outras em apartamentos de luxo ou padrão, as mulheres achavam os homens mais atraentes quando apareciam no apartamento de luxo, mas as percepções dos homens não eram afetadas pelo pano de fundo (Dunn & Hill, 2014).

Segundo os evolucionistas, os dados são os seguintes: os homens acasalam amplamente; as mulheres acasalam sabiamente. E quais traços os homens heterossexuais acham mais desejáveis? Alguns, como pele lisa e aparência jovial, cruzam lugar e tempo, e transmitem saúde e fertilidade (Buss & Von Hippel, 2018). Acasalar com essas mulheres poderia dar a um homem uma chance maior de transmitir seus genes para as gerações futuras. E, com certeza, os homens sentem-se mais atraídos por mulheres cuja cintura é aproximadamente um terço mais estreita que seus quadris – um sinal provável de que ela ainda não teve filhos (Lassek & Gaulin, 2018, 2019; Lewis et al., 2015). Até mesmo os homens cegos exibem essa preferência por mulheres com menor proporção entre cintura e quadril (Karremans et al., 2010). Os homens são mais atraídos por mulheres que no passado ancestral (quando a ovulação iniciava mais tarde do que atualmente) estavam na idade em que a fertilidade atingia seu pico (Kenrick et al., 2009). E é por isso que meninos adolescentes são atraídos por mulheres bem mais velhas do que eles, homens na faixa dos 25 anos preferem mulheres com idade próxima, e homens mais velhos preferem as mais jovens. Esse padrão aparece reiteradamente nos anúncios de solteiros europeus, de aspirantes a casamentos indianos e nos registros matrimoniais das Américas do Norte e do Sul, da África e das Filipinas (Singh, 1993; Singh & Randall, 2007).

MGP/Photodisc/Getty Images

A natureza seleciona comportamentos que aumentam o sucesso genético. Como máquinas móveis de genes, fomos projetados para preferir o que quer que tenha funcionado para nossos ancestrais em seus ambientes. Se eles não estivessem geneticamente predispostos a agir de maneira a produzir filhos, não estaríamos aqui. E, como portadores de seu legado genético, temos a mesma predisposição.

Críticas à perspectiva evolutiva

QOA 4.8 Quais são as principais críticas às explicações evolucionistas da sexualidade humana e como os psicólogos evolucionistas respondem?

A maioria dos psicólogos concorda que a seleção natural nos prepara para a sobrevivência e a reprodução. Os críticos, porém, dizem que há um ponto fraco na lógica que os psicólogos evolucionistas usam para explicar nossas preferências de acasalamento. Consideremos como um psicólogo evolucionista poderia explicar os achados em um estudo impressionante com homens e mulheres heterossexuais (Clark & Hatfield, 1989), e como um crítico poderia argumentar.

Nesse experimento, uma mulher ou um homem estranho se aproximaram de homens ou mulheres e comentaram: "tenho observado você pelo *campus*. Acho você muito atraente" e depois fizeram uma pergunta que às vezes era: "você iria para a cama comigo hoje à noite?". Que porcentagem de mulheres e homens você acha que concordaram? Uma explicação evolucionista da sexualidade prevê que as mulheres seriam mais exigentes do que os homens na escolha de seus parceiros sexuais. Na verdade, *nenhuma mulher concordou*, mas 70% dos homens concordaram. Uma repetição recente desse estudo produziu um resultado semelhante (Guéguen, 2011).

A pesquisa pareceu corroborar uma explicação evolucionista? Os críticos observam que os psicólogos evolucionistas começam com um efeito – nesse caso, o resultado da pesquisa mostrando que os homens são mais propensos a aceitar ofertas de sexo casual – e trabalham retroativamente para explicar o que aconteceu. E se a pesquisa mostrasse o efeito contrário? Se os homens recusassem uma oferta de sexo casual, não poderíamos pensar que os homens que passam a vida toda ao lado de uma mulher são pais melhores, cujos filhos sobrevivem com mais frequência?

Outros críticos perguntam por que deveríamos tentar explicar o comportamento atual com base nas decisões de nossos ancestrais distantes, tomadas milhares de anos atrás. As expectativas culturais também não distorcem os gêneros? Alice Eagly e Wendy Wood (1999, 2013) apontam para as menores diferenças comportamentais entre mulheres e homens em culturas com maior igualdade de gênero. Esses críticos acreditam que a *teoria da aprendizagem social* oferece uma explicação melhor e mais imediata. Todos nós aprendemos **roteiros sociais** – o guia de nossa cultura sobre como as pessoas devem agir em determinadas situações. Observando e imitando outras pessoas em sua cultura, as mulheres podem aprender que os encontros sexuais com estranhos são perigosos, que o sexo casual não oferece muito

Roteiro social. Guia modelado culturalmente sobre como agir em várias situações.

prazer sexual e que aquelas (mais do que os homens) que se envolvem em sexo casual enfrentam danos à sua reputação (Conley, 2011; Muggleton et al., 2019). Essa explicação alternativa sugere que as mulheres reagem a encontros sexuais conforme um roteiro social. E que as reações dos homens podem refletir *seus roteiros* sociais aprendidos: "homens de verdade" aproveitam todas as oportunidades para fazer sexo.

Uma terceira crítica concentra-se nos possíveis efeitos sociais da psicologia evolutiva. Os homens heterossexuais estão realmente inclinados a fazer sexo com qualquer mulher que os aborde? Se estiverem, isso significa que os homens não têm responsabilidade moral para se manterem fiéis às suas parceiras? Essa explicação justifica o comportamento sexual inadequado como legado evolutivo dos homens? A psicologia evolucionista pode enfraquecer os movimentos sociais que visam reduzir as *agressões sexuais*, como o movimento #MeToo?

Psicólogos evolucionistas concordam que muito do que somos *não* está programado. "A evolução rejeita vigorosamente um determinismo genético", insistiu uma equipe de pesquisa (Confer et al., 2010). Os genes não são o destino. E a pesquisa em psicologia evolutiva confirma que homens e mulheres que enfrentaram problemas adaptativos semelhantes são muito mais parecidos do que diferentes. A seleção natural nos preparou para sermos flexíveis. Nós seres humanos, temos grande capacidade de aprendizagem e progresso social. Nós, nos ajustamos e respondemos a ambientes variados. Adaptamo-nos e sobrevivemos, quer vivamos no Ártico ou no deserto.

Os psicólogos evolucionistas também concordam, assim como seus críticos, que alguns traços e comportamentos, como o suicídio, são difíceis de explicar em termos da seleção natural (Barash, 2012; Confer et al., 2010). Contudo, pedem que nos lembremos do objetivo científico da psicologia evolucionista: explicar comportamentos e traços mentais afim de oferecer previsões testáveis usando princípios de seleção natural (Lewis et al., 2017). Podemos, por exemplo, prever que as pessoas são mais propensas a fazer favores para pessoas que compartilham seus genes ou podem retribuir esses favores mais tarde. É verdade? (A resposta é *sim.*) Eles também nos lembram de que estudar como *chegamos a ser* não precisa ditar como *deveríamos ser*. Compreender nossas tendências pode nos ajudar a superá-las.

"É perigoso mostrar a um homem de maneira tão clara o quanto ele se parece com a besta sem lhe mostrar ao mesmo tempo a sua grandeza. Também é perigoso permitir que tenha uma visão tão clara de sua grandeza sem a sua baixeza. É ainda mais perigoso deixá-lo na ignorância de ambas."
– Blaise Pascal, *Pensées*, 1659

PERGUNTE A SI MESMO

Com base no que você aprendeu até agora, como diria que os genes e o ambiente trabalham juntos para influenciar o comportamento sexual?

PRÁTICA DE RECUPERAÇÃO

PR-2 Como os psicólogos evolucionistas explicam as diferenças da sexualidade entre homens e mulheres?

PR-3 Quais são as três principais críticas à explicação evolucionista da sexualidade humana?

RESPOSTAS NO APÊNDICE E

REVISÃO Psicologia evolucionista: explicação da natureza e da criação humana

OBJETIVOS DE APRENDIZAGEM

Teste a si mesmo. Responda às Questões dos Objetivos de Aprendizagem (antes de conferir as respostas no Apêndice D) para aprimorar a retenção dos conceitos estudados (McDaniel et al., 2009, 2015).

QOA 4.6 Como os psicólogos evolucionistas usam a seleção natural para explicar tendências comportamentais?

QOA 4.7 Como um psicólogo evolucionista explica as diferenças de gênero na sexualidade e nas preferências de acasalamento?

QOA 4.8 Quais são as principais críticas às explicações evolucionistas da sexualidade humana e como os psicólogos evolucionistas respondem?

TERMOS E CONCEITOS A RECORDAR

Teste a si mesmo. Escreva a definição com suas próprias palavras e depois confirme sua resposta.

psicologia evolucionista, p. 135
seleção natural, p. 135
mutação, p. 135
roteiro social, p. 138

DOMINE O MATERIAL

Teste a si mesmo. Responda às questões por conta própria, a princípio, depois confira as respostas no Apêndice E.

1. Os geneticistas do comportamento estão mais interessados em explorar _______________ (concordâncias/diferenças) em nosso comportamento. Os psicólogos evolucionistas estão mais interessados em explorar_______________ (concordâncias/diferenças).

2. Psicólogos evolucionistas são mais focados em pesquisar:
   a. como os indivíduos diferem uns dos outros.
   b. as consequências sociais dos comportamentos aprendidos.
   c. a seleção natural de traços que ajudaram nossos ancestrais a sobreviver e se reproduzir.
   d. roteiros sociais.

3. Como os psicólogos evolucionistas usam o princípio da *seleção natural* para explicar as diferenças nas preferências de acasalamento em mulheres e homens?

Diversidade cultural e de gênero: como entender a natureza e a criação

A partir da concepção, somos o produto de uma cascata de *interações* entre nossas predisposições genéticas e os ambientes que nos circundam (McGue, 2010). Nossos genes afetam como as pessoas reagem a nós e nos influenciam e afetam também nosso ambiente familiar (Barlow, 2019; Kong et al., 2018). Esqueça natureza *versus* cultura; pense em natureza *através da* cultura.

Imagine dois bebês, um geneticamente predisposto a ser atraente, sociável e descontraído e o outro, nem tanto. Suponha ainda que o primeiro bebê atraia um cuidado mais afetuoso e estimulante e, portanto, desenvolva-se como uma pessoa mais calorosa e extrovertida. À medida que as duas crianças crescem, a mais extrovertida naturalmente pode buscar mais atividades e amigos que incentivem mais confiança social.

O que provocou essas diferenças de personalidade? Nem a hereditariedade, nem a experiência agem sozinhas. Os ambientes desencadeiam atividade gênica e nossos traços influenciados geneticamente evocam respostas significativas em outras pessoas. Assim, a impulsividade e a agressividade de uma criança podem evocar resposta raivosa de um pai ou professor, que reage calorosamente a crianças bem comportadas na família ou na sala de aula. Nesses casos, a natureza da criança e a educação dos pais interagem. Os genes e o cenário dançam juntos.

Gêmeos idênticos não só compartilham as mesmas predisposições genéticas, mas também buscam e criam experiências semelhantes que expressam seus genes compartilhados (Kandler et al., 2012). Isso ajuda a explicar por que gêmeos idênticos criados em famílias diferentes se lembram dos carinhos de seus pais como notavelmente semelhantes – quase tão semelhantes como se tivessem sido criados pelos mesmos pais (Plomin et al., 1988, 1991, 1994). Gêmeos fraternos têm recordações mais diferentes do início de sua vida familiar, mesmo se tiverem sido criados na mesma família. "Os filhos nos percebem como pais diferentes, dependendo de suas próprias qualidades", observou Sandra Scarr (1990).

Como a experiência influencia o desenvolvimento?

Nossos genes, quando expressos em ambientes específicos, influenciam nossas diferenças de desenvolvimento. Somos como livros de colorir, com certas linhas predispostas e a experiência preenchendo o quadro completo. Somos formados pela natureza e pela criação. Porém, quais são os componentes mais influentes de nossa criação? Como nossas experiências iniciais, nossa família e as relações com os pares, bem como todas as nossas experiências guiam nosso desenvolvimento e contribuem para nossa diversidade?

A cultura formadora que conspira com a natureza começa na concepção, no ambiente do útero antes do nascimento, onde os embriões recebem nutrição diferente e níveis variados de exposição a agentes tóxicos. Depois, a criação continua fora do útero, onde nossas primeiras experiências fomentam o desenvolvimento do cérebro.

Experiência e desenvolvimento cerebral

QOA 4.9 Como as primeiras experiências modificam o cérebro?

O desenvolvimento de conexões neurais prepara o cérebro para o pensamento, a linguagem e outras experiências posteriores. Como então as primeiras experiências deixam suas "impressões" no cérebro? Mark Rosenzweig, David Krech e outros colaboradores (1962) abriram uma janela para acessar esse processo quando criaram alguns ratos jovens em confinamento solitário e outros em um ambiente com brinquedos. Quando os cérebros dos ratos foram analisados mais tarde, os que morreram depois de conviverem com mais brinquedos foram vitoriosos. Os ratos que passaram a vida em ambientes mais ricos, que simulavam um ambiente natural, normalmente desenvolviam cérebros com córtex mais pesado e espesso (Figura 4.4).

Rosenzweig ficou tão surpreso com essa descoberta que repetiu a experiência diversas vezes antes de publicar suas conclusões (Renner & Rosenzweig, 1987; Rosenzweig, 1984). Os efeitos foram tão expressivos que, diante de uma filmagem dos ratos, foi possível identificar, por sua atividade e curiosidade, se haviam sido criados em um ambiente mais pobre ou mais rico (Renner & Renner, 1993). Depois de 60 dias no ambiente enriquecido, o peso do cérebro dos ratos aumentou de 7% para 10% do corpo, e o número de *sinapses* proliferou na ordem de 20% (Kolb & Whishaw, 1998). O ambiente enriquecido literalmente aumentou o poder do cérebro. Também nos seres humanos a falta de estimulação pode retardar o desenvolvimento cerebral e cognitivo (Farah, 2017).

Esses resultados motivaram melhorias nos ambientes dos laboratórios, fazendas e zoológicos – e também para crianças em instituições. A estimulação por meio de toques ou massagens também ajuda filhotes de ratos e bebês prematuros (Field et al., 2007; Sarro et al., 2014). Bebês "manipulados" das duas espécies se desenvolveram neurologicamente e ganharam peso com maior rapidez. Prematuros que tiveram contato de pele com seus pais dormem melhor, sofrem menos estresse e exibem maior desenvolvimento cognitivo 10 anos mais tarde (Britto et al., 2017; Feldman et al., 2014).

Tanto a natureza quanto a criação esculpem nossas sinapses. O amadurecimento do cérebro nos fornece conexões neurais em abundância. A experiência – o que vemos e cheiramos, os toques e sabores, a música e o movimento – ativa e fortalece alguns caminhos neurais, enquanto outros enfraquecem por desuso. De maneira semelhante aos caminhos percorridos por uma floresta, os caminhos neurais menos percorridos desaparecem gradualmente e os mais "populares" são ampliados (Dahl et al., 2018; Gopnik et al., 2015). O resultado é que, até a puberdade, esse processo de *poda* resulta em uma perda maciça de conexões não utilizadas.

É nesse encontro entre natureza e criação que está a realidade biológica da aprendizagem, na primeira infância. Nos primeiros anos, quando há excesso de conexões ainda ativas, os jovens podem, em sua maioria, dominar habilidades como a gramática e o sotaque de outras línguas. Sem exposição à língua antes da adolescência, uma pessoa jamais dominará qualquer idioma. Da mesma forma, por conta da ausência de experiências visuais nos primeiros anos, as pessoas que têm a visão restaurada pela remoção de catarata jamais alcançam uma percepção normal (Gregory, 1978; Wiesel, 1982). Sem aquele estímulo visual inicial, as células do cérebro normalmente dedicadas à visão morreram ou foram desviadas para outros usos. A regra para o amadurecimento cerebral é: use-o ou perca-o.

Embora a estimulação normal durante os primeiros anos seja essencial, o desenvolvimento do cérebro não termina na infância. Graças à impressionante plasticidade do cérebro, conhecida como *neuroplasticidade*, nosso tecido neural está sempre mudando e se reorganizando em resposta às novas experiências. Novos neurônios também nascem. Se um macaco for treinado para empurrar uma alavanca com o mesmo dedo milhares de vezes por dia, o tecido cerebral que controla esse dedo sofrerá modificações que refletem a experiência (Karni et al., 1998). O cérebro humano trabalha da mesma maneira. Seja para aprender a usar um teclado ou um *skate* ou para percorrer as ruas de Londres, nosso desempenho melhora progressivamente à medida que nosso cérebro incorpora a aprendizagem (Ambrose, 2010; Maguire et al., 2000).

Cortesia de C. Brune

Amarrando os circuitos. Músicos de cordas que começaram a tocar antes dos 12 anos apresentam maiores e mais complexos circuitos neurais controlando os dedos da mão esquerda do que os músicos de cordas cujo treinamento começou mais tarde (Elbert et al., 1995).

"**Os genes e as experiências são apenas duas maneiras de fazer a mesma coisa – estabelecer sinapses.**" – Joseph LeDoux, *The Synaptic Self*, 2002

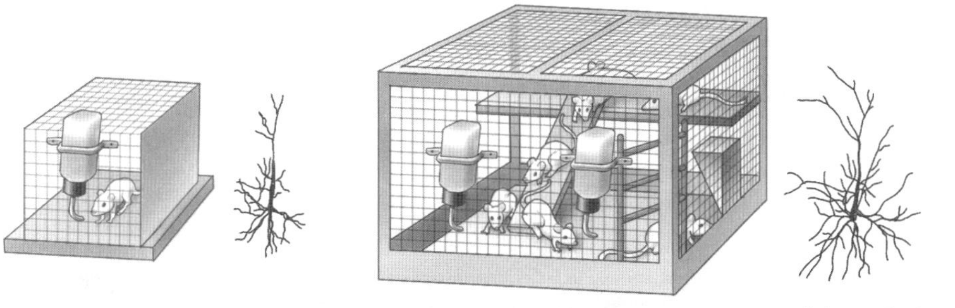

Figura 4.4 Experiência afeta o desenvolvimento cerebral. Os pesquisadores criaram ratos sozinhos em um ambiente sem brinquedos e outros ratos em um ambiente enriquecido com brinquedos que mudavam diariamente (Rosenzweig et al., 1962). Em 14 das 16 repetições desse experimento básico, os ratos no ambiente enriquecido desenvolveram significativamente mais o córtex cerebral (com relação ao resto do tecido cerebral) do que os ratos no ambiente empobrecido.

PERGUNTE A SI MESMO

Quais habilidades você mais praticava quando criança – esportes, música, culinária, *videogame*? Como você acha que isso afetou o desenvolvimento do seu cérebro? Como você continuará a desenvolver seu cérebro com novas aprendizagens e novas habilidades?

Quanto do crédito (ou da culpa) cabe aos pais?

QOA 4.10 De quais maneiras os pais e os pares moldam o desenvolvimento das crianças?

Pais biológicos misturam suas informações genéticas e jogam em dupla para formar a vida de uma futura criança, que, por sua vez, será exposta a incontáveis influências além do controle dos pais. Mas todos os pais, independente de serem biológicos ou adotivos, sentem grande satisfação diante do sucesso dos filhos; também sentem culpa ou vergonha por seus fracassos. Sentem-se radiantes quando um filho ganha um prêmio ou um novo título. E se perguntam onde foi que erraram quando o filho se mete repetidamente em problemas.

A psicologia e a psiquiatria freudianas encorajaram essas ideias por culpar "mães ruins" por problemas que iam da asma à esquizofrenia. Ao acreditar que os pais moldam sua prole como escultores moldam a cerâmica, as pessoas se prontificam a elogiar os pais pelas virtudes dos filhos e os culpam pelos vícios e pelo dano psicológico que pais tóxicos presumivelmente infligem a seus filhos frágeis. Não é surpresa que ter e criar filhos pareça algo tão arriscado.

Mas será que os pais realmente produzem futuros adultos magoados ou feridos por serem (escolha uma das opções para o potencial nocivo dos pais) dominadores ou ausentes? Autoritários ou indiferentes? Superprotetores ou distantes? Se for assim, devemos culpar nossos pais por nossos fracassos, ou a nós mesmos pelos de nossos filhos? Ou será que toda a conversa sobre danos contra crianças fragilizadas por causa dos erros normais dos pais não serve apenas para trivializar a brutalidade do abuso real? Parafraseando a psicóloga do desenvolvimento Alison Gopnik (2016), será que os pais são menos como ceramistas e mais como jardineiros que fornecem o solo para o crescimento natural de seus filhos?

Os pais fazem diferença. Mas a parentalidade exerce seus maiores efeitos nos extremos: crianças maltratadas que se tornam abusivas ou aquelas profundamente amadas, mas tratadas com firmeza, que se tornam autoconfiantes e socialmente competentes. O poder do ambiente familiar também transparece nos notáveis sucessos acadêmicos e vocacionais de muitos filhos de pessoas que deixam seus países de origem, como os de refugiados que fugiram do Vietnã e do Camboja devastados pela guerra – sucessos atribuídos à união, ao apoio e até ao perfil mais exigente das famílias (Caplan et al., 1992). Americanos de origem asiática e europeia são diferentes no que diz respeito às suas expectativas de parentalidade. A mãe asiático-americana pode pressionar seus filhos a se sair bem, mas geralmente não de maneira que prejudique seu relacionamento (Fu & Markus, 2014). Ter mãe apoiadora do tipo "mãe-leoa" – que empurra os filhos para se saírem bem e que trabalha ao seu lado – tende a motivar essas crianças (aquelas cuja cultura as prepara para esperar esse empurrão) a trabalharem mais duro. Os americanos de origem europeia poderiam, porém, ver isso como exagero que mina a motivação das próprias crianças (Deal, 2011).

Ainda nas avaliações de personalidade, as influências ambientais compartilhadas desde o útero normalmente respondem por menos de 10% das diferenças entre as crianças. Referindo-se às nossas características e não aos nossos valores, o geneticista do comportamento Robert Plomin (2018b) observou: "seríamos essencialmente a mesma pessoa se tivéssemos sido adotados ao nascer e criados em uma família diferente".

Esta pesquisa tem implicações impressionantes. Para a psicóloga do desenvolvimento Sandra Scarr (1993), isso implica que "pais devem receber menos crédito pelos filhos bem-sucedidos e ser menos culpados pelos que não vão tão bem". Sabendo que a personalidade das crianças não pode ser moldada assim tão facilmente pela criação dos pais, talvez possamos relaxar e amar nossos filhos pelo que eles são.

Influência dos pares

À medida que as crianças amadurecem, quais outras experiências podem atuar sobre seu desenvolvimento? Em todas as idades, mas especialmente durante a infância e a adolescência, procuramos nos ajustar aos nossos grupos (Blakemore, 2018; Harris, 1998, 2000):

- Crianças em idade pré-escolar que desdenham determinada comida não a recusarão se estiverem à mesa com um grupo de colegas que a apreciem

- Crianças que ouvem o inglês falado com um sotaque em casa e outro na vizinhança e na escola invariavelmente adotam o sotaque dos colegas, não o dos pais. Sotaques (e gírias) refletem a cultura, "e as crianças obtêm sua cultura por meio dos pares", observa Judith Rich Harris (2007)
- Adolescentes que começam a fumar em geral têm amigos que fumam, sugerem os prazeres do hábito e lhes oferecem cigarros (Liu et al., 2017). Parte dessa semelhança com os pares pode resultar de um *efeito de escolha*, uma vez que os adolescentes buscam amigos com atitudes e interesses semelhantes (Domingue et al., 2018). Os que fumam (ou não) podem escolher amigos apenas entre os que fumam (ou não).

O poder para escolher a vizinhança e as escolas das crianças confere aos pais a capacidade para influenciar a cultura que molda o grupo de pares da criança. E como a influência da vizinhança é significativa, os pais podem estar dispostos a participar de programas de intervenção para jovens que visem a escola ou a vizinhança. Se os vapores de um ambiente tóxico estiverem penetrando na vida de uma criança, esse ambiente – e não apenas a criança – precisa ser transformado. Ainda assim, os pares são apenas mais um dos meios de influência cultural. Como diz um provérbio africano, "é preciso um vilarejo inteiro para criar uma criança".

istockphoto/Ridofranz

Poder dos pares. À medida que nos desenvolvemos, brincamos, namoramos e estabelecemos parcerias com os pares. Não é de admirar que as crianças e os jovens sejam tão sensíveis e responsivos às influências dos pares.

PRÁTICA DE RECUPERAÇÃO

PR-1 O que é o *efeito de escolha* e como isso pode afetar a decisão de um adolescente de ingressar em equipes esportivas na escola?

RESPOSTAS NO APÊNDICE E

Influências culturais

QOA 4.11 Como a cultura afeta nosso comportamento?

Comparada à trilha estreita percorrida pelas moscas, peixes e raposas, o caminho através do qual o ambiente nos conduz é bem mais largo. A marca de nossa espécie – o grande dom que recebemos da natureza – é nossa habilidade de aprendizagem e adaptação. Viemos equipados com um enorme dispositivo móvel cerebral, pronto para receber aplicativos culturais.

Cultura são os comportamentos, ideias, atitudes, valores e tradições compartilhados por um grupo de pessoas e transmitidos de uma geração para a outra (Brislin, 1988; Cohen, 2009). A natureza humana, observa Roy Baumeister (2005), parece ter sido projetada para a cultura. Somos animais sociais, mas somos mais do que isso. Os lobos são animais sociais; vivem e caçam em bandos. As formigas são permanentemente sociais, jamais estão sozinhas. Mas "cultura é uma maneira melhor de ser social", diz Baumeister. Os lobos funcionam de maneira muito parecida com o que faziam há 10 mil anos. Nós apreciamos coisas que eram desconhecidas para a maioria de nossos ancestrais, como eletricidade, encanamentos, antibióticos e a internet. A cultura funciona.

Outros animais exibem núcleos de cultura menores. Os chimpanzés algumas vezes inventam costumes – usando folhas para limpar o corpo, batendo com ramos para chamar a atenção e fazendo uma "dança da chuva" ao exibirem-se lentamente no início de uma chuva – e os transmitem para seus pares e filhotes (Whiten et al., 1999). A cultura dá suporte à sobrevivência e à reprodução de uma espécie ao transmitir comportamentos aprendidos que colocam o grupo em vantagem. Mas a cultura humana faz mais do que isso.

Graças ao nosso domínio da linguagem, podemos tirar proveito da *preservação da inovação*. Ao longo do dia de hoje, você e eu podemos usar o Google, nossos telefones, tecnologia de audição digital [DM] e, um relógio com GPS [ND] e um afinador de guitarra digital [ND]. Em maior escala, podemos agradecer ao conhecimento acumulado da cultura pelo aumento de 30 anos na expectativa média de vida do último século (na maioria dos países onde este livro é lido). Além disso, a cultura possibilita a *divisão eficiente do trabalho*. Embora apenas dois felizardos tenham seu nome impresso na capa deste livro, o produto, na verdade, é resultado da coordenação e da dedicação de uma equipe de homens e mulheres; sozinho, ninguém poderia tê-lo produzido.

Entre as culturas humanas, diferimos em nossos idiomas, sistemas monetários, esportes, religiões e costumes. Por trás dessas diferenças, no entanto, há uma grande semelhança: nossa capacidade para a cultura. A cultura transmite os costumes e crenças que permitem nossa comunicação, as trocas de dinheiro por coisas, as brincadeiras, a alimentação e até a direção de nossos carros conforme regras acordadas para evitar que colidamos uns com os outros.

Cultura. Comportamentos, ideias, atitudes, valores e tradições duradouros compartilhados por um grupo de pessoas e transmitidos de uma geração para a próxima.

Norma. Regra compreendida para um comportamento aceito e esperado. As normas prescrevem o comportamento "apropriado".

Variação entre as culturas

Vemos nossa capacidade de adaptação nas variações culturais entre nossas crenças e valores, em como criamos nossos filhos e enterramos nossos mortos, e no que vestimos (se é que vestimos alguma coisa). Estamos sempre conscientes da diversidade cultural dos leitores deste livro em todo o mundo. Você e seus ancestrais estendem-se da Austrália à África e de Singapura à Suécia.

Seguir a corrente de uma cultura unificada é como pedalar a favor do vento: enquanto ele nos leva, mal percebemos que está ali. Quando tentamos pedalar na *direção contrária* é que sentimos sua força. Face a face com uma cultura diferente, tomamos consciência dos ventos culturais. Ao visitar a Europa, a maior parte dos norte-americanos nota os carros menores, o uso do garfo na mão esquerda, a desinibição dos trajes nas praias. Baseados no Iraque, Afeganistão e no Kuwait, tanto os soldados americanos quanto os europeus perceberam como suas culturas são liberais. Ao chegar à América do Norte, os visitantes do Japão e da Índia esforçam-se para compreender por que tantas pessoas usam sapatos sujos da rua dentro de casa.

Equidade de gênero: no povo Aka da África Central, homens e mulheres desempenham papéis alternadamente, como caçar e cuidar de crianças. Como resultado, os pais formam um vínculo especialmente estreito com seus bebês, chegando a oferecer aos bebês seus próprios mamilos quando a fome deixa a criança impaciente pelo retorno da mãe. Os pais nessa cultura estão segurando seus bebês ou ao alcance deles em 47% do tempo (Hewlett, 1991).

Mas as pessoas de várias culturas compartilham algumas ideias morais básicas. Mesmo antes de poderem andar, os bebês preferem as pessoas generosas em vez das perversas (Hamlin et al., 2011). Em todo o mundo, as pessoas valorizam a honestidade, a justiça e a bondade (McGrath, 2015). Contudo, cada grupo cultural desenvolve suas próprias **normas** – regras para comportamentos aceitos e esperados. Os britânicos têm uma norma para esperar ordenadamente na fila. Muitos no sul da Ásia, África e Oriente Médio usam apenas a mão direita para comer. Às vezes, as expectativas sociais parecem opressivas: "por que deveria importar como eu me visto?". Todavia, as normas – como cumprimentar e como comer, por exemplo – lubrificam a máquina social.

Quando as culturas colidem, suas normas divergentes muitas vezes nos confundem. Devemos cumprimentar as pessoas apertando as mãos, curvando-nos ou beijando cada bochecha? Sabendo quais tipos de gestos e cumprimentos são culturalmente apropriados, podemos relaxar e desfrutar um do outro sem medo de constrangimento ou insulto.

Quando não compreendemos o que é esperado ou aceito, podemos vivenciar um *choque cultural.* Os mediterrâneos costumam achar os europeus do norte eficientes, porém frios e preocupados com a pontualidade (Triandis, 1981). As pessoas do Japão são preocupadas com os horários – lá os pedestres andam rapidamente e os funcionários dos correios atendem aos pedidos rapidamente – e ficam impacientes quando visitam a Indonésia, onde o ritmo de vida é mais tranquilo (Levine & Norenzayan, 1999). Alguém da comunidade europeia, que requer 20 dias de férias pagas por ano, também pode experimentar um choque cultural quando for trabalhar nos EUA, que não garantem aos trabalhadores quaisquer férias pagas (Ray et al., 2013).

Variações ao longo do tempo

Assim como as criaturas biológicas, as culturas variam e competem por recursos e, assim, evoluem com o tempo (Mesoudi, 2009). Pense também na velocidade com que as culturas podem se modificar. Apenas 25 gerações separam o poeta inglês Geoffrey Chaucer (1342-1400) de um britânico atual, mas a conversa entre os dois seria bastante difícil. No início do século passado, seus ancestrais viviam em um mundo sem carros, rádio ou iluminação elétrica. E no pequeno intervalo da história desde 1960, a maioria das culturas ocidentais mudou com velocidade surpreendente. As pessoas de classe média desfrutam da conveniência de habitações com ar condicionado, compras *online*, comunicação eletrônica em qualquer lugar e a qualquer hora e, enriquecidas por uma renda efetiva por pessoa duplicada,[1] comem fora duas vezes mais do que seus avós. As pessoas agora desfrutam de direitos humanos[2] ampliados. Com maior independência econômica, as mulheres de hoje têm mais chances de se casar por amor e de se recusar a persistir em relações abusivas por necessidades financeiras.

Mas algumas mudanças não parecem ser assim tão maravilhosas. Se você tivesse adormecido em 1960 nos EUA e acordasse agora, abriria os olhos em meio a uma cultura em que há mais divórcios, delinquência e depressão. Também veria os norte-americanos, assim como seus pares na Inglaterra, Austrália e Nova Zelândia, passando mais horas no trabalho, com menos horas de sono e de convívio com a família e com os amigos (BLS, 2011; Twenge, 2017).

[1]N.R.T.: De acordo com o Instituto Brasileiro de Geografia e Estatística (IBGE), no Brasil, a renda *per capita* aumentou em cerca de 2,5 vezes entre 1960 e 1990. Por outro lado, o índice Gini, que avalia a desigualdade econômica na sociedade, aumentou de 0,50 para 0,62 no mesmo período (Mendonça, R. S. P. & Barros, R. P. (1995). *A evolução do bem-estar e da desigualdade no Brasil desde 1960. FGV/EPGE Escola Brasileira de Economia e Finanças*, 49(2), 329-352).

[2]N.R.T.: Se é possível falar de direitos humanos ampliados para a sociedade como um todo, também é importante mencionar que, no contexto brasileiro, as pessoas pertencentes a minorias sociais têm seus direitos humanos restritos. Pessoas negras, quilombolas, indígenas, pertencentes à comunidade LGBTQIA+ e mulheres têm maior exposição à violência e menos acesso a educação e documentos de identidade (Levy, M. S. F. (2009). O direito das minorias e as nações indígenas no Brasil. *Caderno CRH*, 22(57), 493-505).

Gostemos ou não dessas mudanças, é impossível não nos impressionarmos com a velocidade com que ocorreram. E elas não podem ser explicadas por alterações no conjunto dos genes da humanidade, que evoluem muito lentamente para responderem por essas transformações culturais. As culturas variam. As culturas se modificam e moldam nossas vidas.

Individualismo. Priorização das próprias metas acima das metas do grupo e definição da própria identidade em termos de atributos pessoais em vez de identificações com o grupo.

Coletivismo. Priorização das metas do grupo ao qual se pertence (muitas vezes, a família ou o grupo de trabalho) e definição da própria identidade conforme esse grupo.

Cultura e *self*

QOA 4.12 Como as culturas individualistas e coletivistas diferem em seus valores e objetivos?

Imagine que alguém corte todas as suas conexões sociais, fazendo de você um refugiado solitário em uma terra estrangeira. Quanto de sua identidade seria mantida intacta?

Se você é muito **individualista**, teria um senso independente de "eu" e uma consciência de suas convicções e valores pessoais únicos. Os individualistas priorizam as metas pessoais e definem sua identidade principalmente em termos de traços pessoais. Eles buscam o controle pessoal e as realizações individuais.

A necessidade humana de pertencer é universal, então os individualistas procuram e se juntam a grupos. Mas são menos voltados para a harmonia grupal e para o cumprimento de suas obrigações com o grupo (Brewer & Chen, 2007). Quando crianças, eles valorizam o senso de livre-arbítrio (Chernyak et al., 2019). Como são mais autossuficientes, os individualistas entram nos grupos e saem deles mais facilmente. Sentem-se relativamente livres para trocar suas igrejas, deixar um emprego por outro, ou até mesmo se afastar de seus parentes e migrar para outro lugar. Muitas vezes, o casamento dura pelo tempo em que ambos acharem que o amor existe.

Se ficar à deriva em uma terra estrangeira como **coletivista**, você pode experimentar uma perda maior de identidade. Isolado da família, dos grupos e dos amigos leais, você perderia as conexões que definiam sua personalidade. As *identificações com o grupo* geram um senso de pertencimento, um conjunto de valores e uma garantia de segurança. Os coletivistas estabelecem vínculos mais profundos com seus grupos, isto é, família, clã, empresa ou país. Os idosos são muito respeitados. Por exemplo, a lei chinesa afirma que os pais com 60 anos ou mais podem processar seus filhos e filhas se eles deixarem de prover "para os idosos, cuidar dele, confortá-los e atender às suas necessidades especiais".

"Deve-se cultivar o conceito de sacrificar o *eu pequeno* para alcançar os benefícios do *eu como um todo*." - Provérbio chinês

Os coletivistas são como atletas que sentem mais prazer pela vitória da equipe do que por seu próprio desempenho. Eles se satisfazem ao promover os interesses do seu grupo, mesmo à custa de suas necessidades pessoais. Preservam o espírito de grupo evitando o confronto direto, a honestidade contundente e os tópicos desconfortáveis. Valorizam a humildade, não a presunção (Bond et al., 2012). Eles veem o perdão como uma forma de fortalecer a harmonia do grupo (Joo et al., 2019). Em vez de dominar as conversas, os coletivistas são reservados e demonstram maior timidez diante de estranhos (Cheek & Melchior, 1990). Quando a prioridade somos "nós" e não "eu", aquele *latte* norte-americano superpersonalizado pode parecer egoistamente exigente em Seul (Kim & Markus, 1999).

Uma pergunta: o que você acha de pessoas que voluntariamente mudam seu comportamento para se adequar a diferentes pessoas e situações? Pessoas de países individualistas (p. ex., EUA e Brasil) geralmente descrevem essas pessoas como "desonestas", "indignas de confiança" e "hipócritas" (Levine, 2016). Em países tradicionalmente coletivistas, (p. ex., China, Índia e Nepal), as pessoas os descrevem com mais frequência como "maduros", "honestos", "confiáveis" e "sinceros".

Com toda certeza, também há diversidade *dentro* de cada cultura. Em muitos países, também há subculturas distintas relacionadas com religião, condição econômica e região (Cohen, 2009). Os agricultores do sul da China geralmente cultivam arroz, uma cultura que requer cooperação em grupo e constrói valores coletivistas. Os agricultores do norte da China geralmente cultivam trigo, uma cultura que envolve esforço individual e leva a valores mais individualistas. Essas diferenças levam as pessoas do sul e do norte da China a adotarem diferentes formas de pensar, sentir e agir (Dong et al., 2019; Obschonka et al., 2018; Talhelm et al., 2014). Em um estudo interessante, pesquisadores juntaram cadeiras em cafeterias Starbucks em toda a China para bloquear o corredor. Eles observaram quem agia como um típico individualista - controlando o ambiente, tirando uma das cadeiras do caminho - e quem agia como um típico coletivista - adaptando-se ao ambiente, espremendo-se entre as cadeiras (Talhelm et al., 2018). Em comparação com os chineses do sul mais coletivistas, os chineses do norte mostraram-se mais propensos a mover a cadeira.

No Japão coletivista, um espírito de individualismo marca a Ilha de Hokkaido, na "fronteira norte" (Kitayama et al., 2006). Mesmo nos países mais individualistas, algumas pessoas têm valores coletivistas. Todavia, em geral, nas culturas individualistas, as pessoas (em especial os homens) são mais competitivas, têm mais liberdade pessoal, são menos presas geograficamente a suas famílias, usufruem de mais privacidade e se orgulham mais de suas realizações pessoais (Tabela 4.1).

Tabela 4.1 Contrastes de valores entre o individualismo e o coletivismo.

Conceito	Individualismo	Coletivismo
Self	Independente (identidade é fortemente sustentada nos traços individuais)	Interdependente (identidade é fortemente sustentada pelo pertencimento a um ou mais grupos)
Tarefa de vida	Descobrir e expressar a singularidade de cada um	Manter conexões, ajustar-se, desempenhar um papel
O que é importante	Eu – conquistas e realizações pessoais; direitos e liberdade; autoestima	Nós – metas de grupo e solidariedade; responsabilidades e relacionamentos sociais; obrigações com a família
Método de enfrentamento	Alterar a realidade	Acomodar-se à realidade
Moralidade	Definida pelos indivíduos (baseada em si mesmo)	Definida pelas conexões sociais (com base nas obrigações)
Relações	Muitas, frequentemente temporárias ou casuais; o confronto é aceitável	Poucas, íntimas e duradouras; a harmonia é valorizada
Atribuição de comportamento	O comportamento reflete a personalidade e as atitudes da pessoa	O comportamento reflete as normas e papéis sociais

Os individualistas até mesmo preferem nomes incomuns, como observou a psicóloga Jean Twenge enquanto procurava um nome para seu primeiro filho. Quando ela e seus colegas (2010a, 2016a) analisaram os primeiros nomes dos 358 milhões de bebês americanos nascidos entre 1880 e 2015, eles constataram que os nomes de bebês mais comuns se tornaram menos comuns. Como mostra a Figura 4.5, a porcentagem de meninos e meninas que receberam um dos 10 nomes mais comuns no seu ano de nascimento despencou. O Japão coletivista apresenta um contraste: metade dos nomes de bebês japoneses estão entre os 10 nomes mais comuns do país (Ogihara et al., 2015).

As diferenças individualista-coletivista aparecem também nas reações às medalhas olímpicas recebidas. Os ganhadores de medalha de ouro dos EUA e a mídia americana que faz a cobertura atribuem as conquistas principalmente aos próprios atletas (Markus et al., 2006). "Acho que apenas me mantive focada", explicou a nadadora medalhista de ouro Misty Hyman; "estava na hora de mostrar ao mundo o que eu era capaz de fazer". A japonesa medalhista de ouro na maratona Naoko Takahashi deu uma explicação diferente: "aqui estão o melhor treinador do mundo, o melhor gestor do mundo e todas as pessoas que me apoiam – todas essas coisas se juntaram e se transformaram em uma medalha de ouro".

Figura 4.5 Uma criança como nenhuma outra. As tendências individualistas dos americanos são refletidas na escolha do nome de seus filhos. Nos últimos anos, a porcentagem de bebês americanos que recebiam um dos 10 nomes mais comuns daquele ano despencou (dados de Twenge et al., 2010).

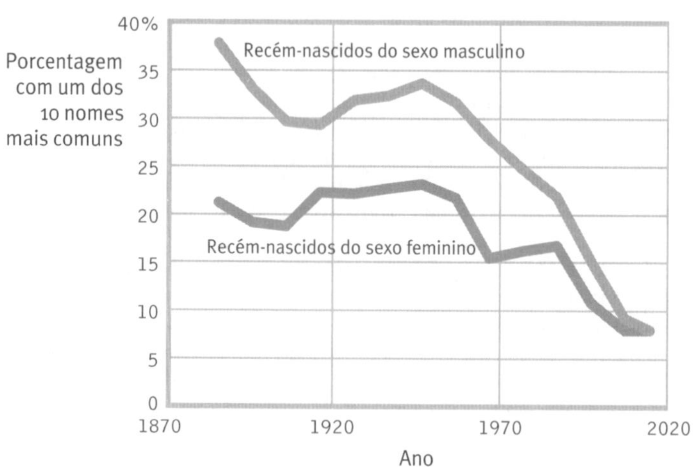

Os individualistas com frequência exigem romance e realização pessoal no casamento (Dion & Dion, 1993). Em contraste, canções de amor coletivistas muitas vezes expressaram compromisso e amizade duradouros, como esta da China: "estaremos juntos de agora em diante... eu nunca vou mudar a partir de agora" (Rothbaum & Tsang, 1998).

O que prevê mudanças em uma cultura ao longo do tempo ou diferenças entre culturas? A história social faz a diferença. Individualismo e independência foram fomentados pela emigração voluntária, por uma economia capitalista e um ambiente escassamente povoado e desafiador (Kitayama et al., 2009, 2010; Varnum et al., 2010). Nas culturas ocidentais ao longo do século passado e agora em todos os países, exceto nos mais pobres, o individualismo aumentou, seguindo de perto o aumento da riqueza (Grossmann & Varnum, 2015; Santos et al., 2017). Poderia a biologia também desempenhar um papel nesse aspecto? Um estudo que comparou a atividade cerebral de coletivistas e individualistas sugeriu que os coletivistas experimentaram maior dor emocional quando viram outras pessoas em perigo (Cheon et al., 2013). Como vimos, somos criaturas biopsicossociais.

PERGUNTE A SI MESMO

Você se considera mais coletivista ou individualista? Como você acha que esse senso de identidade influenciou seu comportamento, emoções e pensamentos?

Cultura e criação de crianças

As variações nos valores de criação dos filhos refletem a diversidade individual e cultural, bem como as mudanças ao longo do tempo. Você prefere crianças independentes ou crianças que seguem o que os outros pensam? Em comparação com as famílias nas culturas asiáticas, as famílias nas culturas ocidentais preferem mais a independência: "você é responsável por si mesmo." Ou ainda: "siga sua consciência. Seja fiel a si mesmo. Descubra seus dons". Alguns pais ocidentais recentemente foram mais longe, dizendo aos filhos: "você é mais especial do que as outras crianças" (Brummelman et al., 2015). Muitos com valores culturais ocidentais não priorizam mais a obediência, o respeito e a sensibilidade aos outros (Alwin, 1990; Remley, 1988). Na década de 1950, os pais ocidentais eram mais propensos a ensinar seus filhos: "seja fiel às suas tradições", "seja leal à sua herança e a seu país", "mostre respeito para com seus pais e outros superiores". As culturas variam. E as culturas podem mudar.

Crianças de todas as épocas e lugares se desenvolveram felizes em diferentes sistemas de criação. Os pais britânicos de classe alta tradicionalmente encarregavam uma babá dos cuidados diários com as crianças pequenas e depois mandavam os filhos, com idade em torno de 10 anos, para um colégio interno.

Muitos asiáticos e africanos vivem em culturas que valorizam a proximidade emocional. As crianças pequenas podem dormir com suas mães e passar o dia na companhia de um membro da família (Morelli et al., 1992; Whiting & Edwards, 1988). Essas culturas estimulam um forte sentido de *self familiar* – um sentimento de que aquilo que envergonha a criança envergonha também a família, e o que traz honra à família traz honra ao *self.*

Na sociedade africana dos Gusii, os bebês mamam livremente, mas passam a maior parte do dia nas costas da mãe ou dos irmãos, com bastante contato corporal, apesar de ter pouca interação verbal ou face a face. O que pode parecer falta de interação para muitos ocidentais, para esses pais Gusii parece preferível ao menor contato corporal experimentado por bebês empurrados em carrinhos, carregados em assentos de carro e deixados em cercadinhos (Small, 1997). Em algumas aldeias rurais no Senegal, as tradições culturais desencorajam a conversa dos cuidadores com as crianças pequenas. Programas de incentivo à interação verbal melhoraram o desenvolvimento da linguagem das crianças um ano depois (Weber et al., 2017). Mas os programas valeram a ruptura cultural? A diversidade na criação de filhos nos adverte contra a presunção de que qualquer cultura é a única maneira de criar filhos com sucesso.

Semelhanças de desenvolvimento entre grupos

Por sermos conscientes de como as outras pessoas diferem de nós, muitas vezes não percebemos as semelhanças predispostas por nossa biologia compartilhada. Um estudo em 49 países revelou que as diferenças de uma nação para outra em traços de personalidade, como escrúpulos e extroversão, são menores do que a maioria das pessoas imagina (Terracciano et al., 2006). Os estereótipos nacionais exageram as diferenças que, ainda que reais, são modestas. Os australianos se veem como extrovertidos. Os suíços falantes de alemão se acham conscienciosos. E os canadenses se consideram agradáveis. Na verdade, em comparação com as diferenças de pessoa para pessoa dentro dos grupos, as diferenças entre os grupos são pequenas. Independentemente da cultura, nós, seres humanos, somos mais parecidos do que diferentes. Compartilhamos o mesmo ciclo de vida. Falamos com nossas crianças de maneiras semelhantes e respondemos de forma parecida também a seus murmúrios e choros (Bornstein et al., 1992a, b).

Até mesmo as diferenças *dentro* de uma cultura, como algumas que às vezes são atribuídas à raça, podem ser explicadas pela interação entre nossa biologia e nossa cultura. Considere o seguinte (Rowe et al., 1994, 1995): homens negros tendem a ter pressão arterial mais elevada do que homens brancos. Suponha que (1) nos dois grupos o consumo de sal se correlaciona com a pressão arterial e que (2) o consumo de sal é mais alto entre os homens negros do que entre os brancos. A "diferença racial" da pressão sanguínea poderia então, pelo menos em parte, não refletir nada sobre raça – e mais sobre uma diferença na dieta.

E isso é similar às descobertas psicológicas. Os grupos étnicos às vezes diferem, como no desempenho escolar médio. Mas essas diferenças são, como os pesquisadores observaram, "nada mais do que superficiais". Na medida em que a estrutura familiar e a economia, as influências dos pares e a educação dos pais predizem o comportamento de um desses grupos étnicos, o fazem também para os outros.

Assim, como membros de diferentes grupos étnicos e culturais, podemos diferir em aspectos superficiais. Mas, como membros de uma espécie, estamos sujeitos às mesmas forças psicológicas. Nossas reações externas variam, mas nossas emoções básicas são universais. Nossos paladares variam, mas refletem os mesmos princípios da fome. Temos diferentes comportamentos sociais, mas ainda assim eles refletem princípios gerais da influência humana. A pesquisa transcultural pode nos ajudar a compreender *tanto* a diversidade cultural *quanto* nossas semelhanças humanas.

PRÁTICA DE RECUPERAÇÃO

PR-2 Como as pessoas diferem nas culturas individualistas e coletivistas?

RESPOSTAS NO APÊNDICE E

Desenvolvimento de gênero

QOA 4.13 Como o significado de gênero difere do significado de sexo?

Nós, seres humanos, compartilhamos uma necessidade irresistível de organizar nosso mundo em categorias simples. Entre as maneiras de classificar as pessoas – altas ou baixas, gordas ou magras, inteligentes ou estúpidas – uma se destaca: ao nascer (ou até mesmo antes), todos querem saber: "menino ou menina?". Seus pais podem ter dado pistas com vestimentas na cor rosa ou azul; essa resposta simples descreveu seu **sexo**. Para a maioria das pessoas, esses traços biológicos ajudam a designar seu **gênero**, ou seja, as expectativas de sua cultura quanto ao que significa ser homem ou mulher. Nos últimos anos, no entanto, a compreensão cultural e científica do desenvolvimento de gênero cresceu.

As normas culturais variam e mudam. "A regra geralmente aceita é que rosa é para o menino e azul para a menina", declarou o *Earnshaw's Infants' Department* em junho de 1918 (Frassanito & Pettorini, 2008). "O motivo é que, sendo o rosa uma cor mais decidida e forte, é mais adequada para um menino, enquanto o azul, que é mais delicado, fica mais bonito nas meninas".

Dito de forma simples, seu corpo define seu sexo e sua mente define seu gênero. Mas a compreensão de gênero de sua mente surge da interação complexa entre sua biologia e suas experiências (Eagly & Wood, 2013). Antes de abordarmos essa interação em mais detalhes, vamos verificar alguns aspectos nos quais homens e mulheres são semelhantes e diferentes.

Semelhanças e diferenças

QOA 4.14 Em que aspectos homens e mulheres tendem a ser semelhantes e diferentes?

Seja homem, mulher ou **intersexo**, a maioria de nós recebe 23 cromossomos de cada um dos dois progenitores. Entre os 46 cromossomos, 45 são *unissex* – iguais para todos. Nossa biologia similar ajudou nossos ancestrais evolutivos a enfrentar desafios de adaptação. Por exemplo, a sobrevivência para homens e mulheres envolvia percorrer longas distâncias (migrar, caçar presas, fugir de ameaças), o que hoje reflete biologicamente nos tempos de finalização semelhantes de homens e mulheres nas corridas de ultralonga distância. Todos precisavam sobreviver, reproduzir-se e evitar predadores, e por isso somos parecidos em muitos aspectos. Você se identifica como homem, mulher, nenhum ou alguma combinação dos dois (Hyde et al., 2019)? Seja qual for a resposta, isso não influencia seu vocabulário, felicidade ou capacidade de ver, aprender e lembrar. Seja qual for nosso gênero, somos, em média, comparativamente criativos e inteligentes e sentimos as mesmas emoções e anseios (Hyde, 2014; Lauer et al., 2019; Reilly et al., 2019).

Sexo. Em psicologia, são as características influenciadas biologicamente pelas quais as pessoas definem-se como homens ou mulheres.

Gênero. Em psicologia, são as características comportamentais que as pessoas associam a *menino, menina, homem* e *mulher*. (Veja também *identidade de gênero*.)

Intersexo. Descreve pessoas com características sexuais biológicas masculinas e femininas ao nascimento.

Mas, em algumas áreas, os traços femininos e masculinos diferem, e as diferenças chamam a atenção. Algumas diferenças usualmente notadas (como a diferença na autoestima) são, na verdade, bastante modestas (Zell et al., 2015). Os escores médios dos testes de inteligência femininos e masculinos são quase idênticos (Lynn & Kanazawa, 2011; Tran et al., 2014). Outras diferenças são mais notáveis. Em comparação com o homem comum, a mulher entra na puberdade cerca de dois anos antes e sua expectativa de vida é quatro anos mais longa. Ela expressa emoções mais livremente, sorrindo e chorando mais e, nas atualizações do Facebook, expressa com mais frequência "amor" e que fica "muuuito animada!!!" (Fischer & LaFrance, 2015; Schwartz et al., 2013). Ela é melhor em ortografia e leitura (Reilly et al., 2019). Percebe odores mais tênues e pode ficar sexualmente excitada mais rápido depois de um orgasmo. É duas vezes mais vulnerável à depressão e à ansiedade, e seu risco de desenvolver transtornos alimentares é 10 vezes maior. No entanto, o homem médio tem quatro vezes mais chances de morrer por suicídio, abusar do tabaco e desenvolver transtorno por uso de álcool. Sua lista dos "mais prováveis" inclui maior tamanho e força, mas também transtorno do espectro autista, visão deficiente de cores e transtorno de déficit de atenção e hiperatividade (TDAH). E como adulto, ele corre mais risco de transtorno de personalidade antissocial. Homem ou mulher, cada um tem sua própria parcela de riscos.

As semelhanças e diferenças de gênero aparecem ao longo deste livro, mas aqui vamos dar uma olhada em três diferenças de gênero. Embora os indivíduos variem amplamente, o homem e a mulher *médios* diferem em agressividade, poder social e conexão social.

Em 2019, a American Psychological Association (APA) divulgou diretrizes para ajudar os terapeutas a trabalhar com homens e meninos. (Diretrizes semelhantes para trabalhar com mulheres e meninas foram lançadas em 2007.)

AGRESSÃO. Para um psicólogo, **agressão** é qualquer comportamento físico ou verbal com a intenção de ferir alguém física ou emocionalmente (Bushman & Huesmann, 2010). Pense em alguns exemplos de pessoas agressivas. A maioria delas são homens? Provavelmente sim. Os homens geralmente admitem mais agressão, especialmente violência física extrema (Yount et al., 2017). Quase metade dos meninos americanos de 14 a 19 anos se sentem pressionados a estar "dispostos a socar alguém se forem provocados" (PLAN USA, 2018). Nos relacionamentos românticos entre mulheres e homens, atos menores de agressão física, como tapas, são aproximadamente iguais, mas os atos mais violentos são cometidos principalmente por homens (Archer, 2000; Tremblay et al., 2018).

Experimentos laboratoriais demonstraram diferenças de gênero na agressão. Os homens aparecem como mais dispostos a xingar as pessoas com o que acreditavam ter sido ruído intenso e prolongado (Bushman et al., 2007). Fora do laboratório, os homens no mundo inteiro cometem crimes mais violentos (Antonaccio et al., 2011; Caddick & Porter, 2012; Frisell et al., 2012). Em todo o mundo, 95% das pessoas condenadas por assassinato são homens (HEUNI, 2015). Eles também assumem a liderança em caçar, lutar, guerrear e apoiar as guerras (Liddle et al., 2012; Wood & Eagly, 2002, 2007).

Aqui temos outra pergunta: pense nos exemplos de pessoas ferindo outras ao fazer fofocas ou excluindo alguém de um grupo social ou de uma situação. A maioria dessas pessoas eram homens? Talvez não. Esses comportamentos são atos de **agressão relacional**, e as mulheres são ligeiramente mais propensas que os homens a cometê-los (Archer, 2004, 2007, 2009).

PODER SOCIAL. Imagine que você chega a uma entrevista de emprego e dá uma olhada nos seus dois entrevistadores. A pessoa sisuda à esquerda transborda autoconfiança e independência e mantém permanente contato visual com você. A pessoa à direita lhe abre um sorriso acolhedor, mas faz menos contato visual e parece esperar que o outro entrevistador assuma a dianteira.

Qual dos dois entrevistadores é homem?

Se você respondeu que é a pessoa à esquerda, não foi o único. No mundo inteiro, da Nigéria à Nova Zelândia, as pessoas percebem diferenças de gênero no que diz respeito ao poder (Williams & Best, 1990). (Para saber mais sobre este tópico, ver Pensamento Crítico sobre: Viés de gênero no local de trabalho.)

Agora imagine um casal heterossexual negociando o preço de compra de um carro. "Se você não mudar o preço, vamos embora", diz um deles, levando o vendedor a fazer uma contraproposta.

Qual membro do casal – homem ou mulher – é o negociador?

Se você disse o homem, você está novamente em boa companhia. As pessoas tendem a associar a negociação com os homens, o que ajuda a explicar por que os homens geralmente têm vantagem nos resultados de negociações (Mazei et al., 2015)

CONEXÃO SOCIAL. Qualquer que seja o nosso gênero, todos nós temos necessidade de pertencer, embora possamos satisfazer essa necessidade de maneiras diferentes (Baumeister, 2010). Os homens tendem a ser *independentes*. Mesmo quando crianças, os homens geralmente formam grandes grupos de brincadeiras que transbordam de atividade e competição, com pouca discussão íntima (Rose & Rudolph, 2006). Como adultos, os homens gostam de fazer atividades lado a lado e tendem a usar a conversa para comunicar soluções (Baumeister, 2010;

Agressão. Qualquer comportamento físico ou verbal com a intenção de ferir alguém, física ou emocionalmente.

Agressão relacional. Ato de agressão (física ou verbal) destinado a atingir a relação de uma pessoa ou a sua posição social.

"Odeio dizer que existem formas femininas e masculinas de lidar com o poder, porque acho que cada um de nós tem uma parte masculina e outra, feminina. Mas, com base na minha própria experiência, as mulheres tendem a ser inclusivas, a estender mais a mão, a se importar um pouco mais." – Christine Lagarde, Presidente do Banco Central Europeu, 2011

Tannen, 1990). Quando lhes fazem uma pergunta difícil – "você tem alguma ideia de por que o céu é azul?" –, os homens são mais propensos do que as mulheres a arriscar respostas do que a admitir que não sabem, um fenômeno que os pesquisadores chamaram de *síndrome da resposta masculina* (Giuliano et al., 1998).

Os exames de imagem do cérebro não mostram diferenças marcantes entre os sexos (Ritchie et al., 2018; Wierenga et al., 2019). "Os cérebros humanos não podem ser categorizados em duas classes distintas – cérebro masculino/cérebro feminino", relatam a neurocientista Daphna Joel e seus colegas (2015). As imagens do cérebro, no entanto, revelam que uma diferença de sexo nas conexões da rede cerebral ocorre no período pré-natal, antes da influência da cultura (Wheelock et al., 2019). E os exames sugerem que o cérebro da mulher, mais do que do homem, geralmente é conectado de maneira a permitir relacionamentos sociais (Ingalhalikar et al., 2013). Isso ajuda a explicar por que as mulheres tendem a ser mais *interdependentes*. Na infância, as meninas geralmente brincam em pequenos grupos, frequentemente com uma amiga. Elas competem menos e imitam mais as relações sociais (Maccoby, 1990; Roberts, 1991). Na adolescência, as meninas passam mais tempo com as amigas e menos tempo sozinhas (Wong & Csikszentmihalyi, 1991). No final da adolescência, elas passam mais tempo em *sites* de redes sociais e, em média, mandam mais mensagens de texto por dia do que os meninos (Pew, 2015; Yang et al., 2018). Quando adultas, as mulheres sentem mais prazer nas conversas face a face e costumam usar as conversas para explorar os relacionamentos (Maccoby, 2002). Em uma análise de 10 milhões de postagens no Facebook (que as mulheres usam mais), as atualizações de *status* das mulheres foram tão assertivas quanto as dos homens, mas usaram palavras mais calorosas; os homens, em geral, xingam ou expressam raiva (Gramlich, 2018; Park et al., 2016). Uma análise de mais de 700 milhões de palavras no Facebook constatou que as mulheres também usavam mais palavras relacionadas à família, enquanto os homens usavam mais palavras relacionadas ao trabalho (Schwartz et al., 2013).

Ao buscar a compreensão de alguém que compartilhará suas preocupações e mágoas, as pessoas geralmente se voltam para as mulheres. Mulheres e homens relataram que suas amizades com mulheres são mais íntimas, agradáveis e compensadoras (Kuttler et al., 1999; Rubin, 1985; Sapadin, 1988). Os vínculos e sentimentos de suporte são ainda maiores entre as mulheres do que entre os homens (Rossi & Rossi, 1993). Os laços femininos, como entre mães, filhas, irmãs, tias e avós, mantêm as famílias coesas. Como amigas, as mulheres conversam com mais frequência e abertura (Berndt, 1992; Dindia & Allen, 1992). "Talvez em virtude do maior interesse das mulheres pela intimidade", relataram Joyce Benenson et al. (2009), as mulheres no primeiro ano da faculdade e da universidade são duas vezes mais propensas que os homens a mudar de colegas de quarto. Quando estressadas, as mulheres também são mais propensas do que os homens a recorrer a outras pessoas em busca de apoio. Elas tendem a ser reconhecidas por seu *afeto e cuidado* (Tamres et al., 2002; Taylor, 2002).

As diferenças de gênero tanto na conexão social quanto no poder são maiores na adolescência e no início da idade adulta – os primeiros anos para namoro e acasalamento (Hoff et al., 2018). Na adolescência, as meninas são menos assertivas e mais inseguras, enquanto os meninos são mais dominantes e menos expressivos (Chaplin, 2015). Na idade adulta, após o nascimento do primeiro filho, as diferenças de atitude e comportamento geralmente atingem o pico. Em especial, as mães podem ter atitudes e comportamentos mais tradicionais (Ferriman et al., 2009; Katz-Wise et al., 2010). Por volta dos 50 anos, essas diferenças diminuem, sobretudo entre pais. Os homens tornam-se mais empáticos e menos dominantes, e as mulheres – em especial as que trabalham – tornam-se mais assertivas e autoconfiantes (Kasen et al., 2006; Maccoby, 1998). No mundo todo, menos mulheres do que homens recebem pagamento pelo trabalho que realizam. Mas, como os homens, as mulheres tendem a ficar mais satisfeitas com suas vidas quando estão empregadas (Ryan, 2016).

Então, embora mulheres e homens sejam mais parecidos do que diferentes, existem algumas diferenças de comportamento entre a mulher e o homem médios; algumas das quais também ocorrem em primatas não humanos (Lonsdorf, 2017). Essas diferenças são ditadas por sua biologia? Moldadas por suas culturas e outras experiências? Variamos com o grau em que estamos ou não em conformidade com o gênero? Continue lendo.

"Ao longo dos anos, mais parecidos vão ficando; o homem mais como a mulher; ela, mais como o homem." – Alfred Lord Tennyson, *The Princess*, 1847

PRÁTICA DE RECUPERAÇÃO

PR-3 ________________ (homens/mulheres) são mais propensos(as) a cometer agressão relacional, e ________________ (homens/mulheres) são mais propensos(as) a cometer agressão física.

RESPOSTAS NO APÊNDICE E

Pensamento crítico sobre:

Viés de gênero no local de trabalho

QOA **4.15** Que fatores contribuem para o viés de gênero no local de trabalho?

Diferenças na PERCEPÇÃO

Entre os políticos que parecem sedentos de poder, as mulheres são menos bem-sucedidas do que os homens.[1]

A maioria dos líderes políticos são homens:

Os homens detinham 76% dos assentos nos parlamentos governantes do mundo em 2019.[2]

As pessoas ao redor do mundo tendem a ver os homens como mais poderosos.[3]

Quando os grupos se formam, seja como júris ou empresas, a liderança tende a ser do sexo masculino.[4]

Diferenças nos PAGAMENTOS

Mulheres em ocupações tradicionalmente masculinas receberam menos do que seus colegas homens.[5]

Medicina
Disparidade salarial nos EUA entre médicos homens e mulheres:[6]

Academia As **candidatas** a bolsas de pesquisa receberam classificações de pesquisadores de qualidade inferiores e têm menos probabilidade de serem financiadas.[7] (Mas, como veremos, as atitudes e papéis de gênero estão mudando.)

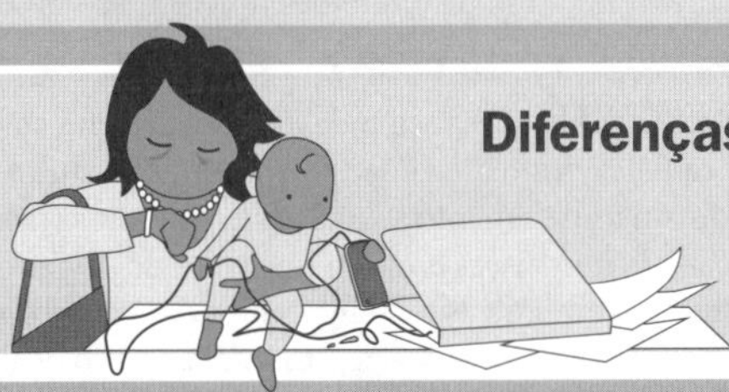

Diferenças na RESPONSABILIDADE DE CUIDADOS COM A FAMÍLIA

As **mães americanas** ainda cuidam dos filhos quase o dobro do que os **pais**.[8] No local de trabalho, as mulheres são menos motivadas por dinheiro e *status*, comprometem-se mais e optam com mais frequência por horas de trabalho reduzidas.[9]

O que mais contribui para o VIÉS DE GÊNERO NO LOCAL DE TRABALHO?

Normas sociais

Na maioria das sociedades, os homens dão mais importância ao poder e à realização, e são socialmente dominantes.[10]

Estilos de liderança

Os **homens** são mais *diretos*, dizendo às pessoas o que fazer e como fazer.

As **mulheres** são mais *democráticas*, acolhendo a opinião dos outros na tomada de decisões.[11]

Estilos de interação

As **mulheres** são mais propensas a expressar apoio.[12]

Os **homens** são mais propensos a dar opiniões.[12]

Comportamento cotidiano

As **mulheres** sorriem e pedem desculpas mais do que os homens.[13]

Os **homens** são mais propensos a falar de forma assertiva, interromper, iniciar toques e olhar.[13]

Portanto, os PAPÉIS DE GÊNERO VARIAM AMPLAMENTE no tempo e no espaço.

As mulheres estão cada vez mais representadas na liderança (agora são 50% dos ministros do gabinete do Canadá) e na força de trabalho. Em 1963, a Harvard Business School admitiu suas primeiras alunas mulheres. Em sua turma de 2020, 41% eram mulheres.[14] Em 1960, as mulheres eram 6% dos estudantes de medicina dos EUA. Hoje elas são um pouco mais da metade.[15]

1. Okimoto & Brescoll, 2010. 2. IPU, 2019. 3. Williams & Best, 1990. 4. Colarelli et al., 2006. 5. Willett et al., 2015. 6. Census Bureau, 2018. 7. Witteman et al., 2019. 8. CEA, 2014; Parker & Wang, 2013; Pew, 2015. 9. Nikolova & Lamberton, 2016; Pinker, 2008. 10. Gino et al., 2015; Schwartz & Rubel-Lifschitz, 2009. 11. Eagly & Carli, 2007; van Engen & Willemsen, 2004. 12. Aries, 1987; Wood, 1987. 13. Leaper & Ayres, 2007; Major et al., 1990; Schumann & Ross, 2010. 14. Harvard Business School, 2019. 15. AAMC, 2018.

Natureza do gênero

QOA 4.16 Como os hormônios sexuais influenciam o desenvolvimento sexual pré-natal e na adolescência?

Na maioria das vias físicas – regulando o calor com o suor, preferindo alimentos ricos em energia, aumentando os calos onde a pele encontra o atrito –, somos todos semelhantes. Embora a biologia não dite o gênero, ela pode influenciar nossa psicologia de gênero de duas maneiras:

- *Geneticamente* – homens e mulheres têm *cromossomos sexuais* diferentes.
- *Fisiologicamente* – homens e mulheres têm concentrações diferentes de *hormônios sexuais*, que desencadeiam outras diferenças anatômicas.

Essas duas influências começaram a formar você bem antes de você nascer.

DESENVOLVIMENTO SEXUAL PRÉ-NATAL. Seis semanas depois de ter sido concebido, você se parecia muito com qualquer outro embrião minúsculo. Então, seus genes ativaram as características do seu sexo biológico, determinadas por seu vigésimo terceiro par de cromossomos e os dois cromossomos do sexo ficaram mais aparentes. Se você é homem ou mulher, a contribuição de sua mãe para esse par de cromossomos foi um **cromossomo X**. Do seu pai, você recebeu o único cromossomo entre os 46 que não é *unissex* – ou qualquer outro cromossomo X, que fará de você uma menina, ou um **cromossomo Y**, que fará de você um menino. Existem outras variações de desenvolvimento sexual, como veremos em breve.

Aproximadamente sete semanas depois da concepção, um único gene do cromossomo Y aciona uma chave-mestra, fazendo com que os testículos se desenvolvam e produzam o principal hormônio masculino, a **testosterona**, que promove o desenvolvimento dos órgãos sexuais masculinos. As mulheres também produzem testosterona, mas em menor quantidade; os principais hormônios sexuais femininos são os **estrogênios**, como o estradiol.

Mais tarde, durante o quarto e o quinto mês pré-natal, os hormônios sexuais encharcam o cérebro do feto e atuam sobre suas conexões. Padrões diferentes para homens e mulheres se desenvolvem sob a influência da maior quantidade de testosterona nos homens e dos estrogênios produzidos nas mulheres (Hines, 2004; Udry, 2000). Se, no entanto, as mulheres forem expostas no período pré-natal a níveis anormalmente altos de hormônios masculinos, elas tendem a crescer com mais interesses típicos masculinos (Endendijk et al., 2016).

DESENVOLVIMENTO SEXUAL DO ADOLESCENTE. Uma segunda inundação de hormônios desencadeia outro período de mudança física dramática quando entramos na **puberdade**. Nesse período de dois anos de rápido amadurecimento sexual, emergem diferenças evidentes entre homem e mulher. Uma série de mudanças começa por volta dos 10 anos nas meninas e por volta dos 12 anos nos meninos, embora as mudanças sutis da puberdade, como o crescimento dos seios e o aumento dos testículos, apareçam mais cedo (Biro et al., 2012; Herman-Giddens et al., 2012). Um ou dois anos antes das mudanças físicas visíveis, meninas e meninos começam a sentir os primeiros sinais de atração[3] por alguém do outro sexo ou do seu próprio sexo (McClintock & Herdt, 1996).

A entrada um pouco mais precoce das meninas na puberdade pode, a princípio, levá-las a alcançar uma maior altura do que os meninos da mesma idade (Figura 4.6). Todavia, os meninos as alcançam quando entram na puberdade e, por volta dos 14 anos, em sua maioria são mais altos que as meninas. Durante esses surtos de crescimento, as **características sexuais primárias**, isto é, órgãos reprodutivos e genitália externa, têm um desenvolvimento radical. O mesmo acontece com as **características sexuais secundárias** não reprodutivas. As meninas desenvolvem mamas e quadris mais largos. Os pelos faciais dos meninos começam a crescer, e sua voz engrossa. Os pelos pubianos e das axilas surgem nas meninas e nos meninos (Figura 4.7).

Nos meninos, o marco da puberdade é a primeira ejaculação, que ocorre com frequência durante o sono (como um "sonho molhado"). Esse evento, chamado de **espermarca**, acontece, em geral, por volta dos 14 anos de idade.

Nas meninas, o marco é o primeiro período menstrual, a **menarca**, normalmente entre os 12 anos e 13 anos e meio (Anderson et al., 2003). Cientistas identificaram quase 250 genes que predizem a idade da menarca (Day et al., 2017), mas o ambiente também tem um papel. A menarca precoce é mais provável depois de estresse relacionado com a ausência do pai, abuso sexual, apego inseguro aos cuidadores ou histórico de tabagismo materno durante a gravidez (Richardson et al., 2018; Shrestha et al., 2011; Sung et al., 2016). Em vários países, as

Cromossomo X. Cromossomo sexual encontrado em homens e mulheres. As mulheres têm dois cromossomos X; os homens têm apenas um. Um cromossomo X de cada progenitor resulta em uma criança do sexo feminino.

Cromossomo Y. Cromossomo sexual presente apenas nos homens. Quando pareado com um cromossomo X, da mãe, resulta em uma criança do sexo masculino.

Testosterona. O mais importante dos hormônios masculinos. É produzido por homens e mulheres, mas a quantidade adicional nos homens estimula o crescimento dos órgãos sexuais masculinos no feto e o desenvolvimento de suas características sexuais na puberdade.

Estrogênios. Hormônios sexuais, como o estradiol, que contribuem para as características sexuais femininas; são secretados em maior quantidade pelas mulheres do que pelos homens.

Puberdade. Período de maturação sexual, quando uma pessoa se torna capaz de reproduzir.

Características sexuais primárias. Estruturas corporais (ovários, testículos e genitália externa) que possibilitam a reprodução sexuada.

Características sexuais secundárias. Traços sexuais não reprodutivos, como as mamas e quadris femininos, a qualidade da voz masculina e os pelos do corpo.

Espermarca. Primeira ejaculação.

Menarca. Primeiro período menstrual.

[3]N.R.T.: Este interesse é substancialmente platônico, e as crianças e os adolescentes nessa idade ainda não estão preparadas fisicamente para as relações sexuais.

Figura 4.6 Diferenças de altura. (dados de Tanner, 1978.)

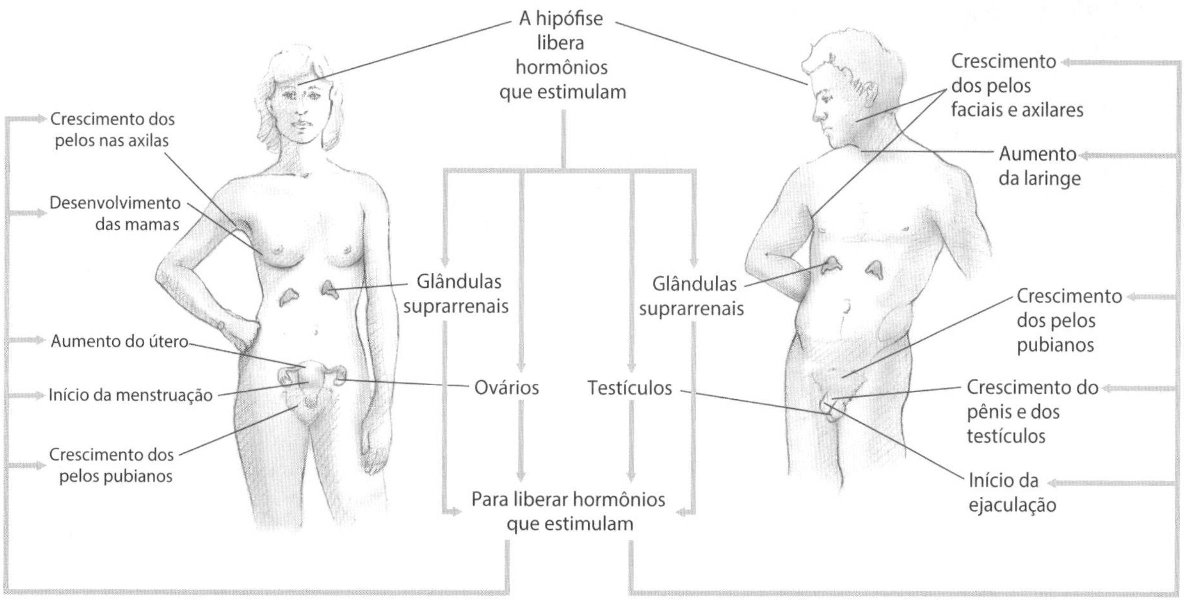

Figura 4.7 Mudanças corporais na puberdade. Aproximadamente aos 10 anos nas meninas e aos 12 anos nos meninos, uma onda de hormônios desencadeia uma série de mudanças físicas visíveis.

meninas estão desenvolvendo mamas mais cedo (às vezes antes dos 10 anos de idade) e chegando à puberdade mais cedo do que no passado. Os gatilhos suspeitos incluem o aumento de gordura corporal, dietas cheias de produtos químicos que simulam hormônios e maior estresse decorrente do rompimento familiar (Biro et al., 2010, 2012; Ellis et al., 2012; Herman-Giddens, 2013). A boa notícia é que uma relação segura entre mãe e filhos/as pode funcionar como protetor contra o estresse durante a infância, incluindo os relacionados com a puberdade precoce (Sung et al., 2016). Lembre-se: *a natureza e a criação interagem*.

Na puberdade, os meninos podem não gostar, a princípio, da sua barba rala. (Mas depois ela cresce.)

PRÁTICA DE RECUPERAÇÃO

PR-4 O desenvolvimento sexual pré-natal começa cerca de ____________ semanas depois da concepção. A adolescência é marcada pelo início da ____________.

RESPOSTAS NO APÊNDICE E

"Eu sou quem eu sou." Melhorias consideráveis nos tempos de corrida da estrela sul-africana Caster Semenya levaram a International Association of Athletics Federations (IAAF) a realizar testes de sexo a partir de 2009. Foi relatado que Semenya tinha características físicas que não eram tipicamente masculinas nem femininas. Em 2016, ela ganhou uma medalha de ouro olímpica. A IAAF a impediu de competir em 2019, a menos que ela tomasse supressores de testosterona, o que Semenya se recusou a fazer. Enquanto luta por seu direito de competir, Semenya disse que "continuará a inspirar jovens mulheres e atletas na África do Sul e em todo o mundo" (Reuters, 2019).

Bob Ramsak

VARIAÇÕES NO DESENVOLVIMENTO SEXUAL. Às vezes, a natureza embaça a linha biológica entre machos e fêmeas. As pessoas que são intersexuais podem nascer com combinações incomuns de cromossomos, hormônios e anatomia. Por exemplo, em termos genéticos, um homem pode nascer com dois ou mais cromossomos X, bem como um cromossomo Y (*síndrome de Klinefelter*), que muitas vezes resulta em esterilidade e testículos pequenos. As mulheres, também em termos genéticos, podem nascer com apenas um cromossomo X normal (*síndrome de Turner*) e não ter períodos menstruais, não desenvolver seios ou não ser capaz de ter filhos sem assistência reprodutiva. Esses indivíduos podem ter dificuldades para encontrar ou definir sua *identidade de gênero.*

No passado, os profissionais da área médica recomendavam com frequência a *cirurgia de redesignação sexual* (transgenitalização) para criar uma identidade não ambígua de sexo para as crianças com essa condição. Um estudo analisou 14 casos de crianças submetidas à cirurgia precoce e que foram criadas como meninas. Desses casos, seis se identificaram mais tarde como homens, cinco viviam como mulheres e três relataram identidade masculina ou feminina indefinida (Reiner & Gearhart, 2004).

Em um caso famoso, um garotinho perdeu o pênis durante uma circuncisão mal feita. Seus pais seguiram o conselho de um psiquiatra para criá-lo como menina e não como menino. Então, com cromossomos e hormônios masculinos e uma educação feminina, foi a natureza ou foi a criação que formou a identidade de gênero dessa criança? "Brenda" Reimer não era como a maioria das outras garotas. "Ela" não gostava de bonecas. Ela rasgava seus vestidos nas brincadeiras. Na puberdade, não queria beijar meninos. Finalmente, os pais de Brenda explicaram o que havia acontecido, o que levou Brenda imediatamente a rejeitar a identidade feminina atribuída. Então, ele passou por uma cirurgia para remover os seios que se desenvolveram com a terapia hormonal, cortou o cabelo e escolheu um nome masculino, David. Ele acabou se casando com uma mulher e passou a ser padrasto. Infelizmente, mais tarde, suicidou-se, assim como seu irmão gêmeo idêntico deprimido (Colapinto, 2000). Hoje, a maioria dos especialistas recomenda adiar a cirurgia de redesignação sexual até que a aparência física e a identidade de gênero de uma criança se tornem claras.

Criação de gênero

Em muitas pessoas, o sexo biológico e o gênero coexistem em harmonia. A biologia desenha o contorno e a cultura pinta os detalhes. As características físicas que definem um recém-nascido como homem, mulher ou intersexo são as mesmas em todo o mundo, mas os traços de gênero que definem como os homens (ou meninos) e as mulheres (ou meninas) devem agir, interagir ou sentir a respeito de si próprios são diferentes, dependendo do lugar e da época (Zentner & Eagly, 2015).

PAPÉIS DE GÊNERO

QOA 4.17 Quais são algumas influências culturais nos papéis de gênero?

As culturas moldam nossos comportamentos ao definir como deveríamos nos comportar em determinada posição social, ou **papel**. Podemos ver esse poder de modelagem nos **papéis de gênero**, ou seja, as expectativas sociais que guiam nosso comportamento como homens ou mulheres.

Em apenas uma pequena fatia da história, os papéis de gênero em todo o mundo passaram por uma transformação extrema. No início do século XX, somente um país no mundo – Nova Zelândia – concedia às mulheres o direito de votar (Briscoe, 1997). Em 2015, todos os países haviam concedido esse direito. Um século atrás, as mulheres norte-americanas não podiam votar nas eleições nacionais, servir às forças armadas ou se divorciar sem uma causa fundamentada. Se ela tivesse que trabalhar fora, provavelmente seria cozinheira em vez de professora de faculdade. Quando solicitadas a desenhar um cientista nas décadas de 1960 e 1970, menos de 1% das crianças americanas desenharam uma mulher. Em estudos mais recentes, 28% o fizeram (Miller et al., 2018). Agora, as mulheres são mais de 40% da força de trabalho em muitos países (BLS, 2019; Fetterolf, 2017).

Globalmente, as mulheres são sub-representadas nos campos STEM (ciência, tecnologia, engenharia e matemática) (UNESCO, 2017). Os homens em todo o mundo tendem a ocupar a maioria dos cargos no corpo docente, recebem maior apoio financeiro à pesquisa e têm mais artigos aceitos nas revistas de maior prestígio (Odic & Wojcik, 2020; Oliveira et al., 2019; Shen et al., 2018). Em muitos países, as mulheres ainda vivenciam o sexismo, sutil ou não, que desencoraja as carreiras relacionadas aos campos STEM (Kuchynka et al., 2018; Leaper & Starr, 2019). Mas os sinais apontam para aumentos das ofertas e demandas para mulheres nessas áreas. No ensino médio, as mulheres americanas superam os homens em leitura e escrita (Reilly et al., 2019). No nível universitário, as mulheres dos EUA, em comparação com os homens, obtêm mais diplomas e notas mais altas e, bem como mostram ter competência igual em ciências e matemática (Stoet & Geary, 2018; Terrell et al., 2017). Quando os

"#MeToo, Time's Up e Marcha das Mulheres são movimentos que nos dizem que precisamos ter uma discussão crítica sobre os direitos das mulheres, a igualdade e a dinâmica de poder do gênero... O assédio sexual, por exemplo, nos negócios e nos governos, é um problema sistêmico e inaceitável. Como líderes, precisamos agir para mostrar que realmente é tempo de acabar com isso."
– Primeiro-ministro canadense Justin Trudeau, 2018

Papel. Conjunto de expectativas (normas) sobre uma posição social, definindo como os que estão nessa posição devem se comportar.

Papel de gênero. Conjunto de comportamentos, atitudes e traços esperados para homens e mulheres.

Pensamento crítico sobre:

Agressão sexual

QOA **4.18** Quais são os efeitos da agressão sexual? Como mudaram as visões culturais sobre o tema, e como podemos reduzir o número de agressões sexuais?

Definição de agressão sexual

O **assédio sexual** envolve fazer avanços sexuais indesejados, comentários obscenos ou pedidos de favores sexuais.[1]

Agressão sexual é "qualquer tipo de contato ou comportamento sexual que ocorra sem o consentimento explícito do destinatário", como toque indesejado, abuso sexual e tentativa de estupro, ou estupro consumado.[2]

Efeitos culturais em nossas opiniões

Por local

Algumas culturas veem as vítimas de agressão sexual como culpadas de desgraçar suas famílias. Na Índia e no Paquistão, membros da família do sexo masculino matam um número desconhecido de mulheres – uma fonte estima 1.000 anualmente em cada país[9] – por desonrar suas famílias.

Ao longo do tempo

Mudanças nas normas globais tornaram menos aceitável culpar as vítimas de agressão sexual.

1970

Anos 1970
Os primeiros estudos significativos de culpabilização de vítimas de estupro

1990

1991
Caso de assédio sexual de Clarence Thomas, indicado à Suprema Corte dos EUA

2017
Ponto de inflexão: muitas pessoas de diferentes profissões (jornalismo, política, academia, esportes, entretenimento) perderam seus empregos por causa de suposta agressão sexual

2020

2019
Movimento #MeToo ativo em mais de 85 nações

Culpar a vítima torna-se menos aceitável

Vítimas

Nos EUA, 81% das mulheres e 43% dos homens relatam ter sofrido agressão sexual na vida.[3]

A agressão sexual afeta pessoas de *todos os grupos étnicos*.[4]

Quase 70% das vítimas de estupro têm entre 11 e 24,4 anos.[4]

Em um levantamento sobre o clima escolar nacional, 8 em cada 10 adolescentes *gays* ou lésbicas relataram ter sofrido assédio sexual no ano anterior.[5]

Efeitos sobre o bem-estar

Graças à resiliência humana, as vítimas de agressão sexual geralmente se recuperam e levam uma vida saudável e significativa. No entanto, muitos também sofrem sérios reveses, entre os quais:

- Sono interrompido[6]
- Saúde física precária[7]
- Dificuldade de confiar em novos parceiros de relacionamento[8]

Como reduzir a agressão sexual

A terapia para tratar os agressores sexuais não tem sido muito eficaz.[11] No entanto, outras estratégias mais amplas funcionam:

Incentivar as vítimas a relatar suas experiências às figuras de autoridade (pais, supervisores, policiais) e a compartilhar suas experiências publicamente.

Capacitar as vítimas a assumir o controle de sua situação e se recusar a deixar seus perpetradores dominá-las ou manipulá-las. Ajustar normas sociais para que as vítimas sintam-se seguras ao relatar suas experiências.

Educar as pessoas sobre estratégias preventivas de intervenção de espectadores, como "Green Dot", que reduziu a agressão sexual nas comunidades em até 20%.[12]

1. McDonald, 2012; U.S.E.E.O.C., 2018. 2. U.S.D.O.J., 2018. 3. Stop Street Harassment, 2018. 4. Black et al., 2011. 5. GLSEN, 2012; Krahé & Berger, 2017; Snipes et al., 2017; Zanarini et al., 1997. 6. Krakow et al., 2001, 2002. 7. Schuyler et al., 2017; Zinzow et al., 2011. 8. Muldoon et al., 2016; Starzynski et al., 2017. 9. HBVA, 2018. 10. Stone & Vogelstein, 2019. 11. Grønnerød et al., 2015. 12. Coker et al., 2017. 13. Jesse, 2019.

pesquisadores convidaram professores dos EUA para recomendar candidatos para cargos STEM, a maioria disse preferir contratar mulheres altamente qualificadas a homens igualmente qualificados (Williams & Ceci, 2015). Esta é uma boa notícia para as mulheres cientistas e engenheiras, que se beneficiam de ter mentores e modelos de comportamento femininos capazes e motivados (Dennehy & Dasgupta, 2017; Moss-Racusin et al., 2018).

Os papéis de gênero também variam de um lugar para outro. As sociedades nômades dos coletores de alimentos tiveram pouca divisão de trabalho de acordo com o sexo. Meninos e meninas recebiam praticamente a mesma educação. Nas sociedades agrícolas, nas quais as mulheres trabalhavam nos campos das redondezas e os homens vagueavam enquanto pastoreavam o gado, as culturas moldaram as crianças para assumir papéis de gênero mais distintos (Segall et al., 1990; Van Leeuwen, 1978).

Dedique 1 minuto para conferir suas próprias expectativas de gênero. Você concorda que "quando os trabalhos são escassos, os homens devem ter mais direitos que as mulheres"? Na Suécia e na Espanha, pouco mais de 10% dos adultos concordam. No Egito e na Jordânia, cerca de 90% dos adultos concordam (UNFPA, 2016). Somos todos humanos, mas nossas opiniões divergem muito!

As expectativas sobre os papéis de gênero também influenciam as atitudes culturais sobre a **agressão sexual**. Na sequência de acusações críveis de agressão sexual por homens famosos e poderosos, muitos países estão realizando esforços para reduzir o assédio e a agressão sexual. (Ver Pensamento Crítico sobre: Agressão sexual.)

"Você não pode colocar mulheres e homens em pé de igualdade. É contra a natureza." – Presidente turco Recep Tayyip Erdovğa, 2014

PRÁTICA DE RECUPERAÇÃO

PR-5 O que são papéis de gênero e o que suas variações nos dizem sobre nossa capacidade humana de aprendizagem e adaptação?

RESPOSTAS NO APÊNDICE E

IDENTIDADE DE GÊNERO

QOA 4.19 Como formamos nossa identidade de gênero?

Um *papel de gênero* descreve como os outros esperam que pensemos, sintamos e ajamos. Nossa **identidade de gênero**, quando *binária* (envolvendo apenas duas opções), é nosso senso pessoal de nos sentirmos como sendo homem ou mulher. Os que têm identidade de gênero *não binária* podem não se sentir masculinos ou femininos, ou podem se identificar como uma combinação de masculino *e* feminino. Como desenvolvemos nossa identidade de gênero?

"Precisamos continuar mudando a atitude que cria nossas meninas para serem recatadas e nossos meninos para serem assertivos, que critica nossas filhas por falarem e nossos filhos por derramarem uma lágrima." – Ex-presidente dos EUA Barack Obama, 2016

A **teoria da aprendizagem social** pressupõe que adquirimos nossa identidade na infância, observando e imitando os comportamentos ligados ao gênero dos outros e sendo recompensados ou punidos por agir de determinadas maneiras (p. ex., "Tatiana, você é uma mamãe muito boa para suas bonecas"; "Meninos grandes não choram, Armand"). No entanto, os críticos observam que há mais na identidade de gênero do que imitação e recompensa. Eles apontam que a **tipificação de gênero** – assumir o papel tradicional de homem ou de mulher – varia de uma criança para outra (Tobin et al., 2010).

Os pais ajudam a transmitir as visões de sua cultura sobre gênero. Em uma análise de 43 estudos, os pais com visões de gênero tradicionais eram mais propensos a ter filhos de gênero tipificados, que compartilhavam suas expectativas sobre como homens e mulheres deveriam agir (Tenenbaum & Leaper, 2002). Quando os pais compartilham igualmente as tarefas domésticas, suas filhas desenvolvem aspirações mais altas para o trabalho fora de casa (Croft et al., 2014).

Independentemente de quanto os pais estimulem ou desestimulem o comportamento tradicional de gênero, as crianças podem tomar a direção que lhes parecer certa. Algumas se organizam em "mundo dos meninos" e "mundo das meninas", cada um deles guiado por regras. Outras obedecem a essas regras de forma mais flexível. Outras, ainda, preferem a **androginia**: uma mistura de papéis masculinos e femininos que sentem como certa para eles. A androginia tem seus benefícios. Os adultos andróginos são mais adaptáveis. São mais flexíveis no comportamento e nas escolhas de carreira (Bem, 1993). Desde a infância, eles tendem a ser mais resilientes, têm maior autoaceitação e experimentam menos depressão (Lam & McBride-Chang, 2007; Mosher & Danoff-Burg, 2008; Pauletti et al., 2017).

Os sentimentos importam, mas a forma como pensamos também. No início da vida, todos nós formamos *esquemas* ou conceitos que nos ajudam a dar sentido ao nosso mundo. Nossos *esquemas de gênero* organizam nossas experiências de características masculinas e femininas e nos ajudam a pensar sobre nossa identidade de gênero e também sobre quem somos como indivíduos únicos (Ben, 1987, 1993; Martin et al., 2002).

Agressão sexual. Qualquer comportamento físico ou verbal de natureza sexual que seja indesejado ou destinado a prejudicar alguém, física ou emocionalmente. Pode ser expressa como *assédio sexual* ou *agressão sexual*.

Identidade de gênero. Nossa sensação de ser homem, mulher, nenhum dos dois, ou alguma combinação de homem e mulher.

Teoria da aprendizagem social. Teoria de que aprendemos o comportamento social observando e imitando e sendo recompensados ou punidos.

Tipificação de gênero. Aquisição de um papel masculino ou feminino tradicional.

Androginia. Exibição simultânea de características psicológicas masculinas e femininas tradicionais.

Quando crianças, fomos "detetives de gênero" (Martin & Ruble, 2004). Antes do seu primeiro aniversário, você sabia a diferença da voz e da face de um homem e de uma mulher (Martin et al., 2002). Depois de fazer 2 anos, a linguagem obrigou você a rotular o mundo em termos de gênero. A língua portuguesa classifica as pessoas em "eles" e "elas", nas línguas latinas, os objetos também entram na classificação: *le pain* (o pão, em francês) ou *la escuela* (a escola, em espanhol).[4]

Depois que as crianças percebem que existem dois tipos de pessoas – e que "supostamente" elas são de um desses dois tipos –, elas buscam pistas sobre o gênero. Em todas as culturas, as pessoas comunicam seu gênero de muitas maneiras. Sua *expressão de gênero* deixa pistas não só em sua linguagem, mas também em seu modo de vestir, interesses e posses. Tendo encontrado essas pistas, as crianças de 3 anos de idade podem dividir o mundo humano em duas metades. As crianças então podem decidir que são as "meninas" que adoram *Frozen* e têm cabelos longos. E que os "meninos" acham que o *Capitão Cueca* é hilário e não usam vestidos. Munidas da "prova" recém-colhida, as crianças ajustam seu comportamento para adequarem seu conceito de gênero. Esses estereótipos atingem o pico de rigidez em torno dos 5 a 6 anos. Se o novo vizinho for uma menina, um menino de 6 anos pode assumir que não pode compartilhar com ela seus interesses.

Para as crianças pequenas, o gênero se agiganta. O que eles aprendem, no entanto, vem se ampliando lentamente a partir dos "dois tipos de pessoas" encontrados nos clássicos de animação e em corredores de brinquedos separados de bonecas e heróis de ação. Em 2019, o popular desenho infantil *Arthur* mostrou o professor de Arthur se casando com outro personagem masculino. "A arte reflete a vida", disse o criador Marc Brown, "e as crianças precisam ver o que está acontecendo no mundo" (Wong, 2019).

Para as pessoas que se identificam como *cisgênero*, o gênero corresponde ao sexo de nascimento. Para os que se identificam como **transgêneros**, a identidade de gênero difere do que é típico para o sexo biológico dessa pessoa (APA, 2010; Bockting, 2014). Desde a infância, uma pessoa pode, por exemplo, sentir-se como um homem em um corpo feminino ou uma mulher em um corpo masculino (Olson et al., 2015). Um estudo com 300 crianças transgênero de 3 a 12 anos descobriu que essas crianças em "transição precoce" são tão fortemente tipificadas e identificadas como gênero quanto seus irmãos cisgênero e aqueles em um grupo de controle cisgênero (Gülgöz et al., 2019). As imagens do cérebro dessas pessoas são reveladoras: aqueles que procuram transgenitalização médica têm alguns tratos neurais que diferem daqueles cuja identidade de gênero corresponde ao sexo atribuído ao nascimento (Kranz et al., 2014; Van Kesteren et al., 1997). Exames de imagem cerebrais também revelaram diferenças entre pessoas transgênero e cisgênero, sugerindo influência biológica na identidade de gênero (Williams, 2018). O biólogo Robert Sapolsky (2015) argumenta: "não é que [esses] indivíduos pensem que são de um gênero diferente do que realmente são. É que eles [estão] presos a corpos que são de gênero diferente do que eles realmente são".

Transgênero. Termo abrangente que descreve pessoas cuja identidade ou expressão de gênero difere daquela associada ao sexo atribuído ao nascimento.

"Ser trans deve ser uma identidade pessoal ou social, não psiquiátrica." – Antropólogo Roy Richard Grinker, 2018

Na maioria dos países, não é fácil ser transgênero. Em um levantamento nacional com lésbicas, *gays*, bissexuais e transgêneros americanos, 71% viram "alguma" ou "muita" aceitação social para homens *gays*, e 85% disseram o mesmo para mulheres *lésbicas*. Porém, só 18% viram aceitação semelhante para pessoas transgênero (Sandstrom, 2015). Em outro levantamento – com 27.175 americanos transgêneros –, 46% relataram ter sido assediados verbalmente no ano passado (James et al., 2016). As pessoas transgênero na Europa e na Ásia também sofrem frequentes insultos, preconceitos e discriminação (Amnesty International, 2018). Algumas pessoas transexuais experimentam angústia profunda, aumentando o risco de diagnóstico de *disforia de gênero* (McNeil et al., 2017; Mueller et al., 2017). Para receber um diagnóstico de disforia de gênero, você deve apresentar *níveis clínicos de angústia* associados à sua identidade de gênero. Simplesmente identificar-se como transgênero não indica que você tenha um transtorno psicológico. Talvez em decorrência do preconceito dentro das forças armadas dos EUA, veteranos transgêneros têm o dobro do risco de morrer por suicídio do que veteranos militares cisgêneros (Tucker, 2019). E em um estudo com 27 mil adultos transgêneros, aqueles que receberam "terapia de conversão" tiveram o dobro do risco de cometer suicídio (Turban et al., 2020).

Pessoas transgênero podem tentar alinhar sua aparência externa e vida cotidiana com sua identidade de gênero. Em 2019, a Suprema Corte dos EUA confirmou uma decisão de que pessoas transgênero têm o direito de usar o banheiro que corresponda à sua identidade de gênero (Wolf, 2019). Essa validação da identidade de gênero pode ajudar as pessoas transgênero a evitar a depressão e a baixa autoestima (Glynn et al., 2017). De fato, procedimentos médicos de afirmação de gênero (uso de hormônios, cirurgia) parecem reduzir a depressão, a ansiedade e o estresse pós-traumático dessas pessoas (Tomita et al., 2018).

Observe que *identidade de gênero* é diferente de *orientação sexual* (a direção da atração sexual). Pessoas transgênero podem se sentir sexualmente atraídas por pessoas do gênero

Gage Skidmore

Amado filho. Chaz Bono, escritor, músico, advogado e ator, é o filho transgênero da cantora e atriz Cher e do falecido músico e político Sonny Bono.

[4]N.R.T.: Embora o sufixo "e" tenha sido usado regularmente para denominar o gênero neutro, mais recentemente este sufixo também tem sido utilizado para as pessoas de gênero não conforme ou *queers*.

oposto, do mesmo gênero, de todos os gêneros, ou por ninguém. Sua orientação sexual é *com quem* você fantasia ir para a cama; sua identidade de gênero é *como quem* você vai para a cama.

Em todo o mundo, cerca de 25 milhões de pessoas se identificam como transgênero (WHO, 2016). Nos EUA, cerca de 1 milhão de pessoas se identificam como transgênero (Meerwijk & Sevelius, 2017). Aproximadamente 30% desse grupo têm identidades de gênero não binárias mais amplas – sentindo uma combinação de masculino e feminino, ou não se sentindo nem masculino nem feminino (Barr et al., 2016; James et al., 2016; Mikalson et al., 2012). Na América do Norte e na Europa, o número está aumentando, em especial entre os adolescentes que foram designados do sexo feminino ao nascer. Alguns se perguntam se o aumento é em parte um fenômeno social ou se simplesmente os adolescentes de hoje se sentem mais livres para assumir e expressar suas identidades privadas (Wadman, 2018). Mas é fato que muitos que fazem a transição já preferiram roupas, brinquedos e cabelos não conformes com o gênero quando eram crianças (Rae et al., 2019).

PERGUNTE A SI MESMO

Qual é seu grau de tipagem de gênero? O que influenciou seus sentimentos de ser homem, mulher, nenhum dos dois, ou alguma combinação de homem e mulher?

Reflexões sobre natureza, criação e sua interação

QOA 4.20 Como a natureza, a criação e nossas próprias escolhas influenciam os papéis de gênero e outros aspectos de nossas vidas?

"Existem verdades triviais e grandes verdades", refletiu o físico Niels Bohr sobre os paradoxos da ciência. "O oposto de uma verdade trivial é claramente falso. O oposto de uma grande verdade também é verdade". Nossa história ancestral ajudou a nos formar como espécie. Onde houver variação, seleção natural e hereditariedade, haverá evolução. A combinação genética única criada quando o óvulo de nossa mãe engoliu o esperma de nosso pai predispôs tanto nossa humanidade compartilhada quanto nossas diferenças individuais. Nossos genes nos formam. Esta é uma grande verdade sobre a natureza humana.

Mas nossas experiências também nos moldam. Nossas famílias e relacionamentos com colegas nos ensinam como pensar e agir. Diferenças iniciadas por nossa natureza podem ser amplificadas por nossa criação. Se os genes e hormônios predispõem os homens a serem fisicamente mais agressivos do que as mulheres, a cultura pode ampliar essa diferença de gênero por meio de normas que recompensam homens machistas e mulheres dóceis. Se os homens são encorajados a papéis que exigem força física e as mulheres, a papéis mais protetores e cuidadores, cada um pode agir de acordo. Os papéis recriam seus jogadores. Os advogados, com o tempo, tornam-se mais juristas, e os professores, mais professores. Os papéis de gênero também nos moldam.

Em muitas culturas modernas, os papéis de gênero estão se fundindo. A força bruta tornou-se menos importante para poder e *status* (pense nos "filantrocapitalistas" Priscilla Chan e Mark Zuckerberg). De 1965 a 2019, as mulheres subiram de 9% para 52% dos estudantes de medicina dos EUA (AAMC, 2014, 2018). Em 1965, as mulheres americanas casadas dedicavam oito vezes mais horas ao trabalho doméstico do que seus maridos; em 2012, essa lacuna havia diminuído para menos de duas vezes (Parker & Wang, 2013; Sayer, 2016). Um levantamento em 30 países mostrou redução semelhante na diferença de gênero no trabalho doméstico e em outros trabalhos não remunerados, como cuidar de crianças (OECD, 2018). Mudanças tão rápidas sinalizam que a biologia não fixa os papéis de gênero.

Se a natureza e a criação nos formam conjuntamente, somos "nada além" do produto da natureza e da criação? Estamos rigidamente determinados?

Somos sim o produto da natureza e da criação, mas somos também um sistema aberto (Figura 4.8). Os genes são onipresentes, mas não onipotentes. As pessoas podem rejeitar seu papel evolutivo como transmissores de genes e optar por não se reproduzir. A cultura também é onipresente, mas não onipotente. As pessoas podem desafiar as pressões dos colegas e resistir às expectativas sociais.

Além disso, não podemos desculpar nossas falhas botando a culpa nos maus genes ou nas más influências. Na realidade, somos criaturas e criadores de nossos mundos. Muitas coisas sobre nós, inclusive nossos papéis de gênero, são produtos de nossos genes e ambientes. No entanto, o fluxo que corre para o futuro flui por meio de nossas escolhas presentes. Nossas decisões de hoje projetam nossos ambientes de amanhã. Nós somos os arquitetos. Nossas esperanças, metas e expectativas influenciam nosso destino. E é isso que permite que as culturas variem e mudem. A mente faz a diferença.

San Diego Museum of Man, fotografia por Rose Tyson

Cultura faz a diferença. Como ilustra esta exibição em um museu em San Diego, as crianças aprendem sua cultura. O pé de um bebê pode entrar em qualquer cultura.

Figura 4.8 Abordagem biopsicossocial do desenvolvimento.

PRÁTICA DE RECUPERAÇÃO

PR-6 Como a abordagem biopsicossocial explica nosso desenvolvimento individual?

RESPOSTAS NO APÊNDICE E

* * *

Sabemos por nossa correspondência e por pesquisas que alguns leitores estão preocupados com o naturalismo e o evolucionismo da ciência contemporânea. (Uma nota para leitores de outras nações: nos EUA pode haver um grande abismo entre o pensamento científico e leigo sobre evolução.) "A ideia de que as mentes humanas são o produto da evolução é... fato incontestável", declarou um editorial de 2007 na *Nature*, uma importante revista científica. Em *The Language of God* (*A Linguagem de Deus*), o diretor do Human Genome Project, Francis Collins (2006, p. 141, 146), autodenominado cristão evangélico, compilou a evidência "totalmente convincente" que o levou a concluir que a grande ideia de Darwin é "inquestionavelmente correta". No entanto, os pesquisadores da Gallup relataram que 38% dos adultos dos EUA acreditam que os seres humanos foram criados "praticamente em sua forma atual" nos últimos 10 mil anos (Swift, 2017). Muitas pessoas que contestam a história científica temem que uma ciência do comportamento (e a ciência evolutiva em particular) destrua nosso senso de beleza, mistério e significado espiritual da criatura humana. Para os interessados, oferecemos alguns pensamentos tranquilizadores.

"Vamos torcer para que não seja verdade; mas se for verdade, vamos torcer para que não se torne amplamente conhecida." – Lady Ashley, comentando a teoria de Darwin

Quando Isaac Newton explicou o arco-íris em termos de luz de diferentes comprimentos de onda, o poeta britânico John Keats temeu que Newton tivesse destruído a misteriosa beleza do arco-íris. No entanto, como o biólogo evolucionista Richard Dawkins (1998) observou em *Unweaving the Rainbow* (Desvendando o Arco-Íris), a análise de Newton levou a um mistério ainda mais profundo – a teoria da relatividade especial de Einstein. Nada na óptica de Newton precisa diminuir nossa apreciação pela elegância dramática de um arco-íris arqueando-se em um céu brilhante.

"Não é emocionante entender como o mundo realmente funciona – que a luz branca é feita de cores, essa cor mede as ondas de luz, que o ar transparente reflete a luz...? Não faz mal ao romance do pôr do sol saber um pouco sobre isso." – Carl Sagan, *Skies of Other Worlds*, 1988

Quando Galileu reuniu evidências de que a Terra girava em torno do Sol, e não o oposto, ele não ofereceu provas irrefutáveis para sua teoria. Em vez disso, ele ofereceu uma explicação coerente para uma variedade de observações, como as sombras mutáveis lançadas pelas montanhas da Lua. Sua explicação acabou se tornando vencedora porque descrevia e explicava as coisas de uma maneira que fazia sentido, que se encaixava. A teoria da evolução de Darwin também é uma visão coerente da história natural. Oferece um princípio organizador que unifica várias observações.

Muitas pessoas de fé acham a ideia científica da origem humana compatível com sua espiritualidade. No século V, Santo Agostinho (citado por Wilford, 1999) escreveu: "o universo foi trazido à existência em um estado menos do que totalmente formado, mas foi dotado da capacidade de se transformar de matéria informe em um conjunto verdadeiramente maravilhoso de estruturas e formas de vida". No século XIV, o historiador muçulmano Ibn Khaldun (1377) escreveu: "deve-se então olhar para o mundo da criação. Começou nos minerais e progrediu, de maneira engenhosa e gradual, para plantas e animais". Cerca de 800 anos depois, o Papa Francisco, em 2015, acolheu um diálogo entre ciência e religião, dizendo: "a evolução na

heromen30/Shutterstock

natureza não é inconsistente com a noção de criação, porque a evolução requer a criação de seres que evoluem".

Enquanto isso, muitas pessoas da ciência estão impressionadas com a compreensão emergente do universo e da criatura humana. Isso confunde a mente – o universo inteiro saindo de um ponto há cerca de 14 bilhões de anos e inflando instantaneamente até o tamanho cosmológico. Se a energia desse Big Bang fosse um pouquinho menor, o universo teria desmoronado sobre si mesmo. Se tivesse sido um pouquinho maior, o resultado teria sido uma sopa rala demais para suportar a vida. O astrônomo Sir Martin Rees descreveu em *Just Six Numbers* (1999) que qualquer pequena mudança em apenas seis números, produziria um cosmos no qual a vida não poderia existir. Se a gravidade fosse um pouco mais forte ou mais fraca, ou se o peso de um próton de carbono fosse um pouco diferente, nosso universo simplesmente não teria funcionado.

O que causou esse universo quase bom demais para ser verdade e bem ajustado? Por que existe algo em vez de nada? Como foi, nas palavras do astrofísico de Harvard e da Smithsonian Owen Gingerich (1999), "tão extraordinariamente certo, que parecia que o universo tinha sido expressamente projetado para produzir seres inteligentes e sencientes"? Sobre esses assuntos, um silêncio humilde, respeitoso e científico é apropriado, sugeriu o filósofo Ludwig Wittgenstein: "do que não se pode falar, deve-se calar" (1922, p. 189).

Em vez de temer a ciência, podemos saudá-la, ampliando nossa compreensão e despertando nosso senso de admiração. Em *The Fragile Species*, Lewis Thomas (1992) descreveu seu espanto absoluto de que a Terra, com o tempo, deu origem a bactérias e, eventualmente, à "Missa em Si Menor", de Bach. Em um curto período de 4 bilhões de anos, a vida saiu do nada para estruturas tão complexas quanto um filamento de 6 bilhões de unidades do DNA e a incompreensível complexidade do cérebro humano. Os átomos, não diferentes dos encontrados em uma pedra, de algum modo formaram entidades dinâmicas que se tornaram conscientes – nós (Davies, 2007). Embora pareçamos ter vindo do pó, passando por eras e eras, o resultado a que se chegou foi uma criatura inestimável, rica em potenciais além de nossa imaginação.

"A posse do conhecimento não mata a sensação de maravilha e mistério. Há sempre mais mistério."
– Anaïs Nin, *The Diary of Anaïs Nin*, 1934

REVISÃO Diversidade cultural e de gênero: como entender a natureza e a criação

OBJETIVOS DE APRENDIZAGEM

Teste a si mesmo. Responda às Questões dos Objetivos de Aprendizagem (antes de conferir as respostas no Apêndice D) para aprimorar a retenção dos conceitos estudados (McDaniel et al., 2009, 2015).

QOA **4.9** Como as primeiras experiências modificam o cérebro?

QOA **4.10** De quais maneiras os pais e os pares moldam o desenvolvimento das crianças?

QOA **4.11** Como a cultura afeta nosso comportamento?

QOA **4.12** Como as culturas individualistas e coletivistas diferem em seus valores e objetivos?

QOA **4.13** Como o significado de *gênero* difere do significado de *sexo*?

QOA **4.14** Em que aspectos homens e mulheres tendem a ser semelhantes e diferentes?

QOA **4.15** Que fatores contribuem para o viés de gênero no local de trabalho?

QOA **4.16** Como os hormônios sexuais influenciam o desenvolvimento sexual pré-natal e na adolescência?

QOA **4.17** Quais são algumas influências culturais nos papéis de gênero?

QOA **4.18** Quais são os efeitos da agressão sexual? Como mudaram as visões culturais sobre o tema, e como podemos reduzir o número de agressões sexuais?

QOA **4.19** Como formamos nossa identidade de gênero?

QOA **4.20** Como a natureza, a criação e nossas próprias escolhas influenciam os papéis de gênero e outros aspectos de nossas vidas?

TERMOS E CONCEITOS A RECORDAR

Teste a si mesmo. Escreva a definição com suas próprias palavras e depois confirme sua resposta.

cultura, p. 143
norma, p. 144
individualismo, p. 145
coletivismo, p. 145
sexo, p. 148
gênero, p. 148
intersexo, p. 148
agressão, p. 149
agressão relacional, p. 149
cromossomo X, p. 152
cromossomo Y, p. 152
testosterona, p. 152
estrogênios, p. 152
puberdade, p. 152
características sexuais primárias, p. 152
características sexuais secundárias, p. 152
espermarca, p. 152
papel, p. 154
papel de gênero, p. 154
agressão sexual, p. 156
identidade de gênero, p. 156

teoria da aprendizagem social, p. 156
tipificação de gênero, p. 156
androginia, p. 156
transgênero, p. 157

DOMINE O MATERIAL

Teste a si mesmo. Responda às questões a seguir por conta própria, a princípio, depois confira as respostas no Apêndice E.

1. Culturas individualistas tendem a valorizar ________________; culturas coletivistas tendem a valorizar ________________.

a. interdependência; independência
b. independência; interdependência
c. solidariedade; singularidade
d. obrigações; realização pessoal

2. Na psicologia, ________________ são as características biologicamente influenciadas pelas quais as pessoas definem masculino, feminino e intersexo. As características comportamentais que as pessoas associam a *menino, menina, homem* e *mulher* são ________________.

3. As mulheres e os homens são muito semelhantes, mas uma diferença é que

a. as mulheres interrompem com mais frequência do que os homens.
b. os homens são mais democráticos do que as mulheres em seus papéis de liderança.
c. quando crianças, as mulheres tendem a brincar em pequenos grupos, enquanto os homens tendem a brincar em grandes grupos.
d. as mulheres são mais propensas ao suicídio.

4. Um óvulo fertilizado se desenvolverá em um menino se receber um cromossomo ________________ de seu pai.

5. As características sexuais primárias estão relacionadas com ________________; as características sexuais secundárias se referem a ________________.

a. espermarca; menarca
b. mamas e pelo facial; ovários e testículos
c. maturidade emocional; surtos hormonais
d. órgãos reprodutivos; traços não reprodutivos

6. Em média, as meninas iniciam a puberdade na idade de ________________, e os meninos aproximadamente na idade de ________________.

7. Um indivíduo nascido com anatomia sexual diferente da anatomia de um homem ou mulher normal tem um ________________.

8. O *papel de gênero* refere-se a

a. nosso senso pessoal de ser homem ou mulher, ou alguma combinação de homem e mulher.
b. expectativas culturais a respeito do "jeito certo" para homens e mulheres se comportarem.
c. sexo designado no nascimento – nossos cromossomos e nossa anatomia.
d. características *unissex*.

9. Nossa sensação de ser homem, mulher, nenhum dos dois ou alguma combinação de homem e mulher é conhecida como nossa ________________.

N.E.: Este capítulo conta com um apêndice complementar, elaborado por professor brasileiro para contextualização dos temas abordados ao cenário nacional.

CAPÍTULO

5

Tanya Constantine/Getty Images

Desenvolvimento ao Longo do Ciclo Vital

A vida é uma jornada, do útero ao túmulo. É assim comigo [DM] e também será com você. Minha história e a sua começaram quando um homem e uma mulher, juntos, contribuíram com mais de 20 mil genes em um óvulo, que se transformou em uma pessoa única. Esses genes codificaram as proteínas primordiais que, com precisão impressionante, formaram nossos corpos e predispuseram nossos traços. Minha avó deixou de herança para minha mãe um raro padrão de perda auditiva que ela, por sua vez, me transmitiu (o menor de seus presentes). Meu pai era um extrovertido afável e às vezes eu me esqueço de parar de falar (embora, quando criança, minha fala fosse impedida por uma gagueira embaraçosa, para a qual as Escolas Públicas de Seattle ofereciam terapia da fala).

Junto com a natureza de meus pais, também recebi a sua educação. Como você, nasci em uma família e cultura particulares, com sua maneira própria de ver o mundo. Meus valores foram moldados por uma cultura familiar cheia de conversa e risos, por uma cultura religiosa que fala de amor e justiça, e por uma cultura acadêmica que incentiva o pensamento crítico (perguntando, *O que você quer dizer? Como você sabe?*).

Somos formados por nossos genes e nossos contextos; portanto, nossas histórias serão diferentes. Mas de vários modos cada um de nós é como quase todos os outros na Terra. Sendo humanos, eu e você temos a necessidade de pertencer. Minha biblioteca mental de vídeos, que começou após os 4 anos, está preenchida com cenas de ligações sociais. Com o tempo, minhas ligações com meus pais afrouxaram, à medida que as amizades com os pares cresceram.

Depois da falta de confiança para namorar no colegial, me apaixonei por uma colega de classe na universidade e me casei aos 20 anos. A seleção natural nos predispõe a sobreviver e perpetuar nossos genes. Com certeza, 2 anos mais tarde uma criança entrou em nossas vidas e experimentei uma nova forma de amor que me surpreendeu por sua intensidade.

Mas a vida é marcada por mudanças. Aquela criança e seu irmão vivem hoje a 3.218 km de distância, e a irmã deles encontrou sua vocação na África do Sul. As tiras de borracha apertadas que ligam pais e filhos afrouxaram, assim como provavelmente ocorreu com você.

A mudança também marca a vida profissional da maioria das pessoas. No meu caso passou de um adolescente trabalhando na agência de seguros da família para um estudante de química pré-médico e assessor hospitalar, e daí para (após descartar minhas matrículas para a faculdade de medicina, concluída pela metade) professor de psicologia e autor. Prevejo que em 10 anos você também estará fazendo coisas que hoje não consegue prever.

A estabilidade também marca nosso desenvolvimento: as situações de nossa vida mudam, mas experimentamos um *self* contínuo. Quando me olho no espelho, não vejo a pessoa que já fui, mas me sinto como a pessoa que sempre fui. Sou a mesma pessoa que, no final da adolescência, jogava basquete e descobriu o amor. Sessenta anos depois, ainda jogo basquete e ainda amo (com menos paixão, mas com mais segurança) a parceira de vida com quem compartilho tristezas e alegrias.

A continuidade se transforma por meio de estágios – crescer, criar filhos, ter uma carreira e, no final das contas, o último estágio da vida, que vai exigir minha presença. Enquanto vou seguindo meu caminho por esse ciclo de vida e morte, estou consciente de que a vida é uma jornada, um processo contínuo de desenvolvimento, semeado pela natureza e moldado pela cultura, animado pelo amor e focado pelo trabalho, iniciado com uma curiosidade de olhos bem abertos e concluído, para os abençoados, para viver até uma boa velhice, com paz e uma esperança interminável.

Ao longo do ciclo vital, crescemos, de recém-nascidos para crianças, de crianças para adolescentes e de adolescentes para adultos maduros. Em cada estágio da vida existem marcos físicos, cognitivos e sociais. Começamos com o desenvolvimento pré-natal e o recém-nascido. Depois, voltamos nossa atenção para a primeira e a segunda infância, adolescência e vida adulta.

Questões do desenvolvimento, desenvolvimento pré-natal e o recém-nascido

Psicologia do desenvolvimento. Ramo da psicologia que estuda as mudanças físicas, cognitivas e sociais ao longo da vida.

Estudo transversal. Estudo que compara pessoas de idades diferentes no mesmo ponto do tempo.

Principais questões da psicologia do desenvolvimento

QUESTÃO DE OBJETIVOS DE APRENDIZAGEM QOA **5.1** Quais são as três questões que mobilizaram os psicólogos do desenvolvimento?

Os pesquisadores acham o desenvolvimento humano interessante pelas mesmas razões que a maioria de nós – eles querem entender mais sobre como nos tornamos nós mesmos e como podemos mudar nos próximos anos. A **psicologia do desenvolvimento** examina nosso desenvolvimento físico, cognitivo e social ao longo da vida. Os psicólogos do desenvolvimento costumam fazer **estudos transversais** (comparando pessoas de diferentes idades) e **longitudinais** (acompanhando pessoas ao longo do tempo) para explorar três questões principais:

1. *Natureza e cultura*: como nossa herança genética (ou natureza) interage com nossas experiências (nossa cultura) para influenciar nosso desenvolvimento? (Este foi nosso foco no Capítulo 4.)
2. *Continuidade e estágios*: que partes do desenvolvimento são graduais e contínuas, como andar de elevador? Que partes mudam abruptamente em estágios diferentes, como subir degraus da escada?
3. *Estabilidade e mudança*: quais dos nossos traços persistem por toda a vida? E como mudamos à medida que envelhecemos?

Estudo longitudinal. Pesquisa que acompanha e testa novamente as mesmas pessoas ao longo do tempo.

"Natureza é tudo que um homem traz consigo para o mundo; cultura é qualquer influência que o afeta depois de seu nascimento." – Francis Galton, *English Men of Science*, 1874

Continuidade e estágios

Os adultos são diferentes dos bebês como uma sequoia gigante é diferente de suas mudas – uma diferença criada pelo crescimento gradual, cumulativo? Ou são diferentes como a borboleta é diferente da lagarta – uma diferença de estágios distintos?

De modo geral, os pesquisadores que enfatizam a experiência e a aprendizagem consideram o desenvolvimento um processo de formação lento e contínuo. Os que enfatizam o amadurecimento biológico tendem a considerar o desenvolvimento como uma sequência de etapas ou estágios predispostos geneticamente: embora o progresso por meio de vários estágios possa ser rápido ou lento, todas as pessoas passam pelos estágios na mesma ordem.

Existem estágios bem definidos do desenvolvimento psicológico, como existem estágios físicos, como caminhar antes de correr? As *teorias dos estágios* que vamos considerar – de Jean Piaget sobre o desenvolvimento cognitivo, de Lawrence Kohlberg sobre o desenvolvimento moral, e de Erik Erikson sobre o desenvolvimento psicossocial – propõem estágios de desenvolvimento (resumidos na Figura 5.1). Mas, como também veremos, algumas pesquisas lançam dúvidas sobre a ideia de que a vida avança mediante estágios nitidamente definidos e vinculados à idade.

Embora muitos psicólogos do desenvolvimento modernos não se identifiquem como teóricos do estágio, o conceito de estágio permanece útil. O cérebro humano sofre surtos de crescimento durante a segunda infância e a puberdade que correspondem aproximadamente aos estágios de Piaget (Thatcher et al., 1987). E as teorias de estágios contribuem com uma perspectiva de desenvolvimento por todo o ciclo vital, sugerindo como as pessoas de uma idade pensam ou agem de forma diferente quando chegam a uma idade mais avançada.

Estabilidade e mudança

Enquanto acompanhamos a vida ao longo do tempo, encontramos mais estabilidade ou mudança? Quando reencontramos um antigo colega da escola primária, percebemos instantaneamente que é o "mesmo Andy"? Ou amigos antigos agora parecem estranhos? (Pelo menos uma das pessoas das minhas relações [DM] escolheria a segunda opção. Ele não reconheceu uma ex-colega de turma na sua reunião de 40 anos de formado. A colega de turma, compreensivelmente consternada, tinha sido a sua primeira esposa!)

Figura 5.1 Comparação das teorias de estágio.[1]

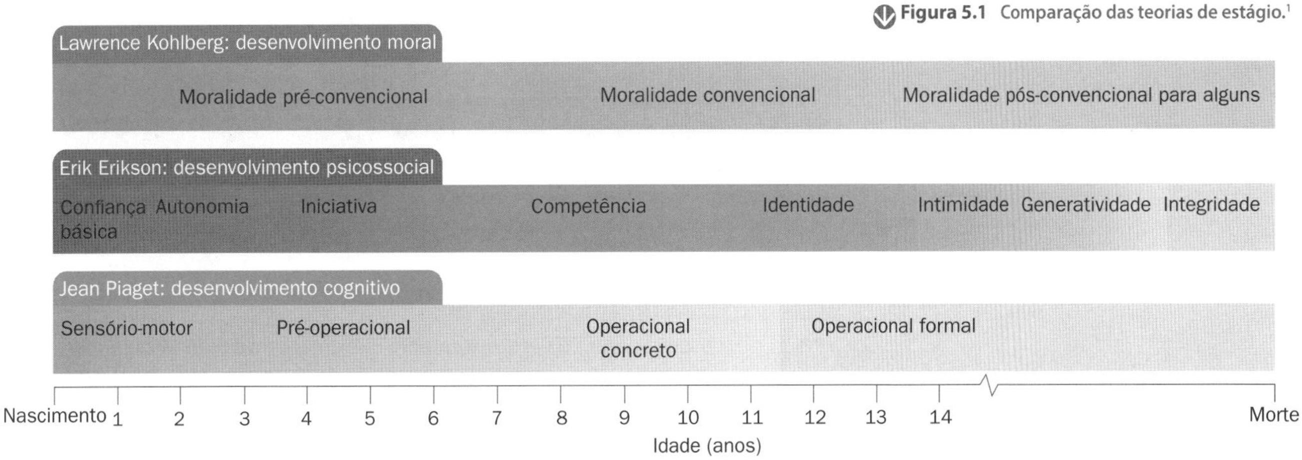

[1]Agradecimentos à Dra. Sandra Gibbs, Muskegon Community College, por inspirar esta ilustração.

"Quando me olho na primeira série e me olho agora, sou basicamente o mesmo. O temperamento não é tão diferente." – Donald Trump ao seu biógrafo em *Never Enough*, 2015

"Assim como aos 7, aos 70." – Provérbio judaico

Vivenciamos tanto a estabilidade quanto a mudança. Algumas de nossas características, como o *temperamento*, são muito estáveis. Estudando milhares de pessoas na Nova Zelândia e nos EUA ao longo de várias décadas, as equipes de pesquisa ficaram impressionadas com a persistência do temperamento e da emotividade ao longo do tempo (Kassing et al., 2019; Moffitt et al., 2013; Slutske et al., 2012). Os pesquisadores também confirmaram a estabilidade do humor quando acompanharam 174 escoceses ao longo de 63 anos – de 14 a 77 anos (Harris et al., 2016). As crianças pequenas fora do controle foram mais tarde propensas a se tornar fumantes na adolescência, criminosos adultos ou jogadores incontroláveis. As crianças desatentas dos jardins de infância canadenses são as que menos chance têm de ganhar altos salários em suas carreiras na idade adulta (Vergunst et al., 2019). Além disso, as crianças que são observadas repetidamente em atos cruéis com animais, muitas vezes passaram a ser adultos violentos (Hensley et al., 2018). Todavia, por sorte, os que têm sorrisos mais abertos na infância e nas fotos da faculdade são os mais propensos a desfrutar de casamentos duradouros (Hertenstein et al., 2009).

Tom Prokop/Shutterstock

(a)

Photodisc/Getty Images

(b)

Sorrisos predizem estabilidade conjugal. Em um estudo com 306 universitários graduados dos EUA, um em cada quatro com expressões de anuário, como a da foto (a) divorciou-se mais tarde, assim como apenas 1 em 20 com sorrisos como o da foto (b) (Hertenstein et al., 2009).

Não podemos, porém, prever todos os aspectos de nosso *self* futuro com base no início de nossa vida. Nossas atitudes sociais, por exemplo, são muito menos estáveis do que nosso temperamento, em especial durante os impactantes últimos anos da adolescência (Krosnick & Alwin, 1989; Rekker et al., 2015). Crianças mais velhas e adolescentes aprendem novas formas de enfrentar os problemas. Ainda que as crianças delinquentes tenham índices elevados de problemas posteriores, muitas crianças confusas e problemáticas florescem em adultos maduros e bem-sucedidos (Moffitt et al., 2002; Roberts et al., 2013; Thomas & Chess, 1986). A vida é um processo de tornar-se. Nossas lutas atuais podem lançar as bases para um amanhã mais feliz.

De certa forma, todos nós mudamos com a idade. A maioria das crianças tímidas e medrosas começa a se abrir aos 4 anos e, depois da adolescência, a maioria das pessoas gradualmente se torna mais conscienciosa, estável, agradável e autoconfiante (Lucas & Donnellan, 2009; Shaw et al., 2010; Van den Akker et al., 2014). Adolescentes propensos ao risco tendem, como adultos, a se tornar mais cautelosos (Mata et al., 2016). De fato, muitos jovens irresponsáveis de 18 anos se tornaram líderes empresariais ou culturais aos 40 anos. (Se você está entre os primeiros citados, calma que o caminho ainda não terminou.) No entanto, quando perguntados como mudaram na última década e como mudarão na próxima, eles – tanto jovens quanto idosos – exibem uma *ilusão do fim da história*. Eles reconhecem que mudaram, mas presumem que mudarão pouco no futuro (Quoidbach et al., 2013).

A vida requer estabilidade e mudança. A estabilidade fornece nossa identidade. A mudança nos dá a esperança de um futuro melhor, permitindo que nos adaptemos e cresçamos com a experiência.

PERGUNTE A SI MESMO

Você é a mesma pessoa que era na pré-escola? Quando tinha 8 anos? Quando tinha 12 anos? Em que você é diferente? Em que você é igual?

PRÁTICA DE RECUPERAÇÃO

PR-1 Os pesquisadores do desenvolvimento que enfatizam a aprendizagem e a experiência estão apoiando a ____________; os que enfatizam o amadurecimento biológico estão apoiando os ______________.

PR-2 Que achados em psicologia apoiam (1) a teoria dos estágios do desenvolvimento e (2) a ideia de estabilidade na personalidade ao longo do ciclo vital?

RESPOSTAS NO APÊNDICE E

Desenvolvimento pré-natal e o recém-nascido

QOA **5.2** Qual é o curso do desenvolvimento pré-natal e como os teratógenos afetam esse desenvolvimento?

Concepção

Nada é mais natural do que a reprodução da espécie. E nada é mais extraordinário. No seu caso, o processo começou dentro de sua *avó* – como um óvulo formado dentro de uma fêmea em desenvolvimento dentro dela. (Sua mãe nasceu com todos os óvulos imaturos que ela sempre teve.) Seu pai, por outro lado, começou produzindo espermatozoides sem parar na puberdade – no início em um ritmo de mais de 1.000 espermatozoides durante o segundo que leva para você ler esta frase.

Algum tempo depois da puberdade, o ovário de sua mãe liberou um óvulo maduro, isto é, uma célula do tamanho aproximado do ponto que encerra esta frase. Como viajantes espaciais se aproximando de um enorme planeta, os 250 milhões ou mais de espermatozoides depositados durante o ato sexual começam a corrida em direção a uma célula 85 mil vezes maior do que eles. Os relativamente poucos que conseguem chegar ao óvulo liberam enzimas digestivas que devoram o revestimento protetor do ovo (Figura 5.2a). Assim que um espermatozoide começa a penetrar no revestimento e foi bem-vindo (Figura 5.2b), a superfície do óvulo impede a entrada de outros. Antes que metade de um dia se passe, o núcleo do óvulo e o espermatozoide se fundem: os dois se tornam um.

Considere esse o seu momento mais afortunado. Entre 250 milhões de espermatozoides, aquele necessário para fazer você, em combinação com aquele óvulo em particular, ganhou a corrida. E assim foi com as incontáveis gerações antes de nós. Se qualquer um de nossos ancestrais tivesse sido concebido com um espermatozoide ou óvulo diferente, ou morresse antes de conceber, ou não tivesse a sorte de encontrar seu parceiro, ou... A mente hesita diante da improvável e ininterrupta cadeia de eventos que nos produziu.

Desenvolvimento pré-natal

Quantos óvulos fertilizados, chamados de **zigotos**, sobrevivem além das primeiras 2 semanas? Menos da metade (Grobstein, 1979; Hall, 2004). Mas, para você e para mim, a boa sorte prevaleceu. Cada célula tornou-se em duas, e depois em quatro – cada uma exatamente igual à primeira – até essa divisão celular produzir um zigoto de aproximadamente 100 células na primeira semana. Em seguida, as células começaram a se diferenciar para se especializarem quanto à estrutura e à função ("Eu me tornarei o cérebro; você, os intestinos!").

Por volta de 10 dias depois da concepção, o zigoto se prende à parede do útero, dando início a um período de aproximadamente 37 semanas do mais íntimo relacionamento humano. Perto do início dessa façanha de fisiculturismo materno, o pequeno aglomerado de células forma duas partes. As células internas tornam-se o **embrião** (Figura 5.3a). Muitas das células externas se transformam na *placenta*, o elo vital que transfere os nutrientes e o oxigênio da mãe para o embrião. Durante as 6 semanas seguintes, os órgãos começam a se formar e funcionar. O coração começa a bater.

Nove semanas depois da concepção, o embrião parece inequivocamente humano (Figura 5.3b). Agora, ele é um **feto** (termo latino para "prole" ou "o jovem"). No final do sexto mês, órgãos como o estômago estão suficientemente formados para permitir ao feto nascido prematuramente a chance de sobreviver.

Zigoto. Óvulo fertilizado; entra em um período de 2 semanas de rápida divisão celular e desenvolve-se em embrião.

Embrião. Organismo humano em desenvolvimento cerca de 2 semanas depois da fertilização até o segundo mês.

Feto. Organismo humano em desenvolvimento de 9 semanas depois da concepção até o nascimento.

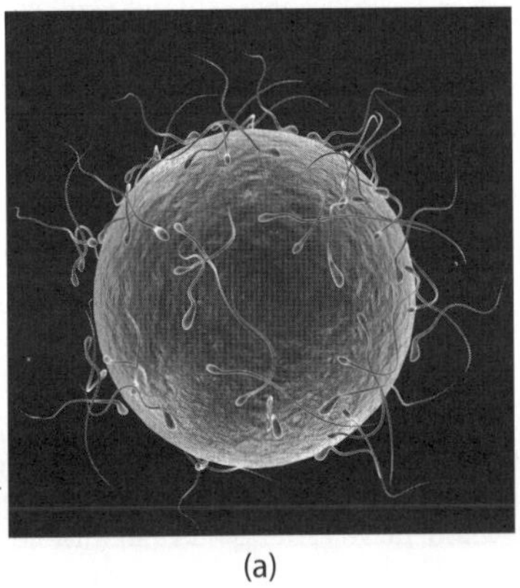

istockphoto/Rasi Bhadramani

(a)

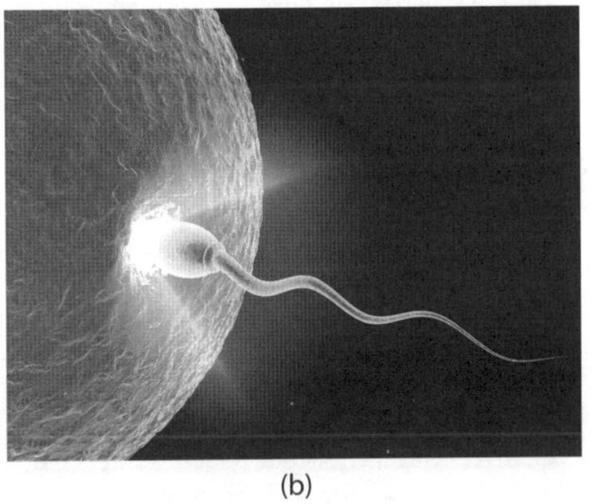

istockphoto/Raycat

(b)

Figura 5.2 A vida é transmitida sexualmente. (a) Espermatozoides cercam um óvulo. (b) Espermatozoide penetra o revestimento externo gelatinoso do óvulo, desencadeando uma série de eventos químicos que provocam a fusão do espermatozoide e do óvulo em uma única célula. Se tudo correr bem, essa célula será subdividida repetidamente, emergindo 9 meses mais tarde como um ser humano de 37 trilhões de células.

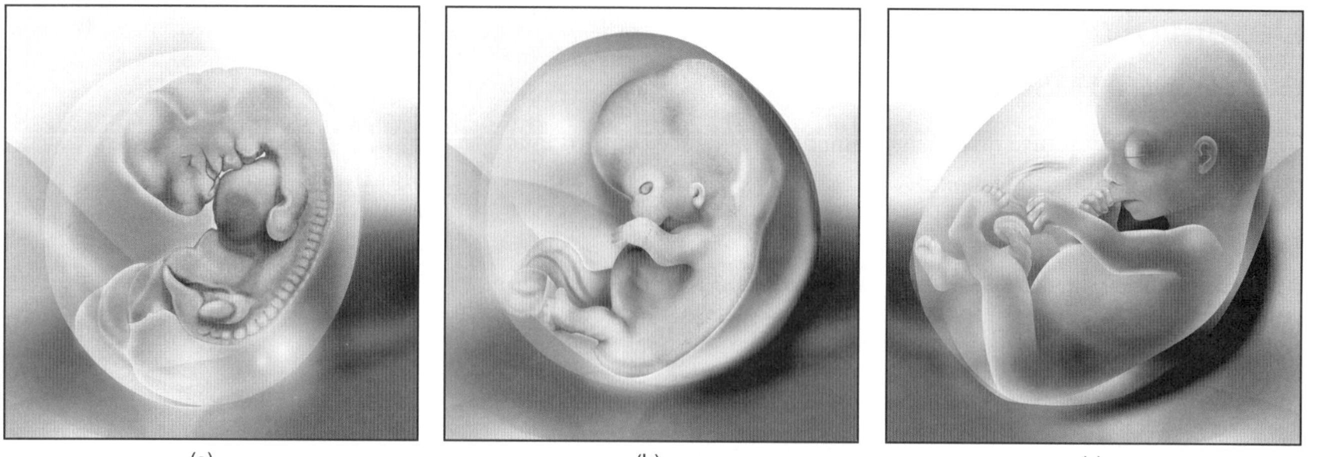

(a) (b) (c)

Figura 5.3 Desenvolvimento pré-natal.
(a) O embrião cresce e desenvolve-se rapidamente. Aos 40 dias, a coluna vertebral é visível e os braços e pernas estão começando a crescer. (b) No início da 9ª semana, quando o período fetal começa, as características faciais, mãos e pés já se formaram. (c) À medida que o feto entra na 16ª semana, seus 90 gramas podem caber na palma da sua mão.

Revisar o desenvolvimento pré-natal
Zigoto: concepção até 2 semanas
Embrião: 2 semanas a 8 semanas
Feto: 9 semanas até o nascimento

Em cada estágio pré-natal, fatores genéticos e ambientais afetam nosso desenvolvimento. Por volta do sexto mês, o feto responde ao som. Nesse estágio, leituras microfônicas feitas dentro do útero revelaram que o feto responde ao som e é exposto ao som abafado da voz da mãe (Ecklund-Flores, 1992; Hepper, 2005). Imediatamente após emergirem do seu mundo submerso, os recém-nascidos preferem a voz da mãe deles à voz de qualquer outra mulher ou do pai (DeCasper et al., 1986, 1994; Lee & Kisilevsky, 2014).

Eles também preferem ouvir o idioma da mãe. Em um estudo, recém-nascidos americanos e suecos de um dia pararam mais a sucção de chupeta ao ouvir vogais familiares da língua de sua mãe (Moon et al., 2013). Após ouvirem repetidamente uma palavra falsa (*tatata*) no útero, as ondas cerebrais dos recém-nascidos finlandeses exibiram reconhecimento quando ouviam a palavra (Partanen et al., 2013). Se sua mãe falava dois idiomas durante a gravidez, eles demonstram interesse por ambos (Byers-Heinlein et al., 2010). Logo após o nascimento, os altos e baixos melódicos do choro dos recém-nascidos trazem a assinatura melodiosa da língua nativa de sua mãe (Mampe et al., 2009). Os bebês nascidos de mães que falam francês tendem a chorar com a entonação ascendente desse idioma; os bebês nascidos de mães que falam alemão choram com os tons descendentes do idioma alemão (Mampe et al., 2009). Você teria imaginado? A aprendizagem do idioma começa no útero.

Nos 2 meses antes do nascimento, os fetos demonstram a aprendizagem de outras maneiras, como quando se acostumam a um dispositivo vibratório, que buzina, colocado no abdome de sua mãe (Dirix et al., 2009). Assim como as pessoas que se acostumam ao som dos trens em suas vizinhanças, os fetos se acostumam com a buzina. Além disso, 4 semanas mais tarde, eles se lembram do som (conforme evidenciado pela resposta desinteressada comparada com as respostas reativas dos que não foram previamente expostos).

Os sons não são os únicos fatores ambientais que afetam o desenvolvimento fetal. Além de transferir nutrientes e oxigênio da mãe para o feto, a placenta filtra muitas substâncias nocivas. Mas algumas conseguem passar. Os **teratógenos**, agentes como os vírus e medicamentos, podem danificar o embrião ou o feto. Esta é uma das razões pelas quais as mulheres grávidas são aconselhadas a não consumir bebidas alcoólicas nem usar nicotina ou maconha (Kuehn, 2019; Saint Louis, 2017). Uma mulher grávida nunca bebe ou fuma sozinha. À medida que o álcool entra na corrente sanguínea da mulher e do feto, ele reduz a atividade do sistema nervoso de ambos. O uso de álcool durante a gravidez pode estimular a progênie a gostar de álcool e colocá-la em risco de uso abusivo e transtorno por uso de álcool durante a adolescência. Em experiências, quando ratas prenhes ingeriam álcool, sua prole mais tarde apresentava preferência pelo odor do álcool (Youngentob & Glendinning, 2009; Youngentob et al., 2007).

"Você conceberá e dará à luz um filho. Portanto, não beba vinho nem bebida forte". – Juízes 13:7

Em todo o mundo, 1 em cada 10 mulheres relata consumir álcool durante a gravidez (Popova et al., 2019). Mesmo o consumo leve, uma bebedeira ocasional ou o fumo de maconha podem afetar o cérebro fetal (CDC, 2018; Ghazi Sherbaf et al., 2019; Marjonen et al., 2015). O consumo pesado e persistente de álcool colocará o feto em risco de ter defeitos de nascença, futuros problemas comportamentais, hiperatividade, e ser menos inteligente. Para 1 em cada 130 crianças em todo o mundo e 1 em cada 30 nos EUA, os efeitos são visíveis como *transtorno do espectro alcoólico fetal* (Lange et al., 2017; May et al., 2018). Sua forma mais grave é a **síndrome alcoólica fetal (SAF)**, que é marcada por anormalidades físicas e mentais ao longo da vida. O dano fetal pode acontecer porque o álcool tem um *efeito epigenético*, isto é, deixa marcas químicas no DNA, as quais trocam os genes anormalmente, ativando-os ou inativando-os (Liu et al., 2009). Fumar cigarros ou maconha durante a gravidez também deixa cicatrizes epigenéticas que podem aumentar a vulnerabilidade ao estresse ou vício (Stroud et al., 2014; Szutorisz & Hurd, 2016).

Teratógenos. Agentes, como produtos químicos ou vírus, que podem afetar o embrião ou o feto durante o desenvolvimento pré-natal e causar danos.

Síndrome alcoólica fetal (SAF). Anomalias físicas e cognitivas em crianças causadas pelo consumo pesado de álcool pela gestante. Em vários casos, os sintomas incluem deformidades perceptíveis na face.

Se uma mulher grávida experimenta estresse extremo, os hormônios do estresse que inundam seu corpo podem indicar uma ameaça à sobrevivência do feto e provocar parto prematuro. A fome ou a desnutrição colocam uma criança em risco aumentado de problemas de saúde, como hipertensão, doenças cardíacas, obesidade e transtornos psiquiátricos (Glynn & Sandman, 2011; Santavirta et al., 2018).

Habituação. Resposta diminuída com estímulo repetido. À medida que os bebês ganham familiaridade com a exposição repetida a estímulos visuais, seu interesse diminui e eles desviam o olhar rapidamente.

PRÁTICA DE RECUPERAÇÃO

PR-3 As duas primeiras semanas do desenvolvimento pré-natal é o período do _____________. O período do _____________ dura de 9 semanas após a concepção até o nascimento. O tempo entre esses dois períodos pré-natais é considerado o período do _____________.

RESPOSTAS NO APÊNDICE E

Recém-nascido competente

QOA 5.3 Quais são algumas das habilidades dos recém-nascidos, e como os pesquisadores investigam as habilidades mentais dos bebês?

Os bebês vêm com um aplicativo pré-instalado em seu disco rígido neural. Depois de vencer os perigos pré-natais, o recém-nascido vem equipado com reflexos perfeitamente adequados para a sobrevivência. Ele retrai os membros para escapar da dor. Se um pano sobre o rosto impede a respiração, ele vira a cabeça de um lado para o outro até retirá-lo.

Os pais de primeira viagem sempre se surpreendem com a sequência coordenada de reflexos com a qual seus bebês recebem os alimentos. Quando algo toca suas bochechas, os bebês viram a sua cabeça naquela direção e abrem a boca, e buscam vigorosamente pelo mamilo. Encontrando um, automaticamente fecham a boca em torno dele e começam a *sugar*. (Não conseguindo obter a satisfação, o bebê faminto pode chorar – um som que os pais acham muito desagradável e muito gratificante eliminar.) Outros reflexos adaptativos incluem o reflexo de *sobressalto* (quando os braços e as pernas saltam, rapidamente seguidos de cerrar os punhos e choro alto) e o surpreendentemente forte reflexo de *agarrar*, ambos os quais podem ter ajudado os bebês a ficarem perto de seus cuidadores.

Figura 5.4 Preferências dos recém-nascidos por rostos. Quando essas duas imagens com os mesmos três elementos foram mostradas, os recém-nascidos italianos gastaram quase o dobro de segundos olhando para a imagem semelhante a um rosto (Valenza et al., 1996). Os recém-nascidos com média de idade de 53 minutos em um estudo canadense têm uma preferência aparentemente inata por olhar para rostos (Mondloch et al., 1999).

O psicólogo norte-americano pioneiro William James supunha que as experiências dos recém-nascidos fossem um "emaranhado de confusões", uma suposição que poucas pessoas desafiaram até a década de 1960. Porém, os cientistas constataram que os bebês podem nos dizer muito – se soubermos como perguntar. Para perguntar, devemos aproveitar o que o bebê pode fazer, por exemplo, olhar fixamente, sugar, virar a cabeça. Assim, munidos de máquinas que podem mapear o olhar e chupetas ligadas a mecanismos eletrônicos, os pesquisadores partiram para responder a antigas perguntas dos pais: o que meu bebê pode ver, ouvir, cheirar e pensar?

Considere como os pesquisadores tiram proveito da **habituação** – uma diminuição da capacidade de resposta com estimulação repetida. Vimos isso antes, quando os fetos se acostumaram com um dispositivo vibratório, uma buzina, colocado no abdome da mãe. Um novo estímulo recebe atenção quando se apresenta pela primeira vez. Com a repetição, a resposta enfraquece. Esse tédio aparente diante de estímulos familiares constitui uma forma de perguntar aos bebês o que eles veem e do que se lembram.

Como recém-nascidos, preferimos visões e sons que facilitam a capacidade de resposta social. Além disso, viramos nossa cabeça na direção das vozes humanas e olhamos fixamente por mais tempo para uma imagem que se assemelha a um rosto humano (Figura 5.4). Mesmo fetos em estágio avançado olham mais para padrões semelhantes a rostos em luzes vermelhas brilhando no útero (Reid et al., 2017). Quando bebês, também preferimos olhar para objetos a 20 a 30 centímetros de distância, o que – maravilha das maravilhas – é aproximadamente a distância entre os olhos de um bebê amamentado e os olhos de sua mãe (Maurer & Maurer, 1988). As configurações padrão do nosso cérebro facilitam a conexão social.

JamesBrey/E+/Getty Images

Preparados para se alimentar e comer. Como pássaros e outros animais, estamos predispostos a responder aos gritos de nossos filhos por comida.

Com poucos dias de vida, as redes neurais de nosso cérebro são marcadas com o cheiro do corpo de nossa mãe. O lactente com uma semana de vida, colocado entre a compressa de gaze do sutiã de sua mãe e a compressa de outra lactante, geralmente se volta para a direção do cheiro da compressa da própria mãe (MacFarlane, 1978). Mais ainda, essa preferência pelo cheiro dura. Um experimento aproveitou o fato de que algumas lactantes de uma maternidade francesa usavam um bálsamo com aroma de camomila para evitar a dor nos mamilos (Delaunay-El Allam et al., 2010). Depois de 21 meses, seus filhos preferiam brincar com brinquedos cheirando a camomila! Seus colegas de creche, que não sentiram o aroma enquanto mamavam no peito, não tinham essa preferência. (Isso nos leva a perguntar: os adultos que, quando bebês, associaram o aroma de camomila com as mamas da mãe serão ávidos bebedores de chá de camomila?) Esses estudos revelam as notáveis capacidades que vêm conosco quando entramos no mundo.

PRÁTICA DE RECUPERAÇÃO

PR-4 Os psicólogos do desenvolvimento usam a estimulação repetida para testar a _______________ de um bebê a um estímulo.

RESPOSTAS NO APÊNDICE E

REVISÃO Questões do desenvolvimento, desenvolvimento pré-natal e o recém-nascido

OBJETIVOS DE APRENDIZAGEM

Teste a si mesmo. Responda às Questões dos Objetivos de Aprendizagem (antes de conferir as respostas no Apêndice D) para aprimorar a retenção dos conceitos estudados (McDaniel et al., 2009, 2015).

QOA 5.1 Quais são as três questões que mobilizaram os psicólogos do desenvolvimento?

QOA 5.2 Qual é o curso do desenvolvimento pré-natal e como os teratógenos afetam esse desenvolvimento?

QOA 5.3 Quais são algumas das habilidades dos recém-nascidos, e como os pesquisadores investigam as habilidades mentais dos bebês?

TERMOS E CONCEITOS A RECORDAR

Teste a si mesmo. Escreva a definição com suas próprias palavras e depois confirme sua resposta.

psicologia do desenvolvimento, p. 164
estudo transversal, p. 164
estudo longitudinal, p. 165
zigoto, p. 167
embrião, p. 167
feto, p. 167
teratógenos, p. 168
síndrome alcoólica fetal (SAF), p. 168
habituação, p. 169

DOMINE O MATERIAL

Teste a si mesmo. Responda às questões a seguir por conta própria, a princípio, depois confira respostas no Apêndice E.

1. Qual é a diferença entre o estudo transversal e o estudo longitudinal?

2. As três principais questões que interessam aos psicólogos do desenvolvimento são natureza/criação, estabilidade/mudança, e _______________/_______________.

3. Embora o desenvolvimento seja por toda a vida, há estabilidade da personalidade ao longo do tempo. Por exemplo,
   a. a maioria dos traços de personalidade emerge na infância e persiste por toda a vida.
   b. temperamento tende a permanecer estável ao longo da vida.
   c. poucas pessoas mudam significativamente depois da adolescência.
   d. as pessoas tendem a ter maiores mudanças de personalidade à medida que envelhecem.

4. Os órgãos do corpo começam a se formar e funcionar durante o período de _______________; em 6 meses, durante o período de _______________, os órgãos são suficientemente funcionais para permitir uma boa chance de sobrevivência.
   a. zigoto; embrião
   b. zigoto; feto
   c. embrião; feto
   d. placenta; feto

5. As substâncias químicas que passam pelo filtro da placenta e podem danificar o embrião e o feto são chamadas de _______________.

Primeira e segunda infâncias

Assim como uma flor desabrocha de acordo com suas instruções genéticas, nós também fazemos o mesmo. A **maturação** – sequência ordenada de crescimento biológico – decreta muitas de nossas semelhanças. Ficamos de pé antes de andarmos. Usamos substantivos antes de adjetivos. A privação grave ou o abuso podem retardar o desenvolvimento, mas os padrões genéticos de crescimento são inatos – já vêm "instalados da fábrica". A maturação (natureza) estabelece o curso básico do desenvolvimento; a experiência (cultura) ajusta-o. Genes e cenários interagem.

Maturação. Processos de crescimento biológico que permitem mudanças ordenadas de comportamento, relativamente não influenciadas pela experiência.

Desenvolvimento físico

QOA **5.4** Durante a primeira e segunda infâncias, como o cérebro e as habilidades motoras se desenvolvem?

Desenvolvimento do cérebro

No útero de sua mãe, seu cérebro em desenvolvimento estava formando células nervosas à taxa explosiva de quase um quarto de milhão por minuto. Na verdade, o córtex cerebral em desenvolvimento gera superprodução de neurônios, chegando a um número máximo em 28 semanas (Rabinowicz et al., 1996, 1999).

Da infância em diante, cérebro e mente – respectivamente, o *hardware* neural, e o *software* cognitivo – desenvolvem-se ao mesmo tempo. No dia em que nasceu, você tinha a maioria das células cerebrais que sempre terá. Contudo, ao nascer, seu sistema nervoso ainda era imaturo: depois do nascimento, as conexões da rede neural, que eventualmente permitiram a você ter todas as suas habilidades, experimentaram um fantástico surto de crescimento (Figura 5.5). Esse rápido desenvolvimento ajuda a explicar por que o tamanho do cérebro infantil aumenta rapidamente nos primeiros dias depois do nascimento (Holland et al., 2014). Dos 3 aos 6 anos, a rede neural cerebral cresce com mais rapidez nos lobos frontais, o que possibilita o planejamento racional. Durante esses anos, seu cérebro exigiu grande quantidade de energia (Kuzawa et al., 2014). Esse processo de uso intensivo de energia causou um rápido progresso em sua capacidade de controlar a sua atenção e o seu comportamento (Garon et al., 2008; Thompson-Schill et al., 2009).

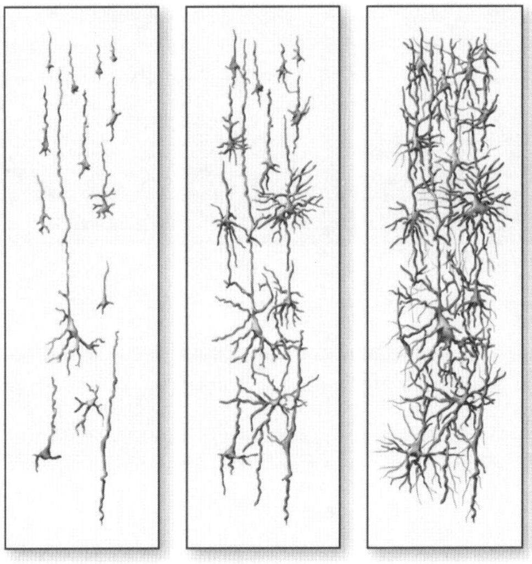

Figura 5.5 Desenvolvimento do cérebro infantil. Nos seres humanos, o cérebro é imaturo ao nascimento. À medida que a criança amadurece, as redes neurais tornam-se cada vez mais complexas.

As áreas de associação do cérebro – aquelas ligadas a pensamento, memória e linguagem – são as últimas áreas corticais a se desenvolver. Com isso, surgem as habilidades mentais (Chugani & Phelps, 1986; Thatcher et al., 1987). Feixes de fibras que apoiam a linguagem, a agilidade e o autocontrole proliferam na puberdade. Sob a influência dos hormônios adrenais, dezenas de bilhões de sinapses formam-se e organizam-se, enquanto um processo de *poda*, do tipo use ou perca, fecha as conexões não utilizadas (Paus et al., 1999; Thompson et al., 2000).

Desenvolvimento motor

O cérebro em desenvolvimento também prepara a coordenação física. Conforme os músculos e o sistema nervoso da criança se desenvolvem, emergem habilidades mais complexas. Com poucas exceções, a sequência do desenvolvimento físico (motor) é universal. Os bebês rolam antes de se sentarem sem apoio, e geralmente engatinham antes de andar. Esses comportamentos não refletem imitação e sim a maturação do sistema nervoso; as crianças cegas também engatinham antes de andar.

Os genes guiam o desenvolvimento motor. Nos EUA, por exemplo, 25% de todos os bebês andam aos 11 meses de vida, 50% dentro de uma semana depois do primeiro aniversário e 90% por volta dos 15 meses (Frankenburg et al., 1992). Gêmeos idênticos tipicamente começam a andar quase no mesmo dia (Wilson, 1979). A maturação biológica, incluindo o rápido desenvolvimento do cerebelo, situado na parte posterior do cérebro, cria nossa aptidão para aprender a andar cerca de um ano. Isso é verdade para outras habilidades físicas, inclusive o controle dos intestinos e da bexiga. Antes da maturação necessária dos músculos e dos nervos, nenhum pedido ou punição produzirá um treinamento bem-sucedido para usar o vaso sanitário. Você não pode apressar a primeira descarga de uma criança.

Juice Images/JupiterImages/Getty Images

Desenvolvimento físico. Sentar, engatinhar, andar, correr – a sequência desses marcos do desenvolvimento motor é a mesma em todo o mundo, embora os bebês os alcancem em idades variadas.

Ainda assim, a criação pode alterar o que a natureza pretende. Em algumas regiões da África, Caribe e Índia, os cuidadores costumam massagear e exercitar os bebês, o que pode

Nos 8 anos que se seguiram ao lançamento, em 1994, da campanha educacional "Volta a Dormir" nos EUA, o número de bebês que dormiam de bruços diminuiu de 70% para 11% e as mortes súbitas e inesperadas de bebês reduziram significativamente (Braiker, 2005).

acelerar o processo de aprender a andar (Karasik et al., 2010). A posição recomendada para os bebês dormirem é de *barriga para cima* (para reduzir o risco de morte por asfixia no berço) e foi associada a um início tardio do engatinhar, mas não a atrasos nos primeiros passos (Davis et al., 1998; Lipsitt, 2003).

PRÁTICA DE RECUPERAÇÃO

PR-1 O processo de crescimento biológico, chamado de ____________, explica por que a maioria das crianças começa a andar aproximadamente entre 12 e 15 meses "de quatro".

RESPOSTAS NO APÊNDICE E

Maturação cerebral e memória infantil

Você consegue se lembrar de sua festa de aniversário de 3 anos? A maioria de nós *conscientemente* lembra pouco de antes dos 4 anos. Camundongos e macacos também esquecem seus primeiros anos de vida, pois o rápido crescimento dos neurônios interrompe os circuitos que armazenavam memórias antigas (Akers et al., 2014). Mas, à medida que as crianças amadurecem, esta *amnésia infantil* vai se debilitando, e as crianças se tornam mais capazes de se lembrar das experiências, mesmo por um ano ou mais (Bauer & Larkina, 2014; Morris et al., 2010). As áreas cerebrais subjacentes à memória, como o hipocampo e os lobos frontais, continuam a amadurecer durante e após a adolescência (Luby et al., 2016; Murty et al., 2016).

Apesar de lembrar conscientemente pouco de nossos primeiros anos, nosso cérebro estava processando e armazenando informações. Enquanto terminava seu trabalho de doutorado em psicologia, Carolyn Rovee-Collier observava a memória não verbal de um bebê. Seu filho de 2 meses, Benjamin, pôde ser acalmado por um móbile de berço em movimento. Na esperança de manter o bebê entretido enquanto trabalhava, ela amarrou uma fita de pano conectando o móbile ao pé de Benjamin. Logo, ele estava dando pontapés para mover o móbile. Pensando sobre sua experiência doméstica não intencional, Rovee-Collier percebeu que, ao contrário da opinião popular nos anos 1960, os bebês são capazes de aprender e lembrar. Para ter certeza absoluta de que o pequeno Benjamin não era um prodígio, Rovee-Collier precisou repetir a experiência com outros bebês (Rovee-Collier, 1989, 1999). Com certeza, esses outros bebês também logo passaram a chutar mais quando ligados ao móbile, tanto no dia da experiência propriamente dita quanto no dia seguinte. No entanto, se ela prendesse outro móbile aos bebês no dia seguinte, não se observava aprendizagem nenhuma, o que indicava que os bebês lembravam do móbile original e reconheciam a diferença. Mais ainda, quando presos a um móbile familiar um mês mais tarde, eles se lembraram da associação e, novamente, começavam a chutar.

Traços de idiomas esquecidos da infância também podem persistir. Um estudo testou adultos britânicos que falavam inglês e não tinham lembrança consciente do híndi ou zulu que falavam quando crianças. Contudo, até os 40 anos, eles podiam reaprender contrastes sonoros sutis nesses idiomas que outras pessoas *não* conseguiam aprender (Bowers et al., 2009). Chineses adotados que vivem no Canadá desde um ano processam sons chineses como falantes fluentes em mandarim, mesmo que não tenham lembrança consciente das palavras desse idioma (Pierce et al., 2014). Vemos nossa mente de duas vias em ação aqui: o que a mente consciente não sabe e não consegue expressar em palavras é lembrado pelo sistema nervoso e a mente inconsciente de alguma forma.

Jean Piaget (1896-1980). "Se examinarmos o desenvolvimento intelectual do indivíduo ou de toda a humanidade, descobriremos que o espírito humano passa por um certo número de estágios, cada um diferente do outro" (1930).

Bill Anderson/Science Source

PERGUNTE A SI MESMO

O que você considera como sua memória mais antiga? Agora que você sabe sobre a amnésia infantil, sua opinião mudou sobre a precisão dessa memória?

Desenvolvimento cognitivo

QOA 5.5 Como Piaget ampliou nossa compreensão de como a mente de uma criança se desenvolve, e como os pesquisadores de hoje construíram seu trabalho?

Em algum ponto em sua precária jornada "do óvulo até a pessoa" (Broks, 2007), você se torna consciente. Quando isso se deu? Na busca pelos pensamentos conscientes de um bebê – ou, em vez disso, de um sinal neural que marque o início da percepção consciente – uma equipe de pesquisadores franceses exibiu rostos em uma tela. No início, as faces apareciam por tão pouco tempo que mesmo os adultos não conseguiam percebê-las conscientemente. A apresentação foi desacelerada aos poucos, até que uma resposta de ondas cerebrais de um adulto sinalizou percepção consciente, cerca de 300 milissegundos depois que uma imagem apareceu. Com mais tempo de exposição enquanto olhavam para as faces, bebês de 5 meses de vida exibiam a mesma assinatura cerebral de consciência visual (Dehaene, 2014; Kouider et al., 2013).

Uma vez consciente, como sua mente cresceu? O psicólogo do desenvolvimento, Jean Piaget, passou a vida pesquisando respostas para essas perguntas. Ele estudou o desenvolvimento **cognitivo** das crianças – todas as atividades mentais associadas a pensar, conhecer, lembrar e comunicar. Seu interesse começou em 1920, quando trabalhava em Paris desenvolvendo questões para testes de inteligência infantil. Enquanto administrava os testes, Piaget ficou intrigado com as respostas erradas das crianças, as quais eram muitas vezes surpreendentemente semelhantes entre as crianças da mesma idade. Onde outros identificaram erros cometidos pelas crianças, Piaget constatou o funcionamento da inteligência. Essas descobertas acidentais estão entre os frutos da ciência psicológica.

Meio século dedicado às crianças convenceu Piaget de que a mente da criança não é um modelo em miniatura da mente do adulto. Graças em parte a seu trabalho, agora entendemos que as crianças raciocinam de maneira diferente dos adultos, de "modo absurdamente ilógicos" (Brainerd, 1996).

Os estudos de Piaget levaram-no a acreditar que a mente de uma criança se desenvolve em uma série de estágios, em marcha ascendente dos simples reflexos do recém-nascido ao poder de raciocínio abstrato do adulto. Assim, uma criança de 8 anos compreende coisas que uma criança de 3 anos não pode compreender, como a analogia entre "ter uma ideia é como acender uma lâmpada em sua cabeça".

A ideia central de Piaget era que nossa progressão intelectual reflete uma luta incessante para dar sentido às nossas experiências. Com esse propósito, o cérebro em maturação constrói conceitos a que Piaget denominou **esquemas**, que são moldes mentais nos quais vertemos nossas experiências (Figura 5.6).

Para explicar como usamos e ajustamos nossos esquemas, Piaget propôs mais dois conceitos. Primeiro, **assimilamos** novas experiências e as interpretamos em termos de nossos esquemas atuais (entendimentos). Por exemplo, uma criança que tem um esquema simples para *cão* pode chamar todos os animais de quatro patas de *cães*. Mas, à medida que interagimos com o mundo, também nos adaptamos, ou **acomodamos** nossos esquemas para incorporar as informações providas por novas experiências. Assim, a criança logo aprende que o esquema original do *cão* é muito amplo e o acomoda refinando a categoria.

Cognição. Atividades mentais associadas ao pensamento, ao conhecimento, à memória e à comunicação.

Esquema. Conceito ou estrutura que organiza e interpreta informações.

Assimilação. Interpretação de novas experiências em termos dos esquemas existentes.

Acomodação. Adaptação dos nossos entendimentos atuais (esquemas) para incorporar novas informações.

PERGUNTE A SI MESMO

Você consegue se lembrar de um momento em que você ouviu mal algumas letras de músicas porque as assimilou em seu próprio esquema?

Teoria de Piaget e pensamento atual

Piaget acreditava que as crianças constroem sua compreensão do mundo enquanto interagem com ele. Suas mentes experimentam ondas de mudança, seguidas por uma maior estabilidade, à medida que avançam de um patamar cognitivo para outro, cada um com características distintivas que permitem tipos específicos de pensamento. Na visão de Piaget, o desenvolvimento cognitivo consistia em quatro grandes estágios – *sensório-motor*, *pré-operacional*, *operações concretas* e *operações formais*.

Image Ideas/Getty Images

Christian L. Birmele

Figura 5.6 Esquema de casamento em mudança. A maioria das pessoas já teve um esquema de casamento como uma união entre um homem e uma mulher. Hoje, mais de duas dúzias de países legalizaram o casamento entre pessoas do mesmo gênero.

Estágio sensório-motor. Na teoria de Piaget, estágio (do nascimento até aproximadamente os 2 anos) durante o qual os bebês conhecem o mundo principalmente por suas impressões sensoriais e atividades motoras.

Permanência do objeto. Consciência de que os objetos continuam a existir, mesmo quando não são vistos.

Estágio pré-operacional. Na teoria de Piaget, estágio (dos 2 aos 6 ou 7 anos) em que a criança aprende a usar a linguagem, mas ainda não compreende as operações mentais da lógica concreta.

Conservação. Princípio (que Piaget acreditava fazer parte do raciocínio das operações concretas) de que as propriedades, como massa, volume e quantidade, permanecem iguais apesar das mudanças da forma dos objetos.

ESTÁGIO SENSÓRIO-MOTOR. Durante o **estágio sensório-motor**, do nascimento até aproximadamente os 2 anos, os bebês entendem o mundo através dos sentidos e das ações – olhando, ouvindo, tocando, agarrando e pondo objetos na boca. À medida que suas mãos e membros começam a se mover, eles aprendem a fazer as coisas acontecerem.

Os bebês muito novos parecem viver no presente: aquilo que está longe dos olhos está longe da mente. Em um de seus testes, Piaget mostrava um brinquedo atraente para uma criança e depois deixava sua boina cair sobre o brinquedo. Antes dos 6 meses, a criança agia como se o brinquedo deixasse de existir. Os bebês muito pequenos não percebem a **permanência do objeto** – a consciência de que os objetos continuam a existir, mesmo quando não são vistos. Aos 8 meses, os bebês começam a exibir memória de coisas que não são mais vistas. Se você esconder um brinquedo, o bebê irá procurá-lo momentaneamente (Figura 5.7). Dentro de mais um ou 2 meses, o bebê procurará o brinquedo, mesmo depois de permanecer escondido por vários segundos.

Será que a permanência do objeto floresce de fato aos 8 meses, assim como as tulipas florescem na primavera? Atualmente, pesquisadores acreditam que a permanência do objeto se desenvolve gradualmente e veem o desenvolvimento como mais contínuo do que Piaget. Mesmo os bebês mais jovens vão procurar um brinquedo onde eles o viram escondido um segundo antes (Wang et al., 2004).

Os pesquisadores acreditam que Piaget e seus seguidores subestimaram a competência dos bebês mais jovens. As crianças pequenas raciocinam como pequenos cientistas. Eles testam as ideias, fazem inferências causais e aprendem a partir de padrões estatísticos (Gopnik et al., 2015). Considere estes experimentos simples:

- ***Física do bebê***: como adultos olhando, incrédulos, para um truque de mágica (o olhar "*Uau!*"), os bebês olham por mais tempo e exploram cenas impossíveis – um carro parecendo passar por um objeto sólido, uma bola parando no ar ou um objeto violando a permanência do objeto desaparecendo magicamente (Shuwairi & Johnson, 2013; Stahl & Feigenson, 2015). Por que os bebês mostram esse viés visual? Porque eventos impossíveis violam as expectativas dos bebês (Baillargeon et al., 2016)
- ***Matemática do bebê***: Karen Wynn (1992, 2000, 2008) mostrou a bebês de 5 meses um ou dois objetos (Figura 5.8a). A seguir, escondeu os objetos atrás de um anteparo e, visivelmente, tirou ou adicionou um objeto (Figura 5.8d). Quando ela tirava o anteparo, os bebês às vezes olhavam duas vezes, olhando por mais tempo quando aparecia um número errado de objetos (Figura 5.8f). Mas será que eles estavam respondendo a uma diferença maior ou menor de *massa* de objetos, em vez de a uma mudança no *número* de objetos (Feigenson et al., 2002)? Experiências posteriores mostraram que a noção numérica dos bebês se estende a números maiores, a proporções e a coisas como batidas de tambor e movimentos (Libertus & Brannon, 2009; McCrink & Wynn, 2004; Spelke et al., 2013). Se os bebês forem acostumados com a presença do boneco do Patolino pulando três vezes no palco, eles mostrarão surpresa se o boneco pular apenas duas vezes.

"**É um raro privilégio observar o nascimento, o crescimento e as primeiras e frágeis conquistas de uma mente humana cheia de vida.**" – Annie Sullivan, em *The Story of My Life*, de Helen Keller, 1903

ESTÁGIO PRÉ-OPERACIONAL. Piaget acreditava que até os 6 ou 7 anos, as crianças estão em um **estágio pré-operacional**, isto é, são capazes de representar coisas com palavras e imagens, mas são muito jovens para realizar *operações mentais* (como imaginar uma ação e revertê-la mentalmente). Para uma criança de 5 anos, o leite que parece "ter demais" em um copo alto e fino pode parecer uma quantidade aceitável se despejado em um copo baixo e largo. Isso acontece porque a criança só presta atenção na altura do copo e é incapaz de realizar a operação de mentalmente despejá-lo de volta. Antes dos 6 anos, disse Piaget, falta à criança o conceito de **conservação** – o princípio de que a quantidade permanece a mesma, apesar das mudanças na forma (Figura 5.9).

Figura 5.7 Permanência do objeto. Bebês com menos de 6 meses raramente entendem que as coisas continuam a existir quando estão fora de vista. Mas, para esse bebê com mais idade, ficar fora de vista definitivamente não está fora da mente.

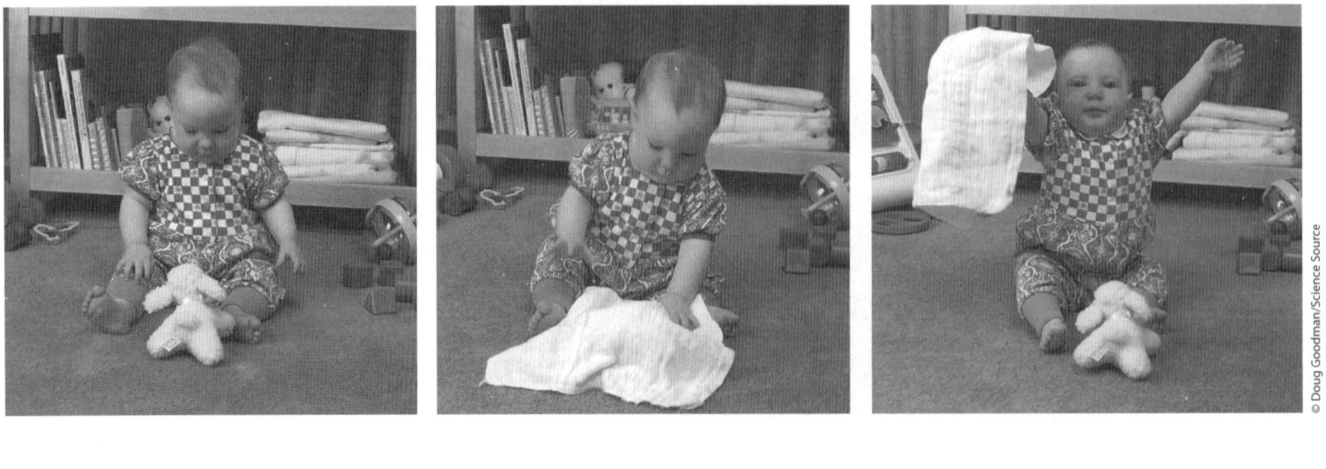

© Doug Goodman/Science Source

Figura 5.8 Matemática do bebê. Mostrado um resultado numericamente impossível, bebês de 5 meses olham por mais tempo (Wynn, 1992). Claramente, os bebês são mais inteligentes do que Piaget imaginava. Mesmo quando bebês, tínhamos muito em mente.

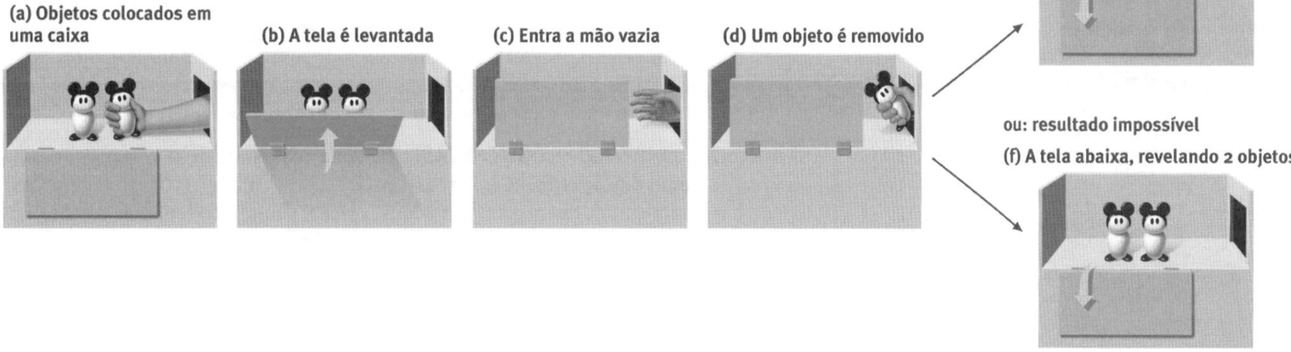

Bianca Moscatelli/Worth Publishers

Figura 5.9 Teste de conservação de Piaget. Essa criança pré-operacional com foco visual ainda não compreende o princípio da conservação. Quando o leite é despejado em um copo alto e estreito, de repente parece "mais" do que quando estava no copo mais curto e largo. Daqui a mais ou menos um ano, ela entenderá que o valor continua o mesmo.

Brincadeira de faz de conta. O pensamento simbólico e a *brincadeira de faz de conta* aparecem mais cedo do que Piaget supunha. Judy DeLoache (1987) descobriu isso quando mostrou a crianças o modelo de uma sala e escondeu a miniatura de um cachorro de pelúcia atrás de uma miniatura de sofá. As crianças de 2,5 anos lembravam facilmente onde encontrar o brinquedo, mas não conseguiam usar o modelo para localizar um cachorro de pelúcia normal escondido atrás do sofá de uma sala de verdade. As crianças de 3 anos – apenas 6 meses mais velhas – normalmente iam direto para o cachorro de pelúcia na sala de verdade, mostrando que *podiam* pensar no modelo como um símbolo da sala. Embora Piaget não visse as transições de estágio como abruptas, ele provavelmente ficaria surpreso ao ver o pensamento simbólico em uma idade tão precoce.

Egocentrismo. Piaget nos ensinou que crianças em idade pré-escolar são **egocêntricas**: elas não conseguem perceber as coisas do ponto de vista de outras pessoas. Elas são como a pessoa que, quando perguntada por alguém do outro lado do rio: "como vou para o outro lado?", respondeu: "você está do outro lado". Quando a mãe de Gabriela pede a ela: "mostre sua foto para a mamãe", a menina de 2 anos segura a foto voltada para si mesma. Gray, um garoto de 3 anos, fica "invisível" cobrindo os olhos com as mãos, achando que, se ele não pode ver os avós, eles também não podem vê-lo. Questionado sobre o que faria se visse um urso, Grant, de 3 anos, responde: "cobrimos nossos olhos para que os ursos não nos vejam".

Os diálogos das crianças também revelam seu egocentrismo, como demonstrou um garotinho (Phillips, 1969, p. 61):

– *Você tem um irmão?*

– *Tenho.*

– *Qual é o nome dele?*

– *Jim.*

– *E Jim, ele tem um irmão?*

– *Não.*

Egocentrismo em ação. "Olha, vovô, uma coincidência!" Foi o que disse minha neta [DM], Allie, aos 4 anos, ao me mostrar dois cartões do jogo de memória com fotos combinando – que a encaravam.

Dave Myers

Egocentrismo. Na teoria de Piaget, dificuldade pré-operacional da criança para adotar o ponto de vista de outra pessoa.

Estágio das operações concretas. Na teoria de Piaget, estágio de desenvolvimento cognitivo (cerca de 6 ou 7 a 11 anos) durante o qual as crianças desenvolvem as operações mentais que permitem que pensem logicamente sobre eventos concretos.

Estágio das operações formais. Na teoria de Piaget, estágio de desenvolvimento cognitivo (que em geral começa por volta dos 12 anos) durante o qual as pessoas começam a pensar logicamente sobre conceitos abstratos.

Como a Gabriela, crianças em idade pré-escolar que ficam na frente da televisão, bloqueando nossa visão, acham que estamos vendo o que elas veem. Elas simplesmente ainda não desenvolveram a habilidade de perceber o ponto de vista dos outros. Até mesmo os adolescentes superestimam, egocentricamente, o quanto os outros os percebem (Lin, 2016). E os adultos podem superestimar até que ponto os outros compartilham suas opiniões, seus conhecimentos e perspectivas. Presumimos que algo ficará claro para os outros, se estiver claro para nós, ou que os destinatários de *e-mail* "ouvirão" nossa intenção de "estou brincando..." (Epley et al., 2004; Kruger et al., 2005). Talvez você possa pedir para alguém adivinhar uma melodia simples, como "Parabéns para você", enquanto você bate palmas ou tamborila. Com a melodia na sua cabeça, parecia tão óbvio! Mas você sofreu o curso *egocêntrico do conhecimento* ao supor que o que estava na sua cabeça também estava na cabeça de alguém.

ESTÁGIO DAS OPERAÇÕES CONCRETAS. Por volta dos 7 anos, disse Piaget, as crianças entram no **estágio das operações concretas**. Ao receberem materiais concretos (físicos), começam a compreender operações como conservação. Compreendem que mudança na forma não significa mudança na quantidade, e conseguem mentalmente despejar o leite de um copo para o outro entre copos de formas diferentes. Também se divertem com anedotas que lhes permitem usar sua nova compreensão:

> O senhor Jones foi a um restaurante e pediu uma pizza para o jantar. Quando o garçom perguntou se ele queria que cortasse a pizza em seis ou oito pedaços, o senhor Jones disse: "Ah, é melhor cortar em seis, eu nunca poderia comer oito pedaços!" (McGhee, 1976)

Piaget acreditava que, durante o estágio das operações concretas, as crianças adquirem total capacidade para entender as transformações matemáticas e a conservação. Quando minha filha [DM] Laura tinha 6 anos, fiquei surpreso com sua incapacidade para reverter operações aritméticas simples. Quando lhe perguntavam "Quanto é 8 mais 4?", ela precisava de cinco segundos para calcular "12", e de mais 5 segundos para calcular quanto eram 12 menos 4. Aos 8 anos, ela podia responder às perguntas invertidas instantaneamente.

ESTÁGIO DAS OPERAÇÕES FORMAIS. Aos 12 anos, nosso raciocínio se expande do puramente concreto (que envolve a experiência real) para abranger o pensamento abstrato (que envolve realidades e símbolos imaginados). Segundo Piaget, à medida que se aproximam da adolescência, as crianças podem resolver proposições hipotéticas e deduzir consequências: *se* isso, *então* aquilo. O raciocínio sistemático, denominado por Piaget pensamento **operacional formal**, está agora ao alcance delas.

Embora o desenvolvimento completo das aptidões lógicas e de raciocínio cheguem na adolescência, os rudimentos do pensamento operacional formal começam antes do que Piaget imaginou. Considere este problema simples:

> Se John está na escola, então Mary está na escola. John está na escola. O que você pode dizer sobre Mary?

Os pensadores operacionais formais não encontram dificuldade para responder corretamente; nem a maioria das crianças com 7 anos (Suppes, 1982). A Tabela 5.1 resume os quatro estágios da teoria de Piaget.

Tabela 5.1 Estágios do desenvolvimento cognitivo de Piaget.

Faixa etária típica	Descrição do estágio	Marcos importantes
Nascimento a quase 2 anos	*Sensório-motor.* Experimentar o mundo por meio dos sentidos e das ações (olhar, ouvir, tocar, colocar na boca e pegar)	• Permanência dos objetos • Ansiedade com estranhos
Dos 2 anos a cerca de 6 ou 7 anos	*Pré-operacional.* Representação das coisas com palavras e imagens; uso do raciocínio intuitivo em vez do raciocínio lógico	• Brincadeira de faz de conta • Egocentrismo
Dos 7 aos 11 anos	*Operações concretas.* Pensar logicamente a respeito de eventos concretos; entender analogias concretas e realizar operações aritméticas	• Conservação • Transformações matemáticas
Aproximadamente dos 12 anos até a vida adulta	*Operação formal.* Raciocínio abstrato	• Lógica abstrata • Potencial para raciocínio moral maduro

istockphoto/PhotoEuphoria

Brincadeira de faz de conta

PRÁTICA DE RECUPERAÇÃO

PR-2 Permanência do objeto, brincadeira de faz de conta, conservação e lógica abstrata são marcos do desenvolvimento de quais estágios de Piaget, respectivamente?

PR-3 Faça a correspondência de cada um dos seguintes fenômenos de desenvolvimento (i-vi) com o estágio de desenvolvimento cognitivo correto: (a) sensório-motor, (b) pré-operacional, (c) operacional concreto, ou (d) operacional formal.

i. Pensar a respeito dos conceitos abstratos, como a "liberdade".
ii. Realizar brincadeiras imaginárias (como se vestir).
iii. Compreender que as propriedades físicas continuam iguais, mesmo quando os objetos mudam de forma.
iv. Ter a capacidade para reverter operações matemáticas.
v. Compreender que algo não se foi para sempre quando desaparece da vista, como quando a mamãe "desaparece" atrás da cortina do chuveiro.
vi. Ter dificuldade para adotar o ponto de vista de outra pessoa (como quando bloqueia a visão de outra pessoa para a TV).

RESPOSTAS NO APÊNDICE E

Reflexão sobre a teoria de Piaget

O que permanece das ideias de Piaget a respeito da mente das crianças? Muito – o bastante para ele ser apontado pela revista *Time* como um dos 20 cientistas e pensadores mais influentes do século XX e considerado, em uma pesquisa com psicólogos britânicos, o maior psicólogo daquele século (*Psychologist*, 2003). Piaget identificou marcos cognitivos significativos e estimulou o interesse mundial pelo desenvolvimento da mente. Ele colocou menos ênfase na idade em que a criança normalmente alcança marcos específicos do que em sua sequência. Estudos conduzidos em todo o mundo, da Austrália aborígene à Argélia e à América do Norte, confirmam que a cognição humana se desenvolve basicamente na sequência que ele propôs (Lourenço & Machado, 1996; Segall et al., 1990).

Entretanto, os pesquisadores atuais consideram o desenvolvimento algo mais contínuo do que Piaget supôs. Ao detectarem as fases iniciais de cada tipo de pensamento em crianças mais jovens, eles revelaram capacidades conceituais que Piaget não percebeu. Além disso, com relação ao que Piaget definia, eles consideram a lógica formal uma parte menor da cognição. Piaget não ficaria surpreso de que hoje, como parte de nosso próprio desenvolvimento cognitivo, estejamos adaptando suas ideias para acomodar novos achados.

"Avaliar o impacto de Piaget na psicologia do desenvolvimento é como avaliar o impacto de Shakespeare na literatura inglesa." – Psicólogo do Desenvolvimento, Harry Beilin, 1992

"A infância tem sua própria maneira de ver, pensar e sentir, e não há nada mais tolo do que tentarmos nos colocar em seu lugar." – Filósofo Jean-Jacques Rousseau, 1798

IMPLICAÇÕES PARA PAIS E PROFESSORES. Futuros pais e professores, lembrem-se: as crianças pequenas são incapazes de raciocinar com a lógica dos adultos. Crianças em idade pré-escolar que bloqueiam a visão da TV simplesmente não aprenderam a ter o ponto de vista de outra pessoa. O que parece simples e evidente para nós – sair de uma gangorra fará com que o amigo, que se encontra na outra extremidade, caia – pode ser incompreensível para uma criança de 3 anos. Devem também compreender que as crianças não são receptáculos passivos à espera de conhecimento. É melhor aproveitar o que elas já sabem, envolvendo-as em demonstrações concretas e estimulando-as a pensar por conta própria. E, finalmente, é preciso que aceitem a imaturidade cognitiva das crianças como adaptativa. Essa é a estratégia da natureza para manter as crianças perto de adultos protetores e fornecer tempo para a aprendizagem e a socialização (Bjorklund & Green, 1992).

Um ponto de vista alternativo: Lev Vygotsky e a criança social

QOA 5.6 Como Vygotsky via o desenvolvimento cognitivo das crianças?

Enquanto Piaget formulava sua teoria do desenvolvimento cognitivo, o psicólogo russo Lev Vygotsky também estava estudando como as crianças pensam e aprendem. Enquanto Piaget enfatizou como a mente da criança cresce por meio da interação com o ambiente físico, Vygotsky enfatizou como a mente da criança cresce por meio da interação com o ambiente *social*. Se a criança de Piaget era um jovem cientista, a criança de Vygotsky era um jovem aprendiz. Ao participar da educação das crianças, fornecendo a elas novas palavras, os pais, os professores e outras crianças proporcionam o que hoje conhecemos como um **andaime**, a partir do qual as crianças podem se impulsionar para chegar a níveis mais altos do pensamento (Renninger & Granott, 2005; Wood et al., 1976). As crianças aprendem melhor quando seu ambiente social lhes apresenta algo no ponto ideal entre muito fácil e muito difícil.

Andaime. Na teoria de Vygotsky, estrutura que oferece às crianças apoio temporário, à medida que desenvolvem níveis mais elevados de pensamento.

Teoria da mente. Ideias que as pessoas têm sobre seus estados mentais e os de outras pessoas – seus sentimentos, percepções e pensamentos, e os comportamentos que essas ideias podem prever.

A linguagem, um ingrediente importante do aconselhamento social, proporciona os elementos fundamentais para construir o pensamento, observado por Vygotsky (que nasceu no mesmo ano que Piaget, mas morreu prematuramente de tuberculose). Ele notou que, aos 7 anos, as crianças pensam cada vez mais em palavras e as utilizam para solucionar problemas. Segundo Vygotsky, elas fazem isso internalizando o idioma de sua cultura e contando com o discurso interior (Fernyhough, 2008). Os pais que dizem "Não, não, Bevy!" quando puxam a mão de uma criança afastando-a de um bolo estão dando a essa criança uma ferramenta de autocontrole. Quando a criança precisar resistir à tentação, ela pode dizer também "*Não, não, Bevy*!" Os alunos da segunda série que murmuravam para si mesmos enquanto resolviam problemas de matemática entenderam melhor a matemática da terceira série no ano seguinte (Berk, 1994). Seja em voz alta, seja em sussurros, falar consigo mesmas ajuda as crianças a controlar seu comportamento e suas emoções, além de dominar novas habilidades. (Isso ajuda os adultos, também. Adultos que se motivam usando conversas internas – "você pode fazer isso!" – têm melhor desempenho [Kross et al., 2014].)

Teoria da mente

QOA 5.7 O que significa desenvolver uma *teoria da mente* e como isso é prejudicado em pessoas com transtorno do espectro autista?

Quando a pequena Chapeuzinho Vermelho percebeu que sua "vovó" era na verdade um lobo, ela rapidamente revisou suas ideias sobre as intenções da criatura e fugiu. Embora ainda egocêntricas, as crianças em idade pré-escolar começam a formar uma **teoria da mente** (Premack & Woodruff, 1978).

Bebês tão jovens quanto 7 meses de idade exibem algum conhecimento sobre as crenças dos outros (Kovács et al., 2010). Com o tempo, desenvolve-se a capacidade de adotar as perspectivas das outras pessoas. As crianças passam a entender o que deixou seu companheiro de brincadeiras zangado, quando um irmão vai dividir algo, e o que pode fazer seus pais comprarem um brinquedo. E começam a provocar, ser empáticas e persuadir. E ao tomar decisões, eles usam sua compreensão de como suas ações farão os outros se sentirem (Repacholi et al., 2016). Pré-escolares e crianças pequenas que têm capacidade avançada de entender a mente dos outros tendem a ser queridos e apreciados pelos demais (McElwain et al., 2019; Slaughter et al., 2015).

Por volta dos 3 e 4 anos e meio, por exemplo, as crianças percebem que os outros podem acreditar em algo que é falso (Callaghan et al., 2005; Rubio-Fernández & Geurts, 2013; Sabbagh et al., 2006). Jennifer Jenkins e Janet Astington (1996) mostraram a crianças canadenses uma caixa de Band-Aids e perguntaram a elas o que havia dentro. As crianças naturalmente esperavam Band-Aids e, por isso, ficaram surpresas ao descobrir que a caixa continha lápis. Quando lhes perguntaram o que elas achavam que uma criança que nunca viu a caixa pensaria que havia dentro, as crianças de 3 anos geralmente respondiam "lápis". Em torno de 4 a 5 anos, houve um avanço da "teoria da mente" das crianças, e elas antecipavam que seus amigos teriam a falsa crença de que a caixa conteria Band-Aids.

Em um experimento de seguimento, as crianças viram uma boneca chamada Sally deixando sua bola em um armário vermelho (Figura 5.10). Outra boneca, Anne, transferiu a bola para o armário azul. Os pesquisadores então fazem a pergunta: Quando Sally voltar, onde ela vai procurar a bola? As crianças com *transtorno do espectro autista* (Capítulo 15) têm dificuldade para entender que o estado mental de Sally difere do delas – que Sally, sem saber que a bola foi transferida, vai procurá-la no armário vermelho. Elas também têm dificuldade de refletir sobre seus próprios estados mentais. Por exemplo, elas são menos propensas a usar os pronomes pessoais *eu* e *mim*. Crianças surdas que têm pais que ouvem e oportunidades mínimas de comunicação tinham as mesmas dificuldades para inferir os estados mentais dos outros (Peterson & Siegal, 1999).

Figura 5.10 Teste da teoria da mente das crianças. Esse problema simples ilustra como os pesquisadores exploram as suposições das crianças a respeito do estado mental das outras pessoas. (Inspirado em Baron-Cohen et al., 1985.) (*Esta figura encontra-se reproduzida em cores no Encarte.*)

PRÁTICA DE RECUPERAÇÃO

PR-4 O que a *teoria da mente* tem a ver com o transtorno do espectro autista?

RESPOSTAS NO APÊNDICE E

Desenvolvimento social

QOA 5.8 Como se formam os vínculos de apego cuidador-bebê?

Desde o nascimento, a maioria dos bebês são criaturas sociais, desenvolvendo uma intensa ligação com seus cuidadores. Os bebês passam a preferir rostos e vozes familiares, depois murmuram e gorgolejam quando recebem a atenção do cuidador. Aos 4,5 meses, os bebês podem distinguir idiomas familiares e desconhecidos (Fecher & Johnson, 2019). Depois de cerca de 8 meses, logo após a permanência do objeto surgir e as crianças se tornarem móveis, acontece uma coisa curiosa: eles desenvolvem **ansiedade com estranhos**. Eles podem cumprimentar estranhos chorando e alcançando cuidadores familiares: "Não! Não me deixe!" Com essa idade, as crianças têm esquemas para rostos conhecidos; quando não conseguem assimilar o novo rosto dentro desses esquemas lembrados, elas ficam aflitas (Kagan, 1984). Mais uma vez, vemos um princípio importante: *o cérebro, a mente e o comportamento socioemocional se desenvolvem concomitantemente.*

Ansiedade com estranhos. Medo de estranhos que os bebês geralmente exibem, que começa por volta dos 8 meses de idade.

Apego. Vínculo emocional com os outros; manifestado em crianças pequenas pela busca de proximidade com os cuidadores e pela angústia da separação.

Período crítico. Período ideal logo após o nascimento, em que a exposição do organismo a certos estímulos ou experiências produz desenvolvimento adequado.

Estampagem (*imprinting*). Processo pelo qual certos animais estabelecem vínculos em um período crítico muito cedo em suas vidas.

Origens do apego

Aos 12 meses, muitas crianças agarram-se aos pais quando amedrontadas ou na expectativa de separação. Reunidos depois de estarem separados, elas enchem os pais de abraços e sorrisos. Este impressionante vínculo de **apego** cuidador-bebê é um poderoso impulso de sobrevivência que mantém os bebês próximos de seus cuidadores. Os bebês em geral se apegam aos que são confortáveis e familiares – quase sempre, aos seus pais. Durante muitos anos, os psicólogos do desenvolvimento inferiram que os bebês se apegavam àqueles que satisfaziam suas necessidades de nutrição. Isso fazia sentido; mas um achado acidental derrubou essa explicação.

CONTATO CORPORAL. Durante a década de 1950, os psicólogos Harry Harlow e Margaret Harlow, da Universidade de Wisconsin, criaram macacos para seus estudos em aprendizagem. Para equalizar as experiências dos filhotes macacos e isolar qualquer doença, eles separaram os macacos de suas mães logo após o nascimento e os criaram em jaulas individuais higienizadas que incluíam um cobertor de bebê, de tecido macio (Harlow et al., 1971). Então veio a surpresa: quando os cobertores eram levados para a lavanderia, os macacos ficavam aflitos.

Os Harlows reconheceram que esse apego ao cobertor contradizia a ideia de que o apego deriva da associação com a nutrição. Mas como poderiam demonstrar isso de modo mais convincente? Para confrontar o poder de uma fonte de alimento e o conforto proporcionado pelo contato de um cobertor, os Harlows criaram duas mães artificiais. Uma era uma forma cilíndrica, feita de arame, com uma cabeça de madeira e com uma mamadeira presa nela; a outra, também de forma cilíndrica, era envolvida por um tecido felpudo.

Quando os macacos eram criados por ambas, a mãe de arame com mamadeira e a mãe de pano sem mamadeira, eles indiscutivelmente preferiam o conforto da mãe de pano (Figura 5.11). Como outros bebês agarrados a suas mães vivas, bebês macacos ansiosos se agarravam às mães de pano e eram acalmados pelo *conforto do contato*. Ao explorar seu ambiente, usavam essa mãe como *porto seguro*, como se estivessem ligados a ela por um elástico invisível que cedia até certo ponto para depois puxá-los de volta. Estudos posteriores revelaram outras qualidades – como balanço, calor e alimentação – que tornaram a mãe de pano ainda mais atraente.

Os bebês humanos também se apegam a pais meigos e afetuosos, que os embalam, os alimentam e os afagam. Boa parte da comunicação emocional entre pais e filhos ocorre por meio do toque, que pode ser suave (carinho) ou estimulante (cócegas) (Hertenstein et al., 2006). Pessoas de todo o mundo concordaram que a mãe ideal "demonstra afeto tocando" (Mesman et al., 2015). Essa afeição dos pais não apenas é boa, mas também amplia o desenvolvimento do cérebro e a capacidade cognitiva futura (Davis et al., 2017).

O apego humano também consiste em uma pessoa proporcionar à outra uma base segura a partir da qual possa explorar o mundo e sentir-se a salvo quando estão aflitas ou estressadas. À medida que crescemos, nosso refúgio e porto seguro mudam dos pais para os pares e parceiros amorosos (Cassidy & Shaver, 1999; Schmidt et al., 2019). Mas em todas as idades somos criaturas sociais. Ganhamos força quando alguém nos oferece, com palavras ou ações, um porto seguro: "Eu estou aqui. Eu me importo com você. Aconteça o que acontecer, eu apoiarei você ativamente" (Crowell & Waters, 1994).

Chowder2021

Figura 5.11 Mães macacas dos Harlows. Os psicólogos Harry Harlow e Margaret Harlow criaram macacos com duas mães artificiais – uma com um cilindro de arame nu com cabeça de madeira e uma mamadeira acoplada; a outra um cilindro sem mamadeira, mas coberto com espuma de borracha e envolto com pano felpudo. A descoberta dos Harlows surpreendeu muitos psicólogos: os bebês preferiam o contato com a confortável mãe de pano, mesmo enquanto se alimentavam na mãe nutritiva de arame.

FAMILIARIDADE. O contato é uma chave para o apego. Outra chave é a familiaridade. Em muitos animais também, o apego baseado em familiaridade é formado durante um **período crítico** – um período mais favorável em que certos eventos precisam acontecer para facilitar o desenvolvimento apropriado (Bornstein, 1989). No período de poucas horas após a eclosão do ovo, o primeiro objeto em movimento que um filhote de ganso, pato ou galinha vê é a mãe. A partir desse momento, a pequena ave a segue, e somente a ela.

Esse rígido processo de vinculação, chamado de **estampagem** (*imprinting*), foi explorado por Konrad Lorenz (1937). Ele questionava: o que fariam os patinhos se ele fosse a primeira

Willamette Biology

Papai pato? Konrad Lorenz demonstrou que os patos marcam a primeira coisa em movimento que veem, que, neste caso, foi ele!

Para algumas pessoas uma relação percebida com Deus funciona da mesma forma que outros apegos, isto é, oferece um porto seguro para exploração e um refúgio diante de ameaças (Granqvist et al., 2010; Kirkpatrick, 1999).

criatura em movimento que eles vissem? O que eles fizeram foi segui-lo por onde ele andava. Em todo lugar a que Konrad ia, era certo que os patinhos o seguissem. Embora os filhotes de pássaros imprimam melhor sua própria espécie, eles também imprimem uma variedade de objetos em movimento – um animal de outra espécie, uma caixa sobre rodas, ou uma bola quicando (Colombo, 1982; Johnson, 1992). E, uma vez formado, esse apego é difícil de reverter.

As crianças – diferentemente dos patinhos – não realizam estampagem, e sim, apegam-se ao que conhecem. A *mera exposição* a pessoas e coisas promove afeição. As crianças gostam de reler os mesmos livros, rever os mesmos filmes e repetir as tradições da família. Elas preferem ingerir alimentos conhecidos, viver no mesmo bairro familiar, frequentar a escola com os mesmos velhos amigos. Familiaridade é um sinal de segurança. Familiaridade traz contentamento.

PRÁTICA DE RECUPERAÇÃO

PR-5 O que distingue a estampagem do apego?

RESPOSTAS NO APÊNDICE E

Diferenças entre os tipos de apego

QOA 5.9 Como os psicólogos estudaram as diferenças entre os tipos de apego, e o que eles aprenderam?

O que explica as diferenças entre os tipos de apego? Para responder essa pergunta, Mary Ainsworth (1979) concebeu o experimento da *situação estranha*. Ela observou duplas de mães e bebês em casa durante os primeiros 6 meses. Mais tarde, ela observou os bebês de um ano de idade diante de uma situação estranha (em geral, uma sala de jogos experimental). Essa pesquisa mostrou que cerca de 60% das crianças demonstram ter um *apego seguro* (Moulin et al., 2014). Na presença das mães, elas brincam confortavelmente, explorando com alegria o novo ambiente. Quando as mães saem, elas ficam angustiadas; quando voltam, as crianças buscam o contato com elas.

Outras crianças demonstram um *apego inseguro*, marcado por ansiedade ou evitação de relação de confiança. Elas são menos propensas a explorar o ambiente e até podem se agarrar às mães. Quando as mães saem, elas choram alto e permanecem contrariadas, ou então parecem indiferentes às saídas e retornos de suas mães (Ainsworth, 1973, 1989; Kagan, 1995; van IJzendoorn & Kroonenberg, 1988).

Ainsworth e outros constataram que as mães sensíveis e responsivas – isto é, aquelas que percebiam o que seus bebês estavam fazendo ou desejando, e respondiam apropriadamente – tinham crianças que exibiam um apego seguro (De Wolff & van IJzendoorn, 1997). As mães insensíveis e indiferentes – que atendiam a seus bebês quando tinham vontade, mas que os ignoravam em outros momentos – tinham crianças que quase sempre exibiam apego inseguro. Os estudos com macacos, dos Harlows, em que as mães eram artificiais e indiferentes, produziram resultados ainda mais surpreendentes. Quando colocados em situações estranhas sem as mães artificiais, os bebês privados de afeto ficavam apavorados.

Muitos se lembram de Harry Harlow como o pesquisador que torturou macacos indefesos, e o clima atual de maior respeito pelo bem-estar animal provavelmente impediria esses estudos com primatas. Harlow, porém, defendeu seus métodos: "Lembre-se, para cada macaco maltratado existe um milhão de crianças maltratadas", afirmou expressando a esperança de que sua pesquisa sensibilizaria as pessoas quanto ao abuso e abandono infantis. "Ninguém que conheça o trabalho de Harry poderia argumentar que os bebês ficam bem sem companhia, que uma mãe cuidadosa não faz diferença", observou a biógrafa Deborah Blum (2011, pp. 292, 307). "E sabendo que nós... não acreditávamos plenamente nisso antes de Harry Harlow, então talvez precisássemos – somente uma vez – ser atingidos duramente por essa verdade para que nunca mais duvidássemos."

Então, pais (e outros cuidadores) atenciosos fazem a diferença. Mas o estilo de apego é resultado da paternidade ou maternidade? Ou o estilo de apego é resultado de *temperamento* geneticamente influenciado? Estudos sobre gêmeos e desenvolvimento revelam que a hereditariedade faz diferença também (Picardi et al., 2011; Raby et al., 2012). Logo após o nascimento, alguns bebês são visivelmente *difíceis* – irritáveis, intensos e imprevisíveis. Outros são *fáceis* – divertidos, relaxados, com horários para dormir e se alimentar mais previsíveis (Chess & Thomas, 1987). Ao negligenciar tais diferenças inatas, os estudos de cuidados dos pais, observou Judith Harris (1998), são como "comparar cães de caça criados em canis com *poodles* criados em apartamentos". Portanto, para separar a natureza e a criação, precisaríamos variar o cuidado dos pais e, ao mesmo tempo, controlar o temperamento. (Pare e pense: se você fosse o pesquisador, como poderia ter feito isso?)

A solução da pesquisadora holandesa, Dymphna van den Boom, foi escolher aleatoriamente 100 bebês com temperamentos difíceis, com idade entre 6 e 9 meses, para um grupo experimental, no qual as mães receberam treinamento pessoal em sensibilidade para responder aos bebês, ou para um grupo controle, que não recebeu treinamento. Quando chegaram aos 12 meses, 68% dos bebês do grupo experimental mostraram apego seguro, em comparação com apenas 28% do grupo controle. Outros estudos também indicaram que os programas de intervenção podem aumentar a sensibilidade dos pais e, em menor grau, a segurança do apego da criança (Bakermans-Kranenburg et al., 2003; Van Zeijl et al., 2006). Essas intervenções de "paternidade positiva" parecem ser especialmente benéficas para crianças com temperamentos difíceis (Slagt et al., 2016).

Como indicam esses exemplos, os pesquisadores estudam o cuidado materno com mais frequência do que o paterno. Eles dizem que as crianças que não têm mãe zelosa sofrem de "privação maternal"; quanto às que não têm a criação de um pai, apenas sofrem de "ausência paterna". Isso reflete uma atitude mais ampla, na qual ser "pai de uma criança" tem significado de gerar; "ser mãe", de criar. Porém os pais são mais do que simples bancos de esperma móveis. Em quase 100 estudos realizados no mundo todo, o amor e a aceitação do pai têm níveis comparáveis com o amor da mãe no prognóstico de saúde e bem-estar dos filhos (Rohner & Veneziano, 2001; ver também a Tabela 5.2). Os pais fazem a diferença.

Um enorme estudo realizado na Grã-Bretanha acompanhou 7.259 crianças, do nascimento à vida adulta; aquelas cujos pais estavam mais envolvidos com sua criação (através de passeios, lendo para elas e se interessando por sua educação) tendiam a ter melhores notas na escola, mesmo levando em conta muitos outros fatores, como grau de instrução dos pais e renda familiar (Flouri & Buchanan, 2004). Meninas com pais que as apoiavam esperavam que outros homens as tratassem com cuidado e respeito, e eram menos propensas a comportamentos sexuais de risco (DelPriore et al., 2017, 2019). O aumento de nascimentos fora do casamento e a maior instabilidade de coabitação em comparação com os casamentos, no entanto, significam mais famílias com pais ausentes (Hymowitz et al., 2013). Na Europa e nos EUA, por exemplo, crianças nascidas de pais casados (em comparação com pais que coabitam) têm cerca de metade da probabilidade de experimentar a separação de seus pais, o que muitas vezes implica menos cuidados do pai (Brown et al., 2016; Wilcox & DeRose, 2017). Mesmo depois de controlar a renda dos pais, educação e raça, as crianças que têm pais casados têm taxa menor de problemas escolares (Zill & Wilcox, 2017).

A ansiedade das crianças com a separação dos pais atinge o pico por volta dos 13 meses, depois diminui gradualmente (Figura 5.12). Isso acontece se elas moram com um dos pais ou com os dois, são cuidadas em casa ou em uma creche, moram na América do Norte, na Guatemala ou no deserto de Kalahari. Isso significa que nossa necessidade e amor pelos outros também desaparecem? Dificilmente. Na verdade, de certo modo, nossa capacidade de amar aumenta, e nosso prazer ao tocar e abraçar aqueles que amamos nunca cessa.

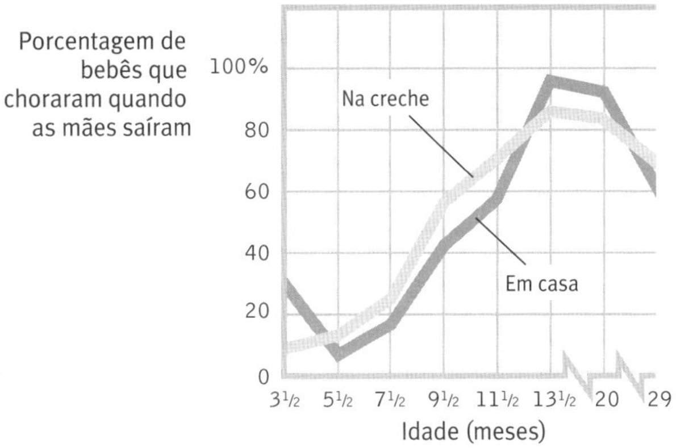

Figura 5.12 Angústia dos bebês pela separação de pais. Em um experimento, os bebês foram deixados por suas mães em um quarto desconhecido. Independentemente de o bebê ter estado na creche, a porcentagem que chorou quando a mãe foi embora atingiu o pico por volta dos 13 meses (Kagan, 1976).

Tabela 5.2 Pontos positivos da parentalidade dupla.

- *Os pais ativos estão cuidando mais.* Os pais atuais que participam dos cuidados são mais envolvidos, com o dobro das horas semanais passadas com seus filhos em comparação com os pais de 1965 (Livingston & Parker, 2011)
- *Os casais que dividem o trabalho doméstico e o cuidado com os filhos são mais felizes em suas relações e menos propensos ao divórcio* (Wilcox & Marquardt, 2011)
- *Ter os dois pais dá suporte às crianças.* Depois de controlar outros fatores, as crianças têm, em média, melhores resultados de vida "se criadas por ambos os pais" (Taylor, 2014)
- *O gênero e a orientação sexual dos pais não afetam o bem-estar das crianças.* A American Academy of Pediatrics (2013) relata que o que faz a diferença são os pais competentes, seguros e carinhosos. A American Sociological Association (2013) concorda: a estabilidade parental e os recursos fazem diferença, mas "se uma criança for criada por pais do mesmo sexo ou do sexo oposto, o bem-estar das crianças não é influenciado". Uma análise de 21 mil crianças americanas de 4 a 17 anos descobriu que, em comparação com as crianças com pais heterossexuais, aquelas criadas por *gays* ou lésbicas têm níveis semelhantes de bem-estar (Calzo et al., 2019)

Jouke van Keulen/Shutterstock

"Do conflito entre a confiança e a desconfiança, o bebê desenvolve a esperança, que é a forma mais precoce do que mais tarde se torna a crença nos adultos." - Erik Erikson, 1983

ESTILOS DE APEGO E RELAÇÕES POSTERIORES. O teórico do desenvolvimento, Erik Erikson (1902-1994), em colaboração com sua esposa, Joan Erikson (1902-1997), disse que as crianças que têm apegos seguros abordam a vida com um senso de **confiança básica**, de que o mundo é previsível e confiável. Erikson não atribuiu a confiança básica ao ambiente positivo permanente ou ao temperamento inato de alguém, mas à parentalidade recebida em tenra idade. Ele teorizou que bebês abençoados com cuidadores sensíveis e amorosos desenvolvem uma atitude de confiança ao longo da vida, em vez de medo.

Muitos pesquisadores agora acreditam que esses primeiros apegos formam a base de nossos relacionamentos adultos e conforto que sentimos em relação a afeto e intimidade (Birnbaum et al., 2006; Fraley et al., 2013). As pessoas que dizem ter relações seguras com seus pais tendem a usufruir amizades seguras (Gorrese & Ruggieri, 2012). Quando saem de casa para frequentar a faculdade ou instituto – outro tipo de "situação estranha" – as pessoas muito apegadas aos pais tendem a se adaptar bem (Mattanah et al., 2011). Crianças com mães sensíveis e responsivas tendem a prosperar social e academicamente (Raby et al., 2014).

Sentir-se apegado de forma insegura às outras pessoas pode assumir uma de duas formas principais (Fraley et al., 2011). Na primeira delas, o *apego ansioso*, as pessoas anseiam constantemente por aceitação, mas continuam vigilantes aos sinais de possível rejeição. (Sendo sensíveis a ameaças, as pessoas com estilo de apego ansioso também tendem a ser habilidosos detectores de mentiras e jogadoras de pôquer [Ein-Dor & Perry, 2012, 2013].) Na outra, o *apego evitativo*, as pessoas sofrem desconforto ao se aproximar das outras e utilizam estratégias de fuga para manter distância das outras pessoas. Nas relações românticas, um estilo de apego ansioso cria constante preocupação com a rejeição, levando as pessoas a serem "grudentas" com seus parceiros. Um estilo baseado na evitação diminui o comprometimento, aumenta a abertura à infidelidade e aumenta o conflito (DeWall et al., 2011; Overall et al., 2015).

Os estilos de apego na vida adulta também podem afetar os relacionamentos com os filhos. Mas diga isso para aqueles (quase metade da humanidade) que exibem variados graus de apego inseguro: tanto as tendências ansiosas como evitativas têm ajudado nossos grupos a detectar ou escapar de perigos (Ein-Dor et al., 2010).

PERGUNTE A SI MESMO

Como sua criação afetou seu estilo de apego?

Privação de apego

QOA 5.10 Como o abandono ou o abuso na infância afetam o apego nas crianças?

Se um apego seguro nutre a competência social, o que acontece quando as circunstâncias impedem uma criança de formar apegos? Em toda a psicologia, não há literatura de pesquisa mais triste. Bebês trancados em casa em condições de abuso ou negligência extrema são muitas vezes retraídos, amedrontados e até incapazes de falar. O mesmo vale para as crianças que cresceram em instituições sem a estimulação e a atenção de um cuidador regular, como foi tragicamente ilustrado durante os anos 1970 e 1980 na Romênia. Tendo decidido que o crescimento econômico do país empobrecido exigia mais capital humano, Nicolae Ceaușescu, o ditador comunista da Romênia, tornou ilegal a contracepção, proibiu o aborto e taxou as famílias com menos de cinco filhos. A taxa de natalidade disparou. Mas, incapazes de arcar com as crianças que foram obrigadas a ter, muitas famílias tiveram que deixá-las em orfanatos do governo, com cuidadores destreinados e sobrecarregados. As proporções entre crianças e cuidadores eram de 15 para 1; então as crianças eram privadas de apegos saudáveis com pelo menos um adulto.

Quando testadas após Ceaușescu ser executado em 1989 e comparadas com crianças designadas para adoção de qualidade, essas crianças tinham escores de inteligência mais baixos, desenvolvimento cerebral reduzido, respostas anormais ao estresse e o quádruplo da taxa de transtorno de déficit de atenção e hiperatividade (TDAH) (Bick et al., 2015; Kennedy et al., 2016; McLaughlin et al., 2015; Nelson et al., 2014). Dezenas de outros estudos em 19 países confirmaram que as crianças órfãs tendem a se sair melhor nos testes de inteligência posteriores se forem criadas em casas de família desde cedo (van IJzendoorn et al., 2008, 2017).

A maioria das crianças que cresceram na adversidade (como as sobreviventes do Holocausto) são *resilientes*; elas superaram o trauma e se tornaram adultos normais (Helmreich, 1992; Masten, 2001). O mesmo acontece com as vítimas de abuso sexual infantil, observou a pesquisadora Susan Clancy (2010). E adversidades com trauma menor geralmente aumentam a resistência mental (Seery, 2011). Crianças que lidaram com alguma adversidade tornam-se

Confiança básica. De acordo com Erik Erikson, um senso de que o mundo é previsível e confiável; acredita-se que seja formada durante a infância por experiências adequadas com cuidadores responsivos.

mais resistentes ao enfrentar estresses futuros (Ellis et al., 2017). Embora crescer na pobreza coloque as crianças em risco de algumas patologias sociais, crescer na riqueza as coloca em risco de outras patologias. As crianças ricas correm um risco elevado de abuso de substâncias, transtornos alimentares, ansiedade e depressão (Lund & Dearing, 2012; Luthar et al., 2013). Então, quando você se lembrar de alguma adversidade que enfrentou, considere o lado positivo. Seu enfrentamento pode ter fortalecido sua resiliência – sua tendência de se recuperar e seguir em frente para levar uma vida melhor.

Porém, muitos que sofrem abuso duradouro não se recuperam tão prontamente. Os macacos dos Harlows que cresceram em total isolamento, sem sequer a mãe artificial, carregaram cicatrizes ao longo da vida. Como adultos, quando colocados com outros macacos de sua idade, encolheram-se de medo ou atacaram agressivamente. Quando atingiram a maturidade sexual, a maioria foi incapaz de acasalar. Se fertilizadas artificialmente, as fêmeas com frequência foram negligentes, abusivas e até mesmo assassinas com relação ao primogênito. Outro experimento com primatas confirmou o fenômeno abuso-cria-abuso: das 16 fêmeas de macaco, nove que foram abusadas por suas mães se tornaram mães abusadoras; *nenhuma* fêmea criada por mãe não abusadora tornou-se abusadora (Maestripieri, 2005).

Com humanos, também, aquele que não é amado quase sempre se torna alguém que não ama. A maioria dos pais agressivos – muitos são assassinos condenados – relata que apanharam ou foram negligenciados quando crianças (Kempe & Kempe, 1978; Lewis et al., 1988). Cerca de 30% dos que sofreram abuso mais tarde também comete abuso contra seus filhos – quatro vezes a taxa nacional de abuso infantil dos EUA (Dumont et al., 2007; Kaufman & Zigler, 1987). E os pais tendem a abusar de seus próprios filhos da mesma forma que foram abusados quando crianças, como negligência, abuso emocional, abuso físico ou abuso sexual (Madigan et al., 2019).

Embora a maioria das crianças que sofreu abusos *não* se tornem criminosos violentos ou pais agressivos no futuro, os traumas extremos em crianças muito pequenas podem ainda assim deixar marcas no cérebro (Teicher & Samson, 2016). Como os soldados estressados pela batalha, seu cérebro responde a caras feias com maior atividade nas áreas de detecção de ameaças (McCrory et al., 2011). Nos lares atormentados por conflitos, até o cérebro dos bebês que estão dormindo exibe maior reatividade ao ouvir um discurso raivoso (Graham et al., 2013). Quando adultas, essas crianças lutam para regular suas emoções negativas, exibem respostas de sobressalto mais fortes e têm duas vezes mais chances de tentar o suicídio (Angelakis et al., 2019; Jovanovic et al., 2009; Lavi et al., 2019).

Se atacados e ameaçados constantemente quando muito jovens, os *hamsters*, em geral plácidos, tornam-se covardes quando presos com *hamsters* do mesmo tamanho, ou valentões quando presos com *hamsters* mais fracos (Ferris, 1996). Esses animais mostram mudanças em uma substância do cérebro chamada de serotonina, que acalma os impulsos agressivos. Uma resposta de serotonina igualmente lenta foi encontrada em crianças que sofreram abuso e que se tornaram adolescentes e adultos agressivos. Ao sensibilizar o sistema de resposta ao estresse, o estresse precoce pode aumentar permanentemente as reações ao estresse posterior e aumentar as doenças relacionadas ao estresse (Fagundes & Way, 2014; van Zuiden et al., 2012; Wei et al., 2012). O abuso infantil, conforme observamos no Capítulo 4, também deixa marcas *epigenéticas* – etiquetas químicas – que podem alterar a expressão gênica normal (Lutz et al., 2017; McKinney, 2017).

Esses achados ajudam a explicar por que crianças pequenas que sobreviveram ao abuso físico grave ou prolongado, abuso sexual infantil, *bullying* ou atrocidades em tempos de guerra correm um risco maior de problemas de saúde, transtornos psicológicos, abuso de substâncias e criminalidade, e nas mulheres, morte precoce (Chen et al., 2016; Jakubowski et al., 2018; Schaefer et al., 2018). Uma análise de 135 mil adolescentes em 48 países mostrou que os que sofreram *bullying* tiveram o triplo da taxa normal de tentativa de suicídio (Koyanagi et al., 2019). Em um estudo nacional de 43.093 adultos, 8% relataram ter sofrido abuso físico, ao menos com bastante frequência, antes dos 18 anos (Sugaya et al., 2012). Destes, 84% sofreram pelo menos um transtorno psiquiátrico. Além disso, quanto maior o abuso, maior a probabilidade de ansiedade, depressão, transtorno de uso de substâncias e tentativa de suicídio. As vítimas de abuso na infância também têm relacionamentos românticos adultos mais problemáticos (Labella et al., 2018).

As vítimas de abuso correm um risco considerável de depressão se forem portadoras de uma variação gênica que estimula a produção de hormônios do estresse (Bradley et al., 2008). Como veremos repetidas vezes, comportamento e emoção surgem de um ambiente particular interagindo com determinados genes.

Os adultos também sofrem quando o apego é rompido. Quer ocorra por morte, quer por separação, a ruptura produz uma sequência previsível: preocupação inquietante com o parceiro perdido, seguida por tristeza profunda e, por fim, o começo do desligamento emocional e o retorno à vida normal (Hazan & Shaver, 1994). Casais recentemente separados que há muito deixaram de sentir afeto às vezes ficam surpresos com o desejo de estar perto do antigo parceiro. O desligamento é um processo, não um evento.

Autoconceito. Nossos pensamentos e sensações a respeito de nós mesmos em resposta à pergunta "Quem sou eu?"

istockphoto/nedomacki

Autoconsciência. As imagens no espelho fascinam as crianças a partir dos 6 meses de vida. Todavia, somente por volta dos 18 meses a criança reconhece que a imagem no espelho é "ela mesma".

Desenvolvimento do autoconceito

QOA 5.11 Como se desenvolve o autoconceito na criança?

A grande realização social da primeira infância é o apego. A grande realização social da *segunda infância* é a percepção positiva do *self*. No final da infância, por volta dos 12 anos, a maioria das crianças já desenvolveu o **autoconceito** – um entendimento e uma avaliação de quem elas são. Os pais com frequência imaginam quando e como esse sentido de *self* se desenvolve. "Será que meu bebê está ciente de si mesmo – será que ele sabe que é uma pessoa distinta de qualquer outra?"

É claro que não podemos perguntar ao bebê diretamente, mas podemos tirar proveito do que ele pode fazer – deixando seu *comportamento* fornecer as pistas do começo de sua autoconsciência. Em 1877, o biólogo Charles Darwin ofereceu uma ideia: a autoconsciência começa quando nos reconhecemos no espelho. Para ver se uma criança reconhece que a menina no espelho é ela mesma, os pesquisadores pintaram seu nariz. Por volta dos 6 meses, a criança estende os braços para o espelho para tocar sua imagem, como se esta fosse de outra criança (Courage & Howe, 2002; Damon & Hart, 1982, 1988, 1992). Dos 15 aos 18 meses, as crianças tocam o próprio nariz quando veem a marca colorida no espelho (Butterworth, 1992; Gallup & Suarez, 1986). Aparentemente, as crianças de 18 meses têm um esquema de como seu rosto deve parecer, e questionam: "O que essa marca está fazendo no *meu* rosto?"

Quando chegam à idade escolar, o autoconceito das crianças floresce e passa a incluir sua identidade de gênero, associações de grupos, traços psicológicos e semelhanças e diferenças comparadas com outras crianças (Newman & Ruble, 1988; Stipek, 1992). Elas passam a perceber que são boas e habilidosas em algumas coisas, mas não em outras. Elas formam um conceito dos traços que, idealmente, gostariam de ter. Sua autoimagem é bem estável por volta dos 8 ou 10 anos.

O ponto de vista da criança sobre si mesma afeta suas ações. As crianças que desenvolvem um autoconceito positivo são mais confiantes, independentes, otimistas, assertivas e sociáveis (Maccoby, 1980). Então, os pais podem incentivar um autoconceito positivo, mas realista?

Estilos parentais

QOA 5.12 Quais são os quatro estilos parentais?

Alguns pais batem; outros ponderam. Alguns são severos; outros, tolerantes. Alguns demonstram pouco afeto; outros abraçam e beijam abertamente. Como essas diferenças de estilo parental afetam as crianças?

O aspecto mais pesquisado da parentalidade tem sido como e até que ponto os pais buscam controlar seus filhos. Os estilos parentais podem ser descritos como uma combinação de duas características: quão *responsivos* e *exigentes* são os pais (Kakinami et al., 2015). Os investigadores identificaram quatro estilos parentais (Baumrind, 1966, 1989, 1991; Maccoby & Martin, 1983; Steinberg et al., 1994):

1. *Tipo autoritário*: os pais são *coercitivos*. Eles impõem regras e esperam obediência: "Não interrompa." "Mantenha seu quarto limpo." "Não fique fora até tarde, ou ficará de castigo." "Por quê? Porque é assim que eu quero."
2. *Tipo permissivo*: os pais são *submissos* aos desejos dos filhos. Fazem poucas exigências e usam pouca punição.
3. *Pais negligentes*: são os pais que *não se envolvem*. Não são exigentes nem responsivos. São descuidados, desatentos e não buscam um relacionamento próximo com seus filhos.
4. *Tipo autoritativo*: os pais são *confrontadores*. São tão exigentes quanto responsivos. Exercem controle criando regras, mas, especialmente com crianças mais velhas, incentivam discussões abertas e permitem exceções.

Para saber mais sobre estilos parentais e seus resultados associados, ver Pensamento crítico sobre: Estilos parentais.

Os pais que lutam com conselhos conflitantes devem lembrar que *todo conselho reflete os valores do conselheiro*. Para quem valoriza a obediência inquestionável de uma criança ou cujos filhos vivem em ambientes perigosos, um estilo autoritário pode surtir o efeito desejado. Para aqueles que valorizam a sociabilidade e a autoconfiança das crianças, há sabedoria na criação autoritativa, firme, mas aberta.

O investimento de criar um filho exige muitos anos não só de alegria e amor, mas também de aborrecimento e irritação. Contudo, para a maioria dos pais, um filho é um legado – o investimento pessoal de alguém no futuro da humanidade. Parafraseando o psiquiatra Carl Jung, tocamos o passado com nossos pais e o futuro com nossos filhos, e por meio de seus filhos o futuro que nunca veremos, mas do qual devemos cuidar.

"Antes de me casar, eu tinha seis teorias sobre como criar filhos; agora tenho seis filhos e nenhuma teoria." – Atribuído a John Wilmot, 2º Conde de Rochester (1647-1680)

"Vocês são os arcos dos quais seus filhos, como flechas vivas, são lançados." – Kahlil Gibran, *The Prophet*, 1923

Pensamento crítico sobre:

Estilos parentais – muito rígido, muito frouxo, muito negligente e na medida certa?

QOA **5.13** Que resultados estão associados a cada estilo parental?

Os pesquisadores identificaram quatro estilos parentais,[1] que foram associados a resultados variados.

1 Pais autoritários

↕

Crianças com menos habilidades sociais e baixa autoestima, e um cérebro que reage exageradamente quando eles cometem erros[2]

2 Pais permissivos

↕

Crianças são mais agressivas e imaturas[3]

ENTRETANTO, Correlação ≠ Causa!

Que outros fatores podem explicar essa relação de competência parental?

- Os traços da criança podem influenciar a parentalidade. O afeto e o controle dos pais variam, de algum modo, de uma criança para outra até na mesma família.[6] Talvez crianças socialmente maduras, agradáveis e descontraídas obtenham maior confiança e carinho de seus pais? Estudos com gêmeos sustentam essa possibilidade.[7]
- Pode haver um terceiro fator subjacente. Talvez, por exemplo, pais competentes e filhos competentes compartilham genes que os predispõem para a competência social. Estudos com gêmeos também sustentam essa possibilidade.[8]

3 Pais negligentes

↕

Crianças com poucos recursos acadêmicos e sociais[4]

4 Pais autoritativos

↕

Crianças com elevada autoestima, autoconfiança, autorregulação e habilidade social[5]

1. Kakinami et al., 2015. 2. Meyer et al., 2019. 3. Luyckx et al., 2011. 4. Pinquart, 2016; Steinberg et al., 1994. 5. Baumrind, 1996, 2013; Buri et al., 1988; Coopersmith, 1967; Sulik et al., 2015. 6. Holden & Miller, 1999; Klahr & Burt, 2014. 7. Kendler, 1996. 8. South et al., 2008.

PERGUNTE A SI MESMO

Que erros você acha que os pais do passado cometeram com mais frequência? Que erros você acha que os pais de hoje podem estar cometendo e que, como um deles, você gostaria de evitar (ou já tentou evitar)?

PRÁTICA DE RECUPERAÇÃO

PR-6 Para aqueles que valorizam a autoconfiança das crianças, os quatro estilos podem ser descritos como "muito rígido, muito frouxo, muito negligente e na medida certa". Qual estilo parental combina com cada uma dessas descrições, e como as crianças se beneficiam do estilo "na medida certa"?

RESPOSTAS NO APÊNDICE E

REVISÃO Primeira e Segunda Infâncias

OBJETIVOS DA APRENDIZAGEM

Teste a si mesmo. Responda às Questões dos Objetivos da Aprendizagem (antes de conferir as respostas no Apêndice D) para aprimorar a retenção dos conceitos estudados (McDaniel et al., 2009, 2015).

QOA 5.4 Durante a primeira e segunda infâncias, como o cérebro e as habilidades motoras se desenvolvem?

QOA 5.5 Como Piaget ampliou nossa compreensão de como a mente de uma criança se desenvolve e como os pesquisadores de hoje construíram seu trabalho?

QOA 5.6 Como Vygotsky via o desenvolvimento cognitivo das crianças?

QOA 5.7 O que significa desenvolver uma *teoria da mente* e como isso é prejudicado em pessoas com transtorno do espectro autista?

QOA 5.8 Como se formam os vínculos de apego cuidador-bebê?

QOA 5.9 Como os psicólogos estudaram as diferenças entre os tipos de apego, e o que eles aprenderam?

QOA 5.10 Como o abandono ou o abuso na infância afetam a construção do apego nas crianças?

QOA 5.11 Como se desenvolve o autoconceito na criança?

QOA 5.12 Quais são os quatro estilos parentais?

QOA 5.13 Que resultados estão associados a cada estilo parental?

TERMOS E CONCEITOS A RECORDAR

Teste a si mesmo. Escreva a definição com suas próprias palavras e depois confirme sua resposta.

maturação, p. 171
cognição, p. 173
esquema, p. 173
assimilação, p. 173
acomodação, p. 173
estágio sensório-motor, p. 174
permanência do objeto, p. 174
estágio pré-operacional, p. 174
conservação, p. 174
egocentrismo, p. 175
estágio das operações concretas, p. 176
estágio das operações formais, p. 176
andaime, p. 177
teoria da mente, p. 178
ansiedade com estranhos, p. 179
apego, p. 179
período crítico, p. 179
estampagem (*imprinting*), p. 179
confiança básica, p. 182
autoconceito, p. 184

DOMINE O MATERIAL

Teste a si mesmo. Responda às questões a seguir por conta própria, a princípio, depois confira as respostas no Apêndice E.

1. Acaricie a bochecha de um recém-nascido, e o bebê procurará um mamilo. Isso ilustra:
   a. um reflexo.
   b. a criação.
   c. uma preferência.
   d. a continuidade.
2. Entre os 3 e 6 anos, o cérebro humano passa pelo maior crescimento nos lobos ______________, o que permite raciocínio e planejamento.
3. Qual das seguintes afirmações é verdadeira com relação ao desenvolvimento da habilidade motora?
   a. É determinado somente por fatores genéticos.
   b. A sequência, mas não o momento; é universal.
   c. O momento, mas não a sequência; é universal.
   d. É determinado somente por fatores ambientais.
4. Por que não conseguimos nos lembrar conscientemente de como aprendemos a andar?
5. Use os primeiros três estágios do desenvolvimento cognitivo de Piaget para explicar por que as crianças mais novas não são apenas adultos em miniatura quanto a seu modo de pensar.
6. Embora a teoria dos estágios de Piaget continue a informar nossa compreensão do pensamento infantil, muitos pesquisadores acreditam que
   a. os estágios de Piaget começam mais cedo e o desenvolvimento é mais contínuo do que ele percebeu.
   b. as crianças não progridem tão rapidamente quanto Piaget previu.

c. poucas crianças progridem até o estágio operacional concreto.

d. não há maneira de testar grande parte do trabalho teórico de Piaget.

7. Um bebê de 8 meses que reage a uma nova babá chorando e agarrando-se ao ombro do pai está mostrando ________________.

8. Em uma série de experimentos, os Harlows constataram que os macacos criados com mães artificiais tendiam, quando assustados, a agarrar-se na sua mãe de pano, em vez de se agarrar na mãe de arame que segurava a mamadeira. Por que essa constatação é importante?

Adolescência

QOA **5.14** Como a *adolescência* é definida, e como as mudanças físicas afetam os adolescentes em desenvolvimento?

Muitos psicólogos acreditavam que a infância definia nossos traços. Os atuais psicólogos do desenvolvimento veem o desenvolvimento como um processo ao longo da vida. À medida que a *perspectiva de vida* emergia, os psicólogos começaram a perceber como a maturação e a experiência nos moldam não só na primeira e na segunda infância, mas também na adolescência e além. A **adolescência** – os anos entre o fim da infância e a idade adulta – começa com as primeiras mudanças físicas da maturidade sexual e termina com a conquista social do *status* de adulto independente, o que significa que em algumas culturas, em que os jovens se autossustentam, a adolescência mal existe. Nas culturas ocidentais, onde a maturação sexual está ocorrendo mais cedo e a independência mais tarde, a adolescência está se alongando (Sawyer et al., 2018; Worthman & Trang, 2018).

Nos países industrializados, como são os anos da adolescência? Em *Anna Karenina*, de Leon Tolstói, os anos da adolescência "são aqueles tempos ditosos quando a infância está chegando ao fim e, dentro desse vasto círculo, alegre e festivo, um caminho adquire forma". Mas a adolescente Anne Frank em seu diário, escrito enquanto se escondia dos nazistas, descreveu tumultuosas emoções adolescentes:

> O modo como me tratam varia muito. Um dia Anne é tão sensível e pode saber de tudo; e, no dia seguinte, eu escuto que Anne é só uma cabritinha tola que não sabe de nada e imagina que aprendeu um monte de coisas nos livros... Ah, tanta coisa fervilha dentro de mim enquanto fico aqui deitada na cama, tendo de aturar gente que me irrita e que sempre interpreta errado minhas intenções.

Para G. Stanley Hall (1904), um dos primeiros psicólogos a descrever a adolescência, a tensão entre a maturidade biológica e a dependência social cria um período de "estresse e tormenta". É um momento de diminuição do controle parental (Lionetti et al., 2019). É também uma época em que os adolescentes anseiam por aceitação social, mas muitas vezes se sentem socialmente desconectados. Nos EUA, três em cada quatro amizades iniciadas na sétima série se dissolvem no final da oitava série (Hartl et al., 2015). Essa desconexão social atinge duramente os adolescentes, aumentando o risco de uso abusivo de substâncias e sintomas depressivos (Hussong et al., 2019). De fato, depois dos 30 anos, muitos que cresceram em culturas ocidentais de criação independente olham para seus anos de adolescência como um tempo que não gostariam de reviver, um tempo em que a aprovação social de seus pares era imperativa, em que seu senso de direção na vida estava em ebulição e em que a sensação de alienação dos pais era muito profunda (Arnett, 1999; Macfarlane, 1964). Para muitos, porém, a adolescência é um tempo de vitalidade sem as preocupações da vida adulta – um tempo de amizades recompensadoras, de maior idealismo e um senso crescente de possibilidades de vida empolgantes.

PERGUNTE A SI MESMO

Como você vai olhar para sua vida daqui a 10 anos? O que você poderia mudar para que um dia se lembre de suas escolhas com satisfação?

Desenvolvimento físico

A adolescência começa com a **puberdade**, o momento em que amadurecemos sexualmente. A puberdade segue uma onda de hormônios, que podem intensificar o humor e desencadear as mudanças corporais discutidas no Capítulo 4.

Adolescência. Período de transição entre a infância e a vida adulta, que vai da puberdade à independência.

Puberdade. Período de maturação sexual, quando uma pessoa se torna capaz de reproduzir.

Momento da puberdade

Assim como nos estágios iniciais da vida, a *sequência* de mudanças físicas na puberdade (p. ex., brotos mamários e pelos pubianos visíveis antes da *menarca* – o primeiro período menstrual) é muito mais previsível do que seu *marco temporal*. Algumas meninas começam seu período de crescimento rápido aos 9 anos; alguns meninos demoram até os 16 anos.

A maturação precoce pode ser um desafio. "Adolescentes em maturação precoce podem ter maior probabilidade de experimentar problemas de saúde mental atribuíveis ao estresse e dificuldades [relacionados à puberdade]", relatam Josie Ullsperger e Molly Nikolas (2017). Essa vulnerabilidade é maior para meninas e meninos adolescentes com temperamentos emocionalmente reativos. Além disso, se o desenvolvimento físico de uma menina ultrapassa sua maturidade emocional e o desenvolvimento de seus amigos, ela pode se associar com adolescentes mais velhos, sofrer provocações ou assédio sexual e ficar ansiosa ou deprimida (Alloy et al., 2016; Ge & Natsuaki, 2009; Weingarden & Renshaw, 2012).

O cérebro do adolescente

O cérebro do adolescente também é uma obra em andamento. Até a puberdade, as células cerebrais aumentam suas conexões, como árvores aumentando o número de raízes e ramificações. Então, durante a adolescência, surge uma *poda* seletiva dos neurônios e conexões não utilizados (Blakemore, 2008). O que não usamos, perdemos.

À medida que os adolescentes amadurecem, seus lobos frontais também continuam a se desenvolver. O crescimento contínuo da *mielina*, o tecido adiposo que se forma ao redor dos axônios e acelera a neurotransmissão, permite melhor comunicação com outras regiões do cérebro (Whitaker et al., 2016). Esses desenvolvimentos trazem julgamento aprimorado, controle de impulsos e planejamento de longo prazo. Um estudo de referência com 11 mil participantes do final da infância ao início da idade adulta está examinando os fatores que influenciam o desenvolvimento do cérebro dos adolescentes, como drogas, tempo de tela e sono (NIMH, 2019; Wadman, 2018).

A maturação do lobo frontal, contudo, é defasada com relação à maturação do sistema límbico emocional. A onda hormonal da puberdade e o desenvolvimento do sistema límbico ajudam a explicar a impulsividade ocasional, comportamentos de risco e tempestades emocionais dos adolescentes – bater portas e aumentar o volume da música (Casey & Caudle, 2013; Fuhrmann et al., 2015; Smith, 2018). Não é à toa que adolescentes mais jovens (cujos lobos frontais ainda não estão plenamente equipados para fazer planos de longo prazo e controlar impulsos) sucumbem à tentação de fumar ou usar cigarros eletrônicos. Na realidade, os adolescentes subestimam os riscos do tabagismo ou de dirigir em alta velocidade, ou de praticar sexo sem proteção. O cérebro dos adolescentes é apenas tendencioso para recompensas imediatas, o que ajuda a explicar por que os adolescentes em todo o mundo lutam com o autocontrole (Hansen et al., 2019; Steinberg et al., 2018). O cérebro adolescente é como um carro com um acelerador forte e freios subdesenvolvidos (Figura 5.13).

Figura 5.13 Controle dos impulsos atrasa a busca de recompensas. Pesquisas com mais de 7 mil norte-americanos de 12 a 24 anos revelam que a busca por sensações atinge o pico na metade da adolescência, com o controle dos impulsos desenvolvendo-se mais lentamente à medida que os lobos frontais amadurecem. (Dados da pesquisa do National Longitudinal Study of Youth and Children and Young Adults apresentados por Steinberg, 2013.)

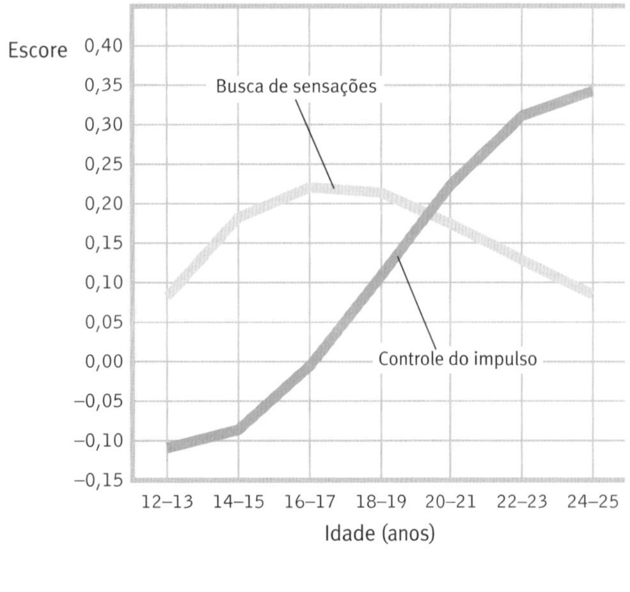

Assim, quando Júnior dirige sem cuidado e acaba destruindo sua vida acadêmica, será que seus pais devem se consolar pensando que "ele não tem culpa, seu córtex frontal não está inteiramente desenvolvido"? Eles pelo menos podem ter alguma esperança: as mudanças cerebrais são subjacentes à nova autoconsciência do adolescente tanto sobre o que os outros estão pensando sobre ele quanto a sua avaliação das recompensas do risco (Barkley-Levenson & Galván, 2014; Somerville et al., 2013). E o cérebro com o qual Júnior começa sua adolescência difere do cérebro com o qual ele chega à idade adulta. A menos que o desenvolvimento cerebral dele diminua por causa da bebida – que o deixa mais propenso à impulsividade e ao vício –, seus lobos frontais continuarão a amadurecer até cerca dos 25 anos (Crews et al., 2007; Giedd, 2015). Eles também ficarão mais bem conectados com o sistema límbico, permitindo melhor regulação das emoções (Cohen et al., 2016; Steinberg, 2012).

Em 2004, a American Psychological Association (APA) uniu-se a sete outras associações médicas e de saúde mental na apresentação de recursos à Suprema Corte dos EUA, argumentando contra a pena de morte para jovens de 16 e 17 anos. Os recursos documentaram a imaturidade do cérebro dos adolescentes "em áreas que afetam o processo de tomada de decisão do jovem". Tomografias cerebrais dos adolescentes revelam que a imaturidade do lobo frontal é mais evidente entre os delinquentes juvenis e usuários de drogas (Shannon et al., 2011; Whelan et al., 2012). Assim, os jovens são "menos culpados, porque são adolescentes", sugeriram o psicólogo Laurence Steinberg e a professora de direito Elizabeth Scott (2003; Steinberg et al., 2009). Em 2005, por margem de 5 a 4, o Tribunal concordou, declarando inconstitucional a condenação de adolescentes à pena de morte. Em 2012, a APA ofereceu argumentos semelhantes contra a condenação de adolescentes à cadeia perpétua sem chance de apelar para a liberdade condicional (Banville, 2012; Steinberg, 2013). Mais uma vez, com uma estreita votação de 5 a 4, a Corte concordou.

Desenvolvimento cognitivo

QOA 5.15 Como Piaget, Kohlberg e pesquisadores posteriores descrevem o desenvolvimento cognitivo e moral dos adolescentes?

"Quando o piloto nos disse para abaixar e agarrar nossos tornozelos, a primeira coisa que passou pela minha cabeça foi que devíamos todos estar bem ridículos naquela situação." – Jeremiah Rawlings, 12 anos, após um acidente com um avião DC-10, em 1989, em *Sioux City*, Iowa

Durante os primeiros anos da adolescência, o raciocínio *egocêntrico* ainda persiste. Capazes de refletir sobre seu próprio pensamento e sobre o pensamento de outras pessoas, os adolescentes também começam a imaginar o que os outros estão pensando sobre *eles* e desenvolvem intensa *consciência* desse *público imaginário*. (Eles poderiam se preocupar menos, se entendessem que os seus pares têm um foco bastante semelhante.) Os adolescentes também tendem a desenvolver uma *fábula pessoal*, acreditando que são únicos e especiais e que o que acontece com "a maioria das pessoas" nunca aconteceria com eles. "Meu cigarro eletrônico é apenas uma diversão; eu nunca acabaria como um fumante viciado como meu tio."

Desenvolvimento do poder de raciocínio

Quando os adolescentes alcançam o auge intelectual que Jean Piaget chamou de *operações formais*, eles aplicam as novas ferramentas de raciocínio abstrato ao mundo ao seu redor. Eles podem pensar sobre o que é idealmente possível e questionar a imperfeição da sociedade, dos pais, e até mesmo suas próprias deficiências. Os adolescentes avaliam e debatem a natureza humana, o bem e o mal, a verdade e a justiça. Sua noção do que é justo muda da simples igualdade para a equidade, para o que é proporcional ao mérito (Almås et al., 2010). Tendo deixado para trás as imagens concretas da primeira infância, eles agora podem buscar um conceito mais profundo da espiritualidade e do sentido da vida (Boyatzis, 2012; Elkind, 1970). A capacidade dos adolescentes de raciocinar hipoteticamente e de deduzir as consequências também os habilita a detectar incongruências no raciocínio alheio e a perceber hipocrisia. Isso pode levar a discussões calorosas com os pais e a promessas secretas de nunca perder de vista os próprios ideais (Peterson et al., 1986).

Desenvolvimento da moralidade

Duas tarefas cruciais da infância e da adolescência consistem em discernir o certo do errado e desenvolver o caráter – os músculos psicológicos para controlar os impulsos. As crianças aprendem a ter empatia com os outros, uma habilidade que continua a se desenvolver na adolescência. Ser uma pessoa moral é *pensar* moralmente e *agir* de acordo. Jean Piaget e Lawrence Kohlberg propuseram que o raciocínio moral guia as ações morais. Uma opinião recente baseia-se no reconhecimento psicológico da mudança de jogo de que grande parte do nosso funcionamento ocorre não na "estrada virtuosa" do raciocínio deliberado, consciente, mas na "estrada imoral", inconsciente e automática.

"Ajudei um suposto amigo a cometer assalto à mão armada e assassinato... Eu tinha só 17 anos... Estive na prisão por mais de 20 anos... mais tempo do que jamais estive livre... Estou entre os mais de 300 "Juvenile Lifers" (jovens em prisão perpétua) nas prisões de Michigan. Aprendi e amadureci muito, desde que estou preso. Sinto grande remorso e arrependimento pela tragédia da qual participei envergonhado. Porém, resgato essa experiência aprendendo e crescendo com ela." – M. H., presidiário de Michigan, correspondência pessoal, 2015

RACIOCÍNIO MORAL. Piaget (1932) acreditava que o julgamento moral das crianças dependia de seu desenvolvimento cognitivo. Concordando com Piaget, Lawrence Kohlberg (1981, 1984) pensou em descrever o desenvolvimento do *raciocínio moral*, o pensamento que ocorre

Lorie Shaull

Fartos de armas de fogo. Depois de um tiroteio em massa em 2018 em uma escola em Parkland, Flórida, estudantes sobreviventes iniciaram o movimento #NeverAgain (Nunca Mais) para exigir a reforma da lei de armas dos EUA. Centenas de milhares de adolescentes desde então participaram de paralisações e marchas escolares, demonstrando sua capacidade de pensar logicamente sobre tópicos abstratos e expressar seus ideais. Segundo Piaget, esses adolescentes estão no estágio cognitivo final, o das operações formais.

ao distinguirmos o certo e o errado. Kohlberg propôs dilemas morais (p. ex., se alguém deveria roubar remédios para salvar a vida de uma pessoa querida) e perguntou a crianças, adolescentes e adultos se a ação era certa ou errada. Sua análise das respostas levou-o a propor três níveis básicos de pensamento moral: *pré-convencional*, *convencional* e *pós-convencional* (Tabela 5.3). A alegação de Kohlberg era de que esses níveis formam a escada moral. Como em todas as teorias de estágios, a sequência é invariável. Começamos no primeiro degrau inferior e subimos a alturas variadas; no nível pós-convencional, podemos colocar o conforto dos outros acima do nosso (Crockett et al., 2014). Os bebês reconhecem o certo e o errado, preferindo a ação moral à imoral (Cowell & Decety, 2015). As crianças em idade pré-escolar, que normalmente se identificam com seu grupo cultural, se conformam com as normas morais do seu grupo e até as reforçam (Tomasello, 2019; Yudkin et al., 2019). Quando essas normas recompensam ações gentis, os pré-escolares ajudam os outros (Carragan & Dweck, 2014). Desde tenra idade, parecemos programados para não gostar de injustiça (Elenbaas, 2019).

Os críticos de Kohlberg notaram que seu estágio pós-convencional é culturalmente limitado e aparece principalmente entre pessoas de grandes sociedades *individualistas* que dão prioridade a objetivos pessoais, em vez de sociedades *coletivistas* que valorizam mais os objetivos do grupo (Barrett et al., 2016; Eckensberger, 1994). Na Índia mais coletivista, a moralidade é menos uma questão de escolha pessoal e mais um dever relacionado ao papel (Miller et al., 2017). A teoria de Kohlberg também pode ser vista como focada no homem, dada a tendência das mulheres de enfatizar o cuidado com os outros necessitados sobre o que é "justo" (Gilligan, 1982, 2015).

INTUIÇÃO MORAL. O psicólogo Jonathan Haidt (2002, 2012) acredita que grande parte da nossa moralidade está arraigada nas *intuições morais* – "rápidos sentimentos intuitivos". De acordo com essa visão intuitiva, a mente faz julgamentos morais do mesmo modo que faz julgamentos estéticos, isto é, de modo rápido e automático. Sentimentos de desgosto ou de euforia desencadeiam o raciocínio moral, diz Haidt.

Uma mulher se lembra de ter viajado por seu bairro coberto de neve, com três jovens; ao passarem por "uma senhora idosa que removia a neve da entrada de sua garagem... um dos rapazes pediu ao motorista para deixá-lo sair... fiquei de boca aberta ao perceber que ele estava se oferecendo para limpar a entrada para ela". Presenciar esse comportamento de bondade inesperada provoca elevação: "Tive vontade de sair do carro e abraçar aquele rapaz. Eu queria cantar e correr, pular e rir. Eu queria falar bem das pessoas" (Haidt, 2000).

"Poderia a moralidade humana de fato ser conduzida pelas emoções morais", questionou Haidt, "enquanto o raciocínio moral se vangloria, fingindo estar no controle?" Considere o desejo de punir. Jogos de laboratório revelam que o desejo de punir malfeitos é mais impulsionado não pelo raciocínio (como um cálculo objetivo de que a punição detém o crime), mas sim por reações emocionais, como a indignação moral e o prazer da vingança (Chester & DeWall, 2016; Darley, 2009). Depois do fato emocional, o raciocínio moral – o secretário de imprensa da nossa mente – almeja convencer os outros e a nós mesmos do que sentimos intuitivamente estava certo.

A explicação social intuicionista da moralidade encontra apoio em um estudo dos paradoxos morais. Imagine um bonde desgovernado avançando em direção a cinco pessoas. Todas certamente morrerão, a não ser que alguém puxe a alavanca que o desvie para outro trilho, de modo que ele mate uma única pessoa. Você puxaria a alavanca? A maioria das pessoas diz *Sim*. Mate um, salve cinco.

Agora imagine o mesmo dilema com uma mudança. Agora, salvar as cinco pessoas exige que você empurre um estranho grandalhão para os trilhos, de modo que ele morra quando seu corpo parar o bonde. Em ambas as versões deste famoso "problema do bonde", a lógica é a mesma – mate um, salve cinco – mas a maioria agora diz *Não*. Um estudo de imagens

Tabela 5.3 Níveis de pensamento moral de Kohlberg.

Kohlberg colocou dilemas morais, como: "Está tudo bem em roubar remédios para salvar um ente querido?"

Nível (idade aproximada)	Foco	Exemplo de raciocínio moral
Moralidade pré-convencional (antes dos 9 anos)	Interesse pessoal; obedecer a regras para evitar punição ou ganhar recompensas concretas.	"Se você roubar o remédio, você vai para a cadeia."
Moralidade convencional (início da adolescência)	Respeitar as leis e as regras para obter aprovação social ou para manter a ordem social.	"Devemos cuidar de nossos entes queridos; então você deve roubar a medicação."
Moralidade pós-convencional (adolescência e além)	As ações refletem a crença nos direitos básicos e nos princípios éticos autodefinidos.	"As pessoas têm o direito de viver."

cerebrais mostrou que apenas o tipo de dilema moral do tipo empurrar o corpo ativou respostas neurais da área da emoção (Greene et al., 2001). Assim, nossos julgamentos morais são outro exemplo da mente de duas vias – do duplo processamento (Feinberg et al., 2012). O raciocínio moral, centrado em uma área do cérebro, diz acione a alavanca. Nossas emoções morais intuitivas, arraigadas em outras áreas do cérebro, se sobrepõem à razão quando dizem *não* empurre o homem. Podemos comparar nossa cognição moral às configurações da câmera do nosso telefone. Normalmente, usamos as configurações padrão. No entanto, às vezes usamos o motivo para substituir manualmente essas configurações ou ajustar a imagem resultante (Greene, 2010).

AÇÃO MORAL. Nossos pensamentos e sentimentos morais certamente afetam nosso discurso moral. Mas às vezes o discurso é banal e as emoções são efêmeras. A moralidade envolve *fazer* o que é certo, e o que fazemos também depende das influências sociais. Como observou a teórica política Hannah Arendt (1963), muitos guardas de campos de concentração nazistas, durante a Segunda Guerra Mundial, eram pessoas "morais" comuns que foram corrompidas por uma situação poderosamente má.

Os atuais programas de educação do caráter tendem a focar no pacote moral inteiro – pensar, sentir e *fazer* a coisa certa. Nos programas de aprendizagem em serviço, os adolescentes ensinam, limpam suas vizinhanças e ajudam os mais velhos. O resultado? A sensação de competência e o desejo de serem úteis à sociedade dos adolescentes aumentaram, e seu absenteísmo escolar e suas taxas de desistência diminuíram (Andersen, 1998; Heller, 2014; Piliavin, 2003). A *ação moral* alimenta atitudes morais.

"**É uma harmonia incrível quando o falar e o fazer caminham de mãos dadas.**" – Michel Eyquem de Montaigne (1533-1592)

Esses programas também ensinam a autodisciplina necessária para conter os próprios impulsos. Aqueles que aprenderam a *adiar a gratificação* para viver com um olho no futuro tornaram-se mais socialmente responsáveis, academicamente bem-sucedidos e produtivos (Daly et al., 2015; Funder & Block, 1989; Sawyer et al., 2015). Uma preferência por recompensas posteriores maiores em vez de pequenas agora minimiza os riscos de uma pessoa se envolver em apostas, tabagismo e delinquência (Callan et al., 2011; Ert et al., 2013; Lee et al., 2017).

Em um dos experimentos mais conhecidos da psicologia, Walter Mischel (2014) deu a crianças de 4 anos a escolha entre um *marshmallow* agora ou dois *marshmallows* quando ele voltasse alguns minutos depois. As crianças que tiveram força de vontade para postergar a gratificação passaram a ter taxas de conclusão mais altas no colegial e rendas maiores, e com menos frequência sofreram problemas de dependência. Uma replicação desse famoso estudo encontrou um efeito mais modesto (Watts et al., 2018). Mas a grande ideia permanece: a maturidade e o sucesso na vida crescem a partir da capacidade de rejeitar pequenos prazeres agora em favor de prazeres maiores mais tarde (Watts et al., 2018). Adiar a gratificação promove o florescimento.

"**A melhor época para plantar uma árvore foi há 20 anos. O segundo melhor momento é agora.**" – Provérbio chinês

PERGUNTE A SI MESMO

Pense em uma decisão difícil que você teve que tomar no início da adolescência e depois se arrependeu. O que você fez? Como você faria as coisas de forma diferente agora?

PRÁTICA DE RECUPERAÇÃO

PR-1 Segundo Kohlberg, a moralidade ____________ está concentrada no interesse pessoal, a moralidade ______________ concentra-se nos princípios éticos autodefinidos, e a moralidade ______________, em seguir as leis e regras sociais.

PR-2 Como a teoria do raciocínio moral de Kohlberg foi criticada?

RESPOSTAS NO APÊNDICE E

Desenvolvimento social

QOA 5.16 Quais são as tarefas e os desafios sociais da adolescência?

O teórico Erik Erikson (1963) argumenta que cada estágio da vida tem sua própria *tarefa psicossocial*, uma crise que exige solução. Crianças pequenas lutam com questões de *confiança*, depois *autonomia* (independência), depois *iniciativa*. As crianças em idade escolar labutam por *competência*, sentimento de serem capazes e produtivas. A tarefa do adolescente é sintetizar as possibilidades passadas, presentes e futuras em um senso mais claro do *self* (Tabela 5.4). Os adolescentes questionam: "Quem sou eu como indivíduo? O que eu quero fazer de minha vida? Devo viver de acordo com que valores? No que eu acredito?" Erikson chama essa busca do adolescente de *busca de identidade*.

Tabela 5.4 Estágios de desenvolvimento psicossocial segundo Erikson.

Estágio (idade aproximada)	Questão	Descrição da tarefa
Bebê (até 1 ano)	Confiança *vs.* desconfiança	Se as necessidades são satisfeitas de forma confiável, os bebês desenvolvem um senso de confiança básico
Infância (de 1 a 3 anos)	Autonomia *vs.* vergonha e dúvida	As crianças pequenas aprendem a exercer sua vontade e fazem coisas, sozinhas, ou duvidam de suas capacidades
Pré-escola (de 3 a 6 anos)	Iniciativa *vs.* culpa	As crianças em idade pré-escolar aprendem a iniciar tarefas e executar planos, ou se sentem culpadas pelo esforço para serem independentes
Ensino fundamental (de 6 anos até a puberdade)	Competência *vs.* inferioridade	As crianças aprendem o prazer de se dedicar às tarefas, ou se sentem inferiores
Adolescência (da adolescência até os 20 anos)	Identidade *vs.* confusão de papéis	Os adolescentes trabalham no refinamento do sentido de *self*, testando papéis e depois integrando-os para formar uma única identidade, ou se tornam confusos sobre quem são
Jovem adulto (dos 20 até os 40 anos)	Intimidade *vs.* isolamento	Os adultos jovens esforçam-se por formar relacionamentos próximos e por obter a capacidade do amor íntimo, ou sentem-se socialmente isolados
Meia-idade (dos 40 aos 60 anos)	Generatividade *vs.* estagnação	O adulto de meia-idade descobre sentido em contribuir para o mundo, geralmente por meio da família e do trabalho, ou pode sentir uma falta de objetivo
Idade avançada (final dos 60 anos em diante)	Integridade *vs.* desesperança	Ao refletir sobre sua vida, o adulto mais velho pode experimentar um senso de satisfação ou de fracasso

chee gin tan/Getty Images

Competência *vs.* inferioridade

"Em algum ponto entre os 10 e 13 anos (dependendo do quanto seu bife foi reforçado com hormônios), as crianças entram na adolescência, uma fase também conhecida como 'remoção da fofura'." – Jon Stewart et al., *Earth (The Book)*, 2010

Como às vezes acontece na psicologia, os interesses de Erikson nasceram de sua própria experiência de vida. Filho de mãe judia e pai dinamarquês, Erikson foi um "duplo excluído", relata Morton Hunt (1993, p. 391). Ele foi "menosprezado como judeu, na escola, mas 'xingado' de cristão na sinagoga por causa do cabelo louro e dos olhos azuis". Esses episódios abasteceram seu interesse na luta dos adolescentes por identidade.

Formação da identidade

Para refinar seu senso de identidade, os adolescentes em culturas individualistas em geral experimentam diferentes "*selfs*" em diferentes situações. Eles podem representar um *self* em casa, outro com amigos e ainda outro na escola. Se duas dessas situações se sobrepõem – como quando o adolescente leva amigos em casa – o desconforto pode ser considerável (Klimstra et al., 2015). O adolescente pergunta: "Que *self* eu devo ter? Qual é meu verdadeiro eu?" A resolução final é uma autodefinição que unifica os vários *selfs* em um senso consistente e confortável de quem se é – uma **identidade**.

Identidade. Nosso senso do eu; de acordo com Erikson, a tarefa do adolescente é consolidar um senso do *self* ao ir testando e integrando diversos papéis ao seu *eu*.

Identidade social. Aspecto "coletivo" do nosso autoconceito; a parte da nossa resposta à pergunta "Quem sou eu?", que vem de nossas associações a um (ou mais) grupo(s).

Para adolescentes e adultos, as identidades de grupo em geral são formadas em torno de como nos distinguimos de quem está à nossa volta – em gênero e orientação sexual, em idade e riqueza relativa, em habilidades e crenças. Quando morei na Inglaterra, eu [DM] me dei conta dos meus "americanismos". Ao passar um tempo em Hong Kong, eu [ND] tomei consciência da minha raça branca. Para alunos internacionais, aqueles de um grupo étnico minoritário, pessoas com necessidades especiais, membros de uma equipe, a **identidade social** em geral se forma em torno de sua diferenciação. (Fique atento para mais informações sobre identidade social e preconceito no Capítulo 13.)

Erikson notou que alguns adolescentes forjam suas identidades mais cedo, simplesmente assumindo os valores e as expectativas dos pais. Outros adolescentes podem adotar a identidade de determinado grupo de pessoas – os sarados, os mauricinhos, os *nerds* ou os góticos. As culturas tradicionais e coletivistas ensinam aos adolescentes quem eles são, em vez de encorajá-los a decidir por conta própria. Os adolescentes biculturais formam identidades complexas, à medida que integram seu senso de pertencimento aos grupos e seus sentimentos sobre eles (Marks et al., 2011).

"Autoconsciência, o reconhecimento de uma criatura de si própria como um self, só pode existir em contraste com o 'outro', algo que não é o *self*." – C.S. Lewis, *The Problem of Pain*, 1940

"Acho que nenhum de nós gosta de ser reduzido a apenas um rótulo." – Autor Riz Ahmed, 2016

A maioria dos jovens consegue desenvolver algum senso de contentamento com suas vidas. Qual declaração descreve melhor você: "Eu escolheria ter a vida que tenho hoje", ou "Eu queria ser outra pessoa"? Quando os adolescentes americanos responderam, 81% escolheram a primeira afirmação e 19% concordaram com a segunda afirmação (Lyons, 2004). Refletindo sobre a própria existência, 75% dos universitários americanos responderam que "discutem religião/espiritualidade" com os amigos, "rezam" e concordam que "somos todos seres espirituais" e "buscam sentido ou propósito para sua vida" (Astin et al., 2004; Bryant & Astin, 2008). Isso não surpreenderia o psicólogo de Stanford, William Damon e seus colegas (2003), que afirmam que uma importante função do desenvolvimento do adolescente é alcançar um propósito – um desejo de realizar algo pessoalmente significativo que faça diferença para o mundo além do próprio indivíduo (Damon et al., 2003; Sumner et al., 2018).

As intervenções que visam melhorar a saúde e o bem-estar dos adolescentes funcionam melhor quando apelam para seus desejos de autoestima, *status* e respeito (Yeager et al., 2018). Em vez de dizer "Comer bem é importante para sua saúde", uma mensagem mais eficaz seria "Comprar *junk food* dá dinheiro a adultos ricos que desrespeitam você pensando que você não é inteligente o suficiente".

Ian Cook/Image Source

Quem serei hoje? Ao variar a aparência, os adolescentes experimentam diferentes "*eus*" (*selves*). Embora eventualmente formemos um senso de identidade consistente e estável, o *eu* (*self*) que apresentamos pode mudar com a situação.

Durante o início da adolescência, a autoestima geralmente cai e, para as meninas, os escores de depressão geralmente aumentam (Salk et al., 2017). Porém, a autoimagem é recuperada durante o final da adolescência e os 20 anos, e as diferenças de gênero na autoestima diminuem (Zuckerman et al., 2016). O final da adolescência é um período em que geralmente aumentam a amabilidade e a estabilidade emocional (Klimstra et al., 2009).

Os últimos anos da adolescência são aqueles em que muitas pessoas nos países industrializados estão na universidade ou trabalhando em tempo integral. No último ano da universidade, muitos estudantes já conseguiram obter uma identidade mais clara do que a que tinham no primeiro ano (Waterman, 1988). Os universitários que atingiram um senso de identidade mais claro são menos propensos ao abuso de álcool (Bishop et al., 2005).

Erikson argumenta que o estágio de identidade do adolescente prossegue no adulto jovem por meio do desenvolvimento da capacidade para a **intimidade**, isto é, para formar relações emocionalmente próximas. Quando Mihaly Csikszentmihalyi e Jeremy Hunter (2003) usaram um bipe para identificar as experiências diárias de adolescentes americanos, verificaram que os jovens ficavam mais infelizes quando estavam sozinhos e mais felizes quando acompanhados de amigos. As relações românticas, que tendem a ser emocionalmente intensas, são relatadas em dois a cada três adolescentes americanos de 17 anos, mas em quantidade menor entre os adolescentes nas culturas coletivistas, como a China (Collins et al., 2009; Li et al., 2010). Os que usufruem de relações de alta qualidade (íntimas, de apoio) com a família e os amigos também tendem a usufruir de relações românticas igualmente de alta qualidade na adolescência, o que prepara o terreno para relações adultas saudáveis. Para a maioria de nós, essas relações são fonte de grande prazer. Como reconheceu Aristóteles há muito tempo, nós humanos somos "o animal social". Temos uma profunda necessidade de pertencer. Os nossos relacionamentos são questões muito importantes.

Os níveis de depressão e suicídio entre adolescentes aumentaram desde a disseminação das mídias sociais e as comparações entre colegas que elas possibilitam (ver Capítulo 11). Se sua vida parece monótona em comparação com todas as experiências divertidas que seus amigos *online* estão postando, console-se: a maioria de seus amigos se sente da mesma maneira (Deri et al., 2017).

Intimidade. Na teoria de Erikson, capacidade de estabelecer relações próximas e amorosas; uma função essencial do desenvolvimento no final da adolescência e início da vida adulta.

Figura 5.14 Mudança no relacionamento entre pais e filhos. Em um grande estudo nacional de famílias canadenses, os relacionamentos tipicamente íntimos e calorosos entre as crianças e seus pais se afrouxaram à medida que elas se tornaram adolescentes (Pepler & Craig, 2012).

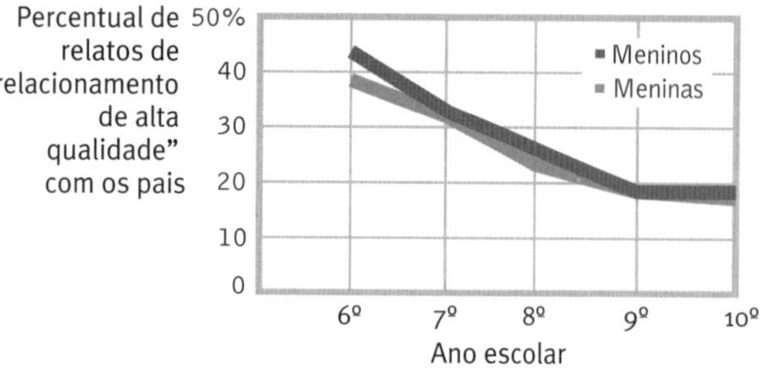

"Eu amo vocês." – Mensagem de texto final de Emily Keyes para seus pais antes de morrer em um tiroteio na sua escola no Colorado, 2006

Relacionamento entre pais e pares

QOA 5.17 Como os pais e pares influenciam os adolescentes?

A adolescência é tipicamente uma época de diminuição da influência dos pais e aumento da influência dos pares (Blakemore, 2018). A criança em idade pré-escolar, que nunca está suficientemente perto da mãe, que adora tocá-la e agarrar-se a ela, torna-se o adolescente de 14 anos que não gostaria de ser visto nem mesmo de mãos dadas com a mãe. A transição ocorre gradualmente (Figura 5.14). Quando crianças, reconhecemos mais facilmente rostos de adultos do que rostos de outras crianças; na adolescência, exibimos um reconhecimento superior pelos rostos de nossos pares (Picci & Scherf, 2016). A puberdade altera os apegos e estimula as percepções.

Na adolescência, as discussões são mais frequentes, em geral sobre coisas mundanas – tarefas domésticas, hora de dormir, dever de casa (Tesser et al., 1989). Os conflitos entre pais e filhos durante a transição para a adolescência tendem a ser maiores com os primogênitos do que com os outros filhos, e tendem a ser maiores com as mães do que com os pais (Burk et al., 2009; Shanahan et al., 2007).

Para uma minoria dos pais e seus adolescentes, as diferenças levam a verdadeiras rupturas e a um grande estresse (Steinberg & Morris, 2001). Mas, para a maioria, as pequenas discordâncias não são destrutivas. Com os filhos, as questões são tratadas quase sempre como problemas comportamentais, como comportamento exagerados ou de risco e higiene, enquanto com as filhas as questões envolvem frequentemente relacionamentos, como namoro e amizade (Schlomer et al., 2011). Em um levantamento de quase 6.000 adolescentes em 10 países – da Austrália a Bangladesh e Turquia – a maioria afirmou que gostava de seus pais (Offer et al., 1988). "Normalmente a gente se dá bem, mas...", dizem os adolescentes com frequência (Galambos, 1992; Steinberg, 1987).

Relações positivas com os pais sustentam relações positivas com os pares. No ensino médio, as adolescentes que têm relações mais afetivas com as mães também tendem a ter relações mais íntimas com as amigas (Gold & Yanof, 1985). E os adolescentes que se sentem próximos dos pais tendem a ser saudáveis, felizes e a se sair bem nos estudos (Resnick et al., 1997). É claro que podemos expor essa correlação de outro modo: os adolescentes que se comportam mal são mais propensos a ter relacionamentos tensos com os pais e outros adultos.

Como observamos no Capítulo 4, boa parte do trabalho na formação das diferenças individuais relativas ao caráter e à personalidade é feita pela hereditariedade, e a influência dos pares faz o resto. Quando estão com os pares, os adolescentes desconsideram o futuro e se concentram mais nas recompensas imediatas (O'Brien et al., 2011). A maioria dos adolescentes são animais de rebanho. Eles falam, vestem-se e agem mais como seus pares do que como seus pais. O que seus amigos são eles geralmente se tornam, e "o que todo mundo está fazendo" eles também fazem. O uso das redes sociais pelos adolescentes ilustra o poder da influência dos pares. Em comparação com fotos com poucas curtidas, os adolescentes preferem fotos com muitas outras curtidas. Além disso, ao visualizar fotos com muitas curtidas, o cérebro dos adolescentes fica mais ativo em áreas associadas ao processamento e imitação de recompensas (Sherman et al., 2016). Gostar e fazer o que todo mundo gosta e faz é bom.

Tanto *online* quanto pessoalmente, para os que se sentem excluídos e são vítimas de *bullying* por seus pares, a dor é aguda. A maioria dos "estudantes excluídos sofre em silêncio... Um número pequeno age de modo violento contra seus colegas de classe" (Aronson, 2001). A dor da exclusão também persiste. Em um grande estudo, os que sofreram *bullying* quando crianças mostraram pior saúde física e maior sofrimento psicológico 40 anos depois (Takizawa et al., 2014).

PERGUNTE A SI MESMO

Quais são as coisas mais positivas e negativas que você lembra sobre sua própria adolescência? A quem você credita ou culpa mais – seus pais ou seus pares?

Idade adulta emergente

QOA 5.18 O que é idade adulta emergente?

No Ocidente, a adolescência corresponde, mais ou menos, aos anos entre a infância e a idade adulta. No passado, e ainda hoje em outras partes do mundo, esse período da vida era bem menor (Baumeister & Tice, 1986). Logo após a maturidade sexual, os jovens assumiriam responsabilidades e condição de adulto. O evento pode ser celebrado com uma iniciação elaborada, um rito de passagem público. O novo adulto então trabalharia, se casaria e teria filhos.

Quando a escolaridade tornou-se obrigatória em muitos países ocidentais, a independência começou a ser adiada até a graduação. Os adolescentes estão levando mais tempo para se estabelecerem como adultos. Os adolescentes de hoje são menos propensos a trabalhar por remuneração, dirigir, ou ter ligações românticas (Twenge & Park, 2019). Nos EUA, por exemplo, a média de idade no primeiro casamento aumentou mais de 5 anos desde 1960 (29 para homens e 27 para mulheres). Em 1960, três em quatro mulheres e dois em três homens tinham, aos 30 anos, terminado a faculdade, saído de casa, se tornado financeiramente independentes, casado e tido um filho. No início do século XXI, menos da metade das mulheres de 30 anos e um terço dos homens estavam cumprindo esses cinco marcos (Henig, 2010). Em 2016, 15% dos americanos de 25 a 35 anos – o dobro da proporção de 1981 – moravam na casa dos pais (Fry, 2017).

Juntas, independência tardia e maturidade sexual precoce ampliaram o antes breve interlúdio entre maturidade biológica e independência social (Figura 5.15). Em comunidades prósperas, o período de 18 a meados dos 20 anos é uma fase da vida de não compromisso que se amplia cada vez mais, e que agora é chamada de **idade adulta emergente** (Arnett, 2006, 2007; Reitzle, 2006). Não se sentindo mais adolescentes, os adultos emergentes – que ainda não assumiram as responsabilidades e a independência total da vida adulta – sentem-se em um lugar "intermediário". Os que promovem sua educação ou trabalho podem estar administrando seu próprio tempo e prioridades. No entanto, podem estar fazendo isso da casa dos pais – incapazes de arcar com sua própria casa e, talvez, ainda dependentes emocionalmente deles (Fry, 2017). Reconhecendo a idade adulta emergente como mais gradual nos dias de hoje, o governo dos EUA hoje permite que filhos dependentes de até 26 anos permaneçam como dependentes do seguro-saúde de seus pais (Cohen, 2010).

Idade adulta emergente. Período que vai aproximadamente dos 18 até os 25 anos, quando em muitas culturas ocidentais as pessoas não são mais adolescentes, mas ainda não atingiram a independência total como adultos.

PERGUNTE A SI MESMO

O que você acha que faz de uma pessoa um adulto? Você sente que é um adulto? Por que sim ou por que não?

PRÁTICA DE RECUPERAÇÃO

PR-3 Marque a correspondência do estágio do desenvolvimento psicossocial, a seguir (**i-viii**), com a questão com a qual Erikson acreditava que lutamos nesse estágio (**a-h**).

i. Primeira infância	**a.** Generatividade vs. estagnação
ii. Segunda infância	**b.** Integridade *vs*. desespero
iii. Pré-escola	**c.** Iniciativa *vs*. culpa
iv. Ensino fundamental	**d.** Intimidade *vs*. isolamento
v. Adolescência	**e.** Identidade *vs*. confusão de papéis
vi. Jovem adulto	**f.** Competência *vs*. inferioridade
vii. Meia-idade	**g.** Confiança *vs*. desconfiança
viii. Idade avançada	**h.** Autonomia *vs*. vergonha e dúvida

RESPOSTAS NO APÊNDICE E

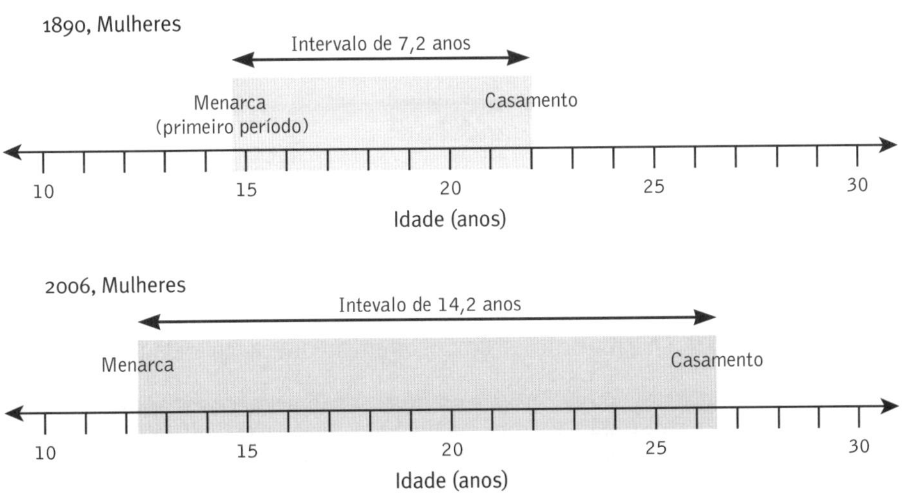

Figura 5.15 Transição para a idade adulta está se estendendo dos dois lados. Na década de 1890, o intervalo médio entre o primeiro período menstrual de uma mulher e o casamento, que normalmente marcava a transição para a idade adulta, era de cerca de 7 anos. Em 2006, nos países industrializados, essa lacuna havia aumentado em comunidades abastadas para cerca de 14 anos (Finer & Philbin, 2014; Guttmacher Institute, 1994). Embora muitos adultos não sejam casados, o casamento tardio combina com educação prolongada e menarca precoce para ajudar a prolongar a transição para a idade adulta.

REVISÃO Adolescência

OBJETIVOS DE APRENDIZAGEM

Teste a si mesmo. Responda às Questões dos Objetivos de Aprendizagem (antes de conferir as respostas no Apêndice D) para aprimorar a retenção dos conceitos estudados (McDaniel et al., 2009, 2015).

QOA **5.14** Como a *adolescência* é definida, e como as mudanças físicas afetam os adolescentes em desenvolvimento?

QOA **5.15** Como Piaget, Kohlberg e pesquisadores posteriores descrevem o desenvolvimento cognitivo e moral dos adolescentes?

QOA **5.16** Quais são as tarefas e os desafios sociais da adolescência?

QOA **5.17** Como os pais e pares influenciam os adolescentes?

QOA **5.18** O que é *idade adulta emergente*?

TERMOS E CONCEITOS A RECORDAR

Teste a si mesmo. Escreva a definição com suas próprias palavras e depois confirme sua resposta.

adolescência, p. 187
puberdade, p. 187
identidade, p. 192
identidade social, p. 192
intimidade, p. 193
idade adulta emergente, p. 195

DOMINE O MATERIAL

Teste a si mesmo. Responda às questões a seguir por conta própria, a princípio, depois confira as respostas no Apêndice E.

1. A adolescência é marcada pelo início de
a. crise de identidade.
b. puberdade.
c. raciocínio moral.
d. conflito entre pais e filhos.

2. De acordo com Piaget, uma pessoa que pode pensar logicamente sobre abstrações está no estágio ______________.

3. Nos estágios de Erikson, a principal tarefa durante a adolescência é
a. alcançar as operações formais.
b. forjar uma identidade.
c. desenvolver um senso de intimidade com outra pessoa.
d. ter vida independente dos pais.

4. Alguns psicólogos do desenvolvimento referem-se ao período que ocorre, em algumas culturas ocidentais, dos 18 aos 20 e poucos anos, como ______________.

Idade adulta

O desenrolar da vida adulta continua por toda a vida. No entanto, é mais difícil generalizar sobre os estágios da idade adulta do que sobre os anos anteriores da vida. Se você sabe que James tem 1 ano de vida e Jamal tem 10, poderia dizer muito sobre cada um deles. Não ocorre o mesmo com adultos que diferem por um número similar de anos. O chefe pode ter 30 ou 60 anos; o corredor de maratona pode ter 20 ou 50 anos; uma moça de 19 anos pode ser uma mãe que sustenta uma criança, ou uma criança que recebe mesada dos pais. Ainda assim, o curso de nossas vidas é similar em alguns pontos. Física, cognitiva e, em especial, socialmente, as pessoas de 50 anos são diferentes do que foram aos 25. Na discussão a seguir, reconheceremos essas diferenças e usaremos três termos: *início da vida adulta* (dos 20 aos 30 anos), *meia-idade* (até os 65) e *idade avançada* (depois de 65 anos). Dentro de cada um desses estágios, as pessoas variam quanto ao desenvolvimento físico, psicológico e social.

Quantos anos uma pessoa precisa ter para que você pense nela como idosa? Depende da pessoa para quem você pergunta. Para os jovens de 18 a 29 anos, 67 era velho. Para quem tinha 60 anos ou mais, um velho tinha 76 (Yankelovich Partners, 1995).

PERGUNTE A SI MESMO

Imaginando o futuro, como você acha que pode mudar? Como você pode permanecer o mesmo? De que maneiras você mais deseja crescer como pessoa?

Desenvolvimento físico

QOA **5.19** Que mudanças físicas ocorrem durante a meia-idade e a velhice?

Como o declínio da luz do dia depois do solstício de verão, nossas capacidades físicas – força muscular, tempo de reação, acuidade sensorial e força muscular cardíaca – começam um declínio imperceptível em meados dos 20 anos. Os atletas são, com frequência, os primeiros a notar. Os jogadores de beisebol atingem o pico por volta dos 27 anos – com 60% do prêmio de Jogador Mais Valioso desde 1985 chegando 2 anos ao redor dessa idade (Silver, 2012). Mas a maioria de nós – em especial aqueles cuja vida diária não requer grandes desempenhos físicos – quase não percebe os primeiros sinais de declínio.

Mudanças físicas na meia-idade

Os atletas com mais de 40 anos sabem muito bem que o declínio físico se acelera gradualmente. Como jogador de basquete ao longo da vida, eu [DM] estou jogando com menos frequência e não corro mais por aquela bola perdida. Mas até o vigor reduzido é suficiente para exercer atividades normais. Além disso, durante o início e o meio da idade adulta, o vigor físico tem menos a ver com a idade do que com a saúde e o hábito de se exercitar das pessoas. Muitas pessoas com 50 anos que estão em boa forma física correm sete quilômetros com facilidade, enquanto outras com 25 anos, mas sedentárias, ficam com a língua de fora quando sobem dois lances de escada.

Para as mulheres, o envelhecimento significa declínio gradual da fertilidade. Uma mulher de 35 a 39 anos, com uma única relação sexual, tem metade da probabilidade de ficar grávida do que uma mulher de 19 a 26 anos (Dunson et al., 2002). Os homens sofrem declínio gradual de contagem de espermatozoides, nível de testosterona e velocidade de ereção e ejaculação. As mulheres entram na **menopausa** no final dos ciclos menstruais; normalmente isso ocorre por volta dos 50 anos. Algumas podem sentir angústia, assim como alguns homens que experimentam declínio da virilidade e da capacidade física. Mas a maioria das pessoas envelhece sem esses problemas.

A atividade sexual continua satisfatória, embora com menos frequência depois da meia-idade. Isso foi verdade para 70% dos canadenses pesquisados (entre 40 e 64 anos) e para 75% dos finlandeses (entre 65 e 74 anos) (Kontula & Haavio-Mannila, 2009; Wright, 2006). Em um levantamento, 75% dos participantes disseram ser sexualmente ativos em seus 80 anos (Schick et al., 2010). Na pesquisa da American Association of Retired Persons sobre sexualidade, foi somente depois dos 75 anos que a maioria das mulheres e quase a metade dos homens relataram pouco desejo sexual (DeLamater, 2012; DeLamater & Sill, 2005). A maioria dos idosos mantém a satisfação sexual, mesmo quando a frequência diminui (Forbes et al., 2017; Schick et al., 2010). Considerando a boa saúde e parceiros dispostos, o desejo, embora menor, continua vivo.

Rick Doyle/Getty Images

As habilidades dos adultos variam muito. George Blair era, aos 92 anos, o esquiador aquático descalço mais velho do mundo. Em 2002, ele estabeleceu o recorde pela primeira vez, aos 87 anos. (Ele morreu aos 98 anos.)

Mudanças físicas na idade avançada

Será que a velhice "deve ser mais temida que a morte?" (Juvenal, *Sátiras*) Ou a vida é "mais agradável na descida da ladeira"? (Sêneca, *Epistulae ad Lucilium*) Como é envelhecer?

"**O que impede você de fazer sexo com a idade é exatamente a mesma coisa que o impede de andar de bicicleta (saúde debilitada, pensar que você parece um idiota, não ter bicicleta).**" – Alex Comfort, *The Joy of Sex*, 2002

"**Pretendo viver para sempre; por enquanto, tudo bem.**" – Steven Wright, comediante

EXPECTATIVA DE VIDA. De 1950 a 2015, a expectativa de vida mundial ao nascer aumentou de 50 para 73 anos (Dicker et al., 2018) (Figura 5.16). Que dádiva – duas décadas de vida a mais! Na China, EUA, Inglaterra, Canadá e Austrália (para citar alguns países onde os alunos leem este livro), a expectativa de vida aumentou para 76, 79, 81, 82 e 82, respectivamente (World Bank, 2019). Esse aumento na expectativa de vida (segundo alguns, a maior conquista da humanidade) combina com o declínio na taxa de natalidade. Os idosos são um segmento da população cada vez maior, o que oferece crescente demanda por aparelhos auditivos, condomínios para aposentados e casas de repouso. Atualmente, cerca de 13% das pessoas têm 60 anos ou mais. As Nações Unidas (2017) projetam que o número vai mais do que se duplicar até 2100.

Menopausa. Período em que a menstruação cessa naturalmente; também refere-se às mudanças biológicas que uma mulher vivencia quando sua capacidade de reproduzir diminui.

Durante todo o ciclo de vida, os homens são mais propensos a morrer. Embora 126 embriões masculinos iniciem a vida para cada 100 embriões femininos, a taxa para os sexos desceu para 105 homens e 100 mulheres no nascimento (Strickland, 1992). Durante o primeiro ano, as taxas de mortalidade de bebês do sexo masculino excedem em um quarto

Sipa/Rex/Shutterstock

Jean Calment

Recorde mundial de longevidade? A francesa Jeanne Calment, o ser humano com a maior idade autenticada da história, morreu em 1998 aos 122 anos (Robine & Allard, 1999). Aos 100 anos, ela ainda andava de bicicleta.

Figura 5.16 Expectativa de vida desde 1770, por regiões do mundo. Com o melhor saneamento básico, a medicina moderna e a introdução de antibióticos, a mortalidade infantil diminuiu durante o século 20 e a expectativa de vida aumentou (Roser, 2019). (*Esta figura encontra-se reproduzida em cores no Encarte.*)

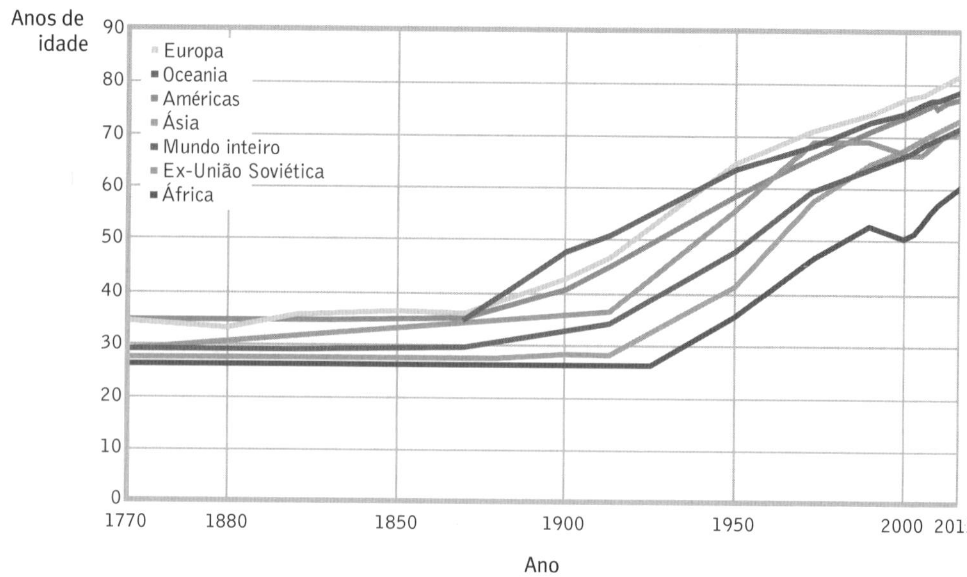

as do sexo feminino. Em todo o mundo, as mulheres sobrevivem aos homens por 4,7 anos (OMS, 2016b). (Em vez de se casarem com homens mais velhos do que elas, as mulheres de 20 anos que quiserem um marido que compartilhe suas expectativas de vida devem esperar que os garotos de 16 anos amadureçam.) Aos 100 anos, as mulheres excedem os homens em 5 para 1.

Mas poucos de nós vivemos até os 100 anos. A doença ataca. O corpo envelhece. Suas células param de se reproduzir. Ele se torna frágil, vulnerável a pequenas agressões – clima quente, quedas, infecção branda – o que aos 20 anos seria trivial. As pontas dos cromossomos das pessoas, chamadas *telômeros*, sofrem desgaste, assim como as pontas dos cordões de sapato. Esse desgaste é acelerado pelo tabagismo, obesidade ou estresse. As crianças amamentadas têm telômeros mais longos, enquanto as que sofrem abusos ou *bullying* frequentes exibem as cicatrizes biológicas dos telômeros encurtados (Shalev et al., 2013). À medida que essas pontas protetoras diminuem, as células envelhecidas podem morrer sem serem substituídas por réplicas genéticas perfeitas (Epel, 2009).

A raiva e a depressão crônica aumentam nosso risco de doenças e morte prematura. Porém, baixo estresse e bons hábitos de saúde permitem a longevidade, assim como um espírito positivo. Os pesquisadores até mesmo observaram um fenômeno intrigante de *adiamento da morte* (Shimizu & Pelham, 2008). Em um período de 15 anos, 2 mil a 3 mil norte-americanos morreram nos 2 dias que sucederam o Natal, mais do que no dia de Natal e nos 2 dias precedentes. A taxa de óbitos aumenta quando as pessoas chegam aos seus aniversários, como aconteceu com aqueles que sobreviveram até outro marco, como o primeiro dia do novo milênio.

CAPACIDADES SENSORIAIS, FORÇA E RESISTÊNCIA FÍSICA. Embora o declínio físico comece no início da idade adulta, normalmente só nos conscientizamos disso bem mais tarde, quando os degraus ficam mais altos, as letras ficam menores e as pessoas parecem resmungar mais. A acuidade visual diminui, assim como a percepção de distância e a adaptação às mudanças no nível de luz. A força muscular, o tempo de reação e a resistência física também diminuem bastante, assim como o olfato, a audição e o tato. No País de Gales, a presença de adolescentes arruaceiros em lojas de conveniência foi desencorajada por um dispositivo que emite um som propositadamente alto e agudo que praticamente ninguém acima de 30 anos consegue ouvir (Lyall, 2005).

Com a idade, a pupila dos olhos encolhe e o cristalino fica menos transparente, reduzindo a quantidade de luz que alcança a retina. Na verdade, a retina de 65 anos recebe só um terço da luz de seu equivalente de 20 anos (Kline & Schieber, 1985). Portanto, para ver tão bem como uma pessoa de 20 anos quando lê ou dirige, uma pessoa de 65 anos precisa de três vezes mais luz – um motivo para comprar carros sem películas escurecedoras no para-brisa. Isso também explica por que as pessoas mais velhas às vezes perguntam aos jovens: "Você não precisa de mais luz para ler?"

"Por algum motivo, possivelmente para economizar tinta, os restaurantes começaram a imprimir seus cardápios com letras do tamanho de bactérias." – Dave Barry, *Dave Barry Turns Fifty*, 1998

A maior parte das quedas de escadas sofridas por idosos ocorre no último degrau, exatamente onde a pessoa em geral passa de um corredor iluminado para o vão da escada mais escuro (Fozard & Popkin, 1978). Nosso conhecimento sobre o envelhecimento poderia ser usado para projetar ambientes que pudessem reduzir esses acidentes.

SAÚDE. À medida que as pessoas envelhecem, elas se preocupam menos com a aparência do corpo e mais com seu funcionamento. Para aqueles que estão envelhecendo há uma boa e uma má notícia sobre a saúde. A má notícia: o sistema imunológico que luta contra as doenças do corpo enfraquece, deixando o idoso mais suscetível a doenças que ameaçam a vida, como câncer e pneumonia. A boa notícia: graças, em parte, ao acúmulo de anticorpos ao longo da vida, as pessoas acima dos 65 anos sofrem com menos frequência de doenças menos demoradas, como resfriados e gripes comuns. Um estudo constatou que elas têm metade das chances das pessoas de 20 anos e um quinto das chances das que estão na pré-escola de contraírem gripe durante o ano (National Center for Health Statistics, 1990).

ENVELHECIMENTO CEREBRAL. Até os anos da adolescência, processamos as informações com uma velocidade cada vez maior (Fry & Hale, 1996; Kail, 1991). Mas, comparadas com adolescentes e adultos jovens, as pessoas mais velhas levam um pouco mais de tempo para reagir, para resolver quebra-cabeças perceptivos e até para lembrar nomes (Bashore et al., 1997; Verhaeghen & Salthouse, 1997). Nos *videogames*, a maioria das pessoas de 70 anos não é páreo para uma pessoa de 20 anos. Esse atraso de processamento também pode ter consequências mortais (Aichele et al., 2016). Como indica a Figura 5.17, as taxas de acidentes fatais por quilômetro rodado aumentam acentuadamente após os 75 anos. Aos 85 anos, eles ultrapassam o nível de 16 anos. Os motoristas mais velhos parecem se concentrar bem na estrada à frente, mas prestam menos atenção a outros veículos que se aproximam do lado (Pollatsek et al., 2012).

Regiões do cérebro importantes para a memória começam a atrofiar durante o envelhecimento (Fraser et al., 2015; Ritchie et al., 2015). Também a barreira hematoencefálica se rompe a partir do hipocampo, o que promove o declínio cognitivo (Montagne et al., 2015). Não é de admirar que os adultos mais velhos se sintam ainda mais velhos depois de fazer um teste de memória: é como "envelhecer 5 anos em 5 minutos", brincou uma equipe de pesquisa (Hughes et al., 2013). No início da idade adulta, começa uma pequena e gradual perda líquida de células cerebrais que, aos 80 anos, contribui para a redução do peso cerebral de 5% ou mais. Anteriormente, observamos que os lobos frontais de maturação tardia, que nos ajudam a superar nossos impulsos indesejáveis, ajudam a explicar a impulsividade adolescente. No final da vida, parte dessa impulsividade geralmente retorna quando esses mesmos lobos frontais começam a atrofiar, aparentemente explicando as perguntas contundentes ocasionais das pessoas mais velhas ("Você engordou?") ou comentários inadequados (von Hippel, 2007, 2015). Mas, boas notícias: o cérebro envelhecido ainda conserva alguma *plasticidade* e compensa parcialmente o que perde recrutando e reorganizando as redes neurais (Park & McDonough, 2013). Durante as tarefas de memória, por exemplo, os lobos frontais esquerdos são especialmente ativos no cérebro de adultos jovens, enquanto o cérebro de adultos idosos usa os lobos frontais esquerdo e direito.

EXERCÍCIO E ENVELHECIMENTO. E mais notícias boas: o exercício retarda o envelhecimento, como demonstrado em estudos de pares de gêmeos idênticos em que apenas um gêmeo praticou exercícios (Iso-Markku et al., 2016; Rottensteiner et al., 2015). Adultos de meia-idade e idosos que fazem mais exercícios e ficam menos tempo sentados tendem a ser idosos mentalmente rápidos (Kramer & Colcombe, 2018; Won et al., 2019). O exercício físico não só melhora os músculos, os ossos e a energia, mas também ajuda a prevenir a obesidade e doenças cardíacas; mantém os telômeros que protegem as extremidades cromossômicas e até parece retardar a progressão da doença de Alzheimer (Kivipelto & Håkansson, 2017; Loprinzi et al., 2015; Smith et al., 2014).

O exercício também parece estimular a *neurogênese*, isto é, o desenvolvimento de novas células cerebrais, e as conexões neurais, talvez graças ao aumento do fluxo de oxigênio e nutrientes (Erickson et al., 2010; Pereira et al., 2007). Idosos sedentários designados aleatoriamente para programas de exercícios aeróbicos exibiram memória aprimorada, julgamento aguçado e risco reduzido de declínio cognitivo grave (Northey et al., 2018; Raji et al., 2016;

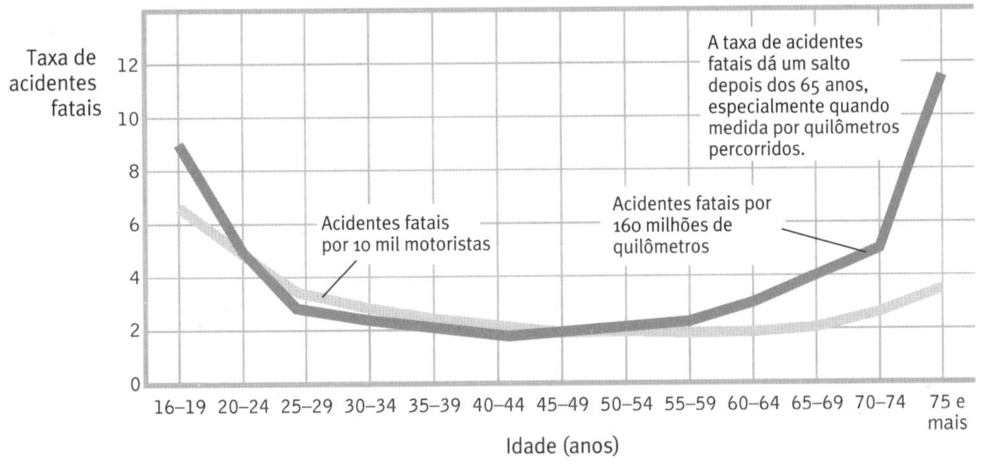

Figura 5.17 Idade e mortes de motoristas. Reações lentas contribuem para o aumento do risco de acidentes entre pessoas com 75 anos ou mais, e a maior fragilidade dos idosos aumenta seu risco de morte quando os acidentes acontecem (NHTSA, 2000). Você seria a favor de exames de motorista com base no desempenho, não na idade, para excluir motoristas cujas reações lentas ou deficiências sensoriais indicam risco de acidente?

Smith, 2016). Nos cérebros envelhecidos, o exercício reduz o encolhimento cerebral (Gow et al., 2012). Aumenta as mitocôndrias celulares que ajudam a energizar os músculos e as células cerebrais (Steiner et al., 2011). Tendemos mais a enferrujar com o desuso do que a nos desgastar pelo excesso de uso. Corpos em forma sustentam mentes em forma.

Desenvolvimento cognitivo

Envelhecimento e memória

QOA 5.20 Como a memória muda com a idade?

Se você estiver entre os 15 e 25 anos, quais experiências do ano passado você provavelmente nunca esquecerá? (Este é o momento de sua vida do qual você pode se lembrar melhor quando tiver 50 anos.)

Uma das questões mais intrigantes da psicologia do desenvolvimento é se as habilidades cognitivas, como memória, criatividade e inteligência, acompanham o declínio gradualmente acelerado das habilidades físicas.

À medida que envelhecemos, lembramos bem de algumas coisas. Olhando para o passado, quando alguém lhes pede para lembrar um ou dois eventos mais importantes dos últimos 50 anos, as pessoas tendem a recordar eventos de sua adolescência ou da segunda década de sua vida (Conway et al., 2005; Rubin et al., 1998). Elas também exibem esses "picos de reminiscências" quando solicitadas a mencionar o nome de suas músicas, filmes e atletas preferidos (Janssen et al., 2011). O que quer que tenham vivenciado por volta desse estágio da vida – a guerra do Vietnam, os ataques terroristas de 11 de setembro, a surpresa da eleição de Donald Trump – passa a ser central (Pillemer, 1998; Schuman e Scott, 1989). O tempo da adolescência e dos 20 anos também é o tempo em que experimentamos muitos de nossos memoráveis "primeiros" acontecimentos da vida – primeiro beijo, primeiro emprego, primeira faculdade, primeiro apartamento.

O início da idade adulta é, de fato, um período de pico para alguns tipos de aprendizagem e lembrança. Em um experimento de memória, pessoas assistiram a um vídeo em que 14 pessoas disseram seus nomes, usando o mesmo formato de apresentação: "Oi, eu sou Larry" (Crook & West, 1990). Como mostra a Figura 5.17, todos lembraram mais nomes depois de uma segunda ou terceira repetição das apresentações, mas os adultos jovens superaram consistentemente os adultos mais velhos em recordar os nomes das pessoas. O quão bem as pessoas mais velhas se lembram depende, em parte, da tarefa. Em outro experimento, quando solicitadas a *reconhecer* 24 palavras que tinham tentado memorizar pouco tempo antes, as pessoas exibiram apenas um declínio mínimo na memória. Quando solicitadas a *lembrar* de uma informação, mas sem pistas, o declínio foi maior (Figura 5.18).

"Ainda estou aprendendo." – Michelangelo, 1560, aos 85 anos

Os adolescentes e jovens adultos superam crianças pequenas e idosos de 70 anos em *memória prospectiva* ("Lembre-se de...") (Zimmerman & Meier, 2006). Mas a memória prospectiva dos idosos permanece forte quando os eventos ajudam a desencadear lembranças, como "Comprar leite!" ao passar por uma loja de conveniência. Tarefas com base em horários ("Lembre-se da reunião às 3 horas") e especialmente as tarefas habituais ("Tomar o remédio às 9 h, às 14 h e às 18 h") podem ser bastante desafiadoras (Einstein & McDaniel, 1990; Einstein et al., 1995, 1998). Para minimizar esses problemas, os idosos confiam mais na administração do tempo e no uso de pistas, como anotações para lembrar de alguma tarefa (Henry et al., 2004). Isso poderia ter ajudado John Basinger, que, aos 76 anos, memorizou os 12 volumes do poema épico de John Milton, *Paraíso Perdido*, e se tornou o assunto de um artigo de jornal de psicologia (Seamon et al., 2010; Weir, 2010). Um jornal local marcou uma entrevista com Basinger, à qual ele se esqueceu de comparecer. Quando telefonou para se desculpar, notou a ironia de ter esquecido sua entrevista sobre memória!

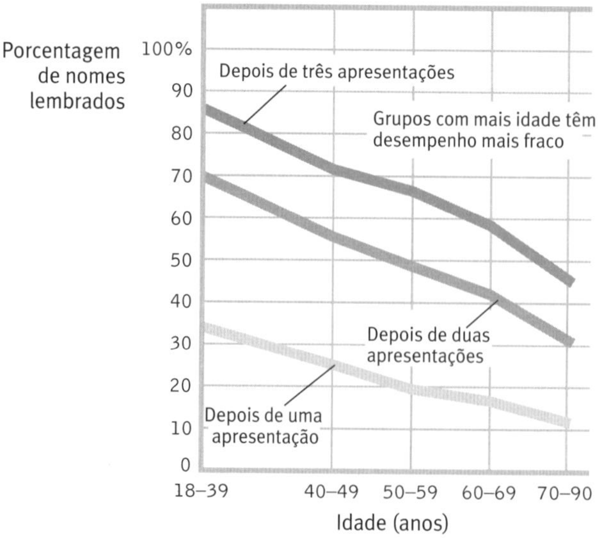

Figura 5.18 Testes de recordação. Recordar novos nomes introduzidos uma, duas ou três vezes é mais fácil para os adultos mais jovens do que para os mais velhos (Dados de Crook & West, 1990).

Somos diferentes quanto à capacidade de aprender e lembrar, como em outras áreas do desenvolvimento. Os jovens diferem em sua capacidade de aprender e lembrar, mas a diferença é ainda maior entre os idosos de 70 anos. "As diferenças entre os idosos de 70 anos mais e menos hábeis são ainda maiores do que entre os adultos de 50 anos mais e menos hábeis", afirma o pesquisador de Oxford, Patrick Rabbitt (2006). Alguns idosos têm desempenho abaixo de quase todos os jovens de 20 anos, mas outros de 70 anos têm desempenho semelhante, ou superam o jovem de 20 anos mediano.

Independentemente de nossa velocidade de realização das tarefas, lembrar também parece depender do tipo de informação que estamos tentando recuperar. Se a informação não tiver sentido – sílabas ininteligíveis ou eventos sem importância –, então, quanto mais velhos somos, mais erros tendemos a cometer. Se as informações são *significativas*, como *Paraíso Perdido* era para John Basinger, a rica rede de conhecimentos acumulados pelos idosos os ajudará na retenção. Contudo, eles podem demorar mais tempo do que os jovens adultos para *produzir* palavras e coisas que eles conhecem. Os idosos também têm, com mais frequência, memórias na ponta da língua (Ossher et al., 2012). Os vencedores de programas de jogos de habilidades que exigem raciocínio rápido são em geral adultos jovens ou de meia-idade (Burke & Shafto, 2004).

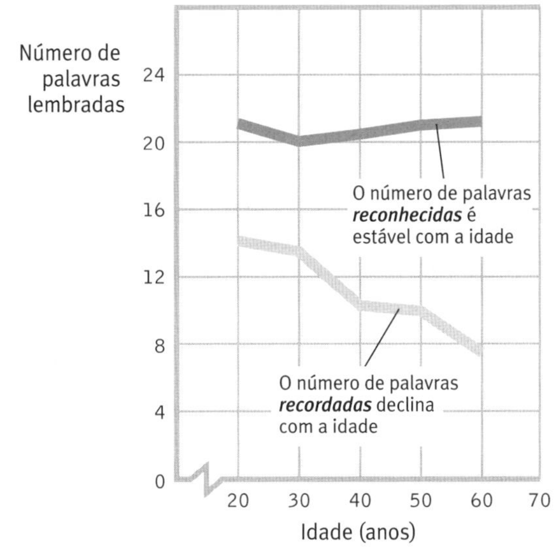

Figura 5.19 Recordação e reconhecimento na idade adulta. Neste experimento, a capacidade de recordar novas informações diminuiu durante o início e o meio da idade adulta, mas a capacidade de reconhecer novas informações não (Dados de Schonfield & Robertson, 1966).

Manutenção das habilidades mentais

Os psicólogos que estudam o envelhecimento da mente têm discutido se os programas de computador para "ginástica cerebral" podem ajudar a criar músculos mentais e protelar o declínio cognitivo. Nosso cérebro permanece plástico ao longo da vida (Gutchess, 2014). Então, exercitar nossos cérebros em uma "esteira cognitiva" – com memória, rastreamento visual e exercícios de resolução de problemas – pode evitar perder a cabeça? "Em qualquer ponto da vida, a plasticidade natural do cérebro nos dá a capacidade de melhorar... a função", disse um empreendedor neurocientista (Merzenich, 2007). Uma análise de programas de treinamento cognitivo mostrou que eles melhoraram consistentemente os escores em testes relacionados com seu treinamento (Simons et al., 2016). Jogar *videogame* também pode ampliar a atenção das pessoas (Bediou et al., 2018).

Com base nesses achados, alguns fabricantes de jogos eletrônicos vêm comercializando programas diários de exercícios cerebrais para idosos. Mas os pesquisadores, depois de revisar todos os estudos disponíveis, aconselham cautela (Melby-Lervåg et al., 2016; Redick et al., 2017; Sala et al., 2018). Uma equipe de especialistas relatou "extensas evidências de que as intervenções de treinamento cerebral melhoram o desempenho nas tarefas treinadas, mas há menos evidências de que essas intervenções melhoram o desempenho em tarefas que são próximas das treinadas e poucas evidências de que o treinamento melhora o desempenho em tarefas muito diferentes das treinadas ou que o treinamento melhora o desempenho cognitivo diário" (Simons et al., 2016, p. 103). Como explica o pesquisador Zach Hambrick (2014), "Jogue *videogame* e você jogará melhor, assim como em *videogames* muito semelhantes", mas não melhora ao dirigir um carro ou preencher sua declaração de imposto. Um experimento mostrou que, em comparação com o mero jogo de *videogame online*, um programa proeminente de treinamento cerebral da Lumosity não melhorou o desempenho mental (Kable et al., 2017).

O Capítulo 10 explora outra dimensão do desenvolvimento cognitivo: a inteligência. Como veremos, *estudos transversais* e *estudos longitudinais* identificaram habilidades mentais que mudam e não mudam, à medida que as pessoas envelhecem. A idade prediz menos a memória e a inteligência do que a proximidade com a morte, o que dá pistas para a capacidade mental de alguém. Nos últimos 3 ou 4 anos de vida, e especialmente com a aproximação da morte, o declínio cognitivo normalmente acelera e os sentimentos negativos aumentam (Vogel et al., 2013; Wilson et al., 2007b). Os pesquisadores chamam essa queda perto da morte de *declínio terminal* (Backman & MacDonald, 2006). Nossas metas também mudam: somos menos motivados a aprender e mais a nos conectar socialmente (Carstensen, 2011).

"O conhecimento repentino da fragilidade de sua vida estreitou seu foco e alterou seus desejos... Isso o fez visitar seus netos com mais frequência, fazer uma viagem extra para ver sua família na Índia e consolidar novos empreendimentos." – Atul Gawande, *Being Mortal: Medicine and What Matters in the End*, 2014, descrevendo o estado terminal de seu pai

Transtornos neurocognitivos e doença de Alzheimer

QOA 5.21 Como os transtornos neurocognitivos e a doença de Alzheimer afetam a capacidade cognitiva?

A maioria das pessoas que vive até os 90 anos mantém a mente limpa. Porém, infelizmente, algumas sofrem uma perda substancial de células cerebrais em um processo que *não* é o

Transtornos neurocognitivos (TNCs). Transtornos adquiridos (não vitalícios) marcados por déficits cognitivos; em geral são relacionados com doença de Alzheimer, lesão cerebral ou doença cerebral, ou ainda, uso abusivo de substâncias. Também chamados de *demência* em idosos.

Doença de Alzheimer. Transtorno neurocognitivo marcado por placas neurais, frequentemente com início depois dos 80 anos, que implica declínio progressivo da memória e de outras habilidades cognitivas.

envelhecimento normal. Entre os idosos, a perda auditiva e seu isolamento social associado predizem o risco de depressão e o declínio mental acelerado (Lin et al., 2011a,b, 2013; Loughrey et al., 2018). Em comparação com pessoas com boa audição, as que têm perda auditiva apresentam declínio de memória, atenção e aprendizagem cerca de 3 anos antes, mas é menor se usarem aparelhos auditivos (Maharani et al., 2018). Uma série de pequenos derrames, um tumor cerebral ou o alcoolismo podem danificar o cérebro progressivamente, causando aquela erosão mental a que chamamos de **transtorno neurocognitivo** (**TNC**, antes denominado *demência*). O tabagismo intenso na meia-idade mais que dobra o risco do transtorno (Rusanen et al., 2011). A temida doença cerebral chamada de **doença de Alzheimer** atinge 3% da população mundial por volta dos 75 anos. Até os 95 anos, a incidência de desintegração mental dobra aproximadamente a cada 5 anos.

A doença de Alzheimer destrói até a mais brilhante das mentes. Primeiro deteriora a memória, depois o raciocínio. (O esquecimento ocasional do lugar em que se colocou a chave, o tipo de "memória episódica" que desaparece com o envelhecimento normal – não é motivo de alarme. Esquecer como chegar em casa pode sugerir Alzheimer.) Robert Sayre (1979) recorda seu pai gritando com sua mãe aflita para "pensar melhor", enquanto a mãe, confusa, constrangida, prestes a chorar, procurava aleatoriamente pela casa objetos perdidos. À medida que a doença avança, depois de 5 a 20 anos, o paciente fica emocionalmente vazio, depois desorientado, depois incontinente e, finalmente, apático – um tipo de morto-vivo, um simples corpo despido de sua humanidade.

Os sintomas subjacentes da doença de Alzheimer são perda de células cerebrais e deterioração de neurônios que produzem o neurotransmissor acetilcolina, mensageiro químico vital para a memória e o pensamento. A necropsia revela duas anormalidades sugestivas nesses neurônios produtores de acetilcolina: filamentos de proteína enrugados no corpo celular e placas (glóbulos de tecido em degeneração) nas extremidades das ramificações dos neurônios, onde normalmente ocorre a comunicação. Bem antes de os sintomas surgirem, novas tecnologias podem testar o gene de suscetibilidade à doença de Alzheimer ou verificar a presença de fragmentos de proteína envolvidos no líquido cerebrospinal (De Meyer et al., 2010; Luciano et al., 2009). Esses achados estimularam a corrida para inventar e testar fármacos que possam prevenir a doença, reduzindo, por exemplo, a atividade de um neurotransmissor inibidor da memória chamado GABA (Chen et al., 2014). A descoberta recente de 21 genes associados pode ajudar (Lambert et al., 2013).

A diminuição do olfato e o andar lento ou cambaleante podem predizer o Alzheimer (Belluck, 2012; Wilson et al., 2007a). Nas pessoas em risco de Alzheimer, as imagens cerebrais (Figura 5.20) também revelaram, antes do aparecimento de sintomas, a degeneração de células cerebrais críticas e a menor atividade nas áreas do cérebro relacionadas com a doença de Alzheimer (Apostolova et al., 2006; Johnson et al., 2006; Wu & Small, 2006). Quando as pessoas memorizaram palavras, as imagens também exibiram atividade cerebral difusa, como se tivesse sido necessário mais esforço para alcançar o mesmo desempenho (Bookheimer et al., 2000).

A doença de Alzheimer é um pouco menos comum entre as pessoas que dormem bem e mantêm a mente e o corpo ativos, por meio de atividades como ler, assistir a palestras educacionais e correr ou levantar pesos (Agrigoroaei & Lachman, 2011; Noble & Spires-Jones, 2019; Reynolds, 2019). Em um estudo de quatro décadas que acompanhou quase 1.500 mulheres suecas de meia-idade, um alto nível de condicionamento físico atrasou o início da demência em 9,5 anos (Hörder et al., 2018). O que acontece com os músculos, acontece também com o cérebro: aqueles que o usam com menos frequência o perdem.

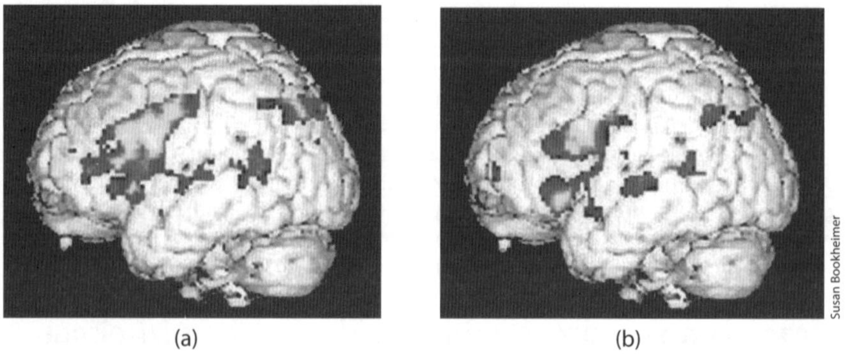

(a) (b)

Figura 5.20 Como prever a doença de Alzheimer. Durante um teste de memória, exames de ressonância magnética do cérebro de pessoas em risco de Alzheimer (a) revelaram atividade mais intensa (amarelo, seguido de laranja e vermelho) quando comparados com cérebros normais (b). Como as imagens do cérebro e os testes genéticos tornam possível identificar aqueles que provavelmente sofrem de Alzheimer, você gostaria de ser testado? Em que idade? (*Esta figura encontra-se reproduzida em cores no Encarte.*)

Desenvolvimento social

QOA 5.22 Quais temas e influências marcam nossa jornada social desde o início da idade adulta até a morte?

Tente preencher esta afirmação cinco vezes: "Eu sou _____________."

Em resposta, os adolescentes descrevem principalmente seus traços individuais. Os jovens adultos definem-se com mais frequência em termos de seus papéis sociais, como sua profissão ou ser pai (Hards et al., 2019). Muitas diferenças entre adolescentes, adultos mais jovens e adultos mais velhos são criadas por eventos significativos da vida. Um novo emprego significa novos relacionamentos, novas expectativas e novas demandas. O casamento traz a alegria da intimidade e o estresse de fundir duas vidas. Os 3 anos que cercam o nascimento de um filho trazem mais satisfação existencial para a maioria dos pais (Dyrdal & Lucas, 2011). A morte de um ente amado cria uma perda irreparável. Será que esses eventos normais da idade adulta moldam uma sequência de mudanças na vida?

Idades e estágios da fase adulta

À medida que vão entrando nos 40 anos, as pessoas passam por uma transição para a meia-idade, um tempo em que elas percebem que a maior parte da vida logo ficará para trás em vez de à frente delas. Alguns psicólogos já argumentaram que para muitos a *transição para a meia-idade* é uma crise, um tempo de luta, ou de arrependimento, ou até de sentir-se derrotado pela vida. A imagem popular da crise da meia-idade é a de um homem que abandona sua família por causa de uma namorada mais jovem e um supercarro esportivo – mais mito do que realidade. Infelicidade, insatisfação no trabalho, insatisfação conjugal, divórcio, ansiedade e suicídio *não* surgem na casa dos 40 anos (Hunter & Sundel, 1989; Mroczek & Kolarz, 1998). O divórcio, por exemplo, é mais comum entre os que estão na casa dos 20 anos, e o suicídio entre os que estão nas casas dos 70 e 80 anos. Um estudo sobre instabilidade emocional realizado com quase 10 mil homens e mulheres constatou que "não há a menor evidência" de que o sofrimento atinja o auge em qualquer estágio da meia-idade (McCrae & Costa, 1990).

Para um em quatro adultos que relatam ter vivido uma crise na vida, o fator causador não é a idade, mas um evento mais significativo, como doença, divórcio ou perda de emprego (Lachman, 2004). Alguns adultos de meia-idade se descrevem como uma "geração sanduíche", simultaneamente ajudando seus pais idosos, seus filhos como adultos emergentes e seus netos (Riley & Bowen, 2005).

Os eventos da vida desencadeiam transições para novos estágios da vida em idades variáveis. O **relógio social** – definição cultural da "hora certa" para sair da casa dos pais, arrumar emprego, casar, ter filhos e se aposentar – varia de cultura para cultura e de época para época. E a sequência que já foi rígida afrouxou; o relógio social ainda se movimenta, mas as pessoas sentem-se mais livres para manter seu próprio tempo.

"Estou muito curiosa... Eu não estaria ainda trabalhando se não achasse emocionante." – Neuropsicóloga de 99 anos, Brenda Milner, 2017

Mesmo os *eventos do acaso* podem ter significância duradoura, porque quase sempre nos levam por um caminho em vez de outro. Albert Bandura (1982, 2005) lembra da irônica história real de um editor que participou de uma de suas palestras sobre a "Psicologia dos Encontros Ocasionais e os Caminhos da Vida" – e terminou se casando com a mulher que por acaso estava sentada ao seu lado. A sequência que me levou a escrever este livro [DM], que não foi ideia minha, começou quando me sentei ao lado de um colega importante em uma conferência internacional e o conheci. O caminho para minha coautoria [ND] deste livro começou de maneira igualmente não planejada: depois de tropeçar em um artigo sobre minha vida profissional, DM me convidou para visitar sua faculdade. Lá, iniciamos uma conversa que resultou em nossa colaboração. Os eventos casuais podem mudar nossas vidas.

Compromissos da idade adulta

"Os eventos importantes da vida de uma pessoa são produtos de cadeias de ocorrências altamente improváveis." – Joseph Traub, *Traub's Law*, 2003

Dois aspectos básicos de nossa vida dominam a idade adulta. Erik Erikson os chama de *intimidade* (formar relacionamentos íntimos) e *generatividade* (ser produtivo e sustentar gerações futuras). Sigmund Freud (1935/1969) expõe isso de modo mais simples: o adulto saudável, segundo ele, é aquele que pode *amar* e *trabalhar*.

AMOR. Embora mais e mais pessoas passem a vida solteiras, a maioria acaba tendo uma união romântica. Normalmente, namoramos, nos apaixonamos e nos comprometemos com uma pessoa de cada vez. "O vínculo entre os casais é uma marca registrada do animal humano", observou a antropóloga Helen Fisher (1993). Da perspectiva de um evolucionista, a união relativamente monogâmica faz sentido: os pais que cooperaram na criação dos filhos para a maturidade tiveram mais chances de passar seus genes para a posteridade do que os pais que não cooperaram.

Relógio social. Momento culturalmente preferido para os eventos sociais, como casar, ter filhos e se aposentar.

Andersen Ross/Blend Images/Alamy

Amor. Intimidade, apego, compromisso – seja qual for o nome que se dê – é central para uma vida adulta saudável e feliz.

O vínculo do amor nos adultos é mais satisfatório e duradouro quando marcado por interesses e valores semelhantes, compartilhamento do sustento material e emocional e autorrevelação íntima. E para melhor ou para pior, nossos padrões aumentaram ao longo dos anos: agora esperamos não apenas um vínculo duradouro, mas também um companheiro que seja assalariado, cuidador, amigo íntimo e amante caloroso e receptivo (Finkel, 2017). Também parece existir um "poder dos votos". Relacionamentos hetero e homossexuais selados com um compromisso, em geral, duram mais (Balsam et al., 2008; Rosenfeld, 2014). Esses vínculos também são mais propensos a durar quando os casais se casam depois dos 20 anos e ambos têm bons níveis de instrução. Em comparação com seus equivalentes de 30 anos atrás, as pessoas nos países ocidentais *são* de fato mais educadas e se casam mais tarde (Wolfinger, 2015). Essas tendências podem ajudar a explicar por que a taxa de divórcio nos EUA, que aumentou de 1960 a 1980, declinou desde então. As taxas de divórcio canadenses desde a década de 1980 seguiram um padrão semelhante (Statistics Canada, 2011).

Será que fazer um *test-drive* da vida a dois minimiza o risco de divórcio? Na Europa, no Canadá e nos EUA, os casais que moraram juntos antes do casamento tiveram *maior* índice de divórcio e de problemas matrimoniais do que os que não coabitaram (Goodwin et al., 2010; Jose et al., 2010; Manning & Cohen, 2012; Stanley et al., 2010). Em 11 países desenvolvidos estudados, os parceiros em coabitação eram mais propensos do que os cônjuges a concordar que, no ano passado, tiveram sérias dúvidas de que seu relacionamento iria durar (Wang & Wilcox, 2019). Há três fatores que contribuem. Primeiro, os casais que coabitam tendem a ser inicialmente menos comprometidos com o ideal de um casamento duradouro. Segundo, tornam-se ainda menos favoráveis ao casamento enquanto coabitam. Terceiro, é mais estranho terminar com um parceiro que vive em união estável do que com um parceiro de namoro, levando alguns coabitantes a se casar com alguém "que de outra forma teriam deixado para trás" (Stanley & Rhoades, 2016a,b).

O que você acha? O casamento está correlacionado com a felicidade porque o apoio conjugal e a intimidade geram felicidade, porque as pessoas felizes se casam com mais frequência e permanecem casadas, ou ambos?

Embora haja mais variedade nas relações atuais, a instituição do casamento permanece. Mais de 9 em cada 10 adultos americanos já se casaram em algum momento durante a vida ou querem se casar (Newport & Wilke, 2013). Nos países ocidentais, o que conta como uma razão "muito importante" para se casar? Entre os americanos, 31% dizem que é a estabilidade financeira, e 93% dizem que é o amor (Cohn, 2013). E o casamento é um prognóstico não só de felicidade, mas também de saúde, satisfação sexual, renda e saúde física e mental (Scott et al., 2010; Wilcox & Wolfinger, 2017). Entre 1972 e 2018, pesquisas com mais de 60 mil americanos revelaram que 40% dos adultos casados eram "muito felizes", em comparação com 23% dos que nunca se casaram (NORC, 2019). Casais de mulheres homossexuais também relataram maior bem-estar do que as que estavam sozinhas (Peplau & Fingerhut, 2007; Wayment & Peplau, 1995). Além disso, vizinhanças com altas taxas de casamento normalmente têm taxas menores de patologias sociais como crime, delinquência e transtornos emocionais entre as crianças (Myers & Scanzoni, 2005; Wilcox et al., 2018).

As relações duradouras nem sempre são desprovidas de conflitos. Alguns casais brigam, mas também cobrem um ao outro de afeto. Outros casais nunca levantam a voz, mas também raramente elogiam ou acarinham um ao outro. Os dois estilos podem durar. Depois de observar as interações de 2.000 casais, John Gottman e Julie Gottman (2018) relataram um indicador do sucesso conjugal: pelo menos *uma proporção de cinco para um de interações positivas para negativas*. Casamentos estáveis proporcionam cinco vezes mais ocasiões para sorrir, tocar, elogiar e rir do que para sarcasmos, críticas e insultos. Portanto, se você quiser prognosticar que recém-casados permanecerão juntos, não preste atenção em quão apaixonados eles parecem estar. Os casais que permanecem juntos quase sempre são aqueles que se privam de criticar e colocar seus parceiros para baixo. Para evitar a negatividade destruidora, os casais bem-sucedidos aprendem a brigar de forma justa (eles mostram os sentimentos sem insultar) e a dissipar os conflitos com comentários como "Eu sei que a culpa não é sua" ou "Eu vou parar por um momento para ouvir".

Muitas vezes, o amor gera filhos. Para a maioria das pessoas, a mais duradoura das mudanças da vida, ter um filho, é um acontecimento feliz, que acrescenta significado e alegria (Nelson-Coffey et al., 2019; Witters, 2014). "Sinto um amor irresistível por meus filhos, diferente de tudo que sinto por qualquer outra pessoa", disseram 93% das mães americanas em uma pesquisa nacional (Erickson & Aird, 2005). Muitos pais sentem o mesmo. Algumas semanas depois do parto do meu primeiro filho [DM], fui subitamente atingido por uma percepção: "Foi *assim* que meus pais se sentiram com relação a mim!".

"Para entender o amor de seus pais, tenha seus próprios filhos." – Provérbio chinês

Quando o filho começa a absorver tempo, dinheiro e energia emocional, a satisfação com o próprio casamento pode diminuir (Doss et al., 2009). Essa é uma possibilidade que acontece especialmente entre mulheres que trabalham fora de casa que, mais do que esperavam, também podem acabar tendo que arcar com o peso de realizar mais tarefas domésticas. O esforço para criar um relacionamento equitativo pode render dividendos em dobro, desenvolver um casamento mais satisfatório, o que também cria melhor relacionamento entre pais e filhos (Erel & Burman, 1995).

Por fim, as crianças saem de casa. Essa partida é um evento significativo e, às vezes, uma separação difícil. Para muitas pessoas, no entanto, um ninho vazio é um lugar feliz (Adelmann et al., 1989; Gorchoff et al., 2008). Muitos pais experimentam uma "lua de mel após a partida", especialmente se eles têm bons relacionamentos com os filhos (White & Edwards, 1990). Como Daniel Gilbert (2006) afirmou, "o único sintoma conhecido da 'síndrome do ninho vazio' é sorrir mais".

TRABALHO. Para muitos adultos, a resposta para "Quem é você?" depende, e muito, da resposta para "O que você faz?" Tanto para mulheres quanto para homens, é difícil escolher uma carreira, sobretudo em tempos econômicos incertos. Mesmo nos melhores tempos, poucos estudantes nos primeiros 2 anos de faculdade ou universidade podem prever a carreira futura.

"Nosso amor pelos filhos é muito diferente de qualquer outra emoção humana. Apaixonei-me por meus bebês com tanta rapidez e profundidade, quase independentemente de suas qualidades particulares. Contudo, 20 anos mais tarde, fiquei (mais ou menos) feliz de vê-los partir – tive que ficar feliz ao vê-los partir. Somos totalmente dedicados a eles quando são pequenos e, no entanto, o máximo que podemos esperar em troca quando crescem é que nos considerem com um carinho confuso e tolerante." – Alison Gopnik, Psicóloga do Desenvolvimento, *The Supreme Infant*, 2010

Susan Bookheimer

Susan Bookheimer

Satisfação no trabalho e satisfação na vida. O trabalho pode nos proporcionar um senso de identidade e competência, além de oportunidades para realização. Talvez seja por isso que as ocupações desafiadoras e interessantes aumentam a felicidade das pessoas. Para saber mais sobre o trabalho, inclusive descobrir seus próprios pontos fortes, ver o Apêndice C, *Psicologia no Trabalho*.

No final, felicidade é ter um trabalho que seja compatível com seus interesses e que forneça a você um senso de competência e realização. É dar generosamente seu tempo e recursos (Mogilner & Norton, 2016; Whillans et al., 2016). É ter uma companhia próxima e solidária, ou família e amigos, que notam e aplaudem suas realizações (Campos et al., 2015). E, para alguns, inclui ter filhos amorosos e de quem possam sentir orgulho.

PRÁTICA DE RECUPERAÇÃO

PR-1 Freud definiu o adulto saudável como aquele que é capaz de ______________ e ______________.

RESPOSTAS NO APÊNDICE E

Bem-estar durante o ciclo de vida

QOA 5.23 O que muda no seu bem-estar ao longo do ciclo de vida?

Viver é envelhecer. Neste momento você está mais velho do que jamais esteve e mais jovem do que jamais estará. Isso significa que todos nós podemos olhar para trás com satisfação ou tristeza, e para frente com esperança ou medo. Quando se pergunta às pessoas o que elas fariam de diferente se pudessem reviver sua vida, a resposta mais comum é: "levar minha educação mais a sério e me dedicar mais a ela" (Kinnier & Metha, 1989; Roese & Summerville, 2005). Outros arrependimentos – "Eu devia ter dito a meu pai que o amava", "Eu me arrependo de nunca ter ido à Europa" – são menos centrados nos erros cometidos do que nas coisas que *deixou* de fazer (Gilovich & Medvec, 1995).

Mas até o fim, os maiores de 65 anos não são notavelmente infelizes. A autoestima, por exemplo, continua estável (Wagner et al., 2013). O Instituto Gallup solicitou a 658.038 pessoas no mundo inteiro que classificassem sua vida em uma escala de 0 ("a pior vida possível") a 10 ("a melhor vida possível"). A idade – de 15 a 90 anos – não deu pistas sobre a satisfação com a vida (Morrison et al., 2014). Sentimentos positivos, apoiados por maior controle emocional, tendem a crescer após a meia-idade e os sentimentos negativos diminuem (Stone et al., 2010; Urry & Gross, 2010). Em comparação com adultos mais jovens chineses e americanos, por exemplo, os adultos mais velhos estão *mais* atentos a notícias positivas (Isaacowitz, 2012; Wang et al., 2015a).

Como as pessoas de todas as idades, os idosos ficam mais felizes quando não estão sozinhos (ver Figura 5.21). Em comparação com adolescentes e adultos jovens, as pessoas idosas tendem a ter uma rede social menor, com menos amizades e maior solidão (Luhmann &

"Quando nasceu, você chorou e o mundo se alegrou. Viva sua vida de maneira que, quando você morrer, o mundo chore e você se alegre." – Provérbio nativo americano

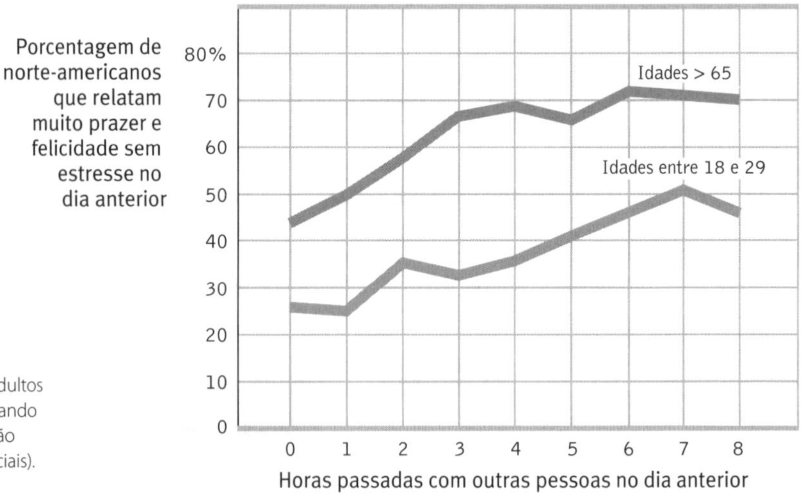

Figura 5.21 **Seres humanos são criaturas sociais.** Tanto os adultos mais jovens quanto os mais velhos relatam maior felicidade quando passam tempo com outras pessoas (observe que essa correlação também pode refletir pessoas mais felizes quando são mais sociais). (Dados da pesquisa Gallup relatados por Crabtree, 2011.)

Hawkley, 2016; Wagner et al., 2016). No entanto, os adultos mais velhos experimentam menos problemas em seus relacionamentos – menos ansiedade de apego, estresse e raiva (Chopik et al., 2013; Fingerman & Charles, 2010). Com a idade, ficamos mais estáveis e confiantes (Bailey & Leon, 2019; Shallcross et al., 2013).

"Ainda casado depois de todos esses anos?
Nenhum mistério.
Somos o hábito um do outro,
E a história um do outro."
– Judith Viorst, *The Secret of Staying Married*, 2007

O cérebro em envelhecimento pode ajudar a nutrir os sentimentos positivos. Imagens cerebrais de idosos mostram que a amígdala, um centro de processamento neural das emoções, responde menos ativamente aos eventos negativos (mas não aos eventos positivos) (Mather et al., 2004). As reações da forma de ondas cerebrais às imagens negativas também diminuem com a idade (Kisley et al., 2007). Conforme chegamos aos capítulos posteriores de nossas vidas, nosso cérebro permite um apogeu risonho (Mather, 2016).

Além disso, diferentemente dos mais jovens, os idosos se lembram mais dos eventos bons do que dos ruins de suas vidas (Addis et al., 2010). Esse fenômeno feliz deixa a maioria das pessoas mais velhas com a sensação reconfortante de que a vida, no geral, tem sido boa. Graças a influências biológicas, psicológicas e socioculturais, mais e mais pessoas florescem na vida adulta (Figura 5.22).

"Aos 70, eu diria que a vantagem é que você leva uma vida mais tranquila. Você sabe que 'isso também vai passar'!" – Eleanor Roosevelt, 1954

A resiliência do bem-estar ao longo da vida obscurece algumas diferenças emocionais interessantes relacionadas com a idade. Quando os pesquisadores mapearam o terreno emocional das pessoas sinalizando periodicamente com bipes eletrônicos para relatar suas atividades e sentimentos atuais, eles descobriram que os adolescentes, geralmente, caem da alegria ou da tristeza em menos de 1 hora, e que os humores dos adultos são menos extremos e mais duradouros (Csikszentmihalyi & Larson, 1984). À medida que os anos passam, sentimentos amadurecem (Brose et al., 2015). Os pontos altos ficam menos altos, os pontos baixos ficam menos baixos. Os elogios provocam menos entusiasmo, e as críticas, menos desespero, já que ambos passam a ser um mero *feedback* no topo de uma montanha de louvor e culpa acumulados. À medida que envelhecemos, a vida se torna cada vez menos parecida com uma montanha-russa emocional.

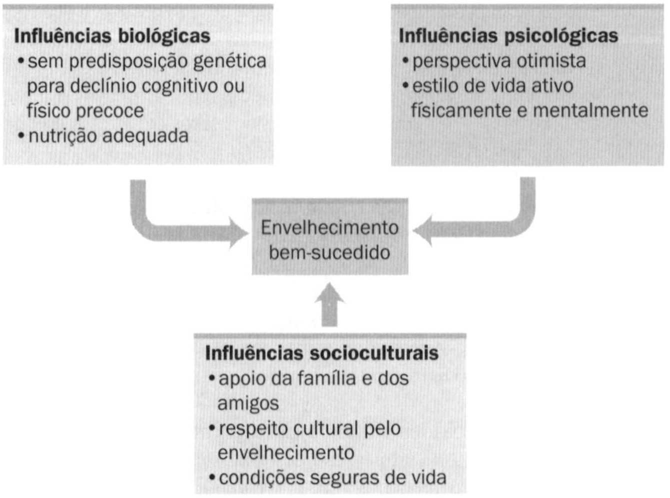

Figura 5.22 Influências biopsicossociais no envelhecimento bem-sucedido.

PRÁTICA DE RECUPERAÇÃO

PR-2 Quais são alguns dos desafios e recompensas mais significativos de envelhecer?

RESPOSTAS NO APÊNDICE E

Morte e morrer

QOA 5.24 Que gama de reações a morte de um ente querido desencadeia?

Advertência: se você começar a ler o próximo parágrafo, você vai morrer.

Mas é claro que, mesmo se você não tivesse lido isso, ainda morreria no devido tempo. "O tempo é um grande mestre", observou o compositor do século XIX, Hector Berlioz, "mas, infelizmente, ele mata todos os seus pupilos." A morte é o nosso fim inevitável. A boa saúde, como já foi dito, é simplesmente a maneira mais lenta de morrer.

A maioria de nós também vai lidar com a morte de parentes e amigos. Normalmente, a separação mais difícil que uma pessoa experimenta é a morte de um parceiro – uma perda sofrida por quatro vezes mais mulheres do que homens. Manter compromissos e relacionamentos diários aumenta a resiliência diante desse tipo de perda (Infurna & Luthar, 2016). Mas, para alguns, o luto é grave, especialmente quando a morte de um ente querido ocorre de repente e antes do tempo esperado no relógio social. Eu [ND] experimentei isso em primeira mão quando um trágico acidente tirou a vida de minha mãe de 60 anos. Essas tragédias podem desencadear um ano ou mais de luto carregado de memórias (Lehman et al., 1987).

"A melhor coisa sobre fazer 100 anos é *não sentir a pressão dos pares*." – Lewis W. Kuester, 2005, ao fazer 100 anos

Para alguns, a perda é algo insuportável. Um estudo dinamarquês de longo prazo com mais de um milhão de pessoas descobriu que cerca de 17 mil delas sofreram a morte de uma criança menor de 18 anos. Nos 5 anos subsequentes à morte, 3% delas foram submetidas a uma primeira internação psiquiátrica. Essa taxa foi 67% mais alta do que a registrada entre pais que não perderam um filho (Li et al., 2005).

As reações à morte de um ente querido variam mais amplamente do que a maioria supõe. Algumas culturas encorajam o choro e o lamento em público; outras escondem o luto. Dentro de qualquer cultura, os indivíduos diferem. Diante de perdas similares, algumas pessoas lamentam mais intensa e abertamente, outras são mais resilientes (Ott et al., 2007). Alguns equívocos populares persistem; no entanto:

- ***Existem as fases de luto?*** Pessoas em estado terminal e enlutadas não passam por estágios previsíveis idênticos, como negação antes da raiva (Friedman & James, 2008; Nolen-Hoeksema & Larson, 1999)
- ***Devemos purgar nossa dor?*** Aqueles que expressam a dor mais forte imediatamente não expurgam sua dor mais rapidamente (Bonanno & Kaltman, 1999; Wortman & Silver, 1989). Porém, pais de luto que tentam proteger seu parceiro "ficando fortes" e não discutindo a morte de seus filhos podem realmente prolongar o luto (Stroebe et al., 2013)
- ***É preciso fazer terapia?*** Terapias para o tratamento do luto e grupos de autoajuda oferecem algum apoio, mas existe um potencial similar de recuperação pela passagem do tempo ou pelo apoio dos amigos e ao se oferecer suporte e ajuda a outras pessoas (Baddeley & Singer, 2009; Brown et al., 2008; Neimeyer & Currier, 2009). Cônjuges de luto que falam com frequência com outros ou que recebem aconselhamento não se adaptam melhor do que aqueles que sofrem mais reservadamente (Bonanno, 2004; Stroebe et al., 2005)
- ***A morte iminente é aterrorizante?*** Em comparação com o que as pessoas *imaginam* que sentiriam ao enfrentar a morte, aqueles que realmente enfrentam a morte iminente devido à doença terminal são mais positivos e menos tristes e desesperados. Depois de estudar as postagens do *blog* de pacientes terminais e as últimas palavras dos presos no corredor da morte, Amelia Goranson e seus colegas (2017) concluíram que "encontrar o ceifador pode não ser tão sombrio quanto parece".

Enfrentar a morte com dignidade e abertura ajuda as pessoas a completarem o ciclo de vida com um senso de significado e unidade da vida – a sensação de que sua existência foi boa e que a vida e a morte são partes de um ciclo contínuo. Embora a morte possa não ser bem-vinda, a própria vida pode ser afirmada, mesmo na morte. Isso é especialmente verdade para as pessoas que revisam suas vidas não com desespero, mas com o que Erik Erikson chamou de senso de *integridade* – um sentimento de que sua vida foi significativa e valeu a pena.

REVISÃO Idade Adulta

OBJETIVOS DE APRENDIZAGEM

Teste a si mesmo. Responda às Questões dos Objetivos de Aprendizagem (antes de conferir as respostas no Apêndice D) para aprimorar a retenção dos conceitos estudados (McDaniel et al., 2009, 2015).

QOA **5.19** Que mudanças físicas ocorrem durante a meia-idade e a velhice?

QOA **5.20** Como a memória muda com a idade?

QOA **5.21** Como os transtornos neurocognitivos e a doença de Alzheimer afetam a capacidade cognitiva?

QOA **5.22** Quais temas e influências marcam nossa jornada social desde o início da idade adulta até a morte?

QOA **5.23** O que muda no seu bem-estar ao longo do ciclo de vida?

QOA **5.24** Que gama de reações a morte de um ente querido desencadeia?

TERMOS E CONCEITOS A RECORDAR

Teste a si mesmo. Escreva a definição com suas próprias palavras e depois confirme sua resposta.

menopausa, p. 197
transtornos neurocognitivos (TNCs), p. 202
doença de Alzheimer, p. 202
relógio social, p. 203

DOMINE O MATERIAL

Teste a si mesmo. Responda às questões a seguir por conta própria, a princípio, depois confira as respostas no Apêndice E.

1. Aos 65 anos, é mais provável que uma pessoa experimente um declínio cognitivo na capacidade de

a. recordar e listar todos os termos e conceitos importantes em um capítulo.

b. selecionar a definição correta em uma questão de múltipla escolha.

c. recordar sua própria data de nascimento.

d. praticar uma habilidade bem aprendida, como tricô.

2. Freud definiu o adulto saudável como aquele que é capaz de amar e trabalhar. Erikson concordou, observando que o adulto luta para alcançar a intimidade e ______________.

3. Ao contrário do que muitas pessoas supõem,

a. os idosos são muito menos felizes do que os adolescentes.

b. as pessoas ficam menos felizes à medida que passam da adolescência para a meia-idade.

c. sentimentos positivos tendem a crescer após a meia-idade.

d. aqueles cujos filhos saíram de casa recentemente – os casais de ninho vazio – têm o nível de felicidade mais baixo de todos os grupos.

N.E.: Este capítulo conta com um apêndice complementar, elaborado por professor brasileiro para contextualização dos temas abordados ao cenário nacional.

Artem Varnitsin/EyeEm/Getty Images

CAPÍTULO 6

Sensação e Percepção

"Tenho visão perfeita", explica a aclamada escritora e professora Heather Sellers. Sua visão pode ser perfeita, mas a sua percepção não é. Em seu livro de memórias, *You Don't Look Like Anyone I Know*, Sellers (2010), ela fala de momentos constrangedores decorrentes de sua permanente *prosopagnosia* – cegueira facial.

> Quando eu estava na faculdade, em um encontro no Spaghetti Station, voltei do banheiro e entrei no compartimento errado, encarando o homem errado. Continuei sem saber que não era o rapaz com quem eu havia saído, mesmo quando o próprio (um estranho para mim) foi tirar satisfação com o Cara do Compartimento Errado e depois saiu do restaurante, enfurecido... Não reconheço a mim em fotos ou em vídeo nem a meus enteados na linha para serem escolhidos para o time de futebol; não pude determinar qual marido era o meu em uma festa, no *shopping*, no mercado.

Para evitar ser considerada esnobe ou indiferente, Sellers às vezes finge o reconhecimento. Com frequência sorri para as pessoas por quem passa, caso as conheça, ou finge conhecer a pessoa com quem está conversando. Mas, Sellers aponta, há uma vantagem: ao encontrar alguém que anteriormente a irritou, ela normalmente não sente má vontade – ela não reconhece a pessoa.

Ao contrário de Sellers, a maioria de nós tem uma área funcional no lado de baixo do hemisfério direito do cérebro, que nos ajuda a reconhecer uma face humana familiar, tão logo a detectamos – o que leva não mais que um sétimo de segundo (Jacques & Rossion, 2006). Essa capacidade notável ilustra um princípio mais amplo: *Os dons sensoriais da natureza capacitam cada animal para obter informações essenciais.* Alguns exemplos:

- Ouvidos humanos são mais sensíveis às frequências sonoras que incluem vozes humanas, em especial o choro de um bebê

- Sapos, que se alimentam de insetos voadores, têm células receptoras nos olhos que disparam somente em resposta a objetos pequenos, escuros e em movimento. O sapo poderia morrer de fome cercado de moscas imóveis. Mas, basta uma passar zumbindo, e as células "detectoras de insetos" despertam instantaneamente. (Como disse o sapo Kermit, "O tempo voa quando estamos pegando moscas".)
- Receptores de odor dos bichos-da-seda machos podem detectar um bilionésimo de grama da substância atrativa sexual da fêmea, por segundo, a 1,5 km de distância (Sagan, 1977). É por isso que continuam existindo bichos-da-seda.

Neste capítulo, veremos o que os psicólogos aprenderam sobre nosso modo de sentir e perceber nosso mundo. Começamos considerando alguns princípios básicos que se aplicam a todos os nossos sentidos.

Conceitos básicos de sensação e percepção

Como criamos significado a partir da tempestade de estímulos sensoriais que bombardeiam nossos corpos 24 horas por dia? Em seu mundo interior silencioso e acolchoado, nosso cérebro flutua na escuridão total. Por si só, não vê nada. Não ouve nada. Nada sente. *Então, como o mundo lá fora entra*? Para formular a questão cientificamente: Como construímos nossas representações do mundo exterior? Como a cintilação, o crepitar, o calor e o cheiro de fumaça de uma fogueira ativam as conexões neurais? E como, a partir dessa neuroquímica viva, criamos nossa experiência consciente do movimento e temperatura do fogo, seu aroma e beleza?

Processamento de sensações e percepções

QUESTÃO DE OBJETIVOS DE APRENDIZAGEM QOA **6.1** O que são *sensação* e *percepção*? O que queremos dizer com *processamento bottom-up* (de baixo para cima) e *processamento top-down* (de cima para baixo)?

A curiosa mistura de "visão perfeita" e cegueira facial de Heather Sellers ilustra a distinção entre *sensação* e *percepção*. Quando ela olha para um amigo, a **sensação** dela é normal. Os **receptores sensoriais** de Heather detectam a mesma informação que os seus detectariam, e o sistema nervoso dela transmite as informações para o cérebro. A **percepção** dela – os processos pelos quais o cérebro organiza e interpreta estímulos sensoriais – é *quase* normal. Desse modo, ela pode reconhecer pessoas pelo cabelo, pelo andar, pela voz ou pela compleição física; mas não pelo rosto. Sua experiência é muito parecida com a luta interna que eu ou você teríamos ao tentar reconhecer um pinguim específico.

Em circunstâncias normais, sensação e percepção se fundem em um processo contínuo.

- Nosso **processamento *bottom-up*** começa nos receptores sensoriais e evolui para níveis mais elevados de processamento
- Nosso **processamento *top-down*** constrói percepções a partir do estímulo sensorial valendo-se de nossa experiência e nossas expectativas.

Quando nosso cérebro absorve a informação, o processamento *bottom-up* habilita nosso sistema sensorial a detectar as linhas, os ângulos e as cores que formam as imagens. Pelo processamento *top-down*, interpretamos o que nossos sentidos detectam.

Sensação. Processo pelo qual nossos receptores sensoriais e o sistema nervoso recebem e representam energias de estímulos do ambiente.

Receptores sensoriais. Terminações nervosas sensoriais que respondem a estímulos.

Percepção. Processo de organização e interpretação das informações sensoriais, habilitando-nos a reconhecer objetos e eventos significativos.

Processamento *bottom-up*. Análise que começa com os receptores sensoriais e sobe para a integração cerebral da informação sensorial.

Processamento *top-down*. Processamento de informações guiado por processos mentais superiores, como quando construímos percepções com base em nossa experiência e nossas expectativas.

Transdução

QOA **6.2** Quais são as três etapas básicas para todos os nossos sistemas sensoriais?

Seus sistemas sensoriais realizam um feito incrível: convertem uma forma de energia em outra. A visão processa a energia luminosa. A audição processa as ondas sonoras. Todos os nossos sentidos:

- *Recebem* estímulos sensoriais, em geral usando as células receptoras especializadas
- *Transformam* esses estímulos em impulsos neurais
- *Entregam* a informação neural para o nosso cérebro.

O processo de converter uma forma de energia em outra que o nosso cérebro consiga usar chama-se **transdução**. A transdução é como a tradução – de uma energia física, como ondas de luz, para a linguagem eletroquímica do cérebro. A **psicofísica** estuda as relações entre a energia física que podemos detectar e seus efeitos em nossas experiências psicológicas.

Mais adiante neste capítulo, vamos nos concentrar em sistemas sensoriais individuais. Como enxergamos? Ouvimos? Sentimos dor? Sentimos gosto? Sentimos odores? Mantemos o equilíbrio? Em cada caso, um dos nossos sistemas sensoriais recebe, transforma e entrega a informação para o nosso cérebro. E nossos sentidos trabalham juntos.

Vamos explorar alguns pontos fortes e fracos em nossa capacidade de detectar e interpretar estímulos no vasto mar de energia em nossa volta.

Transdução. Conversão de uma forma de energia para outra. Na sensação, a transformação de energias de estímulo, como visões, sons e cheiros, em impulsos neurais que nosso cérebro consegue interpretar.

Psicofísica. Estudo das relações entre as características físicas dos estímulos, como sua intensidade, e a experiência psicológica que temos a partir dela.

Limiar absoluto. Energia mínima de estímulo necessária para detectar um estímulo específico 50% das vezes.

Teoria de detecção de sinal. Teoria que prevê como e quando detectamos a presença de um estímulo fraco (*sinal*) em meio à estimulação de fundo (*ruído*). Supõe-se que não existe um limiar absoluto único e que a detecção depende em parte da experiência, expectativas, motivação e estado de alerta de uma pessoa.

PRÁTICA DE RECUPERAÇÃO

PR-1 Qual é a distinção aproximada entre sensação e percepção?

RESPOSTAS NO APÊNDICE E

Limiares

QOA **6.3** Qual é a diferença entre *limiares absolutos* e *limiares diferenciais*?

Neste momento, você e eu estamos sendo atingidos por raios X e ondas de rádio, luzes ultravioleta e infravermelha e ondas sonoras de frequência muito alta e muito baixa. Somos cegos e surdos a tudo isso. Outros animais detectam um mundo que repousa além da experiência humana. Aves migratórias mantêm o curso com o auxílio de uma bússola magnética interna. Morcegos e golfinhos conseguem localizar as presas por meio de sonares (emitindo um som que ecoa nos objetos). Em um dia nublado, abelhas voam detectando a luz polarizada de um sol invisível (para nós).

As sombras que incidem sobre nossos sentidos têm apenas uma pequena abertura, permitindo-nos somente uma consciência restrita desse vasto mar de energia. Mas, para as nossas necessidades, isso é o suficiente.

Limiares absolutos

Somos extremamente sensíveis a certos tipos de estímulos. De pé no cume de uma montanha em uma noite de céu limpo e absolutamente escura, a maioria de nós seria capaz de ver a chama de uma vela no cume de outra montanha a cerca de 50 quilômetros de distância. Somos capazes de sentir a asa de uma abelha caindo sobre nossa bochecha. Podemos sentir o odor de uma gotinha de perfume em um apartamento de três cômodos (Galanter, 1962).

O cientista e filósofo alemão, Gustav Fechner (1801-1887), estudou o limite de nossa consciência desses estímulos fracos, que ele chamou de **limiar absoluto**. Para testar seu limiar absoluto para sons, um especialista em audição enviaria tons de níveis variados para cada um de seus ouvidos e registraria se você ouviria cada tom (Figura 6.1). Os resultados do teste mostrariam o ponto em que, para qualquer frequência de som, metade das vezes você não conseguiria. Esse ponto 50-50 definiria seu limiar absoluto.

Detectar um estímulo ou sinal fraco depende não apenas de sua intensidade (como o tom do teste de audição), mas também de nosso estado psicológico – nossa experiência, expectativas, motivação e vigilância. A **teoria da detecção de sinais** prevê quando iremos detectar sinais fracos (medidos como nossa proporção de "acertos" para "alarmes falsos"). Os teóricos da detecção de sinais procuram entender por que as pessoas respondem de maneira diferente aos mesmos estímulos e por que as reações da mesma pessoa variam conforme as circunstâncias mudam.

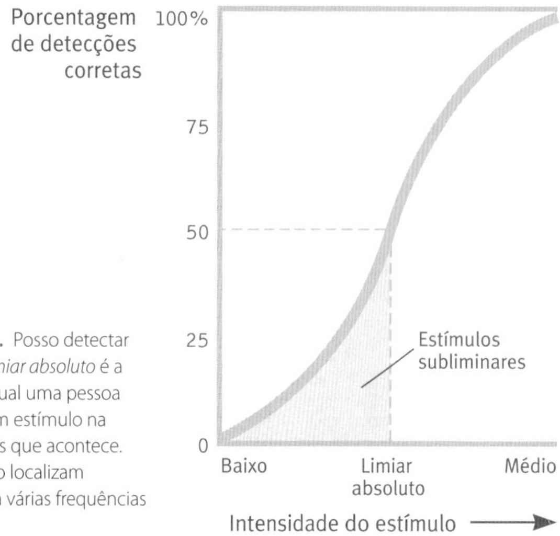

Figura 6.1
Limiar absoluto. Posso detectar este som? Um *limiar absoluto* é a intensidade na qual uma pessoa pode detectar um estímulo na metade das vezes que acontece. Testes de audição localizam esses limites para várias frequências de som.

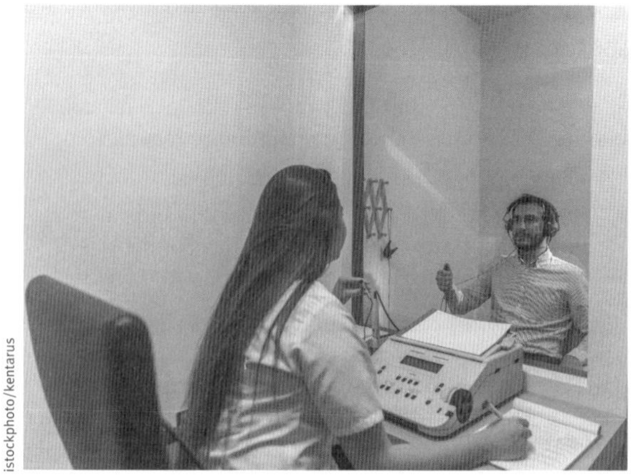
istockphoto/kentarus

Os estímulos que você não consegue detectar 50% das vezes são **subliminares** – isto é, abaixo de seu limiar absoluto (Figura 6.1). Um experimento usando estímulos subliminares ilustrou a profunda realidade da orientação sexual. Enquanto as pessoas olhavam para o centro de uma tela, uma foto de uma pessoa nua foi exibida de um lado e uma versão embaralhada da foto do outro lado (Jiang et al., 2006). Como as imagens de nudez eram imediatamente mascaradas por um tabuleiro de xadrez colorido, os observadores nada viam, além de *flashes* de cor, e eram incapazes de afirmar em que lado a imagem de nudez tinha aparecido. Para testar se essa imagem invisível atraiu inconscientemente a atenção, os pesquisadores exibiram, a seguir, uma figura geométrica de um lado ou do outro. Isso também foi rapidamente seguido por um estímulo de mascaramento. Quando solicitados a fornecer o ângulo da figura, os homens heterossexuais imaginaram com mais exatidão quando ela apareceu onde um momento antes havia estado uma imagem de *mulher* nua. Os homens homossexuais (e as mulheres heterossexuais) imaginaram com mais exatidão quando a figura geométrica substituiu um *homem* nu. Assim, embora não percebida conscientemente, a imagem sexual mais atraente chamou sua atenção.

Esse experimento indica que a orientação sexual é algo mais profundo do que uma escolha moral consciente, e ilustra como a mente inconsciente é como o vento: não o vemos, mas vemos seus efeitos. Então, podemos ser *controlados* por mensagens subliminares? (Ver Pensamento crítico sobre: sensação subliminar e persuasão subliminar.)

Limiares diferenciais

Para funcionar de maneira efetiva, precisamos de limiares absolutos baixos o bastante para nos permitir detectar visões, sons, texturas, sabores e odores importantes. É preciso também detectar pequenas diferenças entre estímulos. Um músico deve detectar discrepâncias de minuto ao afinar um instrumento. Os pais devem detectar o som da voz de seu próprio filho entre as vozes de outras crianças. Mesmo após viver dois anos na Escócia, os *balidos* de carneiros parecem iguais para meus ouvidos [DM]. Mas não para as mães dos cordeiros. Depois da tosquia, observei que cada ovelha corria diretamente até o *balido* de *seu* cordeiro em meio ao coro de outros cordeiros angustiados.

Eric Isselee/Shutterstock

O **limiar diferencial**, também chamado *diferença apenas perceptível* (dap), é a diferença mínima de estímulo que uma pessoa pode detectar na metade das vezes. Essa diferença detectável aumenta com o tamanho do estímulo. Se ouvirmos música em 40 decibéis, talvez poderíamos detectar mais cinco decibéis acrescentados. Mas, se aumentarmos o volume para 110 decibéis, provavelmente não detectaremos uma variação de cinco decibéis.

No final dos anos 1800, o físico alemão Ernst Weber notou algo tão simples e de aplicação tão ampla que ainda nos referimos à descoberta como **lei de Weber**. Para uma pessoa comum perceber uma diferença, dois estímulos devem diferir por uma *porcentagem* mínima constante (não por uma *quantidade* constante). A proporção exata varia, dependendo do

Subliminar. Abaixo do limiar absoluto de percepção consciente.

Limiar diferencial. Diferença mínima entre dois estímulos necessária para detecção em 50% das vezes. Experimentamos o limiar diferencial como uma *diferença apenas perceptível* (ou dap).

Lei de Weber. Princípio segundo o qual, para serem percebidos como díspares, dois estímulos devem diferir em porcentagem mínima constante (em vez de em uma quantidade constante).

Priming (pré-ativação). Ativação, muitas vezes inconsciente, de certas associações, predispondo assim a percepção, memória ou reação.

Pensamento Crítico Sobre:

Sensação subliminar e persuasão subliminar

QOA **6.4** Como somos afetados por estímulos subliminares?

Podemos ser afetados por sensações *subliminares* – estímulos tão fracos que não os percebemos conscientemente.

Os pesquisadores usam o ***priming*** para ativar associações inconscientes.

O participante vê *slides* de pessoas e oferece avaliações favoráveis ou desfavoráveis de cada pessoa.

MAS

um instante antes de cada *slide* aparecer, o pesquisador ardiloso exibe subliminarmente outra imagem – agradável (por exemplo, gatinhos) ou desagradável (por exemplo, um lobisomem).

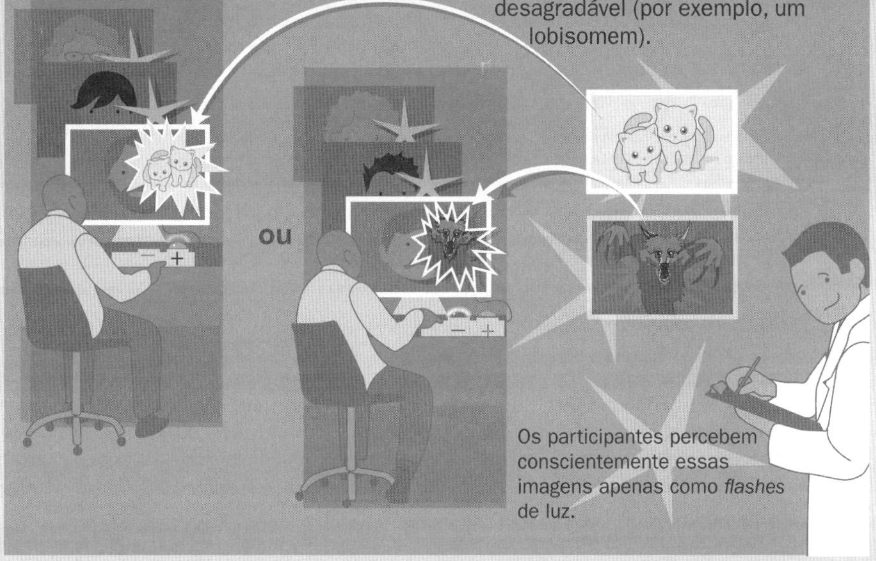

Os participantes percebem conscientemente essas imagens apenas como *flashes* de luz.

As classificações dos rostos dos participantes serão afetadas?

Sim![1]

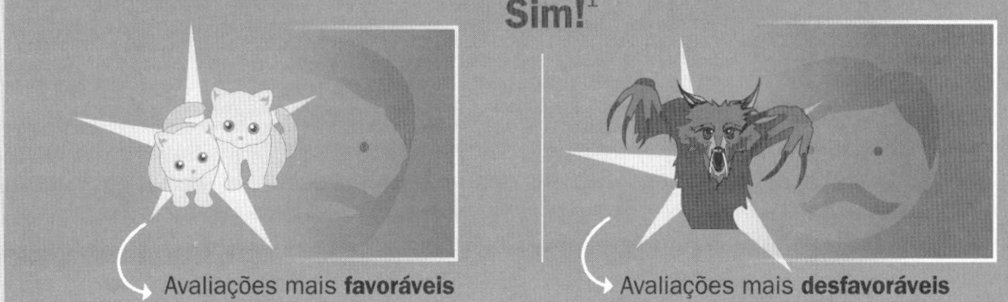

Avaliações mais **favoráveis** de pessoas

Avaliações mais **desfavoráveis** de pessoas

Nossa mente de duas vias: o *priming* acontece mesmo que o cérebro do espectador não tenha tempo de perceber conscientemente as imagens exibidas.
Podemos avaliar um estímulo mesmo quando não estamos conscientes dele.[2]

Então, podemos ser preparados, mas podemos ser persuadidos por estímulos subliminares, por exemplo, para perder peso, parar de fumar ou melhorar nossa memória?

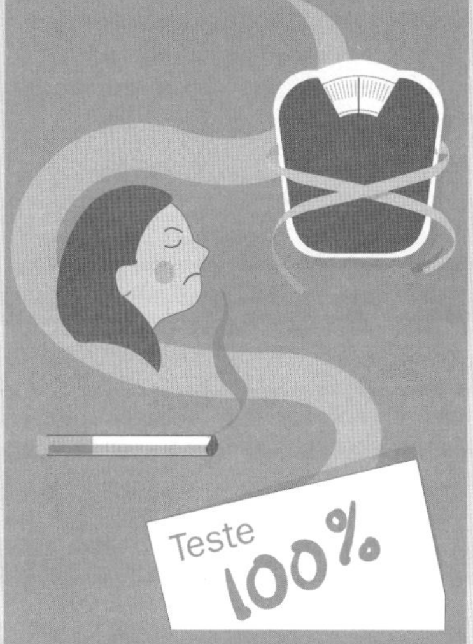

Mensagens de áudio e vídeo subliminarmente (sem a consciência dos destinatários) anunciam:

"Sou magro",
"A fumaça do cigarro tem gosto ruim"
e
"Eu me saio bem nos testes. Tenho total recordação das informações."

Os resultados de 16 experimentos[3] não mostraram nenhuma influência poderosa e duradoura no comportamento. Nenhuma das gravações ajudou mais do que um placebo, que funciona apenas porque acreditamos que funcionará.

1. Krosnick et al., 1992. 2. Ferguson & Zayas, 2009. 3. Greenwald et al.,

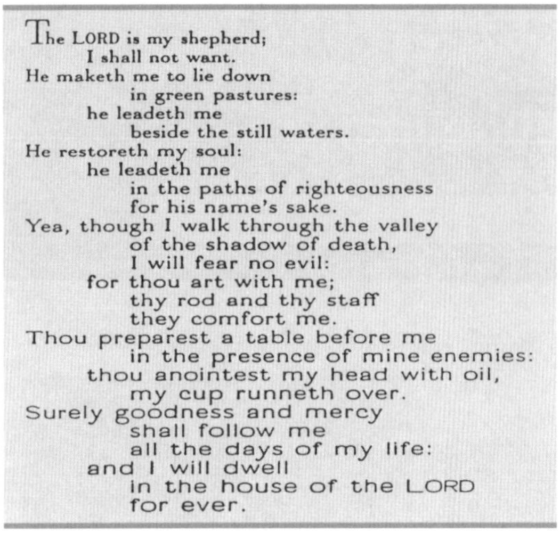
The LORD is my shepherd;
I shall not want.
He maketh me to lie down
in green pastures:
he leadeth me
beside the still waters.
He restoreth my soul:
he leadeth me
in the paths of righteousness
for his name's sake.
Yea, though I walk through the valley
of the shadow of death,
I will fear no evil:
for thou art with me;
thy rod and thy staff
they comfort me.
Thou preparest a table before me
in the presence of mine enemies:
thou anointest my head with oil,
my cup runneth over.
Surely goodness and mercy
shall follow me
all the days of my life:
and I will dwell
in the house of the LORD
for ever.

Limiar diferencial. Nesta cópia, gerada por computador, do vigésimo terceiro Salmo, cada linha do texto aumenta ligeiramente. Quantas linhas são necessárias para que você note uma diferença apenas perceptível?

estímulo. Duas luzes, por exemplo, devem diferir em torno de 8% na intensidade. Dois objetos devem diferir em torno de 2% no peso. E dois tons devem diferir apenas 0,3% na frequência (Teghtsoonian, 1971).

PRÁTICA DE RECUPERAÇÃO

PR-2 Usando o som como exemplo, explique como esses conceitos diferem: *limiar absoluto, estímulo subliminar* e *limiar diferencial*.

RESPOSTAS NO APÊNDICE E

Adaptação sensorial

QOA 6.5 Qual é a função da adaptação sensorial?

É uma das pequenas curiosidades da vida: você pode não notar o ruído de um ventilador até que ele seja ligado ou desligado. O mesmo é verdadeiro para odores. Sentado no ônibus, você fica impressionado com o perfume pesado de sua companheira de assento. Você se pergunta como ela aguenta, mas em poucos minutos você não percebe mais. A **adaptação sensorial** veio em seu socorro. Depois de exposição contínua a um estímulo, nossas células nervosas disparam com menos frequência e, portanto, passamos a ter menos consciência desse estímulo. (Para experimentar a adaptação sensorial, arregace a manga. Você vai sentir – mas apenas por alguns momentos.)

Por que, então, se olharmos fixamente para um objeto, sem piscar, ele *não* desaparece da vista? Porque, sem que percebamos, nossos olhos estão sempre se movendo, indo de um ponto para outro, o suficiente para garantir que a estimulação sobre os receptores oculares mude de maneira contínua.

E se realmente pudéssemos impedir que nossos olhos se movessem? As visões parecem desaparecer, como os odores desaparecem? Para descobrir, os psicólogos criaram instrumentos engenhosos que mantêm uma imagem constante na superfície interna do olho. Imagine que equipamos uma voluntária Mary com esse instrumento – um projetor em miniatura montado em uma lente de contato. Quando os olhos de Mary se movem, a imagem do projetor também se move. Então, todos os lugares que Mary olha, a cena é certa. Você consegue imaginar o resultado estranho? (Ver Figura 6.2.)

Embora a adaptação sensorial reduza nossa sensibilidade, ela oferece um benefício importante: liberdade para focar em mudanças informativas em nosso ambiente. As empresas de tecnologia entendem o poder de chamar a atenção da estimulação de mudança: os novos tuítes, curtidas, mensagens, notícias de última hora e outras conversas do nosso telefone são difíceis de ignorar. Como disse um dos engenheiros fundadores do Instagram, "sempre há outra *hashtag* para clicar" (Alter, 2017). Se estivermos realizando outras tarefas, essas intrusões podem prejudicar nosso desempenho (Stothart et al., 2015).

Ponto a ser lembrado: nosso sistema sensorial está atento à novidade; aborrecê-lo com a repetição libera nossa atenção para coisas mais importantes. *Percebemos o mundo não exatamente como ele é, mas como nos é útil percebê-lo.*

"Precisamos, sobretudo, saber das mudanças; ninguém quer ou precisa ser lembrado 16 horas por dia de que seus sapatos estão calçados."
– Neurocientista David Hubel (1979)

PERGUNTE A SI MESMO

Que tipos de adaptação sensorial você experimentou nas últimas 24 horas?

PRÁTICA DE RECUPERAÇÃO

PR-3 Por que depois de usar sapatos por um tempo, você deixa de notá-los (até que perguntas como essa chamem sua atenção de volta para eles)?

RESPOSTAS NO APÊNDICE E

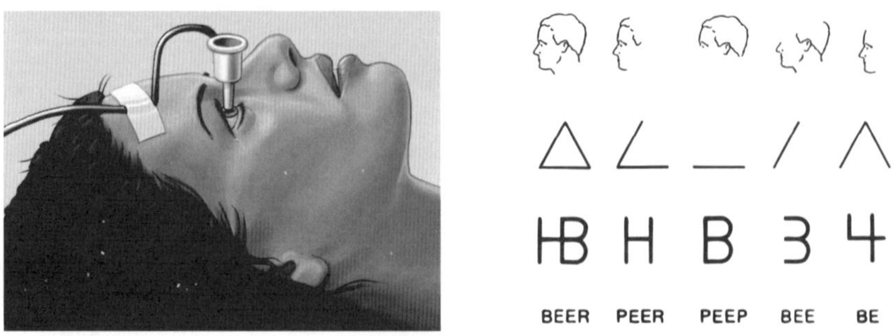

(a) (b)

Figura 6.2 Adaptação sensorial. Agora você vê, agora não! (a) Um projetor montado em uma lente de contato faz com que a imagem projetada se mova com o olho. (b) Inicialmente, a pessoa vê a imagem estabilizada. Mas, graças à adaptação sensorial, seu olho logo se acostuma ao estímulo imutável. Em vez da imagem completa, ela começa a ver fragmentos desaparecendo e reaparecendo.

Conjunto perceptivo

QOA **6.6** Como nossas expectativas, contextos, motivação e emoções influenciam nossas percepções?

Ver é acreditar. Embora nos agrade menos, acreditar é ver. Utilizando a experiência, passamos a esperar certos resultados. Essas expectativas podem proporcionar um **conjunto perceptivo**, um conjunto de tendências e pressupostos mentais que afetam de cima para baixo o que ouvimos, experimentamos, sentimos e vemos.

Considere a Figura 6.3: A imagem (b) é uma mulher jovem ou velha? O que vemos em um desenho como esse pode ser influenciado olhando primeiro para a imagem (a) ou para a imagem (c), que são ambas versões inequívocas (Boring, 1930).

Os exemplos diários abundam de conjunto perceptivo – de "mente sobre mente". Em 1972, um jornal britânico publicou fotografias sem retoques de um "monstro" no Lago Ness, na Escócia – "as fotografias mais impressionantes jamais obtidas", afirmou o jornal. Se essa informação cria em você as mesmas expectativas que criou na maioria dos leitores do jornal, você também verá o monstro em uma fotografia similar na Figura 6.4. Porém, quando um pesquisador, cético, olhou as imagens originais com expectativas diferentes, ele viu um tronco de árvore curvado – como outros viram no dia em que a foto foi tirada (Campbell, 1986). Que diferença faz um novo conjunto perceptivo.

O conjunto perceptivo também afeta o que ouvimos – "você quer tomar um gelo?" em vez de "você foi ver o castelo"? Considere o gentil piloto de avião que, em uma corrida de decolagem, olhou para seu triste copiloto e disse: "não liga pra bobagem". Esperando ouvir o habitual "pronto para decolagem", o copiloto prontamente levantou as rodas – antes de saírem do chão (Reason & Mycielska, 1982). Ou pergunte ao garotinho que adorava o prelúdio dos jogos da Major League Baseball quando as pessoas se levantavam para cantar para ele: "José, você está vendo?" Ou conte às pessoas sobre um casal que sofreu com sua experiência com "alguns *sets* ruins" e (dependendo do que está em sua mente) eles podem ouvir algo bem diferente ("algum sexo ruim").

Agora considere esta pergunta estranha: se você dissesse uma coisa, mas se ouvisse dizendo outra, o que você acharia que disse? Para descobrir, uma inteligente equipe de pesquisa sueca convidou as pessoas a nomear uma cor de fonte, como dizer "cinza" quando a palavra *verde* aparecia em uma fonte cinza (Lind et al., 2014). Enquanto os participantes se ouviam falando em um fone de ouvido com cancelamento de ruído, os experimentadores astutos ocasionalmente substituíam a própria voz gravada do participante, como dizer "verde" em vez de "cinza". É surpreendente que as pessoas em geral percam o interruptor – e experimentam a palavra inserida como autoproduzida. Mais uma vez, ouvir foi acreditar.

Nossas expectativas podem influenciar nossas percepções de gosto, também. Em um experimento, crianças em idade pré-escolar, por uma margem de 6 para 1, acharam que as batatas fritas tinham um gosto melhor quando servidas em um saquinho do McDonald's em vez de um saquinho branco, liso (Robinson et al., 2007). Em outro experimento, foram convidados frequentadores de bar para provarem cerveja grátis (Lee et al., 2006). Quando os pesquisadores acrescentaram algumas gotas de vinagre a uma cerveja de marca, ela foi a preferida dos provadores – a menos que tivessem sido avisados de que estavam bebendo cerveja com vinagre. Então eles esperaram, e normalmente provaram, um gosto pior.

Adaptação sensorial. Diminuição da sensibilidade em consequência de estimulação constante.

Conjunto perceptivo. Predisposição mental para perceber uma coisa e não outra.

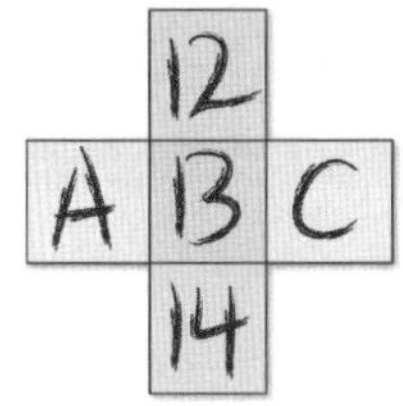

Você percebe um número ou uma letra no meio? Se você ler da esquerda para a direita, provavelmente perceberá uma letra. Mas, se você ler de de cima para baixo, pode perceber o mesmo centro da imagem como um número.

Há dois erros no
no título deste livro
– Livro escrito por Robert M. Martin, 2002

Você percebeu o que esperava nesse título – e deixou passar os erros? Se ainda estiver perplexo, veja a explicação adiante.[1]

"Ouvimos e aprendemos apenas o que já nos é parcialmente conhecido." – Henry David Thoreau, *Journal*, 1860

W.E. Hill 1915

(a) (b) (c)

Figura 6.3 Conjunto perceptivo. Mostre a um amigo a imagem (a) ou a imagem (c). Em seguida, mostre a imagem (b) e pergunte: "O que você vê?" O fato de seu amigo relatar ter visto o rosto de uma velha ou o perfil de uma jovem pode depender de qual dos outros dois desenhos foi visto primeiro. Nas imagens (a) e (c), o significado é claro e estabelecerá expectativas perceptivas.

[1] O primeiro erro do título é a repetição do "no". Ironicamente, seu segundo erro é a afirmação de que há dois erros, quando há apenas um.

istockphoto/Max2611

Figura 6.4 Acreditar é, de fato, ver. O que você percebe? Este é Nessie, o monstro do Lago Ness, ou um tronco?

Figura 6.5 Cultura e efeitos contextuais. O que está acima da cabeça da mulher? Em um estudo clássico, a maioria dos africanos da região rural da África Oriental questionados disse que a mulher estava equilibrando uma caixa ou lata na cabeça (uma maneira típica de transportar água naquela época). Eles também perceberam a família sentada debaixo de uma árvore. Os ocidentais, acostumados com água encanada e casas com cantos em forma de "L", eram mais propensos a perceber a família dentro de casa, com a mulher sentada debaixo de uma janela (Gregory & Gombrich, 1973).

O que determina nosso conjunto perceptivo? Com a experiência formamos conceitos ou *esquemas* que organizam e interpretam informações que não são familiares. Nossos esquemas preexistentes para monstros e troncos de árvore influenciam como aplicamos o processamento de cima para baixo (*top-down*) para interpretar sensações ambíguas.

Na vida diária, os estereótipos – sobre cultura, etnia, identidade de gênero, orientação sexual, renda, idade, deficiência, e tantos outros – podem influenciar a nossa percepção. As pessoas (em especial crianças) têm, por exemplo, percebido o novo bebê "David" como maior e mais forte do que quando o mesmo bebê foi chamado "Diana" (Stern & Karraker, 1989). Algumas diferenças, ao que parece, existem apenas aos olhos de seus observadores.

Contexto, motivação e emoção

O conjunto perceptivo influencia a forma como interpretamos os estímulos. Mas nosso contexto imediato e a motivação e emoção que trazemos para uma situação também afetam nossas interpretações.

CONTEXTO. O psicólogo social Lee Ross nos convida a relembrar nossas próprias percepções em diferentes contextos: "Já percebeu que quando está dirigindo você odeia... a maneira como [os pedestres] passeiam pela faixa de pedestres, quase desafiando você a acertá-los, mas quando você está andando você odeia motoristas?" (Jaffe, 2004). As expectativas das pessoas influenciam suas percepções constantemente, seja sobre um homem zangado (*ele está pegando suas chaves ou uma arma*?), seja uma pessoa chegando muito perto (*isso é uma ameaça ou uma aproximação*?).

Alguns outros exemplos do poder do contexto:

- Homens negros, comparados com homens brancos, são percebidos como mais altos, mais pesados e mais musculosos (Wilson et al., 2017). Essa percepção tendenciosa do tamanho leva as pessoas a perceber com mais frequência os homens negros como ameaçadores e a justificar o uso da força contra pessoas negras suspeitas de crimes. Esses vieses de percepção podem contribuir para a tendência de os policiais atirarem por engano em indivíduos negros desarmados (Johnson et al., 2018; Plant & Peruche, 2005)
- Imagine ouvir um barulho interrompido pelas palavras "a rola está na carroça". Provavelmente, você perceberia a palavra como "roda". Diante de "a laranja tem uma lasca", é provável que você ouvisse "casca". Em cada caso, o contexto cria uma expectativa que, de cima para baixo, influencia nossa percepção de uma frase ouvida anteriormente (Grossberg, 1995)
- O contexto cultural ajuda a informar nossas percepções; portanto, não é de surpreender que as culturas variadas das pessoas possam fazer com que elas vejam as coisas de maneira diferente, como na Figura 6.5. A percepção é influenciada pela cultura
- E como a mulher da Figura 6.6 está se sentindo? O contexto fornecido na Figura 6.7 não deixará dúvidas.

Audição exagerada. Por que as pessoas pagam milhões de dólares por velhos violinos italianos? Muitas pessoas acreditam que a qualidade do som é incomparável. Infelizmente, um estudo cego recente mostrou que os solistas experientes de violino geralmente preferiam o som de violinos modernos e mais baratos a violinos italianos antigos e caros (Fritz et al., 2017).

Inti St. Clair/Getty Images

PERGUNTE A SI MESMO

Você consegue pensar em um momento em que suas expectativas fizeram com que você não percebesse as intenções de uma pessoa ou de um grupo? Como você pode usar a consciência dos *efeitos do contexto* para modificar suas expectativas?

PRÁTICA DE RECUPERAÇÃO

PR-4 O conjunto perceptivo envolve processamento de baixo para cima ou de cima para baixo? Por quê?

RESPOSTAS NO APÊNDICE E

MOTIVAÇÃO. Motivos nos dão energia à medida que trabalhamos na direção de um objetivo. Como o contexto, eles podem influenciar nossas interpretações de estímulos neutros:

- Objetos desejados, como uma garrafa d'água quando se tem sede, parecem mais próximos do que realmente estão (Balcetis & Dunning, 2010). E a proximidade pode aumentar o próprio desejo. Homens heterossexuais, por exemplo, acham que mulheres fisicamente mais próximas são mais desejáveis (Shin et al., 2019)
- Uma colina a ser escalada pode parecer mais íngreme quando estamos carregando uma mochila pesada, assim como um passeio a pé mais distante quando estamos cansados (Burrow et al., 2016; Philbeck & Witt, 2015; Proffitt, 2006a,b). Quando pessoas pesadas perdem peso, colinas e escadas não parecem mais tão íngremes (Taylor-Covill & Eves, 2016)
- Uma bola de softbol parece maior quando se está rebatendo bem, como observaram os pesquisadores, depois de pedirem aos jogadores que apontassem um círculo do tamanho da bola que haviam acabado de rebater bem ou mal. Também há um fenômeno recíproco: ver um alvo como maior – como acontece quando os atletas focam diretamente um alvo – melhora o desempenho (Witt et al., 2012).

Figura 6.6 Que emoção é essa? (Ver Figura 6.7)

"**Quando você está rebatendo uma bola, ela chega até você parecendo uma laranja. Quando não está, ela parece um caroço de feijão.**" George Scott, ex-jogador da Liga Americana de Beisebol

EMOÇÃO. Outros experimentos inteligentes demonstraram que as emoções podem empurrar nossas percepções em uma direção ou outra:

- Ouvir uma música triste pode predispor a pessoa a perceber um significado triste quando palavras com sons semelhantes são pronunciadas – *lamento* em vez de *alento*, *morte* em vez de *sorte*, *dor* em vez de *cor* (Halberstadt et al., 1995)
- Ouvir música em escala maior (viva, alegre) acelera a identificação de palavras de emoção feliz (Tay & Ng, 2019). Assim, "Single Ladies", de Beyoncé – música em escala maior – pode tornar as coisas felizes ao seu redor mais fáceis de detectar
- Quando estão zangadas, as pessoas, na maioria das vezes, percebem objetos neutros como se fossem armas (Baumann & DeSteno, 2010). Quando se sentem levemente incomodadas pela exposição subliminar a um rosto carrancudo, as pessoas percebem um rosto neutro como menos atraente e menos agradável (Anderson et al., 2012).

As emoções e motivos realçam nossas percepções *sociais*. As pessoas percebem mais o confinamento solitário, a privação de sono e as temperaturas baixas como "tortura" quando experimentam uma pequena dose por elas mesmas (Nordgren et al., 2011). Casais que se sentem amados e admirados mutuamente percebem menos ameaça em eventos conjugais estressantes – "Ele/a só está tendo um dia ruim" (Murray et al., 2003).

Ponto a ser lembrado: muito do que percebemos vem não apenas do que está "lá fora", mas também do que está atrás de nossos olhos e entre nossos ouvidos. Por meio do processamento de cima para baixo, nossas experiências, suposições, expectativas e até nosso contexto, motivação e emoções podem moldar e colorir nossas visões da realidade.

Figura 6.7 O contexto deixa mais claro. Jogadoras de futebol comemoram um gol.

REVISÃO Conceitos básicos de sensação e percepção

OBJETIVOS DE APRENDIZAGEM

Teste a si mesmo. Responda às Questões dos Objetivos de Aprendizagem (antes de conferir as respostas no Apêndice D) para aprimorar a retenção dos conceitos estudados (McDaniel et al., 2009, 2015).

QOA **6.1** O que são *sensação* e *percepção*? O que queremos dizer com *processamento bottom-up* (de baixo para cima) e *processamento top-down* (de cima para baixo)?

QOA **6.2** Quais são as três etapas básicas para todos os nossos sistemas sensoriais?

QOA **6.3** Qual é a diferença entre *limiares absolutos* e *limiares diferenciais*?

QOA **6.4** Como somos afetados por estímulos subliminares?

QOA **6.5** Qual é a função da adaptação sensorial?

QOA **6.6** Como nossas expectativas, contextos, motivação e emoções influenciam nossas percepções?

TERMOS E CONCEITOS A RECORDAR

Teste a si mesmo. Escreva a definição com suas próprias palavras e depois confirme sua resposta.

sensação, p. 210
receptores sensoriais, p. 210
percepção, p. 210
processamento *bottom-up*, p. 210
processamento *top-down*, p. 210
transdução, p. 211
psicofísica, p. 211
limiar absoluto, p. 211
teoria de detecção de sinal, p. 211
subliminar, p. 212
limiar diferencial, p. 212
Lei de Weber, p. 212
priming (pré-ativação), p. 212
adaptação sensorial, p. 215
conjunto perceptivo, p. 215

DOMINE O MATERIAL

Teste a si mesmo. Responda às questões a seguir por conta própria, a princípio, depois confira as respostas no Apêndice E.

1. A sensação está para ____________ como a percepção está para ____________.
   a. limiar absoluto; limiar diferencial
   b. processamento *bottom-up*; processamento *top-down*
   c. interpretação; detecção
   d. agrupamento; *priming*
2. O processo pelo qual organizamos e interpretamos a informação sensorial é chamado ____________.
3. Os estímulos subliminares são
   a. muito fracos para serem processados pelo cérebro.
   b. percebidos conscientemente em mais de 50% das vezes.
   c. fortes o suficiente para afetar nosso comportamento em pelo menos 75% das vezes.
   d. abaixo do nosso limiar absoluto para a percepção consciente.
4. Outro termo para *limiar diferencial* é ____________ ____________.
5. A lei de Weber afirma que, para que uma diferença seja percebida, dois estímulos devem diferir por
   a. uma quantidade de energia fixa ou constante.
   b. uma porcentagem mínima constante.
   c. uma quantidade em constante mudança.
   d. mais de 7%.
6. A adaptação sensorial nos ajuda a focar em
   a. estímulos visuais.
   b. estímulos auditivos.
   c. características constantes do ambiente.
   d. mudanças importantes no ambiente.
7. Nosso conjunto perceptivo influencia o que percebemos. Essa tendência mental reflete
   a. nossas experiências, suposições e expectativas.
   b. adaptação sensorial.
   c. capacidade de *priming*.
   d. limiares diferenciais.

Visão: processamento sensorial e perceptivo

Energia luminosa e estruturas oculares

QOA **6.7** Quais são as características da energia que vemos como luz visível? Quais estruturas no olho ajudam a focalizar essa energia?

Nossos olhos recebem energia luminosa e a *transduzem* (transformam) em mensagens neurais. Nosso cérebro – em uma das maiores maravilhas da vida – cria o que vemos conscientemente. Como é que uma coisa tão natural e extraordinária acontece?

Entrada do estímulo: energia luminosa

Quando você olha para uma tulipa vermelho vivo, os estímulos que atingem seus olhos não são partículas da cor vermelha, mas pulsos de energia eletromagnética que seu sistema visual *percebe* como vermelho. O que vemos como luz visível nada mais é que uma fina fatia de todo o espectro de radiação eletromagnética, variando das ondas curtas imperceptíveis de raios gama às longas ondas de transmissão de rádio (Figura 6.8). Outros organismos são sensíveis a diferentes faixas do espectro. As abelhas, por exemplo, não podem ver o que nós percebemos como vermelho, mas sim a luz ultravioleta.

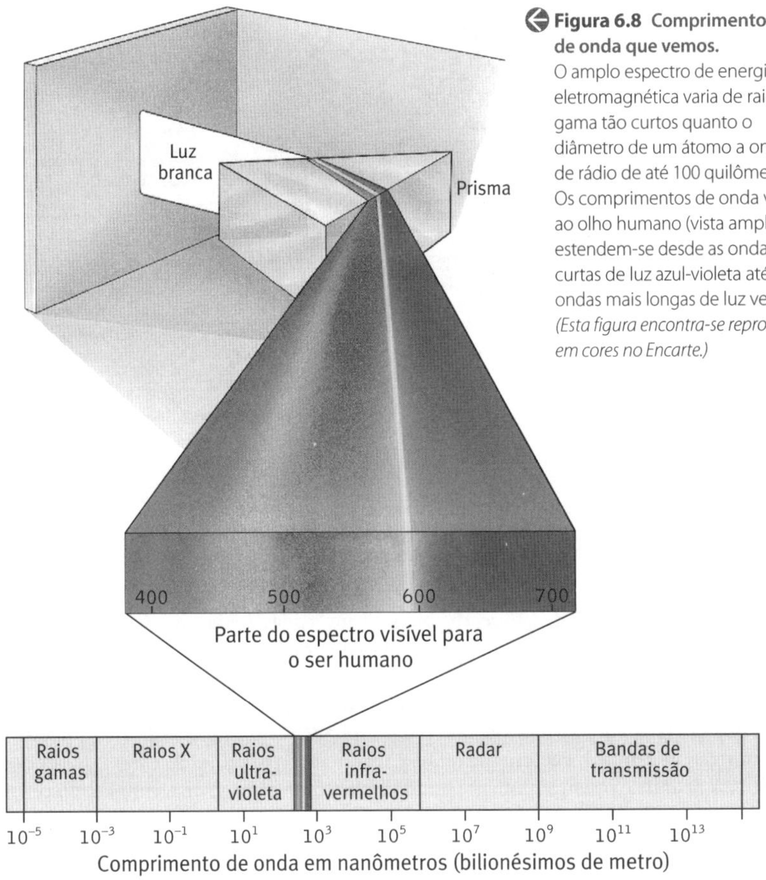

Figura 6.8 Comprimentos de onda que vemos. O amplo espectro de energia eletromagnética varia de raios gama tão curtos quanto o diâmetro de um átomo a ondas de rádio de até 100 quilômetros. Os comprimentos de onda visíveis ao olho humano (vista ampliada) estendem-se desde as ondas mais curtas de luz azul-violeta até as ondas mais longas de luz vermelha. *(Esta figura encontra-se reproduzida em cores no Encarte.)*

Comprimento de onda. Distância entre o pico de uma onda luminosa ou sonora e o pico da seguinte. O comprimento de ondas eletromagnéticas varia dos pequenos pontos de raios cósmicos aos longos pulsos de transmissão de rádio.

Matiz. Dimensão da cor que é determinada pelo comprimento de onda da luz; o que conhecemos como os nomes de cores *azul*, *verde*, e assim por diante.

Intensidade. Quantidade de energia em uma onda luminosa ou sonora, que influencia o que percebemos como brilho ou volume. A intensidade é determinada pela amplitude da onda (altura).

A luz viaja em ondas, e a forma dessas ondas influencia o que vemos. O **comprimento de onda** da luz é a distância de um pico de onda até o próximo pico (Figura 6.9a). O comprimento de onda determina o **matiz**, a cor que experimentamos, como as pétalas vermelhas da tulipa ou as folhas verdes. A *amplitude* ou altura de uma onda de luz determina sua **intensidade** – a quantidade de energia que a onda contém. A intensidade influencia o *brilho* (Figura 6.9b).

Para entender *como* transformamos energia física em cor e significado, é necessário primeiro entender a janela da visão – o olho.

Olho

A luz entra no olho através da *córnea*, que desvia a luz para prover o foco. A luz então passa pela *pupila*, uma pequena abertura ajustável; ao redor da pupila e controlando seu tamanho situa-se a *íris*, um músculo colorido que se dilata ou se contrai em resposta à intensidade da luz. Cada íris é tão distinta que a tecnologia de digitalização dela muitas vezes pode servir para verificar a nossa identidade.

A íris responde aos nossos estados cognitivos e emocionais. Se você tiver visão plena, imagine um céu ensolarado – sua íris se contrairá; imagine um quarto escuro e ela vai dilatar (Laeng & Sulutvedt, 2014). A íris também se contrai quando você está prestes a responder "Não" a uma pergunta, ou quando sente nojo (de Gee et al., 2014; Goldinger & Papesh, 2012). Quando temos um sentimento amoroso ou confiante, as pupilas dilatadas sinalizam sutilmente nossos sentimentos (Attard-Johnson et al., 2016, 2017; Kret & De Dreu, 2017; Prochanzkova et al., 2018).

Depois de passar pela pupila, a luz bate em uma lente transparente, o *cristalino*, em nosso olho. O cristalino focaliza os raios luminosos que entram, formando uma imagem na **retina**, um tecido de múltiplas camadas na superfície interna sensível do globo ocular. Para focalizar os raios, o cristalino muda sua curvatura e sua espessura, em um processo denominado **acomodação**. Se o cristalino focaliza a imagem em um ponto na frente da retina, você vê objetos próximos claramente, mas não objetos distantes. A visão boa apenas a curtas distâncias – ou *miopia* – pode ser remediada com óculos, lentes de contato ou cirurgia.

Há séculos os cientistas sabem que, quando a imagem de uma vela passa por uma pequena abertura, sua imagem espelhada aparece invertida em uma parede escura localizada atrás. Se a retina recebe esse tipo de imagem de cabeça para baixo, como na Figura 6.10, como

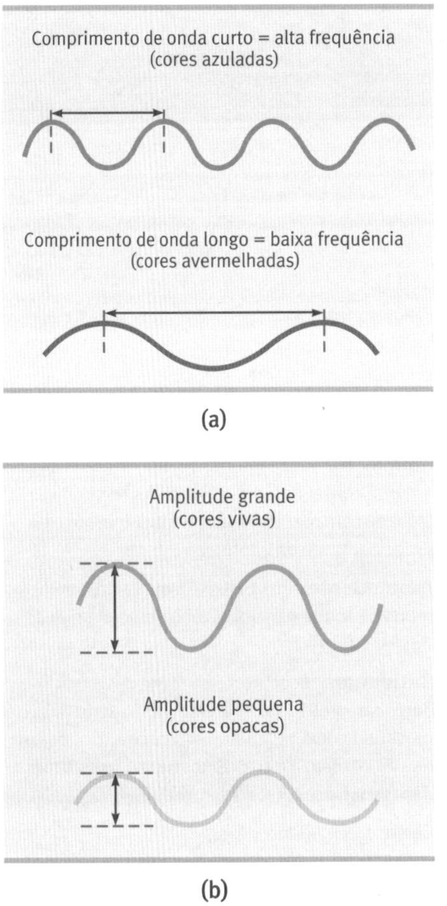

Figura 6.9 Propriedades físicas das ondas. (a) As ondas variam quanto ao *comprimento de onda* (a distância entre picos sucessivos). *Frequência*, o número de comprimentos de onda completos que pode passar por um ponto em um determinado tempo depende do comprimento de onda. Quanto menor o comprimento de onda, maior a frequência. O comprimento de onda determina a cor da luz percebida. (b) As ondas também variam quanto à *amplitude* (a altura do pico até o vale). A amplitude da onda influencia o *brilho* das cores percebidas.

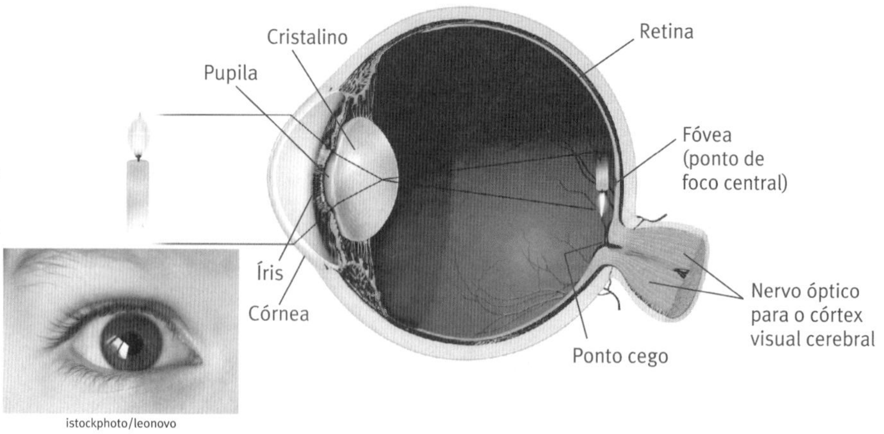

Figura 6.10 Olho. Os raios luminosos refletidos por uma vela passam através de córnea, pupila e cristalino. A curvatura e a espessura do cristalino mudam para colocar objetos próximos ou distantes em foco na retina. Os raios provenientes do topo da vela atingem a parte inferior da retina, e os do lado esquerdo da vela atingem o lado direito da retina. A imagem da vela na retina, desse modo, aparece de cabeça para baixo e invertida. *(Esta figura encontra-se reproduzida em cores no Encarte.)*

podemos ver o mundo de cabeça para cima? O sempre curioso Leonardo da Vinci teve uma ideia: talvez os líquidos aquosos do olho desviassem os raios luminosos, revertendo a imagem para a posição normal ao alcançar a retina. Porém, infelizmente para da Vinci, a ideia foi comprovada equivocada em 1604, quando o astrônomo e especialista em óptica, Johannes Kepler, mostrou que a retina de fato recebe imagens invertidas do mundo (Crombie, 1964). Então, como poderíamos compreender um mundo assim? "Deixo a resposta", disse o perplexo Kepler, "para os filósofos naturais".

A resposta de hoje: a retina não "vê" uma imagem completa. Considere os décimos de segundo que um rebatedor de beisebol leva para responder à bola rápida de um arremessador. Os milhões de células receptoras da retina convertem as partículas de energia luminosa em impulsos neurais e os encaminham para o cérebro, que os reagrupa, com o lado certo para cima, no que o batedor percebe – bola rápida! O processamento de informações visuais percola através de níveis progressivamente mais abstratos, tudo em uma velocidade surpreendentemente rápida.

Processamento de informações no olho e no cérebro

QOA **6.8** Como os bastonetes e os cones processam as informações, e qual é o caminho percorrido pelas informações do olho até o cérebro?

Via entre o olho e o cérebro

Imagine que você pudesse seguir o caminho de uma única partícula de energia luminosa depois que ela alcança a retina. Primeiro você passaria pela esparsa camada externa de células. A seguir, chegando ao fundo do olho, você encontraria quase 130 milhões de células fotorreceptoras enterradas na retina, os **bastonetes** e os **cones** (Figura 6.11). Lá, você veria a energia luminosa desencadear alterações químicas. Essa reação química estimula sinais neurais em *células bipolares* próximas. Você poderia então observar as células bipolares ativando as *células ganglionares* vizinhas, cujos axônios se entrelaçam como os fios de uma corda para formar o **nervo óptico**. Depois de uma pequena escala no tálamo, a informação voaria para o destino final, seu córtex visual, no lobo occipital na parte posterior do cérebro.

O nervo óptico é uma enorme via de informação do olho para o cérebro. Esse nervo pode enviar cerca de um milhão de mensagens de uma só vez por meio de suas quase um milhão de fibras ganglionares. (O nervo auditivo, que possibilita a audição, transporta muito menos informações por suas meras 30 mil fibras.) Pagamos um preço por essa via de alta velocidade do olho ao cérebro. Nosso olho tem um **ponto cego**, sem células receptoras, onde o nervo óptico deixa o olho (Figura 6.12). Feche um olho. Você vê algum buraco negro? Não, porque, sem pedir sua aprovação, o cérebro preenche o buraco.

Retina. Superfície interna do olho sensível à luz, que contém bastonetes e cones receptores, além de camadas de neurônios que iniciam o processamento da informação visual.

Acomodação. Processo pelo qual o cristalino muda de forma para focalizar objetos próximos ou distantes na retina.

Bastonetes. Receptores da retina que detectam preto, branco e cinza, e são sensíveis ao movimento. Os bastonetes são necessários para a visão periférica e crepuscular, quando os cones não respondem.

Cones. Células receptoras da retina concentradas próximo ao centro da retina e que funcionam à luz do dia ou em lugares bem iluminados. Os cones detectam detalhes finos e dão origem a sensações de cor.

Nervo óptico. Nervo que transporta impulsos neurais do olho para o cérebro.

Ponto cego. Ponto em que o nervo óptico sai do olho, criando um ponto "cego" porque nenhuma célula receptora está localizada ali.

Fóvea. Ponto focal central na retina, em torno do qual os cones do olho se agrupam.

PRÁTICA DE RECUPERAÇÃO

PR-1 Não há células receptoras onde o nervo óptico sai do olho. Isso cria um ponto cego em nossa visão. Para demonstrar, primeiro feche seu olho esquerdo, olhe para o ponto preto e mova sua face para longe, a uma distância em que os

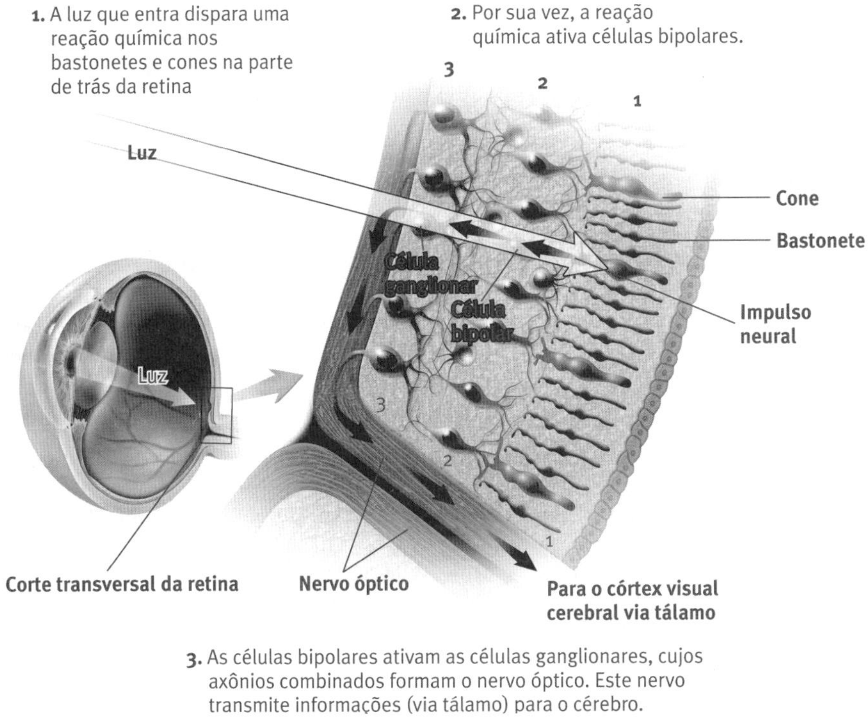

Figura 6.11 Reação da retina à luz. *(Esta figura encontra-se reproduzida em cores no Encarte.)*

carros desaparecem. (A que distância você prevê que isso aconteça?) Repita com seu olho direito fechado e repare que agora o carro desaparece. Você consegue explicar por quê?

Figura 6.12 Ponto cego.

RESPOSTAS NO APÊNDICE E

Bastonetes e cones diferem quanto ao local em que estão localizados e às tarefas a eles designadas (Tabela 6.1). Os *cones* aglomeram-se dentro da **fóvea** e ao redor dela, a área de foco central da retina (Figura 6.10). Muitos cones têm sua própria linha direta para o cérebro: cada um transmite sua mensagem para a única célula bipolar que ajuda a transmitir a mensagem individual do cone para o córtex visual (que reserva uma extensa área aos estímulos vindos da fóvea). Essas conexões diretas preservam as informações precisas dos cones, tornando-os mais capazes de detectar detalhes finos. Os cones podem detectar o branco e permitir que você perceba a cor, exceto à noite (Sabesan et al., 2016).

Os bastonetes, que, ao contrário dos cones, se situam ao redor das regiões externas da retina, permanecem sensíveis à luz fraca e permitem a visão em preto e branco. Os bastonetes têm uma linha direta com o cérebro. Se os cones são solistas, os bastonetes atuam como coro. Vários bastonetes agrupam sua fraca produção de energia e a canalizam para uma única célula bipolar, que envia a mensagem combinada ao nosso cérebro.

Tabela 6.1 Receptores do olho humano: bastonetes e cones.

	Cones	Bastonetes
Número	6 milhões	120 milhões
Localização na retina	Centro	Periferia
Sensibilidade para luz fraca	Baixa	Alta
Sensibilidade para cores	Alta	Baixa
Sensibilidade para detalhes	Alta	Baixa

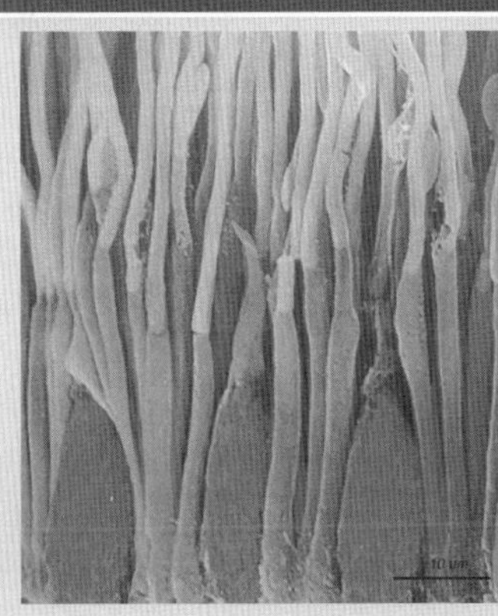

Adaptada de "Photoreceptors", de Helga Kolb. *(Esta figura encontra-se reproduzida em cores no Encarte.)*

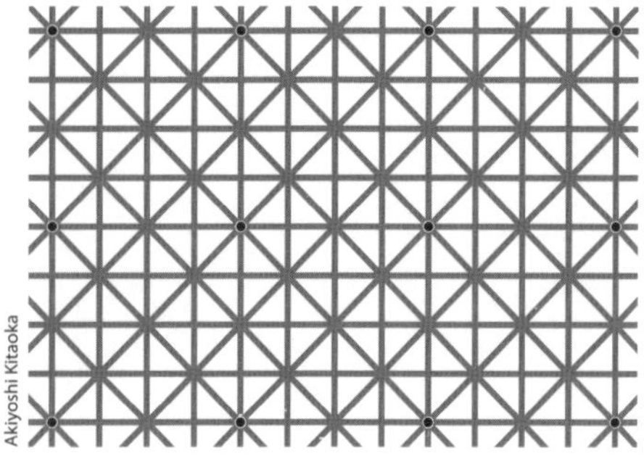

Figura 6.13 Quantos pontos desaparecendo você pode ver de uma só vez? Olhe para qualquer um dos 12 ou para perto deles e você poderá vê-los, mas não com a visão periférica.

Cones e bastonetes, cada um oferece uma sensibilidade especial; os cones para os detalhes e cores, e os bastonetes para a luz fraca e o movimento periférico. Pare por um minuto e experimente essa diferença entre cones e bastonetes. Escolha uma palavra nesta frase e olhe diretamente para ela, focalizando sua imagem nos cones de sua fóvea. Notou que as palavras que estão alguns centímetros para o lado parecem borradas? Eles carecem de detalhes porque sua imagem atinge as regiões externas da retina, onde predominam os bastonetes. Assim, quando você dirige ou anda de bicicleta, os bastonetes ajudam a detectar um carro em sua visão periférica bem antes de perceber seus detalhes. Na Figura 6.13, que tem 12 pontos pretos, você pode ver apenas dois de cada vez, e seu cérebro vai preenchendo a entrada periférica com menos nitidez (Kitaoka, 2016, adaptação de Ninio & Stevens, 2000).

Quando você entra em um teatro escuro ou apaga as luzes à noite, seus olhos se adaptam, suas pupilas dilatam-se para permitir que mais luz alcance a retina. Em geral, demora pelo menos 20 minutos para que seus olhos se adaptem inteiramente. Esse período de adaptação é paralelo à transição natural média entre o pôr do sol e a escuridão. Somos todos feitos de forma maravilhosa!

No nível de entrada, as camadas neurais da retina não apenas transmitem impulsos elétricos; eles também ajudam a codificar e analisar informações sensoriais. (A terceira camada neural no olho de uma rã, por exemplo, contém as células "detectoras de insetos" que disparam somente em resposta a estímulos de movimento similares ao voo.) Nos olhos humanos, qualquer área da retina transmite suas informações para um local correspondente em seu córtex visual, no lobo occipital. Essa "fiação" peculiar do cérebro indica que metade da informação sensorial de cada olho chega ao lado oposto do cérebro, cruzando o *quiasma óptico* em forma de X (Figura 6.14).

A mesma sensibilidade que permite às células retinianas disparar mensagens pode levá-las a falhar, como você mesmo pode constatar. Vire seus olhos para a esquerda e depois esfregue suavemente o lado direito de sua pálpebra direita com a ponta do dedo. Repare na mancha de luz à esquerda movendo-se com o dedo.

Por que você vê a luz? Por que à esquerda? Isso acontece porque suas células retinianas são tão responsivas que até mesmo a pressão as aciona. Mas seu cérebro interpreta seu acionamento como luz. Além disso, ele interpreta a luz como proveniente da esquerda – a direção normal da luz que ativa o lado direito da retina.

PERGUNTE A SI MESMO

Considere suas atividades no último dia. Qual delas dependeu de seus bastonetes? Qual dependeu de seus cones? Como essas atividades seriam diferentes – ou impossíveis – sem as diferentes habilidades dessas células?

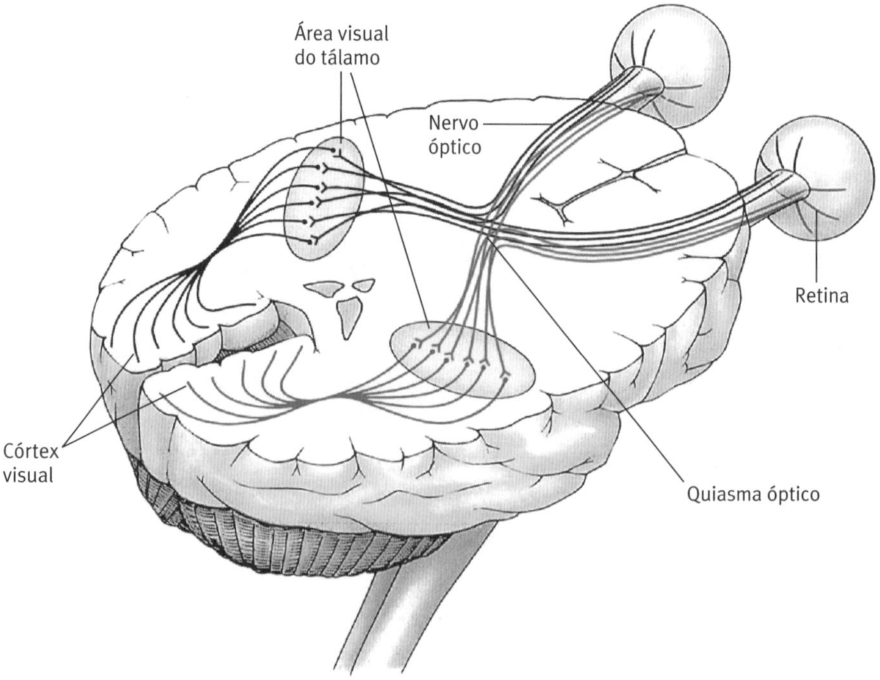

Figura 6.14 Trajeto dos olhos para o córtex visual. Os axônios ganglionares da retina formam o nervo óptico. Ele faz percurso para o tálamo, onde os axônios fazem sinapse com os neurônios que vão para o córtex visual. *(Esta figura encontra-se reproduzida em cores no Encarte.)*

PRÁTICA DE RECUPERAÇÃO

RP-2 Alguns animais noturnos, como os sapos, camundongos, ratos e morcegos, têm visão noturna impressionante, em função de terem muito mais ____________ (bastonetes/cones) do que ____________ (bastonetes/cones) em sua retina. Essas criaturas provavelmente têm uma visão ____________ (em cores/em branco e preto) muito pior.

Kruglov_Orda/Shutterstock

PR-3 Os gatos conseguem abrir suas ____________ muito mais do que nós, permitindo que mais luz entre em seus olhos; portanto, enxergam melhor à noite.

RESPOSTAS NO APÊNDICE E

Processamento de cores

QOA 6.9 Como percebemos a cor no mundo à nossa volta?

Falamos como se os objetos possuíssem cor: "um tomate é vermelho". Talvez você já tenha refletido sobre a velha questão: "se uma árvore cair na floresta e ninguém ouvir, ela emite algum som?" Podemos perguntar o mesmo a respeito da cor: se ninguém vê o tomate, ele é vermelho?

A resposta é *Não*. Em primeiro lugar, o tomate é tudo, *menos vermelho*, porque *rejeita* (reflete) os longos comprimentos de onda dessa cor. Em segundo lugar, a cor do tomate é construção mental nossa. Como observou Sir Isaac Newton (1704), "os raios [de luz] não são coloridos". A cor, como todos os aspectos da visão, reside não no objeto, mas no teatro de nossos cérebros, como evidenciam nossos sonhos em cores.

Um dos mistérios mais básicos e intrigantes da visão é como vemos o mundo em cores. Como, a partir da energia luminosa que atinge a retina, nosso cérebro constrói nossa experiência de uma multiplicidade de cores?

O trabalho investigativo moderno sobre o mistério da visão de cores começou no século XIX, quando o cientista alemão Hermann von Helmholtz baseou-se nos *insights* de um físico inglês, Thomas Young. Eles sabiam que qualquer cor pode ser criada combinando-se as ondas de luz de três cores primárias – vermelho, verde e azul. Sabendo disso, Young e von Helmholtz formularam uma hipótese: o olho deve ter três tipos correspondentes de receptores de cores.

"É no cérebro que a papoula é vermelha, que a maçã é perfumada, que a cotovia canta." – Oscar Wilde, carta de amor para Alfred Douglas, 1896

Mais tarde, os pesquisadores confirmaram a **teoria tricromática (de três cores) de Young-Helmholtz**, medindo a resposta de vários cones a diferentes estímulos de cores. A retina realmente tem três tipos de receptores de cor, cada um especialmente sensível aos comprimentos de onda do vermelho, verde ou azul. Quando a luz estimula combinações desses cones, vemos outras cores. Por exemplo, a retina não tem receptores separados especialmente sensíveis ao amarelo. Mas quando os comprimentos de onda do vermelho e do verde estimulam os cones sensíveis ao vermelho e os cones sensíveis ao verde, vemos o amarelo. Dito de outra forma, quando nossos olhos veem vermelho e verde sem azul, nosso cérebro diz *amarelo*.

Em Cingapura, os táxis amarelos – bastante visíveis – tiveram 9% menos acidentes do que os táxis azuis (Ho et al., 2017).

Por uma estimativa, a maioria de nós pode ver diferenças entre mais de um milhão de variações de cores (Neitz et al., 2001). Algumas pessoas de sorte, principalmente mulheres, podem ver até 100 milhões de cores, graças a uma condição genética conhecida como *visão de cores tetracromática* (Jordan et al., 2010). Solicitada a olhar para uma folha, uma mulher com visão de cores tetracromática disse: "você pode ver verde-escuro, mas eu verei violeta, turquesa, azul. É como um mosaico de cores" (Ossola, 2014). Outros menos afortunados, principalmente do sexo masculino, têm a condição geneticamente ligada ao sexo de *visão deficiente de cor*. Em todo o mundo, cerca de 1 em cada 12 homens e 1 em 200 mulheres são "daltônicos". A maioria não é realmente cega para todas as cores: eles apenas carecem de cones funcionais sensíveis ao vermelho ou ao verde e, às vezes, a ambos. Sua visão – talvez sem que saibam, posto que ao longo da vida ela *parece* normal – é monocromática (de uma cor) ou dicromática (de duas cores) em vez de tricromática, o que torna impossível distinguir o vermelho e o verde na Figura 6.15 (Boynton, 1979). Cães também carecem de receptores

Teoria tricromática (de três cores) de Young-Helmholtz. Teoria de que a retina contém três tipos diferentes de receptores de cores – um mais sensível ao vermelho, um ao verde, um ao azul – os quais, quando estimulados em combinação, podem produzir a percepção de qualquer cor.

(a) (b)

Figura 6.15 Visão de cores deficiente. A foto na imagem (a) mostra como as pessoas com deficiência de vermelho-verde perceberam um jogo de futebol americano de 2015 entre Buffalo Bills e New York Jets. "Para os 8% dos americanos como eu, que são daltônicos vermelho-verde, é um pesadelo assistir este jogo", tuitou um fã. "Todo mundo parece que está no mesmo time", disse outro. A foto da imagem (b) mostra como ficou o jogo para quem tem visão de cores normal. *(Esta figura encontra-se reproduzida em cores no Encarte.)*

Teoria do processo oponente. Teoria segundo a qual processos retinianos opostos (vermelho-verde, amarelo-azul, branco-preto) possibilitam a visão de cores. Por exemplo, algumas células são estimuladas pelo verde e inibidas pelo vermelho; outras são estimuladas pelo vermelho e inibidas pelo verde.

para comprimentos de onda do vermelho, o que lhes dá apenas uma visão de cores limitada, dicromática (Neitz et al., 1989).

Mas por que as pessoas cegas para o vermelho e o verde muitas vezes ainda veem o amarelo? E por que o amarelo parece ser uma cor pura e não uma mistura de vermelho e verde, como o roxo é de vermelho e azul? Como observou o fisiologista Ewald Hering, contemporâneo de von Helmholtz, a teoria tricromática deixa algumas partes do mistério da visão de cores sem solução.

Hering encontrou uma pista na ocorrência de *pós-imagens*. Quando você olha para um quadrado verde por alguns instantes e depois para uma folha de papel branca, você vê o vermelho, a *cor oponente* do verde. Olhe para um quadrado amarelo e em seguida você verá sua cor oponente, o azul, no papel branco. (Como demonstrado pela bandeira na Figura 6.16). Hering formulou outra hipótese: a visão de cores deve envolver dois processos de cores *adicionais*, um responsável pela percepção do vermelho contra o verde e outro pela percepção do azul contra o amarelo.

De fato, um século depois, os pesquisadores também confirmaram a hipótese de Hering, agora chamada **teoria do processo oponente**. Este conceito é complicado, mas aqui está a essência: a visão de cores depende de três conjuntos de processos retinianos opostos – *vermelho-verde*, *azul-amarelo* e *branco-preto*. À medida que os impulsos viajam para o córtex visual, alguns neurônios na retina e no tálamo são "ativados" pelo vermelho, mas "desativados" pelo verde. Outros são ativados pelo verde, mas desativados pelo vermelho (DeValois & DeValois, 1975). Como bolas de gude vermelhas e verdes enviadas por um tubo estreito, as mensagens "vermelhas" e "verdes" não podem viajar ao mesmo tempo. Vermelho e verde são, portanto, oponentes; então vemos vermelho ou verde, não uma mistura verde-avermelhada. Mas o vermelho e o azul viajam em canais separados; logo, *podemos* ver um magenta azul-avermelhado.

Então, como a teoria do processo oponente nos ajuda a entender pós-imagens negativas, como na demonstração da bandeira? Aqui está a resposta (para o verde mudando para vermelho): primeiro, você olhou para as barras verdes, o que cansou sua resposta verde. A seguir, você olhou para uma área branca. O branco contém todas as cores, inclusive o vermelho. Como você cansou sua resposta verde, apenas a parte vermelha do par verde-vermelho disparou normalmente.

A solução atual para o mistério da visão de cores é, portanto, aproximadamente esta: *o processamento de cores ocorre em duas etapas*.

1. Os cones retinianos sensíveis ao vermelho, ao verde e ao azul respondem em graus variados a diferentes estímulos cromáticos, como sugerido pela teoria tricromática de Young-Helmholtz.
2. As respostas dos cones são então processadas pelas células do processo oponente, como a teoria de Hering propôs.

PERGUNTE A SI MESMO

Surpreende você saber que as cores não "vivem" nos objetos que percebemos e que, na verdade, esses objetos são tudo, menos a cor que experimentamos? Se alguém lhe perguntasse: "A grama é verde?" antes de ler esta seção, como você teria respondido?

PRÁTICA DE RECUPERAÇÃO

PR-4 Quais são duas teorias-chave da visão de cores? Elas são contraditórias ou complementares? Explique.

RESPOSTAS NO APÊNDICE E

Figura 6.16 Efeito pós-imagem. Olhe fixamente para o centro da bandeira, por um minuto e depois desloque seus olhos para o ponto no espaço em branco ao lado da imagem da bandeira. O que você vê? (Depois de exaurir sua resposta neural ao preto, verde e amarelo, você deveria ver suas cores oponentes.) Olhe fixamente para uma parede branca e repare como o tamanho da bandeira aumenta com a distância de projeção. *(Esta figura encontra-se reproduzida em cores no Encarte.)*

Detecção de características

QOA **6.10** Onde estão situados os detectores de características, e o que eles fazem?

Houve um tempo em que os cientistas acreditavam que o cérebro era como uma tela de cinema, na qual o olho projetava as imagens. Mas vieram David Hubel e Torsten Wiesel (1979), que mostraram que nosso processamento visual desconstrói imagens visuais e depois as reconstrói. Hubel e Wiesel receberam o Prêmio Nobel por seu trabalho sobre os **detectores de características**, células nervosas no córtex visual do lobo occipital que respondem às características específicas de uma cena – isto é, aos contornos, bordas, linhas, ângulos e movimentos.

Usando microeletrodos, eles descobriram que alguns neurônios disparavam ativamente quando gatos viam linhas em um ângulo, enquanto outros neurônios respondiam a linhas em um ângulo diferente. Eles supuseram que esses neurônios especializados, hoje conhecidos como detectores de características, recebem informações de células ganglionares individuais na retina. Os detectores de características passam essa informação específica para outras áreas corticais, em que equipes de células ( ) respondem a padrões mais complexos.

Para objetos e eventos biologicamente importantes, o cérebro dos macacos (certamente o nosso também) tem uma "vasta enciclopédia visual" distribuída como células especializadas (Perrett et al., 1990, 1992, 1994). Essas células respondem a um tipo de estímulo, como um olhar específico, inclinação da cabeça, postura ou movimento corporal. Outros agrupamentos de supercélulas integram essa informação e disparam somente quando as pistas indicam coletivamente a direção e a aproximação de outra pessoa. Essa análise instantânea, que ajudou na sobrevivência dos nossos ancestrais, ajuda um jogador de futebol a antecipar onde lançar a bola; ajuda também um motorista a prever o próximo movimento de um pedestre.

Uma área do lobo temporal perto de sua orelha direita (Figura 6.17) permite a você perceber os rostos e, graças a uma rede neural especializada, reconhecê-los a partir de vários ângulos (Connor, 2010). Essa *área de rosto fusiforme* nos ajuda a identificar rostos de amigos e estranhos, de pessoas que parecem diferentes de nós e de pessoas de origem étnica semelhante (Hughes et al., 2019; Wiese et al., 2019). Se a área fusiforme do rosto for estimulada, você poderá ver rostos espontaneamente. Um participante relatou a um experimentador: "você acabou de se transformar em outra pessoa. Seu rosto se metamorfoseou" (Koch, 2015). Danifique a área do rosto fusiforme e você poderá reconhecer outras formas e objetos, mas não rostos familiares.

Quando os pesquisadores interrompem temporariamente as áreas de processamento de rosto do cérebro com pulsos magnéticos, as pessoas não conseguem reconhecer rostos. Mas elas ainda podem reconhecer outros objetos, como casas, isso porque, no cérebro, a percepção de rostos ocorre separadamente da percepção de objetos (McKone et al., 2007; Pitcher et al., 2007). Assim, a RM funcional (fRM) mostrou diferentes áreas do cérebro em ativação quando as pessoas visualizaram objetos variados (Downing et al., 2001). A atividade cerebral é tão específica que, com a ajuda das imagens cerebrais, "podemos dizer se uma pessoa está olhando para um sapato, uma cadeira ou uma face, com base no padrão de sua atividade cerebral", observou um pesquisador (Haxby, 2001).

Detectores de características. Células nervosas no cérebro que respondem a características específicas do estímulo, como forma, ângulo ou movimento.

Processamento paralelo. Processamento de diversos aspectos de estímulo ou problema simultaneamente.

Processamento paralelo

QOA **6.11** Como o cérebro usa o processamento paralelo para construir percepções visuais?

Nosso cérebro realiza esses e outros feitos notáveis por meio do **processamento paralelo**: fazer muitas coisas ao mesmo tempo. Para analisar uma cena visual, ele divide uma cena visual em subdimensões – movimento, forma, profundidade e cor – e trabalha em cada aspecto simultaneamente.

Para reconhecer uma face, seu cérebro integra informações que a retina projeta em diversas áreas do córtex visual, compara-a com informações armazenadas, o que possibilita que a área de reconhecimento fusiforme da face reconheça de fato um rosto específico: "*Vovó! O que faz aqui?!*" Os cientistas discutem se essa informação armazenada está contida em uma única célula ou, mais provavelmente, distribuída por uma vasta rede de células que constroem uma imagem facial pouco a pouco (Tsao, 2019). Porém algumas supercélulas – que de fato têm o apelido de *células avós* – parecem responder muito seletivamente a uma ou duas faces em 100 (Bowers, 2009; Quiroga et al., 2013). Todo o processo de reconhecimento facial requer um tremendo poder cerebral, envolvendo conexões entre redes visuais, de memória, sociais e auditivas (Ramot et al., 2019). Supercélulas requerem poder cerebral superdimensionado.

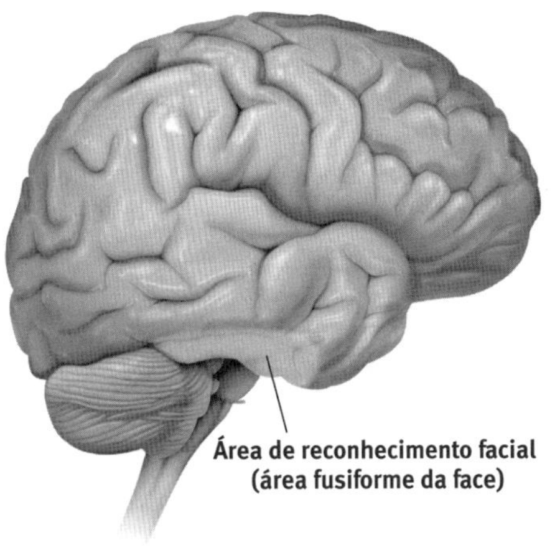

Figura 6.17 Processo de reconhecimento facial. Nos animais sociais, como os seres humanos, uma grande área do lobo temporal direito (exibida aqui em um cérebro voltado para a direita) é dedicada à tarefa crucial do reconhecimento facial. Ver o rosto de pessoas famosas, em comparação com edifícios famosos, aumenta a ativação nessa área fusiforme da face (Gorno-Tempini & Price, 2001). *(Esta figura encontra-se reproduzida em cores no Encarte.)*

Destruir ou debilitar a estação de trabalho neural de outras subtarefas visuais produz resultados diferentes e peculiares, como aconteceu com a "Sra. M." (Hoffman, 1998). Desde que um acidente vascular cerebral danificou áreas próximas à parte posterior de ambos os lados de seu cérebro, ela não é mais capaz de perceber movimentos. Pessoas em uma sala parecem estar "subitamente aqui ou ali, mas eu não as vi se movendo". Pôr chá em uma xícara é um desafio, porque o líquido parece congelado – ela não consegue percebê-lo subindo na xícara.

Outras pessoas que sofreram lesões no córtex cerebral visual depois de AVC ou de cirurgia experimentaram *visão cega* (ver Capítulo 3). Quando é mostrada uma série de varetas no campo cego, elas relatam não ver nada. No entanto, solicitadas a adivinhar se as varetas estavam na vertical ou na horizontal, sua intuição visual em geral fornece a resposta correta. Quando lhes dizem: "você acertou todas", elas ficam impressionadas. Existe, ao que parece, uma segunda "mente" – um sistema de processamento paralelo – operando às escondidas. Esses sistemas visuais separados para perceber e agir ilustram mais uma vez o surpreendente duplo processamento de nossa mente de duas vias.

* * *

"Eu... fui maravilhosamente formado." – Rei Davi, Salmo 139:14

Pense nas maravilhas do processamento visual. Enquanto você lê estas palavras, as letras refletem raios de luz na sua retina, a qual desencadeia um processo que envia impulsos nervosos sem forma para diversas áreas de seu cérebro, que integra a informação e decodifica o significado. O resultado incrível: completamos assim, a transferência de informação através do tempo e do espaço de minha mente para a sua (Figura 6.18). Na realidade, é assombroso como tudo isso acontece instantaneamente, sem esforço, e continuamente. Como observou Roger Sperry (1985), "as percepções da ciência dão mais, e não menos, razões para estupefação, respeito e reverência".

PRÁTICA DE RECUPERAÇÃO

PR-5 Qual é a sequência rápida de eventos que ocorre quando você vê e reconhece um amigo?

RESPOSTAS NO APÊNDICE E

Organização perceptiva

QOA 6.12 Como os psicólogos da Gestalt compreendiam a organização perceptiva, e como os princípios de figura e fundo e de agrupamento contribuem para nossas percepções?

Gestalt. Um todo organizado. Os psicólogos da Gestalt enfatizaram nossa tendência de integrar pedaços de informação em totalidades significativas.

Nossa compreensão de como organizamos e interpretamos as visões em percepções *significativas* – uma rosa florescer, um rosto familiar, um pôr do sol – avançou no início do século XX com um grupo de psicólogos alemães. Eles notaram que nas pessoas que sentem um amontoado de sensações, a tendência é organizá-las em uma ***gestalt***, palavra alemã que significa "forma" ou "todo". Quando olhamos para frente com os dois olhos abertos, não podemos separar a cena percebida em nossos campos de visão esquerdo e direito (cada um visto com um olho fechado). Nossa percepção consciente é, a cada momento, uma cena perfeita – um todo integrado.

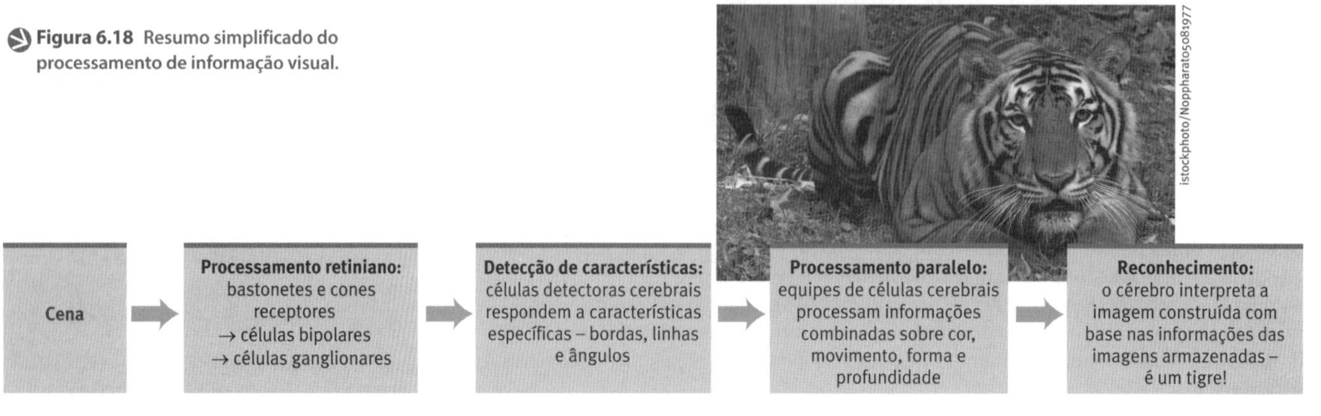

Figura 6.18 Resumo simplificado do processamento de informação visual.

Considere a Figura 6.19: os elementos individuais da figura, chamada *cubo de Necker*, não passam de oito círculos cinza, cada um contendo três linhas brancas convergentes. O que acontece quando vemos esses elementos juntos? O cubo de Necker resultante ilustra bem um ditado favorito dos psicólogos da Gestalt: *Na percepção, o todo pode exceder a soma de suas partes.*

Ao longo dos anos, os psicólogos da Gestalt demonstraram muitos princípios que usamos para organizar nossas sensações na forma de percepções (Wagemans et al., 2012 a,b). Há uma verdade fundamental subjacente a todos eles: *nosso cérebro faz mais do que registrar informações a respeito do mundo.* A percepção não é só abrir uma janela e deixar uma imagem ser impressa no cérebro. Filtramos informações sensoriais que chegam e construímos nossa percepção. A mente faz a diferença.

Figura 6.19 Cubo de Necker. O que você vê: hexágonos com linhas brancas ou um cubo? Se você olhar fixamente para um cubo, pode notar que ele inverte a localização, movendo o minúsculo X no centro da borda frontal para a borda traseira. Às vezes pode parecer que o cubo flutua para frente, com hexágonos atrás dele. Outras vezes, os hexágonos podem virar furos através dos quais o cubo aparece, como se estivesse flutuando atrás deles. Há muito mais a perceber do que possamos ver a olho nu. (Extraído de Bradley et al., 1976.)

Percepção de forma

Imagine projetar um sistema de vídeo/computador que, como seu sistema ocular/cerebral, possa reconhecer faces a um olhar. Que habilidades seriam necessárias?

FIGURA E FUNDO. Para começar, o sistema precisaria de um sistema **figura-fundo** – para separar as faces de tudo o que aparece no fundo. Em nosso sistema olho-cérebro, esta é nossa primeira tarefa perceptiva – perceber qualquer objeto (a *figura*) como distinto de seu entorno (o *fundo*). Enquanto você lê, as palavras são a figura; o espaço em branco é o fundo. Essa percepção também se aplica à nossa audição. Entre as vozes que você ouve em uma festa, aquela a que você presta atenção se torna a figura; todas as outras são parte do fundo. Às vezes, o mesmo estímulo pode desencadear mais de uma percepção. Na Figura 6.21, a relação figura e fundo é invertida continuamente. Primeiro vemos o vaso (ou os rostos), depois os rostos (ou o vaso), mas sempre estamos organizando o estímulo em função de uma figura vista contra um fundo.

AGRUPAMENTO. Depois de discriminar figura e fundo, nós (e nosso sistema de vídeo/computador) temos de organizar a figura em uma forma *significativa*. Processamos algumas características básicas de uma cena – como cor, movimento e contraste claro/escuro – instantânea e automaticamente (Treisman, 1987). Nossa mente proporciona ordem e forma a outros estímulos seguindo certas regras de **agrupamento**, também identificadas pelos psicólogos da Gestalt. Essas regras, que aplicamos desde bebês e até mesmo em nossas percepções de toque, ilustram como o todo percebido difere da soma de suas partes, assim como a água difere de suas partes de hidrogênio e oxigênio (Gallace & Spence, 2011; Quinn et al., 2002; Rock & Palmer, 1990). Ver três exemplos na Figura 6.21.

Esses princípios geralmente auxiliam nossa construção da realidade. Algumas vezes, porém, desviam nossa atenção, como ao olharmos para a casinha de cachorro na Figura 6.22.

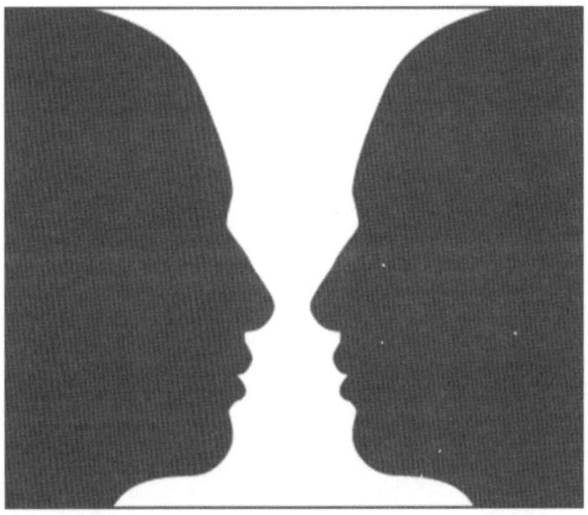

Figura 6.20 Figura e fundo reversíveis.

PRÁTICA DE RECUPERAÇÃO

PR-6 Em termos de percepção, o vocalista de uma banda seria considerado ________________ (figura/fundo), e os outros músicos seriam considerados ________________ (figura/fundo).

PR-7 O que queremos dizer quando afirmamos que na percepção "o todo pode ultrapassar a soma de suas partes"?

RESPOSTAS NO APÊNDICE E

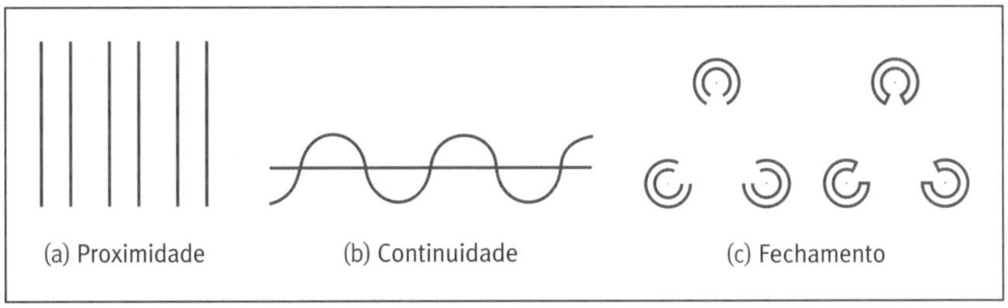

Figura 6.21 Três princípios de agrupamento. (a) Graças à *proximidade*, agrupamos figuras próximas. Não vemos seis linhas separadas, mas três conjuntos de duas linhas. (b) Por meio da *continuidade*, percebemos padrões suaves e contínuos em vez de descontínuos. Esse padrão pode ser uma série de semicírculos alternados, mas nós o percebemos como duas linhas contínuas – uma ondulada, outra reta. (c) Usando o *fechamento*, preenchemos as lacunas para criar um objeto completo e completo. Assim, supomos que os círculos à esquerda estão completos, mas parcialmente bloqueados pelo triângulo (ilusório). Adicione nada mais do que pequenos segmentos de linha para fechar os círculos e seu cérebro pode parar de construir um triângulo.

Figura e fundo. Organização do campo visual em objetos (as *figuras*) que se destacam de seu entorno (o *fundo*).

Agrupamento. Tendência perceptiva de organizar estímulos em grupos coerentes.

Figura 6.22 Grande Gestalt! Qual é o segredo dessa casinha de cachorro impossível? Você provavelmente percebe essa casinha de cachorro como uma Gestalt – uma estrutura completa (embora impossível). Na verdade, seu cérebro impõe essa sensação de totalidade à imagem. Como mostra a Figura 6.26, os princípios de agrupamento da Gestalt, como fechamento e continuidade, estão em ação aqui.

Percepção de profundidade

QOA 6.13 Como usamos os indicadores binoculares e monoculares para perceber o mundo em três dimensões, e como percebemos o movimento?

Nosso sistema olho-cérebro realiza muitos feitos notáveis, entre os quais está a **percepção de profundidade**. A partir das imagens bidimensionais que chegam à nossa retina, de alguma forma organizamos percepções tridimensionais que, por exemplo, nos permitem estimar a distância de um carro que se aproxima. Como adquirimos essa habilidade? Nascemos com ela? Aprendemos isso?

Enquanto a psicóloga Eleanor Gibson fazia um piquenique na beira do Grand Canyon, sua curiosidade científica surgiu. Ela imaginou: *será que uma criança pequena, procurando algo próximo à borda, perceberia o perigoso declive e recuaria*? Para responder a essa e outras perguntas, Gibson e Richard Walk (1960) projetaram uma série de experimentos em seu laboratório da Universidade de Cornell usando um **abismo visual** – modelo de abismo com uma área de "descida" que na verdade era coberta por vidro resistente. Eles colocaram crianças com idade entre 6 e 14 meses na beira de um "abismo" seguro, enquanto as mães encorajavam as crianças a engatinhar em direção ao tampo de vidro (Figura 6.23). A maioria dos bebês se recusou, indicando que eram capazes de perceber a profundidade.

Será que as crianças *aprenderam* a perceber a profundidade? A aprendizagem parece também fazer parte da história humana. Anos depois dos estudos clássicos do abismo visual de Gibson e Walk, a psicóloga Karen Adolph continuou a estudar o desenvolvimento motor infantil (Adolph & Hoch, 2019). Adolph e outros mostraram que engatinhar, não importa quando comece, parece aumentar o medo de altura de uma criança (Adolph et al., 2014; Campos et al., 1992). Os bebês que engatinham tendem a olhar para baixo, o que torna mais provável que encarem possíveis perigos que estão se aproximando (Kretch et al., 2014). Eles provavelmente desenvolveram essa tendência porque aprender a evitar penhascos os ajudou a sobreviver. Animais recém-nascidos com mobilidade – mesmo sem experiência visual (incluindo gatinhos, cabra de um dia e filhotes recém-nascidos) – também se recusam a se aventurar pelo abismo visual. Assim, a biologia nos prepara para ter cuidado com as alturas, e a experiência amplifica esse medo.

Figura 6.23 Abismo visual. Eleanor Gibson e Richard Walk conceberam esse abismo em miniatura com a queda coberta por vidro grosso para determinar se os bebês que engatinham e os animais recém-nascidos conseguem perceber a profundidade.

Percepção de profundidade. Capacidade de ver objetos em três dimensões, embora as imagens que atingem a retina sejam bidimensionais; permite julgar a distância.

Abismo visual. Dispositivo de laboratório usado para testar a percepção de profundidade em bebês e animais jovens.

Se fôssemos construir a capacidade de perceber a profundidade em nosso sistema de vídeo/computador, quais regras permitiriam que ele convertesse imagens bidimensionais em uma única percepção tridimensional? Um bom lugar para começar seriam as indicações de profundidade que nosso cérebro recebe das informações fornecidas por um ou ambos os olhos.

INDICADORES BINOCULARES. As pessoas que veem com dois olhos percebem a profundidade, graças, em parte, a **indicadores binoculares**. Aqui está uma demonstração que você pode tentar: com os dois olhos abertos, segure duas canetas ou lápis a sua frente e encoste a ponta de um na ponta do outro. Agora faça o mesmo com um olho fechado. Essa tarefa é mais difícil, não é?

Usamos os indicadores binoculares para julgar a distância entre objetos próximos. Um desses indicadores é a *convergência*, o ângulo interno dos olhos focalizando um objeto próximo. Outro é a **disparidade retiniana**. Como há espaço entre os olhos, cada retina recebe uma imagem do mundo ligeiramente diferente. Quando o cérebro compara ambas as imagens, ele consegue julgar o quanto um objeto está perto de você. Quanto maior a disparidade retiniana, ou a diferença entre as duas imagens, mais próximo está o objeto. Experimente. Mantenha os dois dedos indicadores, com as pontas quase se tocando, na frente do nariz, e suas retinas receberão visões bem diferentes. Se você fechar um olho e depois o outro, poderá ver a diferença. (Com os dedos próximos ao rosto, você criará uma salsicha de dedo, como na Figura 6.24.) A uma distância maior – digamos, quando os dedos ficam à distância de um braço – a disparidade é menor.

Poderíamos criar facilmente essa característica em nosso sistema de vídeo/computador. Os cineastas às vezes filmam uma cena utilizando duas lentes colocadas com pequena separação. Os espectadores então assistem ao filme através de óculos que permitem que o olho esquerdo veja apenas a imagem da câmera esquerda e o olho direito veja apenas a imagem da câmera direita. O efeito resultante, como sabem os fãs de filmes 3D, imita ou exagera a disparidade normal da retina, dando a percepção de profundidade.

INDICADORES MONOCULARES. Como julgamos se uma pessoa está a 10 ou a 100 metros de distância? A disparidade retiniana não ajuda nesse caso, já que não haverá muita diferença entre as imagens lançadas em nossas retinas direita e esquerda. A essas distâncias, dependemos de **indicadores monoculares** (disponíveis para cada olho separadamente). Ver Figura 6.25 e alguns exemplos a seguir.

Indicador binocular. Indicador de profundidade, como disparidade retiniana, que depende do uso de dois olhos.

Disparidade retiniana. Indicador binocular para a percepção de profundidade. Ao comparar imagens da retina em ambos os olhos, o cérebro calcula a distância – quanto maior a disparidade (diferença) entre as duas imagens, mais próximo o objeto.

Indicador monocular. Indicação de profundidade, como interposição ou perspectiva linear, disponível apenas para cada olho.

Ao contrário dos carnívoros, cujos olhos permitem o foco frontal nas presas e oferecem percepção de profundidade aprimorada pela visão binocular, os herbívoros que pastam normalmente têm olhos em ambos os lados do crânio. Embora não tenham percepção de profundidade superior, os herbívoros têm visão periférica abrangente, o que facilita a detecção de predadores.

PRÁTICA DE RECUPERAÇÃO

PR-8 Como normalmente percebemos a profundidade?

RESPOSTAS NO APÊNDICE E

Percepção de movimento

Imagine que, como a Sra. M. descreveu anteriormente, você pudesse perceber o mundo que tem cor, forma e profundidade, mas não pudesse ver movimento. Você não só seria incapaz de andar de bicicleta ou dirigir, como também teria dificuldade para escrever, comer e caminhar.

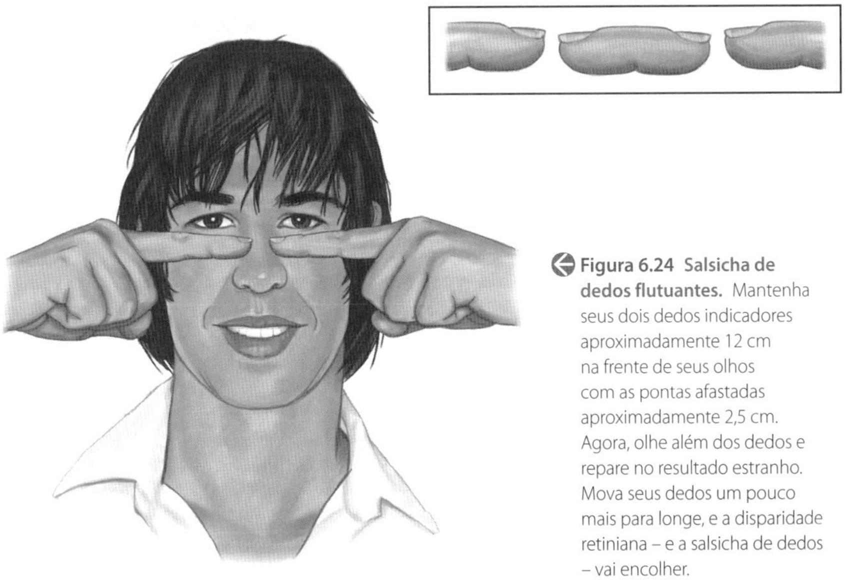

Figura 6.24 Salsicha de dedos flutuantes. Mantenha seus dois dedos indicadores aproximadamente 12 cm na frente de seus olhos com as pontas afastadas aproximadamente 2,5 cm. Agora, olhe além dos dedos e repare no resultado estranho. Mova seus dedos um pouco mais para longe, e a disparidade retiniana – e a salsicha de dedos – vai encolher.

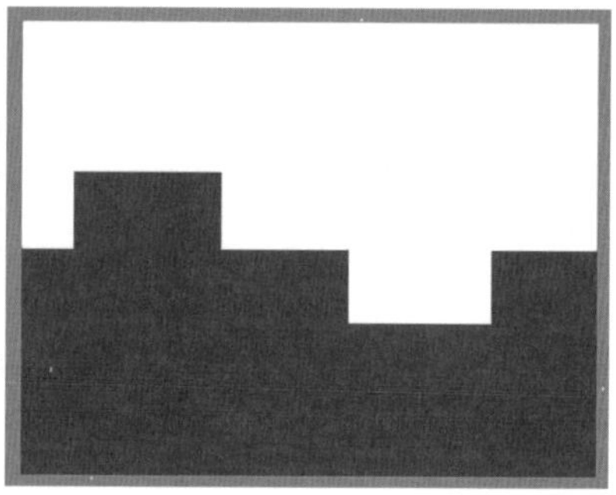

Altura relativa. Percebemos objetos mais altos em nosso campo de visão como mais distantes. Como supomos que a parte inferior de uma ilustração figura-fundo está mais próxima, nós a percebemos como figura (Vecera et al., 2002). Inverta esta ilustração e o preto tornar-se-á fundo, como um céu noturno.

Direção do movimento do passageiro →

Movimento relativo. À medida que nos movemos, pode parecer que objetos estáveis também se movem. Quando você estiver em um ônibus e fixar o olhar em algum ponto, por exemplo, uma casa, vai parecer que os objetos além do ponto de fixação se movem com você. Os objetos na frente do ponto parecerão mover-se para trás. Quanto mais longe um objeto estiver do ponto de fixação, mais rápido ele parecerá se mover.

Interposição. Se um objeto bloquear parcialmente nossa visão do outro, nós o percebemos mais próximo.

Figura 6.25 Indicadores monoculares de profundidade.

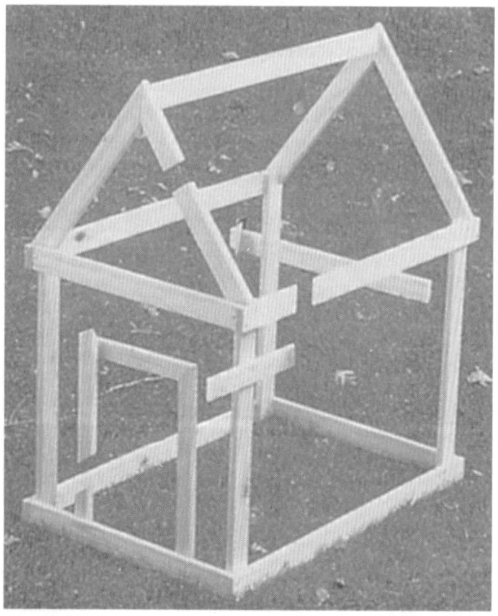

Figura 6.26 Solução. Outra visão da casinha de cachorro impossível na Figura 6.22 revela os segredos dessa ilusão. A partir do ângulo da foto, os princípios de agrupamento de fechamento e continuidade nos levam a perceber as tábuas como contínuas.

Fenômeno phi. Ilusão de movimento criada quando duas ou mais luzes adjacentes acendem e apagam em sequência rápida.

Normalmente seu cérebro calcula o movimento com base parcial na premissa de que objetos que estão diminuindo estão se afastando (e não ficando menores), e objetos que estão aumentando estão se aproximando. Nas crianças pequenas, essa capacidade de perceber corretamente os veículos que se aproximam (e aumentam) ainda não está totalmente desenvolvida, colocando-as em risco de atropelamento (Wann et al., 2011). Mas não são apenas as crianças que têm dificuldades ocasionais com a percepção do movimento. Nosso cérebro adulto às vezes é levado a acreditar no que não está vendo. Quando objetos grandes e pequenos se movem na mesma velocidade, os objetos grandes parecem se mover mais lentamente. Assim, os trens parecem se mover mais lentamente do que os carros, e os jatos jumbos parecem pousar mais lentamente do que os pequenos jatos.

Você já notou quantas vezes você interrompe sua visão com um piscar de 0,1 segundo – cerca de 15 vezes por minuto ou 15 mil vezes por dia? Provavelmente não. O cérebro também percebe o movimento contínuo em uma rápida série de imagens sutilmente variáveis (fenômeno chamado *movimento estroboscópico*). Como bem sabem os artistas de animação, pode-se criar essa ilusão ao projetar 24 imagens estáticas por segundo. O movimento é construído em nossas mentes, do mesmo modo que construímos movimento em propagandas luminosas e luzes natalinas. Percebemos duas luzes estacionárias adjacentes piscando em rápida sucessão como uma única luz se movendo para frente e para trás. Os sinais luminosos exploram esse **fenômeno phi** com uma sucessão de luzes que cria a impressão de, digamos, uma flecha em movimento.

Constância perceptiva

QOA 6.14 Como as constâncias perceptivas nos ajudam a construir percepções significativas?

Até agora, observamos que nosso sistema vídeo/computador deve perceber os objetos como nós o fazemos – com forma, localização e movimento distintos. Sua próxima tarefa é reconhecer objetos sem ser enganado por mudanças de cor, brilho, forma ou tamanho – um processo do geral ao específico (*top-down process*) chamado **constância perceptiva**.

Independentemente do ângulo de visão, da distância e da iluminação, conseguimos identificar pessoas e objetos em menos tempo do que levamos para respirar. Essa façanha é um grande desafio para um sistema de vídeo/computador.

Constância perceptiva. Percepção de objetos como inalterados (tendo harmonia de cor, brilho forma e tamanho), mesmo quando a iluminação e as imagens retinianas mudam.

CONSTÂNCIAS DE COR E CLARIDADE. James Gibson (1979) defendeu uma *abordagem ecológica* da percepção, na qual nossas percepções dependem do contexto de um objeto. Considere como você experimenta a cor de um tomate, e como ela mudaria se você a visse através de um tubo de papel ao longo de um dia. À medida que a luz e, portanto, os comprimentos de onda refletidas no tomate mudavam, a cor do tomate também parecia mudar. Mas, se você visualizasse sem o tubo de papel, esse tomate como um dos itens em uma tigela de salada, sua cor percebida permaneceria essencialmente constante, uma percepção consistente que chamamos de *constância de cor*.

"De lá para cá, de cá para lá, as coisas engraçadas estão em todo lugar." – Dr. Seuss, *One Fish, Two Fish, Red Fish, Blue Fish*, 1960

Embora consideremos a constância da cor como certa, essa habilidade é realmente notável. Uma ficha de pôquer azul submetida à luz de um ambiente fechado reflete comprimentos de onda que correspondem aos refletidos por uma ficha dourada à luz do Sol (Jameson, 1985). Contudo, traga um pintassilgo para dentro de casa e ele não parecerá um pássaro azul. A cor não está nas penas do pássaro. Vemos cores graças aos cálculos do nosso cérebro da luz refletida por um objeto *com relação aos objetos ao seu redor*. Uma vez que construímos nossas percepções, podemos aceitar simultaneamente realidades objetivas e subjetivas alternadas.

A *constância de brilho* (também chamada *constância de claridade*) também depende do contexto. Percebemos um objeto com brilho constante, mesmo quando sua iluminação varia. Essa percepção da constância depende da *luminância relativa* – a quantidade de luz que um objeto reflete *em relação ao entorno* (Figura 6.27). O papel branco reflete 90% da luz que incide sobre ele; o papel preto, apenas 10%. Apesar de um papel preto visualizado à luz do dia poder refletir 100 vezes mais luz que um papel branco em um ambiente fechado, ainda assim ele vai parecer preto (McBurney & Collings, 1984). Mas, se você visualizar o papel preto iluminado pelo Sol através de um tubo estreito, de modo que nada mais fique visível, ele pode parecer cinza, pois na luz do Sol brilhante ele reflete uma boa quantidade de luz. Visualize-o sem o tubo, e mais uma vez ele ficará preto, pois reflete muito menos luz do que os objetos à sua volta.

Esse princípio – de que percebemos os objetos não de modo isolado, mas em seu contexto ambiental – é importante para os artistas, decoradores de interiores e estilistas de moda. Nossa percepção da cor e brilho de uma parede ou de um traço de tinta em uma tela é determinada não só pela tinta, mas pelas cores circundantes. Ponto a ser lembrado: *o contexto governa nossas percepções.*

Vendo cores? Surpresa! Esta é realmente uma foto em preto e branco. As linhas de grade coloridas e sobrepostas também enganaram seus olhos? *(Esta figura encontra-se reproduzida em cores no Encarte.)*

CONSTÂNCIAS DE FORMA E TAMANHO. Graças à *constância da forma*, percebemos a forma de objetos familiares, como a porta na Figura 6.28, como constante, mesmo enquanto nossas retinas recebem imagens mutáveis deles. Nosso cérebro consegue esse feito porque os neurônios do córtex visual aprendem rapidamente a associar diferentes visões de um objeto (Li & DiCarlo, 2008).

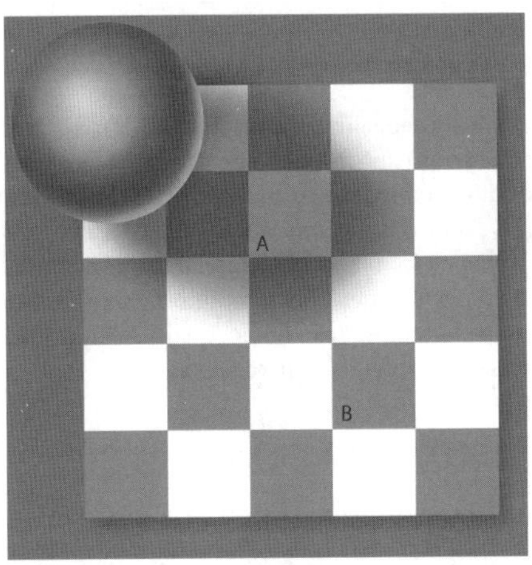

Figura 6.27 Luminância relativa. Devido ao contexto que o cerca, percebemos o Quadrado A mais claro que o Quadrado B. Mas, acredite ou não, eles são idênticos. Para o comediante de TV Richard Pryor, "Quem vai acreditar em mim: eu ou seus olhos mentirosos?" Se você acreditar em seus olhos mentirosos – na verdade seu cérebro mentiroso – você pode fazer uma fotocópia (ou captura de tela com posterior impressão) da ilustração e depois cortar os quadrados e compará-los.

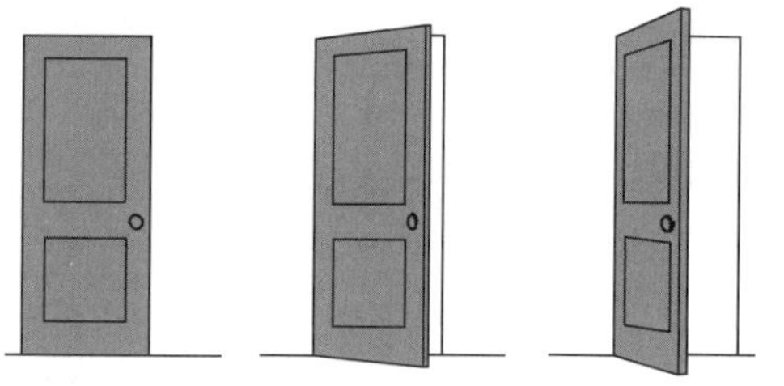

Figura 6.28 Constância de forma. A porta lança uma imagem cada vez mais trapezoidal em nossa retina quando se abre. Contudo, ainda percebemos a porta com um formato retangular.

"Às vezes me pergunto: por que esse *frisbee* está ficando maior? E depois me atinge." - Anônimo

Graças à *constância de tamanho*, percebemos um objeto com tamanho imutável, mesmo quando nossa distância em relação a ele varia. Supomos que um ônibus é grande o suficiente para transportar pessoas, mesmo quando vemos sua pequena imagem a dois quarteirões de distância. Essa suposição também ilustra a estreita conexão entre a *distância* percebida e o *tamanho* percebido. Perceber a distância de um objeto nos dá indícios de seu tamanho. Da mesma forma, conhecer seu tamanho geral - que o objeto é um ônibus - dá indícios de sua distância.

Mesmo ao julgar tamanho/distância, consideramos o contexto de um objeto. Essa interação entre o tamanho percebido e a distância percebida ajuda a explicar várias ilusões bem conhecidas, incluindo a *ilusão da Lua*: a Lua parece até 50% maior quando está perto do horizonte do que quando está no alto do céu. Você pode imaginar por quê?

Durante pelo menos 22 séculos, estudiosos debateram essa questão (Hershenson, 1989). Uma razão para a ilusão da Lua é que indicadores monoculares de distâncias de objetos fazem com que no horizonte ela pareça estar mais longe. Se estiver mais longe, nosso cérebro presume que ela seja maior que a Lua no alto do céu noturno (Kaufman & Kaufman, 2000). Mas, novamente, se você usar um tubo de papel para eliminar a indicação de distância, a Lua no horizonte parecerá imediatamente menor.

As ilusões perceptivas reforçam uma lição fundamental: a percepção não é meramente uma projeção do mundo em nosso cérebro. Em vez disso, nossas sensações são desmontadas em *bits* de informação que nosso cérebro então reagrupa em seu próprio modelo funcional do mundo externo. Durante esse processo de remontagem, nossas suposições - como a relação usual entre distância e tamanho - podem nos enganar. *Nosso cérebro constrói nossas percepções.*

* * *

Percepção de forma, percepção de profundidade, percepção de movimento e constâncias perceptivas iluminam como organizamos nossas experiências visuais. A organização perceptiva também se aplica aos nossos outros sentidos. Ao ouvir uma língua desconhecida, temos dificuldade para perceber onde uma palavra termina e a próxima começa. Quando ouvimos nossa própria língua, automaticamente ouvimos palavras distintas. Isso também reflete a organização perceptiva. Mas é mais, pois até organizamos uma sequência de letras - OCÃOCOMEUCARNE - em palavras que formam uma frase inteligível; é mais provável que "O cão comeu carne" do que "O cãoco meu tarde" (McBurney & Collings, 1984). Esse processo envolve não apenas a organização que estamos discutindo, mas também a interpretação, ou seja, discernir o significado do que percebemos.

Interpretação perceptiva

Filósofos já debateram se nossa capacidade perceptiva deveria ser creditada à nossa natureza ou à nossa cultura. Até que ponto *aprendemos* a perceber? O filósofo alemão Immanuel Kant (1724-1804) sustentava que o conhecimento vem de nossas formas *inatas* de organizar as experiências sensoriais. De fato, nós nascemos equipados para processar informações sensoriais. Porém, o filósofo britânico John Locke (1632-1704) argumentou que por meio de nossas experiências também *aprendemos* a perceber o mundo. Com efeito, aprendemos a relacionar a distância de um objeto ao tamanho dele. Então, qual é a importância da experiência? Até que ponto ela molda nossas interpretações perceptivas?

Experiência e percepção visual

QOA 6.15 O que a pesquisa a respeito da visão restaurada, da restrição sensorial e da adaptação perceptiva revela sobre os efeitos da experiência na percepção?

VISÃO RESTAURADA E RESTRIÇÃO SENSORIAL. Ao escrever para John Locke, William Molyneux questionou se "um homem *nascido* cego, e agora adulto, ensinado por seu *tato* a distinguir entre um cubo e uma esfera", poderia, se obtivesse a visão, discernir os dois objetos visualmente. A resposta de Locke foi *Não*, porque o homem jamais teria *aprendido* a ver a diferença.

"Suponhamos então que a mente seja, como dizemos, um papel branco sem nenhuma letra, sem qualquer ideia: como ela será preenchida?... A isso eu respondo, em uma palavra: pela EXPERIÊNCIA." – John Locke, *An Essay Concerning Human Understanding, 1690.*

O caso hipotético de Molyneux tem sido desde então posto à prova com algumas dezenas de adultos que, embora cegos desde o nascimento, adquiriram a visão (Gandhi et al., 2017; Gregory, 1978; von Senden, 1932). A maioria nasceu com catarata – cristalinos embaçados que lhes permitiam ver apenas luz difusa, da mesma forma que uma pessoa com visão pode ver uma imagem nebulosa através de uma bola de tênis de mesa cortada ao meio. Depois da cirurgia de catarata, os pacientes foram capazes de distinguir figura e fundo e de perceber cores, o que sugere que esses aspectos da percepção são inatos. Porém, como Locke supunha, muitas vezes eram incapazes de reconhecer visualmente objetos que eram familiares pelo tato.

Buscando obter mais controle do que é fornecido por casos clínicos, pesquisadores restringiram a visão de gatinhos na idade infantil (Hubel & Wiesel, 1963). Depois da infância, quando sua visão foi restaurada, os gatinhos se comportaram como os humanos nascidos com catarata. Podiam distinguir cor e brilho, mas não a forma de um círculo da de um quadrado. Seus olhos não haviam degenerado; suas retinas ainda retransmitiam sinais para o córtex visual. Todavia, sem estimulação precoce, as células corticais do cérebro não desenvolveram conexões normais, de modo que os animais continuaram funcionalmente cegos às formas.

A cirurgia em crianças cegas, na Índia, revela que as crianças cegas de nascença podem ser beneficiadas pela remoção da catarata, e quanto mais jovens eles são, mais eles se beneficiam. Mas sua acuidade visual (nitidez) pode nunca ser normal (Chatterjee, 2015; Gandhi et al., 2014). Para o desenvolvimento sensorial e perceptivo normal, há um *período crítico* – um período ideal quando a exposição a certos estímulos ou experiências é necessária.

Uma vez que esse período crítico tenha passado, as restrições sensoriais que venham a acontecer mais tarde na vida não causam danos permanentes. Quando os pesquisadores cobrem o olho de um animal adulto por vários meses, sua visão não será afetada depois da remoção da venda. Quando os cirurgiões removem a catarata que se desenvolveu no final da idade adulta, a maioria das pessoas fica emocionada com o retorno à visão normal.

ADAPTAÇÃO PERCEPTIVA. Ao recebermos óculos novos, podemos ficar ligeiramente desorientados, até mesmo tontos. Um ou dois dias depois, ajustamo-nos. Nossa **adaptação perceptiva** a informações visuais alteradas faz o mundo parecer normal outra vez. No entanto, imagine que os novos óculos trazem uma mudança muito mais drástica – uma que mude a localização aparente dos objetos 40 graus para a esquerda. Quando você joga uma bola para um amigo pela primeira vez, ela voa para a esquerda. Ao caminhar para frente para apertar a mão de alguém, você desvia para o lado esquerdo.

Você seria capaz de se adaptar a esse mundo distorcido? Não se você for um pintinho pequeno. Equipados com essas lentes, eles continuam bicando no local em que os grãos de comida *parecem* estar (Hess, 1956; Rossi, 1968). Nós humanos, porém, nos adaptamos rapidamente a lentes distorcidas. Em alguns minutos seus arremessos voltariam a ser precisos, e seus passos seguiriam a direção certa. Se removesse as lentes, você sentiria um pós-efeito: no início, os arremessos seguiriam a direção *oposta*, escapando para a direita, mas, novamente, depois de alguns minutos, você se readaptaria.

Adaptação perceptiva. Capacidade de ajustar o estímulo sensorial alterado, incluindo um campo visual artificialmente deslocado ou mesmo invertido.

De fato, ao receber um par de óculos ainda mais radical – um que literalmente virasse o mundo de cabeça para baixo – você ainda seria capaz de se adaptar. O psicólogo George Stratton (1896) passou por essa experiência. Ele inventou e usou durante oito dias um capacete óptico que trocava o lado esquerdo pelo direito *e* a parte de cima pela parte de baixo, fazendo dele a primeira pessoa a experimentar uma imagem retiniana com o lado direito para cima enquanto estava de pé. O chão subiu e o céu desceu.

No início, quando Stratton queria andar, ele se viu procurando por seus pés, que agora estavam "para cima". Comer era quase impossível. Ficou nauseado e deprimido. Mas persistiu, e no oitavo dia já era capaz de alcançar confortavelmente algo na direção certa e andar sem tropeçar em nada. Quando enfim retirou o capacete, a readaptação foi rápida. O mesmo aconteceu com os participantes da pesquisa que mais tarde usaram esse equipamento – enquanto andavam de motocicleta, esquiavam

Courtesy of Hubert Dolezal

Adaptação perceptiva. "Opa, perdi", pensou o pesquisador Hubert Dolezal ao tentar um aperto de mão enquanto observava o mundo através de óculos invertidos. No entanto, acredite ou não, gatinhos, macacos e humanos podem se adaptar a um mundo invertido.

nos Alpes ou pilotavam um avião (Dolezal, 1982; Kohler, 1962). Movendo-se ativamente em seu mundo de pernas para o ar, eles se adaptaram ao novo contexto e aprenderam a coordenar seus movimentos.

Então, aprendemos a perceber o mundo? Em parte, sim, porque nos ajustamos constantemente às informações sensoriais alteradas. A pesquisa sobre períodos críticos nos ensina que a criação no início da vida esculpe o que a natureza fornece. De maneiras menos dramáticas, a criação continua a fazê-lo ao longo de nossas vidas. A experiência guia, sustenta e mantém os caminhos cerebrais que permitem nossas percepções.

PERGUNTE A SI MESMO

Considere alguém que você conhece (pode ser você mesmo) que tem algum tipo de deficiência visual. Que tipo de interrupção no processo visual pode causar essa deficiência?

REVISÃO Visão: processamento sensorial e perceptivo

OBJETIVOS DE APRENDIZAGEM

Teste a si mesmo. Responda ás Questões dos Objetivos de Aprendizagem (antes de conferir as respostas no Apêndice D) para aprimorar a retenção dos conceitos estudados (McDaniel et al., 2009, 2015).

QOA 6.7 Quais são as características da energia que vemos como luz visível? Que estruturas oculares nos ajudam a focalizar essa energia?

QOA 6.8 Como os bastonetes e cones processam informações, e qual é o caminho percorrido pela informação, do olho ao cérebro?

QOA 6.9 Como percebemos a cor no mundo à nossa volta?

QOA 6.10 Onde estão situados os detectores de características e o que eles fazem?

QOA 6.11 Como o cérebro usa o processamento paralelo para construir percepções visuais?

QOA 6.12 Como os psicólogos da Gestalt compreenderam a organização perceptiva, e como os princípios de figura-fundo e agrupamento contribuem para nossas percepções?

QOA 6.13 Como usamos os indicadores binoculares e monoculares para perceber o mundo em três dimensões e como percebemos o movimento?

QOA 6.14 Como as constâncias perceptivas nos ajudam a construir percepções significativas?

QOA 6.15 O que a pesquisa a respeito da visão restaurada, da restrição sensorial e da adaptação perceptiva revela sobre os efeitos da experiência na percepção?

TERMOS E CONCEITOS A RECORDAR

Teste a si mesmo. Escreva a definição com suas próprias palavras e depois confirme sua resposta.

comprimento de onda, p. 219
matiz, p. 219
intensidade, p. 219
retina, p. 220
acomodação, p. 220
bastonetes, p. 220
cones, p. 220
nervo óptico, p. 220
ponto cego, p. 220
fóvea, p. 220
teoria tricromática (de três cores) de Young-Helmholtz, p. 223
teoria do processo oponente, p. 224
detectores de características, p. 225
processamento paralelo, p. 225
gestalt, p. 226
figura e fundo, p. 227
agrupamento, p. 227
percepção de profundidade, p. 228
abismo visual, p. 228
indicador binocular, p. 229
disparidade retiniana, p. 229
indicador monocular, p. 229
fenômeno phi, p. 230
constância perceptiva, p. 231
adaptação perceptiva, p. 233

DOMINE O MATERIAL

Teste a si mesmo. Responda às questões a seguir por conta própria, a princípio, depois confira as respostas no Apêndice E.

1. A característica da luz que determina a cor que experimentamos, como azul ou verde, é _______________.

2. A amplitude de uma onda de luz determina nossa percepção de
a. brilho.
b. cor.
c. significado.
d. distância.

3. O ponto cego na sua retina está situado onde
a. existem bastonetes, mas não cones.
b. existem cones, mas não bastonetes.
c. o nervo óptico sai do olho.
d. as células bipolares encontram as células ganglionares.

4. Os cones são as células receptoras oculares que são especialmente sensíveis à luz _______________ e são responsáveis por nossa visão _______________.
a. brilhante; em preto e branco
b. fraca; colorida
c. brilhante; colorida
d. baixa; em preto e branco

5. Duas teorias contribuem para a visão colorida. A teoria tricromática, de Young-Helmholtz, mostra que o olho contém ____________, e a teoria do processo oponente conta com o fato de o sistema nervoso ter ____________.
   a. processos retinianos opostos; três pares de receptores de cor
   b. células do processo oponente; três tipos de receptores de cor
   c. três pares de receptores de cor; processos retinianos opostos
   d. três tipos de receptores de cor; células do processo oponente
6. Quais processos mentais permitem a você perceber um limão com a cor amarela?
7. As células no córtex visual que respondem a certas linhas, bordas e ângulos se chamam ____________.
8. A capacidade do cérebro para processar muitos aspectos de um objeto ou um problema simultaneamente se chama ____________.
9. Ouvindo um concerto, você presta atenção ao instrumento solo e percebe a orquestra como um acompanhamento. Isso ilustra o princípio organizador de
   a. figura e fundo.
   b. constância de forma.
   c. agrupamento.
   d. percepção de profundidade.
10. Nossas tendências para preencher as lacunas e perceber um padrão contínuo são dois exemplos diferentes do princípio organizador chamado de
   a. interposição.
   b. percepção de profundidade.
   c. constância de forma.
   d. agrupamento.
11. Os experimentos de abismo visual sugerem que
   a. os bebês ainda não desenvolveram percepção de profundidade.
   b. os bebês humanos que engatinham e os animais muito novos percebem a profundidade.
   c. não temos meios para saber se os bebês conseguem perceber a profundidade.
   d. diferente de outras espécies, os humanos são capazes de perceber a profundidade na infância.
12. A percepção de profundidade é subjacente à nossa capacidade para
   a. agrupar itens similares em uma *gestalt*.
   b. perceber objetos como tendo forma constante.
   c. julgar distâncias.
   d. preencher as lacunas em uma figura.
13. Dois exemplos de indicadores ____________ de profundidade são a interposição e a perspectiva linear.
14. Perceber um tomate como vermelho, apesar das variações na iluminação, é um exemplo de
   a. constância de forma.
   b. constância perceptiva.
   c. indicador binocular.
   d. continuidade.
15. Depois da cirurgia para restabelecer a visão, os pacientes cegos desde o nascimento tiveram dificuldade para
   a. reconhecer objetos pelo tato.
   b. reconhecer objetos pela visão.
   c. distinguir figura e fundo.
   d. distinguir entre luz brilhante e luz tênue.
16. Em experimentos, pessoas usaram óculos que invertiam os campos visuais, ou seja, de cabeça para baixo. Depois de um período de adaptação, elas aprenderam a função muito bem. Essa capacidade se chama ____________.

Sentidos não visuais

Audição

Como nossos outros sentidos, a **audição** ajuda a nos adaptar e sobreviver. A audição fornece informações e permite relacionamentos. A audição humaniza: as pessoas parecem mais atenciosas, competentes e simpáticas quando ouvimos, não apenas lemos, suas palavras (Schroeder & Epley, 2015, 2016). E a audição é bastante espetacular. Permite-nos comunicar de forma invisível – disparamos ondas de ar invisíveis através do espaço e recebemos o mesmo dos outros. Portanto, a perda auditiva é a maior deficiência invisível. Não saber o nome de alguém, não entender o que alguém está perguntando e perder uma piada engraçada é ser privado do que os outros sabem e, às vezes, sentir-se excluído. Como uma pessoa com perda auditiva hereditária, eu [DM] conheço o sentimento e posso entender por que adultos com perda auditiva significativa apresentam maior risco de depressão e ansiedade (Blazer & Tucci, 2019; Scinicariello et al., 2019).

Porém, a maioria de nós consegue ouvir uma ampla gama de sons, e os sons que ouvimos melhor são os que estão na faixa da voz humana. Com audição normal, somos notavelmente

Audição. Sentido ou ato de ouvir.

Vereshchagin Dmitry/Shutterstock

Courtesy of Eric Richmond/ The Chineke! Foundation

Sons da música. As ondas curtas e rápidas de um violino criam um tom alto. As ondas mais longas e lentas do contrabaixo de Chi-chi Nwanoku, OBE, criam um tom mais baixo. As diferenças na altura ou amplitude das ondas também criam diferentes graus de intensidade.

sensíveis a sons fracos, como o choro de uma criança. (Se nossos ouvidos fossem muito mais sensíveis, ouviríamos o sibilar constante do movimento das moléculas de ar.) A sobrevivência de nossos ancestrais distantes dependeu dessa audição aguçada quando caçavam ou eram caçados.

Somos também notavelmente sintonizados com variações sonoras. Entre milhares de vozes possíveis, reconhecemos facilmente a de um amigo que não estamos vendo. Além disso, a audição é rápida. "Pode levar um segundo para você perceber algo com o canto do olho, virar a cabeça na direção certa e reagir", observa o neurocientista auditivo Seth Horowitz (2012). "A mesma reação a um som novo ou súbito acontece com uma velocidade pelo menos 10 vezes maior." Uma fração de segundo depois de os eventos estimularem os receptores no ouvido, milhões de neurônios terão se coordenado de modo simultâneo para extrair as características essenciais, comparando-as com experiências passadas e identificando o estímulo (Freeman, 1991). Para a audição, assim como para nossos outros sentidos, vamos considerar a questão fundamental: como fazemos isso?

A entrada do estímulo: ondas sonoras

QOA 6.16 Quais são as características das ondas de pressão do ar que ouvimos como som?

Passe um arco por um violino e você vai liberar a energia das ondas sonoras. Moléculas de ar que se empurram, umas se chocando contra as outras, criando ondas de ar comprimido e expandido, como a água de uma lagoa reverberando em círculos no ponto em que uma pedra foi atirada. Enquanto nadamos em nosso oceano de moléculas de ar que se movimentam, nossos ouvidos detectam essas breves mudanças de pressão do ar.

Do mesmo modo que as ondas luminosas, as ondas sonoras têm formas variáveis (Figura 6.29). A altura, ou *amplitude*, das ondas sonoras determina seu *volume* percebido. Sua **frequência** (medida em *hertz*) determina o **tom** (timbre alto ou baixo) que experimentamos. As ondas longas têm frequência baixa – e timbre baixo. As ondas curtas têm frequência alta – e timbre alto. As ondas sonoras produzidas por um soprano são muito mais curtas e rápidas do que as produzidas por um barítono.

Medimos a intensidade do som em *decibéis*, sendo zero decibel o limiar absoluto da audição. Cada 10 decibéis correspondem a um aumento de dez vezes na intensidade do som. Assim, uma conversa normal (60 decibéis) é 10 mil vezes mais intensa que um sussurro de 20 decibéis. E o som temporariamente tolerável de 100 decibéis de um trem subterrâneo que passa é 10 bilhões de vezes mais intenso que o mais fraco dos sons detectáveis. Se prolongada,

Frequência. Número de comprimentos de onda completos que passam por um ponto em um dado período (por exemplo, por segundo).

Tom. Elevação ou redução experimentada de um tom; depende da frequência.

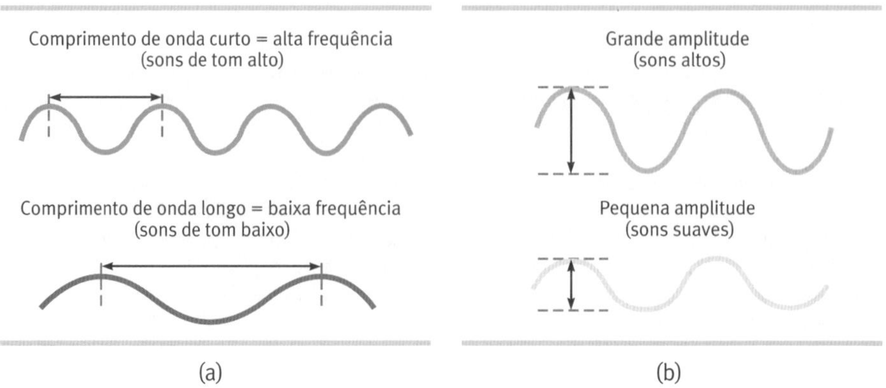

Figura 6.29 As propriedades físicas das ondas (a) As ondas variam em *comprimento de onda* (distância entre os picos sucessivos). *Frequência*, o número de comprimentos de onda completos que pode passar por um ponto em um determinado tempo, depende do comprimento de onda. Quanto menor o comprimento de onda, mais alta é a frequência. O comprimento de onda determina o *tom* do som. (b) As ondas também variam em *amplitude* (a altura do pico até o vale). A amplitude de onda influencia a intensidade do som.

a exposição a sons acima de 85 decibéis pode produzir perda auditiva. Diga isso aos fãs de basquete da Universidade de Kentucky que, em 2017, quebraram o Recorde Mundial do Guinness para o estádio interno mais barulhento com 126 decibéis (WKYT, 2017). Ouça hoje, desaparecido amanhã.

Ouvido

QOA 6.17 Como o ouvido transforma a energia sonora em mensagens neurais?

Como o ar vibrante desencadeia impulsos nervosos que seu cérebro pode decodificar como sons? O processo começa quando as ondas sonoras atingem o *tímpano*, fazendo com que essa membrana rígida vibre (Figura 6.30).

No seu **ouvido médio**, um pistão feito de três ossos minúsculos – *martelo*, *bigorna* e *estribo* – capta as vibrações e as transmite para a **cóclea**, um tubo em forma de caracol no **ouvido interno**.

As vibrações de entrada então fazem com que a abertura coberta pela membrana da cóclea (a *janela oval*) vibre, empurrando o líquido para o interior da cóclea. Esse movimento causa ondulações na *membrana basilar*, dobrando as *células ciliadas* que revestem sua superfície, como as folhas de grama se dobrando ao vento.

Os movimentos das células ciliadas, por sua vez, desencadeiam impulsos nas células nervosas adjacentes, cujos axônios convergem para formar o *nervo auditivo*. O nervo auditivo transporta as mensagens neurais para o tálamo e depois para o *córtex auditivo* no lobo temporal do cérebro. Do ar vibrante, aos minúsculos ossos em movimento, às ondas fluidas, aos impulsos elétricos para o cérebro: *Voilà*! Você ouve!

Talvez a parte mais intrigante do processamento auditivo sejam as células ciliadas – "feixes trêmulos que nos fazem ouvir", graças à sua "extrema sensibilidade e extrema velocidade" (Goldberg, 2007). A cóclea tem 16 mil dessas células, o que parece muito, até compararmos esse número com os cerca de 130 milhões de fotorreceptores do olho. No entanto, consideremos sua capacidade de resposta. Estimule movendo os minúsculos feixes de *cílios* na ponta de uma célula ciliada, apenas da largura de um átomo, e a célula ciliada alerta, graças a uma proteína especial, desencadeará uma resposta neural (Corey et al., 2004).

Ouvido médio. Câmara localizada entre o tímpano e a cóclea, que contém três minúsculos ossos (martelo, bigorna e estribo) que concentram as vibrações do tímpano na janela oval da cóclea.

Cóclea. Tubo ósseo espiralado e preenchido por líquido, localizado no ouvido interno, através do qual ondas sonoras desencadeiam impulsos sonoros.

Ouvido interno. Parte mais interna do ouvido, que contém a cóclea, os canais semicirculares e os sacos vestibulares.

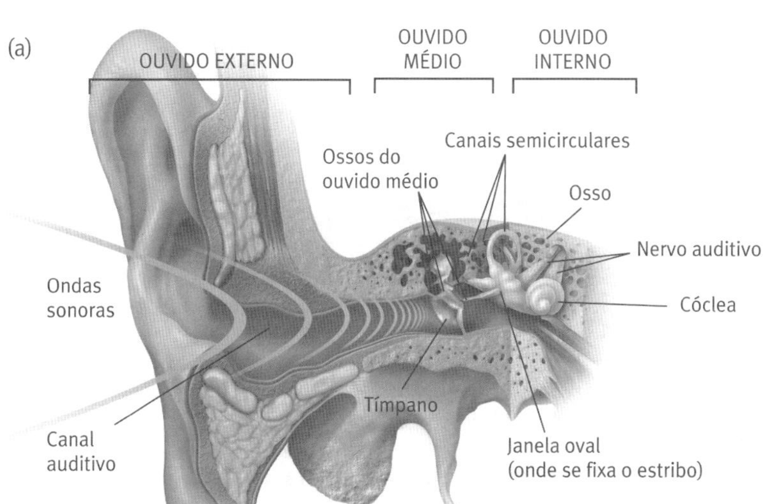

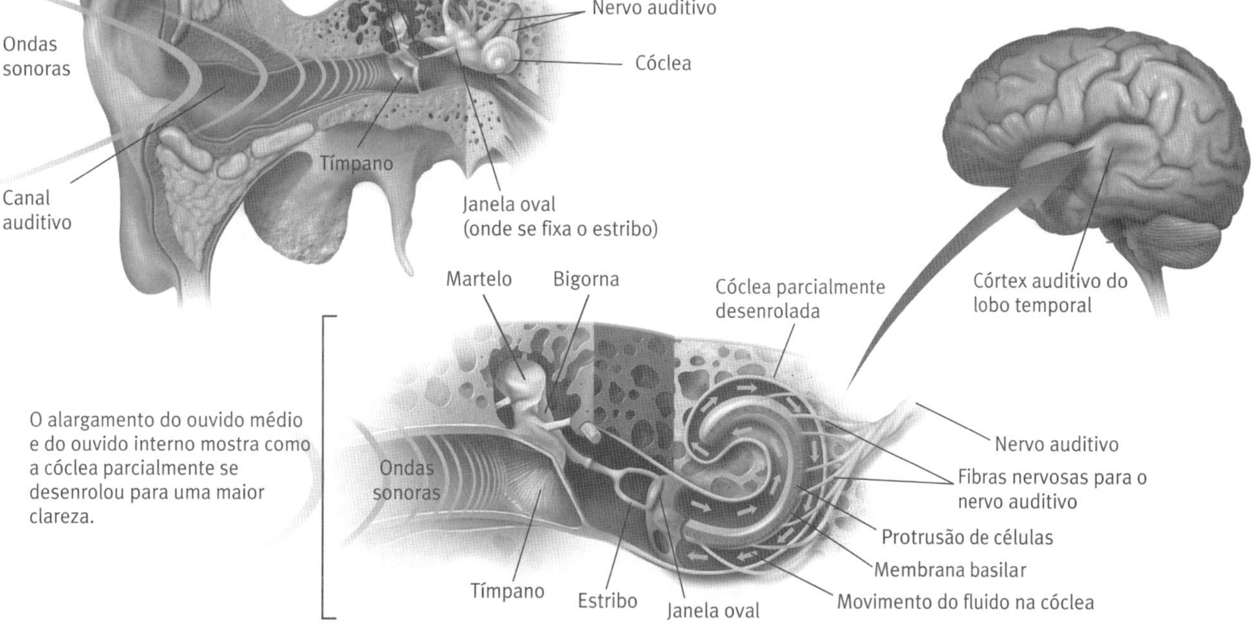

Figura 6.30 Escute aqui: como transformamos ondas sonoras em impulsos nervosos que nosso cérebro interpreta. (a) O ouvido externo converge as ondas sonoras para o tímpano. Os ossos do ouvido médio (martelo, bigorna e estribo) amplificam e retransmitem as vibrações do tímpano através da janela oval para a cóclea cheia de fluido. (b) Como mostra esse detalhe do ouvido médio e interno, as alterações de pressão resultantes no fluido coclear fazem com que a membrana basilar ondule, dobrando as células ciliadas em sua superfície. Os movimentos das células ciliadas disparam impulsos na base das células nervosas, cujas fibras convergem para formar o nervo auditivo. Esse nervo envia mensagens neurais para o tálamo e córtex auditivo. *(Esta figura encontra-se reproduzida em cores no Encarte.)*

O que você ouve em www.tinyurl.com/YannyLaurel? Com um sistema auditivo único, de cima para baixo, cada um de nós pode processar o mesmo som de maneira diferente. Algumas pessoas ouvem *Yanny* e outras ouvem *Laurel* – dois nomes bastante diferentes.

Os danos nos receptores das células ciliadas da cóclea ou no nervo auditivo podem causar **perda auditiva neurossensorial** (ou surdez nervosa). Com danos no nervo auditivo, as pessoas podem ouvir o som, mas têm dificuldade em discernir o que alguém está dizendo (Liberman, 2015).

Ocasionalmente, a doença danifica os receptores das células ciliadas; porém, com mais frequência, isso decorre de alterações biológicas ligadas à hereditariedade e ao envelhecimento. Eu [DM] entendo, porque vivo com perda auditiva grave, herdada de minha avó e mãe, graças a uma única mutação em um gene (WFS1). O ruído tóxico, como a exposição prolongada à música em altura extrema, também é outro culpado. A perda auditiva neurossensorial é mais comum do que a **perda auditiva condutiva**, que é causada por danos no sistema mecânico – o tímpano e os ossos do ouvido médio – que conduz as ondas sonoras para a cóclea.

As células ciliadas da cóclea têm sido comparadas a fibras de carpete. Caminhe por elas, e elas voltarão para trás com uma aspiração rápida. Mas deixe um móvel pesado sobre elas por bastante tempo, e elas podem nunca mais voltar para a posição original. Como regra geral, qualquer ruído ao qual nossa fala não se sobreponha (máquinas barulhentas, fãs gritando em um *show* ou evento esportivo, nosso *mix* de música diário tocando no volume máximo) pode ser prejudicial, especialmente se prolongado e repetido (Roesser, 1998) (Figura 6.31). E se ocorre um zumbido no ouvido depois dessas experiências, é um indicativo de que temos sido maus com nossas desafortunadas células ciliadas. Como a dor nos alerta para possíveis danos corporais, o zumbido nos ouvidos nos alerta para possíveis danos auditivos. É o equivalente da audição ao sangramento.

Em todo o mundo, 1,23 bilhão de pessoas são desafiadas pela perda auditiva e cerca de meio bilhão tem perda auditiva incapacitante (Global Burden of Disease, 2015; Wilson et al., 2017). Desde o início da década de 1990, a perda auditiva em adolescentes aumentou em um terço e afeta um em cada seis adolescentes (Shargorodsky et al., 2010; Weichbold et al., 2012). A exposição à música alta, tanto ao vivo quanto por meio de fones de ouvido, é responsável: depois de três horas em um *show* de *rock* com média de 99 decibéis, 54% dos adolescentes relataram temporariamente não ouvir bem, e um em cada quatro tinha zumbido nos ouvidos (Derebery et al., 2012). Os meninos adolescentes, mais que as meninas adolescentes ou os adultos, se explodem com volumes altos por longos períodos de tempo (Widén et al., 2017; Zogby 2006). A maior exposição masculina ao ruído pode ajudar a explicar por que a audição dos homens tende a ser menos precisa do que a das mulheres. Mas, sejam homens ou mulheres, os que passam muitas horas em uma casa noturna com música alta, atrás de um cortador de grama ou operando com uma britadeira, deveriam usar protetores de ouvido. "Preservativos", dizem os educadores sexuais. "Protetores de ouvido", dizem os educadores auditivos.

Perda auditiva neurossensorial. Forma mais comum de perda auditiva, também chamada *surdez nervosa*; é causada por danos nas células receptoras da cóclea ou no nervo auditivo.

Perda auditiva condutiva. Forma menos comum de perda auditiva causada por danos ao sistema mecânico que conduz ondas sonoras à cóclea.

Implante coclear. Dispositivo para converter sons em sinais elétricos e estimular o nervo auditivo através de eletrodos enfiados na cóclea.

A surdez nervosa ainda não pode ser revertida. Uma maneira de restaurar a audição é uma espécie de ouvido biônico – um **implante coclear**. Cerca de 50 mil pessoas, incluindo cerca de 30 mil crianças, recebem esses dispositivos eletrônicos a cada ano (Hochmair, 2013). Os implantes traduzem sons em sinais elétricos que, conectados aos nervos da cóclea, transmitem informações sobre o som ao cérebro (Figura 6.32). Os implantes cocleares fornecidos a

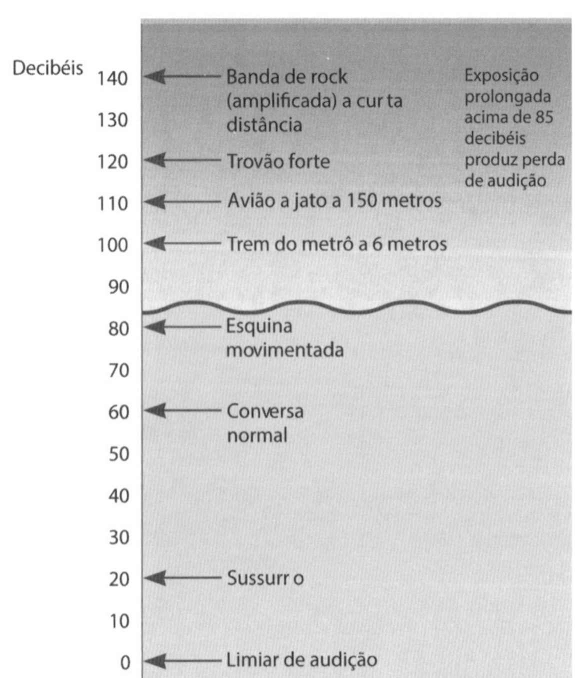

Figura 6.31 A intensidade de alguns sons. Um estudo encontrou 3 milhões de músicos profissionais com quase quatro vezes a taxa normal de ruído induzidno à perda auditiva (Schink et al., 2014). Bloqueadores de ruído e fones de ouvido reduzem a necessidade de explodir a música em volumes perigosos.

gatinhos e bebês humanos parecem ter desencadeado um "despertar" da área cerebral pertinente (Klinke et al., 1999; Sireteanu, 1999). Esses dispositivos podem ajudar as crianças a se tornarem proficientes em comunicação oral (especificamente se os receberem antes da idade escolar ou mesmo antes de 1 ano) (Dettman et al., 2007; Schorr et al., 2005). A audição, como a visão, tem um *período crítico*. Os implantes cocleares ajudam a restaurar a audição na maioria dos adultos, mas somente se o cérebro aprendeu a processar o som durante a infância. A audição restaurada também pode reduzir o isolamento social e o risco de depressão (Mosnier et al., 2015).

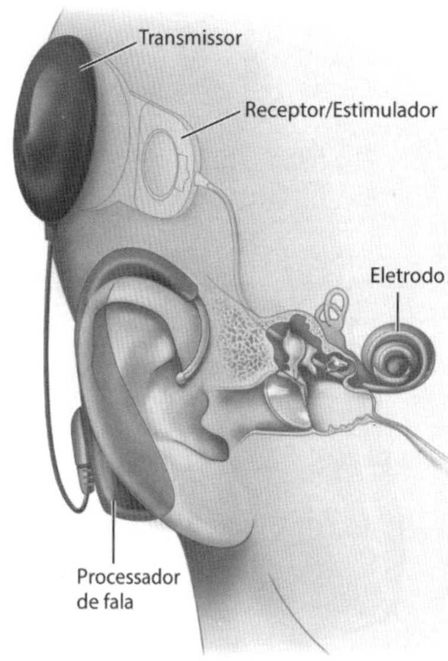

Figura 6.32 Dispositivo para audição. Os implantes cocleares funcionam traduzindo sons em sinais elétricos que são transmitidos para a cóclea e, através do nervo auditivo, retransmitidos para o cérebro. *(Esta figura encontra-se reproduzida em cores no Encarte.)*

PRÁTICA DE RECUPERAÇÃO

PR-1 Quais são as etapas básicas na transformação das ondas sonoras em som perceptível?

PR-2 A amplitude de uma onda sonora determina nossa percepção de ____________ (altura/timbre).

PR-3 Quanto mais longas forem as ondas sonoras, __________ (mais baixa/mais alta) a sua frequência e ______________ (mais alto/mais baixo) o seu timbre.

RESPOSTAS NO APÊNDICE E

Percepção de volume, timbre e localização

QOA 6.18 Como detectamos o volume, discriminamos o timbre e localizamos os sons?

RESPOSTAS A SONS ALTOS E SUAVES. Como detectamos volume? Não é, como você pode ter imaginado, pela *intensidade* da resposta de uma célula ciliada. Em vez disso, um tom suave e puro ativa apenas as poucas células ciliadas sintonizadas com sua frequência. Para sons mais altos, suas vizinhas também respondem. Assim, o cérebro pode interpretar o volume a partir do *número* de células ciliadas ativadas.

Se uma célula ciliada perder a sensibilidade a sons suaves, ainda poderá responder a sons altos. Isso ajuda a explicar outra surpresa: os sons realmente altos podem parecer altos tanto para pessoas com perda auditiva como para pessoas que têm audição normal. Dada a minha perda auditiva, eu [DM] costumava me perguntar como uma música realmente alta deve soar para pessoas com audição normal. Agora percebo que soa muito parecido; onde diferimos é na nossa percepção de sons suaves (e nossa capacidade de isolar um som em meio ao ruído). É por isso que nós, que ouvimos com dificuldade, não desejamos *todo* som (alto ou baixo) amplificado. Gostamos de som *comprimido* – o que significa que sons mais difíceis de ouvir devem ser mais amplificados que os altos (uma característica dos atuais aparelhos auditivos digitais).

COMO OUVIR TIMBRES DIFERENTES. Como sabemos se um som é o gorjeio agudo, de alta frequência, de um pássaro ou o ronco de tom baixo, de baixa frequência, de um caminhão? O pensamento atual acerca da discriminação do timbre, como o da discriminação da cor, combina duas teorias.

- A **teoria do lugar** (também chamada *teoria da codificação*) presume que ouvimos diferentes timbres porque diferentes ondas sonoras desencadeiam atividade em diferentes locais ao longo da membrana basilar da cóclea. Assim, o cérebro determina o timbre de um som reconhecendo o local específico (na membrana) que está gerando o sinal neural. Quando o ganhador do Prêmio Nobel, Georg von Békésy (1957), fez furos nas cócleas de porquinhos-da-índia e de cadáveres humanos para observar seu interior com um microscópio, descobriu que elas vibravam de modo semelhante a um lençol quando sacudido, em resposta ao som. As altas frequências produziam intensas vibrações perto do início da membrana da cóclea e as frequências baixas faziam a membrana vibrar mais e não foram tão facilmente localizadas. Assim, há um problema aqui: a teoria do lugar pode explicar como ouvimos sons de timbre alto, mas não como ouvimos os sons mais graves
- A **teoria da frequência** (também chamada de *codificação temporal*) sugere outra explicação: o cérebro lê o timbre monitorando a frequência dos impulsos neurais que viajam pelo nervo auditivo. A membrana basilar inteira vibra com a onda sonora que entra, desencadeando impulsos neurais para o cérebro no mesmo ritmo da onda sonora. Se esta tiver uma frequência de 100 ondas por segundo, então 100 pulsos por segundo viajarão pelo nervo auditivo. Mas a teoria da frequência também tem um problema: um neurônio isolado não pode disparar mais do que mil vezes por segundo. Como, então, podemos

Teoria do lugar. Na audição, teoria que liga o timbre que ouvimos com o local onde a membrana da cóclea é estimulada (*teoria da codificação*).

Teoria da frequência. Na audição, teoria segundo a qual a taxa de disparos dos impulsos nervosos que viajam pelo nervo auditivo equivale à frequência de um tom, permitindo assim a detecção de seu timbre (também chamada *teoria temporal*).

assimilar sons com frequências acima de 1.000 ondas por segundo (aproximadamente a terça maior do teclado de um piano)? Entra o *princípio de vôlei*: como soldados que se alternam nos disparos para que uns possam atirar enquanto outros recarregam, as células neurais podem alternar seus disparos. Ao disparar em rápida sucessão, elas podem alcançar uma *frequência combinada* superior a 1.000 ondas por segundo.

Assim, a teoria do lugar e a teoria da frequência trabalham juntas para permitir nossa percepção do timbre. A teoria do lugar explica melhor como sentimos os *timbres altos*. A teoria da frequência explica melhor como percebemos os *timbres graves*. Por fim, alguma combinação de teorias de lugar e frequência provavelmente explica como sentimos os *timbres na faixa intermediária*.

PRÁTICA DE RECUPERAÇÃO

PR-4 Qual teoria da percepção do timbre explicaria melhor o deleite do público de uma sinfonia em relação a um flautim alto e agudo? E em relação a um violoncelo baixo e grave?

RESPOSTAS NO APÊNDICE E

LOCALIZAÇÃO DOS SONS. Por que não temos apenas uma grande orelha – quem sabe em cima de nosso único nariz? "Para te ouvir melhor", como disse o lobo à Chapeuzinho Vermelho. Graças ao posicionamento de nossos dois ouvidos, desfrutamos de uma audição estereofônica ("tridimensional"). Ter dois ouvidos é melhor do que ter um, por pelo menos duas razões (Figura 6.33). Se o carro à direita buzinar, seu ouvido direito recebe um som mais *intenso*, e ele também vai receber o som um pouquinho *mais rápido* do que o esquerdo.

Como o som viaja rápido e os ouvidos humanos não estão muito distantes, a diferença de intensidade e o intervalo de tempo são extremamente pequenos. Uma diferença apenas perceptível na direção de duas fontes de som corresponde a uma diferença de tempo de apenas 0,000027 segundo! Felizes de nós, porque nosso sistema auditivo supersensível pode detectar diferenças minúsculas e localizar de onde vem o som (Brown & Deffenbacher, 1979; Middlebrooks & Green, 1991).

Outros sentidos

Tubarões e cães contam com seu excelente olfato, auxiliado por grandes áreas cerebrais relacionadas com o olfato. Nosso cérebro humano aloca mais espaço para ver e ouvir. Mas acontecimentos extraordinários também ocorrem em nossos outros sentidos. Sem nossos sentidos de tato, paladar, olfato, e posição e movimento do corpo, nós, humanos, ficaríamos seriamente prejudicados, e nossa capacidade de desfrutar o mundo seria muito diminuída.

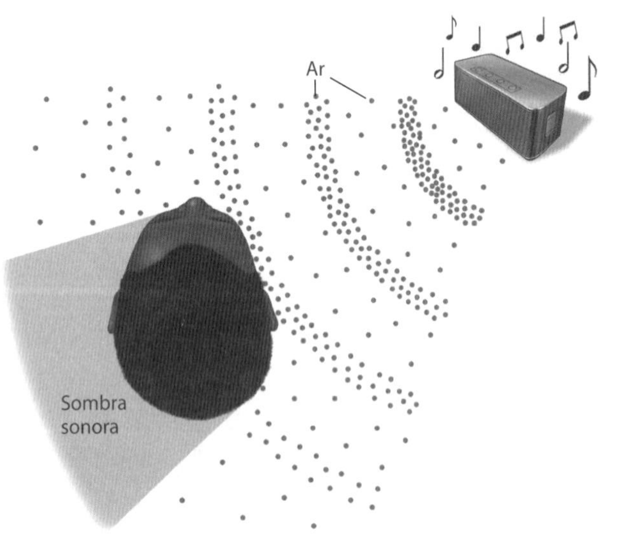

Figura 6.33 Como localizamos os sons. As ondas sonoras atingem um dos ouvido antes e com mais intensidade do que o outro. A partir dessa informação, nosso cérebro ágil consegue calcular a localização do som. Portanto, conforme você poderia prever, as pessoas que perdem toda a audição em um ouvido muitas vezes têm dificuldade de localizar os sons.

Tato

QOA 6.19 Quais são as quatro sensações básicas do toque, e como sentimos o toque?

O *toque*, nosso sentido tátil, é vital. Da infância à idade adulta, toques afetuosos promovem nosso bem-estar (Jakubiak & Feeney, 2017). Desde o início, o toque auxilia nosso desenvolvimento. Filhotes de ratos privados do contato materno produzem menos hormônio de crescimento e têm taxa metabólica mais baixa – uma boa maneira de se manter vivo até o retorno da mãe, porém uma reação que interrompe o crescimento, se for prolongada. Macacos bebês que podem ver, ouvir e cheirar sua mãe – mas, se não tocar, ficam desesperadamente infelizes (Suomi et al., 1976). Os bebês humanos prematuros ganham peso mais rápido e vão para casa mais cedo se forem estimulados por massagem com as mãos (Field et al., 2006). Sentindo um desastre ou lamentando uma morte, encontramos conforto em um abraço. Como adultos, ainda ansiamos por tocar – beijar, acariciar, aconchegar.

O humorista Dave Barry (1985, p. 2) talvez estivesse certo ao brincar que sua pele "impede que as pessoas vejam o interior do seu corpo, o que é repulsivo, e impede que seus órgãos caiam no chão". Mas a pele faz muito mais. Tocá-la em vários pontos com cabelos macios, um arame quente ou frio e a ponta de um alfinete revela que alguns locais são especialmente sensíveis à *pressão*, outros à *tepidez*, outros ao *frio*, e outros ainda à *dor*. Nosso "sentido do tato" é na verdade uma mistura desses quatro sentidos básicos distintos, e nossas outras sensações na pele são variações da pressão, tepidez, frio e dor. Por exemplo, afagar pontos de pressão adjacentes causa cócegas. Afagar suave e repetidamente um ponto de dor gera uma sensação de coceira. Tocar pontos de frio e de pressão adjacentes desencadeia uma sensação de umidade, que você pode experimentar tocando um metal seco e frio.

As sensações de toque envolvem mais do que estimulação tátil, no entanto. As cócegas autoinfligidas produzem menor ativação do córtex somatossensorial do que se fossem provocadas por outra coisa ou pessoa (Blakemore et al., 1998). Do mesmo modo, uma carícia sensual na perna evoca uma resposta diferente do córtex somatossensorial quando um homem heterossexual acredita que essa carícia vem de uma mulher atraente em vez de outro homem (Gazzola et al., 2012). Essas respostas revelam a rapidez com que a cognição influencia a resposta sensorial do nosso cérebro.

© Jose Luis Pelaez, Inc./Blend Images/Corbis

O precioso sentido do tato. Como William James escreveu em seu livro *Princípios de Psicologia* (1890), "O tato é o alfa e o ômega de nossa afeição".

Dor

QOA 6.20 Quais influências biológicas, psicológicas e socioculturais afetam nossa experiência da dor? Como os placebos, a distração e a hipnose ajudam a controlar a dor?

Seja grato à dor ocasional. A dor é a maneira de seu corpo lhe dizer que algo está errado. Atraindo sua atenção para uma queimadura, uma fratura, ou uma distensão, ela ordena que você mude seu comportamento – "Fique longe desse tornozelo torcido!" A dor também serve a um propósito psicológico, aumentando sua autoconsciência, despertando a empatia dos outros e promovendo conexões sociais (Bastian et al., 2014).

As raras pessoas que nasceram sem a capacidade de sentir dor podem até experienciar um nascimento sem dor, mas também isso as coloca em risco de sofrer lesões graves ou mesmo morte prematura (Habib et al., 2019). Sem o desconforto que nos faz mudar de posição, suas articulações podem falhar por excesso de tensão. Sem os avisos de dor, as infecções podem correr soltas e as lesões podem se acumular (Neese, 1991).

Mais numerosos são os casos dos que vivem com dor crônica, o que é similar a um alarme que nunca para de tocar. Dores persistentes nas costas, artrite, dores de cabeça e dores relacionadas ao câncer levam a duas perguntas: O que é dor? Como poderíamos controlá-la?

COMPREENDENDO A DOR. Nossa experiência da dor reflete tanto as sensações *de baixo para cima* quanto a cognição *de cima para baixo*. A dor é um evento biopsicossocial (Hadjistavropoulos et al., 2011). E assim, as experiências de dor variam muito, de grupo para grupo e de pessoa para pessoa. Ver a dor do ponto de vista biológico, psicológico e sociocultural pode nos ajudar a entendê-la melhor e a lidar com ela e tratá-la (Figura 6.34).

Influências biológicas. A dor é um evento físico produzido pelos nossos sentidos. Mas é diferente de algumas de outras sensações. Nenhum tipo de estímulo desencadeia dor como a luz desencadeia a visão. E nenhum receptor especializado processa os sinais de dor da maneira

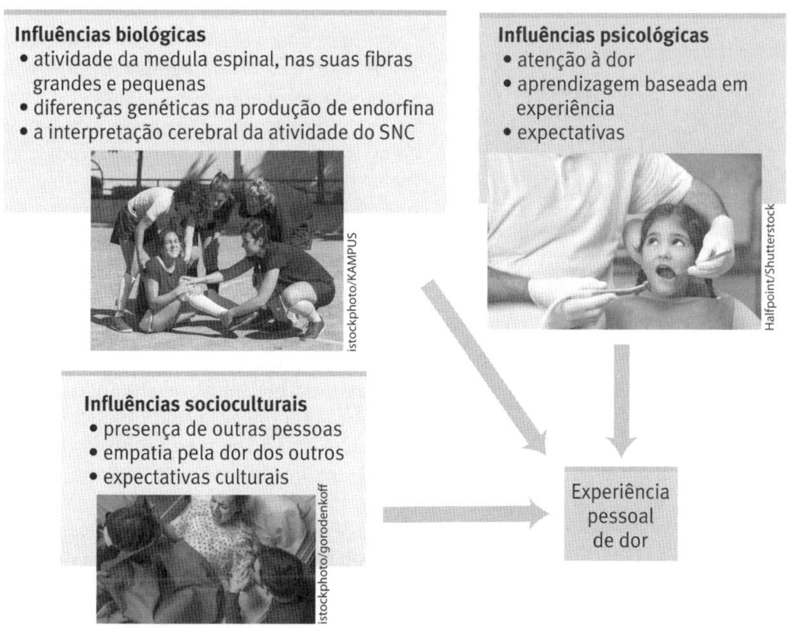

Figura 6.34 Abordagem biopsicossocial da dor Nossa experiência de dor é muito mais do que mensagens neurais enviadas para nosso cérebro.

Teoria do portão de controle da dor. Teoria de que a medula espinal contém um "portão" neurológico que bloqueia sinais de dor ou permite que eles sigam até o cérebro. O "portão" é aberto pela atividade de sinais de dor, que são transmitidos por pequenas fibras nervosas e é fechado pela atividade de fibras maiores ou pela informação vinda do cérebro.

como os receptores da retina reagem aos raios de luz. Em vez disso, os receptores sensoriais chamados *nociceptores* – principalmente em nossa pele, mas também em nossos músculos e órgãos – detectam temperaturas, pressão ou produtos químicos prejudiciais (Figura 6.35).

Sua experiência de dor depende em parte dos genes que você herdou e de suas características físicas (Gatchel et al., 2007; Reimann et al., 2010). As mulheres são mais sensíveis à dor do que os homens (sua audição e olfato também tendem a ser mais sensíveis) (Ruau et al., 2012; Wickelgren, 2009).

Nenhuma teoria da dor pode explicar todos os achados disponíveis. Um modelo útil, a **teoria do portão de controle da dor**, sugere que a medula espinal contém um "portão" neurológico que controla a transmissão de mensagens de dor para o cérebro (Melzack & Katz, 2013; Melzack & Wall, 1965, 1983).

As pequenas fibras nervosas da medula espinal conduzem a maioria dos sinais de dor, de modo que uma lesão ativa as pequenas fibras e abre o portão. Os sinais de dor podem então viajar para o seu cérebro e você sente dor. Mas a grande atividade da fibra (estimulada por massagem, estimulação elétrica ou acupuntura) pode fechar o portão da dor bloqueando os sinais de dor. As mensagens do cérebro para a medula espinal também podem fechar o portão. Assim, a dor crônica pode ser tratada tanto pela estimulação "fechadora", como a massagem, quanto pela atividade mental, como a distração (Wall, 2000).

Também nos beneficiamos de nossos próprios analgésicos naturais, as *endorfinas*, que são liberadas em resposta a dores intensas ou exercícios vigorosos. As pessoas que carregam um gene que aumenta a disponibilidade de endorfinas são menos incomodadas pela dor, e seu cérebro é menos responsivo à dor (Zubieta et al., 2003). Outros, que carregam um gene mutante que interrompe a neurotransmissão do circuito da dor, podem ser incapazes de sentir dor (Cox et al., 2006). Essas descobertas apontam o caminho para futuros medicamentos para a dor que imitam esses efeitos genéticos.

A dor não é meramente um fenômeno físico de nervos lesados enviando impulsos para uma área definível do cérebro ou da medula espinal – como puxar uma corda para tocar um sino. O cérebro também pode criar dor, como nas *sensações de membros fantasmas*. Sem a entrada sensorial normal de um membro ausente, o cérebro pode interpretar erroneamente e amplificar a atividade espontânea, mas irrelevante do sistema nervoso central. Como o sonhador pode ver com os olhos fechados, sete em cada 10 dessas pessoas sentem dor ou movimento em membros inexistentes (Melzack, 1992, 2005). Alguns podem até tentar levantar um copo com uma mão fantasma, ou pisar fora de uma cama em uma perna fantasma. Mesmo os nascidos sem um membro às vezes percebem sensações do braço ou da perna ausente; o cérebro pode vir preparado para prever "que estará recebendo informações de um corpo que tem membros" (Melzack, 1998).

Figura 6.35 Circuito da dor. Os receptores sensoriais (*nociceptores*) respondem a estímulos potencialmente nocivos enviando um impulso para a medula espinal, que passa a mensagem para o cérebro, que interpreta o sinal como dor.

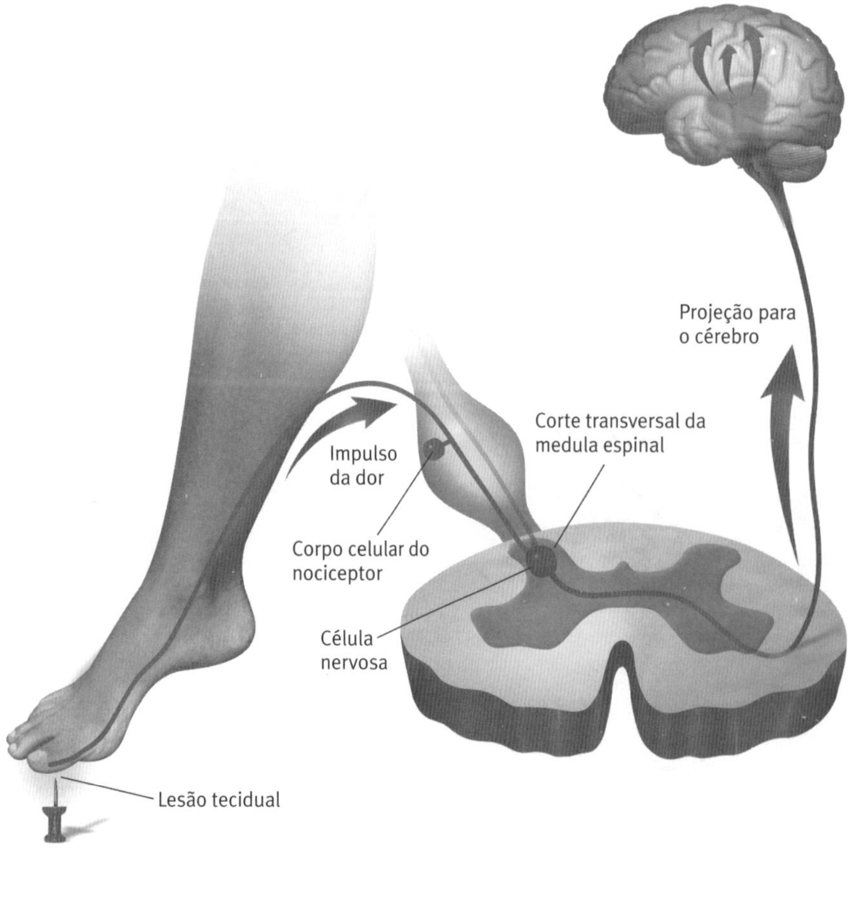

Fantasmas também podem assombrar outros sentidos. Pessoas com perda auditiva geralmente experimentam o som do silêncio: *tinnitus* (mais do que um zumbido na orelha); o som fantasma de zumbido nos ouvidos que é acompanhado por atividade cerebral auditiva (Sedley et al., 2015). Aqueles que perdem a visão devido a glaucoma, catarata, diabetes ou degeneração macular podem experimentar visões fantasmas – alucinações não ameaçadoras (Painter et al., 2018). Alguns indivíduos que sofrem danos neurais nos sistemas gustativo e olfativo sentem sabores e cheiros fantasmas, como uma água gelada que parece enjoativamente doce, ou o cheiro de comida estragada que não existe (Goode, 1999). *O ponto a ser lembrado*: sentimos, vemos, ouvimos, saboreamos e cheiramos com nosso cérebro.

Influências psicológicas. Uma influência poderosa sobre nossa percepção da dor é a atenção que damos a ela. Atletas, concentrados na vitória, podem perceber a dor de forma diferente, e continuar jogando apesar da dor.

Também parecemos editar nossas *memórias* de dor, que muitas vezes diferem da dor que realmente experimentamos. Em experimentos e após procedimentos médicos dolorosos ou parto, as pessoas ignoram a duração da dor. Seus instantâneos de memória registram dois fatores: o momento de *pico* de sua dor (que pode levá-los a recordar a dor variável, com picos, como pior [Chajut et al., 2014; Stone et al., 2005]) e quanta dor eles sentiram no *fim*. Em um experimento, as pessoas mergulharam a mão em água dolorosamente fria por 60 segundos e, em seguida, a outra mão na mesma água dolorosamente fria por 60 segundos, só que dessa vez por um pouco menos doloroso, 30 segundos a mais (Kahneman et al., 1993). Que experiência você esperaria que eles lembrassem como a mais dolorosa?

Curiosamente, quando perguntados sobre qual tentativa eles prefeririam repetir, a maioria preferiu a tentativa de 90 segundos, com mais dor total – mas menos dor no final. Os médicos têm usado esse princípio com pacientes submetidos a exames de cólon – prolongando o desconforto em um minuto, mas diminuindo sua intensidade no final (Kahneman, 1999). Imagine passar por um procedimento doloroso e ter o médico perguntando se você prefere ir para casa agora ou suportar mais alguns minutos de desconforto mais leve. Há um caso a ser feito para prolongar uma ferida cônica.

"A dor é maior quando damos atenção a ela."
– Charles Darwin, *The Expression of the Emotions in Man and Animals*, 1872

O fim de uma experiência também pode colorir nossa memória de prazeres. Em um experimento simples, algumas pessoas, ao receberem um quinto e último pedaço de chocolate, foram informadas de que era o "próximo". Outros, avisados de que era o seu "último" pedaço, curtiram mais e também relacionaram o experimento inteiro como mais aprazível (O'Brien & Ellsworth, 2012). O final faz a diferença.

Influências socioculturais. A dor é produto da nossa atenção, das nossas expectativas e também da nossa cultura (Gatchel et al., 2007; Reimann et al., 2010). Não é de surpreender, então, que nossa percepção da dor varie com nossa situação social e nossas tradições culturais. Tendemos a perceber mais dor quando os outros também parecem experimentá-la (Symbaluk et al., 1997). Isso pode ajudar a explicar outros aparentes aspectos sociais da dor, como quando grupos de digitadores australianos sofreram graves surtos de dor em meados da década de 1980, decorrente do trabalho repetitivo – sem nenhuma anormalidade física observável (Gawande, 1998). Às vezes, a dor de entorse está, acima de tudo, no cérebro – literalmente. Ao sentirmos empatia pela dor alheia, nossa própria atividade cerebral pode, em parte, espelhar a atividade cerebral do outro que está com dor (Singer et al., 2004).

CONTROLE DA DOR. Se a dor está onde o corpo encontra a mente, se é um fenômeno tanto físico como psicológico, então deveria ser tratável tanto física como psicologicamente. Dependendo do tipo de sintomas, os clínicos do controle da dor selecionam uma ou mais terapias de uma lista que inclui medicamentos, cirurgias, acupuntura, estimulação elétrica, massagem, exercícios, hipnose, treinamento em relaxamento e distração do pensamento.

Placebos. Até mesmo os *placebos* podem ajudar, por diminuir a atenção e as respostas do cérebro a experiências dolorosas, mimetizando os analgésicos (Eippert et al., 2009; Wager & Atlas, 2013). Depois de receberem uma injeção de uma pungente solução de água salgada no maxilar, homens que participaram de um experimento receberam um placebo que supostamente aliviaria a dor. De imediato, eles sentiram melhora. O "nada" tinha funcionado. A crença dos homens no analgésico falso fez com que seu cérebro respondesse dispensando endorfinas, conforme revelado pela atividade em uma área que libera opiáceos analgésicos naturais (Scott et al., 2007; Zubieta et al., 2005).

Outro experimento pôs dois placebos – comprimidos falsos e um procedimento simulado de acupuntura – um contra o outro (Kaptchuk et al., 2006). Pessoas com dor persistente no braço receberam uma simulação de acupuntura (com agulhas de mentira que se retraíam sem penetrar na pele) ou comprimidos azuis de amido de milho que eram parecidos com os frequentemente receitados para lesões por tensão. Depois de dois meses, ambos os grupos acusavam menos dor, e o grupo acupuntura falsa relatou a maior queda. Um quarto dos que receberam as agulhadas inexistentes e 31% dos que receberam os comprimidos reclamaram de efeitos colaterais, como dor na pele ou boca seca e fadiga.

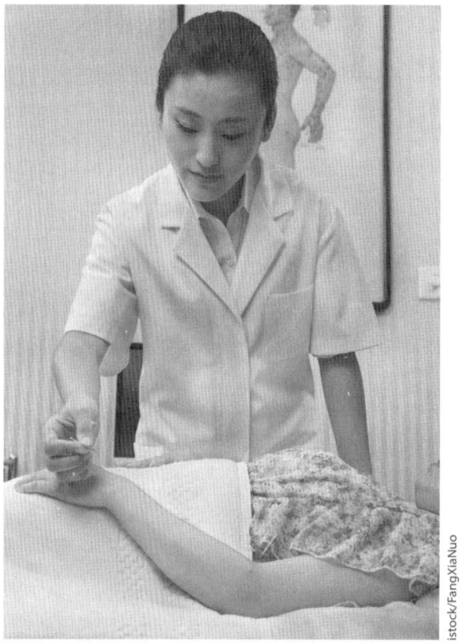
istock/FangXiaNuo

Acupuntura: uma pontada bem aplicada.
Esta acupunturista está tentando ajudar esta mulher a obter alívio da dor nas costas usando agulhas em pontos da mão da paciente.

Distração. Você já ouviu algum profissional de saúde sugerir que você se concentrasse em uma imagem agradável ("Pense em um ambiente aconchegante e confortável") ou realizasse alguma tarefa ("Conte de trás para frente de 3 em 3")? Desviar a atenção de uma estimulação dolorosa é uma maneira eficaz de ativar as vias cerebrais que inibem a dor e aumentam a tolerância à dor (Edwards et al., 2009). Para vítimas de queimaduras que recebem tratamento excruciante de feridas, uma distração ainda mais eficaz é escapar para a realidade virtual. Imagens de RM funcional (RMf) revelam que jogar no mundo 3D gerado por computador reduz a atividade relacionada à dor do cérebro (Hoffman, 2004). Como a dor está no cérebro, desviar sua atenção pode trazer alívio. Estar "totalmente imerso em um ambiente virtual [é] como um *hack* cerebral", disse um médico que usa a realidade virtual para tratar a dor. "Você não pode se envolver em mais nada" (Brody, 2019).

Hipnose. Melhor ainda, a pesquisa sugere que se tente maximizar o alívio da dor combinando um placebo com distração (Buhle et al., 2012) e amplificando seus efeitos com **hipnose**. Imagine que você está prestes a ser hipnotizado. O hipnotizador convida você para se

Hipnose. Interação social na qual uma pessoa (o hipnotizador) sugere a outra (o sujeito) que certas percepções, sentimentos, pensamentos ou comportamentos ocorrerão espontaneamente.

Dissociação. Divisão na consciência, que permite que alguns pensamentos e comportamentos ocorram simultaneamente com outros.

Sugestão pós-hipnótica. Sugestão, feita durante uma sessão de hipnose, a ser aceita depois que o súdito sair da hipnose; é utilizada por alguns clínicos para ajudar a controlar sintomas e comportamentos indesejados.

Gustação. Nosso sentido do paladar.

sentar, fixar seu olhar em um ponto alto na parede, e relaxar. Você ouve a voz calma e lenta do hipnotizador a sugerir: "Seus olhos estão ficando cada vez mais cansados... Suas pálpebras estão ficando pesadas... agora cada vez mais pesadas... estão começando a fechar... Você está ficando profundamente relaxado... Sua respiração é profunda e regular... Seus músculos estão ficando cada vez mais relaxados. Seu corpo inteiro está começando a se sentir como chumbo." Depois de alguns minutos dessa *indução hipnótica*, você pode ficar hipnotizado. As palavras podem mudar temporariamente sua atividade cerebral.

Os hipnotizadores não têm poder mágico de controle da mente; eles meramente concentram as pessoas em certas imagens ou comportamentos. Até certo ponto, estamos todos abertos à sugestão. Mas as pessoas altamente hipnotizáveis – como as que aceitam (20%) a sugestão de não cheirar ou de reagir a uma garrafa de amônio aberta sob seu nariz – são especialmente sugestionáveis e imaginativas (Barnier & McConkey, 2004; Silva & Kirsch, 1992). Seu cérebro também exibe atividade alterada quando você está hipnotizado (Jiang et al., 2016).

A hipnose pode aliviar a dor? *Sim*. Quando pessoas não hipnotizadas colocam seus braços em uma banheira de gelo, elas sentem uma dor intensa em até 25 segundos (Elkins et al., 2012; Jensen, 2008). Quando pessoas hipnotizadas fazem a mesma coisa depois de receberem sugestões para não sentir dor, elas realmente sentem pouca dor. A hipnose também pode reduzir algumas formas de dor crônica e relacionada à deficiência (Adachi et al., 2014; Bowker & Dorstyn, 2016).

Em experimentos cirúrgicos, pacientes hipnotizados exigiram menos medicação, recuperando-se mais cedo, e saíram do hospital antes dos pacientes não hipnotizados do grupo controle (Askay & Patterson, 2007; Hammond, 2008; Spiegel, 2007). Quase 10% das pessoas podem ficar tão profundamente hipnotizadas que até mesmo uma cirurgia importante pode ser realizada sem anestesia. Metade das pessoas pode obter pelo menos algum alívio da dor, com a hipnose. O uso cirúrgico da hipnose prosperou na Europa, onde uma equipe médica da Bélgica realizou mais de 5 mil cirurgias com uma combinação de hipnose, anestesia local e um sedativo leve (Facco, 2016; Song, 2006).

Os psicólogos propuseram duas explicações para o funcionamento da hipnose:

- A *teoria da influência social* afirma que a hipnose é um subproduto de processos sociais e mentais normais (Lynn et al., 1990, 2015; Spanos & Coe, 1992). Nessa visão, pessoas hipnotizadas, como atores envolvidos em um papel, começam a sentir e se comportar de maneira apropriada para "bons súditos hipnóticos". Eles podem permitir que o hipnotizador direcione sua atenção para longe da dor.
- A *teoria da dissociação* propõe que hipnose é um estado especial de **dissociação** de duplo processamento – uma divisão entre diferentes níveis de consciência. Essa teoria procura explicar por que, quando ninguém está observando, pessoas previamente hipnotizadas podem, mais tarde, realizar **sugestões pós-hipnóticas** (Perugini et al., 1998). Também oferece uma explicação de por que as pessoas hipnotizadas para alívio da dor podem mostrar atividade cerebral em áreas que recebem informações sensoriais, mas não em áreas que normalmente processam informações relacionadas com a dor (Rainville et al., 1997).

A *atenção seletiva* (ver Capítulo 3) também pode desempenhar um papel no alívio da dor hipnótica. Imagens cerebrais mostram que a hipnose aumenta a atividade nos sistemas de atenção do lobo frontal (Oakley & Halligan, 2013). Assim, embora a hipnose não bloqueie a entrada sensorial em si, ela pode bloquear nossa atenção a esses estímulos. Isso ajuda a explicar por que soldados feridos, atingidos em batalha, podem sentir pouca ou nenhuma dor até alcançarem um lugar seguro.

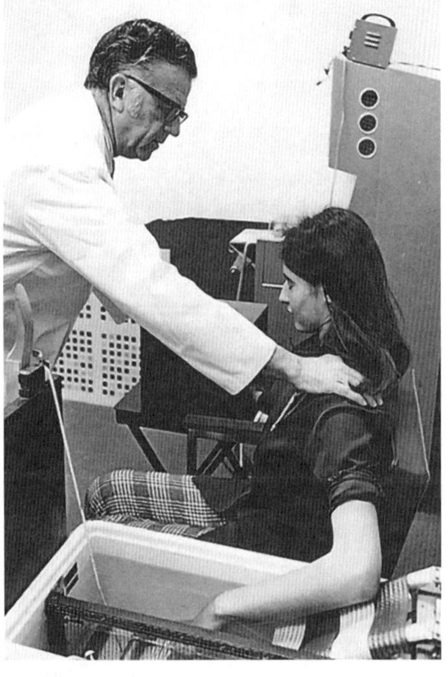

Courtesy of Elizabeth Jecker

Dissociação ou influência social? Esta mulher hipnotizada sendo testada pelo pesquisador Ernest Hilgard não sentiu dor quando seu braço foi colocado em um banho de gelo. A água estava fria, mas não dolorosa. Mas quando foi solicitada a apertar uma tecla se alguma parte de seu corpo sentisse dor, ela apertou. Para Hilgard (1986, 1992), isso era evidência de divisão da consciência, ou "dissociação" feita pela mente entre o frio e a dor. A perspectiva da influência social, no entanto, sustenta que os indivíduos que respondem dessa maneira são enredados pelo papel de "bons participantes".

PERGUNTE A SI MESMO

A quais métodos de controle da dor você costuma recorrer quando precisa? Aprender sobre essas maneiras de controlar a dor lhe deu algumas novas ideias sobre outras estratégias eficazes?

PRÁTICA DE RECUPERAÇÃO

PR-5 Qual das seguintes opções NÃO comprovou capacidade para reduzir a dor?

a. Distração
b. Hipnose
c. Sensações em membros fantasmas
d. Endorfinas.

RESPOSTAS NO APÊNDICE E

Paladar

QOA 6.21 Quais são as semelhanças e diferenças entre nossos sentidos do paladar e do olfato?

Como o tato, nosso sentido da **gustação** envolve diversas sensações básicas. Outrora pensava-se que essas sensações eram o *doce*, o *azedo*, o *salgado* e o *amargo*, com todas as outras tendo origem nas misturas dessas quatro (McBurney & Gent, 1979). Então, quando cientistas investigavam fibras nervosas especializadas para as quatro sensações básicas do paladar, encontraram um receptor para aquela que agora conhecemos como a quinta – o sabor condimentado e substancial do *umami*, mais reconhecido como o realçador de sabor, glutamato monossódico (GMS).

O paladar não existe só para o nosso prazer (ver Tabela 6.2). Os sabores prazerosos atraíam nossos ancestrais para alimentos ricos em energia ou proteína, que permitiram sua sobrevivência. Os gostos aversivos mantinham-nos distantes de alimentos que poderiam ser tóxicos. Vemos a herança dessa sabedoria biológica nas crianças com idade entre 2 e 6 anos de hoje em dia, tipicamente implicantes com comida, em especial quando lhes oferecemos um novo tipo de carne, ou verduras de gosto amargo, como espinafre e couve-de-bruxelas (Cooke et al., 2003). As toxinas das carnes e das plantas tinham um perigoso potencial de intoxicação alimentar para nossos antepassados, em especial para as crianças. Elas, porém, ao receberem repetidas vezes pequenas quantidades de alimentos de que não gostam, em geral começam a aceitá-los (Wardle et al., 2003). Passamos a gostar do que comemos. Comparados com os lactentes, os bebês alemães amamentados com mamadeira contendo leite sabor baunilha cresceram e se tornaram adultos com uma preferência impressionante pelo sabor baunilha (Haller et al., 1999). O fenômeno da exposição ao sabor se estende até o útero. Em um experimento, bebês cujas mães beberam suco de cenoura durante o final da gravidez e nas primeiras semanas de amamentação desenvolveram um gosto por cereais com sabor de cenoura (Mennella et al., 2001).

O paladar é um sentido químico. Dentro de cada pequena saliência na parte de cima e nos lados da língua encontram-se pelo menos 200 papilas gustativas, cada uma contendo um poro que capta as substâncias químicas do alimento e libera neurotransmissores (Roper & Chaudhari, 2017). Em cada poro da papila gustativa, 50 a 100 células receptoras gustativas projetam cílios em forma de antena que detectam as moléculas do alimento. Alguns receptores respondem principalmente às moléculas doces, outros às salgadas, às azedas, às *umami* ou às amargas. Cada receptor transmite sua mensagem para uma célula parceira correspondente no lobo temporal do nosso cérebro (Barretto et al., 2015). Algumas pessoas têm mais papilas gustativas do que outras, o que lhes permite experimentar sabores mais intensos. A psicóloga Linda Bartoshuk (2000) pesquisou esses *superdegustadores* e como eles podem provar algumas coisas que o resto de nós não consegue.

Para a maioria das pessoas, não é preciso muito para desencadear uma resposta de sabor. Se um fluxo de água for bombeado através de sua língua, a adição de um sabor salgado ou doce concentrado por apenas um décimo de segundo chamará sua atenção (Kelling & Halpern, 1983). Quando um amigo pede "só um golinho" do seu *smoothie*, você poderia espremer o canudo depois de uma fração de segundo.

Os receptores gustativos reproduzem-se a cada semana ou duas; por isso, se você queimar a língua, não é grave. No entanto, à medida que envelhecemos, o número de papilas gustativas diminui, bem como a sensibilidade do paladar (Cowart, 1981). (Não é de admirar que adultos apreciem alimentos de sabor forte, aos quais as crianças resistem.) O fumo e o consumo de álcool aceleram esse declínio. Pessoas que perdem o paladar afirmam que a comida adquire gosto de "palha" e se torna difícil de ingerir (Cowart, 2005).

Há mais para provar do que a língua oferece. Use uma venda nos olhos durante uma refeição e você prestará mais atenção e saboreará melhor (O'Brien & Smith, 2019). As expectativas também influenciam o sabor. Quando disseram que a salsicha era "vegetariana", pessoas não vegetarianas julgaram-na decididamente inferior ao seu parceiro idêntico rotulado de

Macmillan Learning

Linda Bartoshuk (nascida em 1938). Como estudante na era da discriminação dos sexos no final dos anos 1950, Bartoshuk (2010) abandonou seu interesse pela astronomia quando soube que "as mulheres não tinham permissão para usar os grandes telescópios". Isso a levou à psicofísica — o estudo de como estímulos físicos, como substâncias na língua, criam nossa experiência subjetiva. Enquanto estudava experiências gustativas, ela descobriu os superdegustadores.

Tabela 6.2 Funções de sobrevivência dos paladares básicos.

Paladar	Indica
Doce	Fonte de energia
Salgado	Sódio essencial para os processos fisiológicos
Azedo	Ácido com potencial tóxico
Amargo	Venenos em potencial
Umami	Proteínas para crescimento e reparo de tecidos

Lauren Burke/Getty Images

Impressione seus amigos com sua nova palavra para o dia: Diz-se que as pessoas incapazes de ver sofrem de cegueira; que as pessoas que não ouvem são surdas e que as pessoas incapazes de sentir cheiros têm *anosmia*. Entre 7.500 pessoas nascidas com anosmia, uma não só tem problemas para cozinhar e comer, mas também é um pouco mais propensa à depressão, acidentes e insegurança no relacionamento (Croy et al., 2012, 2013).

"carne" (Allen et al., 2008). Em outro experimento, ser informado de que um vinho custa 90 dólares, em vez de seu preço real de 10 dólares, faz uma bebida barata parecer mais saborosa e desencadeia mais atividade em uma área cerebral que responde a experiências prazerosas (Plassmann et al., 2008). Ao contrário do pressuposto de Shakespeare em *Romeu e Julieta*, de que "a flor que chamamos de rosa se outro nome tivesse ainda teria o mesmo perfume", os rótulos são importantes. E por falar em odores...

Olfato

Inspire, expire. Entre a primeira inspiração ao nascimento e a última expiração na morte, uma média de 500 milhões de respirações de ar que sustenta a vida banham as narinas humanas em um fluxo de moléculas carregadas de perfume. As experiências resultantes do cheiro – **olfato** – são surpreendentemente íntimas. A cada respiração, você inala algo do que ou de quem quer que esteja cheirando.

Como o paladar, o olfato é um sentido químico. Sentimos o cheiro de algo quando as moléculas de uma substância transportada pelo ar alcançam um minúsculo aglomerado de células receptoras localizadas no topo de cada cavidade nasal (Figura 6.36). Esses 20 milhões de receptores olfativos, tremulando como anêmonas-do-mar em um recife, respondem seletivamente – ao aroma de um bolo assando, a um fio de fumaça, à fragrância de um amigo. Instantaneamente, eles ativam o cérebro por meio de suas fibras axonais.

Sendo parte de um sistema primitivo, antigo, os neurônios olfativos contornam o centro de controle sensorial do cérebro, o tálamo. Eras antes de nosso córtex cerebral ter evoluído completamente, nossos ancestrais mamíferos farejavam comida e predadores. Eles também sentiram o cheiro de moléculas chamadas *feromônios*, especialmente as secretadas por outros membros de sua espécie. Alguns feromônios servem como atrativos sexuais. Quando homens heterossexuais cheiram as camisetas de mulheres que estão ovulando, eles ficam mais interessados sexualmente e têm aumento da testosterona (Miller & Maner, 2010, 2011).

As moléculas odoríficas têm muitos formatos e tamanhos – tantos, na verdade, que são necessários vários receptores diferentes para detectá-las. Uma grande família de genes concebe, aproximadamente, as 350 proteínas receptoras que reconhecem moléculas odoríficas específicas (Miller, 2004). Linda Buck e Richard Axel (1991) descobriram (em um trabalho pelo qual receberam o Prêmio Nobel em 2004) que essas proteínas estão embutidas na superfície dos neurônios das cavidades nasais. Assim como uma chave entra na fechadura, as moléculas odoríficas entram nesses receptores. No entanto, parece que não temos um receptor distinto para cada odor detectável. Isso sugere que alguns odores disparam uma combinação de receptores, em padrões interpretados pelo córtex olfativo. Da mesma maneira que as letras do alfabeto podem se combinar para formar inúmeras palavras, as moléculas

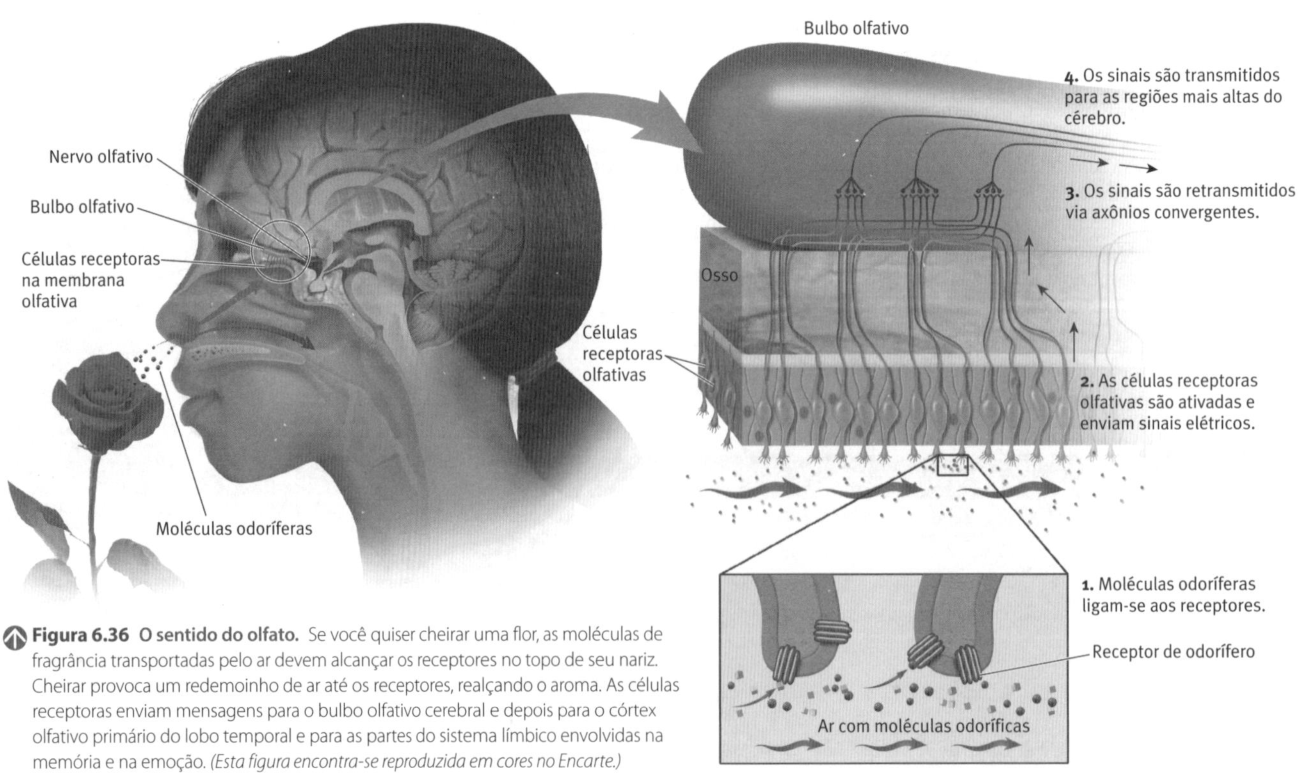

Figura 6.36 O sentido do olfato. Se você quiser cheirar uma flor, as moléculas de fragrância transportadas pelo ar devem alcançar os receptores no topo de seu nariz. Cheirar provoca um redemoinho de ar até os receptores, realçando o aroma. As células receptoras enviam mensagens para o bulbo olfativo cerebral e depois para o córtex olfativo primário do lobo temporal e para as partes do sistema límbico envolvidas na memória e na emoção. *(Esta figura encontra-se reproduzida em cores no Encarte.)*

odoríficas ligam-se a diferentes conjuntos de receptores, produzindo pelo menos um trilhão de odores que somos capazes de detectar (Bushdid et al., 2014). Os neurocientistas identificaram combinações complexas de receptores olfativos que acionam diferentes redes neurais, permitindo-nos distinguir entre odores agradáveis e desagradáveis (Zou et al., 2016).

Animais que têm muitas vezes mais receptores olfativos do que nós também usam seu olfato para sobreviver, se comunicar e navegar. Os elefantes podem sentir o cheiro da diferença entre pequenas e grandes quantidades de comida, informando se eles têm o suficiente para alimentar a si mesmos ou ao rebanho (Plotnik et al., 2019). E muito antes que um tubarão possa ver sua presa, ou algum traço do seu companheiro, indicações olfativas direcionam o seu caminho, como também ocorre com o salmão migratório retornando ao seu fluxo de origem. Depois de ser exposto a um dos dois produtos químicos odoríferos em uma incubadora, o salmão que retorna vai procurar depois pelo mesmo odor que tem um o cheiro familiar (Barinaga, 1999).

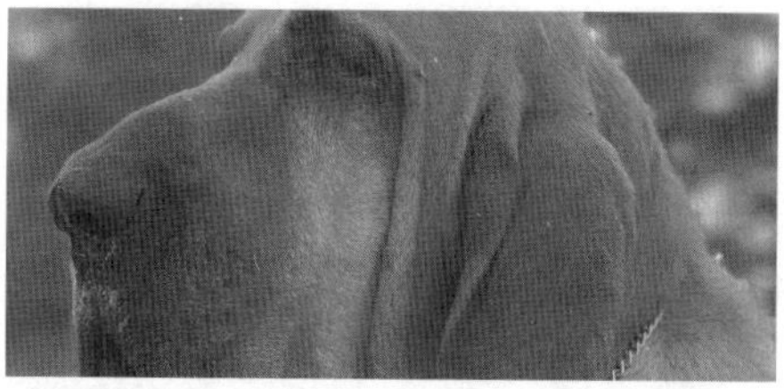

istockphoto/Juvenal Makoszay

O nariz sabe. Os seres humanos têm de 10 a 20 milhões de receptores olfatórios. Um cão de caça tem 220 milhões (Herz, 2007).

Ajudada pelo cheiro, uma mãe foca que retorna a uma praia cheia de filhotes encontrará o seu. As mães e os bebês que amamentam também aprendem rapidamente a reconhecer os cheiros uns dos outros (McCarthy, 1986). Quando as pessoas em relacionamentos sentem o cheiro do parceiro romântico, seus níveis de estresse caem (Granqvist et al., 2019; Hofer et al., 2018). Como qualquer cão ou gato com um bom nariz poderia nos dizer, cada um de nós tem sua própria assinatura química identificável. (Uma exceção digna de nota: um cão seguirá o rastro de um gêmeo idêntico como se o rastro tivesse sido deixado pelo outro [Thomas, 1974].)

O cérebro sabe o que o nariz não gosta (Cook et al., 2017; Zou et al., 2016). Quando os ratos farejam o odor de um predador, seu cérebro instintivamente envia sinais para neurônios relacionados ao estresse (Kondoh et al., 2016). Porém, a especialista em odores, Rachel Herz (2001), observa que o apelo de um cheiro – ou a falta dele – também depende de experiências culturais. Na América do Norte, as pessoas associam o cheiro de gaultéria a doces e chicletes e tendem a gostar. Na Grã-Bretanha, a gaultéria é associada, com frequência, à medicina, e as pessoas a consideram menos atraente. Os odores também evocaram emoções desagradáveis quando os pesquisadores frustraram os alunos da Brown University com um jogo de computador manipulado em uma sala perfumada (Herz et al., 2004). Mais tarde, se expostos ao mesmo odor enquanto trabalhavam em uma tarefa verbal, sua frustração era reavivada, e eles desistiam mais rápido do que os expostos a um odor diferente ou a nenhum odor.

Embora importante, nosso olfato é menos apurado do que nossos sentidos de visão e audição. Olhando através de um jardim, vemos suas formas e cores em detalhes requintados e ouvimos uma variedade de pássaros cantando, mas sentimos falta de alguns dos aromas de um jardim, sem enfiar o nariz nas flores. Podemos aprender a identificar diferenças sutis de odores, mas não é fácil (Al Aïn et al., 2019). Comparados com a forma como experimentamos e nos lembramos de visões e sons, os cheiros são mais difíceis de descrever e lembrar (Richardson & Zucco, 1989; Zucco, 2003). Teste você mesmo: o que é mais fácil, descrever o *som* do café quando está sendo preparado ou o *aroma* do café? Para a maioria das pessoas nas culturas ocidentais, é o som.

"Você tem que ver, cheirar e sentir as circunstâncias das pessoas para realmente entendê-las." – Ex-senadora e atual vice-presidente dos Estados Unidos, Kamala Harris, 2019

Embora seja difícil recordar aromas pelo nome, temos uma notável capacidade de reconhecer aqueles há muito esquecidos e as lembranças a eles associadas (Engen, 1987; Schab, 1991). Os circuitos do nosso cérebro ajudam a explicar por que o cheiro do mar, de um perfume, ou o aroma da cozinha de um parente favorito podem trazer à mente momentos felizes. Outros odores nos lembram de eventos traumáticos, ativando regiões cerebrais relacionadas com o medo (Kadohisa, 2013). De fato, uma linha direta funciona entre a área do cérebro que recebe informações do nariz e os antigos centros límbicos do cérebro associados à memória e emoção (Figura 6.37). Assim, quando colocadas em uma sala malcheirosa, as pessoas expressaram julgamentos mais severos de outras pessoas e de atos imorais (como mentir ou guardar uma carteira encontrada) (Inbar et al., 2012; Schnall et al., 2008). Expostas a um cheiro de peixe, as pessoas ficaram mais desconfiadas (Lee et al., 2015; Lee & Schwarz, 2012). E ao andar em um vagão de trem com o cheiro cítrico de um produto de limpeza, as pessoas deixaram para trás menos lixo (de Lange et al., 2012).

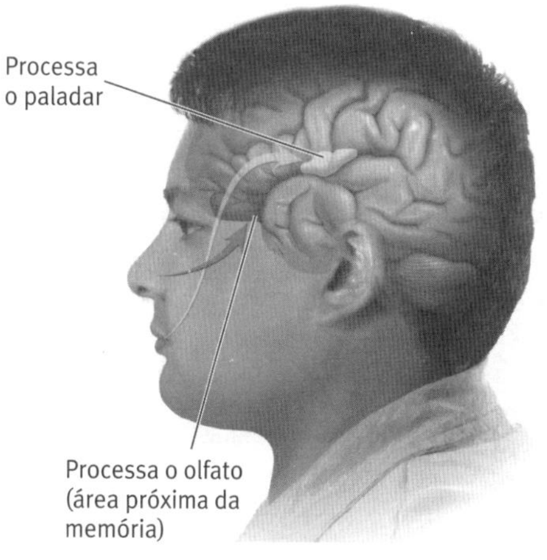

Figura 6.37 Paladar, olfato e memória. A informação das papilas gustativas (seta amarela) viaja de uma área entre os lobos frontal e temporal do cérebro. Ele registra em uma área que não é distante de onde o cérebro recebe as informações do nosso sentido do olfato, que interagem com o paladar. Os circuitos cerebrais do olfato (área vermelha) também se conectam com as áreas envolvidas no armazenamento da memória, o que ajuda a explicar por que um cheiro pode ativar a memória. *(Esta figura encontra-se reproduzida em cores no Encarte.)*

Gênero e idade influenciam nossa capacidade de identificar aromas. Mulheres e adultos jovens tendem a ter o melhor olfato (Wysocki & Gilbert, 1989). A condição física também importa. Fumantes e pessoas com doença de Alzheimer, doença de Parkinson ou transtorno por uso de álcool normalmente têm olfato diminuído (Doty, 2001). Além disso, os cheiros que detectamos e a maneira como os experimentamos diferem, graças aos nossos genes individuais (Trimmer et al., 2019). O perfume de uma flor pode ser diferente para você e para um amigo. Para todos nós, no entanto, o sentido do olfato tende a atingir o pico no início da idade adulta e diminui gradualmente depois disso.

PRÁTICA DE RECUPERAÇÃO

PR-6 Qual é a diferença entre nosso sistema olfativo e nossos outros sistemas sensoriais do tato e paladar?

RESPOSTAS NO APÊNDICE E

uwdigitalcollections

Corpo no espaço. Esta líder de torcida da faculdade mostra que, usando informações dos ouvidos internos, o cérebro monitora habilmente a posição do corpo.

Posição e movimento corporal

QOA 6.22 Como percebemos a posição e o movimento do nosso corpo?

Sem sentir a posição e o movimento do seu corpo, você não pode colocar comida na boca, ficar de pé ou estender a mão e tocar em alguém. Tampouco poderia realizar o ato "simples" de dar um passo à frente. Esse ato requer *feedback* e instruções para cerca de 200 músculos, e envolve o poder do cérebro que excede a atividade mental envolvida no raciocínio. Milhões de sensores de posição e movimento em músculos, tendões e articulações em todo o corpo, chamados *proprioceptores*, fornecem *feedback* constante ao seu cérebro, permitindo sua sensação de **cinestesia** (ou **kinestesia**), que o mantém ciente da posição e movimento das partes do seu corpo. Gire seu punho um grau e seu cérebro recebe uma atualização imediata.

Se você tem visão e audição plenas, pode imaginar ser cego e surdo fechando os olhos e tapando os ouvidos para experimentar o silêncio escuro. Mas como seria viver sem toque ou cinestesia, sem ser capaz de sentir as posições de seus membros ao acordar durante a noite? Ian Waterman de Hampshire, Inglaterra, sabe. Aos 19 anos, Waterman contraiu uma rara infecção viral que destruiu os nervos que possibilitavam a sensação de toque leve *e* de posição e movimento do corpo. Pessoas com essa condição relatam sentir-se desencarnadas, como se seu corpo estivesse morto, ou não fosse real, ou que não fosse deles (Sacks, 1985). Com prática prolongada, Waterman aprendeu a andar e a comer – focalizando visualmente seus membros e direcionando-os de acordo. Mas se as luzes se apagassem, ele cairia no chão (Azar, 1998).

A visão também interage com a cinestesia para você. Se puder, fique com o calcanhar direito na frente dos dedos do pé esquerdo. Fácil. Agora feche os olhos e tente novamente. Você oscilou?

Um **sentido vestibular** acompanhante monitora a posição e o movimento da sua cabeça (e, portanto, do seu corpo). Os giroscópios biológicos para esse senso de equilíbrio são duas estruturas em seu ouvido interno. O primeiro, seus *canais semicirculares*, cheios de líquido, parecem um *pretzel* tridimensional (ver Figura 6.33a). A segunda estrutura é o par de *sacos vestibulares* preenchidos com cristais de cálcio. Quando sua cabeça gira ou se inclina, o movimento desses órgãos estimula receptores pilosos, que enviam sinais nervosos para o cerebelo na parte de trás do cérebro, permitindo que você sinta a posição do corpo e mantenha o equilíbrio.

Se você rodopiar e depois parar abruptamente, nem o líquido em seus canais semicirculares nem seus receptores cinestésicos voltarão imediatamente ao estado natural. A tontura consequente engana seu cérebro com a sensação de que você ainda está girando. Isso ilustra um princípio subjacente às ilusões perceptivas: *os mecanismos que normalmente nos dão uma experiência exata do mundo podem, em condições especiais, nos enganar.* Entender como somos enganados nos dá indícios de como funciona nosso sistema perceptivo.

Seu sentido vestibular é extremamente rápido. Se você escorregar, seus sensores vestibulares ordenarão automática e instantaneamente sua resposta esquelética, bem antes de você decidir conscientemente como se endireitar. Você pode tentar isto: Segure um dos polegares na frente do rosto e mova-o rapidamente da direita para a esquerda e para trás. Observe como seu polegar fica embaçado (sua visão não é rápida o suficiente para rastreá-lo). Agora mantenha o polegar imóvel e gire a *cabeça* da esquerda para a direita com a mesma rapidez. *Voilà*! Seu polegar permanece visível, porque seu sistema vestibular, que está monitorando a posição da cabeça, move os olhos rapidamente. A cabeça move-se para a direita, os olhos movem-se para a esquerda. A visão é rápida, mas o sentido vestibular é mais rápido.

* * *

Ver o resumo de nossos sistemas sensoriais na Tabela 6.3.

PRÁTICA DE RECUPERAÇÃO

PR-7 Onde estão situados os receptores cinestésicos e os receptores do sentido vestibular?

RESPOSTAS NO APÊNDICE E

Cinestesia. Nosso senso de movimento – sistema para detectar o movimento e a posição das partes do corpo.

Sentido vestibular. Nosso senso de equilíbrio – nosso senso de movimento e posição corporal que nos permite ter e manter o equilíbrio.

Interação sensorial

QOA 6.23 Como a interação sensorial influencia nossas percepções, e o que é *cognição incorporada*?

Vimos que a visão e a cinestesia interagem. Na verdade, nenhum dos nossos sentidos age sozinho. Nossos sentidos – visão, audição, paladar, olfato, tato – bisbilhotam um ao outro,

Tabela 6.3 Resumo dos sentidos.

Sistema sensorial	Fonte	Receptores	Principais áreas do cérebro
Visão	Ondas de luz incidindo nos olhos	Bastonetes e cones na retina	Lobos occipitais
Audição	Ondas sonoras incidindo no ouvido externo	Células ciliadas (cílios) cocleares no ouvido interno	Lobos temporais
Tato	Pressão, calor, frio, substâncias químicas prejudiciais na pele	Receptores (inclusive nociceptores de dor), principalmente na pele, que detectam pressão, calor, frio e dor	Córtex somatossensorial
Paladar	Moléculas químicas na boca	Receptores gustativos básicos para doce, azedo, salgado, amargo e umami	Borda do lobo frontal/temporal
Olfato	Moléculas químicas inaladas pelo nariz	Milhões de receptores no topo das cavidades nasais	Bulbo olfatório
Cinestesia – posição e movimento	Qualquer mudança na posição de uma parte do corpo, interagindo com a visão	Sensores cinestésicos nas articulações, tendões e músculos (proprioceptores)	Cerebelo
Sentido vestibular – equilíbrio e movimento	Movimento de líquidos no ouvido interno causado pelo movimento da cabeça/corpo	Receptores pilosos (cílios) nos canais semicirculares dos ouvidos e sacos vestibulares	Cerebelo

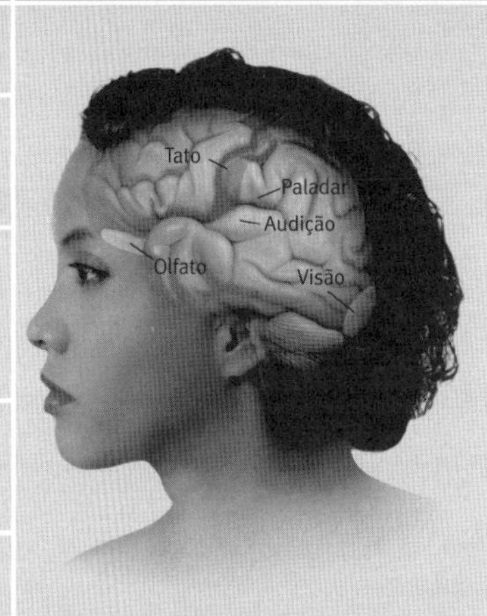

(Esta figura encontra-se reproduzida em cores no Encarte.)

e nosso cérebro combina suas entradas para interpretar o mundo (Rosenblum, 2013). Essa é a **interação sensorial** em ação. Um sentido pode influenciar outro.

Considere como o cheiro enfia o nariz no negócio do paladar. Tampe o nariz, feche os olhos e peça a alguém que lhe dê vários alimentos. Uma fatia de maçã pode ser indistinguível de um pedaço de batata crua. Um biscoito pode ter gosto de papelão. Sem seus odores, pode ser difícil diferenciar uma xícara de café frio de uma taça de vinho tinto. Grande parte do sabor está bem debaixo do seu nariz.

Normalmente inalamos o aroma pelo nariz. Como fumaça subindo em uma chaminé, as moléculas de alimentos sobem em nossa cavidade nasal. É por isso que a comida fica sem graça quando você está com um resfriado forte. O cheiro pode também alterar nossa percepção do sabor: o aroma de morango de uma bebida aumenta nossa percepção de sua doçura. Até o tato pode influenciar nosso paladar. Dependendo da textura, uma batata frita "tem gosto" fresco ou velho (Smith, 2011). Cheiro + textura + paladar = sabor. No entanto, talvez você tenha notado: a gente *sente* que o sabor está na boca (Stevenson, 2014).

A visão e a audição podem interagir de forma semelhante. A visão dos árbitros de beisebol informa sua audição sobre quando a bola atinge a luva de um jogador, influenciando seus julgamentos sobre se os corredores de base estão seguros ou fora (Krynen & McBeath, 2019). Do mesmo modo, uma luz fraca, que percebemos com dificuldade, fica mais visível quando acompanhada de um pequeno estouro (Kayser, 2007). O contrário também é verdade: sons suaves são mais facilmente ouvidos quando combinados com uma sugestão visual. Se eu [DM], como pessoa com perda auditiva, assisto a um vídeo com legendas na tela, não tenho problemas para ouvir as palavras que estou vendo. Porém, se eu decidir que não preciso das legendas e desligá-las, rapidamente percebo que preciso delas. Os olhos guiam os ouvidos (Figura 6.38).

Assim, nossos sentidos não funcionam isoladamente; eles interagem. Mas o que você supõe que acontece se eles discordarem? E se nossos olhos *virem* um alto-falante formar um som, mas nossos ouvidos *ouvirem* outro som? Surpresa: nosso cérebro pode perceber um terceiro som que combina ambas as entradas. Ao vermos a boca se movimentar dizendo "ga" enquanto ouvimos "ba" podemos perceber "da". Esse fenômeno é conhecido como *efeito McGurk*, em homenagem a seus descobridores, o psicólogo Harry McGurk com ajuda do seu assistente John MacDonald (1976). Para a maioria de nós, a leitura labial faz parte da audição.

Vimos que nossas percepções têm dois ingredientes principais: nossas sensações de baixo para cima e nossas cognições de cima para baixo (como expectativas, atitudes, pensamentos e memórias). Na vida cotidiana, sensação e percepção são dois pontos em uma sequência.

Interação sensorial. Princípio de que um sentido pode influenciar outro, como acontece quando o cheiro do alimento influencia paladar.

Figura 6.38 Interação sensorial. Ver o falante formando as palavras em bate-papos de vídeo torna essas palavras mais fáceis de entender para pessoas com deficiência auditiva (Knight, 2004).

Não é surpreendente, então, que os circuitos cerebrais que processam nossas sensações físicas às vezes interajam com os circuitos cerebrais responsáveis pela cognição. O resultado é a **cognição incorporada**. Pensamos de dentro de um corpo. Três exemplos de experiências lúdicas:

- *Julgamentos podem imitar sensações corporais.* Sentar em uma mesa e cadeira bambas pode fazer com que os relacionamentos pareçam menos estáveis (Forest et al., 2015; Kille et al., 2013)
- *Calor físico pode promover calor social.* Nos dias em que as pessoas se sentem fisicamente aquecidas, elas se sentem socialmente calorosas e amigáveis (Fetterman et al., 2018). Quer perceber os outros e a si mesmo como socialmente mais calorosos? Tente usar um suéter em vez de uma camiseta
- *Objetos duros podem tornar você duro com o crime.* As pessoas que se sentavam em uma cadeira dura, em comparação com uma cadeira macia, aplicavam punições mais severas a criminosos e a estudantes universitários que colavam em um trabalho final (Schaefer et al., 2018). Cadeira dura, dura com o crime.

À medida que tentamos decifrar nosso mundo, nosso cérebro mistura entradas de vários canais. Porém, em alguns indivíduos selecionados, os circuitos cerebrais para dois ou mais sentidos se unem em um fenômeno chamado *sinestesia*, no qual a estimulação de um sentido (ouvir um número ou nota musical) desencadeia uma experiência de outro (sentir cor, sabor ou odor específicos) (Figura 6.39). No início da vida, a "exuberante conectividade neural" produz algumas associações arbitrárias entre os sentidos, que mais tarde são normalmente – mas nem sempre – podadas (Wagner & Dobkins, 2011). Equipado com um cérebro que combina sensações, ouvir música pode ativar regiões do córtex sensíveis às cores e desencadear uma sensação de cor (Brang et al., 2008; Hubbard et al., 2005). Ver um número pode evocar uma sensação de gosto ou cor (Newell & Mitchell, 2016; Ranzini & Girelli, 2019). Pessoas com sinestesia experimentam essas mudanças sensoriais.

Cognição incorporada. Influência das sensações corporais, gestos e outros estados nas preferências cognitivas e nos julgamentos.

Percepção extrassensorial (PES). Afirmação controversa de que a percepção pode ocorrer à parte da entrada sensorial; inclui telepatia, clarividência e pré-cognição.

PERGUNTE A SI MESMO

Quando você experimentou um sentimento que você acha que poderia ser explicado pela cognição incorporada?

PES – Percepção extrassensorial?

QOA 6.24 Quais são as afirmações de PES, e o que a maioria dos pesquisadores em psicologia concluiu depois de testar essas afirmações?

Figura 6.39 Sinfonia da sinestesia. Uma pessoa com sinestesia experimenta sensações misturadas. Por exemplo, ouvir números pode evocar uma experiência de cores ou cheiros específicos ou notas musicais. *(Esta figura encontra-se reproduzida em cores no Encarte.)*

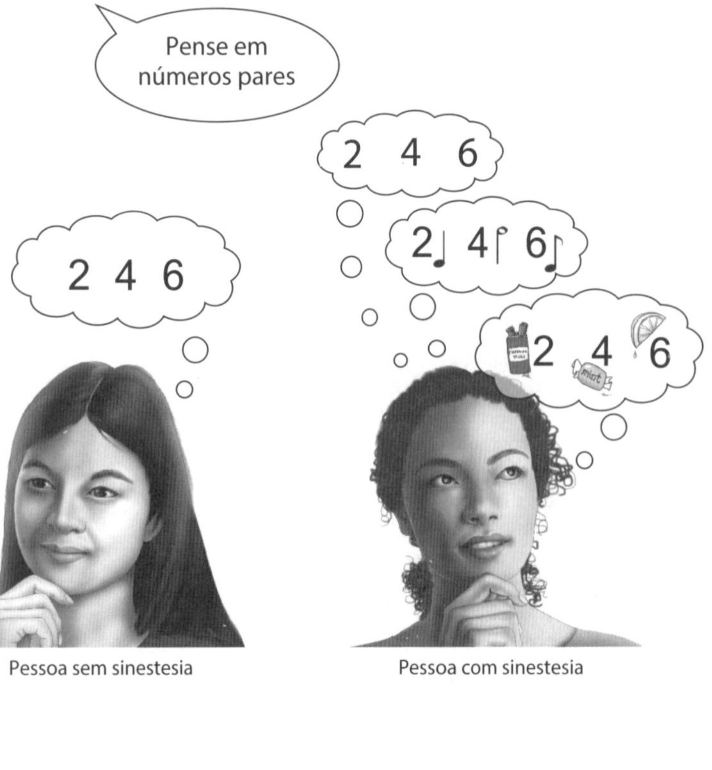

O rio da percepção é alimentado por sensação, cognição e emoção. Se a percepção é o produto dessas três fontes, o que podemos dizer sobre a **percepção extrassensorial** (PES), que afirma que a percepção pode ocorrer sem entrada sensorial? Existem de fato pessoas – quaisquer pessoas – que podem ler mentes, ver através das paredes ou prever o futuro? Quase metade de todos os norte-americanos pesquisados acredita que somos capazes de percepção extrassensorial e 41% acreditam em médiuns (Gecewicz, 2018; Kim et al., 2015).

Se a PES for real, precisaríamos derrubar o entendimento científico de que somos criaturas cujas mentes estão ligadas ao nosso cérebro físico e cujas experiências perceptivas do mundo são construídas de sensações. As alegações de PES mais testáveis e, para esta discussão, mais relevantes são:

- *telepatia*: comunicação de uma mente para a outra
- *clarividência*: percepção de eventos distantes, como uma casa em chamas ao longo do país
- *pré-cognição*: percepção de eventos futuros, como a morte de um líder político ou o resultado de uma competição esportiva.

Intimamente ligada a essas afirmações de PES está a *psicocinese*, ou "matéria que move a mente", como levitar uma mesa, ou controlar o lançamento de um dado. (A alegação, também chamada *telecinese*, é ilustrada pelo pedido irônico:

"Todos aqueles que acreditam em psicocinese, por favor, levantem minha mão?"). Na Grã-Bretanha, psicólogos criaram uma "máquina mental" para ver se os visitantes do festival poderiam influenciar ou prever um lançamento de moeda (Wiseman & Greening, 2002). Os participantes tiveram quatro tentativas de escolher cara ou coroa, jogando contra um computador. Quando o experimento terminou, quase 28 mil pessoas haviam previsto 110.959 lançamentos, sendo 49,8% corretos.

Grande parte dos cientistas psicológicos é cética quanto à existência de fenômenos paranormais. Contudo, em várias universidades bem conceituadas, pesquisadores de **parapsicologia** buscam possíveis fenômenos de PES realizando experimentos científicos (Cardeña, 2018; Storm et al., 2010a,b; Turpin, 2005). Antes de ver como eles conduzem suas pesquisas, vamos considerar algumas crenças populares.

Parapsicologia. Estudo dos fenômenos paranormais, inclusive a percepção extrassensorial (PES) e a *telecinesia.*

Premonições ou pretensões?

Os médiuns podem ver o futuro? Nenhum médium ganancioso ou caridoso conseguiu ganhar bilhões no mercado de ações. Onde estavam os médiuns no dia anterior aos ataques terroristas de 11 de setembro? Por que nenhum médium conseguiu ajudar a localizar Osama bin Laden depois? E por que, quando o governo chileno consultou quatro médiuns depois que um colapso de mina prendeu 33 mineiros em 2010, esses médiuns decidiram com tristeza que "estão todos mortos"? (Kraul, 2010.) Imagine a surpresa deles quando todos os 33 mineiros foram resgatados 69 dias depois.

Visões psíquicas oferecidas aos departamentos de polícia não foram mais precisas do que suposições feitas por outros (Nickell, 2005; Palmer, 2013; Radford, 2010). Mas seu grande volume aumenta as chances de um palpite correto ocasional, que os médiuns podem então relatar à mídia. Essas visões podem soar incrivelmente corretas quando posteriormente adaptadas para corresponder aos eventos. Nostradamus, um médium francês do século XVI, explicou em um momento de descuido que suas profecias ambíguas "não poderiam ser compreendidas até que fossem interpretadas após o evento e por ele".

Uma manchete que você nunca viu: "Médium ganha na loteria."

As "visões" das pessoas comuns são mais precisas do que as previsões mediúnicas? Nossos sonhos predizem o futuro, como as pessoas de ambas as culturas, oriental e ocidental, tendem a acreditar? (Morewedge & Norton, 2009.) Ou eles só parecem fazê-lo quando os lembramos ou reconstruímos à luz do que já aconteceu? Nossas visões lembradas são apenas revisões? Depois que o filho bebê do famoso aviador Charles Lindbergh foi sequestrado e assassinado em 1932, mas antes que o corpo fosse descoberto, dois psicólogos de Harvard convidaram as pessoas a relatar seus sonhos sobre a criança (Murray & Wheeler, 1937). Quantos visionários responderam? 1300. Quantos imaginaram com precisão a criança morta? Cinco por cento. Quantos também previram corretamente a localização do corpo – enterrado entre as árvores? Somente 4. Embora esse número certamente não fosse melhor do que o acaso, para esses 4 sonhadores, a precisão de suas aparentes pré-cognições deve ter parecido estranha.

Dados inúmeros eventos diários e dias suficientes, algumas coincidências impressionantes podem ocorrer. Por uma estimativa cuidadosa, apenas o acaso poderia prever que, mais de mil vezes por dia, alguém na Terra pensaria em outra pessoa e então, nos próximos cinco minutos, saberia da morte dessa pessoa (Charpak & Broch, 2004). Desse modo, quando explicarmos um evento assombroso, devemos dar "uma chance ao acaso" (Lilienfeld, 2009). Com tempo e pessoas suficientes, o improvável torna-se inevitável.

"Uma pessoa que fala muito, às vezes, está certa." – Provérbio espanhol

PES submetido a verificação experimental

Diante de afirmações como as leituras de mente, viagens extracorpóreas ou comunicação com os mortos, como podemos separar ideias bizarras daquelas que assim o parecem, mas são verdadeiras? A ciência psicológica oferece uma resposta simples: *teste as declarações para ver se elas funcionam*. Se funcionarem, melhor para elas. Senão, melhor para nosso ceticismo.

Tanto crentes como céticos concordam em que a parapsicologia precisa de um fenômeno reproduzível e uma teoria para explicá-lo. A parapsicóloga Rhea White (1998) falou por muitas pessoas ao dizer que "a imagem da parapsicologia que me vem à cabeça, com base em quase 44 anos de atividade, é a de um pequeno avião taxiando perpetuamente sobre a pista do Aeroporto da Ciência Empírica, desde 1882... Seu movimento é ocasionalmente interrompido quando ele se eleva a alguns centímetros do solo apenas para despencar de volta na pista. Nunca decolou para um voo prolongado".

Em busca de um fenômeno reproduzível, como poderíamos testar alegações de PES em um experimento controlado? Um experimento é diferente de uma demonstração encenada. No laboratório, o experimentador controla o que o "sensitivo" vê e ouve. No palco, o vidente controla o que a plateia vê e ouve.

Daryl Bem, um respeitado psicólogo social, tem sido cético com relação aos médiuns de palco; certa vez ele brincou, dizendo que "um médium é um ator representando o papel de médium" (1984). No entanto, esse antigo cético reacendeu as esperanças de evidências replicáveis de PES com nove experimentos que pareciam mostrar pessoas prevendo eventos futuros (Bem, 2011). Em um deles, quando uma cena erótica estava prestes a aparecer em uma tela em uma de duas posições selecionadas aleatoriamente, os participantes da Universidade Cornell deram o palpite certo em 53,1% das vezes (batendo os 50% por uma margem pequena, porém significativa em termos estatísticos). Bem se perguntou se suas descobertas "anômalas" refletiam uma vantagem evolutiva para aqueles que podem prever perigos futuros.

Apesar da pesquisa de Bem sobreviver a revisões críticas de um jornal de primeira linha, os críticos acharam os métodos e análises estatísticas "muito falhos" e "tendenciosos" (Alcock, 2011; Wagenmakers et al., 2011). Outros previram que os resultados não seriam replicados (Helfand, 2011). Prevendo esse ceticismo, Bem disponibilizou o material da pesquisa para qualquer um que desejasse replicar seus estudos. Múltiplas tentativas tiveram sucesso mínimo e controvérsia contínua (Bem et al., 2015; Ritchie et al., 2012; Wagenmakers, 2014). Apesar disso, a ciência está fazendo o seu trabalho:

"No coração da ciência há uma tensão essencial entre duas atitudes aparentemente contraditórias – uma abertura a novas ideias, não importa o quanto sejam bizarras ou absurdas, e o mais impiedoso escrutínio de todas as ideias, velhas e novas." – Carl Sagan (1987)

- Está aberta para uma descoberta que desafia suas próprias suposições
- Por meio de pesquisas com acompanhamento, avaliou a confiabilidade e a validade desse achado.

E é assim que a ciência peneira ideias malucas, deixando a maioria no lixo histórico enquanto ocasionalmente nos surpreende.

Um cético, o mágico James Randi, ofereceu 1 milhão de dólares "a qualquer pessoa que provasse um poder psíquico genuíno em condições de observação apropriadas" (Randi, 1999; Thompson, 2010). Grupos franceses, australianos e indianos propõem ofertas paralelas de até 200 mil euros (CFI, 2003). Por maiores que sejam essas somas, o selo científico de aprovação valeria muito mais. Para refutar os que dizem não existir PES, é preciso apenas produzir uma única pessoa que possa demonstrar um único fenômeno reproduzível de PES. (Para refutar quem diz que porcos não falam, seria necessário nada mais que um porco falante.) Até agora, essa pessoa não apareceu.

PRÁTICA DE RECUPERAÇÃO

PR-8 Se um evento de PES ocorreu em condições controladas, qual seria o próximo passo para confirmar que o PES realmente existe?

RESPOSTAS NO APÊNDICE E

* * *

Para sentir admiração, mistério e profunda reverência pela vida, não precisamos olhar além de nosso próprio sistema perceptivo e sua capacidade de organizar impulsos nervosos amorfos em visões coloridas, sons vívidos e odores evocativos. Como reconheceu Hamlet, de Shakespeare: "Há mais coisas no céu e na terra, Horácio, do que sonha sua filosofia." Dentro de nossas experiências sensoriais e perceptivas comuns, situa-se grande parte do que é verdadeiramente extraordinário – certamente muito mais do que foi sonhado até agora por nossa psicologia.

REVISÃO Sentidos não visuais

OBJETIVOS DE APRENDIZAGEM

Teste a si mesmo. Responda às Questões dos Objetivos de Aprendizagem (antes de conferir as respostas no Apêndice D) para aprimorar a retenção dos conceitos estudados (McDaniel et al., 2009, 2015).

QOA **6.16** Quais são as características das ondas de pressão do ar que ouvimos como som?

QOA **6.17** Como o ouvido transforma a energia sonora em mensagens neurais?

QOA **6.18** Como detectamos a altura, discriminamos o tom e localizamos os sons?

QOA **6.19** Quais são as quatro sensações básicas do toque e como sentimos o toque?

QOA **6.20** Quais influências biológicas, psicológicas e socioculturais afetam nossa experiência da dor? Como os placebos, a distração e a hipnose ajudam a controlar a dor?

QOA **6.21** De que maneiras nossos sentidos do paladar e olfato são similares e em que eles diferem?

QOA **6.22** Como sentimos a posição e o movimento do nosso corpo?

QOA **6.23** Como a interação sensorial influencia nossas percepções, e o que é *cognição incorporada*?

QOA **6.24** Quais são as alegações da PES, e o que a maioria dos psicólogos pesquisadores concluiu após testar essas alegações?

TERMOS E CONCEITOS A RECORDAR

audição, p. 235
frequência, p. 236
tom, p. 236
ouvido médio, p. 237
cóclea, p. 237
ouvido interno, p. 237
perda auditiva neurossensorial, p. 238
perda auditiva condutiva, p. 238
implante coclear, p. 238
teoria do lugar, p. 239
teoria da frequência, p. 239
teoria do portão de controle da dor, p. 242
hipnose, p. 244
dissociação, p. 244
sugestão pós-hipnótica, p. 244
gustação, p. 244
cinestesia, p. 248
sentido vestibular, p. 248
interação sensorial, p. 249
cognição incorporada, p. 250
percepção extrassensorial (PES), p. 250
parapsicologia, p. 251

DOMINE O MATERIAL

Teste a si mesmo. Responda às questões a seguir por conta própria, a princípio, depois confira as respostas no Apêndice E.

1. O tubo em forma de caracol na orelha interna, onde as ondas sonoras são convertidas em atividade neural, chama-se ______________.

2. Quais são as etapas básicas na transformação das ondas sonoras em som percebido?

3. A teoria ____________ explica como ouvimos timbres altos, e a teoria ____________ explica como ouvimos timbre baixos.

4. Os receptores sensoriais encontrados principalmente na pele e que detectam temperaturas dolorosas, pressão ou substâncias químicas são chamados de ____________________.

5. A **teoria do portão de controle da dor** propõe que

a. receptores de dor especiais enviam sinais diretamente para o cérebro.
b. o portão da dor é controlado pelo tálamo.
c. pequenas fibras nervosas da medula espinal conduzem a maior parte dos sinais de dor, mas a atividade das fibras maiores pode fechar o acesso aos sinais de dor.
d. a dor muitas vezes pode ser controlada e gerenciada de forma eficaz com o uso de técnicas de relaxamento.

6. Como a abordagem biopsicossocial explica nossa experiência de dor? Dê exemplos.

7. Temos receptores nervosos especializados para detectar quais cinco sentidos? Como essa capacidade ajudou nossos ancestrais?

8. ________________ é nosso sentido de posição e movimento do corpo. Nosso ________________ monitora especificamente o movimento de nossa cabeça, com sensores no ouvido interno.

9. Por que você sente tontura imediatamente após um passeio na montanha-russa?

10. Um aroma de comida pode aumentar bastante seu paladar. Isso é um exemplo de

a. olfação.
b. sinestesia.
c. cinestesia.
d. interação sensorial.

11. Qual dos seguintes fenômenos de PES é sustentado por evidências científicas sólidas e reproduzíveis?

a. Telepatia.
b. Clarividência.
c. Pré-cognição.
d. Nenhuma das anteriores.

CAPÍTULO

7

Nastasic/Getty Images

Aprendizagem

No início dos anos 1940, os alunos de pós-graduação da University of Minnesota, Marian Breland e Keller Breland, testemunharam o poder de uma nova tecnologia de aprendizagem. Seu mentor, B. F. Skinner, ficaria famoso por *modelar* os comportamentos de ratos e pombos por meio de recompensas bem cronometradas, à medida que os animais se aproximavam cada vez mais de um comportamento desejado. Impressionados com os resultados de Skinner, os Brelands começaram a moldar o comportamento de gatos, galinhas, periquitos, perus, porcos, patos e *hamsters* (Bailey & Gillaspy, 2005). A empresa que eles formaram passou o próximo meio século treinando mais de 15 mil animais de 140 espécies. Seus esforços ajudaram a preparar o caminho para treinar animais para auxiliar policiais e pessoas com perda de visão.

Como outros animais, os humanos aprendem com a experiência. De fato, o presente mais importante da natureza pode ser nossa *capacidade de adaptação* – nossa capacidade de aprender novos comportamentos que nos ajudam a lidar com nosso mundo sempre em mudança. Podemos aprender a construir cabanas de palha ou abrigos de neve, submarinos ou estações espaciais e, assim, nos adaptar a quase qualquer ambiente.

Oprah Winfrey é um exemplo vivo de adaptabilidade. Crescendo na pobreza com sua avó, Winfrey usava vestidos feitos de sacos de batata. Ela enfrentou racismo constante e foi molestada por um primo, um tio e um amigo da família, começando aos 9 anos. Winfrey fugiu de casa aos 13 anos e engravidou aos 14 anos, mas seu filho morreu logo após o nascimento.

Para superar essa tremenda adversidade, Winfrey aprendeu a se adaptar a novas situações. Ela se juntou à equipe de debates do ensino médio e usou esse talento para ganhar uma bolsa de estudos na faculdade. Depois de se formar, ela se mudou para Chicago e assumiu o cargo de apresentadora de um programa sobre lutas e dificuldades, transformando-o no *talk show* diurno mais popular da América. Winfrey continua a influenciar o mundo como executiva de mídia, filantropa e ativista política. "A educação", disse Winfrey, "é a chave para desvendar o mundo, um passaporte para a liberdade."

Aprender gera esperança. O que pode ser aprendido pode ser ensinado – um fato que incentiva os pais, educadores, orientadores e treinadores de animais. Aquilo que foi aprendido, podemos mudar por meio de nova aprendizagem – um pressuposto subjacente aos programas de administração do estresse e à psicoterapia. Independentemente do quanto sejamos infelizes, fracassados ou mal-amados, isso não precisa ser o final da história.

Nenhum tópico está tão próximo do coração da psicologia quanto a *aprendizagem*. Em capítulos anteriores, consideramos a aprendizagem dos bebês e a aprendizagem de percepções visuais, do efeito esperado de uma droga, dos papéis de gênero. Nos capítulos posteriores, veremos como a aprendizagem molda nosso pensamento e linguagem, nossas motivações e emoções, nossas personalidades e atitudes. Neste capítulo, examinamos o cerne da aprendizagem: condicionamento clássico, condicionamento operante, os efeitos da biologia e da cognição na aprendizagem, e aprendizagem por observação.

Conceitos básicos de aprendizagem e condicionamento

Como aprendemos?

QUESTÃO DE OBJETIVOS DE APRENDIZAGEM QOA 7.1 Como definimos *aprendizagem*, e quais são algumas de suas formas básicas?

Ao **aprender**, nós humanos nos adaptamos aos nossos ambientes. Aprendemos a esperar e nos preparar para eventos significativos, como a chegada de comida ou dor (*condicionamento clássico*). Aprendemos a repetir atos que trazem recompensas e a evitar atos que trazem resultados indesejados (*condicionamento operante*). Aprendemos novos comportamentos observando eventos e pessoas e, por meio da linguagem, aprendemos coisas que não experimentamos nem observamos (*aprendizagem cognitiva*). Mas *como* aprendemos?

Uma maneira de aprendermos é por *associação*. Nossa mente naturalmente conecta eventos que ocorrem em sequência, e achamos essas conexões aprendidas recompensadoras (Kobayashi & Hsu, 2019; Rodríguez & Hall, 2019). Evoluímos para gostar de aprender (Clark & Gilchrist, 2018). Suponha que você veja e sinta o cheiro de pão recém-assado; depois, você comeu um pouco desse pão "quentinho" e o achou satisfatório. Da próxima vez que você vir e sentir o cheiro de pão assado recentemente, você esperará que comê-lo novamente será satisfatório. O mesmo ocorre com os sons. Se você associar um som a uma consequência assustadora, ouvir o som, sozinho, pode desencadear seu medo. Como exclamou uma criança de 4 anos depois de assistir a um personagem de TV ser assaltado: "se eu tivesse ouvido essa música, não teria ido até a esquina!" (Wells, 1981).

Associações aprendidas também alimentam nossos comportamentos habituais (Urcelay & Jonkman, 2019; Wood et al., 2017). Hábitos podem ser formados quando repetimos comportamentos em determinado contexto – dormir em determinada postura na cama, roer as unhas na aula, comer pipoca no cinema. À medida que o comportamento se liga ao contexto, nossa próxima experiência desse contexto evocará nossa resposta habitual. Especialmente quando nossa força de vontade está esgotada, como quando estamos mentalmente cansados, tendemos a voltar aos nossos hábitos (Neal et al., 2013). Isso é verdade tanto para bons hábitos (comer frutas) quanto para maus (exagerar no álcool) (Graybiel & Smith, 2014). Para

Aprendizagem. Processo de aquisição, por experiência, de novas informações ou comportamentos.

aumentar nosso autocontrole e conectar nossas resoluções com resultados positivos, a chave é formar "hábitos benéficos" (Galla & Duckworth, 2015).

Quanto tempo leva para formar um hábito benéfico? Para descobrir, uma equipe de pesquisas, da Grã-Bretanha, pediu a 96 estudantes universitários para escolherem algum comportamento saudável (como correr antes do jantar ou ingerir frutas no almoço), realizá-lo diariamente por 84 dias e registrar se o comportamento foi automatizado (algo que fariam sem pensar ou que dificilmente não fariam). Em média, os comportamentos se tornaram habituais depois de 66 dias, aproximadamente (Lally et al., 2010).

Há algo de que você gostaria que fizesse parte da rotina de sua vida? Basta fazer isso todos os dias por 2 meses, ou um pouco mais para se exercitar, e você provavelmente se encontrará com um novo hábito. Isso aconteceu para nós dois – com um treino ao meio-dia [DM] ou uma sessão de prática de guitarra no final da tarde [ND] que há muito se tornou uma rotina diária automática.

Outros animais também aprendem por associação. Perturbada por um jato de água, a lesma-do-mar, do gênero *Aplysia*, retrai suas guelras como forma de proteção. Se os jatos continuarem, como acontece naturalmente em águas agitadas, essa resposta diminui. Porém, se a lesma-do-mar sofrer repetidos choques elétricos logo depois dos jatos, a resposta se intensifica. O animal relaciona o jato com o choque iminente.

Animais complexos podem aprender a relacionar seu próprio comportamento a seus resultados. Focas em um aquário repetem comportamentos, como bater palmas e gritar, que incitam o público a lançar arenques para elas.

Ao ligarem dois eventos que ocorrem muito próximos, tanto a lesma-do-mar quanto a foca exibem **aprendizagem por associação**. A primeira associa o jato de água a um choque iminente; a segunda associa as palmas e os gritos a um banquete de arenques. Cada animal aprendeu algo importante para sua sobrevivência: prever o futuro imediato.

Esse processo de associações de aprendizagem é o *condicionamento*, que pode assumir duas formas:

- No *condicionamento clássico* (Figura 7.1), aprendemos a associar dois estímulos e, assim, antecipar eventos. (Um **estímulo** é qualquer evento ou situação que evoca uma resposta.) Aprendemos que um relâmpago sinaliza uma trovoada iminente; ao vermos um relâmpago próximo, começamos a nos preparar. Associamos estímulos que não controlamos e respondemos automaticamente (ou seja, exibimos um **comportamento respondente**)
- No *condicionamento operante*, aprendemos a associar uma resposta (nosso comportamento) e sua consequência. Assim, nós (e outros animais) aprendemos a repetir atos seguidos de bons resultados (Figura 7.2) e evitamos os atos seguidos de maus resultados. Essas associações produzem **comportamentos operantes** (que operam no ambiente para produzir consequências).

Para simplificar, vamos explorar separadamente esses dois tipos de aprendizagem por associação. Com frequência, no entanto, eles ocorrem juntos, como em uma criação de gado japonesa, em que o inteligente fazendeiro equipou seu rebanho com *pagers* eletrônicos, os quais ele chama de seu telefone celular. Depois de uma semana de treinamento, os animais aprendem a associar dois estímulos – o bipe do *pager* e a chegada do alimento (condicionamento clássico). Mas eles também aprendem a associar a corrida para o cocho ao prazer de comer (condicionamento operante), o que simplifica o trabalho do fazendeiro. Condicionamento clássico + condicionamento operante resolveram o problema.

Aprendizagem por associação. Aprendizagem de que certos eventos ocorrem muito próximos. Podem ser dois estímulos (como no condicionamento clássico) ou uma resposta e suas consequências (como no condicionamento operante).

Estímulo. Qualquer evento ou situação que evoca uma resposta.

Comportamento respondente. Comportamento que ocorre como resposta automática a algum estímulo.

Comportamento operante. Comportamento que opera sobre o ambiente, produzindo consequências.

Cuidado com seus pensamentos, eles se tornam palavras; cuidado com suas palavras, elas se tornam ações; observe suas ações, elas se tornam hábitos; observe seus hábitos, eles se tornam caráter; observe seu caráter, pois ele se torna seu destino."
– Atribuído a fugitivo do século XIX, Frank Outlaw, 1977

A maioria de nós seria incapaz de nomear a ordem das músicas em nosso álbum favorito ou *playlist*. No entanto, ouvir o final de uma peça sugere }(por associação) uma antecipação da próxima. Da mesma forma, ao cantar seu Hino Nacional, você associa o final de cada linha ao início da próxima. (Escolha uma linha do meio e observe como é mais difícil recuperar a linha *anterior*.)

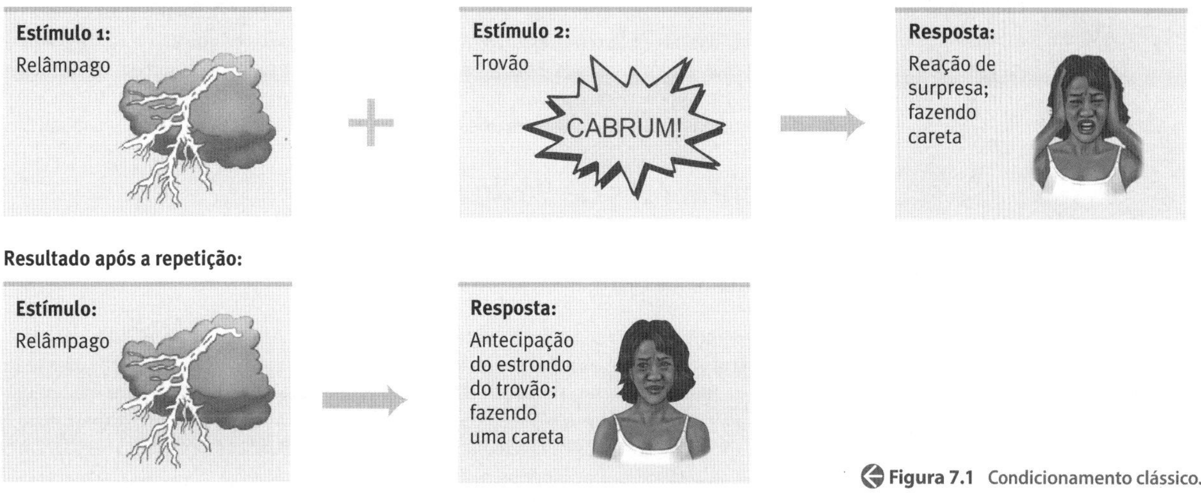

Figura 7.1 Condicionamento clássico.

Figura 7.2 Condicionamento operante.

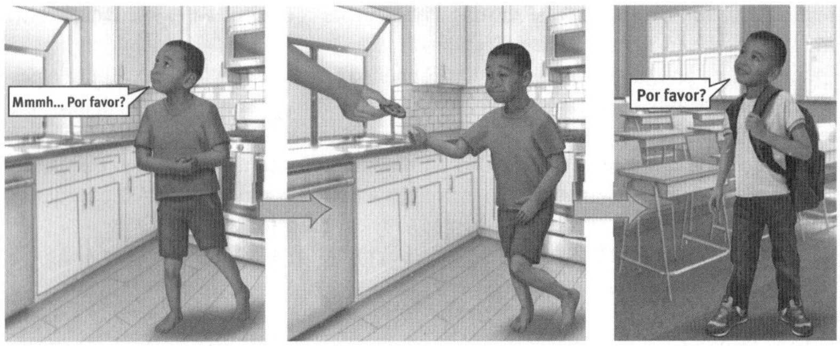

(a) Resposta: sendo educado (b) Consequência: receber uma guloseima (c) Conduta reforçada

O condicionamento não é a única forma de aprendizagem. Com a **aprendizagem cognitiva**, adquirimos informações mentais que guiam nosso comportamento. A *aprendizagem por observação*, uma forma de aprendizagem cognitiva, faz com que aprendamos com a experiência alheia. Os chimpanzés também podem aprender comportamentos apenas observando-os quando são executados por outros. Se um vir o outro resolver um quebra-cabeça e ganhar um alimento como recompensa, o observador pode realizar a tarefa com mais rapidez, o que também ocorre com os seres humanos: vemos e aprendemos.

Vamos examinar mais detidamente o condicionamento clássico.

Macmillan Learning

Ivan Pavlov. "A investigação experimental... deve proporcionar a base sólida para termos, no futuro, uma verdadeira ciência psicológica" (1927).

PRÁTICA DE RECUPERAÇÃO

PR-1 Por que os hábitos, como comer algo doce com uma xícara de café, são tão difíceis de perder?

RESPOSTAS NO APÊNDICE E

Condicionamento clássico

QOA 7.2 Qual é a visão de aprendizagem do behaviorismo?

Para muitas pessoas, o nome Ivan Pavlov (1849-1936) lembra alguma coisa. Seus experimentos do início do século XX – agora a pesquisa mais famosa da psicologia – são clássicos, e o fenômeno que ele explorou é chamado **condicionamento clássico**.

O trabalho de Pavlov também estabeleceu as bases para muitas ideias do psicólogo John B. Watson. Ao buscar leis subjacentes à aprendizagem, Watson (1913) encorajou seus colegas a descartar referências a pensamentos, sentimentos e motivações. Segundo ele, a ciência da psicologia deveria, em vez disso, estudar como os organismos reagem a estímulos em seus ambientes: "Seu objetivo teórico é antecipar e controlar o comportamento. A introspecção não é parte essencial de seus métodos." Dito de maneira mais simples, a psicologia deveria ser uma ciência objetiva baseada no comportamento observável.

Essa visão, que Watson chamou **behaviorismo**, influenciou a psicologia norte-americana ao longo da primeira metade do século passado. Pavlov e Watson passaram a compartilhar tanto um desdém por conceitos "mentalistas" (como consciência) quanto uma crença de que as leis básicas de aprendizagem eram as mesmas para todos os animais – sejam lesmas-do-mar, cães, sejam humanos. Poucos pesquisadores atualmente concordam que a psicologia deva ignorar os processos mentais, mas a maioria concorda que o condicionamento clássico é uma forma básica de aprendizagem pela qual todos os organismos se adaptam a seu ambiente.

Macmillan Learning

John B. Watson. Watson (1924) admitiu "ir além de meus fatos" ao oferecer sua famosa jactância: "Dê-me uma dúzia de bebês saudáveis, bem formados e meu próprio mundo especificado para criá-los e garanto que levarei qualquer um ao acaso e treiná-los para torná-los em qualquer tipo de especialista que eu possa selecionar – médico, advogado, artista, chefe de mercador e, sim, até mendigo e ladrão, independentemente de seus talentos, inclinações, tendências, habilidades, vocações e raça de seus ancestrais".

Experimentos de Pavlov

QOA 7.3 Quem foi Pavlov e quais são os componentes básicos do condicionamento clássico?

Pavlov foi movido por uma paixão duradoura pela pesquisa. Depois de abandonar seu plano inicial de seguir o pai no sacerdócio ortodoxo russo, formou-se em medicina aos 33 anos e passou as duas décadas seguintes estudando o sistema digestivo de cães. Esse trabalho rendeu a ele o primeiro Prêmio Nobel para a Rússia. Mas foram seus inovadores experimentos sobre a aprendizagem, aos quais dedicou as três últimas décadas de sua vida, que deram a esse intrépido cientista um lugar na história (Todes, 2014).

O novo rumo de Pavlov surgiu quando sua mente criativa se deteve em uma observação incidental. Sem falhar uma vez, colocar comida na boca de um cão fazia o animal salivar. Além disso, o animal começava a salivar não apenas diante do sabor da comida, mas também diante da simples visão dela, do prato ou da pessoa que a fornecia, ou mesmo do som dos passos dessa pessoa ao se aproximar. A princípio, Pavlov considerou insignificantes essas "secreções psíquicas", até perceber que elas apontavam para uma simples, mas importante, forma de aprendizagem.

Pavlov e sua equipe de pesquisadores – mais da metade dos quais eram mulheres (Hill, 2019) – tentaram imaginar o que o cachorro estava pensando e sentindo enquanto salivava em antecipação à comida. Isso só os levou a debates infrutíferos. Então, para explorar o fenômeno de maneira mais objetiva, fizeram uma experiência. Para eliminar outras possíveis influências, isolaram o animal em uma pequena sala, prenderam-no a uma coleira e acoplaram um mecanismo para desviar sua saliva para um instrumento de medição (Figura 7.3). De uma sala próxima, apresentaram comida – primeiro deslizando uma tigela cheia, depois soprando carne em pó sobre a boca do cão em um momento preciso. Então eles emparelharam vários **estímulos neutros (EN)** – eventos que o cão podia ver ou ouvir, mas não associava à comida – com comida na boca do cão. Se uma visão ou um som sinalizasse regularmente a chegada da comida, o cão aprenderia a ligação? Em caso afirmativo, começaria a salivar na expectativa pelo alimento?

As respostas vieram a ser *Sim* e *Sim*. Logo antes de pôr comida na boca do cão para produzir salivação, Pavlov fazia soar um sinal. Após várias combinações de tons sonoros e alimento, o cão, agora esperando o pó de carne, começou a salivar diante do sinal isolado. Em experimentos posteriores, uma buzina,[1] uma luz, um toque na pata, mesmo a visão de um círculo provocaram salivação. (Esse procedimento funciona com pessoas também. Quando jovens londrinos, famintos, visualizaram figuras abstratas antes de sentir o cheiro de manteiga de amendoim ou baunilha, seu cérebro logo respondeu antecipadamente apenas às imagens abstratas [Gottfried et al., 2003].)

Um cão não aprende a salivar em resposta ao alimento em sua boca. Em vez disso, o alimento na boca dispara automaticamente, *incondicionalmente*, um reflexo salivar do cão (Figura 7.4). Desse modo, Pavlov chamou a salivação de **resposta incondicionada (RI)**, e o estímulo do alimento, de **estímulo incondicionado (EI)**.

A salivação em resposta a um som, no entanto, é aprendida. É *condicionada* quando o cão associa o som à comida. Sendo assim, chamamos essa resposta de **resposta condicionada (RC)**. O estímulo que costumava ser neutro (neste caso, um som anteriormente sem sentido que agora desencadeia a salivação) é o **estímulo condicionado (EC)**. Distinguir esses dois tipos de estímulos e respostas é fácil: condicionado = aprendido; *incondicionado = não aprendido*.

Se a demonstração de Pavlov da aprendizagem associativa era tão simples, o que ele fez nas três décadas seguintes? Que descobertas sua fábrica de pesquisas publicou em seus 532 artigos acerca do condicionamento salivar (Windholz, 1997)? Ele e seus associados exploraram cinco grandes processos de condicionamento: *aquisição, extinção, recuperação espontânea, generalização* e *discriminação*.

Aprendizagem cognitiva. Aquisição de informações mentais, seja observando eventos, observando outras pessoas, ou por meio da linguagem.

Condicionamento clássico. Tipo de aprendizagem em que ligamos dois ou mais estímulos; como resultado, para ilustrar com o experimento clássico de Pavlov, o primeiro estímulo (um som) vem para provocar o comportamento (salivação) em antecipação ao segundo estímulo (comida).

Behaviorismo. Visão segundo a qual a psicologia (1) deveria ser uma ciência objetiva, que (2) estuda o comportamento sem se referir a processos mentais. A maioria dos pesquisadores atuais concorda com (1), mas não com (2).

Estímulo neutro (EN). No condicionamento clássico, estímulo que não desperta resposta antes do condicionamento.

Resposta incondicionada (RI). No condicionamento clássico, resposta não aprendida e natural (como salivação) ao estímulo incondicionado (EI), como o alimento na boca.

Estímulo incondicionado (EI). No condicionamento clássico, estímulo que desencadeia de modo incondicional – natural e automaticamente – uma resposta incondicionada (RI).

Resposta condicionada (RC). No condicionamento clássico, resposta aprendida a um estímulo outrora neutro (mas agora condicionado [EC]).

Estímulo condicionado (EC). No condicionamento clássico, estímulo originalmente neutro que, depois de associado a um estímulo incondicionado (EI), passa a desencadear uma resposta condicionada (RC).

PRÁTICA DE RECUPERAÇÃO

PR-2 Um experimentador emite um som imediatamente antes de soltar uma baforada de ar em um de seu olho piscando. Depois de várias repetições, você pisca apenas com o som. Qual é o EN? Qual é o EI? Qual é a RI? Qual é o EC? Qual é a RC?

RESPOSTAS NO APÊNDICE E

Figura 7.3 Dispositivo de Pavlov para registrar a salivação. Um tubo na bochecha do cão coleta a saliva, que é medida em um cilindro fora da câmara.

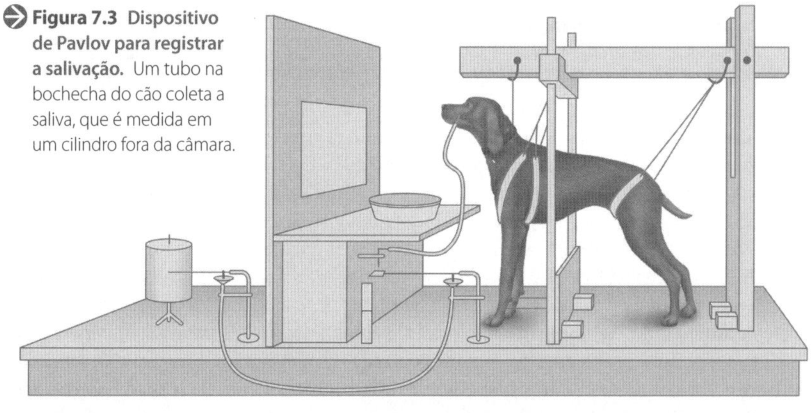

[1]A "buzina" (tradução do inglês) foi talv ez o sino que as pessoas comumente associam a Pavlov (Tully, 2003). Pavlov usou vários estímulos, mas alguns questionaram se ele usou um sino.

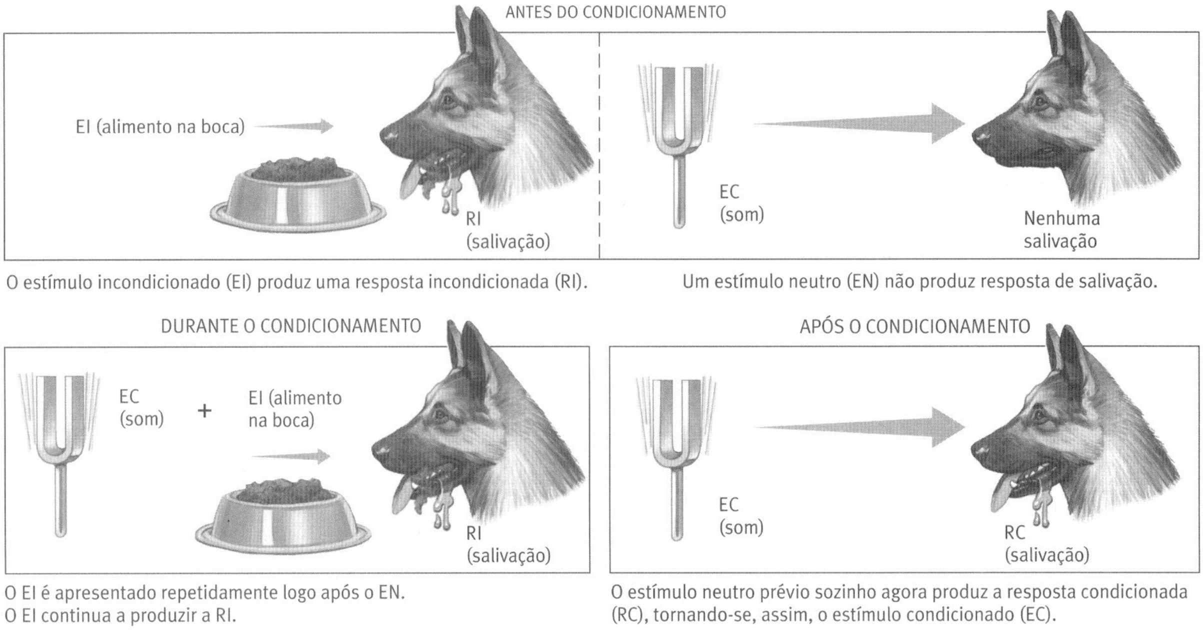

Figura 7.4 Experimento clássico de Pavlov. Pavlov apresentou um estímulo neutro (um som) imediatamente antes de um estímulo incondicionado (alimento na boca). O estímulo neutro tornou-se um estímulo condicionado, produzindo uma resposta condicionada.

AQUISIÇÃO

QOA 7.4 No condicionamento clássico, o que são os processos de *aquisição, extinção, recuperação espontânea, generalização* e *discriminação*?

Para compreender a **aquisição**, ou aprendizagem inicial, da relação estímulo-resposta, Pavlov e seus associados se perguntaram: quanto tempo deveria transcorrer entre a apresentação do estímulo neutro (sinal sonoro, luz, toque) e a do estímulo incondicionado (alimento)? Na maioria dos casos, não muito – meio segundo em geral era suficiente.

O que você supõe que aconteceria se o alimento (EI) aparecesse antes do sinal sonoro (EN) e não depois? Ocorreria o condicionamento? Provavelmente não. O condicionamento normalmente não acontece quando o EI precede EN. Lembre-se: *o condicionamento clássico é biologicamente adaptativo, porque auxilia seres humanos e outros animais a se preparar para eventos bons ou ruins.* Para os cães de Pavlov, o som originalmente neutro tornou-se EC depois de sinalizar um importante evento biológico – a chegada do alimento (EI). Para cervos na floresta, o som de um galho rachando (EC) pode sinalizar a aproximação de um predador (EI).

Pesquisas em codornas japonesas machos mostram como um EC pode sinalizar outro evento biológico importante (Domjan, 1992, 1994, 2005). Pouco antes de aproximar uma fêmea, os pesquisadores acenderam uma luz vermelha. Com o tempo, como continuava a anunciar a chegada da fêmea, a luz vermelha passou a deixar os machos excitados. Eles desenvolveram uma preferência pela zona da luz vermelha da gaiola, e quando uma fêmea aparecia, acasalavam mais rapidamente com ela e liberavam mais sêmen e esperma (Matthews et al., 2007). A capacidade de condicionamento clássico da codorna confere uma vantagem reprodutiva.

Também em humanos, objetos, odores e visões associados ao prazer sexual – até mesmo uma figura geométrica, em um experimento – podem tornar-se estímulos condicionados para excitação sexual (Byrne, 1982; Hoffman, 2012, 2017). O hálito de cebola normalmente não produz excitação sexual. Mas, quando associado repetidamente a um beijo apaixonado, ele se torna um EC e faz exatamente isso (Figura 7.5).

A lição maior: o condicionamento ajuda um animal a sobreviver e se reproduzir – respondendo a pistas que ajudam a obter alimento, evitar perigos, localizar parceiros e gerar prole (Hollis, 1997). A aprendizagem contribui para os anseios.

Por meio do **condicionamento de ordem superior**, um novo EN pode tornar-se um novo EC sem a presença de um EI. Só é preciso que ele se torne associado a um estímulo previamente condicionado. Se um som regularmente sinaliza comida e produz salivação, então uma luz que se associa ao som (luz → som → comida) também pode começar a desencadear a salivação. Embora esse condicionamento de ordem superior (também chamado *condicionamento de segunda ordem*) tenda a ser mais fraco que o de primeira ordem, ele influencia nossa vida cotidiana. Se um cão morder você, só o som de um cachorro latindo pode fazer você sentir medo mais tarde.

Aquisição. No condicionamento clássico, é o estágio inicial, quando um estímulo neutro é ligado a um estímulo incondicionado de forma que o primeiro comece a provocar a resposta condicionada. (No condicionamento operante, é o fortalecimento de uma resposta reforçada.)

Condicionamento de ordem superior. Procedimento no qual o estímulo condicionado em uma experiência de condicionamento é aliado a um novo estímulo neutro, criando um segundo (e muitas vezes mais fraco) estímulo condicionado. Por exemplo, um animal que aprendeu que um sinal sonoro prevê a comida pode então aprender que uma luz prediz o sinal e começa a responder à luz isoladamente. (Também chamado *condicionamento de segunda ordem*.)

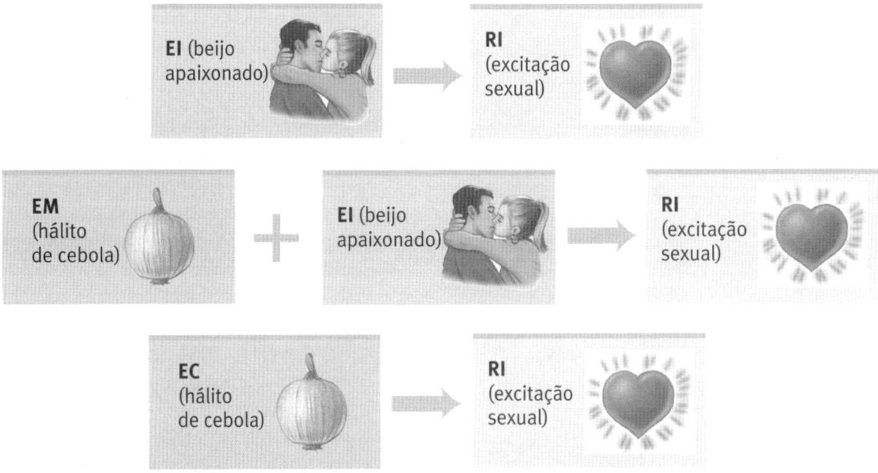

Figura 7.5 Um EC inesperado. O psicólogo Michael Tirrell (1990) lembrou: "Minha primeira namorada adorava cebolas; então associei o hálito de cebola com o beijo. Em pouco tempo, o hálito de cebola me dava arrepios por toda a coluna. Ah, que sensação!"

PERGUNTE A SI MESMO

O psicólogo Michael Tirrell lembrou-se de associar o hálito de cebola de sua namorada à excitação. Você consegue se lembrar de alguma vez ter experimentado algo que normalmente seria neutro (ou até desagradável), mas que passou a significar algo especial para você?

Lembre-se:
EN = Estímulo Neutro
EI = Estímulo Incondicionado
RI = Resposta Incondicionada
EC = Estímulo Condicionado
RC = Resposta Condicionada

EXTINÇÃO E RECUPERAÇÃO ESPONTÂNEA. O que aconteceria, perguntou-se Pavlov, se, depois do condicionamento, o EC ocorresse repetidas vezes sem o EI? Se o som fosse emitido repetidamente, mas nenhum alimento aparecesse, o som ainda ativaria a salivação? A resposta foi ambígua. Os cães salivavam cada vez menos, uma reação conhecida como **extinção**. Extinção é a resposta diminuída que ocorre quando o EC (som) não sinaliza mais um EI iminente (alimento). Mas, se, depois de várias horas de atraso, Pavlov soasse o som novamente, os cães respondiam com salivação (Figura 7.6). Essa **recuperação espontânea** – o reaparecimento de RC (enfraquecida) depois de uma pausa – sugeriu a Pavlov que a extinção estava suprimindo o RC em vez de eliminá-lo.

PRÁTICA DE RECUPERAÇÃO

PR-3 Se o aroma de um bolo assando dá água na boca, qual é o EI? Qual é o EC? Qual é a RC?

PR-4 O primeiro passo do condicionamento clássico, quando o EN torna-se um EC, é chamado ____________. Quando um EI não continua seguindo um EC e a RC é cada vez mais fraca, isso é chamado ____________.

RESPOSTAS NO APÊNDICE E

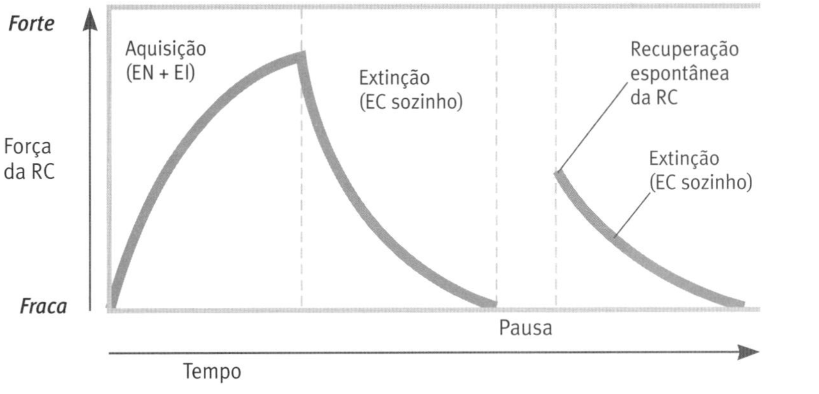

Figura 7.6 Curva idealizada de aquisição, extinção e recuperação espontânea. A curva ascendente mostra a RC ficando rapidamente mais forte, à medida que o EN passa a ser EC devido à associação repetida ao EI (*aquisição*). A RC então enfraquece rapidamente, à medida que o EC é apresentado isoladamente (*extinção*). Depois de uma pausa, a RC (enfraquecida) reaparece (*recuperação espontânea*).

Extinção. Diminuição de uma resposta condicionada; ocorre no condicionamento clássico quando um estímulo incondicionado (EI) não sucede um estímulo condicionado (EC); ocorre no condicionamento operante quando uma resposta deixa de ser reforçada.

Recuperação espontânea. Reaparecimento, depois de uma pausa, de uma resposta condicionada extinta.

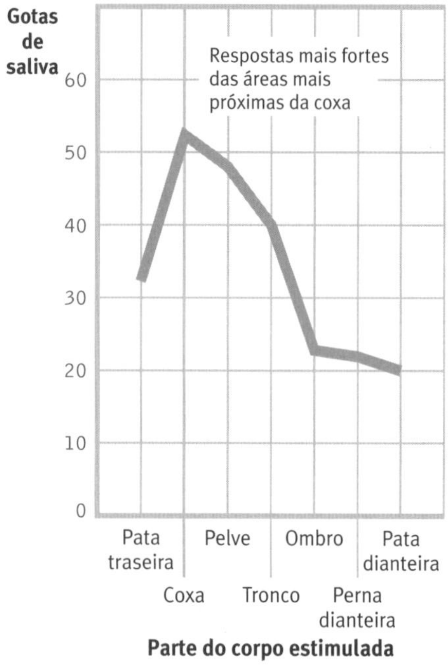

Figura 7.7 Generalização. Pavlov demonstrou a generalização acoplando vibradores em miniatura a várias partes do corpo de um cão. Depois de condicionar a salivação à estimulação da coxa, ele estimulou outras áreas. Quanto mais próximo da coxa do cão estava um ponto estimulado, mais forte era a resposta condicionada. (Dados de Pavlov, 1927.)

GENERALIZAÇÃO. Pavlov e seus alunos notaram que um cão condicionado ao som de uma campainha também respondia, até certo grau, ao som de uma campainha diferente. Da mesma forma, um cão condicionado a salivar quando acariciado também o faria em certa medida quando arranhado (Windholz, 1989) ou quando tocado em outra parte do corpo (Figura 7.7). Essa tendência a responder a estímulos semelhantes ao EC é chamada **generalização** (ou *generalização de estímulos*).

A generalização pode ser adaptativa, como quando crianças pequenas ensinadas a temer carros em movimento passam a ter medo também de caminhões e motocicletas em movimento. E medos generalizados podem permanecer aderidos à memória (Simon-Kutscher et al., 2019; Stout et al., 2018). Por dois meses, logo após ter sofrido um acidente de carro, motoristas jovens sensibilizados são menos vulneráveis a incorrer em outro acidente (O'Brien et al., 2017). Anos depois de ser torturado, um escritor argentino relatou ainda se encolher de medo ao ver sapatos pretos – seu primeiro vislumbre de seus torturadores quando se aproximaram de sua cela (Timerman, 1980). Reações de ansiedade generalizada foram demonstradas em estudos laboratoriais que compararam crianças que sofreram abuso a outras que não o sofreram (Figura 7.8).

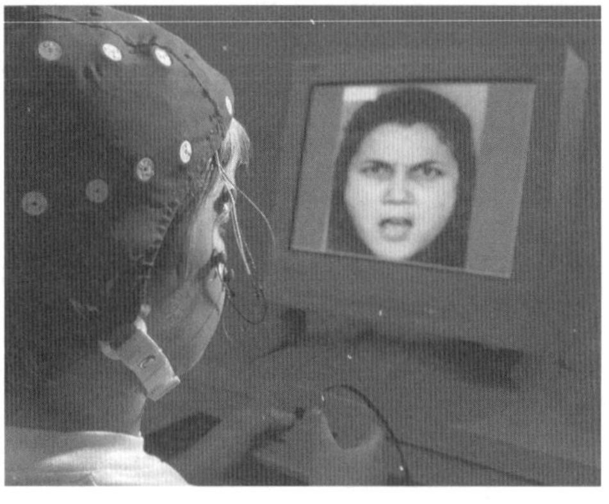

Figura 7.8 O abuso infantil deixa rastros no cérebro. O cérebro sensibilizado das crianças que sofreram abuso reage com mais força aos rostos zangados (Pollak et al., 1998). Essa resposta de ansiedade generalizada pode ajudar a explicar seu maior risco de transtorno psicológico.

Estímulos relacionados a objetos naturalmente repugnantes ou moralmente censuráveis, por associação, também evocam alguma repulsa física ou moral. A maioria das pessoas comeria chocolate em geral desejável em forma de fezes de cachorro? Ou teria um dicionário de inglês aparentemente pertencente e usado por Adolf Hitler? Ou usaria um cobertor que se acredita pertencer a membros do grupo terrorista Al-Qaeda? Não, Não e Não. Essas situações fazem com que as pessoas sintam repulsa (Fedotova & Rozin, 2018; Rozin et al., 1986, 2015). Esses exemplos mostram como as reações emocionais a um estímulo podem generalizar para outros estímulos relacionados.

DISCRIMINAÇÃO. Os cães de Pavlov também aprenderam a responder ao som de determinado tom e *não* a outros. Um estímulo (tom) predisse o EI, e os demais não. Essa capacidade aprendida de *distinguir* entre um estímulo condicionado (que prevê o EI) e outros estímulos irrelevantes é chamada **discriminação**. Ser capaz de reconhecer as diferenças é adaptativo. Estímulos ligeiramente diferentes podem ser seguidos por consequências muito diferentes. Depois de comer uma borboleta venenosa, os pássaros generalizam – eles evitam atacar borboletas semelhantes. Mas eles também discriminarão essas borboletas de outras espécies de borboletas comestíveis (Sims, 2018). Elefantes quenianos fogem do cheiro de caçadores Maasai, que aprenderam a temer, mas não do cheiro de homens Kamba não ameaçadores (Rhodes, 2017). Se você for confrontado com um cão de guarda, seu coração pode disparar; confrontado com um cão-guia, provavelmente não sentirá mesmo.

Generalização (também chamada *generalização de estímulos*). No condicionamento clássico, é a tendência, uma vez que uma resposta foi condicionada, de dar a mesma resposta ao receber um estímulo semelhante ao estímulo condicionado. (No condicionamento operante, a generalização ocorre quando as respostas aprendidas em uma situação ocorrem em outras situações semelhantes.)

Discriminação. No condicionamento clássico, é a capacidade aprendida de distinguir entre um estímulo condicionado e estímulos semelhantes que não sinalizam um estímulo incondicionado. (No condicionamento operante, é a capacidade de distinguir respostas que são reforçadas de respostas semelhantes que não foram reforçadas.)

PRÁTICA DE RECUPERAÇÃO

PR-5 Qual princípio do condicionamento influencia o afeto do caracol?

RESPOSTAS NO APÊNDICE E

Legado de Pavlov

QOA 7.5 Por que o trabalho de Pavlov permanece tão importante?

O que resta das ideias de Pavlov? Uma grande parte. A maioria dos psicólogos concorda que o condicionamento clássico é uma forma básica de aprendizagem. A neurociência moderna também apoiou as ideias de Pavlov ao identificar circuitos neurais que ligam um estímulo condicionado (sinal de alerta) a um estímulo incondicionado iminente (ameaça) (Harnett et al., 2016; Yau & McNally, 2018). A julgar pelo conhecimento que temos atualmente da interação de nossa biologia, psicologia e do ambiente sociocultural, percebemos que algumas ideias de Pavlov estavam incompletas. Porém, se enxergamos além de Pavlov, é porque estamos apoiados em seus ombros.

Por que o trabalho de Pavlov permanece tão importante? Se ele tivesse nos ensinado simplesmente que cães velhos podem aprender truques novos, seus experimentos teriam sido esquecidos há muito tempo. Em que nos importa o fato de cães poderem ser condicionados a salivar diante de um sinal sonoro? A importância reside primeiro na descoberta de que *muitas outras respostas a muitos outros estímulos podem ser classicamente condicionadas em muitos outros organismos* – na verdade, em todas as espécies testadas, desde criaturas microscópicas até minhocas, peixes, cães, macacos e até pessoas, isso continua sendo verdadeiro (Schwartz, 1984; Zhou et al., 2019). Assim, o condicionamento clássico é um caminho que praticamente todo organismo aprende para se adaptar a seu ambiente.

Em segundo lugar, *Pavlov nos mostrou de que forma um processo como a aprendizagem pode ser estudado de maneira objetiva*. Ele se orgulhava de que seus métodos não envolviam praticamente nenhum julgamento subjetivo ou suposição sobre o que se passava na mente de um cão. A resposta salivar é um comportamento mensurável em centímetros cúbicos de saliva. Por conseguinte, o sucesso de Pavlov sugeriu um modelo científico de como a jovem disciplina da psicologia deveria proceder – isolando os blocos de construção básicos de comportamentos complexos e estudando-os por meio de procedimentos laboratoriais objetivos.

Piadinha *nerd* da psicologia: "Por que o cabelo de Pavlov era tão macio?" "Porque ele o condicionou."

PRÁTICA DE RECUPERAÇÃO

PR-6 As empresas geralmente pagam para tornar seus produtos visíveis em filmes populares – como quando atores mais famosos bebem certas bebidas. Com base nos princípios clássicos do condicionamento, qual poderia ser o efeito dessa associação?

RESPOSTAS NO APÊNDICE E

APLICAÇÕES DO CONDICIONAMENTO CLÁSSICO

QOA 7.6 Quais têm sido algumas das aplicações do trabalho de Pavlov na saúde e no bem-estar humano? Como Watson aplicou os princípios de Pavlov aos medos aprendidos?

Outros capítulos deste livro – sobre consciência, motivação, emoção, saúde, transtornos psicológicos e terapia – mostram como os princípios de condicionamento clássico de Pavlov são aplicados à saúde e ao bem-estar dos seres humanos. Três exemplos:

- *Ânsia por drogas*: o condicionamento clássico pode informar tratamentos para *transtornos por uso de substâncias*. Ex-usuários de drogas muitas vezes sentem desejo (ou ânsia) quando estão novamente no contexto de uso das substâncias, porque seu cérebro ficou condicionado a associar esse contexto à recompensa de uma droga (Wang et al., 2018; Wilar et al., 2018). Quebrar essa associação pode reduzir os desejos (Ananth et al., 2019; Martínez-Rivera et al., 2019). Muitos orientadores psicológicos de drogas aconselham os clientes a se afastarem das pessoas e cenários associados aos "baratos" anteriores (NIDA, 2017; Siegel, 2005)
- *Ânsia por comida*: o condicionamento clássico dificulta a dieta. Substâncias açucaradas evocam sensações doces. Pesquisadores condicionaram voluntários saudáveis a experimentar desejos depois de apenas um instante de comer um alimento doce (Blechert et al., 2016). Então, da próxima vez que você pensar "Eu definitivamente posso comer apenas um biscoito", pense duas vezes. As pessoas que lutam com o peso geralmente têm respostas fortemente condicionadas a comer os mesmos alimentos que as manterão com problemas de saúde (Hill, 2007)
- *Respostas imunológicas*: o condicionamento clássico trabalha até mesmo no sistema imunológico do corpo, que combate as doenças. Quando um sabor particular acompanha um medicamento que influencia respostas imunológicas, o próprio sabor pode vir a produzir uma resposta imunológica (Ader & Cohen, 1985).

A obra de Pavlov também forneceu uma base para a ideia de John Watson (1913), de que as emoções e os comportamentos humanos, embora influenciados pela biologia, são acima de tudo um amontoado de respostas condicionadas. Ao trabalharem com um menino de 11 meses, chamado Albert, Watson e Rosalie Rayner (1920; Harris, 1979) mostraram de que modo medos específicos poderiam ser condicionados. Como a maioria dos bebês, o "pequeno Albert" tinha medo de ruídos altos, mas não de ratos brancos. Watson e Rayner apresentaram um rato branco e, quando o bebê estendia a mão para tocá-lo, eles batiam um martelo em uma barra de aço atrás de sua cabeça. Depois de ver o roedor e ouvir o ruído assustador sete vezes, Albert irrompeu em lágrimas diante da mera visão do animal. Cinco dias depois, ele teria generalizado essa reação de medo assustador à visão de um coelho, um cachorro e até mesmo um casaco de pele. Uma análise moderna questionou a evidência de Watson para o condicionamento de Albert, mas o caso permanece lendário (Powell & Schmaltz, 2017).

Durante anos, as pessoas se perguntaram o que aconteceu com o pequeno Albert. A investigação de Russel Powell e seus colegas (2014) encontrou uma criança bem compatível, filha de uma das amas de leite do hospital. A criança, William Albert Barger, passou por Albert B. – exatamente o nome utilizado por Watson e Rayner. Esse Albert foi uma pessoa de bom temperamento, embora, talvez coincidentemente, ele tivesse aversão a cães. Ele morreu sem jamais saber de seu papel na história da psicologia.

As pessoas também se perguntavam que fim levou Watson. Depois de perder seu cargo de professor na Johns Hopkins em consequência de um caso com Rayner (com a qual se casou mais tarde), ele entrou para uma agência de publicidade, trabalhando como psicólogo residente da empresa. Nessa empresa, Watson usou seu conhecimento sobre aprendizagem associativa para conceber muitas campanhas publicitárias bem-sucedidas, inclusive uma para a Maxwell House que ajudou a tornar a "pausa para o café" um hábito americano (Hunt, 1993).

Alguns psicólogos tiveram dificuldade de repetir as descobertas de Watson e Rayner com outras crianças. (Essas experiências seriam inaceitáveis pelos padrões éticos atuais.) Todavia, os medos aprendidos do pequeno Albert levaram muitos psicólogos a se perguntarem se cada um de nós poderia ser um repositório ambulante de emoções condicionadas. Se formos, poderiam os procedimentos de extinção ou um novo condicionamento nos ajudar a mudar nossas respostas indesejadas aos estímulos que despertam emoção?

Um paciente que durante 30 anos temeu entrar sozinho em um elevador acabou entrando. Depois do conselho de seu terapeuta, ele se obrigou a entrar em 20 elevadores por dia. Em dez dias, seu medo tinha praticamente desaparecido (Ellis & Becker, 1982). O comediante e escritor Mark Malkoff extinguiu seu medo de voar fazendo 135 voos em 30 dias, passando 14 horas por dia no ar (NPR, 2009). Uma semana e meia depois, seus medos tinham desaparecido e ele começou a fazer brincadeiras com os colegas passageiros. A brincadeira favorita era o "experimento com o papel higiênico": ele colocava uma ponta do rolo de papel no vaso sanitário, desenrolava o resto pelo corredor da aeronave e dava a descarga; rolo inteiro era sugado em três segundos. No Capítulo 16, veremos mais exemplos de como os psicólogos usam *técnicas comportamentais* para tratar transtornos emocionais e promover o crescimento pessoal.

PRÁTICA DE RECUPERAÇÃO

PR-7 Nos experimentos de Watson e Rayner, o "pequeno Albert" aprendeu a temer um rato branco após ouvir repetidamente um barulho alto quando o rato era apresentado. Nesse experimento, qual era o EI? Qual era a RI? Qual era o EN? Qual era o EC? Qual era a RC?

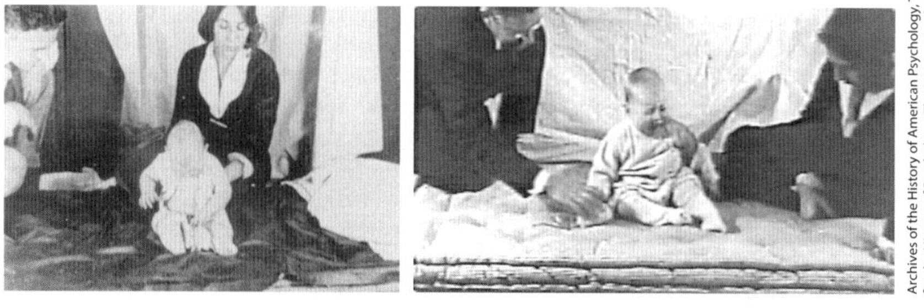

Archives of the History of American Psychology, The Center for the History of Psychology, The University of Akron

RESPOSTAS NO APÊNDICE E

REVISÃO Conceitos básicos de aprendizagem e condicionamento clássico

OBJETIVOS DE APRENDIZAGEM

Teste a si mesmo. Responda às Questões dos Objetivos de Aprendizagem (antes de conferir as respostas no Apêndice D) para aprimorar a retenção dos conceitos estudados (McDaniel et al., 2009, 2015).

QOA 7.1 Como definimos *aprendizagem*, e quais são algumas das formas básicas de aprendizagem?

QOA 7.2 Qual é a visão de aprendizagem do behaviorismo?

QOA 7.3 Quem foi Pavlov, e quais são os componentes básicos do condicionamento clássico?

QOA 7.4 No condicionamento clássico, o que são os processos de *aquisição, extinção, recuperação espontânea, generalização* e *discriminação*?

QOA **7.5** Por que o trabalho de Pavlov permanece tão importante?

QOA **7.6** Quais têm sido algumas das aplicações do trabalho de Pavlov na saúde e no bem-estar humano? Como Watson aplicou os princípios de Pavlov aos medos aprendidos?

TERMOS E CONCEITOS A RECORDAR

Teste a si mesmo. Escreva a definição em suas próprias palavras e depois confirme sua resposta.

aprendizagem, p. 256
aprendizagem por associação, p. 257
estímulo, p. 257
comportamento respondente, p. 257
comportamento operante, p. 257
aprendizagem cognitiva, p. 259
condicionamento clássico, p. 259
behaviorismo, p. 259
estímulo neutro (EN), p. 259
resposta incondicionada (RI), p. 259
estímulo incondicionado (EI), p. 259
resposta condicionada (RC), p. 259
estímulo condicionado (EC), p. 259
aquisição, p. 260
condicionamento de ordem superior, p. 260
extinção, p. 261
recuperação espontânea, p. 261
generalização, p. 262
discriminação, p. 262

DOMINE O MATERIAL

Teste a si mesmo. Responda às questões a seguir por conta própria, a princípio, depois confira as respostas no Apêndice E.

1. A aprendizagem é definida como "o processo de adquirir por meio de experiências novas e relativamente duradouras ________________ ou ________________."

2. Duas formas de aprendizagem por associação são o condicionamento clássico, no qual o organismo associa ________________, e o condicionamento operante, no qual o organismo associa ________________.

a. duas ou mais respostas; uma resposta e sua consequência
b. dois ou mais estímulos; duas ou mais respostas
c. dois ou mais estímulos; uma resposta e sua consequência
d. duas ou mais respostas; dois ou mais estímulos

3. Nos experimentos de Pavlov, o som começou como um estímulo neutro e depois se tornou um estímulo ____________.

4. Os cães foram ensinados a salivar ao ver um círculo, mas não um quadrado. Esse processo é um exemplo de ____________.

5. Quando Watson e Rayner condicionaram classicamente o pequeno Albert a temer um rato branco, a criança passou a mostrar medo em resposta a um coelho, um cachorro e um casaco de pele. Isso ilustra

a. extinção.
b. generalização.
c. recuperação espontânea.
d. discriminação entre dois estímulos.

6. "O sexo vende!" é um dito comum na propaganda. Usando termos do condicionamento clássico, explique como as imagens sexuais nas propagandas podem condicionar sua resposta a um produto.

Condicionamento operante

QOA **7.7** O que é condicionamento operante?

Uma coisa é condicionar classicamente um cão a salivar ao som, ou uma criança a temer veículos em movimento. Todavia, para ensinar um elefante a andar sobre as patas traseiras ou uma criança a dizer *por favor* precisamos nos voltar para o condicionamento operante.

O condicionamento clássico e o condicionamento operante são, ambos, formas de aprendizagem associativa, porém há uma franca diferença entre eles:

- O *condicionamento clássico* forma associações entre estímulos (um EC e o EI que ele sinaliza). Envolve também o *comportamento respondente* – respostas automáticas a um estímulo (como salivar em resposta ao pó de carne e depois em resposta a um sinal sonoro)
- No **condicionamento operante**, organismos associam as suas próprias ações às consequências. As ações seguidas de um reforçador aumentam; já as seguidas de punição diminuem. O comportamento que *opera* no ambiente para produzir estímulos recompensadores ou punitivos é chamado *comportamento operante*.

PRÁTICA DE RECUPERAÇÃO

PR-1 Com o condicionamento clássico, aprendemos associações entre eventos que ________________ (controlamos/não controlamos). Com o condicionamento operante, aprendemos associações entre nosso comportamento e eventos ________________ (resultantes/aleatórios).

RESPOSTAS NO APÊNDICE E

Condicionamento operante. Tipo de aprendizagem no qual um comportamento tem maior probabilidade de se repetir se for seguido por um reforçador ou menos provável de se repetir se for seguido por um punidor.

Lei do efeito. Princípio de Thorndike segundo o qual comportamentos seguidos de consequências favoráveis são mais prováveis, e os seguidos por consequências desfavoráveis são menos prováveis.

Câmara operante. Nas pesquisas sobre o condicionamento operante, uma câmara (também conhecida como *caixa de Skinner*) contendo uma barra ou tecla que um animal pode manipular para obter comida ou água como reforçador; dispositivos anexados registram a taxa em que o animal pressiona a barra ou bica a tecla.

Reforço. No condicionamento operante, qualquer evento que *fortaleça* o comportamento que o precede.

Modelagem. Procedimento de condicionamento operante no qual reforçadores guiam o comportamento em uma direção, para que este seja cada vez mais próximo do comportamento desejado.

Experimentos de Skinner

QOA 7.8 Quem foi Skinner, e como o comportamento operante é reforçado e modelado?

B. F. Skinner (1904-1990) era um estudante universitário de inglês e aspirante a escritor que, em busca de um novo rumo, cursou pós-graduação em psicologia. Ele veio a se tornar a figura mais influente e controversa do behaviorismo moderno. Sua obra elaborou aquilo que o psicólogo Edward L. Thorndike (1874-1949) chamou de **lei do efeito**: o comportamento recompensado tende a ser recorrente (Figura 7.9) e o comportamento punido é menos provável de se repetir. Usando a lei do efeito de Thorndike como ponto de partida, Skinner desenvolveu uma tecnologia comportamental que revelou princípios de *controle de comportamento.* Trabalhando em um escritório na cobertura de um moinho de farinha de Minneapolis em 1943, Skinner e seus alunos Keller Breland e Norman Guttman olharam para os bandos de pombos sentados no parapeito da janela e se perguntaram brincando: "Podemos ensinar um pombo a jogar boliche?" (Goddard, 2018; Skinner, 1960). Ao modelar os comportamentos naturais de andar e bicar dos pombos, Skinner e seus alunos fizeram exatamente isso (Peterson, 2004). Skinner mais tarde usou seus novos princípios de aprendizagem para ensinar aos pombos outros comportamentos semelhantes aos dos pombos, incluindo como andar em uma figura de 8, jogar pingue-pongue e manter um míssil no curso bicando um alvo na tela.

Para esses estudos pioneiros, Skinner desenhou uma **câmara operante**, popularmente conhecida como a *caixa de Skinner* (Figura 7.10). A caixa tem uma barra (uma alavanca) que o animal pressiona – ou uma tecla (um disco) que o animal bica – para liberar uma recompensa de comida ou água. Tem também um dispositivo que registra essas respostas. Esse desenho cria um palco onde ratos e outros animais representam o conceito de **reforço** criado por Skinner: qualquer evento que reforce (aumente a frequência) a resposta precedente. O que é reforçador depende do animal e das condições. Para algumas pessoas, isso pode ser um elogio, atenção ou um contracheque. Para outros, pode ser drogas que reduzem a angústia ou produzem euforia (Bechara et al., 2019). Para ratos com fome e sede, alimento e água funcionam bem. Os experimentos de Skinner fizeram bem mais do que nos ensinar como extrair hábitos de um rato. Eles exploraram as condições exatas que propiciam uma aprendizagem eficiente e duradoura.

Modelagem do comportamento

Imagine que você quisesse condicionar um rato faminto a pressionar uma barra. Como Skinner, você poderia provocar essa ação com a **modelagem**, guiando gradualmente as ações do rato para o comportamento desejado. Primeiro, você observaria como ele se comporta naturalmente, de modo que pudesse se basear em seus comportamentos existentes. Você poderia dar comida ao rato cada vez que ele se aproximasse da barra. Uma vez que o rato se aproximasse regularmente da barra, você poderia dar comida somente quando o rato se aproximasse cada vez mais da barra, depois ainda mais perto. Por fim, você exigiria que ele tocasse a barra antes de dar a comida. Ao *recompensar aproximações sucessivas*, você reforça as respostas que estão cada vez mais próximas do comportamento final desejado e ignora todas as outras respostas. Ao tornarem as recompensas contingentes aos comportamentos desejados, pesquisadores e treinadores de animais modelam gradualmente comportamentos complexos.

Nós também podemos moldar nosso próprio comportamento. Digamos que você queira treinar para sua primeira corrida de 5 km. Você estabelece um plano diário com uma mescla de caminhada e corrida. Em cada estágio, você se dá uma boa recompensa – talvez primeiro

Figura 7.9 Gato em caixa-labirinto. Thorndike usou um peixe como recompensa para incitar gatos a encontrar a saída de uma caixa-labirinto por uma série de manobras. O desempenho dos gatos tendeu a melhorar com ensaios sucessivos, exemplificando a *lei do efeito* de Thorndike. (Adaptada de Thorndike, 1898.)

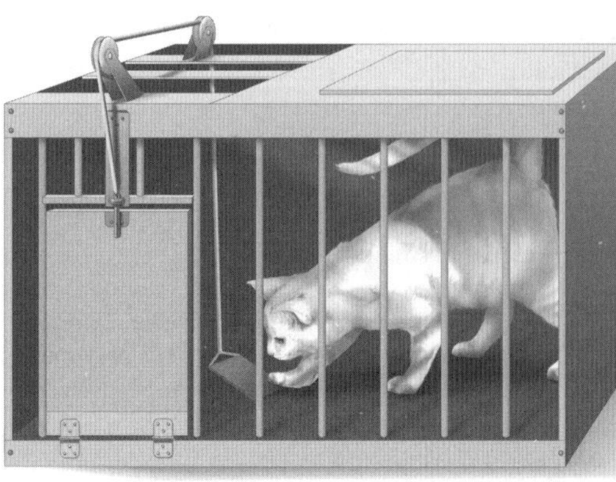

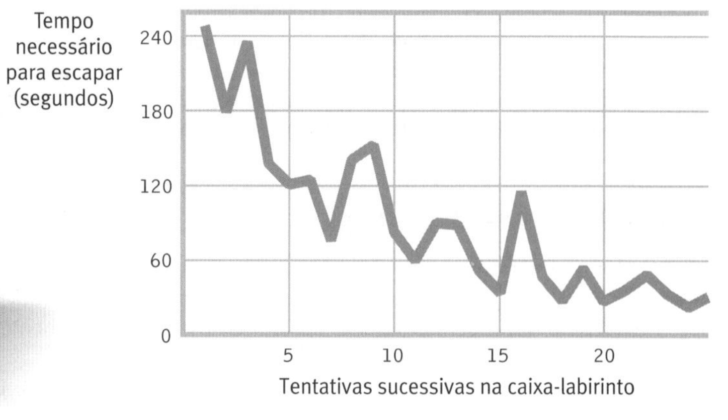

por uma caminhada de 15 minutos, depois por caminhar e correr 1,5 km, depois por correr 1,5 km, depois em cada meio quilômetro adicional – recompensando aproximações sucessivas de seu comportamento alvo.

A modelagem também pode nos ajudar a compreender o que organismos não verbais percebem. Um cão é capaz de distinguir o vermelho e o verde? Um bebê pode detectar a diferença entre um tom mais grave e um mais agudo? Se pudermos modelá-los para responder a um estímulo e não a outro, saberemos que eles podem perceber a diferença. Esses experimentos mostraram até mesmo que alguns animais são capazes de formar conceitos. Se um experimentador reforçar o comportamento de um pombo para bicar após ver um rosto humano, mas não depois de outras imagens, o comportamento dos pombos nos mostra que eles são capazes de reconhecer rostos humanos (Herrnstein & Loveland, 1964). Nesse experimento, o rosto é um *estímulo discriminativo*. Como um sinal de trânsito verde, o estímulo discriminativo sinaliza que uma resposta será reforçada. Depois de treinados para discriminar flores, pessoas, carros e cadeiras, os pombos geralmente são capazes de identificar a categoria à qual um novo objeto representado pertence (Bhatt et al., 1988; Wasserman, 1993). Eles já foram treinados até mesmo para discriminar músicas de Bach e Stravinsky (Porter & Neuringer, 1984).

Na vida diária, continuamente recompensamos e modelamos o comportamento dos outros, afirmou Skinner, embora não tenhamos essa intenção. A irritação de Erlinda irrita sua mãe, por exemplo, mas considere como ela normalmente responde:

ERLINDA: *Você poderia me levar ao shopping?*
MÃE: (*Continua verificando seu telefone.*)
ERLINDA: *Mãe, preciso ir ao shopping.*
MÃE: *Sim, em alguns minutos.*
ERLINDA: *MÃE! O shopping!*
MÃE: *Tenha modos! Certo, onde estão minhas chaves...*

pelican

A irritação de Erlinda é reforçada, pois ela consegue algo desejável – uma ida ao *shopping*. A resposta da mãe é reforçada, porque se livra de algo aversivo – a irritação de Erlinda.

Ou então considere uma professora que cola estrelas douradas em um mural ao lado dos nomes dos alunos que tiraram nota máxima em testes de soletração. Como todos podem ver, algumas das crianças constantemente realizam um trabalho perfeito. As outras, que fazem o mesmo teste e podem ter se esforçado mais que os "astros acadêmicos", não recebem recompensas. A professora faria melhor ao aplicar os princípios do condicionamento operante – reforçar todos os soletradores por suas melhorias graduais (aproximações sucessivas rumo à soletração perfeita de palavras que eles considerem desafiadoras).

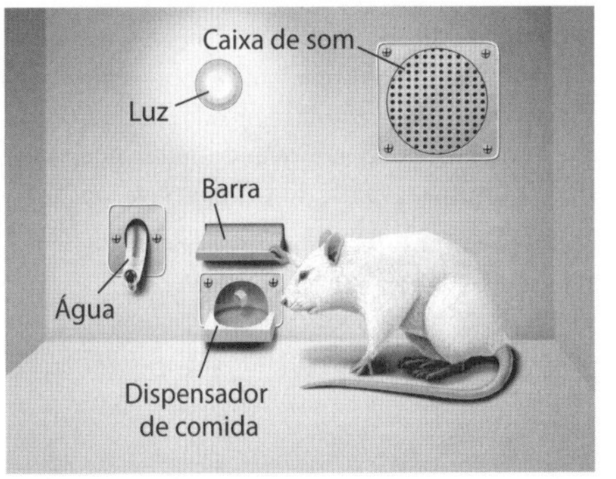

Figura 7.10 Caixa de Skinner. Dentro da caixa, o rato pressiona uma barra para obter uma recompensa na forma de alimento. Do lado de fora, um dispositivo de medição (não exibido aqui) registra as respostas acumuladas do animal.

Os reforçadores variam de acordo com as circunstâncias. O que é reforçador (uma lâmpada de calor) para um animal (um suricato frio) pode não ser para outro (um urso superaquecido). O que é reforçador em uma situação (uma onda de frio no Zoológico de Taronga em Sydney) pode não ser em outra (um dia de verão sufocante). Os reforçadores também variam entre os seres humanos. Um chocolate que é reforçador para Clarice pode não ser para Clarence, que prefere baunilha.

PERGUNTE A SI MESMO

Você consegue se lembrar de um momento em que um professor, treinador, membro da família ou empregador ajudou você a aprender algo moldando seu comportamento em pequenos passos até que você alcançasse seu objetivo?

Tipos de reforçadores

QOA 7.9 Qual é a diferença entre reforçador positivo e reforçador negativo, e quais são os tipos básicos de reforçadores?

Até agora, discutimos basicamente o **reforço positivo**, que fortalece uma resposta *apresentando* um estímulo tipicamente *prazeroso* depois dela. Porém, como vimos na estória da irritação de Erlinda, existem duas formas básicas de reforço (Tabela 7.1). O **reforço negativo** fortalece

Levenson RM

Cérebros de pássaros detectam tumores. Depois de serem recompensados com comida ao detectar corretamente os tumores de mama, os pombos tornaram-se tão habilidosos quanto os seres humanos ao discriminar tecidos cancerosos de saudáveis (Levenson et al., 2015). Outros animais foram moldados para farejar minas terrestres ou localizar pessoas em meio a escombros (La Londe et al., 2015).

Reforço positivo. É quando se provoca um aumento dos comportamentos ao apresentar um estímulo prazeroso. O reforçador positivo é qualquer estímulo que, quando *apresentado* depois de uma resposta, fortalece essa resposta.

Reforço negativo. Aumenta comportamentos interrompendo ou reduzindo aversivos. Reforçador negativo consiste em qualquer estímulo que, quando *removido* depois de uma resposta, fortalece a resposta. (*Nota*: reforço negativo não é punição.)

Reforçador primário. Estímulo reforçador inato, como o que satisfaz uma necessidade biológica.

Reforçador condicionado. Estímulo que ganha poder reforçador mediante sua associação a um reforçador primário. (Também conhecido como *reforçador secundário*.)

Tabela 7.1 Maneiras de elevar o comportamento.

Termo de condicionamento operante	Descrição	Exemplos
Reforço positivo	Acrescenta um estímulo desejável	Acariciar um cão que vem quando você o chama; pagar alguém pelo trabalho concluído
Reforço negativo	Remove um estímulo aversivo	Tomar analgésicos para acabar com a dor; apertar o cinto de segurança para interromper o sinal sonoro alto

uma resposta ao *reduzir* ou *remover* algo *negativo*. A irritação de Erlinda foi reforçada positivamente, porque Erlinda conseguiu algo desejável – uma ida ao *shopping*. Já a resposta de sua mãe (fazer o que Erlinda queria) foi *negativamente* reforçada, porque encerrou um evento aversivo – a irritação de Erlinda. De modo similar, tomar um remédio pode aliviar sua dor de cabeça, e apertar o botão "*Soneca*" silencia um alarme irritante. Esses resultados bem-vindos (fim da dor, fim do alarme) são reforços negativos e aumentam a probabilidade de você repetir esses comportamentos. Para dependentes químicos, o reforço negativo de acabar com as aflições da abstinência pode ser uma razão convincente para voltar a consumir drogas (Baker et al., 2004). Observe que *reforço negativo não é punição*. (Alguns conselhos amigáveis: repita as últimas cinco palavras em itálico na sua mente.) Em vez disso, reforço negativo – o conceito mais incompreendido da psicologia – *remove* um evento punitivo (aversivo, negativo, indesejável). Pense no reforço negativo como algo que proporciona alívio – da pessoa irritada, dor de cabeça forte ou despertador irritante.

Algumas vezes os dois tipos de reforço coincidem. Imagine um estudante preocupado que, depois de não estudar e tirar uma nota ruim em um exame, dedica-se com mais afinco aos estudos para o exame seguinte. Esse esforço maior pode ser *reforçado negativamente* pela redução da ansiedade e *positivamente* por uma nota melhor. Recebemos as recompensas de escapar do estímulo aversivo, o que aumenta a chance de repetir nosso comportamento. *O ponto a ser lembrado*: seja reduzindo algo aversivo ou proporcionando algo desejável, *reforço é qualquer consequência que fortalece um comportamento.*

REFORÇADORES PRIMÁRIOS E CONDICIONADOS. Obter comida quando se tem fome ou eliminar uma incômoda dor de cabeça é inerentemente satisfatório. Esses **reforçadores primários** não são aprendidos. Os **reforçadores condicionados**, também chamados *reforçadores secundários*, obtêm seu poder por intermédio da associação aprendida com reforçadores primários. Se um rato em uma caixa de Skinner aprende que uma luz sinaliza com segurança a vinda do alimento, ele fará esforço para acendê-la (ver Figura 7.10). A luz torna-se um reforçador condicionado associado ao alimento. Nossa vida é repleta de reforçadores condicionados – dinheiro, boas notas, tom de voz agradável –, cada um dos quais foi ligado a recompensas mais básicas.

REFORÇADORES IMEDIATO E TARDIO. Retornemos ao experimento imaginário de modelagem em que você estava condicionando um rato a pressionar uma barra. Antes de desempenhar esse comportamento "desejado", o rato faminto vai se envolver em outros comportamentos "indesejados" – arranhar, cheirar e se movimentar. Se você apresentar comida imediatamente depois de qualquer um desses comportamentos, é provável que o rato repita o comportamento recompensado. Mas o que acontece se o roedor pressionar a barra enquanto você estiver distraído e você demorar a dar o reforçador? Se o atraso durar mais de 30 segundos, o animal não aprenderá a pressionar a barra (Austen & Sanderson, 2019; Cunningham & Shahan, 2019). Atrasos também diminuem a aprendizagem humana. Os alunos aprendem melhor a matéria da aula quando completam questionários frequentes que fornecem *feedback* imediato (Healy et al., 2017). O *feedback* imediato produz aprendizagem imediata.

Diferentemente dos ratos, os seres humanos *podem* responder a reforçadores tardios: o contracheque no fim do mês, a boa nota no fim do semestre, o troféu no fim da temporada esportiva. De fato, para funcionar de modo eficaz devemos aprender a retardar a gratificação. Em um dos estudos mais famosos da psicologia, algumas crianças de 4 anos mostraram essa habilidade. Ao escolher entre um doce pequeno ou um saco de *marshmallows*, as crianças que já controlavam seus impulsos preferiam comer um doce grande amanhã a mastigar um pequeno imediatamente. As crianças que adiam a gratificação tendem a se tornar adultos socialmente competentes e com alto desempenho (Mischel, 2014). Um estudo recente mostrou uma relação semelhante (embora mais fraca) entre adiamento de gratificação e realização posterior (Watts et al., 2018). Aprender a controlar nossos impulsos para obter recompensas mais valiosas pode até nos proteger de mais tarde cometer um crime impulsivo (Åkerlund et al., 2016; Logue, 1998a,b). *Ponto de partida*: vale a pena demorar.

No entanto, em detrimento nosso, as consequências pequenas, porém imediatas (p. ex., o deleite de assistir à TV até tarde), às vezes são mais atraentes do que recompensas grandes, mas atrasadas (sentir-se descansado para um grande exame amanhã). Para muitos adolescentes, a gratificação imediata do sexo arriscado e sem proteção em momentos apaixonados prevalece sobre as gratificações posteriores do sexo seguro ou preservado. Para muitas pessoas, as recompensas imediatas dos atuais veículos, viagens aéreas e ar condicionado, que consomem muita gasolina, prevalecem sobre as consequências futuras maiores das mudanças climáticas globais, aumento do nível do mar e clima extremo.

Esquema de reforço. Padrão que define com que frequência uma resposta desejada será reforçada.

Esquema de reforço contínuo. Esquema que reforça a resposta desejada toda vez que ela ocorre.

Esquema de reforço intermitente (parcial). Reforço de uma resposta apenas parte das vezes; resulta em aquisição mais lenta da resposta, mas com uma resistência muito maior à extinção do que o reforço contínuo.

Esquema de razão fixa. No condicionamento operante, esquema que reforça uma resposta somente depois de um número especificado de respostas.

Esquema de razão variável. No condicionamento operante, esquema de reforço que reforça uma resposta após um número imprevisível de respostas.

Esquemas de reforço

QOA 7.10 Como diferentes esquemas de reforço afetam o comportamento?

Na maioria dos nossos exemplos, a resposta desejada foi reforçada toda vez que ela ocorreu. Mas os **esquemas de reforço** variam. Com o **reforço contínuo**, a aprendizagem ocorre rapidamente, fazendo dele a melhor opção para dominar um comportamento. Porém, a extinção também é rápida. Quando o reforço é interrompido – quando paramos de entregar alimento depois que o rato pressiona a barra – o comportamento logo cessa (é *extinto*). Se uma máquina de doces, normalmente confiável, deixa de liberar a barra de chocolate por duas vezes consecutivas, paramos de colocar dinheiro nela (mesmo que uma semana depois possamos exibir *recuperação espontânea* e tentemos outra vez).

A vida real raramente proporciona reforço contínuo. Comerciantes não vendem a cada instante. No entanto, eles persistem porque seus esforços já foram ocasionalmente recompensados. Essa persistência é típica de **esquemas de reforço intermitente (ou parcial)**, nos quais respostas às vezes são reforçadas e outras vezes não. A aprendizagem aparece com mais lentidão, mas a *resistência à extinção* é maior do que com reforço contínuo. Imagine um pombo que aprendeu a bicar uma tecla para obter alimento. Se você diminuir gradualmente o fornecimento de comida até torná-lo raro e imprevisível, o pombo é capaz de bicar 150 mil vezes sem ser recompensado (Skinner, 1953). Máquinas caça-níqueis recompensam apostadores da mesma forma – eventual e imprevisivelmente. E assim como os pombos, os jogadores continuam tentando, mais e mais. Com o reforço intermitente, a esperança é eterna.

Lição para os pais: o reforço parcial também funciona com as crianças. Render-se vez ou outra a suas birras em nome da paz e da tranquilidade reforça intermitentemente as birras. Esse é o melhor procedimento para fazer um comportamento persistir.

Skinner (1961) e seus colaboradores compararam quatro esquemas de reforço parcial e seus efeitos sobre o comportamento.

Esquemas de razão fixa reforçam comportamento após determinado número de respostas. As cafeterias nos recompensam com uma bebida gratuita a cada dez adquiridas. Uma vez condicionados, os ratos podem ser reforçados em uma proporção fixa de, digamos, um grão de comida para cada 30 respostas. Uma vez condicionado, o animal fará apenas uma breve pausa depois de um reforçador e retornará a uma taxa elevada de respostas.

Esquemas de razão variável fornecem reforçadores depois de um número imprevisível de respostas. Esse reforço imprevisível é o que experimentam os jogadores de caça-níqueis e os pescadores com mosca, e é o que torna o jogo e a pesca com mosca tão difíceis de extinguir,

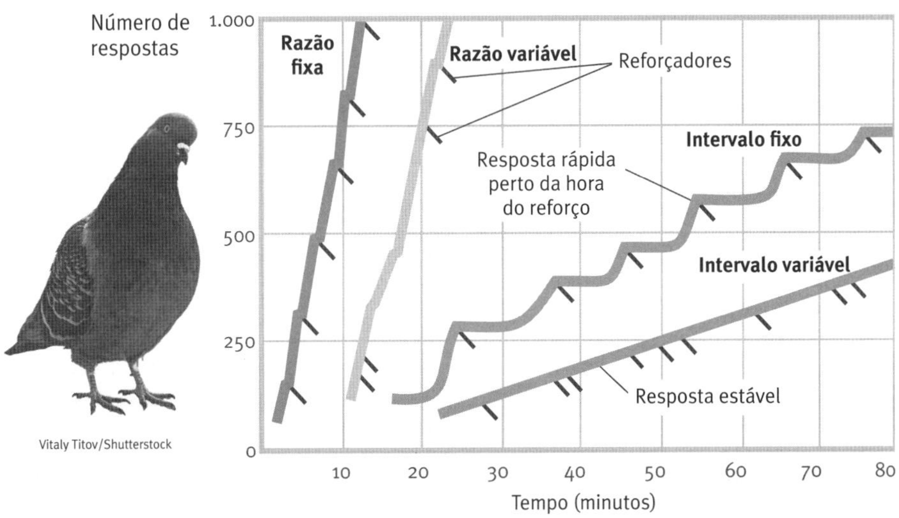

Figura 7.11 Esquemas de reforço intermitente. Os pombos de laboratório de Skinner (1961) produziram estes padrões de resposta para cada um dos quatro esquemas de reforço (reforçadores indicados por marcas diagonais). Para as pessoas, assim como para os pombos, o reforço ligado ao número de respostas (um *esquema de razão*) produz uma taxa de resposta mais alta que o reforço ligado ao tempo decorrido (um *esquema de intervalo*). Mas a previsibilidade da recompensa também importa. Um esquema imprevisível (*variável*) produz respostas mais consistentes do que um esquema previsível (*fixo*).

Esquema de intervalo fixo. No condicionamento operante, esquema de reforço que fortalece uma resposta somente depois de decorrido um tempo especificado.

Esquema de intervalo variável. No condicionamento operante, esquema que reforça uma resposta em intervalos de tempo imprevisíveis.

Punição. Um evento que *diminui* o comportamento que o precede.

Tabela 7.2 Esquemas de reforço parcial.

	Fixo	Variável
Razão	*A cada tantos*: o reforço após cada enésimo comportamento, como comprar dez cafés e ganhar um, ou pagar os funcionários por unidade produzida	*Depois de um número imprevisível*: reforço após um número aleatório de comportamentos, como jogar em caça-níqueis ou pescar com mosca
Intervalo (de tempo)	*De vez em quando*: reforço para comportamento depois de um tempo fixo, como preços com desconto de terça-feira	*Frequência imprevisível*: reforço do comportamento depois de um período aleatório, como verificar nosso telefone em busca de uma mensagem

"O charme da pesca é que ela é a busca daquilo que é indescritível, mas atingível, uma série perpétua de ocasiões de esperança."
– Autor escocês, John Buchan (1875-1940)

mesmo quando não produzem os resultados desejados. Como os reforçadores aumentam à medida que o número de respostas se eleva, os esquemas de razão variável produzem altas taxas de resposta.

Esquemas de intervalo fixo reforçam a primeira resposta depois de um período fixo de tempo. Os animais nesse tipo de esquema tendem a responder com mais frequência, à medida que se aproxima a hora prevista para a recompensa. As pessoas verificam o correio com mais frequência, à medida que o tempo de entrega se aproxima. Os pombos bicam as teclas mais rapidamente, à medida que o tempo do reforço se aproxima. Isso produz um padrão instável de paradas e recomeços, em vez de uma taxa constante de respostas (Figura 7.11).

Esquemas de intervalo variável reforçam a primeira resposta depois de intervalos de tempo *variados*. Em momentos imprevisíveis, um grão de comida recompensava os pombos de Skinner pela persistência em bicar uma tecla. Como a tão esperada mensagem que finalmente recompensa a persistência em checar nosso telefone, os horários de intervalo variável tendem a produzir respostas lentas e constantes. Isso faz sentido, visto que não se sabe quando a espera vai terminar (Tabela 7.2).

Em geral, as taxas de resposta são mais altas quando o reforço está ligado a uma série de respostas (esquema de razão) em vez do tempo (esquema de intervalo). Mas a resposta é mais consistente quando o reforço é imprevisível (esquema variável) do que quando é previsível (esquema fixo). (Ver Figura 7.11.) Os comportamentos animais divergem, embora Skinner (1956) sustentasse que os princípios de reforço do condicionamento operante são universais. Pouco importa, dizia ele, que resposta, que reforçador, ou que espécie você utilize. O efeito de determinado esquema de reforço é praticamente o mesmo: "Pombo, rato, macaco, quem é quem? Não importa... O comportamento tem propriedades surpreendentemente semelhantes".

PRÁTICA DE RECUPERAÇÃO

PR-2 As pessoas que enviam e-mails de *spam* são reforçadas por qual cronograma? Os padeiros caseiros que verificam o forno para ver se os biscoitos estão prontos são reforçados em qual horário? As lojas de sanduíches que oferecem um sanduíche grátis a cada 10 compras estão usando qual esquema de reforço?

RESPOSTAS NO APÊNDICE E

Punição

QOA 7.11 Qual é a diferença entre punição e reforço negativo, e como a punição afeta o comportamento?

O reforço eleva um comportamento; a **punição** faz o oposto. Assim, enquanto o reforço negativo *aumenta* a frequência de um comportamento anterior (retirando algo negativo), a *punição* é qualquer consequência que *diminua* a frequência de um comportamento anterior (Tabela 7.3). Punições rápidas e eficazes têm grande poder de restringir comportamentos indesejados. O rato que leva um choque depois de tocar um objeto proibido e a criança que se queimou ao tocar em um forno quente aprenderão a não repetir esses comportamentos.

O comportamento criminoso, em grande parte impulsivo, também é mais influenciado por punidores rápidos e seguros do que pela ameaça de sentenças severas (Darley & Alter, 2013). Assim, quando o estado do Arizona introduziu uma sentença excepcionalmente dura para motoristas alcoolizados pela primeira vez, a taxa de dirigir embriagado não mudou

Tabela 7.3 Maneiras de modificar o comportamento.

Tipo de punição	Descrição	Exemplos
Punição positiva	Aplicar estímulo aversivo	Aspergir água em um cão que está latindo; aplicar multa de trânsito por excesso de velocidade
Punição negativa	Retirar um estímulo recompensador	Retirar os privilégios de dirigir de um adolescente; bloquear um comentarista rude nas redes sociais

muito. Mas quando a polícia de Kansas City começou a patrulhar uma área de alta criminalidade para aumentar a rapidez e a segurança da punição, a taxa de criminalidade da cidade caiu drasticamente.

O que os estudos de punição implicam para os pais? Uma análise de mais de 160 mil crianças descobriu que o castigo físico raramente corrige o comportamento indesejado (Gershoff & Grogan-Kaylor, 2016). Com o apoio de uma resolução da American Psychological Association sobre a ineficácia e o dano potencial do castigo físico, os psicólogos constataram cinco grandes desvantagens (APA, 2019; Finkenauer et al., 2015; Gershoff et al., 2018; Marshall, 2002):

1. ***Comportamento punido é suprimido, não esquecido. Esse estado temporário pode reforçar (negativamente) o comportamento punitivo dos pais.*** A criança xinga, o pai bate, a criança para de xingar quando o pai está por perto, então o pai acredita que a punição interrompeu com sucesso o comportamento. Não é de admirar que a palmada seja um sucesso entre tantos pais - com 60% das crianças em todo o mundo espancadas ou punidas fisicamente (UNICEF, 2014).
2. ***Castigo físico não substitui o comportamento indesejado.*** O castigo físico pode reduzir ou até eliminar o comportamento indesejado, mas não fornece orientação para o comportamento adequado. Uma criança que é espancada por gritar no carro pode parar de gritar, mas continuará jogando comida ou roubando os brinquedos do irmão.
3. ***Punição ensina a discriminação entre as situações.*** No condicionamento operante, a discriminação ocorre quando um organismo aprende que certas respostas, mas não outras, serão reforçadas. A punição efetivamente acabou com os palavrões da criança? Ou a criança simplesmente aprendeu que, embora não seja bom xingar enquanto está em casa, não há problema de xingar em outro lugar?
4. ***Punição pode ensinar o medo.*** No condicionamento operante, a *generalização* ocorre quando a resposta de um organismo a estímulos semelhantes é reforçada. A criança punida pode associar o medo não apenas ao comportamento indesejável, mas também à pessoa que aplicou a punição ou ao lugar em que ela ocorreu. Assim, as crianças podem aprender a temer um professor punidor e tentar evitar a escola, ou podem ficar mais ansiosas (Gershoff et al., 2010). Por essas razões, a maioria dos países europeus e 31 estados dos EUA agora proíbem bater em crianças em escolas públicas (EndCorporalPunishment.org). A partir de 2019, 156 países haviam proibido bater em casa. Um grande levantamento na Finlândia, o segundo país a aprovar essa lei, revelou que as crianças nascidas depois de sua aprovação eram, de fato, menos espancadas e esbofeteadas (Österman et al., 2014).
5. ***Punição física pode aumentar a agressividade ao modelar a violência como um modo de lidar com problemas.*** Os estudos constataram que as crianças espancadas têm maior risco de agressividade (MacKenzie et al., 2013). Sabemos que muitos delinquentes agressivos e pais abusivos vêm de famílias abusivas (Straus & Gelles, 1980; Straus et al., 1997).

Alguns pesquisadores questionam essa lógica. Crianças punidas fisicamente podem ser mais agressivas, dizem eles, pelo mesmo motivo que pessoas que fizeram psicoterapia são mais propensas a sofrer de depressão - porque tiveram problemas preexistentes que desencadearam os tratamentos (Ferguson, 2013a; Larzelere, 2000; Larzelere et al., 2019). Então, a surra causa mau comportamento ou o mau comportamento desencadeia a surra? As correlações não nos trazem nenhuma resposta.

Então, como os pais devem disciplinar seus filhos? Muitos psicólogos incentivam o *afastamento do reforço positivo*: remover uma criança mal comportada do acesso a estímulos desejados, como a atenção dos irmãos e dos pais (Dadds & Tully, 2019). Os castigos eficazes vêm com expectativas claras de substituir o comportamento problemático (bater nos irmãos) por comportamentos positivos alternativos (dizer aos irmãos que eles feriram seus sentimentos) (O'Leary et al., 1967; Patterson et al., 1968). As crianças aprendem que os castigos ajudam a família a desfrutar de interações positivas e carinhosas.

Pais de delinquentes juvenis muitas vezes não têm noção de como atingir comportamentos desejáveis sem gritar, bater ou ameaçar seus filhos (Patterson et al., 1982). Programas de treinamento podem ajudar a transformar ameaças degradantes em incentivos positivos, desde "Arrume o quarto neste minuto ou vai ficar sem jantar!" até "Nós esperamos você na mesa de jantar depois que você tiver arrumado seu quarto". Pare e reflita por um momento! Não teriam as ameaças de punição a mesma força, e talvez ainda maior eficácia, se fossem reformuladas positivamente? Assim, a frase "Se não fizer o dever de casa não vai poder pegar o carro" ficaria melhor se fosse formulada como...

Nas salas de aula, também, os professores podem dar *feedback* dizendo: "Não, mas tente isso..." e "Sim, é isso!" Essas respostas reduzem comportamentos indesejados ao mesmo tempo que reforçam alternativas mais desejáveis. Lembre-se: *a punição diz o que não fazer, e o reforço diz o que fazer*. Assim, a punição ensina determinado tipo de moralidade – a moralidade concentrada na proibição (o que *não* fazer), em vez de obrigações positivas (Sheikh & Janoff-Bulman, 2013).

O que a punição geralmente ensina, segundo Skinner, é como evitá-la. Muitos psicólogos atualmente são a favor da ênfase no reforço: observe como as pessoas fazem algo corretamente e o ratificam.

"Um tapinha (de parabéns) nas costas, em vez de um chute nas calças pode não ter muita diferença entre as vértebras, mas está milhas à frente no tocante aos resultados." – Atribuído ao Editor Bennett Cerf (1898-1971)

PRÁTICA DE RECUPERAÇÃO

PR-3 Preencha as três lacunas abaixo com um dos seguintes termos: reforço positivo (RP), reforço negativo (RN), punição positiva (PP) e punição negativa (PN). Fornecemos a primeira resposta (RP) para você.

Tipo de estímulo	Dê	Remova
Desejado (p. ex., uso que o adolescente faz de um carro)	1. RP	2.
Indesejado/aversivo (p. ex., um insulto)	3.	4.

RESPOSTAS NO APÊNDICE E

Legado de Skinner

QOA 7.12 Por que as ideias de Skinner provocam controvérsia, e como seus princípios de condicionamento operante podem ser aplicados na escola, nos esportes, no trabalho e em casa?

B. F. Skinner mexeu em um ninho de vespas com suas crenças proclamadas em alto e bom som. Insistiu repetidas vezes que influências externas (não pensamentos e sentimentos internos) modelam o comportamento. Ele argumentou que a ciência do cérebro não é necessária para a ciência psicológica, dizendo que "uma ciência do comportamento é independente da neurologia" (Skinner, 1938/1966, pp. 423-424). E incitou as pessoas a usar os princípios operantes para influenciar o comportamento dos outros na escola, no trabalho e em casa. Ciente de que o comportamento é modelado por seus resultados, Skinner afirmou que deveríamos usar recompensas para evocar comportamentos mais desejáveis.

Seus críticos objetaram, dizendo que ele nos desumanizava ao negligenciar nossa liberdade pessoal e buscar o controle de nossas ações. Resposta de Skinner: as consequências externas já controlam aleatoriamente o comportamento das pessoas. Por que não administrá-las visando o aprimoramento humano? Os reforçadores não seriam mais humanos que as punições utilizadas em lares, escolas e prisões? E se é humilhante pensar que nossa história nos moldou, essa mesma ideia não nos dá também esperança de podermos moldar nosso futuro?

B. F. Skinner "Às vezes me perguntam: 'Você pensa a respeito de si próprio o mesmo que pensa dos organismos que estuda?' A resposta é sim. Até onde eu sei, meu comportamento, em qualquer dado momento, nada mais tem sido que o produto de minha herança genética, de minha história pessoal e do contexto atual" (1983).

Aplicações do condicionamento operante

Em capítulos posteriores veremos como os psicólogos aplicam os princípios do condicionamento operante para ajudar as pessoas a moderarem a pressão alta ou desenvolverem habilidades sociais. As tecnologias de reforço também estão em ação nas escolas, nos esportes, programas de computador, locais de trabalho e lares, e esses princípios podem apoiar nosso autoaperfeiçoamento também (Flora, 2004).

NA ESCOLA. Mais de 50 anos atrás, Skinner e outros trabalharam para o dia em que "máquinas e livros didáticos" moldariam a aprendizagem em pequenos passos, reforçando de imediato as respostas corretas. Essas máquinas e textos, diziam eles, revolucionariam a educação e deixariam os professores livres para se concentrarem nas necessidades especiais de cada aluno. "Boa instrução exige duas coisas", disse Skinner (1989). "Os alunos devem ser informados imediatamente se o que fazem é certo ou errado e, quando estiverem certos, devem ser direcionados para o próximo passo a ser dado."

Skinner pode ficar satisfeito em saber que muitos de seus ideais para a educação são agora possíveis. Os professores costumavam achar difícil acompanhar o ritmo das matérias de acordo com a taxa de aprendizagem de cada aluno e fornecer *feedback* imediato. Os questionários adaptativos *online*, como o sistema LearningCurve disponível neste texto, fazem as duas coisas. Os alunos passam pelos questionários em seu próprio ritmo, de acordo com seu próprio nível de compreensão. E eles recebem *feedback* imediato sobre seus esforços, inclusive planos de estudo personalizados.

djprybyl

Reforço imediato. Muffet McGraw, treinadora do time de basquete feminino do campeonato nacional de Notre Dame de 2018, concentra-se em pegar suas jogadoras fazendo as coisas certas e as aplaude imediatamente por isso.

NOS ESPORTES. A chave para modelar o comportamento no desempenho atlético, como em qualquer outro âmbito, é primeiro reforçar pequenos êxitos e então elevar gradualmente o desafio. Alunos de golfe aprendem o *putt* com tacadas muito curtas e, à medida que vão se aperfeiçoando, afastam-se cada vez mais. Da mesma forma, batedores de beisebol, novatos, começam rebatendo uma bola de tamanho exagerado, arremessada de uma distância de três metros, proporcionando a eles o prazer imediato de acertá-la em cheio. À medida que os rebatedores ganham confiança com o sucesso e atingem a perfeição em cada nível, o arremessador se afasta gradualmente e, por fim, introduz uma bola padrão. Comparadas a crianças ensinadas por métodos convencionais, as crianças treinadas por esse método comportamental demonstram uma evolução mais rápida de suas habilidades (Simek & O'Brien, 1981, 1988).

EM PROGRAMAS DE COMPUTADOR. Usando princípios de reforço, os desenvolvedores criaram programas de computador que imitam a aprendizagem humana. Esses programas de *inteligência artificial* (IA) realizam ações – jogar xadrez, pôquer ou o *videogame multiplayer Quake III* – mais rápido do que os humanos, e permitem que os programas aprendam rapidamente a repetir ações reforçadas e evitem respostas punitivas (Botvinick et al., 2019; Jaderberg et al., 2019). Os programas de IA estão ensinando os humanos sobre os limites da aprendizagem humana.

NO TRABALHO. Como os gerentes podem motivar com sucesso seus funcionários, e os treinadores motivar seus jogadores? O que ajuda neste sentido é tornar *imediato* o reforço e recompensar comportamentos específicos, bem definidos e atingíveis, não o "mérito" vagamente definido. As pessoas, ao contrário dos pombos, também respondem a reforçadores positivos e negativos atrasados. A CEO da General Motors, Mary Barra, entendeu isso. Em 2015, ela observou o alto desempenho dos trabalhadores e concedeu-lhes bônus recorde (Vlasic, 2015). Contudo, as recompensas não precisam ser monetárias. Um gerente eficiente pode simplesmente caminhar pela empresa e elogiar sinceramente as pessoas pelo bom trabalho.

NA PARENTALIDADE. Como vimos, os pais podem aprender com as práticas de condicionamento operante. Pesquisadores do treinamento parental lembram-nos que pais que dizem "Vamos pôr o pijama para dormir", mas logo depois se rendem a protestos ou provocações, reforçam as reclamações e discussões (Wierson & Forehand, 1994). Exasperados, podem então até gritar ou gesticular de forma ameaçadora. Quando a criança, agora assustada, obedece, isso por sua vez, reforça o comportamento irritado dos adultos. Com o tempo, desenvolve-se uma relação destrutiva entre pais e filhos.

Para interromper esse ciclo, os pais devem lembrar da regra básica da modelagem: *observe como as pessoas fazem algo corretamente e o ratificam.* Dê às crianças atenção e outros reforçadores quando elas se comportarem bem. Se quiser que seu filho dirija com segurança, recompense-o por fazer isso (Hinnant et al., 2019). Mire um comportamento específico, recompense-o e observe-o crescer. Quando as crianças se comportarem mal ou fizerem provocações, não grite nem bata nelas. Simplesmente explique o erro e "confisque" o *iPad*, um brinquedo mal utilizado, ou peça que fiquem em isolamento por um breve período.

MUDAR SEU PRÓPRIO COMPORTAMENTO. Por fim, podemos usar o condicionamento operante em nossas próprias vidas. Para reforçar seus próprios comportamentos desejados (p. ex., melhorar seus hábitos de estudo) e extinguir os indesejados (como parar de fumar), os psicólogos sugerem estes passos:

1. ***Estabeleça a meta realista em termos mensuráveis e anuncie-a.*** Você pode, por exemplo, almejar o aumento de seu tempo de estudo em uma hora por dia. Para aumentar seu comprometimento e as chances de sucesso, compartilhe esse objetivo com os amigos.
2. ***Decida como, quando e onde você vai trabalhar pelo seu objetivo.*** Reserve um tempo para planejar. De graduandos norte-americanos a empreendedores suecos, aqueles que especificam como implementarão metas concentram-se mais nessas metas e as cumprem com mais frequência (Gollwitzer & Oettingen, 2012; van Gelderen et al., 2018).
3. ***Monitore a frequência com que você se dedica ao comportamento desejado.*** Você pode registrar seu tempo de estudo atual, anotando em que condições você estuda ou não. (Quando começamos a escrever livros didáticos, cada um de nós registrou nosso tempo e ficamos surpresos ao descobrir quanto tempo estávamos perdendo.)
4. ***Reforce o comportamento desejado.*** A persistência das pessoas com relação às metas de longo prazo é alimentada principalmente por recompensas imediatas (Woolley &

Fishbach, 2017). Então, para aumentar seu tempo de estudo, dê a si mesmo uma recompensa (um lanche ou alguma atividade que você goste) somente depois de terminar sua hora extra de estudo. Combine com os amigos que você os acompanhará nos fins de semana somente se tiver cumprido sua meta realista de estudo semanal.

5. ***Reduza as recompensas gradualmente.*** À medida que seus novos comportamentos se tornarem mais habituais, dê a si mesmo, mentalmente, um tapinha nas costas em vez de um biscoito.

PERGUNTE A SI MESMO

Pense em um mau hábito seu. Como você poderia usar o condicionamento operante para rompê-lo?

PRÁTICA DE RECUPERAÇÃO

PR-4 Joslyn constantemente se comporta mal na pré-escola, mesmo que sua professora a repreenda repetidamente. Por que o mau comportamento de Joslyn continua e o que sua professora pode fazer para impedi-lo?

RESPOSTAS NO APÊNDICE E

Contraste entre condicionamento clássico e operante

QOA 7.13 Em que diferem o condicionamento operante e o condicionamento clássico?

Tanto o condicionamento clássico como o operante são formas de *aprendizagem associativa*, e ambos envolvem *aquisição*, *extinção*, *recuperação espontânea*, *generalização* e *discriminação*. Mas essas duas formas de aprendizagem também diferem. Pelo condicionamento clássico (pavloviano), um organismo associa diferentes estímulos que não controla e responde automaticamente (*comportamentos respondentes*) (Tabela 7.4). Pelo condicionamento operante, associamos nosso próprio comportamento – que age no ambiente para produzir estímulos recompensadores ou punitivos (*comportamentos operantes*) – às suas consequências.

Como veremos a seguir, nossa biologia e nossos processos cognitivos influenciam tanto o condicionamento clássico quanto o operante.

"Oh! Essa aprendizagem, que espetáculo é."
– William Shakespeare, A Megera Domada, 1597

PRÁTICA DE RECUPERAÇÃO

PR-5 Salivar em resposta a um som associado ao alimento é um comportamento ________; pressionar uma barra para obter comida é um comportamento ________.

RESPOSTAS NO APÊNDICE E

Tabela 7.4 Comparação do condicionamento clássico e do condicionamento operante.

	Condicionamento clássico	Condicionamento operante
Ideia básica	Associações de aprendizagem entre eventos que não controlamos	Associações de aprendizagem entre nosso comportamento e suas consequências
Resposta	Involuntária, automática	Voluntária, opera no ambiente
Aquisição	Associação de eventos; EN pareado com EI e se torna EC	Associação da resposta a uma consequência (reforçador ou punidor)
Extinção	RC diminui quando EC é apresentado repetidamente sozinho	A resposta diminui quando o reforço para
Recuperação espontânea	O reaparecimento de RC extinta, depois de um período de repouso	O reaparecimento de uma resposta extinta depois de um período de repouso
Generalização	A tendência de responder a estímulos similares ao EC	Respostas aprendidas em uma situação ocorrendo em outras situações semelhantes.
Discriminação	A capacidade aprendida para distinguir entre um EC e outros estímulos que não sinalizam EI	A capacidade aprendida de que algumas respostas serão reforçadas e outras não

REVISÃO Condicionamento operante

OBJETIVOS DA APRENDIZAGEM

Teste a si mesmo. Responda às Questões dos Objetivos de Aprendizagem (antes de conferir as respostas no Apêndice D) para aprimorar a retenção dos conceitos estudados (McDaniel et al., 2009, 2015).

QOA **7.7** O que é *condicionamento operante*?

QOA **7.8** Quem foi Skinner e como o comportamento operante é reforçado e modelado?

QOA **7.9** Qual é a diferença entre reforçador positivo e negativo e quais são os tipos básicos de reforçadores?

QOA **7.10** Como diferentes esquemas de reforço afetam o comportamento?

QOA **7.11** Qual é a diferença entre punição e reforço negativo, e como a punição afeta o comportamento?

QOA **7.12** Por que as ideias de Skinner provocam controvérsia, e como seus princípios de condicionamento operante podem ser aplicados em diferentes contextos?

QOA **7.13** Em que diferem o condicionamento operante e o condicionamento clássico?

TERMOS E CONCEITOS A RECORDAR

Teste a si mesmo. Escreva a definição em suas próprias palavras e depois confirme sua resposta.

condicionamento operante, p. 265
lei do efeito, p. 266
câmara operante, p. 266
reforço, p. 266
modelagem, p. 266
reforço positivo, p. 268
reforço negativo, p. 268
reforçador primário, p. 268
reforçador condicionado, p. 268
esquema de reforço, p. 269
esquema de reforço contínuo, p. 269
esquema de reforço intermitente (parcial), p. 269
esquema de razão fixa, p. 269
esquema de razão variável, p. 269
esquema de intervalo fixo, p. 270
esquema de intervalo variável, p. 270
punição, p. 270

DOMINE O MATERIAL

Teste a si mesmo. Responda às questões a seguir por conta própria, a princípio, depois confira as respostas no Apêndice E.

1. A lei do efeito de Thorndike foi a base do trabalho de ______________ sobre condicionamento operante e controle do comportamento.

2. Uma maneira de mudar o comportamento é recompensar os comportamentos naturais em pequenas etapas, à medida que o organismo se aproxima cada vez mais do comportamento desejado. Esse processo se chama ______________.

3. Seu cão está latindo tão alto que está provocando zumbidos em seus ouvidos. Você bate palmas e o cão para de latir, o zumbido em seus ouvidos some e você pensa consigo mesmo: "Terei que fazer isso se ele latir novamente." O fim dos latidos foi para você
a. um reforçador positivo.
b. um reforçador negativo.
c. uma punição positiva.
d. uma punição negativa.

4. Como seu professor de psicologia poderia usar o reforço negativo para incentivar sua atenção durante a aula?

5. Reforçar uma resposta desejada somente algumas vezes que ela ocorrer tem o nome de reforço ______________.

6. Um restaurante está com uma oferta especial. Depois que você comprar quatro refeições pelo preço completo, você receberá um antepasto gratuito. Este é exemplo de um esquema ou reforço ______________.
a. razão fixa
b. razão variável
c. intervalo de tempo fixo
d. intervalo de tempo variável

7. O esquema de reforço parcial que reforça uma resposta depois de períodos imprevisíveis é um esquema de ______________.

8. Um provérbio medieval observa que "uma criança queimada teme o fogo". No condicionamento operante, a queimadura seria um exemplo de
a. reforçador primário.
b. reforçador negativo.
c. punição.
d. reforçador positivo.

Biologia, cognição e aprendizagem

A partir de cães que salivam, ratos que correm e pombos que bicam, conhecemos muito acerca dos processos básicos de aprendizagem. No entanto, os princípios de condicionamento não nos contam a história toda. Os teóricos da aprendizagem atuais reconhecem que a aprendizagem é o produto da interação de influências biológicas, psicossociais e socioculturais (Figura 7.12).

Prontidão. Predisposição biológica para aprender associações, como entre paladar e náuseas, que têm valor de sobrevivência.

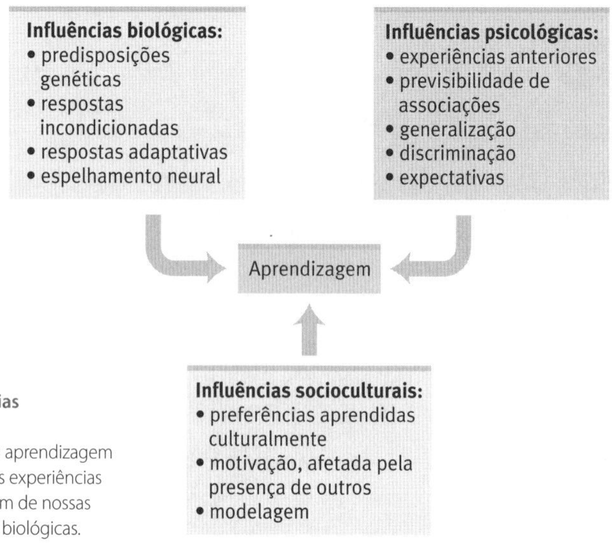

Figura 7.12 Influências biopsicossociais na aprendizagem. Nossa aprendizagem resulta não só de nossas experiências ambientais, mas também de nossas influências cognitivas e biológicas.

Restrições biológicas no condicionamento

QOA 7.14 Como as restrições biológicas afetam o condicionamento clássico e o operante?

Desde Charles Darwin, os cientistas assumiram que todos os animais compartilham uma história evolutiva comum e, portanto, compartilham semelhanças em sua composição e funcionamento. Pavlov e Watson, por exemplo, acreditavam que as leis básicas da aprendizagem eram essencialmente similares em todos os animais. Assim, faria pouca diferença se fossem estudados pombos ou pessoas. Além disso, parecia que qualquer resposta natural podia ser condicionada a qualquer estímulo neutro.

Limites biológicos no condicionamento clássico

Em 1956, o pesquisador de aprendizagem Gregory Kimble proclamou: "Praticamente qualquer atividade da qual o organismo é capaz pode ser condicionada e... essas respostas podem ser condicionadas a qualquer estímulo que o organismo consiga perceber" (p. 195). Vinte e cinco anos mais tarde, ele reconheceu humildemente que "meio milhar" de relatórios científicos provaram que ele estava errado (Kimble, 1981). Mais do que os primeiros behavioristas perceberam, a capacidade de condicionamento de um animal é limitada por restrições biológicas. Por exemplo, as predisposições de cada espécie *preparam-na* para aprender as associações que ampliam sua sobrevivência – um fenômeno chamado **prontidão**. Os ambientes não são toda a história. A biologia importa.

John Garcia (1917-2012) estava entre aqueles que desafiaram a ideia predominante de que todas as associações podem ser aprendidas igualmente bem. Enquanto pesquisava os efeitos da radiação em cobaias, Garcia e Robert Koelling (1966) notaram que os ratos começaram a evitar beber água de recipientes plásticos nas câmaras de radiação. O condicionamento clássico poderia ser o culpado? Poderiam os ratos ter associado a água com gosto de plástico (um EC) à doença (RI) provocada pela radiação (EI)?

Para testar sua intuição, Garcia e Koelling expuseram os ratos a um gosto, visão ou som particular (EC) e mais tarde também à radiação ou medicamentos (EI) que levaram a náuseas e vômito (RI). Surgiram dois achados surpreendentes: primeiro, mesmo se ficassem enjoados só várias horas depois de provar um novo sabor específico, os ratos a partir dali evitaram esse sabor. Parece que isso violou a noção de que para a ocorrência do condicionamento o EI deve vir imediatamente após o EC.

Segundo, os ratos enjoados desenvolveram aversão a sabores, mas não a visões ou a sons. Isso contradisse a ideia dos behavioristas de que qualquer estímulo perceptível poderia servir como EC. Mas fez sentido adaptativo. Para os ratos, a maneira mais fácil de identificar alimentos contaminados é provando-os; se ficassem enjoados após provar um novo alimento, a partir de então eles os evitariam. Essa resposta, chamada *aversão ao sabor*, dificulta a erradicação, por meio de envenenamento, de uma população de ratos "ariscos em relação a iscas".

Os seres humanos também parecem biologicamente preparados para aprender algumas associações e não outras. Se você ficar gravemente doente quatro horas depois de comer mexilhões contaminados, decerto desenvolverá uma aversão ao *gosto* dos mexilhões, mas

Macmillan Learning

John Garcia. Como filho trabalhador de agricultores da Califórnia, frequentava a escola apenas na entressafra durante seus primeiros anos de infância. Depois de entrar na faculdade com seus vinte e tantos anos, e de concluir o doutorado aos quarenta e tantos anos, ele recebeu o Distinguished Scientific Contribution Award da American Psychological Association "por sua pesquisa altamente original e pioneira em condicionamento e aprendizagem". Ele também foi eleito para a National Academy of Sciences.

normalmente não à visão do restaurante associado, a seus pratos, às pessoas com quem você estava, ou à música que você ouviu lá. (Por outro lado, pássaros que caçam guiados pela visão parecem biologicamente pré-ativados para desenvolver aversões à *visão* do alimento contaminado [Nicolaus et al., 1983].)

Os primeiros achados de Garcia sobre a aversão ao sabor foram recebidos com uma saraivada de críticas. Como disse certa vez o filósofo alemão Arthur Schopenhauer (1788-1860), as ideias importantes, primeiro são ridicularizadas, depois atacadas e finalmente tidas como fatos que eram óbvios. Os principais periódicos se recusaram a publicar o trabalho de Garcia. Os achados eram impossíveis, disseram alguns críticos. Mas, como às vezes acontece na ciência, a pesquisa de aversão ao paladar de Garcia e Koelling replicava com os mesmos resultados e frequência, do simples caracol ao complexo humano (Aonuma et al., 2018). A aversão condicionada ao sabor é agora material básico de livro didático.

tirc83

Aversão ao sabor. Se você ficou gravemente doente depois de comer ostras, é provável que você passe mal ao comê-las novamente. O cheiro e o gosto de ostras passariam a ser um EC para as náuseas. Essa aprendizagem ocorre imediatamente, porque nossa biologia nos prepara para aprender aversões ao sabor dos alimentos tóxicos.

Também é um bom exemplo de experimentos que começam com o desconforto de algumas cobaias e terminam promovendo o bem-estar de muitas outras. Em um estudo de aversão ao sabor condicionada, coiotes e lobos foram tentados a comer carcaças de carneiros contaminadas com um veneno nauseante. A partir de então, eles desenvolveram uma aversão à carne de carneiro; dois lobos, encarcerados posteriormente com uma ovelha viva, pareceram realmente temê-la (Gustavson et al., 1974, 1976). Esses estudos não só salvaram a ovelha de seus predadores como também salvaram os coiotes e lobos dos fazendeiros furiosos que queriam destruí-los. Aplicações similares impediram os babuínos de invadir jardins africanos, os guaxinins de atacar galinhas, os corvos e gralhas de se alimentar de ovos de garças. Em todos esses casos, a pesquisa ajudou a preservar ambos, as presas e seus predadores, os quais ocupavam um nicho ecológico importante (Dingfelder, 2010; Garcia & Gustavson, 1997).

Essa pesquisa apoia o princípio de Darwin de que a seleção natural favorece os traços que ajudam a sobrevivência. Nossos ancestrais aprenderam a evitar alimentos e situações que os adoeceram, o que os ajudou a sobreviver e deixar descendentes (Bernal-Gamboa et al., 2018). Náuseas e também ansiedade, dor e outras sensações ruins servem a uma boa causa. Como a luz de advertência de pouco combustível de um carro, cada uma alerta o corpo de alguma ameaça (Davidson & Riley, 2015; Neese, 1991).

"Todos os animais estão em viagem pelo tempo, navegando para futuros que promovam sua sobrevivência e para longe dos futuros que os ameaçam. Prazer e dor são as estrelas pelas quais eles se orientam." – Psicólogos Daniel T. Gilbert e Timothy D. Wilson, *Prospection: Experiencing the Future*, 2007

Nossa prontidão para associar um EC a um EI que segue de forma previsível e imediata é adaptável. As causas geralmente precedem de imediato os efeitos. No entanto, como vimos nos achados de aversão ao gosto, nossa predisposição para associar um efeito a um evento anterior pode nos enganar. Quando a quimioterapia desencadeia náuseas e vômito mais de uma hora depois do tratamento, os pacientes de câncer podem desenvolver, com o tempo, náuseas condicionada classicamente (e, às vezes, ansiedade) a visões, sons e odores associados à clínica (Hall, 1997) (Figura 7.13). Voltar meramente para a sala de espera da clínica ou ver as enfermeiras pode provocar esses sentimentos condicionados (Burish & Carey, 1986; Davey, 1992). Em circunstâncias normais, essa repulsa aos estímulos nauseantes seria adaptativa.

"Uma vez picado, duas vezes prevenido." – G. F. Northall, *Folk-Phrases*, 1894

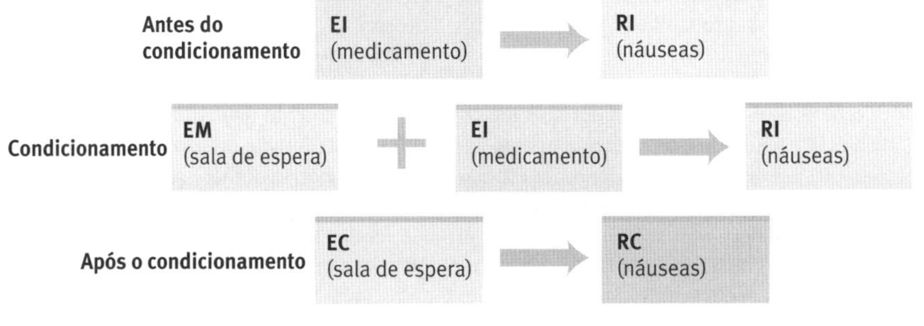

Figura 7.13 Condicionamento da náuseas em pacientes com câncer.

Deriva instintiva. Tendência do comportamento aprendido de gradualmente reverter para padrões biologicamente predispostos.

PRÁTICA DE RECUPERAÇÃO

PR-1 Como os estudos de aversão ao paladar de Garcia e Koelling ajudaram a refutar a afirmação inicial de Gregory Kimble de que "praticamente qualquer atividade da qual o organismo é capaz pode ser condicionada... a qualquer estímulo que o organismo possa perceber"?

RESPOSTAS NO APÊNDICE E

istockphoto/vesilvio

Atletas naturais. Animais conseguem aprender e manter mais facilmente os comportamentos que se baseiam em suas predisposições biológicas, como a capacidade inata dos cavalos de contornar obstáculos com velocidade e agilidade.

Para mais informações sobre comportamento animal, ver livros de (não inventamos esses nomes) Robin Fox e Lionel Tiger.

Limites biológicos no condicionamento operante

A natureza também estabelece limites para a capacidade de condicionamento operante de cada espécie. O escritor de ficção científica Robert Heinlein (1907-1988) disse bem: "Nunca tente ensinar um porco a cantar; você perde o seu tempo e irrita o porco."

Podemos aprender e reter com mais facilidade os comportamentos que refletem nossas predisposições biológicas e psicológicas (Iliescu et al., 2018). Assim, usando o alimento como reforçador, você poderia condicionar facilmente um *hamster* a cavar ou ficar em duas patas, pois esses comportamentos fazem parte da natureza do animal e são utilizados na procura por alimento. Mas você não vai ser tão bem-sucedido se usar o alimento como reforçador para fazer com que o *hamster* lave com mais frequência o focinho e tenha outros comportamentos, que normalmente não estão associados à comida ou à fome (Shettleworth, 1973). Do mesmo modo, você poderia facilmente ensinar os pombos a bater as asas para evitar que se firam e a bicar para obter alimento: fugir com as asas e comer com o bico são comportamentos naturais dos pombos. No entanto, os pombos teriam dificuldade para aprender a bicar para evitar um choque ou a bater as asas para obter alimento (Foree & LoLordo, 1973). O princípio: *as restrições biológicas predispõem os organismos a aprender associações que são naturalmente adaptativas.*

Em seus primeiros anos treinando animais, Marian Breland e Keller Breland presumiram que os princípios operantes funcionariam em quase qualquer resposta que um animal pudesse dar. Mas, ao longo do caminho, eles aprenderam também as restrições biológicas. Em um ato, porcos treinados a pegar grandes "dólares" de madeira e depositá-los em um cofrinho começaram a oscilar de volta a seus modos naturais. Eles largaram a moeda, empurraram-nas com o focinho como os porcos são propensos a fazer, pegaram-nas novamente e depois repetiram a sequência – atrasando seu reforçador de alimento. Essa **deriva instintiva** ocorreu à medida que os animais voltaram para seus padrões biologicamente predispostos.

Influência da cognição no condicionamento

QOA 7.15 Como os processos cognitivos afetam o condicionamento clássico e o operante?

Cognição e condicionamento clássico

Em seu repúdio pelos conceitos "mentalistas", como a consciência, Pavlov e Watson subestimaram a importância não só das restrições biológicas, como a prontidão e deriva instintiva, mas também dos efeitos dos processos cognitivos (pensamentos, percepções, expectativas). Os primeiros behavioristas acreditavam que os comportamentos aprendidos por ratos e cães podiam ser reduzidos a mecanismos irracionais; então não era necessário considerar a cognição. Mas Robert Rescorla e Allan Wagner (1972) mostraram que um animal consegue aprender a *previsibilidade* de um evento. Se um choque sempre for precedido por um som e logo também puder ser precedido por uma luz que o acompanhe, um rato vai reagir ao som, com medo, mas não à luz. Embora a luz sempre seja seguida pelo choque, ela não acrescenta informações novas; o som é um indicador melhor. Quanto mais previsível a associação, mais forte é a resposta condicionada. É como se o animal aprendesse uma expectativa, uma consciência da probabilidade com que o EI vai ocorrer.

Os tratamentos de condicionamento clássico que ignoram a cognição geralmente têm sucesso limitado. For exemplo, pessoas que recebem tratamento para distúrbios por uso de álcool podem receber álcool enriquecido com um medicamento nauseante. Eles associarão o álcool à náusea? Se o condicionamento clássico fosse meramente uma questão de "gravar" associações de estímulo, poderíamos esperar que sim e, até certo ponto, isso ocorre. Todavia, nossa consciência de que a náusea é induzida pelo medicamento, não pelo álcool, muitas vezes enfraquece a associação entre beber álcool e sentir náuseas. Assim, mesmo no condicionamento clássico – em especial no ser humano –, não se trata de uma simples associação EC-EI, mas o pensamento também conta.

"Em essência, todos os cérebros são máquinas de previsão." – Daniel C. Dennett, *Consciousness Explained*, 1991

Cognição e condicionamento operante

B. F. Skinner reconheceu os fundamentos biológicos do comportamento e da existência dos processos de pensamentos particulares. Contudo, muitos psicólogos criticaram-no por ele não considerar a importância da cognição.

Apenas 8 dias antes de morrer de leucemia, em 1990, Skinner esteve diante da convenção da American Psychological Association. No seu último discurso, ele ainda mostrou resistência à crescente ideia de que os processos cognitivos (pensamentos, percepções, expectativas) têm lugar necessário na ciência da psicologia e até mesmo na nossa compreensão do condicionamento. Ele via a "ciência cognitiva" como um retrocesso ao introspeccionismo do início do século XX. Para Skinner, pensamentos e emoções são comportamentos que seguem as mesmas leis que outros comportamentos.

No entanto, a evidência dos processos cognitivos não pode ser ignorada. Por exemplo, os animais em um *esquema de reforço em intervalo de tempo fixo* respondem cada vez com mais frequência, à medida que se aproxima o horário em que uma resposta vai produzir um reforçador. Embora um behaviorista rigoroso se oponha a falar de "expectativas", os animais se comportam como se esperassem que a repetição da resposta logo produziria a recompensa.

Evidências de processos cognitivos também vieram do estudo de ratos em labirintos. Ratos explorando labirintos sem recompensa óbvia parecem desenvolver um **mapa cognitivo**, isto é, uma representação mental do labirinto. Quando um experimentador põe comida no trecho final, os roedores logo percorrem o labirinto tão rapidamente quanto aqueles que foram reforçados com alimento para fazê-lo. Do mesmo modo como as pessoas passeiam explorando uma nova cidade, os ratos exploradores aparentemente experimentaram uma **aprendizagem latente** durante seus primeiros passeios (Tolman & Honzik, 1930). Essa aprendizagem ficou aparente somente quando houve algum incentivo para demonstrá-la. Crianças também podem aprender observando o pai ou a mãe, mas demonstram essa aprendizagem apenas muito tempo depois, conforme a necessidade.

Ponto a ser lembrado: a aprendizagem é mais do que associar uma resposta a uma consequência; há também a cognição. No Capítulo 9, encontraremos mais evidências surpreendentes das habilidades cognitivas dos animais para solucionar problemas e usar aspectos da linguagem. E no Capítulo 11, veremos como, devido à cognição, recompensas excessivas podem nos deixar menos motivados a realizar um comportamento desejado.

A Tabela 7.5 compara as influências biológicas e cognitivas no condicionamento clássico e operante.

Mapa cognitivo. Representação mental da estrutura do ambiente de um ser. Por exemplo, após explorar um labirinto, ratos agem como se tivessem aprendido seu mapa cognitivo.

Aprendizagem latente. Aprendizagem que ocorre, mas não é aparente até que surja um incentivo para demonstrá-la.

Tabela 7.5 Influências biológicas e cognitivas sobre o condicionamento.

	Condicionamento clássico	Condicionamento operante
Influências biológicas	As predisposições naturais restringem quais estímulos e respostas podem facilmente ser associados	Os organismos aprendem com mais facilidade os comportamentos similares a seus comportamentos naturais; os comportamentos antinaturais instintivamente derivam de volta aos naturais
Influências cognitivas	Os organismos desenvolvem expectativa de que o EC sinaliza a chegada de um EI	Os organismos desenvolvem expectativa de que uma resposta será reforçada ou punida; eles também exibem aprendizagem latente, sem reforço

PERGUNTE A SI MESMO

Você consegue se lembrar de exemplos de sua infância de aprendizagem por meio do *condicionamento clássico* (salivar ao som ou cheiro de alguma comida deliciosa sendo feita na cozinha?), *condicionamento operante* (decidir não repetir um comportamento porque não gostou de sua consequência?) e *aprendizagem cognitiva* (repetir ou evitar o que você viu alguém fazer)?

PRÁTICA DE RECUPERAÇÃO

PR-2 A deriva instintiva e a aprendizagem latente são exemplos de que ideia importante?

RESPOSTA NO APÊNDICE E

Albert Bandura. "O joão-bobo me acompanha aonde quer que eu vá. As fotografias são publicadas em todo texto de introdução à psicologia e praticamente todo aluno de graduação tem aula de introdução à psicologia. Recentemente me hospedei em um hotel de Washington. O recepcionista no balcão perguntou: 'Você não é o psicólogo que fez a experiência com o joão bobo?' Respondi: 'Temo que esse seja o meu legado.' Ele retrucou: 'Isso merece um *upgrade*. Vou colocá-lo em um quarto na parte sossegada do hotel'" (2005). Uma análise recente de citações, prêmios e cobertura de livros didáticos identificou Bandura como o psicólogo mais eminente do mundo (Diener et al., 2014).

Aprendizagem por observação

QOA **7.16** O que é aprendizagem por observação?

A cognição certamente respalda a **aprendizagem por observação**, em que os animais superiores, em especial os seres humanos, aprendem sem a experiência direta, observando e imitando os demais. Uma criança que vê sua irmã queimar os dedos das mãos no forno quente aprende a não tocar no forno. Aprendemos nossa língua nativa e vários outros comportamentos específicos observando e imitando as outras pessoas, um processo chamado **modelagem**.

Imagine esta cena a partir de um famoso experimento de Albert Bandura, o pesquisador pioneiro da aprendizagem por observação (Bandura et al., 1961). Uma criança em idade pré-escolar está empenhada em fazer um desenho. Um adulto em outra parte da sala está brincando com um jogo de construção. Enquanto a criança observa, o adulto se levanta e, durante quase dez minutos, golpeia, chuta e arremessa pela sala um grande joão-bobo inflado, gritando: "Acerte o nariz dele... Derrube-o... Chute-o."

A criança então é levada para outra sala repleta de brinquedos atraentes. Logo a experimentadora retorna e diz que decidiu guardar aqueles brinquedos bons "para as outras crianças". Ela leva a criança, agora frustrada, a uma terceira sala adjacente que contém alguns brinquedos, incluindo um joão-bobo. Ao ser deixada sozinha, o que a criança faz?

Ao contrário das crianças não expostas ao modelo adulto (nenhuma das quais imitou o modelo), aquelas que viram as ações do modelo muitas vezes atacaram o boneco. Aparentemente, observar uma explosão de agressividade diminuiu suas inibições. Porém, havia *algo mais* em funcionamento, visto que as crianças imitavam os mesmos atos observados e usavam as mesmas palavras ouvidas.

Esse "algo mais", como Bandura sugere, era o seguinte: ao observar um modelo, experimentamos um *reforço vicário* ou uma *punição vicária* e aprendemos a prever as consequências de um comportamento nas situações parecidas com as que estamos observando. Somos especialmente propensos a aprender com pessoas que percebemos como bem-sucedidas, admiráveis ou que são pessoas semelhantes a nós. As imagens de ressonância magnética funcional (RMf) mostram que, quando as pessoas observam alguém ganhando uma recompensa (em particular quando é alguém admirável e similar a elas mesmas), seu próprio sistema de recompensa cerebral ativa, como se elas mesmas tivessem ganhado a recompensa (Mobbs et al., 2009). Quando nos identificamos com alguém, vivenciamos seus desfechos indiretamente. Mesmo nossos medos aprendidos podem ser extintos quando observamos outra pessoa passando com segurança pela situação temida por nós (Golkar et al., 2013). Lorde Chesterfield (1694-1773) teve a ideia: "Na verdade, mais da metade do que somos, somos por imitação."

O trabalho de Bandura fornece um exemplo de como a pesquisa básica "perseguida por si mesma" pode ter um propósito mais amplo. "Os estudos do joão-bobo, refletiu ele (2016, 2017), "forneceram os princípios para aplicações globais imprevistas 25 anos depois". Os *insights* derivados de sua pesquisa foram usados não apenas para conter a violência na televisão, mas também para oferecer modelos sociais em séries de rádio e televisão africanas, asiáticas e latino-americanas que ajudaram a reduzir a gravidez não planejada, proteger contra a AIDS e promover a conservação ambiental.

Espelhos e imitação no cérebro

QOA **7.17** Como a aprendizagem observacional pode ser possibilitada pelo espelhamento neural?

Em um dia quente do verão de 1991 em Parma, Itália, um macaco de laboratório aguardava seus pesquisadores retornarem do almoço. Os pesquisadores haviam implantado fios próximos ao córtex motor do animal, em uma região do lobo frontal que permite planejar movimentos e executá-los. O dispositivo de monitoramento alertaria os pesquisadores sobre a atividade naquela região do cérebro do macaco. Quando o animal levava um amendoim à boca, por exemplo, o dispositivo de monitoramento fazia soar uma campainha. Naquele dia, quando um dos pesquisadores regressou ao laboratório com um sorvete de casquinha na mão, o macaco o fitou. Quando o pesquisador levantou a casquinha para lambê-la, o dispositivo soou – como se o próprio animal, imóvel, tivesse se movido (Blakeslee, 2006; Iacoboni, 2008, 2009).

Aprendizagem por observação. Aprender observando os outros.

Modelagem. Processo de observar e imitar um comportamento específico.

A mesma campainha tinha sido ouvida antes, quando o macaco observava humanos ou outros macacos levarem amendoins à boca. Os pesquisadores, atônitos, liderados por Giacomo Rizzolatti (2002, 2006), enfim acreditaram ter esbarrado em um tipo desconhecido de neurônio. Os supostos **neurônios espelho**, argumentaram eles, fornecem uma base neural para a imitação cotidiana e aprendizagem por observação. Quando um macaco vê, seus neurônios espelham o que outro macaco faz (veja um debate sobre a importância dos neurônios espelho, exagerada pela imprensa popular, em Gallese et al., 2011; Hickok, 2014).

Neurônios espelho. Neurônios do lobo frontal que são ativados ao executarmos certas ações ou ao observarmos alguém que as estão executando. O espelhamento do cérebro da ação de outra pessoa pode permitir a imitação e a empatia.

A imitação é comum em outras espécies. Os primatas observam e imitam todos os tipos de novos comportamentos de uso de ferramentas, como quebrar nozes usando pedras com martelo (Fragaszy et al., 2017). Esses tipos de comportamentos são então transmitidos de geração em geração dentro de sua cultura local (Hopper et al., 2008; Whiten et al., 2007). Em uma análise de 27 anos, que consistiu em 73.790 observações de baleias jubarte, uma única baleia, em 1980, bateu na água para juntar os peixes em um aglomerado. Nos anos seguintes, essa técnica de "bater a cauda" disseminou-se entre outras baleias (Allen et al., 2013).

O mesmo acontece com os macacos. Erica van de Waal e seus colegas pesquisadores (2013) treinaram grupos de macacos vervet a preferirem milho azul ou rosa embebendo uma cor em uma solução com gosto desagradável. Quatro a seis meses mais tarde, depois do nascimento de uma nova geração de macacos, os adultos se ligaram à cor que aprenderam a preferir – e, observando-os, quase todos os 27 filhotes o fizeram, exceto um. Além disso, quando os machos com preferência pelo azul (ou rosa) migraram para o outro grupo, eles mudaram as preferências e começaram a comer o mesmo que o outro grupo. Macaco vê, macaco faz.

Nos seres humanos, a imitação é generalizada. Nossos bordões, modas, cerimônias, alimentos, tradições, costumes e modismos são propagados por uma pessoa imitando a outra. As crianças, e até os bebês, são imitadores naturais (Marshall & Meltzoff, 2014). Dos 8 a 16 meses, os bebês imitam vários gestos novos (Jones, 2007, 2017). Aos 12 meses (Figura 7.14), eles olham para onde um adulto está olhando (Meltzoff et al., 2009). E aos 14 meses, as crianças imitam as atitudes modeladas na TV (Meltzoff, 1988; Meltzoff & Moore, 1989, 1997).

istockphoto/roclwyr

(a)

Erica van de Waal

(b)

Aprendizagem social animal (a) Bater na água para aumentar a alimentação se espalhou entre as baleias jubarte por meio da aprendizagem social (Allen et al., 2013). (b) Da mesma forma, os macacos aprendem a preferir qualquer cor de milho que observem outros macacos comendo. *(Esta figura encontra-se reproduzida em cores no Encarte.)*

Meltzoff, A. N., Kuhl, P. K., Movellan, J. & Sejnowski, T. J. (2009). Foundations for a new science of learning. Science, 325, 284–288.

Figura 7.14 Este bebê de 12 meses vê um adulto olhar para a esquerda e imediatamente segue seu olhar. (Meltzoff et al., 2009.)

Mesmo aos 2 anos e meio, quando muitas de suas habilidades mentais são quase como as dos chimpanzés adultos, os seres humanos jovens superam os chimpanzés nas tarefas sociais, como imitar a solução de outra pessoa para um problema (Herrmann et al., 2007). As crianças veem, as crianças fazem.

A predisposição do ser humano para aprender observando os adultos é tão forte que as crianças de 2 a 5 anos imitam *em excesso*. Independentemente de viverem em uma área urbana da Austrália ou em uma zona rural na África, as crianças copiam até mesmo as atitudes mais irrelevantes dos adultos. Antes de alcançar um brinquedo em uma jarra de plástico, primeiro elas vão golpear a jarra com uma pena, se foi isso que elas observaram (Lyons et al., 2007). Ou, imitando um adulto, elas vão agitar uma vara sobre uma caixa e depois usar a vara para empurrar um botão que abre a caixa, quando tudo o que elas precisavam fazer era empurrar o botão (Nielsen & Tomaselli, 2010).

"Esse instinto de humilhar, quando é modelado por alguém na plataforma pública, por alguém poderoso, infiltra-se na vida de todos, porque... dá permissão para outras pessoas fazerem a mesma coisa." - Meryl Streep, Discurso no Globo de Ouro dos EUA, 2017

Os seres humanos, como os macacos, têm cérebros que sustentam a empatia e a imitação. Os pesquisadores não conseguem inserir eletrodos experimentais no cérebro humano, mas podem usar as imagens de RMf para ver a atividade cerebral associada à execução e observação de ações. Então, a capacidade humana para simular a ação de outra pessoa e compartilhar suas experiências se deve a neurônios espelho especializados? Ou se deve a redes cerebrais distribuídas? Essa questão está sendo debatida atualmente (Fox et al., 2016; Gallese et al., 2011; Hickok, 2014; Iacoboni, 2009). Independentemente, o cérebro das crianças permite a empatia e a capacidade de inferir o estado mental de outra pessoa, uma capacidade conhecida como *teoria da mente*.

"Crianças precisam mais de modelos do que de críticas." - Joseph Joubert, Pensées, 1842

A resposta do cérebro à observação dos outros torna contagiosas as emoções. Nosso cérebro simula e experimenta indiretamente o que observamos. Essas repetições mentais instantâneas são tão reais que podemos lembrar erroneamente de uma ação que observamos como se a tivéssemos realizado (Lindner et al., 2010). Observando alguém sofrer choques elétricos, ficamos mais temerosos de nossas próprias escolhas - como se nós mesmos tivéssemos experimentado os choques (Lindström et al., 2019). Contudo, por meio dessas reconstituições, capturamos o estado mental das outras pessoas. Observando as posturas, faces, vozes e os estilos de escrita das outras pessoas, sincronizamos inconscientemente nossos próprios estilos com os delas - o que nos ajuda a sentir o que elas estão sentindo (Bernieri et al., 1994; Ireland & Pennebaker, 2010). A imitação nos ajuda a ganhar amigos, levando-nos a imitar aqueles de quem gostamos, que, em troca, gostam ainda mais de nós (Chartrand & Lakin, 2013; Salazar Kämpf, 2018). Nós nos encontramos bocejando quando eles bocejam, sorrindo quando eles sorriem, rindo quando eles riem.

Diante da dor de um ente querido, nosso rosto espelha a emoção do outro. Mas, como mostra a Figura 7.15, nosso cérebro também. Observar a dor dos outros também libera os analgésicos naturais do nosso corpo, acalmando nossa angústia e permitindo nossa ajuda (Haaker et al., 2017). Até mesmo a leitura de ficção pode desencadear essa atividade, à medida que simulamos mentalmente (e sofremos indiretamente) as experiências descritas (Mar & Oatley, 2008; Speer et al., 2009). Em uma série de experimentos, ler sobre Harry Potter e sua aceitação de pessoas como "sangue ruim" reduziu o preconceito contra imigrantes, refugiados e *gays* (Vezzali et al., 2015).

Aplicações da aprendizagem por observação

QOA 7.18 Qual é o impacto da modelagem pró-social e da modelagem antissocial?

A grande novidade dos estudos de Bandura e da pesquisa com neurônios espelho é que olhamos, imitamos mentalmente e aprendemos. Modelos - em nossa família, nosso bairro, ou na mídia que consumimos - podem ter efeitos, bons e ruins.

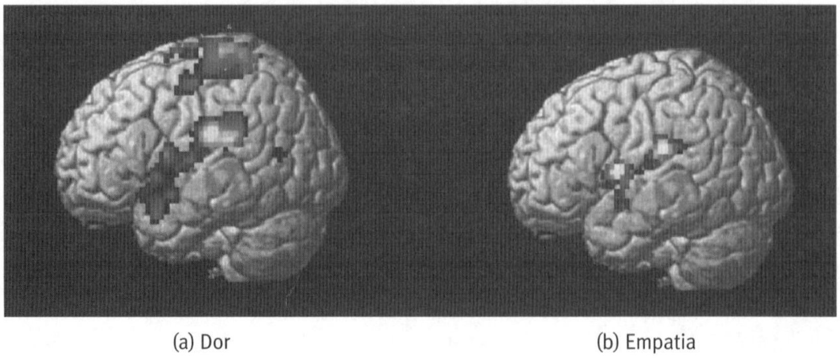

(a) Dor (b) Empatia

Wellcome Department of Imaging Neuroscience/Science Source

Figura 7.15 Dor vivenciada e imaginada no cérebro. Nessas imagens de RMf, a atividade cerebral relacionada com dor real (a) é espelhada no cérebro de um ente querido observador (b) (Singer et al., 2004). A empatia no cérebro aparece em áreas que processam emoções, mas não no córtex somatossensorial, que recebe a entrada da dor física. *(Esta figura encontra-se reproduzida em cores no Encarte.)*

EFEITOS PRÓ-SOCIAIS. Uma boa notícia é que os modelos de **comportamentos pró-sociais** (positivos, úteis) podem ter efeitos pró-sociais. Muitas empresas usam com eficiência a *modelagem do comportamento* para ajudar os novos empregados a aprenderem comunicação, vendas e atendimento ao cliente (Taylor et al., 2005). Os aprendizes adquirem essas habilidades mais rapidamente quando são capazes de observar as habilidades sendo modeladas de forma eficaz por trabalhadores experientes (ou atores que as simulam).

Comportamento pró-social. Comportamento positivo, construtivo, útil. O oposto de comportamento antissocial.

Pessoas que exemplificam comportamentos não violentos e úteis podem suscitar comportamentos semelhantes em outras. Depois de observar alguém ajudando (ajudar uma mulher com livros caídos), as pessoas ficam mais prestativas, como ajudar alguém que deixou cair um dólar (Burger et al., 2015). Mahatma Gandhi, na Índia, e Martin Luther King, Jr., nos EUA, utilizaram o poder da modelagem, fazendo da ação não violenta uma força poderosa para a mudança social em ambos os países (Matsumoto et al., 2015). A mídia oferece modelos. Em muitos países e em dezenas de estudos, assistir TV, filmes e *videogames* pró-sociais impulsionou o comportamento de ajuda (Coyne et al., 2018; Prot et al., 2014).

Pais também são modelos poderosos. Cristãos europeus que arriscaram suas vidas para resgatar judeus dos nazistas, em geral, tinham uma relação próxima com pelo menos um dos pais que modelou forte preocupação moral ou humanitária; o mesmo é verdade para os ativistas dos direitos civis nos EUA na década de 1960 (London, 1970; Oliner & Oliner, 1988). A aprendizagem por observação da moralidade começa cedo. Crianças pequenas, socialmente receptivas, que prontamente imitam os pais, tendem a chegar à idade pré-escolar com uma consciência fortemente internalizada (Forman et al., 2004).

Os modelos são mais eficazes quando suas ações e palavras são coerentes. Para incentivar crianças a lerem, leia para elas e cerque-as com livros e com outras pessoas que leem. Para aumentar a probabilidade de seus filhos virem a praticar uma religião, pratique e participe de atividades religiosas com eles (Lanman & Buhrmester, 2017). Para ensinar persistência aos seus filhos, deixe-os ver persistência em você (Butler, 2017). Às vezes, porém, os modelos dizem uma coisa e fazem outra. Muitos pais parecem agir de acordo com o princípio "Faça o que eu digo, não o que eu faço". Experimentos sugerem que as crianças aprendem a fazer as duas coisas (Rice & Grusec, 1975; Rushton, 1975). Expostas a um hipócrita, tendem a imitar a hipocrisia – fazendo o que o modelo fez e dizendo o que ele disse.

PRÁTICA DE RECUPERAÇÃO

PR-3 Os pais e amigos mais velhos de Emily dirigem acima do limite de velocidade, mas a aconselham a não fazê-lo. Os pais e amigos de Hannah dirigem dentro do limite de velocidade, mas não dizem nada para impedi-la de acelerar. Emily ou Hannah serão mais propensas a acelerar?

RESPOSTAS NO APÊNDICE E

EFEITOS ANTISSOCIAIS. A má notícia é que a aprendizagem por observação pode ter também *efeitos antissociais*. Isso nos ajuda a entender por que pais abusivos podem ter filhos agressivos, por que as crianças que mentem são mais propensas a trapacear e mentir, e por que homens que batem nas esposas tiveram pais que faziam o mesmo (Hays & Carver, 2014; Jung et al., 2019; Stith et al., 2000). Os críticos apontam que a agressividade pode ser transmitida geneticamente. Porém sabemos que nos macacos ela pode ser ambiental. Em estudo após estudo, macacos jovens separados de suas mães e submetidos a altos níveis de agressividade cresceram e se tornaram agressivos (Chamove, 1980). As lições que aprendemos na infância não são facilmente esquecidas na idade adulta, e às vezes são visitadas em gerações futuras.

istockphoto/DmitryPK

As crianças veem, as crianças fazem? As crianças submetidas a castigos físicos frequentes tendem a apresentar mais agressividade.

A aprendizagem por observação também influencia os adultos. Aqueles repetidamente expostos ao discurso de ódio tornam-se insensíveis a palavras de ódio. E eles se tornam mais preconceituosos em relação a seus alvos (Soral et al., 2018). Como os psicólogos sociais Chris Crandall e Mark White (2016) nos lembram, os líderes políticos têm o poder de influenciar as normas, e as normas são importantes: "As pessoas expressam os preconceitos que são socialmente aceitáveis e escondem os que não são."

O maior efeito do tempo de tela pode derivar do que ele desloca. Crianças e adultos que passam várias horas por dia em frente a uma tela gastam muito menos horas em outras atividades – por exemplo, conversando, estudando, brincando, lendo ou socializando cara a cara com amigos. O que você faria com seu tempo extra se tivesse passado metade das horas na frente de uma tela? Como você pode ser diferente como resultado?

Os programas, filmes e vídeos da TV são uma fonte de aprendizagem por observação. Enquanto assistem, crianças podem aprender que o *bullying* é um modo eficaz de controlar os outros, que o sexo livre e fácil traz prazer sem infelicidade ou doenças, ou que os homens devem ser duros, e as mulheres, delicadas. Alguns filmes glorificam a alta velocidade e a direção arriscada. Esses filmes "ensinam" os espectadores que dirigir desse jeito é aceitável? Uma análise de quase 200 mil multas por excesso de velocidade mostrou aumento da velocidade média entre os motoristas que receberam multas nos finais de semana posterior ao lançamento dos filmes *Velozes e Furiosos* (Jena et al., 2018).

E as crianças têm bastante tempo para aprender essas lições. Durante os primeiros 18 anos, a maioria das crianças nos países desenvolvidos passa mais tempo diante da TV do que na escola. O adolescente médio passa mais de quatro horas diante da TV por dia; o adulto médio, três horas (Robinson & Martin, 2009; Strasburger et al., 2010).

Espectadores de TV aprendem a respeito da vida por intermédio de um contador de histórias bastante peculiar, que reflete a mitologia da cultura, mas não sua realidade. Entre 1998 e 2006, a violência no horário nobre aumentou 75% (PTC, 2007). Uma análise de mais de 3 mil programas de TV a cabo e da TV aberta transmitidos durante um ano e estudados rigorosamente revelou que quase seis em dez programas apresentavam violência, que 74% da violência ficava impune, que 58% não exibiam a dor da vítima, que quase metade dos incidentes envolvia violência "justificada", e que quase metade envolvia um perpetrador atraente. Essas condições definem a receita do *efeito da visualização da violência* descrito em muitos estudos em todo o mundo e reconhecido pela maioria dos pesquisadores de mídia (Anderson et al., 2017; Bushman, 2018; Martins & Weaver, 2019; Teng et al., 2019). (Ver Pensamento crítico sobre: Os efeitos de ver a violência na mídia.)

* * *

O trabalho de Bandura – como o de Ivan Pavlov, John Watson, B. F. Skinner e milhares de outros que avançaram nosso conhecimento sobre princípios de aprendizagem – ilustra o impacto que pode resultar da devoção obstinada a alguns problemas e ideias bem definidos. Esses pesquisadores definiram as questões e imprimiram em nós a importância da aprendizagem. Como demonstra seu legado, a história intelectual muitas vezes é feita por pessoas que se arriscam a ir aos extremos para levar as ideias até seus limites (Simonton, 2000).

PERGUNTE A SI MESMO

Quem tem sido um modelo significativo para você? O que você aprendeu observando essa pessoa? Para quem você é um modelo? Como você pode ser um modelo melhor para os outros?

PRÁTICA DE RECUPERAÇÃO

PR-4 Associe os exemplos (**i-v**) com o princípio de aprendizagem subjacente apropriado (**a-e**):

i. Conhecer o caminho da sua cama até o banheiro, no escuro
ii. Seu irmãozinho brigando depois de assistir a um filme de ação violento
iii. Salivar ao sentir o cheiro de *brownies* no forno
iv. Não gostar do sabor do *chili* depois de ficar violentamente doente algumas horas depois da ingestão
v. Seu cachorro correndo para saudá-lo na sua chegada em casa

a. Condicionamento clássico
b. Condicionamento operante
c. Aprendizagem latente
d. Aprendizagem por observação
e. Predisposições biológicas

RESPOSTAS NO APÊNDICE E

Pensamento crítico sobre:

Efeitos de ver violência na mídia

QOA 7.19 Qual é o efeito de visualização da violência?

Introdução da TV, 1957-1974 ↔ Duplicação da taxa de homicídios nos EUA e Canadá[1]

Introdução da TV para brancos sul-africanos em 1975 ↔ Quase o dobro da taxa de homicídios na África do Sul[1]

Grande exposição da violência na mídia para crianças de 9 a 11 anos nos EUA ↔ Aumento de brigas e comportamento mais violento mais tarde na adolescência[2]

PORÉM, CORRELACIONAR ≠ CAUSAR!

***Estudos experimentais* também constataram que assistir à violência na mídia pode causar agressão:**
Assistir à violência (comparada com assistir a entretenimento não violento) → os participantes reagem de forma mais cruel quando provocados. (O efeito é mais forte se a pessoa violenta é atraente, porque ela parece justificada e realista e o ato fica impune e o espectador não vê a dor ou o dano causado.)

O que potencializa o *efeito de visualização da violência*

1 IMITAÇÃO

Assistir a desenhos violentos → Aumento de sete vezes nas brincadeiras violentas[3]

Exposição limitada a programas violentos → Comportamento agressivo reduzido[4]

2 DESSENSIBILIZAÇÃO

Exposição prolongada à violência → Os espectadores mais tarde ficam indiferentes (dessensibilizados) à violência na TV ou na vida real.[5]

Homens adultos passaram 3 noites assistindo a filmes com violência sexual. → Os espectadores tornaram-se progressivamente menos incomodados com a violência mostrada. Em comparação com um grupo controle, eles expressaram menos simpatia pelas vítimas de violência doméstica e classificaram os ferimentos das vítimas como menos graves.[6]

Cinéfilos que preferem filmes violentos → são menos propensos a ajudar

Cinéfilos de filmes não violentos → são mais propensos a ajudar[7]

• **A Força Tarefa da APA sobre violência na mídia (2015)** descobriu que "as pesquisas demonstram uma relação consistente entre o uso de jogos de videogame violentos e o aumento de comportamentos agressivos, de pensamentos agressivos e afetos agressivos e a diminuição de comportamentos pró-sociais, da empatia e da sensibilidade diante da agressão".

• **A Academia Americana de Pediatria (2009)** alertou os pediatras que "a violência na mídia pode contribuir para comportamento agressivo, dessensibilização à violência, pesadelos e medo de ser ferido".

Os críticos sugerem que essas declarações podem ignorar alguns pontos fracos da pesquisa sobre violência na mídia, como a confiabilidade e o tamanho do efeito. Eles também observam que alguns lugares, como o Japão, têm mídia igualmente violenta, mas muito menos comportamento violento.[8]

1. Centerwall, 1989. 2. Boxer et al., 2009; Gentile et al., 2011; Gentile & Bushman, 2012. 3. Boyatzis et al., 1995. 4. Christakis et al., 2013. 5. Fanti et al., 2009; Jin et al., 2018; Rule & Ferguson, 1986. 6. Mullin & Linz, 1995. 7. Bushman & Anderson, 2009. 8. Elson et al., 2019.

REVISÃO Biologia, cognição e aprendizagem

OBJETIVOS DE APRENDIZAGEM

Teste a si mesmo. Responda às Questões dos Objetivos de Aprendizagem (antes de conferir as respostas no Apêndice D) para aprimorar a retenção dos conceitos estudados (McDaniel et al., 2009, 2015).

QOA **7.14** Como as restrições biológicas afetam o condicionamento clássico e o operante?

QOA **7.15** Como os processos cognitivos afetam o condicionamento clássico e o operante?

QOA **7.16** O que é *aprendizagem por observação*?

QOA **7.17** Como a aprendizagem observacional pode ser possibilitada pelo espelhamento neural?

QOA **7.18** Qual é o impacto da modelagem pró-social e da antissocial?

QOA **7.19** Qual é o efeito de visualização da violência?

TERMOS E CONCEITOS A RECORDAR

Teste a si mesmo. Escreva a definição em suas próprias palavras e depois confirme sua resposta.

prontidão, p. 276

deriva instintiva, p. 278

mapa cognitivo, p. 279

aprendizagem latente, p. 279

aprendizagem por observação, p. 280

modelagem, p. 280

neurônios espelho, p. 281

comportamento pró-social, p. 283

DOMINE O MATERIAL

Teste a si mesmo. Responda às questões a seguir por conta própria, a princípio, depois confira as respostas no Apêndice E.

1. Os estudos de ________________, de Garcia e Koelling, mostraram que o condicionamento pode ocorrer, mesmo quando o estímulo incondicionado (EI) não segue imediatamente o estímulo neutro (EN).

2. A pesquisa sobre aversão ao sabor mostrou que alguns animais desenvolvem aversões a certos paladares, mas não a visões ou sons. Que achado da psicologia evolutiva isso apoia?

3. A evidência de que os processos cognitivos desempenham um papel importante na aprendizagem vem, em parte, de estudos em que ratos que correm em um labirinto desenvolvem um(a)________________________ do labirinto.

4. Ratos que exploraram um labirinto sem nenhuma recompensa foram capazes, mais tarde, de percorrer o labirinto tão bem quanto outros ratos que tinham recebido alimentos como recompensa por percorrer o labirinto. Os ratos que aprenderam sem reforço demonstraram ________________________.

5. As crianças aprendem muitos comportamentos sociais imitando os pais e outros modelos. Esse tipo de aprendizagem se chama ________________________.

6. Segundo Bandura, aprendemos observando modelos porque recebemos reforço ________________ ou punição ________________.

7. Os pais serão mais eficazes ao fazer com que seus filhos os imitem, se

a. suas palavras e ações forem coerentes.

b. tiverem personalidades extrovertidas.

c. um dos pais trabalhar e o outro ficar em casa para cuidar das crianças.

d. eles explicarem atentamente por que um comportamento é aceitável em adultos, mas não em crianças.

8. Alguns cientistas acreditam que o cérebro tem neurônios ________________ que permitem a empatia e a imitação.

9. A maioria dos especialistas concorda que a visualização repetida de violência na mídia

a. torna todos os espectadores muito mais agressivos.

b. tem pouco efeito sobre os espectadores.

c. é um fator de risco para o aumento da agressividade dos espectadores.

d. deixa os espectadores irritados e frustrados.

N.E.: Este capítulo conta com um apêndice complementar, elaborado por professor brasileiro para contextualização dos temas abordados ao cenário nacional.

CAPÍTULO

8

Hill Street Studios/Getty Images

Memória

Sejamos gratos à memória. Costumamos considerá-la algo garantido, exceto nos momentos em que ela nos falha. Mas nossa memória é responsável pelo tempo e pela definição de nossa vida. É ela que também nos permite reconhecer os familiares, falar nossa língua e encontrar o caminho de casa. É nossa memória que nos permite desfrutar de uma experiência e reproduzi-la mentalmente para renovar o prazer. É a nossa memória que nos permite construir histórias com quem amamos. E são nossas memórias compartilhadas que nos unem como irlandeses ou iranianos, somalis ou samoanos – e que ocasionalmente nos colocam contra outros cujas ofensas não podemos esquecer.

Em boa parte, somos aquilo que lembramos. Sem a memória –, nosso arquivo de aprendizagem acumulada – não seria possível desfrutar as alegrias passadas, nem seria possível sentir culpa ou raiva pelas lembranças dolorosas. Você acabaria por viver em um eterno presente, no qual cada momento seria novo. Cada pessoa seria um desconhecido, cada língua seria estrangeira, cada tarefa – vestir-se, cozinhar, andar de bicicleta – representaria um novo desafio. Você seria um estranho para si mesmo, sem o senso contínuo do *self* (ser quem se é) que se estende do passado distante até o momento presente.

Os pesquisadores estudam a memória a partir de muitas perspectivas. Vamos começar examinando a medição, a modelagem e a codificação das memórias, e examinaremos como as informações são armazenadas e recuperadas. Depois, vamos explorar o que acontece quando nossa memória falha e examinar maneiras de aprimorar a memória.

Estudo e codificação das memórias

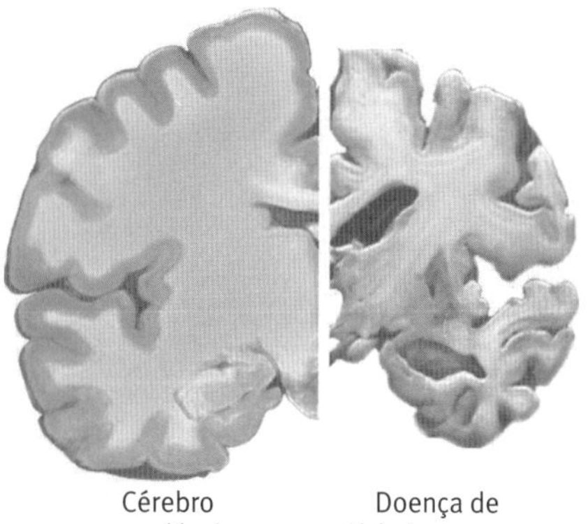

NIH Image Gallery

Esquecimento extremo. A doença de Alzheimer danifica gravemente o cérebro e, no processo, nos despoja da nossa memória.

Quer testar sua memória? Tente memorizar os primeiros 10 dígitos de pi (π): 3,141592653. Em 2015, Rajveer Meena, da Índia, quebrou o recorde mundial recitando 70 mil dígitos de pi (*Guinness World Records*, 2019).

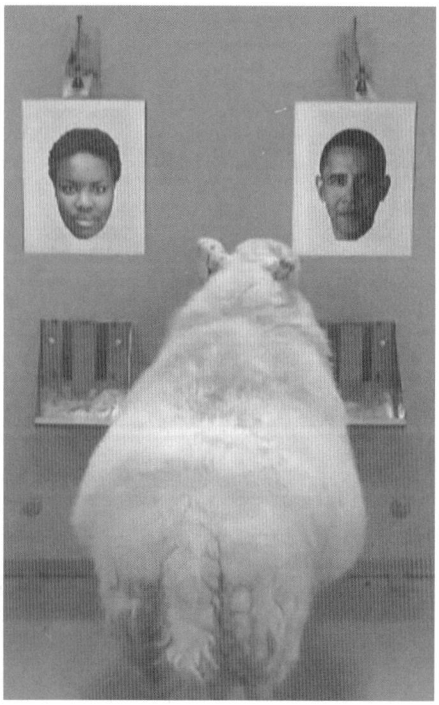

A. Jennifer Morton/University of Cambridge

Figura 8.1 Outros animais também exibem inteligência facial. Depois que as recompensas alimentares são repetidamente associadas para algumas ovelhas a alguns rostos humanos, mas não a outros, elas se lembram de rostos associados à comida por dois anos (Kendrick & Feng, 2011; Knolle et al., 2017).

Estudo da memória

QUESTÃO DE OBJETIVO DE APRENDIZAGEM QOA **8.1** O que é *memória* e como ela é medida?

Memória é a aprendizagem que persiste ao longo do tempo; são informações que foram adquiridas e armazenadas e que podem ser recuperadas. A investigação dos extremos da memória tem ajudado os pesquisadores a entender seu funcionamento. Aos 92 anos, meu [DM] pai sofreu um pequeno acidente vascular cerebral com apenas um efeito curioso: sua personalidade genial estava intacta. Ele nos conhecia e, quando colocado diante de uma foto da família, relembrava o passado em detalhes. No entanto, ele perdeu a capacidade de reter novas informações sobre conversas e episódios do dia a dia. Não sabia dizer qual era o dia da semana ou o que ele comeu no almoço. Informado repetidamente sobre a morte do cunhado, ele ficava surpreso e triste cada vez que ouvia a notícia.

Alguns transtornos lentamente nos despojam de nossa memória. A *doença de Alzheimer* começa como dificuldade de lembrar novas informações, progredindo para uma incapacidade de realizar tarefas cotidianas. A fala complexa torna-se frases simples; membros da família e amigos próximos tornam-se estranhos; os centros de memória do cérebro, uma vez fortes, tornam-se fracos e declinam (Desikan et al., 2009). Ao longo de vários anos, as pessoas com Alzheimer podem tornar-se desconhecidas e incognoscíveis. Seu senso de identidade enfraquece e faz com que se perguntem: "quem sou eu?" (Ben Malek et al., 2019). A memória perdida atinge o núcleo de sua humanidade, roubando-lhes sua alegria, significado e companheirismo.

No outro extremo estão as pessoas que ganham medalhas de ouro em competições de memória. Quando o bicampeão do World Memory, Feng Wang, era um estudante universitário de 21 anos, ele não precisava da ajuda de seu telefone para lembrar os números de seus amigos. A pessoa média poderia repetir uma sequência de cerca de sete ou talvez até nove dígitos. Feng poderia repetir de forma confiável até 200, se eles fossem lidos com cerca de 1 segundo de intervalo em uma sala silenciosa (Ericsson et al., 2017). Em uma competição, ele memorizou 300 dígitos!

Incrível? Sim, mas considere sua própria memória impressionante. Você se lembra de inúmeros rostos, lugares e acontecimentos; sabores, cheiros e texturas; vozes, sons e canções. Em um estudo, os alunos ouviram trechos – meros quatro décimos de segundo – de músicas populares. Com que frequência eles reconheceram o artista e a música? Mais de 25% das vezes (Krumhansl, 2010). Muitas vezes reconhecemos músicas tão rapidamente quanto reconhecemos uma voz familiar.

Isso também vale para rostos e lugares. Imagine a situação em que você vê 2.500 fotos de rostos e lugares por apenas 10 segundos cada uma. Depois, vê 280 dessas fotos pareadas com outras não mostradas previamente. Os participantes desse experimento conseguiram reconhecer 90% das fotos vistas anteriormente (Haber, 1970). Em um experimento de acompanhamento, pessoas expostas a 2.800 imagens por apenas 3 segundos cada uma reconheceram as imagens com 82% de precisão (Konkle et al., 2010). Procure um rosto específico em um mar de rostos e mais tarde você reconhecerá outros rostos da cena também (Kaunitz et al., 2016).

A pessoa média armazena e reconhece permanentemente cerca de 5 mil rostos (Jenkins et al., 2018). Alguns "super-reconhecedores" têm uma capacidade extraordinária para reconhecer rostos. Usando filmagens de rua em televisão de circuito fechado, as polícias britânica, asiática e alemã usaram super-reconhecedores para resolver casos difíceis (Keefe, 2016; NPR, 2018). Dezoito meses depois de ver um vídeo de um assalto à mão armada, um policial avistou e prendeu o ladrão andando em uma rua movimentada (Davis et al., 2013). E não são apenas os humanos que têm memória notável para rostos. Ovelhas também se lembram de rostos (Figura 8.1). E também aconteceu com pelo menos uma espécie de peixe – como demonstrado por cuspirem em rostos familiares para desencadear uma recompensa alimentar (Newport et al., 2016).

Como realizamos essas façanhas da memória? Como nosso cérebro colhe informações do mundo e guarda essas informações para uso posterior? Como podemos lembrar coisas sobre as quais não pensamos há anos e esquecer o nome de alguém que acabamos de conhecer? Como as memórias são armazenadas no nosso cérebro? Por que, mais adiante neste capítulo, você lembrará de forma incorreta da frase "*O arruaceiro zangado atirou a pedra na janela*"?

PERGUNTE A SI MESMO

Imagine ter uma lesão que prejudique significativamente sua capacidade de formar novas memórias. Agora, imagine ter uma capacidade recorde de lembrar, como Feng Wang. Como cada condição afetaria sua rotina diária?

"Se alguma faculdade de nossa natureza pode ser considerada *mais* maravilhosa do que as outras, eu acho que é a memória." – Jane Austen, *Mansfield Park*, 1814

Como medir a retenção

Para um psicólogo, a evidência de que a aprendizagem persiste inclui estas três *medidas de retenção*:

- **Recordação** – *recuperar* informações que não estão atualmente em sua consciência, mas que foram aprendidas anteriormente. As perguntas para preencher os espaços testam sua recordação
- **Reconhecimento** – *identificar* itens aprendidos anteriormente. Uma pergunta de múltipla escolha testa seu reconhecimento
- **Reaprendizagem** – *aprender alguma coisa mais rapidamente* quando você aprende uma segunda vez ou posteriormente. Quando você revisar as primeiras semanas de trabalho do curso para se preparar para o exame final ou se dedicar a um idioma usado na primeira infância, será mais fácil reaprender a matéria do que quando você a aprendeu.

Os psicólogos podem medir essas diferentes formas de memória separadamente. A escala de memória de Wechsler, desenvolvida pela primeira vez por David Wechsler em 1945 e agora em sua quarta edição (WMS-IV), inclui uma avaliação global do funcionamento da memória. Muito tempo depois de você não conseguir se lembrar da maioria das pessoas em sua turma de formandos do Ensino Médio, você ainda poderá reconhecer as fotos do anuário e identificar seus nomes em uma lista. Em um experimento, pessoas que se formaram 25 anos antes não conseguiam se lembrar de muitos de seus antigos colegas de classe, mas puderam *reconhecer* 90% de suas fotos e nomes (Bahrick et al., 1975). Se você for como a maioria dos estudantes, provavelmente conseguirá reconhecer mais nomes dos sete anões da Branca de Neve do que é capaz de lembrar (Miserandino, 1991).

Nossa memória de reconhecimento é impressionantemente rápida e vasta. "Sua amiga está vestindo uma roupa nova ou antiga?" *Antiga*. "Você já leu este material didático antes?" *Não*. "Você já viu essa pessoa antes – essa pequena variação nas mesmas velhas características humanas (dois olhos, um nariz e assim por diante)?" *Não*. Antes que a resposta possa se formar em nossa boca para alguns milhões de perguntas desse tipo, a mente já sabe. E ela sabe que sabe.

Nossa velocidade de resposta ao recordar ou reconhecer informações indica a força da memória, assim como nossa velocidade de *reaprendizagem*. O pioneiro pesquisador da memória Hermann Ebbinghaus (1859-1909) mostrou isso no século XIX, usando sílabas sem sentido. Ele selecionou uma amostra aleatória de sílabas, praticou com elas e testou a si mesmo. Para ter uma ideia da experiência, leia rapidamente, em voz alta, oito vezes ou mais, os itens da lista a seguir (de Baddeley, 1982), depois desvie o olhar e tente lembrar os itens:

JIH, BAZ, FUB, YOX, SUJ, XIR, DAX, LEQ, VUM, PID, KEL, WAV, TUV, ZOF, GEK, HIW

No dia seguinte ao que aprendeu a lista, Ebbinghaus conseguia recordar poucas sílabas. Mas elas não foram inteiramente esquecidas. Como mostra a Figura 8.2, quanto mais

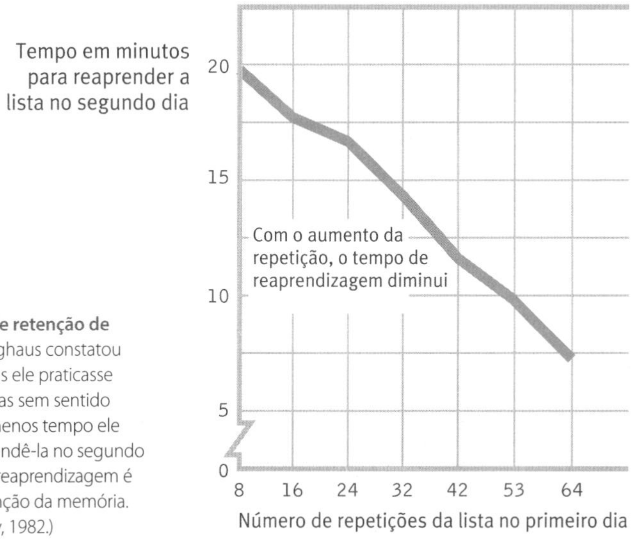

Figura 8.2 Curva de retenção de Ebbinghaus. Ebbinghaus constatou que quanto mais itens ele praticasse em uma lista de sílabas sem sentido no primeiro dia, de menos tempo ele precisaria para reaprendê-la no segundo dia. A velocidade de reaprendizagem é uma medida da retenção da memória. (Extraída de Baddeley, 1982.)

Memória. Persistência da aprendizagem ao longo do tempo por intermédio do armazenamento e da recuperação das informações.

Recordação. Medida da memória em que a pessoa precisa recuperar informações obtidas antes, como em um teste de preenchimento de espaços.

Reconhecimento. Medida da memória em que a pessoa precisa apenas identificar os itens anteriormente aprendidos, como em um teste de múltipla escolha.

Reaprendizagem. Medida da memória que avalia a quantidade de tempo ganho quando se aprende determinado assunto pela segunda vez.

frequentemente ele repetisse a lista em voz alta no primeiro dia, de menos repetições ele precisava para reaprendê-las no segundo dia. A repetição adicional (superaprendizagem) da informação verbal aumenta a retenção, especialmente quando a prática é distribuída no tempo. Para os alunos, isso significa que ensaiar o material do curso ajuda, mesmo depois de já conhecê-lo. É melhor ensaiar e aprender demais do que relaxar e lembrar muito pouco.

Ponto a ser lembrado: os testes de reconhecimento e o tempo gasto reaprendendo demonstram que lembramos mais do que podemos recordar.

PRÁTICA DE RECUPERAÇÃO

PR-1 As perguntas de múltipla escolha testam nosso(a) ______________. As questões para preencher os espaços testam nosso(a) ______________.

PR-2 Se você quiser ter certeza de lembrar o que está aprendendo para um próximo teste, seria melhor usar a *recordação* ou o *reconhecimento* para verificar sua memória? Por quê?

RESPOSTAS NO APÊNDICE E

Modelos de memória

QOA 8.2 Como os modelos de memória nos ajudam a estudar a memória e como pesquisas posteriores atualizaram o modelo de processamento de informações em três estágios?

Arquitetos criam modelos em miniatura das casas para ajudar os clientes a imaginar seus futuros lares. Do mesmo modo, os psicólogos criam modelos de memória. Esses modelos não são perfeitos, mas nos ajudam a pensar sobre como nosso cérebro forma e recupera memórias. A história ofereceu modelos de memória variados: a tábula rasa de Aristóteles, um "bloco de escrita místico" (Freud); uma casa, uma biblioteca, uma central telefônica, uma fita de vídeo (Roediger, 1980). O *modelo de processamento de informações* de hoje compara a memória humana às operações do computador. Assim, para lembrar, devemos:

- **Codificar** – conduzir a informação ao nosso cérebro
- **Armazenar** – reter a informação
- **Recuperar** – mais tarde, obter as informações de volta.

Como em todas as analogias, o modelo computacional tem seus limites. Nossas memórias são menos literais e mais frágeis que as do computador. A maioria dos computadores processa as informações de modo *sequencial*, mesmo quando está alternando tarefas. Nosso cérebro ágil processa muitas coisas *ao mesmo tempo* (algumas delas inconscientemente) por meio do **processamento paralelo** (ver Capítulo 3). Para focalizar esse processamento múltiplo, um modelo de processamento de informação, o *conexionismo*, vê as memórias como produtos de redes neurais interconectadas. Memórias específicas surgem a partir de padrões de ativação particulares dentro dessas redes. Toda vez que você aprende alguma coisa nova, as conexões neurais de seu cérebro mudam – um exemplo da *neuroplasticidade* (ver Capítulo 2) –, formando e fortalecendo vias que permitem a você interagir e aprender com o ambiente em constante mutação.

Para explicar nosso processo de formação da memória, Richard Atkinson e Richard Shiffrin (1968, 2016) propuseram um modelo de três estágios:

1. Primeiro, registramos as informações a serem lembradas como uma **memória sensorial** passageira.
2. Partindo desses registros, processamos as informações na **memória de curto prazo**, em que as codificamos por meio de *repetição*.
3. Finalmente, as informações passam para a **memória de longo prazo** para recuperação posterior.

Esse modelo foi atualizado (Figura 8.3) com conceitos mais novos e importantes, incluindo a *memória de trabalho* e o *processamento automático*.

PERGUNTE A SI MESMO

O que seu sistema de memória codificou, armazenou e recuperou hoje?

MEMÓRIA DE TRABALHO. Atkinson e Shiffrin viam a memória de curto prazo apenas como um espaço para armazenar brevemente pensamentos e experiências recentes. Alan Baddeley e outros (Baddeley, 2002; Barrouillet et al., 2011; Engle, 2002) estenderam nossa

Codificação. Processamento de informações dentro do sistema de memória – por exemplo, por meio de extração de significados.

Armazenamento. Processo de reter as informações codificadas ao longo do tempo.

Recuperação. Processo de extrair informações do armazenamento de memória.

Processamento paralelo. Processamento de diversos aspectos de um estímulo ou problema simultaneamente.

Memória sensorial. Lembrança imediata e muito fugaz de informações sensoriais no sistema de memória.

Memória de curto prazo. Memória ativada que retém poucos itens por pouco tempo (como um número de telefone enquanto é discado) antes de a informação ser armazenada ou esquecida.

Memória de longo prazo. Armazenamento relativamente permanente e ilimitado do sistema de memória. Inclui as habilidades, o conhecimento e as experiências.

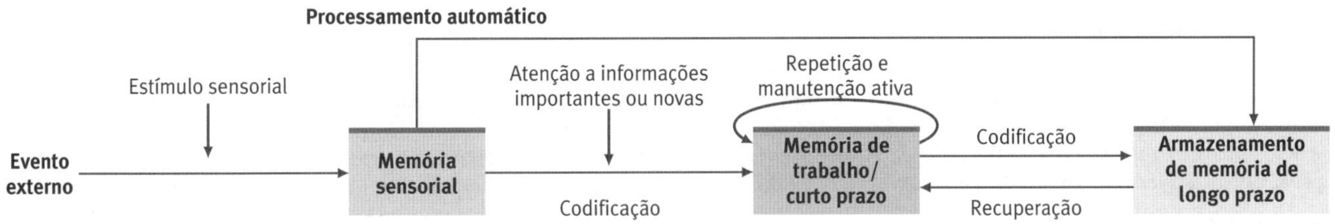

Figura 8.3 **Modelo de processamento de memória em três estágios modificado.** O modelo clássico com três etapas de Atkinson e Shiffrin nos ajuda a pensar sobre como as memórias são processadas, mas os pesquisadores atuais reconhecem outras maneiras de formar memórias de longo prazo. Por exemplo, alguma informação escorrega para a memória de longo prazo por uma "porta dos fundos", sem termos consciência disso (*processamento automático*). Além disso, ocorre tanto processamento ativo no estágio de memória de curto prazo que hoje muitos preferem o termo *memória de trabalho.*

compreensão. Eles começaram a chamar esse estágio de **memória de trabalho**, porque se assemelhava a um "bloco de rascunho" ativo, no qual nosso cérebro dá sentido a novas experiências e as conecta com nossas memórias de longo prazo. Esse "sistema para manter a informação em mente e trabalhar nela" (Oberauer et al., 2018) também funciona na direção oposta, recuperando e processando informações previamente armazenadas.

A memória de trabalho é influenciada pela natureza e pela criação. Algumas pessoas possuem memória de trabalho consistentemente melhor do que outras (Balaban et al., 2019). Acredita-se que a hereditariedade explique cerca de metade da variação de pessoa para pessoa na memória de trabalho (Blokland et al., 2011; Knowles et al., 2014). Comparados com gêmeos fraternos, os gêmeos idênticos têm capacidade de memória de trabalho mais semelhante (Kremen et al. 2007). Além disso, os experimentos descobriram que as pessoas não expandem sua capacidade geral de memória de trabalho com treinamento. Praticar em tarefas computadorizadas de memória de trabalho melhora o desempenho somente nessas tarefas e em tarefas intimamente relacionadas (Redick, 2019). Mas o nosso ambiente também importa. Crianças expostas a situações estressantes tendem a ter memória de trabalho mais fraca quando adultas (Goodman et al., 2019). Até a fadiga mental momentânea pode reduzir nossa capacidade de memória de trabalho (Garrison et al., 2019).

À medida que você integra novas informações com sua memória de longo prazo existente, sua atenção se concentra. No modelo de Baddeley (2002), ele sugeriu que um *executivo central* coordena esse processamento focado. Sem atenção concentrada, a informação frequentemente desaparece. Se você acha que pode buscar uma informação mais tarde, você presta menos atenção e esquece com mais facilidade. Em um experimento, as pessoas leram e digitaram trechos de curiosidades dos quais necessitariam posteriormente, como "o olho de um avestruz é maior que seu cérebro". Se eles sabiam que a informação estaria disponível *online*, investiam menos energia e se lembravam menos bem (Wegner & Ward, 2013). Se está *online*, está fora da mente.

No momento, sua memória de trabalho está conectando ativamente o que você está lendo com o que você já sabia (Cowan, 2010, 2016; deBettencourt et al., 2019). Ao ouvir "a mar ela", você pode codificar como "amarela" ou "amar ela" dependendo de como o contexto e sua experiência o guiar na interpretação e na codificação dos sons.

Para a maioria de vocês, a leitura entra na memória sensorial e depois na memória de trabalho através da visão. Você também pode usar a repetição auditiva. Alguns grupos, como os inuítes no norte do Canadá, usam histórias orais repetidas para ajudar os membros mais jovens do grupo a se lembrar de informações importantes. Em um caso dramático, informações repetidas transmitidas por muitas gerações foram cruciais para a descoberta arqueológica dos navios condenados da Expedição Franklin de 1845 – navios que afundaram perto de onde viviam os inuítes locais (Neatby & Mercer, 2018). Se absorvermos informações usando nossos olhos ou nossos ouvidos, a memória de trabalho nos ajuda a integrá-las com nossas experiências anteriores para tomar decisões inteligentes.

PRÁTICA DE RECUPERAÇÃO

PR-3 Como o conceito de *memória de trabalho* atualiza o modelo clássico de processamento de memória em três estágios de Atkinson-Shiffrin?

PR-4 Quais são as duas funções básicas da memória de trabalho?

RESPOSTAS NO APÊNDICE E

Codificação das memórias

Memória de duas vias: processamento com esforço e automático

QOA 8.3 Qual é a diferença entre memória explícita e memória implícita?

O modelo de Atkinson e Shiffrin concentra-se em como processamos nossas **memórias explícitas** (*declarativas*), isto é, os fatos e experiências que podemos saber e "declarar". Codificamos

Memória de trabalho. Compreensão mais recente da memória de curto prazo; processamento consciente e ativo de informações sensoriais recebidas e informações recuperadas da memória de longo prazo.

Memória explícita. Memória de fatos e experiências de que a pessoa é capaz de lembrar conscientemente e "declarar". Também chamada *memória declarativa*.

Processamento com esforço. Codificação que exige atenção e esforço consciente.

Processamento automático. Codificação inconsciente de informações incidentais, como espaço, tempo e frequência, e de informações bem aprendidas, como o significado das palavras.

Memória implícita. Retenção de habilidades aprendidas ou associações condicionadas classicamente independentes de lembranças conscientes. Também chamada *memória não declarativa*.

muitas memórias explícitas por meio de um **processamento** consciente e **com esforço**. Mas nossa mente tem uma segunda via inconsciente. Nos bastidores, outras informações pulam a trilha de codificação consciente e entram diretamente no armazenamento. Esse **processamento automático**, que acontece sem nossa consciência, produz algumas coisas que podemos saber sem pensar ativamente sobre elas (como o formato da bandeja da cafeteria em nossas mãos) e também produz nossas **memórias implícitas** (*não declarativas*).

Nossa mente de duas vias, então, nos ajuda a codificar, reter e recuperar informações por meio das vias automática e de esforço. Vamos começar vendo como o processamento automático auxilia a formação de memórias implícitas.

Processamento automático e memórias implícitas

QOA 8.4 Quais informações processamos automaticamente?

Nossas memórias implícitas incluem a memória *procedural* para habilidades automáticas (como andar de bicicleta) e *associações* formadas a partir do condicionamento clássico entre os estímulos. Quando atacado por um cão na infância, anos mais tarde você pode, sem se lembrar da associação condicionada, ficar automaticamente tenso quando um cão se aproximar.

Sem esforço consciente, processamos automaticamente informações sobre:

- ***Espaço.*** Ao estudar, você pode codificar o local na página do livro em que determinado material aparece; mais tarde, ao tentar se lembrar da informação, é possível que você visualize sua localização
- ***Tempo.*** Enquanto seu dia transcorre, involuntariamente você registra a sequência de acontecimentos. Mais tarde, percebendo que deixou seu telefone em algum lugar, a sequência de eventos codificada automaticamente pelo seu cérebro permitirá que você refaça seus passos
- ***Frequência.*** Sem muito esforço, você rastreia quantas vezes alguma coisa aconteceu, o que permite perceber que "é a terceira vez que passo por ela hoje".

Nossa mente de duas vias se envolve em um processamento de informações impressionantemente eficiente. Como uma das vias guarda automaticamente muitos detalhes de rotina, a outra via fica livre para se concentrar no processo consciente, com esforço. Os feitos mentais, como visão, pensamento e memória, podem parecer habilidades únicas, mas não são. Em vez disso, dividimos a informação em componentes distintos para processamento que ocorre separado e simultaneamente.

Processamento com esforço e memórias explícitas

O processamento automático acontece sem esforço. Quando você vê as palavras em seu idioma nativo, talvez na lateral de um caminhão de entregas, não pode deixar de ler e registrar seu significado. *Aprender* a ler, no entanto, não foi automático. Você deve se lembrar de trabalhar duro para apontar as letras e ligá-las a certos sons. Mas, com experiência e prática, sua leitura tornou-se automática. Imagine agora aprender a ler frases invertidas como esta:

.ocitámotua ranrot es edop oçrofse moc otnemassecorp O

No início, isso exige esforço, mas após alguma prática a tarefa acaba sendo igualmente automática. Desenvolvemos muitas habilidades dessa maneira: dirigir, enviar mensagens pelo celular e falar uma nova língua.

PERGUNTE A SI MESMO

Você ficou surpreso ao saber quanto do seu processamento de memória é automático? Como seria a vida se *todo* o processamento da memória fosse feito com esforço?

MEMÓRIA SENSORIAL

QOA 8.5 Como funciona a memória sensorial?

A memória sensorial (ver Figura 8.3) alimenta nossa memória de trabalho ativa, registrando imagens, sons e fortes aromas momentâneos. Mas a memória sensorial, como um relâmpago, é passageira. Quão passageira? Em um experimento, pessoas visualizaram três linhas com três letras cada, por apenas um vigésimo de segundo (Figura 8.4). Depois que as nove letras desapareceram da tela, as pessoas só conseguiam lembrar de metade delas.

Isso ocorreu porque essas pessoas tiveram pouco tempo para olhar as letras? *Não.* As pessoas podiam ver e lembrar de todas as letras, mas apenas momentaneamente. Sabemos disso porque, em vez de pedir a elas que lembrassem todas as nove letras de uma vez, o pesquisador

K	Z	R
Q	B	T
S	G	N

Figura 8.4
Lembrança total – brevemente.

George Sperling emitiu um tom alto, médio ou baixo imediatamente *depois* de piscar as nove letras. O timbre do som instruiu os participantes a relatar apenas as letras da linha superior, intermediária ou inferior, respectivamente. Eles raramente perdiam uma letra, mostrando que todas as nove letras estavam momentaneamente disponíveis para serem lembradas.

O experimento de Sperling demonstrou a **memória icônica**, uma memória sensorial fugaz de estímulos visuais. Por alguns décimos de segundo, nossos olhos registram uma representação exata de uma cena, e nós podemos lembrar qualquer parte dela em detalhes impressionantes. Mas o atraso de mais de 0,5 segundo do som fez com que a imagem desaparecesse e afetou a memória. Também temos uma impecável, embora efêmera, memória para estímulos auditivos, chamada **memória ecoica** (Cowan, 1988; Lu et al., 1992). Imagine-se na aula sendo distraído por uma mensagem de texto. Se o seu instrutor levemente irritado testar você perguntando "o que eu acabei de dizer?", você pode recuperar as últimas palavras da câmara de eco da sua mente. Os ecos auditivos costumam durar cerca de 3 ou 4 segundos.

Memória icônica. Memória sensorial momentânea de estímulos visuais; memória fotográfica ou pictórica que não dura mais do que poucos décimos de segundo.

Memória ecoica. Memória sensorial momentânea de um estímulo auditivo; se a atenção está voltada para outra coisa, sons e palavras ainda podem ser lembrados por 3 ou 4 segundos.

CAPACIDADE DA MEMÓRIA DE CURTO PRAZO

QOA 8.6 Qual é a capacidade da nossa memória de curto prazo?

Lembre-se de que a memória de curto prazo – e a memória de trabalho, seu gerenciador de processamento ativo – refere-se ao que podemos reter brevemente. Quais são os limites do que podemos guardar nesse estágio intermediário?

George Miller (1956) propôs que conseguimos armazenar cerca de sete unidades de informação (com uma variação de duas para mais ou para menos) na memória de curto prazo. O mágico número sete de Miller tornou-se a contribuição da psicologia para uma intrigante lista de setes mágicos – as sete maravilhas do mundo, os sete mares, os sete pecados capitais, as sete cores do arco-íris, as sete notas da escala musical, os sete dias da semana – sete setes mágicos.

Outras pesquisas confirmam que podemos, se nada nos distrair, recordar cerca de sete *bits* de informação. Mas o número varia de acordo com a tarefa; assim, tendemos a lembrar cerca de seis letras e apenas cerca de cinco palavras (Baddeley et al., 1975; Cowan, 2015). Com que velocidade nossas memórias de curto prazo desaparecem? Para descobrir, Lloyd Peterson e Margaret Peterson (1959) pediram às pessoas para lembrar de grupos de três consoantes, como *CHJ*. Para evitar a repetição, os pesquisadores as distraíram pedindo, por exemplo, para começarem em 100 e contarem em voz alta, para trás, de três em três. Depois de 3 segundos, as pessoas lembraram as letras somente na metade das vezes; depois de 12 segundos, elas raramente lembraram das letras (Figura 8.5). Sem o processamento ativo que agora sabemos que faz parte da nossa memória de trabalho, as memórias de curto prazo têm uma vida limitada.

Após a morte de Miller em 2012, sua filha relembrou seu melhor momento no golfe: "ele fez o primeiro e único *hole-in-one* de sua vida aos 77 anos, no sétimo *green*... com um taco sete. Ele adorou isso" (citado por Vitello, 2012).

A capacidade da memória de trabalho varia dependendo da idade e de outros fatores. Os adultos jovens tendem a ter maior capacidade de memória de trabalho – a capacidade de fazer malabarismos com vários itens enquanto processa informações – do que crianças e adultos mais velhos (Bopp & Verhaeghen, 2020; Jaroslawska & Rhodes, 2019). Isso ajuda os jovens adultos a reter melhor as informações e a resolver problemas de forma criativa (De Dreu et al., 2012; Fenn & Hambrick, 2012; Wiley & Jarosz, 2012). Mas, como a alternância de tarefas reduz a memória de trabalho, todos fazem um trabalho melhor e mais eficiente quando se concentram, sem distrações, em uma tarefa de cada vez (Steyvers et al., 2019). *Conclusão*: provavelmente, é má ideia tentar assistir a uma transmissão ao vivo, mandar mensagens de texto para seus amigos e escrever um artigo de psicologia ao mesmo tempo (Willingham, 2010)!

A capacidade da memória de trabalho parece refletir o nível de inteligência (Cowan, 2008; Shelton et al., 2010). Imagine ver uma letra do alfabeto, depois uma pergunta simples, depois outra letra, seguida por outra pergunta, e assim por diante. Nesses experimentos, aqueles que conseguissem manipular a maioria das bolas mentais, que conseguissem lembrar a maioria das letras, apesar das interrupções, tenderiam a exibir no dia a dia uma alta inteligência e capacidade para manter seu foco (Kane et al., 2007; Unsworth & Engle, 2007). Quando instados a fornecer informações em vários momentos, eles foram menos propensos do que outros a relatar que sua mente estava vagando.

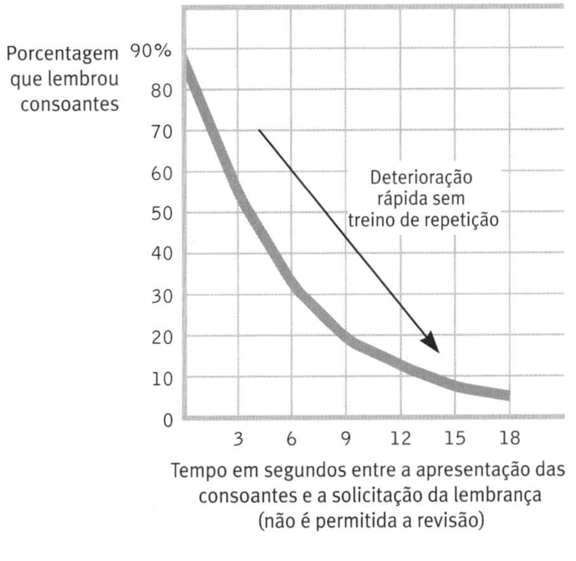

Figura 8.5 Deterioração da memória de curto prazo. (Dados de Peterson & Peterson, 1959; ver também Brown, 1958.)

Agrupamento (*chunking*). Organizar os itens em unidades familiares gerenciáveis; normalmente ocorre de maneira automática.

Mnemônica. Auxílio para a memória, em especial as técnicas que usam imagens vívidas e recursos de organização.

PRÁTICA DE RECUPERAÇÃO

PR-5 Qual é a diferença entre processamento *automático* e processamento *com esforço*, e quais são alguns exemplos de cada?

PR-6 Em qual dos três estágios de memória de Atkinson-Shiffrin ocorreriam a memória *icônica* e a memória *ecoica*?

RESPOSTAS NO APÊNDICE E

ESTRATÉGIAS DE PROCESSAMENTO COM ESFORÇO

QOA 8.7 Quais são algumas das estratégias que podem nos ajudar a lembrar de novas informações?

Várias estratégias de processamento com esforço podem aumentar nossa capacidade para formar novas memórias. Mais tarde, quando tentarmos recuperar uma informação, essas estratégias podem fazer a diferença entre o sucesso e o fracasso.

Agrupamento (*chunking*) Olhe por alguns segundos para o primeiro conjunto de letras (linha 1) na Figura 8.6, depois olhe em outra direção e tente reproduzir o que viu. Impossível, não? Mas você consegue reproduzir facilmente o conjunto 2, que não é menos complexo. De modo similar, se você conhecer o idioma inglês, provavelmente vai se lembrar dos conjuntos 4 e 6 com mais facilidade do que dos mesmos elementos nos conjuntos 3 e 5. Como isso demonstra, o **agrupamento (*chunking*)** das informações, isto é, organizar os itens em unidades familiares e gerenciáveis, permite que nos lembremos com mais facilidade (Thalmann et al., 2018). Tente lembrar-se de 43 números e letras diferentes. Seria impossível, a menos que estivessem agrupados, por exemplo, em nove grupos significativos, como "Tente se lembrar de 43 números e letras diferentes". 😉

1. W G V S R M T (letras giradas)
2. W G V S R M T

3. VRESLI UEGBN GSORNW CDOUL LWLE NTOD WTO
4. SILVER BEGUN WRONGS CLOUD WELL DONT TWO

5. SILVER BEGUN WRONGS CLOUD DONT TWO
HALF MAKE WELL HAS A
EVERY IS RIGHT A DONE LINING

6. WELL BEGUN IS HALF DONE
EVERY CLOUD HAS A SILVER LINING
TWO WRONGS DONT MAKE A RIGHT

Figura 8.6 Efeitos de agrupamento. Organizar as informações em unidades significativas, como letras, palavras e frases, nos ajuda a recordá-las mais facilmente (Hintzman, 1978).

O agrupamento geralmente ocorre de forma tão natural que o tomamos por certo. Se você for um falante nativo de inglês, pode reproduzir perfeitamente os 150 segmentos de linhas, aproximadamente, que perfazem as palavras nas três frases do conjunto 6 na Figura 8.6. Isso surpreenderia alguém não familiarizado com o idioma. Igualmente surpreendente é a capacidade de um leitor chinês de olhar para a Figura 8.7 e, em seguida, reproduzir todas as pinceladas, ou um jogador de basquete do time da escola poder se lembrar de todas as posições dos jogadores após uma espiada de 4 segundos em uma imagem de um jogo de basquete (Allard & Burnett, 1985). Todos nós nos lembramos melhor das informações quando conseguimos organizá-las em arranjos que sejam significativos para nós.

Mnemônica Para ajudar a codificar passagens e discursos longos, os estudiosos e oradores da Grécia Antiga desenvolveram a **mnemônica**. Muitos desses auxílios de memória usam imagens vívidas, pois somos particularmente bons em lembrar figuras mentais. Lembramo-nos com mais facilidade de palavras concretas, visualizáveis, do que de palavras abstratas (Akpinar & Berger, 2015). (Quando testarmos você depois, de quais das palavras – *bicicleta, vazio, cigarro, inerente, fogo, processo* – provavelmente você vai se lembrar?) Se você ainda se lembrar da sentença do arruaceiro lançador de pedras, certamente não é só por causa do significado que você codificou, mas porque a sentença pintou uma imagem mental.

Os gênios da memória entendem o poder desses sistemas. As estrelas do Campeonato Mundial de Memória geralmente não têm inteligência excepcional, mas são superiores no uso de estratégias mnemônicas (Maguire et al., 2003b). Frustrado com sua memória comum, o escritor de ciências Joshua Foer queria descobrir o quanto poderia melhorá-la. Depois de um ano de prática intensa, ele ganhou o Campeonato de Memória dos EUA, memorizando um baralho de 52 cartas em menos de 2 minutos. Como Foer fez isso? Ele acrescentou novos detalhes vívidos às memórias de um lugar familiar – sua casa da infância. Cada carta, apresentada em qualquer ordem, poderia combinar com a imagem clara em sua cabeça. Como cobaia de seu próprio experimento de memória, ele aprendeu o poder de pintar imagens bonitas em sua mente (Foer, 2011).

春
夏
秋
冬

Figura 8.7 Exemplo de agrupamento – para os que leem chinês Depois de olhar estes caracteres, você consegue reproduzi-los exatamente? Se conseguir, você é alfabetizado em chinês.

Quando combinadas, técnicas de agrupamento e mnemônicas podem ser grandes auxiliares de memória para material desconhecido. Quer lembrar os planetas em ordem de distância do Sol? Pense no mnemônico "Minha vó traz meu jantar: sopa, uva, nozes" (*M*ercúrio, *V*ênus, *T*erra, *M*arte, *J*úpiter, *S*aturno, *U*rano, *N*etuno). Precisa lembrar os nomes dos cinco grandes lagos da América do Norte? Apenas lembre-se de HOMES (*H*uron, *O*ntário, *M*ichigan, *E*rie e *S*uperior). Nesses casos, agrupamos as informações em uma forma mais familiar criando uma expressão a partir das primeiras letras dos itens a serem lembrados.

Hierarquias Quando as pessoas se especializam em uma área, elas começam a processar as informações não só pelo agrupamento, mas também formando *hierarquias*, compostas por alguns poucos conceitos amplos divididos e subdivididos em conceitos e fatos mais específicos. (A Figura 8.11, mais adiante, fornece uma hierarquia dos nossos sistemas de processamento de memória automático e com esforço.) Organizar o conhecimento em hierarquias nos ajuda a recuperar as informações com eficiência, como Gordon Bower e seus colegas (1969) demonstraram apresentando palavras aleatoriamente ou agrupadas em categorias. Quando organizadas em grupos, a recordação das palavras era duas a três vezes melhor. Esses resultados mostram os benefícios de organizar o que você estuda – como dar atenção especial aos esboços e títulos dos capítulos e, neste texto, às Questões dos Objetivos de Aprendizagem numeradas. Tomar notas de aula e texto em formato de esboço – um tipo de organização hierárquica – também pode ser útil.

Efeito de espaçamento. Tendência de distribuir o estudo ou a prática a fim de se obter melhor retenção em longo prazo do que se alcançaria pelo estudo ou prática concentrados.

Efeito de teste. Memória aprimorada depois de recuperação de informações, em vez de simplesmente reler. Também às vezes chamado *efeito de prática de recuperação* ou *aprendizagem aprimorada por teste*.

Processamento superficial. Codificação em nível básico, calcada na estrutura ou aparência das palavras.

Processamento profundo. Codificação semântica, baseada no significado das palavras; tende a produzir a melhor retenção.

PERGUNTE A SI MESMO

Como você usou hierarquias para organizar o material que está tentando lembrar? Como você faria isso para uma seção deste capítulo?

PRÁTICA DISTRIBUÍDA

QOA 8.8 Como a prática espaçada, o processamento profundo e a criação de novos materiais com significado pessoal ajudam a memória?

A palavra SPA lembra três filósofos: Sócrates, Platão e Aristóteles.

Retemos melhor as informações quando nossa codificação é distribuída ao longo do tempo. Experimentos revelaram consistentemente os benefícios desse **efeito de espaçamento** (Cepeda et al., 2006; Soderstrom et al., 2016). A *prática concentrada* pode produzir aprendizagem rápida em curto prazo e uma sensação de confiança. Mas, parafraseando um dos primeiros pesquisadores da memória, Hermann Ebbinghaus (1885), os que aprendem rapidamente também esquecem rapidamente. A *prática espaçada* produz melhor recordação em longo prazo. Depois de você ter estudado por tempo suficiente para dominar o material, mais estudo nessa hora é ineficiente. É melhor gastar esse tempo extra de revisão mais tarde – 1 dia depois, se você precisar se lembrar de algo daqui a 10 dias, ou 1 mês depois, se precisar lembrar de algo daqui a 6 meses (Cepeda et al., 2008). O efeito de espaçamento é uma das descobertas mais confiáveis da psicologia e se estende às habilidades motoras e ao desempenho nos jogos *online* (Stafford & Dewar, 2014). O pesquisador de memória Henry Roediger (2013) resume dizendo: "centenas de estudos mostraram que a prática espaçada leva à aprendizagem mais durável".

Uma maneira eficaz de espaçar a prática é o autoteste *repetitivo*, um fenômeno que os pesquisadores Roediger e Jeffrey Karpicke (2006, 2018) chamaram **efeito de teste**. O teste faz mais do que avaliar a aprendizagem e a memória: ele as melhora (Pan & Rickard, 2018). Neste livro, as seções Prática de Recuperação e Revisão, inclusive as questões Domine o Material, oferecem oportunidades para melhorar a aprendizagem e a memória. É melhor praticar a recuperação, como qualquer exame exigirá, do que simplesmente reler o material (o que pode levar você a uma falsa sensação de domínio). Roediger (2013) explica: "duas técnicas que os alunos relatam usar com frequência para estudar – destacar ou sublinhar o texto e reler o texto – [foram consideradas] ineficazes". Felizmente, "a prática de recuperação (ou teste) é uma estratégia poderosa geral para aprender". Como explicou outro especialista em memória, "o que recordamos se torna mais recuperável" (Bjork, 2011). Não é de admirar que os testes diários melhorem o desempenho dos estudantes de psicologia introdutória (Batsell et al., 2017; Pennebaker et al., 2013).

"A mente é lenta para desaprender aquilo que levou muito tempo para aprender." – Sêneca, filósofo romano (4 a.C.-65 d.C.)

Ponto a ser lembrado: o estudo espaçado e a autoavaliação superam a prática concentrada de uma vez só e a releitura. A prática pode não ser perfeita, mas uma prática inteligente – com repetição ocasional por meio da autoavaliação – cria memórias duradouras.

NÍVEIS DE PROCESSAMENTO. Pesquisadores de memória descobriram que processamos informações verbais em diferentes níveis e que a profundidade do processamento afeta nossa retenção em longo prazo. O **processamento superficial** codifica em um nível muito básico, como as letras da palavra ou, em um nível mais intermediário, como o som da palavra. Assim, podemos digitar *sexta*, quando queremos dizer *cesta*, *dez* quando queremos dizer *pés*, e *estresse* quando queremos dizer *semestre*. O **processamento profundo** codifica *semanticamente*, com base no significado das palavras. Quanto mais profundo for o processamento (ou seja, mais significativo), melhor será a retenção.

Em um experimento clássico, os pesquisadores Fergus Craik e Endel Tulving (1975) mostraram rapidamente palavras para um grupo. Em seguida, fizeram perguntas que obrigavam as pessoas a processar as palavras em diferentes níveis de processamento. Para experimentar a tarefa você mesmo, responda rapidamente às questões apresentadas na Tabela 8.1.

Que tipo de processamento prepararia você melhor para reconhecer as palavras mais tarde? No experimento de Craik e Tulving, o processamento semântico mais profundo, desencadeado pela terceira pergunta, produziu uma memória muito melhor que o processamento mais superficial ativado pela segunda pergunta ou o processamento muito superficial despertado pela primeira pergunta (que foi particularmente ineficaz).

TORNANDO O MATERIAL SIGNIFICATIVO PARA SI. Se as novas informações não fizerem sentido ou não estiverem relacionadas com nossa experiência, temos problemas para processá-las. Imagine ser solicitado a lembrar a seguinte passagem registrada:

> O procedimento é realmente muito simples. Primeiro, você arruma o material em grupos diferentes. Claro que uma pilha pode ser suficiente, dependendo da quantidade do que há para fazer... Depois de concluir o procedimento, organizam-se novamente os materiais em diferentes grupos. Assim, o material pode ser colocado em um lugar apropriado. Por fim, pode ser usado mais uma vez, e o ciclo inteiro terá que ser repetido. Porém, isso faz parte da vida.

Na discussão sobre mnemônica, demos seis palavras e dissemos que iríamos questioná-los mais tarde. De quantas dessas palavras você consegue se lembrar agora? Entre elas, quantas são palavras altamente imagéticas? Quantos são de baixa imagética?[1]

Quando alguns alunos ouviram o parágrafo que você acabou de ler sem um contexto significativo, eles se lembraram pouco do texto (Bransford & Johnson, 1972). Quando informados de que o parágrafo era sobre lavar roupas (algo significativo para eles), conseguiram lembrar muito mais do texto – como você provavelmente o fará depois de ler de novo.

Você consegue repetir a sentença do arruaceiro que fornecemos no início deste capítulo? Talvez, como as pessoas em um experimento realizado por William Brewer (1977), você tenha se lembrado da sentença por causa do significado que você codificou quando a leu (p. ex., "o arruaceiro zangado atirou a pedra *pela* janela") e não como foi escrita ("o arruaceiro zangado atirou a pedra *na* janela"). Referindo-se a essas discrepâncias mentais, alguns pesquisadores compararam nossa mente à dos diretores de teatro, que, recebendo um roteiro "cru", imaginam a produção acabada (Bower & Morrow, 1990). Perguntados mais tarde sobre o que ouvimos ou lemos, não nos lembramos do texto literal, mas *daquilo que codificamos*. Desse modo, estudando para uma prova, você pode se lembrar de suas anotações de aula e não da aula em si.

Podemos evitar erros grosseiros reformulando o que vemos e ouvimos em termos significativos para nós mesmos. A partir de seus experimentos em si mesmo, Ebbinghaus estimou que, em comparação com aprender sílabas sem sentido, aprender material significativo exigiu um décimo do esforço. Segundo o pesquisador da memória Wayne Wickelgren (1977, p. 346) relatou, "dedicar tempo pensando sobre o que está lendo e relacionando isso com o conteúdo previamente armazenado é o procedimento mais útil que você pode fazer para aprender qualquer fato novo".

O time de atores e psicólogos Helga Noice e Tony Noice (2006) descreveu como os atores embutem significado na árdua tarefa de aprender "todas aquelas falas". Eles fazem isso, em primeiro lugar, compreendendo o fluxo de significado: "um ator dividiu meia página de diálogo em três [intenções]: 'para agradar', 'para colocá-lo para fora' e 'para apaziguar seus temores". Com essa sequência significativa em mente, o ator lembrava as falas com mais facilidade.

A maioria das pessoas consegue se lembrar bem de informações relevantes para elas. Questionados sobre quão bem certos adjetivos descrevem um estranho, tendemos a esquecê-los na maioria das vezes; mas, perguntados como os adjetivos nos descrevem, muitas vezes tendemos a nos lembrar deles. Para lembrar suas senhas, as pessoas costumam usar informações relevantes para elas (Taylor & Garry, 2019). A tendência de lembrar informações relevantes, chamada *efeito de autorreferência*, é especialmente forte em culturas ocidentais individualistas

Tabela 8.1

Amostras de perguntas para gerar o processamento	Palavra mostrada	Sim	Não
Mais superficial: a palavra está em maiúsculas?	CADEIRA	_____	_____
Superficial: a palavra rima com gato?	pato	_____	_____
Profundo: a palavra se encaixaria nesta frase? "A garota colocou a ____ sobre a esa."	caneta	_____ _____	_____ _____

[1]Bicicleta, vazio, cigarro, inerente, fogo, processo.

(Jiang et al., 2019; Symons & Johnson, 1997). Em contraste, as pessoas de culturas orientais coletivistas tendem a lembrar-se igualmente bem de informações relevantes para si e para a família (Sparks et al., 2016). Sabendo disso, você pode entender por que algumas pessoas retêm melhor informações consideradas "relevantes para mim", enquanto outras também são hábeis em lembrar informações "relevantes para minha família".

Ponto a ser lembrado: você pode tirar proveito ao dedicar tempo para encontrar significado pessoal no que está estudando.

PRÁTICA DE RECUPERAÇÃO

PR-7 Quais estratégias são melhores para a retenção no longo prazo: prática concentrada e releitura do material, ou distribuição da aprendizagem ao longo do tempo e se autoavaliar repetidamente?

PR-8 Se você tenta tornar significativo para você mesmo o material que está aprendendo, está processando em nível superficial ou profundo? Qual nível leva à maior retenção?

RESPOSTAS NO APÊNDICE E

REVISÃO Estudo e codificação das memórias

OBJETIVOS DE APRENDIZAGEM

Teste a si mesmo. Responda às Questões dos Objetivos de Aprendizagem (antes de conferir as respostas no Apêndice D) para aprimorar a retenção dos conceitos estudados (McDaniel et al., 2009, 2015).

QOA 8.1 O que é *memória* e como ela é medida?

QOA 8.2 Como os modelos de memória nos ajudam a estudar a memória e como pesquisas posteriores atualizaram o modelo de processamento de informações em três estágios?

QOA 8.3 Qual é a diferença entre memória explícita e memória implícita?

QOA 8.4 Quais informações processamos automaticamente?

QOA 8.5 Como funciona a memória sensorial?

QOA 8.6 Qual é a capacidade da nossa memória de curto prazo?

QOA 8.7 Quais são algumas das estratégias que podem nos ajudar a lembrar de novas informações?

QOA 8.8 Como a prática espaçada, o processamento profundo e a criação de novos materiais com significado pessoal ajudam a memória?

TERMOS E CONCEITOS A RECORDAR

Teste a si mesmo. Escreva a definição com suas próprias palavras e depois confirme sua resposta.

memória, p. 289
recordação, p. 289
reconhecimento, p. 289
reaprendizagem, p. 289
codificação, p. 290
armazenamento, p. 290
recuperação, p. 290
processamento paralelo, p. 290
memória sensorial, p. 290
memória de curto prazo, p. 290
memória de longo prazo, p. 290
memória de trabalho, p. 291
memória explícita, p. 291
processamento com esforço, p. 292
processamento automático, p. 292
memória implícita, p. 292
memória icônica, p. 293
memória ecoica, p. 293
agrupamento (*chunking*), p. 294
mnemônica, p. 294
efeito de espaçamento, p. 295
efeito de teste, p. 295
processamento superficial, p. 295
processamento profundo, p. 295

DOMINE O MATERIAL

Teste a si mesmo. Responda às questões a seguir sozinho, a princípio, depois confira as respostas no Apêndice E.

1. Um psicólogo que pede a você para escrever a quantidade máxima de objetos que você conseguir lembrar entre os que visualizou minutos antes está testando sua ____________.

2. Os termos psicológicos para obter informação, reter e mais tarde recuperar são ____________, ____________ e ____________.

3. O conceito de memória de trabalho

a. esclarece a ideia de memória de curto prazo focando no processamento ativo que ocorre nesse estágio.

b. divide a memória de curto prazo em dois subestágios – memória sensorial e memória icônica.

c. divide a memória de curto prazo em dois tipos: memória implícita e memória explícita.

d. esclarece a ideia de memória de curto prazo focando espaço, tempo e frequência.

4. A memória sensorial pode ser visual (memória ____________) ou auditiva (memória ____________).

5. Nossa memória de curto prazo para novas informações é limitada em cerca de ____________ pedaços de informação.

6. Tipos de auxiliares de memória que usam imagens visuais ou outros dispositivos organizacionais são chamados ____________.

Armazenamento e recuperação das memórias

Armazenamento da memória

QOA 8.9 Qual é a capacidade da memória de longo prazo? Nossas memórias de longo prazo são processadas e armazenadas em locais específicos?

No livro de Arthur Conan Doyle, *A Study in Scarlet (Um Estudo em Vermelho)*, Sherlock Holmes apresenta uma teoria popular sobre a capacidade da memória:

> Considero que o cérebro de um homem originariamente é como um pequeno sótão vazio que temos que mobiliar com os móveis de nossa escolha... É um erro pensar que o pequeno cômodo tem paredes elásticas e pode distender-se para qualquer tamanho. Dependendo de como for, haverá um tempo em que, para qualquer conhecimento novo, teremos que esquecer algo que sabíamos antes.

Ao contrário do "modelo de memória" de Holmes, nosso cérebro *não* é como um sótão, que uma vez cheio só pode armazenar mais itens se descartarmos os antigos. Nossa capacidade de armazenar memórias em longo prazo é essencialmente ilimitada. Uma equipe de pesquisa, depois de estudar as conexões neurais do cérebro, estimou sua capacidade de armazenamento como "no mesmo patamar que a World Wide Web" (rede mundial da internet) (Sejnowski, 2016).

Retenção das informações no cérebro

Eu [DM] me maravilhava com minha velha sogra, pianista e organista aposentada. Aos 88 anos, seus olhos cegos não podiam mais ler partituras. Porém, se a colocávamos diante de um teclado, ela conseguia tocar centenas de hinos sem um erro, inclusive alguns que ela não tocava há mais de 20 anos. Onde, no seu cérebro, ela teria armazenado essas milhares de sequências de notas?

Por um tempo, alguns cirurgiões e pesquisadores de memória ficaram maravilhados com as memórias aparentemente vívidas dos pacientes desencadeadas pela estimulação cerebral durante uma cirurgia. Isso prova que todo o nosso passado, não apenas a música bem praticada, está "lá dentro", em detalhes completos, apenas esperando para ser revivido? Em uma análise mais detalhada, os aparentes *flashbacks* pareciam ter sido inventados, não representando um reviver vívido de experiências há muito esquecidas (Loftus & Loftus, 1980). Em uma demonstração adicional de que as memórias não residem em pontos únicos e específicos, o psicólogo Karl Lashley (1950) treinou ratos para encontrar a saída de um labirinto, depois removeu cirurgicamente pedaços do córtex cerebral e testou novamente sua memória. Independentemente de qual pequena seção do cérebro ele removesse, os ratos retinham pelo menos uma memória parcial de como navegar pelo labirinto. As memórias *ficam* no cérebro, mas o cérebro distribui os componentes de uma memória em diversos locais interconectados em rede. Esses locais específicos incluem alguns dos circuitos envolvidos na experiência original: algumas células cerebrais que disparam quando vivenciamos alguma coisa disparam novamente quando nos lembramos dela (Miller, 2012a; Miller et al., 2013).

Ponto a ser lembrado: apesar da vasta capacidade de armazenamento do cérebro, não armazenamos informações como as bibliotecas armazenam seus livros, em locais únicos e precisos. Em vez disso, as redes cerebrais codificam, armazenam e recuperam as informações que formam nossas memórias complexas.

"Nossas memórias são flexíveis e se sobrepõem, uma lousa panorâmica com um estoque infinito de giz e apagadores." – Elizabeth Loftus e Katherine Ketcham, *The Myth of Repressed Memory*, 1994

SISTEMA DE MEMÓRIA EXPLÍCITA: OS LOBOS FRONTAIS E O HIPOCAMPO

QOA 8.10 Quais são os papéis dos lobos frontais e do hipocampo no processamento da memória?

As memórias explícitas e conscientes podem ser **semânticas** (fatos e conhecimento geral) ou **episódicas** (eventos vivenciados). A rede que processa e armazena novas memórias explícitas para fatos e episódios inclui seus lobos frontais e hipocampo. Quando você evoca uma repetição mental de experiência passada, muitas regiões do cérebro enviam informações para o córtex pré-frontal (a parte frontal dos lobos frontais) para realizar o processamento da memória de trabalho (de Chastelaine et al., 2016; Michalka et al., 2015). Os lobos frontais esquerdo e direito processam tipos diferentes de memórias. Lembrar uma senha e guardá-la na memória de trabalho, por exemplo, ativaria o lobo frontal esquerdo. Invocar a cena de uma

Memória semântica. Memória explícita de fatos e conhecimentos gerais; um dos nossos dois sistemas de memória consciente (o outro é a *memória episódica*).

Memória episódica. Memória explícita de eventos vivenciados pessoalmente; um dos nossos dois sistemas de memória consciente (o outro é a *memória semântica*).

festa provavelmente ativaria o lobo frontal direito. E as mulheres, cuja memória episódica supera a dos homens, são mais propensas a lembrar com precisão o que aconteceu em uma festa (Asperholm et al., 2019).

Os neurocientistas cognitivos constataram que o **hipocampo**, um centro neural do lobo temporal localizado no sistema límbico, é o equivalente cerebral de um botão "salvar" para as memórias explícitas (Figura 8.8). À medida que as crianças amadurecem, seu hipocampo cresce, permitindo-lhes construir memórias mais detalhadas (Keresztes et al., 2017). Imagens do cérebro revelam atividade no hipocampo e nas redes cerebrais próximas à medida que as pessoas formam memórias explícitas de nomes, imagens e eventos (Norman et al., 2019; Terada et al., 2017).

Lesões nessa estrutura interrompem a formação e a evocação de memórias explícitas. Chapins norte-americanos e outros pássaros armazenam alimento em centenas de lugares e voltam meses depois a esses repositórios sem identificação, mas não conseguirão encontrá-los se seu hipocampo tiver sido removido (Kamil & Cheng, 2001; Sherry & Vaccarino, 1989). Com uma lesão no hipocampo esquerdo, as pessoas têm problemas para lembrar informações verbais, mas não têm problemas para lembrar efeitos visuais e locais. Com uma lesão no hipocampo direito, o problema é o inverso (Schacter, 1996).

O hipocampo é complexo, com sub-regiões que cumprem diferentes funções. Uma parte está ativa enquanto camundongos e pessoas aprendem informações sociais (Okuyama et al., 2016; Zeineh et al., 2003). Outra parte está ativa quando os campeões de memória se envolvem em mnemônica espacial (Maguire et al., 2003a). A área traseira, que processa a memória espacial, cresce quanto mais um taxista londrino tenha percorrido o labirinto de ruas da cidade (Woolett & Maguire, 2011).

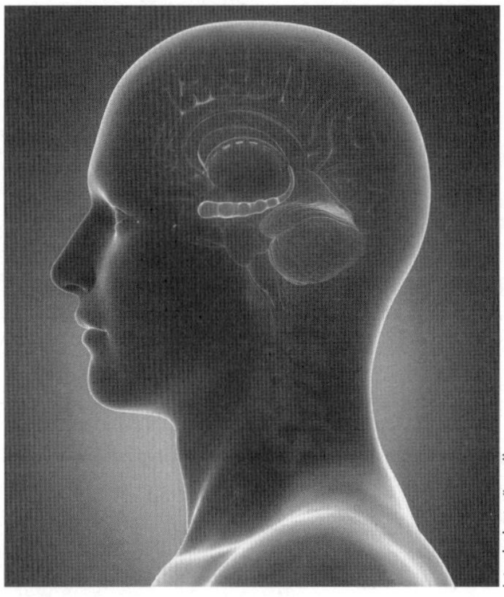

istockphoto/janulla

Figura 8.8 Hipocampo. Memórias explícitas de fatos e episódios são processadas no hipocampo (estrutura em rosa) e transmitidas para outras regiões do cérebro para armazenamento. *(Esta figura encontra-se reproduzida em cores no Encarte.)*

As memórias não são armazenadas permanentemente no hipocampo. Em vez disso, essa estrutura parece agir como uma doca de carregamento onde o cérebro registra e mantém temporariamente os elementos de um episódio a ser lembrado – seu cheiro, textura, som e localização. Depois, como os arquivos antigos transportados para um depósito no porão, as memórias migram para um depósito em outro lugar. Esse processo de armazenamento é chamado **consolidação da memória**.

istockphoto/Jeremy Christensen

Herói do hipocampo. Um candidato a campeão de memorização é um mero cérebro de pássaro – o quebra-nozes de Clark – que pode localizar até 6 mil depósitos de pinhão que havia enterrado anteriormente (Gould et al., 2013; Shettleworth, 1993).

O sono suporta a consolidação da memória. Em um experimento, os alunos que aprenderam o material em uma condição de estudo/sono/reestudo lembraram-se melhor do material 1 semana e 6 meses depois do que os alunos que estudaram de manhã e à noite sem intercalação com o sono (Mazza et al., 2016). Durante o sono profundo, o hipocampo processa as memórias para posterior recuperação. Depois de uma experiência de treinamento, quanto maior for a atividade do hipocampo durante o sono, melhor é a memória no dia seguinte (Peigneux et al., 2004; Whitehurst et al., 2016). Pesquisadores observaram o hipocampo e o córtex cerebral exibindo ritmos de atividade simultânea durante o sono, como se estivessem tendo um diálogo (Euston et al., 2007; Khodagholy et al., 2017). O cérebro parece reproduzir as experiências do dia enquanto as transfere para o córtex para armazenamento em longo prazo (Squire & Zola-Morgan, 1991). Quando nossa aprendizagem é distribuída ao longo de dias, em vez de espremida em um único dia, experimentamos mais consolidação da memória induzida pelo sono. E isso ajuda a explicar o efeito de espaçamento.

SISTEMA DE MEMÓRIA IMPLÍCITA: CEREBELO E GÂNGLIOS BASAIS

QOA 8.11 Quais são os papéis exercidos pelo cerebelo e pelos gânglios basais no processamento da memória?

Seu hipocampo e os lobos frontais são sítios de processamento de suas memórias *explícitas*. Mas você poderia perder essas áreas e ainda assim, graças ao processamento automático, estabelecer memórias *implícitas* para habilidades e associações recém-condicionadas. Joseph LeDoux (1996) recontou a história de uma paciente com danos cerebrais cuja amnésia a deixou incapaz de reconhecer o próprio médico, já que todos os dias ele apertava sua mão e se apresentava. Um dia, ela recolheu a mão quando o médico picou sua palma com uma tachinha. Na próxima vez que ele voltou e se apresentou, ela não quis apertar a sua mão, mas não conseguia explicar por quê. Por ter sido condicionada classicamente, ela simplesmente não o faria. Intuitivamente (implicitamente) ela sentiu algo que não conseguia explicar.

O *cerebelo* tem um papel fundamental na formação e no armazenamento das memórias implícitas criadas pelo condicionamento clássico. Com o cerebelo danificado, as pessoas não conseguem desenvolver certos reflexos condicionados, como associar um tom a um sopro

Hipocampo. Centro neural localizado no sistema límbico; ajuda a processar memórias explícitas (conscientes) de fatos e eventos para armazenamento.

Consolidação da memória. Armazenamento neural de uma memória de longo prazo.

de ar iminente – e assim, não piscam antes do sopro (Daum & Schugens, 1996; Green & Woodruff-Pak, 2000). A formação da memória implícita precisa do cerebelo.

Os *gânglios basais*, estruturas cerebrais profundas envolvidas no movimento motor, facilitam a formação de nossas memórias procedurais para habilidades (Mishkin, 1982; Mishkin et al., 1997). Os gânglios basais recebem informações do córtex, mas não retribuem o favor de enviar as informações de volta ao córtex para a percepção consciente da aprendizagem procedural. Se você aprendeu a andar de bicicleta, agradeça a seus gânglios basais.

Nosso sistema de memória implícita, viabilizado por essas áreas mais ancestrais do cérebro, ajuda a explicar por que as reações e habilidades que aprendemos durante a infância permanecem por longo tempo e nos acompanham até o nosso futuro. No entanto, como adultos, a *memória consciente* de nossos 4 primeiros anos de vida praticamente inexiste em decorrência da *amnésia infantil*. Como adulta, minha [ND] filha, Bevy não se lembrará conscientemente de sua feliz visita à Disneylândia de Hong Kong aos 2 anos. Duas influências contribuem para a amnésia infantil: primeiro, indexamos grande parte de nossa memória explícita usando palavras que crianças não verbais ainda não aprenderam; segundo, o hipocampo é uma das últimas estruturas cerebrais a amadurecer e, à medida que isso acontece, mais informações ficam retidas (Akers et al., 2014).

PRÁTICA DE RECUPERAÇÃO

PR-1 Quais partes do cérebro são importantes para o processamento da memória *implícita* e quais partes desempenham um papel no processamento da memória *explícita*?

PR-2 Seu amigo sofreu danos cerebrais em um acidente. Ele consegue lembrar como amarrar os sapatos, mas tem dificuldades para lembrar qualquer coisa que se diga a ele durante uma conversa. Como a diferença entre os processamentos de informações implícito e explícito pode explicar o que acontece neste caso?

RESPOSTAS NO APÊNDICE E

AMÍGDALA, EMOÇÕES E MEMÓRIA

QOA 8.12 Como as emoções afetam nosso processamento da memória?

Figura 8.9 Revisão das estruturas fundamentais da memória no cérebro. *Lobos frontais* e *hipocampo*: formação da memória explícita. *Cerebelo e gânglios basais*: formação da memória implícita. *Amígdala*: formação da memória relacionada com a emoção. *(Esta figura encontra-se reproduzida em cores no Encarte.)*

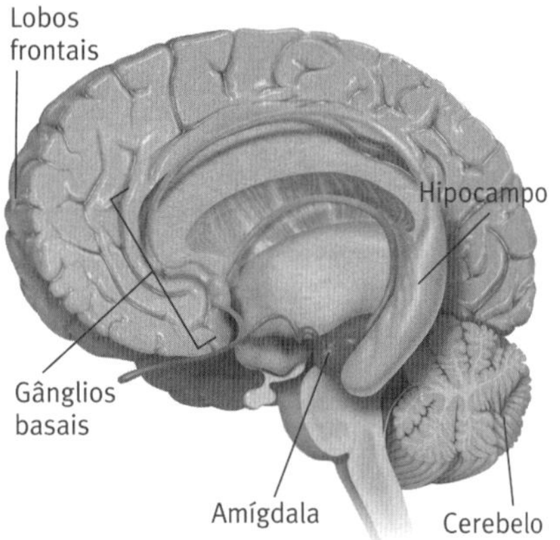

Nossas emoções desencadeiam a liberação de hormônios do estresse que influenciam a formação de memória. Quando estamos excitados ou estressados, esses hormônios disponibilizam mais energia a partir da glicose para alimentar a atividade cerebral, sinalizando ao cérebro que algo importante está acontecendo. Além disso, os hormônios do estresse fazem a memória ficar mais focada. O estresse estimula a *amígdala* (dois conglomerados no sistema límbico nos quais ocorre o processamento emocional) a iniciar um *traço de memória* – uma mudança física que perdura enquanto memória se forma – que aumenta a atividade nas áreas do cérebro em que as memórias se formam (Buchanan, 2007; Kensinger, 2007) (Figura 8.9). É como se a amígdala dissesse: "cérebro, codifique este momento para referência futura!". O resultado? A excitação emocional pode marcar certos eventos no cérebro, enquanto interrompe a memória para eventos irrelevantes (Brewin et al., 2007; McGaugh, 2015).

Eventos significativamente estressantes podem formar memórias quase inesquecíveis. Depois de uma experiência traumática – um tiroteio em uma escola, um incêndio em uma casa, um estupro –, lembranças vívidas do horrível evento podem surgir repetidas vezes. É como se fossem marcados a ferro quente: "experiências emocionais muito fortes criam memórias mais fortes e confiáveis", observou James McGaugh (1994, 2003). Essas experiências fortalecem até mesmo a lembrança de eventos relevantes e imediatamente anteriores (Dunsmoor et al., 2015; Jobson & Cheraghi, 2016). Isso faz sentido do ponto de vista adaptativo: ao agitar bandeiras de alerta, a memória nos protege de perigos futuros (Leding, 2019).

Mas como os eventos emocionais produzem memória com visão de túnel, eles concentram nossa atenção e recordação em informações de alta prioridade e reduzem nossa recordação de detalhes irrelevantes (Mather & Sutherland, 2012). O que quer que capte nossa atenção é bem lembrado à custa do contexto circundante.

Alterações hormonais provocadas pelas emoções ajudam a explicar por que lembramos por muito tempo de eventos chocantes ou excitantes, como nosso primeiro beijo, ou dos rumos de nossas vidas ao sabermos da morte de um ente querido. Onde você estava, por exemplo, quando soube que Donald Trump foi eleito presidente dos EUA em 2016? Segundo pesquisa do instituto de pesquisa Pew realizada em 2006, 95% dos adultos norte-americanos afirmaram que eram capazes de lembrar exatamente onde estavam e o que faziam quando ouviram a notícia do ataque terrorista de 11 de setembro de 2001. Essa clareza percebida das memórias de eventos surpreendentes e significativos levou alguns psicólogos a chamarem-nas de **memórias emocionais** (ou **memórias vívidas**).

Memória emocional (ou vívida). Memória clara de um momento ou evento emocionalmente significativo.

Nossas memórias emocionais são notáveis por sua vivacidade e por nossa confiança nelas. Mas, à medida que revivemos, reiteramos e discutimos essas memórias, elas podem resultar em erros. Com o tempo, alguns erros se infiltraram nas lembranças do 11 de setembro das pessoas (em comparação com seus relatórios anteriores, feitos logo depois). No entanto, a maior parte das memórias do 11 de setembro continuou coerente ao longo dos 2 a 3 anos seguintes (Hirst et al., 2015).

Experiências dramáticas continuam vivas e claras na nossa memória em parte porque as repetimos (Hirst & Phelps, 2016). Pensamos nelas enquanto as descrevemos para as outras pessoas. Memórias de experiências com maior relevância pessoal também perduram (Storm & Jobe, 2012; Talarico & Moore, 2012). Comparados aos não católicos, os católicos devotos recordaram melhor a renúncia do Papa Bento XVI (Curci et al., 2015). Um aumento de memória semelhante ocorreu após o desastre nuclear de Fukushima no Japão, em 2011 (Talarico et al., 2019). Na Alemanha, repetidas discussões políticas sobre os perigos da energia nuclear levaram a memórias mais duradouras do desastre do que na Holanda, onde ocorreram menos discussões políticas.

O que é mais importante – suas experiências ou suas memórias delas?

Mudanças sinápticas

QOA 8.13 Como as mudanças no nível das sinapses alteram nosso processamento da memória?

Enquanto você lê este capítulo, pensando e aprendendo sobre memória, seu cérebro está mudando. Mediante o aumento de atividade em determinada via, interconexões neurais estão sendo formadas e são reforçadas.

A busca pela compreensão da base física da memória – ou seja, como a informação é incorporada à substância cerebral – tem suscitado o estudo dos pontos de encontro sinápticos em que os neurônios se comunicam entre si por meio de seus mensageiros neurotransmissores. Eric Kandel e James Schwartz (1982) recrutaram um candidato aparentemente improvável para uma pesquisa de memória observando mudanças sinápticas durante a aprendizagem nos neurônios da lesma-do-mar da Califórnia, *Aplysia*. Uma lesma-do-mar é um animal simples, com apenas 20 mil células nervosas extraordinariamente grandes e acessíveis. Pode ser condicionado de forma clássica (com choque elétrico leve) para retirar reflexivamente suas brânquias quando esguichado com água, assim como um soldado traumatizado pelo combate pode pular ao som de um fogo de artifício. Quando a aprendizagem ocorreu, a lesma liberou uma quantidade maior do neurotransmissor *serotonina* em certas sinapses. As sinapses dessas células se tornaram mais eficientes na transmissão de sinais. A experiência e a aprendizagem podem aumentar – e até mesmo duplicar – o número de sinapses, inclusive nas lesmas-do-mar (Kandel, 2012).

Aplysia. A lesma-do-mar da Califórnia, que o neurocientista Eric Kandel estudou por 45 anos, aumentou nossa compreensão da base neural do aprendizado e da memória.

Renata Rodrigues Pereira/Shutterstock

Em experimentos com pessoas, a estimulação rápida das conexões de certos circuitos de memória aumentou sua sensibilidade por horas ou até semanas. O neurônio emissor passou a precise de menos estímulo para liberar seus neurotransmissores e foram criadas mais conexões entre os neurônios. Esse eficiente aumento do potencial de disparo neural, chamado **potenciação de longo prazo (PLP)**, proporciona uma base neural para a aprendizagem e as associações da memória (Lynch, 2002; Whitlock et al., 2006) (Figura 8.10). Diversas linhas de evidências confirmam que a PLP é uma base física para a memória. Por exemplo,

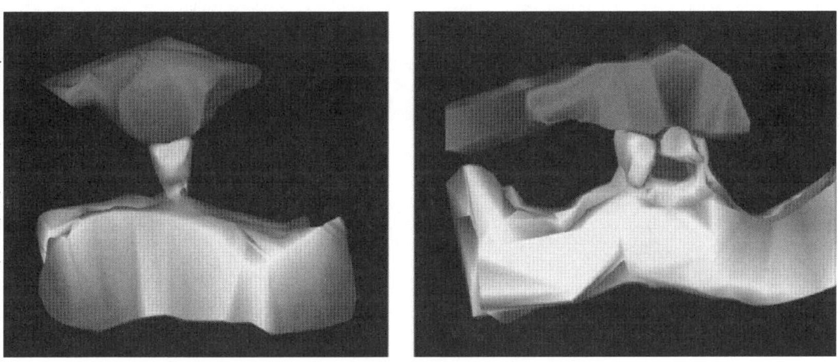

From N. Toni et al, *Nature, 402*, Nov. 25, 1999. Dominique Muller

(a) (b)

Figura 8.10 Sítios receptores duplicados. Imagem de microscópio eletrônico (a) mostra apenas um sítio receptor (*cinza claro*, inferior) chegando a um neurônio emissor antes da potenciação de longo prazo (PLP). A imagem (b) mostra que, depois da PLP, os sítios receptores se duplicaram. Isso significa que o neurônio receptor aumentou a sensibilidade para detectar a presença das moléculas neurotransmissoras que podem ser liberadas pelo neurônio emissor. (Extraída de Toni et al., 1999.).

Potenciação de longo prazo (PLP). Aumento do potencial de disparo das sinapses depois de uma estimulação rápida e breve; base neural da aprendizagem e da memória.

medicamentos que bloqueiam a PLP interferem na aprendizagem (Lynch & Staubli, 1991). As substâncias que imitam o que acontece durante a aprendizagem aumentam a PLP (Harward et al., 2016). Ratos que receberam uma substância para aumentar a PLP aprenderam o caminho do labirinto cometendo metade do número habitual de erros (Service, 1994).

Depois da ocorrência da PLP, passar uma corrente elétrica pelo cérebro não destruirá velhas memórias, mas a eletricidade vai fazer com que lembranças muito recentes sejam completamente apagadas. Essa é a experiência tanto de animais de laboratório quanto de pessoas gravemente deprimidas que recebem *terapia eletroconvulsiva* (TEC). Um golpe na cabeça pode fazer o mesmo. Jogadores de futebol e boxeadores momentaneamente inconscientes normalmente não têm memória dos eventos que antecederam imediatamente o nocaute (Yarnell & Lynch, 1970). Sua memória de trabalho não teve tempo de consolidar as informações na memória de longo prazo antes que as luzes se apagassem. Eu [ND] posso confirmar isso por ter ficado inconsciente enquanto jogava futebol no Ensino Médio (no que acabou sendo meu jogo final).

Recentemente, eu [DM] fiz um pequeno teste de consolidação de memória. Enquanto estava em uma mesa de operação para um reparo de tendão de uma lesão relacionada ao basquete, recebi uma máscara facial e logo pude sentir o cheiro do gás anestésico. "Então, por quanto tempo mais eu vou ficar com você?", perguntei à anestesista (sabendo que nossos últimos segundos antes de adormecer passam despercebidos). Meu último momento de memória foi a resposta dela: "cerca de 10 segundos". Meu cérebro gastou esses 10 segundos consolidando uma memória para essa resposta de 2 segundos, mas não conseguiu esconder mais nenhuma memória antes que eu estivesse inconsciente.

Alguns exploradores da biologia da memória ajudaram a fundar empresas que estão competindo para desenvolver medicamentos que alteram a memória. O mercado-alvo inclui milhões de pessoas que sofrem com o mal de Alzheimer, outros tantos milhões com *deterioração cognitiva leve* que, muitas vezes, evolui para Alzheimer e outras com declínio de memória mais típico relacionado à idade, além de qualquer um que simplesmente queira uma memória melhor. Enquanto isso, os alunos já podem se esforçar para aumentar um potenciador de memória seguro e gratuito: técnicas de estudo eficazes seguidas de horas de *sono* adequado!

Uma abordagem para melhorar a memória concentra-se nos medicamentos que estimulam o neurotransmissor *glutamato*, que melhora a comunicação sináptica (Lynch et al., 2011). Outra abordagem envolve o desenvolvimento de medicamentos que aumentam a produção da proteína CREB, que também melhora o processo da PLP (Fields, 2005). O estímulo da produção de proteína CREB pode levar à maior produção de proteínas que ajudam a reformar as sinapses e a transformar memórias de curto prazo em memórias de longo prazo.

Alguns de nós podem desejar drogas *bloqueadoras* de memória que, quando tomadas depois de uma experiência traumática, são capazes de atenuar memórias invasivas (Adler, 2012; Kearns et al., 2012). Em um experimento, vítimas de acidentes de trânsito, estupro e outros traumas receberam, durante 10 dias após o terrível evento, um medicamento como o propranolol ou um placebo. Testes de sinais de estresse posteriores revelaram redução maior no grupo tratado com medicação (Brunet et al., 2018; Pitman et al., 2002).

A Figura 8.11 resume o processamento de memória de duas vias do cérebro e o sistema de armazenamento para memórias implícitas (automáticas) e explícitas (com esforço). *Conclusão*: ao aprender alguma coisa você muda um pouco seu cérebro.

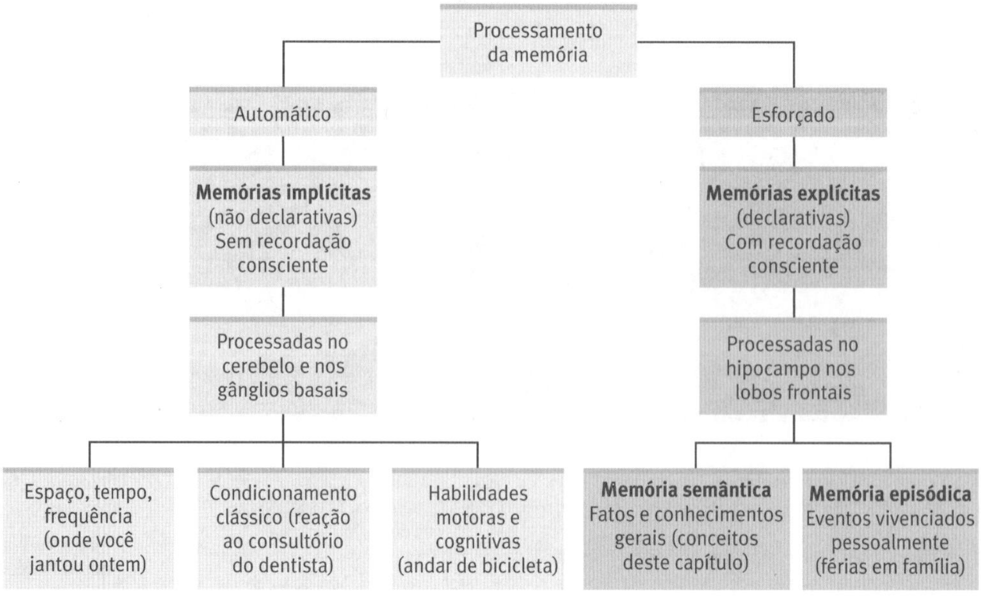

Figura 8.11 Nossos dois sistemas de memória.

PRÁTICA DE RECUPERAÇÃO

PR-3 Qual área do cérebro responde aos hormônios do estresse ajudando a criar memórias mais fortes?

PR-4 O aumento da eficiência nas sinapses é uma evidência da base neural da aprendizagem e da memória. Isso se chama ________________________.

RESPOSTAS NO APÊNDICE E

Recuperação da memória

Depois da mágica de codificação e armazenamento feita pelo cérebro, ainda temos a árdua tarefa de recuperar a informação. O que a recuperação desencadeia?

Pistas de recuperação

QOA 8.14 Como pistas externas, emoções internas e a ordem de aparecimento influenciam a recuperação da memória?

Imagine uma aranha suspensa no meio de sua teia, presa aos diversos fios que se espalham a partir dela em várias direções e chegam em diferentes pontos. Se você fosse traçar o caminho até a aranha, primeiro teria que encontrar um ponto de ancoragem e daí seguir o caminho a partir desse ponto, pela teia, até a aranha.

O processo de recuperação de uma memória segue um princípio semelhante, porque as memórias são mantidas armazenadas em uma rede de associações, com cada pedaço de informação interligado a outros. Quando você codifica na memória uma informação-alvo, como o nome da pessoa sentada ao seu lado na aula, você associa a ela outras informações sobre o ambiente, o humor, a posição do assento e assim por diante. Esses fragmentos podem funcionar como *pistas de recuperação* que você poderá usar mais tarde para acessar a informação. Quanto mais pistas de recuperação você tiver, maiores são chances de achar o caminho até a memória suspensa. Assim, ao conhecer alguém e ser informado de sua profissão (madeireiro) ou nome (Carvalho), nós nos lembramos melhor de sua ocupação com uma rede mais rica de associações (Cohen, 1990).

"A memória não é como um recipiente que vai se enchendo aos poucos; é mais como uma árvore que vai desenvolvendo galhos onde as memórias podem se pendurar." – Peter Russell, *The Brain Book*, 1979

Precisamos recuperar memórias tanto do passado (*memória retrospectiva*) quanto de nossas ações futuras pretendidas (*memória prospectiva*). Para lembrar de fazer algo (p. ex., enviar mensagem para alguém depois da aula), uma estratégia eficaz é associar mentalmente o ato a uma pista (talvez colocando o telefone na mesa) (Rogers & Milkman, 2016). Vale a pena planejar com antecedência, o que ajuda a explicar por que as pessoas passam mais tempo pensando no futuro do que no passado (Anderson & McDaniel, 2019).

As melhores pistas de recuperação vêm de associações que formamos no momento em que codificamos uma memória – odores, sabores e visões que podem evocar nossa memória da pessoa ou do evento associado (Tamminen & Mebude, 2019). Para evocar pistas visuais ao tentar recordar alguma coisa, podemos nos colocar mentalmente no contexto original. Depois de perder a visão, o estudioso britânico John Hull (1990, p. 174) descreveu sua dificuldade para recuperar esse tipo de detalhe:

> Eu sabia que já tinha estado em algum lugar e que tinha feito algumas coisas específicas com certas pessoas, mas onde? Não conseguia colocar a conversa... em um contexto. Não havia um pano de fundo, nenhuma característica para identificar o lugar. Normalmente, as lembranças de pessoas com quem você falou durante o dia são armazenadas em estruturas que incluem um pano de fundo.

Para ajudar as pessoas a recordar memórias mais antigas, a *terapia de reminiscências* usa o poder das pistas de recuperação (Inel Manav & Simsek, 2019; Park et al., 2019). Um estudo fez com que idosos com doença de Alzheimer passassem algum tempo em uma sala com estilo de museu da década de 1950, cheia de visões, sons e cheiros que desencadeariam suas memórias juvenis (Kirk et al., 2019). Em comparação com as pessoas que receberam assistência padrão, os que experimentaram a terapia de reminiscência imersiva tiveram melhor desempenho nos testes de memória. Pistas de recuperação os ajudaram a recuperar as memórias.

PRIMING* (pré-ativação).** Muitas vezes, nossas associações são ativadas sem termos consciência disso. O filósofo e psicólogo William James referia-se a esse processo, a que chamamos de ***priming, como o "despertar das associações". Depois de ver ou ouvir a palavra *coelho* ativa as associações com *lebre*, mesmo que não nos lembremos de ter visto ou ouvido *coelho* (Bower, 1986) (Figura 8.12).

***Priming* (pré-ativação).** Ativação, muitas vezes inconsciente, de certas associações, predispondo assim a percepção, memória ou reação.

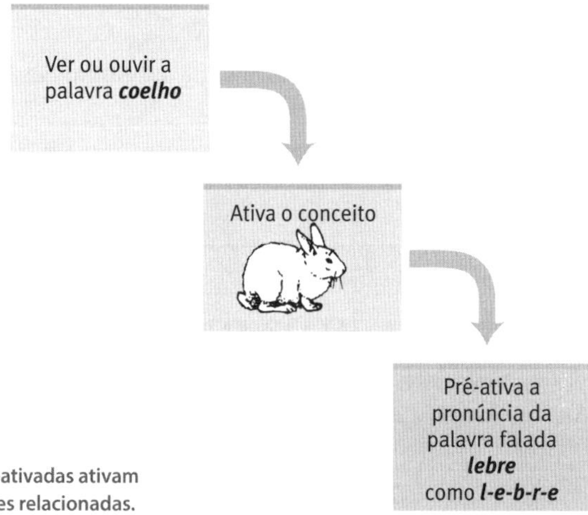

Figura 8.12 Associações pré-ativadas ativam inconscientemente associações relacionadas.

O *priming* muitas vezes é a "memória desmemoriada" – uma lembrança implícita, invisível, sem percepção consciente. Se você vir um pôster de uma criança desaparecida, fica inconscientemente predisposto a interpretar uma interação ambígua entre um adulto e uma criança como um possível sequestro (James, 1986). Apesar de você não se lembrar conscientemente do pôster, ele predispõe sua interpretação. O *priming* também pode influenciar os comportamentos (Weingarten et al., 2016). Adultos e crianças estimulados com palavras relacionadas com dinheiro e bens materiais mudam seu comportamento de várias maneiras, como reduzindo a caridade (Gasiorowska et al., 2016; Lodder et al., 2019). O dinheiro pode sublinhar (de forma inconsciente) o nosso materialismo e interesse próprio.

Faça três perguntas rápidas a um amigo:
1. De que cor é a neve?
2. Qual é a cor das nuvens?
3. O que as vacas bebem?
Caso seu amigo responda "leite" à terceira pergunta, você terá demonstrado o *priming*.

MEMÓRIA DEPENDENTE DO CONTEXTO. Você reparou? O ato de colocar-se de volta no lugar onde aconteceu alguma coisa, como na casa ou no bairro de sua infância, pode ajudar a ativar a recuperação de uma memória. Lembrar, de muitas maneiras, depende do nosso ambiente (Palmer, 1989). Quando você visita sua casa ou bairro de infância, memórias antigas vêm à tona. Quando mergulhadores ouviram uma lista de palavras em duas situações diferentes (3,50 m abaixo do nível do mar e sentados na praia), recordaram mais palavras quando foram testados no mesmo local em que as ouviram (Godden & Baddeley, 1975).

Por outro lado, experimentar algo fora do contexto usual pode ser confuso. Você já se deparou com um ex-professor em um lugar incomum, como uma loja ou um parque? Talvez você tenha vislumbrado o reconhecimento, mas se esforçou para perceber quem era e como vocês se conheceram. O **princípio da especificidade da codificação** nos ajuda a compreender como pistas *específicas* desencadeiam com mais eficiência cada memória. Em novos contextos, você pode não ter as pistas de memória necessárias para o rápido reconhecimento facial. Nossas memórias *dependem do contexto* e são afetadas pelas pistas que associamos a esse contexto.

Em uma série de vários experimentos, Carolyn Rovee-Collier (1993) descobriu que um contexto familiar poderia ativar lembranças até em crianças de 3 meses de vida. Depois de terem aprendido que ao chutar faziam um móbile de berço se mover (por meio de um barbante atado ao tornozelo), as crianças chutavam mais quando eram testadas novamente no mesmo berço do que quando estavam em um contexto diferente.

MEMÓRIA DEPENDENTE DO ESTADO. A *memória dependente do estado* está intimamente relacionada com a memória dependente do contexto. O que aprendemos em um estado – bêbados ou sóbrios – pode ser lembrado mais facilmente quando estivermos novamente no mesmo estado. O que as pessoas aprendem quando estão bêbadas não é bem lembrado em *qualquer* estado (o álcool interrompe o armazenamento), mas elas se lembram um pouco mais quando bebem novamente. Alguém que esconde dinheiro quando está embriagado pode esquecer o local até se embriagar novamente.

Nosso humor também fornece um exemplo de como a memória depende do estado. As emoções que acompanham eventos bons ou ruins transformam-se em pistas de recuperação (Gaddy & Ingram, 2014). Assim, nossas memórias são um tanto **congruentes com o humor**. Se você teve um dia ruim – por exemplo, se as imagens nas suas redes sociais *online* mostraram seus amigos se divertindo ontem à noite sem você ou se seu chefe no trabalho se recusa a lhe dar folga e suas provas são na próxima semana –, seu humor sombrio pode facilitar a lembrança de outros momentos ruins. Estar deprimido azeda as memórias ao estimular associações negativas, que então usamos para explicar nosso humor atual. Em muitos experimentos, as pessoas ficam de bom humor, seja por hipnose ou apenas pelos eventos do dia (p. ex., vitória da Copa do Mundo de futebol para participantes alemães em um estudo), e se lembram do mundo através de óculos cor-de-rosa (DeSteno et al., 2000; Forgas et al.,

Princípio da especificidade da codificação. Ideia de que pistas e contextos específicos para determinada memória serão mais eficazes em nos ajudar a lembrá-la.

Memória congruente com o humor. Tendência de recordar as experiências conforme o bom ou mau humor de uma pessoa em determinado momento.

1984; Schwarz et al., 1987). Elas se julgam mais competentes e eficientes, consideram as outras pessoas benevolentes e acham que eventos felizes são mais prováveis.

Você já notou que seu humor atual influencia suas percepções dos membros da família? Em um estudo, as avaliações dos adolescentes sobre o carinho dos pais em uma semana deram poucas pistas de como eles avaliariam seus pais 6 semanas depois (Bornstein et al., 1991). Quando os adolescentes estão tristes, seus pais parecem cruéis; quando seu humor melhora, os pais passam de demônios a anjos. Podemos acenar com a cabeça conscientemente; no entanto, de bom ou mau humor, persistimos em atribuir à realidade nossos próprios julgamentos, memórias e interpretações mutáveis. Quando estamos mal-humorados, interpretamos um olhar como de desprezo e nos sentimos piores ainda. Quando estamos bem-humorados, o mesmo olhar pode ser codificado como de interesse e nos fazer sentir ainda melhores. O humor pode ser um amplificador para ambos os lados.

O efeito de nosso humor sobre as lembranças ajuda a explicar por que o humor persiste. Quando estamos felizes, lembramos de acontecimentos felizes e, assim, vemos o mundo como um lugar alegre, o que ajuda a prolongar o bom humor. Quando deprimidos, lembramos de eventos tristes que obscurecem nossas interpretações dos eventos atuais. Nas pessoas predispostas à depressão, esse processo pode ajudar a manter um círculo vicioso de infelicidade.

PERGUNTE A SI MESMO

Que tipo de humor você tem tido ultimamente? Como seu humor coloriu suas memórias, percepções e expectativas?

EFEITO DE POSICIONAMENTO SERIAL. Outra peculiaridade da recuperação da memória, o **efeito de posicionamento serial**, explica por que podemos ter grandes lacunas em nossa memória de uma sequência de eventos recentes. Imagine que, no seu primeiro dia em um novo emprego, a gerente apresente você a seus novos colegas de trabalho. À medida que cumprimenta cada um deles, você repete todos os nomes, começando pelos primeiros. Quando cumprimentar a última pessoa, você vai sentir confiança de que no dia seguinte será capaz de cumprimentar seus novos colegas pelo nome.

Não conte com isso. Como você levou mais tempo ensaiando os primeiros nomes do que os últimos, no dia seguinte será mais fácil lembrar esses nomes. Em experimentos, quando as pessoas visualizaram uma lista de itens (palavras, nomes, datas e odores) e, logo em seguida, tentaram repetir a lista em qualquer ordem, elas foram vítimas do efeito de posicionamento serial (Daniel & Katz, 2018; Dimsdale-Zucker et al., 2019). Eles recordaram brevemente os últimos itens de forma especialmente rápida e bem (*efeito de recenticidade*), talvez porque esses últimos itens ainda estivessem na memória de trabalho. Mas depois de um tempo, quando sua atenção estava em outro lugar, sua lembrança foi melhor para os primeiros itens (*efeito de primazia*; ver a Figura 8.13).

Efeito de posicionamento serial. Tendência de lembrar melhor o último (*efeito de recenticidade*) e o primeiro (*efeito de primazia*) itens de uma lista.

PRÁTICA DE RECUPERAÇÃO

PR-5 O que é *priming*?

PR-6 Quando somos testados imediatamente após visualizarmos uma lista de palavras, tendemos a lembrar melhor do primeiro e do último itens, o que é conhecido como efeito de___________.

RESPOSTAS NO APÊNDICE E

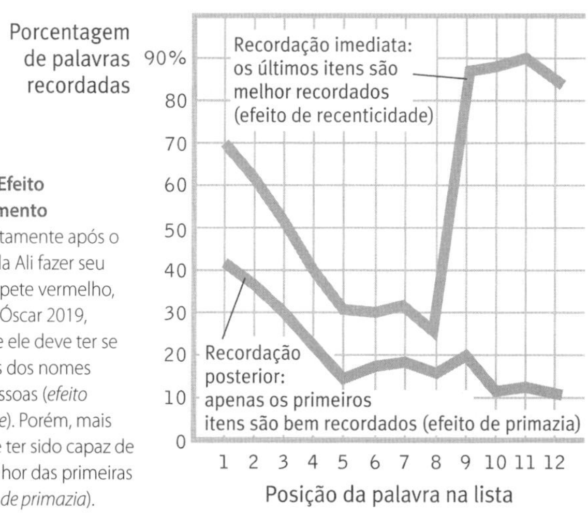

Figura 8.13 Efeito de posicionamento serial. Imediatamente após o ator Mahershala Ali fazer seu caminho no tapete vermelho, na entrega do Óscar 2019, provavelmente ele deve ter se lembrado mais dos nomes das últimas pessoas (*efeito de recenticidade*). Porém, mais tarde, ele pode ter sido capaz de se lembrar melhor das primeiras pessoas (*efeito de primazia*).

Kevork Djansezian/Getty Images

REVISÃO Armazenamento e recuperação das memórias

OBJETIVOS DE APRENDIZAGEM

Teste a si mesmo. Responda às Questões dos Objetivos de Aprendizagem (antes de conferir as respostas no Apêndice D) para aprimorar a retenção dos conceitos estudados (McDaniel et al., 2009, 2015).

QOA **8.9** Qual é a capacidade da memória de longo prazo? Nossas memórias de longo prazo são processadas e armazenadas em locais específicos?

QOA **8.10** Quais são os papéis dos lobos frontais e do hipocampo no processamento da memória?

QOA **8.11** Quais são os papéis exercidos pelo cerebelo e pelos gânglios basais no processamento da memória?

QOA **8.12** Como as emoções afetam nosso processamento da memória?

QOA **8.13** Como as mudanças no nível das sinapses alteram nosso processamento da memória?

QOA **8.14** Como pistas externas, emoções internas e a ordem de aparecimento influenciam a recuperação da memória?

TERMOS E CONCEITOS A RECORDAR

Teste a si mesmo. Escreva a definição com suas próprias palavras e depois confirme sua resposta.

memória semântica, p. 298
memória episódica, p. 298
hipocampo, p. 299
consolidação da memória, p. 299
memória emocional (ou vívida), p. 300
potenciação de longo prazo (PLP), p. 301
priming (pré-ativação), p. 303
princípio da especificidade da codificação, p. 304
memória congruente com o humor, p. 304
efeito de posicionamento serial, p. 305

DOMINE O MATERIAL

Teste a si mesmo. Responda às questões a seguir sozinho, a princípio, depois confira as respostas no Apêndice E.

1. O hipocampo parece funcionar como um(a)
   a. sítio de processamento temporário para as memórias explícitas.
   b. sítio de processamento temporário para as memórias implícitas.
   c. área de armazenamento permanente para as memórias baseadas na emoção.
   d. área de armazenamento permanente para memórias icônicas e ecoicas.

2. Danos no hipocampo usualmente deixam as pessoas incapazes de aprender novos fatos ou relembrar eventos recentes. No entanto, elas podem ser capazes de aprender novas habilidades, como andar de bicicleta, que é uma memória (explícita/implícita) ________________.

3. Potenciação de longo prazo (PLP) se refere a
   a. alterações hormonais desencadeadas pela emoção.
   b. o papel do hipocampo no processamento das memórias explícitas.
   c. um aumento no potencial de ativação das células depois de estimulação curta e rápida.
   d. potencial de aprendizagem dos idosos.

4. Odores específicos, imagens, emoções ou outras associações que nos ajudam a acessar uma memória são exemplos de ________________________.

5. Quando você está triste, por que poderia ser útil olhar algumas imagens que despertam algumas de suas melhores memórias?

6. Quando testadas imediatamente após visualizarem uma lista de palavras, as pessoas tendem a lembrar-se dos primeiros e dos últimos itens com mais facilidade do que dos itens intermediários. Quando testadas novamente depois de um intervalo, elas são mais propensas a lembrar-se
   a. dos primeiros itens da lista.
   b. dos primeiros e últimos itens da lista.
   c. de alguns itens aleatórios.
   d. dos últimos itens da lista.

Esquecimento, construção da memória e seu aprimoramento

Esquecimento

QOA **8.15** Por que esquecemos?

Em meio aos aplausos para a memória – todos os esforços para compreendê-la, todos os livros para melhorá-la –, alguém já ouviu algum elogio ao esquecimento? William James (1890, p. 680) foi esse defensor: "se lembrássemos de tudo, passaríamos a maior parte do tempo sofrendo tanto quanto se não lembrássemos de nada". Os psicólogos Robert Bjork e

Elizabeth Bjork (2019) concordam, chamando o esquecimento de "o amigo da aprendizagem". Descartar a confusão de informações inúteis – onde estacionamos ontem, nosso número de telefone antigo, pedidos de restaurante já preparados e servidos – é certamente uma bênção (Nørby, 2015). Na década de 1920, o jornalista russo e gênio da memória Solomon Shereshevsky tinha apenas que ouvir enquanto outros repórteres rabiscavam notas. Embora sua memória não fosse perfeita, ele podia – na frente de uma multidão – memorizar fluxos de informações sem sentido, como cantos do "Inferno" de Dante em um idioma que ele não conhecia (Johnson, 2017). Mas seu monte de lixo de memórias dominou sua mente consciente (Luria, 1968). Ele tinha dificuldade de pensar abstratamente – generalizar, organizar, avaliar. Depois de ler uma história, ele conseguia recitá-la, mas lutava para resumir sua essência.

"A amnésia infiltra-se pelas fendas de nossos cérebros e a amnésia cura." – Joyce Carol Oates, *Words Fail, Memory Blurs, Life Wins*, 2001

Figura 8.14 Quando nos esquecemos? O esquecimento pode ocorrer em qualquer estágio da memória. Quando processamos informações, filtramos, alteramos ou perdemos grande parte delas.

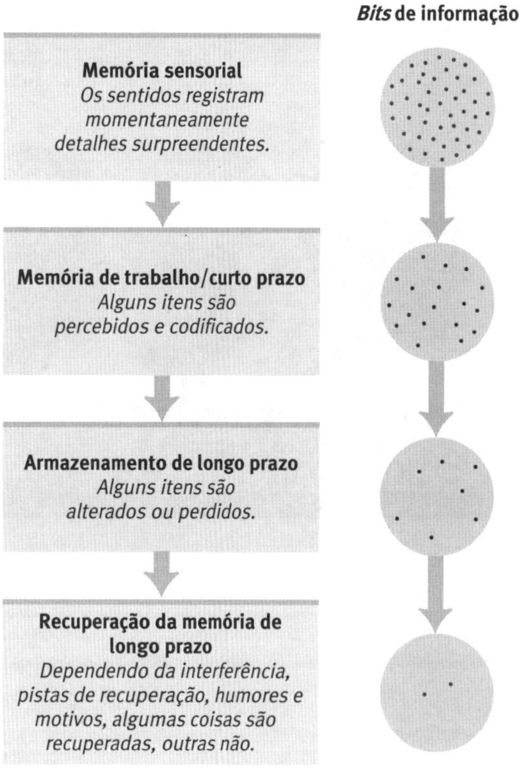

A memória incrivelmente precisa de Jill Price dos eventos de sua vida desde os 14 anos foi estudada de perto por uma equipe de pesquisa da Universidade da Califórnia em Irvine. Ela relata que sua supermemória, chamada *memória autobiográfica altamente superior*, interfere em sua vida, com uma memória indicando outra (McGaugh & LePort, 2014; Parker et al., 2006): "é como um filme em execução que nunca para... É ininterrupto, incontrolável e totalmente exaustivo". Embora suas memórias não sejam perfeitas, pessoas como Price tendem a ter a mente cheia de informações que, uma vez armazenadas na memória, nunca saem (Frithsen et al., 2019; Patihis, 2016). Em indivíduos tão raros – sessenta dos quais foram identificados em todo o mundo –, os pesquisadores identificaram áreas cerebrais aumentadas e aumento da atividade cerebral nos centros de memória (Dutton, 2018; Mazzoni et al., 2019; Santangelo et al., 2018). Uma boa memória é útil, mas a capacidade de esquecer também é. Se fosse inventada uma pílula para melhorar a memória, seria melhor que não fosse eficiente demais.

Com frequência, no entanto, nossa memória nos decepciona e desanima. As lembranças são incertas. Minha [DM] própria memória pode evocar facilmente episódios como aquele incrível primeiro beijo da mulher que eu amo, ou fatos corriqueiros como as milhas aéreas de Londres a Detroit. E me deixa na mão quando descubro que sou incapaz de codificar, armazenar ou recuperar os nomes dos novos colegas ou onde deixei meus óculos escuros. Veja como você faz ao lembrar desta frase quando perguntarmos sobre isso mais tarde: *o peixe atacou o nadador*.

À medida que processamos informações, peneiramos, alteramos ou perdemos a maior parte (Figura 8.14).

Esquecimento e mente de duas vias

Para algumas pessoas, a perda de memória é grave e permanente. Considere Henry Molaison (ou H.M., como era conhecido até sua morte em 2008). Os cirurgiões removeram grande parte de seu hipocampo para impedir convulsões graves. Isso resultou em "grave desconexão do hipocampo remanescente" do resto do cérebro (Annese et al., 2014). Durante 55 anos depois da remoção, ele foi incapaz de formar novas memórias conscientes. Molaison sofria de **amnésia anterógrada**; conseguia se lembrar de seu passado, mas não conseguia formar novas memórias. (As pessoas que não conseguem lembrar de seu passado – informações antigas armazenadas na memória de longo prazo – sofrem de **amnésia retrógrada**.) Antes da cirurgia, ele era inteligente e fazia palavras cruzadas diariamente. Contudo, conforme relato da neurocientista Suzanne Corkin (2005, 2013), "conheço H.M. desde 1962 e ele ainda não sabe quem eu sou". Por aproximadamente 1 minuto, ele conseguia manter algo na mente, o que era suficiente para participar de uma conversa. Quando se distraía, esquecia o que tinha acabado de dizer ou o que tinha acabado de acontecer. Sem o tecido neural para transformar as informações novas em memórias de longo prazo, ele nunca conseguia dizer o nome do presidente dos EUA (Ogden, 2012).

O neurologista Oliver Sacks (1985, pp. 26-27) descreveu outro paciente assim, Jimmie, que sofria de amnésia anterógrada em virtude de danos cerebrais. Jimmie não reteve mais memórias, ou seja, nenhum senso do decorrer do tempo, desde seu acidente, em 1945.

Quando Jimmie disse que sua idade era 19 anos, Sacks colocou um espelho diante dele: "olhe no espelho e diga o que você vê. É um jovem de 19 anos olhando para você?".

Jimmie ficou transtornado, agarrou-se à cadeira, praguejou e ficou histérico: "o que está acontecendo? O que aconteceu comigo? Isso é um pesadelo? Estou ficando louco? É uma piada?". Quando desviaram sua atenção para algumas crianças que jogavam beisebol, seu pânico cessou e o espelho pavoroso foi esquecido.

Sacks mostrou a Jimmie uma foto da *National Geographic*. "O que é isto?", perguntou.

"É a Lua", Jimmie respondeu.

"Não, não é", disse Sacks. "É uma foto da Terra tirada da Lua."

"Doutor, o senhor está brincando! Seria preciso levar uma câmera até lá!"

"Naturalmente."

Amnésia anterógrada. Incapacidade de formar novas memórias.

Amnésia retrógrada. Incapacidade de recordar informações do próprio passado.

"Caramba! O senhor está de brincadeira – como é que iam fazer isso?". A reação de surpresa de Jimmie era a de um jovem de 60 anos atrás reagindo, maravilhado, diante de sua viagem de volta para o futuro.

Testes cuidadosos com essas pessoas revelam algo ainda mais estranho: embora fossem incapazes de se lembrar de fatos novos ou de qualquer coisa que eles tivessem feito recentemente, Jimmie, Molaison e os outros em condições semelhantes podem aprender tarefas não verbais. Diante de figuras nas quais as imagens são difíceis de ser encontradas (como na série *Where's Wally?* (Onde Está Wally?)), essas pessoas podiam voltar a encontrá-las rapidamente mais tarde. São capazes de achar o caminho do banheiro, ainda que não consigam dizer onde fica. Conseguem aprender a ler textos espelhados, escritos de trás para frente, ou resolver quebra-cabeças, e aprenderam habilidades de trabalho *processuais* complicadas (Schacter, 1992, 1996; Xu & Corkin, 2001). Elas podem ser submetidas a um condicionamento clássico. No entanto, *fazem tudo isso sem ter consciência de tê-las aprendido*. "Bem, isso é estranho", disse Molaison depois de demonstrar sua memória não declarativa do hábil traçado do espelho. "Pensei que seria difícil. Mas parece que eu já fiz isso muito bem" (Shapin, 2013).

Adaptada de Lightspring/Shutterstock

Molaison e Jimmie perderam sua capacidade para formar novas memórias explícitas, mas sua capacidade de processamento automático permaneceu intacta. Como os pacientes de Alzheimer, cujas memórias *explícitas* de novas pessoas e eventos são perdidas, eles conseguem formar novas memórias *implícitas* (Lustig & Buckner, 2004). Esses pacientes conseguem aprender *como* fazer alguma coisa, mas não terão lembrança consciente de aprender sua nova habilidade. Esses casos tristes confirmam que temos dois sistemas de memória distintos, controlados por partes diferentes do cérebro.

Para a maioria de nós, esquecer é um processo menos drástico. Vamos considerar algumas razões pelas quais esquecemos.

Falha na codificação

Boa parte do que sentimos não registramos e o que não codificamos jamais será lembrado (Figura 8.15). O romancista e crítico inglês C.S. Lewis (1967, p. 107) descreveu a enormidade do que nunca codificamos:

> [Somos] bombardeados a cada segundo por sensações, emoções, pensamentos... nove décimos dos quais [devemos] simplesmente ignorar. O passado [é] uma catarata que despeja bilhões e bilhões desses momentos: qualquer um deles complexo demais para ser compreendido em sua totalidade, e o agregado além de toda imaginação... A cada tique-taque do relógio, em qualquer parte desabitada do mundo, uma riqueza e variedade inimagináveis de "história" se separam do mundo para mergulhar no esquecimento total.

A idade pode afetar a eficiência da codificação. As áreas do cérebro que entram em ação quando adultos jovens codificam novas informações são menos responsivas em adultos mais velhos. A codificação mais lenta ajuda a explicar o declínio da memória relacionado com a idade (Grady et al., 1995). (Para saber mais sobre o efeito do envelhecimento na memória, consulte o Capítulo 5.)

Mas não importa se somos jovens ou não; nossa atenção registra seletivamente apenas alguns poucos sons e visões, entre a miríade que nos bombardeia continuamente. Considere: você certamente já viu o logotipo da Apple milhares de vezes. Você pode desenhá-lo? Em um estudo, apenas 1 dos 85 alunos da Universidade da Califórnia, Los Angeles (UCLA) (incluindo 52 usuários da Apple) conseguiu fazê-lo com precisão (Blake et al., 2015). A maioria das pessoas também luta para lembrar detalhes de outros objetos familiares como moedas de seu país (Nickerson & Adams, 1979; Richardson, 1993). Sem esforço de codificação, muitas memórias em potencial nunca se formam.

Declínio do armazenamento

Mesmo após termos codificado algo de modo adequado, isso será esquecido mais tarde. Para estudar a duração de nossas memórias armazenadas, Hermann Ebbinghaus (1885) aprendeu

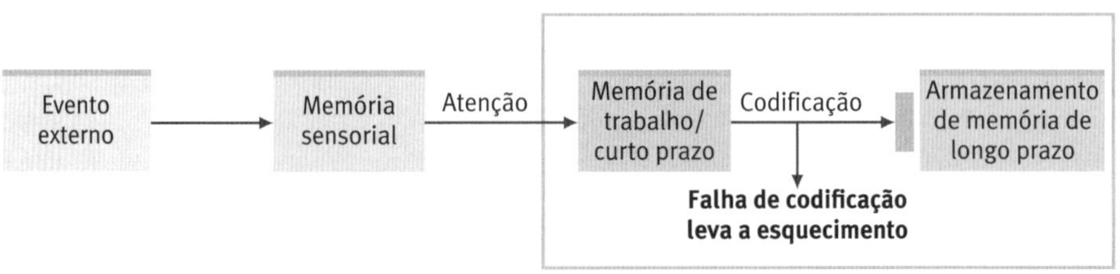

Figura 8.15 Esquecimento como falha de codificação. Não podemos lembrar o que não codificamos.

listas de sílabas sem sentido, como *YOX* e *JIH*, e mensurou quantas ele era capaz de reter ao reaprender cada lista, 20 minutos a 30 dias depois. O resultado, confirmado por experimentos posteriores, foi sua famosa curva do esquecimento: *o caminho do esquecimento é inicialmente rápido e depois se estabiliza ao longo do tempo* (Figura 8.16; Wixted & Ebbesen, 1991). Outro estudo encontrou uma curva de esquecimento semelhante para o vocabulário espanhol aprendido na escola (Bahrick, 1984). Comparadas com pessoas que tinham acabado o Ensino Médio ou um curso universitário de espanhol, as que tinham deixado a escola há 3 anos haviam esquecido boa parte do que aprenderam (Figura 8.17). Contudo, aquilo que elas lembravam então não era esquecido, mesmo após 25 anos ou mais. O esquecimento havia se estabilizado.

Uma explicação para essas curvas de esquecimento é a diminuição gradual do *vestígio físico que deixa a memória*. Os neurocientistas cognitivos estão cada vez mais próximos da solução do mistério do armazenamento físico da memória e de explicar como esse armazenamento pode decair. Assim como livros que você não consegue encontrar na biblioteca de sua universidade, as memórias podem ficar inacessíveis por muitas razões. Algumas nunca foram adquiridas (não codificadas). Outras foram descartadas (as memórias armazenadas decaem). E outras estão fora do alcance porque não conseguimos recuperá-las.

Falha na recuperação

Muitas vezes, o esquecimento não são memórias que se esvaem, mas memórias que não são recuperadas. Armazenamos na memória de longo prazo o que nos é importante ou o que treinamos. Mas, às vezes, eventos importantes desafiam nossas tentativas de acessá-los (Figura 8.18). Como é frustrante saber que a informação está na ponta da língua, só um

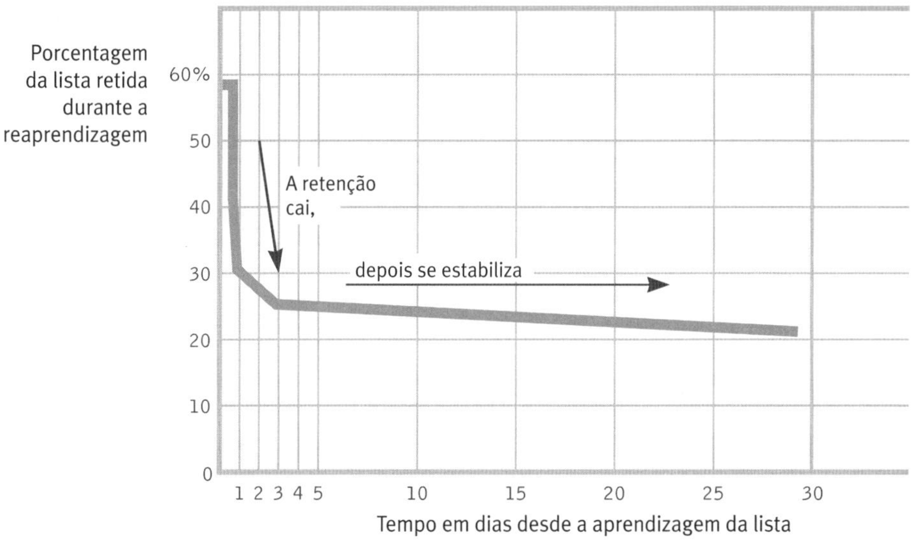

Figura 8.16 Curva de esquecimento de Ebbinghaus.
(Dados de Ebbinghaus, 1885.)

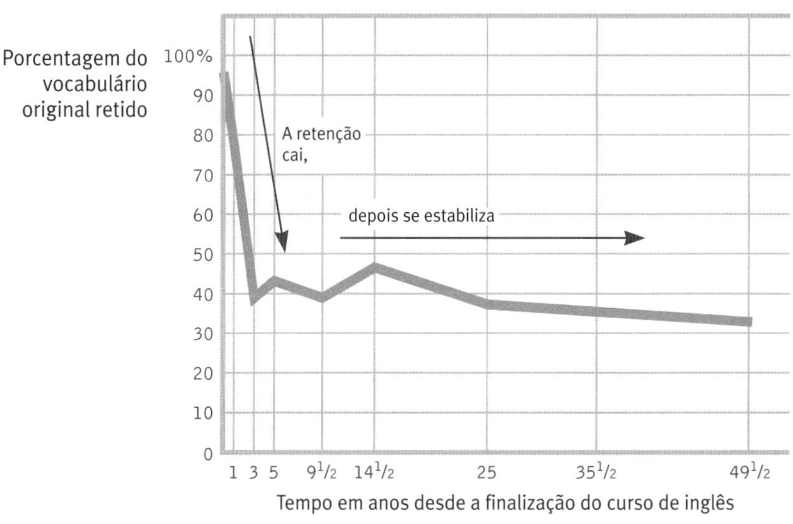

Figura 8.17 Curva de esquecimento do inglês aprendido na escola. Três anos depois de concluir um curso de inglês, as pessoas se lembraram muito menos (em testes de reconhecimento de vocabulário) do que as que acabaram de concluir o curso, mas não *muito* menos do que os alunos de muito tempo atrás. (Dados de Bahrick, 1984.)

Figura 8.18 Falha de recuperação. Às vezes, até mesmo a informação armazenada não pode ser acessada, o que leva ao esquecimento.

pouco além do nosso alcance. Mas, se recebemos pistas para a recuperação ("começa com a letra M"), facilmente conseguimos recuperar uma memória fugidia. Problemas na recuperação também contribuem para as falhas de memória de adultos idosos, que sofrem com mais frequência com o esquecimento de coisas que estão na ponta da língua (Abrams, 2008; Salthouse & Mandell, 2013).

Pessoas surdas fluentes na língua dos sinais experimentam um fenômeno paralelo às lembranças "na ponta da língua" (Thompson et al., 2005).

Você se lembra da essência da segunda frase que pedimos para você lembrar? Se não se lembra, a palavra *tubarão* serve como uma pista de recuperação? Experimentos mostram que *tubarão* (provavelmente o que você viu) recupera mais facilmente a imagem que você armazenou do que a real palavra da frase, *peixe* (Anderson et al., 1976). (A frase era "o peixe atacou o nadador".)

Problemas de recuperação ocasionalmente resultam de interferência e até mesmo de esquecimento motivado.

INTERFERÊNCIA. À medida que você coleta mais e mais informações, seu "sótão mental" nunca se enche, mas fica confuso. Seu cérebro tenta manter as coisas organizadas: usar uma nova senha enfraquece sua memória de senhas antigas concorrentes (Wimber et al., 2015). No entanto, às vezes a bagunça vence e a aprendizagem nova e a velha colidem. A **interferência proativa** (que *age em função do que está à frente*) ocorre quando a aprendizagem anterior interrompe sua lembrança de novas informações. Se você comprar um novo cadeado com senha numérica, a lembrança da combinação anterior pode interferir na nova.

A **interferência retroativa** (que *age em função do que está atrás*) ocorre quando novas informações tornam mais difícil lembrar algo aprendido antes. Se alguém cantar uma canção com uma letra diferente na melodia de uma música antiga, você pode ter problemas para lembrar as palavras originais. É como atirar uma segunda pedra em um lago e desfazer as ondas que uma primeira pedra havia gerado.

As informações apresentadas antes de dormir sofrem menos interferência retroativa, pois a oportunidade de eventos interferentes é minimizada (Mercer, 2015). Em um experimento clássico, duas pessoas aprenderam algumas sílabas sem sentido, dia após dia (Jenkins & Dallenbach, 1924). Então elas tentavam lembrá-las depois de uma noite de sono ou depois de permanecerem acordadas. Como mostra a Figura 8.19, o esquecimento ocorreu mais rapidamente depois do período de ficarem acordadas e envolvidas com outras atividades. Os investigadores concluíram que o "esquecimento se dá menos pela perda de antigas impressões e associações do que pela interferência, inibição ou obliteração do antigo pelo novo" (1924, p. 612).

Interferência proativa. Efeito disruptivo da aprendizagem anterior sobre a recordação de *novas* informações.

Interferência retroativa. Efeito disruptivo da nova aprendizagem sobre a recordação de informações *antigas*.

A hora anterior ao sono noturno é, de fato, um bom momento para fixar informações na memória (Scullin & McDaniel, 2010), embora as informações apresentadas *segundos*

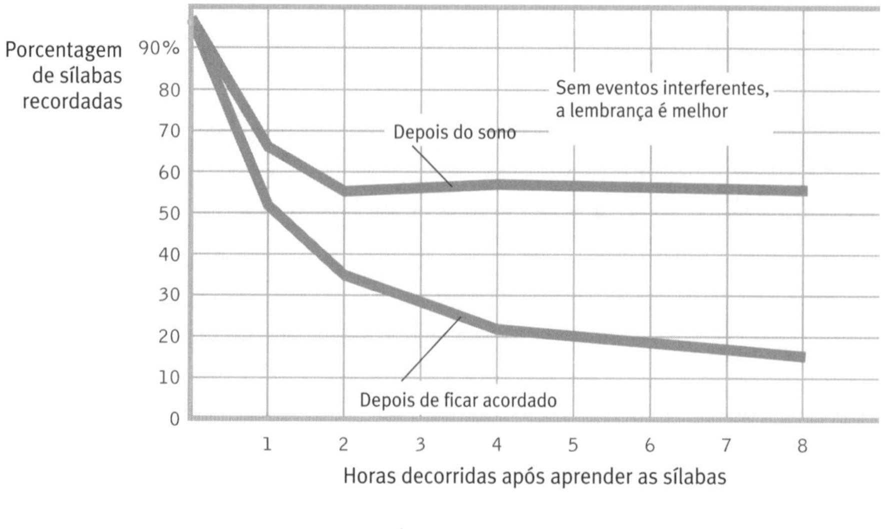

Figura 8.19 Interferência retroativa. Ocorreu mais esquecimento quando uma pessoa permaneceu acordada e experimentou outro material novo. (Dados de Jenkins & Dallenbach, 1924.)

imediatamente antes de adormecer dificilmente sejam lembradas (Wyatt & Bootzin, 1994). Se você estiver considerando a aprendizagem *durante* o sono, esqueça. Temos pouca memória para informações reproduzidas em voz alta durante o sono, embora o ouvido as registre (Wood et al., 1992).

A aprendizagem antiga e a nova nem sempre competem entre si, evidentemente. Saber espanhol me ajudou [ND] a aprender um pouco de português nas Olimpíadas de 2016 no Brasil. Esse fenômeno é chamado *transferência positiva*.

Recalque. Na teoria psicanalítica, mecanismo básico de defesa que expulsa da consciência pensamentos, sentimentos e lembranças que provocam ansiedade.

ESQUECIMENTO MOTIVADO. Lembrar do passado significa, muitas vezes, revisá-lo. Há alguns anos, havia um pote gigantesco de biscoitos em minha [DM] cozinha cheia de biscoitos de chocolate frescos. Ainda havia uma grande quantidade esfriando nos tabuleiros em cima do balcão. Vinte e quatro horas mais tarde, não havia sequer uma migalha. Quem os havia comido? Naquele momento, minha esposa, três filhos e eu éramos as únicas pessoas na casa. Então, enquanto as lembranças ainda estavam frescas, realizei um rápido teste de memória. Andy admitiu ter devorado cerca de 20. Peter reconheceu ter comido 15. Laura, de 6 anos, acreditava ter se empanturrado com 15 biscoitos. Minha esposa, Carol, lembrou-se de ter comido seis e eu me lembrei de ter consumido 15 e de ter levado mais 18 para o escritório. Nós, inocentemente, aceitamos a responsabilidade por 89 biscoitos. Mesmo assim, não chegamos nem perto, pois eram mais de 160.

istockphoto/kellyreekolibry

Por que nossas memórias falham? Isso acontece, em parte, porque a memória é um "historiador não confiável e que mantém um ponto de vista egocêntrico" (Tavris & Aronson, 2007, p. 6). Considere um estudo no qual os pesquisadores informaram a um grupo de pessoas sobre os benefícios da escovação frequente dos dentes. Esses indivíduos lembraram mais de ter escovado os dentes diversas vezes nas 2 semanas anteriores (Ross et al., 1981).

Mas, então, por que minha família e eu não passamos longe de lembrar com precisão quantos biscoitos cada um comeu? Teria sido um problema na *codificação*? (Simplesmente não reparamos no que comemos?) Ou seria um problema de armazenamento? (Poderiam nossas lembranças dos biscoitos, como as de Ebbinghaus das sílabas sem sentido, ter sumido tão rapidamente quanto os próprios biscoitos?) Ou a informação ainda estaria intacta, porém sem possibilidade de ser *resgatada* por ser constrangedora?[3]

Sigmund Freud poderia dizer que nosso sistema de memórias autocensurou essas informações. Ele afirmava que nós **recalcamos** (ou reprimimos) memórias dolorosas para proteger nosso autoconceito e minimizar a ansiedade. Mas as lembranças reprimidas permanecem, dizia Freud, e podem ser resgatadas por alguma pista ou durante a terapia. O recalque foi central para a teoria psicanalítica da personalidade de Freud e continua sendo uma ideia popular. Um estudo norueguês constatou que as pessoas com maior nível de educação tendem a acreditar nas memórias reprimidas mais do que as pessoas com menos educação formal (Magnussen et al., 2006). E um estudo norte-americano revelou que 81% dos estudantes universitários e 60% a 90% dos terapeutas (dependendo da perspectiva) acreditam que "memórias traumáticas são frequentemente reprimidas" (Otgaar et al., 2019; Patihis et al., 2014ab). No entanto, hoje, cada vez mais pesquisadores de memória acham que o recalque ocorre raramente, se é que ocorre. Considere as palavras que as pessoas mais tarde lembrarão. Pessoas que sofreram abuso sexual, por exemplo, conseguem esquecer palavras neutras (*sal*, *planta*), mas lutam para esquecer palavras relacionadas ao trauma (*estupro*, *agressão*) (Blix & Brennen, 2011). O trauma libera hormônios do estresse, o que faz com que os sobreviventes do trauma prestem atenção e se lembrem da ameaça (Quaedflieg & Schwabe, 2017). Assim, as pessoas muitas vezes têm memórias invasivas e persistentes das mesmas experiências traumáticas que tanto gostariam de esquecer (Marks et al., 2018).

PRÁTICA DE RECUPERAÇÃO

PR-1 Quais são as três maneiras de esquecermos, e como cada uma delas acontece?

PR-2 Freud acreditava (embora muitos pesquisadores duvidem) que __________ memórias inaceitáveis para minimizar a ansiedade.

RESPOSTAS NO APÊNDICE E

"A memória de eventos traumáticos é armazenada de forma diferente no cérebro. Algumas [partes]... podem ser lembradas em detalhes excruciantes, como se o evento tivesse acabado de ocorrer, enquanto outras podem ser esquecidas." – Jessica Henderson Daniel, presidente da American Psychological Association, 2018, em uma declaração sobre o testemunho de sobreviventes de abuso sexual

[3] Um dos meus filhos devoradores de biscoitos, ao ler isto no livro-texto do seu pai anos depois, confessou que havia mentido "um pouco".

Erros de construção da memória

QOA **8.16** Como a informação enganosa, a imaginação e a amnésia da fonte influenciam a construção da memória? Como podemos decidir se uma lembrança é real ou falsa?

Quase dois terços dos americanos concordam: "a memória humana funciona como uma câmera de vídeo, gravando com precisão os eventos que vemos e ouvimos, para que possamos revisá-los e inspecioná-los mais tarde" (Simons & Chabris, 2011). Na verdade, a memória não é tão precisa. Como os cientistas que inferem a aparência de um dinossauro a partir de seus restos, inferimos nosso passado a partir das informações armazenadas somadas ao que imaginamos, esperamos, vimos e ouvimos posteriormente. As memórias são construídas: nós não apenas recuperamos memórias, nós as tecemos novamente.

Assim como as páginas da Wikipédia, as memórias podem ser revisadas continuamente. Quando "reproduzimos" uma memória, em geral substituímos a original por uma versão ligeiramente modificada, um pouco como o que acontece no jogo do "telefone sem fio", quando uma mensagem sussurrada é progressivamente alterada quando passada de pessoa para pessoa (Hardt et al., 2010). Os pesquisadores da memória chamam isso de **reconsolidação** (Elsey et al., 2018). Então, em um sentido, disse Joseph LeDoux (2009), "sua memória é tão boa quanto a sua última memória. Quanto menos vezes você a utiliza, mais pura ela é". Isso significa que, até certo ponto, "toda memória é falsa" (Bernstein & Loftus, 2009b).

Apesar de saber de tudo isso, recentemente eu [DM] reescrevi meu próprio passado em uma conferência internacional, onde falou a pesquisadora de memória Elizabeth Loftus (2012). Loftus mostrou aos participantes um punhado de rostos que mais tarde identificaríamos, como se estivessem em uma fila na delegacia de polícia. Mais tarde, ela mostrou alguns pares de rostos: um rosto que já tínhamos visto e um desconhecido, e nos pediu para identificar o que já tínhamos visto. Sorrateiramente, no entanto, o par que ela inseriu continha dois rostos novos, sendo um deles apenas um pouco parecido com outro que já tínhamos visto. A maioria de nós, compreensivelmente, mas equivocadamente, identificou esse rosto como um que já tínhamos visto. No clímax da demonstração, quando ela nos mostrou o rosto originalmente visto e o rosto errado previamente escolhido, a maioria de nós escolheu novamente o rosto errado! Como resultado da reconsolidação da nossa memória, nós – uma audiência de psicólogos que já devia saber disso – tínhamos substituído uma memória original por uma memória falsa.

Para entender como ajudar ou dificultar a reconsolidação da memória, os neurocientistas estão trabalhando para identificar regiões cerebrais relevantes e neuroquímicos (Bang et al., 2018). Pesquisadores clínicos têm feito experimentos. Eles pedem às pessoas que se lembrem de uma experiência traumática ou negativa e, em seguida, interrompam a reconsolidação dessa memória com um medicamento (como propranolol), um choque eletroconvulsivo breve e indolor, ou novas imagens distrativas (Phelps & Hofmann, 2019; Scully et al., 2017; Treanor et al., 2017). Algum dia pode ser possível usar a reconsolidação da memória dessa maneira para apagar memórias traumáticas específicas. Você gostaria de apagar suas memórias perturbadoras? Se você sofrer uma agressão brutal, gostaria de apagar sua memória do ataque e os medos associados?

Informação enganosa e efeitos da imaginação

Em mais de 200 experimentos envolvendo mais de 20 mil pessoas, Loftus mostrou como testemunhas oculares reconstruíam sua memória depois de um crime ou um acidente. Em um importante estudo, dois grupos de pessoas assistiram a um vídeo de acidente de trânsito e a seguir responderam às perguntas sobre o que tinham visto (Loftus & Palmer, 1974). Ao serem perguntadas sobre a velocidade dos carros no momento da colisão, as velocidades presumidas foram maiores do que quando a pergunta era feita da seguinte forma: "a que velocidade os carros estavam se movendo quando se *chocaram*?". Uma semana depois, quando perguntadas se elas lembravam de ter visto algum vidro quebrado, as pessoas que ouviram o *barulho* foram duas vezes mais propensas a relatar ter visto fragmentos de vidro (Figura 8.20). Na verdade, o vídeo não mostrava vidro quebrado.

Em vários experimentos de acompanhamento (*follow-up*) ao redor do mundo, pessoas testemunham eventos, recebem ou não informações equivocadas sobre eles e, logo depois, respondem a testes de memória. O resultado que se repete é o **efeito da informação enganosa**: apesar de nos sentirmos confiantes, podemos, quando expostos a informações sutilmente imprecisas, lembrar errado o que vimos ou ouvimos (Anglada-Tort et al., 2019; Loftus et al., 1992). Em todos os estudos, cerca de metade das pessoas mostra alguma vulnerabilidade ao efeito da informação enganosa (Brewin & Andrews, 2017; Scoboria et al., 2017).

Reconsolidação. Processo no qual as memórias previamente armazenadas, quando recuperadas, são alteradas antes de novo armazenamento.

Efeito da informação enganosa. Ocorre quando a memória foi corrompida por informações enganosas.

Figura 8.20 Construção da memória. Neste experimento, as pessoas visualizaram um videoclipe com um acidente de trânsito (esquerda). As pessoas às quais mais tarde foi feita uma pergunta tendenciosa se lembraram de um acidente mais grave do que o testemunhado por elas (Loftus & Palmer, 1974).

Um sinal de dar preferência passa a ser um sinal de parada, martelos tornam-se chaves de fenda, latas de Coca-Cola tornam-se latas de amendoim, cereais matinais passam a ser ovos e um homem barbeado passa a ter bigode. Ser enganado por essa informação deturpada não significa que você tenha uma memória fraca. O efeito da informação enganosa é encontrado entre pessoas que apresentam bom desempenho em outras medidas de memória (Nichols & Loftus, 2019; Patihis et al., 2018). A mente humana, pelo que parece, vem com um *software* de retoque de imagens embutido.

O efeito da informação enganosa é tão poderoso que pode influenciar atitudes e comportamentos posteriores (Bernstein & Loftus, 2009a). Um experimento sugeriu falsamente a alguns universitários holandeses que, quando crianças, eles adoeceram depois de ingerir salada de ovo estragada (Geraerts et al., 2008). Depois de absorver essa sugestão, eles foram menos propensos a comer sanduíches e salada de ovo tanto imediatamente quanto 4 meses mais tarde.

Mesmo *imaginar* repetidamente ações e eventos inexistentes pode criar falsas memórias. Na vida real, depois de entrevistas sugestivas, algumas pessoas se lembraram vividamente de assassinatos ou outros crimes que não cometeram (Aviv, 2017; Shaw, 2018; Wade et al., 2018).

Os efeitos da informação enganosa e da imaginação ocorrem, em parte, porque imaginar visualmente alguma coisa e de fato percebê-la ativam áreas cerebrais similares (Gonsalves et al., 2004). Eventos imaginados também parecem mais familiares depois –, e coisas familiares parecem mais reais. Quanto mais vividamente conseguimos imaginar as coisas, maior será a probabilidade de elas se transformarem em memórias (Loftus, 2001; Porter et al., 2000). Contar mentiras também pode alterar a memória das pessoas sobre a verdade (Otgaar & Baker, 2018). A mentira alimenta falsidades.

Em experimentos, pesquisadores alteraram fotos de um álbum de família para mostrar alguns membros da família fazendo um passeio de balão. Depois de ver as fotos (em vez das fotos mostrando apenas o balão), as crianças relataram mais memórias falsas e indicaram uma alta confiança nessas memórias. Quando entrevistadas vários dias depois, a *inflação da imaginação* ficou evidente quando eles relataram detalhes ainda mais ricos de suas falsas memórias (Strange et al., 2008; Wade et al., 2002). Muitas pessoas – 39% em uma pesquisa – lembram de algumas memórias improváveis a partir dos dois anos, e alguns até mesmo de antes (Akhtar et al., 2018). Em pesquisas com estudantes universitários britânicos e canadenses, quase um quarto dos estudantes relataram memórias autobiográficas que posteriormente perceberam não serem exatas (Foley, 2015; Mazzoni et al., 2010). *Conclusão*: não acredite em tudo que você se lembra.

"A memória é insubstancial. O tempo todo ela é substituída por outras coisas. Seu álbum de fotos pode ao mesmo tempo consertar e destruir suas lembranças... Não é possível lembrar de nada de sua viagem, a não ser pela coleção de fotos amareladas."
– Annie Dillard, *To Fashion a Text*, 1988

Steve Jurvetson

YamabikaY/Shutterstock

Alexander Hamilton foi presidente dos EUA? Às vezes, nossa mente nos engana com datas, lugares e nomes errados. Isso geralmente acontece porque usamos mal as informações com que estamos familiarizados. Em um estudo, muitos americanos se lembraram erroneamente de Alexander Hamilton – cujo rosto aparece na nota de 10 dólares dos EUA e que é o tema do popular musical da Broadway de Lin-Manuel Miranda – como presidente dos EUA (Roediger & DeSoto, 2016).

Em 2015, o âncora do "NBC Nightly News", Brian Williams, contou uma história sobre viajar em um helicóptero militar que foi atingido por uma granada atirada por foguete. Mas o evento nunca aconteceu como ele descreveu. Conforme o pesquisador de memória Christopher Chabris (2015) observou, "muitas pessoas não entendem até que ponto as memórias falsas podem acontecer, mesmo quando estamos extremamente confiantes na memória".

Amnésia da fonte

Qual é a parte mais frágil de uma memória? Sua fonte. Podemos nos lembrar de aprender algo nas mídias sociais, mas não temos certeza se eram notícias reais ou falsas. Podemos sonhar com um evento e, mais tarde, ficar em dúvida se ele realmente aconteceu. Podemos contar uma fofoca a um amigo e em seguida descobrir que recebemos a notícia desse amigo. O famoso psicólogo infantil Jean Piaget levou um susto quando adulto ao descobrir que uma memória vívida e detalhada de sua infância – uma babá frustrando seu sequestro – era totalmente falsa. Aparentemente, ele construiu a memória depois de ouvir repetidamente a história (que sua babá, após passar por uma conversão religiosa, confessou nunca ter acontecido). Ao atribuir sua "memória" às suas próprias experiências, em vez das histórias da babá, Piaget exibiu uma **amnésia da fonte** (também chamada *atribuição errônea da fonte*). A atribuição errônea da fonte está no cerne de muitas memórias falsas. Escritores e compositores ocasionalmente sofrem de amnésia da fonte. Acham que uma ideia surgiu de sua própria imaginação criativa quando, na verdade, estão inadvertidamente plagiando algo que leram ou ouviram antes.

Até mesmo crianças em idade pré-escolar experimentam amnésia da fonte. Em um estudo, "Sr. Ciência" envolveu pré-escolares em atividades como encher um balão com bicarbonato de sódio e vinagre (Poole & Lindsay, 1995, 2001). Três meses depois, em três dias sucessivos, seus pais leram para eles uma história que descrevia algumas de suas experiências reais com o Sr. Ciência e outras que eram inventadas. Quando perguntados sobre uma atividade que estava apenas na história – "o Sr. Ciência tinha uma máquina com cordas para puxar?" – quatro em cada 10 crianças lembraram-se espontaneamente de participar do evento.

A amnésia da fonte também ajuda a explicar o ***déjà vu*** (termo em francês que significa "já visto"). Dois terços de nós já passamos por esse sentimento fugaz e perturbador, uma sensação de que "eu já estive nesta situação antes". A chave para o *déjà vu* parece ser a familiaridade com um estímulo e nossa incerteza sobre onde o encontramos antes (Cleary & Claxton, 2018; Urquhart et al., 2018). Em geral, experimentamos uma sensação de *familiaridade* (graças ao processamento do lobo temporal) antes de nos lembrarmos conscientemente de detalhes (graças ao hipocampo e ao processamento do lobo frontal). Quando essas funções (e regiões do cérebro) estão fora de sincronia, podemos ter a sensação de familiaridade sem recordação consciente. Nosso incrível cérebro tenta dar sentido a uma situação tão improvável e então temos uma sensação estranha de que estamos revivendo uma parte anterior de nossa vida. Nossa amnésia da fonte nos força a fazer o nosso melhor para dar sentido a um momento estranho.

"Você já teve a estranha sensação de *vujà dé*? Não é *déjà vu*, é *vujà dé*. É uma sensação diferente de que algo, de algum jeito, acaba de acontecer e nunca tinha acontecido antes. Nada parece familiar. E, subitamente, a sensação desaparece." *Vujà dé*." – George Carlin, comediante, *Funny Times*, dezembro de 2001

Como discernir memórias verdadeiras e falsas

Como a memória é tanto reconstrução quanto reprodução, não podemos ter certeza se uma memória é real pelo quão real ela parece. Por mais que as ilusões perceptivas possam parecer reais, as memórias irreais parecem memórias reais. Como o efeito da informação enganosa acontece fora de nossa consciência, é quase impossível separar as falsas memórias das reais (Schooler et al., 1986). Você talvez se lembre de fazer o relato de uma experiência da infância a um amigo preenchendo os vazios com suposições e palpites plausíveis. Todos nós fazemos isso. Depois de contar de novo, esses detalhes adivinhados – agora absorvidos em sua memória – podem parecer tão reais como se você os tivesse vivido (Roediger et al., 1993). Memórias falsas, como diamantes falsos, parecem muito reais.

As falsas memórias podem ser persistentes, especialmente quando estão alinhadas com nossas crenças. Esse foi o caso quando, em um grande experimento, os irlandeses retiveram memórias imprecisas de notícias falsas relacionadas com o referendo sobre aborto na Irlanda em 2018 – em especial quando as notícias falsas corroboravam suas próprias opiniões (Murphy et al., 2019).

Memórias falsas geralmente retêm uma associação falsa. Imagine que lemos em voz alta uma lista de palavras como *caramelo, açúcar, mel* e *sabor*. Mais tarde, pedimos que você reconheça as palavras apresentadas de uma lista maior. Se você for como a maioria das pessoas testadas por Henry Roediger e Kathleen McDermott (1995), poderá errar três em cada quatro tentativas – lembrando erroneamente uma palavra não apresentada, como *doce*. Nós lembramos mais facilmente da ideia geral do que das palavras em si.

As falsas memórias são socialmente contagiosas. Quando ouvimos outras pessoas se lembrarem falsamente de eventos, tendemos a cometer os mesmos erros de memória (Roediger et al., 2001). Ficamos confusos sobre onde originalmente soubemos sobre o falso evento – *eu já sabia disso ou estou aprendendo com os outros?* – e adotamos as falsas memórias dos outros (Hirst & Echterhoff, 2012). Seu amigo do Facebook pode se lembrar erroneamente de um colega de classe tímido como uma pessoa rude, levando você também a se lembrar do colega de classe negativamente. É fácil ver como as histórias falsas podem ser espalhadas *online* e se tornar memórias falsas.

Amnésia da fonte. Memória defeituosa de como, quando ou onde a informação foi aprendida ou imaginada (também chamada *atribuição*). A amnésia da fonte, juntamente com o efeito da desinformação, está no centro de muitas memórias falsas.

***Déjà vu*.** Sensação estranha de "já passei por isso antes". Pistas da situação atual podem, subconscientemente, provocar a recuperação de uma experiência anterior.

Erros de construção de memória também ajudam a explicar por que algumas pessoas foram mandadas para a prisão por crimes que nunca cometeram. De 365 pessoas que mais tarde foram provadas inocentes por testes de DNA, 69% foram condenadas por falha na identificação de testemunhas oculares (Innocence Project, 2019; Smalarz & Wells, 2015). Isso explica por que memórias de crimes "refrescadas por hipnose" incorporam tão facilmente erros, alguns dos quais podem ter origem nas perguntas principais do hipnotizador (*você ouviu barulhos altos?*). Os erros de construção de memória também parecem estar presentes em muitas memórias "recuperadas" de abuso infantil. (Ver Pensamento crítico sobre: Poderiam as memórias de abuso sexual na infância ter sido reprimidas e depois recuperadas?)

Erros de construção de memória explicam por que namorados que se apaixonam *super*estimam a primeira impressão um do outro ("*foi amor à primeira vista*"), enquanto os que se separam tendem a *sub*estimar seus sentimentos prévios ("*nós nunca nos conectamos realmente*") (McFarland & Ross, 1987). Quando amamos alguém, nossa memória apaga o negativo e ilumina o positivo (Cortes et al., 2018). E isso explica por que, quando se pergunta a pessoas sobre como se sentiam 10 anos atrás sobre a maconha ou sobre assuntos de gênero, elas tendem a lembrar as atitudes mais próximas de suas visões atuais do que das visões que elas realmente relatavam uma década antes (Markus, 1986). Os alunos que optaram por escrever um ensaio apoiando uma política de mensalidades mais altas em um experimento construíram uma falsa memória de apoiar anteriormente a política, apesar de inicialmente se oporem a ela (Rodriguez & Strange, 2015). O mesmo acontece com as atitudes referentes a bater em crianças: as visões atuais das pessoas fazem com que elas se lembrem incorretamente de suas visões anteriores (Wolfe & Williams, 2018). O modo como as pessoas se sentem hoje parece ser como sempre se sentiram (Mazzoni & Vannucci, 2007). Conforme relatou George Vaillant (1977, p. 197) depois de acompanhar a vida de alguns adultos ao longo do tempo: "é muito comum as lagartas se tornarem borboletas e, então, afirmarem que eram pequenas borboletas na juventude. A maturidade nos torna a todos mentirosos".

A precisão da testemunha ocular também é influenciada por nossa tendência de recordar rostos de nossa própria raça com mais precisão do que rostos de outras raças (ver a discussão do Capítulo 11 sobre o *efeito de outra raça*). Entre os suspeitos de crime inocentados com evidências de DNA depois de identificação errônea de testemunha ocular, quase metade foi falsamente acusada depois de identificação errônea de outras raças (Innocence Project, 2019).

PERGUNTE A SI MESMO

Pense em uma memória que você recorda com frequência. Como você poderia tê-la mudado sem percepção consciente?

Recordação do testemunho ocular de crianças

QOA 8.18 Quão confiáveis são os testemunhos das crianças pequenas?

Se as memórias podem ser sinceras, mas ainda assim sinceramente erradas, como os jurados podem decidir casos em que as memórias de abuso sexual de crianças são a única evidência? "Seria realmente terrível perder de vista a enormidade do abuso infantil", observou Stephen Ceci (1993). No entanto, os estudos de Ceci e Maggie Bruck (1993, 1995) sobre a memória das crianças levaram à consciência de quão facilmente essas memórias podem ser moldadas. Por exemplo, pediram a crianças de 3 anos para mostrar, em bonecas anatomicamente corretas, onde o pediatra as havia tocado. Cinquenta e cinco por cento das crianças que não haviam recebido esse tipo de exame apontaram para a genitália ou para a região anal.

Os pesquisadores também estudaram o efeito de técnicas de entrevista sugestiva (Bruck & Ceci, 1999, 2004). Em um experimento, as crianças escolheram uma carta de um baralho de possíveis acontecimentos e um adulto leu a carta para elas. Por exemplo: "pense bem e me conte se isso já aconteceu com você. Você se lembra de ter ido a um hospital com uma ratoeira presa no dedo?". Em entrevistas, o mesmo adulto pediu repetidamente às crianças que pensassem em vários eventos reais e fictícios. Depois de 10 semanas disso, um novo adulto fez a mesma pergunta às crianças. O impressionante resultado: 58% dos pré-escolares produziram falsas (e por vezes vívidas) histórias referentes a um ou mais eventos nunca vivenciados (Ceci et al., 1994). Aqui está um dos eventos:

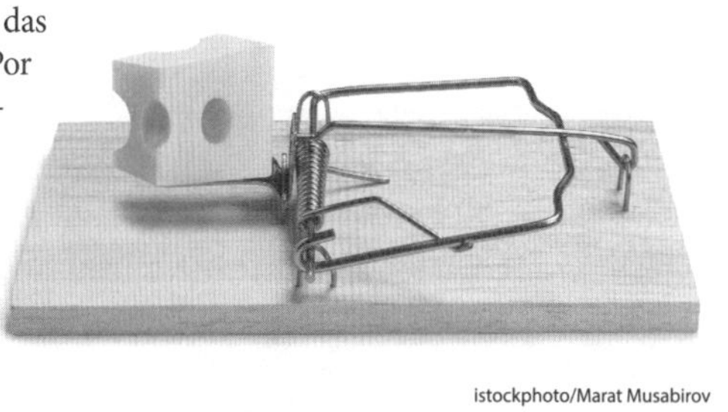

istockphoto/Marat Musabirov

> Meu irmão Colin estava tentando pegar Blowtorch [um personagem de ação] da minha mão, e eu não queria deixar; então ele me empurrou sobre uma pilha de madeira onde estava a ratoeira. Meu dedo ficou preso nela. Nós fomos para o hospital, e minha mãe, meu pai e Colin foram comigo até lá em nosso carro, pois era muito longe. E o médico colocou um curativo no meu dedo.

Diante de histórias tão detalhadas, mesmo psicólogos profissionais especializados em entrevistar crianças não conseguiam separar com segurança as memórias reais das falsas. Assim como as próprias crianças. O menino do relato lembrou que seus pais disseram várias vezes que o episódio da ratoeira não havia acontecido – que ele tinha imaginado – e ele protestava: "mas aconteceu. Eu me lembro!". Infelizmente, esse tipo de erro é comum. Em uma

Pensamento crítico sobre:

Poderiam as memórias de abuso sexual na infância ter sido reprimidas e depois recuperadas?

QOA 8.17 Por que relatos de memórias reprimidas e recuperadas têm sido tão debatidos?

Duas tragédias possíveis:

1. As pessoas duvidam de sobreviventes de abuso sexual na infância que contam seu segredo.

2. Pessoas inocentes são falsamente acusadas, pois os terapeutas provocam memórias "recuperadas" de abuso sexual na infância:

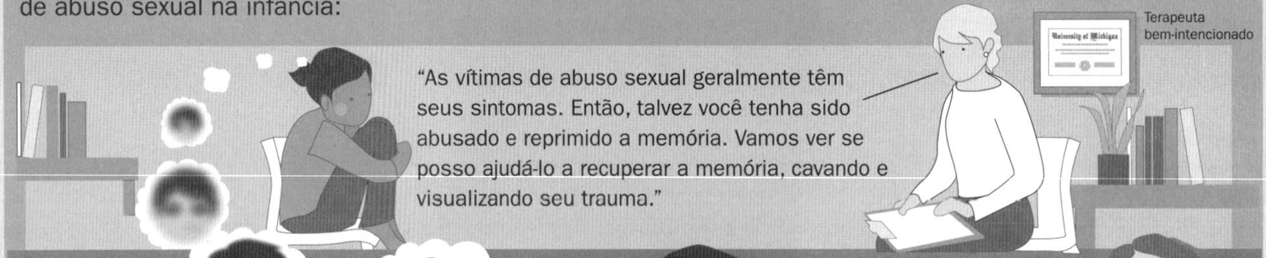

Efeito da informação enganosa e amnésia da fonte cliente adulto pode ir formando a imagem de uma pessoa ameaçadora

Com a *revisão* (em sessões de terapia repetidas), a imagem fica mais vívida

O cliente está atordoado, irritado e pronto para confrontar ou processar o agressor agora lembrado

A pessoa acusada também está atordoada e nega vigorosamente a acusação de um abuso ocorrido há muito tempo

Organizações profissionais (inclusive a American Medical Association, a American Psychological Association e a American Psychiatric Association) estão trabalhando para encontrar um terreno comum sensato para resolver a "guerra de memória" da psicologia:[1]

- **O abuso sexual na infância acontece** e pode deixar suas vítimas em risco de problemas que vão desde disfunção sexual até depressão.[2] Mas não há "síndrome do sobrevivente" – nenhum grupo de sintomas que nos permita identificar vítimas de abuso sexual.[3]
- **A injustiça acontece.** Pessoas inocentes foram falsamente condenadas. E os culpados evitaram a punição lançando dúvidas sobre seus acusadores que diziam a verdade.
- **O esquecimento acontece.** Crianças abusadas muito pequenas podem não ter entendido o significado de sua experiência ou se lembrar dela. Esquecer eventos bons e ruins de muito tempo atrás é uma parte comum da vida cotidiana.
- **Memórias recuperadas são comuns.** Estimulados por uma observação ou experiência, podemos recuperar memórias agradáveis ou desagradáveis de eventos há muito esquecidos. Mas a mente inconsciente reprime forçosamente as experiências dolorosas, e essas experiências podem ser recuperadas por técnicas auxiliadas pelo terapeuta?[4] As memórias que vêm à tona naturalmente têm mais probabilidade de ser verdadeiras.[5]
- **Memórias de eventos antes dos 4 anos não são confiáveis.** A amnésia infantil resulta de vias cerebrais ainda não desenvolvidas. A maioria dos psicólogos, portanto, duvida de memórias "recuperadas" de abuso durante a infância.[6] Quanto mais velha a criança é quando sofre abuso sexual, e quanto mais grave o abuso, maior a probabilidade de ele ser lembrado.[7]
- **Memórias "recuperadas" sob hipnose são especialmente não confiáveis.**
- **As memórias, reais ou falsas, podem ser emocionalmente perturbadoras.** O que nasceu da mera sugestão pode tornar-se, como um evento real, uma memória pungente que impulsiona o estresse corporal.[8]

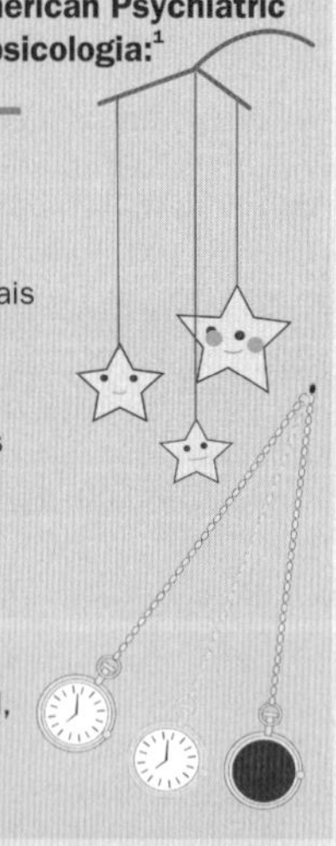

Os psicólogos quentionam se o recalque sempre ocorre
(ver Capítulo 14 para saber mais sobre esse conceito, que é central para a teoria de Freud).

Experiências traumáticas (testemunhar o assassinato de um ente querido, ser aterrorizado por um sequestrador ou estuprador, perder tudo em um desastre natural) ⟶ **GERALMENTE LEVAM A** ⟶ **memórias vívidas, persistentes e assustadoras**[9]

O Royal College of Psychiatrists Working Group on Reported Recovered Memories of Child Sexual Abuse aconselhou que "quando as memórias são 'recuperadas' após longos períodos de amnésia, particularmente quando meios extraordinários foram usados para garantir a recuperação da memória, há uma alta probabilidade de que as memórias sejam falsas".[10]

1. Patihis et al., 2014a. 2. Freyd et al., 2007. 3. Kendall-Tackett et al., 1993. 4. McNally & Geraerts, 2009. 5. Geraerts et al., 2007. 6. Gore-Felton et al., 2000; Knapp & VandeCreek, 2000. 7. Goodman et al., 2003. 8. McNally, 2003, 2007. 9. Porter & Peace, 2007; Goldfarb et al., 2019. 10. Brandon et al., 1998.

análise de dados de testemunhas oculares de mais de 20 mil participantes, as crianças identificaram regularmente suspeitos inocentes como culpados (Fitzgerald & Price, 2015). "[A] pesquisa", disse Ceci (1993), "me traz a preocupação com a possibilidade de falsas alegações. Não é positivo para a integridade científica de alguém permanecer no meio da estrada se os dados estiverem mais de um lado".

Com entrevistadores muito bem treinados, adultos e crianças podem, no entanto, ser testemunhas oculares precisas (Wixted et al., 2018). Quando perguntadas sobre suas experiências em termos neutros que elas possam compreender, as crianças em geral se lembram, com precisão, do que aconteceu e de quem fez o quê (Brewin & Andrews, 2017; Goodman, 2006. Quando os entrevistadores usam técnicas menos sugestivas e mais efetivas, mesmo crianças de 4 ou 5 anos produzem relatos mais exatos (Holliday & Albon, 2004; Pipe et al., 2004). As crianças são especialmente precisas quando não falaram com os adultos envolvidos antes da entrevista e seus relatos são feitos na primeira vez que são interrogadas por uma pessoa neutra que não lhes faça perguntas tendenciosas.

Os idosos – em especial aqueles cujo funcionamento do lobo frontal diminuiu – são mais suscetíveis do que os jovens a falsas memórias. Isso torna os adultos mais velhos mais vulneráveis a golpes, como quando alguém afirma falsamente, pelo telefone: "você se lembra da loteria em que jogou? Você ganhou 4,5 milhões! Mas, para processar e entregar seus ganhos, esta loteria exige que você envie um depósito de 4.500" (Jacoby & Rhodes, 2006; Roediger & McDaniel, 2007).

PRÁTICA DE RECUPERAÇÃO

PR-3 Dado o caráter comum da amnésia da fonte, como poderia ser a vida se nos lembrássemos de todas as nossas experiências acordados e de todos os nossos sonhos?

PR-4 Imagine ser um membro do júri em um julgamento de um pai acusado de abuso sexual com base em uma memória recuperada. Quais *insights* da pesquisa de memória você deveria compartilhar com o resto do júri?

RESPOSTAS NO APÊNDICE E

Aprimoramento da memória

QOA 8.19 Como você pode usar os resultados da pesquisa de memória para se sair melhor neste e em outros cursos?

As descobertas da biologia beneficiam a medicina. As descobertas da botânica beneficiam a agricultura. Assim, também, as descobertas dos pesquisadores de memória podem beneficiar a educação. E eles podem melhorar seu desempenho nas aulas e nos exames. Aqui, para fácil referência, está um resumo de algumas sugestões baseadas em pesquisas que podem ajudar você a lembrar-se de informações quando precisar. A técnica de estudo SQ3R – *Survey* (pesquisar), *Question* (perguntar), *Read* (ler), *Retrieve* (recuperar), *Review* (revisar) –, apresentada no Prólogo deste livro, incorpora várias dessas estratégias.

Estude repetidamente. Para dominar o material, lembre-se do *efeito de espaçamento* e use a *prática* (*espaçada* ou *distribuída*). Para aprender um conceito, estude ao longo de várias sessões separadas. Aproveite os pequenos intervalos do dia – a viagem de ônibus, a caminhada pelo *campus*, a espera pelo início da aula. Novas memórias são fracas; se você as exercitar, elas se fortalecerão. Os especialistas recomendam recuperar um item a ser lembrado três vezes antes de parar de estudá-lo (Miyatsu et al., 2018). Ler material complexo com repetição mínima produz pouca retenção. Reiteração e reflexão crítica ajudam bem mais. Como o *efeito do teste* mostrou, vale a pena estudar ativamente. Falar mentalmente, escrever ou digitar informações é melhor do que lê-las silenciosamente (MacLeod & Bodner, 2017). Esse *efeito de produção* explica por que muitas vezes aprendemos algo melhor quando ensinamos, explicamos para nós mesmos ou ensaiamos informações em voz alta (Bisra et al., 2018; Forrin & Macleod, 2018; Koh et al., 2018).

Pensamento e memória. Pense ativamente enquanto lê, ensaiando e relacionando ideias e tornando o material pessoalmente significativo. Isso produzirá uma melhor retenção.

DMEPhotography/iStock/Getty Images

O poder da aprendizagem de explicar ativamente ou repetir informações muitas vezes passa despercebido. Um experimento designou alunos aleatoriamente para ouvir palestras de forma passiva ou participar de outras de forma ativa. Os alunos aprenderam mais no grupo que participou de forma ativa (mas acreditavam que tinham aprendido menos) (Deslauriers et al., 2019). Então você pode formar um grupo de estudo no qual possa verbalizar seu material de aula e colher os frutos do apoio social. Mas até mesmo tomar notas de aula à mão pode ajudá-lo a resumir o material com suas próprias palavras, levando a uma melhor retenção, do que digitar a palestra em um *laptop*. Nas palestras, "a caneta é mais poderosa que o teclado", observam os pesquisadores Pam Mueller e Daniel Oppenheimer (2014).

Torne o material significativo. Para construir uma rede de pistas de recuperação, faça anotações de aula e do texto utilizando suas próprias palavras. Aplique os conceitos à própria vida. Compreenda e organize as informações.

Distração no *laptop*? Em um estudo com alunos iniciantes na psicologia em um grande curso universitário, o aluno médio gastou um terço da hora da aula navegando *online*. Mais tempo gasto *online* previu um desempenho pior no exame, mesmo depois de controlar a aptidão e o interesse expresso (Ravizza et al., 2017).

Forme imagens. Melhor ainda, *desenhe* o conceito (Fernandes et al., 2018). Relacione o material com o que você já conhece ou experimentou. Como William James (1890) sugeriu, "ligue cada coisa nova a uma anteriormente adquirida". Repetir sem pensar as palavras de outra pessoa sem gastar tempo para realmente entender o que elas significam não fornecerá muitas pistas de recuperação. Em uma prova, você pode ficar bloqueado diante de uma pergunta formulada de um jeito diferente do que você memorizou.

Ative pistas de recuperação. Lembre-se da importância da *memória dependente do contexto* e da *memória dependente do estado*. Recrie mentalmente a situação e o clima em que sua aprendizagem original ocorreu. Acelere sua memória permitindo que um pensamento indique o próximo.

Use dispositivos mnemônicos. Crie uma história que incorpore *imagens vívidas* dos conceitos. *Agrupe* as informações. Crie um mnemônico memorável. (Você aprendeu LoNa RoXa para indicar as paroxítonas que levam acento, terminadas com L, N, R e X?)

Minimize a interferência proativa e retroativa. Estude antes de dormir. Não programe horários de estudo consecutivos para tópicos que possam interferir uns nos outros, como espanhol e francês.

Durma mais. Durante o sono, o cérebro reorganiza e *consolida* as informações para a memória de longo prazo. A privação do sono interrompe esse processo (Frenda et al., 2014; Lo et al., 2016). Mesmo 10 minutos de descanso em vigília melhoram a memória do que lemos (Dewar et al., 2012). Então, depois de um período de estudo intenso, você pode simplesmente sentar ou deitar por alguns minutos antes de abordar o próximo assunto.

Teste seu próprio conhecimento, tanto para "ensaiar" quanto para descobrir o que você ainda não sabe. O efeito de teste é real e poderoso. Não se deixe levar pelo excesso de confiança por sua capacidade de reconhecer informações. Teste sua recordação usando os itens periódicos da Prática de Recuperação e as questões numeradas dos Objetivos de Aprendizagem e Domine o Material nas seções de Revisão. Delineie as seções em uma página em branco. Defina os termos e conceitos listados no final de cada seção antes de voltar às suas definições. Faça testes práticos.

PERGUNTE A SI MESMO

Quais dessas três estratégias de estudo e memória serão mais importantes para você começar a usar para melhorar sua própria aprendizagem e retenção?

PRÁTICA DE RECUPERAÇÃO

PR-5 Quais são as estratégias de memória que podem ajudar você a ter um tempo de estudo mais proveitoso e reter mais informação?

RESPOSTAS NO APÊNDICE E

REVISÃO Esquecimento, construção da memória e seu aprimoramento

OBJETIVOS DE APRENDIZAGEM

Teste a si mesmo. Responda às Questões dos Objetivos de Aprendizagem (antes de conferir as respostas no Apêndice D) para aprimorar a retenção dos conceitos estudados (McDaniel et al., 2009, 2015).

QOA **8.15** Por que esquecemos?

QOA **8.16** Como a informação enganosa, a imaginação e a amnésia da fonte influenciam a construção da memória? Como podemos decidir se uma lembrança é real ou falsa?

QOA **8.17** Por que relatos de memórias reprimidas e recuperadas têm sido tão debatidos?

QOA **8.18** Quão confiáveis são os testemunhos das crianças pequenas?

QOA **8.19** Como você pode usar os resultados da pesquisa de memória para se sair melhor neste e em outros cursos?

TERMOS E CONCEITOS A RECORDAR

Teste a si mesmo. Escreva a definição com suas próprias palavras e depois confirme sua resposta.

amnésia anterógrada, p. 307
amnésia retrógrada, p. 307
interferência proativa, p. 310
interferência retroativa, p. 310
recalque, p. 311
reconsolidação, p. 312

efeito da informação enganosa, p. 312

amnésia da fonte, p. 314

déjà vu, p. 314

DOMINE O MATERIAL

Teste a si mesmo. Responda às questões a seguir sozinho, a princípio, depois confira as respostas no Apêndice E.

1. Quando o esquecimento se deve a uma falha de codificação, as informações não foram transferidas

a. do ambiente para a memória sensorial.

b. da memória sensorial para a memória de longo prazo.

c. da memória de longo prazo para a memória de curto prazo.

d. da memória de curto prazo para a memória de longo prazo.

2. A curva do esquecimento de Ebbinghaus mostra que, depois do declínio inicial, a memória de informações novas tende a

a. aumentar ligeiramente.

b. diminuir perceptivelmente.

c. diminuir bastante.

d. estabilizar.

3. Você experimentará menos interferência _____________ (proativa/retroativa) se aprender um novo material uma hora antes de dormir do que se aprender antes de passar para outro assunto.

4. Freud propôs que as memórias dolorosas ou inaceitáveis são bloqueadas da consciência por meio de um mecanismo chamado _____________.

5. Uma razão para as falsas memórias se formarem é nossa tendência de preencher as lacunas com nossos palpites e pressupostos razoáveis, às vezes baseados em informações enganosas. Essa tendência é um exemplo de

a. interferência proativa.

b. efeito da informação enganosa.

c. interferência retroativa.

d. curva do esquecimento.

6. A família de Eliza adora contar uma história de como ela "roubou a cena" quando tinha 2 anos, dançando na recepção de casamento de sua tia. Mesmo sendo tão jovem, Eliza consegue lembrar-se claramente do acontecido. Como Eliza pode ter formado essa memória?

7. Podemos reconhecer um rosto em uma reunião social, mas somos incapazes de nos lembrar como conhecemos a pessoa. Isso é um exemplo de ____________________.

8. Quando uma situação desencadeia a sensação de que "já estive aqui", você está passando por um _____________.

9. As crianças serão testemunhas oculares precisas se

a. os entrevistadores derem às crianças dicas sobre o que realmente aconteceu.

b. uma pessoa neutra fizer perguntas não tendenciosas logo após o evento, em palavras que a criança consiga entender.

c. as crianças tiverem uma oportunidade para conversar com os adultos envolvidos antes da entrevista.

d. os entrevistadores usarem termos técnicos e médicos precisos.

10. Os psicólogos envolvidos no estudo das memórias de abuso tendem a *discordar* a respeito de qual das seguintes afirmações?

a. Memórias de eventos que aconteceram antes dos 4 anos não são confiáveis.

b. Tendemos a reprimir memórias extremamente perturbadoras.

c. Memórias podem ser emocionalmente perturbadoras.

d. O abuso sexual acontece.

izkes/Shutterstock

Pensamento e Linguagem

Ao longo da história, nós, humanos, temos lamentado nossa insensatez e celebrado nossa sabedoria. O poeta T. S. Eliot ficou impressionado com "os homens vazios... Elmos cheios de palha." Mas Hamlet, de Shakespeare, exaltou a espécie humana como "nobre em raciocínio!... infinita em faculdades!... dotada de entendimento semelhante a um deus!" Nos capítulos anteriores, nós nos maravilhamos diante tanto de nossas habilidades quanto dos nossos erros.

Estudamos o cérebro humano – um quilo e meio de tecido úmido do tamanho de um repolho, mas contendo circuitos incrivelmente complexos. Ficamos impressionados com a competência dos recém-nascidos. Ficamos maravilhados com nosso sistema visual, que converte estímulos físicos em impulsos nervosos, os distribui para processamento paralelo e os reagrupa em percepções coloridas. Ponderamos a enorme capacidade de nossa memória e a facilidade com que nossa mente de duas vias processa informações, com e sem nossa consciência. Não é de admirar que nossa espécie tenha tido o gênio coletivo de inventar a câmera, o carro e o computador; desbloquear o átomo e decifrar o código genético; viajar para o espaço e para as profundezas do nosso cérebro.

No entanto, também vemos que, de algumas outras maneiras, somos menos nobres em raciocínio. Nossa espécie é parente dos outros animais, influenciada pelos mesmos princípios que produzem a aprendizagem em ratos e pombos. Notamos que nós, humanos nem sempre sábios, somos facilmente enganados por ilusões perceptivas, alegações pseudopsíquicas e falsas memórias.

Neste capítulo, encontraremos mais exemplos referentes a esses dois aspectos da condição humana – o racional e o irracional. Consideraremos o *pensamento* e como usamos – e às vezes ignoramos ou usamos mal – informações sobre o mundo ao nosso redor. Examinaremos nossa aptidão para a linguagem, como e por que ela se desenvolve. E refletiremos sobre nosso merecimento da denominação *Homo sapiens* – "humanos sábios".

Pensamento

Cognição. Atividades mentais associadas ao pensamento, ao conhecimento, à memória e à comunicação.

Metacognição. Cognição sobre nossa cognição; acompanhar e avaliar nossos processos mentais.

Conceito. Agrupamento mental de objetos, eventos, ideias ou pessoas similares.

Protótipo. Imagem mental ou melhor exemplo de uma categoria. Corresponder novos itens a um protótipo é um método rápido e fácil para ordenar as coisas em categorias (como na comparação de criaturas com penas a um pássaro prototípico, como o corvo).

Conceitos

QUESTÃO SOBRE OBJETIVOS DE APRENDIZAGEM QOA 9.1 O que são *cognição* e *metacognição*, e quais são as funções dos conceitos?

Os psicólogos que estudam a **cognição** se concentram nas atividades mentais associadas a pensamento, conhecimento, lembrança e comunicação de informações. Uma dessas atividades é a **metacognição** (literalmente "além da cognição"). A metacognição é a cognição sobre a cognição, ou o que pensamos sobre o nosso pensamento. Alunos que usam metacognição – que monitoram e avaliam sua aprendizagem – têm melhor desempenho acadêmico (de Boer et al., 2018).

Outra dessas atividades é formar **conceitos** – agrupamentos mentais de objetos, eventos, ideias, ou pessoas semelhantes. O conceito de *cadeira* inclui muitos itens – uma cadeira alta de bebê, uma cadeira reclinável, uma cadeira de dentista – todas para sentar-se. Os conceitos simplificam nosso pensamento. Imagine a vida sem conceitos. Não poderíamos pedir para uma criança "jogar a bola" porque não haveria o conceito de *arremessar* ou de *bola*. Não poderíamos dizer "quero ganhar dinheiro", porque as pessoas não nascem com o conceito de *ganhar* ou de *dinheiro*. Conceitos, como *bola* e *dinheiro*, fornecem várias informações sem muito esforço cognitivo. E temos um viés natural para separar os dados recebidos em duas categorias – como quando colocamos pessoas em caixas discretas, como "estúpidas" ou "inteligentes", "liberais" ou "conservadoras", "brancos" ou "negros" (Fisher & Keil, 2018).

Com frequência formamos nossos conceitos desenvolvendo **protótipos**, ou seja, uma imagem mental ou um melhor exemplo de uma categoria (Rosch, 1978). As pessoas concordam mais rapidamente que "um pintarroxo é um pássaro" do que com "um pinguim é um pássaro". Para a maioria de nós, o corvo é o pássaro mais pássaro; ele se assemelha mais ao nosso *protótipo* de pássaro. Quando algo se aproxima do nosso protótipo de um conceito, nós reconhecemos mais prontamente como um exemplo do conceito.

Quando categorizamos as pessoas, nós as deslocamos mentalmente para nossas categorias de protótipos. Essa foi a experiência de estudantes belgas que viram rostos de etnias misturadas. Ao visualizar um rosto mesclado em que 70% dos traços eram brancos e 30% eram asiáticos, os alunos classificaram o rosto como branco (Figura 9.1). Mais tarde, à medida que sua memória mudou para o protótipo branco, eles eram mais propensos a se lembrar de um rosto 80% branco do que do rosto 70% branco que eles realmente viram (Corneille et al., 2004). Da mesma forma, se visualizassem um rosto 70% asiático, eles mais tarde se lembrariam de um rosto mais asiático em termos de protótipo. Isso ocorre também com o sexo: os que viram rostos 70% masculinos categorizaram-nos como masculinos (o que não é surpresa) e mais tarde os recordaram como ainda mais prototipicamente masculinos (Huart et al., 2005).

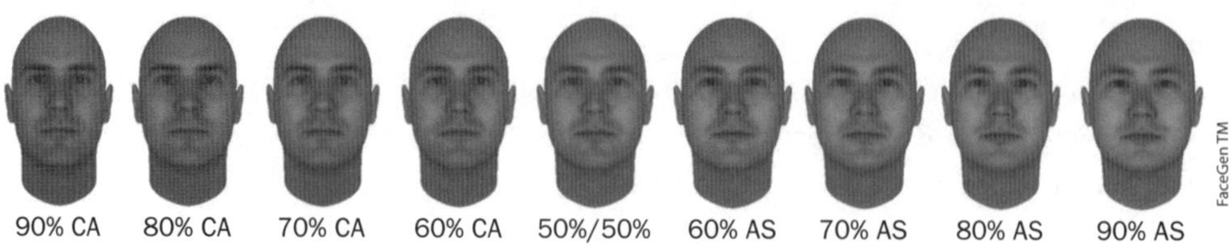

Figura 9.1 Categorizar os rostos influencia a recordação. Expostas a um rosto 70 % caucasiano, as pessoas tenderam a classificar a pessoa como caucasiana e a recordar o rosto como mais caucasiano (CA) do que realmente era, asiático (AS). (Recriação do experimento por cortesia de Olivier Corneille.) *(Esta figura encontra-se reproduzida em cores no Encarte.)*

Se nos afastarmos dos protótipos, os limites entre as categorias podem ser incertos. O tomate é uma fruta? Uma pessoa do sexo feminino de 16 anos é uma menina ou uma mulher? A baleia é um peixe ou um mamífero? Como esse animal marinho não corresponde ao nosso protótipo de *marinho*, demoramos mais para classificá-lo como mamífero. Do mesmo modo, somos lentos para perceber uma doença quando os sintomas não se encaixam em um dos nossos protótipos de doença (Bishop, 1991). As pessoas cujos sintomas de ataques cardíacos (respiração curta, exaustão, um certo peso no peito) não se assemelham ao seu protótipo de *ataque cardíaco* (dor aguda no peito) podem não procurar ajuda a tempo. E, quando os comportamentos não se encaixam em nossos protótipos de *discriminação*, por exemplo, de brancos contra negros, homens contra mulheres, jovens contra velhos, com muita frequência falhamos ao detectar o preconceito. As pessoas detectam com mais facilidade o preconceito dos homens contra as mulheres do que o das mulheres contra os homens ou o das mulheres contra as próprias mulheres (Cunningham et al., 2009; Inman & Baron, 1996). Embora os conceitos acelerem e guiem nosso pensamento, eles nem sempre nos tornam sábios.

Algoritmo. Regra ou procedimento metódico e lógico que assegura a resolução de um problema específico. Contrasta com o uso da *heurística*, geralmente mais rápido, porém mais propenso a erro.

Heurística. Estratégia simples de pensamento que nos permite fazer julgamentos e resolver problemas com eficiência; em geral, é mais rápida, porém mais propensa a erro do que os *algoritmos*.

***Insight*.** Percepção súbita, e muitas vezes inovadora, da solução de um problema; contrasta com soluções baseadas em estratégias.

Solução de problemas: estratégias e obstáculos

QOA 9.2 Que estratégias cognitivas nos auxiliam a resolver os problemas, e quais obstáculos nos atrapalham?

Um tributo à nossa racionalidade é nossa capacidade de resolver problemas. Qual o melhor caminho para fugir de um engarrafamento? Como devemos lidar com a crítica de um amigo? Como entrar em casa sem as chaves?

Alguns problemas são resolvidos pelo método de *tentativa e erro*. Thomas Edison tentou vários filamentos de lâmpadas antes de conseguir um que funcionasse. Para outros problemas, usamos **algoritmos**, procedimentos passo a passo que garantem uma solução. Mas os algoritmos passo a passo podem ser trabalhosos e exasperadores. Por exemplo, para encontrar outra palavra usando as letras em ISPLOIOCAG, podemos tentar cada letra em uma posição de cada vez, mas seria necessário gerar e analisar as 907.200 combinações resultantes. Em vez de lhe dar um cérebro computacional do tamanho de uma bola de praia, a natureza recorre a **heurísticas**, estratégias de pensamento mais simples. Assim, podemos reduzir o número de opções em nosso exemplo de ISPLOIOCAG excluindo combinações de letras raras, como aquelas cuja última letra seja P, C ou G. Usando heurística e depois aplicando tentativa e erro, você pode encontrar a resposta. Você adivinhou?[1]

Às vezes, quebramos a cabeça sobre um problema durante um tempo e de repente as peças se juntam e percebemos a solução em um súbito ***insight*** – uma solução abrupta, verossímil e em geral satisfatória (Topolinski & Reber, 2010; Webb et al., 2019). Johnny Appleton, de 10 anos, teve um *insight* ao resolver um problema que deixou operários da construção perplexos: como salvar um filhote de pintarroxo que caíra em um buraco estreito de 75 cm de profundidade junto a um muro de cimento. A solução de Johnny foi a seguinte: despejar areia lentamente, dando ao pássaro tempo suficiente para manter os pés sobre a areia que subia constantemente (Ruchlis, 1990). Os *insights* não são perfeitos, mas em geral levam a soluções corretas (Danek & Salvi, 2018).

O que acontece no cérebro quando as pessoas experimentam um momento "Aha!"? As imagens do cérebro (EEGs ou RMf) mostram explosões de atividade associadas a *flashes* repentinos de *insight* (Kounios & Beeman, 2014). Em um estudo, os pesquisadores pediram às pessoas que pensassem em uma palavra que forma uma palavra ou frase composta com cada uma das três outras palavras em um conjunto (como *camisa*, *espada* e *pé*) e pressionassem um botão para tocar um sino quando soubessem a resposta. (Precisa de uma dica? A palavra é uma fruta.[2]) Um súbito *insight* Aha! levou a cerca de metade das soluções. Antes do Aha! no momento, os lobos frontais dos solucionadores de problemas (envolvidos na focalização da atenção) estavam ativos. No instante da descoberta, houve uma explosão de atividade no lobo temporal direito, logo acima da orelha (Figura 9.2).

O *insight* surge de repente, sem a sensação prévia de "ficar mais quente" ou sentir-se perto de uma solução (Knoblich & Oellinger, 2006; Metcalfe, 1986). Quando a resposta vem à mente (*manga*!), sentimos uma grande sensação de satisfação. A alegria de uma piada também pode estar em nossa compreensão repentina de um final inesperado ou de um duplo sentido: "Você não precisa de paraquedas para uma queda livre. Você só precisa de um paraquedas para saltar duas vezes." O comediante Groucho Marx era um mestre nisso: "Uma vez abati um elefante usando meu pijama. Como ele entrou no meu pijama? Nunca saberei."

Figura 9.2 Momento Aha! Uma explosão de atividade no lobo temporal direito acompanhou as soluções por *insight* para problemas com palavras (Jung-Beeman et al., 2004). Os pontos vermelhos designam eletrodos de EEG. As linhas cinza-claro mostram a distribuição da atividade de alta-frequência que acompanha o *insight*. A atividade relacionada com o *insight* é centrada no lobo temporal direito (área amarela). *(Esta figura encontra-se reproduzida em cores no Encarte.)*

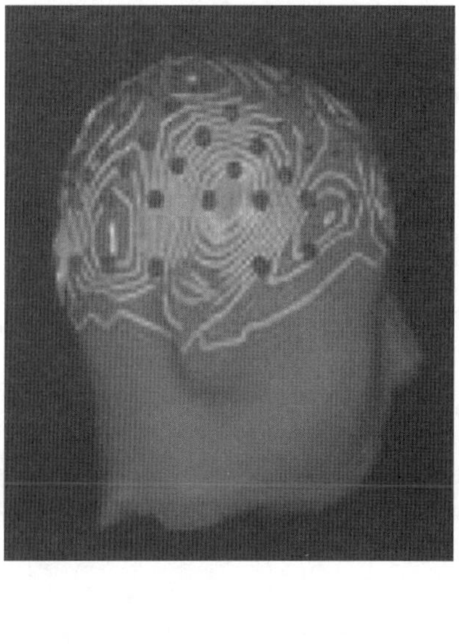

From Mark Jung-Beeman, Northwestern University and John Kounios, Drexel University

[1]Resposta para o anagrama ISPLOIOCAG: PSICOLOGIA.

[2]A palavra é maçã: abacaxi, maçã silvestre, purê de maçã.

Por mais perspicazes que sejamos na resolução de problemas, a resposta certa pode nos enganar. O **viés de confirmação**, por exemplo, nos leva a buscar evidências *para* nossas ideias, com mais avidez do que buscamos evidências *contra* elas (Klayman & Ha, 1987; Skov & Sherman, 1986). Em um estudo clássico, Peter Wason (1960) apresentou a alguns estudantes universitários britânicos uma sequência de três números (*2, 4* e *6*) e disse a eles que a série era baseada em uma regra. A tarefa deles era adivinhar a regra. (A regra era simples: quaisquer três números em ordem ascendente.) Antes de entregarem as respostas, os estudantes geraram suas próprias séries de três números, e Wason lhes disse se suas séries estavam de acordo com a regra usada por ele. Uma vez que se sentissem *certos* de que tinham chegado à regra de Wason, tinham que revelar qual era. O resultado? A maioria dos alunos de Wason formulou uma ideia errada ("*talvez a regra era contar de dois em dois*") e, em seguida, buscaram evidências para confirmar a regra equivocada (testando *6-8-10, 100-102-104*, e assim por diante). Raramente certo, mas nunca em dúvida.

"O entendimento humano, quando qualquer proposição fica de uma vez estabelecida... força todo o resto para adicionar novas evidências de suporte e confirmação [dessa ideia]."
– Francis Bacon, *Novum Organum*, 1620

"As pessoas comuns", diz Wason (1981), "esquivam-se dos fatos, tornam-se incoerentes, ou sistematicamente se defendem contra a ameaça de novas informações relevantes para a questão". Desse modo, tendo formado uma crença – de que as vacinas causam (ou não causam) transtorno do espectro autista, que as pessoas podem (ou não podem) mudar sua orientação sexual, que o controle de armas falha (ou não) em salvar vidas – preferimos informações que reforcem as nossas crenças. E uma vez que nos prendemos a uma visão incorreta de um problema, é difícil abordá-lo de um ângulo diferente. Esse obstáculo à resolução de problemas é chamado de **fixação**, uma incapacidade de chegar a uma nova perspectiva. Veja se a fixação impede que você resolva o problema do palito de fósforo na Figura 9.3. (Para a solução, ver a Figura 9.4.)

Um excelente exemplo de fixação é a **configuração mental**, nossa tendência de abordar um problema com a mesma mentalidade que já funcionou para nós anteriormente. De fato, as soluções que funcionaram no passado em geral funcionam para novos problemas. Considere:

Dada a sequência *U-D-T-Q-?-?-?*, quais são as três letras finais?

A maioria das pessoas tem dificuldade para reconhecer que as três letras finais são *C* (cinco), *S* (seis), *S* (sete). Porém, resolver esse problema pode tornar o seguinte mais fácil:

Dada a sequência *J-F-M-A-?-?-?*, quais são as três letras finais? (Se você não conseguiu resolver, pergunte a si mesmo em que mês estamos.)

Assim como um *conjunto perceptivo* predispõe o que percebemos, um conjunto mental predispõe como pensamos; às vezes isso pode ser um obstáculo para a resolução de problemas, como acontece quando o nosso conjunto mental resultante de experiências anteriores com palitos de fósforo nos predispõe a ordená-los em duas dimensões.

Macmillan Learning

Figura 9.3 O problema dos palitos de fósforo. Como você organiza seis palitos de fósforo para formarem quatro triângulos equiláteros?

Tomada de boas (e más) decisões e julgamentos

QOA 9.3 O que é *intuição*, e como as heurísticas de representatividade e disponibilidade podem influenciar nossas decisões e julgamentos?

Ao fazer as centenas de julgamentos e decisões de cada dia (*Devo levar um casaco? Posso confiar nessa pessoa? Devo arremessar a bola de basquete ou passar para o jogador que é bom?*), raramente dedicamos tempo e esforço para raciocinar sistematicamente. Seguimos nossa **intuição**, nossos sentimentos e pensamentos rápidos, automáticos e irracionais. Depois de entrevistar formuladores de políticas governamentais, empresariais e educacionais, o psicólogo social Irving Janis (1986) concluiu que eles "muitas vezes não usam uma abordagem reflexiva de resolução de problemas. Como eles geralmente chegam às suas decisões? Se você perguntar, é provável que eles lhe digam... que foram guiados um tanto *pela intuição*".

Dois atalhos rápidos, mas arriscados

Quando precisamos fazer julgamentos rápidos, as *heurísticas* permitem o pensamento veloz que muitas vezes nos serve bem (Gigerenzer, 2015). No entanto, a pesquisa realizada pelos psicólogos cognitivos Amos Tversky & Daniel Kahneman (1974) mostrou que alguns atalhos mentais intuitivos – as *heurísticas de representatividade* e *disponibilidade* – podem levar, mesmo as pessoas mais inteligentes a decisões estúpidas.

Poucos teriam previsto que Tversky e Kahneman se tornariam amigos e colaboradores (Lewis, 2016; Sunstein & Thaler, 2016). Quando eles se conheceram, Tversky era um herói de guerra com uma arrogância confiante que estudava a tomada de decisões; Kahneman era um preocupado crônico que estudava a visão. Deixando de lado suas diferenças, Tversky e Kahneman se isolaram em uma pequena sala de seminários, onde discutiram, riram e, finalmente, mudaram a maneira como as pessoas veem o pensamento e a tomada de decisões

Viés de confirmação. Tendência a buscar informações que sustentem nossos preconceitos e a ignorar ou distorcer evidências contraditórias.

Fixação. Na cognição, incapacidade de ver um problema de uma nova perspectiva; um obstáculo para a resolução de problemas.

Configuração mental. Tendência de abordar um problema de uma maneira particular, muitas vezes do mesmo modo que foi bem-sucedido no passado.

Intuição. Sentimento ou pensamento automático, imediato e sem esforço, em contraste com o raciocínio explícito e consciente.

Macmillan Learning

"Quando criamos esses problemas, a nossa intenção não foi enganar as pessoas. Todos os nossos problemas nos enganaram também."
Amos Tversky (1985)

nrkbeta

"O pensamento intuitivo [é] bom na maior parte das vezes... Mas, de vez em quando, esse hábito mental nos traz problemas."
Daniel Kahneman (2005)

Heurística de representatividade. Julgamento da probabilidade de eventos em termos de quão bem eles parecem representar ou combinar protótipos particulares; pode nos levar a ignorar outras informações relevantes.

Heurística da disponibilidade. Julgamento da probabilidade dos acontecimentos com base na disponibilidade da memória; se as ocorrências logo vêm à mente (talvez devido a sua vivacidade), presumimos que tais eventos são comuns.

(Dean & Ortoleva, 2019). Seus esforços conjuntos renderam o prêmio final: um Prêmio Nobel de 2002. (Infelizmente, apenas Kahneman estava vivo para receber a honra.) Como Kahneman escreveu em uma vinheta para o meu [DM] texto de *Psicologia Social*, "Amos e eu compartilhamos a maravilha de possuirmos juntos uma gansa que botava ovos de ouro – uma mente conjunta que era melhor do que nossas mentes separadas".

HEURÍSTICA DA REPRESENTATIVIDADE. Julgar a probabilidade de algo comparando-o intuitivamente com protótipos particulares é usar a **heurística da representatividade**. Imagine alguém que é baixo, magro e gosta de ler poesia. É mais provável que essa pessoa seja um professor de inglês universitário da Ivy League ou um motorista de caminhão? (Nisbett & Ross, 1980.)

Muitas pessoas imaginam que seja professor de inglês, porque a pessoa se encaixa melhor no seu protótipo de professor *nerd* do que de caminhoneiro. Ao fazê-lo, eles não consideram o número base de professores de inglês da Ivy League (menos de 400) e motoristas de caminhão (3,5 milhões apenas nos EUA). Assim, mesmo que a descrição seja 50 vezes mais típica de professores de inglês do que de caminhoneiros, o fato de haver cerca de 7 mil vezes mais caminhoneiros significa que o leitor de poesia tem muitas vezes mais chances de ser um caminhoneiro.

Alguns protótipos têm consequências sociais. Uma mãe de dois adolescentes negros e três brancos perguntou a outros pais: "Os funcionários da loja seguem seus filhos quando estão escolhendo seus sabores de Gatorade? Eles não seguiram meus filhos brancos... Quando seus filhos pedem doces ou travessuras vestidos de ninja e palhaço, eles perguntam com quem estão e onde moram, porta após porta? Meus filhos brancos não foram questionados" (Roper, 2016). Se as pessoas têm um protótipo – um estereótipo – de adolescentes negros delinquentes, elas podem usar inconscientemente a heurística da representatividade ao julgar os indivíduos. O resultado, mesmo que não intencional, é o racismo.

HEURÍSTICA DA DISPONIBILIDADE. A **heurística da disponibilidade** opera quando estimamos quão comum pode ser um evento *baseado em sua disponibilidade mental*. Qualquer coisa que faça a informação surgir na mente – sua vivacidade, que seja algo recente ou distinção entre outros fatos – pode fazê-la parecer mais comum. Os cassinos sabem disso e nos incitam a apostar transmitindo vitórias (pouco frequentes) com luzes piscando. As grandes perdas (muito mais frequentes) são invisíveis.

"Kahneman e seus colegas e alunos mudaram a forma como pensamos sobre a forma como as pessoas pensam." – Presidente da Associação Americana de Psicologia, Sharon Brehm, 2007

A heurística da disponibilidade distorce nossos julgamentos sobre os riscos. Depois que o filho vacinado de uma celebridade mais tarde desenvolveu autismo, milhares acharam sua história memorável mais persuasiva do que dados científicos que refutam qualquer ligação vacina-autismo (Hoffman, 2019). Ou considere quem é mais assustador: crianças ou terroristas? Talvez você mude sua resposta, uma vez que você considere que crianças armadas mataram mais americanos do que temidos terroristas estrangeiros em 2015 e 2016 (Ingraham, 2016; LaCapria, 2015). Se terroristas estrangeiros matassem mil pessoas nos EUA este ano, os americanos teriam muito medo. No entanto, eles teriam motivos para ter 30 vezes mais medo de homicídios, suicídios e mortes acidentais por armas de fogo, que tiram mais de 30 mil vidas por ano.

Ponto a ser lembrado: muitas vezes tememos as coisas erradas (ver Pensamento crítico sobre: o fator medo).

Enquanto isso, a ausência de imagens comparativamente disponíveis das mudanças climáticas no globo – que alguns cientistas consideram como um futuro "Armagedom" em câmera lenta – gera pouca preocupação entre as pessoas. Além disso, as crenças climáticas mudam

"Não acredite em tudo o que você pensa." – Para-choque de caminhão com o clima do dia, que, embora mais cognitivamente disponível, não nos diz nada sobre tendências planetárias a longo prazo (Egan & Mullin, 2012; Kaufmann et al., 2017; Zaval et al., 2014). O clima local excepcionalmente quente aumenta a preocupação das pessoas com o aquecimento global, enquanto o dia frio recente diminui a sua preocupação e subjuga os dados científicos menos importantes (Li et al., 2011). Como Stephen Colbert (2014) escreveu no *Twitter*: "O aquecimento global não é real porque estava frio hoje! Também outras notícias importantes: A fome mundial acabou porque acabei de comer".

"Para oferecer um retrato nítido da mudança climática, os cientistas da Cal Tech criaram um mapa interativo das temperaturas globais ao longo dos últimos 120 anos (ver www.tinyurl.com/TempChange)"

Resultados dramáticos nos fazem suspirar; probabilidades que dificilmente compreendemos. Mais de 40 nações procuraram aproveitar o poder positivo de imagens vívidas e memoráveis, colocando avisos atraentes e fotografias em maços de cigarros (Riordan, 2013). Essa campanha tem funcionado, porque raciocinamos emocionalmente (Huang et al., 2013). Nós sentimos demais e pensamos de menos (Slovic, 2007). Em 2015, uma foto icônica de uma criança síria morta em uma praia se tornou viral. As doações da Cruz Vermelha para refugiados sírios foram 55 vezes maiores em resposta a essa foto do que em resposta às estatísticas que descrevem as centenas de milhares de outras mortes de refugiados (Slovic et al., 2017).

PERGUNTE A SI MESMO

Do que você tem medo? Alguns de seus medos superam a probabilidade de acontecer? Como você pode usar o pensamento crítico para avaliar a racionalidade de seus medos e para identificar áreas de sua vida onde você precisa tomar mais precauções?

PRÁTICA DE RECUPERAÇÃO

PR-1 Por que as notícias podem ser descritas como "algo que quase nunca acontece"? Como saber disso nos ajuda a avaliar nossos medos?

RESPOSTAS NO APÊNDICE E

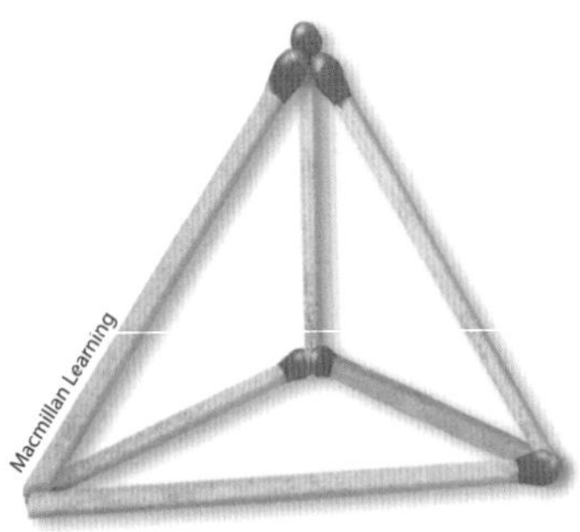

Figura 9.4 **Solução para o problema do palito de fósforo.** Para resolver este problema, você deve vê-lo sob uma nova perspectiva, quebrando a fixação de soluções limitantes a duas dimensões.

Excesso de confiança

QOA 9.5 Como nossas decisões e julgamentos são afetados pelo excesso de confiança, perseverança de crença e enquadramento?

Às vezes estamos mais confiantes do que corretos. Em diversas atividades, as pessoas superestimam seu desempenho (Metcalfe, 1998). Se 60% das pessoas respondem corretamente perguntas factuais, como "o absinto é uma bebida alcoólica ou uma pedra preciosa?", os respondentes normalmente se sentem 75% confiantes (Fischhoff et al., 1977). (É uma bebida alcoólica de alcaçuz.) Essa tendência a superestimar a exatidão de nossos conhecimentos e julgamentos é o **excesso de confiança**.

É o excesso de confiança que leva corretores de ações e gestores de investimentos a comercializar sua capacidade de superar as médias do mercado de ações, o que, como grupo, eles não podem fazer (Malkiel, 2016). A compra de uma ação X, recomendada por um corretor que julga ser este o melhor momento para comprar, normalmente é compensada por uma venda feita por alguém que julga ser este o melhor momento para vender. Apesar de sua confiança, comprador e vendedor não podem estar igualmente certos. E é o excesso de confiança que tantas vezes nos leva a sucumbir a uma *falácia de planejamento* – superestimando nosso futuro tempo de lazer e renda (Zauberman & Lynch, 2005). Os alunos e outras pessoas geralmente esperam terminar as tarefas antes do previsto (Buehler et al., 1994, 2002). Na verdade, os projetos geralmente levam o dobro do tempo previsto. Antecipando o quanto mais conseguiremos realizar no próximo mês, aceitamos alegremente convites. E, acreditando que com certeza teremos mais dinheiro no ano que vem, fazemos empréstimos ou compramos a crédito.

Lei de Hofstadter: sempre leva mais tempo do que você espera, mesmo quando você levar em conta a lei de Hofstadter. – Douglas Hofstadter, *Gödel, Escher, Bach: The Eternal Golden Braid*, 1979

O excesso de confiança – o viés que Kahneman (2015), se recebesse uma varinha mágica, mais gostaria de eliminar – afeta as decisões de vida ou morte. A história está cheia de líderes que, ao fazerem a guerra, estavam mais confiantes do que corretos. Na política, o excesso de confiança alimenta visões políticas extremas. Na medicina, o excesso de confiança pode levar a diagnósticos incorretos (Saposnik et al., 2016).

"Quando souber alguma coisa, sustente seu conhecimento; e, quando não souber, admita sua ignorância; isso é conhecimento."
– Confúcio (551-479 a.C.), *Analectos*

Uma equipe de pesquisa testou a capacidade de 743 analistas de inteligência federal dos EUA de prever eventos futuros – previsões que normalmente são excessivamente confiantes. Aqueles cujas previsões falhavam com mais frequência tendiam a ser inflexíveis e de mente fechada (Mellers et al., 2015). Cidadãos comuns com compreensão superficial de propostas complexas, como limitar e negociar emissões de carbono ou um imposto fixo, também podem expressar opiniões fortes. Às vezes, quanto menos sabemos, mais definitivos soamos. Pedir para essas pessoas explicarem os detalhes dessas políticas as expõe à sua própria ignorância, o que por sua vez as leva a expressar opiniões mais moderadas (Fernbach et al., 2013). Confrontar a própria ignorância é tornar-se mais sábio.

Excesso de confiança. Tendência a ser mais confiante do que o correto; superestimar a precisão de nossas crenças e julgamentos.

Pensamento crítico sobre:

O fator medo

QOA **9.4** Quais fatores exacerbam nosso medo de eventos improváveis?

Muitas pessoas temem mais voar do que dirigir.

TODAVIA:

Os americanos são muito mais propensos a morrer em um acidente de veículo do que em um voo regular.[1]

De 2008 a 2017, por exemplo, **226.565** pessoas morreram em acidentes de carro ou caminhão leve nos EUA, e **62** morreram em voos regulares.

Nos três meses após o 11 de setembro, **MEDO DE VOAR** levou mais americanos a viajar de carro e alguns a morrer:[2]

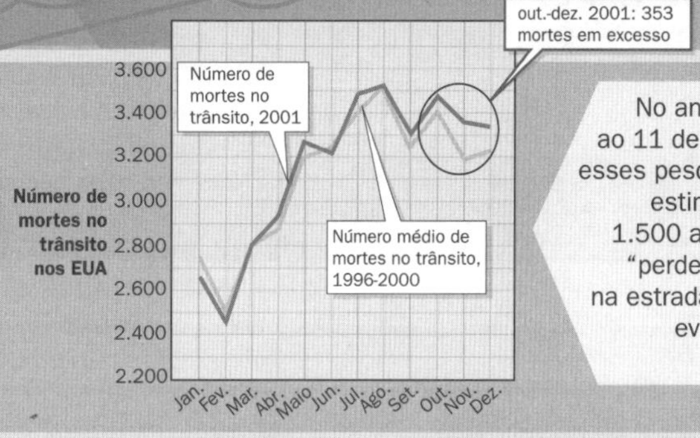

No ano seguinte ao 11 de setembro, esses pesquisadores estimaram que 1.500 americanos "perderam a vida na estrada tentando evitar o risco do avião".

POR QUE TEMEMOS AS COISAS ERRADAS?

1. Tememos o que nossa história ancestral nos preparou para temer: cobras, lagartos e aranhas em conjunto agora matam uma pequena fração do número de mortos por ameaças modernas, como carros e cigarros. Os riscos ancestrais também nos preparam para temer o confinamento e as alturas e, portanto, voar.

2. Tememos o que não podemos controlar: controlamos como dirigimos; não controlamos o voo do avião.

3. Tememos o que é imediato: os perigos de voar são, principalmente, nos momentos de decolagem e pouso. Os perigos de dirigir são espalhados por muitos momentos, cada um trivialmente perigoso.

4. Graças à heurística da disponibilidade, tememos o que está mais prontamente disponível na memória: imagens vívidas de terríveis acidentes aéreos alimentam nossos julgamentos de risco. As pessoas podem temer mais os tubarões do que os cigarros ou os efeitos de uma dieta pouco saudável.[3]

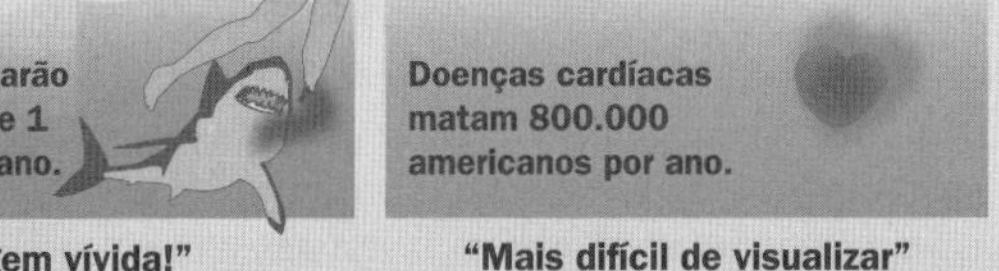

Ataques de tubarão matam cerca de 1 americano por ano.

"Imagem vívida!"

Doenças cardíacas matam 800.000 americanos por ano.

"Mais difícil de visualizar"

Lembramos e tememos **desastres** (terrorismo, furacões, terremotos) que matam pessoas dramaticamente, aos montes.

Tememos muito pouco as **ameaças menos dramáticas e contínuas** que ceifam vidas uma a uma:

- Em um dia comum, as armas matam 92 americanos – em homicídios, suicídios e acidentes.[4] No entanto, pedidos renovados pelo controle de armas dos EUA tendem a seguir os bem divulgados tiroteios em massa.

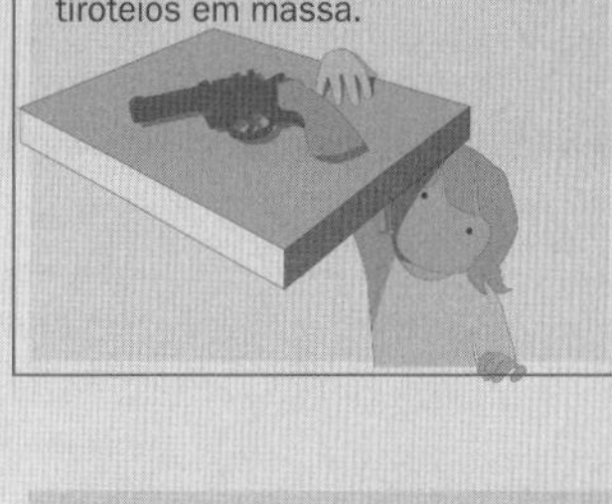

- Em todo o mundo, 500.000 crianças morrem a cada ano de diarreia, tragicamente, com pouca divulgação.

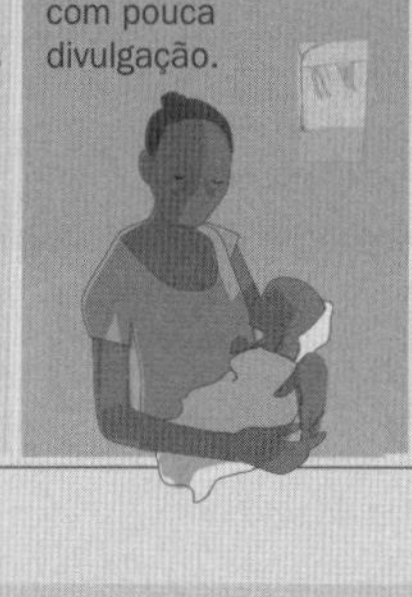

"Se está no noticiário, não se preocupe com isso. A própria definição de notícia é algo que quase nunca acontece."[5]

1. National Safety Council, 2019. 2. Gaissmaier & Gigerenzer, 2012; Gigerenzer, 2004, 2006. 3. Daley, 2011. 4. Xu et al., 2016. 5. Schneier, 2007.

Bianca Moscatelli/Worth Publishers

Preveja seu próprio comportamento Quando será que você terminará de ler este capítulo?

No entanto, o excesso de confiança às vezes tem valor adaptativo. Acreditando que suas decisões são certas e que têm tempo de sobra, as pessoas autoconfiantes tendem a viver mais felizes. Elas tomam decisões difíceis com mais facilidade e parecem competentes (Anderson et al., 2012). Quando recebemos pronto e claro retorno, também podemos aprender a ser mais realistas sobre a precisão de nossos julgamentos (Fischhoff, 1982). A sabedoria para reconhecer quando sabemos algo e quando não sabemos nasce da experiência.

Perseverança de crenças

Nossa autoconfiança é impressionante. Assim como nossa **perseverança de crenças** – a tendência a nos agarrarmos a nossas crenças diante de evidências contrárias. Um estudo clássico sobre perseverança de crenças foi realizado com pessoas com opiniões contrárias sobre a pena de morte (Lord et al., 1979). Depois de estudar duas descobertas de pesquisa supostamente novas, uma apoiando e outra refutando a alegação de que a pena de morte impede o crime, cada lado ficou mais impressionado com o estudo que apoia suas próprias crenças e cada um prontamente contestou o outro estudo. Assim, mostrar as *mesmas* evidências combinadas aos grupos a favor e contra a pena capital *aumentou* suas discordâncias. Em vez de usar evidências para tirar conclusões, eles usaram suas conclusões para avaliar evidências – um fenômeno também conhecido como *raciocínio motivado*.

Em outros estudos e na vida cotidiana, as pessoas também acolheram a lógica e as evidências de apoio às suas próprias crenças – seja sobre mudanças climáticas, casamento homoafetivo, ou política – enquanto, ao mesmo tempo, descartam evidências desafiadoras (Friesen et al., 2015; Gampe et al., 2019; Sunstein et al., 2016). Com frequência, o preconceito persiste. As crenças perseveram. Como diz um velho ditado, "é difícil ensinar novos truques a um cachorro velho".

Para controlar a perseverança nas crenças, existe um remédio simples: *considere o oposto*. Quando os mesmos pesquisadores repetiram o estudo sobre a pena de morte, eles pediram a alguns participantes que fossem o "mais *objetivo* e o menos *tendencioso* possível" (Lord et al., 1984). O pedido em nada reduziu a avaliação tendenciosa da evidência. Perguntaram então a outro grupo que considerasse "se você tivesse feito as mesmas avaliações altas ou baixas, teria o mesmo estudo produzido exatamente resultados opostos". Depois de imaginar e ponderar os achados *opostos*, essas pessoas foram bem menos tendenciosas. Estudos mais recentes confirmam o ponto: considerar argumentos opostos reduz o viés (Catapano et al., 2019; Van Boven et al., 2019).

Uma vez que as crenças se enraízam, são necessárias evidências mais convincentes para mudá-las do que para criá-las. Mesmo que pareçamos abertos a outras perspectivas, muitas vezes podemos rotular as evidências que contradizem as crenças como "fracas" (Anglin, 2019). Os céticos das mudanças climáticas, por exemplo, tendem a ver as evidências que apoiam as mudanças climáticas como imprecisas ou não confiáveis (Druckman & McGrath, 2019). Como diz um antigo provérbio chinês: "Dois terços do que vemos está por trás de nossos olhos".

Efeitos do enquadramento

O **enquadramento** – ou a maneira como uma questão é apresentada –, pode ser uma poderosa ferramenta de persuasão, como psicólogos e economistas aprenderam juntos. Quando jovem estudante, o economista comportamental Richard Thaler trabalhou em estreita colaboração com os psicólogos cognitivos Amos Tversky e Daniel Kahneman. Thaler e outros mostraram como o enquadramento de opções pode **incentivar** as decisões benéficas (Benartzi et al., 2017; Daniels & Zlatev, 2019; Thaler & Sunstein, 2008).

- ***Economizar para a aposentadoria.*** As empresas americanas já exigiram que os funcionários que quisessem contribuir para um plano de aposentadoria escolhessem um salário líquido mais baixo, o que poucas pessoas fizeram. Graças a uma nova lei, as empresas agora podem inscrever automaticamente seus funcionários no plano, mas permitem que eles optem por não participar. De qualquer forma, a decisão de contribuir é do empregado. Mas, na opção por não participar, mais do que na de aceitar, as inscrições dispararam de 59 para 86% em uma análise de 3,4 milhões de trabalhadores (Rosenberg, 2010). A mudança da Grã-Bretanha em 2012 para um enquadramento com opção de escolha levou a mais cinco milhões de poupadores de aposentadoria (Halpern, 2015). Agora, os pesquisadores estão investigando como os incentivadores podem ajudar as pessoas a investir nesses fundos de aposentadoria com sabedoria (Camilleri et al., 2019)
- ***Tomar decisões morais.*** Imagine que um experimentador lhe dê $ 5,00 e pergunte quanto, se for o caso, você deseja doar. Antes de decidir, outra pergunta é feita para incentivá-lo a adotar um estado de espírito generoso: "O que você acha que é a coisa moralmente certa a fazer nessa situação?" Incentivar as pessoas a adotarem a mentalidade moral as torna mais generosas, aumentando as doações de caridade em 44% (Capraro et al., 2019)

Perseverança na crença. Apego às concepções iniciais depois de desacreditada a base sobre a qual foram formadas.

Enquadramento. Maneira como uma questão é apresentada; como é enquadrada, pode afetar significativamente as decisões e os julgamentos.

Incentivo. Enquadramento as escolhas de forma a encorajar as pessoas a tomar decisões benéficas.

- ***Tornar-se um doador de órgãos.*** Em muitos países europeus, assim como nos EUA, as pessoas que renovam a carteira de motorista podem decidir se querem ser doadoras de órgãos. Em alguns países, a opção padrão é *Sim*, mas as pessoas podem optar por não participar. Quase 100% das pessoas em países com opção concordaram em ser doadores. Em países onde a opção padrão é *Não*, a maioria *não* concorda em ser doador (Hajhosseini et al., 2013; Johnson & Goldstein, 2003). A predefinição da doação ajuda os seres humanos
- ***Reduzir o consumo de álcool.*** As pessoas que consomem álcool geralmente contam as bebidas em vez dos mililitros consumidos. Ao reduzir o tamanho dos copos e taças de um bar, um estudo britânico reduziu o consumo de álcool em um terço (Kersbergen et al., 2018). Na Grã-Bretanha, Dinamarca, Alemanha, Coreia do Sul e EUA, a maioria das pessoas aceita políticas que, sem restringir a liberdade pessoal, incentivam a redução do consumo de álcool (Reynolds et al., 2019; Sunstein et al., 2019).

Ponto a ser lembrado: o enquadramento pode incentivar nossas atitudes e decisões.

Perigos e poder da intuição

QOA 9.6 Como pensadores inteligentes usam a intuição?

Vimos como nossa intuição irracional pode atrapalhar nossos esforços para resolver problemas, avaliar riscos e tomar decisões sábias. Os perigos da intuição podem persistir, mesmo quando as pessoas recebem pagamento extra por pensarem com inteligência, mesmo quando são solicitadas a justificar suas respostas, e mesmo entre médicos especialistas, clínicos e agentes de inteligência federal dos EUA (Reyna et al., 2014; Shafir & LeBoeuf, 2002; Stanovich et al., 2013). Pessoas muito inteligentes também podem fazer julgamentos não tão inteligentes.

Então, nossa cabeça está realmente "cheia de palha", como T. S. Eliot sugeriu? Boa notícia: os cientistas cognitivos também estão revelando os poderes da intuição.

- ***Intuição é o reconhecimento nascido da experiência.*** É o conhecimento implícito (inconsciente), que aprendemos e gravamos em nosso cérebro, mas não conseguimos explicar plenamente (Chassy & Gobet, 2011; Gore & Sadler-Smith, 2011). Vemos isso nos julgamentos inteligentes e rápidos de enfermeiros experientes, bombeiros, críticos de arte, e mecânicos de automóveis. Vemos isso em atletas habilidosos que reagem *sem pensar*. De fato, o pensamento consciente pode atrapalhar movimentos bem praticados, levando atletas habilidosos a engasgar sob pressão, como ao arremessar lances livres (Beilock, 2010). E veríamos essa intuição instantânea em você também, para qualquer coisa em que você desenvolveu conhecimento baseado na experiência.
- ***Intuição geralmente é adaptativa.*** Nossas heurísticas rápidas e econômicas nos permitem supor intuitivamente que objetos de aparência difusa estão distantes, e geralmente estão, exceto em manhãs de neblina. Nossas associações aprendidas surgem como sentimentos instintivos, certos ou errados, por exemplo, ao ver um estranho que se parece com alguém que nos prejudicou ou ameaçou no passado, podemos reagir automaticamente com desconfiança. Assim, a intuição ajuda nossa sobrevivência e também pode nos direcionar para parceiros de relacionamento satisfatórios: as atitudes implícitas e instintivas dos recém-casados com relação ao novo cônjuge predizem sua felicidade (McNulty et al., 2017)
- ***Intuição é enorme.*** Influências inconscientes e automáticas afetam constantemente nossos julgamentos (Custers & Aarts, 2010; Kihlstrom, 2019). Considere: a maioria das pessoas acha que quanto mais complexa a escolha, a coisa mais inteligente a fazer é tomar decisões racionalmente em vez de intuitivamente (Inbar et al., 2010). Quando de fato, ao tomar decisões complexas, às vezes nos beneficiamos deixando nosso cérebro trabalhar em um problema sem pensar conscientemente nele (Strick et al., 2010, 2011). Em uma série de experimentos, três grupos de pessoas leem informações complexas (a respeito de apartamentos, colegas de quarto, cartazes de arte ou partidas de futebol). Um grupo declarou a sua preferência imediatamente após ler informações sobre cada uma das quatro opções. O segundo grupo, que teve vários minutos para analisar as informações, tomou decisões ligeiramente mais inteligentes. Porém, o mais sábio de todos, estudo após estudo, foi o terceiro grupo, cuja atenção foi distraída por um tempo, permitindo que suas mentes se envolvessem no processamento automático inconsciente de informações complexas. A lição prática: deixar um problema "incubar" enquanto prestamos atenção em outras coisas pode gerar dividendos (Dijksterhuis & Strick, 2016). Diante de uma decisão difícil envolvendo muitos fatos, é inteligente reunirmos todas as informações que pudermos, e depois dizer "me dê um tempo para *não* pensar sobre isso". Até mesmo um tempo para dormir com o problema pode ajudar. Graças ao nosso cérebro ativo, o pensamento inconsciente (raciocínio, solução de problemas, tomada de decisão, planejamento) é surpreendentemente astuto (Creswell et al., 2013; Hassin, 2013; Lin & Murray, 2015).

"O coração tem razões que a própria razão desconhece." – Blaise Pascal, *Pensées*, 1670

"Pode ser, se assim posso colocar, que você não saiba o que é que você sabe. Você está ciente apenas do resultado. E isso, senhora, é a sua intuição." – Hercule Poirot, detetive de Agatha Christie, *Dead Man's Folly* (ITV)

Os críticos dessa pesquisa nos lembram que o pensamento deliberado e consciente também promove o pensamento inteligente (Newell, 2015; Nieuwenstein et al., 2015; Phillips et al., 2016). Em situações desafiadoras –, como fazer a melhor jogada de xadrez, dizer a diferença entre manchetes falsas e reais – os tomadores de decisão superiores levam tempo para pensar (Moxley et al., 2012; Pennycook & Rand, 2019), e com muitos tipos de problemas os pensadores deliberativos estão cientes da opção intuitiva, mas sabem quando devem ignorá-la (Mata et al., 2013). Considere:

1. Um taco e uma bola custam 110 centavos. O taco custa 100 centavos a mais que a bola. Quanto custa a bola?
2. O pai de Emily tem três filhas. As duas primeiras chamam-se April e May. Qual é o nome da terceira filha?

As respostas intuitivas da maioria das pessoas – 10 centavos e Jun – estão erradas, e alguns momentos de pensamento deliberado revelam o porquê.[3]

O ponto de partida: nossa mente de duas vias produz uma doce harmonia à medida que o pensamento inteligente e crítico ouve os sussurros criativos de nossa vasta mente invisível e, em seguida, avalia evidências, testa conclusões e planos para o futuro.

Wolf Gang

Criatividade laboriosa. A pesquisadora Sally Reis (2001) descobriu que as mulheres notadamente criativas, como a geneticista ganhadora do Prêmio Nobel Barbara McClintock, eram tipicamente "inteligentes, esforçadas, imaginativas e obstinadas" quando meninas. Em seu discurso de aceitação do Prêmio Nobel de 2013 em Literatura, a autora Alice Munro, exibida aqui, também falou sobre criatividade como trabalho árduo. "A parte mais difícil é quando você atravessa a história e percebe como ela é ruim. Você sabe que a primeira parte é a empolgação, a segunda é muito boa, mas, quando você acorda uma manhã e pensa 'que absurdo', é quando você realmente começa a trabalhar na história."

PERGUNTE A SI MESMO

Você consegue se lembrar de uma época em que informações contraditórias desafiaram um de seus pontos de vista? Foi difícil para você considerar a visão oposta? O que levou você a mudar seu pensamento ou manter sua opinião?

Pensamento criativo

QOA 9.7 O que é *criatividade* e o que a estimula?

Criatividade é a capacidade para produzir ideias novas e valiosas (Hennessey & Amabile, 2010). Considere o incrível momento criativo do matemático de Princeton, Andrew Wiles. Pierre de Fermat, um gênio muito esperto do século XVII, desafiou os matemáticos de sua época a encontrarem soluções tão boas quanto as suas para vários problemas de teoria dos números.

Seu desafio mais famoso – *Último teorema de Fermat* – confundiu as maiores mentes da matemática, mesmo depois de um prêmio de 2 milhões de dólares ter sido oferecido em 1908 a quem fosse o primeiro a provar o teorema.

Wiles ponderou o teorema de Fermat por mais de 30 anos e chegou à beira de uma solução. Uma manhã em 1994, inesperadamente "incrível revelação" final o atingiu. "Era tão indescritivelmente bela; tão simples e refinada. Não pude entender como tinha deixado passar... Foi o momento mais importante da minha vida profissional" (Singh, 1997, p. 25). Escritores e físicos criativos também experimentam muitas ideias significativas espontâneas durante a divagação mental (Gable et al., 2019). (Talvez esta seja a sua experiência também.)

A criatividade é sustentada por certo nível de *aptidão* (capacidade para aprender). As pessoas com escores excepcionalmente altos em aptidão quantitativa, como os jovens de 13 anos, por exemplo, são mais propensas a criar trabalhos que sejam publicados ou patenteados (Bernstein et al., 2019; Lubinski et al., 2014). No entanto, há mais na criatividade do que a aptidão, ou o que os testes de inteligência revelam. Na realidade, a atividade cerebral associada à inteligência difere da atividade cerebral associada à criatividade (Jung & Haier, 2013; Shen et al., 2017). Os testes de inteligência (como o SAT) normalmente exigem **pensamento convergente**, isto é, a capacidade de fornecer uma única resposta correta.

Os testes de criatividade (*quantos usos você consegue imaginar para um tijolo?*) requerem **pensamento divergente**, ou seja, capacidade de considerar muitas opções distintas e pensar de modo inovador. A lesão a certas áreas dos lobos frontais pode deixar as habilidades de leitura, escrita e aritmética intactas, mas destruir a imaginação (Kolb & Whishaw, 2006).

Robert Sternberg e seus colegas acreditam que a criatividade tem cinco componentes (Sternberg, 1988, 2003; Sternberg & Lubart, 1991, 1992):

1. ***Competência*** – conhecimento bem desenvolvido – fornece ideias, imagens e frases que usamos como elementos mentais básicos. "O acaso só favorece a mente preparada", observou Louis Pasteur. Quanto mais elementos básicos tivermos, mais chances teremos de

Criatividade. Capacidade para produzir ideias novas e valiosas.

Pensamento convergente. Limitação das possíveis soluções para o problema a fim de determinar a melhor solução.

Pensamento divergente. Expansão do número de possíveis soluções para o problema; o pensamento criativo que diverge em diferentes direções.

[3]A primeira resposta é $ 0,05. O bastão custaria então $ 1,05, para um total de $ 1,10. Se a bola custasse a resposta *intuitiva* de 10 centavos, o taco teria que custar $ 1,10 (para um total de taco e bola de $ 1,20, não $ 1,10). A segunda resposta é Emily. Se você respondeu incorretamente, não se sinta mal – muitos outros também responderam assim (Frederick, 2005; Thomson & Oppenheimer, 2016).

combiná-los de maneiras inovadoras. O conhecimento bem desenvolvido de Wiles colocou os teoremas e métodos necessários ao seu dispor.

2. ***Habilidades de pensamento imaginativo*** fornecem a capacidade de ver as coisas de uma nova maneira, reconhecer padrões e fazer conexões. Tendo dominado os elementos básicos de um problema, nós o redefinimos ou exploramos de uma nova maneira. Copérnico primeiro desenvolveu a competência sobre o sistema solar e seus planetas e depois definiu criativamente o sistema girando em torno do Sol, não da Terra. A solução imaginativa de Wiles combinou duas soluções parciais.
3. ***Personalidade aventureira e determinada*** busca novas experiências, tolera ambiguidade e risco e persevera na superação dos obstáculos. Wiles disse que trabalhava em quase isolamento com relação à comunidade de matemáticos, em parte para manter o foco e evitar a distração. Esse tipo de determinação é um traço duradouro.
4. ***Motivação intrínseca*** é a qualidade de ser movido mais pelo interesse, satisfação e desafio em si, do que por pressões externas (Amabile & Hennessey, 1992). As pessoas criativas focam menos em motivadores extrínsecos - como cumprir prazos, impressionar pessoas, ou ganhar dinheiro - do que no prazer e satisfação do trabalho em si. Perguntado sobre como resolvia problemas científicos tão difíceis, Isaac Newton respondeu: "pensando neles o tempo inteiro". Wiles concordou: "fiquei tão obcecado por esse problema que... pensava nele o tempo todo, [desde] quando acordava pela manhã até quando ia dormir à noite" (Singh & Riber, 1997).
5. ***Um ambiente criativo*** acende a faísca, apoia e refina as ideias criativas. Wiles aproveitou o conhecimento de outras pessoas e colaborou com um ex-aluno. Um estudo das carreiras de 2.026 cientistas e inventores proeminentes revelou que os mais eminentes foram orientados, desafiados e apoiados por seus colegas (Simonton, 1992). Os ambientes que fomentam a criatividade apoiam a inovação, trabalho em equipe e comunicação (Hülsheger et al., 2009). Também minimizam a ansiedade e promovem a contemplação (Byron & Khazanchi, 2011). Durante um retiro em um mosteiro, Jonas Salk resolveu um problema que levou à vacina contra a poliomielite. Mais tarde, quando projetou o Salk Institute, ele forneceu espaços contemplativos onde os cientistas poderiam trabalhar sem interrupção (Sternberg, 2006).

A pesquisa oferece algumas ideias para as pessoas que procuram impulsionar o processo criativo:

- ***Desenvolva a sua competência.*** Pergunte-se com o que é que você mais se importa e do que mais gosta. Siga o seu coração e expanda seu conhecimento nessa área e torne-se um especialista em alguma coisa
- ***Reserve um tempo de incubação.*** Pense muito em um problema, mas deixe-o de lado e volte a ele mais tarde. Para os que têm conhecimento suficiente - elementos mentais básicos -, um período de desatenção a um problema ("dormir sobre ele") permite o processamento automático para formar associações (Zhong et al., 2008)
- ***Separe um tempo para a mente vagar livremente.*** A criatividade brota da "atenção desfocada" (Simonton, 2012a,b). Portanto, desapegue-se da televisão "paralisante", das redes sociais e dos *videogames*. Corra, faça uma longa caminhada ou medite. A serenidade semeia a espontaneidade. "O tempo sozinho... é a fonte da criatividade", diz o dramaturgo e músico Lin-Manuel Miranda (Hainey, 2016)
- ***Experimente novas culturas e modos de pensar.*** Ver a vida de uma perspectiva diferente às vezes faz com que a criatividade flua. Os alunos que passam algum tempo no exterior aprendem a combinar novas normas com as de sua cultura de origem, o que aumenta a criatividade (Godart et al., 2015; Lu et al., 2018). Até mesmo sair do seu bairro ou abraçar amizades interculturais promove o pensamento flexível (Kim et al., 2013; Ritter et al., 2012).

Veja o resumo de algumas ideias-chave desta seção na Tabela 9.1.

Tabela 9.1 Comparação entre processos cognitivos e estratégias.

Processo ou estratégia	Descrição	Poderes	Perigos
Algoritmo	Regra ou procedimento metódico	Solução de garantias	Requer tempo e esforço
Heurística	Atalho de pensamento simples, como a heurística de disponibilidade (que estima a probabilidade com base na facilidade com que os eventos vêm à mente)	Permite-nos agir rápida e eficientemente	Coloca-nos em risco de erros

continua

Tabela 9.1 Comparação entre processos cognitivos e estratégias. *(Continuação)*

Processo ou estratégia	Descrição	Poderes	Perigos
Insight	Reação Aha! repentina	Fornece a realização instantânea da solução	Pode não acontecer
Viés de confirmação	Tendência a buscar apoio para nossos próprios pontos de vista e ignorar evidências contraditórias	Permite-nos reconhecer rapidamente as evidências de apoio	Impede o reconhecimento de evidências contraditórias
Fixação	Incapacidade de ver os problemas de um novo ângulo	Concentra o pensamento	Impede a resolução criativa de problemas
Intuição	Sentimentos e pensamentos rápidos e automáticos	Baseia-se em nossa experiência; enorme e adaptável	Pode levar a sentir demais e pensar de menos
Excesso de confiança	Superestima a precisão de nossas crenças e julgamentos	Permite-nos ser felizes e tomar decisões com facilidade	Coloca-nos em risco de erros
Perseverança na crença	Ignora evidências que contradizem nossas crenças	Apoia nossas crenças duradouras	Fecha nossa mente para novas ideias
Enquadramento	Formulação de uma pergunta ou afirmação de modo que evoque a resposta desejada	Pode influenciar as decisões dos outros	Pode produzir um resultado enganoso
Criatividade	Capacidade de inovar ideias valiosas	Gera novos *insights* e produtos	Pode distrair do trabalho estruturado e rotineiro

PRÁTICA DE RECUPERAÇÃO

PR-2 Faça a correspondência entre o processo ou estratégia abaixo (i-xi) com sua descrição (a-k).

i. Algoritmo	**a.** Incapacidade para ver os problemas de um novo ângulo; foca o pensamento, mas prejudica a resolução criativa de problemas.
ii. Intuição	**b.** Regra ou procedimento metodológico que garante uma solução, mas exige tempo e esforço.
iii. *Insight*	**c.** Sentimentos e pensamentos rápidos, automáticos e sem esforço baseados em nossa experiência; grandiosos e adaptativos, mas podem levar você a sentir demais e pensar de menos.
iv. Heurística	**d.** Atalhos de pensamento simples que nos permitem agir de maneira rápida e eficiente, mas que nos colocam em risco de cometer erros.
v. Fixação	**e.** Reação de Aha! súbita que instantaneamente revela uma solução.
vi. Viés de confirmação	**f.** Tendência a procurar apoio para as nossas próprias opiniões e a ignorar evidências contraditórias.
vii. Excesso de confiança	**g.** Aferrar-se às suas crenças, ainda quando apresentadas com evidências que provam que estão erradas, fechando sua mente para novas ideias.
viii. Criatividade	**h.** Superestimar a acurácia de nossas crenças e julgamentos; permite que sejamos felizes e tomemos decisões com facilidade, mas nos coloca em risco de cometer erros.
ix. Enquadramento	**i.** Formular uma pergunta ou afirmação que evoque uma resposta desejada; pode enganar as pessoas e influenciar suas decisões.
x. Perseverança na crença	**j.** A capacidade para produzir ideias novas e valiosas.
xi. Incentivo	**k.** Enquadrar escolhas para encorajar boas decisões.

RESPOSTAS NO APÊNDICE E

Outras espécies compartilham nossas habilidades cognitivas?

QOA 9.8 O que sabemos sobre o pensamento das outras espécies?

Outros animais são surpreendentemente inteligentes (de Waal, 2016). Em seu livro de 1908, *The Animal Mind*, a psicóloga pioneira Margaret Floy Washburn argumentou que a consciência e a inteligência dos animais podem ser inferidas a partir de seu comportamento. Em 2012, neurocientistas convocados pela Universidade de Cambridge acrescentaram que a consciência dos animais pode ser inferida a partir de seus cérebros: "os animais não humanos, incluindo todos os mamíferos e aves", têm as *redes neurais* "que geram consciência" (Low, 2012). Considere então o que o cérebro dos animais consegue fazer.

Uso de conceitos e números

Ao tocar nas telas em busca de uma recompensa alimentar, os ursos pretos aprenderam a classificar imagens em categorias ou conceitos de animais e não animais (Vonk et al., 2012). Os grandes símios, inclusive chimpanzés e gorilas, formam conceitos, como *gatos* e *cães*. Quando os macacos aprendem esses conceitos, certos neurônios do lobo frontal em seu cérebro disparam em resposta a novas imagens "semelhantes a gatos", outros a novas imagens "semelhantes a cães" (Freedman et al., 2001). Mesmo os pombos – com simples cérebros de ave – podem classificar objetos (imagens de carros, gatos, cadeiras, flores). Diante da imagem de uma cadeira nunca vista antes, pombos bicarão de forma confiável uma tecla que representa *cadeiras* (Wasserman, 1995).

Revelação de *insight*

O psicólogo Wolfgang Köhler (1925) mostrou que os seres humanos não são as únicas criaturas a exibir *insights*. Ele colocou um pedaço de fruta e uma longa vara fora da jaula de um chimpanzé chamado Sultan, fora de seu alcance. Dentro da gaiola, Köhler colocou uma vara curta, que Sultan agarrou, usando-a para tentar alcançar a fruta. Depois de várias tentativas fracassadas, o chimpanzé largou o bastão e pareceu examinar a situação. Então, de repente (como se estivesse pensando "Aha!"), Sultan pulou e pegou o bastão curto novamente. Desta vez, ele a usou para puxar a vara mais longa, que então usou para alcançar a fruta. Alguns primatas exibiram até previsão, armazenando uma ferramenta que poderiam usar para recuperar comida no dia seguinte (Mulcahy & Call, 2006). (Um exemplo do uso de previsão de um chimpanzé é mostrando na Figura 9.5a.) Os macacos demonstraram a capacidade de ler a mente dos outros, antevendo onde um humano procurará um objeto, mesmo que não esteja mais lá (Krupenye et al., 2016).

Os pássaros, também, demonstram *insight*. Um experimento realizado por Christopher Bird (isso mesmo) e Nathan Emery (2009) deu vida a uma fábula de Esopo na qual um corvo sedento não conseguia alcançar a água em um jarro parcialmente cheio. Ver solução do corvo (exatamente como na fábula) na Figura 9.5b. Outros corvos moldaram arame ou gravetos para extrair alimentos, como insetos em troncos podres (Jelbert et al., 2018; Rutz et al., 2016). Os corvos são igualmente adeptos do uso de ferramentas inventivas e podem planejar com horas de antecedência para eventos futuros (Kabadayi & Osvath, 2017).

(a)

(b)

Figura 9.5 Talentos animais. (a) Um chimpanzé macho no Zoológico Furuvik da Suécia foi observado todas as manhãs coletando pedras, que no final do dia ele usou como munição para apedrejar visitantes (Osvath & Karvonen, 2012). (b) Os corvos estudados por Christopher Bird e Nathan Emery (2009) aprenderam rapidamente a elevar o nível da água em um tubo e capturar um verme flutuante jogando pedras. Outros corvos usaram galhos para sondar insetos e tiras de metal dobradas para alcançar alimentos.

Transmissão de cultura

Assim como os seres humanos, muitas outras espécies inventam comportamentos e transmitem padrões culturais para seus pares e prole (Boesch-Achermann & Boesch, 1993). Golfinhos formam coalizões, caçam cooperativamente e aprendem o uso de ferramentas uns com os outros (Bearzi & Stanford, 2010). Na Austrália Ocidental, alguns golfinhos aprenderam a usar esponjas marinhas como protetores de nariz ao sondar o fundo do mar em busca de peixes; depois ensinaram seus filhotes (Krützen et al., 2005).

Chimpanzés que vivem na floresta selecionam diferentes ferramentas para diferentes propósitos – por exemplo, uma vara pesada para fazer buracos, uma vara leve e flexível para pegar cupins, ou uma vara pontiaguda para assar *marshmallows*. Brincadeira! Eles não assam *marshmallows*, mas nos surpreenderam com o uso sofisticado de ferramentas (Sanz et al., 2004). Os pesquisadores encontraram pelo menos 39 costumes locais dos chimpanzés relacionados com uso de ferramentas, à catação e ao ritual de acasalamento (Claidière & Whiten, 2012; Whiten & Boesch, 2001). Um grupo pode sugar os cupins diretamente de uma vara, enquanto outro grupo pode arrancá-los individualmente. Um grupo quebra castanhas com uma pedra usada como martelo, outro, com um pedaço de pau como martelo. Um chimpanzé descobriu que o musgo das árvores podia absorver água para beber de um poço e, em 6 dias, outros sete chimpanzés observadores começaram a fazer o mesmo (Hobaiter et al., 2014). Esses comportamentos transmitidos, juntamente com diferentes estilos de comunicação e caça, são a versão dos chimpanzés de diversidade cultural.

Outras habilidades cognitivas

Grandes macacos, golfinhos, pegas e elefantes se reconhecem em um espelho, demonstrando autoconsciência (Morrison & Reiss, 2018). Os elefantes também exibem suas habilidades para aprender, lembrar, discriminar cheiros, ter empatia, cooperar, ensinar e usar ferramentas espontaneamente (Byrne et al., 2009). Os chimpanzés demonstraram altruísmo, cooperação e agressão em grupo. Como os humanos, eles vão matar seu vizinho para conquistar território e ficam de luto pelos parentes mortos (Anderson et al., 2010; Biro et al., 2010; Mitani et al., 2010).

* * *

Pensar nas habilidades de outras espécies nos traz de volta à nossa pergunta inicial: Quão merecedores somos do rótulo *Homo sapiens* – humano sábio? Vamos fazer uma pausa para dar à nossa espécie algumas notas intermediárias. Na tomada de decisão e avaliação de risco, nossa espécie, inteligente, mas propensa a erros, poderia receber um B–. Na resolução de problemas, em que os humanos são inventivos, porém vulneráveis ao viés de confirmação e fixação, provavelmente receberíamos uma nota melhor, talvez um B+. E, sobre eficiência cognitiva e criatividade, nossa heurística rápida (embora às vezes defeituosa) e pensamento divergente certamente nos renderiam um A.

REVISÃO Pensamento

OBJETIVOS DE APRENDIZAGEM

Teste a si mesmo. Responda às Questões dos Objetivos de Aprendizagem (antes de conferir as respostas no Apêndice D) para aprimorar a retenção dos conceitos estudados (McDaniel et al., 2009, 2015).

QOA 9.1 O que são *cognição* e *metacognição*, e quais são as funções dos conceitos?

QOA 9.2 Que estratégias cognitivas nos auxiliam a resolver os problemas e quais obstáculos nos atrapalham?

QOA 9.3 O que é *intuição*, e como as heurísticas de representatividade e disponibilidade podem influenciar nossas decisões e julgamentos?

QOA 9.4 Quais fatores exacerbam nosso medo de eventos improváveis?

QOA 9.5 Como nossas decisões e julgamentos são afetados pelo excesso de confiança, perseverança de crença e enquadramento?

QOA 9.6 Como pensadores inteligentes usam a intuição?

QOA 9.7 O que é *criatividade*, e o que a estimula?

QOA 9.8 O que sabemos sobre o pensamento das outras espécies?

TERMOS E CONCEITOS A RECORDAR

Teste a si mesmo. Escreva a definição em suas próprias palavras e depois confirme sua resposta.

cognição, p. 322
metacognição, p. 322
conceito, p. 322
protótipo, p. 322
algoritmo, p. 323
heurística, p. 323
insight, p. 323
viés de confirmação, p. 324
fixação, p. 324
configuração mental, p. 324
intuição, p. 324
heurística de representatividade, p. 325
heurística da disponibilidade, p. 325
excesso de confiança, p. 326

perseverança na crença, p. 328
enquadramento, p. 328
incentivo, p. 328
criatividade, p. 330
pensamento convergente, p. 330
pensamento divergente, p. 330

DOMINE O MATERIAL

Teste a si mesmo. Responda às questões a seguir por conta própria, a princípio, depois confira as respostas no Apêndice E.

1. Um agrupamento mental de coisas semelhantes é chamado de _______________.
2. O procedimento mais sistemático para solucionar um problema é _______________.
3. Oscar descreve suas crenças políticas como "veementemente liberais", mas decidiu explorar pontos de vistas contrários. Como ele poderia ser afetado pelo viés de confirmação e pela perseverança na crença?
4. Um obstáculo importante para a resolução de problemas é a fixação, que é a
   a. tendência para basear nossos julgamentos em memórias vívidas.
   b. tendência para esperar pela ocorrência de um *insight*.
   c. incapacidade para ver um problema por uma nova perspectiva.
   d. regra geral para julgar a probabilidade de um evento em termos de nossa imagem mental desse evento.
5. Os ataques terroristas deixaram os americanos mais temerosos de serem vítimas do terrorismo do que de outras ameaças maiores. Esse medo exagerado após eventos dramáticos ilustra a heurística _______________.
6. Quando os consumidores respondem de maneira mais positiva à carne moída descrita como "75% magra" do que ao mesmo produto rotulado como "25% de gordura", eles foram influenciados por _______________.
7. Qual das seguintes opções NÃO é uma característica de pessoa criativa?
   a. Competência
   b. Motivação extrínseca
   c. Personalidade aventureira.
   d. Habilidades de pensamento imaginativo.
8. No início do século XX, alguns psicólogos notaram que a consciência animal pode ser inferida de seu comportamento. No início do século XXI, outros cientistas argumentaram que a consciência animal pode ser inferida a partir do _______________ de seu cérebro.

Linguagem e pensamento

Imagine uma espécie alienígena que pudesse transmitir pensamentos de uma cabeça para outra simplesmente pulsando as moléculas de ar entre elas. Talvez essas estranhas criaturas pudessem estar em um futuro filme de ficção científica? Na verdade, essas criaturas somos nós! Quando falamos, nosso cérebro e a caixa de voz criam ondas de pressão de ar que enviamos ricocheteando contra o tímpano alheio – possibilitando a transferência de pensamento de nosso cérebro para o deles.

Como observou o psicólogo cognitivo Steven Pinker (1998), às vezes ficamos sentados por horas "ouvindo outras pessoas fazendo barulho enquanto exalam, porque esses assobios e guinchos contêm *informações*". E, graças a todos esses barulhos engraçados criados em nossas cabeças pelas ondas de pressão do ar que enviamos, obtemos a atenção das pessoas. Conseguimos que elas façam coisas. E mantemos as relações (Guerin, 2003). Dependendo de como você faz o ar vibrar, você pode levar um tapa ou ganhar um beijo.

A **linguagem** é mais do que o ar vibrante – são nossas palavras faladas, escritas ou sinalizadas, e as maneiras pelas quais as combinamos para comunicar significado. Quando eu [DM] criei este parágrafo, meus dedos no teclado geraram números binários eletrônicos que foram traduzidos nos rabiscos diante de você. Quando transmitidos por raios de luz refletidos em sua retina (ou por ondas sonoras em seu ouvido), esses rabiscos desencadeiam impulsos nervosos sem forma que viajam para várias áreas do seu cérebro, que integram as informações, comparam-nas com informações armazenadas e decodificam o significado. Graças à linguagem, transferimos significados de uma mente para outra. Muitos animais sabem pouco mais do que sentem. Graças à linguagem, compreendemos muito que nunca vimos e que nossos ancestrais distantes nunca souberam. E graças à tecnologia, podemos usar a linguagem para nos comunicar a grandes distâncias – por meio de palavras "*emoticons*" faladas, escritas e até mesmo pictóricas (incluindo a "Palavra" do Ano do *Oxford English Dictionary* de 2015: 😂). Como observa Daniel Gilbert (2006), o motorista de táxi comum em Pittsburgh "sabe mais sobre o universo do que Galileu, Aristóteles, Leonardo, ou qualquer um daqueles indivíduos que eram tão inteligentes que só precisavam de um nome".

Vamos começar nosso estudo da linguagem examinando alguns de seus componentes.

"O segredo para a sobrevivência de nossos ancestrais foi provavelmente o uso da linguagem para desenvolver novos modos de cooperação."
– David Grinspoon, *Can Humans Outsmart Extinction?* (2016)

Linguagem. Nossas palavras faladas, escritas ou sinalizadas e as formas como as combinamos para comunicar significados.

Fonema. Na linguagem, menor unidade de som diferenciada.

Morfema. Em uma linguagem, menor unidade que carrega sentido; pode ser uma palavra ou parte de uma palavra (como um prefixo).

Gramática. Em uma linguagem, sistema de regras que permite que nos comuniquemos e compreendamos uns aos outros. *Semântica* é o conjunto de regras para derivar significado dos sons e *sintaxe* é o conjunto de regras para combinar as palavras em sentenças com sentido gramatical.

Estrutura da linguagem

QOA 9.9 Quais são os componentes estruturais de uma linguagem?

Considere como poderíamos inventar uma linguagem. Para a linguagem falada, precisaríamos de três conjuntos básicos de sons:

- Os **fonemas** são as menores unidades sonoras distintas em uma língua. Para dizer *bat* (morcego), quem fala inglês pronuncia os fonemas *b*, *a* e *t*. (Fonemas não são o mesmo que letras. *That* também tem três fonemas – *th*, *a* e *t*. E os três "e" em *Mercedes* são cada um fonema diferente.) Os linguistas que pesquisaram cerca de 500 línguas identificaram 869 fonemas diferentes na fala humana, mas nenhuma língua usa todos eles (Holt, 2002; Maddieson, 1984). Esses mais de 800 sons "podem formar todas as palavras em todas as línguas do mundo", observa a pesquisadora de linguagem infantil Patricia Kuhl (2015). O inglês usa cerca de 40 fonemas; outras línguas usam de metade a mais do dobro. Como regra geral, os fonemas consonantais carregam mais informações do que os fonemas vocálicos
- Os **morfemas** são a menor unidade de uma língua com significado. Mas a maioria dos morfemas são combinações de dois ou mais fonemas. Em inglês, poucos morfemas são também fonemas – o artigo *a* (um/uma), por exemplo. Mas a maioria dos morfemas combina dois ou mais fonemas. A palavra *leitores*, por exemplo, contém três morfemas: "ler", "tor" (sinalizando que queremos dizer "alguém que lê") e "s" (sinalizando que não queremos dizer um, mas vários leitores). Cada palavra em uma língua contém um ou mais morfemas
- **Gramática** é um conjunto de regras da língua que permite que nos comuniquemos. As regras gramaticais nos guiam na derivação de significado dos sons (*semântica*) e na organização das palavras em sentenças (*sintaxe*).

Como falantes nativos de inglês, pedimos desculpas ao resto de vocês por algumas esquisitices do nosso idioma:
- Extraordinário não significa "extra ordinário".
- *Hyphenated* não é hifenizado; *non-hyphenated* é hifenizado.
- Adjetivo é um substantivo.
- Nossa ortografia de *weird* is *weird* (estranha, em inglês), não *wierd*.

Como a própria vida construída a partir do alfabeto simples do código genético, a complexidade da linguagem nasceu da simplicidade. No inglês, por exemplo, o número relativamente pequeno de cerca de 40 fonemas pode ser combinado para formar mais de 100 mil morfemas que, sozinhos ou combinados entre si, produzem as 600 mil variações de passado e presente registradas no *Oxford English Dictionary*. Podemos usar essas palavras para criar um número infinito de frases, a maioria das quais (como esta) é original. Sabemos que você pode saber por que eu temo que você ache que esta frase está começando a ficar muito complexa, mas essa complexidade – e nossa capacidade de transmiti-la e compreendê-la – é o que distingue a capacidade humana de uso da linguagem (Hauser et al., 2002; Premack, 2007).

PRÁTICA DE RECUPERAÇÃO

PR-1 Quantos morfemas existem na palavra *gatos*? E quantos fonemas?

RESPOSTAS NO APÊNDICE E

Aquisição de desenvolvimento da linguagem

Nós, humanos, temos um talento surpreendente para a linguagem. Com uma eficiência notável, seletivamente coletamos dezenas de milhares de palavras de nossa memória e, quase sem esforço, as estruturamos com sintaxe quase perfeita, e as expelimos em um ritmo de três palavras por segundo (Vigliocco & Hartsuiker, 2002). Raramente formamos frases em nossas mentes antes de as enunciarmos. Em vez disso, elas próprias se organizam na mesma hora em que falamos. E, ao fazermos isso tudo, também adequamos nossos discursos ao contexto sociocultural. Também seguimos as regras para falar (*A que distância devemos ficar das pessoas?*) e ouvir (*Será que eu posso interromper agora?*). Diante de tantas possibilidades de estragar tudo, é incrível que possamos dominar essa espécie de dança social. Assim, quando e como isso acontece?

"A linguagem é um dom exclusivamente humano, central para nossa experiência de ser humano."
– Lera Boroditsky (2009)

Aquisição da linguagem: como aprendemos a linguagem?

QOA 9.10 Como adquirimos a linguagem, e o que é *gramática universal*?

O linguista Noam Chomsky argumentou que a linguagem é um traço humano não aprendido, separado de outras partes da cognição humana. Ele teorizou que uma predisposição embutida para aprender regras gramaticais, que ele chamou de *gramática universal*, ajuda a explicar por que as crianças em idade pré-escolar aprendem a linguagem tão prontamente e usam a gramática tão bem. Acontece tão naturalmente – tão naturalmente quanto os pássaros aprendem a voar – que o treinamento dificilmente ajuda. Seja em Indiana ou na Indonésia, seguimos intuitivamente regras de sintaxe semelhantes (Aryawibawa & Ambridge, 2019). Todas as línguas humanas – e há mais de seis mil delas – têm substantivos, verbos e adjetivos como conjuntos gramaticais básicos e ordenam e proferem palavras de algumas maneiras comuns (Blasi et al., 2016; Futrell et al., 2015).

Outros pesquisadores observam que as crianças de fato aprendem gramática à medida que discernem padrões na linguagem que ouvem (Ibbotson & Tomasello, 2016). Até Chomsky concorda que não nascemos com uma linguagem *específica* incorporada ou um conjunto *específico* de regras gramaticais. As línguas do mundo são estruturalmente muito diversas – mais do que a ideia de gramática universal implica (Bergen, 2014). Qualquer que seja a língua que experimentamos quando crianças, seja falada ou sinalizada, aprenderemos prontamente sua gramática e vocabulário específicos (Bavelier et al., 2003). Independentemente do idioma que aprendemos, começamos a falar basicamente nomes (*kitty*, *da-da*) em vez de verbos e adjetivos (Bornstein et al., 2004). A biologia e a experiência trabalham juntas.

PRÁTICA DE RECUPERAÇÃO

PR-2 Qual era a visão de Noam Chomsky sobre o desenvolvimento da linguagem?

RESPOSTAS NO APÊNDICE E

Desenvolvimento da linguagem: quando nós aprendemos a linguagem?

QOA 9.11 Quais são os marcos no desenvolvimento da linguagem, e quando é o período crítico para a aquisição da linguagem?

Dê um palpite rápido: Quantas palavras da sua língua nativa você aprendeu entre seu primeiro aniversário e sua formatura do ensino médio? Apesar de você usar apenas 150 palavras para a maioria das coisas que diz, provavelmente você aprendeu cerca de 60 mil palavras (Bloom, 2000; McMurray, 2007). Isso representa uma média (depois de 1 ano) de cerca de 3.500 palavras por ano, ou quase 10 por dia! Como você conseguiu isso – como as 3.500 palavras por ano que você aprendeu podem ter sido tantas mais além das cerca de 200 que seus professores ensinaram conscientemente – é uma das grandes maravilhas da humanidade.

Você poderia agora declarar as regras de sintaxe (a maneira correta de juntar palavras para formar frases) dos idiomas que você fala fluentemente? A maioria de nós não consegue. Antes de ser capaz de somar 2 + 2, você já criava suas próprias frases originais gramaticalmente adequadas. Como pré-escolar, você compreendia e falava com uma facilidade que envergonharia os estudantes universitários que lutavam para aprender um novo idioma.

LINGUAGEM RECEPTIVA. O desenvolvimento da linguagem das crianças parte da simplicidade para a complexidade. Os bebês começam sem linguagem (o vocábulo em latim *in fantis* significa "sem fala"). Porém, em torno de 4 meses, os bebês conseguem discriminar sons da fala (Stager & Werker, 1997). Também são capazes de ler lábios. Sabemos disso porque, em experimentos, os bebês preferiram olhar para um rosto que corresponda a um som – um "ah" vindo de lábios bem abertos e um "ee" de uma boca com os cantos repuxados (Kuhl & Meltzoff, 1982). Reconhecer essas diferenças marca o início do desenvolvimento da *linguagem receptiva* dos bebês, sua capacidade de compreender o que é dito para eles e sobre eles.

A compreensão da linguagem dos bebês supera muito sua produção de linguagem. Mesmo aos 6 meses, bem antes de falar, muitos bebês reconhecem nomes de objetos (Bergelson & Swingley, 2012, 2013). A partir dos 7 meses, cresce o poder dos bebês de fazer aquilo que nós temos dificuldades diante de uma língua desconhecida: segmentar os sons falados em palavras individuais. Quando os adultos ouvem uma língua desconhecida, as sílabas soam todas juntas. Um jovem casal sudanês há pouco tempo na América do Norte e não familiarizado com o inglês pode ouvir, por exemplo, *United Nations* como "Iunai Ted Neichions". Sua filha de 7 meses não teria esse problema. Os bebês humanos exibem uma notável habilidade para aprender aspectos estatísticos da fala humana (Batterink, 2017; Werker et al., 2012). Seu cérebro não está somente distinguindo as separações entre as palavras, mas também está analisando estatisticamente quais sílabas – como em "be-be-lin-do" – aparecem com mais frequência juntas. Depois de apenas 2 minutos de exposição a uma voz de computador falando uma sequência ininterrupta e monótona de sílabas sem sentido (*bidakupadotigo-labubidaku*...), bebês de 8 meses conseguiram reconhecer (conforme indicado por seu nível de atenção) três sílabas em sequência que apareceram repetidamente (Saffran, 2009; Saffran et al., 1996).

Estágio de balbucio. Fase do desenvolvimento da fala, que começa por volta dos 4 meses; durante essa fase a criança emite espontaneamente vários sons; nem todos estão relacionados com a linguagem familiar.

Estágio de uma palavra. Estágio de desenvolvimento da fala, de 1 aos 2 anos; durante essa fase a criança fala principalmente em palavras isoladas.

Estágio de duas palavras. Com início em torno dos 2 anos, estágio de desenvolvimento da fala em que a criança predominantemente fala em frases de duas palavras.

Fala telegráfica. Estágio inicial da fala em que a criança fala como em um telegrama – "ir carro" – usando principalmente verbos e substantivos.

LINGUAGEM PRODUTIVA. Muito depois do início da linguagem receptiva, a *linguagem produtiva* dos bebês – sua capacidade de produzir palavras – amadurece. Antes que a criação molde a fala dos bebês, a natureza possibilita uma ampla gama de sons possíveis na **fase de balbucio**, que começa por volta dos 4 meses. Muitos desses sons balbuciados naturalmente são pares formados por consoantes e vogais pela simples colocação da língua na frente da boca (*da-da, na-na, ta-ta*) ou pelo abrir e fechar dos lábios (*ma-ma*), ambos emitidos naturalmente pelos bebês para se alimentar (MacNeilage & Davis, 2000). O balbucio não é uma imitação da fala dos adultos, porque inclui sons de vários idiomas. A partir desse balbucio inicial, não é possível identificar se um bebê é francês, coreano ou etíope.

Em torno dos 10 meses (a idade pode variar de criança para criança e pelo contexto), o balbucio já se modificou, e um ouvido treinado é capaz de identificar a língua materna (de Boysson-Bardies et al., 1989). Crianças surdas que observam seus pais surdos sinalizando começam a balbuciar mais com as mãos (Petitto & Marentette, 1991). Sem exposição a outras línguas, os bebês perdem a capacidade de fazer o que nós (acredite ou não) não podemos – discriminar e produzir sons e tons encontrados fora de nossa língua nativa (Kuhl et al., 2014; Meltzoff et al., 2009). Isso explica por que os adultos que falam apenas inglês não são capazes de distinguir certos sons da fala japonesa e por que adultos japoneses que não aprenderam inglês não conseguem distinguir o "r" e o "l" falados em inglês. Assim, *la-la-ra-ra*, para um adulto que fala japonês, soa como a mesma sílaba repetida.

Mais ou menos em torno do primeiro aniversário, a maioria das crianças entra no **estágio de uma palavra**. Elas já aprenderam que os sons têm significados e, se repetidamente treinadas para associar, digamos, *peixe* com uma figura de um peixe, uma criança de 1 ano olhará para um peixe quando um pesquisador falar: "Peixe, peixe! Olhe para o peixe!" (Schafer, 2005). Elas começam a usar sons, em geral apenas uma sílaba quase irreconhecível, como "ma" ou "da", para comunicar significado. Mas os membros da família rapidamente aprendem a compreender, e gradualmente a linguagem das crianças se aproxima da linguagem da família. No mundo inteiro, as primeiras palavras do bebê são nomes que rotulam objetos ou pessoas (Tardif et al., 2008). Nesse estágio de uma só palavra, a inflexão de uma palavra (*Totó!*) pode equivaler a uma frase inteira (*Olha lá um cachorro!*).

Quer adivinhar as primeiras palavras mais comuns dos bebês? (Uma dica: eles tendem a ser semelhantes entre os idiomas.) Em inglês, croata, francês, italiano e suaili, elas são *mamãe* e *papai* (Frank et al., 2019).

Em torno dos 18 meses, a aprendizagem de palavras das crianças dispara de cerca de uma palavra por semana para uma por dia. Perto do segundo aniversário, a maioria já entrou no **estágio de duas palavras** (Tabela 9.2). Começam a proferir frases de duas palavras em uma **fala telegráfica**. Como nos telegramas de antigamente ("CONDIÇÕES ACEITAS. ENVIAR DINHEIRO"), essa forma inicial de discurso contém principalmente verbos e substantivos ("*Quero suco*"). Também como os telegramas, a fala delas segue as regras da sintaxe; as palavras estão na ordem correta. As crianças que falam inglês normalmente colocam os adjetivos antes dos substantivos – *white house* (branca casa) e não *house white* (casa branca). Já o português inverte essa ordem, como em *casa branca*.

Assim que saem do estágio de duas palavras, as crianças rapidamente começam a proferir frases mais longas (Fromkin & Rodman, 1983). No início do ensino fundamental, as crianças entendem sentenças complexas e começam a desfrutar do humor transmitido por palavras de duplo sentido: "A vizinha morreu de panela: veio um ônibus e pá-nela."

PRÁTICA DE RECUPERAÇÃO

PR-3 Qual é a diferença entre *linguagem receptiva* e *linguagem produtiva*, e quando as crianças normalmente atingem esses marcos no desenvolvimento da linguagem?

RESPOSTAS NO APÊNDICE E

PERÍODOS CRÍTICOS. Algumas crianças – como as que recebem implante coclear para permitir a audição, ou as que são adotadas por uma família em outro país – começam tarde a aprendizagem de um idioma. Para esses botões que tardam em florescer, o desenvolvimento

Tabela 9.2 Resumo de desenvolvimento da linguagem.

Mês (aproximado)	Estágio
4	Sons de fala balbuciados são produzidos por bebês ("ah-goo")
10	O balbucio assemelha-se à linguagem de casa ("ma-ma")
12	Discurso de uma palavra ("Gatinho!")
24	Discurso de duas palavras ("Pega bola")
24+	Desenvolvimento rápido para frases completas

da linguagem segue a mesma sequência, embora geralmente em um ritmo mais rápido (Ertmer et al., 2007; Snedeker et al., 2007). Mas há um limite de quanto tempo a aprendizagem de idiomas pode ser adiada. A infância parece representar um *período crítico* (ou "sensível") para dominar certos aspectos do idioma antes do fechamento da janela de aprendizagem idiomática (Hernandez & Li, 2007; Lenneberg, 1967). Em um estudo, a exposição da língua coreana apenas nos primeiros meses de vida permitiu que adotados coreanos na Holanda fizessem mais tarde o que outros não conseguiram, isto é, aprender prontamente os sons consonantais de sua língua esquecida (Choi et al., 2017). Parte do que foi esquecido foi retido inconscientemente. Mas por volta dos 7 anos, os que não foram expostos a uma língua falada ou de sinais perdem a capacidade de dominar *qualquer* idioma.

As variações culturais e ambientais afetam a exposição da linguagem das crianças. Entre os povoadores indígenas Tsimane da Bolívia, os adultos gastam menos de 1 minuto por hora do dia falando com crianças menores de 4 anos (Cristia et al., 2019). Crianças expostas a linguagem de baixa qualidade – como crianças americanas de 4 anos em salas de aula com crianças de 3 anos, ou algumas crianças de lares pobres – geralmente apresentam menos habilidade linguística (Ansari et al., 2015; Hirsh-Pasek et al., 2015). Ler para crianças é uma boa maneira de aumentar a exposição da linguagem. Jessica Logan e seus colegas (2019) descobriram que a exposição frequente a livros infantis populares pode ajudar as crianças a se preparar para entrar na escola. "As crianças que ouvem mais palavras do vocabulário estarão mais bem preparadas para ver essas palavras impressas quando entrarem na escola", sugeriu ela.

A capacidade de aprendizagem de idiomas é universal, mas é mais fácil quando somos crianças. Se aprendermos uma nova língua quando adultos, geralmente a falaremos com o sotaque de nossa língua nativa e com gramática imperfeita (Hartshorne et al., 2018). Em um experimento, imigrantes coreanos e chineses consideraram 276 sentenças em inglês ("*Yesterday the hunter shoots a deer*") e decidiram se estavam gramaticalmente certas ou erradas (Johnson & Newport, 1991). Todos estavam nos EUA havia aproximadamente 10 anos: alguns deles tinham chegado ainda na primeira infância e outros já adultos. Como revela a Figura 9.6, os que aprenderam seu segundo idioma, ainda crianças, aprenderam melhor.

Quanto mais velhos nos mudarmos para outro país, mais difícil será aprender o seu idioma e absorver a sua cultura (Cheung et al., 2011; Hakuta et al., 2003). Quando eu [ND] fui ao Japão pela primeira vez, me disseram para nem me incomodar em tentar me curvar, que havia algo como uma dúzia de reverências diferentes e eu sempre iria "curvar com sotaque".

Purestock/AGE Fotostock

Um talento natural. Bebês humanos vêm com uma capacidade notável de absorver a linguagem. Mas a linguagem particular que eles aprendem refletirá suas interações únicas com os outros.

PRÁTICA DE RECUPERAÇÃO

PR-4 Por que é tão difícil aprender um novo idioma na idade adulta?

RESPOSTAS NO APÊNDICE E

Surdez e desenvolvimento da linguagem

O impacto das primeiras experiências fica evidente na aprendizagem da linguagem em crianças com surdez pré-lingual (antes de aprenderem um idioma) cujos pais que ouvem e não falam a língua dos sinais. Essas crianças normalmente não vivenciam a linguagem durante

Arizona Daily Star, A.E. Araiza/AP Photo

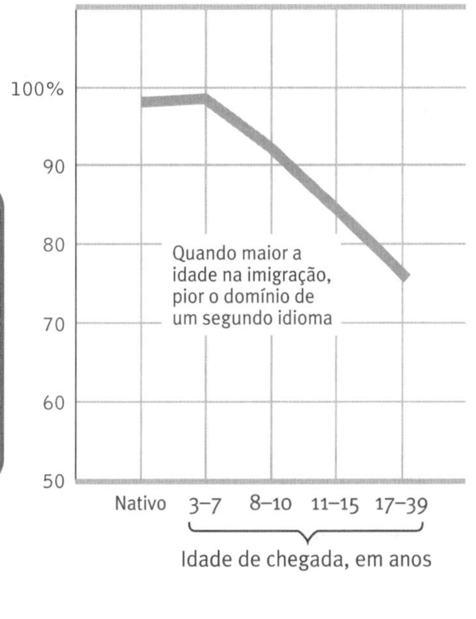

Figura 9.6 Nossa capacidade para aprender um novo idioma diminui com a idade. Dez anos depois de chegarem aos Estados Unidos, imigrantes asiáticos fizeram um teste de gramática inglesa. Embora não haja um período crítico nitidamente definido para a aprendizagem de um segundo idioma, os que chegaram antes dos 8 anos compreenderam a gramática inglesa americana tão bem quanto os nativos. Os que chegaram após os 8 anos não compreenderam ou não tão bem. (Dados de Johnson & Newport, 1991.)

seus primeiros anos de vida. As crianças surdas de nascença que aprendem a linguagem dos sinais depois de 9 anos nunca a aprendem tão bem quanto as crianças que aprenderam cedo na vida. Aqueles que aprendem a linguagem dos sinais quando adolescentes ou adultos são como os imigrantes que aprendem inglês depois da infância: eles conseguem dominar palavras básicas e aprender a ordená-las, mas nunca serão fluentes como os nativos em língua de sinais na produção e compreensão de diferenças gramaticais sutis (Newport, 1990). Assim como o crescimento de uma flor seria atrofiado sem nutrição, as crianças também ficam atrofiadas linguisticamente se forem isoladas da linguagem durante o período crítico de sua aquisição.

Mais de 90% de todas as crianças surdas são filhas de pais que ouvem. A maior parte desses pais quer que seus filhos experimentem seu mundo de sons e conversas. Os implantes cocleares viabilizam isso convertendo os sons em sinais elétricos e estimulando o nervo auditivo por meio de eletrodos introduzidos na cóclea da criança. Mas, se for para o implante ajudar as crianças a ficarem proficientes em comunicação oral, os pais não podem postergar a cirurgia até a criança atingir a idade de consentimento. O fornecimento de implantes cocleares para crianças é motivo de um debate acalorado. Os defensores da cultura da surdez são contra o fornecimento dos implantes às crianças que já eram surdas na fase pré-lingual. A National Association of the Deaf, por exemplo, argumenta que a surdez não é uma deficiência porque os sinalizadores nativos não são linguisticamente deficientes. Mais de cinco décadas atrás, o linguista William Stokoe (1960), da Universidade Gallaudet, mostrou que os sinais são uma linguagem completa com a sua própria gramática, sintaxe e significados. A cultura da surdez alega ainda que a surdez também poderia ser considerada um "aperfeiçoamento da visão" tanto quanto um "comprometimento da audição". Feche os olhos e imediatamente você vai notar também a sua atenção sendo desviada para outros sentidos. Em um experimento, as pessoas que passaram 90 minutos sentadas, quietas e vendadas ficaram mais precisas em sua localização dos sons (Lewald, 2007). Quando se beijam, os apaixonados minimizam a distração e aumentam a sensibilidade ao fecharem seus olhos.

As pessoas que perdem um dos canais de sensação compensam com um ligeiro aperfeiçoamento de suas outras capacidades sensoriais (Backman & Dixon, 1992; Levy & Langer, 1992). Os surdos de nascença exibem processamento visual aprimorado (Almeida et al., 2015). Seu córtex auditivo, privado de estímulos sensoriais, permanece praticamente intacto, mas se torna responsivo ao toque e ao estímulo visual (Karns et al., 2012). Uma vez reaproveitado, o córtex auditivo fica menos disponível para a audição – o que ajuda a explicar por que os implantes cocleares são mais eficazes quando fornecidos antes dos 2 anos (Geers & Nicholas, 2013; Niparko et al., 2010).

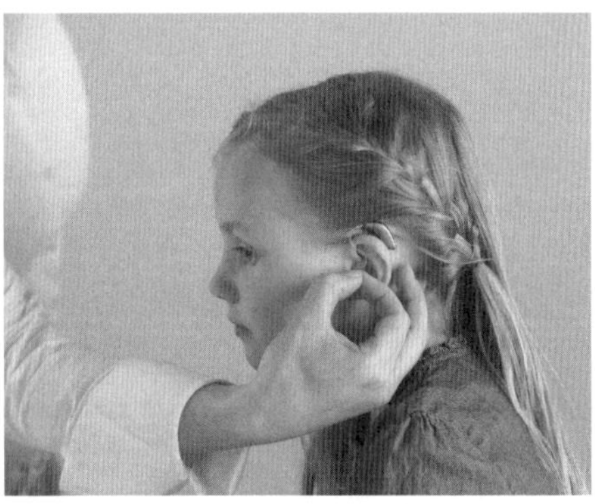

Biha

Melhora da audição. Menina no Malawi experimentando novos aparelhos auditivos.

VIVER EM UM MUNDO SILENCIOSO. No mundo inteiro, 466 milhões de pessoas vivem com perda auditiva incapacitante (WHO, 2019). Algumas são profundamente surdas; outras (mais homens do que mulheres) têm perda auditiva (Agrawal et al., 2008). Alguns eram surdos de nascença; outros conheceram o mundo da audição. Alguns usam a sinalização e se identificam com a cultura da surdez baseada na linguagem. Outras pessoas, especialmente as que perderam a sua audição depois de falarem um idioma, são "orais" e conversam com o mundo ouvinte lendo lábios ou notas escritas. Ainda outras transitam entre as duas culturas.

Os desafios da vida sem audição podem ser maiores para as crianças. Incapazes de se comunicarem do modo habitual, os coleguinhas que falam a linguagem dos sinais podem se esforçar para coordenar a sua brincadeira com a dos coleguinhas que falam. O desempenho escolar também pode sofrer; os assuntos acadêmicos são calcados em linguagens *faladas*. Os adolescentes podem sentir-se socialmente excluídos, resultando em baixa autoestima e confiança. As crianças criadas com outras pessoas surdas costumam se identificar mais com a cultura da surdez e ter autoestima positiva. Se criadas em um lar de sinalizadores, seja por pais surdos ou não, elas também expressam autoestima maior e sentem-se mais aceitas (Bat-Chava, 1993, 1994).

Os adultos cuja audição foi prejudicada tardiamente também enfrentam desafios. Despender esforço para ouvir palavras drena sua capacidade de percebê-las, compreendê-las e lembrá-las (Wingfield et al., 2005). Em vários estudos, pessoas com perda auditiva, em especial as que não utilizam aparelhos auditivos, relataram tristeza, menor envolvimento social e maior sofrimento com a irritação das outras pessoas (Kashubeck-West & Meyer, 2008; National Council on Aging, 1999). Elas também sofrem uma espécie de timidez: "é um comportamento quase universal entre os surdos provocar o mínimo de espalhafato possível para as pessoas sem problemas auditivos", observou Henry Kisor (1990, p. 244), um editor de jornal e colunista de Chicago que perdeu a audição aos 3 anos. "Podemos ser discretos e tímidos ao ponto da invisibilidade. Às vezes essa tendência pode ser incapacitante. Tenho que lutar contra ela o tempo todo". Helen Keller, cega e surda, observou que a "cegueira afasta as pessoas das coisas. A surdez afasta as pessoas das pessoas".

Eu [DM] entendo. Minha mãe, com quem eu me comunicava por meio de bilhetes em uma "lousa mágica" apagável, passou seus últimos 12 anos em um mundo totalmente silencioso, em grande parte poupada do estresse e do esforço para tentar interagir com pessoas fora de um pequeno círculo familiar e velhos amigos. Com a minha própria audição em queda e se aproximando do nível da audição dela (sem os meus aparelhos auditivos que tiro para dormir à noite, não consigo entender minha esposa falando do travesseiro ao lado). Mesmo com aparelhos auditivos, sento-me na frente e no centro das peças e reuniões e procuro cantos tranquilos em restaurantes. Eu me beneficio da ótima tecnologia (ver HearingLoop.org) que, com o simples apertar de um botão, consegue transformar meu aparelho auditivo em alto-falantes intra-auriculares para transmissão de som do telefone, TV e instalações sonoras. No entanto, ainda sofro frustração quando, com ou sem aparelhos auditivos, não consigo ouvir a piada da qual todo mundo está gargalhando; quando, depois de tentativas repetidas, simplesmente não consigo compreender a pergunta exasperada daquela pessoa e não consigo fingir; quando os membros da família desistem e dizem "Ah, deixa pra lá" após tentarem três vezes me dizer alguma coisa sem importância.

Quando envelheceu, minha mãe sentiu que a busca pela interação social simplesmente não valia o esforço. Compartilho a crença do colunista de jornal Kisor de que a comunicação vale o esforço (p. 246): "Então... vou cerrar os dentes e seguir em frente." Alcançar, conectar-se, comunicar-se com os outros, mesmo através de um abismo de silêncio, é afirmar nossa humanidade como criaturas sociais.

Afasia. Comprometimento da linguagem, normalmente causado por lesões no hemisfério esquerdo, na área de Broca (comprometimento da fala) ou na área de Wernicke (comprometimento da compreensão).

Área de Broca. Área do lobo frontal do cérebro, em geral no hemisfério esquerdo, que ajuda a controlar a expressão da linguagem, direcionando os movimentos musculares envolvidos na fala.

Área de Wernicke. Área do cérebro, geralmente no lobo temporal esquerdo, envolvida na compreensão e expressão da linguagem.

Cérebro e linguagem

QOA 9.12 Quais áreas do cérebro são envolvidas no processamento da linguagem?

Costumamos achar que falar e ler, ou escrever e ler, ou cantar e falar são simples exemplos da mesma habilidade geral – a linguagem. Mas considere este achado curioso: as lesões em qualquer uma das várias áreas corticais podem produzir **afasia**, comprometimento da linguagem. Ainda mais curioso, algumas pessoas com afasia podem falar com fluência, mas não conseguem ler (mesmo enxergando bem), enquanto outras compreendem o que leem, mas não conseguem falar. Há ainda as que escrevem, mas não leem, leem, mas não escrevem, leem números, mas não letras, ou cantam, mas não falam. Esses casos sugerem que a linguagem é complexa e que diferentes áreas do cérebro devem cumprir funções linguísticas distintas.

Na realidade, em 1865, o médico francês Paul Broca relatou que lesões em uma área específica do lobo frontal esquerdo (mais tarde batizada de **área de Broca**) deixavam uma pessoa com problemas para *falar*, mas ainda eram capazes de cantar músicas conhecidas e compreender a fala. Uma década depois, o investigador alemão Carl Wernicke descobriu que, após danos em uma área específica do lobo temporal esquerdo (**área de Wernicke**), as pessoas eram incapazes de *entender* as frases dos outros e podiam falar, mas apenas frases sem sentido. Quando solicitado a descrever uma imagem de dois meninos roubando biscoitos por trás de uma mulher, um paciente respondeu: "A mãe está longe trabalhando o trabalho dela para ela ficar melhor, mas quando ela está olhando os dois garotos olham para outra parte. Ela está trabalhando outra hora" (Geschwind, 1979).

A neurociência atual confirmou a atividade cerebral nas áreas de Broca e Wernicke durante o processamento da linguagem (Figura 9.7). Para pessoas com afasia, a estimulação elétrica da área de Broca pode ajudar a restaurar suas habilidades de fala (Marangolo et al., 2016). (Para as pessoas que têm a área de Broca maior que a média, a aprendizagem de gramática é muito fácil [Novén et al., 2019].) Mas agora também sabemos que o processamento da linguagem pelo cérebro é complexo. A área de Broca coordena com o processamento da linguagem do cérebro em outras áreas também (Flinker et al., 2015; Tremblay & Dick, 2016). Embora você experimente a linguagem como um fluxo único e unificado, as imagens de RMf mostrariam que seu cérebro está ocupado realizando multitarefas e conectando-as em rede. Diferentes redes neurais são ativadas por substantivos e verbos (ou objetos e ações); por vogais diferentes; por histórias de experiências visuais em comparação com motoras; por quem falou e o que foi dito; e por muitos outros estímulos (Perrachione et al., 2011; Shapiro et al., 2006; Speer et al., 2009). E essas mesmas redes são ativadas, quer você esteja lendo ou ouvindo as palavras (Deniz et al., 2019).

Ainda mais, se você tiver a sorte de ser fluente como nativo em dois idiomas, seu cérebro processa ambas as línguas em áreas semelhantes (Kim et al., 2017). Mas seu cérebro não usa as mesmas áreas se você aprendeu uma segunda língua depois da primeira ou se você usa a língua de sinais em vez de falar sua segunda língua (Berken et al., 2015; Kovelman et al., 2014).

Figura 9.7 Atividade cerebral quando falamos e ouvimos as palavras. *(Esta figura encontra-se reproduzida em cores no Encarte.)*

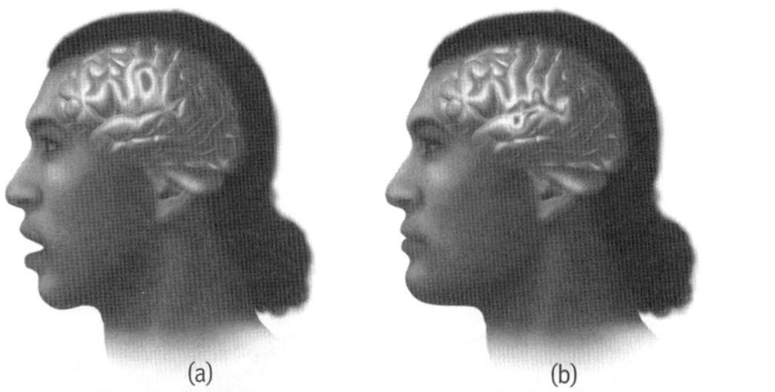

(a) Pronunciar palavras (área de Broca e córtex motor)

(b) Ouvir palavras (córtex auditivo e área de Wernicke)

O ponto a ser lembrado: ao processar a linguagem, como em outras formas de processamento de informações, o cérebro opera dividindo suas funções mentais – falar, perceber, pensar, lembrar – em subfunções. Sua experiência consciente de ler esta página *parece* indivisível, mas, graças a seu processamento paralelo, muitas redes neurais diferentes estão reunindo seu trabalho para dar sentido às palavras, frases e parágrafos (Fedorenko et al., 2016; Snell & Grainger, 2019). *E pluribus unum*: Entre muitos, um.

PRÁTICA DE RECUPERAÇÃO

PR-5 ____________________ é a parte do cérebro que, se estiver danificada, poderá prejudicar nossa capacidade para pronunciar as palavras. Lesões na ______________ podem prejudicar nossa capacidade de compreender a linguagem.

RESPOSTAS NO APÊNDICE E

Keith Allison

Mãos que falam. A linguagem humana parece ter evoluído da comunicação por gestos (Corballis, 2002, 2003; Pollick & de Waal, 2007). Mesmo hoje, os gestos são associados naturalmente ao discurso espontâneo, especialmente com teor espacial. Tanto os gestos quanto o discurso comunicam e quando transmitem a mesma informação, em vez de informações diferentes (como na língua de sinais do beisebol), nós humanos compreendemos mais rápidos e com mais exatidão (Hostetter, 2011; Kelly et al., 2010). O *outfielder* William Hoy, o primeiro jogador surdo a participar das principais ligas (1892), ajudou a inventar os sinais de mão para "Bola válida!", "Salvo!" (exibido aqui) e "Fora!" (Pollard, 1992). Os árbitros em todos os esportes usam sinais inventados e os fãs são fluentes na linguagem dos sinais.

Outras espécies têm linguagem?

QOA 9.13 O que sabemos sobre a capacidade de linguagem de outras espécies?

Os seres humanos, mais do que outros animais, têm a capacidade de tomar as perspectivas dos outros e se regular com um senso moral (Tomasello, 2019). Os humanos também proclamam há muito tempo que a linguagem nos coloca acima de outros animais. "Quando estudamos a linguagem humana", afirmou o linguista Noam Chomsky (1972), "nos aproximamos do que alguns poderiam chamar de 'essência humana', as qualidades da mente que são, até onde sabemos, exclusivas [dos seres humanos]". Mas, é verdade que *só* os humanos têm linguagem?

Alguns outros animais exibem processamento básico de linguagem. Os pombos podem aprender a diferença entre palavras e não palavras, mas nunca conseguiriam ler este livro (Scarf et al., 2016).

Outros animais mostram compreensão e comunicação impressionantes. Várias espécies de macacos emitem diferentes gritos de alarme para diferentes predadores, como um latido para um leopardo, uma tosse para uma águia e um chilrear para uma cobra. Ao ouvir o alarme do leopardo, os macacos *vervets* escalam a árvore mais próxima. Ao ouvir o alarme da águia, eles correm para os arbustos. Ao ouvir o alarme das cobras, eles ficam em pé e vasculham o terreno (Byrne, 1991; Clarke et al., 2015; Coye et al., 2015). Para indicar múltiplas ameaças (alguma combinação de águia, leopardo, árvore caindo ou um grupo vizinho), os macacos vão combinar seis alarmes diferentes em uma sequência de 25 (Balter, 2010). Mas será que essas comunicações são linguagem?

No final dos anos 1960, os psicólogos Allen Gardner e Beatrix Gardner (1969) despertaram enorme interesse científico e público com seu trabalho com Washoe, uma chimpanzé jovem. Com base nas tendências naturais dos chimpanzés para a comunicação gestual, eles ensinaram a Washoe a língua de sinais. Depois de 4 anos, Washoe conseguia usar 132 sinais; ao final de sua vida, em 2007, ela estava usando mais de 250 sinais (Metzler, 2011; Sanz et al., 1998).

Durante a década de 1970, mais e mais relatórios foram surgindo. Alguns chimpanzés estavam fazendo sequências de sinais para formar frases. Washoe, por exemplo, assinou "Você eu sair, por favor". Algumas combinações de palavras pareciam criativas – dizer *pássaro água* para significar "cisne" ou *maçã que é laranja* para significar "laranja" (Patterson, 1978; Rumbaugh, 1977).

Mas, no final da década de 1970, outros psicólogos estavam ficando céticos. Os chimpanzés eram campeões de linguagem ou os pesquisadores é que eram uns idiotas? Considere, afirmaram os céticos:

- O vocabulário dos macacos e suas sentenças são simples como as de uma criança de 2 anos. Ao contrário das crianças, os macacos conquistam um vocabulário limitado apenas com grande dificuldade (Wynne, 2004, 2008). As crianças que falam ou sinalizam podem facilmente absorver dezenas de novas palavras a cada semana e 60 mil na idade adulta
- Os chimpanzés conseguem fazer sinais ou apertar botões em sequência para receber uma recompensa. A sinalização dos macacos pode ser nada mais do que imitar os sinais de seus treinadores e aprender que certos movimentos do braço produzem recompensas (Terrace, 1979)
- Quando as informações são ambíguas, as pessoas, graças aos seus recursos perceptivos, tendem a ver o que desejam ou esperam ver. Interpretar os sinais dos chimpanzés como linguagem pode não passar de pensamento positivo de seus treinadores (Terrace, 1979). Quando Washoe sinalizou *pássaro água*, poderia estar nomeando *água* e *pássaro* separadamente

- "Dá laranja eu dá laranja eu come laranja..." é um grito que está muito longe da sintaxe requintada de uma criança de 3 anos (Anderson, 2004; Pinker, 1995). As regras de sintaxe na linguagem humana governam a ordem das palavras nas frases. Para a criança "você cosquinha" e "cosquinha você" transmitem ideias diferentes. Um chimpanzé, sem a sintaxe humana, pode sinalizar a indistinguibilidade das frases.

A controvérsia pode estimular o progresso e, neste caso, desencadeou mais evidências das habilidades de outras espécies de pensar e se comunicar. Um achado surpreendente foi Washoe treinar seu filhote adotado, Loulis, a usar os sinais que ela havia aprendido. Sem assistência humana, Loulis finalmente captou 68 sinais, simplesmente observando Washoe e três outros chimpanzés treinados em linguagem sinalizando juntos. Ainda mais impressionante foi um relato posterior: Kanzi, um bonobo com vocabulário relatado de 384 palavras, podia entender a sintaxe do inglês falado (Savage-Rumbaugh et al., 1993, 2009). Kanzi, que parece ter a capacidade de linguagem receptiva de uma criança de 2 anos, respondeu apropriadamente quando perguntado: "Você pode me mostrar a luz?" e "Você pode me trazer a luz [*flash*]?" e "Você pode acender a luz?" Recebendo bichos de pelúcia e solicitado – pela primeira vez – para "fazer o cachorro morder a cobra", ele colocou a cobra na boca do cachorro.

Então, como você interpretaria esses estudos? Os seres humanos são a única espécie que usa linguagem? Se por linguagem queremos dizer uma habilidade de se comunicar utilizando uma sequência significativa de símbolos, então os macacos são realmente capazes de linguagem. Mas se nos referimos a uma expressão verbal ou sinalizada de gramática complexa que nos permite trocar pensamentos, a maioria dos psicólogos agora concordaria que somente os humanos possuem linguagem (Suddendorf, 2018). Além disso, só os humanos têm uma versão de um gene *(FOXP2)* que ajuda a permitir os movimentos dos lábios, língua e cordas vocais da fala humana (Lieberman, 2013). Os seres humanos com uma forma de mutação desse gene têm dificuldade para pronunciar as palavras.

Uma coisa é certa: estudos de linguagem e pensamento animal levaram os psicólogos a uma ampla apreciação das habilidades notáveis de outras espécies (Friend, 2004; Rumbaugh & Washburn, 2003; Wilson et al., 2015). No passado, muitos psicólogos duvidavam de que outras espécies pudessem planejar, formar conceitos, contar, usar ferramentas ou mostrar compaixão (Thorpe, 1974). Hoje, graças aos pesquisadores de animais, temos mais conhecimento. Ao se comunicar, os chimpanzés parecem considerar o que os outros sabem – *Meu amigo sabe que uma cobra está por perto?* (Crockford et al., 2017). Animais não humanos exibem perspicácia, mostram lealdade familiar, cuidam uns dos outros e transmitem padrões culturais através das gerações. Descobrir o que isso significa para os direitos morais de outros animais é uma tarefa inacabada.

Pilleybianchi

Compreensão canina. O Border Collie chamado Rico tinha um vocabulário de 200 palavras humanas. Se pedíssemos para ele pegar um brinquedo com um nome que nunca tivesse escutado, Rico pegaria um novo brinquedo de um grupo de itens conhecidos (Kaminski et al., 2004). Ao ouvir esse nome pela segunda vez quatro semanas mais tarde, Rico na maioria das vezes pegava o mesmo brinquedo. Outra Border Collier, chamada Chaser, estabeleceu um recorde animal ao aprender 1.000 nomes de objetos (Pilley, 2011). Como uma criança de 3 anos, ela só conseguia categorizar os nomes por função e forma. Ela pode "pegar uma bola" ou "pegar uma mola".

PERGUNTE A SI MESMO

Você consegue pensar em um momento em que acreditou que um animal estava se comunicando com você? Como você pode colocar isso em um teste?

PRÁTICA DE RECUPERAÇÃO

PR-6 Se o seu cão late para um estranho na porta da frente, isso se qualifica como linguagem? E se o cão ganir de forma reveladora para você saber que ele precisa sair?

RESPOSTAS NO APÊNDICE E

Pensamento e linguagem

QOA 9.14 Qual é a relação entre a linguagem e o pensamento, e qual é o valor de pensar em imagens?

Pensamento e linguagem – o que vem primeiro? Esta é uma das grandes questões da galinha e do ovo da psicologia. Nossas ideias vêm primeiro e depois as palavras para nomeá-las? Ou nossos pensamentos são concebidos em palavras e impensáveis sem elas?

O linguista Benjamin Lee Whorf (1956) afirmou que "a própria linguagem molda as ideias básicas de uma [pessoa]". Os Hopi, que não têm pretérito para seus verbos, não conseguiam *pensar* prontamente no passado, disse ele. Os psicólogos de hoje acreditam que a forma rígida da ideia de Whorf – o **determinismo linguístico** – é muito extrema. Todos nós pensamos em coisas para as quais não temos palavras. (Você consegue pensar em um tom de azul que não consegue denominar?) E normalmente temos pensamentos *não simbolizados*

Determinismo linguístico. Hipótese de Whorf de que a linguagem determina a maneira como pensamos.

Relativismo linguístico. Ideia de que a linguagem influencia a forma como pensamos.

(sem palavras, sem imagens), como acontece quando alguém, enquanto observa dois homens carregando tijolos, se pergunta se os homens vão deixá-los cair (Heavey & Hurlburt, 2008; Hurlburt et al., 2013).

Uma versão mais fraca do determinismo linguístico – o **relativismo linguístico** – reconhece que nossas palavras influenciam nosso pensamento (Gentner, 2016). Para quem fala duas línguas bastante diferentes, como o inglês e o japonês, parece óbvio que uma pessoa possa pensar diferentemente em línguas diferentes (Brown, 1986). Diversamente do inglês, com rico vocabulário para expressar emoções focadas em si próprio como raiva, o idioma japonês tem muitas palavras para emoções interpessoais como simpatia (Markus & Kitayama, 1991). Muitas pessoas bilíngues relatam que têm percepções diferentes do *self*, sentindo-se como pessoas diferentes dependendo de qual idioma estão usando (Matsumoto, 1994; Pavlenko, 2014). Em uma série de estudos com árabes-israelenses bilíngues (que falam tanto árabe quanto hebraico), os participantes pensavam de maneira diferente sobre o seu mundo social, com associações automáticas diferentes com árabes e judeus, dependendo do idioma que a sessão de testes utilizou (Danziger & Ward, 2010).

Dependendo da emoção que desejam expressar, as pessoas bilíngues geralmente trocam de idioma. "Quando minha mãe fica zangada comigo, ela fala em mandarim", explicou uma estudante sino-americana. "Se ela estiver realmente furiosa, ela vai usar o cantonês" (Chen et al., 2012). Os indivíduos bilíngues podem até mesmo revelar diferentes perfis quando fazem o mesmo teste de personalidade nas duas línguas, com suas diferentes associações culturais (Chen & Bond, 2010; Dinges & Hull, 1992). Quando os estudantes bilíngues da Universidade de Waterloo, nascidos na China, foram solicitados a se descrever em inglês, suas respostas se encaixaram em perfis típicos canadenses, expressando principalmente autoafirmações e humores positivos. Ao responder em chinês, os mesmos alunos deram autodescrições tipicamente chinesas, relatando mais concordância com os valores chineses e autodeclarações e humores positivos e negativos aproximadamente iguais (Ross et al., 2002). Mudanças de atitude e personalidade semelhantes foram mostradas quando pessoas biculturais e bilíngues alternam entre os quadros culturais associados ao espanhol e inglês, ou árabe e inglês (Ogunnaike et al., 2010; Ramírez-Esparza et al., 2006). "Aprenda uma nova língua e ganhe uma nova alma", diz um provérbio tcheco. Ao responder em sua segunda língua, os julgamentos morais das pessoas bilíngues refletem menos emoção – elas respondem com mais "cabeça" do que "coração" (Costa et al., 2014).

Assim, nossas palavras podem influenciar nosso pensamento (Boroditsky, 2011). As palavras definem nossas categorias mentais. No Brasil, os isolados índios Pirahã têm palavras para os números 1 e 2, mas acima disso são apenas "muitos". Portanto, diante de sete castanhas enfileiradas, eles acham difícil colocar a mesma quantidade em seu próprio agrupamento (Gordon, 2004).

As palavras também influenciam como pensamos as cores. Quer sejamos do Novo México, de Nova Gales do Sul ou da Nova Guiné, vemos as cores da mesma maneira, mas usamos nossa língua nativa para *classificar* e *lembrar* das cores (Davidoff, 2004; Roberson et al., 2004, 2005). Imagine ver três cores e chamar duas delas de "amarelos" e uma delas de "azul". Mais tarde, provavelmente verá e se lembrará dos amarelos como mais semelhantes. Mas se você fosse um membro da tribo Berinmo, de Papua-Nova Guiné, que tem palavras para dois tons de amarelo, provavelmente se lembraria melhor das diferenças entre os dois amarelos. E, se sua língua nativa for russa ou grega, que têm nomes distintos para vários tons de azul, você perceberia e lembraria os amarelos como mais semelhantes e lembraria melhor dos azuis (Maier & Abdel Rahman, 2018). As palavras importam.

As diferenças percebidas crescem à medida que atribuímos nomes diferentes. No espectro das cores, o azul se mistura com o verde – até traçarmos uma linha divisória entre as porções que chamamos de "azul" e de "verde". Ainda que igualmente diferentes no espectro de cores, dois itens diferentes que compartilham o mesmo nome (como os dois "azuis" na Figura 9.8, contraste B) são mais difíceis de distinguir do que dois itens com nomes diferentes ("azul" e "verde" na Figura 9.8, contraste A) (Özgen, 2004). Da mesma forma, $ 4,99 difere perceptivamente mais de $ 5,01 do que de $ 4,97. Do mesmo modo, dois lugares parecem mais próximos e vulneráveis ao mesmo desastre natural, se forem considerados no mesmo estado em vez de uma mesma distância em estados diferentes (Burris & Branscombe, 2005; Mishra & Mishra, 2010). Tornados não reconhecem fronteiras estaduais, mas as pessoas sim.

Diante dessa sutil influência das palavras sobre o pensamento, é melhor escolhermos nossas palavras com cuidado. Será que faz diferença se escrevo: "Uma criança aprende a língua quando *ela* interage com *seus* cuidadores", ou "As crianças aprendem a língua quando *elas* interagem com *seus* cuidadores"? Muitos estudos descobriram que, sim, faz diferença. Quando ouvimos o *ele* neutro (como em "o artista e seu trabalho"), a maioria de nós imagina alguém do sexo masculino (Henley, 1989; Ng, 1990). Se esse *ele* fosse de fato livre de gênero, não deveríamos achar curiosa uma frase como "o homem, como os demais mamíferos, amamenta os filhotes". O uso de pronomes também pode influenciar como nos sentimos sobre nós mesmos. Jovens transgêneros e de gênero não-conforme relatam sentir-se mais respeitados e

Yves Picq

Cultura e cor. Em Papua-Nova Guiné, as crianças de Berinmo têm palavras para diferentes tons de "amarelo", o que pode permitir que identifiquem e lembrem as variações do amarelo mais rapidamente. Aqui e em todos os lugares, "as línguas que falamos moldam profundamente a maneira como pensamos, a maneira como vemos o mundo, a maneira como vivemos nossas vidas", observou a psicóloga Lera Boroditsky (2009).

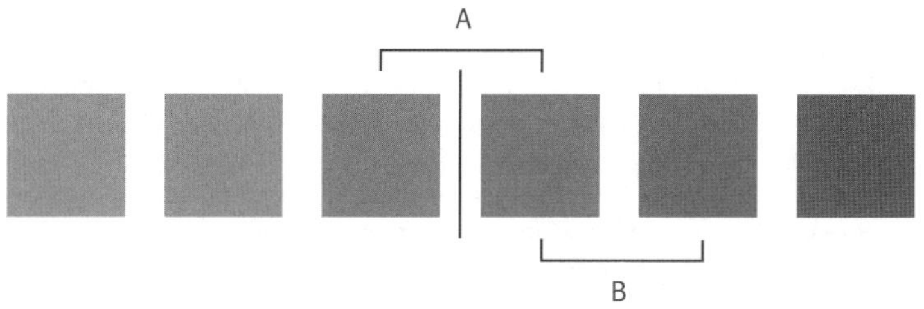

Figura 9.8 Linguagem e percepção. Quando as pessoas visualizam blocos de cores igualmente diferentes, elas percebem esses blocos com nomes diferentes como sendo mais diferentes. Assim, o "verde" e o "azul" no contraste A podem parecer mais diferentes que os dois azuis igualmente diferentes no contraste B (Özgen, 2004). *(Esta figura encontra-se reproduzida em cores no Encarte.)*

incluídos quando seus pronomes preferidos são usados: *ele/ela, eles/elas, deles/delas* (Olson & Gülgöz, 2018; Rae et al., 2019).

Expandir a linguagem é expandir a habilidade de pensar. O pensamento de crianças pequenas se desenvolve de mãos dadas com sua linguagem (Gopnik & Meltzoff, 1986). De fato, é muito difícil pensar ou conceitualizar certas ideias abstratas (*compromisso, liberdade,* ou *fazer rimas*) sem a linguagem! E o que é verdade para crianças em idade pré-escolar vale para todos: *vale a pena ampliar o poder verbal.* É por isso que os livros didáticos, inclusive este, introduzem palavras novas: para ensinar novas ideias e novas maneiras de pensar. E é por isso que o psicólogo Steven Pinker (2007) batizou seu livro sobre linguagem de *The Stuff of Thought* (*Do que É Feito o Pensamento*).

"**Todas as palavras são pregos onde penduramos ideias.**" – Henry Ward Beecher, *Proverbs from Plymouth Pulpit*, 1887

O poder linguístico maior ajuda a explicar o que o pesquisador Wallace Lambert, da McGill University, chama de *vantagem bilíngue* (1992, Lambert et al., 1993). Aprender uma segunda língua com pouca idade promove o desenvolvimento de regiões cerebrais relacionadas à linguagem (Legault et al., 2019; Luo et al., 2019). Alguns (mas não todos) estudos mostraram que pessoas bilíngues são hábeis em inibir um idioma enquanto usam o outro – por exemplo, inibir "*giz de cera amarelo*" enquanto diz "*yellow crayon*" na escola e depois fazer o inverso em casa (Bialystok et al., 2015; Lehtonen et al., 2018; Tsui et al., 2019). As crianças bilíngues também têm habilidades sociais aprimoradas, sendo mais capazes de mudar para entender a perspectiva do outro (Fan et al., 2015; Gampe et al., 2019). A vantagem bilíngue se estende até o envelhecimento, preservando o funcionamento saudável do cérebro mais tarde na vida (Li et al., 2017).

A alternância de pessoas bilíngues entre diferentes idiomas, no entanto, leva um momento (Kleinman & Gollan, 2016; Palomar-García et al., 2015). Esse é um fenômeno que eu [DM] não percebi antes de falar com colegas chineses bilíngues em Pequim. Enquanto eu falava em inglês, os *slides* da apresentação estavam em chinês. Infelizmente, aprendi mais tarde, os *slides* traduzidos exigiam uma constante "troca de código" de minhas palavras faladas, tornando difícil para o meu público processar ambos.

Lambert ajudou a criar um programa canadense que, desde 1981, imergiu milhões de crianças de língua inglesa no francês (Statistics Canada, 2013). Não é de surpreender que essas crianças obtenham fluência em francês sem igual a qualquer outro método de ensino de idiomas. Além disso, comparadas com crianças de capacidade equivalente em grupos controle, elas chegam a esses resultados sem prejudicar a fluência em inglês, e com resultados crescentes de aptidão, criatividade e apreço pela cultura franco-canadense (Genesee & Gándara, 1999; Lazaruk, 2007).

Quer estejamos na minoria ou na maioria linguística, a linguagem nos liga uns aos outros. A linguagem também nos conecta ao passado e ao futuro. "Para destruir um povo", diz um ditado, "destrua sua língua".

PERGUNTE A SI MESMO

Considere um idioma que você começou a aprender *depois* de aprender seu primeiro idioma. Como aprendê-la foi diferente de aprender sua primeira língua? Falar é diferente?

PRÁTICA DE RECUPERAÇÃO

PR-7 A hipótese controversa de Benjamin Lee Whorf, chamada de ______________, sugeriu que não podemos pensar sobre coisas, a menos que tenhamos palavras para esses conceitos ou ideias.

RESPOSTAS NO APÊNDICE E

Pensamento em imagens

Quando está sozinho, você fala consigo mesmo? Será que "pensar" é simplesmente conversar consigo mesmo? Sem dúvida, as palavras transmitem ideias. Mas não há vezes em que as ideias precedem as palavras? Para usar água fria em seu banheiro, para que lado você abre a torneira?

"Quando vemos uma pessoa caminhando e falando sozinha, geralmente presumimos que é doente mental. Porém, todos nós falamos sozinhos continuamente – apenas temos o bom senso de mantermos nossas bocas fechadas... É como se estivéssemos travando uma conversa com um amigo imaginário com uma paciência infinita. Com quem estamos falando?" – Sam Harris, *We Are Lost in Thought*, 2011

Para responder a essa pergunta você provavelmente não pensou em palavras, mas com a memória *implícita* (não declarativa, procedural), fez uma imagem mental de como você faz isso.

De fato, nós com frequência pensamos em imagens. Os artistas pensam em imagens. Assim também os compositores, poetas, matemáticos, atletas e cientistas. Albert Einstein relatou que teve alguns de seus maiores *insights* por meio de imagens visuais que, posteriormente, converteu em palavras. O pianista Liu Chi Kung canalizou o valor do pensamento em imagens. Um ano depois de ficar em segundo lugar na competição Tchaikovsky de piano, em 1958, Liu foi preso durante a revolução cultural chinesa. Logo após sua libertação, depois de 7 anos sem tocar piano, ele estava de volta em turnê. Os críticos julgaram sua habilidade musical melhor do que nunca. Como ele continuou a se desenvolver sem prática? "Mas eu pratiquei", disse Liu, "todos os dias. Eu ensaiei cada peça musical que já havia tocado, nota por nota, em minha mente" (Garfield, 1986).

Para alguém que aprendeu uma habilidade, como dançar balé, por exemplo, até mesmo *assistir* à atividade ativará uma simulação interna do cérebro (Calvo-Merino et al., 2004). O mesmo ocorre quando se *imagina* uma experiência física, que ativa algumas das redes neurais que ficam ativas durante a situação real (Grèzes & Decety, 2001). Não é de admirar, portanto, que a "prática mental tornou-se parte padrão do treinamento" de atletas olímpicos (Blumenstein & Orbach, 2012; Ungerleider, 2005).

Um experimento sobre prática mental e arremesso de lance livre de basquete rastreou a equipe feminina da Universidade do Tennessee ao longo de 35 jogos (Savoy & Beitel, 1996). Durante esse período, os arremessos livres melhoraram em aproximadamente 52% nos jogos que se seguiram à prática física padrão para cerca de 65% depois da prática mental. As jogadoras repetidamente imaginaram estar fazendo arremessos livres em várias condições, inclusive com "ofensas verbais" das oponentes. Em uma final dramática, a equipe do Tennessee venceu o campeonato nacional na prorrogação, graças, em parte, aos arremessos livres.

O ensaio mental também pode ajudar você a atingir um objetivo acadêmico, como os pesquisadores demonstraram com dois grupos de calouros de psicologia enfrentando um exame de meio de semestre uma semana depois (Taylor et al., 1998). (Os alunos que não estavam envolvidos em nenhum ensaio mental formaram um terceiro grupo controle.) O primeiro grupo passou 5 minutos por dia visualizando a si mesmo examinando a lista de notas postada, vendo seu A, radiante de alegria e sentindo-se orgulhoso. Essa repetição diária de *simular o resultado* teve pouco efeito, acrescentando apenas dois pontos à nota média no exame. Os membros do outro grupo passaram 5 minutos por dia visualizando a si próprios estudando efetivamente – lendo os capítulos, revendo anotações, eliminando distrações, recusando convites para sair. Esse *processo de simulação* diária valeu a pena: esse segundo grupo começou a estudar mais cedo, passou mais tempo estudando e superou a média do grupo controle em 8 pontos. *O ponto a ser lembrado*: é melhor gastar seu tempo de devaneio planejando como chegar a algum lugar do que ficar fantasiando o destino imaginado.

Blend Images/Getty Images

* * *

O que dizer então sobre a relação entre o pensamento e a linguagem? Como vimos, a linguagem de fato influencia nosso pensamento. Mas, se o pensamento não afeta a linguagem, as novas palavras jamais poderiam existir. E novas palavras e novas combinações com antigas palavras expressam novas ideias. O termo *slam dunk* ("enterrada") usado no basquete foi criado depois que o próprio ato ficou bastante comum. Os *blogs* passaram a fazer parte de nossa linguagem depois que os "*logs* da *web*" apareceram. Então, digamos que *o pensamento afeta nossa linguagem, que, por sua vez, afeta nosso pensamento* (Figura 9.9).

Figura 9.9 Interação entre pensamento e linguagem. O tráfego segue em duas vias entre o pensamento e a linguagem. O pensamento afeta a nossa linguagem, que, por sua vez, afeta o nosso pensamento.

A pesquisa psicológica sobre o pensamento e a linguagem reflete as visões mistas de nossa espécie presentes em campos como a literatura e a religião. A mente humana é simultaneamente capaz de incríveis fracassos e de realizações intelectuais igualmente notáveis. Erros de julgamento são comuns e podem acarretar consequências desastrosas. Então fazemos bem ao avaliar nossa capacidade de cometer erros. No entanto, nossa engenhosidade na resolução de problemas e nosso extraordinário poder de linguagem marcam a humanidade como, nas palavras de Shakespeare, quase "infinita em faculdades".

Que horas são? Quando lhe pedimos (na seção sobre excesso de confiança) para estimar a rapidez com que terminaria este capítulo, você subestimou ou superestimou?

PERGUNTE A SI MESMO

Como você poderia usar a prática mental para melhorar seu desempenho em alguma área de sua vida – por exemplo, em seus trabalhos escolares, relacionamentos pessoais ou *hobbies*?

PRÁTICA DE RECUPERAÇÃO

PR-8 O que é prática mental e como ela pode ajudá-lo a se preparar para um evento futuro?

RESPOSTAS NO APÊNDICE E

REVISÃO Linguagem e pensamento

OBJETIVOS DE APRENDIZAGEM

Teste a si mesmo. Responda às Questões dos Objetivos de Aprendizagem (antes de conferir as respostas no Apêndice D) para aprimorar a retenção dos conceitos estudados (McDaniel et al., 2009, 2015).

QOA 9.9 Quais são os componentes estruturais de uma linguagem?

QOA 9.10 Como adquirimos a linguagem, e o que é *gramática universal*?

QOA 9.11 Quais são os marcos no desenvolvimento da linguagem, e quando é o período crítico para a aquisição da linguagem?

QOA 9.12 Quais áreas do cérebro são envolvidas no processamento da linguagem?

QOA 9.13 O que sabemos sobre a capacidade de linguagem de outras espécies?

QOA 9.14 Qual é a relação entre a linguagem e o pensamento, e qual é o valor de pensar em imagens?

TERMOS E CONCEITOS A RECORDAR

Teste a si mesmo. Escreva a definição em suas próprias palavras e depois confirme sua resposta.

linguagem, p. 335
fonema, p. 336
morfema, p. 336
gramática, p. 336
estágio de balbucio, p. 338
estágio de uma palavra, p. 338
estágio de duas palavras, p. 338
fala telegráfica, p. 338
afasia, p. 341
área de broca, p. 341
área de Wernicke, p. 341
determinismo linguístico, p. 343
relativismo linguístico, p. 344

DOMINE O MATERIAL

Teste a si mesmo. Responda às questões a seguir por conta própria, a princípio, depois confira as respostas no Apêndice E.

1. As crianças atingem o estágio de uma só palavra no desenvolvimento da fala aproximadamente aos
a. 4 meses.
b. 6 meses.
c. 1 ano.
d. 2 anos.

2. Os três elementos básicos da linguagem são _________, _________ e _________.

3. Quando crianças pequenas falam em frases curtas usando principalmente verbos e nomes, isso se chama _________________.

4. Segundo Chomsky, o ser humano tem uma predisposição embutida para aprender as regras de gramática. Ele chama esse traço de _____________.

5. A maioria dos pesquisadores concorda que os macacos podem
a. comunicar-se através de símbolos.
b. reproduzir a maior parte dos sons da fala humana.
c. dominar a linguagem na vida adulta.
d. superar um ser humano de 3 anos em habilidades linguísticas.

JGI/Jamie Grill/Getty Images

Inteligência

Os pais do pequeno Natey nunca pensaram que ele se destacaria na sala de aula. Eles estavam apenas sendo realistas: seu filho muitas vezes parecia entediado na escola. Ele nunca foi o garoto "inteligente". Natey preferia os esportes a estudar. Por fim, ele se tornou um músico habilidoso, aprendendo a cantar e tocar vários instrumentos. A faculdade não estava nos planos dele. Então, seu pai sugeriu: "Talvez seria bom que você tentasse um ano de faculdade. Não vai doer nada." Então, Natey concordou.

Para preencher sua agenda de cursos, Natey se inscreveu no curso de Introdução à Psicologia. O texto atribuído – uma edição anterior do mesmo livro que você está lendo agora – deixou-o empolgado: "Eu não tinha ideia de que você poderia usar a ciência para entender as pessoas!" Embora não tenha ganhado nota máxima, Natey aprendeu algo que mudou para sempre sua vida: o trabalho árduo e a persistência poderiam aumentar seu conhecimento.

Com sua nova mentalidade, Natey mergulhou na psicologia. Ele leu dezenas de livros sobre o tema e começou a se destacar em suas aulas. Ele ganhou experiência em pesquisa e participou de conferências acadêmicas. Natey cursou dois mestrados e um Ph.D. em psicologia e tornou-se professor – e um de seus autores. Sim, é isso: Natey (um apelido de família) sou eu [ND].

Dentro e além da psicologia, poucos tópicos provocaram mais debate do que a controvérsia da *inteligência*: cada um de nós tem uma capacidade mental geral inata (inteligência)? Podemos quantificar essa capacidade como um número que tenha um significado real? Quanto a inteligência varia dentro de grupos e entre grupos, e por quê? Como as crenças sobre inteligência – se é imutável ou pode crescer com a experiência – influenciam o desempenho acadêmico?

Este capítulo oferece respostas, identificando uma variedade de dons mentais e concluindo que a receita para grandes realizações combina talento, determinação e circunstâncias da vida.

O que é inteligência?

istockphoto/IrenaV

Cura prática. O conceito socialmente construído de "inteligência" varia de uma cultura para outra. Em Camarões, por exemplo, um curandeiro mostra inteligência em seu conhecimento sobre plantas medicinais e sua compreensão das necessidades das pessoas que está ajudando.

QUESTÃO SOBRE OBJETIVOS DE APRENDIZAGEM QOA 10.1 Como os psicólogos definem *inteligência*?

Em muitos estudos, a inteligência tem sido definida como qualquer coisa que os *testes de inteligência* meçam, cuja tendência tem sido o que é definido como inteligência na escola. Porém, inteligência não é uma qualidade como a estatura ou o peso, que têm o mesmo significado para todas as pessoas no mundo inteiro. As pessoas atribuem o termo inteligência às qualidades que permitem o sucesso em sua própria época e cultura (Sternberg & Kaufman, 1998). Na floresta equatorial de Camarões, *inteligência* pode refletir a compreensão das qualidades medicinais das plantas locais. Em um colégio norte-americano, pode ser o domínio de conceitos difíceis em cálculo ou química. Em ambos os lugares, **inteligência** é a capacidade de aprender com a experiência, resolver problemas e usar o conhecimento para se adaptar às novas situações.

Você provavelmente conhece algumas pessoas com talento para ciências, outras que se sobressaem nas ciências humanas, e ainda outras com talentos para esportes, arte, música ou dança. Pode também conhecer um talentoso artista que se atrapalha com os mais simples problemas matemáticos, ou um brilhante aluno de matemática com pouca aptidão para discussões literárias. Todas essas pessoas são inteligentes? Você seria capaz de classificar a inteligência delas em uma escala única? Ou precisaria de várias escalas diferentes?

Teorias da inteligência de Spearman e Thurstone

QOA 10.2 Quais são os argumentos para *g*?

Charles Spearman (1863-1945) acreditava que temos uma **inteligência geral** (muitas vezes abreviada como ***g***) que está no centro de todo o nosso comportamento inteligente, desde navegar no mar até se destacar na escola. Ele garantiu que as pessoas geralmente têm habilidades especiais e notáveis. Mas ele observou que aqueles que têm alto escore em uma área, como inteligência verbal, em geral pontuam mais do que a média em outras áreas, como capacidade espacial ou de raciocínio.

A crença de Spearman (1904) nasceu, em parte, da *análise fatorial*, um procedimento estatístico que identifica agrupamentos de itens relacionados. A ideia da capacidade mental geral expressa por um único escore de inteligência era controversa na época de Spearman e assim permanece na atualidade. Um de seus primeiros opositores foi L. L. Thurstone (1887-1955). Thurstone aplicou 56 diferentes testes e identificou matematicamente sete agrupamentos de *habilidades mentais primárias* (fluência verbal, compreensão verbal, habilidade espacial, velocidade perceptiva, habilidade numérica, raciocínio indutivo e memória). Thurstone não classificou os participantes em uma única escala de aptidão geral. Porém, quando outros pesquisadores estudaram os perfis dessas pessoas, eles detectaram uma tendência persistente: aquelas que se sobressaíam em um dos sete agrupamentos em geral tinham bons resultados nos outros. Assim, concluíram os pesquisadores, ainda havia alguma evidência de um fator *g*.

"O *g* é uma das medidas mais confiáveis e válidas no domínio comportamental... e prediz importantes resultados sociais, como níveis educacionais e ocupacionais, de forma mais precisa do que qualquer outra característica." – Robert Plomin, geneticista comportamental (1999)

Poderíamos, então, equiparar as habilidades mentais às físicas. O atletismo não é uma coisa só, mas, sim, uma combinação de muitas. A habilidade de correr em alta velocidade é distinta da coordenação entre olhos e mãos requerida para arremessar uma bola em um alvo. No entanto, ainda há alguma tendência para que coisas boas venham no mesmo pacote – para que a velocidade de corrida e a precisão de arremesso se correlacionem. O mesmo ocorre com a inteligência nos seres humanos em todo o mundo (Warne & Burningham, 2019). Inúmeras habilidades distintas tendem a se agrupar e se correlacionar o suficiente para definir um pequeno fator de inteligência geral. Diferentes redes cerebrais permitem diferentes capacidades, com o *g* explicado por sua atividade coordenada (Cole et al., 2015; Kocevar et al., 2019).

Inteligência. Qualidade mental que consiste na habilidade de aprender a partir da experiência, solucionar problemas e usar o conhecimento para se adaptar a novas situações.

Inteligência geral (*g*). Fator de inteligência geral que, de acordo com Spearman e outros, é subjacente a habilidades mentais específicas e é, portanto, medido por tarefa em um teste de inteligência.

Inteligência fluida (*Gf*). Nossa capacidade para raciocinar de maneira rápida e abstrata; tende a diminuir no final da vida adulta.

Teoria da inteligência de Cattell-Horn-Carroll

QOA 10.3 Como os conceitos de *Gf* e *Gc*, e a *teoria de CHC*, afetaram nossa compreensão da inteligência?

Raymond Cattell (1905-1998) e seu aluno, John Horn (1928-2006), simplificaram as habilidades mentais primárias de Thurstone em dois fatores: **inteligência fluida (*Gf*)** – nossa capacidade de raciocinar rápida e abstratamente, como ao resolver problemas de lógica – e **inteligência cristalizada** (***Gc***) – nosso conhecimento acumulado refletido em vocabulário e habilidades aplicadas (Cattell, 1963). Uma programadora de computador experiente pode usar sua *Gf* para desenvolver novas teorias criativas de programação de computadores. Sua *Gc* pode ser evidente na maneira como ela discute habilmente seu trabalho em uma conferência. Nossas *Gf* e *Gc* muitas vezes trabalham juntas, como quando resolvemos problemas com base em nosso conhecimento acumulado.

Inteligência cristalizada (*Gc*). Conhecimento acumulado e habilidades verbais; tende a aumentar com a idade.

Teoria de Cattell-Horn-Carroll (CHC). Teoria de que nossa inteligência é baseada em *g*, bem como em habilidades específicas, interligadas por *Gf* e *Gc*.

Quão bem a pesquisa sobre *Gf* e *Gc* de Cattell e Horn apoiou a ideia de um único fator de inteligência (*g*)? Para responder a essa pergunta, John Carroll (1993) analisou centenas de estudos de inteligência anteriores e encontrou respaldo para o seguinte:

- Existe um fator de inteligência geral (*g*)
- Também temos habilidades mais específicas
- *Gf* e *Gc* preenchem a lacuna da inteligência geral para habilidades específicas. Usamos nossa *inteligência fluida* baseada em *g* para aprender e, em troca, ganhamos *inteligência cristalizada* (habilidades específicas).

Desse trabalho nasceu a **teoria de Cattell-Horn-Carroll** (**CHC**). Essa teoria afirmou a existência de um fator geral de habilidade intelectual geral. Afirmou também a existência de *Gf* e *Gc*. E identificou habilidades mais específicas, como leitura e escrita, capacidade de memória e velocidade de processamento (Schneider & McGrew, 2012). A teoria de CHC continua a influenciar os psicólogos, porque reconhece que muitas habilidades compreendem a inteligência, mas que essas habilidades específicas existem embaixo de um guarda-chuva mais amplo de inteligência geral. Outros psicólogos, particularmente desde meados da década de 1980, procuraram estender a definição de *inteligência* além da ideia de inteligência acadêmica.

Teorias das inteligências múltiplas

Inteligências múltiplas de Gardner

QOA **10.4** Quais são as diferenças entre as teorias de Gardner e de Sternberg sobre inteligências múltiplas, e quais foram as críticas enfrentadas por essas teorias?

Howard Gardner identificou oito *inteligências relativamente independentes*, incluindo aptidões verbais e matemáticas avaliadas por testes padronizados (Figura 10.1). Desse modo, o desenvolvedor de aplicativos, o poeta, o adolescente espertinho que se transformou em executivo astuto e o armador de um time de basquete exibem diferentes tipos de inteligência (Gardner, 1998). Gardner (1999a) também propôs uma nona inteligência possível – *inteligência existencial*, a saber, capacidade de "ponderar grandes questões sobre vida, morte, existência". A noção de inteligências múltiplas de Gardner continua a influenciar a crença de muitos educadores de que as crianças têm diferentes "estilos de aprendizagem", como visual e auditivo (Newton & Miah, 2017). Em um estudo, 93% dos professores britânicos concordaram que

Figura 10.1 Oito inteligências de Gardner. Gardner também propôs uma nona inteligência possível – *inteligência existencial* – que é a capacidade de ponderar questões profundas sobre a vida.

Gobierno CDMX

Ilhas de genialidade: síndrome de *savant*. Depois de um rápido passeio de helicóptero sobre Cingapura, seguido por cinco dias de desenho, o artista britânico portador de síndrome de *savant* Stephen Wiltshire reproduziu com precisão e de cabeça uma imagem aérea da cidade.

"os indivíduos aprendem melhor quando recebem informações em seu Estilo de Aprendizagem preferido" (Dekker et al., 2012). Cada vez mais, no entanto, a pesquisa lança dúvidas sobre a ideia de melhorar a compreensão dessa maneira (Nancekivell et al., 2019; Papadatou-Pastou et al., 2018).

Gardner (1983, 2006, 2011; Davis et al., 2011) vê os domínios de inteligência como múltiplas habilidades que vêm em diferentes pacotes. Danos cerebrais, por exemplo, podem destruir uma habilidade, mas deixar outras intactas. Um homem, Dr. P., teve danos na área visual do cérebro. Ele falava fluentemente e podia andar em linha reta. Mas sua capacidade de reconhecimento facial sofreu, fazendo com que ele confundisse sua esposa, de todas as coisas, com um chapéu (Sacks, 1985). E considere as pessoas com **síndrome de *savant***, que têm uma ilha de brilhantismo, mas em geral têm escores baixos em testes de inteligência e podem ter capacidade de linguagem limitada ou inexistente (Treffert, 2010). Alguns podem computar cálculos complicados quase instantaneamente, ou identificar o dia da semana de qualquer data histórica, ou criar obras de arte ou música incríveis (Miller, 1999).

Cerca de 4 em cada 5 pessoas portadoras da síndrome de *savant* são homens, e muitas também têm *transtorno do espectro autista* (TEA), um transtorno de desenvolvimento neurológico. O gênio da memória tardia Kim Peek (que não tinha TEA) inspirou o filme *Rain Man*, de 1988. Em um período de 8 a 10 segundos, ele era capaz de ler e memorizar uma página. Durante sua vida, ele memorizou 9 mil livros, incluindo as obras de Shakespeare e a Bíblia, e poderia fornecer direções de viagem semelhantes a um GPS dentro de qualquer grande cidade dos EUA. No entanto, ele não conseguia abotoar suas roupas, e tinha pouca capacidade para conceitos abstratos. Quando, em um restaurante, seu pai pediu que "abaixasse a voz", ele deslizou na cadeira para abaixar sua caixa de voz. Questionado onde Lincoln fez o Discurso de Gettysburg, respondeu: "227, North West Front Street. Mas ele só ficou lá uma noite – fez o discurso no dia seguinte" (Treffert & Christensen, 2005).

Três inteligências de Sternberg

Robert Sternberg (1985, 2015, 2017) concorda com Gardner que há mais no sucesso do que inteligência acadêmica e que temos inteligências múltiplas. No entanto, ele propõe uma *teoria triárquica*, de três, e não oito ou nove inteligências:

- **Inteligência analítica *(resolução de problemas acadêmicos)*** é avaliada por testes de inteligência que apresentam problemas bem definidos com uma única resposta correta. Esses testes predizem as notas escolares razoavelmente bem e o sucesso vocacional de forma mais discreta
- **Inteligência criativa** é demonstrada na inteligência inovadora: a capacidade de se adaptar a novas situações e gerar novas ideias
- **Inteligência prática** é necessária para tarefas cotidianas que podem ser mal definidas e ter múltiplas soluções.

Gardner e Sternberg diferem em algumas áreas, mas concordam em dois pontos importantes: múltiplas habilidades podem contribuir para o sucesso na vida, e diferentes tipos de superdotação trazem tanto tempero para a vida quanto desafios para a educação. Treinados para apreciar tal variedade, muitos professores aplicaram teorias de inteligência múltipla em suas salas de aula.

PERGUNTE A SI MESMO

O conceito de inteligências múltiplas pressupõe que a inteligência analítica da escola medida pelos testes tradicionais de inteligência é importante, mas que outras habilidades também são importantes. Pessoas diferentes têm dons diferentes. Quais são os seus?

Inteligência geral, determinação e prática deliberada

Não seria bom se o mundo fosse tão justo que uma fraqueza em uma área fosse compensada pela genialidade em outra? Infelizmente, o mundo não é justo (Ferguson, 2009; Scarr, 1989). Existe um fator de inteligência geral: o *g* importa (Johnson et al., 2008). Ela prediz o desempenho em variadas tarefas complexas e em vários trabalhos (Gottfredson, 2002a,b, 2003a,b). Estudos com quase 70 mil pessoas de 19 países descobriram que *g* prevê rendas mais altas (Ganzach et al., 2018; ver Figura 10.2). E escores extremamente altos em habilidades cognitivas preveem conquistas excepcionais, como alcançar um doutorado e fazer diversas publicações (Kuncel & Hezlett, 2010).

Mesmo assim, "sucesso" não é uma receita de um só ingrediente. Também ajuda ter a sorte de um lar e escola vantajosos, e ter nascido em uma época e lugar onde seus talentos são

Síndrome de *savant*. Condição na qual uma pessoa por um lado limitada em habilidade mental apresenta excepcional competência específica, como em cálculos ou desenho.

Inteligência emocional. Habilidade de perceber, entender, gerenciar e usar as emoções.

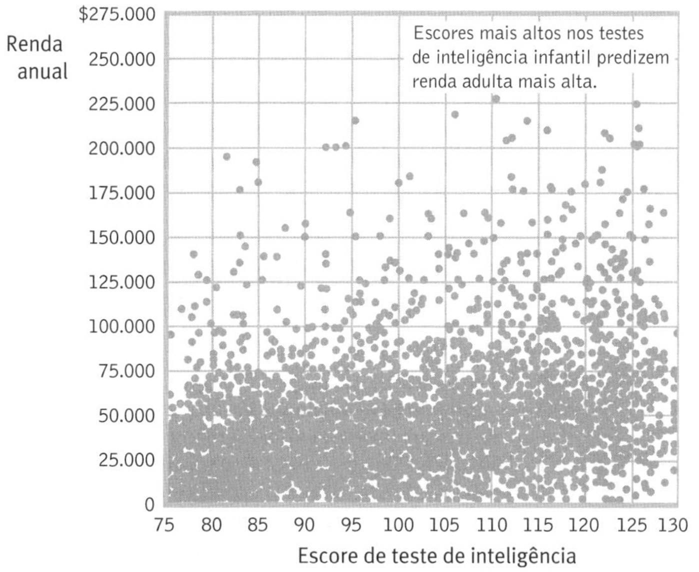

Figura 10.2 Inteligente e rico? Jay Zagorsky (2007) acompanhou 7.403 participantes no U.S. National Longitudinal Survey of Youth durante 25 anos. Como mostra esse gráfico de dispersão, suas pontuações de inteligência têm uma correlação positiva moderada de +0,30 com sua última renda.

O lema do procrastinador: "O trabalho duro compensa mais tarde; a preguiça compensa agora".

importantes. Adolescentes que crescem em uma casa privilegiada (muito espaço, silenciosa, bem iluminada), comparados com aqueles que não têm esses privilégios, têm córtex pré-frontal mais desenvolvido e obtêm escores de leitura mais altos (Uy et al., 2019). E embora a alta inteligência acadêmica o ajude a entrar em uma profissão (por meio de escolas e programas de treinamento), isso por si só não o tornará bem-sucedido. O sucesso é uma combinação de *talento* e *determinação*: pessoas muito bem-sucedidas também tendem a ser conscienciosas, bem conectadas e obstinadamente enérgicas. Basta perguntar à corredora grega Alexi Pappas (2016), uma atleta olímpica de 2016 que escreveu sobre seu tempo vivendo entre os melhores atletas do mundo na Vila Olímpica. Lá, os atletas podiam relaxar jogando *videogame*, pingue-pongue ou pebolim. Mas esses indivíduos talentosos e determinados raramente "pegavam leve". "Mesmo quando você remove um atleta da competição, você não pode tirar a competição dele. Não conseguimos fazer isso."

As habilidades que geram sucesso raramente brotam espontaneamente. Leva tempo para cultivar uma semente de talento. K. Anders Ericsson e outros propuseram uma *regra de 10 anos*: Um ingrediente comum do desempenho especializado em xadrez, dança, esportes, programação de computadores, música e medicina é "cerca de 10 anos de prática diária intensa" (Ericsson & Pool, 2016). Tornar-se um músico profissional, jogador de xadrez ou atleta de elite requer, antes de qualquer coisa, habilidade nata (Macnamara et al., 2014, 2016; Vaci et al., 2019), mas também exige anos de *prática deliberada* – em média, cerca de 11 mil horas e, *no mínimo*, 3 mil horas (Campitelli & Gobet, 2011). A receita para o sucesso é um dom da natureza mais uma grande quantidade de educação.

"Acontece que tenho talento para alocar capital. Mas minha capacidade de usar esse talento depende completamente da sociedade em que nasci. Se eu tivesse nascido em uma tribo de caçadores... provavelmente acabaria como o jantar de algum animal selvagem." – Warren Buffett, investidor multibilionário (2006)

Ver Capítulo 11 para conhecer mais como a determinação autodisciplinada alimenta a conquista.

Tribeca Disruptive Innovation

Talento + prática. Depois de vencer o campeonato de xadrez do Estado de Nova York do jardim de infância até a terceira série, Tanitoluwa ("Tani") Adewumi levou o troféu para sua casa – um abrigo para sem-teto. No ano anterior, depois que sua família fugiu de terroristas no norte da Nigéria, Tani aprendeu xadrez em sua escola primária e começou a praticar por horas todos os dias. "Ele faz 10 vezes mais quebra-cabeças de xadrez do que uma criança comum", disse seu professor de xadrez, depois que Tani superou crianças de escolas de elite com aulas particulares (Kristof, 2019).

PRÁTICA DE RECUPERAÇÃO

PR-1 Como a existência da síndrome de *savant* apoia a teoria das múltiplas inteligências de Gardner?

RESPOSTAS NO APÊNDICE E

Inteligência emocional

QOA 10.5 Quais são os quatro componentes da inteligência emocional?

A *inteligência social* é o conhecimento em ação envolvido na compreensão de situações sociais e na gestão de si mesmo com sucesso (Cantor & Kihlstrom, 1987). O psicólogo Edward Thorndike propôs o conceito pela primeira vez em 1920, observando que "o melhor mecânico de uma fábrica pode falhar como [supervisor] por falta de inteligência social" (Goleman, 2006, p. 83).

Uma parte crítica da inteligência social, a **inteligência emocional**, consiste em quatro habilidades (Mayer et al., 2002, 2012, 2016):

- ***Perceber emoções*** (reconhecê-las em rostos, na música e em histórias e identificar as próprias emoções)
- ***Entender emoções*** (prever e entender como elas podem se modificar e se misturar)

- ***Gerenciar emoções*** (saber como expressá-las em variadas situações e como lidar com as emoções dos outros)
- ***Usar as emoções*** de modo a facilitar o pensamento adaptativo ou criativo.

As pessoas emocionalmente inteligentes têm consciência social e são autoconscientes. Evitam ser dominadas por depressão, ansiedade ou raiva avassaladoras. Conseguem ler as pistas emocionais das outras pessoas e saber o que dizer para consolar um amigo enlutado, incentivar um colega de trabalho ou gerenciar um conflito. Podem adiar a gratificação em busca de recompensas de longo alcance. Assim, as pessoas emocionalmente inteligentes tendem a ter sucesso em situações de relacionamento, carreira e paternidade, quando pessoas com inteligência mais acadêmica, porém com menos inteligência emocional, podem falhar (Cherniss, 2010a,b; Czarna et al., 2016; Miao et al., 2016). Também tendem a ser felizes e saudáveis (Sánchez-Álvarez et al., 2016; Schutte et al., 2007, 2016). Atentos a esses benefícios, os programas escolares têm buscado aumentar a inteligência emocional de professores e alunos (Castillo-Gualda et al., 2017; Nathanson et al., 2016).

Alguns estudiosos, no entanto, estão preocupados com o fato de que a inteligência emocional estende demais o conceito de inteligência e com evidências muito mais fracas do que para *g* (Brody, 2004; Visser et al., 2006; Waterhouse, 2006). Howard Gardner (1999b) inclui as inteligências interpessoal e intrapessoal como duas de suas inteligências múltiplas. Mas ele observa que devemos respeitar a sensibilidade emocional, a criatividade e a motivação como importantes, mas diferentes. Amplie a *inteligência* para incluir tudo o que valorizamos e a palavra perderá seu significado.

* * *

Ver resumo dessas teorias de inteligência na Tabela 10.1.

Tabela 10.1 Comparação das teorias da inteligência.

Teoria	Resumo	Pontos fortes	Outras considerações
Inteligência geral de Spearman (g)	Uma inteligência básica prevê nossas capacidades em várias áreas acadêmicas	Diferentes habilidades, como a verbal e a espacial, têm alguma tendência a se correlacionar	As habilidades humanas são diversas demais para serem encapsuladas por um único fator de inteligência geral
Capacidades mentais primárias de Thurstone	Nossa inteligência pode ser decomposta em sete fatores	Um único escore *g* não é tão informativo quanto os escores para sete habilidades mentais primárias	Mesmo as sete habilidades mentais de Thurstone mostram uma tendência de se agrupar, sugerindo um fator *g* subjacente
Teoria de Cattell-Horn-Carroll (CHC)	Nossa inteligência é baseada em um fator de habilidade geral, bem como em outras habilidades específicas, interligadas por uma inteligência cristalizada e fluida	A inteligência é composta por habilidades amplas e restritas, como capacidade de leitura, capacidade de memória e velocidade de processamento	As habilidades específicas descritas pela teoria de CHC são muito estreitamente cognitivas
Inteligências múltiplas de Gardner	Nossas habilidades são mais bem classificadas em oito ou nove inteligências independentes, que incluem uma ampla gama de aptidões além da inteligência acadêmica tradicional	Inteligência é mais que as aptidões verbais e matemáticas. Outras habilidades são igualmente importantes para nossa adaptabilidade humana	Todas as nossas habilidades deveriam ser consideradas *inteligências*? Algumas não deveriam ser denominadas *talentos* vitais?
Teoria triárquica de Sternberg	Nossa inteligência é mais bem classificada em três áreas que predizem o sucesso no mundo real: analítica, criativa e prática	Esses três domínios podem ser medidos de modo confiável	Esses três domínios podem ser menos independentes do que sugere a teoria e podem realmente compartilhar um fator *g* subjacente
Inteligência emocional	A inteligência social é um importante indicador de sucesso na vida. A inteligência emocional é um aspecto chave, que consiste em perceber, compreender, gerenciar e usar as emoções	Esses quatro componentes predizem o sucesso social e o bem-estar emocional	Isso estende demais o conceito de inteligência?

PRÁTICA DE RECUPERAÇÃO

PR-2 Como a teoria da inteligência de Cattell-Horn-Carroll integra a ideia de ter inteligência geral, bem como habilidades específicas?

RESPOSTAS NO APÊNDICE E

REVISÃO O que é inteligência?

OBJETIVOS DE APRENDIZAGEM

Teste a si mesmo. Responda às Questões dos Objetivos de Aprendizagem (antes de conferir as respostas no Apêndice D) para aprimorar a retenção dos conceitos estudados (McDaniel et al., 2009, 2015).

QOA **10.1** Como os psicólogos definem *inteligência*?

QOA **10.2** Quais são os argumentos para *g*?

QOA **10.3** Como os conceitos de *Gf* e *Gc*, e a teoria de CHC, afetaram nossa compreensão da inteligência?

QOA **10.4** Quais são as diferenças entre as teorias de Gardner e de Sternberg sobre inteligências múltiplas, e quais foram as críticas enfrentadas por essas teorias?

QOA **10.5** Quais são os quatro componentes da inteligência emocional?

TERMOS E CONCEITOS A RECORDAR

Teste a si mesmo. Escreva a definição com suas próprias palavras e depois confirme sua resposta.

inteligência, p. 350
inteligência geral (*g*), p. 350
inteligência fluida (*Gf*), p. 350
inteligência cristalizada (*Gc*), p. 351
teoria de Cattell-Horn-Carroll (CHC), p. 351
síndrome de *savant*, p. 352
inteligência emocional, p. 352

DOMINE O MATERIAL

Teste a si mesmo. Responda às questões a seguir por conta própria, a princípio, depois confira as respostas no Apêndice E.

1. Charles Spearman sugeriu que temos uma ______________ sucesso subjacente em uma variedade de habilidades intelectuais.
2. A existência da síndrome de *savant* parece apoiar
   a. a distinção de Sternberg entre os três tipos de inteligência.
   b. as críticas às teorias das inteligências múltiplas.
   c. as teorias das inteligências múltiplas.
   d. a visão de inteligência social de Thorndike.
3. Os três tipos de inteligência de Sternberg são ______________, ______________ e ______________.
4. As pessoas inteligentes emocionalmente tendem a
   a. buscar gratificação imediata.
   b. compreender suas próprias emoções, mas não as dos outros.
   c. compreender as emoções dos outros, mas não as suas próprias.
   d. alcançar o sucesso em suas carreiras.

Avaliação e dinâmica da inteligência

QOA **10.6** O que é um *teste de inteligência*, e como os testes de desempenho e aptidão diferem?

Um **teste de inteligência** avalia as aptidões mentais das pessoas e as compara com as dos outros, usando escores numéricos. Como os psicólogos elaboram esses testes, e o que os torna confiáveis?

Em sua vida, você fez dezenas de testes de habilidade mental: testes escolares de habilidades básicas de leitura e matemática, exames de cursos, testes de inteligência, exames de carteira de motorista. Esses testes se enquadram em duas categorias gerais:

- **Testes de desempenho**, que se destinam a *refletir* o que você aprendeu. Seu exame final medirá o que você aprendeu nesse curso
- **Testes de aptidão**, que pretendem *predizer* sua habilidade para aprender. Se você fez um exame de admissão, ele foi projetado para prever sua capacidade de fazer faculdade ou trabalho universitário.

Um teste de aptidão é um "teste de inteligência mal disfarçado", diz Howard Gardner (1999b). De fato, conforme afirmam Meredith Frey e Douglas Detterman (2004), escores totais no SAT (Teste de Aptidão Escolar) dos EUA correlacionaram-se em um +0,82 com os escores de inteligência geral em uma amostra nacional de jovens de 14 a 21 anos (Figura 10.3). A aptidão também serve como base para as realizações: pessoas que aprendem rapidamente também são melhores em reter informações (Zerr et al., 2018).

Teste de inteligência. Método que visa avaliar as aptidões mentais de um indivíduo e compará-las com as de outras pessoas, usando escores numéricos.

Teste de desempenho. Teste destinado a avaliar o que uma pessoa aprendeu.

Teste de aptidão. Teste destinado a predizer o desempenho futuro de uma pessoa; *aptidão* é a capacidade de aprender.

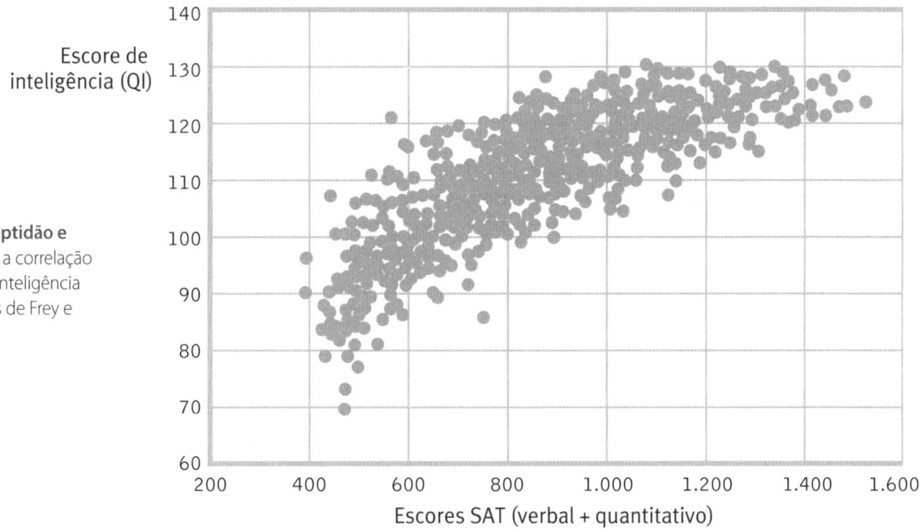

Figura 10.3 Primos próximos: escores de aptidão e inteligência. Um gráfico de dispersão mostra a correlação próxima que tem existido entre os escores de inteligência e os escores SAT verbais e quantitativos (Dados de Frey e Detterman, 2004).

PERGUNTE A SI MESMO

Que testes de desempenho ou aptidão você fez? Em sua opinião, quão bem esses testes avaliaram o que você aprendeu ou previram o que você era capaz de aprender?

Testes primitivos e modernos de habilidades mentais

QOA 10.7 Quando e por que os testes de inteligência foram criados, e como os testes de hoje diferem dos primeiros testes de inteligência?

Algumas sociedades enfatizam o bem-estar coletivo da família, comunidade e sociedade; outras se concentram na promoção de oportunidades individuais. Platão, um pioneiro da tradição individualista, escreveu, há mais de 2 mil anos em *A República*, que "duas pessoas jamais nascem exatamente iguais, mas cada uma difere da outra em dotes naturais; a primeira é propensa a uma ocupação, e a segunda, a outra". Como herdeiras do individualismo platônico, as sociedades ocidentais se questionam a respeito de como e por que os indivíduos diferem quanto à habilidade mental.

Francis Galton: crença no gênio hereditário

As tentativas ocidentais de avaliar essas diferenças começaram seriamente com o cientista inglês Francis Galton (1822-1911), que era fascinado por medir características humanas. Quando seu primo, Charles Darwin, propôs que a natureza seleciona traços bem-sucedidos mediante a sobrevivência do mais apto, Galton imaginou se seria possível medir a "habilidade natural" e estimular as pessoas com grandes habilidades a se casar. Na Exposição de Saúde de Londres, em 1884, mais de 10 mil visitantes receberam a avaliação de suas "forças intelectuais" com base em coisas como tempo de reação, acuidade sensorial, força muscular e proporções corporais. Porém, infelizmente, nessas medidas, adultos eminentes e estudantes com alto desempenho não superaram os outros. Tampouco as medidas tinham correlações entre si.

Embora a busca de Galton por uma medida simples de inteligência tenha falhado, ele nos proporcionou algumas técnicas estatísticas que ainda usamos (bem como a expressão "*natureza e criação*"). Sua persistente crença na herança da excelência e da genialidade – refletida no título de seu livro *Gênio Hereditário* (1869) – também ilustra uma importante lição tanto da história da pesquisa sobre a inteligência como da história da ciência: embora a ciência em si lute pela objetividade, alguns cientistas individualmente são afetados por suas próprias suposições e atitudes.

Alfred Binet: prognóstico do desempenho escolar

Os testes de inteligência modernos remontam ao início do século XX na França, onde uma nova lei exigia que todas as crianças frequentassem a escola. As autoridades francesas sabiam que algumas crianças, incluindo muitas recém-chegadas a Paris, teriam dificuldades e precisariam de aulas especiais. Mas como as escolas poderiam fazer julgamentos justos sobre o potencial de aprendizagem das crianças? Os professores poderiam avaliá-las com pouca educação prévia como aprendizes lentos. Ou poderiam separar as crianças em turmas com base em suas origens sociais. Para minimizar esse viés, o ministro francês da educação pública encarregou ao psicólogo Alfred Binet a tarefa de elaborar testes justos.

Binet e seu aluno Théodore Simon começaram considerando que todas as crianças seguem o mesmo curso de desenvolvimento intelectual, mas que algumas se desenvolvem mais rapidamente (Nicolas & Levine, 2012). Uma criança "atrasada" deve pontuar como uma típica criança mais nova, e uma criança "brilhante" como uma típica criança mais velha. Assim, o objetivo deles era medir a **idade mental** de cada criança, o nível de desempenho tipicamente associado a certa idade cronológica. A média de 8 anos, então, tem idade mental de oito. Uma criança de 8 anos com idade mental abaixo da média (talvez com desempenho no nível da criança típica de 6 anos) teria dificuldades com trabalhos escolares apropriados para a idade.

Para medir a idade mental, Binet e Simon teorizaram que a aptidão mental, como a aptidão atlética, é uma capacidade geral que se revela de diversas maneiras. Eles testaram uma variedade de questões de raciocínio e de resolução de problemas nas duas filhas de Binet e, depois, em alunos "brilhantes" e "atrasados" de Paris. Os itens respondidos corretamente poderiam então prever quão bem outras crianças francesas lidariam com seus trabalhos escolares.

Binet e Simon não fizeram suposições sobre *por que* uma criança em particular era lenta, mediana ou precoce. Binet pessoalmente inclinou-se para uma explicação ambiental. Para aumentar as capacidades das crianças de baixo escore, ele recomendou "ortopedia mental" que ajudaria a desenvolver sua capacidade de atenção e autodisciplina. Binet acreditava que seu teste de inteligência não media a inteligência inata como uma balança mede o peso. Em vez disso, ele tinha um único propósito prático: identificar crianças francesas em idade escolar que precisavam de atenção especial. Binet esperava que seu teste seria usado para melhorar a educação infantil, mas ele também temia que o teste fosse usado para rotular as crianças e limitar suas oportunidades (Gould, 1981).

Macmillan Learning

Alfred Binet (1857-1911). "Alguns filósofos modernos deram sua aprovação moral ao veredito deplorável de que a inteligência de um indivíduo é uma quantidade fixa, que não pode ser aumentada. Devemos protestar e agir contra esse pessimismo brutal" (Binet, 1909, p. 141).

PRÁTICA DE RECUPERAÇÃO

PR-1 O que Binet esperava alcançar ao estabelecer a idade mental de uma criança?

RESPOSTAS NO APÊNDICE E

Lewis Terman: medida da inteligência inata

Depois da morte de Binet, em 1911, outros adaptaram seus testes para usá-lo como uma medida numérica de inteligência. Lewis Terman (1877-1956) foi um ambicioso professor da Universidade de Stanford que procurou trazer testes de inteligência para os EUA. Ainda jovem, Terman presumiu que não estava destinado a uma vida intelectual (Terman, 1930). Ele foi o 12º filho de uma família de quatorze; seus pais eram agricultores que tinham pouca educação. Terman superou queimaduras em um incêndio, fratura de quadril e tuberculose (Boring, 1959). Sua persistência e o apetite insaciável de leitura levaram-no a sair de sua escola de uma só sala para uma faculdade local e, mais tarde, para a Universidade de Stanford para estudar crianças que, como ele, nasceram com alta inteligência geral (*g*).

Para atingir seu objetivo, Terman tentou as perguntas e normas de idade desenvolvidas em Paris com crianças da Califórnia. Adaptando alguns dos itens originais de Binet, acrescentando outros e estabelecendo novas normas de idade, Terman ampliou a faixa superior do teste de 12 anos para "adultos superiores". Deu também à sua revisão o nome que ela mantém até hoje – o teste de **Stanford-Binet**.

A partir desses testes, o psicólogo alemão William Stern extraiu o famoso **quociente de inteligência (QI)**. O QI era simplesmente a idade mental de uma pessoa dividida pela idade cronológica e multiplicada por 100 para se livrar do ponto decimal. Assim, uma criança média, cuja idade mental (8) e idade cronológica (8) são iguais, tem um QI de 100. No entanto, uma criança de 8 anos que responde às questões como uma de 10 anos, típica, responderia tem QI de 125.

A fórmula original do QI funcionou muito bem para crianças, mas não para adultos. (Deveria um adulto de 40 anos, com o mesmo desempenho de um adulto de 20, receber um QI de apenas 50?) A maioria dos testes de inteligência atuais, inclusive o Stanford-Binet, não computa mais o QI dessa maneira (embora o termo perdure no vocabulário cotidiano como uma expressão abreviada para "escore de teste de inteligência"). Em vez disso, eles atribuem um escore que representa o desempenho de um candidato *em relação ao desempenho médio* (que é arbitrariamente definido em 100) de outros da mesma idade. A maioria das pessoas – cerca de 68% das que fazem um teste de inteligência – fica entre 85 e 115.

Idade mental. Medida de desempenho em testes de inteligência formulada por Binet; o nível de desempenho tipicamente associado a crianças de certa idade cronológica. Assim, diz-se que uma pessoa que obtém resultado equivalente ao de uma criança média de 8 anos tem idade mental de 8 anos.

Stanford-Binet. Revisão americana (feita por Terman, na Universidade de Stanford) do teste de inteligência original de Binet amplamente utilizada.

Quociente de inteligência (QI). Definido originalmente como a razão entre idade mental (IM) e idade cronológica (IC) multiplicada por 100 (dessa forma, QI = IM/IC × 100). Nos testes de inteligência contemporâneos, o desempenho médio para determinada idade recebe o escore de 100.

Escala de inteligência Wechsler para adultos (WAIS). WAIS (*Wechsler adult intelligence scale*) é o teste de inteligência de uso mais difundido; contém subtestes verbais e de desempenho (não verbais).

Terman inferiu que os testes de inteligência revelaram a capacidade mental presente desde o nascimento. Também inferiu que alguns grupos étnicos eram naturalmente mais inteligentes do que outros. Além disso, Terman apoiou a *eugenia* – movimento muito criticado nos séculos XIX e XX – que propunha medir características humanas e usar os resultados para encorajar apenas pessoas inteligentes e aptas a se reproduzir.

Com o auxílio de Terman, o governo americano desenvolveu novos testes para avaliar, tanto imigrantes recém-chegados, como recrutas do Exército na Primeira Guerra Mundial – a primeira administração, em massa, de um teste de inteligência no mundo. Para alguns psicólogos, os resultados indicaram a inferioridade dos que não compartilhavam de sua herança anglo-saxônica.

Binet provavelmente teria ficado horrorizado por seu teste ter sido adaptado e usado para gerar tais conclusões. De fato, esses julgamentos indiscriminados tornaram-se um constrangimento para a maioria daqueles que defendiam os testes. Mesmo Terman veio a constatar que os escores refletiam não apenas as habilidades mentais inatas do indivíduo, mas também sua educação, idioma nativo e sua familiaridade com a cultura considerada pelo teste. Os abusos dos primeiros testes servem para nos lembrar que a ciência pode ser carregada de valores. Atrás da tela de objetividade científica, a ideologia pode estar à espreita.

PRÁTICA DE RECUPERAÇÃO

PR-2 Qual é o QI de uma criança de 4 anos com idade mental de 5?

RESPOSTAS NO APÊNDICE E

David Wechsler: escores diferentes para aptidões diferentes

O psicólogo David Wechsler criou aquele que hoje é o teste de inteligência mais amplamente utilizado, o teste da **escala de inteligência Wechsler para adultos** (*Wechsler Adult Intelligence Scale* – WAIS), com a versão para crianças em idade escolar (*escala de inteligência Wechsler para crianças* [WISC]) e outra para os pré-escolares (Evers et al., 2012). A edição de 2008 do teste WAIS consiste em 15 subtestes, incluindo estes:

- ***Semelhanças*** – raciocinar sobre o que dois objetos ou conceitos têm em comum, como "de que forma a lã e o algodão são parecidos?"
- ***Vocabulário*** – nomear objetos retratados ou palavras definidoras ("o que é um violão?")
- ***Desenho de blocos*** – processamento abstrato visual (como "usar os quatro blocos, criar um exatamente como esse")

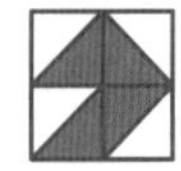

- ***Sequenciamento de letras e números*** – ao ouvir uma série de números e letras, repetir os números em ordem crescente e, depois, as letras em ordem alfabética: "R-2-C-1-M-3".

O teste WAIS fornece não só um escore geral de inteligência, como o Stanford-Binet, mas também escores separados para compreensão verbal, raciocínio perceptivo, *memória de trabalho* e velocidade de processamento. Dessa forma, esse teste ajuda a realizar o objetivo de Binet: identificar quem poderia se beneficiar de oportunidades educacionais especiais para melhoria.

Os testes de inteligência também ajudam pessoas inteligentes a encontrar amigos inteligentes, às vezes por meio de organizações de pessoas com alto QI, mas nem sempre. A adesão à Mensa, por exemplo, é mais alta em culturas em que o teste de QI é mais amplamente adotado: americanos, britânicos e alemães representam 70% dos membros do mundo (Mensa, 2019).

Lea M.

Padrões de correspondência. Os quebra-cabeças de blocos testam a capacidade de processamento visual abstrato. O teste de inteligência de Wechsler, administrado individualmente, tem formas adequadas para adultos e crianças.

PRÁTICA DE RECUPERAÇÃO

PR-3 Uma empregadora, com um grupo de candidatos para uma única vaga disponível, está interessada em testar o potencial de cada candidato. Para ajudá-la a decidir quem deve contratar, ela deve usar um teste de ______________ (desempenho/aptidão). A mesma empregadora, querendo testar a eficácia de um novo programa de treinamento prático, deveria usar um teste de ______________ (desempenho/aptidão).

RESPOSTAS NO APÊNDICE E

Princípios de construção de testes

QOA 10.8 O que é uma *curva normal*, e o que significa dizer que um teste foi padronizado e que é confiável e válido?

Para terem aceitação ampla, os testes psicológicos devem obedecer a três critérios, a saber: eles devem ser *padronizados*, *confiáveis* e *válidos*. Os testes de Stanford-Binet e de Wechsler atendem a esses requisitos.

Padronização. Definição de escores significativos por comparação com o desempenho de um grupo testado previamente.

Curva normal. Curva simétrica em forma de sino que descreve a distribuição de muitos atributos físicos e psicológicos. A maioria dos escores ficam próximos da média, e pouquíssimos ficam perto dos extremos.

Padronização

O número de questões a que você responde corretamente em um teste de inteligência não diz quase nada. Para saber quão bem você se saiu, você precisaria de alguma base para comparação. Para possibilitar as comparações, o teste é aplicado a uma amostra representativa de indivíduos. Os escores desse grupo pré-testado tornam-se a base para futuras comparações. Se você fizer o teste seguindo os mesmos procedimentos, seu escore será significativo quando comparado com outros. Esse processo é denominado **padronização**.

Se construirmos um gráfico dos escores dos examinados, eles normalmente resultam em padrão de sino, chamado *curva de sino* ou **curva normal**. Para muitos atributos humanos, como altura, peso e aptidão mental, o ponto mais alto da curva é o escore médio. Em um teste de inteligência, atribuímos a esse escore médio um valor de 100 (Figura 10.4). Saindo da média, em direção aos extremos, encontramos cada vez menos indivíduos. Tanto para o teste de Stanford-Binet como para o de Wechsler, o escore de uma pessoa indica se seu desempenho está acima ou abaixo da média. O desempenho superior a todos os outros, exceto 2,5% de todos os escores, atinge escores de inteligência de 130. Um desempenho inferior a 97,5%, considerando todos os escores, ganha escore de 70.

Para manter o escore médio próximo de 100, as escalas de Stanford-Binet e de Wechsler são periodicamente repadronizadas. Se você fosse submetido à recente quarta edição do teste WAIS, seu desempenho seria comparado a uma amostra padronizada submetida ao teste em 2007, não à amostra inicial de David Wechsler, da década de 1930. Comparando o desempenho da amostra de padronização mais recente que a dos anos de 1930, você supõe que encontraria uma ascensão ou um declínio do desempenho? Surpreendentemente – dado que os escores de aptidão em testes de admissão em faculdades estavam em queda nas décadas de 1960 e 1970 – o desempenho em testes de inteligência vem melhorando. Esse fenômeno mundial é chamado de *efeito Flynn*, em homenagem ao pesquisador neozelandês James Flynn (1987, 2012, 2018), o primeiro a calcular sua magnitude. Flynn observou que o escore médio do teste de inteligência das pessoas aumentou três pontos por década. Assim, uma pessoa média em 1920, pelo padrão de hoje, pontuaria apenas 76! Esse desempenho crescente foi observado em 49 países, da Suécia ao Sudão (Dutton et al., 2018; Wongupparaj et al., 2015). Os países que mostraram o maior crescimento no escore QI ao longo do tempo também tiveram maior crescimento econômico (Rindermann et al., 2018). Embora esse aumento de escore tenha sofrido algumas reversões recentemente, essa elevação histórica, hoje, é amplamente aceita como um importante fenômeno (Lynn, 2009; Teasdale & Owen, 2008).

A causa do efeito Flynn é um mistério psicológico. Teria resultado da maior sofisticação dos testes? Não. Os aumentos começaram antes que os testes fossem difundidos. Talvez melhor nutrição? Graças à melhoria na nutrição, as pessoas têm ficado tanto mais altas, quanto mais inteligentes. Mas, na Grã-Bretanha pós-guerra, observa Flynn (2009), as crianças de classe baixa ganharam mais com a melhoria na nutrição, mas os ganhos no desempenho de inteligência foram maiores entre as crianças das classes mais altas. A explicação pode ser maiores oportunidades educacionais, famílias menores e melhorias na qualidade de vida (Pietschnig & Voracek, 2015; Rindermann et al., 2016)? Por exemplo, crianças de todo o mundo agora têm acesso a programas educacionais, como *Vila Sésamo*, que aumentam seu desempenho intelectual e reduzem seu preconceito em relação a crianças de diferentes origens étnicas (Kwauk et al., 2016). Flynn (2012) atribui o aumento do desempenho à nossa necessidade de desenvolver novas aptidões mentais para lidar com os ambientes modernos. Independentemente da combinação de fatores que explique o aumento dos escores em testes de inteligência, o fenômeno contradiz uma preocupação de alguns partidários da teoria da herdabilidade, de que o aumento das taxas de natalidade no século XX, entre aqueles com escores mais baixos, faria os escores de inteligência humana despencar (Lynn & Harvey, 2008).

Figura 10.4 Curva normal. Escores em testes de aptidão tendem a formar uma curva normal em forma de sino em torno do escore médio. Na escala de Wechsler, por exemplo, o escore médio é 100.

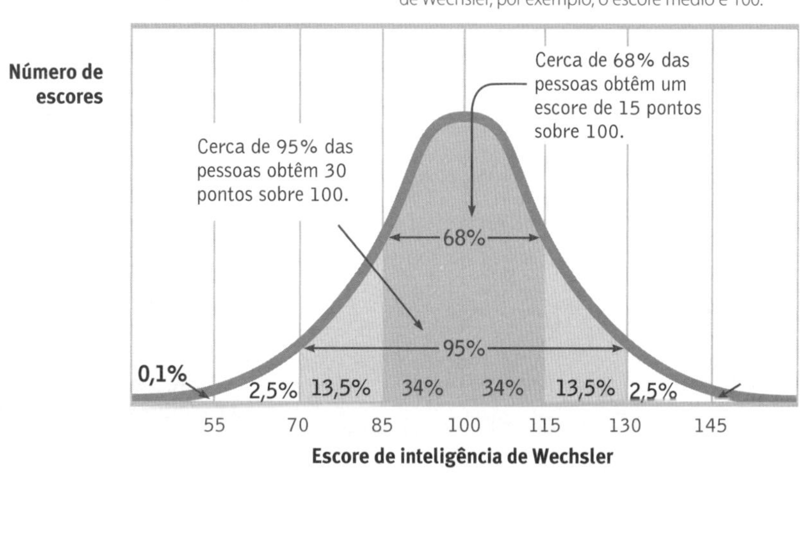

Confiabilidade. Ponto em que um teste gera resultados homogêneos, avaliados pela uniformidade dos escores em duas metades do teste ou no reteste.

Validade. Ponto em que um teste mede ou prediz aquilo a que se propõe. (Ver também *validade preditiva*.)

Validade preditiva. Êxito com que um teste prediz o comportamento que se propõe a predizer; é avaliada calculando a correlação entre os escores do teste e critério de comportamento. (Também conhecida como *validade de critério*.)

Confiabilidade

Saber onde você está em comparação com um grupo de padronização ainda não dirá muito sobre sua inteligência, a menos que o teste tenha **confiabilidade**. Um teste confiável, quando repetido, fornece escores consistentes. Para verificar a confiabilidade de um teste, os pesquisadores testam as pessoas muitas vezes. Eles podem dividir o teste ao meio (*split-half*: concordância entre os escores de questões ímpares e escores de questões pares), testar com formas alternativas do teste ou retestar com o mesmo teste (*teste-reteste*). Quanto maior a *correlação* entre os dois escores, maior a confiabilidade do teste. Os testes que consideramos até aqui – o Stanford-Binet, o WAIS e o WISC – são muito confiáveis depois da primeira infância (com *coeficientes de correlação* de cerca de +0,9). Nos retestes, os escores das pessoas geralmente se equiparam aos do primeiro teste (Deary et al., 2009; Lyons et al., 2017).

Validade

A confiabilidade alta não assegura a **validade** de um teste, ou até que ponto ele realmente mede ou prediz o que promete medir. Imagine usar uma fita métrica com marcações defeituosas. Se a usarmos para medir a altura das pessoas, o resultado terá alta confiabilidade. Sem importar quantas vezes você as medisse, a altura das pessoas seria a mesma. Mas os resultados não seriam válidos – você não estaria fornecendo a altura verdadeira.

Espera-se que os testes de inteligência tenham **validade preditiva**: eles devem prever o critério de desempenho futuro, e até certo ponto eles fazem isso. Os escores finais do SAT (teste de aptidão escolar) se correlacionam cerca de +0,81 com os do *Graduate Record Examination* (GRE; um teste de aptidão semelhante ao SAT, mas para candidatos à pós-graduação) (Wai et al., 2018).

Os testes gerais de aptidão são tão preditivos quanto confiáveis? *Não*. Os escores dos testes de aptidão predizem as notas escolares (Roth et al., 2015). Mas, como os críticos gostam de notar, o poder preditivo dos testes de aptidão atinge o pico nos primeiros anos escolares e enfraquece mais tarde. Os resultados de testes de aptidão acadêmica são prognósticos de sucesso razoavelmente bons para crianças dos 6 aos 12 anos, quando a correlação entre escore de inteligência e desempenho escolar é cerca de +0,6 (Jensen, 1980). Os escores de inteligência têm correlação ainda maior com os de testes de desempenho feitos *a posteriori*; quando comparados os resultados de inteligência de 70 mil crianças inglesas aos 11 anos com seu sucesso acadêmico em exames nacionais aos 16, a correlação foi de +0,81 (Deary et al., 2007, 2009b). O SAT, usado nos EUA como exame vestibular, tem tido menos sucesso em prever as notas do primeiro ano da faculdade. (Contudo, a correlação inferior a +0,5 tem sido um pouco mais alta quando se ajusta para os candidatos a cursos mais difíceis com escores mais altos [Berry & Sackett, 2009; Willingham et al., 1990].) Ao chegarmos ao *Graduate Record Examination*, a correlação com o desempenho na pós-graduação é ainda mais discreta, porém ainda significativa de +0,4 (Kuncel & Hezlett, 2007).

Por que o poder preditivo dos escores de aptidão diminui, à medida que os estudantes sobem a escada da educação? Considere uma situação paralela: entre todos os atacantes de futebol americano dos EUA e do Canadá, o peso corporal se correlaciona com o sucesso. Um jogador de 130 kg tende a superar um oponente de 90 kg. Porém, na estreita faixa dos 127 kg aos 145 kg, típica do nível profissional, a correlação entre peso e sucesso torna-se insignificante. Quanto mais *estreita a faixa* de pesos, menor o poder preditivo do peso corporal. Se uma universidade de elite aceita apenas estudantes com escores de aptidão muito altos e, em seguida, dá a eles uma faixa restrita de notas altas, esses escores não podem predizer muita coisa. Isso será verdadeiro, mesmo se o teste tiver excelente validade preditiva com uma amostra mais diversa de estudantes. Da mesma forma, a inflação moderna das notas tem produzido valores menos diversos. Com a faixa reduzida, as notas escolares hoje não predizem notas universitárias melhores que as notas do SAT (Sackett et al., 2012). Portanto, quando validamos um teste utilizando uma ampla gama de pessoas, mas depois o usamos com uma gama restrita de indivíduos, ele perde muito de sua validade preditiva.

PRÁTICA DE RECUPERAÇÃO

PR-4 Quais são os três critérios que um teste psicológico deve satisfazer para ser amplamente aceito? Explique.

PR-5 Os coeficientes de correlação foram usados nesta seção. Uma revisão rápida: as correlações não indicam causa e efeito, mas nos dizem se duas coisas estão associadas de alguma forma. A correlação de –1,00 representa ____________ (concordância/discordância) perfeita entre dois conjuntos de escores: à medida que um escore aumenta, o outro ____________ (aumenta/diminui). Uma correlação de ____________ representa nenhuma associação. A correlação mais alta, +1,00, representa ____________ (concordância/discordância) perfeita: à medida que o primeiro escore aumenta, o outro ____________ (aumenta/diminui).

RESPOSTAS NO APÊNDICE E

Extremos de inteligência

QOA 10.9 Quais são as características das pessoas nos extremos de inteligência baixa e alta?

Uma maneira de vislumbrar a validade e a significância de qualquer teste é comparar pessoas que pontuam nos dois extremos da curva normal. Os dois grupos devem diferir visivelmente e, em testes de inteligência, eles diferem.

Extremo inferior

A *deficiência intelectual* é um transtorno do neurodesenvolvimento que se manifesta antes dos 18 anos, às vezes com uma causa física conhecida. Para ser diagnosticada com deficiência intelectual, uma pessoa precisa – entre outros critérios (ver o Capítulo 15) – ter escore de 70 ou menos. Para alguns, os escores dos testes de inteligência podem significar vida ou morte. Nos EUA (um dos únicos países industrializados com pena de morte), o efeito Flynn significa que menos americanos são agora elegíveis para execução. Por quê? Porque em 2002, a Suprema Corte dos EUA decretou que a execução de pessoas com deficiência intelectual é "punição cruel e incomum". Para Teresa Lewis, esse corte de escore do teste em 70 era de alto risco. Lewis, uma "personalidade dependente" com intelecto limitado (relatada com um escore de 72 no teste), supostamente concordou com um enredo, no qual dois homens mataram seu marido e seu enteado em troca do pagamento de uma parcela do seguro de vida de ambos (Eckholm, 2010). O Estado da Virgínia executou Lewis em 2010. Se ela ao menos tivesse um escore de 69...

Em 2014, a Suprema Corte dos EUA reconheceu a imprecisão e as arbitrariedades de um escore de corte igual a 70 e exigiu que os estados, com presos no corredor da morte com escore acima de 70, considerassem outras evidências. Desse modo, Ted Herring, que marcou 72 e 74 em testes de inteligência – embora não soubesse dizer se o verão vem depois da primavera ou como fazer baldeação entre os ônibus da cidade – foi retirado do corredor da morte na Flórida (Alvarez & Schwartz, 2014).

Extremo superior

As crianças cujos escores nos testes de inteligência indicam dons acadêmicos extraordinários geralmente prosperam. Em um famoso projeto iniciado em 1921, Lewis Terman estudou mais de 1.500 estudantes californianos com QI acima de 135. Essas crianças com escore alto (mais tarde chamadas de "cupins") – como as de estudos posteriores – eram saudáveis, bem ajustadas e excepcionalmente bem-sucedidas em termos acadêmicos (Friedman & Martin, 2012; Koenen et al., 2009; Lubinski, 2009, 2016). Quando reestudadas ao longo das sete décadas seguintes, a maioria das pessoas no grupo de Terman havia alcançado altos níveis de instrução (Austin et al., 2002; Holahan & Sears, 1995). Entre essas pessoas estavam muitos médicos, advogados, professores, cientistas e escritores, mas nenhum ganhador do Prêmio Nobel.

Outros estudos acompanharam a vida de jovens precoces que foram aprovados no SAT de matemática aos 13 anos, com escore 1% superior à sua faixa etária. Aos 50 anos, esses gênios da matemática garantiram 681 patentes e muitos alcançaram eminência, muitas vezes nos campos STEM (ciência, tecnologia, engenharia e matemática) (Bernstein et al., 2019; Lubinski et al., 2014). Cerca de 1% dos americanos obtém doutorado. Mas para as crianças de 12 e 13 anos que obtiveram escores no topo 1 entre 10 mil com a mesma idade que fizeram o SAT, cerca de 40% tornaram-se doutores (Kell et al., 2013; Makel et al., 2016). Um dos garotos mais talentosos da psicologia foi Jean Piaget, que aos 15 anos publicava artigos científicos sobre moluscos e que se tornou o psicólogo do desenvolvimento mais famoso do século XX (Hunt, 1993).

"Minha querida Adele, tenho 4 anos e consigo ler qualquer livro em inglês. Posso recitar todos os substantivos e adjetivos latinos e os verbos ativos do latim, além de 52 versos de poesia latina."
– Francis Galton, em carta para sua irmã, 1827

Terman chegou a testar dois futuros laureados com o Nobel de Física, mas eles não apresentaram escores acima da linha de corte da amostra privilegiada (Hulbert, 2005).

Entre os garotos-prodígios com alto escore nas buscas nacionais por jovens precoces estavam Sergey Brin (cofundador do Google), Mark Zuckerberg (Facebook) e Stefani Germanotta (Lady Gaga, cantora) (Clynes, 2016). Outro se tornou um jogador profissional de pôquer com mais de US$ 100 mil de ganhos anuais (Lubinski, 2016).

Escolaridade e inteligência

Os programas de "crianças superdotadas" tendem a segregar crianças com notas altas em classes especiais, muitas vezes dando-lhes enriquecimento acadêmico não disponível para seus pares. Os "cursos de recuperação" geralmente integram as crianças, mas dão a elas acesso a recursos que as ajudam a superar os desafios. Os críticos observam que agrupar ("rastrear") os alunos por aptidão às vezes cria uma profecia autorrealizável: rotular implicitamente algumas crianças como "não privilegiadas" e negar-lhes oportunidades de enriquecimento pode aumentar a diferença de desempenho entre os grupos de habilidades (Batruch et al., 2019). Como os jovens de minorias e de baixa renda são mais frequentemente colocados em grupos acadêmicos mais baixos, o rastreamento também pode promover a segregação e o preconceito – é difícil, observam os críticos, uma preparação saudável para trabalhar e viver em um mundo moderno.

Coorte. Grupo de pessoas que compartilha uma característica comum, como fazer parte de uma época determinada.

Críticos e defensores da educação privilegiada concordam, no entanto, em um ponto: crianças têm talentos diferentes, seja em matemática, raciocínio verbal, artes e liderança social. Educá-las como se fossem todas iguais é tão ingênuo quanto presumir que o talento é algo, como olhos azuis, que você tem ou não tem. Não é preciso colar rótulos nas crianças para afirmar seus talentos especiais e para desafiar todas elas nas fronteiras de sua própria habilidade e compreensão. Ao proporcionar uma *oportunidade de desenvolvimento apropriada* aos talentos de cada criança (como ao permitir que um gênio da matemática estude matemática em um nível mais alto, ou fornecer recursos extras para crianças com dificuldades para ler), podemos promover tanto a equidade quanto a excelência para todos (Subotnik et al., 2011).

Inteligência ao longo da vida

Os pesquisadores estão explorando algumas questões antigas sobre a inteligência humana. Você sabe: você é mais inteligente do que algumas pessoas e não tão inteligente quanto outras. Então, o que nesse coração de inteligência – o cérebro – cria essa diferença? É o *tamanho* relativo do nosso cérebro? Nossa quantidade de certos *tecidos* cerebrais? A *velocidade* de nossas redes cerebrais? Essas estão entre as possibilidades que os pesquisadores identificaram.

Aqui está outra pergunta: o que acontece com nossos músculos intelectuais, à medida que envelhecemos? Eles diminuem gradualmente, assim como a força do nosso corpo? Ou permanecem constantes? Para ver como os psicólogos estudaram a inteligência – e para ver uma ilustração do processo de autocorreção da psicologia – ver *Pensamento crítico sobre: estudos transversais e longitudinais.*

Estabilidade ou mudança?

QOA 10.11 Quão estáveis são os escores dos testes de inteligência ao longo da vida?

O que podemos prever a partir dos escores de inteligência no início da vida de uma criança? Será que uma criança precoce de 2 anos será uma talentosa estudante universitária e uma brilhante cidadã idosa? Talvez – ou talvez não. Para a maioria das crianças, as avaliações de inteligência antes dos 3 anos apenas predizem discretamente as aptidões futuras (Humphreys & Davey, 1988; Tasbihsazan et al., 2003; Yu et al., 2018). Alguns pré-escolares precoces tornam-se adultos brilhantes, mas até Albert Einstein já foi considerado "lento" quando estava aprendendo a falar (Quasha, 1980).

Aos 4 anos, no entanto, o desempenho das crianças em testes de inteligência começa a predizer seus escores na adolescência e na maturidade. Assim, a constância de escores ao longo do tempo aumenta com a idade da criança (Tucker-Drob & Briley, 2014). Aos 11 anos, a estabilidade passa a ser impressionante, como Ian Deary e seus colegas (2004, 2009b, 2013) descobriram quando testaram novamente a mesma **coorte** – o mesmo grupo de pessoas – ao longo de muitos anos. Seus incríveis estudos longitudinais foram possibilitados por seu país, a Escócia, fazendo algo que nenhuma nação fez antes ou depois. Em 1º de junho de 1932, praticamente todas as crianças do país nascidas em 1921 – 87.498 crianças – submeteram-se a um teste de inteligência. O objetivo era identificar crianças da classe trabalhadora que se beneficiariam de educação adicional. Sessenta e cinco anos depois, Patricia Whalley, esposa de Lawrence Whalley, colaborador de Deary, descobriu os resultados dos testes em gavetas empoeiradas no almoxarifado do Conselho Escocês de Pesquisa em Educação, não muito longe do escritório de Deary na Universidade de Edimburgo. "Isso mudará nossas vidas", respondeu ele quando Whalley lhe deu a notícia.

E mudou mesmo, com dezenas de estudos sobre a estabilidade e a capacidade preditiva desses primeiros resultados. Um dos estudos de Deary, por exemplo, testou novamente 542 sobreviventes – agora pessoas com 80 anos na virada do milênio – usando o mesmo teste de inteligência que eles haviam feito aos 11 anos em 1932. A correlação entre os dois conjuntos de escores – depois de cerca de 70 anos de variadas experiências de vida – foi surpreendente (Figura 10.5). Idem quando 106 sobreviventes foram retestados aos 90 anos (Deary et al., 2013). Outro estudo que acompanhou escoceses nascidos em 1936, de 11 a 70 anos, confirmou a acentuada estabilidade da inteligência, independentemente da circunstância de vida (Johnson et al., 2010). Adolescentes com escore alto, 50 anos depois, ainda se *sentem* mais jovens do que são (Stephan et al., 2018).

A estabilidade da inteligência. Aos 4 anos, James Holzhauer foi destaque em um artigo do Chicago Tribune sobre sua habilidade em matemática. Aos 7 anos, ele estava na quinta série (Jacobs, 2019). Aos 34 anos, ele ganhou 32 aparições consecutivas no programa de perguntas Jeopardy!

Crianças e adultos que são mais inteligentes tendem a ter vidas mais longas e saudáveis (Geary, 2019; Stephan et al., 2018). Por que isso poderia acontecer? Deary (2008) propôs quatro explicações possíveis:

1. A inteligência facilita mais educação, melhores empregos e um ambiente mais saudável.
2. A inteligência incentiva a vida saudável: menos tabagismo, dieta melhor, mais exercícios.

Pensamento crítico sobre:

Estudos transversais e longitudinais

QOA 10.10 O que são estudos *transversais* e *estudos longitudinais*, e por que é importante saber qual método foi utilizado?

Os pesquisadores que usam o método **transversal** estudam diferentes faixas etárias ao mesmo tempo. Eles descobriram que a ***capacidade mental diminui com a idade.***[1]

Comparar pessoas de 70 e 30 anos significa não apenas comparar duas pessoas diferentes, mas também duas épocas diferentes. Esses pesquisadores estavam comparando:

- Pessoas em geral menos instruídas (nascidas no início dos anos 1900) com pessoas mais educadas (nascidas depois de 1950)
- Pessoas criadas em famílias grandes com pessoas criadas em famílias menores
- Pessoas de famílias menos abastadas com pessoas de famílias mais abastadas.

Os pesquisadores que usam o método **longitudinal** estudam e reestudam o mesmo grupo em diferentes momentos de sua vida. Eles descobriram que a ***inteligência permanece estável e, em alguns testes, até aumenta.***[2]

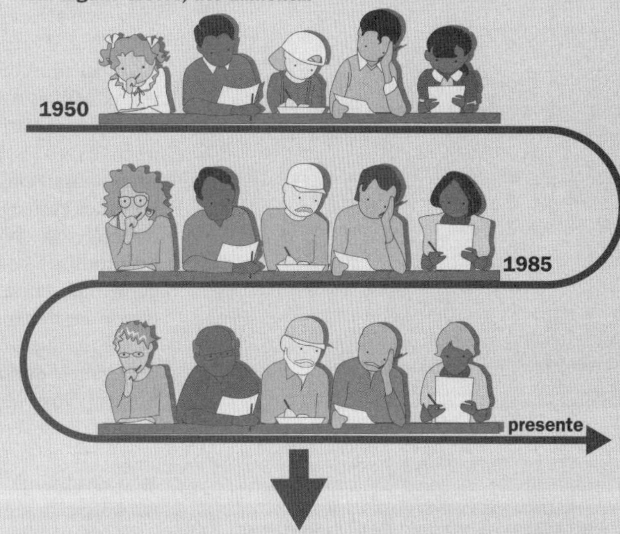

Porém, esses estudos têm seu próprio problema. Os participantes que sobrevivem até o final dos estudos podem ser as pessoas mais saudáveis e brilhantes. Quando os pesquisadores ajustam estatisticamente para a perda de participantes menos inteligentes, a inteligência parece diminuir um pouco mais tarde na vida, especialmente depois dos 85 anos.[3]

1. Wechsler, 1972. 2. Salthouse, 2010, 2014; Schaie & Geiwitz, 1982. 3. Brayne et al., 1999.

Estudo transversal. Estudo que compara pessoas de idades diferentes no mesmo ponto do tempo.

Estudo longitudinal. Pesquisa que acompanha e testa novamente as mesmas pessoas ao longo do tempo.

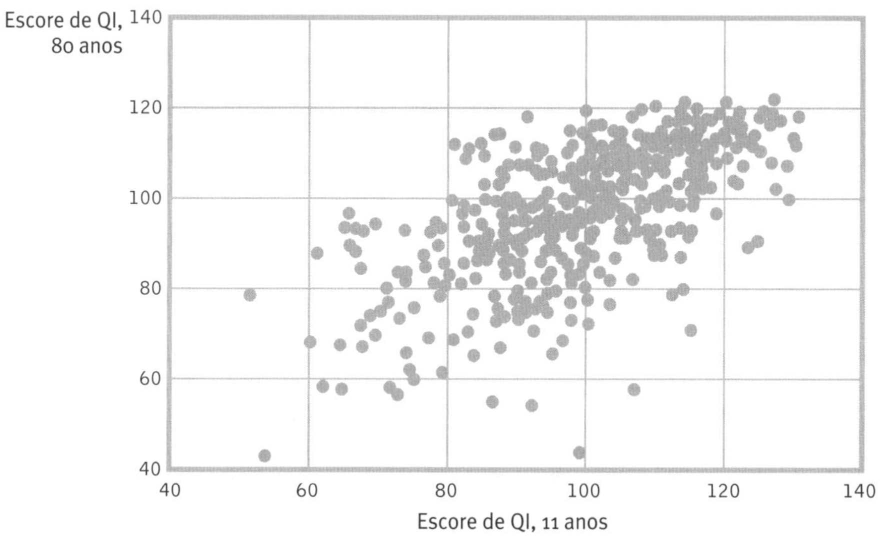

Figura 10.5 A inteligência perdura. Quando Ian Deary e seus colegas (2004) retestaram escoceses de 80 anos com o teste de inteligência que fizeram quando crianças de 11 anos, seus escores através de sete décadas tinham uma correlação de +0,66, como demonstrado aqui (dados de Deary et al., 2004). Quando 106 sobreviventes foram testados novamente aos 90 anos, a correlação com seus escores de 11 anos foi de +0,54 (Deary et al., 2013).

"Viver para receber sua aposentadoria depende, em parte, de seu QI aos 11 anos." – Ian Deary, *Intelligence, Health, and Death*, 2005

As mulheres com escores entre os 25% mais altos no teste nacional de inteligência escocês testadas aos 11 anos tenderam a viver mais do que as com escores entre os 25% mais baixos. "Em média", relatou Deary (2016), "uma menina com desvantagem de 30 pontos no QI neste teste de 45 minutos aos 11 anos tinha metade da probabilidade de estar viva" 65 anos depois.

"Na juventude aprendemos e na velhice compreendemos." – Marie Von Ebner-Eschenbach, *Aphorisms*, 1883.

"Conhecimento é saber que tomate é uma fruta; sabedoria é não colocá-lo em uma salada de frutas." – Anônimo

Figura 10.6 Teste transversal *versus* longitudinal da inteligência em várias idades. Nesse teste de um tipo de inteligência verbal (raciocínio indutivo), o método transversal mostrou declínio nos escores com a idade. O método longitudinal (no qual as mesmas pessoas foram retestadas ao longo de um período de anos) mostrou um ligeiro aumento nos escores na idade adulta (Dados de Schaie, 1994).

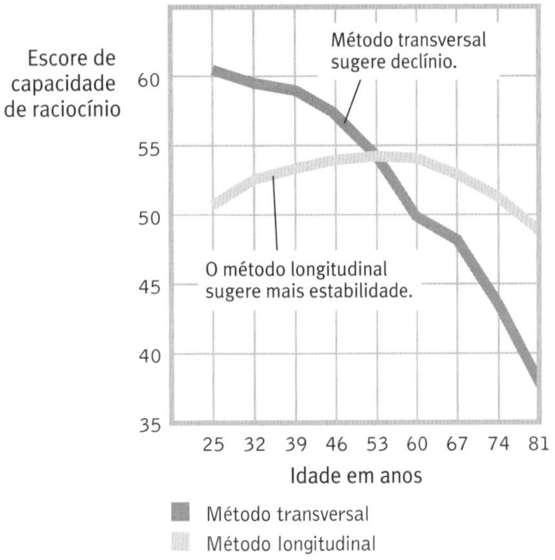

3. Os eventos pré-natais ou as doenças na primeira infância poderiam ter influenciado a inteligência e a saúde.
4. Um "corpo bem conectado", conforme evidenciado pela velocidade de reação, talvez promova a inteligência e a longevidade.

Envelhecimento e inteligência

QOA 10.12 Como o envelhecimento afeta a inteligência cristalizada (*Gc*) e a inteligência fluida (*Gf*)?

As perguntas feitas pelos cientistas psicológicos são importantes, mas às vezes importa ainda mais *como* eles as fazem, ou seja, os métodos de pesquisa que eles usam. Os estudos transversais mostraram que os idosos deram menos respostas corretas em testes de inteligência do que adultos mais jovens. Esses achados levaram o criador do WAIS, David Wechsler (1972), a concluir que "o declínio da capacidade mental com a idade é parte do processo geral [de envelhecimento] do organismo como um todo". Durante muito tempo essa visão deplorável permaneceu inalterada. Muitas corporações estabeleceram políticas de aposentadoria compulsória, supondo que se beneficiariam com a substituição dos funcionários mais velhos por funcionários mais jovens e capazes. Esse pensamento persiste hoje, com alguns países exigindo que os professores se aposentem aos 60 anos (Hong Kong) ou 65 (Holanda). Como "todo mundo sabe", não podemos ensinar truques novos a cães velhos. Todavia, depois que os colegas dos anos 1920 começarem a administrar testes de inteligência aos calouros, os psicólogos que usaram estudos longitudinais (testar novamente as mesmas coortes por um período de anos) descobriram que a inteligência permanecia estável. Em alguns testes, os escores até aumentaram, em parte devido à experiência em sua aplicação (Salthouse, 2014) (Figura 10.6). Os métodos importam.

Os resultados mais otimistas de estudos longitudinais desafiaram a presunção de que a inteligência diminui drasticamente com a idade. A famosa pintora Anna Mary Robertson Moses ("Vovó Moses") começou a pintar aos 70 anos e, aos 88 anos, uma revista popular a nomeou "A Jovem do Ano". Aos 89 anos, o arquiteto Frank Lloyd Wright projetou o Museu Guggenheim da Cidade de Nova York. Aos 101 anos, a neuropsicóloga Brenda Milner ainda estava realizando pesquisas e supervisionando alunos. Como "todos sabem", tendo boa saúde você nunca é velho demais para aprender.

Portanto, as respostas às nossas perguntas sobre idade e inteligência dependem do que avaliamos e de como avaliamos. A *inteligência cristalizada* (*Gc*) – nosso conhecimento acumulado refletido em testes de vocabulário e analogias – aumenta até a velhice. A *inteligência fluida* (*Gf*) – nossa capacidade de raciocinar rápida e abstratamente, como quando resolvemos novos problemas lógicos – diminui a partir dos 20 e 30 anos, lentamente, até os 75 anos ou mais, e, a seguir, mais rapidamente, em especial depois dos 85 anos (Cattell, 1963; Deary & Ritchie, 2016; Salthouse, 2013).

Para a maioria das pessoas, o envelhecimento leva a perdas e ganhos. Ao mesmo tempo, perdemos a memória de recuperação e a velocidade de processamento, mas ganhamos vocabulário e conhecimento (Ackerman, 2014; Tucker-Drob et al., 2019; Figura 10.7). *Gf* pode declinar, mas as habilidades de raciocínio social dos idosos aumentam, como demonstrado pela capacidade de ter múltiplas perspectivas, apreciar os limites do conhecimento e oferecer sabedoria útil em tempos de conflito social (Grossmann et al., 2010). Nossas decisões também ficam menos distorcidas pelas emoções negativas, como ansiedade, depressão e raiva (Blanchard-Fields, 2007; Carstensen & Mikels, 2005).

As diferenças cognitivas relacionadas à idade ajudam a explicar por que os idosos são menos propensos a aceitar as novas tecnologias (Charness & Boot, 2009; Pew, 2017). Essas diferenças cognitivas também ajudam a explicar por que matemáticos e cientistas produzem grande parte de seus trabalhos mais criativos a partir do início dos 30 anos, quando a inteligência fluida está no auge (Jones et al., 2014). Por outro lado, autores, historiadores e filósofos tendem a produzir seu melhor trabalho aos quarenta, cinquenta e além – depois de acumularem mais conhecimento (Simonton, 1988, 1990). Os poetas, que dependem da *Gf*, atingem o auge produtivo antes que os autores de prosa, que precisam de um reservatório de conhecimento mais profundo que se acumula com a idade. Esse achado vale para todas as grandes tradições literárias, tanto para as linguagens vivas quanto para as mortas.

PRÁTICA DE RECUPERAÇÃO

PR-6 O pesquisador A quer estudar como a inteligência muda ao longo da vida. O pesquisador B quer estudar a inteligência das pessoas que hoje estão em vários estágios da vida. Qual dos pesquisadores deve usar o método transversal, e qual deve usar o método longitudinal?

RESPOSTAS NO APÊNDICE E

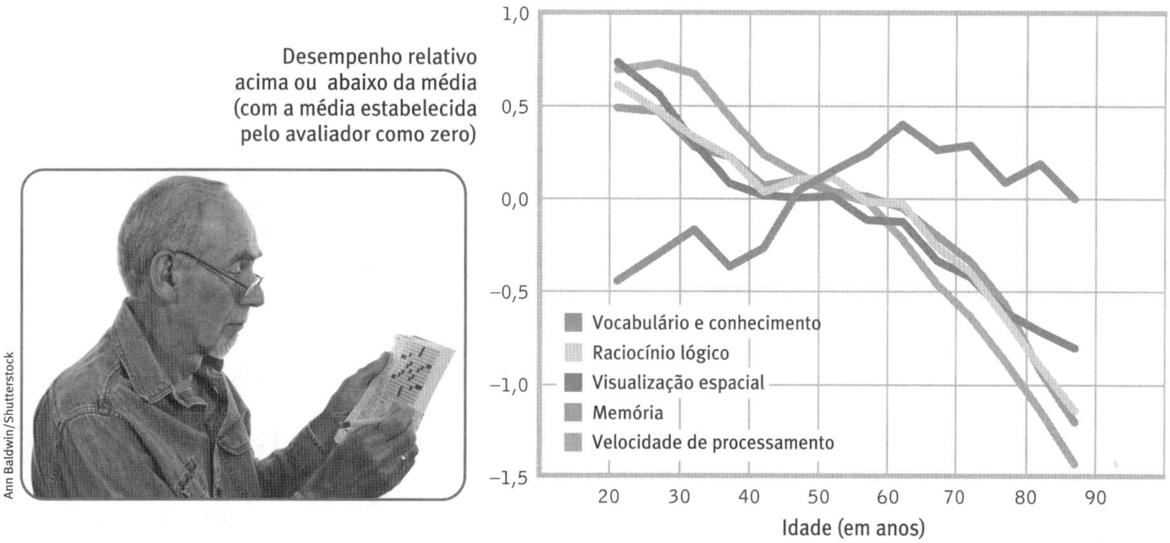

Figura 10.7 Com a idade, perdemos o que ganhamos. Estudos revelam que o poder da palavra aumenta com a idade, enquanto as dimensões da inteligência fluida diminuem (dados de Salthouse, 2010). *(Esta figura encontra-se reproduzida em cores no Encarte.)*

REVISÃO Avaliação e dinâmica da inteligência

OBJETIVOS DE APRENDIZAGEM

Teste a si mesmo. Responda às Questões dos Objetivos de Aprendizagem (antes de conferir as respostas no Apêndice D) para aprimorar a retenção dos conceitos estudados (McDaniel et al., 2009, 2015).

QOA 10.6 O que é um *teste de inteligência*, e como os testes de desempenho e aptidão diferem?

QOA 10.7 Quando e por que os testes de inteligência foram criados, e como os testes de hoje diferem dos primeiros testes de inteligência?

QOA 10.8 O que é uma *curva normal*, e o que significa dizer que um teste foi padronizado e que é confiável e válido?

QOA 10.9 Quais são as características das pessoas nos extremos de inteligência baixa e alta?

QOA 10.10 O que são *estudos transversais* e *estudos longitudinais*, e por que é importante saber qual método foi utilizado?

QOA 10.11 Quão estáveis são os escores dos testes de inteligência ao longo da vida?

QOA 10.12 Como o envelhecimento afeta a inteligência cristalizada (*Gc*) e a inteligência fluida (*Gf*)?

TERMOS E CONCEITOS A RECORDAR

Teste a si mesmo. Escreva a definição com suas próprias palavras e depois confirme sua resposta.

teste de inteligência, p. 355
teste de desempenho, p. 355
teste de aptidão, p. 355
idade mental, p. 357
Stanford-Binet, p. 357
quociente de inteligência (QI), p. 357
escala de inteligência Wechsler para adultos (WAIS), p. 358
padronização, p. 359
curva normal, p. 359
confiabilidade, p. 360
validade, p. 360
validade preditiva, p. 360
coorte, p. 362
estudo transversal, p. 363
estudo longitudinal, p. 363

DOMINE O MATERIAL

Teste a si mesmo. Responda às questões a seguir por conta própria, a princípio, depois confira as respostas no Apêndice E.

1. O QI de uma criança de 6 anos com idade mental medida de 9 seria
- **a.** 67
- **b.** 133
- **c.** 86
- **d.** 150

2. A escala de inteligência Wechsler para adultos (WAIS) é mais capaz de nos dizer
- **a.** que parte da inteligência de um indivíduo é determinada pela herança genética.
- **b.** se a pessoa testada será bem-sucedida profissionalmente.
- **c.** como que a pessoa testada se compara aos outros adultos em termos de vocabulário e raciocínio aritmético.
- **d.** se a pessoa testada tem habilidades específicas para música e representação.

3. A escala de Stanford-Binet, a escala de inteligência de Wechsler para adultos e a escala de inteligência de Wechsler para crianças produzem resultados coerentes, por exemplo, na repetição do teste. Em outras palavras, esses testes têm alta ________________.

4. Qual das seguintes NÃO é uma explicação possível para o fato de que pessoas mais inteligentes tendem a ter vida mais longa e saudável?
   a. A inteligência facilita mais educação, melhores empregos e um ambiente mais saudável.
   b. A inteligência incentiva a um estilo de vida mais saudável.
   c. As pessoas inteligentes têm tempo de reação menor; logo, elas são menos propensas a se colocarem em risco.
   d. Os eventos pré-natais ou as doenças na primeira infância poderiam ter influenciado a inteligência e a saúde.
5. Use os conceitos de *Gc* e *Gf* para explicar por que os escritores tendem a produzir seus trabalhos mais criativos mais tarde na vida, enquanto os cientistas geralmente atingem o auge muito mais cedo.

Influências genéticas e ambientais na inteligência

Herdabilidade. Proporção de variação entre os indivíduos de um grupo que podemos atribuir aos genes. A herdabilidade de um traço pode variar, dependendo das faixas da população e dos ambientes estudados.

A inteligência opera nas famílias. Mas por quê? Nossas habilidades intelectuais são principalmente herdadas? Ou elas são moldadas por nosso ambiente? Poucas questões em psicologia despertam tanta paixão. Se nossa inteligência for principalmente herdada, a posição socioeconômica das pessoas corresponderá às suas diferenças inatas. Mas se a inteligência for alimentada basicamente por nossos ambientes, então as crianças de origens desfavorecidas podem esperar ter vidas desfavorecidas – mas com alguma esperança de que mudar o ambiente possa produzir adultos mais inteligentes e realizados. Vamos examinar algumas das evidências, concentrando-nos nestas questões:

- O que os estudos de gêmeos e de adoção nos dizem sobre como a herdabilidade e a experiência influenciam a inteligência?
- Podem as influências ambientais extremas amplificar ou diminuir a inteligência?
- Quais semelhanças e diferenças nos resultados dos testes de inteligência existem entre os grupos, e o que explica essas diferenças?

Herdabilidade e inteligência

QOA **10.13** O que é *herdabilidade* e o que os estudos sobre gêmeos e adoção nos dizem sobre a natureza e a educação da inteligência?

A **herdabilidade** é a proporção de variação entre os indivíduos de um grupo que podemos atribuir aos genes. As estimativas da herdabilidade da inteligência – isto é, a extensão em que a variação do escore do teste de inteligência dentro de um grupo pode ser atribuída à variação genética – variam de 50 a 80% (Madison et al., 2016; Plomin et al., 2016; Plomin & von Stumm, 2018). Isso significa que podemos supor que 50 a 80% de sua inteligência se deve aos seus genes, e o restante ao seu ambiente? *Não.* A herdabilidade nunca se aplica a um indivíduo; apenas *explica por que as pessoas de um grupo diferem umas das outras.*

Gêmeos idênticos compartilham os mesmos genes; eles também compartilham habilidades mentais? Como se pode ver na Figura 10.8, que resume diversos estudos, a resposta é claramente *Sim.* Mesmo quando adotados por duas famílias diferentes, seus escores nos testes de inteligência são muito semelhantes. Quando criados juntos, seus escores são quase tão semelhantes às da mesma pessoa que faz o mesmo teste duas vezes (Haworth et al., 2009; Lykken, 2006; Plomin et al., 2016). Gêmeos idênticos também exibem semelhança substancial (e herdabilidade) em talentos específicos, como música, matemática e esportes. A herdabilidade é responsável por mais da metade da variação nos escores nacionais dos exames de matemática e ciências dos britânicos de 16 anos (Shakeshaft et al., 2013; Vinkhuyzen et al., 2009).

Os exames de imagem cerebral revelam que gêmeos idênticos têm volume semelhante de substâncias cinzenta e branca e que as áreas associadas à inteligência verbal e espacial são praticamente iguais (Deary et al., 2009a; Thompson et al., 2001). Seus cérebros também exibem atividade similar enquanto realizam tarefas mentais (Koten et al., 2009).

Existem genes de gênios? Quando 100 pesquisadores reuniram seus dados de 269.867 pessoas, todas as variações genéticas analisadas representaram apenas cerca de 5% das diferenças no desempenho educacional (Savage et al., 2018). Outra análise de genes de 1,1 milhão de pessoas foi responsável por cerca de 12% de suas diferenças de escolaridade (Lee et al., 2018). A busca por genes de inteligência continua. Alguns se perguntaram: os médicos de fertilização *in vitro* (FIV) podem selecionar embriões candidatos para genes de inteligência?

Domínio público

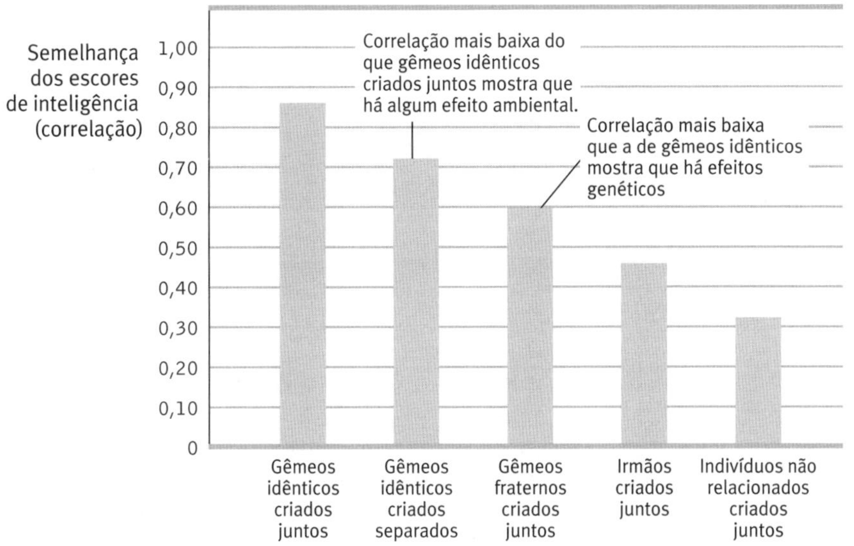

Figura 10.8 Inteligência: natureza e criação. Pessoas mais parecidas geneticamente têm os escores de inteligência mais parecidos. Lembre-se: 1,0 indica uma correlação perfeita; zero indica nenhuma correlação (Dados de McGue et al., 1993).

Os geneticistas estatísticos relatam que, no futuro previsível, o ganho de inteligência com a seleção de embriões seria mínimo (Kaiser, 2019). Isso porque a *inteligência é poligênica* e envolve muitos genes. Wendy Johnson (2010) compara o efeito poligênico com a altura: mais de 50 variações genéticas específicas contribuem para 5% de nossas diferenças individuais na altura, com o restante ainda por ser descoberto. O que importa para a inteligência (como para altura, personalidade, orientação sexual, esquizofrenia, ou praticamente qualquer traço humano) é a combinação de muitos genes, que incluem 52 genes ligados à inteligência identificados em um conjunto de descobertas de quase 80 mil pessoas (Sniekers et al., 2017).

Ambiente e inteligência

Gêmeos fraternos não são geneticamente mais parecidos do que outros irmãos, mas geralmente compartilham um ambiente e são frequentemente tratados de forma semelhante. Seus escores nos testes de inteligência são um pouco mais parecidos do que os escores de irmãos não gêmeos (ver Figura 10.8). Então o ambiente tem algum efeito. Os estudos sobre adoção nos ajudam a avaliar a influência do ambiente. Procurando desenredar genes e ambiente, os pesquisadores também compararam os resultados dos testes de inteligência de crianças adotivas com os de (a) seus *pais biológicos*, que forneceram seus genes; (b) *pais adotivos*, que forneceram seu ambiente doméstico; e (c) *irmãos adotivos*, que compartilharam esse ambiente doméstico.

Vários estudos sugerem que o ambiente compartilhado exerce apenas uma influência modesta nos escores dos testes de inteligência:

- Adoção da pobreza para lares de classe média melhora os resultados dos testes de inteligência das crianças (Nisbett et al., 2012). Um grande estudo sueco analisou esse efeito entre crianças adotadas em famílias mais ricas com pais mais instruídos. Os escores de QI das crianças adotadas foram mais altos, em média, 4,4 pontos, do que as de seus irmãos biológicos não adotados (Kendler et al., 2015a)
- Adoção de crianças maltratadas ou negligenciadas também aumenta seus escores de inteligência (Almas et al., 2017)
- Os escores de inteligência de "gêmeos virtuais" – crianças de mesma idade não relacionadas, adotadas como bebês e criadas juntas – correlacionam-se em um nível significativo maior do que +0,28 (Segal et al., 2012).

Durante a infância, os resultados dos testes dos irmãos adotivos têm correlação modesta. Com o tempo, as crianças adotadas acumulam experiência em suas diferentes famílias adotivas. Então, você esperaria que o efeito do ambiente compartilhado aumentasse com a idade e o efeito do legado genético diminuísse?

Saiba que os geneticistas do comportamento têm uma surpresa impressionante para você. Os escores de inteligência de crianças adotadas se assemelham muito mais aos de seus pais biológicos do que aos de seus pais adotivos (Loehlin, 2016). E com o tempo, os escores de habilidades verbais das crianças adotadas tornam-se mais parecidos com os de seus pais biológicos (Figura 10.9). As semelhanças mentais entre crianças adotadas e suas respectivas famílias adotivas diminuem com a idade (McGue et al., 1993). Quem poderia ter imaginado?

As influências genéticas tornam-se mais aparentes à medida que acumulamos experiência de vida. As semelhanças de gêmeos idênticos, por exemplo, continuam ou aumentam

Figura 10.9 Em capacidade verbal, com quem as crianças adotadas se parecem mais? À medida que os anos passaram em suas famílias adotivas, os escores de capacidade verbal das crianças ficaram mais parecidos com os escores de seus pais biológicos. (Dados de Plomin e DeFries, 1998.)

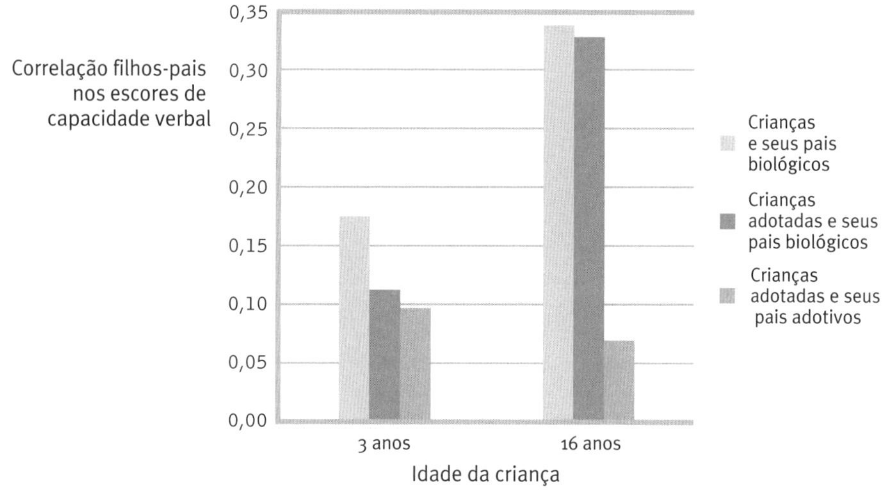

aos 80 anos. Em um estudo robusto com mais de 11 mil duplas de gêmeos em quatro países, a herdabilidade da inteligência geral (*g*) aumentou de 41% na meia infância para 55% na adolescência, e 66% no início da idade adulta (Haworth et al., 2010). Assim, relatam Ian Deary e seus colegas (2009a, 2012), a herdabilidade da inteligência geral aumenta de "cerca de 30%" na primeira infância para "bem mais de 50% na idade adulta".

PRÁTICA DE RECUPERAÇÃO

PR-1 Conferindo a sua compreensão da herdabilidade: se os ambientes se tornarem mais iguais, a herdabilidade da inteligência

a. aumenta. **b.** diminui. **c.** não se altera.

RESPOSTAS NO APÊNDICE E

Interação gene-ambiente

QOA 10.14 Como as influências ambientais podem afetar o desenvolvimento cognitivo?

Genes e experiência, juntos, tecem o tecido da inteligência. A *epigenética* estuda parte dessa dinâmica biológica que ocorre nesse ponto de encontro natureza-criação. Com todas as nossas habilidades – sejam elas mentais ou físicas – *nossos genes moldam as experiências que, por sua vez, nos moldam.* Se você tem uma aptidão natural para esportes, provavelmente jogará com mais frequência do que os outros (obtendo mais prática, treinamento e experiência). Ou, se você tem aptidão natural para a academia, é mais provável que você permaneça na escola, leia livros e faça perguntas – tudo isso aumentará seu poder cerebral. O mesmo seria verdade para seu gêmeo idêntico – que poderia, não apenas por razões genéticas, também se tornar uma estrela. Nessas interações gene-ambiente, pequenas vantagens genéticas podem desencadear experiências sociais que multiplicam nossas habilidades inatas (Sauce & Matzel, 2018).

Às vezes, porém, as condições ambientais funcionam ao contrário, deprimindo o desenvolvimento físico ou cognitivo. Ambientes humanos raramente são tão pobres quanto as gaiolas escuras e estéreis habitadas por ratos desamparados que desenvolvem córtices cerebrais mais finos que o normal (Rosenzweig, 1984). Ainda assim, a privação severa deixa as suas marcas no cérebro humano. Em nenhum lugar isso é mais aparente do que em ambientes humanos desprovidos de esperança como o que J. McVicker Hunt (1982) presenciou em um orfanato iraniano carente. A criança típica que Hunt observou lá era incapaz de se sentar, sem auxílio, aos 2 anos, ou de andar aos quatro. O pouco cuidado que os bebês recebiam não era em resposta ao choro, aos resmungos ou a outros comportamentos, de forma que eles desenvolveram pouco senso de controle pessoal sobre seu ambiente. Estavam, ao contrário, tornando-se "múmias" passivas. A extrema privação estava massacrando a inteligência original – um achado confirmado pelos estudos de crianças criadas em orfanatos mal administrados na Romênia e em outros lugares (Nelson et al., 2009, 2013; van IJzendoorn et al., 2008).

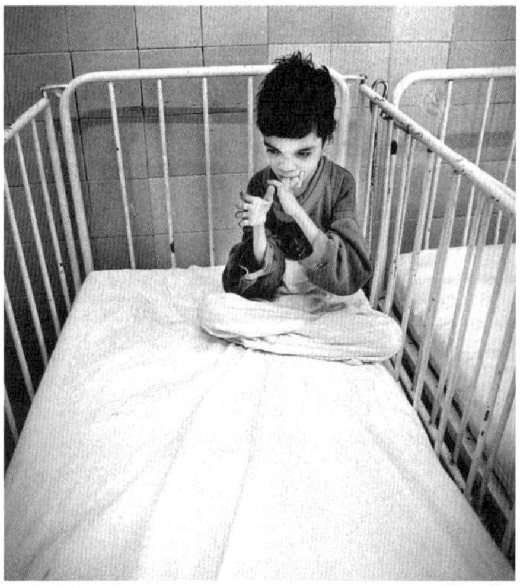

Thomas Black57

Negligência devastadora. Alguns órfãos romenos, como esta criança no orfanato Leaganul Pentru Copii em 1990, tiveram interação mínima com os cuidadores e sofreram atraso no desenvolvimento.

Ciente tanto dos efeitos dramáticos das primeiras experiências como do impacto da intervenção precoce, Hunt iniciou um programa de enriquecimento humano tutelado para cuidadores, ensinando-os a fazer jogos que estimulavam a linguagem com 11 bebês. Eles imitavam o balbucio dos bebês, envolvendo-os em um "siga o mestre" vocal e, por fim, ensinando-lhes sons da língua persa. Os resultados foram expressivos. Aos 22 meses de vida, os bebês eram capazes de nomear mais de 50 objetos e partes do corpo, e encantavam tanto os visitantes que a maioria foi adotada – um sucesso sem precedentes para o orfanato.

Os achados de Hunt são um caso extremo de um outro mais geral: as más condições ambientais que acompanham a pobreza podem deprimir o desenvolvimento cognitivo e produzir estresses que impedem o desempenho cognitivo (Heberle & Carter, 2015; Tuerk, 2005). Isso pode ajudar a explicar outra descoberta: onde os ambientes variam muito, como entre os filhos de pais menos instruídos, as diferenças ambientais são mais preditivas dos resultados dos testes de inteligência (Tucker-Drob & Bates, 2016). Como um computador que fica lento ao executar várias operações, as preocupações e distrações das pessoas pobres consomem largura de banda cognitiva e podem reduzir a capacidade de pensamento. Em testes de função cognitiva, agricultores de cana-de-açúcar na Índia alcançaram escores melhores depois de receberem o pagamento pela colheita – quando suas preocupações financeiras diminuíram (Mani et al., 2013).

Se condições extremas – privação sensorial, isolamento social, pobreza – podem retardar o desenvolvimento normal do cérebro, o inverso também pode ser verdadeiro? Um ambiente "enriquecido" pode "dar a seu filho um intelecto superior"? A maioria dos especialistas tem suas dúvidas (DeLoache et al., 2010; Reichert et al., 2010; Vance, 2018). Não há receita ambiental para transformar rapidamente uma criança normal em um gênio. Todo bebê deveria ter exposição normal a estímulos visuais, sonoros e de fala. Além disso, o veredito de Sandra Scarr (1984) ainda é amplamente compartilhado: "Pais muito preocupados em proporcionar lições educacionais especiais a seus bebês estão perdendo tempo".

Resultados mais encorajadores vêm de programas intensivos de enriquecimento depois da primeira infância (Dodge et al., 2017; Sasser et al., 2017; Tucker-Drob, 2012). Isso é particularmente verdadeiro para programas pré-escolares para crianças em nível de pobreza (Gormley et al., 2013; Heckman & Karapakula, 2019; Magnuson et al., 2007). Os escores de inteligência também aumentam com suplementos nutricionais para mulheres grávidas e recém-nascidos (3,5 pontos), com experiências pré-escolares de qualidade (4 pontos) e com programas interativos de leitura (6 pontos) (Protzko et al., 2013).

Vale a pena ver a inteligência como expansível. A psicóloga Carol Dweck mostrou vários benefícios de adotar a mentalidade de crescimento – acreditando que a inteligência cresce por meio de esforço motivado. "Não importa qual seja sua habilidade", diz Dweck, "o esforço é o que acende essa habilidade e a transforma em realização" (2006, p. 16).

Mentalidade de crescimento

Escolaridade e inteligência interagem, e ambas aumentam a renda futura (Ceci & Williams, 1997, 2009). Mas o que realizamos com nossa inteligência depende também de nossas próprias crenças e motivação. Uma análise de 72.431 estudantes de graduação constatou que a motivação e as habilidades de estudo rivalizavam com a aptidão e as notas anteriores como preditores de desempenho acadêmico (Credé & Kuncel, 2008). A motivação pode inclusive afetar o desempenho do teste de inteligência. Quatro dúzias de estudos mostram que, quando prometem dinheiro para se sair bem, os adolescentes obtêm escores mais altos nesses testes (Duck-worth et al., 2011).

Essas observações não surpreenderiam a psicóloga Carol Dweck (2018; Dweck & Yeager, 2019). Ela relata que acreditar que a inteligência é mutável promove a **mentalidade de crescimento**, um foco na aprendizagem e no crescimento. Dweck ensina aos jovens que o cérebro é como um músculo, ficando mais forte com o uso, à medida que as conexões dos neurônios crescem: "Aprender a resolver um novo tipo de problema aumenta seu cérebro matemático!" Receber elogios pelo *esforço* e por enfrentar os desafios, em vez de por ser inteligente ou talentoso, ajuda os adolescentes a entender a ligação entre trabalho duro e sucesso (Gunderson et al., 2013). Embora a mentalidade de crescimento não altere a inteligência inata, ela pode tornar as crianças e os jovens mais resilientes quando confrontados com material de aprendizagem difícil ou pessoas frustrantes (Peng & Tullis, 2019; Walton & Wilson, 2018). Um experimento nacional com 6.320 estudantes do Ensino Médio dos EUA com baixo desempenho mostrou que assistir a dois vídeos de 25 minutos que promovem uma mentalidade de crescimento melhorou discretamente as notas (Yeager et al., 2019). Mentalidade não é tudo, mas importa.

"São as nossas escolhas... que mostram o que verdadeiramente somos, muito mais do que nossas habilidades." – Professor Dumbledore para Harry Potter em *Harry Potter e a Câmara Secreta*, de J. K. Rowling, 1999.

Mais de 300 estudos confirmam que habilidade + oportunidade + motivação = sucesso em áreas como esportes, ciências e música (Ericsson et al., 2007). Crianças de 12 anos com escore extremamente alto em testes de inteligência são muito mais propensas do que a média das pessoas a obter doutorados e desenvolver patentes – se sua capacidade se "juntar com o compromisso" (Makel et al., 2016). A proficiência em matemática dos alunos do ensino médio e as notas dos alunos da faculdade refletem sua aptidão, mas também sua autodisciplina, sua crença no poder do esforço e uma curiosa "mente faminta por conhecimento" (Murayama et al., 2013; Richardson et al., 2012; von Stumm et al., 2011). Em um estudo com 168 mil alunos chilenos da décima série, os de famílias de baixa renda que tinham uma mentalidade de crescimento tiveram notas de testes acadêmicos comparáveis às dos alunos de alta renda que tinham uma mentalidade fixa (Claro et al., 2016). E considere: desde 2008, os jovens de

Quando você [falhar], abrace a falha; aprenda com ela. Não pense... que isso vai impedir você de se tornar quem você quiser... Acordo todos os dias dizendo ao mundo: vamos garota, vamos cavalgar. O que você tem para mim?" – Compositor musical Pitbull, 2019

Mentalidade de crescimento. Foco em aprender e crescer, em vez de ver as habilidades como fixas.

istockphoto/monkeybusinessimages

Uma mente faminta.

origem do sul da Ásia venceram a maioria dos concursos nacionais de ortografia dos EUA – uma conquista incrível provavelmente influenciada pela crença cultural de que o esforço árduo é energizante e traz sucesso (Rattan et al., 2012; Savani & Job, 2017). A fórmula para atingir seu potencial é simples: acredite em sua capacidade de aprender e aplique-se com esforço constante.

Esses achados repetidos – de que a mentalidade de crescimento e o esforço disciplinado aumentam a realização – têm gerado atenção. Alguns pesquisadores alertam que a aplicação dos achados da mentalidade de crescimento em intervenções de larga escala com alunos em risco pode ter uma desvantagem, o custo social de culpar indivíduos em vulnerabilidade por suas circunstâncias (Ikizer & Blanton, 2016). Outros observam que pesquisadores e educadores às vezes exageram o benefício discreto da mentalidade de crescimento (Sisk et al., 2018). O excesso de ênfase do poder da mentalidade de crescimento pode, como no conceito motivacional de *determinação*, levar alguns alunos a sentir que suas decepções refletem uma falha moral. Às vezes as pessoas precisam mais do que o poder do pensamento positivo para superar suas duras condições.

PERGUNTE A SI MESMO

Você está trabalhando com o potencial refletido em seus escores padronizados nos testes de aptidão? O que, além de sua aptidão, está afetando seu desempenho escolar?

Diferenças de grupo nos escores dos testes de inteligência

Se não houvesse diferenças de grupo nos escores dos testes de inteligência, os psicólogos teriam menos debate sobre influências hereditárias e ambientais. Mas há diferenças de grupo. Quais são elas? E o que devemos fazer com elas?

Semelhanças e diferenças de gênero

QOA 10.15 Como e por que grupos de gênero e de raça diferem em escores de habilidade mental?

A terapia com testosterona para reatribuição do sexo feminino para masculino resulta em áreas de processamento de linguagem cerebral que se tornam mais masculinas, bem como alguma perda de massa cinzenta (Hahn et al., 2016).

Na ciência, bem como na vida cotidiana, as diferenças – e não as semelhanças – despertam o interesse. A inteligência autoestimada pelos homens é muitas vezes maior do que a inteligência autoestimada pelas mulheres, o que pode alimentar uma falsa percepção de que os homens são mais inteligentes do que as mulheres (Furnham, 2016). Na verdade, as diferenças de inteligência entre homens e mulheres são pequenas. Por exemplo, naquele teste de 1932 de todas as crianças escocesas de 11 anos, os escores de inteligência dos meninos foram em média 100,5 e os das meninas 100,6 (Deary et al., 2003). No que tange ao *g*, meninos e meninas, homens e mulheres pertencem à mesma espécie.

No entanto, a maioria das pessoas acha as diferenças mais interessantes. Em culturas nas quais as meninas e os meninos são educados, as meninas tendem a ultrapassar os meninos em ortografia, fluência verbal, leitura e localização de objetos (Reilly et al., 2019; Voyer & Voyer, 2014). Elas detectam melhor as emoções e são mais sensíveis a toque, sabor e cor (Halpern et al., 2007). Em computação matemática e desempenho geral em matemática, meninas e meninos dificilmente diferem (Hyde & Mertz, 2009; Else-Quest et al., 2010; Lindberg et al., 2010).

Em problemas complexos de matemática, os homens superam as mulheres. Porém, a fronteira masculina mais confiável aparece em testes de habilidade espacial, como o mostrado na Figura 10.10 (Lauer et al., 2019). A solução requer rotação mental rápida de objetos tridimensionais. Os escores de habilidade mental dos homens (e o cérebro) também variam mais do que os das mulheres. Em todo o mundo, os homens superam as mulheres nos extremos baixos e altos (Ball et al., 2017; Baye & Monseur, 2016). Os homens, por exemplo, são mais propensos do que as mulheres a precisar de aulas de "recuperação" em matemática. Mas eles também são mais propensos a obter escores mais altos em matemática.

O psicólogo Steven Pinker (2005) argumentou que a perspectiva evolucionária – de que a biologia afeta as diferenças de gênero nas prioridades de

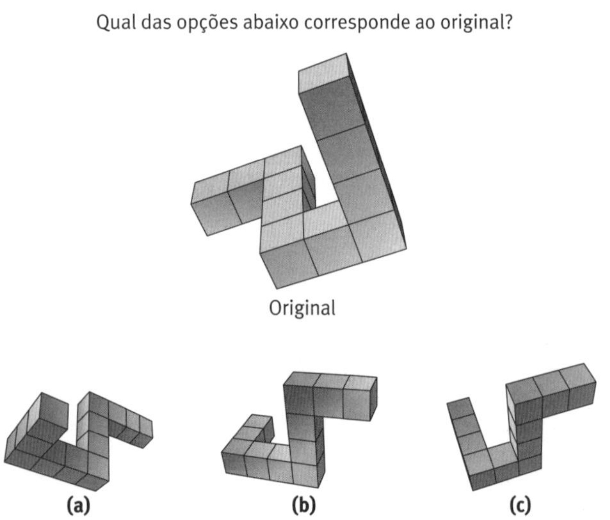

Figura 10.10 Teste de rotação mental. Esses tipos de itens são frequentemente encontrados em testes de habilidades espaciais. Ver resposta ao lado.[1]

[1] A resposta correta é a (c).

Gert-Martin Greuel (a) Laurence L. Levin (b) The White House (c)

Redução da lacuna científica. Em 2014, a professora iraniana de matemática Maryam Mirzakhani (1977-2017) tornou-se a primeira mulher a ganhar o prêmio mais admirado da matemática, a Medalha Fields (a). Em 2018, a física Donna Strickland (b) e a química Frances C. Arnold (c) receberam um Prêmio Nobel em áreas científicas nas quais as mulheres raramente ganham. Em seu discurso de aceitação, Strickland disse: "Nem todo mundo acha que a física é divertida, mas eu acho".

vida (maior interesse das mulheres nas pessoas *vs.* maior interesse dos homens em dinheiro e coisas), em correr riscos (os homens são mais impulsivos) e em raciocínio matemático e habilidades espaciais. Essas diferenças, observou Pinker, são notadas em todas as culturas, estáveis ao longo do tempo, influenciadas por hormônios pré-natais e observadas em meninos criados como meninas.

Mas as expectativas e oportunidades sociais também constroem o gênero ao moldar interesses e habilidades (Crawford et al., 1995; Eccles et al., 1990). Stephen Ceci e Wendy Williams (2010, 2011) relataram que as preferências influenciadas culturalmente ajudam a explicar por que as mulheres americanas, mais do que os homens, evitam vocações com uso intensivo de matemática. Na Ásia e na Rússia, as meninas adolescentes superaram os meninos em um exame internacional de ciências; na América do Norte e na Grã-Bretanha, os meninos tiveram escores mais altos (Fairfield, 2012).

As culturas com maior igualdade de gêneros, como as culturas sueca e islandesa, exibem uma parcela menor da defasagem matemática encontrada nas culturas com desigualdade de gêneros, como Turquia e Coreia (Guiso et al., 2008; Kane & Mertz, 2012). Desde os anos 1970, à medida que a igualdade de gênero aumentou nos EUA, a proporção de meninos para meninas entre os jovens de 12 a 14 anos com escores muito altos em matemática no SAT (acima de 700) caiu de 13:1 para 3:1 (Makel et al., 2016; Nisbett et al., 2012). E na psicologia, houve uma mudança notável na proporção de mulheres para homens com doutorado – de 17% de mulheres em 1958 para 71% em 2018 (Burelli, 2008; NSF, 2019). A experiência importa.

Semelhanças e diferenças étnicas e raciais

QOA 10.16 Como e por que os grupos raciais e étnicos são diferentes nos escores de habilidade mental?

Para alimentar o debate sobre as diferenças grupais existem outros dois fatos incômodos, mas cientificamente aceitos:

- Grupos raciais e étnicos diferem nas médias de escore em testes de inteligência
- Pessoas (e grupos) com escores altos têm mais chance de alcançar níveis elevados de educação e de renda.

Existem muitas diferenças de grupo nos escores médios dos testes de inteligência. Na Nova Zelândia, os escores dos descendentes de europeus superam os dos maoris nativos. Em Israel, os judeus superam os árabes. No Japão, a maior parte da população supera a estigmatizada minoria dos burakumins. E os americanos brancos têm escores mais altos que os afro-americanos, embora essa diferença pareça ter diminuído nos últimos anos, em especial entre as crianças (Dickens & Flynn, 2006; Nisbett et al., 2012). Essas diferenças *de grupo* fornecem pouco fundamento para o julgamento individual. Em todo o mundo, as mulheres sobrevivem aos homens em cerca de 5 anos, mas saber apenas o gênero de um indivíduo não nos diz quanto tempo essa pessoa viverá.

istockphoto/Jbryson

Como já vimos, a herdabilidade contribui para as diferenças *individuais* de inteligência. Porém, também vimos que as diferenças de grupo em um traço hereditário podem ser inteiramente ambientais. Considere um dos experimentos da natureza: deixe que algumas crianças cresçam ouvindo o idioma dominante em sua cultura, enquanto outras, surdas de nascença, não o fazem. A seguir, aplique aos dois grupos um teste de inteligência enraizada na língua dominante. O resultado? Sem surpresa, os que têm proficiência na língua dominante terão escores mais altos do que os que nasceram surdos (Braden, 1994; Steele, 1990; Zeidner, 1990).

Poderia a disparidade racial ser analogamente ambiental? Considere:

As pesquisas genéticas revelam que, abaixo da pele, todos os humanos são extraordinariamente parecidos. Apesar de alguma variação racial, como os riscos de saúde, a diferença genética média entre dois aldeões islandeses, ou entre dois quenianos, excede em muito a diferença média entre o grupo de islandeses e o grupo de quenianos (Cavalli-Sforza et al., 1994; Rosenberg et al., 2002). Além disso, as aparências enganam. Europeus de pele clara e africanos de pele escura são geneticamente mais próximos do que africanos de pele escura e aborígenes australianos também de pele escura.

Raça não é uma categoria biológica perfeitamente definida. Raça é, primariamente, uma construção social sem fronteiras físicas bem definidas, já que cada raça se mistura perfeitamente com a raça de seus vizinhos geográficos (Helms et al., 2005; Smedley & Smedley, 2005). Em uma análise genética de mais de 160 mil pessoas que vivem nos EUA, a maioria com menos de 28% de ascendência africana disse ser branca; aquelas com mais de 28% disseram ser afro-americanas (Byrc et al., 2015). Ainda mais, com ancestrais cada vez mais mistos, mais e mais pessoas desafiam a categorização racial e se autoidentificam como multirraciais (Pauker et al., 2009).

Dentro das mesmas populações, há diferenças de geração para geração nos escores dos testes. Os escores dos testes das populações mais bem alimentadas, mais bem educadas e mais bem preparadas para os testes de hoje excedem os escores das populações da década de 1930 em margem maior do que a diferença do escore entre os brancos e os negros dos EUA de hoje (Flynn, 2012; Pietschnig & Voracek, 2015; Trahan et al., 2014). A análise de uma pesquisa observou que o desempenho médio no teste de inteligência dos africanos subsaarianos de hoje é o mesmo dos adultos britânicos em 1948 (Wicherts et al., 2010). Ninguém credita à genética essas diferenças de uma geração para outra.

Escolas e culturas fazem a diferença. Os países cujas economias criam uma grande diferença de riqueza entre ricos e pobres também tendem a ter uma grande diferença entre ricos e pobres nos testes de inteligência (Nisbett, 2009). Na China e na Turquia, as pessoas das regiões mais pobres têm os escores mais baixos, e as das regiões mais ricas têm os mais altos (Lynn et al., 2015, 2016). Além disso, as políticas educacionais, como assiduidade no jardim de infância, disciplina escolar e tempo de instrução por ano predizem as diferenças nacionais nos testes de inteligência e conhecimento (Lynn & Vanhanen, 2012; Rindermann & Ceci, 2009). Uma análise de 600 mil alunos mostrou que cada ano adicional de escola previa 1 a 5 pontos adicionais de QI (Ritchie & Tucker-Drob, 2018). Permanecer na escola garante inteligência superior.

O desempenho em matemática, as diferenças nos testes de aptidão e especialmente as notas podem refletir mais consciência do que competência (Poropat, 2014). As mulheres na faculdade e na universidade também superam os homens igualmente capazes, graças em parte à sua maior meticulosidade (Keiser et al., 2016). Os estudantes asiáticos que superaram os estudantes norte-americanos nesses testes também passaram mais tempo na escola e muito mais tempo estudando matemática dentro e fora da escola (CMEC, 2018; Larson & Verma, 1999; NCEE, 2018). Essas diferenças persistem nos EUA, onde os estudantes asiático-americanos dedicam mais tempo ao estudo e obtêm as notas mais altas (Hsin & Xie, 2014).

Em diferentes épocas, diferentes grupos étnicos experimentaram idades de ouro – períodos de conquistas notáveis. Há 2.500 anos, foram os gregos e os egípcios, depois os romanos. Nos séculos VIII e IX, a genialidade parecia residir no mundo árabe. Quinhentos anos atrás foram os astecas e os povos da Europa Setentrional. Culturas ascendem e declinam ao longo dos séculos.

"Não compre seus escravos na Bretanha, pois eles são demasiado estúpidos e completamente incapazes de aprender." – Cícero, 106-43 a.C.

PRÁTICA DE RECUPERAÇÃO

PR-2 A herdabilidade dos escores de inteligência será maior em uma sociedade marcada pela igualdade de oportunidades do que em uma sociedade de camponeses e aristocratas. Por quê?

RESPOSTAS NO APÊNDICE E

Questão do viés

QOA 10.17 Os testes de inteligência são tendenciosos ou injustos? O que é *ameaça de estereótipo*, e como isso afeta o desempenho dos participantes em um teste?

Saber que existem diferenças de grupo nos escores dos testes de inteligência leva à questão de saber se essas diferenças são incorporadas aos testes. O teste de inteligência é uma maneira construtiva de orientar as pessoas para oportunidades adequadas? Ou é uma arma potente e discriminatória camuflada como ciência? Em suma, os testes de inteligência são tendenciosos? A resposta depende de qual das duas definições muito diferentes de viés usamos.

O significado *científico do viés* depende apenas de um teste prever o comportamento futuro de todos os grupos de participantes do teste, não apenas de alguns. Por exemplo, se o SAT americano antevisse com precisão o sucesso acadêmico das mulheres, mas não o dos homens, então o teste seria tendencioso. Nesse sentido científico do termo, o quase consenso entre os psicólogos (resumido pelo Comitê de Testes de Habilidade do Conselho Nacional de Pesquisa dos EUA e pela Força-Tarefa para a Inteligência da American Psychological Association) é que os principais testes de aptidão americanos *não* são tendenciosos (Berry & Zhao, 2015; Neisser et al., 1996; Wigdor & Garner, 1982). A validade preditiva dos testes é aproximadamente a mesma, qualquer que seja o gênero, a raça, a etnia ou o nível socioeconômico. Se um escore de 95 prediz notas ligeiramente abaixo da média, essa previsão aproximada em geral se aplica de forma igual a todos.

Mas, na linguagem cotidiana, podemos considerar um teste "tendencioso" se for injusto, ou seja, se os resultados dos testes forem influenciados pelas experiências culturais dos examinados. Isso na realidade aconteceu a imigrantes do Leste Europeu no início do século XX. Sem experiência para responder a perguntas sobre sua nova cultura, muitos foram classificados como ineptos. Se usarmos o viés nesse sentido popular, então sim, os testes de inteligência podem ser considerados injustos (mesmo que cientificamente imparciais). Por quê? Porque eles medem as habilidades desenvolvidas que refletem, em parte, a instrução escolarizada e as experiências.

Você já deve ter lido exemplos de itens de testes de inteligência que adotam pressupostos da classe média (p. ex., que uma xícara é acompanhada de um pires). Esses itens desviam o teste em detrimento de quem não usa pires. Poderiam essas questões explicar as diferenças raciais no desempenho em testes? Nesses casos, os testes podem ser um veículo de discriminação, enviando crianças potencialmente capazes (algumas das quais podem ter uma língua nativa diferente) para aulas sem desafios e empregos sem futuro. Muitos pesquisadores de inteligência, portanto, recomendam perguntas culturalmente neutras – como as que avaliam a capacidade das pessoas de aprender novas palavras, ditos e analogias – de modo a permitir testes de aptidão *culturalmente justos* (Fagan & Holland, 2007b, 2009).

Os defensores dos testes de aptidão atuais apontam que as diferenças raciais de grupo persistem nos itens não verbais, como contar dígitos ao contrário (Jensen, 1983, 1998). Além disso, eles acrescentam, culpar o teste pelos escores mais baixos de um grupo é o mesmo que culpar um mensageiro por más notícias. Por que culpar os testes por exporem experiências e oportunidades desiguais? Se, devido à desnutrição, alguém sofresse deficiência de crescimento, você culparia a fita métrica que a revela? Se experiências passadas desiguais prognosticam realizações futuras também desiguais, um teste de aptidão válido detectará essas desigualdades.

Como você viu em tantos contextos ao longo deste texto, expectativas e atitudes podem influenciar nossas percepções e comportamentos. Para os criadores de testes, as expectativas podem introduzir viés. Para os examinados, elas podem tornar-se profecias autorrealizáveis.

PRÁTICA DE RECUPERAÇÃO

PR-3 Qual é a diferença entre um teste culturalmente tendencioso e um teste com viés de validade?

RESPOSTAS NO APÊNDICE E

EXPECTATIVAS DAS PESSOAS TESTADAS. Quando Steven Spencer e seus colegas (1997) aplicaram um difícil teste de matemática a homens e mulheres com a mesma capacidade, as mulheres não tiveram um desempenho tão bom quanto o deles – exceto quando foram levados a esperar que as mulheres geralmente se saiam tão bem quanto os homens no teste. De outra forma, aparentavam apreensão, e isso afetava seu desempenho. Havia uma "ameaça no ar" (Spencer et al., 2016). Com Claude Steele e Joshua Aronson, Spencer (2002) novamente constatou essa **ameaça de estereótipo** autorrealizável, quando estudantes negros submetidos

Ameaça de estereótipos. Preocupação autoconfirmada de que a pessoa será avaliada com base em um estereótipo negativo.

a testes de aptidão verbal em condições planejadas para fazê-los sentir ameaçados tiveram desempenho abaixo do nível. Experimentos de seguimento (*follow-up*) confirmaram que as mulheres e as minorias estereotipadas negativamente podem ter seu potencial acadêmico e laboral não realizado (Grand, 2016; Nguyen & Ryan, 2008; Walton & Spencer, 2009). Se você se preocupa com o fato de seu grupo ou "tipo" em geral não se sair bem em algum tipo de teste ou tarefa, suas dúvidas e automonitoramento podem sequestrar sua memória de trabalho e prejudicar a atenção, o desempenho e a aprendizagem (Hutchison et al., 2013; Inzlicht & Kang, 2010; Rydell et al., 2010). Os críticos argumentam que os efeitos das ameaças estereotipadas são mais fracos do que se pensava originalmente, porque os fatores situacionais podem reduzi-los ou eliminá-los (Flore & Wicherts, 2015; Flore et al., 2019).

A ameaça dos estereótipos ajuda a explicar por que os negros nos EUA obtiveram escores mais altos quando testados por negros do que quando testados por brancos (Danso & Esses, 2001). Isso implica um possível efeito de professores não negros terem expectativas mais baixas para alunos negros do que professores negros (Gershenson et al., 2016). Também nos faz refletir sobre a razão por que as mulheres tiveram escores mais altos em testes de matemática quando não havia homens testados no grupo. Ajuda ainda a explicar por que os homens preferem ficar em empregos tradicionalmente femininos (professor de escola primária, agente de proteção à criança) quando desempenham suas funções sem se sentirem ameaçados pela presença de mulheres altamente competentes (Doyle & Voyer, 2016; Kalokerinos et al., 2018). Estar protegido de outros que devem ter um desempenho melhor pode nos dar a confiança necessária para fazer o nosso melhor.

"Aula de matemática é fogo!" – "Teen Talk", boneca Barbie falante (lançada no mercado em julho de 1992 e lembrada três meses depois).

A partir desses estudos, alguns pesquisadores concluíram que fazer os alunos acreditarem que provavelmente não terão sucesso pode funcionar como um estereótipo e enfraquecer o desempenho. Programas corretivos de "apoio a minorias" podem às vezes ter esse efeito não intencional (Steele, 1995, 2010).

Outras equipes de pesquisa demonstraram os benefícios dos exercícios de autoafirmação que envolvem os alunos na escrita sobre seus valores mais importantes (Borman et al., 2019; Ferrer & Cohen, 2018; Logel et al., 2019). Quando desafiados a acreditar em seu potencial, pensar positivamente sobre suas diversas experiências de vida, ou aumentar seu senso de pertencimento, os estudantes universitários desfavorecidos obtiveram notas mais altas e tiveram taxas de evasão mais baixas (Broda et al., 2018; Sarrasin et al., 2018; Townsend et al., 2019).

* * *

O que, então, podemos concluir realisticamente sobre testes de aptidão e preconceito ou viés? Os testes não são tendenciosos no sentido científico de não fazer previsões estatísticas válidas para diferentes grupos, mas são de fato tendenciosos em um sentido: a sensibilidade para diferenças de desempenho causadas pela experiência cultural. Os testes são discriminatórios? Novamente, a resposta pode ser *Sim* ou *Não*. Em certo sentido, *Sim*; seu propósito é discriminar – distinguir entre indivíduos. Em outro sentido, *Não*; o objetivo deles é reduzir a discriminação diminuindo a dependência de critérios subjetivos para a escola e a colocação no emprego – quem você conhece, como você se veste, ou se você é o "tipo certo de pessoa". Os testes de aptidão do serviço público, por exemplo, foram concebidos para discriminar (distinguir) de forma mais justa e objetiva, reduzindo a discriminação política, racial, étnica e de gênero que precedeu seu uso. A proibição de testes de aptidão levaria as pessoas que decidem sobre empregos e contratações a confiar mais em outras considerações, como a opinião pessoal.

Talvez, então, nossos objetivos para testes de habilidades mentais devam ser triplos. Primeiro, devemos ter consciência dos benefícios que Alfred Binet previu, isto é, capacitar as escolas a reconhecer quem poderia lucrar mais com uma intervenção precoce. Segundo, devemos permanecer alertas ao temor de Binet de que os escores de testes de inteligência podem ser mal interpretados como medidas literais do valor e do potencial de uma pessoa. Terceiro, devemos nos lembrar de que a competência revelada por testes gerais de inteligência é importante, porque ajuda a possibilitar o sucesso em alguns caminhos da vida. Porém, ela reflete apenas um aspecto da competência pessoal (Stanovich et al., 2016). Nossa inteligência prática e emocional também conta, assim como outras formas de criatividade, de talento e de caráter.

"Quase todas as coisas que nos alegram na vida estão fora da medida dos testes de QI." – Madeleine L'Engle, *A Circle of Quiet*, 1972.

"[Einstein] mostrou que a genialidade é igual ao cérebro mais o quadrado da tenacidade." – Walter Isaacson, *Einstein's Final Quest*, 2009

O ponto a ser lembrado: existem muitas maneiras de ser bem-sucedido; nossas diferenças são variações da adaptabilidade humana. As grandes realizações da vida resultam não só da capacidade "de fazer" (e da oportunidade justa), mas também da motivação "vou fazer". Competência + Diligência = Realização.

PRÁTICA DE RECUPERAÇÃO

PR-4 Que princípio psicológico pode ajudar a explicar por que as mulheres tendem a ter notas mais altas em testes de matemática quando nenhum de seus colegas de prova são homens?

RESPOSTAS NO APÊNDICE E

REVISÃO Influências genéticas e ambientais na inteligência

OBJETIVOS DE APRENDIZAGEM

Teste a si mesmo. Responda às Questões de Objetivos de Aprendizagem (antes de conferir as respostas no Apêndice D) para aprimorar a retenção dos conceitos estudados (McDaniel et al., 2009, 2015).

QOA **10.13** O que é *herdabilidade* e o que os estudos sobre gêmeos e adoção nos dizem sobre a natureza e a educação da inteligência?

QOA **10.14** Como as influências ambientais podem afetar o desenvolvimento cognitivo?

QOA **10.15** Como e por que grupos de gênero e de raça diferem em escores de habilidade mental?

QOA **10.16** Como e por que os grupos raciais e étnicos diferem quanto aos escores de habilidade mental?

QOA **10.17** Os testes de inteligência são tendenciosos ou injustos? O que é *ameaça do estereótipo*, e como isso afeta o desempenho dos participantes em um teste?

TERMOS E CONCEITOS A RECORDAR

Teste a si mesmo. Anote a definição com suas próprias palavras e, em seguida, verifique sua resposta.

herdabilidade, p. 366
mentalidade de crescimento, p. 369
ameaça de estereótipos, p. 373

DOMINE O MATERIAL

Teste a si mesmo. Responda às questões a seguir por conta própria, a princípio, depois confira as respostas no Apêndice E.

1. Dizer que a herdabilidade da inteligência é cerca de 50% significa que 50%

a. da inteligência de um indivíduo se deve a fatores genéticos.

b. das semelhanças entre os dois grupos de pessoas são atribuíveis aos genes.

c. da variação na inteligência dentro de um grupo de pessoas é atribuível a fatores genéticos.

d. da inteligência deve-se aos genes maternos e o resto aos genes paternos.

2. O suporte mais forte para a influência da herdabilidade na inteligência é a descoberta de que

a. gêmeos idênticos, mas não outros irmãos, têm resultados de testes de inteligência quase idênticos.

b. a correlação entre os resultados dos testes de inteligência de gêmeos fraternos não é maior do que a de outros irmãos.

c. a semelhança de habilidades mentais entre irmãos adotivos aumenta com a idade.

d. as crianças em famílias pobres têm escores de inteligência semelhantes.

3. A influência ambiental que tem o efeito mais claro e profundo no desenvolvimento intelectual é

a. expor bebês normais a programas de enriquecimento antes de 1 ano.

b. crescer em um lar ou vizinhança economicamente desfavorável.

c. ser criado em condições de privação extrema.

d. ser um gêmeo idêntico.

4. A ____________________ pode levar ao mau desempenho nos testes ao minar a crença das pessoas testadas de que elas podem ter um bom desempenho.

CAPÍTULO

11

Tomas Rodriguez/Getty Images

O que nos Motiva: Fome, Sexo, Pertencimento e Realização

Eu [DM] me lembro bem da forma como fiz minha primeira pergunta em uma nova aula introdutória de psicologia. Várias mãos se levantaram junto com um pé esquerdo. O pé pertencia a Chris Klein, que era a pessoa mais improvável de ter chegado àquela aula. Ao nascer, Chris sofreu privação de oxigênio que exigiu 40 minutos de reanimação cardiopulmonar. "Um médico queria deixá-lo morrer", lembra sua mãe.

O resultado foi paralisia cerebral grave. Com danos na região cerebral que controla o movimento muscular, Chris não consegue controlar suas mãos que se mexem sem parar. Ele não consegue se alimentar, vestir ou cuidar. Chris não consegue falar, mas tem uma mente aguçada e um pé esquerdo móvel. Com aquele pé abençoado, ele controla o *joystick* em sua cadeira de rodas motorizada. Usando seu dedão do pé, ele digita frases que o seu sistema de comunicação consegue armazenar, enviar por *e-mail* ou pronunciar. E Chris tem motivação, muita motivação.

Quando era aluno do Ensino Médio nos subúrbios de Chicago, três professores duvidaram de que ele seria capaz de sair de casa e ir para a universidade. Contudo, ele persistiu e, com muito apoio, aventurou-se em minha universidade, chamada Hope. Cinco anos depois, enquanto seu pé esquerdo o conduzia pelo palco para receber seu diploma, seus admirados colegas honraram sua conquista ficando todos de pé e dando a ele uma ovação espontânea.

Hoje, Chris é um orador inspirado, que atua em escolas, igrejas e eventos comunitários, dando "voz aos que não têm e uma mão aos portadores de deficiência". Ele está escrevendo um livro, *Lições do Dedão do Pé*. Recentemente, ele encontrou sua cara-metade e se casou.

Poucos de nós encaramos os desafios de Chris Klein, mas todos buscamos direcionar nossa energia de modo a produzir satisfação e sucesso. Somos impelidos por motivos biológicos, como fome e sexo, e por motivações sociais, como as necessidades de pertencimento e de realização. A vontade feroz de Chris Klein de viver, aprender e amar destaca a essência de nossas próprias *motivações*, que energizam e direcionam nossas vidas.

Comecemos agora a examinar como os psicólogos abordaram o estudo da motivação.

Conceitos motivacionais básicos

QUESTÃO DE OBJETIVO DE APRENDIZAGEM QOA 11.1 Como os psicólogos definem *motivação*? Quais são as quatro principais teorias de motivação?

Nossas **motivações** surgem da interação entre a natureza (o "empurrão" corporal) e a criação (os "puxões" de nossas experiências pessoais, pensamentos e cultura). Nossos motivos impulsionam nosso comportamento. Isso geralmente tem um bom resultado, mas nem sempre. Se nossas motivações forem sequestradas, nossa vida fica vazia. As pessoas com *transtorno por uso de substância*, por exemplo, podem descobrir que seus desejos por uma substância viciante superam seus anseios por sustento, segurança e apoio social.

Em suas tentativas de entender o comportamento motivado, os psicólogos viram-no de quatro perspectivas:

- A ***teoria do instinto*** (agora substituída pela *perspectiva evolutiva*) concentra-se em comportamentos predispostos pela genética
- A ***teoria da redução do impulso*** concentra-se em como respondemos aos empurrões e puxões internos e externos
- A ***teoria da excitação*** é centrada em encontrar o nível certo de estimulação
- A ***hierarquia das necessidades de Abraham Maslow*** tem foco em priorizar algumas necessidades com relação a outras.

Motivação. Necessidade ou desejo que energiza e direciona o comportamento.

Instinto. Comportamento complexo rigidamente padronizado em uma espécie e que não é aprendido.

Instintos e psicologia evolucionista

Para se qualificar como **instinto**, um comportamento complexo deve ter padrão fixo em uma espécie inteira e não ser aprendido (Tinbergen, 1951). Esses comportamentos não aprendidos incluem, por exemplo, a estampagem (*imprinting*) das aves e o retorno do salmão ao seu local de nascimento para desovar. Alguns comportamentos humanos, como os reflexos inatos dos

Annika Erickson/Getty Images

istockphoto/kitz-travellers

Mesmo motivo, estrutura diferente. Quanto mais complexo for seu sistema nervoso, mais adaptável é o organismo. Tanto os humanos quanto os pássaros tecelões satisfazem suas necessidades de abrigo de modos que reflitam suas capacidades herdadas. O comportamento humano é flexível; podemos aprender quaisquer habilidades de que precisarmos para construir uma casa. O padrão comportamental do pássaro é fixo; ele consegue construir apenas esse tipo de ninho.

bebês para encontrar um mamilo e sugar, também exibem padrões fixos não aprendidos. A *teoria do instinto*, popular no início do século XX, via nossos instintos como a fonte de nossas motivações. Por outro lado, muitos outros comportamentos são dirigidos tanto por necessidades fisiológicas quanto por desejos psicológicos.

Embora os instintos não possam explicar a maioria dos motivos humanos, a suposição subjacente perdura na *psicologia evolutiva*: os genes predispõem alguns comportamentos típicos da espécie. No Capítulo 7, vimos a discussão sobre os limites que as predisposições biológicas impõem ao condicionamento. E veremos em discussões posteriores como a evolução pode influenciar nossas fobias, nossos comportamentos de ajuda e nossas atrações românticas.

Impulsos e incentivos

Além de nossas predisposições, temos *impulsos*. As **necessidades fisiológicas** (como por alimento ou água) criam um estado de excitação e motivação – um impulso (como fome ou sede) – que nos leva a reduzir a necessidade. A **teoria da redução do impulso** explica que, com poucas exceções, quando uma necessidade fisiológica aumenta, também aumenta nosso impulso psicológico para reduzi-la.

A redução do impulso é uma maneira de nosso corpo lutar pela **homeostase** (literalmente, significa "permanecer o mesmo"), isto é, pela manutenção de um estado interno de estabilidade. Por exemplo, nosso corpo regula sua temperatura de maneira semelhante ao termostato de uma sala. Ambos os sistemas operam mediante ciclos de *feedback* em que os sensores indicam a temperatura ambiente para o dispositivo de controle. Se a temperatura ambiente esfriar, o dispositivo de controle acende a fornalha. Da mesma forma, se nossa temperatura corporal esfriar, os vasos sanguíneos se contraem para conservar o calor e nos sentimos impulsionados a vestir mais roupas ou a buscar um ambiente mais quente (Figura 11.1).

Figura 11.1 **Teoria da redução do impulso.** A motivação de redução do impulso surge da *homeostase* – uma tendência natural do organismo para manter um estado interno inalterado. Assim, se estivermos privados de água, nossa sede nos leva a beber para restaurar o estado normal do corpo.

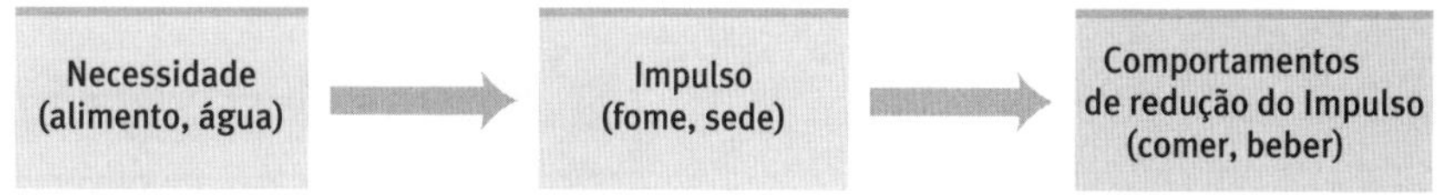

Não apenas somos *impelidos* pela nossa primordialidade de reduzir as necessidades, mas também somos *atraídos* por **incentivos** – estímulos ambientais positivos ou negativos que nos atraem ou repelem. Se esses estímulos forem positivos, aumentam os níveis de dopamina, fazendo com que nossos impulsos subjacentes (como por alimento ou sexo) passem a ser impulsos ativos (Hamid et al., 2016). E quanto mais esses impulsos são satisfeitos e reforçados, mais forte o impulso pode ser: como Roy Baumeister (2015) observou, "obter gera querer". Se você estiver com fome, o aroma de comida boa o motivará. Dependendo da nossa cultura e experiência, esse aroma pode vir do amendoim torrado ou de tarântulas torradas. Os incentivos também podem ser negativos: se irritar outras pessoas nas mídias sociais resulta em deixar de ser seguido ou perder amigos, o incentivo negativo pode nos motivar a mudar nosso comportamento.

Quando há uma necessidade e um incentivo, nos sentimos fortemente impulsionados. A pessoa privada de comida que sente cheiro de *pizza* assando pode sentir um forte impulso de fome e a pizza assada pode ser um incentivo convincente. Para cada motivo, portanto, podemos perguntar: "como ele é empurrado pelas nossas necessidades fisiológicas inatas e puxado pelos incentivos presentes no ambiente?".

Teoria da excitação

Somos muito mais do que sistemas homeostáticos. Alguns comportamentos motivados, na verdade, *aumentam* a excitação. Animais bem alimentados deixam seu abrigo para explorar e buscar informação, aparentemente, mesmo na ausência de qualquer impulso baseado em necessidade. A curiosidade impulsiona os macacos a tentar descobrir como soltar uma tranca que não abre nada ou como abrir uma janela para ver o que há do lado de fora (Butler, 1954). A curiosidade também impulsiona o bebê de 9 meses de vida a investigar cada canto acessível da casa. Isso levou alunos curiosos, em um experimento, a clicar em canetas mesmo quando essas canetas às vezes davam um choque elétrico (Hsee & Ruan, 2016). Essa curiosidade é o que impulsiona os cientistas cujo trabalho é abordado neste livro e também impulsiona os exploradores e aventureiros, como George Mallory. Indagado sobre por que queria subir o Monte Everest, George Mallory respondeu: "porque ele está lá". Às vezes, a incerteza traz excitação, o que amplifica a motivação (Shen et al., 2015). Aqueles que, como Mallory, apreciam excitações extremas provavelmente gostam de música intensa, de comidas diferentes e de comportamentos e carreiras de risco (Roberti et al., 2004; Zuckerman, 1979, 2009). Embora sejam chamadas de "caçadoras de emoções", muitas pessoas que têm comportamento de risco também podem ser motivadas a dominar suas emoções e ações (Barlow et al., 2013).

Portanto, a motivação humana não busca eliminar a excitação, mas encontrar seus níveis ideais. Com todas as nossas necessidades biológicas atendidas, somos impelidos a

Necessidade fisiológica. Requisito corporal básico.

Teoria da redução do impulso. Ideia de que uma necessidade fisiológica cria um estado de excitação (impulso) que motiva um organismo a satisfazê-la.

Homeostase. Tendência a manter um estado interno equilibrado ou constante; regulação de qualquer aspecto da química corporal, como a glicemia, em um nível específico.

Incentivo. Estímulo ambiental positivo ou negativo que motiva o comportamento.

experimentar outros estímulos. Sem estimulação, ficamos entediados e procuramos um modo de aumentar a excitação. A maioria das pessoas em todo o mundo prefere *fazer* alguma coisa – até mesmo, quando não há outra opção, autoadministrar-se choques elétricos leves (Buttrick et al., 2019; Wilson et al., 2014). Por que as pessoas podem procurar aumentar sua excitação? A excitação moderada e até a ansiedade podem ser motivadoras, levando a níveis mais altos de desempenho em matemática, por exemplo (Wang et al., 2015c). No entanto, muita estimulação ou estresse nos motiva a procurar maneiras de diminuir a excitação. Nos experimentos, as pessoas sentiram menos estresse quando limitaram a constante verificação de seus *e-mails* e/ou das notificações por telefone, em vez de deixá-las continuamente acessíveis (Fitz et al., 2019; Kushlev & Dunn, 2015).

Dois psicólogos do início do século XX estudaram a relação da excitação com o desempenho e identificaram a **lei de Yerkes-Dodson**: *excitação moderada leva a um desempenho de nível ótimo* (Yerkes & Dodson, 1908). Quando alguém vai fazer uma prova, por exemplo, compensa ficar moderadamente excitado, alerta, mas não tremendo de nervoso (se você já estiver nervoso, é melhor não ficar ainda mais excitado com a cafeína). Entre o tédio da baixa excitação e a hiperexcitação ansiosa, existe uma vida próspera. Os níveis ideais de excitação dependem da tarefa; as mais difíceis exigem menos excitação para um melhor desempenho (Hembree, 1988).

PERGUNTE A SI MESMO

O tédio motiva você a fazer coisas apenas para descobrir algo novo? Quando foi a última vez que isso aconteceu e o que você encontrou?

PRÁTICA DE RECUPERAÇÃO

PR-1 O desempenho atinge o pico em níveis mais baixos de excitação para tarefas difíceis e em níveis mais altos para tarefas fáceis ou bem aprendidas. (a) Como isso pode afetar os maratonistas? (b) Como pode afetar as pessoas ansiosas na hora de uma prova difícil?

RESPOSTAS NO APÊNDICE E

Hierarquia das necessidades

Algumas necessidades têm prioridade sobre outras. Neste momento, se você estiver com suas necessidades de ar e de água satisfeitas, outros motivos – como o desejo de aprender e alcançar suas metas (discutido mais adiante neste capítulo) – energizam e direcionam seu comportamento. Deixe sua necessidade de água ficar insatisfeita e a sede irá preocupar você. Mas se você ficar privado de ar, sua sede desaparecerá.

"A fome é a forma mais urgente de pobreza."
– Alliance to End Hunger, 2002

Abraham Maslow (1970) descreveu essas prioridades como uma **hierarquia de necessidades** que outros mais tarde retrataram como uma pirâmide (Bridgman et al., 2019; Figura 11.2). Nossas necessidades fisiológicas, como por água e alimentos, formam a base da pirâmide. À medida que essas necessidades são atendidas, nosso foco muda para as necessidades de segurança e, em seguida, para satisfazer nossas necessidades de dar e receber amor e desfrutar de autoestima. Para além de tudo isso, disse Maslow (1971), está a necessidade de tornar real todo o seu potencial.

Próximo do final de sua vida, Maslow sugeriu que algumas pessoas também atingem um nível de *autotranscendência*. No nível da autorrealização, as pessoas procuram por em prática seu próprio potencial. Na autotranscendência, as pessoas buscam o significado, o propósito e a comunhão que estão além do *self*, que é transpessoal (Koltko-Rivera, 2006). Um contemporâneo de Maslow, o psiquiatra Viktor Frankl (1962), sobrevivente de um campo de concentração nazista, concordou com o fato de que a busca por significado é um importante motivo humano: "a vida nunca se torna insuportável pelas circunstâncias, mas apenas pela falta de significado e propósito".

"Você sente que sua vida tem um propósito ou significado importante?". Quando a Gallup perguntou isso a pessoas em 132 países, 91% responderam "*sim*" (Oishi & Diener, 2014). As pessoas percebem uma vida significativa quando vivem experiências com *propósito* (metas), *significado* (valor) e *coerência* (sentido) – sentimentos que podem ser nutridos por fortes conexões sociais, fé religiosa, um mundo ordenado e importância social (King et al., 2016; Martela & Steger, 2016). O senso de "sentido da vida" das pessoas prediz tanto seu bem-estar psicológico e físico e quanto sua capacidade de adiar a gratificação (Heine et al., 2006; Van Tongeren et al., 2018). Ter um significado é importante.

Lei de Yerkes-Dodson. Princípio de que o desempenho aumenta com a excitação somente até certo ponto, além do qual o desempenho diminui.

Hierarquia de necessidades. A pirâmide das necessidades de Maslow inicia na base com as necessidades fisiológicas que precisam ser satisfeitas primeiro, antes das necessidades de segurança de nível superior e, em seguida, das necessidades psicológicas.

A ordem da hierarquia de Maslow não é universalmente fixa. A sufragista americana Alice Paul passou fome para fazer uma declaração política (suportando alimentação forçada por

jenlawfilms (Domínio público)

Figura 11.2 Hierarquia das necessidades de Maslow. Reduzidos à quase inanição pelos governantes, os habitantes do país fictício de Suzanne Collins, Panem, lutam por alimento e sobrevivência. A heroína de *Jogos Vorazes*, Katniss (interpretada por Jennifer Lawrence), expressa necessidades de nível mais alto de realização e transcendência e, no processo, inspira o país.

seus carcereiros como resultado). A cultura também influencia nossas prioridades: a autoestima é mais importante em nações individualistas, cujos cidadãos tendem a se concentrar mais em conquistas pessoais do que na identidade familiar e comunitária (Oishi et al., 1999). Embora concordem com os níveis básicos de necessidade de Maslow, os psicólogos de hoje observam que ganhar e manter parceiros, criar filhos e desejar importância social também são motivações humanas básicas (Anderson et al., 2015; Kenrick et al., 2010).

Todavia, a simples ideia de que alguns motivos são mais convincentes do que outros fornece uma estrutura para pensar sobre a motivação. Levantamentos sobre a satisfação com a vida em países do mundo inteiro apoiam essa ideia básica (Oishi et al., 1999; Tay & Diener, 2011). Em países mais pobres, em que o acesso ao dinheiro não é fácil, assim como aos alimentos e abrigo que ele possibilita, a satisfação financeira prediz com mais força o sentimento de bem-estar. Nas nações ricas, onde a maioria da população é capaz de atender às suas necessidades básicas, as conexões sociais predizem melhor o bem-estar.

Com essas teorias clássicas de motivação em mente (Tabela 11.1), vamos agora considerar quatro motivos representativos, começando no nível fisiológico com a fome e evoluindo para motivação sexual e, enfim, para as necessidades de nível superior de pertencimento e de realização. Em cada nível, veremos como a experiência interage com a biologia.

Tabela 11.1 Teorias clássicas de motivação.

Teoria	Sua grande ideia
Instintos e teoria evolucionista	Existe uma base genética para o comportamento não aprendido, típico da espécie (como pássaros construindo ninhos ou bebês buscando um mamilo)
Teoria da redução do impulso	As necessidades fisiológicas (como fome e sede) criam um estado de excitação que nos impulsiona a reduzir a necessidade (p. ex., comendo ou bebendo)
Teoria da excitação	Nossa necessidade de manter um nível ideal de excitação motiva comportamentos que não atendem a nenhuma necessidade fisiológica (como nosso anseio por estimulação e nossa fome de informação)
Hierarquia das necessidades de Maslow	Priorizamos as necessidades baseadas na sobrevivência e, em seguida, as necessidades sociais mais do que as necessidades de estima e significado

PERGUNTE A SI MESMO

Considere suas próprias experiências em termos da hierarquia das necessidades de Maslow. Você se lembra de sentir fome ou sede que deslocaram sua preocupação com outras necessidades de nível superior? Você costuma se sentir seguro? Amado? Confiante? Com que frequência você sente que é capaz de atender ao que Maslow chamou de necessidades de "autorrealização"? E quanto às necessidades de "autotranscendência"?

PRÁTICA DE RECUPERAÇÃO

PR-2 Depois de horas dirigindo, sozinho, em uma cidade desconhecida, você finalmente vê um restaurante. Embora pareça deserto e um pouco assustador, você para, porque está *realmente* com muita fome e sede. Como a hierarquia das necessidades de Maslow explicaria seu comportamento?

RESPOSTAS NO APÊNDICE E

REVISÃO Conceitos motivacionais básicos

OBJETIVOS DE APRENDIZAGEM

Teste a si mesmo. Responda às Questões dos Objetivos de Aprendizagem (antes de conferir as respostas no Apêndice D) para aprimorar a retenção dos conceitos estudados (McDaniel et al., 2009, 2015).

QOA 11.1 Como os psicólogos definem *motivação*? Quais são as quatro principais teorias de motivação?

TERMOS E CONCEITOS A RECORDAR

Teste a si mesmo. Escreva a definição com suas próprias palavras e depois confirme sua resposta.

motivação, p. 378
instinto, p. 378
necessidade fisiológica, p. 379
teoria da redução do impulso, p. 379
homeostase, p. 379
incentivo, p. 379
lei de Yerkes-Dodson, p. 380
hierarquia de necessidades, p. 380

DOMINE O MATERIAL

Teste a si mesmo. Responda às questões a seguir sozinho, a princípio, depois confira as respostas no Apêndice E.

1. A psicologia evolucionista de hoje compartilha uma ideia que era uma suposição subjacente da teoria do instinto. A ideia é que
- **a.** as necessidades psicológicas despertavam estados psicológicos.
- **b.** os genes predispõem comportamentos típicos da espécie.
- **c.** as necessidades psicológicas aumentam a excitação.
- **d.** as necessidades externas energizam e direcionam o comportamento.

2. Um exemplo de necessidade fisiológica é ______________. Um exemplo de impulso psicológico é ______________.
- **a.** fome; um "empurrão" para encontrar alimento
- **b.** um "empurrão" para encontrar alimento; fome
- **c.** curiosidade; um "empurrão" para reduzir a excitação
- **d.** um "empurrão" para reduzir a excitação; curiosidade

3. Danielle caminha para a cozinha de um amigo, sente cheiro de pão de queijo assando e começa a sentir muita fome. O cheiro do pão de queijo assando é um ______________ (incentivo/impulso).

4. A teoria ______________ tenta explicar os comportamentos que NÃO reduzem as necessidades fisiológicas.

5. Com uma tarefa desafiadora, como fazer um exame difícil, é provável que o desempenho atinja o pico quando a excitação for
- **a.** muito alta.
- **b.** moderada.
- **c.** muito baixa.
- **d.** ausente.

6. De acordo com a hierarquia das necessidades de Maslow, nossas necessidades mais básicas são fisiológicas, incluindo a necessidade de alimento e água; logo acima dessas, estão as necessidades de ______________.
- **a.** segurança
- **b.** autoestima
- **c.** pertencimento
- **d.** autotranscendência

Fome

As necessidades fisiológicas são poderosas. Em uma demonstração vívida, Ancel Keys e sua equipe de pesquisa (1950) estudaram a semi-inanição entre voluntários em tempos de guerra que participaram como uma alternativa ao serviço militar. Depois de alimentar 200 homens normalmente por 3 meses, os pesquisadores reduziram pela metade a ingestão de alimentos para 36 deles. Os homens semidesnutridos pareciam apáticos e indolentes à medida que seus corpos poupavam energia. Seu peso corporal caiu rapidamente, estabilizando-se em cerca de 25% abaixo do peso inicial.

Mas os efeitos psicológicos foram ainda mais dramáticos. Corroborando a ideia de Maslow, de uma hierarquia de necessidades, os homens tornaram-se obcecados por comida. Eles falavam sobre comida. Sonhavam acordados com comida. Colecionavam receitas, liam livros de culinária e deleitavam os olhos com alimentos que lhes eram proibidos. Preocupados com suas necessidades básicas não satisfeitas, perderam o interesse pelo sexo e por atividades sociais. Como disse um participante, "se assistíamos a um programa, a parte mais interessante estava nas cenas em que as pessoas apareciam comendo. Eu não conseguia rir dos filmes mais engraçados do mundo e as cenas de amor eram completamente tediosas". As preocupações dos homens ilustram a maneira como motivos poderosos podem sequestrar nossa consciência.

Quando sentimos fome, sede, fadiga ou excitação sexual, nada mais parece importar. Em estudos da Universidade de Amsterdã, Loran Nordgren et al. (2006, 2007) constataram que as pessoas em um estado motivacional "aquecido" (de fadiga, fome ou excitação sexual) recordam com facilidade esses sentimentos em seu próprio passado e os percebem como forças motrizes no comportamento dos outros. (Você deve se lembrar, do Capítulo 8, de um efeito paralelo de nosso bom ou mau humor atual em nossa memória.) Quando estão motivados sexualmente, os homens percebem com mais frequência um sorriso como um flerte do que uma simples cordialidade (Howell et al., 2012). *Os motivos importam, e muito.*

Floatjon

A fome sequestra a mente. O sobrevivente da Segunda Guerra Mundial Louis Zamperini (protagonista do livro e do filme *Unbroken*) caiu com seu avião sobre o Oceano Pacífico. Ele e dois outros membros da tripulação ficaram à deriva por 47 dias, alimentando-se de um pássaro ou peixe ocasionalmente. Para ajudar a passar o tempo, os homens famintos recitavam receitas ou relembravam a comida caseira de suas mães.

Fisiologia da fome

QOA 11.2 Quais fatores fisiológicos produzem a fome?

Os voluntários semifamintos de Key sentiram fome em resposta a um sistema homeostático projetado para manter o peso normal do corpo e uma provisão adequada de nutrientes. Mas o que exatamente provoca a fome? Serão as dores agudas de um estômago vazio? Assim pareceu a A.L. Washburn, que, trabalhando com Walter Cannon (Cannon & Washburn, 1912), engoliu intencionalmente um balão de borracha preso a um dispositivo de gravação (Figura 11.3). Quando inflado no estômago, o balão transmitia as contrações do estômago para o dispositivo. Washburn forneceu informações sobre seus *sentimentos* de fome pressionando uma tecla a cada vez que sentia uma pontada de fome. A descoberta: toda vez que Washburn sentia fome, ele de fato tinha contrações no estômago.

Será que a fome persiste sem as dores estomacais? Para responder a essa pergunta, os pesquisadores removeram o estômago de alguns ratos e ligaram o esôfago diretamente ao intestino delgado (Tsang, 1938). Os ratos continuaram a comer? De fato, continuaram. Alguma fome igualmente se mantém em pessoas cujos estômagos foram removidos por causa de úlceras ou um câncer.

Se o tormento causado pelo estômago vazio não for a fonte da fome, o que mais importa?

"A pessoa plenamente satisfeita não compreende as necessidades da fome." – Provérbio irlandês

"A natureza frequentemente equipa as coisas básicas da vida – sexo, comer, cuidar – com a gratificação incluída." – Frans de Waal, *Morals Without God?"*, 2010

Química corporal e cérebro

As pessoas e outros animais regulam automaticamente sua ingestão calórica para evitar um déficit de energia e manter seu peso corporal estável. Isso sugere que seu corpo está mantendo o controle dos recursos disponíveis. Um desses recursos é o açúcar encontrado no sangue,

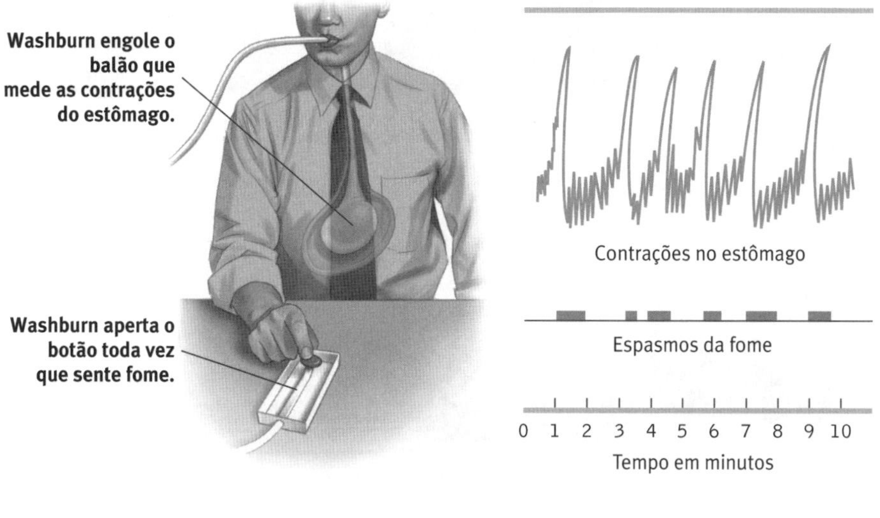

Figura 11.3 Monitoramento das contrações do estômago. (Informações de Cannon, 1929.)

Glicose. Forma do açúcar em circulação no sangue, é a principal fonte de energia para os tecidos do corpo. Quando esse nível está baixo, sentimos fome.

Ponto de equilíbrio. Ponto em que o "termostato de peso" pode ser ajustado. Quando o corpo fica abaixo desse peso, pode haver aumento do apetite e redução da taxa metabólica para recuperar o peso perdido.

Taxa metabólica basal. Taxa de gasto de energia com o corpo em repouso.

a **glicose**. O aumento do hormônio *insulina* (secretado pelo pâncreas) diminui a glicose no sangue, em parte convertendo-a em reserva de gordura. Quando diminui o nível de glicose no sangue diminui, não temos consciência dessa mudança. Mas o cérebro, que está monitorando automaticamente a bioquímica sanguínea e o estado interno do seu corpo, desencadeia a fome. Os sinais do estômago, dos intestinos e do fígado (indicando se a glicose está sendo depositada ou retirada) indicam ao cérebro se deve motivar a ingestão de alimento ou não.

Como o cérebro integra e responde a essas mensagens e liga o alarme? O trabalho é feito por várias áreas neurais, algumas alojadas nas profundezas do hipocampo, dentro do hipotálamo, uma intersecção do tráfego neural (Stevenson & Francis, 2017; Figura 11.4). Por exemplo, uma rede neural no hipotálamo (chamada de *núcleo arqueado*) tem um centro que secreta hormônios estimulantes do apetite. Quando estimulados por eletricidade, os animais bem alimentados começam a comer. Se a área for destruída, mesmo os animais famintos não têm interesse por alimentos. Outro centro neural secreta hormônios supressores do apetite. Quando estimulados por eletricidade, os animais param de comer. Destrua essa área e os animais vão comer muito e ficarão obesos (ver Figura 11.4b) (Duggan & Booth, 1986; Hoebel & Teitelbaum, 1966).

Os vasos sanguíneos conectam o hipotálamo ao resto do corpo, de modo que ele consegue responder à nossa química sanguínea atual e a outras informações que chegarem. Uma de suas tarefas é monitorar os níveis de hormônios do apetite, como a *grelina*, um hormônio que desperta a fome e que é secretado pelo estômago vazio. Durante a cirurgia de *bypass* para pessoas com *obesidade* mórbida, os cirurgiões vedam ou removem parte do estômago. O estômago remanescente produz muito menos grelina, reduzindo o apetite da pessoa e tornando a comida menos atraente (Ammori, 2013; Lemonick, 2002; Scholtz et al., 2013). Além da grelina, outros hormônios do apetite incluem a *orexina*, a *leptina* o *PYY*; a Figura 11.5 descreve como eles influenciam nossas sensações de fome.

Se você perder alguns quilos extras e depois voltar a ganhá-los, pode culpar seu cérebro pelo novo ganho de peso (Cornier, 2011). A interação complexa entre hormônios do apetite e atividade cerebral ajuda a explicar a predisposição corporal para manter determinado peso. Quando o peso de ratos semidesnutridos cai abaixo do normal, seu "termostato do peso" vai sinalizar ao corpo para voltar a ganhar o peso recentemente perdido. É quase como se as células de gordura pedissem para serem comidas e agarrassem toda a glicose possível da corrente sanguínea (Ludwig & Friedman, 2014). O peso estável para o qual esses ratos famintos tendem a voltar é o seu **ponto de equilíbrio** (Keesey & Corbett, 1984; Müller et al., 2010). Nos ratos e humanos, a hereditariedade influencia o tipo de corpo e o aproxima do seu ponto de equilíbrio. Pessoas com genes magros tendem a poder usar *skinny jeans*.

Nossos corpos regulam o peso por meio do controle da ingestão de alimentos, a produção de energia e a **taxa metabólica basal** – taxa de repouso do gasto de energia para manter as funções básicas do corpo. Após 6 meses de semi-inanição, os participantes do experimento de Key haviam se estabilizado em três quartos de seu peso normal, embora consumissem *metade* das calorias que costumavam ingerir previamente. Como conseguiram sobreviver a esta dieta tão restrita? Com a redução do gasto de energia, em parte por inatividade e em parte por conta de uma queda de 29% da taxa metabólica basal.

Alguns pesquisadores, no entanto, duvidam de que nosso corpo tenha tendência preestabelecida a manter o peso ideal (Assanand et al., 1998). Eles ressaltam que oscilações lentas e contínuas do peso corporal podem alterar o ponto de equilíbrio e que fatores psicológicos

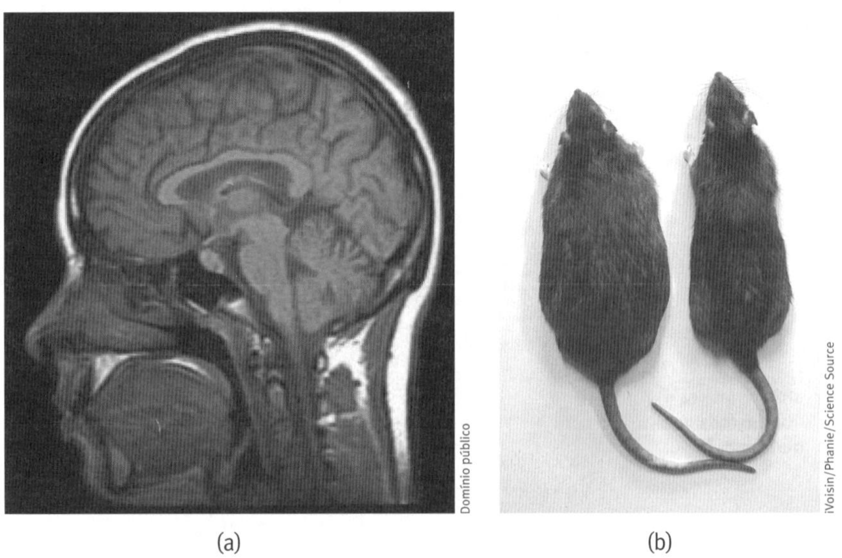

(a) (b)

Figura 11.4 Hipotálamo. (a) O hipotálamo desempenha várias funções de manutenção do corpo, incluindo o controle da fome. Os vasos sanguíneos suprem o hipotálamo, permitindo que ele responda à nossa química sanguínea atual, bem como às informações neurais recebidas sobre o estado do corpo. (b) O camundongo gordo à esquerda tem receptores não funcionais na parte do hipotálamo que suprime o apetite.

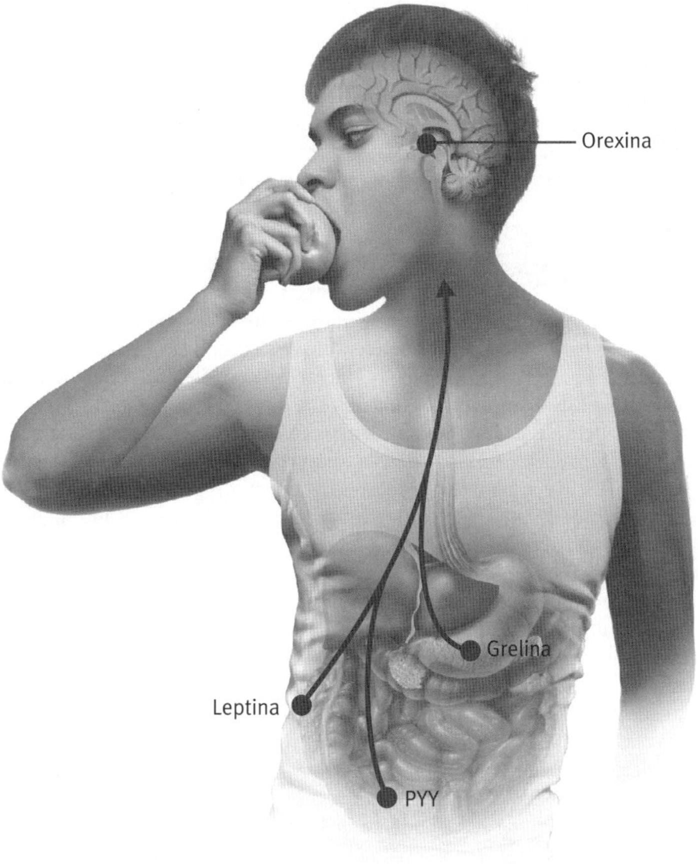

Figura 11.5 Hormônios do apetite Aumentam o apetite

- *Grelina*: hormônio secretado pelo estômago vazio; envia sinais do tipo "estou com fome" para o cérebro.
- *Orexina*: hormônio desencadeador da fome, secretado pelo hipotálamo.

Reduzem o apetite

- *Leptina*: hormônio proteico secretado pelas células adiposas; quando abundante, faz com que o cérebro aumente o metabolismo e diminua a fome.
- *PYY*: hormônio do trato digestivo: envia sinais do tipo "não estou com fome" para o cérebro.

também podem, às vezes, motivar nossa sensação de fome. Diante do acesso ilimitado a uma grande variedade de alimentos, as pessoas e outros animais tendem a comer demais e a ganhar peso (Raynor & Epstein, 2001). Assim, muitos pesquisadores preferem o termo *ponto de equilíbrio* para indicar o nível em que o peso de uma pessoa se estabiliza em resposta à ingestão e ao gasto calórico (que são influenciados pelo ambiente e pela biologia).

PRÁTICA DE RECUPERAÇÃO

PR-1 A fome ocorre em resposta a um nível (baixo/alto) __________ de glicose no sangue e a níveis (baixos/altos) __________ de grelina.

RESPOSTAS NO APÊNDICE E

Psicologia da fome

QOA 11.3 Que fatores situacionais e culturais influenciam a fome?

Nossa fome interna é impulsionada por nossa fisiologia – nossa química corporal e nossa atividade hipotalâmica. Contudo, há mais sobre a fome do que o estômago pode contar. Isso ficou surpreendentemente claro quando Paul Rozin e seus criativos colegas (1998) testaram dois pacientes que tinham amnésia e não se lembravam de eventos ocorridos há mais de 1 minuto. Se, 20 minutos depois de comerem uma refeição normal, fosse oferecida outra, ambos os pacientes a comiam prontamente... e, em geral, uma terceira refeição era oferecida 20 minutos depois de a segunda ter terminado. Isso sugere que saber quando comer tem relação com nossa lembrança da última refeição. À medida que o tempo passa desde a última refeição, esperamos comer novamente e começamos a sentir fome.

Preferências do paladar: biologia e cultura

Os sinais corporais e os fatores ambientais, juntos, influenciam não apenas *quando sentimos* fome, mas também nos diz *fome do quê* – nossas preferências alimentares. Quando estamos tensos ou deprimidos, tendemos a nos consolar com alimentos altamente calóricos, como os fãs de futebol fazem depois de uma partida perdida (Cornil & Chandon, 2013)?

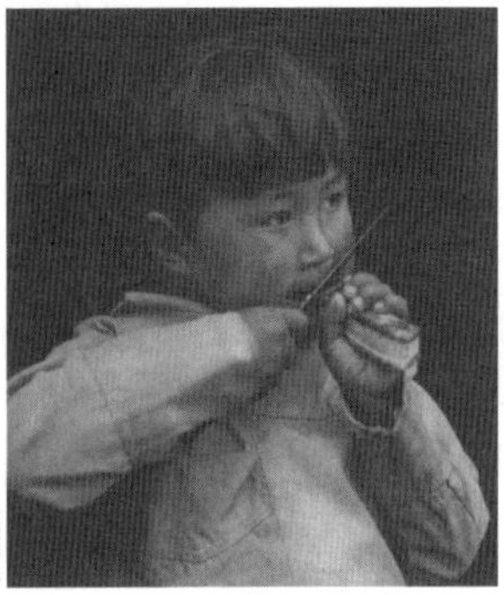
SnailBit

(a)

istockphoto/annamori

(b)

Um gosto adquirido. As pessoas em todos os lugares aprendem a apreciar os alimentos gordurosos, amargos ou condimentados, comuns em sua cultura. (a) Para esses nativos do Alasca, mas não para a maioria dos outros norte-americanos, a gordura de baleia é um deleite saboroso. (b) Para os peruanos, o porquinho-da-índia assado é igualmente delicioso.

Os carboidratos ajudam a elevar os níveis de serotonina, neurotransmissor que tem efeitos calmantes. Quando estressados e em dieta, tanto os ratos quanto vários seres humanos encontram um prazer adicional em devorar biscoitos recheados (Boggiano et al., 2005; Sproesser et al., 2014).

Nossas preferências por sabores doces ou salgados são genéticas e universais. Outras preferências de sabor são condicionadas, como quando as pessoas que recebem alimentos altamente salgados desenvolvem um gosto pelo excesso de sal (Beauchamp, 1987) ou quando as pessoas que adoeceram por algum alimento desenvolvem aversão a ele. (A alta frequência de doenças na infância possibilita às crianças várias oportunidades da aprendizagem de aversão alimentar.)

A cultura também afeta o paladar. Muitos asiáticos gostam de *durião*, uma fruta que é descrita como tendo cheiro de "terebintina e cebola, guarnecida com uma meia de ginástica" (Sterling, 2003). Os asiáticos em geral têm repulsa pelo que muitos ocidentais adoram – "o líquido corporal apodrecido de um ungulado" (também conhecido como queijo – algumas variedades têm as mesmas bactérias e odor de pés fedorentos) (Herz, 2012).

Os ratos tendem a evitar alimentos desconhecidos (Sclafani, 1995). Nós também, especialmente alimentos de origem animal. Essa *neofobia* (aversão a coisas desconhecidas) certamente foi adaptativa para nossos ancestrais, protegendo-os de substâncias potencialmente tóxicas. Podemos superar as aversões alimentares inofensivas experimentando repetidamente pequenas amostras de comida ou bebida desconhecida. Em experimentos, isso tende a aumentar a apreciação das pessoas pelo novo sabor (Pliner, 1982; Pliner et al., 1993).

Outras preferências por sabores também são adaptativas. Por exemplo, os condimentos mais usados nas receitas dos climas quentes – em que a comida estraga mais rapidamente, em especial a carne – inibem o desenvolvimento de bactérias (Figura 11.6). O enjoo e a aversão por alimentos relacionados com a gravidez chegam ao máximo por volta da décima semana, quando o embrião está mais vulnerável às toxinas. Assim, muitas gestantes evitam naturalmente alimentos e outras substâncias possivelmente nocivas, como bebidas alcoólicas e cafeinadas (Forbes et al., 2018; Gaskins et al., 2018).

Influências situacionais na alimentação

De maneira surpreendente, as situações também controlam nossa alimentação – um fenômeno que os psicólogos chamaram de *ecologia da alimentação*. Existem quatro situações que você pode ter notado, mas subestimado:

- ***Amigos e comida.*** Tendemos a comer mais quando comemos com amigos? *Sim* (Cummings & Tomiyama, 2019). Mas quando estamos tentando impressionar em um encontro romântico, geralmente comemos menos (Baker et al., 2019)
- ***Tamanho da porção.*** Pesquisadores estudaram os efeitos do tamanho da porção oferecendo às pessoas diferentes lanches gratuitos (Geier et al., 2006). Por exemplo, no saguão de um prédio de apartamentos, eles colocaram *pretzels* pela metade ou inteiros, Tootsie Rolls grandes ou pequenos, ou uma colher pequena ou grande de M&Ms em uma tigela. O resultado invariável foi: quando se oferece uma porção superdimensionada, as pessoas armazenam mais calorias. Porções maiores induzem mordidas maiores, o que pode aumentar a ingestão ao diminuir o tempo de exposição na boca (Herman et al., 2015). As crianças também comem mais quando usam louças de tamanho adulto (em vez do tamanho infantil) (DiSantis et al., 2013). O tamanho da porção importa
- ***Seleções estimulantes.*** A variedade de alimentos também estimula a alimentação. Diante de um *buffet* de sobremesas, as pessoas comem mais do que quando escolhem uma porção de sua sobremesa favorita. Para nossos ancestrais, a variedade era saudável. Quando os alimentos eram abundantes e variados, comer mais fornecia uma ampla gama de vitaminas e minerais e produzia gordura protetora para o frio do inverno ou a fome. Quando não havia abundância de alimentos variados, comer menos estendia o suprimento até o inverno ou a fome terminarem (Polivy et al., 2008; Remick et al., 2009)
- ***Incentivando a nutrição.*** Ao oferecer cenouras às crianças antes que elas pegassem outros alimentos na fila do almoço, uma equipe de pesquisa quadruplicou as cenouras ingeridas (Redden et al., 2015). Esses "incentivos" mostram como a ciência psicológica pode melhorar sua vida cotidiana.

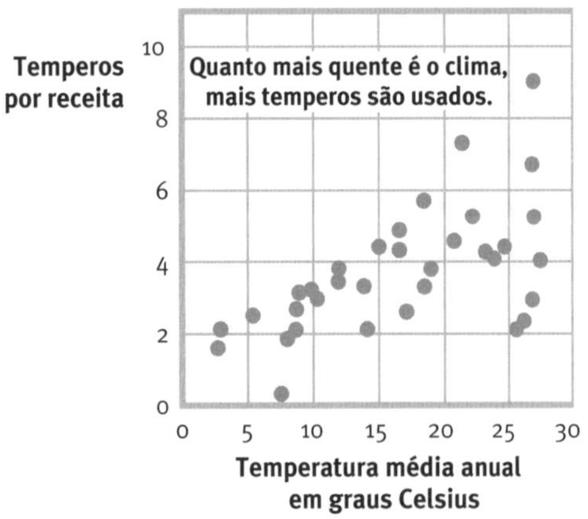

Figura 11.6 Culturas quentes gostam de temperos quentes. Países de clima quente, em que a comida historicamente se estraga mais rapidamente, apreciam receitas com temperos com maior poder de evitar as bactérias (Sherman & Flaxman, 2001). A Índia tem uma média de 10 especiarias para cada receita de carne; a Finlândia, duas especiarias.

Obesidade. Definida como a medida de índice de massa corporal (IMC) de 30 ou superior, que é calculada a partir da razão entre peso e altura. (Indivíduos com excesso de peso têm IMC de 25 ou maior.)

PERGUNTE A SI MESMO

Você costuma comer apenas quando seu corpo envia sinais de fome? O quanto a visão ou o cheiro de comida saborosa o tenta, mesmo quando você está satisfeito?

PRÁTICA DE RECUPERAÇÃO

PR-2 Após uma caminhada de 8 horas sem se alimentar, seu prato favorito é colocado à sua frente e sua boca se enche de água. Por quê?

RESPOSTAS NO APÊNDICE E

* * *

Para considerar como a fome e outros fatores afetam nosso risco de **obesidade**, consulte Pensamento crítico sobre: desafios da obesidade e do controle de peso. E veja dicas para perder peso indesejado, na Tabela 11.2.

Tabela 11.2 Dicas para controle de peso.
Para quem deseja emagrecer, os pesquisadores recomendam orientação médica, além destas dicas:
• ***Comece apenas se você estiver motivado e autodisciplinado.*** A perda de peso permanente geralmente requer uma mudança dos hábitos alimentares ao longo da vida, combinada com o aumento das atividades físicas. Aqueles que acreditam que seu peso é "maleável" na maioria das vezes conseguem emagrecer (Ehrlinger et al., 2017)
• ***Exercite-se e durma o suficiente.*** Especialmente quando há um suporte de 7 a 8 horas de sono por noite, a atividade física esvazia as células de gordura, constrói músculos, acelera o metabolismo, ajuda a diminuir o ponto de equilíbrio e reduz o estresse e o desejo induzido pelo estresse por alimentos "de conforto" ricos em carboidratos (Bennett, 1995; Ruotsalainen et al., 2015; Thompson et al., 1982). Entre os concorrentes do programa *"The Biggest Loser"* da TV, o exercício previu menos recuperação de peso (Kerns et al., 2017)
• ***Minimize a exposição a estímulos alimentares tentadores.*** Compre alimentos com o estômago cheio. Mantenha os alimentos tentadores fora de sua casa e esconda alimentos que são comidos em ocasiões especiais. Você não pode comê-los se você não pode alcançá-los
• ***Limite a variedade e coma alimentos saudáveis.*** Com mais variedade, as pessoas consomem mais. Portanto, faça refeições simples com proteínas, vegetais, frutas e grãos integrais. Gorduras saudáveis, como as encontradas no azeite e no peixe, ajudam a regular o apetite (Taubes, 2001, 2002). Vegetais ricos em água e vitaminas podem encher o estômago com poucas calorias. Verdes crocantes são melhores do que sonhos de creme
• ***Reduza o tamanho das porções e coloque etiqueta em suas porções.*** Quando a oferta é menor, as pessoas consomem menos. As pessoas também comem menos quando pensam em uma porção como um número específico de itens (10 batatas fritas) em vez de uma quantidade genérica (1 porção de batatas fritas) (Lewis & Earl, 2018)
• ***Escolha os horários de sua ingesta.*** Tendemos a ter um peso mais saudável (e dormir melhor) quando comemos nossa última refeição no início da noite e depois adiamos comer ou beber mais até o café da manhã do dia seguinte (Wilkinson et al., 2020). Comer nossas refeições mais pesadas no início do dia aumenta o metabolismo e fazer um café da manhã equilibrado ajuda a nos sentir mais alertas e menos cansados no final da manhã (Spring et al., 1992)
• ***Cuidado com o consumo excessivo de álcool.*** Beber álcool, ou sentir-se ansioso ou deprimido podem desencadear o desejo de comer (Herman & Polivy, 1980). E tome nota: comer devagar pode levar a comer menos (Hurst & Fukuda, 2018; Martin et al., 2007)
• ***Antes de comer com os outros, decida quanto você quer comer.*** Comer com amigos pode nos distrair do monitoramento de nossa própria alimentação (Ward & Mann, 2000)
• ***Lembre-se: a maioria das pessoas ocasionalmente falha.*** Um lapso não precisa se tornar um colapso
• ***Faça um gráfico de seu progresso online.*** Aqueles que registram e divulgam publicamente seu progresso em direção a um objetivo o alcançam com mais frequência (Harkin et al., 2016)
• ***Participe de um grupo de apoio.*** Junte-se a outras pessoas, pessoalmente ou *online*, para compartilhar metas e atualizações de progresso (Freedman, 2011)

Pensamento crítico sobre:

Desafios da obesidade e do controle de peso

QOA 11.4 Como a obesidade afeta a saúde física e psicológica? Que fatores estão envolvidos no controle de peso?

Obesidade e efeitos sobre a saúde

A obesidade é associada a:

- **Riscos à saúde física**, inclusive diabetes, pressão alta, doenças cardíacas, cálculos biliares, artrite e certos tipos de câncer.[1]
- **Aumento da depressão**, sobretudo entre mulheres.[2]
- ***Bullying***, que supera raça e orientação sexual como a maior razão para o *bullying* juvenil nas culturas ocidentais.[3]

Percentual de sobrepeso em 195 países estudados[4]

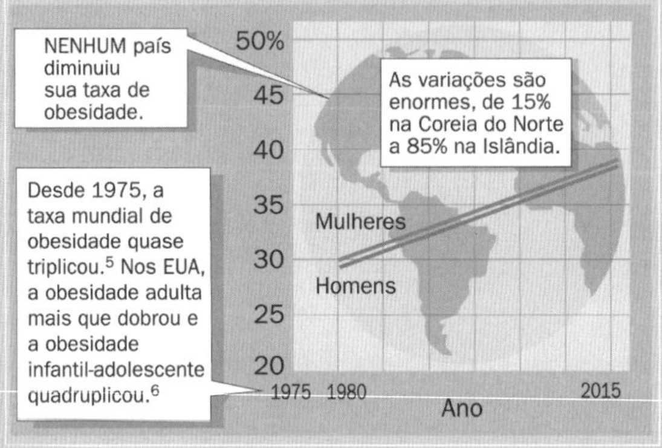

Índice de massa corporal (IMC)

Como chegamos até aqui?

A obesidade reflete uma simples falta de força de vontade, como algumas pessoas supõem?[7] ***Não.*** Muitos fatores contribuem para a obesidade.

FATORES PSICOLÓGICOS

Armazenar gordura era adaptativo.

- Essa forma ideal de energia armazenada levou nossos ancestrais a períodos de fome. As pessoas em alguns lugares empobrecidos ainda acham corpos mais pesados atraentes, pois a gordura sinaliza abundância e *status*.[8]
- Em países ricos em alimentos, o desejo por gordura tornou-se disfuncional.[9]

O ponto de equilíbrio e o metabolismo são importantes.

- A gordura (taxa metabólica mais baixa do que a do músculo) requer menos ingestão de alimentos para ser mantida do que para ganhar.
- Se o peso cair abaixo do *ponto de equilíbrio*/de estabilização, o cérebro desencadeia mais fome e um metabolismo mais lento.
- O corpo percebe a FOME; adapta-se queimando menos calorias. A maioria das pessoas que fazem dieta prolongada recupera o que perdeu em programas de redução de peso.[10]
- Depois de passarem por 30 semanas de competição no programa de TV *The Biggest Loser*, 6 anos mais tarde, apenas 1 de 14 competidores manteve o peso. Em média, eles recuperaram 70% do que perderam e seu metabolismo permaneceu lento.[11]

Os genes nos influenciam.

- As pessoas magras parecem naturalmente dispostas a se movimentar, queimando mais calorias do que as pessoas obesas que economizam energia, que tendem a ficar sentadas por mais tempo.[12]
- Os pesos corporais dos irmãos adotivos não são correlacionados entre si ou com aqueles dos seus pais adotivos, em vez disso, assemelham-se ao peso de seus pais biológicos.[13]
- Gêmeos *idênticos* têm pesos muito semelhantes, mesmo se criados separados.[14] Uma correlação de peso de gêmeos *fraternos* muito mais baixa sugere que os genes explicam dois terços de nossa massa corporal variável.[15]
- Foram identificados mais de 100 genes, que afetam o peso, mesmo que seja pouco.[16]

FATORES AMBIENTAIS

- **A perda de sono** nos deixa mais vulneráveis à obesidade.[17]

Grelina – hormônio estomacal estimulador do apetite **Leptina** – relata a gordura corporal para o cérebro

- **Influências sociais:** Nossas próprias chances de nos tornarmos obesos triplicam se um amigo próximo se tornar obeso.[18]
- **Alimentos e níveis de atividade:** Em todo o mundo, comemos mais alimentos com alta densidade energética e nos movemos menos, com 31% dos adultos (incluindo 43% dos americanos e 25% dos europeus) agora sedentários – com média de < 20 minutos por dia de atividade moderada, como andar.[19]

NOTA: Com o peso, assim como com a inteligência e outras características, pode haver altos níveis de *herdabilidade* (influência genética nas diferenças *individuais*) sem que a hereditariedade explique as diferenças *de grupo*. Os genes determinam principalmente por que uma pessoa é mais pesada que outra. O meio ambiente determina principalmente por que as pessoas hoje são mais pesadas do que as pessoas eram 50 anos atrás.

1. Kitahara et al., 2014. 2. Haynes et al., 2019; Jung et al., 2017; Rivera et al., 2017. 3. Puhl et al., 2015. 4. GBD, 2017. 5. NCD, 2016. 6. Flegal et al., 2010, 2012, 2016. 7. NORC, 2016b. 8. Furnham & Baguma, 1994; Nettle et al., 2017; Swami, 2015. 9. Hall, 2016. 10. Mann et al., 2015. 11. Fothergill et al., 2016. 12. Levine et al., 2005. 13. Grilo & Pogue-Geile, 1991. 14. Hjelmborg et al., 2008; Plomin et al., 1997. 15. Maes et al., 1997. 16. Akiyama et al., 2017. 17. Keith et al., 2006; Nedeltcheva et al., 2010; Taheri, 2004; Taheri et al., 2004. 18. Christakis & Fowler, 2007. 19. Hallal et al., 2012.

PERGUNTE A SI MESMO

Você ou seus entes queridos já tentaram, sem sucesso, perder peso? O que aconteceu? Que estratégias de perda de peso poderiam ter sido mais bem-sucedidas?

PRÁTICA DE RECUPERAÇÃO

PR-3 Por que duas pessoas com altura, idade e nível de atividade física semelhantes podem manter o mesmo peso, mesmo que uma delas coma muito menos que a outra?

RESPOSTAS NO APÊNDICE E

REVISÃO Fome

OBJETIVOS DE APRENDIZAGEM

Teste a si mesmo. Responda às Questões dos Objetivos de Aprendizagem (antes de conferir as respostas no Apêndice D) para aprimorar a retenção dos conceitos estudados (McDaniel et al., 2009, 2015).

QOA **11.2** Quais fatores fisiológicos produzem a fome?

QOA **11.3** Que fatores situacionais e culturais influenciam a fome?

QOA **11.4** Como a obesidade afeta a saúde física e psicológica? Que fatores estão envolvidos no controle de peso?

TERMOS E CONCEITOS A RECORDAR

Teste a si mesmo. Escreva a definição com suas próprias palavras e depois confirme sua resposta.

glicose, p. 384	taxa metabólica basal, p. 384
ponto de equilíbrio, p. 384	obesidade, p. 387

DOMINE O MATERIAL

Teste a si mesmo. Responda às questões a seguir sozinho, a princípio, depois confira as respostas no Apêndice E.

1. A jornalista Dorothy Dix comentou certa vez que "ninguém quer beijar quando está com fome". Qual teoria da motivação melhor corrobora sua afirmação?

2. De acordo com o conceito de ponto de ________________, nosso corpo se mantém em determinado nível de peso.

3. Qual das seguintes é uma resposta geneticamente predisposta ao alimento?

a. Aversão a ingerir gatos e cães.

b. Interesse em alimentos novos.

c. Preferência por alimentos doces ou salgados.

d. Aversão a carboidratos.

4. O açúcar no sangue fornece energia ao corpo. Quando ele está __________ (baixo/alto), sentimos fome.

5. A taxa em que o seu corpo gasta energia enquanto está em repouso é denominada taxa ________________________.

6. As pessoas obesas acham muito difícil perder peso permanentemente. Isso se deve a vários fatores, inclusive ao fato de que

a. tentar perder peso desencadeia neofobia.

b. o ponto de equilíbrio das pessoas obesas é mais baixo que a média.

c. com a dieta, o metabolismo aumenta.

d. há uma influência genética no peso corporal.

7. Sanjay adotou recentemente a dieta universitária típica rica em gorduras e açúcar. Ele sabe que pode ganhar peso, mas não dá importância a isso, pois pode perder os quilos extra no futuro. Como você avaliaria o plano de Sanjay?

Motivação sexual

O sexo faz parte da vida. Para todos, exceto 1% de nós considerados **assexuais** (Bogaert, 2004, 2015), namoro e acasalamento tornam-se alta prioridade a partir da puberdade. O biólogo Alfred Kinsey (1894-1956) foi pioneiro no estudo da sexualidade humana (Kinsey et al., 1948, 1953). Ele estudou sexo acidentalmente. Criado em uma família pobre e religiosa, era fascinado pela natureza (PBS, 2019). Kinsey passou os primeiros 20 anos de sua carreira como biólogo coletando e categorizando insetos, mas ficou preocupado com que as pessoas soubessem mais sobre insetos do que sobre o sexo, um tabu. A experiência de Kinsey ensinando em um curso sobre casamento e família o motivou a passar o resto de sua carreira coletando e categorizando as histórias sexuais das pessoas. As descobertas de Kinsey e seus colegas provocaram debates e controvérsias, mas também abriram caminho para futuras pesquisas sobre o comportamento sexual de homens e mulheres. Nossos sentimentos e comportamentos sexuais refletem influências fisiológicas e psicológicas.

Assexual. Quem não sente atração sexual por outras pessoas.

"É uma experiência quase universal, uma cláusula invisível na certidão de nascimento estipulando que, ao atingir a maturidade, sentirá o desejo de se envolver em atividades frequentemente associadas à emissão de mais certidões de nascimento." – Escritora científica Natalie Angier, 2007

Fisiologia do sexo

Diferente da fome, o sexo não é uma *necessidade* real. (Sem ele, podemos sentir como se estivéssemos morrendo, mas não morreremos.) No entanto, o sexo motiva. Se não fosse assim para todos os seus ancestrais, você não estaria lendo este livro. A motivação sexual é a maneira inteligente de a natureza fazer as pessoas procriarem, possibilitando assim a sobrevivência da nossa espécie. A vida é transmitida sexualmente.

Hormônios e comportamento sexual

QOA 11.5 Como os hormônios influenciam a motivação sexual humana?

Entre as forças que impulsionam o comportamento sexual estão os *hormônios sexuais*. O principal hormônio sexual masculino é a **testosterona**. Os principais hormônios sexuais femininos são os **estrogênios**, como o *estradiol*. Os hormônios sexuais nos influenciam em muitos momentos da vida:

- Durante o período pré-natal, eles direcionam nosso desenvolvimento sexual
- Durante a puberdade, um pico de hormônios sexuais nos introduz na adolescência
- Depois da puberdade e até o final da vida adulta, os hormônios sexuais ativam e facilitam o comportamento sexual.

Na maioria dos mamíferos, a natureza sincroniza cuidadosamente o sexo com a fertilidade. As fêmeas ficam sexualmente receptivas quando seus estrogênios atingem o pico na ovulação, assim os pesquisadores podem fazer com que as fêmeas fiquem receptivas injetando-lhes estrogênios. Os níveis de hormônios masculinos são mais constantes e a injeção de hormônios não afeta tão facilmente o comportamento sexual dos machos. No entanto, *hamsters* machos que têm seus testículos produtores de testosterona removidos por cirurgia perdem gradualmente muito de seu interesse em fêmeas receptivas e recuperam-no gradualmente se receberem injeções de testosterona (Piekarski et al., 2009).

No ser humano, os hormônios também têm influência no comportamento sexual, mas de maneira menos rígida. Os pesquisadores estão explorando e debatendo se as preferências de acasalamento das mulheres mudam ao longo do ciclo menstrual, especialmente na ovulação, quando os estrogênios e a testosterona aumentam (Arslan et al., 2018; Marcinkowska et al., 2018; Shirazi et al., 2019). Algumas evidências sugerem que, entre as mulheres com companheiros, o desejo sexual aumenta ligeiramente na ovulação – uma mudança que homens e mulheres às vezes podem detectar no cheiro, no comportamento e na voz de uma mulher (Gildersleeve et al., 2017; Haselton & Gildersleeve, 2011, 2016).

As mulheres têm muito menos testosterona do que os homens. Contudo, mais do que outras fêmeas de mamíferos, as mulheres respondem ao próprio nível de testosterona (Davison & Davis, 2011; van Anders, 2012). Se o nível natural de testosterona de uma mulher cair, como acontece com a remoção dos ovários ou das glândulas suprarrenais, seu interesse sexual pode diminuir. Mas, como se constatou em experimentos com mulheres submetidas a cirurgia ou no período natural da menopausa, muitas vezes a terapia de reposição da testosterona restaurou a atividade sexual, a excitação e o desejo (Braunstein et al., 2005; Buster et al., 2005; Petersen & Hyde, 2011).

Nos homens com níveis de testosterona anormalmente baixos, a terapia de reposição de testosterona em geral aumenta o desejo sexual e também ajuda a melhorar os níveis de energia e vitalidade (Khera et al., 2011). Apesar disso, a flutuação normal dos níveis de testosterona, de homem para homem e de hora para hora, tem pouco efeito sobre o impulso sexual (Byrne, 1982). Na realidade, os hormônios masculinos às vezes variam em *resposta* à estimulação sexual (Escasa et al., 2011). Em um estudo, a testosterona de esqueitistas australianos aumentou na presença de uma mulher atraente, contribuindo para manobras mais arriscadas e aterrissagens acidentadas (Ronay & von Hippel, 2010). Portanto, a excitação sexual pode ser tanto *causa* quanto consequência do aumento nos níveis de testosterona.

Picos ou declínios intensos hormonais afetam o desejo sexual em dois momentos previsíveis da vida e, às vezes, em um terceiro momento imprevisível:

1. ***O aumento de hormônios sexuais na puberdade desencadeia o desenvolvimento de características sexuais e interesse sexual.*** Se o fluxo hormonal é impedido – como aconteceu, nos anos de 1600 e 1700, com os meninos pré-púberes que foram castrados para preservar a voz de soprano para a ópera italiana –, o desenvolvimento normal das características e dos desejos sexuais não ocorre (Peschel & Peschel, 1987).
2. ***Mais tarde na vida, os níveis dos hormônios sexuais decrescem.*** As mulheres passam pela menopausa à medida que seus níveis de estrogênio diminuem; os homens têm uma mudança mais gradual (Capítulo 4). O sexo continua a fazer parte da vida, mas à medida que os níveis hormonais diminuem, as fantasias sexuais e as relações sexuais também diminuem (Leitenberg & Henning, 1995).

Testosterona. Mais importante hormônio masculino. É produzido por homens e mulheres, mas a quantidade adicional nos homens estimula o crescimento dos órgãos sexuais masculinos no feto e o desenvolvimento de suas características sexuais na puberdade.

Estrogênios. Hormônios sexuais, como o estradiol, que contribuem para as características sexuais femininas e são secretados em maior quantidade pelas mulheres do que pelos homens. Os níveis de estrogênio atingem o pico durante a ovulação. Em mamíferos não humanos, isso promove a receptividade sexual.

3. ***Em algumas pessoas, a cirurgia ou os medicamentos podem causar mudanças hormonais.*** Quando os homens adultos sofrem castração, o impulso sexual geralmente diminui com a redução dos níveis de testosterona (Hucker & Bain, 1990). Os criminosos sexuais masculinos também perdem muito da urgência sexual quando tomam voluntariamente Depo-Provera®, fármaco que reduz o nível de testosterona ao de um menino pré-púbere (Bilefsky, 2009; Money et al., 1983).

Em resumo, podemos comparar os hormônios sexuais humanos, em especial a testosterona, ao combustível de um carro. Sem combustível, o carro não anda; mas se o nível é minimamente adequado, acrescentar combustível não muda o desempenho do carro. A analogia é imperfeita, pois os hormônios e a motivação sexual interagem. Porém, sugere corretamente que a biologia é uma explicação necessária, mas insuficiente, para o comportamento sexual humano. O combustível hormonal é essencial, assim como os estímulos psicológicos que acionam o motor, o mantêm em funcionamento e o engrenam em marcha alta.

Ciclo de resposta sexual. Quatro estágios da resposta sexual descritos por Masters e Johnson – excitação, platô, orgasmo e resolução.

Período refratário. Período de descanso após o orgasmo, durante o qual um homem não pode atingir outro orgasmo.

Disfunção sexual. Problema que prejudica constantemente o desejo sexual ou o funcionamento sexual em qualquer ponto do ciclo de resposta sexual.

PRÁTICA DE RECUPERAÇÃO

PR-1 Os hormônios sexuais femininos primários são os ______________. O hormônio sexual masculino principal é a ________________.

RESPOSTAS NO APÊNDICE E

Ciclo de resposta sexual

QOA 11.6 O que é o *ciclo de resposta sexual* humano e qual é a diferença entre disfunções sexuais e parafilias?

O processo científico geralmente começa com observações cuidadosas de comportamentos complexos. Quando o ginecologista e obstetra William Masters e sua colaboradora Virginia Johnson (1966) aplicaram esse processo às relações sexuais humanas na década de 1960, eles ganharam manchetes. Eles registraram as respostas fisiológicas de voluntários que foram ao laboratório para se masturbar ou ter relações sexuais. (Os voluntários – 382 mulheres e 312 homens – foram uma amostra um tanto atípica, consistindo apenas em pessoas capazes e dispostas a exibir excitação e orgasmo enquanto os cientistas observavam.) Masters e Johnson relataram ter observado mais de 10 mil "ciclos" sexuais. Sua descrição do **ciclo de resposta sexual** identificou quatro estágios:

1. ***Excitação:*** as áreas genitais ficam cheias de sangue, provocando o inchaço do clitóris na mulher e do pênis no homem. A vagina da mulher se expande e secreta lubrificante; suas mamas e mamilos podem aumentar.
2. ***Platô:*** a excitação atinge o pico enquanto respiração, pulsação e pressão arterial continuam a aumentar. O pênis do homem fica totalmente inchado, até um comprimento médio de 12,7 cm – conforme medida feita em 1.661 homens para adequar o preservativo (Herbenick et al., 2014). Algum líquido – em geral contém espermatozoides vivos em quantidade suficiente para viabilizar a concepção – pode aparecer em sua ponta. A secreção vaginal de uma mulher continua a aumentar e seu clitóris se contrai. O orgasmo parece iminente.
3. ***Orgasmo:*** as contrações musculares aparecem por todo o corpo e são acompanhadas por mais aumentos na respiração, na pulsação e na pressão arterial. A sensação agradável de liberação sexual aparentemente é quase igual para ambos os sexos. Um painel de especialistas não conseguiria distinguir de modo confiável entre as descrições dos orgasmos escritos por homens e mulheres (Vance & Wagner, 1976). Em outro estudo, as imagens de PET scan mostraram que as mesmas regiões cerebrais subcorticais estavam ativas em homens e mulheres durante o orgasmo (Holstege et al., 2003ab).
4. ***Resolução:*** o corpo retorna gradualmente ao estado não excitado à medida que os vasos sanguíneos genitais liberam o sangue acumulado. Isso acontece com relativa rapidez nos homens quando o orgasmo ocorre; caso contrário, o processo é relativamente lento. (Mais ou menos como a coceira no nariz, que passa rapidamente se você espirrar, senão demora a passar.) A seguir, os homens entram em um **período refratário** que dura de alguns minutos a 1 dia ou mais, durante o qual eles são incapazes de ter outro orgasmo. O período refratário muito mais curto de uma mulher pode permitir que ela tenha mais orgasmos se for reestimulada durante ou logo após a resolução.

Um homem de 50 anos, não fumante, tem uma chance aproximada de um em 1 milhão de sofrer um infarto a qualquer momento. Isso aumenta para meros dois em 1 milhão nas 2 horas após o sexo (sem aumento nos homens que fazem exercício regularmente). Comparado com os riscos associados ao esforço pesado e à raiva, esse risco parece tirar o sono (ou sexo) (Jackson, 2009; Muller et al., 1996).

Como você aprendeu no Capítulo 2, há também um *período refratário* no processamento neural – a breve pausa de repouso que ocorre após o disparo de um neurônio.

Disfunções sexuais e parafilias

Masters e Johnson procuraram não só descrever o ciclo da resposta sexual humana, mas também compreender e tratar a incapacidade para completá-lo. As **disfunções sexuais** são problemas que prejudicam constantemente o desejo ou o funcionamento sexual. Algumas envolvem a motivação sexual, em especial, a falta de energia sexual e a capacidade de excitação. Nos homens, outras disfunções sexuais incluem a **disfunção erétil** (incapacidade para ter ou manter a ereção) e a *ejaculação precoce*. Nas mulheres, pode ocorrer dor ou o **distúrbio orgástico feminino** (angústia com relação a ter pouco ou nenhum orgasmo). Em pesquisas diferentes com 3 mil mulheres de Boston e 32 mil outras mulheres americanas, cerca de quatro em 10 relataram um problema sexual como um distúrbio orgástico ou pouco desejo. A maioria das mulheres que sofre angústia sexual a associa a seu relacionamento emocional com o parceiro durante o sexo (Bancroft et al., 2003).

As terapias psicológicas e médicas podem ajudar homens e mulheres com disfunções sexuais (Frühauf et al., 2013). Na terapia com orientação comportamental, por exemplo, os homens aprendem maneiras de controlar o desejo de ejacular e as mulheres são treinadas para atingir o orgasmo. Começando com o lançamento do Viagra em 1998, a disfunção erétil tem sido tratada rotineiramente com a ingestão de uma pílula. Os pesquisadores têm lutado para desenvolver tratamentos medicamentosos confiáveis para *transtornos de interesse/excitação sexual femininos* (Chivers & Brotto, 2017).

A disfunção sexual envolve problemas com o desejo ou o funcionamento sexual. Por sua vez, as pessoas com **parafilias** (principalmente os homens) têm desejo sexual, mas o direcionam de maneiras incomuns (Baur et al., 2016). A American Psychiatric Association (2013) classifica esse comportamento como transtorno somente se

- uma pessoa tiver angústia em decorrência de um interesse sexual incomum; *ou*
- implicar dano ou risco de dano a outras pessoas.

O assassino em série Jeffrey Dahmer tinha *necrofilia*, isto é, uma atração sexual por cadáveres. Os que são *exibicionistas* derivam seu prazer ao se exporem sexualmente para outras pessoas, sem consentimento. As pessoas com transtorno parafílico da *pedofilia* sentem desejo sexual por crianças que não entraram na puberdade.

PRÁTICA DE RECUPERAÇÃO

PR-2 Alguém que está angustiado por excitação sexual prejudicada pode ser diagnosticado com ______________. O exibicionismo seria considerado ______________.

RESPOSTAS NO APÊNDICE E

Infecções sexualmente transmissíveis

QOA 11.7 Como as infecções sexualmente transmissíveis podem ser prevenidas?

No mundo inteiro, mais de 1 milhão de pessoas adquirem uma *infecção sexualmente transmissível* (*IST*; antes chamada de *DST* ou *doença sexualmente transmissível*) todos os dias (WHO, 2018). As IST comuns incluem clamídia, gonorreia, infecção pelo vírus do herpes simples (HSV) e infecção pelo papilomavírus humano (HPV). "Em comparação com adultos mais velhos", os adolescentes sexualmente ativos de 15 a 19 anos e os adultos jovens de 20 a 24 anos correm maior risco", relatam os Centers for Disease Control and Prevention (CDC, 2016b). As adolescentes, por exemplo, correm maior risco por sua anatomia ainda não estar totalmente madura e possuírem níveis mais baixos de anticorpos protetores (Dehne & Riedner, 2005; Guttmacher Institute, 1994).

Os preservativos oferecem apenas proteção limitada contra certas IST cutâneas, como herpes, mas reduzem outros riscos (NIH, 2001). Os efeitos foram claros quando a Tailândia promoveu o uso de preservativos entre profissionais do sexo. Ao longo de um período de 4 anos, como o uso de preservativos subiu de 14% para 94%, o número anual de IST bacterianas caiu de 410.406 para 27.362, ou seja, uma redução de 93% (WHO, 2000). Quando usados por pessoas com parceiro infectado, os preservativos também foram 80% eficazes na prevenção da transmissão do HIV (*vírus da imunodeficiência humana*) – o vírus que causa **AIDS** (síndrome da imunodeficiência adquirida) (Weller & Davis-Beaty, 2002; WHO, 2003). Embora o HIV possa ser transmitido por outros meios, como o compartilhamento de agulhas durante o uso de drogas, sua transmissão sexual é mais comum. Metade de todas as pessoas com HIV (e um em cada cinco americanos recentemente diagnosticados com HIV) são mulheres (CDC, 2018a). Como o vírus se espalha mais facilmente de homens para mulheres do que de mulheres para homens, a proporção de mulheres na população mundial de AIDS está crescendo.

Metade dos americanos com AIDS tem entre 30 e 49 anos (CDC, 2016). O longo período de incubação da AIDS permite concluir que muitos foram infectados na adolescência e

Disfunção erétil. Incapacidade de desenvolver ou manter a ereção em virtude da insuficiência de fluxo sanguíneo para o pênis.

Distúrbio orgástico feminino. Angústia causada por ter pouco ou nenhum orgasmo.

Parafilia. Desejo sexual decorrente de fantasias, comportamentos ou desejos que envolvem objetos não humanos, o sofrimento próprio ou de outras pessoas e/ou o não consentimento das pessoas.

AIDS (síndrome da imunodeficiência adquirida). Infecção sexualmente transmitida e com potencial de fatalidade causada pelo HIV (*vírus da imunodeficiência humana*). A AIDS esgota o sistema imune, deixando a pessoa vulnerável a infecções.

na casa dos 20 anos. Em 2012, a morte de 1,6 milhão de pessoas com AIDS em todo o mundo deixou para trás inúmeros entes queridos aflitos, incluindo milhões de crianças órfãs (UNAIDS, 2013). A África subsaariana é o lar de dois terços das pessoas infectadas por HIV e o tratamento médico que prolonga a vida e o cuidado para os moribundos está minando os recursos sociais da região.

Fazer sexo com uma pessoa também significa fazer sexo com os parceiros anteriores dessa pessoa – qualquer um dos quais pode ter transmitido inconscientemente uma IST. Então, o primeiro passo para prevenir as IST é conhecer a sua condição e compartilhá-la com seu parceiro sexual.

Psicologia do sexo

QOA 11.8 Como os estímulos internos e imaginados contribuem para a motivação sexual?

Os fatores biológicos influenciam poderosamente nossa motivação e comportamento sexual. Contudo, as amplas variações entre os lugares e entre os indivíduos com o passar do tempo também corroboram a grande influência dos fatores psicológicos (Figura 11.7). Assim, apesar da biologia compartilhada subjacente à motivação sexual, as 281 razões que os participantes do estudo expressaram para fazer sexo variaram amplamente – de "para chegar mais perto de Deus" até "para fazer meu namorado calar a boca" (Buss, 2008; Meston & Buss, 2007).

Estímulos externos

Homens e mulheres ficam excitados quando veem, ouvem ou leem material erótico (Heiman, 1975; Stockton & Murnen, 1992). Nos homens mais do que nas mulheres, os *sentimentos* de excitação sexual refletem de perto suas respostas genitais físicas (mais óbvias) (Chivers et al., 2010).

As pessoas podem achar a excitação sexual agradável ou perturbadora. (As que a acham perturbadora quase sempre limitam sua exposição a esses materiais, assim como aquelas que, querendo controlar a fome, limitam sua exposição a guloseimas tentadoras.) Com a exposição repetida, a resposta emocional a qualquer estímulo erótico diminui ou torna-se *hábito*. Durante a década de 1920, quando as saias das mulheres ocidentais subiram até o joelho, uma perna exposta fazia os corações palpitarem. Hoje, muitos mal notariam.

Os materiais sexuais explícitos podem ter efeitos adversos? As pesquisas indicam que sim, de três maneiras.

- ***Acreditar que o estupro é aceitável.*** Embora algumas pornografias modernas retratem as mulheres em papéis poderosos, na maioria das vezes elas são apresentadas como objetos sexuais subservientes (Fritz & Paul, 2018; Jones, 2018). As representações de mulheres sendo sexualmente coagidas – e parecendo gostar disso – aumentaram a crença dos espectadores na falsa ideia de que as mulheres querem ser dominadas e aumentaram a disposição expressa dos espectadores masculinos de machucar mulheres e cometer estupro depois de ver essas cenas (Allen et al., 1995, 2000; Foubert et al., 2011; Zillmann, 1989)
- ***Redução da satisfação com a aparência do parceiro ou com o relacionamento.*** Depois de assistir a filmes eróticos de mulheres e homens sexualmente atraentes, as pessoas julgam seu relacionamento menos satisfatório (Perry, 2018). Ver repetidamente pornografia reduz a satisfação sexual de homens e mulheres (Milas et al., 2019; Miller et al., 2019). Talvez ler ou assistir a cenários improváveis do erotismo crie expectativas que poucas pessoas podem cumprir

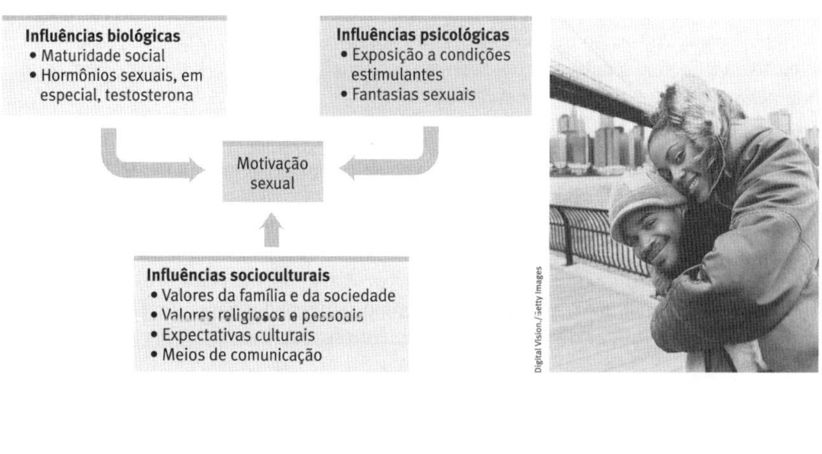

Figura 11.7 Influências biopsicossociais na motivação sexual. Comparada à nossa motivação para comer, nossa motivação sexual é menos influenciada por fatores biológicos. Fatores psicológicos e socioculturais desempenham papel maior.

- ***Dessensibilização.*** A visualização extensiva de pornografia *online* pode dessensibilizar os jovens adultos para a sexualidade normal. A exposição repetida a esse mundo sexual distorcido pode contribuir para a diminuição do desejo e da satisfação sexual, a diminuição da ativação cerebral em resposta a imagens sexuais e, para os homens, problemas de ereção (Wright et al., 2018). "A pornografia está mexendo com sua masculinidade", argumentam Philip Zimbardo e colegas (2016).

Estímulos imaginados

O cérebro, como já foi dito, é o nosso órgão sexual mais significativo. Os estímulos dentro de nossas cabeças – nossa imaginação – também influenciam a excitação sexual e o desejo. Pessoas que, por causa de uma lesão na coluna vertebral, não têm sensação genital ainda podem sentir desejo sexual (Willmuth, 1987).

Tanto homens quanto mulheres relatam ter fantasias sexuais e assistir pornografia, além disso têm respostas cerebrais semelhantes a imagens sexuais (Mitricheva et al., 2019; Solano et al., 2018; Wright & Vangeel, 2019). Para um número pequeno de mulheres, apenas as fantasias sexuais podem produzir orgasmos (Komisaruk & Whipple, 2011). Homens, independentemente da orientação sexual, tendem a ter fantasias sexuais mais frequentes, mais físicas e mais agressivas (Apostolou & Khalil, 2019; Schmitt et al., 2012). Eles também preferem conteúdos sexuais menos pessoais e mais rápidos em livros e vídeos (Leitenberg & Henning, 1995). Fantasiar sobre sexo *não* indica um problema ou insatisfação sexual. Quando muito, as pessoas sexualmente ativas têm mais fantasias sexuais.

PRÁTICA DE RECUPERAÇÃO

PR-3 Quais fatores influenciam a nossa motivação ou comportamento sexual?

RESPOSTAS NO APÊNDICE E

Riscos sexuais e gravidez na adolescência

QOA 11.9 Que fatores influenciam os comportamentos sexuais dos adolescentes e o uso de contraceptivos?

Atitudes e comportamentos sexuais variam drasticamente entre culturas e épocas. O "sexo entre adultos que não estão casados" é "moralmente inaceitável", concordam 97% dos indonésios e 6% dos alemães (Pew, 2014b). Graças à diminuição da atividade sexual e ao aumento da proteção, as taxas de gravidez na adolescência americana estão diminuindo (CDC, 2016b, 2018f). Que fatores ambientais contribuem para a gravidez na adolescência?

COMUNICAÇÃO SOBRE CONTROLE DE NATALIDADE. Muitos adolescentes ficam desconfortáveis ao conversar sobre contraceptivos com seus pais, parceiros e colegas. Contudo, adolescentes que falam livre e abertamente com seus pais e com seu parceiro em um relacionamento exclusivo são mais propensos a usar contraceptivos (Aspy et al., 2007; Milan & Kilmann, 1987).

IMPULSIVIDADE. Entre as meninas americanas de 12 a 17 anos sexualmente ativas, 72% disseram que se arrependeram de ter feito sexo (Reuters, 2000). Se a paixão superar as intenções de usar anticoncepcionais ou de adiar o sexo, a atividade sexual não planejada pode resultar em gravidez (Ariely & Loewenstein, 2006; MacDonald & Hynie, 2008).

USO DE ÁLCOOL. Entre adolescentes mais velhos e adultos jovens, a maioria das conexões sexuais (encontros casuais fora de um relacionamento) ocorre depois do consumo de álcool, muitas vezes sem um consentimento prévio (Fielder et al., 2013; Garcia et al., 2013; Johnson & Chen, 2015). Os que usam álcool antes do sexo são menos propensos a usar preservativos (Kotchick et al., 2001). Ao deprimir os centros do cérebro que controlam o julgamento, a inibição e a autoconsciência, o álcool desarma as restrições normais – fenômeno bem conhecido pelas pessoas sexualmente coercitivas.

"Os preservativos devem ser utilizados em qualquer ocasião concebível." – Anônimo

MÍDIA. A mídia popular influencia os adolescentes fornecendo *roteiros sociais* para o comportamento sexual. Ela também afeta as percepções dos pares: quanto mais conteúdo sexual os adolescentes e jovens adultos veem ou leem (mesmo controlando outros preditores de atividade sexual precoce), mais provável é que percebam seus pares como sexualmente ativos, desenvolvam atitudes sexualmente permissivas, tenham relações sexuais precoces e não usem preservativos de forma regular (Escobar-Chaves et al., 2005; O'Hara et al., 2012; Parkes et al., 2013; Ward et al., 2018). As normas de comportamento dos pares como são percebidas pelos adolescentes influenciam seu comportamento sexual (Lyons, 2015; van de Bongardt et al., 2015).

POSTERGAÇÃO DO SEXO. Quais são as características dos adolescentes que escolhem adiar o sexo?

- ***Alta inteligência.*** Adolescentes com pontuações acima da média em testes de inteligência, adiam o sexo com mais frequência, em parte porque consideram possíveis consequências negativas e estão mais focados em conquistas futuras do que nos prazeres do aqui e agora (Harden & Mendle, 2011)
- ***Envolvimento religioso.*** Adolescentes com envolvimento religioso ativo restringem mais frequentemente o sexo até a vida adulta ou para quando estão em uma relação de longo prazo (Hull et al., 2011; Schmitt & Fuller, 2015; Štulhofer et al., 2011)
- ***Presença paterna.*** Em estudos com centenas de meninas entre 5 e 18 anos na Nova Zelândia e nos EUA, a ausência do pai estava vinculada a atividade sexual e gravidez antes dos 16 anos (Ellis et al., 2003). Essas associações se mantêm mesmo depois do ajuste de outras influências, como a pobreza. Vínculos familiares estreitos - como nas famílias que comem juntas e nas quais os pais conhecem as atividades e os amigos dos seus adolescentes - também predisseram a iniciação sexual mais tardia (Coley et al., 2008).
- ***Participação em programas de serviços educativos.*** Adolescentes americanos voluntários como tutores ou auxiliares de professores, ou que participam de projetos comunitários (como em bibliotecas do bairro), têm taxas de gravidez mais baixas do que adolescentes comparáveis aleatoriamente designados para condições de controle (Kirby, 2002; O'Donnell et al., 2002). Os pesquisadores não têm certeza dos motivos. Será que essa aprendizagem promove um senso de competência, controle e responsabilidade pessoal? Será que estimula o pensamento mais voltado para o futuro? Ou será que simplesmente reduz as oportunidades para a prática de sexo sem proteção? (As atividades depois da escola e os horários de início das aulas mais tarde também reduziram as gestações não planejadas [Bryan et al., 2016; Steinberg, 2015].)

Monkey Business Images/Shutterstock

Presença paterna.

PERGUNTE A SI MESMO

Que estratégias sua comunidade poderia usar para reduzir a gravidez na adolescência?

PRÁTICA DE RECUPERAÇÃO

PR-4 Dos cinco fatores a seguir, quais são os TRÊS que contribuem para as gestações não planejadas na adolescência?

a. Uso de álcool

b. Nível de inteligência superior

c. Ausência paterna

d. Modelos da mídia

e. Participação em programas de serviços educativos

RESPOSTAS NO APÊNDICE E

Orientação sexual

QOA 11.10 O que sabemos sobre orientação sexual?

Motivar é energizar e direcionar o comportamento. Até aqui, levamos em conta a energização da motivação sexual, mas não sua *direção*, que é nossa **orientação sexual** - nossa atração sexual por membros do outro gênero (orientação *heterossexual*), do nosso próprio gênero (orientação *homossexual* ou *homoafetiva*), de ambos os gêneros masculino e feminino (orientação *bissexual*), ou por ninguém (orientação *assexual*). Para algumas pessoas, ainda, a atração sexual não se restringe a um sexo ou identidade de gênero (orientação *pansexual*). Experimentamos essas atrações em nossos interesses e fantasias (quem aparece em sua imaginação?).

Conforme explicado no Capítulo 4, a orientação sexual é distinta da identidade de gênero (incluindo identidades *transgênero*).

As culturas variam em suas atitudes quanto às atrações pelo mesmo gênero. "A sociedade deveria aceitar a homossexualidade?". "*Sim*", dizem 88% dos espanhóis e 1% dos nigerianos; as mulheres em todos os lugares aceitam mais que os homens (Pew, 2013a). No entanto, independente de uma cultura condenar ou aceitar uniões do mesmo gênero, a heterossexualidade é mais comum e a atração pelo mesmo gênero e outras variações existem. Na maioria dos países africanos, as relações entre pessoas do mesmo sexo são ilegais. Apesar disso, a proporção de lésbicas, *gays* ou bissexuais "não é diferente de outros países do resto do mundo", relata a Academia de Ciências da África do Sul (2015). Além disso, a atividade sexual entre parceiros do mesmo gênero se estende ao longo de toda a história humana.

Quantas pessoas têm atrações exclusivamente pelo mesmo gênero? De acordo com mais de uma dúzia de pesquisas nacionais na Europa e nos EUA, cerca de 3% ou 4% dos homens e 2% das mulheres (Chandra et al., 2011; Copen et al., 2016; Savin-Williams et al., 2012). As porcentagens variam um pouco ao longo do tempo, sendo que a parcela de pessoas que se

Orientação sexual. Direção de nossas atrações sexuais, conforme refletido em nossos anseios e fantasias.

sente confortável ao se autorrelatar como lésbica, *gay* ou bissexual vem aumentando gradualmente com o aumento da aceitação social (Newport, 2018). As porcentagens também são um pouco mais altas quando o relato permanece anônimo (Copen et al., 2016). Um número maior de americanos – 17% das mulheres e 6% dos homens – dizem ter tido algum contato sexual com pessoas do mesmo gênero durante suas vidas (Copen et al., 2016). Os psicólogos apenas começaram recentemente a pesquisar as experiências daqueles que se identificam como pansexuais (Borgogna et al., 2019; Greaves et al., 2019).

Em lugares com tolerância menor, as pessoas são mais propensas a esconder sua orientação sexual. Por exemplo, cerca de 3% dos homens da Califórnia expressam preferência pelo mesmo gênero no Facebook, enquanto só 1% o faz no Mississippi. Contudo, cerca de 5% das pesquisas de pornografia no Google em ambos os estados americanos são de pornografia *gay*. E as listas de classificados locais com homens procurando "encontros casuais" com outros homens têm aumentado, com tendência de esse número ser tão grande nos estados menos tolerantes, onde também há mais buscas no Google por "sexo *gay*" e pela frase "meu marido é *gay*?" (MacInnis & Hodson, 2015; Stephens-Davidowitz, 2013).

Qual é a sensação de não ser heterossexual em uma cultura majoritariamente heterossexual? Se você é heterossexual, imagine que encontrou "aquele" parceiro perfeito do outro gênero. Como você se sentiria se não tivesse certeza sobre em quem poderia confiar, sabendo que tinha esses sentimentos? Como você reagiria se ouvisse pessoas contando piadas grosseiras sobre heterossexuais ou se a maioria dos filmes, programas de TV e anúncios mostrassem apenas relacionamentos entre pessoas do mesmo gênero? Você gostaria de ouvir que muitas pessoas não votariam em um candidato político que favorece o casamento entre pessoas do sexo oposto? E como você se sentiria se organizações de crianças e agências de adoção pensassem que você pode não ser seguro ou digno de confiança porque se sente atraído por pessoas do outro gênero?

Diante dessas reações, algumas pessoas com atração pelo mesmo gênero podem, a princípio, tentar ignorar ou negar seus desejos, esperando que eles desapareçam. Mas eles não desaparecem e essas pessoas podem – principalmente se viverem em uma região ou país que condena a atração pelo mesmo gênero – ocultar sua orientação (Pachankis & Bränström, 2018). Especialmente durante a adolescência ou quando sentem rejeição dos pais ou colegas, as pessoas podem lutar contra sua atração pelo mesmo gênero. Sem o apoio de pais e amigos, adolescentes *gays* e lésbicas expressam maior ansiedade e depressão, muitas vezes relacionadas ao *bullying*, além de um risco triplicado de suicídio (Caputi et al., 2017; di Giacomo et al., 2018; NAS, 2019; Ross et al., 2018). Alguns podem tentar mudar sua orientação por meio de psicoterapia, força de vontade ou oração. Mas os sentimentos normalmente persistem, assim como ocorre com pessoas heterossexuais – que são igualmente incapazes de mudar (Haldeman, 1994, 2002; Myers & Scanzoni, 2005).

Infelizmente, alguns estereótipos *antigays* nocivos ainda persistem. Um desses estereótipos é que pessoas com atração pelo mesmo sexo são mais propensas a molestar crianças (Herek, 2016). É verdade? *Não*. Medições da resposta genital dos homens a várias imagens sexuais indica que a orientação sexual não está relacionada à pedofilia (Blanchard et al., 2009; Herek, 2016). Uma equipe de pesquisa canadense liderada por Ray Blanchard (2012; Dreger, 2011) equipou 2.278 homens (na maioria criminosos sexuais) com um dispositivo que mediu sua excitação sexual ao ver fotos de adultos e crianças nus do sexo masculino e feminino, acompanhadas por histórias sexuais em áudio. A maioria dos homens respondeu não a crianças, mas a homens adultos (se *gays*) ou a mulheres adultas (se heterossexuais). Alguns dos homens – tanto heterossexuais como *gays* – exibiram pedofilia, respondendo principalmente a meninos ou meninas e muito menos a adultos.

Os psicólogos de hoje veem a orientação sexual como não escolhida deliberadamente nem alterada deliberadamente. "Os esforços para mudar a orientação sexual provavelmente não serão bem-sucedidos e envolvem algum risco de dano", declarou um relatório de 2009 da American Psychological Association. Um consenso de organizações britânicas de saúde mental concordou que essas tentativas são "antiéticas e potencialmente prejudiciais" (Gale et al., 2017). Reconhecendo isso, em 2016, Malta foi o primeiro país europeu a proibir a controversa prática da "terapia de conversão", que visa mudar a *identidade de gênero* ou orientação sexual das pessoas. Um número crescente de estados e cidades dos EUA também proibiu a terapia de conversão com menores.

"Não existe evidência científica sólida de que a orientação sexual possa ser mudada." – Royal College of Psychiatrists do Reino Unido, 2014

Em alguns aspectos, a orientação sexual é como a lateralidade: a maioria das pessoas é de um jeito, algumas de outro. Um grupo menor é, de alguma forma, ambidestro. Independentemente disso, a maneira como somos perdura, especialmente nos homens (Dickson et al., 2013; Norris et al., 2015). A orientação sexual das mulheres tende a ser menos sentida e, para algumas mulheres, é mais fluida e mutável. Mulheres heterossexuais podem experimentar excitação genital com estímulos sexuais masculinos ou femininos (Chivers, 2017). Em geral, os homens são sexualmente mais simples. A menor variabilidade sexual dos homens é aparente de muitas maneiras (Baumeister, 2000). Ao longo do tempo, em culturas, situações e diferentes níveis de educação, observância religiosa e influência dos pares, o impulso e os interesses sexuais dos homens têm sido menos flexíveis e variados do que os das mulheres. As mulheres, por exemplo, preferem alternar períodos de alta atividade sexual com períodos de quase nenhuma (Mosher et al., 2005). Baumeister chama essa flexibilidade de *plasticidade erótica*.

Origens da orientação sexual

Se não escolhemos de fato a nossa orientação sexual e (especialmente para os homens) não podemos mudá-la, então de onde vêm essas preferências? Em uma busca inicial por possíveis influências ambientais na orientação sexual, pesquisadores do Kinsey Institute na década de 1980 entrevistaram cerca de 1 mil lésbicas/*gays* e 500 heterossexuais. Eles avaliaram quase todas as causas psicológicas imagináveis de homossexualidade – relações parentais, experiências sexuais na infância, relacionamentos com pares, experiências de namoro (Bell et al., 1981; Hammersmith, 1982). Seus achados: os *gays* e lésbicas não têm maior probabilidade do que os heterossexuais de terem sido sufocados pelo amor materno, negligenciados pelos pais ou sofrido abuso sexual. Pense ainda o seguinte: se "pais distantes" fossem mais propensos a produzir filhos *gays*, então os meninos que crescem em lares com pais ausentes não deveriam ser *gays* com mais frequência? (Mas eles não são.) O número crescente desses lares não deveria ter levado a um aumento notável na população *gay*? (Isso também não ocorreu.) A maioria das crianças criadas por pais *gays* ou lésbicas têm comportamento típico de gênero e são heterossexuais (Farr et al., 2018; Gartrell & Bos, 2010). E eles crescem com saúde e bem-estar emocional semelhante ou, às vezes, melhor do que crianças com pais heterossexuais (Bos et al., 2016; Farr, 2017).

Em uma pesquisa britânica com 18.876 pessoas (e em outras pesquisas desde então), cerca de 1% se identificou como assexual, que "nunca se sentiu sexualmente atraído por ninguém" (Bogaert, 2004, 2015). As pessoas com orientação assexual são, no entanto, quase tão propensas quanto as outras a relatar masturbação, observando que isso é bom, reduz a ansiedade ou "limpa o encanamento".

Então o que mais pode influenciar a orientação sexual? Uma teoria propõe que as pessoas desenvolvem apegos eróticos às pessoas do mesmo gênero se forem segregadas por gênero na época de maturação do impulso sexual (Storms, 1981). De fato, os *gays* tendem a se lembrar de terem passado pela puberdade um pouco mais cedo, quando seus pares eram mais propensos a serem todos homens (Bogaert et al., 2002). Por outro lado, mesmo em culturas tribais em que o comportamento homossexual é esperado em todos os garotos antes do casamento, a heterossexualidade prevalece (Hammack, 2005; Money, 1987). (Como isso demonstra, o comportamento homossexual nem sempre indica *orientação* sexual.) Além disso, embora as atitudes dos colegas possam predizer as atitudes e o comportamento sexual dos adolescentes, elas não predizem a atração pelo mesmo gênero. "A influência dos pares tem pouco ou nenhum efeito" na orientação sexual (Brakefield et al., 2014).

É provável que o ambiente contribua para a orientação sexual – natureza e criação trabalham juntas –, mas a incapacidade de identificar influências ambientais específicas levou os pesquisadores a explorar várias linhas de evidências biológicas. Isso inclui atração pelo mesmo gênero em outras espécies, diferenças cerebrais e influências genéticas e pré-natais.

ATRAÇÃO PELO MESMO GÊNERO EM OUTRAS ESPÉCIES. No Boston Public Garden, os cuidadores solucionaram o mistério de por que os ovos do amado casal de gansos nunca chocavam: os dois gansos eram fêmeas. Em Nova York, os pinguins Silo e Roy, do Zoológico do Central Park, passaram vários anos como dedicados parceiros do mesmo gênero. Comportamentos sexuais com indivíduos do mesmo gênero também foram observados em várias centenas de outras espécies, incluindo ursos pardos, gorilas, girafas, macacos, flamingos e corujas (Bagemihl, 1999). Entre os carneiros, por exemplo, cerca de 7% a 10% demonstram atração pelo mesmo gênero, evitando as ovelhas e procurando acasalar com outros machos (Perkins & Fitzgerald, 1997). Algum grau de homossexualidade parece natural no mundo animal.

DIFERENÇAS CEREBRAIS. A estrutura e a função dos cérebros *gays* e heterossexuais podem ser diferentes? O pesquisador Simon LeVay (1991) estudou cortes de hipotálamo retirados de cadáveres de pessoas homossexuais e heterossexuais. Ele encontrou um aglomerado de células que era realmente maior em homens heterossexuais do que em mulheres heterossexuais e homens *gays*.

Não deve nos surpreender que os cérebros difiram com a orientação sexual (Bao & Swaab, 2011; Savic & Lindström, 2008). Lembre-se da nossa máxima: *tudo que é psicológico é simultaneamente biológico*. Mas quando a diferença cerebral começou? Na concepção? Durante a infância ou adolescência? A experiência produziu a diferença? Ou foram genes ou hormônios pré-natais (ou genes ativando hormônios pré-natais)?

LeVay não considera o hipotálamo um centro de orientação sexual; em vez disso, ele o vê como uma parte importante do mapa neural engajado no comportamento sexual. Ele reconhece que os padrões de comportamento sexual podem influenciar a anatomia cerebral. Em peixes, pássaros, ratos e humanos, as estruturas cerebrais variam com a experiência – incluindo experiência sexual, relata o pesquisador sexual Marc Breedlove (1997). Mas LeVay acredita ser bem mais provável que a anatomia do cérebro influencie a orientação sexual. Seu palpite parece confirmado pela descoberta de uma diferença hipotalâmica entre carneiros que exibem e aqueles que não exibem atração pelo mesmo gênero (Larkin et al., 2002; Roselli et al., 2002, 2004). Além disso, essas diferenças parecem se desenvolver logo depois do nascimento e talvez até antes disso (Rahman & Wilson, 2003).

SEA LIFE Sydney Aquarium

Dois pais pinguins. No aquário Sea Life de Sydney, Sphen e Magic, um casal de pinguins machos, criaram com sucesso um filhote adotivo (apropriadamente chamado de "Sphengic").

"Homens homossexuais simplesmente não têm as células cerebrais da atração por mulheres." – Simon LeVay, *The Sexual Brain*, 1993

Desde a descoberta da *estrutura* cerebral de LeVay, outros pesquisadores relataram diferenças adicionais na maneira como os cérebros *gays* e heterossexuais *funcionam*. Uma diferença está em uma área do hipotálamo que governa a excitação sexual (Savic et al., 2005). Quando as mulheres heterossexuais sentiram um cheiro derivado do suor dos homens, essa área tornou-se ativa. Os cérebros dos homens *gays* responderam de forma semelhante ao odor dos homens. Todavia, o cérebro de homens heterossexuais mostrou a resposta de excitação apenas a um derivado de hormônio feminino. Em um estudo semelhante, as respostas das lésbicas diferiram das de mulheres heterossexuais (Kranz & Ishai, 2006; Martins et al., 2005).

Em vários traços, o homem e a mulher homossexuais médios ficam no meio do caminho entre o homem e a mulher heterossexuais médios. Considere a diferença homo-hétero nas habilidades espaciais. Em tarefas de rotação mental como a da Figura 11.8, os homens heterossexuais tendem a superar as mulheres heterossexuais, e as pontuações de homens e mulheres *gays* ficam no meio (Boone & Hegarty, 2017). Por outro lado, mulheres heterossexuais e homens *gays* superaram homens heterossexuais na tarefa de lembrar as localizações espaciais dos objetos em jogos de memória (Hassan & Rahman, 2007).

INFLUÊNCIAS GENÉTICAS. Estudos indicam que "cerca de um terço da variação na orientação sexual é atribuível a influências genéticas" (Bailey et al., 2016). Ter uma orientação para sentir atração pelo mesmo gênero de fato tem uma tendência a ocorrer na mesma família. Gêmeos idênticos têm maior tendência de compartilhar a orientação homossexual do que gêmeos fraternos (Alanko et al., 2010; Långström et al., 2010). Mas, como as orientações sexuais diferem em muitos pares de gêmeos idênticos, em especial em mulheres, sabemos que outros fatores além dos genes também estão em ação – incluindo, ao que parece, *marcas epigenéticas* que ajudam a distinguir gêmeos homossexuais e heterossexuais (Balter, 2015; Gavrilets et al., 2018).

Ao alterar um único gene em moscas da fruta, os pesquisadores mudaram a orientação sexual e o comportamento desses indivíduos (Dickson, 2005). Em busca de genes que influenciam a orientação sexual humana, os pesquisadores analisaram os genomas de 409 pares de irmãos homossexuais, 1.231 homens heterossexuais e 1.077 homens *gays*. Eles encontraram ligações entre a orientação sexual e dois genes nos cromossomos 13 e 14. A primeira dessas regiões cromossômicas influencia uma área do cérebro que varia em tamanho de acordo com a orientação sexual. O segundo influencia a função da tireoide, que também tem sido associada à orientação sexual (Sanders et al., 2015, 2017). Mas devemos também lembrar uma lição familiar: os traços humanos são influenciados por *muitos genes com pequenos efeitos*. De fato, um estudo gigante de quase 500 mil genes de diferentes pessoas confirmou que "o comportamento de sentir atração pelo mesmo gênero é influenciado não por um ou alguns genes, mas por muitos" (Ganna et al., 2019).

Os pesquisadores especularam sobre possíveis razões pelas quais "genes *gays*" podem existir no *pool* genético humano, uma vez que casais do mesmo gênero não podem se reproduzir naturalmente. Uma resposta possível é a *seleção por parentesco*. Recorde do lembrete de psicologia evolucionista, no Capítulo 4, de que muitos de nossos genes também existem em nossos parentes biológicos. Talvez, então, os genes dos homossexuais vivam pela manutenção da sobrevivência e do sucesso reprodutivo de seus parentes.

A *teoria das fêmeas férteis* sugere que a genética materna também pode estar em ação (Bocklandt et al., 2006). Em todo o mundo, homens *gays* tendem a ter mais parentes *gays* por

Figura 11.8 Habilidades espaciais e orientação sexual. Qual das três figuras (a, b e c) pode ser girada para corresponder à figura "original"?[1] Homens heterossexuais tendem a achar mais fácil responder a esse desafio do que as mulheres. Homossexuais de ambos os sexos ficam na faixa intermediária (ver gráfico). (Rahman et al., 2004).

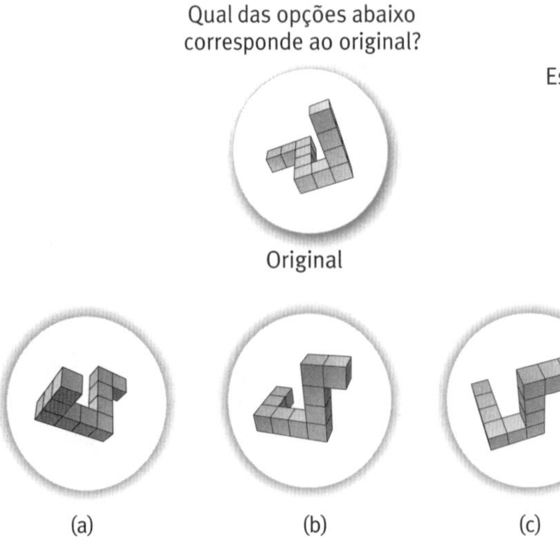

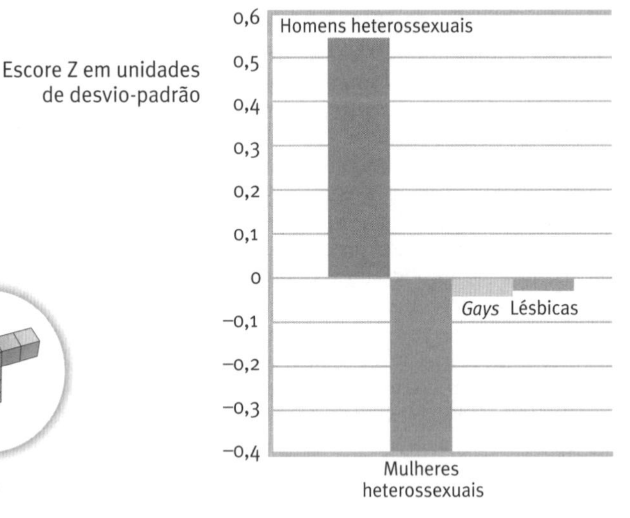

[1]Resposta: Figura (c).

parte de mãe do que por parte de pai (Camperio-Ciani et al., 2004, 2009, 2012; VanderLaan et al., 2012; VanderLaan & Vasey, 2011). E os parentes do lado materno também produzem mais descendentes do que os parentes maternos de homens heterossexuais. Talvez os genes que predispõem algumas mulheres a conceber mais filhos com homens também predisponham alguns homens a se sentirem atraídos por homens (LeVay, 2011). Assim, a reprodução diminuída por homens *gays* parece ser compensada pelo aumento da reprodução por sua família estendida materna.

INFLUÊNCIAS PRÉ-NATAIS. Lembre-se de que, no útero, os hormônios sexuais direcionam nosso desenvolvimento masculino e feminino. Em animais e em alguns casos humanos, as condições hormonais pré-natais alteraram a orientação sexual do feto, mais claramente para as fêmeas (Breedlove, 2017). Quando ovelhas grávidas foram injetadas com testosterona durante um período crítico de desenvolvimento fetal, suas proles fêmeas, mais tarde, apresentaram comportamento sexual de atração pelo mesmo gênero (Money, 1987). Um período crítico para o sistema de controle neural-hormonal do cérebro humano pode existir durante o segundo trimestre (Ellis & Ames, 1987; Garcia-Falgueras & Swaab, 2010; Meyer-Bahlburg, 1995). A exposição aos níveis hormonais em geral experimentados por fetos femininos durante esse período pode predispor as fêmeas, mais tarde, a se sentirem atraídas por homens. E os fetos femininos mais expostos à testosterona parecem mais propensos a exibir traços atípicos de gênero e experimentar desejos pelo mesmo gênero.

"Pesquisas científicas modernas indicam que a orientação sexual é... parcialmente determinada pela genética, porém mais especificamente pela atividade hormonal no útero." – Glenn Wilson e Qazi Rahman, *Born Gay: The Psychobiology of Sex Orientation*, 2005

O sistema imune da mãe também pode desempenhar um papel no desenvolvimento da orientação sexual. Em 35 de 36 amostras estudadas (um achado surpreendentemente confiável), homens com irmãos mais velhos foram um pouco mais propensos a serem *gays*, relata Ray Blanchard (2004, 2018, 2019) – cerca de um terço mais provável para cada irmão mais velho adicional (ver também Bogaert, 2003). As chances de atração pelo mesmo gênero são de cerca de 2% entre os primeiros filhos, e aumentam para cerca de 2,6% entre os segundos filhos, 3,5% para os terceiros filhos, e assim por diante para cada irmão mais velho (Bailey et al., 2016). Isso é chamado de *efeito de ordem de nascimento do irmão mais velho fraterno* (ver a Figura 11.9).

A razão para esse curioso fenômeno não está clara. Blanchard suspeita de uma resposta imune materna defensiva às substâncias estranhas produzidas pelos fetos masculinos. A cada gravidez com um feto do sexo masculino, os anticorpos maternos podem ficar mais fortes e impedir que o cérebro do feto se desenvolva em um padrão típico masculino (Bogaert et al., 2018). De maneira coerente com essa explicação biológica, o efeito da ordem de nascimento fraterna ocorre somente nos homens com irmãos mais velhos nascidos da mesma mãe (criados juntos ou não). A orientação sexual não é afetada pelos irmãos adotivos (Bogaert, 2006a). O efeito da ordem de nascimento sobre a orientação sexual não é encontrado entre mulheres com irmãs mais velhas, mulheres que foram companheiras de ventre em caso de gêmeas e homens que não são destros (Rose et al., 2002).

Diferenças entre homossexuais e heterossexuais

Observe que a questão científica não é "o que causa a orientação homossexual?" (ou "o que causa a orientação heterossexual?"), mas "o que causa as diferentes orientações sexuais?" Em busca de respostas, a ciência psicológica compara os antecedentes e a fisiologia de pessoas cujas orientações sexuais *diferem*.

Comparar as características de *gays* e heterossexuais é como comparar a altura de homens e mulheres. O homem médio é mais alto que a maioria das mulheres, mas muitas mulheres são mais altas que a maioria dos homens. Assim como saber a altura de alguém não especifica seu gênero, conhecer os traços de alguém também não informa sua orientação sexual. Contudo, em vários traços, a média de mulheres ou homens *gays* é intermediária entre mulheres e homens heterossexuais (Tabela 11.3; ver também LeVay, 2011; Rahman & Koerting, 2008; Rieger et al., 2016).

Ponto a ser lembrado: tomados em conjunto, os achados cerebrais, genéticos e pré-natais oferecem forte apoio para a explicação biológica da orientação sexual, especialmente para homens (LeVay, 2011; Rahman & Koerting, 2008). Nossa crescente compreensão da maior fluidez sexual das mulheres sugere a necessidade de mais pesquisas sobre as influências biopsicossociais (Diamond et al., 2017).

* * *

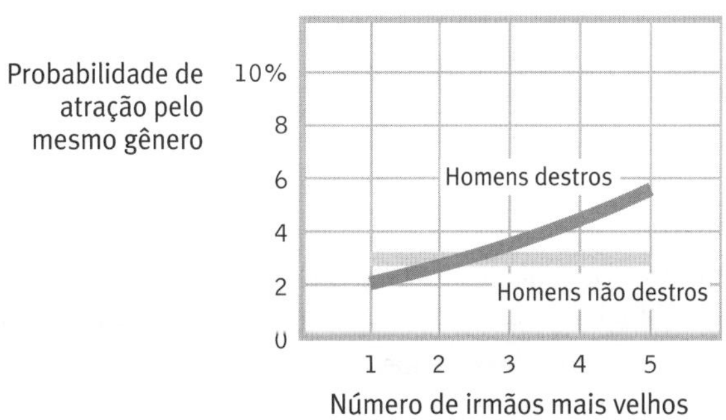

Figura 11.9 Efeito do irmão mais velho. Essas curvas aproximadas retratam a probabilidade de um homem sentir atração pelo mesmo gênero em função do número de irmãos mais velhos biológicos (não adotados) que ele tem (Blanchard, 2008a; Bogaert, 2006a). Essa correlação foi encontrada em vários estudos, mas apenas entre homens destros (cerca de 9 em cada 10 homens).

Tabela 11.3 Correlatos biológicos da orientação sexual.

Diferenças de traços entre homossexuais e heterossexuais

A orientação sexual faz parte de um pacote de traços. Estudos – alguns precisando de replicação – indicam que os homossexuais e os heterossexuais são diferentes nos seguintes traços biológicos e comportamentais:

- Habilidades espaciais
- Contagem de cristas papilares nas digitais
- Desenvolvimento do sistema auditivo
- Lateralidade
- Preferências ocupacionais
- Comprimento relativo dos dedos
- Não conformidade de gênero
- Idade de início da puberdade nos homens
- Estrutura do rosto e tamanho e peso ao nascimento
- Duração do sono
- Agressividade física
- Tipo da marcha

Em média (a evidência é mais forte nos homens), os resultados para homens *gays* e mulheres lésbicas ficam entre os de homens e mulheres heterossexuais. Três influências biológicas – cerebrais, genéticas e pré-natais – podem contribuir para essas diferenças

Diferenças cerebrais

- Um aglomerado de células hipotalâmicas é menor nas mulheres e em homens *gays* do que em homens heterossexuais
- O hipotálamo dos homens *gays* reage, assim como o das mulheres heterossexuais, ao odor dos hormônios sexuais masculinos

Influências genéticas

- A orientação sexual compartilhada é maior entre gêmeos idênticos do que entre gêmeos fraternos
- A atração sexual em machos de moscas-da-fruta pode ser geneticamente manipulada
- A homossexualidade masculina com frequência parece ser transmitida do lado materno da família

Influências pré-natais

- A exposição alterada a hormônios pré-natais pode levar à homossexualidade em humanos e em outros animais
- Homens destros com vários irmãos biológicos mais velhos são mais propensos à homossexualidade, provavelmente decorrente de uma reação do sistema imune materno

Ainda assim, algumas pessoas se perguntam: a causa da orientação sexual deveria importar? Talvez não devesse, mas as suposições das pessoas são importantes. As pessoas que acreditam que a orientação sexual é uma escolha de estilo de vida muitas vezes se opõem a direitos iguais para lésbicas ou *gays*. Por exemplo, em 2014, o presidente da Uganda assinou um projeto de lei que tornava alguns atos sexuais entre pessoas do mesmo gênero puníveis com prisão perpétua. Para justificar isso, ele declarou que a atração pelo mesmo gênero não é inata, mas sim uma questão de "escolha" (Balter, 2014; Landau et al., 2014). Aqueles que entendem a natureza inata da orientação sexual – que é moldada pelas influências biológicas e pré-natais descritas neste capítulo – provavelmente são a favor de "direitos iguais para pessoas homossexuais e bissexuais" (Bailey et al., 2016).

Nossa discussão de conceitos como "identidade de gênero não binária" (Capítulo 4) e "pansexual" pode desafiar sua compreensão. Esses novos termos indicam que as pessoas mudaram? Na verdade, os cientistas acreditam que a identidade de gênero e a orientação sexual sempre variaram. Em todos os lugares e épocas, algumas pessoas não se encaixam perfeitamente nas categorias binárias homem/mulher ou homo/heterossexual.

PERGUNTE A SI MESMO

Como aprender mais sobre o que contribui para orientação sexual e identidade de gênero influenciou seus pontos de vista? Como seu novo conhecimento pode influenciar suas interações com pessoas que se identificam como lésbicas, *gays*, bissexuais, transgêneros ou questionadoras/*queer* (LGBTQ)?

PRÁTICA DE RECUPERAÇÃO

PR-5 Entre os fatores abaixo, quais são os TRÊS que, segundo os pesquisadores, têm efeito na orientação sexual?

a. Uma mãe dominadora

b. Tamanho de certos aglomerados de células no hipotálamo

c. Exposição pré-natal a hormônios

d. Um pai distante ou inútil

e. Para os homens destros, ter muitos irmãos biológicos mais velhos

RESPOSTAS NO APÊNDICE E

Sexo e relações humanas

QOA 11.11 Que papel os fatores sociais desempenham em nossa sexualidade?

A pesquisa científica sobre motivação sexual não visa definir o significado pessoal do sexo em nossas próprias vidas. Você poderia conhecer todos os fatos disponíveis sobre sexo – que os espasmos iniciais do orgasmo masculino e feminino ocorrem em intervalos de 0,8 segundo, que os mamilos femininos se expandem 10 mm no pico da excitação sexual, que a pressão arterial sistólica aumenta cerca de 60 pontos e a taxa de respiração atinge 40 incursões por minuto –, mas não conseguir entender o significado humano da intimidade sexual.

O desejo sexual motiva as pessoas a formar relacionamentos íntimos e comprometidos, que por sua vez permitem sexo satisfatório (Birnbaum, 2018). Em um estudo nacional que acompanhou os participantes até os 30 anos, o adiamento do primeiro encontro sexual de um casal previu uma maior satisfação no casamento ou parceria (Harden, 2012). Outro estudo perguntou a 2.035 pessoas casadas quando começaram a fazer sexo (enquanto controlava a educação, o envolvimento religioso e a duração do relacionamento). Aqueles cujo relacionamento se desenvolveu primeiro para um compromisso profundo, como o casamento, não apenas relataram maior satisfação e estabilidade no relacionamento, mas também sexo melhor (Busby et al., 2010; Galinsky & Sonenstein, 2013). Para homens e mulheres, mas especialmente para mulheres, o sexo é mais satisfatório (com mais orgasmos e menos arrependimento) para os que têm um relacionamento comprometido, em vez de uma breve ligação sexual (Armstrong et al., 2012; Benidixen et al., 2017; Dubé et al., 2017). Os parceiros que compartilham refeições regularmente são mais propensos a entender quais toques de tempero combinam com os gostos alimentares um do outro do que os que se encontram em um único jantar; o mesmo acontece com os toques de parceiros leais que dividem a cama.

O sexo é um ato socialmente significativo. Homens e mulheres podem atingir o orgasmo sozinhos; contudo, a maioria das pessoas encontra maior satisfação e tem um aumento muito maior na prolactina, o hormônio associado à satisfação sexual e à saciedade, depois de ter relações sexuais e alcançar o orgasmo com a pessoa amada (Brody & Tillmann, 2006). Entre os recém-casados em um estudo, o "resplendor sexual" (satisfação prolongada após o sexo) durou 48 horas e aumentou a satisfação conjugal (Meltzer et al., 2017). Graças à sobreposição das áreas de recompensa cerebrais, o desejo sexual e o amor alimentam um ao outro (Cacioppo et al., 2012). O sexo, em sua melhor expressão humana, é união de vida e renovação do amor.

Aumento do sexo ≠ mais felicidade

Entre os casados, sexo mais frequente se correlaciona com felicidade (Muise et al., 2016). Então, o aumento sistemático da frequência sexual faria com que as pessoas fossem mais felizes? Infelizmente, casais heterossexuais designados aleatoriamente para dobrar sua frequência de relações sexuais ao longo de 3 meses ficaram um pouco menos felizes (Loewenstein et al., 2015).

REVISÃO Motivação sexual

OBJETIVOS DE APRENDIZAGEM

Teste a si mesmo. Responda às Questões dos Objetivos de Aprendizagem (antes de conferir as respostas no Apêndice D) para aprimorar a retenção dos conceitos estudados (McDaniel et al., 2009, 2015).

QOA 11.5 Como os hormônios influenciam a motivação sexual humana?

QOA 11.6 O que é o *ciclo de resposta sexual* humano e qual é a diferença entre disfunções sexuais e parafilias?

QOA 11.7 Como as infecções sexualmente transmissíveis podem ser prevenidas?

QOA 11.8 Como os estímulos internos e imaginados contribuem para a motivação sexual?

QOA 11.9 Que fatores influenciam os comportamentos sexuais dos adolescentes e o uso de contraceptivos?

QOA 11.10 O que sabemos sobre orientação sexual?

QOA 11.11 Que papel os fatores sociais desempenham em nossa sexualidade?

TERMOS E CONCEITOS A RECORDAR

Teste a si mesmo. Escreva a definição com suas próprias palavras e depois confirme sua resposta.

assexual, p. 389
testosterona, p. 390
estrogênios, p. 390
ciclo de resposta sexual, p. 391
período refratário, p. 391
disfunção sexual, p. 391
disfunção erétil, p. 392
distúrbio orgástico feminino, p. 392
parafilia, p. 392
aids (síndrome da imunodeficiência adquirida), p. 392
orientação sexual, p. 395

DOMINE O MATERIAL

Teste a si mesmo. Responda às questões a seguir sozinho, a princípio, depois confira as respostas no Apêndice E.

1. Um efeito marcante das mudanças hormonais no comportamento sexual humano é
   a. o fim do desejo sexual nos homens com mais de 60 anos.
   b. o aumento acentuado do interesse sexual na puberdade.

c. a diminuição do desejo sexual das mulheres no período da ovulação.

d. o aumento dos níveis de testosterona em homens castrados.

2. Ao descrever o ciclo de resposta sexual, Masters e Johnson observaram que
   a. uma fase de platô segue o orgasmo.
   b. as pessoas têm um período refratário durante o qual não conseguem ter orgasmo.
   c. a sensação que acompanha o orgasmo é mais forte nos homens do que nas mulheres.
   d. a testosterona é liberada igualmente nas mulheres e nos homens.

3. Qual é a diferença entre disfunção sexual e parafilia?

4. O uso de preservativos durante o sexo ______________ (reduz/não reduz) o risco de pegar o HIV e ______________ (protege/não protege) totalmente contra as IST transmitidas pelo contato com a pele.

5. Um exemplo de um estímulo externo que poderia influenciar o comportamento sexual é
   a. o nível de testosterona na corrente sanguínea.
   b. o início da puberdade.
   c. um filme de sexo explícito.
   d. uma fantasia ou sonho erótico.

6. Quais fatores até agora os pesquisadores consideraram *não relacionados* com o desenvolvimento de nossa orientação sexual?

Afiliação e realização

Necessidade de pertencer

QOA 11.12 Quais evidências apontam para nossa necessidade humana de pertencimento?

Separadas de amigos ou familiares – em uma nova escola, sozinhos na prisão ou em uma terra estrangeira, ou durante o "distanciamento social" para retardar a propagação da covid-19 –, a maioria das pessoas sente profundamente suas conexões perdidas com outras pessoas importantes. Somos o que o antigo filósofo grego Aristóteles chamou de *animal social*. "Sem amigos", escreveu Aristóteles em *Ética a Nicômaco*, "ninguém escolheria viver, ainda que tivesse todos os outros bens". Essa profunda *necessidade de pertencer* – nossa **necessidade de afiliação** – é uma motivação-chave humana (Baumeister & Leary, 1995). É normal e saudável buscar um pouco de privacidade e solidão (Nguyen et al., 2019), mas a maioria de nós também procura afiliar-se – criar apegos ou laços fortes com algumas outras pessoas em relacionamentos íntimos, ou próximos e duradouros. Em cada um dos 39 países estudados, aqueles que "com frequência" (e não raramente) passam tempo com os amigos são mais felizes (Ortiz-Ospina, 2019). Os seres humanos, argumenta o teórico da personalidade Alfred Adler, têm um "anseio por comunidade" (Ferguson, 1989, 2001, 2010).

Photodisc/Getty Images

Benefícios do pertencimento

Os laços sociais elevaram a taxa de sobrevivência de nossos ancestrais. Adultos que formaram laços estavam mais predispostos a sobreviver e reproduzir e a criar os filhos juntos até a maturidade. Os vínculos fortes motivaram os cuidadores a manter as crianças por perto, acalmando-as e protegendo-as das ameaças (Esposito et al., 2013).

A cooperação com amigos e familiares também melhora a sobrevivência. Em combates terrestres, nossos ancestrais não eram os predadores mais fortes. Mas, como caçadores, eles aprenderam que seis mãos eram mais eficientes do que duas. Os que eram coletores de alimentos também se beneficiavam das saídas em grupos que os protegiam dos inimigos ou predadores de duas ou quatro patas. Aqueles que sentiam necessidade de pertencer sobreviveram e se reproduziram com mais sucesso e seus genes agora predominam. Nossa necessidade inata de pertencimento nos leva a fazer amizade com pessoas que cooperam e a evitar as que se aproveitam (Feinberg et al., 2014; Kashima et al., 2019). Em todas as sociedades do planeta, as pessoas pertencem a grupos e preferem e favorecem o "nós" ao "eles". Ter uma *identidade social* – sentir-se parte de um grupo – melhora a saúde física e o bem-estar das pessoas (Allen et al., 2015; Haslam et al., 2019).

Você tem amigos próximos? Pessoas com quem você fala abertamente de seus altos e baixos? Ter alguém que se alegra conosco pelas boas notícias nos ajuda a sentir melhor ainda com relação às boas notícias e também com relação à amizade (Reis, 2018). Esse companheirismo cria conexão e cooperação (Canavello & Crocker, 2017). E amigos íntimos podem literalmente nos fazer sentir aquecidos, como se estivéssemos segurando uma xícara de chá quente (Inagaki et al., 2019). A necessidade de pertencer é muito mais profunda, ao que parece, do que qualquer necessidade de ser rico. Estudantes universitários muito felizes se distinguem não por seu dinheiro, mas por suas "fortes relações sociais" (Diener et al., 2018).

A necessidade de pertencimento colore nossos pensamentos e emoções. Gastamos um bom tempo pensando em nossos relacionamentos atuais e nos futuros. Quando os relacionamentos se formam, quase sempre sentimos alegria. Quando o amor é recíproco, muitas pessoas podem chegar a sentir dor nas bochechas por causa dos sorrisos irreprimíveis. Quando se pergunta "o que é necessário para você ser feliz?" ou "o que dá significado a sua vida?", a maioria das pessoas menciona, antes de qualquer outra coisa, relacionamento íntimo e satisfatório com os familiares, os amigos ou os parceiros românticos (Berscheid, 1985). A felicidade sempre bate em um lugar podemos chamar de lar.

Reflita: qual foi seu momento de maior satisfação na semana passada? Pesquisadores fizeram essa pergunta a universitários norte-americanos e sul-coreanos e depois pediram que classificassem esse pico de satisfação em comparação com diversas necessidades (Sheldon et al., 2001). Em ambos os países, esse momento de pico tinha satisfeito as necessidades de autoestima e de relacionamento e pertencimento. Nossa necessidade de afiliação é universal. De acordo com a **teoria da autodeterminação**, nós nos esforçamos para satisfazer três necessidades psicológicas: *competência*, *autonomia* (senso de controle pessoal) e *de relacionamentos* (Deci & Ryan, 2012; Ryan & Deci, 2000). Cumprir esses motivos aumenta nossa saúde, reduz o estresse e eleva nossa autoestima (Campbell et al., 2018; Cerasoli et al., 2016; Guertin et al., 2017). Uma análise de 200 mil pessoas de quase 500 estudos concluiu que "autodeterminação é a chave para explicar a motivação humana" (Howard et al., 2017, p. 1346).

A teoria da autodeterminação pode ajudar os líderes a motivar as pessoas. Os funcionários que se sentem capacitados têm melhor desempenho. Eles também se sentem mais autônomos, competentes e socialmente incluídos (Slemp et al., 2018; Van den Broeck et al., 2016). Isso também vale para professores que motivam seus alunos e líderes militares que motivam seus soldados (Bakadorova & Raufelder, 2018; Chambel et al., 2015; Hagger & Chatzisarantis, 2016). Uma mentalidade empoderada alimenta a motivação, dando às pessoas a percepção de que elas têm energia ilimitada (Sieber et al., 2019).

Não é de admirar, então, que nosso comportamento social muitas vezes vise aumentar nossos sentimentos de pertencimento e que passar mais tempo com amigos e familiares aumenta a felicidade (Li & Kanazawa, 2016; Rohrer et al., 2018). Para obter aceitação, em geral seguimos os padrões do grupo. Esperamos em filas e obedecemos às leis. Monitoramos nosso comportamento esperando causar boa impressão. Gastamos bilhões em roupas, cosméticos e auxiliares de dieta e aptidão física, todos motivados, em parte, por nossa busca por amor e aceitação.

Quando ficamos juntos em grupos na escola ou no trabalho, formamos laços. Quando partimos, sentimos angústia. Prometemos manter contato e retornar para reencontros. Ao traçar um círculo nítido em torno de "nós", a necessidade de pertencer alimenta tanto apegos profundos aos que estão dentro do círculo (famílias amorosas, amizades fiéis e lealdade de colegas de equipe) quanto hostilidades com relação aos de fora (gangues de adolescentes rivais, rivalidades étnicas e nacionalismo fanático). Os sentimentos de amor ativam os sistemas de recompensa e segurança do cérebro. Em um experimento, estudantes universitários profundamente apaixonados expostos ao calor sentiram-se melhor ao olhar para a foto de sua amada (Younger et al., 2010). As imagens de nossos entes queridos ativam uma região cerebral associada à segurança – o córtex pré-frontal – que ameniza a sensação de dor física (Eisenberger et al., 2011). O amor é um analgésico natural.

Mesmo quando os relacionamentos ruins terminam, as pessoas sofrem. Em uma pesquisa realizada em 16 países, assim como em repetidas pesquisas nos EUA, pessoas separadas e divorciadas apresentaram metade da probabilidade de se dizerem "muito felizes" em comparação com as casadas (Inglehart, 1990; NORC, 2016a). Isso ocorre simplesmente porque as pessoas felizes, com maior frequência, casam-se e permanecem casadas? Um estudo nacional que acompanhou a vida dos britânicos ao longo do tempo revelou que, até mesmo depois de controlar a satisfação com a vida pré-marital, "os casados ainda estão mais satisfeitos, sugerindo um efeito causal" do casamento (Grover & Helliwell, 2014). O divórcio também prediz a mortalidade precoce. Dados de mais de 600 milhões(!) de pessoas em 24 países revelam que, em comparação com as casadas, as pessoas separadas e divorciadas correm maior risco de morte prematura (Shor et al., 2012). Como observou um cientista de dados, "[um casamento feliz] talvez seja tão importante quanto não fumar, ou seja, é de enorme importância" (Ungar, 2014).

Crianças que mudam de lares adotivos várias vezes ou que mudam repetidamente de família conhecem o medo de ficar sozinhas. Após sucessivos rompimentos dos laços afetivos, elas podem vir a ter dificuldade para estabelecer relações profundas (Oishi & Shimmack, 2010b). E as evidências são mais claras nos casos extremos. Como vimos no Capítulo 5, as crianças que crescem em instituições sem o sentimento de pertencer a nenhum grupo, ou que são trancadas em casa e gravemente negligenciadas tendem a se tornar retraídas, assustadas e até a não falar.

Necessidade de afiliação. Necessidade de construir e manter relacionamentos e sentir-se parte de um grupo.

Teoria da autodeterminação. Teoria de que nos sentimos motivados a satisfazer nossas necessidades psicológicas de competência, autonomia e relacionamento.

istockphoto/Drazen Zigic

Socialmente distantes. Como animais sociais com necessidade de pertencer, buscamos conexões sociais. Durante a pandemia de covid-19 em 2020, o distanciamento social retardou a propagação do vírus, mas também interrompeu nossos relacionamentos cotidianos.

Ostracismo. Exclusão social deliberada de indivíduos ou grupos.

Não importa quão seguros tenham sido nossos primeiros anos; todos nós experimentamos ansiedade, solidão, ciúme ou culpa quando algo ameaça ou dissolve nossos laços sociais. Assim como os melhores momentos da vida ocorrem quando os relacionamentos íntimos começam – fazer um novo amigo, apaixonar-se, ter um bebê –, os piores momentos da vida acontecem quando os relacionamentos íntimos terminam (Beam et al., 2016). Enlutados, podemos sentir que a vida é vazia ou sem sentido e podemos comer demais para preencher esse vazio (Yang et al., 2016). Mesmo os primeiros meses de vida no *campus* podem ser angustiantes (English et al., 2017). Ainda assim, nossa necessidade de pertencimento normalmente nos empurra para formar novas conexões sociais (Oishi et al., 2013a).

O isolamento social pode nos colocar em risco de declínio mental, problemas de saúde e pensamentos suicidas (Cacioppo et al., 2015; Cheek et al., 2019). Idosos solitários, por exemplo, fazem mais consultas médicas e correm maior risco de demência (Gerst-Emerson & Jayawardhana, 2015; Holwerda et al., 2014). O isolamento social pode prejudicar nossa saúde tanto quanto a inatividade física e o diabetes (Yang et al., 2016). Para superar sentimentos de isolamento social e rejeição, cultive relacionamentos fortes com familiares ou amigos e envolva-se ativamente em novos grupos.

Dor de ser rejeitado

Domínio público

Suportando a dor do ostracismo. Cadetes brancos da Academia Militar dos EUA em West Point deixaram Henry Flipper no ostracismo durante anos, esperando que ele desistisse. De alguma forma, ele resistiu à crueldade deles e, em 1877, tornou-se o primeiro afro-americano formado em West Point.

Você consegue se lembrar de se sentir excluído, ignorado ou evitado? Talvez seus textos não tenham sido respondidos, ou você tenha sido excluído de um grupo de amigos, ou ainda tenha sido ignorado *online*. Talvez outros tenham dado a você o "tratamento do silêncio", evitado você, desviado o olhar, zombado ou excluído você de alguma outra forma. Ou talvez você tenha se sentido excluído quando esteve entre pessoas que falam uma língua desconhecida (Dotan-Eliaz et al., 2009). Sentimos a picada mesmo de exclusões em pequena escala, como ser "*fonebado*" (*phubbed*) – um termo australiano para quando somos *esnobados por um telefone* – ou quando nosso parceiro de conversa parece mais interessado em seu telefone do que em nós (Roberts & David, 2016). O "fonebado" com frequência – com os parceiros colocando o telefone onde eles podem verificá-lo ainda durante a conversa – prevê um relacionamento menos satisfatório.

Todas essas experiências são variações do **ostracismo**, ou seja, da exclusão social (Williams, 2007, 2009). No mundo inteiro, o ser humano usa muitas formas de ostracismo – como exílio, prisão, confinamento solitário – para punir e, portanto, controlar o comportamento social. Para as crianças, mesmo um breve momento de isolamento pode ser uma punição. Solicitadas a descrever episódios pessoais que as fizeram sentir especialmente *mal* a respeito de si mesmas, as pessoas descreverão – em cerca de quatro em cinco vezes – um relacionamento social irregular ou doloroso (Pillemer et al., 2007). A solidão é menos uma questão de estar sozinho do que de sentir que é ignorado, rejeitado ou que ninguém se preocupa.

Ser rejeitado ameaça a nossa necessidade básica de pertencer (Vanhalst et al., 2015; Wirth et al., 2010). "É a coisa mais malvada que você pode fazer a alguém, particularmente se você souber que a pessoa não pode revidar. Nunca eu deveria ter nascido", disse Lea, uma vítima que conviveu a vida toda com o tratamento silencioso dispensado por sua mãe e avó. Como Lea, as pessoas respondem frequentemente ao ostracismo com esforços iniciais para restabelecer sua aceitação, humor deprimido e, finalmente, com o retraimento. O prisioneiro William Blake (2013) passou mais de um quarto de século confinado em uma solitária. "Eu não consigo entender como qualquer outra morte poderia ser mais difícil e terrível do que passar por tudo o que fui obrigado a suportar", disse ele. Para muitos, a exclusão social é uma sentença pior que a morte.

Vivenciar o ostracismo é experimentar uma dor real, como os psicólogos sociais Kipling Williams e seus colegas foram surpreendidos ao descobrir em seus estudos sobre exclusão nas mídias sociais (Gonsalkorale & Williams, 2006). Esse tipo de ostracismo ocasiona maior atividade em áreas cerebrais como o *córtex cingulado anterior*, que também respondem à dor física (Lieberman & Eisenberger, 2015; Rotge et al., 2015).

Quando as pessoas veem fotos de parceiros românticos que partiram seu coração, seu cérebro e corpo começam a doer (Kross et al., 2011). Isso ajuda a explicar algumas outras descobertas surpreendentes. O analgésico acetaminofeno (Tylenol®) diminui a dor social, além da dor física (DeWall et al., 2010). O mesmo se dá com a maconha (Deckman et al., 2014). Entre as culturas, as pessoas usam as mesmas palavras (p. ex., *ferido, esmagado*) para a dor social e a física (MacDonald & Leary, 2005). Em termos psicológicos, parece que experimentamos a dor social com o mesmo desconforto emocional que marca a dor física. Em comparação com culturas coletivistas, a rejeição tende a doer mais em culturas individualistas – nas quais as pessoas têm redes de apoio social mais fracas (Heu et al., 2019; Uskul & Over, 2017).

A dor, seja qual for a sua origem, concentra a nossa atenção e nos move para uma ação corretiva. Rejeitadas e incapazes de remediar a situação, as pessoas podem aliviar o estresse procurando novos amigos, comendo alimentos "de conforto" carregados de calorias, ou reforçando sua fé religiosa (Aydin et al., 2010; Maner et al., 2007; Sproesser et al., 2014).

"Como podemos submeter os prisioneiros a um confinamento solitário desnecessário, conhecendo seus efeitos, e depois esperar que eles retornem às nossas comunidades como pessoas inteiras? Isso não nos deixa mais seguros. É uma afronta à nossa humanidade comum." – Ex-presidente dos EUA Barack Obama, 2017

O ostracismo também pode tornar as pessoas desagradáveis, não cooperativas e hostis, o que leva a mais ostracismo (Rudert et al., 2019; Walasek et al., 2019). Em uma série de experimentos, os pesquisadores disseram a alguns alunos que as pessoas que eles conheceram não os queriam em um grupo que estava se formando (Gaertner et al., 2008; Twenge et al., 2001).[2] Outros ouviram boas notícias: "todos escolheram você como alguém com quem gostariam de trabalhar". Os que foram excluídos tornaram-se muito mais propensos a se envolver em comportamentos autodestrutivos e a agir de forma depreciativa ou agressiva contra aqueles que os excluíram (bombardeando-os com barulho, p. ex.).

Essas descobertas podem nos ajudar a entender os atiradores escolares (nos Estados Unidos), que muitas vezes sofreram rejeição social (Leary et al., 2003). Um estudante do Ensino Médio no Texas fez repetidos avanços sexuais indesejados com uma colega, levando-a a rejeitá-lo publicamente. Ele respondeu atirando e matando-a, atingindo também outros nove alunos e professores (BBC, 2018).

"Se ninguém se virasse quando entrássemos, respondesse quando falássemos ou se importasse com o que fizéssemos, mas se todas as pessoas que encontrássemos 'nos ignorassem totalmente' e agissem como se não existíssemos, um tipo de raiva e desespero impotente nos acometeria." – William James, *Principles of Psychology*, 1890/1950, pp. 293-294

PERGUNTE A SI MESMO

Houve momentos em que você se sentiu solitário ou em ostracismo? Quais são algumas estratégias que podem ajudar você a lidar com a próxima vez que você se sentir assim?

PRÁTICA DE RECUPERAÇÃO

PR-1 Como os alunos reagiram nos estudos em que se sentiram rejeitados e indesejados? O que ajuda a explicar esses resultados?

RESPOSTAS NO APÊNDICE E

Conexão e redes sociais

QOA 11.13 Como as redes sociais nos influenciam?

Como criaturas sociais, vivemos para nos conectar. O pesquisador George Vaillant (2013) foi questionado sobre o que aprendeu ao estudar 238 homens na Universidade Harvard, da década de 1930 até o final da vida. Ele respondeu: "felicidade é amor". Um ditado zulu sul-africano captura a ideia: *Umuntu ngumuntu ngabantu* – "uma pessoa é uma pessoa através de outras pessoas".

REDES SOCIAIS E MÍDIA SOCIAL. Olhe em volta e veja os humanos se conectando: conversando, *tweetando*, enviando mensagens, postando, batendo papo, jogando, enviando *e-mails*. Ao andar pelo *campus*, você vê os alunos grudados em seus telefones, fazendo pouco contato visual com os transeuntes (ou talvez seja você?). Hoje, você observou mais alunos se envolvendo cara a cara ou checando silenciosamente seus telefones – como, segundo um aplicativo de telefone de uma equipe de pesquisa contava, os alunos fazem 56 vezes por dia (Elias et al., 2016)? As mudanças na forma como nos conectamos foram rápidas e vastas:

- ***Celulares***. No final de 2018, 96% dos 7,7 bilhões de pessoas do mundo viviam em uma área coberta por uma rede móvel celular e a maioria dos humanos – 5,3 bilhões – tinha assinaturas de banda larga móvel (ITU, 2018).
- ***Mensagens de textos instantâneas***. O americano médio envia e recebe 94 textos/mensagens por dia (Burke, 2018). Metade dos jovens de 18 a 29 anos checa o telefone várias vezes por hora e "não consegue imaginar... a vida sem [ele]" (Newport, 2015; Saad, 2015).
- ***Internet***. Em 2018, 81% dos seres humanos usaram a internet (ITU, 2018). Uma pesquisa com 90 mil pessoas de 31 países descobriu que 6% apresentavam sinais de "vício em internet" (Cheng & Li, 2014). Entre os adolescentes, meninas mais do que meninos dizem que usam a internet "quase constantemente" (Anderson & Jiang, 2018).
- ***Redes sociais.*** Metade dos estudantes universitários americanos informam usar *sites* de redes sociais pelo menos 6 horas por semana (Stolzenberg et al., 2019). Com nossos amigos *online*, é difícil evitar as redes sociais: verifique ou perca.

Com o aumento do tempo *online* substituindo outras atividades, os adolescentes de hoje passam menos horas namorando, dirigindo, trabalhando, bebendo, conversando cara a cara e lendo livros (Livingston et al., 2019; Twenge & Park, 2019; Twenge et al., 2019). A tecnologia mudou radicalmente a experiência dos adolescentes.

[2]Os pesquisadores depois discutiram e tranquilizaram os participantes.

RESULTADO DA REDE: EFEITOS SOCIAIS DAS REDES SOCIAIS. Ao conectar pessoas que pensam de forma parecida, a internet serve como um amplificador social. Em tempos de crise social ou estresse pessoal, ela fornece informações e conexões de apoio. Ela também pode funcionar como "casamenteira" (como eu [ND] posso atestar: encontrei minha esposa *online*).

Mas a mídia social também leva as pessoas a comparar suas vidas com outras. Quando os outros parecem mais felizes, mais populares ou mais bem-sucedidos, isso pode desencadear inveja e sentimentos de depressão (Verduyn et al., 2017; Whillans et al., 2017). Estudo após estudo, a maioria das pessoas percebe que a vida social dos outros é mais ativa do que a sua própria (Deri et al., 2017). Talvez você tenha notado. Os outros parecem festejar mais, jantar fora e ter mais amigos e diversão que você? Reconforte-se: a maioria de seus amigos está pensando o mesmo.

Os *smartphones* estão presentes em todos os lugares – seu número triplicou entre 2011 e 2018 nos EUA e se ampliou de forma semelhante em outros lugares. Simultaneamente – apenas por coincidência? –, as taxas de depressão, ansiedade, automutilação e suicídio de adolescentes canadenses, britânicos e americanos aumentaram muito rápido. De 2011 a 2018, por exemplo, os episódios depressivos entre americanos de 12 a 17 anos aumentaram de 11% para 14% e de 8% para 14% entre os de 18 a 25 anos (SAMSHA, 2019). O mesmo ocorre com estudantes universitários, cujas taxas de depressão, ansiedade, automutilação e pensamento suicida também aumentaram (Duffy et al., 2019).

Então existe uma conexão causal entre esses aumentos simultâneos do tempo de tela e problemas de saúde mental? Com a liderança de Jonathan Haidt e Jean Twenge (2019), pesquisadores estão acumulando e debatendo descobertas. Eles têm conclusões provisórias de três tipos de explorações:

- **Estudos correlacionais perguntam:** *o uso de mídia social está associado à saúde mental dos adolescentes*? Os estudos variam, mas, no geral, há uma pequena correlação positiva entre o tempo de mídia social dos adolescentes e seu risco de depressão, ansiedade e automutilação. A associação com o tempo de tela é mais forte para o uso dos aplicativos de redes sociais do que para o de TV ou de jogo, o vínculo é maior para o sexo feminino e aumenta apenas com o tempo de tela diário de 3 horas ou mais
- **Estudos longitudinais perguntam:** *o uso de mídia social por adolescentes prevê sua saúde mental futura*? Em seis dos oito estudos, a resposta é *sim*
- **Experimentos perguntam:** *os voluntários aleatoriamente designados para uso restrito de mídia social se saem melhor do que os não designados em resultados como solidão e depressão?* No geral, sim, mas os poucos estudos desse tipo produziram resultados mistos.

O tempo de tela é o principal culpado, porque substitui outras atividades saudáveis, como conexão cara a cara, sono, exercícios, leitura e tempo ao ar livre? Ou o problema é especificamente com as redes sociais, porque elas geram inveja ao comparar a própria vida mundana com a vida de outras pessoas aparentemente mais legais? Que outras forças sociais podem estar em ação? E o que pode ser feito para proteger e melhorar o bem-estar dos jovens e dos jovens adultos? Fique sintonizado: esta importante história ainda está sendo escrita.

As redes *online* são uma faca de dois gumes: elas ajudam a nos conectarmos com amigos, manter contato com a família e encontrar apoio ao enfrentar desafios (Clark et al., 2018). No entanto, a natureza nos projetou para relacionamentos face a face. Mesmo o primeiro telefonema do mundo, feito por Alexander Graham Bell em 1876, foi um apelo para um encontro cara a cara: "Sr. Watson, venha para cá. Quero ver você". As pessoas que passam horas *online* diariamente são *menos* propensas a conhecer e obter ajuda de seus vizinhos do mundo real. No entanto, quando usadas com moderação, as redes sociais dão suporte a nossos relacionamentos face a face e, portanto, são preditoras de maior longevidade (Hobbs et al., 2016; Waytz & Gray, 2018).

Comunicação eletrônica estimula a autorrevelação saudável? A *autorrevelação* é compartilhar a nós mesmos – nossas alegrias, preocupações e fraquezas – com as outras pessoas. A confidência é uma maneira saudável de lidar com os desafios do dia a dia. Quando nos comunicamos eletronicamente em vez de pessoalmente, com frequência estamos menos concentrados nas reações das outras pessoas. Ficamos menos constrangidos e, portanto, menos inibidos. Às vezes, as desinibições podem tornar-se tóxicas: extremistas políticos postam mensagens inflamatórias, valentões *online* perseguem vítimas, grupos de ódio promovem o fanatismo e as pessoas enviam *selfies* das quais se arrependem mais tarde (Frimer et al., 2019). No entanto, na maioria das vezes, quando há maior autorrevelação isso serve para fortalecer as amizades (Valkenburg & Peter, 2009).

Redes sociais promovem o narcisismo? O **narcisismo** é a autoestima alta e descontrolada. As pessoas narcisistas dão importância a si mesmas, concentram-se em si mesmas e promovem a si mesmas. Para medir suas tendências narcisistas, você pode avaliar sua concordância com itens de teste de personalidade como "eu gosto de ser o centro das

Narcisismo. Excesso de amor-próprio e autocentramento (egolatria).

Autoestima ou narcisismo? As redes sociais podem ajudar as pessoas a compartilhar informações relevantes e permanecer conectadas com familiares e amigos. Mas as redes sociais também podem alimentar tendências narcisistas e recompensar a publicação de fotos editadas com filtros mais glamorosos.

atenções". As pessoas que concordam com essas declarações tendem a ter altas pontuações de narcisismo e são especialmente ativas em *sites* de redes sociais (Liu & Baumeister, 2016). Elas acumulam mais "amigos" superficiais. Oferecem fotos mais ostentosas e glamorosas. Retaliam mais quando as pessoas colocam comentários negativos e, não é de surpreender, *parecem* mais narcisistas para os estranhos (Buffardi & Campbell, 2008; Weiser, 2015).

Para os narcisistas, os *sites* de redes sociais são mais do que lugares de encontro, são lugares de onde eles se alimentam. Em um estudo, universitários foram *designados aleatoriamente* a editar ou explicar seus perfis *online* por 15 minutos ou a usar esse tempo para estudar e explicar um caminho no Google Maps (Freeman & Twenge, 2010). Depois de completarem suas tarefas, todos foram testados. Quem teve escore mais alto em uma medida do narcisismo? Os que passaram o tempo focados em si mesmos.

COMO MANTER O EQUILÍBRIO E O FOCO. Tanto em Taiwan quanto nos EUA, a socialização e os jogos *online* estão relacionados com notas mais baixas e com a ansiedade e a depressão (Brooks, 2015; Lepp et al., 2014; Walsh et al., 2013). Em um levantamento nos EUA, 47% dos usuários mais intensos de internet e outras mídias recebiam basicamente notas C ou inferiores, assim como apenas 23% dos usuários mais esporádicos (Kaiser Family Foundation, 2010). Em outro levantamento nacional, jovens adultos que usavam sete ou mais plataformas de mídia social tinham três vezes mais chances de ficar deprimidos ou ansiosos do que os que usavam duas ou menos (Primack et al., 2016). As imagens do cérebro revelam *amígdala* menor (um centro de controle de emoções) entre usuários de redes sociais extremamente engajados, tornando-os semelhantes a pessoas com transtorno por uso de substâncias (He et al., 2018).

No mundo de hoje, pode ser um desafio manter um equilíbrio saudável entre nosso mundo real e o tempo *online*. Os especialistas oferecem algumas sugestões práticas:

- ***Monitore seu tempo.*** Use um aplicativo de rastreamento de tempo para medir seu tempo *online*. Em seguida, pergunte a si mesmo: "o uso do meu tempo reflete minhas prioridades? Estou gastando mais tempo *online* do que pretendia? Isso interfere no meu desempenho escolar, no trabalho ou nos meus relacionamentos?"
- ***Monitore seus sentimentos.*** Pergunte a si mesmo: "estou emocionalmente distraído com meus interesses *online*? Quando me desconecto e passo para outra atividade, como me sinto?"
- ***Esconda-se de seus amigos que mais postam online incessantemente quando necessário.*** Em suas próprias postagens, pratique a regra de ouro de: perguntar a si mesmo: "isso é algo que eu me importaria se outra pessoa publicasse?"
- ***Ao estudar, adquira o hábito de verificar seus dispositivos com menos frequência.*** A atenção seletiva – a lanterna de sua mente – pode estar em apenas um lugar de cada vez. Quando tentamos fazer duas coisas de uma só vez, não fazemos nenhuma das duas bem (Willingham, 2010). Se você quiser estudar ou trabalhar produtivamente, resista à tentação de conferir o que há de novo. Desabilite os sons de alerta e as janelas *pop-up*. (Para reduzir a distração, eu [ND] estou escrevendo este capítulo enquanto uso um aplicativo que bloqueia *sites* que causam distração.)
- ***Reoriente o foco fazendo uma caminhada pela natureza.*** As pessoas aprendem melhor depois de uma caminhada tranquila em um parque, que – ao contrário de uma caminhada em ruas movimentadas – renova nossa capacidade de concentrar a atenção (Berman et al., 2008). Conectar-se com a natureza estimula o espírito e aguça a mente (Zelenski & Nisbet, 2014).

Como disse o psicólogo Steven Pinker (2010), "a solução não é lamentar a tecnologia, mas desenvolver estratégias de autocontrole, como fazemos com toda tentação na vida."

PERGUNTE A SI MESMO

Suas conexões nas redes sociais aumentam seu senso de pertencimento? Às vezes, elas fazem você se sentir solitário? Qual das estratégias discutidas você considera mais útil para manter o equilíbrio e o foco?

PRÁTICA DE RECUPERAÇÃO

PR-2 As redes sociais tendem a ____________ (reforçar/enfraquecer) suas relações com as pessoas que já conhece, ____________ (aumentar/diminuir) a sua autorrevelação.

RESPOSTAS NO APÊNDICE E

Motivação para realização

QOA 11.14 O que é *motivação para realização* e quais são algumas maneiras de incentivar a realização?

Alguns motivos parecem ter pouco valor evidente para a sobrevivência. Os bilionários podem ser motivados a ganhar ainda mais dinheiro; as celebridades da internet, por atrair cada vez mais seguidores; os políticos, por alcançarem ainda mais poder. Além disso, os motivos variam entre as culturas. Em uma cultura individualista, os funcionários podem trabalhar para receber um prêmio de "funcionário do mês"; em uma cultura coletivista, eles podem se esforçar para se juntar à equipe mais empenhada de uma empresa. Quanto mais alcançamos, mais podemos precisar alcançar. O psicólogo Henry Murray (1938) definiu a **motivação para realização** como o desejo de conseguir realizar algo significativo, de dominar habilidades ou ideias, de controlar e de alcançar um alto padrão em uma atividade em particular.

A motivação é importante para a realização. Um estudo acompanhou a vida de 1.528 crianças californianas cujos escores de inteligência estavam entre os 1% maiores. Quarenta anos depois, pesquisadores compararam os mais bem-sucedidos com os menos bem-sucedidos profissionalmente. O que os pesquisadores descobriram? Uma diferença motivacional. Os mais bem-sucedidos eram mais ambiciosos, energéticos e persistentes. Quando crianças, tinham passatempos mais ativos. Quando adultos, participavam mais de grupos e esportes (Goleman, 1980). As crianças superdotadas são aprendizes capazes. Os adultos bem-sucedidos são realizadores tenazes. A maioria das pessoas consiste em realizadores energéticos quando começam e quando terminam um projeto. É mais fácil – você já reparou? – ficar preso no meio. É nesse ponto que os realizadores continuam avançando (Bonezzi et al., 2011). Uma vez que eles entram em um ritmo, sua motivação os mantém em uma órbita de busca pela meta (Foulk et al., 2019). Não é à toa que pessoas com alta motivação para realização tendem a ter maior sucesso financeiro, relacionamentos sociais saudáveis e boa saúde física e mental (Steptoe & Wardle, 2017).

Em alguns estudos de alunos do Ensino Médio e universitários, a autodisciplina superou os escores do teste de inteligência como melhor indicador de desempenho escolar, frequência e honras de graduação. Para o desempenho escolar, "a disciplina supera o talento", concluíram os pesquisadores Angela Duckworth e Martin Seligman (2005, 2017).

A disciplina focaliza e refina o talento. No início dos seus 20 anos, os principais violinistas acumularam milhares de horas de prática – na verdade, o dobro do tempo de prática dos outros alunos de violino que desejam ser professores (Ericsson, 2001, 2006, 2007). Um estudo de alunos, atletas e artistas fora de série constatou que todos eram altamente motivados e autodisciplinados, dispostos a dedicar horas por dia para perseguir seus objetivos (Bloom, 1985). Todavia, como ilustra o jovem Mozart compondo aos 8 anos, o talento natural também importa (Hambrick & Meinz, 2011; Ruthsatz & Urbach, 2012). Nos esportes, na música e no xadrez, as diferenças de tempo de prática das pessoas, embora significativas, respondem por um terço ou menos de suas diferenças de desempenho (Hambrick et al., 2014a, b; MacNamara et al., 2014, 2016; Ullén et al., 2016). Grandes realizadores foram beneficiados por sua paixão e perseverança, mas as superestrelas também se distinguem por seu extraordinário talento natural.

Duckworth (2016) tem um nome para essa dedicação apaixonada a um objetivo ambicioso, de longo prazo: **garra**. Outros pesquisadores veem a garra como semelhante à consciência ou ao autocontrole (Credé, 2018; Schmidt et al., 2018; Vazsonyi et al., 2019). Pesquisadores começaram a investigar os marcadores neurais e genéticos da garra (Nemmi et al., 2016; Rimfeld et al., 2016; Wang et al., 2018). Paixão e perseverança alimentam a determinação de metas, que pode produzir grandes conquistas (Jachimowicz et al., 2018; Muenks et al., 2018). Estudantes determinados são mais propensos a permanecer na faculdade em vez de

Motivação para realização. Desejo de realização significativa, de domínio de habilidades ou ideias, de controle e de atingir um padrão mais elevado.

Garra. Em psicologia, paixão e perseverança na busca por objetivos de longo prazo.

From Calum's Road by Roger Hutchinson, reproduced courtesy of Birlinn Ltd.

Estrada de Calum: o que a coragem pode realizar. Tendo passado sua vida na ilha escocesa de Raasay, cultivando um pequeno pedaço de terra, cuidando de seu farol e pescando, Malcolm ("Calum") MacLeod (1911-1988) sentiu-se angustiado. Seu governo local se recusou repetidamente a construir uma estrada que permitisse que veículos chegassem ao extremo norte da ilha. Com a população antes florescente tendo diminuído para dois – MacLeod e sua esposa –, ele respondeu com determinação heroica. Em uma manhã de primavera em 1964, MacLeod, então na casa dos 50 anos, pegou um machado, uma pá e um carrinho de mão. Com as próprias mãos, ele começou a transformar a trilha existente em uma estrada de 2,80 km (Miers, 2009).
"Com uma estrada", explicou um antigo vizinho, "ele esperava que novas gerações de pessoas retornassem ao extremo norte de Raasay", restaurando sua cultura (Hutchinson, 2006).
Dia após dia, ele trabalhava em encostas acidentadas, ao longo de penhascos perigosos e sobre turfeiras. Finalmente, 10 anos depois, ele conseguiu sua grande conquista. A estrada, que o governo abriu desde então, continua sendo um exemplo visível do que a visão e a determinação podem realizar. Ela nos convida a refletir: quais "estradas" – ou conquistas – podemos, com esforço contínuo, construir nos anos que temos à nossa frente?

desistir (Saunders-Scott et al., 2018). Como estrela do basquete, Damian Lillard (2015) disse: "se você quer ficar bem na frente de milhares, você precisa trabalhar mais do que milhares na frente de alguém".

Embora a inteligência tenha uma distribuição como uma curva em sino, as realizações e conquistas não estão distribuídas assim. Isso nos diz que a realização envolve muito mais que uma capacidade bruta. É por isso que vale a pena saber a melhor forma de engajar as motivações das pessoas para alcançar suas metas. Prometer às pessoas uma recompensa por uma tarefa agradável pode ter um resultado oposto ao esperado. Recompensas excessivas podem destruir a **motivação intrínseca** – o desejo de realizar um comportamento de forma eficaz por si só. Em experimentos, foi prometida às crianças uma recompensa por brincar com um quebra-cabeça ou brinquedo interessante. Mais tarde, elas brincaram menos com o brinquedo do que as crianças não recompensadas (Deci et al., 1999; Tang & Hall, 1995). Da mesma forma, recompensar as crianças com brinquedos ou doces (ou dinheiro, ou tempo de tela) pela leitura diminui o tempo que passam lendo (Marinak & Gambrell, 2008). É como se elas pensassem: "se eu tenho que ser subornado para fazer isso, não deve valer a pena fazer!".

Para compreender a diferença entre motivação intrínseca e **motivação extrínseca** – comportar-se de certas maneiras para obter recompensas externas ou evitar ameaças de punição –, pense em sua experiência neste curso. Como a maioria dos alunos, você provavelmente quer tirar uma nota alta. Mas o que motiva suas ações para atingir seu objetivo? Você se sente pressionado a terminar esta leitura antes do prazo? Você está preocupado com sua nota? Ansioso pelos créditos que contarão para a formatura? Em caso *positivo*, então você está motivado extrinsecamente, (como, até certo ponto, todos os alunos devem estar). Você também acha o material interessante? Aprender isso faz você se sentir mais competente? Se não houvesse nenhuma nota em jogo, você estaria curioso o suficiente para querer aprender o material por si só? Em caso *positivo*, a motivação intrínseca também alimenta seus esforços.

As pessoas que se concentram no significado e na importância do seu trabalho não só realizam um trabalho melhor, mas também acabam usufruindo mais as recompensas extrínsecas (Wrzesniewski et al., 2014). Alunos do Ensino Fundamental com motivação intrínseca acadêmica acima da média – que adoram aprender por si sós – avançam com melhor desempenho na escola, buscam aulas mais desafiadoras e obtêm diplomas mais avançados (Fan & Williams, 2018; Gottfried et al., 2006). Querer fazer algo, em vez de ter que fazer algo, parece valer a pena (Converse et al., 2019).

As recompensas extrínsecas funcionam bem quando as pessoas realizam tarefas que não inspiram naturalmente o pensamento complexo e criativo (Hewett & Conway, 2015). Elas também são eficientes quando utilizadas para sinalizar um trabalho bem feito (em vez de subornar ou controlar alguém) (Boggiano et al., 1985). Quando administradas da forma correta, as recompensas podem elevar o desempenho e estimular a criatividade (Eisenberger & Aselage, 2009; Henderlong & Lepper, 2002). Prêmios de "jogador mais aprimorado", por exemplo, podem aumentar os sentimentos de competência e aumentar o prazer de um esporte. E as recompensas que geralmente seguem o desempenho acadêmico, como bolsas de estudo e oportunidades de emprego, podem ter benefícios duradouros.

Psicólogos organizacionais buscam maneiras de envolver e motivar pessoas comuns em trabalhos comuns (ver o Apêndice C: Psicologia no trabalho).

Motivação intrínseca. Desejo de ter um comportamento de forma eficaz para seu próprio bem.

Motivação extrínseca. Desejo de ter um comportamento para receber recompensas prometidas ou evitar uma punição ameaçada.

Estabelecimento de metas

Cada um de nós pode adotar algumas estratégias baseadas em pesquisas para alcançar nossos objetivos:

1. ***Execute aquela resolução.*** Objetivos desafiadores motivam a realização (Harkin et al., 2016). As metas SMART (*Specific, Measureable, Achievable, Realistic, Timely*) são específicas, *m*ensuráveis, *a*tingíveis, *r*ealistas e *o*portunas e têm mais chances de serem implementadas e alcançadas. Essas metas – "terminar meu trabalho de psicologia até terça-feira" – direcionam a atenção e motivam a persistência.
2. ***Anuncie o objetivo para amigos ou familiares.*** É mais provável que sigamos depois de assumir um compromisso público.
3. ***Desenvolva um plano de implementação.*** Seja específico sobre quando, onde e como você progredirá em direção ao seu objetivo. Pessoas que definem metas com planos detalhados tornam-se mais focadas e mais propensas a ter sucesso (Gollwitzer & Oettingen, 2012). É melhor se concentrar em pequenos passos – a meta de corrida do dia, digamos – do que fantasiar sobre a maratona.
4. ***Crie recompensas de curto prazo que deem suporte para as metas de longo prazo.*** Embora as recompensas atrasadas nos motivem a estabelecer metas, as recompensas imediatas predizem melhor nossa persistência com relação a essas metas (Woolley & Fishbach, 2018).
5. ***Monitore e registre o progresso.*** Se estiver se esforçando para fazer mais exercícios, use um rastreador de atividade física que você possa levar consigo ou insira sua atividade em um aplicativo de atividade física. É ainda mais motivador quando o progresso é compartilhado em vez de mantido em segredo (Harkin et al., 2016).
6. ***Crie um ambiente propício.*** Ao tentar comer de forma saudável, mantenha a chamada *junk food* fora dos armários. Ao se concentrar em um projeto, esconda-se na biblioteca. Ao dormir, guarde o telefone. Prepare sua bolsa de ginástica na noite anterior. Essas "estratégias de autocontrole situacional" evitam impulsos tentadores (Duckworth et al., 2016; Schiffer & Roberts, 2018).
7. ***Transforme o comportamento difícil em um hábito obrigatório.*** Os hábitos são formados quando repetimos comportamentos em determinado contexto (ver o Capítulo 7). À medida que nosso comportamento se liga ao contexto, nossa próxima experiência nesse contexto evoca a resposta habitual. Faça algo todos os dias por cerca de 2 meses e veja como isso se tornará um hábito arraigado.

"O gênio consiste em 1% de inspiração e 99% de transpiração." – Thomas Edison (1847-1931)

Para alcançar objetivos de vida importantes, muitas vezes sabemos o que fazer. *Sabemos* que uma noite inteira de sono aumenta nosso estado de alerta, energia e humor. *Sabemos* que o exercício diminui a depressão e a ansiedade, constrói músculos e fortalece nosso coração e nossa mente. *Sabemos* que o que colocamos em nosso corpo – *junk food* ou nutrição equilibrada, substâncias viciantes ou ar puro – afeta nossa saúde e longevidade. Infelizmente, como T.S. Eliot previu, "Entre a ideia/E a realidade.../Cai a sombra". No entanto, ao dar esses sete passos – resolver, anunciar, planejar, recompensar, monitorar, controlar e agir com persistência –, podemos criar uma ponte entre a ideia e a realidade.

PERGUNTE A SI MESMO

Qual objetivo você gostaria de alcançar? Como você pode usar as sete estratégias oferecidas nesta seção para atingir esse objetivo?

PRÁTICA DE RECUPERAÇÃO

PR-3 O que os pesquisadores acreditam que seja um indicador ainda melhor de desempenho escolar do que os escores do teste de inteligência?

RESPOSTAS NO APÊNDICE E

REVISÃO Afiliação e realização

OBJETIVOS DE APRENDIZAGEM

Teste a si mesmo. Responda às Questões dos Objetivos de Aprendizagem (antes de conferir as respostas no Apêndice D) para aprimorar a retenção dos conceitos estudados (McDaniel et al., 2009, 2015).

QOA **11.12** Quais evidências apontam para nossa necessidade humana de pertencimento?

QOA **11.13** Como as redes sociais nos influenciam?

QOA **11.14** O que é *motivação para realização* e quais são algumas maneiras de incentivar a realização?

TERMOS E CONCEITOS A RECORDAR

Teste a si mesmo. Escreva a definição com suas próprias palavras e depois confirme sua resposta.

necessidade de afiliação, p. 403
teoria da autodeterminação, p. 403
ostracismo, p. 404
narcisismo, p. 406
motivação para realização, p. 408
garra, p. 408
motivação intrínseca, p. 409
motivação extrínseca, p. 409

DOMINE O MATERIAL

Teste a si mesmo. Responda às questões a seguir sozinho, a princípio, depois confira as respostas no Apêndice E.

1. Qual dos seguintes itens NÃO faz parte das evidências que corroboram a opinião de que o ser humano é fortemente motivado por uma necessidade de pertencer?
   a. Alunos que se consideraram "muito felizes" também tenderam a ter relacionamentos íntimos satisfatórios.
   b. A exclusão social, como o exílio ou o confinamento solitário, é considerada uma forma grave de punição.
   c. Quando adultas, as crianças adotadas tendem a parecer com seus pais biológicos.
   d. As crianças extremamente negligenciadas tornam-se retraídas, assustadas e, algumas vezes, chegam a não falar.
2. Quais são alguns modos de gerenciar com sucesso seu tempo de relacionamento nas redes sociais?
3. Se quisermos aumentar nossa chance de sucesso de alcançar uma nova meta, como parar de fumar, ________________ (devemos/não devemos) anunciar a meta publicamente, e ________________ (devemos/não devemos) compartilhar com os outros nosso progresso para alcançá-la.

CAPÍTULO 12

Chip Somodevilla/Getty Images

Emoções, Estresse e Saúde

Ninguém precisa dizer que os sentimentos adicionam cor à sua vida ou que em momentos de estresse eles podem atrapalhar ou salvar sua vida. Medo, raiva, tristeza, alegria e amor são estados psicológicos que também envolvem reações físicas. Quando estamos nervosos por causa de um evento importante, sentimos frio no estômago. Ansiosos por falar em público, frequentamos mais o banheiro. Fervendo de raiva por causa de uma briga familiar, ficamos com uma dor de cabeça terrível.

Você certamente pode se lembrar de um momento em que a emoção o dominou. Eu [DM] guardo *flashes* de memória do dia em que fui a uma loja enorme com Peter, meu filho primogênito. Quando coloquei Peter de pé por um momento para arrumar alguns papéis, um transeunte avisou: "é melhor você ter cuidado ou perderá aquele menino!". Não mais do que algumas respirações depois, me virei e não encontrei Peter ao meu lado.

Com uma leve ansiedade, olhei ao redor de uma extremidade do balcão de atendimento ao cliente. Peter não estava à vista. Com um pouco mais de ansiedade, olhei do outro lado. Peter não estava por lá também. Já, com o coração acelerado, circulei os balcões vizinhos. Ainda não via Peter em lugar algum. Quando a ansiedade se transformou em pânico, comecei a correr para cima e para baixo pelos corredores da loja. Ele estava longe de ser encontrado. O gerente da loja foi alertado e usou o interfone para pedir aos clientes que ajudassem a procurar uma criança desaparecida. Logo depois, passei pelo cliente que havia me avisado. "Eu disse que você ia perdê-lo!", ele agora repreendeu. Com visões de sequestro (estranhos adoravam rotineiramente aquela linda criança), eu me preparei para a possibilidade impensável de que minha negligência me tivesse feito perder o para o fato de que eu amava acima de tudo na vida, e que eu poderia ter que voltar para casa e encarar minha esposa sem nosso único filho.

Mas então, quando passei novamente pelo balcão de atendimento ao cliente, lá estava ele, depois de ter sido encontrado e devolvido por algum cliente prestativo. Em um instante, a excitação do terror se derramou em êxtase. Agarrando meu filho, com lágrimas caindo de repente, me vi incapaz de dizer meus agradecimentos e saí da loja inundado de alegria agradecida.

As emoções são subjetivas, mas são reais. Como a pesquisadora Lisa Feldman Barrett (2012, 2013) observa, "minha experiência de raiva não é uma ilusão. Quando estou com raiva, sinto raiva. Isso é real". De onde vêm nossas emoções? Por que as temos? Do que são feitas?

As emoções são uma resposta adaptativa do nosso corpo. Elas "são a maneira do nosso corpo garantir que fazemos o que é melhor para nós", observa Frans de Waal (2019). Quando enfrentamos desafios, as emoções concentram nossa atenção e energizam nossas ações (Cyders & Smith, 2008). Nosso coração dispara. Nosso ritmo acelera. Todos os nossos sentidos ficam em alerta máximo. Ao integrar dados de nosso ambiente, nosso corpo e nossas experiências, sentimos estresse emocional (Francis, 2018).

Mas as emoções também podem ser positivas. Quando inesperadamente recebemos boas notícias, podemos ficar com os olhos cheios de lágrimas. Levantamos as mãos de maneira triunfante. Sentimos exultação e uma confiança recém-descoberta. No entanto, emoções negativas e prolongadas podem prejudicar nossa saúde.

Introdução à emoção

Emoção: excitação, comportamento e cognição

QUESTÃO DE OBJETIVO DE APRENDIZAGEM QOA 12.1 Como a excitação, o comportamento expressivo e a cognição interagem na emoção?

Não apenas a emoção, mas a maioria dos fenômenos psicológicos (visão, sono, memória, sexo e assim por diante) pode ser abordada destas três maneiras: fisiológica, comportamental e cognitiva.

Como minha [DM] busca em pânico por Peter ilustra, as **emoções** são uma mistura de:

- *Excitação corporal* (coração acelerado)
- Comportamentos expressivos (caminhar acelerado) e
- *Experiência consciente* (isso é um sequestro?) *e sentimentos* (pânico, medo, alegria).

O quebra-cabeça para psicólogos é encaixar essas três peças. Para isso, os primeiros pesquisadores da emoção consideraram duas grandes questões:

1. Um debate sobre o ovo e a galinha: sua excitação corporal vem *antes* ou *depois* de seus sentimentos emocionais? (Eu notei primeiro meu coração acelerado e passos mais rápidos, e depois senti terror por perder Peter? Ou meu sentimento de medo veio primeiro, agitando meu coração e minhas pernas para responder?)
2. Como o *pensamento* (cognição) e o *sentimento* interagem? A cognição sempre vem antes da emoção? (Pensei em uma ameaça de sequestro antes de reagir emocionalmente?)

O estudo psicológico da emoção começou com a primeira pergunta: como as respostas corporais se relacionam com as emoções? Duas das primeiras teorias da emoção ofereceram respostas diferentes.

istockphoto/jacoblund

Alegria expressa. De acordo com a teoria de James-Lange, não sorrimos apenas porque compartilhamos a alegria de nossos companheiros de equipe. Também compartilhamos a alegria porque estamos sorrindo com eles.

Cortesia de David Myers

Teoria de James-Lange: a excitação vem antes da emoção

O senso comum diz à maioria de nós que choramos porque estamos tristes, atacamos porque estamos com raiva, trememos porque estamos com medo. Mas para o psicólogo pioneiro William James, essa visão de senso comum da emoção entendia as coisas ao contrário. Em vez disso, "sentimos tristeza porque choramos, ficamos com raiva porque batemos, temos medo porque estremecemos" (1890, p. 1066). Para James, as emoções resultam da atenção à nossa atividade corporal. A ideia de James também foi proposta pelo fisiologista dinamarquês Carl Lange – por isso é chamada **teoria de James-Lange**. James e Lange teriam suposto que eu percebi meu coração acelerado e então, tremendo de medo, senti a onda de emoção – que meu sentimento de medo *seguiu* a resposta do meu corpo.

Teoria de Cannon-Bard: excitação e emoção ocorrem simultaneamente

O fisiologista Walter Cannon (1871-1945) discordou da teoria de James-Lange. Um coração acelerado sinaliza medo, raiva ou amor? As respostas do corpo – frequência cardíaca, transpiração e temperatura corporal – são muito semelhantes e mudam muito lentamente para *causar* emoções diferentes, disse Cannon. Ele, e mais tarde outro fisiologista, Philip Bard, concluíram que nossas reações corporais e emoções experimentadas ocorrem separadamente, mas ao mesmo tempo. Assim, de acordo com a **teoria de Cannon-Bard**, meu coração começou a bater forte *quando* senti medo. O estímulo desencadeador de emoções viajou para o meu sistema nervoso simpático, causando a excitação do meu corpo. *Ao mesmo tempo*, viajou para o córtex do meu cérebro, causando a consciência da minha emoção. Meu coração batendo não causou o sentimento de medo, nem o sentimento de medo causou a aceleração do meu coração.

Mas eles são realmente independentes um do outro? Contrariando a teoria de Cannon-Bard existem os estudos de pessoas com medula espinal cortada, incluindo uma pesquisa com 25 soldados da Segunda Guerra Mundial (Hohmann, 1966). Aqueles com *lesões na parte inferior da coluna*, que perderam a sensibilidade apenas nas pernas, relataram pouca mudança na intensidade de suas emoções. Aqueles com *lesão medular alta*, que não conseguiam sentir nada abaixo do pescoço, relataram mais mudanças. Algumas reações foram muito menos intensas do que antes das lesões. A raiva, revelou um homem ferido na medula espinal, "simplesmente não tem o calor que costumava ter. É um tipo mental de raiva". Outras emoções, em especial aquelas expressas em áreas do corpo acima do pescoço, foram sentidas com *mais* intensidade. Esses homens relataram aumento no choro, nó na garganta e engasgos ao dizer adeus, admirar alguma coisa ou assistir a um filme comovente. Essa evidência levou alguns pesquisadores a ver os sentimentos como "principalmente sombras" de nossas respostas e comportamentos corporais (Damasio, 2003).

Mas nossas emoções também envolvem cognição (Averill, 1993; Barrett, 2006, 2017). Aqui chegamos à segunda grande questão emocional da psicologia: como o pensamento e o sentimento interagem? Termos medo do homem atrás de nós em uma rua escura depende inteiramente se o interpretamos, ou não, como ameaçador.

PRÁTICA DE RECUPERAÇÃO

PR-1 De acordo com a teoria de Cannon-Bard, (a) nossa *resposta fisiológica* a um estímulo (p. ex., coração acelerado) e (b) a *emoção que experimentamos* (p. ex., medo) ocorrem ____________ (simultaneamente/sequencialmente). De acordo com a teoria de James-Lange, (a) e (b) ocorrem ____________ (simultaneamente/sequencialmente).

RESPOSTAS NO APÊNDICE E

Teoria de dois fatores de Schachter-Singer: excitação + rotulação = emoção

QOA 12.2 Para experimentar emoções, devemos interpretá-las e rotulá-las conscientemente?

Stanley Schachter e Jerome Singer (1962) demonstraram que a maneira como *avaliamos* (interpretamos) nossas experiências também importa. Nossas reações físicas *e nossos pensamentos* (percepções, memórias e interpretações), juntos, criam a emoção. Conforme

Emoção. Resposta de todo o organismo, envolvendo (1) excitação fisiológica, (2) expressão comportamental e, o mais importante, (3) experiência consciente resultante de suas interpretações.

Teoria de James-Lange. Teoria de que nossa experiência de emoção ocorre quando nos tornamos conscientes de nossas respostas fisiológicas a um estímulo que desperta emoções.

Teoria de Cannon-Bard. Teoria de que um estímulo que desperta emoções simultaneamente desencadeia (1) respostas fisiológicas e (2) a experiência subjetiva da emoção.

Teoria de dois fatores. Teoria de Schachter-Singer de que, para experimentar a emoção, é preciso (1) estar fisicamente excitado e (2) rotular cognitivamente a excitação.

a **teoria de dois fatores**, as emoções têm dois ingredientes: excitação física e avaliação cognitiva. Uma experiência emocional, eles argumentaram, requer uma interpretação consciente da excitação.

Considere como a excitação se espalha de um evento para o outro. Imagine desfrutar de uma corrida revigorante e, em seguida, receber uma mensagem de que você conseguiu o emprego dos seus sonhos. Com a excitação persistente da corrida, você se sentiria mais eufórico do que se ouvisse essa notícia depois de ficar acordado a noite toda estudando?

Para explorar esse *efeito de transbordamento*, Schachter e Singer injetaram em universitários o hormônio epinefrina (ou adrenalina), que desencadeia sentimentos de excitação. Um grupo de homens foi instruído a esperar sensações de excitação como resultado da injeção. Outros foram enganosamente informados pelos pesquisadores de que isso ajudaria a testar sua visão. Imagine-se como um participante: depois de receber a injeção, você vai para uma sala de espera, onde se encontra com outra pessoa (na verdade, um cúmplice dos experimentadores) que está agindo de forma eufórica ou irritada. Ao observar essa pessoa, você começa a sentir seu coração disparar, sua pele corar e sua respiração se tornar mais rápida. Se você estivesse no grupo informado para esperar esses efeitos da injeção, o que você sentiria? No experimento, esses voluntários sentiram pouca emoção – porque atribuíram corretamente sua excitação à injeção. Mas se lhe dissessem que a injeção ajudaria a avaliar sua visão, o que você sentiria? Talvez você reagisse como esse grupo de participantes fez: eles "pegaram" a aparente emoção da outra pessoa na sala de espera. Eles ficavam felizes se o cúmplice estivesse agindo com euforia, e irritados se o cúmplice estivesse agindo com irritação.

Essa descoberta – de que um estado agitado pode ser experimentado como uma emoção ou outra, dependendo de como a interpretamos e rotulamos – foi replicada em dezenas de experimentos e continua a influenciar a pesquisa moderna sobre emoções (MacCormack & Lindquist, 2016; Reisenzein, 1983; Sinclair et al., 1994). Como observou o pesquisador Daniel Gilbert (2006), "sentimentos que interpretamos como medo na presença de uma lágrima podem ser interpretados como luxúria na presença de uma blusa transparente".

Ponto a ser lembrado: a excitação alimenta a emoção; a cognição a canaliza.

PRÁTICA DE RECUPERAÇÃO

PR-2 De acordo com Schachter e Singer, dois fatores levam à nossa experiência de uma emoção: (a) excitação fisiológica e (b) avaliação ______________.

RESPOSTAS NO APÊNDICE E

Zajonc, LeDoux e Lazarus: a cognição sempre precede a emoção?

Mas será que o coração está sempre sujeito à mente? Devemos *sempre* interpretar nossa excitação antes de poder experimentar uma emoção? Robert Zajonc [ZI-yence] (1923-2008) achava que não. Ele argumentou que, na verdade, temos muitas reações emocionais além, ou mesmo antes, de nossa interpretação consciente de uma situação (1980, 1984). Talvez você se lembre de gostar de algo ou de alguém imediatamente, sem saber por quê.

Mesmo quando as pessoas veem repetidamente estímulos piscando muito brevemente para serem interpretados, elas passam a preferir esses estímulos (Kunst-Wilson & Zajonc, 1980). Apesar de inconscientes de tê-los visto anteriormente, elas gostam desses estímulos. Também temos um radar automático altamente sensível para informações emocionalmente significativas, de modo que mesmo um estímulo subliminarmente emitido pode nos preparar para nos sentirmos melhor ou pior com relação a um estímulo de acompanhamento (Murphy et al., 1995; Zeelenberg et al., 2006).

Os neurocientistas estão mapeando os caminhos neurais das emoções (Ochsner et al., 2009). Nossas respostas emocionais podem seguir dois caminhos cerebrais diferentes. Algumas emoções (especialmente sentimentos mais complexos, como ódio e amor) percorrem uma "via alta". Um estímulo seguindo esse caminho viajaria (através do tálamo) até o córtex cerebral (Figura 12.1). Lá, seria

Figura 12.1 Vias cerebrais das emoções. No cérebro de duas vias, a entrada sensorial pode ser direcionada (a) para o córtex (via tálamo) para análise e então transmitidas para a amígdala; ou (b) diretamente para a amígdala (através do tálamo) para uma reação emocional instantânea. *(Esta figura encontra-se reproduzida em cores no Encarte.)*

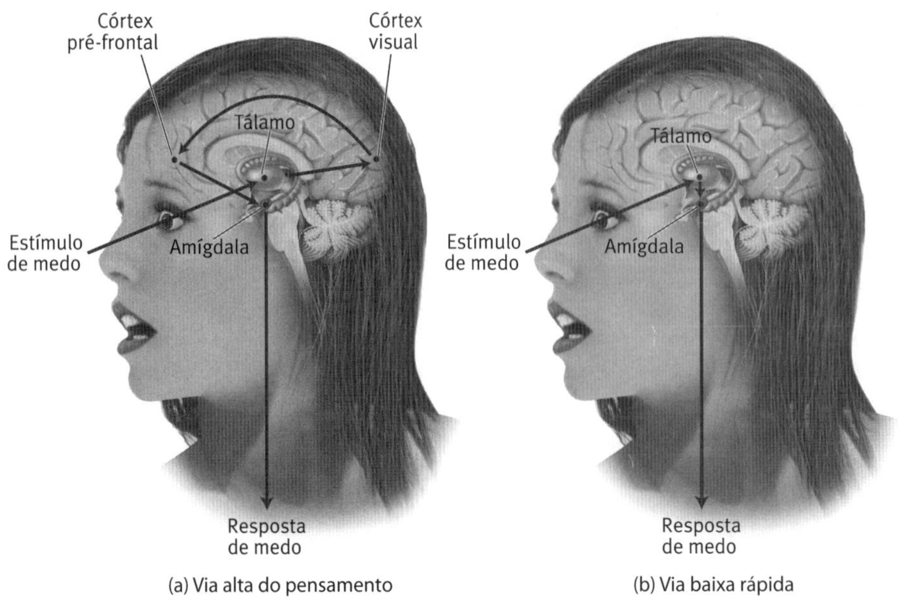

(a) Via alta do pensamento

(b) Via baixa rápida

analisado e rotulado antes que o comando de resposta fosse enviado, via amígdala (um centro de controle de emoções).

Mas às vezes nossas emoções (especialmente gostos, desgostos e medos simples) pegam o que Joseph LeDoux (2002, 2015) chamou de "via baixa" mais direta, um atalho neural que contorna o córtex. Seguindo a via baixa, um estímulo que provoca medo viajaria do olho ou do ouvido (novamente pelo tálamo) diretamente à amígdala (Figura 12.1b). Esse atalho permite que nossa resposta emocional relâmpago ocorra antes que nosso intelecto intervenha. Assim como os reflexos rápidos (que também operam separadamente do córtex cerebral), as reações da amígdala são tão rápidas que podemos não perceber o que aconteceu (Dimberg et al., 2000). Uma experiência de medo consciente, por sua vez, ocorre quando percebemos que nosso cérebro detectou perigo (LeDoux & Brown, 2017).

A amígdala envia mais projeções neurais para o córtex do que recebe de volta, o que torna mais fácil que nossos sentimentos sequestrem nosso pensamento do que nosso pensamento governe nossos sentimentos (LeDoux & Armony, 1999). Assim, na floresta, podemos pular ao som do farfalhar dos arbustos próximos, deixando para o nosso córtex decidir depois se o som foi feito por uma cobra ou pelo vento. Essas experiências apoiam a crença de Zajonc e LeDoux de que *algumas* de nossas reações emocionais não envolvem um pensamento deliberado.

O pesquisador das emoções Richard Lazarus (1991, 1998) concorda que nosso cérebro processa grandes quantidades de informação sem nossa percepção consciente e que algumas respostas emocionais não requerem pensamento *consciente*. Grande parte de nossa vida emocional opera por meio da via baixa rápida. Mas ele ainda se perguntou: como *saberíamos* a que estamos reagindo se não avaliamos de alguma maneira a situação? A avaliação pode ser fácil e podemos não estar conscientes disso, mas ainda é uma função mental. Para saber se um estímulo é bom ou ruim, o cérebro deve ter alguma ideia do que é (Storbeck et al., 2006). Assim, disse Lázaro, as emoções surgem quando *avaliamos* um evento como inofensivo ou perigoso. Avaliamos o som dos arbustos farfalhantes como a presença de uma ameaça. Então percebemos que era "apenas o vento".

Então, vamos resumir (ver também a Tabela 12.1). Como Zajonc e LeDoux demonstraram, algumas respostas emocionais simples não envolvem pensamento consciente. Quando eu [ND] vejo uma grande aranha presa atrás de um vidro, sinto medo, mesmo *sabendo* que a aranha não pode me machucar. Essas respostas são difíceis de alterar mudando apenas nosso pensamento. Em uma fração de segundo, podemos perceber uma pessoa como mais agradável ou confiável do que outra (Willis & Todorov, 2006). Esse apelo instantâneo pode até influenciar nossas decisões políticas se votarmos (como muitas pessoas fazem) no candidato de que *gostamos* em vez do candidato que expressa posições mais próximas às nossas (Westen, 2007).

Outras emoções, no entanto – incluindo humores depressivos e sentimentos complexos –, são muito afetadas por nosso processamento consciente e inconsciente de informações: nossas memórias, expectativas e interpretações. Para essas emoções, temos um controle mais consciente. Quando nos sentimos emocionalmente sobrecarregados, podemos mudar nossas interpretações (Gross, 2013).

Tabela 12.1 Resumo das teorias emocionais.

Teoria	Explicação das emoções	Exemplo
James-Lange	As emoções surgem da consciência de nossas respostas corporais específicas a estímulos que despertam emoções	Observamos nosso coração acelerado após uma ameaça e depois sentimos medo
Cannon-Bard	Estímulos que despertam emoções desencadeiam nossas respostas corporais e experiências subjetivas simultâneas	Nosso coração dispara ao mesmo tempo que sentimos medo
Schachter-Singer	Nossa experiência de emoção depende de dois fatores: excitação geral e um rótulo cognitivo consciente	Podemos interpretar nossa excitação como medo ou empolgação, dependendo do contexto
Zajonc; LeDoux	Algumas respostas corporais acontecem instantaneamente, sem avaliação consciente	Nós automaticamente nos assustamos com um som na floresta antes de rotulá-lo como uma ameaça
Lazarus	A avaliação cognitiva ("é perigoso ou não?") – às vezes sem nossa consciência – define a emoção	O som é "apenas o vento"

Essa *reavaliação* geralmente reduz o sofrimento e a resposta correspondente da amígdala (Denny et al., 2015; Troy et al., 2018). A reavaliação não apenas reduz o estresse, mas também ajuda os alunos a alcançar melhor desempenho escolar (Borman et al., 2019). Portanto, não se estresse com o seu estresse. Abrace-o e aborde seu próximo exame com essa mentalidade: "o estresse evoluiu para ajudar a manter meu foco e resolver problemas". Embora a via baixa emocional funcione automaticamente, a via alta que é mais pensativa, reflexiva e nos permite retomar algum controle sobre nossa vida emocional. *Conclusão*: juntos, a emoção automática e o pensamento consciente fazem o tecido de nossas vidas emocionais.

PRÁTICA DE RECUPERAÇÃO

PR-3 Pesquisadores de emoções discordam sobre se as respostas emocionais ocorrem na ausência de processamento cognitivo. Como você caracterizaria a abordagem de cada um dos seguintes pesquisadores: Zajonc, LeDoux, Lazarus, Schachter e Singer?

RESPOSTAS NO APÊNDICE E

Emoção corporificada

Quer esteja apaixonado ou sofrendo um luto, você precisa de pouco convencimento para saber que as emoções envolvem o corpo. Sentir sem um corpo é como respirar sem pulmões. Algumas respostas físicas são fáceis de perceber. Outras respostas emocionais são experimentadas sem sequer termos consciência delas.

Emoções e sistema nervoso autônomo

QOA 12.3 Qual é a ligação entre a excitação emocional e o sistema nervoso autônomo?

"O medo dá asas aos seus pés." – Virgílio, *Eneida*, 19 a.C.

Em uma crise, a *divisão simpática* de seu *sistema nervoso autônomo* (SNA) mobiliza seu corpo para a ação (Figura 12.2). Ela direciona suas glândulas suprarrenais para liberar os hormônios do estresse epinefrina e norepinefrina (ou noradrenalina). Para fornecer energia, seu fígado despeja açúcar extra (glicose) em sua corrente sanguínea. Para ajudar a queimar o açúcar, sua respiração aumenta a fim de fornecer o oxigênio necessário. Sua frequência cardíaca e pressão arterial aumentam. Sua digestão fica mais lenta, desviando o sangue dos órgãos internos para os músculos. Com o açúcar no sangue direcionado para os grandes músculos, a ação se torna mais fácil. Suas pupilas se dilatam, deixando entrar mais luz. Para esfriar seu corpo agitado, você transpira. Se ferido, seu sangue coagularia mais rapidamente.

Figura 12.2 Excitação emocional. Como um centro de gerenciamento de crises, o sistema nervoso autônomo ativa o corpo em uma crise e o acalma quando o perigo passa.

O sistema nervoso autônomo controla a excitação fisiológica

Divisão simpática (excitação)		Divisão parassimpática (calmante)
Dilatação das pupilas	OLHOS	Contração das pupilas
Diminui	SALIVAÇÃO	Aumenta
Transpira	PELE	Resseca
Aumenta	RESPIRAÇÃO	Diminui
Acelera	CORAÇÃO	Desacelera
Inibe	DIGESTÃO	Ativa
Secretam hormônios do estresse	GLÂNDULAS SUPRARRENAIS	Diminuem a secreção de hormônios do estresse
Reduzido	FUNCIONAMENTO DO SISTEMA IMUNE	Potencializado

Quando a crise passa, a *divisão parassimpática* de seu SNA gradualmente acalma seu corpo, à medida que os hormônios do estresse deixam lentamente sua corrente sanguínea. Após sua próxima crise, pense nisso: sem nenhum esforço consciente, a resposta do seu corpo ao perigo é maravilhosamente coordenada e adaptável - preparando você para *lutar* ou *fugir*. Então, as diferentes emoções têm impressões digitais de excitação distintas?

PERGUNTE A SI MESMO

Você consegue pensar em um momento recente em que notou as reações do seu corpo a uma situação emocionalmente carregada, como um ambiente social tenso, ou talvez antes de uma prova ou jogo importante? Como você descreveria as respostas do seu sistema nervoso simpático?

Fisiologia das emoções

QOA 12.4 Como as emoções ativam diferentes respostas fisiológicas e de padrões cerebrais?

Imagine conduzir um experimento medindo as respostas fisiológicas de diferentes emoções. Em cada sala, os participantes assistem a um de quatro filmes: um filme de terror, um filme que provoca raiva, um filme sexualmente excitante ou um filme entediante. A partir do centro de controle, você monitora a transpiração dos participantes, o tamanho da pupila, a respiração e a frequência cardíaca. Você poderia dizer quem está com medo? Quem está com raiva? Quem está sexualmente excitado? Quem está entediado?

Com treinamento, você provavelmente poderia escolher o espectador entediado. Mas discernir diferenças fisiológicas entre medo, raiva e excitação sexual é muito mais difícil (Siegel et al., 2018). Diferentes emoções podem compartilhar assinaturas biológicas comuns.

Uma única região do cérebro também pode servir como sede de emoções aparentemente diferentes. Considere o amplo portfólio emocional da *ínsula*, um centro neural nas profundezas do cérebro. A ínsula é ativada quando experimentamos várias emoções sociais negativas, como cobiçar o parceiro de outra pessoa, arrogância e nojo. Em exames cerebrais, ela é ativada quando as pessoas mordem alguma comida com nojo, cheiram comida com nojo, pensam em morder uma barata nojenta ou sentem repulsa moral por um empresário desprezível explorando uma viúva inocente (Sapolsky, 2010). Regiões multitarefa semelhantes são encontradas em outras áreas do cérebro.

No entanto, nossas emoções variadas parecem diferentes para nós e muitas vezes parecem diferentes para os outros. Podemos parecer "paralisados de medo" ou "prontos para explodir". O medo e a alegria provocam um aumento semelhante da frequência cardíaca, mas estimulam diferentes músculos faciais. Quando estamos com medo, os músculos das sobrancelhas ficam tensos. Quando alegres, os músculos das bochechas e sob os olhos se abrem em um sorriso (Witvliet & Vrana, 1995).

"Ninguém nunca me disse que a dor se parecia tanto com o medo. Não estou com medo, mas a sensação é como a de estar com medo. A mesma agitação no estômago, a mesma inquietação, o bocejo. Eu continuo engolindo." - C. S. Lewis, *A Grief Observed*, 1961

Algumas de nossas emoções também possuem circuitos cerebrais distintos (Dixon et al., 2017; Panksepp, 2007). Pessoas que observam rostos medrosos mostram mais atividade na amígdala do que as que observam rostos zangados (Whalen et al., 2001). As emoções também ativam diferentes áreas do córtex cerebral. Quando você experimenta emoções negativas, como nojo, seu córtex pré-frontal direito tende a estar mais ativo que o esquerdo. Pessoas propensas à depressão e aquelas com perspectivas geralmente negativas também mostraram maior atividade no lobo frontal direito (Harmon-Jones et al., 2002).

Humores positivos tendem a desencadear maior atividade no lobo frontal esquerdo. Pessoas com personalidades positivas - de bebês exuberantes a adultos alertas, energizados e persistentemente focados nos seus objetivos - também mostraram maior atividade no lobo frontal esquerdo do que no direito (Davidson et al., 2000; Urry et al., 2004). De fato, quanto mais a atividade basal do lobo frontal de uma pessoa se inclina para a esquerda - ou é forçada a se inclinar para a esquerda pela atividade perceptiva -, mais otimista ela costuma ser (Drake & Myers, 2006).

Emoções assustadoras. Excitação exaltada e medo em pânico envolvem excitação fisiológica semelhante. Isso nos permite alternar rapidamente entre as duas emoções.

Jacob Lund/Shutterstock

Para resumir, não conseguimos perceber facilmente as diferenças nas emoções pelo rastreamento da frequência cardíaca, da respiração e da transpiração. Mas as expressões faciais e a atividade cerebral podem variar com a emoção. Então, nós, como Pinóquio, emitimos sinais reveladores quando mentimos? (Para saber mais sobre essa questão, consulte Pensamento crítico sobre: detecção de mentiras.)

Pensamento crítico sobre:

Detecção de mentiras

QOA 12.5 Quão eficazes são os polígrafos na avaliação de estados corporais para detectar mentiras?

Os polígrafos não são detectores de mentiras, mas, sim, detectores de excitação. Eles medem as alterações associadas à emoção na respiração, na frequência cardíaca e na transpiração. Podemos usar esses resultados para detectar mentiras?

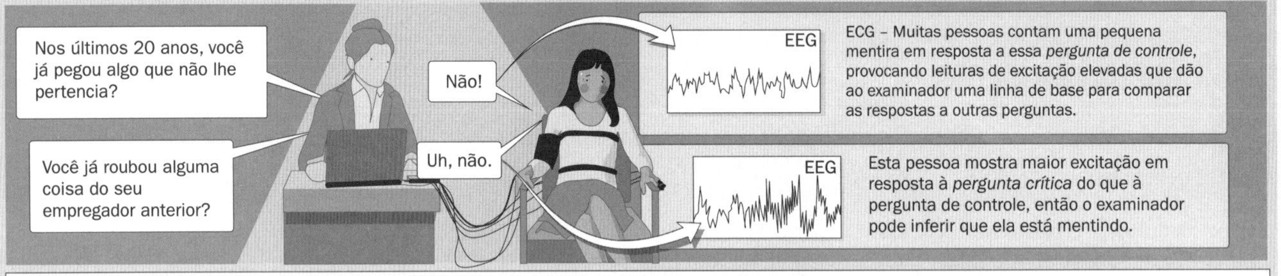

Mas será verdade que *só um ladrão fica nervoso ao negar um roubo*?

1. Temos uma reação corporal semelhante em resposta à ansiedade, à irritação e à culpa. Portanto, ela é realmente culpada, ou apenas estar ansiosa?
2. Muitas pessoas inocentes ficam tensas e nervosas quando acusadas de um ato ruim. (Muitos dos agredidos sexualmente, por exemplo, "falharam" nesses testes porque tiveram fortes reações emocionais ao dizer a verdade sobre o estuprador.[1])

Cerca de um terço das vezes, os resultados do teste do polígrafo estão **errados**.[2]

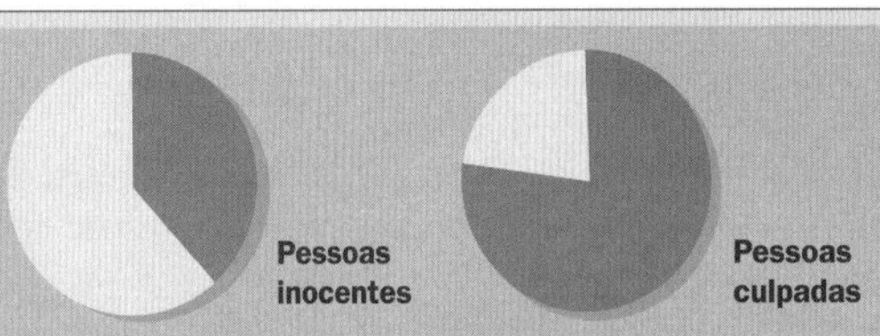

Se esses especialistas em polígrafo fossem juízes, mais de um terço dos inocentes teriam sido declarados culpados e quase um quarto dos culpados teriam saído livres.

A CIA e outras agências dos EUA gastaram milhões de dólares testando dezenas de milhares de funcionários. No entanto, a Academia Nacional de Ciências dos EUA (2002) relatou que "nenhum espião foi pego em razão do uso do polígrafo".

O teste de informações ocultas é mais eficaz. Pessoas inocentes raramente são erroneamente julgadas como mentindo.

As perguntas se concentram em detalhes específicos da cena do crime, conhecidos apenas pela polícia e pela pessoa culpada.[3] (Se uma câmera e um computador foram roubados, por exemplo, apenas uma pessoa culpada deve reagir fortemente às marcas dos itens roubados. Um tempo de resposta lento também pode indicar uma mentira. Normalmente levamos menos tempo para dizer a verdade do que para inventar uma mentira.[4])

1. Lykken, 1991. 2. Kleinmuntz & Szucko, 1984. 3. Ben-Shakhar & Elaad, 2003; Verschuere & Meijer, 2014; Vrij & Fisher, 2016. 4. Suchotzki et al., 2017.

Polígrafo. Máquina usada na tentativa de detectar mentiras; mede as mudanças relacionadas à emoção na transpiração, na frequência cardíaca e na respiração.

PRÁTICA DE RECUPERAÇÃO

PR-4 Como as duas divisões do sistema nervoso autônomo afetam nossas respostas emocionais?

RESPOSTAS NO APÊNDICE E

REVISÃO Introdução à emoção

OBJETIVOS DE APRENDIZAGEM

Teste a si mesmo. Responda às Questões dos Objetivos de Aprendizagem (antes de conferir as respostas no Apêndice D) para aprimorar a retenção dos conceitos estudados (McDaniel et al., 2009, 2015).

QOA 12.1 Como a excitação, o comportamento expressivo e a cognição interagem na emoção?

QOA 12.2 Para experimentar emoções, devemos interpretá-las e rotulá-las conscientemente?

QOA 12.3 Qual é a ligação entre a excitação emocional e o sistema nervoso autônomo?

QOA 12.4 Como as emoções ativam diferentes respostas fisiológicas e de padrões cerebrais?

QOA 12.5 Quão eficazes são os polígrafos na avaliação de estados corporais para detectar mentiras?

TERMOS E CONCEITOS A RECORDAR

Teste a si mesmo. Escreva a definição com suas próprias palavras e depois confirme sua resposta.

emoção, p. 415
teoria de James-Lange, p. 415
teoria de Cannon-Bard, p. 415
teoria de dois fatores, p. 416
polígrafo, p. 420

DOMINE O MATERIAL

Teste a si mesmo. Responda às questões a seguir sozinho, a princípio, depois confira as respostas no Apêndice E.

1. A teoria ____________________ da emoção sustenta que a experiência emocional ocorre após nossa percepção de uma resposta fisiológica.
2. Suponha que, após retornar de uma corrida de 1 hora, você receba uma carta informando que seu pedido de bolsa foi aprovado. A teoria dos dois fatores da emoção prevê que sua excitação física
   a. enfraquece sua felicidade.
   b. intensifica sua felicidade.
   c. transforma sua felicidade em alívio.
   d. não tem efeito particular sobre a sua felicidade.
3. Zajonc e LeDoux sustentaram que algumas reações emocionais ocorrem antes que tenhamos a chance de rotulá-las ou interpretá-las conscientemente. Lazarus observou a importância de como avaliamos os eventos. Esses psicólogos diferem na ênfase que colocam ____________ para as respostas emocionais.
   a. na excitação física
   b. no hormônio epinefrina
   c. no processamento cognitivo
   d. na aprendizagem
4. O que um polígrafo mede e por que seus resultados são questionáveis?

Expressão da emoção

Um comportamento expressivo implica emoção. Golfinhos, com sorrisos aparentemente estampados em seus rostos, parecem felizes. Para decifrar as emoções das pessoas, lemos seus corpos, ouvimos seus tons de voz e estudamos seus rostos. A linguagem não verbal varia de acordo com a cultura – ou é universal? E nossas expressões influenciam nossas emoções vivenciadas?

"Seu rosto, meu barão, é um livro em que os homens podem ler coisas estranhas." – Lady Macbeth ao marido, em *Macbeth*, de William Shakespeare

Detecção de emoção nos outros

QOA 12.6 Como nos comunicamos não verbalmente?

Para os ocidentais, um aperto de mão firme transmite uma personalidade extrovertida e expressiva (Chaplin et al., 2000). Um olhar pode comunicar intimidade, enquanto olhos rápidos podem sinalizar ansiedade (Kleinke, 1986; Perkins et al., 2012). Loucamente apaixonadas, as pessoas usualmente passam tempo – muito tempo – olhando nos olhos um do outro (Bolmont et al., 2014; Rubin, 1970). Mas será que esses olhares despertariam sentimentos amorosos entre estranhos? Para descobrir, os pesquisadores pediram a pares masculino-feminino desconhecidos (e presumivelmente heterossexuais) que olhassem atentamente por 2 minutos para as mãos um do outro ou nos olhos um do outro. Após o experimento, os observadores oculares relataram sentir um certo formigamento de atração e afeição (Kellerman et al., 1989).

Nosso cérebro é um detector incrível de expressões sutis, ajudando a maioria de nós a interpretar os sinais não verbais. Somos adeptos de detectar uma sutil insinuação de sorriso (Maher et al., 2014). Após a exibição de 10 segundos de vídeo do final de uma interação de *speed-dating*, as pessoas geralmente podem dizer se uma pessoa se sente atraída pela outra (Place et al., 2009). Sinais de *status* também são fáceis de detectar. Quando se mostra alguém com os braços levantados, peito expandido e um leve sorriso, as pessoas – de estudantes canadenses a aldeões de Fiji – percebem essa pessoa como tendo orgulho e *status* elevado (Tracy et al., 2013). Até mesmo vislumbrar um rosto por um décimo de segundo permitiu aos espectadores julgar a confiabilidade das pessoas ou avaliar a competência dos políticos e prever seu apoio eleitoral (Willis & Todorov, 2006). "As primeiras impressões [...] ocorrem com uma velocidade surpreendente", observam Christopher Olivola e Alexander Todorov (2010).

Também somos excelentes na detecção de ameaças não verbais. Sentimos prontamente palavras negativas apresentadas de forma subliminar, como *cobra* ou *bomba* (Gomes et al., 2018). Um rosto zangado se "destaca" em uma multidão (Öhman et al., 2001; Stjepanovic & LaBar, 2018). Mesmo crianças de 2 anos respondem a rostos irritados, sugerindo que os humanos são programados para detectar ameaças (Burris et al., 2019).

Zohaib Hussain/Getty Images

Linguagem silenciosa da emoção. A dança clássica hindu usa o rosto e o corpo para transmitir efetivamente 10 emoções diferentes (Hejmadi et al., 2000).

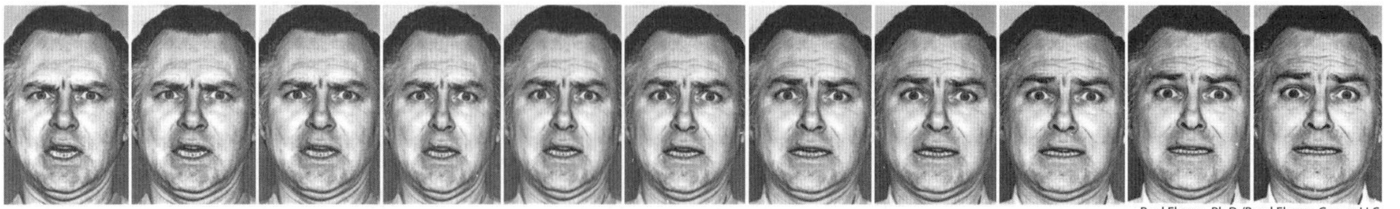

Paul Ekman, Ph.D./P aul Ekman Group, LLC.

Figura 12.3 A experiência influencia o modo como percebemos as emoções. Quando viram o rosto do meio (*seta*) transformado, misturando uniformemente raiva e medo, crianças abusadas fisicamente foram mais propensas do que as crianças não abusadas a perceber a expressão como de raiva (Pollak & Kistler, 2002; Pollak & Tolley-Schell, 2003).

A experiência pode nos sensibilizar a emoções específicas, como mostram experimentos usando uma série de rostos (como os da Figura 12.3) que se transformam de raiva em medo (ou tristeza). Ao apresentar um rosto que tem 50% de medo e 50% de raiva, as crianças abusadas fisicamente são mais propensas do que outras crianças a perceber a raiva. Suas percepções tornam-se sensivelmente sintonizadas para detectar mais rapidamente vislumbres de perigo.

Músculos faciais difíceis de controlar podem revelar emoções que você está tentando esconder. Levantar apenas a parte interna das sobrancelhas, o que poucas pessoas fazem conscientemente, revela angústia ou preocupação. Sobrancelhas levantadas e juntas sinalizam medo. Bochechas levantadas e músculos ativados sob os olhos sugerem um sorriso natural. Um sorriso fingido, como o que fazemos para um fotógrafo, muitas vezes fica paralisado por vários segundos e, de repente, se apaga; sorrisos de felicidade genuínos tendem a ser mais breves, mas a desaparecer menos abruptamente (Bugental, 1986) (Figura 12.4). Sorrisos verdadeiros fazem com que os outros nos percebam como confiáveis, autênticos e atraentes (Gunnery & Ruben, 2016).

Apesar da habilidade do nosso cérebro para detectar emoções, achamos difícil discernir o engano. As diferenças comportamentais entre mentirosos e contadores da verdade são muito pequenas para a maioria das pessoas detectar (Hartwig & Bond, 2011). Um resumo de 206 estudos descobriu que as pessoas eram apenas 54% precisas ao discernir a verdade das mentiras – pouco melhor do que um sorteio (Bond & DePaulo, 2006). Praticamente ninguém – exceto, talvez, profissionais da polícia em situações de alto risco – supera muito o acaso, nem mesmo ao detectar mentiras de crianças (Gongola et al., 2017; O'Sullivan et al., 2009; ten Brinke et al., 2016).

Alguns de nós, mais do que outros, são sensíveis aos sinais físicos de várias emoções. Em um estudo, as pessoas foram convidadas a nomear a emoção exibida em breves clipes de filmes. Os clipes mostravam partes do rosto ou corpo emocionalmente expressivos de uma pessoa, às vezes acompanhados por uma voz distorcida (Rosenthal et al., 1979). Por exemplo, após uma cena de 2 segundos – uma "fatia fina" de comportamento – revelando apenas o rosto de uma mulher chateada, os espectadores foram questionados se a mulher estava criticando alguém por estar atrasado ou falando sobre seu divórcio. Os introvertidos tendem a se destacar na leitura das emoções dos outros, enquanto os extrovertidos geralmente são mais fáceis de ler (Ambady et al., 1995).

Gestos, expressões faciais e tons vocais, ausentes na comunicação escrita, transmitem informações importantes. A diferença ficou clara quando os participantes de um estudo em grupo ouviram gravações de 30 segundos de pessoas descrevendo suas separações conjugais. Os participantes do outro grupo leram o roteiro da gravação. Aqueles que *ouviram* a gravação foram mais capazes de prever o ajuste atual e futuro das pessoas (Mason et al., 2010). Apenas ouvir um estranho dizer "olá" é suficiente para dar aos ouvintes alguma pista sobre a personalidade do falante.

Figura 12.4 Qual dos sorrisos do pesquisador Paul Ekman é fingido e qual é natural? O sorriso (b) envolve os músculos faciais de um sorriso natural.

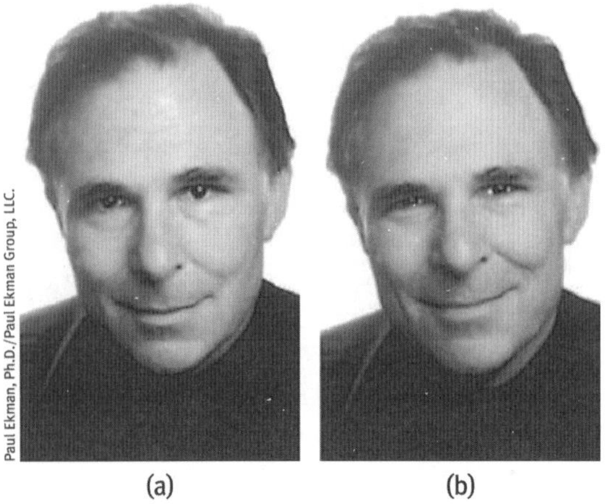

Paul Ekman, Ph.D./Paul Ekman Group, LLC.

(a) (b)

As comunicações *online* muitas vezes sofrem com a ausência de *nuances* vocais e faciais. Sem as pistas expressivas normais, corremos o risco do que o psicólogo do desenvolvimento Jean Piaget chamou de *egocentrismo*; podemos deixar de perceber como os outros interpretam nossa mensagem de "brincadeira" (Kruger et al., 2005). Portanto, para ajudar as pessoas a entender se nosso comentário *online* é sério, brincalhão ou sarcástico, podemos inserir *emojis*. 😊

Gênero, emoção e comportamento não verbal

QOA 12.7 Como homens e mulheres diferem na comunicação não verbal?

As mulheres têm maior sensibilidade do que os homens para pistas não verbais? Uma análise liderada por Judith Hall (2016) de 176 estudos de "fatia fina" indicou que as mulheres superam os homens na detecção de emoções. Essa vantagem surge no início do desenvolvimento, mesmo em bebês (McClure, 2000). A sensibilidade não verbal das mulheres ajuda a explicar sua maior alfabetização emocional. Quando convidados a descrever como se sentiriam em determinadas situações, os homens tendem a descrever reações emocionais mais simples (Barrett et al., 2000). Pode tentar isso você mesmo: pergunte a algumas pessoas como elas se sentiriam ao se despedirem de amigos após a formatura. Pesquisas sugerem que os homens são mais propensos a dizer, simplesmente, "vou me sentir mal", e as mulheres a expressar emoções mais complexas; "vou me sentir feliz e triste".

A habilidade das mulheres de decodificar as emoções dos outros também pode contribuir para sua maior capacidade de resposta emocional e expressividade, especialmente para emoções positivas (Fischer & LaFrance, 2015; McDuff et al., 2017). Em estudos com 23 mil pessoas de 26 culturas, as mulheres se declararam mais abertas do que os homens a sentimentos (Costa et al., 2001). As meninas também expressam emoções mais fortes do que os meninos, daí a percepção extremamente forte de que a emotividade é "mais verdadeira para as mulheres" – uma percepção expressa por quase 100% dos americanos de 18 a 29 anos (Chaplin & Aldao, 2013; Newport, 2001).

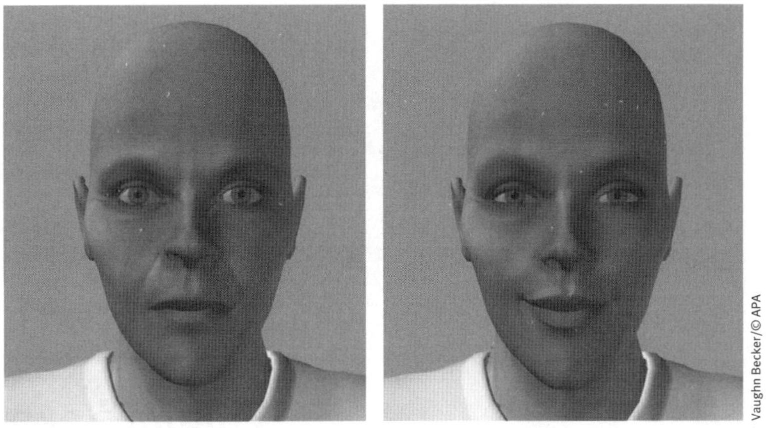

Vaughn Becker/© APA

Figura 12.5 Percepções de gênero? Pesquisadores manipularam um rosto de gênero neutro. As pessoas eram mais propensas a vê-lo como um homem quando usava uma expressão de raiva e como uma mulher quando usava um sorriso (Becker et al., 2007).

Uma exceção: rapidamente, imagine um rosto zangado. De que gênero é a pessoa? Se você é como três em cada quatro estudantes da Arizona State University, imaginou um homem (Becker et al., 2007). E quando um rosto de gênero neutro foi manipulado para parecer zangado, a maioria das pessoas o percebeu como um homem; quando o mesmo rosto estava sorrindo, eles foram mais propensos a percebê-lo como uma mulher (Figura 12.5). Para a maioria das pessoas, a raiva é percebida como uma emoção mais masculina.

A percepção da emotividade das mulheres também alimenta – e é alimentada por – pessoas que atribuem a emotividade das mulheres à sua disposição e a dos homens às circunstâncias: "ela é emotiva" *versus* "ele está tendo um dia ruim" (Barrett & Bliss-Moreau, 2009). Muitos fatores influenciam nossas atribuições, incluindo normas culturais (Mason & Morris, 2010). No entanto, existem algumas diferenças de gênero nas descrições de experiências emocionais. Quando pesquisadas, as mulheres também são muito mais propensas do que os homens a se descreverem como empáticas. Se você tem *empatia*, você se identifica com os outros e consegue se colocar no lugar deles. Você avalia uma situação como eles, regozijando-se com aqueles que se alegram e chorando com aqueles que choram (Wondra & Ellsworth, 2015). Como o advogado de defesa Atticus Finch explicou à filha no livro *O Sol é para Todos* ver as coisas do ponto de vista de outra pessoa é uma maneira simples de "se dar melhor com todo tipo de gente". Porém há uma desvantagem na empatia: ela nos concentra no que vemos e sentimos agora – descontando o que não é visto ou que é futuro (Bloom, 2016).

"O papel mais importante da empatia [...] é inspirar bondade: nossa tendência de ajudar uns aos outros, mesmo com um custo para nós." – Jamil Zaki, *The War for Kindness*, 2019

Leitores de ficção, que mergulham em outras vidas, relatam níveis mais elevados de empatia (Mar et al., 2009). Isso pode ajudar a explicar por que, em comparação com os homens, as mulheres também leem mais ficção (Tepper, 2000). No entanto, as medidas fisiológicas, como a frequência cardíaca ao ver a angústia de outra pessoa, revelam uma diferença de gênero muito menor (Eisenberg & Lennon, 1983; Rueckert et al., 2010).

As mulheres também são mais propensas a *expressar* empatia – a demonstrar mais emoção ao observar as emoções dos outros. Como mostra a Figura 12.6, essa diferença de gênero

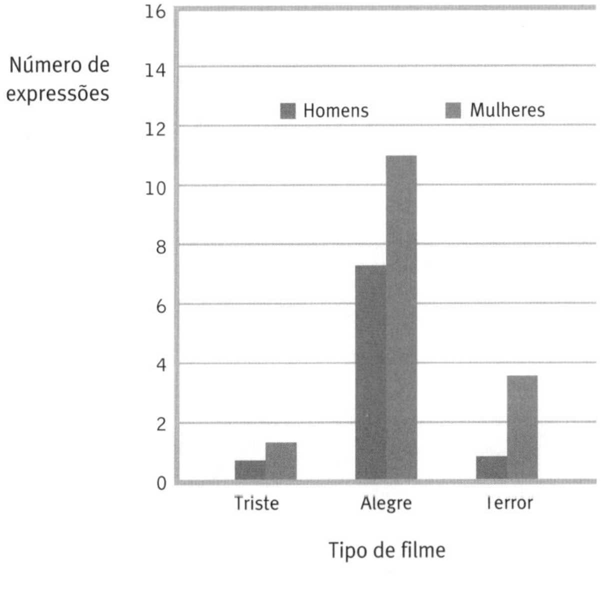

Figura 12.6 Gênero e expressividade. Os espectadores de filmes não diferiram dramaticamente nas emoções autorrelatadas ou nas respostas fisiológicas, mas os rostos das mulheres *mostraram* muito mais emoção do que os dos homens. (Dados de Kring & Gordon, 1998.)

ficou clara quando os alunos assistiram a clipes de filmes tristes (crianças com um pai moribundo), felizes (comédia de palhaço), ou assustadores (um homem quase caindo do parapeito de um prédio alto) (Kring & Gordon, 1998). As mulheres também tendem a experimentar eventos emocionais perturbadores, como ver fotos de mutilação, mais profundamente e com mais ativação cerebral em áreas sensíveis à emoção. E elas se lembram melhor das cenas 3 semanas depois (Canli et al., 2002).

PRÁTICA DE RECUPERAÇÃO

PR-1 ______________ (Mulheres/Homens) relatam sentir emoções mais profundamente e tendem a ser mais hábeis ao ler o comportamento não verbal.

RESPOSTAS NO APÊNDICE E

Cultura e expressão emocional

QOA 12.8 Como os gestos e as expressões faciais são compreendidos dentro das culturas e entre as culturas?

O significado dos *gestos* varia de cultura para cultura. Eu [ND] ensinei a meus filhos em idade pré-escolar o gesto de levantar o polegar para que eles possam me dizer que está tudo bem. Mas também vou ensiná-los a não fazer esse gesto se viajarmos para certos países da África Ocidental e do Oriente Médio, onde isso pode significar "enfia no **!" (Koerner, 2003).

As *expressões faciais* também têm significados diferentes em diferentes culturas? Para descobrir, duas equipes de investigação mostraram fotografias de várias expressões faciais para pessoas em diferentes partes do mundo e pediram que adivinhassem a emoção (Ekman, 2016; Ekman & Friesen, 1975; Izard, 1994). Você mesmo pode tentar essa tarefa de correspondência, emparelhando as seis emoções com os seis rostos da Figura 12.7.

Independentemente de sua formação cultural, você provavelmente se saiu muito bem. Um sorriso é um sorriso em todos os lugares. Idem para o riso e a tristeza. (Pessoas ao redor do mundo também podem discriminar risadas reais de risadas falsas [Bryant et al., 2018].) Outras expressões emocionais são menos universalmente reconhecidas (Cowen & Keltner, 2019; Crivelli et al., 2016a). Mas não há cultura em que as pessoas franzem a testa quando estão felizes.

Dados de 182 estudos mostram que nos saímos um pouco melhor ao julgar manifestações emocionais de nossa própria cultura (Crivelli et al., 2016b; Elfenbein & Ambady, 2002; Laukka et al., 2016). Ainda assim, os sinais reveladores de emoção geralmente atravessam culturas. Em todo o mundo, as crianças choram quando estão angustiadas, balançam a cabeça quando desafiadoras e sorriem quando estão felizes. O mesmo acontece com as crianças cegas que nunca viram um rosto (Eibl-Eibesfeldt, 1971).

Pessoas cegas de nascença exibem espontaneamente as expressões faciais comuns associadas a emoções como alegria, tristeza, medo e raiva (Galati et al., 1997).

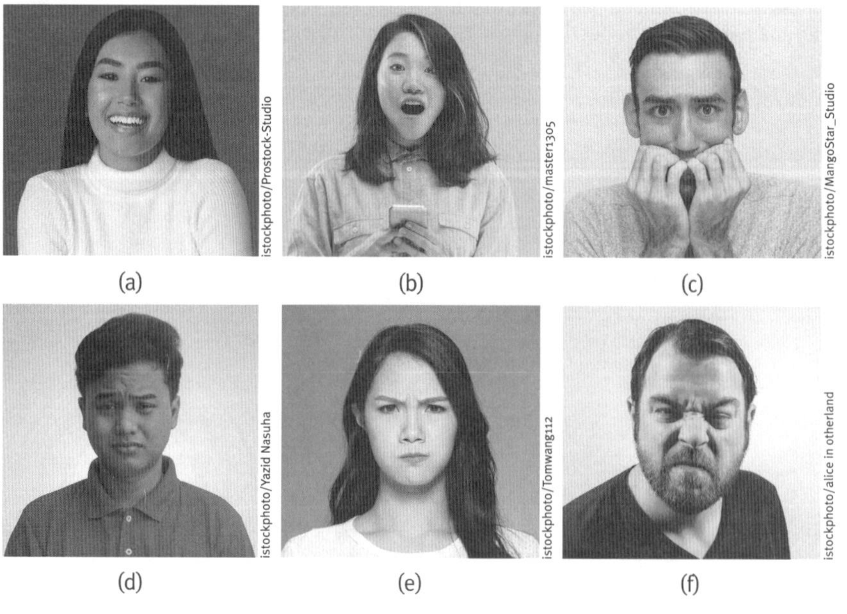

Figura 12.7 Expressões são específicas de uma cultura ou culturalmente universais? Como pessoas de culturas diferentes, nossos rostos falam línguas diferentes? Qual rosto expressa nojo? Raiva? Medo? Felicidade? Tristeza? Surpresa?[1] (From Matsumoto & Ekman, 1989)

[1] Respostas: (a) felicidade, (b) surpresa, (c) medo, (d) tristeza, (e) raiva, (f) nojo.

Essas categorias emocionais compartilhadas refletem experiências *culturais* compartilhadas, como filmes e programas de TV vistos em todos os lugares? Aparentemente não. Pessoas isoladas na Nova Guiné foram solicitadas a responder a declarações como "finja que seu filho morreu". Quando os alunos universitários norte-americanos viram as respostas gravadas, eles leram facilmente as reações faciais (Ekman & Friesen, 1971).

Assim, podemos dizer que os músculos faciais falam uma linguagem universal. Essa descoberta não teria surpreendido o teórico evolucionista Charles Darwin (1809-1882), que argumentou que nos tempos pré-históricos, antes de nossos ancestrais se comunicarem por palavras, eles comunicavam ameaças, saudações e submissão com expressões faciais. Suas expressões compartilhadas os ajudaram a sobreviver (Hess & Thibault, 2009). Em confrontos, por exemplo, o escárnio humano retém elementos de um animal mostrando os dentes em um rosnado (Figura 12.8). Expressões emocionais também podem facilitar nossa sobrevivência de outras maneiras. A surpresa levanta as sobrancelhas e alarga os olhos, permitindo-nos captar mais informações. O nojo enruga o nariz, fechando-o para odores desagradáveis.

"Para notícias do coração, pergunte ao rosto."
– Provérbio guineense

Sorrisos são eventos sociais e emocionais. Os eufóricos vencedores de medalhas de ouro nos Jogos Olímpicos geralmente não sorriem enquanto aguardam a cerimônia de premiação. Mas exibem sorrisos largos ao interagir com funcionários e ao enfrentar a multidão e as câmeras (Fernández-Dols & Ruiz-Belda, 1995). Assim, um vislumbre das expressões espontâneas dos competidores após as competições olímpicas e nacionais dá uma boa pista de quem venceu, independentemente do país (Crivelli et al., 2015; Matsumoto & Willingham, 2006, 2009). Mesmo atletas nativos cegos, que nunca observaram sorrisos, exibem sorrisos sociais nessas situações (Matsumoto et al., 2009).

Nós tendemos a sorrir quando estamos felizes, franzir a testa quando estamos tristes e franzir o cenho quando estamos com raiva. No entanto, às vezes também fazemos cara feia quando nos concentramos, ou sorrimos quando estamos com raiva. Além disso, dependendo do contexto e da cultura, a mesma expressão facial pode transmitir emoções diferentes (Barrett et al., 2019). Julgamos um rosto irritado em uma situação assustadora como medo e um rosto com medo em uma situação dolorosa, como dor (Carroll & Russell, 1996). Os diretores de cinema aproveitam esse fenômeno criando cenas e trilhas sonoras que amplificam nossas percepções de emoções específicas.

Sorrisos também são eventos culturais, com *regras de exibição* de *quanta* emoção expressar. Considere os muitos estudantes sorridentes que os pesquisadores encontraram em um *campus* universitário em uma pequena cidade americana *versus* muito menos alunos sorridentes em um *campus* em Pequim (Talhelm et al., 2019). Culturas que incentivam a individualidade, como na Europa Ocidental, Austrália, Nova Zelândia e América do Norte, estimulam a exibição de emoções visíveis (van Hemert et al., 2007). Aquelas que incentivam as pessoas a se ajustarem aos outros, como no Japão, China, Índia e Coreia, geralmente têm demonstrações emocionais menos visíveis (Cordaro et al., 2018; Matsumoto et al., 2009). No Japão, as pessoas inferem emoções mais a partir do contexto circundante.

Além disso, a boca, muitas vezes tão expressiva entre os norte-americanos, transmite menos emoção do que os olhos reveladores (Masuda et al., 2008; Yuki et al., 2007). Em comparação com seus pares na China, onde a calma é enfatizada, os líderes europeus e americanos expressam sorrisos largos seis vezes mais frequentemente em suas fotos oficiais (Figura 12.9) (Tsai et al., 2006, 2016). Se estamos felizes e sabemos disso, nossa cultura [americana] certamente nos ensinará como demonstrá-lo.

As diferenças culturais também existem *dentro* das nações. Os irlandeses e seus descendentes irlandeses-americanos tendem a ser mais expressivos do que os escandinavos e seus descendentes escandinavos-americanos (Tsai & Chentsova-Dutton, 2003). E isso nos lembra de uma lição familiar: como a maioria dos eventos psicológicos, a emoção é mais bem compreendida não apenas como um fenômeno biológico e cognitivo, mas também como um fenômeno sociocultural.

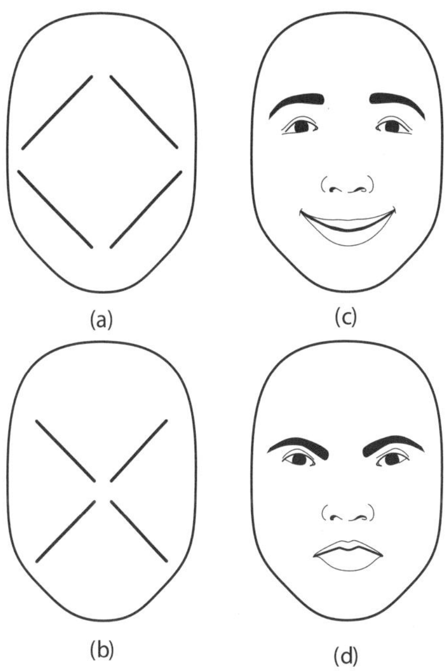

Figura 12.8 Raiva expressa. Cubra os rostos (c) e (d) e pergunte a um amigo se ele escolheria a imagem (a) ou a imagem (b) como a zangada. Mesmo sem as pistas faciais óbvias, a maioria das pessoas escolhe facilmente a resposta correta (b) (Franklin et al., 2019).

Figura 12.9 Cultura e sorriso. O sorriso largo do presidente dos EUA Joe Biden e o sorriso mais reservado do presidente chinês Xi Jinping ilustram uma diferença cultural na expressividade facial.

PRÁTICA DE RECUPERAÇÃO

PR-2 As pessoas são mais propensas a diferir culturalmente em suas interpretações de expressões faciais ou de gestos?

RESPOSTAS NO APÊNDICE E

Efeitos das expressões faciais

QOA 12.9 Como nossas expressões faciais influenciam nossos sentimentos?

À medida que William James (1890) lutava contra sentimentos de depressão e luto, ele passou a acreditar que podemos controlar as emoções "por meio dos movimentos externos" de qualquer emoção que queiramos experimentar. "Para se sentir alegre", ele aconselhou, "sente-se alegremente, olhe ao redor com alegria e aja como se a alegria já estivesse lá". Em *The Expression of the Emotions in Man and Animals* (*A Expressão das Emoções no Homem e nos Animais*), Charles Darwin (1872) afirmou que "a livre expressão de sinais externos de uma emoção a intensifica. [...] Aquele que cede a gestos violentos aumentará sua raiva".

"Sempre que sinto medo
Mantenho a cabeça ereta
E assobio uma melodia feliz."
– Richard Rodgers e Oscar Hammerstein, *The King and I*, 1958

Eles estavam certos? Você pode testar esta hipótese: finja um grande sorriso. Agora uma carranca. Você consegue sentir os efeitos da "terapia do sorriso"? Participantes em dezenas de experimentos sentiram a diferença. Os pesquisadores sutilmente induziram os alunos a fazer uma expressão carrancuda, pedindo-lhes para contrair certos músculos e juntar as sobrancelhas (supostamente para ajudar os pesquisadores a conectar eletrodos faciais) (Laird, 1974, 1984; Laird & Lacasse, 2014). Os resultados? Os alunos relataram sentir um pouco de raiva, assim como as pessoas naturalmente carrancudas (apertando os olhos) quando estão de frente para o sol (Marzoli et al., 2013). Assim também ocorre para outras emoções básicas. Por exemplo, as pessoas relataram sentir mais medo do que raiva, nojo ou tristeza quando obrigadas a construir uma expressão de medo: "levante as sobrancelhas. E abra bem os olhos. Mova toda a cabeça para trás, de modo que seu queixo fique um pouco para dentro, e deixe sua boca relaxar e ficar um pouco aberta" (Duclos et al., 1989).

PRÁTICA DE RECUPERAÇÃO

PR-3 (a) Com base no *efeito de feedback facial*, como os alunos podem relatar a sensação quando os elásticos levantam suas bochechas como se estivessem sorrindo? (b) Como os alunos podem relatar se sentir quando os elásticos puxam suas bochechas para baixo?

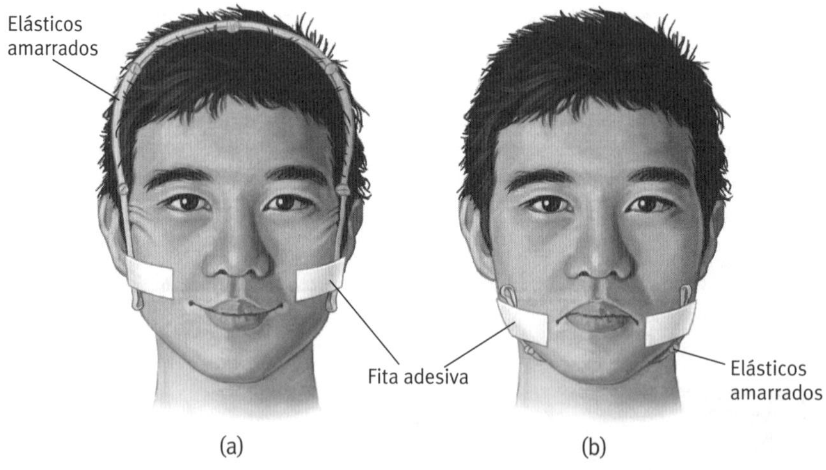

Figura 12.10 Como fazer as pessoas sorrirem sem pedir que sorriam. Faça como Kazuo Mori e Hideko Mori (2009) fizeram com estudantes no Japão: prenda elásticos nas laterais do rosto com fita adesiva e, em seguida, passe-os sobre a cabeça ou sob o queixo.

RESPOSTAS NO APÊNDICE E

James e Darwin estavam certos: as expressões não apenas comunicam emoção, mas também a amplificam e regulam. Esse **efeito de *feedback* facial** foi encontrado muitas vezes, em muitos lugares, para muitas emoções básicas (Coles et al., 2019; ver Figura 12.10). Ficamos um pouco mais felizes quando sorrimos, mais irritados quando franzimos o rosto e mais tristes quando franzimos a testa. A mera ativação de um dos músculos do sorriso segurando uma caneta nos dentes (em vez de suavemente entre os lábios, o que produz uma expressão neutra) torna as situações estressantes menos perturbadoras (Kraft & Pressman, 2012). Um sorriso sincero – feito não apenas com a boca, mas com as bochechas levantadas até

Efeito de *feedback* facial. Tendência dos estados musculares faciais de desencadear sentimentos correspondentes, como medo, raiva ou felicidade.

enrugar os olhos – aumenta ainda mais os sentimentos positivos quando você está reagindo a algo agradável ou engraçado (Soussignan, 2001). Quando estamos felizes, sorrimos, e quando sorrimos, ficamos mais felizes (a menos que estejamos distraídos sendo filmados [Marsh et al., 2019; Noah et al., 2018; Strack, 2016]).

Assim, seu rosto é mais do que um *outdoor* que mostra seus sentimentos, ele também alimenta seus sentimentos. Faça uma carranca e o mundo inteiro vai retribuir uma carranca para você. Não é de admirar que alguns pacientes deprimidos tenham se sentido melhor depois que as injeções de *botox* paralisaram seus músculos franzidos (Parsaik et al., 2016). A paralisia causada pelo *botox* nos músculos franzidos diminui a leitura das pessoas de frases relacionadas à tristeza ou raiva e diminui a atividade nos circuitos cerebrais relacionados à emoção (Havas et al., 2010; Hennenlotter et al., 2008). O contrário acontece quando o *botox* paralisa os músculos do riso: as pessoas se sentem mais deprimidas (Lewis, 2018).

Efeito de *feedback* comportamental. Tendência do comportamento de influenciar nossos pensamentos, sentimentos e ações; e os dos outros.

Os pesquisadores também observaram um **efeito de *feedback* comportamental** mais amplo (Carney et al., 2015; Flack, 2006). Você pode duplicar a experiência dos participantes: caminhe por alguns minutos com passos curtos e arrastados, mantendo os olhos baixos. Agora caminhe dando passos largos, com os braços balançando e olhando para a frente. Você pode sentir a mudança de humor? Ou quando estiver com raiva, incline-se para trás em uma posição sentada reclinada e sinta a raiva diminuir (Krahé et al., 2018). O movimento desperta as emoções.

Um pedido de seus autores: sorria frequentemente ao ler este livro.

Você pode usar sua compreensão dos efeitos de *feedback* para se tornar mais empático: deixe seu próprio rosto imitar a expressão de outra pessoa. Agir como o outro age nos ajuda a sentir o que o outro sente (Vaughn & Lanzetta, 1981). Perder essa capacidade de imitar os outros pode nos deixar lutando para fazer conexões emocionais, como a assistente social Kathleen Bogart, que tem síndrome de Moebius (um distúrbio raro de paralisia facial), descobriu enquanto trabalhava com refugiados do furacão Katrina: quando as pessoas faziam uma expressão triste, "eu não conseguia retribuir. Tentei fazê-lo com palavras e tom de voz, mas não adiantou. Despojada da expressão facial, a emoção simplesmente morre ali, não compartilhada" (Carey, 2010).

Nossa imitação natural das emoções dos outros ajuda a explicar por que as emoções são contagiosas (Dimberg et al., 2000; Neumann & Strack, 2000; Peters & Kashima, 2015). Postagens positivas e otimistas no Facebook criam um efeito cascata, que leva os amigos do Facebook a também expressarem emoções mais positivas (Kramer, 2012).

PERGUNTE A SI MESMO

Imagine uma situação em que você gostaria de mudar a maneira como se sente. Como você poderia fazer isso alterando suas expressões faciais ou a maneira como se comporta? Em que outras situações você poderia aplicar seu conhecimento sobre esses efeitos de *feedback*?

REVISÃO Expressão de emoção

OBJETIVOS DE APRENDIZAGEM

Teste a si mesmo. Responda às Questões dos Objetivos de Aprendizagem (antes de conferir as respostas no Apêndice D) para aprimorar a retenção dos conceitos estudados (McDaniel et al., 2009, 2015).

QOA 12.6 Como nos comunicamos de maneira não verbal?

QOA 12.7 Como homens e mulheres diferem na comunicação não verbal?

QOA 12.8 Como os gestos e as expressões faciais são compreendidos dentro das culturas e entre as culturas?

QOA 12.9 Como nossas expressões faciais influenciam nossos sentimentos?

TERMOS E CONCEITOS A RECORDAR

Teste a si mesmo. Escreva a definição com suas próprias palavras e depois confirme sua resposta.

efeito de *feedback* facial, p. 426

efeito de *feedback* comportamental, p. 427

DOMINE O MATERIAL

Teste a si mesmo. Responda às questões a seguir por conta própria, a princípio, depois confira as respostas no Apêndice E.

1. Quando as pessoas são induzidas a assumir expressões de medo, muitas vezes elas relatam sentir algum medo. Esse resultado é conhecido como efeito de ________________.
2. Thiago está com um resfriado forte e se vê arrastando os pés para a aula com a cabeça baixa. De que modo sua postura, assim como o resfriado, podem afetar seu bem-estar emocional?

Experimentando as emoções

QOA 12.10 Quais são algumas das emoções básicas?

Quantas emoções distintas existem? Quando questionados, a maioria dos cientistas da emoção concordou que raiva, medo, nojo, tristeza e felicidade são emoções humanas básicas (Ekman, 2016). Carroll Izard (1977) isolou 10 emoções básicas (alegria, interesse-excitação, surpresa, tristeza, raiva, nojo, desprezo, medo, vergonha e culpa) mais presentes na infância (Figura 12.11). Outros acreditam que orgulho e amor também são emoções básicas (Shaver et al., 1996; Tracy & Robins, 2004), mas Izard argumentou que outras emoções são combinações dessas 10. O amor, por exemplo, seria uma mistura de alegria e interesse-excitação.

Vamos dar uma olhada mais de perto na raiva e na felicidade. Que funções desempenham? O que influencia a experiência de cada um?

Andrew Moore

Soltando vapor. Os torcedores parecem experimentar alívio temporário enquanto torcem em partidas de futebol da Copa do Mundo, como nesta foto tirada na África do Sul. Minha filha [DM], uma moradora, observou: "toda vez que eu ficava com raiva do Uruguai, soprar aquela vuvuzela e entrar no coro da dissidência liberava algo em mim".

Raiva

QOA 12.11 Quais são as causas e consequências da raiva?

A raiva, disseram os sábios, é "uma curta loucura" (Horácio, 65-8 a.C.) que "leva a mente" (Virgílio, 70-19 a.C.) e pode ser "muitas vezes mais dolorosa do que a lesão que a causou" (Thomas Fuller, 1654-1734). Mas eles também disseram que a "raiva nobre" (William Shakespeare, 1564-1616) "torna qualquer covarde corajoso" (Cato, 234-149 a.C.) e "traz de volta... a força" (Virgílio).

Quando enfrentamos uma ameaça ou desafio, o medo desencadeia a fuga, mas a raiva desencadeia a luta – ambos são, às vezes, comportamentos adaptativos. O que nos deixa com raiva? Às vezes, a raiva é uma resposta aos atos de injustiça percebidos por alguém, especialmente quando o ato cometido parece intencional, injustificado e evitável (Averill, 1983). Mas pequenas inconveniências e aborrecimentos que não são culpa de ninguém – odores desagradáveis, altas temperaturas, engarrafamento, dores – também têm o poder de nos deixar com raiva (Berkowitz, 1990).

A raiva pode nos prejudicar, especialmente quando é crônica. A raiva aumenta nossa frequência cardíaca, aumenta a *inflamação* – enfraquecendo nossas defesas contra doenças – e aumenta nossos níveis de testosterona (Barlow et al., 2019; Herrero et al., 2010; Peterson & Harmon-Jones, 2012). Como, então, podemos administrar nossa raiva? Fontes de mídia

Figura 12.11 Algumas emoções que ocorrem naturalmente na infância. Para identificar as emoções geralmente presentes na infância, Carroll Izard analisou as expressões faciais dos bebês.

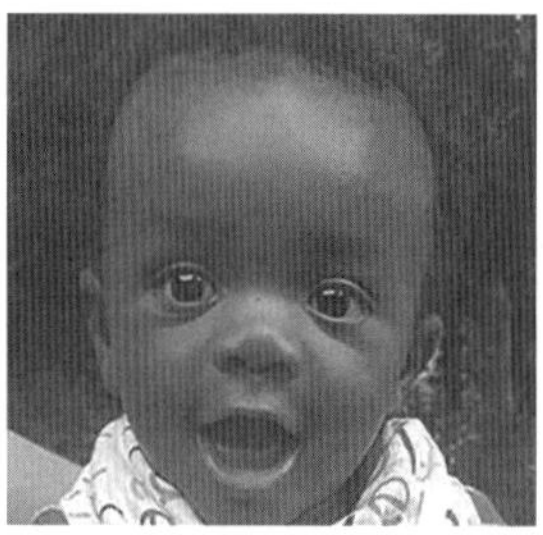

Lorie Hailey

Alegria (boca formando um sorriso, bochechas levantadas, brilho nos olhos)

istockphoto/Polina Strelkova

Raiva (sobrancelhas juntas e para baixo, olhos fixos, boca quadrada)

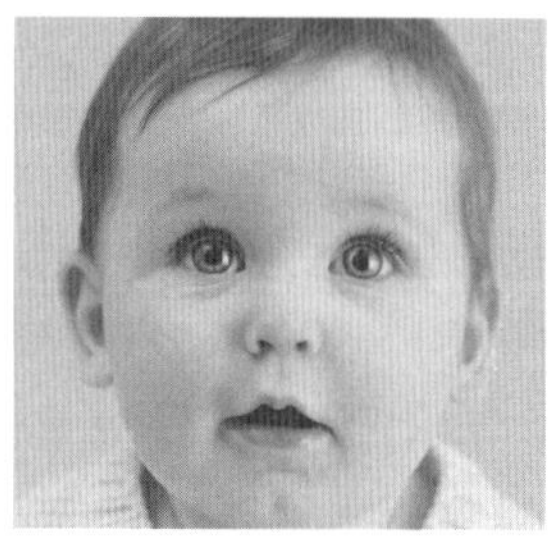

© Emma Kim/cultura/Corbis

Interesse (sobrancelhas levantadas ou franzidas, boca suavemente arredondada, lábios podem estar franzidos)

lina aidukaite/Getty Images

Nojo (nariz enrugado, lábio superior levantado, língua empurrada para fora)

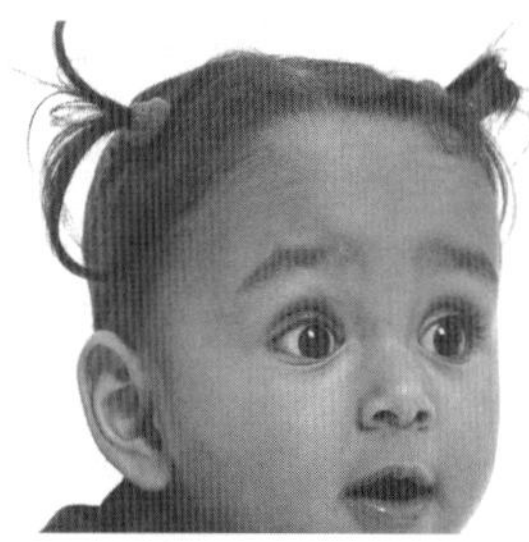

Samuel Borges Photography/Shutterstock

Surpresa (sobrancelhas levantadas, olhos arregalados, boca arredondada em formato oval)

bendao/Getty Images

Tristeza (cantos internos das sobrancelhas levantados, cantos da boca abaixados)

Vladimir Godnik/Getty Images

Medo (sobrancelhas niveladas, viradas para dentro e para cima, pálpebras levantadas, cantos da boca retraídos) populares às vezes aconselham que liberar sentimentos de raiva pode ser melhor do que internalizá-los. Quando irritados, devemos atacar o ofensor? Devemos nos enfurecer por nossos pais mortos, amaldiçoar o chefe em pensamento ou confrontar nosso agressor na infância?

As culturas individualistas encorajam as pessoas a extravasarem sua raiva. Esse conselho raramente é ouvido em culturas em que a identidade das pessoas está mais centrada no grupo. Pessoas que sentem profundamente sua *inter*dependência veem a raiva como uma ameaça à harmonia do grupo (Markus & Kitayama, 1991). No Taiti, por exemplo, as pessoas aprendem a ser atenciosas e gentis. No Japão, desde a infância, as expressões de raiva são menos comuns do que nas culturas ocidentais, onde na política recente e nas redes sociais a raiva parece estar na moda.

O conselho ocidental de extravasar sua raiva pressupõe que a ação ou fantasia agressiva possibilita uma liberação emocional, ou **catarse**. Pesquisadores relatam que, *às vezes*, quando as pessoas retaliam, elas podem se acalmar se direcionarem seu contra-ataque para o provocador, sua retaliação parece justificável e seu alvo não é intimidador (Geen & Quanty, 1977; Hokanson & Edelman, 1966; Verona & Sullivan, 2008). Em suma, expressar raiva pode ser *temporariamente* calmante se não nos deixar culpados ou ansiosos.

Catarse. Na psicologia, é a ideia de que "liberar" energia agressiva (por meio de ação ou fantasia) alivia os impulsos agressivos.

Apesar desse alívio temporário, a catarse geralmente não consegue eliminar nossa raiva. Mais frequentemente, expressar raiva gera mais raiva. Por um lado, pode provocar mais retaliações, fazendo com que um pequeno conflito se transforme em um grande confronto. Por outro, expressar raiva pode aumentar a sensação de raiva. Como a pesquisa de *feedback de comportamento* demonstra, *agir* com raiva pode nos fazer *sentir* mais irritados (Flack, 2006; Snodgrass et al., 1986). O potencial de tiro pela culatra da raiva apareceu em um estudo de pessoas solicitadas a bater em um saco de pancadas enquanto ruminavam sobre uma pessoa que as havia irritado recentemente (Bushman, 2002). A oportunidade de "drenar" a raiva a reduziu? Pelo contrário. Mais tarde, quando tiveram a chance de vingança, aqueles que extravasaram sua raiva tornaram-se ainda mais agressivos.

A raiva é muitas vezes mal-adaptativa. Pode alimentar a agressividade e o preconceito. Após os ataques terroristas de 11 de setembro, os americanos que responderam mais com raiva do que com medo demonstraram mais intolerância para com imigrantes e muçulmanos (DeSteno et al., 2004; Skitka et al., 2004). Explosões de raiva que nos acalmam temporariamente também podem se tornar reforçadoras e, portanto, formadoras de hábito. Se os gerentes estressados descobrirem que podem drenar temporariamente parte de sua tensão repreendendo um funcionário, então, da próxima vez que se sentirem irritados e tensos, é mais provável que se enfureçam novamente.

Quais são algumas maneiras melhores de gerenciar sua raiva? Os especialistas oferecem três sugestões:

- ***Espere.*** Fazer isso reduzirá sua excitação fisiológica. "O que sobe deve descer", observou Carol Tavris (1982). "Qualquer excitação emocional diminuirá se você esperar o suficiente"
- ***Encontre uma distração ou apoio saudável.*** Acalme-se fazendo exercícios, tocando um instrumento ou conversando com um amigo. Imagens do cérebro mostram que ruminar internamente sobre por que você está com raiva serve apenas para aumentar o fluxo sanguíneo da amígdala (Fabiansson et al., 2012)
- ***Afaste-se.*** Tente se afastar mentalmente da situação, como se estivesse observando-a se desenrolar à distância ou no futuro. O autodistanciamento reduz a ruminação, a raiva e a agressão (Kross & Ayduk, 2011; Mischkowski et al., 2012; White et al., 2015).

A raiva nem sempre é errada. Usada com sabedoria, comunica força e competência (Tiedens, 2001). Ela também motiva as pessoas a agirem com coragem e atingirem objetivos (Aarts & Custers, 2012; Halmburger et al., 2015). Expressões controladas de raiva são mais adaptáveis do que explosões hostis ou sentimentos de raiva reprimidos. Quando irritadas, as pessoas geralmente reagem de forma assertiva e não dolorosa (Averill, 1983). Então, para diminuir seu agravamento, elas frequentemente conversam sobre as coisas com o perpetrador. Civilidade significa não apenas manter silêncio sobre irritações triviais, mas também saber comunicar as coisas importantes de maneira clara e assertiva. Uma declaração não acusadora de sentimentos – talvez deixando um colega de quarto saber que "fico irritado quando tenho que limpar seus pratos sujos" – pode ajudar a resolver conflitos. A raiva que expressa uma queixa de maneira que promova a reconciliação em vez de retaliação pode beneficiar um relacionamento.

"A raiva nunca desaparecerá enquanto pensamentos de ressentimento forem acalentados na mente."
– Buda, 500 a.C.

E se o comportamento de alguém realmente machucar você e você não conseguir resolver o conflito? A pesquisa elogia a antiga resposta do perdão. Sem deixar o ofensor livre ou convidar a mais danos – às vezes precisamos nos distanciar de uma pessoa abusiva –, o perdão pode liberar a raiva e acalmar o corpo. Em um estudo sobre os efeitos neurais do perdão, estudantes alemães tiveram seu cérebro escaneado enquanto alguém impedia sua oportunidade de ganhar dinheiro (Strang et al., 2014). Em seguida, os alunos foram questionados se perdoaram ou não o malfeitor. O perdão aumentou o fluxo sanguíneo para regiões do cérebro que ajudam as pessoas a entender suas próprias emoções e a tomar decisões socialmente apropriadas.

PRÁTICA DE RECUPERAÇÃO

PR-1 Qual das alternativas a seguir é uma estratégia eficaz para reduzir sentimentos de raiva?

a. Retaliar verbalmente ou fisicamente.
b. Esperar ou se "acalmar".
c. Expressar raiva em ação ou fantasia.
d. Reviver a queixa silenciosamente.

RESPOSTAS NO APÊNDICE E

Felicidade

QOA 12.12 O que é o *fenômeno de sentir-se bem* e *fazer o bem* e qual é o foco da pesquisa em psicologia positiva?

As pessoas aspiram e desejam umas às outras saúde e felicidade. E por um bom motivo. Nosso estado de felicidade ou infelicidade colore tudo. Pessoas felizes percebem o mundo como mais seguro. Seus olhos são atraídos para informações emocionalmente positivas (Raila et al., 2015). Elas são mais confiantes e decididas, e cooperam mais facilmente. Experimentam mais sucesso na carreira (Walsh et al., 2018). Pessoas felizes avaliam candidatos a emprego de modo mais favorável, saboreiam suas experiências passadas positivas sem se deter nas negativas e são mais conectadas socialmente. Pessoas felizes vivem vidas mais saudáveis e com mais energia e satisfação (Boehm et al., 2015; De Neve et al., 2013; Stellar et al., 2015) e também são mais generosas (Boenigk & Mayr, 2016).

A conclusão é simples: *o humor é importante*. Quando você está triste, a vida como um todo parece deprimente e sem sentido – assim você pensa com mais ceticismo e presta atenção mais criticamente ao seu entorno. Deixe seu humor se iluminar e seu pensamento se ampliar, tornando-se mais lúdico e criativo (Baas et al., 2008; Forgas, 2008; Fredrickson, 2013).

A felicidade dos jovens adultos ajuda a prever seu curso de vida futuro. Um estudo mostrou que os jovens de 20 anos mais felizes eram mais propensos a se casar mais tarde e menos propensos a se divorciar (Stutzer & Frey, 2006). Em outro estudo, que entrevistou milhares de estudantes universitários dos EUA em 1976 e os reestudou aos 37 anos, estudantes felizes passaram a ganhar significativamente mais dinheiro do que seus colegas menos felizes que a média (Diener et al., 2002). Quando estamos felizes, nossos relacionamentos, autoimagem e esperanças para o futuro também parecem mais promissores.

Além disso – e esta é uma das descobertas mais consistentes da psicologia –, a felicidade não é apenas boa, ela *faz* bem. Uma experiência que melhora o humor, como relembrar um evento feliz, tornou as pessoas mais propensas a doar dinheiro, pegar os papéis deixados por alguém, voluntariar-se e fazer outras boas ações. Os psicólogos chamam isso de **fenômeno de sentir-se bem e fazer o bem** (Salovey, 1990).

O inverso também é verdadeiro: fazer o bem também promove o bem-estar. Uma pesquisa com mais de 200 mil pessoas em 136 países descobriu que, em quase todos os lugares, as pessoas relatam sentir-se mais felizes depois de gastar dinheiro com os outros e não consigo mesmas (Aknin et al., 2015a). As crianças pequenas também mostram emoções mais positivas quando dão, em vez de receber, presentes (Aknin et al., 2015b). E em um experimento, ajudar os outros fez com que os trabalhadores espanhóis experimentassem maior bem-estar. Além disso, as pessoas que ajudaram também se tornaram mais felizes e prestativas (Chancellor et al., 2018). A doação de rim dói, mas deixa os doadores se sentindo bem (Brethel-Haurwitz & Marsh, 2014). Mesmo criminosos condenados se sentem bem quando fazem o bem (Hanniball et al., 2019).

Por que fazer o bem é tão bom? Uma das razões é que fortalece nossas relações sociais (Aknin & Human, 2015; Yamaguchi et al., 2015). Alguns *coaches* de felicidade aproveitam esse *fenômeno de fazer o bem* e *sentir-se bem* ao designar as pessoas para realizar um "ato aleatório de bondade" diário e registrar os resultados.

Fenômeno de sentir-se bem e fazer o bem. Tendência das pessoas a serem prestativas quando estão de bom humor.

Psicologia positiva. Estudo científico do funcionamento humano com o objetivo de descobrir e promover pontos fortes e virtudes capazes de ajudar indivíduos e comunidades a prosperar.

Bem-estar subjetivo. Felicidade ou satisfação autopercebida com a vida. É usado junto com medidas objetivas de bem-estar (p. ex., indicadores físicos e econômicos) para avaliar a qualidade de vida das pessoas.

Psicologia positiva

William James estava escrevendo sobre a importância da felicidade ("o motivo secreto para tudo que fazemos") já em 1902. Na década de 1960, os *psicólogos humanistas* estavam interessados em promover a realização humana. No século XXI, sob a liderança do ex-presidente da American Psychological Association, Martin Seligman, a **psicologia positiva** está usando métodos científicos para estudar o florescimento humano. Esse novo subcampo inclui estudos de **bem-estar subjetivo** – nossos sentimentos de felicidade (às vezes definidos como uma alta proporção de sentimentos positivos e negativos) ou nosso senso de satisfação com a vida.

Juntos, a satisfação com o passado, a felicidade com o presente e o otimismo com relação ao futuro definem o primeiro pilar do movimento da psicologia positiva: *o bem-estar positivo*.

A psicologia positiva é sobre construir não apenas uma vida agradável, diz Seligman, mas também uma boa vida que engaje as nossas próprias habilidades, com um propósito de vida que vá além de nós mesmos. Assim, o segundo pilar, *traços positivos*, concentra-se em explorar e aprimorar a criatividade, a coragem, a compaixão, a integridade, o autocontrole, a liderança, a sabedoria e a espiritualidade. A felicidade é um subproduto de uma vida agradável, engajada e significativa.

O terceiro pilar, *grupos, comunidades e culturas positivas*, busca promover uma ecologia social positiva. Isso inclui famílias saudáveis, bairros comunitários, escolas eficazes, mídia socialmente responsável e diálogo civil.

"Psicologia positiva", disseram Seligman e colegas (2005), "é um termo guarda-chuva que abrange estudos de emoções positivas, traços de caráter positivos e instituições capacitadoras". Seu foco difere dos interesses tradicionais da psicologia de compreender e aliviar estados negativos – abuso e ansiedade, depressão e doença, preconceito e pobreza. (Artigos de psicologia publicados desde 1887 que mencionam "depressão" superam os que mencionam "felicidade" em 17 para 1.)

Em épocas passadas, tempos de relativa paz e prosperidade permitiram que as culturas desviassem sua atenção da reparação de fraquezas e danos para a promoção do que Seligman (2002) chamou de "as mais altas qualidades de vida". A próspera Atenas do século V alimentava a filosofia e a democracia. A florescente Florença do século XV alimentou as artes. A Inglaterra vitoriana, repleta da generosidade do Império Britânico, nutria honra, disciplina e dever. Neste milênio, acredita Seligman, as prósperas culturas ocidentais têm uma oportunidade paralela de criar, como um "monumento humano e científico", uma psicologia mais positiva, preocupada não apenas com fraquezas e danos, mas também com força e virtude. Graças à sua liderança e aos mais de 200 milhões de dólares em financiamento, o movimento ganhou força, com apoiadores em 77 países (IPPA, 2017; Seligman, 2016).

Courtesy of Martin Seligman

Martin E. P. Seligman. "O principal objetivo de uma psicologia positiva é medir, entender e, então, construir as forças humanas e as virtudes cívicas."

Vida curta dos altos e baixos emocionais

QOA 12.13 Como tempo, riqueza, adaptação e comparação afetam nossos níveis de felicidade?

Alguns dias da semana são mais felizes do que outros? No que pode ser a maior amostra de dados da psicologia de todos os tempos, o psicólogo social Adam Kramer (a pedido meu [DM] e em cooperação com o Facebook) fez uma *observação naturalista* de palavras de emoção em *bilhões* de atualizações de *status*. Depois de eliminar dias excepcionais, como feriados, ele rastreou a frequência de palavras de emoção positiva e negativa por dia da semana. Os dias com os humores mais positivos? Sexta e sábado (Figura 12.12). Análises semelhantes de respostas a questionários e 59 milhões de mensagens no Twitter identificaram sexta a domingo como os dias mais felizes da semana (Golder & Macy, 2011; Helliwell & Wang, 2015; Young & Lim, 2014). Para você também?

No longo prazo, nossos altos e baixos emocionais tendem a se equilibrar, mesmo ao longo do dia. A emoção positiva aumenta do início ao meio do dia na maioria dos dias e depois diminui (Kahneman et al., 2004; Watson, 2000). Um evento estressante – uma discussão, uma criança doente, um problema no carro – pode desencadear o mau humor. Não há nenhuma surpresa nisso. Porém, no dia seguinte, a melancolia quase sempre desaparece (Affleck et al., 1994; Bolger et al., 1989; Stone & Neale, 1984). Nossos julgamentos gerais de nossas vidas geralmente mostram efeitos prolongados de eventos bons ou ruins, mas nossos humores diários geralmente se recuperam (Luhmann et al., 2012). Se acontece alguma coisa, as pessoas tendem a se recuperar de um dia ruim para um bom humor *melhor* do que o usual no dia seguinte.

"Nenhuma felicidade dura muito." – Sêneca, *Agamenon*, 60 d.C.

Os piores eventos – a perda de um cônjuge ou de um emprego – podem nos arrastar para baixo por períodos mais longos (Infurna & Luthar, 2016). Mas, eventualmente, a maioria dos maus humores acaba. Um rompimento romântico é devastador, mas com o tempo a ferida cicatriza. Em um estudo, membros do corpo docente por 10 anos que não eram aprovados como titulares da cátedra imaginavam que suas vidas ficariam sem sentido por esse evento negativo. Na verdade, 5 a 10 anos depois, seu nível de felicidade era aproximadamente o mesmo daqueles que foram aprovados (Gilbert et al., 1998).

O luto pela perda de um ente querido ou a ansiedade após um trauma grave (como abuso infantil, estupro, ou terrores de guerra) podem persistir. Mas, geralmente, mesmo a tragédia não é permanentemente deprimente. As pessoas que ficam cegas ou paralisadas podem não recuperar completamente seu bem-estar anterior, mas aquelas com uma personalidade agradável comumente recuperam níveis próximos do normal de felicidade no dia a dia (Boyce & Wood, 2011; Hall et al., 1999). Mesmo se ficar paraplégico ou tetraplégico, explicou o psicólogo Daniel Kahneman (2005), "você gradualmente começará a pensar em outras coisas, e quanto mais tempo você passar pensando em outras coisas, menos infeliz você será".

Figura 12.12 Notificação de emoção. Adam Kramer (2010) rastreou palavras de emoção positiva e negativa em muitos "bilhões" (o número exato é informação sigilosa) de atualizações de *status* de usuários do Facebook dos EUA durante um período de 3 anos.

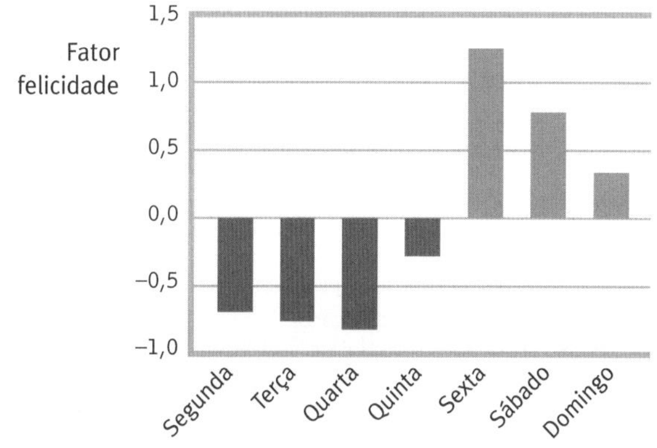

"Tudo tem suas maravilhas, até mesmo a escuridão e o silêncio, e eu aprendo, seja qual for o estado em que me encontre, a me contentar." – Helen Keller, *The Story of My Life*, 1902

A realidade surpreendente: *superestimamos a duração de nossas emoções e subestimamos nossa resiliência e capacidade de adaptação.* (Como alguém que herdou a perda auditiva com uma trajetória parecida com a de minha mãe, que passou os últimos 13 anos de sua vida completamente surda, eu [DM] me empolgo com esses achados.)

Dinheiro pode comprar felicidade?

Você seria mais feliz se ganhasse mais dinheiro? Quão importante é "estar muito bem financeiramente"? "Muito importante" ou "essencial", dizem 82% dos estudantes universitários dos EUA (Eagan et al., 2016). Mas o dinheiro pode realmente comprar a felicidade?

EFEITOS DE RENDA E DA DESIGUALDADE

Riqueza nacional importa. Indivíduos que vivem em países onde a maioria das pessoas têm meios de subsistência seguros tendem a ser mais felizes do que aqueles em países pobres (Diener & Tay, 2015).

Renda pessoal (até um ponto de saciedade) prevê a felicidade. Ter dinheiro suficiente para comer, sentir que tem controle sobre sua vida e ocasionalmente se presentear com algo especial prediz maior felicidade (Fischer & Boer, 2011; Ruberton et al., 2016). Como os dados australianos confirmam, o poder de mais dinheiro para aumentar a felicidade é mais forte em pessoas de baixa renda (Cummins, 2006). Um aumento salarial de mil dólares faz mais por alguém que ganha 10 mil dólares por ano do que para alguém que ganha 100 mil dólares.

Uma vez que temos dinheiro suficiente para conforto e segurança, chegamos a um ponto de "saciação de renda" além do qual acumular cada vez mais importa cada vez menos (Donnelly et al., 2018; Jebb et al., 2018). Experimentar o luxo diminui nosso sabor dos prazeres mais simples da vida (Cooney et al., 2014; Quoidbach et al., 2010). Se você esquiar nos Alpes uma vez, a colina de trenó do seu bairro empalidece. Se você esquiar nos Alpes todo inverno, isso se torna uma parte comum da vida, em vez de uma experiência para guardar (Quoidbach et al., 2015).

Com o tempo, uma maré econômica crescente não produziu aumento da felicidade ou diminuição da depressão. Considere: desde o final da década de 1950, o poder de compra do cidadão americano médio quase triplicou – permitindo que tenham casas maiores e o dobro de carros por pessoa, sem mencionar *tablets* e *smartphones*. Também comprou mais felicidade? Como mostra a Figura 12.13, os americanos não ficaram mais felizes. Em 1957, cerca de 35% disseram que estavam "muito felizes", assim como um pouco menos

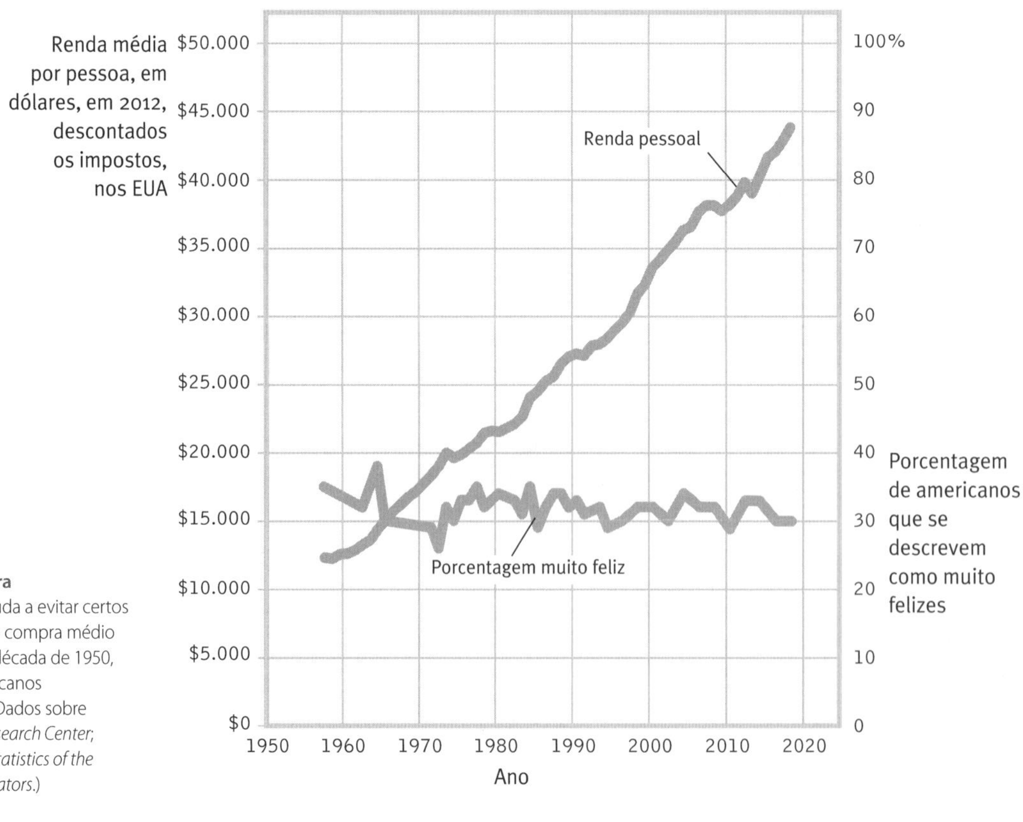

Figura 12.13 Dinheiro compra felicidade? Certamente nos ajuda a evitar certos tipos de dor. Embora o poder de compra médio tenha quase triplicado desde a década de 1950, a felicidade relatada pelos americanos permaneceu quase inalterada. (Dados sobre a felicidade: *National Opinion Research Center*; dados sobre a renda: *Historical Statistics of the United States and Economic Indicators*.)

– 33% – em 2014. Um fenômeno semelhante aconteceu na Europa, Canadá, Austrália e Japão, onde o aumento da renda real não produziu aumento da felicidade (Australian Unity, 2008; Diener & Biswas-Diener, 2008; Di Tella & MacCulloch, 2010; Zuzanek, 2013). Idem na China, onde os padrões de vida aumentaram, mas a felicidade e a satisfação com a vida, não (Davey & Rato, 2012; Graham et al., 2018). Essas descobertas lançam uma bomba no materialismo moderno: *o crescimento econômico em países ricos não forneceu impulso aparente ao moral ou ao bem-estar social das pessoas.*

Desigualdade extrema é socialmente tóxica. Por que o crescimento econômico não nos tornou mais felizes? O crescimento econômico tem sido acompanhado pelo aumento da *desigualdade*, que, em todos os tempos e lugares, prevê infelicidade (Cheung & Lucas, 2016; Graafland & Lous, 2019). Em países como EUA, China e Índia, a maré econômica crescente elevou os "iates" mais rápido do que os "barcos a remo" (Hasell, 2018). Em países e estados com maior desigualdade, pessoas de baixa renda tendem a ter mais problemas de saúde, problemas sociais e transtornos mentais (Payne, 2017; Sommet et al., 2018; Wilkinson & Pickett, 2017ab). Em todo o mundo, parece que entendemos isso. Independentemente de seu partido político, a maioria das pessoas diz que preferiria menores diferenças salariais entre ricos e pobres (Arsenio, 2018; Kiatpongsan & Norton, 2014).

Ironicamente, em todas as culturas, aqueles que se esforçam mais pela riqueza tendem a viver com menor bem-estar, especialmente quando buscam dinheiro para provar a si mesmos, ganhar poder ou se exibir em vez de sustentar suas famílias (Donnelly et al., 2016; Niemiec et al., 2009; Srivastava et al., 2001). Aqueles que lutam por intimidade, crescimento pessoal e contribuição para a comunidade experimentam maior qualidade de vida (Kasser, 2018).

Felicidade é relativa: adaptação e comparação

Dois outros princípios psicológicos explicam por que mais dinheiro não compra mais felicidade, exceto quando escasso. À sua maneira, cada princípio sugere que a felicidade é relativa.

FELICIDADE É RELATIVA À NOSSA PRÓPRIA EXPERIÊNCIA. O **fenômeno do nível de adaptação** descreve nossa tendência de julgar vários estímulos em comparação com nossas experiências passadas. Como explicou o psicólogo Harry Helson (1898-1977), ajustamos nossos níveis *neutros* – os pontos em que os sons não parecem altos nem suaves; as temperaturas, nem quentes nem frias; os eventos, nem agradáveis nem desagradáveis – com base em nossa experiência. Em seguida, notamos e reagimos a variações para cima ou para baixo desses níveis. Você já reparou como o primeiro dia frio de outono parece mais frio do que a mesma temperatura no meio do inverno?

Então, poderíamos criar um paraíso social permanente? Provavelmente não (Campbell, 1975; Di Tella et al., 2010). As pessoas que experimentaram um ganho inesperado recente – de uma loteria, uma herança ou uma economia em ascensão – normalmente se sentem eufóricas (Diener & Oishi, 2000; Gardner & Oswald, 2007). O mesmo aconteceria se você acordasse amanhã para sua utopia – talvez um mundo sem contas, sem males e notas perfeitas. Mas, eventualmente, você se adaptaria a esse novo normal. Em pouco tempo, você se sentiria novamente às vezes gratificado (quando os eventos excedem suas expectativas) e outras vezes, privado (quando eles ficam abaixo).

Ponto a ser lembrado: sentimentos de satisfação e insatisfação, sucesso e fracasso são julgamentos que fazemos parcialmente com base nas expectativas formadas por nossa experiência recente (Rutledge et al., 2014).

FELICIDADE É RELATIVA AO SUCESSO DOS OUTROS. Estamos sempre nos comparando com os outros. Se nos sentimos bem ou mal, depende de quem são esses outros (Lyubomirsky, 2001). Acreditar que os outros têm mais amigos ou são mais bem-sucedidos socialmente nos faz sentir pior (Whillans et al., 2017; Zell et al., 2018). Essa sensação – de que estamos em pior situação do que outros com quem nos comparamos – é chamada **privação relativa** (Smith et al., 2018).

Quando as expectativas superam as realizações, nos sentimos desapontados. Em todo o mundo, a satisfação com a vida sofre quando as pessoas de baixa renda se comparam às de renda mais alta (Macchia et al., 2019). À medida que as pessoas sobem a escada do sucesso, elas se comparam principalmente com colegas próximos que estão no nível atual ou acima (Gruder, 1977; Suls & Tesch, 1978; Zell & Alicke, 2010). Como observou o filósofo britânico Bertrand Russell (1930/1985, pp. 68-69), "Napoleão invejava César, César invejava Alexandre e Alexandre, ouso dizer, invejava Hércules, que nunca existiu. Você não pode, portanto, escapar da inveja apenas por meio do sucesso, pois sempre haverá na história ou lenda alguma pessoa ainda mais bem-sucedida do que você".

Assim como nos compararmos com aqueles que estão em melhor situação gera inveja, contar nossas bênçãos ao nos compararmos com aqueles que estão em pior situação aumenta nosso contentamento. Em um estudo, mulheres universitárias consideraram a privação e o sofrimento dos outros (Dermer et al., 1979). Elas viram representações vívidas da vida

"Eu tenho uma 'máxima do biscoito da sorte' da qual me orgulho muito: nada na vida é tão importante quanto você pensa que é enquanto pensa sobre isso. Então, nada vai te fazer tão feliz quanto você pensa que vai." – Psicólogo vencedor do Prêmio Nobel Daniel Kahneman, em entrevista ao Gallup, *What Were They Thinking?*, 2005

Os alunos tendem a ter um autoconceito acadêmico mais alto se frequentarem uma escola em que a maioria dos outros alunos não é excepcionalmente capaz (Marsh & Parker, 1984; Rogers & Feller, 2016; Salchegger, 2016). Se você estava perto do topo da sua turma, pode se sentir inferior ou desencorajado ao entrar em uma faculdade ou universidade onde todos os alunos estavam perto do topo da turma.

"A comparação é o ladrão da alegria." – Atribuído a Theodore Roosevelt

Fenômeno do nível de adaptação. Nossa tendência a formar julgamentos (de sons, de luzes, de renda) com relação a um nível neutro definido por nossa experiência anterior.

Privação relativa. Percepção de que estamos em pior situação com relação àqueles com quem nos comparamos.

sombria da cidade em 1900. Elas imaginaram e depois escreveram sobre várias tragédias pessoais, como serem queimados e desfigurados. Mais tarde, as mulheres expressaram maior satisfação com suas próprias vidas. Da mesma forma, quando pessoas levemente deprimidas leram sobre alguém que estava ainda mais deprimido, elas se sentiram um pouco melhor (Gibbons, 1986). "Chorei porque não tinha sapatos", diz um ditado persa, "até conhecer um homem que não tinha pés".

O que pode prever nossos níveis de felicidade?

QOA 12.14 O que prevê a felicidade e como podemos ser mais felizes?

Pessoas felizes compartilham muitas características (Tabela 12.2). Mas por que algumas pessoas normalmente são tão alegres e outras, tão sombrias? Aqui, como em tantas outras áreas, a resposta é encontrada na interação entre natureza e criação.

A genética importa. Em uma análise de mais de 55 mil gêmeos idênticos e fraternos, 36% das diferenças entre os índices de felicidade das pessoas eram hereditárias - atribuíveis aos genes (Bartels, 2015). Gêmeos idênticos criados separados costumam ser igualmente felizes. A busca por genes específicos que influenciam a felicidade confirma uma lição familiar: os traços humanos são influenciados por muitos genes com pequenos efeitos (Røysamb & Nes, 2019).

RubberBall Selects/Alam y

Mas nossa história pessoal e nossa cultura também importam. No nível pessoal, como vimos, nossas emoções tendem a se equilibrar em torno de um nível definido por nossa experiência. No nível cultural, os grupos variam nas características que valorizam. A autoestima e a realização importam mais nas culturas ocidentais, que valorizam o individualismo. A aceitação social e a harmonia são mais importantes em culturas comunitárias como o Japão, que dão maior ênfase a família e comunidade (Diener et al., 2003; Fulmer et al., 2010; Uchida & Kitayama, 2009).

Dependendo de nossos genes, nossa perspectiva e nossas experiências recentes, nossa felicidade parece flutuar em torno de um "ponto de equilíbrio de felicidade" que predispõe algumas pessoas a serem sempre otimistas e outras, mais negativas. Mesmo assim, depois de acompanhar milhares de vidas ao longo de duas décadas, pesquisadores determinaram que nossa satisfação com a vida pode mudar (Lucas & Donnellan, 2007). A felicidade é um sobe e desce, e pode ser influenciada por fatores que estão sob nosso controle (Layous & Lyubomirsky, 2014; Nes, 2010). Consulte a Tabela 12.3 para sugestões baseadas em pesquisas para melhorar seu humor e aumentar sua satisfação com a vida.

Se pudéssemos aumentar nossa felicidade no nível *individual*, poderíamos usar a pesquisa da felicidade para reorientar nossas prioridades *nacionais* na busca da felicidade? Muitos psicólogos acreditam que sim. Sociedades felizes não são apenas prósperas, mas também lugares onde as pessoas confiam umas nas outras, sentem-se livres e desfrutam de relacionamentos próximos (Helliwell et al., 2013; Oishi & Schimmack, 2010). Assim, em debates sobre salário mínimo, desigualdade econômica, alíquotas de impostos, leis de divórcio, saúde e planejamento urbano, o bem-estar psicológico das pessoas pode ser considerado. Muitos líderes

Tabela 12.2 Felicidade é...

Pesquisadores descobriram que pessoas felizes tendem a	No entanto, a felicidade não parece muito relacionada a outros fatores, como
Ter alta autoestima (em países individualistas)	Idade
Ser otimista, extrovertido, agradável e bem-humorado	Gênero (as mulheres são mais frequentemente deprimidas, mas também mais frequentemente alegres)
Ter relacionamentos próximos, positivos e duradouros	Atração física
Ter trabalho e lazer que envolvam suas habilidades	
Ter uma fé religiosa ativa (especialmente em culturas mais religiosas)	
Dormir bem e fazer exercícios	

Informações de Batz-Bararich et al., 2018; De Neve & Cooper, 1998; Diener et al., 2003, 2011; Headey et al., 2010; Lucas et al., 2004; Myers, 1993, 2000; Myers & Diener, 1995, 1996; Steel et al., 2008; Veenhoven, 2014, 2015 oferecem um banco de dados com mais de 13 mil correlatos de felicidade em WorldDatabaseofHappiness.eur.nl.

Tabela 12.3 Sugestões baseadas em evidências para uma vida mais feliz.

- ***Assuma o controle de seu tempo.*** Pessoas felizes se sentem no controle de suas vidas e menos estressadas com o tempo (Whillans, 2019). Ter pouco tempo disponível é estressante, ter tempo demais é chato. Portanto, estabeleça objetivos e divida-os em metas diárias gerenciáveis. Todos nós tendemos a superestimar o quanto vamos realizar em determinado dia, mas a boa notícia é que geralmente *subestimamos* o quanto podemos realizar em 1 ano com base apenas em um pequeno progresso diário
- ***Aja como se estivesse feliz.*** A pesquisa mostra que pessoas que são manipuladas para exibir uma expressão sorridente se sentem melhor. Então faça cara de feliz. Fale *como se* você sentisse uma autoestima positiva, fosse otimista e extrovertido. Muitas vezes, com isso conseguimos alcançar um estado de espírito mais feliz
- ***Busque trabalho e lazer que envolvam suas habilidades.*** Pessoas felizes geralmente estão em uma zona chamada *flow* – absorvidas em tarefas que as desafiam, mas não as sobrecarregam. As formas passivas de lazer (transmissão de filmes e programas de televisão) geralmente oferecem menos experiência de *flow* do que exercícios, socialização ou expressão de interesses artísticos
- ***Pague por experiências em vez de coisas.*** Para quem não está com dificuldades financeiras, o dinheiro compra mais felicidade quando gasto em experiências, especialmente as compartilhadas socialmente, que você espera, curte, lembra e fala a respeito (Caprariello & Reis, 2013; Kumar & Gilovich, 2013, 2015; Lee et al., 2018). Como disse o especialista Art Buchwald, "as melhores coisas da vida não são coisas"
- ***Junte-se à turma do "movimento".*** O exercício aeróbico não apenas promove saúde e energia, mas também ajuda a prevenir ou aliviar a depressão (Willis et al., 2018). Mentes sãs geralmente residem em corpos sãos
- ***Dê ao seu corpo o sono que ele deseja.*** Pessoas felizes vivem vidas ativas, mas reservam tempo para um sono renovador e revigorante. O déficit de sono resulta em fadiga, diminuição do estado de alerta e humor sombrio. Se você dormir agora, sorrirá mais tarde
- ***Dê prioridade a relacionamentos próximos.*** Em comparação com pessoas infelizes, as pessoas felizes se envolvem em conversas mais significativas (Milek et al., 2018). Tome a decisão de nutrir seus relacionamentos mais próximos, *não* tenha seus entes queridos como garantidos: dê a eles o tipo de bondade e afirmação que você dá aos outros. Relacionamentos importam
- ***Concentre-se e encontre significado além de si mesmo.*** Aproxime-se de quem precisa. Pratique atos de bondade. A felicidade aumenta a prestança, mas ser prestativo e fazer o bem também nos enchem de felicidade, significado e propósito. E o significado importa muito: uma vida significativa geralmente é uma vida longa, ativa e saudável (Alimujiang et al., 2019; Hooker & Masters, 2018)
- ***Desafie seu pensamento negativo.*** Substitua "eu falhei" por "posso aprender com isso". Lembre-se de que coisas acontecem e que, em 1 mês ou 1 ano, uma experiência ruim pode não parecer grande coisa
- ***Conte suas bênçãos e registre sua gratidão.*** Manter um diário de gratidão aumenta o bem-estar (Davis et al., 2016). Reserve um tempo para saborear experiências e conquistas positivas e apreciar por que elas ocorreram (Sheldon & Lyubomirsky, 2012). Expresse sua gratidão ao outro e prepare-se para se surpreender com a positividade de ambos (Dickens, 2017; Kumar & Epley, 2018)
- ***Alimente seu "eu" espiritual.*** A meditação nos ajuda a permanecer firmes emocionalmente. Para muitas pessoas, a fé também fornece uma comunidade de apoio, uma razão para se concentrar além de si mesmo e um senso de propósito e esperança. Isso ajuda a explicar por que, em todo o mundo, pessoas ativas em comunidades religiosas relatam felicidade acima da média e geralmente lidam bem com crises (Pew, 2019)

políticos concordam: 43 nações começaram a medir o bem-estar de seus cidadãos e muitas realizaram intervenções para aumentar o bem-estar nacional (Diener et al., 2015, 2019). Na Grã-Bretanha, por exemplo, o Annual Population Survey pergunta a seus cidadãos o quanto estão satisfeitos com suas vidas, o quanto valorizam suas vidas e quão felizes e ansiosos se sentiram ontem (ONS, 2018).

PERGUNTE A SI MESMO

Você ficou surpreso com alguma das descobertas relacionadas à felicidade? Que aspectos você pode mudar em sua vida para aumentar sua felicidade?

PRÁTICA DE RECUPERAÇÃO

PR-2 Qual dos seguintes fatores NÃO prediz a felicidade autorrelatada?

a. Idade

b. Traços de personalidade

c. Sono e atividade física

d. Fé religiosa ativa

RESPOSTAS NO APÊNDICE E

REVISÃO Experimentando as emoções

OBJETIVOS DE APRENDIZAGEM

Teste a si mesmo. Responda às Questões dos Objetivos de Aprendizagem (antes de conferir as respostas no Apêndice D) para aprimorar a retenção dos conceitos estudados (McDaniel et al., 2009, 2015).

QOA **12.10** Quais são algumas das emoções básicas?

QOA **12.11** Quais são as causas e consequências da raiva?

QOA **12.12** O que é o *fenômeno de sentir-se bem* e *fazer o bem* e qual é o foco da pesquisa em psicologia positiva?

QOA **12.13** Como tempo, riqueza, adaptação e comparação afetam nossos níveis de felicidade?

QOA **12.14** O que prevê a felicidade e como podemos ser mais felizes?

TERMOS E CONCEITOS A RECORDAR

Teste a si mesmo. Escreva a definição com suas próprias palavras e depois confirme sua resposta.

catarse, p. 429
fenômeno de sentir-se bem e fazer o bem, p. 430
psicologia positiva, p. 430
bem-estar subjetivo, p. 430
fenômeno do nível de adaptação, p. 433
privação relativa, p. 433

DOMINE O MATERIAL

Teste a si mesmo. Responda às questões a seguir sozinho, a princípio, depois confira as respostas no Apêndice E.

1. Uma das descobertas mais consistentes da pesquisa psicológica é que pessoas felizes também são
a. mais propensas a expressar raiva.
b. geralmente mais sortudas do que as outras.
c. concentradas nas nações mais ricas.
d. mais propensas a ajudar os outros.

2. A psicologia ____________ é um campo científico de estudo focado em como os seres humanos prosperam e florescem.

3. Ao se mudar para um novo apartamento, você acha o barulho da rua irritantemente alto, mas depois de um tempo isso não o incomoda mais. Essa reação ilustra
a. o princípio da privação relativa.
b. o fenômeno do nível de adaptação.
c. o fenômeno de sentir-se bem e fazer o bem.
d. o princípio da catarse.

4. Um filósofo observou que não podemos escapar da inveja porque sempre haverá alguém mais bem-sucedido, mais realizado, ou mais rico para nos compararmos. Na psicologia, essa observação está incorporada no princípio da ________________.

Estresse e doença

Viver é experimentar estresse. Em todo o mundo, 35% das pessoas relataram ter experimentado "muito estresse" no dia anterior (Gallup, 2019). (Os gregos, com 59%, foram os mais estressados, com os americanos, com 55%, não ficaram muito atrás.)

Podemos antecipar algumas situações estressantes. Para essas, acionar *alertas de gatilhos* que pretendem informar às pessoas sobre, digamos, um vídeo com conteúdo explícito que está por vir, pouco faz para evitar angústia (Sanson et al., 2019). Outros tipos de estresse atacam sem aviso prévio. Imagine ser Ben Carpenter, de 21 anos, que experimentou o passeio de cadeira de rodas mais selvagem e mais rápido do mundo. Ao atravessar uma rua, o semáforo mudou e um caminhão entrou no cruzamento. Quando eles bateram, as alças da cadeira de rodas de Carpenter ficaram presas na grade do caminhão. O motorista, que não tinha visto Carpenter e não podia ouvir seus gritos de socorro, desceu a estrada empurrando a cadeira de rodas a 80 km/h até chegar ao seu destino, a 3 km de distância. Enquanto Carpenter tentava lidar com sua perda de controle, seu coração disparou, suas mãos suaram e sua respiração acelerou: "foi muito assustador".

Michigan State Police

Estresse extremo. Da gravação de áudio de uma ligação para a emergência relatando a angústia de Ben Carpenter: "você não vai acreditar nisso. Tem um caminhão empurrando um cara em uma cadeira de rodas na estrada Red Arrow!".

Com que frequência você experimenta estresse em sua vida diária? Você se sente diferente quando situações estressantes parecem impostas a você (tarefas, prazos, eventos trágicos) em comparação com quando você impõe o estresse a si mesmo (aventuras, desafios, mudanças felizes)? Como veremos, nossa interpretação dos eventos afeta nossa experiência desses eventos e nos faz os considerar estressantes. Nesta seção, examinaremos mais de perto o estresse – o que é e como afeta nossa saúde e nosso bem-estar. Vamos começar com alguns termos básicos.

Estresse. Processo pelo qual percebemos e respondemos a certos eventos, chamados *estressores*, que avaliamos como ameaçadores ou desafiadores.

Estresse: alguns conceitos básicos

QOA 12.15 Como nossa avaliação de um evento afeta nossa reação ao estresse e quais são os três principais tipos de estressores?

Estresse é o processo de avaliar e responder a um evento ameaçador ou desafiador (Figura 12.14). Mas este é um conceito instável. Às vezes, usamos a palavra informalmente para descrever ameaças ou desafios ("Carpenter estava sob muito estresse") e outras vezes, nossas respostas ("Carpenter experimentou um estresse agudo"). Para um psicólogo, o passeio de caminhão aterrorizante foi um *estressor*. As respostas físicas e emocionais de Carpenter foram uma *reação ao estresse*. E o processo pelo qual ele se relacionava com a ameaça era o *estresse*. O estresse geralmente surge menos dos eventos em si do que de como os avaliamos (Lazarus, 1998). Uma pessoa sozinha em uma casa ignora alguns rangidos e não sente estresse; outra pessoa suspeita de um intruso e fica alarmada. Uma pessoa considera um novo emprego um desafio bem-vindo; outra pessoa o avalia como um risco de fracasso.

Quando de curta duração, ou quando percebidos como desafios, os estressores podem ter efeitos positivos. Um estresse momentâneo pode mobilizar o sistema imune para combater infecções e curar feridas (Segerstrom, 2007). O estresse também nos deixa alertas e nos motiva a vencer problemas. Em uma pesquisa do Gallup World, aqueles que estavam estressados, mas não deprimidos, relataram se sentir energizados e satisfeitos com suas vidas. Isso é o oposto da letargia relatada por aqueles que estavam deprimidos, mas não estressados (Ng & Feldman, 2009). Atletas de alta *performance*, artistas de sucesso, alunos motivados e grandes professores e líderes prosperam e se destacam quando despertados por um desafio (Blascovich & Mendes, 2010; Wang et al., 2015). Em jogos e competições atléticas, o estresse de não saber quem vai ganhar torna a competição agradável (Abuhamdeh et al., 2015). Tendo vencido um câncer ou recuperado um emprego perdido, algumas pessoas emergem com uma autoestima mais forte e uma espiritualidade e senso de propósito aprofundados. De fato, experimentar algum estresse no início da vida cria *resiliência* (Seery, 2011). A adversidade pode produzir crescimento.

"**Muitos pais dificultam a vida de seus filhos tentando, com muito zelo, torná-la mais fácil para eles.**" – Autor alemão Johann Wolfgang von Goethe (1749-1832)

Mas o estresse extremo ou prolongado pode nos prejudicar. Ele pode desencadear decisões arriscadas e comportamentos não saudáveis (Cohen et al., 2016; Starcke & Brand, 2016). E pode afetar a saúde diretamente, aumentando as mortes relacionadas a doenças infecciosas (Hamer et al., 2019). Gestantes com sistemas de estresse hiperativos tendem a ter gestações mais curtas, o que representa um risco à saúde de seus bebês (Guardino et al., 2016). Qual é o seu nível de estresse percebido (Figura 12.15)?

Há uma interação entre nossa mente e nossa saúde. Isso não é surpreendente: *mente e corpo interagem; tudo que é psicológico é simultaneamente fisiológico*. Antes de explorar essa interação, vamos olhar mais de perto os estressores e as reações ao estresse.

Figura 12.14 Avaliação do estresse. Os eventos de nossas vidas fluem através de um filtro psicológico. A maneira como avaliamos um evento influencia a quantidade de estresse que experimentamos e a eficácia com que reagimos.

Figura 12.15
Escala de estresse percebido.

Escala de Estresse Percebido

Esta escala pergunta sobre seus sentimentos e pensamentos *durante o último mês*. Em cada caso, indique com que frequência você sentiu ou pensou de determinada maneira.

0	1	2	3	4
Nunca	**Quase nunca**	**Às vezes**	**Com muita frequência**	**Quase sempre**

No último mês...

1. ___ ...com que frequência você ficou chateado por causa de algo que aconteceu inesperadamente?
2. ___ ...com que frequência você sentiu que era incapaz de controlar as coisas importantes em sua vida?
3. ___ ...com que frequência você se sentiu nervoso e "estressado"?
4. ___ ...com que frequência você se sentiu satisfeito com sua capacidade de lidar com seus problemas pessoais?
5. ___ ...com que frequência você sentiu que as coisas estavam indo do seu jeito?
6. ___ ...com que frequência você descobriu que não conseguia lidar com todas as coisas que tinha que fazer?
7. ___ ...com que frequência você tem conseguido controlar as irritações em sua vida?
8. ___ ...com que frequência você sentiu que estava dando conta das coisas?
9. ___ ...com que frequência você ficou bravo por causa de coisas que estavam fora do seu controle?
10. ___ ...com que frequência você sentiu que as dificuldades estavam se acumulando tanto que você não conseguiu superá-las?

PONTUAÇÃO:
- Primeiro, inverta suas pontuações para as questões 4, 5, 7 e 8. Nessas quatro questões, altere as pontuações assim: 0 = 4; 1 = 3; 2 = 2; 3 = 1; 4 = 0.
- Em seguida, some os pontos para obter a **pontuação total**.
- As pontuações variam de 0 a 40, com pontuações mais altas indicando maior estresse percebido.
- Pontuações variando de 0 a 13 seriam consideradas *baixo estresse percebido*.
- Pontuações variando de 14 a 26 seriam consideradas *médio estresse percebido*.
- Pontuações variando de 27 a 40 seriam consideradas *alto estresse percebido*.

Fonte: Cohen, S., Kamarck, T., & Mermelstein, R. (1983). "A global measure of perceived stress", Journal of Health and Social Behavior, 24, 385-396.

Estressores: coisas que nos deixam tensos

Os estressores se dividem em três tipos principais: catástrofes, mudanças significativas na vida e aborrecimentos diários (incluindo o estresse social). Todos podem ser tóxicos.

CATÁSTROFES. Catástrofes são desastres em grande escala: pense em terremotos, furacões, incêndios florestais, guerras. Após esse tipo de evento, os danos à saúde emocional e física podem ser significativos. Nos 4 meses que se seguiram à passagem do furacão Katrina em 2005, a taxa de suicídio de Nova Orleans triplicou (Saulny, 2006). Em pesquisas realizadas nas 3 semanas após os ataques terroristas de 11 de setembro, 58% dos americanos disseram que estavam se sentindo excitados e ansiosos acima da média (Silver et al., 2002). Em toda a área da cidade de Nova York, as pessoas se mostravam especialmente propensas a relatar esses sintomas e as prescrições de pílulas para dormir aumentaram em 28% (HMHL, 2002; NSF, 2001). Assistir extensivamente a imagens de televisão do 11 de setembro previu piores resultados de saúde 2 a 3 anos depois (Silver et al., 2013). Os ataques terroristas de 2011 na Noruega provocaram um aumento semelhante nos problemas de saúde, variando de problemas cardíacos a suicídios (Strand et al., 2016).

Para os que respondem a catástrofes mudando-se para outro país, o estresse pode ser duplicado. O trauma do desenraizamento e da separação familiar pode se combinar com os desafios de se ajustar a língua, etnia, clima e normas sociais de uma nova cultura (Pipher, 2002; Williams & Berry, 1991). Antes que seu moral comece a se recuperar, os recém-chegados geralmente experimentam um choque cultural, levando ao estresse e à inflamação (Gonzales et al., 2018; Scholaske et al., 2018). Esse *estresse aculturativo* diminui com o tempo, especialmente quando as pessoas se envolvem em atividades significativas e se conectam socialmente (Bostean & Gillespie, 2018; Kim et al., 2012). Nos próximos anos, essas realocações podem se tornar cada vez mais comuns por conta das mudanças climáticas.

MUDANÇAS IMPORTANTES NA VIDA. As transições na vida – sair de casa, assistir à morte de um ente querido, assumir dívidas estudantis, perder o emprego, divorciar-se – muitas vezes são sentidas de maneira aguda. Mesmo eventos felizes, como se formar ou se casar, podem ser transições de vida estressantes. Muitas mudanças de vida acontecem durante a adolescência e o início da idade adulta. Uma grande pesquisa canadense pediu que as pessoas relatassem se eram "excelentes ou boas" em sua capacidade de lidar com problemas inesperados e difíceis. Os adolescentes foram os que mais relataram maiores dificuldades (Statistics Canada, 2019). Quando 650 mil americanos foram questionados se haviam experimentado muito estresse "ontem", os jovens adultos relataram mais estresse (Newport & Pelham, 2009).

Alguns psicólogos estudam os efeitos sobre a saúde das mudanças na vida acompanhando as pessoas ao longo do tempo. Outros comparam os desafios da vida de quem sofreu (ou não) um problema de saúde, como um infarto. Nesses estudos, os que enviuvaram, foram despedidos, ou se divorciaram recentemente ficaram mais vulneráveis a doenças (Dohrenwend et al., 1982; Sbarra et al., 2015; Strully, 2009). Um estudo finlandês com 96 mil pessoas viúvas descobriu que o risco de morte do sobrevivente dobrou na semana seguinte à morte do parceiro (Kaprio et al., 1987). Um conjunto de crises - perder o emprego, a casa e o parceiro - aumenta ainda mais o risco.

ABORRECIMENTOS DIÁRIOS E ESTRESSE SOCIAL. Os eventos não precisam mudar nossas vidas para causar estresse. O estresse também vem de *aborrecimentos diários* - colegas insuportáveis, notificações incessantes de redes sociais e muitas coisas para fazer em muito pouco tempo (Lazarus, 1990; Pascoe & Richman, 2009; Ruffin, 1993). Podemos ter que fazer um discurso público ou resolver problemas matemáticos difíceis (Balodis et al., 2010; Dickerson & Kemeny, 2004; Figura 12.16). Algumas pessoas ignoram esses pequenos problemas; mas outras não conseguem. Este é especialmente o caso daqueles que acordam todos os dias enfrentando problemas de moradia, cuidados infantis não confiáveis, orçamentos que não se estendem até o próximo dia de pagamento e problemas de saúde. A desigualdade também pode afetar a saúde e o bem-estar (Piazza et al., 2013; Sapolsky, 2018; Sin et al., 2015). O estresse crônico no local de trabalho pode causar *burnout* no trabalhador - fazendo-o sentir-se ineficiente, emocionalmente esgotado e desconectado (OMS, 2019). Os sentimentos estressantes de hoje podem prejudicar sua saúde física anos depois - e até encurtar sua vida (Chiang et al., 2018; Leger et al., 2018).

As pressões diárias podem ser agravadas pelo preconceito, que, como outros estressores, pode ter consequências psicológicas e físicas (Benner et al., 2018; Pascoe & Richman, 2009). Pensar que algumas das pessoas que você encontra todos os dias não gostam, desconfiam ou duvidam de você torna a vida cotidiana estressante. Muitas pessoas transgênero sofrem o estresse do estigma e da discriminação (Valentine & Shipherd, 2018). Pessoas que não são heterossexuais e que enfrentam preconceito frequente em suas comunidades morrem, em média, 12 anos mais cedo do que aquelas que vivem em comunidades mais receptivas (Hatzenbueler, 2014). Para muitos afro-americanos, o estresse da discriminação racial pode levar a níveis insalubres de pressão arterial e glicemia, aumento do risco de doenças cerebrais e privação de sono (Beatty et al., 2019; Brody et al., 2018; Levy et al., 2016). E após a realização das eleições presidenciais de 2016, nos EUA, sete em cada 10 afro-americanos e aproximadamente seis em cada 10 asiático-americanos e hispano-americanos disseram que o resultado foi, para eles, uma fonte de estresse (APA, 2017).

O estresse também surge dos conflitos diários que enfrentamos por diferentes **motivos de aproximação e evitação** (Lewin, 1935; Hovland & Sears, 1938). Menos estressantes são os conflitos de *aproximação-aproximação*, nos quais dois objetivos que se atraem, mas que são incompatíveis, nos puxam - ir a um evento esportivo ou comer *pizza*, fazer uma aula de dança ou de música, usar o moletom verde ou o cinza. Outras vezes, enfrentamos um conflito de *evitação-evitação* entre duas alternativas indesejáveis. Você evita estudar um assunto de que não gosta ou evita o fracasso fazendo sua leitura? Você prefere sofrer a ira de alguém por admitir a verdade ou o sentimento de culpa por ter mentido?

Em tempos de conflito de *aproximação-evitação*, sentimos que somos simultaneamente atraídos e repelidos. Você pode adorar algumas coisas em seu parceiro romântico, mas não gostar de outras. De longe, o objetivo - um relacionamento feliz - parece atraente. Mas, à medida que você se aproxima desse objetivo, sua tendência de evitação pode começar a ultrapassar sua tendência de aproximação e você sente vontade de escapar. Recuando, os aspectos negativos desaparecem e você se sente novamente atraído. O estresse se multiplica quando enfrentamos simultaneamente vários conflitos de aproximação-evitação - com quem namorar, que curso fazer, que emprego aceitar.

Sistema de resposta ao estresse

QOA 12.16 Como respondemos e nos adaptamos ao estresse?

O interesse médico sobre o estresse remonta a Hipócrates (460-377 a.C.). Séculos mais tarde, Walter Cannon (1929) confirmou que a resposta ao estresse é parte de um sistema unificado entre a mente e o corpo. Ele observou que o frio extremo, a falta de oxigênio e os eventos que despertam emoções desencadeiam uma efusão dos hormônios adrenais do estresse, epinefrina e norepinefrina. Quando avisado por qualquer uma das várias vias cerebrais, o sistema

Motivos de aproximação e evitação. Impulso de ir em direção (aproximar-se) ou fugir (evitar) de um estímulo.

Figura 12.16 Estudo do estresse. A maioria das pessoas experimenta estresse ao fazer um discurso público. Para estudar o estresse, os pesquisadores recriam esse tipo de situação. No final, eles *questionam* e tranquilizam cada participante.

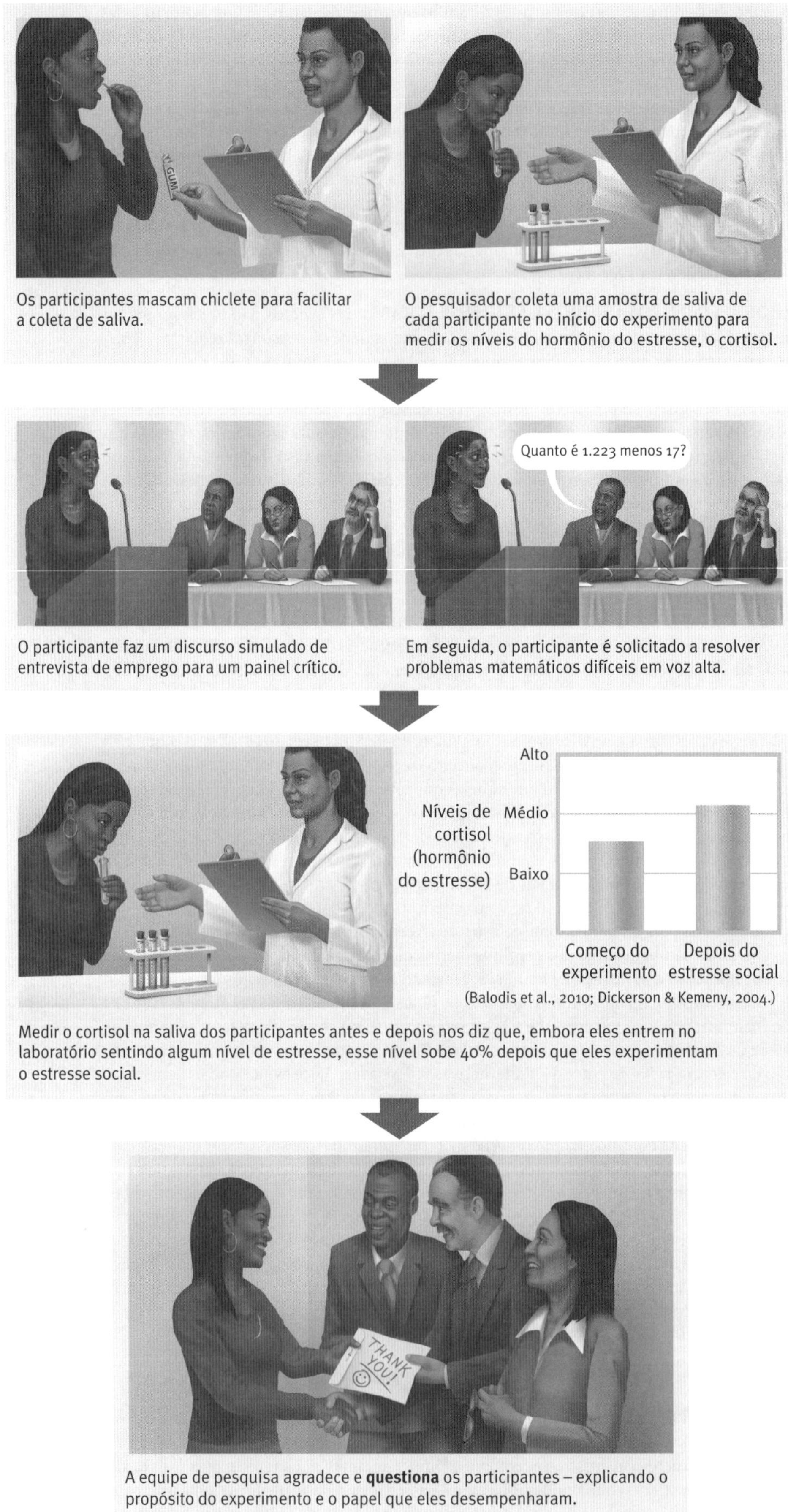

Os participantes mascam chiclete para facilitar a coleta de saliva.

O pesquisador coleta uma amostra de saliva de cada participante no início do experimento para medir os níveis do hormônio do estresse, o cortisol.

O participante faz um discurso simulado de entrevista de emprego para um painel crítico.

Em seguida, o participante é solicitado a resolver problemas matemáticos difíceis em voz alta.

(Balodis et al., 2010; Dickerson & Kemeny, 2004.)

Medir o cortisol na saliva dos participantes antes e depois nos diz que, embora eles entrem no laboratório sentindo algum nível de estresse, esse nível sobe 40% depois que eles experimentam o estresse social.

A equipe de pesquisa agradece e **questiona** os participantes – explicando o propósito do experimento e o papel que eles desempenharam.

nervoso simpático nos deixa alertas, preparando o corpo para a resposta maravilhosamente adaptativa que Cannon chamou de luta ou fuga. Essa resposta aumenta a frequência cardíaca e a taxa respiratória, desvia o sangue da digestão para os músculos esqueléticos, diminui a sensação de dor e libera açúcar e gordura das reservas do corpo. O sistema nervoso simpático ajuda mais com ameaças imediatas (uma cobra venenosa próxima) do que com ameaças distantes ou iminentes (crise climática). Lutando ou fugindo, aumentamos nossas chances de sobrevivência.

Desde a época de Cannon, os fisiologistas identificaram um sistema adicional de resposta ao estresse. Por ordens provenientes do córtex cerebral (através do hipotálamo e da hipófise), a parte externa das glândulas suprarrenais secreta hormônios *glicocorticoides*, como o *cortisol*. Os dois sistemas funcionam em velocidades diferentes, como explica o biólogo Robert Sapolsky (2003): "em um cenário de luta ou fuga, a epinefrina é quem distribui as armas; e são os glicocorticoides que elaboram os projetos dos novos porta-aviões necessários para o esforço de guerra". As pistolas de epinefrina estavam disparando em alta velocidade durante um experimento inadvertidamente realizado em um voo da British Airways de São Francisco para Londres. Três horas após a decolagem, ouviu-se uma mensagem que dizia erroneamente aos passageiros que o avião estava prestes a cair no mar. Embora a tripulação de voo tenha reconhecido imediatamente o erro e tentasse acalmar os passageiros aterrorizados, muitos precisaram de assistência médica (Associated Press, 1999).

Os 40 anos de pesquisa do cientista canadense Hans Selye (1936 a 1976) sobre estresse ampliaram as descobertas de Cannon. Seus estudos sobre as reações dos animais a vários estressores, como choque elétrico e cirurgia, ajudaram a tornar o estresse um conceito importante tanto na psicologia quanto na medicina. Selye propôs que a resposta adaptativa do corpo ao estresse é tão genérica que, como um alarme contra roubo, apita, não importa qual seja a ameaça. Ele chamou essa resposta de **síndrome da adaptação geral** (SAG) e a viu como um processo de três fases. Digamos que você esteja sofrendo um trauma físico ou emocional:

- Na ***fase* 1**, você tem uma *reação de alarme*, pois seu sistema nervoso simpático é subitamente ativado. Sua frequência cardíaca aumenta. O sangue é desviado para os músculos esqueléticos. Com seus recursos mobilizados, agora você está pronto para revidar
- Durante a ***fase* 2**, de *resistência*, a temperatura, a pressão sanguínea e a respiração permanecem altas. Suas glândulas suprarrenais bombeiam epinefrina e norepinefrina na corrente sanguínea. Você está totalmente engajado, convocando todos os seus recursos para enfrentar o desafio. Com o passar do tempo, sem alívio do estresse, as reservas do seu corpo começam a diminuir
- Você atingiu a ***fase* 3**, da *exaustão*. Com a exaustão, você se torna mais vulnerável a doenças ou mesmo, em casos extremos, a colapso e morte.

O ponto básico de Selye: embora o corpo humano lide bem com o estresse temporário, o estresse prolongado pode danificá-lo. A guerra civil da Síria, por exemplo, afetou a saúde de sua população (Al Ibraheem et al., 2017) (Figura 12.17). O estresse infantil grave fica oculto, levando a um maior estresse na vida adulta, insônia e doenças cardíacas (Jakubowski et al., 2018;

Síndrome da adaptação geral (SAG). Conceito desenvolvido por Selye sobre a resposta adaptativa do corpo ao estresse em três fases – alarme, resistência, exaustão.

Figura 12.17 Síndrome de adaptação geral de Selye. Devido ao conflito em curso, os capacetes brancos da Síria (socorristas voluntários) estão perpetuamente em modo de "reação de alarme", correndo para retirar as vítimas dos escombros após cada novo ataque. À medida que sua resistência se esgota, eles correm o risco de exaustão.

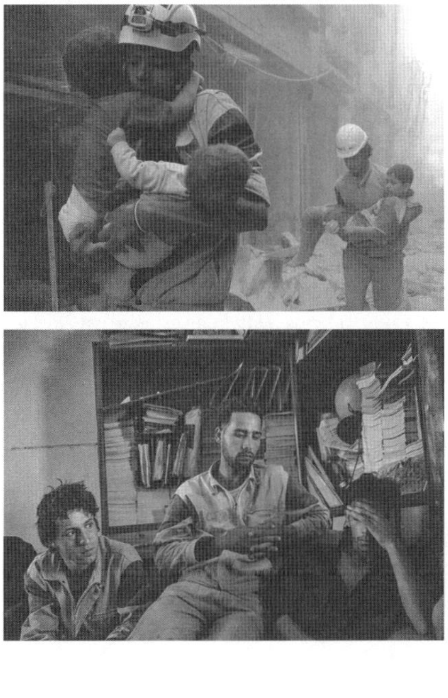

Sultan Kitaz/Reuters/Reuters/Newscom

Sebastiano Tomada/Getty Images

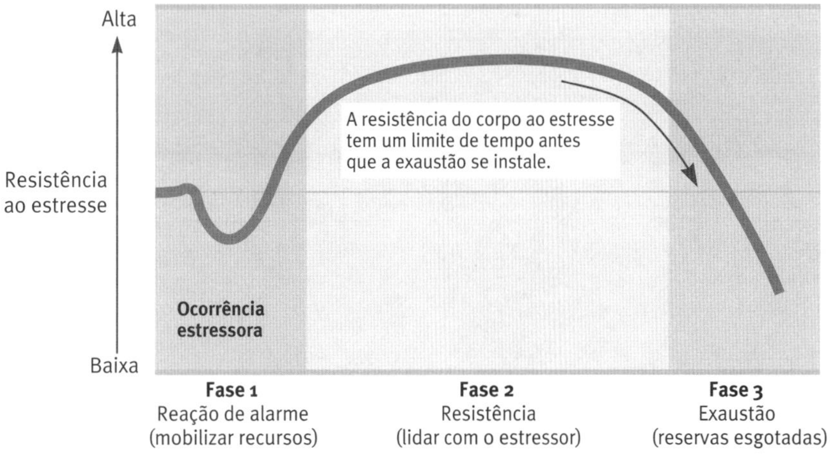

Resposta de cuidado e proteção. Sob estresse, as pessoas (especialmente as mulheres) geralmente fornecem apoio aos outros (*cuidados*), relacionam-se e buscam apoio de outros (*proteção*).

Psicologia da saúde. Subcampo da psicologia que fornece a contribuição da psicologia para a medicina comportamental.

Psiconeuroimunologia. Estudo de como os processos psicológicos, neurais e endócrinos, juntos, afetam nosso sistema imune e o estado de saúde resultante.

"Dormimos com medo, acordamos com medo e saímos de casa com medo." – Postagem de uma menina de 15 anos no Facebook, descrevendo a vida cotidiana de sua família no Iêmen devastado pela guerra (al-Asaadi, 2016).

Puterman et al., 2016; Talvitie et al., 2019). Em um estudo de duas décadas, crianças galesas severamente estressadas eram três vezes mais propensas a desenvolver doenças cardíacas quando adultas (Ashton et al., 2016). Ex-prisioneiros de guerra, que experimentaram estresse e sofrimento constantes, desenvolvem *telômeros* mais curtos – pedaços de DNA que protegem as extremidades dos cromossomos (Stein et al., 2018). Isso pode explicar por que, em comparação com soldados não cativos, ex-prisioneiros de guerra tendem a morrer mais cedo (Solomon et al., 2014, 2017). Em um estudo com mulheres que sofreram estresse duradouro como cuidadoras de crianças com distúrbios graves, as que estavam mais estressadas tinham células que pareciam uma década mais velhas que sua idade cronológica (Epel et al., 2004). O estresse intenso parece envelhecer as pessoas.

Também respondemos ao estresse de outras maneiras. Uma resposta comum após a morte de um ente querido é retrair-se. Retroceder. Economizar energia. Diante de um desastre extremo, como o naufrágio de um navio, algumas pessoas ficam paralisadas pelo medo. Outra resposta, encontrada frequentemente entre as mulheres, é dar e buscar apoio – o que é chamado **resposta de cuidado e proteção** (Lim & DeSteno, 2016; Taylor, 2006; von Dawans et al., 2019).

PRÁTICA DE RECUPERAÇÃO

PR-1 O sistema de resposta ao estresse: quando alertado para um evento negativo e incontrolável, nosso sistema nervoso ___________ nos desperta. Frequência cardíaca e respiração _______________(aumentam/diminuem). O sangue é desviado da digestão para o _______________ esquelético. O corpo libera açúcar e gordura. Tudo isso prepara o corpo para a resposta _______________ _______________.

RESPOSTAS NO APÊNDICE E

Estresse e vulnerabilidade a doenças

QOA 12.17 Como o estresse nos torna mais vulneráveis a doenças?

Muitas vezes, vale a pena gastar nossos recursos lutando ou fugindo de uma ameaça externa. Mas isso tem um custo. Quando o estresse é momentâneo, o custo é pequeno. Quando o estresse é persistente, o custo pode ser maior, na forma de menor resistência a infecções e outras ameaças ao bem-estar mental e físico.

Para estudar como o estresse – e os comportamentos saudáveis e não saudáveis – influencia(m) a saúde e a doença, psicólogos e médicos criaram o campo interdisciplinar da *medicina comportamental*, integrando conhecimentos médicos e comportamentais. A **psicologia da saúde** fornece a contribuição da psicologia para a medicina comportamental. Um ramo da psicologia da saúde chamado **psiconeuroimunologia** se concentra nas interações entre mente e corpo (Kiecolt-Glaser, 2009; Kipnis, 2018). Esse nome estranho faz sentido quando dito devagar: seus pensamentos e sentimentos (*psico*) influenciam seu cérebro (*neuro*), que influencia os hormônios endócrinos que afetam seu sistema *imune* que combate doenças. E este subcampo é o estudo (*logia*) dessas interações.

Inimigos amigáveis. Kara Goucher e Shalane Flanagan eram rivais na maratona dos EUA, mas também boas amigas. Cuidar e fazer amizade as ajudou a lidar com o estresse e a se destacar.

BU Interactive News

Se alguma vez você já teve uma dor de cabeça por estresse ou sentiu sua pressão subir porque estava com raiva, não precisa ser convencido de que nossos estados psicológicos têm efeitos fisiológicos. O estresse pode até deixá-lo menos capaz de combater doenças porque seus sistemas nervoso e endócrino influenciam seu sistema imune (Sternberg, 2009). Você pode pensar no sistema imune como um sistema de vigilância complexo. Quando funciona corretamente, mantém você saudável isolando e destruindo bactérias, vírus e outros invasores. Quatro tipos de células estão ativas nessas missões de busca e destruição (Figura 12.18).

Sua idade, nutrição, genética e nível de estresse influenciam a atividade do seu sistema imune. Quando seu sistema imune não funciona corretamente, ele pode errar em duas direções:

1. Respondendo com muita força, pode atacar os próprios tecidos do corpo, causando uma reação alérgica ou uma doença autoimune, como lúpus, esclerose múltipla ou algumas formas de artrite. As mulheres, que são imunologicamente mais fortes que os homens, são mais suscetíveis a *doenças autoimunes* (Nussinovitch & Schoenfeld, 2012; Schwartzman-Morris & Putterman, 2012).

Figura 12.18 Visão simplificada da resposta imune. Os quatro tipos de células que abastecem nosso sistema imune são os *linfócitos B* e os *linfócitos T*, os *macrófagos* ("grandes comedores") e as *células natural killer* (células NK).

2. Reagindo de forma insuficiente, o sistema imune pode permitir que uma infecção bacteriana se manifeste, um vírus latente se torne ativo, ou que células cancerosas se multipliquem. Para proteger órgãos transplantados, que o corpo do receptor trata como invasores, o sistema imune do paciente precisa ser deliberadamente suprimido.

O estresse também pode desencadear a supressão imunológica, reduzindo a liberação de linfócitos que combatem doenças. Isso foi observado em animais estressados por restrições físicas, choques elétricos inevitáveis, barulho, aglomeração, água fria, derrota social, ou separação de suas mães (Maier et al., 1994). Um estudo monitorou as respostas imunes em 43 macacos durante 6 meses (Cohen et al., 1992). Metade foi deixada em grupos estáveis. Os demais ficaram estressados por serem alojados com novos companheiros – três ou quatro novos macacos por mês. No final do experimento, os macacos socialmente perturbados tinham sistemas imunes mais fracos.

O sistema imune humano reage de forma semelhante. Três exemplos:

- ***As feridas cirúrgicas cicatrizam mais lentamente em pessoas estressadas.*** Em um experimento, estudantes de odontologia receberam perfurações (pequenos furos precisos feitos na pele). Comparadas com feridas feitas durante as férias de verão, aquelas feitas 3 dias antes de um exame importante cicatrizaram 40% mais lentamente (Kiecolt-Glaser et al., 1998). Em outros estudos, o conflito no casamento também retardou a cicatrização de feridas (Kiecolt-Glaser et al., 2005)
- ***Pessoas estressadas são mais vulneráveis a resfriados.*** O grande estresse da vida aumenta o risco de uma infecção respiratória (Pedersen et al., 2010). Quando os pesquisadores inocularam um vírus do resfriado no nariz das pessoas, 47% daqueles com vidas cheias de estresse desenvolveram resfriados (Figura 12.19). Entre aqueles que vivem relativamente livres de estresse, apenas 27% o fizeram. Em pesquisas de acompanhamento, as pessoas mais felizes e relaxadas também eram marcadamente menos vulneráveis a um vírus do resfriado a que foram expostas experimentalmente (Cohen et al., 2003, 2006; Cohen & Pressman, 2006)
- ***O estresse pode acelerar o curso da doença.*** Como o próprio nome demonstra, a AIDS (*síndrome da imunodeficiência adquirida*) é um distúrbio imunológico causado pelo HIV (*vírus da imunodeficiência humana*). O estresse não é capaz de provocar AIDS, mas uma análise de 33.252 participantes de todo o mundo descobriu que o estresse e as emoções negativas aceleraram a transição da infecção pelo HIV para a AIDS. O estresse permitiu prever um declínio mais rápido naqueles com AIDS (Chida & Vedhara, 2009). Quanto maior foi o estresse que as pessoas infectadas pelo HIV experimentaram, mais rápido sua doença progrediu.

Figura 12.19 Estresse e resfriados. Pessoas com as pontuações mais altas de estresse na vida também se mostraram mais vulneráveis quando expostas a um vírus do resfriado a que foram expostas experimentalmente (Cohen et al., 1991).

istockphoto/Inside Creative House

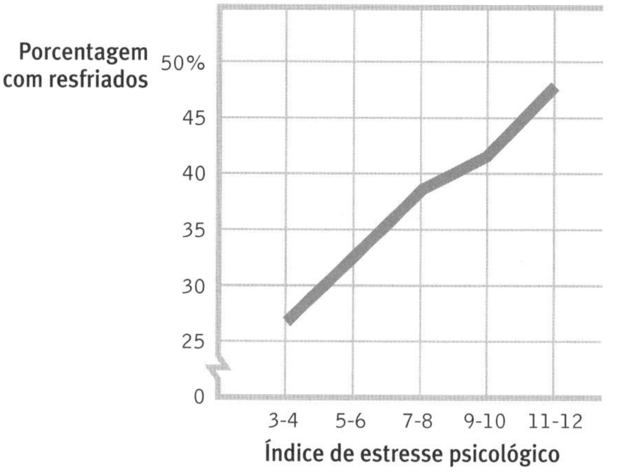

O efeito do estresse sobre a imunidade faz sentido do ponto de vista fisiológico. É preciso energia para rastrear invasores, produzir inchaço e manter febres. Assim, quando enfermo, seu corpo reduz a produção de energia muscular diminuindo a atividade (e aumentando o sono). O estresse faz o oposto: cria uma necessidade concomitante de energia. Durante uma reação de luta ou fuga, suas respostas ao estresse desviam a energia do sistema imune que combate doenças e a envia para seus músculos e cérebro. Isso torna você mais vulnerável a doenças. Aqueles que sofrem o estresse da depressão tendem a envelhecer mais rápido e morrer mais cedo (McIntosh & Relton, 2018). Mesmo em pares de gêmeos, o gêmeo menos feliz tende a morrer primeiro (Saunders et al., 2018). *Ponto a ser lembrado*: o estresse afeta a saúde. Não nos deixa doentes, mas altera nosso funcionamento imunológico, o que nos deixa menos capazes de resistir a infecções.

PRÁTICA DE RECUPERAÇÃO

PR-2 O campo da ________________ estuda as interações mente-corpo, incluindo os efeitos do funcionamento psicológico, neural e endócrino no sistema imune e na saúde geral.

PR-3 Que efeito geral o estresse tem sobre a nossa saúde?

RESPOSTAS NO APÊNDICE E

Estresse e câncer

O estresse não cria células cancerosas. Em um sistema imune saudável e funcional, linfócitos, macrófagos e células NK procuram e destroem células cancerosas e células danificadas pelo câncer. Se o estresse enfraquece o sistema imune, isso pode enfraquecer a capacidade de uma pessoa de combater o câncer? Para explorar uma possível conexão entre o estresse e o câncer, os pesquisadores implantaram células tumorais em roedores ou deram a eles substâncias *cancerígenas* (substâncias produtoras de câncer). Eles então expuseram alguns roedores a um estresse incontrolável, como choques, que enfraqueceram seus sistemas imunes (Sklar & Anisman, 1981). Os roedores estressados, em comparação com seus homólogos não estressados, desenvolveram câncer com mais frequência, experimentaram o crescimento do tumor mais cedo e desenvolveram tumores maiores.

Esse vínculo entre estresse e câncer também se aplica aos humanos? Os resultados, em geral, são semelhantes (Lutgendorf & Andersen, 2015). Alguns estudos constatam que as pessoas estão em maior risco de câncer dentro de 1 ano após sofrerem estresse significativo ou um processo de luto (Chida et al., 2008; Steptoe et al., 2010). Em um grande estudo sueco, o risco de câncer de cólon foi 5,5 vezes maior entre pessoas com histórico de estresse no local de trabalho do que entre aquelas que não relataram esses problemas. Essa diferença não se deve a diferenças de grupo com relação a idade, tabagismo, consumo de álcool ou características físicas (Courtney et al., 1993). Outros estudos, no entanto, não encontraram ligação entre estresse e risco de câncer humano (Butow et al., 2018; Petticrew et al., 1999, 2002). Sobreviventes de campos de concentração e ex-prisioneiros de guerra, por exemplo, não têm taxas elevadas de câncer.

Exagerar a importância do vínculo entre as emoções e o câncer pode levar alguns pacientes a se culparem por sua doença. Um perigo colateral também é o senso de virtuosidade entre os saudáveis, que assumem o crédito por seu "caráter saudável" e lançam culpa sobre os doentes. Morrer torna-se, assim, o fracasso final.

Por isso, é importante repetir: *o estresse não cria células cancerosas*. Na pior das hipóteses, pode afetar seu crescimento, enfraquecendo as defesas naturais do corpo contra a multiplicação de células malignas (Lutgendorf et al., 2008; Nausheen et al., 2010; Sood et al., 2010). Embora um estado relaxado e esperançoso possa aumentar essas defesas contra os poderosos processos biológicos em ação no câncer avançado, devemos estar cientes da linha tênue que divide a ciência e o pensamento positivo mágico (Anderson, 2002). Para pacientes com câncer que estão deprimidos, o tratamento da depressão geralmente melhora a qualidade de vida, mas não aumenta as taxas de sobrevivência (Mulick et al., 2018).

"Eu não criei meu câncer." – Prefeita Barbara Boggs Sigmund (1939-1990), Princeton, Nova Jersey

Quando as causas orgânicas da doença são desconhecidas, é tentador inventar explicações psicológicas. Antes da descoberta do germe que causa a tuberculose, as explicações sobre a personalidade da tuberculose eram populares (Sontag, 1978).

Estresse e doenças cardíacas

QOA 12.18 Por que alguns de nós são mais propensos do que outros a desenvolver doenças coronarianas?

Imagine um mundo onde você acorda todos os dias, toma seu café da manhã e verifica as notícias. Entre as manchetes, você vê que quatro jatos jumbo 747 caíram ontem, matando outros 1.642 passageiros. Você termina seu café da manhã, pega sua bolsa e vai para a aula. É apenas um dia normal.

Substitua acidentes aéreos por **doença cardíaca coronariana**, a principal causa de morte nos EUA, e você volta à realidade. Cerca de 630 mil americanos morrem anualmente de doenças cardíacas (CDC, 2017). A hipertensão arterial e um histórico familiar da doença aumentam esse risco, assim como o tabagismo, a obesidade, uma dieta pouco saudável, a inatividade física e um alto nível de colesterol. Em todo o mundo, a doença cardíaca coronariana mata mais homens do que mulheres (Bots et al., 2017).

Estresse e personalidade também desempenham um papel importante nas doenças cardíacas. Quanto mais traumas psicológicos as pessoas experimentam, mais seus corpos geram inflamação, que está associada a problemas cardíacos e outros problemas de saúde, incluindo depressão (Haapakoski et al., 2015; O'Donovan et al., 2012). Arrancar um fio de cabelo e medir o nível do hormônio do estresse cortisol pode ajudar a indicar se uma criança experimentou estresse prolongado ou prever se um adulto terá um futuro infarto (Karlén et al., 2015; Pereg et al., 2011; Vliegenthart et al., 2016). A presença de cortisol em um corte de unha também pode indicar a exposição prévia ao estresse (Izawa et al., 2017).

EFEITOS DA PERSONALIDADE, DO PESSIMISMO E DA DEPRESSÃO. Em um estudo clássico, Meyer Friedman, Ray Rosenman e seus colegas testaram a ideia de que o estresse aumenta a vulnerabilidade a doenças cardíacas medindo em diferentes épocas do ano o nível de colesterol no sangue e a velocidade de coagulação de 40 homens americanos que trabalhavam como contadores fiscais (Friedman & Ulmer, 1984). De janeiro a março, os resultados dos testes foram completamente normais. Mas conforme os contadores começaram a se esforçar para terminar as declarações de imposto de renda de seus clientes antes do prazo de 15 de abril, suas medidas de colesterol e coagulação subiram para níveis perigosos. Em maio e junho, passado esse prazo, as medidas voltaram à normalidade. Para esses homens, o estresse foi capaz de prever o risco de infarto.

Então alguns de nós correm alto risco de doença cardíaca coronariana relacionada ao estresse? Para responder a essa pergunta, os pesquisadores lançaram um *estudo longitudinal* com mais de 3 mil homens saudáveis, com idade entre 35 e 59 anos. Eles entrevistaram cada homem por 15 minutos, observando seu trabalho e hábitos alimentares, maneira de falar e outros padrões de comportamento. Aqueles que pareciam os mais reativos, competitivos, obstinados, impacientes, preocupados com o tempo, supermotivados, verbalmente agressivos e que ficavam facilmente bravos foram chamados **Tipo A**, e um número aproximadamente igual dos mais descontraídos foi chamado **Tipo B**.

Tanto na Índia quanto nos EUA, os motoristas de ônibus do Tipo A são literalmente mais agressivos: eles freiam, ultrapassam e buzinam com mais frequência do que seus colegas mais tranquilos do Tipo B (Evans et al., 1987).

Nove anos depois, 257 homens sofreram infartos, e 69% deles eram do Tipo A. Além disso, nenhum dos Tipos B "puros" – os mais tranquilos e descontraídos de seu grupo – sofreu um infarto.

Como muitas vezes acontece na ciência, esta excitante descoberta suscitou um enorme interesse público. Após esse período inicial de lua de mel, os pesquisadores queriam saber mais. A descoberta era confiável? Em caso afirmativo, qual era o componente tóxico do perfil do Tipo A? Consciência do tempo? Competitividade? Raiva?

Centenas de outros estudos exploraram possíveis correlatos psicológicos ou preditores de saúde cardiovascular (Chida & Hamer, 2008; Chida & Steptoe, 2009). Isso revela que o núcleo tóxico do Tipo A são as emoções negativas – especialmente a raiva associada a um temperamento agressivamente reativo. À medida que seu sistema nervoso simpático, frequentemente ativo, redistribui o fluxo sanguíneo para os músculos, ele o afasta de seus órgãos internos. O fígado, que normalmente remove o colesterol e a gordura do sangue, não consegue fazer seu trabalho. Assim, o excesso de colesterol e gordura pode continuar a circular no sangue e depois se depositar ao redor do coração. A hostilidade também se correlaciona com outros fatores de risco, como fumar, beber e obesidade (Bunde & Suls, 2006). Nossa mente e coração interagem.

Doença cardíaca coronariana. Entupimento dos vasos que nutrem o músculo cardíaco; uma das principais causas de morte em muitos países desenvolvidos.

Tipo A. Termo cunhado por Friedman e Rosenman para pessoas competitivas, obstinadas, impacientes, verbalmente agressivas e propensas à raiva.

Tipo B. Termo cunhado por Friedman e Rosenman para pessoas descontraídas e tranquilas.

"Um coração alegre é um bom remédio, mas um espírito abatido seca os ossos." - Provérbios 17:22

Outras centenas de estudos com mulheres e homens jovens e de meia-idade confirmam que as pessoas que reagem com raiva por pequenas coisas são as mais propensas às doenças coronarianas. Nas culturas ocidentais, suprimir as emoções negativas aumenta a depressão, os problemas de relacionamento e os riscos à saúde (Cameron & Overall, 2018; Kitayama et al., 2015). A raiva "parece revidar e nos atingir no músculo cardíaco" (Spielberger & London, 1982).

O pessimismo parece ser igualmente tóxico (Pänkäläinen et al., 2016). Um estudo longitudinal acompanhou 1.306 homens inicialmente saudáveis que uma década antes haviam sido classificados como otimistas, pessimistas, ou nenhum dos dois tipos (Kubzansky et al., 2001). Mesmo após o ajuste para outros fatores de risco, como tabagismo, os pessimistas eram duas vezes mais propensos do que os otimistas a desenvolver doenças cardíacas (Figura 12.20). Pessoas felizes e consistentemente satisfeitas tendem a ser saudáveis e a sobreviver a seus pares infelizes (Diener et al., 2017; Gana et al., 2016; Martín-María et al., 2017). Pessoas com sorrisos largos tendem a ter extensas conexões sociais, que predizem uma vida mais longa (Hertenstein, 2009). Ter um cônjuge feliz também prevê uma saúde melhor. Se você está feliz, eu fico saudável (Chopik & O'Brien, 2017).

Como observamos anteriormente, as pessoas deprimidas tendem a envelhecer mais rápido e a morrer mais cedo (Han et al., 2018). Em um estudo, quase 4 mil adultos ingleses (com idade de 52 a 79 anos) forneceram relatórios de humor de um único dia. Em comparação com os de bom humor, os deprimidos tinham duas vezes mais chances de morrer 5 anos depois (Steptoe & Wardle, 2011). Em uma pesquisa nos EUA com 164.102 adultos, aqueles que sofreram um infarto tinham duas vezes mais chances de relatar também ter sofrido de depressão em algum momento de suas vidas (Witters & Wood, 2015). E nos anos que se seguiram a um infarto, as pessoas com altas pontuações para depressão eram quatro vezes mais propensas do que suas contrapartes com pontuação baixa a desenvolver mais problemas cardíacos (Frasure-Smith & Lesperance, 2005). A depressão é desanimadora.

PERGUNTE A SI MESMO

Você acha que é Tipo A, Tipo B, ou algo no meio? De que maneira isso é útil para você e de que maneira representa um desafio?

ESTRESSE E INFLAMAÇÃO. Pessoas deprimidas tendem a fumar mais e se exercitar menos (Whooley et al., 2008). Mas o estresse também é desanimador: estresse no trabalho, perda involuntária de emprego e sintomas de estresse relacionados a traumas aumentam o risco de doenças cardíacas (Allesøe et al., 2010; Gallo et al., 2006; Kubzansky et al., 2009; Slopen et al., 2010).

Tanto a doença cardíaca quanto a depressão podem ocorrer quando o estresse crônico desencadeia a inflamação dos vasos sanguíneos, comprometendo o sistema imune no combate a doenças do corpo (Miller & Blackwell, 2006; Mommersteeg et al., 2016). Pessoas que sofrem ameaças sociais, incluindo aquelas criadas em famílias muito rígidas, são mais propensas a respostas inflamatórias do sistema imune (Dickerson et al., 2009; Miller & Chen, 2010), assim como os macacos que experimentam o estresse em uma posição social baixa (Snyder-Mackler et al., 2016). A inflamação combate infecções. Mas a inflamação persistente pode produzir problemas como asma ou entupimento das artérias e piorar a depressão (Enache et al., 2019; Sforzini et al., 2019).

O estresse pode afetar nossa saúde de várias maneiras. (Ver Pensamento crítico sobre: Estresse e saúde.) A conexão estresse-doença é um preço que pagamos pelos benefícios do estresse. O estresse revigora nossas vidas, despertando-nos e motivando-nos. Uma vida sem estresse dificilmente seria desafiadora, produtiva ou até mesmo segura.

* * *

Pesquisas sobre estresse e saúde nos lembram que os estados psicológicos são eventos fisiológicos que influenciam outras partes do nosso sistema orgânico. Só o ato de parar para *pensar*

Greg Hernandez

Coração partido? Os fãs ficaram chocados com a morte inesperada de Carrie Fisher em 2016 (à direita), cujo papel mais famoso apareceu com destaque no último *reboot* de *Star Wars*. Eles ficaram chocados novamente quando – 1 dia após a morte de sua amada filha – a atriz e cantora Debbie Reynolds (à esquerda) também morreu. Eles se perguntaram: a depressão relacionada ao luto e os hormônios do estresse podem ter contribuído para o derrame de Reynolds (Carey, 2016)?

Figura 12.20 Pessimismo e doenças cardíacas. Uma equipe da Harvard School of Public Health descobriu que homens pessimistas têm risco dobrado de desenvolver doenças cardíacas em um período de 10 anos. (Dados de Kubzansky et al., 2001.)

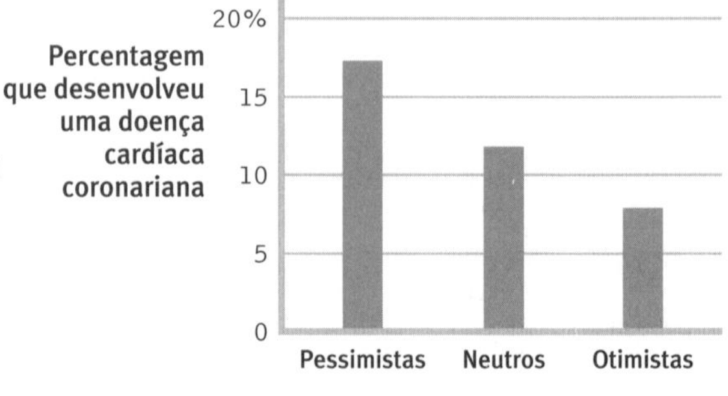

Pensamento crítico sobre:

Estresse e saúde

QOA **12.19** Então, o estresse *causa* doenças?

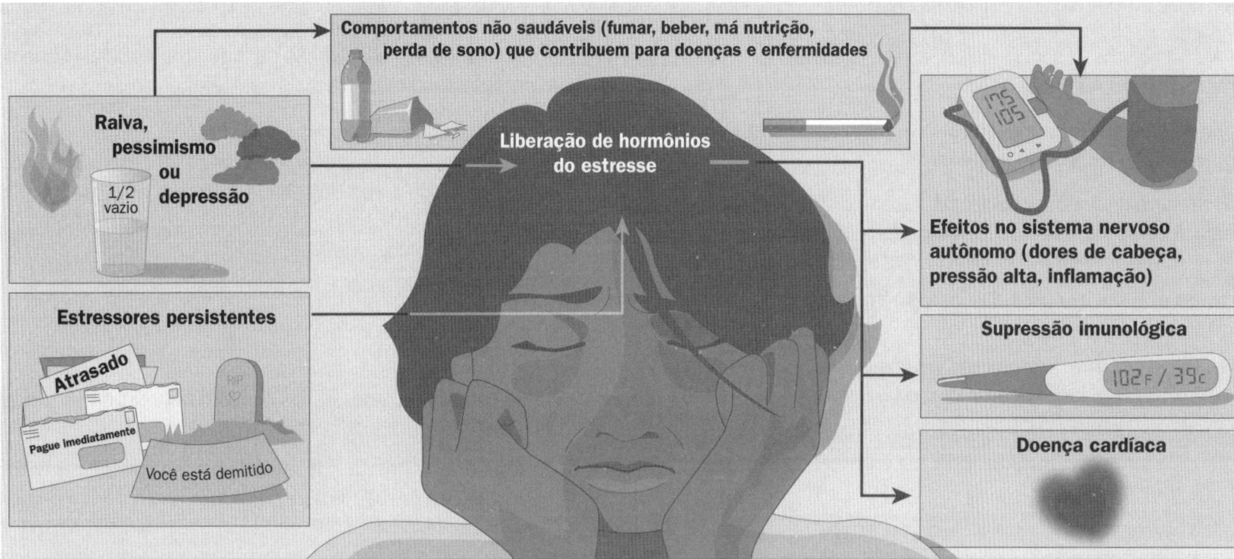

O estresse pode não causar doenças diretamente, mas nos torna mais vulneráveis, influenciando nossa fisiologia e nossos comportamentos.

em morder uma fatia de laranja – imagine o suco doce e ácido da fruta polpuda inundando sua língua – pode desencadear a salivação. Conforme reconhecia o antigo texto indiano do Mahabharata, "os distúrbios mentais surgem de causas físicas e, da mesma forma, os distúrbios físicos surgem de causas mentais". Existe uma interação entre nossas cabeças e nossa saúde. Somos sistemas biopsicossociais.

PRÁTICA DE RECUPERAÇÃO

PR-4 Qual componente da personalidade do Tipo A está mais intimamente ligado à doença cardíaca coronariana?

RESPOSTAS NO APÊNDICE E

REVISÃO Estresse e doença

OBJETIVOS DE APRENDIZAGEM

Teste a si mesmo. Responda às Questões dos Objetivos de Aprendizagem (antes de conferir as respostas no Apêndice D) para aprimorar a retenção dos conceitos estudados (McDaniel et al., 2009, 2015).

QOA **12.15** Como nossa avaliação de um evento afeta nossa reação ao estresse e quais são os três principais tipos de estressores?

QOA **12.16** Como respondemos e nos adaptamos ao estresse?

QOA **12.17** Como o estresse nos torna mais vulneráveis a doenças?

QOA **12.18** Por que alguns de nós são mais propensos do que outros a desenvolver doenças coronarianas?

QOA **12.19** Então, o estresse *causa* doenças?

TERMOS E CONCEITOS A RECORDAR

Teste a si mesmo. Escreva a definição com suas próprias palavras e depois confirme sua resposta.

estresse, p. 437
motivos de aproximação e evitação, p. 439
síndrome da adaptação geral (SAG), p. 441
resposta de cuidado e proteção, p. 442
psicologia da saúde, p. 442
psiconeuroimunologia, p. 442
doença cardíaca coronariana, p. 445
tipo A, p. 445
tipo B, p. 445

DOMINE O MATERIAL

Teste a si mesmo. Responda às questões a seguir sozinho, a princípio, depois confira as respostas no Apêndice E.

1. O número de doenças de curta duração e distúrbios psicológicos relacionados ao estresse foi maior do que o normal nos meses que se seguiram a um terremoto. Esses achados sugerem que
   a. os aborrecimentos diários têm consequências adversas para a saúde.
   b. experimentar um evento muito estressante aumenta a vulnerabilidade de uma pessoa à doença.
   c. a quantidade de estresse que uma pessoa sente está diretamente relacionada ao número de estressores experimentados.
   d. aborrecimentos diários não causam estresse, mas catástrofes podem ser tóxicas.

2. Qual dos seguintes itens NÃO é um dos três principais tipos de estressores?
   a. Catástrofes
   b. Mudanças significativas na vida
   c. Aborrecimentos diários
   d. Pessimismo

3. A síndrome de adaptação geral de Selye (SAG) consiste em uma reação de alarme seguida de ________________, e depois de ________________.

4. Quando confrontadas com estresse, as mulheres são mais propensas do que os homens a mostrar uma resposta ________________ e ________________.

5. O estresse pode suprimir o ________________, provocando uma diminuição na liberação de linfócitos, as células que normalmente atacam bactérias, vírus, células cancerosas e outras substâncias estranhas.

6. A pesquisa mostrou que as pessoas estão em maior risco de câncer cerca de 1 ano depois de sofrerem estresse significativo ou luto. Ao descrever esse vínculo, os pesquisadores são rápidos ao apontar que
   a. o estresse acumulado causa câncer.
   b. a raiva é a emoção negativa mais intimamente ligada ao câncer.
   c. o estresse não cria células cancerosas, mas enfraquece as defesas naturais do corpo contra elas.
   d. sentir-se otimista sobre as chances de sobrevivência aumenta a probabilidade de recuperação de um paciente com câncer.

7. Um provérbio chinês adverte que "o fogo que você acende para o seu inimigo muitas vezes queima mais a você do que a ele". Como isso é verdade para os indivíduos do Tipo A?

Saúde e enfrentamento

A promoção da saúde começa com a implementação de estratégias que previnem doenças e melhoram o bem-estar. Tradicionalmente, no entanto, as pessoas pensam na saúde apenas quando algo dá errado e elas visitam um médico. Isso, dizem os psicólogos da saúde, é como ignorar a manutenção de um carro e ir a um mecânico apenas quando o carro quebra. A manutenção da saúde inclui aliviar o estresse, prevenir doenças e promover o bem-estar.

Estratégias de enfrentamento do estresse

QOA 12.20 De que duas maneiras as pessoas tentam aliviar o estresse?

Os estressores são inevitáveis. Esse fato, juntamente com o fato de que o estresse persistente se correlaciona com doenças cardíacas, depressão e baixa imunidade, nos transmite uma mensagem clara. Precisamos aprender estratégias de **enfrentamento** do estresse em nossas vidas, aliviando-o com métodos emocionais, cognitivos ou comportamentais. Abordamos alguns estressores diretamente, com estratégias de **enfrentamento focado no problema**. Se nossa impaciência levar a uma briga familiar, podemos ir diretamente a esse membro da família para resolver as coisas. Tendemos a usar estratégias focadas no problema quando temos uma sensação de controle sobre uma situação e pensamos que podemos mudar as circunstâncias, ou pelo menos mudar a nós mesmos para lidar com as circunstâncias de maneira mais eficiente. Recorremos a estratégias de **enfrentamento focado na emoção** quando acreditamos que não podemos mudar uma situação. Se, apesar de nossos melhores esforços, não conseguirmos nos dar bem com esse membro da família, podemos aliviar o estresse pedindo apoio e conforto aos amigos. Algumas estratégias focadas na emoção podem prejudicar nossa saúde, como quando reagimos comendo para nos confortar. Quando desafiados, alguns de nós tendemos a responder com um enfrentamento tranquilo, mas focado no problema, outros com um enfrentamento focado na emoção (Connor-Smith & Flachsbart, 2007). Nossos sentimentos de controle pessoal, nosso estilo explicativo, nosso senso de humor e nossas conexões de apoio influenciam nossa capacidade de sermos bem-sucedidos.

Enfrentamento (*coping*). Alívio do estresse usando métodos emocionais, cognitivos ou comportamentais.

Enfrentamento focado no problema. Tentativa de aliviar o estresse diretamente – alterando o estressor ou a maneira como interagimos com esse estressor.

Enfrentamento focado na emoção. Tentativa de aliviar o estresse evitando ou ignorando um estressor e atendendo às necessidades emocionais relacionadas à nossa reação ao estresse.

Controle pessoal. Sensação de controlar nosso ambiente em vez de nos sentirmos impotentes.

Desamparo aprendido. Falta de esperança e resignação passiva que humanos e outros animais aprendem quando são incapazes de evitar eventos aversivos repetidos.

Falta de controle percebido

QOA 12.21 Como a percepção de falta de controle afeta a saúde?

Imagine a cena: dois ratos recebem choques simultâneos. Apenas um deles pode girar uma roda para parar os choques. O rato indefeso, mas não o girador de rodas, torna-se mais suscetível a úlceras e baixa imunidade (Laudenslager & Reite, 1984). Em humanos, ameaças incontroláveis também desencadeiam respostas de estresse mais fortes (Dickerson & Kemeny, 2004).

Qualquer um de nós pode se sentir desamparado, sem esperança e deprimido depois de passar por uma série de eventos ruins, que estão além de nosso **controle pessoal**. Martin Seligman e seus colegas mostraram que, para alguns animais e pessoas, uma série de eventos incontroláveis cria um estado de **desamparo aprendido**, com sentimentos de resignação passiva (Figura 12.21). Em experimentos, cães foram amarrados e receberam choques repetidos, sem possibilidade de evitá-los (Seligman & Maier, 1967). Mais tarde, quando colocados em outra situação em que *poderiam* escapar da punição simplesmente pulando um obstáculo, os cães demonstraram um desamparo aprendido; eles se encolheram como se não tivessem esperança. Outros cães que conseguiram escapar dos primeiros choques reagiram de forma diferente. Eles aprenderam que estavam no controle e escaparam facilmente dos choques na nova situação (Seligman & Maier, 1967). As pessoas mostraram padrões semelhantes de desamparo aprendido (Abramson et al., 1978, 1989; Seligman, 1975).

Percebendo uma perda de controle, tornamo-nos mais vulneráveis a problemas de saúde. Este é um problema especialmente grave para os idosos, que são altamente suscetíveis a problemas de saúde e sofrem maior perda de controle (Drewelies et al., 2017). Em um famoso estudo com idosos residentes em instituições de longa permanência, a saúde dos que percebiam controle menor sobre suas atividades declinava mais rapidamente e eles morreram mais cedo do que aqueles que tinham mais controle (Rodin, 1986). Trabalhadores capazes de ajustar o mobiliário do escritório e controlar interrupções e distrações em seu ambiente de trabalho também experimentaram menos estresse (O'Neill, 1993). Essas descobertas ajudam a explicar por que os executivos britânicos tendem a viver mais do que aqueles em cargos administrativos ou trabalhistas, e também por que os trabalhadores finlandeses com baixo estresse no trabalho têm menos da metade da probabilidade de morrer de derrame ou doença cardíaca do que aqueles com um trabalho exigente e com pouco controle. Quanto mais controle os trabalhadores têm, mais eles vivem (Bosma et al., 1997, 1998; Kivimaki et al., 2002; Marmot et al., 1997).

A pobreza implica menor controle da própria vida, o que ajuda a explicar a ligação entre *status* econômico e longevidade (Jokela et al., 2009). Em um estudo de 843 lápides em um antigo cemitério em Glasgow, Escócia, aqueles com os pilares mais caros e mais altos (indicando maior riqueza) tendiam a ter vivido mais (Carroll et al., 1994). Da mesma forma, os presidentes americanos, em geral ricos e bem educados, tiveram uma expectativa de vida acima da média (Olshansky, 2011). Em diferentes culturas, o alto *status* econômico prevê um menor risco de doenças cardíacas e respiratórias (Sapolsky, 2005). Pais ricos também tendem a ter filhos saudáveis e favorecidos (Savelieva et al., 2016). Com o *status* econômico mais elevado, vem a redução do risco de baixo peso ao nascer, mortalidade infantil, tabagismo e violência. Mesmo entre outros primatas, aqueles que estão na base da hierarquia social têm maior probabilidade de adoecer quando expostos a um vírus do resfriado do que seus pares de *status* mais elevado (Cohen et al., 1997).

Quando ratos não conseguem controlar o choque, ou quando humanos ou outros primatas se sentem incapazes de controlar seu ambiente, os níveis de hormônio do estresse aumentam, a pressão sanguínea aumenta e as respostas imunes são prejudicadas (Rodin, 1986; Sapolsky, 2005). Animais em cativeiro experimentam mais estresse e são mais vulneráveis a doenças do que seus homólogos selvagens (Roberts, 1988). Estudos com humanos confirmam que o estresse aumenta quando não temos controle. Quanto maior a carga de trabalho dos enfermeiros, maior o nível de cortisol e mais alta a pressão arterial – mas apenas entre os

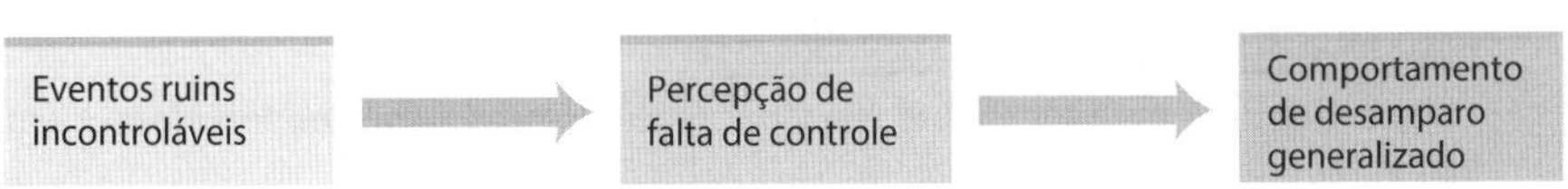

Figura 12.21 Desamparo aprendido. Quando os animais e as pessoas não têm controle sobre repetidos eventos ruins, eles geralmente sentem desamparo.

Lócus de controle externo. Percepção de que forças externas além de nosso controle pessoal determinam nosso destino.

Lócus de controle interno. Percepção de que nós controlamos nosso próprio destino.

enfermeiros que relataram pouco controle sobre seu ambiente (Fox et al., 1993). A aglomeração em bairros de alta densidade populacional, em prisões e em dormitórios de universidades é outra fonte de sentimentos de menor controle – e de níveis elevados de hormônios do estresse e pressão arterial alta (Fleming et al., 1987; Ostfeld et al., 1987).

O aumento do controle – permitindo que os prisioneiros movam as cadeiras e controlem as luzes da sala e a TV; fazendo com que os trabalhadores participem da tomada de decisões; permitindo que as pessoas personalizem seu espaço de trabalho – melhorou notavelmente a saúde e o moral de todos (Humphrey et al., 2007; Ng et al., 2012; Ruback et al., 1986). No caso dos residentes de instituições de longa permanência, 93% daqueles que foram encorajados a exercer mais controle tornaram-se mais alertas, ativos e felizes (Rodin, 1986). Como a pesquisadora Ellen Langer concluiu, "o controle percebido é básico para o funcionamento humano" (1983, p. 291). "Para jovens e idosos", ela sugeriu, os ambientes devem aumentar o senso de controle das pessoas sobre seu mundo. Não é à toa que dispositivos móveis e *streaming online*, que aumentam nosso controle sobre o conteúdo e o tempo de nosso entretenimento, são tão populares.

A Google incorporou esses princípios de forma eficiente. A cada semana, os funcionários da Google podem gastar 20% de seu tempo de trabalho em projetos que consideram pessoalmente interessantes. Esse programa, *Innovation Time Off*, aumentou o controle pessoal dos funcionários sobre seu ambiente de trabalho e valeu a pena: o Gmail foi desenvolvido dessa maneira.

As pessoas prosperam quando vivem em condições de liberdade pessoal e empoderamento. Em nível nacional, cidadãos de democracias estáveis relatam níveis mais altos de felicidade (Inglehart et al., 2008). A liberdade e o controle pessoal promovem o florescimento do ser humano. Mas será que a possibilidade cada vez maior de escolhas gera vidas cada vez mais felizes? As culturas ocidentais de hoje podem oferecer um "excesso de liberdade" – com demasiadas opções. O resultado pode ser a diminuição da satisfação com a vida, o aumento da depressão ou até mesmo a paralisia comportamental (Schwartz, 2000, 2004). Em um estudo, pessoas que puderam escolher uma entre 30 marcas de geleia ou chocolate ficaram menos satisfeitas com sua decisão do que outras que tinham apenas seis opções (Iyengar & Lepper, 2000). Essa *tirania da escolha* traz sobrecarga de informações e maior probabilidade de nos arrependermos de algumas das coisas que deixamos para trás. Você também perde tempo angustiado entre diferentes escolhas?

istockphoto/alexmak72427

Autocontrole extremo. Nossa capacidade de exercer autocontrole aumenta com a prática, e alguns de nós praticam mais do que outros! Vários artistas performáticos ganham a vida como estátuas humanas muito convincentes, assim como esta artista na The Royal Mile em Edimburgo, Escócia.

LÓCUS DE CONTROLE EXTERNO E LÓCUS DE CONTROLE INTERNO. Considere suas próprias percepções de controle. Você acredita que sua vida está além do seu controle? Que conseguir um bom emprego depende principalmente de estar no lugar certo na hora certa? Ou você acredita mais fortemente que controla seu próprio destino? Que ser bem-sucedido é resultado de trabalho duro?

Centenas de estudos compararam pessoas que diferem em suas percepções de controle. De um lado, estão aqueles que têm o que o psicólogo Julian Rotter chamou de **lócus de controle externo**, a percepção de que forças externas controlam seu destino. Em um estudo com mais de 1.200 indivíduos israelenses expostos a ataques de mísseis, aqueles com um lócus de controle externo experimentaram mais sintomas de *estresse pós-traumático* (Hoffman et al., 2016). Do outro lado, estão aqueles que percebem um **lócus de controle interno**, que acreditam controlar seu próprio destino. Estudo após estudo, os "internos" alcançaram melhores resultados na escola e no trabalho, agiram de maneira mais independente, gozaram de mais saúde e sentiram-se menos deprimidos do que os "externos" (Lefcourt, 1982; Ng et al., 2006). Em pesquisas longitudinais com mais de 7.500 pessoas, aqueles que expressaram um lócus de controle interno mais forte aos 10 anos apresentaram menos obesidade, pressão arterial mais baixa e menos angústia aos 30 anos (Gale et al., 2008). Comparados com não líderes, os líderes militares e empresariais têm níveis de hormônios do estresse abaixo da média e relatam menos ansiedade, graças ao seu maior senso de controle (Sherman et al., 2012).

Em comparação com a geração de seus pais, os jovens americanos de hoje expressam com mais frequência um lócus de controle externo (Twenge et al., 2004). Essa mudança pode ajudar a explicar um aumento associado nas taxas de depressão e outros distúrbios psicológicos em jovens (Twenge et al., 2010b).

Outra maneira de dizer que acreditamos estar no controle de nossa própria vida é dizer que temos *livre-arbítrio*. Estudos mostram que as pessoas que acreditam ter livre-arbítrio se comportam de forma mais útil, aprendem melhor, são mais persistentes e têm melhor desempenho no trabalho (Job et al., 2010; Li et al., 2018; Stillman et al., 2010). Em várias culturas, aqueles que acreditam no livre-arbítrio também experimentam maior satisfação no trabalho (Feldman et al., 2018). A crença no livre-arbítrio alimenta a *força de vontade* ou o *autocontrole* – aos quais voltaremos a seguir.

PERGUNTE A SI MESMO

Quanto controle você tem sobre sua vida? Que mudanças você poderia fazer para aumentar seu senso de controle?

PRÁTICA DE RECUPERAÇÃO

PR-1 Para lidar com o estresse quando nos sentimos no controle de nosso mundo, tendemos a usar estratégias focadas no(a) ________________ (emoção/problema). Para lidar com o estresse quando acreditamos que não podemos mudar uma situação, tendemos a usar estratégias focadas no(a) ________________ (emoção/problema).

RESPOSTAS NO APÊNDICE E

Autocontrole. Capacidade de controlar impulsos e adiar a gratificação de curto prazo para conseguir recompensas maiores no longo prazo.

CONSTRUÇÃO DO AUTOCONTROLE

QOA 12.22 Por que o autocontrole é importante e será que nosso autocontrole pode se exaurir?

Quando temos um senso de controle pessoal sobre nossas vidas, é mais provável que desenvolvamos **autocontrole** – capacidade de controlar impulsos e adiar gratificações de curto prazo para esperar por recompensas de longo prazo. O autocontrole prediz boa saúde, maior renda e melhor desempenho escolar (Bub et al., 2016; Keller et al., 2016; Moffitt et al., 2011). Em estudos com crianças americanas, asiáticas e neozelandesas, o autocontrole superou os resultados dos testes de inteligência na previsão de sucesso acadêmico e na vida (Duckworth & Seligman, 2005, 2017; Poulton et al., 2015; Wu et al., 2016).

Fortalecer o autocontrole é a chave para lidar de maneira eficiente com o estresse. Fazer isso requer atenção e energia – de maneira semelhante ao fortalecimento de um músculo. É fácil formar maus hábitos, mas é preciso muito trabalho para acabar com eles. Com a prática frequente de superar impulsos indesejados, as pessoas melhoraram sua autogestão de raiva, desonestidade, tabagismo e gastos impulsivos (Beames et al., 2017; Wang et al., 2017a).

Como um músculo, o autocontrole tende a enfraquecer após o uso, recuperar-se após o descanso e se fortalecer com o exercício (Baumeister & Vohs, 2016). O exercício da força de vontade consome temporariamente a energia mental necessária para o autocontrole em outras tarefas (Garrison et al., 2019)?

Em um experimento famoso, pessoas famintas que gastaram parte de sua força de vontade resistindo aos tentadores biscoitos de chocolate abandonaram uma tarefa tediosa mais cedo do que os outros (Baumeister et al., 1998a). Embora alguns pesquisadores debatam a confiabilidade desse "efeito de depleção" (Hagger et al., 2016), a grande lição da pesquisa de autocontrole permanece: desenvolva a autodisciplina para se ajudar a ter uma vida mais saudável, feliz e bem-sucedida (Baumeister et al., 2018; Tuk et al., 2015). Adiar um pouco de diversão agora pode levar a maiores recompensas futuras. E perseverar nas lutas de hoje constrói uma força interior que nos permite enfrentar os desafios de amanhã.

Estilo explicativo: otimismo *versus* pessimismo

QOA 12.23 Como uma perspectiva otimista afeta a saúde e a longevidade?

Em *The How of Happiness* (2008), a psicóloga Sonja Lyubomirsky conta a história de Randy. Randy viveu uma vida difícil. Seu pai e seu melhor amigo se suicidaram. Crescendo, o namorado de sua mãe o tratava mal. A primeira esposa de Randy foi infiel e eles se divorciaram. Apesar desses contratempos, Randy é uma pessoa feliz, cujo otimismo infinito pode iluminar uma sala. Ele se casou novamente e gosta de ser padrasto de três meninos. Sua vida profissional é gratificante. Randy diz que sobreviveu aos estressores de sua vida enxergando "um horizonte positivo depois de um longo túnel".

A história de Randy ilustra como nossa perspectiva – o que esperamos do mundo – influencia o modo como lidamos com o estresse. Os pessimistas esperam que as coisas vão mal (Aspinwall & Tedeschi, 2010). Eles atribuem seu mau desempenho a uma falta básica de habilidade ("eu não consigo com relação a isso") ou a situações que estão fora de seu controle ("não há nada que eu possa fazer com relação a isso"). Os otimistas, como Randy, fazem o oposto, esperando mais controle, capacidade de enfrentamento e melhor saúde (Aspinwall & Tedeschi, 2010; Boehm & Kubzansky, 2012; Hernandez et al., 2015). Durante o último mês de um semestre, os alunos otimistas relataram menos fadiga e menos tosse, dor e mal-estar. E durante as estressantes primeiras semanas da faculdade de direito, os otimistas desfrutaram de melhores humores e sistemas imunes mais fortes (Segerstrom et al., 1998). Os otimistas tendem a ter uma saúde ótima.

Os otimistas tendem a obter notas melhores porque respondem aos contratempos com uma atitude esperançosa de que podem melhorar (Noel et al., 1987; Peterson & Barrett, 1987). Os otimistas e seus parceiros românticos geralmente gerenciam o conflito de maneira

"O otimista proclama que vivemos no melhor dos mundos possíveis; e o pessimista teme que isso seja verdade." – James Branch Cabell, *The Silver Stallion*, 1926 construtiva, resultando em se sentirem mais apoiados e satisfeitos com a resolução e com seu relacionamento (Srivastava et al., 2006). O otimismo está relacionado ao bem-estar e ao sucesso em muitos lugares, inclusive na China e no Japão (Qin & Piao, 2011).

Reflita sobre a consistência e a magnitude surpreendente do fator otimismo e de emoções positivas em vários outros estudos:

- Uma equipe de pesquisa acompanhou 70.021 enfermeiros ao longo do tempo; aqueles que pontuaram no quartil superior em otimismo apresentaram quase 30% menor probabilidade de morrer do que aqueles que pontuaram no quartil inferior (Kim et al., 2017). Diferenças ainda maiores relacionando otimismo e longevidade foram encontradas em estudos com homens finlandeses e veteranos americanos da Guerra do Vietnã (Everson et al., 1996; Phillips et al., 2009). Em estudos de longo prazo com enfermeiros e veteranos, os mais otimistas eram 50 a 70% mais propensos do que os pessimistas a viver além dos 85 anos (Lee et al., 2019)
- Um estudo clássico acompanhou 180 freiras católicas que escreveram breves autobiografias por volta dos 22 anos e, depois disso, viveram estilos de vida semelhantes. Aquelas que expressaram felicidade, amor e outros sentimentos positivos na autobiografia viveram em média 7 anos a mais do que suas colegas mais severas (Danner et al., 2001). Aos 80 anos, cerca de 54% daqueles que expressavam poucas emoções positivas haviam morrido, assim como apenas 24% daquelas de espírito mais positivo
- Os otimistas não só vivem vidas mais longas, como também abordam o fim da vida de forma positiva. Um estudo acompanhou mais de 68 mil mulheres americanas, com idade entre 50 e 79 anos, por quase duas décadas (Zaslavsky et al., 2015). À medida que a morte se aproximava, os otimistas tendiam a sentir mais satisfação com a vida do que os pessimistas.

O otimismo tem raízes familiares, então algumas pessoas nascem com uma perspectiva ensolarada e esperançosa. Se um gêmeo idêntico é otimista, o outro normalmente também será (Bates, 2015; Mosing et al., 2009). O otimismo também dá suporte à expressão genética saudável (Uchida et al., 2018). Ao se deparar com estressores, os otimistas relaxam em vez de se excitarem. Isso leva a níveis mais baixos de expressão de genes produtores de inflamação.

A boa notícia é que todos nós, mesmo os mais pessimistas, podemos aprender a ser mais otimistas. Comparados com um grupo de controle de pessimistas que simplesmente mantinham diários de suas atividades diárias, os pessimistas de um grupo de desenvolvimento de habilidades – que aprenderam maneiras de ver o lado positivo de situações difíceis e de ver seus objetivos como alcançáveis – relataram níveis mais baixos de depressão (Sargento & Mongrain, 2014). Em outros experimentos, pessoas instruídas a imaginar seu melhor futuro possível – em que elas trabalharam duro e tiveram sucesso em todos os seus objetivos de vida – tornaram-se mais otimistas (Malouff & Schutte, 2017). Expectativas positivas muitas vezes motivam o sucesso eventual: o otimismo é a lâmpada que pode iluminar a vida de qualquer pessoa.

Suporte social

QOA 12.24 Como o suporte social promove a boa saúde?

O suporte social – sentir-se querido e encorajado por amigos íntimos e familiares – promove tanto a felicidade quanto a saúde. Quando solicitados aleatoriamente por um aplicativo de celular de um pesquisador, as pessoas relatam mais felicidade quando estão com outras (Quoidbach et al., 2019). Em estudos internacionais que acompanharam milhares de pessoas ao longo de vários anos, relacionamentos próximos previram felicidade e saúde em culturas individualistas e coletivistas (Brannan et al., 2013; Chu et al., 2010; Rueger et al., 2016). Pessoas que têm apoio social por relacionamentos próximos tendem a viver mais (Smith et al., 2018; Whisman et al., 2018). Quando os pesquisadores combinaram dados de 70 estudos de 3,4 milhões de pessoas em todo o mundo, eles confirmaram um benefício de apoio social impressionante: em comparação com aqueles que tinham amplas conexões sociais, pessoas socialmente isoladas ou solitárias tiveram uma taxa de mortalidade 30% maior durante o período de 7 anos do estudo (Holt-Lunstad et al., 2010, 2015, 2017). "A solidão [prevê] uma redução da expectativa de vida", observou sem rodeios o ex-cirurgião geral americano Vivek H. Murthy (2017), que é "semelhante à causada por fumar 15 cigarros por dia".

Para combater o isolamento social, no entanto, precisamos fazer mais do que colecionar muitos conhecidos. Precisamos de pessoas que se importem genuinamente conosco (Cacioppo et al., 2014; Hawkley et al., 2008). Alguns preenchem essa necessidade conectando-se com amigos, familiares, colegas de trabalho, membros de uma comunidade religiosa ou grupos de apoio. Outros se conectam em casamentos positivos e solidários. Casamentos felizes nos inundam de suporte social, levando a menor ganho de peso e a uma vida mais longa (Chen et al., 2018; VanderWeele, 2017). Um estudo de 7 décadas descobriu que, aos 50 anos, o envelhecimento saudável era melhor previsto por um bom casamento do que por um baixo nível de colesterol (Vaillant, 2002). Por outro lado, o divórcio prevê problemas de saúde. Em uma análise envolvendo 600 milhões de pessoas em 24 países, pessoas separadas e divorciadas eram mais propensas a morrer precocemente (Shor et al., 2012). No entanto, o estado civil é menos efetivo do que a *qualidade conjugal* em predizer a saúde – na mesma medida que uma dieta saudável e atividade física (Robles, 2015; Smith & Baucom, 2017).

O que explica essa ligação entre suporte social e saúde? Os adultos de meia-idade e idosos que vivem sozinhos são mais propensos a fumar, ser obesos e ter colesterol alto – e, portanto, têm o dobro do risco de infartos (Nielsen et al., 2006)? Ou as pessoas saudáveis são simplesmente mais sociáveis? Possivelmente. Mas as pesquisas sugerem que o suporte social traz benefícios para a saúde.

O suporte social nos acalma, melhora nosso sono e reduz a pressão arterial (Baron et al., 2016; Kent de Grey et al., 2018; Uchino et al., 2017). Para verificar se o suporte social pode acalmar a resposta das pessoas às ameaças, uma equipe de pesquisa submeteu mulheres casadas e felizes, deitadas em uma máquina de ressonância magnética, à ameaça de choque elétrico no tornozelo (Coan et al., 2006). Durante o experimento, algumas mulheres seguraram a mão do marido, enquanto outras seguraram a mão de uma pessoa desconhecida ou nenhuma mão. Enquanto aguardavam os choques ocasionais, as mulheres que seguravam a mão de seus maridos mostraram menos atividade em áreas sensíveis a ameaças. Esse benefício calmante foi maior para aquelas que relataram casamentos de mais alta qualidade. Segurar a mão do seu parceiro romântico ajuda a lidar com o estresse e melhora as discussões com conflitos (Jakubiak & Feeney, 2019).

O suporte social promove um funcionamento imunológico mais forte. O estresse dificulta o funcionamento imunológico, mas as conexões sociais o fortalecem (Leschak & Eisenberger, 2019). Voluntários expostos ao vírus do resfriado mostraram esse efeito enquanto estavam em quarentena por 5 dias (Cohen, 2004; Cohen et al., 1997). (Nesses experimentos, os mais de 600 participantes eram voluntários bem pagos.) Sendo da mesma idade, raça, sexo e com hábitos de saúde semelhantes, aqueles com laços sociais estreitos eram menos propensos a pegar um resfriado. Pessoas cuja vida diária incluía abraços frequentes também experimentaram menos sintomas de resfriado e menor gravidade dos sintomas (Cohen et al., 2015). É fato: o efeito dos laços sociais não é nada desprezível!

Relacionamentos próximos nos dão uma oportunidade para uma "terapia de coração aberto" – uma chance de falar sobre sentimentos dolorosos com outras pessoas (Frattaroli, 2006). Falar sobre um evento estressante de muito tempo atrás pode nos excitar temporariamente; mas, com o tempo, nos acalma (Lieberman et al., 2007; Mendolia & Kleck, 1993; Niles et al., 2015). Em um estudo, 33 sobreviventes do Holocausto passaram 2 horas relembrando suas experiências, muitas em detalhes íntimos nunca antes divulgados (Pennebaker et al., 1989). Aqueles que mais falaram tinham melhor saúde 14 meses depois. Em outro estudo, com cônjuges sobreviventes de pessoas que morreram por suicídio ou em acidentes de carro, aqueles que suportaram seu luto sozinhos tiveram mais problemas de saúde do que aqueles que o compartilharam com outros (Pennebaker & O'Heeron, 1984). Confiar é bom para o corpo e para a alma (ver Capítulo 14, Terapia).

Reprimir as emoções pode ser prejudicial à saúde física. Quando o psicólogo James Pennebaker (1985) pesquisou mais de 700 mulheres universitárias, aquelas que tiveram uma experiência sexual traumática na infância relataram mais dores de cabeça e problemas estomacais do que aquelas que sofreram outros traumas – possivelmente porque os sobreviventes de abuso sexual têm menor probabilidade de confiar nos outros do que sobreviventes de outro tipo de trauma. Outro estudo, com 437 motoristas de ambulância australianos, confirmou os efeitos nocivos de reprimir as emoções após testemunhar traumas (Wastell, 2002).

Até mesmo escrever sobre traumas pessoais em um diário pode ajudar (Burton & King, 2008; Kállay, 2015; Lyubomirsky et al., 2006). Em uma análise de 633 vítimas de trauma, a terapia da escrita foi tão eficaz quanto a psicoterapia na redução do trauma psicológico (van Emmerik et al., 2013). Em outro experimento, voluntários que escreveram diários de trauma tiveram menos problemas de saúde durante os 4 a 6 meses seguintes (Pennebaker, 1990). Como um participante explicou, "embora eu não tenha falado com ninguém sobre o que escrevi, finalmente consegui lidar com isso, trabalhar com a dor em vez de tentar bloqueá-la. Agora não machuca pensar nisso".

Se pretendemos fazer mais exercícios, beber menos, parar de fumar ou ter um peso saudável, nossos laços sociais podem nos afastar ou nos aproximar de nosso objetivo. Se você está tentando alcançar um objetivo, pense se suas conexões sociais podem ajudar ou atrapalhar você.

PERGUNTE A SI MESMO

Você consegue se lembrar de um momento em que se sentiu melhor depois de discutir um problema com um ente querido, ou mesmo depois de brincar com seu animal de estimação? Como isso o ajudou a lidar com a situação?

Happy Window/Alamy Stock Photo

Animais de estimação também são amigos. Ter um animal de estimação pode aumentar as chances de sobrevivência após um infarto, aliviar a depressão entre pessoas com AIDS e diminuir a pressão arterial e outros fatores de risco coronariano (Allen, 2003; McConnell et al., 2011; Wells, 2009). Animais de estimação não substituem medicamentos e exercícios, mas para quem gosta de animais, e principalmente para quem mora sozinho, os animais de estimação são um prazer saudável (Reis et al., 2017; Siegel, 1990).

"Ai daquele que está sozinho, cai e não tem outro para ajudar." – Eclesiastes 4:10

Tim Robberts/Getty Images

Rir entre amigos é um bom remédio. O riso nos desperta, massageia os músculos e nos deixa relaxados (Robinson, 1983). O humor (embora não o sarcasmo hostil) pode neutralizar o estresse, aliviar a dor e fortalecer a atividade imunológica (Ayan, 2009; Berk et al., 2001; Dunbar et al., 2011; Kimata, 2001). Pessoas que riem muito também tendem a apresentar taxas mais baixas de doenças cardíacas (Clark et al., 2001).

"Essas montanhas que você está carregando, você só deveria escalar." – Poeta Najwa Zebian, *The Nectar of Pain*, 2016

Redução do estresse

Ter a sensação de controle, desenvolver um pensamento mais otimista e construir uma rede de suporte social pode nos ajudar a *experimentar* menos estresse e, assim, melhorar nossa saúde. Além disso, esses fatores se correlacionam: pessoas otimistas com relação a si mesmas e seu futuro tendem também a desfrutar de laços sociais que promovem a saúde (Stinson et al., 2008). Mas às vezes não podemos aliviar o estresse e simplesmente precisamos *lidar* com ele. Exercícios aeróbicos, relaxamento, meditação e comunidades espirituais ajudaram as pessoas a reunir força interior para reduzir os efeitos do estresse.

Exercício aeróbico

QOA **12.25** Quão eficaz é o exercício aeróbico como forma de controlar o estresse e melhorar o bem-estar?

É difícil encontrar um medicamento que funcione para grande parte das pessoas e na maioria das vezes. Mas o **exercício aeróbico** – esforço sustentado que consome oxigênio e aumenta a capacidade do coração e dos pulmões – é um desses raros "remédios" quase perfeitos. As estimativas variam, mas alguns estudos sugerem que o exercício aumenta a quantidade de vida – cerca de *7 horas a mais para cada 1 hora de exercício* (Lee et al., 2017; Mandsager et al., 2018; Zahrt & Crum, 2017) – e sua qualidade, com mais energia, melhor humor e relacionamentos mais fortes (Flueckiger et al., 2016; Hogan et al., 2015; Wiese et al., 2018). Pense nisto: a natureza generosamente dá um retorno de 7 para 1 pelo tempo gasto em exercícios (Myers, 2018). Quanta benevolência!

O exercício ajuda a combater doenças cardíacas, fortalecendo o coração, aumentando o fluxo sanguíneo, mantendo os vasos sanguíneos desobstruídos, diminuindo a pressão arterial e reduzindo a reação hormonal e da pressão arterial ao estresse (Ford, 2002; Manson, 2002). Em comparação com adultos inativos, as pessoas que se exercitam sofrem cerca de metade dos infartos (Evenson et al., 2016; Visich & Fletcher, 2009). É um fato: atividade física prevê longevidade (Lee et al., 2011; Moholdt et al., 2018). A gordura da dieta contribui para o entupimento das artérias, mas o exercício deixa nossos músculos famintos por essas gorduras e as retira de nossas artérias (Barinaga, 1997). Um estudo com 1,44 milhão de americanos e europeus descobriu que o exercício previa "riscos menores de muitos tipos de câncer" (Moore et al., 2016). Os carteiros escoceses, que passam os dias caminhando, têm menor risco de doença cardíaca do que outros trabalhadores dos correios escoceses que ficam nas oficinas (Tigbe et al., 2017). O exercício regular na vida adulta também prevê melhor funcionamento cognitivo e risco reduzido de transtorno neurocognitivo e doença de Alzheimer (Kramer & Erickson, 2007).

Os genes transmitidos a nós por nossos ancestrais distantes permitiram a atividade física essencial para a caça, forrageamento e agricultura (Raichlen & Polk, 2013; Shave et al., 2019). Nas células musculares, esses genes, quando ativados pelo exercício, respondem produzindo proteínas. Somos feitos para o exercício. Na pessoa inativa moderna, esses genes produzem quantidades menores de proteínas e nos deixam suscetíveis a mais de 20 doenças crônicas, como diabetes tipo 2, doença coronariana, acidente vascular cerebral e câncer (Booth & Neufer, 2005). A inatividade é, portanto, potencialmente tóxica. A atividade física pode enfraquecer a influência de alguns fatores de risco genéticos. Em uma análise de 45 estudos, o risco de obesidade caiu 27% (Kilpeläinen et al., 2012).

O exercício também estimula o espírito? Em uma pesquisa com estudantes universitários de 21 países, o exercício físico foi um forte e consistente preditor de satisfação com a vida (Grant et al., 2009). Americanos, canadenses e britânicos que praticam exercícios aeróbicos pelo menos três vezes por semana lidam melhor com o estresse, exibem mais autoconfiança, têm mais vigor e se sentem menos deprimidos e fatigados do que seus pares inativos (Rebar et al., 2015; Smits et al. al., 2011). Uma análise com 1,2 milhão de americanos comparou praticantes de exercícios com não praticantes. Depois de controlar outras diferenças físicas e sociais entre eles, os praticantes experimentaram 43% "menos dias de saúde mental ruim no último mês" (Chekroud et al., 2018). O exercício tem um grande efeito antidepressivo, concluiu um resumo de 49 estudos controlados (Schuch et al., 2018).

Mas podemos formular essa observação de outra forma: pessoas estressadas e deprimidas se exercitam menos. Lembre-se, essas correlações não implicam causalidade. Para resolver causa e efeito, os pesquisadores experimentam. Eles *atribuem aleatoriamente* pessoas estressadas, deprimidas ou ansiosas a um grupo de exercícios aeróbicos ou a um grupo de controle. Em seguida, medem se o exercício aeróbico (comparado com uma atividade de controle que não envolve exercício) produz uma mudança sobre o estresse, a depressão, a ansiedade ou algum outro resultado relacionado à saúde. Um experimento clássico distribuiu aleatoriamente estudantes universitárias levemente deprimidas em três grupos. Um terço participou

Exercício aeróbico. Exercício sustentado que aumenta a capacidade cardíaca e pulmonar; também ajuda a aliviar a depressão e a ansiedade.

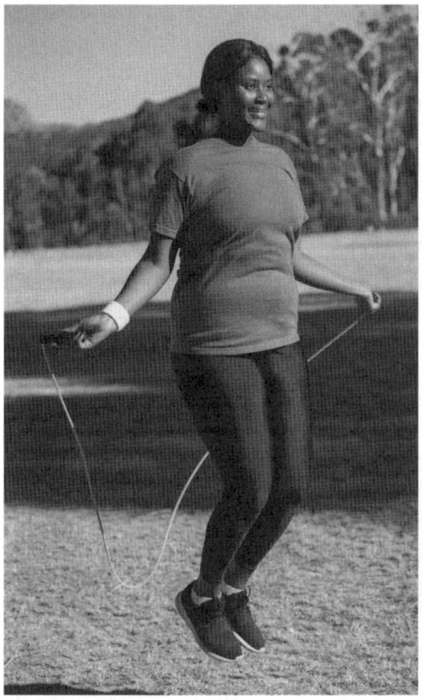

istockphoto/Wavebreakmedia

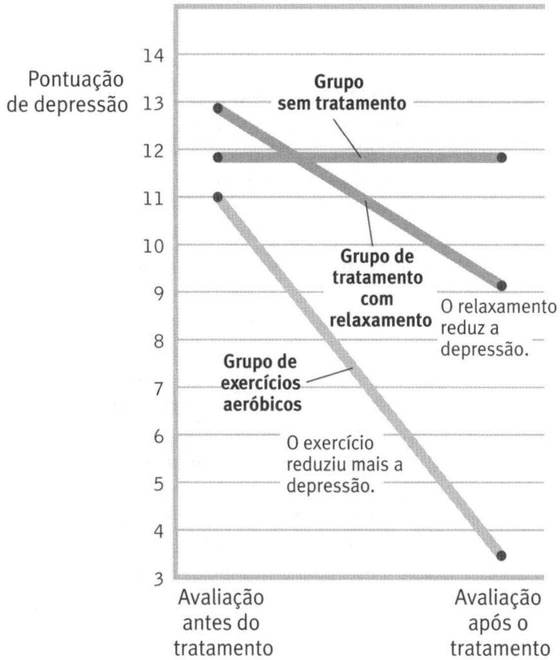

Figura 12.22 **Exercício aeróbico reduz a depressão leve.** (Dados de McCann & Holmes, 1984.)

de um programa de exercícios aeróbicos. Outro terço participou de um programa de exercícios de relaxamento. O terço restante (grupo de controle) formou um grupo sem tratamento (McCann & Holmes, 1984). Como mostra a Figura 12.22, após 10 semanas, as mulheres no programa de exercícios aeróbicos relataram maior diminuição da depressão. Muitas tinham, literalmente, corrido para longe de seus problemas.

Dezenas de outros experimentos e estudos longitudinais confirmam que o exercício reduz ou previne a depressão e a ansiedade (Catalan-Matamoros et al., 2016; Harvey et al., 2018; Stubbs et al., 2017). Quando os pesquisadores designaram aleatoriamente pessoas deprimidas para um grupo de exercícios, um grupo de antidepressivos ou um grupo de pílulas placebo, o exercício diminuiu a depressão de modo tão eficaz quanto os antidepressivos – e com efeitos mais duradouros (Hoffman et al., 2011).

O exercício vigoroso proporciona uma melhora substancial e imediata do humor (Watson, 2000). Mesmo uma caminhada de 10 minutos estimula 2 horas de aumento do bem-estar, aumentando os níveis de energia e diminuindo a tensão (Thayer, 1987, 1993). O exercício faz sua mágica de várias maneiras. Aumenta a excitação, neutralizando o estado de baixa excitação da depressão. Permite o relaxamento muscular e um sono mais profundo. Produz músculos tonificados, que filtram uma toxina causadora de depressão (Agudelo et al., 2014). Como um fármaco antidepressivo, ele regula as substâncias químicas que melhoram o humor na farmácia interna do nosso corpo – neurotransmissores como norepinefrina, serotonina e endorfinas (Jacobs, 1994; Salmon, 2001). A atividade física também promove a *neurogênese*. Em camundongos, o exercício faz com que o cérebro produza uma molécula que estimula a produção de novos neurônios resistentes ao estresse (Hunsberger et al., 2007; Reynolds, 2009; van Praag, 2009).

Em um nível mais simples, a sensação de realização e a melhora do físico e da imagem corporal que muitas vezes acompanham uma rotina de exercícios bem-sucedida podem melhorar a autoimagem, levando a um melhor estado emocional. O exercício frequente é como um remédio que previne e trata doenças, aumenta a energia, acalma a ansiedade e melhora o humor – uma droga que todos nós tomaríamos, se disponível. No entanto, poucas pessoas (apenas 1 em cada 4 nos EUA) tiram vantagem disso (Mendes, 2010).

Relaxamento e meditação

QOA 12.26 De que maneiras o relaxamento e a meditação podem influenciar o estresse e a saúde?

Conhecendo os efeitos prejudiciais do estresse, poderíamos aprender a neutralizar nossas respostas alterando nosso pensamento e estilo de vida? No final da década de 1960, os psicólogos começaram a experimentar o *biofeedback*, um sistema de registro, amplificação e retroalimentação de informações sobre respostas fisiológicas sutis, muitas controladas pelo sistema nervoso autônomo. Os instrumentos de *biofeedback* espelham os resultados dos

Meditação da atenção plena (*mindfulness*). Prática reflexiva na qual as pessoas percebem as experiências do momento presente de maneira não julgadora e com aceitação.

próprios esforços de uma pessoa, permitindo que ela aprenda quais técnicas controlam (ou não) determinada resposta fisiológica. Após uma década de estudo, no entanto, as alegações iniciais de *biofeedback* pareciam exageradas e supervalorizadas (Miller, 1985). Em 1995, um painel do National Institutes of Health declarou que o *biofeedback* funciona melhor para dores de cabeça tensionais.

Métodos simples de relaxamento, que não requerem equipamentos caros, produzem muitos dos resultados prometidos pelo *biofeedback*. A massagem ajuda a relaxar tanto bebês prematuros quanto aqueles que sofrem de dores, relaxando os músculos e ajudando a reduzir a depressão (Hou et al., 2010). A Figura 12.22 apontou que o exercício aeróbico reduz a depressão, mas você notou nessa figura que a depressão também diminuiu entre as mulheres no grupo de tratamento com relaxamento? Mais de 60 estudos descobriram que os procedimentos de relaxamento também podem ajudar a aliviar dores de cabeça, hipertensão, ansiedade e insônia (Nestoriuc et al., 2008; Stetter & Kupper, 2002).

Essas descobertas não surpreenderiam Meyer Friedman, Ray Rosenman e seus colegas. Eles testaram o relaxamento em um programa projetado para ajudar os sobreviventes de infartos do *Tipo A* (que são mais propensos a infartos do que seus pares do *Tipo B*) a reduzir o risco de futuros infartos. Eles designaram aleatoriamente centenas de homens de meia-idade para um dos dois grupos. O primeiro grupo recebeu aconselhamento padrão de cardiologistas sobre medicamentos, dieta e hábitos de exercício. O segundo grupo recebeu conselhos semelhantes, mas também lhes foram ensinadas maneiras de modificar seus estilos de vida. Eles aprenderam a desacelerar e relaxar caminhando, conversando e comendo mais devagar. Aprenderam a sorrir para os outros e rir de si mesmos. Aprenderam a admitir seus erros, a ter tempo para aproveitar a vida e renovar sua fé religiosa. O treinamento valeu a pena (Figura 12.23). Durante os 3 anos seguintes, aqueles que aprenderam a modificar seu estilo de vida tiveram metade dos infartos repetidos em comparação com o primeiro grupo. Isso, escreveu o eloquente Friedman, foi uma redução espetacular e sem precedentes na recorrência de infartos. Um estudo britânico em menor escala com duração de 13 anos realizado de forma semelhante mostrou uma taxa de mortalidade reduzida pela metade entre pessoas de alto risco treinadas para alterar seu pensamento e estilo de vida (Eysenck & Grossarth-Maticek, 1991). Depois de sofrer um infarto aos 55 anos, Friedman começou a tomar sua própria medicina comportamental – e viveu até os 90 anos (Wargo, 2007).

O tempo pode curar todas as feridas, mas o relaxamento pode ajudar a acelerar esse processo. Em um estudo, pacientes cirúrgicos foram divididos aleatoriamente em dois grupos. Ambos os grupos receberam tratamento padrão, mas o segundo grupo também passou por uma sessão de relaxamento de 45 minutos e recebeu gravações de relaxamento para usar antes e depois da cirurgia. Uma semana após o procedimento, os pacientes do grupo de relaxamento relataram menor estresse e apresentaram melhor cicatrização de feridas (Broadbent et al., 2012).

"Sente-se sozinho e em silêncio. Abaixe a cabeça, feche os olhos, expire suavemente e imagine-se olhando para o seu próprio coração [...] Ao expirar, diga: 'Senhor Jesus Cristo, tenha misericórdia de mim' [...] Tente colocar todos os outros pensamentos de lado. Fique calmo, seja paciente e repita o processo com muita frequência."
– Gregório do Sinai, falecido em 1346

A *meditação* é uma prática moderna com uma longa história. Em muitas religiões do mundo, essa prática tem sido usada para reduzir o sofrimento e melhorar a consciência, a percepção e a compaixão. A tecnologia de hoje possibilita que qualquer pessoa – independentemente de suas crenças – pratique meditação. Aplicativos como o *Tension Tamer* oferecem aos usuários técnicas de meditação guiada gratuitas que podem melhorar a saúde física (Adams et al., 2018). Numerosos estudos confirmaram os benefícios psicológicos da meditação (Goyal et al., 2014; Rosenberg et al., 2015; Sedlmeier et al., 2012). Um tipo, a **meditação da atenção plena (*mindfulness*)**, encontrou um novo lar nos programas de gerenciamento de estresse. Se você aprender essa prática, poderá relaxar e cuidar silenciosamente do seu eu interior,

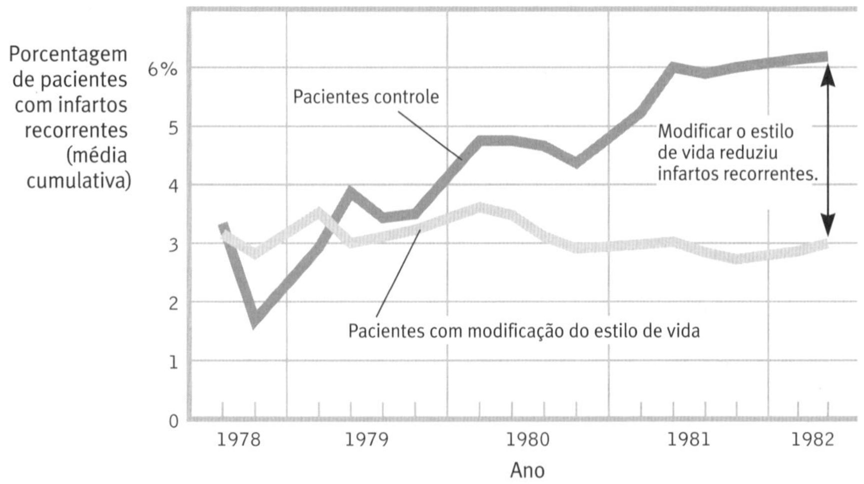

Figura 12.23 Infartos recorrentes e modificação do estilo de vida. O Projeto Recurrent Coronary Prevention de São Francisco ofereceu aconselhamento de um cardiologista para sobreviventes de Infartos. Aqueles que também foram orientados a modificar seu estilo de vida Tipo A sofreram menos Infartos novos. (Dados de Friedman & Ulmer, 1984.)

shapecharge/Getty Images

Música suave. A música é um remédio natural antiestresse? Uma análise de mais de 100 estudos mostrou que ouvir música (especialmente música de ritmo mais lento) reduziu a frequência cardíaca, a pressão arterial e o sofrimento psicológico (de Witte et al., 2019). Da próxima vez que você se sentir estressado, lembre-se de que a música pode ajudá-lo a relaxar.

istockphoto/Bobex-73

Amigos peludos para a semana de provas. Algumas escolas levam bichos fofinhos para o *campus* para a semana das provas finais como forma de ajudar os alunos a relaxar e reduzir os níveis de estresse. Em um levantamento, estudantes universitários estressados por exames e que abraçaram cães de terapia se sentiram menos estressados 10 horas depois (Ward-Griffin et al., 2018). Esta estudante da Emory University está relaxando com um cão. Outras escolas oferecem zoológicos ou incentivam os instrutores a levarem seus próprios animais de estimação.

sem julgá-lo (Goldberg et al., 2018, 2019; Kabat-Zinn, 2001). Você se sentaria, fecharia os olhos e examinaria mentalmente seu corpo da cabeça aos pés. Focalizando certas partes do corpo e sua resposta, você permaneceria ciente e em estado de aceitação. Você também prestaria atenção à sua respiração, fazendo isso a cada inspiração, como se fosse um objeto material.

Praticar *a atenção plena* aumenta a felicidade e diminui a ansiedade e a depressão (de Abreu Costa et al., 2019; Lindsay et al., 2018). Em um experimento, participantes coreanos foram convidados a pensar sobre sua própria mortalidade. Em comparação com os que não praticam meditação, os que meditaram ficaram menos ansiosos quando lembrados de sua morte inevitável (Park & Pyszczynski, 2019). As práticas de atenção plena também têm sido associadas a melhora do sono, da utilidade e do funcionamento do sistema imune (Donald et al., 2018; Rusch et al., 2019; Villalba et al., 2019). Elas também aumentam o comprimento dos telômeros, o que reduz o risco de câncer e doenças cardíacas (Conklin et al., 2018). Apenas alguns minutos de meditação diária de atenção plena são suficientes para melhorar a concentração e a tomada de decisões (Hafenbrack et al., 2014; Rahl et al., 2017).

No entanto, alguns pesquisadores alertam que a atenção plena pode estar sendo supervalorizada (Britton, 2019; Van Dam et al., 2018). O simples estar só também pode nos relaxar e reduzir o estresse (Nguyen et al., 2018). Os resultados positivos, no entanto, nos fazem pensar: o que está acontecendo no cérebro enquanto praticamos a atenção plena? Estudos correlacionais e experimentais oferecem três explicações. A atenção plena:

- ***Fortalece as conexões entre as regiões do cérebro.*** As regiões afetadas são aquelas associadas a focar nossa atenção, processar o que vemos e ouvimos, e ser reflexivo e consciente (Berkovich-Ohana et al., 2014; Ives-Deliperi et al., 2011; Kilpatrick et al., 2011)
- ***Ativa regiões do cérebro associadas a uma consciência mais reflexiva*** (Davidson et al., 2003; Way et al., 2010). Ao rotular as emoções, as pessoas conscientes mostram menos ativação na amígdala, uma região do cérebro associada ao medo, e mais ativação no córtex pré-frontal, que auxilia na regulação das emoções (Creswell et al., 2007; Gotink et al., 2016)
- ***Modula a ativação cerebral em situações emocionais.*** Essa ativação mais baixa ficou clara em um estudo no qual os participantes assistiram a dois filmes – um triste e outro neutro. Aqueles no grupo de controle, que não foram treinados em *atenção plena*, mostraram fortes diferenças na ativação cerebral ao assistir aos dois filmes. Os que receberam treinamento mostraram pouca mudança na resposta cerebral aos dois filmes (Farb et al., 2010).

Djomas/Shutterstock

Há ainda os místicos que procuram usar o poder da mente para permitir o reparo da cárie sem novocaína. Seu objetivo: transcender a medicação odontológica.

Imagens emocionalmente desagradáveis também desencadeiam respostas elétricas cerebrais mais fracas em pessoas conscientes do que em suas contrapartes menos conscientes (Brown et al., 2013). Um cérebro consciente é forte, reflexivo e calmo.

Comunidades de fé e saúde

QOA 12.27 O que é o fator fé e quais são algumas explicações possíveis para a ligação entre fé e saúde?

Um grande número de estudos – mais de 2 mil apenas nas duas primeiras décadas do século XXI – revelou outra correlação curiosa, chamada *fator fé* (Oman & Syme, 2018; VanderWeele, 2018). Pessoas religiosamente ativas tendem a viver mais do que aquelas que não são religiosamente ativas. Um desses estudos comparou as taxas de mortalidade de

3.900 pessoas que vivem em duas comunidades israelenses. A primeira continha 11 assentamentos coletivos religiosamente ortodoxos; a segunda continha 11 assentamentos coletivos não religiosos (Kark et al., 1996). Ao longo de um período de 16 anos, "pertencer a um coletivo religioso foi associado a um forte efeito protetor" não explicado por diferenças etárias ou econômicas. Em todas as faixas etárias, os membros da comunidade religiosa tinham cerca de metade da probabilidade de morrer do que seus colegas não religiosos. Essa diferença é aproximadamente comparável à diferença de gênero na mortalidade. Outro estudo acompanhou 74.534 enfermeiros ao longo de 20 anos. Ao controlar vários fatores de risco à saúde, aqueles que frequentavam serviços religiosos mais de uma vez por semana tinham um terço menos probabilidade de morrer do que aqueles que não compareciam, e eram muito menos propensos a morrer por suicídio (Li et al., 2016; VanderWeele et al., 2016). Nos obituários, a menção de uma afiliação religiosa previu 7,5 anos de vida adicional em comparação com nenhuma afiliação religiosa (Wallace et al., 2018).

Como devemos interpretar esses achados, lembrando que os pesquisadores não podem designar aleatoriamente pessoas para serem religiosamente engajadas ou não? As correlações não são declarações de causa e efeito e deixam muitos fatores sem controle (Sloan, 2005; Sloan et al., 1999, 2000, 2002). Aqui está outra interpretação possível: as mulheres são mais religiosamente ativas do que os homens e as mulheres vivem mais do que os homens. O envolvimento religioso pode apenas refletir essa ligação entre gênero e longevidade?

Aparentemente não. Um estudo com duração de 8 anos do National Institutes of Health acompanhou 92.395 mulheres com idade entre 50 e 79 anos. Após controlar muitos fatores, os pesquisadores constataram que as mulheres que comparecem a rituais religiosos semanalmente (ou com mais frequência) tinham um risco de morte 20% menor durante o período do estudo (Schnall et al., 2010). Além disso, a associação entre envolvimento religioso e expectativa de vida também é encontrada entre os homens (Benjamins et al., 2010; McCullough et al., 2000; McCullough & Laurenceau, 2005). Um estudo de 28 anos que acompanhou 5.286 californianos descobriu que, após o controle de idade, sexo, etnia e educação, os frequentadores religiosos assíduos tinham 36% menos probabilidade de morrer em qualquer ano (Figura 12.24). Em outro estudo controlado de 8 anos com mais de 20 mil pessoas (Hummer et al., 1999), esse efeito se traduziu em uma expectativa de vida de 83 anos para aqueles que frequentavam cultos religiosos e 75 anos para aqueles que não frequentavam.

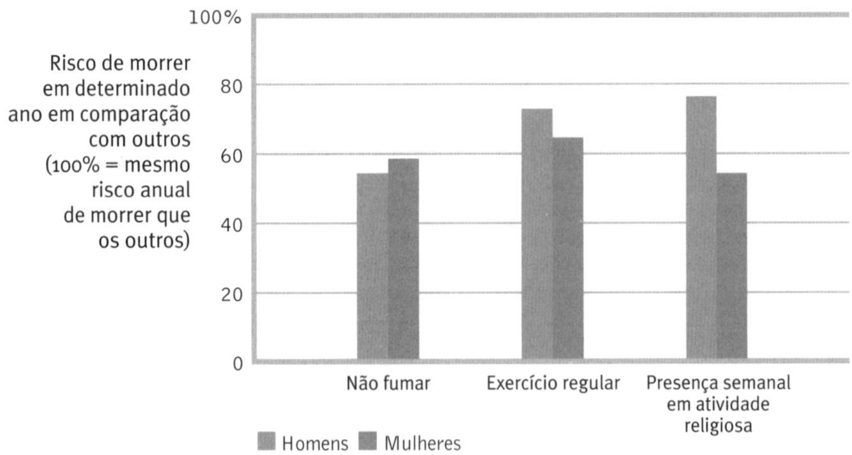

Figura 12.24 Preditores de vida mais longa: não fumar, fazer exercícios regularmente e frequência religiosa regular. Um estudo de 28 anos acompanhou 5.286 adultos de Alameda, Califórnia, EUA (Oman et al., 2002; Strawbridge, 1999; Strawbridge et al., 1997). Controlando os participantes por idade e educação, os pesquisadores descobriram que não fumar, fazer exercícios regulares e frequentar uma religião prediziam um risco reduzido de morte em qualquer ano. As mulheres que frequentavam cultos religiosos semanais, por exemplo, tinham apenas 54% de probabilidade de morrer em um ano de estudo típico em comparação às não frequentadoras.

AlisaNata/Shutterstock

Getty Images/Fuse

Sura Nualpradid/Shutterstock

casejustin/Shutterstock

Georgios Kollidas/Alamy

Georgios Kollidas/Shutterstock

ppart/Shutterstock

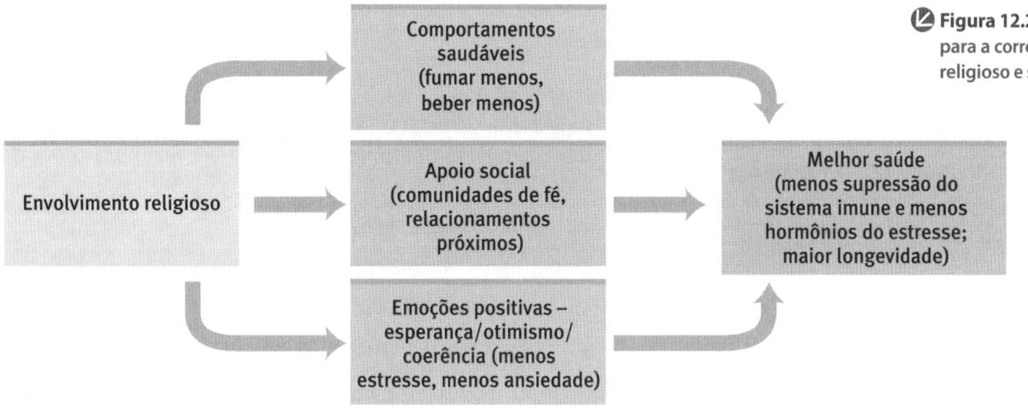

Figura 12.25 Possíveis explicações para a correlação entre envolvimento religioso e saúde/longevidade.

A pesquisa aponta três possíveis explicações para a correlação entre religiosidade e longevidade (Figura 12.25):

- ***Comportamentos saudáveis.*** A religião promove o autocontrole (DeWall et al., 2014; McCullough & Willoughby, 2009). Isso ajuda a explicar por que as pessoas religiosamente ativas tendem a fumar e beber muito menos e a ter estilos de vida mais saudáveis (Islam & Johnson, 2003; Koenig & Vaillant, 2009; Masters & Hooker, 2013; Park, 2007). Em uma pesquisa do Gallup com 550 mil americanos, 15% dos muito religiosos eram fumantes, assim como 28% dos não religiosos (Newport et al., 2010). Porém, essas diferenças de estilo de vida não são grandes o suficiente para explicar a mortalidade drasticamente reduzida nos assentamentos religiosos israelenses. Em estudos americanos, também, cerca de 75% da diferença de longevidade permaneceu quando os pesquisadores controlaram comportamentos não saudáveis, como sedentarismo e tabagismo (Musick et al., 1999)
- ***Suporte social.*** Pertencer a uma comunidade de fé é participar de uma rede de apoio. Pessoas religiosamente ativas estão lá umas para as outras quando acontece um infortúnio. Em um estudo de 20 anos com enfermeiros, por exemplo, o apoio social de pessoas religiosas foi o melhor preditor de sua boa saúde. Além disso, a religião incentiva o casamento, outro preditor de saúde e longevidade. Nos assentamentos religiosos israelenses, por exemplo, o divórcio era quase inexistente
- ***Emoções positivas.*** Mesmo depois de controlar o suporte social, comportamentos não saudáveis, gênero e problemas de saúde preexistentes, as pesquisas descobriram que pessoas engajadas religiosamente tendem a viver mais (Chida et al., 2009). Os pesquisadores especulam se as pessoas religiosamente ativas podem se beneficiar de uma visão de mundo estável e coerente, um senso de esperança no futuro em longo prazo, sentimentos de aceitação final e meditação relaxada da oração ou de outra observância religiosa. Essas variáveis intervenientes também podem ajudar a explicar por que os religiosos ativos tiveram um funcionamento imunológico mais saudável, menos internações hospitalares e, para pessoas com AIDS, menos hormônios do estresse e maior sobrevida (Ironson et al., 2002; Koenig & Larson, 1998; Lutgendorf et al., 2004).

PERGUNTE A SI MESMO

Que estratégias você usou para lidar com o estresse em sua vida? Quão bem elas têm trabalhado? Que outras estratégias você poderia tentar?

PRÁTICA DE RECUPERAÇÃO

PR-2 Quais são algumas das táticas que podemos usar para gerenciar com sucesso o estresse que não podemos evitar?

RESPOSTAS NO APÊNDICE E

REVISÃO Saúde e enfrentamento

OBJETIVOS DE APRENDIZAGEM

Teste a si mesmo. Responda às Questões dos Objetivos de Aprendizagem (antes de conferir as respostas no Apêndice D) para aprimorar a retenção dos conceitos estudados (McDaniel et al., 2009, 2015).

QOA **12.20** De que duas maneiras as pessoas tentam aliviar o estresse?

QOA **12.21** Como a percepção de falta de controle afeta a saúde?

QOA **12.22** Por que o autocontrole é importante e será que nosso autocontrole pode se exaurir?

QOA **12.23** Como uma perspectiva otimista afeta a saúde e a longevidade?

QOA **12.24** Como o suporte social promove a boa saúde?

QOA **12.25** Quão eficaz é o exercício aeróbico como forma de controlar o estresse e melhorar o bem-estar?

QOA **12.26** De que maneiras o relaxamento e a meditação podem influenciar o estresse e a saúde?

QOA **12.27** O que é o fator fé e quais são algumas explicações possíveis para a ligação entre fé e saúde?

TERMOS E CONCEITOS A RECORDAR

Teste a si mesmo. Escreva a definição com suas próprias palavras e depois confirme sua resposta.

enfrentamento, p. 449
enfrentamento focado no problema, p. 449
enfrentamento focado na emoção, p. 449
controle pessoal, p. 449
desamparo aprendido, p. 449
lócus de controle externo, p. 450
lócus de controle interno, p. 450
autocontrole, p. 451
exercício aeróbico, p. 454
meditação da atenção plena (*mindfulness*), p. 456

DOMINE O MATERIAL

Teste a si mesmo. Responda às questões a seguir sozinho, a princípio, depois confira as respostas no Apêndice E.

1. Quando confrontado com uma situação sobre a qual você sente que tem pouco controle, é mais provável que você se volte para as estratégias de enfrentamento focado em ______________ (emoção/problema).

2. A pesquisa clássica de Seligman mostrou que um cão responderá com desamparo aprendido se tiver recebido choques repetidos e
   a. a oportunidade de escapar.
   b. nenhum controle sobre os choques.
   c. dor ou desconforto.
   d. sem comida ou água antes dos choques.

3. Quando pacientes idosos participam ativamente da gestão de seus próprios cuidados e do ambiente, seu moral e sua saúde tendem a melhorar. Esses achados indicam que as pessoas se saem melhor quando experimentam um lócus de controle ______________ (interno/externo).

4. As pessoas que têm relacionamentos íntimos têm menos probabilidade de morrer prematuramente do que aquelas que não têm, o que corrobora a ideia de que
   a. laços sociais podem ser uma fonte de estresse.
   b. o gênero influencia a longevidade.
   c. o comportamento Tipo A é responsável por muitas mortes prematuras.
   d. o apoio social tem um efeito benéfico sobre a saúde.

5. Por desencadear a liberação de neurotransmissores que melhoram o humor, como norepinefrina, serotonina e endorfinas, o exercício ______________ aumenta os níveis de energia e ajuda a aliviar a depressão e a ansiedade.

6. A pesquisa sobre o fator fé descobriu que
   a. os pessimistas tendem a ser mais saudáveis do que os otimistas.
   b. nossas expectativas influenciam nossos sentimentos de estresse.
   c. pessoas religiosamente ativas tendem a viver mais do que aquelas que não são religiosamente ativas.
   d. o engajamento religioso promove o isolamento social e a repressão.

N.E.: Este capítulo conta com um apêndice complementar, elaborado por professor brasileiro para contextualização dos temas abordados ao cenário nacional.

CAPÍTULO 13

LeoPatrizi/Getty Images

Psicologia Social

Dirk Willems enfrentou um momento decisivo em 1569. Ameaçado de tortura e morte como membro de uma minoria religiosa perseguida, ele escapou de sua prisão em Asperen, Holanda, e fugiu por um lago coberto de gelo. Seu carcereiro mais forte e mais pesado o perseguiu, mas caiu no gelo e, incapaz de sair, implorou por ajuda.

Com a liberdade à sua frente, Willems agiu com altruísmo supremo. Ele voltou e resgatou seu perseguidor, que, sob ordens, o levou de volta ao cativeiro. Poucas semanas depois, Willems foi condenado a ser "executado pelo fogo, até a morte". Por seu martírio, a atual Asperen tem uma rua batizada em homenagem ao seu herói folclórico (Toews, 2004).

O que leva a população a desprezar membros de grupos minoritários, como Dirk Willems, e agir com tanta crueldade? O que motiva pessoas, como o carcereiro, a cumprir ordens injustas? E de que maneira somos influenciados pelo altruísmo da atitude de Willems e dos muitos que morreram tentando salvar os outros? De fato, o que motiva qualquer um de nós a ofertar bondade e generosidade?

Somos animais sociais. Não somos capazes de viver só para nós. Muitos de nós sentimos isso profundamente com o início do distanciamento social durante a pandemia da covid-19. A interação social cara a cara que tínhamos como certa tornou-se preciosa. Os *psicólogos sociais* exploram nossas conexões estudando cientificamente como *pensamos*, *influenciamos* e nos *relacionamos* uns com os outros.

Pensamento social

QUESTÃO DE OBJETIVO DE APRENDIZAGEM QOA 13.1 O que os psicólogos sociais estudam? Como tendemos a explicar o comportamento dos outros e o nosso próprio?

Ao contrário da sociologia, que estuda sociedades e agrupamentos sociais, os psicólogos sociais se concentram mais em como os indivíduos veem e afetam uns aos outros.

Os psicólogos da personalidade se concentram na pessoa. Eles estudam os traços e dinâmicas pessoais que explicam por que, em uma determinada situação, *pessoas diferentes* atuam de maneira diferente. (Você teria ajudado seu carcereiro a sair da água gelada?) Os **psicólogos sociais** concentram-se na situação. Eles estudam as influências sociais que explicam por que *a mesma pessoa* age de forma diferente em *situações diferentes*. (O carcereiro de Willems poderia libertá-lo em circunstâncias diferentes?)

Mennonite Library and Archives/Bethel College

Gravura de Dirk Willems pelo artista holandês Jan Luyken. (De The Martyrs Mirror, 1685.)

Erro fundamental de atribuição

Nosso comportamento social surge de nossa cognição social. Todos nós queremos entender e explicar por que as pessoas agem como agem. Depois de estudar como as pessoas explicam o comportamento dos outros, Fritz Heider (1958) propôs a **teoria da atribuição**: podemos atribuir o comportamento aos traços estáveis e duradouros da pessoa (uma *atribuição disposicional*), ou podemos atribuí-lo à situação (uma *atribuição situacional*).

Por exemplo, na sala de aula, notamos que Jill raramente fala. Durante o café, Jack fala sem parar. Esse deve ser o tipo de pessoa que eles são, decidimos. Jill deve ser tímida e Jack, extrovertido. Tais atribuições – sobre suas disposições – podem ser válidas. As pessoas têm traços de personalidade duradouros. Mas às vezes somos vítimas do **erro fundamental de atribuição** (Ross, 1977, 2018): superestimamos a influência da personalidade e subestimamos a influência das situações. Na sala de aula, Jack pode ser tão quieto quanto Jill. Leve Jill a uma festa e você dificilmente reconhecerá sua tímida colega de classe.

Pesquisadores demonstraram essa tendência em um experimento com estudantes universitários (Napolitan & Goethals, 1979). Os alunos conversaram, um de cada vez, com uma mulher que demonstrava uma atitude fria e crítica ou calorosa e amigável. Antes das conversas, os pesquisadores disseram a metade dos alunos que o comportamento da mulher seria espontâneo. Eles contaram à outra metade a verdade – que a haviam instruído a agir de forma amigável ou hostil.

Ouvir a verdade afetou as impressões dos alunos sobre a mulher? De jeito nenhum! Se a mulher agiu de forma amigável, ambos os grupos decidiram que ela realmente era uma pessoa calorosa. Se ela agisse de forma hostil, ambos decidiram que ela realmente era uma pessoa fria. Eles atribuíram seu comportamento à sua disposição pessoal, *mesmo quando informados de que seu comportamento era situacional* – que ela estava apenas agindo dessa maneira para os propósitos do experimento.

Todos cometemos o erro fundamental de atribuição. Considere: seu instrutor de psicologia é tímido ou extrovertido? Se você responder "extrovertido", lembre-se de que conhece seu instrutor em uma situação – a sala de aula, onde ensinar exige conversar. Seu instrutor pode discordar: "eu, extrovertido? Tudo depende da situação. Na aula ou com bons amigos, sim, sou extrovertido. Mas em reuniões profissionais eu sou muito tímido". Fora de seus papéis atribuídos, os professores parecem menos professorais; os presidentes, menos presidenciais; os gerentes, menos gerenciais.

Que fatores afetam nossas atribuições?

Um dos fatores é a cultura. Os ocidentais mais frequentemente atribuem o comportamento às características pessoais dos indivíduos. As pessoas na China e no Japão são mais sensíveis ao poder da situação (Feinberg M et al., 2019; Miyamoto & Kitayama, 2018). Em experimentos que pediram que as pessoas observassem cenas, como um grande peixe nadando entre peixes e plantas menores, os americanos se concentraram mais nos atributos do peixe grande; os espectadores japoneses se concentraram mais na cena – a situação (Chua et al., 2005; Nisbett, 2003).

A *pessoa* que se comporta também importa. Quando explicamos nosso próprio comportamento, somos sensíveis à maneira como o comportamento muda de acordo com a situação (Idson & Mischel, 2001). Também somos sensíveis ao poder da situação quando explicamos o comportamento de pessoas que observamos em muitos contextos diferentes. Com mais frequência, cometemos o erro fundamental de atribuição quando um estranho age mal. Tendo observado apenas o torcedor furioso gritando com o árbitro no calor da

Psicologia social. Estudo científico de como pensamos, influenciamos e nos relacionamos uns com os outros.

Teoria da atribuição. Teoria por meio da qual explicamos o comportamento de alguém dando crédito seja à situação ou à disposição da pessoa.

Erro fundamental de atribuição. Tendência, ao analisar o comportamento dos outros, de subestimar o impacto da situação e superestimar o impacto da disposição pessoal.

competição, podemos supor que ele é uma pessoa raivosa. Mas fora do estádio ele pode ser um bom vizinho e um ótimo pai.

Adotar o ponto de vista de um observador nos tornaria mais conscientes de nosso próprio comportamento? Os pesquisadores testaram essa ideia usando câmeras separadas para filmar duas pessoas interagindo. Quando eles mostraram a cada pessoa uma repetição da interação – filmada da perspectiva da outra pessoa – os participantes creditaram seu próprio comportamento mais à sua disposição (caráter pessoal), assim como um observador normalmente faria (Lassiter & Irvine, 1986; Storms, 1973). Da mesma forma, quando as pessoas avaliam as ações de um policial da perspectiva da câmera corporal do policial (em vez de uma câmera de painel que também mostra o policial), elas ficam mais sintonizadas com a situação – e se tornam mais simpáticas ao policial (Turner et al., 2019).

Duas exceções importantes à nossa visão usual de nossas próprias ações: nossas ações deliberadas e *admiráveis*, muitas vezes atribuímos às nossas próprias boas razões e não à situação (Malle, 2006; Malle et al., 2007); e, à medida que envelhecemos, tendemos a atribuir o comportamento do nosso eu mais jovem principalmente aos nossos traços (Pronin & Ross, 2006). Em 5 ou 10 anos, seu eu atual pode parecer outra pessoa.

Como as atribuições que damos aos eventos importam?

O modo como explicamos as ações dos outros, atribuindo-as à pessoa ou à situação, pode ter efeitos importantes na vida real (Fincham & Bradbury, 1993; Fletcher et al., 1990). Uma saudação calorosa reflete interesse romântico ou cortesia social? O comentário sarcástico de um gerente reflete uma ameaça de emprego ou apenas um dia ruim? Foi um tiro malicioso ou um ato de autodefesa? Em um estudo, 181 juízes estaduais dos EUA deram sentenças mais leves a um infrator violento que um cientista testemunhou ter um gene que alterava áreas do cérebro relacionadas à agressividade (Aspinwall et al., 2012). As atribuições importam.

Você atribui a pobreza e o desemprego a circunstâncias sociais ou a características pessoais e más escolhas? Na Grã-Bretanha, Índia, Austrália e EUA, os conservadores políticos tendem a atribuir a responsabilidade às disposições pessoais dos pobres e desempregados (Dunn, 2018; Furnham, 1982; Pandey et al., 1982; Wagstaff, 1982; Zucker & Weiner, 1993). "As pessoas fazem suas próprias escolhas. Quem toma a iniciativa ainda pode avançar". Em experimentos, aqueles que refletem sobre o poder de escolha – seja lembrando suas próprias escolhas ou tomando nota das escolhas de outras pessoas – tornam-se mais propensos a pensar que as pessoas recebem o que merecem (Savani & Rattan, 2012). Os liberais políticos e aqueles que não estão preparados para considerar o poder de escolha são mais propensos a culpar situações passadas e presentes: "se você ou eu tivéssemos que viver com a mesma educação ruim, falta de oportunidade e discriminação, estaríamos em melhor situação?".

Ponto a ser lembrado: nossas atribuições – à disposição pessoal ou à situação – têm consequências reais.

Sete em cada 10 universitárias relataram ter passado por situações em que um homem confundiu a sua amabilidade com um convite para o sexo (Jacques-Tiura et al., 2007).

istockphoto/Photos Danny

Uma questão de atribuição. Atribuir a pobreza e a falta de moradia às circunstâncias sociais ou às disposições pessoais afeta e reflete as nossas opiniões políticas.

Dmitry Brart

Atribuições pessoais *versus* situacionais. O massacre de 11 fiéis judeus em 2018 na sinagoga Tree of Life de Pittsburgh deve ser atribuído à disposição odiosa do atirador? Às redes sociais,, onde o atirador e outros com ideias semelhantes promoveram o antissemitismo e o nacionalismo branco? À cultura de armas da América? (O atirador usou quatro armas.) Ou a todas elas? E a que devemos atribuir a compaixão do enfermeiro do pronto-socorro – um judeu e filho de um rabino –, que tratou o atirador cheio de ódio (Flynn, 2018)?

Atitude. Sentimentos, muitas vezes influenciados por nossas crenças, que nos predispõem a responder de uma maneira particular a objetos, pessoas e eventos.

Atitudes e ações

QOA 13.2 Como as atitudes e as ações interagem?

Atitudes são sentimentos, muitas vezes influenciados por nossas crenças, que predispõem nossas reações a objetos, pessoas e eventos. Se *acreditarmos* que alguém está nos ameaçando, podemos sentir medo e raiva da pessoa e *agir* na defensiva. O trânsito entre nossas atitudes e nossas ações é de mão dupla. Nossas atitudes afetam nossas ações também. Atitudes de ódio alimentam o comportamento violento. E nossas ações afetam nossas atitudes (assim como nossas expressões emocionais afetam nossas emoções).

Atitudes afetam as ações

As atitudes afetam nosso comportamento. Mas fatores situacionais, como fortes pressões sociais, podem anular a conexão atitude-comportamento (Wallace et al., 2005). Os políticos podem votar de acordo com a demanda de seus apoiadores, apesar de discordarem em particular (Nagourney, 2002). Ou podem adotar publicamente comportamentos que não praticam em particular (como quando se disse que um deputado adúltero era "pró-vida nas ruas, pró-escolha nos lençóis" [Weiner, 2017]).

As atitudes são especialmente propensas a afetar o comportamento quando as influências externas são mínimas e quando são estáveis, específicas para o comportamento e facilmente lembradas (Glasman & Albarracín, 2006). Um experimento usou informações vívidas e facilmente lembradas para convencer estudantes universitários brancos que se bronzeiam de que o bronzeamento repetido os coloca em risco de câncer de pele no futuro. Um mês depois, 72% dos participantes – e apenas 16% dos do grupo de controle – tinham a pele mais clara (McClendon & Prentice-Dunn, 2001). A alteração da atitude (sobre o risco de câncer de pele) gerou uma mudança de comportamento (menos bronzeamento).

Ações afetam as atitudes

Agora considere um princípio mais surpreendente: não apenas defenderemos o que acreditamos, mas também acreditaremos mais fortemente no que defendemos. Muitas evidências confirmam que as atitudes seguem o comportamento (Figura 13.1).

FENÔMENO DO PÉ NA PORTA. Como você reagiria se alguém o induzisse a agir contra suas crenças? Em muitos casos, as pessoas ajustam suas atitudes. Durante a guerra da Coreia, muitos prisioneiros dos EUA foram mantidos em campos de prisioneiros dos comunistas chineses. Os captores garantiram a colaboração dos prisioneiros em várias atividades, desde tarefas simples (executadas para obter privilégios) até ações mais sérias (confissões falsas, informações sobre outros prisioneiros e divulgação de informações militares dos EUA). Depois de fazer isso, os prisioneiros às vezes ajustavam suas crenças para serem mais consistentes com seus atos públicos (Lifton, 1961). Quando a guerra terminou, 21 prisioneiros optaram por ficar com os comunistas. Alguns outros voltaram para casa convencidos de que o comunismo era bom para a Ásia (embora não fosse realmente uma "lavagem cerebral", como tem sido dito com frequência).

(b)

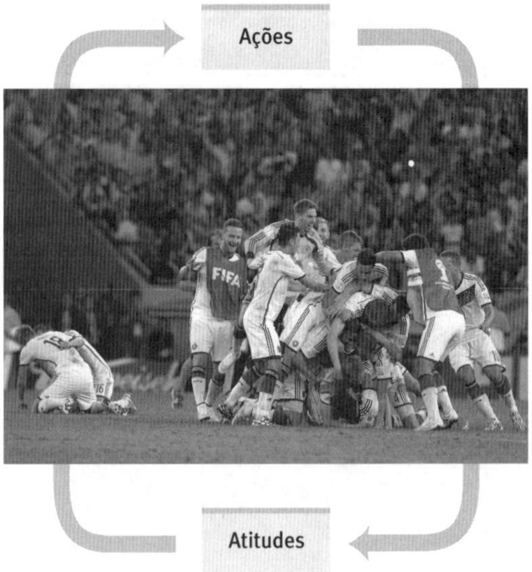

(a)

Marcello Casal Jr/ Agência Brasil

Figura 13.1 Atitudes seguem comportamentos. Ações cooperativas, como aquelas realizadas por participantes de times esportivos (incluindo a Alemanha, mostrada aqui comemorando uma vitória na Copa do Mundo), alimentam a apreciação mútua. Tais atitudes, por sua vez, promovem um comportamento positivo.

Os captores chineses tiveram sucesso em parte graças ao **fenômeno do pé na porta**: eles sabiam que as pessoas que concordam com um pequeno pedido acharão mais fácil atender posteriormente a um maior. Os captores começaram com pedidos inofensivos, como copiar uma declaração trivial, e gradualmente aumentaram suas demandas (Schein, 1956). A próxima declaração a ser copiada pode listar as falhas do capitalismo. Então, para ganhar privilégios, os prisioneiros passariam a participar de discussões em grupo, escrever autocríticas e, finalmente, proferir confissões públicas. A lógica é simples: para que as pessoas concordem com algo grande, comece pequeno e aumente o grau (Cialdini, 1993). Um ato trivial torna o próximo ato mais fácil. Uma pequena mentira abre caminho para uma mentira maior. Uma pequena mentira pode se transformar em fraude. Se sucumbir a uma tentação, a próxima tentação se torna mais difícil de resistir.

Fenômeno do pé na porta. Tendência de pessoas que primeiro concordaram com um pequeno pedido para mais tarde atender a um pedido maior.

Papel social. Conjunto de expectativas (ou normas) sobre uma posição social, que define como aqueles nessa posição social devem se comportar.

Em dezenas de experimentos, os pesquisadores persuadiram as pessoas a agir contra suas atitudes ou a violar seus padrões morais, com o mesmo resultado: a ação torna-se a crença. Depois de ceder a uma ordem para prejudicar uma vítima inocente – fazendo comentários desagradáveis ou aplicando choques elétricos – as pessoas começam a menosprezar sua vítima. Depois de falar ou escrever em nome de uma posição sobre a qual têm dúvidas, eles começam a acreditar em suas próprias palavras.

Os experimentos também revelam um efeito de porta na cara: aborde alguém com um pedido irracional ("você poderia se voluntariar diariamente pelas próximas 2 semanas?"). Depois da recusa (a porta na cara), um pedido moderado de acompanhamento se torna mais aceitável ("você poderia se voluntariar pelos próximos 30 minutos?").

Felizmente, o princípio de que atitudes seguem comportamento também funciona com boas ações. Em um experimento clássico, os pesquisadores pediram permissão para colocar uma grande placa com a frase "dirija com cuidado" nos jardins da frente das pessoas (Freedman & Fraser, 1966). A taxa de concordância de 17% subiu para 76% entre aqueles que primeiro fizeram um pequeno favor – colocar uma placa pequena, de 8 cm de altura, em sua janela com a frase "seja um motorista seguro".

A tática do pé na porta ajudou a aumentar as contribuições de caridade, doações de sangue e a política de segregação nas escolas dos EUA. Com a aprovação da Lei dos Direitos Civis de 1964, a inclusão escolar tornou-se lei. Nos anos que se seguiram, os americanos brancos expressaram a diminuição do preconceito racial. E à medida que os americanos em diferentes regiões passaram a agir de forma mais semelhante – graças a padrões nacionais mais uniformes contra a discriminação –, eles começaram a pensar de forma mais parecida. As experiências confirmam a ideia inicial: *as ações morais fortalecem as convicções morais.*

PERGUNTE A SI MESMO

Você tem uma atitude ou tendência que gostaria de mudar? Usando o princípio de que atitudes seguem comportamento, como você pode mudar essa atitude?

INTERPRETAÇÃO DE PAPÉIS AFETA AS ATITUDES. Quando você adota um novo **papel social** – quando se torna um estudante universitário, se casa ou começa um novo emprego –, você se esforça para seguir as normas sociais. A princípio, seus comportamentos podem parecer falsos, porque você está desempenhando um papel. Os soldados podem, a princípio, sentir que estão jogando jogos de guerra. Em pouco tempo, no entanto, o que começou como uma peça de teatro encenada na vida se torna *você*. Como Bobbie Barrett, do seriado Mad Men, aconselhou: "escolha um trabalho e depois torne-se a pessoa que o executa".

"Finja até que seja verdade." – Frase do programa Alcoólicos Anônimos

No mundo real, o passo a passo da interpretação de papéis sociais tem sido usado até para treinar torturadores (Staub, 1989). No início da década de 1970, o governo militar grego ajudou a facilitar a entrada de seus homens em seus futuros papéis. Primeiro, um estagiário desempenhava o papel social de guarda do lado de fora de uma cela de interrogatório. Após esta etapa de pé na porta, ele ficou de guarda lá dentro. Só então ele estava pronto para se envolver ativamente nas situações de interrogatório e tortura. Em um estudo com homens alemães, o treinamento militar endureceu suas personalidades, deixando-os menos agradáveis mesmo 5 anos depois de deixarem o serviço militar (Jackson et al., 2012). O que nós fazemos é o que gradualmente nos tornamos: toda vez que agimos como as pessoas ao nosso redor, mudamos um pouco a nós mesmos para sermos mais como elas e menos como costumávamos ser.

No entanto, as pessoas são diferentes. Em situações de produção de atrocidades na vida real, algumas pessoas sucumbiram à situação e outras, não (Haslam & Reicher, 2007, 2012; Mastroianni & Reed, 2006; Zimbardo, 2007). A pessoa e a situação interagem.

Paul Burns/Blend Images/Alamy

Nova enfermeira. Usar o uniforme pela primeira vez pode parecer como se fantasiar. Mas, com o tempo, esse papel social define os jogadores, à medida que eles entram na rotina diária e seguem as pistas sociais em seu novo ambiente.

DISSONÂNCIA COGNITIVA: ALÍVIO DA TENSÃO. Vimos que as ações podem afetar as atitudes, às vezes transformando prisioneiros em colaboradores e atores em crentes. Mas por quê? Uma explicação para isso é que, quando percebemos que nossas atitudes e ações não coincidem, experimentamos uma tensão ou *dissonância cognitiva*. Para aliviar essa tensão mental, de acordo com a **teoria da dissonância cognitiva** de Leon Festinger (1957), muitas vezes alinhamos nossas atitudes com nossas ações passadas.

Dezenas de experimentos testaram a teoria da dissonância cognitiva (Levy et al., 2018). Muitos fizeram as pessoas se sentirem responsáveis por comportamentos que colidiram com suas atitudes e tiveram consequências previsíveis. Como participante de um desses experimentos, você pode aceitar receber uma pequena quantia em dinheiro para escrever um ensaio apoiando algo em que não acredita (talvez um aumento de mensalidade). Sentindo-se responsável por suas declarações escritas (que são inconsistentes com suas atitudes), você provavelmente sentiria dissonância, especialmente se achasse que sua redação poderia influenciar um administrador. Para reduzir a tensão desconfortável, você pode começar a acreditar em suas palavras falsas. É como se racionalizássemos: "se eu escolhi fazer (ou dizer), devo acreditar nisso". Quanto menos coagidos e mais responsáveis nos sentimos por um ato perturbador, mais dissonância sentimos. Quanto mais dissonância sentimos, mais motivados ficamos para encontrar e projetar consistência, como quando mudamos nossas atitudes para ajudar a justificar um ato.

O princípio de que atitudes seguem comportamento tem uma implicação animadora: não podemos controlar diretamente todos os nossos sentimentos, mas podemos influenciá-los alterando o nosso comportamento. Se estamos deprimidos, podemos alterar nossas atribuições e explicar os eventos em termos mais positivos, com mais autoaceitação e nos colocando menos para baixo (Rubenstein et al., 2016). Se não formos amorosos, podemos nos tornar mais amorosos comportando-nos como se fôssemos – tendo atitudes atenciosas, expressando afeto e dando reforço positivo. "Cada vez que você se pergunta: 'como devo agir?'", observa Robert Levine (2016), "também está se perguntando: 'quem é a pessoa que eu quero me tornar?'". Isso ajuda a explicar por que quando os adolescentes fazem trabalho voluntário estão promovendo uma identidade compassiva. Aja como se você gostasse de alguém e em breve você poderá gostar. A simulação pode se tornar realidade. A conduta constrói o caráter. Nós nos tornamos aquilo que fazemos.

Ponto a ser lembrado: não apenas podemos nos imaginar em ação, podemos agir de acordo com uma maneira de pensar.

"Sente-se o dia todo em uma postura deprimida, suspire e responda a tudo com uma voz sombria, e sua melancolia permanece [...] Se desejamos dominar tendências emocionais indesejáveis em nós mesmos, devemos [...] passar pelos movimentos para fora daquelas disposições contrárias que preferimos cultivar."
– William James, *Principles of Psychology*, 1890

PRÁTICA DE RECUPERAÇÃO

PR-1 Dirigindo para a escola em um dia de neve, Marco evita por pouco um carro que passa no sinal vermelho. "Desacelera! Que motorista terrível", ele pensa consigo mesmo. Momentos depois, o próprio Marco passa por um cruzamento e grita: "Uau! Essas estradas são horríveis. Os limpa-neve da cidade precisam vir até aqui". Que princípio da psicologia social Marco acabou de demonstrar? Explique.

PR-2 Como nossas atitudes e nossas ações afetam umas às outras?

PR-3 Quando as pessoas agem de uma maneira que não está de acordo com suas atitudes e então mudam suas atitudes para corresponder a essas ações, a teoria da ______________________ tenta explicar o porquê.

RESPOSTAS NO APÊNDICE E

Persuasão

QOA 13.3 Qual é a diferença entre a *persuasão de rota periférica* e a *persuasão de rota central?*

Muitas vezes, as pessoas podem tentar influenciar nossas ações *persuadindo-nos* a mudar nossas atitudes. Os esforços de persuasão geralmente assumem duas formas:

- A **persuasão de rota periférica** usa pistas para chamar a atenção a fim de desencadear julgamentos rápidos e baseados na emoção. Um experimento deu a algumas pessoas informações que desbancaram o mito de vacinas causadoras do autismo; outras pessoas viram fotos de crianças não vacinadas com caxumba, sarampo ou rubéola, junto com a descrição de um dos pais sobre o sarampo. Apenas aqueles que receberam as fotos vívidas e a descrição tornaram-se mais favoráveis às vacinas (Horne et al., 2015). O aval de pessoas bonitas ou famosas também pode influenciar os indivíduos, seja na escolha de um candidato político ou na compra de um produto de higiene pessoal. Quando a ativista ambiental e atriz Cate Blanchett pede ação para combater o desastre da mudança climática, ou quando o Papa Francisco (2015) afirma que "a mudança climática é um problema global com graves implicações", eles esperam aproveitar seu apelo por meio

Teoria da dissonância cognitiva. Teoria de que agimos para reduzir o desconforto (dissonância) que sentimos quando dois de nossos pensamentos (cognições) são inconsistentes. Por exemplo, quando tomamos consciência de que nossas atitudes e nossas ações se chocam, podemos reduzir a dissonância resultante mudando nossas atitudes.

Persuasão de rota periférica. Ocorre quando as pessoas são influenciadas por pistas incidentais, como a atratividade de um falante.

da persuasão de rota periférica. O mesmo vale para anúncios que usam imagens emocionantes para vender produtos

- A **persuasão de rota central** oferece evidências e argumentos que desencadeiam um pensamento cuidadoso. Para persuadir os compradores a comprar um novo produto, um anúncio pode detalhar todos os recursos disponíveis. Para angariar apoio para a intervenção na mudança climática, os argumentos eficazes se concentraram no acúmulo de gases de efeito estufa, no derretimento do gelo ártico, no aumento da temperatura do mundo e dos mares e no aumento de eventos climáticos extremos (van der Linden et al., 2015). A persuasão de rota central funciona bem para pessoas que são naturalmente analíticas ou que têm envolvimento com a questão. E por ser mais racional e menos superficial, é mais durável. Quando as pessoas processam ativamente uma mensagem – quando elaboram mentalmente sobre ela –, com mais frequência a retêm (um fenômeno descrito pelo *modelo de probabilidade de elaboração*).

Persuasão de rota central. Ocorre quando o pensamento das pessoas interessadas é influenciado pela apresentação de evidências e argumentos.

Como podemos ser mais bem-sucedidos ao fazer com que os outros aceitem nosso ponto de vista? Para saber mais sobre estratégias eficazes de persuasão, consulte Pensamento crítico sobre: Como ser persuasivo.

PERGUNTE A SI MESMO

Você já se pegou usando alguma das estratégias persuasivas ineficazes identificadas no infográfico? Como você pode melhorar sua abordagem na próxima vez que estiver tendo uma discussão importante?

PRÁTICA DE RECUPERAÇÃO

PR-4 Quais são algumas maneiras baseadas em evidências para persuadir efetivamente os outros?

RESPOSTAS NO APÊNDICE E

REVISÃO Pensamento social

OBJETIVOS DE APRENDIZAGEM

Teste a si mesmo. Responda às Questões dos Objetivos de Aprendizagem (antes de conferir as respostas no Apêndice D) para aprimorar a retenção dos conceitos estudados (McDaniel et al., 2009, 2015).

QOA **13.1** O que os psicólogos sociais estudam? Como tendemos a explicar o comportamento dos outros e o nosso próprio?

QOA **13.2** Como as atitudes e ações interagem?

QOA **13.3** Qual é a diferença entre a *persuasão de rota periférica* e a *persuasão de rota central*?

QOA **13.4** Como podemos compartilhar nossos pontos de vista de forma mais eficaz?

TERMOS E CONCEITOS A RECORDAR

Teste a si mesmo. Escreva a definição com suas próprias palavras e depois confirme sua resposta.

psicologia social, p. 462
teoria da atribuição, p. 462
erro fundamental de atribuição, p. 462
atitude, p. 464
fenômeno do pé na porta, p. 465
papel social, p. 465
teoria da dissonância cognitiva, p. 466
persuasão de rota periférica, p. 466
persuasão de rota central, p. 467

DOMINE O MATERIAL

Teste a si mesmo. Responda às questões a seguir sozinho, a princípio, depois confira suas respostas no Apêndice E.

1. Um estudo indicou que a maioria dos meninos e meninas adolescentes acredita que as mulheres que veem na pornografia *online* estão experimentando prazer sexual real (Jones, 2018). Mas a situação – estar na frente da câmera – sugere que as mulheres estão atuando em um papel. Psicólogos sociais podem explicar a percepção errônea dos adolescentes como erro ______________.

2. Nós tendemos a concordar com um pedido maior mais prontamente se já concordamos com um pedido pequeno. Essa tendência é chamada fenômeno do ______________.

3. A terapeuta sugeriu que Jamala deveria "agir como se" estivesse confiante, mesmo se sentindo insegura e tímida. Qual teoria da psicologia social melhor apoiaria essa sugestão e o que a terapeuta poderia esperar alcançar?

4. O endosso de celebridades na publicidade muitas vezes leva os consumidores a comprar produtos por meio da persuasão de rota ______________ (central/periférica).

Pensamento crítico sobre:

Como ser persuasivo

QOA **13.4** Como podemos compartilhar nossos pontos de vista de maneira mais eficaz?

Você gostaria de ser persuasivo com aqueles cujos pontos de vista diferem dos seus?

Evite:

Argumentar em voz alta antes de ouvir. Gritar faz o tiro sair pela culatra.

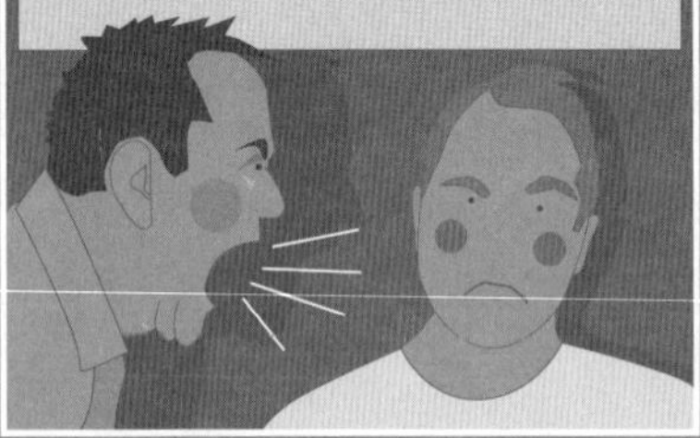

Humilhar as pessoas, ou insinuar que são ignorantes. Insultos geram atitude defensiva.

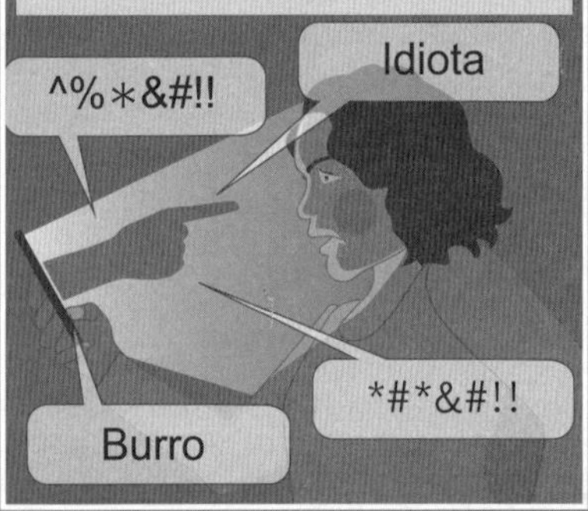

Aborrecer as pessoas com informações complexas e que não são centrais ao assunto.

Portanto, com isso dito, preste atenção a essa estatística muito chata, instável e duvidosa da qual você nunca se lembrará. Agora, no entanto, por outro lado, aqui estão ainda mais pontos de dados que são ainda mais complicados do que o último...

Faça:

Identifique valores ou objetivos compartilhados, como: "todos nós queremos nos formar, não é? Encontrar um emprego melhor? Então, vamos estudar para o teste antes de tirar um tempo para passear".

Apele para os motivos admiráveis dos outros. Relacione seus objetivos aos anseios deles.[1] Por exemplo:

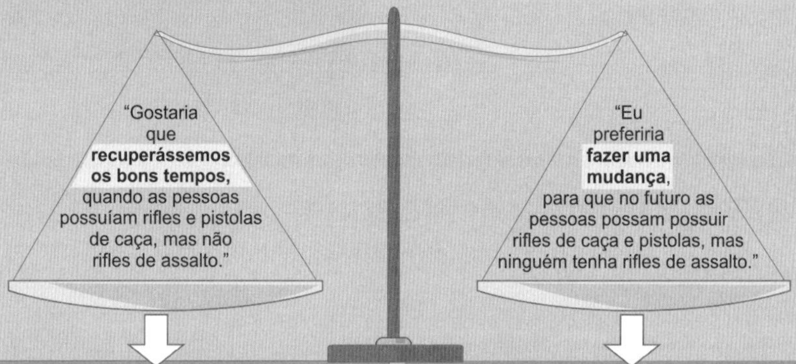

Políticos conservadores tendem a responder à nostalgia. Aqueles que promovem a legislação de segurança para armas para este grupo devem enquadrar sua mensagem como uma afirmação do passado.

Políticos progressistas respondem melhor a mensagens focadas no futuro.

Torne sua mensagem vívida. As pessoas se lembram bem de exemplos visuais dramáticos. Imagens de crianças não vacinadas sofrendo de doenças evitáveis ou de crianças famintas falam tanto ao coração quanto ao cérebro.

Repita a mensagem. As pessoas muitas vezes passam a acreditar em falsidades repetidas, mas também tendem a acreditar em verdades repetidas.

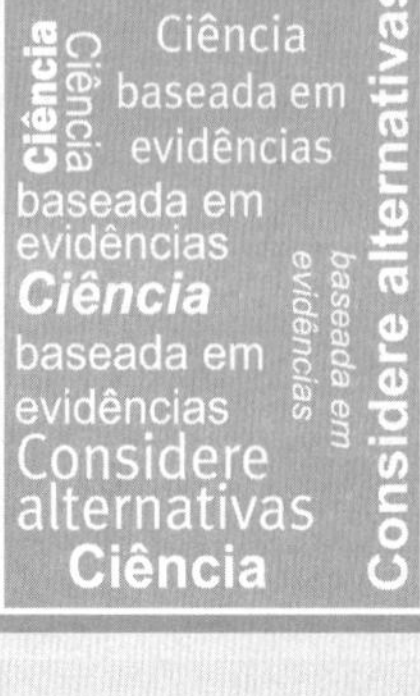

Envolva seu público para reafirmar sua mensagem ou, melhor ainda, agir de acordo com ela. Envolva-os para que participem ativamente – não apenas ouvindo passivamente.

1. Lammers & Baldwin, 2018.

Influência social

A grande lição da psicologia social é o enorme poder da influência social. Essa influência decorre em parte das **normas sociais** – regras para o comportamento que é esperado e aceito. No *campus*, roupas de ginástica são a norma; em Wall Street em Nova York ou na Bond Street em Londres, espera-se um traje de negócios. Quando sabemos como agir, como se vestir, como falar, a vida funciona sem problemas.

Normas sociais. Regras compreendidas para o comportamento aceito e esperado. As normas prescrevem o comportamento "adequado".

Mas às vezes a pressão social leva as pessoas em direções terríveis. Isolados com outros que compartilham suas queixas, os dissidentes podem gradualmente se tornar rebeldes e os rebeldes podem se tornar terroristas. Tiroteios, suicídios, ameaças de bomba e sequestros de aviões têm uma tendência curiosa de ocorrer em grupos. Após um assassinato em massa (de quatro ou mais pessoas), a probabilidade de outro ataque desse tipo aumenta nos 13 dias seguintes (Towers et al., 2015). Vamos examinar a força desses encadeamentos sociais. Quão fortes eles são? Como eles operam? Quando rompemos com eles?

"Você já reparou como um exemplo – bom ou ruim – pode levar outros a seguirem? Como um carro estacionado ilegalmente pode dar permissão para outros fazerem o mesmo? Como uma piada racial pode alimentar outra?" – Marian Wright Edelman, *The Measure of Our Success*, 1992

Conformidade: aceitação das pressões sociais

QOA 13.5 Como o contágio social é uma forma de conformidade e como os experimentos de conformidade revelam o poder da influência social?

Contágio social

Os peixes nadam em cardumes. Os pássaros voam em bandos. E os humanos também tendem a seguir um grupo, a fazer o que fazem os outros e a pensar o que pensam os outros. O comportamento é influenciado pelo *contágio social*. Se um de nós boceja, ri, tosse, se coça, olha para o céu ou verifica o telefone, outros em nosso grupo frequentemente fazem o mesmo (Holle et al., 2012). Até mesmo ler sobre bocejo aumenta a vontade de bocejar das pessoas (Provine, 2012), como talvez você já tenha notado.

Tanya Chartrand e John Bargh (1999) chamam esse contágio social de *efeito camaleão*, comparando-o à capacidade dos camaleões de imitar a cor do ambiente. Eles registraram esse efeito fazendo com que os alunos trabalhassem em uma sala ao lado de outra pessoa (na verdade, um cúmplice trabalhando para os pesquisadores). Às vezes, os cúmplices esfregavam o próprio rosto. Às vezes, eles balançavam o pé. Obviamente, os alunos tendiam a esfregar o rosto na presença da pessoa que esfregava o rosto e a sacudir o pé na presença da pessoa que balançava o pé.

O contágio social não se limita ao comportamento. Nós, camaleões humanos, também assumimos os tons emocionais daqueles que nos rodeiam – suas expressões, posturas, inflexões – e até mesmo sua gramática (Ireland & Pennebaker, 2010). Apenas ouvir alguém lendo um texto neutro com uma voz alegre ou triste *contagia o humor* dos ouvintes (Neumann & Strack, 2000).

Essa imitação natural nos permite ter *empatia* – sentir o que os outros estão sentindo. Isso ajuda a explicar por que nos sentimos mais felizes com pessoas felizes do que com pessoas deprimidas. Também ajuda a explicar por que estudos com grupos de trabalhadores britânicos revelaram uma ligação de humor ou o compartilhamento de humores (Totterdell et al., 1998). A imitação empática – como quando um parceiro de conversa acena com a cabeça junto com você – promove o carinho (Chartrand & van Baaren, 2009; Lakin et al., 2008). Tendemos a imitar aqueles de quem gostamos e a gostar daqueles que nos imitam (Kämpf et al., 2018). Apenas passear com alguém – talvez alguém com quem você alguma vez discordou – não apenas sincroniza seus movimentos, mas aumenta o relacionamento e a empatia (Webb et al., 2017).

As redes sociais servem como caminhos para o contágio de humores, como felicidade e solidão, do uso de drogas e até mesmo de padrões de comportamento que levam à obesidade e à perda de sono (Christakis & Fowler, 2009). Nos *sites*, as avaliações positivas geram avaliações mais positivas – um fenômeno chamado *rebanho positivo* (Muchnik et al., 2013). Em um experimento em massa no dia da eleição para o Congresso dos EUA em 2010, o Facebook mostrou a 61 milhões de pessoas uma mensagem que incentivava o voto, com um *link* para um local de votação e um botão para dizer "eu votei". Para alguns destinatários, as mensagens também continham fotos de amigos do Facebook que já haviam votado. Aqueles que receberam mensagens "diga a seus amigos que você votou" foram um pouco mais propensos a votar e essa diferença gerou cerca de 282 mil votos adicionais.

"Quando vejo sincronia e imitação – seja bocejando, rindo, dançando ou imitando –, vejo conexão social e vínculo." — Primatologista Frans de Waal, *The Empathy Instinct*, 2009

Sugestionamento e mimetismo podem levar a tragédias. Após tiroteios em massa de grande repercussão, as pessoas ficam mais propensas a comprar armas e a fazer ameaças

Riso contagiante. O riso, como os bocejos, é contagioso. Isso é o que descobriram os espectadores de "Chewbacca Mom's" (Candace Payne) depois que sua alegria espontânea se tornou, com 164 milhões de visualizações, o vídeo mais assistido do Facebook Live em 2016 (tinyurl.com/ThatLaugh).

istockphoto/MathewHayward

Tatuagens: inconformismo de ontem, conformismo de hoje? Steven Pinker (2019) relembra a ironia não intencional da fala do diretor da faculdade que se gabou: "nossos alunos são inconformistas. Todos eles têm tatuagens e *piercings*".

Conformidade. Ajuste que fazemos do nosso comportamento ou pensamento para coincidir com um padrão de grupo.

Influência social normativa. Influência resultante do desejo de uma pessoa de obter aprovação ou evitar a desaprovação.

Influência social informativa. Influência resultante da disposição de uma pessoa a aceitar as opiniões dos outros sobre a realidade.

violentas (Cooper, 1999; Porfiri et al., 2019). Às vezes, picos nas taxas de suicídio também seguem um suicídio de grande repercussão (Phillips et al., 1985, 1989).

O que promove esse comportamento em conjunto? As pessoas agem da mesma forma por causa da influência de umas sobre as outras? Ou por que estão expostas simultaneamente aos mesmos eventos e condições? Buscando respostas para essas perguntas, os psicólogos sociais conduziram experimentos sobre conformidade.

Conformidade e normas sociais

Sugestionamento e mimetismo são tipos sutis de **conformidade** – que ajustam nosso comportamento ou pensamento com relação a algum padrão grupal. Para estudar a conformidade, Solomon Asch (1955) desenvolveu um teste simples. Imagine-se como participante de um suposto estudo de percepção visual. Você chega a tempo de se sentar em uma mesa com outras cinco pessoas. O pesquisador pede aos membros do grupo que digam, um por um, qual das três linhas de comparação é idêntica a uma linha padrão (exibido previamente). Na primeira tentativa, você vê claramente que a resposta é a linha 2 e espera a sua vez de dizer isso. Seu tédio começa a aparecer quando o próximo conjunto de linhas se mostra igualmente fácil.

Na terceira rodada, e a resposta correta parece tão clara quanto as anteriores, mas a primeira pessoa dá o que parece uma resposta errada: "linha 3". Quando a segunda pessoa e depois a terceira e a quarta dão a mesma resposta errada, você se senta ereto e aperta os olhos. Quando a quinta pessoa concorda com as quatro primeiras, você sente seu coração começar a bater mais forte. O pesquisador então olha para você em busca de sua resposta. Dividido entre a unanimidade expressa pelos outros cinco e a evidência de seus próprios olhos, você se sente tenso e, de repente, inseguro. Você hesita antes de responder, imaginando se deveria sofrer o desconforto de ser o excêntrico. Que resposta você daria?

Nos experimentos de Asch, os estudantes universitários respondendo sozinhos às perguntas erraram menos de 1% das vezes. Mas o que aconteceu quando vários outros – "cúmplices" dos pesquisadores – responderam incorretamente? Embora a maioria das pessoas dissesse a verdade mesmo quando outras não diziam, Asch ficou perturbado com o resultado: mais de um terço das vezes, esses estudantes universitários "inteligentes e bem intencionados" estavam "dispostos a chamar o branco de preto" e seguir a tendência ao concordar com o grupo.

Investigações posteriores nem sempre encontraram tanta conformidade quanto Asch, mas revelaram que somos mais propensos a estar em conformidade quando

- Somos levados a nos sentir incompetentes ou inseguros
- Estamos em um grupo com pelo menos três pessoas
- Estamos em um grupo em que todos concordam (Se apenas uma outra pessoa discordar, as chances de discordarmos aumentam muito.)
- Admiramos o *status* e a atratividade do grupo
- Não nos comprometemos previamente com nenhuma resposta
- Sabemos que outras pessoas do grupo observarão nosso comportamento
- Somos de uma cultura que incentiva fortemente o respeito aos padrões sociais.

Por que tantas vezes fazemos o que os outros fazem e pensamos como eles pensam? Por que, quando são feitas perguntas controversas, as respostas dos alunos são mais semelhantes quando levantam a mão e mais diversificadas quando apertam botões eletrônicos anônimos (Stowell et al., 2010)? Por que aplaudimos quando os outros aplaudem, comemos como os outros comem, acreditamos no que os outros acreditam, dizemos o que os outros dizem, até mesmo vemos o que os outros veem?

Frequentemente, nos conformamos para evitar a rejeição ou para obter aprovação social. Nesses casos, estamos respondendo à **influência social normativa**. Somos sensíveis às normas sociais porque o preço que pagamos por sermos diferentes pode ser alto (Calcutt et al., 2019). Nós temos uma *necessidade de pertencer*. As pessoas tendem a agir mais em conformidade com as normas sociais quando são de culturas coletivistas, que valorizam a harmonia do grupo (Stamkou et al., 2019). As pessoas também respondem a "normas dinâmicas" – a maneira como as normas estão *mudando*, como comer menos carne, consumir menos bebidas açucaradas ou apoiar os direitos dos *gays* (Sparkman & Walton, 2017, 2019).

Outras vezes, nos conformamos porque queremos ser precisos. Grupos fornecem informações e apenas uma pessoa excessivamente teimosa nunca ouvirá os outros. Quando aceitamos as opiniões dos outros sobre a realidade, como quando lemos resenhas de filmes e restaurantes *online*, estamos respondendo à **influência social informativa**. Às vezes vale a pena presumir que os outros estão certos e seguir sua liderança. Uma motorista galesa estabeleceu um recorde para a maior distância percorrida no lado errado de uma rodovia britânica de mão dupla – 40 km, com apenas um pequeno deslizamento lateral, antes que a rodovia acabasse e a polícia conseguisse furar seus pneus. A motorista, que estava embriagada, explicou mais tarde que achava que as centenas de outros motoristas que vinham em sua direção estavam todas do lado errado da estrada (Woolcock, 2004).

A conformidade é uma coisa boa ou ruim? A conformidade pode ser ruim – levando as pessoas a concordar com falsidades ou participar do *bullying*. Ou pode ser boa – levando as pessoas a doar mais generosamente depois de observar a generosidade dos outros (Nook et al., 2016). A resposta também depende em parte de nossos valores culturalmente influenciados. As pessoas em muitos países asiáticos, africanos e latino-americanos valorizam muito o coletivismo (enfatizando os padrões do grupo). Os europeus ocidentais e as pessoas na maioria dos países de língua inglesa tendem a valorizar o individualismo (enfatizando um "eu" independente). Experimentos em 17 países encontraram taxas de conformidade mais baixas em culturas individualistas (Bond & Smith, 1996). Estudantes universitários americanos, por exemplo, tendem a apresentar menor conformidade do que os outros (Pronin et al., 2007). São, aos próprios olhos, indivíduos em meio a uma multidão de ovelhas.

Assim como acontece com os humanos, a migração e o pastoreio de animais estão em conformidade tanto por razões informativas quanto normativas (Claidière & Whiten, 2012). Seguir outros é informativo; comparado com gansos solitários, um bando de gansos migra com mais precisão. (Existe sabedoria no grupo.) E permanecer com o rebanho também sustenta a participação no grupo.

PERGUNTE A SI MESMO

Como você se encontrou em conformidade ou talvez "se conformando com a não conformidade"? De que forma você vê outras pessoas se identificando com pessoas da mesma cultura ou subcultura?

PRÁTICA DE RECUPERAÇÃO

PR-1 Apesar dos apelos de sua mãe para usar uma mochila mais ergonômica, Antônia insiste em levar todos os seus livros para a escola em uma bolsa enorme, como fazem suas amigas *fashionistas*. Antônia é afetada por qual tipo de influência social?

RESPOSTAS NO APÊNDICE E

Obediência: cumprir ordens

QOA 13.6 O que os experimentos de Milgram sobre a obediência nos ensinaram sobre o poder da influência social?

O psicólogo social Stanley Milgram (1963, 1974), aluno de Solomon Asch, sabia que as pessoas geralmente cedem às pressões sociais. Mas e os comandos diretos? Elas responderiam como aqueles que cometeram as atrocidades do Holocausto? (Alguns dos membros da família de Milgram sobreviveram aos campos de concentração nazistas.) Para descobrir, ele realizou o que se tornou o experimento mais famoso e controverso da psicologia social (Benjamin & Simpson, 2009).

Imagine-se como uma das quase 1 mil pessoas, a maioria homens de 20 a 50 anos, que participaram dos 20 experimentos de Milgram. Você responde a um anúncio para participar de um estudo de psicologia da Yale University sobre o efeito da punição na aprendizagem. O assistente do professor Milgram pede que você e outra pessoa retirem tiras de papel de um chapéu para ver quem será o "professor" e quem será o "aluno". Você retira um papel de "professor" (você não sabe, mas as duas tiras de papel dizem "professor"). O suposto aluno, um homem de aparência suave e submissa, é levado a uma sala contígua e amarrado a uma cadeira. Da cadeira, fios atravessam a parede até uma máquina de choque. Você se senta na frente da máquina e recebe sua tarefa: ensinar e depois testar o aluno por meio de uma lista de pares de palavras. Se o aluno der uma resposta errada, você deve apertar um botão para aplicar um breve choque elétrico. Para a primeira resposta errada, você acionará o interruptor rotulado "15 Volts – choque leve". Com cada erro sucessivo, você passará para a próxima tensão mais alta. A cada toque de um interruptor, as luzes piscam e os interruptores elétricos emitem um zumbido.

O experimento começa e você aplica os choques após a primeira e a segunda respostas erradas. Ao continuar, você ouve o gemido do aluno quando aperta o terceiro, quarto e quinto interruptores. Depois de ativar o oitavo interruptor ("120 Volts – choque moderado"), o aluno grita que os choques são dolorosos. Após o décimo interruptor ("150 Volts – choque forte"), ele começa a gritar: "tire-me daqui! Não quero mais participar desse experimento! Eu me recuso a continuar!". Você recua, mas o severo pesquisador o estimula: "por favor, continue – o experimento requer que você continue". Você resiste, mas o pesquisador insiste: "é absolutamente essencial que você continue" ou "você não tem outra escolha, deve continuar".

Se você obedecer, ouvirá o aluno gritar em aparente agonia enquanto você continua a aumentar o nível de choque após cada novo erro. Após o nível de 330 Volts, o aluno se recusa a responder e fica em silêncio. Ainda assim, o pesquisador o empurra para o interruptor final de 450 Volts. "Faça a pergunta", diz ele, "e se nenhuma resposta correta for dada, administre o próximo nível de choque".

Você seguiria os comandos do pesquisador para dar um choque em alguém? A partir de que nível você se recusaria a obedecer? Anteriormente, Milgram havia perguntado aos não participantes o que eles fariam. A maioria tinha certeza de que pararia logo depois que o aluno indicasse dor pela primeira vez, certamente antes que ele gritasse de agonia. Quarenta

Stanley Milgram (1933-1984). Os experimentos de obediência desse psicólogo social "diz em respeito à autocompreensão das pessoas alfabetizadas em nossa época" (Sabini, 1986).

Macmillan Learning

psiquiatras concordaram com essa previsão. As previsões foram precisas? Nem mesmo perto. Quando Milgram realmente conduziu o experimento, ficou surpreso. Mais de 60% cumpriram totalmente as ordens – até a última mudança. Quando ele executou um novo estudo, com 40 novos "professores" e um "aluno" que se queixou de um "leve problema cardíaco", os resultados foram semelhantes. Um total de 65% dos novos professores obedeceram ao pesquisador, até 450 Volts (Figura 13.2). Em 10 estudos posteriores, participantes mulheres obedeceram a taxas semelhantes às dos homens (Blass, 1999).

Os resultados de Milgram foram um produto da mentalidade americana dos anos 1960? Não. Em uma replicação mais recente, 70% dos participantes obedeceram até o ponto de 150 Volts (apenas uma redução modesta dos 83% de Milgram nesse nível) (Burger, 2009). Uma equipe de pesquisa polonesa encontrou 90% de obediência no mesmo nível (Dolinski et al., 2017). E quando um *reality show* francês replicou o estudo de Milgram, 81% dos professores, instigados por uma plateia animada, obedeceram e torturaram uma vítima aos gritos (Beauvois et al., 2012).

Será que os professores de Milgram descobriram a farsa – que nenhum choque real estava sendo aplicado e o aluno era de fato um cúmplice fingindo sentir dor? Será que eles perceberam que o experimento estava realmente testando sua disposição de cumprir ordens para infligir punição? *Não.* Os professores geralmente demonstravam uma angústia genuína: transpiravam, tremiam, riam nervosamente e mordiam os lábios.

O uso de fraude e estresse por Milgram desencadeou um debate sobre sua ética em pesquisa. Em sua própria defesa, Milgram apontou que, depois que os participantes souberam da fraude e dos propósitos reais da pesquisa, praticamente nenhum se arrependeu de ter participado (embora talvez até então os participantes tivessem reduzido sua *dissonância cognitiva* – o desconforto que sentiam quando suas ações entravam em conflito com suas atitudes). Quando 40 dos professores que mais agonizaram foram posteriormente entrevistados por um psiquiatra, nenhum parecia estar sofrendo efeitos colaterais emocionais.[1] Ao todo, disse Milgram, os experimentos provocaram menos estresse duradouro do que os estudantes universitários experimentam quando enfrentam e são reprovados em grandes exames (Blass, 1996). Outros estudiosos, no entanto, depois de investigar os arquivos de Milgram, relatam que seu interrogatório foi menos extenso e a angústia de seus participantes, maior do que ele havia sugerido (Nicholson, 2011; Perry, 2013). Os críticos também especularam que os participantes podem ter se identificado com o pesquisador e seus objetivos científicos, em vez de serem cegamente obedientes (Haslam et al., 2014, 2016).

Em experimentos posteriores, Milgram descobriu algumas condições que influenciam o comportamento das pessoas. Quando ele variava a situação, a obediência total variava de 0 a 93%. A obediência foi maior quando:

- *A pessoa que dava as ordens estava por perto e era percebida como uma figura de autoridade legítima.* Este foi o caso em 2005, quando o treinador de basquete da Temple University enviou um jogador que ficava no banco e pesava mais de 113 kg, Nehemiah Ingram, para um jogo com instruções para cometer "faltas duras". Seguindo ordens, Ingram foi expulso por falta em apenas 4 minutos depois de quebrar o braço direito de um jogador adversário

Figura 13.2 Acompanhamento do experimento de obediência de Milgram. Em uma repetição do experimento anterior, 65% dos "professores" adultos do sexo masculino obedeceram totalmente aos comandos do pesquisador para continuar. Eles o fizeram apesar da menção anterior do "aluno" de um problema cardíaco e apesar de ouvir gritos de protesto cada vez mais agonizantes depois de administrarem o que pensavam ser voltagens cada vez maiores. (Dados de Milgram, 1974.)

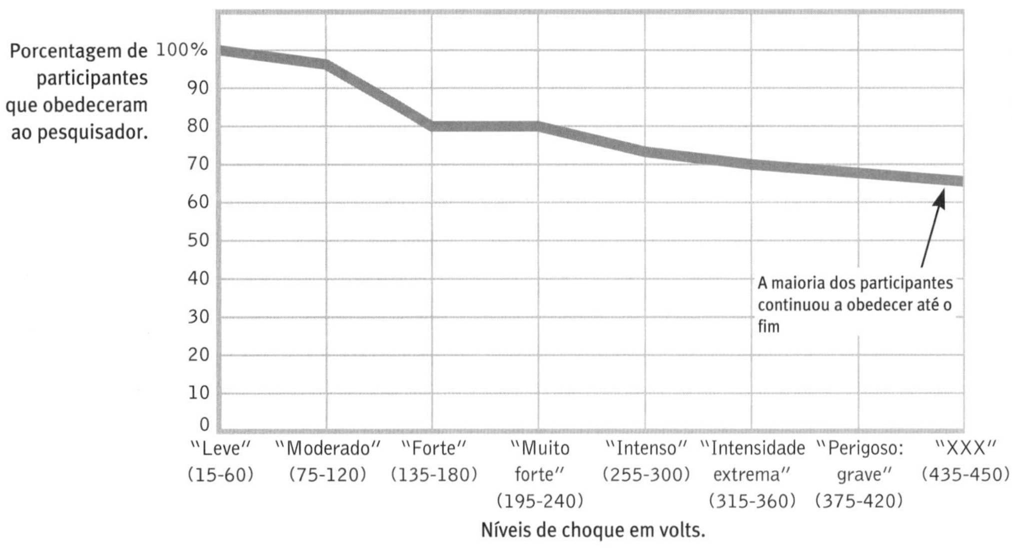

Alexandra Milgram

Stanley Milgram, from the film "Obedience." Rights held by Alexandra Milgram

[1] Na verdade, o total de participantes no experimento de Milgram foi 40 e alguns estudos realizados anos depois do afamado experimento revisaram esse resultado, apontando que muitos participantes saíram do experimento com um nível de estresse considerável e que a verdade não lhes foi revelada mesmo depois de meses ou até anos.

- *A figura de autoridade era apoiada por uma instituição poderosa ou de prestígio.* A conformidade foi um pouco menor quando Milgram dissociou seus experimentos da Yale University. As pessoas se perguntam: por que, durante o genocídio de Ruanda em 1994, tantos cidadãos hutus massacraram seus vizinhos tutsis? Foi em parte porque eles faziam parte de "uma cultura em que as ordens de cima, mesmo que más", eram entendidas como tendo força de lei (Kamatali, 2014)
- *A vítima foi despersonalizada ou mantida à distância*, até mesmo em outra sala. Da mesma forma, muitos soldados em combate não dispararam seus rifles contra um inimigo que pudessem ver ou não os apontaram corretamente. Tais recusas em matar são mais raras entre soldados que operam artilharia de longa distância ou armas de aeronaves (Padgett, 1989). Aqueles que matam à distância – operando drones pilotados remotamente – também sofrem estresse, embora muito menos estresse pós-traumático do que os veteranos de conflitos no Afeganistão e no Iraque (Miller, 2012)
- *Não havia modelos de conduta para desafiar.* Os "professores" não viram nenhum outro participante desobedecer ao pesquisador.

"O Holocausto [...] não começou com as câmaras de gás. Este ódio desenvolveu-se gradualmente a partir de palavras, estereótipos e preconceitos por meio da exclusão legal, da desumanização e da violência crescente." — *Tuíte* do Museu de Auschwitz, 2018.

O poder de autoridades legítimas e próximas era aparente entre aqueles que seguiram ordens para realizar as atrocidades nazistas do Holocausto. A obediência por si só não explica o Holocausto – a ideologia antissemita também produziu assassinos vorazes (Fenigstein, 2015; Mastroianni, 2015). Mas a obediência foi um fator. No verão de 1942, cerca de 500 policiais alemães de meia-idade da reserva foram enviados para Jozefow, na Polônia, ocupada pelos alemães. Em 13 de julho, o comandante do grupo, visivelmente perturbado, informou seus recrutas, principalmente homens de família, sobre suas ordens. Eles deveriam reunir os judeus, que eram acusados de estar ajudando o inimigo. Homens aptos seriam enviados para campos de trabalho e o resto seria fuzilado no local.

O comandante deu aos recrutas a chance de se recusarem a participar das execuções. Apenas cerca de uma dúzia recusou imediatamente. Em 17 horas, os 485 policiais restantes mataram 1.500 cidadãos indefesos, incluindo mulheres, crianças e idosos, atirando na nuca deles enquanto estavam deitados de bruços. Ouvindo os apelos das vítimas e vendo os resultados horríveis, cerca de 20% dos policiais acabaram discordando, erraram o tiro ou fugiram e se esconderam até que o massacre terminasse (Browning, 1992). Na vida real, como nos experimentos de Milgram, os que resistiram eram a minoria.[2]

Uma história diferente aconteceu na vila francesa de Le Chambon. Lá, os aldeões desafiaram abertamente as ordens de cooperar com a "Nova Ordem": abrigavam judeus franceses destinados à deportação para a Alemanha e às vezes os ajudavam a escapar pela fronteira suíça. Os próprios ancestrais protestantes dos aldeões foram perseguidos e seus pastores os ensinaram a "resistir sempre que nossos adversários nos exigirem obediência contrária às ordens do Evangelho" (Rochat, 1993). Obrigado pela polícia a dar uma lista de judeus abrigados, o pastor-chefe apresentou resistência: "eu não conheço judeus, só conheço seres humanos". Com grande risco pessoal, o povo de Le Chambon assumiu o compromisso inicial de resistir. Eles sofreram com a pobreza e foram punidos por sua desobediência. Ainda assim, apoiados por suas crenças, seus modelos, suas interações uns com os outros e seus próprios atos iniciais, eles permaneceram desafiadores até o fim da guerra.

Para não presumirmos que a obediência é sempre ruim e a resistência é sempre boa, considere a obediência heroica dos soldados britânicos que, em 1852, viajavam com civis a bordo do navio a vapor *Birkenhead*. Ao se aproximarem do porto sul-africano, o Birkenhead foi empalado em uma rocha. Os soldados acalmaram os passageiros e os ajudaram a embarcar em três botes salva-vidas disponíveis – não o suficiente para todos. "Firme, homens!", ordenou seu oficial enquanto os botes salva-vidas enchiam. Heroicamente, ninguém correu freneticamente para reivindicar um assento no bote salva-vidas. Quando o barco afundou, todos os que ficaram a bordo foram jogados no mar, a maioria sendo afogada ou devorada por tubarões. Por quase um século, observou James Michener (1978), "Birkenhead permaneceu a referência pela qual o comportamento heroico no mar era medido".

Lições sobre os estudos de conformidade e obediência

QOA 13.7 O que os estudos sobre influência social nos ensinam sobre nós mesmos? Quanto poder temos como indivíduos?

De que maneira os experimentos de laboratório sobre influência social se relacionam com a vida cotidiana? Como julgar o comprimento de uma linha ou apertar um botão de choque se

[2]Os experimentos de Milgram tiveram diversas versões, e a taxa de resposta daqueles que resistiam foi maior em quase todas as outras versões. Inclusive, em algumas delas, nenhuma pessoa obedeceu, mas os resultados dessas versões foram excluídos do artigo publicado (Cherry, 2022).

relaciona com o comportamento social cotidiano? Os experimentos da psicologia não visam recriar os comportamentos reais e complexos da vida cotidiana, mas capturar e explorar os processos subjacentes que moldam esses comportamentos. Solomon Asch e Stanley Milgram conceberam experimentos que forçaram uma escolha familiar: devo seguir meus próprios padrões, mesmo quando eles entram em conflito com as expectativas dos outros?

Nos experimentos de Milgram e em suas réplicas modernas, os participantes ficaram divididos. Eles devem responder aos apelos da vítima ou às ordens do pesquisador? Seu senso moral os advertiu a não prejudicar o outro, mas também os levou a obedecer ao pesquisador e a ser um bom participante da pesquisa. Com bondade e obediência em rota de colisão, a obediência geralmente vence.

Esses experimentos demonstraram que fortes influências sociais induzem muitas pessoas a se conformarem com falsidades ou capitularem à crueldade. Milgram viu nisso a lição fundamental de seu trabalho: "pessoas comuns, simplesmente fazendo seu trabalho, e sem nenhuma hostilidade particular de sua parte, podem se tornar agentes de um terrível processo destrutivo" (1974, p. 6).

"Todo mal começa com 15 Volts." – Philip Zimbardo, palestra em Stanford, 2010

Focando no ponto final – 450 Volts, ou a violência da vida real de alguém –, dificilmente podemos compreender a desumanidade. Mas Milgram não aprisionou seus professores pedindo-lhes que primeiro dessem choques nos alunos com eletricidade suficiente para deixar seus cabelos em pé. Apoiando-se no fenômeno do *pé na porta*,[3] ele começou com choques de baixa intensidade e foi aumentando aos poucos. Para aqueles que acionavam os interruptores, a pequena ação se justificava, tornando o próximo ato tolerável. Assim acontece quando as pessoas sucumbem, gradualmente, ao mal.

"Eu estava apenas seguindo ordens." – Adolf Eichmann, diretor nazista responsável pela deportação de judeus para campos de concentração

Em qualquer sociedade, grandes males geralmente surgem da obediência das pessoas a males menores. Os líderes nazistas suspeitavam que a maioria dos funcionários públicos alemães resistiria a atirar em judeus diretamente, mas os descobriram dispostos a lidar com a papelada do Holocausto (Silver & Geller, 1978). Milgram encontrou uma reação semelhante em seus experimentos. Quando ele pediu a 40 homens para administrar o teste de aprendizado enquanto outra pessoa administrava os choques, 93% concordaram. A crueldade não requer vilões diabólicos. Bastam pessoas comuns corrompidas por uma situação maligna. Estudantes comuns podem seguir ordens para fazer "trotes" com os novatos de seu grupo. Funcionários comuns podem seguir ordens para produzir e comercializar produtos nocivos. Soldados comuns podem seguir ordens para punir e torturar prisioneiros (Lankford, 2009). Entre as pessoas sequestradas por um grupo violento, aquelas forçadas a perpetrar violência têm maior probabilidade de se identificar com o grupo (Littman, 2018). As atitudes seguem o comportamento.

Em Jozefow e Le Chambon, como nos experimentos de Milgram, aqueles que resistiram geralmente o fizeram logo no começo. Após os primeiros atos de obediência ou resistência, as atitudes começaram a seguir e justificar o comportamento.

O que os psicólogos sociais aprenderam sobre o poder do indivíduo? O *controle social* (o poder da situação) e o controle pessoal (o poder do indivíduo) interagem. Assim como a água dissolve o sal, mas não a areia, as situações de podridão transformam algumas pessoas em maçãs podres, enquanto outras resistem (Johnson, 2007).

Ao se sentirem pressionadas, algumas pessoas reagem fazendo o contrário do que se espera (Rosenberg & Siegel, 2018). O poder de um ou dois indivíduos para influenciar maiorias é conhecido como a *influência da minoria* (Moscovici, 1985). Uma descoberta de pesquisa se destaca repetidamente. Quando você é a minoria, é muito mais provável que você influencie a maioria se mantiver firmemente sua posição e não vacilar. Essa tática não

Anders Hellberg, Anders Hellberg, Wikimedia

Leonhard Lenz

AMacmillan Learning

Poder do indivíduo. Em agosto de 2018, Greta Thunberg, de 15 anos, sentou-se sozinha do lado de fora do parlamento sueco – a primeira greve escolar em protesto contra as mudanças climáticas. Treze meses depois que seu ato iniciou um movimento, cerca de 4 milhões de pessoas em todo o mundo se juntaram a ela para a greve climática de setembro de 2019, e a revista *Time* a homenageou como a "Pessoa do Ano" de 2019.

[3]Algumas gravações feitas pelo próprio Milgram descrevendo os procedimentos do experimento foram descobertas e estudadas mais recentemente. A partir dessas gravações, algumas críticas foram levantadas, pois ficou evidente que a obediência dos participantes também podia estar relacionada com métodos de coersão e até *bullying*, perceptíveis nas gravações, utilizados em diversos momentos.

o tornará popular, mas pode torná-lo influente, especialmente se sua autoconfiança estimular os outros a considerar por que você reage daquela maneira. Mesmo quando a influência de uma minoria ainda não é visível, as pessoas podem desenvolver particular simpatia pela posição minoritária e repensar seus pontos de vista (Wood et al., 1994).

O poder da influência social é enorme, mas os poderes de um indivíduo comprometido também é. Se não fosse assim, o comunismo teria permanecido uma teoria obscura, o cristianismo seria uma pequena seita do Oriente Médio e a recusa de Rosa Parks de se sentar no fundo do ônibus não teria inflamado o movimento pelos direitos civis nos EUA. As forças sociais importam. Mas os indivíduos também têm força.

Facilitação social. Na presença de outras pessoas, melhor desempenho em tarefas simples ou bem aprendidas e pior desempenho em tarefas difíceis.

PRÁTICA DE RECUPERAÇÃO

PR-2 Os experimentos de obediência mais famosos da psicologia, nos quais a maioria dos participantes obedeceu às exigências de uma figura de autoridade para infligir choques dolorosos e perigosos em um participante inocente, foram conduzidos pelo psicólogo social ____________________.

PR-3 Que tipo de situação os pesquisadores consideraram ser mais provável para encorajar a obediência nos participantes?

RESPOSTAS NO APÊNDICE E

Comportamento grupal

QOA 13.8 Como a presença de outros influencia nossas ações via facilitação social, preguiça social e desindividuação?

Imagine estar em uma sala segurando uma vara de pescar. Sua tarefa é enrolar o molinete o mais rápido que puder. Em algumas ocasiões, você enrola o molinete na presença de outro participante, que também está enrolando o mais rápido possível. A presença do outro afetará seu desempenho?

Em um dos primeiros experimentos da psicologia social, Norman Triplett (1898) relatou que adolescentes enrolavam um molinete de pesca mais rápido na presença de alguém fazendo a mesma coisa. Embora uma reanálise moderna tenha revelado que a diferença era modesta (Stroebe, 2012), Triplett inspirou psicólogos sociais posteriores a estudar como a presença de outras pessoas afeta nosso comportamento. As influências do grupo operam tanto em grupos simples – uma pessoa na presença de outra – quanto em grupos mais complexos.

Facilitação social

A alegação de Triplett – de desempenho reforçado na presença de outros – é chamada **facilitação social**. Mas estudos posteriores revelaram que a verdade é mais complicada: a presença de outros fortalece nossa resposta mais provável – a correta em uma tarefa fácil, a incorreta em uma tarefa difícil (Guerin, 1986; Zajonc, 1965). Por quê? Porque quando os outros nos observam, ficamos excitados, e essa excitação amplifica nossas reações. Será que você, como a maioria das pessoas, tende a comer mais quando come com outras pessoas (Ruddock et al., 2019)? Pense nos experientes jogadores de sinuca que acertaram 71% de seus arremessos sozinhos e 80% quando quatro pessoas foram assisti-los (Michaels et al., 1982). Atiradores ruins, que acertaram 36% de seus arremessos sozinhos, acertaram apenas 25% quando assistidos.

O efeito energizante de um público entusiasmado ajuda a explicar a vantagem do time da casa. Estudos com mais de 250 mil eventos esportivos universitários e profissionais em vários países mostram que a vantagem do time da casa – que foi de 54% nos jogos da Major League Baseball, 60% nos jogos da National Basketball Association e 63% nos jogos de futebol da Premier League inglesa – é real (Allen & Jones, 2014; Jamieson, 2010; Moskowitz & Wertheim, 2011).

Ponto a ser lembrado: o que você faz bem provavelmente fará ainda melhor na frente de um público, especialmente um público amigável. O que você normalmente acha difícil pode parecer quase impossível quando você está sendo observado.

A facilitação social também ajuda a explicar um efeito engraçado relacionado à aglomeração de pessoas. Os comediantes sabem que uma "casa boa" é uma casa cheia. O que eles podem não saber é que a aglomeração desencadeia a excitação. Roteiros de comédia que são levemente divertidos em uma sala vazia parecem mais engraçados em uma sala lotada (Aiello et al., 1983; Freedman & Perlick, 1979). Quando sentadas próximas umas das outras, as pessoas gostam ainda mais de uma pessoa amigável e menos ainda de uma pessoa hostil (Schiffenbauer & Schiavo, 1976; Storms & Thomas, 1977). Então, para animar seu próximo evento, escolha uma sala ou uma configuração de assentos que mal consiga acomodar todos os presentes.

Domínio público

Facilitação social. Atletas habilidosos geralmente descobrem que ficam "ligados" diante de uma plateia. O que eles fazem bem passam a fazer ainda melhor quando outras pessoas estão assistindo.

Preguiça social. Tendência de as pessoas em um grupo exercerem menos esforço quando unem seus esforços para atingir um objetivo comum do que quando são responsabilizadas individualmente.

Desindividuação. Perda de autoconsciência e autocontrole que ocorre em situações de grupo que promovem a excitação e o anonimato.

Preguiça social

Experimentos de facilitação social testam o efeito da presença de outras pessoas no desempenho de uma tarefa individual, como jogar sinuca. Mas o que acontece quando as pessoas trabalham em grupo – digamos, em um cabo de guerra em equipe? Você faria mais, menos ou o mesmo esforço que em uma partida individual?

Para descobrir, uma equipe de pesquisa da University of Massachusetts pediu a estudantes com os olhos vendados "que puxassem o mais forte que pudessem" uma corda. Quando eles enganaram os alunos fazendo-os acreditar que três outros também estavam puxando atrás deles, os alunos exerceram apenas 82% do esforço que tinham realizado quando sabiam que estavam puxando sozinhos (Ingham et al., 1974). Veja o que aconteceu quando pessoas vendadas sentadas em um grupo bateram palmas ou gritaram o mais alto que podiam enquanto ouviam (através de fones de ouvido) outras pessoas batendo palmas ou gritando alto (Latané, 1981). Quando pensavam que faziam parte de um esforço em grupo, os participantes produziam cerca de um terço a menos de ruído do que quando batiam palmas ou gritavam "sozinhos".

Essa redução do esforço é chamada **preguiça social** (Jackson & Williams, 1988; Latané, 1981). Experimentos nos EUA, Índia, Tailândia, Japão, China e Taiwan encontraram preguiça social em várias tarefas, embora fosse especialmente comum entre homens de culturas individualistas (Karau & Williams, 1993). O que causa a preguiça social? Quando as pessoas agem como parte de um grupo, elas podem:

- **Sentir-se menos responsáveis** e, portanto, preocupar-se menos com o que os outros pensam
- **Ver contribuições individuais como dispensáveis** (Harkins & Szymanski, 1989; Kerr & Bruun, 1983)
- **Superestimar suas próprias contribuições**, minimizando os esforços dos outros (Schroeder et al., 2016)
- **Pegar carona nos esforços dos outros**. A menos que sejam fortemente motivadas e altamente identificadas com o grupo, as pessoas podem relaxar (como você talvez tenha observado em tarefas de grupo) – especialmente quando compartilham igualmente os benefícios, independentemente de quanto contribuam.

PERGUNTE A SI MESMO

Que medidas você poderia tomar para reduzir a preguiça social em sua próxima tarefa de projeto em grupo?

Desindividuação

Vimos que a presença de outros indivíduos pode excitar as pessoas (*facilitação social*) ou diminuir sua sensação de responsabilidade (*preguiça social*). Mas às vezes a presença de outros faz as duas coisas. O comportamento desinibido resultante pode variar de uma disputa por alimentos a vandalismo ou tumulto. Esse processo de perda de autoconsciência e autocontrole, chamado **desindividuação**, geralmente ocorre quando a participação em grupo torna as pessoas *excitadas e anônimas*. Comparadas com mulheres identificáveis em um grupo de controle, as mulheres da New York University vestidas com capuzes despersonalizantes no estilo da Ku Klux Klan deram duas vezes mais choques elétricos em uma pretensa vítima (Zimbardo, 1970).

A desindividuação prospera em muitos contextos. O anonimato na internet permite que as pessoas alimentem e expressem livremente sua raiva, às vezes com *bullying* e discurso de ódio (Chetty & Alathur, 2018; Kowalski et al., 2018; Zych et al., 2018). *Trolls online*, ilustrando o lado sombrio da liberdade de expressão, relatam que gostam de abusar de outras pessoas (Buckels et al., 2014; Sest & March, 2017). Eles podem nunca dizer "você é nojento!" na cara de alguém, mas se escondem atrás do anonimato *online*. Guerreiros tribais usando pinturas faciais ou máscaras são mais propensos do que aqueles com rostos expostos a matar, torturar ou mutilar inimigos capturados (Watson, 1973). Quando perdemos a autoconsciência e o autocontrole – seja em uma multidão, em um concerto, em um jogo de futebol ou em um culto –, nos tornamos mais receptivos à experiência do grupo, seja ela boa ou ruim. Para uma comparação entre facilitação social, preguiça social e desindividuação, consulte a Tabela 13.1.

* * *

Examinamos as condições sob as quais a presença de outros pode motivar as pessoas a se esforçarem ou seduzi-las a aproveitar os esforços dos outros, tornar as tarefas fáceis mais fáceis e as difíceis mais difíceis, e amplificar o humor ou alimentar a violência da multidão. A pesquisa também mostra que interagir com outras pessoas pode ter efeitos bons e maus.

"Os grupos tendem a ser mais imorais do que os indivíduos." – Martin Luther King Jr., *Letter from Birmingham Jail*, 1963

Tabela 13.1 Comportamento na presença de outras pessoas: três fenômenos.

Fenômeno	Contexto social	Efeito psicológico da presença de outras pessoas	Efeito comportamental
Facilitação social	Indivíduo sendo observado	Maior excitação	Comportamento dominante amplificado, como fazer melhor o que faz bem ou fazer pior o que considera difícil
Preguiça social	Projetos em grupo	Menor sensação de responsabilidade quando não for responsabilizado individualmente	Menos esforço
Desindividuação	Contexto grupal que promove a excitação e o anonimato	Menos autoconsciência	Menos autocontrole

Polarização de grupo. Aprimoramento das inclinações predominantes de um grupo por meio de discussão dentro do grupo.

Polarização de grupo

QOA 13.9 Como a interação pode permitir a polarização de grupo?

Vivemos em um mundo cada vez mais polarizado. O Oriente Médio está dividido por facções em guerra. A União Europeia está lutando com divisões nacionalistas. Em 1990, um discurso de 1 minuto no Congresso dos EUA permitiria que você adivinhasse o partido do orador em apenas 55% das vezes; em 2009, o partidarismo era evidente em 83% das vezes (Gentzkow et al., 2016). Em 2016, pela primeira vez na história da pesquisa, a maioria dos republicanos e democratas dos EUA relatou ter visões "*muito* desfavoráveis" sobre o outro partido (Doherty & Kiley, 2016) e um recorde de 77% dos americanos perceberam sua nação como dividida (Jones, 2016).

Um importante princípio nos ajuda a entender essa crescente polarização: as crenças e atitudes que trazemos para um grupo se fortalecem à medida que as discutimos com outras pessoas que pensam da mesma forma. Esse processo, chamado **polarização de grupo**, pode ter resultados benéficos, como quando alunos com baixo preconceito se tornam ainda mais receptivos ao discutir questões raciais. Como George Bishop e eu [DM] descobrimos, também pode ser socialmente tóxico, como quando estudantes com alto nível de preconceito que discutem questões raciais juntos se tornam *mais* preconceituosos (Myers & Bishop, 1970) (Figura 13.3). Nossa constatação repetida: mentes semelhantes se polarizam.

Análises de organizações terroristas revelam que a mentalidade terrorista emerge lentamente entre aqueles que compartilham uma mágoa (McCauley, 2002; McCauley & Segal, 1987; Merari, 2002). À medida que indivíduos suscetíveis interagem isoladamente (às vezes com outros "irmãos" e "irmãs" em campos ou prisões), seus pontos de vista se tornam cada vez mais extremos. Cada vez mais, eles classificam o mundo como "nós" contra "eles" (Chulov, 2014; Moghaddam, 2005). Sabendo que a polarização do grupo ocorre quando pessoas com ideias semelhantes se segregam, uma estimativa de 2006 da U.S. National Intelligence especulou que "a ameaça operacional das células autorradicalizadas crescerá".

A internet nos oferece um mundo global conectado, mas também fornece um meio de fácil acesso para a polarização de grupo. Quando eu [DM] comecei na psicologia social com experimentos sobre polarização de grupo, nunca imaginei o potencial da polarização em grupos *virtuais*. Os progressistas fazem amizade com progressistas e compartilham *links* para *sites* que afirmam seus pontos de vista compartilhados. Conservadores se conectam com conservadores e também compartilham perspectivas conservadoras. Em *feeds* de notícias e retuítes, alimentamos uns aos outros com informações – e desinformação – e clicamos no conteúdo com o qual concordamos (Hills, 2019). Assim, dentro da câmara de eco da internet dos que pensam da mesma forma, as visões se tornam mais extremas. A suspeita torna-se convicção. Desentendimentos com a outra

Figura 13.3
Polarização de grupo.

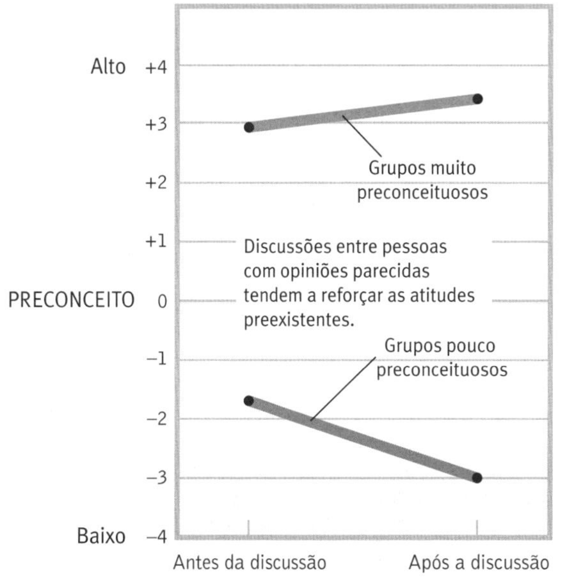

tribo podem se transformar em demonização. Em 2018, um americano enviou mais de uma dúzia de bombas caseiras para democratas proeminentes e seus supostos apoiadores depois de desabafar seus ressentimentos partidários na internet, que "os ecoaram de volta. Ela os validou e cultivou. Pegou algo escuro e adicionou cores ainda mais escuras" (Bruni, 2018).

"Querido Satanás, obrigado por ter meus *feeds* de notícias na internet adaptados especialmente para MIM!" — Comediante Steve Martin, 2016

Atentas ao fenômeno viral das notícias falsas, as empresas de tecnologia estão trabalhando em maneiras de promover a alfabetização midiática. Para saber mais sobre o papel da internet na polarização de grupos – para fins que são bons e ruins – consulte Pensamento crítico sobre: A internet como amplificador social.

Pensamento grupal

QOA 13.11 Como a interação em grupo possibilita o pensamento de grupo?

A influência do grupo alguma vez distorce decisões nacionais importantes? Considere o fiasco da Baía dos Porcos. Em 1961, o presidente dos EUA John F. Kennedy e seus conselheiros decidiram invadir Cuba com 1.400 exilados cubanos treinados pela CIA. Quando os invasores foram facilmente capturados e rapidamente vinculados ao governo dos EUA, Kennedy se perguntou em voz alta: "como pude ser tão estúpido?".

O psicólogo social Irving Janis (1982) estudou o processo de tomada de decisão que levou à invasão malfadada. Ele descobriu que a elevação do moral do presidente recém-eleito e de seus conselheiros fomentava uma confiança indevida. Para preservar essa sensação positiva, os membros do grupo suprimiram ou autocensuraram suas opiniões divergentes, especialmente depois que o presidente Kennedy expressou seu entusiasmo pelo plano. Como ninguém se manifestou fortemente contra a ideia, todos assumiram que o apoio era unânime. Para descrever esse pensamento de grupo harmonioso, mas irrealista, Janis cunhou o termo **pensamento de grupo**.

Estudos posteriores mostraram que o pensamento de grupo – alimentado por excesso de confiança, conformidade, autojustificação e polarização de grupo – também contribuiu para outros fiascos. Entre eles, temos o fracasso de não antecipar o ataque japonês de 1941 a Pearl Harbor; a escalada da guerra do Vietnã; o encobrimento de Watergate nos EUA; o acidente do reator nuclear de Chernobyl (Reason, 1987); a explosão do ônibus espacial americano Challenger (Esser & Lindoerfer, 1989); e a guerra do Iraque, lançada sobre a falsa ideia de que o Iraque tinha armas de destruição em massa (U.S. Senate Intelligence Committee, 2004).

"Um dos perigos na Casa Branca, com base na minha leitura da história, é que você se envolve em pensamento de grupo e todo mundo concorda com tudo; não há discussão e não há opiniões divergentes." — Barack Obama, coletiva de imprensa, 1º de dezembro de 2008

Apesar dos perigos do pensamento de grupo, duas cabeças geralmente pensam melhor que uma. Grandes mentes muitas vezes não pensam da mesma forma. Sabendo disso, Janis também estudou casos em que presidentes dos EUA e seus conselheiros tomaram boas decisões coletivamente, como quando o governo Truman formulou o Plano Marshall, que ofereceu assistência à Europa após a Segunda Guerra Mundial, e quando o governo Kennedy impediu com sucesso os soviéticos de instalar mísseis em Cuba. O que ele concluiu? Que o pensamento de grupo é impedido quando um líder – seja no governo ou nos negócios – acolhe várias opiniões, convida os especialistas a criticar o desenvolvimento de planos e designa pessoas para identificar possíveis problemas. Assim como a supressão da dissidência leva um grupo a tomar decisões ruins, o debate aberto geralmente molda as boas ideias. Este é especialmente o caso de grupos pequenos, mas diversos, cujas origens e perspectivas variadas geralmente permitem resultados criativos ou superiores (Nemeth & Ormiston, 2007; Wang, J. et al., 2019; Wu et al., 2019). Equipes formadas por pessoas inteligentes tendem a superar pessoas inteligentes individualmente na previsão de eventos políticos (Mellers et al., 2015). Nenhum de nós é tão inteligente quanto todos nós.

"Se o mal é contagioso, o bem também o é." — *Tuíte* do Papa Francisco, 2017

PERGUNTE A SI MESMO

De que forma você acredita que foi recentemente influenciado pela polarização de grupo nas redes sociais?

PRÁTICA DE RECUPERAÇÃO

PR-4 O que é *facilitação social* e por que ela melhora o desempenho em uma tarefa bem aprendida?

PR-5 As pessoas tendem a se esforçar menos ao trabalhar com um grupo do que fariam se estivessem sozinhas, o que é chamado ______________________.

PR-6 Você está organizando uma reunião de candidatos políticos ferozmente competitivos e seus apoiadores. Para aumentar a diversão, amigos sugeriram distribuir máscaras dos rostos dos candidatos para os apoiadores usarem. Que fenômeno essas máscaras podem promover?

Pensamento de grupo. Modo de pensar que ocorre quando o desejo de harmonia em um grupo de tomada de decisão se sobrepõe a uma avaliação realista das alternativas.

Pensamento crítico sobre:

A internet como amplificador social

QOA **13.10** Qual é o papel da internet na polarização de grupo?

A internet conecta pessoas que pensam igual.

Essas conexões podem trazer **cura emocional**, como para sobreviventes de câncer e pais enlutados.

O compartilhamento *online* também pode **fortalecer os movimentos sociais.**

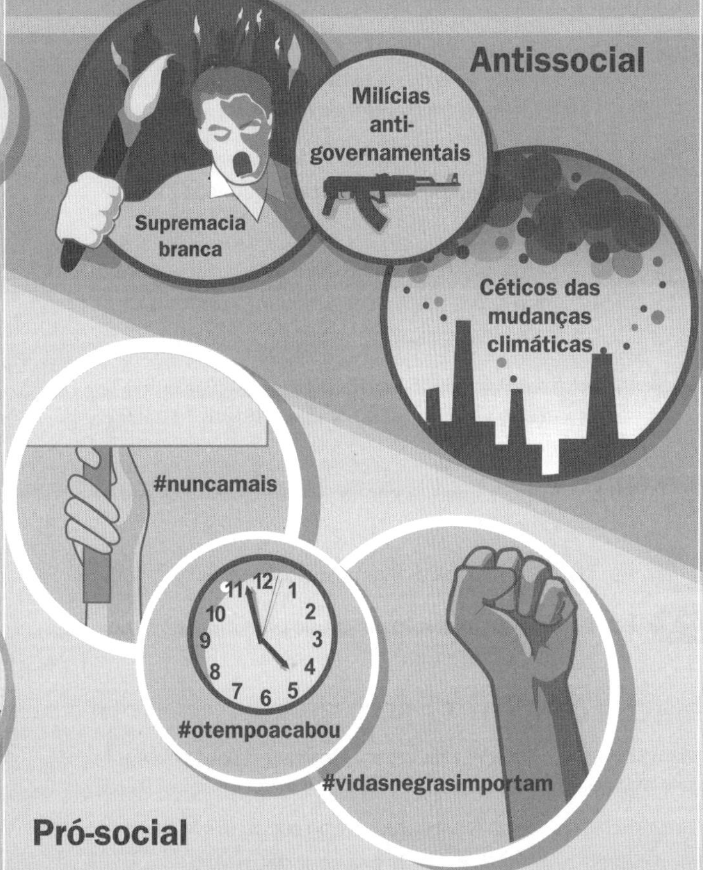

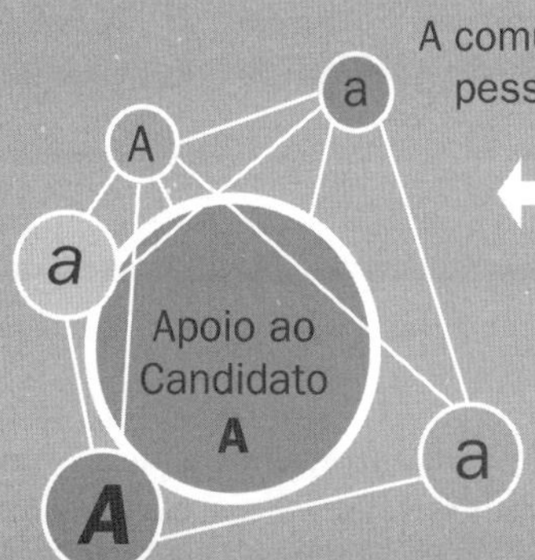

A comunicação eletrônica e as redes sociais podem incentivar pessoas a se **isolarem daqueles com opiniões diferentes.**

Nas redes sociais, geralmente compartilhamos conteúdo político com outras pessoas que pensam da mesma forma.

Separação de ideias semelhantes + conversa

↓

polarização de grupo

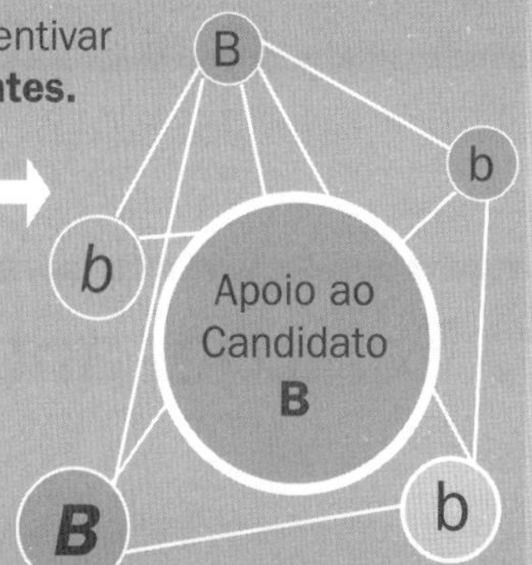

1. Bakshy et al., 2015; Barberá et al., 2015.

PR-7 Quando grupos afins discutem um tópico e o resultado é o fortalecimento da opinião predominante, isso é chamado ____________________.

PR-8 Quando o desejo de harmonia de um grupo supera sua análise realista de outras opções, ocorreu ____________________.

RESPOSTAS NO APÊNDICE E

REVISÃO Influência social

OBJETIVOS DE APRENDIZAGEM

Teste a si mesmo. Responda às Questões dos Objetivos de Aprendizagem (antes de conferir as respostas no Apêndice D) para aprimorar a retenção dos conceitos estudados (McDaniel et al., 2009, 2015).

QOA 13.5 Como o contágio social é uma forma de conformidade e como os experimentos de conformidade revelam o poder da influência social?

QOA 13.6 O que os experimentos de Milgram sobre a obediência nos ensinaram sobre o poder da influência social?

QOA 13.7 O que os estudos sobre influência social nos ensinam sobre nós mesmos? Quanto poder temos como indivíduos?

QOA 13.8 Como a presença de outros influencia nossas ações via facilitação social, preguiça social e desindividuação?

QOA 13.9 Como a interação pode permitir a polarização de grupo?

QOA 13.10 Qual é o papel da internet na polarização de grupo?

QOA 13.11 Como a interação em grupo possibilita o pensamento de grupo?

TERMOS E CONCEITOS A RECORDAR

Teste a si mesmo. Escreva a definição com suas próprias palavras e depois confirme sua resposta.

normas sociais, p. 469
conformidade, p. 470
influência social normativa, p. 470
influência social informativa, p. 470
facilitação social, p. 475
preguiça social, p. 476
desindividuação, p. 476
polarização de grupo, p. 477
pensamento de grupo, p. 478

DOMINE O MATERIAL

Teste a si mesmo. Responda às questões a seguir sozinho, a princípio, depois confira as respostas no Apêndice E.

1. Pesquisadores descobriram que é mais provável que uma pessoa se adapte a um grupo se

a. os membros do grupo têm opiniões diversas.

b. a pessoa se sente competente e segura.

c. a pessoa admira o *status* do grupo.

d. ninguém mais observará o comportamento da pessoa.

2. Nos experimentos de Milgram, a taxa de obediência foi mais alta quando

a. o "aluno" estava distante do "professor".

b. o "aluno" estava por perto.

c. outros "professores" se recusaram a acompanhar o pesquisador.

d. o "professor" não gostava do "aluno".

3. Dr. Huang, um professor de música popular, dá palestras fascinantes sobre história da música, mas fica nervoso e comete erros ao descrever as estatísticas do exame na frente da classe. Por que seu desempenho varia de acordo com a tarefa?

4. Em uma situação de grupo que promove a excitação e o anonimato, uma pessoa às vezes perde a autoconsciência e o autocontrole. Esse fenômeno é chamado ____________.

5. Compartilhar nossas opiniões com outros que pensam da mesma forma tende a fortalecer nossos pontos de vista, um fenômeno conhecido como ____________ ____________.

Relações antissociais

A psicologia social estuda o modo como pensamos e influenciamos uns aos outros, assim como a forma como nos relacionamos uns com os outros. O que faz com que as pessoas às vezes odeiem e prejudiquem, e outras vezes amem e ajudem? E quando surgem conflitos destrutivos, como podemos avançar em direção a uma paz justa? Nesta seção, refletimos sobre conhecimentos que têm sido obtidos sobre as relações antissociais por pesquisadores que estudam o preconceito e a agressão.

Preconceito

QOA 13.12 O que é *preconceito*? Qual a diferença entre o preconceito explícito e o implícito?

Preconceito significa "pré-julgamento". É uma atitude injustificável e geralmente negativa com relação a um grupo e seus membros – que geralmente são pessoas de um determinado grupo racial ou étnico, gênero ou orientação sexual. Atitudes são sentimentos, influenciados por crenças, que nos predispõem a agir de determinada maneira. Os ingredientes do preconceito são uma mistura de três partes:

- *Emoções negativas*, como hostilidade ou medo
- **Estereótipos**, que são crenças generalizadas sobre um grupo de pessoas. Nossos estereótipos às vezes refletem a realidade. Como o senador do Texas Ted Cruz (2018) explicou: "é um tipo de estereótipo que os texanos gostam de churrasco. Acontece também que praticamente todos os texanos gostam de churrasco". Mas os estereótipos geralmente generalizam ou exageram. Nos EUA, por exemplo, republicanos e democratas fortemente partidários exibem uma "lacuna de percepção" – eles superestimam o extremismo do outro lado (Yudkin et al., 2019b)
- Uma predisposição para **discriminar** – agir de forma negativa e injustificável com relação aos membros do grupo. Às vezes, o preconceito é flagrante. Pessoas com atitudes antirracistas, por exemplo, são menos propensas a julgar como culpado um policial branco que matou um homem negro (Cooley et al., 2019). Outras vezes são mais velado, assumindo a forma de *microagressões*, como preferir não sentar no ônibus do lado de uma pessoa negra, a tendência a parar motoristas negros mais do que motoristas brancos em uma *blitz*, ou tempos de espera mais longos no Uber e menos aceitação do Airbnb para pessoas com nomes afro-americanos (Edelman et al., 2017; Ge et al., 2016; Wang et al., 2011).

Acreditar que pessoas obesas são gulosas e sentir antipatia por uma pessoa obesa é ser preconceituoso. Descartar pessoas obesas em um *site* de namoro ou rejeitar um candidato a emprego que seja obeso é discriminar.

Preconceito. Atitude injustificável e geralmente negativa com relação a um grupo e seus membros. O preconceito geralmente envolve crenças estereotipadas, sentimentos negativos e uma predisposição à ação discriminatória.

Estereótipo. Crença generalizada (às vezes precisa, mas muitas vezes generalizada) sobre um grupo de pessoas.

Discriminação. Comportamento negativo injustificável com relação a um grupo ou seus membros.

Viés do peso corporal: em dados coletados de 4 milhões de adultos dos EUA, preconceitos explícitos contra pessoas de um determinado sexo, deficiência, idade ou raça foram muito superados por preconceitos em resposta ao peso corporal (Charlesworth & Banaji, 2019).

Preconceito explícito e implícito

Repetidamente, vimos que nosso cérebro processa pensamentos, memórias e atitudes por dois caminhos diferentes. Às vezes, esse processamento é *explícito* – na tela do radar de nossa consciência. Porém, mais frequentemente, é *implícito* – uma resposta automática que opera fora do radar, deixando-nos inconscientes de como nossas atitudes estão influenciando nosso comportamento. Em 2015, a Suprema Corte dos EUA, ao defender a lei de habitação justa, reconheceu a pesquisa de viés implícito, observando que "preconceitos inconscientes" podem causar discriminação mesmo quando as pessoas não pretendem conscientemente discriminar.

Os psicólogos estudam o preconceito implícito por meio de:

- *Testes para associações inconscientes de grupos.* Testes nos quais o indivíduo tem que associar rapidamente a imagem de uma pessoa a um traço demonstram que mesmo indivíduos que negam qualquer preconceito racial podem apresentar associações negativas (Greenwald & Banaji, 2017). Milhões de pessoas fizeram o teste de associação implícita (como você também pode fazer em Implicit.Harvard.edu). Os críticos questionam a confiabilidade do teste e alertam contra usá-lo para avaliar ou rotular indivíduos (Oswald et al., 2013, 2015, enquanto os defensores rebatem que os preconceitos implícitos são difíceis de mudar e podem prever comportamentos que vão desde simples atos de amizade até a qualidade do trabalho (Forscher et al., 2019; Jost, 2019; Kurdi et al., 2019)
- *Considerando o paternalismo inconsciente.* Em um experimento, mulheres universitárias brancas corrigiram erros de redações que acreditavam terem sido escritas por um aluno branco ou negro. As mulheres deram avaliações baixas, muitas vezes com comentários duros, aos ensaios supostamente escritos por um estudante branco. Quando a mesma redação foi atribuída a um aluno negro, sua avaliação foi mais positiva (Harber, 1998). Em avaliações no mundo real, expectativas mais baixas e os resultantes "elogios inflados e críticas insuficientes" podem prejudicar o desempenho dos alunos de minorias, observou o pesquisador. Assim, muitos professores leem redações sem conhecer a raça de seus autores
- *Monitoramento de respostas corporais reflexivas.* Mesmo as pessoas que expressam conscientemente pouco preconceito podem emitir sinais reveladores à medida que seu corpo responde seletivamente à imagem de uma pessoa de outro grupo étnico. Os neurocientistas podem detectar sinais de preconceito implícito nas respostas dos músculos faciais do espectador e na ativação da amígdala, onde são processadas as emoções (Cunningham et al., 2004; Eberhardt, 2005; Stanley et al., 2008).

Ann harkness

Viés implícito? A pesquisa de viés implícito nos ajuda a entender a morte de Trayvon Martin em 2012 (mostrado aqui 7 meses antes de ser morto)? Enquanto caminhava sozinho até a casa da noiva de seu pai em um condomínio fechado da Flórida, um morador desconfiado o confrontou e atirou nele. Os comentaristas se perguntaram: se Martin fosse um adolescente branco desarmado, ele teria sido percebido e tratado da mesma maneira?

"Quem pode discernir os próprios erros? Absolve-me dos que desconheço!" — Salmo 19:12

Alvos de preconceito

QOA **13.13** Quais grupos são alvos frequentes de preconceito?

"Dados mostram pobreza extrema, analfabetismo, guerra, crimes violentos, racismo, sexismo, homofobia, violência doméstica, doenças, acidentes letais e praticamente todos os outros flagelos." — Psicólogo Steven Pinker, *Scared by the News? Take the Long View*, 2018

PRECONCEITO RACIAL E ÉTNICO.* As atitudes raciais expressas pelos americanos mudaram dramaticamente no último meio século. O apoio ao casamento inter-racial entre negros e brancos, por exemplo, aumentou de meros 4% de aprovação em 1959 para 87% em 2013 (Saad, 2019). Três em cada quatro americanos (incluindo quase nove em cada 10 graduados universitários) agora concordam que o fato de seu país ter "muitas raças e etnias diferentes" é bom para o país (Horowitz, 2019). O benefício da diversidade apareceu em uma análise de 9 milhões de artigos científicos e 6 milhões de cientistas: equipes científicas etnicamente diversas produziram as pesquisas mais influentes (AlShebli et al., 2018).

No entanto, à medida que o preconceito inter-racial explícito diminui, o preconceito *sutil* permanece. Pessoas negras e hispânicas com tons de pele mais escuros sofrem maior preconceito e discriminação (Gonzales-Barrera, 2019; Landor & Smith, 2019). Homens negros são julgados com mais severidade do que homens brancos quando cometem crimes "estereotipicamente negros" (tiroteio, violência de gangues, jogos de apostas) em vez de crimes "estereotipicamente brancos" (fraude, *hacking* de computador e informações privilegiadas) (Petsko & Bodenhausen, 2019). Provedores de cuidados médicos gastam mais dinheiro para tratar pacientes brancos do que para tratar pacientes negros igualmente doentes (Obermeyer et al., 2019).

Muitos se perguntam como esse preconceito ainda persiste. Uma razão é que poucas pessoas têm coragem de desafiar discursos preconceituosos ou de ódio. Embora muitos *digam* que ficariam chateados com alguém fazendo comentários racistas (ou homofóbicos), eles geralmente respondem com indiferença ao ouvir uma linguagem carregada de preconceito (Kawakami et al., 2009). Conclusão: se você desaprova o preconceito, pergunte a si mesmo "que mensagem estou enviando quando fico em silêncio enquanto outros fazem comentários racistas, homofóbicos ou sexistas?".

Como observado, o preconceito não é apenas sutil, mas muitas vezes inconsciente (implícito). Um teste de associação implícita descobriu que nove em cada 10 entrevistados brancos demoram mais para identificar palavras agradáveis (como *paz* e *paraíso*) como "boas" quando apresentadas junto a nomes que soam como de negros (como *Latisha* e *Darnell*) do que quando são mostrados nomes que soam como de brancos (como como *Katie* e *Ian*). Além disso, as pessoas que associam mais rapidamente coisas boas a nomes ou rostos brancos também são as mais rápidas para perceber raiva e aparente ameaça em rostos negros (Hugenberg & Bodenhausen, 2003). Na eleição presidencial de 2008 nos EUA, aqueles que demonstravam preconceito explícito ou implícito eram menos propensos a votar no candidato Barack Obama. Sua eleição, no entanto, reduziu o preconceito implícito (Bernstein et al., 2010; Payne et al., 2010; Stephens-Davidowitz, 2014).

"Se não podemos evitar nossos preconceitos latentes, podemos ajudar nosso comportamento em resposta a essas reações instintivas, e é por isso que trabalhamos para projetar sistemas e processos que superem essa parte muito humana de todos nós." — Diretor do FBI dos EUA James B. Comey, *Hard Truths: Law Enforcement and Race*, 2015

Nossas percepções também podem refletir um viés implícito. Em 1999, Amadou Diallo, que era negro, foi abordado ao se aproximar da porta de casa por policiais que procuravam um estuprador. Quando ele puxou sua carteira, os policiais, achando que era uma arma, crivaram seu corpo com 19 balas a partir de 41 tiros. Em uma análise de 59 tiroteios suspeitos desarmados na Filadélfia ao longo de 7 anos, 49 envolveram a identificação errônea de um objeto (como um telefone) ou movimento (como puxar as calças). Suspeitos negros foram duas vezes mais propensos a serem mal interpretados como ameaçadores, mesmo por policiais negros (Blow, 2015). Nos EUA, cerca de 1 em cada 1 mil homens negros foi morto por um policial – mais que o dobro da taxa de homens brancos (Edwards et al., 2019). Uma equipe de pesquisa analisou as pontuações de viés implícito de mais de 2 milhões de americanos, enquanto contabilizava vários outros fatores. Sua descoberta: o viés implícito de uma região com relação aos afro-americanos conseguia prever o número de afro-americanos mortos pela polícia (Hehman et al., 2018).

Reconhecendo a realidade do preconceito implícito, muitas empresas, faculdades e departamentos de polícia deram a seus funcionários treinamento sobre preconceito implícito – como quando a Starbucks, em 2018, respondeu a um incidente de preconceito fechando suas lojas nos EUA por uma tarde para educar seus 175 mil funcionários. Embora essas sessões de treinamento de diversidade ou preconceito em sessão única possam mudar modestamente as atitudes, o comportamento é mais difícil de modificar (Chang et al., 2019; Forscher et al., 2019).

Para entender melhor esses trágicos eventos, os pesquisadores também simularam a situação (Correll et al., 2007, 2015; Plant & Peruche, 2005; Sadler et al., 2012a). Eles pediram aos espectadores que pressionassem botões rapidamente para "atirar" ou, "não atirar" em homens que de repente apareciam na tela. Alguns dos homens na tela seguravam uma arma. Outros seguravam um objeto inofensivo, como uma lanterna ou uma garrafa. As pessoas (tanto negros quanto brancos, incluindo policiais) atiraram com mais frequência em homens negros segurando o objeto inofensivo. Mostar pessoas com um rosto preto reluzente em vez de um rosto

*N.R.T.: Nos últimos anos, a expressão "racismo estrutural", cunhada pelo professor Silvio Lual Almeida (2018), tomou relevância no debate social sobre o racismo no Brasil. Essa expressão faz referência à compreensão do racismo como um mecanismo de poder, com práticas que privilegiam um grupo em detrimento de outro, e que estaria presente em todas as esferas de interação social, desde o nível interpessoal, até o institucional. O Conselho Federal de Psicologia, em 2002, publicou a Resolução 18/2002 onde estabeleceu as normas de atuação para os(as) psicólogos(as) em relação ao preconceito e à discriminação racial. Essa normativa incluiu dispositivos legais, diretrizes para a atuação em psicoterapia e pesquisa e impulsionou a produção de materiais didáticos que auxiliem futuros psicólogos a compreenderem o racismo como um fenômeno estrutural e a trabalhar por uma sociedade antirracista.

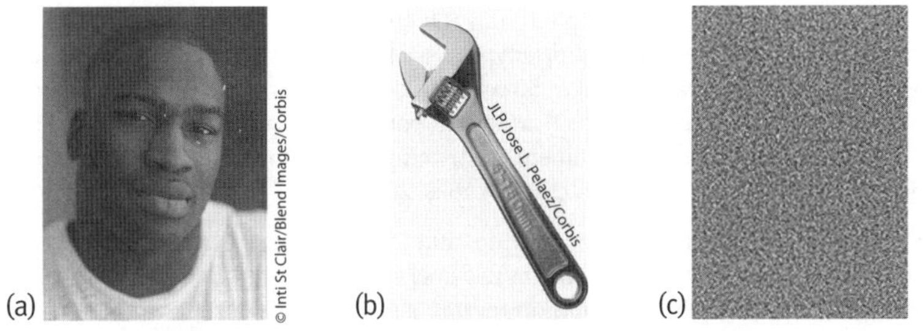

Figura 13.4 A raça influencia as percepções. Em experimentos de Keith Payne (2006), as pessoas viam (a) um rosto branco ou preto, imediatamente seguido por (b) uma arma ou uma ferramenta de mão, que foi seguida por (c) uma tela de máscara. Os participantes eram mais propensos a interpretar erroneamente a ferramenta como uma arma quando ela era precedida por um rosto preto em vez de um rosto branco.

branco também as tornava mais propensas a interpretar erroneamente uma ferramenta reluzente como uma arma (Figura 13.4). A fadiga, que diminui o controle consciente e aumenta as reações automáticas, amplifica esse viés racial nas decisões sobre atirar (Ma et al., 2013).

PRECONCEITO DE GÊNERO. O preconceito de gênero evidente diminuiu drasticamente. A parcela de um terço dos americanos que, em 1937, disse aos pesquisadores do Instituto Gallup que votariam em uma mulher qualificada que seu partido nomeasse para presidente subiu para 95% em 2012 (Jones, 2012; Newport, 1999). Embora as mulheres em todo o mundo ainda representem quase dois terços dos adultos analfabetos e 30% tenham sofrido violência por um parceiro íntimo, 65% de todas as pessoas agora dizem que é muito importante que as mulheres tenham os mesmos direitos que os homens (UN, 2015; WHO, 2016a; Zainulbhai, 2016).

No entanto, o preconceito e a discriminação de gênero, tanto implícitos quanto explícitos, persistem. Considere:

- *Salários.* Nos países ocidentais, pagamos mais àqueles (geralmente homens) que cuidam de nossas ruas do que àqueles (geralmente mulheres) que cuidam de nossos filhos
- *Liderança.* De 2007 a 2016, os diretores masculinos de 1 mil filmes populares (os 100 melhores de cada ano) superaram as diretoras em 24 para 1 (Smith et al., 2017). O preconceito implícito de gênero também contribui para que as mulheres não sejam promovidas (Régner et al., 2019)
- *Respeito.* As pessoas referem-se mais frequentemente aos homens (incluindo instrutores do sexo masculino) pelo sobrenome e às mulheres pelo primeiro nome (Atir & Ferguson, 2018)*
- *Inteligência percebida.* O viés de gênero se aplica até mesmo a crenças sobre inteligência: apesar da igualdade entre homens e mulheres nas pontuações dos testes de inteligência, as pessoas tendem a perceber seus pais como mais inteligentes que suas mães e seus filhos como mais brilhantes que suas filhas (Furnham, 2016).

Bebês indesejados do sexo feminino não são mais deixados em uma encosta para morrer, como era a prática na Grécia Antiga. No entanto, a proporção normal de recém-nascidos entre homens e mulheres (105 para 100) não explica o que tem sido estimado como milhões de "mulheres desaparecidas" no mundo. Em muitos lugares, os filhos são mais valorizados do que as filhas. Na Índia, há 3,5 vezes mais pesquisas no Google perguntando como conceber um menino do que como conceber uma menina (Stephens-Davidowitz, 2014). Com testes científicos que permitem abortamentos seletivos por sexo, alguns países estão enfrentando um déficit nos partos femininos (Figura 13.5). A proporção sexual de recém-nascidos na Índia

"Até me tornar um homem, não fazia ideia de como os homens eram bons no trabalho [...] A primeira vez que falei em uma reunião com minha voz baixa e calma e notei aquela atenção repentina e concentrada, fiquei tão desconfortável que não consegui terminar minha frase."
— Thomas Page McBee, 2016, após a transição de mulher para homem

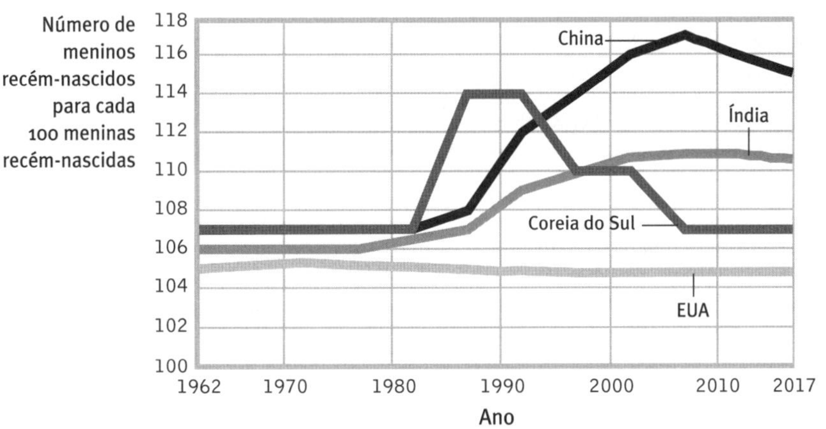

Figura 13.5 Preconceito masculino. Biologicamente, a proporção sexual esperada seria de 105 meninos recém-nascidos para cada 100 meninas recém-nascidas. Na realidade, a maioria dos países mostra um viés significativo, com maior número de meninos. (Dados de Our World in Data e World Bank/UN.)

*N.R.T.: No Brasil, tais diferenças na nomeação de homens e mulheres não ocorrem do mesmo jeito. Contudo, as opiniões proferidas por homens são geralmente mais ouvidas e tomadas como referência, do que aquelas expressadas por mulheres: 37% afirmam que suas opiniões ou pontos de vista não são levados em consideração, contra apenas 16% dos homens (2020, Instituto Locomotiva).

foi recentemente de 112 meninos para cada 100 meninas. A da China foi de 111 para 100, apesar de a China declarar que os abortamentos seletivos por sexo são um crime (CIA, 2014). Na China e na Índia, que juntas têm 50 milhões de homens a mais do que mulheres com menos de 20 anos, muitos solteiros ficarão sem parceiros (Denyer & Gowen, 2018; Gupta, 2017). A escassez de mulheres também contribui para o aumento do crime, da violência, da prostituição e do tráfico de mulheres (Brooks, 2012).

PRECONCEITO LGBTQ. Na maior parte do mundo, *gays*, lésbicas e transgêneros não podem revelar aberta e confortavelmente quem são e quem amam. Embora, em 2019, 28 países permitissem o casamento entre pessoas do mesmo gênero, outras dezenas tinham leis criminalizando relacionamentos entre pessoas do mesmo gênero. A variação cultural é enorme – variando de 98% em Gana a 6% na Espanha para quem "a homossexualidade é moralmente inaceitável" (Pew, 2014). Em todo o mundo, as atitudes *antigays* são mais comuns entre homens, idosos e aqueles que são infelizes, desempregados e menos instruídos (Haney, 2016; Jäckle & Wenzelburger, 2015).

O preconceito explícito anti-LGBTQ persiste, mesmo em países com proteções legais em vigor. Quando pesquisadores dos EUA e do Reino Unido enviaram milhares de respostas a anúncios de emprego, aqueles cujos currículos incluíam menção ao grupo político Treasurer, Progressive and Socialist Alliance receberam mais respostas do que aqueles cujos currículos mencionavam o grupo Treasurer, Gay and Lesbian Alliance (Agerström et al., 2012; Bertrand & Mullainathan, 2004; Drydakis, 2009, 2015). Outras evidências apareceram em pesquisas nacionais com americanos LGBTQ:

- 39% relataram ter sido "rejeitados por um amigo ou membro da família" por causa de sua orientação sexual ou identidade de gênero (Pew, 2013b)
- 58% relataram estar "sujeitos a insultos ou piadas" (Pew, 2013b)
- 54% relataram ter sido assediados na escola e no trabalho (Grant et al., 2010; James et al., 2016).

As atitudes e práticas que rotulam, menosprezam e discriminam *gays*, lésbicas e transgêneros aumentam o risco de transtornos psicológicos e problemas de saúde? *Sim.* Nos estados dos EUA sem proteções contra crimes de ódio e discriminação LGBTQ, *gays* e lésbicas experimentam taxas substancialmente mais altas de depressão e transtornos relacionados, mesmo depois de controlar as diferenças de renda e educação. Nas comunidades onde o preconceito *antigay* é alto, também são altas as taxas de suicídio de *gays* e lésbicas e de mortes por problemas cardiovasculares. Em 16 estados que proibiram o casamento entre pessoas do mesmo gênero entre 2001 e 2005, *gays* e lésbicas (mas não heterossexuais) experimentaram um aumento de 37% nas taxas de transtorno depressivo, um aumento de 42% no transtorno por uso de álcool e um aumento de 248% nas taxas de transtorno de ansiedade generalizada. Enquanto isso, *gays* e lésbicas em outros estados não apresentaram aumento de transtornos psiquiátricos (Hatzenbuehler, 2014).

Então, as leis que promovem a aceitação de *gays*, lésbicas e transgêneros reduzem o preconceito? Novamente a resposta é *sim*. Como aconteceu após a aprovação das leis de dessegregação e direitos civis, as atitudes seguiram o comportamento recém-legislado. Nos vários estados dos EUA, as pessoas passaram a apoiar mais os *gays* quando e onde os casamentos entre pessoas do mesmo gênero se tornaram legais (Ofuso et al., 2019).

Raízes do preconceito

QOA 13.14 Quais são algumas das raízes sociais, emocionais e cognitivas do preconceito e quais são algumas maneiras de reduzir o preconceito?

O preconceito surge das divisões de uma cultura, das paixões do coração e do funcionamento natural da mente.

DESIGUALDADES E DIVISÕES SOCIAIS. Quando algumas pessoas têm dinheiro, poder e prestígio e outras não, os "que têm" geralmente desenvolvem atitudes que justificam as coisas como elas são. O **fenômeno do mundo justo** reflete uma ideia que comumente ensinamos aos nossos filhos – que o bem é recompensado e o mal é punido. A partir disso, é apenas um salto curto e às vezes automático supor que aqueles que têm sucesso devem ser bons e aqueles que sofrem devem ser maus. Esse raciocínio permite que os ricos vejam tanto sua própria riqueza quanto o infortúnio dos pobres como justamente merecidos. Quando a escravidão existia nos EUA, os proprietários de escravos viam os escravizados como inatamente preguiçosos, ignorantes e irresponsáveis – as mesmas características que supostamente justificavam escravizá-los. Os estereótipos racionalizam as desigualdades.

Fenômeno do mundo justo. Tendência de as pessoas acreditarem que o mundo é justo e, portanto, os indivíduos recebem o que merecem e merecem o que recebem.

As vítimas de discriminação podem reagir de modo a alimentar o preconceito por meio da clássica dinâmica de *culpar a vítima* (Allport, 1954). As circunstâncias da pobreza geram uma taxa de criminalidade mais alta? Se assim for, essa taxa de criminalidade mais alta pode ser usada para justificar a discriminação contra aqueles que vivem na pobreza.

Dividir o mundo em "nós" e "eles" pode resultar em conflito, racismo e guerra, mas também fornece os benefícios da solidariedade comunitária. Assim, torcemos por nossos grupos, matamos por eles, morremos por eles. Na verdade, definimos quem somos – nossa identidade social – em parte em termos de nossos grupos (Thomas et al., 2019; Whitehouse, 2018). Quando Oliver se identifica como um homem, um britânico, um nativo de Liverpool e um torcedor do Brexit, ele sabe quem ele é, e nós também. Desenhar mentalmente um círculo define "nós", o **endogrupo**. Mas a definição social de quem somos também afirma quem não somos. As pessoas de fora desse círculo são "eles", o **exogrupo**. Logo se segue um **viés endogrupo** – um favorecimento do nosso próprio grupo. Em experimentos, as pessoas, começando na primeira infância, favoreceram seu próprio grupo ao dividir recompensas – mesmo um grupo que é criado por mero sorteio (Tajfel, 1982; Wilder, 1981; Wynn et al., 2018). Em 17 países, o viés endogrupo aparece mais como favoritismo ao endogrupo do que como dano ao exogrupo (Romano et al., 2017). A discriminação é desencadeada menos pela hostilidade do exogrupo do que pela rede interna e de apoio mútuo – como contratar o filho de um amigo em detrimento de outros candidatos (Greenwald & Pettigrew, 2014).

Endogrupo. "Nós" – pessoas com quem compartilhamos uma identidade comum.

Exogrupo. "Eles" – aqueles percebidos como diferentes ou separados do nosso endogrupo.

Viés endogrupo. Tendência de favorecer nosso próprio grupo.

Teoria do bode expiatório. Teoria de que o preconceito oferece uma saída para a raiva, fornecendo alguém para colocar a culpa.

Herdamos a necessidade de nossos ancestrais da Idade da Pedra de pertencer, viver e amar em grupos. Havia segurança na solidariedade: caçando, defendendo ou atacando, 10 mãos eram melhores que duas. A evolução nos preparou, ao encontrar estranhos, para fazer julgamentos instantâneos: amigo ou inimigo? Essa ânsia de distinguir inimigos de amigos e de desumanizar ou "alterar" aqueles que não são como nós predispõe ao preconceito contra estranhos (Kteily & Bruneau, 2017; Whitley, 1999). Para os gregos da era clássica, todos os não gregos eram "bárbaros". Em nossa época, a maioria das crianças acredita que sua escola é melhor do que todas as outras escolas da cidade. Muitos alunos do Ensino Médio formam "panelinhas" – atletas, preparadores, *nerds* – e menosprezam aqueles que estão fora de seu próprio grupo. Até chimpanzés foram vistos limpando o local onde foram tocados por um chimpanzé de outro grupo (Goodall, 1986). Eles também exibem empatia dentro do grupo bocejando mais depois de ver os membros do endogrupo (em vez do exogrupo) bocejar (Campbell & de Waal, 2011). Embora um mundo ideal possa priorizar a justiça e o amor para todos, em nosso mundo real, o amor em nosso grupo muitas vezes supera a justiça universal.

PERGUNTE A SI MESMO

Quais são alguns exemplos de viés endogrupo em sua própria vida e em sua comunidade? Como você pode ajudar a derrubar barreiras que você ou outras pessoas pode enfrentar?

EMOÇÕES NEGATIVAS. As emoções negativas alimentam o preconceito. Ao enfrentar a morte, temer ameaças ou sentir frustração, as pessoas se apegam mais fortemente ao seu endogrupo. Quando frustradas pela extrema desigualdade, as pessoas em todo o mundo desejam um líder forte para restaurar a ordem (Sprong et al., 2019). Ao temer o terrorismo, o patriotismo aumenta, juntamente com o ódio e a agressão contra aqueles percebidos como ameaçadores (Pyszczynski et al., 2002, 2008).

A **teoria do bode expiatório** propõe que, quando as coisas dão errado, encontrar alguém para culpar pode fornecer um alvo para nossas emoções negativas. Durante e após a controversa eleição presidencial dos EUA em 2016, os relatos de crimes de ódio aumentaram e, em 2019, sete em cada 10 americanos perceberam que as relações raciais estavam piorando (FBI, 2019; Horowitz, 2019). Por quê? Uma razão pode ser a maior aceitação do preconceito com relação aos grupos que o então candidato Donald Trump tinha como alvo durante a campanha, como muçulmanos e imigrantes (Crandall et al., 2018). Os condados que sediaram comícios de Trump em 2016 experimentaram uma taxa dobrada de crimes de ódio depois disso (Feinberg A. et al., 2019).

Na Inglaterra e no País de Gales, após o referendo anti-imigrantes do Brexit de 2016, os crimes de ódio relatados aumentaram de 52 mil em 2015/2016 para 103 mil em 2018/2019 (Home Office, 2019). Lá, bem como na Alemanha e nos EUA, os crimes antissemitas também aumentaram (ADL, 2019; Statista, 2019). No início da pandemia de covid-19, alguns funcionários dos governos de países de maioria branca se referiam ao vírus "chinês". Associar o vírus a um país alimentou o preconceito e a discriminação, contribuindo para 650 incidentes de discriminação relatados nos EUA contra asiático-americanos em apenas 1 semana (Hong, 2020; Van Bavel et al., 2020). Um homem foi esfaqueado, outros foram atacados com cuspe ou ouviram: "vocês trouxeram o vírus. Volte para a China" (Loffman, 2020).

A evidência para a teoria do bode expiatório vem em duas formas: (1) *tendências sociais* – pessoas economicamente frustradas muitas vezes expressam maior preconceito e, durante crises econômicas, o preconceito racial se intensifica (Bianchi et al., 2018); e (2) *experimentos* – a frustração temporária de pessoas intensifica seu preconceito. Os alunos que experimentam o fracasso ou se sentem inseguros geralmente restauram sua autoestima depreciando uma

Efeito de outra raça. Tendência de recordar rostos de sua própria raça com mais precisão do que rostos de outras raças. Também chamado *efeito de raça cruzada* e *viés de raça própria.*

escola rival ou outra pessoa (Cialdini & Richardson, 1980; Crocker et al., 1987). Diminuir os outros pode aumentar nosso próprio senso de *status*, o que explica por que o infortúnio de um rival às vezes proporciona uma pontada de prazer. (A língua alemã tem uma palavra – *Schadenfreude* – para essa alegria secreta que às vezes sentimos com o fracasso dos outros.) Em contraste, aqueles que se sentem amados e apoiados tornam-se mais abertos e aceitam melhor os que são diferentes dele (Mikulincer & Shaver, 2001).

ATALHOS COGNITIVOS. Crenças estereotipadas são em parte um subproduto de como simplificamos cognitivamente o mundo. Para ajudar a entender o mundo ao nosso redor, frequentemente criamos categorias. Os químicos classificam as moléculas em orgânicas e inorgânicas. Os terapeutas classificam os transtornos psicológicos. Todos nós categorizamos as pessoas por gênero, etnia, raça, idade e muitas outras características – incluindo a sua simpatia, sua cordialidade ou sua competência (Fiske, 2018). Mas quando classificamos as pessoas em grupos, muitas vezes estereotipamos. Reconhecemos o quanto nos diferenciamos de outros indivíduos em *nossos* grupos. Mas superestimamos até que ponto os membros de outros grupos são semelhantes (Bothwell et al., 1989). Percebemos a *homogeneidade do exogrupo* – uniformidade de atitudes, personalidade e aparência. Nosso maior reconhecimento para rostos de nossa própria raça – chamado **efeito de outra raça** (ou efeito de raça cruzada ou viés de raça própria) – surge durante a infância, entre 3 e 9 meses de vida (Anzures et al., 2013; Telzer et al. al., 2013). (Também temos um viés de própria idade – melhor memória de reconhecimento para rostos de nossa própria faixa etária [Rhodes & Anastasi, 2012]).

Às vezes, no entanto, as pessoas não se encaixam facilmente em nossas categorias raciais. Quando isso acontece, muitas vezes atribuímos a eles uma identidade de um grupo minoritário. Os pesquisadores acreditam que isso acontece porque, depois de aprender as características de um grupo racial familiar, a *atenção seletiva* do observador é atraída para as características distintivas da minoria menos familiar. Jamin Halberstadt e seus colegas (2011) ilustraram esse efeito de associação aprendida mostrando aos neozelandeses rostos mistos chineses-brancos. Em comparação com os participantes de ascendência chinesa, os neozelandeses de ascendência europeia classificaram mais prontamente os rostos ambíguos como chineses (Figura 13.6). Com esforço e experiência, as pessoas ficam melhores em reconhecer rostos individuais de outro grupo (Hugenberg et al., 2010; Young et al., 2012).

RECORDANDO CASOS CHOCANTES. Também simplificamos nosso mundo empregando *heurísticas* – atalhos mentais que permitem julgamentos rápidos. A *heurística da disponibilidade* é a tendência de estimar a frequência de um evento pela rapidez com que ele vem à mente. Casos chocantes vêm à mente facilmente, então não é surpresa que eles alimentem nossos estereótipos. Em um experimento clássico, pesquisadores mostraram dois grupos de listas de estudantes da University of Oregon contendo informações sobre 50 homens (Rothbart et al., 1978). A lista do primeiro grupo incluía 10 homens presos por crimes não violentos, como falsificação. A lista do segundo grupo incluía 10 homens presos por crimes violentos, como agressão. Mais tarde, os dois grupos foram questionados sobre quantos homens em sua lista haviam cometido qualquer tipo de crime. O segundo grupo superestimou o número. Crimes violentos formam memórias mais vívidas (Figura 13.7).

Figura 13.6 Classificação de pessoas mestiças. Quando os neozelandeses rapidamente classificaram 104 fotos por raça, os descendentes de europeus, com mais frequência do que os descendentes de chineses, classificaram as duas figuras ambíguas do meio como chinesas (Halberstadt et al., 2011).

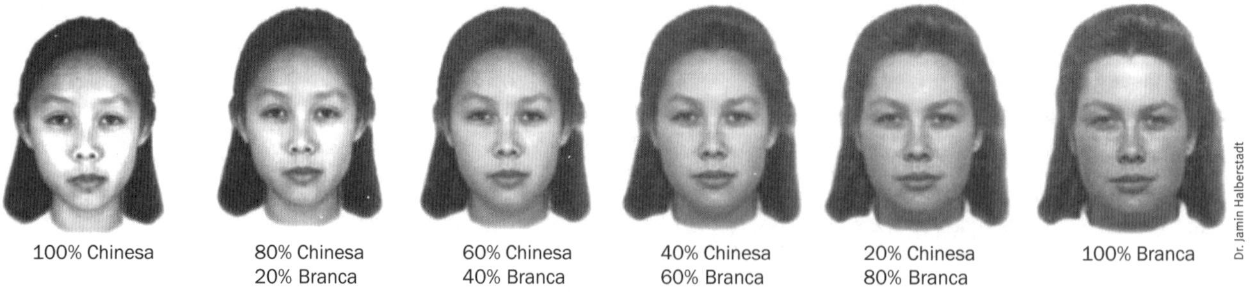

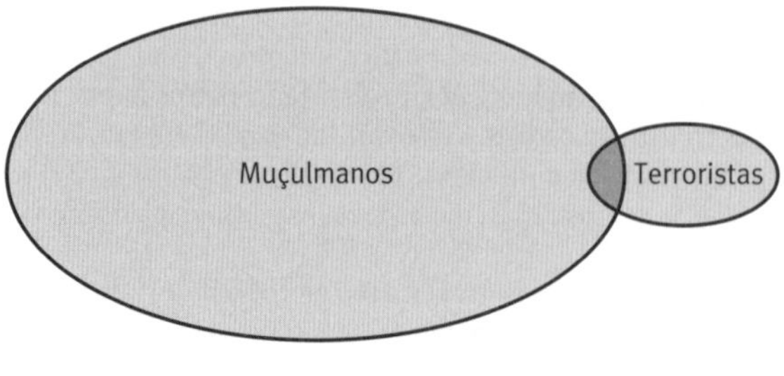

Figura 13.7 Casos chocantes alimentam estereótipos. O terrorismo global criou, em muitas mentes, um estereótipo exagerado de muçulmanos como propensos ao terrorismo. Na verdade, a maioria dos terroristas não é muçulmana, como relatou um painel do U.S. National Research Council sobre terrorismo (que ofereceu essa ilustração inexata).

CULPANDO A VÍTIMA. Como observamos anteriormente, as pessoas muitas vezes justificam seus preconceitos culpando as vítimas. Se o mundo é justo, eles supõem que as pessoas recebem o que merecem. Como disse um civil alemão ao visitar o campo de concentração de Bergen-Belsen logo após a Segunda Guerra Mundial: "que criminosos terríveis esses prisioneiros devem ter sido para receber esse tratamento".

O *viés retrospectivo* amplifica a culpabilização da vítima (Carli & Leonard, 1989). Você já ouviu as pessoas dizerem que vítimas de estupro, violência doméstica ou pessoas com AIDS tiveram o que mereciam? Em alguns países, como o Paquistão, as vítimas de estupro são condenadas a punições severas por violar as proibições de adultério (Mydans, 2002). Em um experimento, dois grupos receberam um relato detalhado de um encontro romântico (Janoff-Bulman et al., 1985). O primeiro grupo relatou que o encontro terminou com a mulher sendo estuprada. Os membros desse grupo perceberam o comportamento da mulher como pelo menos parcialmente culpado e, em retrospectiva, pensaram: "ela deveria ter imaginado". O segundo grupo, que recebeu o mesmo relato, mas com o final do estupro apagado, não percebeu o comportamento da mulher como um convite ao estupro. No primeiro grupo, o viés retrospectivo promoveu a mentalidade de culpar a vítima. Culpar a vítima também serve para tranquilizar as pessoas de que isso não aconteceria com elas.

As pessoas também têm uma tendência de justificar os sistemas sociais de sua cultura (Jost, 2019). Estamos inclinados a acreditar que as coisas são como deveriam ser e merecem ser: se as pessoas são ricas, elas devem ser inteligentes (Hussak & Cimpian, 2015). Esse conservadorismo natural torna difícil legislar a favor de grandes mudanças sociais, como melhorias nos cuidados de saúde ou políticas de mudanças climáticas. Uma vez que as políticas estão em vigor, nossa "justificativa do sistema" tende a preservá-las.

* * *

Se o seu próprio teste revela que às vezes você tem sentimentos que preferiria não ter sobre outras pessoas, lembre-se disso: é o que fazemos com nossos sentimentos que importa. Monitorando nossos sentimentos e ações, substituindo velhos hábitos por novos e buscando novas amizades, podemos trabalhar para nos libertar do preconceito.

Agressão. Qualquer comportamento físico ou verbal com a intenção de ferir alguém, física ou emocionalmente.

PRÁTICA DE RECUPERAÇÃO

PR-1 Quando o preconceito nos leva a culpar uma pessoa inocente por um problema, essa pessoa é chamada ____________.

RESPOSTAS NO APÊNDICE E

Agressão

QOA 13.15 Como a definição de *agressão* da psicologia difere do uso cotidiano? Quais fatores biológicos nos tornam mais propensos a ferir uns aos outros?

Na psicologia, **agressão** é qualquer comportamento físico ou verbal destinado a prejudicar alguém, seja por hostilidade ou como um meio calculado para um fim. O vendedor assertivo e persistente não é agressivo. Nem o dentista que faz você estremecer de dor. Mas o fofoqueiro que espalha um boato maldoso sobre você, o valentão que o atormenta pessoalmente ou *online* e o agressor que o rouba são agressivos.

O comportamento agressivo emerge da interação entre a biologia e a experiência. Para uma arma disparar, o gatilho precisa ser puxado; com algumas pessoas, não é preciso muito para haver uma explosão. Vejamos primeiro alguns fatores biológicos que influenciam nossos limites para o comportamento agressivo, depois os fatores psicológicos que acionam esse gatilho.

Biologia da agressão

A agressão varia muito de cultura para cultura, de época para época e de pessoa para pessoa para ser considerada um instinto não aprendido. Mas a biologia influencia a agressão. Podemos procurar *influências biológicas* em três níveis: genético, neural e bioquímico.

INFLUÊNCIAS GENÉTICAS. Os genes influenciam a agressividade. Os animais foram criados para a agressividade – às vezes para esporte, às vezes

Gilbert Laurie/Getty Images

Armas em casa salvam ou tiram mais vidas? "Segurança pessoal/proteção" foi a razão número um que os americanos deram para o porte de armas (Swift, 2013). No entanto, a posse de arma de fogo muitas vezes sai pela culatra. Armas em casa são muito mais usadas para matar entes queridos ou os proprietários das armas do que em autodefesa (Kivisto et al., 2019; Stroebe et al., 2017). Em 2017, 39.773 americanos morreram por ferimentos de armas de fogo; dois em cada três casos foram suicídios (CDC, 2019c). Ao longo do último meio século, mais de 1,5 milhão de americanos sofreram mortes por armas de fogo não relacionadas a uma guerra – mais do que todas as mortes de guerra na história dos EUA (Jacobson, 2015). Em comparação com pessoas do mesmo gênero, raça, idade e bairro, aqueles que mantêm uma arma em casa têm duas vezes mais chances de serem assassinados e três vezes mais chances de morrer por suicídio (Anglemyer et al., 2014; Stroebe, 2013). Estados e países com altas taxas de posse de armas também tendem a ter taxas muito mais altas de homicídios e mortes por armas (VPC, 2016). O Japão leva quase uma década para acumular tantas mortes violentas por armas de fogo quanto ocorrem em um dia médio nos EUA. Mais armas → mais mortes.

para pesquisa. O efeito dos genes também aparece em estudos com gêmeos humanos (Miles & Carey, 1997; Rowe et al., 1999). Se um gêmeo idêntico admite "ter um temperamento violento", o outro gêmeo muitas vezes admitirá, de forma independente, algo semelhante. Gêmeos fraternos são muito menos propensos a responder da mesma forma.

Os pesquisadores continuam a procurar marcadores genéticos naqueles que cometem atos violentos. Um já é bem conhecido e é carregado por metade da raça humana: o cromossomo Y. Outro desses marcadores é o gene da monoamina oxidase A (MAOA), que ajuda a quebrar neurotransmissores como a dopamina e a serotonina. Às vezes chamado "gene guerreiro", as pessoas que têm baixa expressão do gene MAOA tendem a se comportar de forma agressiva quando provocadas. Em um experimento, portadores de baixos níveis de genes MAOA (em comparação com aqueles com níveis altos) deram molho picante mais desagradável a alguém que os provocou (McDermott et al., 2009; Tiihonen et al., 2015).

INFLUÊNCIAS NEURAIS. Não há um ponto no cérebro que controle a agressividade. A agressão é um comportamento complexo e ocorre em contextos particulares. Mas os cérebros de animais e humanos têm sistemas neurais que, sob provocação, inibem ou facilitam a agressividade (Falkner et al., 2016; Fields, 2019). Considere:

- Pesquisadores implantaram um eletrodo controlado por rádio no cérebro do líder dominante de uma colônia de macacos enjaulados. O eletrodo estava em uma área que, quando estimulada, inibe a agressão. Quando os pesquisadores colocaram o botão de controle do eletrodo na gaiola da colônia, um pequeno macaco aprendeu a empurrá-lo toda vez que o chefe se tornava ameaçador
- Um neurocirurgião, procurando diagnosticar um distúrbio, implantou um eletrodo na amígdala de uma mulher "de boas maneiras". Como o cérebro não tem receptores sensoriais, ela não conseguiu sentir a estimulação. Mas ao apertar de um botão ela rosnou: "meça minha pressão arterial. Faça isso agora", então se levantou e começou a bater no médico
- Se os lobos frontais estiverem danificados, inativos, desconectados ou ainda não totalmente maduros, a agressão pode ser mais provável (Amen et al., 1996; Davidson et al., 2000; Raine, 2013). Um estudo com 203 assassinos condenados revelou uma redução no tecido dos lobos frontais, que controlam os impulsos (Sajous-Turner et al., 2019).

INFLUÊNCIAS BIOQUÍMICAS. Nossos genes projetam nossos sistemas nervosos individuais, que operam eletroquimicamente. O hormônio testosterona, por exemplo, circula na corrente sanguínea e influencia os sistemas neurais que controlam a agressão. Um touro furioso torna-se um gigante gentil quando a castração reduz seu nível de testosterona. Por outro lado, quando injetados com testosterona, camundongos castrados e gentis mais uma vez se tornam agressivos.

Os seres humanos são menos sensíveis às alterações hormonais. Mas, à medida que os níveis de testosterona dos homens diminuem com a idade, jovens de 17 anos, carregados de hormônios e agressivos, amadurecem e se tornam pessoas de 70 anos mais calmas e gentis. Substâncias que reduzem drasticamente os níveis de testosterona subjugam as tendências agressivas dos homens.

"Poderíamos evitar dois terços de todos os crimes simplesmente colocando todos os jovens fisicamente aptos em sono criogênico dos 12 aos 28 anos."
– David T. Lykken, *The Antisocial Personalities*, 1995

Uma droga que às vezes circula na corrente sanguínea – o álcool – desencadeia respostas agressivas à frustração. De acordo com dados de pesquisas em prisões e experimentos, pessoas com inclinação agressiva são mais propensas a beber e se tornar violentas quando intoxicadas (White et al., 1993). O álcool é um desinibidor – retarda a atividade cerebral que controla o julgamento e as inibições. Sob sua influência, as pessoas podem interpretar atos ambíguos (como alguém esbarrar em uma multidão) como provocações e reagir de forma agressiva (Bègue et al., 2010; Giancola & Corman, 2007). O álcool foi um fator em 73% dos homicídios na Rússia e em 57%, nos EUA (Landberg & Norström, 2011).

Chris Courteau/AGE Fotostock

Uma máquina de luta magra e malvada – a hiena fêmea carregada de testosterona. A embriologia incomum da hiena bombeia testosterona em fetos femininos. O resultado são jovens hienas fêmeas que parecem nascidas para lutar.

O simples ato de pensar que você bebeu álcool pode aumentar a agressividade (Bègue et al., 2009). Mas o mesmo acontece com a ingestão inadvertida de álcool em uma bebida. Assim, o álcool afeta a agressividade tanto biológica quanto psicologicamente (Bushman, 1993; Ito et al., 1996; Taylor & Chermack, 1993).

Princípio da frustração-agressão. Princípio de que a frustração – o bloqueio de uma tentativa de atingir algum objetivo – cria raiva, que pode gerar agressão.

Fatores psicológicos e socioculturais da agressividade

QOA 13.16 Que fatores psicológicos e socioculturais podem desencadear o comportamento agressivo?

Fatores biológicos influenciam a facilidade com que a agressão é desencadeada. Mas quais fatores psicológicos e socioculturais puxam o gatilho?

EVENTOS AVERSIVOS. O sofrimento às vezes constrói o caráter. Em experimentos de laboratório, no entanto, aqueles que se tornaram miseráveis muitas vezes tornaram outros miseráveis (Berkowitz, 1983, 1989). Estímulos aversivos – temperaturas altas, dor física, insultos pessoais, odores desagradáveis, fumaça de cigarro, aglomeração e muitos outros – podem evocar hostilidade. Até a fome pode alimentar a raiva – deixando as pessoas "com fome" (Bushman et al., 2014). Um excelente exemplo desse fenômeno é o **princípio da frustração-agressão**: a frustração cria raiva, que pode desencadear a agressão.

A ligação entre frustração e agressão foi ilustrada em uma análise de 27.667 incidentes na Major League Baseball entre 1960 e 2004 (Timmerman, 2007). Os arremessadores eram mais propensos a acertar os rebatedores quando o rebatedor anterior havia rebatido um *home run*, o rebatedor atual havia rebatido um *home run* na última vez no bastão ou o companheiro de equipe do arremessador havia sido atingido por um arremesso no *half-inning* anterior. Um estudo separado encontrou uma ligação semelhante entre o aumento das temperaturas e o número de rebatedores atingidos (Reifman et al., 1991; ver Figura 13.8). Temperaturas superaquecidas levam a temperamentos superaquecidos.

No mundo em geral, as taxas de crimes violentos e abuso conjugal têm sido mais altas durante anos, estações, meses e dias mais quentes (Anderson et al., 1997; Heilmann & Kahn, 2019). Estudos de arqueologia, economia, geografia, ciência política e psicologia convergem para descobrir que, ao longo da história humana, temperaturas mais altas previram o aumento da violência individual, guerras e revoluções (Hsiang et al., 2013). Uma projeção dos dados disponíveis estima que o aquecimento global de cerca de 2°C poderia induzir dezenas de milhares de assaltos e assassinatos adicionais (Anderson & Delisi, 2011; Miles-Novelo & Anderson, 2019). E isso sem considerar os incentivos adicionais à violência como seca, pobreza, insegurança alimentar e migração relacionadas às mudanças climáticas.

REFORÇO E MODELAGEM. A agressão pode seguir naturalmente eventos aversivos, mas o aprendizado pode alterar essas reações naturais. Aprendemos quando nosso comportamento é reforçado e aprendemos observando os outros.

Em situações em que a experiência nos ensinou que a agressão compensa, é provável que voltemos a agir agressivamente. Crianças cuja agressão tenha intimidado com sucesso outras crianças podem se tornar "valentões". Animais que lutaram com sucesso para conseguir comida ou companheiros tornam-se cada vez mais ferozes. Para promover um mundo mais afável e moderado, precisamos de um modelo melhor e recompensar a sensibilidade e a cooperação desde a tenra idade, talvez treinando os pais para disciplinar sem modelagem

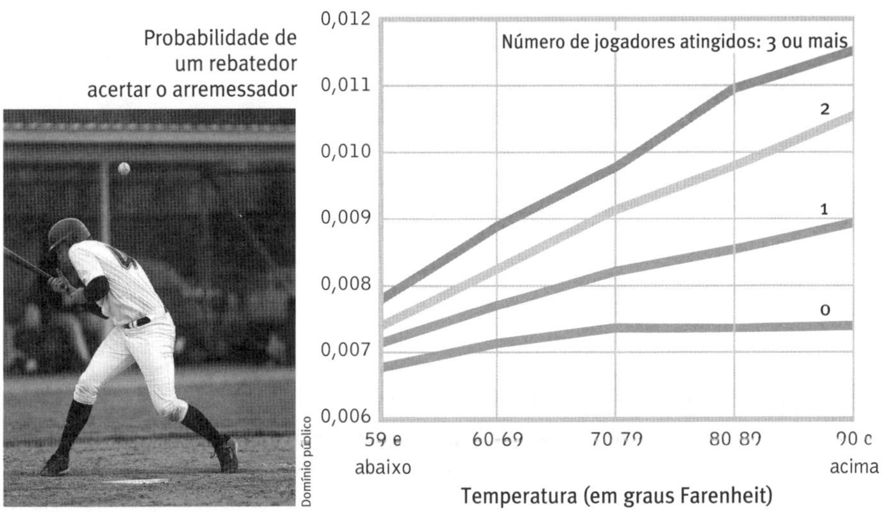

Figura 13.8 Temperatura e retaliação. Richard Larrick e seus colegas (2011) procuraram ocorrências de rebatedores atingidos por arremessos em 4.566.468 confrontos entre arremessadores e rebatedores em 57.293 jogos da Major League Baseball desde 1952. A probabilidade de um rebatedor acertar o arremessador aumentou se um ou mais dos companheiros de equipe do arremessador foram atingidos e também com temperaturas mais altas.

Roteiro social. Guia modelado culturalmente sobre como agir em várias situações.

violenta. Programas de treinamento geralmente aconselham os pais a evitar gritar e bater; em vez disso, eles podem reforçar comportamentos desejáveis e expressar as declarações de forma positiva. ("Quando você guardar seus brinquedos, pode ir brincar", em vez de "se você não guardar seus brinquedos, você terá um grande problema".)

Diferentes culturas modelam, reforçam e evocam diferentes tendências para a violência. Por exemplo, as taxas de criminalidade têm sido mais altas e a felicidade média, mais baixa, em épocas e lugares marcados por uma grande disparidade entre ricos e pobres (Messias et al., 2011; Oishi et al., 2011; Wilkinson & Pickett, 2009). E a figura masculina do pai é importante (Triandis, 1994). Mesmo depois de controlar a educação dos pais, raça, renda e maternidade na adolescência, os jovens americanos do sexo masculino de lares sem pai são encarcerados duas vezes mais que seus pares (Harper & McLanahan, 2004).

A violência também pode variar de acordo com a cultura dentro de um país. No sul dos EUA, por exemplo, há muito tempo tem uma "cultura de honra". Richard Nisbett e Dov Cohen (1996) analisaram a violência entre americanos brancos em cidades do sul colonizadas por pastores escoceses-irlandeses cuja tradição enfatizava a "honra viril", com o uso de armas para proteger o rebanho, e têm uma história de escravidão. Em comparação com seus colegas brancos nas cidades da Nova Inglaterra, colonizados pelos tradicionalmente pacíficos puritanos, Quakers e fazendeiros-artesãos holandeses, os descendentes culturais educados pelos pastores do sul tinham o triplo das taxas de homicídio e eram mais favoráveis à punição física de crianças, guerras e posse descontrolada de armas. Os estados sulistas com a cultura de honra apresentaram taxas mais altas de estudantes trazendo armas para a escola e de tiroteios em escolas (Brown et al., 2009).

MODELOS MIDIÁTICOS DE VIOLÊNCIA. Os pais dificilmente são os únicos modelos de agressividade. A televisão, os filmes, os *videogames* e a internet oferecem contatos massivos de violência. Um adolescente confrontado com um desafio da vida real pode "agir como um homem" – ou como um homem de filme de ação –, intimidando ou eliminando a ameaça. A violência na mídia nos ensina **roteiros sociais** – arquivos mentais fornecidos culturalmente sobre como agir em determinadas situações. Como mais de 100 estudos confirmaram, às vezes imitamos o que vemos. Assistir a representações da mídia de comportamentos que glorificam o risco (direção perigosa, esportes radicais, sexo desprotegido) aumenta o risco na vida real (Fischer et al., 2011). Observar comportamentos violentos (assassinato, roubo) pode aumentar a agressividade na vida real (Anderson et al., 2017).

Letras de música também descrevem roteiros sociais. Em um estudo, universitários alemães que ouviram letras de ódio às mulheres serviram o molho de pimenta mais picante para uma mulher consumir. Eles também relataram mais sentimentos e crenças negativos sobre as mulheres. Ouvir letras de ódio aos homens teve um efeito semelhante sobre as mulheres (Fischer & Greitemeyer, 2006).

Como assistir repetidamente a filmes pornográficos afeta os espectadores? À medida que a pornografia se tornou mais prontamente disponível, as taxas de violência sexual relatadas diminuíram nos EUA (embora não no Canadá, Austrália e Europa). No entanto, assim como a exibição repetida de violência na tela ajuda a nos imunizar contra a agressão, a exibição repetida de pornografia – mesmo pornografia não violenta – faz a agressão sexual parecer menos séria (Harris, 1994). Em um experimento, alunos de graduação assistiram a seis filmes curtos por semana durante 6 semanas (Zillmann & Bryant, 1984). Alguns viram filmes sexualmente explícitos; outros viram filmes sem conteúdo sexual. Três semanas depois, os dois grupos, depois de lerem uma reportagem sobre um homem condenado por estuprar uma mulher que pediu carona, sugeriram uma pena de prisão que julgavam apropriada. Em comparação com as frases recomendadas pelo grupo de controle, os espectadores de filmes de sexo recomendaram penas com a metade do tempo. Em outros estudos que exploraram os efeitos da pornografia sobre a agressão a parceiros de relacionamento, o consumo de pornografia previu tanto a agressão autorrelatada quanto a disposição dos participantes de utilizar ruído de explosão para assustar o parceiro (Lambert et al., 2011; Peter & Valkenburg, 2016). A pornografia atua principalmente adicionando gasolina ao fogo: aumenta o risco de agressão sexual principalmente entre homens propensos à agressão (Malamuth, 2018).

A pornografia com conteúdo sexual violento também pode aumentar a disposição dos homens para se comportarem agressivamente com relação às mulheres. Como apontado em uma declaração de 21 cientistas sociais, "a pornografia que retrata a agressão sexual como prazerosa para a vítima aumenta a aceitação do uso de coerção nas relações sexuais" (Surgeon General, 1986). Ao contrário da opinião muito popular, ver essas cenas não fornece uma saída para impulsos reprimidos. Em vez disso, disse a declaração, "em estudos de laboratório que medem os efeitos de curto prazo, a exposição à pornografia violenta aumenta o comportamento punitivo com relação às mulheres".

***VIDEOGAMES* VIOLENTOS ENSINAM ROTEIROS SOCIAIS PARA A VIOLÊNCIA?** Experimentos em todo o mundo indicam que jogos positivos produzem efeitos positivos (Greitemeyer & Mügge, 2014; Prot et al., 2014). Por exemplo, jogar o clássico *videogame* Lemmings, onde o objetivo era ajudar os outros, aumentou a disposição para ajudar na vida real. Então, pode ocorrer um efeito paralelo depois de jogos que encenam violência? *Videogames* violentos se tornaram um assunto de debate público depois que adolescentes em mais de uma dúzia de lugares pareciam imitar com frequência a carnificina dos jogos de tiro que eles jogavam muito (Anderson, 2004, 2013).

Esses incidentes de "imitação" violenta nos fazem pensar: quais são os efeitos da agressão de representação ativa? Faz com que as pessoas se tornem menos sensíveis à violência e mais abertas a atos violentos? Em meio a descobertas conflitantes, quase 400 estudos com 130 mil pessoas oferecem algumas respostas (Calvert et al., 2017). Jogar *videogames* violentos tende a nos tornar menos sensíveis à crueldade (Arriaga et al., 2015). Os *videogames* podem estimular pensamentos agressivos, diminuir a empatia e nos induzir a responder agressivamente quando provocados. Universitários que passam mais horas jogando *videogames* violentos também tendem a ser os mais agressivos fisicamente (Anderson & Dill, 2000). Por exemplo, eles reconheceram com mais frequência ter batido ou atacado outra pessoa. Duas dúzias de estudos longitudinais que acompanharam crianças e jovens por até 4 anos descobriram que jogar *videogames* violentos prediz "maiores níveis de violência física aberta ao longo do tempo" (Prescott et al., 2018).

Em experimentos, pessoas que foram aleatoriamente designadas para jogar um *videogame* envolvendo assassinatos sangrentos com vítimas gemendo (em vez de jogar jogos não violentos) tornaram-se mais hostis. Em uma tarefa de acompanhamento, eles foram mais propensos a fazer barulho intenso para um colega. Estudos com jovens adolescentes revelam que aqueles que jogam muitos *videogames* violentos se tornam mais agressivos e veem o mundo como mais hostil (Bushman, 2016; Exelmans et al., 2015; Gentile, 2009). Em comparação com crianças que não jogam, elas entram em mais discussões e brigas e tiram notas mais baixas. Em outro experimento, as crianças que jogavam *videogame* com violência armada (em vez de violência com espada ou sem violência) mais tarde se tornaram mais propensas a tocar, pegar e puxar o gatilho de uma arma real (mas desativada) (Chang & Bushman, 2019).

"As pesquisas demonstram uma relação consistente entre o uso de *videogames* violentos e o aumento no comportamento agressivo, nas cognições agressivas e nos afeto agressivo, bem como diminuição no comportamento pró-social, na empatia e na sensibilidade à agressão." – American Psychological Association Task Force on Violent Media, 2015

Mas isso ocorre apenas porque crianças naturalmente hostis são atraídas por esses jogos (Greitemeyer et al., 2019)? Aparentemente não. Comparações de jogadores e não jogadores que pontuaram baixo nas medidas de hostilidade revelaram uma diferença no número de brigas relatadas. Quase quatro em cada 10 jogadores de jogos violentos estiveram em brigas, em comparação com apenas quatro em cada 100 das crianças que não jogam (Anderson, 2004). Alguns pesquisadores acreditam que, em parte por conta da participação mais ativa e da violência recompensada do jogo, os *videogames* violentos têm efeitos ainda maiores no comportamento agressivo e na cognição do que programas de TV e filmes violentos (Anderson & Warburton, 2012).

"Estudo descobre que a exposição a crianças violentas aumenta a agressividade em personagens de *videogame*." – *The* [satirical] *Onion*, 6 de março de 2017

Outros pesquisadores não se impressionam com essas descobertas (Markey & Ferguson, 2018). Eles observam que, de 1996 a 2006, as vendas de *videogames* aumentaram, mas a violência juvenil diminuiu. Eles argumentam que outros fatores – depressão, violência familiar, influência dos pares e uma cultura de tiroteio – predizem melhor a agressão. Embora alguns comentaristas tenham tentado culpar os *videogames* violentos pelos modernos tiroteios em massa, a maioria dos pesquisadores concorda que eles são, na pior das hipóteses, apenas um modesto contribuinte para a violência social (Mathur & VanderWeele, 2019).

* * *

Para resumir, a pesquisa revela influências biológicas, psicológicas e socioculturais no comportamento agressivo. Comportamentos complexos, incluindo a violência, têm muitas causas, tornando qualquer explicação uma simplificação excessiva. Perguntar o que causa a violência é, portanto, como perguntar o que causa o câncer. Aqueles que estudam os efeitos da exposição ao amianto nas taxas de câncer podem nos lembrar que o amianto é de fato uma causa de câncer, mas é apenas uma entre muitas. Como tantas outras coisas, a agressão é um fenômeno biopsicossocial (Figura 13.9).

Uma nota final positiva: as tendências históricas sugerem que o mundo está se tornando menos violento ao longo do tempo (Pinker, 2011). O fato de as pessoas variarem ao longo do tempo e conforme o lugar nos lembra que os ambientes diferem. Os *vikings* saqueadores de ontem tornaram-se os escandinavos promotores da paz de hoje. Como todo comportamento, a agressão surge da interação entre pessoas e situações.

Figura 13.9 Compreensão biopsicossocial da agressão. Como muitos fatores contribuem para o comportamento agressivo, há muitas maneiras de mudar esse comportamento, incluindo aprender a lidar com a raiva, aprender habilidades de comunicação e evitar a mídia e os *videogames* violentos.

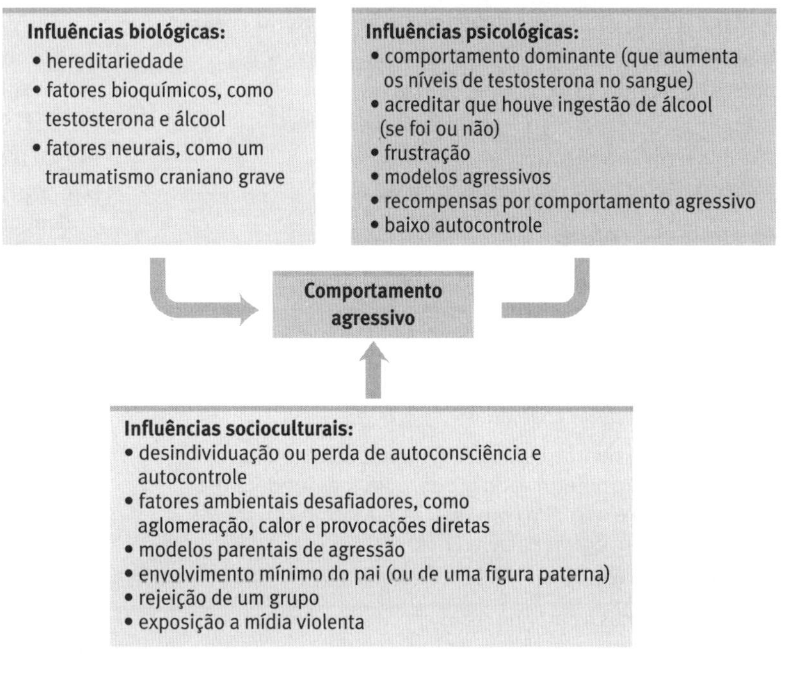

PERGUNTE A SI MESMO

De que forma você foi afetado por roteiros sociais de agressão? Seus hábitos de entretenimento audiovisual e jogos influenciaram esses roteiros sociais?

PRÁTICA DE RECUPERAÇÃO

PR-2 Que influências biológicas, psicológicas e socioculturais interagem para produzir comportamentos agressivos?

RESPOSTAS NO APÊNDICE E

REVISÃO Relações antissociais

OBJETIVOS DE APRENDIZAGEM

Teste a si mesmo. Responda às Questões dos Objetivos de Aprendizagem (antes de conferir as respostas no Apêndice D) para aprimorar a retenção dos conceitos estudados (McDaniel et al., 2009, 2015).

QOA **13.12** O que é *preconceito*? Qual a diferença entre o preconceito explícito e o implícito?

QOA **13.13** Quais grupos são alvos frequentes de preconceito?

QOA **13.14** Quais são algumas raízes sociais, emocionais e cognitivas do preconceito e quais são algumas maneiras de reduzir o preconceito?

QOA **13.15** Como a definição de *agressão* da psicologia difere do uso cotidiano? Quais fatores biológicos nos tornam mais propensos a ferir uns aos outros?

QOA **13.16** Que fatores psicológicos e socioculturais podem desencadear o comportamento agressivo?

TERMOS E CONCEITOS A RECORDAR

Teste a si mesmo. Escreva com suas próprias palavras a definição e depois confirme sua resposta.

preconceito, p. 481
estereótipo, p. 481
discriminação, p. 481
fenômeno do mundo justo, p. 484
endogrupo, p. 485
exogrupo, p. 485
viés endogrupo, p. 485
teoria do bode expiatório, p. 485
efeito de outra raça, p. 486
agressão, p. 487
princípio da frustração-agressão, p. 489
roteiro social, p. 490

DOMINE O MATERIAL

Teste a si mesmo. Responda às questões a seguir sozinho, a princípio, depois confira suas respostas no Apêndice E.

1. O preconceito com relação a um grupo envolve sentimentos negativos, uma tendência a discriminar e crenças excessivamente generalizadas chamadas _______________.

2. Se vários assassinatos bem divulgados são cometidos por membros de um determinado grupo, podemos tender a reagir com medo e suspeita com relação a todos os membros desse grupo. Em outras palavras, nós

a. culpamos a vítima.
b. generalizamos a partir de casos chocantes e memoráveis.
c. vemos o mundo como justo.
d. racionalizamos a desigualdade.

3. O efeito de outra raça ocorre quando assumimos que outros grupos são _______________ (mais/menos) homogêneos do que nosso próprio grupo.

4. A evidência de uma influência bioquímica na agressão é a constatação de que

a. o comportamento agressivo varia muito de cultura para cultura.
b. os animais podem ser criados para a agressividade.
c. a estimulação de uma área do sistema límbico do cérebro produz comportamento agressivo.
d. um nível acima da média do hormônio testosterona está associado ao comportamento violento em homens.

5. Estudos mostram que os pais de jovens delinquentes tendem a usar a força física para impor a disciplina. Isso sugere que a agressão pode ser

a. aprendida por meio de recompensas diretas.
b. desencadeada pela exposição à mídia violenta.
c. aprendida por meio da observação de modelos agressivos.
d. causada por alterações hormonais na puberdade.

6. Uma conferência de cientistas sociais que estudam os efeitos da pornografia concordou unanimemente que a pornografia violenta

a. tem pouco efeito sobre a maioria dos espectadores.
b. é a principal causa de estupros denunciados e não denunciados.
c. leva os espectadores a aceitar mais a coerção nas relações sexuais.
d. não tem nenhum efeito, exceto excitação e entretenimento de curto prazo.

7. A pornografia heterossexual influencia mais diretamente a agressão dos homens contra as mulheres quando o seguinte é verdade:

a. O tempo de visualização é longo.
b. O erotismo é retratado.
c. A violência sexual é retratada.
d. Os atores são atraentes.

Relações pró-sociais

Como animais sociais – pessoas que precisamos de pessoas –, muitas vezes abordamos os outros não com os punhos fechados, mas com os braços abertos. Os psicólogos sociais se concentram não apenas no lado sombrio das relações sociais, mas também no lado positivo, estudando o comportamento pró-social – comportamento que pretende ajudar ou beneficiar alguém. Nossos comportamentos positivos com relação aos outros são evidentes a partir de explorações de atração, altruísmo e pacificação.

Adrian Pingstone

Familiaridade gera aceitação. Quando esse raro pinguim branco nasceu no zoológico de Sydney, Austrália, seus colegas de *smoking* o ostracizaram. Os tratadores pensaram que precisariam tingi-lo de preto para ganhar aceitação. Mas depois de 3 semanas de contato, os outros pinguins passaram a aceitá-lo.

Atração

Pare um momento e pense em seus relacionamentos com duas pessoas – um amigo próximo e alguém que despertou seus sentimentos românticos. Que química psicológica nos une em uma amizade ou no amor? A psicologia social sugere algumas respostas.

Psicologia da atração

QOA **13.17** Por que fazemos amizade ou nos apaixonamos por algumas pessoas, mas não por outras?

Nós nos perguntamos infinitamente como podemos conquistar o afeto dos outros e o que faz nossos próprios afetos florescerem ou desaparecerem. A familiaridade gera desprezo ou amplifica o afeto? Os pássaros de mesma plumagem voam juntos ou os opostos se atraem? É a beleza interna que conta ou a atratividade física também importa? Para explorar essas questões, vamos considerar três ingredientes do nosso gosto um pelo outro: proximidade, atração física e semelhança.

PROXIMIDADE. Antes que as amizades se tornem próximas, elas devem começar. Proximidade – proximidade geográfica – é o preditor mais poderoso da amizade. A proximidade pode oferecer oportunidades para agressão. Mas, com muito mais frequência, isso gera apreciação (e às vezes até casamento) entre aqueles que moram no mesmo bairro, sentam-se perto na sala de aula, trabalham no mesmo escritório, dividem o mesmo estacionamento ou comem no mesmo refeitório. Olhe em volta. O acasalamento começa com o encontro.

Proximidade gera apreciação em parte por causa do **efeito da mera exposição**. A exposição repetida a novos estímulos visuais aumenta nosso gosto por eles. Aos 3 meses de idade, os bebês preferem fotos da raça que veem com mais frequência – geralmente sua própria raça (Kelly et al., 2007). A familiaridade com um rosto também faz com que pareça mais feliz (Carr et al., 2017). Para nossos ancestrais, esse efeito da mera exposição provavelmente era importante para a sobrevivência. O que era familiar era geralmente seguro e acessível. O que não era familiar era mais frequentemente perigoso e ameaçador. A evolução pode, portanto, ter embutido em nós as tendências de nos relacionarmos com aqueles que parecem familiares e de sermos cautelosos com aqueles que parecem desconhecidos (Sofer et al., 2015; Zajonc, 1998).

A mera exposição aumenta nossa apreciação não apenas por rostos familiares, mas também por seleções musicais familiares, figuras geométricas, caracteres e pelas letras do nosso próprio nome (Moreland & Zajonc, 1982; Nuttin, 1987; Zajonc, 2001). A mera exposição aumenta até mesmo o gosto inconsciente por sílabas sem sentido – sequências de letras apresentadas tão rapidamente que nossas mentes não as processam conscientemente (Van Dessel et al., 2019). Assim, até certo ponto (após o efeito desaparecer), a familiaridade alimenta o carinho (Bornstein, 1989, 1999; Montoya et al., 2017). Isso não seria surpresa para o jovem taiwanês que escreveu mais de 700 cartas para sua namorada, pedindo que ela se casasse com ele. Ela se casou com o carteiro (Steinberg, 1993).

Nenhum rosto é mais familiar do que o seu. E isso ajuda a explicar uma descoberta interessante de Lisa DeBruine (2002, 2004): gostamos de outras pessoas quando seus rostos incorporam algumas características metamorfoseadas nossas. Quando os alunos da McMaster University jogavam com um suposto outro jogador, eles eram mais confiantes e cooperativos quando a imagem da outra pessoa tinha algumas de suas próprias características faciais embutidas nela. Em mim, eu confio.

CASAMENTO MODERNO. Aqueles que não encontraram um parceiro romântico em sua proximidade imediata podem lançar a rede mais longe. Milhões procuram o amor em um dos 8 mil *sites* de namoro *online* (Hatfield, 2016). Em 2015, 27% dos americanos de 18 a 24 anos experimentaram um serviço de namoro *online* ou aplicativo de namoro (Smith, 2016).

A formação de pares (*matchmaking*) *online* expande o conjunto de parceiros em potencial, especialmente para casais do mesmo gênero (Finkel et al., 2012a, b; Rosenfeld et al.,

Efeito da mera exposição. Tendência de exposição repetida a novos estímulos para aumentar nosso gosto por eles.

2019). Quão eficaz é o *matchmaking*? Em comparação com os pares formados pessoalmente, as amizades formadas pela internet e os relacionamentos românticos são, em média, ligeiramente mais propensos a durar e ser satisfatórios (Bargh & McKenna, 2004; Bargh et al., 2002; Cacioppo et al., 2013). Em um estudo, as pessoas revelaram mais, e fazendo menos pose, para aqueles que conheceram *online* (McKenna et al., 2002). Ao conversar *online* com alguém por 20 minutos, eles sentiram mais simpatia por essa pessoa do que por alguém que conheceram e conversaram cara a cara. Isso foi verdade mesmo quando (sem o conhecimento deles) se tratava da mesma pessoa! As amizades na internet geralmente parecem tão reais e importantes quanto os relacionamentos pessoais.

A conexão *online* traz alguns riscos. Para cerca de metade das mulheres jovens, isso inclui receber mensagens sexuais indesejadas (Anderson et al., 2020). No entanto, cerca de 10 milhões de americanos estão usando *matchmaking online* (Statista, 2018). Segundo uma estimativa, o namoro *online* foi responsável por cerca de um quinto dos casamentos nos EUA (Crosier et al., 2012). Entre aqueles que se conheceram em 2017, 39% dos casais heterossexuais e 65% dos casais do mesmo gênero se conheceram *online* (Rosenfeld et al., 2019; ver Figura 13.10).

O *speed dating* leva a busca por romance a outro nível em alta velocidade. Em um processo iniciado por um rabino judeu casamenteiro, as pessoas encontram uma sucessão de possíveis parceiros, pessoalmente ou via *webcam* (Bower, 2009). Após uma conversa de 3 a 8 minutos, as pessoas passam para o próximo parceiro em potencial. (Em uma reunião pessoal de encontros heterossexuais, um grupo – geralmente as mulheres – permanece sentado enquanto o outro grupo circula.) Aqueles que desejam se encontrar novamente podem providenciar um contato futuro. Para muitos participantes, 4 minutos é tempo suficiente para formar uma impressão sobre um parceiro de conversa e registrar se o parceiro gosta deles (Eastwick & Finkel, 2008a,b).

Para os pesquisadores, o *speed dating* oferece uma oportunidade única para estudar as influências em nossas primeiras impressões de potenciais parceiros românticos. Algumas descobertas recentes:

- ***Pessoas que temem a rejeição muitas vezes provocam rejeição.*** Após participar de um *speed dating* de 3 minutos, aqueles que mais temiam a rejeição foram selecionados com menos frequência para um encontro seguinte (McClure & Lydon, 2014)
- ***Com mais opções, as pessoas fazem escolhas mais superficiais.*** Quando as pessoas encontram muitos parceiros em potencial, elas se concentram em características mais facilmente avaliáveis, como altura e peso (Lenton & Francesconi, 2010)
- ***Homens desejam contato futuro com mais de seus* speed dating*; as mulheres tendem a ser mais exigentes.*** Mas essa diferença desaparece se os papéis convencionais forem invertidos, de modo que os homens permaneçam sentados enquanto as mulheres circulam (Finkel & Eastwick, 2009)
- ***Compatibilidade é difícil de prever.*** Em dois estudos de *speed-dating*, os participantes responderam a mais de 100 medidas de autorrelato de antemão. Infelizmente, nada previu parcerias bem-sucedidas (Joel et al., 2017).

ATRAÇÃO FÍSICA. Uma vez que a proximidade nos permite contato, o que mais afeta nossas primeiras impressões? A sinceridade da pessoa? Inteligência? Personalidade? Centenas de experimentos revelam que é algo mais superficial: a aparência física. Essa descoberta é enervante para aqueles de nós ensinados que "a beleza é apenas superficial" e "as aparências enganam".

Em um estudo inicial, os pesquisadores combinaram aleatoriamente novos alunos para encontros heterossexuais às cegas em uma dança da Semana de Boas-Vindas (Walster et al., 1966). Antes da dança, os pesquisadores deram a cada aluno uma bateria de testes de

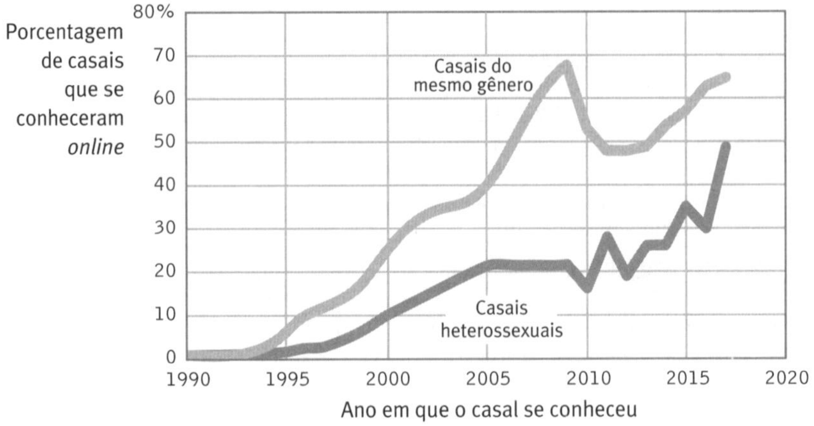

Figura 13.10 Mudança na maneira como conhecemos nossos parceiros. O papel crescente da internet é claro nas pesquisas americanas de casais heterossexuais e do mesmo gênero. (Dados de Rosenfeld, 2011; Rosenfeld et al., 2018, 2019.)

personalidade e aptidão e avaliaram a atratividade física de cada aluno. Os casais dançaram e conversaram por mais de 2 horas e depois fizeram um breve intervalo para avaliar seus pares. O que previu se eles gostavam um do outro? Só uma coisa: a aparência. Tanto os homens como as mulheres gostavam mais de parceiros bonitos. As mulheres são mais propensas do que os homens a dizer que a aparência dos outros não as afeta (Lippa, 2007), mas estudos mostram que a aparência de um homem afeta o comportamento das mulheres (Eastwick et al., 2014a, b). Em experimentos de *speed dating*, como no Tinder, a atratividade influencia as primeiras impressões (Belot & Francesconi, 2006; Finkel & Eastwick, 2008).

A atratividade física também prevê com que frequência as pessoas namoram e quão populares elas se sentem. E isso afeta as impressões iniciais das personalidades das pessoas. Percebemos as pessoas atraentes como mais saudáveis, mais felizes, mais sensíveis, mais bem-sucedidas e mais habilidosas socialmente (Eagly et al., 1991; Feingold, 1992; Hatfield & Sprecher, 1986).

Para aqueles que acham injusta a importância que se dá à aparência, três outras descobertas podem ser tranquilizadoras:

- A atratividade das pessoas surpreendentemente não está relacionada à sua autoestima e felicidade (Diener et al., 1995; Major et al., 1984). A menos que tenhamos nos comparado com pessoas superatraentes, poucos de nós (graças, talvez, ao efeito da mera exposição) nos vemos como não atraentes (Thornton & Moore, 1993)
- Pessoas extremamente atraentes às vezes suspeitam que o elogio por seu trabalho possa ser simplesmente uma reação à sua aparência. Pessoas menos atraentes são mais propensas a aceitar elogios como sinceros (Berscheid, 1981)
- Para casais que eram amigos antes de ser amantes – que se envolveram romanticamente muito depois do primeiro encontro –, a aparência importa menos (Hunt et al., 2015). Com o amor em cocção lenta, os valores e interesses compartilhados importam mais.

"A beleza pessoal é uma recomendação maior do que qualquer carta de apresentação." — Aristóteles, *Apothegems*, 330 AEC

A beleza também está nos olhos da cultura. Na esperança de parecer atraente, pessoas em todo o mundo perfuraram e tatuaram seus corpos, alongaram seus pescoços, amarraram seus pés, clarearam ou escureceram artificialmente sua pele e cabelo e aumentaram seus músculos. Elas se empanturram para obter uma aparência mais gorda ou fazem lipoaspiração para obter uma figura esbelta, aplicam produtos químicos para se livrar de pelos indesejados ou para regenerar o cabelo desejado e usam roupas íntimas para alterar as proporções de cinturas, quadris e seios. Os ideais culturais também mudam com o tempo. Para as mulheres na América do Norte, por exemplo, o ideal ultramagro dos loucos anos 1920 deu lugar ao ideal suave e voluptuoso de Marilyn Monroe dos anos 1950, apenas para ser substituído pelo ideal magro e peitudo de hoje.

Comprimento estimado do nariz humano removido por cirurgiões plásticos dos EUA a cada ano: 1667 metros (Harper's, 2009).

Alguns aspectos da atratividade heterossexual, no entanto, atravessam tempo e espaço (Cunningham et al., 2005; Langlois et al., 2000). Ao fornecer pistas reprodutivas, os corpos influenciam a atração sexual. Como os psicólogos evolucionistas explicam, os homens em muitas culturas, da Austrália à Zâmbia, julgam as mulheres como mais atraentes se tiverem uma aparência jovem e fértil, sugerida por uma baixa relação cintura-quadril (Karremans et al., 2010; Perilloux et al.., 2010; Platek & Singh, 2010). As mulheres se sentem atraídas por homens de aparência saudável (pistas de virilidade e fertilidade), mas especialmente por aqueles que parecem maduros, dominantes, masculinos e ricos (Gallup & Frederick, 2010; Gangestad et al., 2010). Os rostos também importam. Quando as pessoas classificam rostos e corpos de outros sexos separadamente, o rosto tende a ser o melhor preditor da atratividade física geral (Currie & Little, 2009; Peters et al., 2007).

Nossos sentimentos também influenciam nosso julgamento de atratividade. Imagine duas pessoas: uma é honesta, bem-humorada e educada. A outra é rude, injusta e abusiva. Qual delas é mais atraente? A maioria das pessoas percebe a pessoa com traços atraentes como mais atraente fisicamente (Lewandowski et al., 2007). Imagine ser pareado com um estranho do gênero que você acha atraente – alguém que ouve atentamente suas revelações. Você pode sentir uma pontada de atração sexual por essa pessoa empática? Estudantes voluntários sentiram, em vários experimentos (Birnbaum & Reis, 2012). Nossos sentimentos influenciam nossas percepções. Aqueles de quem gostamos, achamos atraentes.

Em uma produção de *Cinderela* de Rodgers e Hammerstein, o Príncipe Encantado pergunta: "eu te amo porque você é linda, ou você é linda porque eu te amo?". As chances são de que as duas afirmações sejam verdadeiras. À medida que vemos nossos entes queridos repetidamente, suas imperfeições físicas tornam-se menos perceptíveis e sua atratividade se torna mais aparente (Beaman & Klentz, 1983; Gross & Crofton, 1977). Shakespeare disse isso em *Sonho de uma Noite de Verão* (*A Midsummer Night's Dream*): "o amor não olha com os olhos, mas com a mente". Comece a amar alguém e veja a beleza crescer. O amor vê a beleza.

SIMILARIDADE. Assim, a proximidade colocou você em contato com alguém e sua aparência causou uma primeira impressão aceitável. O que influencia se vocês se tornarão amigos? À medida que vocês se conhecem, a química será melhor se vocês forem opostos ou se forem parecidos?

Daria uma boa história: tipos extremamente diferentes gostando ou se amando – amigos improváveis, Rã e Sapo são amigos, nos livros de Arnold Lobel; casal improvável Hermione e Ron nos livros da série "Harry Potter". Essas histórias nos encantam ao expressar o que raramente experimentamos. Na vida real, os opostos se repelem (Montoya & Horton, 2013; Rosenbaum, 1986). Pessoas altas normalmente encontram o amor verdadeiro com outras pessoas altas; pessoas baixas mostram uma quedinha especial por outras pessoas baixas (Yengo et al., 2018). Em comparação com pessoas pareadas aleatoriamente, amigos e casais são muito mais propensos a compartilhar – e gostar daqueles com quem compartilham – atitudes, crenças e interesses (e, nesse caso, idade, religião, raça, educação, inteligência, comportamento de fumar e situação econômica). Além disso, quanto mais parecidas as pessoas são, mais duram seus afetos (Byrne, 1971; Hartl et al., 2015). O jornalista Walter Lippmann estava certo ao supor que o amor dura "quando os amantes amam muitas coisas juntos, e não apenas um ao outro". A semelhança gera satisfação.

Proximidade, atratividade e similaridade não são os únicos determinantes da atração. Também gostamos de quem gosta de nós. Isso é especialmente verdadeiro quando nossa autoimagem é baixa. Quando acreditamos que alguém gosta de nós, nos sentimos bem e respondemos a eles calorosamente, o que os leva a gostar ainda mais de nós (Curtis & Miller, 1986). Ser amado é poderosamente recompensador. E uma boa notícia: mais do que tendemos a supor (quando nos preocupamos com nossas palavras ou aparência depois de conhecer alguém), a maioria das pessoas imediatamente gosta de nós mais do que percebemos (Boothby et al., 2018).

De fato, todas as descobertas que apresentamos até agora podem ser explicadas por uma simples *teoria de recompensa da atração*: gostaremos daqueles cujo comportamento nos recompensa, incluindo aqueles que são capazes e estão dispostos a nos ajudar a alcançar nossos objetivos (Montoya & Horton , 2014). Quando as pessoas vivem ou trabalham perto de nós, serão necessários menos tempo e menos esforço para desenvolver a amizade e desfrutar de seus benefícios. Quando as pessoas são atraentes, esteticamente agradáveis, associar-se a elas pode ser socialmente recompensador. Quando as pessoas compartilham nossos pontos de vista, elas nos recompensam validando nossas crenças.

"Eu gosto do Papa, a menos que o Papa não goste de mim. Então eu não gosto do Papa." — Donald Trump, 18 de fevereiro de 2016

PERGUNTE A SI MESMO

Até que ponto seus relacionamentos mais próximos foram afetados pela proximidade, pela atratividade física e pela similaridade?

PRÁTICA DE RECUPERAÇÃO

PR-1 As pessoas tendem a se casar com alguém que mora ou trabalha nas proximidades. Este é um exemplo do ________________ em ação.

PR-2 Como ser fisicamente atraente influencia a percepção dos outros?

RESPOSTAS NO APÊNDICE E

Amor romântico

QOA 13.18 Como o amor romântico normalmente muda com o passar do tempo?

Às vezes, as pessoas passam das impressões iniciais da amizade para o estado mais intenso, complexo e misterioso do amor romântico. Se o amor durar, o amor apaixonado temporário se tornará um amor companheiro persistente (Hatfield, 1988).

AMOR APAIXONADO. O **amor apaixonado** mistura algo novo com algo positivo (Aron et al., 2000; Coulter & Malouff, 2013). Desejamos intensamente estar com nosso parceiro e ver nosso parceiro estimula o fluxo sanguíneo para uma região do cérebro ligada ao desejo e à obsessão (Acevedo et al., 2012; Hatfield et al., 2015).

A *teoria de dois fatores da emoção* (Capítulo 12) explica a intensa absorção positiva do amor apaixonado (Hatfield, 1988). Essa teoria supõe que:

- As emoções têm dois ingredientes – a *excitação física* mais a *avaliação cognitiva*
- A excitação de qualquer fonte pode aumentar uma emoção ou outra, dependendo de como interpretamos e rotulamos a excitação.

Em um experimento clássico, os pesquisadores estudaram homens atravessando duas pontes sobre o rochoso rio Capilano, na Colúmbia Britânica (Dutton & Aron, 1974, 1989). Uma delas, uma passarela oscilante, ficava 70 metros acima das rochas; a outra era baixa e sólida. À medida que os homens saíam de cada ponte, uma jovem atraente (trabalhando para os pesquisadores) os interceptou e pediu que preenchessem um pequeno questionário.

Ela então ofereceu seu número de telefone caso eles quisessem ouvir mais sobre seu projeto. Muito mais homens que tinham acabado de cruzar a ponte alta – o que deixou seus corações disparados – aceitaram o número e depois ligaram para a mulher.

Ficar acelerado e associar parte dessa excitação a uma pessoa desejável é sentir a atração da paixão. A adrenalina faz o coração ficar mais afeiçoado. E quando o desejo sexual é suplementado por um apego crescente, o resultado é a paixão do amor romântico (Berscheid, 2010).

AMOR COMPANHEIRO. Embora o desejo e o apego do amor romântico muitas vezes durem, a intensa absorção no outro, a emoção do romance, o sentimento vertiginoso de "flutuar em uma nuvem" normalmente desaparecem. Isso significa que os franceses estão certos ao dizer que "o amor faz o tempo passar e o tempo faz o amor passar"? Ou amizade e compromisso podem manter um relacionamento depois que a paixão esfria?

À medida que o amor amadurece, ele normalmente se torna um **amor companheiro** mais estável – um apego profundo e afetuoso (Hatfield, 1988). Como uma tempestade passageira, a enxurrada de hormônios facilitadores da paixão (testosterona, dopamina, epinefrina) diminui. Mas outro hormônio, a ocitocina, permanece, dando suporte a sentimentos de confiança, calma e vínculo com o parceiro. Essa mudança da paixão para o afeto pode ter valor adaptativo (Reis & Aron, 2008). O amor apaixonado muitas vezes produz filhos; o amor companheiro ajuda a sobrevivência das crianças à medida que os pais perdem a obsessão um pelo outro.

Nos casamentos mais satisfatórios, a atração e o desejo sexual perduram, mas não a obsessão inicial do romance (Acevedo & Aron, 2009). Reconhecendo a curta duração do amor obsessivo e apaixonado, algumas sociedades consideram esses sentimentos um motivo irracional para o casamento. Melhor, eles dizem, é procurar (ou ter alguém procurando por você) um parceiro com formação e interesses compatíveis. Culturas nas quais as pessoas classificam o amor como menos importante para o casamento têm taxas de divórcio mais baixas (Levine et al., 1995).

A chave para um relacionamento gratificante e duradouro é a **equidade**. Quando existe equidade – quando os parceiros recebem proporcionalmente ao que dão – as chances de um amor companheiro e satisfatório têm sido boas (Gray-Little & Burks, 1983; Van Yperen & Buunk, 1990). Em uma pesquisa nacional, "compartilhar tarefas domésticas" ficou em terceiro lugar, depois de "fidelidade" e "relacionamento sexual feliz", em uma lista de nove coisas que as pessoas associam a casamentos bem-sucedidos. Como o Pew Research Center (2007) resumiu: "eu gosto de abraços. Eu gosto de beijos. Mas o que eu realmente amo é ajudar com os pratos".

A importância da equidade vai além do casamento. Compartilhar mutuamente a si mesmo e suas posses, tomar decisões juntos, dar e receber apoio emocional, promover e cuidar do bem-estar um do outro: todos esses atos estão no centro de todo tipo de relacionamento amoroso (Sternberg & Grajek, 1984). Isso é verdade para os amantes, para pais e filhos e para amigos íntimos.

Compartilhar inclui **autorrevelação**, a revelação de detalhes íntimos sobre nós mesmos – nossos gostos e desgostos, nossos sonhos e preocupações, nossos momentos de orgulho e vergonha. "Quando estou com meu amigo", observou o estadista romano Sêneca, "penso que estou sozinho e com tanta liberdade para falar qualquer coisa quanto para pensar". A autorrevelação gera o gostar e o gostar gera autorrevelação (Collins & Miller, 1994). À medida que uma pessoa revela um pouco, a outra retribui, a primeira revela mais e assim por diante, conforme amigos ou amantes se encaminham para níveis mais profundos de intimidade (Baumeister & Bratslavsky, 1999).

Um experimento conduziu algumas duplas de alunos por 45 minutos de conversa cada vez mais autorreveladora – de "qual é a maior realização de sua vida?" para "quando você chorou pela última vez na frente de outra pessoa? Por você mesmo?". Outras duplas passaram o tempo com perguntas menos importantes, como "como foi na escola?" (Aron et al., 1997). No final do experimento, aqueles que experimentaram uma intimidade crescente se sentiam muito mais próximos de seu parceiro de conversa do que os que conversaram sobre banalidades. Da mesma forma, depois que os casais de namorados passaram 45 minutos respondendo a essas perguntas, eles sentiram um aumento no amor (Welker et al., 2014).

Além da equidade e da autorrevelação, uma terceira chave para o amor duradouro é o *suporte positivo*. Os conflitos de relacionamento são inevitáveis, mas a comunicação nociva, não. Expressamos com mais frequência sarcasmo ou apoio, desprezo ou simpatia, escárnio ou sorrisos? Para casais infelizes, desentendimentos, críticas e rebaixamentos são rotina. Para casais felizes em relacionamentos duradouros, as interações positivas (elogios, toques, risadas) superam as interações negativas (sarcasmo, desaprovação, insultos) em pelo menos 5 para 1 (Gottman, 2007; ver também Sullivan et al., 2010). Nossa aguda sensibilidade à crítica – são necessários vários elogios para igualar o poder de atenção e emoção que uma crítica traz – também se aplica a todos os nossos relacionamentos (Tierney & Baumeister, 2019). Talvez você tenha notado: as palavras que machucam perduram por muito tempo depois que as gentis são esquecidas.

Na matemática do amor, intimidade autorreveladora + equidade com apoio mútuo = amor companheiro duradouro.

Amor apaixonado. Estado de excitação intensa e absorção positiva do outro, geralmente presente no início de um relacionamento romântico.

Amor companheiro. Profundo apego afetuoso que sentimos por aqueles com quem nossas vidas estão entrelaçadas.

Equidade. Condição em que as pessoas recebem na mesma proporção do que oferecem a um relacionamento.

Autorrevelação. Ato de revelar aspectos íntimos de nós mesmos aos outros.

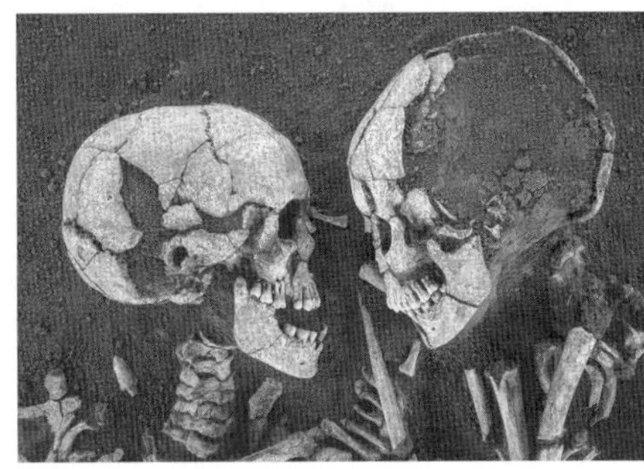

Dagmar Hollmann

O amor é uma coisa antiga. Este jovem casal, "Romeu e Julieta", de 5 mil a 6 mil anos foi desenterrado abraçado, perto de Roma.

Altruísmo. Consideração desinteressada pelo bem-estar dos outros.

PRÁTICA DE RECUPERAÇÃO

PR-3 Como a teoria de dois fatores da emoção ajuda a explicar o amor apaixonado?

PR-4 Dois componentes vitais para manter o amor companheiro são ______ e ______.

RESPOSTAS NO APÊNDICE E

Altruísmo

QOA **13.19** O que é altruísmo? Quando as pessoas se mostram mais – e menos – propensas a ajudar?

O **altruísmo** é uma preocupação desinteressada pelo bem-estar dos outros. Ao resgatar seu carcereiro preso, em vez de continuar sua fuga, Dirk Willems exemplificou o altruísmo. Willems se encaixa na definição de *herói* – moral, corajoso e protetor dos necessitados (Kinsella et al., 2015). Carl Wilkens e Paul Rusesabagina mostraram outro exemplo heroico de altruísmo em Kigali, Ruanda. Wilkens, um missionário adventista do sétimo dia, estava morando lá em 1994 com sua família quando milícias do grupo étnico hutu começaram a massacrar membros de um grupo étnico minoritário, os tutsis. O governo dos EUA, líderes da igreja e amigos imploraram a Wilkens para sair de lá. Ele se recusou. Depois de despachar sua família, e depois que todos os outros americanos deixaram Kigali, ele ficou sozinho e contestou o genocídio de 800 mil pessoas. Quando a milícia veio para matá-lo e a seus servos tutsis, os vizinhos hutus de Wilkens dissuadiram essas pessoas. Apesar de repetidas ameaças de morte, ele passou seus dias bloqueando estradas para levar comida e água para orfanatos e para negociar, implorar e abrir seu caminho em meio ao derramamento de sangue, salvando vidas. "Parecia a coisa certa a fazer", explicou mais tarde (Kristof, 2004).

Em outra parte de Kigali, Rusesabagina, um hutu casado com uma tutsi e gerente interino de um hotel de luxo, abrigava mais de 1.200 tutsis aterrorizados e hutus moderados. Quando a maioria das forças de paz internacionais abandonou a cidade e a milícia hostil ameaçou seus hóspedes no "Hotel Ruanda" (como passou a ser chamado em um filme de 2004), o corajoso Rusesabagina começou a cobrar favores do passado. Ele subornou a milícia e telefonou para pessoas influentes no exterior para pressionar as autoridades locais, poupando assim a vida dos ocupantes do hotel, apesar do caos ao redor. Tanto Wilkens quanto Rusesabagina estavam demonstrando altruísmo.

O altruísmo tornou-se uma grande preocupação dos psicólogos sociais após um ato especialmente vil. Em 13 de março de 1964, um perseguidor esfaqueou repetidamente Kitty Genovese, depois a estuprou enquanto ela morria do lado de fora de seu apartamento no Queens, em Nova York, às 3h30 da manhã. "Oh, meu Deus, ele me esfaqueou!", Genovese gritou na quietude do início da manhã. "Por favor, me ajude!". As janelas se abriram e as luzes acenderam quando alguns vizinhos ouviram seus gritos. Seu agressor fugiu e depois voltou para esfaqueá-la e estuprá-la novamente. Por fim, foi tarde demais: ninguém chamou a polícia ou veio para seu auxílio.

Intervenção do espectador

Embora os relatórios iniciais do assassinato de Genovese tenham superestimado o número de testemunhas, os relatórios provocaram indignação com a aparente "apatia" e "indiferença" dos espectadores. Em vez de culpar os espectadores, os psicólogos sociais John Darley e Bibb Latané (1968b) atribuíram sua inação a um importante fator situacional – a presença de outros. Sob determinadas circunstâncias, eles suspeitavam, a maioria de nós poderia se comportar da mesma maneira. Parafraseando o escritor francês Voltaire, todos somos culpados pelo bem que não fizemos.

Depois de encenar emergências sob várias condições, Darley e Latané reuniram suas descobertas em um esquema de decisão: ajudaremos apenas se a situação nos permitir primeiro perceber o incidente, depois interpretá-lo como uma emergência e, finalmente, assumir a responsabilidade de ajudar (Figura 13.11). A cada passo, a presença de outros pode nos desviar do caminho que leva à ajuda.

"Provavelmente nenhum incidente fez com que os psicólogos sociais prestassem tanta atenção a um aspecto do comportamento social quanto o assassinato de Kitty Genovese."
– R. Lance Shotland, 1984

Um dos experimentos de Darley e Latané encenou uma emergência falsa enquanto estudantes em salas separadas de laboratório se revezavam falando por um interfone. Apenas a pessoa cujo microfone estava ligado podia ser ouvida. Quando chegou sua vez, um aluno (na verdade, um cúmplice) fingiu ter um ataque epiléptico e pediu ajuda (1968a).

Como os outros reagiram? Como mostra a Figura 13.12, aqueles que acreditavam que só eles podiam ouvir a vítima – e, portanto, pensavam que eram os únicos responsáveis por ajudá-lo – geralmente iam em seu auxílio. Os alunos que pensavam que os outros também

Figura 13.11 Processo de tomada de decisão para a intervenção do espectador. Antes de ajudar, é preciso primeiro perceber uma emergência, depois interpretá-la corretamente e depois assumir a responsabilidade. (Dados de Darley & Latané, 1968b.)

podiam ouvir os gritos da vítima eram mais propensos a não fazer nada. Quando mais pessoas compartilhavam a responsabilidade de ajudar – quando havia uma *difusão da responsabilidade* –, qualquer ouvinte sozinho era menos propenso a ajudar. De fato, a desatenção e a responsabilidade difusa contribuem para a "não intervenção global do espectador" à medida que milhões de pessoas distantes morrem de fome, doenças e genocídio (Pittinsky & Diamante, 2015).

Efeito do espectador. Tendência de qualquer espectador ser menos propenso a prestar ajuda se outros espectadores estiverem presentes.

Centenas de experimentos adicionais confirmaram esse **efeito do espectador**. Por exemplo, pesquisadores e seus assistentes fizeram 1.497 viagens de elevador em três cidades e "acidentalmente" deixaram cair moedas ou lápis na frente de 4.813 passageiros (Latané & Dabbs, 1975). Quando a sós com a pessoa necessitada, 40% ajudaram; na presença de cinco outros espectadores, apenas 20% ajudaram. Ironicamente, o assassino de Kitty Genovese, Winston Moseley, foi capturado graças à intervenção de um único espectador que o confrontou enquanto ele mais tarde assaltava uma casa. Sem acreditar na explicação de Moseley de que ele estava ajudando os proprietários a se mudarem, o espectador ligou para outro vizinho – que chamou a polícia – e depois puxou os fios para desativar o carro de Moseley (Kassin, 2017).

Embora a presença de outros espectadores reduza a chance de um indivíduo oferecer ajuda, às vezes as pessoas ajudam. A vigilância com câmeras de segurança de discussões e brigas nas ruas de Amsterdã, Lancaster e Cidade do Cabo, mostrou que em nove de cada 10 vezes pelo menos um espectador, e geralmente mais, fez algo para ajudar (Philpot et al., 2019). Outra equipe de pesquisa plantou 17.303 carteiras "perdidas" em 40 países, entrando em locais públicos como hotéis, correios e bancos e explicando a um funcionário: "encontrei isso na rua da esquina. Alguém deve ter perdido. Estou com pressa e tenho que ir. Você pode, por favor, cuidar disso?". Quarenta por cento dos que receberam carteiras sem dinheiro alertaram o proprietário. Para surpresa dos economistas pesquisados, aqueles que recebiam carteiras com dinheiro eram ainda mais propensos (51%) a ajudar (Cohn et al., 2019).

Observações de comportamento em milhares dessas situações – retransmitir um telefonema de emergência, ajudar um motorista encalhado, doar sangue, pegar livros caídos, contribuir com dinheiro – mostram que as chances de ajudarmos alguém dependem das características dessa pessoa, da situação e do nosso próprio estado interno. As chances de ajudar são maiores quando:

- A pessoa parece precisar e merecer ajuda
- A pessoa é de alguma maneira semelhante a nós
- A pessoa é uma mulher
- Acabamos de observar outra pessoa sendo útil
- Não estamos com pressa
- Estamos em uma pequena cidade ou área rural
- Estamos nos sentindo culpados
- Estamos focados nos outros e não preocupados
- Estamos de bom humor.

O resultado do "bom humor" – que pessoas felizes são pessoas úteis – é uma das descobertas mais consistentes da psicologia. Como o poeta Robert Browning (1868) observou: "oh, faça-nos felizes e você nos fará bons!". Não importa se ou quanto somos aplaudidos. Seja por nos sentirmos bem-sucedidos e inteligentes, por ter pensamentos felizes, por encontrar dinheiro ou mesmo por receber uma sugestão pós-hipnótica, nos tornamos mais generosos e mais ansiosos para ajudar (Aknin et al., 2019). E se nosso sentimento nobre acompanha testemunhar ou saber do ato de doação de outra pessoa, nossa ajuda se tornará ainda mais pronunciada (Schnall et al., 2010).

Assim, a felicidade gera solidariedade. Mas também é verdade que a solidariedade gera felicidade. Ser solidário com os necessitados ativa áreas cerebrais associadas à recompensa (Harbaugh et al., 2007; Kawamichi et al., 2015). Isso ajuda a explicar uma descoberta curiosa: as pessoas que doam dinheiro são mais felizes do que aquelas que o gastam quase inteiramente consigo mesmas. Em um experimento controlado, os pesquisadores deram às pessoas um envelope com dinheiro e instruíram um grupo a gastá-lo consigo mesmo e outro a gastá-lo

Figura 13.12 Respostas a uma emergência simulada. Quando as pessoas pensavam que ouviam sozinhas os pedidos de ajuda de uma pessoa que acreditavam estar tendo um ataque epiléptico, geralmente ajudavam. Mas quando pensavam que quatro outros também estavam ouvindo as chamadas, menos de um terço respondeu. (Dados de Darley & Latané, 1968a.)

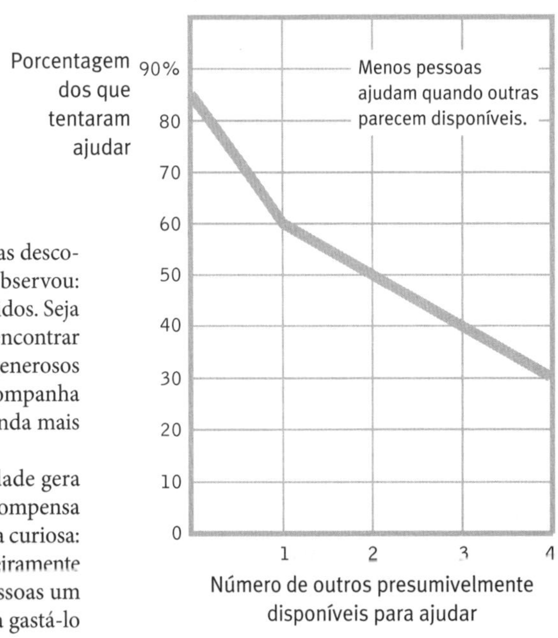

com outros (Dunn et al., 2008; Dunn & Norton, 2013). Qual grupo ficou mais feliz no final do dia? Foram aqueles que decidiram gastar com os outros. E em uma pesquisa com mais de 200 mil pessoas em todo o mundo, pessoas em países ricos e pobres se sentiam mais felizes com suas vidas se tivessem doado para uma instituição de caridade no mês anterior. Apenas refletir sobre a possibilidade de gastar dinheiro com os outros melhora o humor da maioria das pessoas (Aknin et al., 2013).

PERGUNTE A SI MESMO

Imagine ser um recém-chegado precisando de instruções em um terminal de ônibus movimentado. O que você poderia fazer para aumentar as chances de alguém ajudá-lo e que tipo de pessoa teria mais probabilidade de ajudar?

PRÁTICA DE RECUPERAÇÃO

PR-5 Que princípio da psicologia social o caso de Kitty Genovese ilustra?

RESPOSTAS NO APÊNDICE E

Normas para ajudar

QOA 13.20 Como a teoria da troca social e as normas sociais explicam o comportamento de ajuda?

Por quê nós ajudamos? Uma visão amplamente difundida é que o interesse próprio está subjacente a todas as interações humanas, que nosso objetivo constante é maximizar as recompensas e minimizar os custos. Os contadores chamam isso de *análise de custo-benefício*. Os filósofos chamam isso de *utilitarismo*. Os psicólogos sociais chamam isso de **teoria da troca social**. Se você está pensando em doar sangue, pode pesar os custos de fazê-lo (tempo, desconforto, ansiedade) contra os benefícios (culpa reduzida, aprovação social, bons sentimentos). Se as recompensas excederem os custos, você ajudará.

Outros acreditam que ajudamos porque fomos socializados para isso, por meio de normas que prescrevem como devemos nos comportar (Everett et al., 2015). Duas dessas normas são a *norma da reciprocidade* e a *norma da responsabilidade social*.

A **norma da reciprocidade** é a expectativa de que devemos devolver ajuda, não dano, àqueles que nos ajudaram. Aqueles a quem fazemos favores geralmente retribuem favores. (Seja gentil com os outros e você poderá obter gentilezas futuras deles.) Com outros semelhantes, a norma da reciprocidade nos motiva a dar (em favores, presentes ou convites sociais) tanto quanto recebemos. Às vezes, isso significa "pagar adiantado", como aconteceu em um experimento, quando as pessoas que foram tratadas generosamente tornaram-se mais propensas a serem generosas com um estranho (Tsvetkova & Macy, 2014). Retribuir favores é bom, então tendemos a achar a norma da reciprocidade uma maneira agradável de ajudar os outros (Hein et al., 2016).

A norma da reciprocidade entrou em ação depois que Dave Tally, um sem-teto de Tempe, Arizona, encontrou 3.300 dólares em uma mochila que um estudante da Arizona State University havia perdido no caminho para comprar um carro usado (Lacey, 2010). Em vez de usar o dinheiro para consertos de bicicletas, comida e abrigo, Tally entregou a mochila à agência de serviço social onde foi voluntário. Para retribuir a ajuda de Tally, o dono da mochila agradeceu com uma recompensa em dinheiro. Ouvindo sobre os atos de doação de Tally, dezenas de outras pessoas também lhe enviaram dinheiro e ofertas de emprego.

A **norma da responsabilidade social** é a expectativa de que devemos ajudar aqueles que precisam de nossa ajuda – crianças pequenas e outras pessoas que não podem dar tanto quanto recebem –, mesmo que os custos superem os benefícios. Os europeus são mais receptivos aos requerentes de instituições de longa permanência que são mais vulneráveis – aqueles, por exemplo, que foram torturados ou não têm família sobrevivente (Bansak et al., 2016). Essa norma foi demonstrada durante o auge da pandemia de covid-19. Apesar do risco de infecção, muitas pessoas corajosas continuaram a ajudar os necessitados – cuidando dos doentes, fazendo compras para os vizinhos idosos, distribuindo sanduíches para os sem-teto. O operário da construção civil Wesley Autrey exemplificou a norma da responsabilidade social em 2 de janeiro de 2007. Ele e suas filhas de 6 e 4 anos esperavam um metrô em Nova York quando, diante deles, um homem desmaiou com uma convulsão, levantou-se, cambaleou até a beirada da plataforma e caiu sobre os trilhos. Com os faróis do trem se aproximando, "tive que tomar uma decisão em uma fração de segundo", lembrou Autrey mais tarde (Buckley, 2007). Sua decisão, enquanto suas garotas olhavam horrorizadas, foi pular da plataforma, empurrar o homem para fora dos trilhos e colocá-lo em um espaço de trinta centímetros entre eles, e se deitar em cima dele. Quando o trem passou, cinco vagões passaram logo acima

Teoria da troca social. Teoria de que nosso comportamento social é um processo de troca, cujo objetivo é maximizar os benefícios e minimizar os custos.

Norma da reciprocidade. Expectativa de que as pessoas ajudarão, e não prejudicarão, aqueles que as ajudaram.

Norma da responsabilidade social. Expectativa de que as pessoas ajudarão aqueles que precisam de sua ajuda.

de sua cabeça, deixando graxa em seu gorro. Então Autrey gritou: "tenho duas filhas aí em cima. Avisem a elas que o pai delas está bem" e os espectadores irromperam em aplausos.

Muitas religiões do mundo encorajam seus seguidores a praticar a norma da responsabilidade social e, às vezes, isso leva a um comportamento pró-social. Entre 2006 e 2008, as pesquisas Gallup amostraram mais de 300 mil pessoas em 140 países, comparando os "altamente religiosos" (que diziam que a religião era importante para eles e haviam participado de um serviço religioso na semana anterior) com os menos religiosos. Os altamente religiosos, apesar de serem mais pobres, eram cerca de 50% mais propensos a relatar ter "doado dinheiro para uma instituição de caridade no último mês" e ter oferecido tempo para uma organização (Pelham & Crabtree, 2008). Novas pesquisas com 32 mil neozelandeses replicam essa associação de engajamento religioso com o voluntariado (Van Tongeren et al., 2020).

CBP Photography

Ajuda heroica. Em 2019, quando um atirador entrou em uma sinagoga na Califórnia, Lori Gilbert-Kaye, de 60 anos, tentou desinteressadamente proteger seu rabino e foi assassinada. Os psicólogos sociais estudam o que leva as pessoas a ajudar.

Do conflito à paz

As normas sociais positivas encorajam a generosidade e permitem a vida em grupo. Mas os conflitos muitas vezes nos dividem. Uma resposta às recentes migrações em massa impulsionadas por conflitos e escassez de recursos em nível global tem sido o aumento do nacionalismo e do nativismo (favorecendo os cidadãos nativos sobre os recém-chegados). Além disso, *todos os dias*, o mundo continua a gastar quase 5 bilhões de dólares em armas e exércitos – dinheiro que poderia ser usado para moradia, nutrição, educação e assistência médica necessárias. Sabendo que as guerras começam na mente humana, os psicólogos se perguntam: o que na mente humana causa conflitos destrutivos? Como as ameaças percebidas da diversidade social podem ser substituídas por um espírito de cooperação?

Elementos do conflito

QOA 13.21 Como as armadilhas sociais e as percepções espelhadas alimentam o conflito social?

Para um psicólogo social, um **conflito** é uma incompatibilidade percebida de ações, objetivos ou ideias. Os elementos do conflito são praticamente os mesmos, sejam parceiros lutando, grupos políticos brigando ou nações em guerra. Em cada situação, o conflito pode gerar mudanças positivas ou pode ser um processo destrutivo que pode produzir resultados indesejados. Entre os processos destrutivos, estão as *armadilhas sociais* e as *percepções distorcidas*.

ARMADILHAS SOCIAIS. Em algumas situações, perseguir nossos interesses pessoais também contribui para nosso bem-estar coletivo. Como o capitalista Adam Smith escreveu em *A Riqueza das Nações* (*The Wealth of Nations*) (1776), "não é da benevolência do açougueiro, do cervejeiro ou do padeiro que esperamos nosso jantar, mas da consideração deles por seus próprios interesses". Em outras situações, prejudicamos nosso bem-estar coletivo ao perseguir nossos interesses pessoais. Essas situações são **armadilhas sociais**.

Pesquisadores criaram pequenas armadilhas sociais em jogos de laboratório que exigem que dois participantes escolham entre perseguir seus próprios interesses imediatos, à custa dos outros, ou cooperar para benefícios mútuos. Muitas situações da vida real também colocam nossos interesses individuais contra nosso bem-estar comunitário. Pescadores individuais raciocinaram que os peixes que eles pegavam não ameaçariam a espécie e que, se eles não os pegassem, outros o fariam de qualquer maneira. O resultado: esgotaram os estoques de alguns peixes. Antecipando as paralisações do coronavírus, as pessoas compraram e acumularam papel higiênico, deixando prateleiras vazias para outras pessoas. Proprietários de automóveis e proprietários de residências raciocinam: "os carros elétricos são mais caros. Além disso, o combustível que queimo no meu carro não aumenta visivelmente os gases de efeito estufa". Quando um número suficiente de pessoas raciocina da mesma forma, o resultado coletivo é uma ameaça de desastre – mudança climática, aumento do nível do mar e condições climáticas mais extremas.

As armadilhas sociais nos desafiam a conciliar o direito de buscar nosso bem-estar pessoal com nossa responsabilidade pelo bem-estar de todos. Os psicólogos, portanto, exploraram maneiras de convencer as pessoas a cooperar para seu aperfeiçoamento mútuo – por meio de *regulamentos* acordados, por meio de uma melhor *comunicação* e pela promoção da *conscientização* de nossas responsabilidades para com a comunidade, a nação e toda a humanidade (Dawes, 1980; Linder, 1982; Sato, 1987). Com regulamentações, comunicação e conscientização eficazes, as pessoas cooperam com mais frequência, seja jogando um jogo de laboratório ou o jogo da vida real.

PERCEPÇÕES DO INIMIGO. Os psicólogos notaram que aqueles em conflito têm uma curiosa tendência a formar imagens diabólicas uns dos outros. Essas imagens distorcidas são,

Conflito. Incompatibilidade percebida entre ações, objetivos ou ideias.

Armadilha social. Situação em que duas partes, cada uma buscando seus próprios interesses e não o bem do grupo, ficam presas em um comportamento mutuamente destrutivo.

Percepções de imagem espelhada. Visões mútuas muitas vezes mantidas por partes conflitantes, como quando cada lado se vê como ético e pacífico e vê o outro lado como mal e agressivo.

Profecia autorrealizável. Crença a respeito de um evento que influencia mesmo inconscientemente o comportamento e leva ao seu próprio cumprimento.

ironicamente, tão semelhantes que as chamamos **percepções de imagem espelhada**: assim como vemos "eles" – como pessoas não confiáveis, com más intenções –, "eles" também nos veem. Cada um demoniza o outro: "meu partido político, ao contrário do outro partido, tem no coração os melhores interesses da nação" (Waytz et al., 2014).

As percepções de imagens espelhadas muitas vezes podem alimentar um círculo vicioso de hostilidade. Se Juan acredita que Maria está irritada com ele, ele pode desprezá-la, fazendo com que ela aja de maneira que justifique sua percepção. Da mesma forma que acontece com os indivíduos, acontece com os países. As percepções podem se tornar **profecias autorrealizáveis** – crenças que se confirmam influenciando o outro país a reagir de maneiras que parecem justificar essas crenças.

Indivíduos e nações tendem a ver suas próprias ações como respostas à provocação, não como as causas do que acontece a seguir. Achando que estão retribuindo com "olho por olho", eles muitas vezes revidaram com mais força, como os voluntários do University College London fizeram em um experimento (Shergill et al., 2003). Sua tarefa: depois de sentir pressão no próprio dedo, eles deveriam usar um dispositivo mecânico para pressionar o dedo de outro voluntário. Embora instruídos a retribuir com a mesma pressão, eles normalmente respondiam com cerca de 40% mais força do que haviam acabado de experimentar. Apesar de procurar apenas responder na mesma moeda, seus toques logo se transformaram em pressões duras, como quando cada criança depois de uma briga afirma que "eu só encostei nele, mas ele me bateu!".

Percepções de imagens espelhadas alimentam ciclos semelhantes de hostilidade no cenário mundial. Para a maioria das pessoas, a tortura parece mais justificada quando feita por "nós" do que por "eles" (Tarrant et al., 2012). Em alguns relatos da mídia americana, os muçulmanos que matam foram retratados como terroristas fanáticos e odiosos, enquanto um americano que supostamente matou 16 afegãos foi retratado como estressado por problemas no casamento, quatro turnos de serviço e um amigo que teve a perna amputada (Greenwald, 2012).

A questão não é que a verdade deva estar no meio do caminho entre duas dessas visões (uma pode ser mais precisa). Na verdade, as percepções do inimigo muitas vezes formam imagens espelhadas. Além disso, à medida que os inimigos mudam, as percepções também mudam. Na mente e na mídia americanas, os japoneses "sanguinários, cruéis, traiçoeiros" da Segunda Guerra Mundial se tornaram nossos "aliados inteligentes, trabalhadores, autodisciplinados e engenhosos" (Gallup, 1972).

PRÁTICA DE RECUPERAÇÃO

PR-6 Por que os fãs de esportes tendem a sentir satisfação quando seu time arquirrival perde? Esses sentimentos, em outros ambientes, tornam a resolução de conflitos mais desafiadora?

RESPOSTAS NO APÊNDICE E

Promovendo a paz

QOA 13.22 O que podemos fazer para promover a paz?

Como podemos fazer as pazes? O contato, a cooperação, a comunicação e a conciliação podem transformar os antagonismos alimentados por preconceitos e conflitos em atitudes que promovam a paz? A pesquisa indica que, em alguns casos, sim, eles podem.

CONTATO. Colocar duas partes conflitantes em contato próximo pode ajudar? Depende. O contato negativo aumenta a aversão (Barlow et al., 2019). Mas o contato positivo – especialmente o contato não competitivo entre partes de *status* igual, como colegas balconistas – geralmente ajuda. Colaboradores inicialmente preconceituosos de diferentes raças, em tais circunstâncias, geralmente acabam aceitando uns aos outros. Esse achado é confirmado por estudos de contato face a face entre pessoas de grupos majoritários e de grupos externos, como minorias étnicas, idosos, pessoas LGBTQ e pessoas com deficiência. Entre as 250 mil pessoas estudadas em 38 nações, o contato se correlacionou (e em experimentos levou a) atitudes mais positivas e empáticas (Paluck et al., 2018; Pettigrew & Tropp, 2011; Tropp & Barlow, 2018). Alguns exemplos:

- Uma pesquisa com 116.667 pessoas de 90 países mostrou que as pessoas de países com mais imigrantes eram as que mais apoiavam os imigrantes; o preconceito de grupos externos foi mais forte em países com poucos imigrantes (Shrira, 2020). O mesmo aconteceu na Alemanha e nos EUA: pessoas em estados com poucos imigrantes expressam mais atitudes anti-imigrantes (Myers, 2018)
- As atitudes de pessoas heterossexuais e cisgêneros com relação a homossexuais e transgêneros são influenciadas não apenas pelo que sabem, mas também por quem conhecem (Brown, 2017; Del-laPosta, 2018). Em pesquisas, a razão que as pessoas mais

frequentemente dão para apoiar mais o casamento entre pessoas do mesmo gênero é "ter amigos, familiares ou conhecidos que são *gays* ou lésbicas" (Pew, 2013a). E nos EUA, onde 87% das pessoas agora dizem conhecer alguém que é *gay*, as atitudes com relação ao casamento entre pessoas do mesmo gênero tornaram-se muito mais receptivas (McCarthy, 2019; Pew, 2016). O contato amigável – digamos, entre negros e brancos como companheiros de quarto – melhora atitudes explícitas e implícitas com relação a outros de raça diferente e até mesmo a outros grupos raciais (Gaither & Sommers, 2013; Meleady et al., 2019; Onyeador et al., 2020)

- Mais de 100 estudos revelam que mesmo o "contato prolongado" – saber que os amigos do endogrupo têm amigos do exogrupo – melhora as atitudes com relação ao exogrupo (Zhou et al., 2019). Pessoas heterossexuais geralmente aceitam mais homossexuais se seus amigos heterossexuais têm amigos homossexuais.

No entanto, nem sempre o contato é suficiente. Na maioria das escolas sem segregação racial, os grupos étnicos se re-segregam nos refeitórios, nas salas de aula e em outros lugares nas dependências da escola (Alexander & Tredoux, 2010; Clack et al., 2005; Schofield, 1986). As pessoas em cada grupo geralmente pensam que gostariam de mais contato com o outro grupo, mas assumem que o outro grupo não retribui o desejo (Richeson & Shelton, 2007). "Eu não chego até eles porque não quero ser rejeitado; eles não me procuram porque simplesmente não estão interessados". Quando essas percepções equivocadas da imagem especular são corrigidas, amizades podem se formar e preconceitos se dissolvem.

"O preconceito é um comportamento aprendido que pode ser desaprendido." – Desmond & Leah Tutu Legacy Foundation, 2019

COOPERAÇÃO. Para ver se os inimigos poderiam superar suas diferenças, o pesquisador Muzafer Sherif (1966) colocou um conflito em movimento. Ele dividiu 22 meninos da cidade de Oklahoma em duas áreas de acampamento separadas. Então ele fez os dois grupos competirem por prêmios em uma série de atividades. Em pouco tempo, cada grupo tornou-se intensamente orgulhoso de si mesmo e hostil aos "sorrateiros" e "fedorentos" do outro grupo. As guerras alimentares estouraram. Cabanas foram saqueadas. As brigas tiveram que ser interrompidas pelos conselheiros do acampamento. Juntos, os dois grupos evitavam um ao outro, exceto para insultar e ameaçar. Mal sabiam eles que em poucos dias seriam amigos.

Sherif conseguiu isso dando a eles **objetivos superordenados** – objetivos compartilhados que só poderiam ser alcançados por meio da cooperação. Quando ele providenciou para que o suprimento de água do acampamento "falhasse", os 22 meninos tiveram que trabalhar juntos para restaurar a água. Para alugar um filme naqueles dias pré-Netflix, todos precisavam reunir seus recursos. Para mover um caminhão parado, todos precisavam combinar suas forças, puxando e empurrando juntos. Tendo usado o isolamento e a competição para transformar estranhos em inimigos, Sherif usou situações e objetivos compartilhados para transformar inimigos em amigos. O que reduziu o conflito não foi o mero contato, mas o contato *cooperativo*.

Os críticos sugerem que a equipe de pesquisa de Sherif encorajou o conflito, esperando que o estudo ilustrasse suas expectativas sobre competição socialmente tóxica e cooperação socialmente benéfica (Perry, 2018). No entanto, as dificuldades compartilhadas têm efeitos unificadores poderosos. Membros de grupos minoritários que enfrentaram rejeição ou discriminação desenvolveram forte identificação interna (Bauer et al., 2014; Ramos et al., 2012). Crianças e jovens expostos a guerras ou conflitos também desenvolvem fortes identidades sociais. As crianças israelenses que crescem em áreas de conflito geralmente desenvolvem percepções, crenças e emoções de apoio ao conflito com relação ao adversário compartilhado (Nasie et al., 2016). Esse tipo de interpretação constrói a solidariedade no grupo, mas também a insensibilidade à dor experimentada por aqueles no exogrupo (Levy et al., 2016).

Depois de uma eleição primária nos EUA, os membros do partido geralmente se reúnem quando enfrentam sua ameaça compartilhada – o candidato do partido da oposição. Nesses momentos, a cooperação pode levar as pessoas a definir um novo grupo inclusivo que dissolva seus antigos subgrupos (Dovidio & Gaertner, 1999). Se fosse um experimento de psicologia social, você poderia sentar membros de dois grupos não em lados opostos, mas alternadamente ao redor de uma mesa. Poderia dar a eles um novo nome compartilhado. E fazer com que trabalhassem juntos. Então poderia observar "nós" e "eles" se tornarem "nós".

"Eu contra meu irmão, meus irmãos e eu contra meus primos, depois meus primos e eu contra estranhos." — Provérbio beduíno

Se o contato cooperativo entre membros de grupos rivais encoraja atitudes positivas, esse princípio pode unir alunos diferentes? Poderia a aprendizagem cooperativa nas salas de aula criar amizades inter-raciais, ao mesmo tempo em que melhora o desempenho dos alunos? Experimentos com adolescentes de 11 países confirmam que a resposta para as duas perguntas é sim (Roseth et al., 2008). Na sala de aula, como na arena esportiva, os membros de grupos multiétnicos que trabalham juntos em projetos geralmente se sentem amigáveis uns com os outros. Sabendo disso, milhares de professores fizeram da aprendizagem cooperativa multiétnica parte de sua experiência em sala de aula.

Objetivos superordenados. Metas compartilhadas que superam as diferenças entre as pessoas e exigem sua cooperação.

O poder da atividade cooperativa para fazer de ex-inimigos novos amigos levou os psicólogos a insistir no aumento do intercâmbio e da cooperação internacional. Alguns experimentos descobriram que apenas imaginar a ameaça compartilhada da mudança climática

"A maioria de nós tem identidades sobrepostas que nos unem a grupos muito diferentes. Podemos amar o que somos, sem odiar o que – e quem – não somos. Podemos prosperar em nossa própria tradição, mesmo quando aprendemos com os outros." — Secretário-Geral da ONU Kofi Annan, palestra do Prêmio Nobel da Paz, 2001

global reduz as hostilidades internacionais (Pyszczynski et al., 2012). De tribos de indígenas brasileiros a países europeus, grupos anteriormente conflitantes conseguiram construir interconexões, interdependência e uma identidade social compartilhada na busca de objetivos comuns (Fry, 2012). À medida que nos engajamos no comércio mutuamente benéfico, à medida que trabalhamos para proteger nosso destino comum neste nosso frágil planeta e à medida que nos tornamos mais conscientes de que nossas esperanças e medos são compartilhados, podemos transformar percepções equivocadas que alimentam conflitos em sentimentos de solidariedade baseados em interesses comuns.

COMUNICAÇÃO. Quando os conflitos da vida real se tornam intensos, um terceiro mediador – conselheiro matrimonial, mediador trabalhista, diplomata, voluntário da comunidade – pode facilitar a tão necessária comunicação (Rubin et al., 1994). Os mediadores ajudam cada parte a expressar seu ponto de vista e entender as necessidades e objetivos da outra.

Se bem-sucedidos, os mediadores podem substituir uma orientação competitiva *ganha-perde* por uma orientação cooperativa *ganha-ganha* que leva a uma resolução mutuamente benéfica. Um exemplo clássico: dois amigos, depois de brigarem por causa de uma laranja, concordaram com dividi-la. Um espremeu sua metade para fazer um suco. O outro usou a casca de sua metade para dar sabor a um bolo. Se ao menos os dois tivessem comunicado seus motivos um ao outro, eles poderiam ter encontrado a solução ganha-ganha de um com todo o suco e do outro com toda a casca.

CONCILIAÇÃO. A compreensão e a resolução cooperativa são mais necessárias, mas menos prováveis, em tempos de raiva ou crise (Bodenhausen et al., 1994; Tetlock, 1988). Quando os conflitos se intensificam, as imagens tornam-se mais estereotipadas; os julgamentos, mais rígidos; e a comunicação, mais difícil, ou mesmo impossível. Cada uma das partes pode ameaçar, coagir ou retaliar. Nas semanas que antecederam a guerra do Golfo de 1990, o presidente dos EUA, George H.W. Bush, ameaçou, com muita publicidade, "chutar o traseiro de Saddam". O presidente iraquiano Saddam Hussein se comunicou na mesma moeda, ameaçando fazer os americanos "nadarem em seu próprio sangue".

Sob essas condições, existe uma alternativa à guerra ou à rendição? O psicólogo social Charles Osgood (1962, 1980) defendeu uma estratégia de *iniciativas graduais e recíprocas na redução de tensão*, apelidada de **GRIT** (*graduated and reciprocate initiatives in tension-reduction*). Ao aplicar o GRIT, um lado primeiro anuncia seu reconhecimento de interesses mútuos e sua intenção de reduzir as tensões. Em seguida, inicia um ou mais atos conciliatórios pequenos. Sem enfraquecer a capacidade de retaliação, esse começo modesto abre a porta para a reciprocidade da outra parte. Se o inimigo responder com hostilidade, retribui-se na mesma moeda. Mas o mesmo acontece com qualquer resposta conciliadora.

Em experimentos de laboratório, pequenos gestos conciliatórios – um sorriso, um toque, um pedido de desculpa – permitiram que ambas as partes começassem a descer a escada da tensão para um degrau mais seguro, onde a comunicação e o entendimento mútuo podem começar (Lindskold, 1978; Lindskold & Han, 1988). Em um conflito internacional do mundo real, o gesto do presidente dos EUA, John F. Kennedy, de interromper os testes nucleares atmosféricos deu início a uma série de atos conciliatórios recíprocos que culminaram no tratado de proibição de testes atmosféricos de 1963.

Como o trabalho em direção a objetivos compartilhados nos faz perceber, somos mais parecidos do que diferentes. A civilização avança não por conflito e isolamento cultural, mas por explorar o conhecimento, as habilidades e as artes que são o legado de cada cultura para toda a raça humana. As sociedades abertas são enriquecidas pelo compartilhamento cultural (Sowell, 1991). Temos que agradecer à China pelo papel, pela impressão e pela bússola magnética que abriu caminho para as grandes navegações. Temos que agradecer ao Egito pela trigonometria. Devemos agradecer ao mundo islâmico e aos hindus da Índia por nossos algarismos arábicos. Ao celebrar e reivindicar esses diversos legados culturais, também podemos saudar o enriquecimento contínuo da diversidade cultural de hoje. Podemos nos ver como instrumentos de uma orquestra humana. E podemos, portanto, afirmar a herança de nossa própria cultura enquanto construímos pontes de comunicação, compreensão e cooperação em nossas tradições culturais.

PERGUNTE A SI MESMO

Você se arrepende de não se dar bem com um familiar ou discutir com um amigo? Você tem algumas ideias sobre como pode resolver esses conflitos agora ou no futuro?

GRIT. Iniciativas graduais e recíprocas na redução de tensão – estratégia projetada para diminuir as tensões internacionais.

PRÁTICA DE RECUPERAÇÃO

PR-7 Quais são algumas maneiras de solucionar conflitos e promover a paz?

RESPOSTAS NO APÊNDICE E

REVISÃO Relações pró-sociais

OBJETIVOS DE APRENDIZAGEM

Teste a si mesmo. Responda às Questões dos Objetivos de Aprendizagem (antes de conferir as respostas no Apêndice D) para aprimorar a retenção dos conceitos estudados (McDaniel et al., 2009, 2015).

QOA **13.17** Por que fazemos amizade ou nos apaixonamos por algumas pessoas, mas não por outras?

QOA **13.18** Como o amor romântico normalmente muda com o passar do tempo?

QOA **13.19** O que é altruísmo? Quando as pessoas se mostram mais – e menos – propensas a ajudar?

QOA **13.20** Como a teoria da troca social e as normas sociais explicam o comportamento de ajuda?

QOA **13.21** Como as armadilhas sociais e as percepções espelhadas alimentam o conflito social?

QOA **13.22** O que podemos fazer para promover a paz?

TERMOS E CONCEITOS A RECORDAR

Teste a si mesmo. Escreva com suas próprias palavras a definição e depois confira sua resposta.

efeito da mera exposição, p. 493
amor apaixonado, p. 497
amor companheiro, p. 497
equidade, p. 497
autorrevelação, p. 497
altruísmo, p. 498
efeito do espectador, p. 499
teoria da troca social, p. 500
norma da reciprocidade, p. 500
norma da responsabilidade social, p. 500
conflito, p. 501
armadilha social, p. 501
percepções de imagem espelhada, p. 502
profecia autorrealizável, p. 502
objetivos superordenados, p. 503
GRIT, p. 504

DOMINE O MATERIAL

Teste a si mesmo. Responda às questões a seguir sozinho, a princípio, depois confira as respostas no Apêndice E.

1. Quanto mais familiar um estímulo se torna, mais tendemos a gostar dele. Isso exemplifica o efeito da ________________.
2. Um casal feliz celebrando seu cinquentenário de casamento provavelmente experimentará um profundo amor ______________, mesmo que seu amor ________________ provavelmente tenha diminuído ao longo dos anos.
3. Depois de um exercício vigoroso, você conhece uma pessoa atraente e, de repente, é tomado por sentimentos românticos por essa pessoa. Essa resposta apoia a teoria da de dois fatores da emoção, que assume que as emoções, como o amor apaixonado, consistem em atração física mais
   a. uma recompensa.
   b. proximidade.
   c. amor companheiro.
   d. nossa interpretação dessa excitação.
4. O efeito do espectador afirma que é menos provável que um espectador específico forneça ajuda se
   a. a vítima é semelhante ao espectador na aparência.
   b. ninguém mais está presente.
   c. outras pessoas estão presentes.
   d. o incidente ocorrer em uma área deserta ou rural.
5. Nossos inimigos muitas vezes têm as mesmas impressões negativas que temos deles. Isso exemplifica o conceito da percepções de ________________.
6. Uma forma de resolver conflitos e fomentar a cooperação é dar aos grupos rivais objetivos compartilhados que os ajudem a superar suas diferenças. Estes são chamados objetivos ____________________.

N.E.: Este capítulo conta com um apêndice complementar, elaborado por professor brasileiro para contextualização dos temas abordados ao cenário nacional.

Peathegee Inc/Getty Images

CAPÍTULO

14

Personalidade

Lady Gaga encanta milhões com seus arranjos musicais únicos, roupas extravagantes e *performances* provocantes. Sua característica mais previsível é a imprevisibilidade. Em um *show* no MTV Video Music Awards, ela provocou debate usando um vestido feito com pedaços de carne. Em 2019, ela surpreendeu os espectadores do *Oscar* com um dueto impressionante com o ator Bradley Cooper.

No entanto, mesmo a imprevisível Lady Gaga exibe maneiras distintas e permanentes de pensar, sentir e se comportar. Tanto seus fãs quanto os críticos podem esperar dela uma disponibilidade para novas experiências e a energia que ela recebe dos holofotes. E eles também podem contar com sua dedicação meticulosa nas *performances*. Lady Gaga descreve seu eu no ensino médio como "muito dedicada, muito estudiosa e muito disciplinada". Agora, na idade adulta, ela mostra autodisciplina semelhante: "sou muito detalhista – cada minuto do *show* tem que ser perfeito". Este capítulo enfoca nossa *personalidade* – nossos padrões únicos e persistentes de pensamento, sentimento e comportamento.

Grande parte deste livro trata da personalidade. Os capítulos anteriores consideraram as influências biológicas sobre a personalidade; o desenvolvimento da personalidade ao longo da vida; como a personalidade relaciona-se com a aprendizagem, motivação, emoção e saúde; e as influências sociais sobre a personalidade. O próximo capítulo estudará os transtornos de personalidade. Este capítulo se concentra na personalidade propriamente dita – o que é e como os pesquisadores a estudam.

Começamos com duas teorias da personalidade historicamente importantes e que se tornaram parte da cultura ocidental: a *teoria psicanalítica* de Sigmund Freud e as *teorias humanistas*.

Essas perspectivas abrangentes sobre a natureza humana lançaram as bases para os teóricos da personalidade posteriores e para o que este capítulo apresenta a seguir: novas explorações científicas da personalidade.

Atualmente, os pesquisadores estudam as dimensões básicas da personalidade e a interação entre pessoas e ambientes. Também estudam a autoestima, o viés egocêntrico (*self-serving bias*) e as influências culturais sobre nosso conceito de eu – esse senso de "quem eu sou". E estudam a mente inconsciente – com descobertas que provavelmente teriam surpreendido até mesmo Freud.

Introdução à personalidade e teorias psicodinâmicas

Macmillan Learning

Sigmund Freud (1856-1939). "Eu era o único trabalhador em um novo campo de estudos."

O que é personalidade?

QUESTÃO DE OBJETIVO DA APRENDIZAGEM QOA 14.1 O que é *personalidade*, e quais teorias afetam nossa compreensão sobre a personalidade?

Os psicólogos têm várias maneiras de abordar e estudar a **personalidade** – nosso padrão característico de pensar, sentir e agir. A *teoria psicanalítica* de Sigmund Freud propôs que a sexualidade infantil e as motivações inconscientes influenciam a personalidade. As *teorias humanistas* focalizavam nossas capacidades internas de crescimento e autorrealização. Teóricos posteriores se basearam nessas duas perspectivas amplas. As *teorias de traços* examinam padrões característicos de comportamento (*traços*). As *teorias sociocognitivas* exploram a interação entre os traços das pessoas (incluindo seu pensamento) e seu contexto social. Vamos começar com o trabalho de Freud e as *teorias psicodinâmicas* modernas.

Teorias psicodinâmicas

As **teorias psicodinâmicas** da personalidade enxergam o comportamento humano como uma interação dinâmica entre a mente consciente e a mente inconsciente, incluindo motivos e conflitos associados. Essas teorias descendem da **psicanálise** de Freud – sua teoria da personalidade e as técnicas de tratamento associadas. Freud foi o primeiro a focalizar a atenção clínica em nossa mente inconsciente.

Perspectiva psicanalítica de Freud: explorando o inconsciente

QOA 14.2 Como o tratamento de transtornos psicológicos de Sigmund Freud levou à sua visão da mente inconsciente?

Peça a 100 pessoas na rua para nomear um psicólogo falecido notável, sugeriu Keith Stanovich (1996, p. 1), e "Freud seria o vencedor com certeza". Na mente popular, ele é para a psicologia o que Elvis Presley é para o *rock*. A influência de Freud perdura não apenas na psiquiatria e na psicologia clínica, mas também na interpretação literária e cinematográfica. Quase 9 em cada 10 cursos universitários norte-americanos que fazem referência à psicanálise estão fora dos departamentos de psicologia (Cohen, 2007). Os conceitos de Freud do início do século XX penetram em nossa linguagem do século XXI. Sem perceber sua origem, podemos falar de *ego*, *repressão*, *projeção*, *complexo* (como em "complexo de inferioridade"), *rivalidade entre irmãos*, *ato falho freudiano*, e *fixação*. Então, quem foi Freud e o que ele ensinou?

Como todos nós, Sigmund Freud foi um produto de sua época. O final de 1800, o fim da era vitoriana, foi uma época de grandes descobertas e avanço científico, mas também de supressão sexual e domínio masculino. Os papéis de gênero foram claramente definidos, com a superioridade masculina assumida e geralmente apenas a sexualidade masculina reconhecida (discretamente). Essas suposições influenciaram o pensamento de Freud sobre a personalidade. Ele acreditava que os problemas psicológicos resultavam de conflitos não resolvidos de homens e mulheres em relação aos papéis esperados.

"A fêmea [...] reconhece o fato de sua castração e, com ela, também a superioridade do macho e sua própria inferioridade; mas ela se rebela contra esse estado de coisas indesejável."
– Sigmund Freud, *Female Sexuality*, 1931

Muito antes de entrar na Universidade de Viena em 1873, o jovem Freud mostrou sinais de independência e brilhantismo. Ele gostava tanto de ler peças de teatro, poesia e filosofia, que certa vez contraiu uma dívida em livros além de suas posses. Quando adolescente, muitas vezes fazia sua refeição noturna em seu minúsculo quarto para não perder tempo e voltar a seus estudos. Após a faculdade de medicina, ele montou um consultório particular especializado em distúrbios nervosos. Em pouco tempo, no entanto, ele enfrentou pacientes cujos distúrbios não faziam sentido neurológico. Um paciente pode ter perdido toda a sensibilidade em uma mão – mas não há nervo sensorial que, se danificado, entorpeceria a mão inteira e nada mais. A busca de Freud por uma causa para esses distúrbios fez sua mente correr em uma direção destinada a mudar a autocompreensão humana.

Alguns distúrbios neurológicos têm causas psicológicas? A observação de pacientes levou Freud à sua "descoberta" do **inconsciente**. Ele especulou que a sensação perdida na mão pode ser causada pelo medo de tocar os genitais; essa cegueira ou surdez inexplicável pode ser causada por não querer ver ou ouvir algo que despertou intensa ansiedade. Depois de algumas tentativas iniciais malsucedidas com a hipnose, Freud voltou-se para a **associação livre**, na qual dizia ao paciente para relaxar e dizer o que lhe vier à mente, não importa o quão embaraçoso ou trivial. Ele assumiu que uma linha de dominós mentais havia caído do passado distante de seus pacientes para seu presente conturbado. A associação livre, ele acreditava, permitiria que ele reconstituísse essa linha, seguindo uma cadeia de pensamento que levava ao inconsciente do paciente. Lá, memórias inconscientes dolorosas, muitas vezes da infância, podiam ser recuperadas, revisadas e liberadas.

O básico para a teoria de Freud era a crença de que a maior parte da mente fica escondida (Figura 14.1). Nossa percepção *consciente* é como a parte de um *iceberg* que flutua acima da superfície. Abaixo dessa consciência está uma parte muito maior, que seria a mente *inconsciente*, com seus pensamentos, desejos, sentimentos e memórias. Alguns desses pensamentos são armazenados temporariamente em uma área *pré-consciente*, de onde podemos recuperá-los para a consciência. De maior interesse para Freud era a massa de paixões e pensamentos inaceitáveis que ele acreditava que *reprimimos*, ou bloqueamos à força de nossa consciência porque seriam perturbadores demais para serem reconhecidos. Freud acreditava que, sem nossa consciência, esses sentimentos e ideias perturbadores nos influenciam poderosamente, às vezes ganhando expressão de maneira disfarçada – o trabalho que escolhemos, as crenças que temos, nossos hábitos diários, nossos sintomas perturbadores.

Personalidade. Padrão característico de pensamento, sentimento e ação de um indivíduo.

Teorias psicodinâmicas. Teorias que estudam a personalidade com foco no inconsciente e na importância das experiências da infância.

Psicanálise. Teoria da personalidade de Freud que atribui pensamentos e ações a motivos e conflitos inconscientes; técnicas utilizadas no tratamento de transtornos psicológicos, buscando expor e interpretar tensões inconscientes.

Inconsciente. De acordo com Freud, é um reservatório de pensamentos, desejos, sentimentos e memórias, em sua maioria inaceitáveis. Segundo psicólogos contemporâneos, é o processamento de informações das quais não temos conhecimento.

Associação livre. Na psicanálise, é um método de exploração do inconsciente em que a pessoa relaxa e diz o que lhe vem à mente, não importa quão trivial ou embaraçoso.

Estrutura da personalidade

QOA 14.3 Qual era a visão de Freud sobre a personalidade?

Freud acreditava que a personalidade humana, incluindo suas emoções e anseios, surge de um conflito entre impulso e contenção – entre nossos impulsos biológicos agressivos e de busca de prazer e nossos controles sociais internalizados sobre esses impulsos. Freud acreditava que a personalidade surge de nossos esforços para resolver esse conflito básico – para expressar esses impulsos de maneira que traga satisfação sem também trazer culpa ou punição. Para entender a dinâmica da mente durante esse conflito, Freud propôs três sistemas de interação: o *id*, o *ego* e o *superego* (Figura 14.1).

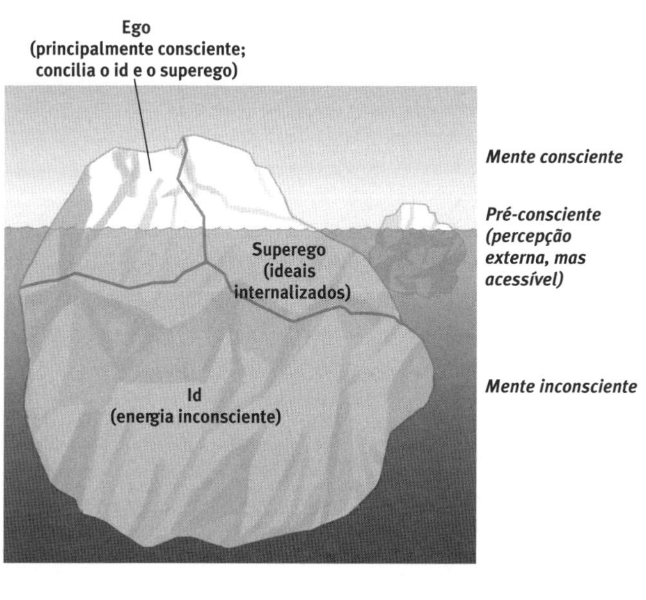

Figura 14.1 Ideia de Freud sobre a estrutura da mente. Psicólogos usaram a imagem de um *iceberg* para ilustrar a ideia de Freud de que a mente está principalmente escondida sob a superfície consciente.

Id. Reservatório de energia psíquica inconsciente que, de acordo com Freud, se esforça para satisfazer os impulsos sexuais e agressivos básicos. O id opera no *princípio do prazer*, exigindo gratificação imediata.

Ego. Parte parcialmente consciente, "executiva" da personalidade que, de acordo com Freud, faz a mediação entre as demandas do id, do superego e da realidade. Ego opera com base no *princípio da realidade*, satisfazendo os desejos do id de maneira que traga prazer ao invés de dor.

Superego. Parte parcialmente consciente da personalidade que, de acordo com Freud, representa ideais internalizados e fornece padrões para o julgamento (a consciência) e para aspirações futuras.

Estágios psicossexuais. Estágios de desenvolvimento da infância (oral, anal, fálico, latência, genital) durante os quais, de acordo com Freud, as energias de busca de prazer do id se concentram em *zonas erógenas* específicas.

Complexo de Édipo. De acordo com Freud, os desejos sexuais de um menino com relação à mãe e sentimentos de ciúme e ódio pelo pai rival.

Identificação. Processo pelo qual, de acordo com Freud, as crianças incorporam os valores de seus pais em seus superegos em desenvolvimento.

A energia psíquica totalmente inconsciente do **id** luta constantemente para satisfazer os impulsos básicos de sobrevivência, reprodução e agressão. O id opera no *princípio do prazer*: busca gratificação imediata. Para entender o poder do id, pense em um recém-nascido clamando por satisfação, sem se importar com as condições e exigências do mundo exterior. Ou pense nas pessoas que se concentram mais no presente do que no futuro – aquelas que abusam do tabaco, álcool ou outras drogas, e preferem festejar agora a sacrificar o prazer temporário de hoje por sucesso e felicidade futuros (Fernie et al., 2013; Friedel et al., 2014; Keough et al., 1999).

À medida que o **ego** se desenvolve, a criança responde ao mundo real. O ego, operando no *princípio da realidade*, procura gratificar os impulsos do id de maneira realista, que trará prazer a longo prazo. (Imagine o que aconteceria se, sem ego, agíssemos de acordo com nossos impulsos sexuais ou agressivos desenfreados.) O ego contém nossas percepções, pensamentos, julgamentos e memórias parcialmente conscientes.

Por volta dos 4 ou 5 anos, Freud teorizou, o ego de uma criança reconhece as demandas do **superego** emergente, a voz parcialmente consciente de nossa bússola moral (consciência) que força o ego a considerar não apenas o real, mas também o *ideal*. O superego se concentra em como *devemos* nos comportar. Ele se esforça para alcançar a perfeição, julgando ações e produzindo sentimentos positivos de orgulho ou sentimentos negativos de culpa. Alguém com um superego excepcionalmente forte pode ser virtuoso, mas dominado pela culpa; outro com um superego fraco pode ser escandalosamente autoindulgente e impiedoso.

Como as exigências do superego muitas vezes se opõem às do id, o ego luta para reconciliar os dois. O ego é o "executivo" da personalidade, ele faz a mediação entre as demandas impulsivas do id, as demandas restritivas do superego e as demandas da vida real do mundo exterior. Se o virtuoso Conner se sente sexualmente atraído por Tatiana, seu ego pode satisfazer seu id e superego ao ingressar em uma organização voluntária que Tatiana frequenta regularmente.

Desenvolvimento da personalidade

QOA 14.4 Quais estágios de desenvolvimento Freud propôs?

A análise das histórias de seus pacientes convenceu Freud de que a personalidade se forma durante os primeiros anos de vida. Ele concluiu que as crianças passam por uma série de **estágios psicossexuais**, durante os quais as energias de busca de prazer do id se concentram em áreas distintas do corpo sensíveis ao prazer chamadas *zonas erógenas* (Tabela 14.1). Cada estágio oferece seus próprios desafios, que Freud viu como tendências conflitantes.

Freud acreditava que durante o *estágio fálico*, por exemplo, os meninos desenvolvem tanto desejos sexuais inconscientes pela mãe quanto ciúme e ódio pelo pai, a quem consideram um rival. Ele acreditava que esses sentimentos fazem com que os meninos se sintam culpados e temam a punição, talvez pela castração, do pai. Tal foi a experiência do próprio Freud (1897): "Encontrei, também no meu caso, [o fenômeno de] estar apaixonado por minha mãe e ter ciúmes de meu pai, e agora considero isso um evento universal na primeira infância." Ele chamou essa coleção de sentimentos de **complexo de Édipo** em homenagem à lenda grega de Édipo, cuja falha em entender seus desejos inconscientes o levou a matar seu pai sem saber, e a se casar com sua mãe. Alguns psicanalistas da era de Freud acreditavam que as meninas experimentavam um *complexo* paralelo de *Electra* (em homenagem a uma filha mitológica que ajudou a matar sua mãe para vingar o assassinato de seu pai).

As crianças eventualmente lidam com os sentimentos ameaçadores, disse Freud, reprimindo-os e identificando-se (tentando tornar-se como) com o pai rival. É como se algo dentro da criança decidisse: "se você não pode vencê-los [o pai do mesmo gênero], junte-se a eles". Por meio desse processo de **identificação**, os superegos das crianças se fortalecem à medida que incorporam muitos dos valores de seus pais. Freud acreditava que a identificação com

Tabela 14.1 Estágios psicossexuais de Freud.

Estágio	Foco
Oral (0 a 18 meses)	O prazer se concentra na boca – chupar, morder, mastigar
Anal (18 a 36 meses)	O prazer concentra-se na eliminação do intestino e da bexiga; lidar com demandas de controle
Fálico (3 a 6 anos)	A zona de prazer são os genitais; lidar com sentimentos sexuais incestuosos
Latência (6 anos até a puberdade)	Uma fase de sentimentos sexuais adormecidos
Genital (da puberdade em diante)	Amadurecimento dos interesses sexuais

o genitor do mesmo gênero fornecia o que os psicólogos hoje entendem mais amplamente como nossa *identidade de gênero* – nossa sensação de ser homem, mulher, nenhum dos dois, ou alguma combinação de homem e mulher. Freud presumiu que nossas relações na primeira infância – especialmente com nossos pais e outros cuidadores – influenciam nossa identidade, personalidade e fragilidades em desenvolvimento.

Na visão de Freud, os conflitos não resolvidos durante os estágios psicossexuais anteriores podem surgir como comportamento desadaptativo na idade adulta. Em qualquer ponto dos estágios oral, anal ou fálico, um forte conflito pode bloquear ou **fixar** as energias de busca de prazer da pessoa nesse estágio. Uma pessoa que foi oralmente abusada ou privada da satisfação oral (talvez por um desmame abrupto e precoce) pode se fixar no estágio oral. Esse adulto fixado oralmente pode exibir dependência passiva (como a de um bebê em amamentação) ou uma negação exagerada dessa dependência (atuando com dureza ou proferindo sarcasmo mordaz). Ou a pessoa pode continuar a buscar gratificação oral fumando ou comendo em excesso. Dessa forma, sugeriu Freud, o pepino da personalidade é torcido em uma idade precoce.

Fixação. Na teoria psicanalítica, é um foco persistente de energias de busca de prazer em um estágio psicossexual anterior, em que os conflitos não foram resolvidos.

Mecanismos de defesa. Na teoria psicanalítica, são os métodos de proteção do ego para reduzir a ansiedade por distorcer inconscientemente a realidade.

Repressão. Na teoria psicanalítica, é o mecanismo de defesa básico que bane da consciência pensamentos, sentimentos e memórias que despertam ansiedade.

Mecanismos de defesa

QOA 14.5 Como Freud achava que as pessoas se defendiam contra a ansiedade?

A ansiedade, disse Freud, é o preço que pagamos pela civilização. Como membros de grupos sociais, devemos controlar nossos impulsos sexuais e agressivos; não expressá-los. Mas às vezes o ego teme perder o controle dessa guerra interna entre o id e o superego. O resultado presumido é uma nuvem desfocada e escura de ansiedade que nos deixa inquietos, mas sem saber por quê.

Freud propôs que o ego se protege a si mesmo com os **mecanismos de defesa** – táticas que reduzem ou redirecionam a ansiedade distorcendo a realidade (Tabela 14.2). Para Freud, *todos os mecanismos de defesa funcionavam de maneira indireta e inconsciente*. Assim como o corpo se defende inconscientemente contra a doença, também o ego se defende inconscientemente contra a ansiedade. Por exemplo, a **repressão** bane desejos e sentimentos que despertam ansiedade na consciência. Segundo Freud, *a repressão é a base de todos os outros mecanismos*

Tabela 14.2 Seis mecanismos de defesa.

Freud acreditava que a *repressão*, o mecanismo básico que bane os impulsos que despertam a ansiedade, habilita outros mecanismos de defesa, seis dos quais estão listados aqui.

Mecanismo de defesa	Processo inconsciente empregado para evitar pensamentos ou sentimentos que despertam ansiedade	Exemplo
Regressão	Recuar para um estágio psicossexual anterior, onde alguma energia psíquica permanece fixa	Um garotinho volta ao conforto oral de chupar o polegar no carro, a caminho para seu primeiro dia de aula
Formação da reação	Transformar impulsos inaceitáveis em seus opostos	Reprimindo sentimentos de raiva, uma pessoa mostra simpatia exagerada
Projeção	Disfarçar os próprios impulsos ameaçadores atribuindo-os aos outros	"O ladrão pensa que todo mundo é ladrão" (ditado salvadorenho)
Racionalização	Oferecer explicações autojustificativas no lugar das razões inconscientes reais e mais ameaçadoras para as ações de alguém	Um bebedor habitual diz que bebe com seus amigos "só para ser sociável"
Deslocamento	Deslocar impulsos sexuais ou agressivos em direção a um objeto, ou alguém mais aceitável, ou menos ameaçador	Uma garotinha chuta o cachorro da família depois que sua mãe a coloca de castigo
Negação	Recusar-se a acreditar ou mesmo perceber realidades dolorosas	Um(a) parceiro(a) nega evidências da traição de seu(sua) parceiro(a)

"Lembro perfeitamente do seu nome, mas não consigo lembrar do seu rosto." – W.A. Spooner, 1844-1930, professor de Oxford, famoso por seus lapsos linguísticos (*spoonerismos*). Spooner repreendeu um aluno por "lutar contra um mentiroso dentro de um quadrilátero" e outro por "assobiar na minha palestra sobre mistério", acrescentando "Vocês provaram dois vermes."

de defesa. No entanto, como a repressão muitas vezes é incompleta, os impulsos reprimidos podem aparecer como símbolos em sonhos ou como ato falho em conversas casuais.

Freud acreditava que podia vislumbrar o inconsciente quando um paciente estressado financeiramente, não querendo tomar comprimidos (*pills*) grandes, disse "Por favor, não me dê mais uma conta (*bill*) grande, porque não consigo engolir". (Hoje chamamos isso de "ato falho freudiano".) Freud também via as piadas como expressões da repressão de tendências sexuais e agressivas, e os sonhos como o "caminho real para o inconsciente". Freud acreditava que o conteúdo lembrado dos sonhos (seu *conteúdo manifesto*) era uma expressão censurada dos desejos inconscientes do sonhador (o *conteúdo latente* do sonho). Em suas análises de sonhos, Freud procurava os conflitos internos dos pacientes.

PRÁTICA DE RECUPERAÇÃO

PR-1 De acordo com as ideias de Freud sobre a estrutura de personalidade em três partes, o ________________ opera no *princípio da realidade* e tenta equilibrar as demandas de modo a produzir prazer a longo prazo em vez de dor; o __________ opera no *princípio do prazer* e busca gratificação imediata; e o __________ representa a voz de nossos ideais internalizados (nossa *consciência*).

PR-2 Na visão psicanalítica, conflitos não resolvidos durante um dos estágios psicossexuais podem levar a ________________ nesse estágio.

PR-3 Freud acreditava que nossos mecanismos de defesa operam ______________ (consciente/inconscientemente) e nos defendem contra ______________.

RESPOSTAS NO APÊNDICE E

Teóricos neofreudianos e posteriores da psicodinâmica

QOA 14.6 Quais das ideias de Freud seus seguidores aceitaram ou rejeitaram?

Em um período histórico em que as pessoas raramente falavam sobre sexo, e certamente não conversavam sobre desejos inconscientes de sexo com os pais, os escritos de Freud provocaram intenso debate. "Na Idade Média, eles teriam me queimado", observou Freud a um amigo. "Agora eles se contentam em queimar meus livros" (Jones, 1957). Apesar da polêmica, Freud atraiu seguidores. Vários médicos jovens e ambiciosos formaram um círculo íntimo em torno de seu líder obstinado. Esses psicanalistas pioneiros, que muitas vezes chamamos de *neofreudianos*, adotaram as técnicas de entrevista de Freud e aceitaram suas ideias básicas: as estruturas de personalidade do id, ego e superego; a importância do inconsciente; as raízes infantis da personalidade; e a dinâmica entre a ansiedade e os mecanismos de defesa. Mas eles se separaram de Freud de duas maneiras importantes. Primeiro, eles deram mais ênfase ao papel da mente consciente na interpretação da experiência e no enfrentamento do ambiente. E segundo, eles duvidavam de que sexo e agressividade fossem motivações que tudo consumiam. Em vez disso, eles tendiam a enfatizar motivos mais elevados e interações sociais.

Alfred Adler e Karen Horney, por exemplo, concordaram com Freud que a infância é importante. Mas eles acreditavam que as tensões sociais da infância, não as sexuais, são cruciais para a formação da personalidade (Ferguson, 2003, 2015). Adler (que nos deu a ideia ainda popular do *complexo de inferioridade*) lutou para superar doenças e acidentes infantis. Ele acreditava que muito do nosso comportamento é impulsionado por esforços para vencer os sentimentos de inferioridade da infância que desencadeiam nossos esforços por superioridade e poder. Horney disse que a ansiedade infantil desencadeia nosso desejo de amor e segurança. Ela também se opôs às suposições de Freud de que as mulheres têm superegos fracos e sofrem da "inveja do pênis", e tentou equilibrar seu viés masculino.

Carl Jung, discípulo que se tornou dissidente de Freud, deu menos ênfase aos fatores sociais e concordou com Freud que o inconsciente exerce uma influência poderosa. Mas, para Jung, o inconsciente contém mais do que nossos pensamentos e sentimentos reprimidos. Ele acreditava que também temos um **inconsciente coletivo**, um reservatório comum de imagens, ou *arquétipos*, derivados das experiências universais de nossa espécie. Jung disse que o inconsciente coletivo explica por que, para muitas pessoas, as preocupações espirituais estão profundamente enraizadas e por que pessoas de diferentes culturas compartilham certos mitos e imagens. A maioria dos psicólogos de hoje descarta a ideia de experiências herdadas. Mas acreditam que nossa história evolutiva compartilhada moldou algumas disposições universais, e que a experiência pode deixar marcas *epigenéticas* que afetam a expressão gênica (ver Capítulo 4).

Inconsciente coletivo. Conceito de Carl Jung de um reservatório compartilhado e herdado de traços de memória da história de nossa espécie.

Macmillan Learning

Alfred Adler (1870–1937). "The individual feels at home in life and feels his existence to be worthwhile just so far as he is useful to others and is overcoming feelings of inferiority" (*Problems of Neurosis*, 1964).

Macmillan Learning

Karen Horney (1885–1952). "A visão de que as mulheres são criaturas infantis e emocionais e, como tais, incapazes de responsabilidade e independência é o resultado da tendência masculina de diminuir o autorrespeito das mulheres" (*Feminine Psychology*, 1932).

Macmillan Learning

Carl Jung (1875–1961). "Da fonte viva do instinto flui tudo o que é criativo; portanto, o inconsciente é a própria fonte do impulso criativo" (*The Structure and Dynamics of the Psyche*, 1960).

Freud morreu em 1939. Desde então, algumas de suas ideias foram incorporadas às diversas perspectivas que compõem a teoria psicodinâmica moderna. "A maioria dos teóricos e terapeutas [psicodinâmicos] contemporâneos não estão apegados à ideia de que o sexo é a base da personalidade", observou Drew Westen (1996). Eles "não falam sobre ids e egos, e não saem por aí classificando seus pacientes como personagens orais, anais ou fálicos". O que eles supõem, como Freud e com muito apoio da ciência psicológica de hoje, é que grande parte de nossa vida mental é inconsciente. Como Freud, eles também assumem que muitas vezes lutamos com conflitos internos entre nossos desejos, medos e valores, e que a infância molda nossa personalidade e a forma como nos apegamos aos outros.

Avaliando a perspectiva psicanalítica de Freud e as visões modernas do inconsciente

QOA 14.7 Como os psicólogos contemporâneos veem a psicanálise de Freud?

PESQUISA MODERNA CONTRADIZ MUITAS IDEIAS DE FREUD. Nós criticamos Freud a partir de uma perspectiva do século XXI. Freud não teve acesso a estudos de neurotransmissores ou de DNA, ou a tudo o que aprendemos desde então sobre o desenvolvimento, pensamento e emoção humanos. Criticar sua teoria comparando-a com o pensamento de hoje é como criticar o Ford Modelo T comparando-o com o Tesla Model 3. É tentador julgar o passado a partir da perspectiva do nosso presente.

"Muitos aspectos da teoria freudiana estão de fato desatualizados, e deveriam estar: Freud morreu em 1939, e ele demorou para fazer novas revisões."
– Psicólogo Drew Westen (1998)

No entanto, tanto os seguidores de Freud quanto seus detratores concordam que as pesquisas recentes contradizem muitas de suas ideias específicas. Os psicólogos do desenvolvimento de hoje veem nosso *desenvolvimento ao longo da vida*, não fixo na infância. Eles duvidam de que as redes neurais dos bebês sejam maduras o suficiente para sustentar tanto trauma emocional quanto Freud supôs. Alguns pensam que Freud superestimou a influência dos pais e subestimou a influência dos pares. Esses críticos também duvidam de que a consciência e a identidade de gênero se formem à medida que a criança resolve o complexo de Édipo (ou Electra) aos 5 ou 6 anos. Adquirimos nossa identidade de gênero mais cedo, e aqueles que se tornam fortemente masculinos ou femininos o fazem, mesmo sem a presença de um dos pais do mesmo gênero. E eles observam que as ideias de Freud sobre a sexualidade infantil surgiram de histórias de abuso sexual na infância contadas por suas pacientes – histórias que alguns estudiosos acreditam que Freud duvidou e atribuiu aos desejos e conflitos sexuais infantis de suas próprias pacientes (Esterson, 2001; Powell & Boer, 1994). Hoje, sabemos que *abuso sexual na infância de fato acontece* e entendemos como o questionamento de Freud pode ter criado falsas memórias de abuso.

A pesquisa moderna sobre os sonhos contesta a crença de Freud de que eles disfarçam e realizam desejos. E os atos falhos podem ser explicados como competição entre escolhas verbais semelhantes em nossa rede de memória. Alguém que diz "Eu não quero fazer isso – é muito bordel [*brothel*]" pode simplesmente estar misturando *incômodo* [*bother*] e *problema* [*trouble*] (Foss & Hakes, 1978). Ao pesquisar os quase 300 mil *e-mails* que [DM] recebi desde 2000, vejo que amigos me escreveram sobre sua experiência na "Wisconsin Pubic Radio" e sobre acessibilidade em "locais púbicos". E eu [ND] recebi um *e-mail* apoiando uma nova política para o "púbis em geral". Provavelmente são erros de digitação aleatórios, conclui uma análise de *big data* sobre erros de digitação (Stephens-Davidowitz, 2017).

A história também falhou em apoiar a ideia de Freud de que a sexualidade reprimida causa transtornos psicológicos. Do tempo de Freud ao nosso, a inibição sexual diminuiu; os transtornos psicológicos, não. Os psicólogos criticam ainda mais a teoria de Freud por suas deficiências científicas. Lembre-se, do Capítulo 1, de que boas teorias científicas explicam observações e oferecem hipóteses testáveis. A teoria de Freud baseia-se em poucas observações objetivas, e partes dela oferecem poucas hipóteses testáveis. Para Freud, suas próprias lembranças e interpretações das associações livres, sonhos e atos falhos dos pacientes – às vezes selecionados para apoiar sua teoria – eram evidências suficientes.

Qual é o problema mais sério com a teoria de Freud? Ela oferece explicações sobre qualquer característica depois do fato ocorrido (o fumar de uma pessoa, o medo de cavalos de outra, a orientação sexual de outra), mas falha em *prever* esses comportamentos e traços. Se você sente raiva por causa da morte de sua mãe, você ilustra a teoria de Freud porque "suas necessidades de dependência não resolvidas da infância estão ameaçadas". Se você não sente raiva, você ilustra novamente a teoria dele porque "você está reprimindo sua raiva". Isso "é como apostar em um cavalo após a corrida" (Hall & Lindzey, 1978, p. 68). Uma boa teoria faz previsões testáveis.

Então, a psicologia deveria impor uma ordem para "Permitir a Morte Natural" dessa antiga teoria? Os partidários de Freud se opõem. Criticar a teoria freudiana por não fazer previsões testáveis é, dizem eles, como criticar o beisebol por não ser um exercício aeróbico – algo que nunca foi planejado para ser. Freud nunca afirmou que a psicanálise era uma ciência preditiva; ele apenas afirmou que, olhando para trás, os psicanalistas poderiam encontrar algum significado em nosso estado de espírito (Rieff, 1979).

Os defensores de Freud também observam que algumas de suas ideias *permanecem* válidas. Foi Freud quem chamou nossa atenção para o inconsciente e o irracional, em uma época em que essas ideias não eram populares. Desde então, muitos pesquisadores estudaram nossa irracionalidade (Ariely, 2010; Thaler, 2015). O psicólogo Daniel Kahneman (em 2002) e o economista comportamental Richard Thaler (em 2017) ganharam Prêmios Nobel por seus estudos sobre nossa tomada de decisão defeituosa. Freud também chamou nossa atenção para a importância da sexualidade humana com relação à tensão entre nossos impulsos biológicos e nosso bem-estar social. Foi Freud quem desafiou nossa autojustificação, expôs nossas defesas autoprotetoras e nos lembrou de nosso potencial para o mal.

PESQUISA MODERNA DESAFIA A IDEIA DE REPRESSÃO. A teoria psicanalítica baseia-se na suposição de que nossa mente muitas vezes *reprime* desejos impróprios, banindo-os para o inconsciente até que ressurjam, como livros há muito perdidos em um sótão empoeirado. Recupere e resolva os desejos conflitantes da infância, e a cura emocional deve acontecer. A repressão tornou-se um conceito amplamente aceito, usado para explicar fenômenos hipnóticos e transtornos psicológicos. Alguns seguidores psicodinâmicos estenderam o conceito de repressão para explicar memórias aparentemente perdidas e recuperadas de traumas de infância (Boag, 2006; Cheit, 1998; Erdelyi, 2006). Em uma pesquisa, 88% dos estudantes universitários acreditavam que as experiências dolorosas geralmente são empurradas para fora da consciência e para o inconsciente (Garry et al., 1994).

Os pesquisadores de hoje concordam que às vezes preservamos nossa autoestima negligenciando informações ameaçadoras (Green et al., 2008). No entanto, também descobriram que a repressão é rara, mesmo em resposta a traumas terríveis. Mesmo aqueles que testemunharam o assassinato de um dos pais ou sobreviveram aos campos de extermínio nazistas mantiveram suas memórias não reprimidas da atrocidade (Helmreich, 1992, 1994; Malmquist, 1986; Pennebaker, 1990).

"Embora [Freud] claramente tenha cometido vários erros na formulação de suas ideias, sua compreensão dos processos mentais inconscientes foi bastante acertada. Na verdade, é muito consistente com a crença dos neurocientistas modernos de que a maioria dos processos mentais é inconsciente." – Neurocientista vencedor do Prêmio Nobel Eric Kandel (2012)

Alguns pesquisadores acreditam que o estresse extremo e prolongado, como o estresse que algumas crianças gravemente abusadas experimentam, pode perturbar a memória, danificando o hipocampo (Schacter, 1996). Mas a realidade muito mais comum é que altos níveis de estresse e a liberação associada de hormônios do estresse *melhoram* a memória. De fato, estupro, tortura e outros eventos traumáticos assombram os sobreviventes, que experimentam *flashbacks* indesejados. Eles são cauterizados na alma. "Você vê os bebês", disse a sobrevivente do Holocausto Sally H. (1979). "Você vê as mães gritando. Você vê pessoas penduradas. Você se senta e olha para um determinado rosto. É algo que você não esquece."

Mente inconsciente moderna

QOA 14.8 Como a pesquisa moderna desenvolveu nossa compreensão sobre o inconsciente?

"Durante o Holocausto, muitas crianças [...] foram forçadas a suportar o insuportável. Para aqueles que continuam a sofrer, a dor ainda está presente, muitos anos depois, tão real quanto no dia em que ocorreu." – Eric Zillmer, Molly Harrower, Barry Ritzler e Robert Archer, *The Quest for the Nazi Personality*, 1995

Freud estava certo sobre uma grande ideia subjacente ao pensamento psicodinâmico de hoje: temos acesso limitado a tudo o que se passa em nossa mente (Erdelyi, 1985, 1988; Norman, 2010). Nossa mente de mão dupla tem um vasto reino invisível. Alguns pesquisadores até argumentam que "a maior parte da vida cotidiana de uma pessoa é determinada por processos de pensamento inconscientes" (Bargh & Chartrand, 1999). (Talvez, por exemplo, você possa se lembrar de estar triste ou bravo sem saber conscientemente o porquê.)

No entanto, atualmente, muitos psicólogos pesquisadores pensam no inconsciente não como paixões fervilhantes e censura repressiva, mas como o processamento de informações que ocorre sem nossa consciência. Para esses pesquisadores, o inconsciente também envolve:

- Os *esquemas* que controlam automaticamente nossas percepções e interpretações (Capítulo 6)
- A *pré-ativação* (*priming*) por meio de estímulos aos quais não atendemos conscientemente (Capítulos 6 e 8)
- A atividade do hemisfério direito que permite que a mão esquerda do paciente que sofreu *cisão cerebral* execute uma instrução que o paciente não é capaz de verbalizar (Capítulo 2)
- As *recordações implícitas* que operam sem lembrança consciente, mesmo entre aqueles com amnésia (Capítulo 8)
- As *emoções* que são ativadas instantaneamente, antes da análise consciente (Capítulo 12)
- Os *estereótipos* e os *preconceitos implícitos* que influenciam automática e inconscientemente o modo como processamos as informações sobre os outros (Capítulo 13).

Voamos no piloto automático por mais tempo do que percebemos. Nossas vidas são guiadas pelo processamento de informações inconscientes, fora da tela e fora da vista. A mente inconsciente é vasta. Entretanto, nossa compreensão atual do processamento de informações inconscientes é mais parecida com a visão pré-freudiana, de um fluxo de pensamento subterrâneo e autônomo do qual emergem comportamentos espontâneos e ideias criativas (Bargh & Morsella, 2008).

A pesquisa também apoia dois dos mecanismos de defesa de Freud. Um estudo demonstrou a existência da *formação reativa* (a troca de impulsos inaceitáveis por seus opostos) em homens que relataram fortes atitudes homofóbicas. Comparados com aqueles que não relataram esse tipo de atitude, esses homens *antigay* experimentaram maior excitação fisiológica (avaliada com um dispositivo que mede o fluxo sanguíneo para o pênis) ao assistir a vídeos de homens *gays* fazendo sexo, mesmo dizendo que os filmes não os excitaram sexualmente (Adams et al., 1996). Da mesma forma, algumas evidências sugerem que pessoas que têm orientação sexual inconsciente do mesmo gênero – mas que se identificam conscientemente como heterossexuais – relatam atitudes mais negativas com relação a homens *gays* (Weinstein et al., 2012).

A *projeção* de Freud (atribuindo nossos próprios impulsos ameaçadores aos outros) também foi confirmada. As pessoas tendem a ver seus traços, atitudes e objetivos nos outros (Baumeister et al., 1998b; Maner et al., 2005). Os pesquisadores de hoje chamam isso de *efeito do falso consenso* – a tendência de superestimar a extensão com que os outros compartilham nossas crenças e comportamentos. As pessoas que bebem demais ou ultrapassam os limites de velocidade tendem a pensar que muitas outras fazem o mesmo. No entanto, exames cerebrais mostram que a projeção parece motivada menos pela supressão de nossos impulsos sexuais e agressivos, como Freud imaginou, do que por nossa necessidade de manter uma autoimagem positiva (Welborn et al., 2017).

Finalmente, a pesquisa apoiou a ideia de Freud de que inconscientemente nos defendemos contra a ansiedade. Pesquisadores propuseram que uma fonte de ansiedade é "o terror resultante da consciência de nossa vulnerabilidade e morte" (Greenberg et al., 1997). Centenas de experimentos testando a **teoria do gerenciamento do terror** mostram que pensar sobre a própria mortalidade – por exemplo, escrever um pequeno ensaio sobre a morte e as emoções associadas – provoca várias defesas do gerenciamento do terror (Burke et al., 2010). Por exemplo, a ansiedade da morte aumenta a agressividade com relação aos rivais e aumenta a estima por si mesmo (Cohen & Solomon, 2011; Koole et al., 2006).

Diante de um mundo ameaçador, as pessoas agem não apenas para aumentar sua autoestima, mas também para aderir mais fortemente a visões de mundo que respondem a perguntas sobre o sentido da vida. A perspectiva da morte promove sentimentos religiosos, e convicções religiosas profundas permitem que as pessoas fiquem menos na defensiva – menos propensas a se levantar em defesa de sua visão de mundo – quando lembradas da morte (Jonas & Fischer, 2006; Norenzayan & Hansen, 2006). Além disso, ao contemplar a morte, as pessoas priorizam seus relacionamentos próximos (Cox & Arndt, 2012; Mikulincer et al., 2003). A morte real de entes queridos também pode provocar respostas protetoras. Durante anos, eu [ND] estudei a forma como as pessoas respondem a pensamentos sobre a morte – mas foi preciso o choque da morte inesperada da minha própria mãe para me motivar a começar a correr novamente e a viver um estilo de vida mais saudável (Hayasaki, 2014; Kashdan et al., 2014). Enfrentar a morte pode nos inspirar a reafirmar a vida.

Teoria do gerenciamento do terror. Teoria sobre a ansiedade relacionada com a morte; explora as respostas emocionais e comportamentais das pessoas aos lembretes de sua morte iminente.

Teste de apercepção temática (TAT). Teste projetivo no qual as pessoas expressam seus sentimentos e interesses internos por meio das histórias que inventam sobre cenas ambíguas.

Teste projetivo. Teste de personalidade, como o TAT ou Rorschach, que fornece imagens ambíguas projetadas para desencadear a projeção da dinâmica interna das pessoas.

Teste de mancha de tinta de Rorschach. Teste projetivo desenhado por Hermann Rorschach; procura identificar os sentimentos internos das pessoas analisando como elas interpretam 10 manchas de tinta.

PERGUNTE A SI MESMO

Que compreensões e impressões de Freud você trouxe para este curso? Você está surpreso ao descobrir que algumas de suas ideias têm valor, ou que outras foram questionadas?

PRÁTICA DE RECUPERAÇÃO

PR-4 Que grandes ideias sobreviveram da teoria psicanalítica de Freud? De que forma a teoria de Freud foi criticada?

PR-5 Quais elementos da psicanálise tradicional os teóricos e terapeutas *psicodinâmicos* modernos retiveram, e quais elementos abandonaram?

RESPOSTAS NO APÊNDICE E

Avaliação de processos inconscientes

QOA **14.9** O que são *testes projetivos*, como são usados, e quais são algumas críticas a eles?

Os testes de personalidade refletem as ideias básicas de teorias de personalidade particulares. Então, qual poderia ser a ferramenta de avaliação de escolha para alguém que trabalha na tradição freudiana? Precisaria fornecer algum tipo de caminho para o inconsciente – para desenterrar os resíduos das experiências da primeira infância, mover-se sob os pensamentos superficiais e revelar conflitos e impulsos ocultos. Ferramentas objetivas de avaliação, como questionários concordo-discordo ou verdadeiro-falso, seriam inadequadas porque apenas tocariam a superfície consciente.

Henry Murray (1933) demonstrou uma possível base para esse tipo de teste em uma festa organizada por sua filha de 11 anos. Murray envolveu as crianças em um jogo assustador chamado "Assassinato". Quando algumas das fotos foram mostradas após o jogo, as crianças perceberam as fotos como mais maliciosas do que antes do jogo. Essas crianças, parecia a Murray, haviam *projetado* seus sentimentos internos nas fotos.

Alguns anos depois, Murray introduziu o **Teste de Apercepção Temática** (TAT – *Thematic Apperception Test*) – um **teste projetivo** no qual as pessoas veem imagens ambíguas e depois criam histórias sobre elas. Quando é mostrado um menino sonhando acordado, presume-se que aqueles que imaginam que ele está fantasiando sobre uma conquista estejam projetando seus próprios objetivos. "Como regra", disse Murray, "o sujeito sai do teste alegremente sem saber que apresentou ao psicólogo o que equivale a uma "radiografia" de seu eu (*self*) interior" (citado por Talbot, 1999).

Numerosos estudos sugerem que Murray estava certo: o TAT fornece um mapa válido e confiável dos motivos implícitos das pessoas (Jenkins, 2017). Por exemplo, essa narrativa tem sido usada para avaliar a *motivação de realização* e *afiliação* (Drescher & Schultheiss, 2016; Schultheiss et al., 2014). As respostas do TAT também mostram consistência ao longo do tempo (Lundy, 1985; Schultheiss & Pang, 2007). Mostre uma foto para as pessoas hoje e elas imaginarão uma história semelhante à que contarão quando, um mês depois, virem a mesma foto.

O psiquiatra suíço Hermann Rorschach (1884-1922) criou o teste projetivo mais amplamente utilizado. Ele baseou seu famoso **teste da mancha de tinta do Rorschach** (Figura 14.2) em um jogo infantil. Ao contrário das imagens da vida natural do TAT, Rorschach e seus amigos pingavam tinta em um papel, dobravam-no e depois diziam o que viam na mancha de tinta resultante (Sdorow, 2005). Você vê animais predadores ou armas? Se sim, talvez você tenha tendências agressivas. Mas isso é uma suposição razoável, considerando que as manchas de tinta não têm nenhum significado real? A resposta varia.

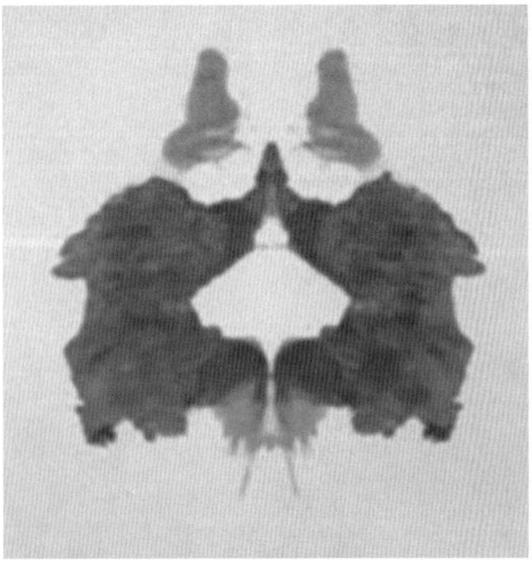
Domínio público

Figura 14.2 Teste de Rorschach. Nesse teste projetivo, as pessoas contam o que veem em uma série de manchas de tinta simétricas. Alguns que usam este teste estão confiantes de que a interpretação de imagens ambíguas revelará aspectos inconscientes da personalidade do examinando. *(Esta figura encontra-se reproduzida em cores no Encarte.)*

Alguns clínicos apreciam o teste de Rorschach, convencidos de que ele projeta a motivação interna do seu cliente sobre o mundo exterior. Outros veem o teste como uma fonte de pistas sugestivas, um quebra-gelo ou uma técnica de entrevista reveladora. A Society for Personality Assessment (2005) elogia o "uso responsável" do teste quando "apropriado e justificado" (o que não incluiria, por exemplo, o uso do teste para inferir abuso sexual infantil).

Mas os críticos insistem em que o teste de Rorschach não é uma ressonância magnética emocional. Eles argumentam que apenas alguns dos muitos escores derivados do Rorschach, como aqueles para comprometimento cognitivo e transtorno do pensamento, demonstraram confiabilidade e validade (Mihura et al., 2013, 2015; Wood et al., 2015). E as avaliações de manchas de tinta diagnosticaram incorretamente muitos adultos saudáveis como patológicos (Wood, 2003; Wood et al., 2006). "Mesmo profissionais experientes podem ser enganados por suas intuições e sua fé em ferramentas que carecem de fortes evidências de eficácia", advertiram Scott Lilienfeld, James Wood e Howard Garb (2001, p. 47). "Quando um corpo substancial de pesquisa demonstra que velhas intuições estão erradas, é hora de adotar novas formas de pensar."

PRÁTICA DE RECUPERAÇÃO

PR-6 Os testes __________________ pedem aos participantes que respondam a uma imagem ambígua descrevendo-a ou contando uma história sobre ela.

RESPOSTAS NO APÊNDICE E

"O Rorschach [teste da mancha de tinta] tem a dúbia distinção de ser, simultaneamente, o mais querido e o mais vilipendiado de todas as ferramentas de avaliação psicológica."
– John Hunsley e J. Michael Bailey (1999)

REVISÃO Introdução à personalidade e teorias psicodinâmicas

OBJETIVOS DE APRENDIZAGEM

Teste a si mesmo. Responda às Questões dos Objetivos de Aprendizagem (antes de conferir as respostas no Apêndice D) para aprimorar a retenção dos conceitos estudados (McDaniel et al., 2009, 2015).

QOA 14.1 O que é *personalidade*, e quais teorias afetam nossa compreensão sobre a personalidade?

QOA 14.2 Como o tratamento de transtornos psicológicos de Sigmund Freud levou à sua visão da mente inconsciente?

QOA 14.3 Qual era a visão de Freud sobre a personalidade?

QOA 14.4 Quais estágios de desenvolvimento Freud propôs?

QOA 14.5 Como Freud achava que as pessoas se defendiam contra a ansiedade?

QOA 14.6 Quais das ideias de Freud seus seguidores aceitaram ou rejeitaram?

QOA 14.7 Como os psicólogos contemporâneos veem a psicanálise de Freud?

QOA 14.8 Como a pesquisa moderna desenvolveu nossa compreensão sobre o inconsciente?

QOA 14.9 O que são *testes projetivos*, como são usados, e quais são algumas críticas a eles?

TERMOS E CONCEITOS A RECORDAR

Teste a si mesmo. Escreva a definição com suas próprias palavras e depois confirme sua resposta.

personalidade, p. 509
teorias psicodinâmicas, p. 509
psicanálise, p. 509
inconsciente, p. 509
associação livre, p. 509
id, p. 510
ego, p. 510
superego, p. 510
estágios psicossexuais, p. 510
complexo de Édipo, p. 510
identificação, p. 510
fixação, p. 511
mecanismos de defesa, p. 511
repressão, p. 511
inconsciente coletivo, p. 512
teoria do gerenciamento do terror, p. 515
teste de apercepção temática (TAT), p. 516
teste projetivo, p. 516
teste de mancha de tinta de Rorschach, p. 516

DOMINE O MATERIAL

Teste a si mesmo. Responda às questões a seguir por conta própria, a princípio, depois confira as respostas no Apêndice E.

1. De acordo com a visão de Freud sobre a estrutura da personalidade, o sistema "executivo", o __________, procura gratificar os impulsos do __________ de maneiras mais aceitáveis.
   a. id; ego
   b. ego; superego
   c. ego; id
   d. id; superego

2. Freud propôs que o desenvolvimento da "voz de nossa bússola moral" está relacionado com o __________________, que internaliza ideais e fornece padrões para julgamentos.

3. De acordo com a visão psicanalítica do desenvolvimento, todos nós passamos por uma série de estágios psicossexuais, incluindo os estágios oral, anal e fálico. Conflitos não resolvidos, em qualquer um desses estágios, podem levar a
   a. sentimentos sexuais adormecidos.
   b. fixação nessa fase.
   c. bloqueio pré-consciente de impulsos.
   d. identidade de gênero distorcida.

4. Freud acreditava que os mecanismos de defesa são tentativas inconscientes de distorcer ou disfarçar a realidade, tudo em um esforço para reduzir nossa __________________.

5. Freud acreditava que podemos bloquear pensamentos, desejos, sentimentos ou memórias dolorosas ou inaceitáveis da consciência por meio de um processo inconsciente chamado de __________________.

6. Em geral, neofreudianos como Adler e Horney aceitaram muitas das visões de Freud, mas colocaram mais ênfase do que ele em
   a. desenvolvimento ao longo da vida.
   b. inconsciente coletivo.
   c. papel do id.
   d. interações sociais.

7. Os teóricos e terapeutas psicodinâmicos modernos concordam com Freud sobre
   a. a existência de processos mentais inconscientes.
   b. o complexo de Édipo.

c. o valor preditivo da teoria freudiana.
d. o papel do superego como a parte executiva da personalidade.

8. Qual dos seguintes itens NÃO faz parte da visão contemporânea do inconsciente?
a. memórias reprimidas de eventos que provocam ansiedade.
b. esquemas que influenciam nossas percepções e interpretações.
c. estereótipos que afetam nosso processamento de informações.
d. emoções ativadas instantaneamente e memórias implícitas de habilidades aprendidas.

Teorias humanistas e teorias dos traços

Teorias humanistas. Teorias que veem a personalidade com foco no potencial de crescimento pessoal saudável.

Hierarquia de necessidades. A pirâmide das necessidades de Maslow inicia na base com as necessidades fisiológicas que precisam ser satisfeitas primeiro, antes das necessidades de segurança de nível superior e, em seguida, das necessidades psicológicas.

Autorrealização. De acordo com Maslow, é uma das necessidades psicológicas finais que surge depois que as necessidades físicas e psicológicas básicas são satisfeitas e a autoestima é alcançada; a motivação para realizar o seu potencial.

Autotranscendência. De acordo com Maslow, a luta por identidade, significado e propósito além do eu.

Teorias humanistas

QOA **14.10** Como os psicólogos humanistas viam a personalidade, e qual era seu objetivo ao estudá-la?

Na década de 1960, alguns psicólogos da personalidade ficaram descontentes com o foco, às vezes sombrio, em impulsos e conflitos na teoria psicodinâmica, e com a psicologia mecanicista do *behaviorismo* de B. F. Skinner (ver Capítulo 7). Dois teóricos pioneiros – Abraham Maslow e Carl Rogers – ofereceram uma *perspectiva de terceira força* que enfatizava nosso potencial de crescimento pessoal saudável. Em contraste com a ênfase de Sigmund Freud em transtornos oriundos de conflitos sombrios, esses **teóricos humanistas** enfatizaram as maneiras pelas quais as pessoas lutam pela autodeterminação e autorrealização. Em contraste com a objetividade científica do behaviorismo, eles estudavam as pessoas por meio de experiências e sentimentos autorrelatados.

A pessoa autorrealizadora de Abraham Maslow

Maslow propôs que somos motivados por uma **hierarquia de necessidades** (ver Capítulo 11). Se nossas necessidades fisiológicas são atendidas, nós nos preocupamos com a segurança pessoal. Se alcançamos uma sensação de segurança, procuramos amar e ser amados. Com nossas necessidades amorosas satisfeitas, buscamos a autoestima. Assim que conseguimos a autoestima, em última análise, procuramos alcançar a **autorrealização** (que é o processo de realização de nosso potencial) e a **autotranscendência** (significado, propósito e identidade além do eu).

Maslow (1970) desenvolveu suas ideias estudando pessoas saudáveis e criativas em vez de casos clínicos de pessoas problemáticas. Sua descrição da autorrealização surgiu de seu estudo de pessoas, como Abraham Lincoln, que pareciam notáveis por suas vidas significativas e produtivas. Maslow relatou que essas pessoas compartilhavam certas características: eram autoconscientes e tinham autoaceitação, eram abertas e espontâneas, amorosas e atenciosas, e não se sentiam paralisadas pelas opiniões dos outros (Kaufman, 2018). Seguras em seu senso de quem eram, seus interesses eram centrados na tarefa e não em si mesmas. Curiosas com o mundo, abraçaram as incertezas e se esforçaram para buscar novas experiências (Compton, 2018; Kashdan, 2009). Uma vez que concentravam suas energias em uma tarefa específica, muitas vezes a consideravam sua missão de vida, ou "chamado" (Hall & Chandler, 2005). A maioria desfrutava de alguns relacionamentos profundos, em vez de muitos superficiais. Muitos foram movidos por *experiências* espirituais ou *pessoais* que ultrapassaram a consciência comum. Essas, disse Maslow (1970), são qualidades adultas maduras encontradas naqueles que aprenderam o suficiente sobre a vida para serem compassivos, superaram seus sentimentos contraditórios em relação aos pais, encontraram seu chamado, "adquiriram coragem suficiente para serem impopulares, para não sentirem vergonha por serem abertamente virtuosos". (Teste seu próprio nível de autorrealização na Figura 14.3.)

Macmillan Learning

Abraham Maslow (1908-1970). "Qualquer teoria da motivação que merece atenção deve lidar com as mais altas capacidades da pessoa saudável e forte, bem como com as manobras defensivas de espíritos desajustados" (*Motivation and Personality*, 1970, p. 33).

Características da escala de autorrealização (CSAS)

Aqui estão algumas características que podem ou não descrever você. Por favor, selecione a resposta que melhor indica até que ponto você concorda ou discorda de cada afirmação. Seja o mais honesto possível, mas confie em seu sentimento inicial e não pense muito.

1	2	3	4	5
Discordo totalmente	Discordo	Neutro	Concordo	Concordo plenamente

1. ___ Muitas vezes sinto gratidão pelo bem em minha vida, não importa quantas vezes eu o encontre.
2. ___ Aceito todos os lados de mim mesmo, inclusive meus defeitos.
3. ___ Assumo a responsabilidade por minhas ações.
4. ___ Muitas vezes não me incomodo e não me aborreço com coisas que parecem incomodar a maioria das pessoas.
5. ___ Tenho um propósito na vida que ajudará o bem da humanidade.
6. ___ Muitas vezes tenho uma percepção clara da realidade.
7. ___ Tenho um desejo genuíno de ajudar a raça humana.
8. ___ Muitas vezes tenho experiências nas quais me sinto um com todas as pessoas e coisas deste planeta.
9. ___ Tenho um forte senso de certo e errado em minha vida diária.
10. ___ Trago uma atitude geralmente criativa em todo o meu trabalho.

Guia de pontuação:

Some suas pontuações e divida por 10 de sua pontuação total. Os itens anteriores representam as 10 características de autorrealização estudadas por Scott Barry Kaufman (2018):

(1) Apreciação contínua, (2) Aceitação, (3) Autenticidade, (4) Equanimidade (calma mental), (5) Propósito, (6) Busca da verdade, (7) Humanitarismo (preocupação com o bem-estar humano), (8) Experiências de pico, (9) Boa intuição moral e (10) Espírito criativo.

Kaufman descobriu que aqueles com pontuações mais altas experimentavam "maior satisfação com a vida, autoaceitação, relações positivas, crescimento pessoal, propósito na vida e experiências autotranscendentes", bem como "criatividade em vários domínios de realização".

Figura 14.3 Características da escala de autorrealização (CSAS). Essa versão abreviada do CSAS representa as 10 características estudadas por Scott Barry Kaufman (2018).

Perspectiva centrada na pessoa de Carl Rogers

O colega psicólogo humanista Carl Rogers concordou com grande parte do pensamento de Maslow. A *perspectiva centrada na pessoa* de Rogers sustentava que as pessoas são basicamente boas e dotadas de tendências de autorrealização. A menos que seja frustrado por um ambiente que inibe o crescimento, cada um de nós é como uma noz, preparada para o crescimento e a realização. Rogers (1980) acreditava que um clima social promotor do crescimento oferece:

- ***Aceitação.*** Quando as pessoas sentem *aceitação*, elas oferecem um **acolhimento positivo incondicional**, uma atitude de graça que nos valoriza, mesmo sabendo de nossas falhas. É um profundo alívio abandonar nossas pretensões, confessar nossos piores sentimentos e descobrir que ainda somos aceitos. Em um bom casamento, uma família próxima ou uma amizade íntima, somos livres para ser espontâneos sem medo de perder a estima dos outros
- ***Autenticidade.*** Quando as pessoas são *autênticas*, elas são abertas em relação aos próprios sentimentos, se despem de suas fachadas, são transparentes e se apresentam como são
- ***Empatia.*** Quando as pessoas são *empáticas*, elas compartilham e espelham os sentimentos dos outros e refletem sobre o significado. "Raramente escutamos com real compreensão, verdadeira empatia", disse Rogers. "No entanto, esse tipo muito especial de escuta é uma das forças mais potentes para a mudança que eu conheço."

Acolhimento positivo incondicional. Atitude de cuidado, aceitação e não julgamento, que Carl Rogers acreditava que ajudaria as pessoas a desenvolver autoconsciência e autoaceitação.

Aceitação, autenticidade e empatia são, acreditava Rogers, a água, o sol e os nutrientes que permitem que as pessoas evoluam de nozes a árvores vigorosas. Pois "à medida que as pessoas são aceitas e valorizadas, elas tendem a desenvolver uma atitude mais cuidadosa em relação a si mesmas" (Rogers, 1980, p. 116). À medida que as pessoas são escutadas com empatia, "torna-se possível para elas ouvir com mais precisão o fluxo de suas experiências internas".

O escritor Calvin Trillin (2006) lembrou um exemplo de aceitação e autenticidade dos pais em um acampamento para crianças com transtornos graves, onde sua esposa, Alice, trabalhava. L., uma "criança mágica", tinha doenças genéticas que a obrigavam a ser alimentada por sonda e só conseguia andar com dificuldade. Alice lembra:

> Um dia, quando estávamos brincando de lenço atrás, eu estava sentada atrás dela e ela me pediu para segurar sua correspondência enquanto era sua vez de ser perseguida em torno do círculo. Ela demorou um pouco para fazer o circuito, e eu tive tempo de ver que em cima

Macmillan Learning

Carl Rogers (1902-1987). "O paradoxo curioso é que, quando me aceito como sou, posso mudar" (*On Becoming a Person*, 1961).

Autoconceito. Nossos pensamentos e sensações a respeito de nós mesmos em resposta à pergunta "Quem sou eu?"

da pilha [de correspondência] estava um bilhete da mãe dela. Então eu fiz algo realmente horrível. [...] Eu simplesmente precisava saber o que os pais dessa criança poderiam ter feito para torná-la tão espetacular, para torná-la o ser humano mais otimista, mais entusiasmado e mais cheio de esperança que já encontrei. Dei uma olhada rápida no bilhete e meus olhos caíram sobre esta frase: "Se Deus tivesse nos oferecido todas as crianças do mundo para escolher, L., nós escolheríamos você." Antes que L. voltasse para seu lugar no círculo, mostrei o bilhete para Bud, que estava sentado ao meu lado. "Rápido. Leia isso," eu sussurrei. "É o segredo da vida."

SDI Productions/Getty Images

Imagem da empatia. Poder se abrir e compartilhar confidências é mais fácil quando o ouvinte mostra uma compreensão real. Nesses relacionamentos, podemos relaxar e expressar plenamente nosso verdadeiro eu (*self*).

Maslow e Rogers teriam sorrido com ares de quem sabe das coisas. Para eles, a característica central da personalidade é o **autoconceito** – todos os pensamentos e sentimentos que temos em resposta à pergunta "Quem sou eu?" Se nosso autoconceito for positivo, tendemos a agir e perceber o mundo positivamente. Se for negativo – se aos nossos próprios olhos estivermos muito aquém do nosso *eu ideal* (*ideal self*) – disse Rogers, nos sentimos insatisfeitos e infelizes. Um objetivo que vale a pena para terapeutas, pais, professores e amigos é, portanto, disse ele, ajudar os outros a se conhecer, a se aceitar e a ser verdadeiro consigo mesmo.

PERGUNTE A SI MESMO

Pense em uma conversa que você teve quando sabia que alguém estava apenas esperando a vez de falar em vez de ouvir você. Agora considere a última vez que alguém ouviu você com empatia. Como essas duas experiências diferem?

Avaliando o *self*

QOA 14.11 Como os psicólogos humanistas avaliam o senso de identidade (*self*) de uma pessoa?

Os psicólogos humanistas algumas vezes investigavam a personalidade pedindo às pessoas que preenchessem questionários para avaliar seu autoconceito. Um questionário, inspirado por Carl Rogers, pedia às pessoas que se descrevessem como elas *realmente* eram e como *gostariam de ser*. Quando o *self* ideal e o *self* real são parecidos, disse Rogers, o autoconceito é positivo. Quando avaliava o crescimento pessoal de seus pacientes durante a terapia, ele procurava classificações sucessivamente mais próximas entre o *self* real e o *self* ideal.

Alguns psicólogos humanistas acreditavam que qualquer avaliação padronizada da personalidade, até mesmo um questionário, é "despersonalizante". Em vez de forçar a pessoa a responder a categorias restritas, esses psicólogos humanistas consideram que entrevistas e conversas íntimas proporcionariam uma melhor compreensão das experiências únicas de cada pessoa. Atualmente, alguns pesquisadores acreditam que nossa identidade pode ser revelada usando a *abordagem da história de vida* – coletando uma narrativa rica, que detalhe a história de vida única de uma pessoa (Adler et al., 2016; McAdams & Guo, 2015). Uma vida inteira de histórias pode mostrar mais a identidade completa de uma pessoa do que as respostas a algumas perguntas (Waters et al., 2019).

Avaliando teorias humanistas

QOA 14.12 Como as teorias humanistas influenciaram a psicologia? Que críticas enfrentaram?

Uma coisa que se diz sobre Freud também pode ser dita sobre os psicólogos humanistas: seu impacto tem sido generalizado. As ideias de Maslow e Rogers influenciaram o aconselhamento, a educação, a criação dos filhos e a administração. E eles lançaram as bases para o subcampo da *psicologia positiva* científica de hoje (Capítulo 12).

Esses teóricos também influenciaram – às vezes sem intenção – grande parte da psicologia popular de hoje. Um autoconceito positivo é a chave para a felicidade e o sucesso? A aceitação e a empatia ajudam a nutrir sentimentos positivos sobre nós mesmos? As pessoas são basicamente boas e capazes de aperfeiçoamento? Muitas pessoas respondem sim, sim e sim. Em 2006, estudantes do ensino médio dos EUA relataram uma autoestima notavelmente mais alta e maiores expectativas de sucesso futuro, na carreira, do que os alunos que viviam em 1975, antes que a filosofia do bem-estar da psicologia humanista se infundisse na cultura americana (Twenge & Campbell, 2008). Podendo escolher, estudantes universitários norte-americanos disseram que preferem obter um aumento de autoestima, como um elogio ou uma boa nota em um trabalho, a desfrutar de uma comida favorita ou de atividade sexual (Bushman et al., 2011). A mensagem da psicologia humanista foi ouvida.

Mas a proeminência da perspectiva humanista desencadeou uma reação crítica. Primeiro, disseram os críticos, seus conceitos são vagos e subjetivos. Considere a descrição de Maslow de pessoas autorrealizadas como autênticas, espontâneas, amorosas, com autoaceitação e produtivas. Esta é uma descrição científica? Ou é apenas uma descrição dos próprios valores e ideais do teórico? Maslow, observou M. Brewster Smith (1978), forneceu impressões de seus próprios heróis pessoais. Imagine outro teórico que começou com um conjunto diferente de heróis – talvez o conquistador militar francês, Napoleão, e o presidente dos EUA, Donald Trump. Esse teórico pode descrever pessoas autorrealizadas como "indiferentes às opiniões dos outros", "motivadas a alcançar suas metas" e "obcecadas pelo poder".

Os críticos também se opuseram à ideia de que, como Rogers (1985) colocou, "a única questão que importa é 'Estou vivendo de uma maneira que é profundamente satisfatória para mim e que realmente me expressa?'" Essa ênfase no *individualismo* – confiar e agir de acordo com os próprios sentimentos, ser fiel a si mesmo, e realizar-se – pode levar à autoindulgência, ao egoísmo e à erosão das restrições morais (Campbell & Specht, 1985; Wallach & Wallach, 1983). Imagine trabalhar um projeto em grupo com pessoas que se recusam a concluir qualquer tarefa que não seja profundamente satisfatória ou que não expresse verdadeiramente sua identidade.

Psicólogos humanistas responderam que uma autoaceitação segura e não defensiva é, na verdade, o primeiro passo para amar os outros. Na verdade, pessoas que se sentem intrinsecamente queridas e aceitas – por quem são, não apenas por suas realizações – exibem atitudes menos defensivas (Schimel et al., 2001). Aqueles que se sentem queridos e aceitos por um parceiro romântico relatam que são mais felizes em seus relacionamentos e que agem mais gentilmente em relação ao parceiro (Gordon & Chen, 2010).

Uma acusação final feita contra a psicologia humanista é que ela é ingênua – que não consegue apreciar a realidade de nossa capacidade humana para o mal (May, 1982). Diante da crise climática, da superpopulação, do terrorismo e da disseminação de armas nucleares, podemos nos tornar apáticos diante de duas possibilidades. Uma delas é um otimismo cego que nega a ameaça ("As pessoas são basicamente boas; tudo vai dar certo"). A outra é um desespero sombrio ("É impossível; por que tentar?"). A ação requer realismo suficiente para alimentar a preocupação e otimismo suficiente para oferecer esperança. (O pessimismo muitas vezes cumpre suas próprias previsões, restringindo nossos esforços de mudança.) A psicologia humanista, dizem os críticos, encoraja a esperança necessária, mas não o realismo igualmente necessário sobre as ameaças.

PRÁTICA DE RECUPERAÇÃO

PR-1 Como as *teorias humanistas* forneceram uma nova perspectiva?

PR-2 O que significa ser *empático*? E *autorrealização*? Quais psicólogos humanistas usaram esses termos?

RESPOSTAS NO APÊNDICE E

Teorias dos traços

QOA 14.13 Como os psicólogos utilizam os traços para descrever a personalidade?

Em vez de se concentrar em forças inconscientes e oportunidades de crescimento frustradas, alguns pesquisadores tentam definir a personalidade em termos de padrões de comportamento estáveis e duradouros, como a autodisciplina de Lady Gaga e a abertura a novas experiências. Essa perspectiva pode ser atribuída, em parte a um encontro notável em 1919, quando Gordon Allport, um curioso estudante de psicologia, de 22 anos, entrevistou Sigmund Freud em Viena. Allport logo descobriu o quanto Freud estava preocupado em encontrar motivos ocultos, mesmo no próprio comportamento de Allport durante a entrevista. Essa experiência acabou levando Allport a fazer o que Freud não fez: descrever a personalidade em termos de **traços** fundamentais, ou comportamentos característicos das pessoas e motivos conscientes (como a curiosidade que realmente motivou Allport a ver Freud). Conhecer Freud, disse Allport, "me ensinou que [a psicanálise], apesar de todos os seus méritos, pode mergulhar fundo demais, e que os psicólogos fariam bem em reconhecer plenamente as motivações manifestas, antes de sondar o inconsciente". Allport veio a definir a personalidade em termos de padrões de comportamento identificáveis. Ele estava menos preocupado em *explicar* os traços individuais do que em *descrevê-los*.

Como Allport, Isabel Briggs Myers (1987) e sua mãe, Katharine Briggs, queriam descrever importantes diferenças de personalidade. Eles tentaram classificar as pessoas de acordo

Traço. Padrão característico de comportamento ou uma disposição para sentir e agir de determinada maneira, conforme avaliado por inventários de autorrelato e relatórios de pares.

com os *tipos de personalidade* de Carl Jung, com base em suas respostas a 126 perguntas. O *indicador tipológico de Myers-Briggs* (MBTI, Myers-Briggs *type indicator*), disponível em mais de 20 idiomas, foi utilizado por milhões de pessoas, principalmente para aconselhamento, treinamento em liderança e desenvolvimento de equipes de trabalho (CPP, 2017). Ele oferece opções, como "Você geralmente valoriza o sentimento mais do que a lógica, ou valoriza a lógica mais do que o sentimento?" Em seguida, ele contabiliza as preferências do candidato, rotula-as como indicando, digamos, um "tipo de sentimento" ou um "tipo de pensamento" e as devolve à pessoa em termos elogiosos. Os tipos sentimentais, por exemplo, são informados de que são "simpáticos, gratos e cheios de tato"; os tipos pensantes são informados de que são "bons em analisar". (Cada tipo tem seus pontos fortes, então todos são reforçados.)

A maioria das pessoas concorda com o perfil MBTI anunciado, que reflete suas preferências declaradas. Eles também podem aceitar seu rótulo como base para serem combinados com parceiros de trabalho ou namoro e com tarefas que supostamente combinam com seus temperamentos. Mas um relatório do National Research Council americano observou que, apesar da popularidade do teste no aconselhamento de negócios e carreira, seu uso superou as pesquisas sobre sua validade como preditor de desempenho no trabalho. "A popularidade deste instrumento na ausência de valor científico comprovado é problemática." (Druckman & Bjork, 1991, p. 101; ver também Pittenger, 1993). Embora pesquisas sobre o MBTI venham se acumulando desde que essas palavras de advertência foram expressas, o teste continua sendo principalmente uma ferramenta de aconselhamento e treinamento, não um instrumento de pesquisa. Felizmente, pesquisas mais recentes oferecem ferramentas confiáveis e válidas para explorar características.

Explorando os traços

Cada um de nós é um complexo único de múltiplos traços. Então, como podemos descrever nossa personalidade de uma maneira que capture nossa individualidade? Podemos descrever uma maçã colocando-a ao longo de várias dimensões de traços – relativamente grande ou pequena, vermelha ou verde, doce ou azeda. Ao colocar as pessoas em várias dimensões de traços simultaneamente, os psicólogos podem descrever inúmeras variações individuais de personalidade.

Que dimensões de traços descrevem a personalidade? Se você estivesse olhando perfis em um serviço de namoro *online*, quais traços de personalidade lhe dariam a melhor visão de cada pessoa? Allport e seu associado H. S. Odbert (1936) contaram todas as palavras de um dicionário completo com as quais se poderia descrever pessoas. Em inglês, foram quase 18 mil! Como, então, os psicólogos poderiam condensar a lista em um número gerenciável de traços básicos?

ANÁLISE FATORIAL. Uma das técnicas é a *análise fatorial*, um procedimento estatístico que identifica agrupamentos (fatores) de modelos para teste que exploram componentes básicos de uma característica (McCabe & Fleeson, 2016). Imagine que pessoas que se descrevem como extrovertidas também tendem a dizer que gostam de emoção e brincadeiras e não gostam de leitura silenciosa. Esse conjunto de comportamentos estatisticamente correlacionados reflete um fator básico, ou traço – neste caso, a *extroversão*.

Os psicólogos britânicos Hans Eysenck e Sybil Eysenck acreditavam que podemos reduzir muitas de nossas variações individuais normais a duas dimensões: *extroversão-introversão* e *estabilidade-instabilidade emocional* (Figura 14.4). Pessoas em 35 países ao redor do mundo,

Figura 14.4 Duas dimensões de personalidade. Os cartógrafos podem nos dizer muito usando dois eixos (norte-sul e leste-oeste). Dois fatores primários de personalidade (extroversão-introversão e estabilidade-instabilidade) são igualmente úteis como eixos para descrever a variação da personalidade. Combinações variadas definem outros traços mais específicos (Eysenck & Eysenck, 1963). Embora muitos atores sejam extrovertidos, alguns, como Emma Watson, são introvertidos – particularmente capazes de estudar sozinhos para se tornarem cada personagem que interpretam. Comediantes profissionais, como Jimmy Fallon, geralmente são naturalmente extrovertidos (Irwing et al., 2020).

da China a Uganda e Rússia, responderam ao *Questionário de Personalidade Eysenck*. Quando as respostas foram analisadas, os fatores de extroversão e emocionalidade inevitavelmente emergiram como dimensões básicas da personalidade (Eysenck, 1990, 1992). Os Eysenck acreditavam, e as pesquisas confirmam, que esses fatores são influenciados geneticamente.

BIOLOGIA E PERSONALIDADE. Varreduras da atividade cerebral de extrovertidos aumentam a lista crescente de traços e estados mentais que estão sendo explorados. Esses estudos indicam que os extrovertidos buscam estimulação porque sua excitação cerebral normal é relativamente baixa. Por exemplo, exames de PET mostraram que uma área do lobo frontal envolvida na inibição do comportamento é menos ativa em extrovertidos do que em introvertidos (Johnson et al., 1999). A dopamina e a atividade neural relacionada à dopamina tendem a ser maiores em extrovertidos (Kim et al., 2008; Wacker et al., 2006).

Nossa biologia influencia nossa personalidade. Lembre-se dos estudos de gêmeos e adoção no Capítulo 4 que, em comparação com gêmeos fraternos, as personalidades de gêmeos idênticos são mais semelhantes (Loehlin & Martin, 2018; Mõttus et al., 2019). O que é verdade para grande parte da natureza humana também é verdade para a personalidade e os resultados da vida, que são influenciados por muitos genes com pequenos efeitos (Smith-Wooley et al., 2019; van den Berg et al., 2016). Nossos genes também influenciam o *temperamento* e o estilo comportamental que moldam nossa personalidade. Jerome Kagan, por exemplo, atribuiu diferenças na timidez e inibição das crianças à reatividade do sistema nervoso autônomo. Aqueles com sistema nervoso autônomo reativo respondem ao estresse com maior ansiedade e inibição. A criança destemida e curiosa pode, quando adulta, se tornar alpinista ou corredor. (Ver Pensamento crítico sobre: Estigma da introversão.)

As diferenças de personalidade entre os cães (em termos de nível de energia, afeto, reatividade e inteligência curiosa) são tão evidentes e consistentemente julgadas quanto as diferenças de personalidade entre humanos (Gosling et al., 2003; Jones & Gosling, 2005). Macacos, bonobos, chimpanzés, orangotangos, orcas, leões-marinhos e até pássaros e peixes também apresentam personalidades distintas e estáveis (Altschul et al., 2018; Úbeda et al., 2018; Weiss, A. et al., 2017). Mesmo a consciência varia entre os animais individuais, de chimpanzés a abelhas (Delgado & Sulloway, 2017). Por meio da reprodução seletiva, os pesquisadores podem produzir aves ousadas ou tímidas. Ambos os tipos de personalidade têm seu lugar na história natural: nos anos de vacas magras, os pássaros ousados são mais propensos a encontrar comida; em anos abundantes, as aves tímidas se alimentam com menos risco.

Personalidade de polvo. Otto, o polvo da vida real, parece adorar chamar a atenção dos visitantes. Mas quando seu aquário na Alemanha fecha durante o inverno, Otto age como um brincalhão entediado. Ele fez malabarismos com caranguejos eremitas, esguichou água em membros da equipe e quebrou sua luz borrifando-a com água.

PRÁTICA DE RECUPERAÇÃO

PR-3 Quais as duas dimensões primárias que Hans Eysenck e Sybil Eysenck propuseram para descrever a variação da personalidade?

RESPOSTAS NO APÊNDICE E

"Eu venho de muitas tribos – imigrante, introvertido, da classe trabalhadora, coreano. [...] Crescendo, eu nunca soube que pessoas como eu poderiam escrever livros ou falar em público. ... Falar é doloroso porque expomos nossas ideias para avaliação; no entanto, [...] falar é poderoso porque nossas ideias [...] têm valor e requerem expressão."
– Escritor e palestrante Min Jin Lee, 2019

Avaliação dos traços

QOA 14.15 O que são *inventários de personalidade*, e quais são seus pontos fortes e fracos como ferramentas de avaliação de traços?

Se traços estáveis e duradouros guiam nossas ações, podemos conceber testes válidos e confiáveis para eles? Existem várias técnicas de avaliação de traços – algumas mais válidas que outras. Algumas fornecem avaliações rápidas de um único traço, como extroversão, ansiedade ou autoestima. **Inventários de personalidade** – questionários mais longos cobrindo ampla gama de sentimentos e comportamentos – avaliam vários traços de uma só vez.

O inventário de personalidade clássico é o **Minnesota Multiphasic Personality Inventory (MMPI)**. Embora o MMPI tenha sido originalmente desenvolvido para identificar transtornos emocionais, com ele também é possível avaliar os traços de personalidade das pessoas. Um de seus criadores, Starke Hathaway (1960), comparou seu esforço com o de Alfred Binet (que, como você deve se lembrar do Capítulo 10, desenvolveu o primeiro teste de inteligência selecionando modelos que identificavam crianças que provavelmente teriam dificuldades para progredir nas escolas francesas). Como os de Binet, os modelos do MMPI foram **derivados empiricamente**: de um grande conjunto de modelos, Hathaway e seus colegas selecionaram aqueles em que grupos diagnósticos específicos diferiam. "Minhas mãos e meus pés geralmente estão aquecidos o suficiente" pode parecer uma declaração superficial, mas aconteceu que as pessoas ansiosas eram mais propensas a responder *Falso*. Os pesquisadores agruparam as perguntas em dez escalas clínicas, incluindo escalas que avaliam tendências depressivas, masculinidade-feminilidade e introversão-extroversão. O MMPI-2 de hoje tem escalas adicionais que avaliam atitudes no trabalho, problemas familiares e raiva.

Inventário de personalidade. Questionário (geralmente com modelos de *verdadeiro-falso* ou *concordo-discordo*) no qual as pessoas respondem a modelos destinados a avaliar ampla gama de sentimentos e comportamentos; usado para avaliar traços de personalidade específicos.

Minnesota Multiphasic Personality Inventory (MMPI). Questionário mais amplamente pesquisado e utilizado clinicamente entre todos os testes de personalidade. Originalmente desenvolvido para identificar transtornos emocionais (ainda considerado seu uso mais adequado), esse teste agora é usado para muitos outros fins de triagem.

Teste derivado empiricamente. Teste (como o MMPI) criado pela seleção de um conjunto de modelos que discriminam entre grupos.

Pensamento crítico sobre: Estigma da introversão

QOA 14.14 Quais são alguns equívocos comuns sobre a introversão?

As culturas ocidentais são duras com os introvertidos:

Super-heróis tendem a ser extrovertidos. O Pantera Negra consegue unir cinco tribos de pessoas com sua cativante força de caráter. A menina-elástica, do filme *Os Incríveis*, salva o dia com sua personalidade de líder, assumindo o controle.

87% dos ocidentais querem ser mais extrovertidos.[1]

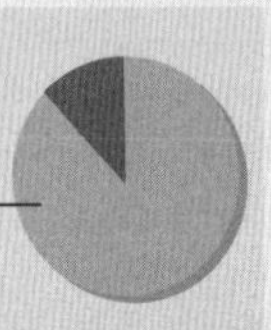

Ser introvertido parece implicar que não temos o "que deveríamos ter".[2]

O que os entrevistadores de emprego querem de seus funcionários? A extroversão supera a maioria dos outros traços de personalidade.[3]

Presume-se que pessoas atraentes e bem-sucedidas sejam extrovertidas.[4]

O que é introversão?

Os introvertidos tendem a ganhar energia com o tempo que passam sozinhos e podem achar as interações sociais exaustivas. Os extrovertidos, por outro lado, tendem a extrair energia do tempo gasto com os outros.

Os introvertidos não são "tímidos". (Pessoas tímidas ficam quietas porque temem que os outros as avaliem negativamente.)

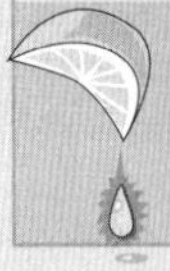

As pessoas introvertidas buscam baixos níveis de estimulação de seu ambiente porque têm sistemas nervosos mais sensíveis. Por exemplo, quando administrado suco de limão, pessoas introvertidas salivavam mais do que pessoas extrovertidas.[5]

A introversão tem muitos benefícios:

- Líderes introvertidos superam líderes extrovertidos em alguns contextos, como quando seus funcionários expressam novas ideias e desafiam as normas existentes[6]
- Introvertidos lidam bem com conflitos. Em resposta, eles buscam a solidão em vez de vingança[7]
- Muitos introvertidos conseguiram florescer, incluindo Bill Gates, Madre Teresa e Oprah Winfrey. "Um verdadeiro extrovertido", explica Winfrey, "consegue energia, [...] alimentando-se de pessoas, [...] e eu me sinto sugada."[8]

1. Hudson & Roberts, 2014. 2. Cain, 2012. 3. Kluemper et al., 2015; Salgado & Moscoso, 2002. 4. Wilmot et al., 2019. 5. Corcoran, 1964. 6. Grant et al., 2011. 7. Ren et al., 2016. 8. OWN, 2018.

As pessoas se divertiram imitando o MMPI, fazendo piada com modelos inventados. "Chorar traz lágrimas aos meus olhos", "Gritos frenéticos me deixam nervoso", e "Fico na banheira até parecer uma passa" (Frankel et al., 1983).

Enquanto a maioria dos testes projetivos (como o Rorschach) são pontuados subjetivamente, os inventários de personalidade são pontuados objetivamente. A objetividade, no entanto, não garante a validade. Por exemplo, indivíduos que fazem o MMPI para uma vaga de emprego podem dar respostas socialmente desejáveis para criar uma boa impressão. Mas, ao fazê-lo, eles também podem ter uma pontuação alta em uma *escala de mentiras* que avalia o fingimento (como quando as pessoas respondem *Falso* a uma afirmação universalmente verdadeira, como "Às vezes fico com raiva"). Em outros casos, o MMPI pode ser usado para identificar pessoas que fingem ter um transtorno para evitar suas responsabilidades (Chmielewski et al., 2017). A objetividade do MMPI contribuiu para sua popularidade e sua tradução para mais de 100 idiomas.

Modelo dos cinco grandes fatores

QOA 14.16 Que traços parecem fornecer as informações mais úteis sobre a variação da personalidade?

Atualmente, os pesquisadores de traços acreditam que fatores de traços simples, como as dimensões de introversão-extroversão e estabilidade-instabilidade dos Eysencks, são importantes, mas não contam toda a história. Um conjunto ligeiramente expandido de fatores – chamado de **modelo dos cinco grandes fatores** (ou, do original em inglês, *big five factors*) – faz um trabalho melhor (Costa & McCrae, 2011; Soto & John, 2017). Se um teste especifica onde você está nos cinco domínios (*abertura à experiência, conscienciosidade, extroversão, socialização* e *neuroticismo*; ver Tabela 14.3), ele disse muito do que há a dizer sobre sua personalidade. O modelo dos cinco grandes fatores também pode ser usado para entender tanto o florescimento quanto a disfunção psicológica (Bleidorn et al., 2019; Ohi et al., 2016; Oltmanns et al., 2018).

Big five. Os pesquisadores do Modelo dos cinco grandes fatores identificaram cinco fatores – *abertura à experiência, conscienciosidade, extroversão, socialização e neuroticismo* – que descrevem a personalidade. (Também chamado *modelo dos cinco grandes fatores.*)

Tabela 14.3 Os "cinco grandes" fatores de personalidade.

Pesquisadores usam um inventário autorrelatado para avaliar e classificar os cinco grandes fatores de personalidade.

Prático, prefere a rotina, se conforma com as normas sociais	Abertura à experiência	Imaginativo, prefere variedade; independente
Desorganizado, descuidado, impulsivo	Conscienciosidade	Organizado, cuidadoso, disciplinado
Recatado, sóbrio, reservado	Extroversão	Sociável, divertido, afetuoso
Implacável, desconfiado, não gosta de ajudar ou cooperar	Socialização	Empático, que confia nos outros, prestativo
Calmo, seguro, confiante em si mesmo	Neuroticismo (estabilidade *vs*. instabilidade emocional)	Ansioso, inseguro, autocomiseração

Informação de McCrae & Costa (1986, 2008).

Em todo o mundo – em 56 nações e 29 idiomas verificados em um estudo (Schmitt et al., 2007) – as pessoas descrevem outros em termos mais ou menos consistentes com esta lista. *Big five* – a atual "moeda corrente para a psicologia da personalidade" (Funder, 2001) – tem sido o tópico de pesquisa de personalidade mais ativo desde o início dos anos 1990 e atualmente é nossa melhor aproximação às dimensões básicas dos traços.

A pesquisa com os *big five* explorou várias questões:

- ***Quão estáveis são essas características?*** Equipes de pesquisa analisaram as características de americanos, australianos e alemães até os 50 anos (Damian et al., 2019; Wagner et al., 2019). A personalidade dos participantes permaneceu geralmente estável, mas a maioria das pessoas mostrou sinais do *princípio da maturidade*: a partir da adolescência, eles se tornaram mais conscienciosos e sociáveis, e menos neuróticos (emocionalmente instáveis) (Allemand et al., 2019; Klimstra et al., 2018; Rohrer et al., 2018). As pessoas no Japão também mostram estabilidade de traços de personalidade, mas mostram mais variação ao longo do tempo em todos os *big five*, porque tendem a adaptar sua personalidade ao ambiente (Chopik & Kitayama, 2018)
- ***As autoavaliações desses traços correspondem às avaliações dos outros?*** As classificações de familiares e amigos de nossos níveis de traços do *big five* se assemelham às classificações que damos a nós mesmos (Finnigan & Vazire, 2018; Luan et al., 2019)
- ***Esses traços refletem uma estrutura cerebral diferente?*** O tamanho e a espessura do tecido cerebral se correlacionam com vários traços do *big five* (DeYoung & Allen, 2019; Li, T. et al., 2017; Riccelli et al., 2017). Por exemplo, aqueles que pontuam alto em conscienciosidade tendem a ter uma área maior do lobo frontal que ajuda no planejamento e controle do comportamento. As conexões cerebrais também influenciam os traços do *big five* (Toschi et al., 2018). Pessoas com alto nível de neuroticismo (instabilidade emocional) têm cérebros programados para experimentar o estresse intensamente (Shackman et al., 2016; Xu & Potenza, 2012)
- ***Esses traços refletem a ordem de nascimento?*** Depois de controlar outras variáveis, como o tamanho da família, os primogênitos, por exemplo, são mais conscienciosos e agradáveis? Ao contrário da opinião popular, vários estudos não conseguiram encontrar qualquer associação entre ordem de nascimento e personalidade (Damian & Roberts, 2015; Harris, 2009; Rohrer et al., 2015)
- ***Até que ponto esses traços se aplicam a diferentes culturas?*** Os domínios do *big five* descrevem a personalidade em várias culturas razoavelmente bem (Fetvadjiev et al., 2017; Kim, H. et al., 2018; Schmitt et al., 2007). De pastores no Quênia e Tanzânia a jardineiros no Mali, esses traços nos ajudam a entender as características básicas da personalidade (Thalmayer et al., 2019). Depois de estudar pessoas de 50 culturas, Robert McCrae e 79 copesquisadores concluíram que "características de traços de personalidade são comuns a todos os grupos humanos" (2005)
- ***As características dos cinco grandes fatores preveem nossos comportamentos reais?*** Sim, os traços do *big five* preveem, de forma confiável, resultados importantes na vida (Soto, 2019). Conscienciosidade e socialização predizem o sucesso no local de trabalho (Nickel et al., 2019; Wilmot & Ones, 2019). (Talvez pessoas legais terminem primeiro?) Pessoas agradáveis tendem a ser prestativas, cumpridoras da lei e sem preconceitos (Crawford & Brandt, 2019; Habashi et al., 2016; Walters, 2018). Os traços do *big five* também ajudam a prever o comportamento nas mídias sociais e nas carreiras, com os extrovertidos se

Como você vota? Deixe-me contar as curtidas. Os pesquisadores podem usar suas curtidas no Facebook para prever seus cinco grandes traços, suas opiniões e suas atitudes políticas (Youyou et al., 2015). As empresas coletam esses *big data* para os anunciantes (que então personalizam os anúncios que você vê). Eles fazem o mesmo com candidatos políticos, que podem direcionar você com mensagens persuasivas (Matz et al., 2017). Em 2016, uma empresa, a Cambridge Analytica, supostamente coletou os perfis do Facebook e curtidas de 87 milhões de americanos. Informações sobre inclinações políticas inferidas de eleitores individuais e tipos de personalidade foram então fornecidas aos partidários de Donald Trump de porta em porta (Grassegger & Krogerus, 2017).[1]

Como você se descreve?

Descreva-se como você é agora, não como deseja ser no futuro. Descreva-se como você se vê honestamente, em relação a outras pessoas que você conhece do mesmo sexo e aproximadamente da mesma idade. Use a escala abaixo para digitar um número para cada afirmação. Em seguida, use o guia de pontuação na parte inferior para ver onde você se enquadra no espectro para cada uma das cinco grandes características.

1	2	3	4	5
Muito impreciso	**Moderadamente impreciso**	**Nem preciso/ Nem impreciso**	**Moderadamente preciso**	**Muito preciso**

1. ___ Sou a vida da festa.
2. ___ Tenho empatia com os sentimentos dos outros.
3. ___ Fico estressado facilmente.
4. ___ Estou sempre preparado.
5. ___ Sou cheio de ideias.
6. ___ Inicio conversas.
7. ___ Separo um tempo para os outros.
8. ___ Sigo um cronograma.
9. ___ Preocupo-me com as coisas em geral.
10. ___ Tenho uma imaginação fértil.

GUIA DE PONTUAÇÃO ORDENADA POR CINCO TRAÇOS DE PERSONALIDADE

Abertura à experiência: afirmações 5, 10

Conscienciosidade: afirmações 4, 8

Extroversão: afirmações 1, 6

Socialização: afirmações 2, 7

Neuroticismo: afirmações 3, 9

Como calcular:
Separe suas respostas por traço de personalidade dos cinco grandes, conforme observado à esquerda, e divida por dois para obter sua pontuação para cada traço. Assim, por exemplo, para o traço "Socialização", digamos que você marcou 3 para a afirmação 2 ("Tenho empatia pelos sentimentos dos outros") e 4 para a afirmação 7 ("Separo um tempo para os outros"). Isso significa que, em uma escala de 1 a 5, sua pontuação geral para o traço "Socialização" é 3 + 4 = 7 ffi 2 = 3,5.

Scale data from: International Personality Item Pool: A Scientific Collaboratory for the Development of Advanced Measures of Personality Traits and Other Individual Differences (ipip.ori.org)

Figura 14.5
Autoavaliação nos modelo dos cinco grandes fatores.

tornando líderes com mais frequência (Azucar et al., 2018; Hanania, 2017; Spark et al., 2018). Nossos traços também aparecem em nossos padrões de linguagem. Nas mensagens de texto, a extroversão prevê o uso de pronomes pessoais. O neuroticismo prevê palavras de emoção negativa (Holtgraves, 2011).

Ao explorar essas questões, a pesquisa dos *big five* deu suporte à psicologia dos traços e renovou a apreciação sobre a importância da personalidade. (Para descrever sua personalidade, tente a breve autoavaliação na Figura 14.5.) Os traços são importantes.

PERGUNTE A SI MESMO

Antes de tentar a autoavaliação na Figura 14.5, onde você se colocaria nas cinco dimensões da personalidade? Onde sua família e amigos podem colocá-lo? Os resultados reais o surpreenderam? Você acha que esses resultados os surpreenderiam?

PRÁTICA DE RECUPERAÇÃO

PR-4 Quais são os cinco grandes fatores de personalidade e por que eles são cientificamente úteis?

RESPOSTAS NO APÊNDICE E

[1] O Facebook agora garante a privacidade dos seus *likes*.

Avaliação das teorias dos traços

QOA 14.17 A pesquisa apoia ou não a consistência dos traços de personalidade ao longo do tempo e em diferentes situações?

Nossos traços de personalidade são estáveis e duradouros? Ou nosso comportamento depende de onde e com quem nos encontramos? Crianças alegres e amigáveis tendem a se tornar adultos alegres e amigáveis. Em uma reunião da faculdade, eu [DM] fiquei surpreso ao descobrir que meus ex-colegas joviais ainda eram joviais, os tímidos ainda tímidos, as pessoas aparentemente felizes ainda sorrindo e rindo *50 anos depois*. Mas também é verdade que um piadista divertido pode de repente se tornar sério e respeitoso em uma entrevista de emprego. Novas situações e grandes eventos da vida podem mudar os traços de personalidade que expressamos. Ao fazer a transição do ensino médio para a universidade ou para o mercado de trabalho, muitas vezes nos tornamos mais agradáveis, conscienciosos, de mente mais aberta e menos neuróticos (Bleidorn et al., 2018). Perder o emprego pode nos tornar menos agradáveis e com a mente menos aberta (Boyce et al., 2015). Mas quando nos aposentamos – deixando nosso emprego *por opção* – muitas vezes nos tornamos mais agradáveis e de mente mais aberta (Schwaba & Bleidorn, 2019).

"Há tanta diferença entre nós todos e nós mesmos, quanto entre nós e os outros."
– Michel de Montaigne, *Essays*, 1588

CONTROVÉRSIA PESSOA-SITUAÇÃO. Nosso comportamento é influenciado pela interação entre nossa disposição interior e nosso ambiente. Ainda assim, a pergunta permanece: o que é mais importante? Quando exploramos essa *controvérsia pessoa-situação*, procuramos traços de personalidade genuínos que persistem ao longo do tempo e em todas as situações. Será que algumas pessoas são escrupulosas e outras não confiáveis, algumas alegres e outras carrancudas, algumas extrovertidas e outras tímidas? Se vamos considerar que a simpatia é um traço de personalidade, pessoas simpáticas devem ser simpáticas em diferentes momentos e situações. Mas elas são assim?

Grosso modo, as influências externas sobre o comportamento são o foco da *psicologia social* (Capítulo 13), e as influências internas são o foco da *psicologia da personalidade*. Mas o comportamento sempre depende da interação das pessoas com as situações.

Em outros capítulos, citamos pesquisas que acompanharam a vida dos indivíduos ao longo do tempo. Observamos que alguns estudiosos (especialmente aqueles que estudam bebês) ficam impressionados com as mudanças na personalidade; já outros ficam impressionados com a estabilidade da personalidade durante a vida adulta. Como a Figura 14.6 ilustra, os dados de 152 estudos de longo prazo (*longitudinais*) revelam que as pontuações dos traços de personalidade estão positivamente correlacionadas com as pontuações obtidas 7 anos depois e que, à medida que as pessoas envelhecem, sua personalidade se estabiliza. Os interesses podem mudar – o ávido colecionador de peixes tropicais pode tornar-se um ávido jardineiro. As carreiras podem mudar – o vendedor determinado pode tornar-se um assistente social determinado. Os relacionamentos podem mudar – o filho agressivo pode tornar-se um marido agressivo. Mas a maioria das pessoas passa a reconhecer e aceitar apenas quem elas são. Como observaram os pesquisadores Robert McCrae e Paul Costa (1994), reconhecer a inevitabilidade de nossa personalidade é "a sabedoria culminante de uma vida inteira".

Assim, a maioria das pessoas – incluindo a maioria dos psicólogos – provavelmente seria capaz de presumir a estabilização dos traços de personalidade. Além disso, nossos traços são socialmente significativos. Eles influenciam nossa saúde, nosso pensamento e nossas escolhas de trabalho e desempenho (Hogan, 1998; Jackson et al., 2012; Mueller et al., 2018). Estudos que acompanham milhares de vidas ao longo do tempo mostram que os traços de personalidade rivalizam com o *status* socioeconômico e a capacidade cognitiva como preditores de mortalidade, divórcio e realização ocupacional (Graham et al., 2017; Roberts et al., 2007).

Embora nossos *traços* de personalidade possam ser estáveis e potentes, a consistência de nossos *comportamentos* específicos de uma situação para outra é outra questão. Que relação você esperaria encontrar entre ser exigente em uma situação (digamos, chegar na aula pontualmente) e ser exigente em uma situação diferente (digamos, evitar alimentos não saudáveis)? Se você percebeu como é extrovertido em algumas situações e como é reservado em outras, talvez tenha dito: "muito pouco". Isso é o que os pesquisadores descobriram – apenas uma pequena correlação (Mischel, 1968; Sherman et al., 2015). Essa inconsistência nos comportamentos também faz com que os resultados dos testes de personalidade sejam preditores fracos de comportamentos. As pontuações das pessoas em um teste de extroversão, por exemplo, não predizem com clareza o quão sociáveis elas realmente serão em qualquer ocasião.

Se nos lembrarmos desses resultados, seremos mais cautelosos ao rotular e classificar os indivíduos (Mischel, 1968). Com anos de antecedência, a ciência pode nos dizer a fase da Lua para qualquer dia. Com um dia de antecedência, os meteorologistas costumam prever o clima. Mas estamos muito longe de poder prever como *você* se sentirá e agirá amanhã.

Figura 14.6 Estabilidade da personalidade. Com a idade, os traços de personalidade tornam-se mais estáveis, conforme refletido na correlação mais forte entre os escores dos traços com os escores de acompanhamento 7 anos depois. (Dados de Roberts & DelVecchio, 2000.)

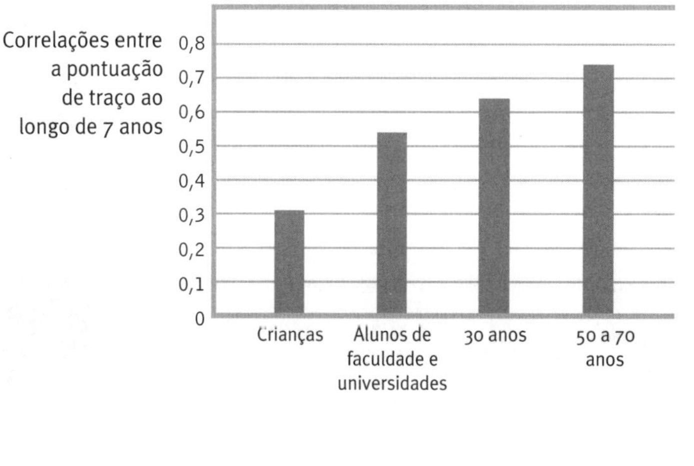

No entanto, o nível *médio* de cordialidade, felicidade ou desatenção das pessoas em muitas situações é previsível (Epstein, 1983a,b). Essa tendência para agir de maneira consistente com os traços ocorre em todo o mundo, dos Estados Unidos à Venezuela e ao Japão (Locke et al., 2017). Ao coletar trechos da experiência diária de pessoas por meio de dispositivos de gravação acoplados ao corpo, Matthias Mehl e seus colegas (2006) confirmaram que os extrovertidos realmente falam mais. (Eu [DM] repetidamente jurei reduzir minhas tagarelices e brincadeiras durante meus jogos de basquete com os colegas ao meio-dia. Infelizmente, momentos depois, a tagarelice irreprimível inevitavelmente reocupa meu corpo. E eu [ND] tenho uma experiência semelhante sempre que vou ao supermercado. De algum jeito, sempre acabo conversando com o caixa! Como nossos melhores amigos podem comprovar, temos traços de personalidade persistentes (influenciados geneticamente). E nossos traços de personalidade são expressos em

- *Preferências musicais*. Sua *playlist* revela algo sobre sua personalidade. Os amantes de música clássica, *jazz*, *blues* e *folk* tendem a ser abertos à experiência e bem articulados em termos de linguagem. Os extrovertidos tendem a preferir música animada e enérgica. Os amantes da música *country*, pop e religiosa tendem a ser alegres, extrovertidos e conscienciosos (Langmeyer et al., 2012; Nave et al., 2018; Rentfrow & Gosling, 2003, 2006)
- *Comunicação escrita*. Se você já sentiu que poderia detectar a personalidade de alguém a partir do "tom" da escrita, você está certo! Que legal!!! [😉] A escrita das pessoas – mesmo seus pequenos *tweets* e postagens no *Facebook* – muitas vezes expressam sua extroversão, autoestima e socialização (Orehek & Human, 2017; Park et al., 2015; Pennebaker, 2011). "Saindo para encontrar um amigo. Uhuuuu!!!" postou um usuário do *Facebook* com pontuação alta em extroversão (Kern et al., 2014). Os extrovertidos também usam mais adjetivos
- *Espaços online e pessoais*. Os perfis *online*, *sites* e avatares também são uma tela para autoexpressão? Ou são uma oportunidade para as pessoas se apresentarem de maneiras falsas ou enganosas? É mais o primeiro (Akhtar et al., 2018a; Hinds & Joinson, 2019). As pessoas que pareciam mais agradáveis no *Facebook* ou *Twitter* também pareciam mais agradáveis pessoalmente (Qiu et al., 2012; Weisbuch et al., 2009). Mesmo meras fotos, com suas roupas, expressões e posturas associadas, podem dar pistas sobre a personalidade e como as pessoas agem pessoalmente (Gunyadin et al., 2017; Naumann et al., 2009). Nossos espaços de vida e trabalho também nos ajudam a expressar nossa identidade. Todos eles oferecem pistas com relação ao nosso nível de extroversão, socialização, realização e abertura (Back et al., 2010; Fong & Mar, 2015; Gosling, 2008).

Em situações formais desconhecidas – talvez como hóspede na casa de uma pessoa de outra cultura – nossos traços permanecem ocultos à medida que atendemos cuidadosamente às sugestões sociais. Em situações familiares e informais – apenas saindo com amigos – nos sentimos menos constrangidos, permitindo que nossos traços apareçam (Buss, 1989). Nessas situações informais, nossos estilos expressivos – nossa animação, modo de falar e gesticular – são impressionantemente consistentes. Ver "fatias finas" do comportamento de alguém – como ver uma foto por uma mera fração de segundo, ou ver vários clipes de dois segundos de um professor em ação – pode nos dizer muito sobre os traços básicos de personalidade da pessoa (Ambady, 2010; Tackett et al., 2016).

Algumas pessoas são naturalmente expressivas (e, portanto, talentosas em piadas e charadas); outras são menos expressivas (e, portanto, melhores jogadores de pôquer). Para avaliar

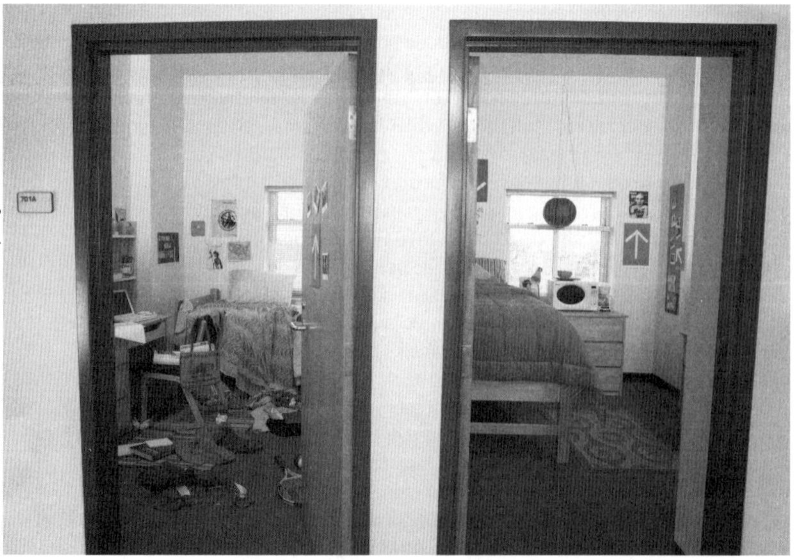

James Woodson/Getty Images

Pistas na sala. Mesmo com "zero conhecimento", as pessoas podem ter um vislumbre da personalidade dos outros olhando para seus espaços *online* e pessoais. Então, qual é a sua leitura sobre os ocupantes desses dois quartos?

o controle voluntário das pessoas sobre sua expressividade, Bella DePaulo e seus colegas (1992) pediram às pessoas que *agissem* da maneira mais expressiva ou inibida possível ao emitir opiniões. Suas descobertas notáveis: pessoas inexpressivas, mesmo quando fingindo expressividade, eram menos expressivas do que pessoas expressivas agindo naturalmente. Da mesma forma, pessoas expressivas, mesmo tentando parecer inibidas, eram menos inibidas do que pessoas inexpressivas agindo naturalmente. É difícil ser alguém que você não é, ou não ser quem você é.

Para resumir, podemos dizer que a qualquer momento a situação imediata influencia poderosamente o comportamento de uma pessoa. Os psicólogos sociais aprenderam que isso acontece especialmente quando uma "situação importante" faz exigências específicas (Cooper & Withey, 2009). Podemos prever melhor o comportamento dos motoristas nos semáforos conhecendo a cor das luzes do que conhecendo as personalidades dos motoristas. Desse modo, os professores podem perceber certos alunos como comportados (com base em seu comportamento em sala de aula), porém os amigos podem considerá-los rebeldes incontroláveis (com base em seu comportamento nas festas). A média de nosso comportamento em muitas ocasiões, no entanto, revela traços de personalidade distintos. Os traços existem. Nós agimos diferente. E nossas diferenças importam.

PERGUNTE A SI MESMO

Como você acha que seus próprios traços de personalidade se revelam em suas preferências musicais, estilo de comunicação e espaços *online* e pessoais?

PRÁTICA DE RECUPERAÇÃO

PR-5 Quão bem as pontuações dos testes de personalidade predizem nosso comportamento? Explique.

RESPOSTAS NO APÊNDICE E

REVISÃO Teorias humanistas e teorias de traços

OBJETIVOS DE APRENDIZAGEM

Teste a si mesmo. Responda às Questões dos Objetivos de Aprendizagem (antes de conferir as respostas no Apêndice D) para aprimorar a retenção dos conceitos estudados (McDaniel et al., 2009, 2015).

QOA 14.10 Como os psicólogos humanistas viam a personalidade, e qual era seu objetivo ao estudá-la?

QOA 14.11 Como os psicólogos humanistas avaliam o senso de identidade (*self*) de uma pessoa?

QOA 14.12 Como as teorias humanistas influenciaram a psicologia? Que críticas enfrentaram?

QOA 14.13 Como os psicólogos utilizam os traços para descrever a personalidade?

QOA 14.14 O que são *inventários de personalidade*, e quais são seus pontos fortes e fracos como ferramentas de avaliação de traços?

QOA 14.15 Quais são alguns equívocos comuns sobre a introversão?

QOA 14.16 Que traços parecem fornecer as informações mais úteis sobre a variação da personalidade?

QOA 14.17 A pesquisa apoia ou não a consistência dos traços de personalidade ao longo do tempo e em diferentes situações?

TERMOS E CONCEITOS A RECORDAR

Teste a si mesmo. Escreva a definição com suas próprias palavras e depois confirme sua resposta.

teorias humanistas, p. 518
hierarquia de necessidades, p. 518
autorrealização, p. 518
autotranscendência, p. 518
acolhimento positivo incondicional, p. 519
autoconceito, p. 520
traço, p. 521
inventário de personalidade, p. 523
Minnesota Multiphasic Personality Inventory (MMPI), p. 523
teste derivado empiricamente, p. 523
big five, p. 524

DOMINE O MATERIAL

Teste a si mesmo. Responda às questões a seguir por conta própria, a princípio, depois confira as respostas no Apêndice E.

1. A hierarquia de necessidades de Maslow propõe que devemos satisfazer as necessidades fisiológicas e de segurança básicas antes de buscarmos as necessidades psicológicas finais, como a autorrealização. No que Maslow baseou suas ideias?

a. teoria freudiana.

b. suas experiências com os pacientes.

c. uma série de experimentos de laboratório.

d. seu estudo sobre pessoas saudáveis e criativas.

2. Como Rogers pode explicar de que maneira o ambiente influencia o desenvolvimento de um criminoso?

3. A aceitação total defendida por Rogers como parte de um ambiente de promoção do crescimento é chamada de ____ ________________________________.

4. As teorias ______________________ da personalidade concentram-se na descrição de padrões de comportamento característicos, como socialização ou extroversão.

5. O inventário de personalidade mais utilizado é:
   a. escala de extroversão-introversão.
   b. inventário pessoa-situação.
   c. MMPI.
   d. *Big five*.

6. Qual dos seguintes itens NÃO é um dos cinco grandes fatores de personalidade?
   a. conscienciosidade.
   b. ansiedade.
   c. extroversão.
   d. socialização.

7. Nossas pontuações em testes de personalidade predizem melhor
   a. nosso comportamento em uma ocasião específica.
   b. nosso comportamento médio em muitas situações.
   c. nosso comportamento envolvendo um único traço, como a conscienciosidade.
   d. o comportamento que depende da situação ou do contexto.

Teorias sociocognitivas e o *self*

Teorias sociocognitivas

Perspectiva sociocognitiva. Visão do comportamento como influenciado pela interação entre as características das pessoas (incluindo seu pensamento) e seu contexto social.

Determinismo recíproco. Influências interativas entre comportamento, cognição interna e ambiente.

QOA 14.18 Como os teóricos sociocognitivos veem o desenvolvimento da personalidade, e como eles exploram o comportamento?

A **perspectiva sociocognitiva** da personalidade, proposta por Albert Bandura (1986, 2006, 2008), enfatiza a interação de nossos traços com as situações vivenciadas. Assim como a natureza (*nature*) e a criação (*nurture*) sempre trabalham juntas, o mesmo acontece com os indivíduos e as situações.

Os teóricos sociocognitivos acreditam que aprendemos muitos dos nossos comportamentos por meio do condicionamento ou pela observação e imitação dos outros. (Essa é a parte "social".) Eles também enfatizam a importância dos processos mentais: o que *pensamos* sobre uma situação afeta o comportamento resultante. (Essa é a parte "cognitiva".) Em vez de focar apenas em como nosso ambiente nos *controla* (behaviorismo), os teóricos sociocognitivos focam em como nós e nosso ambiente *interagimos*. Como interpretamos e respondemos a eventos externos? Como nossos esquemas, nossas memórias e nossas expectativas influenciam nossos padrões de comportamento?

Influências recíprocas

Bandura (1986, 2006) vê a interação pessoa-ambiente como um **determinismo recíproco**. "Comportamento, fatores pessoais internos e influências ambientais", disse ele, "todos operam como determinantes conectados uns aos outros" (Figura 14.7). Podemos ver essa interação nas relações interpessoais. Por exemplo, as experiências românticas passadas de Rosa (seus comportamentos) influenciam suas atitudes românticas (fator interno), que afetam como ela agora responde a Ryan (fator ambiental).

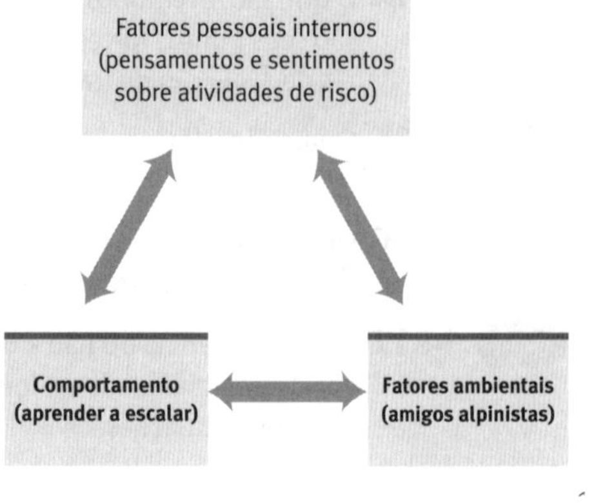

Figura 14.7
Determinismo recíproco.

Considere três maneiras específicas pelas quais os indivíduos e os ambientes interagem:

1. ***Pessoas diferentes escolhem ambientes diferentes.*** As leituras que fazemos, as mídias sociais que usamos, as carreiras que buscamos, a música que ouvimos, os amigos com os quais nos associamos – tudo faz parte de um ambiente que escolhemos, fundamentado, em parte, em nossa inclinação (Denissen et al., 2018; Funder, 2009). E os ambientes que escolhemos nos moldam. Pessoas com autoestima inflada postam *selfies* frequentes em ambientes *online*, onde elas podem receber a atenção do público e os elogios que desejam. Isso leva a um amor-próprio ainda maior (Halpern et al., 2016).
2. ***Nossas personalidades determinam como interpretamos e reagimos aos eventos.*** Se percebermos o mundo como ameaçador, estaremos sempre atentos a ameaças e estaremos preparados para nos defender. Pessoas ansiosas geralmente atendem e reagem fortemente a ameaças nos relacionamentos (Campbell & Marshall, 2011).
3. ***Nossas personalidades ajudam a criar situações às quais reagimos.*** A maneira como vemos e tratamos as pessoas influencia a maneira como elas nos tratam. Se esperamos que os outros não gostem de nós, nossa fanfarronice e outros esforços para ganhar sua aprovação podem realmente fazer com que eles nos rejeitem (Scopelliti et al., 2015).

Além da interação entre fatores pessoais internos, o ambiente e nossos comportamentos, também experimentamos a *interação gene-ambiente* (Capítulo 4). Nossos traços geneticamente influenciados evocam certas respostas dos outros, que podem nos empurrar em uma direção ou outra. Em uma descoberta bem replicada, aqueles com os fatores de interação de (1) ter um gene específico associado à agressão e (2) ter sido criado em um ambiente difícil eram mais propensos a demonstrar comportamento antissocial adulto (Byrd & Manuck, 2014; Caspi *et al.*, 2002).

Desse modo, somos tanto o produto quanto o arquiteto de nossos ambientes: *o comportamento emerge da interação de influências externas e internas.* A água fervente torna um ovo duro e uma batata macia. Um ambiente ameaçador transforma uma pessoa em herói, outra em canalha. Os extrovertidos desfrutam de maior bem-estar em uma cultura extrovertida do que em uma introvertida (Fulmer et al., 2010). A cada momento, nosso comportamento é influenciado por nossa biologia, nossas experiências sociais e culturais e nossa cognição e inclinações (Figura 14.8).

PERGUNTE A SI MESMO

Como suas experiências moldaram sua personalidade? Como sua personalidade ajudou a moldar seu ambiente?

PRÁTICA DE RECUPERAÇÃO

PR-1 Albert Bandura propôs a perspectiva __________-__________ sobre a personalidade, que enfatiza a interação das pessoas com seu ambiente. Para descrever as influências interativas entre comportamento, pensamentos e ambiente, ele usou o termo ____________________.

RESPOSTAS NO APÊNDICE E

Avaliação do comportamento nas situações

Para prever o comportamento, os psicólogos sociocognitivos costumam observar o comportamento em situações realistas. Um exemplo ambicioso foi a estratégia do Exército dos EUA na Segunda Guerra Mundial para avaliar candidatos a missões de espionagem. Em vez de usar testes de papel e lápis, os psicólogos do Exército submeteram os candidatos a condições simuladas. Eles testaram sua capacidade de lidar com o estresse, resolver problemas, manter a liderança e resistir a interrogatórios intensos sem revelar seu disfarce. Embora demorada e cara, esta avaliação do comportamento em uma situação realista ajudou a prever o sucesso posterior em missões de espionagem reais (OSS Assessment Staff, 1948).

Organizações militares e educacionais e muitas empresas da Fortune 500 adotaram estratégias semelhantes, conhecidas como abordagem de um *centro de avaliação* (Bray & Byham, 1991, 1997; Eurich et al., 2009). A gigante americana de telecomunicações AT&T observou gerentes em potencial fazendo trabalho gerencial simulado. Algumas universidades europeias fornecem material para os alunos estudarem e, em seguida, testam seu aprendizado,

Figura 14.8 Abordagem biopsicossocial ao estudo da personalidade. Da mesma forma como acontece com outros fenômenos psicológicos, a personalidade é extensivamente estudada em vários níveis.

imitando assim o programa educacional (Niessen & Meijer, 2017). Muitas faculdades avaliam o potencial dos estudantes de enfermagem observando seu trabalho clínico. E eles avaliam as habilidades de ensino de potenciais membros do corpo docente observando-os ensinar.

A abordagem do *centro de avaliação* explora o princípio de que o melhor meio de prever o comportamento não é um teste de personalidade nem a intuição do entrevistador. Em vez disso, *o melhor preditor do comportamento são os padrões de comportamento anteriores daquela pessoa em situações semelhantes* (Lyons et al., 2011; Mischel, 1981; Schmidt & Hunter, 1998). Enquanto a situação e a pessoa permanecerem praticamente as mesmas, o melhor preditor do desempenho futuro no trabalho é o desempenho no trabalho anterior; o melhor preditor de notas futuras são as notas anteriores; o melhor preditor de agressividade futura é a agressividade anterior. As pessoas que usaram *sites* de infidelidade conjugal em casa também terão maior probabilidade de se comportar imoralmente no trabalho (Griffin et al., 2019). Se você não pode verificar o comportamento anterior da pessoa, a próxima melhor coisa é criar uma situação de avaliação que simule a tarefa, para que você possa ver como a pessoa lida com isso (Lievens et al., 2009; Meriac et al., 2008).

"O que é passado é prólogo." – William Shakespeare, *The Tempest,*, 1611

Avaliação das teorias sociocognitivas

QOA 14.19 Que críticas enfrentaram as teorias sociocognitivas?

As teorias sociocognitivas da personalidade sensibilizam os pesquisadores sobre como as situações afetam e são afetadas pelos indivíduos. Mais do que outras teorias da personalidade (ver Tabela 14.4), elas se baseiam em pesquisas psicológicas sobre aprendizagem e cognição.

Tabela 14.4 Comparação entre as principais teorias da personalidade.

Teoria da personalidade	Principais proponentes	Proposições	Visão da personalidade	Métodos de avaliação da personalidade
Psicanalítica	Freud	Transtornos emocionais surgem de dinâmicas inconscientes, como conflitos sexuais não resolvidos e outros conflitos da infância, e da fixação em diferentes estágios de desenvolvimento. Os mecanismos de defesa nos escudam contra a ansiedade	A personalidade consiste em impulsos de busca de prazer (o id); na parte executiva orientada para a realidade (o ego) e em um conjunto internalizado de ideais (o superego)	Associação livre, testes projetivos, análise de sonhos
Psicodinâmica	Adler, Horney, Jung	As mentes inconsciente e consciente interagem. As experiências da infância e os mecanismos de defesa são importantes	A interação dinâmica do consciente e do inconsciente nos motiva e os conflitos moldam nossa personalidade	Testes projetivos, sessões de terapia
Humanista	Maslow, Rogers	Em vez de se concentrar em transtornos oriundos de conflitos sombrios, é melhor enfatizar de que maneira pessoas saudáveis podem lutar pela autorrealização	Se nossas necessidades humanas básicas forem atendidas, nos esforçaremos para alcançar a autorrealização. Em um clima de consideração positiva incondicional, podemos desenvolver autoconsciência e um autoconceito mais realista e positivo	Questionários, sessões de terapia, abordagem do histórico de vida
Traços	Allport; Costa; H. Eysenck; S. Eysenck; McCrae	Temos certas características estáveis e duradouras, influenciadas por predisposições genéticas	O estudo científico dos traços isolou domínios importantes da personalidade, como os *big five* (abertura à experiência, conscienciosidade, extroversão, socialização e neuroticismo)	Inventários de personalidade
Sociocognitiva	Bandura	Nossos traços interagem com o contexto social para produzir nossos comportamentos	Condicionamento e aprendizagem observacional interagem com a cognição para criar padrões de comportamento. Nosso comportamento em uma situação é melhor previsto considerando nosso comportamento anterior em situações semelhantes	Observando o comportamento em situações realistas

Os críticos alegam que as teorias sociocognitivas se concentram tanto na situação, que não conseguem apreciar os traços internos da pessoa. Onde está a pessoa nesta visão de personalidade, pergunte aos dissidentes, e onde estão as emoções humanas? É verdade que a situação orienta nosso comportamento. Mas, em muitos casos, nossos motivos inconscientes, nossas emoções e nossos traços sutis se revelam. Os traços de personalidade predizem o comportamento no trabalho, no amor e no lazer. Nossos traços biologicamente influenciados realmente importam. Considere Percy Ray Priden e Charles Gill. Cada um enfrentou a mesma situação: eles ganharam, juntos, um prêmio de loteria de US$ 90 milhões (Harriston, 1993). Quando Pridgen soube dos números vencedores, ele começou a tremer incontrolavelmente, aconchegado a um amigo atrás da porta do banheiro enquanto confirmava a vitória e depois soluçou. Quando Gill ouviu a notícia, ele contou a sua esposa e depois foi dormir.

PRÁTICA DE RECUPERAÇÃO

PR-2 Qual é a melhor maneira de prever o comportamento futuro de uma pessoa?

RESPOSTAS NO APÊNDICE E

Explorando o *self*

QOA 14.20 Por que a psicologia gerou tanta pesquisa sobre o *self*? Qual a importância da autoestima para o nosso bem-estar?

Nossa personalidade alimenta nosso senso de identidade. Solicitadas a considerar "Quem sou eu", as pessoas se baseiam em suas maneiras distintas e duradouras de pensar, sentir e agir. A preocupação da psicologia com nosso senso de *self* remonta pelo menos a William James, que dedicou ao tópico mais de 100 páginas de seus *Princípios de Psicologia*, de 1890. Em 1943, Gordon Allport lamentou que o eu estivesse "perdido de vista". Embora a ênfase posterior da psicologia humanista no eu não tenha instigado muitas pesquisas científicas, ela ajudou a renovar o conceito de *self* e a mantê-lo vivo. Agora, mais de um século depois de James, o *self* é um dos tópicos mais pesquisados pela psicologia ocidental. Todos os anos, novos estudos aparecem em abundância sobre autoestima, autorrevelação, autoconsciência, autoesquemas, automonitoramento e muito mais. Até os neurocientistas procuraram o *self*, identificando uma região central do lobo frontal que se ativa quando as pessoas respondem a perguntas autorreflexivas sobre seus traços e inclinações (Damasio, 2010; Mitchell, 2009; Pauly et al., 2013). O ***self***, como organizador de nossos pensamentos, sentimentos e ações, ocupa o centro da personalidade.

Considere o conceito de *possíveis "eus"* (Markus & Nurius, 1986; Rathbone et al., 2016). Seus eus possíveis incluem suas visões do *self* que você sonha em se tornar (o eu rico, o eu bem-sucedido, o eu amado e admirado), e também o *self* que você teme se tornar (o eu desempregado, o eu acadêmico fracassado, o eu solitário e impopular). Os eus possíveis nos motivam a traçar metas específicas que direcionam nossa energia de maneira eficiente (Landau et al., 2014). Alunos do oitavo e nono ano, cujas famílias têm dificuldades financeiras, têm maior probabilidade de tirar notas altas se tiverem uma visão clara sobre si mesmos tendo sucesso na escola (Duckworth et al., 2013). Os sonhos muitas vezes dão origem a realizações.

Nossa perspectiva autocentrada pode nos motivar, mas também pode nos levar a presumir muito prontamente que os outros estão nos observando e nos avaliando, um fenômeno chamado de **efeito holofote**. Em um experimento, estudantes universitários que foram solicitados a vestir uma camiseta ridícula antes de conhecer outros estudantes adivinharam que quase metade de seus colegas notaria a camiseta. Mas apenas 23% o fizeram (Gilovich, 1996). Para diminuir o brilho do holofote, podemos usar duas estratégias. A primeira é simplesmente conhecer e lembrar do efeito holofote. Os oradores públicos têm melhor desempenho se entenderem que seu nervosismo natural é quase imperceptível (Savitsky & Gilovich, 2003). A segunda é assumir a perspectiva do público. Quando imaginamos os membros do público empatizando com a nossa situação, geralmente esperamos ser julgados com menos severidade (Epley et al., 2002). O ponto a ser lembrado: *nós nos destacamos menos do que imaginamos*, mesmo com roupas ridículas e descabelados, e mesmo depois de um erro como disparar o alarme da biblioteca (Gilovich & Savitsky, 1999; Savitsky et al., 2001).

PERGUNTE A SI MESMO

Quais eus possíveis você sonha – ou teme – se tornar? Até que ponto esse *self* imaginado o motiva agora?

***Self*.** Na psicologia contemporânea, é considerado o centro da personalidade, o organizador de nossos pensamentos, sentimentos e ações.

Efeito holofote. Superestimar a percepção de que os outros estão nos observando e avaliando nossa aparência, desempenho e erros (como se presumíssemos que um holofote brilha sobre nós).

Autoestima. Nossos sentimentos de alta ou baixa estima, apreço por nós mesmos.

Autoeficácia. Nosso senso de competência e eficácia ao realizar tarefas.

Os benefícios da autoestima

A **autoestima** – nossos sentimentos de muito ou pouco apreço, estima por nós mesmos – é importante. O mesmo acontece com a **autoeficácia**, nosso senso de competência em uma tarefa (Bandura, 1977, 2018). (Um aluno pode sentir alta autoeficácia em um curso de matemática, porém baixa autoestima geral.) As pessoas que se sentem bem consigo mesmas (que concordam fortemente com as declarações autoafirmativas do questionário, como "Sou uma pessoa divertida") perdem menos noites de sono. Elas tendem a ser extrovertidas, responsáveis e abertas a novas experiências (Fetvadjiev & He, 2019). *Online* e pessoalmente, elas se comunicam positivamente, fazendo com que os outros gostem delas e as incluam mais (Cameron & Granger, 2019; Mahadevan et al., 2019). Elas se sentem menos tímidas, ansiosas ou solitárias, e são simplesmente mais felizes (Greenberg, 2008; Orth & Robins, 2014; Swann et al., 2007). Nossa autoestima cresce a partir de experiências e conquistas aventureiras e, portanto, muda à medida que envelhecemos (Hutteman et al., 2015). A autoestima geralmente aumenta dramaticamente da adolescência até a idade adulta intermediária, continuando a crescer até alcançar o pico entre os 50 e os 60 anos (Bleidorn et al., 2016; Orth et al., 2018; von Soest et al., 2018).

Mas a maioria dos psicólogos duvida de que uma autoestima elevada seja "uma armadura que protege as crianças" dos problemas da vida (Baumeister & Vohs, 2018; McKay, 2000; Seligman, 2002). A autoeficácia acadêmica das crianças – sua confiança de que podem se sair bem em uma matéria – prediz o desempenho escolar. Mas a autoimagem geral, não. (Marsh & Craven, 2006; Swann et al., 2007; Trautwein et al., 2006.) Talvez a autoestima seja um efeito colateral de enfrentar desafios e superar dificuldades, ou um medidor que relata o estado de nossas relações com os outros (Reitz et al., 2016). Mas, se isso é assim mesmo, empurrar o medidor de forma artificial para cima com elogios vazios, não seria como forçar o medidor de combustível de um carro com nível baixo de gasolina a exibir "tanque cheio"?

"Quando as crianças aumentam o autocontrole, suas notas sobem mais tarde. Mas quando as crianças aumentam sua autoestima, não há efeito em suas notas." – Angela Duckworth, entrevista *In Character*, 2009

Se sentir-se bem vem *depois* de fazer algo bem, então fazer elogios na ausência de um bom desempenho pode realmente prejudicar as pessoas. Depois de receber mensagens semanais de aumento da autoestima, os alunos com dificuldades obtiveram notas *abaixo* do esperado (Forsyth et al., 2007). Outra pesquisa mostrou que dar recompensas aleatórias às pessoas prejudicou sua produtividade. Martin Seligman (2012) relatou que "quando ocorriam coisas boas que não eram ganhas, como moedas saindo de máquinas caça-níqueis, isso não aumentava o bem-estar das pessoas. Produziu desamparo. As pessoas desistiram e se tornaram passivas".

"As reivindicações entusiásticas do movimento de autoestima variam de fantasia a besteira. Os efeitos da autoestima são pequenos, limitados e nem todos bons." – Roy Baumeister (1996)

Existem, no entanto, efeitos importantes quando a autoestima é ameaçada. Quando os pesquisadores esvaziaram temporariamente a autoimagem das pessoas (dizendo a elas que se saíram mal em um teste de aptidão, ou depreciando sua personalidade), esses participantes se tornaram mais propensos a menosprezar os outros ou expressar preconceito racial acentuado (vanDellen et al., 2011; van Dijk et al., 2011; Ybarra, 1999). A ameaça à autoimagem aumenta até mesmo o *preconceito racial inconsciente* (Allen & Sherman, 2011). Aqueles que são negativos sobre si mesmos também tendem a ser supersensíveis e críticos (Baumgardner et al., 1989; Pelham, 1993). As ameaças à autoestima levam as pessoas a passar mais tempo nos seus perfis *online*[2] – refúgios seguros para reconstruir sua autoestima (Toma & Hancock, 2013). Essas descobertas são consistentes com as ideias da psicologia humanista sobre os benefícios de uma autoimagem saudável. Aceite a si mesmo e você achará mais fácil aceitar os outros. Despreze a si mesmo e você estará propenso a menosprezar, ter pouca tolerância ou empatia para com os outros.[2] As pessoas que se sentem para baixo tendem a botar para baixo os outros.

Custos da autoestima

QOA 14.21 Como o otimismo excessivo, a cegueira para a própria incompetência, e o viés de autoconveniência revelam os custos da autoestima, e qual a diferença entre a autoestima defensiva e a autoestima segura?

OTIMISMO EXCESSIVO. O pensamento positivo diante da adversidade pode render dividendos, mas uma pitada de realismo também poderia ajudá-lo em certos casos (Schneider, 2001). A ansiedade realista sobre possíveis falhas futuras pode alimentar esforços enérgicos para evitar o temido destino (Goodhart, 1986; Norem, 2001; Showers, 1992). Preocupados com a reprovação em um exame próximo, os alunos podem estudar cuidadosamente e superar seus colegas igualmente capazes, porém mais confiantes. Estudantes asiático-americanos expressaram um pessimismo um pouco maior do que seus colegas europeus-americanos,

[2]Da próxima vez que você observar que está passando demais tempo revisando e avaliando o seu perfil *online*, escolha outra atividade do seu interesse para realizar, ou pergunte a um amigo se ele encontra a mesma dificuldade. As respostas podem surpreender você.

o que pode ajudar a explicar suas realizações acadêmicas muitas vezes impressionantes (Chang, 2001). O sucesso requer otimismo suficiente para fornecer esperança e pessimismo suficiente para evitar a complacência. Queremos que nossos pilotos de companhias aéreas estejam atentos aos piores resultados possíveis.

O otimismo excessivo pode nos deixar cegos a riscos reais (Tenney et al., 2015). Mais de mil estudos mostraram como nosso viés natural de pensamento positivo pode promover um "otimismo irreal" (Shepperd et al., 2015; Weinstein, 1980). Quando 56% dos alunos da 12ª série acreditavam que iriam obter *seu* diploma de pós-graduação – embora apenas 9% provavelmente o fizessem – isso era um otimismo irreal (Reynolds et al., 2006). Quando a maioria das pessoas com visões políticas opostas acreditavam com otimismo que seus pontos de vista se tornariam mais amplamente aceitos, muitos estavam errados (Rogers et al., 2017). Quando os alunos acreditavam que eram mais propensos do que seus colegas de classe a conseguir um emprego bem remunerado e possuir uma boa casa, e menos propensos a ter um infarto ou câncer, isso também era um otimismo irreal (Waters et al., 2011). Se estivermos excessivamente confiantes em nossa capacidade de controlar um impulso, como o desejo de fumar, estamos mais propensos a nos expor a tentações – e a falhar (Nordgren et al., 2009). O otimismo cego pode ser autodestrutivo, como podemos ver naqueles que negam com otimismo a toxicidade viciante do fumo, se aventuram em relacionamentos malfadados e investem dinheiro em esquemas arriscados.

Nosso viés natural de pensamento positivo parece desaparecer, no entanto, quando estamos aguardando *feedback*, como resultados de exames (Carroll et al., 2006). Em muitos estudos, tanto no mundo real (aguardando notas dos exames da OAB) quanto em laboratório (aguardando resultados de testes de inteligência), as pessoas "preparam-se para o pior" (Sweeny & Falkenstein, 2017). (Talvez você também se lembre de mudar para o pessimismo à medida que o momento da verdade se aproxima?) As ilusões positivas também desaparecem após uma experiência pessoal traumática – como aconteceu com as vítimas de um terremoto catastrófico na Califórnia, que tiveram que desistir de suas ilusões de serem menos vulneráveis do que outras a terremotos (Helweg-Larsen, 1999).

CEGUEIRA PARA A PRÓPRIA INCOMPETÊNCIA. Ironicamente, as pessoas geralmente são mais confiantes quando são mais incompetentes. Isso, disseram Justin Kruger e David Dunning (1999), é porque muitas vezes é preciso competência para reconhecer competência. Eles descobriram que a maioria dos alunos que pontuaram na extremidade inferior dos testes de gramática e lógica acreditavam ter pontuado na metade superior. Esse fenômeno de "ignorância da própria incompetência" – agora chamado de *efeito Dunning-Kruger* – pode produzir excesso de confiança entre os líderes políticos. Também tem um paralelo entre aqueles de nós que sofrem com perda auditiva, como eu [DM] posso confirmar. Como não temos consciência do que não ouvimos, podemos superestimar nossa audição. Se eu não ouvir meu amigo chamando meu nome, o amigo percebe minha desatenção. Mas para mim é um não evento. Eu ouço o que ouço – o que, para mim, parece bastante normal.

"Nossa ignorância é invisível para nós", resume Dunning (2019). "A primeira regra do clube Dunning-Kruger é você não saber que é membro do clube Dunning-Kruger." Assim, para julgar a nossa própria competência e prever o nosso desempenho futuro, vale a pena convidar outras pessoas para a avaliação (Dunning, 2006; Grossmann & Kross, 2014). Com base em estudos em que tanto os indivíduos quanto seus conhecidos preveem seu futuro, podemos arriscar alguns conselhos: peça a seus colegas previsões sinceras. Se você está apaixonado e quer prever se vai durar, não ouça seu coração – pergunte ao seu colega de quarto.

"O que eu adoraria seria poder me ver tendo um momento Dunning-Kruger. Mas, de acordo com minha própria teoria, eu nunca vou ter isso."
– Psicólogo David Dunning, NPR, 2016

VIÉS DE AUTOCONVENIÊNCIA. Imagine-se correndo para a aula, esperando não perder os primeiros minutos. Mas você chega cinco minutos atrasado, suado e bufando. Enquanto você afunda em seu assento, que tipos de pensamentos passam pela sua mente? Você passa por um portal de negatividade, pensando "Eu sou um perdedor"? Ou você passa por um portal de positividade, dizendo a si mesmo "Pelo menos consegui chegar à aula"?

Psicólogos da personalidade descobriram que a maioria das pessoas escolhe a segunda porta porque leva a pensamentos positivos sobre si mesmo. Temos uma boa reputação com nós mesmos. Mostramos um **viés de autoconveniência** – uma prontidão para nos perceber favoravelmente (Myers, 2010). Considerar:

As pessoas aceitam mais responsabilidade pelas boas ações do que pelas más, e mais pelos sucessos do que pelos fracassos. Atletas muitas vezes creditam suas vitórias à sua própria proeza, e suas derrotas às más jogadas, problemas de arbitragem, ou desempenho excepcional da outra equipe. A maioria dos alunos que recebe notas baixas nos exames critica o exame ou o instrutor, não a si mesmos. Os motoristas que preenchem formulários de seguro explicam seus acidentes com palavras como "Um pedestre me atropelou e passou por baixo do meu carro". "O que eu fiz para merecer isso?" é a pergunta que geralmente fazemos quando reclamamos de nossos problemas, mas não quando falamos de nossos sucessos. Embora um viés egocêntrico possa nos levar a evitar verdades desconfortáveis, ele também pode nos motivar a abordar tarefas difíceis com confiança em vez de desespero (Tomaka et al., 1992; von Hippel

Viés de autoconveniência. Disposição para nos perceber favoravelmente.

"Eu nunca me culpo quando não consigo rebater a bola. Eu apenas culpo o bastão e, se continuar dando errado, eu troco de bastão." – Grande Yogi Berra do beisebol (1925-2015)

"É curioso: o ser humano médio [pensa] que seria melhor do que 63% dos outros seres humanos se tivesse que sobreviver a um apocalipse zumbi." – Matemático Spencer Greenberg e economista Seth Stephens-Davidowitz, 2019

"Os [auto-]retratos em que realmente acreditamos, quando temos liberdade para expressá-los, são dramaticamente mais positivos do que a realidade pode sustentar." – Shelley Taylor, *Positive Illusions*, 1989

Narcisismo. Excesso de amor-próprio e autocentramento (egolatria).

& Trivers, 2011). De fato, em muitos estudos, reforçar a própria autoestima prediz o bem-estar emocional (Dufner et al., 2019).

A maioria das pessoas se considera melhor do que a média. Comparado com a maioria das outras pessoas, qual é seu padrão moral? Quão fácil de conviver? Onde você se classificaria, do 1º ao 99º percentil? A maioria das pessoas se coloca bem acima do percentil 50. Esse efeito acima da média aparece para quase qualquer traço ou comportamento avaliado subjetivamente e que seja socialmente desejável. A maioria das pessoas se classifica como tendo inteligência, atratividade, ética, desempenho no trabalho e capacidade de direção acima da média (Heck et al., 2018; Myers & Twenge, 2019; Walker & Keller, 2019). O viés egocêntrico é mais fraco na Ásia, onde as pessoas tendem a valorizar a modéstia (Church et al., 2014; Falk et al., 2009). No entanto, em cada um dos 53 países pesquisados, as pessoas expressaram autoestima acima do ponto médio da escala mais utilizada (Schmitt & Allik, 2005). É normal pensar que estamos acima da média.

O viés de autoconveniência em geral está por trás dos conflitos nos relacionamentos, como culpar um parceiro por problemas de relacionamento ou um colega por problemas de trabalho. Todos nós também tendemos a ver nossos próprios *grupos* – nossa escola, organização, região ou país – como superiores. Embora existam 50 estados dos EUA, os americanos, em média, estimam que seu estado natal fez 18% das contribuições para a história dos EUA (Putnam et al., 2018). Esse viés de servir ao *grupo* – meu grupo é melhor – alimentou os horrores nazistas e o genocídio de Ruanda. Não é de admirar que a literatura e a religião alertem com tanta frequência contra os perigos do amor-próprio e do orgulho.

Quando sua autoestima é ameaçada, algumas pessoas com egos inflados podem reagir violentamente. Os pesquisadores Brad Bushman e Roy Baumeister (1998; Bushman et al., 2009) pediram a voluntários de graduação que escrevessem um breve ensaio, em resposta ao qual outro suposto aluno os elogiava ("Ótimo ensaio!") ou fazia críticas mordazes ("Um dos piores ensaios que li!"). Os redatores dos ensaios foram então autorizados a revidar, fazendo muito barulho. Você pode antecipar o resultado? Após críticas, aqueles com autoestima inflada eram "excepcionalmente agressivos". Eles entregaram três vezes mais tortura auditiva do que aqueles com autoestima normal. Mais de 80 estudos replicaram o efeito perigoso do **narcisismo** (amor-próprio e foco em si mesmo excessivos) sobre a agressividade (Rasmussen, 2016). Os pesquisadores concluíram que "indivíduos presunçosos e que se dão muita importância têm um comportamento desagradável com aqueles que perfuram suas bolhas de amor-próprio" (Baumeister, 2001).

Depois de rastrear a autoimportância ao longo de várias décadas, a psicóloga Jean Twenge (2006; Twenge & Foster, 2010) relatou que o que ela chamou de *Geração Eu* (*Generation Me*) – nascida nas décadas de 1980 e 1990 – expressou mais narcisismo (concordando mais frequentemente com declarações como: "se eu governasse o mundo, seria um lugar melhor", ou "acho que sou uma pessoa especial"). Por que uma alta no narcisismo é importante? Os narcisistas tendem a ser materialistas, desejam fama, têm expectativas infladas, namoram mais e sem compromisso, jogam e trapaceiam mais – tudo isso tem aumentado à medida que o narcisismo aumentou nos últimos anos.

Pessoas narcisistas (mais frequentemente homens) perdoam menos os outros, adotam uma abordagem de jogo em seus relacionamentos românticos e se envolvem em comportamento sexualmente agressivo (Blinkhorn et al., 2015; Bushman et al., 2003; Grijalva et al., 2015). Eles costumam ser carismáticos e ambiciosos, tornando-se populares até que outros se cansem de sua arrogância (Leckelt et al., 2020; Poorthuis et al., 2019). Eles anseiam por adulação e muitas vezes ficam na defensiva ou enfurecidos quando criticados (Geukes et al., 2016; Gnambs & Appel, 2018; Krizan & Herlache, 2018). Muitos tiveram pais que lhes disseram que eram superiores aos outros (Brummelman et al., 2015). Estrelas de *reality shows* costumam ser especialmente narcisistas (Rubinstein, 2016; Young & Pinsky, 2006).

Apesar dos perigos demonstrados do orgulho, muitas pessoas rejeitam a ideia de que o viés de autoconveniência negligencia aqueles que se sentem desvalorizados, ou que acham que não merecem ser amados. Se o viés de autoconveniência prevalece, por que tantas pessoas se depreciam? Por cinco razões: (1) Às vezes, as humilhações autodirigidas são *sutilmente estratégicas* – elas provocam golpes tranquilizadores. Dizer "Ninguém gosta de mim" pode pelo menos provocar "Mas nem todo mundo conhece você!" (2) Outras vezes, como antes de um jogo ou de uma prova, comentários autodepreciativos *nos preparam para um possível fracasso.* O treinador que exalta a força superior do próximo adversário torna uma derrota compreensível, uma vitória digna de nota. (3) Uma declaração autodepreciativa "Como pude ser tão estúpido!" também nos ajuda a *aprender com nossos erros.* (4) Às vezes, a falsa humildade é na verdade um *orgulho humilde*: "eu mal estudei, então estou surpreso por ter tirado um A" (Sezer et al., 2018). (5) A autodepreciação frequentemente *pertence ao antigo eu.* Solicitadas a lembrar de seus comportamentos realmente ruins, as pessoas se lembram de coisas de muito tempo atrás; já os bons comportamentos vêm à mente mais facilmente de seu passado recente (Escobedo & Adolphs, 2010). Mesmo quando não mudaram, as pessoas são muito mais críticas em relação ao seu eu passado distante do que ao seu eu atual (Wilson

& Ross, 2001). Um idiota no passado, mas um campeão atualmente: "aos 18 anos, eu era um idiota; hoje sou mais empático."

Mesmo assim, todos nós algumas vezes (e alguns de nós na maior parte do tempo) nos sentimos inferiores. Isso é especialmente verdadeiro quando nos comparamos com aqueles que estão um ou dois degraus acima na escala de *status*, aparência, renda ou capacidade. Quanto mais frequentemente nos sentimos comparativamente inferiores, mais infelizes ou até deprimidos nos tornamos. Mas, para a maioria das pessoas, o pensamento tem um viés naturalmente positivo.

Alguns pesquisadores identificam dois tipos de autoestima - defensiva e segura (Kernis, 2003; Lambbird & Mann, 2006; Ryan & Deci, 2004). A *autoestima defensiva* é frágil. Ela se concentra em se sustentar, o que faz com que o fracasso e a crítica pareçam ameaçadores. Pessoas defensivas podem responder a ameaças percebidas com raiva ou agressão (Crocker & Park, 2004; Donnellan et al., 2005).

A *autoestima segura* é menos frágil, pois depende menos de avaliações externas. Sentir aceito por quem somos, e não por nossa aparência, riqueza ou fama, alivia as pressões para termos sucesso e nos permite focar além de nós mesmos. Ao nos perdermos em relacionamentos e propósitos maiores do que nós mesmos, podemos alcançar uma autoestima mais segura, relacionamentos satisfatórios e maior qualidade de vida (Crocker & Park, 2004). O orgulho autêntico, enraizado na realização real, dá suporte à autoconfiança e à liderança (Tracy et al., 2009; Weidman et al., 2016; Williams & DeSteno, 2009).

"Se você se comparar com os outros, pode tornar-se vaidoso e amargo; pois sempre haverá pessoas maiores e menores do que você." - Max Ehrmann, *Desiderata*, 1927

"A verdadeira humildade não é pensar menos de si mesmo; é pensar menos em si mesmo." - C. S. Lewis, *Mere Christianity*, 1952

PRÁTICA DE RECUPERAÇÃO

PR-3 Quais são os efeitos positivos e negativos de uma autoestima elevada?

PR-4 A tendência de aceitar a responsabilidade pelo sucesso e culpar as circunstâncias ou a má sorte pelo fracasso é chamada de ____________________.

PR-5 A autoestima ____________________ (segura/defensiva) está ligada ao comportamento raivoso e agressivo. A autoestima ____________________ (segura/defensiva) é uma autoimagem mais saudável, que nos permite focar além de nós mesmos e desfrutar de uma maior qualidade de vida.

RESPOSTAS NO APÊNDICE E

REVISÃO Teorias sociocognitivas e o *self*

OBJETIVOS DE APRENDIZAGEM

Teste a si mesmo. Responda às Questões dos Objetivos de Aprendizagem (antes de conferir as respostas no Apêndice D) para aprimorar a retenção dos conceitos estudados (McDaniel et al., 2009, 2015).

QOA **14.18** Como os teóricos sociocognitivos veem o desenvolvimento da personalidade, e como eles exploram o comportamento?

QOA **14.19** Que críticas enfrentaram as teorias sociocognitivas?

QOA **14.20** Por que a psicologia gerou tanta pesquisa sobre o *self*? Qual a importância da autoestima para o nosso bem-estar?

QOA **14.21** Como o otimismo excessivo, a cegueira para a própria incompetência, e o viés de autoconveniência revelam os custos da autoestima, e qual a diferença entre a autoestima defensiva e a autoestima segura?

TERMOS E CONCEITOS A RECORDAR

Teste a si mesmo. Escreva a definição com suas próprias palavras e depois confirme sua resposta.

perspectiva sociocognitiva, p. 530

determinismo recíproco, p. 530

self, p. 533

efeito holofote, p. 533

autoestima, p. 534

autoeficácia, p. 534

viés de autoconveniência, p. 535

narcisismo, p. 536

DOMINE O MATERIAL

Teste a si mesmo. Responda às questões a seguir por conta própria, a princípio, depois confira as respostas no Apêndice E.

1. A perspectiva sociocognitiva propõe que nossa personalidade seja moldada por um processo chamado de determinismo recíproco, à medida que fatores pessoais, ambientais e comportamentos interagem. Um exemplo de fator ambiental é

a. a presença de livros em uma casa.

b. preferência por brincadeiras ao ar livre.

c. a capacidade de ler em um nível de quarta série.

d. o medo da ação violenta na televisão.

2. Os críticos dizem que as teorias ________________ da personalidade são muito sensíveis às interações de um indivíduo com situações específicas, mas dão pouca atenção aos traços duradouros da pessoa.

3. A tendência de superestimar a atenção dos outros e a avaliação de nossa aparência, desempenho e erros é chamada de ________________________.

4. Os pesquisadores descobriram que a baixa autoestima tende a estar ligada a problemas de vida. Como esse vínculo deve ser interpretado?

a. problemas de vida causam baixa autoestima.

b. a resposta não é clara porque o vínculo é correlacional e não indica causa e efeito.

c. baixa autoestima leva a problemas na vida.

d. por causa do viés de autoconveniência, devemos supor que fatores externos causam baixa autoestima.

5. Um biscoito da sorte aconselha, "Ame a si mesmo e a felicidade seguirá". Este é um bom conselho?

CAPÍTULO

15

baona/Getty Images

Transtornos Psicológicos

> Senti a necessidade de limpar meu quarto... e passaria de 4 a 5 horas nisso. Eu tirava todos os livros da estante, tirava o pó e os colocava de volta no lugar. [...] Eu não conseguia parar. [...] Fiz um ritual de tocar a parede do meu quarto antes de sair porque algo ruim aconteceria se eu não fizesse da maneira certa.
>
> *Marc, diagnosticado com transtorno obsessivo-compulsivo (de Summers, 1996)*

> Sempre que fico deprimida é porque perdi o senso de identidade. Não consigo encontrar motivos para gostar de mim. Eu acho que sou feia. Acho que ninguém gosta de mim.
>
> *Greta, diagnosticada com depressão (de Thorne, 1993, p. 21)*

> Vozes, como o rugido de uma multidão, vieram. Eu me senti como Jesus; eu estava sendo crucificado.
>
> *Stuart, diagnosticado com esquizofrenia (de Emmons et al., 1997)*

De vez em quando, todos nós sentimos, pensamos ou agimos de maneiras que podem se assemelhar a um transtorno psicológico. Sentimo-nos ansiosos, deprimidos, retraídos ou desconfiados. Portanto, não é de admirar que sejamos atraídos a tentar entender estados psicológicos perturbados – às vezes nos vemos nas doenças mentais que estudamos. "Estudar o anormal é a melhor maneira de entender o normal", disse William James (1842-1910).

Pessoalmente ou por intermédio de amigos ou familiares, podemos experimentar a perplexidade e a dor de sintomas físicos inexplicáveis, medos irracionais ou um sentimento de que a vida não vale a pena ser vivida. Em uma pesquisa com estudantes universitários do primeiro ano em oito países, um em cada três relatou um problema de saúde mental durante o ano anterior (Auerbach et al., 2018).

Em todo o mundo, mais de meio bilhão de pessoas vive com transtornos mentais ou comportamentais (OMS, 2017b). Embora as taxas e sintomas variem de acordo com a cultura, nenhuma sociedade conhecida está livre de dois transtornos terríveis – transtorno depressivo maior e esquizofrenia (Baumeister & Härter, 2007; Jablensky, 1999; Susser & Martínez-Alés, 2018). Este capítulo examina esses e outros transtornos. O Capítulo 16 traz considerações sobre as opções de *tratamento*.

Introdução aos transtornos psicológicos

A maioria das pessoas concordaria que alguém que está deprimido e fica na cama por 3 meses tem um transtorno psicológico. Mas e um pai de luto que não pode retomar suas atividades sociais habituais 3 meses após a morte de seu filho? Onde devemos traçar a linha entre o luto compreensível e a depressão clínica? Entre um medo e uma fobia? Entre a normalidade e a anormalidade? Vamos começar com estas perguntas:

- Como deveríamos *definir* os transtornos psicológicos?
- Como deveríamos *entender* os transtornos? Como os fatores biológicos subjacentes contribuem para o transtorno? Como ambientes conturbados influenciam nosso bem-estar? E como esses efeitos da natureza (*nature*) e da criação (*nurture*) interagem?
- Como devemos *classificar* os transtornos psicológicos? E podemos fazê-lo de uma maneira que nos permita ajudar as pessoas sem estigmatizá-las ou rotulá-las?
- As pessoas com transtornos psicológicos correm o risco de causar danos a si mesmas ou a outros?
- O que sabemos sobre a prevalência de distúrbios psicológicos? Quantas pessoas os têm? Quem é vulnerável, e quando?

"Quem no arco-íris pode traçar a linha onde termina o tom violeta e começa o tom laranja? Vemos claramente a diferença das cores, mas onde exatamente uma cor começa a se misturar com a outra? Assim acontece com a sanidade e a insanidade." – Herman Melville, *Billy Budd, Marinheiro*, 1924

Definição de transtornos psicológicos

QUESTÃO DE OBJETIVO DA APRENDIZAGEM QOA 15.1 Como devemos traçar a linha entre a normalidade e o transtorno?

Um **transtorno psicológico** é uma síndrome (coleção de sintomas) marcada por um "transtorno clinicamente significativo na cognição, na regulação emocional ou no comportamento de um indivíduo" (American Psychiatric Association, 2013). Esses pensamentos, emoções ou comportamentos são *disfuncionais* ou *mal-adaptativos* – eles interferem na vida normal do dia a dia. Acreditar que sua casa deve ser completamente limpa todo fim de semana não é um transtorno. Mas se os rituais de limpeza interferem no trabalho e no lazer, como faziam os rituais incontroláveis de Marc, podem ser sinais de um transtorno. Humores tristes ocasionais que persistem e se tornam incapacitantes também podem sinalizar um transtorno psicológico.

A *angústia* muitas vezes acompanha essa disfunção. Marc, Greta e Stuart estavam todos angustiados com seus pensamentos, emoções ou comportamentos.

Ao longo do tempo, as definições do que constitui uma "perturbação significativa" variaram. De 1952 a 9 de dezembro de 1973, a "homossexualidade" foi classificada como um transtorno psicológico.

No final do dia 10 de dezembro, deixou de ser assim considerada. A American Psychiatric Association fez essa mudança porque um número cada vez maior de seus membros via a atração pelo mesmo gênero como uma predisposição biológica natural e não um problema psicológico. Esse é o poder de mudar as crenças da sociedade. (Apesar desse progresso cultural, crianças e adolescentes americanos que se identificam como transgêneros ou não conformes de gênero são sete vezes mais propensos do que seus pares a serem diagnosticados com um transtorno psicológico [Becerra-Culqui et al., 2018]. Isso se deve, em grande parte, ao estigma e estresse que muitas vezes eles experimentam [Hatzenbuehler et al., 2009; Meyer, 2003].) No século XXI, as controvérsias giram em torno de outros diagnósticos novos ou alterados na edição mais recente do DSM, uma ferramenta de classificação comum para descrever transtornos (Conway et al., 2019; Widiger et al., 2019).

Transtorno psicológico. Síndrome marcada por um transtorno clinicamente significativo na cognição, na regulação emocional ou no comportamento de um indivíduo.

PRÁTICA DE RECUPERAÇÃO

PR-1 Uma advogada está angustiada ao sentir a necessidade de lavar as mãos 100 vezes por dia. Ela tem pouco tempo para se reunir com clientes, e seus colegas estão começando a duvidar de sua competência. Seu comportamento provavelmente seria rotulado como perturbado, pois é ________________, ou seja, interfere no seu dia a dia.

RESPOSTAS NO APÊNDICE E

Compreendendo os transtornos psicológicos

QOA **15.2** Como o modelo clínico e a abordagem biopsicossocial influenciam nossa compreensão dos transtornos psicológicos?

A maneira como olhamos para um problema influencia a maneira como tentamos resolvê-lo. Antigamente, as pessoas costumavam ver comportamentos estranhos como evidência de forças estranhas em ação – o movimento das estrelas, poderes divinos ou espíritos malignos. Se você tivesse vivido durante a Idade Média, você poderia ter dito: "o diabo a obrigou a fazer isso". Acreditando nisso, você poderia ter aprovado uma cura dura que expulsaria o demônio maligno. Assim, as pessoas consideradas "loucas" às vezes eram enjauladas ou recebiam "terapias" como mutilação genital, espancamentos, remoção de dentes ou de pedaços do intestino, ou transfusões de sangue animal (Farina, 1982).

Reformistas, como Philippe Pinel (1745-1826) na França, se opuseram a esses tratamentos brutais. A loucura não é uma possessão demoníaca, insistiu Pinel, mas uma doença da mente causada pelo estresse intenso e condições desumanas. Curar a doença, disse ele, requer *tratamento moral*, incluindo aumentar o ânimo dos pacientes, libertando-os e conversando com eles. Pinel e outros trabalharam para substituir brutalidade por gentileza, isolamento por atividade, e sujeira por ar puro e sol.

Em alguns lugares, tratamentos cruéis para doenças mentais – incluindo acorrentar pessoas a camas ou confiná-las em espaços com animais selvagens – persistem até hoje. A Organização Mundial da Saúde lançou uma reforma que visa transformar hospitais em todo o mundo "em locais amigáveis ao paciente com restrições mínimas" (OMS, 2014b).

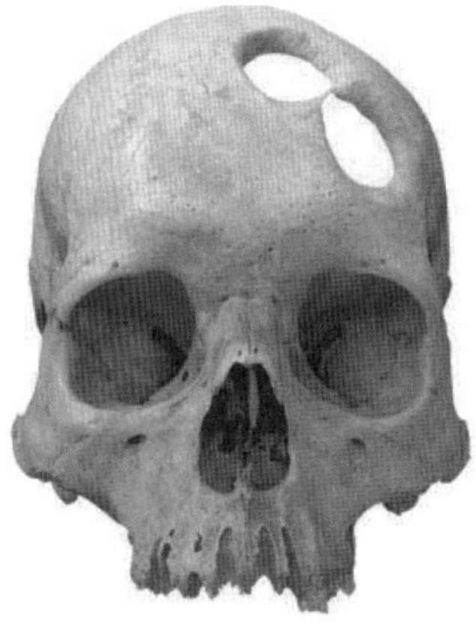

John W. Verano

A "terapia" de ontem. Ao longo dos tempos, pessoas psicologicamente perturbadas receberam tratamentos brutais, incluindo a trepanação evidente neste crânio de um paciente da Idade da Pedra. Perfurar buracos no crânio pode ter sido uma tentativa de liberar espíritos malignos e curar aqueles com transtornos mentais. Esse paciente sobreviveu à "cura"?

Modelo clínico

Um avanço médico por volta de 1900 levou a novas reformas. Os pesquisadores descobriram que a sífilis, uma infecção sexualmente transmissível, invade o cérebro e distorce a mente. Essa descoberta desencadeou uma busca por causas físicas de outros transtornos mentais e por tratamentos que os curariam. Os hospitais substituíram os manicômios, e nasceu o **modelo clínico** de transtornos mentais. Sob sua influência, ainda falamos do movimento da *saúde* mental. Uma *doença* mental (também chamada psico*patologia*) precisa ser *diagnosticada* com base em seus *sintomas*. Precisa ser *tratada* com *terapia*, que pode incluir a internação em um *hospital* psiquiátrico. A perspectiva clínica foi estimulada por descobertas recentes de que muitos genes juntos influenciam o cérebro e as anormalidades bioquímicas que contribuem para o surgimento dos principais transtornos (Smoller, 2019). Um número crescente de psicólogos clínicos atualmente trabalha em hospitais, onde colaboram com médicos para determinar como a mente e o corpo operam juntos.

Modelo clínico. Conceito de que as doenças, neste caso os transtornos psicológicos, têm causas físicas que podem ser *diagnosticadas*, *tratadas* e, na maioria das vezes, *curadas*, quase sempre por meio de tratamento *hospitalar*.

Abordagem biopsicossocial

Chamar os transtornos psicológicos de "doenças" direciona a pesquisa fortemente para a influência da biologia. Mas, como em tantas outras áreas, as influências biológicas, psicológicas e socioculturais, juntas, tecem a trama dos nossos comportamentos, pensamentos e sentimentos. Como indivíduos, diferimos na quantidade de estresse que experimentamos e na maneira como lidamos com os estressores. As culturas também diferem em suas fontes de

Rosenwald Collection

Tratamento moral. Sob a influência de Philippe Pinel, os hospitais às vezes patrocinavam bailes para os pacientes, muitas vezes chamados de "dança dos lunáticos", como retratado nesta pintura de George Bellows (*Dance in a Madhouse*).

Epigenética. "Acima" ou "além de" (*epi*) genética; é o estudo dos mecanismos moleculares pelos quais os ambientes podem influenciar a expressão genética (sem alteração do DNA).

estresse e em suas maneiras tradicionais de enfrentamento. Estamos fisicamente incorporados e socialmente integrados.

Dois transtornos – transtorno depressivo maior e esquizofrenia – ocorrem em todo o mundo. Outros transtornos tendem a estar associados a culturas específicas. Na América Latina, alguns experimentam *susto* – ansiedade ou pânico graves em resposta a um trauma emocional ou medo de magia negativa. Na cultura japonesa, as pessoas podem experimentar *taijin kyofusho* – ansiedade social sobre a aparência física, prontidão para corar e medo de contato visual. Os transtornos alimentares *anorexia nervosa* e *bulimia nervosa* ocorrem principalmente em culturas ocidentais ricas em alimentos. Esses transtornos podem compartilhar uma dinâmica subjacente (como ansiedade) enquanto diferem nos sintomas (um problema alimentar ou um tipo de medo) manifestados em uma cultura específica. Mesmo a agressão desordenada pode ter explicações variadas em diferentes culturas. Na Malásia, *amok* descreve uma explosão repentina de comportamento violento (como na frase em inglês "run amok").

A abordagem biopsicossocial enfatiza que mente e corpo são inseparáveis (Figura 15.1). Emoções negativas podem desencadear doenças físicas, e anormalidades físicas podem desencadear emoções negativas. A abordagem biopsicossocial deu origem ao *modelo de vulnerabilidade-estresse*,[1] que assume que as disposições individuais se combinam com estressores ambientais para influenciar o transtorno psicológico (Monroe & Simons, 1991; Zuckerman, 1999). A pesquisa sobre **epigenética** (literalmente, "em adição à genética") apoia o modelo de estresse de vulnerabilidade, mostrando como nosso DNA e nosso ambiente interagem. Em um ambiente, um gene será *expresso*, mas, em outro, pode permanecer dormente. Para alguns, essa será a diferença entre desenvolver ou não um transtorno.

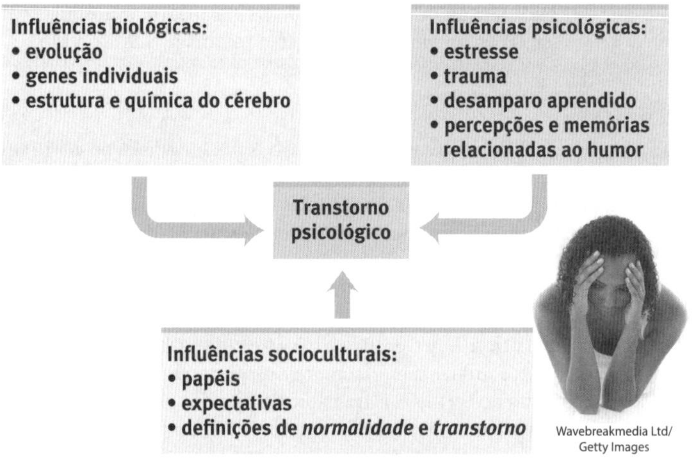

Figura 15.1 Abordagem biopsicossocial dos transtornos psicológicos. A psicologia de hoje estuda como os fatores biológicos, psicológicos e socioculturais interagem para produzir transtornos psicológicos específicos.

PRÁTICA DE RECUPERAÇÃO

PR-2 Os transtornos psicológicos são universais ou específicos de uma cultura? Explique com exemplos.

PR-3 Qual é a abordagem biopsicossocial e por que ela é importante para a compreensão dos transtornos psicológicos?

RESPOSTAS NO APÊNDICE E

Classificação dos transtornos – e rotulação das pessoas

QOA 15.3 Como e por que os clínicos classificam os transtornos psicológicos, e por que alguns psicólogos criticam os rótulos diagnósticos?

Na biologia, a classificação estabelece uma ordem. Classificar um animal como "mamífero" diz muito – que provavelmente é de sangue quente, tem pelagem e produz leite para alimentar seus filhotes. Também na psiquiatria e na psicologia, a classificação visa ordenar e descrever os sintomas. Classificar o transtorno de uma pessoa como "esquizofrenia" sugere que a

[1]Também chamado *modelo de diátese-estresse*. ("Diátese" – que significa vulnerabilidade predisposta – deriva de uma palavra grega para predisposição.)

pessoa fala de maneira incoerente, tem crenças bizarras, mostra pouca emoção ou emoção inadequada ou é socialmente retraída. "Esquizofrenia" é uma maneira rápida de descrever um transtorno complexo.

Além disso, a classificação diagnóstica fornece mais do que o esboço de um transtorno. Na psiquiatria e na psicologia, a classificação também visa *prever* o curso futuro de um transtorno, *sugerir* tratamento adequado e *estimular pesquisas* sobre suas causas. Para estudar um transtorno, devemos primeiro nomeá-lo e descrevê-lo.

Em muitos países, a ferramenta mais comum para descrever transtornos é o *Manual Diagnóstico e Estatístico de Transtornos Mentais* da Associação Psiquiátrica Americana, agora em sua quinta edição (**DSM-5**). Médicos e profissionais de saúde mental usam o DSM-5 para orientar diagnósticos e tratamentos. Por exemplo, alguém que atende a todos os critérios da Tabela 15.1 pode ser diagnosticado com transtorno de insônia. O DSM-5 inclui códigos de diagnóstico da *Classificação Internacional de Doenças* (CID) da Organização Mundial da Saúde. Isso também facilita o rastreamento das tendências mundiais em transtornos psicológicos.

DSM-5. *Manual Diagnóstico e Estatístico de Transtornos Mentais* da Associação Psiquiátrica Americana, Quinta Edição; é um sistema amplamente utilizado para classificar transtornos psicológicos.

Em testes no mundo real (*ensaios de campo*) que avaliam a confiabilidade das categorias do DSM-5, alguns diagnósticos se saíram bem e outros mal (Freedman et al., 2013). A concordância dos médicos sobre *transtorno de estresse pós-traumático* adulto e *transtorno do espectro autista infantil*, por exemplo, foi de quase 70%. (Se um psiquiatra ou psicólogo diagnosticasse alguém com um desses transtornos, havia 70% de chance de que outro profissional de saúde mental desse o mesmo diagnóstico de maneira independente.) Mas para *transtorno de personalidade antissocial* e *transtorno de ansiedade generalizada*, a concordância foi mais próxima de 20%.

Um livro com ilustrações de casos acompanhando uma edição anterior do DSM forneceu vários exemplos para este capítulo.

Os críticos há muito reclamam que o DSM lança uma rede muito ampla e traz "quase qualquer tipo de comportamento para o domínio da psiquiatria" (Eysenck et al., 1983). Alguns agora temem que a rede ainda mais ampla do DSM-5 estenda a patologização da vida cotidiana. Por exemplo, o DSM classifica o luto severo após a morte de um ente querido como um possível *transtorno depressivo*. Os críticos sugerem que esse tipo de luto poderia ser simplesmente considerado uma reação normal a eventos trágicos da vida.

Uma abordagem de classificação mais recente que se baseia no DSM é o projeto Research Domain Criteria (RDoC) do Instituto Nacional de Saúde Mental dos EUA (Insel et al., 2010; NIMH, 2017). A estrutura do RDoC organiza os transtornos de acordo com os comportamentos e a atividade cerebral, visando estudá-los com "o poder das abordagens modernas das pesquisas em genética, neurociência e ciência comportamental" (Insel & Lieberman, 2013).

Outros críticos da classificação registram uma queixa mais básica – que os rótulos diagnósticos podem ser subjetivos, ou mesmo juízos de valor disfarçados de ciência. Depois de rotuladas, passamos a ver essas pessoas de maneira diferente (Bathje & Pryor, 2011; Farina, 1982; Sadler et al., 2012b). Os rótulos podem mudar a realidade, colocando-nos em alerta para evidências que confirmem nossa visão. Se ouvirmos que um novo colega de trabalho é mesquinho, podemos tratá-lo com desconfiança. Ele pode, por sua vez, reagir a nós como uma pessoa mesquinha reagiria. Idem, se somos levados a acreditar que alguém é inteligente. Os professores que foram informados de que certos alunos eram "bem-dotados" então agiram de maneiras que provocaram os comportamentos que eles esperavam (Snyder, 1984). Os rótulos podem ser autorrealizáveis e, se negativos, podem ser estigmatizantes.

Em um estudo, as pessoas assistiram a entrevistas gravadas. Se dissessem que os entrevistados eram candidatos a emprego, os telespectadores os percebiam como normais (Langer & Abelson, 1974; Langer & Imber, 1980). Outros espectadores que foram informados de que estavam assistindo pacientes com câncer ou psiquiátricos perceberam os mesmos entrevistados como "diferentes da maioria das pessoas". Os terapeutas que pensavam estar assistindo a uma entrevista de um paciente psiquiátrico o viam como "assustado com seus próprios impulsos agressivos", um "tipo passivo, dependente", e assim por diante. As pessoas

Tabela 15.1 Transtorno de insônia.
• Sentir-se insatisfeito com a quantidade ou qualidade do sono (dificuldade em adormecer, permanecer dormindo ou voltar a dormir)
• A interrupção do sono causa angústia ou diminuição do funcionamento diário
• Acontece três ou mais noites por semana
• Ocorre durante pelo menos 3 meses consecutivos
• Acontece mesmo com oportunidades de sono suficientes
• Independente de outros transtornos do sono (como narcolepsia)
• Independente do uso ou abuso de substâncias
• Independente de outros transtornos mentais ou condições médicas

Fonte: American Psychiatric Association, 2013.

tendem a estigmatizar aqueles com transtornos psicológicos (Angermeyer & Dietrich, 2006; Corrigan & Watson, 2002; Pachankis et al., 2018; Weiner et al., 1988). O estigma da doença mental pode fazer com que as pessoas ocultem seus sintomas e evitem procurar tratamento (Corrigan, 2004; Nam et al., 2018).

Os rótulos também têm poder fora do laboratório. Conseguir um emprego ou encontrar uma moradia para alugar pode ser um desafio para pessoas recém-saídas de um hospital psiquiátrico. Rotule alguém como "doente mental" e as pessoas podem temê-lo como potencialmente violento. Essa reação está desaparecendo, à medida que as pessoas passam a entender melhor os transtornos psicológicos. Figuras públicas ajudaram a promover esse entendimento falando abertamente sobre suas próprias lutas com transtornos como ansiedade, depressão e uso abusivo de substâncias – e sobre como foi benéfico procurar ajuda, receber um diagnóstico e melhorar com o tratamento. Quanto mais contato temos com pessoas com transtornos, mais aceitamos nossas atitudes (Corrigan et al., 2014).

"Minha irmã sofre de transtorno bipolar e meu sobrinho de transtorno esquizoafetivo. Na verdade, existem muitos casos de depressão e alcoolismo na minha família e, tradicionalmente, não conversamos sobre isso. Simplesmente não falamos nada. O estigma é tóxico." – Glenn Close, atriz, *Mental Illness: The Stigma of Silence*, 2009

Então, os rótulos importam. No entanto, apesar de seus riscos, os rótulos de diagnóstico têm benefícios. Eles ajudam os profissionais de saúde mental a se comunicar sobre seus casos e estudar as causas e os tratamentos para os transtornos. Os pacientes muitas vezes ficam aliviados ao saber que seu sofrimento tem um nome e que eles não estão sozinhos na experiência de seus sintomas.

Os velhos estereótipos estão lentamente sendo substituídos nos retratos feitos pela mídia dos transtornos psicológicos e comportamentais. O personagem super-herói de Tony Stark nos filmes *Homem de Ferro* e *Vingadores* tem uma história de transtorno de estresse pós-traumático. *Cisne Negro* (2010) dramatizou um personagem principal sofrendo com um transtorno delirante. *A Single Man* (2009) retratou a depressão.

PERGUNTE A SI MESMO

Você conhece alguém (talvez até você mesmo) que foi diagnosticado com um transtorno psicológico? Como você acha que um rótulo de diagnóstico ajudou ou prejudicou essa pessoa?

PRÁTICA DE RECUPERAÇÃO

PR-4 Qual é o valor e quais são os perigos de rotular os indivíduos com transtornos?

RESPOSTAS NO APÊNDICE E

Risco de danos a si mesmo e aos outros

Pessoas com transtornos psicológicos são mais propensas a machucar a si mesmas. Elas também são mais propensas a machucar os outros?

Compreensão do suicídio

QOA 15.4 Que fatores aumentam o risco de suicídio, e o que sabemos sobre automutilação sem ideação suicida?

Em um momento de desespero, você já pensou em suicídio? Se sim, você tem muita companhia. Entre os muitos que alimentam esse pensamento, a cada ano cerca de 800 mil pessoas desesperadas, em todo o mundo, completarão o ato, elegendo uma solução permanente para o que pode ter sido um problema temporário (OMS, 2018e). Alguém provavelmente morrerá por suicídio nos 40 segundos que você leva para ler este parágrafo.

Para aqueles com tendência à ansiedade, o risco de suicídio triplica, e para os que sofrem de depressão, o risco é quintuplicado (Bostwick & Pankratz, 2000; Kanwar et al., 2013). As pessoas raramente optam pelo suicídio enquanto estão nas profundezas da depressão, quando falta energia e iniciativa. O risco aumenta quando elas começam a se recuperar e se tornam capazes de seguir adiante (Chu et al., 2016).

Comparando as taxas de suicídio de diferentes grupos, os pesquisadores descobriram:

"A vida, quando lassa dos entraves deste mundo, recursos não lhe faltam para pôr termo a si própria." – William Shakespeare, *Julius Caesar*, 1599

- ***Diferenças nacionais***: a Rússia tem o dobro da taxa de suicídio dos EUA, que têm o dobro da Espanha (OMS, 2018e). Na Europa, os lituanos têm sete vezes mais chances de morrer por suicídio do que os gregos
- ***Diferenças raciais***: dentro dos EUA, brancos e nativos americanos morrem por suicídio aproximadamente duas vezes mais que negros, hispânicos e asiáticos (Curtin & Hedegaard, 2019). A taxa entre os indígenas canadenses é o triplo da de outros canadenses (Kumar & Tjepkema, 2019)
- ***Diferenças de gênero***: mulheres e meninas são muito mais propensas do que os homens a considerar ou tentar o suicídio. Mas, em todo o mundo, os homens têm duas vezes mais chances de realmente morrer por suicídio (ONS, 2019; Ritchie et al., 2019b; OMS, 2018e). Os métodos que os homens usam, como disparar uma bala na cabeça, são mais letais. Nos EUA, por exemplo, apenas 13% de todas as tentativas de suicídio terminam

em morte – mas para aqueles que usam armas de fogo, esse número aumenta para 90% (Juskalian, 2019)

- ***Diferenças de traços***: entre os suecos, aqueles com transtorno obsessivo-compulsivo correm maior risco de depressão, aumentando assim o risco de suicídio (de la Cruz et al., 2017). Os pensamentos suicidas também podem aumentar quando pessoas perfeccionistas se sentem impelidas a alcançar um objetivo ou padrão – tornar-se magras, heterossexuais, ou ricas – e o consideram inatingível (Chatard & Selimbegović, 2011; Smith, M. et al., 2018)
- ***Diferenças de idade***: no final da idade adulta, as taxas aumentam em todo o mundo, com a taxa mais alta entre aqueles com mais de 70 anos (Ritchie et al., 2019a)
- ***Outras diferenças de grupo***: as taxas de suicídio foram muito maiores entre os ricos, os não religiosos e os solteiros (Norko et al., 2017; Okada & Samreth, 2013; VanderWeele et al., 2016, 2017). Jovens *gays*, transgêneros e não conformes de gênero que enfrentam um ambiente de falta de apoio, incluindo rejeição familiar ou de colegas, também correm maior risco de tentar suicídio (Goldfried, 2001; Haas et al., 2011; Hatzenbuehler, 2011; Testa et al., 2017)
- ***Diferenças nos dias da semana e diferenças sazonais***: a emoção negativa tende a aumentar no meio da semana, o que pode ter consequências trágicas (Watson, 2000). Surpreendentes 25% dos suicídios nos EUA ocorrem às quartas-feiras (Kposowa & D'Auria, 2009). As taxas de suicídio são mais altas em abril e maio, e não (como comumente se acredita) durante as férias de inverno (Nock, 2016)
- ***Diferenças ano a ano***: na maioria dos países, os suicídios têm aumentado (Ritchie et al., 2020). Por exemplo, entre 1999 e 2017, os pensamentos suicidas e as taxas de suicídio dos americanos aumentaram quase 40% (CDC, 2019e; SAMHSA, 2019).

A sugestão social pode desencadear pensamentos e comportamentos suicidas. Uma análise dos dados de 17 milhões de usuários do *Twitter* mostrou que compartilhar pensamentos suicidas teve um efeito cascata, espalhando pensamentos suicidas através da rede social (Cero & Witte, 2019). Após suicídios muito divulgados e programas de TV que apresentam casos de suicídio, as taxas de suicídio às vezes aumentam (Niederkrotenthaler et al., 2019). O mesmo acontece com os "acidentes" fatais de automóveis e aviões particulares. Um estudo de seis anos rastreou casos de suicídio entre 1,2 milhão de pessoas que viviam na região metropolitana de Estocolmo durante a década de 1990 (Hedström et al., 2008). Homens expostos ao suicídio de um colega de trabalho se mostraram 3,5 vezes mais propensos a tirar a própria vida, em comparação com homens não expostos.

O suicídio geralmente não é um ato de hostilidade ou vingança. As pessoas – especialmente os idosos – podem escolher a morte como uma alternativa ao sofrimento atual ou futuro, uma maneira de desligar a dor insuportável e aliviar um fardo percebido pelos membros da família. Os impulsos suicidas geralmente surgem quando as pessoas sentem que não pertencem ou são um fardo para os outros, quando se sentem presas por uma situação aparentemente inescapável ou quando se sentem incapazes de sentir alegria (Chu et al., 2018; Ducasse et al., 2018; Taylor et al., 2011). Os psicólogos temem que as taxas de suicídio possam aumentar com a ocorrência da pandemia de covid-19, que causou desemprego generalizado e isolamento social (Reger et al., 2020). Em comparação com veteranos americanos cisgêneros, veteranos transgêneros, que muitas vezes se sentem estigmatizados nas forças armadas, também têm duas vezes mais chances de morrer por suicídio (Tucker, 2019).

Em retrospectiva, familiares e amigos conseguem se lembrar de sinais que acreditam que deveriam tê-los alertado – dicas verbais, doação de bens, uma mudança repentina de humor ou retraimento e preocupação com a morte (Bagge et al., 2017). A julgar por pesquisas com 84.850 pessoas em 17 países, cerca de 9% das pessoas em algum momento de suas vidas pensaram seriamente em suicídio. Cerca de 3 em cada 10 daqueles que pensam nisso realmente tentarão o suicídio, dos quais 3% morrerão (Han et al., 2016; Nock et al., 2008). Em um estudo que acompanhou pessoas por até 25 anos após uma primeira tentativa de suicídio, cerca de 5% acabaram morrendo por suicídio (Bostwick et al., 2016).

Como resumiu uma equipe de pesquisa, o suicídio é difícil de prever. "A grande maioria das pessoas que possui um fator de risco específico [para suicídio] nunca se envolverá em comportamento suicida" (Franklin et al., 2017, p. 217). Mas os pesquisadores continuam tentando resolver o quebra-cabeça. Usando um aplicativo que coleta dados de telefone, uma equipe de investigação está buscando prever o risco de suicídio estudando o tom de voz, linguagem, fotos, escolha de música e transtornos do sono de voluntários adolescentes (Servick, 2019). Outras equipes de pesquisa estão desenvolvendo algoritmos de Iinteligência artificial (IA) de previsão de suicídio a partir de avaliações psicológicas, registros de saúde ou postagens em mídias sociais (Ribeiro et al., 2019; Simon et al., 2018; Walsh et al., 2017).

Cerca de 47 mil americanos morrem por suicídio, por ano, metade com armas de fogo (CDC, 2019c). (As *overdoses* de veneno e drogas são responsáveis por cerca de 80% das *tentativas* de suicídio, mas apenas 14% das mortes por suicídio.) Estados com grande posse de armas e leis de segurança de armas mais fracas são estados com altas taxas de suicídio, mesmo depois de considerar fatores como a pobreza e a urbanização (Anestis & Anestis, 2015; Anestis et al., 2015; Miller et al., 2002, 2016; Tavernise, 2013). Depois que o Missouri revogou sua dura lei sobre armas de fogo, sua taxa de suicídio subiu 15%; quando Connecticut promulgou a mesma lei, sua taxa de suicídio caiu 16% (Crifasi et al., 2015). Assim, embora os proprietários de armas nos EUA geralmente mantenham uma arma para se sentir mais seguros, ter uma arma em casa torna a pessoa menos segura, porque aumenta substancialmente as chances de um membro da família morrer por suicídio ou homicídio (Kposowa et al., 2016; VPC, 2015; Vyse, 2016).

Como podemos ajudar alguém que está falando sobre suicídio – que diz, por exemplo, "Eu gostaria de poder acabar com tudo" ou "Eu odeio minha vida; não posso mais continuar"? Se as pessoas escrevem essas coisas *online*, você pode entrar em contato anonimamente com várias equipes de segurança de mídia social (incluindo Facebook, Twitter, Instagram, YouTube e Snapchat). Se um amigo ou familiar falar em suicídio, você pode:

1. *Escutar aberta e atentamente*, e demonstrar empatia.
2. *Conectar* a pessoa com um centro de aconselhamento; com (nos EUA) o National Suicide Prevention Lifeline (1-800-273-8255[TALK]) ou Crisis Text Line (enviando uma mensagem de texto para HOME para 741741), ou com seus homólogos em outros países (como CrisisServicesCanada.ca).[1]
3. *Proteger* alguém que pareça estar em risco imediato, procurando ajuda de um médico, do pronto-socorro do hospital mais próximo ou do 911. É melhor compartilhar um segredo do que comparecer a um funeral.

"As pessoas desejam a morte quando duas necessidades fundamentais são frustradas ao ponto de extinção: a necessidade de pertencer ou se conectar com os outros, e a necessidade de se sentir eficaz ou influenciar os outros."
– Thomas Joiner (2006, p. 47)

Autolesão não suicida

A automutilação assume muitas maneiras. Algumas pessoas – principalmente adolescentes e mulheres – podem se envolver em *automutilação sem ideação suicida* (ASIS) (Mercado et al., 2017) (Figura 15.2). Elas podem, por exemplo, cortar ou queimar a pele, bater em si mesmos, ou inserir objetos sob as unhas ou a pele.

Pessoas com comportamentos de ASIS muitas vezes sofreram *bullying*, assédio ou estresse (Miller, A. et al., 2019; van Geel et al., 2015). Geralmente, são pessoas com menor capacidade para tolerar e regular o sofrimento emocional (Hamza et al., 2015). E com frequência são autocríticas e impulsivas (Beauchaine et al., 2019; Cha et al., 2016).

A ASIS é muitas vezes autorreforçadora (Hooley & Franklin, 2018; Selby et al., 2019). As pessoas podem:

- Encontrar alívio para os pensamentos negativos intensos por meio da distração provocada pela dor
- Atrair atenção e possivelmente obter ajuda
- Aliviar a culpa por meio da punição
- Fazer com que os outros mudem seu comportamento negativo (*bullying*, críticas)
- Encaixar-se em um grupo de pares.

A ASIS leva ao suicídio? Normalmente não. Pessoas que se envolvem com esse tipo de comportamento tipicamente sinalizam o suicídio, mas não tentativas de suicídio (Evans & Simms, 2019; Nock & Kessler, 2006). No entanto, a ASIS é um fator de risco para pensamentos suicidas e futuras tentativas de suicídio, especialmente quando coexistem com um transtorno bipolar (Geulayov et al., 2019). Se a pessoa não encontrar ajuda, seu comportamento não suicida pode evoluir para ideação suicida e, finalmente, para tentativas de suicídio.

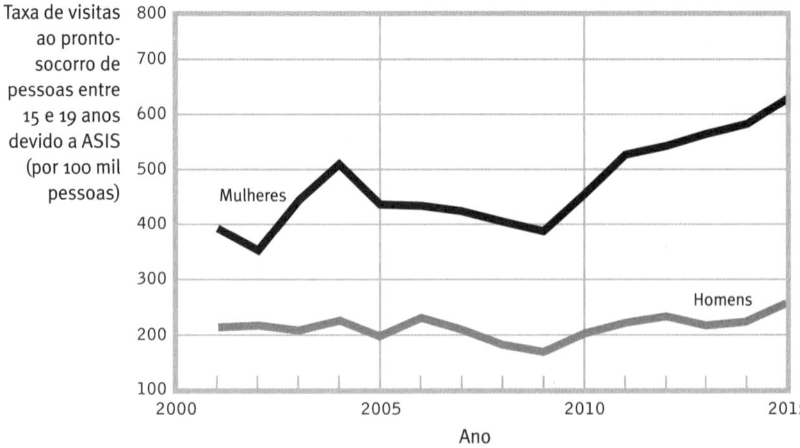

Figura 15.2 Taxas de visitas ao pronto-socorro de autolesão sem ideação suicida (ASIS) nos EUA. As taxas de automutilação atingem um pico mais alto para mulheres de 15 a 19 anos do que para homens da mesma idade (Mercado et al., 2017). Canadá e Inglaterra experimentaram simultaneamente a mesma diferença de gênero e tendência ascendente (CIHI, 2019; McManus et al., 2019).

[1] N.R.T.: No Brasil, o Ministério da Saúde criou os Centros de Valorização da Vida (CVV), para prevenção ao suicídio. Os CVV recebem chamadas gratuitas ao longo do território nacional, o número é 188, e está disponível as 24h do dia. Já para atendimento de pessoas com outros tipos de transtornos ou de sofrimentos mentais, o telefone é 196.

Transtorno é sinal de perigo?

QOA 15.5 Os transtornos psicológicos predizem um comportamento violento?

O dia 16 de setembro de 2013 começou como qualquer outra segunda-feira no Navy Yard em Washington, DC, com pessoas chegando cedo para começar a trabalhar. Então o empreiteiro do governo, Aaron Alexis, entrou no prédio e começou a atirar. Uma hora depois, 13 pessoas estavam mortas, incluindo Alexis, que tinha um histórico de doença mental e afirmara que um "ataque de ultrabaixa frequência é o que tenho sofrido nos últimos 3 meses. E, para ser perfeitamente honesto, foi o que me levou a isso". Esse devastador tiroteio em massa, como muitos outros desde então, reforçou a percepção pública de que pessoas com transtornos psicológicos representam uma ameaça (Barry et al., 2013; Jorm et al., 2012). "Pessoas com doenças mentais estão pegando armas e cometendo esses tiroteios em massa", disse o presidente da Câmara dos EUA, Paul Ryan (2015). Em uma pesquisa, 84% dos americanos concordaram que o "aumento dos gastos do governo com triagem e tratamento de saúde mental" seria uma "abordagem um pouco" ou "muito" efetiva na prevenção de tiroteios em massa nas escolas" (Newport, 2012). Após o massacre escolar de 2018 em Parkland, Flórida, o presidente dos EUA, Donald Trump, propôs a abertura de mais hospitais psiquiátricos que poderiam abrigar supostos assassinos em massa: "quando se tem uma pessoa assim, é possível trazê-la para uma instituição de cuidados mentais".

Podem os médicos, de fato, prever quem provavelmente causará danos? *Não*. A maioria dos criminosos violentos não são doentes mentais e a maioria dos doentes mentais não são violentos (Leshner, 2019; Verdolini et al., 2018). Além disso, a previsão clínica de violência não é confiável. As poucas pessoas com transtornos que cometem atos violentos tendem a ser aquelas, como o atirador do Navy Yard, que experimenta delírios ameaçadores e vozes alucinadas que ordena que ajam, ou pessoas que abusam de substâncias (Douglas et al., 2009; Elbogen et al., 2016; Fazel et al., 2009, 2010).

Pessoas com transtornos são mais propensas a serem *vítimas* do que perpetradoras de violência (Buchanan et al., 2019). De acordo com o U.S. Surgeon General's Office (1999, p. 7), "há muito pouco risco de violência ou lesão a um estranho por contato casual com um indivíduo que tenha um transtorno mental". Os melhores preditores de violência são uso de álcool ou de drogas, episódio anterior de violência, disponibilidade de armas e danos cerebrais – como no caso do jogador da Liga Nacional de Futebol Americano repetidamente ferido na cabeça e homicida, Aaron Hernandez (Belson, 2017). Atiradores que matam em massa têm mais uma coisa em comum: eles são principalmente homens jovens.

PERGUNTE A SI MESMO

Por que você acha que as pessoas muitas vezes acreditam que aqueles com transtornos psicológicos são perigosos?

Taxas de transtornos psicológicos

QOA 15.6 Quantas pessoas têm, ou tiveram, um transtorno psicológico? Quais são os fatores de risco?

Quem é mais vulnerável a transtornos psicológicos? Em que momentos da vida? Para responder a essas perguntas, muitos países realizaram longas entrevistas estruturadas com seus cidadãos. Depois de fazer centenas de perguntas que sondavam os sintomas – "Já houve um período de duas semanas ou mais que você sentiu vontade de morrer?" – os pesquisadores estimaram a prevalência atual, do ano anterior e ao longo da vida de vários transtornos.

Quantas pessoas têm um transtorno psicológico? "Transtornos mentais e de dependência afetaram mais de 1 bilhão de pessoas em todo o mundo em 2016", relatou um grande estudo mundial (Rehm & Shield, 2019). Nos EUA, 47 milhões de adultos – 19% – sofreram uma doença mental no último ano (SAMHSA, 2018) (Tabela 15.2).

Taxas de transtorno psicológico variam de acordo com o local? Um estudo da Organização Mundial da Saúde – baseado em entrevistas de 90 minutos com milhares de pessoas representativas da população de seu país – estimou o número de transtornos mentais do ano anterior em 28 países (Kessler et al., 2009). As culturas variam e, como ilustra a Figura 15.3, a taxa mais baixa de transtornos mentais relatados foi na Nigéria e a mais alta nos EUA. Além disso, os imigrantes para os EUA do México, África e Ásia tiveram uma saúde mental melhor do que seus colegas nascidos nos EUA com a mesma herança étnica (Breslau et al., 2007; Maldonado-Molina et al., 2011). Por exemplo, em comparação com os mexicanos-americanos

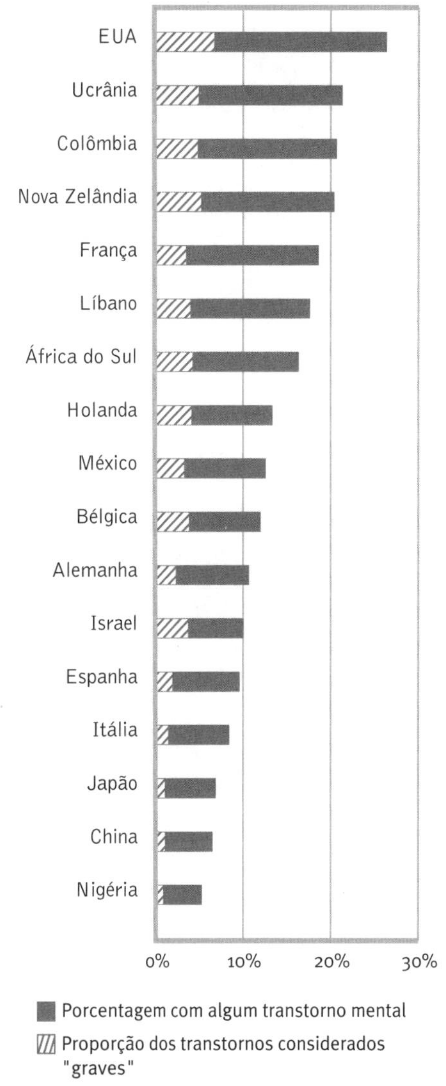

Figura 15.3 Prevalência de transtornos no ano anterior em áreas selecionadas. A partir de entrevistas em 28 países. (Dados de Kessler et al., 2009.)

Tabela 15.2 Porcentagem de americanos que relataram transtornos psicológicos selecionados "no último ano".

Transtorno psicológico	Porcentagem
Transtornos depressivos ou transtornos bipolares	9,3
Fobia de objeto ou situação específica	8,7
Transtorno de ansiedade social	6,8
Transtorno de déficit de atenção/hiperatividade (TDAH)	4,1
Transtorno de estresse pós-traumático (TEPT)	3,5
Transtorno de ansiedade generalizada	3,1
Esquizofrenia	1,1
Transtorno obsessivo-compulsivo	1,0

Fonte: National Institute of Mental Health, 2015.

nascidos nos EUA, os mexicanos-americanos que imigraram recentemente correm menos risco de transtornos mentais – um fenômeno conhecido como *paradoxo do imigrante* (Salas-Wright et al., 2018).

O que aumenta a vulnerabilidade aos transtornos mentais? Como indica a Tabela 15.3, existem vários fatores de risco e proteção para transtornos mentais. Um preditor – a pobreza – cruza as linhas étnicas e de gênero. A incidência de transtornos psicológicos graves é 2,5 vezes maior entre pessoas que vivem abaixo da linha da pobreza (CDC, 2014a). Essa correlação pobreza-transtorno levanta outras questões: A pobreza causa transtornos? Ou os transtornos causam pobreza? A resposta varia de acordo com o transtorno. A esquizofrenia, compreensivelmente, leva à pobreza. No entanto, o estresse e a desmoralização da pobreza também podem precipitar transtornos, especialmente depressão em mulheres e uso abusivo de substâncias em homens (Dohrenwend et al., 1992). Em um experimento natural em que se investigou a ligação entre pobreza e patologia, pesquisadores rastrearam taxas de problemas

Tabela 15.3 Fatores de risco e proteção para transtornos mentais.

Fatores de risco	Fatores de proteção
Fracasso acadêmico	Exercício aeróbico
Complicações no nascimento	Comunidade que oferece empoderamento, oportunidade e segurança
Cuidar de pessoas com doenças crônicas ou transtorno neurocognitivo	Independência econômica
Abuso e negligência infantil	Parentalidade eficaz
Insônia crônica	Sentimentos de domínio e controle sobre o ambiente
Dor crônica	Sentimentos de segurança
Desorganização ou conflito familiar	Autoestima alta
Baixo peso ao nascimento	Alfabetização
Baixo nível socioeconômico	Apego positivo e vínculo precoce
Doença clínica	Relações positivas entre pais e filhos
Desequilíbrio neuroquímico	Habilidades para resolver problemas
Doença mental dos pais	Resiliência para lidar com o estresse e a adversidade
Abuso de substâncias pelos pais	Habilidades sociais e de trabalho
Perda e luto pessoal	Apoio social da família e amigos
Habilidades e hábitos de trabalho ruins	
Dificuldades de leitura	
Deficiências sensoriais	
Incompetência social	
Eventos de vida estressantes	
Abuso de substâncias	
Experiências traumáticas	

Dados: Organização Mundial da Saúde (OMS, 2004a,b).

de comportamento em crianças nativas americanas da Carolina do Norte, uma vez que o desenvolvimento econômico permitiu uma redução dramática na taxa de pobreza de sua comunidade. Quando o estudo começou, as crianças pobres exibiam comportamentos mais desviantes e agressivos. Depois de quatro anos, as crianças cujas famílias estavam acima da linha da pobreza apresentaram uma diminuição de 40% nos problemas de comportamento. Aqueles que mantiveram suas posições anteriores abaixo ou acima da linha de pobreza não apresentaram mudanças (Costello et al., 2003).

Em que momentos da vida os transtornos se manifestam? Cerca de metade das pessoas com um transtorno experimentam seus primeiros sintomas no meio da adolescência, e três quartos o fazem por volta dos 20 anos (Kessler et al., 2007; Robins & Regier, 1991). Entre os primeiros a aparecer estão os sintomas de transtorno de personalidade antissocial (idade média de 8 anos) e de fobias (idade média de 10 anos). Transtorno por uso de álcool, transtorno obsessivo-compulsivo, transtorno bipolar e sintomas de esquizofrenia aparecem em uma idade média próxima aos 20 anos. A maioria dos transtornos depressivos ocorrem um pouco mais tarde, por volta dos 25 anos.

PRÁTICA DE RECUPERAÇÃO

PR-5 Qual é a relação entre pobreza e transtornos psicológicos?

RESPOSTAS NO APÊNDICE E

REVISÃO Introdução aos transtornos psicológicos

OBJETIVOS DE APRENDIZAGEM

Teste a si mesmo. Responda às Questões dos Objetivos de Aprendizagem (antes de conferir as respostas no Apêndice D) para aprimorar a retenção dos conceitos estudados (McDaniel et al., 2009, 2015).

QOA **15.1** Como devemos traçar a linha entre normalidade e transtorno?

QOA **15.2** Como o modelo clínico e a abordagem biopsicossocial influenciam nossa compreensão dos transtornos psicológicos?

QOA **15.3** Como e por que os clínicos classificam os transtornos psicológicos, e por que alguns psicólogos criticam os rótulos diagnósticos?

QOA **15.4** Que fatores aumentam o risco de suicídio, e o que sabemos sobre automutilação sem ideação suicida?

QOA **15.5** Os transtornos psicológicos predizem o comportamento violento?

QOA **15.6** Quantas pessoas têm, ou tiveram, um transtorno psicológico? Quais são os fatores de risco?

TERMOS E CONCEITOS A RECORDAR

Teste a si mesmo. Escreva a definição com suas próprias palavras e depois confirme sua resposta.

transtorno psicológico, p. 540
modelo clínico, p. 541
epigenética, p. 542
DSM-5, p. 543

DOMINE O MATERIAL

Teste a si mesmo. Responda às questões a seguir por conta própria, a princípio, depois confira as respostas no Apêndice E.

1. Dois principais transtornos encontrados em todo o mundo são esquizofrenia e ______________.

2. Anna fica envergonhada por levar vários minutos para estacionar o carro. Ela geralmente sai do carro uma ou duas vezes para inspecionar a distância, tanto do meio-fio quanto dos carros próximos. Ela deveria se preocupar em ter um transtorno psicológico?

3. Um terapeuta diz que transtornos psicológicos são doenças, e as pessoas com esses transtornos devem ser tratadas como pacientes em um hospital. A crença desse terapeuta reflete o modelo ______________.

4. Qual é um exemplo de transtorno psicológico culturalmente relacionado?

5. Muitos psicólogos rejeitam a visão de transtorno como doença e, em vez disso, afirmam que outros fatores também podem estar envolvidos – por exemplo, o nível de estresse da pessoa e as maneiras de lidar com ele. Essa visão representa a abordagem ______________.

a. clínica
b. epigenética
c. biopsicossocial
d. diagnóstica

6. Por que o DSM, e o DSM-5 em particular, é considerado controverso?

7. ____________ (mulheres/homens) são mais propensos do que ____________ (mulheres/homens) a morrer por suicídio.

8. Um preditor de transtornos psiquiátricos que cruza as linhas étnicas e de gênero é ______________.

9. Os sintomas de __________ aparecem por volta dos 10 anos; ________ tendem a aparecer mais tarde, por volta dos 25 anos.

a. esquizofrenia; transtornos bipolares
b. transtornos bipolares; esquizofrenia
c. transtorno depressivo maior; fobias
d. fobias; transtorno depressivo maior

Transtornos relacionados à ansiedade

A ansiedade faz parte da vida. Falando na frente de uma classe, olhando para baixo em uma escada ou esperando para saber os resultados de um exame final, qualquer um de nós pode se sentir ansioso. A ansiedade pode até nos fazer evitar falar ou fazer contato visual – "timidez", como chamamos. Felizmente para a maioria de nós, nossa inquietação não é intensa e persistente. Alguns, no entanto, são mais propensos a temer o desconhecido e a perceber e lembrar de ameaças percebidas – como se estivessem vivendo enquanto toca a música de fundo de um filme de terror (Gorka et al., 2017; Mitte, 2008). Quando o sistema de detecção de perigo do cérebro se torna hiperativo, corremos maior risco de um transtorno de ansiedade e de três outros transtornos que envolvem ansiedade: *transtorno obsessivo-compulsivo* (TOC), *transtorno de estresse pós-traumático* (TEPT) e *transtornos com sintomas somáticos*.[2]

Transtornos de ansiedade

QOA 15.7 Como o transtorno de ansiedade generalizada, transtorno de pânico e fobias específicas diferem?

Os **transtornos de ansiedade** são marcados por ansiedade angustiante e persistente ou por comportamentos disfuncionais para redução da ansiedade. Por exemplo, pessoas com *transtorno de ansiedade social* ficam extremamente ansiosas em ambientes sociais onde outras pessoas podem julgá-las, como festas, apresentações de classe, ou até mesmo comer em público. Um estudante universitário sentiu palpitações, tremores, rubor e suor ao fazer uma apresentação, participar de um exame, ou encontrar uma figura de autoridade, temendo passar vergonha. Ao chegar em casa, ele evitou os sentimentos de ansiedade, mas foi mal-adaptativo: evitar os outros o impediu de aprender um mecanismo de enfrentamento e o deixou se sentindo solitário (Leichsenring & Leweke, 2017).

Vamos dar uma olhada em três outros transtornos de ansiedade:

- ***Transtorno de ansiedade generalizada***, no qual uma pessoa está, sem motivo óbvio, continuamente tensa e inquieta
- ***Transtorno do pânico***, no qual uma pessoa experimenta *ataques de pânico* – episódios súbitos de pavor intenso – e teme o próximo ataque
- ***Fobias específicas***, nas quais uma pessoa tem medo intenso e irracional de algo.

Transtorno de ansiedade generalizada

Por dois anos, Tom, um eletricista de 27 anos, foi incomodado por tontura, suor nas palmas das mãos e palpitações cardíacas. Ele se sentia no limite e às vezes se via tremendo. Tom escondeu seus sintomas de sua família e colegas de trabalho. Mas ele se permitia poucos outros contatos sociais e, ocasionalmente, precisava deixar o trabalho. Nem seu médico de família nem um neurologista conseguiram encontrar qualquer problema físico.

Os sentimentos desfocados, descontrolados e agitados de Tom sugerem **transtorno de ansiedade generalizada**, que é marcado por uma preocupação excessiva e incontrolável que persiste por 6 meses ou mais. As pessoas com essa condição (dois terços são mulheres) se preocupam continuamente e muitas vezes ficam nervosas, agitadas e privadas de sono (McLean & Anderson, 2009). A concentração sofre, pois as preocupações cotidianas exigem atenção contínua. A excitação do *sistema nervoso autônomo* pode se manifestar por meio de sobrancelhas franzidas, pálpebras contraídas, tremores, transpiração ou inquietação.

As pessoas afetadas geralmente não conseguem identificar, aliviar ou evitar sua ansiedade. Para usar o termo de Sigmund Freud, a ansiedade é *flutuante* (não vinculada a um estressor ou ameaça específica). O transtorno de ansiedade generalizada é frequentemente acompanhado de humor deprimido. Mas, mesmo sem depressão, tende a ser incapacitante. Além disso, pode levar a problemas físicos, como pressão alta. Com o passar do tempo, no entanto, as emoções tendem a suavizar e, aos 50 anos, o transtorno de ansiedade generalizada torna-se bastante raro (Rubio & López-Ibor, 2007).

Transtornos de ansiedade. Transtornos psicológicos caracterizados por ansiedade persistente e angustiante ou comportamentos mal-adaptativos que são empregados para reduzir a ansiedade.

Transtorno de ansiedade generalizada. Transtorno de ansiedade no qual uma pessoa está continuamente tensa, apreensiva e em estado de excitação do sistema nervoso autônomo.

Transtorno do pânico

Algumas pessoas experimentam ansiedade intensa que se transforma em um terrível ataque de pânico – um episódio de minutos de intenso medo de que algo horrível esteja prestes a

[2]TOC e TEPT anteriormente eram classificados como transtornos de ansiedade, mas o DSM-5 agora os classifica separadamente.

acontecer. Batimentos cardíacos irregulares, dores no peito, falta de ar, asfixia, tremores ou tonturas podem acompanhar uma crise de pânico. Uma mulher lembrou-se de repente de sentir:

> calor e como se eu não pudesse respirar. Meu coração estava acelerado e eu comecei a suar e a tremer e tive certeza de que ia desmaiar. Então meus dedos começaram a ficar dormentes e formigando e as coisas pareciam irreais. Foi tão ruim que me perguntei se estava morrendo e pedi ao meu marido que me levasse ao pronto-socorro. Quando chegamos lá (cerca de 10 minutos), o pior da crise já havia passado e eu me senti esgotada (Greist et al., 1986).

Para os 3% das pessoas com **transtorno do pânico**, as crises de pânico são recorrentes. Esses furacões de ansiedade atacam de repente, causam estragos e desaparecem, mas não são esquecidos. Ironicamente, as preocupações com a ansiedade – talvez temer outro ataque de pânico ou temer sintomas relacionados à ansiedade em público – podem amplificar os sintomas de ansiedade (Olatunji & Wolitzky-Taylor, 2009). Após vários ataques de pânico, as pessoas podem evitar situações que podem desencadear o pânico. Se o medo for intenso o suficiente, elas também podem desenvolver *agorafobia* – medo ou evitação de situações públicas das quais pode ser difícil escapar. Pessoas com agorafobia podem evitar ficar fora de casa, em uma multidão ou em um elevador. Fumantes têm pelo menos o dobro do risco de transtorno do pânico e sintomas mais graves durante uma crise (Knuts et al., 2010; Zvolensky & Bernstein, 2005). Como a nicotina é um estimulante, acender um cigarro não nos deixa relaxar.

Charles Darwin começou a sofrer de transtorno do pânico aos 28 anos, depois de passar cinco anos navegando pelo mundo. Mudou-se para o interior, evitou reuniões sociais e viajou apenas na companhia da esposa. Mas a relativa reclusão o liberou para elaborar sua teoria evolucionária. "Mesmo a saúde precária", refletiu ele, "me salvou da distração da sociedade e seus divertimentos" (citado em Ma, 1997).

Transtorno do pânico. Transtorno de ansiedade marcado por episódios imprevisíveis com minutos de duração de pavor intenso, nos quais uma pessoa pode sentir terror e dor no peito, asfixia ou outras sensações assustadoras; muitas vezes seguido de preocupação com uma possível próxima crise.

Fobia específica. Transtorno de ansiedade caracterizado por um medo persistente e irracional e evitação de um objeto, atividade ou situação específica.

Fobias específicas

Todos nós convivemos com alguns medos. Mas as pessoas com **fobias específicas** são consumidas por um medo persistente e irracional e evitam algum objeto, atividade ou situação – por exemplo, animais, insetos, alturas, sangue, espaços fechados ou elevadores (Figura 15.4). Muitas pessoas evitam os gatilhos (como lugares altos) que despertam seu medo e conseguem conviver com sua fobia. Outros ficam incapacitados. Marilyn, uma jovem de 28 anos, saudável e feliz, temia tanto as trovoadas que se sentiu ansiosa assim que um meteorologista mencionou possíveis tempestades no final da semana. Se o marido estava fora quando havia previsão de tempestade, muitas vezes ela ficava com um parente próximo. Durante a tempestade, ela fugia das janelas e cobria a cabeça para evitar ver os raios.

Georges Biard

Pânico à espreita. Como uma jovem estrela dos filmes *Crepúsculo*, Kristen Stewart experimentava ansiedade frequente. "Eu tinha ataques de pânico", disse ela. "Eu literalmente estava sempre com dor de estômago" (Lapidos, 2016). Ser sincera e honesta sobre sua ansiedade ajudou. "Destravou minha vida e estou muito mais feliz."

PRÁTICA DE RECUPERAÇÃO

PR-1 Tensão desfocada, apreensão e excitação são sintomas de transtorno de ____________.

PR-2 Pessoas que experimentam períodos imprevisíveis de terror e pavor intenso, acompanhados por sensações físicas assustadoras, podem ser diagnosticadas com transtorno do ____________.

PR-3 Se uma pessoa está concentrando a ansiedade em objetos, atividades ou situações específicas temidas, essa pessoa pode ter ____________ ____________.

RESPOSTAS NO APÊNDICE E

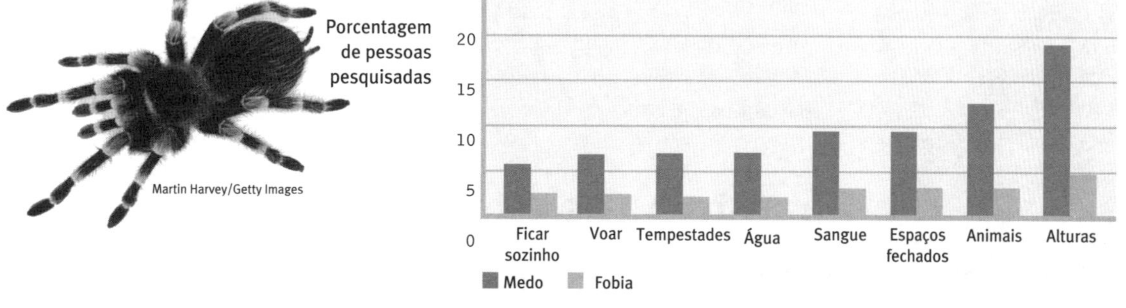

Figura 15.4 Alguns medos específicos comuns. Os pesquisadores entrevistaram cidadãos holandeses para identificar os eventos ou objetos mais comuns que eles temiam. Um medo forte se torna uma fobia específica se provocar um desejo irresistível, mas irracional, de evitar o objeto ou situação temida. (Dados de Depla et al., 2008.)

Transtorno obsessivo-compulsivo (TOC). Transtorno caracterizado por pensamentos indesejados repetitivos (obsessões), ações (compulsões), ou ambos.

Transtorno obsessivo-compulsivo e outros relacionados

QOA 15.8 O que é *TOC*?

Tal como acontece com os transtornos de ansiedade, podemos perceber aspectos do **transtorno obsessivo-compulsivo** (TOC) em nosso comportamento cotidiano. *Pensamentos obsessivos* são indesejados e aparentemente intermináveis. *Comportamentos compulsivos* são respostas a esses pensamentos.

Muitas vezes ficamos obcecados por pensamentos e podemos nos comportar compulsivamente. Alguma vez você já se sentiu um pouco ansioso sobre como seu espaço de vida parecerá aos outros e se viu verificando e limpando tudo uma última vez antes de seus convidados chegarem? Ou, talvez preocupado com um próximo exame, você se pegou "simplesmente" organizando o material de estudo antes de estudar? Nossa vida cotidiana está cheia de pequenos ensaios e de comportamento agitado. Eles cruzam a linha tênue entre normalidade e transtorno apenas quando *interferem persistentemente* na vida cotidiana e causam sofrimento. Verificar se você trancou a porta é normal; verificar 10 vezes não é. (A Tabela 15.4 oferece mais exemplos.) Em algum momento de suas vidas, muitas vezes durante o final da adolescência ou início da idade adulta, cerca de 2% das pessoas cruzam a linha normal de preocupação e agitação para um transtorno debilitante (Kessler et al., 2012). Embora as pessoas saibam que seus pensamentos obsessivos alimentados pela ansiedade são irracionais, os pensamentos podem se tornar tão assustadores e os rituais compulsivos consomem tanto tempo, que o funcionamento efetivo – incluindo o sucesso escolar – torna-se quase impossível (Pérez-Vigil et al., 2018).

O TOC é mais comum entre adolescentes e adultos jovens do que entre pessoas mais velhas (Samuels & Nestadt, 1997). Um estudo de acompanhamento de 40 anos de 144 suecos diagnosticados com o transtorno descobriu que, para a maioria, as obsessões e compulsões diminuíram gradualmente, embora apenas um em cada cinco tenha se recuperado completamente (Skoog & Skoog, 1999).

Algumas pessoas experimentam outros transtornos relacionados ao TOC, como *transtorno de acumulação* (acumulação do espaço com bens adquiridos dos quais não pode se separar), *transtorno dismórfico corporal* (preocupação com defeitos corporais percebidos), *tricotilomania* (transtorno de arrancar pelos/cabelo), ou *transtorno de escoriação* (escoriação da pele).

Tabela 15.4 Obsessões e compulsões comuns entre crianças e adolescentes com transtorno obsessivo-compulsivo.

Pensamento ou comportamento	Porcentagem de sintomas relatados
Obsessões (*pensamentos repetitivos*)	
Preocupação com sujeira, germes, ou toxinas	40
Medo de algo terrível acontecer (fogo, morte, doença)	24
Simetria, ordem, ou exatidão	17
Compulsões (*comportamentos repetitivos*)	
Lavagem excessiva das mãos, banho, escovação de dentes, ou higiene	85
Rituais repetidos (entrar/sair por uma porta, subir/descer uma cadeira)	51
Verificar portas, fechaduras, eletrodomésticos, freios de carro, lição de casa	46

Dados de Rapoport, 1989.

Gage Skidmore

Prosperando com TOC. O astro da música Justin Timberlake diz que o apoio de sua família e o senso de humor o ajudaram a lidar com os desafios do transtorno obsessivo-compulsivo.

Transtorno de estresse pós-traumático

QOA 15.9 O que é *TEPT*?

Enquanto realizava o serviço militar no exterior, um soldado, Jesse, viu o assassinato "de crianças e mulheres. Foi horrível passar por isso". De volta para casa, ele sofreu "*flashbacks* muito ruins" (Welch, 2005).

Jesse não está sozinho. Em um estudo realizado com 104 mil veteranos que voltaram de missões no Iraque e no Afeganistão, 25% foram diagnosticados com um transtorno psicológico (Seal et al., 2007). O encontrado com mais frequência foi o **transtorno de estresse pós-traumático (TEPT)**. Sobreviventes de terror, tortura, estupro, terremotos e deslocamento de refugiados também exibiram TEPT (Charlson et al., 2016; Westermeyer, 2018). Os sintomas característicos são memórias e pesadelos recorrentes, vívidos e angustiantes. Geralmente, o TEPT envolve também atenção focada em possíveis ameaças, retraimento social, ansiedade com agitação e problemas para dormir (Fried et al., 2018; Lazarov et al., 2019; Malaktaris & Lynn, 2019).

Transtorno de estresse pós-traumático (TEPT). Transtorno caracterizado por memórias assustadoras, pesadelos, hipervigilância, evitação de estímulos relacionados ao trauma, retraimento social, ansiedade com agitação, entorpecimento dos sentimentos e/ou insônia que persiste por quatro semanas ou mais após uma experiência traumática.

Muitos de nós experimentarão um evento traumático. E muitas pessoas mostrarão *resiliência de sobrevivente* – recuperando-se após o episódio de estresse intenso (Galatzer-Levy et al., 2018). Embora a ideia de Friedrich Nietzsche (1889/1990) de que "o que não me mata me fortalece" não seja verdadeira para todos, cerca de metade das vítimas de trauma relatam *crescimento pós-traumático* (Wu, X. et al., 2019). Às vezes, as lágrimas se transformam em triunfos.

Por que cerca de 5 a 10% das pessoas desenvolvem TEPT após um evento traumático, enquanto outras não? (Bonanno et al., 2011.) Um fator é a quantidade de sofrimento emocional: quanto maior o sofrimento (como o nível de tortura física sofrido por prisioneiros de guerra), maior o risco de sintomas pós-traumáticos (King et al., 2015; Ozer et al., 2003). Entre os soldados americanos no Iraque e no Afeganistão, aqueles que experimentaram alta intensidade de combate e pensamento catastrófico com culpa eram especialmente vulneráveis ao TEPT (Seligman et al., 2019). Entre os sobreviventes do ataque terrorista de 11 de setembro no World Trade Center de Nova York, as taxas de diagnósticos subsequentes de TEPT para aqueles que estavam dentro foram o dobro das taxas daqueles que estavam fora (Bonanno et al., 2006).

O que mais pode influenciar o desenvolvimento de TEPT? Algumas pessoas podem ter um sistema límbico de processamento de emoções mais sensível que inunda seus corpos com hormônios do estresse (Duncan et al., 2017; Kosslyn, 2005). Genes e gênero também importam. Gêmeos, em comparação com irmãos não gêmeos, compartilham mais comumente fatores de risco de TEPT (Gilbertson et al., 2006). E após um evento traumático, as mulheres experimentam TEPT com mais frequência do que os homens (Olff et al., 2007; Ozer & Weiss, 2004).

Alguns psicólogos acreditam que o TEPT foi superdiagnosticado (Dobbs, 2009; McNally, 2003). Muitas vezes, relatam os críticos, o TEPT é esticado para incluir más lembranças e sonhos normais relacionados ao estresse. E alguns procedimentos bem-intencionados – como "interrogar" as pessoas, pedindo-lhes para revisitar a experiência e desabafar suas emoções – podem piorar as reações de estresse (Bonanno et al., 2010; Wakefield & Spitzer, 2002).

PRÁTICA DE RECUPERAÇÃO

PR-4 Pessoas que expressam ansiedade através de pensamentos ou ações repetitivas indesejadas podem ter um transtorno ______________.

PR-5 Pessoas com sintomas de memórias e pesadelos recorrentes, retraimento social, ansiedade com agitação, entorpecimento de sentimentos e/ou insônia por semanas após um evento traumático podem ser diagnosticadas com transtorno de ______________________________.

RESPOSTAS NO APÊNDICE E

Sintomas somáticos e transtornos relacionados

QOA 15.10 O que são *sintomas somáticos e transtornos relacionados*?

Entre os problemas comuns que levam as pessoas aos consultórios médicos estão "doenças clinicamente inexplicáveis" (Johnson, 2008). Ellen fica tonta e enjoada pouco antes de o marido chegar em casa. Nem seu médico de cuidados primários nem um neurologista conseguiram identificar uma causa física. Eles suspeitam que seus sintomas tenham uma origem psicológica inconsciente, possivelmente desencadeada por sentimentos contraditórios em relação ao marido. Ellen tem **transtorno de sintomas somáticos** (anteriormente conhecido como *transtorno somatoforme*), no qual os sintomas angustiantes assumem uma expressão somática (corporal) sem causas físicas aparentes.

Todos nós experimentamos sintomas físicos inexplicáveis sob estresse. Ser informado de que o problema está "na sua cabeça" não traz conforto. Embora os sintomas possam ser de origem psicológica, eles são genuinamente sentidos. Uma pessoa pode ter uma variedade de queixas – vômito, tontura, visão turva, dificuldade para engolir. Outra pode sentir dor

Transtorno de sintomas somáticos. Transtorno psicológico no qual os sintomas assumem uma expressão somática (corporal) sem causa física aparente.

Transtorno de ansiedade de doença. Transtorno no qual uma pessoa interpreta sensações físicas normais como sintomas de uma doença. (Anteriormente chamado *hipocondria*.)

intensa e prolongada. Esses sintomas tornam-se um transtorno quando estão associados a sofrimento significativo e comprometimento do funcionamento.

O contexto cultural tem um grande efeito sobre as queixas físicas das pessoas e como elas as explicam (Kirmayer & Sartorius, 2007). Na China, os transtornos de ansiedade são o transtorno psicológico mais comum (Huang et al., 2019). No entanto, as explicações psicológicas da ansiedade e da depressão são socialmente menos aceitáveis lá do que em muitos países ocidentais, de modo que as pessoas expressam com menos frequência os aspectos do sofrimento emocional. Os chineses parecem mais sensíveis – e mais dispostos a relatar – os sintomas físicos de sua angústia (Ryder et al., 2008).

Sintomas somáticos e transtornos relacionados levam as pessoas não a um psicólogo ou psiquiatra, mas a um clínico. Isso é especialmente verdadeiro para aqueles que sofrem de **transtorno de ansiedade de doença** (anteriormente chamado *hipocondria*). Pessoas com esse transtorno relativamente comum interpretam sensações normais (uma cólica estomacal hoje, uma dor de cabeça amanhã) como sintomas de uma doença terrível. Nenhuma garantia de qualquer médico convence o paciente de que os sintomas triviais não refletem uma doença grave. Assim, o paciente passa para outro médico – buscando e recebendo mais atenção médica, mas não conseguindo confrontar as raízes psicológicas do transtorno. Simpatia e alívio temporário das demandas cotidianas podem reforçar seus comportamentos.

PERGUNTE A SI MESMO

Você consegue se lembrar (como a maioria das pessoas) de ocasiões em que se preocupou desnecessariamente com uma sensação corporal normal?

PRÁTICA DE RECUPERAÇÃO

PR-6 O que significa *somático*, e como se aplica aos *transtornos de sintomas somáticos*?

RESPOSTAS NO APÊNDICE E

Compreendendo os transtornos relacionados à ansiedade

QOA 15.11 Como o condicionamento, a cognição e a biologia contribuem para os sentimentos e pensamentos que marcam os transtornos relacionados à ansiedade?

A ansiedade é um sentimento. É também uma cognição – uma autoavaliação carregada de dúvidas. Como esses sentimentos e cognições ansiosos surgem? Atualmente, poucos psicólogos interpretam a ansiedade como Sigmund Freud. Sua teoria psicanalítica propunha que, desde a infância, as pessoas *reprimem* impulsos, ideias e sentimentos intoleráveis. Freud acreditava que essa energia mental submersa às vezes é extravasada em sintomas estranhos, como a ansiedade por lavar as mãos. A maioria dos psicólogos hoje adota três perspectivas modernas – condicionamento, cognição e biologia.

Condicionamento

Por meio do *condicionamento clássico*, nossas respostas ao medo podem ser vinculadas a objetos e eventos anteriormente neutros. Para entender a ligação entre aprendizagem e ansiedade, os pesquisadores deram choques elétricos imprevisíveis em ratos de laboratório (Schwartz, 1984). Os ratos, como vítimas de agressão que relatam se sentir ansiosos ao retornar à cena do crime, ficam inquietos em seu ambiente de laboratório.

Da mesma maneira, pessoas ansiosas ou traumatizadas aprendem a associar sua ansiedade a certas pistas (Bar-Haim et al., 2007; Duits et al., 2015). Em uma pesquisa, 58% das pessoas com transtorno de ansiedade social experimentaram seu transtorno após um evento traumático (Öst & Hugdahl, 1981). A ansiedade ou um transtorno relacionado à ansiedade é mais provável de se desenvolver quando eventos ruins acontecem de maneira imprevisível e incontrolável (Field, 2006; Mineka & Oehlberg, 2008). Mesmo um único evento doloroso e assustador pode desencadear uma fobia completa, graças à *generalização de estímulos* do condicionamento clássico e ao *reforço* do condicionamento operante.

A *generalização do estímulo* ocorre quando uma pessoa experimenta um evento que provoca medo e mais tarde desenvolve um medo de eventos semelhantes. Certa vez, meu carro [DM] foi atingido por outro, depois que o motorista não viu o sinal de pare. Meses depois, eu ainda sentia uma pontada de desconforto quando qualquer carro se aproximava de uma rua lateral. A fobia de tempestade de Marilyn pode ter se generalizado de maneira semelhante após uma experiência aterrorizante ou dolorosa durante uma tempestade.

O *reforço* contribui para manter medos e ansiedades aprendidos. Qualquer coisa que nos permita evitar ou escapar de uma situação temida pode reforçar comportamentos mal-adaptativos. Temendo um ataque de pânico, podemos decidir não sair de casa. Reforçados por nos sentirmos mais calmos, tendemos a repetir esse comportamento (Antony et al., 1992). Assim, também, com comportamentos compulsivos. Se lavar as mãos alivia nossos sentimentos de ansiedade, podemos lavar as mãos novamente quando esses sentimentos voltarem.

Hemera Technologies/PhotoObjects.net/360/Getty Images

Cognição

O condicionamento influencia nossos sentimentos de ansiedade, mas também nossos pensamentos, memórias, interpretações e expectativas. Observando os outros, podemos aprender a temer o que eles temem. Quase todos os macacos criados na natureza têm medo de cobras, mas os macacos criados em laboratório não. Certamente, a maioria dos macacos selvagens não sofre mordidas de cobra. Eles aprendem seu medo através da observação? Para descobrir, Susan Mineka (1985, 2002) estudou seis macacos criados na natureza (todos com muito medo de cobras) e seus filhotes criados em laboratório (praticamente nenhum temia cobras). Depois de observar repetidamente seus pais ou colegas se recusando a pegar comida na presença de uma cobra, os jovens macacos desenvolveram um medo forte de cobras que persistiu quando testados 3 meses depois. Nós, humanos, também aprendemos os medos observando os outros (Helsen et al., 2011; Olsson et al., 2007).

Embora valha a pena estar alerta aos perigos, a ansiedade geralmente é apenas uma resposta às notícias falsas produzidas por nós mesmos. Um estudo que acompanhou pessoas com transtorno de ansiedade descobriu que mais de 9 em cada 10 preocupações se mostraram infundadas (LaFreniere & Newman, 2019). Essas pessoas tendem a ser *hipervigilantes*. Elas *interpretam* mais frequentemente os estímulos como ameaçadores (Everaert et al., 2018). Um coração batendo sinaliza um ataque cardíaco; uma aranha solitária indica uma infestação; um desentendimento diário com um amigo ou chefe significa ruína. E elas *se lembram* com mais frequência de eventos ameaçadores (Van Bockstaele et al., 2014). A ansiedade é especialmente comum quando as pessoas não conseguem desligar esses pensamentos intrusivos e se sentem impotentes (Franklin & Foa, 2011).

PERGUNTE A SI MESMO

O que é um medo aprendido? Como o condicionamento ou a cognição estão envolvidos?

Biologia

O condicionamento e a cognição não podem explicar todos os aspectos dos transtornos de ansiedade, TOC e TEPT. Nossa biologia também desempenha um papel.

GENES. Entre os macacos, o medo corre nas famílias. Um macaco reage mais fortemente ao estresse se seus parentes biológicos próximos são ansiosamente reativos (Suomi, 1986). Assim também com as pessoas. Embora os gêmeos em geral não apresentem maior risco de transtornos, se um gêmeo idêntico tem um transtorno de ansiedade, o outro também está em risco (Polderman et al., 2015). Mesmo quando criados separadamente, gêmeos idênticos podem desenvolver fobias específicas semelhantes (Carey, 1990; Eckert et al., 1981). Um par de gêmeos idênticos separados ficou com tanto medo de água independentemente de que cada um deles nadava no oceano, de costas, e com água apenas até os joelhos. Outro par de gêmeos com TOC tomava banhos de horas, usava cinco garrafas de álcool desinfetante diariamente, raramente saía de casa e, tragicamente, morreram juntos em um aparente pacto de suicídio (Schmidt, 2018).

Dada a contribuição genética para os transtornos de ansiedade, os pesquisadores estão investigando os genes culpados. Uma equipe de pesquisa identificou 17 variações genéticas associadas aos sintomas típicos do transtorno de ansiedade (Hovatta et al., 2005). Outras equipes encontraram genes associados especificamente ao TOC (Mattheisen et al., 2015; Taylor, 2013).

Alguns genes influenciam os transtornos regulando os níveis cerebrais de neurotransmissores. Estes incluem a *serotonina*, que influencia o sono, o humor e o enfrentamento de ameaças (Canli, 2008; Pergamin-Hight et al., 2012), e o *glutamato*, que aumenta a atividade nos centros de alarme do cérebro (Lafleur et al., 2006; Welch *et al.*, 2007).

Então os genes importam. Alguns de nós têm genes que nos tornam como orquídeas – frágeis, mas capazes de beleza em circunstâncias favoráveis. Outros de nós são como dentes-de-leão – resistentes e capazes de prosperar em circunstâncias variadas (Ellis & Boyce, 2008; Pluess & Belsky, 2013).

Mas a experiência afeta a expressão do gene. Uma história de trauma de guerra ou abuso infantil pode deixar *marcas epigenéticas* de longo prazo. Essas etiquetas moleculares se ligam aos nossos cromossomos e ativam ou desativam certos genes. Assim, experiências, como abuso, podem aumentar a probabilidade de que uma vulnerabilidade genética a um transtorno como o TEPT se manifeste (Mehta et al., 2013; Zannas et al., 2015).

CÉREBRO. Nossas experiências mudam nosso cérebro, abrindo novos caminhos. Experiências traumáticas da aprendizagem do medo podem deixar rastros no cérebro, criando circuitos de medo dentro da amígdala (Etkin & Wager, 2007; Herringa et al., 2013; Kolassa & Elbert, 2007). Esses caminhos de medo criam incursões fáceis para mais experiências de medo (Armony et al., 1998).

Transtorno de ansiedade generalizada, ataques de pânico, fobias específicas, TOC e TEPT se expressam biologicamente como superexcitação de áreas cerebrais envolvidas no controle de impulsos e comportamentos habituais. Esses transtornos refletem o sistema de detecção de perigos do cérebro que se tornou hiperativo – produzindo ansiedade quando existe pouco perigo. No TOC, por exemplo, quando o cérebro detecta que algo está errado, parece gerar um soluço mental de repetição de pensamentos (obsessões) ou ações (compulsões) (Gehring et al., 2000). As varreduras cerebrais de pessoas com TOC revelam atividade elevada em áreas específicas do cérebro durante comportamentos como lavar as mãos compulsivamente, verificar, organizar ou acumular (Insel, 2010; Mataix-Cols et al., 2004, 2005). O *córtex cingulado anterior*, uma região do cérebro que monitora nossas ações e verifica erros, é especialmente hiperativo (Maltby et al., 2005) (Figura 15.5). Os cientistas estão até identificando células cerebrais específicas que contribuem para a ansiedade, com o objetivo de ajudar as pessoas a controlá-la (Jimenez et al., 2018).

Algumas substâncias antidepressivas atenuam essa atividade do circuito de medo e seu comportamento obsessivo-compulsivo associado. Os medos também podem ser atenuados pela administração de fármacos às pessoas, à medida que se lembram e, em seguida, regravam ("reconsolidam") uma experiência traumática (Kindt et al., 2009; Norberg et al., 2008). Embora não esqueçam a experiência, a emoção associada é amplamente apagada.

SELEÇÃO NATURAL. Parecemos biologicamente preparados para temer as ameaças enfrentadas por nossos ancestrais. Nossas fobias específicas se concentram em medos específicos, como aranhas, cobras e outros animais; espaços fechados e alturas; tempestades e escuridão. Pessoas sem medo dessas ameaças ocasionais eram menos propensas a sobreviver e deixar descendentes. Bebês de 9 meses atendem mais aos sons que sinalizam ameaças antigas (assobios, trovões) do que aos sons que representam ameaças modernas (uma bomba explodindo, um vidro quebrando) (Erlich et al., 2013). É fácil condicionar e difícil extinguir os medos desse tipo de estímulo "evolutivamente relevante" (Coelho & Purkis, 2009; Davey, 1995; Öhman, 2009). Alguns de nossos medos modernos (como o de voar) também podem ter uma explicação evolutiva (uma predisposição biológica para o medo de confinamento e de alturas).

Assim como nossas fobias específicas se concentram nos perigos enfrentados por nossos ancestrais, nossos atos compulsivos geralmente exageram os comportamentos que contribuíram para a sobrevivência de nossa espécie. A higiene tinha valor de sobrevivência. Descontrolado, torna-se um puxão de cabelo compulsivo. Lavar a louça torna-se a lavagem ritual das mãos. E checar limites territoriais torna-se checar e checar novamente as portas já trancadas (Rapoport, 1989).

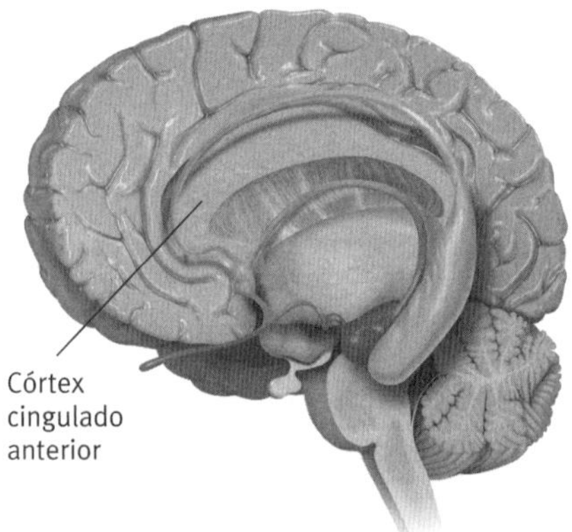

Figura 15.5 Cérebro obsessivo-compulsivo. Quando as pessoas se envolvem em uma tarefa cognitiva desafiadora, aquelas com TOC mostraram mais atividade no córtex cingulado anterior na área frontal do cérebro (Maltby et al., 2005).

Destemido. A perspectiva biológica nos ajuda a entender por que a maioria das pessoas teme as alturas mais do que Alex Honnold, mostrado aqui em 2017, tornando-se a primeira pessoa a escalar, sozinho (sem cordas de segurança), a enorme parede de granito El Capitan do Parque Nacional de Yosemite. (*Free Solo*, um documentário sobre esse feito, rendeu a Peter Bohler/Redux um *Oscar* de 2019.)

PRÁTICA DE RECUPERAÇÃO

PR-7 Pesquisadores acreditam que o condicionamento e os processos cognitivos são aspectos da aprendizagem que contribuem para os transtornos relacionados à ansiedade. Que fatores *biológicos* também contribuem para esses transtornos?

RESPOSTAS NO APÊNDICE E

REVISÃO Transtornos relacionados à ansiedade

OBJETIVOS DE APRENDIZAGEM

Teste a si mesmo. Responda às Questões dos Objetivos de Aprendizagem (antes de conferir as respostas no Apêndice D) para aprimorar a retenção dos conceitos estudados (McDaniel et al., 2009, 2015).

QOA **15.7** Como o transtorno de ansiedade generalizada, transtorno de pânico e fobias específicas diferem?

QOA **15.8** O que é *TOC*?

QOA **15.9** O que é *TEPT*?

QOA **15.10** O que são *sintomas somáticos* e *transtornos relacionados*?

QOA **15.11** Como o condicionamento, a cognição e a biologia contribuem para os sentimentos e pensamentos que marcam os transtornos relacionados à ansiedade?

TERMOS E CONCEITOS A RECORDAR

Teste a si mesmo. Escreva a definição com suas próprias palavras e depois confirme sua resposta.

transtornos de ansiedade, p. 550
transtorno de ansiedade generalizada, p. 550
transtorno do pânico, p. 551
fobia específica, p. 551
transtorno obsessivo-compulsivo (TOC), p. 552
transtorno de estresse pós-traumático (TEPT), p. 553
transtorno de sintomas somáticos, p. 554
transtorno de ansiedade de doença, p. 554

DOMINE O MATERIAL

Teste a si mesmo. Responda às questões a seguir por conta própria, a princípio, depois confira as respostas no Apêndice E.

1. Um episódio de pavor intenso que pode ser acompanhado por dores no peito, asfixia ou outras sensações assustadoras é chamado
a. obsessão.
b. compulsão.
c. ataque de pânico.
d. fobia específica.

2. A ansiedade que se manifesta por meio de um medo irracional e mal-adaptativo de um objeto, atividade ou situação específica é chamada ________________.

3. Marina se sentia esgotada com a necessidade de limpar a casa inteira e se recusou a participar de outras atividades. Sua família consultou um terapeuta, que a diagnosticou como tendo transtorno ____________-____________.

4. Quando uma pessoa com transtorno de ansiedade alivia a ansiedade evitando ou escapando de uma situação que inspira medo, isso é chamado
a. ansiedade flutuante.
b. reforço.
c. marca epigenética.
d. hipervigilância.

5. A perspectiva da aprendizagem propõe que fobias específicas sejam:
a. o resultado da composição genética individual.
b. uma maneira de reprimir impulsos inaceitáveis.
c. medos condicionados.
d. um sintoma de ter sido abusado quando criança.

Transtornos depressivos e transtornos bipolares

QOA **15.12** Como os transtornos depressivos maiores e os transtornos bipolares diferem?

No ano passado, você em algum momento "sentiu-se tão deprimido que foi difícil funcionar"? Se sim, você não estava sozinho. Em uma pesquisa nacional, 31% dos estudantes universitários americanos responderam *sim* (ACHA, 2009). Você pode se sentir profundamente desanimado com o futuro, insatisfeito com sua vida ou socialmente isolado. Você pode não ter energia para fazer as coisas, para ver as pessoas ou até mesmo para se forçar a sair da cama. Você pode ser incapaz de se concentrar, comer ou dormir normalmente. Você pode até se perguntar se estaria melhor morto. Talvez o sucesso acadêmico tenha sido fácil para você antes, mas agora descobre que notas decepcionantes prejudicam seus objetivos. Talvez a solidão, a discriminação ou um rompimento romântico o tenham feito mergulhar no desespero. E talvez a baixa autoestima aumente seu sofrimento, piorando o tormento autoimposto (Orth et al., 2016). Provavelmente, vendo nas redes sociais seus amigos se divertindo, equivocadamente pensa que é só você que está se sentindo assim (Jordan et al., 2011). A maioria de nós terá alguma experiência direta ou indireta com a depressão: a miséria tem mais companhia do que a maioria supõe.

istockphoto/Nopphon Pattanasri

"Minha vida parou de repente. Eu conseguia respirar, comer, beber, dormir. Na verdade, não pude deixar de fazê-lo; mas não havia vida real em mim." - Leo Tolstoy, *My Confession*, 1887

"Se alguém lhe oferecesse uma pílula que o deixaria permanentemente feliz, seria bom você correr rápido e para longe. A emoção é uma bússola que nos diz o que fazer, e uma bússola que está perpetuamente presa no NORTE não tem valor." - Daniel Gilbert, *The Science of Happiness*, 2006

"A depressão é um *tsunami* de escuridão silencioso e em câmera lenta caindo sobre mim." - Effy Redman, *Waiting for Depression to Lift*, 2017

Como a ansiedade é uma resposta à ameaça de perda futura, a depressão é muitas vezes uma resposta ao estresse passado e atual. Sentir-se mal como uma reação a eventos profundamente tristes é estar em contato com a realidade. Nesses momentos, a depressão é como a luz de baixo combustível de um carro - um sinal para parar e tomar as medidas apropriadas. Como o título de um livro nos lembra, existem "boas razões para sentimentos ruins".

Pessoas com *transtorno depressivo maior*, no entanto, experimentam desesperança e letargia que duram várias semanas ou meses. O *transtorno depressivo persistente* (também chamado *distimia*) é semelhante, mas com sintomas depressivos mais leves que duram 2 anos ou mais. Pessoas com *transtornos bipolares* (anteriormente chamado *transtorno maníaco-depressivo*) alternam entre depressão e hiperatividade superexcitada.

Biologicamente falando, o propósito da vida não é a felicidade, mas a sobrevivência e a reprodução. Tosse, vômito e vários tipos de dor protegem o corpo de toxinas e estímulos perigosos. Da mesma maneira, a depressão se assemelha a uma espécie de hibernação psíquica: ela nos desacelera, para que ao romper um relacionamento ou não alcançar um objetivo, possamos conservar energia (Beck & Bredemeier, 2016; Gershon et al., 2016). Quando paramos temporariamente e reavaliamos nossa vida, como fazem as pessoas deprimidas, podemos redirecionar nossa energia de maneira mais promissora (Watkins, 2008). Há sentido no sofrimento.

Mesmo a tristeza leve ajuda as pessoas a processar e lembrar rostos com mais precisão (Hills et al., 2011). Elas também tendem a prestar mais atenção aos detalhes, pensar de maneira mais crítica (com menos ingenuidade) e tomar melhores decisões (Forgas, 2009, 2013, 2017). O mau humor pode servir a bons propósitos. Mas, às vezes, a depressão torna-se seriamente mal-adaptativa. Como reconhecemos a linha tênue entre estar triste e ter um transtorno?

PERGUNTE A SI MESMO

A vida de estudante já fez você se sentir deprimido ou ansioso? Que conselho você daria para os novos alunos (talvez você gostaria de que alguém tivesse dado a você)?

Transtorno depressivo maior

Alegria, contentamento, tristeza e desespero são pontos diferentes em um *continuum* - pontos em que qualquer um de nós pode ser encontrado em qualquer momento. A diferença entre a tristeza após receber más notícias e o **transtorno depressivo maior** é como a diferença entre falta de ar após uma corrida intensa e ter falta de ar crônica (Tabela 15.5).

A depressão é a principal razão pela qual as pessoas procuram os serviços de saúde mental. De fato, a Organização Mundial da Saúde declarou a depressão "a principal causa de incapacidade em todo o mundo" (OMS, 2017a). Em uma pesquisa realizada em 21 países, 4,6% das pessoas entrevistadas apresentavam depressão moderada ou grave (Thornicroft et al., 2017), assim como 1 em cada 10 adultos norte-americanos, em algum momento do ano anterior (Hasin et al., 2018).

A depressão de algumas pessoas parece ter um *padrão sazonal*, retornando a cada inverno, quando as prescrições de antidepressivos aumentam (Lansdall-Welfare et al., 2019). Embora o DSM-5 reconheça um padrão sazonal no transtorno depressivo maior e no transtorno

Tabela 15.5 Diagnóstico do transtorno depressivo maior.

O DSM-5 classifica o transtorno depressivo maior como a presença de pelo menos cinco dos seguintes sintomas durante um período de 2 semanas (incluindo humor minimamente deprimido ou interesse reduzido) (American Psychiatric Association, 2013).
• Humor deprimido na maioria das vezes
• Interesse ou prazer drasticamente reduzidos na maioria das atividades na maioria das vezes
• Desafios significativos na regulação do apetite e do peso
• Desafios significativos na regulação do sono
• Agitação física ou letargia
• Sentir-se apático ou com muito menos energia
• Sentir-se inútil ou sentir culpa injustificada
• Problemas para pensar, concentrar-se ou tomar decisões
• Pensar repetidamente em morte e suicídio

Transtorno depressivo maior. Transtorno no qual uma pessoa experimenta, na ausência de uso de drogas ou condição clínica, duas ou mais semanas com cinco ou mais sintomas, pelo menos um dos quais deve ser (1) humor deprimido ou (2) perda de interesse ou prazer.

bipolar, alguns pesquisadores desafiam a presunção de um "transtorno afetivo sazonal" generalizado. Eles relatam que as pessoas que vivem em lugares mais ao norte ou mais nublados *não* experimentam mais depressão no inverno (LoBello & Mehta, 2019; Traffanstedt et al., 2016). Então, fique ligado.

Transtornos bipolares. Grupo de transtornos em que uma pessoa alterna entre a desesperança e a letargia da depressão e o estado superexcitado de mania. (Anteriormente chamado *transtorno maníaco-depressivo*.)

Mania. Estado hiperativo, descontroladamente otimista, no qual é comum um julgamento perigosamente ruim.

Transtornos bipolares

Nossos genes predispõem alguns de nós, mais do que outros, a responder emocionalmente a eventos bons e ruins (Whisman et al., 2014). As pessoas com **transtorno bipolar** saltam de um extremo emocional para o outro (semana a semana, em vez de dia a dia ou momento a momento). Quando um episódio depressivo termina, segue-se um estado eufórico, excessivamente falante, descontroladamente energético e excessivamente otimista chamado **mania**. Mas, em pouco tempo, o humor volta ao normal ou mergulha novamente na depressão, às vezes com *ciclos de bipolaridade* de ida e volta. Em vez dessas oscilações extremas (chamadas de *transtorno bipolar I*), outras (com *transtorno bipolar II*) se movem entre a depressão e uma *hipomania* mais leve.

Durante a fase maníaca, as pessoas com transtorno bipolar geralmente têm menos necessidade de sono. Elas mostram menos inibições sexuais. Suas emoções positivas persistem de maneira anormal (Gruber et al., 2019; Stanton et al., 2019). Seu discurso é alto, impulsivo e difícil de interromper. Elas acham conselhos irritantes. No entanto, precisam de proteção contra seu próprio erro de julgamento, o que pode levar a gastos imprudentes ou sexo inseguro. Pensar rápido é bom, mas também aumenta o risco (Chandler & Pronin, 2012; Pronin, 2013).

A energia e a enxurrada de ideias da fase de mania podem estimular a criatividade. Os genes associados à alta criatividade aumentam a probabilidade de um transtorno bipolar, e os fatores de risco para o desenvolvimento de um transtorno bipolar predizem maior criatividade (Taylor, 2017). George Frideric Handel, que pode ter sofrido de uma maneira leve de transtorno bipolar, compôs seu *Messias* de quase 3 horas (1742) durante 3 semanas de intensa energia criativa (Keynes, 1980). Robert Schumann compôs 51 obras musicais durante 2 anos de mania (1840 e 1849), mas nenhuma durante 1844, quando estava gravemente deprimido (Slater & Meyer, 1959). Aqueles que confiam na precisão e na lógica, como arquitetos, *designers* e jornalistas, sofrem de transtornos bipolares com menos frequência do que aqueles que confiam na expressão emocional e imagens vívidas. Compositores, artistas, poetas, romancistas e apresentadores parecem especialmente propensos (Jamison, 1993, 1995; Kaufman & Baer, 2002; Ludwig, 1995). De fato, uma análise de mais de um milhão de indivíduos mostrou que a única condição psiquiátrica ligada ao trabalho em uma profissão criativa era o transtorno bipolar (Kyaga et al., 2013).

Embora os transtornos bipolares sejam muito menos comuns do que o transtorno depressivo maior, eles costumam ser mais disfuncionais, causando o dobro de dias de falta ao trabalho anualmente (Kessler et al., 2006). É também um preditor de suicídio (Schaffer et al., 2015). Ao contrário do transtorno depressivo maior, para o qual as mulheres estão em maior risco, os transtornos bipolares afligem tanto homens quanto mulheres. O diagnóstico aumentou entre os adolescentes, cujas mudanças de humor, às vezes prolongadas, podem variar de raiva a grande animação. Na década entre 1994 e 2003, os diagnósticos bipolares em americanos com menos de 20 anos revelaram um aumento surpreendente de 40 vezes – de uma estimativa de 20 mil para 800 mil (Carey, 2007; Flora & Bobby, 2008; Moreno et al., 2007). Os americanos são

Life as a Two-Headed Beast: Bipolar, Abigail Southworth

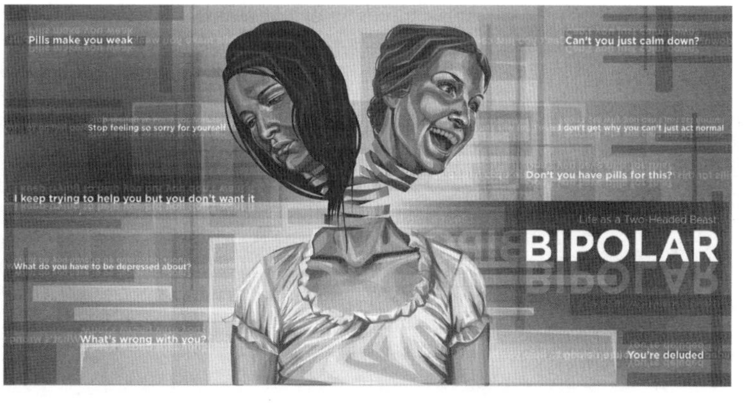

Transtornos bipolares. A artista Abigail Southworth ilustrou sua experiência com o transtorno bipolar.

Eva Rinaldi

WBLS

Ator Russell Brand

Cantora Mariah Carey

Criatividade e transtornos bipolares. Existem muitos artistas criativos, compositores, escritores e músicos com transtorno bipolar. Alguns, como Russell Brand, também desenvolveram um transtorno de abuso de substâncias. Outros lutam secretamente, assim como Mariah Carey por 17 anos.

duas vezes mais propensos do que as pessoas de outros países a serem diagnosticados com transtorno bipolar (Merikangas et al., 2011). As novas classificações do DSM-5, no entanto, começaram a reduzir o número de diagnósticos bipolares em crianças e adolescentes: alguns daqueles que são persistentemente irritáveis e que têm surtos de comportamento frequentes e recorrentes agora são diagnosticados com *transtorno disruptivo da desregulação do humor* (Faheem et al., 2017).

Compreendendo os transtornos depressivos e transtornos bipolares

QOA 15.13 Como as perspectivas biológica e sociocognitiva podem nos ajudar a compreender os transtornos depressivos e os transtornos bipolares?

Os psicólogos de hoje continuam investigando por que as pessoas têm transtorno depressivo maior e transtorno bipolar e projetam maneiras mais efetivas de tratá-los e preveni-los. Aqui, nos concentramos principalmente no transtorno depressivo maior. Um grupo de pesquisa resumiu os fatos que qualquer teoria da depressão deve explicar (Lewinsohn et al., 1985, 1998, 2003):

- ***Mudanças comportamentais e cognitivas acompanham a depressão.*** As pessoas presas em um humor deprimido tornam-se inativas e se sentem sozinhas, vazias e sem um futuro significativo (Bullock & Murray, 2014; Khazanoy & Ruscio, 2016; Smith & Rhodes, 2014). Embora seja normal sentir-se triste quando coisas ruins acontecem, as pessoas com depressão sentem uma tristeza pesada, mesmo quando nada de ruim acontece. Elas também se lembram com mais frequência e esperam acontecimentos negativos (minha equipe vai perder, minhas notas vão cair, meu relacionamento não vai dar certo) (Zetsche et al., 2019)
- ***Depressão é muito propagada, com mulheres em todos os lugares em maior risco.*** Em todo o mundo, 350 milhões de pessoas têm transtorno depressivo maior e 60 milhões de pessoas têm transtorno bipolar (OMS, 2017a). Globalmente, o risco das mulheres para transtorno depressivo maior é aproximadamente o dobro do dos homens (Kuehner, 2017; ver também a Figura 15.6). A lacuna de gênero da depressão se encaixa em um padrão maior: as mulheres geralmente são mais vulneráveis a transtornos que envolvem estados internos, como depressão, ansiedade e inibição do desejo sexual. As mulheres também experimentam mais situações que aumentam seu risco de depressão, como receber menos pelo mesmo trabalho que fazem outros homens, fazer malabarismos com vários papéis, e cuidar de crianças e familiares idosos (Freeman & Freeman, 2013). Os transtornos masculinos tendem a ser mais externos – transtorno por uso de álcool e transtornos relacionados à conduta antissocial e falta de controle dos impulsos. As mulheres geralmente ficam mais tristes que os homens; os homens ficam mais bravos que as mulheres.
- ***A maioria dos episódios depressivos maiores são resolvidos pela própria pessoa.*** A terapia geralmente acelera a recuperação. Mas mesmo sem ajuda profissional, a maioria das pessoas se recupera da depressão. Alguns o fazem sem depressão futura e com "bem-estar ideal" (Rottenberg et al., 2019). A praga da depressão vem e, depois de uma luta constante, muitas vezes desaparece. Mas para cerca de metade dessas pessoas, a depressão retorna (Curry et al., 2011; Klein & Kotov, 2016). Para cerca de 20%, a condição será crônica (Klein, 2010). Uma recuperação duradoura é mais provável, se: o primeiro episódio ocorrer mais tarde na vida, não houver episódios anteriores, a pessoa experimentar um estresse físico ou psicológico mínimo, e houver amplo apoio social (Fuller-Thomson et al., 2016)

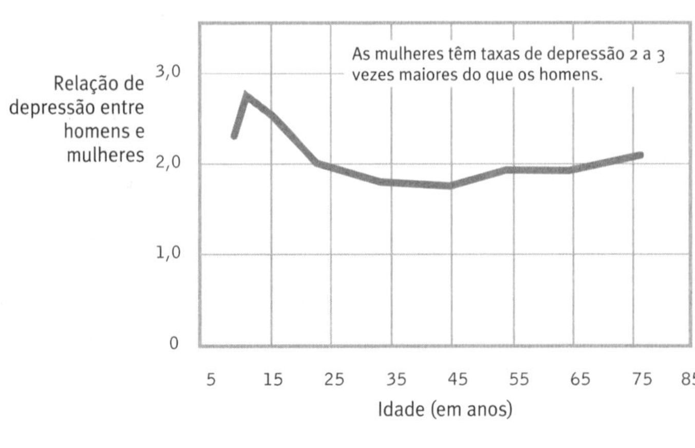

Figura 15.6 Relação da depressão entre homens e mulheres, em todo o mundo. As pesquisadoras Rachel Salk, Janet Hyde e Lyn Abramson (2017) descobriram que, em comparação com os homens, as mulheres têm o dobro do risco de depressão e uma taxa triplicada durante o início da adolescência. Para muitas meninas, os primeiros anos da adolescência são um período difícil.

- ***Estresse no trabalho e nos relacionamentos geralmente precedem a depressão.*** Cerca de uma em cada quatro pessoas diagnosticadas com depressão sofreu uma perda ou trauma significativo, como a morte de um ente querido, o rompimento do casamento, uma agressão física, ou a perda do emprego (Kendler et al., 2008; Monroe & Reid, 2009; Orth et al., 2009; Wakefield et al., 2007). Mudar para uma nova cultura também aumenta o risco de depressão, especialmente entre pessoas mais jovens que ainda não formaram suas identidades (Zhang et al., 2013). E o abuso na infância dobra o risco de uma pessoa ter depressão na vida adulta (Nelson et al., 2017)
- ***Em comparação com as gerações passadas, a depressão ataca mais cedo e com mais frequência, com as taxas mais altas entre adolescentes mais velhos e adultos jovens*** (Cross-National Collaborative Group, 1992; Kessler et al., 2010; Olfson et al., 2015; ver a Figura 15.7).

De posse desses fatos, os pesquisadores de hoje propõem explicações biológicas e cognitivas para a depressão, muitas vezes combinadas em uma perspectiva biopsicossocial.

Perspectiva biológica

A depressão é um transtorno do corpo inteiro. Envolve predisposições genéticas e desequilíbrios bioquímicos, bem como pensamentos negativos e um humor sombrio.

INFLUÊNCIAS GENÉTICAS. O transtorno depressivo maior e o transtorno bipolar são doenças familiares. Como observou um pesquisador, as emoções são "cartões postais de nossos genes" (Plotkin, 1994). O risco de ser diagnosticado com um desses transtornos aumenta se seu pai ou irmão tiver o transtorno (Sullivan et al., 2000; Weissman et al., 2016). Se um gêmeo idêntico é diagnosticado com transtorno depressivo maior, as chances são de cerca de um em dois de que em algum momento o outro gêmeo também será. Se um gêmeo idêntico tem transtorno bipolar, as chances de um diagnóstico semelhante para o outro gêmeo são ainda maiores – 7 em 10 – mesmo para gêmeos criados separados (DiLalla et al., 1996). Para resumir os principais estudos com gêmeos, duas equipes independentes de pesquisa estimaram a *herdabilidade* – a extensão em que as diferenças individuais são atribuíveis aos genes – do transtorno depressivo maior em 40% (Kendler et al., 2018; Polderman et al., 2015; ver também a Figura 15.8).

Para descobrir os genes que colocam as pessoas em risco de depressão, os pesquisadores podem usar a *análise de ligação [gênica]*. Primeiro, os geneticistas encontram famílias nas quais o transtorno aparece ao longo de várias gerações. Em seguida, procuram diferenças no

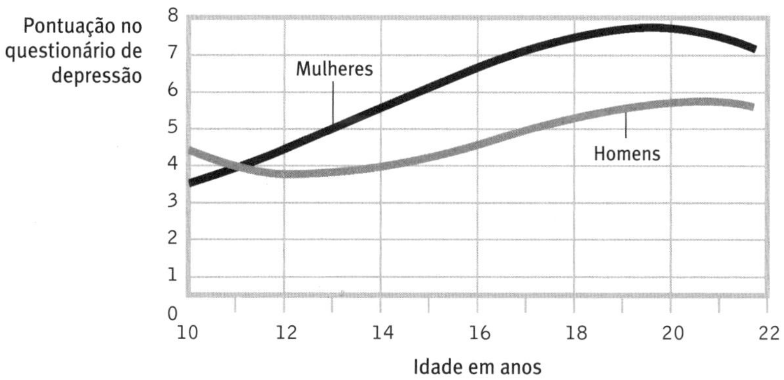

Figura 15.7 Trajetória de desenvolvimento da depressão. Entre quase 10 mil adolescentes e adultos jovens britânicos, os sintomas de depressão aumentaram durante a adolescência (Kwong et al., 2019).

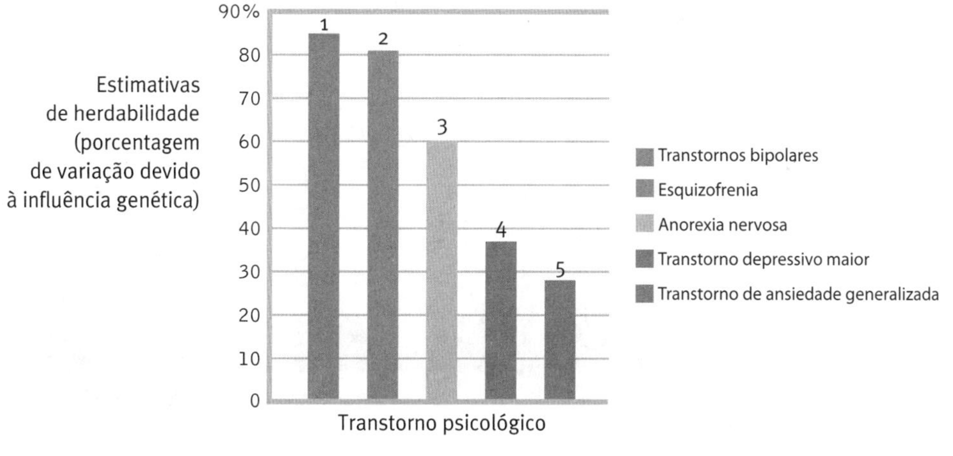

Figura 15.8 Herdabilidade de vários transtornos psicológicos. Usando dados reunidos de estudos com gêmeos idênticos e fraternos, os pesquisadores estimaram a herdabilidade de transtornos bipolares, esquizofrenia, anorexia nervosa, transtorno depressivo maior e transtorno de ansiedade generalizada (Bienvenu et al., 2011). (A herdabilidade foi calculada por meio de uma fórmula que compara o grau de semelhança entre gêmeos idênticos em relação ao de gêmeos fraternos.)

DNA de membros da família afetados e não afetados. A análise de ligação aponta para uma vizinhança cromossômica. "Então é necessária uma busca de porta em porta para encontrar o gene culpado" (Plomin & McGuffin, 2003). Mas a depressão é uma condição complexa. Muitos genes trabalham juntos, produzindo um mosaico de pequenos efeitos que interagem com outros fatores para colocar algumas pessoas em maior risco. No entanto, os pesquisadores estão identificando variações genéticas responsáveis por transtornos depressivos e bipolares que podem abrir as portas para uma terapia medicamentosa mais efetiva (Halldorsdottir et al., 2019; Stahl et al., 2019).

ATIVIDADE CEREBRAL. Os exames de imagem oferecem uma janela para a visualização da atividade cerebral durante estados depressivos e maníacos. Um estudo deu a 13 nadadores canadenses de elite a experiência dolorosa de assistir a um vídeo de natação em que eles não conseguiram entrar na equipe olímpica ou falharam nos jogos olímpicos (Davis et al., 2008). Exames de ressonância magnética funcional mostraram os nadadores desapontados experimentando padrões de atividade cerebral semelhantes aos de pessoas com humor deprimido.

Muitos estudos encontraram redução da atividade cerebral durante estados depressivos e maior atividade durante períodos de mania (Figura 15.9). A depressão pode fazer com que os centros de recompensa do cérebro se tornem menos ativos (Pizzagalli et al., 2019). Quando sentimos emoções positivas, o lobo frontal esquerdo e um centro de recompensa adjacente tornam-se mais ativos (Davidson et al., 2002; Heller et al., 2009; Robinson et al., 2012). Os neurocientistas também descobriram alterações em estruturas cerebrais de pessoas com transtorno bipolar, incluindo diminuição da substância branca (axônios mielinizados) e ventrículos aumentados, cheios de líquido (Arnone et al., 2009; Hibar et al., 2016).

Pelo menos dois sistemas de neurotransmissores estão em ação durante os períodos de inatividade e hiperatividade cerebral que acompanham o transtorno depressivo maior e o transtorno bipolar. A *norepinefrina*, que aumenta a excitação e melhora o humor, é escassa durante a depressão e superabundante durante a mania. Substâncias que diminuem a mania reduzem a norepinefrina. A *serotonina* também é escassa ou inativa durante a depressão (Carver et al., 2008). Um estudo bem divulgado feito com jovens adultos da Nova Zelândia descobriu que a receita para a depressão combinava dois ingredientes – estresse significativo mais uma variação de um gene controlador de serotonina (Caspi et al., 2003; Moffitt et al., 2006). A depressão surgiu da combinação de um ambiente adverso com uma suscetibilidade genética, mas não de um fator sozinho. Mas fique ligado: a história das interações gene-ambiente ainda está sendo escrita, enquanto outros pesquisadores debatem a confiabilidade desse resultado (Border et al., 2019).

Os medicamentos para alívio da depressão tendem a aumentar a disponibilidade de norepinefrina ou serotonina, bloqueando sua recaptação (como fluoxetina, sertralina e paroxetina fazem com a serotonina) ou sua degradação química. O exercício físico repetitivo, como correr, reduz a depressão, em parte porque aumenta os níveis de serotonina, que afeta o humor e a excitação (Airan et al., 2007; Harvey et al., 2018; Ilardi, 2009). Em um estudo, correr por 2 horas aumentou a ativação cerebral em regiões associadas à euforia (Boecker et al., 2008). Para fugir do mau humor, algumas pessoas passaram a usar os próprios pés.

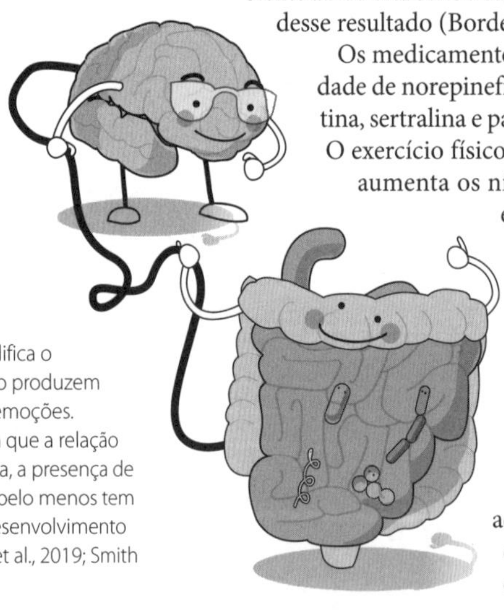

Cuidando do intestino. A comida modifica o humor? As bactérias do sistema digestivo produzem neurotransmissores que influenciam as emoções. Embora alguns pesquisadores acreditem que a relação intestino feliz/cérebro feliz seja exagerada, a presença de diversos micróbios intestinais saudáveis pelo menos tem correlação com a redução no risco de desenvolvimento de ansiedade, depressão e TEPT (Hooks et al., 2019; Smith & Wissel, 2019).

EFEITOS DA NUTRIÇÃO. O que é bom para o coração também é bom para o cérebro e a mente. As pessoas que fazem uma "dieta mediterrânea" saudável para o coração (baseada em vegetais, peixe, grãos integrais e azeite) têm um risco comparativamente baixo de desenvolver doenças cardíacas, acidente vascular cerebral, declínio cognitivo no final da vida, e depressão – todos associados à inflamação no corpo (Kaplan et al., 2015; Psaltopoulou et al., 2013; Rechenberg, 2016). O uso

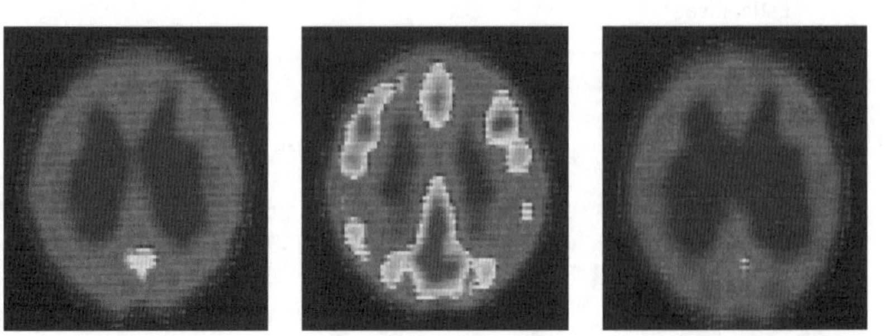

Courtesy of Drs. Lewis Baxter and Michael E. Phelps. UCLA School of Medicine

Estado depressivo (17 de maio) | Estado maníaco (18 de maio) | Estado depressivo (27 de maio)

Figura 15.9 Os altos e baixos de um transtorno bipolar. Estes exames PET voltados para cima mostram que o consumo de energia cerebral aumenta e diminui de acordo com as mudanças emocionais do paciente. As áreas vermelhas são onde o cérebro consome rapidamente glicose, uma importante fonte de energia. *(Esta figura encontra-se reproduzida em cores no Encarte.)*

excessivo de álcool também se correlaciona com a depressão, em parte porque a depressão pode aumentar o uso de álcool, mas principalmente porque o uso indevido de álcool *leva* à depressão (Fergusson et al., 2009).

Ruminação. Preocupação compulsiva; *pensar demais* em nossos problemas e suas causas.

Perspectiva sociocognitiva

As influências biológicas contribuem para a depressão, mas na dança entre natureza e criação (*nature-nurture*), nossas experiências de vida também desempenham um papel importante. Dieta, drogas, estresse e outras influências ambientais estabelecem marcas epigenéticas, que são as marcas genéticas moleculares que podem ativar ou desativar certos genes. Estudos em animais sugerem que influências epigenéticas de longa duração podem desempenhar um papel no desenvolvimento da depressão (Nestler, 2011).

Pensar também importa. A *perspectiva sociocognitiva* explora como as suposições e expectativas das pessoas influenciam sua percepção. Muitas pessoas deprimidas veem a vida através dos óculos escuros da baixa autoestima (Orth et al., 2016). Elas fazem suposições intensamente negativas sobre si mesmas, sua situação e seu futuro. Norman, um professor universitário canadense, relembrou sua depressão desta maneira:

> Eu [perdi a esperança] de ser humano outra vez. Sinceramente, me senti subumano, inferior aos vermes mais baixos. Além disso, eu era autodepreciativo e não conseguia entender por que alguém iria querer se associar a mim, muito menos me amar. [...] Eu tinha certeza de que eu era uma fraude e uma farsa e que não merecia meu doutorado. [...] Eu não merecia as bolsas de pesquisa que recebi; eu não conseguia entender como tinha escrito livros e artigos de jornal. [...] Devo ter enganado muita gente. (Endler, 1982, pp. 45-49)

Esperando o pior, as pessoas deprimidas ampliam as experiências ruins e minimizam as boas (Wenze et al., 2012). Suas *crenças autodestrutivas* e seu *estilo explicativo negativo* alimentam sua depressão.

PENSAMENTOS NEGATIVOS, HUMOR NEGATIVO E GÊNERO. Por que as mulheres são quase duas vezes mais vulneráveis que os homens à depressão e duas vezes mais propensas a tomar medicamentos antidepressivos (Pratt et al., 2017)? Mulheres podem responder mais fortemente ao estresse (Hankin & Abramson, 2001; Mazure et al., 2002; Nolen-Hoeksema, 2001, 2003). Por exemplo, 38% das mulheres e 17% dos homens que ingressam em faculdades e universidades americanas relataram sentir-se pelo menos ocasionalmente "sobrecarregados por tudo o que tenho que fazer" (Pryor et al., 2006). Estresse de relacionamento também afeta mais as meninas adolescentes do que os meninos (Hamilton et al., 2015).

Susan Nolen-Hoeksema (2003) relacionou o maior risco de depressão das mulheres ao que ela descreveu como tendência a ruminar ou *pensar demais*. Manter o foco em um problema – graças à ativação contínua de uma área do lobo frontal que sustenta a atenção – pode ser adaptativo (Altamirano et al., 2010; Andrews & Thomson, 2009a,b). Mas a **ruminação** implacável e autocentrada pode nos distrair, aumentar a emoção negativa e interromper as atividades diárias (Johnson et al., 2016; Leary, 2018; Yang et al., 2017). As comparações também podem alimentar a desgraça. Enquanto Elijah está alegremente jogando *videogame*, a solitária Lori percorre seu *feed* de mídia social e vê Maria se divertindo em uma festa, Angélica curtindo férias em família, e Amira supergata em um maiô. Em resposta, Lori pensa: "minha vida é terrível".

Mas por que os fracassos inevitáveis da vida levam apenas algumas pessoas a se sentirem deprimidas? A resposta está, em parte, em seu *estilo explicativo* – quem ou o que eles culpam por seus fracassos. Pense em como você se sentiria se falhasse em um teste. Se puder exteriorizar a culpa ("Que teste injusto!"), é mais provável que você sinta raiva. Agora, se você se culpar, provavelmente se sentirá estúpido e deprimido.

Pessoas mais propensas à depressão respondem a eventos ruins de uma maneira especialmente autocentrada e culpada (Huang, 2015; LeMoult & Gotlib, 2019; Mor & Winquist, 2002). Como a Figura 15.10 ilustra, elas explicam eventos ruins em termos *estáveis*, *globais* e (sobretudo) *internos*.

Crenças autodestrutivas podem surgir do *desamparo aprendido*, da desesperança e da resignação passiva que seres humanos e outros animais aprendem quando vivenciam eventos dolorosos incontroláveis (Maier & Seligman, 2016). Atribuições pessimistas, supergeneralizadas e autoculpadoras podem criar uma sensação deprimente de desesperança (Abramson et al., 1989; Groß et al., 2017). Como observou o pesquisador Martin Seligman, "A receita para uma depressão grave é o pessimismo preexistente que encontra o fracasso" (1991, p. 78). O que, então, podemos esperar de novos estudantes universitários que exibem um estilo explicativo pessimista? Lauren Alloy e seus colegas (1999) monitoraram várias centenas de alunos, a cada seis semanas, por 2,5 anos. Entre aqueles identificados como tendo um estilo de pensamento pessimista, 17% tiveram um primeiro episódio de depressão maior, quando apenas 1% daqueles que começaram a faculdade com um estilo de pensamento otimista foram afetados.

A ruminação corre solta. É normal pensar em nossos defeitos. Mas insistir constantemente em pensamentos negativos – especialmente pensamentos negativos sobre nós mesmos – torna difícil acreditar em si mesmo e resolver problemas. As pessoas às vezes procuram terapia para reduzir sua ruminação.

Figura 15.10
Estilo explicativo e depressão.

Por que a depressão é tão comum entre os jovens ocidentais? Seligman (1991, 1995) apontou para a ascensão do individualismo e o declínio do compromisso com a religião e a família. Em culturas não ocidentais, onde as relações estreitas e a cooperação são a norma, o transtorno depressivo maior é menos comum e menos ligado à autoculpa pelo fracasso (De Vaus et al., 2018; Ferrari et al., 2013). No Japão, por exemplo, as pessoas deprimidas tendem a relatar sentir vergonha por decepcionar os outros (Draguns, 1990).

Os críticos observam o problema do ovo e da galinha aninhado na explicação sociocognitiva da depressão. Qual vem primeiro? O estilo explicativo pessimista ou o humor deprimido? As explicações negativas *coincidem* com um humor deprimido e são *indicadores* de depressão. Mas será que pensamentos negativos *causam* depressão, mais do que a leitura de um velocímetro, que não é a causa da velocidade de um carro? Deixar as pessoas ficarem temporariamente de mau humor ou tristes torna suas memórias, julgamentos e expectativas mais pessimistas. Os pesquisadores da memória chamam de bom ou mau humor essa tendência de recordar experiências que se encaixam em nossa *memória atual dependente do estado*.

CICLO VICIOSO DA DEPRESSÃO. A depressão é tanto uma causa quanto um efeito de experiências estressantes que perturbam nosso senso de quem somos e por que somos importantes. Essas rupturas podem levar à ruminação, o que amplifica os sentimentos negativos. Ser retraído, centrado em si mesmo e reclamar de tudo pode, por sua vez, provocar rejeição dos outros (Furr & Funder, 1998; Gotlib & Hammen, 1992). De fato, as pessoas que sofrem de depressão correm alto risco de divórcio, perda de emprego e outros eventos estressantes da vida. Cansado do desânimo, da atitude desesperada e da negatividade da pessoa, um cônjuge pode ameaçar sair de casa ou um chefe pode começar a questionar a competência da pessoa. (Isso fornece outro exemplo de interação gene-ambiente: as pessoas geneticamente predispostas à depressão experimentam com mais frequência eventos depressivos.) A rejeição e a depressão alimentam uma à outra. A desgraça pode amar a companhia alheia, mas a companhia não ama a desgraça alheia.

"Alguns causam felicidade aonde quer que vão; outros, sempre que vão." – Escritor irlandês Oscar Wilde (1854-1900)

"O homem nunca raciocina tanto e se torna tão introspectivo como quando sofre, pois está ansioso para chegar à causa de seus sofrimentos." – Luigi Pirandello, *Six Characters in Search of an Author*, 1922

Podemos agora montar as peças do quebra-cabeça da depressão (Figura 15.11): (1) experiências estressantes interpretadas por meio de (2) um estilo explicativo ruminativo e pessimista criam (3) um estado de desesperança e depressão que (4) dificulta a maneira como a pessoa pensa e age. Isso, por sua vez, alimenta (1) outras experiências estressantes, como a rejeição. A depressão é uma cobra que morde a própria cauda.

Nenhum de nós está imune ao desânimo, à diminuição da autoestima e ao pensamento negativo causado pela rejeição ou fracasso. Mesmo pequenas perdas podem azedar temporariamente nossos pensamentos. Em um estudo, os pesquisadores estudaram alguns ávidos fãs de basquete da Universidade de Indiana que pareciam considerar o time como uma extensão de si mesmos (Hirt et al., 1992). Depois que os torcedores viram seu time perder ou ganhar, os pesquisadores pediram que eles predissessem o desempenho futuro do time e o seu próprio.

Figura 15.11 **Ciclo vicioso do pensamento depressivo.** Os terapeutas reconhecem esse ciclo e trabalham para ajudar as pessoas deprimidas a sair dele mudando seu pensamento negativo, voltando sua atenção para fora e envolvendo-as em um comportamento mais agradável e competente.

Depois de uma derrota, os torcedores taciturnos ofereceram avaliações mais sombrias não apenas do futuro da equipe, mas também de seu próprio desempenho provável em lançar dardos, resolver anagramas ou conseguir um encontro. Quando as coisas não estão indo do nosso jeito, pode parecer que nunca irão.

É um ciclo que todos podemos reconhecer. Maus humores se alimentam de si mesmos: quando nos sentimos deprimidos, pensamos negativamente e lembramos de experiências ruins. O primeiro-ministro da Grã-Bretanha, Winston Churchill, chamou a depressão de "cachorro preto" que o perseguia periodicamente. O presidente dos EUA, Abraham Lincoln, era tão retraído e taciturno quando jovem que seus amigos temiam que ele pudesse tirar a própria vida (Kline, 1974). A poetisa Emily Dickinson tinha tanto medo de chorar em público que passou grande parte de sua vida adulta em reclusão (Patterson, 1951). J. K. Rowling escreveu o primeiro livro de Harry Potter enquanto lutava contra a depressão. Como suas vidas nos lembram, "depressão" pode ser um anagrama vivo para "eu pressionei". Muitas pessoas lutam contra a depressão e recuperam sua capacidade de amar, trabalhar e ter sucesso.

John Mathew Smith & www.celebrity-photos.com

Vida após a depressão. J. K. Rowling, autora dos livros de Harry Potter, relatou sofrer de depressão aguda – um "tempo sombrio", com pensamentos suicidas – entre 25 e 28 anos. Era um "lugar terrível", disse ela, mas construiu uma base que lhe permitiu "voltar mais forte" (McLaughlin, 2010).

PRÁTICA DE RECUPERAÇÃO

PR-1 O que significa dizer que "a depressão é um transtorno do corpo inteiro"?

RESPOSTAS NO APÊNDICE E

REVISÃO Transtornos depressivos e transtornos bipolares

OBJETIVOS DE APRENDIZAGEM

Teste a si mesmo. Responda às Questões dos Objetivos de Aprendizagem (antes de conferir as respostas no Apêndice D) para aprimorar a retenção dos conceitos estudados (McDaniel et al., 2009, 2015).

QOA **15.12** Como os transtornos depressivos maiores e os transtornos bipolares diferem?

QOA **15.13** Como as perspectivas biológicas e sociocognitivas podem nos ajudar a compreender os transtornos depressivos e os transtornos bipolares?

TERMOS E CONCEITOS A RECORDAR

Teste a si mesmo. Escreva a definição com suas próprias palavras e depois confirme sua resposta.

transtorno depressivo maior, p. 558

transtornos bipolares, p. 559

mania, p. 559

ruminação, p. 563

DOMINE O MATERIAL

Teste a si mesmo. Responda às questões a seguir por conta própria, a princípio, depois confira as respostas no Apêndice E.

1. A diferença de gênero na depressão refere-se à descoberta de que, para ____________ (homens/mulheres), o risco de depressão é aproximadamente o dobro de ____________ (homens/mulheres).
2. As taxas de transtornos bipolares nos EUA aumentaram dramaticamente entre 1994 e 2003, especialmente entre
   a. mulheres de meia idade.
   b. homens de meia idade.
   c. pessoas com 20 anos ou mais.
   d. pessoas com 19 anos ou menos.
3. O tratamento da depressão geralmente inclui medicamentos que aumentam a oferta dos neurotransmissores ____________ e ____________.
4. Psicólogos que enfatizam a importância das percepções, crenças e pensamentos negativos na depressão estão trabalhando dentro da perspectiva ______________.

Esquizofrenia

Durante os períodos mais graves, pessoas com **esquizofrenia** vivem em um mundo interior privado, preocupadas com as estranhas ideias e imagens que as assombram. A própria palavra significa "dividida" (*schizo*) "mente" (*phrenia*). *Não* se refere a uma divisão em múltiplas identidades, mas *sim* à separação entre a mente e a realidade. Pessoas com esquizofrenia têm percepções e crenças perturbadas, fala desorganizada e emoções (e ações) diminuídas e inadequadas. A esquizofrenia é o principal exemplo de **transtorno psicótico**, um grupo de transtornos marcado pela irracionalidade, percepções distorcidas e perda de contato com a realidade.

Sintomas da esquizofrenia

QOA **15.14** Que padrões de percepção, pensamento e sentimento caracterizam a esquizofrenia?

A esquizofrenia se manifesta de várias maneiras. Pessoas com esquizofrenia apresentam sintomas que são *positivos* (*presença* de comportamentos *inadequados*) ou *negativos* (*ausência* de comportamentos *apropriados*). Aqueles com sintomas *positivos* podem experimentar percepções perturbadas, falar de maneira desorganizada e sem sentido, ou exibir risadas, lágrimas ou raiva inadequadas. Aqueles com sintomas negativos podem apresentar ausência de emoção em suas vozes, rostos sem expressão ou corpos mudos e rígidos.

Percepções e crenças distorcidas

Pessoas com esquizofrenia às vezes têm *alucinações* – elas veem, ouvem, sentem, provam ou cheiram coisas que existem apenas em suas mentes. Na maioria das vezes, as alucinações são vozes, que podem fazer comentários ofensivos ou dar ordens. As vozes podem dizer à pessoa que ela é má ou que deve se queimar com um isqueiro. Imagine sua própria reação se um sonho invadir sua consciência desperta, tornando difícil separar sua experiência de sua imaginação. Quando o irreal parece real, as percepções resultantes são, na melhor das hipóteses, bizarras e, na pior, aterrorizantes.

Esquizofrenia. Transtorno caracterizado por delírios, alucinações, fala desorganizada e/ou expressão emocional diminuída e inadequada.

Transtornos psicóticos. Grupo de transtornos marcado por ideias irracionais, percepções distorcidas e perda de contato com a realidade.

Alucinações são falsas *percepções*. Pessoas com esquizofrenia também têm um pensamento desorganizado e fragmentado, muitas vezes distorcido por falsas *crenças* chamadas de **delírios**. Se têm delírios *paranoicos*, elas podem acreditar que estão sendo ameaçadas ou perseguidas.

Uma das causas do pensamento desorganizado pode ser um colapso na *atenção seletiva*. Normalmente, temos uma capacidade notável de dar atenção total a um conjunto de estímulos sensoriais enquanto filtramos outros. Pessoas com esquizofrenia são facilmente distraídas por pequenos estímulos não relacionados, como as ranhuras em um tijolo ou os tons de uma voz. Essa dificuldade de atenção seletiva é apenas uma das dezenas de diferenças cognitivas associadas à esquizofrenia (Reichenberg & Harvey, 2007).

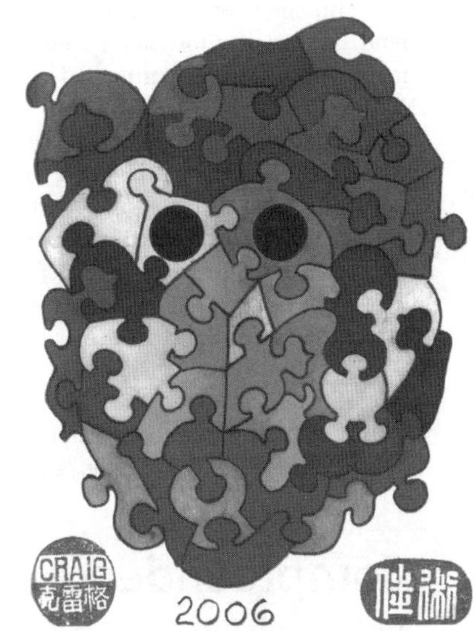

© Craig Geiser

Arte de paciente diagnosticado com esquizofrenia. Ao comentar sobre o tipo de obra mostrada aqui (da exposição de arte de Craig Geiser em Michigan, em 2010), o poeta e crítico de arte John Ashbery escreveu: "A atração que provoca o trabalho é forte, mas também é o terror dos quebra-cabeças sem solução que este propõe." *(Esta figura encontra-se reproduzida em cores no Encarte.)*

Discurso desorganizado

Maxine, uma jovem com esquizofrenia, acreditava ser Mary Poppins. Comunicar-se com Maxine era difícil porque seus pensamentos se espalhavam sem uma ordem lógica. Sua biógrafa, Susan Sheehan (1982, p. 25), observou-a dizendo em voz alta para ninguém em particular, "Esta manhã, quando eu estava no Hillside [Hospital], estavam fazendo um filme. Eu estava cercada por estrelas de cinema. [...] Este quarto está pintado de azul para me deixar chateada? Minha avó morreu quatro semanas depois do meu aniversário de dezoito anos".

Ideias confusas podem não fazer sentido, mesmo dentro de frases, formando o que é conhecido como *salada de palavras*. Um jovem implorou por "um pouco mais de *allegro* no tratamento" e sugeriu que "o movimento de libertação com vistas à ampliação do horizonte" irá "extorquir algum humor nas palestras".

"Agora considere isto: o regulador que canaliza certas informações para você e filtra outras informações de repente desliga. Imediatamente, cada visão, cada som, cada cheiro que chega a você tem o mesmo valor; cada pensamento, sentimento, memória e ideia se apresenta a você com uma intensidade igualmente forte e exigente."
- Elyn R. Saks, *The Center Cannot Hold*, 2007

Emoções diminuídas e inapropriadas

A expressão das emoções na esquizofrenia muitas vezes é totalmente inadequada, dissociada da realidade (Kring & Caponigro, 2010). Maxine riu depois de relembrar a morte de sua avó. Em outras ocasiões, ela chorava quando os outros riam, ou ficava com raiva sem motivo aparente. Outros com esquizofrenia caem em um estado de *afeto embotado*, sem emoção, sem sentimento aparente.

A maioria também tem uma *teoria da mente prejudicada* – eles têm dificuldade para reconhecer as expressões faciais e os estados mentais de outras pessoas (Bora & Pantelis, 2016). Incapazes de entender os estados mentais dos outros, aqueles com esquizofrenia lutam para sentir simpatia e compaixão (Bonfils et al., 2016). Essas deficiências emocionais ocorrem no início da doença e têm base genética (Bora & Pantelis, 2013). O *comportamento motor* também pode ser inadequado e perturbador. Aqueles com esquizofrenia podem experimentar *catatonia*, caracterizada por comportamentos motores que variam de um estupor físico (permanecer imóvel por horas), ações insensíveis e compulsivas (como balançar ou esfregar o braço continuamente) e até uma agitação grave e perigosa.

Como você pode imaginar, essas percepções e crenças perturbadas, fala desorganizada e emoções fora de lugar transtornam profundamente as relações sociais e profissionais. Durante os períodos mais graves, as pessoas com esquizofrenia vivem em um mundo interior privado, preocupado com ideias ilógicas e imagens irreais. Tal como acontece com outros transtornos, muitos têm problemas de sono, o que pode aumentar a alimentação noturna e levar à obesidade (Baglioni et al., 2016; Palmese et al., 2011). Se for oferecido um ambiente de apoio e medicação, mais de 40% das pessoas com esquizofrenia terão períodos de um ano ou mais de experiência de vida normal (Jobe & Harrow, 2010). Mas apenas uma em sete terá uma recuperação completa e duradoura (Jääskeläinen et al., 2013).

Início e desenvolvimento da esquizofrenia

QOA 15.15 Como a *esquizofrenia crônica* e a *esquizofrenia aguda* diferem?

Este ano, uma em cada 100 pessoas se juntará a cerca de 21 milhões de outras pessoas com esquizofrenia em todo o mundo (OMS, 2017b). Esse transtorno não reconhece fronteiras

Delírio. Falsa crença, muitas vezes de perseguição ou grandeza, que pode acompanhar transtornos psicóticos.

Esquizofrenia crônica. (Também chamada *esquizofrenia de processo.*) Tipo de esquizofrenia na qual os sintomas geralmente aparecem no final da adolescência ou no início da idade adulta. À medida que as pessoas envelhecem, os episódios psicóticos duram mais e os períodos de recuperação diminuem.

Esquizofrenia aguda. (Também chamada *esquizofrenia reativa.*) Tipo de esquizofrenia que pode se manifestar em qualquer idade, ocorre frequentemente em resposta a um evento traumático, e da qual a recuperação é muito mais provável.

e geralmente ocorre à medida que os jovens amadurecem na idade adulta. Os homens tendem a ser diagnosticados com mais frequência do que as mulheres e a ser atingidos mais cedo e com mais gravidade (Aleman et al., 2003; Eranti et al., 2013; Picchioni & Murray, 2007).

Quando a esquizofrenia é um processo de desenvolvimento lento, chamado **esquizofrenia crônica**, a recuperação é duvidosa (Harrison et al., 2001; Jääskeläinen et al., 2013). Foi o caso de Maxine, cuja esquizofrenia teve um curso lento, emergindo após uma longa história de inadequação social e baixo rendimento escolar (MacCabe et al., 2008). O afastamento social, um sintoma negativo, é com frequência encontrado entre aqueles com esquizofrenia crônica (Kirkpatrick et al., 2006). Os homens apresentam mais frequentemente sintomas negativos e esquizofrenia crônica (Räsänen et al., 2000).

Quando pessoas previamente bem ajustadas desenvolvem esquizofrenia rapidamente após determinados estresses da vida, isso é chamado **esquizofrenia aguda**, e a recuperação é muito mais provável. Essas pessoas geralmente apresentam sintomas positivos que respondem à terapia medicamentosa (Fenton & McGlashan, 1991, 1994; Fowles, 1992).

Compreendendo a esquizofrenia

A esquizofrenia é um dos transtornos psicológicos mais pesquisados. Atualmente, a maioria dos estudos a relaciona com tecido cerebral anormal e predisposições genéticas. A esquizofrenia é uma doença do cérebro que se manifesta com sintomas mentais.

Anormalidades cerebrais

QOA 15.16 Que anormalidades cerebrais estão associadas à esquizofrenia?

Os desequilíbrios químicos no cérebro podem estar subjacentes à esquizofrenia? Os cientistas sabem há muito tempo que o comportamento estranho pode ter causas químicas estranhas. Acredita-se que o ditado "tão louco quanto um chapeleiro" refere-se muitas vezes à deterioração psicológica dos fabricantes de chapéus britânicos cujos cérebros, descobriu-se mais tarde, foram lentamente envenenados pelo material de feltro carregado de mercúrio (Smith, 1983). Os sintomas da esquizofrenia poderiam ter uma chave bioquímica semelhante? Os cientistas estão procurando por proteínas do sangue que possam prever a manifestação da esquizofrenia (Chan et al., 2015). E eles estão rastreando os mecanismos pelos quais os produtos químicos produzem alucinações e outros sintomas.

SUPERATIVIDADE DA DOPAMINA. Uma possível resposta surgiu quando os pesquisadores examinaram o cérebro de pacientes com esquizofrenia após a morte. Eles encontraram um número excessivo de receptores de dopamina, incluindo um excesso de seis vezes para o receptor de dopamina D4 (Seeman et al., 1993; Wong et al., 1986). Esse sistema de dopamina hiper-responsivo pode intensificar os sinais cerebrais na esquizofrenia, criando sintomas positivos como alucinações e paranoia (Maia & Frank, 2017). Fármacos que bloqueiam os receptores de dopamina geralmente diminuem esses sintomas. Substâncias que aumentam os níveis de dopamina, como nicotina, anfetaminas e cocaína, às vezes os intensificam (Basu & Basu, 2015; Farnia et al., 2014).

ATIVIDADE E ANATOMIA ANORMAL DO CÉREBRO. Uma atividade cerebral anormal e anomalias nas estruturas cerebrais acompanham a esquizofrenia. Algumas pessoas diagnosticadas com esquizofrenia têm atividade cerebral anormalmente baixa nos lobos frontais, áreas que nos ajudam a raciocinar, planejar e resolver problemas (Morey et al., 2005; Pettegrew et al., 1993; Resnick, 1992). As varreduras do cérebro também mostram um declínio notável nas ondas cerebrais que refletem o disparo neural sincronizado nos lobos frontais (Spencer et al., 2004; Symond et al., 2005).

Um estudo realizou PET *scans* da atividade cerebral enquanto pessoas com esquizofrenia estavam alucinando (Silbersweig et al., 1995). Quando os participantes ouviram uma voz ou viram algo, seu cérebro tornou-se vigorosamente ativo em várias regiões centrais. Uma delas era o tálamo, a estrutura que filtra os sinais sensoriais recebidos e os transmite ao córtex cerebral. Outro estudo PET *scan* de pessoas com paranoia encontrou atividade aumentada na amígdala, um centro de processamento do medo (Epstein et al., 1998).

Muitos estudos também encontraram ventrículos aumentados e cheios de líquido e um correspondente encolhimento e afinamento do tecido cerebral (Goldman et al., 2009; van Haren et al., 2016). As pessoas muitas vezes herdam essas diferenças cerebrais. Se um gêmeo idêntico afetado apresentar anormalidades cerebrais, as chances são de pelo menos 1 em 2 de que o cérebro do outro gêmeo as tenha também (van Haren et al., 2012). Alguns estudos encontraram essas anormalidades em pessoas que *mais tarde* desenvolveram o transtorno (Karlsgodt et al., 2010). Quanto maior a idade do encolhimento do cérebro, mais grave o transtorno do pensamento (Collinson et al., 2003; Nelson et al., 1998; Shenton, 1992).

Áreas menores que o padrão normal podem incluir o córtex, o hipocampo e o corpo caloso que conecta os dois hemisférios cerebrais (Arnone et al., 2008; Bois et al., 2016). Muitas vezes, o tálamo também é menor do que o normal, o que pode explicar porque as pessoas com esquizofrenia têm dificuldade em filtrar a entrada sensorial e focar a atenção (Andreasen et al., 1994; Ellison-Wright et al., 2008). A esquizofrenia também tende a envolver uma perda de conexões neurais em toda a rede cerebral (Bohlken et al., 2016; Kambeitz et al., 2016). *Conclusão*: a esquizofrenia envolve não apenas uma anormalidade cerebral isolada, mas problemas com várias regiões cerebrais e suas interconexões (Andreasen, 1997, 2001; Arnedo et al., 2015).

Ambiente e risco pré-natal

QOA 15.17 Quais eventos pré-natais estão associados ao aumento do risco de desenvolver esquizofrenia?

O que causa essas anormalidades cerebrais em pessoas com esquizofrenia? Alguns cientistas apontam para o desenvolvimento pré-natal ou parto (Fatemi & Folsom, 2009; Walker et al., 2010). Os fatores de risco incluem baixo peso ao nascer, diabetes materno, idade paterna mais avançada e privação de oxigênio durante o parto (King et al., 2010). A fome também pode aumentar os riscos. Pessoas concebidas durante o pico da fome holandesa da Segunda Guerra Mundial, bem como durante a fome de 1959 a 1961 no leste da China, mais tarde desenvolveram esquizofrenia com o dobro da taxa normal (St. Clair et al., 2005; Susser et al., 1996). E o estresse materno extremo pode ser o culpado: um estudo com 200 mil mães israelenses mostrou que a exposição a ataques terroristas durante a gravidez dobrou o risco de esquizofrenia de seus filhos (Weinstein et al., 2018b).

Vamos considerar outro possível culpado. Uma infecção viral no meio da gravidez pode prejudicar o desenvolvimento do cérebro fetal? (Brown & Patterson, 2011.) Você pode imaginar algumas maneiras de testar essa ideia de vírus fetal? Os cientistas perguntaram o seguinte:

- *As pessoas correm maior risco de esquizofrenia se, durante a metade do desenvolvimento fetal, seu país passou por uma epidemia de gripe?* A resposta tem sido sim (Mednick et al., 1994; Murray et al., 1992; Wright et al., 1995)
- *As pessoas nascidas em áreas densamente povoadas, onde as doenças virais se espalham mais facilmente, correm maior risco de esquizofrenia?* A resposta, confirmada em um estudo com 1,75 milhão de dinamarqueses, foi novamente sim (Jablensky, 1999; Mortensen, 1999)
- *As pessoas nascidas durante os meses de inverno e primavera – aquelas que estiveram no útero durante a temporada de gripe outono-inverno – também correm maior risco?* A resposta é novamente sim (Fox, 2010; Schwartz, 2011; Torrey & Miller, 2002; Torrey et al., 1997)
- *No Hemisfério Sul, onde as estações são o inverso do Hemisfério Norte, os meses de nascimentos pré-esquizofrênicos acima da média também são invertidos?* Novamente, a resposta foi sim. Na Austrália, pessoas nascidas entre agosto e outubro correm maior risco. Mas as pessoas nascidas no Hemisfério Norte que mais tarde se mudaram para a Austrália ainda correm um risco maior se nasceram entre janeiro e março (McGrath et al., 1995; McGrath & Welham, 1999)
- *Mães que relatam estar doentes com gripe durante a gravidez são mais propensas a ter filhos que desenvolvem esquizofrenia?* Em um estudo com quase 8 mil mulheres, a resposta foi sim. O risco de esquizofrenia aumentou do habitual 1% para cerca de 2% – mas apenas quando as infecções ocorreram durante o segundo trimestre (Brown et al., 2000). A infecção materna por influenza durante a gravidez também afeta o desenvolvimento do cérebro em macacos (Short et al., 2010)
- *O sangue coletado de mulheres grávidas cujos filhos desenvolvem esquizofrenia mostra níveis de anticorpos acima do normal que sugerem uma infecção viral?* Em vários estudos – incluindo um que coletou amostras de sangue de cerca de 20 mil mulheres grávidas – a resposta foi novamente *sim* (Brown et al., 2004; Buka et al., 2001; Canetta et al., 2014).

Essas linhas convergentes de evidências sugerem que as infecções fetais por vírus contribuem para o desenvolvimento da esquizofrenia. Também reforçam a recomendação da Organização Mundial da Saúde (2012b) de que as mulheres grávidas recebam a mais alta prioridade para a vacina contra a gripe sazonal.

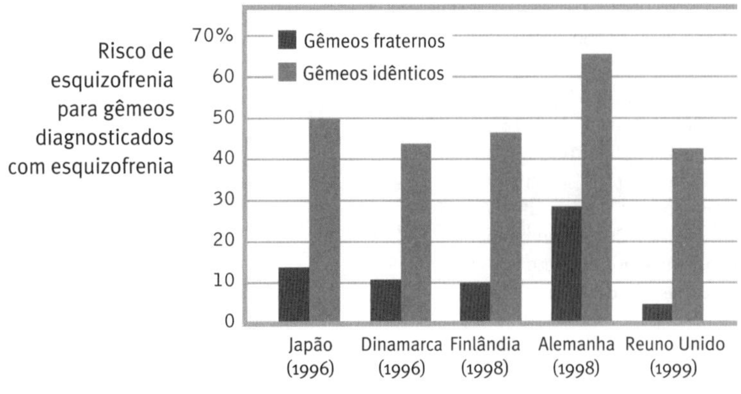

Figura 15.12 Risco de desenvolvimento de esquizofrenia. O risco de desenvolver esquizofrenia ao longo da vida varia de acordo com o parentesco genético de alguém com esse transtorno. Em todos os países, pouco mais de um em cada 10 gêmeos fraternos, mas cerca de cinco em cada 10 gêmeos idênticos compartilham um diagnóstico de esquizofrenia. (Dados de Gottesman, 2001; Hilker et al., 2018.)

Fatores genéticos

QOA 15.18 Como os genes influenciam a esquizofrenia? Que fatores podem ser sinais de alerta precoce de esquizofrenia em crianças?

As infecções fetais por vírus podem aumentar as chances de uma criança desenvolver esquizofrenia. Mas muitas mulheres contraem a gripe durante o segundo trimestre de gravidez, e apenas 2% delas têm filhos que desenvolvem esquizofrenia. Por que apenas algumas crianças estão em risco? Algumas pessoas podem ser geneticamente mais vulneráveis à esquizofrenia? *Sim*. As chances de um em 100 de qualquer pessoa ser diagnosticada com esquizofrenia se tornam cerca de um em 10 entre aqueles que têm um irmão ou pai com o transtorno. Se o irmão afetado for um gêmeo idêntico, as chances aumentam para quase um em dois (Figura 15.12). Essas probabilidades permanecem as mesmas, ainda que os gêmeos sejam criados separados (Plomin et al., 1997). (Apenas cerca de uma dúzia desses casos estão registrados.)

Lembre-se, porém, de que gêmeos idênticos compartilham mais do que seus genes. Eles também compartilham um ambiente pré-natal. Cerca de dois terços compartilham a placenta e o sangue que ela fornece; o outro terço tem placentas separadas. As placentas compartilhadas importam. Se o cogêmeo de um gêmeo idêntico com esquizofrenia compartilhou a placenta, as chances de desenvolver o transtorno são de 6 em 10. Se os gêmeos idênticos tiveram placentas separadas, as chances do cogêmeo desenvolver esquizofrenia caem para 1 em 10 (Davis et al., 1995; Davis & Phelps, 1995; Phelps *et al.*, 1997). Gêmeos que compartilham uma placenta são mais propensos a compartilhar os mesmos vírus pré-natais. Assim, talvez os germes compartilhados, bem como os genes compartilhados, produzam semelhanças entre gêmeos idênticos (Figura 15.13).

Estudos com adoção ajudam a desvendar as influências genéticas e ambientais. Crianças adotadas por alguém que desenvolve esquizofrenia não "pegam" o transtorno. Em vez disso, crianças adotadas têm risco elevado se um pai *biológico* for diagnosticado com esquizofrenia (Gottesman, 1991). Os genes realmente importam.

Embora os genes sejam importantes, a fórmula genética não é tão direta quanto a herança da cor dos olhos. A esquizofrenia é influenciada por (não é surpresa até agora) muitos genes, cada um com pequenos efeitos (Binder, 2019; Weinberger, 2019). Estão sendo feitas buscas por genes específicos que, em alguma combinação, predispõem anormalidades cerebrais indutoras de esquizofrenia. Nos maiores estudos genéticos da esquizofrenia, os cientistas analisam dados mundiais dos genomas de dezenas de milhares de pessoas com e sem esquizofrenia (Lam et al., 2019; Pardiñas et al., 2018). Uma análise encontrou 176 locais do genoma ligados a esse transtorno, alguns afetando a dopamina e outros neurotransmissores. Outro estudo com mais de 100 mil pessoas – quase metade com esquizofrenia e o restante sem – identificou 413 genes associados à esquizofrenia (Huckins et al., 2019).

Além disso, como vimos tantas vezes, natureza e criação interagem. Fatores *epigenéticos* influenciam a expressão ou não dos genes. Como a água quente ativando um saquinho de chá, fatores ambientais como infecções virais, privação nutricional e estresse materno podem "ligar" os genes que colocam alguns de nós em maior risco de desenvolver esquizofrenia. As diferentes histórias de gêmeos idênticos no útero e depois do parto explicam porque eles podem mostrar diferentes expressões gênicas (Dempster et al., 2013; Walker et al., 2010). Nossa hereditariedade e nossas experiências de vida trabalham juntas. Uma mão não bate palmas sozinha.

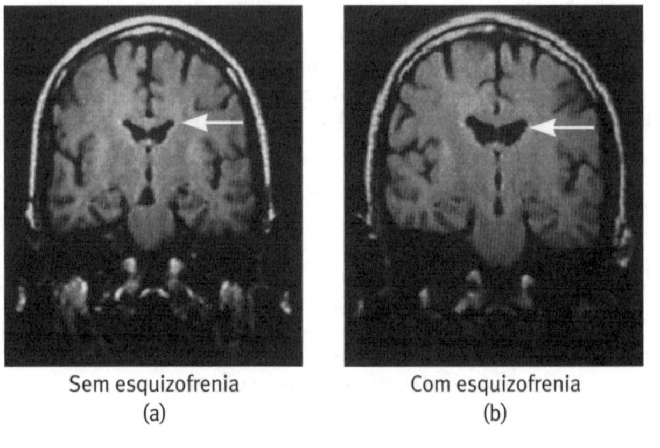

Figura 15.13 Esquizofrenia em apenas um gêmeo idêntico. Quando os gêmeos diferem, tipicamente apenas o cérebro do gêmeo com esquizofrenia tem as cavidades cranianas aumentadas e cheias de líquido (b) (Suddath et al., 1990). A diferença entre os gêmeos implica que algum fator não genético, como um vírus, também está em ação. *(Esta figura encontra-se reproduzida em cores no Encarte.)*

Graças à nossa compreensão cada vez maior sobre as influências genéticas e cerebrais em doenças como a esquizofrenia, o público em geral reconhece cada vez mais o poder dos fatores biológicos nos transtornos psiquiátricos (Pescosolido et al., 2010). Então, os futuros cientistas desenvolverão testes genéticos que revelam quem está em risco – para esquizofrenia ou outros transtornos psicológicos? Em caso afirmativo, as pessoas serão submetidas a testes para si mesmas, seus embriões ou seus filhos para determinar o risco? E como eles usarão essa informação? Neste mundo do século XXI, essas perguntas aguardam respostas.

Desencadeadores ambientais da esquizofrenia

Se os vírus pré-natais e as predisposições genéticas não causam, por si sós, a esquizofrenia, os fatores familiares ou sociais também não o fazem. Permanece verdadeiro, como Susan Nicol e Irving Gottesman (1983) notaram há mais de três décadas, que "nenhuma causa ambiental foi descoberta que invariavelmente, ou mesmo com probabilidade moderada, produza esquizofrenia em pessoas que não estão relacionadas a" uma pessoa com esquizofrenia.

Na esperança de identificar os desencadeantes ambientais da esquizofrenia, os pesquisadores compararam as experiências de crianças de alto risco (p. ex., aquelas com parentes com esquizofrenia) e crianças de baixo risco. Em um estudo de 2,5 anos que acompanhou 163 adolescentes e adultos de vinte e poucos anos que tinham dois parentes com esquizofrenia, os 20% dos participantes que desenvolveram esquizofrenia mostraram retraimento social ou outro comportamento anormal antes do início do transtorno (Johnstone et al., 2005). Os pesquisadores identificaram outros possíveis sinais de alerta precoces, incluindo uma mãe cuja esquizofrenia era grave e duradoura; complicações no parto (muitas vezes envolvendo privação de oxigênio e baixo peso ao nascer); hospitalizações frequentes na infância por infecções virais e outras; separação dos pais; *span* de atenção curto e má coordenação muscular; comportamento transtornado ou retraído; imprevisibilidade emocional; relações ruins com os pares e jogo solo; e abuso físico, sexual ou emocional na infância (Abel et al., 2010; Debost et al., 2019; Freedman et al., 1998; Schiffman et al., 2001; Susser, 1999; Welham et al., 2009).

* * *

Poucos de nós conseguem se relacionar com os estranhos pensamentos, percepções e comportamentos da esquizofrenia. Às vezes, nossos pensamentos correm soltos, mas raramente falamos coisas sem sentido. Ocasionalmente, suspeitamos injustamente de alguém, mas não tememos que o mundo esteja conspirando contra nós. Muitas vezes nossas percepções são equivocadas, mas raramente vemos ou ouvimos coisas que não existem. Sentimos arrependimento depois de rir do infortúnio de alguém, mas raramente rimos em resposta às nossas próprias más notícias. Às vezes, só queremos ficar sozinhos, mas não nos refugiamos em mundos de fantasia. No entanto, milhões de pessoas ao redor do mundo falam de maneira estranha, sofrem delírios, ouvem vozes inexistentes, veem coisas que não existem, riem ou choram em momentos inadequados, ou se retiram para mundos imaginários privados. A busca para resolver o quebra-cabeça cruel da esquizofrenia continua, mais vigorosa do que nunca.

PERGUNTE A SI MESMO

Você consegue se lembrar de um momento em que ouviu algo ou alguém casualmente (e imprecisamente) ser descrito como "esquizofrênico"? Agora que você sabe mais sobre esse transtorno, como pode corrigir essas descrições?

PRÁTICA DE RECUPERAÇÃO

PR-1 Uma pessoa com esquizofrenia que tem sintomas ____________ (positivos/negativos) pode ter um rosto sem expressão e voz sem mudança de tonalidade. Esses sintomas são mais comuns na esquizofrenia ____________ (crônica/aguda) e provavelmente não respondem à terapia medicamentosa. Aqueles com sintomas ____________ (positivos/negativos) são propensos a experimentar delírios e ser diagnosticados com esquizofrenia ____________ (crônica/aguda), que tem probabilidade muito maior de responder à terapia medicamentosa.

PR-2 Que fatores contribuem para o aparecimento e desenvolvimento da esquizofrenia?

RESPOSTAS NO APÊNDICE E

REVISÃO Esquizofrenia

OBJETIVOS DE APRENDIZAGEM

Teste a si mesmo. Responda às Questões dos Objetivos de Aprendizagem (antes de conferir as respostas no Apêndice D) para aprimorar a retenção dos conceitos estudados (McDaniel et al., 2009, 2015).

QOA **15.14** Que padrões de percepção, pensamento e sentimento caracterizam a esquizofrenia?

QOA **15.15** Como a *esquizofrenia crônica* e a *esquizofrenia aguda* diferem?

QOA **15.16** Que anormalidades cerebrais estão associadas à esquizofrenia?

QOA **15.17** Que eventos pré-natais estão associados ao aumento do risco de desenvolver esquizofrenia?

QOA **15.18** Como os genes influenciam a esquizofrenia? Que fatores podem ser sinais de alerta precoce de esquizofrenia em crianças?

TERMOS E CONCEITOS A RECORDAR

Teste a si mesmo. Escreva a definição com suas próprias palavras e depois confirme sua resposta.

esquizofrenia, p. 566
transtornos psicóticos, p. 566
delírio, p. 567
esquizofrenia crônica, p. 568
esquizofrenia aguda, p. 568

DOMINE O MATERIAL

Teste a si mesmo. Responda às questões a seguir por conta própria, a princípio, depois confira as respostas no Apêndice E.

1. Valência exclamou, "O clima está tão esquizofrênico ultimamente: está quente um dia e congelante no outro!" Além de insensível, essa comparação é imprecisa. Explique.

2. Uma pessoa com sintomas positivos de esquizofrenia tem maior probabilidade de experimentar:
a. catatonia.
b. delírios.
c. retraimento.
d. afeto embotado.

3. Pessoas com esquizofrenia podem ouvir vozes que conclamam à autodestruição, um exemplo de ______________.

4. As chances de recuperação da esquizofrenia são melhores quando
a. o início é súbito, em resposta ao estresse.
b. a deterioração ocorre gradualmente, durante a infância.
c. nenhuma causa ambiental pode ser identificada.
d. há uma anormalidade cerebral detectável.

Transtornos dissociativos, de personalidade e alimentares

Transtornos dissociativos

QOA **15.19** O que são *transtornos dissociativos* e por que são controversos?

Entre os transtornos mais desconcertantes estão os raros **transtornos dissociativos**, nos quais a consciência de uma pessoa se *dissocia* (se separa) de memórias, pensamentos e sentimentos dolorosos. O resultado pode ser um *estado de fuga dissociativo*, uma perda repentina de memória, ou mudança de identidade, muitas vezes em resposta a uma situação extremamente estressante (Harrison et al., 2017). Esse foi o caso de um veterano do Vietnã que foi assombrado pela morte de seus companheiros e que deixou seu escritório no World Trade Center pouco antes do ataque terrorista de 11 de setembro. Mais tarde, ele desapareceu. Seis meses depois, quando foi descoberto em um abrigo para sem-teto em Chicago, ele não relatou nenhuma lembrança de sua identidade ou família (Stone, 2006).

Transtornos dissociativos. Transtornos controversos e raros nos quais a percepção consciente se separa (se dissocia) de memórias, pensamentos e sentimentos anteriores.

A dissociação em si não é tão rara. Qualquer um de nós pode ter a sensação de ser irreal, de estar separado de nosso corpo, de nos ver como se estivesse em um filme. Às vezes podemos dizer, "Eu não era eu mesmo na época". Talvez você se lembre de se levantar para ir a algum lugar e terminar em algum local não intencional enquanto sua mente estava ocupada. Ou talvez você possa tocar uma música que estudou muito em um violão ou piano enquanto conversa com alguém. Quando enfrentamos um trauma, o desapego dissociativo pode nos proteger de sermos dominados pela emoção.

Transtorno dissociativo de identidade

Acredita-se que no **transtorno dissociativo de identidade (TDI)** ocorre uma dissociação massiva do *self* consciente, no qual duas ou mais identidades distintas – cada uma com sua própria voz e maneirismos – parecem controlar o comportamento de uma pessoa em momentos diferentes. Assim, a pessoa pode ser formal e apropriada em um momento, barulhenta e paqueradora no outro. Normalmente, a identidade original nega qualquer conhecimento do(s) outro(s).

Transtorno dissociativo de identidade (TDI). Transtorno raro em que a pessoa exibe duas ou mais identidades distintas e alternantes. (Anteriormente chamado *transtorno de múltipla personalidade.*)

COMPREENDENDO O TRANSTORNO DISSOCIATIVO DE IDENTIDADE. Os céticos questionam a existência do TDI. Em primeiro lugar, em vez de ser um verdadeiro transtorno, o TDI poderia ser uma extensão de nossa capacidade normal de mudanças de identidade? Nicholas Spanos (1986, 1994, 1996) pediu a estudantes universitários que fingissem que eram acusados de assassinato sendo examinados por um psiquiatra. Depois de um tratamento hipnótico – como foi usado em alguns casos famosos de TDI – a maioria expressava espontaneamente uma segunda identidade. Essa descoberta fez Spanos se perguntar: talvez as identidades dissociativas sejam simplesmente uma versão mais extrema dos vários "eus" que normalmente apresentamos – um eu brincalhão quando está com amigos, um eu desanimado quando está com o chefe. Será que os clínicos que descobrem múltiplas identidades estão apenas desencadeando o desempenho de papéis por pessoas propensas à fantasia em determinado contexto social? (Giesbrecht et al., 2008, 2010; Lynn et al., 2014; Merskey, 1992.) Afinal, os pacientes não entram na terapia dizendo "Permita-me apresentar meus eus". Em vez disso, acusam os críticos, alguns terapeutas tentam encontrar aleatoriamente casos de identidades múltiplas. "Você já sentiu que outra parte de você faz coisas que você não consegue controlar?" "Essa parte de você tem um nome? Posso falar com a parte zangada de você?" Uma vez que os clientes permitem que um terapeuta chame, pelo nome, "a parte de você que diz essas coisas raivosas", eles começam a encenar a fantasia. Como atores que se perdem em seus papéis, pacientes vulneráveis podem "tornar-se" as partes que estão representando. O resultado pode ser a experiência de outro eu.

"O fingimento pode se tornar realidade."
– Provérbio chinês

Os céticos também acham suspeito que o transtorno tenha uma história tão curta e localizada. Entre 1930 e 1960, o número de diagnósticos de TDI em norte-americanos foi em média de dois por década. Na década de 1980, quando o *Manual Diagnóstico e Estatístico de Transtornos Mentais* (DSM), da American Psychiatric Association, continha o primeiro código formal para esse transtorno, o número explodiu para mais de 20 mil (McHugh, 1995). O número médio de identidades exibidas também cresceu rapidamente – de 3 para 12 por paciente (Goff & Simms, 1993). E embora os diagnósticos tenham aumentado em países onde o TDI foi divulgado, o transtorno é muito menos prevalente fora da América do Norte (Lilienfeld, 2017).

Apesar de alguns casos de embuste, outros pesquisadores e médicos acreditam que o TDI é um transtorno real. Eles citam achados de estados distintos do corpo e do cérebro associados a diferentes identidades (Putnam, 1991). Anormalidades na anatomia e na atividade cerebral também podem acompanhar o TDI. As varreduras do cérebro mostram encolhimento em áreas que auxiliam a memória e a detecção de ameaças (Vermetten et al., 2006). A atividade aumentada aparece em áreas cerebrais associadas ao controle e inibição de memórias traumáticas (Elzinga et al., 2007).

Tanto a perspectiva psicodinâmica quanto a de aprendizagem interpretaram os sintomas de TDI como maneiras de lidar com a ansiedade. Alguns teóricos psicodinâmicos os veem como defesas contra a ansiedade causada pela erupção de impulsos inaceitáveis. Nesta visão, uma segunda identidade permite a descarga de impulsos proibidos. Os teóricos da aprendizagem veem os transtornos dissociativos como comportamentos reforçados pela redução da ansiedade.

Alguns clínicos incluem transtornos dissociativos sob o guarda-chuva do transtorno de estresse pós-traumático como uma resposta natural e protetora contra experiências traumáticas durante a infância (Brand et al., 2016; Spiegel, 2008). Muitas pessoas em tratamento para TDI lembram-se de terem sofrido abuso físico, sexual ou emocional quando crianças (Gleaves, 1996; Lilienfeld et al., 1999). Os críticos se perguntam, no entanto, se a imaginação vívida ou a sugestão do terapeuta contribuíram para a construção dessas lembranças (Kihlstrom, 2005). Desse modo, o debate científico permanece.

"Embora seja loucura, ainda há método nisso." – William Shakespeare, *Hamlet*, 1600

PERGUNTE A SI MESMO

Você alterna entre exibições de diferentes aspectos de sua identidade, dependendo da situação? Como sua experiência é semelhante e diferente dos sintomas descritos para o transtorno dissociativo de identidade?

PRÁTICA DE RECUPERAÇÃO

PR-1 As perspectivas psicodinâmicas e de aprendizagem concordam que os sintomas do transtorno dissociativo de identidade são maneiras de lidar com a ansiedade. Como suas explicações diferem?

RESPOSTAS NO APÊNDICE E

Transtornos de personalidade. Padrões de comportamento inflexíveis e duradouros que prejudicam o funcionamento social.

Transtorno de personalidade antissocial. Transtorno de personalidade em que a pessoa (geralmente um homem) demonstra falta de consciência por fazer algo errado, mesmo em relação a amigos e familiares; pode ser agressivo e implacável ou um vigarista inteligente.

Transtornos de personalidade

QOA **15.20** Quais são os três grupos de transtornos de personalidade? Que comportamentos e atividade cerebral caracterizam o transtorno de personalidade antissocial?

Os padrões de comportamento inflexíveis e duradouros dos **transtornos de personalidade** interferem no funcionamento social. Esses 10 transtornos no DSM-5 tendem a formar três grupos, caracterizados por:

- *Ansiedade*, como uma sensibilidade temerosa à rejeição que predispõe ao *transtorno de personalidade esquiva*
- *Comportamentos excêntricos ou estranhos*, como aqueles provocados pelo pensamento mágico do *transtorno de personalidade esquizotípica*
- *Comportamentos dramáticos ou impulsivos*, como a instabilidade e a necessidade de atenção no *transtorno de personalidade limítrofe* (*borderline*), o autofoco e a vaidade exagerada no *transtorno de personalidade narcisista* e – o que discutiremos a seguir como um exemplo aprofundado – a insensibilidade e muitas vezes o perigo, no *transtorno de personalidade antissocial*.

Transtorno de personalidade antissocial

Pessoas com **transtorno de personalidade antissocial**, geralmente do gênero masculino, podem apresentar *sintomas* a partir dos 8 anos. Sua falta de consciência torna-se evidente antes dos 15 anos, quando começam a mentir, roubar, brigar ou exibir comportamento sexual irrefreável (Cale & Lilienfeld, 2002). Nem todas as crianças com esses traços se tornam adultos antissociais e, para muitos homens, o comportamento antissocial geralmente desaparece após a adolescência (Moffitt, 2018). (Note que [neste contexto] *antissocial* significa uma pessoa com comportamentos que causam danos sociais, sem manifestar remorso, e não apenas uma pessoa insociável.) Aqueles que desenvolvem o transtorno – cerca de metade – geralmente agem de maneira violenta ou criminosa, são incapazes de manter um emprego, e se comportam de maneira irresponsável em relação aos membros da família (Farrington, 1991).

Mas a criminalidade não é um componente essencial do comportamento antissocial (Skeem & Cooke, 2010). E muitos criminosos não apresentam transtorno de personalidade antissocial; em vez disso, eles demonstram preocupação real por seus amigos e familiares. Em contraste com a maioria dos criminosos, as pessoas com transtorno de personalidade antissocial (às vezes chamadas de *sociopatas* ou *psicopatas*) têm uma deficiência social maior. Eles geralmente exibem menos *inteligência emocional* – a capacidade de entender, gerenciar e perceber emoções (Ermer et al., 2012b; Gillespie et al., 2019).

As personalidades antissociais comportam-se de maneira impulsiva, e depois sentem e temem pouco (Fowles & Dindo, 2009). Sua impulsividade pode ter consequências terríveis, incluindo homicídio (Camp et al., 2013; Fox & DeLisi, 2019). Considere o caso de Henry Lee Lucas. Ele matou sua primeira vítima quando tinha 13 anos. Ele mostrou pouco arrependimento naquela época ou depois. Durante seus anos de crime, ele assassinou brutalmente 157 mulheres, homens e crianças. Nos últimos seis anos de seu reinado de terror, Lucas se uniu a Ottis Elwood Toole, que supostamente massacrou pessoas que ele "não achava que merecessem viver de qualquer maneira" (Darrach & Norris, 1984).

COMPREENDENDO O TRANSTORNO DE PERSONALIDADE ANTISSOCIAL. O transtorno de personalidade antissocial tem componentes biológicos e psicológicos. Estudos com gêmeos e com adoção revelam que parentes biológicos de pessoas com tendências antissociais e pouca inteligência emocional correm maior risco de comportamento antissocial (Frisell et al., 2012; Kendler et al., 2015a). Pessoas com personalidades antissociais às vezes espalham seus genes para as gerações futuras casando-se com outras que têm personalidades antissociais (Weiss, B. et al., 2017). Isoladamente, nenhum gene codifica um comportamento complexo como o crime. Mas os genes que predispõem a menor capacidade mental e autocontrole preveem um maior risco para o crime (Wertz et al., 2018). Como acontece com outros transtornos, os geneticistas também identificaram genes específicos que são mais comuns naqueles com transtorno de personalidade antissocial (Gunter et al., 2010; Tielbeek et al., 2017).

A vulnerabilidade genética de pessoas com tendências antissociais se expressa como baixa excitação em resposta a ameaças. Quando aguardam a ocorrência de eventos aversivos, como choques elétricos ou ruídos altos, eles mostram pouca excitação no sistema nervoso autônomo (Hare, 1975; Ling et al., 2019). Estudos de longo prazo mostram que seus níveis de hormônio do estresse eram mais baixos do que a média na adolescência, antes de cometer qualquer crime (Figura 15.14). E aqueles que demoraram a desenvolver medos condicionados aos três anos também eram mais propensos a cometer um crime mais tarde na vida (Gao et al., 2010). Da mesma maneira, meninos pré-escolares que mais tarde se tornam adolescentes agressivos ou antissociais tendem a ser impulsivos, desinibidos, não se importam com recompensas sociais e têm níveis baixos de ansiedade (Caspi et al., 1996; Tremblay et al., 1994).

Traços como destemor e dominação podem ser adaptativos. Se canalizados em direções mais produtivas, a coragem pode levar ao estrelato atlético, a aventuras ou ao heroísmo (Costello et al., 2018; Patton et al., 2018). De fato, 42 presidentes americanos exibiram mais destemor e dominação do que a população geral (Lilienfeld et al., 2012, 2016). A paciente S. M., uma mulher de 49 anos com lesões na amígdala, mostrou destemor e impulsividade, mas também heroísmo: ela deu a um homem necessitado seu único casaco e cachecol e doou seu cabelo para a instituição de caridade *Locks of Love* depois de fazer amizade com uma criança com câncer (Lilienfeld et al., 2017). Sem um senso de responsabilidade social, no entanto, a mesma disposição pode produzir um vigarista ou um assassino (Lykken, 1995).

Influências genéticas, muitas vezes em combinação com fatores ambientais negativos, como abuso infantil, instabilidade familiar ou pobreza, ajudam a conectar os fios no cérebro (Dodge, 2009). Essa combinação gene-ambiente também ocorre em chimpanzés, que, como os humanos, apresentam variações nas tendências antissociais (médias/ousadas/desinibidas) (Latzman et al., 2017). Em pessoas com tendências criminosas antissociais, a amígdala, responsável pelo controle das emoções, é geralmente menor (Pardini et al., 2014).

Os lobos frontais também são menos ativos, como mostram os exames PET de 41 cérebros de assassinos em comparação com os cérebros de pessoas de idade e gênero semelhantes (Raine, 1999, 2005; Figura 15.15). Os lobos frontais ajudam a controlar a impulsividade. A redução na ativação ficava especialmente aparente naqueles que matavam por impulso. Em um estudo de acompanhamento, Adrian Raine e sua equipe (2000) descobriram que criminosos reincidentes violentos tinham 11% menos tecido no lobo frontal do que o normal. Isso ajuda a explicar por que as pessoas com transtorno de personalidade antissocial apresentam déficits acentuados nas funções cognitivas do lobo frontal, como planejamento, organização e inibição (Morgan & Lilienfeld, 2000). Em comparação com as pessoas que sentem e demonstram empatia, seus cérebros também respondem menos às demonstrações faciais de angústia nos outros, o que pode contribuir para sua menor inteligência emocional (Deeley et al., 2006).

Um destemor com base biológica, bem como o ambiente inicial, ajudou a explicar uma reunião familiar incomum. As irmãs Joyce Lott, 27, e Mary Jones, 29, há muito separadas, se encontraram em um lugar que normalmente separa os membros da família em vez de juntá-los – uma prisão da Carolina do Sul, onde ambas foram enviadas por acusações de tráfico de drogas. Depois de uma reportagem sobre o encontro, seu meio-irmão há muito tempo perdido, Frank Strickland, ligou. Mas ele tinha seus próprios problemas: estava preso por acusações de drogas, roubo e furto (Shepherd et al., 1990).

Os genes que colocam as pessoas em risco de comportamento antissocial também colocam as pessoas em risco para transtornos por abuso de substâncias (Dick, 2007). Os transtornos geralmente aparecem juntos – por exemplo, transtornos depressivos e transtornos de ansiedade (Jacobson & Newman, 2017; Plana-Ripoll et al., 2019). As pessoas diagnosticadas com um transtorno correm maior risco de serem diagnosticadas com outro. Esse tipo de *comorbidade* resulta da sobreposição de genes que predispõem a diferentes transtornos (Brainstorm Consortium, 2018; Gandal et al., 2018).

No entanto, a genética, sozinha, não conta toda a história de um crime antissocial. Em outro estudo de Raineled (1996), pesquisadores verificaram registros criminais de cerca de 400 homens dinamarqueses com idade entre 20 e 22 anos. Todos esses homens possuíam fatores de risco biológico ao nascer (como parto prematuro) ou vieram de contextos familiares marcados pela pobreza e instabilidade. Os pesquisadores então compararam cada um desses dois grupos com um terceiro grupo *biossocial* (pessoas cujas vidas foram marcadas por fatores de risco tanto biológico quanto social). O grupo biossocial tinha o dobro do risco de cometer um crime. Descobertas semelhantes surgiram de um famoso estudo que acompanhou 1.037 crianças por um quarto de século: dois fatores combinados – maus-tratos na infância e um gene que alterava o equilíbrio dos neurotransmissores – previam problemas antissociais (Caspi et al., 2002). Nem os genes "ruins" sozinhos nem um ambiente "ruim" isoladamente predispõem o comportamento antissocial posterior. Em vez disso, os genes predispõem algumas crianças a serem mais sensíveis a maus-tratos. Em "segmentos geneticamente vulneráveis da população", as influências ambientais são importantes – para melhor ou para pior (Belsky & Pluess, 2009; Moffitt, 2005).

Assim, com o comportamento antissocial – como acontece com tantas outras coisas – a natureza e a criação interagem. Mais uma vez, a perspectiva biopsicossocial nos ajuda a entender toda a história. Para explorar ainda mais a base neural do transtorno de

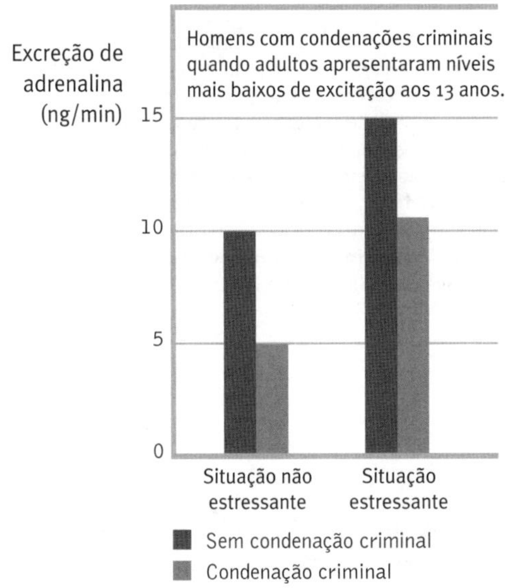

Figura 15.14 Excitabilidade "a sangue frio" e risco de crime. Os níveis de adrenalina, o hormônio do estresse, foram medidos em dois grupos de meninos suecos de 13 anos. Em situações estressantes e não estressantes, aqueles que mais tarde seriam condenados por um crime com 18 a 26 anos mostraram uma excitação relativamente baixa. (Dados de Magnusson, 1990.)

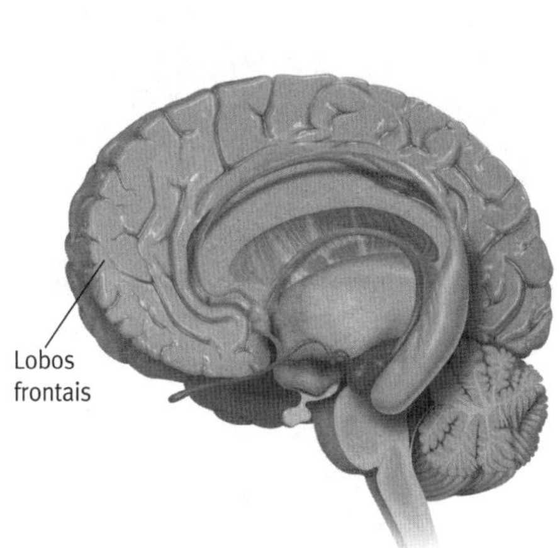

Figura 15.15 Mentes assassinas. Pesquisadores descobriram uma redução na ativação dos lobos frontais de um assassino. Essa área do cérebro (mostrada em um cérebro voltado para a esquerda) ajuda a frear o comportamento impulsivo e agressivo (Raine, 1999).

Será que Lua cheia provoca "loucura" em algumas pessoas? Os pesquisadores examinaram dados de 37 estudos que relacionavam a fase lunar ao crime (homicídios especificamente), desde ligações para serviços de emergência a internações em hospitais psiquiátricos (Rotton & Kelley, 1985). A conclusão deles: não há praticamente nenhuma evidência de "loucura lunar". A fase lunar também não se correlaciona com suicídios, assaltos, visitas ao pronto-socorro ou desastres de trânsito (Martin et al., 1992; Raison et al., 1999).

personalidade antissocial, neurocientistas estão tentando identificar diferenças de atividade cerebral em criminosos que apresentam sintomas antissociais. Quando observam fotografias emocionalmente evocativas, como um homem segurando uma faca na garganta de uma mulher, criminosos com transtorno de personalidade antissocial exibem frequência cardíaca e respostas de transpiração embotadas e menos atividade em áreas do cérebro que normalmente respondem a estímulos emocionais (Harenski et al., 2010; Kiehl & Buckholtz, 2010). Eles também têm um sistema de recompensa de dopamina maior e hiper-reativo, o que predispõe seu lado impulsivo a fazer algo gratificante, apesar das consequências (Buckholtz et al., 2010; Glenn et al., 2010). Esses dados fornecem outro lembrete: tudo que é psicológico também é biológico.

PRÁTICA DE RECUPERAÇÃO

PR-2 Como os fatores biológicos e psicológicos contribuem para o transtorno de personalidade antissocial?

RESPOSTAS NO APÊNDICE E

Anorexia nervosa. Transtorno alimentar em que uma pessoa (geralmente uma adolescente) mantém uma dieta de fome apesar de estar significativamente abaixo do peso, e tem uma autopercepção imprecisa; às vezes acompanhada de exercício excessivo.

Bulimia nervosa. Transtorno no qual a compulsão alimentar de uma pessoa (geralmente de alimentos altamente calóricos) é seguida por um comportamento inadequado de promoção da perda de peso, com vômitos, uso de laxantes, jejum ou exercício excessivo.

Transtorno de compulsão alimentar periódica. Episódios significativos de compulsão alimentar, seguidos de angústia, desgosto ou culpa, mas sem o comportamento compensatório que marca a bulimia nervosa.

Transtornos alimentares

QOA 15.21 Quais são os três principais transtornos alimentares, e como as influências biológicas, psicológicas e socioculturais tornam as pessoas mais vulneráveis a eles?

Nossos corpos são naturalmente dispostos a manter um peso constante, inclusive armazenando energia para os momentos em que os alimentos ficam indisponíveis. Mas às vezes as influências psicológicas esmagam e dominam a sabedoria biológica. Isso se torna dolorosamente claro em três transtornos alimentares.

- Na **anorexia nervosa**, as pessoas – geralmente adolescentes do gênero feminino, mas também algumas mulheres, homens e meninos – passam fome propositalmente. A anorexia muitas vezes começa como uma tentativa de perder peso, mas a dieta se torna um hábito (Steinglass et al., 2018). Mesmo quando muito abaixo do peso normal, a pessoa que passa fome se sente gorda, teme ser gorda e se concentra obsessivamente em perder peso, às vezes se exercitando excessivamente
- Na **bulimia nervosa**, um ciclo de episódios repetidos de compulsão alimentar alterna-se com comportamentos para compensar, como vômitos, uso de laxantes, jejum ou exercício excessivo (Wonderlich et al., 2007). Ao contrário da anorexia, a bulimia é marcada por flutuações de peso dentro ou acima dos limites normais, tornando o transtorno mais fácil de esconder. A bulimia também pode ser desencadeada por uma dieta para perda de peso que é interrompida pela ingestão de alimentos proibidos. As pessoas com esse transtorno – principalmente mulheres no final da adolescência ou início dos 20 anos (mas também alguns homens) – comem em surtos, às vezes influenciados por emoções negativas ou por amigos que estão comendo compulsivamente (Crandall, 1988; Haedt-Matt & Keel, 2011). Preocupados com a comida (desejando alimentos doces e com alto teor de gordura) e com medo de ficar acima do peso, os comedores compulsivos experimentam crises de depressão, culpa e ansiedade durante e após os episódios (Hinz & Williamson, 1987; Johnson et al., 2002)
- Aqueles com **transtorno da compulsão alimentar periódica** se envolvem em episódios significativos de compulsão alimentar, seguidos de remorso. Mas eles não forçam o vômito, nem jejuam, nem se exercitam excessivamente.

Em algum momento da vida, cerca de 2,6 milhões de americanos (0,8%) atendem aos critérios definidos pelo DSM-5 para anorexia; 2,6 milhões para bulimia e 2,7 milhões para transtorno de compulsão alimentar periódica (Udo & Grilo, 2019). Os três transtornos podem ser mortais. Eles prejudicam o corpo e a mente, resultando em menor expectativa de vida e maior risco de suicídio e automutilação não suicida (Cucchi et al., 2016; Fichter & Quadflieg, 2016; Mandelli et al., 2019).

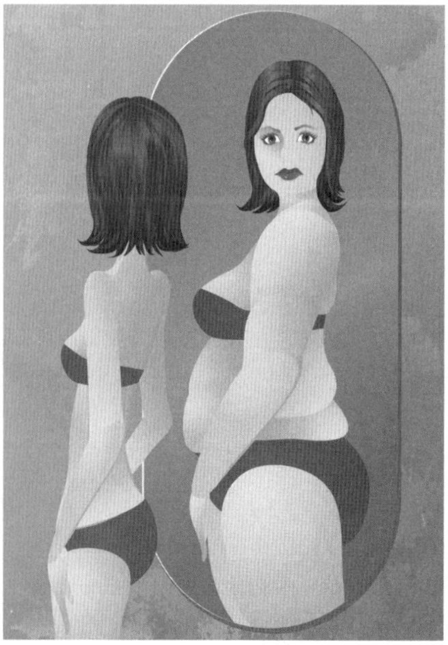

artbyjulie/Getty Images

Uma imagem corporal distorcida está por trás da anorexia.

Compreendendo os transtornos alimentares

Os transtornos alimentares não são (como alguns especularam) um sinal revelador de abuso sexual infantil (Smolak & Murnen, 2002; Stice, 2002). No entanto, o ambiente familiar pode influenciar os transtornos alimentares de outras maneiras. Por exemplo, as famílias de pessoas com anorexia tendem a ser competitivas, de alto desempenho e protetoras (Ahrén et al., 2013; Berg et al., 2014; Yates, 1989, 1990). Aqueles com transtornos alimentares geralmente têm baixa satisfação corporal, estabelecem padrões perfeccionistas e de ruminação de pensamentos sobre ficar aquém das expectativas e como os outros as percebem (Farstad et al., 2016; Smith, M. et al., 2018; Wang, S. et al., 2019). Alguns desses fatores também predizem a busca dos meninos adolescentes por uma musculatura irreal (Karazsia et al., 2017; Ricciardelli & McCabe, 2004).

A hereditariedade também importa. Gêmeos idênticos compartilham esses transtornos com mais frequência do que gêmeos fraternos – até certo ponto, indicando 50 a 60% de herdabilidade para anorexia (Yilmaz et al., 2015). Os cientistas estão procurando por genes culpados. O maior estudo identificou diferenças genéticas comparando os genomas de quase 17 mil pacientes com anorexia com 56 mil outros (Watson et al., 2019).

Mas os transtornos alimentares também têm componentes culturais e de gênero. O conceito de formas ideais varia de acordo com a cultura e o tempo. Gordo pode significar prosperidade, e magro pode sinalizar miséria ou doença em países com altas taxas de pobreza (Knickmeyer, 2001; Swami et al., 2010). Não é assim nas ricas culturas ocidentais. Em uma análise de 222 estudos, o aumento dos transtornos alimentares na última metade do século XX coincidiu com um declínio dramático na imagem corporal das mulheres ocidentais (Feingold & Mazzella, 1998).

Os mais vulneráveis aos transtornos alimentares também têm sido aqueles (geralmente mulheres ou homens *gays*) que mais idealizam a magreza e apresentam maiores graus de insatisfação corporal (Feldman & Meyer, 2010; Kane, 2010; Stice et al., 2010). Deveria nos surpreender, então, que as mulheres que veem imagens reais e manipuladas de modelos e celebridades anormalmente magras muitas vezes se sintam envergonhadas, deprimidas e insatisfeitas com seus próprios corpos – as mesmas atitudes que predispõem a transtornos alimentares? (Bould et al., 2018; Tiggemann & Miller, 2010.) Eric Stice e seus colegas (2001) testaram essa ideia de modelagem dando a algumas adolescentes (mas não a outras) uma assinatura de 15 meses de uma revista americana de moda adolescente. Comparadas com aquelas que não receberam a revista, as meninas vulneráveis – definidas como aquelas que já estavam insatisfeitas, idealizando a magreza e sem apoio social – apresentaram maior grau de insatisfação corporal e tendências a transtornos alimentares. Mesmo as modelos ultramagras não refletem o padrão impossível da boneca Barbie original, que, quando ajustada para uma altura de 1,70 m, tinha uma silhueta de 81-41-74 centímetros) (Norton et al., 1996).

No entanto, há mais na insatisfação corporal e na anorexia do que efeitos da mídia (Ferguson et al., 2011). Influências de colegas, como provocações e assédio, também são importantes. No entanto, os transtornos alimentares de hoje derivam em parte da cultura obcecada pelo peso – uma cultura que diz que "gordura é ruim" de inúmeras maneiras, que motiva milhões de mulheres a fazer dieta constantemente e que convida a comer compulsivamente pressionando as mulheres a viver em constante estado de semi-inanição. Uma ex-modelo lembrou-se de entrar em uma reunião com seu agente, morrendo de fome e com seus órgãos falhando devido à anorexia (Carroll, 2013). A saudação de seu agente: "o que quer que você esteja fazendo, continue fazendo".

"Por que as mulheres têm uma autoestima tão baixa? Existem muitas razões psicológicas e sociais complexas, mas me refiro à Barbie."
– Humorista Dave Barry, 1999

A maioria das pessoas diagnosticadas com um transtorno alimentar melhora. Em um estudo de 22 anos, duas em cada três mulheres com anorexia nervosa ou bulimia nervosa se recuperaram (Eddy et al., 2017). A prevenção também é possível. Programas interativos que ensinam meninas adolescentes a aceitar seus corpos reduziram o risco de transtornos alimentares (Beintner et al., 2012; Melioli et al., 2016; Vocks et al., 2010). Ao combater o que é aprendido culturalmente, as pessoas em risco podem viver vidas longas e saudáveis.

PRÁTICA DE RECUPERAÇÃO

PR-3 Pessoas com ______________________ (anorexia nervosa/bulimia nervosa) continuam a querer emagrecer, mesmo quando já estão abaixo do peso. Aquelas com ______________________ (anorexia nervosa/bulimia nervosa) tendem a ter um peso que flutua dentro ou acima dos limites normais.

RESPOSTAS NO APÊNDICE E

REVISÃO Transtornos dissociativos, de personalidade e alimentares

OBJETIVOS DE APRENDIZAGEM

Teste a si mesmo. Responda às Questões dos Objetivos de Aprendizagem (antes de conferir as respostas no Apêndice D) para aprimorar a retenção dos conceitos estudados (McDaniel et al., 2009, 2015).

QOA 15.19 O que são *transtornos dissociativos*, e por que são controversos?

QOA 15.20 Quais são os três grupos de transtornos de personalidade? Que comportamentos e atividade cerebral caracterizam o transtorno de personalidade antissocial?

QOA 15.21 Quais são os três principais transtornos alimentares, e como as influências biológicas, psicológicas e socioculturais tornam as pessoas mais vulneráveis a eles?

TERMOS E CONCEITOS A RECORDAR

Teste a si mesmo. Escreva a definição com suas próprias palavras e depois confirme sua resposta.

transtornos dissociativos, p. 572
transtorno dissociativo de identidade (TDI), p. 573
transtornos de personalidade, p. 574
transtorno de personalidade antissocial, p. 574
anorexia nervosa, p. 576
bulimia nervosa, p. 576
transtorno de compulsão alimentar periódica, p. 576

DOMINE O MATERIAL

Teste a si mesmo. Responda às questões a seguir por conta própria, a princípio, depois confira as respostas no Apêndice E.

1. O transtorno dissociativo de identidade é controverso porque
   a. dissociação é bastante rara.
   b. foi relatado com frequência na década de 1920, mas raramente é relatado hoje.
   c. quase nunca é relatado fora da América do Norte.
   d. seus sintomas são quase idênticos aos do transtorno obsessivo-compulsivo.

2. Um transtorno de personalidade, como personalidade antissocial, é caracterizado por
   a. depressão.
   b. alucinações.
   c. padrões de comportamento inflexíveis e duradouros que prejudicam o funcionamento social.
   d. um nível elevado de excitação do sistema nervoso autônomo.

3. Os exames PET dos cérebros dos assassinos revelaram:
   a. ativação acima do normal nos lobos frontais.
   b. ativação abaixo do normal nos lobos frontais.
   c. mais tecido no lobo frontal do que o normal.
   d. sem diferenças nas estruturas ou atividade cerebral.

4. Qual das seguintes afirmações é verdadeira sobre bulimia nervosa?
   a. As pessoas com bulimia continuam a querer emagrecer, mesmo quando estão abaixo do peso.
   b. A bulimia é marcada por flutuações de peso dentro ou acima das faixas normais.
   c. Aqueles com bulimia são igualmente propensos a ser do gênero masculino ou feminino.
   d. Se um gêmeo é diagnosticado com bulimia, as chances de o outro gêmeo compartilhar o transtorno são maiores se forem gêmeos fraternos em vez de gêmeos idênticos.

Transtornos do neurodesenvolvimento

Os **transtornos do neurodesenvolvimento** são definidos como anormalidades do sistema nervoso central, geralmente no cérebro. O resultado são pensamentos e comportamentos alterados, desde a infância, que podem se manifestar como limitações intelectuais ou como transtornos psicológicos.

Transtorno do neurodesenvolvimento. Anormalidades do sistema nervoso central (geralmente no cérebro) que começam na infância e alteram o pensamento e o comportamento (como nas limitações intelectuais ou em um transtorno psicológico).

Deficiência intelectual. Capacidade mental limitada, indicada por uma pontuação no teste de inteligência igual ou inferior a 70 e dificuldade de adaptação às exigências cotidianas. (Anteriormente chamado *retardo mental*.)

Deficiência intelectual

QOA 15.22 O que é uma *deficiência intelectual*?

A **deficiência intelectual** é aparente antes dos 18 anos, muitas vezes com uma causa física conhecida. (A *síndrome de Down*, por exemplo, é um transtorno de gravidade intelectual e física variável causado por uma cópia extra do cromossomo 21 na composição genética da pessoa.) Para ser diagnosticada com deficiência intelectual, uma pessoa deve atender a dois critérios. O primeiro é o baixo funcionamento intelectual, refletido em uma baixa pontuação no teste de inteligência. As diretrizes especificam o desempenho da pontuação do teste que está nos 3% mais baixos da população geral, ou cerca de 70 ou menos (Schalock et al., 2010). O segundo critério é que a pessoa deve ter dificuldade em se adaptar às demandas normais da vida independente, expressa em três áreas, ou habilidades: conceitual (linguagem, leitura e conceitos de dinheiro, tempo e número); social (habilidades interpessoais, ser socialmente responsável, seguir regras e leis básicas, evitar ser vitimizado); e prático (saúde e cuidados pessoais, habilidade ocupacional e viagens). Nas formas leves, a deficiência intelectual, como a inteligência normal, resulta de uma combinação de fatores genéticos e ambientais (Reichenberg et al., 2016).

Transtorno do espectro autista (TEA). Transtorno que aparece na infância e é marcado por limitações significativas na comunicação e na interação social, e por interesses rigidamente fixados e comportamentos repetitivos.

PRÁTICA DE RECUPERAÇÃO

PR-1 Quais critérios devem ser atendidos para que alguém seja diagnosticado com deficiência intelectual?

RESPOSTAS NO APÊNDICE E

Transtorno do espectro autista

QOA 15.23 O que é *transtorno do espectro autista*?

O **transtorno do espectro autista (TEA)** é um transtorno cognitivo e socioemocional que é marcado por deficiências sociais e comportamentos repetitivos. Se antes acreditava-se afetar 1 em 2.500 crianças (e referido simplesmente como autismo), o TEA atualmente é diagnosticado em 1 em 38 crianças na Coreia do Sul, 1 em 59 nos EUA, 1 em 66 no Canadá e 1 em 100 na Grã-Bretanha (Baio et al., 2018; CDC, 2014b; Kim et al., 2011; NAS, 2011; Offner et al., 2018). O aumento nos diagnósticos de TEA foi compensado por uma diminuição no número de crianças com "deficiência cognitiva" ou "dificuldade da aprendizagem", o que sugere uma reclassificação dos transtornos infantis (Gernsbacher et al., 2005; Grinker, 2007; Shattuck, 2006).

A fonte subjacente dos sintomas do TEA parece ser um problema de comunicação entre as regiões do cérebro que normalmente trabalham juntas para nos permitir entender o ponto de vista do outro. A partir dos 2 meses de vida, as crianças costumam passar cada vez mais tempo olhando nos olhos dos outros; aqueles que mais tarde desenvolvem TEA o fazem cada vez menos (Baron-Cohen, 2017; Wang et al., 2020). Pessoas com TEA têm uma *Teoria da Mente prejudicada* (Matthews & Goldberg, 2018; Velikonja et al., 2019). A leitura da mente que a maioria de nós acha intuitiva (*Esse rosto está transmitindo um sorriso de alegria ou de escárnio?*) é difícil para pessoas com TEA. Elas têm dificuldade para inferir e lembrar dos pensamentos e sentimentos dos outros; perceber que colegas e pais podem ver as coisas de maneira diferente e entender que seus professores sabem mais do que eles (Boucher et al., 2012; Frith & Frith, 2001; Knutsen et al., 2015). Em parte, por essas razões, uma pesquisa nacional feita com pais e funcionários de escolas relatou que 46% dos adolescentes com TEA sofreram as provocações e tormentos do *bullying* – quatro vezes a taxa de 11% para outras crianças (Sterzing et al., 2012). Crianças com TEA fazem amigos, mas seus colegas geralmente acham esses relacionamentos emocionalmente insatisfatórios (Mendelson et al., 2016). Isso ajuda a explicar por que "indivíduos com TEA são quatro vezes mais propensos a sofrer de depressão ao longo da vida" (Hudson et al., 2019).

Transtorno do espectro autista. Esta fonoaudióloga está ajudando um menino com TEA a aprender a formar sons e palavras. O TEA é marcado por uma capacidade de comunicação limitada e dificuldade em compreender o estado de espírito dos outros.

TEA tem diferentes níveis de gravidade. Cerca de metade das pessoas com TEA experimenta um resultado "justo" ou até "bom" (Steinhausen et al., 2016). Alguns (aqueles diagnosticados com o que costumava ser chamado *síndrome de Asperger*) geralmente funcionam em um nível alto. Eles têm inteligência normal, muitas vezes acompanhada de habilidade ou talento excepcional em uma área específica. Um estudo com 6.500 pessoas em 104 países descobriu que pessoas com traços autistas apresentavam uma compreensão ligeiramente melhor do que a média de fenômenos psicológicos sociais, como vadiagem social e pensamento de grupo (Gollwitzer et al., 2019). Mas pessoas com TEA podem não ter motivação e capacidade de interagir e se comunicar socialmente, e tendem a se distrair com estímulos irrelevantes (Clements et al., 2018; Remington et al., 2009). Os que se encaixam na extremidade mais grave do espectro lutam para conseguir usar a linguagem.

"Eu sou autista, o que significa que todos ao meu redor têm um distúrbio que os faz [...] olhar assustadoramente dentro dos meus globos oculares."
– Facebook.com/autisticnotweird, 2020

O TEA é diagnosticado em cerca de três meninos para cada menina, talvez em parte porque as meninas podem ser mais habilidosas em esconder os traços relacionados ao TEA (Dean et al., 2017; Loomes et al., 2017). O psicólogo Simon Baron-Cohen (2010) acredita que o desequilíbrio é porque os meninos, mais frequentemente do que as meninas, são "sistematizadores". Eles tendem a assimilar as coisas de acordo com regras ou leis, como nos sistemas matemáticos e mecânicos. As meninas, ele afirma, são mais frequentemente predispostas a serem "empatizantes". Elas tendem a se destacar na leitura de expressões faciais e gestos (van Honk et al., 2011). Seja homem, seja mulher, pessoas com TEA são sistematizadores

"O autismo torna minha vida difícil, mas também torna minha vida bonita. Quando tudo é mais intenso, então o cotidiano, o mundano, o típico, o normal – essas coisas se tornam extraordinárias."
– Erin McKinney, *The Best Way I Can Describe What It's Like to Have Autism*, 2015

Yleventai

"Autismo", caso número 1. Em 1943, Donald Gray Triplett, uma criança "estranha" com dons incomuns e limitações sociais, foi a primeira pessoa a receber o diagnóstico de "autismo". (Depois de uma mudança, em 2013, no manual de diagnóstico, sua condição agora é chamada *transtorno do espectro autista*.) Em 2016, aos 82 anos, Triplett ainda morava na casa de sua família e na cidade do Mississippi onde costumava jogar golfe (Atlas, 2016).

que têm mais dificuldade em ler expressões faciais (Baron-Cohen et al., 2015). As pessoas que trabalham em carreiras STEM (ciência, tecnologia, engenharia ou matemática) também são um pouco mais propensas do que outras a exibir alguns traços semelhantes ao TEA (Ruzich et al., 2015).

Fatores biológicos contribuem para o TEA (Zhou et al., 2019). O ambiente pré-natal é importante, especialmente quando alterado por infecção materna, uso de medicação psiquiátrica ou hormônios do estresse (NIH, 2013; Wang, 2014). Os genes também importam. Um estudo de cinco nações com 2 milhões de indivíduos descobriu que a hereditariedade do TEA estava perto de 80% (Bai et al., 2019). Se um gêmeo idêntico for diagnosticado com TEA, as chances são de 50 a 70% de que o co-gêmeo também seja (Tick et al., 2016). Nenhum "gene do autismo" é responsável pelo transtorno. Em vez disso, muitos genes - com mais de 400 identificados até agora - parecem contribuir (Krishnan et al., 2016; Yuen et al., 2016). Mutações genéticas aleatórias em espermatozoides também podem desempenhar um papel. À medida que os homens envelhecem, essas mutações se tornam mais frequentes, o que pode ajudar a explicar por que um homem com mais de 40 anos tem um risco muito maior de gerar um filho com TEA do que um homem com menos de 30 anos (Wu et al., 2017).

Os pesquisadores também estão investigando os sinais indicadores do TEA na estrutura cerebral. Vários estudos revelaram "subconectividade" - menos feixes de fibras do que o normal conectando a frente do cérebro à parte de trás (Picci et al., 2016). Com a subconectividade, há menos sincronia de todo o cérebro que, por exemplo, integra informações visuais e emocionais. Em crianças de até 3 meses, a atividade cerebral registrada por EEG pode prever o TEA (Bosl et al., 2018).

O papel da biologia no TEA também aparece no funcionamento do cérebro. Pessoas sem TEA geralmente bocejam depois de ver outras pessoas bocejando. E quando elas veem e imitam o sorriso ou a carranca do outro, sentem algo do que o outro está sentindo. Não é assim em pessoas com TEA, que são menos imitativos e mostram menos atividade nas áreas do cérebro envolvidas em espelhar as ações dos outros (Edwards, 2014; Yang & Hofmann, 2015). Quando pessoas com TEA observam os movimentos da mão de outra pessoa, por exemplo, seu cérebro exibe atividade de espelhamento abaixo do normal (Oberman & Ramachandran, 2007; Théoret et al., 2005). Os cientistas estão explorando e debatendo essa ideia de que os cérebros das pessoas com TEA têm "espelhos quebrados" (Gallese et al., 2011; Schulte-Rüther et al., 2016). E eles estão explorando se o tratamento com ocitocina, o hormônio que promove o vínculo social, pode melhorar a compreensão social em pessoas com TEA (Gordon et al., 2013; Lange & McDougle, 2013).

O que *não* contribui para o TEA? As vacinas infantis, que - apesar de um estudo fraudulento de 1998 alegar o contrário - não têm relação com o transtorno (Taylor et al., 2014). Por exemplo, um estudo recente que acompanhou quase 700 mil crianças dinamarquesas, concluiu que as crianças que receberam a vacina contra sarampo/caxumba/rubéola eram, na verdade, um pouco menos propensas a estar entre as 6.517 crianças diagnosticadas com TEA (Hviid et al., 2019).

Transtorno de déficit de atenção/hiperatividade

Para crianças que experimentam os sintomas desafiadores do **transtorno de déficit de atenção/hiperatividade (TDAH)**, o diagnóstico e o tratamento podem ajudar (Kupfer, 2012; Maciejewski et al., 2016). O DSM ampliou os critérios diagnósticos para esse transtorno. No entanto, os críticos sugerem que esses critérios agora são muito amplos e podem transformar a indisciplina normal da criança em um transtorno (Frances, 2013, 2014). Devemos dizer que essa criança é hiperativa - ou cheia de energia? Impulsivo - ou espontâneo? Excessivamente falador - ou animado? Um estudo de 10 anos na Suécia descobriu que os comportamentos de atenção das crianças não mudaram, enquanto os diagnósticos nacionais de TDAH aumentaram cinco vezes (Rydell et al., 2018). (Consulte Pensamento crítico Sobre: TDAH - alta energia normal ou comportamento desordenado?

Transtorno de déficit de atenção/hiperatividade (TDAH). Transtorno psicológico marcado por extrema desatenção e/ou hiperatividade e impulsividade.

* * *

A perplexidade, o medo e a tristeza causados por transtornos psicológicos são reais. Mas, como nosso próximo tópico - terapia - mostra, a esperança também é real.

Pensamento crítico sobre:

TDAH – Alta energia normal ou comportamento desordenado?

QOA **15.24** Por que há controvérsia sobre o transtorno de déficit de atenção/hiperatividade?

Diagnóstico nos EUA

Menos frequente em muitos outros países, como Noruega e Suécia[3]

Duas vezes mais nos meninos do que nas meninas

Sintomas

- **desatenção e distração[4]**
- **hiperatividade[5]**
- **impulsividade**

Observações dos CÉTICOS:

Criança cheia de energia + **escola chata** = **superdiagnóstico de TDAH**

- Crianças não foram projetadas para ficarem sentadas por horas em cadeiras em ambientes fechados
- As crianças mais novas de uma classe tendem a ser mais agitadas – e mais frequentemente diagnosticadas[6]
- Alunos mais velhos podem procurar medicamentos prescritos para o TDAH – "pílulas de boa qualidade"[7]
- Quais são os efeitos a longo prazo do tratamento medicamentoso?
- Por que ocorreu um aumento de diagnósticos e medicamentos de TDAH?[8]

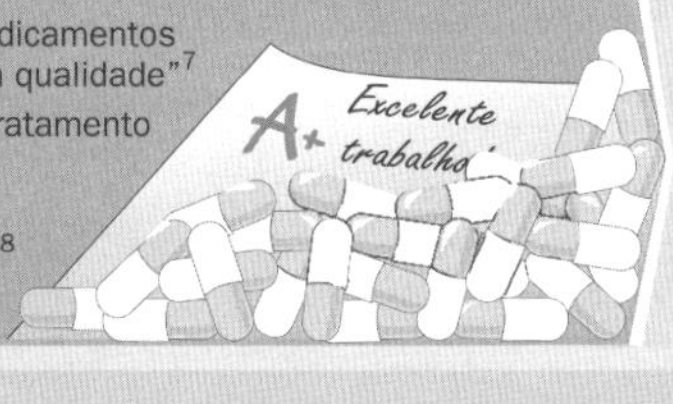

Observações dos APOIADORES:

- Mais diagnósticos refletem maior conscientização
- "TDAH é um transtorno neurobiológico real cuja existência não deve mais ser debatida"[9]
- O TDAH está associado a anormalidades na estrutura cerebral, padrões anormais de atividade cerebral e comportamento futuro de risco ou antissocial.[10]

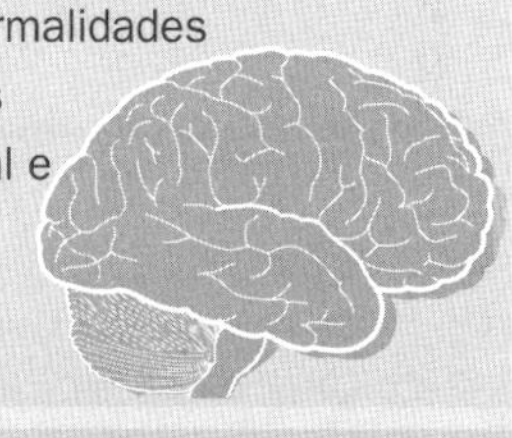

Causas?

- Pode coexistir com um distúrbio de aprendizagem ou com comportamento depressivo e propenso ao temperamento
- Pode ser genético.[11]

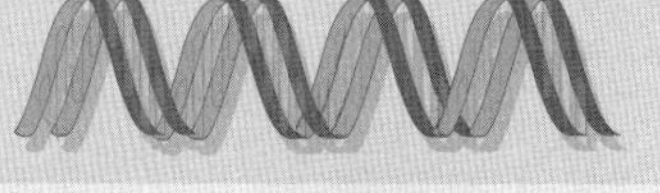

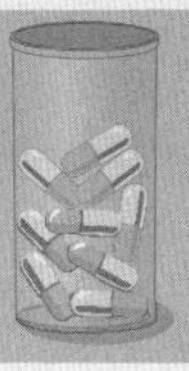

Tratamento

- Fármacos estimulantes (Ritalina e Adderall) acalmam a hiperatividade e aumentam a capacidade de manter sentado e se concentrar.[12] Assim como a terapia comportamental e o exercício aeróbico[13]
- Terapias psicológicas ajudam a aliviar o sofrimento do TDAH.[14]

Conclusão:

Desatenção extrema, hiperatividade e impulsividade podem inviabilizar as conquistas sociais, acadêmicas e profissionais. Esses sintomas podem ser tratados com medicamentos e outras terapias. Mas o debate continua sobre se uma pessoa com alta energia normal chega a ser frequentemente diagnosticada como um distúrbio psiquiátrico e se há um custo a longo prazo de uso contínuo de fármacos estimulantes no tratamento de TDAH.

1. CDC, 2019a. 2. Simon et al., 2009. 3. MacDonald et al., 2019; Smith, 2017. 4. Martel et al., 2016. 5. Koer et al., 2016. 6. Chen, M. et al., 2016. 7. Schwarz, 2012. 8. Ellison, 2015. Hales et al., 2018; Sayal et al., 2017. 9. World Federation for Mental Health, 2005. 10. Ball et al, 2019; Hoogman et al., 2019. 11. Nikolas & Burt, 2010; Poelmans et al., 2011; Volkow et al., 2009; Williams et al., 2010. 12. Barbaresi et al., 2007. 13. Cerrillo-Urbina et al., 2015; Pelham et al., 2016. 14. Fabiano et al., 2008.

REVISÃO Transtornos do neurodesenvolvimento

OBJETIVOS DE APRENDIZAGEM

Teste a si mesmo. Responda às Questões dos Objetivos de Aprendizagem (antes de conferir as respostas no Apêndice D) para aprimorar a retenção dos conceitos estudados (McDaniel et al., 2009, 2015).

QOA **15.22** O que é uma *deficiência intelectual*?

QOA **15.23** O que é *transtorno do espectro autista*?

QOA **15.24** Por que há controvérsia sobre o transtorno de déficit de atenção/hiperatividade?

TERMOS E CONCEITOS A RECORDAR

Teste a si mesmo. Escreva a definição com suas próprias palavras e depois confirme sua resposta.

transtorno do neurodesenvolvimento, p. 578

deficiência intelectual, p. 578

transtorno do espectro autista (TEA), p. 579

transtorno de déficit de atenção/hiperatividade (TDAH), p. 580

DOMINE O MATERIAL

Teste a si mesmo. Responda às questões a seguir por conta própria, a princípio, depois confira as respostas no Apêndice E.

1. Qual das seguintes afirmações é verdadeira sobre deficiência intelectual?
   - **a.** Pessoas com essa condição geralmente podem se adaptar às demandas normais de uma vida independente.
   - **b.** Esta condição geralmente se apresenta sem causa física conhecida.
   - **c.** Pessoas com essa condição têm uma pontuação de teste de inteligência de cerca de 70 pontos ou menos.
   - **d.** Pessoas com essa condição são sistematizadores que tendem a ter dificuldade em ler expressões faciais.
2. Alguns pesquisadores sugeriram que os cérebros de pessoas com TEA têm "espelhos quebrados". O que eles querem dizer com isso?
3. Alguns críticos acreditam que o DSM-5 pode patologizar a vida cotidiana e os comportamentos normais. Como a controvérsia do TDAH se relaciona com essa questão?

CAPÍTULO 16

Caiaimage/Tom Merton/Getty Images

Terapia

Kay Redfield Jamison é uma psicóloga clínica premiada e uma especialista mundial nos extremos emocionais dos transtornos bipolares. Ela conhece o assunto em primeira mão, como lembrou em *Uma Mente Inquieta* (*An Unquiet Mind*):

> Desde que me lembro, fiquei assustada, mas muitas vezes também maravilhada, com as mudanças de humor. Intensamente emocional quando criança, instável quando jovem, gravemente deprimida na adolescência e depois implacavelmente apanhada nos ciclos da doença maníaco-depressiva [agora conhecida como transtorno bipolar I] na época em que comecei minha vida profissional, tornei-me, tanto por necessidade quanto por inclinação intelectual, uma estudiosa das mudanças de humor. (Jamison, 1995, pp. 4-5)

A vida de Jamison foi abençoada com momentos de intensa sensibilidade e energia apaixonada. Mas, como a de seu pai, às vezes também era atormentada por gastos imprudentes, conversas apressadas e insônia, alternados com passagens pelas "cavernas mais escuras da mente".

Então, "no meio de uma confusão total", ela tomou uma decisão que mudou sua vida. Arriscando constrangimento profissional, ela marcou uma consulta com um terapeuta, um psiquiatra que ela visitaria semanalmente nos anos seguintes.

> Ele me manteve viva mil vezes. Ele me viu na loucura, no desespero, nos amores maravilhosos e terríveis, nas desilusões e triunfos, nas recaídas da doença, em uma tentativa de suicídio quase fatal, na morte de um homem que eu amava muito e nos enormes prazeres e aborrecimentos da minha vida profissional. [...] Ele era muito duro, além de muito gentil, e embora entendesse mais do que ninguém o quanto eu sentia que estava perdendo – em energia, vivacidade e originalidade – tomando a medicação, ele nunca perdeu de vista a perspectiva geral de quão onerosa, prejudicial e ameaçadora era minha doença. [...] Embora eu o tenha procurado para tratar de uma doença, ele me ensinou [...] a total dependência que o cérebro tem da mente e que a mente tem do cérebro. (Jamison, 1995, pp. 87-88)

A atriz Kerry Washington e a cantora Katy Perry também compartilharam abertamente os benefícios da psicoterapia. "Faço terapia há cerca de 5 anos", diz Perry, "e acho que realmente ajudou incrivelmente minha saúde mental" (Chen, 2017). Catherine, Duquesa de Cambridge (também conhecida como Kate Middleton), trabalhou na redução do estigma em torno da doença mental e da terapia: "precisamos ajudar os jovens e seus pais a entender que não é um sinal de fraqueza pedir ajuda" (Holmes, 2015).

Este capítulo explora algumas das opções de cura disponíveis para uso dos terapeutas e para as pessoas que procuram sua ajuda. Começamos explorando e avaliando *psicoterapias* e, em seguida, focamos em *terapias biomédicas* e na prevenção de transtornos.

Introdução à terapia e às terapias psicológicas

Dorothea Dix. "Eu [...] quero chamar sua atenção para o estado dos insanos confinados nesta Comunidade, em jaulas." (*Memorial to the Legislature of Massachusetts*, 1843)

Macmillan Learning

A longa história de esforços para tratar transtornos psicológicos inclui uma mistura desconcertante de métodos severos e brandos. Pretensos curandeiros fizeram buracos na cabeça das pessoas, deixavam-nas amarradas, as fizeram sangrar, ou bateram nelas "para tirar o diabo" delas. Mas eles também deram banhos quentes e massagens e colocaram as pessoas em ambientes ensolarados e serenos. Deram-lhes medicamentos. E conversaram com elas sobre experiências de infância, sentimentos atuais e pensamentos e comportamentos desajustados.

Os reformadores Philippe Pinel (1745-1826) e Dorothea Dix (1802-1887) pressionaram por tratamentos mais gentis e humanos e pela construção de hospitais psiquiátricos. Seus esforços foram amplamente recompensados. Desde a década de 1950, a introdução de terapias medicamentosas efetivas e programas de tratamento comunitários esvaziou a maioria desses hospitais. Infelizmente, essa *desinstitucionalização* contribuiu para o aumento dos sem-teto e do encarceramento. Hoje, um em cada cinco americanos recebe alguma forma de terapia ambulatorial de saúde mental (Olfson et al., 2019).

Tratando transtornos psicológicos

QUESTÃO DE OBJETIVOS DE APRENDIZAGEM QOA 16.1 Como a *psicoterapia* e as *terapias biomédicas* diferem entre si?

História do tratamento. Os visitantes dos hospitais psiquiátricos do século XVIII pagavam para debochar dos pacientes, como se estivessem vendo animais no zoológico. A pintura de William Hogarth (1697-1764) capturou uma dessas visitas ao hospital St. Mary of Bethlehem de Londres (comumente chamado Bedlam).

Domínio público

As terapias ocidentais modernas podem ser classificadas em duas categorias principais:

- Na **psicoterapia**, um terapeuta treinado utiliza técnicas psicológicas para auxiliar alguém que busca superar dificuldades e alcançar o crescimento pessoal. O terapeuta pode explorar os primeiros relacionamentos de um cliente, encorajá-lo a adotar novas maneiras de pensar ou treiná-lo para substituir comportamentos antigos por novos
- Na **terapia biomédica**, são oferecidos medicamentos e outros tratamentos biológicos. Por exemplo, uma pessoa com depressão grave pode receber antidepressivos, eletroconvulsoterapia (ECT) ou estimulação cerebral profunda.

O treinamento e a experiência do profissional de saúde, bem como o próprio transtorno, influenciam a escolha do tratamento. A psicoterapia e a medicação são frequentemente combinadas. Kay Redfield Jamison recebeu psicoterapia em suas reuniões com seu psiquiatra e tomou medicamentos para controlar suas mudanças de humor.

Vejamos primeiro algumas opções influentes de psicoterapia para aqueles tratados com "terapias de fala". Cada uma é construída sobre a base de uma ou mais das principais teorias da psicologia: psicodinâmica, humanista, comportamental e cognitiva. A maioria dessas técnicas pode ser usada individualmente ou em grupos, pessoalmente ou *online*. Alguns terapeutas combinam as técnicas. Na verdade, muitos psicoterapeutas descrevem sua abordagem como **eclética**, usando uma combinação de terapias.

Psicoterapia. Tratamento envolvendo técnicas psicológicas; consiste em interações entre um terapeuta treinado e alguém que busca superar dificuldades psicológicas ou alcançar o crescimento pessoal.

Terapia biomédica. Medicamentos prescritos ou procedimentos que atuam diretamente na fisiologia da pessoa.

Abordagem eclética. Abordagem à psicoterapia que utiliza técnicas de várias formas de terapia.

Psicanálise. Técnica terapêutica de Sigmund Freud. Freud acreditava que as associações livres, resistências, sonhos e transferências do paciente – e as interpretações feitas pelo analista – liberavam sentimentos anteriormente reprimidos, permitindo que o paciente ganhasse autoconhecimento.

Resistência. Na psicanálise, é o bloqueio da consciência do material carregado de ansiedade.

Interpretação. Na psicanálise, é a observação do analista sobre supostos significados de sonhos, resistências e outros comportamentos e eventos significativos para promover o *insight*.

Transferência. Na psicanálise, designa a transferência do paciente para o analista de emoções ligadas a outros relacionamentos (como amor ou ódio por um dos pais).

Psicanálise e terapias psicodinâmicas

QOA 16.2 Quais são os objetivos e técnicas da psicanálise e como foram adaptados na terapia psicodinâmica?

A primeira grande terapia psicológica foi a **psicanálise** de Sigmund Freud. Embora atualmente poucos clínicos pratiquem terapia como Freud, seu trabalho merece discussão. Ajudou a formar a base para o tratamento de transtornos psicológicos e continua a influenciar os terapeutas modernos que trabalham a partir da perspectiva *psicodinâmica*.

Objetivos da psicanálise

Freud acreditava que, na terapia, as pessoas poderiam alcançar uma vida mais saudável e menos ansiosa liberando a energia que antes elas dedicavam aos conflitos *id-ego-superego* (Capítulo 14). Freud assumiu que não nos conhecemos completamente. Ele acreditava que existem coisas ameaçadoras que *reprimimos* – coisas que não queremos saber, então as rejeitamos ou negamos. A psicanálise foi o método de Freud para ajudar as pessoas a trazer esses sentimentos reprimidos à consciência. Ao ajudá-las a recuperar seus pensamentos e sentimentos inconscientes, e também ao dar-lhes *insights* sobre as origens de seus transtornos, o terapeuta (*analista*) pode ajudá-las a reduzir os conflitos internos que impedem o crescimento.

Técnicas da psicanálise

A teoria psicanalítica enfatiza o poder das experiências da infância para moldar o comportamento adulto. Assim, a psicanálise é uma reconstrução histórica. Busca desenterrar o passado na esperança de afrouxar seus laços no presente. Depois de descartar a hipnose como uma ferramenta não confiável, Freud voltou-se para a *associação livre*.

Imagine-se como um paciente usando a associação livre. Você começa relaxando, talvez deitado em um sofá. O psicanalista, que fica fora de sua linha de visão, pede que você diga em voz alta o que lhe vier à mente. Em um momento, você está relatando uma memória de infância. Em outro, você está descrevendo um sonho ou experiência recente. Parece fácil, mas logo você percebe com que frequência edita seus pensamentos enquanto fala. Você faz uma pausa por um segundo antes de proferir um pensamento embaraçoso. Você omite o que parece trivial, irrelevante ou vergonhoso. Às vezes, sua mente fica em branco ou como se estivesse num nevoeiro, incapaz de se lembrar de detalhes importantes. Você pode brincar ou mudar o assunto para algo menos ameaçador.

Para o analista, esses bloqueios mentais indicam **resistência**. Eles sugerem que a ansiedade está à espreita e que você está se defendendo contra matéria sensível. O analista observará sua resistência e, em seguida, fornecerá informações sobre o significado. Se oferecida no momento certo, essa **interpretação** – de, digamos, sua relutância para ligar ou enviar mensagens para sua mãe – pode esclarecer os desejos, sentimentos e conflitos subjacentes que você está evitando. O analista também pode oferecer uma explicação de como essa resistência se encaixa com outras peças do seu quebra-cabeça psicológico, incluindo aquelas baseadas na análise do conteúdo dos seus sonhos.

Ao longo de muitas dessas sessões, seus padrões de relacionamento vêm à tona na interação com o analista. Você pode ter fortes sentimentos positivos ou negativos por esse confidente. O analista pode sugerir que você está **transferindo** sentimentos, como dependência ou uma mistura de amor e raiva, que experimentou em relacionamentos anteriores com membros da família ou outras pessoas importantes. Ao expor esses sentimentos, você pode obter informações sobre seus relacionamentos atuais.

Relativamente poucos terapeutas norte-americanos oferecem a psicanálise tradicional hoje em dia. Grande parte da teoria subjacente não é corroborada por pesquisas científicas. As interpretações dos analistas não podem ser comprovadas ou refutadas. E a psicanálise consome tempo e dinheiro consideráveis, muitas vezes várias sessões por semana ao longo de anos. Alguns desses problemas foram abordados na *perspectiva psicodinâmica* moderna que evoluiu a partir da psicanálise.

"Freud é o pai da psicanálise. Ela não tem mãe."
– Germaine Greer, *The Female Eunuch*, 1970

PRÁTICA DE RECUPERAÇÃO

PR-1 Na psicanálise, quando os pacientes experimentam fortes sentimentos por seu terapeuta, isso é chamado ______________. Diz-se que os pacientes demonstram ansiedade quando colocam bloqueios mentais em torno de memórias sensíveis, indicando ______________. O terapeuta tentará fornecer *insights* sobre a ansiedade subjacente, oferecendo ______________ dos bloqueios mentais.

RESPOSTAS NO APÊNDICE E

Terapia psicodinâmica

Embora influenciados pelas ideias de Freud, os **terapeutas psicodinâmicos** não falam muito sobre conflitos *id-ego-superego*. Em vez disso, eles tentam ajudar as pessoas a entender seus sintomas atuais, concentrando-se em relacionamentos e eventos importantes, incluindo as experiências de infância e o relacionamento terapeuta-cliente. "Podemos ter sentimentos amorosos e sentimentos de ódio pela mesma pessoa", observou o terapeuta psicodinâmico Jonathan Shedler (2009), e "podemos desejar algo e também temê-lo". As reuniões cliente-terapeuta ocorrem uma ou duas vezes por semana (em vez de várias vezes por semana) e muitas vezes durante apenas algumas semanas ou meses. Em vez de se deitar em um sofá, fora da linha de visão do terapeuta, os clientes se encontram com seu terapeuta cara a cara (ou *online*) e ganham perspectiva explorando pensamentos e sentimentos contra os quais se defendem.

O terapeuta David Shapiro (1999, p. 8) ilustrou isso com o caso de um jovem que disse às mulheres que as amava, mas sabia que não as amava. A explicação do cliente: elas esperavam isso, então ele falou. Porém mais tarde, com sua esposa, que desejava que ele dissesse que a amava, ele se viu incapaz – "não sei por que, mas não posso".

Terapeuta: Quer dizer, então, que, se pudesse, você faria?

Paciente: Bem, eu não sei. [...] Talvez eu não consiga dizer porque não tenho certeza se é verdade. Talvez eu não a ame.

Outras interações revelaram que o cliente não poderia expressar amor verdadeiro porque se sentiria "mole" e "frouxo" e, portanto, não masculino. Ele estava "em conflito consigo mesmo, e [...] desvinculado da natureza desse conflito". Shapiro observou que com esses pacientes, que estão distantes de si mesmos, os terapeutas que usam técnicas psicodinâmicas "estão em condições de apresentá-los a si mesmos. Podemos restaurar a consciência de seus próprios desejos e sentimentos, e sua consciência, também, de suas reações contra esses desejos e sentimentos". Assim, sem abraçar toda a teoria de Freud, os terapeutas psicodinâmicos visam ajudar as pessoas a obter *insights* sobre as dinâmicas inconscientes que surgem de sua experiência de vida.

Terapias humanistas

QOA 16.3 Quais são os temas básicos da terapia humanista? Quais são os objetivos e técnicas da abordagem centrada na pessoa proposta por Rogers?

A *perspectiva humanista* (ver Capítulo 14) enfatiza o potencial inato das pessoas para a autorrealização. Não é de surpreender que as terapias humanistas tentem reduzir os conflitos internos que interferem no desenvolvimento e no crescimento natural. Para alcançar esse objetivo, os terapeutas humanistas tentam ajudar os clientes a descobrir novos *insights*. De fato, por compartilharem esse objetivo, as terapias psicodinâmicas e humanistas são frequentemente chamadas de **terapias de *insight***. Mas as terapias humanistas diferem das terapias psicodinâmicas de muitas maneiras:

- Os terapeutas humanistas visam aumentar a autorrealização das pessoas, facilitando seu crescimento em autoconsciência e autoaceitação
- Promover esse crescimento, e não curar doenças, é o foco da terapia. Assim, aqueles em terapia são chamados de "pessoas" ou "clientes" em vez de "pacientes" (uma mudança que muitos outros terapeutas adotaram)
- O caminho para o crescimento é assumir a responsabilidade imediata pelos próprios sentimentos e ações, em vez de descobrir determinantes ocultos
- Os pensamentos conscientes são mais importantes que os pensamentos inconscientes
- O presente e o futuro são mais importantes que o passado. A terapia, portanto, concentra-se em explorar os sentimentos à medida que eles ocorrem, em vez de obter *insights* sobre as origens infantis desses sentimentos.

Todos esses temas estão presentes na técnica humanista amplamente utilizada que Carl Rogers (1902-1987) desenvolveu e chamou de **terapia centrada na pessoa**. Nessa *terapia*

Terapia psicodinâmica. Terapia que evoluiu a partir da tradição psicanalítica; vê os indivíduos como respondendo a forças inconscientes e experiências da infância e procura melhorar a autopercepção.

Terapias de *insight*. Terapias que visam melhorar o funcionamento psicológico, aumentando a consciência de uma pessoa sobre os motivos e defesas subjacentes.

Terapia centrada na pessoa. Terapia humanista, desenvolvida por Carl Rogers, na qual o terapeuta utiliza técnicas como a *escuta ativa* dentro de um ambiente de aceitação, genuíno e empático para facilitar o crescimento do cliente. (Também chamada *terapia centrada no cliente*.)

não diretiva, o cliente lidera a discussão. O terapeuta escuta, sem julgar ou interpretar, e se abstém de direcionar o cliente para certos *insights*. Acreditando que a maioria das pessoas possui os recursos para o próprio crescimento, Rogers (1961, 1980) encorajou os terapeutas a promover esse crescimento demonstrando aceitação, autenticidade e empatia. Ao demonstrar *aceitação*, os terapeutas podem ajudar os clientes a se sentirem mais livres e abertos à mudança. Ao serem *genuínos*, os terapeutas esperam encorajar os clientes a expressarem seus verdadeiros sentimentos da mesma maneira. Ao serem *empáticos*, os terapeutas tentam sentir e refletir os sentimentos de seus clientes, ajudando-os a experimentar uma autocompreensão e autoaceitação mais profundas (Hill & Nakayama, 2000). Como Rogers (1980) explicou,

> Escutar tem consequências. Quando eu realmente escuto uma pessoa e os significados que são importantes para ela naquele momento, ouvindo não apenas suas palavras, mas a ela, e quando eu lhe digo que ouvi seus próprios significados pessoais, muitas coisas acontecem. Há antes de tudo um olhar agradecido. A pessoa se sente liberada. Quer me contar mais sobre seu mundo. E surge um novo sentido de liberdade. A pessoa se torna mais aberta ao processo de mudança.
>
> Muitas vezes tenho notado que quanto mais profundamente escuto os significados da pessoa, mais isso acontece. Quase sempre, quando uma pessoa percebe que foi profundamente ouvida, seus olhos se enchem de lágrimas. Acho que em algum sentido real a pessoa está chorando de alegria. É como se estivesse dizendo "graças a Deus, alguém me ouviu. Alguém sabe como é ser eu". (Rogers, 1980, p. 10)

Para Rogers, "ouvir" era **escutar ativamente**. O terapeuta ecoa, reafirma e busca esclarecimentos sobre o que a pessoa expressa (verbalmente ou não verbalmente). O terapeuta também reconhece esses sentimentos expressos. A escuta ativa agora é uma parte aceita das práticas de aconselhamento em muitas escolas, faculdades e clínicas. Os conselheiros ouvem com atenção. Eles interrompem apenas para reafirmar e confirmar sentimentos, para aceitar o que está sendo expresso ou para buscar esclarecimentos. No breve trecho a seguir, observe como Rogers tentou fornecer um espelho psicológico que ajudasse o cliente a se ver mais claramente (Meador & Rogers, 1984, p. 167):

> *Rogers*: Está se sentindo assim agora, não? Que simplesmente não é bom para si mesmo, não é bom para ninguém. Nunca será bom para ninguém. Que você é simplesmente inútil, não é? – são realmente sentimentos ruins. Simplesmente sente que você não é bom em nada?
>
> *Cliente*: Sim. (*Resmunga em voz baixa e desanimada.*) Foi isso que um cara com quem fui à cidade me disse outro dia.
>
> *Rogers*: Esse cara com quem você foi à cidade realmente disse que você não prestava para nada? É isso que você está dizendo? Será que eu acertei?
>
> Cliente: Hum hum.
>
> *Rogers*: Acho que o significado disso, se entendi direito, é que aqui está alguém que significou algo para você e o que ele pensa sobre você? Ora, ele lhe disse que acha que você não é bom em nada. E isso realmente tira seu chão. (*Cliente chora baixinho.*) Isso só faz você chorar. (*Silêncio de 20 segundos.*)
>
> *Cliente*: (*Desafiadoramente*) Eu não me importo.
>
> *Rogers*: Você diz a si mesmo que não se importa nem um pouco, mas de alguma forma eu acho que uma parte de você se importa, porque uma parte de você chora por causa disso.

Pode um terapeuta ser um espelho perfeito, sem selecionar e interpretar o que é refletido? Rogers admitiu que não se pode ser *totalmente não diretivo*. No entanto, disse ele, a contribuição mais importante do terapeuta é aceitar e compreender o cliente. Em um ambiente sem julgamentos e atraente que proporciona **acolhimento positivo incondicional**, as pessoas podem aceitar até mesmo seus piores traços e se sentir valorizadas e inteiras.

Como podemos melhorar a comunicação em nossos próprios relacionamentos ouvindo mais ativamente? Três dicas inspiradas em Rogers podem ajudar:

1. *Parafrasear*. Verifique sua compreensão resumindo as palavras da pessoa em voz alta, com suas próprias palavras.
2. *Pedir esclarecimentos*. Perguntar "o que poderia ser um exemplo disso?" pode encorajar a pessoa a dizer mais.
3. *Refletir sobre os sentimentos*. Dizer "parece frustrante" pode espelhar o que você está sentindo na linguagem corporal e na intensidade da pessoa.

PERGUNTE A SI MESMO

Pense em seus amigos mais próximos. Eles tendem a expressar mais empatia do que aqueles de quem você se sente menos próximo? Como você pode ouvir mais profunda e ativamente seus amigos?

Escuta ativa. Escuta empática na qual o ouvinte ecoa, reafirma e busca esclarecimentos. Uma característica da terapia centrada na pessoa de Rogers.

Acolhimento positivo incondicional. Atitude de cuidado, aceitação e não julgamento, que Carl Rogers acreditava que ajudaria as pessoas a desenvolver autoconsciência e autoaceitação.

"Temos dois ouvidos e uma boca para que possamos ouvir mais e falar menos."
– Zenão, (*Diogenes Laertius*, 335-263 a.C.)

Terapias comportamentais

QOA 16.4 Como o pressuposto básico da terapia comportamental difere dos pressupostos das terapias psicodinâmicas e humanistas? Quais técnicas de condicionamento clássico são usadas em terapias de exposição e condicionamento aversivo?

As terapias de *insight* pressupõem que a autoconsciência e o bem-estar psicológico andam de mãos dadas. Os terapeutas psicodinâmicos esperam que os problemas das pessoas diminuam à medida que elas obtêm *insights* sobre suas tensões não resolvidas e inconscientes. Os terapeutas humanistas esperam que os problemas diminuam à medida que as pessoas entram em contato com seus sentimentos. Os **terapeutas comportamentais**, no entanto, duvidam do poder curativo da autoconsciência. Em vez de mergulhar profundamente abaixo da superfície procurando causas internas, os terapeutas comportamentais assumem que os comportamentos problemáticos *são* os problemas. (Você pode estar ciente do motivo pelo qual está altamente ansioso durante os exames e ainda assim estar ansioso.) Se fobias específicas, disfunções sexuais ou outros sintomas desajustados são comportamentos aprendidos, por que não aplicar os princípios da aprendizagem do condicionamento clássico e operante para substituí-los por comportamentos construtivos?

Técnicas de condicionamento clássico

Um grupo de terapias comportamentais deriva de princípios desenvolvidos nos experimentos de condicionamento de Ivan Pavlov no início do século XX (Capítulo 7). Como Pavlov e outros mostraram, aprendemos vários comportamentos e emoções por meio do condicionamento clássico. Se formos atacados por um cachorro, podemos ter uma resposta condicionada de medo quando outros cães se aproximarem. (Nosso medo se generaliza e todos os cães se tornam estímulos condicionados.)

Os sintomas desajustados podem ser exemplos de respostas condicionadas? Se sim, o recondicionamento pode ser uma solução? O teórico da aprendizagem O. H. Mowrer pensava assim. Ele desenvolveu uma terapia de condicionamento bem-sucedida para enurese crônica, utilizando uma almofada sensível a líquidos conectada a um alarme. Se a criança adormecida molhava a almofada da cama, a umidade acionava o alarme, acordando a criança. Após várias tentativas, a criança associava o relaxamento da bexiga ao despertar. Em três dos quatro casos, o tratamento foi eficaz e o sucesso melhorou a autoimagem da criança (Christophersen & Edwards, 1992; Houts et al., 1994).

Podemos desaprender as reações de medo, como para falar em público ou voar, por meio de um novo condicionamento? Muitas pessoas conseguiram. Um exemplo: o medo de andar de elevador é muitas vezes uma aversão aprendida a estar em um espaço confinado. O **contracondicionamento**, como na *terapia de exposição*, combina o estímulo de gatilho (neste caso, o espaço fechado do elevador) com uma nova resposta (relaxamento) que é incompatível com o medo.

PRÁTICA DE RECUPERAÇÃO

PR-2 O que um terapeuta psicodinâmico poderia dizer sobre a terapia de Mowrer para pessoas com problema de enurese? Como um terapeuta comportamental pode retrucar?

RESPOSTAS NO APÊNDICE E

TERAPIAS DE EXPOSIÇÃO. Imagine esta cena: a psicóloga comportamental Mary Cover Jones está trabalhando com Peter, de 3 anos, que tem pavor de coelhos e de objetos peludos. Para livrar Peter de seu medo, Jones planeja associar o coelho que evoca o medo com a resposta prazerosa e relaxada associada à alimentação. Quando Peter começa seu lanche no meio da tarde, ela apresenta um coelho em uma jaula do outro lado da enorme sala. Peter, mastigando com vontade seus biscoitos e bebendo seu leite, mal percebe. Nos dias que se seguem, ela gradualmente aproxima o coelho cada vez mais. Dentro de 2 meses, Peter está segurando o coelho no colo e até o acariciando enquanto come. Além disso, seu medo de outros objetos peludos também diminui, tendo sido *combatido* ou substituído por um estado de relaxamento que não pode coexistir com o medo (Fisher, 1984; Jones, 1924).

Infelizmente para muitos que podem ter sido ajudados pelos procedimentos de contracondicionamento de Jones, sua história com Peter e o coelho não se tornou muito conhecida quando foi relatada em 1924. Passaram-se mais de 30 anos antes que o psiquiatra Joseph Wolpe (1958; Wolpe & Plaud, 1997) refinasse a técnica de contracondicionamento de Jones

Terapia comportamental. Terapia que aplica princípios da aprendizagem para a eliminação de comportamentos indesejados.

Contracondicionamento. Procedimentos de terapia comportamental que usam o condicionamento clássico para evocar novas respostas a estímulos que estão desencadeando comportamentos indesejados; incluem *terapias de exposição* e *condicionamento aversivo*.

nas **terapias de exposição** empregadas atualmente. Essas terapias tentam, de várias maneiras, mudar as reações das pessoas expondo-as repetidamente a estímulos que desencadeiam reações indesejadas. Todos nós vivenciamos esse processo na vida cotidiana. Uma pessoa que se muda para um novo apartamento pode ficar incomodada com o barulho do tráfego nas proximidades, mas apenas por um tempo. Com a exposição repetida, a pessoa se adapta. O mesmo acontece com pessoas que têm reações de medo a eventos específicos, como pessoas com transtorno de estresse pós-traumático (TEPT) (Thompson-Hollands et al., 2018). Expostos repetidamente à situação que antes os petrificava, com o apoio da terapia da fala, eles podem aprender a reagir com menos ansiedade (Langkaas et al., 2017; Stein & Rothbaum, 2018). A terapia de exposição não é agradável nem fácil, por isso o apoio de familiares e amigos solidários é importante (Meis et al., 2019).

Uma terapia de exposição usada para tratar fobias específicas é a **dessensibilização sistemática**. Você não consegue estar simultaneamente ansioso e relaxado. Portanto, se você conseguir relaxar repetidamente ao enfrentar estímulos que provocam ansiedade, poderá eliminar gradualmente sua ansiedade. O truque é proceder gradualmente. Se você tem medo de falar em público, um terapeuta comportamental pode primeiro ajudá-lo a construir uma *hierarquia de ansiedade* – uma espécie de escada de situações de fala que desencadeiam níveis crescentes de ansiedade. Elas podem variar, por exemplo, de situações que provocam leve ansiedade (talvez falar diante de um pequeno grupo de amigos) a situações que provocam pânico (ter que se dirigir a um grande público).

Em seguida, o terapeuta o treinaria em *relaxamento progressivo*. Você aprenderia a liberar a tensão de um grupo muscular após o outro, até atingir um estado confortável e completo de relaxamento. Em seguida, o terapeuta pode pedir que você imagine, com os olhos fechados, uma situação que gera uma ansiedade leve: você está tomando café com um grupo de amigos e está tentando decidir se deve falar. Se imaginar a cena faz você sentir alguma ansiedade, você é instruído a sinalizar levantando o dedo. Vendo o sinal, o terapeuta o instruirá a desligar a imagem mental e voltar ao relaxamento profundo. Essa cena imaginada é repetidamente combinada com relaxamento até que você não sinta nenhum traço de ansiedade.

O terapeuta então passará para o próximo item em sua hierarquia de ansiedade, novamente usando técnicas de relaxamento para dessensibilizá-lo em cada situação imaginada. Após várias sessões, você passa para situações reais e pratica o que só havia imaginado antes, começando com tarefas relativamente fáceis e gradualmente passando para as que causam mais ansiedade. Vencer sua ansiedade em uma situação real, não apenas em sua imaginação, aumentará sua autoconfiança (Foa & Kozak, 1986; Williams, 1987). Eventualmente, você pode até se tornar um orador confiante. Muitas vezes, as pessoas temem não apenas uma situação, como falar em público, mas também serem incapacitadas por sua própria resposta ao medo. À medida que o medo diminui, também diminui o medo do medo.

Se as situações que despertam ansiedade (como voar, alturas, animais específicos e falar em público) são muito caras, difíceis ou embaraçosas para recriar, o terapeuta pode recomendar a **terapia de exposição à realidade virtual**. Nessa terapia, você coloca na cabeça uma unidade de exibição que projeta um mundo virtual tridimensional realista adaptado ao seu medo particular. Se você tem medo de aranhas, por exemplo, pode olhar para uma tarântula tridimensional gerada por computador localizada em uma mesa e passo a passo, ao longo do tempo, caminhar em direção a ela, colocar a mão sobre a mesa e, finalmente, sentir o "rastejar" enquanto você "segura" a aranha (Figura 16.1). Se você tem medo de interações sociais, pode experimentar situações estressantes simuladas, como entrar em uma sala cheia de pessoas. Em estudos controlados, as pessoas tratadas com terapia de exposição à realidade virtual experimentaram alívio do medo e da ansiedade social na vida real (Anderson et al., 2017; Freeman et al., 2018; Minns et al., 2019).

CONDICIONAMENTO AVERSIVO. A terapia de exposição ajuda você a aprender o que deve fazer, assim permite uma resposta mais relaxada e positiva a um estímulo *inofensivo* perturbador. O **condicionamento aversivo** ajuda você a aprender o que *não deve* fazer;

Terapias de exposição. Técnicas comportamentais, como *dessensibilização sistemática* e *terapia de exposição à realidade virtual*, que tratam as ansiedades expondo as pessoas (em situações imaginárias ou reais) às coisas que elas temem e evitam.

Dessensibilização sistemática. Tipo de terapia de exposição que associa um estado de relaxamento agradável com estímulos desencadeadores de ansiedade que aumentam gradualmente. Comumente usada para tratar fobias específicas.

Terapia de exposição à realidade virtual. Técnica de contracondicionamento que trata a ansiedade por meio de simulações virtuais criativas nas quais as pessoas podem enfrentar com segurança seus maiores medos, como voar de avião, aranhas ou falar em público.

Condicionamento aversivo. Associa um estado desagradável (como náusea) a um comportamento indesejado (como consumir álcool).

"A única coisa que temos que temer é o próprio medo." – Primeiro discurso inaugural do presidente dos EUA Franklin D. Roosevelt, 1933

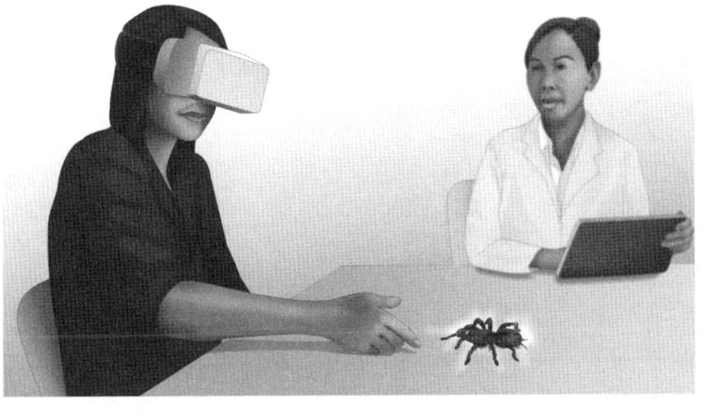

Figura 16.1 **Tarântula aterrorizante.** Dentro dos limites de uma sala, a tecnologia de realidade virtual expõe as pessoas a simulações vívidas de estímulos temidos, como aranhas, e as ajuda a superar gradualmente o medo.

cria uma resposta negativa (aversiva) a um estímulo *danoso* (como o álcool). O procedimento de condicionamento aversivo é simples: associa o comportamento indesejado a sentimentos desagradáveis. Para tratar o roer compulsivo das unhas, o terapeuta pode sugerir pintá-las com um esmalte de sabor desagradável (Baskind, 1997). Para tratar o transtorno por abuso de álcool, o terapeuta pode oferecer ao cliente bebidas alcoólicas atraentes misturadas com uma substância que produz náusea intensa. Se essa terapia associar o álcool a náuseas violentas, a reação da pessoa ao álcool poderá mudar de positiva para negativa (Figura 16.2).

A aprendizagem da aversão ao paladar tem sido uma alternativa bem-sucedida para matar predadores em alguns programas de proteção animal (Dingfelder, 2010; Garcia & Gustavson, 1997). Depois de adoecer ao comer uma ovelha contaminada, os lobos podem evitar as ovelhas mais tarde. O condicionamento aversivo também pode transformar as reações dos humanos ao álcool? No curto prazo, pode. Em um estudo clássico, 685 pacientes hospitalizados com alcoolismo completaram um programa de terapia de aversão (Wiens & Menustik, 1983). No ano seguinte, eles voltaram para vários tratamentos de reforço que combinavam álcool com náusea. No final daquele ano, 63% não bebiam álcool. Apesar disso, depois de 3 anos, apenas 33% mantiveram a abstinência.

Na terapia, como na pesquisa, a cognição influencia o condicionamento. As pessoas sabem que fora do consultório do terapeuta podem beber, sem medo de enjoar. Essa capacidade de discriminar entre a situação da terapia e todas as outras pode limitar a eficácia do condicionamento aversivo. Assim, os terapeutas muitas vezes combinam o condicionamento aversivo com outros tratamentos.

Técnicas de condicionamento operante

QOA 16.5 Qual é a principal premissa da terapia comportamental baseada nos princípios do condicionamento operante e quais são os pontos de vista de seus proponentes e de seus críticos?

Se você aprendeu a nadar, aprendeu a prender a respiração com a cabeça debaixo d'água, a puxar o corpo através da água e talvez até a mergulhar com segurança. O condicionamento operante moldou sua natação. Você recebeu reforço por comportamentos seguros e efetivos. E, naturalmente, você foi punido por comportamentos impróprios, como quando engoliu água.

As consequências influenciam fortemente nosso comportamento voluntário. Conhecendo esse princípio básico do condicionamento operante, os terapeutas comportamentais podem *modificar comportamentos* por meio da prática. Eles reforçam comportamentos desejáveis e não reforçam – ou, às vezes, punem – comportamentos indesejáveis.

Usar o condicionamento operante para resolver problemas comportamentais específicos aumentou as esperanças para alguns casos aparentemente sem solução. Crianças com deficiência intelectual foram ensinadas a cuidar de si mesmas. Crianças socialmente retraídas com transtorno do espectro autista (TEA) aprenderam a interagir. Pessoas com esquizofrenia foram ajudadas a se comportar de maneira mais racional no ambiente hospitalar. Nesse tipo de caso, os terapeutas usam reforçadores positivos para *moldar* o comportamento. Em uma dinâmica por etapas, eles recompensam situações cada vez mais próximas do comportamento desejado.

Em casos extremos, o tratamento deve ser intensivo. Um estudo trabalhou com 19 crianças de 3 anos com TEA que eram retraídas e não se comunicavam. Durante

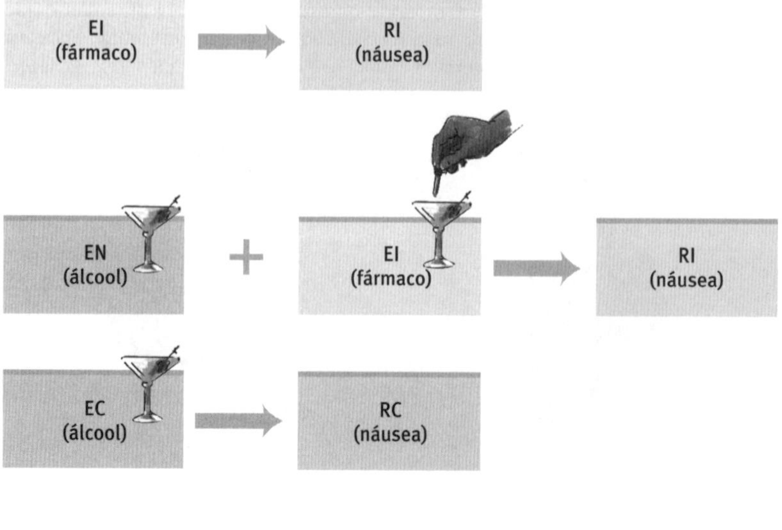

Figura 16.2 Terapia de aversão para transtorno por abuso de álcool. Depois de ingerir repetidamente uma bebida alcoólica misturada com uma substância que produz náusea intensa, algumas pessoas com histórico de transtorno por abuso de álcool desenvolvem pelo menos uma aversão condicionada temporária ao álcool. (Lembre-se: EI é estímulo incondicionado, RI é resposta incondicionada, EN é estímulo neutro, EC é estímulo condicionado e RC é resposta condicionada.)

2 anos, em 40 horas por semana, os pais das crianças tentaram moldar seu comportamento (Lovaas, 1987). Eles reforçaram positivamente os comportamentos desejados e ignoraram ou puniram comportamentos agressivos e autoabusivos. A combinação fez maravilhas para algumas crianças. No primeiro ano, nove das 19 crianças estavam funcionando com sucesso na escola e exibindo inteligência normal. Em um grupo de controle de 40 crianças que não foram submetidas a esse tratamento de esforço, apenas uma apresentou melhora semelhante. Estudos posteriores se concentraram no reforço positivo – que acabou sendo o aspecto efetivo dessa intervenção comportamental intensiva inicial (Reichow, 2012).

As recompensas usadas para modificar o comportamento variam. Para algumas pessoas, o poder reforçador da atenção ou do elogio é suficiente. Outros exigem recompensas concretas, como comida. Em ambientes institucionais, os terapeutas podem criar uma **economia simbólica**. Quando as pessoas exibem um comportamento desejado, como sair da cama, lavar-se, vestir-se, comer, falar coerentemente, limpar seus quartos ou jogar cooperativamente, elas recebem uma moeda de plástico. Mais tarde, podem trocar essas moedas simbólicas por recompensas, como doces, tempo de TV, dias de passeios ou melhores acomodações. As economias simbólicas têm sido usadas com sucesso em diferentes contextos, como salas de aula e instituições correcionais, e entre pessoas com deficiência (Matson & Boisjoli, 2009).

Economia simbólica. Procedimento de condicionamento operante no qual as pessoas ganham uma moeda simbólica por exibir um comportamento desejado e podem trocá-la por privilégios ou guloseimas mais tarde.

Os críticos de mudança de comportamento expressam duas preocupações:

- *Por quanto tempo o comportamento vai durar?* As pessoas se tornarão tão dependentes de recompensas extrínsecas que os comportamentos corretos vão parar quando os reforços forem interrompidos? Os defensores da modificação de comportamento acreditam que os comportamentos durarão se os terapeutas afastarem as pessoas das moedas simbólicas, mudando o reforço para outras recompensas da vida real, como aprovação social. Além disso, eles apontam que os próprios comportamentos corretos podem ser recompensadores. À medida que as pessoas se tornam mais competentes socialmente, as satisfações intrínsecas da interação social podem sustentar os comportamentos
- *É certo que um humano controle o comportamento de outro?* Aqueles que estabelecem a economia simbólica privam as pessoas de algo que desejam e decidem quais comportamentos devem ser reforçados. Para os críticos, todo esse processo parece autoritário demais. Os defensores respondem que o controle já existe: os padrões de comportamento destrutivo das pessoas estão sendo mantidos e perpetuados por reforçadores e punidores naturais em seus ambientes. Usar recompensas positivas para reforçar o comportamento ajustado não é mais humano do que institucionalizar ou punir as pessoas? Os defensores também argumentam que o direito a um tratamento eficaz e a uma vida melhor justifica a privação temporária.

PRÁTICA DE RECUPERAÇÃO

PR-3 Quais são as *terapias de insight* e como elas diferem das terapias comportamentais?

PR-4 Alguns comportamentos desajustados são aprendidos. Que esperança esse fato oferece?

PR-5 Terapias de exposição e condicionamento aversivo são aplicações do condicionamento ________________. As economias simbólicas são uma aplicação do condicionamento ________________.

RESPOSTAS NO APÊNDICE E

PERGUNTE A SI MESMO

Qual é a sua opinião sobre técnicas de modificação de comportamento, como aquelas usadas em economias simbólicas? Você concorda ou discorda dessa abordagem?

Terapias cognitivas

QOA 16.6 Quais são os objetivos e técnicas das terapias cognitivas e da terapia cognitivo-comportamental?

Pessoas com medos específicos e comportamentos problemáticos podem responder à terapia comportamental. Mas de que forma os terapeutas comportamentais podem modificar a ampla variedade de comportamentos que acompanha os transtornos depressivos? Como tratar pessoas com transtorno de ansiedade generalizada, em que a ansiedade sem um foco

Terapia cognitiva. Terapia que ensina às pessoas maneiras novas e mais ajustáveis de pensar; é baseada na premissa de que os pensamentos intervêm entre os eventos e nossas reações emocionais.

"A vida não consiste principalmente, ou mesmo em grande parte, em fatos e acontecimentos. Consiste principalmente na tempestade de pensamentos que estão sempre soprando na mente da pessoa." – Autor e humorista Mark Twain

específico não cabe em uma lista de situações que funcionam como gatilho? A *revolução cognitiva* que modificou profundamente outras áreas da psicologia desde a década de 1960 também influenciou a terapia.

As **terapias cognitivas** supõem que nosso *pensamento* colore nossos *sentimentos* (Figura 16.3). Entre um evento e nossa resposta está a mente. A ansiedade, por exemplo, pode surgir de um "viés de atenção à ameaça" (MacLeod & Clarke, 2015). Culpar-se e generalizar excessivamente as explicações de eventos ruins alimentam a depressão. A pessoa deprimida pode interpretar uma sugestão como crítica, desacordo como antipatia, elogio como bajulação, amizade como pena. Ficar preso nesses pensamentos sustenta o pensamento negativo. As terapias cognitivas ajudam as pessoas a mudar de ideia apresentando maneiras novas e mais construtivas de perceber e interpretar eventos (Schmidt et al., 2019).

Terapia de Beck para depressão

No final dos anos 1960, uma mulher saiu de uma festa mais cedo. As coisas não tinham corrido bem. Ela se sentiu desconectada dos outros convidados e presumiu que ninguém gostava dela. Alguns dias depois, ela visitou o terapeuta cognitivo Aaron Beck. Em vez de seguir o caminho tradicional de abordar a infância da mulher, Beck questionou seu pensamento. Depois que ela listou uma dúzia de pessoas que gostavam dela, Beck percebeu que questionar os pensamentos negativos automáticos das pessoas poderia ser terapêutico. E assim nasceu sua terapia cognitiva, que pressupõe que mudar o pensamento das pessoas pode mudar seu funcionamento (Spiegel, 2015).

Beck descobriu que pessoas deprimidas frequentemente relatavam sonhos com temas negativos de perda, rejeição e abandono. Esses temas se estendiam aos seus pensamentos de vigília e até mesmo à terapia, à medida que os clientes lembravam e ensaiavam suas falhas e seus piores impulsos (Kelly, 2000). Com a terapia cognitiva, Beck e seus colegas (1979) procuraram reverter a negatividade dos clientes sobre si mesmos, suas situações e seus futuros. Com essa técnica, o questionamento gentil procura revelar o pensamento irracional e, em seguida, persuadir as pessoas a remover as lentes escuras através das quais elas veem a vida (Beck et al., 1979, pp. 145-146):

> *Cliente*: Concordo com as descrições sobre mim, mas acho que não concordo que a maneira como penso me deixa deprimido.
>
> *Beck*: Como você entende isso?
>
> *Cliente*: Fico deprimido quando as coisas dão errado. Como quando eu falho em um teste.
>
> *Beck*: Como falhar em um teste pode deixá-lo deprimido?
>
> *Cliente*: Bem, se eu falhar, nunca vou entrar na faculdade de direito.
>
> *Beck*: Então, falhar no teste significa muito para você. Mas se falhar em um teste pudesse levar as pessoas à depressão clínica, você não esperaria que todos que falham no teste tivessem depressão? ... Todos os que falharam ficaram deprimidos o suficiente para exigir tratamento?
>
> *Cliente*: Não, mas depende da importância do teste para a pessoa.
>
> *Beck*: Certo, e quem decide a importância?
>
> *Cliente*: *Eu*.
>
> *Beck*: Então, o que temos que examinar é sua maneira de ver o teste (ou o modo como você pensa sobre ele) e como isso afeta suas chances de entrar na faculdade de direito. Você concorda?
>
> *Cliente*: *Certo*.
>
> *Beck*: Você concorda que a forma como você interpreta os resultados do teste irá afetá-lo? Você pode se sentir deprimido, ter problemas para dormir, não sentir vontade de comer e até se perguntar se não deveria desistir do curso.
>
> *Cliente*: Eu tenho pensado que não vou conseguir. Sim, eu concordo.
>
> *Beck*: Então, o que significa falhar?
>
> Cliente: *(choramingando)* Que eu não consegui entrar na faculdade de direito.

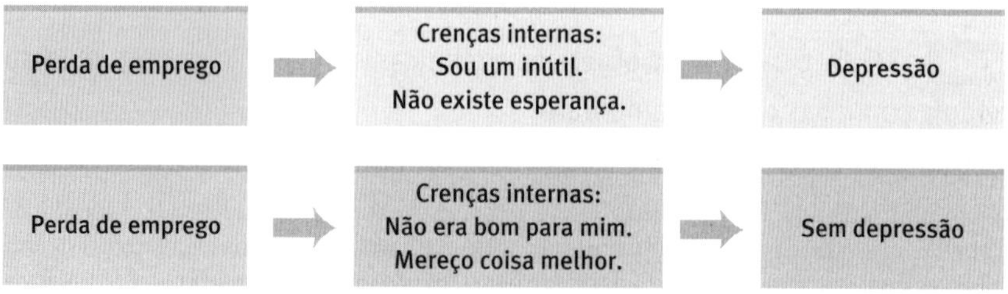

Figura 16.3 Perspectiva cognitiva sobre os transtornos psicológicos. As reações emocionais da pessoa são produzidas não diretamente pelo evento, mas por seus pensamentos em resposta ao evento.

Beck: E o que isso significa para você?

Cliente: Que eu não sou inteligente o suficiente.

Beck: Mais alguma coisa?

Cliente: Que nunca poderei ser feliz.

Beck: E como esses pensamentos fazem você se sentir?

Cliente: Muito infeliz.

Beck: Então é o significado de falhar em um teste que deixa você muito infeliz. Na verdade, acreditar que você nunca pode ser feliz é um fator poderoso na produção de infelicidade. Então, você se coloca em uma armadilha – por definição, não conseguir entrar na faculdade de direito é igual a "nunca serei feliz".

Muitas vezes pensamos em palavras. Portanto, fazer com que as pessoas mudem o que dizem a si mesmas é uma maneira eficaz de modificar seu pensamento. Talvez você possa se identificar com alunos ansiosos que, antes de uma prova, pioram as coisas com pensamentos autodestrutivos: "este exame provavelmente será impossível. Todo mundo parece tão relaxado e confiante. Eu gostaria de estar mais bem preparado. Estou tão nervoso que vou esquecer tudo". Os psicólogos chamam de *catastrofização* esse tipo de comportamento implacável, generalizado e cheio de culpa.

Para mudar esse diálogo interno negativo, os terapeutas cognitivos ofereceram *treinamento em inoculação de estresse*: ensinar as pessoas a reestruturar seu pensamento em situações estressantes (Meichenbaum, 1977, 1985). Às vezes, pode ser suficiente simplesmente dizer coisas mais positivas para si mesmo: "relaxe. O exame pode ser difícil, mas também será difícil para todos os outros. Estudei mais do que a maioria das pessoas. Além disso, não preciso de uma nota perfeita para conseguir um bom resultado". Depois de aprender a "responder" a pensamentos negativos, crianças, adolescentes e estudantes universitários propensos à depressão mostraram uma taxa muito reduzida de depressão futura (Reivich et al., 2013; Seligman et al., 2009). Isso também vale para a ansiedade (Krueze et al., 2018). Em grande medida, é o pensamento que conta. Para uma amostra das técnicas de terapia cognitiva comumente usadas, consulte a Tabela 16.1.

Não são apenas as pessoas deprimidas que podem se beneficiar de um diálogo interno positivo. Todos nós falamos sozinhos (pensar "eu gostaria de não ter dito isso" pode nos proteger de repetir o erro). As descobertas de quase três dúzias de estudos de psicologia esportiva demonstram que as intervenções de diálogo interno também podem melhorar a aprendizagem de habilidades atléticas (Hatzigeorgiadis et al., 2011). Por exemplo, jogadores de basquete iniciantes podem ser treinados para pensar em "focar" e "seguir em frente", nadadores para pensar "cotovelo alto" e jogadores de tênis para pensar "olhar para a bola". Pessoas que se sentem ansiosas com falas em público aumentam sua confiança se solicitadas a se lembrar de um episódio bem-sucedido de fala e, em seguida, a "explicar por que você conseguiu alcançar um desempenho tão bem-sucedido" (Zunick et al., 2015).

Aaron Beck. "A terapia cognitiva procura aliviar o estresse psicológico por meio da correção de concepções e crenças equivocadas. Ao corrigir essas crenças, podemos diminuir as reações excessivas" (Beck, 1978).

PERGUNTE A SI MESMO

Você já teve dificuldades para alcançar um objetivo na escola ou no trabalho por causa de seus próprios pensamentos derrotistas? Como você poderia questionar esses pensamentos?

Tabela 16.1 Técnicas selecionadas de terapia cognitiva.

Objetivo da técnica	Técnica	Diretrizes terapêuticas
Revelar crenças	Questionar as interpretações	Explorar as crenças, revelando pressupostos equivocados, como "eu devo ser querido por todos"
	Classificar pensamentos e emoções	Colocar as coisas em perspectiva, classificando os pensamentos e emoções de ligeiramente a extremamente angustiantes
Testar crenças	Examinar as consequências	Explorar situações difíceis, avaliando possíveis consequências e desafiando o raciocínio equivocado
	Descatastrofizar o pensamento	Trabalhar com as piores consequências possíveis da situação que você enfrenta (muitas vezes não é tão ruim quanto se imagina). Depois, determinar como lidar com a situação real
Mudar crenças	Assumir a responsabilidade apropriada	Desafiar a autoacusação total e o pensamento negativo, observando aspectos pelos quais você pode ser realmente responsável, bem como aspectos que não são de sua responsabilidade
	Resistir aos extremos	Desenvolver novas maneiras de pensar e sentir para substituir hábitos desajustados. Por exemplo, mudar o pensamento "sou um fracasso total" para "recebi uma nota baixa naquele trabalho e posso fazer as mudanças para ter sucesso na próxima vez"

Terapia cognitivo-comportamental (TCC). Terapia integrativa popular que combina terapia cognitiva (mudança de pensamento autodestrutivo) com terapia comportamental (mudança de comportamento).

Terapia cognitivo-comportamental

"O problema com a maioria das terapias", disse o terapeuta Albert Ellis (1913-2007), "é que elas ajudam você a se sentir melhor. Mas você não vê a melhora. É preciso apoiar o tratamento com ação, ação, ação". A **terapia cognitivo-comportamental (TCC)** adota uma abordagem combinada para tratar transtornos depressivos e outros problemas. Essa terapia *integrativa* amplamente praticada visa alterar não apenas a maneira como as pessoas *pensam*, mas também a maneira como *agem*. Como outras terapias cognitivas, a TCC procura conscientizar as pessoas sobre seus pensamentos negativos irracionais e a substituí-los por novas formas de pensar. Ao mesmo tempo, como outras terapias comportamentais, treina as pessoas para *praticar* uma abordagem mais positiva em situações cotidianas.

Os transtornos de ansiedade, depressivos e bipolares compartilham um problema comum: uma regulação emocional não saudável (Aldao & Nolen-Hoeksema, 2010; Szkodny et al., 2014). Um programa de TCC efetivo para esses transtornos emocionais treina as pessoas para substituir tanto seu pensamento catastrófico por avaliações mais realistas quanto, como lição de casa, para praticar comportamentos incompatíveis com seu transtorno (Kazantzis et al., 2010; Moses & Barlow, 2006). A pessoa pode manter um registro de situações diárias associadas a emoções negativas e positivas e se envolver mais em atividades que levam ao bem-estar, por exemplo. Pessoas que temem situações sociais podem aprender a conter os pensamentos negativos que cercam sua ansiedade social e praticar a aproximação com os outros.

A TCC trata efetivamente pessoas com transtornos obsessivo-compulsivo e outros relacionados (Öst et al., 2015; Tolin et al., 2019). Em um estudo clássico, as pessoas aprenderam a prevenir seus comportamentos compulsivos ao renomear seus pensamentos obsessivos (Schwartz et al., 1996). Sentindo o desejo de lavar as mãos novamente, elas diziam a si mesmas: "estou tendo um desejo compulsivo". Elas explicavam a si mesmas que o desejo de lavar as mãos era resultado da atividade anormal de seu cérebro, que elas haviam observado anteriormente por imagens PET scan. Então, em vez de ceder, elas passavam 15 minutos em um comportamento agradável e alternativo – praticando um instrumento musical, dando um passeio, fazendo jardinagem. Isso ajuda a "descolar" o cérebro, mudando a atenção e envolvendo outras áreas cerebrais. Por 2 ou 3 meses, as sessões semanais de terapia continuaram, com reclassificação e reorientação da prática em casa. No final do estudo, os sintomas da maioria dos participantes haviam diminuído e seus exames de PET scan revelaram atividade cerebral normalizada. Muitos outros estudos confirmam a eficácia da TCC também no tratamento de ansiedade, depressão, transtornos alimentares, transtorno de déficit de atenção com hiperatividade (TDAH) e transtornos por abuso de álcool ou outras substâncias (Brown et al., 2018; Knouse et al., 2017; Linardon et al., 2017; Magill et al., 2019).

Testes e exercícios de TCC *online* e guiados por aplicativos – sem um terapeuta presencial – também ajudaram a aliviar a insônia, a depressão e a ansiedade (Andrews et al., 2018; Carlbring et al., 2018; Ebert et al., 2018). Ao oferecer um tratamento flexível, acessível e efetivo, a TCC *online* pode alcançar pessoas que – por causa de localização remota, baixa renda ou constrangimento, por exemplo – raramente frequentaria sessões de terapia presencial (Dadds et al., 2019; Sheeber et al., 2017).

Uma variação mais recente da TCC, a *terapia comportamental dialética* (DBT, do inglês *dialectical behavior therapy*), ajuda a mudar padrões de comportamento prejudiciais e até suicidas (Linehan et al., 2015; McCauley et al., 2018; Tebbett-Mock et al., 2019). *Dialética* significa "oposição", já que essa terapia tenta pacificar duas forças opostas – aceitação e mudança. Os terapeutas criam um ambiente de aceitação e encorajamento, ajudando os clientes a sentirem que têm um aliado que lhes oferecerá orientação e *feedback* construtivo. Em sessões individuais, os clientes aprendem novas maneiras de pensar que os ajudam a tolerar a angústia e a regular suas emoções. Eles também recebem treinamento em habilidades sociais e em *meditação de atenção plena* (*mindfulness*), o que ajuda a aliviar a depressão (Gu, J. et al., 2015; Wielgosz et al., 2019). As sessões de treinamento em grupo oferecem oportunidades adicionais para praticar novas habilidades em um contexto social, com mais prática como lição de casa.

Terapia cognitivo-comportamental para transtornos alimentares auxiliada pelo registro em um diário. Os terapeutas cognitivo-comportamentais orientam as pessoas com transtornos alimentares sobre novas maneiras de explicar suas experiências boas e ruins relacionadas à alimentação (Linardon et al., 2017). Ao registrar eventos positivos e como ela os alcançou, essa mulher pode se tornar mais otimista e mais consciente de seu autocontrole.

PRÁTICA DE RECUPERAÇÃO

PR-6 Como as terapias humanistas e cognitivas diferem?

PR-7 Um atributo crítico do ______________________ desenvolvido por Aaron Beck concentra-se na crença de que mudar o pensamento das pessoas pode mudar seu funcionamento.

PR-8 O que é *terapia cognitivo-comportamental* e que tipo de problema essa terapia trata melhor?

RESPOSTAS NO APÊNDICE E

Terapia em grupo e familiar

QOA **16.7** Quais são os objetivos e benefícios das terapias em grupo e familiar?

Terapia em grupo. Terapia realizada com grupos em vez de indivíduos, proporcionando benefícios por meio da interação em grupo.

Terapia familiar. Terapia que trata as pessoas no contexto de seu sistema familiar. Vê os comportamentos indesejados de um indivíduo como influenciados ou direcionados a outros membros da família.

Terapia em grupo

Com exceção da psicanálise tradicional, a maioria das terapias também pode ocorrer em pequenos grupos. A **terapia em grupo** não fornece o mesmo grau de envolvimento do terapeuta com cada cliente; no entanto, oferece outros benefícios:

- ***Economiza tempo dos terapeutas e dinheiro dos clientes***, e muitas vezes não é menos eficaz do que a terapia individual (Burlingame et al., 2016)
- ***Oferece um laboratório social para explorar comportamentos sociais e desenvolver habilidades sociais.*** Os terapeutas frequentemente sugerem terapia em grupo para pessoas que vivenciam conflitos frequentes ou cujo comportamento aflige os outros. O terapeuta orienta as interações das pessoas à medida que elas discutem questões e experimentam novos comportamentos
- ***Permite que as pessoas percebam que outros compartilham os mesmos problemas.*** Pode ser um alívio descobrir que outras pessoas experimentaram estressores, sentimentos e comportamentos problemáticos semelhantes (Rahman et al., 2019)
- ***Fornece* feedback *à medida que os clientes experimentam novas maneiras de se comportar.*** Ouvir que você parece ou soa equilibrado, mesmo que se sinta ansioso e constrangido, pode ser muito reconfortante.

Terapia familiar

Um tipo especial de terapia em grupo, a **terapia familiar**, parte do princípio de que ninguém é uma ilha: vivemos e crescemos em relação aos outros, especialmente à nossa família. Lutamos para nos diferenciar de nossas famílias, mas também precisamos nos conectar emocionalmente com elas. Essas duas tendências opostas podem criar estresse tanto para o indivíduo quanto para seus familiares. Os terapeutas tendem a ver as famílias como sistemas, nos quais as ações de cada indivíduo desencadeiam reações em outras. A rebeldia de uma criança, por exemplo, afeta e é afetada por outras tensões familiares. Os terapeutas geralmente são bem-sucedidos em ajudar os membros da família a identificar seus papéis dentro do sistema social familiar, melhorar a comunicação e descobrir novas maneiras de prevenir ou resolver conflitos (Hazelrigg et al., 1987; Shadish et al., 1993).

Grupos de autoajuda

Mais de 100 milhões de americanos já pertenceram a grupos específicos, sejam religiosos, de interesse específico ou de ajuda, que se reúnem regularmente – com nove em cada 10 relatando que os membros do grupo "se apoiam emocionalmente" (Gallup, 1994). Os grupos de autoajuda geralmente fornecem o apoio que as pessoas não encontram em outro lugar. Uma análise de mais de 14 mil grupos de autoajuda relatou que a maioria se concentra em problemas estigmatizados e difíceis de lidar (Davison et al., 2000). Pacientes com AIDS eram 250 vezes mais propensos do que pacientes com hipertensão a participarem de grupos de ajuda. Pessoas com anorexia e transtorno por abuso de álcool costumam participar de grupos, mas aqueles com enxaquecas e úlceras geralmente não o fazem.

O famoso programa de 12 passos do avô dos grupos de apoio, os Alcoólicos Anônimos (AA), foi copiado por muitos outros grupos de autoajuda. O programa pede aos membros que admitam sua impotência diante do problema, que busquem ajuda de um poder superior e uns dos outros e (o décimo segundo passo) levem a mensagem aos que dela necessitem (Galanter, 2016). Pesquisas com programas de 12 passos, como o AA, descobriram que eles ajudam a reduzir o transtorno por uso de álcool em taxas comparáveis a outras intervenções terapêuticas (Ferri et al., 2006; Moos & Moos, 2005). Uma investigação de 8 anos e 27 milhões de dólares descobriu que os participantes de AA reduziram drasticamente o consumo de álcool, assim como aqueles designados para a TCC ou uma terapia alternativa (Project Match, 1997). Outro estudo com 2.300 veteranos que procuraram tratamento para transtorno por abuso de álcool descobriu que se houver um grande envolvimento com o programa do AA os problemas com o álcool diminuem (McKellar et al., 2003). Quanto mais reuniões os membros de AA participarem, maior será sua abstinência de álcool (Moos & Moos, 2006). Aqueles cujas histórias pessoais incluem uma "narrativa redentora" – que veem algo bom como tendo vindo de suas lutas – mantêm a sobriedade com mais frequência (Dunlop & Tracy, 2013).

Com mais de 2 milhões de membros em 180 países, o Alcoólicos Anônimos é considerado "a maior organização na Terra de que ninguém quer fazer parte" (Finlay, 2000).

Em uma era individualista, com cada vez mais pessoas vivendo sozinhas ou se sentindo isoladas, a popularidade dos grupos de apoio – para viciados, enlutados, divorciados ou simplesmente para aqueles que buscam companheirismo e crescimento – pode refletir um anseio por comunidade e conexão com os outros.

* * *

Para um resumo dessas psicoterapias modernas, consulte a Tabela 16.2.

Tabela 16.2 Comparação entre as psicoterapias modernas.

Terapia	Problema presumido	Objetivo terapêutico	Técnica terapêutica
Psicodinâmica	Conflitos inconscientes decorrentes de experiências na infância	Diminuir a ansiedade por meio da autopercepção	Interpretar as lembranças, sonhos e sentimentos do cliente
Centrada no cliente	Barreiras para a autocompreensão e autoaceitação	Permitir o crescimento por meio de acolhimento positivo incondicional, aceitação, autenticidade e empatia	Escutar ativamente e refletir os sentimentos do cliente
Comportamental	Comportamentos disfuncionais	Aprender comportamentos ajustados; extinguir os comportamentos problemáticos	Usar o condicionamento clássico (terapia de exposição ou de aversão) ou condicionamento operante (como na economia simbólica)
Cognitiva	Pensamento negativo, autodestrutivo	Promover um pensamento e um diálogo interno mais saudável	Treinar as pessoas a questionar seus pensamentos negativos e imputação [de culpa]
Cognitiva-comportamental	Pensamentos e comportamentos autodestrutivos	Promover um modo de pensar mais saudável e comportamentos ajustados	Treinar as pessoas a combater pensamentos autodestrutivos e a praticar sua nova maneira de pensar
Em grupo e familiar	Relações estressantes	Melhorar os relacionamentos	Desenvolver uma compreensão sobre o que são a família e outros sistemas sociais, explorar papéis e melhorar a comunicação

REVISÃO Introdução à terapia e às terapias psicológicas

OBJETIVOS DE APRENDIZAGEM

Teste a si mesmo. Responda às Questões dos Objetivos de Aprendizagem (antes de conferir as respostas no Apêndice D) para aprimorar a retenção dos conceitos estudados (McDaniel et al., 2009, 2015).

QOA 16.1 Como a *psicoterapia* e as *terapias biomédicas* diferem entre si?

QOA 16.2 Quais são os objetivos e técnicas da psicanálise e como foram adaptados na terapia psicodinâmica?

QOA 16.3 Quais são os temas básicos da terapia humanista? Quais são os objetivos e técnicas da abordagem centrada na pessoa proposta por Rogers?

QOA 16.4 Como o pressuposto básico da terapia comportamental difere dos pressupostos das terapias psicodinâmicas e humanistas? Quais técnicas de condicionamento clássico são usadas em terapias de exposição e condicionamento aversivo?

QOA 16.5 Qual é a principal premissa da terapia comportamental baseada nos princípios do condicionamento operante e quais são os pontos de vista de seus proponentes e de seus críticos?

QOA 16.6 Quais são os objetivos e técnicas das terapias cognitivas e da terapia cognitivo-comportamental?

QOA 16.7 Quais são os objetivos e benefícios das terapias em grupo e familiar?

TERMOS E CONCEITOS A RECORDAR

Teste a si mesmo. Escreva a definição com suas próprias palavras e depois confirme sua resposta.

psicoterapia, p. 585
terapia biomédica, p. 585
abordagem eclética, p. 585
psicanálise, p. 585
resistência, p. 585
interpretação, p. 585
transferência, p. 585
terapia psicodinâmica, p. 586
terapias de *insight*, p. 586

terapia centrada na pessoa, p. 586
escuta ativa, p. 587
acolhimento positivo incondicional, p. 587
terapia comportamental, p. 588
contracondicionamento, p. 588
terapias de exposição, p. 589
dessensibilização sistemática, p. 589
terapia de exposição à realidade virtual, p. 589
condicionamento aversivo, p. 589
economia simbólica, p. 591
terapia cognitiva, p. 592
terapia cognitivo-comportamental (TCC), p. 594
terapia em grupo, p. 595
terapia familiar, p. 595

DOMINE O MATERIAL

Teste a si mesmo. Responda às questões a seguir por conta própria, a princípio, depois confira as respostas no Apêndice E.

1. Um terapeuta que ajuda os clientes a buscar as raízes inconscientes de seu problema e oferece interpretações de seus comportamentos, sentimentos e sonhos, trabalha com
- **a.** psicanálise.
- **b.** terapias humanistas.
- **c.** terapia centrada na pessoa.
- **d.** terapia comportamental.

2. As terapias de ______________________ são projetadas para ajudar os indivíduos a descobrir os pensamentos e sentimentos inconscientes que orientam sua motivação e comportamento.

3. Em comparação com os psicanalistas, os terapeutas humanistas são mais propensos a enfatizar
- **a.** sentimentos ocultos ou reprimidos.
- **b.** experiências da infância.
- **c.** transtornos psicológicos.
- **d.** autorrealização e crescimento.

4. Um terapeuta que reafirma e esclarece as declarações do cliente está praticando a técnica de ______________.

5. O objetivo da terapia comportamental é
- **a.** identificar e tratar as causas subjacentes do problema.
- **b.** melhorar a aprendizagem e a percepção.
- **c.** eliminar o comportamento indesejado.
- **d.** melhorar a comunicação e a sensibilidade social.

6. As terapias comportamentais costumam usar técnicas de ______________, como dessensibilização sistemática e condicionamento aversivo, para incentivar os clientes a produzir novas respostas para estímulos antigos.

7. A técnica de ______________________ ensina as pessoas a relaxar na presença de estímulos que progressivamente provocam cada vez mais ansiedade.

8. Após um acidente de carro quase fatal, Rico desenvolveu um medo tão intenso de dirigir em uma via expressa que pega longas rotas alternativas para o trabalho todos os dias. Qual terapia psicológica pode ajudar Rico a superar sua fobia específica e por quê?

9. Em um centro de tratamento, as pessoas que exibem um comportamento desejado recebem moedas que depois podem trocar por outras recompensas. Este é um exemplo de ______________________.

10. A terapia cognitiva tem sido especialmente efetiva no tratamento de
- **a.** roer as unhas.
- **b.** fobias específicas.
- **c.** transtorno por abuso de álcool.
- **d.** transtornos depressivos.

11. A terapia ______________________ ajuda a pessoa a mudar sua maneira de pensar autodestrutiva e a treinar essas mudanças em seu comportamento diário.

12. Na terapia familiar, o terapeuta parte da premissa de que
- **a.** apenas um membro da família precisa mudar.
- **b.** as ações de cada pessoa desencadeiam reações em outros membros da família.
- **c.** comportamentos familiares disfuncionais são em grande parte influenciados por fatores genéticos.
- **d.** a terapia é mais eficiente quando os clientes são tratados à parte da unidade familiar.

Avaliação das psicoterapias

Muitas pessoas presumem a eficácia da psicoterapia. "Procure aconselhamento" ou "peça ao seu cônjuge para encontrar um terapeuta", dizem os colunistas de aconselhamento. Antes de 1950, os psiquiatras eram os principais provedores de cuidados de saúde mental. Os provedores de hoje incluem psicólogos clínicos e de aconselhamento; assistentes sociais clínicos; conselheiros pastorais, conjugais, de abuso e escolares; e enfermeiras psiquiátricas.[1] Com um dispêndio tão grande de tempo, dinheiro e esforço, é importante perguntar: milhões de pessoas em todo o mundo têm justificativa para depositar suas esperanças na psicoterapia?

N.R.T.: No Brasil, os profissionais capacitados para brindar acolhimento psicológico são os psicólogos clínicos, psicólogos escolares, psicólogos do trabalho, psicanalistas, assistentes sociais e equipe médica formada em psiquiatria.

Psicoterapia é efetiva?

QOA 16.8 A psicoterapia funciona? Como podemos saber?

Esta pergunta, apesar de simples, não tem uma resposta simples. Se uma infecção desaparecer rapidamente, podemos presumir que um antibiótico foi efetivo. Mas como podemos avaliar a eficácia da psicoterapia? Pelo modo como nos sentimos com relação a nosso progresso? Pelo modo com que nosso terapeuta se sente com relação a nosso progresso? Pelo modo como nossos amigos e familiares se sentem com relação a nosso progresso? Pela mudança no nosso comportamento?

Percepção do cliente

Se os depoimentos dos clientes fossem a única maneira de avaliar, poderíamos certamente confirmar a eficácia da psicoterapia. Considere os 2.900 leitores do *Consumer Reports* que relataram suas experiências com profissionais de saúde mental (1995; Kotkin et al., 1996; Seligman, 1995). Quantos ficaram pelo menos "bastante satisfeitos"? Quase 90% (assim como Kay Redfield Jamison, como vimos no início deste capítulo). Entre aqueles que se lembravam de se sentirem *razoavelmente* ou *bem mal* quando começaram a terapia, nove em cada 10 passaram a se sentir *muito bem*, *bem*, ou pelo menos *mais ou menos*. Temos a palavra deles – e quem deveria saber melhor?

Não devemos desprezar esses depoimentos. Mas os críticos apresentam razões para o ceticismo:

- ***Pessoas geralmente começam a fazer terapia quando estão em crise.*** Quando, com o fluxo e refluxo normal dos acontecimentos, a crise passa, as pessoas podem atribuir sua melhora à terapia. Pessoas deprimidas geralmente melhoram, não importa o que façam
- ***Clientes acreditam que o tratamento será eficaz.*** O *efeito placebo* é o poder curativo de expectativas positivas
- ***Clientes geralmente falam bem de seus terapeutas.*** Mesmo que os problemas permaneçam, os clientes "trabalham arduamente para encontrar algo positivo para dizer. O terapeuta foi muito compreensivo, o cliente ganhou uma nova perspectiva, aprendeu a se comunicar melhor, sua mente se acalmou, qualquer coisa para não ter que dizer que o tratamento foi um fracasso" (Zilbergeld, 1983, p. 117)
- ***Clientes querem acreditar que a terapia valeu o esforço.*** Se investisse tempo e dinheiro em um projeto, você não se sentiria motivado a encontrar algo positivo nisso? Os psicólogos chamam esse esforço de *justificação*.

Considere os depoimentos reunidos em um grande experimento com mais de 500 meninos de Massachusetts, com idade entre 5 e 13 anos, muitos dos quais pareciam condenados à delinquência. Por sorteio, metade dos meninos foi designada para um programa de tratamento de 5 anos. Os meninos que estavam sendo tratados eram visitados por conselheiros duas vezes por mês. Eles participaram de programas comunitários e receberam orientação acadêmica, atenção médica e assistência familiar conforme necessário. Cerca de 30 anos depois, Joan McCord (1978, 1979) localizou 485 participantes, enviou-lhes questionários e verificou registros públicos de tribunais, hospitais psiquiátricos e outras fontes. O tratamento foi bem-sucedido?

Os depoimentos dos clientes foram brilhantes. Alguns homens afirmaram que, se não fosse por seus conselheiros, "eu provavelmente estaria na cadeia", "minha vida teria tomado outro rumo" ou "acho que teria acabado em uma vida de crime". Os registros do tribunal ofereceram um aparente suporte aos testemunhos: mesmo entre os meninos "difíceis" do grupo de tratamento, 66% não tinham registro oficial de crime juvenil.

Lembre-se da ferramenta mais poderosa da psicologia para separar a realidade do pensamento positivo: o *grupo de controle*. Para cada menino no grupo de tratamento, havia um menino semelhante em um grupo de controle que não recebeu aconselhamento. Entre os homens não tratados, *70%* não tinham registro de crime juvenil. Em várias outras medidas, como registro de ter cometido um segundo crime, transtorno por abuso de álcool, taxa de mortalidade e satisfação no trabalho, os homens não tratados apresentaram um *pouco menos* de problemas. Infelizmente, os depoimentos brilhantes dos clientes tratados eram enganosos.

Percepção do clínico

Se as percepções do clínico fossem uma prova da eficácia da terapia, teríamos ainda mais motivos para comemorar. Os estudos de caso de tratamento bem-sucedido são abundantes. O problema é que os clientes entram na psicoterapia focados em sua infelicidade e saem focados em seu bem-estar. Os terapeutas valorizam os elogios dos clientes que deixam a terapia ou depois expressam sua gratidão. Mas eles ouvem pouco de clientes que experimentam apenas alívio temporário e procuram novos terapeutas para seus problemas recorrentes.

Assim, os terapeutas estão mais conscientes das falhas de *outros* terapeutas. Uma mesma pessoa, com as mesmas ansiedades recorrentes, depressão ou dificuldade conjugal, pode ser uma história de "sucesso" nos arquivos de vários terapeutas. Além disso, os terapeutas, como todos nós, são vulneráveis a erros cognitivos. O **viés de confirmação** pode levá-los a buscar inconscientemente evidências que confirmem suas crenças e a ignorar evidências contraditórias, além disso *correlações ilusórias* podem levá-los a perceber associações que realmente não existem (Lilienfeld et al., 2015b).

Viés de confirmação. Tendência a buscar informações que sustentem nossos preconceitos e a ignorar ou distorcer evidências contraditórias.

Metanálise. Procedimento estatístico para analisar os resultados de vários estudos e chegar a uma conclusão geral.

Pesquisa de resultados

Como, então, podemos medir objetivamente a eficácia da psicoterapia? Que *resultados* podemos esperar – que tipos de pessoas e problemas são ajudados e por qual tipo de psicoterapia?

Em busca de respostas, os psicólogos se voltaram para o caminho seguro da pesquisa controlada. Pesquisas semelhantes nos anos 1800 transformaram o campo da medicina quando médicos céticos começaram a perceber que muitos pacientes estavam morrendo apesar de receberem os tratamentos convencionais (hemorragia) e muitos outros estavam melhorando por conta própria. A separação entre os fatos e a superstição exigia observar os pacientes e registrar os resultados com e sem um tratamento específico. Pacientes com febre tifoide, por exemplo, muitas vezes melhoravam após serem sangrados, convencendo a maioria dos médicos de que o tratamento funcionava. Então veio o choque. Um grupo de controle recebeu apenas repouso no leito e, após 5 semanas de febre, 70% melhoraram, mostrando que a sangria era inútil (Thomas, 1992).

Um choque semelhante – e um debate acalorado – ocorreu no século XX, quando o psicólogo britânico Hans Eysenck (1952) resumiu 24 estudos de resultados de psicoterapia. Ele descobriu que dois terços dos que receberam psicoterapia para transtornos que não envolvem alucinações ou delírios melhoraram acentuadamente. Até hoje, ninguém contesta essa estimativa otimista, mas havia um problema. Eysenck também relatou melhora semelhante entre pessoas que *não receberam nenhum tratamento*, como aquelas em listas de espera de tratamento. Com ou sem psicoterapia, disse ele, cerca de dois terços melhoraram visivelmente. O tempo era um grande curador.

Pesquisas posteriores revelaram deficiências nas análises de Eysenck. Sua amostra foi pequena – apenas 24 estudos de resultados em 1952, em comparação com os milhares disponíveis atualmente. Uma melhor pesquisa é feita com *ensaios clínicos randomizados*, nos quais os pesquisadores designam aleatoriamente pessoas em lista de espera para receber uma terapia ou para nenhuma terapia. Mais tarde, eles avaliam todos e comparam os resultados, com testes e avaliações de outras pessoas que não sabem se a terapia foi administrada.

Um vislumbre da eficácia geral da psicoterapia pode ser fornecido por meio de uma **metanálise**, um procedimento estatístico que combina as conclusões de um grande número de estudos diferentes. Simplificando, uma metanálise resume o resultado final de muitos estudos. Os terapeutas saudaram a primeira metanálise de cerca de 475 estudos de resultados de psicoterapia (Smith et al., 1980). Ela mostrou que o cliente médio de terapia acaba em melhor situação do que 80% dos indivíduos não tratados nas listas de espera (Figura 16.4). Mary Lee Smith e seus colegas resumiram: "a psicoterapia beneficia pessoas de todas as idades de maneira tão confiável quanto a escola as educa, a medicina as cura ou os negócios dão lucro" (p. 183).

Dezenas de resumos subsequentes já examinaram a eficácia da psicoterapia. Seu veredito ecoa os resultados anteriores: aqueles que não fazem terapia geralmente melhoram, mas aqueles

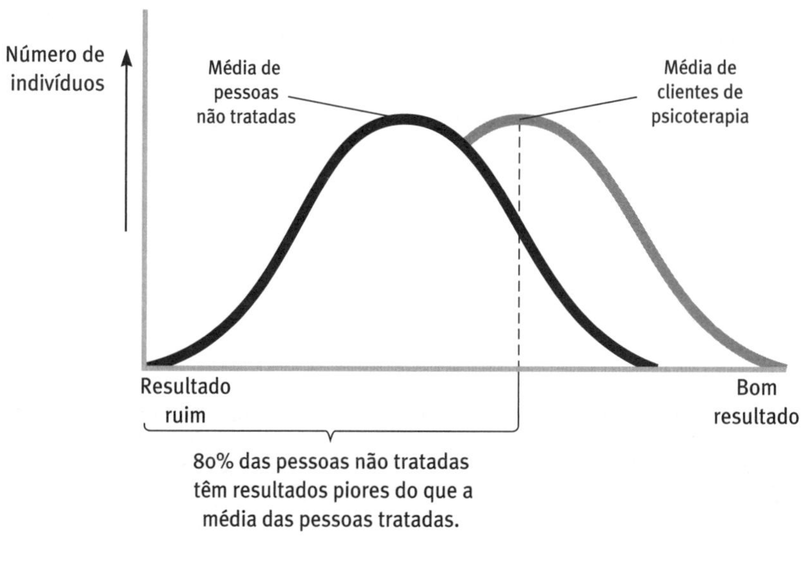

Figura 16.4 Tratamento *versus* nenhum tratamento. Essas duas curvas de distribuição normal baseadas em dados de 475 estudos mostram a melhora de pessoas não tratadas e de clientes de psicoterapia. O resultado para o cliente médio de terapia superou o resultado de 80% das pessoas não tratadas. (Dados de Smith et al., 1980.)

istockphoto/CreativaImages

Trauma. Aqueles que sofrem traumas, como essas mulheres na China que lamentavam a perda devastadora de vidas e lares no terremoto de Yushu em 2010, podem se beneficiar de aconselhamento. Mas muitas pessoas se recuperam por conta própria ou com a ajuda de redes de suporte compostas por familiares e amigos. "A própria vida ainda continua sendo um terapeuta muito eficaz", observou a terapeuta psicodinâmica Karen Horney (*Our Inner Conflicts*, 1945).

que fazem terapia têm maior probabilidade de melhorar – e de melhorar mais rapidamente e com menor risco de recaída (Eckshtain et al., 2019; Weisz et al., 2017). (Uma informação adicional: em comparação com estudos que não encontraram nenhum benefício da terapia, aqueles que encontraram um efeito positivo têm maior probabilidade de serem publicados [Driessen et al., 2015].) Após a terapia, muitas pessoas apresentam melhor percepção e consciência emocional, com uma personalidade mais paciente e extrovertida (Høglend & Hagtvet, 2019; Roberts et al., 2017). Algumas pessoas com depressão ou ansiedade também experimentam reduções súbitas dos sintomas entre as sessões de tratamento (Aderka et al., 2012). Esses "ganhos repentinos" – experimentados por cerca de 12% das pessoas em terapia – são um bom presságio para uma melhora no longo prazo (Wucherpfennig et al., 2017; Zilcha-Mano et al., 2019).

A psicoterapia também pode apresentar uma boa relação custo-benefício. Estudos mostram que, quando as pessoas procuram tratamento psicológico, sua busca por outro tratamento médico cai substancialmente – em 16% de acordo com um resumo de 91 estudos (Chiles et al., 1999). O uso abusivo de substâncias e outros transtornos psicológicos custam à sociedade acidentes, perda de dias de trabalho e tratamento. Segundo uma estimativa, a epidemia de opioides custou aos EUA mais de 1 trilhão de dólares entre 2001 e 2017 (Altarum, 2018). Considerando esses custos impressionantes, a psicoterapia é um bom investimento, assim como o dinheiro despendido em cuidados pré-natais e de saúde do bebê (Chisholm et al., 2016; Johnson et al., 2019). Ambos reduzem os custos de longo prazo. Aumentar o bem-estar psicológico dos funcionários pode reduzir os custos médicos, melhorar a eficiência do trabalho e diminuir o absenteísmo. Não é de admirar que as seguradoras de saúde dos EUA e o National Health Service da Grã-Bretanha financiem cada vez mais a terapia (Hockenberry et al., 2019; NHS, 2020).

Mas observe que a afirmação – de que *a psicoterapia, na média*, é de alguma forma eficaz – não se refere a uma terapia em particular. É como assegurar aos pacientes com câncer de pulmão que, "em média", o tratamento médico de problemas de saúde é eficaz. Mas o que as pessoas angustiadas – e aquelas que pagam por sua terapia – querem saber é se determinado tratamento é eficaz para seus problemas específicos.

PRÁTICA DE RECUPERAÇÃO

PR-1 Como o *efeito placebo* pode influenciar as avaliações de clientes e clínicos sobre a eficácia das psicoterapias?

RESPOSTAS NO APÊNDICE E

Que tipo de psicoterapia funciona melhor?

QOA 16.9 Será que algumas psicoterapias são mais efetivas do que outras para transtornos específicos?

Os primeiros resumos estatísticos e pesquisas não apontaram nenhum tipo de terapia como superior às demais (Smith & Glass, 1977; Smith et al., 1980). Estudos posteriores também descobriram que os clientes podem se beneficiar da psicoterapia, independentemente de experiência, treinamento, supervisão e licenciamento de seus provedores (Cuijpers, 2017; Kivlighan et al., 2015; Wampold et al., 2017). Uma pesquisa da *Consumer Reports* encontrou o mesmo resultado (Seligman, 1995). Os clientes foram tratados por um psiquiatra, psicólogo ou assistente social? Eles foram tratados em um contexto de grupo ou individual? O terapeuta teve treinamento e experiência extensos ou relativamente limitados? Não importava.

Então, o pássaro dodô em *Alice no País das Maravilhas* (*Alice in Wonderland*) estava certo: "todo mundo ganhou e todos devem ser premiados"? Não exatamente. Uma descoberta geral emerge dos estudos: quanto mais específico for o problema, maior será a esperança de que a psicoterapia possa resolvê-lo (Singer, 1981; Westen & Morrison, 2001). Aqueles que experimentam pânico ou fobias específicas, que não são assertivos, ou que estão frustrados por problemas de desempenho sexual podem esperar melhoras. Aqueles com problemas menos específicos, como depressão e ansiedade, geralmente se beneficiam no curto prazo, mas recaem mais tarde. Muitas vezes, também há uma sobreposição de transtornos (conhecida como *comorbidade*).

"Diferentes feridas têm diferentes pomadas."
– Provérbio inglês

No entanto, algumas formas de terapia recebem prêmios por tratar efetivamente problemas *específicos*:

- ***Terapias cognitivas e cognitivo-comportamentais***: principalmente ansiedade, transtorno de estresse pós-traumático, insônia e depressão (Qaseem et al., 2016; Scaini et al., 2016; Tolin, 2010)
- ***Terapias de condicionamento comportamental***: problemas de comportamento como enurese noturna, fobias específicas, compulsões, dificuldades conjugais e disfunções sexuais (Baker et al., 2008; Hunsley & DiGiulio, 2002; Shadish & Baldwin, 2005)

- ***Terapia psicodinâmica***: depressão e ansiedade (Driessen et al., 2010; Leichsenring & Rabung, 2008; Shedler, 2010). Algumas análises sugerem que a terapia psicodinâmica e a terapia cognitivo-comportamental são igualmente eficazes na redução da depressão (Driessen et al., 2017; Steinert et al., 2017)
- ***Aconselhamento não diretivo (centrado na pessoa)***: depressão leve a moderada (Cuijpers et al., 2012).

A tendência de muitos estados anormais da mente retornarem ao normal, combinada com o efeito placebo (o poder curativo da mera crença em um tratamento), cria um solo fértil para pseudoterapias. Mas nenhum prêmio - e nenhum apoio científico - vai para certas terapias alternativas (Arkowitz & Lilienfeld, 2006; Lilienfeld et al., 2015a). Seria sábio que devêssemos evitar terapias que propõem manipular "campos de energia" invisíveis, terapias que reencenam o suposto trauma do nascimento de um cliente e terapias que "facilitam" a comunicação para alcançar pessoas não comunicativas.

Como acontece com alguns tratamentos médicos, certos tratamentos psicológicos não são apenas ineficazes, são também prejudiciais. A American Psychiatric Association, a Canadian Psychological Association e a British Psychological Society alertaram contra as terapias de conversão que pretendem mudar a identidade de gênero ou a orientação sexual das pessoas. Essas terapias visam "reparar [...] algo que não é uma doença mental e, portanto, não requer terapia", declarou o presidente da American Psychological Association, Barry Anton (2015). Na verdade, a terapia de conversão implica "um risco significativo de dano" (APA, 2018a; Turban et al., 2020). Essa evidência levou a muitas proibições desta prática, especialmente para menores. Outras iniciativas - o programa Scared Straight projetado para domar a violência adolescente, o esforço antidrogas DARE promovido pela polícia dos EUA e vários esforços para redução de peso e reabilitação de pedófilos - também foram consideradas ineficazes ou até prejudiciais (Walton & Wilson, 2018).

A questão da avaliação - quais terapias recebem prêmios e quais não? - está no centro do que alguns chamam de guerra civil da psicologia. Até que ponto a ciência deve guiar tanto a prática clínica quanto a disposição dos profissionais de saúde e das seguradoras de pagar pela psicoterapia? De um lado, estão os psicólogos pesquisadores usando métodos científicos para estender a lista de terapias bem definidas e validadas para vários transtornos. Eles condenam os clínicos que parecem "dar mais importância à sua experiência pessoal do que à ciência" (Baker et al., 2008). Do outro lado, estão alguns terapeutas não cientistas que veem sua prática mais como arte do que como ciência: as pessoas são muito complexas e a psicoterapia é muito intuitiva para ser descrita em um manual ou para ser testada em um experimento.

Entre essas duas facções estão os clínicos orientados para a ciência que procuram **práticas baseadas em evidências**, endossadas pela American Psychological Association e outras entidades (2006; Holmes et al., 2018; Sakaluk et al., 2019). Os terapeutas que usam essa abordagem integram a melhor pesquisa disponível, com sua experiência clínica e com as preferências e características do cliente (Figura 16.5). Após uma avaliação rigorosa, os clínicos aplicam terapias adequadas às suas próprias habilidades e às situações únicas de seus clientes. Alguns também usam a tecnologia. Ao analisar muitas informações do cliente, os programas de computador podem ajudar os médicos a oferecer soluções terapêuticas personalizadas (Ewbank et al., 2019; Webb et al., 2020). Cada vez mais, o apoio das seguradoras e do governo aos serviços de saúde mental exige uma prática baseada em evidências.

Figura 16.5 Prática baseada em evidências. A decisão clínica ideal pode ser visualizada como um banco de três pernas, sustentado por evidências de pesquisa, experiência clínica e conhecimento sobre o cliente.

PRÁTICA DE RECUPERAÇÃO

PR-2 A terapia provavelmente será útil para aqueles com problemas que ________ (são/não são) bem definidos.

PR-3 O que é *prática baseada em evidências*?

RESPOSTAS NO APÊNDICE E

Como as psicoterapias ajudam as pessoas?

QOA 16.10 Quais são os três elementos compartilhados por todas as formas de psicoterapia?

Por que os estudos encontraram pouca correlação entre o treinamento e a experiência dos terapeutas e os resultados dos clientes? Uma resposta parece ser que todas as psicoterapias compartilham três benefícios básicos (Cuijpers et al., 2019; Frank, 1982; Wampold, 2007):

- ***Esperança para pessoas desanimadas.*** As pessoas que procuram terapia geralmente se sentem ansiosas, deprimidas, autodepreciadas e incapazes de mudar as coisas. O que qualquer psicoterapia oferece é a expectativa de que, com o empenho do solicitante da

Prática baseada em evidências. Decisão clínica que integra a melhor pesquisa disponível na experiência clínica e as características e preferências do paciente.

Aliança terapêutica. Vínculo de confiança e compreensão mútua entre o terapeuta e o cliente, que trabalham juntos de maneira construtiva para superar o problema do cliente.

terapia, as coisas podem e vão melhorar. Essa crença, independentemente de qualquer técnica terapêutica, pode melhorar o moral, criar sentimentos de autoeficácia e diminuir os sintomas (Corrigan, 2014; Meyerhoff & Rohan, 2016)

- ***Uma nova perspectiva.*** Cada terapia oferece à pessoa uma explicação plausível de seus sintomas. Munida de uma nova perspectiva confiável, ela é capaz de encarar a vida com uma nova atitude, aberta a fazer mudanças em seu comportamento e em sua visão sobre si mesma.
- ***Uma relação empática, de confiança e cuidadosa.*** Não importa a técnica que utilizam, terapeutas eficazes são sempre empáticos. Eles procuram compreender a experiência do cliente, comunicam cuidado e preocupação e ganham confiança por meio de uma escuta respeitosa, segurança e orientação. Essas qualidades ficaram claras em sessões de terapia gravadas de 36 terapeutas de renome (Goldfried et al., 1998). Alguns adotaram uma abordagem cognitivo-comportamental. Outros usaram princípios psicodinâmicos. Embora esses mestres terapeutas tenham usado abordagens diferentes, eles mostraram algumas *semelhanças* impressionantes. Ajudaram os clientes a avaliar a si mesmos, vincular um aspecto de sua vida a outro e obter *insights* sobre suas interações com os outros. O vínculo emocional entre terapeuta e cliente – a **aliança terapêutica** – ajuda a explicar por que terapeutas empáticos e atenciosos são especialmente eficazes (Atzil-Slonim et al., 2019; Rubel et al., 2019). Seja no Canadá ou no Camboja, uma forte aliança terapêutica promove a saúde psicológica (Falkenström et al., 2019; Gold, 2019). Uma aliança terapêutica pode até salvar vidas. Em uma análise de uma dúzia de estudos, uma forte aliança terapêutica previu menor frequência de pensamentos suicidas, comportamentos de automutilação e tentativas de suicídio (Dunster-Page et al., 2017).

Esses três elementos comuns – esperança, nova perspectiva e relacionamento empático e atencioso – nos ajudam a entender por que os *paraprofissionais* (cuidadores brevemente treinados, que podem ser ex-clientes recuperados) podem ajudar muitas pessoas problemáticas de forma tão eficaz (Bryan & Arkowitz, 2015; Christensen & Jacobson, 1994). Eles também fazem parte do que o crescente número de grupos de autoajuda e apoio *online* e presencial oferece a seus membros. E eles são parte do que os curandeiros tradicionais têm oferecido (Jackson, 1992). Curandeiros em todos os lugares – pessoas especiais a quem outros revelam seu sofrimento, sejam psiquiatras ou xamãs – ouviam para entender e sentir empatia, tranquilizar, aconselhar, consolar, interpretar ou explicar (Torrey, 1986). Essas qualidades podem explicar por que pessoas que se sentem apoiadas por relacionamentos íntimos – que apreciam o companheirismo e a amizade de pessoas atenciosas – têm menos probabilidade de procurar terapia (Frank, 1982; O'Connor & Brown, 1984).

* * *

Recapitulando, pessoas que procuram ajuda geralmente melhoram. Isso também acontece com muitos dos que não fazem psicoterapia e isso é um tributo à desenvoltura humana e à nossa capacidade de cuidar uns dos outros. No entanto, embora a orientação e a experiência do terapeuta pareçam não importar muito, as pessoas que fazem algum tipo de psicoterapia geralmente melhoram mais do que aquelas que não recebem tratamento. E pessoas com problemas específicos tendem a melhorar mais.

PERGUNTE A SI MESMO

Com base no que leu, você procuraria terapia se estivesse lutando com um problema? Por que sim ou por que não? Se você fez terapia, o que aprendeu influencia seus sentimentos sobre a experiência?

PRÁTICA DE RECUPERAÇÃO

PR-4 Aqueles que se submetem à psicoterapia são __________ (mais/menos) propensos a apresentar melhora do que aqueles que não se submetem à psicoterapia.

RESPOSTAS NO APÊNDICE E

Como a diversidade humana influencia a psicoterapia?

QOA 16.11 Que fatores pessoais influenciam a relação terapeuta-cliente?

Todas as psicoterapias oferecem esperança e quase todos os psicoterapeutas tentam aumentar a sensibilidade, a abertura, a responsabilidade pessoal e o senso de propósito de seus clientes (Jensen & Bergin, 1988). Mas em questões culturais, de valores e de identidade pessoal, os psicoterapeutas diferem uns dos outros e podem diferir de seus clientes (Delaney et al., 2007; Kelly, 1990).

Essas diferenças podem criar uma incompatibilidade – por exemplo, quando um terapeuta de uma cultura interage com um cliente de outra. Na América do Norte, na Europa e na Austrália, a maioria dos psicoterapeutas reflete o *individualismo* de sua própria cultura, que muitas vezes prioriza o desejo e a identidade pessoal. Clientes com uma perspectiva *coletivista*, como muitos de culturas asiáticas, podem estar muito mais conscientes das responsabilidades sociais e familiares, da harmonia e dos objetivos do grupo. Esses clientes podem ter problemas para se relacionar com terapeutas que lhes pedem que pensem apenas em seu próprio bem-estar (Markus & Kitayama, 1991).

As diferenças culturais ajudam a explicar a relutância de alguns grupos a usar os serviços de saúde mental. Pessoas que convivem em "culturas de honra" prezam por serem fortes e resistentes. Elas podem sentir que procurar cuidados de saúde mental é uma admissão de fraqueza em vez de uma oportunidade de crescimento (Brown et al., 2014). E alguns grupos minoritários tendem a ser relutantes quanto a procurar terapia e a abandoná-la rapidamente (Chen et al., 2009; Sue et al., 2009). Em um experimento, clientes asiático-americanos pareados a conselheiros que compartilhavam seus valores culturais (em vez de com aqueles que não compartilhavam) perceberam mais empatia do conselheiro e sentiram uma aliança terapêutica mais forte (Kim et al., 2005). As incompatibilidades aparentes podem ter consequências de vida ou morte: militares dos EUA que colocaram mais barreiras ao tratamento tiveram maior probabilidade de morrer por suicídio (Zuromski et al., 2019).

Os desencontros entre cliente e psicoterapeuta também podem resultar de outras diferenças pessoais. Indivíduos altamente religiosos podem preferir e se beneficiar de terapeutas religiosamente semelhantes, que compartilham seus valores e crenças (Masters, 2010; Pearce et al., 2015). Da mesma forma, as atitudes do terapeuta com relação às pessoas que se identificam como lésbicas, *gays*, bissexuais, transgêneros ou questionadoras/*queer* (LGBTQ) podem afetar a relação cliente-terapeuta. Pessoas transgênero, por exemplo, podem compreensivelmente procurar terapeutas que lhes proporcionem afirmação (Bettergarcia & Israel, 2018).

Quem procura por psicoterapia e quem é o profissional?

QOA 16.12 Quando uma pessoa deve procurar terapia e o que as pessoas devem procurar ao escolher um terapeuta?

A vida para todos é marcada por uma mistura de serenidade e estresse, bênção e luto, bom e mau humor. Então, quando devemos procurar a ajuda de um profissional de saúde mental? A American Psychological Association aponta alguns sinais de problemas:

- Sentimentos de desesperança
- Depressão profunda e duradoura
- Comportamento autodestrutivo, como uso abusivo de substâncias
- Medos disruptivos
- Mudanças repentinas de humor
- Ideação suicida
- Rituais compulsivos, como verificação de fechaduras
- Dificuldades sexuais
- Ouvir vozes ou ver coisas que outras pessoas não vivenciam.

Ao procurar um psicoterapeuta, talvez você possa fazer uma consulta preliminar com dois ou três. Consultar mais de um terapeuta lhe dá mais oportunidades de encontrar alguém com quem você se sinta confortável. Os centros de saúde universitários são geralmente bons pontos de partida. Você pode encontrar terapeutas qualificados e alguns serviços gratuitos navegando na internet ou visitando pessoalmente.[2] Você também pode obter uma referência de um médico ou clínica. Se tiver convênio médico, seu provedor pode fornecer uma lista de terapeutas convenientes. Muitas pessoas também usam a internet para procurar terapeutas e receber ajuda *online* ou por meio de um dos mais de 10 mil aplicativos de saúde mental (Kocsis, 2018; Levin et al., 2018; Nielssen et al., 2019). A terapia *online* e feita por aplicativos pode ajudar a reduzir a depressão, a ansiedade e a insônia (Espie et al., 2019; Firth et al., 2017a,b; Linardon et al., 2019).

Em seus encontros presenciais ou *online*, você pode descrever seu problema e descobrir o tipo de abordagem de tratamento de cada terapeuta. Você pode fazer perguntas sobre os valores do terapeuta, credenciais (Tabela 16.3) e honorários. Também pode avaliar seus

N.R.T.: A maioria das Universidades Federais e Estaduais do Brasil também contam com centros de atendimento gratuito de pessoas com problemas de saúde mental. Além disso, também é possível acessar a rede de CRAS e CREAS de cada estado, que são instituições ligadas ao SUS, onde os profissionais estão disponíveis para prestar assistência social e atenção à saúde mental.

Tabela 16.3 Terapeuta e tipo de formação.

Tipo	Descrição
Psicólogos clínicos	A maioria são psicólogos com um Ph.D. (inclui treinamento em pesquisa) ou Psy.D. (foco na terapia) complementado por estágio supervisionado e, muitas vezes, pós-doutorado. Cerca de metade trabalha em agências e instituições, o restante trabalha em consultório particular[3]
Psiquiatras	Psiquiatras são médicos que se especializam no tratamento de transtornos psicológicos. Nem todos os psiquiatras tiveram treinamento extensivo em psicoterapia, mas como médicos ou doutores podem prescrever medicamentos. Por isso, eles costumam atender pessoas com problemas mais graves. Muitos têm seu próprio consultório particular
Assistentes sociais clínicos ou psiquiátricos	Um programa de pós-graduação de mestrado em serviço social de 2 anos, mais uma supervisão de pós-graduação preparam alguns assistentes sociais para oferecer psicoterapia, principalmente para pessoas com problemas cotidianos pessoais e familiares. Cerca de metade nos EUA recebeu a designação de assistente social clínico, da National Association of Social Workers[4]
Conselheiros[5]	Os conselheiros familiares e de casais são especializados em problemas decorrentes das relações familiares. O clero fornece aconselhamento a inúmeras pessoas. Os conselheiros de abuso trabalham com dependentes químicos e com agressores de cônjuges e crianças, além de vítimas de abuso. Conselheiros de saúde mental e outros tipos de conselheiros podem ser obrigados a concluir um mestrado de 2 anos[6]

próprios sentimentos sobre cada um deles. O vínculo emocional entre terapeuta e cliente é talvez o fator mais importante em uma terapia eficaz.

A American Psychological Association reconhece a importância de uma forte aliança terapêutica e acolhe diversos terapeutas que podem se relacionar bem com diversos clientes. Ela credencia programas que oferecem treinamento em sensibilidade cultural (p. ex., para diferentes valores, estilos de comunicação e idiomas) e que recrutam grupos culturais sub-representados.

Quais são alguns princípios éticos importantes na psicoterapia?

QOA 16.13 Que princípios éticos orientam a psicoterapia e a pesquisa psicológica sobre doenças mentais?

Os psicoterapeutas usam diferentes abordagens para ajudar a reduzir o sofrimento de seus clientes. Da mesma maneira, os pesquisadores aplicam muitos métodos para entender como diminuir os pensamentos, sentimentos e comportamentos desordenados das pessoas. Mas antes que psicoterapeutas ou pesquisadores iniciem seu tratamento ou investigação, eles devem seguir os princípios éticos e o código de conduta de seu país (APA, 2017a).

De acordo com a American Psychological Association, seu terapeuta deve seguir estes princípios:

- Procurar ajudar e nunca prejudicar você
- Estabelecer um sentimento de confiança e um papel definido como seu terapeuta, além de estar a serviço da comunidade terapêutica
- Ser honesto, verdadeiro e correto
- Ser justo e promover a justiça para você e para os outros, ajudando todos a ter acesso aos benefícios da terapia
- Respeitar a dignidade e o valor de todos, inclusive você, reconhecendo o direito à privacidade, à confidencialidade e à autodeterminação.

N.R.T.: No Brasil, todos os psicólogos clínicos devem ser graduados em Psicologia e, após a graduação, terem feito uma especialização em atendimento clínico. Estes estudos de pós-graduação podem variar em tempo (geralmente de 1 a 2 anos) e podem capacitar o psicólogo para atendimento de crianças, casais, famílias ou um tipo de terapia específica.

N.R.T.: No Brasil, assistentes sociais não têm formação para atuar como psicólogos. Contudo, uma pós-graduação que inclua estágios supervisionados em psicologia clínica, pode habilitá-los para realizar psicoterapia.

N.R.T.: No Brasil, a nomenclatura "conselheiros" não é equivalente a "psicólogos especializados em casais ou em famílias". Apesar de ainda desperta muitas dúvidas, o termo mais utilizado tem sido "Coaching" (termo importado do inglês, que originalmente faz referência a treinadores esportivos, mas que, no Brasil, ficou conhecido como sinônimo de um profissional que ajuda o cliente na obtenção das suas metas, sejam elas profissionais ou pessoais).

N.R.T.: No Brasil, qualquer profissional pode aprofundar seus conhecimentos em uma área específica e trabalhar como coaching, porém isso não é equivalente a uma formação em psicologia. Os coaches não têm formação em psicologia clínica e, no geral, não estão capacitados para realizar atendimentos de pessoas com problemas de saúde mental.

Pesquisadores na área de Psicologia usam as mesmas diretrizes éticas ao estudar como diminuir a doença mental. Seu objetivo é ajudar os outros, ser honestos e verdadeiros, e nunca expor as pessoas a experiências que representem mais do que um *risco mínimo* - mais do que as pessoas podem encontrar em suas vidas diárias.

PRÁTICA DE RECUPERAÇÃO

PR-5 Há muitos tratamentos e abordagens de pesquisa em saúde mental, mas todos os terapeutas e pesquisadores devem seguir os princípios ______________.

RESPOSTAS NO APÊNDICE E

REVISÃO Avaliação dos tipos de psicoterapia

OBJETIVOS DE APRENDIZAGEM

Teste a si mesmo. Responda às Questões dos Objetivos de Aprendizagem (antes de conferir as respostas no Apêndice D) para aprimorar a retenção dos conceitos estudados (McDaniel et al., 2009, 2015).

QOA 16.8 A psicoterapia funciona? Como podemos saber?

QOA 16.9 Será que algumas psicoterapias são mais efetivas do que outras para transtornos específicos?

QOA 16.10 Quais são os três elementos compartilhados por todas as formas de psicoterapia?

QOA 16.11 Que fatores pessoais influenciam a relação terapeuta-cliente?

QOA 16.12 Quando uma pessoa deve procurar terapia e o que as pessoas devem procurar ao escolher um terapeuta?

QOA 16.13 Que princípios éticos orientam a psicoterapia e a pesquisa psicológica sobre doenças mentais?

TERMOS E CONCEITOS A RECORDAR

Teste a si mesmo. Escreva a definição com suas próprias palavras e depois confirme sua resposta.

viés de confirmação, p. 599
metanálise, p. 599
prática baseada em evidências, p. 601
aliança terapêutica, p. 602

DOMINE O MATERIAL

Teste a si mesmo. Responda às questões a seguir por conta própria, a princípio, depois confira as respostas no Apêndice E.

1. A visão mais entusiástica ou otimista da eficácia da psicoterapia vem de
 a. pesquisa de resultados.
 b. ensaios clínicos randomizados.
 c. relatórios de médicos e clientes.
 d. um estudo do governo sobre tratamento para a depressão.

2. Estudos mostram que a terapia ____________ é o tratamento mais efetiva para a maioria dos transtornos psicológicos.
 a. comportamental
 b. humanista
 c. psicodinâmica
 d. nenhum tipo de terapia

3. Quais são os três componentes da prática baseada em evidências?

4. As psicoterapias ajudam as pessoas fornecendo __________, uma nova perspectiva e um relacionamento empático, de confiança e cuidado.

Terapias biomédicas e a prevenção de transtornos psicológicos

A psicoterapia é uma forma de tratar transtornos psicológicos. Outra forma é a *terapia biomédica*. Os tratamentos biomédicos podem alterar a química cerebral com medicamentos; afetar seus circuitos com estimulação elétrica, impulsos magnéticos ou psicocirurgia; ou influenciar suas respostas com mudanças no estilo de vida.

Você está surpreso por encontrar *mudanças de estilo de vida* nessa lista? Achamos conveniente falar sobre as influências psicológicas e biológicas separadamente, mas tudo que é psicológico também é biológico. Assim, nosso estilo de vida - exercícios, nutrição, relacionamentos, lazer, relaxamento, engajamento religioso ou espiritual e o serviço que prestamos aos outros - afeta nossa saúde mental (Schuch et al., 2016; Walsh, 2011). (Veja: Pensamento crítico sobre: mudança terapêutica do estilo de vida.)

"Não existe pensamento distorcido sem uma molécula distorcida." - Atribuído ao psicólogo Ralph Gerard (1900-1974)

Pensamento crítico sobre:

Mudança terapêutica do estilo de vida

QOA **16.14** Por que a mudança terapêutica do estilo de vida é considerada uma terapia biomédica efetiva, e como funciona?

ESTILO DE VIDA (exercício, nutrição, relacionamentos, lazer, ajudar outras pessoas, relaxamento e envolvimento religioso ou espiritual) → **Influencia nosso CÉREBRO E CORPO** → **Afeta nossa SAÚDE MENTAL**[1]

Nossa história compartilhada nos preparou para sermos fisicamente ativos e engajados socialmente.

Nossos ancestrais caçavam, coletavam e construíam em grupos.

Pesquisadores modernos descobriram que a atividade ao ar livre em um ambiente natural reduz o estresse e promove a saúde.[2]

INSCRIÇÃO PARA À TERAPIA

Seminários de treinamento promovem mudanças terapêuticas no estilo de vida.[3] Pequenos grupos de pessoas com depressão passam por um programa de treinamento de 12 semanas com os seguintes objetivos:

Exercício aeróbico, 30 minutos por dia, pelo menos três vezes por semana (aumenta a força e a vitalidade, estimula a produção de endorfinas)

O exercício aeróbico regular rivaliza com o poder curativo dos antidepressivos.[4]

Sono adequado, com meta de 7 a 8 horas por noite.

Uma noite de sono completa incrementa a imunidade e aumenta a energia, o estado de alerta e o humor.[5]

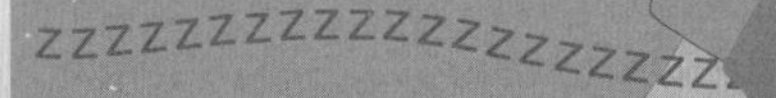

Exposição à luz, 15 a 30 minutos todas as manhãs com uma caixa de luz (amplifica o excitamento, influencia na produção de hormônios)

Conexão social, com menos tempo sozinho e pelo menos dois compromissos sociais significativos por semana (ajuda a satisfazer a necessidade humana de pertencimento)

Reduzir a ruminação, identificando e redirecionando pensamentos negativos (aumenta o pensamento positivo)

Suplementos nutricionais, incluindo um suplemento diário com ácidos graxos ômega 3 (reduz o comportamento agressivo)[6]

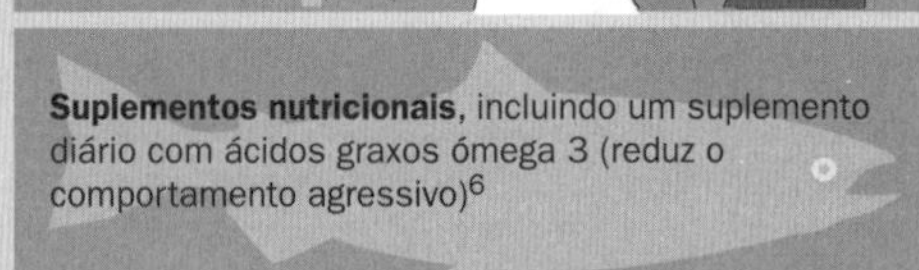

Pequeno estudo inicial (74 participantes)[7]

77% dos que completaram o programa sentiram alívio dos sintomas depressivos.

Apenas 19% daqueles atribuídos a um grupo de controle apresentaram resultados semelhantes.

Futuras pesquisas tentarão identificar quais partes do tratamento produzem efeitos terapêuticos.

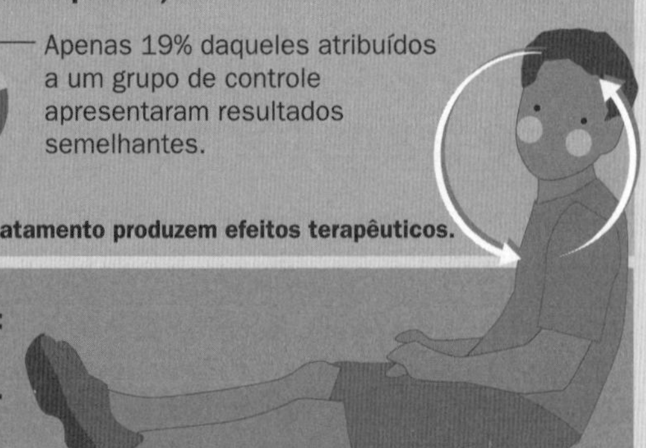

As terapias biomédicas pressupõem que mente e corpo são uma unidade: o que influencia um também influencia o outro.

1. Sánchez-Villegas et al., 2015; Walsh, 2011. 2. MacKerron & Mourato, 2013; NEEF, 2015; Phillips, 2011. 3. Ilardi, 2009. 4. Babyak et al., 2000; Salmão, 2001; Schuch et al., 2016. 5. Gregory et al., 2009; Walker & van der Helm, 2009. 6. Bègue et al., 2017; Raine et al., 2018. 7. Ilardi, 2009, 2016.

Cada pensamento e sentimento depende do funcionamento do cérebro. Toda ideia criativa, todo momento de alegria ou raiva, todo período de depressão emerge da atividade eletroquímica do cérebro vivo. Transtornos de ansiedade, transtornos obsessivo-compulsivos e relacionados, transtorno de estresse pós-traumático, transtornos depressivos, transtornos bipolares e esquizofrenia são eventos biológicos. Alguns psicólogos consideram até mesmo a psicoterapia um tratamento biológico, pois mudar a maneira como pensamos e nos comportamos é uma experiência de mudança cerebral (Kandel, 2013). Quando a psicoterapia alivia comportamentos associados ao transtorno obsessivo-compulsivo ou à esquizofrenia, as imagens PET scan revelam um cérebro mais calmo (Habel et al., 2010; Schwartz et al., 1996). Como vimos repetidamente, *o ser humano é um sistema biopsicossocial integrado.*

Psicofarmacologia. Estudo dos efeitos dos fármacos sobre a mente e o comportamento.

Medicamentos antipsicóticos. Substâncias usadas para tratar a esquizofrenia e outras formas de transtornos mentais graves.

PRÁTICA DE RECUPERAÇÃO

PR-1 Quais são alguns exemplos de mudanças no estilo de vida que as pessoas podem fazer para melhorar sua saúde mental?

RESPOSTAS NO APÊNDICE E

Terapias medicamentosas

QOA 16.15 Quais são as terapias medicamentosas? Como os estudos duplo-cegos ajudam os pesquisadores a avaliar a eficácia de um medicamento?

De longe, os tratamentos biomédicos mais utilizados atualmente são as terapias medicamentosas. A maioria dos medicamentos para ansiedade e depressão são prescritos por prestadores de cuidados primários, seguidos por psiquiatras e, em alguns estados dos EUA, psicólogos. Como é o caso da maioria dos tratamentos médicos, as pessoas podem escolher se querem tomar medicamentos prescritos para saúde mental – exceto em casos raros de risco de grande dano a si mesmos ou a outros.

Desde a década de 1950, as descobertas em **psicofarmacologia** (o estudo dos efeitos dos medicamentos sobre a mente e o comportamento) revolucionaram o tratamento de pessoas com transtornos graves, liberando centenas de milhares do confinamento hospitalar. Graças às terapias medicamentosas e aos programas de saúde mental da comunidade local, a população residente atual de hospitais psiquiátricos caiu para uma pequena fração do que era antes. Para os poucos que são incapazes de cuidar de si mesmos, no entanto, a liberação dos hospitais significou falta de moradia, não libertação.

Quase todos os novos tratamentos, incluindo a terapia medicamentosa, são recebidos por uma onda inicial de entusiasmo à medida que muitas pessoas aparentemente melhoram. Mas esse entusiasmo muitas vezes diminui após um exame mais atento. Para avaliar a efetividade de qualquer novo medicamento, os pesquisadores também precisam conhecer as taxas normais de recuperação espontânea:

- Quantas pessoas se recuperam sem tratamento e com que rapidez?
- A recuperação se deve ao medicamento ou ao efeito placebo? Quando pacientes ou profissionais de saúde mental esperam resultados positivos, eles podem ver o que esperam, não o que realmente acontece. Mesmo a mera exposição à publicidade sobre a suposta eficácia de um medicamento pode aumentar seu efeito (Kamenica et al., 2013).

Para controlar essas influências, os pesquisadores dão a uma metade dos pacientes o fármaco ativo e à outra metade, um placebo de aparência semelhante. Como nem a equipe nem os pacientes sabem quem recebe o que, isso é chamado *procedimento duplo-cego*. A boa notícia: em estudos duplo-cegos, vários tipos de substâncias tratam efetivamente os transtornos psicológicos.

Medicamentos antipsicóticos

Uma descoberta acidental deu início a uma revolução no tratamento de pessoas com *psicoses*. A descoberta: certos medicamentos usados para outras finalidades acalmaram as alucinações ou delírios que fazem parte da separação da realidade desses pacientes. **Medicamentos antipsicóticos** de primeira geração, como a clorpromazina, diminuíram a capacidade de resposta a estímulos irrelevantes. Assim, eles forneceram mais ajuda aos pacientes com sintomas positivos (ativamente inapropriados) da esquizofrenia, como alucinações auditivas e paranoia (Leucht et al., 2018). (Os medicamentos antipsicóticos são menos eficazes na mudança de sintomas negativos, como apatia e retraimento.)

As moléculas da maioria dos medicamentos antipsicóticos convencionais possuem semelhanças suficientes com as moléculas do neurotransmissor dopamina para ocupar seus sítios receptores e bloquear a atividade. Essa descoberta reforça a ideia de que um sistema de dopamina hiperativo contribui para a esquizofrenia.

Talvez você possa adivinhar um efeito colateral ocasional da L-dopa, uma substância que aumenta os níveis de dopamina para pacientes de Parkinson: alucinações.

Medicamentos ansiolíticos. Substâncias usadas para controlar a ansiedade e a agitação.

Medicamentos antidepressivos. Substâncias usadas para tratar transtornos depressivos, transtornos de ansiedade, transtornos obsessivo-compulsivos e relacionados e transtorno de estresse pós-traumático. (Vários medicamentos antidepressivos amplamente utilizados são *inibidores seletivos da recaptação da serotonina* – ISRS.)

Os antipsicóticos também têm efeitos colaterais poderosos. Alguns produzem lentidão, tremores e espasmos semelhantes aos da doença de Parkinson (Kaplan & Saddock, 1989). O uso prolongado de antipsicóticos pode produzir *discinesia tardia*, com movimentos involuntários dos músculos faciais (como caretas), língua e membros. Embora não tenham efeito maior no controle dos sintomas da esquizofrenia, muitos antipsicóticos de última geração, como risperidona e olanzapina, funcionam melhor para aqueles com sintomas graves e têm menos efeitos colaterais (Furukawa et al., 2015). Esses medicamentos podem, no entanto, aumentar o risco de obesidade e diabetes (Buchanan et al., 2010; Tiihonen et al., 2009). Pesquisadores vasculharam dados históricos para identificar a dose mais efetiva e segura para mais de 20 medicamentos antipsicóticos (Leucht et al., 2020).

Os antipsicóticos, combinados com programas de autonomia funcional e suporte familiar, deram nova esperança a muitas pessoas com esquizofrenia (Goff et al., 2017; Guo et al., 2010). Os programas de computador estão ajudando os médicos a identificar quais pessoas com esquizofrenia se beneficiarão de medicamentos antipsicóticos específicos (Lee, B. et al., 2018; Yu et al., 2018b). Centenas de milhares de pacientes voltaram ao trabalho e a uma vida praticamente normal (Leucht et al., 2003). Elyn Saks (2007), professora de direito da University of Southern California, sabe o que significa viver com esquizofrenia. Graças ao seu tratamento, que combina um medicamento antipsicótico e psicoterapia, ela disse, "agora estou bem. Estou principalmente pensando com clareza. Eu tenho episódios, mas não é como se estivesse lutando o tempo todo para ficar do lado certo da linha".

Medicamentos ansiolíticos

Assim como o álcool, os **medicamentos ansiolíticos**, como alprazolam ou lorazepam, deprimem a atividade do sistema nervoso central (e, portanto, não devem ser usados em combinação com álcool). Alguns medicamentos ansiolíticos têm sido usados com sucesso em combinação com psicoterapia para potencializar a extinção de medos aprendidos na terapia de exposição e para ajudar a aliviar os sintomas do transtorno de estresse pós-traumático e do transtorno obsessivo-compulsivo (Davis, 2005; Kushner et al., 2007).

Alguns críticos temem que os medicamentos ansiolíticos possam reduzir os sintomas sem resolver os problemas subjacentes, especialmente quando usados como tratamento contínuo. "Tomar um Xanax®" ao primeiro sinal de tensão pode criar uma resposta aprendida: o alívio imediato reforça a tendência de uma pessoa a usar medicação para combater a ansiedade. Os ansiolíticos também podem ser viciantes. Usuários regulares que param de tomar esses medicamentos podem apresentar aumento da ansiedade, insônia e outros sintomas de abstinência.

Medicamentos antidepressivos

Os **medicamentos antidepressivos** foram nomeados por sua capacidade de tirar as pessoas de um estado de depressão, e esse era seu principal uso até recentemente. Atualmente, no entanto, esses medicamentos têm sido cada vez mais usados para tratar transtornos de ansiedade, transtornos obsessivo-compulsivos e relacionados, e transtorno de estresse pós-traumático (Beaulieu et al., 2019; Merz et al., 2019; Slee et al., 2019). Muitos funcionam aumentando a disponibilidade de neurotransmissores, como norepinefrina (ou noradrenalina) ou serotonina, que elevam a excitação e o humor e são escassos quando uma pessoa experimenta sentimentos de depressão ou ansiedade. As substâncias mais comumente prescritas neste grupo, incluindo a fluoxetina e seus primos sertralina e paroxetina, funcionam prolongando o tempo que as moléculas de serotonina permanecem nas sinapses do cérebro. Como vimos no Capítulo 2, fazem isso bloqueando parcialmente o processo normal de recaptação. Considerando o uso no tratamento de outros transtornos que não os depressivos – de ansiedade até acidente vascular cerebral – esses medicamentos são mais frequentemente chamados de ISRS (*inibidores seletivos da recaptação de serotonina*), em vez de antidepressivos (Kramer, 2011).

Alguns fármacos antidepressivos mais antigos atuam bloqueando a reabsorção ou a decomposição da norepinefrina e da serotonina. Embora eficazes, esses medicamentos de dupla ação têm mais efeitos colaterais potenciais, como boca seca, ganho de peso, hipertensão ou tonturas (Anderson, 2000; Mulrow, 1999). A administração, por meio de adesivos transdérmicos, poupa o fígado e o intestino, ajudando a reduzir esses efeitos colaterais (Bodkin & Amsterdam, 2002).

Mas atenção: pacientes com depressão que começam a tomar antidepressivos não acordam na manhã seguinte cantando "oh, que dia lindo!". Os ISRS começam a influenciar a neurotransmissão em poucas horas, mas seu efeito psicológico completo pode levar 4 semanas (e pode envolver um efeito colateral de diminuição do desejo sexual). Uma possível razão para o atraso é que o aumento da serotonina promove novas sinapses, além de *neurogênese* – o nascimento de novas células cerebrais –, possivelmente revertendo a perda de neurônios induzida pelo estresse (Launay et al., 2011). Para indivíduos em risco de suicídio, os pesquisadores também estão explorando a possibilidade do uso de antidepressivos de ação mais rápida. Um deles, a cetamina, que também é um anestésico às vezes usado como uma droga psicodélica em festas, bloqueia os receptores hiperativos do glutamato, um neurotransmissor. A cetamina consegue proporcionar alívio da depressão em menos de 1 hora (Domany et al., 2019; Phillips et al., 2019; Popova, V. et al., 2019), mas o alívio geralmente se dissipa em 1 semana, o que levanta questões sobre os riscos do uso contínuo (Nemeroff, 2018; Schatzberg, 2019). Considerando que a cetamina atua como um opioide, um cético se pergunta se as clínicas de cetamina não são "nada mais do que antros de ópio modernos" (George, 2018). Outros observam que a cetamina estimula a formação de novas sinapses (Beyeler, 2019).

Algumas empresas farmacêuticas esperam desenvolver medicamentos semelhantes à cetamina com ação rápida, mas menos efeitos colaterais (Kirby, 2015). Os pesquisadores também estão explorando possíveis benefícios terapêuticos da microdosagem de drogas psicodélicas, como a psilocibina (Carey, 2019b; Kuypers et al., 2019). Os medicamentos antidepressivos não são a única maneira de dar uma levantada no ânimo. O exercício aeróbico geralmente acalma as pessoas que se sentem ansiosas e energiza as que se sentem deprimidas. A atividade física regular aumenta a saúde mental dos adolescentes (Beauchamp et al., 2018). E para adultos em todo o mundo, 3 horas semanais ou mais de exercício predizem um risco menor de depressão futura (Choi et al., 2019; Schuch et al., 2018).

Ao ajudar as pessoas a reverter seu estilo de pensamento negativo habitual, a terapia cognitiva pode aumentar o alívio da depressão auxiliada por medicamentos e reduzir as recaídas após o tratamento (Amick et al., 2015). Alguns clínicos combatem a depressão (e ansiedade) por baixo e por cima (Cuijpers et al., 2010; Hollon et al., 2014; Kennard et al., 2014). Eles utilizam medicamentos antidepressivos (que funcionam, de baixo para cima, no sistema límbico formador de emoções) em conjunto com a terapia cognitivo-comportamental (que funciona, de cima para baixo, para alterar a atividade do lobo frontal e mudar os processos mentais).

Os pesquisadores geralmente concordam que pessoas com depressão normalmente melhoram após 1 mês com medicamentos antidepressivos. Porém, depois de permitir a recuperação natural e o efeito placebo, qual é o tamanho do efeito da medicação? O efeito é consistente, mas, conforme argumentam os críticos, não é muito grande (Cipriani et al., 2018; Kirsch et al., 1998, 2014). Em ensaios clínicos duplo-cegos, os placebos produziram melhora comparável a cerca de 75% do efeito do fármaco ativo. Para pessoas com depressão grave, há menos efeito placebo e o benefício adicional da medicação é um pouco maior (Fournier et al., 2010; Kirsch et al., 2008; Olfson & Marcus, 2009). Considerando os efeitos colaterais negativos dos medicamentos antidepressivos, alguns médicos aconselham começar com a psicoterapia antes de introduzir a medicação (Strayhorn, 2019; Svaldi et al., 2019). "Se devem ser usados medicamentos", observa Irving Kirsch (2016), "convém que seja como último recurso".

Ponto a ser lembrado: se você está preocupado com sua saúde mental, consulte um profissional da área para indicar o melhor tratamento para você.

Medicamentos estabilizadores do humor

Além dos medicamentos antipsicóticos, ansiolíticos e antidepressivos, os psiquiatras têm em seu arsenal *medicamentos estabilizadores do humor*. Um deles, o valproato de sódio, originalmente usado para tratar a epilepsia, também se mostrou eficaz no controle dos episódios maníacos associados aos transtornos bipolares. Outro, o *lítio* (um simples sal), efetivamente nivela os altos e baixos emocionais desses transtornos.

Na década de 1940, o médico australiano John Cade descobriu que o lítio acalmava os porquinhos-da-Índia. Imaginando se poderia fazer o mesmo para humanos, ele primeiro experimentou em si mesmo (para verificar a segurança) e depois em 10 pessoas com mania – todas melhoraram drasticamente (Brown, 2019). Cerca de sete em cada 10 pessoas com transtorno bipolar se beneficiam de uma dose diária de longo prazo desse sal barato, que ajuda a prevenir ou aliviar episódios maníacos e, em menor grau, alivia a depressão (Solomon et al., 1995). Kay Redfield Jamison (1995) descreveu o efeito:

> O lítio previne meus picos sedutores, mas desastrosos, diminui minhas depressões, limpa as teias de aranha do meu pensamento desordenado, me desacelera, me acalma, me impede de arruinar minha carreira e relacionamentos, me mantém fora de um hospital, vivo, e torna a psicoterapia possível. (Jamison, 1995, pp. 88-89)

Tomar lítio também se correlaciona com um menor risco de suicídio entre pessoas com transtorno bipolar – cerca de um sexto do risco daqueles que não tomam lítio (Oquendo et al., 2011). O lítio que existe naturalmente na água potável também se correlacionou com menores taxas de suicídio (em 18 cidades e vilas japonesas) e menores taxas de criminalidade (em 27 condados do Texas) (Ohgami et al., 2009; Schrauzer & Shrestha, 1990, 2010; Terao et al., 2010). O lítio funciona.

PRÁTICA DE RECUPERAÇÃO

PR-2 Como os pesquisadores determinam se terapias medicamentosas específicas são efetivas?

PR-3 Os medicamentos administrados com mais frequência para tratar a depressão são chamados de ____________________. A esquizofrenia é frequentemente tratada com medicamentos ____________________.

RESPOSTAS NO APÊNDICE E

Estimulação cerebral

QOA 16.16 Como a estimulação cerebral e a psicocirurgia são usadas no tratamento de transtornos específicos?

Eletroconvulsoterapia

Outro tratamento biomédico, a **eletroconvulsoterapia (ECT)**, manipula o cérebro por meio de choque elétrico. Quando a ECT foi introduzida pela primeira vez em 1938, o paciente desperto foi amarrado a uma mesa e sacudido pela eletricidade enviada para o cérebro. O procedimento, que produziu convulsões e breve inconsciência, adquiriu uma imagem de tratamento bárbaro. Embora essa imagem permaneça, a ECT de hoje é muito mais suave, e não mais "convulsiva". O paciente recebe anestesia geral e um relaxante muscular (para evitar convulsões corporais). Um psiquiatra fornece um breve pulso elétrico, às vezes apenas no lado direito do cérebro, que desencadeia uma convulsão cerebral de 30 a 60 segundos (McCall et al., 2017). Em 30 minutos, o paciente acorda e não se lembra de nada do tratamento ou das horas anteriores. O tratamento misteriosamente eficaz é semelhante a reiniciar um computador ou a interromper uma orquestra e mandar os músicos para casa para um cochilo.

Estudo após estudo confirmam que a ECT pode efetivamente tratar a depressão grave em pacientes "resistentes ao tratamento" que não responderam à terapia medicamentosa (Fink, 2009; Giacobbe et al., 2018; Ross, E. et al., 2018). Após três dessas sessões por semana durante 2 a 4 semanas, 70% ou mais daqueles que recebem ECT melhoram acentuadamente, com menos perda de memória do que nas versões anteriores do tratamento e sem danos cerebrais perceptíveis ou aumento do risco de demência (Osler et al., 2018). A ECT também reduz a ideação suicida e tem sido creditada por salvar muitos do suicídio (Kellner et al., 2006). Um editorial do *Journal of the American Medical Association* concluiu que "os resultados da ECT no tratamento da depressão grave estão entre os efeitos mais positivos do tratamento em toda a medicina" (Glass, 2001).

O uso médico da eletricidade é uma prática antiga. Os médicos trataram o imperador romano Cláudio (10 a.C.-54 d.C.), que tinha dores de cabeça, pressionando enguias elétricas em suas têmporas. Atualmente, cerca de 17 pessoas em 100 mil – pessoas cuja depressão não respondeu a outros tratamentos – receberam ECT (Lesage et al., 2016).

Como a ECT alivia a depressão grave? Depois de mais de 70 anos, ninguém sabe ao certo. Um paciente comparou a ECT à vacina contra a varíola, que estava salvando vidas antes de sabermos como funcionava. Talvez a breve corrente elétrica acalme os centros neurais onde a hiperatividade produz depressão. Algumas pesquisas indicam que a ECT estimula a neurogênese e novas conexões sinápticas (Joshi et al., 2016; Rotheneichner et al., 2014; Wang et al., 2017b).

Não importa quão impressionantes sejam os resultados, a ideia de eletrocutar o cérebro de uma pessoa ainda parece bárbara para muitos, especialmente em razão de nossa ignorância sobre por que a ECT funciona. Além disso, a melhora no humor pode não durar muito. Muitos pacientes tratados com ECT acabam voltando a ter depressão, embora as recaídas sejam um pouco menores para aqueles que também recebem medicamentos antidepressivos ou que fazem exercícios aeróbicos (Rosenquist et al., 2016; Salehi et al., 2016). *Conclusão*: nas mentes de muitos psiquiatras e pacientes, a ECT é um mal menor do que a angústia da depressão grave e o risco de suicídio. Como o psicólogo pesquisador Norman Endler (1982) relatou depois que a ECT aliviou sua depressão profunda, "um milagre aconteceu em 2 semanas".

Terapias alternativas de neuroestimulação

Três outras técnicas de estimulação neural – estimulação elétrica craniana leve, estimulação magnética e estimulação cerebral profunda – também visam tratar o cérebro deprimido (Figura 16.6).

ESTIMULAÇÃO ELÉTRICA TRANSCRANIANA. Em contraste com a ECT, que produz uma convulsão cerebral com cerca de 800 mA de eletricidade, a *estimulação transcraniana por corrente contínua* (ETCC) administra uma corrente fraca, de 1 a 2 mA, no couro cabeludo. Os céticos argumentam que essa corrente é muito fraca para penetrar no cérebro (Underwood, 2016), mas pesquisas sugerem que a ETCC é um tratamento modestamente eficaz para depressão, esquizofrenia e transtorno obsessivo-compulsivo (Brunelin et al., 2018; Jeon et al., 2018; Koops et al., 2018).

Eletroconvulsoterapia (ECT). Terapia biomédica para pacientes gravemente deprimidos em que uma breve corrente elétrica é enviada através do cérebro de um paciente anestesiado.

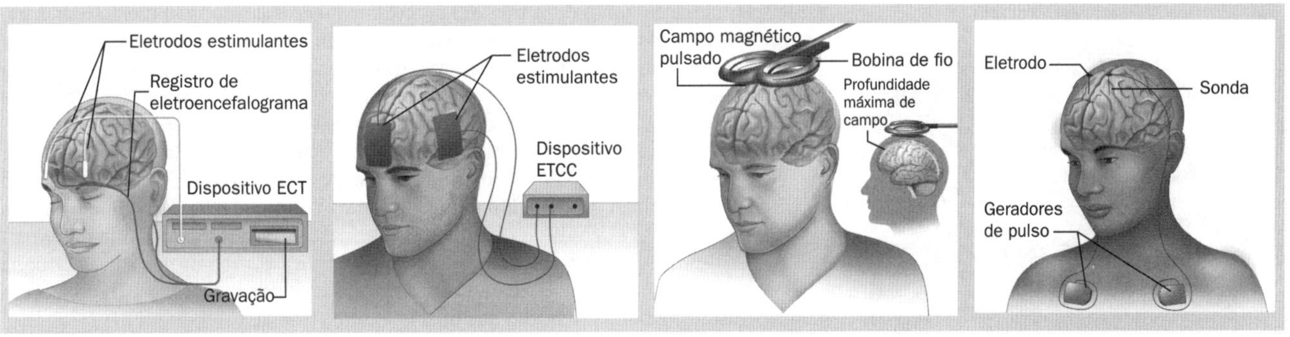

Eletroconvulsoterapia (ECT). O psiquiatra administra uma corrente forte, que desencadeia uma convulsão no paciente anestesiado.

Estimulação elétrica transcraniana por corrente contínua (ETCC). O psiquiatra aplica uma corrente fraca ao couro cabeludo.

Estimulação magnética transcraniana (EMT). O psiquiatra cria um campo magnético indolor através do crânio até a superfície do córtex para alterar a atividade cerebral.

Estimulação cerebral profunda (ECP). O psiquiatra estimula eletrodos implantados em "centros de tristeza" para acalmar essas áreas.

Figura 16.6 Experiência estimulante. As terapias de neuroestimulação atuais aplicam eletricidade forte ou leve, ou energia magnética, na superfície do crânio ou diretamente nos neurônios cerebrais.

ESTIMULAÇÃO MAGNÉTICA. O humor deprimido também pode melhorar quando um procedimento indolor, chamado **estimulação magnética transcraniana (EMT)**, é realizado em pacientes despertos em sessões ao longo de várias semanas. Pulsos repetidos oriundos de uma bobina magnética mantida perto do crânio podem estimular ou suprimir a atividade em áreas do córtex. Assim como a ETCC (e ao contrário da ECT), o procedimento EMT não produz perda de memória ou outros efeitos colaterais graves, além de possíveis dores de cabeça.

Os resultados são mistos. Alguns estudos descobriram que, para 30% a 40% das pessoas com depressão, a EMT funciona, embora com menos eficácia do que a ECT (Carmi et al., 2019; Mutz et al., 2019). A EMT também reduz alguns sintomas da esquizofrenia, como perda de motivação e interesse social (Osoegawa et al., 2018). Ainda não está claro, no entanto, como funciona. Uma possível explicação é que a estimulação energiza o lobo frontal esquerdo do cérebro, que fica relativamente inativo durante a depressão (Helmuth, 2001). A estimulação repetida pode fazer com que as células nervosas formem novos circuitos funcionais mediante o processo de *potencialização de longo prazo*. Outra explicação possível é um efeito placebo – as pessoas se beneficiam quando, após receberem uma justificativa confiável, *acreditam* que a EMT funcionará (Geers et al., 2019; Yesavage et al., 2018).

Estimulação magnética transcraniana (EMT). Aplicação de pulsos repetidos de energia magnética ao cérebro; técnica usada para estimular ou suprimir a atividade cerebral.

Psicocirurgia. Cirurgia que remove ou destrói o tecido cerebral em um esforço para mudar o comportamento.

Lobotomia. Procedimento psicocirúrgico usado antigamente para acalmar pacientes incontrolavelmente emotivos ou violentos. O procedimento corta os nervos que conectam os lobos frontais aos centros de controle de emoções do cérebro interno.

ESTIMULAÇÃO CEREBRAL PROFUNDA. Outros pacientes cuja depressão resistiu tanto à medicação quanto à ECT se beneficiaram de um tratamento experimental que identifica um *hub* neural que liga os lobos frontais ao sistema límbico (Becker et al., 2016; Brunoni et al., 2017; Ryder & Holtzheimer, 2016). Esta área, que é hiperativa no cérebro de uma pessoa deprimida ou temporariamente triste, normalmente se acalma quando tratada com ECT ou antidepressivos. Para ativar experimentalmente os neurônios que inibem essa atividade negativa, a neurocientista Helen Mayberg utilizou a tecnologia de *estimulação cerebral profunda* (ECP), às vezes usada para tratar os tremores de Parkinson. Desde 2003, ela e seus colegas usam ECP para tratar cerca de 200 pacientes deprimidos por meio de eletrodos implantados em uma área do cérebro que funciona como um "centro de tristeza" neural (Lozano & Mayberg, 2015). A ECP funciona? Estudos mostram que, para alguns pacientes, o tratamento produz reduções grandes e duradouras na depressão (Crowell et al., 2019; Kisely et al., 2018). "O resultado final", observa Mayberg, "é que, se você melhorar, permanecerá melhor" (Carey, 2019a).

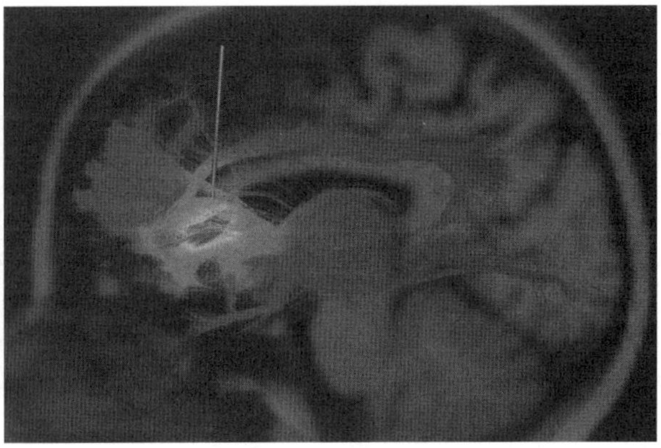

(Esta figura encontra-se reproduzida em cores no Encarte.)

Psicocirurgia

Como seus efeitos são irreversíveis, a **psicocirurgia** – cirurgia que remove ou destrói partes de tecido cerebral – é a intervenção biomédica mais drástica e menos utilizada para mudar o comportamento. Na década de 1930, o médico português Egas Moniz desenvolveu o que viria a ser a operação psicocirúrgica mais conhecida: a **lobotomia**. Moniz descobriu que cortar os nervos que conectam os lobos frontais aos centros de controle de emoções do cérebro interno acalmou pacientes incontrolavelmente emotivos e violentos. No que mais

Falt i det fri (Domínio público)

Falha na lobotomia. Esta foto mostra Rosemary Kennedy (a menina mais à direita da foto, e à frente).. Em 1941,, seu pai aprovou uma lobotomia que os médicos sugeriram que controlaria suas mudanças de humor supostamente violentas. O procedimento a deixou confinada em um hospital com mentalidade infantil pelos 63 anos seguintes, até sua morte, em 2005.

tarde se tornaria, nas mãos de outros, um procedimento grosseiro, porém rápido e fácil, um neurocirurgião chocaria o paciente em coma, martelaria um instrumento parecido com um picador de gelo através do topo de cada cavidade ocular até o cérebro e depois mexeria para cortar as conexões que vão até os lobos frontais. Entre 1936 e 1954, dezenas de milhares de pessoas gravemente perturbadas foram "lobotomizadas" (Valenstein, 1986).

Embora a intenção fosse simplesmente desconectar a emoção do pensamento, o efeito era muitas vezes mais drástico. Uma lobotomia geralmente diminuía o sofrimento ou a tensão da pessoa, mas também produzia um indivíduo permanentemente letárgico, imaturo e sem criatividade. Durante a década de 1950, depois que cerca de 35 mil pessoas foram lobotomizadas apenas nos EUA, medicamentos calmantes tornaram-se disponíveis e a psicocirurgia passou a ser desprezada como no ditado às vezes atribuído à satírica Dorothy Parker: "prefiro ter uma garrafa na minha frente do que uma lobotomia frontal."[7]

Atualmente, as lobotomias fazem parte da história. Mais precisamente, a psicocirurgia em microescala às vezes é utilizada em casos extremos. Por exemplo, no caso de um paciente sofrer convulsões incontroláveis, os cirurgiões podem desativar os grupos nervosos específicos que causam ou transmitem as convulsões. A cirurgia de precisão guiada por ressonância magnética também é ocasionalmente feita para cortar os circuitos envolvidos no transtorno depressivo maior grave e no transtorno obsessivo-compulsivo (Carey, 2009, 2011; Kim, M. et al., 2018; Sachdev & Sachdev, 1997). Como esses procedimentos são irreversíveis, os neurocirurgiões os realizam apenas como último recurso.

PRÁTICA DE RECUPERAÇÃO

PR-4 A depressão grave que não responde a outra terapia pode ser tratada com ________________, que pode causar alguma perda de memória das horas anteriores. Técnicas de estimulação neural mais moderadas projetadas para ajudar no alívio da depressão incluem estimulação por corrente direta, estimulação magnética ________________ e estimulação ________________.

RESPOSTAS NO APÊNDICE E

* * *

A Tabela 16.4 resume alguns aspectos das terapias biomédicas que discutimos.

PERGUNTE A SI MESMO

Quais eram suas impressões sobre terapias biomédicas antes de ler esta seção? Alguma de suas opiniões é diferente agora? Por que sim ou por que não?

Tabela 16.4 Comparação das terapias biomédicas.

Terapia	Problema presumido	Objetivo terapêutico	Técnica terapêutica
Mudança terapêutica no estilo de vida	Estresse e estilo de vida pouco saudável	Restaurar o estado biológico saudável	Alterar o estilo de vida por meio de exercícios adequados, sono, nutrição e outras mudanças
Terapias medicamentosas	Mau funcionamento dos neurotransmissores	Controlar sintomas de transtornos psicológicos	Alterar a química do cérebro por meio do uso de medicamentos
Estimulação cerebral	Transtornos depressivos (ECT usada apenas para transtornos depressivos graves e resistentes ao tratamento)	Aliviar a depressão, especialmente quando não responde a medicamentos ou a outras formas de terapia	Estimular o cérebro com eletroconvulsoterapia, estimulação elétrica leve, pulsos magnéticos ou estimulação cerebral profunda
Psicocirurgia	Mau funcionamento do cérebro	Aliviar transtornos graves	Remover ou destruir o tecido cerebral

[7]Jogo de palavras: "I'd rather have a bottle in front of me than a frontal lobotomy."

Prevenção de transtornos psicológicos e construção de resiliência

QOA 16.17 O que pode ajudar a prevenir transtornos psicológicos e por que é importante desenvolver resiliência?

As psicoterapias e as terapias biomédicas tendem a localizar a causa dos transtornos psicológicos. Inferimos que as pessoas que agem com crueldade devem ser cruéis e que as pessoas que agem como "loucas" devem ser "doentes". Atribuímos rótulos a essas pessoas, distinguindo-as das pessoas "normais". Seguem-se, então, tentativas de tratar essas pessoas "anormais" dando-lhes uma visão de seus problemas, mudando seu pensamento, ajudando-as a ganhar controle com o uso de medicação.

Há um ponto de vista alternativo: poderíamos interpretar muitos transtornos psicológicos como respostas compreensíveis a um mundo perturbador e estressante. De acordo com essa visão, não é apenas a pessoa que precisa de tratamento, mas também o contexto social em que ela está inserida. É melhor prevenir um problema reformando uma situação insalubre e ajudando as pessoas a desenvolver competências de enfrentamento das adversidades, do que esperar e tratar os problemas.

Saúde mental preventiva

Uma história sobre o resgate de uma pessoa que estava se afogando em um rio caudaloso ilustra esse ponto de vista. Tendo administrado com sucesso os primeiros socorros à vítima, o socorrista vê outra pessoa lutando e a puxa para fora também. Depois de meia dúzia de repetições, o socorrista de repente se vira e começa a se afastar enquanto o rio varre mais uma pessoa que se debate à vista. "Você não vai resgatar aquele cara?", pergunta um espectador. "Não", responde o socorrista. "Estou indo rio acima para descobrir o que está empurrando todas essas pessoas."

A *saúde mental preventiva* é um trabalho a montante. Procura prevenir baixas psicológicas, identificando e aliviando as condições que as causam. Como George Albee (1986, 2006) apontou, há evidências abundantes de que a pobreza, o trabalho sem sentido, as críticas constantes, o desemprego e a discriminação minam o senso de competência, o controle pessoal e a autoestima das pessoas. Esse estresse aumenta o risco de depressão, transtorno por abuso de álcool e suicídio. Para evitar baixas psicológicas, devemos - argumentou Albee - apoiar programas que trabalhem para melhorar essas situações desmoralizantes. Eliminamos a varíola não tratando os doentes, mas inoculando os que ainda não tinham a doença.

"É melhor prevenir do que remediar."
- Sabedoria popular

Prevenir problemas psicológicos significa capacitar pessoas que aprenderam uma atitude de desamparo e mudar os ambientes que geram solidão. Significa renovar os laços familiares frágeis e aumentar as habilidades dos pais e professores para nutrir a competência das crianças e a crença em suas habilidades. Significa aproveitar as intervenções da psicologia positiva para estimular o florescimento humano. Uma intervenção ensinou aos adolescentes que a personalidade não é fixa - as pessoas podem mudar - e reduziu sua incidência de depressão futura em 40% (Mil & Yeager, 2015). Esse resultado não é por acaso: as terapias preventivas reduziram consistentemente o risco de depressão (Breedvelt et al., 2018).

Em suma, "tudo o que visa melhorar a condição humana e tornar a vida mais plena e significativa pode ser considerado parte da prevenção primária de transtornos mentais ou emocionais" (Kessler & Albee, 1975, p. 557). A prevenção às vezes pode fornecer uma recompensa dupla. Pessoas com um forte senso de propósito na vida são mais engajadas socialmente (Stillman et al., 2011). Ao fortalecer esse senso na vida das pessoas, também podemos diminuir sua solidão à medida que elas se tornam companhias mais agradáveis.

Entre os que trabalham com prevenção estão os *psicólogos comunitários*. Conscientes de como as pessoas interagem com seu ambiente, eles se concentram em criar ambientes que deem suporte à saúde psicológica. Por meio de pesquisa e ação social, os psicólogos comunitários visam capacitar as pessoas e melhorar sua competência, saúde e bem-estar.

"Os transtornos mentais surgem dos males físicos e, da mesma forma, os transtornos físicos surgem dos males mentais." - *The Mahabharata*, 200 a.C.

Construção de resiliência

A saúde mental preventiva inclui esforços para construir a **resiliência** dos indivíduos - a capacidade de lidar com o estresse e se recuperar após uma adversidade.

Diante de um sofrimento ou trauma extremo, algumas pessoas experimentam danos duradouros, algumas experimentam resiliência estável e outras realmente experimentam crescimento (Myers, 2019). Após os ataques terroristas de 11 de setembro de 2001, muitos nova-iorquinos demonstraram resiliência. Isso era especialmente verdadeiro para aqueles

Resiliência. Força pessoal que ajuda a pessoa a lidar com o estresse e a se recuperar de adversidades e até mesmo de traumas.

Crescimento resiliente de prisioneiro a político. Antes de se tornar senador dos EUA, o falecido John McCain passou mais de 5 anos como prisioneiro da Guerra do Vietnã. Ele foi regularmente espancado e torturado, o que o deixou permanentemente incapaz de levantar os braços acima da cabeça. No entanto, ele foi resiliente. "Deixei a guerra para trás quando parti", disse ele. "As lembranças que tenho são das pessoas maravilhosas com quem tive o privilégio de servir" (Myre, 2000). Quando McCain foi diagnosticado com câncer no cérebro em 2017 (ele morreu no ano seguinte), sua filha Meghan publicou no *Twitter* que "quem está mais confiante e calmo é meu pai".

que desfrutavam de relacionamentos íntimos de apoio e que não haviam experimentado recentemente outros eventos estressantes (Bonanno et al., 2007). Mais de nove em cada 10 nova-iorquinos, embora atordoados e aflitos pelo 11 de setembro de 2001, *não* tiveram uma reação disfuncional ao estresse. Entre aqueles que o fizeram, os sintomas de estresse desapareceram principalmente no mês de janeiro seguinte (Person et al., 2006). Mesmo a maioria dos veteranos estressados pelo combate, a maioria dos rebeldes políticos que sobreviveram à tortura e a maioria das pessoas com lesões na medula espinal não exibem posteriormente transtorno de estresse pós-traumático (Bonanno et al., 2012; Mineka & Zinbarg, 1996).

Enfrentar crises desafiadoras, por outro lado, pode levar ao **crescimento pós-traumático**. Muitos sobreviventes de câncer relataram maior apreciação pela vida, relacionamentos mais significativos, maior força pessoal, mudanças de prioridades e uma vida espiritual mais rica (Tedeschi & Calhoun, 2004). Mesmo a partir de nossas piores experiências, algo de bom pode surgir, especialmente quando podemos imaginar novas possibilidades (Mangelsdorf et al., 2019; Roepke, 2015). Tal como acontece com as experiências positivas, o sofrimento pode gerar nova sensibilidade e força.

Crescimento pós-traumático. Mudanças psicológicas positivas após uma luta com circunstâncias extremamente desafiadoras e crises de vida.

PRÁTICA DE RECUPERAÇÃO

PR-5 Qual é a diferença entre a saúde mental preventiva e as terapias psicológicas ou biomédicas?

RESPOSTAS NO APÊNDICE E

* * *

Se você acabou de ler este livro, sua introdução à ciência psicológica está concluída. Nosso passeio pela ciência psicológica nos ensinou muito – e a você, também? – sobre nossos humores e memórias, sobre alcançar nosso inconsciente, sobre como vencemos e lutamos, sobre como percebemos nossos mundos físico e social, e sobre como nossa biologia e cultura, juntas, nos constroem. Como seus guias neste passeio, esperamos que você tenha compartilhado nosso fascínio, crescido em sua compreensão e compaixão, e aguçado seu pensamento crítico. E esperamos que tenha gostado do passeio.

Com todos os bons desejos em sua jornada de vida pela frente,

David G. Myers
DavidMyers.org

Nathan DeWall
NathanDeWall.com

REVISÃO Terapias biomédicas e a prevenção de transtornos psicológicos

OBJETIVOS DE APRENDIZAGEM

Teste a si mesmo. Responda às Questões dos Objetivos de Aprendizagem (antes de conferir as respostas no Apêndice D) para aprimorar a retenção dos conceitos estudados (McDaniel et al., 2009, 2015).

QOA **16.14** Por que a mudança terapêutica do estilo de vida é considerada uma terapia biomédica eficaz e como funciona?

QOA **16.15** Quais são as terapias medicamentosas? Como os estudos duplo-cegos ajudam os pesquisadores a avaliar a eficácia de um medicamento?

QOA **16.16** Como a estimulação cerebral e a psicocirurgia são usadas no tratamento de transtornos específicos?

QOA **16.17** O que pode ajudar a prevenir transtornos psicológicos e por que é importante desenvolver resiliência?

TERMOS E CONCEITOS A RECORDAR

Teste a si mesmo. Escreva a definição com suas próprias palavras e depois confirme sua resposta.

psicofarmacologia, p. 607
medicamentos antipsicóticos p. 607
medicamentos ansiolíticos, p. 608
medicamentos antidepressivos, p. 608
eletroconvulsoterapia (ECT), p. 610
estimulação magnética transcraniana (EMT), p. 611
psicocirurgia, p. 611
lobotomia, p. 611
resiliência, p. 613
crescimento pós-traumático, p. 614

DOMINE O MATERIAL

Teste a si mesmo. Responda às questões a seguir por conta própria, a princípio, depois confira as respostas no Apêndice E.

1. Alguns medicamentos antipsicóticos, usados para acalmar pessoas com esquizofrenia, podem ter efeitos colaterais desagradáveis, principalmente
a. hiperatividade.
b. perda momentânea de memória.
c. lentidão, tremores e espasmos.
d. paranoia.

2. Fármacos como alprazolam e lorazepam, que deprimem a atividade do sistema nervoso central, podem desenvolver dependência quando usados como tratamento contínuo. Esses medicamentos são chamados de ______________.

3. Um sal simples que muitas vezes traz alívio aos pacientes que sofrem com os altos e baixos de um transtorno bipolar é o ______________.

4. Quando as terapias medicamentosas não forem eficazes, a eletroconvulsoterapia (ECT) pode ser usada como tratamento para pessoas com
a. transtorno obsessivo-compulsivo grave.
b. depressão grave.
c. esquizofrenia.
d. transtornos de ansiedade.

5. Uma abordagem que busca identificar e aliviar as condições que colocam as pessoas em maior risco de desenvolver transtornos psicológicos é chamada de
a. estimulação cerebral profunda.
b. perspectiva estabilizadora do humor.
c. recuperação espontânea.
d. saúde mental preventiva.

APÊNDICE A

História da Psicologia: Linha do Tempo

Charles L. Brewer, *Furman University;* e **Salena Brody**, *University of Texas, Dallas*

a.C.

387 Platão, que acreditava em ideias inatas, sugere que o cérebro é a sede dos processos mentais.

335 Aristóteles, que negava a existência de ideias inatas, sugere que o coração é a sede dos processos mentais.

d.C.

1604 Johannes Kepler descreve a imagem invertida na retina.

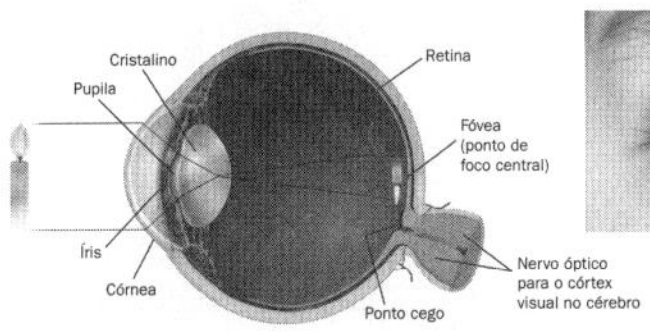

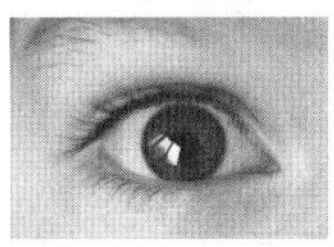

istockphoto/leonovo

Imagem invertida na retina

1605 Francis Bacon publica *The Proficiency and Advancement of Learning.*

1636 Harvard College é fundada.

1637 René Descartes, o filósofo e matemático francês que propôs a interação mente-corpo e a doutrina das ideias inatas, publica *Discurso sobre o Método*.

1690 John Locke, o filósofo britânico que rejeitou a noção de ideias inatas de Descartes e insistiu que a mente ao nascer é um "quadro em branco" (tábula rasa), publica o *Ensaio Sobre o Entendimento Humano*, que enfatiza o empirismo sobre a especulação.

1774 Franz Mesmer, um médico austríaco, realiza sua primeira suposta cura usando o "magnetismo animal" (posteriormente chamado de mesmerismo e hipnose). Em 1777, ele foi expulso da prática da medicina em Viena.

1793 Philippe Pinel liberta os primeiros doentes mentais das suas correntes no Asilo Bicêtre, na França, e defende um tratamento mais humano para os doentes mentais.

1802 Thomas Young publica *A Theory of Color Vision*, na Inglaterra. (Sua teoria foi mais tarde chamada de teoria tricromática.)

1808 Franz Joseph Gall, um médico alemão, descreve a frenologia, a crença de que a forma do crânio de uma pessoa revela faculdades mentais e traços de caráter.

1813 É inaugurado o primeiro hospital psiquiátrico privado nos Estados Unidos, na Filadélfia.

1834 Ernst Heinrich Weber publica *The Sense of Touch*, no qual discute a "diferença apenas perceptível (JND, *just noticeable difference*)" e o que agora chamamos de lei de Weber.

1844 Na Filadélfia, 13 superintendentes formam The Association of Medical Superintendents of American Institutions for the Insane (atualmente conhecida como American Psychiatric Association).

1848 Phineas Gage sofre danos cerebrais maciços quando uma grande barra de ferro acidentalmente perfura seu cérebro, deixando seu intelecto e memória intactos, mas alterando sua personalidade.

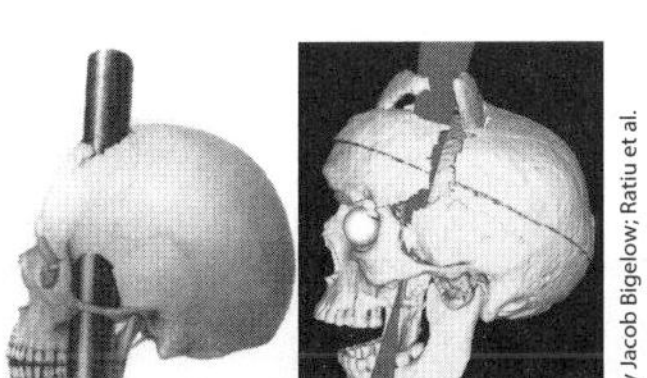

Henry Jacob Bigelow; Ratiu et al.

Phineas Gage

Based on original photograph by Jack and Beverly Wilgus.

1850 Hermann von Helmholtz mede a velocidade do impulso nervoso.

1859 Charles Darwin publica *A Origem das Espécies por Meio da Seleção Natural*, sintetizando muitos trabalhos anteriores sobre a teoria da evolução, incluindo o de Herbert Spencer, que cunhou a frase "sobrevivência do mais apto".

1861 Paul Broca, um médico francês, descobre uma área no lobo frontal esquerdo do cérebro (atualmente chamada de área de Broca) que é crítica para a produção da linguagem falada.

1869 Francis Galton, primo de Charles Darwin, publica *Hereditary Genius*, no qual afirma que a inteligência é herdada. Em 1876, ele cunha a expressão "natureza e criação" (*nature and nurture*) para corresponder a "hereditariedade e meio ambiente".

1874 Carl Wernicke, um neurologista e psiquiatra alemão, mostra que o dano a uma área específica no lobo temporal esquerdo (atualmente chamada de área de Wernicke) interrompe a capacidade de compreender ou produzir linguagem falada ou escrita.

1878 G. Stanley Hall recebe do Departamento de Filosofia da Universidade de Harvard o primeiro doutorado, nos EUA, baseado em pesquisa psicológica.

1879 Wilhelm Wundt funda, na Universidade de Leipzig, na Alemanha, o primeiro laboratório de psicologia, que se torna a meca dos estudantes de psicologia de todo o mundo.

Wilhelm Wundt (1832-1920)

1883 G. Stanley Hall, aluno de Wilhelm Wundt, estabelece o primeiro laboratório formal de psicologia dos EUA na Universidade Johns Hopkins.

1885 Hermann Ebbinghaus publica *On Memory*, resumindo sua extensa pesquisa sobre aprendizagem e memória, incluindo a "curva do esquecimento".

1886 Joseph Jastrow recebe da Universidade Johns Hopkins o primeiro Ph.D. em psicologia concedido por um Departamento de Psicologia nos Estados Unidos.

1889 Henri-Étienne Beaunis e Alfred Binet fundam o primeiro laboratório de psicologia na Sorbonne, na França, e o primeiro Congresso Internacional de Psicologia se reúne em Paris.

Alfred Binet (1857-1911)

1890 William James, filósofo e psicólogo da Universidade de Harvard, publica *The Principles of Psychology*, descrevendo a psicologia como "a ciência da vida mental".

William James (1842-1910)

1891 James Mark Baldwin estabelece o primeiro laboratório de psicologia na Comunidade Britânica na Universidade de Toronto.

1892 G. Stanley Hall lidera a fundação da American Psychological Association (APA) e torna-se seu primeiro presidente.

1893

Mary Whiton Calkins (1863-1930)

Christine Ladd-Franklin (1847-1930)

Mary Whiton Calkins e Christine Ladd-Franklin são as primeiras mulheres eleitas como membros da APA.

1894 Margaret Floy Washburn é a primeira mulher a receber um Ph.D. em psicologia (Cornell University).

A Universidade de Harvard nega a admissão de Mary Whiton Calkins à candidatura de doutorado por causa de seu gênero, apesar da afirmação de Hugo Münsterberg de que ela era a melhor aluna que ele já teve.

1896 John Dewey publica "The Reflex Arc Concept in Psychology", ajudando a formalizar a escola de psicologia denominada funcionalismo.

1898 Em *Inteligência Animal*, Edward L. Thorndike, da Universidade de Columbia, relata seus experimentos de aprendizagem com gatos em "caixas de quebra-cabeça". Em 1905, ele propõe a "lei do efeito".

A estudante de doutorado Alice Lee usa dados publicados do *Journal of Anatomy* para desmascarar o popular argumento eugênico de que o tamanho do crânio está relacionado à inteligência.

1900 Sigmund Freud publica *A Interpretação dos Sonhos*, sua principal obra teórica sobre psicanálise.

1901 Um grupo de 10 pessoas funda a British Psychological Society.

1904 Ivan Pavlov recebe o Prêmio Nobel de Fisiologia ou Medicina por seus estudos sobre a fisiologia da digestão.

1905 Mary Whiton Calkins torna-se a primeira mulher presidente da APA.

Ivan Pavlov (1849-1936)

Ivan Petrovich Pavlov começa a publicar estudos de condicionamento em animais.

Alfred Binet e Théodore Simon produzem o primeiro teste de inteligência para avaliar as habilidades e o progresso acadêmico dos estudantes parisienses.

1909

Sigmund Freud (1856-1939)

Sigmund Freud faz sua única viagem à América para dar uma série de palestras na Clark University.

1913

John Watson (1878-1958)

John B. Watson descreve os princípios do behaviorismo em um artigo da *Psychological Review*, "Psychology as the Behaviorist Views It".

1914 Durante a Primeira Guerra Mundial, Robert Yerkes e sua equipe desenvolvem um teste de inteligência em grupo para avaliar o pessoal militar dos EUA, o que aumenta a aceitação do público americano pelos testes psicológicos.

Lilian Gilbreth publica *Principles of Management*, um texto fundamental para o campo da psicologia organizacional-industrial.

1920

Leta Stetter Hollingworth (1886-1939)

Leta Stetter Hollingworth publica *The Psychology of Subnormal Children*, um clássico antigo. Em 1921, ela é citada no *American Men of Science* por sua pesquisa sobre a psicologia das mulheres.

Francis Cecil Sumner (1895-1954)

Francis Cecil Sumner recebe um Ph.D. em psicologia pela Clark University, tornando-se o primeiro afro-americano a obter um doutorado em psicologia.

John B. Watson e Rosalie Rayner relatam o condicionamento de uma reação de medo em uma criança chamada "Pequeno Albert".

1921 Hermann Rorschach, um psiquiatra suíço, apresenta o Teste de Manchas de Tinta de Rorschach.

1923 O psicólogo do desenvolvimento Jean Piaget publica *A Linguagem e o Pensamento da Criança*.

1924 Mary Cover Jones relata o recondicionamento de uma reação de medo em uma criança (Peter), um precursor da dessensibilização sistemática desenvolvida por Joseph Wolpe.

1927 Em *Introdução à Técnica de Análise Infantil*, Anna Freud discute a psicanálise no tratamento de crianças.

1929 Wolfgang Köhler publica *Gestalt Psychology*, que critica o behaviorismo e delineia elementos essenciais da posição e abordagem da *gestalt*.

1931

Margaret Floy Washburn (1871-1939)

Margaret Floy Washburn torna-se a primeira psicóloga mulher (e a segunda mulher cientista em qualquer disciplina) eleita para a U.S. National Academy of Sciences.

1932 Em *A Sabedoria do Corpo*, Walter B. Cannon cunha o termo *homeostase*, discute a resposta de luta ou fuga e identifica alterações hormonais associadas ao estresse.

1933

Inez Beverly Prosser (1895-1934)

Inez Beverly Prosser torna-se a primeira mulher afro-americana a receber um doutorado em psicologia de uma instituição dos EUA (Ph.D., Universidade de Cincinnati).

1934

Ruth Winifred Howard (1900-1997)

Ruth Winifred Howard torna-se a segunda mulher afro-americana a receber um doutorado em psicologia (Ph.D., Universidade de Minnesota).

1935 Christiana Morgan e Henry Murray introduzem o Teste de Apercepção Temática para provocar fantasias em pessoas submetidas à psicanálise.

1936 Egas Moniz, médico português, publica um trabalho sobre as primeiras lobotomias frontais realizadas em humanos.

1938 B. F. Skinner publica *The Behavior of Organisms*, que descreve o condicionamento operante de animais.

Em *Habilidades Mentais Primárias*, Louis L. Thurstone propõe sete dessas habilidades.

Ugo Cerletti e Lucio Bini usam o eletrochoque em um paciente humano.

1939 David Wechsler publica o teste de inteligência Wechsler-Bellevue, precursor da *Wechsler Intelligence Scale for Children* (WISC) e da *Wechsler Adult Intelligence Scale* (WAIS).

Mamie Phipps Clark (1917-1983)

Mamie Phipps Clark é mestre pela Howard University. Em colaboração com Kenneth B. Clark, ela posteriormente estende sua tese "The Development of Consciousness of Self in Negro Preschool Children", fornecendo pesquisas conjuntas citadas na decisão da Suprema Corte dos EUA de 1954 de acabar com a segregação racial nas escolas públicas.

Edward Alexander Bott ajuda a fundar a Canadian Psychological Association. Ele se torna seu primeiro presidente em 1940.

A Segunda Guerra Mundial oferece muitas oportunidades para os psicólogos aumentarem a popularidade e a influência da psicologia, especialmente nas áreas aplicadas.

1943 O psicólogo Starke Hathaway e o médico J. Charnley McKinley publicam o *Minnesota Multiphasic Personality Inventory* (MMPI).

1945 Karen Horney, que criticou a teoria do desenvolvimento sexual feminino de Freud, publica *Our Inner Conflicts*.

Karen Horney (1885-1952)

1946 É publicada a primeira edição de *The Commonsense Book of Baby and Child Care*, de Benjamin Spock; o livro influenciará a criação de crianças na América do Norte por várias décadas.

1948 Alfred Kinsey e seus colegas publicam *Sexual Behavior in the Human Male*, e *Sexual Behavior in the Human Female* em 1953.

B. F. Skinner (1904-1990)

O romance de B. F. Skinner, *Walden Two*, descreve uma comunidade utópica baseada no reforço positivo, que se torna um chamado para a aplicação de princípios psicológicos na vida cotidiana, especialmente na vida comunitária.

Ernest R. Hilgard publica *Theories of Learning*, leitura obrigatória para várias gerações de estudantes de psicologia na América do Norte.

1949 Raymond B. Cattell publica o Questionário de Dezesseis Fatores de Personalidade (16PF).

O modelo de treinamento cientista-clínico é aprovado na *The Boulder Conference* sobre Educação na Graduação em Psicologia Clínica.

Em *The Organization of Behavior: A Neuropsychological Theory*, o psicólogo canadense Donald O. Hebb esboça uma conceituação nova e influente sobre o funcionamento do sistema nervoso.

1950 Solomon Asch publica estudos sobre os efeitos da conformidade em decisões sobre o comprimento de linhas.

Em *Infância e Sociedade*, Erik Erikson descreve seus estágios de desenvolvimento psicossocial.

1951 Carl Rogers publica *Terapia Centrada no Cliente*.

1952 A American Psychiatric Association publica o *Manual Diagnóstico e Estatístico de Transtornos Mentais*, um livro influente que será atualizado periodicamente.

1953 Eugene Aserinski e Nathaniel Kleitman descrevem os movimentos oculares rápidos (REM) que ocorrem durante o sono.

Janet Taylor publica a "Manifest Anxiety Scale" no *Journal of Abnormal Psychology*.

1954 Em *Motivation and Personality*, Abraham Maslow propõe uma hierarquia de motivos que vão desde as necessidades fisiológicas até a autorrealização. (Maslow posteriormente atualiza a hierarquia para incluir necessidades de autotranscendência.)

James Olds e Peter Milner, neuropsicólogos da McGill University, descrevem os efeitos recompensadores da estimulação elétrica do hipotálamo em ratos.

Gordon Allport publica *A Natureza do Preconceito*.

1956 Em seu artigo da *Psychological Review* intitulado "The Magical Number Seven, Plus or Minus Two: Some Limits on Our Capacity for Processing Information", George Miller cunha o termo *chunk* para pesquisadores de memória.

1957 Robert Sears, Eleanor Maccoby e Harry Levin publicam *Patterns of Child Rearing*.

Charles Ferster e B. F. Skinner publicam *Schedules of Reinforcement*.

1958 Harry Harlow publica "The Nature of Love", descrevendo seu trabalho sobre apego em macacos.

1959 A revisão crítica de Noam Chomsky sobre o *Verbal Behavior* de B. F. Skinner aparece na revista *Language*.

Keturah Whitehurst se torna a primeira afro-americana a ser licenciada como psicóloga, na Virgínia.

Keturah Whitehurst (1912-2000)

Eleanor Gibson e Richard Walk relatam sua pesquisa sobre a noção de profundidade dos bebês em "The Visual Cliff".

Lloyd Peterson e Margaret Peterson, no artigo do *Journal of Experimental Psychology*, "Short-Term Retention of Individual Verbal Items", destacam a importância do ensaio sobre a memória.

John Thibaut e Harold Kelley publicam *The Social Psychology of Groups*.

1960 George Sperling publica "The Information Available in Brief Visual Presentations".

1961 Georg von Békésy recebe o Prêmio Nobel pela pesquisa sobre a fisiologia da audição.

David McClelland publica *The Achieving Society*.

1962 Jerome Kagan e Howard Moss publicam *Birth to Maturity*.

Martha E. Bernal (1931-2001)

Martha E. Bernal se torna a primeira latina a obter um doutorado nos EUA (Ph.D., Indiana University).

Stanley Schachter e Jerome Singer publicam descobertas que apoiam a teoria dos dois fatores da emoção.

É publicado *Reason and Emotion in Psychotherapy*, de Albert Ellis; é um marco no desenvolvimento da terapia racional-emotiva (RET).

1963 Raymond B. Cattell distingue entre inteligência *fluida* e *cristalizada*.

O "Estudo Comportamental da Obediência", de Stanley Milgram, aparece no *Journal of Abnormal and Social Psychology*.

1964 

Marigold Linton (*1936)

Marigold Linton torna-se a primeira nativa americana a receber um doutorado em psicologia (Universidade da Califórnia, Los Angeles). Ela é membro fundadora da Society for Advancement of Chicanos and Native Americans in Science (Sociedade para o Avanço dos Chicanos e Nativos Americanos na Ciência) e da National Indian Education Association (Associação Nacional para a Educação Indígena).

1965 O pesquisador canadense Ronald Melzack e o pesquisador britânico Patrick Wall propõem a teoria do controle da dor (*gate-control theory*).

A "Facilitação Social", de Robert Zajonc, é publicada na *Science*.

Os Arquivos da História da Psicologia Americana são fundados na Universidade de Akron.

1966 Nancy Bayley torna-se a primeira mulher a receber o *Distinguished Scientific Contribution Award* da APA.

Jerome Bruner e colegas do Centro de Estudos Cognitivos da Universidade de Harvard publicam *Studies in Cognitive Growth*.

William Masters e Virginia Johnson publicam resultados de suas pesquisas em *Human Sexual Responses*.

Allen Gardner e Beatrix Gardner começam a treinar um chimpanzé (Washoe) em linguagem de sinais na Universidade de Nevada, Reno. Washoe morreu em 2007.

John Garcia (1917-1983)

John Garcia e Robert Koelling publicam um estudo sobre aversão ao paladar em ratos.

David M. Green e John A. Swets publicam *Signal Detection Theory and Psychophysics*.

Julian Rotter publica pesquisas sobre lócus de controle.

1967 A *Psicologia cognitiva*, de Ulric Neisser, ajuda a orientar a psicologia para longe do behaviorismo e para os processos cognitivos.

Martin Seligman e Steven Maier publicam os resultados de sua pesquisa com "desamparo aprendido" em cães.

1968 O influente modelo de memória de três estágios de Richard Atkinson e Richard Shiffrin aparece em *The Psychology of Learning and Motivation*.

O artigo de Neal E. Miller na *Science*, descrevendo o condicionamento instrumental das respostas autonômicas, estimula a pesquisa sobre *biofeedback*.

1969 Albert Bandura publica *Princípios de Modificação de Comportamento*.

É fundada a Association for Women in Psychology (Associação para Mulheres na Psicologia). E. Kitch Childs foi fundamental nesse esforço, e técnicas de terapia pioneiras baseadas na *interseccionalidade* (considerando como a raça, a classe e outros aspectos da identidade podem se combinar para criar discriminação ou desvantagem).

George Miller, em seu discurso presidencial da APA, "Psychology as a Means of Promoting Human Welfare", enfatiza a importância de "divulgar a psicologia".

1970 

Reiko Homma True (*1933)

A psicóloga Reiko Homma True faz um *lobby* bem-sucedido para abrir o programa de saúde mental da comunidade asiática-americana— o primeiro a se concentrar em uma população minoritária.

1971 

Kenneth B. Clark (1914-2005)

Kenneth B. Clark torna-se o primeiro presidente afro-americano da American Psychological Association.

Albert Bandura publica a *Teoria da Aprendizagem Social*.

B. F. Skinner publica Para Além da Liberdade e da Dignidade.

1972 Elliot Aronson publica *O Animal Social*.

"Levels of Processing: A Framework for Memory Research", de Fergus Craik e Robert Lockhart, aparece no *Journal of Verbal Learning and Verbal Behavior*.

Robert Rescorla e Allan Wagner publicam seu modelo associativo de condicionamento pavloviano.

Sob a liderança de Derald Wing Sue e Stanley Sue é fundada a Asian American Psychological Association.

Derald Wing Sue (*1942)

Stanley Sue (*1944)

1973 Os etólogos Karl von Frisch, Konrad Lorenz e Nikolaas Tinbergen recebem o Prêmio Nobel por suas pesquisas sobre comportamento animal.

1974 A Divisão 2 da APA publica pela primeira vez sua revista, *Teaching of Psychology*, com Robert S. Daniel como editor.

Eleanor Maccoby e Carol Jacklin publicam *The Psychology of Sex Differences*.

1975 É publicada a obra *Sociobiologia*, do biólogo Edward O. Wilson; um precursor controverso da psicologia evolutiva.

1976 Sandra Wood Scarr e Richard A. Weinberg publicam "IQ Test Performance of Black Children Adopted by White Families" na *American Psychologist*.

istockphoto/tiripero

O psicólogo Robert V. Guthrie publica *Even the Rat Was White*, a primeira história de psicólogos afro-americanos na América.

Saundra Murray Nettles preside a Força-Tarefa sobre as Prioridades das Mulheres Negras, que leva à criação da Divisão 35 da APA, Seção 1: A Psicologia das Mulheres Negras.

A psicóloga Carolyn Payton torna-se a primeira afro-americana e primeira mulher diretora do Corpo de Paz dos EUA.

1978 O psicólogo Herbert A. Simon, da Universidade Carnegie-Mellon, ganha o Prêmio Nobel pela pesquisa pioneira em simulações computacionais do pensamento humano e resolução de problemas.

1979 James J. Gibson publica *The Ecological Approach to Visual Perception*.

Elizabeth Loftus publica *Eyewitness Testimony*.

1981 David Hubel e Torsten Wiesel recebem o Prêmio Nobel por pesquisas sobre o registro de uma única célula, em que identificaram células detectoras de características no córtex visual.

Roger Sperry recebe o Prêmio Nobel por pesquisa em pacientes com cérebro dividido.

A socióloga Harriette Pipe McAdoo publica *Black Families*, uma antologia do trabalho feito com John Lewis McAdoo sobre famílias afro-americanas de classe média. Estudos anteriores se concentraram em famílias disfuncionais, como aquelas em contato com prisões e programas de tratamento de drogas.

O paleontólogo Stephen Jay Gould publica *The Mismeasure of Man*, destacando o debate sobre a determinação biológica da inteligência.

1983 Em seu livro *Frames of Mind*, Howard Gardner descreve sua teoria das inteligências múltiplas.

1984 A American Psychological Association cria a Divisão 44 (Sociedade para a Psicologia da Orientação Sexual e Diversidade de Gênero).

Robert Sternberg propõe a teoria triárquica da inteligência humana em *Behavioral and Brain Sciences*.

1987 Elizabeth Scarborough e Laurel Furumoto publicam *Untold Lives: The First Generation of American Women Psychologists*.

A fluoxetina é introduzida como um tratamento para a depressão.

Wilbert J. McKeachie, Universidade de Michigan, recebe o primeiro Prêmio APA por Contribuições de Carreira Distinta para Educação e Formação em Psicologia.

1988 É fundada a American Psychological Society. Em 2006, o nome muda para Association for Psychological Science.

1990 O psiquiatra Aaron Beck recebe o Distinguished Scientific Award for the Applications of Psychology pelo avanço na compreensão e tratamento da psicopatologia, incluindo contribuições fundamentais para o desenvolvimento da terapia cognitiva.

B. F. Skinner recebe a primeira Menção da APA por Contribuições Excepcionais de toda a Carreira para a Psicologia e apresenta seu último discurso público, "Can Psychology Be a Science of Mind?" (Ele morreu alguns dias depois, aos 86 anos.)

1991 Martin Seligman publica *Learned Optimism*, que prenuncia o movimento da "psicologia positiva".

1992 O *Teachers of Psychology in Secondary Schools* (TOPSS) é estabelecido como parte da APA.

Cerca de 3 mil estudantes do ensino médio dos EUA fazem o primeiro *Advanced Placement* (AP) *Examination in Psychology* na esperança de obter isenção de um curso introdutório de psicologia no nível pós-secundário.

1993 A psicóloga Judith Rodin é eleita reitora da Universidade da Pensilvânia, tornando-se a primeira mulher a presidir uma escola da Ivy League.

1996 Dorothy Cantor torna-se a primeira presidente da APA com um grau Psy.D.

1998 É publicado o *Handbook of Asian American Psychology*.

2002 O Novo México torna-se o primeiro estado dos EUA a permitir que psicólogos clínicos qualificados prescrevam certos medicamentos.

O psicólogo Daniel Kahneman, da Universidade de Princeton, recebe o Prêmio Nobel por pesquisas sobre tomada de decisão.

2009 A psicóloga Judy Chu torna-se a primeira mulher sino-americana eleita para o Congresso dos EUA.

2011 Proposto pelos participantes da conferência nacional de 2008 na Universidade de Puget Sound, o documento "Principles for Quality Undergraduate Education in Psychology" (Princípios para um Ensino de Qualidade na Graduação em Psicologia) é aprovado como política oficial da APA.

Melba J. T. Vasquez (*1951)

Melba J. T. Vasquez é a primeira presidente latina da American Psychological Association.

2013 O presidente dos EUA, Barack Obama, anuncia US$ 100 milhões em financiamento para um projeto interdisciplinar para avançar na compreensão do cérebro humano.

2014 A psicóloga social Jennifer L. Eberhardt é premiada com a MacArthur Fellowship ("Genius Grant") para apoiar sua pesquisa sobre preconceito implícito.

2015 A *Revisão Independente sobre Diretrizes de Ética da APA, Interrogatórios de Segurança Nacional e Tortura* é apresentada à American Psychological Association (Associação Americana de Psicologia).

2018 Kristina Olson se torna a primeira psicóloga a receber o Prêmio Waterman da National Science Foundation. Ela também recebe uma bolsa MacArthur em 2018 por seu trabalho estudando o desenvolvimento social e cognitivo de jovens transgêneros e não conformes.

APÊNDICE B

Campos de Formação em Psicologia

Jennifer Zwolinski, *Universidade de San Diego*

O que você pode fazer com uma licenciatura em psicologia? Muita coisa!

Como especialista em psicologia, você se formará com uma mentalidade científica e com conhecimento sobre os princípios básicos do comportamento humano (mecanismos biológicos, interações natureza-criação, desenvolvimento ao longo da vida, cognição, transtornos psicológicos, interação social). Esta formação vai preparar você para o sucesso em muitas áreas, incluindo negócios, profissões de assistência, serviços de saúde, *marketing*, direito, vendas e ensino. Você pode até mesmo cursar um programa de pós-graduação para obter treinamento especializado e se tornar um profissional de psicologia. Este apêndice fornece uma visão geral de alguns dos principais campos de atuação da psicologia.[1] Para obter informações mais detalhadas, consulte *Pursuing a Psychology Career* no LaunchPad (Launch PadWorks.com), onde você pode aprender mais sobre as muitas opções interessantes disponíveis para pessoas com bacharelado, mestrado e doutorado em psicologia.

Se você é como a maioria dos estudantes de psicologia, pode não estar ciente da grande variedade de especialidades e ambientes de trabalho disponíveis na área (Terre & Stoddart, 2000). Até o momento, a American Psychological Association (APA) tem 54 divisões (apa.org/about/ division/index.aspx) que representam os subcampos mais populares e os grupos de interesse dos membros da APA (Tabela B.1). Por exemplo, a Divisão 2 (Sociedade para o Ensino de Psicologia) oferece um excelente recurso de exploração de carreira para os interessados em aprender sobre as centenas de opções disponíveis para estudantes de graduação em psicologia (teachpsych.org/psycareer).

Os parágrafos a seguir descrevem alguns dos principais campos de atuação da psicologia; a maioria requer uma pós-graduação.

PSICÓLOGOS CLÍNICOS promovem a saúde psicológica de indivíduos, grupos e organizações. Alguns psicólogos clínicos se especializam em transtornos psicológicos específicos. Outros tratam uma série de transtornos, desde dificuldades de adaptação até psicopatologias graves. Psicólogos clínicos muitas vezes oferecem

Tabela B.1 Divisões da APA por número e nome.

1. Sociedade de Psicologia Geral	31. Assuntos da Associação Psicológica Estadual, Provincial e Territorial
2. Sociedade para o Ensino de Psicologia	32. Sociedade de Psicologia Humanista
3. Sociedade de Psicologia Experimental e Ciência Cognitiva	33. Deficiências Intelectuais e de Desenvolvimento/Transtorno do Espectro Autista
4. *Não há Divisão 4 ativa.*	34. Sociedade de Psicologia Ambiental, Populacional e de Conservação
5. Métodos Quantitativos e Qualitativos	35. Sociedade para a Psicologia da Mulher
6. Sociedade de Neurociência Comportamental e Psicologia Comparada	36. Sociedade para a Psicologia da Religião e Espiritualidade
7. Psicologia do Desenvolvimento	37. Política e Prática da Sociedade para Crianças e Famílias
8. Sociedade para Personalidade e Psicologia Social	38. Sociedade de Psicologia da Saúde
9. Sociedade para o Estudo Psicológico de Questões Sociais (SPSSI)	39. Sociedade de Psicanálise e Psicologia Psicanalítica
10. Sociedade para a Psicologia da Estética, Criatividade e Artes	40. Sociedade de Neuropsicologia Clínica
11. *Não há Divisão 11 ativa.*	41. Sociedade Americana de Psicologia-Direito
12. Sociedade de Psicologia Clínica	42. Psicólogos em Prática Independente
13. Sociedade de Psicologia Consultiva	43. Sociedade de Psicologia do Casal e da Família
14. Sociedade de Psicologia Industrial e Organizacional	44. Sociedade para a Psicologia da Orientação Sexual e Diversidade de Gênero
15. Psicologia Educacional	45. Sociedade para o Estudo Psicológico da Cultura, Etnia e Raça
16. Psicologia Escolar	46. Sociedade de Psicologia da Mídia e das Tecnologias
17. Sociedade de Psicologia de Aconselhamento	47. Sociedade de Psicologia do Esporte, Exercício e *Performance*
18. Psicólogos no Serviço Público	48. Sociedade para o Estudo da Paz, Conflito e Violência: Divisão de Psicologia da Paz
19. Sociedade de Psicologia Militar	49. Sociedade de Psicologia de Grupo e Psicoterapia de Grupo
20. Desenvolvimento Adulto e Envelhecimento	50. Sociedade de Psicologia da Dependência
21. Psicologia Experimental e Aplicada à Engenharia	51. Sociedade para o Estudo Psicológico de Homens e Masculinidades
22. Psicologia da Reabilitação	52. Psicologia Internacional
23. Sociedade de Psicologia do Consumidor	53. Sociedade de Psicologia Clínica da Criança e do Adolescente
24. Sociedade de Psicologia Teórica e Filosófica	54. Sociedade de Psicologia Pediátrica
25. Análise do Comportamento	55. Sociedade Americana para o Avanço da Farmacoterapia
26. Sociedade para a História da Psicologia	56. Psicologia do Trauma
27. Sociedade para Pesquisa e Ação Comunitária: Divisão de Psicologia Comunitária	
28. Psicofarmacologia e Abuso de Substâncias	
29. Sociedade para o Avanço da Psicoterapia	
30. Sociedade de Hipnose Psicológica	

Fonte: American Psychological Association (2020).

[1]Embora este texto abranja o mundo da psicologia para estudantes em muitos países, este apêndice baseia-se principalmente em dados disponíveis nos EUA. Essas descrições das áreas de atuação em psicologia, no entanto, também se aplicam a muitos outros países.

Consultoria cognitiva. Os psicólogos cognitivos podem aconselhar as empresas sobre como operar de modo mais eficiente, porque entendem os fatores humanos envolvidos.

terapia, mas também podem se envolver em pesquisa, ensino, avaliação e consulta. Os psicólogos clínicos trabalham em uma variedade de ambientes, incluindo consultório particular, organizações de serviços de saúde mental, escolas, universidades, indústrias, sistemas jurídicos, sistemas médicos, centros de aconselhamento, agências governamentais, instituições correcionais, organizações sem fins lucrativos e serviços militares.

Para se tornar um psicólogo clínico, você precisará obter doutorado em um programa de psicologia clínica. A APA estabelece os padrões para programas de pós-graduação em psicologia clínica, oferecendo *credenciamento* (reconhecimento oficial) para aqueles que atendem aos seus padrões. Em todos os estados dos EUA, psicólogos clínicos que trabalham em consultório particular devem obter uma licença para oferecer serviços como terapia e testes.

PSICÓLOGOS COGNITIVOS estudam processos mentais e se concentram em tópicos como percepção, linguagem, atenção, resolução de problemas, memória, julgamento e tomada de decisão, e inteligência. Os interesses na área de pesquisa incluem projetar modelos baseados em computador de processos mentais e identificar correlatos biológicos de cognição. Como psicólogo cognitivo, você pode trabalhar como professor, consultor industrial ou especialista em fatores humanos em um ambiente educacional ou empresarial.

PSICÓLOGOS COMUNITÁRIOS vão além do foco em indivíduos ou famílias específicos e lidam com problemas de saúde mental em ambientes comunitários. Esses psicólogos acreditam que o comportamento humano é fortemente influenciado pela interação entre o indivíduo e seu ambiente físico, social, político e econômico. Eles procuram promover a saúde psicológica melhorando o ambiente – concentram-se em medidas preventivas e intervenção em crises, com atenção especial aos problemas de grupos carentes e grupos minoritários. Alguns psicólogos comunitários colaboram com profissionais de outras áreas, como a saúde pública, com ênfase compartilhada na prevenção. Como psicólogo comunitário, seu ambiente de trabalho pode incluir departamentos federais, estaduais e municipais de saúde mental, instituições correcionais e de bem-estar social. Você pode realizar pesquisas ou ajudar a avaliar pesquisas em ambiente de serviços de saúde, servir como consultor independente para uma agência privada ou governamental, ou ensinar e dar consultoria como membro do corpo docente de uma faculdade ou universidade.

PSICÓLOGOS DE ACONSELHAMENTO ajudam as pessoas a se ajustarem às transições da vida ou a fazerem mudanças no estilo de vida. Embora o trabalho seja parecido com o dos psicólogos clínicos, os psicólogos de aconselhamento geralmente ajudam as pessoas com problemas de ajustamento, em vez de psicopatologia grave. Como os psicólogos clínicos, os psicólogos de aconselhamento conduzem terapia e fornecem avaliações a indivíduos e grupos. Como psicólogo de aconselhamento, você provavelmente irá enfatizar as forças pessoais de seus clientes, ajudando-os a usar suas próprias habilidades, interesses e capacidades para lidar com as transições. Você pode se encontrar trabalhando em um ambiente acadêmico como membro do corpo docente ou em um centro de aconselhamento universitário, centro comunitário de saúde mental, empresa ou consultório particular. Como acontece com a psicologia clínica, se você planeja trabalhar em um consultório particular, precisará obter uma licença estadual para fornecer serviços de aconselhamento ao público.

PSICÓLOGOS DO DESENVOLVIMENTO realizam pesquisas sobre mudanças comportamentais relacionadas a diferentes faixas etárias e aplicam seus conhecimentos científicos na educação, nos cuidados infantis, nas políticas e configurações relacionadas. Como psicólogo do desenvolvimento, você investigaria a mudança em uma ampla gama de tópicos, incluindo os aspectos biológicos, psicológicos, cognitivos e sociais do desenvolvimento. A psicologia do desenvolvimento orienta uma série de campos aplicados, envolvendo psicologia educacional, psicologia escolar, psicopatologia infantil e gerontologia. Também orienta políticas públicas em áreas como educação e reforma de cuidados infantis, saúde materno-infantil, e vinculação e adoção. Você provavelmente se especializaria em um estágio específico da vida, como infância, adolescência ou idade adulta média ou tardia. Seu ambiente de trabalho poderia ser uma instituição educacional, creche, programa de grupo de jovens ou centro de idosos.

PSICÓLOGOS EDUCACIONAIS estão interessados nos processos psicológicos envolvidos na aprendizagem. Estudam a relação entre a aprendizagem e os ambientes físico e social e desenvolvem estratégias para melhorar o processo de aprendizagem. Como psicólogo educacional, trabalhando em um departamento de psicologia de uma universidade ou escola de educação, você pode realizar pesquisas básicas sobre tópicos relacionados à aprendizagem, ou desenvolver métodos inovadores de ensino para aprimorar o processo. Você pode projetar testes eficazes, incluindo medidas de aptidão e realização. Você pode ser empregado de uma escola ou agência governamental ou encarregado de projetar e implementar programas eficazes de treinamento de funcionários em um ambiente empresarial.

PSICÓLOGOS AMBIENTAIS estudam a interação dos indivíduos com seus ambientes natural e construído (urbano). Estão interessados em como influenciamos e somos influenciados por esses ambientes. Como psicólogo ambiental, você pode estudar a conservação da vida selvagem, o impacto da urbanização sobre a saúde, ou os fatores cognitivos envolvidos nas escolhas de estilo de vida sustentável. Os psicólogos ambientais tendem a abordar esse tipo de questão trabalhando com outros profissionais, como parte de uma equipe interdisciplinar. Como psicólogo ambiental, você pode trabalhar em uma empresa de consultoria, em um ambiente acadêmico, no setor sem fins lucrativos ou no governo.

PSICÓLOGOS EXPERIMENTAIS são um grupo diversificado de cientistas que investigam uma variedade de processos comportamentais básicos em humanos e outros animais. Áreas proeminentes de pesquisa experimental incluem métodos comparativos de ciência, motivação, aprendizagem, pensamento, atenção, memória, percepção e linguagem. A maioria dos psicólogos experimentais se identifica com um subcampo específico, como a psicologia cognitiva, dependendo de seus interesses e treinamento. Os métodos de pesquisa experimental não se limitam ao campo da psicologia experimental; muitos outros subcampos contam com metodologia experimental para realizar estudos. Como psicólogo experimental, você provavelmente trabalharia em um ambiente acadêmico, ministrando cursos e supervisionando a pesquisa dos alunos, além de conduzir sua própria pesquisa. Ou pode ser empregado por uma instituição de pesquisa, zoológico, empresa ou agência governamental.

PSICÓLOGOS FORENSES aplicam princípios psicológicos a questões legais. Eles realizam pesquisas na interface entre o direito e a psicologia, auxiliam na criação de políticas públicas relacionadas à saúde mental, auxiliam os órgãos de segurança pública em investigações criminais, ou dão consultoria a processos de seleção e deliberação de júris. Também fornecem avaliação para ajudar a comunidade jurídica. Embora a maioria dos psicólogos forenses sejam psicólogos clínicos, muitos têm experiência em outras áreas da psicologia, como a psicologia social ou cognitiva. Alguns também possuem diplomas de direito. Como psicólogo forense, você pode trabalhar em um departamento de psicologia da universidade, faculdade de direito, organização de pesquisa, agência comunitária de saúde mental, agência de aplicação da lei, tribunal ou estabelecimento correcional.

istockphoto/RichLegg

Psicólogo forense no tribunal. Psicólogos forenses podem ser chamados para auxiliar policiais na investigação de uma cena de crime, mas a maior parte do trabalho ocorre no laboratório e no sistema judiciário.

PSICÓLOGOS DA SAÚDE são pesquisadores e profissionais preocupados com a contribuição da psicologia para a promoção da saúde e prevenção de doenças. Como psicólogos clínicos ou que trabalham na aplicação direta da psicologia em outros campos, eles podem ajudar os indivíduos a levar uma vida mais saudável, projetando, conduzindo e avaliando programas para parar de fumar, perder peso, melhorar o sono, controlar a dor, prevenir a propagação de infecções sexualmente transmissíveis, ou tratar problemas psicossociais associados a doenças crônicas e doenças terminais. Como pesquisadores e clínicos, eles identificam condições e práticas associadas à saúde e à doença para ajudar a criar intervenções efetivas. No serviço público, os psicólogos da saúde estudam e trabalham para melhorar as políticas governamentais e os sistemas de saúde. Como psicólogo da saúde, você pode trabalhar em um hospital, faculdade de medicina, centro de reabilitação, agência de saúde pública, faculdade ou universidade ou, se você também for psicólogo clínico, em consultório particular.

PSICÓLOGOS INDUSTRIAL-ORGANIZACIONAL (I/O) estudam a relação entre o indivíduo e seu ambiente de trabalho. Eles podem desenvolver novas maneiras de aumentar a produtividade, aprimorar a seleção de pessoal, ou promover a satisfação no trabalho em um ambiente organizacional. Seus interesses incluem estrutura e mudança organizacional, comportamento do consumidor e seleção e treinamento de pessoal. Como psicólogo de I/O, você pode conduzir treinamento no local de trabalho ou fornecer análise e desenvolvimento organizacional. Você pode se encontrar trabalhando na área de negócios, indústria, governo, faculdade ou universidade. Ou você pode ser autônomo como um consultor ou trabalhar para uma empresa de consultoria de gestão. (Para mais informações sobre psicologia de I/O, veja o Apêndice C, "Psicologia do Trabalho".)

NEUROPSICÓLOGOS investigam a relação entre os processos neurológicos (estrutura e função do cérebro) e o comportamento. Como neuropsicólogo, você pode avaliar, diagnosticar ou tratar distúrbios do sistema nervoso central, como doença de Alzheimer ou acidente vascular cerebral. Você também pode avaliar indivíduos em busca de evidências de

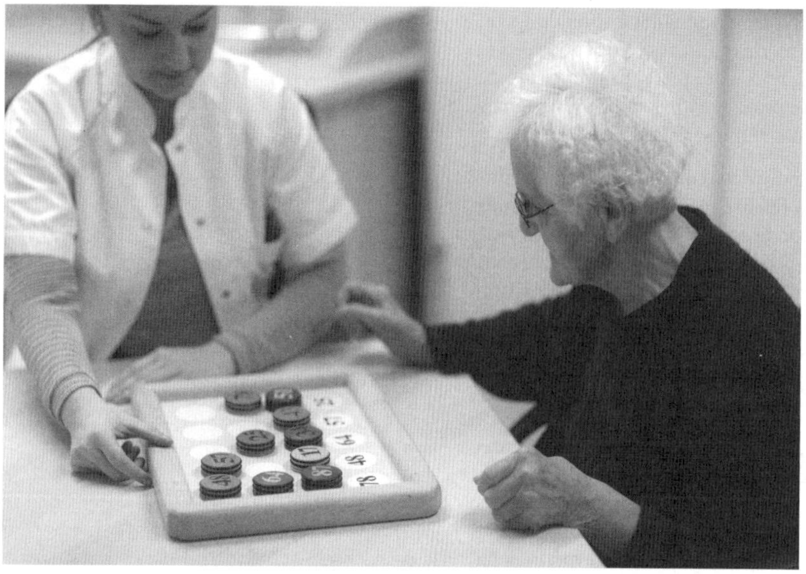

amriphoto/Getty Images

Avaliando o funcionamento cognitivo. A American Psychological Association projeta que, em 2030, pessoas com 65 anos ou mais serão a faixa etária dos EUA que exigirá mais atendimento psicológico (APA, 2018). Precisaremos de mais psicólogos treinados no uso de avaliações neuropsicológicas para avaliar as capacidades cognitivas em nossa população que está envelhecendo. Profissionais de saúde mental podem usar esses resultados de testes para ajudar a diagnosticar, tratar e gerenciar transtornos psicológicos, como a doença de Alzheimer.

ferimentos na cabeça; deficiências de aprendizagem e desenvolvimento, como transtorno do espectro autista; e outros transtornos psiquiátricos, como transtorno de déficit de atenção/hiperatividade (TDAH). Se você é um *neuropsicólogo clínico*, você pode trabalhar na neurologia, neurocirurgia ou unidade psiquiátrica de um hospital. Os neuropsicólogos também trabalham em ambientes acadêmicos, onde realizam pesquisas e lecionam.

PSICÓLOGOS PSICOMÉTRICOS E QUANTITATIVOS estudam os métodos e técnicas usados para adquirir conhecimento psicológico. Um psicólogo psicométrico pode atualizar os testes neurocognitivos ou de personalidade existentes ou criar novos testes para uso em ambientes clínicos e escolares ou nos negócios e na indústria. Esses psicólogos também administram, pontuam e interpretam esses testes. Psicólogos quantitativos colaboram com pesquisadores para projetar, analisar e interpretar os resultados de programas de pesquisa. Como psicólogo psicométrico ou quantitativo, você precisará ser bem treinado em métodos de pesquisa, estatística e tecnologia da computação. Você provavelmente será empregado por uma universidade ou faculdade, uma empresa de testes, uma empresa de pesquisa privada ou uma agência governamental.

PSICÓLOGOS DE REABILITAÇÃO são pesquisadores e profissionais que trabalham com pessoas que perderam o funcionamento ideal após um acidente, doença, ou outro evento. Como psicólogo de reabilitação, você provavelmente trabalharia em uma instituição ou hospital de reabilitação médica. Você também pode trabalhar em uma escola de medicina, universidade, agência estadual ou federal de reabilitação profissional ou em consultório particular atendendo pessoas com necessidades físicas especiais.

PSICÓLOGOS ESCOLARES estão envolvidos na avaliação e intervenção para crianças em ambientes educacionais. Eles diagnosticam e tratam problemas cognitivos, sociais e emocionais que podem influenciar negativamente a aprendizagem das crianças ou o funcionamento geral na escola. Como psicólogo escolar, você poderia colaborar com professores, pais e administradores, fazendo recomendações para melhorar a aprendizagem dos alunos. Você trabalharia em um ambiente acadêmico, uma agência governamental federal ou estadual, um centro de orientação infantil ou um laboratório de pesquisa comportamental.

PSICÓLOGOS SOCIAIS estão interessados em nossas interações com os outros. Os psicólogos sociais estudam como nossas crenças, sentimentos e comportamentos influenciam e são influenciados por outras pessoas. Eles estudam temas como atitudes, agressividade, preconceito, atração interpessoal, comportamento de grupo e liderança. Como psicólogo social, você provavelmente seria um membro do corpo docente de uma faculdade ou universidade. Você também pode trabalhar em consultoria organizacional, pesquisa de mercado ou outros campos da psicologia aplicada, incluindo neurociência social. Alguns psicólogos sociais trabalham para hospitais, agências federais, *sites* de redes sociais ou empresas que realizam pesquisas aplicadas.

Avaliar e apoiar as crianças. Psicólogos escolares podem se encontrar trabalhando com crianças individualmente ou em grupos. Eles recebem treinamento interdisciplinar em avaliação de saúde mental e análise de comportamento, métodos e *design* de pesquisa e educação para necessidades especiais. Eles trabalham principalmente em escolas, mas também em vários outros ambientes, incluindo hospitais pediátricos, centros de saúde mental e instituições correcionais.

istockphoto/shironosov

PSICÓLOGOS DO ESPORTE estudam os fatores psicológicos que influenciam e são influenciados pela participação em esportes e outras atividades físicas. Suas atividades profissionais incluem educação de treinadores e preparação de atletas, bem como pesquisa e ensino. Psicólogos do esporte que também possuem um diploma clínico ou de aconselhamento podem aplicar essas habilidades ao trabalho com indivíduos com problemas psicológicos, como ansiedade ou abuso de substâncias, que venham interferir no desempenho ideal. Como psicólogo do esporte, se você não estivesse trabalhando em um ambiente acadêmico ou de pesquisa, provavelmente trabalharia como parte de uma equipe ou organização esportiva ou em uma instituição privada.

* * *

Portanto, da próxima vez que alguém lhe perguntar o que você fará com seu diploma de psicologia, diga que você tem muitas opções. Você pode usar suas habilidades e compreensão adquiridas para conseguir um emprego e ter sucesso em várias áreas, ou pode buscar uma pós-graduação e depois oportunidades de carreira em profissões associadas. De qualquer maneira, o que você aprendeu sobre comportamento e processos mentais certamente enriquecerá sua vida (Hammer, 2003).

APÊNDICE C

Psicologia no Trabalho

Para muitas pessoas, viver é trabalhar. O trabalho nos sustenta, permitindo conseguir comida, água e abrigo. O trabalho nos conecta, atendendo nossas necessidades sociais. O trabalho ajuda a nos definir. Ao conhecer uma pessoa, para saber mais sobre sua identidade, podemos perguntar "Então, o que você faz?"

A nossa satisfação no trabalho é variável. No dia em que deixamos o mercado de trabalho, alguns de nós vão se despedir com tristeza de nosso antigo empregador; outros dirão adeus de bom grado.

Poucos de nós vão olhar para trás e dizer que seguimos uma carreira previsível. Teremos mudado de emprego, alguns de nós com frequência. O gatilho pode ter sido uma mudança nas necessidades econômicas. A rápida mudança tecnológica fez com que alguns empregos desaparecessem, com novos ocupando seu lugar – e nem sempre de maneira suave. Ou pode ter sido um desejo por melhores salários, relacionamentos mais felizes no trabalho, ou um trabalho mais gratificante.

Você pode ver seu trabalho como uma tarefa necessária ou um chamado significativo. Você também pode abordar seu trabalho como uma oportunidade de fazer o mínimo *ou* maximizar seu potencial. E você pode achar que seu trabalho é uma experiência tediosa ou de *flow* absorvente. Vamos dar uma olhada em como os psicólogos podem ajudar a explicar por que alguns trabalhos são mais gratificantes do que outros.

Satisfação no trabalho e na vida

Estado de *flow* no trabalho

QUESTÃO DE OBJETIVOS DA APRENDIZAGEM QOA C-1 O que é estado de *flow*?

Indivíduos em diferentes ocupações têm atitudes variadas em relação ao seu trabalho. Alguns veem seu trabalho como um *emprego*, uma maneira insatisfatória, mas necessária, de ganhar dinheiro. Outros veem seu trabalho como uma *carreira*, uma oportunidade de avançar de uma posição para outra melhor. Os restantes – aqueles que veem seu trabalho como uma *vocação*, uma atividade gratificante e socialmente útil – relatam a maior satisfação com seu trabalho e com sua vida (Dik & Duffy, 2012; Wrzesniewski & Dutton, 2001).

Essas descobertas não surpreenderiam Mihaly Csikszentmihalyi (1990, 1999). Ele observou que nossa qualidade de vida aumenta quando estamos comprometidos com um propósito. Entre a ansiedade de estar sobrecarregado e estressado e a apatia de estar desanimado e entediado, existe uma zona na qual experimentamos o ***flow***. Talvez você se lembre de estar em um estado de *flow*, sem prestar atenção a nada mais ao seu redor enquanto estava *online*. Se sim, talvez você possa simpatizar com os dois pilotos de avião que em 2009 estavam tão focados em seus *laptops* que não ouviram as mensagens da torre de controle. Os pilotos voaram 150 milhas além de seu destino em Mineápolis – e perderam seus empregos.

Csikszentmihalyi formulou o conceito de *flow* depois de estudar artistas que passavam horas e horas pintando ou esculpindo, muito concentrados. Imersos em um projeto, eles trabalhavam como se nada mais importasse e, quando terminavam, prontamente seguiam em frente. Os artistas pareciam menos motivados por recompensas externas – dinheiro, elogios, promoção – do que pelas recompensas intrínsecas de criar sua arte. Quase 200 outros estudos confirmam que esse tipo de *motivação intrínseca* melhora o desempenho (Cerasoli et al., 2014).

Os trabalhos que as pessoas fazem: o colunista Gene Weingarten (2002) observou que às vezes um humorista sabe "quando sair de fininho". Aqui estão alguns exemplos de títulos de cargos do U.S. Department of Labor's Dictionary of Occupational Titles: imitador de animais, projétil humano, supervisor de sala de amadurecimento de banana, saturador, ajudante de saturação, pulverizador, oscilador de dedo, arranhador de tapete, cheirador de ovo, tampão de fundo, britador de biscoito, selecionador de cérebros, lançador de mão, prensador de peito e reparador de mãe.

Flow. Estado de completo envolvimento e foco, com redução da consciência de si mesmo e do tempo; resulta do engajamento total de nossas habilidades.

Jacob Ammentorp Lund/iStock/Getty Images

Vida interrompida. Jogar e socializar *online* são fontes de distração sempre presentes. É preciso energia para resistir à tentação de verificar nossos telefones e de tempo para reorientar a concentração mental após cada interrupção. Essas interrupções frequentes interrompem o *flow*, por isso é uma boa ideia agendar intervalos regulares para verificar nossos dispositivos.

Csikszentmihalyi estudou dançarinos, jogadores de xadrez, cirurgiões, escritores, pais, alpinistas, marinheiros e agricultores. Sua pesquisa incluiu também australianos, norte-americanos, coreanos, japoneses e italianos. Os participantes tinham idades que variavam da adolescência até os anos dourados. Um princípio claro surgiu: é extasiante entrar em um estado de *flow* com uma atividade que envolve totalmente nossas habilidades (Fong et al., 2015). As experiências de *flow* aumentam nosso senso de autoestima, competência e bem-estar. Uma equipe de pesquisa estudou 10 mil gêmeos suecos e descobriu que experiências frequentes de *flow* diminuíam o risco de depressão e esgotamento (Mosing et al., 2018). Uma mente focada é uma mente feliz.

A ociosidade pode soar como felicidade. Você pode sonhar com um futuro cheio de *streaming* de filmes, dormindo e sem responsabilidades. Na realidade, o trabalho com propósito enriquece nossas vidas. As pessoas que deixam a força de trabalho tendem a ficar infelizes, mas o retorno ao trabalho melhora rapidamente seu humor (Zhou, Y. et al., 2019). Pessoas ocupadas geralmente são pessoas felizes (Hsee et al., 2010; Robinson & Martin, 2008).

Encontrando seu próprio *flow* e combinando interesses com o trabalho

Quer identificar seu próprio caminho para entrar em um estado de *flow*? Pode começar identificando suas forças pessoais e os tipos de trabalho que podem ser satisfatórios e bem-sucedidos. Marcus Buckingham e Donald Clifton (2001) sugeriram fazer a si mesmo quatro perguntas:

1. Que atividades me dão prazer? Tirar ordem do caos? Ser o anfitrião? Ajudar os outros? Desafiar o pensamento inconsistente?
2. Que atividades me deixam pensando "Quando posso fazer isso de novo?" em vez de "Quando isso vai acabar?"
3. Que tipo de desafios me atraem? E do que eu tenho medo?
4. Que tipo de tarefas eu aprendo facilmente? E com quais tenho mais dificuldade?

Você já reparou que quando está imerso em uma atividade, o tempo voa? E que quando está olhando para o relógio, ele parece se mover mais devagar? Pesquisadores franceses confirmaram que quanto mais prestamos atenção à duração de um evento, mais ele parece durar (Couli et al., 2004).

Você pode encontrar suas habilidades engajadas e o tempo voando ao ensinar ou vender ou escrever ou limpar ou consolar ou criar ou consertar. Se uma atividade parece boa, se ela vem facilmente, se você anseia por ela, então olhe mais de perto. Você verá suas forças no trabalho (Buckingham, 2007). Para uma avaliação gratuita (requer registro) de suas próprias forças pessoais, faça o "Breve Teste de Forças Pessoais" em *AuthenticHappiness.sas.upenn.edu*.

Também o U.S. Department of Labor oferece um questionário de interesse de carreira por meio de sua *Occupational Information Network* (O*NET). Em MyNextMove.org/explore/ip você precisará de cerca de 10 minutos para responder a 60 questões, indicando o quanto você gostaria, ou não, de atividades que vão desde construir armários de cozinha até tocar um instrumento musical. Você receberá um *feedback* sobre quão fortemente suas respostas refletem seis tipos de interesse (Holland, 1996):

- ***Realista*** (realizadores práticos)
- ***Investigativo*** (pensadores)
- ***Artístico*** (criadores)
- ***Social*** (cuidadores, professores)
- ***Empreendedor*** (persuasores, decisores)
- ***Convencional*** (organizadores).

Por fim, dependendo de quanto treinamento você está disposto a concluir, serão mostradas as ocupações que se encaixam no seu padrão de interesse (selecionadas de um banco de dados nacional com mais de 900 ocupações).

"Encontre um trabalho que você ame e não terá que trabalhar um único dia em sua vida." – Ditado popular expresso em um vídeo de contratação do Facebook, 2016

Faça o que ama e vai amar o que faz. O objetivo da ciência de aconselhamento de carreira é, em primeiro lugar, avaliar os diferentes valores, personalidades e, especialmente, *interesses* das pessoas, que são notavelmente estáveis e preditivos das escolhas e resultados de vida futuros (Dik & Rottinghaus, 2013; Stoll et al., 2017). (Seu trabalho pode mudar, mas seus interesses hoje provavelmente ainda serão seus interesses daqui a 10 anos.) Em segundo lugar, visa alertar as pessoas para vocações compatíveis – vocações com um bom ajuste *pessoa-ambiente*. Vale a pena ter um trabalho que se adapte à sua personalidade. Pessoas muito abertas ganham mais se tiverem empregos que exijam abertura (atores); pessoas muito diligentes ganham mais se trabalharem em empregos que exigem diligência (gerentes financeiros) (Denissen et al., 2018).

Um estudo avaliou os interesses de 400 mil estudantes do ensino médio e os acompanhou ao longo do tempo. A descoberta que você deve lembrar é: "os interesses preveem de forma única o sucesso acadêmico e profissional além da capacidade cognitiva e da personalidade" (Rounds & Su, 2014). Sessenta outros estudos confirmam o ponto tanto para estudantes quanto para trabalhadores: os interesses predizem tanto o desempenho quanto a persistência (Nye et al., 2012). A falta de adequação ao trabalho pode alimentar a frustração, resultando em um comportamento de trabalho improdutivo e até hostil (Harold et al., 2016). Um serviço *online* pago, *jobZology.com*, foi desenvolvido por *psicólogos de organizações industriais* para colocar em ação a ciência do aconselhamento de carreira. Primeiro, o serviço avalia os interesses, valores, personalidades e preferências culturais das pessoas no local de trabalho. Em seguida, sugere ocupações e as conecta com listas de empregos.

PERGUNTE A SI MESMO

O que você descobriu sobre suas forças pessoais e sobre o tipo de carreira que você pode se ver seguindo?

PRÁTICA DE RECUPERAÇÃO

PR-1 Qual é o valor de encontrar *flow* em nosso trabalho?

Coluna 1: Kathryn Brownson; Steven McIntosh. Coluna 2: Lorie Hailey ; Trish Morgan; Stephanie Ellis. Coluna 3: Danielle Slevens; Don Probert.

A força de trabalho moderna. A equipe de edição e produção que orienta o desenvolvimento deste livro e seus recursos trabalha em lugares distantes. Na coluna 1: Kathryn Brownson, no Michigan; e Won McIntosh, em Nova York. Na coluna 2: Lorie Hailey, em Kentucky; Trish Morgan, em Alberta; e Carlise Stembridge, no Minnesota. Na coluna 3: Danielle Slevens, em Massachusetts; e Betty Probert, na Flórida.

Psicologia industrial-organizacional

QOA C-2 Quais são as três principais áreas de estudo da psicologia industrial-organizacional?

Nas nações desenvolvidas, o trabalho se expandiu, da agricultura à manufatura e ao *trabalho que depende de conhecimento*. Cada vez mais o trabalho é *terceirizado* para funcionários temporários e consultores, ou para trabalhadores em trabalho remoto de locais de trabalho externos (Gallup, 2020). (A equipe de dois autores para este livro e seu pacote de ensino é auxiliada imensamente por uma equipe de pessoas em uma dúzia de cidades, de Alberta à Flórida.)

Conforme o trabalho se modifica, nossas atitudes com relação ao nosso trabalho também mudam? Nossa satisfação com o trabalho aumentou ou diminuiu? O *contrato psicológico* – o senso de obrigação mútua entre trabalhadores e empregadores – tornou-se mais ou menos confiável e seguro? Como os psicólogos podem ajudar as organizações a tornar o trabalho mais satisfatório e produtivo? Essas questões estão entre as que fascinam os **psicólogos da área industrial-organizacional** (**I/O**), à medida que aplicam os princípios da psicologia ao local de trabalho (Tabela C.1).

- A psicologia I/O, que é um subcampo da **psicologia de recursos humanos (RH)**, aplica os métodos e princípios da psicologia para selecionar, colocar, treinar e avaliar trabalhadores. Psicólogos de RH combinam pessoas com empregos identificando e colocando candidatos adequados. O subcampo da **psicologia organizacional** leva em consideração o modo como os ambientes de trabalho e os estilos de gestão influenciam a motivação, a satisfação e a produtividade do trabalhador. Concentra-se em modificar e supervisionar empregos para aumentar o moral e a produtividade
- A **psicologia de fatores humanos**, agora um campo distinto aliado à psicologia I/O, explora como máquinas e ambientes podem ser projetados de maneira otimizada para se adequarem às capacidades humanas. Os psicólogos de fatores humanos estudam as percepções e inclinações naturais das pessoas, usando essa pesquisa para criar máquinas e configurações de trabalho fáceis de usar.

Psicologia industrial-organizacional (I/O). Aplicação de conceitos e métodos psicológicos ao comportamento humano nos locais de trabalho.

Psicologia de recursos humanos. Subcampo da psicologia I/O que ajuda na procura de emprego e no recrutamento, seleção, colocação, treinamento, avaliação e desenvolvimento de funcionários.

Psicologia organizacional. Subcampo da psicologia I/O que examina as influências organizacionais na satisfação e na produtividade do trabalhador e facilita a mudança organizacional.

Psicologia de fatores humanos. Campo da psicologia aliado à psicologia I/O que explora como as pessoas e as máquinas interagem e como as máquinas e os ambientes físicos podem se tornar seguros e fáceis de usar.

Tabela C.1 Psicologia I/O e psicologia dos fatores humanos no trabalho.

Como cientistas, consultores e profissionais de gestão, os psicólogos I/O podem ser encontrados ajudando as organizações a resolver conflitos trabalho-família, a aumentar a retenção de funcionários, melhorar o espírito organizacional ou promover o trabalho em equipe. Os psicólogos de fatores humanos contribuem para a segurança humana e o aprimoramento de projetos.

Psicologia de recursos humanos: maximizando o potencial humano	Psicologia organizacional: construindo organizações melhores
Desenvolvimento de programas de treinamento para aumentar o sucesso dos candidatos a emprego **Seleção e colocação de funcionários** • Desenvolver e testar ferramentas de avaliação para selecionar, colocar e promover trabalhadores • Analisar o conteúdo do trabalho • Otimizar a colocação de trabalhadores **Treinamento e desenvolvimento de funcionários** • Identificar necessidades • Projetar programas de treinamento, inclusive para profissionais éticos e locais de trabalho diversificados • Avaliar programas de treinamento **Avaliação de desempenho** • Promover o desenvolvimento de diretrizes • Avaliar o desempenho individual • Avaliar o desempenho organizacional	**Desenvolvimento das organizações** • Análisar as estruturas organizacionais • Maximizar a satisfação e a produtividade do trabalhador • Facilitar a mudança organizacional **Melhora da qualidade de vida no trabalho** • Expandir a produtividade individual • Identificar elementos de satisfação • Redesenhar as funções • Equilibrar a vida profissional e não profissional em uma era de mídias sociais, *smartphones* e rápida mudança tecnológica **Psicologia dos fatores humanos: otimizando máquinas e ambientes** • Projetar ambientes de trabalho ideais • Otimizar as interações pessoa-máquina • Desenvolver tecnologias de sistemas

Fonte: Society of Industrial and Organizational Psychology. Para você obter outras informações sobre psicologia I/O, mais de 500 programas de pós-graduação na América do Norte e oportunidades de emprego relacionadas, visite SIOP.org.

Psicologia de recursos humanos

QOA C-3 Como os psicólogos de recursos humanos facilitam a procura de emprego, a seleção de funcionários, a colocação no trabalho e a avaliação de desempenho?

Recrutador: "Por que você deixou seu último emprego?"
Candidato: "Foi algo que meu chefe disse."
Recrutador: "O que ele disse?"
Candidato: "Você está demitido."

– Piada adaptada do blog ZoomInfo

Os psicólogos auxiliam as organizações em vários estágios de seleção e avaliação de funcionários. Eles podem ajudar a identificar as habilidades necessárias para o cargo, desenvolver métodos de seleção eficientes, recrutar e avaliar diversos candidatos, apresentar e treinar novos funcionários, avaliar o desempenho e facilitar a formação de equipes entre pessoas com diferentes origens culturais. Eles também buscam melhorar o bem-estar e a produtividade dos trabalhadores "neurodiversos" – aqueles no espectro autista ou aqueles com TDAH, um distúrbio de aprendizagem ou lesão cerebral (Weinberg & Doyle, 2017).

E ajudam os candidatos a uma vaga de emprego. Em quatro dúzias de estudos, programas de treinamento (que ensinam habilidades para procurar emprego, melhoram a apresentação pessoal, aumentam a autoconfiança, promovem o estabelecimento de metas e fornecem suporte) quase triplicaram o sucesso dos candidatos a emprego (Liu et al., 2014).

Usando as forças pessoais para uma seleção bem-sucedida

Como uma nova executiva de recursos humanos da AT&T, a psicóloga Mary Tenopyr (1997) foi designada para resolver um problema: os representantes de atendimento ao cliente estavam falhando em uma taxa alta. Depois de concluir que muitas das contratações não correspondiam às demandas de seu novo trabalho, Tenopyr desenvolveu um novo instrumento de seleção:

1. Ela pediu aos novos candidatos que respondessem a várias perguntas do teste (sem ainda fazer uso de suas respostas).
2. Ela acompanhou mais tarde para avaliar qual dos candidatos se destacou no trabalho.
3. Ela identificou as perguntas anteriores do teste que melhor previam o sucesso.

O resultado feliz de seu trabalho orientado para os dados foi um novo teste que permitiu à AT&T identificar representantes com probabilidade de sucesso. Técnicas de seleção de pessoal como esta visam recrutar pessoas com o tipo de forças pessoais que permitirão que elas e a organização floresçam. Combine as forças pessoais das pessoas com as tarefas das organizações, e o resultado muitas vezes é prosperidade e lucro.

As entrevistas preveem o desempenho?

A seleção de funcionários geralmente inclui uma entrevista, e muitos entrevistadores se sentem confiantes em sua capacidade de prever o desempenho no trabalho a longo prazo a partir de uma entrevista de familiarização (*não estruturada*). O que é, portanto, chocante é como as previsões dos entrevistadores podem ser propensas a erros ao prever o sucesso no trabalho ou na pós-graduação. A capacidade mental geral tem sido um melhor preditor, especialmente para trabalhos complexos – para os quais indica a capacidade das pessoas de aprender novas habilidades (Schmidt & Hunter, 2004). As entrevistas informais são menos informativas do que os testes de aptidão, amostras de trabalho, testes de conhecimento da função e desempenho no cargo anterior. Depois de estudar milhares de entrevistas informais e o sucesso posterior no trabalho, o Google descobriu "zero relacionamento. É uma bagunça aleatória completa" (Bock, 2013).

Entrevistas não estruturadas e a ilusão do entrevistador

Entrevistas tradicionais e não estruturadas podem fornecer uma noção da personalidade de alguém – sua expressividade, cordialidade e capacidade verbal, por exemplo. Mas essas entrevistas informais também dão aos entrevistados um poder considerável para controlar a impressão que estão causando na situação da entrevista (Barrick et al., 2009). Por que, então, muitos entrevistadores têm tanta fé em sua capacidade de discernir a aptidão dos entrevistados para um emprego? "Tenho excelentes habilidades de entrevista", os consultores de psicologia I/O costumam ouvir, "então não preciso de verificação de referência tanto quanto alguém que não tem minha capacidade de ler as pessoas." Superestimar a capacidade de prever o futuro das pessoas é chamado de *ilusão do entrevistador* (Dana et al., 2013; Nisbett, 1987). Cinco fatores explicam o excesso de confiança dos entrevistadores:

- ***Os entrevistadores presumem que as pessoas são o que parecem ser na situação da entrevista.*** Uma entrevista não estruturada pode criar a falsa impressão do comportamento de uma pessoa em relação a outras em diferentes situações. Alguns entrevistados podem fingir atitudes desejadas; outros podem estar nervosos. Como explicam os psicólogos sociais, quando nos encontramos com outras pessoas, cometemos o *erro fundamental de atribuição*: descontamos a enorme influência de situações variadas e presumimos equivocadamente que o que vemos é o que teremos. Mas a pesquisa sobre tudo isso, desde a tagarelice até a conscienciosidade, reflete que a forma como nos comportamos mostra não apenas nossos traços duradouros, mas também os detalhes da situação específica (como querer impressionar em uma entrevista de emprego)
- ***Preconceitos e humores dos entrevistadores influenciam como eles percebem as respostas dos entrevistados*** (Cable & Gilovich, 1998; Macan & Dipboye, 1994). Se os entrevistadores gostarem instantaneamente de uma pessoa que talvez seja semelhante a eles (abrindo a porta para um viés racial não intencional), eles podem interpretar a assertividade da pessoa como indicando "confiança" em vez de "arrogância". Se informados de que certos candidatos foram pré-selecionados, os entrevistadores estão dispostos a julgá-los mais favoravelmente. Esses entrevistadores estão mostrando *viés de confirmação*: eles procuram informações que sustentem seus preconceitos sobre um candidato a emprego e ignoram ou distorcem evidências contraditórias (Skov & Sherman, 1986)
- ***Os entrevistadores julgam a pessoa em relação aos entrevistados imediatamente antes e depois dela*** (Simonsohn & Gino, 2013). Se você está sendo entrevistado para um emprego ou programa de pós-graduação, espere um dia em que os outros entrevistados tenham sido fracos
- Os entrevistadores seguem mais frequentemente as carreiras de sucesso daqueles que contrataram do que as carreiras de sucesso daqueles que rejeitaram. Esse *feedback* ausente impede que os entrevistadores obtenham uma verificação da realidade sobre sua capacidade de contratação
- ***As entrevistas revelam as boas intenções do entrevistado, que são menos reveladoras do que os comportamentos habituais*** (Ouellette & Wood, 1998). As intenções importam. As pessoas podem mudar. Mas o melhor preditor da pessoa que seremos é a pessoa que

Entre a ideia / e a realidade ... / Cai a sombra.”
– T. S. Eliot, *The Hollow Men*, 1925

fomos. Em comparação com os estudantes universitários que evitam o trabalho, aqueles que se envolvem em suas tarefas são mais propensos, uma década ou mais depois, a serem trabalhadores engajados (Salmela-Aro et al., 2009). Aonde quer que vamos, levamos juntos a nós mesmos.

Na esperança de melhorar a previsão e a seleção, os psicólogos de recursos humanos colocaram pessoas em situações de trabalho simuladas, buscaram informações sobre o desempenho passado, agregaram avaliações de várias entrevistas, administraram testes e desenvolveram entrevistas de trabalho específicas.

Entrevistas estruturadas

Ao contrário de conversas casuais destinadas a conhecer alguém, as **entrevistas estruturadas** oferecem um método disciplinado de coleta de informações. Um psicólogo de recursos humanos pode analisar um trabalho, escrever perguntas e treinar entrevistadores. Os entrevistadores então fazem a todos os candidatos as mesmas perguntas, na mesma ordem, e classificam cada candidato em escalas estabelecidas.

Em uma entrevista não estruturada, alguém pode perguntar “Quão organizado você é?” “Quão bem você se dá com as pessoas?” ou “Como você lida com o estresse?” Candidatos espertos sabem como pontuar alto. “Embora às vezes eu me esforce demais, lido com o estresse priorizando e delegando e deixando tempo para dormir e fazer exercícios.”

Por outro lado, as entrevistas estruturadas identificam as forças pessoais (atitudes, comportamentos, conhecimentos e habilidades) que distinguem os profissionais de alto desempenho em determinada linha de trabalho. O processo inclui delinear situações específicas do trabalho e pedir aos candidatos que expliquem como lidariam com elas e como lidaram com situações semelhantes em seu emprego anterior. “Conte-me sobre um momento em que você foi pego entre demandas conflitantes, sem tempo para realizar as duas. Como você lidou com isso?” Em suas entrevistas, o Google pediu: “dê um exemplo de uma ocasião em que você resolveu um problema analiticamente difícil” (Bock, 2013).

Para reduzir distorções de memória e preconceitos, o entrevistador toma notas e faz avaliações, à medida que a entrevista prossegue, e evita perguntas irrelevantes e que podem surgir como sequência em uma conversa. A entrevista estruturada, portanto, parece menos calorosa, mas isso pode ser explicado ao candidato. “Esta conversa não é um exemplo de como nos relacionamos nesta organização.”

Uma revisão de 150 resultados revelou que as entrevistas estruturadas tinham o dobro da precisão preditiva das entrevistas não estruturadas (Schmidt & Hunter, 1998; Wiesner & Cronshaw, 1988). Entrevistas estruturadas também reduzem o viés, como contra candidatos com excesso de peso (Kutcher & Bragger, 2004).

Se, em vez disso, deixarmos nossas intuições influenciarem o processo de contratação, observou Malcolm Gladwell (2000, p. 86), então “tudo o que teremos feito é substituir o “quem indicou”, onde você contrata seu sobrinho, pelo novo modelo, onde você contrata quem mais o impressionou quando você apertou a mão dele. O progresso social, a menos que sejamos cuidadosos, pode ser apenas o meio pelo qual substituímos o obviamente arbitrário pelo não tão obviamente arbitrário”.

Para recapitular, os psicólogos de recursos humanos ajudam a treinar os candidatos a emprego e auxiliam as organizações na análise de empregos, no recrutamento de candidatos adequados e na seleção e colocação de funcionários. Eles também avaliam o desempenho dos funcionários (Figura C.1) – nosso próximo tópico.

Entrevista estruturada. Processo de entrevista que faz as mesmas perguntas relevantes para o trabalho de todos os candidatos, e cada um dos quais é classificado de acordo com parâmetros estabelecidos.

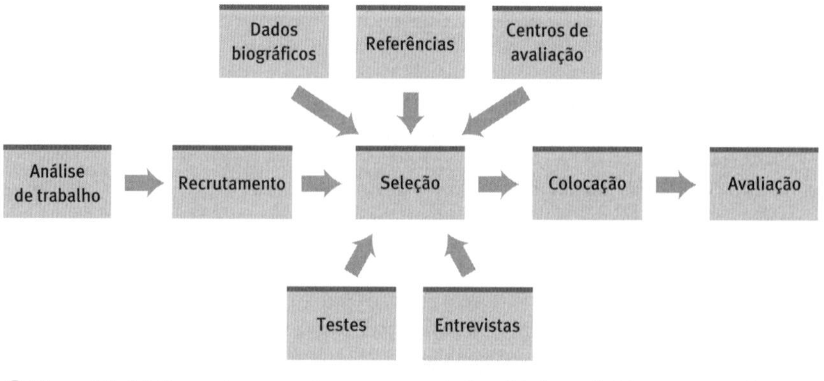

Figura C.1 Psicólogos de recursos humanos no trabalho. Psicólogos de RH prestam consultoria em atividades de recursos humanos, desde a definição do trabalho até o recrutamento e a avaliação de funcionários. A abordagem do centro de avaliação pode ser usada para avaliar funcionários existentes e potenciais.

Avaliação de desempenho

A avaliação de desempenho serve a propósitos organizacionais: ajuda a decidir quem deve manter-se na equipe, como recompensar e pagar adequadamente as pessoas, e como aproveitar melhor as forças pessoais dos funcionários, às vezes com mudanças de função ou promoções. A avaliação de desempenho também serve a propósitos individuais: o *feedback* reafirma as forças pessoais dos trabalhadores e ajuda a motivar as melhorias necessárias.

Os métodos de avaliação de desempenho incluem:

- ***Listas de verificação*** nas quais os supervisores simplesmente verificam comportamentos específicos que descrevem o trabalhador ("sempre atende às necessidades dos clientes"; "faz longas pausas")
- ***Escalas gráficas de classificação*** nas quais o supervisor verifica, talvez em uma escala de cinco pontos, com que frequência um trabalhador é confiável, produtivo, e assim por diante
- ***Escalas de classificação de comportamento*** nas quais o supervisor verifica comportamentos em escala que descrevem o desempenho de um trabalhador. Ao avaliar até que ponto um trabalhador "segue os procedimentos", o supervisor pode marcar o funcionário em algum lugar entre "muitas vezes toma atalhos" e "sempre segue os procedimentos estabelecidos" (Levy, 2003).

Figura C.2 ***Feedback* de 360 graus.** Com *feedback* de 360 graus de várias fontes, nosso conhecimento, habilidades e comportamentos são avaliados por nós mesmos e por outras pessoas. Professores, por exemplo, podem ser avaliados por seus chefes de departamento, seus alunos e seus colegas. Depois de receber todas essas classificações, os professores discutem o *feedback* de 360 graus com o chefe do departamento.

Em algumas organizações, o *feedback* de desempenho vem não apenas dos supervisores, mas também de todos os níveis organizacionais. Se você entrar em uma organização que pratica *feedback de 360 graus* (Figura C.2), você avaliará a si mesmo, seu gerente e seus outros colegas e será avaliado por seu gerente, outros colegas e clientes (Green, 2002). O resultado é muitas vezes uma comunicação mais aberta e uma avaliação mais completa.

A avaliação de desempenho, como outros julgamentos sociais, é vulnerável ao viés (Murphy & Cleveland, 1995). Os *erros do efeito halo* ocorrem quando a avaliação geral de um funcionário, ou de uma característica pessoal, como sua simpatia, influencia as classificações de seus comportamentos específicos relacionados ao trabalho, como sua confiabilidade. *Erros de leniência* e *gravidade* refletem as tendências dos avaliadores de serem muito brandos ou muito severos com todos. *Erros de recenticidade* ocorrem quando os avaliadores se concentram apenas no comportamento recente facilmente lembrado. Ao usar vários avaliadores e desenvolver medidas de desempenho objetivas e relevantes para o trabalho, os psicólogos de recursos humanos procuram apoiar suas organizações e, ao mesmo tempo, ajudar os funcionários a perceber o processo de avaliação como justo.

PRÁTICA DE RECUPERAÇÃO

PR-2 Um diretor de recursos humanos explica a você que "não me incomodo com testes ou referências. É tudo sobre a entrevista". Com base na pesquisa em psicologia I/O, quais preocupações isso levanta?

Psicologia organizacional

Recrutar, contratar, treinar e avaliar trabalhadores capazes e diversificados é importante, mas a motivação e o moral dos funcionários também é. Os psicólogos organizacionais auxiliam nos esforços para motivar e engajar os funcionários, e também exploram a liderança eficiente.

Satisfação e engajamento no trabalho

QOA C-4 Por que os psicólogos organizacionais estão interessados na satisfação e no engajamento dos funcionários?

Psicólogos I/O descobriram que a satisfação com o trabalho e com o equilíbrio entre vida profissional e vida pessoal alimenta a satisfação geral com a vida (Bowling et al., 2010). Menor estresse no trabalho (às vezes possibilitado pelo trabalho remoto) contribui para uma saúde melhor (Allen et al., 2015).

Funcionários satisfeitos também contribuem para organizações de sucesso. O humor positivo no trabalho aumenta a criatividade, a persistência e a colaboração (Ford et al., 2011; Jeffrey et al., 2014; Shockley et al., 2012). Os trabalhadores engajados e felizes também faltam

Sentir-se bem fazendo o bem – "A Grande Experiência". No final dos anos 1700, a fábrica de algodão de New Lanark, na Escócia, tinha mais de mil trabalhadores. Muitos eram crianças retiradas dos asilos de pobres de Glasgow. Eles trabalhavam 13 horas por dia e viviam em condições sombrias.
Em uma visita a Glasgow, o galês Robert Owen – um jovem gerente idealista de uma fábrica de algodão – conheceu e se casou com a filha do dono da fábrica. Owen e alguns sócios compraram o moinho e no primeiro dia de 1800 começaram o que ele chamou de "o experimento mais importante para a felicidade da raça humana que já havia sido instituído a qualquer momento em qualquer parte do mundo" (Owen, 1814). A exploração do trabalho infantil e adulto estava, observou ele, produzindo trabalhadores infelizes e ineficientes. Owen mostrou ***liderança transformacional*** (discutida mais adiante neste apêndice) quando empreendeu inúmeras inovações: um berçário para crianças pré-escolares, educação para crianças mais velhas (com incentivo em vez de punição corporal), domingos de folga, assistência médica, licenças médicas remuneradas, auxílio-desemprego por dias quando a usina não podia operar, e uma loja da empresa vendendo mercadorias a preços reduzidos. Ele também inovou um programa de avaliação de metas e trabalhadores que incluía registros detalhados de produtividade e custos diários, mas "sem espancamento, sem linguagem abusiva".
O sucesso comercial que se seguiu alimentou um movimento de reforma humanitária. Em 1816, com décadas de lucratividade ainda pela frente, Owen acreditava ter demonstrado "que a sociedade pode ser formada de modo a existir sem crime, sem pobreza, com saúde muito melhorada, com pouca ou nenhuma miséria, e com inteligência e felicidade aumentadas em cem vezes". Embora sua visão utópica não tenha sido cumprida, o grande experimento de Owen lançou as bases para práticas trabalhistas que hoje são aceitas em grande parte do mundo.

Courtesy of New Lanark Trust

menos ao trabalho? São menos propensos a desistir? Menos propensos a roubar? Mais pontuais? Mais produtivos? Os resumos estatísticos de pesquisas anteriores encontraram uma correlação positiva modesta entre a satisfação individual no trabalho e o desempenho profissional (Judge et al., 2001; Ng et al., 2009). Em uma análise de 4.500 funcionários em 42 empresas industriais britânicas, os trabalhadores mais produtivos eram aqueles que achavam seu ambiente de trabalho satisfatório (Patterson et al., 2004).

Algumas organizações parecem ter um talento especial para cultivar funcionários mais engajados e produtivos. Nos Estados Unidos, as "100 Melhores Empresas para Trabalhar", da revista *Fortune*, também produziram retornos marcadamente acima da média para seus investidores (Yoshimoto & Frauenheim, 2018). E considere um grande estudo com mais de 198 mil funcionários em quase 8 mil unidades de negócios de 36 grandes empresas (incluindo cerca de 1.100 agências bancárias, 1.200 lojas e 4.200 equipes ou departamentos). James Harter, Frank Schmidt e Theodore Hayes (2002) exploraram as correlações entre várias medidas de sucesso organizacional e *engajamento dos funcionários* – a extensão do envolvimento, entusiasmo e identificação dos trabalhadores com suas organizações (Tabela C.2). Eles descobriram que trabalhadores engajados (em comparação com os trabalhadores não engajados que estão apenas dedicando seu tempo) sabiam o que era esperado deles, tinham o que precisavam para fazer seu trabalho, sentiam-se realizados em seu trabalho, tinham oportunidades regulares para fazer melhor o que fazem, perceberam que faziam parte de algo significativo, e tiveram oportunidades de aprender e se desenvolver. Eles também descobriram que as unidades de negócios com funcionários engajados tinham clientes mais fiéis, menores taxas de rotatividade, maior produtividade e maiores lucros.

Qual a porcentagem de funcionários engajados? Um estudo maciço com 6,4 milhões de pessoas em 159 países mostrou que apenas cerca de 15% dos trabalhadores relataram estar engajados (Gallup, 2017, 2020). O engajamento – sentir-se envolvido e entusiasmado com o trabalho – é maior entre as pessoas que têm empregos com base em conhecimento, horários flexíveis e liberdade para trabalhar remotamente. Atualmente, cada vez mais organizações oferecem esses benefícios na esperança de aumentar o engajamento dos funcionários (Eisenberger et al., 2019).

Tabela C.2 Três tipos de funcionários.

- ***Engajados*:** trabalham com empenho e energia, e sentem-se conectados à sua empresa ou organização
- ***Não engajados*:** dedicam seu tempo, mas investem pouca paixão ou energia em seu trabalho
- ***Ativamente desengajados*:** trabalhadores insatisfeitos, que atrapalham o que seus colegas realizam

Informação da Gallup via Crabtree, 2005.

tdub_video/Getty Images

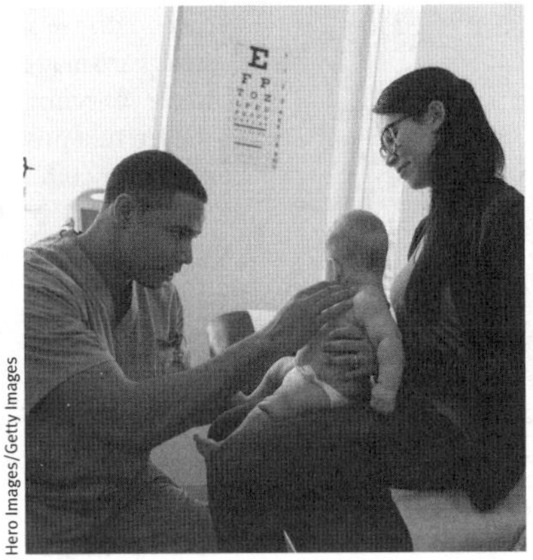
Hero Images/Getty Images

Peter C ade/Getty Images

Importância da tarefa. As pessoas consideram seu trabalho significativo e envolvente quando a *tarefa* que executam é *significativa* – quando veem seu trabalho como benéfico para os outros (Allan, 2017).

Mas o que sinaliza a causa dessa correlação entre o sucesso do negócio e o moral e o engajamento dos funcionários? O sucesso aumenta o moral, ou o moral elevado aumenta o sucesso? Em um estudo longitudinal de acompanhamento de 142 mil trabalhadores, os pesquisadores descobriram que, ao longo do tempo, as atitudes dos funcionários previam o sucesso futuro do negócio (mais do que o contrário) (Harter et al., 2010). Muitos outros estudos confirmam que trabalhadores felizes tendem a ser bons trabalhadores (Ford et al., 2011; Seibert et al., 2011; Shockley et al., 2012). Uma análise comparou empresas com níveis de engajamento de funcionários no quartil superior em relação a funcionários com engajamento abaixo da média. Em um período de três anos, os ganhos cresceram 2,6 vezes mais rápido para as empresas com trabalhadores altamente engajados (Ott, 2007). Vale a pena ter funcionários engajados.

Liderança efetiva

QOA **C-5** Como os líderes podem ser mais eficientes?

Funcionários engajados não acontecem por acaso. A maioria deles tem **líderes** eficientes – pessoas que os motivam e influenciam para permitir o sucesso de seu grupo e que envolvem seus interesses e lealdade (Royal, 2019). Grandes gerentes apoiam o bem-estar dos funcionários, articulam metas com clareza e lideram de maneira adequada à situação e consideram o contexto cultural.

Definição de metas específicas e desafiadoras

Objetivos mensuráveis, como "terminar de coletar as informações do jornal histórico até sexta-feira", concentram nossa atenção e nos estimulam a persistir e a ser criativos. As metas motivam a realização, especialmente quando combinadas com relatórios de progresso (Harkin et al., 2016). Para muitas pessoas, um marco no tempo – um aniversário especial, o novo ano ou novo período escolar, formatura, um novo emprego, uma nova década de vida – estimula o estabelecimento de metas pessoais (Alter & Hershfield, 2014; Dai et al., 2014). Planos de ação que dividem grandes objetivos em etapas menores (submetas) e que especificam as *intenções de implementação* – quando, onde e como atingir essas etapas – aumentam as chances de concluir um projeto no prazo (Fishbach et al., 2006; Gollwitzer & Sheeran, 2006). Através dos altos e baixos de uma tarefa, sustentamos melhor nosso humor e motivação quando nos concentramos em objetivos imediatos (como o estudo diário) em vez de objetivos distantes (como uma nota do curso). Melhor se concentrar em metas pequenas e atuais do que ficar sonhando com o prêmio maior a ser conquistado (Houser-Marko & Sheldon, 2008).

Assim, antes de iniciar cada nova edição deste livro, nossa equipe de autores e editores *gerencia por objetivos* – concordamos com as datas previstas para a conclusão de cada rascunho. Se nos concentrarmos em alcançar cada uma dessas metas de curto prazo, então o prêmio – um livro na hora certa – cuida de si mesmo. Desse modo, para motivar a alta produtividade, os líderes eficientes trabalham com as pessoas para definir metas explícitas, submetas e planos de implementação e, em seguida, fornecer *feedback* sobre o progresso. Essas metas são metas SMART – específicas, mensuráveis, acionáveis, realistas e com tempo determinado [*specific, measurable, actionable, realistic, and time-bound*] (SIOP, 2018).

"Bons líderes não pedem mais do que seus eleitores podem dar, mas muitas vezes pedem – e recebem – mais do que seus eleitores pretendiam dar ou pensavam ser possível dar." – John W. Gardner, *Excellence*, 1984

Escolha de um estilo de liderança apropriado

Líderes eficientes de grupos de laboratório, equipes de trabalho e grandes corporações geralmente exalam *carisma* – uma capacidade de influenciar os outros ao mesmo tempo que os

Liderança. Capacidade de um indivíduo de motivar e influenciar outros a contribuir para o sucesso do grupo.

Anthony Quintano

O poder de treinadores positivos. O técnico de futebol Pete Carroll, que levou a University of Southern California a dois campeonatos nacionais e o Seattle Seahawks a um campeonato do Super Bowl, combinou entusiasmo positivo e exercícios divertidos com "compromisso com um ambiente estimulante que permite que as pessoas sejam elas mesmas enquanto ainda são responsáveis perante a equipe" (Trotter, 2014). "Isso mostra que se pode vencer com positividade", observou o ex-astro do Seahawks, Richard Sherman. "É literalmente tudo reforço positivo", disse o companheiro de equipe Jimmy Graham (Belson, 2015).

deixa confortáveis (Goethals & Allison, 2014; Tskhay et al., 2018). Pessoas carismáticas têm a capacidade de inspirar a lealdade dos outros e concentrar seu entusiasmo (Grabo & van Vugt, 2016).

O carisma pode reforçar a liderança, especialmente quando combinado com habilidades gerenciais práticas (Vergauwe et al., 2018). Que outras qualidades ajudam? Os estilos de liderança variam, dependendo tanto das qualidades do líder quanto das demandas da situação (Badura et al., 2019). Em algumas situações (pense em um comandante liderando tropas para a batalha), um *estilo diretivo* pode ser necessário (Fiedler, 1981). Em outras situações – desenvolvendo um programa de comédia, por exemplo – um líder pode obter melhores resultados usando um *estilo democrático* que acolhe a criatividade dos membros da equipe.

Os líderes diferem nas qualidades pessoais que trazem para o trabalho. Alguns se destacam na **liderança de tarefas** – estabelecendo padrões, organizando o trabalho e concentrando a atenção nas metas. Para manter o grupo centrado em sua missão, os líderes de tarefas normalmente usam um estilo diretivo, que pode funcionar bem se o líder fornecer uma boa orientação (Fiedler, 1987).

Outros gerentes se destacam na **liderança social**. Eles explicam as decisões, ajudam os membros do grupo a resolver conflitos e constroem equipes que funcionam bem em conjunto (Bisbey et al., 2019; Pfaff et al., 2013). Os líderes sociais, muitos deles mulheres, têm um estilo democrático. Eles compartilham a autoridade e acolhem as opiniões dos membros da equipe. A liderança social e a formação de equipes aumentam o moral e a produtividade (Shuffler et al., 2011, 2013). Normalmente nos sentimos mais satisfeitos, motivados e com melhor desempenho quando podemos participar da tomada de decisões (Cawley et al., 1998; Pereira & Osburn, 2007). Além disso, quando os membros são sensíveis uns aos outros e participam igualmente, os grupos resolvem problemas com maior "inteligência coletiva" (Woolley et al., 2010).

Em um estudo realizado com 50 empresas holandesas, aquelas com o moral mais alto tinham executivos-chefes que mais inspiraram seus colegas a "transcenderem seus próprios interesses em prol do coletivo" (de Hoogh et al., 2004). A *liderança transformacional* desse tipo motiva os outros a se identificarem e se comprometerem totalmente com a missão do grupo. Líderes transformacionais, muitos dos quais são naturalmente extrovertidos, articulam altos padrões, inspiram as pessoas a compartilhar sua visão e oferecem atenção pessoal (Bono & Judge, 2004). O resultado frequente são trabalhadores mais engajados, confiantes e eficientes (Turner et al., 2002). As mulheres, mais do que os homens, tendem a exibir qualidades de liderança transformacional (Wang, G. et al., 2018).

Estudos na Índia, Taiwan e Irã sugerem que gerentes eficazes – seja em minas de carvão, bancos ou escritórios do governo – frequentemente exibem alto grau de liderança *tanto* de tarefas *quanto* social (Smith & Tayeb, 1989). Como pessoas voltadas para a realização, os gerentes eficazes se preocupam com o quão bem o trabalho é feito, mas são sensíveis às necessidades de seus subordinados. Trabalhadores em organizações que são amigáveis com as famílias, que oferecem horários flexíveis relatam sentir maior satisfação no trabalho e lealdade aos seus empregadores (Butts et al., 2013; Roehling et al., 2001). Com o passar do tempo, senadores norte-americanos que praticam virtudes comuns (humildade, sabedoria, coragem) tornam-se mais influentes em cargos de liderança do que aqueles que praticam manipulação e intimidação (ten Brinke et al., 2016). As virtudes sociais funcionam.

REFORÇO POSITIVO. A liderança eficiente geralmente se baseia em um princípio básico de *condicionamento operante*: para ensinar um comportamento, pegue uma pessoa fazendo algo certo e ofereça reforço positivo. Parece simples, mas muitos gerentes são como pais que, quando uma criança traz para casa um boletim escolar quase perfeito, concentram-se naquela única nota baixa em uma aula problemática e ignoram o resto. "No ano passado, 65% dos americanos NÃO receberam elogios ou reconhecimento no seu local de trabalho", declarou a organização Gallup (2004).

CUMPRINDO A NECESSIDADE DE PERTENCER. Um ambiente de trabalho que satisfaça a necessidade de pertencimento dos funcionários é energizante. Os funcionários que gostam de relacionamentos de alta qualidade entre colegas se envolvem com o trabalho com mais vigor (Carmeli et al., 2009). Pesquisadores da Gallup perguntaram a mais de 15 milhões de funcionários em todo o mundo se eles têm um "melhor amigo no trabalho". Os 30% que disseram que sim "têm *sete vezes* mais chances de se engajar em seus trabalhos" do que aqueles que disseram não, relatam Tom Rath e James Harter (2010). E, como observamos anteriormente, funcionários positivos e engajados são uma marca de organizações prósperas.

Liderança de tarefas. Liderança orientada para objetivos, a qual define padrões, organiza o trabalho e concentra a atenção nos objetivos.

Liderança social. Liderança orientada para o grupo, que constrói o trabalho em equipe, medeia conflitos e oferece apoio.

GESTÃO PARTICIPATIVA. A participação dos funcionários na tomada de decisões é comum na Suécia, no Japão, Estados Unidos e em outros lugares (Cawley et al., 1998; Sundstrom et al., 1990). Os trabalhadores que tiveram a chance de expressar sua opinião e fazer parte do processo de tomada de decisão responderam mais positivamente à decisão final (van den Bos & Spruijt, 2002). Eles também se sentem mais empoderados e, portanto, provavelmente mais criativos e comprometidos (Hennessey & Amabile, 2010; Seibert et al., 2011).

O máximo em participação dos funcionários é a empresa que é propriedade dos funcionários, da qual se diz haver cerca de 2 mil nos Estados Unidos – incluindo os supermercados Publix, com seus quase 200 mil funcionários (Lapp, 2019). Uma dessas empresas na minha [DM] cidade é o Fleetwood Group, um próspero fabricante de móveis educacionais e dispositivos de comunicação sem fio com 165 funcionários. Cada funcionário possui parte da empresa e, como grupo, possui 100%. Quanto mais anos os funcionários trabalham, mais eles possuem, mas ninguém possui mais de 5%. Como todo presidente corporativo, o presidente da Fleetwood trabalha para seus acionistas – que também são seus funcionários.

Como uma empresa que endossa o "respeito e o cuidado com cada membro da equipe -proprietário" inspirado na fé, a Fleetwood é livre para colocar as pessoas acima dos lucros. Assim, quando os pedidos diminuíram durante uma recessão, os proprietários-funcionários decidiram que a segurança no emprego significava mais para eles do que os lucros. Desse modo, a empresa pagou trabalhadores ociosos para fazer serviços comunitários, como atender telefones em agências sem fins lucrativos e construir casas para o programa *Habitat for Humanity*. O fato de funcionários também serem proprietários atrai e retém pessoas talentosas, o que para a Fleetwood significa empresa de sucesso.

Influências culturais no estilo de liderança

QOA C-6 Quais influências culturais precisam ser consideradas ao escolher um estilo de liderança eficientes?

A psicologia I/O tem raízes norte-americanas. Então, até que ponto seus princípios de liderança se aplicam às culturas em todo o mundo?

Uma investigação mundial, o Projeto GLOBE (Global Leadership and Organizational Behavior Effectiveness), estudou variações culturais nas expectativas de liderança (House et al., 2001). Algumas culturas, por exemplo, incentivam o compartilhamento coletivo de recursos e recompensas; outras são mais individualistas. Algumas culturas minimizam e outras acentuam os papéis tradicionais de gênero. Algumas culturas priorizam ser amigáveis, atenciosas e gentis, e outras incentivam uma atitude "eu primeiro". A primeira fase de pesquisa do programa estudou 17.300 líderes de 950 organizações em 61 países (Brodbeck et al., 2008; Dorfman et al., 2012). Uma descoberta: líderes que atendem às expectativas, como ser diretivos em algumas culturas ou participativos em outras, tendem a ser bem-sucedidos. As culturas moldam o tipo de liderança e o que contribui para o sucesso da liderança.

No entanto, alguns comportamentos do líder são universalmente eficientes. A partir de um estudo maciço com quase 50 mil unidades de negócios em 45 países, a Gallup observou que empresas prósperas tendem a se concentrar em identificar e aprimorar as *forças pessoais* dos funcionários (em vez de punir suas deficiências). Fazer isso prevê maior envolvimento dos funcionários, satisfação do cliente e lucratividade (Rigoni & Asplund, 2016a,b). A liderança baseada em *forças pessoais* paga dividendos, apoiando funcionários mais felizes, mais criativos e mais produtivos em locais de trabalho com menos absenteísmo e rotatividade (Amabile & Kramer, 2011; De Neve et al., 2013).

Além disso, os mesmos princípios afetam a satisfação, a retenção e o sucesso futuro de um aluno (Larkin et al., 2013; Ray & Kafka, 2014). Alunos que se sentem apoiados por amigos e mentores atenciosos tendem a persistir e, em última análise, ter sucesso na escola e depois da formatura.

Líderes eficientes + trabalho satisfatório = funcionários engajados

AJ_Watt/Getty Images

* * *

Consideramos a *psicologia de recursos humanos* (o subcampo da psicologia I/O que se concentra no treinamento de candidatos a emprego e na assistência à seleção, colocação, avaliação e desenvolvimento de funcionários). E consideramos a *psicologia organizacional* (o subcampo da psicologia I/O que se concentra na satisfação e produtividade do trabalhador e na mudança organizacional). Por fim, nós nos voltamos para a *psicologia dos fatores humanos*, a qual explora a interface homem-máquina.

PERGUNTE A SI MESMO

Em que tipo de liderança você acha que mais se destacaria? Se você já tem experiência em liderança, como pode melhorar e tornar-se um líder mais eficiente?

PRÁTICA DE RECUPERAÇÃO

PR-3 Quais características são importantes para os *líderes transformacionais*?

Psicologia dos fatores humanos

QOA C-7 Como os psicólogos de fatores humanos trabalham para criar máquinas e ambientes de trabalho fáceis de usar?

Os *designs* às vezes desconsideram o fator humano. O cientista cognitivo Donald Norman (2001) lamentou a complexidade para montar sua nova HDTV, componentes relacionados e sete controles remotos em um sistema de *home theater* utilizável. "Fui vice-presidente de tecnologia avançada da Apple. Posso programar dezenas de computadores em dezenas de idiomas. Eu entendo de televisão, realmente, eu entendo. [...] Não importa: estou sobrecarregado."

Psicólogos de fatores humanos trabalham com *designers* e engenheiros para adaptar aparelhos, máquinas e ambientes de trabalho às nossas percepções e inclinações naturais. Os caixas eletrônicos dos bancos são internamente mais complexos do que os controles remotos, mas, graças à engenharia de fatores humanos, eles são mais fáceis de operar. Os gravadores digitais resolveram o problema de gravação de TV com um sistema de menu simples de selecionar e clicar ("gravar aquele"). A Apple também projetou um manuseio fácil com o *iPhone* e o *iPad*. As tecnologias portáteis estão cada vez mais fazendo uso de *feedback* tátil (com base em toque) – abrir um telefone com uma impressão digital, compartilhar seu batimento cardíaco por meio de um *smartwatch* ou ter instruções de GPS (seta "vire à esquerda") "desenhadas" em sua pele com outros dispositivos de pulso.

Norman hospeda um *site* (jnd.org) que ilustra bons *designs* que se adaptam às pessoas (Figura C.3). Psicólogos de fatores humanos também ajudam a projetar ambientes eficientes. Um *layout* de cozinha ideal, descobriram os pesquisadores, coloca os itens necessários perto de seu ponto de uso e perto do nível dos olhos. Ele localiza as áreas de trabalho para permitir a execução de tarefas em ordem, como colocar a geladeira, o fogão e a pia em um triângulo. Ele cria contadores que permitem que as mãos trabalhem na altura do cotovelo ou ligeiramente abaixo (Boehm-Davis, 2005).

ide On C arry On

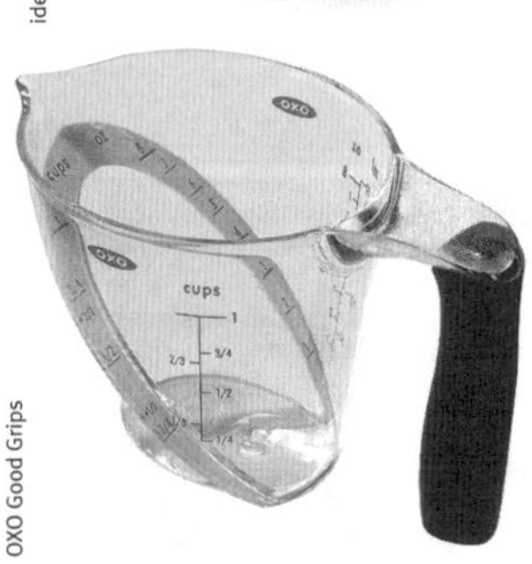

OXO Good Grips

Figura C.3 Projetos de produtos que se adaptam às pessoas. O especialista em fatores humanos Donald Norman oferece esses e outros exemplos de produtos projetados com eficiência. O acessório para cadeira dobrável Ride On Carry On, "projetado por uma mãe comissária de bordo", permite que uma pequena mala funcione como um carrinho de bebê. O copo medidor OXO permite que o usuário veja, de cima, a quantidade.

Compreender os fatores humanos pode ajudar na prevenção de acidentes. Ao estudar o fator humano em acidentes de trânsito, os psicólogos procuram criar maneiras de reduzir as distrações, a fadiga e a desatenção, que contribuem para 1,25 milhão de mortes anuais no trânsito em todo o mundo (OMS, 2016). Pelo menos dois terços dos acidentes aéreos comerciais foram causados por erro humano (Shappell et al., 2007). Após iniciar voos comerciais na década de 1960, o Boeing 727 se envolveu em vários acidentes de pouso causados por erro do piloto. O psicólogo Conrad Kraft (1978) observou um contexto comum para esses acidentes: todos ocorreram à noite e todos envolveram pousos perto da pista após cruzar um trecho escuro de água ou solo não iluminado. Kraft raciocinou que, em terreno ascendente, as luzes da cidade além da pista projetariam uma imagem retiniana maior, fazendo com que o solo parecesse mais distante do que estava. Ao recriar essas condições em simulações de voo, Kraft descobriu que os pilotos foram enganados ao pensar que estavam voando mais alto do que suas altitudes reais (Figura C.4). Ajudadas pela descoberta de Kraft, as companhias aéreas começaram a exigir que o copiloto monitorasse o altímetro – indicando altitudes durante a descida – e os acidentes diminuíram.

Os psicólogos de fatores humanos também podem nos ajudar a funcionar em outros ambientes. Considere as tecnologias de *escuta assistida* disponíveis em vários teatros, auditórios e locais de culto. Uma tecnologia, comumente disponível nos Estados Unidos, requer um fone de ouvido conectado a um receptor de bolso. As pessoas bem-intencionadas que fornecem esses sistemas entendem corretamente que a tecnologia coloca o som diretamente nos ouvidos do usuário. Infelizmente, poucas pessoas com perda auditiva escolhem o incômodo e o constrangimento de localizar, solicitar, usar e devolver um fone de ouvido visível. A maioria dessas unidades, portanto, fica em armários. Grã-Bretanha, países escandinavos, Austrália e agora muitas partes dos Estados Unidos instalaram *sistemas de loop* (consulte HearingLoop.org) que transmitem som personalizado diretamente através do próprio aparelho auditivo de uma pessoa. Quando devidamente equipado, um

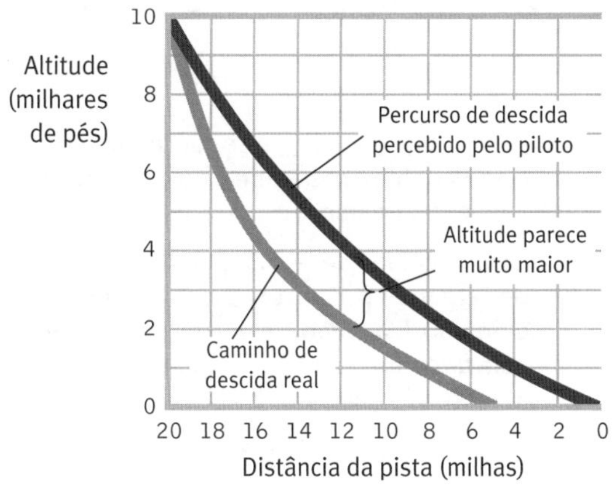

Figura C.4 Fator humano em acidentes. Sem dicas de distância ao se aproximar de uma pista sobre uma superfície escura, os pilotos que simulavam um pouso noturno tendiam a voar muito baixo. (Dados da Kraft, 1978.)

aparelho auditivo pode transformar-se, por um discreto toque de um botão, em um alto-falante personalizado. Quando oferecido um som conveniente, discreto e personalizado, muito mais pessoas optam por usar a escuta assistida.

Projetos que permitem interações seguras, fáceis e eficientes entre pessoas e a tecnologia geralmente parecem óbvios depois. Por que, então, eles não são mais comuns? Desenvolvedores de tecnologia, como todos nós, às vezes assumem erroneamente que outros compartilham seus conhecimentos – que o que é óbvio para eles será igualmente óbvio para os outros (Camerer et al., 1989; Nickerson, 1999). Quando as pessoas batem os nós dos dedos em uma mesa para transmitir uma melodia familiar (tente isso com um amigo), elas geralmente esperam que seu ouvinte a reconheça. Mas para o ouvinte, esta é uma tarefa quase impossível (Newton, 1991). Quando você sabe uma coisa, é difícil simular mentalmente o que é não saber, e isso é chamado de *maldição do conhecimento*.

O ponto a ser lembrado: todos se beneficiam quando *designers* e engenheiros projetam máquinas, tecnologias e ambientes para se adequarem às capacidades e comportamentos humanos, quando testam seu trabalho pelo usuário antes de entrar em produção e distribuição, e quando permanecem atentos à maldição do conhecimento.

"Quanto melhor você conhece alguma coisa, menos você se lembra de como foi difícil aprender."
– Psicólogo Steven Pinker, *The Sense of Style*, 2014

Greg L

Fator humano em pousos seguros. O *design* avançado do *cockpit* e os procedimentos de emergência ensaiados ajudaram o piloto Chesley "Sully" Sullenberger, formado pela U.S. Air Force Academy, que obteve mestrado em psicologia industrial. Em 2009, as decisões instantâneas de Sullenberger guiaram com segurança seu avião com defeito para o Rio Hudson, em Nova York, onde todos os 155 passageiros e tripulantes foram evacuados em segurança.

PERGUNTE A SI MESMO

Que situações você experimentou (usando novas tecnologias, visitando prédios, usando meios de transporte) em que o projeto não funcionou bem? Quais situações você experimentou em que os *designers* fizeram um trabalho particularmente bom, combinando máquinas e ambientes físicos com capacidade e expectativas?

PRÁTICA DE RECUPERAÇÃO

PR-4 O que é a *maldição do conhecimento*, e o que isso tem a ver com o trabalho dos psicólogos de fatores humanos?

REVISÃO Psicologia do trabalho

OBJETIVOS DE APRENDIZAGEM

Teste a si mesmo. Responda às Questões dos Objetivos de Aprendizagem (antes de conferir as respostas no Apêndice D) para aprimorar a retenção dos conceitos estudados (McDaniel et al., 2009, 2015).

C-1 O que é estado de *flow*?

C-2 Quais são as três principais áreas de estudo da psicologia industrial-organizacional?

C-3 Como os psicólogos de recursos humanos facilitam a procura de emprego, a seleção de funcionários, a colocação no trabalho e a avaliação de desempenho?

C-4 Por que os psicólogos organizacionais estão interessados na satisfação e no engajamento dos funcionários?

C-5 Como os líderes podem ser mais eficientes?

C-6 Quais influências culturais precisam ser consideradas ao escolher um estilo de liderança eficientes?

C-7 Como os psicólogos de fatores humanos trabalham para criar máquinas e ambientes de trabalho fáceis de usar?

TERMOS E CONCEITOS A RECORDAR

Teste a si mesmo. Escreva a definição com suas próprias palavras e depois confirme sua resposta.

flow, p. 627
psicologia industrial-organizacional (I/O), p. 629
psicologia de recursos humanos, p. 629
psicologia organizacional, p. 629
psicologia de fatores humanos, p. 629
entrevista estruturada., p. 632
liderança, p. 635
liderança de tarefas, p. 636
liderança social, p. 636

DOMINE O MATERIAL

Teste a si mesmo. Responda às questões a seguir por conta própria, a princípio, depois confira as respostas no Apêndice E.

1. As pessoas que veem seu trabalho como uma vocação muitas vezes experimentam ________________, um estado de concentração, com redução da consciência de si mesmos e do tempo.

2. Psicólogos ____________________ auxiliam na procura de emprego e no recrutamento, seleção, colocação, treinamento, avaliação e desenvolvimento de funcionários; psicólogos ____________________ se concentram em como as pessoas e as máquinas interagem e na otimização de dispositivos e ambientes de trabalho.

3. Uma psicóloga de recursos humanos elaborou um conjunto de perguntas para fazer a todos os candidatos a uma vaga de emprego. Ela então treinou os entrevistadores da empresa para fazer apenas essas perguntas, fazer anotações e avaliar as respostas dos candidatos. Essa técnica é conhecida como
   a. entrevista estruturada.
   b. entrevista não estruturada.
   c. lista de verificação de avaliação de desempenho.
   d. escala de classificação de comportamento.

4. Em seu trabalho, você avalia seu próprio desempenho, o de seu gerente e o de seus colegas. Seu gerente, seus colegas e seus clientes também avaliam seu desempenho. Sua organização está usando uma forma de avaliação de desempenho chamada de
   a. abordagem do centro de avaliação.
   b. *feedback* gráfico.
   c. entrevista estruturada.
   d. *feedback* de 360 graus.

5. Que tipo de metas ajudarão você a manter o foco e a motivação para fazer seu melhor trabalho nesta aula?

6. Pesquisas indicam que mulheres são frequentemente líderes sociais. Elas também são mais propensas do que os homens a ter um estilo de liderança ____________.

7. Gerentes eficientes geralmente exibem
   a. apenas liderança de tarefas.
   b. apenas liderança social.
   c. liderança de tarefas e social, dependendo da situação e da pessoa.
   d. liderança de tarefas para construir equipes e liderança social para estabelecer padrões.

8. Os psicólogos de fatores humanos se concentram principalmente em
   a. treinamento e desenvolvimento de funcionários.
   b. avaliação do desempenho dos funcionários.
   c. maximização da satisfação do trabalhador.
   d. aprimoramento do *design* de máquinas e ambientes.

APÊNDICE D

Revisão Completa dos Capítulos

PRÓLOGO

História da Psicologia

O QUE É PSICOLOGIA?

P.1 De que maneira a psicologia pode ser considerada uma ciência?

As descobertas da psicologia, baseadas em uma *abordagem empírica*, são o resultado de muita observação e testes cuidadosos. Separar o que faz sentido do que é absurdo requer uma atitude científica, como visto em um dos primeiros lemas da psicologia: "o rato sempre tem razão".

P.2 Quais são os três elementos-chave da atitude científica, e como eles apoiam a investigação científica?

A atitude científica nos capacita a ser curiosos, céticos e humildes ao examinar minuciosamente ideias concorrentes ou nossas próprias observações. A curiosidade desencadeia novas ideias, o ceticismo incentiva a atenção aos fatos e a humildade nos ajuda a descartar previsões que não podem ser verificadas pela pesquisa. Juntos, esses três elementos-chave tornam a ciência moderna possível.

P.3 Como o pensamento crítico alimenta a atitude científica e o pensamento mais inteligente na vida cotidiana?

O *pensamento crítico* coloca as ideias à prova examinando suposições, avaliando a fonte, verificando preconceitos ocultos, analisando evidências e avaliando conclusões.

P.4 Quais foram os marcos importantes no início da história da psicologia?

Wilhelm Wundt estabeleceu o primeiro laboratório psicológico em 1879, na Alemanha. As duas primeiras escolas de pensamento em psicologia foram o *estruturalismo* e o *funcionalismo*. Mary Whiton Calkins e Margaret Floy Washburn foram duas das primeiras mulheres a atuar nessa área.

P.5 Como o behaviorismo, a psicologia freudiana e a psicologia humanista promoveram o desenvolvimento da ciência psicológica?

Os primeiros pesquisadores definiram *psicologia* como "a ciência da vida mental". Na década de 1920, sob a influência de John B. Watson e dos behavioristas, o foco da área mudou para o "estudo científico do comportamento observável". O *behaviorismo* tornou-se uma das duas principais forças da psicologia até a década de 1960. No entanto, a segunda grande força, a psicologia freudiana (psicanalítica), juntamente com a influência da *psicologia humanista*, reavivou o interesse pelo estudo dos processos mentais.

P.6 Como a psicologia contemporânea se concentrou na cognição, na biologia e na experiência, na cultura e no gênero, e no florescimento humano?

A revolução *cognitiva* que ocorreu na década de 1960 levou a psicologia de volta ao seu interesse inicial pela mente e a sua definição atual como a ciência do comportamento e dos processos mentais. Atualmente, o campo da *neurociência cognitiva* examina a atividade cerebral subjacente à atividade mental. Nossa crescente compreensão da biologia e da experiência alimentou o debate mais duradouro da psicologia. A questão *natureza-criação* ou *natureza-cultura*) se concentra nas contribuições relativas dos genes e da vivência e na interação entre eles em ambientes específicos. A visão de Charles Darwin de que a *seleção natural* molda comportamentos e corpos levou ao estudo da *psicologia evolutiva* sobre nossas semelhanças decorrentes de nossa biologia comum e de nossa história evolutiva. A *genética do comportamento* enfoca no poder relativo e nos limites das influências genéticas e ambientais sobre o nosso comportamento. Os estudos transculturais e de gênero diversificaram os pressupostos da psicologia, ao mesmo tempo que nos lembram de nossas semelhanças. Atitudes e comportamentos podem variar um pouco entre os gêneros ou entre *culturas*, mas, por causa de nosso parentesco humano compartilhado, os processos e princípios subjacentes são mais semelhantes do que diferentes. O foco tradicional da psicologia em entender e tratar problemas se expandiu com o apelo da *psicologia positiva* por mais pesquisas sobre o florescimento humano e sua tentativa de descobrir e promover traços que ajudem as pessoas a prosperar.

P.7 Como os psicólogos utilizam a abordagem biopsicossocial, e como ela pode nos ajudar a entender nosso mundo diverso?

A *abordagem biopsicossocial* integra informações de *três níveis de análise* diferentes, mas complementares: biológico, psicológico e sociocultural. Essa abordagem oferece uma compreensão mais completa do que normalmente poderia ser alcançado confiando em apenas uma das perspectivas teóricas atuais da psicologia (neurociência, evolutiva, genética do comportamento, psicodinâmica, comportamental, cognitiva e sociocultural).

P.8 Quais são as principais subáreas da psicologia?

Dentro da ciência da psicologia, os pesquisadores podem realizar *pesquisas de base* que têm como objetivo aumentar a base de conhecimento do campo (geralmente em psicologia biológica, do desenvolvimento, cognitiva, da personalidade e social) ou *pesquisa aplicada* que é destinada a resolver problemas práticos (em psicologia organizacional-industrial e outras áreas). Aqueles que se dedicam à psicologia como uma profissão de amparo podem ajudar as pessoas como *psicólogos de aconselhamento*, ajudar pessoas durante desafios e crises (incluindo questões acadêmicas, vocacionais e de relacionamento) e para melhorar seu funcionamento pessoal e social, ou como *psicólogos clínicos*, avaliando e tratando pessoas com transtornos mentais, emocionais e comportamentais. (Os *psiquiatras* também avaliam e tratam pessoas com distúrbios, mas como médicos, e podem prescrever medicamentos além da psicoterapia.) Os *psicólogos comunitários* trabalham para criar ambientes sociais e físicos saudáveis (em escolas e bairros, por exemplo).

P.9 Como os princípios psicológicos podem ajudar você a aprender e se desenvolver?

O *efeito de teste* mostra que a aprendizagem e a memória são aprimoradas pela recuperação ativa do material estudado anteriormente, em vez de simplesmente relê-lo. O método de estudo SQ3R – pesquisar (*survey*), perguntar (*question*), ler (*read*), recuperar (*retrieve*) e revisar (*review*) – aplica princípios derivados da pesquisa sobre a memória e pode ajudar você a aprender e recordar o material. Quatro dicas adicionais são (1) distribuir seu tempo de estudo; (2) aprender a pensar criticamente; (3) processar informações de classe ativamente; e (4) aprender mais do que precisa. A pesquisa psicológica mostrou que as pessoas que vivem vidas felizes e prósperas administram seu tempo para dormir uma noite inteira; abrem espaço para o exercício; estabelecem objetivos de longo prazo, com metas diárias; têm uma mentalidade de crescimento; e priorizam seus relacionamentos.

CAPÍTULO 1

Pensar Criticamente com a Ciência Psicológica

ESTRATÉGIAS DE PESQUISA: COMO OS PSICÓLOGOS FAZEM E RESPONDEM PERGUNTAS

1.1 Como nosso pensamento cotidiano às vezes nos conduz a uma conclusão equivocada?

Nosso pensamento cotidiano pode nos desviar por causa de três fenômenos. O *viés de retrospectiva* ou fenômeno do "eu sabia o tempo todo") é a tendência de acreditar, depois de conhecer o resultado, que o teríamos previsto. O excesso de confiança é, muitas vezes, o resultado de nossa prontidão para sermos mais confiantes do que questionadores de nós mesmos. Essas tendências, juntamente com nossa ânsia por perceber padrões em eventos aleatórios, nos levam a superestimar o peso do pensamento de senso comum. Embora limitada pelas questões testáveis que pode abordar, a investigação científica pode nos ajudar a superar esses vieses e deficiências.

1.2 Por que somos tão vulneráveis a acreditar em inverdades?

Em nossa cultura moderna de "pós-verdade", nossas emoções, crenças e afiliações de grupo podem tingir nossos julgamentos, impedir nosso reconhecimento de fatos objetivos e nos levar a aceitar apenas as informações que confirmam nossas opiniões. A desinformação pode se espalhar como resultado da repetição e de exemplos memoráveis, contribuindo para a cultura da pós-verdade. A avaliação crítica da informação e uma mentalidade científica podem ajudar a combater nossos preconceitos e pensamentos distorcidos.

1.3 Como as teorias impulsionam a ciência psicológica?

As *teorias* psicológicas aplicam um conjunto integrado de princípios para organizar observações e gerar *hipóteses*. Ao testar suas hipóteses, os pesquisadores podem confirmar, rejeitar ou revisar suas teorias. Para permitir que outros pesquisadores *repliquem* os seus estudos, os pesquisadores os relatam usando *definições operacionais* precisas de seus procedimentos e conceitos. Se outros alcançarem resultados semelhantes, a confiança com relação à conclusão será maior. Cada vez mais psicólogos usam o *pré-registro* para comunicar publicamente seu projeto de estudo planejado, hipóteses, coleta de dados e análises, o que promove abertura e transparência. Ao combinar os resultados de muitos estudos, *a metanálise* ajuda a aumentar a confiança dos pesquisadores em seus resultados, evitando o problema de amostras pequenas.

1.4 Como os psicólogos usam estudos de caso, observações naturalistas e pesquisas para observar e descrever o comportamento, e por que a amostragem aleatória é importante?

Métodos descritivos, que incluem *estudos de caso* (análises em profundidade de indivíduos ou grupos), *observações naturalistas* (registrando o comportamento natural de muitos indivíduos) e *entrevistas* (fazendo perguntas às pessoas), mostram o que pode acontecer e podem oferecer ideias para novos estudos. A melhor base para generalizar sobre uma *população* é uma amostra representativa; em uma *amostra aleatória*, todas as pessoas de toda a população estudada têm a mesma chance de participar. Por sua vez, os métodos descritivos descrevem, mas *não explicam* o comportamento; eles não são capazes de estabelecer causa e efeito porque os pesquisadores não podem controlar as variáveis.

1.5 O que significa quando dizemos que duas coisas estão correlacionadas, e o que são correlações positivas e negativas?

Correlação é o grau em que duas *variáveis* estão relacionadas e quão bem uma prevê a outra. Em uma correlação positiva, duas variáveis aumentam ou diminuem juntas; em uma correlação negativa, uma variável aumenta à medida que a outra diminui. A força e a direção de sua relação são expressas como um *coeficiente de correlação*, que varia de +1,00 (correlação positiva perfeita) a 0 (sem correlação) a −1,00 (correlação negativa perfeita). A relação pode ser exibida em um *diagrama de dispersão*, no qual cada ponto representa um valor para as duas variáveis.

1.6 O que são *correlações ilusórias* e o que é *regressão em direção à média*?

Correlações ilusórias são eventos aleatórios que percebemos e falsamente assumimos que estão relacionados. A *regressão em direção à média* é a tendência de pontuações extremas ou incomuns de retroceder (regredir) em direção à sua média.

1.7 Por que as correlações permitem a previsão, mas não a explicação de causa e efeito?

As correlações permitem a previsão porque mostram como dois fatores estão relacionados – positiva ou negativamente. Uma correlação pode indicar a possibilidade de uma relação de causa e efeito, mas não prova a direção da influência, nem se um terceiro fator subjacente pode explicar a correlação.

1.8 Quais são as características da experimentação que permitem isolar a causa e o efeito?

Para descobrir relações de causa e efeito, os psicólogos realizam *experimentos*, manipulando uma ou mais variáveis de interesse e controlando outras variáveis. Usando a *designação aleatória*, eles podem minimizar *variáveis de confusão*, como diferenças preexistentes entre o *grupo experimental* (exposto ao tratamento) e o *grupo controle* (não submetido ao tratamento). A *variável independente* é o fator que o experimentador manipula para estudar seu efeito; a *variável dependente* é o fator que o experimentador mede para descobrir quaisquer mudanças que ocorram em resposta à manipulação da variável independente. Os estudos podem usar um *procedimento duplo-cego* para evitar o *efeito placebo* e o viés do pesquisador.

1.9 Como você saberia qual projeto de pesquisa usar?

Cientistas psicológicos projetam estudos e escolhem métodos de pesquisa que melhor fornecerão resultados significativos. Os pesquisadores geram perguntas testáveis e, em seguida, consideram cuidadosamente o melhor método a ser usado no estudo dessas perguntas (experimental, correlacional, estudo de caso, observação naturalista, estudo de gêmeos, longitudinal ou transversal). Em seguida, os psicólogos medem as variáveis que estão estudando e, finalmente, interpretam os resultados, tendo em mente as possíveis variáveis de confusão.

1.10 Como as condições laboratoriais simplificadas podem iluminar a vida cotidiana?

Os pesquisadores criam intencionalmente um ambiente artificial controlado no laboratório para testar princípios teóricos gerais. São os princípios gerais – não as descobertas específicas – que ajudam a explicar os comportamentos cotidianos.

1.11 Por que os psicólogos estudam animais, e quais diretrizes éticas protegem o bem-estar humano e animal? Como os valores dos psicólogos influenciam o que eles estudam e como eles aplicam os resultados?

Alguns psicólogos estão interessados principalmente no comportamento animal; outros querem entender melhor os processos fisiológicos e psicológicos compartilhados por humanos e outras espécies. As agências governamentais estabeleceram padrões para cuidados e alojamento de animais. Associações profissionais e agências de financiamento também têm diretrizes para proteger o bem-estar dos animais. Os códigos de ética da American Psychological Association (APA) e da British Psychological Society (BPS) delineiam padrões para proteger o bem-estar dos participantes humanos, incluindo a obtenção do *termo de consentimento livre e esclarecido* e da *informação* posterior. O escrutínio científico e a replicação ajudam a prevenir a fabricação de dados, que tem o potencial de causar grandes danos. Os valores dos psicólogos influenciam a escolha de tópicos de pesquisa, as teorias e observações e seus rótulos de comportamento. As aplicações dos princípios da psicologia têm sido usadas principalmente a serviço da humanidade.

RACIOCÍNIO ESTATÍSTICO NA VIDA COTIDIANA

1.12 Como descrevemos os dados usando três medidas de tendência central, e qual é a utilidade relativa das duas medidas de variação?

Os pesquisadores usam a estatística descritiva para medir e descrever as características dos grupos em estudo. Uma medida de tendência central é uma pontuação única que representa um conjunto completo de pontuações. Três dessas medidas que usamos para descrever os dados são a *moda* (a pontuação mais frequente), a *média* (a média aritmética) e a *mediana* (a pontuação média em um grupo de dados). As medidas de tendência central resumem nitidamente os dados; as medidas de variação nos dizem quão diversos são os dados. Duas medidas de variação são o *intervalo* (que descreve a diferença entre as pontuações mais altas e as mais baixas) e o *desvio-padrão* (que indica o quanto as pontuações variam em torno da pontuação média). As pontuações geralmente formam uma *curva normal* (ou em forma de sino).

1.13 Como saber se uma diferença observada pode ser generalizada para outras populações?

Os pesquisadores usam estatísticas inferenciais (que incluem formas de determinar a confiabilidade e a significância de uma diferença observada entre os resultados de diferentes grupos) para determinar se os resultados podem ser generalizados para uma população maior. Diferenças confiáveis são baseadas em amostras que são representativas da população maior que está sendo estudada demonstram baixa variabilidade, em média, e consistem em muitos casos. O *tamanho do efeito* – o tamanho da diferença entre os grupos – ajuda a determinar a *significância estatística*: quando as médias amostrais são confiáveis e a diferença entre elas é grande, pode-se rejeitar a hipótese nula de não haver diferenças. Muitos testes psicológicos fornecem valores de *p*, que indicam a probabilidade da hipótese nula com base nos dados da amostra.

CAPÍTULO 2

Biologia da Mente

SISTEMAS NEURAL E HORMONAL

2.1 Por que os psicólogos se preocupam com a biologia humana?

Os psicólogos que trabalham a partir de uma perspectiva *biológica* estudam as ligações entre os processos biológicos e os processos psicológicos. Somos sistemas biopsicossociais, nos quais fatores biológicos, psicológicos e socioculturais interagem para influenciar o comportamento.

2.2 Como a biologia e a experiência, juntas, permitem a neuroplasticidade?

A *neuroplasticidade* permite que nosso cérebro construa novas vias neurais à medida que nos ajustamos a novas experiências, sendo, assim, esculpidos pelos genes e pela vida. Embora esta seja uma habilidade que se mantém durante toda a vida, a neuroplasticidade é maior na infância. Com a prática, nosso cérebro desenvolve padrões únicos que refletem nossas experiências de vida.

2.3 O que são *neurônios* e como eles transmitem informações?

Neurônios são os componentes elementares do sistema nervoso, o veloz sistema de informação eletroquímica do corpo. Um neurônio (um *corpo celular* e suas fibras ramificadas) recebe sinais por meio de seus *dendritos* frequentemente espessos e ramificados e envia sinais por meio de seus *axônios*. Alguns axônios são envoltos por uma *bainha de mielina*, que permite uma transmissão mais rápida. As *células gliais* suportam, nutrem e protegem os neurônios e também desempenham um papel na aprendizagem, no pensamento e na memória. Se os sinais combinados recebidos por um neurônio excederem um *limiar* mínimo, o neurônio dispara, transmitindo um impulso elétrico (o *potencial de ação*) pelo seu axônio por meio de um processo que transforma energia química em eletricidade. Depois disso, os neurônios precisam de um breve descanso chamado de *período refratário*, após o qual podem disparar impulsos novamente. A reação do neurônio é uma *resposta de tudo ou nada*.

2.4 Como as células nervosas se comunicam entre si?

Quando os potenciais de ação atingem o final de um axônio (os terminais axônicos semelhantes a botões), eles estimulam a liberação de *neurotransmissores*. Esses mensageiros químicos carregam uma mensagem do neurônio emissor por meio de uma *sinapse* para os locais receptores em um neurônio receptor. O neurônio emissor, em um processo chamado de *recaptação*, normalmente reabsorve o excesso de moléculas de neurotransmissor na fenda sináptica. Se os sinais de entrada forem fortes o suficiente, o neurônio receptor gera seu próprio potencial de ação e retransmite a mensagem para outras células.

2.5 Como os neurotransmissores influenciam o comportamento e como os medicamentos e outras substâncias químicas afetam a neurotransmissão?

Os neurotransmissores viajam por caminhos designados no cérebro e influenciam comportamentos e emoções específicos. A acetilcolina (ACh) permite a ação muscular, a aprendizagem e amemória. As *endorfinas* são opiáceos naturais liberados em resposta à dor e ao exercício. Medicamentos e outras substâncias químicas afetam a química cerebral nas sinapses. Os *agonistas* aumentam a ação de um neurotransmissor e podem fazê-lo de várias maneiras. Os *antagonistas* diminuem a ação de um neurotransmissor, bloqueando sua produção ou liberação.

2.6 Quais são as funções das principais divisões do sistema nervoso e quais são os três principais tipos de neurônios?

O *sistema nervoso central* (SNC) – o cérebro e a medula espinal – é o responsável pela tomada de decisões do *sistema nervoso*. O *sistema nervoso periférico* (SNP), que conecta o SNC ao resto do corpo por meio de nervos, coleta informações e transmite as decisões do SNC ao resto do corpo. As duas principais divisões do SNP são o *sistema nervoso somático* (que permite o controle voluntário dos músculos esqueléticos) e o *sistema nervoso autônomo* (que controla os músculos e glândulas involuntárias por meio de suas divisões *simpática* e *parassimpática*). Os três tipos de neurônios agrupam-se em redes: (1) *neurônios sensoriais* (*aferentes*) transportam informações recebidas dos tecidos e receptores sensoriais do corpo para o cérebro e a medula espinal; (2) *neurônios motores* (*eferentes*) transportam informações de saída do cérebro e da medula espinal para os músculos e glândulas; e (3) *interneurônios* se comunicam dentro do cérebro e da medula espinal e processam informações entre as entradas sensoriais e as saídas motoras.

2.7 Como o sistema endócrino transmite informações e interage com o sistema nervoso?

O *sistema endócrino* secreta *hormônios* na corrente sanguínea que, então, viajam pelo corpo e afetam outros tecidos, incluindo o cérebro. A "glândula mestra" do sistema endócrino, a *hipófise*, influencia a liberação de hormônios por outras glândulas, incluindo as *glândulas suprarrenais*. Em um intrincado sistema de *feedback*, o hipotálamo do cérebro influencia a hipófise, que influencia outras glândulas, que liberam hormônios, que, por sua vez, influenciam o cérebro.

FERRAMENTAS DE DESCOBERTA, ESTRUTURAS CEREBRAIS MAIS ANTIGAS E O SISTEMA LÍMBICO

2.8 Como os neurocientistas estudam as conexões do cérebro com o comportamento e a mente?

As observações clínicas e as *lesões* revelam os efeitos gerais do dano cerebral. A estimulação elétrica, química ou magnética também podem apontar aspectos do processamento de informações no cérebro. Os exames de *ressonância magnética* mostram a anatomia. Os registros de EEG, MEG, PET e fMRI (*RM funcional*) revelam a função cerebral. Outras técnicas reveladoras incluem optogenética e fNIRS.

2.9 Que estruturas compõem o tronco encefálico, e quais são as funções do tronco encefálico, do tálamo, da formação reticular e do cerebelo?

O *tronco cerebral*, a parte mais antiga do cérebro, é responsável pelas funções automáticas de sobrevivência. Inclui o *bulbo* (que controla os batimentos cardíacos e a respiração), a ponte (que ajuda a coordenar os movimentos e controlar o sono) e a *formação reticular* (que filtra os estímulos recebidos, transmite informações para outras áreas do cérebro e afeta a excitação). O *tálamo*, situado acima do tronco cerebral, atua como o centro de controle sensorial do cérebro. O *cerebelo*, ligado à parte posterior do tronco cerebral, coordena o movimento muscular e o equilíbrio e permite a aprendizagem e a memória não verbais.

2.10 Quais são as estruturas e funções do sistema límbico?

O *sistema límbico* está ligado às emoções, memórias e impulsos. Seus centros neurais incluem a *amígdala* (envolvida em respostas comportamentais e emocionais, como agressão e medo); o *hipotálamo* (dirige várias funções de manutenção corporal, ajuda a governar o sistema endócrino e está ligado à emoção e à recompensa); e o *hipocampo* (ajuda a processar memórias explícitas e conscientes). O hipotálamo controla a hipófise (a "glândula mestra"), estimulando-a para desencadear a liberação de hormônios.

CÓRTEX CEREBRAL

2.11 Quais são os quatro lobos que compõem o córtex cerebral e quais são as funções do córtex motor, do córtex somatossensorial e das áreas de associação?

O *córtex cerebral* tem dois hemisférios e cada hemisfério tem quatro lobos: o *frontal*, o *parietal*, o *occipital* e o *temporal*. Cada lobo desempenha muitas funções e interage com outras áreas do córtex. O *córtex motor*, na parte posterior dos lobos frontais, controla os movimentos voluntários. O *córtex somatossensorial*, na frente dos lobos parietais, registra e processa o toque corporal e as sensações de movimento. As partes do corpo que requerem controle preciso (no córtex motor) ou aquelas que são especialmente sensíveis (no córtex somatossensorial) ocupam a maior quantidade de espaço. A maior parte do córtex cerebral – maior parte de cada um dos quatro lobos – é dedicada a *áreas de associação* independentes, que integram informações envolvidas em funções mentais superiores como aprender, lembrar, pensar e falar. Nossas experiências mentais surgem da atividade cerebral coordenada.

2.12 É verdade que 90% do nosso cérebro não é realmente usado?

A falta de resposta de nossas áreas de associação à sondagem elétrica levou à falsa afirmação de que usamos apenas 10% do nosso cérebro, mas, na verdade, essas vastas áreas do cérebro são responsáveis por interpretar, integrar e atuar nas informações sensoriais e vinculá-las às memórias armazenadas. Evidências de danos cerebrais mostram que os neurônios em áreas de associação estão ocupados com funções mentais superiores; uma bala não entraria em uma área "não utilizada".

2.13 Até que ponto o cérebro danificado pode se reorganizar, e o que é *neurogênese*?

Embora os neurônios do cérebro e da medula espinal geralmente não se regenerem, alguns tecidos neurais podem se reorganizar em resposta a lesões. O cérebro danificado pode demonstrar neuroplasticidade, especialmente em crianças pequenas, à medida que novos caminhos são construídos e funções migram para outras regiões do cérebro. A reatribuição de funções para diferentes áreas do cérebro também pode ocorrer nos casos de cegueira e surdez, ou como resultado de lesões e doenças. Algumas pesquisas sugerem que o cérebro às vezes pode se consertar formando novos neurônios, em um processo conhecido como *neurogênese*.

2.14 O que os cérebros divididos revelam a respeito das funções de nossos dois hemisférios cerebrais?

A pesquisa com um *cérebro dividido* (experimentos em pessoas com um *corpo caloso* rompido) confirmou que, na maioria das pessoas, o hemisfério esquerdo é o mais verbal. O hemisfério direito se destaca na percepção visual e nas inferências, bem como nos ajuda a modular nossa fala e orquestrar nossa autoconsciência. Estudos do cérebro intacto em pessoas saudáveis confirmam que cada hemisfério faz contribuições únicas para o funcionamento integrado de todo o cérebro.

CAPÍTULO 3

Consciência e Mente de Duas Vias

CONCEITOS BÁSICOS DE CONSCIÊNCIA

3.1 Qual é o lugar da consciência na história da psicologia?

Depois de inicialmente reivindicar a consciência como sua área de estudo no século XIX, os psicólogos a abandonaram na primeira metade do século XX, voltando-se para o estudo do comportamento observável, porque acreditavam que a consciência era muito difícil de estudar cientificamente. Desde 1960, sob a influência da psicologia cognitiva, da neurociência e da *neurociência cognitiva*, nossa percepção de nós mesmos e de nosso ambiente – nossa *consciência* – recuperou seu lugar como uma importante área de pesquisa.

3.2 Como a atenção seletiva direciona nossas percepções?

Nós *seletivamente prestamos atenção* e processamos uma porção muito limitada de informações recebidas, bloqueando a maior parte e, muitas vezes, mudando o foco de nossa atenção de uma coisa para outra. Quando muito concentrados em uma tarefa, exibimos uma *cegueira de desatenção* para outros eventos, incluindo *cegueira para mudanças* ao nosso redor.

3.3 O que é o *processamento duplo* que está sendo revelado pela neurociência cognitiva atual?

Cientistas que estudam os mecanismos cerebrais subjacentes à consciência e à cognição descobriram que a mente processa informações em duas vias separadas, uma operando no nível consciente (*processamento sequencial*) e a outra, no nível inconsciente (*processamento paralelo*). O processamento paralelo cuida das atividades de rotina, enquanto o processamento sequencial é melhor para resolver novos problemas que exigem nossa atenção. Esse *processamento duplo* – consciente e inconsciente – afeta nossas percepção, memória, atitudes e outras cognições.

SONO E SONHOS

3.4 O que é *sono*?

Sono é a perda periódica e natural da consciência normal – diferente da inconsciência resultante de um coma, anestesia geral ou hibernação.

3.5 Como nossos ritmos biológicos influenciam nosso funcionamento diário?

Nossos corpos têm um relógio biológico interno, aproximadamente sincronizado com o ciclo de 24 horas da noite e do dia. Esse *ritmo circadiano* aparece em nossos padrões diários de temperatura corporal, excitação, sono e vigília. A idade e a experiência podem alterar esses padrões, redefinindo nosso relógio biológico.

3.6 Qual é o ritmo biológico de nossos estágios de sono e sonho?

Os adultos mais jovens passam por quatro estágios distintos do sono a cada 90 minutos. (O ciclo do sono se repete com mais frequência para adultos mais velhos.) Deixando as *ondas alfa* do estágio acordado e relaxado, descemos para as ondas cerebrais irregulares do sono não REM estágio 1 (N1), muitas vezes com *alucinações*. O sono N2 (no qual passamos cerca de metade do nosso tempo de sono) ocorre em seguida, com duração de cerca de 20 minutos, com seus fusos de sono característicos. Entramos, então, no sono N3, com duração de cerca de 30 minutos, com *ondas delta* grandes e lentas. Cerca de 1 hora depois de adormecer, ascendemos do nosso mergulho inicial no sono e começamos os períodos de *sono REM* (movimento rápido dos olhos ou *R*). O sono REM, que inclui a maioria dos sonhos, é descrito como um estágio paradoxal do sono em virtude da presença de excitação interna, mas com calma externa (quase paralisia). Durante uma noite normal de sono, o sono N3 diminui e os sonos REM e N2 aumentam.

3.7 Como a biologia e o ambiente interagem com nossos padrões de sono?

Nossa biologia – nosso ritmo circadiano, nossa idade e a produção de melatonina pelo nosso corpo (influenciada pelo *núcleo supraquiasmático* do cérebro) – interage com influências sociais, culturais e econômicas e com comportamentos individuais para determinar nossos padrões de sono e vigília. Sermos banhados de luz (ou privados dela) interrompe nosso relógio biológico de 24 horas. Aqueles que são cronicamente privados de luz solar natural, como trabalhadores noturnos, podem sofrer dessincronização.

3.8 Quais são as funções do sono?

O sono pode ter desempenhado um papel protetor na evolução humana, mantendo as pessoas seguras durante períodos potencialmente perigosos. O sono também ajuda a restaurar e reparar neurônios danificados. Ele consolida nossas memórias, repetindo a aprendizagem recente e fortalecendo as conexões neurais. O sono promove, ainda, a resolução criativa de problemas no dia seguinte. Durante o sono de ondas lentas, a hipófise secreta o hormônio do crescimento, necessário para o desenvolvimento muscular. Como resultado desses benefícios, uma noite inteira de sono regular pode melhorar muito o desempenho atlético.

3.9 Como a privação de sono nos afeta, e quais são os principais transtornos do sono?

A privação do sono causa fadiga e irritabilidade, além de prejudicar a concentração e a consolidação da memória. Também pode levar a depressão, obesidade, inflamação das articulações, supressão do sistema imune e desempenho lento (com maior vulnerabilidade a acidentes). Os transtornos do sono incluem *insônia* (problemas recorrentes para adormecer ou permanecer dormindo), *narcolepsia* (sonolência súbita incontrolável, às vezes caindo diretamente no sono REM), *apneia do sono* (parada repetida da respiração durante o sono – associada à obesidade, especialmente em homens), *terrores noturnos* (excitação alta e aparência de pavor, transtorno N3 (encontrado principalmente em crianças) e sonambulismo (andar ou falar dormindo).

3.10 O que sonhamos, e quais funções os teóricos propuseram para os sonhos?

Costumamos *sonhar* com eventos comuns e experiências cotidianas, a maioria envolvendo alguma ansiedade ou infortúnio. Menos de 10% dos sonhos entre os homens (e menos ainda entre as mulheres) têm algum conteúdo sexual. A maioria dos sonhos ocorre durante o sono REM. Existem cinco visões principais da função dos sonhos: (1) a realização do desejo de Freud: os sonhos fornecem uma "válvula de segurança" psíquica, com o *conteúdo manifesto* (linha da história) agindo como uma versão censurada do *conteúdo latente* (significado subjacente que gratifica nossos desejos inconscientes); (2) processamento de informações: os sonhos nos ajudam a organizar os eventos do dia e a consolidá-los na memória; (3) função fisiológica: a estimulação cerebral regular pode ajudar a desenvolver e preservar as vias neurais no cérebro; (4) ativação neural: o cérebro tenta dar sentido à estática neural tecendo-a em uma linha de história; (5) desenvolvimento cognitivo: os sonhos refletem o nível de desenvolvimento dos sonhadores – seu conhecimento e compreensão. A maioria dos teóricos do sono concorda que o sono REM e os sonhos associados têm uma função importante, como mostra o *rebote do REM* que acontece após a privação do sono REM em humanos e outras espécies.

SUBSTÂNCIAS PSICOATIVAS E CONSCIÊNCIA

3.11 Quais são os transtornos por uso de substâncias?

Pessoas com *transtornos por uso de substâncias* experimentam desejo muito forte e uso contínuo de substâncias, apesar do profundo e negativo impacto que têm na vida e até do risco físico. As *drogas psicoativas* alteram as percepções e o humor.

3.12 Quais papéis a tolerância e a dependência desempenham nos transtornos por uso de substâncias, e como o conceito de *dependência* mudou?

As substâncias psicoativas podem produzir *tolerância* – isto é, são requeridas doses cada vez maiores para atingir o efeito desejado – e *abstinência* – desconforto significativo, decorrente de fortes desejos viciantes, que acompanha as tentativas de parar. O vício leva os usuários a desejar a droga e a continuar usando, apesar das consequências adversas conhecidas. Terapia ou apoio em grupo podem ajudar. Essas intervenções ajudam a acreditar que os vícios são controláveis e que as pessoas podem mudar. Embora os psicólogos tentem evitar o uso excessivo do termo *vício* para rotular comportamentos excessivos e direcionados, existem alguns vícios de comportamento (como transtorno de jogo e transtorno de jogo na internet) nos quais os comportamentos se tornam compulsivos e disfuncionais.

3.13 O que são *depressores*, e quais são seus efeitos?

Depressores, como álcool, *barbitúricos* e *opiáceos*, reduzem a atividade neural e retardam as funções do corpo. O álcool desinibe, aumentando a probabilidade de agirmos de acordo com nossos impulsos, sejam prejudiciais ou úteis. Também prejudica o julgamento ao retardar o processamento neural, interrompe os processos de memória ao suprimir o sono REM e reduz a autoconsciência e o autocontrole. As expectativas do usuário influenciam fortemente os efeitos comportamentais do álcool. O álcool pode encolher o cérebro em pessoas com *transtorno de uso de álcool* (marcado por tolerância, abstinência se o uso for suspenso e um impulso para continuar o uso problemático).

3.14 O que são *estimulantes*, e quais são seus efeitos?

Estimulantes – incluindo cafeína, nicotina, cocaína, anfetaminas, metanfetaminas e *ecstasy* – excitam a atividade neural e aceleram as funções do corpo, desencadeando mudanças de energia e humor. Todos são altamente viciantes. Os efeitos da *nicotina* tornam o uso de produtos de tabaco um hábito difícil de abandonar, mas tentativas repetidas de parar parecem valer a pena. A *cocaína* dá aos usuários um "barato" rápido, rapidamente seguido por uma queda dramática. Seus riscos incluem parada cardíaca, insuficiência respiratória, convulsões e transtornos emocionais. As *anfetaminas* estimulam a atividade neural, levando ao aumento da energia e do humor. O uso de *metanfetaminas* pode reduzir permanentemente a produção de dopamina. O *ecstasy* (MDMA) é um estimulante combinado e alucinógeno suave que produz euforia e sentimentos de intimidade. Seus usuários correm o risco de supressão do sistema imune, danos permanentes ao humor e à memória e (se tomado durante a atividade física) desidratação e aumento da temperatura corporal.

3.15 O que são *alucinógenos*, e quais são seus efeitos?

Alucinógenos, como *LSD* e maconha, distorcem as percepções e evocam alucinações. O humor e as expectativas do usuário influenciam os efeitos do LSD, mas as experiências comuns são alucinações e emoções que variam de euforia a pânico. O principal ingrediente da maconha, o *THC*, pode desencadear sentimentos de desinibição, euforia, relaxamento, alívio da dor e sensibilidade intensa a estímulos sensoriais, mas pode aumentar o risco de transtornos psicológicos e levar ao comprometimento da aprendizagem e da memória.

3.16 Por que algumas pessoas se tornam usuárias regulares de substâncias alteradoras da consciência?

Algumas pessoas podem ser biologicamente vulneráveis a determinadas substâncias. Fatores psicológicos (como estresse, depressão e desesperança) e fatores sociais (como pressão dos colegas e influências culturais) se combinam para levar muitas pessoas a experimentar drogas – e às vezes se tornar dependentes delas. Grupos culturais e étnicos têm taxas diferentes de uso de drogas. Cada tipo de influência – biológica, psicológica e sociocultural – oferece um caminho possível para programas de prevenção e tratamento do uso indevido de drogas.

CAPÍTULO 4

Natureza, Cultura e Diversidade Humana

GENÉTICA DO COMPORTAMENTO: PREVISÃO DE DIFERENÇAS INDIVIDUAIS

4.1 O que são *cromossomos*, *DNA*, *genes* e o *genoma humano*? Como os geneticistas comportamentais explicam nossas diferenças individuais?

Os *genes* são as unidades bioquímicas da hereditariedade que compõem os *cromossomos*, as espirais de *DNA*. Quando os genes são expressos, eles fornecem o código para criar as proteínas que formam os blocos de construção do nosso corpo. O *genoma* humano é o perfil genético compartilhado que distingue os humanos de outras espécies, consistindo em um nível individual de todo o material genético nos cromossomos de um organismo. Os *geneticistas do comportamento* estudam o poder relativo e os limites das influências genéticas e *ambientais* sobre o comportamento. A maioria de nossos diferentes traços são poligenéticos e são influenciados pela interação de nossos ambientes individuais com essas predisposições genéticas.

4.2 Como os estudos sobre gêmeos e adoção nos ajudam a entender os efeitos e interações da natureza e da criação?

Estudos sobre *gêmeos idênticos* (*monozigóticos*) em comparação com *gêmeos fraternos* (*dizigóticos*), gêmeos separados, e pais biológicos em comparação com pais adotivos permitem que os pesquisadores considerem os efeitos do ambiente compartilhado e dos genes compartilhados, o que esclarece como a natureza e a criação influenciam nossas características. Ambientes familiares compartilhados têm surpreendentemente pouco efeito sobre a personalidade, embora a parentalidade influencie outros fatores.

4.3 O que os psicólogos aprenderam a respeito do temperamento?

A estabilidade do *temperamento*, a reatividade e a intensidade emocional características de uma pessoa, desde as primeiras semanas de vida, sugere uma predisposição genética. O efeito genético aparece em diferenças fisiológicas como frequência cardíaca e reatividade do sistema nervoso.

4.4 O que é *herdabilidade* e como ela se relaciona com indivíduos e grupos?

A *herdabilidade* descreve até que ponto a variação entre os membros de um grupo pode ser atribuída aos genes. Diferenças individuais hereditárias (em características como altura ou inteligência) não implicam necessariamente diferenças hereditárias de grupo. Os genes explicam principalmente por que algumas pessoas são mais altas que outras, mas não por que as pessoas são mais altas hoje do que eram há um século.

4.5 Como a pesquisa em genética molecular está mudando nossa compreensão dos efeitos da natureza e da criação?

Nossas predisposições genéticas e nossos ambientes específicos *interagem*. Os ambientes podem desencadear a expressão genética e os traços geneticamente influenciados podem influenciar as experiências que buscamos e as respostas que evocamos dos outros. Os *geneticistas moleculares* estudam a estrutura molecular e a função dos genes, incluindo aqueles que afetam o comportamento. Um objetivo da *genética do comportamento molecular* é identificar genes específicos – ou, mais frequentemente, grupos de genes – que, juntos, orquestram traços complexos (como peso corporal, orientação sexual e impulsividade) ou colocam as pessoas em risco de desenvolver transtornos. O campo da *epigenética* estuda os mecanismos moleculares pelos quais os ambientes podem desencadear ou bloquear a expressão genética.

PSICOLOGIA EVOLUCIONISTA: EXPLICAÇÃO DA NATUREZA E DA CRIAÇÃO HUMANA

4.6 Como os psicólogos evolucionistas usam a seleção natural para explicar tendências comportamentais?

Os *psicólogos evolucionistas* tentam entender como a *seleção natural* moldou os traços e tendências de comportamento encontrados em todas as pessoas. Variações genéticas que aumentam as chances de reprodução e de sobrevivência em um ambiente específico são mais prováveis de serem passadas para as gerações futuras. Algumas variações surgem de *mutações*; outras, de novas combinações de genes na concepção. Os humanos compartilham um legado genético e estão predispostos a comportamentos que promoveram a sobrevivência e a reprodução de nossos ancestrais. A teoria da evolução de Charles Darwin é um dos princípios organizadores fundamentais da biologia. Ele antecipou a aplicação atual dos princípios evolutivos na psicologia.

4.7 Como um psicólogo evolucionista explica as diferenças de gênero na sexualidade e nas preferências de acasalamento?

As mulheres tendem a ser mais seletivas do que os homens na escolha de parceiros sexuais. Os psicólogos evolucionistas argumentam que a atração dos homens por múltiplas parceiras aparentemente férteis aumenta suas chances de espalhar seus genes. Como as mulheres incubam e amamentam bebês, elas aumentam suas próprias chances de sobrevivência e de seus filhos procurando parceiros com potencial para investimento de longo prazo em seus filhos conjuntos.

4.8 Quais são as principais críticas às explicações evolucionistas da sexualidade humana e como os psicólogos evolucionistas respondem?

Os críticos argumentam que os psicólogos evolucionistas começam com um efeito e trabalham de trás para frente para conseguir uma explicação, minimizam as influências sociais e culturais contemporâneas (incluindo *roteiros sociais* aprendidos) e aliviam as pessoas de assumirem a responsabilidade por seu comportamento sexual, inclusive pela agressão sexual dos homens. Os psicólogos evolucionistas respondem que reconhecem a importância das influências sociais e culturais, mas observam o valor das previsões testáveis baseadas em princípios evolucionários: compreender nossas predisposições pode nos ajudar a superá-las.

DIVERSIDADE CULTURAL E DE GÊNERO: COMO ENTENDER A NATUREZA E A CRIAÇÃO

4.9 Como as primeiras experiências modificam o cérebro?

À medida que o cérebro de uma criança se desenvolve, as conexões neurais se tornam mais numerosas e complexas. As experiências, então, levam a um processo de poda, no qual as conexões não utilizadas enfraquecem e as muito usadas se fortalecem. A primeira infância é um período importante para moldar o cérebro, mas, graças à neuroplasticidade, ele se modifica depois, ao longo de nossas vidas, em resposta à nossa aprendizagem.

4.10 De quais maneiras os pais e os pares moldam o desenvolvimento das crianças?

O ambiente familiar e as expectativas dos pais podem afetar a motivação e o sucesso futuro das crianças. A personalidade, no entanto, na maioria das vezes não é atribuível aos efeitos da criação. À medida que as crianças tentam se encaixar com seus pares, elas tendem a adotar sua cultura – estilos, sotaques, gírias. Assim, ao escolher os bairros e escolas de seus filhos, os pais exercem alguma influência sobre a cultura do grupo de pares.

4.11 Como a cultura afeta nosso comportamento?

Cultura é um conjunto duradouro de comportamentos, ideias, atitudes, valores e tradições compartilhados por um grupo e transmitidos de uma geração para outra. As *normas* culturais são regras compreendidas que informam os membros de uma cultura sobre os comportamentos aceitos e esperados. As culturas diferem no tempo e no espaço.

4.12 Como as culturas individualistas e coletivistas diferem em seus valores e objetivos?

Embora os indivíduos sejam diferentes, as várias culturas tendem a enfatizar o individualismo ou o coletivismo. Culturas baseadas no *individualismo* autoconfiante tendem a valorizar a independência pessoal e a realização individual. Elas definem a identidade em termos de autoestima, objetivos e atributos pessoais, e direitos e liberdades individuais. As culturas baseadas no *coletivismo* socialmente conectado tendem a valorizar os objetivos do grupo, a identidade social e os compromissos. Elas definem a identidade em termos de interdependência, tradição e harmonia.

4.13 Como o significado de *gênero* difere do significado de *sexo*?

Na psicologia, *gênero* refere-se às características comportamentais que as pessoas associam a *menino, menina, homem* e *mulher*. *Sexo* refere-se às características biologicamente influenciadas pelas quais as pessoas definem *homem, mulher* e *intersexo*. Nossa compreensão de gênero (o que consideramos como mais masculino ou mais feminino) surge da interação entre nossa biologia e nossas experiências.

4.14 Em quais aspectos homens e mulheres tendem a ser semelhantes e diferentes?

Seja homem, mulher ou intersexo, a maioria de nós recebe 23 cromossomos de nossa mãe e 23 de nosso pai, dos quais 45 são *unissex* – iguais para todos. Machos e fêmeas são mais parecidos do que diferentes graças à composição genética semelhante – eles veem, aprendem e lembram de forma semelhante, com criatividade, inteligência e emoções comparáveis. As diferenças entre homens e mulheres incluem idade de início da puberdade, expectativa de vida, expressividade emocional e vulnerabilidade a certos transtornos. Os homens admitem ser mais *agressivos* do que as mulheres e são mais propensos a serem fisicamente agressivos (e não agressivos *nas relações*). Na maioria das sociedades, os homens têm mais poder social. Os homens tendem a ser mais independentes, enquanto as mulheres tendem a ser mais interdependentes. As mulheres geralmente se concentram mais na conexão social do que os homens e elas tendem a fazer amizades.

4.15 Que fatores contribuem para o viés de gênero no local de trabalho?

O viés de gênero no local de trabalho é visto em diferenças como percepção, remuneração e responsabilidade para cuidar dos filhos. Normas sociais, estilos de interação e comportamentos cotidianos também contribuem. O estilo de liderança dos homens tende a ser diretivo, enquanto o das mulheres tende a ser mais democrático. Em seus comportamentos e interações cotidianas, os homens tendem a agir de forma mais assertiva e opinativa; as mulheres tendem a agir de maneira mais solidária e apologética.

4.16 Como os hormônios sexuais influenciam o desenvolvimento sexual pré-natal e na adolescência?

Tanto os cromossomos sexuais quanto os hormônios sexuais influenciam o desenvolvimento. Cerca de 7 semanas após a concepção, um gene no *cromossomo Y* do pai – que pode contribuir com um *cromossomo Y* ou com *X* (a mãe sempre contribui com o *X*) – desencadeia a produção de *testosterona*. Isso promove o desenvolvimento do órgão sexual masculino. Os *estrogênios* contribuem para o desenvolvimento das características sexuais femininas e são secretados em maior quantidade pelas mulheres do que pelos homens. Durante o quarto e o quinto meses pré-natais, os hormônios sexuais banham o cérebro fetal, com diferentes padrões se desenvolvendo por conta de maior quantidade de testosterona do macho e dos estrogênios da fêmea. A exposição pré-natal de mulheres a níveis anormalmente altos de hormônios masculinos pode, mais tarde, dispô-las a interesses mais típicos dos homens. Outra enxurrada de hormônios ocorre na *puberdade*, desencadeando um surto de crescimento, o desenvolvimento de *características sexuais primárias* e *secundárias*, e os eventos marcantes da *menarca* e da *espermarca*. Podem ocorrer variações no desenvolvimento sexual por meio de combinações incomuns de cromossomos masculinos e femininos, hormônios e anatomia.

4.17 Quais são algumas influências culturais nos papéis de gênero?

Os *papéis de gênero*, os comportamentos, atitudes e traços que uma cultura espera de seus homens e mulheres variam de acordo com o lugar e o tempo. Os papéis de gênero mudaram drasticamente no último século em muitas partes do mundo. As expectativas sobre os papéis de gênero também influenciam as atitudes culturais com relação à *agressão sexual*.

4.18 Quais são os efeitos da agressão sexual? Como mudaram as visões culturais sobre o tema e como podemos reduzir o número de agressões sexuais?

A agressão sexual, que inclui assédio sexual e importunação sexual, pode atrapalhar o sono, prejudicar a saúde e dificultar a confiança em novos parceiros de relacionamento. As visões culturais da agressão sexual diferem no tempo e no espaço, com algumas culturas continuando a culpar as vítimas; mas as mudanças nos EUA e em outros lugares ao longo do último meio século tornaram a culpabilização das vítimas menos aceitável. A terapia para agressores sexuais não se mostrou eficaz, mas podemos reduzir a agressão sexual incentivando as pessoas a relatar e compartilhar suas experiências, capacitando as vítimas e educando as pessoas sobre estratégias de intervenção preventivas.

4.19 Como formamos nossa identidade de gênero?

A *teoria da aprendizagem social* propõe que aprendemos nossa *identidade de gênero* – nossa sensação de ser homem, mulher, nenhum dos dois, ou alguma combinação de homem e mulher – à medida que aprendemos outras coisas: por meio de reforço, punição e observação. Mas os críticos argumentam que a cognição também desempenha um papel, porque a modelagem e as recompensas não podem explicar a variação na *tipificação de gênero*. Algumas crianças se organizam em "mundos de meninos" e "mundos de meninas"; outros preferem a *androginia*. Para as pessoas que se identificam como cisgênero, a identidade de gênero corresponde ao sexo atribuído ao nascimento. Para aqueles que se identificam como *transgêneros*, a identidade de gênero difere do que é típico para o sexo atribuído ao nascimento dessa pessoa. Pessoas transgêneros podem ser sexualmente atraídas por pessoas do outro gênero, do mesmo gênero, de todos os gêneros, ou por ninguém.

4.20 Como a natureza, a criação e nossas próprias escolhas influenciam os papéis de gênero e outros aspectos de nossas vidas?

O desenvolvimento individual resulta da interação entre influências biológicas, psicológicas e socioculturais. As influências biológicas incluem nosso genoma humano compartilhado; variações individuais; ambiente pré-natal; e genes, hormônios e fisiologia relacionados ao sexo. As influências psicológicas incluem interações gene-ambiente; o efeito das primeiras experiências sobre as redes neurais; respostas evocadas por nossas próprias características, como gênero e temperamento; e crenças pessoais, sentimentos e expectativas. As influências socioculturais incluem influências dos pais e dos pares, tradições e valores culturais, e normas culturais de gênero. E nossas escolhas individuais afetam a maneira como todas essas influências interagem.

CAPÍTULO 5

Desenvolvimento ao Longo do Ciclo Vital

QUESTÕES DO DESENVOLVIMENTO, DESENVOLVIMENTO PRÉ-NATAL E RECÉM-NASCIDO

5.1 Quais são as três questões que mobilizaram os psicólogos do desenvolvimento?

Os *psicólogos do desenvolvimento* estudam as mudanças físicas, cognitivas e sociais ao longo da vida. Eles costumam usar *estudos transversais* (comparando pessoas de diferentes idades em determinado ponto no tempo) e *longitudinais* (testando novamente as mesmas pessoas durante um período de anos) para explorar três questões: natureza e criação (a interação entre nossa herança genética e nossas experiências); continuidade e estágios (quais aspectos do desenvolvimento são graduais e contínuos, e quais mudam de forma relativamente abrupta); e estabilidade e mudança (se nossos traços perduram ou mudam à medida que envelhecemos).

5.2 Qual é o curso do desenvolvimento pré-natal, e como os teratógenos afetam esse desenvolvimento?

O ciclo de vida começa na concepção, quando um espermatozoide se une a um óvulo para formar o *zigoto*. As células internas do zigoto tornam-se o *embrião* e as células externas tornam-se a placenta. Nas 6 semanas que se seguem, os órgãos do corpo começam a se formar e a funcionar e, com 9 semanas, o feto é reconhecidamente humano. Os *teratógenos* são agentes potencialmente nocivos que podem passar pela placenta e prejudicar o embrião ou feto em desenvolvimento, como acontece na *síndrome alcoólica fetal*.

5.3 Quais são algumas das habilidades dos recém-nascidos, e como os pesquisadores investigam as habilidades mentais dos bebês?

Os bebês nascem com equipamentos sensoriais e reflexos que facilitam sua sobrevivência e suas interações sociais com os adultos. Por exemplo, eles aprendem rapidamente a discriminar o cheiro de sua mãe e preferem o som de vozes humanas. Os pesquisadores utilizam técnicas que testam a *habituação* para explorar as habilidades dos bebês.

PRIMEIRA E SEGUNDA INFÂNCIAS

5.4 Durante a a primeira e a segunda infâncias, como o cérebro e as habilidades motoras se desenvolvem?

As células nervosas do cérebro são esculpidas pela hereditariedade e pela experiência. À medida que o cérebro de uma criança se desenvolve, as conexões neurais se tornam mais numerosas e complexas. As experiências desencadeiam, então, um processo de poda, no qual as conexões não utilizadas enfraquecem e as muito usadas se fortalecem. Na infância, habilidades motoras complexas – sentar, ficar em pé, andar – desenvolvem-se em uma sequência previsível, embora o momento dessa sequência seja uma função do *amadurecimento* individual e da cultura. Temos poucas ou nenhuma memória consciente de eventos ocorridos antes dos 4 anos de idade. Essa amnésia infantil ocorre em parte porque as principais áreas do cérebro ainda não amadureceram.

5.5 Como Piaget ampliou nossa compreensão de como a mente de uma criança se desenvolve, e como os pesquisadores de hoje construíram seu trabalho?

Ao estudar o desenvolvimento *cognitivo* das crianças, Jean Piaget propôs que elas constroem e modificam ativamente sua compreensão do mundo por meio dos processos de *assimilação* e *acomodação*. Elas criam *esquemas* que as ajudam a organizar suas experiências. Progredindo da simplicidade do *estágio sensório-motor* dos 2 primeiros anos de vida, em que desenvolvem a *permanência do objeto*, as crianças passam para modos de pensar mais complexos. No *estágio pré-operacional* (por volta dos 2 aos 6 ou 7 anos), elas desenvolvem uma *teoria da mente*. No estágio pré-operacional, as crianças são *egocêntricas* e incapazes de realizar operações lógicas simples. Por volta dos 7 anos, elas entram no *estágio operacional concreto* e são capazes de compreender o princípio da *conservação*. Aos 12 anos, as crianças entram no *estágio operacional formal* e podem raciocinar sistematicamente. A pesquisa apoia a sequência proposta por Piaget, mas também mostra que crianças pequenas são mais capazes e seu desenvolvimento é mais contínuo do que ele acreditava.

5.6 Como Vygotsky via o desenvolvimento cognitivo das crianças?

Os estudos de Lev Vygotsky sobre o desenvolvimento infantil se concentraram nas maneiras como a mente de uma criança cresce interagindo com o ambiente social. Em sua opinião, pais, professores e outras crianças fornecem *andaimes* temporários, permitindo que as crianças ascendam a níveis mais elevados de pensamento.

5.7 O que significa desenvolver uma *teoria da mente* e como isso é prejudicado em pessoas com transtorno do espectro autista?

Nossa *teoria da mente* – nossas ideias sobre nossos próprios estados mentais e os dos outros – se desenvolve durante a primeira infância. Crianças com *transtorno do espectro autista* (TEA) têm uma teoria da mente prejudicada: elas têm dificuldade de entender o estado de espírito dos outros, bem como de refletir sobre o seu próprio estado de espírito.

5.8 Como se formam os vínculos de apego cuidador-bebê?

Por volta dos 8 meses de vida, logo após o desenvolvimento da permanência do objeto, as crianças, quando separadas de seus cuidadores, apresentam *ansiedade na presença de estranhos*. Os bebês formam *vínculos* com cuidadores que satisfazem suas necessidades biológicas, porém, mais importante, que são acolhedores, familiares e receptivos. Muitos pássaros e outros animais têm um processo de fixação mais rígido, chamado de *imprinting*, que ocorre durante um *período crítico*.

5.9 Como os psicólogos estudaram as diferenças entre os tipos de apego, e o que eles aprenderam?

O apego foi estudado em experimentos de situações estranhas, que mostram que algumas crianças constroem um apego seguro e outras, um apego inseguro (ansioso ou evitativo). Os diferentes estilos de apego dos bebês refletem tanto seu temperamento individual quanto a capacidade de resposta de seus pais e cuidadores. Os relacionamentos adultos parecem refletir os estilos de apego da primeira infância, dando suporte à ideia de Erik Erikson de que a *confiança básica* é formada na infância por nossas experiências com cuidadores receptivos.

5.10 Como o abandono ou o abuso na infância afetam o apego nas crianças?

A maioria das crianças é resiliente, mas aquelas que são abusadas ou severamente negligenciadas por seus cuidadores, ou impedidas de formar vínculo em idade precoce, podem estar em risco de desenvolver problemas de afeto. Traumas extremos na infância podem alterar o cérebro, afetando nossas respostas ao estresse ou deixando marcas epigenéticas.

5.11 Como se desenvolve o autoconceito na criança?

O *autoconceito*, a compreensão e avaliação de quem somos, emerge gradualmente. Por volta dos 15 a 18 meses de vida, as crianças se reconhecem no espelho. Na idade escolar, podem descrever muitos de seus próprios traços e, aos 8 ou 10 anos, sua autoimagem é estável.

5.12 Quais são os quatro estilos parentais?

Os principais estilos parentais são autoritário (coercitivo), permissivo (sem restrições), negligente (não envolvido) e autoritativo (proativo).

5.13 Que resultados estão associados a cada estilo parental?

A parentalidade autoritativa está associada a uma maior autoestima, autoconfiança, autorregulação e competência social; a parentalidade autoritária está associada a baixa autoestima, menos habilidade social e um cérebro que reage exageradamente a erros; a parentalidade permissiva se associa a maior agressividade e imaturidade; e pais negligentes são associados a pobres resultados acadêmicos e sociais. No entanto, correlação não é igual a causalidade (é possível que crianças com características positivas sejam mais propensas a apresentar métodos parentais positivos).

ADOLESCÊNCIA

5.14 Como a *adolescência* é definida, e como as mudanças físicas afetam os adolescentes em desenvolvimento?

A *adolescência* é o período de transição da infância para a idade adulta. Estende-se da *puberdade* até a independência social. A maturação precoce pode ser um desafio para o desenvolvimento dos adolescentes. Os lobos frontais do cérebro amadurecem e o crescimento da mielina aumenta durante a adolescência e no início dos 20 anos, permitindo melhor julgamento, controle de impulsos e planejamento de longo prazo.

5.15 Como Piaget, Kohlberg e pesquisadores posteriores descreveram o desenvolvimento cognitivo e moral dos adolescentes?

Piaget teorizou que os adolescentes desenvolvem uma capacidade para operações formais e que esse desenvolvimento é a base para o julgamento moral. Lawrence Kohlberg apresentou uma teoria de estágio do raciocínio moral, de uma moralidade pré-convencional baseada no interesse próprio, a uma moralidade convencional preocupada com a defesa de leis e regras sociais, e, finalmente, para (em algumas pessoas) uma moralidade pós-convencional de direitos básicos e princípios éticos autodefinidos. Outros pesquisadores acreditam que a moralidade reside na intuição moral e na ação moral, bem como no pensamento. Os críticos de Kohlberg observam que o nível pós-convencional é culturalmente limitado (representando a moralidade apenas da perspectiva de uma sociedade individualista) e focado no homem (já que as mulheres enfatizam com maior frequência o cuidado com os necessitados do que com o que é "justo"). O sucesso na vida pode surgir da capacidade de adiar a gratificação.

5.16 Quais são as tarefas e desafios sociais da adolescência?

Erik Erikson propôs oito estágios de desenvolvimento psicossocial ao longo da vida. Ele acreditava que precisamos alcançar confiança, autonomia, iniciativa, competência, *identidade* (na adolescência), *intimidade* (na idade adulta jovem), generatividade e integridade. Cada fase da vida tem sua própria tarefa psicossocial. Solidificar o senso de si mesmo na adolescência significa experimentar vários papéis diferentes. A *identidade social* é a parte do autoconceito que vem da associação da pessoa ao grupo.

5.17 Como os pais e pares influenciam os adolescentes?

Durante a adolescência, a influência dos pais diminui e a influência dos pares aumenta. Os adolescentes adotam as formas de vestir, agir e se comunicar de seus pares. Todavia, relacionamentos positivos entre pais e adolescentes correlacionam-se com relacionamentos positivos com colegas. Personalidades e temperamentos são moldados pela natureza e pela criação, incluindo influências dos pais e dos pares.

5.18 O que é idade adulta emergente?

Devido à maturidade sexual precoce e à independência posterior, a transição da adolescência para a idade adulta está demorando mais do que antes. A *idade adulta emergente* é o período dos 18 aos 20 e poucos anos, quando muitos jovens ainda não são totalmente independentes. Esse estágio é encontrado principalmente nas culturas ocidentais de hoje.

IDADE ADULTA

5.19 Que mudanças físicas ocorrem durante a meia-idade e a velhice?

A força muscular, o tempo de reação, as habilidades sensoriais e o débito cardíaco começam a declinar quase imperceptivelmente em meados dos 20 anos; essa trajetória descendente acelera na meia-idade e no final da idade adulta, variando consideravelmente de acordo com a saúde pessoal e os hábitos de exercício. O período de fertilidade das mulheres termina com a *menopausa* por volta dos 50 anos; os homens experimentam um declínio mais gradual. No final da idade adulta, o sistema imune enfraquece, aumentando a suscetibilidade a doenças com risco de morte. Mas genes que sustentam a longevidade, baixo estresse e hábitos saudáveis podem permitir uma boa saúde, mesmo na velhice.

5.20 Como a memória muda com a idade?

A capacidade de lembrar começa a declinar, especialmente para informações sem importância, mas a memória de reconhecimento permanece forte. Pesquisadores do desenvolvimento estudam mudanças relacionadas à idade, como na memória, com estudos transversais e longitudinais. "Declínio terminal" descreve o declínio cognitivo nos últimos anos de vida.

5.21 Como os transtornos neurocognitivos e a doença de Alzheimer afetam a capacidade cognitiva?

Os *distúrbios neurocognitivos* (DNC) são distúrbios adquiridos (não ao longo da vida) marcados por déficits cognitivos, que geralmente estão relacionados a doença de Alzheimer, lesão ou doença cerebral, ou abuso de substâncias. Esse dano às células cerebrais resulta na erosão das habilidades mentais que não é típica do envelhecimento normal. A *doença de Alzheimer* causa a deterioração da memória e, em seguida, do raciocínio. Após um intervalo de 5 a 20 anos, a pessoa torna-se emocionalmente inexpressiva, desorientada, desinibida, incontinente e, finalmente, mentalmente vazia.

5.22 Quais temas e influências marcam nossa jornada social desde o início da idade adulta até a morte?

Os adultos não progridem por uma sequência ordenada de estágios sociais relacionados à idade. Acontecimentos casuais podem determinar as escolhas de vida. O *relógio social* é o momento preferido de uma cultura para eventos como casamento, paternidade e aposentadoria. Atualmente, muitas pessoas nas culturas ocidentais se sentem mais livres para definir seu próprio tempo. Os temas dominantes da idade adulta são amor e trabalho (intimidade e generatividade de Erikson).

5.23 O que muda no seu bem-estar ao longo do ciclo de vida?

Pesquisas mostram que a satisfação com a vida não está relacionada à idade até a fase terminal de declínio. As emoções positivas aumentam após a meia-idade e as negativas diminuem; com a idade, surgem menos extremos de emoção e de humor.

5.24 Que gama de reações a morte de um ente querido desencadeia?

As pessoas não sofrem em estágios previsíveis, como se supunha, e a terapia do luto não é significativamente mais efetiva do que o luto sem essa ajuda. A vida pode ser afirmada mesmo na morte, especialmente para aqueles que experimentam o que Erikson chamou de senso de integridade – um sentimento de que sua vida foi importante.

CAPÍTULO 6

Sensação e Percepção

CONCEITOS BÁSICOS DE SENSAÇÃO E PERCEPÇÃO

6.1 O que são *sensação* e *percepção*? O que queremos dizer com *processamento de baixo para cima* e *processamento de cima para baixo*?

Sensação é o processo pelo qual nossos *receptores sensoriais* e sistema nervoso recebem e representam energias de estímulo oriundas do nosso ambiente. *Percepção* é o processo de organizar e interpretar essas informações, permitindo o reconhecimento de objetos e eventos significativos. Sensação e percepção são um processo contínuo. O *processamento de baixo para cima* é a análise sensorial que começa no nível de entrada, com a informação fluindo dos receptores sensoriais para o cérebro. O *processamento de cima para baixo* é o processamento de informações guiado por processos mentais de alto nível, como quando construímos percepções filtrando informações por meio de nossa experiência e expectativa.

6.2 Quais são as três etapas básicas para todos os nossos sistemas sensoriais?

Nossos sentidos (1) recebem estimulação sensorial, muitas vezes usando células receptoras especializadas; (2) transformam essa estimulação em impulsos neurais; e (3) entregam a informação neural ao cérebro. *Transdução* é o processo de conversão de uma forma de energia em outra. Pesquisadores da *psicofísica* estudam as relações entre as características físicas dos estímulos e nossa experiência psicológica deles.

6.3 Qual é a diferença entre limiares absolutos e limiares diferenciais?

Nosso *limiar absoluto* para qualquer estímulo é a estimulação mínima necessária para estarmos conscientes dele 50% do tempo. A *teoria de detecção do sinal* prevê como e quando detectaremos um estímulo fraco em meio ao ruído de fundo. Os limiares absolutos individuais variam dependendo da força do sinal e também de nossa experiência, expectativas, motivação e estado de alerta. Nosso *limiar de diferença* (também chamado de *diferença apenas perceptível*, ou jnd [do inglês *just noticeable difference*]) é a diferença mínima que podemos discernir entre dois estímulos 50% das vezes. A *lei de Weber* afirma que dois estímulos devem diferir por uma porcentagem mínima constante (não uma quantidade constante) para serem percebidos como diferentes.

6.4 Como somos afetados por estímulos subliminares?

Sentimos alguns estímulos *subliminarmente* – menos de 50% do tempo – e podemos ser afetados por essas sensações. Embora possamos estar *preparados*, as sensações subliminares não têm uma influência poderosa e duradoura.

6.5 Qual é a função da adaptação sensorial?

A *adaptação sensorial* (redução da nossa sensibilidade a odores, sons e toques constantes ou rotineiros) concentra nossa atenção em mudanças informativas em nosso ambiente.

6.6 Como nossas expectativas, contextos, motivação e emoções influenciam nossas percepções?

O *conjunto perceptual* é uma predisposição mental que funciona como uma lente através da qual percebemos o mundo. Nossos conceitos aprendidos (esquemas) nos preparam para organizar e interpretar estímulos ambíguos de certas maneiras. Nossas expectativas, contextos, motivação e emoções podem colorir nossa interpretação de eventos e comportamentos.

VISÃO: PROCESSAMENTO SENSORIAL E PERCEPTIVO

6.7 Quais são as características da energia que vemos como luz visível? Quais estruturas no olho ajudam a focalizar essa energia?

O que vemos como luz é apenas uma fatia fina do amplo espectro de energia eletromagnética. A porção visível para os seres humanos se estende dos comprimentos de onda azul-violeta mais curtos até os comprimentos de onda mais longos da luz vermelha. Depois de entrarem no olho através da córnea, passar pela pupila e pela íris e serem focalizadas pelo cristalino, as partículas de energia luminosa atingem a superfície interna do olho, a *retina*. A *tonalidade* que percebemos em uma luz depende de seu *comprimento de onda* e o brilho depende de sua *intensidade*.

6.8 Como os bastonetes e os cones processam as informações, e qual é o caminho percorrido pelas informações do olho até o cérebro?

A luz que entra no olho desencadeia mudanças químicas que convertem a energia luminosa em impulsos neurais. Fotorreceptores chamados de *cones* e *bastonetes* na parte posterior da retina fornecem uma sensibilidade especial – cones para detalhes e cores, bastonetes para luz fraca e movimento periférico. Após o processamento pelas células bipolares e ganglionares, os impulsos neurais viajam da retina, através do *nervo óptico*, até o tálamo, e daí para o córtex visual.

6.9 Como percebemos a cor no mundo à nossa volta?

De acordo com a *teoria tricromática* (*três cores*), *de Young-Helmholtz*, a retina contém três tipos de receptores de cores. Pesquisas contemporâneas encontraram três tipos de cones, cada um mais sensível aos comprimentos de onda de uma das três cores primárias (vermelho, verde ou azul). De acordo com a *teoria do processo oponente* de Hering, existem três conjuntos adicionais de processos retinianos opostos (vermelho-verde, azul-amarelo, preto-branco). As pesquisas confirmam que, a caminho do cérebro, os neurônios da retina e do tálamo codificam as informações relacionadas às cores dos cones em pares de cores opostas. Essas duas teorias, bem como as pesquisas que as apoiam, mostram que o processamento das cores ocorre em dois estágios.

6.10 Onde estão situados os detectores de características, e o que eles fazem?

Detectores de características, células nervosas especializadas no córtex visual, respondem a características específicas do estímulo visual, como forma, ângulo ou movimento. Os detectores de características passam informações para outras áreas corticais, onde aglomerados de supercélulas respondem a padrões mais complexos.

6.11 Como o cérebro usa o processamento paralelo para construir percepções visuais?

Por meio do *processamento paralelo*, o cérebro lida simultaneamente com muitos aspectos da visão (cor, movimento, forma e profundidade). Outros grupos neurais integram os resultados, comparando-os com informações armazenadas e possibilitando as percepções.

6.12 Como os psicólogos da Gestalt compreendiam a organização perceptiva, e como os princípios de figura e fundo e de agrupamento contribuem para nossas percepções?

Os psicólogos da Gestalt buscaram as regras pelas quais o cérebro organiza fragmentos de dados sensoriais em *gestalts*, ou formas significativas. Ao apontar que o todo pode exceder a soma de suas partes, eles perceberam que filtramos as informações sensoriais e construímos nossas percepções. Para reconhecer um objeto, devemos primeiro percebê-lo (vê-lo como uma *figura*) como distinto de seu entorno (o *fundo*). Damos ordem e forma aos estímulos colocando-os em *grupos* significativos, seguindo regras como proximidade, continuidade e fechamento.

6.13 Como usamos os indicadores binoculares e monoculares para perceber o mundo em três dimensões, e como percebemos o movimento?

A *percepção de profundidade* é nossa capacidade de ver objetos em três dimensões e calcular a distância. O experimento do *penhasco visual* e outras pesquisas demonstram que muitas espécies percebem o mundo em três dimensões ao nascimento ou logo depois. *Sinais binoculares*, como *disparidade retiniana*, são pistas de profundidade que dependem de informações de ambos os olhos. *Sinais monoculares* (como altura relativa, tamanho relativo, movimento relativo, perspectiva linear e interposição) nos permitem estimar a profundidade usando informações transmitidas por apenas um olho. À medida que os objetos se movem, assumimos que os objetos que diminuem de tamanho estão se afastando e os objetos que aumentam estão se aproximando. O cérebro calcula o movimento de maneira imperfeita, com crianças pequenas especialmente em risco de perceber incorretamente os perigos que se aproximam, como veículos. Uma rápida sucessão de imagens na retina pode criar uma ilusão de movimento, como no movimento estroboscópico ou no *fenômeno phi*.

6.14 Como as constâncias perceptivas nos ajudam a construir percepções significativas?

Constâncias perceptivas, como cor, brilho (ou luminosidade), forma e tamanho, nos permitem perceber os objetos como estáveis, apesar da mudança na imagem que eles lançam em nossas retinas. Nosso cérebro constrói a experiência da cor ou brilho de um objeto por meio de comparações com outros objetos ao redor. Saber o tamanho de um objeto nos dá pistas sobre sua distância; conhecer sua distância fornece pistas sobre seu tamanho, mas às vezes interpretamos mal as dicas de distância monocular e chegamos a conclusões erradas, como na ilusão da Lua.

6.15 O que a pesquisa a respeito da visão restaurada, da restrição sensorial e da adaptação perceptiva revela sobre os efeitos da experiência na percepção?

A experiência orienta nossas interpretações perceptivas. As pessoas cegas de nascença que adquirem a visão após uma cirurgia não têm experiência para reconhecer visualmente contornos e formas. Pesquisas de restrição sensorial indicam que há um período crítico para alguns aspectos do desenvolvimento sensorial e perceptivo. Sem estimulação precoce, a organização neural do cérebro não se desenvolve normalmente. As pessoas que recebem óculos que deslocam o mundo ligeiramente para a esquerda ou para a direita, ou mesmo de cabeça para baixo, experimentam uma *adaptação perceptiva*. Inicialmente ficam desorientadas, mas conseguem se adaptar ao seu novo contexto.

SENTIDOS NÃO VISUAIS

6.16 Quais são as características das ondas de pressão do ar que ouvimos como som?

As ondas sonoras são bandas de ar comprimido e expandido. Nossos ouvidos detectam essas mudanças na pressão do ar e as transformam em impulsos neurais que o cérebro decodifica como som. As ondas sonoras têm amplitude variada, que percebemos como diferente intensidade (a intensidade do som é medida em decibéis), e *frequência* (medida em Hertz) variada, que experimentamos como *altura* diferente.

6.17 Como o ouvido transforma a energia sonora em mensagens neurais?

A *orelha média* é a câmara que fica entre o tímpano e a *cóclea*; a *orelha interna* consiste na cóclea, nos canais semicirculares e nos sacos vestibulares. As ondas sonoras que viajam através do canal auditivo causam pequenas vibrações no tímpano. Os ossos da orelha média amplificam as vibrações e as transmitem para a cóclea, que é cheia de líquido. A ondulação da membrana basilar, causada por mudanças de pressão no fluido coclear, provoca o movimento das minúsculas células ciliadas, desencadeando o envio de mensagens neurais (através do tálamo) para o córtex auditivo no cérebro. A *perda auditiva neurossensorial* (ou surdez nervosa) resulta de danos às células ciliadas da cóclea ou a seus nervos associados. A *perda auditiva de condução* resulta de danos ao sistema mecânico que transmite as ondas sonoras para a cóclea. Os *implantes cocleares* podem restaurar a audição de algumas pessoas.

6.18 Como detectamos o volume, discriminamos o timbre e localizamos os sons?

O volume não está relacionado com a intensidade da resposta de uma célula ciliada, mas sim com o número de células ciliadas ativadas. A *teoria do lugar* (codificação de lugar) explica como ouvimos sons agudos e a *teoria da frequência* (codificação temporal) estendida pelo princípio de *Volley* explica como ouvimos sons graves. Uma combinação das duas teorias explica como ouvimos notas na faixa média. As ondas sonoras atingem um ouvido mais cedo e mais intensamente do que o outro. Para localizar os sons, o cérebro analisa as diferenças mínimas nos sons recebidos pelos dois ouvidos e calcula a localização da fonte do som.

6.19 Quais são as quatro sensações básicas do toque, e como sentimos o toque?

Nosso sentido do tato consiste em quatro sensações básicas – pressão, calor, frio e dor – que se combinam para produzir outras sensações, como "coceira" ou "úmido".

6.20 Quais influências biológicas, psicológicas e socioculturais afetam nossa experiência da dor? Como os placebos, a distração e a hipnose ajudam a controlar a dor?

A perspectiva biopsicossocial vê nossa percepção da dor como a soma de influências biológicas, psicológicas e socioculturais. A dor reflete sensações de baixo para cima e processos de cima para baixo. Uma teoria da dor é que um "portão" na medula espinal se abre para permitir que os sinais de dor viajem por pequenas fibras nervosas para alcançar o cérebro, ou se fecha para impedir sua passagem. Os tratamentos para dor geralmente combinam elementos físicos e psicológicos. Combinar um placebo com distração e amplificar o efeito com *hipnose* (que aumenta nossa resposta às sugestões) pode ajudar a aliviar a dor. A *sugestão pós-hipnótica* é usada por alguns clínicos para controlar sintomas e comportamentos indesejados.

6.21 Quais são as semelhanças e as diferenças entre nossos sentidos do paladar e do olfato?

O paladar e o olfato são sentidos químicos. O paladar (ou *gosto*) é composto de cinco sensações básicas – doce, azedo, salgado, amargo e *umami* – e dos aromas que interagem com as informações das células receptoras do paladar nas papilas gustativas. Não há sensações básicas para o olfato (*cheiro*). Do topo de cada cavidade nasal, cerca de 20 milhões de células receptoras olfativas enviam mensagens para o bulbo olfativo do cérebro e depois para o córtex olfativo primário do lobo temporal e para as partes do sistema límbico envolvidas com a memória e a emoção.

6.22 Como percebemos a posição e o movimento do nosso corpo?

Sensores de posição e movimento nos músculos, tendões e articulações, chamados de proprioceptores, permitem a *cinestesia*, nosso senso de posição e movimento das partes do nosso corpo. Monitoramos a posição e o movimento de nossa cabeça (e, portanto, de nosso corpo) e mantemos nosso equilíbrio com nosso *sentido vestibular*, que depende dos canais semicirculares e dos sacos vestibulares para sentir a inclinação ou a rotação de nossa cabeça.

6.23 Como a interação sensorial influencia nossas percepções, e o que é *cognição incorporada*?

Nossos sentidos influenciam uns aos outros. Essa *interação sensorial* ocorre, por exemplo, quando o cheiro de uma comida favorita amplifica seu sabor. A *cognição incorporada* é a influência de sensações corporais, gestos e outros estados nas preferências e julgamentos cognitivos.

6.24 Quais são as afirmações da PES, e o que a maioria dos pesquisadores em psicologia concluiu depois de testar essas afirmações?

A *parapsicologia* é o estudo dos fenômenos paranormais, incluindo a *percepção extrassensorial* (PES) e a psicocinese. As três formas mais testáveis de PES são telepatia (comunicação mente a mente), clarividência (perceber eventos remotos) e precognição (perceber eventos futuros). Para refutar aqueles que dizem que PES não existe, basta produzir uma única pessoa que possa demonstrar um único evento reprodutível de PES. Embora o estudo continue, os pesquisadores não conseguiram replicar os fenômenos de PES sob condições controladas.

CAPÍTULO 7

Aprendizagem

CONCEITOS BÁSICOS DE APRENDIZAGEM E CONDICIONAMENTO

7.1 Como definimos *aprendizagem*, e quais são algumas de suas formas básicas?

A *aprendizagem* é o processo de adquirir, por meio da experiência, novas informações ou comportamentos. Na *aprendizagem associativa*, aprendemos que certos eventos ocorrem juntos. No condicionamento clássico, aprendemos a associar dois ou mais *estímulos*. Responder automaticamente a estímulos que não controlamos é chamado de *comportamento respondente*. No condicionamento operante, aprendemos a associar uma resposta e sua consequência. Essas associações produzem *comportamentos operantes*. Por meio da *aprendizagem cognitiva*, adquirimos informações mentais que orientam nosso comportamento. Por exemplo, na aprendizagem observacional, aprendemos novos comportamentos observando alguns eventos e assistindo a outros.

7.2 Qual é a visão de aprendizagem do behaviorismo?

O trabalho de Ivan Pavlov sobre o condicionamento clássico lançou as bases para o *behaviorismo*, a visão de que a psicologia deveria ser uma ciência objetiva que estuda o comportamento sem referência aos processos mentais. Os behavioristas acreditavam que as leis básicas da aprendizagem são as mesmas para todas as espécies, incluindo os humanos.

7.3 Quem foi Pavlov e quais são os componentes básicos do condicionamento clássico?

Ivan Pavlov, um fisiologista russo, criou novos experimentos sobre aprendizagem. Sua pesquisa no início do século XX, nas últimas três décadas de sua vida, demonstrou que o condicionamento clássico é uma forma básica de aprendizagem. O *condicionamento clássico* é um tipo de aprendizagem na qual um organismo passa a associar estímulos e antecipar eventos. *RI* (resposta incondicionada) é um evento que ocorre naturalmente (como a salivação), em resposta a algum estímulo. *EI* (estímulo incondicionado) é algo que natural e automaticamente (sem aprendizagem) desencadeia a resposta não aprendida (como o alimento na boca desencadeia a salivação). *EC* (estímulo condicionado) é originalmente um *EN* (estímulo neutro, como um tom) que, após associação com um *EI* (como comida) passa a desencadear uma RC. Uma *RC* (resposta condicionada) é a resposta aprendida (salivação) ao estímulo originalmente neutro (mas agora condicionado).

7.4 No condicionamento clássico, o que são os processos de *aquisição, extinção, recuperação espontânea, generalização* e *discriminação*?

No condicionamento clássico, o primeiro estágio é a *aquisição*, associando um EN ao EI para que o EN comece a desencadear a RC. A aquisição ocorre mais prontamente quando o EN é apresentado pouco antes (idealmente, cerca de 0,5 segundo antes) de um EI, preparando o organismo para o próximo evento. Essa descoberta dá suporte à visão de que o condicionamento clássico é biologicamente adaptativo. A *extinção* é uma resposta diminuída, que ocorre se o EC aparecer repetidamente sozinho sem o EI. A *recuperação espontânea* é o reaparecimento de uma resposta condicionada enfraquecida após um período de repouso. *Generalização* é a tendência de responder a estímulos semelhantes a um EC. *Discriminação* é a capacidade aprendida de distinguir entre um EC e outros estímulos irrelevantes.

7.5 Por que o trabalho de Pavlov permanece tão importante?

Pavlov nos ensinou que fenômenos psicológicos significativos podem ser estudados objetivamente e que o condicionamento clássico é uma forma básica de aprendizagem que se aplica a todas as espécies.

7.6 Quais têm sido algumas das aplicações do trabalho de Pavlov na saúde e no bem-estar humano? Como Watson aplicou os princípios de Pavlov aos medos aprendidos?

As técnicas clássicas de condicionamento são utilizadas para melhorar a saúde e o bem-estar humano em muitas áreas, incluindo a terapia comportamental para alguns tipos de transtornos psicológicos. O sistema imune do corpo também pode responder ao condicionamento clássico. O trabalho de Pavlov também forneceu uma base para a ideia de Watson de que as emoções e o comportamento humano, embora influenciados biologicamente, são principalmente um conjunto de respostas condicionadas. Watson aplicou os princípios clássicos de condicionamento em seus estudos do "Pequeno Albert" para demonstrar como medos específicos podem ser condicionados.

CONDICIONAMENTO OPERANTE

7.7 O que é condicionamento operante?

O *condicionamento operante* é um tipo de aprendizagem no qual o comportamento se torna mais provável de ser repetido se for seguido por um reforçador ou menos provável de repetir se for seguido por uma punição.

7.8 Quem foi Skinner, e como o comportamento operante é reforçado e modelado?

B. F. Skinner era um estudante universitário de inglês e aspirante a escritor que mais tarde ingressou na pós-graduação em psicologia. Ele se tornou a figura mais influente e controversa do behaviorismo moderno. Expandindo a *lei do efeito*, de Edward Thorndike, Skinner e outros descobriram que o comportamento de ratos ou pombos colocados em uma *câmara operante* (caixa de Skinner) pode ser *moldado* usando reforços para guiar aproximações sucessivas do comportamento desejado.

7.9 Qual é a diferença entre reforçador positivo e reforçador negativo, e quais são os tipos básicos de reforçadores?

Reforço é qualquer evento que fortalece o comportamento que acompanha. O *reforço positivo* adiciona um estímulo desejável para aumentar a frequência de um comportamento. O *reforço negativo* reduz ou remove um estímulo aversivo para aumentar a frequência de um comportamento. Os *reforçadores primários* (como receber comida quando está com fome ou quando a náusea termina durante uma doença) são inatamente satisfatórios – nenhuma aprendizagem é necessária. *Reforçadores condicionados* (ou secundários) (como dinheiro) são satisfatórios porque aprendemos a associá-los a recompensas mais básicas (como comida ou remédio que compramos com eles). Reforçadores imediatos (como uma recompensa alimentar dada logo após um comportamento desejado) oferecem retorno imediato; reforçadores atrasados (como um cheque de pagamento) requerem a habilidade de adiar a gratificação.

7.10 Como diferentes esquemas de reforço afetam o comportamento?

Um *esquema de reforço* define com que frequência uma resposta será reforçada. No *reforço contínuo* (reforçando as respostas desejadas toda vez que elas ocorrem), a aprendizagem é rápida, mas a extinção também ocorre se as recompensas cessarem. No *reforço parcial* ou *intermitente* (reforçando as respostas apenas algumas vezes), a aprendizagem inicial é mais lenta, mas o comportamento é muito mais resistente à extinção. Os *esquemas de razão fixa* reforçam os comportamentos após determinado número de respostas; *esquemas de razão variável* o fazem, após um número imprevisível de respostas. *Horários de intervalo fixo* reforçam comportamentos após períodos de tempo definidos; *horários de intervalo variável os reforçam* após períodos de tempo imprevisíveis.

7.11 Qual é a diferença entre punição e reforço negativo, e como a punição afeta o comportamento?

A *punição* administra uma consequência indesejável (como um castigo) ou retira algo desejável (como tirar um brinquedo favorito) para diminuir a frequência de um comportamento (a desobediência de uma criança). O reforço negativo (tomar uma aspirina) remove um estímulo aversivo (uma dor de cabeça). Essa consequência desejada (controle da dor) aumenta a probabilidade de que o comportamento (tomar aspirina para acabar com a dor) se repita. A punição física pode ter efeitos colaterais indesejáveis, como suprimir em vez de alterar comportamentos indesejados, falhar ao não fornecer uma direção para o comportamento adequado, incentivar a discriminação (para que o comportamento indesejável apareça quando o punidor não estiver presente), criar medo e ensinar agressão.

7.12 Por que as ideias de Skinner provocaram controvérsia, e como seus princípios de condicionamento operante podem ser aplicados na escola, nos esportes, no trabalho e em casa?

Os críticos dos princípios de Skinner acreditavam que a abordagem desumanizava as pessoas ao negligenciar sua liberdade pessoal e ao procurar controlar suas ações. Skinner respondeu que as ações das pessoas já são controladas por consequências externas e que o reforço é mais humano do que a punição como meio de controlar o comportamento. Os professores podem usar técnicas de modelagem para orientar os comportamentos dos alunos e usar mídias interativas, como questionários adaptativos *online*, para fornecer *feedback* imediato. Os treinadores podem desenvolver as habilidades e a autoconfiança dos jogadores recompensando pequenas melhorias. Programas de inteligência artificial (IA) desenvolvidos usando princípios de reforço estão nos ensinando sobre os limites da aprendizagem humana. Os gerentes podem aumentar a produtividade e o moral dos seus trabalhadores recompensando comportamentos bem definidos e alcançáveis. Os pais podem recompensar os comportamentos desejados, mas não os indesejáveis. Podemos moldar nossos próprios comportamentos estabelecendo metas realistas, planejando como trabalhar em direção a essas metas, monitorando a frequência dos comportamentos desejados, reforçando os comportamentos desejados e reduzindo gradualmente as recompensas, à medida que os comportamentos se tornam habituais.

7.13 Em que diferem o condicionamento operante e o condicionamento clássico?

No condicionamento operante, um organismo aprende associações entre seu próprio comportamento e eventos resultantes; essa forma de condicionamento envolve o comportamento operante (comportamento que atua sobre o ambiente, produzindo consequências recompensadoras ou punitivas). No condicionamento clássico, o organismo forma associações entre estímulos – eventos que ele não controla; esta forma de condicionamento envolve comportamento respondente (respostas automáticas a algum estímulo).

BIOLOGIA, COGNIÇÃO E APRENDIZAGEM

7.14 Como as restrições biológicas afetam o condicionamento clássico e operante?

A capacidade de condicionamento de um animal é limitada por restrições biológicas; então algumas associações são mais fáceis de aprender. Cada espécie aprende comportamentos que auxiliam sua sobrevivência – um fenômeno chamado de *prontidão*. Aqueles que aprenderam rapidamente a aversão a certos sabores provavelmente não comeriam a mesma comida tóxica novamente e seriam mais propensos a sobreviver e deixar descendentes. A natureza restringe a capacidade de cada espécie tanto para o condicionamento clássico quanto para o condicionamento operante. Nossa preparação para associar um EC a um EI que segue de forma previsível e imediata é muitas vezes (mas nem sempre) adaptável. Durante o treinamento operante, os animais podem exibir um *desvio instintivo*, revertendo para padrões biologicamente predispostos.

7.15 Como os processos cognitivos afetam o condicionamento clássico e operante?

No condicionamento clássico, os animais podem aprender quando esperar um EI e podem estar cientes da ligação entre estímulos e respostas. No condicionamento operante, o *mapeamento cognitivo* e a pesquisa de *aprendizagem latente* demonstram a importância dos processos cognitivos na aprendizagem.

7.16 O que é aprendizagem por observação?

A *aprendizagem por observação* (também chamada de *aprendizagem social*) envolve aprender observando e imitando, em vez de através da experiência direta.

7.17 Como a aprendizagem observacional pode ser possibilitada pelo espelhamento neural?

Os lobos frontais do nosso cérebro têm uma capacidade demonstrada de espelhar a atividade do cérebro de outra pessoa, o que pode permitir a imitação e a aprendizagem observacional. Alguns cientistas argumentam que os *neurônios espelho* são responsáveis por essa capacidade, enquanto outros a atribuem a redes cerebrais distribuídas.

7.18 Qual é o impacto da modelagem pró-social e da modelagem antissocial?

As crianças tendem a imitar o que um modelo faz e diz, seja o comportamento *modelado pró-social* (positivo, construtivo e útil) ou antissocial. Se as ações e palavras de um modelo são inconsistentes, as crianças podem imitar a hipocrisia que observam.

7.19 Qual é o efeito de visualização da violência?

A violência na mídia contribui para a agressão. Esse efeito de visualização da violência pode ser provocado por imitação e dessensibilização. Correlação não é igual a causação, mas os participantes do estudo reagiram de forma mais cruel às provocações quando viram violência (em vez de se distrair com conteúdo não violento).

CAPÍTULO 8

Memória

ESTUDO E CODIFICAÇÃO DAS MEMÓRIAS

8.1 O que é a *memória* e como ela é medida?

A *memória* é a aprendizagem que persistiu ao longo do tempo, por meio da codificação, do armazenamento e da recuperação de informações. A evidência da memória pode ser vista na capacidade de *recordar* informações, *reconhecê-las* ou *reaprendê-las* mais facilmente em uma tentativa posterior. Os psicólogos podem medir essas diferentes formas de memória separadamente.

8.2 Como os modelos nos ajudam a estudar a memória e como pesquisas posteriores atualizaram o modelo de processamento de informações em três estágios?

Os psicólogos usam modelos de memória para pensar e explicar como nosso cérebro forma e recupera memórias. Os modelos de processamento de informações envolvem três processos: *codificação, armazenamento* e *recuperação*. Nosso cérebro ágil processa muitas coisas simultaneamente por meio de *processamento paralelo*. O modelo conexionista de processamento de informação foca nesse processamento de registros múltiplos e de formas diversas, visualizando as memórias como produtos de redes neurais interconectadas. Os três estágios de processamento no modelo Atkinson-Shiffrin são *memória sensorial, memória de curto prazo* e *memória de longo prazo*. Desde então, esse modelo foi atualizado para incluir dois conceitos importantes: (1) *processamento automático*, que ocorre nos bastidores para permitir que as informações deslizem para a memória de longo prazo sem a necessidade de atendê-las conscientemente; e (2) *memória de trabalho*, o processamento ativo de "bloco de rascunho" que ocorre no estágio de memória de curto prazo.

8.3 Qual é a diferença entre memória explícita e memória implícita?

O cérebro humano processa informações em uma via de duplo sentido, consciente e inconscientemente. Muitas *memórias explícitas* (declarativas) – nossas memórias conscientes de fatos e experiências – se formam por meio de *processamento com esforço*, que requer esforço e atenção conscientes. *Memórias implícitas* (não declarativas) – de habilidades aprendidas e associações condicionadas classicamente – acontecem sem nossa consciência, por meio de *processamento automático*.

8.4 Quais informações processamos automaticamente?

Além de habilidades e associações classicamente condicionadas, processamos automaticamente informações incidentais sobre espaço, tempo e frequência.

8.5 Como funciona a memória sensorial?

A memória sensorial alimenta algumas informações na memória de trabalho para processamento ativo. Uma *memória icônica* é uma memória sensorial muito breve (alguns décimos de segundo) de estímulos visuais; uma *memória ecoica* é uma memória sensorial de 3 ou 4 segundos de estímulos auditivos.

8.6 Qual é a capacidade da nossa memória de curto prazo?

A capacidade da memória de curto prazo é de cerca de sete *bits* de informação, mais ou menos dois, mas essa informação desaparece rapidamente da memória sem repetição. Nossa capacidade de memória de trabalho para processamento ativo varia, dependendo da idade e de outros fatores, mas todos fazem um trabalho melhor e mais eficiente evitando a alternância de tarefas.

8.7 Quais são algumas das estratégias que podem nos ajudar a lembrar de novas informações?

Estratégias de processamento de esforço eficazes incluem *agrupamento*, *mnemônicos* e hierarquias. Cada uma delas aumenta nossa capacidade de formar novas memórias.

8.8 Como a prática espaçada, o processamento profundo e a criação de novos materiais com significado pessoal ajudam a memória?

Sessões de prática espaçadas produzem melhor recordação em longo prazo (*efeito de espaçamento*). O *efeito de teste* é a descoberta de que recuperar conscientemente a informação melhora a memória, em vez de simplesmente reler a informação. A profundidade de processamento também afeta a retenção no longo prazo. No *processamento superficial*, codificamos as palavras com base em sua estrutura ou aparência. A retenção é melhor quando usamos o *processamento profundo*, codificando palavras com base em seu significado. Também nos lembramos mais facilmente do material quando aprendemos e o reformulamos em termos pessoalmente significativos (efeito de autorreferência).

ARMAZENAMENTO E RECUPERAÇÃO DAS MEMÓRIAS

8.9 Qual é a capacidade da memória de longo prazo? Nossas memórias de longo prazo são processadas e armazenadas em locais específicos?

Nossa capacidade de memória de longo prazo é essencialmente ilimitada. As memórias não são armazenadas intactas no cérebro em pontos específicos. Muitas partes do cérebro interagem à medida que codificamos, armazenamos e recuperamos memórias.

8.10 Quais são os papéis dos lobos frontais e do hipocampo no processamento da memória?

Os lobos frontais e o *hipocampo* são partes da rede cerebral dedicada à formação de memória explícita. Muitas regiões do cérebro enviam informações para os lobos frontais para processamento. O hipocampo, com a ajuda de redes cerebrais próximas, registra e mantém temporariamente elementos de memórias explícitas (que são *semânticas* ou *episódicas*) antes de movê-los para outras regiões do cérebro para armazenamento de longo prazo. O armazenamento neural de memórias de longo prazo, que é suportado pelo sono, é chamado de *consolidação da memória*.

8.11 Quais são os papéis exercidos pelo cerebelo e pelos gânglios basais no processamento da memória?

O cerebelo e os gânglios basais são partes da rede cerebral dedicada à formação de memória implícita. O cerebelo é importante para armazenar memórias condicionadas classicamente. Os gânglios basais estão envolvidos no movimento motor e ajudam a formar memórias processuais para habilidades. Muitas reações e habilidades aprendidas durante nossos primeiros 4 anos de vida continuam presentes em nossa vida adulta, mesmo que não possamos nos lembrar conscientemente de aprender essas associações e habilidades (amnésia infantil).

8.12 Como as emoções afetam nosso processamento da memória?

A excitação emocional causa uma efusão de hormônios do estresse, o que leva a amígdala a aumentar a atividade nas áreas formadoras de memória do cérebro. Eventos significativamente estressantes podem desencadear *memórias vívidas* (ou *emocionais*) muito claras. Por meio da repetição, a memória de experiências pessoalmente significativas permanece em grande parte.

8.13 Como as mudanças no nível das sinapses afetam nosso processamento da memória?

A *potenciação de longo prazo* (PLP) é a base neural para a aprendizagem e a memória. Na PLP, os neurônios se tornam mais eficientes na liberação e na detecção da presença de neurotransmissores e mais conexões se desenvolvem entre os neurônios.

8.14 Como pistas externas, emoções internas e a ordem de aparecimento influenciam a recuperação da memória?

Sinais externos ativam associações que nos ajudam a recuperar memórias; esse processo pode ocorrer sem nossa consciência, como ocorre no *priming*. O *princípio da especificidade da codificação* é a ideia de que pistas e contextos específicos para uma memória em particular serão mais eficazes para nos ajudar a relembrá-la. Retornar ao mesmo contexto físico ou estado emocional (*congruência com o humor*) em que formamos uma memória pode nos ajudar a recuperá-la. O *efeito de posicionamento serial* é nossa tendência de lembrar melhor os últimos itens (que ainda podem estar na memória de trabalho) e os primeiros itens (que passamos mais tempo repetindo) em uma lista.

ESQUECIMENTO, CONSTRUÇÃO DA MEMÓRIA E SEU APRIMORAMENTO

8.15 Por que esquecemos?

Algumas pessoas experimentam *amnésia anterógrada*, uma incapacidade de formar novas memórias, ou *amnésia retrógrada*, uma incapacidade de recuperar memórias antigas. O esquecimento normal pode acontecer porque nunca chegamos a codificar a informação (falha de codificação), porque o traço de memória física decaiu (decaimento de armazenamento), ou porque não podemos recuperar o que codificamos e armazenamos (falha de recuperação). Problemas de recuperação podem resultar de *interferência proativa* (atuando para a frente), quando a aprendizagem anterior interfere na recuperação de informações novas, ou de *interferência retroativa* (atuando para trás), quando a nova aprendizagem interrompe a lembrança de informações antigas. O esquecimento motivado ocorre, mas os pesquisadores encontraram poucas evidências de *recalque*.

8.16 Como a informação enganosa, a imaginação e a amnésia da fonte influenciam a construção de memória? Como podemos decidir se uma memória é real ou falsa?

As memórias podem ser continuamente revisadas quando recuperadas, um processo que os pesquisadores de memória chamam de *reconsolidação*. A *desinformação* (exposição a informações enganosas) e os efeitos da imaginação corrompem nossas memórias armazenadas do que realmente aconteceu. Quando reconstruímos uma memória durante a recuperação, podemos atribuí-la à fonte errada (*amnésia da fonte*). Esse tipo de amnésia pode ajudar a explicar o *déjà vu*. Memórias falsas parecem memórias reais e podem ser persistentes, mas geralmente são limitadas à essência do evento.

8.17 Por que relatos de memórias reprimidas e recuperadas têm sido tão debatidos?

O debate se concentra em saber se as memórias de abuso na primeira infância são reprimidas e podem ser recuperadas durante a terapia. A menos que a vítima fosse jovem demais para se lembrar, esses traumas geralmente são lembrados vividamente, não reprimidos. Os psicólogos concordam que o abuso sexual na infância acontece; a injustiça acontece; o esquecimento acontece; memórias recuperadas são comuns; memórias de eventos que aconteceram antes dos 4 anos não são confiáveis; memórias "recuperadas" sob hipnose são especialmente incertas; e as memórias, reais ou falsas, podem ser emocionalmente perturbadoras.

8.18 Quão confiáveis são os testemunhos das crianças pequenas?

As descrições dos testemunhos oculares de crianças estão sujeitas às mesmas influências de memória que distorcem os relatos dos adultos. Se questionadas logo após um evento com palavras neutras que compreendam, as crianças podem recordar com precisão os eventos e as pessoas envolvidas neles.

8.19 Como você pode usar os resultados da pesquisa de memória para se sair melhor neste e em outros cursos?

Os resultados da pesquisa de memória sugerem as seguintes estratégias para melhorar a memória: estudar repetidamente, tornar o material significativo, ativar pistas de recuperação, usar dispositivos mnemônicos, minimizar interferências proativa e retroativa, dormir mais e testar a si mesmo para ter certeza de que pode recuperar, bem como reconhecer, o material.

CAPÍTULO 9

Pensamento e Linguagem

PENSAMENTO

9.1 O que são *cognição* e *metacognição*, e quais são as funções dos conceitos?

Cognição refere-se a todas as atividades mentais associadas ao pensamento, ao conhecimento, à lembrança e à comunicação. *Metacognição* é a cognição sobre nossa cognição, ou o acompanhamento e a avaliação que fazemos dos nossos processos mentais. Usamos *conceitos*, agrupamentos mentais de objetos, eventos, ideias ou pessoas semelhantes para simplificar e ordenar o mundo ao nosso redor. Formamos a maioria dos conceitos em torno de *protótipos* ou melhores exemplos de uma categoria.

9.2 Que estratégias cognitivas nos auxiliam a resolver os de problemas, e quais obstáculos nos atrapalham?

Um *algoritmo* é uma regra ou procedimento metódico e lógico (como uma descrição passo a passo para evacuar um prédio durante um incêndio) que garante uma solução para um problema. Uma *heurística* é uma estratégia mais simples (como correr para uma saída no caso de sentir cheiro de fumaça) que geralmente é mais rápida que um algoritmo, mas também é mais propensa a erros. *Insight* não é uma solução baseada em estratégia, mas sim um súbito lampejo de inspiração que resolve um problema. Os obstáculos à resolução de problemas incluem o *viés de confirmação*, que nos predispõe a verificar em vez de confrontar nossas hipóteses, e a *fixação*, como o *conjunto mental*, que pode nos impedir de adotar a nova perspectiva que levaria a uma solução.

9.3 O que é *intuição*, e como as heurísticas de representatividade e disponibilidade podem influenciar nossas decisões e julgamentos?

Intuição são os sentimentos ou pensamentos automáticos, imediatos e sem esforço que muitas vezes usamos em vez do raciocínio sistemático. As heurísticas permitem julgamentos rápidos. Usando a *heurística da representatividade*, julgamos a probabilidade de eventos com base em quão bem eles parecem representar protótipos específicos. Usando a *heurística da disponibilidade*, julgamos a probabilidade das coisas com base na rapidez com que elas vêm à mente.

9.4 Que fatores exacerbam nosso medo de eventos improváveis?

Tendemos a temer o que nossa história ancestral nos preparou para temer, o que não podemos controlar, o que é imediato e o que está mais prontamente disponível. Tememos muito pouco as ameaças contínuas que ceifam vidas uma a uma, como acidentes de trânsito e doenças.

9.5 Como nossas decisões e julgamentos são afetados pelo excesso de confiança, perseverança de crenças e enquadramento?

O excesso de confiança pode nos levar a superestimar a precisão de nossas crenças. Quando uma crença que formamos e explicamos é desacreditada, a *perseverança da crença* pode fazer com que nos apeguemos a ela. Um remédio para a perseverança da crença é considerar como poderíamos ter explicado um resultado oposto. O *enquadramento* é a forma como um assunto é colocado. Diferenças sutis na apresentação podem alterar drasticamente nossas respostas e nos levar a decisões benéficas.

9.6 Como pensadores inteligentes usam a intuição?

Pensadores inteligentes acolhem suas intuições (que geralmente são adaptativas), mas também sabem quando substituí-las. Ao tomar decisões complexas, podemos nos beneficiar de reunir o máximo de informações possível e, em seguida, reservar um tempo para deixar nossa mente de duas vias processá-las.

9.7 O que é *criatividade*, e o que a estimula?

A *criatividade*, capacidade de produzir novas e valiosas ideias, correlaciona-se um pouco com a aptidão, mas é mais do que ser esperto para questões escolares. Testes de aptidão requerem *pensamento convergente*, mas criatividade requer *pensamento divergente*. Robert Sternberg propôs que a criatividade envolve perícia; habilidades de pensamento imaginativo; uma personalidade aventureira; motivação intrínseca; e um ambiente criativo que estimule, apoie e refine ideias criativas.

9.8 O que sabemos sobre o pensamento das outras espécies?

Os pesquisadores fazem inferências sobre a consciência e a inteligência de outras espécies com base no comportamento e na atividade neural de indivíduos. Evidências de estudos de várias espécies mostram que muitos outros animais usam conceitos, números e ferramentas e transmitem aprendizagem de uma geração para outra (transmissão cultural). Além disso, como os humanos, algumas outras espécies mostram discernimento, autoconsciência, altruísmo, cooperação e tristeza.

LINGUAGEM E PENSAMENTO

9.9 Quais são os componentes estruturais da linguagem?

Os *fonemas* são as unidades sonoras básicas de uma língua. *Morfemas* são as unidades elementares de significado. A *gramática* – o sistema de regras que nos permite comunicar – inclui semântica (regras para derivar significado) e sintaxe (regras para ordenar palavras em frases).

9.10 Como adquirimos a linguagem, e o que é *gramática universal*?

À medida que nossa biologia e nossa experiência interagem, aprendemos prontamente a gramática e o vocabulário específicos da língua que experenciamos quando crianças. O linguista Noam Chomsky propôs que os humanos nascem com uma predisposição embutida para aprender regras gramaticais, que ele chamou de gramática universal. As línguas humanas compartilham alguns pontos em comum, mas outros pesquisadores observam que as crianças aprendem gramática à medida que discernem os padrões da linguagem.

9.11 Quais são os marcos no desenvolvimento da linguagem, e quando é o período crítico para a aquisição da linguagem?

O tempo de desenvolvimento da linguagem varia, mas todas as crianças seguem a mesma sequência. A linguagem receptiva (capacidade de entender o que é dito para você ou sobre você) se desenvolve antes da linguagem produtiva (capacidade de produzir palavras). Por volta dos 4 meses de vida, os bebês *balbuciam*, produzindo sons encontrados em idiomas de todo o mundo. Aos 10 meses, aproximadamente, os bebês incluem apenas os sons encontrados em sua língua doméstica. Por volta dos 12 meses de vida, as crianças começam a falar palavras isoladas. Esse *estágio de uma palavra* evolui para *enunciados de duas palavras (telegráficos)* antes de seu segundo aniversário, após o qual elas começam a falar por meio de frases completas. A infância é um período crítico para a aprendizagem da língua. As crianças que começam tarde na aprendizagem de línguas seguem a sequência normal de desenvolvimento, embora em um ritmo mais rápido. Mas as crianças que não são expostas a uma língua falada ou de sinais até os 7 anos nunca dominarão nenhuma língua. A importância das primeiras experiências linguísticas é muitas vezes evidente em crianças surdas nascidas de pais ouvintes e não sinalizadores.

9.12 Quais áreas do cérebro estão envolvidas no processamento da linguagem?

A *afasia* é um comprometimento da linguagem geralmente causado por danos no hemisfério esquerdo do cérebro. Duas importantes áreas de processamento da linguagem e da fala são a *área de Broca*, uma região do lobo frontal esquerdo que controla a expressão da linguagem, e a *área de Wernicke*, uma região do lobo temporal esquerdo que controla a recepção da linguagem. O processamento de linguagem também está espalhado por outras áreas do cérebro, com diferentes redes neurais lidando com subtarefas linguísticas específicas.

9.13 O que sabemos sobre a capacidade de linguagem de outras espécies?

Chimpanzés e bonobos aprenderam a se comunicar com humanos fazendo sinais ou apertando botões. Alguns desenvolveram vocabulários de quase 400 palavras, comunicadas por encadeamento, e demonstraram alguma compreensão da sintaxe. Enquanto apenas os humanos se comunicam em frases complexas, as impressionantes habilidades de pensamento e comunicação de outros animais desafiam os humanos a considerar o que isso significa sobre os direitos morais de outras espécies.

9.14 Qual é a relação entre a linguagem e o pensamento, e qual é o valor de pensar em imagens?

Embora a hipótese do *determininsmo linguístico* de Benjamin Lee Whorf sugerisse que a linguagem determina o pensamento, é mais correto dizer que a linguagem influencia o pensamento (*relativismo linguístico*). Diferentes idiomas incorporam diferentes maneiras de pensar, e a imersão na educação bilíngue pode aprimorar o pensamento. Muitas vezes, pensamos em imagens quando usamos a memória implícita (não declarativa, processual) – nosso sistema de memória automática para habilidades aprendidas e associações elaboradas pelo condicionamento clássico. Pensar em imagens pode aumentar nossas habilidades quando praticamos mentalmente os próximos eventos. A simulação de processos (focando nas etapas necessárias para atingir um objetivo) é eficaz, mas a simulação de resultados (fantasiar sobre ter alcançado a meta) tem pouco efeito.

CAPÍTULO 10

Inteligência

O QUE É INTELIGÊNCIA?

10.1 Como os psicólogos definem *inteligência*?

Inteligência é a capacidade de aprender com a experiência, resolver problemas e usar o conhecimento para se adaptar a novas situações.

10.2 Quais são os argumentos para *g*?

Charles Spearman propôs que temos uma *inteligência geral* (*g*) subjacente a todas as habilidades mentais. Por meio de seu trabalho com análise fatorial, um procedimento estatístico que identifica agrupamentos de habilidades relacionadas, ele observou que aqueles que pontuam alto em uma área normalmente pontuam mais do que a média em outras áreas. L. L. Thurstone discordou e identificou sete grupos diferentes de habilidades mentais; no entanto, uma tendência permaneceu para os escores altos em um grupo pontuarem alto em outros grupos, fornecendo mais evidências da existência de um *fator g*.

10.3 Como os conceitos de *Gf* e *Gc*, e a teoria de CHC, afetaram nossa compreensão da inteligência?

Raymond Cattell e John Horn simplificaram as habilidades mentais primárias de Thurstone em *inteligência fluida* (*Gf*) e *inteligência cristalizada* (*Gc*). A *teoria de Cattell-Horn-Carroll* (CHC) confirma um fator geral de habilidade intelectual, mas também identifica habilidades mais específicas (como leitura e escrita, capacidade de memória e velocidade de processamento).

10.4 Quais são as diferenças entre as teorias de Gardner e de Sternberg sobre inteligências múltiplas, e quais foram as críticas enfrentadas por essas teorias?

Howard Gardner propôs oito inteligências relativamente independentes (linguística, lógico-matemática, musical, espacial, corporal-cinestésica, intrapessoal, interpessoal e naturalista), bem como uma possível nona inteligência (existencial). As diferentes inteligências de pessoas com *síndrome de savant*, transtorno do espectro autista (TEA) e certos tipos de danos cerebrais parecem apoiar essa visão. A teoria triárquica de Robert Sternberg propõe três áreas de inteligência que predizem habilidades no mundo real: analítica (resolução de problemas acadêmicos), criativa (inteligência inovadora) e prática (escola da vida). Os críticos observam que a pesquisa confirmou um fator de inteligência geral, que prevê amplamente o desempenho. Pessoas altamente bem-sucedidas também tendem a ser conscienciosas, bem conectadas e obstinadamente enérgicas; suas realizações surgem *tanto* da habilidade *quanto* da prática deliberada. Também é importante ter uma casa e uma escola que incentivem e viver em um tempo e lugar onde seus talentos são importantes.

10.5 Quais são os quatro componentes da inteligência emocional?

A *inteligência emocional*, que é um aspecto da inteligência social, inclui as habilidades de perceber, entender, gerenciar e usar as emoções. Pessoas emocionalmente inteligentes tendem a ser felizes, saudáveis e mais bem-sucedidas pessoal e profissionalmente. Alguns críticos questionam se chamar essas habilidades de "inteligência" leva esse conceito longe demais.

AVALIAÇÃO E DINÂMICA DA INTELIGÊNCIA

10.6 O que é um *teste de inteligência*, e como os testes de desempenho e aptidão diferem?

Um *teste de inteligência* avalia as aptidões mentais de um indivíduo e as compara com as de outros, usando pontuações numéricas. Os *testes de aptidão* medem a capacidade de aprender, enquanto os *testes de desempenho* medem o que já aprendemos.

10.7 Quando e por que os testes de inteligência foram criados, e como os testes de hoje diferem dos primeiros testes de inteligência?

Francis Galton, que estava fascinado por medir o que ele acreditava ser uma genialidade hereditária (para que aqueles com habilidades excepcionais pudessem ser encorajados a reproduzir), tentou, mas não conseguiu, construir um teste de inteligência simples no final do século XIX. Alfred Binet, que tendia a uma explicação ambiental das diferenças de inteligência, inaugurou o movimento moderno de testes de inteligência na França no início de 1900, quando desenvolveu perguntas para ajudar a prever o progresso futuro das crianças no sistema escolar de Paris. Binet esperava que seu teste, que mede a *idade mental* das crianças, melhorasse a educação delas, mas temia que também pudesse ser usado para rotular as crianças. Durante o início do século XX, Lewis Terman, da Stanford University, revisou o trabalho de Binet para uso nos EUA. Terman achava que seu teste *Stanford-Binet* poderia ajudar a orientar as pessoas para oportunidades apropriadas, mas sua crença em uma inteligência que era fixa no nascimento e diferia entre os grupos étnicos tornou real o medo de Binet de que os testes de inteligência fossem usados para limitar as oportunidades das crianças. William Stern contribuiu com o conceito de QI (*quociente de inteligência*). Os testes de inteligência mais utilizados atualmente são a *Wechsler Adult Intelligence Scale* (WAIS) e os testes de Wechsler para crianças. Esses testes diferem de seus antecessores na maneira como oferecem uma pontuação geral de inteligência, bem como pontuações para compreensão verbal, raciocínio perceptivo, memória de trabalho e velocidade de processamento.

10.8 O que é uma *curva normal*, e o que significa dizer que um teste foi padronizado e que é confiável e válido?

A distribuição das pontuações dos testes geralmente forma uma *curva normal* (formato de sino) em torno da pontuação média central, com cada vez menos pontuações nos extremos. A *padronização* estabelece uma base para comparações de pontuações significativas, oferecendo um teste com uma amostra representativa de futuros examinandos. *Confiabilidade* é a extensão em que um teste produz resultados consistentes (em duas metades do teste, em formas alternativas do teste, ou na retestagem). A *validade* é a medida em que um teste mede ou prevê o que deve ser predito. Um teste tem *validade preditiva* se ele é capaz de prever um comportamento que foi projetado para prever. (Os testes de aptidão têm validade preditiva se puderem prever conquistas futuras; seu poder preditivo é melhor para os primeiros anos escolares.)

10.9 Quais são as características das pessoas nos extremos de inteligência baixa e alta?

As pessoas que pontuam nos dois extremos da curva normal devem diferir visivelmente, e o fazem. Uma pontuação de teste de inteligência igual ou inferior a 70 é um critério para o diagnóstico de deficiência intelectual. As pessoas no extremo da inteligência alta – como aquelas com QI acima de 135 que Terman estudou – tendem a ser saudáveis e bem ajustadas, além de academicamente bem-sucedidas. Programas "de superdotados" ou "de recuperação" podem criar profecias autorrealizáveis, mas também podem ser eficazes quando os alunos são classificados adequadamente.

10.10 O que são *estudos transversais* e *estudos longitudinais*, e por que é importante saber qual método foi utilizado?

Estudos transversais comparam pessoas de diferentes épocas e circunstâncias de vida. Isso pode fornecer uma excelente imagem instantânea de determinado momento no tempo. Os *estudos longitudinais* são superiores para rastrear a evolução das características por um período mais longo. Os psicólogos que usam o método transversal concluíram que a capacidade mental diminui com a idade, mas aqueles que usam o método longitudinal aprenderam que ela permanece estável (ou até aumenta).

10.11 Quão estáveis são os escores dos testes de inteligência ao longo da vida?

A estabilidade dos resultados dos testes de inteligência aumenta ao longo da vida. Aos 4 anos, as pontuações começam a prever pontuações de adolescentes e adultos. Aos 11 anos, as pontuações são muito estáveis e têm valor preditivo.

10.12 Como o envelhecimento afeta a *inteligência cristalizada* e a *inteligência fluida*?

As respostas às perguntas sobre idade e inteligência dependem do que avaliamos e de como avaliamos. A inteligência fluida (*Gf*) diminui em adultos mais velhos. Isso ocorre, em parte, porque o processamento neural diminui. Por outro lado, a inteligência cristalizada (*Gc*) tende a aumentar com a idade.

INFLUÊNCIAS GENÉTICAS E AMBIENTAIS NA INTELIGÊNCIA

10.13 O que é *herdabilidade* e o que os estudos sobre gêmeos e adoção nos dizem sobre a natureza e a educação da inteligência?

Herdabilidade é a proporção de variação entre os indivíduos de um grupo que pode ser atribuída aos genes. Estudos sobre gêmeos, familiares, e pais adotivos e irmãos indicam uma contribuição hereditária significativa para os escores de inteligência. A inteligência é poligenética.

10.14 Como as influências ambientais podem afetar o desenvolvimento cognitivo?

Estudos de crianças criadas em ambientes pobres, com interação social mínima, indicam que as experiências de vida influenciam significativamente o desenvolvimento cognitivo. Nenhuma evidência corrobora a ideia de que crianças normais e saudáveis possam ser transformadas em gênios ao crescer em um ambiente excepcionalmente enriquecido. Ambientes que promovem uma *mentalidade de crescimento* não alteram a inteligência, mas podem impactar positivamente o desempenho e as conquistas.

10.15 Como e por que grupos de gêneros diferem em escores de habilidade mental?

Meninos e meninas têm as mesmas pontuações médias nos testes de inteligência, mas tendem a diferir em algumas habilidades específicas. As meninas, em média, são melhores soletradoras, mais fluentes verbalmente, melhores em leitura e localização de objetos, melhores em detectar emoções e mais sensíveis a toque, gosto e cor. Os meninos superam as meninas em habilidade espacial e matemática complexa, embora meninos e meninas dificilmente apresentem diferenças em computação matemática e no desempenho geral em matemática. Os meninos também superam as meninas nos extremos baixo e alto das habilidades mentais. Explicações evolutivas e culturais têm sido propostas para essas diferenças de gênero.

10.16 Como e por que os grupos raciais e étnicos são diferentes nos escores de habilidade mental?

Grupos raciais e étnicos diferem em suas pontuações médias nos testes de inteligência. As evidências sugerem que as diferenças ambientais são responsáveis por essas diferenças de grupo.

10.17 Os testes de inteligência são tendenciosos ou injustos? O que é *ameaça de estereótipo*, e como isso afeta o desempenho dos participantes em um teste?

O significado científico do viés depende da capacidade de um teste de prever o comportamento futuro de todos os participantes, não apenas de alguns. Nesse sentido, a maioria dos especialistas considera os principais testes de aptidão imparciais. No entanto, se considerarmos que o viés significa que um teste pode ser influenciado pela experiência cultural do participante, então os testes de inteligência, por essa definição, podem ser considerados injustos. A *ameaça do estereótipo*, uma preocupação autoconfirmadora de que alguém será avaliado com base em um estereótipo negativo, afeta o desempenho em todos os tipos de testes; alguns resultados da pesquisa sugerem estratégias de redução eficazes.

CAPÍTULO 11

O que nos Motiva: Fome, Sexo, Pertencimento e Realização

CONCEITOS MOTIVACIONAIS BÁSICOS

11.1 Como os psicólogos definem *motivação*? Quais são as quatro principais teorias de motivação?

A *motivação* é uma necessidade ou desejo que energiza e direciona o comportamento. A perspectiva evolutiva ou do *instinto* explora as influências genéticas em comportamentos complexos. A *teoria da redução de impulsos* explora como as *necessidades fisiológicas* criam estados de tensão despertados (impulsos) que nos direcionam para satisfazer essas necessidades. Os *incentivos* ambientais podem intensificar as ações. O objetivo da redução de impulso é a *homeostase*, mantendo um estado interno estável. A teoria da excitação propõe que alguns comportamentos (como aqueles motivados pela curiosidade) não diminuem as necessidades fisiológicas, porém são estimulados pela busca de um nível ideal de excitação. A *lei de Yerkes-Dodson* descreve a relação entre excitação e desempenho. A *hierarquia de necessidades* de Abraham Maslow propõe uma pirâmide de necessidades humanas, desde as necessidades básicas até as necessidades de nível superior.

FOME

11.2 Quais fatores fisiológicos produzem a fome?

As dores da fome correspondem às contrações do estômago, mas a fome também tem outras causas. As áreas neurais do cérebro, algumas localizadas no hipotálamo, monitoram a química do sangue (incluindo o nível de *glicose*) e as informações recebidas sobre o estado do corpo. Os hormônios do apetite incluem a grelina (secretada pelo estômago vazio), a orexina (secretada pelo hipotálamo), a leptina (secretada pelas células de gordura) e o PYY (secretado pelo trato digestivo). *Taxa metabólica basal* é a taxa de repouso do gasto de energia do corpo. O corpo pode ter um *ponto de equilíbrio* (uma tendência biologicamente fixa de manter um peso ideal) ou uma faixa de ajuste mais flexível (também influenciada pelo ambiente).

11.3 Que fatores situacionais e culturais influenciam a fome?

A fome reflete nossa memória de quando comemos pela última vez e nossa expectativa de quando devemos comer novamente. Os seres humanos, como espécie, preferem certos sabores (como doce e salgado), mas nossas preferências individuais também são influenciadas por condicionamento, cultura e situação. Algumas preferências de gosto têm valor de sobrevivência. As influências situacionais incluem a presença de outras pessoas, o tamanho da porção e a variedade de alimentos oferecidos.

11.4 Como a obesidade afeta a saúde física e psicológica? Que fatores estão envolvidos no controle de peso?

A *obesidade*, definida por um índice de massa corporal (IMC) de 30 kg/m^2 ou mais, está associada ao aumento da depressão (especialmente entre as mulheres) e ao *bullying*, bem como a muitos riscos para a saúde física. Genes e ambiente interagem para produzir a obesidade. Armazenar gordura era adaptável para nossos ancestrais e a gordura requer menos ingestão de alimentos para ser mantida do que para ser adquirida. O ponto de equilíbrio e o metabolismo são importantes. Estudos sobre gêmeos e adoção indicam que o peso corporal também é influenciado geneticamente. As influências ambientais incluem perda de sono, influência social e níveis de alimentação e atividade. Aqueles que desejam perder peso são aconselhados a fazer uma mudança de hábitos ao longo da vida: comece apenas se você se sentir motivado e autodisciplinado; exercite-se e durma o suficiente; minimize a exposição a estímulos alimentares tentadores; limite a variedade e coma alimentos saudáveis; reduza o tamanho das porções; rotule as porções; programe a ingestão para evitar comer à noite e coma refeições mais pesadas no início do dia; cuidado com o consumo excessivo de álcool; planeje com antecedência para controlar a alimentação durante eventos sociais; perdoe um lapso ocasional; trace publicamente seu progresso; e conecte-se a um grupo de apoio.

MOTIVAÇÃO SEXUAL

11.5 Como os hormônios influenciam a motivação sexual humana?

Para todos, exceto aqueles poucos de nós considerados *assexuais*, namoro e acasalamento se tornam alta prioridade a partir da puberdade. Os hormônios *estrogênio* feminino e *testosterona* masculino influenciam o comportamento sexual humano menos diretamente do que influenciam o comportamento sexual em outras espécies. A sexualidade das mulheres é mais responsiva ao nível de testosterona do que ao nível de estrogênio. Mudanças de curto prazo no nível de testosterona são normais em homens, em parte em resposta à estimulação.

11.6 O que é o *ciclo de resposta sexual* humana e qual é a diferença entre disfunções sexuais e parafilias?

William Masters e Virginia Johnson descreveram quatro estágios no *ciclo da resposta sexual* humana: excitação, platô, orgasmo e resolução. Durante a resolução, há um *período refratário* em que a excitação renovada e o orgasmo são impossíveis. As *disfunções sexuais* são problemas que prejudicam consistentemente a excitação ou o funcionamento sexual. Eles incluem *disfunção erétil* e *transtorno orgástico feminino*, e muitas vezes podem ser tratados, com sucesso, por terapia comportamental ou terapia medicamentosa. As *parafilias* são consideradas transtornos se a pessoa sente angústia por causa de um interesse sexual incomum ou se isso acarreta danos ou risco de danos a outras pessoas.

11.7 Como as infecções sexualmente transmissíveis podem ser prevenidas?

As práticas de sexo seguro ajudam a prevenir infecções sexualmente transmissíveis (IST). Os preservativos são especialmente eficazes na prevenção da transmissão do HIV, o vírus que causa a *AIDS*. Conhecer o *status* de uma IST e compartilhá-lo com seu parceiro sexual é um primeiro passo importante na prevenção de IST.

11.8 Como os estímulos externos e imaginados contribuem para a excitação sexual?

Estímulos externos podem desencadear a excitação sexual. Material sexualmente explícito pode levar as pessoas a perceberem seus parceiros como comparativamente menos atraentes e a desvalorizarem seus relacionamentos. A visualização de material sexualmente coercivo pode levar a uma maior aceitação da violência contra as mulheres. A exposição extensiva à pornografia *online* pode dessensibilizar os jovens adultos para a sexualidade da vida real, levando à diminuição do desejo e da satisfação sexual e a problemas de ereção para os homens. Estímulos imaginados (sonhos e fantasias) também influenciam a excitação sexual.

11.9 Que fatores influenciam os comportamentos sexuais dos adolescentes e o uso de contraceptivos?

A sexualidade adolescente varia de cultura para cultura e de época para época. Os fatores que contribuem para essas variações incluem comunicação sobre controle de natalidade, impulsividade, uso de álcool e a mídia. Alta inteligência, envolvimento religioso, presença do pai e participação em programas de serviço comunitário predizem a restrição sexual adolescente.

11.10 O que sabemos sobre orientação sexual?

Orientação sexual é a direção de nossas atrações sexuais, refletidas em nossos anseios e fantasias. Podemos ter atração sexual por membros do outro gênero (orientação heterossexual), do nosso próprio gênero (orientação homossexual), dos gêneros masculino e feminino (orientação bissexual) ou de nenhum (orientação assexual). Algumas pessoas relatam sentir atração sexual irrestrita por qualquer sexo ou identidade de gênero (orientação pansexual). Cerca de 3% ou 4% dos homens e 2% das mulheres na Europa e nos EUA têm atrações exclusivamente pelo mesmo sexo. Os cientistas não conseguiram encontrar influências ambientais específicas que contribuam para a orientação sexual. Evidências de influências biológicas incluem atração pelo mesmo sexo em outras espécies, diferenças cerebrais, influências genéticas e influências pré-natais.

11.11 Que papel os fatores sociais desempenham em nossa sexualidade?

A pesquisa científica sobre motivação sexual não tenta definir o significado pessoal do sexo em nossas vidas, que é influenciado por muitos fatores sociais. O sexo é um ato socialmente significativo. O desejo sexual motiva as pessoas a formar relacionamentos íntimos e comprometidos, que por sua vez permitem sexo satisfatório. O sexo em sua melhor forma para os humanos é a união da vida com a renovação do amor.

AFILIAÇÃO E REALIZAÇÃO

11.12 Quais evidências apontam para nossa necessidade humana de pertencimento?

A *necessidade de afiliação* – sentir-se conectado e identificado com os outros – tinha valor de sobrevivência para nossos ancestrais, o que pode explicar por que os humanos em todas as sociedades vivem em grupos. De acordo com a *teoria da autodeterminação*, nós nos esforçamos para satisfazer as necessidades humanas de competência, autonomia e relacionamento. Os laços sociais nos ajudam a sermos mais saudáveis e felizes. Sentir-se amado ativa regiões cerebrais associadas a sistemas de recompensa e segurança. O *ostracismo* é a exclusão social deliberada de indivíduos ou grupos. O isolamento social pode nos colocar em risco, mental e fisicamente.

11.13 Como as redes sociais nos influenciam?

Nós nos conectamos com outras pessoas por meio de redes sociais, fortalecendo nossos relacionamentos, conhecendo novos amigos ou parceiros românticos e encontrando apoio em momentos difíceis. O aumento do tempo *online*, no entanto, desloca outras atividades e o uso de redes sociais aumenta a comparação das pessoas com suas vidas. Pesquisadores estão investigando possíveis conexões entre o aumento do tempo de tela e o aumento de problemas de saúde mental em adolescentes. Com as comunicações eletrônicas, as pessoas tendem a aumentar a autorrevelação. Pessoas muito narcisistas são especialmente ativas em *sites* de redes sociais. Elaborar estratégias de autocontrole e uso disciplinado pode ajudar as pessoas a manter um equilíbrio saudável entre o mundo real e o tempo *online*.

11.14 O que é *motivação para realização* e quais são algumas maneiras de incentivar a realização?

A *motivação para realização* é um desejo de alcançar conquistas significativas, de domínio de habilidades ou ideias, de controle e de atingir um alto padrão. A alta motivação para realização leva a um sucesso maior, especialmente quando combinada com determinação e persistência. A pesquisa mostra que recompensas excessivas (impulsionando a *motivação extrínseca*) podem minar a *motivação intrínseca*. Para atingir nossos próprios objetivos, podemos fazer uma resolução, anunciar o objetivo, desenvolver um plano de implementação, criar recompensas de curto prazo, monitorar e registrar o progresso, criar um ambiente de apoio e transformar o comportamento em hábito.

CAPÍTULO 12

Emoções, Estresse e Saúde

INTRODUÇÃO À EMOÇÃO

12.1 Como a excitação, o comportamento expressivo e a cognição interagem na emoção?

As *emoções* são respostas de todo o organismo, envolvendo excitação fisiológica, comportamentos expressivos e, mais importante, experiência consciente resultante de suas interpretações. As teorias da emoção geralmente abordam duas questões principais: (1) a excitação fisiológica vem antes ou depois dos sentimentos emocionais?; e (2) como o sentimento e a cognição interagem? A *teoria de James-Lange* sustenta que a emoção ocorre quando nos tornamos conscientes da resposta do nosso corpo aos estímulos indutores de emoção (observamos nosso coração batendo e sentimos medo). A *teoria de Cannon-Bard* propõe que nossa resposta fisiológica a um estímulo indutor de emoção ocorre ao mesmo tempo que nosso sentimento subjetivo da emoção (um não causa o outro).

12.2 Para experimentar emoções, devemos interpretá-las e rotulá-las conscientemente?

A *teoria de dois fatores*, de Schachter-Singer, sustenta que nossas emoções têm dois ingredientes, excitação física e um rótulo cognitivo; portanto, os rótulos cognitivos que colocamos em nossos estados de excitação são um ingrediente essencial da emoção. Lazarus concordou que muitas emoções importantes surgem de nossas interpretações ou inferências. Mas Zajonc e LeDoux afirmaram que algumas respostas emocionais simples ocorrem instantaneamente, não apenas fora de nossa consciência, mas antes que qualquer processamento cognitivo ocorra. Essa interação entre emoção e cognição ilustra nossa mente de duas vias.

12.3 Qual é a ligação entre a excitação emocional e o sistema nervoso autônomo?

O componente de excitação da emoção é regulado pelas divisões simpática (excitante) e parassimpática (calmante) do sistema nervoso autônomo. Em uma crise, a resposta de luta ou fuga mobiliza automaticamente seu corpo para a ação.

12.4 Como as emoções ativam diferentes respostas fisiológicas e padrões cerebrais?

As mudanças corporais em grande escala que acompanham o medo, a raiva e a excitação sexual são muito semelhantes (aumento da transpiração, da respiração e da frequência cardíaca), embora pareçam diferentes. As emoções podem ser igualmente excitantes, mas algumas respostas fisiológicas sutis (como movimentos dos músculos faciais) as distinguem. Diferenças mais significativas foram encontradas na atividade de algumas vias cerebrais e áreas corticais.

12.5 Quão eficazes são os polígrafos na avaliação de estados corporais para detectar mentiras?

Os *polígrafos* (detectores de mentiras) tentam detectar mentiras medindo várias mudanças fisiológicas ligadas à emoção, mas não são precisos o suficiente para justificar seu uso generalizado nos negócios e na aplicação da lei. O teste de informação oculta produz melhores indicações de mentira.

EXPRESSÃO DA EMOÇÃO

12.6 Como nos comunicamos não verbalmente?

Grande parte de nossa comunicação se dá por meio de movimentos corporais, expressões faciais e tons vocais. Mesmo fatias de comportamento filmadas, de segundos de duração, podem revelar sentimentos.

12.7 Como homens e mulheres diferem na comunicação não verbal?

As mulheres tendem a ler os sinais emocionais com mais facilidade e a ser mais empáticas. Seus rostos também expressam mais emoção.

12.8 Como os gestos e as expressões faciais são compreendidos dentro das culturas e entre as culturas?

O significado dos gestos varia de acordo com a cultura, mas as expressões faciais, como as de felicidade e tristeza, são aproximadamente semelhantes em todo o mundo. O contexto e a cultura podem influenciar a interpretação das expressões faciais e as regras de exibição cultural influenciam a quantidade de emoção expressa.

12.9 Como nossas expressões faciais influenciam nossos sentimentos?

Pesquisas sobre o *efeito de feedback facial* mostram que nossas expressões faciais podem desencadear sentimentos emocionais e sinalizar ao nosso corpo para responder de acordo. Também imitamos as expressões dos outros, o que nos ajuda a ter empatia. Um *efeito de feedback de comportamento* semelhante explica a tendência do comportamento de influenciar nossos pensamentos, sentimentos e ações, assim como os dos outros.

EXPERIMENTANDO A EMOÇÃO

12.10 Quais são algumas das emoções básicas?

A maioria dos cientistas da emoção concorda que raiva, medo, nojo, tristeza e felicidade são emoções humanas básicas. As 10 emoções básicas de Carroll Izard são alegria, interesse-excitação, surpresa, tristeza, raiva, nojo, desprezo, medo, vergonha e culpa.

12.11 Quais são as causas e consequências da raiva?

A raiva é muitas vezes evocada por más ações que interpretamos como voluntárias, injustificadas e evitáveis, mas frustrações menores e aborrecimentos inocentes também podem desencadeá-la, e nossa cultura pode influenciar a forma como expressamos essa emoção. A raiva aumenta nossa frequência cardíaca e aumenta a inflamação. A *catarse* emocional pode ser temporariamente calmante, mas não reduz a raiva; expressar raiva pode nos deixar mais irritados, na verdade. Os especialistas sugerem reduzir o nível de excitação fisiológica da raiva esperando por um tempo, encontrando uma distração ou apoio saudável e tentando afastar-se mentalmente da situação. Afirmações controladas de sentimentos podem resolver conflitos e o perdão pode nos livrar de sentimentos de raiva.

12.12 O que é o *fenômeno* de *sentir-se bem* e *fazer o bem* e qual é o foco da pesquisa em psicologia positiva?

Pessoas felizes tendem a ser saudáveis, energizadas e satisfeitas com a vida; isso as torna mais dispostas a ajudar os outros (o *fenômeno de sentir-se bem e fazer o bem*). *Psicólogos positivos* usam métodos científicos para estudar o florescimento humano, com o objetivo de descobrir e promover forças e virtudes que ajudam indivíduos e comunidades a prosperar.

12.13 Como tempo, riqueza, adaptação e comparação afetam nossos níveis de felicidade?

Os humores desencadeados por eventos bons ou ruins raramente duram além desse dia. Mesmo bons eventos significativos raramente aumentam a felicidade por muito tempo. Ter dinheiro suficiente para garantir conforto, segurança e senso de controle prediz felicidade; ter mais do que o suficiente não aumenta a felicidade. O crescimento econômico produziu em muitos países uma crescente desigualdade, o que prevê infelicidade; em países e estados com maior desigualdade, as pessoas de baixa renda experimentam mais problemas de saúde, problemas sociais e transtornos mentais. A felicidade é relativa às nossas próprias experiências (o *fenômeno do nível de adaptação*) e ao sucesso dos outros (o princípio da *privação relativa*).

12.14 O que prediz a felicidade e como podemos ser mais felizes?

Alguns indivíduos, por causa de suas predisposições genéticas e histórias pessoais, são mais felizes que outros. As culturas, que variam nos traços que valorizam e nos comportamentos que esperam e recompensam, também influenciam os níveis pessoais de felicidade. Algumas dicas para aumentar os níveis de felicidade são: assuma o controle de seu tempo, aja como se estivesse feliz, busque trabalho e lazer significativos, compre experiências em vez de coisas, exercite-se, durma o suficiente, valorize as amizades, concentre-se e encontre significado além de si mesmo, desafie o pensamento negativo e cultive a gratidão e a espiritualidade.

ESTRESSE E DOENÇA

12.15 Como nossa avaliação de um evento afeta nossa reação ao estresse, e quais são os três principais tipos de estressores?

Estresse é o processo pelo qual avaliamos e respondemos aos estressores que nos desafiam ou nos ameaçam. Se avaliarmos um evento como desafiador, estaremos motivados e focados na preparação para o sucesso; se o avaliarmos como uma ameaça, experimentaremos uma reação de estresse e nossa saúde poderá sofrer. Os três principais tipos de estressores são catástrofes, mudanças significativas na vida, e aborrecimentos diários e estresse social. Os aborrecimentos diários e o estresse social podem incluir desigualdade e preconceito, estresse crônico no local de trabalho (que pode levar ao *burnout* do trabalhador) e os conflitos que enfrentamos sempre entre nossas *motivações de aproximação e evitação*.

12.16 Como respondemos e nos adaptamos ao estresse?

Walter Cannon via a resposta ao estresse como um sistema de luta ou fuga. Hans Selye propôs uma *síndrome de adaptação geral* (SAG) de três fases (alarme, resistência e exaustão). As pessoas podem reagir ao estresse afastando-se da situação. Também podem mostrar uma *resposta de cuidado e proteção* (mais comum em mulheres).

12.17 Como o estresse nos torna mais vulneráveis a doenças?

A *psiconeuroimunologia* é o estudo de como os processos psicológicos, neurais e endócrinos, juntos, afetam nosso sistema imune e a saúde resultante. O estresse desvia a energia do sistema imune, inibindo as atividades de seus linfócitos B e T, macrófagos e células NK. O estresse não causa doenças, mas, alterando nosso funcionamento imunológico, pode nos tornar mais vulneráveis a doenças e influenciar sua progressão.

12.18 Por que alguns de nós são mais propensos do que outros a doenças coronarianas?

A *doença cardíaca coronariana* tem sido associada à personalidade do *Tipo A* reativa e propensa à raiva. Comparado com o sistema nervoso de personalidades do *Tipo B*, relaxadas e descontraídas, que são menos propensas a sofrer de doenças cardíacas, o sistema nervoso simpático mais ativo das pessoas do Tipo A pode desviar o fluxo sanguíneo do fígado para os músculos, deixando o excesso de colesterol e gordura circulando na corrente sanguínea. O estresse crônico também contribui para a inflamação persistente, que está associada a problemas cardíacos e outros problemas de saúde, incluindo depressão.

12.19 Então, o estresse *causa* doenças?

O estresse pode não causar doenças diretamente, mas nos torna mais vulneráveis, influenciando nossa fisiologia e nossos comportamentos.

SAÚDE E ENFRENTAMENTO

12.20 De que duas maneiras as pessoas tentam aliviar o estresse?

Usamos o *enfrentamento focado no problema* para modificar o estressor ou a maneira como interagimos com ele e o *enfrentamento focado na emoção* para evitar ou ignorar os estressores e atender às necessidades emocionais relacionadas às reações provocadas pelo estresse.

12.21 Como a percepção de falta de controle afeta a saúde?

A percepção de falta de *controle pessoal* provoca uma efusão de hormônios que colocam em risco a saúde das pessoas. Ser incapaz de evitar eventos aversivos repetidos pode levar ao *desamparo aprendido*. As pessoas que percebem um *lócus de controle interno* têm mais conquistas, desfrutam de melhor saúde e são mais felizes do que aquelas que percebem um *lócus de controle externo*. A crença no livre-arbítrio está ligada a um comportamento mais útil, melhor aprendizagem e maiores persistência, desempenho e satisfação no trabalho.

12.22 Por que o autocontrole é importante e nosso autocontrole pode se exaurir?

O *autocontrole* requer atenção e energia, mas prevê boa saúde, renda mais alta e melhor desempenho escolar; ele se sai melhor do que uma pontuação de teste de inteligência para prever o sucesso acadêmico e da vida futura. O autocontrole varia ao longo do tempo. Os pesquisadores discordam sobre os fatores que influenciam o autocontrole, mas fortalecê-lo indica a possibilidade de uma vida mais saudável, feliz e bem-sucedida.

12.23 Como uma perspectiva otimista afeta a saúde e a longevidade?

Estudos de pessoas com uma perspectiva otimista mostram que elas são mais propensas do que os pessimistas a ter uma saúde melhor, ser bem-sucedidas e têm uma expectativa de vida mais longa.

12.24 Como o suporte social promove a boa saúde?

O suporte social promove a boa saúde, pois nos acalma, melhora nosso sono e reduz a pressão arterial, além de promover um funcionamento imunológico mais forte. Reduzimos significativamente nosso estresse e aumentamos nossa saúde quando construímos e mantemos relacionamentos, confiando e nos abrindo em vez de suprimir sentimentos dolorosos.

12.25 Quão eficaz é o exercício aeróbico como forma de controlar o estresse e melhorar o bem-estar?

O *exercício aeróbico* aumenta a excitação, leva ao relaxamento muscular e ao sono mais profundo, desencadeia a produção de neurotransmissores, promove a neurogênese e melhora a autoimagem. Pode reduzir ou prevenir a depressão e a ansiedade. Na velhice, o exercício regular está associado a melhor funcionamento cognitivo e a uma vida mais longa.

12.26 De que maneiras o relaxamento e a meditação podem influenciar o estresse e a saúde?

O relaxamento e a meditação têm demonstrado diminuir o estresse, reduzir a pressão arterial, melhorar o funcionamento imunológico e diminuir a ansiedade e a depressão. A *meditação de atenção plena (mindfulness)* é uma prática reflexiva para atender às experiências atuais sem julgamento e com aceitação. A massagem terapêutica também promove o relaxamento e reduz a depressão.

12.27 O qual é o fator fé e quais são algumas explicações possíveis para a ligação entre fé e saúde?

O fator fé é a constatação de que pessoas religiosamente ativas tendem a viver mais do que aquelas que não são religiosamente ativas. Possíveis explicações incluem variáveis intervenientes, como comportamentos saudáveis, apoio social, ou emoções positivas, frequentemente encontradas entre pessoas que procuram regularmente serviços religiosos.

CAPÍTULO 13

Psicologia Social

PENSAMENTO SOCIAL

13.1 O que os psicólogos sociais estudam? Como tendemos a explicar o comportamento dos outros e o nosso próprio?

Os *psicólogos sociais* usam métodos científicos para estudar como as pessoas pensam, influenciam e se relacionam umas com as outras. Eles estudam as influências sociais que esclarecem por que a mesma pessoa vai agir de forma diferente em diferentes situações. Ao explicar o comportamento dos outros, podemos – especialmente se viemos de uma cultura ocidental individualista – cometer um *erro fundamental de atribuição*, subestimando a influência da situação e superestimando os efeitos de traços estáveis e duradouros. Ao explicar nosso próprio comportamento, nós o atribuímos mais prontamente à influência da situação.

13.2 Como as atitudes e ações interagem?

Nossas *atitudes* e nossas ações influenciam umas às outras. Quando outras influências são mínimas, atitudes estáveis, específicas e facilmente lembradas podem afetar nossas ações. As ações podem modificar as atitudes, como no *fenômeno do pé na porta* e no *papel social*. Quando nossas atitudes não se encaixam em nossas ações, a *teoria da dissonância cognitiva* sugere que reduziremos a tensão mudando nossas atitudes para corresponder às nossas ações.

13.3 Como diferem a *persuasão de rota periférica* e a *persuasão de rota central*?

A *persuasão de rota periférica* usa pistas para chamar a atenção (como o endosso de certas informações por celebridades) para desencadear julgamentos rápidos, mas relativamente impensados. A *persuasão de rota central* oferece evidências e argumentos para desencadear respostas ponderadas.

13.4 Como podemos compartilhar nossos pontos de vista de modo mais eficaz?

Para persuadir pessoas com opiniões diferentes das suas, evite gritar, humilhar ou aborrecê-las com informações complicadas ou sem importância. Em vez disso, identifique objetivos compartilhados e relacione seu objetivo com os motivos delas. Também ajudam a tornar sua mensagem vívida repeti-la e envolver outras pessoas em reafirmá-la.

INFLUÊNCIA SOCIAL

13.5 Como o contágio social é uma forma de conformidade e como os experimentos de conformidade revelam o poder da influência social?

O contágio social ou efeito camaleão – nossa tendência de imitar inconscientemente o comportamento, expressões, posturas, tons de voz e humor dos outros – é uma forma de *conformidade*. As redes sociais servem como caminhos contagiosos para os humores, bons e ruins. Solomon Asch e outros descobriram que é mais provável que ajustemos nosso comportamento ou pensamento para coincidir com um padrão de grupo quando nos sentimos incompetentes ou inseguros, quando nosso grupo tem pelo menos três pessoas, quando todos concordam, quando admiramos o *status* e a atratividade do grupo e, ainda, quando não nos comprometemos com outra resposta, sabemos que estamos sendo observados, e nossa cultura incentiva o respeito aos padrões sociais. Podemos nos adaptar para obter aprovação (*influência social normativa*) ou porque estamos dispostos a aceitar as opiniões de outras pessoas como novas informações (*influência social informativa*).

13.6 O que os experimentos de Milgram sobre a obediência nos ensinaram sobre o poder da influência social?

Os experimentos de Stanley Milgram – nos quais as pessoas obedeciam a ordens, mesmo quando pensavam que estavam prejudicando outra pessoa – demonstraram que fortes influências sociais podem fazer com que pessoas comuns se conformem com falsidades ou capitulem à crueldade. A obediência foi maior quando a pessoa que dava ordens estava próxima e era percebida como uma figura de autoridade legítima, a pesquisa era apoiada por uma instituição de prestígio, a vítima era despersonalizada e não havia modelos de desafio.

13.7 O que os estudos sobre influência social nos ensinam sobre nós mesmos? Quanto poder temos como indivíduos?

Esses experimentos demonstraram que fortes influências sociais podem influenciar o comportamento. O poder do indivíduo (controle pessoal) e o poder da situação (controle social) interagem. Uma pequena minoria que expressa consistentemente seus pontos de vista pode influenciar a maioria, assim como até mesmo um único indivíduo comprometido.

13.8 Como a presença de outros influencia nossas ações via facilitação social, preguiça social e desindividuação?

Na *facilitação social*, a mera presença de outros nos desperta, melhorando nosso desempenho em tarefas fáceis ou bem aprendidas, mas diminuindo nas tarefas difíceis. Na *preguiça social*, o trabalho em grupo nos faz sentir menos responsáveis e podemos aproveitar os esforços dos outros. Quando a presença de outros nos desperta e nos faz sentir anônimos, podemos experimentar a *desindividuação* – perda de autoconsciência e autocontrole.

13.9 Como a interação pode permitir a polarização de grupo?

Na *polarização de grupo*, as discussões em grupo com outros que pensam da mesma forma fortalecem as crenças e atitudes predominantes dos membros.

13.10 Qual é o papel da internet na polarização de grupo?

A comunicação pela internet amplia o efeito de conectar pessoas que pensam da mesma maneira para melhor e para pior. As pessoas encontram apoio, o que fortalece suas ideias, mas também muitas vezes promove o isolamento daquelas com opiniões diferentes. A separação de ideias e as conversas com semelhantes podem, portanto, levar à polarização de grupo.

13.11 Como a interação em grupo possibilita o pensamento de grupo?

O *pensamento de grupo* é impulsionado por um desejo de harmonia dentro de um grupo de tomada de decisão, substituindo a avaliação realista de alternativas. Os líderes podem aproveitar os benefícios da interação em grupo designando pessoas para identificar possíveis problemas e acolhendo várias opiniões e críticas de especialistas.

RELAÇÕES ANTISSOCIAIS

13.12 O que é *preconceito*? Qual a diferença entre o preconceito explícito e o implícito?

O *preconceito* é uma atitude injustificável, geralmente negativa, com relação a um grupo e seus membros. Os três componentes do preconceito são crenças (geralmente *estereótipos*), emoções e predisposições à ação (*discriminação*). O preconceito pode ser explícito (aberto), ou implícito (resposta impensada e automática operando abaixo da consciência). O preconceito implícito pode causar discriminação, mesmo quando as pessoas não pretendem discriminar conscientemente.

13.13 Quais grupos são alvos frequentes de preconceito?

O preconceito envolve atitudes negativas explícitas e implícitas com relação a pessoas de determinado grupo racial ou étnico, de um gênero ou de determinada orientação sexual. Nos EUA, os grupos frequentemente visados incluem afro-americanos, mulheres e pessoas LGBTQ. No Brasil, existe preconceito contra grupos de pessoas com religiões de matriz africana e evangélicos, nativos dos povos originários, nordestinos e pessoas de baixa renda.

13.14 Quais são algumas das raízes sociais, emocionais e cognitivas do preconceito e quais são algumas maneiras de reduzir o preconceito?

As raízes sociais do preconceito incluem desigualdades e divisões sociais. Grupos de *status* mais alto muitas vezes justificam sua posição privilegiada com o *fenômeno do mundo justo*. Tendemos a favorecer nosso próprio grupo (*viés endogrupo*) à medida que nos dividimos em "nós" (o *endogrupo*) e "eles" (o *exogrupo*). O preconceito também pode ser uma ferramenta para proteger nosso bem-estar emocional, como quando focamos nossa raiva jogando a culpa dos eventos em um *bode expiatório*. As raízes cognitivas do preconceito crescem a partir de nossas formas naturais de processar informações: formar categorias, lembrar de casos com grande repercussão e acreditar que o mundo é justo (e que nossas maneiras de fazer as coisas e as de nosso grupo são as maneiras certas). Monitorar nossos sentimentos e ações, bem como desenvolver novas amizades, pode nos ajudar a nos libertar do preconceito.

13.15 Como a definição de *agressão* da psicologia difere do uso cotidiano? Quais fatores biológicos nos tornam mais propensos a ferir uns aos outros?

No significado mais específico da psicologia, *agressão* é qualquer comportamento físico ou verbal destinado a prejudicar alguém, física ou emocionalmente. A biologia influencia nosso limiar para comportamentos agressivos em três níveis: genético (traços herdados), neural (atividade em áreas-chave do cérebro) e bioquímico (como álcool ou excesso de testosterona na corrente sanguínea). A agressão é um comportamento complexo resultante da interação entre a biologia e a experiência.

13.16 Que fatores psicológicos e socioculturais podem desencadear o comportamento agressivo?

A frustração (o *princípio da frustração-agressão*), o reforço prévio para o comportamento agressivo e a observação de modelos de comportamento agressivos contribuem para a agressão. A violência na mídia fornece *roteiros sociais* que as crianças aprendem a seguir. Ver a violência sexual contribui para maior agressão às mulheres. Jogar *videogames* violentos pode aumentar pensamentos, emoções e comportamentos agressivos.

RELAÇÕES PRÓ-SOCIAIS

13.17 Por que fazemos amizade ou nos apaixonamos por algumas pessoas, mas não por outras?

A proximidade (geográfica) aumenta o gostar, em parte por causa do *efeito da mera exposição* – a exposição a novos estímulos aumenta o gosto por esses estímulos. A atratividade física aumenta as oportunidades sociais e melhora a forma como somos percebidos. A semelhança de atitudes e interesses aumenta muito o gostar, especialmente à medida que os relacionamentos se desenvolvem. Também gostamos de quem gosta de nós.

13.18 Como o amor romântico normalmente muda com o passar do tempo?

Os relacionamentos amorosos íntimos começam com o *amor apaixonado* – um estado de excitação intensa. Com o tempo, a forte afeição do *amor companheiro* pode se desenvolver, especialmente se for reforçada por um relacionamento com *equidade*, abertura e segurança para *autorrevelação* íntima e apoio positivo.

13.19 O que é *altruísmo*? Quando as pessoas são mais – e menos – propensas a ajudar?

O *altruísmo* é a consideração desinteressada pelo bem-estar dos outros. É mais provável que ajudemos quando notamos um incidente, o interpretamos como uma emergência e assumimos a responsabilidade de ajudar. Outros fatores, incluindo nosso humor e nossa semelhança com a vítima, também afetam nossa disposição para ajudar. É menos provável que ajudemos se outros espectadores estiverem presentes (*efeito do espectador*).

13.20 Como a teoria da troca social e as normas sociais explicam o comportamento de ajuda?

A *teoria da troca social* é a visão de que ajudamos os outros porque é do nosso próprio interesse. Segundo essa visão, o objetivo do comportamento social é maximizar os benefícios pessoais e minimizar os custos. Outros acreditam que ajudar resulta da socialização, na qual nos são ensinadas diretrizes para comportamentos esperados em situações sociais, como a *norma da reciprocidade* e a *norma da responsabilidade social*.

13.21 Como as armadilhas sociais e as percepções espelhadas alimentam o conflito social?

Armadilhas sociais são situações em que as pessoas em *conflito* perseguem seus próprios interesses individuais, prejudicando o bem-estar coletivo. Indivíduos e culturas em conflito também tendem a formar *percepções de imagem espelhada*: cada um vê o oponente como não confiável e mal-intencionado e a si mesmo como uma vítima ética e pacífica. As percepções podem se tornar *profecias autorrealizáveis*.

13.22 O que podemos fazer para promover a paz?

Pode-se encontrar a paz quando indivíduos ou grupos trabalham juntos para alcançar *objetivos superordenados* (compartilhados). Pesquisas indicam que contato, cooperação, comunicação e conciliação – como a estratégia de iniciativas graduais e recíprocas na redução de tensão (GRIT *gra duated and reciprocated initiatives in tension-reduction*) – ajudam a promover a paz.

CAPÍTULO 14

Personalidade

INTRODUÇÃO À PERSONALIDADE E TEORIAS PSICODINÂMICAS

14.1 O que é *personalidade*, e quais teorias afetam nossa compreensão sobre a personalidade?

A *personalidade* é o padrão característico de pensamento, sentimento e ações de um indivíduo. A teoria psicanalítica (e mais tarde a psicodinâmica) e a teoria humanista tornaram-se parte da cultura ocidental. Elas também assentaram as bases para teorias posteriores, como as teorias dos traços e sociocognitivas da personalidade.

14.2 Como o tratamento de transtornos psicológicos de Sigmund Freud levou à sua visão da mente inconsciente?

As *teorias psicodinâmicas da personalidade* veem o comportamento como uma interação dinâmica entre a mente consciente e inconsciente. Essas teorias têm sua origem na teoria da *psicanálise* de Sigmund Freud. Ao tratar pacientes cujos transtornos não tinham explicação física clara, Freud concluiu que esses problemas refletiam pensamentos e sentimentos inaceitáveis, escondidos na mente *inconsciente*. Para explorar essa parte oculta da mente de um paciente, Freud usou a *associação livre* e a análise de sonhos.

14.3 Qual era a visão de Freud sobre a personalidade?

Freud acreditava que a personalidade resulta do conflito decorrente da interação entre os três sistemas da mente: o *id* (impulsos de busca de prazer), o *ego* (executivo, orientado para a realidade) e o *superego* (conjunto internalizado de ideais ou consciência).

14.4 Quais estágios de desenvolvimento Freud propôs?

Ele acreditava que as crianças passam por cinco *estágios psicossexuais* (oral, anal, fálico, latência e genital). De acordo com essa visão, conflitos não resolvidos em qualquer estágio podem deixar os impulsos de busca por prazer de uma pessoa *fixados* (parados) nesse estágio.

14.5 Como Freud achava que as pessoas se defendiam contra a ansiedade?

Para Freud, a ansiedade era o produto das tensões entre as exigências do *id* e do superego. O ego lida com isso, usando *mecanismos de defesa* inconscientes, como a *repressão*, que ele considerava o mecanismo básico subjacente e capacitador de todos os outros.

14.6 Quais das ideias de Freud seus seguidores aceitaram ou rejeitaram?

Os primeiros seguidores de Freud, os neofreudianos, aceitaram muitas de suas ideias. Eles diferiam quanto a colocar mais ênfase na mente consciente e nos motivos sociais, do que no sexo ou na agressão. A maioria dos teóricos e terapeutas psicodinâmicos contemporâneos rejeita a ênfase de Freud na motivação sexual. Eles enfatizam, com o apoio de descobertas de pesquisas modernas, que grande parte de nossa vida mental é inconsciente; e acreditam que nossas experiências infantis influenciam nossa personalidade adulta e os padrões de vínculo. Muitos também acreditam que a história evolutiva compartilhada de nossa espécie moldou algumas predisposições universais.

14.7 Como os psicólogos contemporâneos veem a psicanálise de Freud?

Freud é creditado por chamar a atenção para o vasto inconsciente e nossa irracionalidade, para a importância da sexualidade humana e para o conflito entre impulsos biológicos e restrições sociais, bem como por formular alguns mecanismos de defesa apoiados pela ciência. Apesar disso, seu conceito de recalque e sua visão do inconsciente como uma coleção de pensamentos, desejos, sentimentos e memórias reprimidos e inaceitáveis não conseguiram sobreviver ao escrutínio científico. Freud ofereceu explicações após o fato, que são difíceis de testar cientificamente. A pesquisa não corrobora muitas das ideias específicas de Freud, como a visão de que o desenvolvimento é fixado na infância. (Agora sabemos que perdura por toda a vida.)

14.8 Como a pesquisa moderna desenvolveu nossa compreensão sobre o inconsciente?

A pesquisa confirma que não temos acesso total ao que se passa em nossa mente, embora a ciência de hoje veja o inconsciente como uma trilha separada e paralela de processamento de informações, que ocorre fora de nossa consciência. Esse processamento inclui esquemas que controlam nossas percepções; *priming*; memórias implícitas de habilidades aprendidas; emoções instantaneamente ativadas e preconceitos; e estereótipos implícitos que filtram nosso processamento de informações sobre os traços e características dos outros. A pesquisa também corrobora a formação e a projeção de reações (efeito do falso consenso) e a ideia de que, inconscientemente, nós nos defendemos da ansiedade (como observado em experimentos que testam a *teoria do gerenciamento do terror*).

14.9 O que são *testes projetivos*, como são usados, e quais são algumas críticas a eles?

Testes projetivos mostram que os estímulos estão abertos a muitas interpretações possíveis, tratando as respostas das pessoas como revelações de dinâmicas internas. O *teste de apercepção temática* (TAT) e o *teste de mancha de tinta de Rorschach* são dois desses testes. O TAT fornece um mapa válido e confiável dos motivos implícitos das pessoas, que é consistente ao longo do tempo. O teste de Rorschach tem baixa confiabilidade e validade, mas alguns clínicos o valorizam como uma fonte de pistas sugestivas, um quebra-gelo, ou uma técnica de entrevista reveladora.

TEORIAS HUMANÍSTICAS E TEORIAS DOS TRAÇOS

14.10 Como os psicólogos humanistas viam a personalidade, e qual era seu objetivo ao estudá-la?

A visão de personalidade dos psicólogos *humanistas* concentrava-se no potencial de crescimento pessoal saudável e na luta das pessoas por autodeterminação e autorrealização. Abraham Maslow propôs que as motivações humanas formam uma *hierarquia de necessidades* de forma que, se as necessidades básicas forem satisfeitas, as pessoas lutarão pela *autorrealização* e pela *autotranscendência*. Carl Rogers acreditava que os ingredientes de um ambiente que promove o crescimento são aceitação (incluindo *consideração positiva incondicional*), autenticidade e empatia. O *autoconceito* era uma característica central da personalidade tanto para Maslow quanto para Rogers.

14.11 Como os psicólogos humanistas avaliam o senso de identidade (*self*) de uma pessoa?

Alguns rejeitaram quaisquer avaliações padronizadas e se basearam em entrevistas e conversas. Outros, como Rogers, às vezes usavam questionários nos quais as pessoas descreviam seus *selves* ideal e real; estes foram usados mais tarde para avaliar o progresso durante a terapia. Atualmente, alguns utilizam a abordagem da história de vida, permitindo uma narrativa rica que detalha a história de vida única de cada pessoa.

14.12 Como as teorias humanísticas influenciaram a psicologia? Que críticas elas enfrentaram?

A psicologia humanista teve um impacto cultural generalizado e ajudou a renovar o interesse pelo conceito de *self*; também lançou as bases para o subcampo científico atual da psicologia positiva. Os críticos disseram que os conceitos da psicologia humanista são vagos e subjetivos, seus valores são autocentrados, e suas suposições são ingenuamente otimistas.

14.13 Como os psicólogos utilizam os traços para descrever a personalidade?

Os teóricos dos *traços* veem a personalidade como um padrão de comportamento estável e duradouro. Eles têm focado seu interesse mais em tentar descrever nossas diferenças do que em explicá-las. Usando análise fatorial, eles identificam grupos de tendências de comportamento que ocorrem juntos. As predisposições genéticas influenciam muitos desses traços.

14.14 Quais são alguns equívocos comuns sobre a introversão?

As culturas ocidentais valorizam a extroversão, mas os introvertidos têm habilidades diferentes e igualmente importantes. Introversão não é o mesmo que timidez, e os extrovertidos nem sempre superam os introvertidos como líderes. Os introvertidos lidam bem com conflitos, buscando o isolamento em vez da vingança.

14.15 O que são *inventários de personalidade*, e quais são seus pontos fortes e fracos como ferramentas de avaliação de traços?

Inventários de personalidade (como o MMPI) são questionários nos quais as pessoas respondem a itens destinados a avaliar uma grande variedade de sentimentos e comportamentos. Os itens de teste são *derivados empiricamente*, e os testes são pontuados objetivamente. A objetividade não garante a validade; as pessoas podem falsear suas respostas para criar uma boa impressão (mas podem, como resultado, pontuar alto em uma escala de mentiras que avalia a falsidade).

14.16 Que traços parecem fornecer as informações mais úteis sobre a variação da personalidade?

Os *Cinco Grandes* fatores de personalidade (comumente conhecidos como *Big Five)* – abertura a experiência, conscienciosidade, extroversão, socialização e neuroticismo (também conhecido como *Big Five*) – atualmente oferecem nossa melhor aproximação das dimensões básicas dos traços. Esses fatores geralmente são gestáveis e descrevem razoavelmente bem as pessoas em várias culturas. Muitos genes, cada um com pequenos efeitos, combinam-se para influenciar nossas características.

14.17 A pesquisa apoia ou não a consistência dos traços de personalidade ao longo do tempo e em diferentes situações?

Os traços médios de uma pessoa persistem ao longo do tempo e são previsíveis em muitas situações diferentes. Apesar disso, os traços não são capazes de prever o comportamento em todas as situações.

TEORIAS SOCIOCOGNITIVAS E O *SELF*

14.18 Como os teóricos sociocognitivos veem o desenvolvimento da personalidade, e como exploram o comportamento?

A *perspectiva sociocognitiva* de Albert Bandura enfatiza a interação de nossos traços com as situações. Pesquisadores sociocognitivos aplicam princípios de aprendizagem, cognição e comportamento social à personalidade. O *determinismo recíproco* descreve a interação e a influência mútua do comportamento, da cognição interna e do ambiente. As situações de avaliação envolvendo condições simuladas exploram o princípio de que o melhor preditor do comportamento futuro são as ações de uma pessoa em situações semelhantes.

14.19 Que críticas enfrentaram as teorias sociocognitivas?

As teorias sociocognitivas baseiam-se em conceitos bem estabelecidos de aprendizagem e cognição, sensibilizando os pesquisadores sobre como as situações afetam e são afetadas pelos indivíduos. Esses pesquisadores foram criticados por subestimar a importância de motivos inconscientes, emoções e traços biologicamente influenciados.

14.20 Por que a psicologia gerou tanta pesquisa sobre o *self*? Qual a importância da autoestima para o nosso bem-estar?

O *self* é pesquisado vigorosamente como o centro da personalidade, que organiza nossos pensamentos, sentimentos e ações. Considerar possíveis "eus" ajuda a nos motivar para o desenvolvimento positivo, mas focar muito intensamente em nós mesmos pode resultar no *efeito holofote*. Alta *autoestima* e autoeficácia se correlacionam com benefícios como melhor desempenho escolar e maior capacidade de enfrentar desafios, mas a direção da correlação não está clara. Em vez de promover a alta autoestima de forma irreal, é melhor recompensar o desempenho, promovendo, assim, os sentimentos de competência.

14.21 Como o otimismo excessivo, a cegueira para a própria incompetência, e o viés de autoconveniência revelam os custos da autoestima, e qual a diferença entre a autoestima defensiva e a autoestima segura?

O otimismo excessivo pode levar à complacência e nos impedir de perceber riscos reais, enquanto a cegueira para a própria incompetência pode nos levar a cometer os mesmos erros repetidamente. O *viés de autoconveniência* é nossa tendência de nos percebermos favoravelmente, como quando nos vemos como melhores do que a média ou quando aceitamos crédito por nossos sucessos, mas não a culpa por nossos fracassos. A autoestima defensiva é frágil, concentra-se em se sustentar e vê o fracasso ou a crítica como uma ameaça. A autoestima segura permite que nos sintamos aceitos por quem somos.

CAPÍTULO 15

Transtornos Psicológicos

INTRODUÇÃO AOS TRANSTORNOS PSICOLÓGICOS

15.1 Como devemos traçar a linha entre a normalidade e o transtorno?

De acordo com psicólogos e psiquiatras, os *transtornos psicológicos* são marcados por um transtorno clinicamente significativo na cognição, na regulação emocional ou no comportamento de um indivíduo. Nossos pensamentos, emoções ou comportamentos disfuncionais ou mal-adaptativos interferem na nossa vida diária, portanto, são considerados transtornos.

15.2 Como o modelo clínico e a abordagem biopsicossocial influenciam nossa compreensão dos transtornos psicológicos?

O *modelo clínico* assume que os transtornos psicológicos têm causas físicas que podem ser diagnosticadas, tratadas e, quase sempre, curadas por meio de terapia, às vezes em um hospital. A perspectiva biopsicossocial pressupõe que o comportamento transtornado é resultado da interação de características biológicas, dinâmicas psicológicas e circunstâncias socioculturais. Essa abordagem deu origem ao modelo de vulnerabilidade-estresse, no qual características individuais e estressores ambientais se combinam para aumentar ou diminuir a probabilidade de desenvolver um transtorno psicológico. Esse modelo é apoiado por pesquisas *epigenéticas*.

15.3 Como e por que os clínicos classificam os transtornos psicológicos, e por que alguns psicólogos criticam os rótulos diagnósticos?

A 5ª edição do *Manual Diagnóstico e Estatístico de Transtornos Mentais* (DSM-5), da American Psychiatric Association, contém rótulos e descrições de diagnóstico que fornecem uma linguagem comum e conceitos compartilhados para comunicação e pesquisa. Os críticos do DSM dizem que ele lança uma rede muito ampla, patologizando comportamentos normais. Uma abordagem complementar à classificação é o projeto Research Domain Criteria (RDoC), do National Institute of Mental Health dos EUA, uma estrutura que organiza os transtornos de acordo com o comportamento e a atividade cerebral em várias dimensões. Qualquer tentativa de classificação produz rótulos diagnósticos que podem criar preconceitos e distorcem as percepções do comportamento passado e presente da pessoa rotulada.

15.4 Que fatores aumentam o risco de suicídio, e o que sabemos sobre automutilação não suicida?

As taxas de suicídio diferem por nação, raça, sexo, faixa etária, renda, envolvimento religioso, estado civil e outros fatores. Na maioria dos países, as taxas de suicídio têm aumentado. Aqueles que carecem de apoio social, como muitos jovens *gays*, transgêneros e não conformes de gênero, correm maior risco, assim como pessoas ansiosas ou deprimidas. O isolamento e o desemprego também podem aumentar o risco. Os sinais de alerta para suicídio podem incluir dicas verbais, doação de posses, isolamento e preocupação com a morte. Pessoas que falam sobre suicídio devem ser levadas a sério: ouça e tenha empatia, conecte-as a uma ajuda e proteja aqueles que parecem estar em risco imediato. A automutilação sem ideação suicida (ASIS) geralmente não leva ao suicídio, mas pode evoluir para pensamentos e atos suicidas se não for tratada. As pessoas que se envolvem em ASIS não toleram bem o estresse e tendem a ser autocríticas e impulsivas.

15.5 Os transtornos psicológicos predizem o comportamento violento?

Os transtornos mentais raramente levam à violência e os médicos não conseguem prever quem é capaz de fazer mal aos outros. A maioria das pessoas com transtornos não é violenta e é mais propensa a ser vítima do que agressora. Os melhores preditores de violência são o uso de álcool ou drogas, episódios anteriores de violência, disponibilidade de armas e danos cerebrais.

15.6 Quantas pessoas têm, ou tiveram, um transtorno psicológico? Quais são os fatores de risco?

As taxas de transtornos psicológicos variam, dependendo do momento e do local considerados. Em uma pesquisa multinacional, a taxa mais baixa de transtornos mentais relatados foi na Nigéria e a taxa mais alta, nos EUA. Sabe-se que a pobreza é um fator de risco. Alguns transtornos, como a esquizofrenia, também podem levar as pessoas à pobreza. Os imigrantes nos EUA podem ter uma saúde mental melhor do que seus colegas americanos com a mesma herança étnica (um fenômeno conhecido como paradoxo do imigrante).

TRANSTORNOS RELACIONADOS À ANSIEDADE

15.7 Como o transtorno de ansiedade generalizada, o transtorno do pânico e fobias específicas diferem?

Os *transtornos de ansiedade* são transtornos psicológicos caracterizados por ansiedade persistente e angustiante ou comportamentos desadaptativos que reduzem a ansiedade. As pessoas com *transtorno de ansiedade generalizada* sentem-se, persistente e incontrolavelmente, tensas e apreensivas, sem motivo aparente. No transtorno do pânico mais extremo, a ansiedade se transforma em episódios periódicos de pavor intenso. Aqueles com uma *fobia específica* podem ter um medo irracional de algum objeto, atividade ou situação.

15.8 O que é *TOC*?

Pensamentos persistentes e repetitivos (obsessões) e ações persistentes e repetitivas (compulsões), ou ambos, caracterizam o *transtorno obsessivo-compulsivo* (TOC).

15.9 O que é *TEPT*?

Os sintomas do *transtorno de estresse pós-traumático* (TEPT) incluem 4 semanas ou mais de memórias assustadoras, pesadelos, hipervigilância, evitação de estímulos relacionados ao trauma, retraimento social, ansiedade com agitação, entorpecimento dos sentimentos e/ou problemas de sono após alguma experiência traumática.

15.10 O que são *sintomas somáticos* e os transtornos relacionados?

Em *sintomas somáticos* e transtornos relacionados, incluindo o *transtorno de ansiedade de doença*, os sintomas assumem uma forma somática (corporal) sem causa física aparente.

15.11 Como o condicionamento, a cognição e a biologia contribuem para os sentimentos e pensamentos que marcam os transtornos relacionados à ansiedade?

A perspectiva da aprendizagem vê os transtornos relacionados à ansiedade como produtos do condicionamento do medo, da generalização de estímulos, do reforço do comportamento medroso e da aprendizagem observacional dos medos e cognições dos outros. A perspectiva biológica considera as predisposições genéticas para altos níveis de reatividade emocional e produção de neurotransmissores, respostas anormais nos circuitos de medo do cérebro e o papel que os temores de perigos com risco de morte desempenharam na seleção natural e na evolução.

TRANSTORNOS DEPRESSIVOS E TRANSTORNOS BIPOLARES

15.12 Como os transtornos depressivos maiores e os transtornos bipolares diferem?

Uma pessoa com *transtorno depressivo maior* experimenta pelo menos cinco sintomas de depressão (incluindo humor deprimido ou perda de interesse ou de prazer) por 2 semanas ou mais. O transtorno depressivo persistente inclui um humor levemente deprimido de longa duração. Uma pessoa com *transtorno bipolar* experimenta não apenas depressão, mas também *mania* – episódios de comportamento hiperativo e extremamente otimista e impulsivo.

15.13 Como as perspectivas biológica e sociocognitiva podem nos ajudar a compreender os transtornos depressivos e os transtornos bipolares?

A perspectiva biológica dos transtornos depressivos e dos transtornos bipolares concentra-se em predisposições genéticas, anormalidades nas estruturas e funções cerebrais (incluindo aquelas encontradas nos sistemas de neurotransmissores) e efeitos nutricionais (e de drogas). A perspectiva sociocognitiva vê a depressão como um ciclo contínuo de experiências estressantes (interpretadas por meio de crenças, atribuições e memórias negativas, muitas vezes com *ruminação* implacável) levando a humores, pensamentos e ações negativas, e alimentando assim novas experiências estressantes.

ESQUIZOFRENIA

15.14 Que padrões de percepção, pensamento e sentimento caracterizam a esquizofrenia?

A *esquizofrenia* é um *transtorno psicótico* caracterizado por delírios, alucinações, fala desorganizada e/ou expressão emocional reduzida e inadequada. Alucinações são experiências sensoriais sem estimulação sensorial; *delírios* são falsas crenças. Os sintomas da esquizofrenia podem ser positivos (presença de comportamentos inadequados) ou negativos (ausência de comportamentos apropriados).

15.15 Como a *esquizofrenia crônica* e a *esquizofrenia aguda* diferem?

A esquizofrenia geralmente se manifesta no final da adolescência, afeta os homens com um pouco mais de frequência, e ocorre em todas as culturas. Na *esquizofrenia crônica* (ou de processo), o desenvolvimento é gradual e a recuperação é duvidosa. Na *esquizofrenia aguda* (ou reativa), o início é súbito – em reação ao estresse – e as perspectivas de recuperação são melhores.

15.16 Que anormalidades cerebrais estão associadas à esquizofrenia?

Pessoas com esquizofrenia têm um número excessivo de receptores de dopamina, o que pode intensificar os sinais cerebrais, criando sintomas positivos como alucinações e paranoia. Imagens do cérebro revelaram atividade anormal nos lobos frontais, no tálamo e na amígdala, bem como uma perda de conexões neurais em toda a rede cerebral. As anormalidades cerebrais associadas à esquizofrenia incluem áreas aumentadas e cheias de líquido e correspondentes encolhimento e afinamento do tecido cerebral. Áreas menores do que o normal podem incluir o córtex, o hipocampo, o corpo caloso e o tálamo.

15.17 Quais eventos pré-natais estão associados ao aumento do risco de desenvolver esquizofrenia?

Os possíveis fatores contribuintes incluem diabetes materno, idade paterna mais avançada, infecções virais ou condições de fome durante a gravidez da mãe, e baixo peso ou privação de oxigênio no nascimento.

15.18 Como os genes influenciam a esquizofrenia? Que fatores podem ser sinais de alerta precoce de esquizofrenia em crianças?

Estudos sobre gêmeos e adoção indicam que a predisposição à esquizofrenia é hereditária. Vários genes interagem para produzir a esquizofrenia. Nenhuma causa ambiental invariavelmente produz esquizofrenia, mas eventos ambientais (como vírus pré-natais ou estresse materno) podem "ativar" genes naqueles com predisposição a esse transtorno. Possíveis sinais de alerta precoce incluem retraimento social, uma mãe com esquizofrenia grave e duradoura, complicações no parto, ser separado dos pais ou cuidadores, período de atenção curto, má coordenação muscular, imprevisibilidade emocional, relações com pares ruins e jogo solo, separação dos pais e abuso infantil.

TRANSTORNOS DISSOCIATIVOS, DE PERSONALIDADE E ALIMENTARES

15.19 O que são *transtornos dissociativos*, e por que eles são controversos?

Transtornos dissociativos são condições raras e controversas nas quais a percepção consciente parece separar-se de memórias, pensamentos e sentimentos anteriores. Os céticos observam que o *transtorno dissociativo de identidade* (TDI) aumentou dramaticamente no final do século XX, raramente é encontrado fora da América do Norte; e pode refletir o desempenho de papéis por pessoas vulneráveis às sugestões dos terapeutas. Outros veem o TDI como uma manifestação de sentimentos de ansiedade ou como uma resposta aprendida quando os comportamentos são reforçados pela redução da ansiedade.

15.20 Quais são os três grupos de transtornos de personalidade? Que comportamento e atividade cerebral caracterizam o transtorno de personalidade antissocial?

Os *transtornos de personalidade* são padrões de comportamento inflexíveis e duradouros que prejudicam o funcionamento social. Os dez transtornos do DSM-5 tendem a formar três grupos, caracterizados por (1) ansiedade, (2) comportamentos excêntricos ou estranhos e (3) comportamentos dramáticos ou impulsivos. O *transtorno de personalidade antissocial* (um dos transtornos do terceiro grupo) é caracterizado por falta de consciência e, às vezes, comportamento agressivo e arriscado. A amígdala é geralmente menor nas pessoas com esse distúrbio e os lobos frontais são menos ativos levando ao comprometimento das funções cognitivas do lobo frontal e à diminuição da capacidade de resposta ao sofrimento dos outros. As predisposições genéticas podem interagir com o ambiente para produzir essas características.

15.21 Quais são os três principais transtornos alimentares, e como as influências biológicas, psicológicas e socioculturais tornam as pessoas mais vulneráveis a eles?

Em pessoas com transtornos alimentares (na maioria das vezes, mulheres ou homens *gays*), os fatores psicológicos superam a tendência do corpo de manter um peso normal. Apesar de estarem significativamente abaixo do peso, as pessoas com *anorexia nervosa* (geralmente adolescentes do sexo feminino) mantêm uma dieta de fome, às vezes se exercitando excessivamente, e têm uma autopercepção imprecisa. Aqueles com *bulimia nervosa* (geralmente mulheres no final da adolescência e início dos 20 anos) comem e compensam purgando, jejuando ou se exercitando excessivamente. As pessoas com *transtorno de compulsão alimentar compulsiva* apresentam compulsão alimentar, mas que não ela é acompanhada de purgação, jejum e exercícios. Pressões culturais, baixa autoestima e emoções negativas interagem com experiências de vida estressantes e com a genética para produzir transtornos alimentares.

TRANSTORNOS DO NEURODESENVOLVIMENTO

Os *transtornos do neurodesenvolvimento* são definidos como anormalidades do sistema nervoso central, geralmente no cérebro. O resultado são pensamentos e comportamentos alterados, desde a infância, que podem se manifestar como limitações intelectuais ou como transtornos psicológicos.

15.22 O que é uma deficiência intelectual?

Deficiência intelectual é uma condição de capacidade mental limitada, indicada por uma pontuação de teste de inteligência de 70 pontos ou menos, que envolve dificuldade de adaptação às demandas da vida em três áreas de habilidade (conceitual, social e prática).

15.23 O que é transtorno do espectro autista?

O *transtorno do espectro autista* aparece na infância e é marcado por limitações significativas na comunicação e na interação social, bem como interesses rigidamente fixados e comportamentos repetitivos.

15.24 Por que há controvérsia sobre o transtorno de déficit de atenção/hiperatividade?

Uma criança (ou, menos comumente, um adulto) que apresenta extrema desatenção e/ou hiperatividade e impulsividade pode ser diagnosticada com *transtorno de déficit de atenção com hiperatividade* (TDAH). As controvérsias se concentram em saber se o número crescente de casos de TDAH reflete diagnóstico excessivo ou maior conscientização sobre o transtorno e sobre os efeitos em longo prazo do tratamento com medicação estimulante.

CAPÍTULO 16

Terapia

INTRODUÇÃO À TERAPIA E ÀS TERAPIAS PSICOLÓGICAS

16.1 Como a *psicoterapia* e as *terapias biomédicas* diferem?

A *psicoterapia* é um tratamento que envolve técnicas psicológicas e consiste em interações entre um terapeuta treinado e alguém que busca superar dificuldades psicológicas ou alcançar o crescimento pessoal. As principais psicoterapias derivam das perspectivas psicodinâmicas, humanistas, comportamentais e cognitivas da psicologia. A *terapia biomédica* trata os transtornos psicológicos com medicamentos ou procedimentos que atuam diretamente sobre a fisiologia do paciente. Uma *abordagem eclética* combina técnicas de várias formas de psicoterapia.

16.2 Quais são os objetivos e técnicas da psicanálise e como foram adaptados na terapia psicodinâmica?

Por meio da *psicanálise*, Sigmund Freud tentou dar às pessoas autoconhecimento e alívio de seus transtornos, que proporcionavam sentimentos e pensamentos carregados de ansiedade para a consciência. As técnicas psicanalíticas incluíam o uso de associação livre e *interpretação* de instâncias de *resistência* e *transferência*. A *terapia psicodinâmica* foi influenciada pela psicanálise tradicional, mas difere dela em muitos aspectos, incluindo pouca atenção aos conceitos de *id*, ego e superego. Essa terapia contemporânea é mais breve, tem menor custo e é mais focada em ajudar o cliente a encontrar alívio dos sintomas atuais. Os terapeutas psicodinâmicos ajudam os clientes a entender como os relacionamentos passados criam temas que podem ser representados nos relacionamentos atuais.

16.3 Quais são os temas básicos da terapia humanista? Quais são os objetivos e técnicas da abordagem centrada na pessoa proposta por Rogers?

Tanto as terapias psicodinâmicas quanto as humanistas são *terapias de insight* – elas tentam melhorar o funcionamento aumentando a consciência das pessoas sobre os motivos e as defesas. As metas da terapia humanista incluem ajudar as pessoas a crescer em autoconsciência e autoaceitação, promover o crescimento pessoal em vez de curar doenças, ajudar as pessoas a assumir a responsabilidade por seu próprio crescimento, concentrar-se em pensamentos conscientes em vez de motivações inconscientes e ver o presente e o futuro como mais importantes que o passado. A *terapia centrada na pessoa*, de Carl Rogers, propôs que a contribuição mais importante dos terapeutas é funcionar como um espelho psicológico por meio da *escuta ativa* e, assim, fornecer um ambiente que promova crescimento de *acolhimento positivo incondicional*.

16.4 Como o pressuposto básico da terapia comportamental difere dos pressupostos das terapias psicodinâmicas e humanistas? Quais técnicas de condicionamento clássico são usadas em terapias de exposição e condicionamento aversivo?

As *terapias comportamentais* não são terapias de *insight*; em vez disso, assumem que os comportamentos desajustados *são* o problema. Seu objetivo é aplicar os princípios de aprendizagem para modificar esses comportamentos. As técnicas clássicas de condicionamento, incluindo *terapias de exposição* (como *dessensibilização sistemática* ou *terapia de exposição à realidade virtual*) e *condicionamento aversivo*, tentam modificar os comportamentos por meio de *contracondicionamento* – evocando novas respostas a estímulos antigos que desencadeiam comportamentos indesejados.

16.5 Qual é a principal premissa da terapia comportamental baseada nos princípios do condicionamento operante e quais são os pontos de vista de seus proponentes e de seus críticos?

O condicionamento operante atua sob a premissa de que os comportamentos voluntários são fortemente influenciados por suas consequências. A terapia baseada em princípios de condicionamento operante, portanto, usa técnicas de modificação de comportamento para mudar comportamentos indesejados, reforçando positivamente os comportamentos desejados e ignorando ou punindo comportamentos indesejáveis. Os críticos sustentam que (1) técnicas como as usadas em *economias simbólicas* podem produzir mudanças de comportamento que desaparecem quando as recompensas terminam; e (2) decidir quais comportamentos devem ser modificados é autoritário e antiético. Os proponentes argumentam que o tratamento com recompensas positivas é mais humano do que punir as pessoas ou institucionalizá-las por comportamentos indesejados.

16.6 Quais são os objetivos e técnicas das terapias cognitivas e da terapia cognitivo-comportamental?

As *terapias cognitivas*, como a terapia cognitiva para depressão, de Aaron Beck, pressupõem que nosso pensamento colore nossos sentimentos e que o papel do terapeuta é mudar o pensamento autodestrutivo dos clientes e treiná-los para perceber e interpretar os eventos de maneira mais construtiva. Amplamente pesquisada e praticada, a *terapia cognitivo-comportamental* (TCC) combina terapia cognitiva e terapia comportamental, ajudando os clientes a experimentar regularmente sua nova maneira de pensar e se comportar em sua vida cotidiana. Uma variação mais recente da TCC, a terapia comportamental dialética (DBT), combina táticas cognitivas para tolerar o sofrimento e regular as emoções com treinamento de habilidades sociais e meditação de atenção plena.

16.7 Quais são os objetivos e benefícios das terapias em grupo e familiar?

As sessões de *terapia em grupo* podem ajudar mais pessoas com menor custo do que a terapia individual. Os clientes podem se beneficiar ao explorar pessoalmente ou *online* sentimentos e desenvolver habilidades sociais em uma situação de grupo, ao saber que outras pessoas têm problemas semelhantes e ao obter *feedback* sobre novas maneiras de se comportar. A *terapia familiar* visa ajudar os membros da família a descobrir os papéis que desempenham no sistema social interativo da família, melhorar a comunicação e aprender novas maneiras de prevenir ou resolver conflitos.

AVALIAÇÃO DAS PSICOTERAPIAS

16.8 A psicoterapia funciona? Como podemos saber?

Depoimentos positivos de clientes e terapeutas não podem provar que a psicoterapia é eficaz, e o efeito placebo e o *viés de confirmação* tornam difícil julgar se a melhora ocorreu por causa do tratamento. Usando *metanálises* para combinar estatisticamente os resultados de centenas de estudos randomizados de psicoterapia, os pesquisadores descobriram que aqueles que não estão em tratamento geralmente melhoram, mas aqueles em psicoterapia são mais propensos a melhorar – mais rapidamente e com menos risco de recaída.

16.9 Será que algumas psicoterapias são mais eficazes do que outras para transtornos específicos?

Nenhum tipo de psicoterapia é superior a todas as outras. A terapia é mais eficaz para pessoas com problemas claros e específicos. Algumas terapias – como condicionamento comportamental para o tratamento de fobias e compulsões específicas – são mais eficazes para transtornos específicos. As terapias cognitivas e cognitivo-comportamentais têm sido eficazes no enfrentamento da ansiedade, transtorno de estresse pós-traumático, insônia e depressão; terapias de condicionamento comportamental, para problemas de comportamento específicos; terapia psicodinâmica, para depressão e ansiedade; e aconselhamento não diretivo (centrado no cliente), para depressão leve a moderada. Os estados anormais tendem a voltar ao normal espontaneamente, e o efeito placebo pode criar a impressão de que um tratamento foi eficaz. A *prática baseada em evidências* integra a melhor pesquisa disponível conforme a experiência dos médicos com a cultura, os valores, a identidade de personalidade e as circunstâncias dos clientes.

16.10 Quais são os três elementos compartilhados por todas as formas de psicoterapia?

Todas as psicoterapias oferecem uma esperança para as pessoas desmoralizadas, uma nova perspectiva, e (se o terapeuta for eficaz) uma relação empática, de confiança e carinhosa. O vínculo emocional de confiança e compreensão entre o terapeuta e o cliente – a *aliança terapêutica* – é um elemento importante na terapia eficaz.

16.11 Que fatores pessoais influenciam a relação terapeuta-cliente?

Os terapeutas diferem quanto aos valores que influenciam seus objetivos na terapia e suas visões de progresso. Eles também podem diferir de seus clientes. Essas diferenças podem criar problemas se terapeutas e clientes diferem em seus valores e perspectivas culturais, religiosas ou pessoais.

16.12 Quando uma pessoa deve procurar terapia e o que as pessoas devem procurar ao escolher um terapeuta?

Os centros de saúde universitários geralmente são bons pontos de partida para opções de aconselhamento e podem oferecer alguns serviços gratuitos. Uma pessoa que procura terapia pode querer perguntar sobre a abordagem de tratamento do terapeuta, valores, credenciais e preço. Uma consideração importante é se o candidato à terapia se sente confortável e capaz de estabelecer um vínculo com o terapeuta. Ao reconhecer a importância de uma forte aliança terapêutica, a American Psychological Association credencia programas que oferecem treinamento em sensibilidade cultural e que recrutam grupos culturais sub-representados.

16.13 Que princípios éticos orientam a psicoterapia e a pesquisa psicológica sobre doenças mentais?

Psicoterapeutas e pesquisadores psicológicos em saúde mental devem seguir os princípios éticos e o código de conduta de seu país, visando beneficiar os outros, ser honestos e verdadeiros, e nunca devem expor as pessoas a riscos maiores do que seriam encontrados na vida cotidiana.

TERAPIAS BIOMÉDICAS E A PREVENÇÃO DE TRANSTORNOS PSICOLÓGICOS

16.14 Por que a mudança terapêutica do estilo de vida é considerada uma terapia biomédica eficaz e como funciona?

A mudança terapêutica do estilo de vida é considerada uma terapia biomédica porque influencia a maneira como o cérebro responde. Mente e corpo formam uma unidade; se o corpo é afetado, a mente também será. Exercício, nutrição, relacionamentos, recreação, relaxamento e envolvimento religioso ou espiritual afetam nossa saúde mental. Pessoas que se submetem a um programa de exercícios aeróbicos, sono adequado, exposição à luz, engajamento social, redução da ruminação e melhor nutrição obtiveram alívio dos sintomas depressivos.

16.15 Quais são as terapias medicamentosas? Como os estudos duplo-cegos ajudam os pesquisadores a avaliar a eficácia de um medicamento?

A *psicofarmacologia* ajudou a tornar a terapia medicamentosa a terapia biomédica mais utilizada.

Os *medicamentos antipsicóticos* são usados no tratamento da esquizofrenia; alguns medicamentos bloqueiam a atividade da dopamina. Os efeitos colaterais podem incluir discinesia tardia (movimentos involuntários dos músculos faciais, língua e membros) ou aumento do risco de obesidade e diabetes. *Medicamentos ansiolíticos*, que deprimem a atividade do sistema nervoso central, são usados para tratar transtornos de ansiedade, transtorno obsessivo-compulsivo e transtorno de estresse pós-traumático, e podem causar dependência. Os *antidepressivos*, que muitas vezes aumentam a disponibilidade de serotonina e norepinefrina, são usados para tratar depressão, transtornos de ansiedade, transtorno obsessivo-compulsivo e outros transtornos relacionados e transtorno de estresse pós-traumático, com eficácia modesta. Em virtude de seu uso no tratamento de outros transtornos que não os depressivos (de ansiedade a AVC), esses medicamentos são mais frequentemente chamados de inibidores seletivos da recaptação de serotonina (ISRS), em vez de antidepressivos. Antidepressivos de ação mais rápida podem incluir cetamina e microdoses de drogas psicodélicas como a psilocibina. Lítio e valproato de sódio são estabilizadores de humor prescritos para pessoas com transtorno bipolar. Os estudos podem usar um procedimento duplo-cego para evitar o efeito placebo e o viés do pesquisador.

16.16 Como a estimulação cerebral e a psicocirurgia são usadas no tratamento de transtornos específicos?

A *eletroconvulsoterapia (ECT)*, na qual uma breve corrente elétrica é enviada através do cérebro de um paciente anestesiado, é um tratamento eficaz para a depressão grave em pessoas que não responderam a outra terapia. Os tratamentos alternativos mais recentes para a depressão incluem estimulação elétrica transcraniana por corrente contínua (ETCC), *estimulação magnética transcraniana* (EMT) e estimulação cerebral profunda (ECP), que pode acalmar uma região cerebral hiperativa ligada a emoções negativas em alguns pacientes. A *psicocirurgia* remove ou destrói o tecido cerebral na esperança de modificar o comportamento. Procedimentos psicocirúrgicos radicais, como a *lobotomia*, não são mais realizados. A psicocirurgia em microescala de hoje e a cirurgia cerebral de precisão guiada por ressonância magnética são tratamentos raros e utilizados como último recurso, porque os efeitos são irreversíveis.

16.17 O que pode ajudar a prevenir transtornos psicológicos, e por que é importante desenvolver resiliência?

Os programas preventivos de saúde mental baseiam-se na ideia de que muitos transtornos psicológicos podem ser evitados transformando contextos sociais estressantes e negativos em ambientes mais favoráveis e estimulantes que promovem o crescimento, a autoconfiança e a *resiliência*. Enfrentar desafios pode levar ao *crescimento pós-traumático*. Os psicólogos comunitários trabalham para prevenir transtornos psicológicos, transformando ambientes destrutivos em lugares mais estimulantes que promovem competência, saúde e bem-estar.

(Não há perguntas objetivas de aprendizagem no Apêndice A, A História da Psicologia: Linha do Tempo, e no Apêndice B, Campos de Formação em Psicologia.)

APÊNDICE C

Psicologia no Trabalho

SATISFAÇÃO NO TRABALHO E NA VIDA

C.1 O que estado de *flow*)?

Flow é um estado de completo envolvimento e foco, com redução da consciência de si mesmo e do tempo; resulta do engajamento total de nossas habilidades. Os interesses predizem tanto o desempenho quanto a persistência, portanto, as pessoas devem encontrar vocações que as ajustem fortemente ao seu ambiente.

PSICOLOGIA INDUSTRIAL-ORGANIZACIONAL

C.2 Quais são as três principais áreas de estudo da psicologia industrial-organizacional?

Três áreas-chave de estudo relacionadas à *psicologia industrial-organizacional* (I/O) são a *psicologia pessoal*, *organizacional* e *de fatores humanos*. Cada uma usa princípios psicológicos para estudar e beneficiar a grande variedade de trabalhadores, locais de trabalho e atividades profissionais que existem atualmente.

PSICOLOGIA DE RECURSOS HUMANOS

C.3 Como os psicólogos de recursos humanos facilitam a procura de emprego, a seleção de funcionários, a colocação no trabalho e a avaliação de desempenho?

Os psicólogos de recursos humanos trabalham para fornecer programas de treinamento para candidatos a emprego, elaborar métodos de seleção para novos funcionários, recrutar e avaliar diversos candidatos, projetar e avaliar programas de treinamento, identificar os interesses e forças pessoais, analisar o conteúdo do trabalho, avaliar o desempenho individual e organizacional, e facilitar a criação de equipes. Entrevistas subjetivas e não estruturadas alimentam a ilusão do entrevistador; ao passo que *entrevistas estruturadas* identificam as forças pessoais relevantes para o trabalho e são melhores preditores de desempenho. Listas de verificação, escalas gráficas de avaliação e escalas de avaliação de comportamento são métodos úteis para avaliação de desempenho.

PSICOLOGIA ORGANIZACIONAL

C.4 Por que os psicólogos organizacionais estão interessados na satisfação e no engajamento dos funcionários?

Os psicólogos organizacionais examinam as influências sobre a satisfação e a produtividade do trabalhador e facilitam a mudança organizacional. A satisfação e o engajamento dos funcionários tendem a se correlacionar com o sucesso organizacional; na verdade, as atitudes dos funcionários predizem o sucesso futuro dos negócios.

C.5 Como os líderes podem ser mais efetivos?

Líderes eficazes estabelecem metas específicas e desafiadoras e escolhem um estilo de *liderança* apropriado. O estilo de liderança pode ser orientado a objetivos (*liderança de tarefas*), orientado a grupos (*liderança social*), ou alguma combinação dos dois estilos. A gestão eficaz muitas vezes envolve reforço positivo, satisfação da necessidade de pertencimento e gestão participativa.

C.6 Que influências culturais precisam ser consideradas ao escolher um estilo de liderança efetivo?

O Projeto GLOBE estuda as variações culturais nas expectativas de liderança. Líderes que atendem às expectativas (sendo diretivos em algumas culturas ou participativos em outras) tendem a ser bem-sucedidos; no entanto, empresas prósperas em todo o mundo tendem a se concentrar em identificar e aprimorar as forças pessoais dos funcionários. A liderança baseada nas forças pessoais paga dividendos em todos os lugares.

PSICOLOGIA DOS FATORES HUMANOS

C.7 Como os psicólogos de fatores humanos trabalham para criar máquinas e ambientes de trabalho fáceis de usar?

Psicólogos de fatores humanos contribuem para a segurança humana e o *design* aprimorado, incentivando desenvolvedores e *designers* a considerar as habilidades e comportamentos humanos, testar seu trabalho pelo usuário antes da produção e distribuição, e permanecer atentos à maldição do conhecimento.

APÊNDICE E

Respostas para as Questões de Prática de Recuperação e Domine o Material

PRÓLOGO

História da Psicologia

O que é Psicologia?

RESPOSTAS DA PRÁTICA DE RECUPERAÇÃO

PR-1 Avaliar evidências, avaliar a fonte, pondera conclusões e examinar nossas próprias suposições são partes essenciais do pensamento crítico. **PR-2** A psicologia científica começou na Alemanha em 1879, quando Wilhelm Wundt abriu o primeiro laboratório de psicologia. **PR-3** Os autorrelatos das pessoas variaram, dependendo da experiência, da inteligência e da capacidade verbal da pessoa. **PR-4** estruturalismo; funcionalismo. **PR-5** behaviorismo; freudiano. **PR-6** Recuperou o interesse inicial do campo pelos processos mentais e os tornou tópicos legítimos para estudo científico. **PR-7** Este é o processo pelo qual a natureza seleciona de variações aleatórias as características que melhor permitem que um organismo sobreviva e se reproduza em um ambiente particular. **PR-8** Os eventos psicológicos derivam da interação da natureza e da criação, e não de qualquer um deles agindo sozinho. **PR-9** Ao incorporar três níveis diferentes de análise, a abordagem biopsicossocial pode fornecer uma visão mais completa do que qualquer outra perspectiva poderia oferecer. **PR-10** sociocultural; comportamental. **PR-11** i. b, ii. c, iii. a. **PR-12** efeito de teste. **PR-13** Pesquisa, Questão, Leitura, Recuperação, Revisão.

RESPOSTAS DE DOMINE O MATERIAL

1. O pensamento crítico é um pensamento inteligente. Ao avaliar as alegações da mídia (mesmo sobre tópicos a respeito dos quais você pode não saber muito), procure evidências empíricas. Faça as seguintes perguntas em sua análise: as alegações são baseadas em narrativas ou em evidências? As fontes são citadas? Em caso afirmativo, são confiáveis (são afiliados a uma instituição confiável e conduziram ou escreveram sobre pesquisas científicas)? Que agenda o autor pode ter? Que explicações alternativas são possíveis? **2.** Wilhelm Wundt. **3.** a. **4.** a. **5.** b. **6.** O ambiente (criação) tem uma influência sobre nós, mas essa influência é limitada pela nossa biologia (natureza). Natureza e criação interagem. Pessoas predispostas a serem muito altas (natureza), por exemplo, dificilmente se tornarão ginastas olímpicos, não importa o quanto trabalhem (nutrição). **7.** b. **8.** psicologia positiva. **9.** d. **10.** psiquiatra. **11.** c.

CAPÍTULO 1

Pensamento Crítico sobre Ciência Psicológica

Estratégias de Pesquisa: Como os Psicólogos Fazem e Respondem Perguntas

RESPOSTAS DA PRÁTICA DE RECUPERAÇÃO

PR-1 Muitas vezes sofremos de viés de retrospectiva – depois que aprendemos o resultado de uma situação, esse resultado parece familiar e, portanto, óbvio. **PR-2** Uma boa teoria *organiza* fatos observados e traz implicações por meio de hipóteses que oferecem *previsões* testáveis e, às vezes, aplicações práticas. Muitas vezes, também estimula mais pesquisas. **PR-3** Quando outros pesquisadores são capazes de replicar um experimento e obter os mesmos resultados (ou mais fortes), os cientistas podem confirmar o resultado e ficar mais certos sobre sua confiabilidade. **PR-4** Os estudos de caso envolvem apenas um indivíduo ou um grupo, então não podemos saber com certeza se os princípios observados se aplicariam a uma população maior. **PR-5** A observação naturalista não explica o comportamento e não controla todos os fatores que podem influenciar o comportamento. No entanto, as descrições que oferece podem ser reveladoras, ampliando nossa compreensão e abrindo caminho para estudos futuros. **PR-6** Uma amostra não representativa é um grupo que não representa toda a população em um estudo. A *amostragem aleatória* ajuda os pesquisadores a formar uma amostra representativa, pois cada membro da população tem a mesma chance de ser incluído. **PR-7** 1. Negativa, 2. Positiva, 3. Positiva, 4. Negativa. **PR-8** O mau desempenho da equipe não era seu comportamento típico. O retorno ao normal – sua série de vitórias – pode ter sido apenas um caso de regressão em direção à média. **PR-9** Nesse caso, como em muitos outros, um terceiro fator pode explicar a correlação: bodas de ouro e calvície acompanham o envelhecimento. **PR-10** A pesquisa projetada para prevenir o efeito placebo atribui aleatoriamente os participantes a um *grupo experimental* (que recebe o tratamento real) ou a um *grupo controle* (que recebe um placebo). Um procedimento duplo-cego impede que as crenças e esperanças das pessoas afetem os resultados, porque nem os participantes, nem os que coletam os dados sabem quem recebe o placebo. Uma comparação dos resultados demonstrará se o tratamento real produz resultados melhores do que *acreditar* no tratamento. **PR-11** variáveis de confusão. **PR-12** i. c, ii. a, iii. b. **PR-13** Aprendemos mais sobre a eficácia do medicamento quando podemos comparar os resultados daqueles que receberam (o grupo experimental) com os resultados daqueles que não tomaram (o grupo controle). Se dermos o medicamento a todos os 1.000 participantes, não teremos como saber se o medicamento está servindo como placebo ou é realmente efetivo do ponto de vista clínico. **PR-14** A legislação de proteção animal, regulamentações e inspeções dos laboratórios e centros de pesquisa, os comitês de ética locais e universitários (que releem e avaliam as propostas de pesquisa)[1] tentam salvaguardar o bem-estar do animal e dos seres humanos. Organizações psicológicas internacionais exortam os pesquisadores que envolvem participantes humanos a obter *consentimento informado*, conhecido no Brasil como termo de consentimento livre e esclarecido (TCLE), a fim de protegê-los de danos e desconforto maiores do que o normal, tratar suas informações pessoais de modo confidencial e *interrogá-los* cuidadosamente no final do experimento. As Bancas de Revisão Institucional servem para fazer cumprir esses padrões.

RESPOSTAS DE DOMINE O MATERIAL

1. Viés de retrospectiva. **2.** d. **3.** hipótese. **4.** c. **5.** representante. **6.** negativa. **7.** gráfico de dispersão. **8.** a. **9.** A regressão em direção à média é um fenômeno estatístico que descreve a tendência de pontuações ou resultados extremos retornarem ao normal após um evento incomum. Sem saber disso, podemos decidir incorretamente que o retorno ao normal foi resultado de nosso próprio comportamento. **10.** a. **11.** (a) *O uso de álcool está associado à violência.* (*Uma interpretação: a bebida é um gatilho para o comportamento agressivo.*) Talvez a raiva seja o gatilho para a bebida, ou talvez os mesmos genes ou práticas de criação de filhos estejam predispondo tanto ao consumo abusivo da bebida quanto à agressão. (Aqui os pesquisadores aprenderam que beber de fato desencadeia um

[1] N.R.T.: No Brasil, há o Conselho Nacional de Saúde e a Plataforma Brasil.

comportamento agressivo.) (b) *Pessoas instruídas vivem mais, em média, do que pessoas menos instruídas.* (*Uma interpretação: a educação prolonga a vida e melhora a saúde.*) Talvez as pessoas mais ricas possam pagar por mais educação e melhores cuidados de saúde. (Pesquisas apoiam esta conclusão.) (c) *Adolescentes envolvidos em esportes de equipe são menos propensos a usar drogas, fumar, fazer sexo, portar armas e consumir alimentos sem valor nutritivo do que os adolescentes que não praticam esportes de equipe.* (*Uma interpretação: esportes coletivos incentivam uma vida saudável.*) Talvez algum terceiro fator explique esta correlação – adolescentes que usam drogas, fumam, fazem sexo, carregam armas e comem *junk food* podem ser "solitários" que não gostam de jogar em equipe. (d) *Adolescentes que frequentemente veem pessoas fumar em filmes são mais propensos a fumar.* (*Uma interpretação: o comportamento das estrelas de cinema influencia os adolescentes impressionáveis.*) Talvez os adolescentes que fumam e assistem a filmes frequentemente tenham menos supervisão dos pais e mais acesso a dinheiro do que outros adolescentes. **12.** experimentos. **13.** placebo. **14.** c. **15.** variável independente. **16.** b. **17.** d.

Raciocínio Estatístico na Vida Cotidiana

RESPOSTAS DA PRÁTICA DE RECUPERAÇÃO

PR-1 Observe como o eixo *y* de cada gráfico é rotulado. O intervalo para o rótulo do eixo *y* no gráfico (a) é apenas de 95 a 100. O intervalo para o gráfico (b) é de 0 a 100. Todos os caminhões são classificados como 95% ou mais, portanto, quase todos ainda estão funcionando após 10 anos, o que o gráfico (b) deixa claro. **PR-2** média; moda; mediana; intervalo; desvio-padrão. **PR-3** As médias baseadas em menos cursos são mais variáveis, o que garante um maior número de notas extremamente baixas e altas no final do primeiro período. **PR-4** Descritiva; inferencial.

RESPOSTAS DE DOMINE O MATERIAL

1. b. **2.** d. **3.** curva normal. **4.** a.

CAPÍTULO 2

Biologia da Mente

Sistemas Neural e Hormonal

RESPOSTAS DA PRÁTICA DE RECUPERAÇÃO

PR-1 Eles compartilham um foco nas ligações entre o cérebro e o comportamento. A frenologia desapareceu porque não tinha base científica – as protuberâncias no crânio não revelam traços e habilidades mentais. **PR-2** Graças à sua *neuroplasticidade*, nosso cérebro muda em resposta às experiências que temos. Aprender e praticar uma nova habilidade, como tocar um instrumento, pode promover o desenvolvimento de novas vias neurais e causar mudanças duradouras na organização cerebral. **PR-3** dendritos, corpo celular, axônio. **PR-4** Estímulos mais fortes (o tapa) fazem com que mais neurônios disparem e disparem com mais frequência do que acontece com estímulos mais fracos (o toque). **PR-5** Neurônios enviam neurotransmissores (mensageiros químicos) por meio desse pequeno espaço entre o ramo terminal de um neurônio e o dendrito ou corpo celular do próximo neurônio. **PR-6** A recaptação acontece quando o excesso de neurotransmissores é reabsorvido pelo neurônio emissor. Os neurotransmissores também podem se afastar ou ser decompostos por enzimas. **PR-7** neurotransmissores. **PR-8** Morfina é um agonista; curare é um antagonista. **PR-9** i. c, ii. a, iii. b. **PR-10** A divisão simpática do sistema nervoso autônomo teria dirigido a excitação (batimento cardíaco acelerado, digestão inibida, e assim por diante), e a divisão parassimpática teria dirigido o processo de retorno à calma. **PR-11** Respondendo aos sinais do hipotálamo, a hipófise libera hormônios que acionam outras glândulas endócrinas para secretar hormônios, que por sua vez influenciam o cérebro e o comportamento. **PR-12** Ambos os sistemas de comunicação produzem moléculas químicas que atuam nos receptores do corpo para influenciar nosso comportamento e emoções. O sistema endócrino, que secreta hormônios na corrente sanguínea, transmite suas mensagens muito mais lentamente do que o veloz sistema nervoso, e os efeitos das mensagens do sistema endócrino tendem a durar muito mais do que os do sistema nervoso.

RESPOSTAS DE DOMINE O MATERIAL

1. O cérebro humano é projetado especialmente para ser flexível; ele pode se reorganizar após um dano e pode construir novos caminhos com base na experiência. Essa plasticidade permite nos adaptarmos ao nosso mundo em constante mudança. **2.** axônio. **3.** c. **4.** a. **5.** neurotransmissores. **6.** b. **7.** c. **8.** autônomo. **9.** central. **10.** a. **11.** glândulas suprarrenais.

Ferramentas de Descoberta, Estruturas Cerebrais Mais Antigas, e o Sistema Límbico

RESPOSTAS DA PRÁTICA DE RECUPERAÇÃO

PR-1 i. b, ii. a, iii. c. **PR-2** tronco encefálico. **PR-3** (a) cerebelo, (b) tálamo, (c) formação reticular, (d) medula. **PR-4** O sistema nervoso simpático. **PR-5** (a) A *amígdala* está envolvida em reações de agressão e medo. (b) O *hipotálamo* está envolvido na manutenção corporal, recompensas prazerosas e controle dos sistemas hormonais. (c) O *hipocampo* processa memórias de fatos e eventos.

RESPOSTAS DE DOMINE O MATERIAL

1. b. **2.** d. **3.** c. **4.** cerebelo. **5.** b. **6.** amígdala. **7.** b. **8.** hipotálamo.

Córtex Cerebral

RESPOSTAS DA PRÁTICA DE RECUPERAÇÃO

PR-1 O tronco encefálico; o córtex cerebral. **PR-2** (a) As atividades opostas dos membros do lado direito interferem umas com as outras porque ambas são controladas pelo mesmo lado (esquerdo) do seu cérebro. (b) Lados opostos do cérebro controlam os membros esquerdo e direito, de modo que o movimento inverso causa menos interferência. **PR-3** somatossensorial; motor. **PR-4** As áreas de associação estão envolvidas em funções mentais superiores – interpretar, integrar e agir sobre informações processadas em outras áreas. **PR-5** (a) sim, (b) não, (c) verde.

RESPOSTAS DE DOMINE O MATERIAL

1. d. **2.** O córtex visual é uma rede de neurônios sensoriais conectados por interneurônios a outras redes neurais, incluindo redes auditivas. Se você pode ver e ouvir, isso permite integrar informações visuais e auditivas para responder quando um amigo que você reconhece o cumprimentar em uma festa. **3.** c. **4.** frontais. **5.** áreas associativas. **6.** c. **7.** LIGADO; SUA. **8.** a. **9.** b.

CAPÍTULO 3

Consciência e Mente de Duas Vias

Conceitos Básicos da Consciência

RESPOSTAS DA PRÁTICA DE RECUPERAÇÃO

PR-1 neurociência cognitiva. **PR-2** Nossa *atenção seletiva* nos permite focar apenas em uma porção limitada do nosso entorno. A *cegueira por desatenção* explica por que não percebemos algumas coisas quando estamos distraídos. A *cegueira à mudança*, por exemplo, acontece quando deixamos de observar uma mudança relativamente sem importância em nosso ambiente. Esses princípios ajudam os mágicos a nos iludir, pois direcionam nossa atenção para outro lugar para realizar seus truques. **PR-3** Nossa mente processa informações simultaneamente em uma via consciente e uma via inconsciente (processamento duplo) à medida que organizamos e interpretamos as informações.

RESPOSTAS DE DOMINE O MATERIAL

1. cegueira por desatenção. **2.** inconsciente; consciente. **3.** seletiva.

Sono e Sonhos

RESPOSTAS DA PRÁTICA DE RECUPERAÇÃO

PR-1 Com cada refugiado percorrendo os estágios do sono de maneira independente, em determinado momento pelo menos um provavelmente estará em um estágio facilmente acordado. **PR-2** REM, N1, N2, N3; normalmente passamos por N1, depois N2, depois N3, depois voltamos para N2 antes de experimentarmos o sono REM. **PR-3** i. b, ii. c, iii. a. **PR-4** supraquiasmático; circadiano. **PR-5** (1) O sono tem valor para a sobrevivência. (2) O sono nos ajuda a restaurar o sistema imunológico, curar infecções e reparar o tecido cerebral. (3) Durante o sono consolidamos as memórias. (4) O sono alimenta a criatividade. (5) O sono desempenha um papel importante no processo de crescimento. **PR-6** tempos de reação rápidos; ganhar peso. **PR-7** (1) realização de desejos de Freud (sonhos como uma válvula de segurança psíquica), (2) processamento de informações (os sonhos classificam os eventos do dia e consolidam memórias), (3) função fisiológica (os sonhos pavimentam caminhos neurais), (4) síntese de ativação (o sono REM desencadeia uma atividade neural aleatória que a mente transforma em histórias), e (5) desenvolvimento cognitivo (os sonhos refletem o estágio de desenvolvimento do sonhador).

RESPOSTAS DE DOMINE O MATERIAL

1. ritmo circadiano. **2.** b. **3.** N3. **4.** Aumenta em duração. **5.** c. **6.** Com a narcolepsia, a pessoa entra periodicamente direto no sono REM, sem aviso prévio; com apneia do sono, a pessoa acorda repetidamente durante a noite. **7.** d. **8.** A teoria da ativação-síntese sugere que os sonhos são a tentativa do cérebro de sintetizar a atividade neural aleatória. **9.** A explicação do processamento de informações sobre o sonho propõe que a atividade cerebral durante o sono REM nos permite filtrar os eventos e atividades diárias sobre os quais estivemos pensando (aquilo sobre o que alguém se concentrou durante o dia). **10.** Rebote de sono REM.

Substâncias psicoativas e Consciência

RESPOSTAS DA PRÁTICA DE RECUPERAÇÃO

PR-1 Com a exposição repetida a uma substância psicoativa, a química cerebral do usuário se adapta e o efeito da substância diminui. Assim, doses maiores são necessárias para obter o efeito desejado. **PR-2** A menos que se torne compulsivo ou disfuncional, simplesmente ter um forte interesse em fazer compras não é o mesmo que ter um vício físico em uma droga. Normalmente não envolve desejo obsessivo, apesar das consequências negativas conhecidas. **PR-3** depressores. **PR-4** Os sintomas de abstinência de nicotina incluem fortes desejos, insônia, ansiedade, irritabilidade e distração. Entretanto, se seu amigo insistir em largar o cigarro, os sintomas de desejo e abstinência se dissiparão gradualmente ao longo de cerca de seis meses. **PR-5** As substâncias psicoativas criam prazer alterando a química cerebral. Com o uso repetido, o usuário desenvolve tolerância e precisa de maior quantidade da substância para alcançar o efeito desejado. (A maconha é uma exceção.) A interrupção do uso da substância produz sintomas de abstinência dolorosos ou psicologicamente desagradáveis. **PR-6** A nicotina é poderosamente viciante, e aqueles que começam a pavimentar os caminhos neurais quando jovens podem achar muito difícil parar de usá-la. Como resultado, as empresas de tabaco podem ter clientes por toda a vida. Além disso, as evidências sugerem que, se os fabricantes de cigarros não conseguiram fisgar os clientes no início da idade adulta, provavelmente não o farão. **PR-7** Possíveis explicações incluem (a) fatores biológicos (uma pessoa pode ter uma predisposição biológica tanto para o uso precoce quanto para o uso abusivo posterior, ou o uso de álcool pode modificar as vias neurais de uma pessoa); (b) fatores psicológicos (o uso precoce pode estabelecer preferências de sabor pelo álcool); e (c) fatores socioculturais (o uso precoce pode influenciar hábitos duradouros, atitudes, atividades ou relacionamentos com colegas que podem promover o transtorno por uso de álcool).

RESPOSTAS DE DOMINE O MATERIAL

1. tolerância. **2.** a. **3.** O álcool causa desinibição – torna-nos mais propensos a fazer o que faríamos estando sóbrios, quer sendo mais sociável, quer sendo mais agressivo. **4.** d. **5.** alucinógenas. **6.** a. **7.** b.

CAPÍTULO 4

Natureza, Cultura e Diversidade Humana

Genética do Comportamento: Previsão de Diferenças Individuais

RESPOSTAS DA PRÁTICA DE RECUPERAÇÃO

PR-1 gene, cromossomo, núcleo. **PR-2** Pesquisadores utilizam estudos sobre gêmeos e sobre adoção para entender quanta variação entre os indivíduos é resultado da composição genética e quanto resulta de fatores ambientais. Alguns estudos comparam as características e os comportamentos de gêmeos idênticos (mesmos genes) e gêmeos fraternos (genes diferentes, como em quaisquer dois irmãos). Também comparam os filhos adotivos com seus pais adotivos e biológicos. Alguns estudos comparam traços e comportamentos de gêmeos criados juntos ou separados. **PR-3** genes. **PR-4** i. c, ii. b, iii. a.

RESPOSTAS DE DOMINE O MATERIAL

1. cromossomos. **2.** gene. **3.** b. **4.** c. **5.** Idêntica (monozigótica). **6.** b. **7.** temperamento. **8.** Herdabilidade. **9.** ambientes.

Psicologia Evolucionista: Explicação da Natureza Humana

RESPOSTAS DA PRÁTICA DE RECUPERAÇÃO

PR-1 Ao longo de muitas gerações, Belyaev e Trut selecionaram e criaram raposas que exibiam uma característica que eles desejavam: mansidão. Esse processo é semelhante à seleção natural, mas difere porque a seleção natural é muito mais lenta e normalmente favorece características (incluindo aquelas decorrentes de mutações) que contribuem para reprodução e sobrevivência. **PR-2** Psicólogos evolucionistas teorizam que as fêmeas herdaram as tendências de seus ancestrais de serem mais cautelosas sexualmente por causa dos desafios associados à gestação e à criação da prole. Os machos herdaram a tendência de serem mais casuais em relação ao sexo, porque seu ato de paternidade exige um investimento menor. **PR-3** Primeiro, começa com um efeito e retrocede para propor uma explicação. Em segundo lugar, essa explicação pode ignorar os efeitos das expectativas culturais e da socialização. Terceiro, os homens poderiam utilizar essas explicações para racionalizar o comportamento irresponsável em relação às mulheres.

RESPOSTAS DE DOMINE O MATERIAL

1. diferenças; semelhanças. **2.** c. **3.** A *seleção natural* favorece traços e comportamentos que permitem a sobrevivência e a reprodução. Psicólogos evolucionistas argumentam que as mulheres são mais exigentes com seus companheiros por causa do investimento necessário para gestar, parir, proteger e amamentar crianças. Mulheres heterossexuais tendem a preferir homens que pareçam capazes de sustentar e proteger sua prole conjunta. Os homens, que têm menos em jogo, tendem a ser mais casuais em relação ao sexo, e os homens heterossexuais tendem a preferir mulheres cujos traços transmitem saúde e fertilidade.

Diversidade Cultural e de Gênero: Como Entender a Natureza e a Criação

RESPOSTAS DA PRÁTICA DE RECUPERAÇÃO

PR-1 Adolescentes tendem a selecionar outros semelhantes e a se associar com grupos que compartilham ideias semelhantes às deles. Para um adolescente atlético, isso pode levar a encontrar outros adolescentes atléticos e fazer parte de equipes escolares. **PR-2** Individualistas dão prioridade aos objetivos pessoais sobre os objetivos do grupo e tendem a definir sua identidade em termos de seus próprios atributos pessoais. Os coletivistas dão prioridade aos objetivos do grupo sobre os objetivos individuais e tendem a definir sua identidade em termos de identificações de grupo. **PR-3** Mulheres; homens. **PR-4** sete; puberdade. **PR-5** Os *papéis de gênero* são regras ou normas sociais para comportamentos esperados para mulheres e homens. As normas associadas a vários papéis, incluindo papéis de gênero, variam muito em diferentes contextos culturais, o que prova que somos capazes de aprender e nos adaptar às demandas sociais de diferentes ambientes. **PR-6** A abordagem biopsicossocial considera todos os fatores que influenciam nosso desenvolvimento individual: fatores biológicos (a evolução e nossos genes, hormônios e cérebro), fatores psicológicos (nossas experiências, crenças, sentimentos e expectativas) e fatores socioculturais (influências dos pais e dos pares, individualismo ou coletivismo cultural e normas de gênero).

RESPOSTAS DE DOMINE O MATERIAL

1. b. **2.** sexo; gênero. **3.** c. **4.** Y. **5.** d. **6.** 10; 12. **7.** intersexo. **8.** b. **9.** identidade de gênero.

CAPÍTULO 5

Desenvolvimento ao Longo do Ciclo Vital

Questões do Desenvolvimento, Desenvolvimento Pré-Natal, e o Recém-Nascido

RESPOSTAS DA PRÁTICA DE RECUPERAÇÃO

PR-1 continuidade; estágios. **PR-2** (1) A teoria dos estágios é apoiada pelo trabalho de Piaget (desenvolvimento cognitivo), de Kohlberg (desenvolvimento moral) e de Erikson (desenvolvimento psicossocial). (2) Alguns traços, como temperamento, exibem notável estabilidade ao longo de muitos anos. **PR-3** zigoto; feto; embrião. **PR-4** hábito.

RESPOSTAS DE DOMINE O MATERIAL

1. Estudos transversais comparam pessoas de diferentes idades em determinado momento da vida. Estudos longitudinais estudam e testam várias vezes as mesmas pessoas por um longo período. **2.** continuidade/estágios. **3.** b. **4.** c. **5.** teratógenos.

Primeira e Segunda Infâncias

RESPOSTAS DA PRÁTICA DE RECUPERAÇÃO

PR-1 maturação. **PR-2** Permanência do objeto para o estágio sensório-motor, brincadeira de faz de conta para o estágio pré-operacional, conservação para o estágio de operações concretas, e lógica abstrata para o estágio das operações formais. **PR-3** i. d, ii. b, iii. c, iv. c, v. a, vi. b. **PR-4** A teoria da mente se concentra em nossa capacidade de entender nossos próprios estados mentais e os dos outros. Aqueles com transtorno do espectro autista têm dificuldade com essa capacidade. **PR-5** O apego é o processo normal pelo qual formamos vínculos emocionais com outras pessoas importantes para nós. Ocorre *imprinting* apenas em certos animais que têm um período crítico muito cedo em seu desenvolvimento, durante o qual devem formar seus vínculos emocionais, e o fazem de maneira inflexível. **PR-6** O estilo autoritário seria descrito como muito rígido, o estilo permissivo muito frouxo, o estilo negligente muito descuidado, e o estilo autoritativo está na medida certa. Os pais que usam o estilo autoritativo tendem a ter filhos com alta autoestima, autoconfiança, boa autorregulação e competências sociais.

RESPOSTAS DE DOMINE O MATERIAL

1. a. **2.** frontais. **3.** b. **4.** Conscientemente, lembramos pouco de antes dos quatro anos de idade, em parte porque as principais áreas do cérebro ainda não amadureceram. **5.** Os bebês no *estágio sensório-motor*, de Piaget, tendem a se concentrar apenas em suas próprias percepções do mundo e podem, por exemplo, não ter consciência de que os objetos continuam a existir quando não estão sendo vistos por eles. Uma criança no *estágio pré-operacional* ainda é egocêntrica e incapaz de apreciar a lógica simples, como a reversibilidade das operações. Um pré-adolescente no *estágio operacional concreto* está começando a pensar logicamente sobre eventos concretos, mas não sobre conceitos abstratos. **6.** a. **7.** ansiedade com estranhos. **8.** Antes desses estudos, muitos psicólogos acreditavam que os bebês simplesmente se apegavam àqueles que os alimentavam.

Adolescência

RESPOSTAS DA PRÁTICA DE RECUPERAÇÃO

PR-1 pré-convencional; pós-convencional; convencional. **PR-2** O trabalho de Kohlberg refletia uma visão de mundo individualista; então sua teoria é menos culturalmente universal do que ele supunha. **PR-3** i. g, ii. h, iii. c, iv. f, v. e, vi. d, vii. a, viii. b.

RESPOSTAS DE DOMINE O MATERIAL

1. b. **2.** operacional formal. **3.** b. **4.** idade adulta emergente.

Idade Adulta

RESPOSTAS DA PRÁTICA DE RECUPERAÇÃO

PR-1 amar; trabalhar. **PR-2** Desafios: declínio da força muscular, tempos de reação, resistência, agudeza sensorial, débito cardíaco e funcionamento do sistema imunológico. O risco de declínio cognitivo aumenta. Recompensas: sentimentos positivos tendem a crescer; as emoções negativas diminuem; e a raiva, o estresse, a preocupação e os problemas de relacionamento social diminuem.

RESPOSTAS DE DOMINE O MATERIAL

1. a. **2.** generatividade. **3.** c.

CAPÍTULO 6

Sensação e Percepção

Conceitos Básicos de Sensação e Percepção

RESPOSTAS DA PRÁTICA DE RECUPERAÇÃO

PR-1 *Sensação* é o processo ascendente pelo qual seus receptores sensoriais e seu sistema nervoso recebem e representam estímulos. *Percepção* é o processo de cima para baixo pelo qual seu cérebro cria significado organizando e interpretando o que seus sentidos detectam. **PR-2** *Limiar absoluto* é a estimulação mínima necessária para detectar um som específico (como uma bicicleta se aproximando na calçada atrás de você) 50% das vezes. O estímulo *subliminar* acontece quando, sem que você tenha consciência, seu sistema sensorial processa um som que está abaixo do seu limiar absoluto. Um *limiar diferencial* é a diferença mínima necessária para distinguir entre dois estímulos (como entre o som de uma bicicleta e o som de um corredor vindo atrás de você) 50% das vezes. **PR-3** Os sapatos proporcionam estimulação constante. Graças à *adaptação sensorial*, tendemos a nos concentrar principalmente na mudança de estímulos. **PR-4** O *conjunto perceptivo* envolve processamento de cima para baixo, porque se baseia em suas experiências, suposições e expectativas ao interpretar estímulos.

RESPOSTAS DE DOMINE O MATERIAL

1. b. **2.** percepção. **3.** d. **4.** diferença apenas perceptível. **5.** b. **6.** d. **7.** a.

Visão: Processamento Sensorial e Perceptivo

RESPOSTAS DA PRÁTICA DE RECUPERAÇÃO

PR-1 Seu ponto cego está no lado do nariz de cada retina; isso significa que objetos à sua direita podem cair no ponto cego do olho direito. Objetos à sua esquerda podem cair no ponto cego do olho esquerdo. O ponto cego normalmente não prejudica sua visão, porque seus olhos estão se movendo e porque um olho capta o que o outro não vê. Além disso, mesmo com apenas um olho aberto, seu cérebro lhe dá uma percepção sem falhas. **PR-2** bastonetes; cones; em cores. **PR-3** pupilas. **PR-4** A *teoria tricromática de Young-Helmholtz* mostra que a retina contém receptores de cores para vermelho, verde e azul. A *teoria do processo oponente* mostra que temos células do processo oponente, na retina e no tálamo, para vermelho-verde, azul-amarelo e branco-preto. Essas teorias são complementares e delineiam os dois estágios da visão de cores. Primeiro, os receptores da retina para vermelho, verde e azul respondem a diferentes estímulos de cores. Em segundo lugar, os sinais dos receptores são processados pelas células do processo oponente a caminho do córtex visual no cérebro. **PR-5** Ondas de luz refletem na pessoa e viajam em seus olhos. As células receptoras em sua retina convertem a energia das ondas de luz em impulsos neurais enviados ao seu cérebro. Suas células detectoras cerebrais e equipes de trabalho processam as subdimensões dessa informação visual – incluindo cor, movimento, forma e profundidade – separada, mas simultaneamente. Seu cérebro interpreta essas informações, com base em informações armazenadas anteriormente e em suas expectativas, e forma uma percepção consciente de seu amigo. **PR-6** figura; fundo. **PR-7** Psicólogos da Gestalt usaram esse ditado para descrever nossa tendência perceptiva de organizar grupos de sensações em formas significativas ou grupos coerentes. **PR-8** Normalmente somos capazes de perceber a profundidade, graças a indicações binoculares (como disparidade retiniana) e indicadores monoculares (que incluem altura relativa, tamanho relativo, movimento relativo, perspectiva linear e interposição).

RESPOSTAS DE DOMINE O MATERIAL

1. comprimento de onda. **2.** a. **3.** c. **4.** c. **5.** d. **6.** Seu cérebro constrói essa percepção de cor em dois estágios. No primeiro estágio, o limão reflete a energia da luz em seus olhos, onde é transformada em mensagens neurais. São três conjuntos de cones, cada um sensível a uma cor processa uma frequência de luz diferente (vermelho, azul e verde). Nesse caso, a energia luminosa estimula os cones sensíveis ao vermelho e os sensíveis ao verde. No segundo estágio, as células do processo oponente sensíveis a pares de cores opostas (vermelho/verde, azul/amarelo e preto/branco) avaliam as mensagens neurais recebidas, à medida que passam pelo nervo óptico até o tálamo e o córtex visual. Quando as células do processo oponente sensíveis ao amarelo são estimuladas, você identifica o limão como amarelo. **7.** detectores de características. **8.** processamento paralelo. **9.** a. **10.** d. **11.** b. **12.** c. **13.** monoculares. **14.** b. **15.** b. **16.** adaptação perceptiva.

Sentidos Não Visuais

RESPOSTAS DA PRÁTICA DE RECUPERAÇÃO

PR-1 A orelha externa coleta as ondas sonoras, que são traduzidas em ondas mecânicas pelo *ouvido médio* e transformadas em ondas líquidas no *ouvido interno*. O *nervo auditivo* então traduz a energia em ondas elétricas e as envia para o cérebro, que percebe e interpreta o som. **PR-2** timbre. **PR-3** mais baixa; mais baixo. **PR-4** teoria do lugar; teoria da frequência. **PR-5** c. **PR-6** Temos quatro sentidos básicos do tato e cinco sensações básicas do paladar. Mas não temos receptores de olfato específicos. Em vez disso, diferentes combinações de receptores de odor enviam mensagens ao cérebro, e nos permite reconhecer cerca de 1 trilhão de odores diferentes. **PR-7** Os receptores cinestésicos, chamados proprioceptores, estão localizados em nossas articulações, tendões e músculos. Os receptores sensoriais vestibulares estão localizados em nosso ouvido interno. **PR-8** O evento de percepção extrassensorial precisaria ser replicado em outros estudos científicos.

RESPOSTAS DE DOMINE O MATERIAL

1. cóclea. **2.** As ondas sonoras são captadas pelo ouvido externo, traduzidas em ondas mecânicas pelo *ouvido médio* e transformadas em ondas líquidas no *ouvido interno*. O *nervo auditivo* então traduz essa energia em ondas elétricas e as envia para o cérebro, que interpreta o som. **3.** do lugar; da frequência. **4.** nociceptores. **5.** c. **6.** Nossa experiência de dor é influenciada por fatores biológicos (como diferenças genéticas na produção de endorfina), fatores psicológicos (como nossa atenção) e fatores socioculturais (como a presença de outras pessoas). **7.** Temos receptores especializados para detectar sabores doces, salgados, azedos, amargos e *umami*. Ser capaz de detectar sabores agradáveis permitiu que nossos ancestrais procurassem alimentos ricos em energia ou proteínas. A detecção de gostos aversivos os impedia de comer substâncias tóxicas, aumentando suas chances de sobrevivência. **8.** Cinestesia; sentido vestibular. **9.** Seu sentido vestibular regula o equilíbrio e o posicionamento do corpo por meio de receptores cinestésicos acionados pelo líquido em seu ouvido interno. Pernas bambas e um mundo girando são sinais de que esses receptores ainda estão respondendo à turbulência do passeio. À medida que seu sentido vestibular se ajusta ao solo sólido, seu equilíbrio será restaurado. **10.** d. **11.** d.

CAPÍTULO 7

Aprendizagem

Conceitos Básicos de Aprendizagem e Condicionamento

RESPOSTAS DA PRÁTICA DE RECUPERAÇÃO

PR-1 Os hábitos se formam quando repetimos comportamentos em determinado contexto e, como resultado, aprendemos associações – muitas vezes sem consciência. Por exemplo, podemos ter comido algo doce com uma xícara de café com frequência suficiente para associar o sabor do café ao deleite; assim, a xícara de café, sozinha, não parece mais certa! **PR-2** EN = tom antes do condicionamento; EI = sopro de ar; RI = piscar para sopro de ar; EC = tom após condicionamento; RC = piscar para tom. **PR-3** O bolo (incluindo o sabor) é o EI. O aroma associado é o EC. A salivação com o aroma é o RC. **PR-4** aquisição; extinção. **PR-5** Generalização. **PR-6** Ver um ator admirado (EI) provoca uma resposta positiva (RI), então parear o EI com um novo EN (a bebida) pode transformar a bebida em um estímulo condicionado (EC) que também se torna positivo, uma resposta condicionada (RC). **PR-7** O EI era o barulho alto; RI foi a resposta do medo ao ruído; EN era o rato antes de ser pareado com o ruído; EC foi o rato após o pareamento; RC era o medo do rato.

RESPOSTAS DE DOMINE O MATERIAL

1. informações; comportamentos. **2.** c. **3.** condicionado. **4.** discriminação. **5.** b. **6.** Uma imagem sexual é um EI que desencadeia uma RI de interesse ou excitação. Antes do anúncio parear um produto com uma imagem sexual, o produto é um EN. Com o tempo, o produto pode tornar-se um EC que aciona o RC de interesse ou excitação.

Condicionamento Operante

RESPOSTAS DA PRÁTICA DE RECUPERAÇÃO

PR-1 não controlamos; resultantes. **PR-2** *Spammers* são reforçados em um esquema de razão variável (depois de enviar um número variável de *e-mails*). Os verificadores de *cookies* são reforçados em um esquema de intervalo fixo. Os programas de recompensas de lojas de sanduíches usam um esquema de razão fixa. **PR-3** **1.** RP (reforço positivo); **2.** PN (punição negativa); **3.** PP (punição positiva); **4.** RN (reforço negativo). **PR-4** Se Joslyn está procurando atenção, a bronca da professora pode ser mais reforçadora do que punitiva. Para mudar o comportamento de Joslyn, sua professora poderia oferecer reforço (como elogios) cada vez que ela se comportasse bem. A professora pode encorajar Joslyn a um comportamento cada vez mais apropriado por meio de modelagem ou reformulação de regras como recompensas em vez de punições. ("Você pode usar os blocos, se brincar bem com as outras crianças" [recompensa] em vez de "Você não pode usar os blocos se você se comportar mal!" [punição].) **PR-5** respondente; operante.

RESPOSTAS DE DOMINE O MATERIAL

1. Skinner. **2.** modelagem. **3.** b. **4.** Seu professor pode reforçar seu comportamento atento tirando algo de que você não gosta. Por exemplo, seu professor poderia oferecer para diminuir o tamanho de um trabalho designado ou substituir o tempo padrão de aula por uma atividade interessante em sala de aula. Em ambos os casos, o professor removeria algo aversivo para reforçar negativamente sua atenção focada. **5.** intermitente. **6.** a. **7.** intervalo variável. **8.** c.

Biologia, Cognição e Aprendizagem

RESPOSTAS DA PRÁTICA DE RECUPERAÇÃO

PR-1 Garcia e Koelling demonstraram que os ratos podem aprender uma aversão ao paladar, dos quais sua sobrevivência depende, mas não às visões ou aos sons. **PR-2** O sucesso do condicionamento operante é afetado não apenas por pistas ambientais, mas também por influências biológicas e cognitivas. **PR-3** Emily pode tender a ser mais rápida. Estudos de aprendizagem observacional sugerem que as crianças tendem a fazer o que os outros fazem e dizer o que eles dizem. **PR-4** i. c, ii. d, iii. a, iv. e, v. b.

RESPOSTAS DE DOMINE O MATERIAL

1. aversão ao sabor. **2.** Essa descoberta apoia o princípio de Darwin de que a seleção natural favorece características que auxiliam a sobrevivência. **3.** mapa cognitivo. **4.** aprendizagem latente. **5.** aprendizagem observacional. **6.** vicário; vicária. **7.** a. **8.** espelho. **9.** c.

CAPÍTULO 8

Memória

Estudo e Codificação das Memórias

RESPOSTAS DA PRÁTICA DE RECUPERAÇÃO

PR-1 reconhecimento; recordação. **PR-2** Seria melhor testar sua memória com *recordação* (com perguntas de autoteste de resposta curta ou preencher as lacunas) em vez de *reconhecimento* (com perguntas de múltipla escolha). Recordar informações é mais difícil do que reconhecê-las. Então, se você conseguir se lembrar, isso significa que sua retenção do material é melhor do que se você pudesse apenas reconhecê-lo. Suas chances de sucesso no teste são, portanto, maiores. **PR-3** O modelo Atkinson-Shiffrin via a memória de curto prazo como um espaço temporário para armazenar brevemente pensamentos e experiências recentes. A ideia mais recente de *memória de trabalho* expande nossa compreensão do estágio de memória de curto prazo da teoria de Atkinson-Shiffrin, enfatizando o processamento consciente e ativo que ocorre à medida que o cérebro dá sentido a novas experiências e as conecta com nossas memórias de longo prazo. **PR-4** As duas funções básicas da memória de trabalho são a integração ativa de novas informações com as memórias de longo prazo existentes e o direcionamento de nosso foco de atenção. **PR-5** O processamento *automático* ocorre inconscientemente (automaticamente) para coisas como a sequência e a frequência dos eventos de um dia e a leitura e compreensão de palavras em nosso(s) próprio(s) idioma(s). O processamento *com esforço* requer consciência atenta e acontece, por exemplo, quando trabalhamos duro para aprender um novo conteúdo em sala de aula ou novas falas para uma peça. **PR-6** memória sensorial. **PR-7** Embora o estudo e a releitura possam levar a ganhos de conhecimento a curto prazo, a distribuição da aprendizagem e a autoavaliação repetidamente resultarão em maior retenção a longo prazo. **PR-8** Tornar o conteúdo pessoalmente significativo envolve o processamento em um nível profundo, porque você está processando *semanticamente* – com base no significado das palavras. O processamento profundo leva a uma maior retenção.

RESPOSTAS DE DOMINE O MATERIAL

1. memória. **2.** codificação; armazenamento; recuperação. **3.** a. **4.** icônica; ecoica. **5.** sete. **6.** mnemônicos.

Armazenamento e Recuperação das Memórias

RESPOSTAS DA PRÁTICA DE RECUPERAÇÃO

PR-1 O cerebelo e os gânglios basais são importantes para o processamento da memória *implícita*, e os lobos frontais e o hipocampo são fundamentais para a formação da memória *explícita*. **PR-2** Nossas memórias conscientes *explícitas* de fatos e episódios diferem de nossas memórias *implícitas* de habilidades (como amarrar cadarços) e respostas classicamente condicionadas. As partes do cérebro envolvidas no processamento da memória explícita (os lobos frontais e o hipocampo) podem ter sofrido danos no acidente, enquanto as partes envolvidas no processamento da memória implícita (o cerebelo e os gânglios basais) parecem ter escapado do dano. **PR-3** A amígdala. **PR-4** potenciação de longo prazo. **PR-5** *Priming* é a ativação (muitas vezes sem nossa consciência) de associações. Ver uma arma, por exemplo, pode predispor temporariamente alguém a interpretar um rosto ambíguo como ameaçador ou lembrar um chefe como desagradável. **PR-6** Posicionamento serial.

RESPOSTAS DE DOMINE O MATERIAL

1. a. **2.** implícita. **3.** c. **4.** pistas de recuperação. **5.** As memórias são armazenadas em uma rede de muitas associações, uma das quais é o humor. Quando se lembra de momentos felizes do seu passado, você ativa esses *links* positivos. Você pode então experimentar uma memória congruente com o humor e relembrar outros momentos felizes, o que poderia melhorar seu humor e iluminar sua interpretação dos eventos atuais. **6.** a.

Esquecimento, Construção da Memória e seu Aprimoramento

RESPOSTAS DA PRÁTICA DE RECUPERAÇÃO

PR-1 Primeiro, por *falha na codificação*: informações para as quais não prestamos atenção nunca entraram em nosso sistema de memória. Em segundo lugar, pela *deterioração do armazenamento*: as informações desaparecem da nossa memória. Terceiro, por *falha na recuperação*: não podemos acessar as informações armazenadas com precisão, às vezes devido a interferência ou esquecimento motivado. **PR-2** reprimimos. **PR-3** As experiências reais seriam confundidas com aquelas que sonhamos. Ao ver pessoas que conhecemos, podemos não ter certeza se estávamos reagindo a algo que elas fizeram anteriormente ou a algo que sonhamos que elas fizeram. **PR-4** Será importante lembrar os pontos-chave acordados pela maioria dos pesquisadores e associações profissionais: abuso sexual, injustiça, esquecimento e construção da memória acontecem; memórias recuperadas são comuns; memórias de antes dos quatro anos não são confiáveis; memórias alegadamente recuperadas por meio da hipnose são especialmente incertas; e as memórias, reais ou falsas, podem ser emocionalmente perturbadoras. **PR-5** Passe mais tempo ensaiando ou pensando ativamente sobre o conteúdo para aumentar a lembrança de longo prazo. Considere um grupo de estudo para que você possa verbalizar sua aprendizagem. Programe tempos de estudo espaçados (não abarrotados). Torne o material pessoalmente significativo, com associações bem organizadas e vívidas. Refresque sua memória retornando a contextos e humores para ativar dicas de recuperação. Use dispositivos mnemônicos. Minimize a interferência proativa e retroativa. Planeje com antecedência para garantir uma noite de sono completa. Teste-se repetidamente – a prática de recuperação é uma estratégia de retenção comprovada.

RESPOSTAS DE DOMINE O MATERIAL

1. d. **2.** d. **3.** retroativa. **4.** repressão. **5.** b. **6.** O hipocampo imaturo de Eliza e suas habilidades verbais mínimas tornaram impossível para ela codificar uma memória explícita da recepção do casamento aos dois anos de idade. É mais provável que Eliza tenha aprendido informações (de ouvir a história repetidamente) que ela eventualmente construiu em uma memória que parece muito real. **7.** amnésia da fonte. **8.** *déjà vu*. **9.** b. **10.** b.

CAPÍTULO 9

Pensamento e Linguagem

Pensamento

RESPOSTAS DA PRÁTICA DE RECUPERAÇÃO

PR-1 Se um evento trágico como um acidente de avião vira notícia, isso é notável e incomum, ao contrário de eventos desfavoráveis muito mais comuns, como acidentes de trânsito. Sabendo disso, podemos nos preocupar menos com eventos improváveis e pensar mais em melhorar a segurança de nossas atividades cotidianas. (Podemos, por exemplo, colocar o cinto de segurança quando estivermos em um veículo e utilizar a faixa de pedestres ao caminhar.) **PR-2** i. b, ii. c, iii. e, iv. d, v. a, vi. f, vii. h, viii. j, ix. i, x. g, xi. k.

RESPOSTAS DE DOMINE O MATERIAL

1. conceito. **2.** algoritmo. **3.** Oscar precisará se proteger contra o *viés de confirmação* (buscando apoio para seus próprios pontos de vista e ignorando evidências contraditórias) enquanto busca pontos de vista opostos. Mesmo que Oscar encontre novas informações que refutem suas crenças, a *perseverança da crença* pode fazer com que ele se apegue a esses pontos de vista de qualquer maneira. Evidências mais convincentes serão necessárias para mudar suas crenças políticas do que foram necessárias para criá-las. **4.** c. **5.** disponibilidade. **6.** enquadramento. **7.** b. **8.** redes neurais.

Linguagem e Pensamento

RESPOSTAS DA PRÁTICA DE RECUPERAÇÃO

PR-1 Três morfemas – *gat, o* e *s*, e cinco fonemas – *g, a, t, o* e *s*. **PR-2** Chomsky sustentou que seres humanos são biologicamente predispostos a aprender as regras gramaticais da linguagem. **PR-3** Os bebês normalmente começam a desenvolver habilidades de *linguagem receptiva* (capacidade de entender o que é dito para eles e sobre eles) por volta dos quatro meses de idade. Então, começando com o balbucio aos quatro meses ou mais, os bebês normalmente passam a desenvolver habilidades *linguísticas produtivas* (a capacidade de produzir sons e, eventualmente, palavras). **PR-4** O *período crítico* do nosso cérebro para a aprendizagem de idiomas é na infância, quando podemos absorver a estrutura da linguagem quase sem esforço. À medida que passamos desse estágio no desenvolvimento do nosso cérebro, nossa capacidade de aprender um novo idioma diminui drasticamente. **PR-5** Área de Broca; área de Wernicke. **PR-6** Estas são definitivamente comunicações. Mas se a linguagem consiste em palavras e nas regras gramaticais que utilizamos para combiná-las para comunicar significado, poucos cientistas rotulariam os latidos e uivos de um cachorro como linguagem. **PR-7** determinismo linguístico. **PR-8** A prática mental usa imagens visuais para ensaiar mentalmente comportamentos futuros, ativando algumas das mesmas áreas do cérebro usadas durante os comportamentos reais. Visualizar os detalhes do processo é mais eficaz do que visualizar apenas seu objetivo final.

RESPOSTAS DE DOMINE O MATERIAL

1. c. **2.** fonemas; morfemas; gramática. **3.** discurso telegráfico. **4.** gramática universal. **5.** a.

CAPÍTULO 10

Inteligência

O que é Inteligência?

RESPOSTAS DA PRÁTICA DE RECUPERAÇÃO

PR-1 Pessoas com síndrome de *savant* têm capacidade mental limitada em geral, mas possuem uma ou mais habilidades excepcionais. De acordo com Howard Gardner, isso sugere que nossas habilidades vêm em pacotes separados, em vez de serem totalmente expressas por uma inteligência geral que engloba todos os nossos talentos. **PR-2** A inteligência é composta tanto por um fator de habilidade ampla quanto por outras habilidades específicas, como capacidade de leitura, capacidade de memória e velocidade de processamento.

RESPOSTAS DE DOMINE O MATERIAL

1. inteligência geral. **2.** c. **3.** analítica; criativa; prática. **4.** d.

Avaliação e Dinâmica da Inteligência

RESPOSTAS DA PRÁTICA DE RECUPERAÇÃO

PR-1 Binet esperava que a determinação da idade mental da criança (a idade que normalmente corresponde a certo nível de desempenho) ajudasse a identificar as colocações escolares apropriadas. **PR-2** 125 ($5/4 \times 100 = 125$). **PR-3** aptidão; desempenho. **PR-4** Um teste psicológico deve ser *padronizado* (pré-testado em uma amostra representativa de pessoas), *confiável* (produzindo resultados consistentes) e *válido* (medindo e prevendo o que se supõe). **PR-5** discordância; diminui; zero; concordância; aumenta. **PR-6** O pesquisador A deve desenvolver um *estudo longitudinal* para examinar como a inteligência muda nas mesmas pessoas ao longo da vida. O pesquisador B deve desenvolver um *estudo transversal* para examinar a inteligência das pessoas em vários estágios da vida.

RESPOSTAS DE DOMINE O MATERIAL

1. d (9/6 × 100 = 150). **2.** c. **3.** confiabilidade. **4.** c. **5.** O trabalho dos escritores depende mais do *Gc* (inteligência cristalizada) - conhecimento acumulado que aumenta com a idade. Para um desempenho superior, os cientistas que realizam pesquisas podem precisar de mais *Gf* (o raciocínio rápido e abstrato da inteligência fluida), que tende a diminuir com a idade.

Influências Genéticas e Ambientais na Inteligência

RESPOSTAS DA PRÁTICA DE RECUPERAÇÃO

PR-1 a. (A herdabilidade - variação explicada por influências genéticas - aumentará à medida que a variação ambiental diminuir.) **PR-2** Oportunidades perfeitamente iguais criariam 100% de herdabilidade, porque os genes sozinhos seriam responsáveis por quaisquer diferenças humanas. **PR-3** Um teste pode ser *culturalmente* "tendencioso" (injusto) se pontuações mais altas forem alcançadas por pessoas com certas experiências culturais. Esse mesmo teste não é cientificamente tendencioso, desde que tenha *validade preditiva* - se ele prevê o que deve prever. Por exemplo, o SAT pode favorecer aqueles com experiência no sistema escolar dos EUA, mas ainda prevê com precisão o sucesso nas faculdades dos EUA. **PR-4** Ameaça do estereótipo.

RESPOSTAS DE DOMINE O MATERIAL

1. c. **2.** a. **3.** c. **4.** ameaça do estereótipo.

CAPÍTULO 11

O que Nos Motiva: Fome, Sexo, Pertencimento e Realização

Conceitos Motivacionais Básicos

RESPOSTAS DA PRÁTICA DE RECUPERAÇÃO

PR-1 (a) Maratonistas bem treinados tendem a se destacar quando estimulados pela competição. (b) A grande ansiedade sobre um exame difícil pode atrapalhar o desempenho dos examinandos. **PR-2** De acordo com Maslow, nosso desejo de atender às necessidades fisiológicas de fome e sede tem prioridade sobre nossas necessidades de segurança, levando-nos a correr riscos às vezes.

RESPOSTAS DE DOMINE O MATERIAL

1. b. **2.** a. **3.** incentivo. **4.** da redução do impulso. **5.** b. **6.** a.

Fome

RESPOSTAS DA PRÁTICA DE RECUPERAÇÃO

PR-1 baixo; alto. **PR-2** Você aprendeu a responder à visão e ao aroma que sinalizam a comida prestes a entrar em sua boca. Tanto os sinais *fisiológicos* (baixo nível de açúcar no sangue) quanto os *psicológicos* (antecipação da refeição saborosa) aumentam sua sensação de fome. **PR-3** Pontos de fixação/estabelecimento geneticamente influenciados, metabolismo e outros fatores (como sono adequado) influenciam a maneira como nosso corpo queima calorias.

RESPOSTAS DE DOMINE O MATERIAL

1. A hierarquia de necessidades de Maslow apoia essa afirmação porque aborda a primazia de alguns motivos sobre outros. Uma vez que nossas necessidades fisiológicas básicas são atendidas, as preocupações de segurança são abordadas na sequência, seguidas pelas necessidades de pertencimento e amor (como o desejo de beijar). **2.** equilíbrio. **3.** c. **4.** baixo. **5.** metabólica basal. **6.** d. **7.** O plano de Sanjay é problemático. Depois que ele ganha peso, a gordura extra exigirá menos energia para manter do que para ganhar em primeiro lugar. Sanjay pode ter dificuldade em se livrar dele mais tarde, quando seu metabolismo diminui em um esforço para manter seu peso corporal.

Motivação Sexual

RESPOSTAS DA PRÁTICA DE RECUPERAÇÃO

PR-1 estrogênios; testosterona. **PR-2** disfunção sexual; parafilia. **PR-3** As influências incluem fatores biológicos, como maturidade sexual e hormônios sexuais, fatores psicológicos, como estímulos e fantasias ambientais, e fatores socioculturais, como os valores e expectativas absorvidos da família e da cultura circundante. **PR-4** a, c, d. **PR-5** b, c, e.

RESPOSTAS DE DOMINE O MATERIAL

1. b. **2.** b. **3.** As disfunções sexuais são problemas que prejudicam consistentemente a excitação sexual ou a função sexual. As parafilias são condições, que podem ser classificadas como transtornos psicológicos, em que a excitação sexual está associada a objetos não humanos, sofrimento próprio ou de outros, e/ou pessoas que não dão consentimento. **4.** reduz; não protege. **5.** c. **6.** Os pesquisadores não encontraram evidências de que qualquer fator ambiental (relações dos pais, experiências de infância, relacionamentos com colegas, ou experiências de namoro) influencie o desenvolvimento de nossa orientação sexual.

Afiliação e Realização

RESPOSTAS DA PRÁTICA DE RECUPERAÇÃO

PR-1 Eles se envolveram em comportamentos mais autodestrutivos e exibiram comportamento mais depreciativo e agressivo. A *necessidade* básica *de pertencimento* desses alunos parece ter sido interrompida. **PR-2** reforçar; aumentar. **PR-3** autodisciplina (*ambição*).

RESPOSTAS DE DOMINE O MATERIAL

1. c. **2.** Monitorar nosso tempo gasto *online*, bem como nossos sentimentos em relação a esse tempo. Esconda-se de distrair amigos *online* quando necessário. Verificar nossos dispositivos com menos frequência. Sair e afastar-se da tecnologia regularmente. **3.** devemos; devemos.

CAPÍTULO 12

Emoções, Estresse e Saúde

Introdução à Emoção

RESPOSTAS DA PRÁTICA DE RECUPERAÇÃO

PR-1 simultaneamente; sequencialmente (primeiro a resposta fisiológica e depois a emoção experimentada). **PR-2** cognitiva. **PR-3** Zajonc e LeDoux sugeriram que experimentássemos algumas emoções sem qualquer avaliação cognitiva consciente. Lazarus, Schachter e Singer enfatizaram a importância da avaliação e rotulagem cognitiva em nossa experiência de emoção. **PR-4** A *divisão simpática* do SNA nos desperta para experiências mais intensas de emoção, bombeando os hormônios do estresse epinefrina e norepinefrina para preparar nosso corpo para lutar ou fugir. A *divisão parassimpática* do SNA assume quando passa a crise, restaurando nosso corpo a um estado fisiológico e emocional de calma.

RESPOSTAS DE DOMINE O MATERIAL

1. James-Lange. **2.** b. **3.** c. **4.** Um polígrafo mede mudanças fisiológicas ligadas à emoção, como transpiração, frequência cardíaca e respiração. Mas a medida não consegue distinguir entre emoções com fisiologia semelhante (como ansiedade e culpa).

Expressão da Emoção

RESPOSTAS DA PRÁTICA DE RECUPERAÇÃO

PR-1 Mulheres. **PR-2** Gestos. **PR-3** (a) A maioria dos alunos relata sentir-se mais feliz do que triste quando suas bochechas estão levantadas. (b) A maioria dos alunos relata sentir-se mais triste do que feliz quando suas bochechas são puxadas para baixo.

RESPOSTAS DE DOMINE O MATERIAL

1. *feedback* facial. **2.** A postura caída de Thiago pode afetar negativamente seu humor, graças ao efeito de *feedback* de comportamento, que tende a nos fazer sentir a maneira como agimos.

Experimentando as Emoções

RESPOSTAS DA PRÁTICA DE RECUPERAÇÃO

PR-1 b. **PR-2** a. (A idade NÃO prediz efetivamente os níveis de felicidade. Os melhores preditores são traços de personalidade, sono e atividade física e fé religiosa.)

RESPOSTAS DE DOMINE O MATERIAL

1. d. **2.** positiva. **3.** b. **4.** privação relativa.

Estresse e Doença

RESPOSTAS DA PRÁTICA DE RECUPERAÇÃO

PR-1 simpático; aumentam; músculos; luta ou fuga. **PR-2** psiconeuroimunologia. **PR-3** O estresse tende a reduzir a capacidade do nosso sistema imunológico de funcionar adequadamente, de modo que o estresse mais forte geralmente leva a maior risco de doença física. **PR-4** Sentindo-se zangado e negativo a maior parte do tempo.

RESPOSTAS DE DOMINE O MATERIAL

1. b. **2.** d. **3.** resistência; exaustão. **4.** de cuidado e proteção. **5.** sistema imunológico. **6.** c. **7.** Indivíduos do Tipo A frequentemente experimentam emoções negativas (raiva, impaciência), durante as quais o sistema nervoso simpático desvia o sangue do fígado. Isso deixa a gordura e o colesterol circulando na corrente sanguínea para serem depositados perto do coração e de outros órgãos, aumentando o risco de doenças cardíacas e outros problemas de saúde. Assim, os indivíduos do Tipo A realmente se prejudicam ao direcionar a raiva para os outros.

Saúde e Enfrentamento

RESPOSTAS DA PRÁTICA DE RECUPERAÇÃO

PR-1 problema; emoção. **PR-2** Exercício aeróbico, procedimentos de relaxamento, relaxamento e meditação, e envolvimento religioso.

RESPOSTAS DE DOMINE O MATERIAL

1. emoção. **2.** b. **3.** interno. **4.** d. **5.** aeróbico. **6.** c.

CAPÍTULO 13

Psicologia Social

Pensamento Social

RESPOSTAS DA PRÁTICA DE RECUPERAÇÃO

PR-1 Ao atribuir o comportamento do outro à pessoa ("Que motorista terrível") e o seu próprio à situação ("Essas estradas são horríveis"), Marco exibiu o *erro fundamental de atribuição*. **PR-2** Nossas atitudes muitas vezes influenciam nossas ações à medida que nos comportamos de maneira consistente com nossas crenças. No entanto, nossas ações também influenciam nossas atitudes; passamos a acreditar no que fizemos. **PR-3** dissonância cognitiva. **PR-4** Evite gritar, humilhar ou entediar seu público. É mais eficaz identificar valores compartilhados, apelar para os motivos admiráveis de outras pessoas, tornar sua mensagem vívida e repeti-la, e fazer com que seu público se envolva ativamente com sua mensagem.

RESPOSTAS DE DOMINE O MATERIAL

1. fundamental de atribuição. **2.** pé na porta. **3.** A teoria da dissonância cognitiva apoia melhor essa sugestão. Se Jamala agir com confiança, seu comportamento irá contradizer seus pensamentos negativos, criando dissonância cognitiva. Para aliviar a tensão, Jamala pode realinhar suas atitudes com suas ações, vendo-se mais extrovertida e confiante. **4.** periférica.

Influência Social

RESPOSTAS DA PRÁTICA DE RECUPERAÇÃO

PR-1 Influência social normativa. **PR-2** Stanley Milgram. **PR-3** Os estudos de Milgram mostraram que as pessoas eram mais propensas a seguir ordens quando o experimentador estava próximo e era percebido como uma figura de autoridade legítima, a figura de autoridade era apoiada por uma instituição poderosa ou de prestígio, a vítima era despersonalizada ou à distância, e não havia modelos de desafio. **PR-4** Esse desempenho aprimorado na presença de outras pessoas é mais provável de ocorrer com uma tarefa bem aprendida, porque a excitação adicional causada por uma plateia tende a fortalecer a resposta mais provável. Isso também prevê um desempenho mais fraco em uma tarefa difícil na presença de outras pessoas. **PR-5** preguiça social. **PR-6** O anonimato fornecido pelas máscaras, combinado com o despertar do cenário contencioso, pode criar desindividuação (autoconsciência e autocontrole diminuídos). **PR-7** polarização de grupo. **PR-8** pensamento de grupo.

RESPOSTAS DE DOMINE O MATERIAL

1. c. **2.** a. **3.** A presença de um grande público gera excitação e fortalece a resposta mais provável do Dr. Huang: desempenho aprimorado em uma tarefa que ele domina (ensino de história da música) e desempenho prejudicado em uma tarefa que ele acha difícil (estatísticas). **4.** desindividuação. **5.** polarização de grupo.

Relações Antissociais

RESPOSTAS DA PRÁTICA DE RECUPERAÇÃO

PR-1 bode expiatório. **PR-2** Nossa biologia (nossos genes, sistemas neurais e bioquímica – incluindo níveis de testosterona e álcool) influencia nossas tendências agressivas. Fatores psicológicos (como frustração, recompensas anteriores por atos agressivos e observação da agressão dos outros) podem desencadear quaisquer tendências agressivas que possamos ter. Influências sociais, como exposição à mídia violenta ou ser excluído de um grupo, e influências culturais, como se crescemos em uma "cultura de honra" ou em um lar sem pai, também podem afetar nossas respostas agressivas.

RESPOSTAS DE DOMINE O MATERIAL

1. estereótipos. **2.** b. **3.** mais. **4.** d. **5.** c. **6.** c. **7.** c.

Relações Pró-Sociais

RESPOSTAS DA PRÁTICA DE RECUPERAÇÃO

PR-1 efeito da mera exposição. **PR-2** Ser fisicamente atraente tende a provocar primeiras impressões positivas. As pessoas tendem a supor que pessoas atraentes são mais saudáveis, mais felizes, mais sensíveis, mais bem-sucedidas e mais habilidosas socialmente do que outras. **PR-3** As emoções consistem em (1) excitação física e (2) nossa interpretação dessa excitação. Pesquisadores descobriram que qualquer fonte de excitação pode ser interpretada como paixão na presença de uma pessoa desejável. **PR-4** equidade; autorrevelação. **PR-5** Na presença de outras pessoas, é menos provável que um indivíduo perceba a situação, interprete-a corretamente como uma emergência, e assuma a responsabilidade de oferecer ajuda. O caso Kitty Genovese demonstrou esse *efeito do espectador*, pois cada testemunha assumiu que muitas outras também estavam cientes do evento. **PR-6** Os fãs de esportes podem sentir que fazem parte de um *grupo interno* que se diferencia de um *grupo externo* (fãs do time arquirrival). O viés do grupo interno tende a se desenvolver, levando ao preconceito e à visão de que o grupo externo "merece" o infortúnio. Assim, a perda da equipe arquirrival pode parecer justificada. Nos conflitos, esse tipo de pensamento é problemático, especialmente quando cada lado do conflito desenvolve *percepções espelhadas* do outro (imagens distorcidas e negativas que são ironicamente semelhantes). **PR-7** Pacificadores devem encorajar contato de *status* igual, cooperação para alcançar *objetivos superordenados* (objetivos compartilhados que se sobrepõem às diferenças), compreensão através da comunicação, e gestos conciliatórios recíprocos (cada lado cede um pouco).

RESPOSTAS DE DOMINE O MATERIAL

1. mera exposição. **2.** companheiro; apaixonado. **3.** d. **4.** c. **5.** imagem espelhada. **6.** superordenado.

CAPÍTULO 14

Personalidade

Introdução à Personalidade e Teorias Psicodinâmicas

RESPOSTAS DA PRÁTICA DE RECUPERAÇÃO

PR-1 ego; id; superego. **PR-2** fixação. **PR-3** inconscientemente; ansiedade. **PR-4** Freud é creditado como o primeiro a chamar a atenção para a importância das experiências da infância, para a existência da mente inconsciente e para nossos mecanismos de defesa autoprotetores. A teoria de Freud tem sido criticada por não ser cientificamente testável e oferecer explicações após o fato, focando demais nos conflitos sexuais na infância, e por se basear na ideia de repressão, que não tem sido apoiada pela pesquisa moderna. **PR-5** Os teóricos e terapeutas psicodinâmicos de hoje ainda usam as técnicas de entrevista de Freud, e ainda tendem a se concentrar em experiências e vínculos da infância, conflitos não resolvidos e influências inconscientes. No entanto, eles provavelmente não se debruçam sobre a fixação em qualquer estágio psicossexual ou sobre a ideia de que questões sexuais são a base de nossa personalidade. **PR-6** projetivos.

RESPOSTAS DE DOMINE O MATERIAL

1. c. **2.** superego. **3.** b. **4.** ansiedade. **5.** repressão. **6.** d. **7.** a. **8.** a.

Teorias Humanistas e Teoria dos Traços

RESPOSTAS DA PRÁTICA DE RECUPERAÇÃO

PR-1 As teorias humanistas procuravam desviar a atenção da psicologia dos impulsos e conflitos para nosso potencial de crescimento. O foco desse movimento na maneira como as pessoas lutam por autodeterminação e autorrealização contrastava com a teoria freudiana e o behaviorismo estrito. **PR-2** Ser *empático* é compartilhar e espelhar os sentimentos de outra pessoa. Carl Rogers acreditava que as pessoas nutrem o crescimento dos outros sendo empáticas. Abraham Maslow propôs que a *autorrealização* é a motivação para realizar o próprio potencial e uma das necessidades psicológicas finais (outra é a autotranscendência).

PR-3 Extroversão-introversão e estabilidade-instabilidade emocional. **PR-4** Os cinco grandes fatores de personalidade são abertura à experiência, conscienciosidade, extroversão, socialização e neuroticismo (estabilidade emocional *versus* instabilidade), ou *Big Five*. Esses fatores podem ser medidos objetivamente, são relativamente estáveis ao longo da vida, e se aplicam razoavelmente bem a todas as culturas em que foram estudados. **PR-5** Nossas pontuações nos testes de personalidade preveem nosso comportamento *médio* em muitas situações muito melhor do que predizem nosso comportamento específico em qualquer situação.

RESPOSTAS DE DOMINE O MATERIAL

1. d. **2.** Rogers pode afirmar que o criminoso foi criado em um ambiente sem aceitação (apreço positivo incondicional), autenticidade e empatia, o que inibiu o crescimento psicológico e levou a um autoconceito negativo. **3.** acolhimento positivo incondicional. **4.** dos traços. **5.** c. **6.** b. **7.** b.

Teorias Sociocognitivas e o *Self*

RESPOSTAS DA PRÁTICA DE RECUPERAÇÃO

PR-1 Sociocognitiva; determinismo recíproco. **PR-2** Para prever o comportamento futuro de uma pessoa, examine os padrões de comportamento passado da pessoa em situações semelhantes. **PR-3** Pessoas que se sentem confiantes em suas habilidades tendem a ser extrovertidas, responsáveis e abertas a novas experiências, e geralmente são mais felizes, menos ansiosas e menos solitárias. A autoestima inflada pode resultar em viés de autoconveniência, agressão e narcisismo. **PR-4** viés de autoconveniência. **PR-5** defensiva; segura.

RESPOSTAS DE DOMINE O MATERIAL

1. a. **2.** sociocognitivas. **3.** efeito holofote. **4.** b. **5.** Sim, se esse amor-próprio for do tipo *seguro*. A autoestima segura promove um foco além do eu e maior qualidade de vida. O amor-próprio excessivo pode promover autoestima artificialmente elevada ou defensiva, que é frágil; a percepção de uma ameaça pode ser recebida com raiva ou agressão.

CAPÍTULO 15

Transtornos Psicológicos

Introdução aos Transtornos Psicológicos

RESPOSTAS DA PRÁTICA DE RECUPERAÇÃO

PR-1 disfuncional ou mal-adaptativo. **PR-2** Alguns transtornos psicológicos são específicos da cultura. Por exemplo, a anorexia nervosa ocorre principalmente nas culturas ocidentais, e o transtorno *taijin kyofusho* aparece principalmente no Japão. Outros transtornos, como o transtorno depressivo maior e a esquizofrenia, são universais – ocorrem em todas as culturas. **PR-3** Influências biológicas, psicológicas e socioculturais se combinam para produzir transtornos psicológicos. Essa abordagem nos ajuda a entender que nosso bem-estar é afetado por nossos genes, funcionamento cerebral, pensamentos e sentimentos internos, e influências de nosso ambiente social e cultural. **PR-4** Terapeutas e outros aplicam rótulos de transtorno para se comunicar uns com os outros usando uma linguagem comum, e compartilhar conceitos durante a pesquisa. Os clientes podem se beneficiar ao saber que não são os únicos com esses sintomas. Os perigos de rotular as pessoas são que (1) classificações excessivamente amplas podem patologizar o comportamento normal, e (2) os rótulos podem desencadear suposições que mudarão o comportamento das pessoas em relação aos rotulados. **PR-5** Estressores relacionados à pobreza podem ajudar a desencadear transtornos, mas transtornos incapacitantes também podem contribuir para a pobreza. Assim, pobreza e transtorno são muitas vezes uma situação de galinha e ovo; é difícil saber o que veio primeiro.

RESPOSTAS DE DOMINE O MATERIAL

1. transtorno depressivo maior. **2.** Não. O comportamento de Anna é incomum, causa angústia e pode atrasá-la alguns minutos ocasionalmente, mas não parece perturbar significativamente sua capacidade de funcionamento. Como a maioria de nós, Anna demonstra alguns comportamentos incomuns. Como não são incapacitantes ou disfuncionais, não sugerem um transtorno psicológico. **3.** médico. **4.** Existem vários transtornos ligados à cultura, incluindo *susto* (na América Latina), *taijin kyofusho* (no Japão), *amok* (na Malásia) e transtornos alimentares (em culturas ocidentais com abundância de alimentos). **5.** c. **6.** Os críticos expressaram preocupação com os efeitos negativos da rotulagem pelo DSM e outros sistemas de classificação. Os rótulos têm o potencial de serem tanto subjetivos quanto estigmatizantes. Além disso, os críticos sugerem que o DSM-5 lança uma rede muito ampla sobre os transtornos, patologizando o comportamento normal. **7.** Homens; mulheres. **8.** pobreza. **9.** d.

Transtornos Relacionados à Ansiedade

RESPOSTAS DA PRÁTICA DE RECUPERAÇÃO

PR-1 ansiedade generalizada. **PR-2** pânico. **PR-3** fobia específica. **PR-4** obsessivo-compulsivo. **PR-5** estresse pós-traumático. **PR-6** *Somático* significa "relativo ao corpo"; os *transtornos com sintomas somáticos* produzem sintomas corporais angustiantes que não têm causa física aparente. **PR-7** Fatores biológicos incluem diferenças de temperamento herdadas e outras variações genéticas; vias cerebrais alteradas pela experiência; e respostas ultrapassadas e herdadas que tinham valor de sobrevivência para nossos ancestrais distantes.

RESPOSTAS DE DOMINE O MATERIAL

1. c. **2.** fobia específica. **3.** obsessivo-compulsivo. **4.** b. **5.** c.

Transtornos Depressivos e Transtornos Bipolares

RESPOSTAS DA PRÁTICA DE RECUPERAÇÃO

PR-1 Muitos fatores contribuem para a depressão, incluindo as influências biológicas da genética e da função cerebral. Fatores sociocognitivos também são importantes, incluindo a interação de estilo explicativo, humor, nossas respostas a experiências estressantes, mudanças em nossos padrões de pensamento e comportamento, e influências culturais. A depressão envolve todo o corpo e pode atrapalhar o sono, os níveis de energia, e a concentração.

RESPOSTAS DE DOMINE O MATERIAL

1. mulheres; homens. **2.** d. **3.** norepinefrina; serotonina. **4.** sociocognitiva.

Esquizofrenia

RESPOSTAS DA PRÁTICA DE RECUPERAÇÃO

PR-1 negativos; crônica; positivos; aguda. **PR-2** Fatores biológicos incluem anormalidades na estrutura e função do cérebro e uma predisposição genética para o transtorno. Fatores ambientais, como privação nutricional, exposição a vírus, e estresse materno contribuem ativando os genes que aumentam o risco. A exposição a muitos gatilhos ambientais pode aumentar as chances de desenvolver esquizofrenia.

RESPOSTAS DE DOMINE O MATERIAL

1. A esquizofrenia envolve as percepções, emoções e comportamentos alterados de uma mente separada da realidade. Não envolve as rápidas mudanças de humor ou identidade sugeridas por esta comparação. **2.** b. **3.** alucinação. **4.** a.

Transtornos Dissociativos, de Personalidade e Alimentares

RESPOSTAS DA PRÁTICA DE RECUPERAÇÃO

PR-1 A explicação psicodinâmica dos sintomas de TDI é que eles são defesas contra a ansiedade gerada por impulsos inaceitáveis. A perspectiva de aprendizagem tenta explicar esses sintomas como comportamentos que foram reforçados pelo alívio da ansiedade. **PR-2** Estudos com gêmeos e adoção mostram que parentes biológicos de pessoas com transtorno de personalidade antissocial estão em maior risco de comportamento antissocial. Os pesquisadores também observaram diferenças na atividade cerebral e na estrutura de criminosos antissociais. Fatores ambientais negativos, como pobreza ou abuso infantil, podem canalizar traços genéticos como destemor em direções mais perigosas – em direção à agressão e longe da responsabilidade social. **PR-3** anorexia nervosa; bulimia nervosa.

RESPOSTAS DE DOMINE O MATERIAL

1. c. **2.** c. **3.** b. **4.** b.

Transtornos do Neurodesenvolvimento

RESPOSTAS DA PRÁTICA DE RECUPERAÇÃO

PR-1 Para ser diagnosticado com deficiência intelectual, a pontuação do teste de inteligência de uma pessoa deve estar nos 3% mais baixos da população geral, ou cerca de 70 pontos ou menos. Em segundo lugar, a pessoa deve ter dificuldade em se adaptar às exigências normais da vida independente: conceitual (linguagem, leitura e conceitos de dinheiro, tempo e número); social (habilidades interpessoais, ser socialmente responsável, seguir regras e leis básicas, evitar ser vitimizado); e prático (saúde e cuidados pessoais, habilidade ocupacional e viagens).

RESPOSTAS DE DOMINE O MATERIAL

1. c. **2.** As pessoas com TEA são menos imitativas e mostram menos atividade nas áreas do cérebro envolvidas em espelhar as ações dos outros. Quando as pessoas com TEA observam os movimentos da mão de outra pessoa, por exemplo, seu cérebro exibe uma atividade de espelhamento abaixo do normal. **3.** O DSM-5 ampliou os critérios diagnósticos para TDAH, levando a um aumento de diagnósticos sem alterações concomitantes no comportamento atencional das crianças. Os críticos sugerem que esses critérios agora são muito amplos e podem patologizar comportamentos normais, transformando a indisciplina infantil em um transtorno.

CAPÍTULO 16

Terapia

Introdução à Terapia e às Terapias Psicológicas

RESPOSTAS DA PRÁTICA DE RECUPERAÇÃO

PR-1 transferência; resistência; interpretação. **PR-2** Um terapeuta psicodinâmico pode estar mais interessado em ajudar a criança a desenvolver *insights* sobre os problemas subjacentes que causaram a resposta de enurese. Um terapeuta comportamental estaria mais propenso a concordar com Mowrer que o sintoma de fazer xixi na cama é o problema, e que o contracondicionamento do comportamento indesejado de fato traria alívio emocional. **PR-3** As *terapias do insight* – terapias psicodinâmicas e humanistas – buscam aliviar os problemas fornecendo uma compreensão de suas origens. As *terapias comportamentais* assumem que o comportamento problemático é o problema e o tratam diretamente, prestando menos atenção às suas origens. **PR-4** Se um comportamento pode ser aprendido, pode ser *desaprendido* e substituído por outras respostas mais adaptativas. **PR-5** clássico; operante. **PR-6** Ao refletir os sentimentos das pessoas em um ambiente não diretivo, as *terapias humanistas* tentam promover o crescimento pessoal, ajudando as pessoas a se tornarem mais autoconscientes e a se aceitarem. Ao conscientizar as pessoas sobre padrões de pensamento autodestrutivos, as *terapias cognitivas* as orientam para formas mais adaptativas de pensar sobre si mesmas e seu mundo. **PR-7** terapia cognitiva. **PR-8** Esta terapia integrativa ajuda as pessoas a modificar o pensamento e o comportamento autodestrutivo. Tem se mostrado eficaz para pessoas com transtornos de ansiedade, transtornos obsessivo-compulsivos e relacionados, transtornos depressivos, transtornos bipolares, TDAH, transtornos alimentares, e transtornos por uso de álcool ou outras substâncias.

RESPOSTAS DE DOMINE O MATERIAL

1. a. **2.** *insight.* **3.** d. **4.** escuta ativa. **5.** c. **6.** contracondicionamento. **7.** dessensibilização sistemática. **8.** As terapias comportamentais costumam ser a melhor escolha para o tratamento de fobias específicas. Vendo o medo de Rico da estrada como uma resposta aprendida, um terapeuta comportamental pode ajudá-lo a aprender a substituir a resposta de ansiedade ao dirigir na estrada por uma resposta de relaxamento. **9.** economia simbólica. **10.** d. **11.** cognitivo-comportamental. **12.** b.

Avaliação das Psicoterapias

RESPOSTAS DA PRÁTICA DE RECUPERAÇÃO

PR-1 *Efeito placebo* é o poder curativo da *crença* em um tratamento. Pacientes e terapeutas que esperam que um tratamento seja eficaz podem acreditar que foi. **PR-2** são. **PR-3** Ao usar uma abordagem baseada em evidências, os terapeutas tomam decisões sobre o tratamento com base em evidências de pesquisas científicas, experiência na clínica e conhecimento do cliente. **PR-4** mais. **PR-5** éticos.

RESPOSTAS DE DOMINE O MATERIAL

1. c. **2.** d. **3.** Evidências de pesquisas científicas, experiência na clínica e conhecimento do paciente. **4.** esperança.

Terapias Biomédicas e a Prevenção de Transtornos Psicológicos

RESPOSTAS DA PRÁTICA DE RECUPERAÇÃO

PR-1 Exercite-se regularmente, durma o suficiente, exponha-se mais à luz (saia de casa ou use uma caixa de luz), cultive relacionamentos importantes, redirecione o pensamento negativo, e faça uma dieta rica em ácidos graxos ômega 3. **PR-2** Pesquisadores atribuem pessoas a condições de tratamento e de não tratamento, para ver se aquelas que recebem a terapia medicamentosa melhoram mais do que aquelas que não recebem. Estudos controlados duplo-cegos são mais eficazes. Se nem o terapeuta nem o cliente souberem quais participantes receberam o tratamento medicamentoso, qualquer diferença entre os grupos tratados e não tratados refletirá o efeito real do tratamento medicamentoso. **PR-3** antidepressivos; antipsicóticos. **PR-4** eletroconvulsoterapia; transcraniana; cerebral profunda. **PR-5** Terapias psicológicas ou biomédicas tentam aliviar o sofrimento das pessoas com transtornos psicológicos. A saúde mental preventiva tenta prevenir o sofrimento, identificando e eliminando as condições que causam transtornos, bem como construindo resiliência.

RESPOSTAS DE DOMINE O MATERIAL

1. c. **2.** ansiolíticos. **3.** lítio. **4.** b. **5.** d.

APÊNDICE C

Psicologia no Trabalho

RESPOSTAS DA PRÁTICA DE RECUPERAÇÃO

PR-1 Tornamo-nos mais propensos a ver nosso trabalho como gratificante e socialmente útil, e experimentamos maior autoestima, sentimentos de competência e bem-estar geral. **PR-2** (1) Os entrevistadores podem presumir que as pessoas são o que parecem ser nas entrevistas. (2) Os preconceitos e humores dos entrevistadores influenciam como eles percebem as respostas dos entrevistados. (3) Os entrevistadores julgam as pessoas em relação a outros entrevistados recentes. (4) Os entrevistadores tendem a rastrear as carreiras de sucesso daqueles que contratam, não as carreiras de sucesso daqueles que rejeitam. (5) As entrevistas tendem a revelar as boas intenções dos futuros trabalhadores, não seus comportamentos habituais.

PR-3 *Líderes transformacionais* são capazes de inspirar outros a compartilhar uma visão e a se comprometer com a missão de um grupo. Eles tendem a ser naturalmente extrovertidos e a estabelecer padrões elevados. **PR-4** Para desenvolver máquinas e ambientes de trabalho mais seguros, os psicólogos de fatores humanos ficam atentos à maldição do conhecimento – a tendência dos especialistas de presumir erroneamente que outros compartilham seu conhecimento.

RESPOSTAS DE DOMINE O MATERIAL

1. estado de *flow.* **2.** recursos humanos; fatores humanos. **3.** a. **4.** d. **5.** Concentrar-se em metas SMART – metas *específicas, mensuráveis, acionáveis, realistas* e *com tempo determinado* (como manter um cronograma regular de estudos) – será mais útil do que focar em metas gerais mais distantes (como obter uma boa nota nesta matéria). **6.** transformacional. **7.** c. **8.** d.

Glossário

Abismo visual. Dispositivo de laboratório usado para testar a percepção de profundidade em bebês e animais jovens.

Abordagem biopsicossocial. Abordagem integrada que incorpora os níveis de análise biológico, psicológico e sociocultural.

Abordagem eclética. Abordagem à psicoterapia que utiliza técnicas de várias formas de terapia.

Abordagem empírica. Método amparado em evidências, que se baseia em observação e experimentação.

Acolhimento positivo incondicional. Atitude de cuidado e aceitação e não julgamento, que Carl Rogers acreditava que ajudaria as pessoas a desenvolver autoconsciência e autoaceitação.

Acomodação. (1) Adaptação dos nossos entendimentos atuais (esquemas) para incorporar novas informações. (2) Processo pelo qual o cristalino muda de forma para focalizar objetos próximos ou distantes na retina.

Aconselhamento psicológico. Ramo da psicologia que ajuda as pessoas com problemas (em geral, relacionados com escola, trabalho ou casamento) a alcançar maior bem-estar.

Adaptação perceptiva. Capacidade de ajustar o estímulo sensorial alterado, incluindo um campo visual artificialmente deslocado ou mesmo invertido.

Adaptação sensorial. Diminuição da sensibilidade em consequência de estimulação constante.

Adolescência. Período de transição entre a infância e a vida adulta, que vai da puberdade à independência.

Afasia. Comprometimento da linguagem, normalmente causado por lesões no hemisfério esquerdo, na área de Broca (comprometimento da fala) ou na área de Wernicke (comprometimento da compreensão).

Agonista. Molécula que aumenta a ação de um neurotransmissor.

Agressão. Qualquer comportamento físico ou verbal com a intenção de ferir alguém, física ou emocionalmente.

Agressão relacional. Ato de agressão (física ou verbal) destinado a atingir a relação de uma pessoa ou a sua posição social.

Agressão sexual. Qualquer comportamento físico ou verbal de natureza sexual que seja indesejado ou destinado a prejudicar alguém, física ou emocionalmente. Pode ser expressa como *assédio sexual* ou *agressão sexual*.

Agrupamento (*chunking*). (1) Organizar os itens em unidades familiares gerenciáveis; normalmente ocorre de maneira automática. (2) Tendência perceptiva de organizar estímulos em grupos coerentes.

AIDS (síndrome da imunodeficiência adquirida). Infecção sexualmente transmitida e com potencial de fatalidade causada pelo HIV (*vírus da imunodeficiência humana*). A AIDS esgota o sistema imune, deixando a pessoa vulnerável a infecções.

Algoritmo. Regra ou procedimento metódico e lógico que assegura a resolução de um problema específico. Contrasta com o uso da *heurística*, geralmente mais rápido, porém mais propenso a erro.

Aliança terapêutica. Vínculo de confiança e compreensão mútua entre o terapeuta e o cliente, que trabalham juntos de maneira construtiva para superar o problema do cliente.

Altruísmo. Consideração desinteressada pelo bem-estar dos outros.

Alucinações. Experiências sensoriais falsas, como ver algo na ausência de um estímulo visual externo.

Alucinógenos. Psicodélicos ("manifestação mental"), como o LSD, que distorcem as percepções e evocam imagens sensoriais na ausência de estímulos sensoriais correspondentes.

Ambiente. Toda influência não genética, desde a alimentação pré-natal até as pessoas e coisas ao nosso redor.

Ameaça de estereótipos. Preocupação autoconfirmada de que a pessoa será avaliada com base em um estereótipo negativo.

Amígdala. Dois agrupamentos neurais do tamanho de um grão de feijão, localizados no sistema límbico; ligada à emoção.

Amnésia anterógrada. Incapacidade de formar novas memórias.

Amnésia da fonte. Memória defeituosa de como, quando ou onde a informação foi aprendida ou imaginada (também chamada *atribuição*). A amnésia da fonte, juntamente com o efeito da desinformação, está no centro de muitas memórias falsas.

Amnésia retrógrada. Incapacidade de recordar informações do próprio passado.

Amor apaixonado. Estado de excitação intensa e absorção positiva do outro, geralmente presente no início de um relacionamento romântico.

Amor companheiro. Profundo apego afetuoso que sentimos por aqueles com quem nossas vidas estão entrelaçadas.

Amostra aleatória. Amostra que representa de maneira justa uma população, porque cada membro tem a mesma chance de inclusão.

Andaime. Na teoria de Vygotsky, estrutura que oferece às crianças apoio temporário, à medida que desenvolvem níveis mais elevados de pensamento.

Androginia. Exibição simultânea de características psicológicas masculinas e femininas tradicionais.

Anfetaminas. Substâncias (como *metanfetamina*) que estimulam a atividade neuronal, provocando aceleração das funções corporais e alterações de energia e de humor associadas.

Anorexia nervosa. Transtorno alimentar em que uma pessoa (geralmente uma adolescente) mantém uma dieta de fome apesar de estar significativamente abaixo do peso, e tem uma autopercepção imprecisa; às vezes acompanhada de exercício excessivo.

Ansiedade com estranhos. Medo de estranhos que os bebês geralmente exibem, que começa por volta dos 8 meses de idade.

Antagonista. Molécula que inibe ou bloqueia a ação de um neurotransmissor.

Apego. Vínculo emocional com os outros; manifestado em crianças pequenas pela busca de proximidade com os cuidadores e pela angústia da separação.

Apneia do sono. Transtorno do sono em que a pessoa sofre suspensões temporárias da respiração durante o sono e desperta momentaneamente repetidas vezes.

Aprendizagem. Processo de aquisição, por experiência, de novas informações ou comportamentos.

Aprendizagem cognitiva. Aquisição de informações mentais, seja observando eventos, observando outras pessoas, ou por meio da linguagem.

Aprendizagem latente. Aprendizagem que ocorre, mas não é aparente até que surja um incentivo para demonstrá-la.

Aprendizagem por associação. Aprendizagem de que certos eventos ocorrem muito próximos. Podem ser dois estímulos (como no condicionamento clássico) ou uma resposta e suas consequências (como no condicionamento operante).

Aprendizagem por observação. Aprender observando os outros.

Aquisição. No condicionamento clássico, é o estágio inicial, quando um estímulo neutro é ligado a um estímulo incondicionado de forma que o primeiro comece a provocar a resposta condicionada. (No condicionamento operante, é o fortalecimento de uma resposta reforçada.)

Área de Broca. Área do lobo frontal do cérebro, em geral no hemisfério esquerdo, que ajuda a controlar a expressão da linguagem, direcionando os movimentos musculares envolvidos na fala.

Área de Wernicke. Área do cérebro, geralmente no lobo temporal esquerdo, envolvida na compreensão e expressão da linguagem.

Áreas de associação. Áreas do córtex cerebral que não estão envolvidas nas funções motoras ou sensoriais primárias; em vez disso, estão envolvidas em funções mentais superiores, como aprender, lembrar, pensar e falar.

Armadilha social. Situação em que duas partes, cada uma buscando seus próprios interesses e não o bem do grupo, ficam presas em um comportamento mutuamente destrutivo.

Armazenamento. Processo de reter as informações codificadas ao longo do tempo.

Assexual. Quem não sente atração sexual por outras pessoas.

Assimilação. Interpretação de novas experiências em termos dos esquemas existentes.

Associação livre. Na psicanálise, é um método de exploração do inconsciente em que a pessoa relaxa e diz o que lhe vem à mente, não importa quão trivial ou embaraçoso.

Atenção seletiva. Focalização da percepção consciente em um estímulo particular.

Atitude. Sentimentos, muitas vezes influenciados por nossas crenças, que nos predispõem a responder de uma maneira particular a objetos, pessoas e eventos.

Audição. Sentido ou ato de ouvir.

Autoconceito. Nossos pensamentos e sensações a respeito de nós mesmos em resposta à pergunta "Quem sou eu?"

Autocontrole. Capacidade de controlar impulsos e adiar a gratificação de curto prazo para conseguir recompensas maiores no longo prazo.

Autoeficácia. Nosso senso de competência e eficácia ao realizar tarefas.

Autoestima. Nossos sentimentos de alta ou baixa estima, apreço por nós mesmos.

Autorrealização. De acordo com Maslow, é uma das necessidades psicológicas finais que surge depois que as necessidades físicas e psicológicas básicas são satisfeitas e a autoestima é alcançada; a motivação para realizar o seu potencial.

Autorrevelação. Ato de revelar aspectos íntimos de nós mesmos aos outros.

Autotranscendência. De acordo com Maslow, a luta por identidade, significado e propósito além do eu.

Axônio. Extensão segmentada do neurônio que passa mensagens por meio de seus ramos para outros neurônios ou para músculos ou glândulas.

Bainha de mielina. Camada de tecido adiposo que envolve segmentarmente os axônios de alguns neurônios; permite uma velocidade de transmissão muito maior, à medida que os impulsos neurais saltam de um nó para o próximo.

Barbitúricos. Medicamentos que deprimem a atividade do sistema nervoso central, reduzindo a ansiedade, mas prejudicando a memória e o julgamento.

Bastonetes. Receptores da retina que detectam preto, branco e cinza, e são sensíveis ao movimento. Os bastonetes são necessários para a visão periférica e crepuscular, quando os cones não respondem.

Behaviorismo. Visão segundo a qual a psicologia (1) deveria ser uma ciência objetiva, que (2) estuda o comportamento sem se referir a processos mentais. A maioria dos pesquisadores atuais concorda com (1), mas não com (2).

Bem-estar subjetivo. Felicidade ou satisfação autopercebida com a vida. É usado junto com medidas objetivas de bem-estar (p. ex., indicadores físicos e econômicos) para avaliar a qualidade de vida das pessoas.

***Big five*.** Os pesquisadores dos Modelo dos cinco grandes fatores identificaram cinco fatores – *abertura à experiência*, *conscienciosidade*, *extroversão*, *socialização* e *neuroticismo* – que descrevem a personalidade. (Também chamado dos *modelo de cinco grandes fatores*.)

Bulimia nervosa. Transtorno no qual a compulsão alimentar de uma pessoa (geralmente de alimentos altamente calóricos) é seguida por um comportamento inadequado de promoção da perda de peso, com vômitos, uso de laxantes, jejum ou exercício excessivo.

Câmara operante. Nas pesquisas sobre o condicionamento operante, uma câmara (também conhecida como *caixa de Skinner*) contendo uma barra ou tecla que um animal pode manipular para obter comida ou água como reforçador; dispositivos anexados registram a taxa em que o animal pressiona a barra ou bica a tecla.

Características sexuais primárias. Estruturas corporais (ovários, testículos e genitália externa) que possibilitam a reprodução sexuada.

Características sexuais secundárias. Traços sexuais não reprodutivos, como as mamas e quadris femininos, a qualidade da voz masculina e os pelos do corpo.

Catarse. Na psicologia, é a ideia de que "liberar" energia agressiva (por meio de ação ou fantasia) alivia os impulsos agressivos.

Cegueira da mudança. Não perceber mudanças no ambiente; uma forma de *cegueira por desatenção*.

Cegueira por desatenção. Deixar de perceber objetos visíveis quando nossa atenção está direcionada para outro ponto.

Células gliais (glia). Células do sistema nervoso que sustentam, nutrem e protegem os neurônios; também desempenham um papel na aprendizagem, no pensamento e na memória.

Cerebelo. "Pequeno cérebro", localizado na parte posterior do tronco encefálico; suas funções incluem o processamento de entradas sensoriais, a coordenação dos movimentos e do equilíbrio, e a aprendizagem não verbal e a memória.

Cérebro dividido. Condição resultante de cirurgia que isola os dois hemisférios do cérebro ao cortar as fibras (principalmente as do corpo caloso) que os conectam.

Ciclo de resposta sexual. Quatro estágios da resposta sexual descritos por Masters e Johnson – excitação, platô, orgasmo e resolução.

Cinestesia. Nosso senso de movimento – sistema para detectar o movimento e a posição das partes do corpo.

Cocaína. Estimulante potente e com alta capacidade de criar dependência, derivado da folha de coca; produz estado temporário e intenso de alerta e euforia.

Cóclea. Tubo ósseo espiralado e preenchido por líquido, localizado no ouvido interno, através do qual ondas sonoras desencadeiam impulsos sonoros.

Codificação. Processamento de informações dentro do sistema de memória – por exemplo, por meio de extração de significados.

Coeficiente de correlação. Índice estatístico da relação entre duas coisas (vai de -1,00 a +1,00).

Cognição. Atividades mentais associadas ao pensamento, ao conhecimento, à memória e à comunicação.

Cognição incorporada. Influência das sensações corporais, gestos e outros estados nas preferências cognitivas e nos julgamentos.

Coletivismo. Priorização das metas do grupo ao qual se pertence (muitas vezes, a família ou o grupo de trabalho) e definição da própria identidade conforme esse grupo.

Complexo de Édipo. De acordo com Freud, os desejos sexuais de um menino com relação à mãe e sentimentos de ciúme e ódio pelo pai rival.

Comportamento operante. Comportamento que opera sobre o ambiente, produzindo consequências.

Comportamento pró-social. Comportamento positivo, construtivo, útil. O oposto de comportamento antissocial.

Comportamento respondente. Comportamento que ocorre como resposta automática a algum estímulo.

Comprimento de onda. Distância entre o pico de uma onda luminosa ou sonora e o pico da seguinte. O comprimento de ondas eletromagnéticas varia dos pequenos pontos de raios cósmicos aos longos pulsos de transmissão de rádio.

Conceito. Agrupamento mental de objetos, eventos, ideias ou pessoas similares.

Condicionamento aversivo. Associa um estado desagradável (como náusea) a um comportamento indesejado (como consumir álcool).

Condicionamento clássico. Tipo de aprendizagem em que ligamos dois ou mais estímulos; como resultado, para ilustrar com o experimento clássico de Pavlov, o primeiro estímulo (um som) vem para provocar o comportamento (salivação) em antecipação ao segundo estímulo (comida).

Condicionamento de ordem superior. Procedimento no qual o estímulo condicionado em uma experiência de condicionamento é aliado a um novo estímulo neutro, criando um segundo (e muitas vezes mais fraco) estímulo condicionado. Por exemplo, um animal que aprendeu que um sinal sonoro prevê a comida pode então aprender que uma luz prediz o sinal e começa a responder à luz isoladamente. (Também chamado *condicionamento de segunda ordem*.)

Condicionamento operante. Tipo de aprendizagem no qual um comportamento tem maior probabilidade de se repetir se for seguido por um reforçador ou menos provável de se repetir se for seguido por um punidor.

Cones. Células receptoras da retina concentradas próximo ao centro da retina e que funcionam à luz do dia ou em lugares bem iluminados. Os cones detectam detalhes finos e dão origem a sensações de cor.

Confiabilidade. Ponto em que um teste gera resultados homogêneos, avaliados pela uniformidade dos escores em duas metades do teste ou no reteste.

Confiança básica. De acordo com Erik Erikson, um senso de que o mundo é previsível e confiável; acredita-se que seja formada durante a infância por experiências adequadas com cuidadores responsivos.

Configuração mental. Tendência de abordar um problema de uma maneira particular, muitas vezes do mesmo modo que foi bem-sucedido no passado.

Conflito. Incompatibilidade percebida entre ações, objetivos ou ideias.

Conformidade. Ajuste que fazemos do nosso comportamento ou pensamento para coincidir com um padrão de grupo.

Conjunto perceptivo. Predisposição mental para perceber uma coisa e não outra.

Consciência. Percepção subjetiva de nós mesmos e do ambiente à nossa volta.

Conservação. Princípio (que Piaget acreditava fazer parte do raciocínio das operações concretas) de que as propriedades, como massa, volume e quantidade, permanecem iguais apesar das mudanças da forma dos objetos.

Consolidação da memória. Armazenamento neural de uma memória de longo prazo.

Constância perceptiva. Percepção de objetos como inalterados (tendo harmonia de cor, brilho forma e tamanho), mesmo quando a iluminação e as imagens retinianas mudam.

Conteúdo latente. Segundo Freud, o significado subjacente de um sonho (em contraste com seu conteúdo manifesto).

Conteúdo manifesto. Segundo Freud, o enredo lembrado de um sonho (em contraste com seu conteúdo latente ou oculto).

Contracondicionamento. Procedimentos de terapia comportamental que usam o condicionamento clássico para evocar novas respostas a estímulos que estão desencadeando comportamentos indesejados; incluem *terapias de exposição* e *condicionamento aversivo*.

Controle pessoal. Sensação de controlar nosso ambiente em vez de nos sentirmos impotentes.

Coorte. Grupo de pessoas que compartilha uma característica comum, como fazer parte de uma época determinada.

Corpo caloso. Grande faixa de fibras neurais que conecta os dois hemisférios cerebrais e transporta mensagens entre eles.

Corpo celular. Parte de um neurônio que contém o núcleo; centro de suporte de vida da célula.

Correlação ilusória. Percepção de uma correlação onde não existe uma ou percepção de uma correlação mais forte do que a real.

Correlação. Medida da extensão em que dois fatores variam juntos e, portanto, de quão bem um fator prediz o outro.

Córtex cerebral. Intrincado tecido de células neurais interconectadas que cobrem os hemisférios cerebrais; centro decisivo de controle e processamento de informações do corpo.

Córtex motor. Área do córtex cerebral na parte posterior dos lobos frontais que controla os movimentos voluntários.

Córtex somatossensorial. Área à frente dos lobos parietais que registra e processa as sensações de tato e de movimento do corpo.

Crescimento pós-traumático. Mudanças psicológicas positivas após uma luta com circunstâncias extremamente desafiadoras e crises de vida.

Criatividade. Capacidade para produzir ideias novas e valiosas.

Cromossomo X. Cromossomo sexual encontrado em homens e mulheres. As mulheres têm dois cromossomos X; os homens têm apenas um. Um cromossomo X de cada progenitor resulta em uma criança do sexo feminino.

Cromossomo Y. Cromossomo sexual presente apenas nos homens. Quando pareado com um cromossomo X, da mãe, resulta em uma criança do sexo masculino.

Cromossomos. Estruturas encadeadas feitas de moléculas de DNA que contêm os genes.

Cultura. Comportamentos, ideias, atitudes, valores e tradições duradouros compartilhados por um grupo de pessoas e transmitidos de uma geração para a próxima.

Curva normal. Curva simétrica em forma de sino que descreve a distribuição de muitos tipos de dados; a maioria dos escores fica perto da média (cerca de 68% estão dentro de um desvio-padrão dela) e um número menor fica perto dos extremos. (Também chamada de *distribuição normal.*)

Deficiência intelectual. Capacidade mental limitada, indicada por uma pontuação no teste de inteligência igual ou inferior a 70 e dificuldade de adaptação às exigências cotidianas. (Anteriormente chamado *retardo mental.*)

Definição operacional. Declaração cuidadosamente redigida dos procedimentos (operações) exatos usados em um estudo de pesquisa. Por exemplo, a *inteligência humana* pode ser operacionalmente definida como o que um teste de inteligência mede. (Também conhecida como *operacionalização.*)

Déjà vu. Sensação estranha de "já passei por isso antes". Pistas da situação atual podem, subconscientemente, provocar a recuperação de uma experiência anterior.

Delírio. Falsa crença, muitas vezes de perseguição ou grandeza, que pode acompanhar transtornos psicóticos.

Dendritos. Extensões ramificadas e muitas vezes espessas de um neurônio que recebem e combinam as mensagens, conduzindo impulsos em direção ao corpo celular.

Dependência. Termo usual para consumo compulsivo de substâncias (e às vezes para padrões de comportamento disfuncionais, como por exemplo, o jogo descontrolado) que continua apesar das consequências prejudiciais. (Veja também *transtorno por uso de substância.*)

Deriva instintiva. Tendência do comportamento aprendido de gradualmente reverter para padrões biologicamente predispostos.

Desamparo aprendido. Falta de esperança e resignação passiva que humanos e outros animais aprendem quando são incapazes de evitar eventos aversivos repetidos.

Designação aleatória. Designar os participantes para os grupos experimental e controle ao acaso, e assim minimizar as diferenças preexistentes entre esses grupos.

Desindividuação. Perda de autoconsciência e autocontrole que ocorre em situações de grupo que promovem a excitação e o anonimato.

Dessensibilização sistemática. Tipo de terapia de exposição que associa um estado de relaxamento agradável com estímulos desencadeadores de ansiedade que aumentam gradualmente. Comumente usada para tratar fobias específicas.

Desvio-padrão. Medida computada de quanto os escores variam em torno do escore médio.

Detectores de características. Células nervosas no cérebro que respondem a características específicas do estímulo, como forma, ângulo ou movimento.

Determinismo linguístico. Hipótese de Whorf de que a linguagem determina a maneira como pensamos.

Determinismo recíproco. Influências interativas entre comportamento, cognição interna e ambiente.

Diagrama de dispersão. Conjunto gráfico de pontos, cada um dos quais representa os valores de duas variáveis. A inclinação dos pontos sugere a direção da relação entre as duas variáveis. A quantidade de dispersão sugere a força da correlação (pouca dispersão indica alta correlação).

Discriminação. (1) Comportamento negativo injustificável com relação a um grupo ou seus membros. (2) No condicionamento clássico, é a capacidade aprendida de distinguir entre um estímulo condicionado e estímulos semelhantes que não sinalizam um estímulo incondicionado. (No condicionamento operante, é a capacidade de distinguir respostas que são reforçadas de respostas semelhantes que não foram reforçadas.)

Disfunção erétil. Incapacidade de desenvolver ou manter a ereção em virtude da insuficiência de fluxo sanguíneo para o pênis.

Disfunção sexual. Problema que prejudica constantemente o desejo sexual ou o funcionamento sexual em qualquer ponto do ciclo de resposta sexual.

Disparidade retiniana. Indicador binocular para a percepção de profundidade. Ao comparar imagens da retina em ambos os olhos, o cérebro calcula a distância – quanto maior a disparidade (diferença) entre as duas imagens, mais próximo o objeto.

Dissociação. Divisão na consciência, que permite que alguns pensamentos e comportamentos ocorram simultaneamente com outros.

Distúrbio orgástico feminino. Angústia causada por ter pouco ou nenhum orgasmo.

DNA (ácido desoxirribonucleico). Molécula complexa que contém as informações genéticas que formam os cromossomos.

Doença cardíaca coronariana. Entupimento dos vasos que nutrem o músculo cardíaco; uma das principais causas de morte em muitos países desenvolvidos.

Doença de Alzheimer. Transtorno neurocognitivo marcado por placas neurais, frequentemente com início depois dos 80 anos, que implica declínio progressivo da memória e de outras habilidades cognitivas.

DSM-5. *Manual Diagnóstico e Estatístico de Transtornos Mentais* da Associação Psiquiátrica Americana, Quinta Edição; é um sistema amplamente utilizado para classificar transtornos psicológicos.

Economia simbólica. Procedimento de condicionamento operante no qual as pessoas ganham uma moeda simbólica por exibir um comportamento desejado e podem trocá-la por privilégios ou guloseimas mais tarde.

Ecstasy (MDMA). Estimulante sintético e alucinógeno leve. Produz euforia e intimidade social, mas com riscos de saúde a curto prazo e danos em prazo mais longo nos neurônios produtores de serotonina, bem como no humor e na cognição.

Efeito da informação enganosa. Ocorre quando a memória foi corrompida por informações enganosas.

Efeito da mera exposição. Tendência de exposição repetida a novos estímulos para aumentar nosso gosto por eles.

Efeito de espaçamento. Tendência de distribuir o estudo ou a prática a fim de se obter melhor retenção em longo prazo do que se alcançaria pelo estudo ou prática concentrados.

Efeito de *feedback* comportamental. Tendência do comportamento de influenciar nossos pensamentos, sentimentos e ações; e os dos outros.

Efeito de *feedback* facial. Tendência dos estados musculares faciais de desencadear sentimentos correspondentes, como medo, raiva ou felicidade.

Efeito de outra raça. Tendência de recordar rostos de sua própria raça com mais precisão do que rostos de outras raças. Também chamado *efeito de raça cruzada* e *viés de raça própria.*

Efeito de posicionamento serial. Tendência de lembrar melhor o último (*efeito de recenticidade*) e o primeiro (*efeito de primazia*) itens de uma lista.

Efeito de testagem. Memória aprimorada depois de recuperar, em vez de simplesmente reler, informações. Também chamado de *efeito prático de recuperação* ou *aprendizagem aprimorada por testagem.*

Efeito do espectador. Tendência de qualquer espectador ser menos propenso a prestar ajuda se outros espectadores estiverem presentes.

Efeito holofote. Superestimar a percepção de que os outros estão nos observando e avaliando nossa aparência, desempenho e erros (como se presumíssemos que um holofote brilha sobre nós).

Efeito placebo [do latim *placebo*, que significa "agradarei"]. Resultados experimentais de efeito causados apenas por expectativas; qualquer efeito no comportamento causado pela administração de uma substância, ativa ou inerte, que o receptor supõe ser um agente ativo.

Ego. Parte parcialmente consciente, "executiva" da personalidade que, de acordo com Freud, faz a mediação entre as demandas do id, do superego e da realidade. Ego opera com base no *princípio da realidade*, satisfazendo os desejos do id de maneira que traga prazer ao invés de dor.

Egocentrismo. Na teoria de Piaget, dificuldade pré-operacional da criança para adotar o ponto de vista de outra pessoa.

Eletroconvulsoterapia (ECT). Terapia biomédica para pacientes gravemente deprimidos em que uma breve corrente elétrica é enviada através do cérebro de um paciente anestesiado.

Eletroencefalograma (EEG). Gravação amplificada das ondas de atividade elétrica que faz varredura da superfície do cérebro. Essas ondas são mensuradas por eletrodos colocados no couro cabeludo.

Embrião. Organismo humano em desenvolvimento cerca de 2 semanas depois da fertilização até o segundo mês.

Emoção. Resposta de todo o organismo, envolvendo (1) excitação fisiológica, (2) expressão comportamental e, o mais importante, (3) experiência consciente resultante de suas interpretações.

Endogrupo. "Nós" – pessoas com quem compartilhamos uma identidade comum.

Endorfinas. "Morfina que vem de dentro"; neurotransmissores naturais, semelhantes aos opiáceos, ligados ao controle da dor e ao prazer.

Enfrentamento (*coping*). Alívio do estresse usando métodos emocionais, cognitivos ou comportamentais.

Enfrentamento focado na emoção. Tentativa de aliviar o estresse evitando ou ignorando um estressor e atendendo às necessidades emocionais relacionadas à nossa reação ao estresse.

Enfrentamento focado no problema. Tentativa de aliviar o estresse diretamente – alterando o estressor ou a maneira como interagimos com esse estressor.

Enquadramento. Maneira como uma questão é apresentada; como é enquadrada, pode afetar significativamente as decisões e os julgamentos.

Entrevista. Técnica descritiva para obter atitudes ou comportamentos autorrelatados de determinado grupo, em geral questionando uma *amostra* representativa e *aleatória* do grupo.

Entrevista estruturada. Processo de entrevista que faz as mesmas perguntas relevantes para o trabalho de todos os candidatos, e cada um dos quais é classificado de acordo com parâmetros estabelecidos.

Epigenética. "Acima" ou "além de" (*epi*) genética; é o estudo dos mecanismos moleculares pelos quais os ambientes podem influenciar a expressão genética (sem alteração do DNA).

Equidade. Condição em que as pessoas recebem na mesma proporção do que oferecem a um relacionamento.

Erro fundamental de atribuição. Tendência, ao analisar o comportamento dos outros, de subestimar o impacto da situação e superestimar o impacto da disposição pessoal.

Escala de inteligência Wechsler para adultos (WAIS). WAIS (*Wechsler adult intelligence scale*) é o teste de inteligência de uso mais difundido; contém subtestes verbais e de desempenho (não verbais).

Escuta ativa. Escuta empática na qual o ouvinte ecoa, reafirma e busca esclarecimentos. Uma característica da terapia centrada na pessoa de Rogers.

Espermarca. Primeira ejaculação.

Esquema. Conceito ou estrutura que organiza e interpreta informações.

Esquema de intervalo fixo. No condicionamento operante, esquema de reforço que fortalece uma resposta somente depois de decorrido um tempo especificado.

Esquema de intervalo variável. No condicionamento operante, esquema que reforça uma resposta em intervalos de tempo imprevisíveis.

Esquema de razão fixa. No condicionamento operante, esquema que reforça uma resposta somente depois de um número especificado de respostas.

Esquema de razão variável. No condicionamento operante, esquema de reforço que reforça uma resposta após um número imprevisível de respostas.

Esquema de reforço contínuo. Esquema que reforça a resposta desejada toda vez que ela ocorre.

Esquema de reforço intermitente (parcial). Reforço de uma resposta apenas parte das vezes; resulta em aquisição mais lenta da resposta, mas com uma resistência muito maior à extinção do que o reforço contínuo.

Esquema de reforço. Padrão que define com que frequência uma resposta desejada será reforçada.

Esquizofrenia. Transtorno caracterizado por delírios, alucinações, fala desorganizada e/ou expressão emocional diminuída e inadequada.

Esquizofrenia aguda. (Também chamada *esquizofrenia reativa*.) Tipo de esquizofrenia que pode se manifestar em qualquer idade, ocorre frequentemente em resposta a um evento traumático, e da qual a recuperação é muito mais provável.

Esquizofrenia crônica. (Também chamada *esquizofrenia de processo*.) Tipo de esquizofrenia na qual os sintomas geralmente aparecem no final da adolescência ou no início da idade adulta. À medida que as pessoas envelhecem, os episódios psicóticos duram mais e os períodos de recuperação diminuem.

Estágio das operações concretas. Na teoria de Piaget, estágio de desenvolvimento cognitivo (cerca de 6 ou 7 a 11 anos) durante o qual as crianças desenvolvem as operações mentais que permitem que pensem logicamente sobre eventos concretos.

Estágio das operações formais. Na teoria de Piaget, estágio de desenvolvimento cognitivo (que em geral começa por volta dos 12 anos) durante o qual as pessoas começam a pensar logicamente sobre conceitos abstratos.

Estágio de balbucio. Fase do desenvolvimento da fala, que começa por volta dos 4 meses; durante essa fase a criança emite espontaneamente vários sons; nem todos estão relacionados com a linguagem familiar.

Estágio de duas palavras. Com início em torno dos 2 anos, estágio de desenvolvimento da fala em que a criança predominantemente fala em frases de duas palavras.

Estágio de uma palavra. Estágio de desenvolvimento da fala, de 1 aos 2 anos; durante essa fase a criança fala principalmente em palavras isoladas.

Estágio pré-operacional. Na teoria de Piaget, estágio (dos 2 aos 6 ou 7 anos) em que a criança aprende a usar a linguagem, mas ainda não compreende as operações mentais da lógica concreta.

Estágio sensório-motor. Na teoria de Piaget, estágio (do nascimento até aproximadamente os 2 anos) durante o qual os bebês conhecem o mundo principalmente por suas impressões sensoriais e atividades motoras.

Estágios psicossexuais. Estágios de desenvolvimento da infância (oral, anal, fálico, latência, genital) durante os quais, de acordo com Freud, as energias de busca de prazer do id se concentram em *zonas erógenas* específicas.

Estampagem (*imprinting*). Processo pelo qual certos animais estabelecem vínculos em um período crítico muito cedo em suas vidas.

Estereótipo. Crença generalizada (às vezes precisa, mas muitas vezes generalizada) sobre um grupo de pessoas.

Estimulação magnética transcraniana (EMT). Aplicação de pulsos repetidos de energia magnética ao cérebro; técnica usada para estimular ou suprimir a atividade cerebral.

Estimulantes. Substâncias (como cafeína, nicotina, e as mais poderosas, anfetaminas, cocaína e *ecstasy*) que excitam a atividade neuronal e aceleram as funções corporais.

Estímulo. Qualquer evento ou situação que evoca uma resposta.

Estímulo condicionado (EC). No condicionamento clássico, estímulo originalmente neutro que, depois de associado a um estímulo incondicionado (EI), passa a desencadear uma resposta condicionada (RC).

Estímulo incondicionado (EI). No condicionamento clássico, estímulo que desencadeia de modo incondicional – natural e automaticamente – uma resposta incondicionada (RI).

Estímulo neutro (EN). No condicionamento clássico, estímulo que não desperta resposta antes do condicionamento.

Estresse. Processo pelo qual percebemos e respondemos a certos eventos, chamados *estressores*, que avaliamos como ameaçadores ou desafiadores.

Estrogênios. Hormônios sexuais, como o estradiol, que contribuem para as características sexuais femininas; são secretados em maior quantidade pelas mulheres do que pelos homens.

Estruturalismo. Escola pioneira de pensamento, promovida por Wundt e Titchener; usava a introspecção para revelar a estrutura da mente humana.

Estudo de caso. Técnica descritiva na qual um indivíduo ou grupo é estudado em profundidade na esperança de revelar princípios universais.

Estudo longitudinal. Pesquisa que acompanha e testa novamente as mesmas pessoas ao longo do tempo.

Estudo transversal. Estudo que compara pessoas de idades diferentes no mesmo ponto do tempo.

Excesso de confiança. Tendência a ser mais confiante do que o correto; superestimar a precisão de nossas crenças e julgamentos.

Exercício aeróbico. Exercício sustentado que aumenta a capacidade cardíaca e pulmonar; também ajuda a aliviar a depressão e a ansiedade.

Exogrupo. "Eles" – aqueles percebidos como diferentes ou separados do nosso endogrupo.

Experiência de quase morte. Estado alterado de consciência relatado após contato próximo com a morte (como em decorrência de uma parada cardíaca); muitas vezes semelhante a alucinações causadas por drogas.

Experimento. Método de pesquisa no qual um investigador manipula um ou mais fatores (variáveis independentes) para observar o efeito em algum comportamento ou processo mental (a variável dependente). Por *designação aleatória* de participantes, o experimentador visa controlar outros fatores relevantes.

Extinção. Diminuição de uma resposta condicionada; ocorre no condicionamento clássico quando um estímulo incondicionado (EI) não sucede um estímulo condicionado (EC); ocorre no condicionamento operante quando uma resposta deixa de ser reforçada.

Facilitação social. Na presença de outras pessoas, melhor desempenho em tarefas simples ou bem aprendidas e pior desempenho em tarefas difíceis.

Fala telegráfica. Estágio inicial da fala em que a criança fala como em um telegrama – "ir carro" – usando principalmente verbos e substantivos.

Fenômeno de sentir-se bem e fazer o bem. Tendência das pessoas a serem prestativas quando estão de bom humor.

Fenômeno do mundo justo. Tendência de as pessoas acreditarem que o mundo é justo e, portanto, os indivíduos recebem o que merecem e merecem o que recebem.

Fenômeno do nível de adaptação. Nossa tendência a formar julgamentos (de sons, de luzes, de renda) com relação a um nível neutro definido por nossa experiência anterior.

Fenômeno do pé na porta. Tendência de pessoas que primeiro concordaram com um pequeno pedido para mais tarde atender a um pedido maior.

Fenômeno PHI. Ilusão de movimento criada quando duas ou mais luzes adjacentes acendem e apagam em sequência rápida.

Feto. Organismo humano em desenvolvimento de 9 semanas depois da concepção até o nascimento.

Figura e fundo. Organização do campo visual em objetos (as *figuras*) que se destacam de seu entorno (o *fundo*).

Fixação. (1) Na cognição, incapacidade de ver um problema de uma nova perspectiva; um obstáculo para a resolução de problemas. (2) Na teoria psicanalítica, é um foco persistente de energias de busca de prazer em um estágio psicossexual anterior, em que os conflitos não foram resolvidos.

***Flow*.** Estado de completo envolvimento e foco, com redução da consciência de si mesmo e do tempo; resulta do engajamento total de nossas habilidades.

Fobia específica. Transtorno de ansiedade caracterizado por um medo persistente e irracional e evitação de um objeto, atividade ou situação específica.

Fonema. Na linguagem, menor unidade de som diferenciada.

Formação reticular. Rede de nervos que percorre o tronco encefálico até o tálamo, desempenhando um importante papel no controle da excitabilidade.

Fóvea. Ponto focal central na retina, em torno do qual os cones do olho se agrupam.

Frequência. Número de comprimentos de onda completos que passam por um ponto em um dado período (por exemplo, por segundo).

Funcionalismo. Escola pioneira de pensamento promovida por James e influenciada por Darwin; explorava o funcionamento dos processos mentais e comportamentais – como habilitam o organismo a se adaptar, sobreviver e prosperar.

Garra. Em psicologia, paixão e perseverança na busca por objetivos de longo prazo.

Gêmeos fraternos (dizigóticos). Indivíduos que se desenvolveram a partir de óvulos fertilizados distintos. Eles não são geneticamente mais próximos do que irmãos comuns, mas compartilham um ambiente pré-natal.

Gêmeos idênticos (monozigóticos). Indivíduos que se desenvolveram a partir de um único ovo fertilizado que se dividiu em dois, criando dois organismos geneticamente idênticos.

Generalização (também chamada *generalização de estímulos*). No condicionamento clássico, é a tendência, uma vez que uma resposta foi condicionada, de dar a mesma resposta ao receber um estímulo semelhante ao estímulo condicionado. (No condicionamento operante, a generalização ocorre quando as respostas aprendidas em uma situação ocorrem em outras situações semelhantes.)

Gênero. Em psicologia, são as características comportamentais que as pessoas associam a *menino, menina, homem* e *mulher*. (Veja também *identidade de gênero.*)

Genes. Unidades bioquímicas da hereditariedade que constituem os cromossomos; um segmento de DNA capaz de sintetizar uma proteína.

Genética comportamental. Estudo do poder relativo e dos limites das influências genéticas e ambientais sobre o comportamento.

Genética do comportamento molecular. Estudo de como a estrutura e a função dos genes interagem com nosso ambiente para influenciar o comportamento.

Genética do comportamento. Estudo do poder relativo e dos limites das influências genéticas e ambientais sobre o comportamento.

Genética molecular. Subcampo da biologia que estuda a estrutura molecular e a função dos genes.

Genoma. Instruções completas para a criação de um organismo, consistindo em todo o material genético presente nos cromossomos desse organismo.

***Gestalt*.** Um todo organizado. Os psicólogos da Gestalt enfatizaram nossa tendência de integrar pedaços de informação em totalidades significativas.

Glândulas suprarrenais. Par de glândulas endócrinas que ficam logo acima dos rins e secretam hormônios (epinefrina e norepinefrina) que ajudam a despertar o corpo em momentos de estresse.

Glicose. Forma do açúcar em circulação no sangue, é a principal fonte de energia para os tecidos do corpo. Quando esse nível está baixo, sentimos fome.

Gramática. Em uma linguagem, sistema de regras que permite que nos comuniquemos e compreendamos uns aos outros. *Semântica* é o conjunto de regras para derivar significado dos sons e *sintaxe* é o conjunto de regras para combinar as palavras em sentenças com sentido gramatical.

GRIT. Iniciativas graduais e recíprocas na redução de tensão – estratégia projetada para diminuir as tensões internacionais.

Grupo controle. No experimento, esse grupo *não é* exposto ao tratamento; contrasta com o grupo experimental e serve de comparação para avaliar o efeito do tratamento.

Grupo experimental. Em um experimento, é o grupo exposto ao tratamento, ou seja, a uma versão da variável independente.

Gustação. Nosso sentido do paladar.

Habituação. Resposta diminuída com estímulo repetido. À medida que os bebês ganham familiaridade com a exposição repetida a estímulos visuais, seu interesse diminui e eles desviam o olhar rapidamente.

Herdabilidade. Proporção de variação entre os indivíduos de um grupo que podemos atribuir aos genes. A herdabilidade de um traço pode variar, dependendo das faixas da população e dos ambientes estudados.

Hereditariedade. Transferência genética de características de pais para filhos.

Heurística. Estratégia simples de pensamento que nos permite fazer julgamentos e resolver problemas com eficiência; em geral, é mais rápida, porém mais propensa a erro do que os *algoritmos*.

Heurística da disponibilidade. Julgamento da probabilidade dos acontecimentos com base na disponibilidade da memória; se as ocorrências logo vêm à mente (talvez devido a sua vivacidade), presumimos que tais eventos são comuns.

Heurística de representatividade. Julgamento da probabilidade de eventos em termos de quão bem eles parecem representar ou combinar protótipos particulares; pode nos levar a ignorar outras informações relevantes.

Hierarquia de necessidades. A pirâmide das necessidades de Maslow inicia na base com as necessidades fisiológicas que precisam ser satisfeitas primeiro, antes das necessidades de segurança de nível superior e, em seguida, das necessidades psicológicas.

Hipnose. Interação social na qual uma pessoa (o hipnotizador) sugere à outra (o sujeito) que certas percepções, sentimentos, pensamentos ou comportamentos ocorrerão espontaneamente.

Hipocampo. Centro neural localizado no sistema límbico; ajuda a processar memórias explícitas (conscientes) – de fatos e eventos – para serem armazenadas.

Hipófise. Glândula mais influente do sistema endócrino. Sob a influência do hipotálamo, a hipófise regula o crescimento e controla outras glândulas endócrinas.

Hipotálamo. Estrutura neural do sistema límbico situada abaixo (*hipo*) do tálamo; dirige diversas atividades de manutenção (comer, beber, temperatura corporal), ajuda a administrar o sistema endócrino por meio da hipófise e está ligado à emoção e a recompensas.

Hipótese. Previsão testável, que muitas vezes fica implícita a partir de uma teoria.

Homeostase. Tendência a manter um estado interno equilibrado ou constante; regulação de qualquer aspecto da química corporal, como a glicemia, em um nível específico.

Hormônios. Mensageiros químicos que são fabricados pelas glândulas endócrinas e, viajam pela corrente sanguínea e afetam outros tecidos.

Id. Reservatório de energia psíquica inconsciente que, de acordo com Freud, se esforça para satisfazer os impulsos sexuais e agressivos básicos. O id opera no *princípio do prazer*, exigindo gratificação imediata.

Idade adulta emergente. Período que vai aproximadamente dos 18 até os 25 anos, quando em muitas culturas ocidentais as pessoas não são mais adolescentes, mas ainda não atingiram a independência total como adultos.

Idade mental. Medida de desempenho em testes de inteligência formulada por Binet; o nível de desempenho tipicamente associado a crianças de certa idade cronológica. Assim, diz-se que uma pessoa que obtém resultado equivalente ao de uma criança média de 8 anos tem idade mental de 8 anos.

Identidade. Nosso senso do eu; de acordo com Erikson, a tarefa do adolescente é consolidar um senso do *self* ao ir testando e integrando diversos papéis ao seu *eu*.

Identidade de gênero. Nossa sensação de ser homem, mulher, nenhum dos dois, ou alguma combinação de homem e mulher.

Identidade social. Aspecto "coletivo" do nosso autoconceito; a parte da nossa resposta à pergunta "Quem sou eu?", que vem de nossas associações a um (ou mais) grupo(s).

Identificação. Processo pelo qual, de acordo com Freud, as crianças incorporam os valores de seus pais em seus superegos em desenvolvimento.

Implante coclear. Dispositivo para converter sons em sinais elétricos e estimular o nervo auditivo através de eletrodos enfiados na cóclea.

Incentivo. (1) Enquadramento as escolhas de forma a encorajar as pessoas a tomar decisões benéficas. (2) Estímulo ambiental positivo ou negativo que motiva o comportamento.

Inconsciente. De acordo com Freud, é um reservatório de pensamentos, desejos, sentimentos e memórias, em sua maioria inaceitáveis. Segundo psicólogos contemporâneos, é o processamento de informações das quais não temos conhecimento.

Inconsciente coletivo. Conceito de Carl Jung de um reservatório compartilhado e herdado de traços de memória da história de nossa espécie.

Indicador binocular. Indicador de profundidade, como disparidade retiniana, que depende do uso de dois olhos.

Indicador monocular. Indicação de profundidade, como interposição ou perspectiva linear, disponível apenas para cada olho.

Individualismo. Priorização das próprias metas acima das metas do grupo e definição da própria identidade em termos de atributos pessoais em vez de identificações com o grupo.

Influência social informativa. Influência resultante da disposição de uma pessoa a aceitar as opiniões dos outros sobre a realidade.

Influência social normativa. Influência resultante do desejo de uma pessoa de obter aprovação ou evitar a desaprovação.

Informação. Explicação pós-experimental de um estudo, inclusive seu propósito e qualquer engano, para seus participantes.

Insight. Percepção súbita, e muitas vezes inovadora, da solução de um problema; contrasta com soluções baseadas em estratégias.

Insônia. Problemas recorrentes para dormir ou permanecer dormindo.

Instinto. Comportamento complexo rigidamente padronizado em uma espécie e que não é aprendido.

Inteligência. Qualidade mental que consiste na habilidade de aprender a partir da experiência, solucionar problemas e usar o conhecimento para se adaptar a novas situações.

Inteligência cristalizada (*Gc*). Conhecimento acumulado e habilidades verbais; tende a aumentar com a idade.

Inteligência emocional. Habilidade de perceber, entender, gerenciar e usar as emoções.

Inteligência fluida (*Gf*). Nossa capacidade para raciocinar de maneira rápida e abstrata; tende a diminuir no final da vida adulta.

Inteligência geral (*g*). Fator de inteligência geral que, de acordo com Spearman e outros, é subjacente a habilidades mentais específicas e é, portanto, medido por tarefa em um teste de inteligência.

Intensidade. Quantidade de energia em uma onda luminosa ou sonora, que influencia o que percebemos como brilho ou volume. A intensidade é determinada pela amplitude da onda (altura).

Interação. Influência mútua que ocorre quando o efeito de um fator (como o ambiente) depende de outro (como a hereditariedade).

Interação sensorial. Princípio de que um sentido pode influenciar outro, como acontece quando o cheiro do alimento influencia paladar.

Interferência proativa. Efeito disruptivo da aprendizagem anterior sobre a recordação de *novas* informações.

Interferência retroativa. Efeito disruptivo da nova aprendizagem sobre a recordação de informações *antigas*.

Interneurônios. Neurônios dentro do cérebro e da medula espinal; eles se comunicam internamente e processam informações entre as entradas sensoriais e as saídas motoras.

Interpretação. Na psicanálise, é a observação do analista sobre supostos significados de sonhos, resistências e outros comportamentos e eventos significativos para promover o *insight*.

Intersexo. Descreve pessoas com características sexuais biológicas masculinas e femininas ao nascimento.

Intervalo. Diferença entre os escores mais altos e mais baixos em uma distribuição.

Intimidade. Na teoria de Erikson, capacidade de estabelecer relações próximas e amorosas; uma função essencial do desenvolvimento no final da adolescência e início da vida adulta.

Intuição. Sentimento ou pensamento automático, imediato e sem esforço, em contraste com o raciocínio explícito e consciente.

Inventário de personalidade. Questionário (geralmente com modelos de *verdadeiro-falso* ou *concordo-discordo*) no qual as pessoas respondem a modelos destinados a avaliar ampla gama de sentimentos e comportamentos; usado para avaliar traços de personalidade específicos.

Lei de Weber. Princípio segundo o qual, para serem percebidos como díspares, dois estímulos devem diferir em porcentagem mínima constante (em vez de em uma quantidade constante).

Lei de Yerkes-Dodson. Princípio de que o desempenho aumenta com a excitação somente até certo ponto, além do qual o desempenho diminui.

Lei do efeito. Princípio de Thorndike segundo o qual comportamentos seguidos de consequências favoráveis são mais prováveis, e os seguidos por consequências desfavoráveis são menos prováveis.

Lesão. Destruição de tecidos. A lesão cerebral é uma destruição natural ou experimental do tecido cerebral.

Liderança. Capacidade de um indivíduo de motivar e influenciar outros a contribuir para o sucesso do grupo.

Liderança de tarefas. Liderança orientada para objetivos, a qual define padrões, organiza o trabalho e concentra a atenção nos objetivos.

Liderança social. Liderança orientada para o grupo, que constrói o trabalho em equipe, medeia conflitos e oferece apoio.

Limiar. Nível de estimulação necessário para desencadear um impulso nervoso.

Limiar absoluto. Energia mínima de estímulo necessária para detectar um estímulo específico 50% das vezes.

Limiar diferencial. Diferença mínima entre dois estímulos necessária para detecção em 50% das vezes. Experimentamos o limiar diferencial como uma *diferença apenas perceptível* (ou dap).

Linguagem. Nossas palavras faladas, escritas ou sinalizadas e as formas como as combinamos para comunicar significados.

Lobos frontais. Porção do córtex cerebral situada logo atrás da testa; envolvidos na fala e nos movimentos musculares e na elaboração de planos e julgamentos.

Lobos occipitais. Porção do córtex cerebral situada na parte de trás da cabeça; incluem áreas que recebem informações dos campos visuais.

Lobos parietais. Porção do córtex cerebral situada no topo da cabeça e em direção à parte posterior; recebem entrada sensorial para o toque e a posição do corpo.

Lobos temporais. Porção do córtex cerebral situada aproximadamente acima das orelhas; incluem as áreas auditivas, cada uma recebendo informações principalmente da orelha oposta.

Lobotomia. Procedimento psicocirúrgico usado antigamente para acalmar pacientes incontrolavelmente emotivos ou violentos. O procedimento corta os nervos que conectam os lobos frontais aos centros de controle de emoções do cérebro interno.

Lócus de controle externo. Percepção de que forças externas além de nosso controle pessoal determinam nosso destino.

Lócus de controle interno. Percepção de que nós controlamos nosso próprio destino.

LSD (dietilamida do ácido lisérgico). Uma poderosa droga alucinógena; também conhecida como ácido.

Magnetoencefalografia (MEG). Técnica de imagem cerebral que mede campos magnéticos da atividade elétrica natural do cérebro.

Mania. Estado hiperativo, descontroladamente otimista, no qual é comum um julgamento perigosamente ruim.

Mapa cognitivo. Representação mental da estrutura do ambiente de um ser. Por exemplo, após explorar um labirinto, ratos agem como se tivessem aprendido seu mapa cognitivo.

Matiz. Dimensão da cor que é determinada pelo comprimento de onda da luz; o que conhecemos como os nomes de cores *azul*, *verde*, e assim por diante.

Maturação. Processos de crescimento biológico que permitem mudanças ordenadas de comportamento, relativamente não influenciadas pela experiência.

Mecanismos de defesa. Na teoria psicanalítica, são os métodos de proteção do ego para reduzir a ansiedade por distorcer inconscientemente a realidade.

Média. Média aritmética de uma distribuição, obtida somando-se os escores e depois dividindo pelo número de escores.

Mediana. Escore em uma distribuição; metade dos escores está acima dele e a outra metade está abaixo dele.

Medicamentos ansiolíticos. Substâncias usadas para controlar a ansiedade e a agitação.

Medicamentos antidepressivos. Substâncias usadas para tratar transtornos depressivos, transtornos de ansiedade, transtornos obsessivo-compulsivos e relacionados e transtorno de estresse pós-traumático. (Vários medicamentos antidepressivos amplamente utilizados são *inibidores seletivos da recaptação da serotonina* – ISRS.)

Medicamentos antipsicóticos. Substâncias usadas para tratar a esquizofrenia e outras formas de transtornos mentais graves.

Meditação da atenção plena (*mindfulness*). Prática reflexiva na qual as pessoas percebem as experiências do momento presente de maneira não julgadora e com aceitação.

Medula espinal. Base do tronco encefálico; controla a frequência cardíaca e a respiração.

Memória. Persistência da aprendizagem ao longo do tempo por intermédio do armazenamento e da recuperação das informações.

Memória congruente com o humor. Tendência de recordar as experiências conforme o bom ou mau humor de uma pessoa em determinado momento.

Memória de curto prazo. Memória ativada que retém poucos itens por pouco tempo (como um número de telefone enquanto é discado) antes de a informação ser armazenada ou esquecida.

Memória de longo prazo. Armazenamento relativamente permanente e ilimitado do sistema de memória. Inclui as habilidades, o conhecimento e as experiências.

Memória de trabalho. Compreensão mais recente da memória de curto prazo; processamento consciente e ativo de informações sensoriais recebidas e informações recuperadas da memória de longo prazo.

Memória ecoica. Memória sensorial momentânea de um estímulo auditivo; se a atenção está voltada para outra coisa, sons e palavras ainda podem ser lembrados por 3 ou 4 segundos.

Memória emocional (ou vívida). Memória clara de um momento ou evento emocionalmente significativo.

Memória episódica. Memória explícita de eventos vivenciados pessoalmente; um dos nossos dois sistemas de memória consciente (o outro é a *memória semântica*).

Memória explícita. Memória de fatos e experiências de que a pessoa é capaz de lembrar conscientemente e "declarar". Também chamada *memória declarativa*.

Memória icônica. Memória sensorial momentânea de estímulos visuais; memória fotográfica ou pictórica que não dura mais do que poucos décimos de segundo.

Memória implícita. Retenção de habilidades aprendidas ou associações condicionadas classicamente independentes de lembranças conscientes. Também chamada *memória não declarativa*.

Memória semântica. Memória explícita de fatos e conhecimentos gerais; um dos nossos dois sistemas de memória consciente (o outro é a *memória episódica*).

Memória sensorial. Lembrança imediata e muito fugaz de informações sensoriais no sistema de memória.

Menarca. Primeiro período menstrual.

Menopausa. Período em que a menstruação cessa naturalmente; também refere-se às mudanças biológicas que uma mulher vivencia quando sua capacidade de reproduzir diminui.

Mentalidade de crescimento. Foco em aprender e crescer, em vez de ver as habilidades como fixas.

Metacognição. Cognição sobre nossa cognição; acompanhar e avaliar nossos processos mentais.

Metanálise. Procedimento estatístico para analisar os resultados de vários estudos e chegar a uma conclusão geral.

Metanfetamina. Substância com alto poder de dependência que estimula o sistema nervoso central, com aceleração das funções corporais e alterações de energia e de humor associadas; com o tempo, parece reduzir os níveis basais de dopamina.

Minnesota Multiphasic Personality Inventory (MMPI). Questionário mais amplamente pesquisado e utilizado clinicamente entre todos os testes de personalidade. Originalmente desenvolvido para identificar transtornos emocionais (ainda considerado seu uso mais adequado), esse teste agora é usado para muitos outros fins de triagem.

Mnemônica. Auxílio para a memória, em especial as técnicas que usam imagens vívidas e recursos de organização.

Moda. Escores que ocorrem com mais frequência em uma distribuição.

Modelagem. (1) Procedimento de condicionamento operante no qual reforçadores guiam o comportamento em uma direção, para que este seja cada vez mais próximo do comportamento desejado. (2) Processo de observar e imitar um comportamento específico.

Modelo clínico. Conceito de que as doenças, neste caso os transtornos psicológicos, têm causas físicas que podem ser *diagnosticadas*, *tratadas* e, na maioria das vezes, *curadas*, quase sempre por meio de tratamento *hospitalar*.

Morfema. Em uma linguagem, menor unidade que carrega sentido; pode ser uma palavra ou parte de uma palavra (como um prefixo).

Motivação. Necessidade ou desejo que energiza e direciona o comportamento.

Motivação extrínseca. Desejo de ter um comportamento para receber recompensas prometidas ou evitar uma punição ameaçada.

Motivação intrínseca. Desejo de ter um comportamento de forma eficaz para seu próprio bem.

Motivação para realização. Desejo de realização significativa, de domínio de habilidades ou ideias, de controle e de atingir um padrão mais elevado.

Motivos de aproximação e evitação. Impulso de ir em direção (aproximar-se) ou fugir (evitar) de um estímulo.

Mutação. Erro aleatório na replicação gênica que leva a uma mudança.

Narcisismo. Excesso de amor-próprio e autocentramento (egolatria).

Narcolepsia. Transtorno do sono caracterizado por ataques incontroláveis de sono. A pessoa com narcolepsia pode cair diretamente no sono REM, muitas vezes em momentos inoportunos.

Necessidade de afiliação. Necessidade de construir e manter relacionamentos e sentir-se parte de um grupo.

Necessidade fisiológica. Requisito corporal básico.

Nervo óptico. Nervo que transporta impulsos neurais do olho para o cérebro.

Nervos. Feixes de axônios que formam cabos neurais que conectam o sistema nervoso central aos músculos, glândulas e órgãos sensoriais.

Neurociência cognitiva. Estudo interdisciplinar da atividade cerebral ligada à cognição (inclusive percepção, pensamento, memória e linguagem).

Neurogênese. Formação de novos neurônios.

Neurônio. Célula nervosa; componente essencial básico do sistema nervoso.

Neurônios espelho. Neurônios do lobo frontal que são ativados ao executarmos certas ações ou ao observarmos alguém que as estão executando. O espelhamento do cérebro da ação de outra pessoa pode permitir a imitação e a empatia.

Neurônios motores (eferentes). Neurônios que transportam informações de saída do cérebro e da medula espinal para os músculos e glândulas.

Neurônios sensoriais (aferentes). Neurônios que transportam informações recebidas dos tecidos do corpo e receptores sensoriais para o cérebro e a medula espinal.

Neuroplasticidade. Capacidade do cérebro de mudar, em especial durante a infância, quando se reorganiza depois de um dano ou da construção de novos caminhos com base na experiência.

Neurotransmissores. Mensageiros químicos que atravessam a fenda sináptica entre os neurônios. Quando liberados pelo neurônio emissor, os neurotransmissores viajam pela sinapse e se ligam aos sítios receptores no neurônio receptor, influenciando se esse neurônio vai gerar um impulso nervoso.

Nicotina. Substância psicoativa estimulante com alta capacidade de criar dependência dos produtos de tabaco.

Níveis de análise. Perspectivas distintas e complementares – biológica, psicológica e sociocultural – para análise de qualquer fenômeno dado.

Norma. Regra compreendida para um comportamento aceito e esperado. As normas prescrevem o comportamento "apropriado".

Norma da reciprocidade. Expectativa de que as pessoas ajudarão, e não prejudicarão, aqueles que as ajudaram.

Norma da responsabilidade social. Expectativa de que as pessoas ajudarão aqueles que precisam de sua ajuda.

Normas sociais. Regras compreendidas para o comportamento aceito e esperado. As normas prescrevem o comportamento "adequado".

Núcleo supraquiasmático (NSQ). Par de agrupamentos celulares no hipotálamo que controla o ritmo circadiano. Em resposta à luz, o NSQ faz a glândula pineal ajustar a produção de melatonina, modificando assim nossas sensações de sonolência.

Obesidade. Definida como a medida de índice de massa corporal (IMC) de 30 ou superior, que é calculada a partir da razão entre peso e altura. (Indivíduos com excesso de peso têm IMC de 25 ou maior.)

Objetivos superordenados. Metas compartilhadas que superam as diferenças entre as pessoas e exigem sua cooperação.

Observação naturalista. Técnica descritiva de observar e registrar o comportamento em situações que ocorrem naturalmente sem tentar manipular e controlar a situação.

Ondas alfa. Ondas cerebrais relativamente lentas de um estado relaxado, acordado.

Ondas delta. Ondas cerebrais amplas e lentas associadas ao sono profundo.

Opiáceos. Ópio e seus derivados, como a morfina e a heroína; deprimem a atividade neuronal, baixando temporariamente a dor e a ansiedade.

Orientação sexual. Direção de nossas atrações sexuais, conforme refletido em nossos anseios e fantasias.

Ostracismo. Exclusão social deliberada de indivíduos ou grupos.

Ouvido interno. Parte mais interna do ouvido, que contém a cóclea, os canais semicirculares e os sacos vestibulares.

Ouvido médio. Câmara localizada entre o tímpano e a cóclea, que contém três minúsculos ossos (martelo, bigorna e estribo) que concentram as vibrações do tímpano na janela oval da cóclea.

Padronização. Definição de escores significativos por comparação com o desempenho de um grupo testado previamente.

Papel. Conjunto de expectativas (normas) sobre uma posição social, definindo como os que estão nessa posição devem se comportar.

Papel de gênero. Conjunto de comportamentos, atitudes e traços esperados para homens e mulheres.

Papel social. Conjunto de expectativas (ou normas) sobre uma posição social, que define como aqueles nessa posição social devem se comportar.

Parafilia. Desejo sexual decorrente de fantasias, comportamentos ou desejos que envolvem objetos não humanos, o sofrimento próprio ou de outras pessoas e/ou o não consentimento das pessoas.

Parapsicologia. Estudo dos fenômenos paranormais, inclusive a percepção extrassensorial (PES) e a *telecinesia*.

Pensamento convergente. Limitação das possíveis soluções para o problema a fim de determinar a melhor solução.

Pensamento crítico. Maneira de pensar que não aceita cegamente argumentos e conclusões. Pelo contrário, examina suposições, avalia fontes, identifica valores ocultos, analisa evidências e pondera conclusões.

Pensamento de grupo. Modo de pensar que ocorre quando o desejo de harmonia em um grupo de tomada de decisão se sobrepõe a uma avaliação realista das alternativas.

Pensamento divergente. Expansão do número de possíveis soluções para o problema; o pensamento criativo que diverge em diferentes direções.

Percepção. Processo de organização e interpretação das informações sensoriais, habilitando-nos a reconhecer objetos e eventos significativos.

Percepção de profundidade. Capacidade de ver objetos em três dimensões, embora as imagens que atingem a retina sejam bidimensionais; permite julgar a distância.

Percepção extrassensorial (PES). Afirmação controversa de que a percepção pode ocorrer à parte da entrada sensorial; inclui telepatia, clarividência e pré-cognição.

Percepções de imagem espelhada. Visões mútuas muitas vezes mantidas por partes conflitantes, como quando cada lado se vê como ético e pacífico e vê o outro lado como mal e agressivo.

Perda auditiva condutiva. Forma menos comum de perda auditiva causada por danos ao sistema mecânico que conduz ondas sonoras à cóclea.

Perda auditiva neurossensorial. Forma mais comum de perda auditiva, também chamada *surdez nervosa*; é causada por danos nas células receptoras da cóclea ou no nervo auditivo.

Período crítico. Período ideal logo após o nascimento, em que a exposição do organismo a certos estímulos ou experiências produz desenvolvimento adequado.

Período refratário. (1) No processamento neural, breve pausa de repouso que ocorre depois do disparo de um neurônio; não é possível que ocorram potenciais de ação subsequentes até que o axônio retorne ao estado de repouso. (2) Período de descanso após o orgasmo, durante o qual um homem não pode atingir outro orgasmo.

Permanência do objeto. Consciência de que os objetos continuam a existir, mesmo quando não são vistos.

Perseverança na crença. Apego às concepções iniciais depois de desacreditada a base sobre a qual foram formadas.

Personalidade. Padrão característico de pensamento, sentimento e ação de um indivíduo.

Perspectiva sociocognitiva. Visão do comportamento como influenciado pela interação entre as características das pessoas (incluindo seu pensamento) e seu contexto social.

Persuasão de rota central. Ocorre quando o pensamento das pessoas interessadas é influenciado pela apresentação de evidências e argumentos.

Persuasão de rota periférica. Ocorre quando as pessoas são influenciadas por pistas incidentais, como a atratividade de um falante.

Pesquisa aplicada. Estudo científico que visa solucionar problemas práticos.

Pesquisa básica. Ciência pura, que visa ampliar a base de conhecimento científico.

Polarização de grupo. Aprimoramento das inclinações predominantes de um grupo por meio de discussão dentro do grupo.

Polígrafo. Máquina usada na tentativa de detectar mentiras; mede as mudanças relacionadas à emoção na transpiração, na frequência cardíaca e na respiração.

Ponto cego. Ponto em que o nervo óptico sai do olho, criando um ponto "cego" porque nenhuma célula receptora está localizada ali.

Ponto de equilíbrio. Ponto em que o "termostato de peso" pode ser ajustado. Quando o corpo fica abaixo desse peso, pode haver aumento do apetite e redução da taxa metabólica para recuperar o peso perdido.

População. Todos os participantes do grupo que está sendo estudado, a partir do qual amostras aleatórias podem ser extraídas. (*Nota*: exceto para estudos nacionais, isso não se refere a toda a população de um país.)

Potenciação de longo prazo (PLP). Aumento do potencial de disparo das sinapses depois de uma estimulação rápida e breve; base neural da aprendizagem e da memória.

Potencial de ação. Impulso nervoso; breve carga elétrica que percorre um axônio.

Prática baseada em evidências. Decisão clínica que integra a melhor pesquisa disponível na experiência clínica e as características e preferências do paciente.

Preconceito. Atitude injustificável e geralmente negativa com relação a um grupo e seus membros. O preconceito geralmente envolve crenças estereotipadas, sentimentos negativos e uma predisposição à ação discriminatória.

Preguiça social. Tendência de as pessoas em um grupo exercerem menos esforço quando unem seus esforços para atingir um objetivo comum do que quando são responsabilizadas individualmente.

Pré-registro. Comunicar publicamente o projeto de estudo planejado, hipóteses, coleta de dados e análises.

***Priming* (pré-ativação).** Ativação, muitas vezes inconsciente, de certas associações, predispondo assim a percepção, memória ou reação.

Princípio da especificidade da codificação. Ideia de que pistas e contextos específicos para determinada memória serão mais eficazes em nos ajudar a lembrá-la.

Princípio da frustração-agressão. Princípio de que a frustração – o bloqueio de uma tentativa de atingir algum objetivo – cria raiva, que pode gerar agressão.

Privação relativa. Percepção de que estamos em pior situação com relação àqueles com quem nos comparamos.

Procedimento duplo-cego. Procedimento experimental no qual tanto participantes da pesquisa quanto a equipe de pesquisa ignoram (cegos) se os participantes receberam o tratamento ou um placebo. Comumente usado em estudos de avaliação de medicamentos.

Processamento automático. Codificação inconsciente de informações incidentais, como espaço, tempo e frequência, e de informações bem aprendidas, como o significado das palavras.

Processamento *bottom-up*. Análise que começa com os receptores sensoriais e sobe para a integração cerebral da informação sensorial.

Processamento com esforço. Codificação que exige atenção e esforço consciente.

Processamento duplo. Princípio de que a informação em geral é processada de maneira simultânea em vias separadas, consciente e inconsciente.

Processamento paralelo. Processamento de diversos aspectos de um estímulo ou problema simultaneamente.

Processamento profundo. Codificação semântica, baseada no significado das palavras; tende a produzir a melhor retenção.

Processamento sequencial. Processamento de um aspecto de estímulo ou problema de uma vez só; em geral usado para processar novas informações ou resolver problemas difíceis.

Processamento superficial. Codificação em nível básico, calcada na estrutura ou aparência das palavras.

Processamento *top-down*. Processamento de informações guiado por processos mentais superiores, como quando construímos percepções com base em nossa experiência e nossas expectativas.

Profecia autorrealizável. Crença a respeito de um evento que influencia mesmo inconscientemente o comportamento e leva ao seu próprio cumprimento.

Prontidão. Predisposição biológica para aprender associações, como entre paladar e náusea, que têm valor de sobrevivência.

Protótipo. Imagem mental ou melhor exemplo de uma categoria. Corresponder novos itens a um protótipo é um método rápido e fácil para ordenar as coisas em categorias (como na comparação de criaturas com penas a um pássaro prototípico, como o corvo).

Psicanálise. (1) Técnica terapêutica de Sigmund Freud. Freud acreditava que as associações livres, resistências, sonhos e transferências do paciente – e as interpretações feitas pelo analista – liberavam sentimentos anteriormente reprimidos, permitindo que o paciente ganhasse autoconhecimento. (2) Teoria da personalidade de Freud que atribui pensamentos e ações a motivos e conflitos inconscientes; técnicas utilizadas no tratamento de transtornos psicológicos, buscando expor e interpretar tensões inconscientes.

Psicocirurgia. Cirurgia que remove ou destrói o tecido cerebral em um esforço para mudar o comportamento.

Psicofarmacologia. Estudo dos efeitos dos fármacos sobre a mente e o comportamento.

Psicofísica. Estudo das relações entre as características físicas dos estímulos, como sua intensidade, e a experiência psicológica que temos a partir dela.

Psicologia. Ciência do comportamento e processos mentais.

Psicologia biológica. Estudo científico das relações entre os processos biológicos (genéticos, neurais, hormonais) e psicológicos. Alguns psicólogos biológicos se autodenominam *neurocientistas comportamentais, neuropsicólogos, geneticistas comportamentais, psicólogos fisiológicos* ou *biopsicólogos*.

Psicologia clínica. Ramo da psicologia que estuda, avalia e trata pessoas com transtornos psicológicos.

Psicologia cognitiva. Estudo de como os processos mentais, ocorrem quando percebemos, aprendemos, lembramos, pensamos, comunicamos e resolvemos problemas.

Psicologia comunitária. Ramo da psicologia que estuda como as pessoas interagem com seus ambientes sociais e como as instituições sociais (como escolas e bairros) afetam indivíduos e grupos.

Psicologia da saúde. Subcampo da psicologia que fornece a contribuição da psicologia para a medicina comportamental.

Psicologia de fatores humanos. Campo da psicologia aliado à psicologia I/O que explora como as pessoas e as máquinas interagem e como as máquinas e os ambientes físicos podem se tornar seguros e fáceis de usar.

Psicologia de recursos humanos. Subcampo da psicologia I/O que ajuda na procura de emprego e no recrutamento, seleção, colocação, treinamento, avaliação e desenvolvimento de funcionários.

Psicologia do desenvolvimento. Ramo da psicologia que estuda as mudanças físicas, cognitivas e sociais ao longo da vida.

Psicologia evolucionista. Estudo da evolução do comportamento e da mente segundo o princípio da seleção natural.

Psicologia humanista. Perspectiva historicamente significativa que enfatizou o potencial de crescimento humano.

Psicologia industrial-organizacional (I/O). Aplicação de conceitos e métodos psicológicos ao comportamento humano nos locais de trabalho.

Psicologia organizacional. Subcampo da psicologia I/O que examina as influências organizacionais na satisfação e na produtividade do trabalhador e facilita a mudança organizacional.

Psicologia positiva. Estudo científico do funcionamento humano com o objetivo de descobrir e promover pontos fortes e virtudes capazes de ajudar indivíduos e comunidades a prosperar.

Psicologia social. Estudo científico de como pensamos, influenciamos e nos relacionamos uns com os outros.

Psiconeuroimunologia. Estudo de como os processos psicológicos, neurais e endócrinos, juntos, afetam nosso sistema imune e o estado de saúde resultante.

Psicoterapia. Tratamento envolvendo técnicas psicológicas; consiste em interações entre um terapeuta treinado e alguém que busca superar dificuldades psicológicas ou alcançar o crescimento pessoal.

Psiquiatria. Ramo da medicina que lida com os transtornos psicológicos. É praticada por médicos, que por vezes proveem tratamento clínico (por exemplo, prescrevendo medicamentos), assim como terapia psicológica.

Puberdade. Período de maturação sexual, quando uma pessoa se torna capaz de reproduzir.

Punição. Um evento que *diminui* o comportamento que o precede.

Questão natureza-criação. Antiga controvérsia quanto à contribuição relativa dos genes e da experiência para o desenvolvimento de traços psicológicos e comportamentos. A ciência atual considera que tanto traços quanto comportamentos emergem da interação entre natureza e criação.

Quociente de inteligência (QI). Definido originalmente como a razão entre idade mental (IM) e idade cronológica (IC) multiplicada por 100 (dessa forma, QI = IM/IC × 100). Nos testes de inteligência contemporâneos, o desempenho médio para determinada idade recebe o escore de 100.

Reaprendizagem. Medida da memória que avalia a quantidade de tempo ganho quando se aprende determinado assunto pela segunda vez.

Rebote de sono REM. Tendência ao aumento do sono REM logo após a privação desse estágio.

Recalque. Na teoria psicanalítica, mecanismo básico de defesa que expulsa da consciência pensamentos, sentimentos e lembranças que provocam ansiedade.

Recaptação. Reabsorção do neurotransmissor pelo neurônio emissor.

Receptores sensoriais. Terminações nervosas sensoriais que respondem a estímulos.

Reconhecimento. Medida da memória em que a pessoa precisa apenas identificar os itens anteriormente aprendidos, como em um teste de múltipla escolha.

Reconsolidação. Processo no qual as memórias previamente armazenadas, quando recuperadas, são alteradas antes de novo armazenamento.

Recordação. Medida da memória em que a pessoa precisa recuperar informações obtidas antes, como em um teste de preenchimento de espaços.

Recuperação. Processo de extrair informações do armazenamento de memória.

Recuperação espontânea. Reaparecimento, depois de uma pausa, de uma resposta condicionada extinta.

Reflexo. Resposta simples e automática a estímulos sensoriais, como o reflexo patelar.

Reforçador condicionado. Estímulo que ganha poder reforçador mediante sua associação a um reforçador primário. (Também conhecido como *reforçador secundário.*)

Reforçador primário. Estímulo reforçador inato, como o que satisfaz uma necessidade biológica.

Reforço. No condicionamento operante, qualquer evento que *fortaleça* o comportamento que o precede.

Reforço negativo. Aumenta comportamentos interrompendo ou reduzindo aversivos. Reforçador negativo consiste em qualquer estímulo que, quando *removido* depois de uma resposta, fortalece a resposta. (*Nota*: reforço negativo não é punição.)

Reforço positivo. É quando se provoca um aumento dos comportamentos ao apresentar um estímulo prazeroso. O reforçador positivo é qualquer estímulo que, quando *apresentado* depois de uma resposta, fortalece essa resposta.

Regressão em direção à média. Tendência de eventos ou escores extremos ou incomuns de retroceder (regredir) em direção à média.

Relativismo linguístico. Ideia de que a linguagem influencia a forma como pensamos.

Relógio social. Momento culturalmente preferido para os eventos sociais, como casar, ter filhos e se aposentar.

Replicação. Repetição da essência de uma pesquisa, normalmente com participantes diferentes e em situações distintas, para ver se o resultado ou descoberta principal pode ser reproduzido(a).

Repressão. Na teoria psicanalítica, é o mecanismo de defesa básico que bane da consciência pensamentos, sentimentos e memórias que despertam ansiedade.

Resiliência. Força pessoal que ajuda a pessoa a lidar com o estresse e a se recuperar de adversidades e até mesmo de traumas.

Resistência. Na psicanálise, é o bloqueio da consciência do material carregado de ansiedade.

Resposta condicionada (RC). No condicionamento clássico, resposta aprendida a um estímulo outrora neutro (mas agora condicionado [EC]).

Resposta de cuidado e proteção. Sob estresse, as pessoas (especialmente as mulheres) geralmente fornecem apoio aos outros (*cuidados*), relacionam-se e buscam apoio de outros (*proteção*).

Resposta de tudo ou nada. Reação de um neurônio de disparar (com uma resposta de força total) ou não disparar.

Resposta incondicionada (RI). No condicionamento clássico, resposta não aprendida e natural (como salivação) ao estímulo incondicionado (EI), como o alimento na boca.

Ressonância magnética (RM). Técnica que utiliza campos magnéticos e ondas de rádio para produzir imagens do tecido mole geradas por computador. Imagens de RM mostram a anatomia do cérebro.

Ressonância magnética funcional (RMf). Técnica que revela o fluxo sanguíneo e, assim, a atividade cerebral, pela comparação de imagens sucessivas de RM. Essas imagens mostram tanto a função de uma área do cérebro quanto sua estrutura.

Retina. Superfície interna do olho sensível à luz, que contém bastonetes e cones receptores, além de camadas de neurônios que iniciam o processamento da informação visual.

Ritmo circadiano. É o nosso relógio biológico; ritmos corporais regulares (p. ex., de temperatura e vigília) que ocorrem em um ciclo de 24 horas.

Roteiro social. Guia modelado culturalmente sobre como agir em várias situações.

Ruminação. Preocupação compulsiva; *pensar demais* em nossos problemas e suas causas.

Seleção natural. Princípio de que os traços herdados que permitem que um organismo sobreviva e se reproduza em determinado ambiente (em competição com outras variações de traços) provavelmente serão transmitidos às gerações seguintes.

Self. Na psicologia contemporânea, é considerado o centro da personalidade, o organizador de nossos pensamentos, sentimentos e ações.

Sensação. Processo pelo qual nossos receptores sensoriais e o sistema nervoso recebem e representam energias de estímulos do ambiente.

Sentido vestibular. Nosso senso de equilíbrio – nosso senso de movimento e posição corporal que nos permite ter e manter o equilíbrio.

Sexo. Em psicologia, são as características influenciadas biologicamente pelas quais as pessoas definem-se como homens ou mulheres.

Significância estatística. Declaração de quão provável é que um resultado (como uma diferença entre amostras) tenha ocorrido por acaso, supondo que não há diferença entre as populações estudadas.

Sinapse. Junção entre a ponta do axônio do neurônio emissor e o dendrito ou corpo celular do neurônio receptor. A pequena lacuna nessa junção é chamada de espaço sináptico (ou fenda sináptica).

Síndrome alcoólica fetal (SAF). Anomalias físicas e cognitivas em crianças causadas pelo consumo pesado de álcool pela gestante. Em vários casos, os sintomas incluem deformidades perceptíveis na face.

Síndrome da adaptação geral (SAG). Conceito desenvolvido por Selye sobre a resposta adaptativa do corpo ao estresse em três fases – alarme, resistência, exaustão.

Síndrome de abstinência. Desconforto e angústia que seguem a interrupção de um comportamento ou do uso de uma substância que causa dependência.

Síndrome de *savant*. Condição na qual uma pessoa por um lado limitada em habilidade mental apresenta excepcional competência específica, como em cálculos ou desenho.

Sistema endócrino. Sistema "lento" de comunicação química do corpo; conjunto de glândulas que secretam hormônios na corrente sanguínea.

Sistema límbico. Sistema neural (que compreende o *hipocampo*, a *amígdala* e o *hipotálamo*) localizado abaixo dos hemisférios cerebrais; associado a emoções e impulsos.

Sistema nervoso. Rápida rede de comunicação eletroquímica do corpo, que consiste em todas as células nervosas dos sistemas nervoso periférico e nervoso central.

Sistema nervoso autônomo (SNA). Parte do sistema nervoso periférico que controla as glândulas e os músculos dos órgãos internos (como o coração). Sua divisão simpática desperta; sua divisão parassimpática acalma.

Sistema nervoso central (SNC). Cérebro e medula espinal.

Sistema nervoso parassimpático. Divisão do sistema nervoso autônomo que acalma o corpo, conservando sua energia.

Sistema nervoso periférico (SNP). Neurônios sensoriais e motores que conectam o sistema nervoso central (SNC) ao resto do corpo.

Sistema nervoso simpático. Divisão do sistema nervoso autônomo que desperta o corpo, mobilizando sua energia.

Sistema nervoso somático. Divisão do sistema nervoso periférico que controla os músculos esqueléticos do corpo; também chamado de sistema nervoso esquelético.

Sonho. Sequência de imagens, emoções e pensamentos que passam na mente de uma pessoa adormecida.

Sono REM. Sono com um movimento rápido dos olhos; estágio recorrente do sono, durante o qual costumam ocorrer sonhos vívidos. Também conhecido como *sono paradoxal*, porque os músculos relaxam (exceto por pequenas contrações), mas outros sistemas corporais permanecem ativos. (Às vezes é chamado de *sono R.*)

Sono. Perda de consciência periódica e natural – distinta da inconsciência resultante de coma, anestesia geral ou hibernação. (Adaptado de Dement, 1999.)

SQ3R. Estudo que compreende cinco etapas: *Survey* (pesquisar), *Question* (perguntar), *Read* (ler), *Retrieve* (recuperar), *Review* (revisar).

Stanford-Binet. Revisão americana (feita por Terman, na Universidade de Stanford) do teste de inteligência original de Binet amplamente utilizada.

Subliminar. Abaixo do limiar absoluto de percepção consciente.

Substância psicoativa. Substância química que altera as percepções e humores.

Substâncias depressoras. São substâncias (como álcool, barbitúricos e opiáceos) que reduzem a atividade neuronal e desaceleram as funções corporais.

Sugestão pós-hipnótica. Sugestão, feita durante uma sessão de hipnose, a ser aceita depois que o súdito sair da hipnose; é utilizada por alguns clínicos para ajudar a controlar sintomas e comportamentos indesejados.

Superego. Parte parcialmente consciente da personalidade que, de acordo com Freud, representa ideais internalizados e fornece padrões para o julgamento (a consciência) e para aspirações futuras.

Tálamo. Centro de controle sensorial do cérebro, localizado no topo do tronco encefálico; direciona mensagens para as áreas de recepção sensoriais no córtex e transmite respostas para o cerebelo e o bulbo.

Taxa metabólica basal. Taxa de gasto de energia com o corpo em repouso.

Temperamento. Reatividade e intensidade emocional características de uma pessoa.

Teoria. Explicação com um conjunto integrado de princípios que organiza observações e prediz comportamentos ou eventos.

Teoria da aprendizagem social. Teoria de que aprendemos o comportamento social observando e imitando e sendo recompensados ou punidos.

Teoria da atribuição. Teoria por meio da qual explicamos o comportamento de alguém dando crédito seja à situação ou à disposição da pessoa.

Teoria da autodeterminação. Teoria de que nos sentimos motivados a satisfazer nossas necessidades psicológicas de competência, autonomia e relacionamento.

Teoria da dissonância cognitiva. Teoria de que agimos para reduzir o desconforto (dissonância) que sentimos quando dois de nossos pensamentos (cognições) são inconsistentes. Por exemplo, quando tomamos consciência de que nossas atitudes e nossas ações se chocam, podemos reduzir a dissonância resultante mudando nossas atitudes.

Teoria da frequência. Na audição, teoria segundo a qual a taxa de disparos dos impulsos nervosos que viajam pelo nervo auditivo equivale à frequência de um tom, permitindo assim a detecção de seu timbre (também chamada *teoria temporal*).

Teoria da mente. Ideias que as pessoas têm sobre seus estados mentais e os de outras pessoas – seus sentimentos, percepções e pensamentos, e os comportamentos que essas ideias podem prever.

Teoria da redução do impulso. Ideia de que uma necessidade fisiológica cria um estado de excitação (impulso) que motiva um organismo a satisfazê-la.

Teoria da troca social. Teoria de que nosso comportamento social é um processo de troca, cujo objetivo é maximizar os benefícios e minimizar os custos.

Teoria de Cannon-Bard. Teoria de que um estímulo que desperta emoções simultaneamente desencadeia (1) respostas fisiológicas e (2) a experiência subjetiva da emoção.

Teoria de Cattell-Horn-Carroll (CHC). Teoria de que nossa inteligência é baseada em *g*, bem como em habilidades específicas, interligadas por *Gf* e *Gc*.

Teoria de detecção de sinal. Teoria que prevê como e quando detectamos a presença de um estímulo fraco (*sinal*) em meio à estimulação de fundo (*ruído*). Supõe-se que não existe um limiar absoluto único e que a detecção depende em parte da experiência, expectativas, motivação e estado de alerta de uma pessoa.

Teoria de dois fatores. Teoria de Schachter-Singer de que, para experimentar a emoção, é preciso (1) estar fisicamente excitado e (2) rotular cognitivamente a excitação.

Teoria de James-Lange. Teoria de que nossa experiência de emoção ocorre quando nos tornamos conscientes de nossas respostas fisiológicas a um estímulo que desperta emoções.

Teoria do bode expiatório. Teoria de que o preconceito oferece uma saída para a raiva, fornecendo alguém para colocar a culpa.

Teoria do gerenciamento do terror. Teoria sobre a ansiedade relacionada com a morte; explora as respostas emocionais e comportamentais das pessoas aos lembretes de sua morte iminente.

Teoria do lugar. Na audição, teoria que liga o timbre que ouvimos com o local onde a membrana da cóclea é estimulada (*teoria da codificação*).

Teoria do portão de controle da dor. Teoria de que a medula espinal contém um "portão" neurológico que bloqueia sinais de dor ou permite que eles sigam até o cérebro. O "portão" é aberto pela atividade de sinais de dor, que são transmitidos por pequenas fibras nervosas e é fechado pela atividade de fibras maiores ou pela informação vinda do cérebro.

Teoria do processo oponente. Teoria segundo a qual processos retinianos opostos (vermelho-verde, amarelo-azul, branco-preto) possibilitam a visão de cores. Por exemplo, algumas células são estimuladas pelo verde e inibidas pelo vermelho; outras são estimuladas pelo vermelho e inibidas pelo verde.

Teoria tricromática (de três cores) de Young-Helmholtz. Teoria de que a retina contém três tipos diferentes de receptores de cores – um mais sensível ao vermelho, um ao verde, um ao azul – os quais, quando estimulados em combinação, podem produzir a percepção de qualquer cor.

Teorias humanistas. Teorias que veem a personalidade com foco no potencial de crescimento pessoal saudável.

Teorias psicodinâmicas. Teorias que estudam a personalidade com foco no inconsciente e na importância das experiências da infância.

Terapia biomédica. Medicamentos prescritos ou procedimentos que atuam diretamente na fisiologia da pessoa.

Terapia centrada na pessoa. Terapia humanista, desenvolvida por Carl Rogers, na qual o terapeuta utiliza técnicas como a *escuta ativa* dentro de um ambiente de aceitação, genuíno e empático para facilitar o crescimento do cliente. (Também chamada *terapia centrada no cliente.*)

Terapia cognitiva. Terapia que ensina às pessoas maneiras novas e mais ajustáveis de pensar; é baseada na premissa de que os pensamentos intervêm entre os eventos e nossas reações emocionais.

Terapia cognitivo-comportamental (TCC). Terapia integrativa popular que combina terapia cognitiva (mudança de pensamento autodestrutivo) com terapia comportamental (mudança de comportamento).

Terapia comportamental. Terapia que aplica princípios da aprendizagem para a eliminação de comportamentos indesejados.

Terapia de exposição à realidade virtual. Técnica de contracondicionamento que trata a ansiedade por meio de simulações virtuais criativas nas quais as pessoas podem enfrentar com segurança seus maiores medos, como voar de avião, aranhas ou falar em público.

Terapia em grupo. Terapia realizada com grupos em vez de indivíduos, proporcionando benefícios por meio da interação em grupo.

Terapia familiar. Terapia que trata as pessoas no contexto de seu sistema familiar. Vê os comportamentos indesejados de um indivíduo como influenciados ou direcionados a outros membros da família.

Terapia psicodinâmica. Terapia que evoluiu a partir da tradição psicanalítica; vê os indivíduos como respondendo a forças inconscientes e experiências da infância e procura melhorar a autopercepção.

Terapias de exposição. Técnicas comportamentais, como *dessensibilização sistemática* e *terapia de exposição à realidade virtual*, que tratam as ansiedades expondo as pessoas (em situações imaginárias ou reais) às coisas que elas temem e evitam.

Terapias de *insight*. Terapias que visam melhorar o funcionamento psicológico, aumentando a consciência de uma pessoa sobre os motivos e defesas subjacentes.

Teratógenos. Agentes, como produtos químicos ou vírus, que podem afetar o embrião ou o feto durante o desenvolvimento pré-natal e causar danos.

Termo de consentimento livre e esclarecido. Fornecer aos possíveis participantes informações suficientes sobre um estudo para permitir que eles possam escolher entre participar ou não.

Terror noturno. Transtorno do sono caracterizado por grande agitação e aparência de apavoramento; ao contrário de pesadelos, ocorrem durante o estágio NREM-3 do sono, duas ou três horas depois que a pessoa adormece; raramente são lembrados.

Teste de apercepção temática (TAT). Teste projetivo no qual as pessoas expressam seus sentimentos e interesses internos por meio das histórias que inventam sobre cenas ambíguas.

Teste de aptidão. Teste destinado a predizer o desempenho futuro de uma pessoa; *aptidão* é a capacidade de aprender.

Teste de desempenho. Teste destinado a avaliar o que uma pessoa aprendeu.

Teste de inteligência. Método que visa avaliar as aptidões mentais de um indivíduo e compará-las com as de outras pessoas, usando escores numéricos.

Teste de mancha de tinta de Rorschach. Teste projetivo desenhado por Hermann Rorschach; procura identificar os sentimentos internos das pessoas analisando como elas interpretam 10 manchas de tinta.

Teste derivado empiricamente. Teste (como o MMPI) criado pela seleção de um conjunto de modelos que discriminam entre grupos.

Teste projetivo. Teste de personalidade, como o TAT ou Rorschach, que fornece imagens ambíguas projetadas para desencadear a projeção da dinâmica interna das pessoas.

Testosterona. Mais importante hormônio masculino. É produzido por homens e mulheres, mas a quantidade adicional nos homens estimula o crescimento dos órgãos sexuais masculinos no feto e o desenvolvimento de suas características sexuais na puberdade.

THC. Principal ingrediente ativo da maconha; desencadeia uma variedade de efeitos, inclusive alucinações moderadas.

Tipificação de gênero. Aquisição de um papel masculino ou feminino tradicional.

Tipo A. Termo cunhado por Friedman e Rosenman para pessoas competitivas, obstinadas, impacientes, verbalmente agressivas e propensas à raiva.

Tipo B. Termo cunhado por Friedman e Rosenman para pessoas descontraídas e tranquilas.

Tolerância. Efeito reduzido propiciado pelo uso regular da mesma dose de medicação, que leva o usuário a precisar de doses cada vez maiores para criar o mesmo efeito.

Tom. Elevação ou redução experimentada de um tom; depende da frequência.

Tomografia por emissão de pósitrons (PET *scan*). Técnica para detectar a atividade cerebral que mostra para onde vai uma forma radioativa de glicose enquanto o cérebro realiza determinada tarefa.

Traço. Padrão característico de comportamento ou uma disposição para sentir e agir de determinada maneira, conforme avaliado por inventários de autorrelato e relatórios de pares.

Transdução. Conversão de uma forma de energia para outra. Na sensação, a transformação de energias de estímulo, como visões, sons e cheiros, em impulsos neurais que nosso cérebro consegue interpretar.

Transferência. Na psicanálise, designa a transferência do paciente para o analista de emoções ligadas a outros relacionamentos (como amor ou ódio por um dos pais).

Transgênero. Termo abrangente que descreve pessoas cuja identidade ou expressão de gênero difere daquela associada ao sexo atribuído ao nascimento.

Transtorno de ansiedade de doença. Transtorno no qual uma pessoa interpreta sensações físicas normais como sintomas de uma doença. (Anteriormente chamado *hipocondria.*)

Transtorno de ansiedade generalizada. Transtorno de ansiedade no qual uma pessoa está continuamente tensa, apreensiva e em estado de excitação do sistema nervoso autônomo.

Transtorno de compulsão alimentar periódica. Episódios significativos de compulsão alimentar, seguidos de angústia, desgosto ou culpa, mas sem o comportamento compensatório que marca a bulimia nervosa.

Transtorno de déficit de atenção/hiperatividade (TDAH). Transtorno psicológico marcado por extrema desatenção e/ou hiperatividade e impulsividade.

Transtorno de estresse pós-traumático (TEPT). Transtorno caracterizado por memórias assustadoras, pesadelos, hipervigilância, evitação de estímulos relacionados ao trauma, retraimento social, ansiedade com agitação, entorpecimento dos sentimentos e/ou insônia que persiste por quatro semanas ou mais após uma experiência traumática.

Transtorno de personalidade antissocial. Transtorno de personalidade em que a pessoa (geralmente um homem) demonstra falta de consciência por fazer algo errado, mesmo em relação a amigos e familiares; pode ser agressivo e implacável ou um vigarista inteligente.

Transtorno de sintomas somáticos. Transtorno psicológico no qual os sintomas assumem uma expressão somática (corporal) sem causa física aparente.

Transtorno depressivo maior. Transtorno no qual uma pessoa experimenta, na ausência de uso de drogas ou condição clínica, duas ou mais semanas com cinco ou mais sintomas, pelo menos um dos quais deve ser (1) humor deprimido ou (2) perda de interesse ou prazer.

Transtorno dissociativo de identidade (TDI). Transtorno raro em que a pessoa exibe duas ou mais identidades distintas e alternantes. (Anteriormente chamado *transtorno de múltipla personalidade.*)

Transtorno do espectro autista (TEA). Transtorno que aparece na infância e é marcado por limitações significativas na comunicação e na interação social, e por interesses rigidamente fixados e comportamentos repetitivos.

Transtorno do neurodesenvolvimento. Anormalidades do sistema nervoso central (geralmente no cérebro) que começam na infância e alteram o pensamento e o comportamento (como nas limitações intelectuais ou em um transtorno psicológico).

Transtorno do pânico. Transtorno de ansiedade marcado por episódios imprevisíveis com minutos de duração de pavor intenso, nos quais uma pessoa pode sentir terror e dor no peito, asfixia ou outras sensações assustadoras; muitas vezes seguido de preocupação com uma possível próxima crise.

Transtorno obsessivo-compulsivo (TOC). Transtorno caracterizado por pensamentos indesejados repetitivos (obsessões), ações (compulsões), ou ambos.

Transtorno por uso de álcool. Caracterizado por tolerância, abstinência e impulso para dar continuidade ao uso problemático, o uso de álcool é popularmente conhecido como *alcoolismo.*

Transtorno por uso de substância. Transtorno caracterizado por desejo e uso contínuos, apesar de perturbação significativa da vida e/ou risco físico.

Transtorno psicológico. Síndrome marcada por um transtorno clinicamente significativo na cognição, na regulação emocional ou no comportamento de um indivíduo.

Transtornos bipolares. Grupo de transtornos em que uma pessoa alterna entre a desesperança e a letargia da depressão e o estado superexcitado de mania. (Anteriormente chamado *transtorno maníaco-depressivo.*)

Transtornos de ansiedade. Transtornos psicológicos caracterizados por ansiedade persistente e angustiante ou comportamentos mal-adaptativos que são empregados para reduzir a ansiedade.

Transtornos de personalidade. Padrões de comportamento inflexíveis e duradouros que prejudicam o funcionamento social.

Transtornos dissociativos. Transtornos controversos e raros nos quais a percepção consciente se separa (se dissocia) de memórias, pensamentos e sentimentos anteriores.

Transtornos neurocognitivos (TNCs). Transtornos adquiridos (não vitalícios) marcados por déficits cognitivos; em geral são relacionados com doença de Alzheimer, lesão cerebral ou doença cerebral, ou ainda, uso abusivo de substâncias. Também chamados de *demência* em idosos.

Transtornos psicóticos. Grupo de transtornos marcado por ideias irracionais, percepções distorcidas e perda de contato com a realidade.

Tronco encefálico. A parte mais primitiva e o núcleo central do cérebro, que começa onde a medula espinal se dilata ao entrar no crânio; o tronco encefálico é responsável por funções automáticas de sobrevivência.

Validade. Ponto em que um teste mede ou prediz aquilo a que se propõe. (Ver também *validade preditiva.*)

Validade preditiva. Êxito com que um teste prediz o comportamento que se propõe a predizer; é avaliada calculando a correlação entre os escores do teste e critério de comportamento. (Também conhecida como *validade de critério.*)

Variável. Qualquer coisa que pode variar e é viável e ética para ser medida.

Variável de confusão. Em um experimento, um fator diferente do fator que está sendo estudado que pode influenciar os resultados de um estudo.

Variável independente. Em um experimento, o fator que é manipulado, a variável cujo efeito está sendo estudado.

Viés de autoconveniência. Disposição para nos perceber favoravelmente.

Viés de confirmação. Tendência a buscar informações que sustentem nossos preconceitos e a ignorar ou distorcer evidências contraditórias.

Viés de retrospectiva. Tendência de acreditar, depois de saber um resultado, que alguém o teria previsto. (Também conhecido como o fenômeno do *eu sabia o tempo todo.*)

Viés endogrupo. Tendência de favorecer nosso próprio grupo.

Visão cega. Condição na qual uma pessoa pode responder a um estímulo visual sem experimentá-lo conscientemente.

Zigoto. Óvulo fertilizado; entra em um período de 2 semanas de rápida divisão celular e desenvolve-se em embrião.

Índice Alfabético

F

M

N

O

P

Q

R

U

V

W

Z